Santa Biblia

Nueva Versión Internacional

EDITORIAL

Vida

HACIA UN NUEVO MILENIO

Índice

Prefacio a la Nueva Versión Internacional v

EL ANTIGUO TESTAMENTO

Génesis (Gn) 1
Éxodo (Éx) 58
Levítico (Lv) 103
Números (Nm) 136
Deuteronomio (Dt) 183
Josué (Jos) 220
Jueces (Jue) 245
Rut (Rt) 273
1 Samuel (1S) 277
2 Samuel (2S) 312
1 Reyes (1R) 343
2 Reyes (2R) 377
1 Crónicas (1Cr) 411
2 Crónicas (2Cr) 444
Esdras (Esd) 481
Nehemías (Neh) 493
Ester (Est) 510
Job (Job) 518
Salmos (Sal) 559
Proverbios (Pr) 656
Eclesiastés (Ec) 695
Cantares (Cnt) 705
Isaías (Is) 712
Jeremías (Jer) 786
Lamentaciones (Lm) 856
Ezequiel (Ez) 865
Daniel (Dn) 917
Oseas (Os) 934
Joel (Jl) 945
Amós (Am) 950
Abdías (Abd) 960
Jonás (Jon) 962
Miqueas (Mi) 965
Nahúm (Nah) 972
Habacuc (Hab) 975

Sofonías (Sof) 979
Hageo (Hag) 983
Zacarías (Zac) 985
Malaquías (Mal) 996

EL NUEVO TESTAMENTO

Mateo (Mt) 1001
Marcos (Mr) 1040
Lucas (Lc) 1065
Juan (Jn) 1106
Hechos (Hch) 1136
Romanos (Ro) 1174
1 Corintios (1Co) 1191
2 Corintios (2Co) 1206
Gálatas (Gá) 1216
Efesios (Ef) 1222
Filipenses (Fil) 1227
Colosenses (Col) 1231
1 Tesalonicenses (1Ts) 1235
2 Tesalonicenses (2Ts) 1239
1 Timoteo (1Ti) 1241
2 Timoteo (2Ti) 1246
Tito (Tit) 1249
Filemón (Flm) 1251
Hebreos (Heb) 1252
Santiago (Stg) 1265
1 Pedro (1P) 1269
2 Pedro (2P) 1274
1 Juan (1Jn) 1277
2 Juan (2Jn) 1281
3 Juan (3Jn) 1282
Judas (Jud) 1283
Apocalipsis (Ap) 1285

Glosario 1305
Tabla de pesas, medidas y monedas 1317

Índice de títulos 1318

Prefacio

La **Nueva Versión Internacional** es una traducción de las Sagradas Escrituras elaborada por un grupo de expertos biblistas que representan a una docena de países de habla española, y que pertenecen a un buen número de denominaciones cristianas evangélicas. La traducción se hizo directamente de los textos hebreos, arameos y griegos en sus mejores ediciones disponibles. Se aprovechó, en buena medida, el trabajo de investigación y exégesis que antes efectuaron los traductores de la *New International Version*, traducción de la Biblia al inglés, ampliamente conocida.

Claridad, fidelidad, dignidad y elegancia son las características de esta nueva versión de la Biblia, cualidades que están garantizadas por la cuidadosa labor de los traductores, reconocidos expertos en las diferentes áreas del saber bíblico. Muchos de ellos son pastores o ejercen la docencia en seminarios e institutos bíblicos a lo largo y ancho de nuestro continente. Más importante aún, son todos ellos fervientes creyentes en el valor infinito de la Palabra, como revelación infalible de la verdad divina y única regla de fe y de vida para todos.

La alta calidad de esta **Nueva Versión Internacional** está, además, garantizada por el minucioso proceso de traducción, en el que se invirtieron miles de horas de trabajo de los traductores a quienes se asignaron determinados libros; de los revisores, que cuidadosamente cotejaron los primeros borradores producidos por los traductores; de los diferentes comités que, a su vez, revisaron frase por frase y palabra por palabra el trabajo de los traductores y revisores; y de los lectores que enviaron sus observaciones al comité de estilo. A este comité le correspondió, en última instancia, velar por que la versión final fuera no sólo exacta, clara y fiel a los originales, sino digna y elegante, en conformidad con los cánones del mejor estilo de nuestra lengua.

Claridad y exactitud en la traducción y fidelidad al sentido y mensaje de los escritores originales fueron la preocupación fundamental de los traductores. Una traducción es clara, exacta y fiel cuando reproduce en la lengua de los lectores de hoy lo que el autor quiso transmitir a la gente de su tiempo, en su propia lengua. Claridad, exactitud y fidelidad no significan necesariamente traducir palabra por palabra o, como se dice ordinariamente, hacer una traducción literal del texto. Las estructuras fonológicas, sintácticas y semánticas varían de una lengua a otra. Por eso una traducción fiel y exacta tiene que tomar en cuenta no sólo la lengua original sino también la lengua receptora. Esto significa vaciar el contenido total del mensaje en las nuevas formas gramaticales de la lengua receptora, cuidando de que no se pierda «ni una letra ni una tilde» de ese mensaje (Mt 5:18). Para lograrlo los traductores de esta **Nueva Versión Internacional** han procurado emplear el lenguaje más fresco y contemporáneo posible, a fin de que el mensaje de la Palabra divina sea tan claro, sencillo y natural como lo fue cuando el Espíritu Santo inspiró el texto original. A la vez han cuidado de que el lenguaje de esta **Nueva Versión Internacional** conserve la dignidad y belleza que se merece la Palabra inspirada. Términos y expresiones que ya han hecho carrera entre el pueblo cristiano evangélico, y que son bien entendidos por los lectores familiarizados con la Biblia, se han dejado en lo posible intactos. Se han buscado al mismo tiempo nuevos giros y expresiones para comunicar aquello que en otras versiones no parecía tan evidente. Se ha añadido además un **glosario** que explica el significado de términos que en el texto están precedidos por un asterisco; se trata de términos poco conocidos o difíciles de traducir. Esperamos que todo esto, más un buen número de notas explicativas al pie de página, sea de gran ayuda al lector.

En las notas al pie de página aparecen las siguientes abreviaturas:

Lit. (traducción literal): indica una posible representación más exacta, aunque no necesariamente más clara, del texto original, la cual puede ser de ayuda para algunos lectores.

Alt. (traducción alterna): indica que existen otras posibles traducciones o interpretaciones del texto, las cuales cuentan con el apoyo de otras versiones o de otros eruditos.

Var. (variante textual): se usa solamente en el Nuevo Testamento, e indica que hay diferencias entre los manuscritos neotestamentarios. La traducción se basa en el **texto crítico griego** actual, que da preferencia a los manuscritos más antiguos. Cuando se dan diferencias sustanciales entre este texto crítico y el texto tradicional conocido como *Textus Receptus*, la lectura tradicional se incluye en una nota, como variante textual. Otras variantes importantes también se incluyen en esta clase de notas.

En el Antiguo Testamento, las diferencias textuales se indican de otro modo. La base de la traducción es el *Texto Masorético* (TM), pero en algunos pasajes se ha aceptado una lectura diferente. En estos casos, la nota incluye entre paréntesis la evidencia textual (principalmente en las versiones antiguas) que apoya tal lectura; luego se indica lo que dice el TM.

Además, en el Antiguo Testamento se ha usado el vocablo SEÑOR para representar las cuatro consonantes hebreas que constituyen el nombre de Dios, es decir, *YHVH*, que posiblemente se pronunciaba *Yahvé*. La combinación de estas cuatro consonantes con la forma reverencial *Adonay* («Señor» sin versalitas) dieron como resultado el nombre «Jehová», que se ha usado en las versiones tradicionales. En pasajes donde *YHVH* y *Adonay* aparecen juntos, se ha variado la traducción (p.ej. «SEÑOR mi Dios»).

Otra diferencia entre la **Nueva Versión Internacional** y las versiones tradicionales tiene que ver con la onomástica hebrea. En el caso de nombres propios bien conocidos, esta versión ha mantenido las formas tradicionales, aun cuando no correspondan con las del hebreo (p.ej. *Jeremías*, aunque el hebreo es *Yirmeyahu*). En otros casos se ha hecho una revisión moderada para que los nombres no sólo reflejen con mayor exactitud el texto original (p.ej., la consonante *jet* se ha representado con *j* en vez de *h*), sino también para que se ajusten a la fonología castellana (p.ej., se ha evitado usar la consonante *m* en posición final).

Como todas las traducciones de la Biblia, la **Nueva Versión Internacional** que hoy colocamos en manos de nuestros lectores es susceptible de perfeccionarse. Y seguiremos trabajando para que así ocurra en sucesivas ediciones de la misma. Con todo, estamos muy agradecidos al Señor por el gran trabajo que nos ha permitido realizar, en el cual todos los integrantes del comité de traducción bíblica de la Sociedad Bíblica Internacional hemos puesto el mayor empeño, amor y fe, a fin de entregar a los lectores de este siglo la mejor versión posible del texto bíblico. Que todo sea para la mayor gloria de Dios y el más amplio conocimiento de su Palabra. Dedicamos este trabajo a Aquel, cuyo nombre debe ser honrado por todos los que lean su Palabra. Y oramos para que, a través de esta edición de la **Nueva Versión Internacional,** muchos puedan entender, asimilar y aceptar el mensaje de salvación que, por medio de Jesucristo, tiene el Dios de la Biblia para cada uno de ellos.

Comité de Traducción Bíblica
Sociedad Bíblica Internacional
P.O. Box 522241
Miami, Florida 33152-2241
EE.UU.

Septiembre de 1998

El Antiguo Testamento

El Antiguo Testamento

Génesis

La creación

1 Dios, en el principio,
creó los cielos y la tierra.
²La tierra era un caos total,
las tinieblas cubrían el abismo,
y el Espíritu*ᵃ* de Dios iba y venía
sobre la superficie de las aguas.
³Y dijo Dios: «¡Que exista la luz!»
Y la luz llegó a existir.
⁴Dios consideró que la luz era buena
y la separó de las tinieblas.
⁵A la luz la llamó «día»,
y a las tinieblas, «noche».
Y vino la noche, y llegó la mañana:
ése fue el primer día.

⁶Y dijo Dios: «¡Que exista el
firmamento
en medio de las aguas, y que las
separe!»
⁷Y así sucedió: Dios hizo el
firmamento
y separó las aguas que están abajo,
de las aguas que están arriba.
⁸Al firmamento Dios lo llamó
«cielo».
Y vino la noche, y llegó la mañana:
ése fue el segundo día.

⁹Y dijo Dios: «¡Que las aguas
debajo del cielo
se reúnan en un solo lugar,
y que aparezca lo seco!»
Y así sucedió. ¹⁰A lo seco Dios lo
llamó «tierra»,
y al conjunto de aguas lo llamó
«mar».
Y Dios consideró que esto era
bueno.
¹¹Y dijo Dios: «¡Que haya
vegetación sobre la tierra;
que ésta produzca hierbas que
den semilla,
y árboles que den su fruto con
semilla,
todos según su especie!»
Y así sucedió. ¹²Comenzó a brotar
la vegetación:
hierbas que dan semilla,
y árboles que dan su fruto con
semilla,
todos según su especie.
Y Dios consideró que esto era
bueno.
¹³ Y vino la noche, y llegó la
mañana:
ése fue el tercer día.

¹⁴Y dijo Dios: «¡Que haya luces en el
firmamento
que separen el día de la noche;
que sirvan como señales de las
estaciones,
de los días y de los años,
¹⁵y que brillen en el firmamento
para iluminar la tierra!»
Y sucedió así. ¹⁶Dios hizo los dos
grandes astros:
el astro mayor para gobernar el día,
y el menor para gobernar la noche.
También hizo las estrellas.
¹⁷Dios colocó en el firmamento
los astros para alumbrar la tierra.
¹⁸Los hizo para gobernar el día y la
noche,
y para separar la luz de las
tinieblas.
Y Dios consideró que esto era
bueno.
¹⁹ Y vino la noche, y llegó la
mañana:
ése fue el cuarto día.

²⁰Y dijo Dios: «¡Que rebosen de
seres vivientes las aguas,
y que vuelen las aves sobre la tierra
a lo largo del firmamento!»

---

*ᵃ*1:2 *Espíritu.* Alt. *viento* o *soplo.*

²¹ Y creó Dios los grandes animales
      marinos,
   y todos los seres vivientes
   que se mueven y pululan en las
      aguas
   y todas las aves,
      según su especie.
   Y Dios consideró que esto era
      bueno,
²²   y los bendijo con estas palabras:
   «Sean fructíferos y multiplíquense;
      llenen las aguas de los mares.
   ¡Que las aves se multipliquen
      sobre la tierra!»
²³ Y vino la noche, y llegó la mañana:
      ése fue el quinto día.

²⁴ Y dijo Dios: «¡Que produzca la
      tierra seres vivientes:
   animales domésticos, animales
      salvajes,
   y reptiles, según su especie!»
   Y sucedió así. ²⁵ Dios hizo los
      animales domésticos,
   los animales salvajes, y todos los
      reptiles,
      según su especie.
   Y Dios consideró que esto era
      bueno,
²⁶   y dijo: «Hagamos al *ser
      humano
   a nuestra imagen y semejanza.
   Que tenga dominio sobre los peces
      del mar,
   y sobre las aves del cielo;
   sobre los animales domésticos,
      sobre los animales salvajes,ᵇ
   y sobre todos los reptiles
   que se arrastran por el suelo.»
²⁷ Y Dios creó al ser humano a su
      imagen;
   lo creó a imagen de Dios.
   *Hombre y mujer los creó,
²⁸   y los bendijo con estas palabras:
   «Sean fructíferos y multiplíquense;
   llenen la tierra y sométanla;
   dominen a los peces del mar y a las
      aves del cielo,

   y a todos los reptiles que se
      arrastran por el suelo.»
²⁹ También les dijo: «Yo les doy de la
      tierra
   todas las plantas que producen
      semilla
   y todos los árboles que dan fruto
      con semilla;
   todo esto les servirá de alimento.
³⁰ Y doy la hierba verde como
      alimento
   a todas las fieras de la tierra,
   a todas las aves del cielo
   y a todos los seres vivientes
   que se arrastran por la tierra.»
   Y así sucedió. ³¹ Dios miró todo lo
      que había hecho,
   y consideró que era muy bueno.
   Y vino la noche, y llegó la mañana:
      ése fue el sexto día.

2   Así quedaron terminados los cielos
      y la tierra,
   y todo lo que hay en ellos.
² Al llegar el séptimo día, Dios
      descansó
   porque había terminado la obra
      que había emprendido.
³ Dios bendijo el séptimo día, y lo
      *santificó,
   porque en ese día descansó de
      toda su obra creadora.
⁴ Ésta es la historiaᶜ de la creación
   de los cielos y la tierra.

Adán y Eva

Cuando Dios el SEÑOR hizo la tierra y
los cielos, ⁵ aún no había ningún arbusto
del campo sobre la tierra, ni había brotado
la hierba, porque Dios el SEÑOR todavía
no había hecho llover sobre la tierra ni
existía el *hombre para que la cultivara.
⁶ No obstante, salía de la tierra un manantial que regaba toda la superficie del suelo.
⁷ Y Dios el SEÑOR formó al hombreᵈ del
polvo de la tierra, y sopló en su nariz hálito
de vida, y el hombre se convirtió en un ser
viviente.

ᵇ **1:26** *los animales salvajes* (Siríaca); *toda la tierra* (TM).   ᶜ **2:4** *Ésta es la historia.* Lit. *Éstas son las
generaciones*; véanse 6:9; 10:1; 11:10,27; 25:12,19; 36:1,9; 37:2; véase también 5:1.   ᵈ **2:7** El término
hebreo que significa *hombre* (*adam*) está relacionado con el que significa *tierra* (*adamá*). Además, el mismo
término *adam* corresponde al nombre propio *Adán* (véase 4:25).

8 Dios el SEÑOR plantó un jardín al oriente del Edén, y allí puso al hombre que había formado. 9 Dios el SEÑOR hizo que creciera toda clase de árboles hermosos, los cuales daban frutos buenos y apetecibles. En medio del jardín hizo crecer el árbol de la vida y también el árbol del conocimiento del bien y del mal.

10 Del Edén nacía un río que regaba el jardín, y que desde allí se dividía en cuatro ríos menores. 11 El primero se llamaba Pisón, y recorría toda la región de Javilá, donde había oro. 12 El oro de esa región era fino, y también había allí resina muy buena y piedra de ónice. 13 El segundo se llamaba Guijón, que recorría toda la región de Cus.e 14 El tercero se llamaba Tigris, que corría al este de Asiria. El cuarto era el Éufrates.

15 Dios el SEÑOR tomó al hombre y lo puso en el jardín del Edén para que lo cultivara y lo cuidara, 16 y le dio este mandato: «Puedes comer de todos los árboles del jardín, 17 pero del árbol del conocimiento del bien y del mal no deberás comer. El día que de él comas, ciertamente morirás.»

18 Luego Dios el SEÑOR dijo: «No es bueno que el hombre esté solo. Voy a hacerle una ayuda adecuada.» 19 Entonces Dios el SEÑOR formó de la tierra toda ave del cielo y todo animal del campo, y se los llevó al hombre para ver qué *nombre les pondría. El hombre les puso nombre a todos los seres vivos, y con ese nombre se les conoce. 20 Así el hombre fue poniéndoles nombre a todos los animales domésticos, a todas las aves del cielo y a todos los animales del campo. Sin embargo, no se encontró entre ellos la ayuda adecuada para el hombre.

21 Entonces Dios el SEÑOR hizo que el hombre cayera en un sueño profundo y, mientras éste dormía, le sacó una costilla y le cerró la herida. 22 De la costilla que le había quitado al hombre, Dios el SEÑOR hizo una mujer y se la presentó al hombre, 23 el cual exclamó:

«Ésta sí es hueso de mis huesos
    y carne de mi carne.
Se llamará "mujer"f
    porque del hombre fue sacada.»

24 Por eso el hombre deja a su padre y a su madre, y se une a su mujer, y los dos se funden en un solo ser.g

25 En ese tiempo el hombre y la mujer estaban desnudos, pero ninguno de los dos sentía vergüenza.

La caída del ser humano

3 La serpiente era más astuta que todos los animales del campo que Dios el SEÑOR había hecho, así que le preguntó a la mujer:

—¿Es verdad que Dios les dijo que no comieran de ningún árbol del jardín?

2 —Podemos comer del fruto de todos los árboles —respondió la mujer—. 3 Pero, en cuanto al fruto del árbol que está en medio del jardín, Dios nos ha dicho: "No coman de ese árbol, ni lo toquen; de lo contrario, morirán."

4 Pero la serpiente le dijo a la mujer:

—¡No es cierto, no van a morir! 5 Dios sabe muy bien que, cuando coman de ese árbol, se les abrirán los ojos y llegarán a ser como Dios, conocedores del bien y del mal.

6 La mujer vio que el fruto del árbol era bueno para comer, y que tenía buen aspecto y era deseable para adquirir sabiduría, así que tomó de su fruto y comió. Luego le dio a su esposo, y también él comió. 7 En ese momento se les abrieron los ojos, y tomaron conciencia de su desnudez. Por eso, para cubrirse entretejieron hojas de higuera.

8 Cuando el día comenzó a refrescar, oyeron el *hombre y la mujer que Dios andaba recorriendo el jardín; entonces corrieron a esconderse entre los árboles, para que Dios no los viera. 9 Pero Dios el SEÑOR llamó al hombre y le dijo:

—¿Dónde estás?

10 El hombre contestó:

—Escuché que andabas por el jardín,

---

e 2:13 Posiblemente la región sudeste de Mesopotamia.

f 2:23 En hebreo, la palabra que significa *mujer* (*'ishah*) suena como la palabra que significa *hombre* (*'ish*).

g 2:24 *se funden en un solo ser*. Lit. *llegan a ser una sola carne.*

y tuve miedo porque estoy desnudo. Por eso me escondí.

11—¿Y quién te ha dicho que estás desnudo? —le preguntó Dios—. ¿Acaso has comido del fruto del árbol que yo te prohibí comer?

12Él respondió:

—La mujer que me diste por compañera me dio de ese fruto, y yo lo comí.

13Entonces Dios el SEÑOR le preguntó a la mujer:

—¿Qué es lo que has hecho?

—La serpiente me engañó, y comí —contestó ella.

14Dios el SEÑOR dijo entonces a la serpiente:

«Por causa de lo que has hecho,
　¡maldita serás entre todos los
　　animales,
　tanto domésticos como salvajes!
Te arrastrarás sobre tu vientre,
　y comerás polvo todos los días de
　　tu vida.
15Pondré enemistad entre tú y la
　　mujer,
　y entre tu simiente y la de ella;
su simiente te aplastará la cabeza,
　pero tú le morderás el talón.»

16A la mujer le dijo:

«Multiplicaré tus dolores en el
　　parto,
　y darás a luz a tus hijos con dolor.
Desearás a tu marido,
　y él te dominará.»

17Al hombre le dijo:

«Por cuanto le hiciste caso a tu
　　mujer,
　y comiste del árbol del que te
　　prohibí comer,
　¡maldita será la tierra por tu
　　culpa!
Con penosos trabajos comerás de
　　ella
　todos los días de tu vida.

18La tierra te producirá cardos y
　　espinas,
　y comerás hierbas silvestres.
19Te ganarás el pan con el sudor de
　　tu frente,
　hasta que vuelvas a la misma
　　tierra
　de la cual fuiste sacado.
Porque polvo eres,
　y al polvo volverás.»

20El hombre llamó Eva*h* a su mujer, porque ella sería la madre de todo ser viviente. **21**Dios el SEÑOR hizo ropa de pieles para el hombre y su mujer, y los vistió. **22**Y dijo: «El *ser humano ha llegado a ser como uno de nosotros, pues tiene conocimiento del bien y del mal. No vaya a ser que extienda su mano y también tome del fruto del árbol de la vida, y lo coma y viva para siempre.» **23**Entonces Dios el SEÑOR expulsó al ser humano del jardín del Edén, para que trabajara la tierra de la cual había sido hecho. **24**Luego de expulsarlo, puso al oriente del jardín del Edén a los *querubines, y una espada ardiente que se movía por todos lados, para custodiar el camino que lleva al árbol de la vida.

Caín y Abel

4 El *hombre se unió a su mujer Eva, y ella concibió y dio a luz a Caín.*i* Y dijo: «¡Con la ayuda del SEÑOR, he tenido un hijo varón!» **2**Después dio a luz a Abel, hermano de Caín. Abel se dedicó a pastorear ovejas, mientras que Caín se dedicó a trabajar la tierra. **3**Tiempo después, Caín presentó al SEÑOR una ofrenda del fruto de la tierra. **4**Abel también presentó al SEÑOR lo mejor de su rebaño, es decir, los primogénitos con su grasa. Y el SEÑOR miró con agrado a Abel y a su ofrenda, **5**pero no miró así a Caín ni a su ofrenda. Por eso Caín se enfureció y andaba cabizbajo.

6Entonces el SEÑOR le dijo: «¿Por qué estás tan enojado? ¿Por qué andas cabizbajo? **7**Si hicieras lo bueno, podrías andar

---

h **3:20** En hebreo, *Eva* significa *Vida.*   *i* **4:1** En hebreo, *Caín* suena como el verbo que significa *llegar a tener, adquirir.*

con la frente en alto. Pero si haces lo malo, el pecado te acecha, como una fiera lista para atraparte. No obstante, tú puedes dominarlo.»

8Caín habló con su hermano Abel. Mientras estaban en el campo, Caín atacó a su hermano y lo mató.

9El SEÑOR le preguntó a Caín:

—¿Dónde está tu hermano Abel?

—No lo sé —respondió—. ¿Acaso soy yo el que debe cuidar a mi hermano?

10—¡Qué has hecho! —exclamó el SEÑOR—. Desde la tierra, la sangre de tu hermano reclama justicia. **11**Por eso, ahora quedarás bajo la maldición de la tierra, la cual ha abierto sus fauces para recibir la sangre de tu hermano, que tú has derramado. **12**Cuando cultives la tierra, no te dará sus frutos, y en el mundo serás un fugitivo errante.

13—Este castigo es más de lo que puedo soportar —le dijo Caín al SEÑOR—. **14**Hoy me condenas al destierro, y nunca más podré estar en tu presencia. Andaré por el mundo errante como un fugitivo, y cualquiera que me encuentre me matará.

15—No será así —replicó el SEÑOR—. El que mate a Caín, será castigado siete veces.

Entonces el SEÑOR le puso una marca a Caín, para que no fuera a matarlo quien lo hallara. **16**Así Caín se alejó de la presencia del SEÑOR y se fue a vivir a la región llamada Nod,*k* al este del Edén.

17Caín se unió a su mujer, la cual concibió y dio a luz a Enoc. Caín había estado construyendo una ciudad, a la que le puso el *nombre de su hijo Enoc. **18**Luego Enoc tuvo un hijo llamado Irad, que fue el padre de Mejuyael. Éste, a su vez, fue el padre de Metusael, y Metusael fue el padre de Lamec. **19**Lamec tuvo dos mujeres. Una de ellas se llamaba Ada, y la otra Zila. **20**Ada dio a luz a Jabal, quien a su vez fue el antepasado de los que viven en tiendas de campaña y crían ganado. **21**Jabal tuvo un hermano llamado Jubal, quien fue el antepasado de los que tocan el arpa y la flauta. **22**Por su parte, Zila dio a luz a Tubal Caín, que fue herrero y forjador de toda clase de herramientas de bronce y de hierro. Tubal Caín tuvo una hermana que se llamaba Noamá.

23Lamec dijo a sus mujeres Ada y Zila:

> «¡Escuchen bien, mujeres de
> Lamec!
> ¡Escuchen mis palabras!
> Maté a un hombre por haberme
> herido,
> y a un muchacho por golpearme.
> **24**Si Caín será vengado siete veces,
> setenta y siete veces será vengado
> Lamec.»

25Adán volvió a unirse a su mujer, y ella tuvo un hijo al que llamó Set,*l* porque dijo: «Dios me ha concedido otro hijo en lugar de Abel, al que mató Caín.» **26**También Set tuvo un hijo, a quien llamó Enós. Desde entonces se comenzó a invocar el nombre del SEÑOR.

Descendientes de Adán

5 Ésta es la lista de los descendientes de Adán.

Cuando Dios creó al *ser humano, lo hizo a semejanza de Dios mismo. **2**Los creó *hombre y mujer, y los bendijo. El día que fueron creados los llamó «seres humanos».*m*

3Cuando Adán llegó a la edad de ciento treinta años, tuvo un hijo a su imagen y semejanza, y lo llamó Set. **4**Después del nacimiento de Set, Adán vivió ochocientos años más, y tuvo otros hijos y otras hijas. **5**De modo que Adán murió a los novecientos treinta años de edad.

6Set tenía ciento cinco años cuando fue padre de*n* Enós. **7**Después del nacimiento de Enós, Set vivió ochocientos siete años más, y tuvo otros hijos y otras hijas. **8**De modo que Set murió a los novecientos doce años de edad.

---

*j***4:15** *No será así* (LXX, Vulgata y Siríaca); *Por tanto* (TM).   *k***4:16** En hebreo, *Nod* significa *errante* (véanse vv. 12 y 14).   *l***4:25** En hebreo, *Set* significa *concedido*.   *m***5:2** *seres humanos*. Lit. *Adán*. El término hebreo también significa *hombre* en el sentido genérico de *humanidad*.   *n***5:6** *fue padre de*. Lit. *engendró a*; y así sucesivamente en el resto de esta genealogía. En este contexto, *padre* puede significar *antepasado*; también en vv. 7-26.

⁹Enós tenía noventa años cuando fue padre de Cainán. ¹⁰Después del nacimiento de Cainán, Enós vivió ochocientos quince años más, y tuvo otros hijos y otras hijas. ¹¹De modo que Enós murió a los novecientos cinco años de edad.

¹²Cainán tenía setenta años cuando fue padre de Malalel. ¹³Después del nacimiento de Malalel, Cainán vivió ochocientos cuarenta años más, y tuvo otros hijos y otras hijas. ¹⁴De modo que Cainán murió a los novecientos diez años de edad.

¹⁵Malalel tenía sesenta y cinco años cuando fue padre de Jared. ¹⁶Después del nacimiento de Jared, Malalel vivió ochocientos treinta años más, y tuvo otros hijos y otras hijas. ¹⁷De modo que Malalel murió a los ochocientos noventa y cinco años de edad.

¹⁸Jared tenía ciento sesenta y dos años cuando fue padre de Enoc. ¹⁹Después del nacimiento de Enoc, Jared vivió ochocientos años más, y tuvo otros hijos y otras hijas. ²⁰De modo que Jared murió a los novecientos sesenta y dos años de edad.

²¹Enoc tenía sesenta y cinco años cuando fue padre de Matusalén. ²²Después del nacimiento de Matusalén, Enoc anduvo fielmente con Dios trescientos años más, y tuvo otros hijos y otras hijas. ²³En total, Enoc vivió trescientos sesenta y cinco años, ²⁴y como anduvo fielmente con Dios, un día desapareció porque Dios se lo llevó.

²⁵Matusalén tenía ciento ochenta y siete años cuando fue padre de Lamec. ²⁶Después del nacimiento de Lamec, Matusalén vivió setecientos ochenta y dos años más, y tuvo otros hijos y otras hijas. ²⁷De modo que Matusalén murió a los novecientos sesenta y nueve años de edad.

²⁸Lamec tenía ciento ochenta y dos años cuando fue padre de Noé.[n] ²⁹Le dio ese *nombre porque dijo: «Este niño nos dará descanso en nuestra tarea y penosos trabajos, en esta tierra que maldijo el SEÑOR.» ³⁰Después del nacimiento de Noé, Lamec vivió quinientos noventa y cinco años más, y tuvo otros hijos y otras hijas. ³¹De modo que Lamec murió a los setecientos setenta y siete años de edad.

³²Noé ya había cumplido quinientos años cuando fue padre de Sem, Cam y Jafet.

La maldad humana

6 Cuando los *seres humanos comenzaron a multiplicarse sobre la tierra y tuvieron hijas, ²los hijos de Dios vieron que las hijas de los seres humanos eran hermosas. Entonces tomaron como mujeres a todas las que desearon. ³Pero el SEÑOR dijo: «Mi espíritu no permanecerá en el *ser humano para siempre, porque no es más que un simple *mortal; por eso vivirá solamente ciento veinte años.»

⁴Al unirse los hijos de Dios con las hijas de los seres humanos y tener hijos con ellas, nacieron gigantes, que fueron los famosos héroes de antaño. A partir de entonces hubo gigantes en la tierra.

⁵Al ver el SEÑOR que la maldad del ser humano en la tierra era muy grande, y que todos sus pensamientos tendían siempre hacia el mal, ⁶se arrepintió de haber hecho al ser humano en la tierra, y le dolió en el corazón. ⁷Entonces dijo: «Voy a borrar de la tierra al ser humano que he creado. Y haré lo mismo con los animales, los reptiles y las aves del cielo. ¡Me arrepiento de haberlos creado!» ⁸Pero Noé contaba con el favor del SEÑOR.

El diluvio

⁹Ésta es la historia de Noé.

Noé era un hombre justo y honrado entre su gente. Siempre anduvo fielmente con Dios. ¹⁰Tuvo tres hijos: Sem, Cam y Jafet. ¹¹Pero Dios vio que la tierra estaba corrompida y llena de violencia. ¹²Al ver Dios tanta corrupción en la tierra, y tanta perversión en la gente, ¹³le dijo a Noé: «He decidido acabar con toda la gente, pues por causa de ella la tierra está llena de violencia. Así que voy a destruir a la gente junto con la tierra. ¹⁴Constrúyete un arca de madera resinosa,[o] hazle compartimentos, y cúbrela con brea por dentro y

---

[n] **5:28** En hebreo, el nombre propio *Noé* suena como la palabra que significa *descanso*. Palabra de difícil traducción.   [o] **6:14** *resinosa*.

por fuera. **15**Dale las siguientes medidas: ciento cuarenta metros de largo, veintitrés de ancho y catorce de alto.*p* **16**Hazla de tres pisos, con una abertura a medio metro*q* del techo y con una puerta en uno de sus costados. **17**Porque voy a enviar un diluvio sobre la tierra, para destruir a todos los seres vivientes bajo el cielo. Todo lo que existe en la tierra morirá. **18**Pero contigo estableceré mi *pacto, y entrarán en el arca tú y tus hijos, tu esposa y tus nueras. **19**Haz que entre en el arca una pareja de todos los seres vivientes, es decir, un macho y una hembra de cada especie, para que sobrevivan contigo. **20**Contigo entrará también una pareja de cada especie de aves, de ganado y de reptiles, para que puedan sobrevivir. **21**Recoge además toda clase de alimento, y almacénalo, para que a ti y a ellos les sirva de comida.» **22**Y Noé hizo todo según lo que Dios le había mandado.

7 El SEÑOR le dijo a Noé: «Entra en el arca con toda tu familia, porque tú eres el único *hombre justo que he encontrado en esta generación. **2**De todos los animales puros, lleva siete machos y siete hembras; pero de los impuros, sólo un macho y una hembra. **3**Lleva también siete machos y siete hembras de las aves del cielo, para conservar su especie sobre la tierra. **4**Porque dentro de siete días haré que llueva sobre la tierra durante cuarenta días y cuarenta noches, y así borraré de la faz de la tierra a todo ser viviente que hice.»

5Noé hizo todo de acuerdo con lo que el SEÑOR le había mandado. **6**Tenía Noé seiscientos años de edad cuando las aguas del diluvio inundaron la tierra. **7**Entonces entró en el arca junto con sus hijos, su esposa y sus nueras, para salvarse de las aguas del diluvio. **8**De los animales puros e impuros, de las aves y de todos los seres que se arrastran por el suelo, **9**entraron con Noé por parejas, el macho y su hembra, tal como Dios se lo había mandado. **10**Al cabo de los siete días, las aguas del diluvio comenzaron a caer sobre la tierra.

11Cuando Noé tenía seiscientos años, precisamente en el día diecisiete del mes segundo, se reventaron las fuentes del mar profundo y se abrieron las compuertas del cielo. **12**Cuarenta días y cuarenta noches llovió sobre la tierra. **13**Ese mismo día entraron en el arca Noé, sus hijos Sem, Cam y Jafet, su esposa y sus tres nueras. **14**Junto con ellos entró toda clase de animales salvajes y domésticos, de animales que se arrastran por el suelo, y de aves. **15**Así entraron en el arca con Noé parejas de todos los seres vivientes; **16**entraron un macho y una hembra de cada especie, tal como Dios se lo había mandado a Noé. Luego el SEÑOR cerró la puerta del arca.

17El diluvio cayó sobre la tierra durante cuarenta días. Cuando crecieron las aguas, elevaron el arca por encima de la tierra. **18**Las aguas crecían y aumentaban cada vez más, pero el arca se mantenía a flote sobre ellas. **19**Tanto crecieron las aguas, que cubrieron las montañas más altas que hay debajo de los cielos. **20**El nivel del agua subió más de siete metros*r* por encima de las montañas. **21**Así murió todo *ser viviente que se movía sobre la tierra: las aves, los animales salvajes y domésticos, todo tipo de animal que se arrastraba por el suelo, y todo ser humano. **22**Pereció todo ser que habitaba la tierra firme y tenía aliento de vida. **23**Dios borró de la faz de la tierra a todo ser viviente, desde los seres humanos hasta los ganados, los reptiles y las aves del cielo. Todos fueron borrados de la faz de la tierra. Sólo quedaron Noé y los que estaban con él en el arca. **24**Y la tierra quedó inundada ciento cincuenta días.

8 Dios se acordó entonces de Noé y de todos los animales salvajes y domésticos que estaban con él en el arca. Hizo que soplara un fuerte viento sobre la tierra, y las aguas comenzaron a bajar. **2**Se cerraron las fuentes del mar profundo y las compuertas del cielo, y dejó de llover. **3**Poco a poco las aguas se fueron retirando de la tierra. Al cabo de ciento cincuenta

---

P **6:15** *ciento cuarenta metros de largo, veintitrés de ancho y catorce de alto.* Lit. *300* *codos de largo, 50 codos de ancho y 30 codos de alto.* *q* **6:16** *medio metro.* Lit. *un codo.* *r* **7:20** *siete metros.* Lit. *quince* *codos.*

días las aguas habían disminuido. **4**El día diecisiete del mes séptimo el arca se detuvo sobre las montañas de Ararat, **5**y las aguas siguieron bajando hasta que el primer día del mes décimo pudieron verse las cimas de las montañas.

6Después de cuarenta días, Noé abrió la ventana del arca que había hecho **7**y soltó un cuervo, el cual estuvo volando de un lado a otro, esperando a que se secara la tierra. **8**Luego soltó una paloma, para ver si las aguas que cubrían la tierra ya se habían retirado. **9**Pero la paloma no encontró un lugar donde posarse, y volvió al arca porque las aguas aún cubrían la tierra. Noé extendió la mano, tomó la paloma y la metió consigo en el arca. **10**Esperó siete días más y volvió a soltar la paloma fuera del arca. **11**Caía la noche cuando la paloma regresó, trayendo en su pico una ramita de olivo recién cortada. Así Noé se dio cuenta de que las aguas habían bajado hasta dejar la tierra al descubierto. **12**Esperó siete días más y volvió a soltar la paloma, pero esta vez la paloma ya no regresó.

13Noé tenía seiscientos un años cuando las aguas se secaron. El primer día del primer mes de ese año, Noé quitó la cubierta del arca y vio que la tierra estaba seca. **14**Para el día veintisiete del segundo mes, la tierra estaba ya completamente seca. **15**Entonces Dios le dijo a Noé: **16**«Sal del arca junto con tus hijos, tu esposa y tus nueras. **17**Saca también a todos los seres vivientes que están contigo: las aves, el ganado y todos los animales que se arrastran por el suelo. ¡Que sean fecundos! ¡Que se multipliquen y llenen la tierra!»

18Salieron, pues, del arca Noé y sus hijos, su esposa y sus nueras. **19**Salieron también todos los animales: el ganado, las aves, y todos los reptiles que se mueven sobre la tierra, cada uno según su especie.

20Luego Noé construyó un altar al SEÑOR, y sobre ese altar ofreció como *holocausto animales puros y aves puras. **21**Cuando el SEÑOR percibió el grato aroma, se dijo a sí mismo: «Aunque las intenciones del *ser humano son perversas desde su juventud, nunca más volveré a maldecir la tierra por culpa suya. Tampoco volveré a destruir a todos los seres vivientes, como acabo de hacerlo.

22»Mientras la tierra exista,
habrá siembra y cosecha,
frío y calor,
verano e invierno,
y días y noches.»

El pacto de Dios con Noé

9 Dios bendijo a Noé y a sus hijos con estas palabras: «Sean fecundos, multiplíquense y llenen la tierra. **2**Todos los animales de la tierra sentirán temor y respeto ante ustedes: las aves, las bestias salvajes, los animales que se arrastran por el suelo, y los peces del mar. Todos estarán bajo su dominio. **3**Todo lo que se mueve y tiene vida, al igual que las verduras, les servirá de alimento. Yo les doy todo esto. **4**Pero no deberán comer carne con su *vida, es decir, con su sangre. **5**Por cierto, de la sangre de ustedes yo habré de pedirles cuentas. A todos los animales y a todos los seres humanos les pediré cuentas de la vida de sus semejantes.

6»Si alguien derrama la sangre de
un *ser humano,
otro ser humano derramará la
suya,
porque el ser humano ha sido
creado
a imagen de Dios mismo.

7»En cuanto a ustedes, sean fecundos y multiplíquense; sí, multiplíquense y llenen la tierra.»

8Dios les habló otra vez a Noé y a sus hijos, y les dijo: **9**«Yo establezco mi *pacto con ustedes, con sus descendientes, **10**y con todos los seres vivientes que están con ustedes, es decir, con todos los seres vivientes de la tierra que salieron del arca: las aves, y los animales domésticos y salvajes. **11**Éste es mi pacto con ustedes: Nunca más serán exterminados los seres humanos por un diluvio; nunca más habrá un diluvio que destruya la tierra.»

12Y Dios añadió: «Ésta es la señal del pacto que establezco para siempre con ustedes y con todos los seres vivientes que los acompañan: **13**He colocado mi arco iris en las nubes, el cual servirá como señal de mi pacto con la tierra. **14**Cuando yo cubra la tierra de nubes, y en ellas aparezca el arco iris, ¹⁵me acordaré del pacto que he establecido con ustedes y con todos los seres vivientes. Nunca más las aguas se convertirán en un diluvio para destruir a todos los mortales. ¹⁶Cada vez que aparezca el arco iris entre las nubes, yo lo veré y me acordaré del pacto que establecí para siempre con todos los seres vivientes que hay sobre la tierra.»

¹⁷Dios concluyó diciéndole a Noé: «Éste es el pacto que establezco con todos los seres vivientes que hay en la tierra.»

Los hijos de Noé

¹⁸Los hijos de Noé que salieron del arca fueron Sem, Cam, que fue el padre de Canaán, y Jafet. ¹⁹Éstos fueron los tres hijos de Noé que con su descendencia poblaron toda la tierra.

²⁰Noé se dedicó a cultivar la tierra, y plantó una viña. ²¹Un día, bebió vino y se embriagó, quedándose desnudo dentro de su carpa. ²²Cam, el padre de Canaán, vio a su padre desnudo y fue a contárselo a sus hermanos, que estaban afuera. ²³Entonces Sem y Jafet tomaron un manto, se lo echaron sobre los hombros, y caminando hacia atrás, cubrieron la desnudez de su padre. Como miraban en dirección opuesta, no lo vieron desnudo.

²⁴Cuando Noé despertó de su borrachera y se enteró de lo que su hijo menor le había hecho, ²⁵declaró:

«¡Maldito sea Canaán!
Será de sus dos hermanos
el más bajo de sus esclavos.»

²⁶Y agregó:

«¡Bendito sea el SEÑOR, Dios de
Sem!
¡Que Canaán sea su esclavo!
²⁷¡Que Dios extienda el territorio de
Jafet!^s
¡Que habite Jafet en los
campamentos de Sem,
y que Canaán sea su esclavo!»

²⁸Después del diluvio Noé vivió trescientos cincuenta años más, ²⁹de modo que murió a la edad de novecientos cincuenta años.

Las naciones de la tierra

10:2-31 — 1Cr 1:5-27
10:21-31 — Gn 11:10-27

10 Ésta es la historia de Sem, Cam y Jafet, hijos de Noé, quienes después del diluvio tuvieron sus propios hijos.

² Los hijos^t de Jafet fueron Gómer, Magog, Maday, Javán, Tubal, Mésec y Tirás.

³ Los hijos de Gómer fueron Asquenaz, Rifat y Togarma.

⁴ Los hijos de Javán fueron Elisá, Tarsis, Quitín y Rodanín.^u

⁵Algunos de ellos, que poblaron las costas, formaron naciones y clanes en sus respectivos territorios y con sus propios idiomas.

⁶ Los hijos de Cam fueron Cus, Misrayin, Fut y Canaán.

⁷ Los hijos de Cus fueron Seba, Javilá, Sabtá, Ragama y Sabteca.

Los hijos de Ragama fueron Sabá y Dedán.

⁸Cus fue el padre de Nimrod, conocido como el primer hombre fuerte de la tierra, ⁹quien llegó a ser un valiente cazador ante el SEÑOR. Por eso se dice: «Como Nimrod, valiente cazador ante el SEÑOR.» ¹⁰Las principales ciudades de su reino fueron Babel, Érec, Acad y Calné, en la región de Sinar. ¹¹Desde esa región Nimrod salió hacia Asur, donde construyó^v las ciudades de Nínive, Rejobot Ir,^w Cala ¹²y Resén, la gran ciudad que está entre Nínive y Cala.

¹³ Misrayin fue el antepasado de los ludeos, los anameos, los leabitas, los naftuitas, ¹⁴los patruseos, los caslujitas y los caftoritas, de quienes descienden los filisteos.

¹⁵ Canaán fue el padre de Sidón, su primogénito, y de Het, ¹⁶y el antepasado de los jebuseos, los amorreos, los gergeseos, ¹⁷los heveos, los ara-

---

^s**9:27** En hebreo, el nombre propio *Jafet* suena como el verbo que significa *extender*.   ^t**10:2** En este contexto *hijos* puede significar *descendientes*; así en el resto de este capítulo.   ^u**10:4** *Rodanín* (varios mss. hebreos y 1Cr 1:7); *Dodanín* (TM).   ^v**10:11** *Desde esa región Nimrod salió hacia Asur, donde construyó.* Alt. *Desde esa región salió Asur, quien construyó.*   ^w**10:11** *Rejobot Ir.* Alt. *con sus plazas urbanas.*

ceos, los sineos, **18**los arvadeos, los zemareos y los jamatitas.

Luego, estos clanes cananeos se dispersaron, **19**y su territorio se extendió desde Sidón hasta Guerar y Gaza, y en dirección de Sodoma, Gomorra, Admá y Zeboyín, hasta Lasa.

20Éstos fueron los descendientes de Cam, según sus clanes e idiomas, territorios y naciones.

21Sem, antepasado de todos los hijos de Éber, y hermano mayor de Jafet, también tuvo hijos.

22 Los hijos de Sem fueron Elam, Asur, Arfaxad, Lud y Aram.

23 Los hijos de Aram fueron Uz, Hul, Guéter y Mas.

24 Arfaxad fue el padre de Selaj. Selaj fue el padre de Éber.

25 Éber tuvo dos hijos: el primero se llamó Péleg,*x* porque en su tiempo se dividió la tierra; su hermano se llamó Joctán.

26 Joctán fue el padre de Almodad, Sélef, Jazar Mávet, Yeraj, **27**Hadorán, Uzal, Diclá, **28**Obal, Abimael, Sabá, **29**Ofir, Javilá y Jobab. Todos éstos fueron hijos de Joctán, **30**y vivieron en la región que va desde Mesá hasta Sefar, en la región montañosa oriental.

31Éstos fueron los hijos de Sem, según sus clanes y sus idiomas, sus territorios y naciones.

32Éstos son los clanes de los hijos de Noé, según sus genealogías y sus naciones. A partir de estos clanes, las naciones se extendieron sobre la tierra después del diluvio.

La torre de Babel

11 En ese entonces se hablaba un solo idioma en toda la tierra. **2**Al emigrar al oriente, la gente encontró una llanura en la región de Sinar, y allí se asentaron. **3**Un día se dijeron unos a otros: «Vamos a hacer ladrillos, y a cocerlos al fuego.» Fue así como usaron ladrillos en vez de piedras, y asfalto en vez de mezcla. **4**Luego dijeron: «Construyamos una ciudad con una torre que llegue hasta el cielo. De ese modo nos haremos famosos y evitaremos ser dispersados por toda la tierra.»

5Pero el SEÑOR bajó para observar la ciudad y la torre que los *hombres estaban construyendo, **6**y se dijo: «Todos forman un solo pueblo y hablan un solo idioma; esto es sólo el comienzo de sus obras, y todo lo que se propongan lo podrán lograr. **7**Será mejor que bajemos a confundir su idioma, para que ya no se entiendan entre ellos mismos.»

8De esta manera el SEÑOR los dispersó desde allí por toda la tierra, y por lo tanto dejaron de construir la ciudad. **9**Por eso a la ciudad se le llamó Babel,*y* porque fue allí donde el SEÑOR confundió el idioma de toda la gente de la tierra, y de donde los dispersó por todo el mundo.

Descendientes de Sem

11:10-27 — Gn 10:21-31; 1Cr 1:17-27

10Ésta es la historia de Sem:

Dos años después del diluvio, cuando Sem tenía cien años, nació su hijo Arfaxad. **11**Después del nacimiento de Arfaxad, Sem vivió quinientos años más, y tuvo otros hijos y otras hijas.

12Cuando Arfaxad tenía treinta y cinco años, nació su hijo Selaj. **13**Después del nacimiento de Selaj, Arfaxad vivió cuatrocientos tres años más, y tuvo otros hijos y otras hijas.

14Cuando Selaj tenía treinta años, nació su hijo Éber. **15**Después del nacimiento de Éber, Selaj vivió cuatrocientos tres años más, y tuvo otros hijos y otras hijas.

16Cuando Éber tenía treinta y cuatro años, nació su hijo Péleg. **17**Después del nacimiento de Péleg, Éber vivió cuatrocientos treinta años más, y tuvo otros hijos y otras hijas.

18Cuando Péleg tenía treinta años, nació su hijo Reú. **19**Después del nacimiento de Reú, Péleg vivió doscientos nueve años más, y tuvo otros hijos y otras hijas.

---

x **10:25** En hebreo, *Péleg* significa *división.*   *y* **11:9** En hebreo, *Babel* suena como el verbo que significa *confundir.*

²⁰Cuando Reú tenía treinta y dos años, nació su hijo Serug. ²¹Después del nacimiento de Serug, Reú vivió doscientos siete años más, y tuvo otros hijos y otras hijas.

²²Cuando Serug tenía treinta años, nació su hijo Najor. ²³Después del nacimiento de Najor, Serug vivió doscientos años más, y tuvo otros hijos y otras hijas.

²⁴Cuando Najor tenía veintinueve años, nació su hijo Téraj. ²⁵Después del nacimiento de Téraj, Najor vivió ciento diecinueve años más, y tuvo otros hijos y otras hijas.

²⁶Cuando Téraj tenía setenta años, ya habían nacido sus hijos Abram, Najor y Jarán.

Descendientes de Téraj

²⁷Ésta es la historia de Téraj, el padre de Abram, Najor y Jarán.

Jarán fue el padre de Lot, ²⁸y murió en Ur de los *caldeos, su tierra natal, cuando su padre Téraj aún vivía. ²⁹Abram se casó con Saray, y Najor se casó con Milca, la hija de Jarán, el cual tuvo otra hija llamada Iscá. ³⁰Pero Saray era estéril; no podía tener hijos.

³¹Téraj salió de Ur de los caldeos rumbo a Canaán. Se fue con su hijo Abram, su nieto Lot y su nuera Saray, la esposa de Abram. Sin embargo, al llegar a la ciudad de Jarán, se quedaron a vivir en aquel lugar, ³²y allí mismo murió Téraj a los doscientos años de edad.

Llamamiento de Abram

12 El SEÑOR le dijo a Abram: «Deja tu tierra, tus parientes y la casa de tu padre, y vete a la tierra que te mostraré.

²»Haré de ti una nación grande,
    y te bendeciré;
    haré famoso tu *nombre,
    y serás una bendición.
³Bendeciré a los que te bendigan
    y maldeciré a los que te maldigan;
¡por medio de ti serán bendecidas
    todas las familias de la tierra!»

⁴Abram partió, tal como el SEÑOR se lo había ordenado, y Lot se fue con él. Abram tenía setenta y cinco años cuando salió de Jarán. ⁵Al encaminarse hacia la tierra de Canaán, Abram se llevó a su esposa Saray, a su sobrino Lot, a toda la gente que habían adquirido en Jarán, y todos los bienes que habían acumulado. Cuando llegaron a Canaán, ⁶Abram atravesó toda esa región hasta llegar a Siquén, donde se encuentra la encina sagrada de Moré. En aquella época, los cananeos vivían en esa región. ⁷Allí el SEÑOR se le apareció a Abram y le dijo: «Yo le daré esta tierra a tu descendencia.» Entonces Abram erigió un altar al SEÑOR, porque se le había aparecido. ⁸De allí se dirigió a la región montañosa que está al este de Betel, donde armó su campamento, teniendo a Betel al oeste y Hai al este. También en ese lugar erigió un altar al SEÑOR e invocó su nombre. ⁹Después, Abram siguió su viaje por etapas hasta llegar a la región del Néguev.

Abram en Egipto

¹⁰En ese entonces, hubo tanta hambre en aquella región que Abram se fue a vivir a Egipto. ¹¹Cuando estaba por entrar a Egipto, le dijo a su esposa Saray: «Yo sé que eres una mujer muy hermosa. ¹²Estoy seguro que en cuanto te vean los egipcios, dirán: "Es su esposa"; entonces a mí me matarán, pero a ti te dejarán con vida. ¹³Por favor, di que eres mi hermana, para que gracias a ti me vaya bien y me dejen con vida.»

¹⁴Cuando Abram llegó a Egipto, los egipcios vieron que Saray era muy hermosa. ¹⁵También los funcionarios del faraón la vieron, y fueron a contarle al faraón lo hermosa que era. Entonces la llevaron al palacio real. ¹⁶Gracias a ella trataron muy bien a Abram. Le dieron ovejas, vacas, esclavos y esclavas, asnos y asnas, y camellos. ¹⁷Pero por causa de Saray, la esposa de Abram, el SEÑOR castigó al faraón y a su familia con grandes plagas. ¹⁸Entonces el faraón llamó a Abram y le dijo: «¿Qué me has hecho? ¿Por qué no me dijiste que era tu esposa? ¹⁹¿Por qué dijiste que era tu hermana? ¡Yo pude haberla tomado por esposa! ¡Anda, toma a tu esposa y vete!» ²⁰Y el faraón ordenó a sus hombres que expulsaran a Abram y a su esposa, junto con todos sus bienes.

Abram y Lot se separan

13 Abram salió de Egipto con su esposa, con Lot y con todos sus bienes, en dirección a la región del Néguev. ²Abram se había hecho muy rico en ganado, plata y oro. ³Desde el Néguev, Abram regresó por etapas hasta Betel, es decir, hasta el lugar donde había acampado al principio, entre Betel y Hai. ⁴En ese lugar había erigido antes un altar, y allí invocó Abram el *nombre del SEÑOR.

⁵También Lot, que iba acompañando a Abram, tenía rebaños, ganado y tiendas de campaña. ⁶La región donde estaban no daba abasto para mantener a los dos, porque tenían demasiado como para vivir juntos. ⁷Por eso comenzaron las fricciones entre los pastores de los rebaños de Abram y los que cuidaban los ganados de Lot. Además, los cananeos y los ferezeos también habitaban allí en aquel tiempo.

⁸Así que Abram le dijo a Lot: «No debe haber pleitos entre nosotros, ni entre nuestros pastores, porque somos parientes. ⁹Allí tienes toda la tierra a tu disposición. Por favor, aléjate de mí. Si te vas a la izquierda, yo me iré a la derecha, y si te vas a la derecha, yo me iré a la izquierda.»

¹⁰Lot levantó la vista y observó que todo el valle del Jordán, hasta Zoar, era tierra de regadío, como el jardín del SEÑOR o como la tierra de Egipto. Así era antes de que el SEÑOR destruyera a Sodoma y a Gomorra. ¹¹Entonces Lot escogió para sí todo el valle del Jordán, y partió hacia el oriente. Fue así como Abram y Lot se separaron. ¹²Abram se quedó a vivir en la tierra de Canaán, mientras que Lot se fue a vivir entre las ciudades del valle, estableciendo su campamento cerca de la ciudad de Sodoma. ¹³Los habitantes de Sodoma eran malvados y cometían muy graves pecados contra el SEÑOR.

¹⁴Después de que Lot se separó de Abram, el SEÑOR le dijo: «Abram, levanta la vista desde el lugar donde estás, y mira hacia el norte y hacia el sur, hacia el este y hacia el oeste. ¹⁵Yo te daré a ti y a tu descendencia, para siempre, toda la tierra que abarca tu mirada. ¹⁶Multiplicaré tu descendencia como el polvo de la tierra. Si alguien puede contar el polvo de la tierra, también podrá contar tus descendientes. ¹⁷¡Ve y recorre el país a lo largo y a lo ancho, porque a ti te lo daré!»

¹⁸Entonces Abram levantó su campamento y se fue a vivir cerca de Hebrón, junto al encinar de Mamré. Allí erigió un altar al SEÑOR.

Abram rescata a Lot

14 En aquel tiempo los reyes Amrafel de Sinar,ᶻ Arioc de Elasar, Quedorlaómer de Elam, y Tidal de Goyim ²estuvieron en guerra contra los reyes Bera de Sodoma, Birsá de Gomorra, Sinab de Admá, Semeber de Zeboyín, y el rey de Bela, es decir, de Zoar. ³Estos cinco últimos aunaron fuerzas en el valle de Sidín, conocido como el Mar Muerto. ⁴Durante doce años habían estado bajo el dominio de Quedorlaómer, pero en el año trece se rebelaron contra él.

⁵Al año siguiente, Quedorlaómer y los reyes que estaban con él salieron y derrotaron a los refaítas en la región de Astarot Carnayin; luego derrotaron a los zuzitas en Jam, a los emitas en Save Quiriatayin, ⁶y a los horeos en los montes de Seír, hasta El Parán, que está cerca del desierto. ⁷Al volver, llegaron hasta Enmispat, es decir, Cades, y conquistaron todo el territorio de los amalecitas, y también el de los amorreos que vivían en la región de Jazezón Tamar.

⁸Entonces los reyes de Sodoma, Gomorra, Admá, Zeboyín y Bela, es decir, Zoar, salieron al valle de Sidín y presentaron batalla ⁹a los reyes Quedorlaómer de Elam, Tidal de Goyim, Amrafel de Sinar, y Arioc de Elasar. Eran cuatro reyes contra cinco. ¹⁰El valle de Sidín estaba lleno de pozos de asfalto, y cuando los reyes de Sodoma y Gomorra huyeron, se cayeron en ellos, pero los demás lograron escapar hacia los montes. ¹¹Los vencedores saquearon todos los bienes de Sodoma y de Gomorra, junto con todos los alimentos, y luego se retiraron. ¹²Y como Lot, el so-

ᶻ **14:1** *Sinar.* Es decir, Babilonia; también en v. 9.

brino de Abram, habitaba en Sodoma, también se lo llevaron a él, con todas sus posesiones.

¹³Uno de los que habían escapado le informó todo esto a Abram el hebreo, que estaba acampando junto al encinar de Mamré el amorreo. Mamré era hermano*ᵃ* de Escol y de Aner, y éstos eran aliados de Abram. ¹⁴En cuanto Abram supo que su sobrino estaba cautivo, convocó a trescientos dieciocho hombres adiestrados que habían nacido en su casa, y persiguió a los invasores hasta Dan. ¹⁵Durante la noche Abram y sus siervos desplegaron sus fuerzas y los derrotaron, persiguiéndolos hasta Hobá, que está al norte de Damasco. ¹⁶Así recuperó todos los bienes, y también rescató a su sobrino Lot, junto con sus posesiones, las mujeres y la demás gente.

¹⁷Cuando Abram volvía de derrotar a Quedorlaómer y a los reyes que estaban con él, el rey de Sodoma salió a su encuentro en el valle de Save, es decir, en el valle del Rey.

¹⁸Y Melquisedec, rey de *Salén y sacerdote del Dios *altísimo, le ofreció pan y vino. ¹⁹Luego bendijo a Abram con estas palabras:

«¡Que el Dios altísimo,
creador*ᵇ* del cielo y de la tierra,
bendiga a Abram!
²⁰¡Bendito sea el Dios altísimo,
que entregó en tus manos a tus
enemigos!»

Entonces Abram le dio el diezmo de todo.

²¹El rey de Sodoma le dijo a Abram:

—Dame las personas y quédate con los bienes.

²²Pero Abram le contestó:

—He jurado por el SEÑOR, el Dios altísimo, creador del cielo y de la tierra, ²³que no tomaré nada de lo que es tuyo, ni siquiera un hilo ni la correa de una sandalia. Así nunca podrás decir: "Yo hice

rico a Abram." ²⁴No quiero nada para mí, salvo lo que mis hombres ya han comido. En cuanto a los hombres que me acompañaron, es decir, Aner, Escol y Mamré, que tomen ellos su parte.

Dios hace un pacto con Abram

15 Después de esto, la palabra del SEÑOR vino a Abram en una visión:

«No temas, Abram.
Yo soy tu escudo,
y muy grande será tu
recompensa.»

²Pero Abram le respondió:

—SEÑOR y Dios, ¿para qué vas a darme algo, si aún sigo sin tener hijos, y el heredero*ᶜ* de mis bienes será Eliezer de Damasco? ³Como no me has dado ningún hijo, mi herencia la recibirá uno de mis criados.

⁴—¡No! Ese hombre no ha de ser tu heredero —le contestó el SEÑOR—. Tu heredero será tu propio hijo.

⁵Luego el SEÑOR lo llevó afuera y le dijo:

—Mira hacia el cielo y cuenta las estrellas, a ver si puedes. ¡Así de numerosa será tu descendencia!

⁶Abram creyó al SEÑOR, y el SEÑOR lo reconoció a él como justo. ⁷Además, le dijo:

—Yo soy el SEÑOR, que te hice salir de Ur de los *caldeos para darte en posesión esta tierra.

⁸Pero Abram le preguntó:

—SEÑOR y Dios, ¿cómo sabré que voy a poseerla?

⁹El SEÑOR le respondió:

—Tráeme una ternera, una cabra y un carnero, todos ellos de tres años, y también una tórtola y un pichón de paloma.

¹⁰Abram llevó todos estos animales, los partió por la mitad, y puso una mitad frente a la otra, pero a las aves no las partió. ¹¹Y las aves de rapiña comenzaron a lanzarse sobre los animales muertos, pero Abram las espantaba.

ᵃ **14:13** *hermano.* Alt. *pariente* o *un aliado.*   *ᵇ* **14:19** *creador.* Alt. *dueño*; también en v. 22.
ᶜ **15:2** *heredero.* Palabra de difícil traducción.

12Al anochecer, Abram cayó en un profundo sueño, y lo envolvió una oscuridad aterradora. 13El SEÑOR le dijo:

—Debes saber que tus descendientes vivirán como extranjeros en tierra extraña, donde serán esclavizados y maltratados durante cuatrocientos años. 14Pero yo castigaré a la nación que los esclavizará, y luego tus descendientes saldrán en libertad y con grandes riquezas. 15Tú, en cambio, te reunirás en *paz con tus antepasados, y te enterrarán cuando ya seas muy anciano. 16Cuatro generaciones después tus descendientes volverán a este lugar, porque antes de eso no habrá llegado al colmo la iniquidad de los amorreos.

17Cuando el sol se puso y cayó la noche, aparecieron una hornilla humeante y una antorcha encendida, las cuales pasaban entre los animales descuartizados. 18En aquel día el SEÑOR hizo un *pacto con Abram. Le dijo:

—A tus descendientes les daré esta tierra, desde el río de Egipto hasta el gran río, el Éufrates. 19Me refiero a la tierra de los quenitas, los quenizitas, los cadmoneos, 20los hititas, los ferezeos, los refaítas, 21los amorreos, los cananeos, los gergeseos y los jebuseos.

Agar e Ismael

16 Saray, la esposa de Abram, no le había dado hijos. Pero como tenía una esclava egipcia llamada Agar, 2Saray le dijo a Abram:

—El SEÑOR me ha hecho estéril. Por lo tanto, ve y acuéstate con mi esclava Agar. Tal vez por medio de ella podré tener hijos.

Abram aceptó la propuesta que le hizo Saray. 3Entonces ella tomó a Agar, la esclava egipcia, y se la entregó a Abram como mujer. Esto ocurrió cuando ya hacía diez años que Abram vivía en Canaán.

4Abram tuvo relaciones con Agar, y ella concibió un hijo. Al darse cuenta Agar de que estaba embarazada, comenzó a mirar con desprecio a su dueña. 5Entonces Saray le dijo a Abram:

—¡Tú tienes la culpa de mi afrenta! Yo puse a mi esclava en tus brazos, y ahora que se ve embarazada me mira con desprecio. ¡Que el SEÑOR juzgue entre tú y yo!

6—Tu esclava está en tus manos —contestó Abram—; haz con ella lo que bien te parezca.

Y de tal manera comenzó Saray a maltratar a Agar, que ésta huyó al desierto. 7Allí, junto a un manantial que está en el camino a la región de Sur, la encontró el ángel del SEÑOR 8y le preguntó:

—Agar, esclava de Saray, ¿de dónde vienes y a dónde vas?

—Estoy huyendo de mi dueña Saray —respondió ella.

9—Vuelve junto a ella y sométete a su autoridad —le dijo el ángel—. 10De tal manera multiplicaré tu descendencia, que no se podrá contar.

11»Estás embarazada, y darás a luz
        un hijo,
    y le pondrás por *nombre
        Ismael,d
    porque el SEÑOR ha escuchado tu
        aflicción.
12Será un hombre indómito como
        asno salvaje.
    Luchará contra todos, y todos
        lucharán contra él;
    y vivirá en conflicto con todos
        sus hermanos.

13Como el SEÑOR le había hablado, Agar le puso por nombre «El Dios que me ve»,e pues se decía: «Ahora he visto alf que me ve.» 14Por eso también el pozo que está entre Cades y Béred se conoce con el nombre de «Pozo del Viviente que me ve».g

15Agar le dio a Abram un hijo, a quien Abram llamó Ismael. 16Abram tenía ochenta y seis años cuando nació Ismael.

El pacto y la circuncisión

17 Cuando Abram tenía noventa y nueve años, el SEÑOR se le apareció y le dijo:

---

d16:11 En hebreo, *Ismael* significa *Dios escucha*.   e16:13 *El Dios que me ve*. Lit. *El Roí*.   f16:13 *he visto al*. Lit. *he visto la espalda del*.   g16:14 *Pozo del Viviente que me ve*. Lit. *Ber Lajay Roí*.

—Yo soy el Dios *Todopoderoso. Vive en mi presencia y sé intachable. ²Así confirmaré mi *pacto contigo, y multiplicaré tu descendencia en gran manera.

³Al oír que Dios le hablaba, Abram cayó rostro en tierra, y Dios continuó:

⁴—Éste es el pacto que establezco contigo: Tú serás el padre de una multitud de naciones. ⁵Ya no te llamarás Abram, *h* sino que de ahora en adelante tu *nombre será Abraham, *i* porque te he confirmado como padre de una multitud de naciones. ⁶Te haré tan fecundo que de ti saldrán reyes y naciones. ⁷Estableceré mi pacto contigo y con tu descendencia, como pacto perpetuo, por todas las generaciones. Yo seré tu Dios, y el Dios de tus descendientes. ⁸A ti y a tu descendencia les daré, en posesión perpetua, toda la tierra de Canaán, donde ahora andan peregrinando. Y yo seré su Dios.

⁹Dios también le dijo a Abraham:

—Cumple con mi pacto, tú y toda tu descendencia, por todas las generaciones. ¹⁰Y éste es el pacto que establezco contigo y con tu descendencia, y que todos deberán cumplir: Todos los varones entre ustedes deberán ser circuncidados. ¹¹Circuncidarán la carne de su prepucio, y ésa será la señal del pacto entre nosotros. ¹²Todos los varones de cada generación deberán ser circuncidados a los ocho días de nacidos, tanto los niños nacidos en casa como los que hayan sido comprados por dinero a un extranjero y que, por lo tanto, no sean de la estirpe de ustedes. ¹³Todos sin excepción, tanto el nacido en casa como el que haya sido comprado por dinero, deberán ser circuncidados. De esta manera mi pacto quedará como una marca indeleble en la carne de ustedes, como un pacto perpetuo. ¹⁴Pero el varón incircunciso, al que no se le haya cortado la carne del prepucio, será eliminado de su pueblo por quebrantar mi pacto.

¹⁵También le dijo Dios a Abraham:

—A Saray, tu esposa, ya no la llamarás Saray, sino que su nombre será Sara. *j* ¹⁶Yo la bendeciré, y por medio de ella te daré un hijo. Tanto la bendeciré, que será madre de naciones, y de ella surgirán reyes de pueblos.

¹⁷Entonces Abraham inclinó el rostro hasta el suelo y se rió de pensar: «¿Acaso puede un hombre tener un hijo a los cien años, y ser madre Sara a los noventa?» ¹⁸Por eso le dijo a Dios:

—¡Concédele a Ismael vivir bajo tu bendición!

¹⁹A lo que Dios contestó:

—¡Pero es Sara, tu esposa, la que te dará un hijo, al que llamarás Isaac! *k* Yo estableceré mi pacto con él y con sus descendientes, como pacto perpetuo. ²⁰En cuanto a Ismael, ya te he escuchado. Yo lo bendeciré, lo haré fecundo y le daré una descendencia numerosa. Él será el padre de doce príncipes. Haré de él una nación muy grande. ²¹Pero mi pacto lo estableceré con Isaac, el hijo que te dará Sara de aquí a un año, por estos días.

²²Cuando Dios terminó de hablar con Abraham, se retiró de su presencia. ²³Ese mismo día Abraham tomó a su hijo Ismael, a los criados nacidos en su casa, a los que había comprado con su dinero y a todos los otros varones que había en su casa, y los circuncidó, tal como Dios se lo había mandado. ²⁴Abraham tenía noventa y nueve años cuando fue circuncidado, ²⁵mientras que su hijo Ismael tenía trece. ²⁶Así que ambos fueron circuncidados el mismo día ²⁷junto con todos los varones de su casa, tanto los nacidos en ella como los comprados a extranjeros.

La visita del Señor

18 El Señor se le apareció a Abraham junto al encinar de Mamré, cuando Abraham estaba sentado a la entrada de su carpa, a la hora más calurosa del día. ²Abraham alzó la vista, y vio a tres hombres de pie cerca de él. Al verlos, corrió desde la entrada de la carpa a saludarlos. Inclinándose hasta el suelo, ³dijo:

—Mi señor, si este servidor suyo cuenta con su favor, le ruego que no me pase de largo. ⁴Haré que les traigan un

---

h **17:5** En hebreo, *Abram* significa *padre enaltecido.* *i* **17:5** En hebreo, *Abraham* puede significar *padre de muchos* o *padre de misericordia.* *j* **17:15** En hebreo, *Sara* significa *princesa.* *k* **17:19** En hebreo, *Isaac* significa *él se ríe.*

poco de agua para que ustedes se laven los pies, y luego podrán descansar bajo el árbol. **5**Ya que han pasado por donde está su servidor, déjenme traerles algo de comer para que se sientan mejor antes de seguir su camino.

—¡Está bien —respondieron ellos—, hazlo así!

6Abraham fue rápidamente a la carpa donde estaba Sara, y le dijo:

—¡Date prisa! Toma unos veinte kilos *l* de harina fina, amásalos y haz unos panes.

7Después Abraham fue corriendo adonde estaba el ganado, eligió un ternero bueno y tierno, y se lo dio a su sirviente, quien a toda prisa se puso a prepararlo. **8**Luego les sirvió requesón y leche con el ternero que estaba preparado. Mientras comían, Abraham se quedó de pie junto a ellos, debajo del árbol. **9**Entonces ellos le preguntaron:

—¿Dónde está Sara, tu esposa?

—Allí en la carpa —les respondió.

10—Dentro de un año volveré a verte —dijo uno de ellos—, y para entonces tu esposa Sara tendrá un hijo.

Sara estaba escuchando a la entrada de la carpa, a espaldas del que hablaba. **11**Abraham y Sara eran ya bastante ancianos, y Sara ya había dejado de menstruar. **12**Por eso, Sara se rió y pensó: «¿Acaso voy a tener este placer, ahora que ya estoy consumida y mi esposo es tan viejo?»

13Pero el Señor le dijo a Abraham:

—¿Por qué se ríe Sara? ¿No cree que podrá tener un hijo en su vejez? **14**¿Acaso hay algo imposible para el Señor? El año que viene volveré a visitarte en esta fecha, y para entonces Sara habrá tenido un hijo.

15Sara, por su parte, tuvo miedo y mintió al decirle:

—Yo no me estaba riendo.

Pero el Señor le replicó:

—Sí te reíste.

Abraham intercede en favor de Sodoma

16Luego aquellos visitantes se levantaron y partieron de allí en dirección a Sodoma. Abraham los acompañó para despedirlos. **17**Pero el Señor estaba pensando: «¿Le ocultaré a Abraham lo que estoy por hacer? **18**Es un hecho que Abraham se convertirá en una nación grande y poderosa, y en él serán bendecidas todas las naciones de la tierra. **19**Yo lo he elegido para que instruya a sus hijos y a su familia, a fin de que se mantengan en el *camino del Señor y pongan en práctica lo que es justo y recto. Así el Señor cumplirá lo que le ha prometido.»

20Entonces el Señor le dijo a Abraham:

—El clamor contra Sodoma y Gomorra resulta ya insoportable, y su pecado es gravísimo. **21**Por eso bajaré, a ver si realmente sus acciones son tan malas como el clamor contra ellas me lo indica; y si no, he de saberlo.

22Dos de los visitantes partieron de allí y se encaminaron a Sodoma, pero Abraham se quedó de pie frente al Señor. **23**Entonces se acercó al Señor y le dijo:

—¿De veras vas a exterminar al justo junto con el malvado? **24**Quizá haya cincuenta justos en la ciudad. ¿Exterminarás a todos, y no perdonarás a ese lugar por amor a los cincuenta justos que allí hay? **25**¡Lejos de ti el hacer tal cosa! ¿Matar al justo junto con el malvado, y que ambos sean tratados de la misma manera? ¡Jamás hagas tal cosa! Tú, que eres el Juez de toda la tierra, ¿no harás justicia?

26El Señor le respondió:

—Si encuentro cincuenta justos en Sodoma, por ellos perdonaré a toda la ciudad.

27Abraham le dijo:

—Reconozco que he sido muy atrevido al dirigirme a mi Señor, yo, que apenas soy polvo y ceniza. **28**Pero tal vez falten cinco justos para completar los cincuenta. ¿Destruirás a toda la ciudad si faltan esos cinco?

—Si encuentro cuarenta y cinco justos no la destruiré —contestó el Señor.

29Pero Abraham insistió:

—Tal vez se encuentren sólo cuarenta.

—Por esos cuarenta justos, no destruiré la ciudad —respondió el Señor.

30Abraham volvió a insistir:

---

l **18:6** *unos veinte kilos*. Lit. *tres *seah.*

—No se enoje mi S<small>EÑOR</small>, pero permítame seguir hablando. Tal vez se encuentren sólo treinta.

—No lo haré si encuentro allí a esos treinta —contestó el S<small>EÑOR</small>.

31Abraham siguió insistiendo:

—Sé que he sido muy atrevido en hablarle así a mi S<small>EÑOR</small>, pero tal vez se encuentren sólo veinte.

—Por esos veinte no la destruiré.

32Abraham volvió a decir:

—No se enoje mi S<small>EÑOR</small>, pero permítame hablar una vez más. Tal vez se encuentren sólo diez...

—Aun por esos diez no la destruiré —respondió el S<small>EÑOR</small> por última vez.

33Cuando el S<small>EÑOR</small> terminó de hablar con Abraham, se fue de allí, y Abraham regresó a su carpa.

Destrucción de Sodoma y Gomorra

19 Caía la tarde cuando los dos ángeles llegaron a Sodoma. Lot estaba sentado a la entrada de la ciudad. Al verlos, se levantó para recibirlos y se postró rostro en tierra. **2**Les dijo:

—Por favor, señores, les ruego que pasen la noche en la casa de este servidor suyo. Allí podrán lavarse los pies, y mañana al amanecer seguirán su camino.

—No, gracias —respondieron ellos—. Pasaremos la noche en la plaza.

3Pero tanto les insistió Lot que fueron con él y entraron en su casa. Allí Lot les preparó una buena comida y coció panes sin levadura, y ellos comieron. **4**Aún no se habían acostado cuando los hombres de la ciudad de Sodoma rodearon la casa. Todo el pueblo sin excepción, tanto jóvenes como ancianos, estaba allí presente. **5**Llamaron a Lot y le dijeron:

—¿Dónde están los hombres que vinieron a pasar la noche en tu casa? ¡Échalos afuera! ¡Queremos acostarnos con ellos!

6Lot salió a la puerta y, cerrándola detrás de sí, **7**les dijo:

—Por favor, amigos míos, no cometan tal perversidad. **8**Tengo dos hijas que todavía son vírgenes; voy a traérselas para que hagan con ellas lo que les plazca, pero a estos hombres no les hagan nada, pues han venido a hospedarse bajo mi techo.

9—¡Quítate de ahí! —le contestaron, y añadieron—: Éste ni siquiera es de aquí, y ahora nos quiere mandar. ¡Pues ahora te vamos a tratar peor que a ellos!

Entonces se lanzaron contra Lot y se acercaron a la puerta con intenciones de derribarla. **10**Pero los dos hombres extendieron los brazos, metieron a Lot en la casa y cerraron la puerta. **11**Luego, a los jóvenes y ancianos que se agolparon contra la puerta de la casa los dejaron ciegos, de modo que ya no podían encontrar la puerta. **12**Luego le advirtieron a Lot:

—¿Tienes otros familiares aquí? Saca de esta ciudad a tus yernos, hijos, hijas, y a todos los que te pertenezcan, **13**porque vamos a destruirla. El clamor contra esta gente ha llegado hasta el S<small>EÑOR</small>, y ya resulta insoportable. Por eso nos ha enviado a destruirla.

14Lot salió para hablar con sus futuros yernos, es decir, con los prometidos de sus hijas.

—¡Apúrense! —les dijo—. ¡Abandonen la ciudad, porque el S<small>EÑOR</small> está por destruirla!

Pero ellos creían que Lot estaba bromeando, **15**así que al amanecer los ángeles insistieron con Lot. Exclamaron:

—¡Apúrate! Llévate a tu esposa y a tus dos hijas que están aquí, para que no perezcan cuando la ciudad sea castigada.

16Como Lot titubeaba, los hombres lo tomaron de la mano, lo mismo que a su esposa y a sus dos hijas, y los sacaron de la ciudad, porque el S<small>EÑOR</small> les tuvo compasión. **17**Cuando ya los habían sacado de la ciudad, uno de los ángeles le dijo:

—¡Escápate! No mires hacia atrás, ni te detengas en ninguna parte del valle. Huye hacia las montañas, no sea que perezcas.

18—¡No, señor mío, por favor! —respondió Lot—. **19**Tú has visto con buenos ojos a este siervo tuyo, y tu lealtad ha sido grande al salvarme la *vida. Pero yo no puedo escaparme a las montañas, no sea que la destrucción me alcance y pierda yo la vida. **20**Cerca de aquí hay una ciudad pequeña, en la que podría refugiarme. ¿Por qué no dejan que me escape hacia allá? Es una ciudad muy pequeña, y en ella me pondré a salvo.

21—Está bien —le respondió—; también esta petición te la concederé. No destruiré la ciudad de que hablas. **22**Pero date prisa y huye de una vez, porque no puedo hacer nada hasta que llegues allí.

Por eso aquella ciudad recibió el *nombre de Zoar.[m]

23Lot llegó a Zoar cuando estaba amaneciendo. **24**Entonces el Señor hizo que cayera del cielo una lluvia de fuego y azufre sobre Sodoma y Gomorra. **25**Así destruyó a esas ciudades y a todos sus habitantes, junto con toda la llanura y la vegetación del suelo. **26**Pero la esposa de Lot miró hacia atrás, y se quedó convertida en estatua de sal.

27Al día siguiente Abraham madrugó y regresó al lugar donde se había encontrado con el Señor. **28**Volvió la mirada hacia Sodoma y Gomorra, y hacia toda la llanura, y vio que de la tierra subía humo, como de un horno.

29Así arrasó Dios a las ciudades de la llanura, pero se acordó de Abraham y sacó a Lot de en medio de la catástrofe que destruyó a las ciudades en que había habitado.

Lot y sus hijas

30Luego, por miedo a quedarse en Zoar, Lot se fue con sus dos hijas a vivir en la región montañosa. Allí vivió con ellas en una cueva. **31**Un día, la hija mayor le dijo a la menor:

—Nuestro padre ya está viejo, y no quedan hombres en esta región para que se casen con nosotras, como es la costumbre de todo el mundo. **32**Ven, vamos a emborracharlo, y nos acostaremos con él; y así, por medio de él tendremos descendencia.

33Esa misma noche emborracharon a su padre y, sin que éste se diera cuenta de nada, la hija mayor fue y se acostó con él. **34**A la mañana siguiente, la mayor le dijo a la menor:

—Mira, anoche me acosté con mi padre. Vamos a emborracharlo de nuevo esta noche, y ahora tú te acostarás con él; y así, por medio de él tendremos descendencia.

35Esa misma noche volvieron a emborrachar a su padre y, sin que éste se diera cuenta de nada, la hija menor fue y se acostó con él. **36**Así las dos hijas de Lot quedaron embarazadas de su padre. **37**La mayor tuvo un hijo, a quien llamó Moab,[n] padre de los actuales moabitas. **38**La hija menor también tuvo un hijo, a quien llamó Ben Amí,[ñ] padre de los actuales amonitas.

Abraham y Abimélec

20 Abraham partió desde allí en dirección a la región del Néguev, y se quedó a vivir entre Cades y Sur. Mientras vivía en Guerar, **2**Abraham decía que Sara, su esposa, era su hermana. Entonces Abimélec, rey de Guerar, mandó llamar a Sara y la tomó por esposa. **3**Pero aquella noche Dios se le apareció a Abimélec en sueños y le dijo:

—Puedes darte por muerto a causa de la mujer que has tomado, porque ella es casada.

4Pero como Abimélec todavía no se había acostado con ella, le contestó:

—Señor, ¿acaso vas a matar al inocente?[o] **5**Como Abraham me dijo que ella era su hermana, y ella me lo confirmó, yo hice todo esto de buena fe y sin mala intención.

6—Sí, ya sé que has hecho todo esto de buena fe —le respondió Dios en el sueño—; por eso no te permití tocarla, para que no pecaras contra mí. **7**Pero ahora devuelve esa mujer a su esposo, porque él es profeta y va a interceder por ti para que vivas. Si no lo haces, ten por seguro que morirás junto con todos los tuyos.

8En la madrugada del día siguiente, Abimélec se levantó y llamó a todos sus servidores para contarles en detalle lo que había ocurrido, y un gran temor se apoderó de ellos. **9**Entonces Abimélec llamó a Abraham y le reclamó:

—¡Qué nos has hecho! ¿En qué te he ofendido, que has traído un pecado tan grande sobre mí y sobre mi reino? ¡Lo que

---

*m*19:22 En hebreo, *Zoar* significa *pequeña.* *n*19:37 En hebreo, *Moab* suena como la palabra que significa *por parte del padre.*   *ñ*19:38 En hebreo, *Ben Amí* suena como la palabra que significa *hijo de mi pueblo.*
*o*20:4 *al inocente.* Lit. *a una nación justa.*

me has hecho no tiene nombre! **10**¿Qué pretendías conseguir con todo esto?

Al reclamo de Abimélec, **11**Abraham contestó:

—Yo pensé que en este lugar no había temor de Dios, y que por causa de mi esposa me matarían. **12**Pero en realidad ella es mi hermana, porque es hija de mi padre aunque no de mi madre; y además es mi esposa. **13**Cuando Dios me mandó dejar la casa de mi padre y andar errante, yo le dije a mi esposa: "Te pido que me hagas este favor: Dondequiera que vayamos, di siempre que soy tu hermano."

14Abimélec tomó entonces ovejas y vacas, esclavos y esclavas, y se los regaló a Abraham. Al mismo tiempo, le devolvió a Sara, su esposa, **15**y le dijo:

—Mira, ahí está todo mi territorio; quédate a vivir donde mejor te parezca.

16A Sara le dijo:

—Le he dado a tu hermano mil monedas de plata, que servirán de compensación por todo lo que te ha pasado; así quedarás vindicada ante todos los que están contigo.*p*

17Entonces Abraham oró a Dios, y Dios sanó a Abimélec y permitió que su esposa y sus siervas volvieran a tener hijos, **18**porque a causa de lo ocurrido con Sara, la esposa de Abraham, el SEÑOR había hecho que todas las mujeres en la casa de Abimélec quedaran estériles.

Nacimiento de Isaac

21 Tal como el SEÑOR lo había dicho, se ocupó de Sara y cumplió con la promesa que le había hecho. **2**Sara quedó embarazada y le dio un hijo a Abraham en su vejez. Esto sucedió en el tiempo anunciado por Dios. **3**Al hijo que Sara le dio, Abraham le puso por *nombre Isaac.*q* **4**Cuando su hijo Isaac cumplió ocho días de nacido, Abraham lo circuncidó, tal como Dios se lo había ordenado. **5**Abraham tenía ya cien años cuando nació su hijo Isaac. **6**Sara dijo entonces: «Dios me ha hecho reír, y todos los que se enteren de que he tenido un hijo, se reirán conmi-

go. **7**¿Quién le hubiera dicho a Abraham que Sara amamantaría hijos? Sin embargo, le he dado un hijo en su vejez.»

Expulsión de Agar e Ismael

8El niño Isaac creció y fue destetado. Ese mismo día, Abraham hizo un gran banquete. **9**Pero Sara se dio cuenta de que el hijo que Agar la egipcia le había dado a Abraham se burlaba de su hijo Isaac.*r* **10**Por eso le dijo a Abraham:

—¡Echa de aquí a esa esclava y a su hijo! El hijo de esa esclava jamás tendrá parte en la herencia con mi hijo Isaac.

11Este asunto angustió mucho a Abraham porque se trataba de su propio hijo. **12**Pero Dios le dijo a Abraham: «No te angusties por el muchacho ni por la esclava. Hazle caso a Sara, porque tu descendencia se establecerá por medio de Isaac. **13**Pero también del hijo de la esclava haré una gran nación, porque es hijo tuyo.»

14Al día siguiente, Abraham se levantó de madrugada, tomó un pan y un odre de agua, y se los dio a Agar, poniéndoselos sobre el hombro. Luego le entregó a su hijo y la despidió. Agar partió y anduvo errante por el desierto de Berseba. **15**Cuando se acabó el agua del odre, puso al niño debajo de un arbusto **16**y fue a sentarse sola a cierta distancia,*s* pues pensaba: «No quiero ver morir al niño.» En cuanto ella se sentó, comenzó a llorar desconsoladamente.

17Cuando Dios oyó al niño sollozar, el ángel de Dios llamó a Agar desde el cielo y le dijo: «¿Qué te pasa, Agar? No temas, pues Dios ha escuchado los sollozos del niño. **18**Levántate y tómalo de la mano, que yo haré de él una gran nación.»

19En ese momento Dios le abrió a Agar los ojos, y ella vio un pozo de agua. En seguida fue a llenar el odre y le dio de beber al niño. **20**Dios acompañó al niño, y éste fue creciendo; vivió en el desierto y se convirtió en un experto arquero; **21**habitó en el desierto de Parán y su madre lo casó con una egipcia.

---

p **20:16** *que servirán ... contigo.* Texto de difícil traducción.
r **21:9** *de su hijo Isaac* (LXX); TM no incluye estas palabras.

q **21:3** En hebreo, *Isaac* significa *él se ríe.*
s **21:16** *a cierta distancia.* Lit. *a la distancia de un tiro de arco.*

Pacto entre Abraham y Abimélec

22En aquel tiempo Abimélec, que estaba acompañado por Ficol, jefe de su ejército, le dijo a Abraham:

—Dios está contigo en todo lo que haces. **23**Júrame ahora, por Dios mismo, que no me tratarás a mí con falsedad, ni tampoco a mis hijos ni a mis descendientes. Júrame que a mí y al país que te ha recibido como extranjero nos tratarás con la misma lealtad con que yo te he tratado.

24—¡Lo juro! —respondió Abraham.

25Luego Abraham se quejó ante Abimélec por causa de un pozo de agua del cual los siervos de Abimélec se habían apropiado. **26**Pero Abimélec dijo:

—No sé quién pudo haberlo hecho. Me acabo de enterar, pues tú no me lo habías dicho.

27Entonces Abraham llevó ovejas y vacas, y se las dio a Abimélec, y los dos hicieron un pacto. **28**Pero Abraham apartó siete corderas del rebaño, **29**por lo que Abimélec le preguntó:

—¿Qué pasa? ¿Por qué has apartado estas siete corderas?

30—Acepta estas siete corderas —le contestó Abraham—. Ellas servirán de prueba de que yo cavé este pozo.

31Por eso a aquel lugar le dieron el nombre de Berseba,*ᶠ* porque allí los dos hicieron un juramento.

32Después de haber hecho el pacto en Berseba, Abimélec y Ficol, el jefe de su ejército, volvieron al país de los filisteos. **33**Abraham plantó un tamarisco en Berseba, y en ese lugar invocó el *nombre del SEÑOR, el Dios eterno. **34**Y se quedó en el país de los filisteos durante mucho tiempo.

Dios prueba a Abraham

22 Pasado cierto tiempo, Dios puso a prueba a Abraham y le dijo:

—¡Abraham!

—Aquí estoy —respondió.

2Y Dios le ordenó:

—Toma a tu hijo, el único que tienes y al que tanto amas, y ve a la región de Moria. Una vez allí, ofrécelo como *holocausto en el monte que yo te indicaré.

3Abraham se levantó de madrugada y ensilló su asno. También cortó leña para el holocausto y, junto con dos de sus criados y su hijo Isaac, se encaminó hacia el lugar que Dios le había indicado. **4**Al tercer día, Abraham alzó los ojos y a lo lejos vio el lugar. **5**Entonces le dijo a sus criados:

—Quédense aquí con el asno. El muchacho y yo seguiremos adelante para adorar a Dios, y luego regresaremos junto a ustedes.

6Abraham tomó la leña del holocausto y la puso sobre Isaac, su hijo; él, por su parte, cargó con el fuego y el cuchillo. Y los dos siguieron caminando juntos.

7Isaac le dijo a Abraham:

—¡Padre!

—Dime, hijo mío.

—Aquí tenemos el fuego y la leña —continuó Isaac—; pero, ¿dónde está el cordero para el holocausto?

8—El cordero, hijo mío, lo proveerá Dios —le respondió Abraham.

Y siguieron caminando juntos.

9Cuando llegaron al lugar señalado por Dios, Abraham construyó un altar y preparó la leña. Después ató a su hijo Isaac y lo puso sobre el altar, encima de la leña. **10**Entonces tomó el cuchillo para sacrificar a su hijo, **11**pero en ese momento el ángel del SEÑOR le gritó desde el cielo:

—¡Abraham! ¡Abraham!

—Aquí estoy —respondió.

12—No pongas tu mano sobre el muchacho, ni le hagas ningún daño —le dijo el ángel—. Ahora sé que temes a Dios, porque ni siquiera te has negado a darme a tu único hijo.

13Abraham alzó la vista y, en un matorral, vio un carnero enredado por los cuernos. Fue entonces, tomó el carnero y lo ofreció como holocausto, en lugar de su hijo. **14**A ese sitio Abraham le puso por *nombre: «El SEÑOR provee.» Por eso hasta el día de hoy se dice: «En un monte provee el SEÑOR.»

---

*ᶠ***21:31** En hebreo, *Berseba* significa *pozo de los siete*, o *pozo del juramento*.

¹⁵El ángel del Señor llamó a Abraham por segunda vez desde el cielo, ¹⁶y le dijo:

—Como has hecho esto, y no me has negado a tu único hijo, juro por mí mismo —afirma el Señor— ¹⁷que te bendeciré en gran manera, y que multiplicaré tu descendencia como las estrellas del cielo y como la arena del mar. Además, tus descendientes conquistarán las ciudades de sus enemigos. ¹⁸Puesto que me has obedecido, todas las naciones del mundo serán bendecidas por medio de tu descendencia.

¹⁹Abraham regresó al lugar donde estaban sus criados, y juntos partieron hacia Berseba, donde Abraham se quedó a vivir.

Los hijos de Najor

²⁰Pasado cierto tiempo, Abraham recibió la noticia de que también Milca le había dado hijos a su hermano Najor. ²¹Su hijo primogénito fue Uz; luego nacieron sus hermanos Buz y Quemuel. Este último fue el padre de Aram. ²²Después siguieron Quésed, Jazó, Pildás, Yidlaf y Betuel, ²³que fue el padre de Rebeca. Éstos fueron los ocho hijos que Milca le dio a Najor, hermano de Abraham. ²⁴Najor también tuvo hijos con Reumá, su concubina. Ellos fueron Tébaj, Gaján, Tajás y Macá.

Muerte de Sara

23 Sara vivió ciento veintisiete años, ²y murió en Quiriat Arbá, es decir, en la ciudad de Hebrón, en la tierra de Canaán. Abraham hizo duelo y lloró por ella. ³Luego se retiró de donde estaba la difunta y fue a proponer a los hititas lo siguiente:

⁴—Entre ustedes yo soy un extranjero; no obstante, quiero pedirles que me vendan un sepulcro para enterrar a mi esposa.

⁵Los hititas le respondieron:

⁶—Escúchenos, señor; usted es un príncipe poderoso entre nosotros. Sepulte a su esposa en el mejor de nuestros sepulcros. Ninguno de nosotros le negará su tumba para que pueda sepultar a su esposa.

⁷Abraham se levantó, hizo una reverencia ante los hititas del lugar, ⁸y les dijo:

—Si les parece bien que yo entierre aquí a mi difunta, les ruego que intercedan ante Efrón hijo de Zojar ⁹para que me venda la cueva de Macpela, que está en los linderos de su campo. Díganle que me la venda en su justo precio, y así tendré entre ustedes un sepulcro para mi familia.

¹⁰Efrón el hitita, que estaba sentado allí entre su gente, le respondió a Abraham en presencia de todos ellos y de los que pasaban por la *puerta de su ciudad:

¹¹—No, señor mío, escúcheme bien: yo le regalo el campo, y también la cueva que está en él. Los hijos de mi pueblo son testigos de que yo se los regalo. Entierre usted a su esposa.

¹²Una vez más, Abraham hizo una reverencia ante la gente de ese lugar, ¹³y en presencia de los que allí estaban le dijo a Efrón:

—Escúcheme, por favor. Yo insisto en pagarle el precio justo del campo. Acéptelo usted, y así yo podré enterrar allí a mi esposa.

¹⁴Efrón le contestó a Abraham:

¹⁵—Señor mío, escúcheme. El campo vale cuatrocientas monedasᵘ de plata. ¿Qué es eso entre nosotros? Vaya tranquilo y entierre a su esposa.

¹⁶Abraham se puso de acuerdo con Efrón, y en presencia de los hititas le pagó lo convenido: cuatrocientas monedas de plata, moneda corriente entre los comerciantes.

¹⁷Así fue como el campo de Efrón, que estaba en Macpela, cerca de Mamré, pasó a ser propiedad de Abraham, junto con la cueva y todos los árboles que estaban dentro de los límites del campo. ¹⁸La transacción se hizo en presencia de los hititas y de los que pasaban por la puerta de su ciudad. ¹⁹Luego Abraham sepultó a su esposa Sara en la cueva del campo de Macpela que está cerca de Mamré, es decir, en Hebrón, en la tierra de Canaán. ²⁰De esta manera, el campo y la cueva que estaba en él dejó de ser de los hititas y pasó a ser propiedad de Abraham para sepultura.

ᵘ **23:15** *monedas.* Lit. *siclos.*

Isaac y Rebeca

24 Abraham estaba ya entrado en años, y el SEÑOR lo había bendecido en todo. ²Un día, Abraham le dijo al criado más antiguo de su casa, que era quien le administraba todos sus bienes:

—Pon tu mano debajo de mi muslo, ³y júrame por el SEÑOR, el Dios del cielo y de la tierra, que no tomarás de esta tierra de Canaán, donde yo habito, una mujer para mi hijo ⁴Isaac, sino que irás a mi tierra, donde vive mi familia, y de allí le escogerás una esposa.

⁵—¿Qué pasa si la mujer no está dispuesta a venir conmigo a esta tierra? —respondió el criado—. ¿Debo entonces llevar a su hijo hasta la tierra de donde usted vino?

⁶—¡De ninguna manera debes llevar a mi hijo hasta allá! —le replicó Abraham—. ⁷El SEÑOR, el Dios del cielo, que me sacó de la casa de mi padre y de la tierra de mis familiares, y que bajo juramento me prometió dar esta tierra a mis descendientes, enviará su ángel delante de ti para que puedas traer de allá una mujer para mi hijo. ⁸Si la mujer no está dispuesta a venir contigo, quedarás libre de este juramento; pero ¡en ningún caso llevarás a mi hijo hasta allá!

⁹El criado puso la mano debajo del muslo de Abraham, su amo, y le juró que cumpliría con su encargo. ¹⁰Luego tomó diez camellos de su amo, y toda clase de regalos, y partió hacia la ciudad de Najor en Aram Najarayin.ᵛ ¹¹Allí hizo que los camellos se arrodillaran junto al pozo de agua que estaba en las afueras de la ciudad. Caía la tarde, que es cuando las mujeres salen a buscar agua. ¹²Entonces comenzó a orar: «SEÑOR y Dios de mi amo Abraham, te ruego que hoy me vaya bien, y que demuestres el amor que le tienes a mi amo. ¹³Aquí me tienes, a la espera junto a la fuente, mientras las jóvenes de esta ciudad vienen a sacar agua. ¹⁴Permite que la joven a quien le diga: "Por favor, baje usted su cántaro para que tome yo un poco de agua", y que me conteste: "Tome usted, y además les daré agua a sus camellos", sea la que tú has elegido para tu siervo Isaac. Así estaré seguro de que tú has demostrado el amor que le tienes a mi amo».

¹⁵Aún no había terminado de orar cuando vio que se acercaba Rebeca, con su cántaro al hombro. Rebeca era hija de Betuel, que a su vez era hijo de Milca y Najor, el hermano de Abraham. ¹⁶La joven era muy hermosa, y además virgen, pues no había tenido relaciones sexuales con ningún hombre. Bajó hacia la fuente y llenó su cántaro. Ya se preparaba para subir ¹⁷cuando el criado corrió a su encuentro y le dijo:

—¿Podría usted darme un poco de agua de su cántaro?

¹⁸—Sírvase, mi señor —le respondió.

Y en seguida bajó el cántaro y, sosteniéndolo entre sus manos, le dio de beber.

¹⁹Cuando ya el criado había bebido, ella le dijo:

—Voy también a sacar agua para que sus camellos beban todo lo que quieran.

²⁰De inmediato vació su cántaro en el bebedero, y volvió corriendo al pozo para buscar más agua, repitiendo la acción hasta que hubo suficiente agua para todos los camellos. ²¹Mientras tanto, el criado de Abraham la observaba en silencio, para ver si el SEÑOR había coronado su viaje con el éxito.

²²Cuando los camellos terminaron de beber, el criado tomó un anillo de oro que pesaba seis gramos, y se lo puso a la joven en la nariz;ʷ también le colocó en los brazos dos pulseras de oro que pesaban más de cien gramos,ˣ y le preguntó:

²³—¿Podría usted decirme de quién es hija, y si habrá lugar en la casa de su padre para hospedarnos?

²⁴—Soy hija de Betuel, el hijo de Milca y Najor —respondió ella, ²⁵a lo que agregó—: No sólo tenemos lugar para ustedes, sino que también tenemos paja y forraje en abundancia para los camellos.

²⁶Entonces el criado de Abraham se arrodilló y adoró al SEÑOR ²⁷con estas

---

ᵛ**24:10** *Aram Najarayin*. Es decir, el noroeste de Mesopotamia. (Pentateuco Samaritano). TM no incluye esta frase; véase v. 47.

ʷ**24:22** *se lo puso a la joven en la nariz*

ˣ**24:22** *seis gramos ... más de cien gramos*. Lit. *un *becá ... diez *siclos*.

palabras: «Bendito sea el SEÑOR, el Dios de mi amo Abraham, que no ha dejado de manifestarle su amor y fidelidad, y que a mí me ha guiado a la casa de sus parientes.»

28La joven corrió hasta la casa de su madre, y allí contó lo que le había sucedido. **29**Tenía Rebeca un hermano llamado Labán, que salió corriendo al encuentro del criado, quien seguía junto a la fuente. **30**Labán se había fijado en el anillo y las pulseras en los brazos de su hermana, y también la había escuchado contar lo que el criado le había dicho. Por eso salió en busca del criado, y lo encontró junto a la fuente, con sus camellos.

31—¡Ven, bendito del SEÑOR! —le dijo—. ¿Por qué te quedas afuera? ¡Ya he preparado la casa y un lugar para los camellos!

32El criado entró en la casa. En seguida Labán desaparejó los camellos, les dio paja y forraje, y llevó agua para que el criado y sus acompañantes se lavaran los pies. **33**Cuando le sirvieron de comer, el criado dijo:

—No comeré hasta haberles dicho lo que tengo que decir.

—Habla con toda confianza —respondió Labán.

34—Yo soy criado de Abraham —comenzó él—. **35**El SEÑOR ha bendecido mucho a mi amo y lo ha prosperado. Le ha dado ovejas y ganado, oro y plata, siervos y siervas, camellos y asnos. **36**Sara, la esposa de mi amo, le dio en su vejez un hijo, al que mi amo le ha dejado todo lo que tiene. **37**Mi amo me hizo jurar, y me dijo: "No tomarás para mi hijo una mujer de entre las hijas de los cananeos, en cuyo país habito. **38**Al contrario, irás a la familia de mi padre, y le buscarás una esposa entre las mujeres de mis parientes." **39**Yo le pregunté a mi amo: "¿Y si la mujer no acepta venir conmigo?" **40**Él me respondió: "El SEÑOR, en cuya presencia he caminado, enviará su ángel contigo, y él hará prosperar tu viaje para que consigas para mi hijo una esposa que pertenezca a la familia de mi padre. **41**Sólo quedarás libre del juramento si vas a ver a mi familia y ellos no te conceden a la joven."

42»Cuando hoy llegué a la fuente, dije: "SEÑOR y Dios de mi amo Abraham, si es tu voluntad, te ruego que hagas prosperar mi viaje. **43**Aquí me tienes, a la espera junto a la fuente. Si una joven sale a buscar agua, y yo le digo: 'Por favor, déjeme usted beber un poco de agua de su cántaro', **44**y ella me contesta: 'Beba usted, y también le daré agua a sus camellos', que sea ella la mujer que tú, SEÑOR, has escogido para el hijo de mi amo."

45»Todavía no había terminado yo de orar cuando vi que Rebeca se acercaba con un cántaro sobre el hombro. Bajó a la fuente para sacar agua, y yo le dije: "Por favor, déme usted de beber." **46**En seguida bajó ella su cántaro y me dijo: "Beba usted, y también les daré de beber a sus camellos." Mientras yo bebía, ella les dio agua a los camellos. **47**Luego le pregunté: "¿Hija de quién es usted?" Y cuando ella me respondió: "Soy hija de Betuel, el hijo de Najor y de Milca", yo le puse un anillo en la nariz y pulseras en los brazos, **48**y me incliné para adorar al SEÑOR. Bendije al SEÑOR, el Dios de Abraham, que me guió por el camino correcto para llevarle al hijo de mi amo una parienta cercana suya. **49**Y ahora, si desean mostrarle lealtad y fidelidad a mi amo, díganmelo; y si no, díganmelo también. Así yo sabré qué hacer.

50Labán y Betuel respondieron:

—Sin duda todo esto proviene del SEÑOR, y nosotros no podemos decir ni que sí ni que no. **51**Aquí está Rebeca; tómela usted y llévesela para que sea la esposa del hijo de su amo, tal como el SEÑOR lo ha dispuesto.

52Al escuchar esto, el criado de Abraham se postró en tierra delante del SEÑOR. **53**Luego sacó joyas de oro y de plata, y vestidos, y se los dio a Rebeca. También entregó regalos a su hermano y a su madre. **54**Más tarde, él y sus acompañantes comieron y bebieron, y pasaron allí la noche.

A la mañana siguiente, cuando se levantaron, el criado de Abraham dijo:

—Déjenme ir a la casa de mi amo.

55Pero el hermano y la madre de Rebeca le respondieron:

—Que se quede la joven con nosotros unos diez días, y luego podrás irte.

56—No me detengan —repuso el criado—. El Señor ha prosperado mi viaje, así que déjenme ir a la casa de mi amo.

57—Llamemos a la joven, a ver qué piensa ella —respondieron.

58Así que llamaron a Rebeca y le preguntaron:

—¿Quieres irte con este hombre?

—Sí —respondió ella.

59Entonces dejaron ir a su hermana Rebeca y a su nodriza con el criado de Abraham y sus acompañantes. **60**Y bendijeron a Rebeca con estas palabras:

«Hermana nuestra:
¡que seas madre de millares!
¡Que dominen tus descendientes
las ciudades de sus enemigos!»

61Luego Rebeca y sus criadas se prepararon, montaron en los camellos y siguieron al criado de Abraham. Así fue como él tomó a Rebeca y se marchó de allí.

62Ahora bien, Isaac había vuelto del pozo de Lajay Roí, porque vivía en la región del Néguev. **63**Una tarde, salió a dar un paseo*y* por el campo. De pronto, al levantar la vista, vio que se acercaban unos camellos. **64**También Rebeca levantó la vista y, al ver a Isaac, se bajó del camello **65**y le preguntó al criado:

—¿Quién es ese hombre que viene por el campo a nuestro encuentro?

—Es mi amo —contestó el criado.

Entonces ella tomó el velo y se cubrió.

66El criado le contó a Isaac todo lo que había hecho. **67**Luego Isaac llevó a Rebeca a la carpa de Sara, su madre, y la tomó por esposa. Isaac amó a Rebeca, y así se consoló de la muerte de su madre.

Muerte de Abraham
25:1-4 — 1Cr 1:32-33

25 Abraham volvió a casarse, esta vez con una mujer llamada Cetura. **2**Los hijos que tuvo con ella fueron: Zimrán, Jocsán, Medán, Madián, Isbac y Súaj. **3**Jocsán fue el padre de Sabá y Dedán.

Los descendientes de Dedán fueron los asureos, los letuseos y los leumeos. **4**Los hijos de Madián fueron Efá, Éfer, Janoc, Abidá y Eldá. Todos éstos fueron hijos de Cetura.

5Abraham entregó todos sus bienes a Isaac. **6**A los hijos de sus concubinas les hizo regalos y, mientras él todavía estaba con vida, los separó de su hijo Isaac, enviándolos a las regiones orientales.

7Abraham vivió ciento setenta y cinco años, **8**y murió en buena vejez, luego de haber vivido muchos años, y fue a reunirse con sus antepasados. **9**Sus hijos Isaac e Ismael lo sepultaron en la cueva de Macpela, que está cerca de Mamré, es decir, en el campo del hitita Efrón hijo de Zojar. **10**Éste era el campo que Abraham les había comprado a los hititas. Allí lo enterraron, junto a su esposa Sara. **11**Luego de la muerte de Abraham, Dios bendijo a Isaac, hijo de Abraham, quien se quedó a vivir cerca del pozo de Lajay Roí.

Descendientes de Ismael
25:12-16 — 1Cr 1:29-31

12Ésta es la descendencia de Ismael, el hijo que Abraham tuvo con Agar, la criada egipcia de Sara. **13**Éstos son los nombres de los hijos de Ismael, comenzando por el primogénito: Nebayot, Cedar, Adbel, Mibsán, **14**Mismá, Dumá, Masá, **15**Hadar, Temá, Jetur, Nafis y Cedema. **16**Éstos fueron los hijos de Ismael, y éstos los nombres de los doce jefes de tribus, según sus propios territorios y campamentos.

17Ismael vivió ciento treinta y siete años. Al morir, fue a reunirse con sus antepasados. **18**Sus descendientes se quedaron a vivir en la región que está entre Javilá y Sur, cerca de Egipto, en la ruta que conduce a Asiria. Allí se establecieron en franca oposición a todos sus hermanos.

Nacimiento de Jacob y de Esaú

19Ésta es la historia de Isaac, el hijo que tuvo Abraham. **20**Isaac tenía cuarenta años cuando se casó con Rebeca, que

*y***24:63** *a dar un paseo.* Texto de difícil traducción.

era hija de Betuel y hermana de Labán. Betuel y Labán eran *arameos de Padán Aram.ᶻ ²¹Isaac oró al SEÑOR en favor de su esposa, porque era estéril. El SEÑOR oyó su oración, y ella quedó embarazada. ²²Pero como los niños luchaban dentro de su seno, ella se preguntó: «Si esto va a seguir así, ¿para qué sigo viviendo?» Entonces fue a consultar al SEÑOR, ²³y él le contestó:

«Dos naciones hay en tu seno;
  dos pueblos se dividen desde tus
  entrañas.
Uno será más fuerte que el otro,
  y el mayor servirá al menor.»

²⁴Cuando le llegó el momento de dar a luz, resultó que en su seno había mellizos. ²⁵El primero en nacer era pelirrojo, y tenía todo el cuerpo cubierto de vello. A éste lo llamaron Esaú.ᵃ ²⁶Luego nació su hermano, agarrado con una mano del talón de Esaú. A éste lo llamaron Jacob.ᵇ Cuando nacieron los mellizos, Isaac tenía sesenta años.

²⁷Los niños crecieron. Esaú era un hombre de campo y se convirtió en un excelente cazador, mientras que Jacob era un hombre tranquilo que prefería quedarse en el campamento. ²⁸Isaac quería más a Esaú, porque le gustaba comer de lo que él cazaba; pero Rebeca quería más a Jacob.

²⁹Un día, cuando Jacob estaba preparando un guiso, Esaú llegó agotado del campo y le dijo:

³⁰—Dame de comer de ese guiso rojizo, porque estoy muy cansado. (Por eso a Esaú se le llamó Edom.)ᶜ

³¹—Véndeme primero tus derechos de hijo mayor —le respondió Jacob.

³²—Me estoy muriendo de hambre —contestó Esaú—, así que ¿de qué me sirven los derechos de primogénito?

³³—Véndeme entonces los derechos bajo juramento —insistió Jacob.

Esaú se lo juró, y fue así como le vendió a Jacob sus derechos de primogé-nito. ³⁴Jacob, por su parte, le dio a Esaú pan y guiso de lentejas.

Luego de comer y beber, Esaú se levantó y se fue. De esta manera menospreció sus derechos de hijo mayor.

Isaac y Abimélec

26 En ese tiempo hubo mucha hambre en aquella región, además de la que hubo en tiempos de Abraham. Por eso Isaac se fue a Guerar, donde se encontraba Abimélec, rey de los filisteos. ²Allí el SEÑOR se le apareció y le dijo: «No vayas a Egipto. Quédate en la región de la que te he hablado. ³Vive en ese lugar por un tiempo. Yo estaré contigo y te bendeciré, porque a ti y a tu descendencia les daré todas esas tierras. Así confirmaré el juramento que le hice a tu padre Abraham. ⁴Multiplicaré a tus descendientes como las estrellas del cielo, y les daré todas esas tierras. Por medio de tu descendencia todas las naciones de la tierra serán bendecidas, ⁵porque Abraham me obedeció y cumplió mis preceptos y mis mandamientos, mis normas y mis enseñanzas.»

⁶Isaac se quedó en Guerar. ⁷Y cuando la gente del lugar le preguntaba a Isaac acerca de su esposa, él respondía que ella era su hermana. Tan bella era Rebeca que Isaac tenía miedo de decir que era su esposa, pues pensaba que por causa de ella podrían matarlo.

⁸Algún tiempo después, mientras Abimélec, el rey de los filisteos, miraba por una ventana, vio a Isaac acariciando a su esposa Rebeca. ⁹Entonces mandó llamar a Isaac y le dijo:

—¡Conque ella es tu esposa! ¿Por qué dijiste que era tu hermana?

—Yo pensé que por causa de ella podrían matarme —contestó Isaac.

¹⁰—¿Por qué nos hiciste esto? —replicó Abimélec—. Alguno de nosotros podría haberse acostado con tu esposa, ¡y tú nos habrías hecho a todos culpables de ese pecado!

¹¹Por eso Abimélec envió esta orden a todo el pueblo:

ᶻ **25:20** *Padán Aram.* Es decir, el noroeste de Mesopotamia.   ᵃ **25:25** En hebreo, *Esaú* puede significar *velludo;* véase también v. 30.   ᵇ **25:26** En hebreo, *Jacob* significa *él agarra el talón.*   ᶜ **25:30** En hebreo, *Edom* significa *rojo.*

—Si alguien molesta a este hombre o a su esposa, será condenado a muerte.

12 Isaac sembró en aquella región, y ese año cosechó al ciento por uno, porque el SEÑOR lo había bendecido. 13 Así Isaac fue acumulando riquezas, hasta que llegó a ser muy rico. 14 Esto causó que los filisteos comenzaran a tenerle envidia, pues llegó a tener muchas ovejas, vacas y siervos. 15 Ahora bien, los filisteos habían cegado todos los pozos de agua que los siervos del padre de Isaac habían cavado. 16 Así que Abimélec le dijo a Isaac:

—Aléjate de nosotros, pues ya eres más poderoso que nosotros.

17 Isaac se fue de allí, y acampó en el valle de Guerar, donde se quedó a vivir. 18 Abrió nuevamente los pozos de agua que habían sido cavados en tiempos de su padre Abraham, y que los filisteos habían tapado después de su muerte, y les puso los mismos *nombres que su padre les había dado.

19 Cierta vez, cuando los siervos de Isaac estaban cavando en el valle, encontraron un manantial. 20 Pero los pastores de Guerar discutieron acaloradamente con los pastores de Isaac, alegando que el agua era de ellos. Por eso Isaac llamó a ese pozo Pleito,d porque habían peleado con él. 21 Después sus siervos cavaron otro pozo, por el cual también se pelearon. Por eso Isaac lo llamó Enemistad.e 22 Entonces Isaac se fue de allí y cavó otro pozo, pero esta vez no hubo ninguna disputa. A este pozo lo llamó Espacios libres,f y dijo: «El SEÑOR nos ha dado espacio para que prosperemos en esta región.»

23 De allí Isaac se dirigió a Berseba. 24 Esa noche se le apareció el SEÑOR, y le dijo:

«Yo soy el Dios de tu padre
  Abraham.
No temas, que yo estoy contigo.
Por amor a mi siervo Abraham,
te bendeciré y multiplicaré tu
  descendencia.»

25 Allí Isaac construyó un altar e invocó el nombre del SEÑOR. Acampó en ese lugar, y sus siervos cavaron un pozo. 26 Cierto día, Abimélec fue a ver a Isaac desde Guerar. Llegó acompañado de su consejero Ajuzat, y de Ficol, el jefe de su ejército. 27 Isaac les preguntó:

—Si tanto me odian, que hasta me echaron de su tierra, ¿para qué vienen a verme?

28 —Nos hemos dado cuenta de que el SEÑOR está contigo —respondieron—. Hemos pensado que tú y nosotros debiéramos hacer un pacto, respaldado por un juramento. Ese pacto será el siguiente: 29 Tú no nos harás ningún daño, ya que nosotros no te hemos perjudicado, sino que te hemos tratado bien y te hemos dejado ir en *paz. ¡Ahora el bendecido del SEÑOR eres tú!

30 Isaac les preparó un banquete, y comieron y bebieron. 31 A la mañana siguiente se levantaron muy temprano, e hicieron un compromiso mutuo. Luego Isaac los despidió, y ellos se fueron en calidad de amigos.

32 Aquel mismo día, los siervos de Isaac fueron y le informaron acerca de un pozo que habían cavado, y le dijeron:

—¡Hemos encontrado agua!

33 Isaac llamó a ese pozo Juramento.g Por eso la ciudad se llama Berseba h hasta el día de hoy.

Isaac bendice a Jacob

34 Esaú tenía cuarenta años de edad cuando se casó con Judit hija de Beerí, el hitita. También se casó con Basemat, hija de un hitita llamado Elón. 35 Estas dos mujeres les causaron mucha amargura a Isaac y a Rebeca.

27 Isaac había llegado a viejo y se había quedado ciego. Un día llamó a Esaú, su hijo mayor.

—¡Hijo mío! —le dijo.

—Aquí estoy —le contestó Esaú.

2 —Como te darás cuenta, ya estoy muy viejo y en cualquier momento puedo morirme. 3 Toma, pues, tus armas, tu arco y

---

d 26:20 Pleito. Hebreo Esek.   e 26:21 Enemistad. Hebreo Sitna.   f 26:22 Espacios libres. Hebreo Rejobot.
g 26:33 Juramento. Alt. Siete.   h 26:33 En hebreo, Berseba puede significar Pozo del Juramento o Pozo de los Siete.

tus flechas, y ve al campo a cazarme algún animal. **4**Prepárame luego un buen guiso, como a mí me gusta, y tráemelo para que me lo coma. Entonces te bendeciré antes de que muera.

5Como Rebeca había estado escuchando mientras Isaac le hablaba a su hijo Esaú, en cuanto éste se fue al campo a cazar un animal para su padre, **6**ella le dijo a su hijo Jacob:

—Según acabo de escuchar, tu padre le ha pedido a tu hermano Esaú **7**que cace un animal y se lo traiga para hacerle un guiso como a él le gusta. También le ha prometido que antes de morirse lo va a bendecir, poniendo al SEÑOR como testigo. **8**Ahora bien, hijo mío, escúchame bien, y haz lo que te mando. **9**Ve al rebaño y tráeme de allí dos de los mejores cabritos, para que yo le prepare a tu padre un guiso como a él le gusta. **10**Tú se lo llevarás para que se lo coma, y así él te dará su bendición antes de morirse.

11Pero Jacob le dijo a su madre:

—Hay un problema: mi hermano Esaú es muy velludo, y yo soy lampiño. **12**Si mi padre me toca, se dará cuenta de que quiero engañarlo, y esto hará que me maldiga en vez de bendecirme.

13—Hijo mío, ¡que esa maldición caiga sobre mí! —le contestó su madre—. Tan sólo haz lo que te pido, y ve a buscarme esos cabritos.

14Jacob fue a buscar los cabritos, se los llevó a su madre, y ella preparó el guiso tal como le gustaba a su padre. **15**Luego sacó la mejor ropa de su hijo mayor Esaú, la cual tenía en casa, y con ella vistió a su hijo menor Jacob. **16**Con la piel de los cabritos le cubrió los brazos y la parte lampiña del cuello, **17**y le entregó a Jacob el guiso y el pan que había preparado.

18Jacob se presentó ante su padre y le dijo:

—¡Padre!

—Dime, hijo mío, ¿quién eres tú? —preguntó Isaac.

19—Soy Esaú, tu primogénito —le contestó Jacob—. Ya hice todo lo que me pediste. Ven, por favor, y siéntate a comer de lo que he cazado; así podrás darme tu bendición.

20Pero Isaac le preguntó a su hijo:

—¿Cómo fue que lo encontraste tan pronto, hijo mío?

—El SEÑOR tu Dios me ayudó —respondió Jacob.

21Isaac le dijo:

—Acércate, hijo mío, para que pueda tocarte y saber si de veras eres o no mi hijo Esaú.

22Jacob se acercó a su padre, quien al tocarlo dijo:

—La voz es la de Jacob, pero las manos son las de Esaú.

23Así que no lo reconoció, porque sus manos eran velludas como las de Esaú. Ya se disponía a bendecirlo **24**cuando volvió a preguntarle:

—¿En serio eres mi hijo Esaú?

—Claro que sí —respondió Jacob.

25Entonces su padre le dijo:

—Tráeme lo que has cazado, para que lo coma, y te daré mi bendición.

Jacob le sirvió, y su padre comió. También le llevó vino, y su padre lo bebió. **26**Luego le dijo su padre:

—Acércate ahora, hijo mío, y dame un beso.

27Jacob se acercó y lo besó. Cuando Isaac olió su ropa, lo bendijo con estas palabras:

«El olor de mi hijo es como el de un campo
    bendecido por el SEÑOR.
28Que Dios te conceda el rocío del cielo;
    que de la riqueza de la tierra
    te dé trigo y vino en abundancia.
29Que te sirvan los pueblos;
    que ante ti se inclinen las naciones.
Que seas señor de tus hermanos;
    que ante ti se inclinen los hijos de tu madre.
Maldito sea el que te maldiga,
    y bendito el que te bendiga.»

30No bien había terminado Isaac de bendecir a Jacob, y éste de salir de la presencia de su padre, cuando Esaú volvió de cazar. **31**También él preparó un guiso, se lo llevó a su padre y le dijo:

—Levántate, padre mío, y come de lo

que ha cazado tu hijo. Luego podrás darme tu bendición.

32Pero Isaac lo interrumpió:

—¿Quién eres tú?

—Soy Esaú, tu hijo primogénito —respondió.

33Isaac comenzó a temblar y, muy sobresaltado, dijo:

—¿Quién fue el que ya me trajo lo que había cazado? Poco antes de que llegaras, yo me lo comí todo. Le di mi bendición, y bendecido quedará.

34Al escuchar Esaú las palabras de su padre, lanzó un grito aterrador y, lleno de amargura, le dijo:

—¡Padre mío, te ruego que también a mí me bendigas!

35Pero Isaac le respondió:

—Tu hermano vino y me engañó, y se llevó la bendición que a ti te correspondía.

36—¡Con toda razón le pusieron Jacob![i] —replicó Esaú—. Ya van dos veces que me engaña: primero me quita mis derechos de primogénito, y ahora se lleva mi bendición. ¿No te queda ninguna bendición para mí?

37Isaac le respondió:

—Ya lo he puesto por señor tuyo: todos sus hermanos serán siervos suyos; lo he sustentado con trigo y con vino. ¿Qué puedo hacer ahora por ti, hijo mío?

38Pero Esaú insistió:

—¿Acaso tienes una sola bendición, padre mío? ¡Bendíceme también a mí!

Y se echó a llorar. **39**Entonces su padre le dijo:

«Vivirás lejos de las riquezas de la tierra,
lejos del rocío que cae del cielo.
40Gracias a tu espada,
vivirás y servirás a tu hermano.
Pero cuando te impacientes,
te librarás de su opresión.»

Jacob huye de Esaú

41A partir de ese momento, Esaú guardó un profundo rencor hacia su hermano por causa de la bendición que le había dado su padre, y pensaba: «Ya falta poco para que hagamos duelo por mi padre; después de eso, mataré a mi hermano Jacob.»

42Cuando Rebeca se enteró de lo que estaba pensando Esaú, mandó llamar a Jacob, y le dijo:

—Mira, tu hermano Esaú está planeando matarte para vengarse de ti. **43**Por eso, hijo mío, obedéceme: Prepárate y huye en seguida a Jarán, a la casa de mi hermano Labán, **44**y quédate con él por un tiempo, hasta que se calme el enojo de tu hermano. **45**Cuando ya se haya tranquilizado, y olvide lo que le has hecho, yo enviaré a buscarte. ¿Por qué voy a perder a mis dos hijos en un solo día?

46Luego Rebeca le dijo a Isaac:

—Estas mujeres hititas me tienen harta. Me han quitado las ganas de vivir. Si Jacob se llega a casar con una de las hititas que viven en este país, ¡más me valdría morir!

28 Isaac llamó a Jacob, lo bendijo y le ordenó:

—No te cases con ninguna mujer de aquí de Canaán. **2**Vete ahora mismo a Padán Aram,[j] a la casa de Betuel, tu abuelo materno, y cásate allá con una de las hijas de tu tío Labán. **3**Que el Dios *Todopoderoso te bendiga, te haga fecundo y haga que salgan de ti numerosas naciones. **4**Que también te dé, a ti y a tu descendencia, la bendición de Abraham, para que puedan poseer esta tierra donde ahora vives como extranjero, esta tierra que Dios le prometió a Abraham.

5Así envió Isaac a Jacob a Padán Aram, a la casa de Labán, quien era hijo de Betuel el *arameo, y hermano de Rebeca, la madre de Jacob y de Esaú.

6Esaú supo que Isaac había bendecido a Jacob, y que lo había enviado a Padán Aram para casarse allá. También se enteró de que, al bendecirlo, le dio la orden de no casarse con ninguna cananea, **7**y de que Jacob había partido hacia Padán Aram en obediencia a su padre y a su madre. **8**En-

---

[i] **27:36** En hebreo, *Jacob* significa *él agarra el talón* (en sentido figurado: *él suplanta* o *engaña*).

[j] **28:2** *Padán Aram.* Es decir, el noroeste de Mesopotamia; también en vv. 5,6 y 7.

tonces Esaú se dio cuenta de la antipatía de su padre por las cananeas. 9Por eso, aunque ya tenía otras esposas cananeas, Esaú fue hasta donde vivía Ismael hijo de Abraham y se casó con su hija Majalat, que era hermana de Nebayot.

El sueño de Jacob en Betel

10Jacob partió de Berseba y se encaminó hacia Jarán. 11Cuando llegó a cierto lugar, se detuvo para pasar la noche, porque ya estaba anocheciendo. Tomó una piedra, la usó como almohada, y se acostó a dormir en ese lugar. 12Allí soñó que había una escalinata apoyada en la tierra, y cuyo extremo superior llegaba hasta el cielo. Por ella subían y bajaban los ángeles de Dios. 13En el sueño, el SEÑOR estaba de pie junto a él y le decía: «Yo soy el SEÑOR, el Dios de tu abuelo Abraham y de tu padre Isaac. A ti y a tu descendencia les daré la tierra sobre la que estás acostado. 14Tu descendencia será tan numerosa como el polvo de la tierra. Te extenderás de norte a sur, y de oriente a occidente, y todas las familias de la tierra serán bendecidas por medio de ti y de tu descendencia. 15Yo estoy contigo. Te protegeré por dondequiera que vayas, y te traeré de vuelta a esta tierra. No te abandonaré hasta cumplir con todo lo que te he prometido.»

16Al despertar Jacob de su sueño, pensó: «En realidad, el SEÑOR está en este lugar, y yo no me había dado cuenta.» 17Y con mucho temor, añadió: «¡Qué asombroso es este lugar! Es nada menos que la casa de Dios; ¡es la puerta del cielo!»

18A la mañana siguiente Jacob se levantó temprano, tomó la piedra que había usado como almohada, la erigió como una *estela y derramó aceite sobre ella. 19En aquel lugar había una ciudad que se llamaba Luz, pero Jacob le cambió el *nombre y le puso Betel.k

20Luego Jacob hizo esta promesa: «Si Dios me acompaña y me protege en este viaje que estoy haciendo, y si me da alimento y ropa para vestirme, 21y si regreso sano y salvo a la casa de mi padre, entonces el SEÑOR será mi Dios. 22Y esta piedra que yo erigí como pilar será casa de Dios, y de todo lo que Dios me dé, le daré la décima parte.»

Jacob llega a Padán Aram

29 Jacob continuó su viaje y llegó a la tierra de los orientales. 2Al llegar vio, en medio del campo, un pozo donde descansaban tres rebaños de ovejas, ya que éstas bebían agua de allí. Sobre la boca del pozo había una piedra muy grande. 3Por eso los pastores corrían la piedra sólo cuando estaban juntos todos los rebaños, y luego de abrevar a las ovejas volvían a colocarla en su lugar, sobre la boca del pozo.

4Jacob les preguntó a los pastores:

—¿De dónde son ustedes?

—Somos de Jarán —respondieron.

5—¿Conocen a Labán, el hijo de Najor? —volvió a preguntar Jacob.

—Claro que sí —respondieron.

6Jacob siguió preguntando:

—¿Se encuentra bien de salud?

—Sí, está bien —le contestaron—. A propósito, ahí viene su hija Raquel con las ovejas.

7Entonces Jacob les dijo:

—Todavía estamos en pleno día, y es muy temprano para encerrar el rebaño. ¿Por qué no les dan de beber a las ovejas y las llevan a pastar?

8Y ellos respondieron:

—No podemos hacerlo hasta que se junten todos los rebaños y los pastores quiten la piedra que está sobre la boca del pozo. Sólo entonces podremos dar de beber a las ovejas.

9Todavía estaba Jacob hablando con ellos, cuando Raquel llegó con las ovejas de su padre, pues era ella quien las cuidaba. 10En cuanto Jacob vio a Raquel, hija de su tío Labán, con las ovejas de éste, se acercó y quitó la piedra que estaba sobre la boca del pozo, y les dio de beber a las ovejas. 11Luego besó a Raquel, rompió en llanto, 12y le contó que era pariente de Labán, por ser hijo de su hermana Rebeca.

---

k**28:19** En hebreo, *Betel* significa *casa de Dios*.

Raquel salió entonces corriendo a contárselo a su padre.

13Al oír Labán las noticias acerca de su sobrino Jacob, salió a recibirlo y, entre abrazos y besos, lo llevó a su casa. Allí Jacob le contó todo lo que había sucedido, 14y Labán le dijo: «Realmente, tú eres de mi propia sangre.»

Jacob se casa con Lea y Raquel

Jacob había estado ya un mes con Labán 15cuando éste le dijo:

—Por más que seas mi pariente, no vas a trabajar para mí gratis. Dime cuánto quieres ganar.

16Labán tenía dos hijas. La mayor se llamaba Lea, y la menor, Raquel. 17Lea tenía ojos apagados,*l* mientras que Raquel era una mujer muy hermosa. 18Como Jacob se había enamorado de Raquel, le dijo a su tío:

—Me ofrezco a trabajar para ti siete años, a cambio de Raquel, tu hija menor.

19Labán le contestó:

—Es mejor que te la entregue a ti, y no a un extraño. Quédate conmigo.

20Así que Jacob trabajó siete años para poder casarse con Raquel, pero como estaba muy enamorado de ella le pareció poco tiempo. 21Entonces Jacob le dijo a Labán:

—Ya he cumplido con el tiempo pactado. Dame mi mujer para que me case con ella.

22Labán reunió a toda la gente del lugar y ofreció una gran fiesta. 23Pero cuando llegó la noche, tomó a su hija Lea y se la entregó a Jacob, y Jacob se acostó con ella. 24Además, como Lea tenía una criada que se llamaba Zilpá, Labán se la dio, para que la atendiera.

25A la mañana siguiente, Jacob se dio cuenta de que había estado con Lea, y le reclamó a Labán:

—¿Qué me has hecho? ¿Acaso no trabajé contigo para casarme con Raquel? ¿Por qué me has engañado?

26Labán le contestó:

—La costumbre en nuestro país es casar primero a la mayor y luego a la menor. 27Por eso, cumple ahora con la semana nupcial de ésta, y por siete años más de trabajo te daré la otra.

28Así lo hizo Jacob, y cuando terminó la semana nupcial de la primera, Labán le entregó a Raquel por esposa. 29También Raquel tenía una criada, llamada Bilhá, y Labán se la dio para que la atendiera. 30Jacob entonces se acostó con Raquel, y la amó mucho más que a Lea, aunque tuvo que trabajar para Labán siete años más.

Los hijos de Jacob

31Cuando el SEÑOR vio que Lea no era amada, le concedió hijos. Mientras tanto, Raquel permaneció estéril. 32Lea quedó embarazada y dio a luz un hijo, al que llamó Rubén,*m* porque dijo: «El SEÑOR ha visto mi aflicción; ahora sí me amará mi esposo.» 33Lea volvió a quedar embarazada y dio a luz otro hijo, al que llamó Simeón,*n* porque dijo: «Llegó a oídos del SEÑOR que no soy amada, y por eso me dio también este hijo.»

34Luego quedó embarazada de nuevo y dio a luz un tercer hijo, al que llamó Leví,*ñ* porque dijo: «Ahora sí me amará mi esposo, porque le he dado tres hijos.»

35Lea volvió a quedar embarazada, y dio a luz un cuarto hijo, al que llamó Judá*o* porque dijo: «Esta vez alabaré al SEÑOR.» Después de esto, dejó de dar a luz.

30 Cuando Raquel se dio cuenta de que no le podía dar hijos a Jacob, tuvo envidia de su hermana y le dijo a Jacob:

—¡Dame hijos! Si no me los das, ¡me muero!

2Pero Jacob se enojó muchísimo con ella y le dijo:

—¿Acaso crees que soy Dios? ¡Es él quien te ha hecho estéril!

3—Aquí tienes a mi criada Bilhá —propuso Raquel—. Acuéstate con ella. Así ella dará a luz sobre mis rodillas, y por

---

*l***29:17** apagados. Alt. *tiernos.* *m***29:32** En hebreo, *Rubén* suena como las palabras que significan *miren, un hijo,* y también *él vio mi aflicción.* *n***29:33** En hebreo, *Simeón* probablemente significa *el que oye.* *ñ***29:34** En hebreo, *Leví* suena parecido al verbo que significa *unir, amar.* *o***29:35** En hebreo, *Judá* tiene un sonido parecido al verbo que significa *alabar.*

medio de ella también yo podré formar una familia.

4Entonces Raquel le dio a Jacob por mujer su criada Bilhá, y Jacob se acostó con ella. **5**Bilhá quedó embarazada y le dio un hijo a Jacob. **6**Y Raquel exclamó: «¡Dios me ha hecho justicia! ¡Escuchó mi plegaria y me ha dado un hijo!» Por eso Raquel le puso por *nombre Dan.*p*

7Después Bilhá, la criada de Raquel, quedó embarazada otra vez y dio a luz un segundo hijo de Jacob. **8**Y Raquel dijo: «He tenido una lucha muy grande con mi hermana, pero he vencido.» Por eso Raquel lo llamó Neftalí.*q*

9Lea, al ver que ya no podía tener hijos, tomó a su criada Zilpá y se la entregó a Jacob por mujer, **10**y ésta le dio a Jacob un hijo. **11**Entonces Lea exclamó: «¡Qué suerte!» Por eso lo llamó Gad.*r*

12Zilpá, la criada de Lea, le dio un segundo hijo a Jacob. **13**Lea volvió a exclamar: «¡Qué feliz soy! Las mujeres me dirán que soy feliz.» Por eso lo llamó Aser.*s*

14Durante los días de la cosecha de trigo, Rubén salió al campo. Allí encontró unas frutas llamadas mandrágoras, y se las llevó a Lea, su madre. Entonces Raquel le dijo a Lea:

—Por favor, dame algunas mandrágoras de las que te trajo tu hijo.

15Pero Lea le contestó:

—¿Te parece poco el haberme quitado a mi marido, que ahora quieres también quitarme las mandrágoras de mi hijo?

—Bueno —contestó Raquel—, te propongo que, a cambio de las mandrágoras de tu hijo, Jacob duerma contigo esta noche.

16Al anochecer, cuando Jacob volvía del campo, Lea salió a su encuentro y le dijo:

—Hoy te acostarás conmigo, porque te he alquilado a cambio de las mandrágoras de mi hijo.

Y Jacob durmió con ella esa noche.

17Dios escuchó a Lea, y ella quedó embarazada y le dio a Jacob un quinto hijo. **18**Entonces dijo Lea: «Dios me ha recompensado, porque yo le entregué mi criada a mi esposo.» Por eso lo llamó Isacar.*t*

19Lea quedó embarazada de nuevo, y le dio a Jacob un sexto hijo. **20**«Dios me ha favorecido con un buen regalo —dijo Lea—. Esta vez mi esposo se quedará conmigo,*u* porque le he dado seis hijos.» Por eso lo llamó Zabulón.*v*

21Luego Lea dio a luz una hija, a la cual llamó Dina. **22**Pero Dios también se acordó de Raquel; la escuchó y le quitó la esterilidad. **23**Fue así como ella quedó embarazada y dio a luz un hijo. Entonces exclamó: «Dios ha borrado mi desgracia.» **24**Por eso lo llamó José, y dijo: «Quiera el SEÑOR darme otro hijo.»

Jacob se enriquece

25Después de que Raquel dio a luz a José, Jacob le dijo a Labán:

—Déjame regresar a mi hogar y a mi propia tierra. **26**Dame las mujeres por las que te he servido, y mis hijos, y déjame ir. Tú bien sabes cómo he trabajado para ti.

27Pero Labán le contestó:

—Por favor, quédate. He sabido por adivinación que, gracias a ti, el SEÑOR me ha bendecido.

28Y le propuso:

—Fija tú mismo el salario que quieras ganar, y yo te lo pagaré.

29Jacob le respondió:

—Tú bien sabes cómo he trabajado, y cómo gracias a mis desvelos han mejorado tus animales. **30**Lo que tenías antes de mi venida, que era muy poco, se ha multiplicado enormemente. Gracias a mí, el SEÑOR te ha bendecido. Ahora quiero hacer algo por mi propia familia.

31—¿Cuánto quieres que te pague? —preguntó Labán.

—No tienes que pagarme nada —respondió Jacob—. Si aceptas lo que estoy

---

*p***30:6** En hebreo, *Dan* significa *él hizo justicia.*   *q***30:8** En hebreo, *Neftalí* significa *mi lucha.*   *r***30:11** En hebreo, *Gad* puede significar *suerte, buena fortuna.*   *s***30:13** En hebreo, *Aser* significa *feliz, dichoso.*
*t***30:18** En hebreo, *Isacar* tiene un sonido parecido a las palabras que significan *premiar* y *alquilar.*
*u***30:20** *se quedará conmigo.* Lit. *me honrará.*   *v***30:20** En hebreo, *Zabulón* suena como el verbo que significa *honrar.*

por proponerte, seguiré cuidando tus ovejas. 32Hoy, cuando pase yo con todo tu rebaño, tú irás apartando toda oveja manchada o moteada, y todos los corderos negros, y todos los cabritos manchados o moteados. Ellos serán mi salario. 33Así, el día de mañana, cuando vengas a controlar lo que he ganado, mi honradez responderá por mí: si encuentras alguna oveja o cabrito que no sea manchado o moteado, o algún cordero que no sea negro, será que te lo he robado.

34—Está bien —acordó Labán—, acepto tu propuesta.

35Ese mismo día Labán apartó todos los chivos rayados y moteados, todas las cabras manchadas y moteadas, todas las que tenían alguna mancha blanca, y todos los corderos negros, y los puso al cuidado de sus hijos. 36Después de eso, puso una distancia de tres días de viaje entre él y Jacob. Mientras tanto, Jacob seguía cuidando las otras ovejas de Labán.

37Jacob cortó ramas verdes de álamo, de almendro y de plátano, y las peló de tal manera que quedaran franjas blancas al descubierto. 38Luego tomó las ramas que había pelado, y las puso en todos los abrevaderos para que el rebaño las tuviera enfrente cuando se acercara a beber agua. Cuando las ovejas estaban en celo y llegaban a los abrevaderos, 39los machos se unían con las hembras frente a las ramas, y así tenían crías rayadas, moteadas o manchadas. 40Entonces Jacob apartaba estos corderos y los ponía frente a los animales rayados y negros del rebaño de Labán. De esta manera logró crear su propio rebaño, diferente al de Labán. 41Además, cuando las hembras más robustas estaban en celo, Jacob colocaba las ramas en los bebederos, frente a los animales, para que se unieran mirando hacia las ramas. 42Pero cuando llegaban los animales más débiles, no colocaba las ramas. Así los animales débiles eran para Labán y los robustos eran para Jacob. 43De esta manera Jacob prosperó muchísimo y llegó a tener muchos rebaños, criados y criadas, camellos y asnos.

Jacob huye de Labán

31 Pero Jacob se enteró de que los hijos de Labán andaban diciendo: «Jacob se ha ido apoderando de todo lo que le pertenecía a nuestro padre, y se ha enriquecido a costa suya.» 2También notó que Labán ya no lo trataba como antes. 3Entonces el SEÑOR le dijo a Jacob: «Vuélvete a la tierra de tus padres, donde están tus parientes, que yo estaré contigo.»

4Jacob mandó llamar a Raquel y a Lea al campo donde estaba el rebaño, 5y les dijo:

—Me he dado cuenta de que su padre ya no me trata como antes. ¡Pero el Dios de mi padre ha estado conmigo! 6Ustedes saben muy bien que yo he trabajado para su padre Labán con todas mis fuerzas. 7No obstante, él me ha engañado y me ha cambiado el salario muchas veces.[w] Pero Dios no le ha permitido causarme ningún daño. 8Si él acordaba conmigo: "Los animales manchados serán tu salario", todas las hembras tenían crías manchadas; y si él acordaba: "Los animales rayados serán tu salario", todas las hembras tenían crías rayadas. 9Así Dios le ha quitado el ganado al padre de ustedes, y me lo ha dado a mí.

10»En cierta ocasión, durante la época en que los animales estaban en celo, tuve un sueño. En ese sueño veía que los chivos que cubrían a las cabras eran rayados, manchados o moteados. 11En ese mismo sueño, el ángel de Dios me llamó: "¡Jacob!" Y yo le respondí: "Aquí estoy." 12Entonces él me dijo: "Fíjate bien, y te darás cuenta de que todos los chivos que cubren a las cabras son rayados, manchados o moteados. Yo he visto todo lo que te ha hecho Labán. 13Yo soy el Dios de Betel, donde ungiste una *estela y me hiciste una promesa. Vete ahora de esta tierra, y vuelve a la tierra de tu origen."

14Raquel y Lea le respondieron:

—Ya no tenemos ninguna parte ni herencia en la casa de nuestro padre. 15Al contrario, nos ha tratado como si fuéramos extranjeras. Nos ha vendido, y se ha gastado todo lo que recibió por nosotras. 16Lo

---

[w] 31:7 *muchas veces*. Lit. *diez veces*.

cierto es que toda la riqueza que Dios le ha quitado a nuestro padre es nuestra y de nuestros hijos. Por eso, haz ahora todo lo que Dios te ha ordenado.

17Entonces Jacob se preparó y montó a sus hijos y a sus esposas en los camellos, 18puso en marcha todo su ganado, junto con todos los bienes que había acumulado en Padán Aram,x y se dirigió hacia la tierra de Canaán, donde vivía su padre Isaac.

19Mientras Labán estaba ausente esquilando sus ovejas, Raquel aprovechó el momento para robarse los ídolos familiares. 20Fue así como Jacob engañó a Labán el *arameo y huyó sin decirle nada. 21Jacob se escapó con todo lo que tenía. Una vez que cruzó el río Éufrates, se encaminó hacia la región montañosa de Galaad.

Labán persigue a Jacob

22Al tercer día le informaron a Labán que Jacob se había escapado. 23Entonces Labán reunió a sus parientes y lo persiguió durante siete días, hasta que lo alcanzó en los montes de Galaad. 24Pero esa misma noche Dios se le apareció en un sueño a Labán el *arameo, y le dijo: «¡Cuidado con amenazar a Jacob!»

25Labán alcanzó a Jacob en los montes de Galaad, donde éste había acampado. También Labán acampó allí, junto con sus parientes, 26y le reclamó a Jacob:

—¿Qué has hecho? ¡Me has engañado, y te has llevado a mis hijas como si fueran prisioneras de guerra! 27¿Por qué has huido en secreto, con engaños y sin decirme nada? Yo te habría despedido con alegría, y con música de tambores y de arpa. 28Ni siquiera me dejaste besar a mis hijas y a mis nietos. ¡Te has comportado como un necio! 29Mi poder es más que suficiente para hacerles daño, pero anoche el Dios de tu padre me habló y me dijo: "¡Cuidado con amenazar a Jacob!" 30Ahora bien, entiendo que hayas querido irte porque añoras la casa de tu padre, pero, ¿por qué me robaste mis dioses?

31Jacob le respondió:

—La verdad es que me entró mucho miedo, porque pensé que podrías quitarme a tus hijas por la fuerza. 32Pero si encuentras tus dioses en poder de alguno de los que están aquí, tal persona no quedará con vida. Pongo a nuestros parientes como testigos: busca lo que sea tuyo, y llévatelo.

Pero Jacob no sabía que Raquel se había robado los ídolos de Labán, 33así que Labán entró en la carpa de Jacob, luego en la de Lea y en la de las dos criadas, pero no encontró lo que buscaba. Cuando salió de la carpa de Lea, entró en la de Raquel. 34Pero Raquel, luego de tomar los ídolos y esconderlos bajo la montura del camello, se sentó sobre ellos. Labán los buscó por toda la carpa, pero no los encontró. 35Entonces Raquel le dijo a su padre:

—Por favor, no se enoje mi padre si no puedo levantarme ante usted, pero es que estoy en mi período de menstruación.

Labán buscó los ídolos, pero no logró encontrarlos.

36Entonces Jacob se enojó con Labán, e indignado le reclamó:

—¿Qué crimen o pecado he cometido, para que me acoses de esta manera? 37Ya has registrado todas mis cosas, ¿y acaso has encontrado algo que te pertenezca? Si algo has encontrado, ponlo aquí, frente a nuestros parientes, y que ellos determinen quién de los dos tiene la razón. 38Durante los veinte años que estuve contigo, nunca abortaron tus ovejas ni tus cabras, ni jamás me comí un carnero de tus rebaños. 39Nunca te traje un animal despedazado por las fieras, ya que yo mismo me hacía cargo de esa pérdida. Además, lo que se robaban de día o de noche, tú me lo reclamabas. 40De día me consumía el calor, y de noche me moría de frío, y ni dormir podía. 41De los veinte años que estuve en tu casa, catorce te serví por tus dos hijas, y seis por tu ganado, y muchas vecesy me cambiaste el salario. 42Si no hubiera estado conmigo el Dios de mi padre, el Dios de Abraham, el Dios a quien Isaac temía, seguramente me habrías despedido con las manos vacías. Pero Dios vio mi aflicción y el trabajo de mis manos, y anoche me hizo justicia.

43Labán le replicó a Jacob:

---

x31:18 *Padán Aram*. Es decir, el noroeste de Mesopotamia.   y31:41 *muchas veces*. Lit. *diez veces*.

—Estas mujeres son mis hijas, y estos muchachos son mis nietos; mías también son las ovejas; todo lo que ves me pertenece. Pero, ¿qué podría hacerles ahora a mis hijas y a mis nietos? **44**Hagamos un pacto tú y yo, y que ese pacto nos sirva como testimonio.

45Entonces Jacob tomó una piedra, la levantó como una *estela, **46**y les dijo a sus parientes:

—¡Junten piedras!

Ellos juntaron piedras, las amontonaron, y comieron allí, junto al montón de piedras. **47**A ese lugar Labán le puso por *nombre Yegar Saduta, mientras que Jacob lo llamó Galaad.ᶻ

48—Este montón de piedras —declaró Labán— nos servirá de testimonio.

Por eso se le llamó Galaad a ese lugar, **49**y también se le llamó Mizpa, porque Labán juró:

—Que el Señor nos vigile cuando ya estemos lejos el uno del otro. **50**Si tú maltratas a mis hijas, o tomas otras mujeres que no sean ellas, recuerda que Dios es nuestro testigo, aunque no haya ningún otro testigo entre nosotros. **51**Mira este montón de piedras y la estela que he levantado entre nosotros —señaló Labán—. **52**Ambos serán testigos de que ni tú ni yo cruzaremos esta línea con el propósito de hacernos daño. **53**¡Que el Dios de Abraham y el Dios de Najor sea nuestro juez!

Entonces Jacob juró por el Dios a quien temía su padre Isaac. **54**Luego ofreció un sacrificio en lo alto de un monte, e invitó a sus parientes a participar en la comida. Después de que todos comieron, pasaron la noche allí.

55A la madrugada del día siguiente Labán se levantó, besó y bendijo a sus nietos y a sus hijas, y regresó a su casa.

Jacob envía mensajeros a Esaú

32 Jacob también siguió su camino, pero unos ángeles de Dios salieron a su encuentro. **2**Al verlos, exclamó: «¡Éste es el campamento de Dios!» Por eso llamó a ese lugar Majanayin.ᵃ

3Luego Jacob envió mensajeros a su hermano Esaú, que estaba en la tierra de Seír, en la región de Edom. **4**Y les ordenó que le dijeran: «Mi señor Esaú, su siervo Jacob nos ha enviado a decirle que él ha vivido en la casa de Labán todo este tiempo, **5**y que ahora tiene vacas, asnos, ovejas, esclavos y esclavas. Le manda este mensaje, con la esperanza de ganarse su favor.»

6Cuando los mensajeros regresaron, le dijeron a Jacob: «Fuimos a hablar con su hermano Esaú, y ahora viene al encuentro de usted, acompañado de cuatrocientos hombres.»

7Jacob sintió mucho miedo, y se puso muy angustiado. Por eso dividió en dos grupos a la gente que lo acompañaba, y lo mismo hizo con las ovejas, las vacas y los camellos, **8**pues pensó: «Si Esaú ataca a un grupo, el otro grupo podrá escapar.»

9Entonces Jacob se puso a orar: «Señor, Dios de mi abuelo Abraham y de mi padre Isaac, que me dijiste que regresara a mi tierra y a mis familiares, y que me harías prosperar: **10**realmente yo, tu siervo, no soy digno de la bondad y fidelidad con que me has privilegiado. Cuando crucé este río Jordán, no tenía más que mi bastón; pero ahora he llegado a formar dos campamentos. **11**¡Líbrame del poder de mi hermano Esaú, pues tengo miedo de que venga a matarme a mí y a las madres y a los niños! **12**Tú mismo afirmaste que me harías prosperar, y que mis descendientes serían tan numerosos como la arena del mar, que no se puede contar.»

13Jacob pasó la noche en aquel lugar, y de lo que tenía consigo escogió, como regalo para su hermano Esaú, **14**doscientas cabras, veinte chivos, doscientas ovejas, veinte carneros, **15**treinta camellas con sus crías, cuarenta vacas, diez novillos, veinte asnas y diez asnos. **16**Luego los puso a cargo de sus siervos, cada manada por separado, y les dijo: «Vayan adelante, pero dejen un buen espacio entre manada y manada.»

ᶻ**31:47** *Yegar Saduta* en arameo, y *Galaad* en hebreo, significan *montículo del testimonio.*   ᵃ**32:2** En hebreo, *Majanayin* significa *dos campamentos.*

17Al que iba al frente, le ordenó: «Cuando te encuentres con mi hermano Esaú y te pregunte de quién eres, a dónde te diriges y de quién es el ganado que llevas, **18**le contestarás: "Es un regalo para usted, mi señor Esaú, que de sus ganados le manda su siervo Jacob. Además, él mismo viene detrás de nosotros."»

19Jacob les dio la misma orden al segundo y al tercer grupo, y a todos los demás que iban detrás del ganado. Les dijo: «Cuando se encuentren con Esaú, le dirán todo esto, **20**y añadirán: "Su siervo Jacob viene detrás de nosotros."»

Jacob pensaba: «Lo apaciguaré con los regalos que le llegarán primero, y luego me presentaré ante él; tal vez así me reciba bien.» **21**De esta manera los regalos lo precedieron, pero Jacob se quedó esa noche en el campamento.

Jacob lucha con un ángel

22Aquella misma noche Jacob se levantó, tomó a sus dos esposas, a sus dos esclavas y a sus once hijos, y cruzó el vado del río Jaboc. **23**Una vez que lo habían cruzado, hizo pasar también todas sus posesiones, **24**quedándose solo. Entonces un hombre luchó con él hasta el amanecer. **25**Cuando ese hombre se dio cuenta de que no podía vencer a Jacob, lo tocó en la coyuntura de la cadera, y ésta se le dislocó mientras luchaban. **26**Entonces el hombre le dijo:

—¡Suéltame, que ya está por amanecer!

—¡No te soltaré hasta que me bendigas! —respondió Jacob.

27—¿Cómo te llamas? —le preguntó el hombre.

—Me llamo Jacob —respondió.

28Entonces el hombre le dijo:

—Ya no te llamarás Jacob, sino Israel,[b] porque has luchado con Dios y con los *hombres, y has vencido.

29—Y tú, ¿cómo te llamas? —le preguntó Jacob.

—¿Por qué preguntas cómo me llamo? —le respondió el hombre.

Y en ese mismo lugar lo bendijo. **30**Jacob llamó a ese lugar Penuel,[c] porque dijo: «He visto a Dios cara a cara, y todavía sigo con *vida.»

31Cruzaba Jacob por el lugar llamado Penuel, cuando salió el sol. A causa de su cadera dislocada iba rengueando. **32**Por esta razón los israelitas no comen el tendón que está en la coyuntura de la cadera, porque a Jacob se le tocó en dicho tendón.

Encuentro de Jacob con Esaú

33 Cuando Jacob alzó la vista y vio que Esaú se acercaba con cuatrocientos hombres, repartió a los niños entre Lea, Raquel y las dos esclavas. **2**Al frente de todos colocó a las criadas con sus hijos, luego a Lea con sus hijos, y por último a Raquel con José. **3**Jacob, por su parte, se adelantó a ellos, inclinándose hasta el suelo siete veces mientras se iba acercando a su hermano. **4**Pero Esaú corrió a su encuentro y, echándole los brazos al cuello, lo abrazó y lo besó. Entonces los dos se pusieron a llorar. **5**Luego Esaú alzó la vista y, al ver a las mujeres y a los niños, preguntó:

—¿Quiénes son estos que te acompañan?

—Son los hijos que Dios le ha concedido a tu siervo —respondió Jacob.

6Las esclavas y sus hijos se acercaron y se inclinaron ante Esaú. **7**Luego, Lea y sus hijos hicieron lo mismo y, por último, también se inclinaron José y Raquel.

8—¿Qué significan todas estas manadas que han salido a mi encuentro? —preguntó Esaú.

—Intentaba con ellas ganarme tu confianza —contestó Jacob.

9—Hermano mío —repuso Esaú—, ya tengo más que suficiente. Quédate con lo que te pertenece.

10—No, por favor —insistió Jacob—; si me he ganado tu confianza, acepta este presente que te ofrezco. Ya que me has recibido tan bien, ¡ver tu rostro es como ver a Dios mismo! **11**Acéptame el regalo que te he traído. Dios ha sido muy bueno conmigo, y tengo más de lo que necesito.

Fue tanta la insistencia de Jacob que, finalmente, Esaú aceptó. **12**Más tarde, Esaú le dijo:

---

b 32:28 En hebreo, *Israel* significa *él lucha con Dios.*   *c* 32:30 En hebreo, *Penuel* significa *cara de Dios.*

—Sigamos nuestro viaje; yo te acompañaré.

13Pero Jacob se disculpó:

—Mi hermano y señor debe saber que los niños son todavía muy débiles, y que las ovejas y las vacas acaban de tener cría, y debo cuidarlas. Si les exijo demasiado, en un solo día se me puede morir todo el rebaño. **14**Es mejor que mi señor se adelante a su siervo, que yo seguiré al paso de la manada y de los niños, hasta que nos encontremos en Seír.

15—Está bien —accedió Esaú—, pero permíteme dejarte algunos de mis hombres para que te acompañen.

—¿Para qué te vas a molestar? —contestó Jacob—. Lo importante es que me he ganado tu confianza.

16Aquel mismo día, Esaú regresó a Seír. **17**Jacob, en cambio, se fue hacia Sucot, y allí se hizo una casa para él y cobertizos para su ganado. Por eso a ese lugar se le llamó Sucot.*d*

18Cuando Jacob volvió de Padán Aram,*e* llegó sano y salvo a la ciudad de Siquén, en Canaán, y acampó frente a ella. **19**Luego, por cien monedas de plata les compró una parcela a los hijos de Jamor, el padre de Siquén, y allí instaló su carpa. **20**También construyó un altar, y lo llamó El Elohé Israel.*f*

Rapto y violación de Dina

34 En cierta ocasión Dina, la hija que Jacob tuvo con Lea, salió a visitar a las mujeres del lugar. **2**Cuando la vio Siquén, que era hijo de Jamor el heveo, jefe del lugar, la agarró por la fuerza, se acostó con ella y la violó. **3**Pero luego se enamoró de ella y trató de ganarse su afecto. **4**Entonces le dijo a su padre: «Consígueme a esta muchacha para que sea mi esposa.»

5Jacob se enteró de que Siquén había violado a su hija Dina pero, como sus hijos estaban en el campo cuidando el ganado, no dijo nada hasta que ellos regresaron. **6**Mientras tanto Jamor, el padre de Siquén, salió en busca de Jacob para hablar con él.

7Cuando los hijos de Jacob volvieron del campo y se enteraron de lo sucedido, quedaron muy dolidos y, a la vez, llenos de ira. Siquén había cometido una ofensa muy grande contra Israel al abusar de su hija; era algo que nunca debió haber hecho. **8**Pero Jamor les dijo:

—Mi hijo Siquén está enamorado de la hermana de ustedes. Por favor, permitan que ella se case con él. **9**Háganse parientes nuestros. Intercambiemos nuestras hijas en casamiento. **10**Así ustedes podrán vivir entre nosotros y el país quedará a su disposición para que lo habiten, hagan negocios*g* y adquieran terrenos.

11Siquén, por su parte, les dijo al padre y a los hermanos de Dina:

—Si ustedes me hallan digno de su favor, yo les daré lo que me pidan. **12**Pueden pedirme cuanta dote quieran, y exigirme muchos regalos, pero permitan que la muchacha se case conmigo.

13Sin embargo, por el hecho de que su hermana Dina había sido deshonrada, los hijos de Jacob les respondieron con engaños a Siquén y a su padre Jamor.

14—Nosotros no podemos hacer algo así —les explicaron—. Sería una vergüenza para todos nosotros entregarle nuestra hermana a un hombre que no está circuncidado. **15**Sólo aceptaremos con esta condición: que todos los varones entre ustedes se circunciden para que sean como nosotros. **16**Entonces sí intercambiaremos nuestras hijas con las de ustedes en casamiento, y viviremos entre ustedes y formaremos un solo pueblo. **17**Pero si no aceptan nuestra condición de circuncidarse, nos llevaremos a nuestra hermana*h* y nos iremos de aquí.

18Jamor y Siquén estuvieron de acuerdo con la propuesta; **19**y tan enamorado estaba Siquén de la hija de Jacob que no demoró en circuncidarse.

Como Siquén era el hombre más respetado en la familia, **20**su padre Jamor lo acompañó hasta la entrada de la ciudad, y allí hablaron con todos sus conciudadanos. Les dijeron:

---

*d***33:17** En hebreo, *Sucot* significa *cobertizos, enramadas o cabañas.*   *e***33:18** *Padán Aram.* Es decir, el noroeste de Mesopotamia.   *f***33:20** En hebreo, *El Elohé Israel* puede significar *Dios, el Dios de Israel,* o *poderoso es el Dios de Israel.*   *g***34:10** *hagan negocios.* Alt. *se muevan con libertad.*   *h***34:17** *hermana.* Lit. *hija.*

21—Estos hombres se han portado como amigos. Dejen que se establezcan en nuestro país, y que lleven a cabo sus negocios aquí, ya que hay suficiente espacio para ellos. Además, nosotros nos podremos casar con sus hijas, y ellos con las nuestras. **22**Pero ellos aceptan quedarse entre nosotros y formar un solo pueblo, con una sola condición: que todos nuestros varones se circunciden, como lo hacen ellos. **23**Aceptemos su condición, para que se queden a vivir entre nosotros. De esta manera su ganado, sus propiedades y todos sus animales serán nuestros.

24Todos los que se reunían a la entrada de la ciudad estuvieron de acuerdo con Jamor y con su hijo Siquén, y fue así como todos los varones fueron circuncidados. **25**Al tercer día, cuando los varones todavía estaban muy adoloridos, dos de los hijos de Jacob, Simeón y Leví, hermanos de Dina, empuñaron cada uno su espada y fueron a la ciudad, donde los varones se encontraban desprevenidos, y los mataron a todos. **26**También mataron a filo de espada a Jamor y a su hijo Siquén, sacaron a Dina de la casa de Siquén y se retiraron. **27**Luego los otros hijos de Jacob llegaron y, pasando sobre los cadáveres, saquearon la ciudad en venganza por la deshonra que había sufrido su hermana. **28**Se apropiaron de sus ovejas, ganado y asnos, y de todo lo que había en la ciudad y en el campo. **29**Se llevaron todos sus bienes, y sus hijos y mujeres, y saquearon todo lo que encontraron en las casas.

30Entonces Jacob les dijo a Simeón y Leví:

—Me han provocado un problema muy serio. De ahora en adelante los cananeos y ferezeos, habitantes de este lugar, me van a odiar. Si ellos se unen contra mí y me atacan, me matarán a mí y a toda mi familia, pues cuento con muy pocos hombres.

31Pero ellos replicaron:

—¿Acaso podíamos dejar que él tratara a nuestra hermana como a una prostituta?

Jacob vuelve a Betel

35 Dios le dijo a Jacob: «Ponte en marcha, y vete a vivir a Betel. Erige allí un altar al Dios que se te apareció cuando escapabas de tu hermano Esaú.»

2Entonces Jacob dijo a su familia y a quienes lo acompañaban: «Deshágdanse de todos los dioses extraños que tengan con ustedes, purifíquense y cámbiense de ropa. **3**Vámonos a Betel. Allí construiré un altar al Dios que me socorrió cuando estaba yo en peligro, y que me ha acompañado en mi camino.»

4Así que le entregaron a Jacob todos los dioses extraños que tenían, junto con los aretes que llevaban en las orejas, y Jacob los enterró a la sombra de la encina que estaba cerca de Siquén. **5**Cuando partieron, nadie persiguió a la familia de Jacob, porque un terror divino se apoderó de las ciudades vecinas.

6Fue así como Jacob y quienes lo acompañaban llegaron a Luz, es decir, Betel, en la tierra de Canaán. **7**Erigió un altar y llamó a ese lugar El Betel, *i* porque allí se le había revelado Dios cuando escapaba de su hermano Esaú.

8Por esos días murió Débora, la nodriza de Rebeca, y la sepultaron a la sombra de la encina que se encuentra cerca de Betel. Por eso Jacob llamó a ese lugar Elón Bacut.*j*

9Cuando Jacob regresó de Padán Aram*k*, Dios se le apareció otra vez y lo bendijo **10**con estas palabras: «Tu *nombre es Jacob,*l* pero ya no te llamarás así. De aquí en adelante te llamarás Israel.»*m* Y, en efecto, ese fue el nombre que le puso.

11Luego Dios añadió: «Yo soy el Dios *Todopoderoso. Sé fecundo y multiplícate. De ti nacerá una nación y una comunidad de naciones, y habrá reyes entre tus vástagos. **12**La tierra que les di a Abraham y a Isaac te la doy a ti, y también a tus

---

i **35:7** En hebreo, *El Betel* significa *Dios de Betel.*   *j* **35:8** En hebreo, *Elón Bacut* significa *encina del llanto.*   *k* **35:9** *Padán Aram.* Es decir, el noroeste de Mesopotamia; también en v. 26.   *l* **35:10** En hebreo, *Jacob* significa *él agarra el talón* (en sentido figurado: *él suplanta* o *engaña*).   *m* **35:10** En hebreo, *Israel* significa *él lucha con Dios.*

descendientes.» **13**Y Dios se alejó del lugar donde había hablado con Jacob.

14Jacob erigió una *estela de piedra en el lugar donde Dios le había hablado. Vertió sobre ella una libación, y la ungió con aceite, **15**y al lugar donde Dios le había hablado lo llamó Betel. *n*

Muerte de Raquel y de Isaac
35:23-26 — 1Cr 2:1-2

16Después partieron de Betel. Cuando todavía estaban lejos de Efrata, Raquel dio a luz, pero tuvo un parto muy difícil. **17**En el momento más difícil del parto, la partera le dijo: «¡No temas; estás por tener otro varón!» **18**No obstante, ella se estaba muriendo, y en sus últimos suspiros alcanzó a llamar a su hijo Benoní, *ñ* pero Jacob, su padre, le puso por *nombre Benjamín. *o*

19Así murió Raquel, y la sepultaron en el camino que va hacia Efrata, que es Belén. **20**Sobre la tumba Jacob erigió una estela, que hasta el día de hoy señala el lugar donde Raquel fue sepultada.

21Israel siguió su camino y acampó más allá de Migdal Edar. **22**Mientras vivía en esa región, Rubén fue y se acostó con Bilhá, la concubina de su padre. Cuando Israel se enteró de esto, se enojó muchísimo.*p*

Jacob tuvo doce hijos:
23 Los hijos de Lea fueron Rubén, que era el primogénito de Jacob, Simeón, Leví, Judá, Isacar y Zabulón.
24 Los hijos de Raquel fueron José y Benjamín.
25 Los hijos de Bilhá, la esclava de Raquel, fueron Dan y Neftalí.
26 Los hijos de Zilpá, la esclava de Lea, fueron Gad y Aser.
Éstos fueron los hijos que tuvo Jacob en Padán Aram.

27Jacob volvió a la casa de su padre Isaac en Mamré, cerca de Quiriat Arbá, es decir, Hebrón, donde también habían vivido Abraham e Isaac. **28**Isaac tenía ciento ochenta años **29**cuando se reunió con sus antepasados. Era ya muy anciano cuando murió, y lo sepultaron sus hijos Esaú y Jacob.

Descendientes de Esaú
36:10-14 — 1Cr 1:35-37
36:20-28 — 1Cr 1:38-42

36 Éstos son los descendientes de Esaú, o sea Edom.

2Esaú se casó con mujeres cananeas: con Ada, hija de Elón el hitita; con Aholibama, hija de Aná y nieta de Zibeón el heveo; **3**y con Basemat, hija de Ismael y hermana de Nebayot.

4Esaú tuvo estos hijos: con Ada tuvo a Elifaz; con Basemat, a Reuel; **5**con Aholibama, a Jeús, Jalán y Coré. Éstos fueron los hijos que tuvo Esaú mientras vivía en la tierra de Canaán.

6Después Esaú tomó a sus esposas, hijos e hijas, y a todas las personas que lo acompañaban, junto con su ganado y todos sus animales, y todos los bienes que había adquirido en la tierra de Canaán, y se trasladó a otra región para alejarse de su hermano Jacob. **7**Los dos habían acumulado tantos bienes que no podían estar juntos; la tierra donde vivían no bastaba para alimentar al ganado de ambos. **8**Fue así como Esaú, o sea Edom, se asentó en la región montañosa de Seír.

9Éstos son los descendientes de Esaú, padre de los edomitas, que habitaron en la región montañosa de Seír. **10**Los nombres de sus hijos son éstos:
Elifaz hijo de Ada, esposa de Esaú; y Reuel hijo de Basemat, esposa de Esaú.
11 Los hijos de Elifaz fueron Temán, Omar, Zefo, Gatán y Quenaz.
12 Elifaz tuvo un hijo con una concubina suya, llamada Timná, al que llamó Amalec.
Todos éstos fueron nietos de Ada, esposa de Esaú.

---

n **35:15** En hebreo, *Betel* significa *casa de Dios.*   *ñ* **35:18** En hebreo, *Benoní* significa *hijo de mi aflicción* o *hijo de mi tristeza.*   *o* **35:18** En hebreo, *Benjamín* significa *hijo de mi mano derecha.*   *p* **35:22** *Cuando Israel se enteró, se enojó muchísimo* (LXX); *Israel se enteró* (TM).

¹³ Los hijos de Reuel fueron Najat, Zera, Sama y Mizá. Éstos fueron los nietos de Basemat, esposa de Esaú.

¹⁴ Los hijos de la otra esposa de Esaú, Aholibama, que era hija de Aná y nieta de Zibeón fueron Jeús, Jalán y Coré.

¹⁵ Éstos fueron los jefes de los descendientes de Esaú:

De los hijos de Elifaz, primogénito de Esaú, los jefes fueron Temán, Omar, Zefo, Quenaz, ¹⁶ Coré, Gatán y Amalec. Éstos fueron los jefes de los descendientes de Elifaz en la tierra de Edom, y todos ellos fueron nietos de Ada.

¹⁷ De los hijos de Reuel hijo de Esaú, los jefes fueron Najat, Zera, Sama y Mizá.

Éstos fueron los jefes de los descendientes de Reuel en la tierra de Edom, y todos ellos fueron nietos de Basemat, esposa de Esaú.

¹⁸ De los hijos de Aholibama, hija de Aná y esposa de Esaú, los jefes fueron Jeús, Jalán y Coré.

¹⁹ Éstos fueron descendientes de Esaú, también llamado Edom, y a su vez jefes de sus respectivas tribus.

²⁰ Éstos fueron los descendientes de Seír el horeo, que habitaban en aquella región:

Lotán, Sobal, Zibeón, Aná, ²¹ Disón, Ezer y Disán. Estos descendientes de Seír fueron los jefes de los horeos en la tierra de Edom.

²² Los hijos de Lotán fueron Horí y Homán. Lotán tenía una hermana llamada Timná.

²³ Los hijos de Sobal fueron: Alván, Manajat, Ebal, Sefó y Onam.

²⁴ Los hijos de Zibeón fueron Ayá y Aná. Este último es el mismo que encontró las aguas termales^q en el desierto mientras cuidaba los asnos de su padre Zibeón.

²⁵ Los hijos de Aná fueron: Disón y Aholibama, hija de Aná.

²⁶ Los hijos de Disón fueron Hemdán, Esbán, Itrán y Querán.

²⁷ Los hijos de Ezer fueron Bilán, Zaván y Acán.

²⁸ Los hijos de Disán fueron Uz y Arán.

²⁹ Los jefes de los horeos fueron Lotán, Sobal, Zibeón, Aná, ³⁰ Disón, Ezer y Disán. Cada uno de ellos fue jefe de su tribu en la región de Seír.

Los reyes de Edom
36:31-43 — 1Cr 1:43-54

³¹ Antes de que los israelitas tuvieran rey, éstos fueron los reyes que reinaron en el país de Edom:

³² Bela hijo de Beor, que reinó en Edom. El nombre de su ciudad era Dinaba.

³³ Cuando murió Bela, reinó en su lugar Jobab hijo de Zera, que provenía de Bosra.

³⁴ Cuando murió Jobab, reinó en su lugar Jusán, que venía de la región de Temán.

³⁵ Cuando murió Jusán, reinó en su lugar Hadad hijo de Bedad. Éste derrotó a Madián en el campo de Moab. El nombre de su ciudad era Avit.

³⁶ Cuando murió Hadad, reinó en su lugar Samla, que era del pueblo de Masreca.

³⁷ Cuando murió Samla, reinó en su lugar Saúl de Rejobot del Río.

³⁸ Cuando murió Saúl, reinó en su lugar Baal Janán hijo de Acbor.

³⁹ Cuando murió Baal Janán hijo de Acbor, reinó en su lugar Hadad.^{r} El nombre de su ciudad era Pau. Su esposa se llamaba Mehitabel, y era hija de Matred y nieta de Mezab.

⁴⁰ Éstos son los nombres de los jefes que descendieron de Esaú, cada uno según su clan y región: Timná, Alvá, Jetet, ⁴¹ Aholibama, Elá, Pinón, ⁴² Quenaz, Temán, Mibzar, ⁴³ Magdiel e Iram. Éstos fueron los jefes

---

^{q} **36:24** *aguas termales*. Texto de difícil traducción. ^{r} **36:39** *Hadad* (mss. hebreos, Pentateuco Samaritano y Siríaca; véase 1Cr 1:50); *Hadar* (TM).

de Edom, según los lugares que habitaron.

Éste fue Esaú, padre de los edomitas.

Los sueños de José

37 Jacob se estableció en la tierra de Canaán, donde su padre había residido como extranjero. ²Ésta es la historia de Jacob y su familia.

Cuando José tenía diecisiete años, apacentaba el rebaño junto a sus hermanos, los hijos de Bilhá y de Zilpá, que eran concubinas de su padre. El joven José solía informar a su padre de la mala fama que tenían estos hermanos suyos.

³Israel amaba a José más que a sus otros hijos, porque lo había tenido en su vejez. Por eso mandó que le confeccionaran una túnica especial de mangas largas.ˢ ⁴Viendo sus hermanos que su padre amaba más a José que a ellos, comenzaron a odiarlo y ni siquiera lo saludaban.

⁵Cierto día José tuvo un sueño y, cuando se lo contó a sus hermanos, éstos lo tuvieron más odio todavía, ⁶pues les dijo:

—Préstenme atención, que les voy a contar lo que he soñado. ⁷Resulta que estábamos todos nosotros en el campo atando gavillas. De pronto, mi gavilla se levantó y quedó erguida, mientras que las de ustedes se juntaron alrededor de la mía y le hicieron reverencias.

⁸Sus hermanos replicaron:

—¿De veras crees que vas a reinar sobre nosotros, y que nos vas a someter?

Y lo odiaron aún más por los sueños que él les contaba.

⁹Después José tuvo otro sueño, y se lo contó a sus hermanos. Les dijo:

—Tuve otro sueño, en el que veía que el sol, la luna y once estrellas me hacían reverencias.

¹⁰Cuando se lo contó a su padre y a sus hermanos, su padre lo reprendió:

—¿Qué quieres decirnos con este sueño que has tenido? —le preguntó—. ¿Acaso tu madre, tus hermanos y yo vendremos a hacerte reverencias?

¹¹Sus hermanos le tenían envidia, pero su padre meditaba en todo esto.

José es vendido por sus hermanos

¹²En cierta ocasión, los hermanos de José se fueron a Siquén para apacentar las ovejas de su padre. ¹³Israel le dijo a José:

—Tus hermanos están en Siquén apacentando las ovejas. Quiero que vayas a verlos.

—Está bien —contestó José.

¹⁴Israel continuó:

—Vete a ver cómo están tus hermanos y el rebaño, y tráeme noticias frescas.

Y lo envió desde el valle de Hebrón. Cuando José llegó a Siquén, ¹⁵un hombre lo encontró perdido en el campo y le preguntó:

—¿Qué andas buscando?

¹⁶—Ando buscando a mis hermanos —contestó José—. ¿Podría usted indicarme dónde están apacentando el rebaño?

¹⁷—Ya se han marchado de aquí —le informó el hombre—. Les oí decir que se dirigían a Dotán.

José siguió buscando a sus hermanos, y los encontró cerca de Dotán. ¹⁸Como ellos alcanzaron a verlo desde lejos, antes de que se acercara tramaron un plan para matarlo. ¹⁹Se dijeron unos a otros:

—Ahí viene ese soñador. ²⁰Ahora sí que le llegó la hora. Vamos a matarlo y echarlo en una de estas cisternas, y diremos que lo devoró un animal salvaje. ¡Y a ver en qué terminan sus sueños!

²¹Cuando Rubén escuchó esto, intentó librarlo de las garras de sus hermanos, así que les propuso:

—No lo matemos. ²²No derramen sangre. Arrójenlo en esta cisterna en el desierto, pero no le pongan la mano encima.

Rubén dijo esto porque su intención era rescatar a José y devolverlo a su padre.

²³Cuando José llegó adonde estaban sus hermanos, le arrancaron la túnica especial de mangas largas, ²⁴lo agarraron y lo echaron en una cisterna que estaba vacía y seca. ²⁵Luego se sentaron a comer. En eso, al levantar la vista, divisaron una caravana de ismaelitas que venía de Ga-

---

ˢ **37:3** *de mangas largas.* Frase de difícil traducción; también en vv. 23 y 32.

laad. Sus camellos estaban cargados de perfumes, bálsamo y mirra, que llevaban a Egipto. **26**Entonces Judá les propuso a sus hermanos:

—¿Qué ganamos con matar a nuestro hermano y ocultar su muerte? **27**En vez de eliminarlo, vendámoslo a los ismaelitas; al fin de cuentas, es nuestro propio hermano.

Sus hermanos estuvieron de acuerdo con él, **28**así que cuando los mercaderes madianitas se acercaron, sacaron a José de la cisterna y se lo vendieron a los ismaelitas por veinte monedas de plata. Fue así como se llevaron a José a Egipto.

29Cuando Rubén volvió a la cisterna y José ya no estaba allí, se rasgó las vestiduras en señal de duelo. **30**Regresó entonces adonde estaban sus hermanos, y les reclamó:

—¡Ya no está ese mocoso! Y ahora, ¿qué hago?

31En seguida los hermanos tomaron la túnica especial de José, degollaron un cabrito, y con la sangre empaparon la túnica. **32**Luego la mandaron a su padre con el siguiente mensaje: «Encontramos esto. Fíjate bien si es o no la túnica de tu hijo.»

33En cuanto Jacob la reconoció, exclamó: «¡Sí, es la túnica de mi hijo! ¡Seguro que un animal salvaje se lo devoró y lo hizo pedazos!» **34**Y Jacob se rasgó las vestiduras y se vistió de luto, y por mucho tiempo hizo duelo por su hijo. **35**Todos sus hijos y sus hijas intentaban calmarlo, pero él no se dejaba consolar, sino que decía: «No. Guardaré luto hasta que descienda al *sepulcro para reunirme con mi hijo.» Así Jacob siguió llorando la muerte de José.

36En Egipto, los madianitas*ᶠ* lo vendieron a un tal Potifar, funcionario del faraón y capitán de la guardia.

Judá y Tamar

38 Por esos días, Judá se apartó de sus hermanos y se fue a vivir a la casa de un hombre llamado Hirá, residente del pueblo de Adulán. **2**Allí Judá conoció a una mujer, hija de un cananeo llamado Súa, y se casó con ella. Luego de tener relaciones con él, **3**ella concibió y dio a luz un hijo, al que llamó Er. **4**Tiempo después volvió a concebir, y dio a luz otro hijo, al que llamó Onán. **5**Pasado el tiempo tuvo otro hijo, al que llamó Selá, el cual nació en Quezib.

6Judá consiguió para Er, su hijo mayor, una esposa que se llamaba Tamar. **7**Pero al SEÑOR no le agradó la conducta del primogénito de Judá, y le quitó la vida. **8**Entonces Judá le dijo a Onán: «Cásate con la viuda de tu hermano y cumple con tu deber de cuñado; así le darás descendencia a tu hermano.» **9**Pero Onán sabía que los hijos que nacieran no serían reconocidos como suyos. Por eso, cada vez que tenía relaciones con ella, derramaba el semen en el suelo, y así evitaba que su hermano tuviera descendencia. **10**Esta conducta ofendió mucho al SEÑOR, así que también a él le quitó la vida. **11**Entonces Judá le dijo a su nuera Tamar: «Quédate como viuda en la casa de tu padre, hasta que mi hijo Selá tenga edad de casarse.» Pero en realidad Judá pensaba que Selá podría morirse, lo mismo que sus hermanos. Así que Tamar se fue a vivir a la casa de su padre.

12Después de mucho tiempo, murió la esposa de Judá, la hija de Súa. Al concluir el tiempo de duelo, Judá fue al pueblo de Timnat para esquilar sus ovejas. Lo acompañó su amigo Hirá, el adulanita. **13**Cuando Tamar se enteró de que su suegro se dirigía hacia Timnat para esquilar sus ovejas, **14**se quitó el vestido de viuda, se cubrió con un velo para que nadie la reconociera, y se sentó a la entrada del pueblo de Enayin, que está en el camino a Timnat. Esto lo hizo porque se dio cuenta de que Selá ya tenía edad de casarse y aún no se lo daban a ella por esposo.

15Cuando Judá la vio con el rostro cubierto, la tomó por una prostituta. **16**No sabiendo que era su nuera, se acercó a la orilla del camino y le dijo:

—Deja que me acueste contigo.

—¿Qué me das si te digo que sí? —le preguntó ella.

ᶠ **37:36** *madianitas* (Pentateuco samaritano, LXX, Vulgata y Siríaca; véase v. 28); *medanitas* (TM).

17—Te mandaré uno de los cabritos de mi rebaño —respondió Judá.

—Está bien —respondió ella—, pero déjame algo en garantía hasta que me lo mandes.

18—¿Qué prenda quieres que te deje? —preguntó Judá.

—Dame tu sello y su cordón, y el bastón que llevas en la mano —respondió Tamar.

Judá se los entregó, se acostó con ella y la dejó embarazada. 19Cuando ella se levantó, se fue inmediatamente de allí, se quitó el velo y volvió a ponerse la ropa de viuda.

20Más tarde, Judá envió el cabrito por medio de su amigo adulanita, para recuperar las prendas que había dejado con la mujer; pero su amigo no dio con ella. 21Entonces le preguntó a la gente del lugar:

—¿Dónde está la prostituta*u* de Enayin, la que se sentaba junto al camino?

—Aquí nunca ha habido una prostituta así —le contestaron.

22El amigo regresó adonde estaba Judá y le dijo:

—No la pude encontrar. Además, la gente del lugar me informó que allí nunca había estado una prostituta como ésa.

23—Que se quede con las prendas —replicó Judá—; no es cuestión de que hagamos el ridículo. Pero que quede claro: yo le envié el cabrito, y tú no la encontraste.

24Como tres meses después, le informaron a Judá lo siguiente:

—Tu nuera Tamar se ha prostituido, y como resultado de sus andanzas ha quedado embarazada.

—¡Sáquenla y quémenla! —exclamó Judá.

25Pero cuando la estaban sacando, ella mandó este mensaje a su suegro: «El dueño de estas prendas fue quien me embarazó. A ver si reconoce usted de quién son este sello, el cordón del sello, y este bastón.»

26Judá los reconoció y declaró: «Su conducta es más justa que la mía, pues yo no la di por esposa a mi hijo Selá.» Y no volvió a acostarse con ella.

27Cuando llegó el tiempo de que Tamar diera a luz, resultó que tenía mellizos en su seno. 28En el momento de nacer, uno de los mellizos sacó la mano; la partera le ató un hilo rojo en la mano, y dijo: «Éste salió primero.» 29Pero en ese momento el niño metió la mano, y salió primero el otro. Entonces la partera dijo: «¡Cómo te abriste paso!» Por eso al niño lo llamaron Fares.*v* 30Luego salió su hermano, con el hilo rojo atado en la mano, y lo llamaron Zera.*w*

José y la esposa de Potifar

39 Cuando José fue llevado a Egipto, los ismaelitas que lo habían trasladado allá lo vendieron a Potifar, un egipcio que era funcionario del faraón y capitán de su guardia. 2Ahora bien, el SEÑOR estaba con José y las cosas le salían muy bien. Mientras José vivía en la casa de su patrón egipcio, 3éste se dio cuenta de que el SEÑOR estaba con José y lo hacía prosperar en todo. 4José se ganó la confianza de Potifar, y éste lo nombró mayordomo de toda su casa y le confió la administración de todos sus bienes. 5Por causa de José, el SEÑOR bendijo la casa del egipcio Potifar a partir del momento en que puso a José a cargo de su casa y de todos sus bienes. La bendición del SEÑOR se extendió sobre todo lo que tenía el egipcio, tanto en la casa como en el campo. 6Por esto Potifar dejó todo a cargo de José, y tan sólo se preocupaba por lo que tenía que comer.

José tenía muy buen físico y era muy atractivo. 7Después de algún tiempo, la esposa de su patrón empezó a echarle el ojo y le propuso:

—Acuéstate conmigo.

8Pero José no quiso saber nada, sino que le contestó:

—Mire, señora: mi patrón ya no tiene que preocuparse de nada en la casa, porque todo me lo ha confiado a mí. 9En esta casa no hay nadie más importante que yo. Mi patrón no me ha negado nada, excepto meterme con usted, que es su esposa.

---

u **38:21** *prostituta.* Lit. *consagrada;* es decir, una prostituta consagrada al culto.   *v* **38:29** En hebreo, *Fares* significa *abertura, brecha.*   *w* **38:30** En hebreo, *Zera* puede significar *rojo, brillo* o *resplandor.*

¿Cómo podría yo cometer tal maldad y pecar así contra Dios?

10Y por más que ella lo acosaba día tras día para que se acostara con ella y le hiciera compañía, José se mantuvo firme en su rechazo.

11Un día, en un momento en que todo el personal de servicio se encontraba ausente, José entró en la casa para cumplir con sus responsabilidades. **12**Entonces la mujer de Potifar lo agarró del manto y le rogó: «¡Acuéstate conmigo!»

Pero José, dejando el manto en manos de ella, salió corriendo de la casa. **13**Al ver ella que él había dejado el manto en sus manos y había salido corriendo, **14**llamó a los siervos de la casa y les dijo: «¡Miren!, el hebreo que nos trajo mi esposo sólo ha venido a burlarse de nosotros. Entró a la casa con la intención de acostarse conmigo, pero yo grité con todas mis fuerzas. **15**En cuanto me oyó gritar, salió corriendo y dejó su manto a mi lado.»

16La mujer guardó el manto de José hasta que su marido volvió a su casa. **17**Entonces le contó la misma historia: «El esclavo hebreo que nos trajiste quiso aprovecharse de mí. **18**Pero en cuanto grité con todas mis fuerzas, salió corriendo y dejó su manto a mi lado.»

19Cuando el patrón de José escuchó de labios de su mujer cómo la había tratado el esclavo, se enfureció **20**y mandó que echaran a José en la cárcel donde estaban los presos del rey.

Pero aun en la cárcel **21**el SEÑOR estaba con él y no dejó de mostrarle su amor. Hizo que se ganara la confianza del guardia de la cárcel, **22**el cual puso a José a cargo de todos los prisioneros y de todo lo que allí se hacía. **23**Como el SEÑOR estaba con José y hacía prosperar todo lo que él hacía, el guardia de la cárcel no se preocupaba de nada de lo que dejaba en sus manos.

El copero y el panadero

40 Tiempo después, el copero y el panadero del rey de Egipto ofendieron a su señor. **2**El faraón se enojó contra estos dos funcionarios suyos, es decir, contra el jefe de los coperos y el jefe de los panaderos, **3**así que los mandó presos a la casa del capitán de la guardia, que era la misma cárcel donde estaba preso José. **4**Allí el capitán de la guardia le encargó a José que atendiera a estos funcionarios.

Después de haber estado algún tiempo en la cárcel, **5**una noche los dos funcionarios, es decir, el copero y el panadero, tuvieron cada uno un sueño, cada sueño con su propio significado. **6**A la mañana siguiente, cuando José fue a verlos, los encontró muy preocupados, **7**y por eso les preguntó:

—¿Por qué andan hoy tan cabizbajos?

8—Los dos tuvimos un sueño —respondieron—, y no hay nadie que nos lo interprete.

—¿Acaso no es Dios quien da la interpretación? —preguntó José—. ¿Por qué no me cuentan lo que soñaron?

9Entonces el jefe de los coperos le contó a José el sueño que había tenido:

—Soñé que frente a mí había una vid, **10**la cual tenía tres ramas. En cuanto la vid echó brotes, floreció; y maduraron las uvas en los racimos. **11**Yo tenía la copa del faraón en la mano. Tomé las uvas, las exprimí en la copa, y luego puse la copa en manos del faraón.

12Entonces José le dijo:

—Ésta es la interpretación de su sueño: Las tres ramas son tres días. **13**Dentro de los próximos tres días el faraón lo indultará a usted y volverá a colocarlo en su cargo. Usted volverá a poner la copa del faraón en su mano, tal como lo hacía antes, cuando era su copero. **14**Yo le ruego que no se olvide de mí. Por favor, cuando todo se haya arreglado, háblele usted de mí al faraón para que me saque de esta cárcel. **15**A mí me trajeron por la fuerza, de la tierra de los hebreos. ¡Yo no hice nada aquí para que me echaran en la cárcel!

16Al ver que la interpretación había sido favorable, el jefe de los panaderos le dijo a José:

—Yo también tuve un sueño. En ese sueño, llevaba yo tres canastas de pan[x]

---

[x] **40:16** *pan*. Alt. *mimbre*.

sobre la cabeza. 17En la canasta de arriba había un gran surtido de repostería para el faraón, pero las aves venían a comer de la canasta que llevaba sobre la cabeza.

18José le respondió:

—Ésta es la interpretación de su sueño: Las tres canastas son tres días. 19Dentro de los próximos tres días, el faraón mandará que a usted lo decapiten y lo cuelguen de un árbol, y las aves devorarán su cuerpo.

20En efecto, tres días después el faraón celebró su cumpleaños y ofreció una gran fiesta para todos sus funcionarios. En presencia de éstos, mandó sacar de la cárcel al jefe de los coperos y al jefe de los panaderos. 21Al jefe de los coperos lo restituyó en su cargo para que, una vez más, pusiera la copa en manos del faraón. 22Pero, tal como lo había predicho José, al jefe de los panaderos mandó que lo ahorcaran. 23Sin embargo, el jefe de los coperos no se acordó de José, sino que se olvidó de él por completo.

Los sueños del faraón

41 Dos años más tarde, el faraón tuvo un sueño: Estaba de pie junto al río Nilo 2cuando, de pronto, del río salieron siete vacas hermosas y gordas que se pusieron a pastar entre los juncos. 3Detrás de ellas salieron otras siete vacas, feas y flacas, que se pararon a orillas del Nilo, junto a las primeras. 4¡Y las vacas feas y flacas se comieron a las vacas hermosas y gordas!

En ese momento el faraón se despertó. 5Pero volvió a dormirse, y tuvo otro sueño: Siete espigas de trigo, grandes y hermosas, crecían de un solo tallo. 6Tras ellas brotaban otras siete espigas, delgadas y quemadas por el viento solano. 7¡Y las siete espigas delgadas se comían a las espigas grandes y hermosas!

En eso el faraón se despertó y se dio cuenta de que sólo era un sueño. 8Sin embargo, a la mañana siguiente se levantó muy preocupado, mandó llamar a todos los magos y sabios de Egipto, y les contó los dos sueños. Pero nadie se los pudo interpretar. 9Entonces el jefe de los coperos le dijo al faraón: «Ahora me doy cuenta del grave error que he cometido. 10Cuando el faraón se enojó con sus servidores, es decir, conmigo y con el jefe de los panaderos, nos mandó a la cárcel, bajo la custodia del capitán de la guardia. 11Una misma noche, los dos tuvimos un sueño, cada sueño con su propio significado. 12Allí, con nosotros, había un joven hebreo, esclavo del capitán de la guardia. Le contamos nuestros sueños, y a cada uno nos interpretó el sueño. 13¡Y todo sucedió tal como él lo había interpretado! A mí me restituyeron mi cargo, y al jefe de los panaderos lo ahorcaron.»

14El faraón mandó llamar a José, y en seguida lo sacaron de la cárcel. Luego de afeitarse y cambiarse de ropa, José se presentó ante el faraón, 15quien le dijo:

—Tuve un sueño que nadie ha podido interpretar. Pero me he enterado de que, cuando tú oyes un sueño, eres capaz de interpretarlo.

16—No soy yo quien puede hacerlo —respondió José—, sino que es Dios quien le dará al faraón una respuesta favorable.

17El faraón le contó a José lo siguiente:

—En mi sueño, estaba yo de pie a orillas del río Nilo. 18De pronto, salieron del río siete vacas gordas y hermosas, y se pusieron a pastar entre los juncos. 19Detrás de ellas salieron otras siete vacas, feas y flacas. ¡Jamás se habían visto vacas tan raquíticas en toda la tierra de Egipto! 20Y las siete vacas feas y flacas se comieron a las siete vacas gordas. 21Pero, después de habérselas comido, no se les notaba en lo más mínimo, porque seguían tan feas como antes. Entonces me desperté.

22»Después tuve otro sueño: Siete espigas de trigo, grandes y hermosas, crecían de un solo tallo. 23Tras ellas brotaron otras siete espigas marchitas, delgadas y quemadas por el viento solano. 24Las siete espigas delgadas se comieron a las espigas grandes y hermosas. Todo esto se lo conté a los magos, pero ninguno de ellos me lo pudo interpretar.

25José le explicó al faraón:

—En realidad, los dos sueños del faraón son uno solo. Dios le ha anunciado lo que está por hacer. ²⁶Las siete vacas hermosas y las siete espigas hermosas son siete años. Se trata del mismo sueño. ²⁷Y las siete vacas flacas y feas, que salieron detrás de las otras, y las siete espigas delgadas y quemadas por el viento solano, son también siete años. Pero éstos serán siete años de hambre.

²⁸»Tal como le he dicho al faraón, Dios le está mostrando lo que está por hacer. ²⁹Están por venir siete años de mucha abundancia en todo Egipto, ³⁰a los que les seguirán siete años de hambre, que harán olvidar toda la abundancia que antes hubo. ¡El hambre acabará con Egipto! ³¹Tan terrible será el hambre, que nadie se acordará de la abundancia que antes hubo en el país. ³²El faraón tuvo el mismo sueño dos veces porque Dios ha resuelto firmemente hacer esto, y lo llevará a cabo muy pronto.

³³»Por todo esto, el faraón debería buscar un hombre competente y sabio, para que se haga cargo de la tierra de Egipto. ³⁴Además, el faraón debería nombrar inspectores en todo Egipto, para que durante los siete años de abundancia recauden la quinta parte de la cosecha en todo el país. ³⁵Bajo el control del faraón, esos inspectores deberán juntar el grano de los años buenos que vienen y almacenarlo en las ciudades, para que haya una reserva de alimento. ³⁶Este alimento almacenado le servirá a Egipto para los siete años de hambre que sufrirá, y así la gente del país no morirá de hambre.

³⁷Al faraón y a sus servidores les pareció bueno el plan. ³⁸Entonces el faraón les preguntó a sus servidores:

—¿Podremos encontrar una persona así, en quien repose el espíritu de Dios?

³⁹Luego le dijo a José:

—Puesto que Dios te ha revelado todo esto, no hay nadie más competente y sabio que tú. ⁴⁰Quedarás a cargo de mi palacio, y todo mi pueblo cumplirá tus órdenes. Sólo yo tendré más autoridad que tú, porque soy el rey.

José, gobernador de Egipto

⁴¹Así que el faraón le informó a José:

—Mira, yo te pongo a cargo de todo el territorio de Egipto.

⁴²De inmediato, el faraón se quitó el anillo oficial y se lo puso a José. Hizo que lo vistieran con ropas de lino fino, y que le pusieran un collar de oro en el cuello. ⁴³Después lo invitó a subirse al carro reservado para el segundo en autoridad, y ordenó que gritaran: «¡Abran paso!»ʸ Fue así como el faraón puso a José al frente de todo el territorio de Egipto.

⁴⁴Entonces el faraón le dijo:

—Yo soy el faraón, pero nadie en todo Egipto podrá hacer nada sin tu permiso.

⁴⁵Y le cambió el *nombre a José, y lo llamó Zafenat Panea; además, le dio por esposa a Asenat, hija de Potifera, sacerdote de la ciudad de On.ᶻ De este modo quedó José a cargo de Egipto. ⁴⁶Tenía treinta años cuando comenzó a trabajar al servicio del faraón, rey de Egipto.

Tan pronto como se retiró José de la presencia del faraón, se dedicó a recorrer todo el territorio de Egipto. ⁴⁷Durante los siete años de abundancia la tierra produjo grandes cosechas; ⁴⁸así que José fue recogiendo todo el alimento que se produjo en Egipto durante esos siete años, y lo almacenó en las ciudades. ⁴⁹Juntó alimento como quien junta arena del mar, y fue tanto lo que recogió que dejó de contabilizarlo. ¡Ya no había forma de mantener el control!

⁵⁰Antes de comenzar el primer año de hambre, José tuvo dos hijos con su esposa Asenat, la hija de Potifera, sacerdote de On. ⁵¹Al primero lo llamó Manasés, porque dijo: «Dios ha hecho que me olvide de todos mis problemas, y de mi casa paterna.» ⁵²Al segundo lo llamó Efraín, porque dijo: «Dios me ha hecho fecundo en esta tierra donde he sufrido.»

⁵³Los siete años de abundancia en Egipto llegaron a su fin ⁵⁴y, tal como José lo había anunciado, comenzaron los siete años de hambre, la cual se extendió por

ʸ**41:43** «¡Abran paso!» Alt. «¡Inclínense!»   ᶻ**41:45** On. Es decir, Heliópolis (Ciudad del Sol); también en v. 50.

todos los países. Pero a lo largo y a lo ancho del territorio de Egipto había alimento. 55Cuando también en Egipto comenzó a sentirse el hambre, el pueblo clamó al faraón pidiéndole comida. Entonces el faraón dijo a todo el pueblo de Egipto: «Vayan a ver a José, y hagan lo que él les diga.»

56Cuando ya el hambre se había extendido por todo el territorio, y había arreciado, José abrió los graneros para vender alimento a los egipcios. 57Además, de todos los países llegaban a Egipto para comprarle alimento a José, porque el hambre cundía ya por todo el mundo.

Los hermanos de José van a Egipto

42 Cuando Jacob se enteró de que había alimento en Egipto, les dijo a sus hijos: «¿Qué hacen ahí parados, mirándose unos a otros? 2He sabido que hay alimento en Egipto. Vayan allá y compren comida para nosotros, para que no muramos, sino que podamos sobrevivir.»

3Diez de los hermanos de José fueron a Egipto a comprar alimento. 4Pero Jacob no dejó que Benjamín, el hermano de José, se fuera con ellos porque pensó que podría sucederle alguna desgracia. 5Fue así como los hijos de Israel fueron a comprar alimento, al igual que otros, porque el hambre se había apoderado de Canaán.

6José era el gobernador del país, y el que vendía trigo a todo el mundo. Cuando sus hermanos llegaron ante él, se postraron rostro en tierra. 7En cuanto José vio a sus hermanos, los reconoció; pero, fingiendo no conocerlos, les habló con rudeza:

—¡Y ustedes!, ¿de dónde vienen?

—Venimos de Canaán, para comprar alimento —contestaron.

8Aunque José los había reconocido, sus hermanos no lo reconocieron a él. 9En ese momento se acordó José de los sueños que había tenido acerca de ellos, y les dijo:

—¡De seguro ustedes son espías, y han venido para investigar las zonas desprotegidas del país!

10—¡No, señor! —respondieron—. Sus siervos hemos venido a comprar alimento. 11Todos nosotros somos hijos de un mismo padre, y además somos gente honrada. ¡Sus siervos no somos espías!

12—¡No es verdad! —insistió José—. Ustedes han venido para investigar las zonas desprotegidas del país.

13Pero ellos volvieron a responder:

—Nosotros, sus siervos, éramos doce hermanos, todos hijos de un mismo padre que vive en Canaán. El menor se ha quedado con nuestro padre, y el otro ya no vive.

14Pero José los increpó una vez más:

—Es tal como les he dicho. ¡Ustedes son espías! 15Y con esto lo vamos a comprobar: Les juro por la vida del faraón, que de aquí no saldrán con vida a menos que traigan a su hermano menor. 16Manden a uno de ustedes a buscar a su hermano; los demás se quedarán en la cárcel. Así sabremos si es verdad lo que dicen. Y si no es así, ¡por la vida del faraón, ustedes son espías!

17José los encerró en la cárcel durante tres días. 18Al tercer día les dijo:

—Yo soy un hombre temeroso de Dios. Hagan lo siguiente y salvarán su vida. 19Si en verdad son honrados, quédese uno de ustedes bajo custodia, y vayan los demás y lleven alimento para calmar el hambre de sus familias. 20Pero tráiganme a su hermano menor y pruébenme que dicen la verdad. Así no morirán.

Ellos aceptaron la propuesta, 21pero se decían unos a otros:

—Sin duda estamos sufriendo las consecuencias de lo que hicimos con nuestro hermano. Aunque vimos su angustia cuando nos suplicaba que le tuviéramos compasión, no le hicimos caso. Por eso ahora nos vemos en aprietos.

22Entonces habló Rubén:

—Yo les advertí que no le hicieran daño al muchacho, pero no me hicieron caso. ¡Ahora tenemos que pagar el precio de su sangre!

23Como José les hablaba por medio de un intérprete, ellos no sabían que él entendía todo lo que estaban diciendo. 24José se apartó de ellos y se echó a llorar. Luego, cuando se controló y pudo hablarles, apartó a Simeón y ordenó que lo ataran en presencia de ellos.

²⁵José dio también la orden de que llenaran de alimentos sus costales, que repusieran en cada una de sus bolsas el dinero que habían pagado, y que les dieran provisiones para el viaje. Y así se hizo. ²⁶Entonces ellos cargaron el alimento sobre sus asnos y emprendieron el viaje de vuelta.

²⁷Cuando llegaron al lugar donde acamparían esa noche, uno de ellos abrió su bolsa para darle de comer a su asno, ¡y allí en la abertura descubrió su dinero! ²⁸Entonces les dijo a sus hermanos:

—¡Me devolvieron el dinero! Miren, ¡aquí está, en mi bolsa!

Los otros se asustaron mucho, y temblando se decían unos a otros:

—¿Qué es lo que Dios nos ha hecho?

²⁹Al llegar a Canaán, donde estaba su padre Jacob, le contaron todo lo que les había sucedido:

³⁰—El hombre que gobierna aquel país nos trató con rudeza, a tal grado que nos acusó de ser espías. ³¹Nosotros le dijimos: "Somos gente honrada. No somos espías." ³²Además, le dijimos: "Somos doce hermanos, hijos de un mismo padre. Uno ya no vive, y el menor se ha quedado con nuestro padre en Canaán."

³³»Entonces el hombre que gobierna aquel país nos dijo: "Con esto voy a comprobar si en verdad son gente honrada. Dejen aquí conmigo a uno de sus hermanos, y vayan a llevar alimento para calmar el hambre de sus familias. ³⁴Pero a la vuelta tráiganme a su hermano menor. Así comprobaré que no son espías, y que en verdad son gente honrada. Luego les entregaré de vuelta a su hermano, y podrán moverse*ᵃ* con libertad por el país."

³⁵Cuando comenzaron a vaciar sus costales, se encontraron con que la bolsa de dinero de cada uno estaba allí. Esto hizo que ellos y su padre se llenaran de temor. ³⁶Entonces Jacob, su padre, les dijo:

—¡Ustedes me van a dejar sin hijos! José ya no está con nosotros, Simeón tampoco está aquí, ¡y ahora se quieren llevar a Benjamín! ¡Todo esto me perjudica!

³⁷Pero Rubén le dijo a su padre:

—Yo me hago cargo de Benjamín. Si no te lo devuelvo, podrás matar a mis dos hijos.

³⁸—¡Mi hijo no se irá con ustedes! —replicó Jacob—. Su hermano José ya está muerto, y ahora sólo él me queda. Si le llega a pasar una desgracia en el viaje que van a emprender, ustedes tendrán la culpa de que este pobre viejo se muera de tristeza.

Los hermanos de José vuelven a Egipto

43 El hambre seguía aumentando en aquel país. ²Llegó el momento en que se les acabó el alimento que habían llevado de Egipto. Entonces su padre les dijo:

—Vuelvan a Egipto y compren un poco más de alimento para nosotros.

³Pero Judá le recordó:

—Aquel hombre nos advirtió claramente que no nos presentáramos ante él, a menos que lo hiciéramos con nuestro hermano menor. ⁴Si tú nos permites llevar a nuestro hermano menor, iremos a comprarte alimento. ⁵De lo contrario, no tiene objeto que vayamos. Aquel hombre fue muy claro en cuanto a no presentarnos ante él sin nuestro hermano menor.

⁶—¿Por qué me han causado este mal? —inquirió Israel—. ¿Por qué le dijeron a ese hombre que tenían otro hermano?

⁷—Porque aquel hombre nos preguntó específicamente acerca de nuestra familia —respondieron ellos—. "¿Vive todavía el padre de ustedes? —nos preguntó—. ¿Tienen algún otro hermano?" Lo único que hicimos fue responder a sus preguntas. ¿Cómo íbamos a saber que nos pediría llevar a nuestro hermano menor?

⁸Judá le dijo a su padre Israel:

—Bajo mi responsabilidad, envía al muchacho y nos iremos ahora mismo, para que nosotros y nuestros hijos podamos seguir viviendo. ⁹Yo te respondo por su seguridad; a mí me pedirás cuentas. Si no te lo devuelvo sano y salvo, yo seré el culpable ante ti para toda la vida. ¹⁰Si no

---

*ᵃ*42:34 *moverse.* Alt. *comerciar.*

nos hubiéramos demorado tanto, ¡ya habríamos ido y vuelto dos veces!

11Entonces Israel, su padre, les dijo:

—Ya que no hay más remedio, hagan lo siguiente: Echen en sus costales los mejores productos de esta región, y llévenselos de regalo a ese hombre: un poco de bálsamo, un poco de miel, perfumes, mirra, nueces, almendras. **12**Lleven también el doble del dinero, pues deben devolver el que estaba en sus bolsas, ya que seguramente fue un error. **13**Vayan con su hermano menor y preséntense ante ese hombre. **14**¡Que el Dios *Todopoderoso permita que ese hombre les tenga compasión y deje libre a su otro hermano, y además vuelvan con Benjamín! En cuanto a mí, si he de perder a mis hijos, ¡qué le voy a hacer! ¡Los perderé!

15Ellos tomaron los regalos, el doble del dinero, y a Benjamín, y emprendieron el viaje a Egipto. Allí se presentaron ante José. **16**Cuando éste vio a Benjamín con ellos, le dijo a su mayordomo: «Lleva a estos hombres a mi casa. Luego, mata un animal y prepáralo, pues estos hombres comerán conmigo al mediodía.»

17El mayordomo cumplió la orden y los llevó a la casa de José. **18**Al ver ellos que los llevaban a la casa de José, se asustaron mucho y se dijeron: «Nos llevan por causa del dinero que se puso en nuestras bolsas la vez pasada. Ahora nos atacarán, nos acusarán, y hasta nos harán sus esclavos, con nuestros animales y todo.»

19Entonces se acercaron al mayordomo de la casa de José, y antes de entrar le dijeron:

20—Perdón, señor: nosotros ya vinimos antes para comprar alimento; **21**pero a nuestro regreso, cuando acampamos para pasar la noche, descubrimos que en cada una de nuestras bolsas estaba el dinero que habíamos pagado. ¡Pero lo hemos traído para devolverlo! **22**También hemos traído más dinero para comprar alimento. ¡No sabemos quién pudo haber puesto el dinero de vuelta en nuestras bolsas!

23—Está bien, no tengan miedo —contestó aquel hombre—. El Dios de ustedes y de su padre habrá puesto ese tesoro en sus bolsas. A mí me consta que recibí el dinero que ustedes pagaron.

El mayordomo les llevó a Simeón, **24**y a todos los hizo pasar a la casa de José. Allí les dio agua para que se lavaran los pies, y les dio de comer a sus asnos. **25**Ellos, por su parte, prepararon los regalos, mientras esperaban que José llegara al mediodía, pues habían oído que comerían allí.

26Cuando José entró en su casa, le entregaron los regalos que le habían llevado, y rostro en tierra se postraron ante él. **27**José les preguntó cómo estaban, y añadió:

—¿Cómo está su padre, el anciano del cual me hablaron? ¿Vive todavía?

28—Nuestro padre, su siervo, se encuentra bien, y todavía vive —respondieron ellos.

Y en seguida le hicieron una reverencia para honrarlo. **29**José miró a su alrededor y, al ver a Benjamín, su hermano de padre y madre, les preguntó:

—¿Es éste su hermano menor, del cual me habían hablado? ¡Que Dios te guarde, hijo mío!

30Conmovido por la presencia de su hermano, y no pudiendo contener el llanto, José salió de prisa. Entró en su habitación, y allí se echó a llorar desconsoladamente. **31**Después se lavó la cara y, ya más calmado, salió y ordenó: «¡Sirvan la comida!»

32A José le sirvieron en un sector, a los hermanos en otro, y en otro más a los egipcios que comían con José. Los egipcios no comían con los hebreos porque, para los habitantes de Egipto, era una abominación. **33**Los hermanos de José estaban sentados frente a él, de mayor a menor, y unos a otros se miraban con asombro. **34**Las porciones les eran servidas desde la mesa de José, pero a Benjamín se le servían porciones mucho más grandes que a los demás. En compañía de José, todos bebieron y se alegraron.

La copa de José

44 Más tarde, José ordenó al mayordomo de su casa: «Llena con todo el alimento que les quepa los costales de estos hombres, y pon en sus bolsas el dinero de cada uno de ellos. **2**Luego mete mi copa de plata en la bolsa del hermano menor, junto con el dinero que pagó por el alimento.» Y el mayordomo hizo todo lo que José le ordenó.

3A la mañana siguiente, muy temprano, los hermanos de José fueron enviados de vuelta, junto con sus asnos. **4**Todavía no estaban muy lejos de la ciudad cuando José le dijo al mayordomo de su casa: «¡Anda! ¡Persigue a esos hombres! Cuando los alcances, diles: "¿Por qué me han pagado mal por bien? **5**¿Por qué han robado la copa que usa mi señor para beber y para adivinar? ¡Esto que han hecho está muy mal!"»

6Cuando el mayordomo los alcanzó, les repitió esas mismas palabras. **7**Pero ellos respondieron:

—¿Por qué nos dice usted tales cosas, mi señor? ¡Lejos sea de nosotros actuar de esa manera. **8**Es más, nosotros le trajimos de vuelta de Canaán el dinero que habíamos pagado, pero que encontramos en nuestras bolsas. ¿Por qué, entonces, habríamos de robar oro o plata de la casa de su señor? **9**Si se encuentra la copa en poder de alguno de nosotros, que muera el que la tenga, y el resto de nosotros seremos esclavos de mi señor.

10—Está bien —respondió el mayordomo—, se hará como ustedes dicen, pero sólo el que tenga la copa en su poder será mi esclavo; el resto de ustedes quedará libre de todo cargo.

11En seguida cada uno de ellos bajó al suelo su bolsa y la abrió. **12**El mayordomo revisó cada bolsa, comenzando con la del hermano mayor y terminando con la del menor. ¡Y encontró la copa en la bolsa de Benjamín! **13**Al ver esto, los hermanos de José se rasgaron las vestiduras en señal de duelo y, luego de cargar sus asnos, volvieron a la ciudad.

14Todavía estaba José en su casa cuando llegaron Judá y sus hermanos. Entonces se postraron rostro en tierra, **15**y José les dijo:

—¿Qué manera de portarse es ésta? ¿Acaso no saben que un hombre como yo puede adivinar?

16—¡No sabemos qué decirle, mi señor! —contestó Judá—. ¡No hay excusa que valga! ¿Cómo podemos demostrar nuestra inocencia? Dios ha puesto al descubierto la maldad de sus siervos. Aquí nos tiene usted: somos sus esclavos, nosotros y el que tenía la copa.

17—¡Jamás podría yo actuar de ese modo! —respondió José—. Sólo será mi esclavo el que tenía la copa en su poder. En cuanto a ustedes, regresen tranquilos a la casa de su padre.

18Entonces Judá se acercó a José para decirle:

—Mi señor, no se enoje usted conmigo, pero le ruego que me permita hablarle en privado. Para mí, usted es tan importante como el faraón. **19**Cuando mi señor nos preguntó si todavía teníamos un padre o algún otro hermano, **20**nosotros le contestamos que teníamos un padre anciano, y un hermano que le nació a nuestro padre en su vejez. Nuestro padre quiere muchísimo a este último porque es el único que le queda de la misma madre, ya que el otro murió. **21**Entonces usted nos obligó a traer a este hermano menor para conocerlo. **22**Nosotros le dijimos que el joven no podía dejar a su padre porque, si lo hacía, seguramente su padre moriría. **23**Pero usted insistió y nos advirtió que, si no traíamos a nuestro hermano menor, nunca más seríamos recibidos en su presencia. **24**Entonces regresamos adonde vive mi padre, su siervo, y le informamos de todo lo que usted nos había dicho. **25**Tiempo después nuestro padre nos dijo: "Vuelvan otra vez a comprar un poco de alimento." **26**Nosotros le contestamos: "No podemos ir si nuestro hermano menor no va con nosotros. No podremos presentarnos ante hombre tan importante, a menos que nuestro hermano menor nos acompañe." **27**Mi padre, su siervo, respondió: "Ustedes saben que mi esposa me dio dos hijos. **28**Uno desapareció de mi lado, y no he vuelto a verlo. Con toda seguridad fue despedazado por las fieras. **29**Si también se llevan a éste, y le pasa alguna desgracia, ¡ustedes tendrán la culpa de que este pobre viejo se muera de tristeza!"

30»Así que, si yo regreso a mi padre, su siervo, y el joven, cuya *vida está tan unida a la de mi padre, no regresa con nosotros, **31**seguramente mi padre, al no verlo, morirá, y nosotros seremos los culpables de que nuestro padre se muera de tristeza. **32**Este siervo suyo quedó ante mi padre como responsable del joven. Le dije: "Si no te lo devuelvo, padre mío, seré culpable ante ti toda mi vida." **33**Por eso, permita usted que yo me quede como esclavo suyo en lugar de mi hermano menor, y que él regrese con sus hermanos. **34**¿Cómo podré volver junto a mi padre si mi hermano menor no está conmigo? ¡No soy capaz de ver la desgracia que le sobrevendrá a mi padre!

José se da a conocer

45 José ya no pudo controlarse delante de sus servidores, así que ordenó: «¡Que salgan todos de mi presencia!» Y ninguno de ellos quedó con él. Cuando se dio a conocer a sus hermanos, **2**comenzó a llorar tan fuerte que los egipcios se enteraron, y la noticia llegó hasta la casa del faraón.

3—Yo soy José —les declaró a sus hermanos—. ¿Vive todavía mi padre?

Pero ellos estaban tan pasmados que no atinaban a contestarle. **4**No obstante, José insistió:

—¡Acérquense!

Cuando ellos se acercaron, él añadió:

—Yo soy José, el hermano de ustedes, a quien vendieron a Egipto. **5**Pero ahora, por favor no se aflijan más ni se reprochen el haberme vendido, pues en realidad fue Dios quien me mandó delante de ustedes para salvar vidas. **6**Desde hace dos años la región está sufriendo de hambre, y todavía faltan cinco años más en que no habrá siembras ni cosechas. **7**Por eso Dios me envió delante de ustedes: para salvarles la vida de manera extraordinaria*b* y de ese modo asegurarles descendencia sobre la tierra. **8**Fue Dios quien me envió aquí, y no ustedes. Él me ha puesto como asesor*c* del faraón y administrador de su casa, y como gobernador de todo Egipto. **9**¡Vamos, apúrense! Vuelvan a la casa de mi padre y díganle: "Así dice tu hijo José: 'Dios me ha hecho gobernador de todo Egipto. Ven a verme. No te demores.

10Vivirás en la región de Gosén, cerca de mí, con tus hijos y tus nietos, y con tus ovejas, y vacas y todas tus posesiones. **11**Yo les proveeré alimento allí, porque aún quedan cinco años más de hambre. De lo contrario, tú y tu familia, y todo lo que te pertenece, caerán en la miseria.'" **12**Además, ustedes y mi hermano Benjamín son testigos de que yo mismo lo he dicho. **13**Cuéntenle a mi padre del prestigio que tengo en Egipto, y de todo lo que han visto. ¡Pero apúrense y tráiganlo ya!

14Y abrazó José a su hermano Benjamín, y comenzó a llorar. Benjamín, a su vez, también lloró abrazado a su hermano José. **15**Luego José, bañado en lágrimas, besó a todos sus hermanos. Sólo entonces se animaron ellos a hablarle.

16Cuando llegó al palacio del faraón la noticia de que habían llegado los hermanos de José, tanto el faraón como sus funcionarios se alegraron. **17**Y el faraón le dijo a José: «Ordena a tus hermanos que carguen sus animales y vuelvan a Canaán. **18**Que me traigan a su padre y a sus familias. Yo les daré lo mejor de Egipto, y comerán de la abundancia de este país. **19**Diles, además, que se lleven carros de Egipto para traer a sus niños y mujeres, y también al padre de ustedes, **20**y que no se preocupen por las cosas que tengan que dejar, porque lo mejor de todo Egipto será para ustedes.»

21Así lo hicieron los hijos de Israel. José les proporcionó los carros, conforme al mandato del faraón, y también les dio provisiones para el viaje. **22**Además, a cada uno le dio ropa nueva, y a Benjamín le entregó trescientas monedas de plata y cinco mudas de ropa. **23**A su padre le envió lo siguiente: diez asnos cargados con lo mejor de Egipto, diez asnas cargadas de cereales, y pan y otras provisiones para el viaje de su padre. **24**Al despedirse de sus hermanos, José les recomendó: «¡No se vayan peleando por el camino!»

25Los hermanos de José salieron de Egipto y llegaron a Canaán, donde residía su padre Jacob. **26**Al llegar le dijeron:

---

b **45:7** *salvarles ... extraordinaria.* Alt. *salvarlos como un gran número de sobrevivientes.*   *c* **45:8** *asesor.* Lit. *padre.*

«¡José vive, José vive! ¡Es el gobernador de todo Egipto!» Jacob quedó atónito y no les creía, ²⁷pero ellos le repetían una y otra vez todo lo que José les había dicho. Y cuando su padre Jacob vio los carros que José había enviado para llevarlo, se reanimó. ²⁸Entonces exclamó: «¡Con esto me basta! ¡Mi hijo José aún vive! Iré a verlo antes de morirme.»

Jacob viaja a Egipto

46 Israel emprendió el viaje con todas sus pertenencias. Al llegar a Berseba, ofreció sacrificios al Dios de su padre Isaac. ²Esa noche Dios le habló a Israel en una visión:

—¡Jacob! ¡Jacob!

—Aquí estoy —respondió.

³—Yo soy Dios, el Dios de tu padre —le dijo—. No tengas temor de ir a Egipto, porque allí haré de ti una gran nación. ⁴Yo te acompañaré a Egipto, y yo mismo haré que vuelvas. Además, cuando mueras, será José quien te cierre los ojos.

⁵Luego Jacob salió de Berseba, y los hijos de Israel hicieron que su padre Jacob, y sus hijos y sus mujeres, subieran en los carros que el faraón había enviado para trasladarlos. ⁶También se llevaron el ganado y las posesiones que habían adquirido en Canaán. Fue así como Jacob y sus descendientes llegaron a Egipto. ⁷Con él se llevó a todos sus hijos, hijas, nietos y nietas, es decir, a todos sus descendientes.

⁸Éstos son los nombres de los israelitas que fueron a Egipto, es decir, Jacob y sus hijos:

Rubén, el primogénito de Jacob.

⁹Los hijos de Rubén: Janoc, Falú, Jezrón y Carmí.

¹⁰Los hijos de Simeón: Jemuel, Jamín, Oad, Jaquín, Zojar y Saúl, hijo de una cananea.

¹¹Los hijos de Leví: Guersón, Coat y Merari.

¹²Los hijos de Judá: Er, Onán, Selá, Fares y Zera. (Er y Onán habían muerto en Canaán.)

Los hijos de Fares: Jezrón y Jamul.

¹³Los hijos de Isacar: Tola, Fuvá, Job y Simrón.

¹⁴Los hijos de Zabulón: Séred, Elón y Yalel.

¹⁵Éstos fueron los hijos que Jacob tuvo con Lea en Padán Aram,^d además de su hija Dina. En total, entre hombres y mujeres eran treinta y tres personas.

¹⁶Los hijos de Gad: Zefón, Jaguí, Esbón, Suni, Erí, Arodí y Arelí.

¹⁷Los hijos de Aser: Imná, Isvá, Isví, Beriá, y su hermana que se llamaba Sera.

Los hijos de Beriá: Héber y Malquiel.

¹⁸Éstos fueron los hijos que Zilpá tuvo con Jacob. Zilpá era la esclava que Labán le había regalado a su hija Lea. Sus descendientes eran en total dieciséis personas.

¹⁹Los hijos de Raquel, la esposa de Jacob: José y Benjamín.

²⁰En Egipto, José tuvo los siguientes hijos con Asenat, hija de Potifera, sacerdote de On: Manasés y Efraín.

²¹Los hijos de Benjamín: Bela, Béquer, Asbel, Guerá, Naamán, Ehí, Ros, Mupín, Jupín y Ard.

²²Éstos fueron los descendientes de Jacob y Raquel, en total catorce personas.

²³El hijo de Dan: Jusín.

²⁴Los hijos de Neftalí: Yazel, Guní, Jéser y Silén.

²⁵Éstos fueron los hijos que Jacob tuvo con Bilhá. Ella era la esclava que Labán le regaló a su hija Raquel. El total de sus descendientes fue de siete personas.

²⁶Todos los familiares de Jacob que llegaron a Egipto, y que eran de su misma sangre, fueron sesenta y seis, sin contar a las nueras. ²⁷José tenía dos hijos que le nacieron en Egipto. En total los familiares de Jacob que llegaron a Egipto fueron setenta.

²⁸Jacob mandó a Judá que se adelantara para que le anunciara a José su llegada y éste lo recibiera en Gosén. Cuando llegaron a esa región, ²⁹José hizo que prepararan su carruaje, y salió a Gosén para recibir a su padre Israel. Cuando se encon-

---

^d**46:15** *Padán Aram.* Es decir, el noroeste de Mesopotamia.

traron, José se fundió con su padre en un abrazo, y durante un largo rato lloró sobre su hombro. **30** Entonces Israel le dijo a José:

—¡Ya me puedo morir! ¡Te he visto y aún estás con vida!

31 José les dijo a sus hermanos y a la familia de su padre:

—Voy a informarle al faraón que mis hermanos y la familia de mi padre, quienes vivían en Canaán, han venido a quedarse conmigo. **32** Le diré que ustedes son pastores que cuidan ganado, y que han traído sus ovejas y sus vacas, y todo cuanto tenían. **33** Por eso, cuando el faraón los llame y les pregunte a qué se dedican, **34** díganle que siempre se han ocupado de cuidar ganado, al igual que sus antepasados. Así podrán establecerse en la región de Gosén, pues los egipcios detestan el oficio de pastor.

47 José fue a informarle al faraón, y le dijo:

—Mi padre y mis hermanos han venido desde Canaán con sus ovejas y sus vacas y todas sus pertenencias. Ya se encuentran en la región de Gosén.

2 Además, José había elegido a cinco de sus hermanos para presentárselos al faraón. **3** Y éste les preguntó:

—¿En qué trabajan ustedes?

—Nosotros, sus siervos, somos pastores, al igual que nuestros antepasados —respondieron ellos—. **4** Hemos venido a vivir en este país porque en Canaán ya no hay pastos para nuestros rebaños. ¡Es terrible el hambre que acosa a ese país! Por eso le rogamos a usted nos permita vivir en la región de Gosén.

5 Entonces el faraón le dijo a José:

—Tu padre y tus hermanos han venido a estar contigo. **6** La tierra de Egipto está a tu disposición. Haz que se asienten en lo mejor de la tierra; que residan en la región de Gosén. Y si sabes que hay entre ellos hombres capaces, ponlos a cargo de mi propio ganado.

7 Luego José llevó a Jacob, su padre, y se lo presentó al faraón. Jacob saludó al faraón con reverencia,*e* **8** y el faraón le preguntó:

—¿Cuántos años tienes?

9 —Ya tengo ciento treinta años —respondió Jacob—. Mis años de andar peregrinando de un lado a otro han sido pocos y difíciles, pero no se comparan con los años de peregrinaje de mis antepasados.

10 Luego Jacob se despidió del faraón con sumo respeto,*f* y se retiró de su presencia.

11 José instaló a su padre y a sus hermanos, y les entregó terrenos en la mejor región de Egipto, es decir, en el distrito de Ramsés, tal como lo había ordenado el faraón. **12** José también proveyó de alimentos a su padre y a sus hermanos, y a todos sus familiares, según las necesidades de cada uno.

La administración de José

13 El hambre en Egipto y en Canaán era terrible. No había alimento en ninguna parte, y la gente estaba a punto de morir. **14** Todo el dinero que los habitantes de Egipto y de Canaán habían pagado por el alimento, José lo recaudó para depositarlo en el palacio del faraón. **15** Cuando a egipcios y cananeos se les acabó el dinero, los egipcios fueron a ver a José y le reclamaron:

—¡Dénos de comer! ¿Hemos de morir en su presencia sólo porque no tenemos más dinero?

16 Y José les contestó:

—Si ya se les acabó el dinero, traigan su ganado y, a cambio, les daré alimento.

17 Los egipcios llevaron a José su ganado, es decir, sus caballos, vacas, ovejas y asnos, y a cambio de ellos José les dio alimento durante todo ese año. **18** Al año siguiente fueron a decirle a José:

—Señor, no podemos ocultar el hecho de que ya no tenemos más dinero, y de que todo nuestro ganado ya es suyo. Ya no tenemos nada que ofrecerle, de no ser nuestros propios cuerpos y nuestras tierras. **19** ¿Va usted a permitir que nos muramos junto con nuestras tierras? Cómprenos us-

---

e **47:7** *saludó al faraón con reverencia.* Lit. *bendijo al faraón.*   *f* **47:10** *se despidió del faraón con sumo respeto.* Lit. *bendijo al faraón.*

ted a nosotros y a nuestras tierras, a cambio de alimento. Así seremos esclavos del faraón junto con nuestras tierras. ¡Pero dénos usted semilla, para que podamos vivir y la tierra no quede desolada!

20 De esta manera José adquirió para el faraón todas las tierras de Egipto, porque los egipcios, obligados por el hambre, le vendieron todos sus terrenos. Fue así como todo el país llegó a ser propiedad del faraón, **21** y todos en Egipto quedaron reducidos a la esclavitud.*g* **22** Los únicos terrenos que José no compró fueron los que pertenecían a los sacerdotes. Éstos no tuvieron que vender sus terrenos porque recibían una ración de alimento de parte del faraón.

23 Luego José le informó al pueblo:

—Desde ahora ustedes y sus tierras pertenecen al faraón, porque yo los he comprado. Aquí tienen semilla. Siembren la tierra. **24** Cuando llegue la cosecha, deberán entregarle al faraón la quinta parte de lo cosechado. Las otras cuatro partes serán para la siembra de los campos, y para alimentarlos a ustedes, a sus hijos y a sus familiares.

25 —¡Usted nos ha salvado la vida, y hemos contado con su favor! —respondieron ellos—. ¡Seremos esclavos del faraón!

26 José estableció esta ley en toda la tierra de Egipto, que hasta el día de hoy sigue vigente: la quinta parte de la cosecha le pertenece al faraón. Sólo las tierras de los sacerdotes no llegaron a ser del faraón.

27 Los israelitas se asentaron en Egipto, en la región de Gosén. Allí adquirieron propiedades, prosperaron y llegaron a ser muy numerosos. **28** Jacob residió diecisiete años en Egipto, y llegó a vivir un total de ciento cuarenta y siete años. **29** Cuando Israel estaba a punto de morir, mandó llamar a su hijo José y le dijo:

—Si de veras me quieres, pon tu mano debajo de mi muslo y prométeme amor y lealtad. ¡Por favor, no me entierres en Egipto! **30** Cuando vaya a descansar junto a mis antepasados, sácame de Egipto y entiérrame en el sepulcro de ellos.

—Haré lo que me pides —contestó José.

31 —¡Júramelo! —insistió su padre.

José se lo juró, e Israel se reclinó sobre la cabecera de la cama.

Bendición de Efraín y Manasés

48 Poco tiempo después le informaron a José que su padre estaba enfermo. Entonces fue a visitarlo y llevó consigo a sus dos hijos, Manasés y Efraín. **2** Cuando le avisaron a Jacob que su hijo venía a verlo, hizo un esfuerzo, se sentó en la cama **3** y le dijo a José:

—El Dios *Todopoderoso se me apareció en Luz, en la tierra de Canaán, y me bendijo **4** con esta promesa: "Te haré fecundo, te multiplicaré, y haré que tus descendientes formen una comunidad de naciones. Además, a tu descendencia le daré esta tierra como su posesión perpetua." **5** Ahora bien, los dos hijos que te nacieron aquí en Egipto, antes de que me reuniera contigo, serán considerados míos. Efraín y Manasés serán tan míos como lo son Rubén y Simeón. **6** Los hijos que tengas después de ellos serán tuyos, y a través de sus hermanos recibirán su herencia. **7** Cuando yo regresaba de Padán Aram,*h* tu madre murió cerca de Efrata, en tierra de Canaán, y allí la sepulté junto al camino de Efrata, es decir, Belén.

8 Al ver a los hijos de José, Israel preguntó:

—Y estos chicos, ¿quiénes son?

9 —Son los hijos que Dios me ha concedido aquí —le respondió José a su padre.

Entonces Israel le dijo:

—Acércalos, por favor, para que les dé mi bendición.

10 Israel ya era muy anciano, y por su avanzada edad casi no podía ver; por eso José los acercó, y su padre los besó y abrazó. **11** Luego le dijo a José:

—Ya había perdido la esperanza de volver a verte, ¡y ahora Dios me ha concedido ver también a tus hijos!

12 José los retiró de las rodillas de Israel y se postró rostro en tierra. **13** Luego tomó

---

g **47:21** *quedaron reducidos a la esclavitud* (Pentateuco Samaritano, LXX; véase también Vulgata); *fueron trasladados a las ciudades* (TM).   *h* **48:7** *Padán Aram.* Es decir, el noroeste de Mesopotamia.

a sus dos hijos, a Efraín con la *derecha y a Manasés con la izquierda, y se los presentó a su padre. De esta manera Efraín quedó a la izquierda de Israel y Manasés a su derecha. **14**Pero Israel, al extender las manos, las entrecruzó y puso su derecha sobre la cabeza de Efraín, aunque era el menor, y su izquierda sobre la cabeza de Manasés, aunque era el mayor. **15**Y los bendijo con estas palabras:

> «Que el Dios en cuya presencia
>   caminaron mis padres, Abraham
>   e Isaac,
> el Dios que me ha guiado
>   desde el día en que nací hasta hoy,
> **16**el ángel que me ha rescatado de
>   todo mal,
>   bendiga a estos jóvenes.
> Que por medio de ellos sea
>   recordado
>   mi *nombre y el de mis padres,
>   Abraham e Isaac.
> Que crezcan y se multipliquen
>   sobre la tierra.»

17A José no le agradó ver que su padre pusiera su mano derecha sobre la cabeza de Efraín, así que tomando la mano de su padre, la pasó de la cabeza de Efraín a la de Manasés, **18**mientras le reclamaba:

—¡Así no, padre mío! ¡Pon tu mano derecha sobre la cabeza de éste, que es el primogénito!

19Pero su padre se resistió, y le contestó:

—¡Ya lo sé, hijo, ya lo sé! También él gestará a un pueblo, y llegará a ser importante. Pero su hermano menor será aún más importante, y su descendencia dará origen a muchas naciones.

20Aquel día Jacob los bendijo así:

> «Ésta será la bendición
>   que en Israel se habrá de
>   pronunciar:
> "Que Dios cuide de ti
>   como cuidó de Efraín y de
>   Manasés."»

De este modo, Israel dio a Efraín la primacía sobre Manasés.

21Finalmente, Israel le dijo a José:

—Yo estoy a punto de morir; pero Dios estará con ustedes y los hará volver a la tierra de sus antepasados. **22**Y a ti, que estás por encima de tus hermanos, te doy Siquén,[i] tierra que luchando a brazo partido[j] arrebaté a los amorreos.

Jacob bendice a sus hijos

49 Jacob llamó a sus hijos y les dijo: «Reúnanse, que voy a declararles lo que les va a suceder en el futuro:

> **2**»Hijos de Jacob: acérquense y
>   escuchen;
> presten atención a su padre Israel.

> **3**»Tú, Rubén, eres mi primogénito,
>   primer fruto de mi fuerza y
>   virilidad,
>   primero en honor y en poder.
> **4**Impetuoso como un torrente,
>   ya no serás el primero:
> te acostaste en mi cama;
>   profanaste la cama de tu propio
>   padre.

> **5**»Simeón y Leví son chacales;[k]
>   sus espadas[l] son instrumentos de
>   violencia.
> **6**¡No quiero participar de sus
>   reuniones,
>   ni arriesgar mi honor en sus
>   asambleas!
> En su furor mataron *hombres,
>   y por capricho mutilaron toros.
> **7**¡Malditas sean la violencia de su
>   enojo
>   y la crueldad de su furor!
> Los dispersaré en el país de Jacob,
>   los desparramaré en la tierra de
>   Israel.

> **8**»Tú, Judá, serás alabado[m] por tus
>   hermanos;
>   dominarás a tus enemigos,

---

i 48:22 *Siquén*. Alt. *una franja de tierra*. Palabra de difícil traducción.   **j 48:22** *luchando ... partido*. Lit. *con mi espada y con mi arco*.   **k 49:5** *chacales* (lectura probable); *hermanos* (TM).   **l 49:5** *espadas*. Palabra de difícil traducción.   **m 49:8** En hebreo, *Judá* suena como el verbo que significa *alabar*.

y tus propios hermanos se
inclinarán ante ti.

9Mi hijo Judá es como un cachorro
de león
que se ha nutrido de la presa.
Se tiende al acecho como león,
como leona que nadie se atreve a
molestar.

10El cetro no se apartará de Judá,
ni de entre sus pies el bastón de
mando,
hasta que llegue el verdadero rey,[n]
quien merece la obediencia de los
pueblos.

11Judá amarra su asno a la vid,
y la cría de su asno a la mejor
cepa;
lava su ropa en vino;
su manto, en la sangre de las uvas.

12Sus ojos son más oscuros que el
vino;
sus dientes, más blancos que la
leche.[n]

13»Zabulón vivirá a la orilla del mar;
será puerto seguro para las naves,
y sus fronteras llegarán hasta
Sidón.

14»Isacar es un asno fuerte
echado entre dos alforjas.

15Al ver que el establo era bueno
y que la tierra era agradable,
agachó el hombro para llevar la
carga
y se sometió a la esclavitud.

16»Dan hará justicia en su pueblo,
como una de las tribus de Israel.

17Dan es una serpiente junto al
camino,
una víbora junto al sendero,
que muerde los talones del caballo
y hace caer de espaldas al jinete.

18»¡SEÑOR, espero tu *salvación!

19»Las hordas atacan a Gad,
pero él las atacará por la espalda.

20»Aser disfrutará de comidas
deliciosas;
ofrecerá manjares de reyes.

21»Neftalí es una gacela libre,
que tiene hermosos cervatillos.[o]

22»José es un retoño fértil,
fértil retoño junto al agua,
cuyas ramas trepan por el muro.

23Los arqueros lo atacaron sin piedad;
le tiraron flechas, lo hostigaron.

24Pero su arco se mantuvo firme,
porque sus brazos son fuertes.
¡Gracias al Dios fuerte de Jacob,
al Pastor y Roca de Israel!

25¡Gracias al Dios de tu padre, que te
ayuda!
¡Gracias al *Todopoderoso, que
te bendice!
¡Con bendiciones de lo alto!
¡Con bendiciones del abismo!
¡Con bendiciones de los pechos y
del seno materno!

26Son mejores las bendiciones de tu
padre
que las de los montes de antaño,
que la abundancia de las colinas
eternas.
¡Que descansen estas bendiciones
sobre la cabeza de José,
sobre la frente del escogido entre
sus hermanos!

27»Benjamín es un lobo rapaz
que en la mañana devora la presa
y en la tarde reparte los despojos.»

28Éstas son las doce tribus de Israel, y
esto es lo que su padre les dijo cuando
impartió a cada una de ellas su bendición.

Muerte de Jacob

29Además, Jacob les dio estas instrucciones: «Ya estoy a punto de reunirme con los míos. Entiérrenme junto a mis antepasados, en la cueva que está en el campo de Efrón el hitita. 30Se trata de la cueva de Macpela, frente a Mamré, en la tierra

---

[n] **49:10** *el verdadero rey.* Alt. *Siló.* Texto de difícil traducción.   [n] **49:12** *Sus ojos ... la leche.* Alt. *Sus ojos están oscurecidos por el vino; sus dientes, blanqueados por la leche.*   [o] **49:21** *que ... cervatillos.* Alt. *que pronuncia hermosas palabras.*

de Canaán. Está en el campo que Abraham le compró a Efrón el hitita, para que fuera el sepulcro de la familia. 31Allí fueron sepultados Abraham y su esposa Sara, Isaac y su esposa Rebeca, y allí también enterré a Lea. 32Ese campo y su cueva se les compró a los hititas.»

33Cuando Jacob terminó de dar estas instrucciones a sus hijos, volvió a acostarse, exhaló el último suspiro, y fue a reunirse con sus antepasados.

50 Entonces José se abrazó al cuerpo de su padre y, llorando, lo besó. 2Luego ordenó a los médicos a su servicio que embalsamaran el cuerpo, y así lo hicieron. 3El proceso para embalsamarlo tardó unos cuarenta días, que es el tiempo requerido. Los egipcios, por su parte, guardaron luto por Israel durante setenta días.

4Pasados los días de duelo, José se dirigió así a los miembros de la corte del faraón:

—Si me he ganado el respeto de la corte, díganle por favor al faraón 5que mi padre, antes de morirse, me hizo jurar que yo lo sepultaría en la tumba que él mismo se preparó en la tierra de Canaán. Por eso le ruego encarecidamente me permita ir a sepultar a mi padre, y luego volveré.

6El faraón le respondió:

—Ve a sepultar a tu padre, conforme a la promesa que te pidió hacerle.

7José fue a sepultar a su padre, y lo acompañaron los servidores del faraón, es decir, los ancianos de su corte y todos los ancianos de Egipto. 8A éstos se sumaron todos los familiares de José, es decir, sus hermanos y los de la casa de Jacob. En la región de Gosén dejaron únicamente a los niños y a los animales. 9También salieron con él carros y jinetes, formando así un cortejo muy grande.

10Al llegar a la era de Hatad, que está cerca del río Jordán, hicieron grandes y solemnes lamentaciones. Allí José guardó luto por su padre durante siete días. 11Cuando los cananeos que vivían en esa región vieron en la era de Hatad aquellas manifestaciones de duelo, dijeron: «Los egipcios están haciendo un duelo muy solemne.» Por eso al lugar, que está cerca del Jordán, lo llamaron Abel Misrayin.P

12Los hijos de Jacob hicieron con su padre lo que él les había pedido: 13lo llevaron a la tierra de Canaán y lo sepultaron en la cueva que está en el campo de Macpela, frente a Mamré, en el mismo campo que Abraham le había comprado a Efrón el hitita para sepultura de la familia. 14Luego de haber sepultado a su padre, José regresó a Egipto junto con sus hermanos y con toda la gente que lo había acompañado.

La promesa de José a sus hermanos

15Al reflexionar sobre la muerte de su padre, los hermanos de José concluyeron: «Tal vez José nos guarde rencor, y ahora quiera vengarse de todo el mal que le hicimos.» 16Por eso le mandaron a decir: «Antes de morir tu padre, dejó estas instrucciones: 17"Díganle a José que perdone, por favor, la terrible maldad que sus hermanos cometieron contra él." Así que, por favor, perdona la maldad de los siervos del Dios de tu padre.»

Cuando José escuchó estas palabras, se echó a llorar. 18Luego sus hermanos se presentaron ante José, se inclinaron delante de él y le dijeron:

—Aquí nos tienes; somos tus esclavos.

19—No tengan miedo —les contestó José—. ¿Puedo acaso tomar el lugar de Dios? 20Es verdad que ustedes pensaron hacerme mal, pero Dios transformó ese mal en bien para lograr lo que hoy estamos viendo: salvar la vida de mucha gente. 21Así que, ¡no tengan miedo! Yo cuidaré de ustedes y de sus hijos.

Y así, con el corazón en la mano, José los reconfortó.

Muerte de José

22José y la familia de su padre permanecieron en Egipto. Alcanzó la edad de

---

P **50:11** En hebreo, *Abel Misrayin* significa *luto de los egipcios*.

ciento diez años, ²³y llegó a ver nacer a los hijos de Efraín hasta la tercera generación. Además, cuando nacieron los hijos de Maquir, hijo de Manasés, él los recibió sobre sus rodillas.*q*

²⁴Tiempo después, José les dijo a sus hermanos: «Yo estoy a punto de morir, pero sin duda Dios vendrá a ayudarlos, y los llevará de este país a la tierra que prometió a Abraham, Isaac y Jacob.» ²⁵Entonces José hizo que sus hijos le prestaran juramento. Les dijo: «Sin duda Dios vendrá a ayudarlos. Cuando esto ocurra, ustedes deberán llevarse de aquí mis huesos.»

²⁶José murió en Egipto a los ciento diez años de edad. Una vez que lo embalsamaron, lo pusieron en un ataúd.

---

q **50:23** *él los recibió sobre sus rodillas.* Es decir, fueron considerados como suyos.

Éxodo

Los egipcios oprimen a los israelitas

1 Éstos son los nombres de los hijos de Israel que, acompañados de sus familias, llegaron con Jacob a Egipto: **2**Rubén, Simeón, Leví, Judá, **3**Isacar, Zabulón, Benjamín, **4**Dan, Neftalí, Gad y Aser. **5**En total, los descendientes de Jacob eran setenta. José ya estaba en Egipto.

6Murieron José y sus hermanos y toda aquella generación. **7**Sin embargo, los israelitas tuvieron muchos hijos, y a tal grado se multiplicaron que fueron haciéndose más y más poderosos. El país se fue llenando de ellos.

8Pero llegó al poder en Egipto otro rey que no había conocido a José, **9**y le dijo a su pueblo: «¡Cuidado con los israelitas, que ya son más fuertes y numerosos que nosotros! **10**Vamos a tener que manejarlos con mucha astucia; de lo contrario, seguirán aumentando y, si estalla una guerra, se unirán a nuestros enemigos, nos combatirán y se irán del país.»

11Fue así como los egipcios pusieron capataces para que oprimieran a los israelitas. Les impusieron trabajos forzados, tales como los de edificar para el faraón las ciudades de almacenaje Pitón y Ramsés. **12**Pero cuanto más los oprimían, más se multiplicaban y se extendían, de modo que los egipcios llegaron a tenerles miedo; **13**por eso les imponían trabajos pesados y los trataban con crueldad. **14**Les amargaban la vida obligándolos a hacer mezcla y ladrillos, y todas las labores del campo. En todos los trabajos de esclavos que los israelitas realizaban, los egipcios los trataban con crueldad.

15Había dos parteras hebreas, llamadas Sifrá y Fuvá, a las que el rey de Egipto ordenó:

16—Cuando ayuden a las hebreas en sus partos, fíjense en el sexo:[a] si es niño, mátenlo; pero si es niña, déjenla con vida.

17Sin embargo, las parteras temían a Dios, así que no siguieron las órdenes del rey de Egipto sino que dejaron con vida a los varones. **18**Entonces el rey de Egipto mandó llamar a las parteras, y les preguntó:

—¿Por qué han hecho esto? ¿Por qué han dejado con vida a los varones?

19Las parteras respondieron:

—Resulta que las hebreas no son como las egipcias, sino que están llenas de vida y dan a luz antes de que lleguemos.

20De este modo los israelitas se hicieron más fuertes y más numerosos. Además, Dios trató muy bien a las parteras **21**y, por haberse mostrado temerosas de Dios, les concedió tener muchos hijos. **22**El faraón, por su parte, dio esta orden a todo su pueblo:

—¡Tiren al río a todos los niños hebreos que nazcan! A las niñas, déjenlas con vida.

Nacimiento de Moisés

2 Hubo un levita que tomó por esposa a una mujer de su propia tribu. **2**La mujer quedó embarazada y tuvo un hijo, y al verlo tan hermoso lo escondió durante tres meses. **3**Cuando ya no pudo seguir ocultándolo, preparó una cesta de papiro, la embadurnó con brea y asfalto y, poniendo en ella al niño, fue a dejar la cesta entre los juncos que había a la orilla del Nilo. **4**Pero la hermana del niño se quedó a cierta distancia para ver qué pasaría con él.

5En eso, la hija del faraón bajó a bañarse en el Nilo. Sus doncellas, mientras tanto, se paseaban por la orilla del río. De pronto la hija del faraón vio la cesta entre los juncos, y ordenó a una de sus esclavas que fuera por ella. **6**Cuando la hija del

---

[a] **1:16** *el sexo.* Lit. *las dos piedras.*

faraón abrió la cesta y vio allí dentro un niño que lloraba, le tuvo compasión, pero aclaró que se trataba de un niño hebreo.

7La hermana del niño preguntó entonces a la hija del faraón:

—¿Quiere usted que vaya y llame a una nodriza hebrea, para que críe al niño por usted?

8—Ve a llamarla —contestó.

La muchacha fue y trajo a la madre del niño, **9**y la hija del faraón le dijo:

—Llévate a este niño y críamelo. Yo te pagaré por hacerlo.

Fue así como la madre del niño se lo llevó y lo crió. **10**Ya crecido el niño, se lo llevó a la hija del faraón, y ella lo adoptó como hijo suyo; además, le puso por *nombre Moisés,*b* pues dijo: «¡Yo lo saqué del río!»

Huida de Moisés a Madián

11Un día, cuando ya Moisés era mayor de edad, fue a ver a sus hermanos de sangre y pudo observar sus penurias. De pronto, vio que un egipcio golpeaba a uno de sus hermanos, es decir, a un hebreo. **12**Miró entonces a uno y otro lado y, al no ver a nadie, mató al egipcio y lo escondió en la arena. **13**Al día siguiente volvió a salir y, al ver que dos hebreos peleaban entre sí, le preguntó al culpable:

—¿Por qué golpeas a tu compañero?

14—¿Y quién te nombró a ti gobernante y juez sobre nosotros? —respondió aquél—. ¿Acaso piensas matarme a mí, como mataste al egipcio?

Esto le causó temor a Moisés, pues pensó: «¡Ya se supo lo que hice!» **15**Y, en efecto, el faraón se enteró de lo sucedido y trató de matar a Moisés; pero Moisés huyó del faraón y se fue a la tierra de Madián, donde se quedó a vivir*c* junto al pozo.

16El sacerdote de Madián tenía siete hijas, las cuales solían ir a sacar agua para llenar los abrevaderos y dar de beber a las ovejas de su padre. **17**Pero los pastores llegaban y las echaban de allí. Un día, Moisés intervino en favor de ellas: las puso a salvo de los pastores y dio de beber a sus ovejas. **18**Cuando las muchachas volvieron a la casa de Reuel, su padre, éste les preguntó:

—¿Por qué volvieron hoy tan temprano?

19—Porque un egipcio nos libró de los pastores —le respondieron—. ¡Hasta nos sacó el agua del pozo y dio de beber al rebaño!

20—¿Y dónde está ese hombre? —les contestó—. ¿Por qué lo dejaron solo? ¡Invítenlo a comer!

21Moisés convino en quedarse a vivir en casa de aquel hombre, quien le dio por esposa a su hija Séfora. **22**Ella tuvo un hijo, y Moisés le puso por *nombre Guersón,*d* pues razonó: «Soy un extranjero en tierra extraña.»

23Mucho tiempo después murió el rey de Egipto. Los israelitas, sin embargo, seguían lamentando su condición de esclavos y clamaban pidiendo ayuda. Sus gritos desesperados llegaron a oídos de Dios, **24**quien al oír sus quejas se acordó del *pacto que había hecho con Abraham, Isaac y Jacob. **25**Fue así como Dios se fijó en los israelitas y los tomó en cuenta.

Moisés y la zarza ardiente

3 Un día en que Moisés estaba cuidando el rebaño de Jetro, su suegro, que era sacerdote de Madián, llevó las ovejas hasta el otro extremo del desierto y llegó a Horeb, la montaña de Dios. **2**Estando allí, el ángel del SEÑOR se le apareció entre las llamas de una zarza ardiente. Moisés notó que la zarza estaba envuelta en llamas, pero que no se consumía, **3**así que pensó: «¡Qué increíble! Voy a ver por qué no se consume la zarza.»

4Cuando el SEÑOR vio que Moisés se acercaba a mirar, lo llamó desde la zarza:

—¡Moisés, Moisés!

—Aquí me tienes —respondió.

5—No te acerques más —le dijo Dios—. Quítate las sandalias, porque estás pisando tierra santa. **6**Yo soy el Dios de tu

---

*b***2:10** En hebreo, *Moisés* suena como el verbo que significa *sacar*.   *c***2:15** *donde se quedó a vivir*. Alt. *y se sentó.*   *d***2:22** En hebreo, *Guersón* suena como la frase que significa *extranjero allí.*

padre. Soy el Dios de Abraham, de Isaac y de Jacob.

Al oír esto, Moisés se cubrió el rostro, pues tuvo miedo de mirar a Dios. **7**Pero el SEÑOR siguió diciendo:

—Ciertamente he visto la opresión que sufre mi pueblo en Egipto. Los he escuchado quejarse de sus capataces, y conozco bien sus penurias. **8**Así que he descendido para librarlos del poder de los egipcios y sacarlos de ese país, para llevarlos a una tierra buena y espaciosa, tierra donde abundan la leche y la miel. Me refiero al país de los cananeos, hititas, amorreos, ferezeos, heveos y jebuseos. **9**Han llegado a mis oídos los gritos desesperados de los israelitas, y he visto también cómo los oprimen los egipcios. **10**Así que dispónte a partir. Voy a enviarte al faraón para que saques de Egipto a los israelitas, que son mi pueblo.

11Pero Moisés le dijo a Dios:

—¿Y quién soy yo para presentarme ante el faraón y sacar de Egipto a los israelitas?

12—Yo estaré contigo —le respondió Dios—. Y te voy a dar una señal de que soy yo quien te envía: Cuando hayas sacado de Egipto a mi pueblo, todos ustedes me rendirán culto*e* en esta montaña.

13Pero Moisés insistió:

—Supongamos que me presento ante los israelitas y les digo: "El Dios de sus antepasados me ha enviado a ustedes." ¿Qué les respondo si me preguntan: "¿Y cómo se llama?"

14—YO SOY EL QUE SOY*f* —respondió Dios a Moisés—. Y esto es lo que tienes que decirles a los israelitas: "YO SOY me ha enviado a ustedes."

15Además, Dios le dijo a Moisés:

—Diles esto a los israelitas: "El SEÑOR*g* y Dios de sus antepasados, el Dios de Abraham, de Isaac y de Jacob, me ha enviado a ustedes. Éste es mi *nombre eterno; éste es mi nombre por todas las generaciones." **16**Y tú, anda y reúne a los *ancianos de Israel, y diles: "El SEÑOR y

Dios de sus antepasados, el Dios de Abraham, de Isaac y de Jacob, se me apareció y me dijo: 'Yo he estado pendiente de ustedes. He visto cómo los han maltratado en Egipto. **17**Por eso me propongo sacarlos de su opresión en Egipto y llevarlos al país de los cananeos, hititas, amorreos, ferezeos, heveos y jebuseos. ¡Es una tierra donde abundan la leche y la miel!'" **18**Los ancianos de Israel te harán caso. Entonces ellos y tú se presentarán ante el rey de Egipto y le dirán: "El SEÑOR y Dios de los hebreos ha venido a nuestro encuentro. Déjanos hacer un viaje de tres días al desierto, para ofrecerle sacrificios al SEÑOR nuestro Dios." **19**Yo sé bien que el rey de Egipto no va a dejarlos ir, a no ser por la fuerza. **20**Entonces manifestaré mi poder y heriré de muerte a los egipcios con todas las maravillas que realizaré entre ellos. Después de eso el faraón los dejará ir. **21**Pero yo haré que este pueblo se gane la simpatía de los egipcios, de modo que cuando ustedes salgan de Egipto no se vayan con las manos vacías. **22**Toda mujer israelita le pedirá a su vecina, y a cualquier otra mujer que viva en su casa, objetos de oro y plata, y ropa para vestir a sus hijos y a sus hijas. Así despojarán ustedes a los egipcios.

Señales para Moisés

4 Moisés volvió a preguntar:

—¿Y qué hago si no me creen ni me hacen caso? ¿Qué hago si me dicen: "El SEÑOR no se te ha aparecido"?

2—¿Qué tienes en la mano? —preguntó el SEÑOR.

—Una vara —respondió Moisés.

3—Déjala caer al suelo —ordenó el SEÑOR.

Moisés la dejó caer al suelo, y la vara se convirtió en una serpiente. Moisés trató de huir de ella, **4**pero el SEÑOR le mandó que la agarrara por la cola. En cuanto Moisés agarró la serpiente, ésta se convirtió en una vara en sus propias manos.

5—Esto es para que crean que yo, el SEÑOR y Dios de sus padres, Dios de

---

*e***3:12** *me rendirán culto*. Lit. *me servirán*. Aquí y en el resto de este libro, el texto hebreo usa el mismo verbo *servir* para indicar el servicio al faraón como esclavos, y el servir a Dios rindiéndole culto.   *f***3:14** *Yo soy el que soy*. Alt. *Yo seré el que seré*.   *g***3:15** La palabra hebrea que se traduce como *SEÑOR* suena como la forma verbal que en el v. 14 se ha traducido como YO SOY.

Abraham, de Isaac y de Jacob, me he aparecido a ti. 6Y ahora —ordenó el SEÑOR—, ¡llévate la mano al pecho!

Moisés se llevó la mano al pecho y, cuando la sacó, la tenía toda cubierta de *lepra y blanca como la nieve.

7—¡Llévatela otra vez al pecho! —insistió el Señor.

Moisés se llevó de nuevo la mano al pecho y, cuando la sacó, la tenía tan sana como el resto de su cuerpo.

8—Si con la primera señal milagrosa no te creen ni te hacen caso —dijo el SEÑOR—, tal vez te crean con la segunda. 9Pero si no te creen ni te hacen caso después de estas dos señales, toma agua del Nilo y derrámala en el suelo. En cuanto el agua del río toque el suelo, se convertirá en sangre.

10—SEÑOR, yo nunca me he distinguido por mi facilidad de palabra —objetó Moisés—. Y esto no es algo que haya comenzado ayer ni anteayer, ni hoy que te diriges a este servidor tuyo. Francamente, me cuesta mucho trabajo hablar.

11—¿Y quién le puso la boca al *hombre? —le respondió el SEÑOR—. ¿Acaso no soy yo, el SEÑOR, quien lo hace sordo o mudo, quien le da la vista o se la quita? 12Anda, ponte en marcha, que yo te ayudaré a hablar y te diré lo que debas decir.

13—SEÑOR —insistió Moisés—, te ruego que envíes a alguna otra persona.

14Entonces el SEÑOR ardió en ira contra Moisés y le dijo:

—¿Y qué hay de tu hermano Aarón, el levita? Yo sé que él es muy elocuente. Además, ya ha salido a tu encuentro, y cuando te vea se le alegrará el *corazón. 15Tú hablarás con él y le pondrás las palabras en la boca; yo los ayudaré a hablar, a ti y a él, y les enseñaré lo que tienen que hacer. 16Él hablará por ti al pueblo, como si tú mismo le hablaras, y tú le hablarás a él por mí, como si le hablara yo mismo. 17Pero no te olvides de llevar contigo esta vara, porque con ella harás señales milagrosas.

Moisés regresa a Egipto

18Moisés se fue de allí y volvió a la casa de Jetro, su suegro. Al llegar le dijo:

—Debo marcharme. Quiero volver a Egipto, donde están mis hermanos de sangre. Voy a ver si todavía viven.

—Anda, pues; que te vaya bien —le contestó Jetro.

19Ya en Madián el SEÑOR le había dicho a Moisés: «Vuelve a Egipto, que ya han muerto todos los que querían matarte.» 20Así que Moisés tomó a su mujer y a sus hijos, los montó en un asno y volvió a Egipto. En la mano llevaba la vara de Dios.

21El SEÑOR le había advertido a Moisés: «Cuando vuelvas a Egipto, no dejes de hacer ante el faraón todos los prodigios que te he dado el poder de realizar. Yo, por mi parte, endureceré su *corazón para que no deje ir al pueblo. 22Entonces tú le dirás de mi parte al faraón: "Israel es mi primogénito. 23Ya te he dicho que dejes ir a mi hijo para que me rinda culto, pero tú no has querido dejarlo ir. Por lo tanto, voy a quitarle la vida a tu primogénito."»

24Ya en el camino, el SEÑOR salió al encuentro de Moisésʰ en una posada y estuvo a punto de matarlo. 25Pero Séfora, tomando un cuchillo de pedernal, le cortó el prepucio a su hijo; luego tocó los piesⁱ de Moisés con el prepucio y le dijo: «No hay duda. Tú eres para mí un esposo de sangre.» 26Después de eso, el SEÑOR se apartó de Moisés. Pero Séfora había llamado a Moisés «esposo de sangre» por causa de la circuncisión.

27El SEÑOR le dijo a Aarón: «Anda a recibir a Moisés en el desierto.» Aarón fue y se encontró con Moisés en la montaña de Dios, y lo besó. 28Entonces Moisés le comunicó a Aarón todo lo que el SEÑOR le había ordenado decir y todas las señales milagrosas que le mandaba realizar. 29Luego Moisés y Aarón reunieron a todos los *ancianos israelitas, 30y Aarón, además de repetirles todo lo que el SEÑOR le había dicho a Moisés, realizó también

---

ʰ4:24 *Moisés*. Lit. *él*; también en vv. 25-26.　ⁱ4:25 *los pies*. Puede ser un eufemismo para referirse a los órganos sexuales.

las señales a la vista del pueblo, **31**con lo que el pueblo creyó. Y al oír que el SEÑOR había estado pendiente de ellos y había visto su aflicción, los israelitas se inclinaron y adoraron al SEÑOR.

Primer encuentro con el faraón

5 Después de eso, Moisés y Aarón se presentaron ante el faraón y le dijeron:

—Así dice el SEÑOR y Dios de Israel: "Deja ir a mi pueblo para que celebre en el desierto una fiesta en mi honor."

2—¿Y quién es el SEÑOR —respondió el faraón— para que yo le obedezca y deje ir a Israel? ¡Ni conozco al SEÑOR, ni voy a dejar que Israel se vaya!

3—El Dios de los hebreos nos ha salido al encuentro —contestaron—. Así que debemos hacer un viaje de tres días, hasta el desierto, para ofrecer sacrificios al SEÑOR nuestro Dios. De lo contrario, podría castigarnos con plagas o matarnos a filo de espada.

4—Moisés y Aarón —replicó el rey de Egipto—, ¿por qué distraen al pueblo de sus quehaceres? ¡Vuelvan a sus obligaciones! **5**Dense cuenta de que es mucha la gente de este país, y ustedes no la dejan trabajar.

6Ese mismo día el faraón les ordenó a los capataces y jefes de cuadrilla: **7**«Ya no le den paja a la gente para hacer ladrillos. ¡Que vayan ellos mismos a recogerla! **8**Pero sigan exigiéndoles la misma cantidad de ladrillos que han estado haciendo. ¡No les reduzcan la cuota! Son unos holgazanes, y por eso me ruegan: "Déjanos ir a ofrecerle sacrificios a nuestro Dios." **9**Impónganles tareas más pesadas. Manténganlos ocupados. Así no harán caso de mentiras.»

10Los capataces y jefes de cuadrilla salieron de allí y fueron a decirle al pueblo: «Así dice el faraón: "Ya no voy a darles paja. **11**Vayan ustedes mismos a recogerla donde la encuentren. Pero eso sí, ¡en nada se les rebajará la tarea!"»

12Fue así como el pueblo se esparció por todo Egipto para recoger rastrojo y usarlo en lugar de paja. **13**Los capataces no dejaban de apremiarlos y decirles: «Cumplan con su tarea diaria, como cuando se les daba paja.» **14**Además, esos mismos capataces del faraón golpeaban a los jefes de cuadrilla israelitas que ellos mismos habían nombrado, y les preguntaban: «¿Por qué ni ayer ni hoy cumplieron con su cuota de ladrillos, como antes lo hacían?»

15Los jefes de cuadrilla israelitas fueron entonces a quejarse ante el faraón. Le dijeron:

—¿Por qué Su Majestad trata así a sus siervos? **16**¡Ya ni paja recibimos! A pesar de eso, ¡se nos exige hacer ladrillos y, como si fuera poco, se nos golpea! ¡La gente de Su Majestad no está actuando bien!

17—¡Haraganes, haraganes! —exclamó el faraón—. ¡Eso es lo que son! Por eso andan diciendo: "Déjanos ir a ofrecerle sacrificios al SEÑOR." **18**Ahora, ¡vayan a trabajar! No se les va a dar paja, pero tienen que entregar su cuota de ladrillos.

19Los jefes de cuadrilla israelitas se dieron cuenta de que estaban en un aprieto cuando se les dijo que la cuota diaria de ladrillos no se les iba a rebajar. **20**Así que al encontrarse con Moisés y Aarón, que los estaban esperando a la salida, **21**les dijeron: «¡Que el SEÑOR los examine y los juzgue! ¡Por culpa de ustedes somos unos apestados ante el faraón y sus siervos! ¡Ustedes mismos les han puesto la espada en la mano, para que nos maten!»

Dios promete liberación

22Moisés se volvió al SEÑOR y le dijo:

—¡Ay, SEÑOR! ¿Por qué tratas tan mal a este pueblo? ¿Para esto me enviaste? **23**Desde que me presenté ante el faraón y le hablé en tu *nombre, no ha hecho más que maltratar a este pueblo, que es tu pueblo. ¡Y tú no has hecho nada para librarlo!

6 El SEÑOR le respondió:

—Ahora verás lo que voy a hacer con el faraón. Realmente, sólo por mi mano poderosa va a dejar que se vayan; sólo por mi mano poderosa va a echarlos de su país.

2En otra ocasión, Dios habló con Moisés y le dijo: «Yo soy el SEÑOR. **3**Me aparecí a Abraham, a Isaac y a Jacob bajo el nombre de Dios *Todopoderoso, pero no les revelé mi verdadero nombre, que es el SEÑOR.*j* **4**También con ellos confirmé mi *pacto de darles la tierra de Canaán, donde residieron como forasteros. **5**He oído además el gemir de los israelitas, a quienes los egipcios han esclavizado, y he recordado mi pacto. **6**Así que ve y diles a los israelitas: "Yo soy el SEÑOR, y voy a quitarles de encima la opresión de los egipcios. Voy a librarlos de su esclavitud; voy a liberarlos con gran despliegue de poder y con grandes actos de *justicia. **7**Haré de ustedes mi pueblo; y yo seré su Dios. Así sabrán que yo soy el SEÑOR su Dios, que los libró de la opresión de los egipcios. **8**Y los llevaré a la tierra que bajo juramento prometí darles a Abraham, Isaac y Jacob. Yo, el SEÑOR, les daré a ustedes posesión de ella."»

9Moisés les dio a conocer esto a los israelitas, pero por su desánimo y las penurias de su esclavitud ellos no le hicieron caso. **10**Entonces el SEÑOR habló con Moisés y le dijo:

11—Ve y habla con el faraón, el rey de Egipto. Dile que deje salir de su país a los israelitas.

12Pero Moisés se enfrentó al SEÑOR y le dijo:

—¿Y cómo va a hacerme caso el faraón, si ni siquiera los israelitas me creen? Además, no tengo facilidad de palabra.*k*

13En otra ocasión el SEÑOR habló con Moisés y Aarón acerca de los israelitas y del faraón, rey egipcio, y les ordenó sacar de Egipto a los israelitas.

Antepasados de Moisés y de Aarón

14Éstos fueron los jefes de las familias patriarcales:

Los hijos de Rubén, primogénito de Israel: Janoc, Falú, Jezrón y Carmí. Éstos fueron los clanes de Rubén. **15**Los hijos de Simeón: Jemuel, Jamín, Oad, Jaquín, Zojar y Saúl, hijo de la cananea. Éstos fueron los clanes de Simeón.

16Según los registros familiares, éstos son los nombres de los hijos de Leví, quien vivió ciento treinta y siete años: Guersón, Coat y Merari.

17Los hijos de Guersón, según sus clanes: Libní y Simí.

18Los hijos de Coat, quien vivió ciento treinta y tres años: Amirán, Izar, Hebrón y Uziel.

19Los hijos de Merari: Majlí y Musí.

Éstos fueron los clanes de Leví, según sus registros familiares. **20**Amirán, que vivió ciento treinta y siete años, se casó con su tía Jocabed, la cual le dio dos hijos, Aarón y Moisés.

21Los hijos de Izar: Coré, Néfeg y Zicrí.

22Los hijos de Uziel: Misael, Elzafán y Sitri.

23Aarón se casó con Elisabet, hija de Aminadab y hermana de Naasón, y ella le dio cuatro hijos: Nadab, Abiú, Eleazar e Itamar.

24Los hijos de Coré: Asir, Elcaná y Abiasaf. Éstos fueron los clanes de Coré.

25Eleazar hijo de Aarón se casó con una de las hijas de Futiel, la cual le dio un hijo, Finés.

Éstos fueron los jefes de los clanes levitas, en orden de familias.

26Aarón y Moisés son los mismos a quienes el SEÑOR mandó que sacaran de Egipto a los israelitas, ordenados en escuadrones. **27**Son ellos quienes hablaron con el faraón, rey egipcio, en cuanto a sacar de Egipto a los israelitas.

Aarón, vocero de Moisés

28Cuando el SEÑOR habló con Moisés en Egipto, **29**le dijo:

—Yo soy el SEÑOR. Habla con el faraón, rey de Egipto, y comunícale todo lo que yo te diga.

30Pero Moisés se enfrentó al SEÑOR y le dijo:

—¿Y cómo va a hacerme caso el faraón, si yo no tengo facilidad de palabra?

---

j **6:3** Véase nota en 3:15.   *k* **6:12** *no tengo facilidad de palabra.* Lit. *soy incircunciso de labios*; también en v. 30.

7 —Toma en cuenta —le dijo el SEÑOR a Moisés— que te pongo por Dios ante el faraón. Tu hermano Aarón será tu profeta. 2Tu obligación es decir todo lo que yo te ordene que digas; tu hermano Aarón, por su parte, le pedirá al faraón que deje salir de su país a los israelitas. 3Yo voy a endurecer el *corazón del faraón, y aunque haré muchas señales milagrosas y prodigios en Egipto, 4él no les hará caso. Entonces descargaré mi poder sobre Egipto; ¡con grandes actos de *justicia sacaré de allí a los escuadrones de mi pueblo, los israelitas! 5Y cuando yo despliegue mi poder contra Egipto y saque de allí a los israelitas, sabrán los egipcios que yo soy el SEÑOR.

La vara de Moisés

6Moisés y Aarón cumplieron al pie de la letra las órdenes del SEÑOR. 7Cuando hablaron con el faraón, Moisés tenía ochenta años y Aarón ochenta y tres.

8El SEÑOR les dijo a Moisés y a Aarón: 9«Cuando el faraón les pida que hagan un milagro, le dirás a Aarón que tome la vara y la arroje al suelo ante el faraón. Así la vara se convertirá en serpiente.»

10Moisés y Aarón fueron a ver al faraón y cumplieron las órdenes del SEÑOR. Aarón arrojó su vara al suelo ante el faraón y sus funcionarios, y la vara se convirtió en serpiente. 11Pero el faraón llamó a los sabios y hechiceros y, mediante sus artes secretas, también los magos egipcios hicieron lo mismo: 12Cada uno de ellos arrojó su vara al suelo, y cada vara se convirtió en una serpiente. Sin embargo, la vara de Aarón se tragó las varas de todos ellos. 13A pesar de esto, y tal como lo había advertido el SEÑOR, el faraón endureció su *corazón y no les hizo caso.

La plaga de sangre

14El SEÑOR le dijo a Moisés: «El *corazón del faraón se ha obstinado, y se niega a dejar salir al pueblo. 15Anda a verlo por la mañana, cuando salga a bañarse. Espéralo a orillas del río Nilo, y sal luego a su encuentro. No dejes de llevar la vara que se convirtió en serpiente. 16Dile allí: "El SEÑOR y Dios de los hebreos me ha enviado a decirte: '¡Deja ir a mi pueblo para que me rinda culto en el desierto!' Como no has querido obedecer, 17el SEÑOR dice: '¡Ahora vas a saber que yo soy el SEÑOR!' Con esta vara que llevo en la mano voy a golpear las aguas del Nilo, y el río se convertirá en sangre. 18Morirán los peces que hay en el río, y el río apestará y los egipcios no podrán beber agua de allí."»

19Dijo también el SEÑOR a Moisés: «Dile a Aarón que tome su vara y extienda el brazo sobre las aguas de Egipto, para que se conviertan en sangre sus arroyos y canales, y sus lagunas y depósitos de agua. Habrá sangre por todo el territorio de Egipto, ¡hasta en las vasijas de madera y de piedra!»

20Moisés y Aarón cumplieron las órdenes del SEÑOR. En presencia del faraón y de sus funcionarios, Aarón levantó su vara y golpeó las aguas del Nilo. ¡Y toda el agua del río se convirtió en sangre! 21Murieron los peces que había en el Nilo, y tan mal olía el río que los egipcios no podían beber agua de allí. Por todo Egipto se veía sangre.

22Sin embargo, mediante sus artes secretas los magos egipcios hicieron lo mismo, de modo que el faraón endureció su corazón y, tal como el SEÑOR lo había advertido, no les hizo caso ni a Aarón ni a Moisés. 23Como si nada hubiera pasado, se dio media vuelta y regresó a su palacio. 24Mientras tanto, todos los egipcios hacían pozos a la orilla del Nilo en busca de agua potable, porque no podían beber el agua del río.

La plaga de ranas

25Siete días pasaron después de que el SEÑOR golpeó el Nilo.

8 El SEÑOR le ordenó a Moisés: «Ve a advertirle al faraón que así dice el SEÑOR: "Deja ir a mi pueblo para que me rinda culto. 2Si no los dejas ir, infestaré de ranas todo tu país. 3El Nilo hervirá de ranas, y se meterán en tu palacio, y hasta en tu alcoba y en tu cama, y en las casas de tus funcionarios y de tu pueblo, y en tus hornos y artesas. 4Se treparán sobre ti, sobre tu pueblo y sobre tus funcionarios."»

⁵Luego el SEÑOR le dijo a Moisés: «Dile a Aarón que extienda su vara sobre ríos, arroyos y lagunas, para que todo Egipto se llene de ranas.» ⁶Aarón extendió su brazo sobre las aguas de Egipto, y las ranas llegaron a cubrir todo el país. ⁷Pero, mediante sus artes secretas, los magos hicieron lo mismo, de modo que hicieron venir ranas sobre todo Egipto. ⁸Entonces el faraón mandó llamar a Moisés y a Aarón, y les dijo:

—Ruéguenle al SEÑOR que aleje las ranas de mí y de mi pueblo, y yo dejaré ir al pueblo para que le ofrezca sacrificios.

⁹Moisés le respondió:

—Dime cuándo quieres que ruegue al SEÑOR por ti, por tus funcionarios y por tu pueblo. Las ranas se quedarán sólo en el Nilo, y tú y tus casas se librarán de ellas.

¹⁰—Mañana mismo —contestó el faraón.

—Así se hará —respondió Moisés—, y sabrás que no hay dios como el SEÑOR, nuestro Dios. ¹¹Las ranas se apartarán de ti y de tus casas, de tus funcionarios y de tu pueblo, y se quedarán únicamente en el Nilo.

¹²Tan pronto como salieron Moisés y Aarón de hablar con el faraón, Moisés clamó al SEÑOR en cuanto a las ranas que había mandado sobre el faraón. ¹³El SEÑOR atendió a los ruegos de Moisés, y las ranas comenzaron a morirse en las casas, en los patios y en los campos. ¹⁴La gente las recogía y las amontonaba, y el hedor de las ranas llenaba el país. ¹⁵Pero en cuanto el faraón experimentó alivio, endureció su *corazón y, tal como el SEÑOR lo había advertido, ya no quiso saber nada de Moisés ni de Aarón.

La plaga de mosquitos

¹⁶El SEÑOR le ordenó a Moisés que le dijera a Aarón: «Extiende tu vara y golpea el suelo, para que en todo Egipto el polvo se convierta en mosquitos.» ¹⁷Así lo hizo. Y Aarón extendió su brazo, golpeó el suelo con la vara, y del polvo salieron mosquitos que picaban a *hombres y animales. En todo Egipto el polvo se convirtió en mosquitos.

¹⁸Los magos, recurriendo a sus artes secretas, trataron también de producir mosquitos, pero no pudieron. Mientras tanto, los mosquitos picaban a hombres y animales. ¹⁹«En todo esto anda la mano de Dios», admitieron los magos ante el faraón, pero éste había endurecido su *corazón, así que no les hizo caso, tal como el SEÑOR lo había advertido.

La plaga de tábanos

²⁰El SEÑOR le dijo a Moisés: «Mañana vas a madrugar. Le saldrás al paso al faraón cuando baje al río, y le advertirás: "Así dice el SEÑOR: 'Deja ir a mi pueblo para que me rinda culto. ²¹Si no lo dejas ir, enviaré enjambres de tábanos sobre ti y sobre tus funcionarios, sobre tu pueblo y sobre tus casas. Todas las casas egipcias, y aun el suelo que pisan, se llenarán de tábanos. ²²Cuando eso suceda, la única región donde no habrá tábanos será la de Gosén, porque allí vive mi pueblo. Así sabrás que yo, el SEÑOR, estoy en este país. ²³Haré distinción[1] entre mi pueblo y tu pueblo. Esta señal milagrosa tendrá lugar mañana.' "»

²⁴Y así lo hizo el SEÑOR. Densas nubes de tábanos irrumpieron en el palacio del faraón y en las casas de sus funcionarios, y por todo Egipto. Por causa de las tábanos, el país quedó arruinado. ²⁵Llamó entonces el faraón a Moisés y a Aarón, y les dijo:

—Vayan y ofrezcan sacrificios a su Dios aquí en el país.

²⁶—No estaría bien hacerlo así —contestó Moisés—, porque los sacrificios que ofrecemos al SEÑOR nuestro Dios resultan ofensivos para los egipcios. Si a la vista de ellos ofrecemos sacrificios que les son ofensivos, seguramente nos apedrearán. ²⁷Tenemos que hacer un viaje de tres días, hasta el desierto, para ofrecerle sacrificios al SEÑOR nuestro Dios, pues así nos lo ha ordenado.

²⁸El faraón respondió:

—Voy a dejarlos ir para que ofrezcan sacrificios al SEÑOR su Dios en el desierto,

[1]8:23 *distinción* (LXX, Siríaca y Vulgata); *liberación* (TM).

con tal de que no se vayan muy lejos y de que rueguen a Dios por mí.

29—En cuanto salga yo de aquí —le aseguró Moisés al faraón—, rogaré por ti al Señor, y de aquí a mañana los tábanos se habrán apartado de ti, de tus funcionarios y de tu pueblo. Pero tú no debes seguir engañándonos ni impidiendo que el pueblo vaya a ofrecerle sacrificios al Señor.

30Así que Moisés salió y le rogó al Señor por el faraón. **31**El Señor accedió a los ruegos de Moisés y apartó los tábanos del faraón, de sus funcionarios y de su pueblo. No quedó un solo tábano. **32**Pero una vez más el faraón endureció su *corazón y no dejó que el pueblo se fuera.

La plaga en el ganado

9 El Señor le ordenó a Moisés que fuera a hablar con el faraón y le advirtiera: «Así dice el Señor y Dios de los hebreos: "Deja ir a mi pueblo para que me rinda culto." **2**Si te niegas a dejarlos ir y sigues reteniéndolos, **3**la mano del Señor provocará una terrible plaga entre los ganados que tienes en el campo, y entre tus caballos, asnos, camellos, vacas y ovejas. **4**Pero el Señor hará distinción entre el ganado de Israel y el de Egipto, de modo que no morirá un solo animal que pertenezca a los israelitas.»

5Además, el Señor fijó un plazo y dijo: «Mañana yo, el Señor, haré esto en el país.» **6**En efecto, al día siguiente murió todo el ganado de los egipcios, pero del ganado de los israelitas no murió ni un solo animal. **7**Envió el faraón gente a ver los ganados de los israelitas, y se encontraron con que ni un solo animal había muerto. Sin embargo, el faraón endureció su *corazón y no quiso dejar ir al pueblo.

La plaga de úlceras

8Entonces el Señor les dijo a Moisés y a Aarón: «Tomen de algún horno puñados de ceniza, y que la arroje Moisés al aire en presencia del faraón. **9**La ceniza se convertirá en polvo fino, y caerá sobre todo Egipto y abrirá úlceras en personas y animales en todo el país.»

10Moisés y Aarón tomaron ceniza de un horno y se plantaron ante el faraón. Allí Moisés la arrojó al aire, y se abrieron úlceras purulentas en personas y animales. **11**Los magos no pudieron enfrentarse a Moisés, pues ellos y todos los egipcios tenían úlceras. **12**Pero el Señor endureció el *corazón del faraón y, tal como el Señor se lo había advertido a Moisés, no quiso el faraón saber nada de Moisés ni de Aarón.

La plaga de granizo

13El Señor le ordenó a Moisés madrugar al día siguiente, y salirle al paso al faraón para advertirle: «Así dice el Señor y Dios de los hebreos: "Deja ir a mi pueblo para que me rinda culto. **14**Porque esta vez voy a enviar el grueso de mis plagas contra ti, y contra tus funcionarios y tu pueblo, para que sepas que no hay en toda la tierra nadie como yo. **15**Si en este momento desplegara yo mi poder, y a ti y a tu pueblo los azotara con una plaga, desaparecerían de la tierra. **16**Pero te he dejado con vida precisamente para mostrarte mi poder, y para que mi *nombre sea proclamado por toda la tierra. **17**Tú, sin embargo, sigues enfrentándote a mi pueblo y no quieres dejarlo ir. **18**Por eso mañana a esta hora enviaré la peor granizada que haya caído en Egipto desde su fundación. **19**Ordena inmediatamente que se pongan bajo techo tus ganados y todo lo que tengas en el campo, lo mismo personas que animales, porque el granizo caerá sobre los que anden al aire libre y los matará."»

20Algunos funcionarios del faraón temieron la palabra del Señor y se apresuraron a poner bajo techo a sus esclavos y ganados, **21**pero otros no hicieron caso de la palabra de Dios y dejaron en el campo a sus esclavos y ganados.

22Entonces el Señor le dijo a Moisés: «Levanta los brazos al cielo, para que en todo Egipto caiga granizo sobre la *gente y los animales, y sobre todo lo que crece en el campo.»

23Moisés levantó su vara hacia el cielo, y el Señor hizo que cayera granizo sobre todo Egipto: envió truenos, granizo y rayos sobre toda la tierra. **24**Llovió granizo, y con el granizo caían rayos zigzagueantes. Nunca en toda la historia de Egipto como nación hubo una tormenta peor que ésta. **25**El granizo arrasó con todo lo que había en los campos de Egipto, y con personas y animales; acabó con todos los cultivos y derribó todos los árboles. ²⁶El único lugar en donde no granizó fue en la tierra de Gosén, donde estaban los israelitas.

²⁷Entonces el faraón mandó llamar a Moisés y a Aarón, y les dijo:

—Esta vez reconozco mi pecado. El SEÑOR ha actuado con justicia, mientras que yo y mi pueblo hemos actuado mal. ²⁸No voy a detenerlos más tiempo; voy a dejarlos ir. Pero rueguen por mí al SEÑOR, que truenos y granizo los hemos tenido de sobra.

²⁹—En cuanto yo salga de la ciudad —le contestó Moisés—, elevaré mis manos en oración al SEÑOR, y cesarán los truenos y dejará de granizar. Así sabrás que la tierra es del SEÑOR. ³⁰Sin embargo, yo sé que tú y tus funcionarios aún no tienen temor de Dios.

³¹El lino y la cebada fueron destruidos, ya que la cebada estaba en espiga, y el lino en flor. ³²Sin embargo, el trigo y la espelta no se echaron a perder porque maduran más tarde.

³³Tan pronto como Moisés dejó al faraón y salió de la ciudad, elevó sus manos en oración al SEÑOR y, en seguida, cesaron los truenos y dejó de granizar y de llover sobre la tierra. ³⁴Pero en cuanto vio el faraón que habían cesado la lluvia, el granizo y los truenos, reincidió en su pecado, y tanto él como sus funcionarios endurecieron su *corazón. ³⁵Tal como el SEÑOR lo había advertido por medio de Moisés, el faraón endureció su corazón y ya no dejó que los israelitas se fueran.

La plaga de langostas

10 El SEÑOR le dijo a Moisés: «Ve a hablar con el faraón. En realidad, soy yo quien ha endurecido su *corazón y el de sus funcionarios, para realizar entre ellos mis señales milagrosas. ²Lo hice para que puedas contarles a tus hijos y a tus nietos la dureza con que traté a los egipcios,ᵐ y las señales que realicé entre ellos. Así sabrán que yo soy el SEÑOR.»

³Moisés y Aarón se presentaron ante el faraón, y le advirtieron: «Así dice el SEÑOR y Dios de los hebreos: "¿Hasta cuándo te opondrás a humillarte en mi presencia? Deja ir a mi pueblo para que me rinda culto. ⁴Si te niegas a dejarlos ir, mañana mismo traeré langostas sobre tu país. ⁵De tal manera cubrirán la superficie de la tierra que no podrá verse el suelo. Se comerán lo poco que haya quedado después del granizo, y acabarán con todos los árboles que haya en los campos. ⁶Infestarán tus casas, y las de tus funcionarios y las de todos los egipcios. ¡Será algo que ni tus padres ni tus antepasados vieron jamás, desde el día en que se establecieron en este país hasta la fecha!"»

Dicho esto, Moisés se dio media vuelta y se retiró de la presencia del faraón. ⁷Entonces los funcionarios le dijeron al faraón:

—¿Hasta cuándo este individuo será una trampa para nosotros? ¡Deja que el pueblo se vaya y que rinda culto al SEÑOR su Dios! ¿Acaso no sabes que Egipto está arruinado?

⁸El faraón mandó llamar a Moisés y a Aarón, y les dijo:

—Vayan y rindan culto al SEÑOR su Dios. Tan sólo díganme quiénes van a ir.

⁹—Nos van a acompañar nuestros jóvenes y nuestros ancianos —respondió Moisés—. También nos acompañarán nuestros hijos y nuestras hijas, y nuestros rebaños y nuestros ganados, pues vamos a celebrar la fiesta del SEÑOR.

¹⁰—Que el SEÑOR los acompañe —repuso el faraón—, ¡si es que yo dejo que se vayan con sus mujeres y sus hijos! ¡Claramente se ven sus malas intenciones!ⁿ ¹¹¡Pero no será como ustedes quieren! Si lo que quieren es rendirle culto al SEÑOR, ¡vayan sólo ustedes los hombres!

Y Moisés y Aarón fueron arrojados de la presencia del faraón. ¹²Entonces el SEÑOR le dijo a Moisés: «Extiende los brazos sobre todo Egipto, para que vengan

---

ᵐ**10:2** *la dureza con que traté a los egipcios.* Alt. *cómo me burlé de los egipcios.* ⁿ**10:10** *Claramente se ven sus malas intenciones.* Alt. *¡Tengan cuidado; los espera la aflicción!*

langostas y cubran todo el país, y se coman todo lo que crece en los campos y todo lo que dejó el granizo.»

13Moisés extendió su vara sobre Egipto, y el SEÑOR hizo que todo ese día y toda esa noche un viento del este soplara sobre el país. A la mañana siguiente, el viento del este había traído las langostas, 14las cuales invadieron todo Egipto y se asentaron en gran número por todos los rincones del país. ¡Nunca antes hubo semejante plaga de langostas, ni la habrá después! 15Eran tantas las langostas que cubrían la superficie de la tierra, que ni el suelo podía verse. Se comieron todas las plantas del campo y todos los frutos de los árboles que dejó el granizo. En todo Egipto no quedó nada verde, ni en los árboles ni en las plantas.

16A toda prisa mandó llamar el faraón a Moisés y a Aarón, y admitió: «He pecado contra el SEÑOR su Dios y contra ustedes. 17Yo les pido que perdonen mi pecado una vez más, y que rueguen por mí al SEÑOR su Dios, para que por lo menos aleje de donde yo estoy esta plaga mortal.»

18En cuanto Moisés salió de la presencia del faraón, rogó al SEÑOR por el faraón. 19El SEÑOR hizo entonces que el viento cambiara, y que un fuerte viento del oeste se llevara las langostas y las echara al *Mar Rojo. En todo Egipto no quedó una sola langosta. 20Pero el SEÑOR endureció el corazón del faraón, y éste no dejó que los israelitas se fueran.

La plaga de tinieblas

21El SEÑOR le dijo a Moisés: «Levanta los brazos al cielo, para que todo Egipto se cubra de tinieblas, ¡tinieblas tan densas que se puedan palpar!» 22Moisés levantó los brazos al cielo, y durante tres días todo Egipto quedó envuelto en densas tinieblas. 23Durante ese tiempo los egipcios no podían verse unos a otros, ni moverse de su sitio. Sin embargo, en todos los hogares israelitas había luz.

24Entonces el faraón mandó llamar a Moisés y le dijo:

—Vayan y rindan culto al SEÑOR. Llévense también a sus hijos, pero dejen atrás sus rebaños y sus ganados.

25A esto replicó Moisés:

—¡Al contrario!, tú vas a darnos los sacrificios y *holocaustos que hemos de presentar al SEÑOR nuestro Dios, 26y además nuestro ganado tiene que ir con nosotros. ¡No puede quedarse aquí ni una sola pezuña! Para rendirle culto al SEÑOR nuestro Dios tendremos que tomar algunos de nuestros animales, y no sabremos cuáles debemos presentar como ofrenda hasta que lleguemos allá.

27Pero el SEÑOR endureció el *corazón del faraón, y éste no quiso dejarlos ir, 28sino que le gritó a Moisés:

—¡Largo de aquí! ¡Y cuidado con volver a presentarte ante mí! El día que vuelvas a verme, puedes darte por muerto.

29—¡Bien dicho! —le respondió Moisés—. ¡Jamás volveré a verte!

La plaga contra los primogénitos

11 El SEÑOR le dijo a Moisés: «Voy a traer una plaga más sobre el faraón y sobre Egipto. Después de eso, dejará que se vayan. Y cuando lo haga, los echará de aquí para siempre. 2Habla con el pueblo y diles que todos ellos, hombres y mujeres, deben pedirles a sus vecinos y vecinas objetos de oro y de plata.»

3El SEÑOR hizo que los egipcios vieran con buenos ojos a los israelitas. Además, en todo Egipto Moisés mismo era altamente respetado por los funcionarios del faraón y por el pueblo.

4Moisés anunció: «Así dice el SEÑOR: "Hacia la medianoche pasaré por todo Egipto, 5y todo primogénito egipcio morirá: desde el primogénito del faraón que ahora ocupa el trono hasta el primogénito de la esclava que trabaja en el molino, lo mismo que todo primogénito del ganado. 6En todo Egipto habrá grandes lamentos, como no los ha habido ni volverá a haberlos. 7Pero entre los israelitas, ni los perros le ladrarán a persona o animal alguno. Así sabrán que el SEÑOR hace distinción entre Egipto e Israel. 8Todos estos funcionarios tuyos vendrán a verme, y de rodillas me suplicarán: '¡Vete ya, con todo el pueblo que te sigue!' Cuando esto suceda, me iré."»

Y ardiendo de ira, salió Moisés de la presencia del faraón, 9aunque ya el SEÑOR le había advertido a Moisés que el faraón no les iba a hacer caso, y que tenía que ser así para que las maravillas del SEÑOR se multiplicaran en Egipto.

[10]Moisés y Aarón realizaron ante el faraón todas estas maravillas; pero el SEÑOR endureció el *corazón del faraón, y éste no dejó salir de su país a los israelitas.

La Pascua
12:14-20 — Lv 23:4-8; Nm 28:16-25; Dt 16:1-8

12 En Egipto el SEÑOR habló con Moisés y Aarón. Les dijo: [2]«Este mes será para ustedes el más importante, pues será el primer mes del año. [3]Hablen con toda la comunidad de Israel, y díganles que el día décimo de este mes todos ustedes tomarán un cordero[n] por familia, uno por cada casa. [4]Si alguna familia es demasiado pequeña para comerse un cordero entero, deberá compartirlo con sus vecinos más cercanos, teniendo en cuenta el número de personas que sean y las raciones de cordero que se necesiten, según lo que cada persona haya de comer. [5]El animal que se escoja puede ser un cordero o un cabrito de un año y sin defecto, [6]al que cuidarán hasta el catorce del mes, día en que la comunidad de Israel en pleno lo sacrificará al caer la noche. [7]Tomarán luego un poco de sangre y la untarán en los dos postes y en el dintel de la puerta de la casa donde coman el cordero. [8]Deberán comer la carne esa misma noche, asada al fuego y acompañada de hierbas amargas y pan sin levadura. [9]No deberán comerla cruda ni hervida, sino asada al fuego, junto con la cabeza, las patas y los intestinos. [10]Y no deben dejar nada. En caso de que algo quede, lo quemarán al día siguiente. [11]Comerán el cordero de este modo: con el manto ceñido a la cintura, con las sandalias puestas, con la vara en la mano, y de prisa. Se trata de la Pascua del SEÑOR.

[12]»Esa misma noche pasaré por todo Egipto y heriré de muerte a todos los primogénitos, tanto de personas como de animales, y ejecutaré mi sentencia contra todos los dioses de Egipto. Yo soy el SEÑOR. [13]La sangre servirá para señalar las casas donde ustedes se encuentren, pues al verla pasaré de largo. Así, cuando hiera yo de muerte a los egipcios, no los tocará a ustedes ninguna plaga destructora.

[14]»Éste es un día que por ley deberán conmemorar siempre. Es una fiesta en honor del SEÑOR, y las generaciones futuras deberán celebrarla. [15]Durante siete días comerán pan sin levadura, de modo que deben retirar de sus casas la levadura el primer día. Todo el que coma algo con levadura desde el día primero hasta el séptimo será eliminado de Israel. [16]Celebrarán una reunión solemne el día primero, y otra el día séptimo. En todo ese tiempo no harán ningún trabajo, excepto preparar los alimentos que cada uno haya de comer. Sólo eso podrán hacer.

[17]»Celebrarán la fiesta de los Panes sin levadura, porque fue ese día cuando los saqué de Egipto formados en escuadrones. Por ley, las generaciones futuras siempre deberán celebrar ese día. [18]Comerán pan sin levadura desde la tarde del día catorce del mes primero hasta la tarde del día veintiuno del mismo mes. [19]Durante siete días se abstendrán de tener levadura en sus casas. Todo aquel que coma algo con levadura, sea extranjero o israelita, será eliminado de la comunidad de Israel. [20]No coman nada que tenga levadura. Dondequiera que vivan ustedes, comerán pan sin levadura.»

[21]Convocó entonces Moisés a todos los *ancianos israelitas, y les dijo: «Vayan en seguida a sus rebaños, escojan el cordero para sus respectivas familias, y mátenlo para celebrar la Pascua. [22]Tomen luego un manojo de *hisopo, mójenlo en la sangre recogida en la palangana, unten de sangre el dintel y los dos postes de la puerta, ¡y no salga ninguno de ustedes de su casa hasta la mañana siguiente! [23]Cuando el SEÑOR pase por el país para herir de muerte a los egipcios, verá la sangre en el dintel y en los postes de la puerta, y pasará de largo por esa casa. No permitirá el SEÑOR que el ángel exterminador entre en las casas de ustedes y los hiera.

---

[n]12:3 cordero. Alt. cabrito; también en v. 4.

24»Obedezcan estas instrucciones. Será una ley perpetua para ustedes y para sus hijos. 25Cuando entren en la tierra que el SEÑOR ha prometido darles, ustedes seguirán celebrando esta ceremonia. 26Y cuando sus hijos les pregunten: "¿Qué significa para ustedes esta ceremonia?", 27les responderán: "Este sacrificio es la Pascua del SEÑOR, que en Egipto pasó de largo por las casas israelitas. Hirió de muerte a los egipcios, pero a nuestras familias les salvó la vida."»

Al oír esto, los israelitas se inclinaron y adoraron al SEÑOR, 28y fueron y cumplieron al pie de la letra lo que el SEÑOR les había ordenado a Moisés y a Aarón.

Muerte de los primogénitos egipcios

29A medianoche el SEÑOR hirió de muerte a todos los primogénitos egipcios, desde el primogénito del faraón en el trono hasta el primogénito del preso en la cárcel, así como a las primeras crías de todo el ganado. 30Todos en Egipto se levantaron esa noche, lo mismo el faraón que sus funcionarios, y hubo grandes lamentos en el país. No había una sola casa egipcia donde no hubiera algún muerto.

31Esa misma noche mandó llamar el faraón a Moisés y a Aarón, y les ordenó: «¡Largo de aquí! ¡Aléjense de mi pueblo ustedes y los israelitas! ¡Vayan a adorar al SEÑOR, como lo han estado pidiendo! 32Llévense también sus rebaños y sus ganados, como lo han pedido, ¡pero váyanse ya, que para mí será una bendición!»

33El pueblo egipcio, por su parte, instaba a los israelitas a que abandonaran pronto el país. «De lo contrario —decían—, ¡podemos darnos por muertos!» 34Entonces los israelitas tomaron las artesas de masa todavía sin leudar y, luego de envolverlas en sus ropas, se las echaron al hombro. 35Después, siguiendo las instrucciones que Moisés les había dado, pidieron a los egipcios que les dieran objetos de oro y de plata, y también ropa. 36El SEÑOR hizo que los egipcios vieran con buenos ojos a los israelitas, así que les dieron todo lo que les pedían. De este modo los israelitas despojaron por completo a los egipcios.

El éxodo

37Los israelitas partieron de Ramsés, en dirección a Sucot. Sin contar a las mujeres y a los niños, eran unos seiscientos mil hombres de a pie. 38Con ellos salió también gente de toda laya, y grandes manadas de ganado, tanto de ovejas como de vacas. 39Con la masa que sacaron de Egipto cocieron panes sin levadura, pues la masa aún no había fermentado. Como los echaron de Egipto, no tuvieron tiempo de preparar comida.

40Los israelitas habían vivido en Egipto cuatrocientos treinta años. 41Precisamente el día en que se cumplían los cuatrocientos treinta años, todos los escuadrones del SEÑOR salieron de Egipto. 42Aquella noche el SEÑOR la pasó en vela para sacar de Egipto a los israelitas. Por eso también las generaciones futuras de israelitas deben pasar esa noche en vela, en honor del SEÑOR.

Restricciones para la Pascua

43El SEÑOR les dijo a Moisés y a Aarón: «Éstas son las normas para la Pascua:
»Ningún extranjero podrá participar de ella.
44»Podrán participar de ella todos los esclavos que hayas comprado con tu dinero, siempre y cuando los hayas circuncidado antes.
45»Ningún residente temporal ni trabajador a sueldo podrá participar de ella.
46»La Pascua deberá comerse en casa, y de allí no se sacará ni un solo pedazo de carne. Tampoco se le quebrará ningún hueso al animal sacrificado.
47»Toda la comunidad de Israel debe celebrar la Pascua.
48»Todo extranjero que viva entre ustedes y quiera celebrar la Pascua del SEÑOR, deberá primero circuncidar a todos los varones de su familia; sólo entonces podrá participar de la Pascua como si fuera nativo del país.
»Ningún incircunciso podrá participar de ella.
49»La misma ley se aplicará al nativo y al extranjero que viva entre ustedes.»

⁵⁰Todos los israelitas cumplieron al pie de la letra lo que el SEÑOR les había ordenado a Moisés y a Aarón. ⁵¹Ese mismo día el SEÑOR sacó de Egipto a los israelitas, escuadrón por escuadrón.

Consagración de los primogénitos israelitas

13 El SEÑOR habló con Moisés y le dijo: ²«Conságrame el primogénito de todo vientre. Míos son todos los primogénitos israelitas y todos los primeros machos de sus animales.»

³Moisés le dijo al pueblo: «Acuérdense de este día en que salen de Egipto, país donde han sido esclavos y de donde el SEÑOR los saca desplegando su poder. No coman pan con levadura. ⁴Ustedes salen hoy, en el mes de *aviv, ⁵y en este mismo mes deberán celebrar esta ceremonia, cuando ya el SEÑOR los haya hecho entrar en la tierra que prometió dar a los antepasados de ustedes. Se trata de la tierra de los cananeos, hititas, amorreos, heveos y jebuseos: ¡tierra donde abundan la leche y la miel! ⁶Durante siete días comerán pan sin levadura, y el día séptimo celebrarán una fiesta en honor al SEÑOR. ⁷En ningún lugar de su territorio debe haber nada que contenga levadura. Ni siquiera habrá levadura entre ustedes. Comerán pan sin levadura durante esos siete días.

⁸»Ese día ustedes les dirán a sus hijos:ᵒ "Esto lo hacemos por lo que hizo el SEÑOR por nosotros cuando salimos de Egipto." ⁹Y será para ustedes como una marca distintiva en la mano o en la frente, que les hará recordar que la *ley del SEÑOR debe estar en sus labios, porque el SEÑOR los sacó de Egipto desplegando su poder. ¹⁰Año tras año, en la misma fecha, cumplirán con esta ley.

¹¹»Una vez que el SEÑOR los haga entrar en la tierra de los cananeos y se la haya dado, conforme al juramento que les hizo a ustedes y a sus antepasados, ¹²le dedicarán al SEÑOR el primogénito de todo vientre, y todo primer macho de su ganado, pues éstos le pertenecen al

SEÑOR. ¹³El primogénito de una asna podrá ser rescatado a cambio de un cordero; pero si no se rescata, se le quebrará el cuello. Todos los primogénitos de ustedes o de sus descendientes deberán ser rescatados.

¹⁴»El día de mañana, cuando sus hijos les pregunten: "¿Y esto qué significa?", les dirán: "El SEÑOR, desplegando su poder, nos sacó de Egipto, país donde fuimos esclavos. ¹⁵Cuando el faraón se empeñó en no dejarnos ir, el SEÑOR les quitó la vida a todos los primogénitos de Egipto, tanto de *hombres como de animales. Por eso le ofrecemos al SEÑOR en sacrificio el primer macho que nace, y rescatamos a nuestros primogénitos." ¹⁶Esto será para ustedes como una marca distintiva en la mano o en la frente, de que el SEÑOR nos sacó de Egipto desplegando su poder.»

El paso del Mar Rojo

¹⁷Cuando el faraón dejó salir a los israelitas, Dios no los llevó por el camino que atraviesa la tierra de los filisteos, que era el más corto, pues pensó: «Si se les presentara batalla, podrían cambiar de idea y regresar a Egipto.» ¹⁸Por eso les hizo dar un rodeo por el camino del desierto, en dirección al *Mar Rojo.

Los israelitas salieron de Egipto en formación de combate. ¹⁹Moisés se llevó consigo los restos de José, según éste se lo había pedido a los israelitas bajo juramento. Éstas habían sido las palabras de José: «Pueden contar ustedes con que Dios vendrá en su ayuda. Cuando eso suceda, llévense de aquí mis restos.»

²⁰Los israelitas partieron de Sucot y acamparon en Etam, donde comienza el desierto. ²¹De día, el SEÑOR iba al frente de ellos en una columna de nube para indicarles el camino; de noche, los alumbraba con una columna de fuego. De ese modo podían viajar de día y de noche. ²²Jamás la columna de nube dejaba de guiar al pueblo durante el día, ni la columna de fuego durante la noche.

ᵒ13:8 *les dirán ustedes a sus hijos.* Lit. *le dirás a tu hijo.* En vv. 8-16 el texto hebreo usa el singular en sentido colectivo.

14 El Señor habló con Moisés y le dijo: ²«Ordénales a los israelitas que regresen y acampen frente a Pi Ajirot, entre Migdol y el mar. Que acampen junto al mar, frente a Baal Zefón. ³El faraón va a pensar: "Los israelitas andan perdidos en esa tierra. ¡El desierto los tiene acorralados!" ⁴Yo, por mi parte, endureceré el *corazón del faraón para que él los persiga. Voy a cubrirme de gloria, a costa del faraón y de todo su ejército. ¡Y los egipcios sabrán que yo soy el Señor!»

Así lo hicieron los israelitas. ⁵Y cuando el rey de Egipto se enteró de que el pueblo se había escapado, tanto él como sus funcionarios cambiaron de parecer en cuanto a los israelitas y dijeron: «¡Pero qué hemos hecho! ¿Cómo pudimos dejar que se fueran los israelitas y abandonaran su trabajo?» ⁶Al momento ordenó el faraón que le prepararan su carro y, echando mano de su ejército, ⁷se llevó consigo seiscientos de los mejores carros y todos los demás carros de Egipto, cada uno de ellos bajo el mando de un oficial.

⁸El Señor endureció el corazón del faraón, rey de Egipto, para que saliera en persecución de los israelitas, los cuales marchaban con aire triunfal. ⁹Todo el ejército del faraón —caballos, carros, jinetes*ᴾ* y tropas de Egipto— salió tras los israelitas y les dio alcance cuando éstos acampaban junto al mar, cerca de Pi Ajirot y frente a Baal Zefón.

¹⁰El faraón iba acercándose. Cuando los israelitas se fijaron y vieron a los egipcios pisándoles los talones, sintieron mucho miedo y clamaron al Señor. ¹¹Entonces le reclamaron a Moisés:

—¿Acaso no había sepulcros en Egipto, que nos sacaste de allá para morir en el desierto? ¿Qué has hecho con nosotros? ¿Para qué nos sacaste de Egipto? ¹²Ya en Egipto te decíamos: "¡Déjanos en paz! ¡Preferimos servir a los egipcios!" ¡Mejor nos hubiera sido servir a los egipcios que morir en el desierto!

¹³—No tengan miedo —les respondió Moisés—. Mantengan sus posiciones, que hoy mismo serán testigos de la *salvación

que el Señor realizará en favor de ustedes. A esos egipcios que hoy ven, ¡jamás volverán a verlos! ¹⁴Ustedes quédense quietos, que el Señor presentará batalla por ustedes.

¹⁵Pero el Señor le dijo a Moisés: «¿Por qué clamas a mí? ¡Ordena a los israelitas que se pongan en marcha! ¹⁶Y tú, levanta tu vara, extiende tu brazo sobre el mar y divide las aguas, para que los israelitas lo crucen sobre terreno seco. ¹⁷Yo voy a endurecer el corazón de los egipcios, para que los persigan. ¡Voy a cubrirme de gloria a costa del faraón y de su ejército, y de sus carros y jinetes! ¹⁸Y cuando me haya cubierto de gloria a costa de ellos, los egipcios sabrán que yo soy el Señor.»

¹⁹Entonces el ángel de Dios, que marchaba al frente del ejército israelita, se dio vuelta y fue a situarse detrás de éste. Lo mismo sucedió con la columna de nube, que dejó su puesto de vanguardia y se desplazó hacia la retaguardia, ²⁰quedando entre los egipcios y los israelitas. Durante toda la noche, la nube fue oscuridad para unos y luz para otros, así que en toda esa noche no pudieron acercarse los unos a los otros.

²¹Moisés extendió su brazo sobre el mar, y toda la noche el Señor envió sobre el mar un recio viento del este que lo hizo retroceder, convirtiéndolo en tierra seca. Las aguas del mar se dividieron, ²²y los israelitas lo cruzaron sobre tierra seca. El mar era para ellos una muralla de agua a la derecha y otra a la izquierda.

²³Los egipcios los persiguieron. Todos los caballos y carros del faraón, y todos sus jinetes, entraron en el mar tras ellos. ²⁴Cuando ya estaba por amanecer, el Señor miró al ejército egipcio desde la columna de fuego y de nube, y sembró la confusión entre ellos; ²⁵hizo que las ruedas de sus carros se atascaran, de modo que se les hacía muy difícil avanzar. Entonces exclamaron los egipcios: «¡Alejémonos de los israelitas, pues el Señor está peleando por ellos y contra nosotros!»

---

*ᴾ*14:9 *jinetes.* Alt. *aurigas;* también en vv. 17, 23, 26 y 28.

26Entonces el SEÑOR le dijo a Moisés: «Extiende tu brazo sobre el mar, para que las aguas se vuelvan contra los egipcios y contra sus carros y jinetes.» 27Moisés extendió su brazo sobre el mar y, al despuntar el alba, el agua volvió a su estado normal. Los egipcios, en su huida, se toparon con el mar, y así el SEÑOR los hundió en el fondo del mar. 28Al recobrar las aguas su estado normal, se tragaron a todos los carros y jinetes del faraón, y a todo el ejército que había entrado al mar para perseguir a los israelitas. Ninguno de ellos quedó con vida. 29Los israelitas, sin embargo, cruzaron el mar sobre tierra seca, pues para ellos el mar formó una muralla de agua a la derecha y otra a la izquierda.

30En ese día el SEÑOR salvó a Israel del poder de Egipto. Los israelitas vieron los cadáveres de los egipcios tendidos a la orilla del mar. 31Y al ver los israelitas el gran poder que el SEÑOR había desplegado en contra de los egipcios, temieron al SEÑOR y creyeron en él y en su siervo Moisés.

El cántico de Moisés

15 Entonces Moisés y los israelitas entonaron un cántico en honor del SEÑOR, que a la letra decía:

Cantaré al SEÑOR, que se ha
    coronado de *triunfo
    arrojando al mar caballos y jinetes.
2El SEÑOR es mi fuerza y mi cántico;
    él es mi *salvación.
Él es mi Dios, y lo alabaré;
    es el Dios de mi padre, y lo
    enalteceré.
3El SEÑOR es un guerrero;
    su *nombre es el SEÑOR.
4El SEÑOR arrojó al mar
    los carros y el ejército del faraón.
Los mejores oficiales egipcios
    se ahogaron en el *Mar Rojo.
5Las aguas profundas se los tragaron;
    ¡como piedras se hundieron en
    los abismos!

6Tu diestra, SEÑOR, reveló su gran
    poder;
    tu diestra, SEÑOR, despedazó al
    enemigo.

7Fue tan grande tu *victoria
    que derribaste a tus oponentes;
diste rienda suelta a tu ardiente ira,
    y fueron consumidos como
    rastrojo.
8Bastó un soplo de tu nariz
    para que se amontonaran las
    aguas.
Las olas se irguieron como
    murallas;
    ¡se inmovilizaron las aguas en el
    fondo del mar!

9«Iré tras ellos y les daré alcance
    —alardeaba el enemigo—.
Repartiré sus despojos
    hasta quedar hastiado.
¡Desenvainaré la espada
    y los destruiré con mi propia
    mano!»
10Pero con un soplo tuyo se los tragó
    el mar;
    ¡se hundieron como plomo en las
    aguas turbulentas!

11¿Quién, SEÑOR, se te compara entre
    los dioses?
    ¿Quién se te compara en
    grandeza y *santidad?
Tú, hacedor de maravillas,
    nos impresionas con tus portentos.
12Extendiste tu brazo derecho,
    ¡y se los tragó la tierra!

13Por tu gran amor guías al pueblo
    que has rescatado;
    por tu fuerza los llevas a tu santa
    morada.
14Las naciones temblarán al
    escucharlo;
    la angustia dominará a los
    filisteos.
15Los jefes edomitas se llenarán de
    terror;
    temblarán de miedo los caudillos
    de Moab.
Los cananeos perderán el ánimo,
16   pues caerá sobre ellos pavor y
    espanto.
Por tu gran poder, SEÑOR,
    quedarán mudos como piedras
hasta que haya pasado tu pueblo,
    el pueblo que adquiriste para ti.

17Tú los harás entrar, y los plantarás,
en el monte que te pertenece;
en el lugar donde tú, SEÑOR, habitas;
en el santuario que tú, Señor, te
hiciste.

18¡El SEÑOR reina por siempre y para
siempre!

El cántico de Miriam

19Cuando los caballos y los carros del
faraón entraron en el mar con sus jinetes,q
el SEÑOR hizo que las aguas se les vinieran
encima. Los israelitas, sin embargo, cruzaron el mar sobre tierra seca. 20Entonces
Miriam la profetisa, hermana de Aarón,
tomó una pandereta, y mientras todas las
mujeres la seguían danzando y tocando
panderetas, 21Miriam les cantaba así:

Canten al SEÑOR, que se ha
coronado de *triunfo
arrojando al mar caballos y
jinetes.

Las aguas de Mara y de Elim

22Moisés les ordenó a los israelitas que
partieran del *Mar Rojo y se internaran en
el desierto de Sur. Y los israelitas anduvieron tres días por el desierto sin hallar
agua. 23Llegaron a Mara,r lugar que se
llama así porque sus aguas son amargas,
y no pudieron apagar su sed allí. 24Co-
menzaron entonces a murmurar en contra
de Moisés, y preguntaban: «¿Qué vamos
a beber?» 25Moisés clamó al SEÑOR, y él
le mostró un pedazo de madera, el cual
echó Moisés al agua, y al instante el agua
se volvió dulce.

En ese lugar el SEÑOR los puso a prueba y les dio una *ley como norma de
conducta. 26Les dijo: «Yo soy el SEÑOR su
Dios. Si escuchan mi voz y hacen lo que
yo considero justo, y si cumplen mis leyes
y mandamientos, no traeré sobre ustedes
ninguna de las enfermedades que traje
sobre los egipcios. Yo soy el SEÑOR, que
les devuelve la salud.»

27Después los israelitas llegaron a
Elim, donde había doce manantiales y

setenta palmeras, y acamparon allí, cerca
del agua.

El maná y las codornices

16 Toda la comunidad israelita partió
de Elim y llegó al desierto de Sin,
que está entre Elim y el Sinaí. Esto ocurrió
a los quince días del mes segundo, contados a partir de su salida de Egipto. 2Allí,
en el desierto, toda la comunidad murmu-
ró contra Moisés y Aarón:

3—¡Cómo quisiéramos que el SEÑOR
nos hubiera quitado la vida en Egipto!
—les decían los israelitas—. Allá nos
sentábamos en torno a las ollas de carne
y comíamos pan hasta saciarnos. ¡Ustedes han traído nuestra comunidad a este
desierto para matarnos de hambre a todos!

4Entonces el SEÑOR le dijo a Moisés:
«Voy a hacer que les llueva pan del cielo.
El pueblo deberá salir todos los días a
recoger su ración diaria. Voy a ponerlos a
prueba, para ver si cumplen o no mis
instrucciones. 5El día sexto recogerán una
doble porción, y todo esto lo dejarán preparado.»

6Moisés y Aarón les dijeron a todos los
israelitas:

—Esta tarde sabrán que fue el SEÑOR
quien los sacó de Egipto, 7y mañana por
la mañana verán la gloria del SEÑOR. Ya
él sabe que ustedes andan murmurando
contra él. Nosotros no somos nadie, para
que ustedes murmuren contra nosotros.

8Y añadió Moisés:

—Esta tarde el SEÑOR les dará a comer
carne, y mañana los saciará de pan, pues
ya los oyó murmurar contra él. Porque
¿quiénes somos nosotros? ¡Ustedes no
están murmurando contra nosotros sino
contra el SEÑOR!

9Luego se dirigió Moisés a Aarón:

—Dile a toda la comunidad israelita
que se acerque al SEÑOR, pues los ha oído
murmurar contra él.

10Mientras Aarón hablaba con toda la
comunidad israelita, volvieron la mirada
hacia el desierto, y vieron que la gloria del
SEÑOR se hacía presente en una nube.

---

q15:19 jinetes Alt. aurigas.   r15:23 En hebreo, Mara significa amarga.

11El Señor habló con Moisés y le dijo: **12**«Han llegado a mis oídos las murmuraciones de los israelitas. Diles que antes de que caiga la noche comerán carne, y que mañana por la mañana se hartarán de pan. Así sabrán que yo soy el Señor su Dios.»

13Esa misma tarde el campamento se llenó de codornices, y por la mañana una capa de rocío rodeaba el campamento. **14**Al desaparecer el rocío, sobre el desierto quedaron unos copos muy finos, semejantes a la escarcha que cae sobre la tierra. **15**Como los israelitas no sabían lo que era, al verlo se preguntaban unos a otros: «¿Y esto qué es?» Moisés les respondió:

—Es el pan que el Señor les da para comer. **16**Y éstas son las órdenes que el Señor me ha dado: "Recoja cada uno de ustedes la cantidad que necesite para toda la familia, calculando dos litros^s por persona."

17Así lo hicieron los israelitas. Algunos recogieron mucho; otros recogieron poco. **18**Pero cuando lo midieron por litros, ni al que recogió mucho le sobraba, ni al que recogió poco le faltaba: cada uno recogió la cantidad necesaria. **19**Entonces Moisés les dijo:

—Nadie debe guardar nada para el día siguiente.

20Hubo algunos que no le hicieron caso a Moisés y guardaron algo para el día siguiente, pero lo guardado se llenó de gusanos y comenzó a apestar. Entonces Moisés se enojó contra ellos.

21Todas las mañanas cada uno recogía la cantidad que necesitaba, porque se derretía en cuanto calentaba el sol. **22**Pero el día sexto recogieron el doble, es decir, cuatro litros^t por persona, así que los jefes de la comunidad fueron a informar de esto a Moisés.

23—Esto es lo que el Señor ha ordenado —les contestó—. Mañana *sábado es día de reposo consagrado al Señor. Así que cuezan lo que tengan que cocer, y hiervan lo que tengan que hervir. Lo que sobre, apártenlo y guárdenlo para mañana.

24Los israelitas cumplieron las órdenes de Moisés y guardaron para el día siguiente lo que les sobró, ¡y no se pudrió ni se agusanó!

25—Cómanlo hoy sábado —les dijo Moisés—, que es el día de reposo consagrado al Señor. Hoy no encontrarán nada en el campo. **26**Deben recogerlo durante seis días, porque el día séptimo, que es sábado, no encontrarán nada.

27Algunos israelitas salieron a recogerlo el día séptimo, pero no encontraron nada, **28**así que el Señor le dijo a Moisés: «¿Hasta cuándo seguirán desobedeciendo mis *leyes y mandamientos? **29**Tomen en cuenta que yo, el Señor, les he dado el sábado. Por eso en el día sexto les doy pan para dos días. El día séptimo nadie debe salir. Todos deben quedarse donde estén.»

30Fue así como los israelitas descansaron el día séptimo. **31**Y llamaron al pan «maná».^u Era blanco como la semilla de cilantro, y dulce como las tortas con miel.

32—Esto es lo que ha ordenado el Señor —dijo Moisés—: "Tomen unos dos litros^v de maná, y guárdenlos para que las generaciones futuras puedan ver el pan que yo les di a comer en el desierto, cuando los saqué de Egipto."

33Luego Moisés le dijo a Aarón:

—Toma una vasija y pon en ella unos dos litros de maná. Colócala después en la presencia del Señor, a fin de conservarla para las generaciones futuras.

34Aarón puso el maná ante el arca del *pacto, para que fuera conservado como se lo ordenó el Señor a Moisés. **35**Comieron los israelitas maná cuarenta años, hasta que llegaron a los límites de la tierra de Canaán, que fue su país de residencia.

36La medida de dos litros, a la que llamaban *gómer*, era la décima parte de la medida a la que llamaban *efa*.^w

El agua de la roca

17 Toda la comunidad israelita partió del desierto de Sin por etapas, según lo había ordenado el Señor. Acamparon en Refidín, pero no había allí agua

---

^s **16:16** *dos litros*. Lit. *un *gómer; también en vv. 18 y 36.   ^t **16:22** *cuatro litros*. Lit. *dos gómer.*
^u **16:31** En hebreo, *maná* significa *¿Qué es?* (Véase v. 15.)   ^v **16:32** *unos dos litros*. Lit. *un gómer*; también en v. 33.   ^w **16:36** *La medida ... efa*. Lit. *Un gómer es la décima parte de un efa.*

para que bebieran, ²así que altercaron con Moisés.

—Danos agua para beber —le exigieron.

—¿Por qué pelean conmigo? —se defendió Moisés—. ¿Por qué provocan al SEÑOR?

³Pero los israelitas estaban sedientos, y murmuraron contra Moisés.

—¿Para qué nos sacaste de Egipto? —reclamaban—. ¿Sólo para matarnos de sed a nosotros, a nuestros hijos y a nuestro ganado?

⁴Clamó entonces Moisés al SEÑOR, y le dijo:

—¿Qué voy a hacer con este pueblo? ¡Sólo falta que me maten a pedradas!

⁵—Adelántate al pueblo —le aconsejó el SEÑOR— y llévate contigo a algunos *ancianos de Israel, pero lleva también la vara con que golpeaste el Nilo. Ponte en marcha, ⁶que yo estaré esperándote junto a la *roca que está en Horeb. Aséstale un golpe a la roca, y de ella brotará agua para que beba el pueblo.

Así lo hizo Moisés, a la vista de los ancianos de Israel. ⁷Además, a ese lugar lo llamó Masá,ˣ y también Meribá,ʸ porque los israelitas habían altercado con él y provocado al SEÑOR al decir: «¿Está o no está el SEÑOR entre nosotros?»

Derrota de los amalecitas

⁸Los amalecitas vinieron a Refidín y atacaron a los israelitas. ⁹Entonces Moisés le ordenó a Josué: «Escoge algunos de nuestros hombres y sal a combatir a los amalecitas. Mañana yo estaré en la cima de la colina con la vara de Diosᶻ en la mano.»

¹⁰Josué siguió las órdenes de Moisés y les presentó batalla a los amalecitas. Por su parte, Moisés, Aarón y Jur subieron a la cima de la colina. ¹¹Mientras Moisés mantenía los brazosᵃ en alto, la batalla se inclinaba en favor de los israelitas; pero cuando los bajaba, se inclinaba en favor de los amalecitas. ¹²Cuando a Moisés se

le cansaron los brazos, tomaron una piedra y se la pusieron debajo para que se sentara en ella; luego Aarón y Jur le sostuvieron los brazos, uno el izquierdo y otro el derecho, y así Moisés pudo mantenerlos firmes hasta la puesta del sol. ¹³Fue así como Josué derrotó al ejército amalecita a filo de espada.

¹⁴Entonces el SEÑOR le dijo a Moisés: «Pon esto por escrito en un rollo de cuero, para que se recuerde, y que lo oiga bien Josué: Yo borraré por completo, bajo el cielo, todo rastro de los amalecitas.»

¹⁵Moisés edificó un altar y lo llamó «El SEÑOR es mi estandarte». ¹⁶Y exclamó: «¡Echa mano al estandarteᵇ del SEÑOR! ¡La guerra del SEÑOR contra Amalec será de generación en generación!»

Jetro visita a Moisés

18 Todo lo que Dios había hecho por Moisés y por su pueblo Israel, y la manera como el SEÑOR había sacado a Israel de Egipto, llegó a oídos de Jetro, sacerdote de Madián y suegro de Moisés. ²Cuando Moisés despidió a Séfora, su esposa, Jetro la recibió a ella ³y a sus dos hijos. Uno de ellos se llamaba Guersón,ᶜ porque dijo Moisés: «Soy un extranjero en tierra extraña»; ⁴el otro se llamaba Eliezer,ᵈ porque dijo: «El Dios de mi padre me ayudó y me salvó de la espada del faraón.»

⁵Jetro fue al desierto para ver a Moisés, que estaba acampando junto a la montaña de Dios. Lo acompañaban la esposa y los hijos de Moisés. ⁶Jetro le había avisado: «Yo, tu suegro Jetro, voy a verte. Me acompañan tu esposa y tus dos hijos.»

⁷Moisés salió al encuentro de su suegro, se inclinó delante de él y lo besó. Luego de intercambiar saludos y desearse lo mejor, entraron en la tienda de campaña. ⁸Allí Moisés le contó a su suegro todo lo que el SEÑOR les había hecho al faraón y a los egipcios en favor de Israel, todas las dificultades con que se habían encontrado en el camino, y cómo el SEÑOR los había salvado.

ˣ**17:7** En hebreo, *Masá* significa *prueba* o *provocación*.   ʸ**17:7** En hebreo, *Meribá* significa *altercado*.   ᶻ**17:9** *vara de Dios*. Alt. *vara milagrosa*.   ᵃ**17:11** *los brazos* (las versiones antiguas); *el brazo* (TM).   ᵇ**17:16** *estandarte*. Lit. *trono*.   ᶜ**18:3** En hebreo, *Guersón* suena como la frase que significa *extranjero allí*.   ᵈ**18:4** En hebreo, *Eliezer* significa *mi Dios es mi ayuda*.

⁹Jetro se alegró de saber que el Señor había tratado bien a Israel y lo había rescatado del poder de los egipcios, ¹⁰y exclamó: «¡Alabado sea el Señor, que los salvó a ustedes del poder de los egipcios! ¡Alabado sea el que salvó a los israelitas del poder opresor del faraón! ¹¹Ahora sé que el Señor es más grande que todos los dioses, por lo que hizo a quienes trataron a Israel con arrogancia.» ¹²Dicho esto, Jetro le presentó a Dios un *holocausto y otros sacrificios, y Aarón y todos los *ancianos de Israel se sentaron a comer con el suegro de Moisés en presencia de Dios.

¹³Al día siguiente, Moisés ocupó su lugar como juez del pueblo, y los israelitas estuvieron de pie ante Moisés desde la mañana hasta la noche. ¹⁴Cuando su suegro vio cómo procedía Moisés con el pueblo, le dijo:

—¡Pero qué es lo que haces con esta gente! ¿Cómo es que sólo tú te sientas, mientras todo este pueblo se queda de pie ante ti desde la mañana hasta la noche?

¹⁵—Es que el pueblo viene a verme para consultar a Dios —le contestó Moisés—. ¹⁶Cuando tienen algún problema, me lo traen a mí para que yo dicte sentencia entre las dos partes. Además, les doy a conocer las *leyes y las enseñanzas de Dios.

¹⁷—No está bien lo que estás haciendo —le respondió su suegro—, ¹⁸pues te cansas tú y se cansa la gente que te acompaña. La tarea es demasiado pesada para ti; no la puedes desempeñar tú solo. ¹⁹Oye bien el consejo que voy a darte, y que Dios te ayude. Tú debes representar al pueblo ante Dios y presentarle los problemas que ellos tienen. ²⁰A ellos los debes instruir en las leyes y en las enseñanzas de Dios, y darles a conocer la conducta que deben llevar y las obligaciones que deben cumplir. ²¹Elige tú mismo entre el pueblo hombres capaces y temerosos de Dios, que amen la verdad y aborrezcan las ganancias mal habidas, y desígnalos jefes de mil, de cien, de cincuenta y de diez personas. ²²Serán ellos los que funjan como jueces de tiempo completo, atendiendo los casos sencillos, y los casos difíciles te los traerán a ti. Eso te aligerará la carga, porque te

ayudarán a llevarla. ²³Si pones esto en práctica y Dios así te lo ordena, podrás aguantar; el pueblo, por su parte, se irá a casa satisfecho.

²⁴Moisés atendió a la voz de su suegro y siguió sus sugerencias. ²⁵Escogió entre todos los israelitas hombres capaces, y los puso al frente de los israelitas como jefes de mil, cien, cincuenta y diez personas. ²⁶Estos jefes fungían como jueces de tiempo completo, atendiendo los casos sencillos pero remitiendo a Moisés los casos difíciles.

²⁷Más tarde Moisés despidió a su suegro, quien volvió entonces a su país.

Los israelitas en el Sinaí

19 Los israelitas llegaron al desierto de Sinaí a los tres meses de haber salido de Egipto. ²Después de partir de Refidín, se internaron en el desierto de Sinaí, y allí en el desierto acamparon, frente al monte, ³al cual subió Moisés para encontrarse con Dios. Y desde allí lo llamó el Señor y le dijo:

> «Anúnciale esto al pueblo de Jacob;
>   declárale esto al pueblo de Israel:
> ⁴"Ustedes son testigos de lo que
>   hice con Egipto,
>   y de que los he traído hacia mí
>   como sobre alas de águila.
> ⁵Si ahora ustedes me son del todo
>   obedientes,
>   y cumplen mi *pacto,
> serán mi propiedad exclusiva
>   entre todas las naciones.
> Aunque toda la tierra me pertenece,
> ⁶   ustedes serán para mí un reino de
>   sacerdotes
>   y una nación santa."
>
> »Comunícales todo esto a los israelitas.»

⁷Moisés volvió y convocó a los *ancianos del pueblo para exponerles todas estas palabras que el Señor le había ordenado comunicarles, ⁸y todo el pueblo respondió a una sola voz: «Cumpliremos con todo lo que el Señor nos ha ordenado.»

Así que Moisés le llevó al Señor la respuesta del pueblo, ⁹y el Señor le dijo:

—Voy a presentarme ante ti en medio de una densa nube, para que el pueblo me oiga hablar contigo y así tenga siempre confianza en ti.

Moisés refirió al Señor lo que el pueblo le había dicho, **10**y el Señor le dijo:

—Ve y consagra al pueblo hoy y mañana. Diles que laven sus ropas **11**y que se preparen para el tercer día, porque en ese mismo día yo descenderé sobre el monte Sinaí, a la vista de todo el pueblo. **12**Pon un cerco alrededor del monte para que el pueblo no pase. Diles que no suban al monte, y que ni siquiera pongan un pie en él, pues cualquiera que lo toque será condenado a muerte. **13**Sea *hombre o animal, no quedará con vida. Quien se atreva a tocarlo, morirá a pedradas o a flechazos. Sólo podrán subir al monte cuando se oiga el toque largo de la trompeta.

14En cuanto Moisés bajó del monte, consagró al pueblo; ellos, por su parte, lavaron sus ropas. **15**Luego Moisés les dijo: «Prepárense para el tercer día, y absténganse de relaciones sexuales.»

16En la madrugada del tercer día hubo truenos y relámpagos, y una densa nube se posó sobre el monte. Un toque muy fuerte de trompeta puso a temblar a todos los que estaban en el campamento. **17**Entonces Moisés sacó del campamento al pueblo para que fuera a su encuentro con Dios, y ellos se detuvieron al pie del monte Sinaí. **18**El monte estaba cubierto de humo, porque el Señor había descendido sobre él en medio de fuego. Era tanto el humo que salía del monte, que parecía un horno; todo el monte se sacudía violentamente, **19**y el sonido de la trompeta era cada vez más fuerte. Entonces habló Moisés, y Dios le respondió en el trueno.*e*

20El Señor descendió a la cumbre del monte Sinaí, y desde allí llamó a Moisés para que subiera. Cuando Moisés llegó a la cumbre, **21**el Señor le dijo:

—Baja y advierte al pueblo que no intenten ir más allá del cerco para verme, no sea que muchos de ellos pierdan la vida. **22**Hasta los sacerdotes que se acercan a mí deben consagrarse; de lo contrario, yo arremeteré contra ellos.

23Moisés le dijo al Señor:

—El pueblo no puede subir al monte Sinaí, pues tú mismo nos has advertido: "Pon un cerco alrededor del monte, y conságramelo."

24El Señor le respondió:

—Baja y dile a Aarón que suba contigo. Pero ni los sacerdotes ni el pueblo deben intentar subir adonde estoy, pues de lo contrario, yo arremeteré contra ellos.

25Moisés bajó y repitió eso mismo al pueblo.

Los Diez Mandamientos
20:1-17 — Dt 5:6-21

20 Dios habló, y dio a conocer todos estos mandamientos:

2 «Yo soy el Señor tu Dios. Yo te saqué de Egipto, del país donde eras esclavo.

3 »No tengas otros dioses además*f* de mí.

4 »No te hagas ningún ídolo, ni nada que guarde semejanza con lo que hay arriba en el cielo, ni con lo que hay abajo en la tierra, ni con lo que hay en las aguas debajo de la tierra. **5**No te inclines delante de ellos ni los adores. Yo, el Señor tu Dios, soy un Dios celoso. Cuando los padres son malvados y me odian, yo castigo a sus hijos hasta la tercera y cuarta generación. **6**Por el contrario, cuando me aman y cumplen mis mandamientos, les muestro mi amor por mil generaciones.

7 »No pronuncies el *nombre del Señor tu Dios a la ligera. Yo, el Señor, no tendré por inocente a quien se atreva a pronunciar mi nombre a la ligera.

8 »Acuérdate del *sábado, para consagrarlo. **9**Trabaja seis días, y haz en ellos todo lo que tengas que hacer, **10**pero el día séptimo será un día de reposo para honrar al Señor tu Dios. No hagas en ese día ningún trabajo, ni tampoco tu hijo, ni tu

---

e **19:19** *en el trueno.* Lit. *con su voz.*   *f* **20:3** *además de mí.* Lit. *junto a mí.*

hija, ni tu esclavo, ni tu esclava, ni tus animales, ni tampoco los extranjeros que vivan en tus ciudades. *g* 11Acuérdate de que en seis días hizo el Señor los cielos y la tierra, el mar y todo lo que hay en ellos, y que descansó el séptimo día. Por eso el Señor bendijo y consagró el día de reposo.

12»Honra a tu padre y a tu madre, para que disfrutes de una larga vida en la tierra que te da el Señor tu Dios.

13»No mates.

14»No cometas adulterio.

15»No robes.

16»No des falso testimonio en contra de tu prójimo.

17»No codicies la casa de tu prójimo: No codicies su esposa, ni su esclavo, ni su esclava, ni su buey, ni su burro, ni nada que le pertenezca.»

Reacción temerosa de los israelitas

18Ante ese espectáculo de truenos y relámpagos, de sonidos de trompeta y de la montaña envuelta en humo, los israelitas temblaban de miedo y se mantenían a distancia. 19Así que le suplicaron a Moisés:

—Háblanos tú, y te escucharemos. Si Dios nos habla, seguramente moriremos.

20—No tengan miedo —les respondió Moisés—. Dios ha venido a ponerlos a prueba, para que sientan temor de él y no pequen.

21Entonces Moisés se acercó a la densa oscuridad en la que estaba Dios, pero los israelitas se mantuvieron a distancia.

El altar de piedra

22El Señor le ordenó a Moisés:

«Diles lo siguiente a los israelitas: "Ustedes mismos han oído que les he hablado desde el cielo. 23No me ofendan; no se hagan dioses de plata o de oro, ni los adoren. 24Háganme un altar de tierra, y ofrézcanme sobre él sus *holocaustos y sacrificios de *comunión, sus ovejas y sus toros. Yo vendré al lugar donde les pida

invocar mi *nombre, y los bendeciré. 25Si me hacen un altar de piedra, no lo construyan con piedras labradas, pues las herramientas profanan la piedra. 26Y no le pongan escalones a mi altar, no sea que al subir se les vean los genitales."

Esclavos hebreos
21:2-6 — Dt 15:12-18

21 »Éstas son las leyes que tú les expondrás:

2»Si alguien compra un esclavo hebreo, éste le servirá durante seis años, pero en el séptimo año recobrará su libertad sin pagar nada a cambio.

3»Si el esclavo llega soltero, soltero se irá.

»Si llega casado, su esposa se irá con él.

4»Si el amo le da mujer al esclavo, como ella es propiedad del amo, serán también del amo los hijos o hijas que el esclavo tenga con ella. Así que el esclavo se irá solo.

5»Si el esclavo llega a declarar: "Yo no quiero recobrar mi libertad, pues les tengo cariño a mi amo, a mi mujer y a mis hijos", 6el amo lo hará comparecer ante los jueces, *h* luego lo llevará a una puerta, o al marco de una puerta, y allí le horadará la oreja con un punzón. Así el esclavo se quedará de por vida con su amo.

7»Si alguien vende a su hija como esclava, la muchacha no se podrá ir como los esclavos varones.

8»Si el amo no toma a la muchacha como mujer por no ser ella de su agrado, deberá permitir que sea rescatada. Como la rechazó, no podrá vendérsela a ningún extranjero.

9»Si el amo entrega la muchacha a su hijo, deberá tratarla con todos los derechos de una hija.

10»Si toma como esposa a otra mujer, no podrá privar a su primera esposa de sus derechos conyugales, ni de alimentación y vestido.

11»Si no le provee esas tres cosas, la mujer podrá irse sin que se pague nada por ella.

---

g **20:10** *en tus ciudades.* Lit. *dentro de tus puertas.*   *h* **21:6** *ante los jueces.* Alt. *ante Dios.*

Injurias personales

12»El que hiera a otro y lo mate será condenado a muerte.

13»Si el homicidio no fue intencional, pues ya estaba de Dios que ocurriera, el asesino podrá huir al lugar que yo designaré.

14»Si el homicidio es premeditado, el asesino será condenado a muerte aun cuando busque refugio en mi altar.

15»El que mate a su padre o a su madre será condenado a muerte.

16»El que secuestre a otro y lo venda, o al ser descubierto lo tenga aún en su poder, será condenado a muerte.

17»El que maldiga a su padre o a su madre será condenado a muerte.

18»Si en una riña alguien golpea a otro con una piedra, o con el puño,*i* y el herido no muere pero se ve obligado a guardar cama, **19**el agresor deberá indemnizar al herido por daños y perjuicios. Sin embargo, quedará libre de culpa si el herido se levanta y puede caminar por sí mismo o con la ayuda de un bastón.

20»Si alguien golpea con un palo a su esclavo o a su esclava, y como resultado del golpe él o ella mueren, su crimen será castigado. **21**Pero si después de uno o dos días el esclavo se recupera, el agresor no será castigado porque el esclavo era de su propiedad.

22»Si en una riña los contendientes golpean a una mujer encinta, y la hacen abortar pero sin poner en peligro su *vida, se les impondrá la multa que el marido de la mujer exija y que en justicia le corresponda.

23»Si se pone en peligro la vida de la mujer, ésta será la indemnización: vida por vida, **24**ojo por ojo, diente por diente, mano por mano, pie por pie, **25**quemadura por quemadura, golpe por golpe, herida por herida.

26»Si alguien golpea en el ojo a su esclavo o a su esclava, y se lo saca, en compensación por el ojo los pondrá en libertad.

27»Si alguien le rompe un diente a su esclavo o a su esclava, en compensación por el diente los pondrá en libertad.

28»Si un toro cornea y mata a un hombre o a una mujer, se matará al toro a pedradas y no se comerá su carne. En tal caso, no se hará responsable al dueño del toro.

29»Si el toro tiene la costumbre de cornear, se le matará a pedradas si llega a matar a un hombre o a una mujer. Si su dueño sabía de la costumbre del toro, pero no lo mantuvo sujeto, también será condenado a muerte.

30»Si a cambio de su vida se le exige algún pago, deberá pagarlo.

31»Esta misma ley se aplicará en caso de que el toro cornee a un muchacho o a una muchacha.

32»Si el toro cornea a un esclavo o a una esclava, el dueño del toro deberá pagarle treinta monedas*j* de plata al amo del esclavo o de la esclava. El toro será apedreado.

33»Si alguien deja abierto un pozo, o cava un pozo y no lo tapa, y llegan a caerse en él un buey o un asno, **34**el dueño del pozo indemnizará al dueño del animal, y podrá quedarse con el animal muerto.

35»Si un toro cornea a otro toro, y el toro corneado muere, se venderá el toro vivo, y los dos dueños se repartirán por partes iguales el dinero y el animal muerto.

36»Si el toro tenía la maña de cornear, y su dueño le conocía esta maña pero no lo mantuvo amarrado, tendrá que pagar por el animal muerto con un animal vivo, pero podrá quedarse con el animal muerto.

Protección de la propiedad

22 »Si alguien roba un toro o una oveja, y los mata o los vende, deberá devolver cinco cabezas de ganado por el toro, y cuatro ovejas por la oveja.

2»Si a alguien se le sorprende robando, y se le mata, su muerte no se considerará homicidio.

3»Si se mata al ladrón a plena luz del día, su muerte se considerará homicidio.

---

*i***21:18** *el puño* Alt. *alguna herramienta.*   *j***21:32** *monedas.* Lit. **siclos.*

»El ladrón está obligado a restituir lo robado. Si no tiene con qué hacerlo, será vendido para restituir lo robado.

4»Si el animal robado se halla en su poder y todavía con vida, deberá restituirlo doble, ya sea que se trate de un toro, un asno o una oveja.

5»Si alguien apacienta su ganado en un campo o en una viña, y por dejar a sus animales sueltos ellos pastan en campo ajeno, el dueño del animal deberá reparar el daño con lo mejor de su cosecha.

6»Si se prende fuego en pasto seco, y el fuego se propaga y quema algún trigal, o el trigo ya apilado, o algún campo sembrado, el que haya comenzado el fuego deberá reparar el daño.

7»Si alguien deja dinero o bienes en la casa de un amigo, y esos bienes le son robados, el ladrón deberá devolver el doble, en caso de que lo atrapen.

8»Si no se atrapa al ladrón, el dueño de la casa deberá comparecer ante los jueces[k] para que se determine si no dispuso de los bienes del otro.

9»En todos los casos de posesión ilegal, las dos partes deberán llevar el asunto ante los jueces. El que sea declarado culpable deberá restituir el doble a su prójimo, ya sea que se trate de un toro, o de un asno, o de una oveja, o de ropa, o de cualquier otra cosa perdida que alguien reclame como de su propiedad.

10»Si alguien deja al cuidado de algún amigo suyo un asno, un toro, una oveja, o cualquier otro animal, y el animal muere, o sufre algún daño, o es robado sin que nadie lo vea, **11**el amigo del dueño jurará ante el SEÑOR no haberse adueñado de la propiedad de su amigo. El dueño deberá aceptar ese juramento, y el amigo no deberá restituirle nada.

12»Si el animal le fue robado al amigo, éste deberá indemnizar al dueño.

13»Si el animal fue despedazado por una fiera, el amigo no tendrá que indemnizar al dueño si presenta como evidencia los restos del animal.

14»Si alguien pide prestado un animal de algún amigo suyo, y el animal sufre algún daño, o muere, no estando presente su dueño, el que lo pidió prestado deberá restituirlo.

15»Si el dueño del animal estaba presente, el que pidió prestado el animal no tendrá que pagar nada.

»Si el animal fue alquilado, el precio del alquiler cubrirá la pérdida.

Responsabilidades sociales

16»Si alguien seduce a una mujer virgen que no esté comprometida para casarse, y se acuesta con ella, deberá pagarle su precio al padre y tomarla por esposa. **17**Aun si el padre se niega a entregársela, el seductor deberá pagar el precio establecido para las vírgenes.

18»No dejes con vida a ninguna hechicera.

19»Todo el que tenga relaciones sexuales con un animal será condenado a muerte.

20»Todo el que ofrezca sacrificios a otros dioses, en vez de ofrecérselos al SEÑOR, será condenado a muerte.

21»No maltrates ni oprimas a los extranjeros, pues también tú y tu pueblo fueron extranjeros en Egipto.

22»No explotes a las viudas ni a los huérfanos, **23**porque si tú y tu pueblo lo hacen, y ellos me piden ayuda, yo te aseguro que atenderé a su clamor: **24**arderá mi furor y los mataré a ustedes a filo de espada. ¡Y sus mujeres se quedarán viudas, y sus hijos se quedarán huérfanos!

25»Si uno de ustedes presta dinero a algún necesitado de mi pueblo, no deberá tratarlo como los prestamistas ni le cobrará intereses.

26»Si alguien toma en prenda el manto de su prójimo, deberá devolvérselo al caer la noche. **27**Ese manto es lo único que tiene para abrigarse; no tiene otra cosa sobre la cual dormir. Si se queja ante mí, yo atenderé su clamor, pues soy un Dios compasivo.

28»No blasfemes nunca contra Dios,[l] ni maldigas al jefe de tu pueblo.

---

[k] **22:8** *ante los jueces*. Alt. *ante Dios*; también en v. 9. *desprecies a los jueces.*

[l] **22:28** *No blasfemes nunca contra Dios*. Alt. *Nunca*

29»No te demores en presentarme las ofrendas de tus graneros y de tus lagares.[m]

»Tus hijos primogénitos serán para mí.

30»También serán para mí tus toros y tus ovejas. Los dejarás con sus madres siete días, pero al octavo día me los entregarás.

31»Ustedes serán mi pueblo *santo.

»No comerán la carne de ningún animal que haya sido despedazado por las fieras. Esa carne se la echarán a los perros.

Leyes de justicia y de misericordia

23 »No divulgues informes falsos.

»No te hagas cómplice del malvado ni apoyes los testimonios del violento.

2»No imites la maldad de las mayorías.

»No te dejes llevar por la mayoría en un proceso legal.

»No perviertas la justicia tomando partido con la mayoría.

3»No seas parcial con el pobre en sus demandas legales.

4»Si encuentras un toro o un asno perdido, devuélvelo, aunque sea de tu enemigo.

5»Si ves un asno caído bajo el peso de su carga, no lo dejes así; ayúdalo, aunque sea de tu enemigo.

6»No tuerzas la justicia contra los pobres de tu pueblo en sus demandas legales.

7»Mantente al margen de cuestiones fraudulentas.

»No le quites la vida al que es inocente y honrado, porque yo no absuelvo al malvado.

8»No aceptes soborno, porque nubla la vista y tuerce las sentencias justas.

9»No opriman al extranjero, pues ya lo han experimentado en carne propia: ustedes mismos fueron extranjeros en Egipto.

Leyes sabáticas

10»Seis años sembrarás tus campos y recogerás tus cosechas, **11**pero el séptimo año no cultivarás la tierra. Déjala descansar, para que la gente pobre del pueblo obtenga de ella su alimento, y para que los animales del campo se coman lo que la gente deje.

»Haz lo mismo con tus viñas y con tus olivares.

12»Seis días trabajarás, pero el día séptimo descansarán tus bueyes y tus asnos, y recobrarán sus fuerzas los esclavos nacidos en casa y los extranjeros.

13»Cumplan con todo lo que les he ordenado.

»No invoquen los *nombres de otros dioses. Jamás los pronuncien.

Las tres fiestas anuales

14»Tres veces al año harás fiesta en mi honor.

15»La fiesta de los Panes sin levadura la celebrarás en el mes de *aviv*, que es la fecha establecida. Fue en ese mes cuando ustedes salieron de Egipto. De acuerdo con mis instrucciones, siete días comerán pan sin levadura.

»Nadie se presentará ante mí con las manos vacías.

16»La fiesta de la cosecha la celebrarás cuando recojas las *primicias de tus siembras.

»La fiesta de recolección de fin de año la celebrarás cuando recojas tus cosechas.

17»Tres veces al año todo varón se presentará ante mí, su SEÑOR y Dios.

18»No mezcles con levadura la sangre del sacrificio que me ofrezcas.

»No guardes hasta el día siguiente la grasa que me ofreces en las fiestas.

19»Llevarás a la casa del SEÑOR tu Dios lo mejor de tus primicias.

»No cocerás ningún cabrito en la leche de su madre.

El ángel del SEÑOR

20»Date cuenta, Israel, que yo envío mi ángel delante de ti, para que te proteja en el camino y te lleve al lugar que te he preparado. **21**Préstale atención y obedécelo. No te rebeles contra él, porque va en representación mía y no perdonará tu rebelión. **22**Si lo obedeces y cumples con todas mis instrucciones, seré enemigo de tus enemigos y me opondré a quienes se te opongan. **23**Mi ángel te guiará y te introducirá en la tierra de estos pueblos

---

[m] **22:29** *las ofrendas ... lagares.* Frase de difícil traducción.

que voy a exterminar: tierra de amorreos, hititas, ferezeos, cananeos, heveos y jebuseos.

24»No te inclines ante los dioses de esos pueblos. No les rindas culto ni imites sus prácticas. Más bien, derriba sus ídolos y haz pedazos sus piedras sagradas.

25»Adora al SEÑOR tu Dios, y él bendecirá tu pan y tu agua.

»Yo apartaré de ustedes toda enfermedad.

26»En tu país ninguna mujer abortará ni será estéril. ¡Yo te concederé larga vida!

27»En toda nación donde pongas el pie haré que tus enemigos te tengan miedo, se turben y huyan de ti.

28»Delante de ti enviaré avispas, para que ahuyenten a los heveos, cananeos e hititas. **29**Sin embargo, no los desalojaré en un solo año, no sea que, al quedarse desolada la tierra, aumente el número de animales salvajes y te ataquen. **30**Los desalojaré poco a poco, hasta que seas lo bastante fuerte para tomar posesión de la tierra.

31»Extenderé las fronteras de tu país, desde el *Mar Rojo hasta el mar Mediterráneo,[n] y desde el desierto hasta el río Éufrates. Pondré bajo tu dominio a los que habitan allí, y tú los desalojarás.

32»No hagas ningún *pacto con ellos ni con sus dioses.

33»Si los dejas vivir en tu tierra, te pondrán una trampa para que adores a sus dioses, y acabarás pecando contra mí.»

Ratificación del pacto

24 También le dijo el SEÑOR a Moisés: «Sube al monte a verme, junto con Aarón, Nadab y Abiú, y setenta de los ancianos de Israel. Ellos podrán arrodillarse a cierta distancia, **2**pero sólo tú, Moisés, podrás acercarte a mí. El resto del pueblo no deberá acercarse ni subir contigo.»

3Moisés fue y refirió al pueblo todas las palabras y disposiciones del SEÑOR, y ellos respondieron a una voz: «Haremos todo lo que el SEÑOR ha dicho.» **4**Moisés puso entonces por escrito lo que el SEÑOR había dicho.

A la mañana siguiente, madrugó y levantó un altar al pie del monte, y en representación de las doce tribus de Israel consagró doce piedras. **5**Luego envió a unos jóvenes israelitas para que ofrecieran al SEÑOR novillos como *holocaustos y sacrificios de *comunión. **6**La mitad de la sangre la echó Moisés en unos tazones, y la otra mitad la roció sobre el altar. **7**Después tomó el libro del *pacto y lo leyó ante el pueblo, y ellos respondieron:

—Haremos todo lo que el SEÑOR ha dicho, y le obedeceremos.

8Moisés tomó la sangre, roció al pueblo con ella y dijo:

—Ésta es la sangre del pacto que, con base en estas palabras, el SEÑOR ha hecho con ustedes.

9Moisés y Aarón, Nadab y Abiú, y los setenta ancianos de Israel subieron **10**y vieron al Dios de Israel. Bajo sus pies había una especie de pavimento de zafiro, tan claro como el cielo mismo. **11**Y a pesar de que estos jefes de los israelitas vieron a Dios, siguieron con vida,[ñ] pues Dios no alzó su mano contra ellos.

12El SEÑOR le dijo a Moisés: «Sube a encontrarte conmigo en el monte, y quédate allí. Voy a darte las tablas con la *ley y los mandamientos que he escrito para guiarlos en la vida.»

13Moisés subió al monte de Dios, acompañado por su asistente Josué, **14**pero a los ancianos les dijo: «Esperen aquí hasta que volvamos. Aarón y Jur se quedarán aquí con ustedes. Si alguno tiene un problema, que acuda a ellos.»

15En cuanto Moisés subió, una nube cubrió el monte, **16**y la gloria del SEÑOR se posó sobre el Sinaí. Seis días la nube cubrió el monte. Al séptimo día, desde el interior de la nube el SEÑOR llamó a Moisés. **17**A los ojos de los israelitas, la gloria del SEÑOR en la cumbre del monte parecía un fuego consumidor. **18**Moisés se internó en la nube y subió al monte, y allí permaneció cuarenta días y cuarenta noches.

---

[n] **23:31** *mar Mediterráneo.* Lit. *mar de los filisteos.*   [ñ] **24:11** *siguieron con vida.* Lit. *comieron y bebieron.*

Las ofrendas para el santuario
25:1-7 — Éx 35:4-9

25 El SEÑOR habló con Moisés y le dijo: 2«Ordénales a los israelitas que me traigan una ofrenda. La deben presentar todos los que sientan deseos de traérmela. 3Como ofrenda se les aceptará lo siguiente: oro, plata, bronce, 4lana teñida de púrpura, carmesí y escarlata; lino fino, pelo de cabra, 5pieles de carnero teñidas de rojo, pieles de delfín, madera de acacia, 6aceite para las lámparas, especias para aromatizar el aceite de la unción y el incienso, 7y piedras de ónice y otras piedras preciosas para adornar el *efod y el pectoral del sacerdote. 8Después me harán un santuario, para que yo habite entre ustedes. 9El santuario y todo su mobiliario deberán ser una réplica exacta del modelo que yo te mostraré.

El arca
25:10-20 — Éx 37:1-9

10»Haz⁰ un arca de madera de acacia, de un metro con diez centímetros de largo, setenta centímetros de ancho y setenta centímetros de alto.ᵖ 11Recúbrela de oro puro por dentro y por fuera, y ponle en su derredor una moldura de oro. 12Funde cuatro anillos de oro para colocarlos en sus cuatro patas, dos en cada costado. 13Prepara luego unas varas de madera de acacia, y recúbrelas de oro. 14Introduce las varas en los anillos que van a los costados del arca, para transportarla. 15Deja las varas en los anillos del arca, y no las saques de allí, 16y pon dentro del arca la *ley que voy a entregarte.

17»Haz un *propiciatorio de oro puro, de un metro con diez centímetros de largo por setenta centímetros de ancho,�q 18y también dos *querubines de oro labrado a martillo, para los dos extremos del propiciatorio. 19En cada uno de los extremos irá un querubín. Hazlos de modo que formen una sola pieza con el propiciatorio.

20»Los querubines deberán tener las alas extendidas por encima del propiciatorio, y cubrirlo con ellas. Quedarán el uno frente al otro, mirando hacia el propiciatorio. 21»Coloca el propiciatorio encima del arca, y pon dentro de ella la ley que voy a entregarte. 22Yo me reuniré allí contigo en medio de los dos querubines que están sobre el arca del *pacto. Desde la parte superior del propiciatorio te daré todas las instrucciones que habrás de comunicarles a los israelitas.

La mesa
25:23-29 — Éx 37:10-16

23»Haz una mesa de madera de acacia, de noventa centímetros de largo por cuarenta y cinco de ancho y setenta de alto.ʳ 24Recúbrela de oro puro, y ponle en su derredor una moldura de oro. 25Haz también un reborde de veinte centímetrosˢ de ancho, y una moldura de oro para ponerla alrededor del reborde.

26»Haz cuatro anillos de oro para la mesa, y sujétalos a sus cuatro esquinas, donde van las cuatro patas. 27Los anillos deben quedar junto al reborde, a fin de que por ellos pasen las varas para transportar la mesa.

28»Esas varas deben ser de madera de acacia, y estar recubiertas de oro. 29También deben ser de oro puro sus platos y sus bandejas, así como sus jarras y tazones para verter las ofrendas. 30Sobre la mesa pondrás el *pan de la Presencia, para que esté ante mí siempre.

El candelabro
25:31-39 — Éx 37:17-24

31»Haz un candelabro de oro puro labrado a martillo. Su base, su tallo y sus copas, cálices y flores, formarán una sola pieza. 32Seis de sus brazos se abrirán a los costados, tres de un lado y tres del otro. 33Cada uno de los seis brazos del candelabro tendrá tres copas en forma de flor de

---

ᵒ25:10 *Haz* (LXX y Pentateuco Samaritano); *Hagan ustedes* (TM).   ᵖ25:10 *de un metro ... de alto*. Lit. *de dos *codos y medio de largo, de un codo y medio de ancho y de un codo y medio de alto*.   �q25:17 *de un metro ... de ancho*. Lit. *de dos codos y medio de largo por un codo y medio de ancho*.   ʳ25:23 *de noventa ... de alto*. Lit. *de dos codos de largo por un codo de ancho, y un codo y medio de alto*.   ˢ25:25 *veinte centímetros*. Lit. *un *palmo*.

almendro, con cálices y pétalos. ³⁴El candelabro mismo tendrá cuatro copas en forma de flor de almendro, con cálices y pétalos. ³⁵Cada uno de los tres pares de brazos tendrá un cáliz en la parte inferior, donde se unen con el tallo del candelabro. ³⁶Los cálices y los brazos deben formar una sola pieza con el candelabro, y ser de oro puro labrado a martillo.

³⁷»Hazle también sus siete lámparas, y colócalas de tal modo que alumbren hacia el frente. ³⁸Sus cortapabilos y braseros deben ser de oro puro. ³⁹Para hacer el candelabro y todos estos accesorios se usarán treinta y tres kilos*ᵗ* de oro puro.

⁴⁰»Procura que todo esto sea una réplica exacta de lo que se te mostró en el monte.

El santuario

26:1-37 – Éx 36:8-38

26 »Haz el santuario con diez cortinas de lino fino y de lana teñida de púrpura, carmesí y escarlata, con dos *querubines artísticamente bordados en ellas. ²Todas las cortinas deben medir lo mismo, es decir, doce metros y medio de largo por un metro con ochenta centímetros de ancho.*ᵘ*

³»Cose cinco cortinas, uniendo la una con la otra por el borde, y haz lo mismo con las otras cinco. ⁴En el borde superior del primer conjunto de cortinas pon unas presillas de lana teñida de púrpura, lo mismo que en el borde del otro conjunto de cortinas. ⁵En las cortinas del primer conjunto pon cincuenta presillas, lo mismo que en las cortinas del otro conjunto, de modo que cada presilla tenga su pareja. ⁶Haz luego cincuenta ganchos de oro para que las cortinas queden enganchadas una con otra, de modo que el santuario tenga unidad de conjunto.

⁷»Haz once cortinas de pelo de cabra para cubrir el santuario a la manera de una tienda de campaña. ⁸Todas ellas deben medir lo mismo, es decir, trece metros y medio de largo por un metro con ochenta

centímetros de ancho.*ᵛ* ⁹Cose cinco cortinas en un conjunto, y las otras seis en otro conjunto, doblando la sexta cortina en la parte frontal del santuario.

¹⁰»Haz cincuenta presillas en el borde de la cortina con que termina el primer conjunto, y otras cincuenta presillas en el borde de la cortina con que termina el segundo. ¹¹Haz luego cincuenta ganchos de bronce y mételos en las presillas para formar el santuario, de modo que éste tenga unidad de conjunto. ¹²Las diez cortinas tendrán una cortina restante, que quedará colgando a espaldas del santuario. ¹³A esta cortina le sobrarán cincuenta centímetros*ʷ* en cada extremo, y con esa parte sobrante se cerrará el santuario.

¹⁴»Haz para el santuario un toldo de piel de carnero, teñido de rojo, y para la parte superior un toldo de piel de delfín. ¹⁵Prepara para el santuario unos tablones de acacia, para que sirvan de pilares. ¹⁶Cada tablón debe medir cuatro metros y medio de largo por setenta centímetros de ancho,*ˣ* ¹⁷y contar con dos ranuras para que cada tablón encaje con el otro. Todos los tablones para el santuario los harás así. ¹⁸Serán veinte los tablones para el lado sur del santuario.

¹⁹»Haz también cuarenta bases de plata para colocarlas debajo de los tablones, dos bases por tablón, para que las dos ranuras de cada tablón encajen en cada base. ²⁰Para el lado opuesto, es decir, para el lado norte del santuario, prepararás también veinte tablones ²¹y cuarenta bases de plata, y pondrás dos bases debajo de cada tablón. ²²Pondrás seis tablones en el lado posterior, que es el lado occidental del santuario, ²³y dos tablones más en las esquinas de ese mismo lado. ²⁴Estos dos tablones deben ser dobles en la base, quedando unidos por un solo anillo en la parte superior. Haz lo mismo en ambas esquinas, ²⁵de modo que haya ocho tablones y dieciséis bases de plata, es decir, dos bases debajo de cada tablón.

---

*ᵗ*25:39 *treinta y tres kilos.* Lit. *un *talento.* *ᵘ*26:2 *doce metros ... de ancho.* Lit. *veintiocho *codos de largo por cuatro codos de ancho.* *ᵛ*26:8 *trece metros ... de ancho.* Lit. *treinta codos de largo por cuatro codos de ancho.* *ʷ*26:13 *cincuenta centímetros.* Lit. *un codo.* *ˣ*26:16 *cuatro metros ... de ancho.* Lit. *diez codos de largo por un codo y medio de ancho.*

26»Prepara también unos travesaños de acacia: cinco para los tablones de un costado del santuario, 27cinco para los del costado opuesto, y cinco para los del costado occidental, es decir, para la parte posterior. 28El travesaño central deberá pasar de uno a otro extremo, a media altura de los tablones. 29Recubre de oro los tablones, y haz unos anillos de oro para que los travesaños pasen por ellos. También debes recubrir de oro los travesaños. 30Erige el santuario ciñéndote al modelo que se te mostró en el monte.

31»Haz una cortina de púrpura, carmesí, escarlata y lino fino, con querubines artísticamente bordados en ella. 32Cuélgala con ganchos de oro en cuatro postes de madera de acacia recubiertos de oro, los cuales levantarás sobre cuatro bases de plata. 33Cuelga de los ganchos la cortina, la cual separará el Lugar Santo del Lugar Santísimo, y coloca el arca del *pacto detrás de la cortina. 34Pon el *propiciatorio sobre el arca del pacto, dentro del Lugar Santísimo, 35y coloca la mesa fuera de la cortina, en el lado norte del santuario. El candelabro lo pondrás frente a la mesa, en el lado sur.

36»Haz para la entrada del santuario una cortina de púrpura, carmesí, escarlata y lino fino, recamada artísticamente. 37Para esta cortina prepara cinco postes de acacia recubiertos de oro, con sus respectivos ganchos de oro, y funde para los postes cinco bases de bronce.

El altar de los holocaustos
27:1-8 — Éx 38:1-7

27 »Haz un altar de madera de acacia, cuadrado, de dos metros con treinta centímetros[y] por lado, y de un metro con treinta centímetros[z] de alto. 2Ponle un cuerno en cada una de sus cuatro esquinas, de manera que los cuernos y el altar formen una sola pieza, y recubre de bronce el altar. 3Haz de bronce todos sus utensilios, es decir, sus portacenizas, sus tenazas, sus aspersorios, sus tridentes y sus braseros. 4Hazle también un enrejado de bronce, con un anillo del mismo metal en cada una de sus cuatro esquinas. 5El anillo irá bajo el reborde del altar, de modo que quede a media altura del mismo. 6Prepara para el altar varas de madera de acacia, y recúbrelas de bronce. 7Las varas deberán pasar por los anillos, de modo que sobresalgan en los dos extremos del altar para que éste pueda ser transportado. 8El altar lo harás hueco y de tablas, exactamente como el que se te mostró en el monte.

El atrio
27:9-19 — Éx 38:9-20

9»Haz un atrio para el santuario. El lado sur debe medir cuarenta y cinco metros[a] de largo, y tener cortinas de lino fino, 10veinte postes y veinte bases de bronce. Los postes deben contar con empalmes y ganchos de plata. 11También el lado norte debe medir cuarenta y cinco metros de largo y tener cortinas, veinte postes y veinte bases de bronce. Los postes deben también contar con empalmes y ganchos de plata.

12»A todo lo ancho del lado occidental del atrio, que debe medir veintidós metros y medio,[b] habrá cortinas, diez postes y diez bases. 13El lado oriental del atrio, que da hacia la salida del sol, también deberá medir veintidós metros y medio. 14Habrá cortinas de siete metros[c] de largo, y tres postes y tres bases a un lado de la entrada, 15lo mismo que del otro lado.

16»A la entrada del atrio habrá una cortina de nueve metros[d] de largo, de púrpura, carmesí, escarlata y lino fino, recamada artísticamente, y además cuatro postes y cuatro bases. 17Todos los postes alrededor del atrio deben tener empalmes y ganchos de plata, y bases de bronce. 18El atrio medirá cuarenta y cinco metros de largo por veintidós metros y medio de ancho,[e] con cortinas de lino fino de dos metros con treinta centímetros[f] de alto, y

---

y 27:1 *dos metros con treinta centímetros.* Lit. *cinco* *codos.*   *z* 27:1 *un metro con treinta centímetros.* Lit. *tres codos.*   *a* 27:9 *cuarenta y cinco metros.* Lit. *cien codos;* también en v. 11.   *b* 27:12 *veintidós metros y medio.* Lit. *cincuenta codos;* también en v. 13.   *c* 27:14 *siete metros.* Lit. *quince codos;* también en v. 15. *d* 27:16 *nueve metros.* Lit. *veinte codos.*   *e* 27:18 *cuarenta y cinco...de ancho.* Lit. *cien codos de largo por cincuenta codos de ancho.*   *f* 27:18 *dos metros con treinta centímetros.* Lit. *cinco codos.*

con bases de bronce. ¹⁹Todas las estacas y los demás utensilios para el servicio del santuario serán de bronce, incluyendo las estacas del atrio.

El aceite para el candelabro
27:20-21 — Lv 24:1-3

²⁰»Ordénales a los israelitas que te traigan aceite puro de oliva, para que las lámparas estén siempre encendidas. ²¹Aarón y sus hijos deberán mantenerlas encendidas toda la noche en presencia del SEÑOR, en la *Tienda de reunión, fuera de la cortina que está ante el arca del *pacto. Esta ley deberá cumplirse entre los israelitas siempre, por todas las generaciones.

Las vestiduras sacerdotales

28 »Haz que comparezcan ante ti tu hermano Aarón y sus hijos Nadab, Abiú, Eleazar e Itamar. De entre todos los israelitas, ellos me servirán como sacerdotes. ²Hazle a tu hermano Aarón vestiduras sagradas que le confieran honra y dignidad. ³Habla con todos los expertos a quienes he dado habilidades especiales, para que hagan las vestiduras de Aarón, y así lo consagre yo como mi sacerdote.

⁴»Las vestiduras que le harás son las siguientes: un pectoral, un *efod, un manto, una túnica bordada, un turbante y una faja. Estas vestiduras sagradas se harán para tu hermano Aarón y para sus hijos, a fin de que me sirvan como sacerdotes. ⁵Al efecto se usará oro, púrpura, carmesí, escarlata y lino.

El efod
28:6-14 — Éx 39:2-7

⁶»El *efod se bordará artísticamente con oro, púrpura, carmesí, escarlata y lino fino. ⁷En sus dos extremos tendrá hombreras con cintas, para que pueda sujetarse. ⁸El cinturón bordado con el que se sujeta el efod deberá ser del mismo material, es decir, de oro, púrpura, carmesí, escarlata y lino fino, y formará con el efod una sola pieza.

⁹»Toma dos piedras de ónice, y graba en ellas los *nombres de los doce hijos de Israel ¹⁰por orden de nacimiento, seis nombres en una piedra, y seis en la otra. ¹¹Un joyero grabará los nombres en las dos piedras, como los orfebres graban sellos: engarzará las piedras en filigrana de oro ¹²y las sujetará a las hombreras del efod. Así Aarón llevará en sus hombros los nombres de los hijos de Israel, para recordarlos ante el SEÑOR. ¹³Haz también engastes en filigrana de oro, ¹⁴y dos cadenillas de oro puro, a manera de cordón, para fijar las cadenillas en los engastes.

El pectoral
28:15-28 — Éx 39:8-21

¹⁵»El pectoral para impartir justicia lo bordarás artísticamente con oro, púrpura, carmesí, escarlata y lino fino, como hiciste con el *efod. ¹⁶Será doble y cuadrado, de veinte centímetros^g de largo por veinte de ancho. ¹⁷Engarzarás en él cuatro hileras de piedras preciosas. En la primera pondrás un rubí, un crisólito y una esmeralda; ¹⁸en la segunda, una turquesa, un zafiro y un jade; ¹⁹en la tercera, un jacinto, un ágata y una amatista, ²⁰y en la cuarta, un topacio, un ónice y un jaspe.^{h} Engárzalas en filigrana de oro. ²¹Deben ser doce piedras, una por cada uno de los doce hijos de Israel. Cada una de las piedras llevará grabada como un sello el *nombre de una de las doce tribus.

²²»Haz unas cadenillas de oro puro, en forma de cordón, para el pectoral. ²³Ponle al pectoral dos anillos de oro, y sujétalos a sus dos extremos. ²⁴Sujeta las dos cadenillas de oro a los anillos del pectoral, ²⁵y une los extremos de las cadenillas a los dos engastes, para fijarlos por la parte delantera a las hombreras del efod.

²⁶»Haz otros dos anillos de oro, y fíjalos en los extremos del pectoral, en su borde interno cercano al efod. ²⁷Haz dos anillos más, también de oro, para fijarlos por el frente del efod, pero por debajo de las hombreras, cerca de la costura que va justamente arriba del cinturón. ²⁸Los ani-

---

^{g} **28:16** *veinte centímetros*. Lit. *un *palmo*. ^{h} **28:20** La identificación de algunas de estas piedras preciosas no ha podido establecerse con precisión.

llos del pectoral deberán sujetarse a los anillos del efod con un cordón azul, trabándolo con el cinturón para que el pectoral y el efod queden unidos. 29De este modo, siempre que Aarón entre en el Lugar Santo llevará sobre su *corazón, en el pectoral para impartir justicia, los nombres de los hijos de Israel para recordarlos siempre ante el SEÑOR. 30Sobre el pectoral para impartir justicia pondrás el *urim y el tumim. De esta manera, siempre que Aarón se presente ante el SEÑOR, llevará en el pecho la causa de los israelitas.

Otras vestiduras sacerdotales
28:31-43 — Éx 39:22-31

31»Haz de púrpura todo el manto del *efod, 32con una abertura en el centro para meter la cabeza. Alrededor de la abertura le pondrás un refuerzo, como el que se pone a los chalecos,i para que no se desgarre. 33En torno al borde inferior del manto pondrás granadas de púrpura, carmesí y escarlata, alternándolas con campanillas de oro. 34Por todo el borde del manto pondrás primero una campanilla y luego una granada. 35Aarón debe llevar puesto el manto mientras esté ejerciendo su ministerio, para que el tintineo de las campanillas se oiga todo el tiempo que él esté ante el SEÑOR en el Lugar Santo, y así él no muera.

36»Haz una placa de oro puro, y graba en ella, a manera de sello: CONSAGRADO AL SEÑOR. 37Sujétala al turbante con un cordón púrpura, de modo que quede fija a éste por la parte delantera. 38Esta placa estará siempre sobre la frente de Aarón, para que el SEÑOR acepte todas las ofrendas de los israelitas, ya que Aarón llevará sobre sí el pecado en que ellos incurran al dedicar sus ofrendas sagradas.

39»La túnica y el turbante los harás de lino. El cinturón deberá estar recamado artísticamente. 40A los hijos de Aarón les harás túnicas, cinturones y mitras, para conferirles honra y dignidad. 41Una vez que hayas vestido a tu hermano Aarón y a sus hijos, los ungirás para conferirles autoridadj y consagrarlos como mis sacerdotes.

42»Hazles también calzoncillos de lino que les cubran el cuerpo desde la cintura hasta el muslo. 43Aarón y sus hijos deberán ponérselos siempre que entren en la *Tienda de reunión, o cuando se acerquen al altar para ejercer su ministerio en el Lugar Santo, a fin de que no incurran en pecado y mueran. Ésta es una ley perpetua para Aarón y sus descendientes.

Consagración de los sacerdotes
29:1-37 — Lv 8:1-36

29 »Para consagrarlos como sacerdotes a mi servicio, harás lo siguiente: Tomarás un novillo y dos carneros sin defecto, 2y con harina fina de trigo harás panes y tortas sin levadura amasadas con aceite, y obleas sin levadura untadas con aceite. 3Pondrás los panes, las tortas y las obleas en un canastillo, y me los presentarás junto con el novillo y los dos carneros. 4Luego llevarás a Aarón y a sus hijos a la entrada de la *Tienda de reunión, y los bañarás. 5Tomarás las vestiduras y le pondrás a Aarón la túnica, el *efod con su manto, y el pectoral. El efod se lo sujetarás con el cinturón. 6Le pondrás el turbante en la cabeza, y sobre el turbante, la tiara sagrada. 7Luego lo ungirás derramando el aceite de la unción sobre su cabeza. 8Acercarás entonces a sus hijos y les pondrás las túnicas 9y las mitras; a continuación, les ceñirás los cinturones a Aarón y a sus hijos. Así les conferirás autoridad, y el sacerdocio será para ellos una ley perpetua.

10»Arrimarás el novillo a la entrada de la Tienda de reunión para que Aarón y sus hijos le pongan las manos sobre la cabeza, 11y allí, en presencia del SEÑOR, sacrificarás al novillo. 12Con el dedo tomarás un poco de la sangre del novillo y la untarás en los cuernos del altar, y al pie del altar derramarás la sangre restante. 13Al hígado y a los dos riñones les quitarás la grasa que los recubre, y la quemarás sobre el altar; 14pero la carne del novillo, su piel y su excremento los quemarás fuera del

---

i 28:32 como el que se pone a los chalecos. Frase de difícil traducción. j 28:41 para conferirles autoridad. Lit. y llenarás sus manos; también en 29:9.

campamento, pues se trata de un sacrificio por el pecado.

15»Tomarás luego uno de los carneros para que Aarón y sus hijos le pongan las manos sobre la cabeza; **16**lo sacrificarás, y con la sangre rociarás el altar y sus cuatro costados. **17**Destazarás el carnero y, luego de lavarle los intestinos y las piernas, los pondrás sobre los pedazos y la cabeza del carnero, **18**y quemarás todo el carnero sobre el altar. Se trata de un *holocausto, de una ofrenda presentada por fuego, de aroma grato al SEÑOR.

19»Tomarás entonces el otro carnero para que Aarón y sus hijos le pongan las manos sobre la cabeza, **20**y lo sacrificarás, poniendo un poco de su sangre en el lóbulo de la oreja derecha de Aarón y de sus hijos, lo mismo que en el pulgar derecho y en el dedo gordo derecho. Después de eso rociarás el altar y sus cuatro costados con la sangre, **21**y rociarás también un poco de esa sangre y del aceite de la unción sobre Aarón y sus hijos, y sobre sus vestiduras. Así Aarón y sus hijos y sus vestiduras quedarán consagrados.

22»De este carnero, que representa la autoridad conferida a los sacerdotes, tomarás la cola, la grasa que recubre las vísceras, el hígado, los dos riñones y el muslo derecho. **23**Del canastillo del pan sin levadura que está ante el SEÑOR, tomarás uno de los panes, una torta hecha con aceite y una oblea, **24**y meciéndolos ante el SEÑOR los pondrás en las manos de Aarón y de sus hijos. Se trata de una ofrenda mecida. **25**Luego ellos deberán devolverte todo esto para que tú, en presencia del SEÑOR, lo quemes sobre el altar, junto con el holocausto de aroma grato. Ésta es una ofrenda presentada por fuego en honor del SEÑOR. **26**Después de eso, tomarás el pecho del carnero que representa la autoridad conferida a Aarón, y lo mecerás ante el SEÑOR, pues se trata de una ofrenda mecida. Esa porción será la tuya.

27»Aparta el pecho del carnero que fue mecido para conferirles autoridad a Aarón y a sus hijos, y también el muslo que fue presentado como ofrenda, pues son las porciones que a ellos les corresponden. **28**Éstas son las porciones que, de sus sacrificios de *comunión al SEÑOR, les darán siempre los israelitas a Aarón y a sus hijos como contribución.

29»Las vestiduras sagradas de Aarón pasarán a ser de sus descendientes, para que sean ungidos y ordenados con ellas. **30**Cualquiera de los sacerdotes descendientes de Aarón que se presente en la Tienda de reunión para ministrar en el Lugar Santo, deberá llevar puestas esas vestiduras durante siete días.

31»Toma el carnero con que se les confirió autoridad, y cuece su carne en el lugar sagrado. **32**A la entrada de la Tienda de reunión, Aarón y sus hijos comerán la carne del carnero y el pan que está en el canastillo. **33**Con esas ofrendas se hizo *expiación por ellos, se les confirió autoridad y se les consagró; sólo ellos podrán comerlas, y nadie más, porque son ofrendas sagradas. **34**Si hasta el otro día queda algo del carnero con que se les confirió autoridad, o algo del pan, quémalo. No debe comerse, porque es parte de las ofrendas sagradas.

35»Haz con Aarón y con sus hijos todo lo que te he ordenado. Dedica siete días a conferirles autoridad. **36**Para hacer expiación, cada día ofrecerás un novillo como ofrenda por el pecado. Purificarás el altar haciendo expiación por él y ungiéndolo para consagrarlo. **37**Esto lo harás durante siete días. Así el altar y cualquier cosa que lo toque quedarán consagrados.

38»Todos los días ofrecerás sobre el altar dos corderos de un año. **39**Al despuntar el día, ofrecerás uno de ellos, y al caer la tarde, el otro. **40**Con el primer cordero ofrecerás, como ofrenda de libación, dos kilos*k* de harina fina mezclada con un litro*l* de aceite de oliva, y un litro de vino. **41**El otro cordero lo sacrificarás al caer la tarde, como ofrenda presentada por fuego de aroma grato al SEÑOR, junto con una ofrenda de libación como la presentada en la mañana.

42»Las generaciones futuras deberán ofrecer siempre este holocausto al SEÑOR.

---

*k***29:40** *dos kilos.* Lit. *un* **efa.*   *l***29:40** *un litro.* Lit. *un cuarto de* **hin.*

Lo harán a la entrada de la Tienda de reunión, donde yo me reuniré contigo y te hablaré, **43**y donde también me reuniré con los israelitas. Mi gloriosa presencia *santificará ese lugar.

44»Consagraré la Tienda de reunión y el altar, y consagraré también a Aarón y a sus hijos para que me sirvan como sacerdotes. **45**Habitaré entre los israelitas, y seré su Dios. **46**Así sabrán que yo soy el SEÑOR su Dios, que los sacó de Egipto para habitar entre ellos. Yo soy el SEÑOR su Dios.

El altar del incienso

30:1-5 — Éx 37:25-28

30 »Haz un altar de madera de acacia para quemar incienso. **2**Hazlo cuadrado, de cuarenta y cinco centímetros de largo por cuarenta y cinco centímetros de ancho y noventa centímetros de alto.^{m} Sus cuernos deben formar una pieza con el altar. **3**Recubre de oro puro su parte superior, sus cuatro costados y los cuernos, y ponle una moldura de oro alrededor. **4**Ponle también dos anillos de oro en cada uno de sus costados, debajo de la moldura, para que pasen por ellos las varas para transportarlo. **5**Prepara las varas de madera de acacia, y recúbrelas de oro. **6**Pon el altar frente a la cortina que está ante el arca del *pacto, es decir, ante el *propiciatorio que está sobre el arca, que es donde me reuniré contigo.

7»Cada mañana, cuando Aarón prepare las lámparas, quemará incienso aromático sobre el altar, **8**y también al caer la tarde, cuando las encienda. Las generaciones futuras deberán quemar siempre incienso ante el SEÑOR. **9**No ofrezcas sobre ese altar ningún otro incienso, ni *holocausto ni ofrenda de grano, ni derrames sobre él libación alguna. **10**Cada año Aarón hará *expiación por el pecado de las generaciones futuras. Lo hará poniendo la sangre de la ofrenda de expiación sobre los cuernos del altar. Este altar estará completamente consagrado al SEÑOR.»

Dinero para la expiación

11El SEÑOR habló con Moisés y le dijo: **12**«Cuando hagas el censo y cuentes a los israelitas, cada uno deberá pagar al SEÑOR rescate por su *vida, para que no le sobrevenga ninguna plaga durante el censo. **13**Cada uno de los censados deberá pagar como ofrenda al SEÑOR seis gramos^n de plata, que es la mitad de la tasación oficial del santuario.^{ñ} **14**Todos los censados mayores de veinte años deberán entregar esta ofrenda al SEÑOR. **15**Al pagar su rescate, ni el rico dará más de seis gramos, ni el pobre dará menos. **16**Tú mismo recibirás esta plata de manos de los israelitas, y la entregarás para el servicio de la *Tienda de reunión. De esta manera el SEÑOR tendrá presente que los israelitas pagaron su rescate.»

El lavamanos

17El SEÑOR habló con Moisés y le dijo: **18**«Haz un lavamanos de bronce, con un pedestal también de bronce, y colócalo entre la *Tienda de reunión y el altar. Échale agua, **19**pues con ella deben lavarse Aarón y sus hijos las manos y los pies. **20**Siempre que entren en la Tienda de reunión, o cuando se acerquen al altar y presenten al SEÑOR alguna ofrenda por fuego, deberán lavarse con agua **21**las manos y los pies para que no mueran. Ésta será una ley perpetua para Aarón y sus descendientes por todas las generaciones.»

El aceite de la unción

22El SEÑOR habló con Moisés y le dijo: **23**«Toma las siguientes especias finas: seis kilos de mirra líquida, tres kilos de canela aromática, tres kilos de caña aromática, **24**seis kilos^o de casia, y cuatro litros^p de aceite de oliva, según la tasación oficial^q del santuario. **25**Con estos ingredientes harás un aceite, es decir, una mezcla aromática como las de los fabricantes de

---

^{m}**30:2** *cuarenta y cinco ... de alto.* Lit. *un *codo de largo por un codo de ancho y dos codos de alto.*
^{n}**30:13** *seis gramos.* Lit. *medio *siclo;* también en v. 15. ^{ñ}**30:13** *que es la mitad de la tasación oficial del santuario.* Lit. *según el siclo del santuario, que es de veinte *guerás.* ^{o}**30:23-24** *seis kilos ... tres kilos ... tres kilos ... seis kilos.* Lit. *quinientos siclos ... doscientos cincuenta siclos ... doscientos cincuenta siclos ... quinientos siclos.* ^{p}**30:24** *cuatro litros.* Lit. *un hin.* ^{q}**30:24** *la tasación oficial.* Lit. *el siclo.*

perfumes. Éste será el aceite de la unción sagrada. 26Con él deberás ungir la *Tienda de reunión, el arca del *pacto, 27la mesa y todos sus utensilios, el candelabro y sus accesorios, el altar del incienso, 28el altar de los *holocaustos y todos sus utensilios, y el lavamanos con su pedestal. 29De este modo los consagrarás, y serán objetos santísimos; cualquier cosa que toque esos objetos quedará también consagrada.

30»Unge a Aarón y a sus hijos, y conságralos para que me sirvan como sacerdotes. 31A los israelitas les darás las siguientes instrucciones: "De aquí en adelante, éste será mi aceite de la unción sagrada. 32No lo derramen sobre el cuerpo de cualquier hombre, ni preparen otro aceite con la misma fórmula. Es un aceite sagrado, y así deberán considerarlo. 33Cualquiera que haga un perfume como éste, y cualquiera que unja con él a alguien que no sea sacerdote, será eliminado de su pueblo."»

El incienso

34El Señor le dijo a Moisés: «Toma una misma cantidad de resina, ámbar, gálbano e incienso puro, 35y mezcla todo esto para hacer un incienso aromático, como lo hacen los fabricantes de perfumes. Agrégale sal a la mezcla, para que sea un incienso puro y sagrado. 36Muele parte de la mezcla hasta hacerla polvo, y colócala en la *Tienda de reunión, frente al arca del *pacto, donde yo me reuniré contigo. Este incienso será para ustedes algo muy sagrado, 37y no deberá hacerse ningún otro incienso con la misma fórmula, pues le pertenece al Señor. Ustedes deberán considerarlo como algo sagrado. 38Quien haga otro incienso parecido para disfrutar de su fragancia, será eliminado de su pueblo.»

Bezalel y Aholiab

31:2-6 — Éx 35:30-35

31 El Señor habló con Moisés y le dijo: 2«Toma en cuenta que he escogido a Bezalel, hijo de Uri y nieto de Jur, de la tribu de Judá, 3y lo he llenado del Espíritu de Dios, de sabiduría, inteligencia y capacidad creativa 4para hacer trabajos artísticos en oro, plata y bronce, 5para cortar y engastar piedras preciosas, para hacer tallados en madera y para realizar toda clase de artesanías.

6»Además, he designado como su ayudante a Aholiab hijo de Ajisamac, de la tribu de Dan, y he dotado de habilidad a todos los artesanos para que hagan todo lo que te he mandado hacer, es decir:

7 la *Tienda de reunión,
   el arca del *pacto,
   el *propiciatorio que va encima de
      ella,
   el resto del mobiliario de la tienda,
8 la mesa y sus utensilios,
   el candelabro de oro puro y todos
      sus accesorios,
   el altar del incienso,
9 el altar de los *holocaustos y todos
      sus utensilios,
   el lavamanos con su pedestal,
10 las vestiduras tejidas, tanto las vesti-
      duras sagradas para Aarón el sa-
      cerdote como las vestiduras
      sacerdotales de sus hijos,
11 el aceite de la unción,
   y el incienso aromático para el Lugar
      Santo.

»Todo deberán hacerlo tal como te he mandado que lo hagas.»

El sábado

12El Señor le ordenó a Moisés:

13«Diles lo siguiente a los israelitas: "Ustedes deberán observar mis *sábados. En todas las generaciones venideras, el sábado será una señal entre ustedes y yo, para que sepan que yo, el Señor, los he consagrado para que me sirvan.ʳ

14 » "El sábado será para ustedes un día
      sagrado. Obsérvenlo.
   » "Quien no lo observe será condenado
      a muerte.
   » "Quien haga algún trabajo en sábado
      será eliminado de su pueblo.
15 » "Durante seis días se podrá trabajar,
      pero el día séptimo, el sábado, será
      de reposo consagrado al Señor.

ʳ31:13 *los he consagrado para que me sirvan.* Alt. *los he separado como santos.*

»"Quien haga algún trabajo en sábado será condenado a muerte."

16»Los israelitas deberán observar el sábado. En todas las generaciones futuras será para ellos un *pacto perpetuo, **17**una señal eterna entre ellos y yo.

»En efecto, en seis días hizo el SEÑOR los cielos y la tierra, y el séptimo día descansó.»

18Y cuando terminó de hablar con Moisés en el monte Sinaí, le dio las dos tablas de la *ley, que eran dos lajas escritas por el dedo mismo de Dios.

El becerro de oro

32 Al ver los israelitas que Moisés tardaba en bajar del monte, fueron a reunirse con Aarón y le dijeron:

—Tienes que hacernos dioses que marchen[s] al frente de nosotros, porque a ese Moisés que nos sacó de Egipto, ¡no sabemos qué pudo haberle pasado!

2Aarón les respondió:

—Quítenles a sus mujeres los aretes de oro, y también a sus hijos e hijas, y tráiganmelos.

3Todos los israelitas se quitaron los aretes de oro que llevaban puestos, y se los llevaron a Aarón, **4**quien los recibió y los fundió; luego cinceló el oro fundido e hizo un ídolo en forma de becerro. Entonces exclamó el pueblo: «Israel, ¡aquí tienes a tu dios que te sacó de Egipto!»

5Cuando Aarón vio esto, construyó un altar enfrente del becerro y anunció:

—Mañana haremos fiesta en honor del SEÑOR.

6En efecto, al día siguiente los israelitas madrugaron y presentaron *holocaustos y sacrificios de *comunión. Luego el pueblo se sentó a comer y a beber, y se entregó al desenfreno. **7**Entonces el SEÑOR le dijo a Moisés:

—Baja, porque ya se ha corrompido el pueblo que sacaste de Egipto. **8**Demasiado pronto se han apartado del *camino que les ordené seguir, pues no sólo han fundido oro y se han hecho un ídolo en forma de becerro, sino que se han inclinado ante

él, le han ofrecido sacrificios, y han declarado: "Israel, ¡aquí tienes a tu dios que te sacó de Egipto!"

9»Ya me he dado cuenta de que éste es un pueblo terco —añadió el SEÑOR, dirigiéndose a Moisés—. **10**Tú no te metas. Yo voy a descargar mi ira sobre ellos, y los voy a destruir. Pero de ti haré una gran nación.

11Moisés intentó apaciguar al SEÑOR su Dios, y le suplicó:

—SEÑOR, ¿por qué ha de encenderse tu ira contra este pueblo tuyo, que sacaste de Egipto con gran poder y con mano poderosa? **12**¿Por qué dar pie a que los egipcios digan que nos sacaste de su país con la intención de matarnos en las montañas y borrarnos de la faz de la tierra? ¡Calma ya tu enojo! ¡Aplácate y no traigas sobre tu pueblo esa desgracia! **13**Acuérdate de tus siervos Abraham, Isaac e Israel. Tú mismo les juraste que harías a sus descendientes tan numerosos como las estrellas del cielo; ¡tú les prometiste que a sus descendientes les darías toda esta tierra como su herencia eterna!

14Entonces el SEÑOR se calmó y desistió de hacerle a su pueblo el daño que le había sentenciado.

15Moisés volvió entonces del monte. Cuando bajó, traía en sus manos las dos tablas de la *ley, las cuales estaban escritas por sus dos lados. **16**Tanto las tablas como la escritura grabada en ellas eran obra de Dios.

17Cuando Josué oyó el ruido y los gritos del pueblo, le dijo a Moisés:

—Se oyen en el campamento gritos de guerra.

18Pero Moisés respondió:

«Lo que escucho no son gritos de
    victoria,
ni tampoco lamentos de derrota;
más bien, lo que escucho son
    canciones.»

19Cuando Moisés se acercó al campamento y vio el becerro y las danzas, ardió en ira y arrojó de sus manos las tablas de

---

[s] **32:1** *dioses que marchen.* Alt. *un dios que marche*; también en v. 23.

la ley, haciéndolas pedazos al pie del monte. **20**Tomó entonces el becerro que habían hecho, lo arrojó al fuego y, luego de machacarlo hasta hacerlo polvo, lo esparció en el agua y se la dio a beber a los israelitas. **21**A Aarón le dijo:

—¿Qué te hizo este pueblo? ¿Por qué lo has hecho cometer semejante pecado?

22—Hermano mío,[t] no te enojes —contestó Aarón—. Tú bien sabes cuán inclinado al mal es este pueblo. **23**Ellos me dijeron: "Tienes que hacernos dioses que marchen al frente de nosotros, porque a ese Moisés que nos sacó de Egipto, ¡no sabemos qué pudo haberle pasado!" **24**Yo les contesté que todo el que tuviera joyas de oro se desprendiera de ellas. Ellos me dieron el oro, yo lo eché al fuego, ¡y lo que salió fue este becerro!

25Al ver Moisés que el pueblo estaba desenfrenado y que Aarón les había permitido desmandarse y convertirse en el hazmerreír de sus enemigos, **26**se puso a la entrada del campamento y dijo: «Todo el que esté de parte del SEÑOR, que se pase de mi lado.» Y se le unieron todos los levitas.

27Entonces les dijo Moisés: «El SEÑOR y Dios de Israel ordena lo siguiente: "Cíñase cada uno la espada y recorra todo el campamento de un extremo al otro, y mate al que se le ponga enfrente, sea hermano, amigo o vecino."» **28**Los levitas hicieron lo que les mandó Moisés, y aquel día mataron como a tres mil israelitas. **29**Entonces dijo Moisés: «Hoy han recibido ustedes plena autoridad de parte del SEÑOR; él los ha bendecido este día, pues se pusieron en contra de sus propios hijos y hermanos.»

30Al día siguiente, Moisés les dijo a los israelitas: «Ustedes han cometido un gran pecado. Pero voy a subir ahora para reunirme con el SEÑOR, y tal vez logre yo que Dios les perdone su pecado.»

31Volvió entonces Moisés para hablar con el SEÑOR, y le dijo:

—¡Qué pecado tan grande ha cometido este pueblo al hacerse dioses[u] de oro! **32**Sin embargo, yo te ruego que les perdones su pecado. Pero si no vas a perdonarlos, ¡bórrame del libro que has escrito!

33El SEÑOR le respondió a Moisés:

—Sólo borraré de mi libro a quien haya pecado contra mí. **34**Tú ve y lleva al pueblo al lugar del que te hablé. Delante de ti irá mi ángel. Llegará el día en que deba castigarlos por su pecado, y entonces los castigaré.

35Fue así como, por causa del becerro que había hecho Aarón, el SEÑOR lanzó una plaga sobre el pueblo.

33 El SEÑOR le dijo a Moisés: «Anda, vete de este lugar, junto con el pueblo que sacaste de Egipto, y dirígete a la tierra que bajo juramento prometí a Abraham, Isaac y Jacob que les daría a sus descendientes. **2**Enviaré un ángel delante de ti, y desalojaré a cananeos, amorreos, hititas, ferezeos, heveos y jebuseos. **3**Ve a la tierra donde abundan la leche y la miel. Yo no los acompañaré, porque ustedes son un pueblo terco, y podría yo destruirlos en el camino.»

4Cuando los israelitas oyeron estas palabras tan demoledoras, comenzaron a llorar y nadie volvió a ponerse sus joyas, **5**pues el SEÑOR le había dicho a Moisés: «Diles a los israelitas que son un pueblo terco. Si aun por un momento tuviera que acompañarlos, podría destruirlos. Diles que se quiten esas joyas, que ya decidiré qué hacer con ellos.» **6**Por eso, a partir del monte Horeb los israelitas no volvieron a ponerse joyas.

La Tienda de reunión

7Moisés tomó una tienda de campaña y la armó a cierta distancia fuera del campamento. La llamó «la *Tienda de la reunión con el SEÑOR». Cuando alguien quería consultar al SEÑOR, tenía que salir del campamento e ir a esa tienda. **8**Siempre que Moisés se dirigía a ella, todo el pueblo se quedaba de pie a la entrada de su carpa y seguía a Moisés con la mirada, hasta que éste entraba en la Tienda de reunión. **9**En cuanto Moisés entraba en ella, la columna de nube descendía y tapaba la entrada, mientras el SEÑOR habla-

---

[t]**32:22** *Hermano mío.* Lit. *Señor mío.*   [u]**32:31** *dioses.* Alt. *un dios.*

ba con Moisés. **10**Cuando los israelitas veían que la columna de nube se detenía a la entrada de la Tienda de reunión, todos ellos se inclinaban a la entrada de su carpa y adoraban al SEÑOR. **11**Y hablaba el SEÑOR con Moisés cara a cara, como quien habla con un amigo. Después de eso, Moisés regresaba al campamento; pero Josué, su joven asistente, nunca se apartaba de la Tienda de reunión.

La gloria del SEÑOR

12Moisés le dijo al SEÑOR:

—Tú insistes en que yo debo guiar a este pueblo, pero no me has dicho a quién enviarás conmigo. También me has dicho que soy tu amigo*v* y que cuento con tu favor. **13**Pues si realmente es así, dime qué quieres que haga. Así sabré que en verdad cuento con tu favor. Ten presente que los israelitas son tu pueblo.

14—Yo mismo iré contigo y te daré descanso —respondió el SEÑOR.

15—O vas con todos nosotros —replicó Moisés—, o mejor no nos hagas salir de aquí. **16**Si no vienes con nosotros, ¿cómo vamos a saber, tu pueblo y yo, que contamos con tu favor? ¿En qué seríamos diferentes de los demás pueblos de la tierra?

17—Está bien, haré lo que me pides —le dijo el SEÑOR a Moisés—, pues cuentas con mi favor y te considero mi amigo.*w*

18—Déjame verte en todo tu esplendor —insistió Moisés.

19Y el SEÑOR le respondió:

—Voy a darte pruebas de mi bondad, y te daré a conocer mi *nombre. Y verás que tengo clemencia de quien quiero tenerla, y soy compasivo con quien quiero serlo. **20**Pero debo aclararte que no podrás ver mi rostro, porque nadie puede verme y seguir con vida.

21»Cerca de mí hay un lugar sobre una *roca —añadió el SEÑOR—. Puedes quedarte allí. **22**Cuando yo pase en todo mi esplendor, te pondré en una hendidura de la roca y te cubriré con mi mano, hasta que haya pasado. **23**Luego, retiraré la mano y podrás verme la espalda. Pero mi rostro no lo verás.

Las nuevas tablas de piedra

34 El SEÑOR le dijo a Moisés: «Labra dos tablas de piedra semejantes a las primeras que rompiste. Voy a escribir en ellas lo mismo que estaba escrito en las primeras. **2**Prepárate para subir mañana a la cumbre del monte Sinaí, y presentarte allí ante mí. **3**Nadie debe acompañarte, ni debe verse a nadie en ninguna parte del monte. Ni siquiera las ovejas y las vacas deben pastar frente al monte.»

4Moisés labró dos tablas de piedra semejantes a las primeras, y muy de mañana subió con ellas al monte Sinaí, como se lo había ordenado el SEÑOR. **5**El SEÑOR descendió en la nube y se puso junto a Moisés. Luego le dio a conocer su *nombre: **6**pasando delante de él, proclamó:

—El SEÑOR, el SEÑOR, Dios clemente y compasivo, lento para la ira y grande en amor y fidelidad, **7**que mantiene su amor hasta mil generaciones después, y que perdona la iniquidad, la rebelión y el pecado; pero que no deja sin castigo al culpable, sino que castiga la maldad de los padres en los hijos y en los nietos, hasta la tercera y la cuarta generación.

8En seguida Moisés se inclinó hasta el suelo, y oró al Señor **9**de la siguiente manera:

—Señor, si realmente cuento con tu favor, ven y quédate entre nosotros. Reconozco que éste es un pueblo terco, pero perdona nuestra iniquidad y nuestro pecado, y adóptanos como tu herencia.

10—Mira el *pacto que hago contigo —respondió el SEÑOR—. A la vista de todo tu pueblo haré maravillas que ante ninguna nación del mundo han sido realizadas. El pueblo en medio del cual vives verá las imponentes obras que yo, el SEÑOR, haré por ti. **11**Por lo que a ti toca, cumple con lo que hoy te mando. Echaré de tu presencia a los amorreos, cananeos, hititas, ferezeos, heveos y jebuseos. **12**Ten mucho cuidado de no hacer ningún pacto

---

*v***33:12** *me has dicho que soy tu amigo.* Lit. *has dicho: «Te conozco por nombre».*   *w***33:17** *te considero mi amigo.* Lit. *te conozco por nombre.*

con los habitantes de la tierra que vas a ocupar, pues de lo contrario serán para ti una trampa. **13**Derriba sus altares, y haz pedazos sus piedras sagradas y sus imágenes de la diosa Aserá. **14**No adores a otros dioses, porque el Señor es muy celoso. Su nombre es Dios celoso.

15»No hagas ningún pacto con los habitantes de esta tierra, porque se prostituyen por ir tras sus dioses, y cuando les ofrezcan sacrificios a esos dioses, te invitarán a participar de ellos. **16**Y si casas a tu hijo con una de sus mujeres, cuando ella se prostituya por ir tras sus dioses, inducirá a tu hijo a hacer lo mismo.

17»No te hagas ídolos de metal fundido.

18»Celebra la fiesta de los Panes sin levadura, y come de ese pan durante siete días, como te lo he ordenado. Celebra esa fiesta en el mes de *aviv*, que es la fecha señalada, pues en ese mes saliste de Egipto.

19»Todo hijo primogénito me pertenece, incluyendo las primeras crías de tus vacas y de tus ovejas. **20**Deberás rescatar a todos tus primogénitos. Al asno primogénito podrás rescatarlo a cambio de un cordero; pero si no lo rescatas, tendrás que romperle el cuello.

»Nadie se presentará ante mí con las manos vacías.

21»Trabaja durante seis días, pero descansa el séptimo. Ese día deberás descansar, incluso en el tiempo de arar y cosechar.

22»Celebra con las *primicias la fiesta de las semanas, y también la fiesta de la cosecha de fin de año.*x*

23»Todos tus varones deberán presentarse ante mí, su Señor y Dios, el Dios de Israel, tres veces al año. **24**Entonces yo echaré de tu presencia a las naciones, ensancharé tu territorio y nadie codiciará tu tierra.

25»Cuando me ofrezcas un animal, no mezcles con levadura su sangre.

»Del animal que se ofrece en la fiesta de la Pascua no debe quedar nada para el día siguiente.

26»Lleva tus mejores primicias a la casa del Señor tu Dios.

»No cuezas ningún cabrito en la leche de su madre.

27El Señor le dijo a Moisés:

—Pon estas palabras por escrito, pues en ellas se basa el pacto que ahora hago contigo y con Israel.

28Y Moisés se quedó en el monte, con el Señor, cuarenta días y cuarenta noches, sin comer ni beber nada. Allí, en las tablas, escribió los términos del pacto, es decir, los Diez mandamientos.

El rostro radiante de Moisés

29Cuando Moisés descendió del monte Sinaí, traía en sus manos las dos tablas de la *ley. Pero no sabía que, por haberle hablado el Señor, de su rostro salía un haz de luz. **30**Al ver Aarón y todos los israelitas el rostro resplandeciente de Moisés, tuvieron miedo de acercársele; **31**pero Moisés llamó a Aarón y a todos los jefes, y ellos regresaron para hablar con él. **32**Luego se le acercaron todos los israelitas, y Moisés les ordenó acatar todo lo que el Señor le había dicho en el monte Sinaí. **33**En cuanto Moisés terminó de hablar con ellos, se cubrió el rostro con un velo. **34**Siempre que entraba a la presencia del Señor para hablar con él, se quitaba el velo mientras no salía. Al salir, les comunicaba a los israelitas lo que el Señor le había ordenado decir. **35**Y como los israelitas veían que su rostro resplandecía, Moisés se cubría de nuevo el rostro, hasta que entraba a hablar otra vez con el Señor.

Normas para el sábado

35 Moisés reunió a toda la comunidad israelita, y les dijo: «Éstas son las órdenes que el Señor les manda cumplir: **2**Trabajen durante seis días, pero el séptimo día, el *sábado, será para ustedes un día de reposo consagrado al Señor. Quien haga algún trabajo en él será condenado a muerte. **3**En sábado no se encenderá ningún fuego en ninguna de sus casas.»

*x***34:22** El fin de año caía en otoño.

Materiales para el santuario

35:4-9 — Éx 25:1-7
35:10-19 — Éx 39:32-41

4Moisés le dijo a toda la comunidad israelita: «Esto es lo que el Señor les ordena: **5**Tomen de entre sus pertenencias una ofrenda para el Señor. Todo el que se sienta movido a hacerlo, presente al Señor una ofrenda de oro, plata y bronce; **6**lana púrpura, carmesí y escarlata; lino, pelo de cabra, **7**pieles de carnero teñidas de rojo y pieles de delfín, madera de acacia, **8**aceite de oliva para el alumbrado, especias para el aceite de la unción y para el incienso aromático, **9**y piedras de ónice y otras piedras preciosas para engastarlas en el *efod y en el pectoral.

10»Todos los artesanos hábiles que haya entre ustedes deben venir y hacer todo lo que el Señor ha ordenado que se haga: **11**el santuario, con su tienda y su toldo, sus ganchos, sus tablones, sus travesaños, sus postes y sus bases; **12**el arca con sus varas, el *propiciatorio y la cortina que resguarda el arca; **13**la mesa con sus varas y todos sus utensilios, y el *pan de la Presencia; **14**el candelabro para el alumbrado y sus accesorios, las lámparas y el aceite para el alumbrado; **15**el altar del incienso con sus varas, el aceite de la unción y el incienso aromático, la cortina para la puerta a la entrada del santuario, **16**el altar del los *holocaustos con su enrejado de bronce, sus varas y todos sus utensilios, el lavamanos de bronce con su pedestal, **17**las cortinas del atrio con sus postes y bases, la cortina para la entrada del atrio, **18**las estacas del toldo para el santuario y para el atrio, y sus cuerdas; **19**y las vestiduras tejidas que deben llevar los sacerdotes para ministrar en el santuario, tanto las vestiduras sagradas para Aarón como las vestiduras para sus hijos.»

20Toda la comunidad israelita se retiró de la presencia de Moisés, **21**y todos los que en su interior se sintieron movidos a hacerlo llevaron una ofrenda al Señor para las obras en la *Tienda de reunión, para todo su servicio, y para las vestiduras sagradas. **22**Así mismo, todos los que se sintieron movidos a hacerlo, tanto hombres como mujeres, llevaron como ofrenda toda clase de joyas de oro: broches, pendientes, anillos, y otros adornos de oro. Todos ellos presentaron su oro como ofrenda mecida al Señor, **23**o bien llevaron lo que tenían: lana púrpura, carmesí y escarlata, lino, pelo de cabra, pieles de carnero teñidas de rojo, y pieles de delfín. **24**Los que tenían plata o bronce los presentaron como ofrenda al Señor, lo mismo que quienes tenían madera de acacia, contribuyendo así con algo para la obra. **25**Las mujeres expertas en artes manuales presentaron los hilos de lana púrpura, carmesí o escarlata que habían torcido, y lino. **26**Otras, que conocían bien el oficio y se sintieron movidas a hacerlo, torcieron hilo de pelo de cabra. **27**Los jefes llevaron piedras de ónice y otras piedras preciosas, para que se engastaran en el efod y en el pectoral. **28**También llevaron especias y aceite de oliva para el alumbrado, el aceite de la unción y el incienso aromático. **29**Todos los israelitas que se sintieron movidos a hacerlo, lo mismo hombres que mujeres, presentaron al Señor ofrendas voluntarias para toda la obra que el Señor, por medio de Moisés, les había mandado hacer.

Bezalel y Aholiab

35:30-35 — Éx 31:2-6

30Moisés les dijo a los israelitas: «Tomen en cuenta que el Señor ha escogido expresamente a Bezalel, hijo de Uri y nieto de Jur, de la tribu de Judá, **31**y lo ha llenado del Espíritu de Dios, de sabiduría, inteligencia y capacidad creativa **32**para hacer trabajos artísticos en oro, plata y bronce, **33**para cortar y engastar piedras preciosas, para hacer tallados en madera y realizar toda clase de diseños artísticos y artesanías. **34**Dios les ha dado a él y a Aholiab hijo de Ajisamac, de la tribu de Dan, la habilidad de enseñar a otros. **35**Los ha llenado de gran sabiduría para realizar toda clase de artesanías, diseños y recamados en lana púrpura, carmesí y escarlata, y lino. Son expertos tejedores y hábiles artesanos en toda clase de labores y diseños.

36 »Así, pues, Bezalel y Aholiab llevarán a cabo los trabajos para el servicio del santuario, tal y como el Señor lo ha ordenado, junto con todos los que tengan ese mismo espíritu artístico, y a quienes el SEÑOR haya dado pericia y habilidad para realizar toda la obra del servicio del santuario.»

2 Moisés llamó a Bezalel y a Aholiab, y a todos los que tenían el mismo espíritu artístico, y a quienes el SEÑOR había dado pericia y habilidad y se sentían movidos a venir y hacer el trabajo, **3** y les entregó todas las ofrendas que los israelitas habían llevado para realizar la obra del servicio del santuario. Pero como día tras día el pueblo seguía llevando ofrendas voluntarias, **4** todos los artesanos y expertos que estaban ocupados en la obra del santuario suspendieron su trabajo **5** para ir a decirle a Moisés: «La gente está trayendo más de lo que se necesita para llevar a cabo la obra que el SEÑOR mandó hacer.»

6 Entonces Moisés ordenó que corriera la voz por todo el campamento: «¡Que nadie, ni hombre ni mujer, haga más labores ni traiga más ofrendas para el santuario!» De ese modo los israelitas dejaron de llevar más ofrendas, **7** pues lo que ya habían hecho era más que suficiente para llevar a cabo toda la obra.

El santuario
36:8-38 — Éx 26:1-37

8 Todos los obreros con espíritu artístico hicieron el santuario con diez cortinas de lino fino y de lana púrpura, carmesí y escarlata, con *querubines artísticamente bordados en ellas. **9** Todas las cortinas medían lo mismo, es decir, doce metros y medio de largo por un metro con ochenta centímetros de ancho.*y* **10** Cosieron cinco cortinas una con otra, e hicieron lo mismo con las otras cinco. **11** En el borde de la cortina, en el extremo del primer conjunto, hicieron presillas de lana púrpura; lo mismo hicieron con la cortina que estaba en el extremo del otro conjunto. **12** También hicieron cincuenta presillas en una cortina, y otras cincuenta presillas en la cortina del extremo del otro conjunto, quedando las presillas unas frente a las otras. **13** Después hicieron cincuenta ganchos de oro y

los usaron para sujetar los dos conjuntos de cortinas, de modo que el santuario tenía unidad de conjunto.

14 Hicieron un total de once cortinas de pelo de cabra para cubrir el santuario a la manera de una tienda de campaña. **15** Las once cortinas tenían las mismas medidas, es decir, trece metros y medio de largo por un metro con ochenta centímetros de ancho.*z* **16** Cosieron dos conjuntos de cortinas, uno de cinco y otro de seis; **17** hicieron cincuenta presillas en el borde de la cortina del extremo de uno de los conjuntos, y también en el borde de la cortina del extremo del otro conjunto, **18** e hicieron cincuenta ganchos de bronce para unir la tienda en un solo conjunto. **19** Luego hicieron para la tienda un toldo de pieles de carnero teñidas de rojo, y sobre ese toldo pusieron otro de pieles de delfín.

20 Hicieron tablones de madera de acacia para el santuario, y los colocaron en posición vertical. **21** Cada tablón medía cuatro metros y medio de largo por setenta centímetros de ancho,*a* **22** con dos ranuras paralelas entre sí. Todos los tablones del santuario los hicieron así:

23 Veinte tablones para el lado sur del santuario, **24** con cuarenta bases de plata que iban debajo de ellos, dos por cada tablón, una debajo de cada ranura;

25 veinte tablones para el lado opuesto, el lado norte del santuario, **26** con cuarenta bases de plata que iban debajo de ellos, dos por cada tablón, una debajo de cada ranura;

27 seis tablones para el extremo occidental del santuario, que era el más distante, y

28 dos tablones más para las esquinas del santuario en el extremo opuesto.

29 En estas dos esquinas los tablones eran dobles de abajo hacia arriba, pero quedaban unidos por un solo anillo. En ambas esquinas se hizo lo mismo, **30** de modo que había ocho tablones y dieciséis bases de plata, dos debajo de cada tablón.

31 También hicieron travesaños de madera de acacia: cinco para los tablones de

---

y **36:9** *doce metros ... de ancho.* Lit. *veintiocho *codos de largo por cuatro de ancho.* *z* **36:15** *trece metros ... de ancho.* Lit. *treinta codos de largo por cuatro de ancho.* *a* **36:21** *cuatro metros ... de ancho.* Lit. *diez codos de largo por un codo y medio de ancho.*

un costado del santuario, ³²cinco para los tablones del costado opuesto, y cinco para los tablones del costado occidental, en la parte posterior del santuario. ³³El travesaño central lo hicieron de tal modo que pasaba de uno a otro extremo, a media altura de los tablones. ³⁴Recubrieron de oro los tablones, e hicieron unos anillos de oro para que los travesaños pasaran por ellos. También recubrieron de oro los travesaños.

³⁵La cortina la hicieron de lana púrpura, carmesí y escarlata, y de lino fino, con querubines artísticamente bordados en ella. ³⁶Le hicieron cuatro postes de madera de acacia y los recubrieron de oro, les pusieron ganchos de oro, y fundieron para ellos cuatro bases de plata. ³⁷Para la entrada de la tienda hicieron una cortina de lana teñida de púrpura, carmesí y escarlata, y de lino fino, recamada artísticamente, ³⁸y cinco postes con ganchos, para los que hicieron cinco bases de bronce; también recubrieron de oro los capiteles y los empalmes de los postes.

El arca
37:1-9 — Éx 25:10-20

37 Bezalel hizo el arca de madera de acacia, de un metro con diez centímetros de largo por setenta centímetros de ancho y setenta centímetros de alto.^b ²La recubrió de oro puro por dentro y por fuera, y puso en su derredor una moldura de oro. ³Fundió cuatro anillos de oro para el arca, y se los ajustó a sus cuatro patas, colocando dos anillos en un lado y dos en el otro. ⁴Hizo luego unas varas de madera de acacia, las recubrió de oro, ⁵y las pasó a través de los anillos en los costados del arca para poder transportarla.

⁶El *propiciatorio lo hizo de oro puro, de un metro con diez centímetros de largo por setenta centímetros de ancho.^c ⁷Para los dos extremos del propiciatorio hizo dos *querubines de oro trabajado a martillo. ⁸Uno de ellos iba en uno de los extremos, y el otro iba en el otro extremo;

los hizo de modo que en ambos extremos los dos querubines formaran una sola pieza con el propiciatorio. ⁹Los querubines tenían las alas extendidas por encima del propiciatorio, y con ellas lo cubrían. Quedaban el uno frente al otro, mirando hacia el propiciatorio.

La mesa
37:10-16 — Éx 25:23-29

¹⁰Bezalel hizo la mesa de madera de acacia, de noventa centímetros de largo por cuarenta y cinco centímetros de ancho y setenta centímetros de alto.^d ¹¹La recubrió de oro puro y le puso en derredor una moldura de oro. ¹²También le hizo un reborde de veinte centímetros^e de ancho, y alrededor del reborde le puso una moldura de oro. ¹³Fundió cuatro anillos de oro para la mesa y se los sujetó a las cuatro esquinas, donde iban las cuatro patas. ¹⁴Los anillos fueron colocados cerca del reborde para pasar por ellos las varas empleadas para transportar la mesa. ¹⁵Esas varas eran de madera de acacia y estaban recubiertas de oro. ¹⁶Los utensilios para la mesa, y sus platos, bandejas, tazones, y jarras para derramar las ofrendas de libación, los hizo de oro puro.

El candelabro
37:17-24 — Éx 25:31-39

¹⁷Bezalel hizo el candelabro de oro puro labrado a martillo. Su base y su tallo, y sus copas, cálices y flores formaban una sola pieza con él. ¹⁸De los costados del candelabro salían seis brazos, tres de un lado y tres del otro. ¹⁹En cada uno de los seis brazos del candelabro había tres copas en forma de flores de almendro, con cálices y pétalos. ²⁰El candelabro mismo tenía cuatro copas en forma de flor de almendro, con cálices y pétalos. ²¹Debajo del primer par de brazos que salía del candelabro había un cáliz; debajo del segundo par de brazos había un segundo cáliz, y debajo del tercer par de brazos había un tercer cáliz. ²²Los cálices y los brazos

---

^b**37:1** *un metro ... de alto.* Lit. *dos *codos y medio de largo por un codo y medio de ancho y un codo y medio de alto.* ^c**37:6** *un metro ... de ancho.* Lit. *dos codos y medio de largo por un codo y medio de ancho.* ^d**37:10** *noventa ... de alto.* Lit. *dos codos de largo por un codo de ancho y un codo y medio de alto.* ^e**37:12** *veinte centímetros.* Lit. *un *palmo.*

formaban una sola pieza con el candelabro, el cual era de oro puro labrado a martillo.

23Hizo también de oro puro sus siete lámparas, lo mismo que sus cortapabilos y braseros. 24Para hacer el candelabro y todos sus accesorios, usó treinta y tres kilos*f* de oro puro.

El altar del incienso
37:25-28 — Éx 30:1-5

25Bezalel hizo de madera de acacia el altar del incienso. Era cuadrado, de cuarenta y cinco centímetros de largo por cuarenta y cinco centímetros de ancho y noventa centímetros de alto.*g* Sus cuernos formaban una sola pieza con el altar. 26Recubrió de oro puro su parte superior, sus cuatro costados y sus cuernos, y en su derredor le puso una moldura de oro. 27Debajo de la moldura le puso dos anillos de oro, es decir, dos en cada uno de sus costados, para pasar por ellos las varas empleadas para transportarlo. 28Las varas eran de madera de acacia, y las recubrió de oro.

29Bezalel hizo también el aceite de la unción sagrada y el incienso puro y aromático, como lo hacen los fabricantes de perfumes.

El altar de los holocaustos
38:1-7 — Éx 27:1-8

38 Bezalel hizo de madera de acacia el altar de los *holocaustos. Era cuadrado, de dos metros con treinta centímetros por lado, y de un metro con treinta centímetros de alto.*h* 2Puso un cuerno en cada una de sus cuatro esquinas, los cuales formaban una sola pieza con el altar, y el altar lo recubrió de bronce. 3Hizo de bronce todos sus utensilios: sus portacenizas, sus tenazas, sus aspersorios, sus tridentes y sus braseros. 4Hizo también un enrejado para el altar —una rejilla de bronce—, y la puso bajo el reborde inferior del altar, a media altura del mismo. 5Fundió cuatro anillos de bronce para las cuatro esquinas del enrejado de bronce, para pasar por ellos las varas; 6hizo las varas de madera de acacia, las recubrió de bronce 7y las introdujo en los anillos, de modo que quedaron a los dos costados del altar para poder transportarlo. El altar lo hizo hueco y de tablas. 8Además, con el bronce de los espejos de las mujeres que servían a la entrada de la *Tienda de reunión, hizo el lavamanos y su pedestal.

El atrio
38:9-20 — Éx 27:9-19

9Después hicieron el atrio. El lado sur medía cuarenta y cinco metros*i* de largo, y tenía cortinas de lino fino, 10veinte postes y veinte bases de bronce, con ganchos y empalmes de plata en los postes. 11El lado norte medía también cuarenta y cinco metros de largo, y tenía veinte postes y veinte bases de bronce, con ganchos y empalmes de plata en los postes. 12El lado occidental medía veintidós metros y medio*j* de ancho, y tenía cortinas y diez postes y diez bases, con ganchos y empalmes de plata en los postes. 13Por el lado oriental, hacia la salida del sol, medía también veintidós metros y medio de ancho. 14A un lado de la entrada había cortinas de siete metros*k* de largo, tres postes y tres bases, 15y al otro lado de la entrada había también cortinas de siete metros de largo, tres postes y tres bases. 16Todas las cortinas que rodeaban el atrio eran de lino fino. 17Las bases para los postes eran de bronce, los ganchos y los empalmes en los postes eran de plata, y sus capiteles estaban recubiertos de plata. Todos los postes del atrio tenían empalmes de plata. 18La cortina a la entrada del atrio era de lana teñida de púrpura, carmesí y escarlata, y de lino fino, recamada artísticamente. Medía nueve metros*l* de largo por dos metros con treinta centímetros*m* de alto, como las cortinas del atrio, 19y tenía

---

f **37:24** *treinta y tres kilos.* Lit. *un *talento.*   *g* **37:25** *cuarenta y cinco ... de alto.* Lit. *un codo de largo por un codo de ancho y dos codos de alto.*   *h* **38:1** *dos metros ... de alto.* Lit. *cinco *codos de largo por cinco codos de ancho y tres codos de alto.*   *i* **38:9** *cuarenta y cinco metros.* Lit. *cien codos.*   *j* **38:12** *veintidós metros y medio.* Lit. *cincuenta codos.*   *k* **38:14** *siete metros.* Lit. *quince codos.*   *l* **38:18** *nueve metros.* Lit. *veinte codos.*   *m* **38:18** *dos metros con treinta centímetros.* Lit. *cinco codos.*

cuatro postes y cuatro bases de bronce. Sus ganchos y sus empalmes eran de plata, y sus capiteles estaban recubiertos de plata. **20**Todas las estacas del toldo para el santuario y del atrio que lo rodeaba eran de bronce.

Los materiales usados

21Éstas son las cantidades de los materiales usados para el santuario del *pacto. Los levitas hicieron este registro por orden de Moisés y bajo la dirección de Itamar, hijo del sacerdote Aarón. **22**Bezalel, hijo de Uri y nieto de Jur, de la tribu de Judá, hizo todo lo que el SEÑOR le ordenó a Moisés. **23**Con él estaba Aholiab hijo de Ajisamac, de la tribu de Dan, que era artesano, diseñador y recamador en lana teñida de púrpura, carmesí y escarlata, y en lino.

24El total del oro dado como ofrenda y empleado en toda la obra del santuario era de una tonelada,[n] según la tasación oficial[ñ] del santuario.

25La plata entregada por los miembros de la comunidad contados en el censo llegó a tres toneladas y media,[o] según la tasación oficial del santuario. **26**Todos los mayores de veinte años de edad que fueron censados llegaron a un total de seiscientos tres mil quinientos cincuenta, y cada uno de ellos dio seis gramos[p] de plata, según la tasación oficial del santuario. **27**Tres mil trescientos kilos[q] de plata se emplearon en las cien bases fundidas para el santuario y para la cortina, de modo que cada base pesaba treinta y tres kilos.[r] **28**La plata restante[s] se empleó en hacer los ganchos para los postes y recubrir sus capiteles de los postes, y para hacer sus empalmes.

29El total del bronce dado como ofrenda fue de dos mil trescientos cuarenta kilos,[t] **30**y se empleó en las bases para la entrada de la *Tienda de reunión, en el altar de bronce con su enrejado de bronce y todos sus utensilios, **31**en las bases para el atrio y la entrada al atrio, y en todas las estacas del toldo para el santuario y para el atrio que lo rodeaba.

Las vestiduras sacerdotales

39 Las vestiduras tejidas para ministrar en el santuario se hicieron de lana teñida de púrpura, carmesí y escarlata. También se hicieron vestiduras sagradas para Aarón, como se lo mandó el SEÑOR a Moisés.

El efod

39:2-7 — Éx 28:6-14

2El *efod lo hizo Bezalel de oro, lana teñida de púrpura, carmesí y escarlata, y lino fino. **3**Martillaron finas láminas de oro, y las cortaron en hebras para entretejerlas artísticamente con la lana teñida de púrpura, carmesí y escarlata, y con el lino. **4**Se hicieron hombreras para el efod, las cuales se sujetaron a sus dos extremos. **5**Su cinturón tenía la misma hechura que el efod, y formaba una sola pieza con él; estaba hecho de oro, lana teñida de púrpura, carmesí y escarlata, y lino fino, como se lo mandó el SEÑOR a Moisés.

6Las piedras de ónice se engarzaron en los engastes de filigrana de oro, y en ellas se grabaron, a manera de sello, los *nombres de los hijos de Israel. **7**Luego las sujetaron a las hombreras del efod para recordar a los hijos de Israel, como se lo mandó el SEÑOR a Moisés.

El pectoral

39:8-21 — Éx 28:15-28

8Bezalel hizo también el pectoral, bordado artísticamente, como el *efod, con hilo de oro, lana teñida de púrpura, carmesí y escarlata, y lino fino, **9**doble y cuadrado, de veinte centímetros por lado.[u] **10**En él se engarzaron cuatro filas de piedras

---

[n] **38:24** *era de una tonelada*. Lit. *fue de veintinueve *talentos y setecientos treinta *siclos*.　[ñ] **38:24** *la tasación oficial*. Lit. *el siclo*; también en vv. 25,26.　[o] **38:25** *tres toneladas y media*. Lit. *cien talentos y mil setecientos setenta y cinco siclos*.　[p] **38:26** *seis gramos*. Lit. *un becá, es decir, medio siclo*.　[q] **38:27** *tres mil trescientos kilos*. Lit. *cien talentos*.　[r] **38:27** *treinta y tres kilos*. Lit. *un talento*.　[s] **38:28** *La plata restante*. Lit. *Los mil setecientos setenta y cinco siclos*.　[t] **38:29** *dos mil trescientos cuarenta kilos*. Lit. *setenta talentos y dos mil cuatrocientos siclos*.　[u] **39:9** *veinte centímetros por lado*. Lit. *un *palmo de largo y un palmo de ancho*.

preciosas. En la primera fila había un rubí, un crisólito y una esmeralda; 11 en la segunda hilera, una turquesa, un zafiro y un jade; 12 en la tercera hilera, un jacinto, un ágata y una amatista; 13 en la cuarta hilera, un topacio, un ónice y un jaspe. v Estaban engarzadas en engastes de filigrana de oro, 14 y eran doce piedras, una por cada uno de los hijos de Israel, grabada a manera de sello con el *nombre de cada una de las doce tribus.

15 Para el pectoral se hicieron cadenillas de oro puro, a manera de cordón. 16 Se hicieron dos engastes en filigrana de oro y dos anillos de oro, y se sujetaron los anillos en los dos extremos del pectoral; 17 luego se sujetaron las dos cadenillas de oro en los anillos a los extremos del pectoral, 18 y los otros dos extremos de las cadenillas en los dos engastes, asegurándolos a las hombreras del efod por la parte delantera. 19 Se hicieron otros dos anillos de oro, y los sujetaron a los otros dos extremos del pectoral, en el borde interior, junto al efod. 20 Además, se hicieron otros dos anillos de oro, los cuales sujetaron la parte inferior de las hombreras, por delante del efod y junto a la costura, exactamente encima del cinturón del efod. 21 Con un cordón de lana púrpura ataron los anillos del pectoral a los anillos del efod, a fin de unir el pectoral al cinturón para que no se desprendiera del efod, como se lo mandó el SEÑOR a Moisés.

Otras vestiduras sacerdotales
39:22-31 — Éx 28:31-43

22 Bezalel hizo de lana teñida de púrpura, y tejido artísticamente, todo el manto del *efod. 23 Lo hizo con una abertura en el centro, como abertura para la cabeza, w y con un refuerzo alrededor de la abertura, para que no se rasgara. 24 En todo el borde inferior del manto se hicieron granadas de lana púrpura, carmesí y escarlata, y de lino fino, 25 lo mismo que campanillas de oro puro, las cuales se colocaron en todo el borde inferior, entre las granadas. 26 Las campanillas y las granadas se colocaron, en forma alternada, en todo el borde infe-

rior del manto que debía llevarse para ejercer el ministerio, como se lo mandó el SEÑOR a Moisés.

27 Para Aarón y sus hijos se hicieron túnicas de lino tejidas artísticamente, 28 las mitras y el turbante de lino, y la ropa interior de lino fino. 29 La faja era de lino fino y de lana teñida de púrpura, carmesí y escarlata, recamada artísticamente, como se lo mandó el SEÑOR a Moisés.

30 La placa sagrada se hizo de oro puro, y se grabó en ella, a manera de sello, *SANTO PARA EL SEÑOR. 31 Luego se le ató un cordón de lana teñida de púrpura para sujetarla al turbante, como se lo mandó el SEÑOR a Moisés.

Moisés inspecciona el santuario
39:32-41 — Éx 35:10-19

32 Toda la obra del santuario, es decir, la *Tienda de reunión, quedó terminada. Los israelitas lo hicieron todo tal y como el SEÑOR se lo mandó a Moisés, 33 y le presentaron a Moisés el santuario, la tienda y todos sus utensilios, sus ganchos, tablones, travesaños, postes y bases, 34 el toldo de pieles de carnero teñidas de rojo, el toldo de pieles de delfín y la cortina que resguardaba el arca, 35 el arca del *pacto con sus varas y el *propiciatorio, 36 la mesa con todos sus utensilios y el *pan de la Presencia, 37 el candelabro de oro puro con su hilera de lámparas y todos sus utensilios, y el aceite para el alumbrado; 38 el altar de oro, el aceite de la unción, el incienso aromático y la cortina para la entrada de la tienda, 39 el altar de bronce con su enrejado de bronce, sus varas y todos sus utensilios; el lavamanos y su pedestal, 40 las cortinas del atrio con sus postes y bases, y la cortina para la entrada del atrio; las cuerdas y las estacas del toldo para el atrio; todos los utensilios para el santuario, la Tienda de reunión, 41 y las vestiduras tejidas para ministrar en el santuario, tanto las vestiduras sagradas para el sacerdote Aarón como las vestiduras sacerdotales para sus hijos.

42 Los israelitas hicieron toda la obra tal y como el SEÑOR se lo había ordenado

---

v 39:13 La identificación de algunas de estas piedras preciosas no ha podido establecerse con precisión.
w 39:23 *cabeza*. Palabra de difícil traducción.

a Moisés. 43Moisés, por su parte, inspeccionó la obra y, al ver que la habían hecho tal y como el SEÑOR se lo había ordenado, los bendijo.

Se levanta el santuario

40 El SEÑOR habló con Moisés y le dijo: 2«En el día primero del mes primero, levanta el santuario, es decir, la *Tienda de reunión. 3Pon en su interior el arca del *pacto, y cúbrela con la cortina. 4Lleva adentro la mesa y ponla en orden. Pon también dentro del santuario el candelabro, y enciende sus lámparas. 5Coloca el altar del incienso frente al arca del pacto, y cuelga la cortina a la entrada del santuario.

6»Coloca el altar de los *holocaustos frente a la entrada del santuario, la Tienda de reunión; 7coloca el lavamanos entre la Tienda de reunión y el altar, y pon agua en él. 8Levanta el atrio en su derredor, y coloca la cortina a la entrada del atrio.

9»Toma el aceite de la unción, y unge el santuario y todo lo que haya en él; conságralo, junto con todos sus utensilios, para que sea un objeto sagrado. 10Unge también el altar de los holocaustos y todos sus utensilios; conságralo, para que sea un objeto muy sagrado. 11Unge además, y consagra, el lavamanos y su pedestal.

12»Lleva luego a Aarón y a sus hijos a la entrada de la Tienda de reunión, haz que se bañen, 13y ponle a Aarón sus vestiduras sagradas. Úngelo y conságralo, para que ministre como sacerdote mío. 14Acerca entonces a sus hijos, ponles sus túnicas, 15y úngelos como ungiste a su padre, para que ministren como mis sacerdotes. La unción les conferirá un sacerdocio válido para todas las generaciones venideras.»

16Moisés hizo todo tal y como el SEÑOR se lo mandó. 17Fue así como el santuario se instaló el día primero del mes primero del año segundo. 18Al instalar el santuario, Moisés puso en su lugar las bases, levantó los tablones, los insertó en los travesaños, y levantó los postes; 19luego extendió la tienda de campaña sobre el santuario, y encima de ésta puso el toldo, tal y como el SEÑOR se lo mandó.

20A continuación, tomó el documento del pacto y lo puso en el arca; luego ajustó las varas al arca, y sobre ella puso el *propiciatorio. 21Llevó el arca al interior del santuario, y colgó la cortina para resguardarla. De este modo protegió el arca del pacto, tal y como el SEÑOR se lo había ordenado.

22Moisés puso la mesa en la Tienda de reunión, en el lado norte del santuario, fuera de la cortina, 23y puso el pan en orden ante el SEÑOR, como el SEÑOR se lo había ordenado. 24Colocó luego el candelabro en la Tienda de reunión, frente a la mesa, en el lado sur del santuario, 25y encendió las lámparas ante el SEÑOR, como el SEÑOR se lo había ordenado. 26Puso también el altar de oro en la Tienda de reunión, frente a la cortina, 27y sobre él quemó incienso aromático, tal y como el SEÑOR se lo había ordenado. 28Después de eso colgó la cortina a la entrada del santuario.

29Moisés puso también el altar de los holocaustos a la entrada del santuario, la Tienda de reunión, y sobre él ofreció holocaustos y ofrendas de grano, tal y como el SEÑOR se lo había ordenado. 30Colocó luego el lavamanos entre la Tienda de reunión y el altar, y echó en ella agua para lavarse, 31y Moisés, Aarón y sus hijos se lavaron allí las manos y los pies. 32Siempre que entraban en la Tienda de reunión o se acercaban al altar se lavaban, tal y como el SEÑOR se lo había ordenado.

33Después levantó Moisés el atrio en torno al santuario y al altar, y colgó la cortina a la entrada del atrio. Así terminó Moisés la obra.

La gloria del SEÑOR

34En ese instante la nube cubrió la *Tienda de reunión, y la gloria del SEÑOR llenó el santuario. 35Moisés no podía entrar en la Tienda de reunión porque la nube se había posado en ella y la gloria del SEÑOR llenaba el santuario.

36Siempre que la nube se levantaba y se apartaba del santuario, los israelitas levantaban campamento y se ponían en marcha. 37Si la nube no se levantaba, ellos no se ponían en marcha. 38Durante todas las marchas de los israelitas, la nube del SEÑOR reposaba sobre el santuario durante el día, pero durante la noche había fuego en la nube, a la vista de todo el pueblo de Israel.

Levítico

El holocausto

1 El SEÑOR llamó a Moisés y le habló desde la *Tienda de reunión. Le ordenó **2**que les dijera a los israelitas: «Cuando alguno de ustedes traiga una ofrenda al SEÑOR, deberá presentar un animal de ganado vacuno u ovino.

3»Si el animal que ofrece en *holocausto es de ganado vacuno, deberá presentar un macho sin defecto, a la entrada de la Tienda de reunión. Así será aceptable al SEÑOR. **4**Pondrá su mano sobre la cabeza de la víctima, la cual le será aceptada en su lugar y le servirá de *propiciación. **5**Después degollará el novillo ante el SEÑOR, y los hijos de Aarón, los sacerdotes, tomarán la sangre y la derramarán alrededor del altar que está a la entrada de la Tienda de reunión. **6**Luego desollará la víctima del holocausto y la cortará en trozos. **7**Los hijos de Aarón, los sacerdotes, harán fuego sobre el altar y le echarán leña; **8**después acomodarán los trozos sobre la leña encendida del altar, junto con la cabeza y el sebo. **9**Las entrañas y las patas se lavarán con agua, y el sacerdote lo quemará todo en el altar. Es un holocausto, una ofrenda presentada por fuego de aroma grato al SEÑOR.

10»Si alguien ofrece un holocausto de ganado ovino, sea de corderos o de cabras, deberá presentar un macho sin defecto. **11**Lo degollará ante el SEÑOR, en el costado norte del altar, y los hijos de Aarón, los sacerdotes, derramarán la sangre alrededor del altar. **12**Luego lo cortará en trozos, los cuales el sacerdote acomodará sobre la leña encendida del altar, junto con la cabeza y el sebo. **13**Las entrañas y las patas se lavarán con agua, y el sacerdote lo tomará todo y lo quemará en el altar. Es un holocausto, una ofrenda presentada por fuego de aroma grato al SEÑOR.

14»Si alguien ofrece al SEÑOR un holocausto de ave, deberá presentar una tórtola o un pichón de paloma. **15**El sacerdote llevará el ave al altar y le arrancará la cabeza, y luego la quemará en el altar. Después exprimirá la sangre en un costado del altar, **16**y le quitará también el buche y las entrañas, y los arrojará hacia el costado oriental del altar, donde se echa la ceniza. **17**Después la desgarrará por las alas, pero sin arrancárselas. Entonces el sacerdote la quemará en el altar, sobre la leña encendida. Es un holocausto, una ofrenda presentada por fuego de aroma grato al SEÑOR.

La ofrenda de cereal

2 »Si alguien presenta al SEÑOR una ofrenda de cereal, ésta será de flor de harina, sobre la cual pondrá aceite e incienso. **2**Luego la llevará a los hijos de Aarón, los sacerdotes; allí tomará un puñado de flor de harina con aceite, junto con todo el incienso, y el sacerdote quemará esa ofrenda memorial en el altar. Es una ofrenda presentada por fuego de aroma grato al SEÑOR. **3**El resto de la ofrenda de cereal será para Aarón y sus hijos. Entre las ofrendas por fuego que se presentan al SEÑOR, ésta es sumamente sagrada.

4»Si presentas una ofrenda de cereal cocida al horno, ésta será de panes de flor de harina sin levadura, amasados con aceite, o de obleas sin levadura untadas con aceite.

5»Si presentas una ofrenda de cereal cocida en la sartén, la ofrenda será de flor de harina sin levadura, amasada con aceite. **6**La partirás en pedazos y le echarás aceite. Es una ofrenda de cereal.

7»Si presentas una ofrenda de cereal cocida a la olla, la ofrenda será de flor de harina con aceite. **8**Así preparada la ofrenda de cereal, se la llevarás al SEÑOR, es decir, se la llevarás al sacerdote, quien la presentará en el altar. **9**El sacerdote, luego de tomar una parte como ofrenda memorial, la quemará en el altar. Es una ofrenda

presentada por fuego de aroma grato al
SEÑOR. **10**El resto de la ofrenda de cereal
será para Aarón y sus hijos. Entre las
ofrendas por fuego que se presentan al
SEÑOR, ésta es sumamente sagrada.

11»Ninguna ofrenda de cereal que ustedes presenten al SEÑOR se hará de masa
fermentada, porque en una ofrenda al
Señor presentada por fuego no se deben
quemar ni miel ni levadura. **12**Llevarán al
SEÑOR levadura y miel como ofrenda de
*primicias, pero no las pondrán sobre el
altar como aroma grato. **13**Todas las ofrendas de cereal las sazonarán con sal, y no
dejarán que les falte la sal del *pacto de
su Dios. A todas las ofrendas deberán
ponerles sal.

14»Si le presentas al SEÑOR una ofrenda de las primicias de tus cereales, ésta
será de trigo nuevo, molido y tostado al
fuego. Es la ofrenda de cereal de tus
primicias. **15**Le pondrás aceite e incienso;
es una ofrenda de cereal. **16**El sacerdote
quemará parte del trigo nuevo y molido
como ofrenda memorial, junto con todo el
incienso y el aceite. Es una ofrenda al
SEÑOR presentada por fuego.

El sacrificio de comunión

3 »Si alguien ofrece ganado vacuno al
SEÑOR como sacrificio de *comunión, deberá presentarle un animal sin
defecto, sea macho o hembra. **2**Pondrá su
mano sobre la cabeza del animal, al que
degollará a la entrada de la *Tienda de
reunión. Luego los hijos de Aarón, los
sacerdotes, derramarán la sangre alrededor del altar. **3**El oferente le presentará al
SEÑOR, como ofrenda por fuego, las siguientes partes del sacrificio de comunión: la grasa que recubre los intestinos y
la que se adhiere a éstos, **4**los dos riñones
y la grasa que los recubre, la grasa que
recubre los lomos, y también el lóbulo del
hígado, el cual se extraerá junto con los
riñones. **5**Entonces los hijos de Aarón
quemarán todo esto en el altar, encima del
*holocausto que está sobre la leña encen-
dida. Es una ofrenda presentada por fuego
de aroma grato al SEÑOR.

6»Si el sacrificio de comunión es de
ganado ovino, el oferente deberá presentarle al SEÑOR un animal sin defecto, sea
macho o hembra. **7**Si la ofrenda es un
cordero, lo presentará ante el SEÑOR **8**y le
impondrá la mano sobre la cabeza, dego-
llando luego al animal ante la Tienda de
reunión. Luego los hijos de Aarón derramarán la sangre alrededor del altar. **9**El
oferente le presentará al SEÑOR, como
ofrenda por fuego, las siguientes partes de
este sacrificio: la grasa, la cola entera (la
cual cortará desde el espinazo), la grasa
que recubre los intestinos y la que se
adhiere a éstos, **10**los dos riñones y la
grasa que los recubre, la grasa que recubre
los lomos, y también el lóbulo del hígado,
el cual se extraerá junto con los riñones.
11Entonces el sacerdote quemará todo esto
en el altar. Es una comida, una ofrenda
presentada por fuego al SEÑOR.

12»Si la ofrenda es una cabra, la presentará ante el SEÑOR **13**poniendo la mano
sobre la cabeza del animal, al que degollará ante la Tienda de reunión. Luego los
hijos de Aarón derramarán la sangre alrededor del altar. **14**El oferente le presentará
al SEÑOR, como ofrenda por fuego, las
siguientes partes del animal: la grasa que
recubre los intestinos y la que se adhiere
a éstos, **15**los dos riñones y la grasa que
los recubre, la grasa que recubre los lomos, y también el lóbulo del hígado, el
cual se extraerá junto con los riñones.
16Entonces el sacerdote quemará todo esto
en el altar. Es una comida, una ofrenda
presentada por fuego de aroma grato. Toda la grasa pertenece al SEÑOR.

17»Éste será un *estatuto perpetuo para
los descendientes de ustedes, dondequiera
que habiten: No se comerán la grasa ni la
sangre.»

El sacrificio expiatorio

4 El SEÑOR le ordenó a Moisés **2**que les
dijera a los israelitas: «Cuando alguien viole inadvertidamente cualquiera
de los mandamientos del SEÑOR, e incurra
en algo que esté prohibido, se procederá
de la siguiente manera:

El sacrificio expiatorio por el pecado del sacerdote

3»Si el que peca es el sacerdote ungido,
haciendo con ello culpable al pueblo, deberá ofrecer al SEÑOR, como sacrificio

*expiatorio por su pecado, un novillo sin defecto. 4Llevará el novillo ante el SEÑOR, a la entrada de la *Tienda de reunión, e impondrá la mano sobre la cabeza del novillo, al que degollará en presencia del SEÑOR. 5El sacerdote ungido tomará un poco de la sangre del novillo y la llevará a la Tienda de reunión. 6Mojará el dedo en la sangre, y rociará con ella siete veces en dirección a la cortina del santuario, en presencia del SEÑOR. 7Después el sacerdote untará un poco de la sangre en los cuernos del altar del incienso aromático, que está ante el SEÑOR, en la Tienda de reunión. El resto de la sangre del novillo la derramará al pie del altar del *holocausto, que está a la entrada de la Tienda de reunión. 8Luego, al novillo del sacrificio expiatorio le sacará toda la grasa que recubre los intestinos, y la que se adhiere a éstos, 9los dos riñones y la grasa que los recubre, la grasa que recubre los lomos, y también el lóbulo del hígado, el cual se extraerá junto con los riñones. 10Esto lo hará tal y como se saca la grasa de la res para el sacrificio de *comunión. Entonces el sacerdote quemará todo esto en el altar del holocausto, 11pero sacará del campamento la piel y toda la carne del novillo, junto con la cabeza, las patas, los intestinos y el excremento. 12Todo esto, es decir, el resto del novillo, lo sacará del campamento y lo llevará a un lugar ritualmente *puro, al vertedero de la ceniza, y dejará que se consuma sobre la leña encendida. Sobre el vertedero de la ceniza se consumirá.

El sacrificio expiatorio por el pecado de la comunidad

13»Si la que peca inadvertidamente es toda la comunidad de Israel, toda la asamblea será culpable de haber hecho algo que los mandamientos del SEÑOR prohíben. 14Cuando la asamblea se dé cuenta del pecado que ha cometido, deberá ofrecer un novillo como sacrificio *expiatorio. Lo llevarán a la *Tienda de reunión, 15y allí, en presencia del SEÑOR, los *ancianos de la comunidad impondrán las manos sobre la cabeza del novillo y lo degollarán. 16Luego el sacerdote ungido tomará un poco de la sangre del novillo y la llevará

a la Tienda de reunión. 17Mojará el dedo en la sangre, y rociará con ella siete veces en dirección a la cortina en presencia del SEÑOR. 18Después untará un poco de la sangre en los cuernos del altar, que está ante el SEÑOR, en la Tienda de reunión. El resto de la sangre la derramará al pie del altar del *holocausto, que está a la entrada de la Tienda de reunión, 19y sacará del animal toda la grasa, quemándola en el altar. 20Se hará con este novillo lo mismo que se hace con el de la ofrenda expiatoria. Así el sacerdote hará expiación por ellos, y serán perdonados. 21Luego sacará del campamento el resto del novillo y dejará que se consuma en el fuego, como el otro. Éste es el sacrificio expiatorio por la asamblea.

El sacrificio expiatorio por el pecado de un gobernante

22»Si el que peca inadvertidamente es uno de los gobernantes, e incurre en algo que los mandamientos del SEÑOR su Dios prohíben, será culpable. 23Cuando se le haga saber que ha cometido un pecado, llevará como ofrenda un macho cabrío sin defecto, 24pondrá la mano sobre la cabeza del macho cabrío, y lo degollará en presencia del SEÑOR, en el mismo lugar donde se degüellan los animales para el *holocausto. Es un sacrificio *expiatorio. 25Entonces el sacerdote tomará con el dedo un poco de la sangre del sacrificio expiatorio y la untará en los cuernos del altar del holocausto, después de lo cual derramará al pie del altar del holocausto el resto de la sangre. 26Toda la grasa del animal la quemará en el altar, tal como se hace con el sacrificio de *comunión. Así el sacerdote hará expiación por el pecado del gobernante, y su pecado le será perdonado.

El sacrificio expiatorio por el pecado de un miembro del pueblo

27»Si el que peca inadvertidamente es alguien del pueblo, e incurre en algo que los mandamientos del SEÑOR prohíben, será culpable. 28Cuando se le haga saber que ha cometido un pecado, llevará como ofrenda por su pecado una cabra sin defecto. 29Pondrá la mano sobre la cabeza del animal, y lo degollará en el lugar donde se degüellan los animales para el *holocausto. 30Entonces el sacerdote tomará con el dedo un poco de la sangre y la untará en los cuernos del altar del holocausto, después de lo cual derramará el resto de la sangre al pie del altar. 31Luego le sacará al animal toda la grasa, tal y como se le saca la grasa al sacrificio de *comunión, y el sacerdote la quemará toda en el altar, como aroma grato al SEÑOR. Así el sacerdote hará *expiación por él, y su pecado le será perdonado.

32»Si la persona ofrece como sacrificio expiatorio un cordero, deberá presentar una hembra sin defecto. 33Pondrá la mano sobre la cabeza del animal, y lo degollará como sacrificio expiatorio en el lugar donde se degüellan los animales para el holocausto. 34Entonces el sacerdote tomará con el dedo un poco de la sangre del sacrificio expiatorio y la untará en los cuernos del altar del holocausto, después de lo cual derramará al pie del altar el resto de la sangre. 35Luego le sacará al animal toda la grasa, tal y como se le saca la grasa al cordero del sacrificio de comunión, y el sacerdote la quemará en el altar sobre la ofrenda presentada por fuego al SEÑOR. Así el sacerdote hará expiación por esa persona, y el pecado que haya cometido le será perdonado.

El sacrificio expiatorio por diversos pecados

5 »Si alguien peca por negarse a declarar bajo juramento lo que vio o escuchó, sufrirá las consecuencias de su pecado.

2»Si alguien sin darse cuenta toca alguna cosa ritualmente *impura, tal como el cadáver de un animal impuro, sea o no doméstico, o el cadáver de un reptil impuro, se vuelve impuro él mismo y es culpable.

3»Si alguien sin darse cuenta toca alguna impureza humana, cualquiera que ésta sea, se vuelve impuro él mismo. Pero al darse cuenta, será culpable.

4»Si alguien hace uno de esos juramentos que se acostumbra hacer a la ligera, y sin saberlo jura hacer bien o mal, ha pecado. Pero al darse cuenta, será culpable de haber hecho ese juramento.

5»Si alguien resulta culpable de alguna de estas cosas, deberá reconocer que ha pecado 6y llevarle al SEÑOR en sacrificio *expiatorio por la culpa del pecado cometido, una hembra del rebaño, que podrá ser una oveja o una cabra. Así el sacerdote hará expiación por ese pecado.

El caso del pobre

7»Si a alguien no le alcanza para comprar ganado menor, entonces le llevará al SEÑOR, como sacrificio por la culpa del pecado cometido, dos tórtolas o dos pichones de paloma, una de las aves como sacrificio por el pecado y la otra como *holocausto. 8Se las llevará al sacerdote, quien primero ofrecerá el ave para el sacrificio *expiatorio. Para esto, le retorcerá el cuello, pero sin desprenderle del todo la cabeza. 9Luego rociará un poco de la sangre del sacrificio expiatorio en un costado del altar, y al pie del altar exprimirá el resto de la sangre. Es un sacrificio expiatorio. 10Con la segunda ave hará un holocausto, como ya ha sido prescrito. Así el sacerdote hará expiación por el pecado cometido, y ese pecado le será perdonado.

11»Si a esa persona tampoco le alcanza para comprar dos tórtolas o dos pichones, presentará entonces en sacrificio expiatorio, como ofrenda por el pecado cometido, dos litros a de flor de harina. Como se trata de un sacrificio expiatorio, no se le pondrá aceite ni incienso. 12Llevará este sacrificio al sacerdote, quien tomará un puñado de la ofrenda memorial y lo quemará en el altar junto con los sacrificios presentados por fuego al SEÑOR. Es un sacrificio expiatorio. 13Así el sacerdote hará expiación por el pecado cometido en alguna de estas cosas, y ese pecado le será perdonado. El resto de la ofrenda será para el sacerdote, como sucede con la ofrenda de cereal.»

a 5:11 dos litros. Lit. una décima de *efa.

El sacrificio por la culpa

14El Señor le dijo a Moisés: **15**«Si alguien comete una falta y peca inadvertidamente contra lo que ha sido consagrado al Señor, le llevará al Señor un carnero sin defecto como sacrificio por la culpa. Su precio será tasado en plata, según la tasación oficial del santuario. Es un sacrificio por la culpa. **16**Además, el culpable hará restitución por haber pecado contra lo consagrado, añadiendo la quinta parte, la cual entregará al sacerdote. Así el sacerdote hará *expiación por él mediante el carnero del sacrificio por la culpa, y ese pecado le será perdonado.

17»Si alguien peca inadvertidamente e incurre en algo que los mandamientos del Señor prohíben, es culpable y sufrirá las consecuencias de su pecado. **18**Le llevará al sacerdote un carnero sin defecto, cuyo precio será fijado como sacrificio por la culpa. Así el sacerdote hará expiación por el pecado que esa persona cometió inadvertidamente, y ese pecado le será perdonado. **19**Es un sacrificio por la culpa, de la que se hizo acreedor por pecar contra el Señor.»

6 El Señor le dijo a Moisés: **2**«Si alguien comete una falta y peca contra el Señor al defraudar a su prójimo en algo que se dejó a su cuidado, o si roba u oprime a su prójimo despojándolo de lo que es suyo, **3**o si encuentra algo que se perdió y niega tenerlo, o si comete perjurio en alguna de las cosas en que se acostumbra pecar, **4**será culpable y deberá devolver lo que haya robado, o quitado, o lo que se le haya dado a guardar, o el objeto perdido que niega tener, **5**o cualquier otra cosa por la que haya cometido perjurio. Así que deberá restituirlo íntegramente y añadir la quinta parte de su valor. Todo esto lo entregará a su dueño el día que presente su sacrificio por la culpa. **6**Le llevará al Señor un carnero sin defecto, cuyo precio será fijado como sacrificio por la culpa. Lo presentará al sacerdote, **7**quien hará *expiación ante el

Señor por esa persona, y cualquier cosa por la que se haya hecho culpable le será perdonada.»

El holocausto

8El Señor le dijo a Moisés **9**que les ordenara a Aarón y a sus hijos: «Ésta es la ley respecto al *holocausto: El holocausto se dejará arder sobre el altar toda la noche hasta el amanecer, y el fuego del altar se mantendrá encendido. **10**El sacerdote, vestido con su túnica de lino y su ropa interior de lino, removerá las cenizas del holocausto consumido por el fuego sobre el altar, y las echará a un lado del altar. **11**Luego se cambiará de ropa y sacará del campamento las cenizas, llevándolas a un lugar ritualmente *puro. **12**Mientras tanto, el fuego se mantendrá encendido sobre el altar; no deberá apagarse. Cada mañana el sacerdote pondrá más leña sobre el altar, y encima de éste colocará el holocausto para quemar en él la grasa del sacrificio de *comunión. **13**El fuego sobre el altar no deberá apagarse nunca; siempre deberá estar encendido.

La ofrenda de cereal

14»Ésta es la ley respecto a la ofrenda de cereal: Los hijos de Aarón la presentarán ante el Señor, delante del altar. **15**El sacerdote tomará de la ofrenda un puñado de flor de harina con aceite, así como todo el incienso que está sobre la ofrenda de cereal. Todo esto lo quemará en el altar, como ofrenda memorial de aroma grato al Señor. **16**Aarón y sus hijos se comerán el resto de la ofrenda, pero sin levadura y en un lugar *santo, que podrá ser el atrio de la *Tienda de reunión. **17**No se cocerá con levadura, porque esa es la porción que les doy de mis sacrificios presentados por fuego. Es una porción sumamente sagrada, como lo son el sacrificio *expiatorio y el sacrificio por la culpa. **18**Todos los hijos varones de Aarón podrán comer de ella. Es un estatuto[b] perpetuo para los descendientes de ustedes, respecto a los sacrificios presentados por fuego al

---

[b] **6:18** *estatuto.* Alt. *derecho*; también en vv. 22 y 36.

SEÑOR. Cualquier cosa que toque los sacrificios quedará consagrada.»

La ofrenda de los sacerdotes

19 El SEÑOR le dijo a Moisés: **20** «Ésta es la ofrenda que Aarón y sus hijos deben presentar al SEÑOR el día en que sean ungidos: dos kilos *c* de flor de harina, como ofrenda regular de cereal. Una mitad de la ofrenda se presentará por la mañana, y la otra mitad por la tarde. **21** Se preparará con aceite en una sartén, y se llevará amasada y se presentará en porciones, como una ofrenda de cereal de aroma grato al SEÑOR. **22** La preparará el hijo de Aarón que le suceda como sacerdote ungido. Éste es el estatuto perpetuo del SEÑOR: La ofrenda se quemará completamente. **23** No se comerá ninguna de las ofrendas que presenten los sacerdotes; todas deberán quemarse por completo.»

El sacrificio expiatorio

24 El SEÑOR le ordenó a Moisés **25** que les dijera a Aarón y a sus hijos: «Ésta es la ley respecto al sacrificio *expiatorio: La víctima deberá ser degollada ante el SEÑOR, en el mismo lugar donde se degüellan los animales para el *holocausto. Es algo sumamente sagrado. **26** El mismo sacerdote que ofrezca el sacrificio expiatorio deberá comérselo. Se lo comerá en un lugar *santo, que podrá ser el atrio de la *Tienda de reunión. **27** Cualquier cosa que toque la carne del sacrificio quedará consagrada. Si su sangre llega a salpicar algún vestido, éste deberá lavarse en un lugar santo. **28** Además, deberá romperse la vasija de barro en que se haya cocido el sacrificio; pero si se cuece en una vasija de bronce, ésta se restregará y se enjuagará con agua. **29** Todo varón entre los sacerdotes podrá comer del sacrificio. Es algo sumamente sagrado. **30** Pero no se comerá ningún sacrificio expiatorio cuya sangre haya sido llevada a la Tienda de reunión para hacer *propiciación en el santuario; este sacrificio se consumirá en el fuego.

El sacrificio por la culpa

7 »Ésta es la ley respecto al sacrificio por la culpa, el cual es sumamente sagrado: **2** La víctima deberá ser degollada en el mismo lugar donde se degüellan los animales para el *holocausto, y su sangre será derramada alrededor del altar. **3** Luego se ofrecerá toda su grasa: la cola, la grasa que recubre los intestinos, **4** los dos riñones y la grasa que los recubre, la grasa que recubre los lomos, y también el lóbulo del hígado, el cual se extraerá junto con los riñones. **5** El sacerdote quemará todo esto en el altar como ofrenda presentada por fuego al SEÑOR. Es un sacrificio por la culpa. **6** Todo varón entre los sacerdotes podrá comer del sacrificio, pero deberá comerlo en un lugar *santo. Es algo sumamente sagrado.

Derechos de los sacerdotes

7 »La misma ley se aplica tanto al sacrificio *expiatorio como al sacrificio por la culpa: El animal pertenecerá al sacerdote que haga *propiciación con él. **8** La piel de la víctima del holocausto también será para el sacerdote que la ofrezca. **9** Así mismo, toda ofrenda de cereal cocida al horno, a la olla o a la sartén, será del sacerdote que la ofrezca. **10** Toda ofrenda de cereal, ya sea seca o amasada con aceite, pertenecerá a todos los hijos de Aarón, por partes iguales.

Diversos sacrificios de comunión

11 »Ésta es la ley respecto al sacrificio de *comunión que se ofrece al SEÑOR: **12** Si se ofrece en acción de gracias, entonces se ofrecerán también panes sin levadura amasados con aceite, obleas sin levadura untadas con aceite, o panes de flor de harina amasados con aceite. **13** Junto con el sacrificio de comunión en acción de gracias, se deberá presentar una ofrenda de pan con levadura. **14** De toda ofrenda deberá presentarse una parte como contribución al SEÑOR, y se destinará al sacerdote a quien le corresponda derramar la sangre del sacrificio de comunión. **15** La

c **6:20** *dos kilos.* Lit. *una décima de efa.*

carne de este sacrificio deberá comerse el día en que se ofrezca, sin dejar nada para el día siguiente.

16»Si el sacrificio tiene que ver con un voto, o si se trata de una ofrenda voluntaria, no sólo se comerá en el día que se ofrezca el sacrificio, sino que podrá comerse el resto al día siguiente. 17Pero toda la carne que quede hasta el tercer día se quemará en el fuego.

18»Si alguna carne del sacrificio de comunión llega a comerse al tercer día, tal sacrificio no será válido ni se tomará en cuenta, porque la carne ya está descompuesta. El que la coma sufrirá las consecuencias de su pecado.

19»No deberá comerse la carne que haya tocado alguna cosa ritualmente *impura, sino que se quemará en el fuego. En cuanto a otra carne, toda persona pura podrá comerla.

20»Si una persona impura come la carne ofrecida al SEÑOR en el sacrificio de comunión, será eliminada de su pueblo.

21»Si alguien toca cualquier clase de impureza humana, o de animal o de algo detestable, y luego come la carne ofrecida al SEÑOR en el sacrificio de comunión, será eliminado de su pueblo.»

Prohibiciones acerca de la grasa y de la sangre

22El SEÑOR le ordenó a Moisés 23que les dijera a los israelitas: «Ustedes no comerán grasa de ganado vacuno, ovino o cabrío. 24La grasa de un animal muerto o destrozado podrá usarse con cualquier otro fin, menos para comerla. 25Todo el que coma grasa de animales presentados como ofrenda por fuego para el SEÑOR, será eliminado de su pueblo. 26Vivan donde vivan, ustedes no comerán grasa ni sangre alguna, sea de ave o de otro animal. 27Todo el que coma cualquier clase de sangre, será eliminado de su pueblo.»

La porción de los sacerdotes

28El SEÑOR le ordenó a Moisés 29que les dijera a los israelitas: «El que ofrezca al SEÑOR un sacrificio de *comunión deberá presentar al SEÑOR parte de ese sacrificio, 30y presentarle también una ofrenda por fuego. Llevará la grasa y el pecho, y mecerá ante el SEÑOR el pecho de la víctima como ofrenda mecida. 31El sacerdote quemará la grasa en el altar, pero el pecho será para Aarón y sus hijos. 32Al sacerdote se le dará, como contribución, el muslo derecho del sacrificio de comunión. 33El muslo derecho será la porción del sacerdote*d* a quien le toque ofrecer la sangre y la grasa del sacrificio. 34Porque de los sacrificios de comunión que ofrecen los israelitas, yo he tomado el pecho mecido y el muslo para dárselos, como contribución, al sacerdote Aarón y a sus hijos. Éste será un estatuto*e* perpetuo entre los israelitas.»

35De las ofrendas presentadas por fuego al SEÑOR, ésa es la porción consagrada para Aarón y sus hijos desde el día en que Moisés se los presentó al SEÑOR como sacerdotes. 36El día en que fueron ungidos, el SEÑOR ordenó a los israelitas darles esa porción. Es un estatuto perpetuo para sus descendientes.

37Ésta es la ley respecto a los *holocaustos, las ofrendas de cereales, los sacrificios *expiatorios, los sacrificios por la culpa, los sacrificios de ordenación, y los sacrificios de comunión. 38El SEÑOR se la dio a Moisés en el monte Sinaí el día en que mandó a los israelitas presentarle ofrendas en el desierto de Sinaí.

La ordenación de Aarón y sus hijos

8:1-36 — Éx 29:1-37

8 El SEÑOR le dijo a Moisés: 2«Toma a Aarón y a sus hijos, junto con sus vestiduras, el aceite de la unción, el novillo para el sacrificio *expiatorio, los dos carneros y el canastillo de los panes sin levadura, 3y congrega a toda la comunidad a la entrada de la *Tienda de reunión.»

4Moisés llevó a cabo la orden del SEÑOR, y congregó a la comunidad a la entrada de la Tienda de reunión. 5Allí Moisés les dijo: «Esto es lo que el SEÑOR nos ha ordenado hacer.» 6Acto seguido,

---

*d***7:33** *sacerdote.* Lit. *de entre los hijos de Aarón.*   *e***7:34** *estatuto.* Alt. *derecho*; también en v. 36.

Moisés hizo que se acercaran Aarón y sus hijos, y los lavó con agua. **7**A Aarón le puso la túnica y se la ciñó con la faja; luego lo cubrió con el manto, y encima le puso el *efod, ciñéndoselo con la cinta del mismo. **8**En seguida, le colocó el pectoral, y sobre éste puso el *urim* y el *tumim*. **9**Por último, le colocó la tiara en la cabeza, y en la parte delantera puso la placa de oro, símbolo de su consagración, tal como el SEÑOR se lo había mandado a Moisés.

10Después Moisés tomó el aceite de la unción, y ungió el santuario y todo lo que había en él, para consagrarlos. **11**Siete veces roció el aceite sobre el altar, para ungirlo y consagrarlo junto con el lavamanos y su base, y todos sus utensilios. **12**Luego, para consagrar a Aarón, lo ungió derramando sobre su cabeza el aceite de la unción.

13Acto seguido, Moisés hizo que los hijos de Aarón se acercaran, y los vistió con las túnicas; se las ciñó con la faja, y les sujetó las mitras, tal como el SEÑOR se lo había mandado. **14**Luego hizo traer el novillo del sacrificio expiatorio, y Aarón y sus hijos pusieron las manos sobre la cabeza del novillo. **15**Después Moisés lo degolló, y tomando un poco de sangre con el dedo, la untó en los cuernos alrededor del altar para *purificarlo. El resto de la sangre la derramó al pie del altar, y así lo consagró e hizo *propiciación por él. **16**Luego Moisés tomó toda la grasa que recubre los intestinos, el lóbulo del hígado, los dos riñones y su grasa, y los quemó en el altar. **17**Pero el resto del novillo, es decir, la piel, la carne y el excremento, lo quemó en el fuego, fuera del campamento, tal como el SEÑOR se lo había mandado.

18Moisés mandó traer el carnero del *holocausto, y Aarón y sus hijos pusieron las manos sobre la cabeza del carnero. **19**Moisés lo degolló, y derramó la sangre alrededor del altar. **20**Cortó luego el carnero en trozos, y quemó la cabeza, los trozos y el sebo. **21**Lavó con agua los intestinos y las patas, y luego quemó todo el carnero en el altar como holocausto de aroma grato, como ofrenda presentada por fuego al SEÑOR, tal como el SEÑOR se lo había mandado.

22Después Moisés mandó traer el otro carnero, el del sacrificio de ordenación, y Aarón y sus hijos pusieron las manos sobre la cabeza del carnero. **23**Moisés lo degolló, y tomando un poco de la sangre, se la untó a Aarón en el lóbulo de la oreja derecha, en el pulgar de la mano derecha y en el dedo gordo del pie derecho. **24**Además, hizo que los hijos de Aarón se acercaran, y les untó sangre en el lóbulo de la oreja derecha, en el pulgar de la mano derecha y en el dedo gordo del pie derecho. Luego derramó la sangre alrededor del altar. **25**Tomó la grasa y la cola, y toda la grasa que recubre los intestinos, el lóbulo del hígado, los dos riñones y su grasa, y el muslo derecho, **26**y tomando del canastillo que estaba colocado ante el SEÑOR un pan sin levadura, una oblea y una torta de pan amasada con aceite, lo puso todo sobre la grasa y el muslo derecho. **27**Todo esto lo puso sobre las manos de Aarón y de sus hijos, y Aarón lo ofreció ante el SEÑOR como ofrenda mecida. **28**Después se lo entregaron a Moisés, quien lo quemó en el altar, junto con el holocausto, como un sacrificio de ordenación de aroma grato, como una ofrenda presentada por fuego al SEÑOR. **29**Luego, de la parte de la ofrenda que le pertenecía, Moisés tomó el pecho de la víctima y se lo presentó al SEÑOR como ofrenda mecida, tal como el SEÑOR se lo había mandado.

30Moisés tomó un poco del aceite de la unción y de la sangre del altar, y roció a Aarón y a sus hijos, junto con sus vestiduras. Así consagró Moisés a Aarón y a sus hijos, junto con sus vestiduras.

31Luego les dijo Moisés a Aarón y a sus hijos: «Cuezan la carne a la entrada de la Tienda de reunión, y cómanla allí junto con el pan del sacrificio de ordenación, tal como lo ordené cuando dije: "Aarón y sus hijos se lo comerán." **32**Quemen después en el fuego el resto de la carne y del pan. **33**Quédense siete días a la entrada de la Tienda de reunión, hasta que se complete el rito de su ordenación, que dura siete días. **34**El SEÑOR mandó que se hiciera propiciación por ustedes, tal como se ha hecho hoy. **35**Así que siete días con sus noches se quedarán a la entrada de la

Tienda de reunión, cumpliendo con lo que el SEÑOR ha prescrito, para que no mueran. Así me lo ha mandado el SEÑOR.» **36**Y Aarón y sus hijos hicieron todo lo que el SEÑOR había mandado por medio de Moisés.

Los sacerdotes inician su ministerio

9 Al octavo día Moisés llamó a Aarón y a sus hijos, y a los *ancianos de Israel. **2**A Aarón le dijo: «Toma un becerro para el sacrificio *expiatorio y un carnero para el *holocausto, ambos sin defecto, y preséntaselos al SEÑOR. **3**Diles después a los israelitas: "Traigan un macho cabrío para el sacrificio expiatorio, y un becerro y un cordero para el holocausto, ambos de un año y sin defecto. **4**Traigan también un toro y un carnero para ofrecérselos al SEÑOR como sacrificio de *comunión; y traigan una ofrenda de cereal amasada con aceite. El SEÑOR se manifestará hoy ante ustedes."»

5Los israelitas llevaron hasta la *Tienda de reunión lo que Moisés había mandado; y toda la comunidad se acercó y se quedó de pie ante el SEÑOR. **6**Y Moisés les dijo: «Esto es lo que el Señor les manda hacer, para que la gloria del SEÑOR se manifieste ante ustedes.»

7Después Moisés le dijo a Aarón: «Acércate al altar, y ofrece tu sacrificio expiatorio y tu holocausto. Haz *propiciación por ti y por el pueblo. Presenta la ofrenda por el pueblo y haz propiciación por ellos, tal como el SEÑOR lo ha mandado.»

8Aarón se acercó al altar y degolló el becerro como sacrificio expiatorio por sí mismo. **9**Sus hijos le llevaron la sangre, y él mojó el dedo en la sangre y la untó en los cuernos del altar, derramando luego la sangre al pie del altar. **10**Luego quemó en el altar la grasa, los riñones y el lóbulo del hígado del animal sacrificado, tal como el SEÑOR se lo había mandado a Moisés. **11**La carne y la piel las quemó fuera del campamento.

12Después Aarón degolló la víctima del holocausto. Sus hijos le llevaron la sangre, y él la derramó alrededor del altar. **13**También le fueron pasando los trozos

del animal y la cabeza, y él lo quemó todo en el altar. **14**Lavó los intestinos y las patas, y luego quemó todo esto en el altar, junto con el holocausto.

15Entonces Aarón presentó la ofrenda del pueblo, es decir, el macho cabrío del sacrificio expiatorio. Lo tomó y lo degolló, ofreciéndolo como sacrificio expiatorio, como hizo con el primero.

16Luego presentó la víctima del holocausto, la cual sacrificó en la forma prescrita. **17**También presentó la ofrenda de cereal, y tomando un puñado lo quemó en el altar, además del holocausto de la mañana.

18Después degolló el toro y el carnero como sacrificio de comunión por el pueblo. Sus hijos le llevaron la sangre, y él la derramó alrededor del altar. **19**Pero tomó la grasa del toro y del carnero, es decir, la cola, el sebo que recubre los intestinos, los riñones y el lóbulo del hígado, **20**y lo puso todo sobre el pecho de las víctimas para quemarlo en el altar. **21**Aarón meció ante el SEÑOR el pecho y el muslo derecho de las víctimas. Fue una ofrenda mecida, tal como Moisés se lo había mandado.

22Aarón levantó las manos hacia el pueblo, y los bendijo. Una vez que terminó de ofrecer el sacrificio expiatorio, el holocausto y el sacrificio de comunión, se retiró del altar.

23Moisés y Aarón entraron en la Tienda de reunión. Al salir, bendijeron al pueblo, y la gloria del SEÑOR se manifestó a todo el pueblo. **24**De la presencia del SEÑOR salió un fuego, que consumió el holocausto y la grasa que estaban sobre el altar. Al ver esto, todo el pueblo prorrumpió en gritos de júbilo y cayó rostro en tierra.

Muerte de Nadab y Abiú

10 Pero Nadab y Abiú, hijos de Aarón, tomaron cada uno su incensario y, poniendo en ellos fuego e incienso, ofrecieron ante el SEÑOR un fuego que no tenían por qué ofrecer, pues él no se lo había mandado. **2**Entonces salió de la presencia del SEÑOR un fuego que los consumió, y murieron ante él. **3**Moisés le dijo a Aarón: «De esto hablaba el SEÑOR cuando dijo:

»"Entre los que se acercan a mí
manifestaré mi *santidad,
y ante todo el pueblo
manifestaré mi gloria."»

Y Aarón guardó silencio.

4Moisés mandó llamar a Misael y a
Elzafán, hijos de Uziel, tío de Aarón, y les
dijo: «Vengan acá y retiren del santuario
a sus hermanos. ¡Sáquenlos del campamento!» **5**Ellos se acercaron y, tomándolos por las túnicas, se los llevaron fuera
del campamento, tal como Moisés lo había
ordenado.

Ley sobre el duelo sacerdotal

6Luego Moisés les dijo a Aarón y a sus
hijos Eleazar e Itamar: «No anden ustedes
con el pelo despeinado, ni se rasguen los
vestidos. Así no morirán ustedes ni se
irritará el SEÑOR contra toda la comunidad. Sus hermanos israelitas harán duelo
por el incendio que produjo el SEÑOR,
7pero ustedes no vayan a salir de la *Tienda de reunión, no sea que mueran, porque
el aceite de la unción del SEÑOR está sobre
ustedes.» Y ellos hicieron lo que Moisés
les dijo.

Ley sobre el culto y el licor

8El SEÑOR le dijo a Aarón: **9**«Ni tú ni
tus hijos deben beber vino ni licor cuando
entren en la Tienda de reunión, pues de lo
contrario morirán. Éste es un *estatuto
perpetuo para tus descendientes, **10**para
que puedan distinguir entre lo *santo y lo
profano, y entre lo *puro y lo impuro, **11**y
puedan también enseñar a los israelitas
todos los estatutos que el SEÑOR les ha
dado a conocer por medio de Moisés.»

La porción de los sacerdotes

12Moisés le dijo a Aarón, y también a
Eleazar e Itamar, los hijos que le quedaban
a Aarón: «Tomen el resto de la ofrenda de
cereal presentada al SEÑOR, y cómanla sin
levadura, junto al altar, porque es sumamente sagrada. **13**Cómanla en un lugar
*santo, porque así se me ha mandado. Es

un estatuto/ para ti y para tus hijos con
respecto a la ofrenda presentada por fuego
al SEÑOR.

14»Tú y tus hijos e hijas podrán comer
también, en un lugar *puro, el pecho que
es ofrenda mecida y el muslo dado como
contribución. Ambos son parte de los sacrificios de *comunión de los israelitas, y
a ti y a tus hijos se les han dado como
estatuto. **15**Tanto el muslo como el pecho
serán presentados junto con la ofrenda de
la grasa, para ofrecérselos al SEÑOR como
ofrenda mecida. Será un estatuto perpetuo
para ti y para tus hijos, tal como lo ha
mandado el SEÑOR.»

Un caso especial

16Moisés pidió con insistencia el macho cabrío del sacrificio *expiatorio, pero
éste ya había sido quemado en el fuego.
Irritado con Eleazar e Itamar, los hijos
sobrevivientes de Aarón, les preguntó:

17—¿Por qué no comieron el sacrificio
expiatorio dentro del santuario? Es un
sacrificio sumamente sagrado; se les dio
para quitar la culpa de la comunidad y
hacer *propiciación por ellos ante el
SEÑOR. **18**Si no se introdujo en el lugar
santo la sangre del macho cabrío, ustedes
debieron haberse comido el animal en el
área del santuario, tal como se lo mandé.

19Entonces Aarón le respondió a Moisés:

—Hoy mis hijos ofrecieron ante el
SEÑOR su sacrificio expiatorio y su *holocausto, ¡y es cuando tenía que sucederme semejante desgracia! Si hoy hubiera
yo comido del sacrificio expiatorio, ¿le
habría parecido correcto al SEÑOR?

20Al oír esto, Moisés quedó satisfecho
con la respuesta.

Leyes sobre animales puros e impuros g

11:1-23 — Dt 14:3-20

11 El SEÑOR les ordenó a Moisés y a
Aarón **2**que les dijeran a los israelitas: «De todas las bestias que hay en
tierra firme, éstos son los animales que

---

f **10:13** *estatuto.* Alt. *derecho*; también en vv. 14 y 15.
g La identificación de algunos animales, aves e
insectos de este capítulo no ha podido establecerse con precisión.

ustedes podrán comer: ³los rumiantes que tienen la pezuña partida en dos. ⁴Hay, sin embargo, rumiantes que no tienen la pezuña partida. De esos animales no podrán comer los siguientes:

»El camello, porque es rumiante pero no tiene la pezuña partida; este animal será *impuro para ustedes.

⁵»El conejo, porque es rumiante pero no tiene la pezuña partida; este animal será impuro para ustedes.

⁶»La liebre, porque es rumiante[h] pero no tiene la pezuña partida; este animal será impuro para ustedes.

⁷»El cerdo, porque tiene la pezuña partida en dos pero no es rumiante; este animal será impuro para ustedes.

⁸»No comerán la carne ni tocarán el cadáver de estos animales. Ustedes los considerarán animales impuros.

⁹»De los animales que hay en las aguas, es decir, en los mares y en los ríos, ustedes podrán comer los que tengan aletas y escamas. ¹⁰En cambio, considerarán inmundos a todos los animales de los mares y de los ríos que no tengan aletas ni escamas, sean reptiles u otros animales acuáticos. ¹¹No comerán su carne, y rechazarán su cadáver, porque ustedes los considerarán animales inmundos. ¹²Todo animal acuático que no tenga aletas ni escamas será para ustedes un animal inmundo.

¹³»Las siguientes aves ustedes las rechazarán y no las comerán, porque las considerarán animales inmundos: el águila, el quebrantahuesos, el águila marina, ¹⁴toda clase de milanos y gavilanes, ¹⁵toda clase de cuervos, ¹⁶el avestruz, la lechuza, toda clase de gaviotas, ¹⁷el búho, el avetoro, el cisne, ¹⁸la lechuza nocturna, el pelícano, el buitre, ¹⁹la cigüeña, toda clase de garzas, la abubilla y el murciélago.

²⁰»A todo insecto alado que camina en cuatro patas lo considerarán ustedes un animal inmundo. ²¹Hay, sin embargo, algunos insectos alados que caminan en cuatro patas y que ustedes podrán comer: los que además de sus patas tienen zancas para saltar, ²²y también toda clase de langostas, grillos y saltamontes. ²³Pero a los demás insectos alados que caminan en cuatro patas ustedes los considerarán animales inmundos.

Leyes sobre la impureza por tocar un animal impuro

²⁴»Ustedes quedarán *impuros por lo siguiente:

»Todo el que toque el cadáver de esos animales quedará impuro hasta el anochecer.

²⁵»Todo el que recoja alguno de esos cadáveres deberá lavarse la ropa, y quedará impuro hasta el anochecer.

²⁶»Considerarán impuro a todo animal que no tenga la pezuña partida ni sea rumiante. Cualquiera que lo toque quedará impuro.

²⁷»De los animales de cuatro patas, tendrán por impuro a todo el que se apoya sobre sus plantas. Cualquiera que toque su cadáver quedará impuro hasta el anochecer, ²⁸y todo el que lo recoja deberá lavarse la ropa, y quedará impuro hasta el anochecer. A estos animales ustedes los considerarán impuros.

²⁹»Entre los animales que se arrastran, ustedes considerarán impuros a la comadreja, al ratón, a toda clase de lagartos, ³⁰a la salamanquesa, a la iguana, al camaleón y a la salamandra. ³¹Éstos son los animales que ustedes considerarán impuros entre los que se arrastran. Todo el que toque el cadáver de esos animales quedará impuro hasta el anochecer.

Otras leyes sobre el contacto con animales impuros

³²»Cuando el cadáver de algún animal *impuro toque algún objeto de madera, o ropa, o piel, o un saco o cualquier utensilio de uso cotidiano, tal objeto quedará impuro. Deberá lavarse con agua, y quedará impuro hasta el anochecer. Entonces volverá a ser puro.

³³»Si el cadáver de alguno de estos animales cae dentro de una vasija de barro, todo lo que la vasija contenga quedará impuro, y habrá que romperla. ³⁴Todo

[h] **11:5,6** *rumiante ... rumiante.* Así percibían los hebreos al conejo y a la liebre.

alimento sobre el que caiga agua de dicha vasija quedará impuro; lo mismo sucederá con todo líquido que haya en esa vasija. **35**Cualquier cosa sobre la que caiga parte de estos cadáveres quedará impura, y habrá que destruir los hornos y los fogones con los que haya entrado en contacto. Los cadáveres son impuros, y así deberán considerarlos. **36**Sólo las fuentes o las cisternas que recogen agua permanecerán puras; cualquier otra cosa que toque un cadáver quedará impura.

37»Si alguno de esos cadáveres cae sobre la semilla destinada a la siembra, la semilla permanecerá pura. **38**Pero si la semilla se remoja en agua, y alguno de esos cadáveres cae sobre ella, deberán considerarla impura.

39»Si muere algún animal de los que está permitido comer, quien toque su cadáver quedará impuro hasta el anochecer. **40**Quien coma carne de ese cadáver se lavará la ropa y quedará impuro hasta el anochecer. Quien lo recoja se lavará la ropa y quedará impuro hasta el anochecer.

Resumen sobre los reptiles y la santidad

41»No comerán ustedes ninguno de los animales que se arrastran, porque son inmundos. **42**No comerán ningún animal que se arrastre sobre su vientre, o que se apoye sobre sus plantas, o que tenga más de cuatro patas. En resumen, no comerán ustedes ningún animal que se arrastra, porque es inmundo; **43**es decir, no se *contaminen por causa de su inmundicia, pues son animales inmundos. **44**Yo soy el SEÑOR su Dios, así que *santifíquense y manténganse santos, porque yo soy santo. No se hagan *impuros por causa de los animales que se arrastran. **45**Yo soy el SEÑOR, que los sacó de la tierra de Egipto, para ser su Dios. Sean, pues, santos, porque yo soy santo.

Conclusión

46»Ésta es la ley acerca de los animales y de las aves, y de todo ser que se mueve dentro de las aguas o que se arrastra por el suelo, **47**para que así puedan distinguir entre lo puro y lo impuro, y entre lo que se puede comer y lo que no se debe comer.»

Purificación después del alumbramiento

12 El SEÑOR le ordenó a Moisés **2**que les dijera a los israelitas: «Cuando una mujer conciba y dé a luz un niño, quedará *impura durante siete días, como lo es en el tiempo de su menstruación. **3**Al octavo día, el niño será circuncidado. **4**La madre deberá permanecer treinta y tres días más purificándose de su flujo de sangre. No tocará ninguna cosa *santa, ni irá al santuario, hasta que termine su período de purificación.

5»Si da a luz una niña, la madre quedará impura durante dos semanas, como lo es en el tiempo de su menstruación, y permanecerá sesenta y seis días más purificándose de su flujo de sangre.

6»Una vez cumplido su período de purificación, sea que haya tenido un niño o una niña, tomará un cordero de un año como *holocausto, y un pichón de paloma o una tórtola como sacrificio *expiatorio, y los llevará al sacerdote, a la entrada de la *Tienda de reunión, **7**quien los ofrecerá ante el SEÑOR. Así el sacerdote hará *propiciación por la mujer, y la purificará de su flujo de sangre.

»Ésta es la ley concerniente a la mujer que dé a luz un niño o una niña. **8**Pero si no le alcanza para comprar un cordero, tomará dos tórtolas o dos pichones de paloma, uno como holocausto y el otro como sacrificio expiatorio. Así el sacerdote hará propiciación por la mujer, y ella quedará purificada.»

Leyes sobre enfermedades cutáneas

13 El SEÑOR les dijo a Moisés y a Aarón: **2**«Cuando a una persona le salga en la piel alguna inflamación, erupción o mancha blancuzca que pueda convertirse en infección,[i] se le llevará al sacerdote Aarón, o a alguno de sus des-

---

[i] **13:2** *infección*. Tradicionalmente *lepra*; así en el resto de este capítulo y en el siguiente.

cendientes los sacerdotes. **3**El sacerdote examinará la llaga. Si el vello en la parte afectada se ha puesto blanco y la llaga se ve más hundida que la piel, entonces se trata de una enfermedad infecciosa. Después de examinar a la persona, el sacerdote la declarará *impura.

4»Si la mancha blancuzca no se ve más hundida que la piel, ni el vello se le ha puesto blanco, el sacerdote aislará a la persona enferma durante siete días, **5**y al séptimo día la examinará de nuevo. Si juzga que la infección no ha seguido extendiéndose sobre la piel, aislará a esa persona otros siete días. **6**Cumplidos los siete días, el sacerdote la examinará otra vez, y si el mal no se ha extendido sobre la piel sino que ha disminuido, la declarará pura. No era más que una erupción, así que la persona enferma se lavará la ropa y quedará pura.

7»Si la erupción se le sigue extendiendo sobre la piel luego de haberse presentado ante el sacerdote para su purificación, la persona enferma tendrá que volver a presentarse ante él. **8**El sacerdote la examinará, y si la erupción se ha extendido sobre la piel, declarará impura a esa persona, pues se trata de una enfermedad infecciosa.

Leyes sobre enfermedades infecciosas

9»Cuando una persona tenga una infección en la piel, deberá ser llevada ante el sacerdote, **10**quien la examinará. Si ocurre que la inflamación y el vello se han puesto blancos, y se ve la carne viva, **11**se trata de una infección crónica. El sacerdote declarará *impura a tal persona. Pero no hará falta aislarla otra vez, porque ya se sabe que es impura.

12»Si la infección se ha extendido sobre la piel de tal manera que, hasta donde el sacerdote pueda ver, cubre toda la piel de la persona enferma, **13**entonces el sacerdote la examinará. Si ve que la infección le cubre todo el cuerpo, la declarará pura. Esa persona es pura porque todo el cuerpo se le ha puesto blanco. **14**Pero será impura en el momento en que le aparezca una llaga ulcerosa. **15**Cuando el sacerdote examine la carne viva, declarará impura a

esa persona. La carne viva es impura, pues se trata de una enfermedad infecciosa. **16**Pero si la llaga ulcerosa se le pone blanca, la persona enferma deberá ir al sacerdote **17**para que la examine. Si la llaga se le ha puesto blanca, el sacerdote declarará pura a esa persona, y en efecto lo será.

Leyes sobre los abscesos

18»Si alguien ha tenido un absceso en la piel, y luego sana **19**pero en el sitio del absceso le aparece una inflamación blancuzca, o una mancha rojiza, deberá presentarse ante el sacerdote **20**para que lo examine. Si la inflamación se ve más hundida que la piel y el vello se le ha puesto blanco, el sacerdote lo declarará *impuro. Se trata de una enfermedad infecciosa que ha brotado en el sitio donde estaba el absceso. **21**Pero si, al examinar al enfermo, encuentra el sacerdote que el vello no se le ha puesto blanco, y que el absceso no se ve más hundido que la piel sino que ha disminuido, entonces aislará al enfermo durante siete días. **22**Si el absceso se extiende sobre la piel, declarará impuro al enfermo, pues se trata de una enfermedad. **23**Si el absceso no se desarrolla ni la mancha blanca se extiende sino que ha cicatrizado, declarará puro al enfermo.

Leyes sobre las quemaduras

24»Si alguien se quema, y sobre la quemadura le aparece una mancha blancuzca o rojiza, **25**el sacerdote deberá examinarla. Si el vello de la mancha se le ha puesto blanco, y la mancha misma se ve más hundida que la piel, se trata de una enfermedad infecciosa que brotó en el sitio de la quemadura. El sacerdote declarará *impuro al enfermo, pues se trata de una infección.

26»Si al examinar la quemadura encuentra el sacerdote que el vello no se ha puesto blanco ni la mancha se ve más hundida que la piel, sino que ha disminuido, entonces aislará al enfermo durante siete días. **27**Al séptimo día el sacerdote volverá a examinarlo, y si observa que la mancha se ha extendido sobre la piel, lo declarará impuro, pues se trata de una infección. **28**En cambio, si la mancha blancuzca no ha seguido extendiéndose sobre la piel, se trata sólo de la inflamación de la quemadura. Entonces el sacerdote lo declarará puro, ya que se trata sólo de una quemadura cicatrizada.

Leyes sobre enfermedades del cuero cabelludo y de la barba

29»Si a un hombre o a una mujer les sale una llaga en la cabeza o en el mentón, 30el sacerdote deberá examinar la llaga. Si ésta se ve más hundida que la piel, y el pelo se ve amarillento y delgado, declarará *impuro al enfermo. Se trata de tiña, que es una infección en la cabeza o en el mentón. 31Pero si al examinar la llaga tiñosa el sacerdote ve que no está más hundida que la piel ni tiene pelo negro, aislará al enfermo de tiña durante siete días. 32Al séptimo día el sacerdote deberá examinar otra vez al enfermo; si la tiña no se ha extendido, ni tiene pelo amarillento ni se ve más hundida que la piel, 33entonces el enfermo se afeitará el pelo, pero no la parte afectada, y el sacerdote lo aislará otros siete días. 34Al séptimo día el sacerdote volverá a examinar al enfermo; si la tiña no se ha extendido por la piel ni se ve más hundida que ésta, lo declarará puro. Entonces el enfermo se lavará la ropa y quedará puro.

35»Si después de su purificación la tiña se extiende por toda la piel, 36el sacerdote deberá examinarlo. Si la tiña se ha extendido por toda la piel, ya no hará falta que el sacerdote busque pelo amarillento, porque el enfermo es impuro. 37En cambio, si considera que la tiña no se ha desarrollado y nota que le ha crecido pelo negro, entonces el enfermo ha sanado. Es puro, y así deberá declararlo el sacerdote.

Afecciones cutáneas benignas

38»Si a un hombre o a una mujer les salen manchas blancuzcas en la piel, 39el sacerdote deberá examinarlas. Si las manchas resultan ser blancuzcas, se trata sólo de una erupción cutánea, de modo que la persona es *pura.

Leyes sobre la calvicie

40»Si a alguien se le cae el pelo de la nuca, y se queda calvo, es puro. 41Si se le cae el pelo de las sienes y se queda calvo, también es puro. 42Pero si en su calvicie de la nuca o de las sienes le aparece una llaga rojiza, se trata de una infección que le ha brotado en la parte calva. 43El sacerdote deberá examinarlo. Si la inflamación es rojiza, parecida a las infecciones de la piel, 44se trata entonces de una persona infectada e impura. El sacerdote la declarará impura por esa llaga en la cabeza.

Ley sobre las infecciones

45»La persona que contraiga una infección se vestirá de harapos y no se peinará; con el rostro semicubierto irá gritando: "¡*Impuro! ¡Impuro!", 46y será impuro todo el tiempo que le dure la enfermedad. Es impuro, así que deberá vivir aislado y fuera del campamento.

Leyes sobre el moho

47»Cuando la ropa de lana o de lino se llene de moho, 48o éste aparezca en la urdimbre o trama del lino o de la lana, o en algún cuero o artículo de piel, 49y su color sea verdusco o rojizo, se trata de una infección de moho, y deberá mostrársele al sacerdote, 50quien examinará la mancha y aislará durante siete días el objeto infectado. 51Al séptimo día el sacerdote examinará la mancha. Si ésta se ha extendido en la ropa o en la urdimbre, o en la trama, o en el cuero o en cualquier artículo de piel, se trata de un moho corrosivo. Tal objeto es *impuro. 52Se le prenderá fuego a la ropa o a la urdimbre, trama, lana, lino o cualquier artículo de piel que haya sido infectado, porque se trata de un moho corrosivo. El objeto deberá ser quemado.

53»Si al examinar el objeto, el sacerdote observa que la mancha no se ha extendido sobre el vestido, ni sobre la urdimbre, trama, lana, lino, o cualquier artículo de cuero, 54entonces mandará lavar el objeto infectado y lo aislará otros siete días. 55Una vez lavado el objeto, el sacerdote procederá a examinarlo. Si observa que la mancha no ha cambiado de aspecto, dicho objeto será considerado impuro aun cuando la mancha no se haya extendido. El objeto será quemado por estar corroído, sea por dentro o por fuera.

⁵⁶»Si después de lavado el objeto, el sacerdote lo examina y observa que la mancha ha disminuido, deberá arrancar la parte manchada del vestido, del cuero, de la urdimbre o de la trama. ⁵⁷Si la mancha reaparece en la ropa, en la urdimbre, en la trama o en cualquier artículo de piel, significa que ha vuelto a brotar. La parte infectada será quemada, ⁵⁸pero toda ropa, urdimbre, trama o artículo de piel que al lavarse pierda la mancha, se volverá a lavar, y el objeto quedará puro.»

⁵⁹Ésta es la ley respecto al moho que infecta la ropa, la lana, el lino, la urdimbre, la trama o cualquier artículo de piel, para poder declararlos puros o impuros.

Purificación de las enfermedades cutáneas

14 El SEÑOR le dijo a Moisés: ²«Ésta es la ley que se aplicará para declarar *pura a una persona infectada. Será presentada ante el sacerdote, ³quien la examinará fuera del campamento. Si el sacerdote comprueba que la persona infectada se ha sanado de su enfermedad, ⁴mandará traer para la purificación de esa persona dos aves vivas y puras, un pedazo de madera de cedro, un paño escarlata y una rama de *hisopo. ⁵Después el sacerdote mandará degollar la primera ave sobre una vasija de barro llena de agua de manantial. ⁶Tomará la otra ave viva, la madera de cedro, el paño escarlata y la rama de hisopo, y mojará todo esto junto con el ave viva en la sangre del ave que fue degollada sobre el agua de manantial. ⁷Luego rociará siete veces a quien va a ser purificado de la infección, y lo declarará puro. Entonces dejará libre a campo abierto el ave viva.

⁸»El que se purifica deberá lavarse la ropa, afeitarse todo el pelo y bañarse. Así quedará puro. Después de esto podrá entrar en el campamento, pero se quedará fuera de su carpa durante siete días. ⁹Al séptimo día se rapará por completo el cabello, la barba y las cejas; se lavará la ropa y se bañará. Así quedará puro.

¹⁰»Al octavo día, el que se purifica deberá traer dos corderos sin defecto y una cordera de un año, también sin defecto; como ofrenda de cereal traerá seis kilosʲ de flor de harina amasada con aceite, junto con un tercio de litroᵏ de aceite. ¹¹El sacerdote que oficia en la purificación presentará ante el SEÑOR, a la entrada de la *Tienda de reunión, al que se purifica y a sus ofrendas. ¹²Después el sacerdote tomará uno de los corderos y, junto con el aceite, lo ofrecerá como sacrificio por la culpa. Lo mecerá ante el SEÑOR, pues se trata de una ofrenda mecida. ¹³Después degollará al cordero en el lugar *santo, donde se degüellan las víctimas del sacrificio *expiatorio y del *holocausto, porque el sacrificio por la culpa, al igual que el sacrificio expiatorio, pertenecen al sacerdote. Se trata de algo sumamente sagrado. ¹⁴Luego tomará el sacerdote un poco de sangre del sacrificio por la culpa y la untará en el lóbulo de la oreja derecha, en el pulgar de la mano derecha y en el dedo gordo del pie derecho del que se purifica. ¹⁵El sacerdote tomará un poco de aceite y se lo echará en la palma de la mano izquierda. ¹⁶Mojará el índice de la mano derecha en el aceite que tiene en la palma izquierda, y rociará el aceite siete veces ante el SEÑOR. ¹⁷Luego, del aceite que le quede en la mano, el sacerdote untará un poco en el lóbulo de la oreja derecha, en el pulgar de la mano derecha y en el dedo gordo del pie derecho del que se purifica, sobre la sangre del sacrificio por la culpa. ¹⁸El sacerdote derramará sobre la cabeza del que se purifica el aceite que le quede en la mano. De este modo celebrará ante el SEÑOR el rito de *propiciación por él. ¹⁹A continuación, el sacerdote ofrecerá el sacrificio expiatorio, haciendo propiciación por el que se purifica de su impureza. Hecho esto, degollará la víctima del holocausto, ²⁰y la ofrecerá en el altar junto con la ofrenda de cereal. Así hará propiciación por él, y lo declarará puro.

²¹»Si el que se purifica es pobre y no tiene para comprar lo requerido, tomará como sacrificio por la culpa un solo cor-

---

ʲ**14:10** *seis kilos.* Lit. *tres décimas* (de *efa).   ᵏ**14:10** *un tercio de litro.* Lit. *un *log*; también en v. 21.

dero, el cual será mecido para hacer propiciación por él. También llevará como ofrenda de cereal dos kilos[l] de flor de harina amasada con aceite, y un cuarto de litro de aceite, **22**junto con dos tórtolas o dos pichones de paloma, según lo que pueda pagar, uno como sacrificio expiatorio y otro como holocausto. **23**Al octavo día los llevará a la entrada de la Tienda de reunión, ante el sacerdote, para su purificación en presencia del SEÑOR. **24**El sacerdote tomará el cordero del sacrificio por la culpa, junto con el aceite, y los mecerá ante el SEÑOR, pues se trata de una ofrenda mecida. **25**Después degollará al cordero del sacrificio por la culpa, tomará un poco de sangre y la untará en el lóbulo de la oreja derecha, en el pulgar de la mano derecha y en el dedo gordo del pie derecho del que se purifica. **26**El sacerdote se echará aceite en la palma de la mano izquierda, **27**y con el índice de la mano derecha lo rociará siete veces ante el SEÑOR. **28**Luego, al que se purifica, el sacerdote le untará un poco del aceite que le quede en la mano. Se lo untará en el lóbulo de la oreja derecha, en el pulgar de la mano derecha y en el dedo gordo del pie derecho, allí donde puso la sangre del sacrificio por la culpa. **29**El aceite que le quede en la mano lo untará el sacerdote en la cabeza del que se purifica, y así hará propiciación por él ante el SEÑOR. **30**Luego ofrecerá las tórtolas o los pichones de paloma, según lo que pueda pagar el oferente, **31**uno como sacrificio expiatorio y otro como holocausto, junto con la ofrenda de cereal. Así hará el sacerdote propiciación ante el SEÑOR en favor del que se purifica.»

32Esta ley se aplicará a la persona que haya contraído una infección cutánea y no tenga para pagar las ofrendas regulares de su purificación.

Purificación de casas infectadas

33El SEÑOR les dijo a Moisés y a Aarón: **34**«Si al entrar ustedes en la tierra de Canaán, la cual les doy en propiedad, yo pongo moho infeccioso en alguna de sus casas, **35**el dueño de la casa deberá decirle al sacerdote: "En mi casa ha aparecido una especie de moho." **36**Entonces el sacerdote, antes de entrar para examinar el moho, mandará que desocupen la casa para que no se *contamine todo lo que haya en ella. Hecho esto, el sacerdote entrará a examinarla. **37**Si el moho de las paredes forma cavidades verduscas o rojizas que parezcan hundirse en la pared, **38**el sacerdote saldrá de la casa y la clausurará durante siete días. **39**Al séptimo día regresará y la examinará. Si el moho se ha extendido por las paredes de la casa, **40**mandará quitar las piedras mohosas y tirarlas fuera de la ciudad, en un lugar *impuro. **41**También mandará raspar todo el interior de la casa, y el material raspado lo arrojará fuera de la ciudad, en un lugar impuro. **42**Después se repondrán las antiguas piedras con otras nuevas, y se resanará la casa con estuco nuevo.

43»Si después de haber quitado las piedras infectadas y de haber raspado y resanado la casa, vuelve a aparecer el moho y se extiende por toda ella, **44**el sacerdote irá a examinarla. Si el moho se ha extendido por toda la casa, se trata de moho corrosivo. Por lo tanto, la casa es impura **45**y deberán demolerla y arrojar, en un lugar impuro fuera de la ciudad, las piedras, el maderamen y el estuco.

46»Cualquiera que entre en la casa mientras esté clausurada quedará impuro hasta el anochecer, **47**y todo el que duerma o coma en dicha casa deberá lavarse la ropa.

48»Si después de haber sido resanada la casa, el sacerdote la examina y el moho no se ha extendido, la declarará pura, porque la infección ha desaparecido.

49»Para purificar la casa, el sacerdote deberá tomar dos aves, pedazos de madera de cedro, ramas de *hisopo y un paño escarlata. **50**Degollará una de las aves sobre una vasija de barro llena de agua de manantial; **51**tomará la madera de cedro, las ramas de hisopo, el paño escarlata y la otra ave viva, y mojará todo esto en la sangre del ave degollada y en el agua de

---

[l] **14:21** *dos kilos*. Lit. *una décima* (de efa).

manantial. 52Luego rociará la casa siete veces, y así la purificará con la sangre del ave, con el agua de manantial y con el ave viva, la madera de cedro, las ramas de hisopo y el paño escarlata. 53Soltará entonces el ave viva a campo abierto. Así hará *propiciación por la casa, y ésta quedará pura.

54»Ésta es la ley respecto a cualquier tipo de infección cutánea o de tiña, 55o de moho, ya sea en la ropa o en una casa, 56o de inflamación, o erupción o mancha blancuzca 57para así poder enseñar al pueblo cuándo algo es puro o impuro. Ésta es la ley respecto a las infecciones.»

Impurezas sexuales en el hombre

15 El SEÑOR les ordenó a Moisés y a Aarón 2que les dijeran a los israelitas: «Si algún hombre tiene un derrame seminal, tal derrame es *impuro, 3lo mismo que el hombre, ya sea que su órgano sexual emita el flujo o que el flujo obstruya el órgano.

»El flujo causa impureza en los siguientes casos:

4»Será impura toda cama donde se acueste el afectado por el flujo, lo mismo que todo objeto sobre el que se siente.

5»Todo el que toque la cama del afectado por el flujo deberá lavarse la ropa y bañarse, y quedará impuro hasta el anochecer.

6»Todo el que se siente donde se haya sentado el afectado por el flujo deberá lavarse la ropa y bañarse, y quedará impuro hasta el anochecer.

7»Todo el que toque el cuerpo del afectado por el flujo deberá lavarse la ropa y bañarse con agua, y quedará impuro hasta el anochecer.

8»Si el afectado por el flujo escupe sobre alguien no *contaminado, éste deberá lavarse la ropa y bañarse, y quedará impuro hasta el anochecer.

9»Toda montura sobre la que cabalgue el afectado por el flujo quedará impura.

10»Todo el que toque algún objeto que haya estado debajo del afectado por el flujo quedará impuro hasta el anochecer; el que transporte dicho objeto deberá lavarse la ropa y bañarse, y quedará impuro hasta el anochecer.

11»Si el afectado por el flujo toca a alguien sin haberse lavado las manos con agua, el que fue tocado deberá lavarse la ropa y bañarse, y quedará impuro hasta el anochecer.

12»Si el afectado por el flujo toca alguna vasija de barro, se romperá la vasija; si toca algún utensilio de madera, éste deberá lavarse con agua.

13»Si al afectado le cesa el flujo, deberá esperar siete días para el rito de su purificación. Se lavará la ropa y se bañará con agua de manantial, y así quedará puro. 14Al octavo día tomará dos tórtolas o dos pichones de paloma, y se presentará ante el SEÑOR, a la entrada de la *Tienda de reunión. Allí entregará las aves al sacerdote, 15quien ofrecerá una como sacrificio *expiatorio y la otra como *holocausto. Así, en presencia del SEÑOR, el sacerdote hará *propiciación por el afectado a causa de su flujo.

16»Cuando un hombre tenga una eyaculación, deberá bañarse todo el cuerpo, y quedará impuro hasta el anochecer. 17Toda ropa o piel sobre la que haya caído semen deberá lavarse con agua, y quedará impura hasta el anochecer.

18»Cuando un hombre y una mujer tengan relaciones sexuales con eyaculación, ambos deberán bañarse, y quedarán impuros hasta el anochecer.

Impurezas sexuales en la mujer

19»Cuando a una mujer le llegue su menstruación, quedará *impura durante siete días.

»Todo el que la toque quedará impuro hasta el anochecer.

20»Todo aquello sobre lo que ella se acueste mientras dure su período menstrual quedará impuro.

»Todo aquello sobre lo que ella se siente durante su período menstrual quedará impuro.

21»Todo el que toque la cama de esa mujer deberá lavarse la ropa y bañarse, y quedará impuro hasta el anochecer.

22»Todo el que toque algún objeto donde ella se haya sentado, deberá lavarse la ropa y bañarse, y quedará impuro hasta el anochecer.

23»Si alguien toca algún objeto que estuvo sobre su cama o en el lugar donde ella se sentó, quedará impuro hasta el anochecer.

24»Si un hombre tiene relaciones sexuales con esa mujer, se *contaminará con su menstruación y quedará impuro durante siete días. Además, toda cama en la que él se acueste quedará también impura.

25»Cuando una mujer tenga flujo continuo de sangre fuera de su período menstrual, o cuando se le prolongue el flujo, quedará impura todo el tiempo que le dure, como durante su período.

26»Toda cama en la que se acueste mientras dure su flujo quedará impura, como durante su período.

»Todo aquello sobre lo que se siente quedará impuro, como durante su período.

27»Todo el que toque cualquiera de estos objetos quedará impuro. Deberá lavarse la ropa y bañarse, y quedará impuro hasta el anochecer.

28»Cuando ella sane de su flujo, deberá esperar siete días para el rito de su purificación. 29Al octavo día tomará dos tórtolas o dos pichones de paloma, y los llevará a la entrada de la *Tienda de reunión, donde se los entregará al sacerdote, 30quien ofrecerá uno como sacrificio *expiatorio y el otro como *holocausto. Así, en presencia del Señor, el sacerdote hará *propiciación por ella a causa de su flujo.

31»Ustedes deben mantener apartados de la impureza a los israelitas. Así evitarán que ellos mueran por haber contaminado mi santuario, que está en medio de ellos.

32»Esta ley se aplicará a quien quede impuro por derrame seminal, 33a la que tenga flujo menstrual, al hombre y a la mujer que tenga relaciones sexuales con eyaculación, y a quien tenga relaciones sexuales con una mujer impura.»

Leyes para la expiación de pecados

16:2-34 — Lv 23:26-32; Nm 29:7-11

16 El Señor le habló a Moisés después de la muerte de los dos hijos de Aarón, quienes murieron al acercarse imprudentemente al Señor. 2Le dijo el Señor a Moisés: «Dile a tu hermano Aarón que no entre a cualquier hora en la parte del santuario que está detrás de la cortina, es decir, delante del *propiciatorio que está sobre el arca, no sea que muera cuando yo aparezca en la nube por encima del propiciatorio.

3»Aarón deberá entrar en el santuario con un novillo para el sacrificio *expiatorio y un carnero para el *holocausto. 4Se pondrá la túnica sagrada de lino y la ropa interior de lino. Se ceñirá con la faja de lino y se pondrá la tiara de lino. Éstas son las vestiduras sagradas que se pondrá después de haberse bañado con agua.

5»De la comunidad de los israelitas, Aarón tomará dos machos cabríos para el sacrificio expiatorio y un carnero para el holocausto. 6Después de que haya ofrecido el novillo del sacrificio expiatorio como propiciación por él y por su familia, 7tomará los dos machos cabríos y los presentará ante el Señor, a la entrada de la *Tienda de reunión. 8Entonces Aarón echará suertes sobre los dos machos cabríos, uno para el Señor y otro para soltarlo en el desierto.^m 9Aarón ofrecerá como sacrificio expiatorio el macho cabrío que le tocó al Señor, 10pero presentará vivo ante el Señor, como propiciación, el macho cabrío que soltará en el desierto; es decir, lo enviará a Azazel.

11»Aarón presentará el novillo para su propio sacrificio expiatorio, y hará propiciación por él y por su familia. Degollará el novillo para su propio sacrificio expiatorio; 12luego tomará del altar que está ante el Señor un incensario lleno de brasas, junto con dos puñados llenos de incienso aromático en polvo, y los llevará tras la cortina; 13colocará entonces el incienso sobre el fuego, en presencia del Señor, para que la nube de incienso cubra el propiciatorio que está sobre el arca del pacto. De esa manera Aarón no morirá. 14Después tomará un poco de la sangre del novillo y la rociará con su dedo al costado oriental del propiciatorio; la rociará delante del propiciatorio siete veces.

---

^m16:8 *para soltarlo en el desierto*. Lit. *para Azazel* (que puede significar un lugar árido); también en v. 26.

¹⁵»Luego degollará el macho cabrío del sacrificio expiatorio en favor del pueblo. Llevará su sangre detrás de la cortina, y hará con esa sangre lo mismo que hizo con la del novillo: la rociará sobre y delante del propiciatorio. ¹⁶Así hará propiciación por el santuario para *purificarlo de las impurezas y transgresiones de los israelitas, cualesquiera que hayan sido sus pecados. Hará lo mismo por la Tienda de reunión, que está entre ellos en medio de sus impurezas. ¹⁷Nadie deberá estar en la Tienda de reunión desde el momento en que Aarón entre para hacer propiciación en el santuario hasta que salga, es decir, mientras esté haciendo propiciación por sí mismo, por su familia y por toda la asamblea de Israel.

¹⁸»Aarón saldrá luego para hacer propiciación por el altar que está delante del Señor. Tomará sangre del novillo y del macho cabrío, y la untará sobre cada uno de los cuernos del altar, ¹⁹y con el dedo rociará con sangre el altar siete veces. Así lo *santificará y lo purificará de las impurezas de los israelitas.

²⁰»Cuando Aarón haya terminado de hacer propiciación por el santuario, la Tienda de reunión y el altar, presentará el macho cabrío vivo, ²¹y le impondrá las manos sobre la cabeza. Confesará entonces todas las iniquidades y transgresiones de los israelitas, cualesquiera que hayan sido sus pecados. Así el macho cabrío cargará con ellos, y será enviado al desierto por medio de un hombre designado para esto. ²²El hombre soltará en el desierto al macho cabrío, y éste se llevará a tierra árida todas las iniquidades.

²³»Entonces Aarón entrará en la Tienda de reunión, se quitará los vestidos de lino que se puso antes de entrar en el santuario, y allí los dejará. ²⁴Se bañará con agua en un lugar *santo y se volverá a vestir. Después saldrá y ofrecerá su propio holocausto y el del pueblo. Así hará propiciación por sí mismo y por el pueblo. ²⁵Además, quemará sobre el altar la grasa del sacrificio expiatorio.

²⁶»El encargado de soltar el macho cabrío en el desierto deberá lavarse la ropa y bañarse con agua. Sólo después de hacer esto podrá volver al campamento.

²⁷»El novillo del sacrificio expiatorio y el macho cabrío del sacrificio expiatorio, cuya sangre se llevó para hacer propiciación por el santuario, se sacarán del campamento, y la piel, la carne y el excremento se quemarán. ²⁸El que les prenda fuego deberá lavarse la ropa y bañarse. Sólo después de hacer esto podrá volver al campamento.

²⁹»Éste será para ustedes un *estatuto perpetuo, tanto para el nativo como para el extranjero: El día diez del mes séptimo ayunarán y no realizarán ningún tipo de trabajo. ³⁰En dicho día se hará propiciación por ustedes para purificarlos, y delante del Señor serán purificados de todos sus pecados. ³¹Será para ustedes un día de completo reposo, en el cual ayunarán. Es un estatuto perpetuo.

³²»La propiciación la realizará el sacerdote que haya sido ungido y ordenado como sucesor de su padre. Se pondrá las vestiduras sagradas de lino, ³³y hará propiciación por el lugar santísimo, por la Tienda de reunión y por el altar. También hará propiciación por los sacerdotes y por toda la comunidad allí reunida.

³⁴»Éste les será un estatuto perpetuo: Una vez al año se deberá hacer propiciación por todos los israelitas a causa de todos sus pecados.»

Y se hizo tal como el Señor se lo había mandado a Moisés.

Prohibición de comer sangre

17 El Señor le ordenó a Moisés ²que les dijera a Aarón y a sus hijos, y a todos los israelitas: «Esto es lo que ha mandado el Señor:

³»Cuando algún israelita sacrifique una res, un cordero o una cabra dentro o fuera del campamento, ⁴será considerado culpable de haber derramado sangre si no lleva el animal a la entrada de la *Tienda de reunión y lo presenta como ofrenda al Señor ante su santuario. Por lo tanto, ese israelita será eliminado de su pueblo. ⁵El propósito de este mandamiento es que los israelitas lleven al Señor los sacrificios que suelen hacer en el campo. Deberán llevarlos al sacerdote, a la entrada de la Tienda de reunión, y ofrecérselos al Señor como sacrificios de *comunión. ⁶El sacerdote derramará la sangre sobre el

altar del SEÑOR, a la entrada de la Tienda de reunión, y quemará la grasa como aroma grato al SEÑOR. [7]Y nunca más volverán a ofrecer ningún sacrificio a sus ídolos que tienen forma de machos cabríos,[n] con los que se han prostituido. Éste es un *estatuto perpetuo para ellos y para sus descendientes.

[8]»Cuando algún israelita o extranjero que viva entre ustedes ofrezca un *holocausto o sacrificio [9]y no lo lleve a la entrada de la Tienda de reunión para ofrecerlo al SEÑOR, el tal será eliminado de su pueblo.

[10]»Cuando algún israelita o extranjero que viva entre ustedes coma cualquier clase de sangre, yo me pondré en su contra y lo eliminaré de su pueblo. [11]Porque la *vida de toda criatura está en la sangre. Yo mismo se la he dado a ustedes sobre el altar, para que hagan *propiciación por ustedes mismos, ya que la propiciación se hace por medio de la sangre. [12]Por eso les digo: Ninguno de ustedes deberá comer sangre, ni tampoco deberá comerla el extranjero que viva entre ustedes.

[13]»Cuando un israelita o algún extranjero que viva entre ustedes cace algún animal o ave que sea lícito comer, le extraerá la sangre y la cubrirá con tierra, [14]pues la vida de toda criatura está en su sangre. Por eso les he dicho: No coman la sangre de ninguna criatura, porque la vida de toda criatura está en la sangre; cualquiera que la coma será eliminado.

[15]»Todo nativo o extranjero que coma la carne de un animal que las fieras hayan matado o despedazado, deberá lavarse la ropa y bañarse con agua, y quedará *impuro hasta el anochecer; después de eso quedará puro. [16]Pero si no se lava la ropa ni se baña, sufrirá las consecuencias de su pecado.»

Relaciones sexuales ilícitas

18 El SEÑOR le ordenó a Moisés [2]que les dijera a los israelitas: «Yo soy el SEÑOR su Dios. [3]No imitarán ustedes las costumbres de Egipto, donde antes habitaban, ni tampoco las de Canaán,

adonde los llevo. No se conducirán según sus *estatutos, [4]sino que pondrán en práctica mis preceptos y observarán atentamente mis leyes. Yo soy el SEÑOR su Dios. [5]Observen mis estatutos y mis preceptos, pues todo el que los practique vivirá por ellos. Yo soy el SEÑOR.

Relaciones no permitidas

[6]»Nadie se acercará a ningún pariente cercano para tener relaciones sexuales con él o con ella. Yo soy el SEÑOR.

[7]»No deshonrarás a tu padre, teniendo relaciones sexuales con tu madre. No lo hagas, porque es tu madre.

[8]»No tendrás relaciones sexuales con la esposa de tu padre, porque sería como tenerlas con él.

[9]»No tendrás relaciones sexuales con tu hermana por parte de padre o de madre, ya sea nacida en la misma casa o en otro lugar.

[10]»No tendrás relaciones sexuales con la hija de tu hijo, ni con la hija de tu hija, porque sería deshonrarte a ti mismo.

[11]»No tendrás relaciones sexuales con la hija que tu padre haya tenido con su mujer. No la deshonres, porque es tu hermana.

[12]»No tendrás relaciones sexuales con la hermana de tu padre, porque sería como tenerlas con tu padre.

[13]»No tendrás relaciones sexuales con la hermana de tu madre, porque sería como tenerlas con tu madre.

[14]»No deshonrarás al hermano de tu padre, teniendo relaciones sexuales con su mujer, porque es tu tía.

[15]»No tendrás relaciones sexuales con tu nuera. No las tendrás, porque sería como tenerlas con tu hijo.

[16]»No tendrás relaciones sexuales con la mujer de tu hermano, porque sería como tenerlas con él mismo.

[17]»No tendrás relaciones sexuales con dos mujeres que sean madre e hija, ni con las nietas de ellas, ya sea por parte de un hijo o de una hija de las mismas. Son parientes cercanas, de modo que eso sería una perversión.

---

[n] **17:7** *ídolos en forma de machos cabríos.* Alt. *demonios.*

18»No te casarás con la hermana de tu esposa, ni tendrás relaciones sexuales con ella mientras tu esposa viva, para no crear rivalidades entre ellas.

Otras relaciones ilícitas

19»No tendrás relaciones sexuales con ninguna mujer durante su período de *impureza menstrual.

20»No tendrás trato sexual con la mujer de tu prójimo, para que no te hagas impuro por causa de ella.

21»No profanarás el *nombre de tu Dios, entregando a tus hijos para que sean quemados como sacrificio a Moloc. Yo soy el SEÑOR.

22»No te acostarás con un hombre como quien se acuesta con una mujer. Eso es una abominación.

23»No tendrás trato sexual con ningún animal. No te hagas impuro por causa de él.

»Ninguna mujer tendrá trato sexual con ningún animal. Eso es una depravación.

24»No se *contaminen con estas prácticas, porque así se contaminaron las naciones que por amor a ustedes estoy por arrojar, **25**y aun la tierra misma se contaminó. Por eso la castigué por su perversidad, y ella vomitó a sus habitantes. **26**Ustedes obedezcan mis *estatutos y preceptos. Ni los nativos ni los extranjeros que vivan entre ustedes deben practicar ninguna de estas abominaciones, **27**pues las practicaron los que vivían en esta tierra antes que ustedes, y la tierra se contaminó. **28**Si ustedes contaminan la tierra, ella los vomitará como vomitó a las naciones que la habitaron antes que ustedes.

29»Cualquiera que practique alguna de estas abominaciones será eliminado de su pueblo. **30**Ustedes observen mis mandamientos y absténganse de seguir las abominables costumbres que se practicaban en la tierra antes de que ustedes llegaran. No se contaminen por causa de ellas. Yo soy el SEÑOR su Dios.»

Llamado a la santidad

19 El SEÑOR le ordenó a Moisés **2**que hablara con toda la asamblea de los israelitas y les dijera: «Sean *santos, porque yo el SEÑOR su Dios soy santo.

3»Respeten todos ustedes a su madre y a su padre, y observen mis *sábados. Yo soy el SEÑOR su Dios.

4»No se vuelvan a los ídolos inútiles, ni se hagan dioses de metal fundido. Yo soy el SEÑOR su Dios.

5»Cuando le ofrezcan al SEÑOR un sacrificio de *comunión, háganlo de tal manera que el SEÑOR lo acepte de buen grado. **6**Cómanselo el día en que lo sacrifiquen, o al día siguiente. Lo que sobre para el tercer día, deberán quemarlo. **7**Si alguien lo come al tercer día, tal sacrificio no le será válido, pues la carne ya se habrá descompuesto. **8**Cualquiera que lo coma sufrirá las consecuencias de su pecado por profanar lo que ha sido consagrado al SEÑOR. Tal persona será eliminada de su pueblo.

Relaciones sociales

9»Cuando llegue el tiempo de la cosecha, no sieguen hasta el último rincón de sus campos ni recojan todas las espigas que allí queden. **10**»No rebusquen hasta el último racimo de sus viñas, ni recojan las uvas que se hayan caído. Déjenlas para los pobres y los extranjeros. Yo soy el SEÑOR su Dios.

11»No roben.

»No mientan.

»No engañen a su prójimo.

12»No juren en mi *nombre sólo por jurar, ni profanen el nombre de su Dios. Yo soy el SEÑOR.

13»No explotes a tu prójimo, ni lo despojes de nada.

»No retengas el salario de tu jornalero hasta el día siguiente.

14»No maldigas al sordo, ni le pongas tropiezos al ciego, sino teme a tu Dios. Yo soy el SEÑOR.

15»No perviertas la justicia, ni te muestres parcial en favor del pobre o del rico, sino juzga a todos con justicia.

16»No andes difundiendo calumnias entre tu pueblo, ni expongas la vida de tu prójimo con falsos testimonios. Yo soy el SEÑOR.

17»No alimentes odios secretos contra tu hermano, sino reprende con franqueza a tu prójimo para que no sufras las consecuencias de su pecado.

18»No seas vengativo con tu prójimo, ni le guardes rencor. Ama a tu prójimo como a ti mismo.[ñ] Yo soy el SEÑOR.

Otras exigencias de la santidad

19»Cumplan mis *estatutos:

»No crucen animales de especies diferentes.

»No planten en su campo dos clases distintas de semilla.

»No usen ropa tejida con dos clases distintas de hilo.

20»Si un hombre se acuesta con una esclava prometida a otro en matrimonio, pero que aún no ha sido rescatada ni declarada libre, a los dos se les impondrá el castigo debido,[o] pero no se les condenará a muerte porque ella aún no ha sido declarada libre. **21**No obstante, el hombre deberá ofrecer al SEÑOR un carnero como ofrenda por su culpa. Lo llevará a la entrada de la *Tienda de reunión, **22**y el sacerdote hará *expiación ante el SEÑOR por el pecado cometido. De este modo su pecado le será perdonado.

23»Cuando ustedes entren en la tierra y planten cualquier clase de árboles frutales, durante tres años no comerán su fruto, sino que lo considerarán inmundo.[p] **24**En el cuarto año todo su fruto será consagrado como una ofrenda de alabanza al SEÑOR, **25**y en el quinto año ya podrán comer de su fruto. De este modo aumentarán sus cosechas. Yo soy el SEÑOR su Dios.

26»No coman nada que tenga sangre.

»No practiquen la adivinación ni los sortilegios.

27»No se corten el cabello en redondo ni se despunten la barba.

28»No se hagan heridas en el cuerpo por causa de los muertos, ni tatuajes en la piel. Yo soy el SEÑOR.

29»No degraden a su hija haciendo de ella una prostituta, para que tampoco se prostituya la tierra ni se llene de perversidad.

Otros deberes

30»Observen mis *sábados, y tengan reverencia por mi santuario. Yo soy el SEÑOR.

31»No acudan a la nigromancia, ni busquen a los espiritistas, porque se harán *impuros por causa de ellos. Yo soy el SEÑOR su Dios.

32»Ponte de pie en presencia de los mayores.

»Respeta a los *ancianos.

»Teme a tu Dios. Yo soy el SEÑOR.

33»Cuando algún extranjero se establezca en el país de ustedes, no lo traten mal. **34**Al contrario, trátenlo como si fuera uno de ustedes. Ámenlo como a ustedes mismos, porque también ustedes fueron extranjeros en Egipto. Yo soy el SEÑOR y Dios de Israel.

35»No cometan injusticias falseando las medidas de longitud, de peso y de capacidad. **36**Usen balanzas, pesas y medidas[q] justas. Yo soy el SEÑOR su Dios, que los saqué de Egipto.

37»Obedezcan todos mis *estatutos. Pongan por obra todos mis preceptos. Yo soy el SEÑOR.»

Castigos por el pecado

20 El SEÑOR le ordenó a Moisés **2**que les dijera a los israelitas: «Todo israelita o extranjero residente en Israel que entregue a uno de sus hijos para quemarlo como sacrificio a Moloc, será condenado a muerte. Los miembros de la comunidad lo matarán a pedradas. **3**Yo mismo me pondré en contra de ese hombre y lo eliminaré de su pueblo porque, al entregar a uno de sus hijos para quemarlo como sacrificio a Moloc, profana mi santuario y mi *santo nombre.

4»Si los miembros de la comunidad hacen caso omiso del hombre que haya entregado alguno de sus hijos a Moloc, y no lo condenan a muerte, **5**yo mismo me pondré en contra de él y de su familia; eliminaré del pueblo a ese hombre y a

---

[ñ] **19:18** *como a ti mismo.* Alt. *que es como tú.*   [o] **19:20** *a los dos se les impondrá el castigo debido.* Alt. *los dos deberán ser investigados.*   [p] **19:23** *inmundo.* Lit. *incircunciso.*   [q] **19:36** *medidas.* Lit. **efas* e **hins.*

todos los que se hayan prostituido con él, siguiendo a Moloc.

⁶»También me pondré en contra de quien acuda a la nigromancia y a los espiritistas, y por seguirlos se prostituya. Lo eliminaré de su pueblo.

⁷»Conságrense a mí, y sean santos, porque yo soy el SEÑOR su Dios.

⁸»Obedezcan mis *estatutos y pónganlos por obra. Yo soy el SEÑOR, que los santifica.

⁹»Si alguien maldice a su padre o a su madre, será condenado a muerte: ha maldecido a su padre, o a su madre, y será responsable de su propia muerte.

¹⁰»Si alguien comete adulterio con la mujer de su prójimo, tanto el adúltero como la adúltera serán condenados a muerte.

¹¹»Si alguien se acuesta con la mujer de su padre, deshonra a su padre. Tanto el hombre como la mujer serán condenados a muerte, de la cual ellos mismos serán responsables.

¹²»Si alguien se acuesta con su nuera, hombre y mujer serán condenados a muerte. Han cometido un acto depravado, y ellos mismos serán responsables de su propia muerte.

¹³»Si alguien se acuesta con otro hombre como quien se acuesta con una mujer, comete un acto abominable y los dos serán condenados a muerte, de la cual ellos mismos serán responsables.

¹⁴»Si alguien tiene relaciones sexuales con hija y madre, comete un acto depravado. Tanto él como ellas morirán quemados, para que no haya tal depravación entre ustedes.

¹⁵»Si alguien tiene trato sexual con un animal, será condenado a muerte, y se matará también al animal.

¹⁶»Si una mujer tiene trato sexual con un animal, se les dará muerte a ambos, y ellos serán responsables de su muerte.

¹⁷»Si alguien tiene relaciones sexuales con una hermana suya, comete un acto vergonzoso y los dos serán ejecutados en público. Ha deshonrado a su hermana, y sufrirá las consecuencias de su pecado.

¹⁸»Si alguien se acuesta con una mujer y tiene relaciones sexuales con ella durante su período menstrual, pone al descubierto su flujo, y también ella expone el flujo de su sangre. Los dos serán eliminados de su pueblo.

¹⁹»No tendrás relaciones sexuales ni con tu tía materna ni con tu tía paterna, pues eso significaría la deshonra de un pariente cercano y los dos sufrirían las consecuencias de su pecado.

²⁰»Si alguien se acuesta con su tía, deshonra a su tío, y los dos sufrirán las consecuencias de su pecado: morirán sin tener descendencia.

²¹»Si alguien viola a la esposa de su hermano, comete un acto de *impureza: ha deshonrado a su hermano, y los dos se quedarán sin descendencia.

²²»Cumplan todos mis estatutos y preceptos; pónganlos por obra, para que no los vomite la tierra adonde los llevo a vivir. ²³No vivan según las costumbres de las naciones que por amor a ustedes voy a expulsar. Porque ellas hicieron todas estas cosas, y yo las aborrecí. ²⁴Pero a ustedes les digo: "Poseerán la tierra que perteneció a esas naciones, tierra donde abundan la leche y la miel. Yo mismo se la daré a ustedes como herencia."

»Yo soy el SEÑOR su Dios, que los he distinguido entre las demás naciones. ²⁵Por consiguiente, también ustedes deben distinguir entre los animales puros y los impuros, y entre las aves puras y las impuras. No se hagan detestables ustedes mismos por causa de animales, de aves o de cualquier alimaña que se arrastra por el suelo, pues yo se los he señalado como impuros. ²⁶Sean ustedes santos, porque yo, el SEÑOR, soy santo, y los he distinguido entre las demás naciones, para que sean míos.

²⁷»Cualquiera de ustedes, hombre o mujer, que sea nigromante o espiritista, será condenado a muerte. Morirá apedreado, y será responsable de su propia muerte.»

La santidad de los sacerdotes

21 El SEÑOR le ordenó a Moisés que les dijera a los sacerdotes, hijos de Aarón: «No se *contaminen tocando el cadáver de alguien de su pueblo, ²excepto en el caso de un pariente cercano, como su madre, su padre, su hijo, su hija, su hermano 3o una hermana soltera que, por no tener marido, dependa de él. 4Como jefes de su pueblo, no deben hacerse *impuros ni contaminarse.

5»Los sacerdotes no se raparán la cabeza, ni se despuntarán la barba ni se harán heridas en el cuerpo. 6Deben ser *santos para su Dios, y no profanar su *nombre. Son ellos los que presentan al SEÑOR las ofrendas por fuego, que son como el pan de su Dios. Por eso deben ser santos.

7»Ningún sacerdote se casará con una prostituta, ni con una divorciada, ni con una mujer que no sea virgen, porque está consagrado a su Dios. 8Considéralo santo, porque él ofrece el pan de tu Dios. Santo será para ti, porque santo soy yo, el SEÑOR, que los santifico a ustedes.

9»La hija de un sacerdote que se hace prostituta se profana a sí misma y profana a su padre. Deberá ser quemada viva.

Santidad del sumo sacerdote

10»Aquel que sea elegido sumo sacerdote entre sus hermanos, y sobre cuya cabeza se haya derramado el aceite de la unción, y a quien se le haya conferido autoridad[r] para llevar las vestiduras sacerdotales, no deberá andar despeinado ni rasgarse las vestiduras.

11»No entrará en ningún lugar donde haya un cadáver.

»No deberá *contaminarse, ni siquiera por su padre o por su madre.

12»No saldrá del santuario, para no profanar el santuario de su Dios, porque ha sido consagrado mediante el aceite de la unción divina. Yo soy el SEÑOR.

13»La mujer que tome por esposa debe ser virgen. 14No debe casarse con una viuda, ni con una divorciada ni con una prostituta. Debe casarse con una virgen de su mismo pueblo, 15para que no profane su descendencia entre su pueblo. Yo soy el SEÑOR, que lo *santifica.»

Impedimentos para ejercer el sacerdocio

16El SEÑOR le ordenó a Moisés 17que le dijera a Aarón: «Ninguno de tus descendientes que tenga defecto físico deberá acercarse jamás a su Dios para presentarle la ofrenda de pan. 18En efecto, no deberá acercarse nadie que tenga algún defecto físico: ninguno que sea ciego, cojo, mutilado, deforme, 19lisiado de pies o manos, 20jorobado o enano; o que tenga sarna o tiña, o cataratas en los ojos, o que haya sido castrado. 21Ningún descendiente del sacerdote Aarón que tenga algún defecto podrá acercarse a presentar al SEÑOR las ofrendas por fuego. No podrá acercarse para presentarle a su Dios la ofrenda de pan por tener un defecto. 22Podrá comer de la ofrenda de pan, tanto del alimento *santo como del santísimo, 23pero por causa de su defecto no pasará más allá de la cortina ni se acercará al altar, para no profanar mi santuario. Yo soy el SEÑOR, que santifico a los sacerdotes.»

24Y Moisés les comunicó todo esto a Aarón y a sus hijos, y a todos los israelitas.

Las ofrendas del SEÑOR

22 El SEÑOR le ordenó a Moisés 2que les dijera a Aarón y a sus hijos: «Traten con mucho respeto las ofrendas sagradas que me consagran los israelitas, para no profanar mi *santo nombre. Yo soy el SEÑOR.»

3También le ordenó decirles: «Si alguno de los descendientes de Aarón está ritualmente *impuro y se acerca a las ofrendas que los israelitas consagran al SEÑOR, será eliminado de mi presencia. Yo soy el SEÑOR.

4»Si un descendiente de Aarón padece de alguna enfermedad infecciosa en la piel,[s] o de derrame seminal, deberá abstenerse de comer de las ofrendas sagradas, hasta que se purifique. Cualquiera que toque un objeto *contaminado por el contacto con un cadáver, o que tenga derrame de semen, 5o que toque algún animal u

---

[r] 21:10 y a quien se le haya conferido autoridad. Lit. y quien llenó sus manos.   [s] 22:4 enfermedad infecciosa en la piel. Tradicionalmente *lepra.

*hombre impuros, cualquiera que sea la impureza, **6**quedará impuro hasta el anochecer. Por tanto, se abstendrá de comer de las ofrendas sagradas. Lavará su cuerpo con agua, **7**y al ponerse el sol quedará puro. Después de esto podrá comer de las ofrendas sagradas, porque son su alimento. **8**No deberá comer nada que sea hallado muerto o despedazado por las fieras, pues de lo contrario quedará impuro. Yo soy el SEÑOR.

9»Los sacerdotes cumplirán con mis instrucciones, y así no pecarán ni sufrirán la muerte por haber profanado las ofrendas. Yo soy el SEÑOR, que santifico a los sacerdotes.

10»Nadie ajeno a la familia sacerdotal comerá de las ofrendas sagradas, ni tampoco comerá de ellas ningún huésped del sacerdote, ni su jornalero. **11**Pero sí podrá comer de ellas el esclavo comprado por un sacerdote, y el esclavo nacido en casa del mismo. **12**Si la hija de un sacerdote se casa con alguien que no sea sacerdote, no podrá comer de las ofrendas recibidas como contribución. **13**Pero si queda viuda o divorciada y, sin haber tenido hijos, regresa a la casa de su padre como cuando era soltera, entonces sí podrá comer del alimento de su padre. Pero nadie ajeno a la familia sacerdotal está autorizado para comerlo.

14»Si inadvertidamente alguien come de una ofrenda sagrada, deberá restituir la ofrenda al sacerdote y añadirle una quinta parte de su valor.

15»No deberán los sacerdotes profanar las ofrendas sagradas que los israelitas presentan al SEÑOR, **16**porque al permitir que las coman harán recaer sobre sí mismos un pecado que requiere un sacrificio por la culpa. Yo soy el SEÑOR, que los santifico.»

Sacrificios inaceptables

17El SEÑOR le ordenó a Moisés **18**que les dijera a Aarón y a sus hijos, y a todos los israelitas: «Si alguno de ustedes, sea israelita o extranjero residente en Israel, presenta un *holocausto al SEÑOR para cumplir un voto, o como ofrenda voluntaria, **19**para que le sea aceptado deberá presentar un macho sin defecto de entre el ganado vacuno, ovino o cabrío. **20**No presenten ningún animal que tenga algún defecto, porque no se les aceptará.

21»Si alguien, para cumplir un voto especial o como ofrenda voluntaria, le presenta al SEÑOR ganado vacuno u ovino como sacrificio de *comunión, para que el animal le sea aceptado no deberá tener ningún defecto. **22**No deberán presentarle al SEÑOR, como ofrenda por fuego, animales ciegos, cojos, mutilados, llagados, sarnosos ni tiñosos. No ofrecerán en el altar ningún animal así. **23**Podrán presentar como ofrenda voluntaria una res o una oveja deforme o enana, pero tal ofrenda no será aceptada en cumplimiento de un voto.

24»No ofrecerán al SEÑOR ningún animal con los testículos lastimados, magullados, cortados o arrancados. No harán esto en su tierra. **25**No recibirán de manos de un extranjero animales así, para ofrecerlos como alimento del Dios de ustedes. No se les aceptarán porque son deformes y tienen defectos.»

26El SEÑOR le dijo a Moisés: **27**«Cuando nazca un ternero, un cordero o un cabrito, se quedará con su madre durante siete días. Del octavo día en adelante será aceptable al SEÑOR como ofrenda por fuego.

28»No degollarán el mismo día una vaca o una oveja con su cría.

29»Cuando sacrifiquen una ofrenda de acción de gracias al SEÑOR, háganlo de tal modo que les sea aceptada. **30**Deberá comerse ese mismo día, sin dejar nada para el siguiente. Yo soy el SEÑOR.

31»Obedezcan mis mandamientos y pónganlos por obra. Yo soy el SEÑOR. **32**»No profanen mi *santo *nombre sino reconózcanme como santo en medio de los israelitas. Yo soy el SEÑOR, que los santifica. **33**Yo los saqué de Egipto para ser su Dios. Yo soy el SEÑOR.»

Calendario de fiestas solemnes

23 El SEÑOR le ordenó a Moisés **2**que les dijera a los israelitas: «Éstas son las fiestas que yo he establecido, y a las que ustedes han de convocar como fiestas solemnes en mi honor. Yo, el SEÑOR, las establecí.

Celebración del sábado

3»Trabajarán ustedes durante seis días, pero el séptimo día es de reposo, es un día de fiesta solemne en mi honor, en el que no harán ningún trabajo. Dondequiera que ustedes vivan, será *sábado consagrado al Señor.

Fiesta de la Pascua
23:4-8 — Éx 12:14-20; Nm 28:16-25; Dt 16:1-8

4»Éstas son las fiestas que el Señor ha establecido, las fiestas solemnes en su honor que ustedes deberán convocar en las fechas señaladas para ellas:

5»La Pascua del Señor comienza el día catorce del mes primero, a la hora del crepúsculo. 6El día quince del mismo mes comienza la fiesta de los Panes sin levadura en honor al Señor. Durante siete días comerán pan sin levadura. 7El primer día celebrarán una fiesta solemne en su honor; ese día no harán ningún trabajo. 8Durante siete días presentarán al Señor ofrendas por fuego, y el séptimo día celebrarán una fiesta solemne en su honor; ese día no harán ningún trabajo.»

Fiesta de las Primicias

9El Señor le ordenó a Moisés 10que les dijera a los israelitas: «Cuando ustedes hayan entrado en la tierra que les voy a dar, y sieguen la mies, deberán llevar al sacerdote una gavilla de las primeras espigas que cosechen. 11El sacerdote mecerá la gavilla ante el Señor para que les sea aceptada. La mecerá a la mañana siguiente del *sábado. 12Ese mismo día sacrificarán ustedes un cordero de un año, sin defecto, como *holocausto al Señor. 13También presentarán cuatro kilos[t] de harina fina mezclada con aceite, como ofrenda de cereal, ofrenda por fuego, de aroma grato al Señor, y un litro[u] de vino como ofrenda de libación. 14No comerán pan, ni grano tostado o nuevo, hasta el día en que traigan esta ofrenda a su Dios. Éste será un *estatuto perpetuo para todos tus descendientes, dondequiera que habiten.

Fiesta de las Semanas
23:15-22 — Nm 28:26-31; Dt 16:9-12

15»A partir del día siguiente al *sábado, es decir, a partir del día en que traigan la gavilla de la ofrenda mecida, contarán siete semanas completas. 16En otras palabras, contarán cincuenta días incluyendo la mañana siguiente al séptimo sábado; entonces presentarán al Señor una ofrenda de grano nuevo. 17Desde su lugar de residencia le llevarán al Señor, como ofrenda mecida de las *primicias, dos panes hechos con cuatro kilos de flor de harina, cocidos con levadura. 18Junto con el pan deberán presentar siete corderos de un año, sin defecto, un novillo y dos carneros. Serán, junto con sus ofrendas de cereal y sus ofrendas de libación, un *holocausto al Señor, una ofrenda presentada por fuego, de aroma grato al Señor. 19Luego sacrificarán un macho cabrío como ofrenda por el pecado, y dos corderos de un año como sacrificio de *comunión. 20El sacerdote mecerá los dos corderos, junto con el pan de las primicias. Son una ofrenda mecida ante el Señor, una ofrenda consagrada al Señor y reservada para el sacerdote. 21Ese mismo día convocarán ustedes a una fiesta solemne en honor al Señor, y en ese día no harán ningún trabajo. Éste será un *estatuto perpetuo para todos tus descendientes, dondequiera que habiten.

22»Cuando llegue el tiempo de la cosecha, no sieguen hasta el último rincón del campo ni recojan todas las espigas que queden de la mies. Déjenlas para los pobres y los extranjeros. Yo soy el Señor su Dios.»

Fiesta de las Trompetas
23:23-25 — Nm 29:1-6

23El Señor le ordenó a Moisés 24que les dijera a los israelitas: «El primer día del séptimo mes será para ustedes un día de reposo, una conmemoración con toques de trompeta, una fiesta solemne en honor al Señor. 25Ese día no harán ningún trabajo, sino que presentarán al Señor ofrendas por fuego.»

---

[t]23:13 *cuatro kilos*. Lit. *dos décimas* (de *efa); también en v. 17.   [u]23:13 *un litro*. Lit. *un cuarto de *hin*.

El día del Perdón
23:26-32 — Lv 16:2-34; Nm 29:7-11

26El SEÑOR le dijo a Moisés: 27«El día diez del mes séptimo es el día del Perdón. Celebrarán una fiesta solemne en honor al SEÑOR, y ayunarán y le presentarán ofrendas por fuego. 28En ese día no harán ningún tipo de trabajo, porque es el día del Perdón, cuando se hace *expiación por ustedes ante el SEÑOR su Dios. 29Cualquiera que no observe el ayuno será eliminado de su pueblo. 30Si alguien hace algún trabajo en ese día, yo mismo lo eliminaré de su pueblo. 31Por tanto, no harán ustedes ningún trabajo. Éste será un *estatuto perpetuo para todos sus descendientes, dondequiera que habiten. 32Será para ustedes un *sábado de solemne reposo, y deberán observar el ayuno. Este sábado lo observarán desde la tarde del día nueve del mes hasta la tarde siguiente.»

Fiesta de las Enramadas
23:33-43 — Nm 29:12-39; Dt 16:13-17

33El SEÑOR le ordenó a Moisés 34que les dijera a los israelitas: «El día quince del mes séptimo comienza la fiesta de las *Enramadas en honor al SEÑOR, la cual durará siete días. 35El primer día se celebrará una fiesta solemne en honor al SEÑOR. Ese día no harán ningún trabajo. 36Durante siete días le presentarán al SEÑOR ofrendas por fuego. Al octavo día celebrarán una fiesta solemne en honor al SEÑOR y volverán a presentarle ofrendas por fuego. Es una fiesta solemne; ese día no harán ningún trabajo.

37»Éstas son las fiestas que el SEÑOR ha establecido, y a las que ustedes habrán de convocar como fiestas solemnes en su honor, para presentarle ofrendas por fuego, *holocaustos, ofrendas de cereal, y sacrificios y ofrendas de libación, tal como está prescrito para cada día. 38Todas estas fiestas son adicionales a los *sábados del SEÑOR y a los tributos y ofrendas votivas o voluntarias que ustedes le presenten.

39»A partir del día quince del mes séptimo, luego de que hayan recogido los frutos de la tierra, celebrarán durante siete días la fiesta del SEÑOR. El primer día y el octavo serán de descanso especial. 40El primer día tomarán frutos de los mejores árboles, ramas de palmera, de árboles frondosos y de sauces de los arroyos, y durante siete días se regocijarán en presencia del SEÑOR su Dios. 41Cada año, durante siete días, celebrarán esta fiesta en honor al SEÑOR. La celebrarán en el mes séptimo. Éste será un estatuto perpetuo para las generaciones venideras. 42Durante siete días vivirán bajo enramadas. Todos los israelitas nativos vivirán bajo enramadas, 43para que sus descendientes sepan que yo hice vivir así a los israelitas cuando los saqué de Egipto. Yo soy el SEÑOR su Dios.»

44Así anunció Moisés a los israelitas las fiestas establecidas por el SEÑOR.

Iluminación del santuario
24:1-3 — Éx 27:20-21

24 El SEÑOR le dijo a Moisés: 2«Manda a los israelitas que te traigan aceite *puro de olivas prensadas, para la iluminación del santuario. Así las lámparas se mantendrán siempre encendidas. 3Aarón preparará las lámparas en la *Tienda de reunión, fuera de la cortina del *pacto, para que ardan delante del SEÑOR toda la noche. Éste será un *estatuto perpetuo para las generaciones venideras. 4Las lámparas que están sobre el candelabro de oro puro se mantendrán siempre encendidas delante del SEÑOR.

Los panes ofrecidos al SEÑOR

5»Toma flor de harina y hornea doce tortas de pan. Cada torta debe pesar cuatro kilos.ᵛ 6Ponlas ante el SEÑOR sobre la mesa de oro puro, en dos hileras de seis tortas cada una. 7En cada hilera pondrás incienso puro. Así el pan será una ofrenda memorial presentada por fuego al SEÑOR. 8Este pan se dispondrá regularmente ante el SEÑOR todos los *sábados. Éste es un *pacto perpetuo de los israelitas. 9El pan les pertenece a Aarón y a sus hijos, quienes lo comerán en un lugar *santo. Es una

---

ᵛ24:5 *pesar cuatro kilos.* Lit. *tener dos décimas* (de *efa).

parte sumamente sagrada de las ofrendas que se presentan por fuego al SEÑOR. Es un *estatuto perpetuo.»

Lapidación de un blasfemo

10Entre los israelitas vivía un hombre, hijo de madre israelita y de padre egipcio. Y sucedió que un día este hombre y un israelita iniciaron un pleito en el campamento. 11Pero el hijo de la mujer israelita, al lanzar una maldición, pronunció el *nombre del SEÑOR; así que se lo llevaron a Moisés. (El nombre de su madre era Selomit hija de Dibrí, de la tribu de Dan.) 12Y lo pusieron bajo arresto hasta que el SEÑOR les dijera qué hacer con él.

13Entonces el SEÑOR le dijo a Moisés: 14«Saca al blasfemo fuera del campamento. Quienes lo hayan oído impondrán las manos sobre su cabeza, y toda la asamblea lo apedreará. 15Diles a los israelitas: "Todo el que *blasfeme contra su Dios sufrirá las consecuencias de su pecado." 16Además, todo el que pronuncie el nombre del SEÑOR al maldecir a su prójimo será condenado a muerte. Toda la asamblea lo apedreará. Sea extranjero o nativo, si pronuncia el nombre del SEÑOR al maldecir a su prójimo, será condenado a muerte.

La ley del talión

17»El que le quite la *vida a otro *ser humano será condenado a muerte.

18»El que le quite la vida a algún animal ajeno, reparará el daño con otro animal.

19»Al que lesione a su prójimo se le infligirá el mismo daño que haya causado: 20fractura por fractura, ojo por ojo, diente por diente. Sufrirá en carne propia el mismo daño que haya causado.

21»Todo el que mate un animal reparará el daño, pero el que mate a un *hombre será condenado a muerte. 22Una sola ley regirá, tanto para el nativo como para el extranjero. Yo soy el SEÑOR su Dios.»

23Moisés les comunicó todo esto a los israelitas, y ellos sacaron al blasfemo fuera del campamento, y allí lo apedrearon. Los israelitas procedieron tal como el SEÑOR se lo ordenó a Moisés.

El año sabático

25 En el monte Sinaí el SEÑOR le ordenó a Moisés 2que les dijera a los israelitas: «Cuando ustedes hayan entrado en la tierra que les voy a dar, la tierra misma deberá observar un año de reposo[w] en honor al SEÑOR. 3Durante seis años sembrarás tus campos, podarás tus viñas y cosecharás sus productos; 4pero llegado el séptimo año la tierra gozará de un año de reposo en honor al SEÑOR. No sembrarás tus campos ni podarás tus viñas; 5no segarás lo que haya brotado por sí mismo ni vendimiarás las uvas de tus viñas no cultivadas. La tierra gozará de un año completo de reposo. 6Sin embargo, de todo lo que la tierra produzca durante ese año sabático, podrán comer no sólo tú sino también tu siervo y tu sierva, el jornalero y el residente transitorio entre ustedes. 7También podrán alimentarse tu ganado y los animales que haya en el país. Todo lo que la tierra produzca ese año será sólo para el consumo diario.

El año del jubileo

8»Siete veces contarás siete años sabáticos, de modo que los siete años sabáticos sumen cuarenta y nueve años, 9y el día diez del mes séptimo, es decir, el día del Perdón, harás resonar la trompeta por todo el país. 10El año cincuenta será declarado *santo, y se proclamará en el país la liberación de todos sus habitantes. Será para ustedes un jubileo, y cada uno volverá a su heredad familiar y a su propio clan. 11El año cincuenta será para ustedes un jubileo: ese año no sembrarán ni cosecharán lo que haya brotado por sí mismo, ni tampoco vendimiarán las viñas no cultivadas. 12Ese año es jubileo y será santo para ustedes. Comerán solamente lo que los campos produzcan por sí mismos.

13»En el año de jubileo cada uno volverá a su heredad familiar.

14»Si entre ustedes se realizan transacciones de compraventa, no se exploten los unos a los otros. 15Tú comprarás de tu prójimo a un precio proporcional al núme-

---

w**25:2** *un año de reposo.* Lit. *un sábado;* también en vv. 4-6.

ro de años que falten para el próximo jubileo, y él te venderá a un precio proporcional al número de años que queden por cosechar. **16**Si aún faltan muchos años para el jubileo, aumentarás el precio en la misma proporción; pero si faltan pocos, rebajarás el precio proporcionalmente, porque lo que se te está vendiendo es sólo el número de cosechas. **17**No se explotarán los unos a los otros, sino que temerán a su Dios. Yo soy el Señor su Dios.

Consecuencias de la obediencia

18»Pongan en práctica mis *estatutos y observen mis preceptos, y habitarán seguros en la tierra. **19**La tierra dará su fruto, y comerán hasta saciarse, y allí vivirán seguros.

20»Si acaso se preguntan: "¿Qué comeremos en el séptimo año, si no plantamos ni cosechamos nuestros productos?", **21**déjenme decirles que en el sexto año les enviaré una bendición tan grande que la tierra producirá como para tres años. **22**Cuando ustedes siembren durante el octavo año, todavía estarán comiendo de la cosecha anterior, y continuarán comiendo de ella hasta la cosecha del año siguiente.

Leyes sobre el rescate de propiedades

23»La tierra no se venderá a perpetuidad, porque la tierra es mía y ustedes no son aquí más que forasteros y huéspedes. **24**Por tanto, en el país habrá la posibilidad de recobrar todo terreno que haya sido heredad familiar.

25»En el caso de que uno de tus compatriotas se empobrezca y tenga que vender parte de su heredad familiar, su pariente más cercano rescatará lo que su hermano haya vendido. **26**Si el hombre no tiene a nadie que pague el rescate a su favor, pero él mismo llega a prosperar y consigue lo suficiente para rescatar su propiedad, **27**deberá calcular el número de años transcurridos desde la venta y reembolsar el saldo a quien se la haya comprado. Así podrá volver a su propiedad. **28**Pero si no consigue lo suficiente para rescatarla, la tierra quedará en posesión del comprador hasta el año del jubileo, cuando el que la

vendió la recobrará, y ésta volverá a su heredad familiar.

29»Si alguno vende una casa en una ciudad amurallada, tendrá derecho a rescatarla durante un año completo a partir de la fecha de venta. Ése es el tiempo que dura su derecho a rescatarla. **30**Si no rescata la casa antes de cumplirse el año, no se le devolverá en el jubileo sino que pasará a ser propiedad perpetua del comprador y de sus descendientes.

31»Las casas que estén en aldeas sin murallas se considerarán campo abierto, pero podrán rescatarse y se devolverán en el jubileo.

32»Los levitas tendrán siempre el derecho de rescatar sus casas en las ciudades de su propiedad. **33**Si alguno de los levitas hace valer su derecho, la casa que vendió en una de sus ciudades se le devolverá en el jubileo, porque las casas en las ciudades de los levitas son su heredad familiar entre los israelitas. **34**Pero los campos alrededor de sus ciudades no se venderán, pues son su propiedad inalienable.

35»Si alguno de tus compatriotas se empobrece y no tiene cómo sostenerse, ayúdale como lo harías con el extranjero o con el residente transitorio; así podrá seguir viviendo entre ustedes. **36**No le exigirás interés cuando le prestes dinero o víveres, sino que temerás a tu Dios; así tu compatriota podrá seguir viviendo entre ustedes. **37**Tampoco le prestarás dinero con intereses ni le impondrás recargo a los víveres que le fíes. **38**Yo soy el Señor su Dios, que los saqué de Egipto para darles la tierra de Canaán y para ser su Dios.

39»Si alguno de tus compatriotas se empobrece y se ve obligado a venderse a ti, no lo hagas trabajar como esclavo. **40**Trátalo como al jornalero o como al residente transitorio que vive entre ustedes. Trabajará para ti, sólo hasta el año del jubileo. **41**Entonces lo pondrás en libertad junto con sus hijos, y podrán volver a su propia familia y a la heredad de sus antepasados. **42**Todos los israelitas son mis siervos. Yo los saqué de Egipto, así que no serán vendidos como esclavos. **43**No serás un amo cruel, sino que temerás a tu Dios.

44»Asegúrate de que tus esclavos y esclavas provengan de las naciones vecinas; allí podrás comprarlos. 45También podrás comprar esclavos nacidos en tu país, siempre y cuando sean de las familias extranjeras que vivan en medio de ustedes. Ellos serán propiedad de ustedes, 46y podrán dejárselos a sus hijos como herencia para que les sirvan de por vida. En lo que respecta a tus compatriotas, no serás un amo cruel.

47Si un extranjero o un residente transitorio entre ustedes se enriquece, y uno de tus compatriotas se empobrece y tiene que venderse a un extranjero o a un familiar de ese extranjero, 48no perderá su derecho a ser rescatado después de haberse vendido. Podrá rescatarlo cualquiera de sus parientes: 49un tío, un primo o cualquier otro de sus parientes. Y si llegara a prosperar, él mismo podrá pagar su rescate. 50Él y su dueño calcularán el tiempo transcurrido, desde el año en que se vendió hasta el año del jubileo. El precio de su liberación se determinará en proporción al sueldo de un jornalero por ese número de años. 51Si aún faltan muchos años, pagará por su rescate una suma proporcional a la que se pagó por él. 52Si sólo faltan pocos años para el jubileo, calculará y pagará por su rescate en proporción a esos años. 53Ustedes vigilarán que su dueño lo trate como a los que trabajan por contrato anual, y que no lo trate con crueldad.

54»Si tu compatriota no es rescatado por ninguno de esos medios, tanto él como sus hijos quedarán en libertad en el año del jubileo.

55»Los israelitas son mis siervos. Yo los saqué de Egipto. Yo soy el SEÑOR su Dios.

Bendiciones de la obediencia

26 »No se hagan ídolos, ni levanten imágenes ni piedras sagradas. No coloquen en su territorio piedras esculpidas ni se inclinen ante ellas. Yo soy el SEÑOR su Dios.

2»Observen mis *sábados y muestren reverencia por mi santuario. Yo soy el SEÑOR.

3»Si se conducen según mis *estatutos, y obedecen fielmente mis mandamientos, 4yo les enviaré lluvia a su tiempo, y la tierra y los árboles del campo darán sus frutos; 5la trilla durará hasta la vendimia, y la vendimia durará hasta la siembra. Comerán hasta saciarse y vivirán seguros en su tierra.

6»Yo traeré *paz al país, y ustedes podrán dormir sin ningún temor. Quitaré de la tierra las bestias salvajes, y no habrá guerra en su territorio. 7Perseguirán a sus enemigos, y ante ustedes caerán a filo de espada. 8Cinco de ustedes perseguirán a cien, y cien de ustedes perseguirán a diez mil, y ante ustedes sus enemigos caerán a filo de espada.

9»Yo les mostraré mi favor. Yo los haré fecundos. Los multiplicaré, y mantendré mi *pacto con ustedes. 10Todavía estarán comiendo de la cosecha del año anterior cuando tendrán que sacarla para dar lugar a la nueva. 11Estableceré mi morada en medio de ustedes, y no los aborreceré. 12Caminaré entre ustedes. Yo seré su Dios, y ustedes serán mi pueblo. 13Yo soy el SEÑOR su Dios, que los saqué de Egipto para que dejaran de ser esclavos. Yo rompí las coyundas de su yugo y los hice caminar con la cabeza erguida.

Maldiciones de la desobediencia

14»Si ustedes no me obedecen ni ponen por obra todos estos mandamientos, 15sino que desprecian mis *estatutos y aborrecen mis preceptos, y dejan de poner por obra todos mis mandamientos, violando así mi *pacto, 16entonces yo mismo los castigaré con un terror repentino, con enfermedades y con fiebre que los debilitarán, les harán perder la vista y acabarán con su *vida. En vano sembrarán su semilla, porque se la comerán sus enemigos. 17Yo les negaré mi favor, y sus adversarios los derrotarán. Sus enemigos los dominarán, y ustedes huirán sin que nadie los persiga.

18»Si después de todo esto siguen sin obedecerme, siete veces los castigaré por sus pecados. 19Yo quebrantaré su orgullo y terquedad. Endureceré el cielo como el hierro y la tierra como el bronce, 20por lo que en vano agotarán sus fuerzas, y ni el suelo ni los árboles del campo les darán sus frutos.

21»Si a pesar de esto siguen oponiéndose a mí, y se niegan a obedecerme, siete veces los castigaré por sus pecados. **22**Lanzaré sobre ustedes fieras salvajes, que les arrebatarán sus hijos y destruirán su ganado. De tal manera los diezmarán, que sus caminos quedarán desiertos.

23»Si a pesar de todo esto no aceptan mi disciplina, sino que continúan oponiéndose a mí, **24**yo también seguiré oponiéndome a ustedes. Yo mismo los heriré siete veces por sus pecados. **25**Dejaré caer sobre ustedes la espada de la venganza prescrita en el pacto. Cuando se retiren a sus ciudades, les enviaré una plaga, y caerán en poder del enemigo. **26**Cuando yo destruya sus trigales, diez mujeres hornearán para ustedes pan en un solo horno. Y lo distribuirán racionado, de tal manera que comerán pero no se saciarán.

27»Si a pesar de esto todavía no me obedecen, sino que continúan oponiéndose a mí, **28**entonces yo también me pondré definitivamente en su contra. Siete veces los castigaré por sus pecados, **29**y tendrán que comerse la carne de sus hijos y de sus hijas. **30**Destruiré sus *santuarios paganos, demoleré sus altares de incienso, y amontonaré sus cadáveres sobre las figuras sin vida de sus ídolos. Volcaré mi odio sobre ustedes; **31**convertiré en ruinas sus ciudades, y asolaré sus santuarios. No me complaceré más en el aroma de sus ofrendas, que me era grato. **32**De tal manera asolaré al país, que sus enemigos que vengan a ocuparlo quedarán atónitos. **33**Los dispersaré entre las naciones: desenvainaré la espada, y los perseguiré hasta dejar desolada su tierra, y en ruinas sus ciudades. **34**Entonces la tierra disfrutará de sus años sabáticos todo el tiempo que permanezca desolada, mientras ustedes vivan en el país de sus enemigos. Así la tierra descansará y disfrutará de sus *sábados. **35**Mientras la tierra esté desolada, tendrá el descanso que no tuvo durante los años sabáticos en que ustedes la habitaron.

36»En cuanto a los que sobrevivan, tan profundo será el temor que les infundiré en tierra de sus enemigos, que hasta el susurro de una hoja movida por el viento

los pondrá en fuga. Correrán como quien huye de la espada, y caerán sin que nadie los persiga. **37**Como si huyeran de la espada, tropezarán unos con otros sin que nadie los persiga, y no podrán hacerles frente a sus enemigos. **38**Perecerán en medio de las naciones; el país de sus enemigos los devorará. **39**Aquellos de ustedes que sobrevivan serán abatidos en país enemigo, porque a sus pecados se añadirá el de sus padres.

40»Pero si confiesan su maldad y la maldad de sus padres, y su traición y constante rebeldía contra mí, **41**las cuales me han obligado a enviarlos al país de sus enemigos, y si su obstinado *corazón se humilla y reconoce su pecado, **42**entonces me acordaré de mi pacto con Jacob, Isaac y Abraham, y también me acordaré de la tierra. **43**Al abandonar ellos la tierra, ésta disfrutará de sus sábados mientras permanezca deshabitada. Pero tendrán que reconocer sus pecados, por cuanto rechazaron mis preceptos y aborrecieron mis estatutos. **44**»A pesar de todo, y aunque estén en la tierra de sus enemigos, no los rechazaré ni los aborreceré hasta el punto de exterminarlos, ni romperé tampoco mi pacto con ellos. Yo soy el Señor su Dios. **45**Antes bien, recordaré en su favor el pacto que hice con sus antepasados, a quienes, a la vista de las naciones, saqué de Egipto para ser su Dios. Yo soy el Señor.»

46Éstos son los estatutos, preceptos y leyes que, por medio de Moisés, estableció el Señor en el monte Sinaí entre él y los israelitas.

Rescate de las ofrendas al Señor

27 El Señor le ordenó a Moisés **2**que les dijera a los israelitas: «Cuando alguien quiera hacerle al Señor un voto especial equivalente al valor de una persona, **3**se aplicará el siguiente cálculo:

»Por los varones de veinte a sesenta años de edad se pagarán cincuenta monedas^x de plata, según la tasación oficial^y del santuario.

---

^x**27:3** *monedas.* Lit. *siclos*; así en el resto de este capítulo.   ^y**27:3** *la tasación oficial.* Lit. *el* *siclo.*

4»Por las mujeres se pagarán treinta monedas de plata.

5»Por los varones de cinco a veinte años de edad se pagarán veinte monedas, y diez monedas por las mujeres de la misma edad.

6»Por los niños de un mes a cinco años se pagarán cinco monedas, y tres monedas por las niñas de la misma edad.

7»Por los varones mayores de sesenta años se pagarán quince monedas, y diez monedas por las mujeres de la misma edad.

8»Si quien hace el voto es tan pobre que ni el precio estipulado puede pagar, se le hará comparecer ante el sacerdote, el cual fijará el valor a pagar, según los recursos de quien haga el voto.

9»Si lo que se presenta como ofrenda al SEÑOR es un animal, éste quedará consagrado por haber sido ofrecido al SEÑOR. **10**No podrá cambiarse ni sustituirse un animal bueno por uno malo, ni un animal malo por uno bueno. Si se cambia un animal por otro, ambos quedarán consagrados.

11»Si lo que se presenta como ofrenda al SEÑOR es un animal *impuro, se llevará el animal ante el sacerdote, **12**quien determinará el valor del animal. El cálculo aplicado por el sacerdote deberá aceptarse, cualquiera que éste sea. **13**Si el dueño quiere rescatar el animal, deberá añadir una quinta parte al valor que haya fijado el sacerdote.

14»Si alguno consagra su casa al SEÑOR, el sacerdote determinará su valor. El cálculo aplicado por el sacerdote deberá aceptarse, cualquiera que éste sea. **15**Si el que consagró su casa quiere rescatarla, deberá añadir una quinta parte al valor que haya fijado el sacerdote, y la casa volverá a ser suya.

16»Si alguno consagra al SEÑOR parte del campo de su heredad familiar, su precio se determinará según la cantidad de semilla que se requiera para sembrarlo, a razón de cincuenta monedas de plata por cada doscientos veinte litros[z] de semilla de cebada. **17**Si consagra su campo a partir del año del jubileo, dicho precio se man-

tendrá; **18**pero si lo consagra después del jubileo, el sacerdote hará el cálculo según el número de años que falten para el próximo jubileo, con el descuento correspondiente.

19»Si el que consagra su campo realmente quiere rescatarlo, deberá añadir una quinta parte al valor que haya fijado el sacerdote, y el campo volverá a ser suyo. **20**Pero si no lo rescata, o se lo vende a otro, ya no podrá rescatarlo. **21**Cuando en el jubileo el campo quede libre, será consagrado como campo reservado para el SEÑOR, y pasará a ser propiedad del sacerdote.

22»Si alguno compra un campo que no sea parte de su heredad familiar, y lo consagra al SEÑOR, **23**el sacerdote determinará su precio según el tiempo que falte para el año del jubileo. Ese mismo día, el que consagra el campo pagará el monto de su valor. Es algo consagrado al SEÑOR. **24**En el año del jubileo, el campo volverá a ser parte de la heredad familiar de su dueño anterior.

25»Todo precio se fijará según la tasación oficial del santuario, que es de diez gramos[a] por moneda.

26»Sin embargo, nadie podrá consagrar la primera cría de su ganado, sea de res o de oveja, pues por derecho las primeras crías le pertenecen al SEÑOR. **27**Si se trata de animales impuros, se podrán rescatar pagando el valor fijado por el sacerdote, más una quinta parte. Si no se rescata, se venderá en el precio que el sacerdote haya fijado.

28»Nadie podrá vender ni rescatar sus bienes, sean *hombres, animales o campos, si los ha consagrado como propiedad exclusiva del SEÑOR. Todo cuanto se consagra como propiedad exclusiva del SEÑOR, es cosa *santísima. **29**Ninguna persona así consagrada podrá ser rescatada, sino que será *condenada a muerte.

30»El diezmo de todo producto del campo, ya sea grano de los sembrados o fruto de los árboles, pertenece al SEÑOR, pues le está consagrado. **31**Si alguien desea rescatar algo de su diezmo, deberá

---

[z] **27:16** *cada doscientos veinte litros.* Lit. *cada *jómer.*   [a] **27:25** *diez gramos.* Lit. *veinte *guerás.*

añadir a su valor una quinta parte. **32**En cuanto al diezmo del ganado mayor y menor, uno de cada diez animales contados[b] será consagrado al SEÑOR. **33**El pastor no hará distinción entre animales buenos y malos, ni hará sustitución alguna. En caso de cambiar un animal por otro, los dos quedarán consagrados y no se les podrá rescatar.»

34Éstos son los mandamientos que el SEÑOR le dio a Moisés para los israelitas, en el monte Sinaí.

---

[b] **27:32** *contados.* Lit. *que pasen bajo la vara del pastor.*

Números

Censo de las tribus de Israel

1 El SEÑOR le habló a Moisés en el desierto de Sinaí, en la *Tienda de reunión, el día primero del mes segundo, en el segundo año después de que los israelitas salieron de Egipto. Le dijo: 2«Hagan un censo de toda la comunidad de Israel por clanes y por familias patriarcales, anotando uno por uno los nombres de todos los varones. 3Tú y Aarón reclutarán por escuadrones a todos los varones israelitas mayores de veinte años que sean aptos para el servicio militar. 4Para esto contarán con la colaboración de un hombre de cada tribu, que sea jefe de una familia patriarcal.

Los encargados del censo

5»Éstos son los nombres de quienes habrán de ayudarles:

por la tribu de Rubén, Elisur hijo de Sedeúr;
6 por la de Simeón, Selumiel hijo de Zurisaday;
7 por la de Judá, Naasón hijo de Aminadab;
8 por la de Isacar, Natanael hijo de Zuar;
9 por la de Zabulón, Eliab hijo de Helón;
10 por las tribus de los hijos de José: Elisama hijo de Amiud por la tribu de Efraín, y Gamaliel hijo de Pedasur por la de Manasés;
11 por la tribu de Benjamín, Abidán hijo de Gedeoni;
12 por la de Dan, Ajiezer hijo de Amisaday;
13 por la de Aser, Paguiel hijo de Ocrán;
14 por la de Gad, Eliasaf hijo de Deuel;
15 por la de Neftalí, Ajirá hijo de Enán.»

16A éstos la comunidad los nombró jefes de las tribus patriarcales y comandantes de los escuadrones de Israel.

El censo y sus resultados

17Moisés y Aarón tomaron consigo a los hombres que habían sido designados por nombre, 18y el día primero del mes segundo reunieron a toda la comunidad. Uno por uno fueron empadronados por clanes y por familias patriarcales. De este modo quedaron anotados los nombres de todos los varones mayores de veinte años, 19tal como el SEÑOR se lo había mandado a Moisés. Este censo lo hizo Moisés en el desierto de Sinaí.

20 Los descendientes de Rubén, primogénito de Israel, quedaron registrados por clanes y por familias patriarcales, según su genealogía. Uno por uno fueron empadronados todos los varones mayores de veinte años que eran aptos para el servicio militar. 21El número de la tribu de Rubén llegó a cuarenta y seis mil quinientos hombres.

22 Los descendientes de Simeón quedaron registrados por clanes y por familias patriarcales según su genealogía. Uno por uno fueron empadronados todos los varones mayores de veinte años que eran aptos para el servicio militar. 23El número de la tribu de Simeón llegó a cincuenta y nueve mil trescientos hombres.

24 Los descendientes de Gad quedaron registrados por clanes y por familias patriarcales según su genealogía. Uno por uno fueron empadronados todos los varones mayores de veinte años que eran aptos para el servicio militar. 25El número de la tribu de Gad llegó a cuarenta y cinco mil seiscientos cincuenta hombres.

26 Los descendientes de Judá quedaron registrados por clanes y por familias patriarcales según su genealogía. Uno por uno fueron empadronados todos los varones mayores de veinte años que eran aptos para el servicio militar. 27 El número de la tribu de Judá llegó a setenta y cuatro mil seiscientos hombres.

28 Los descendientes de Isacar quedaron registrados por clanes y por familias patriarcales según su genealogía. Uno por uno fueron empadronados todos los varones mayores de veinte años que eran aptos para el servicio militar. 29 El número de la tribu de Isacar llegó a cincuenta y cuatro mil cuatrocientos hombres.

30 Los descendientes de Zabulón quedaron registrados por clanes y por familias patriarcales según su genealogía. Uno por uno fueron empadronados todos los varones mayores de veinte años que eran aptos para el servicio militar. 31 El número de la tribu de Zabulón llegó a cincuenta y siete mil cuatrocientos hombres.

32 Los descendientes de José:
Los descendientes de Efraín quedaron registrados por clanes y por familias patriarcales según su genealogía. Uno por uno fueron empadronados todos los varones mayores de veinte años que eran aptos para el servicio militar. 33 El número de la tribu de Efraín llegó a cuarenta mil quinientos hombres.

34 Los descendientes de Manasés quedaron registrados por clanes y por familias patriarcales según su genealogía. Uno por uno fueron empadronados todos los varones mayores de veinte años que eran aptos para el servicio militar. 35 El número de la tribu de Manasés llegó a treinta y dos mil doscientos hombres.

36 Los descendientes de Benjamín quedaron registrados por clanes y por fa-milias patriarcales según su genealogía. Uno por uno fueron empadronados todos los varones mayores de veinte años que eran aptos para el servicio militar. 37 El número de la tribu de Benjamín llegó a treinta y cinco mil cuatrocientos hombres.

38 Los descendientes de Dan quedaron registrados por clanes y por familias patriarcales según su genealogía. Uno por uno fueron empadronados todos los varones mayores de veinte años que eran aptos para el servicio militar. 39 El número de la tribu de Dan llegó a sesenta y dos mil setecientos hombres.

40 Los descendientes de Aser quedaron registrados por clanes y por familias patriarcales según su genealogía. Uno por uno fueron empadronados todos los varones mayores de veinte años que eran aptos para el servicio militar. 41 El número de la tribu de Aser llegó a cuarenta y un mil quinientos hombres.

42 Los descendientes de Neftalí quedaron registrados por clanes y por familias patriarcales según su genealogía. Uno por uno fueron empadronados todos los varones mayores de veinte años que eran aptos para el servicio militar. 43 El número de la tribu de Neftalí llegó a cincuenta y tres mil cuatrocientos hombres.

44 Éste es el resultado del censo que hicieron Moisés y Aarón, con la ayuda de los doce jefes de Israel, cada uno en representación de su familia patriarcal. 45 Todos los israelitas mayores de veinte años que eran aptos para el servicio militar fueron anotados, según su familia patriar-cal. 46 El total llegó a seiscientos tres mil quinientos cincuenta israelitas censados.

Los levitas

47 Los levitas no fueron censados con los demás, 48 porque el SEÑOR le había dicho a Moisés: 49 «A la tribu de Leví no la incluirás en el censo de los hijos de

Israel. **50**Más bien, tú mismo los pondrás a cargo del santuario del *pacto, de todos sus utensilios y de todo lo relacionado con él. Los levitas transportarán el santuario y todos sus utensilios. Además, serán los ministros del santuario y acamparán a su alrededor. **51**Cuando haya que trasladar el santuario, los levitas se encargarán de desarmarlo; cuando haya que instalarlo, serán ellos quienes lo armen. Pero cualquiera que se acerque al santuario y no sea sacerdote, morirá. **52**Todos los israelitas acamparán bajo su propio estandarte y en su propio campamento, según sus escuadrones. **53**En cambio, los levitas acamparán alrededor del santuario del pacto, para evitar que Dios descargue su ira sobre la comunidad de Israel. Serán, pues, los levitas los encargados de cuidar el santuario del pacto.»

54Los israelitas hicieron todo conforme a lo que el SEÑOR le había mandado a Moisés.

Disposición de las tribus en el campamento

2 El SEÑOR les dijo a Moisés y a Aarón: **2**«Los israelitas acamparán alrededor de la *Tienda de reunión, mirando hacia ella, cada cual bajo el estandarte de su propia familia patriarcal.

3»Al este, por donde sale el sol, acamparán los que se agrupan bajo el estandarte del campamento de Judá, según sus escuadrones. Su jefe es Naasón hijo de Aminadab. **4**Su ejército está integrado por setenta y cuatro mil seiscientos hombres.

5»A un lado de Judá acampará la tribu de Isacar. Su jefe es Natanael hijo de Zuar. **6**Su ejército está integrado por cincuenta y cuatro mil cuatrocientos hombres.

7»Al otro lado acampará la tribu de Zabulón. Su jefe es Eliab hijo de Helón. **8**Su ejército está integrado por cincuenta y siete mil cuatrocientos hombres.

9»Todos los reclutas del campamento de Judá, según sus escuadrones, su-

man ciento ochenta y seis mil cuatrocientos hombres, los cuales marcharán a la cabeza.

10»Al sur acamparán los que se agrupan bajo el estandarte del campamento de Rubén, según sus escuadrones. Su jefe es Elisur hijo de Sedeúr. **11**Su ejército está integrado por cuarenta y seis mil quinientos hombres.

12»A un lado de Rubén acampará la tribu de Simeón. Su jefe es Selumiel hijo de Zurisaday. **13**Su ejército está integrado por cincuenta y nueve mil trescientos hombres.

14»Al otro lado acampará la tribu de Gad. Su jefe es Eliasaf hijo de Reuel.[a] **15**Su ejército está integrado por cuarenta y cinco mil seiscientos cincuenta hombres.

16»Todos los reclutas del campamento de Rubén, según sus escuadrones, suman ciento cincuenta y un mil cuatrocientos cincuenta hombres, los cuales marcharán en segundo lugar.

17»Entonces se pondrá en marcha la Tienda de reunión junto con el campamento de los levitas que está situado en medio de los demás campamentos. Partirán en el mismo orden en que hayan acampado, cada uno en su lugar y bajo su estandarte.

18»Al oeste acamparán los que se agrupan bajo el estandarte del campamento de Efraín, según sus escuadrones. Su jefe es Elisama hijo de Amiud. **19**Su ejército está integrado por cuarenta mil quinientos hombres.

20»A un lado de Efraín acampará la tribu de Manasés. Su jefe es Gamaliel hijo de Pedasur. **21**Su ejército está integrado por treinta y dos mil doscientos hombres.

22»Al otro lado acampará la tribu de Benjamín. Su jefe es Abidán hijo de Gedeoni. **23**Su ejército está integrado por treinta y cinco mil cuatrocientos hombres.

---

[a] **2:14** *Reuel* (mss. hebreos, Pentateuco Samaritano y Vulgata); *Deuel* (TM).

24»Todos los reclutas del campamento de Efraín, según sus escuadrones, suman ciento ocho mil cien hombres, los cuales marcharán en tercer lugar.

25»Al norte, acamparán los que se agrupan bajo el estandarte del campamento de Dan, según sus escuadrones. Su jefe es Ajiezer hijo de Amisaday. 26Su ejército está integrado por sesenta y dos mil setecientos hombres.
27»A un lado de Dan acampará la tribu de Aser. Su jefe es Paguiel hijo de Ocrán. 28Su escuadrón está integrado por cuarenta y un mil quinientos hombres.
29»Al otro lado acampará la tribu de Neftalí. Su jefe es Ajirá hijo de Enán. 30Su escuadrón está integrado por cincuenta y tres mil cuatrocientos hombres.
31»Todos los reclutas del campamento de Dan, según sus escuadrones, suman ciento cincuenta y siete mil seiscientos hombres, los cuales marcharán en último lugar, según sus estandartes.»

32Éstos son los israelitas reclutados de entre las familias patriarcales. El total de reclutas por escuadrones suma seiscientos tres mil quinientos cincuenta hombres. 33Pero los levitas no están incluidos con los demás israelitas, conforme a lo que el SEÑOR le había mandado a Moisés.

34Los israelitas hicieron todo lo que el SEÑOR le mandó a Moisés: acampaban bajo sus propios estandartes, y se ponían en marcha, según sus clanes y familias patriarcales.

La tribu de Leví

3 Así quedó registrada la familia de Aarón y Moisés cuando el SEÑOR habló con Moisés en el monte Sinaí.

Los sacerdotes

2Los nombres de los hijos de Aarón son los siguientes: Nadab el primogénito, Abiú, Eleazar e Itamar. 3Ellos fueron los aaronitas ungidos, ordenados al sacerdocio. 4Nadab y Abiú murieron en presencia del SEÑOR cuando, en el desierto de Sinaí, le ofrecieron sacrificios con fuego profano. Como Nadab y Abiú no tuvieron hijos, sólo Eleazar e Itamar ejercieron el sacerdocio en vida de su padre Aarón.

Ministerio de los levitas

5El SEÑOR le dijo a Moisés: 6«Trae a la tribu de Leví y preséntasela a Aarón. Los levitas le ayudarán en el ministerio. 7Desempeñarán sus funciones en lugar de Aarón y de toda la comunidad, encargándose del servicio del santuario en la *Tienda de reunión. 8Cuidarán allí de todos los utensilios de la Tienda de reunión y desempeñarán sus funciones en lugar de los israelitas, encargándose del servicio del santuario. 9Pondrás a los levitas a las órdenes de Aarón y de sus hijos. Entre los israelitas, serán ellos los que estén totalmente dedicados a mí.[b] 10A Aarón y a sus hijos les asignarás el ministerio sacerdotal. Pero cualquiera que se acerque al santuario y no sea sacerdote, será condenado a muerte.»

Elección de los levitas

11El SEÑOR le dijo a Moisés: 12«Yo mismo he escogido a los levitas de entre los israelitas, como sustitutos de todo primogénito. Los levitas son míos, 13porque míos son todos los primogénitos. Cuando exterminé a todos los primogénitos de Egipto, consagré para mí a todo primogénito de Israel, tanto de *hombres como de animales. Por lo tanto, son míos. Yo soy el SEÑOR.»

Censo de la tribu de Leví

14El SEÑOR le dijo a Moisés en el desierto de Sinaí: 15«Haz un censo de los levitas por clanes y por familias patriarcales, tomando en cuenta a todo varón mayor de un mes.»
16Moisés llevó a cabo el censo, tal como el SEÑOR mismo se lo había ordenado.

[b] 3:9 a mí (mss. hebreos, LXX y Pentateuco Samaritano); a él (TM).

17 Hijos de Leví:
   Guersón, Coat y Merari.
18 Clanes guersonitas:
   Libní y Simí.
19 Clanes coatitas:
   Amirán, Izar, Hebrón y Uziel.
20 Clanes meraritas:
   Majlí y Musí.
Éstos son los clanes levitas, según sus familias patriarcales.

Los clanes guersonitas

21 De Guersón procedían los clanes de Libní y de Simí. Éstos eran los clanes guersonitas. 22 El total de los varones censados mayores de un mes llegó a siete mil quinientos. 23 Los clanes guersonitas acampaban al oeste, detrás del santuario. 24 El jefe de la familia patriarcal de los guersonitas era Eliasaf hijo de Lael. 25 En lo que atañe a la *Tienda de reunión, los guersonitas tenían a su cargo la tienda que cubría el santuario, su toldo, la cortina que estaba a la entrada, 26 el cortinaje del atrio y la cortina a la entrada del atrio que rodea el santuario y el altar, como también las cuerdas y todo lo necesario para su servicio.

Los clanes coatitas

27 De Coat procedían los clanes de Amirán, Izar, Hebrón y Uziel. Éstos eran los clanes coatitas, 28 que tenían a su cargo el santuario. El total de los varones mayores de un mes llegó a ocho mil seiscientos. 29 Los clanes coatitas acampaban al sur del santuario. 30 El jefe de la familia patriarcal de los coatitas era Elizafán hijo de Uziel. 31 Tenían a su cargo el arca, la mesa, el candelabro, los altares, los utensilios del santuario con los que ministraban, y la cortina de la entrada, como también todo lo necesario para su servicio.

32 El jefe principal de los levitas era Eleazar, hijo de Aarón el sacerdote, a quien se designó como jefe de los que tenían a su cargo el santuario.

Los clanes meraritas

33 De Merari procedían los clanes de Majlí y Musí. Éstos eran los clanes meraritas. 34 El total de los varones censados mayores de un mes llegó a seis mil doscientos. 35 El jefe de la familia patriarcal de los meraritas era Zuriel hijo de Abijaíl. Los clanes meraritas acampaban al norte del santuario. 36 Tenían a su cargo el armazón del santuario, es decir, sus travesaños, postes y bases, junto con todos sus utensilios y todo lo necesario para su servicio. 37 También cuidaban de los postes que estaban alrededor del atrio, junto con sus bases, estacas y cuerdas.

La tribu de Leví

38 Moisés, Aarón y sus hijos acampaban delante del santuario, es decir, al este de la *Tienda de reunión, por donde sale el sol, ya que tenían a su cargo el santuario en representación de los israelitas. Pero cualquiera que, sin ser sacerdote, se acercaba al santuario, era condenado a muerte.

39 Moisés y Aarón censaron a los levitas, tal como el SEÑOR mismo se lo había ordenado. El total de los levitas mayores de un mes censados por clanes llegó a veintidós mil.

Los levitas y los primogénitos

40 El SEÑOR le dijo a Moisés: «Haz un censo de todos los primogénitos israelitas mayores de un mes, y registra sus nombres. 41 Apártame a los levitas en sustitución de todos los primogénitos israelitas, así como el ganado de los levitas en sustitución de todas las primeras crías del ganado de los israelitas. Yo soy el SEÑOR.»

42 Moisés hizo el censo de todos los primogénitos israelitas, conforme a lo que el SEÑOR le había mandado. 43 El total de los primogénitos mayores de un mes, anotados por nombre, llegó a veintidós mil doscientos setenta y tres.

44 El SEÑOR le dijo a Moisés: 45 «Apártame a los levitas en sustitución de todos los primogénitos de los israelitas, así como el ganado de los levitas en sustitución del ganado de los israelitas. Los levitas son míos. Yo soy el SEÑOR.

46 »Para rescatar a los doscientos setenta y tres primogénitos israelitas que exceden al número de levitas, 47 recaudarás cinco monedas de plata por cabeza, según la moneda oficial del santuario, que pesa

once gramos. *c* 48Esa suma se la entregarás a Aarón y a sus hijos, como rescate por los israelitas que exceden a su número.»

49Moisés recaudó el dinero del rescate de los israelitas que excedían al número de los rescatados por los levitas. 50En total recaudó mil trescientas sesenta y cinco monedas de plata, según la moneda oficial del santuario. *d* 51Luego entregó ese dinero a Aarón y a sus hijos, tal como el SEÑOR mismo se lo había ordenado.

Ministerio de los coatitas

4 El SEÑOR les dijo a Moisés y a Aarón: 2«Hagan un censo, por clanes y por familias patriarcales, de los levitas que descienden de Coat. 3Incluye en él a todos los varones de treinta a cincuenta años de edad que sean aptos para trabajar en la *Tienda de reunión.

4»El ministerio de los coatitas en la Tienda de reunión consiste en cuidar de las cosas más sagradas. 5Cuando los israelitas deban ponerse en marcha, Aarón y sus hijos entrarán en el santuario y descolgarán la cortina que lo resguarda, y con ella cubrirán el arca del *pacto. 6Después la cubrirán con piel de delfín y con un paño púrpura, y le colocarán las varas para transportarla.

7»Sobre la mesa de la presencia del SEÑOR extenderán un paño púrpura y colocarán los platos, las bandejas, los tazones y las jarras para las libaciones. También estará allí el pan de la ofrenda permanente. 8Sobre todo esto extenderán un paño escarlata. Luego cubrirán la mesa con piel de delfín y le colocarán las varas para transportarla.

9»Con un paño púrpura cubrirán el candelabro y sus lámparas, cortapabilos, ceniceros y utensilios que sirven para suministrarle aceite. 10Después cubrirán el candelabro y todos sus accesorios con piel de delfín, y lo colocarán sobre las andas.

11»Extenderán un paño púrpura sobre el altar de oro, lo cubrirán con piel de delfín y le colocarán las varas para transportarlo.

12»Envolverán en un paño púrpura todos los utensilios con los que ministran en el santuario, los cubrirán con piel de delfín, y luego los colocarán sobre las andas.

13»Al altar del *holocausto le quitarán las cenizas y lo cubrirán con un paño carmesí. 14Sobre el altar pondrán todos los utensilios que usan en su ministerio: ceniceros, tenedores, tenazas, aspersorios y todos los utensilios del altar. Luego lo cubrirán con piel de delfín y le colocarán las varas para transportarlo.

15»Cuando Aarón y sus hijos hayan terminado de cubrir el santuario y todos sus accesorios, los israelitas podrán ponerse en marcha. Entonces vendrán los coatitas para transportar el santuario, pero sin tocarlo para que no mueran. También transportarán los objetos que están en la Tienda de reunión.

16»En cambio, Eleazar hijo de Aarón estará a cargo del aceite para el candelabro, del incienso aromático, de la ofrenda permanente de cereal y del aceite de la unción. Además, cuidará del santuario y de todos sus utensilios.»

17El SEÑOR les dijo a Moisés y a Aarón: 18«Asegúrense de que los clanes de Coat no vayan a ser eliminados de la tribu de Leví. 19Para que no mueran cuando se acerquen a las cosas más sagradas, deberán hacer lo siguiente: Aarón y sus hijos asignarán a cada uno lo que deba hacer y transportar. 20Pero los coatitas no mirarán ni por un momento las cosas sagradas; de lo contrario, morirán.»

Ministerio de los guersonitas

21El SEÑOR les dijo a Moisés y a Aarón: 22«Hagan también un censo de los guersonitas por clanes y por familias patriarcales. 23Incluyan a todos los varones de treinta a cincuenta años que sean aptos para servir en la *Tienda de reunión.

24»El ministerio de los clanes guersonitas consiste en encargarse del transporte. 25Llevarán las cortinas del santuario, la Tienda de reunión, su toldo, la cubierta de piel de delfín que va encima, y la cortina

---

c 3:47 *cinco monedas ... once gramos.* Lit. *cinco *siclos por cabeza, según el siclo del santuario, que pesa veinte *gueras.*   *d* 3:50 *monedas ... santuario.* Lit. *siclos, según el siclo del santuario.*

de la entrada a la Tienda de reunión. 26También transportarán el cortinaje del atrio y la cortina que está a la entrada del atrio que rodea el santuario y el altar, junto con las cuerdas y todos los utensilios necesarios para su servicio. Deberán ocuparse de todo lo relacionado con éstos. 27Todo su trabajo, ya sea transportando los utensilios o sirviendo en la Tienda, deberán hacerlo bajo la dirección de Aarón y de sus hijos. De ellos será la responsabilidad de todo el transporte. 28El servicio de los clanes de Guersón en la Tienda de reunión será supervisado por Itamar, hijo del sacerdote Aarón.

Ministerio de los meraritas

29»Haz un censo de los meraritas por clanes y por familias patriarcales. 30Incluye a todos los varones de treinta a cincuenta años que sean aptos para servir en la *Tienda de reunión. 31Su trabajo en la Tienda de reunión consistirá en transportar el armazón del santuario, es decir, sus travesaños, postes y bases, 32lo mismo que los postes que están alrededor del atrio, sus bases, estacas y cuerdas, como también todos los utensilios necesarios para su servicio. Asígnale a cada uno los objetos que deberá transportar. 33El servicio de los clanes de Merari en la Tienda de reunión será supervisado por Itamar, hijo del sacerdote Aarón.»

Censo del clan de Coat

34Moisés, Aarón y los líderes de la comunidad hicieron un censo de los coatitas por clanes y por familias patriarcales. 35El censo incluía a todos los varones de treinta a cincuenta años que eran aptos para servir en la *Tienda de reunión. 36El total de los censados por clanes llegó a dos mil setecientos cincuenta hombres. 37Éste fue el total de los censados entre los clanes de Coat para servir en la Tienda de reunión, según el recuento que hicieron Moisés y Aarón, conforme al mandato del SEÑOR por medio de Moisés.

Censo del clan de Guersón

38Se hizo un censo de guersonitas por clanes y por familias patriarcales. 39El censo incluía a todos los varones de treinta a cincuenta años que eran aptos para servir en la *Tienda de reunión. 40El total de los censados por familias patriarcales llegó a dos mil seiscientos treinta hombres. 41Éste fue el total de los censados entre los clanes de Guersón para servir en la Tienda de reunión, según el recuento que hicieron Moisés y Aarón, conforme al mandato del SEÑOR.

Censo del clan de Merari

42Se hizo un censo de los meraritas por clanes y por familias patriarcales. 43El censo incluía a todos los varones de treinta a cincuenta años que eran aptos para servir en la *Tienda de reunión. 44El total de los censados por clanes llegó a tres mil doscientos hombres. 45Éste fue el total de los censados entre los clanes de Merari, según el recuento que hicieron Moisés y Aarón, conforme al mandato del SEÑOR por medio de Moisés.

Conclusión

46Moisés, Aarón y los líderes de Israel hicieron un censo de todos los levitas por clanes y por familias patriarcales. 47El total de los varones de treinta a cincuenta años, que eran aptos para servir en la *Tienda de reunión y transportarla, 48llegó a ocho mil quinientos ochenta. 49Conforme al mandato del SEÑOR por medio de Moisés, a cada uno se le asignó lo que tenía que hacer y transportar.

Así fueron censados, según el mandato que Moisés recibió del SEÑOR.

La pureza del campamento

5 El SEÑOR le dijo a Moisés: 2«Ordénales a los israelitas que expulsen del campamento a cualquiera que tenga una infección en la piel,e o padezca de flujo venéreo, o haya quedado ritualmente *impuro por haber tocado un cadáver. 3Ya sea que se trate de hombres o de mujeres, los

---

e 5:2 una infección de la piel. Tradicionalmente *lepra.

expulsarás del campamento para que no *contaminen el lugar donde habito en medio de mi pueblo.» ⁴Y los israelitas los expulsaron del campamento, tal como el SEÑOR se lo había mandado a Moisés.

Restitución por daños

⁵El SEÑOR le ordenó a Moisés ⁶que les dijera a los israelitas: «El hombre o la mujer que peque contra su prójimo, traiciona al SEÑOR y tendrá que responder por ello. ⁷Deberá confesar su pecado y pagarle a la persona perjudicada una compensación por el daño causado, con un recargo del veinte por ciento. ⁸Pero si la persona perjudicada no tiene ningún pariente, la compensación será para el SEÑOR y se le entregará al sacerdote, junto con el carnero para *expiación del culpable. ⁹Toda contribución que los israelitas consagren para dársela al sacerdote, será del sacerdote. ¹⁰Lo que cada uno consagra es suyo, pero lo que se da al sacerdote es del sacerdote.»

Ley sobre los celos

¹¹El SEÑOR le ordenó a Moisés ¹²que les dijera a los israelitas: «Supongamos que una mujer se desvía del buen *camino y le es infiel a su esposo ¹³acostándose con otro; supongamos también que el asunto se mantiene oculto, ya que ella se mancilló en secreto, y no hubo testigos ni fue sorprendida en el acto. ¹⁴Si al esposo le da un ataque de celos y sospecha que ella está mancillada, o le da un ataque de celos y sospecha de ella, aunque no esté mancillada, ¹⁵entonces la llevará ante el sacerdote y ofrecerá por ella dos kilos^f de harina de cebada. No derramará aceite sobre la ofrenda ni le pondrá incienso, puesto que se trata de una ofrenda por causa de celos, una ofrenda memorial de cereal para señalar un pecado.

¹⁶»El sacerdote llevará a la mujer ante el SEÑOR, ¹⁷pondrá agua pura en un recipiente de barro, y le echará un poco de tierra del suelo del santuario. ¹⁸Luego llevará a la mujer ante el SEÑOR, le soltará el cabello y pondrá en sus manos la ofrenda memorial por los celos, mientras él

sostiene la vasija con las aguas amargas de la maldición. ¹⁹Entonces el sacerdote pondrá a la mujer bajo juramento, y le dirá: "Si estando bajo la potestad de tu esposo no te has acostado con otro hombre, ni te has desviado hacia la *impureza, estas aguas amargas de la maldición no te dañarán. ²⁰Pero si estando bajo la potestad de tu esposo te has desviado, mancillándote y acostándote con otro hombre ²¹—aquí el sacerdote pondrá a la mujer bajo el juramento del voto de maldición—, que el SEÑOR haga recaer sobre ti la maldición y el juramento en medio de tu pueblo, que te haga estéril, y que el vientre se te hinche. ²²Cuando estas aguas de la maldición entren en tu cuerpo, que te hinchen el vientre y te hagan estéril." Y la mujer responderá: "¡Amén! ¡Que así sea!"

²³»El sacerdote escribirá estas maldiciones en un documento, que lavará con las aguas amargas. ²⁴Después hará que la mujer se beba las aguas amargas de la maldición, que entrarán en ella para causarle amargura.

²⁵»El sacerdote recibirá de ella la ofrenda por los celos. Procederá a mecer ante el SEÑOR la ofrenda de cereal, la cual presentará sobre el altar; ²⁶tomará de la ofrenda un puñado de cereal como memorial, y lo quemará en el altar. Después hará que la mujer se beba las aguas. ²⁷Cuando ella se haya bebido las aguas de la maldición, y éstas entren en ella para causarle amargura, si le fue infiel a su esposo y se mancilló, se le hinchará el vientre y quedará estéril. Así esa mujer caerá bajo maldición en medio de su pueblo. ²⁸Pero si no se mancilló, sino que se mantuvo pura, entonces no sufrirá daño alguno y será fértil.

²⁹»Ésta es la ley en cuanto a los celos, cuando se dé el caso de que una mujer, estando bajo la potestad de su esposo, se desvíe del buen camino y se mancille a sí misma, ³⁰o cuando al esposo le dé un ataque de celos y sospeche de su esposa. El sacerdote llevará a la mujer a la presencia del SEÑOR y le aplicará esta ley al pie de la letra. ³¹El esposo quedará exento de culpa, pero la mujer sufrirá las consecuencias de su pecado.»

---

^{f}**5:15** *dos kilos*. Lit. *una décima de *efa.

Los nazareos

6 El Señor le ordenó a Moisés [2]que les dijera a los israelitas: «Cuando un hombre o una mujer haga un voto especial, un voto que lo consagre al Señor como nazareo, [3]deberá abstenerse de vino y de otras bebidas fermentadas. No beberá vinagre de vino ni de otra bebida fermentada; tampoco beberá jugo de uvas ni comerá uvas ni pasas. [4]Mientras dure su voto de nazareo, no comerá ningún producto de la vid, desde la semilla hasta la cáscara.

[5]»Mientras dure el tiempo de su consagración al Señor, es decir, mientras dure su voto de nazareo, tampoco se cortará el cabello, sino que se lo dejará crecer y se mantendrá *santo.

[6]»Mientras dure el tiempo de su consagración al Señor, no podrá acercarse a ningún cadáver, [7]ni siquiera en caso de que muera su padre, su madre, su hermano o su hermana. No deberá hacerse ritualmente *impuro a causa de ellos, porque lleva sobre la cabeza el símbolo de su consagración al Señor. [8]Mientras dure el tiempo de su consagración al Señor, se mantendrá santo.

[9]»Si de improviso alguien muere junto a él, la consagración de su cabeza quedará anulada; así que al cabo de siete días, en el día de su purificación, deberá rasurarse la cabeza. [10]Al octavo día llevará dos palomas o dos tórtolas, y se las entregará al sacerdote a la entrada de la *Tienda de reunión. [11]El sacerdote ofrecerá una de ellas como sacrificio *expiatorio, y la otra como *holocausto. Así el sacerdote hará expiación por el nazareo, ya que éste pecó al entrar en contacto con un cadáver. Ese mismo día el nazareo volverá a santificarse la cabeza, [12]consagrando al Señor el tiempo de su nazareato y llevando un cordero de un año como sacrificio por la culpa. No se le tomará en cuenta el tiempo anterior, porque su consagración quedó anulada.

[13]»Esta ley se aplicará al nazareo al cumplir su período de consagración. Será llevado a la entrada de la Tienda de reunión, [14]y allí ofrecerá como holocausto al Señor un cordero de un año, sin defecto; como sacrificio expiatorio una oveja de un año, sin defecto; y como sacrificio de *comunión un carnero sin defecto. [15]Ofrecerá además un canastillo de panes sin levadura, panes de flor de harina amasados con aceite, obleas sin levadura untadas con aceite, y también ofrendas de cereal y de libación.

[16]»Entonces el sacerdote las presentará al Señor y ofrecerá el sacrificio expiatorio y el holocausto en favor del nazareo. [17]Ofrecerá el carnero al Señor como sacrificio de comunión, junto con el canastillo de panes sin levadura. También presentará las ofrendas de cereal y de libación.

[18]»Luego, a la entrada de la Tienda de reunión, el nazareo se rapará la cabeza. Tomará el cabello que consagró, y lo echará al fuego que arde bajo el sacrificio de comunión.

[19]»Una vez que el nazareo se haya rapado la cabeza, el sacerdote tomará del canastillo un pan sin levadura y una oblea sin levadura, más la pierna cocida del carnero, y pondrá todo esto en manos del nazareo, [20]después de lo cual mecerá todo esto ante el Señor como una ofrenda. Todo esto es santo y le pertenece al sacerdote, lo mismo que el pecho mecido y el muslo ofrecido como contribución. Finalizado este rito, el nazareo podrá beber vino.

[21]»Esta ley se aplicará al nazareo que haga un voto. Ésta es la ofrenda que presentará al Señor por su nazareato, aparte de lo que pueda dar según sus recursos. Según la ley del nazareato, deberá cumplir el voto que hizo.»

Bendición sacerdotal

[22]El Señor le ordenó a Moisés: [23]«Diles a Aarón y a sus hijos que impartan la bendición a los israelitas con estas palabras:

[24]» "El Señor te bendiga
y te guarde;
[25]el Señor te mire con agrado [g]
y te extienda su amor;

---

[g] **6:25** *te mire con agrado*. Lit. *haga resplandecer su rostro sobre ti.*

²⁶el SEÑOR te muestre su favor
y te conceda la *paz."

²⁷»Así invocarán mi *nombre sobre
los israelitas, para que yo los bendiga.»

Ofrendas para la consagración del santuario

7 Cuando Moisés terminó de levantar el
santuario, lo consagró ungiéndolo
junto con todos sus utensilios. También
ungió y consagró el altar y sus utensilios.
²Entonces los jefes de Israel, es decir, los
jefes de las familias patriarcales y de las
tribus, que habían presidido el censo, hicieron una ofrenda ³y la llevaron al santuario para presentarla ante el SEÑOR. La
ofrenda consistía en una carreta por cada
dos jefes, y un buey por cada uno de ellos;
eran, en total, seis carretas cubiertas y
doce bueyes.

⁴El SEÑOR le dijo a Moisés: ⁵«Recibe
estas ofrendas que te entregan, para que
sean usadas en el ministerio de la *Tienda
de reunión. Tú se las entregarás a los
levitas, según lo requiera el trabajo de
cada uno.»

⁶Moisés recibió las carretas y los
bueyes, y se los entregó a los levitas. ⁷A
los guersonitas les dio dos carretas y
cuatro bueyes, como lo requería su ministerio. ⁸A los meraritas les dio cuatro
carretas y ocho bueyes, como lo requería
su ministerio. Todos ellos estaban bajo
las órdenes de Itamar, hijo del sacerdote
Aarón. ⁹A los coatitas no les dio nada,
porque la responsabilidad de ellos era
llevar las cosas sagradas sobre sus propios hombros.

Ofrendas para la dedicación del altar

¹⁰Cuando el altar fue consagrado, los
jefes llevaron una ofrenda de dedicación
y la presentaron ante el altar, ¹¹porque el
SEÑOR le había dicho a Moisés: «Para
presentar su ofrenda de dedicación del
altar, cada jefe tendrá su propio día.»

La ofrenda de Judá

¹²El primer día le tocó presentar su
ofrenda a Naasón hijo de Aminadab, de la
tribu de Judá.

¹³Para la ofrenda de cereal, presentó
una fuente de plata y un aspersorio de
plata, llenos de flor de harina amasada
con aceite. Según la tasación oficial del
santuario, la fuente pesaba un kilo y medio, y el aspersorio pesaba ochocientos
gramos.ʰ

¹⁴También presentó una bandeja de
oro de ciento diez gramos,ⁱ llena de incienso.

¹⁵Para el *holocausto, presentó un novillo, un carnero y un cordero de un año.
¹⁶Para el sacrificio *expiatorio, presentó un macho cabrío.

¹⁷Para el sacrificio de *comunión, presentó dos bueyes, cinco carneros, cinco
machos cabríos y cinco corderos de un año.

Ésta fue la ofrenda de Naasón hijo de
Aminadab.

La ofrenda de Isacar

¹⁸El segundo día le tocó presentar su
ofrenda a Natanael hijo de Zuar, jefe de la
tribu de Isacar.

¹⁹Para la ofrenda de cereal, presentó
una fuente de plata y un aspersorio de
plata, llenos de flor de harina amasada
con aceite. Según la tasación oficial del
santuario, la fuente pesaba un kilo y medio, y el aspersorio pesaba ochocientos
gramos.

²⁰También presentó una bandeja de
oro de ciento diez gramos, llena de incienso.

²¹Para el holocausto, presentó un novillo, un carnero y un cordero de un año.
²²Para el sacrificio expiatorio, presentó un macho cabrío.

²³Para el sacrificio de comunión, presentó dos bueyes, cinco carneros, cinco
machos cabríos y cinco corderos de un año.

Ésta fue la ofrenda de Natanael hijo de
Zuar.

ʰ7:13 la tasación oficial ... un kilo y medio ... ochocientos gramos. Lit. el *siclo ... ciento treinta siclos ...
setenta siclos; así en el resto de este capítulo.   ⁱ7:14 ciento diez gramos. Lit. diez siclos; así en el resto de
este capítulo.

La ofrenda de Zabulón

24El tercer día le tocó presentar su ofrenda a Eliab hijo de Helón, jefe de la tribu de Zabulón.

25Para la ofrenda de cereal, presentó una fuente de plata y un aspersorio de plata, llenos de flor de harina amasada con aceite. Según la tasación oficial del santuario, la fuente pesaba un kilo y medio, y el aspersorio pesaba ochocientos gramos.

26También presentó una bandeja de oro de ciento diez gramos, llena de incienso.

27Para el holocausto, presentó un novillo, un carnero y un cordero de un año.

28Para el sacrificio expiatorio, presentó un macho cabrío.

29Para el sacrificio de comunión, presentó dos bueyes, cinco carneros, cinco machos cabríos, y cinco corderos de un año.

Ésta fue la ofrenda de Eliab hijo de Helón.

La ofrenda de Rubén

30El cuarto día le tocó presentar su ofrenda a Elisur hijo de Sedeúr, jefe de la tribu de Rubén.

31Para la ofrenda de cereal, presentó una fuente de plata y un aspersorio de plata, llenos de flor de harina amasada con aceite. Según la tasación oficial del santuario, la fuente pesaba un kilo y medio, y el aspersorio pesaba ochocientos gramos.

32También presentó una bandeja de oro de ciento diez gramos, llena de incienso.

33Para el holocausto, presentó un novillo, un carnero y un cordero de un año.

34Para el sacrificio expiatorio, presentó un macho cabrío.

35Para el sacrificio de comunión, presentó dos bueyes, cinco carneros, cinco machos cabríos, y cinco corderos de un año.

Ésta fue la ofrenda de Elisur hijo de Sedeúr.

La ofrenda de Simeón

36El quinto día le tocó presentar su ofrenda a Selumiel hijo de Zurisaday, jefe de la tribu de Simeón.

37Para la ofrenda de cereal, presentó una fuente de plata y un aspersorio de plata, llenos de flor de harina amasada con aceite. Según la tasación oficial del santuario, la fuente pesaba un kilo y medio, y el aspersorio pesaba ochocientos gramos.

38También presentó una bandeja de oro de ciento diez gramos, llena de incienso.

39Para el holocausto, presentó un novillo, un carnero y un cordero de un año.

40Para el sacrificio expiatorio, presentó un macho cabrío.

41Para el sacrificio de comunión, presentó dos bueyes, cinco carneros, cinco machos cabríos, y cinco corderos de un año.

Ésta fue la ofrenda de Selumiel hijo de Zurisaday.

La ofrenda de Gad

42El sexto día le tocó presentar su ofrenda a Eliasaf hijo de Deuel, jefe de la tribu de Gad.

43Para la ofrenda de cereal, presentó una fuente de plata y un aspersorio de plata, llenos de flor de harina amasada con aceite. Según la tasación oficial del santuario, la fuente pesaba un kilo y medio, y el aspersorio pesaba ochocientos gramos.

44También presentó una bandeja de oro de ciento diez gramos, llena de incienso.

45Para el holocausto, presentó un novillo, un carnero y un cordero de un año.

46Para el sacrificio expiatorio, presentó un macho cabrío.

47Para el sacrificio de comunión, presentó dos bueyes, cinco carneros, cinco machos cabríos, y cinco corderos de un año.

Ésta fue la ofrenda de Eliasaf hijo de Deuel.

La ofrenda de Efraín

48El séptimo día le tocó presentar su ofrenda a Elisama hijo de Amiud, jefe de la tribu de Efraín.

49Para la ofrenda de cereal, presentó una fuente de plata y un aspersorio de plata, llenos de flor de harina amasada con aceite. Según la tasación oficial del santuario, la fuente pesaba un kilo y medio, y el aspersorio pesaba ochocientos gramos.

⁵⁰También presentó una bandeja de oro de ciento diez gramos, llena de incienso.

⁵¹Para el holocausto, presentó un novillo, un carnero y un cordero de un año.

⁵²Para el sacrificio expiatorio, presentó un macho cabrío.

⁵³Para el sacrificio de comunión, presentó dos bueyes, cinco carneros, cinco machos cabríos, y cinco corderos de un año.

Ésta fue la ofrenda de Elisama hijo de Amiud.

La ofrenda de Manasés

⁵⁴El octavo día le tocó presentar su ofrenda a Gamaliel hijo de Pedasur, jefe de la tribu de Manasés.

⁵⁵Para la ofrenda de cereal, presentó una fuente de plata y un aspersorio de plata, llenos de flor de harina amasada con aceite. Según la tasación oficial del santuario, la fuente pesaba un kilo y medio, y el aspersorio pesaba ochocientos gramos.

⁵⁶También presentó una bandeja de oro de ciento diez gramos, llena de incienso.

⁵⁷Para el holocausto, presentó un novillo, un carnero y un cordero de un año.

⁵⁸Para el sacrificio expiatorio, presentó un macho cabrío.

⁵⁹Para el sacrificio de comunión, presentó dos bueyes, cinco carneros, cinco machos cabríos, y cinco corderos de un año.

Ésta fue la ofrenda de Gamaliel hijo de Pedasur.

La ofrenda de Benjamín

⁶⁰El noveno día le tocó presentar su ofrenda a Abidán hijo de Gedeoni, jefe de la tribu de Benjamín.

⁶¹Para la ofrenda de cereal, presentó una fuente de plata y un aspersorio de plata, llenos de flor de harina amasada con aceite. Según la tasación oficial del santuario, la fuente pesaba un kilo y medio, y el aspersorio pesaba ochocientos gramos.

⁶²También presentó una bandeja de oro de ciento diez gramos, llena de incienso.

⁶³Para el holocausto, presentó un novillo, un carnero y un cordero de un año.

⁶⁴Para el sacrificio expiatorio, presentó un macho cabrío.

⁶⁵Para el sacrificio de comunión, presentó dos bueyes, cinco carneros, cinco machos cabríos, y cinco corderos de un año.

Ésta fue la ofrenda de Abidán hijo de Gedeoni.

La ofrenda de Dan

⁶⁶El décimo día le tocó presentar su ofrenda a Ajiezer hijo de Amisaday, jefe de la tribu de Dan.

⁶⁷Para la ofrenda de cereal, presentó una fuente de plata y un aspersorio de plata, llenos de flor de harina amasada con aceite. Según la tasación oficial del santuario, la fuente pesaba un kilo y medio, y el aspersorio pesaba ochocientos gramos.

⁶⁸También presentó una bandeja de oro de ciento diez gramos, llena de incienso.

⁶⁹Para el holocausto, presentó un novillo, un carnero y un cordero de un año.

⁷⁰Para el sacrificio expiatorio, presentó un macho cabrío.

⁷¹Para el sacrificio de comunión, presentó dos bueyes, cinco carneros, cinco machos cabríos, y cinco corderos de un año.

Ésta fue la ofrenda de Ajiezer hijo de Amisaday.

La ofrenda de Aser

⁷²El undécimo día le tocó presentar su ofrenda a Paguiel hijo de Ocrán, jefe de la tribu de Aser.

⁷³Para la ofrenda de cereal, presentó una fuente de plata y un aspersorio de plata, llenos de flor de harina amasada con aceite. Según la tasación oficial del santuario, la fuente pesaba un kilo y medio, y el aspersorio pesaba ochocientos gramos.

⁷⁴También presentó una bandeja de oro de ciento diez gramos, llena de incienso.

⁷⁵Para el holocausto, presentó un novillo, un carnero y un cordero de un año.

⁷⁶Para el sacrificio expiatorio, presentó un macho cabrío.

⁷⁷Para el sacrificio de comunión, presentó dos bueyes, cinco carneros, cinco machos cabríos, y cinco corderos de un año.

Ésta fue la ofrenda de Paguiel hijo de Ocrán.

La ofrenda de Neftalí

78El duodécimo día le tocó presentar su ofrenda a Ajirá hijo de Enán, jefe de la tribu de Neftalí.

79Para la ofrenda de cereal, presentó una fuente de plata y un aspersorio de plata, llenos de flor de harina amasada con aceite. Según la tasación oficial del santuario, la fuente pesaba un kilo y medio, y el aspersorio pesaba ochocientos gramos.

80También presentó una bandeja de oro de ciento diez gramos, llena de incienso.

81Para el holocausto, presentó un novillo, un carnero y un cordero de un año.

82Para el sacrificio expiatorio, presentó un macho cabrío.

83Para el sacrificio de comunión, presentó dos bueyes, cinco carneros, cinco machos cabríos, y cinco corderos de un año.

Ésta fue la ofrenda de Ajirá hijo de Enán.

Conclusión

84Las ofrendas de dedicación que los jefes de Israel presentaron cuando se consagró el altar fueron las siguientes: doce fuentes de plata, doce aspersorios de plata y doce bandejas de oro. **85**Cada fuente de plata pesaba un kilo y medio, y cada aspersorio, ochocientos gramos. El peso total de los objetos de plata llegaba a veintisiete kilos,*j* según la tasación oficial*k* del santuario. **86**Las doce bandejas de oro llenas de incienso pesaban ciento diez gramos cada una, según la tasación oficial del santuario. El peso total de las bandejas de oro era de un kilo con cuatrocientos gramos.*l* **87**Los animales para el *holocausto fueron en total doce novillos, doce carneros, doce corderos de un año, y doce machos cabríos para el sacrificio *expiatorio, más las ofrendas de cereal. **88**Los animales para el sacrificio de *comunión fueron en total veinticuatro bueyes, sesenta carneros, sesenta machos cabríos y sesenta corderos de un año. Éstas

fueron las ofrendas para la dedicación del altar después de haber sido consagrado.

Dios se revela en medio del pueblo

89Cuando Moisés entró en la *Tienda de reunión para hablar con el SEÑOR, escuchó su voz de entre los dos *querubines, desde la cubierta del *propiciatorio que estaba sobre el arca del *pacto. Así hablaba el SEÑOR con Moisés.

Las lámparas del candelabro

8 El SEÑOR le dijo a Moisés: **2**«Dile a Aarón: "Cuando instales las siete lámparas, éstas deberán alumbrar hacia la parte delantera del candelabro."»

3Así lo hizo Aarón. Instaló las lámparas de modo que alumbraran hacia la parte delantera del candelabro, tal como el SEÑOR se lo había ordenado a Moisés. **4**Desde la base hasta las flores, el candelabro estaba hecho de oro labrado, según el modelo que el SEÑOR le había revelado a Moisés.

Consagración de los levitas

5El SEÑOR le dijo a Moisés: **6**«Toma a los levitas de entre los israelitas, y *purifícalos. **7**Para purificarlos, róciales agua *expiatoria, y haz que se afeiten todo el cuerpo y se laven los vestidos. Así quedarán purificados. **8**Luego tomarán un novillo y una ofrenda de flor de harina amasada con aceite. Tú, por tu parte, tomarás otro novillo para el sacrificio expiatorio. **9**Llevarás a los levitas a la *Tienda de reunión y congregarás a toda la comunidad israelita. **10**Presentarás a los levitas ante el SEÑOR, y los israelitas les impondrán las manos. **11**Entonces Aarón presentará a los levitas ante el SEÑOR, como ofrenda mecida de parte de los israelitas. Así quedarán consagrados al servicio del SEÑOR.

12»Los levitas pondrán las manos sobre la cabeza de los novillos, y tú harás *propiciación por ellos ofreciendo un novillo como sacrificio expiatorio y otro como *holocausto para el SEÑOR. **13**Harás

---

*j***7:85** *kilo y medio ... ochocientos gramos ... veintisiete kilos.* Lit. *ciento treinta siclos...setenta siclos...dos mil cuatrocientos siclos.* *k***7:85** *la tasación oficial.* Lit. *el siclo;* también en v. 86. *l***7:86** *ciento diez gramos ... un kilo con cuatrocientos gramos.* Lit. *diez siclos ... ciento veinte siclos.*

que los levitas se pongan de pie frente a Aarón y sus hijos, y los presentarás al SEÑOR como ofrenda mecida. **14**De este modo apartarás a los levitas del resto de los israelitas, para que sean míos.

15»Después de que hayas purificado a los levitas y los hayas presentado como ofrenda mecida, ellos irán a ministrar en la Tienda de reunión. **16**De todos los israelitas, ellos me pertenecen por completo; son mi regalo especial. Los he apartado para mí en lugar de todos los primogénitos de Israel. **17**Porque mío es todo primogénito de Israel, ya sea *hombre o animal. Los aparté para mí cuando herí de muerte a todos los primogénitos de Egipto. **18**Sin embargo, he tomado a los levitas en lugar de todos los primogénitos de los israelitas, **19**y se los he entregado a Aarón y a sus hijos como un regalo. Los levitas ministrarán en la Tienda de reunión en favor de los israelitas, y harán propiciación por ellos, para que no sufran una desgracia al acercarse al santuario.»

20Así lo hicieron Moisés y Aarón, y toda la comunidad de Israel. Los israelitas hicieron todo lo que el SEÑOR le había mandado a Moisés en cuanto a los levitas, **21**los cuales se purificaron y lavaron sus vestidos. Aarón los presentó ante el SEÑOR como ofrenda mecida, e hizo propiciación por ellos para purificarlos. **22**Después de esto los levitas fueron a la Tienda de reunión, para ministrar allí bajo la supervisión de Aarón y de sus hijos. De este modo se cumplió todo lo que el SEÑOR le había mandado a Moisés en cuanto a los levitas.

23El SEÑOR le dijo a Moisés: **24**«Esta ley se aplicará a los levitas: Para el servicio de la Tienda de reunión se inscribirá a los que tengan veinticinco años o más; **25**pero cesarán en sus funciones y se jubilarán cuando cumplan los cincuenta, **26**después de lo cual podrán seguir ayudando a sus hermanos en el ejercicio de sus deberes en la Tienda de reunión, pero no estarán ya a cargo del ministerio. Éstas son las obligaciones que asignarás a los levitas.»

La fecha de la Pascua

9 El SEÑOR le habló a Moisés en el desierto de Sinaí, en el primer mes del segundo año después de la salida de Egip-

to. Le dijo: **2**«Los israelitas celebrarán la Pascua en la fecha señalada. **3**La celebrarán al atardecer del día catorce del mes, que es la fecha señalada. La celebrarán ciñéndose a todos sus *estatutos y preceptos.»

4Moisés mandó que los israelitas celebraran la Pascua, **5**y ellos la celebraron en el desierto de Sinaí, al atardecer del día catorce del mes primero. Los israelitas hicieron todo lo que el SEÑOR le había mandado a Moisés.

Casos excepcionales

6Pero algunos no pudieron celebrar la Pascua en aquel día, pues estaban ritualmente *impuros por haber tocado un cadáver. Ese mismo día se acercaron a Moisés y a Aarón, **7**y les dijeron:

—Hemos tocado un cadáver, así que estamos impuros. Ahora bien, ésa no es razón para que no presentemos nuestras ofrendas al SEÑOR en la fecha establecida, junto con los demás israelitas.

8Moisés les respondió:

—Esperen a que averigüe lo que el SEÑOR dispone con relación a ustedes.

9Entonces el SEÑOR le ordenó a Moisés **10**que les dijera a los israelitas: «Cuando alguno de ustedes o de sus descendientes esté ritualmente impuro por haber tocado un cadáver, o se encuentre fuera del país, aun así podrá celebrar la Pascua del SEÑOR. **11**Sólo que, en ese caso, la celebrará al atardecer del día catorce del mes segundo. Comerá el cordero con pan sin levadura y hierbas amargas, **12**y no dejará nada del cordero para el día siguiente ni le quebrará un solo hueso. Cuando celebre la Pascua, lo hará según las disposiciones al respecto.

13»Si alguien deja de celebrar la Pascua no estando impuro ni fuera del país, será eliminado de su pueblo por no haber presentado sus ofrendas al SEÑOR en la fecha establecida. Así que sufrirá las consecuencias de su pecado.

14»Si el extranjero que vive entre ustedes quiere celebrar la Pascua del SEÑOR, deberá hacerlo ciñéndose a sus *estatutos y preceptos. Las mismas disposiciones se aplicarán tanto a nativos como a extranjeros.»

La nube sobre el santuario

15El día en que se armó el santuario, es decir, la Tienda del *pacto, la nube lo cubrió, y durante toda la noche cobró apariencia de fuego. **16**Así sucedía siempre: de día la nube cubría el santuario, mientras que de noche cobraba apariencia de fuego. **17**Cada vez que la nube se levantaba de la Tienda, los israelitas se ponían en marcha; y donde la nube se detenía, allí acampaban. **18**Dependiendo de lo que el Señor les indicara, los israelitas se ponían en marcha o acampaban; y todo el tiempo que la nube reposaba sobre el santuario, se quedaban allí. **19**No importaba que se quedara muchos días sobre el santuario; los israelitas obedecían el mandamiento del Señor y no abandonaban el lugar. **20**Lo mismo ocurría cuando la nube reposaba poco tiempo sobre el santuario: cuando el Señor así lo indicaba, los israelitas acampaban o se ponían en marcha. **21**A veces la nube se quedaba una sola noche; pero ya fuera de día o de noche, cuando la nube se levantaba, los israelitas se ponían en marcha. **22**Aunque la nube reposara sobre el santuario un par de días, un mes o más tiempo, los israelitas se quedaban en el campamento y no partían; pero cuando se levantaba, se ponían en marcha. **23**Cuando el Señor así lo indicaba, los israelitas acampaban o se ponían en marcha. Así obedecían al mandamiento del Señor, según lo que el Señor les había dicho por medio de Moisés.

La señal de las trompetas

10 El Señor le dijo a Moisés: **2**«Hazte dos trompetas de plata labrada, y úsalas para reunir al pueblo acampado y para dar la señal de ponerse en marcha. **3**Cuando ambas trompetas den el toque de reunión, toda la comunidad se reunirá contigo a la entrada de la *Tienda de reunión. **4**Cuando sólo una de ellas dé el toque, se reunirán contigo únicamente los jefes de las tribus de Israel. **5**Al primer toque de avance, se pondrán en marcha las tribus que acampan al este, **6**y al segundo, las que acampan al sur. Es decir, la señal de partida será el toque de avance. **7**Cuando se quiera reunir a la comunidad, el toque de reunión que se dé será diferente.

8»Las trompetas las tocarán los sacerdotes aaronitas. Esto será un *estatuto perpetuo para ustedes y sus descendientes.

9»Cuando estén ya en su propia tierra y tengan que salir a la guerra contra el enemigo opresor, las trompetas darán la señal de combate. Entonces el Señor se acordará de ustedes y los salvará de sus enemigos.

10»Cuando celebren fiestas en fechas solemnes o en novilunios, también tocarán trompetas para anunciar los *holocaustos y los sacrificios de *comunión. Así Dios se acordará de ustedes. Yo soy el Señor tu Dios.»

Desde el Sinaí hasta Parán

11El día veinte del segundo mes del año segundo, la nube se levantó del santuario del *pacto. **12**Entonces los israelitas avanzaron desde el desierto de Sinaí hasta el desierto de Parán, donde la nube se detuvo. **13**A la orden que el Señor dio por medio de Moisés, los israelitas emprendieron la marcha por primera vez.

14Los primeros en partir fueron los escuadrones que marchaban bajo el estandarte del campamento de Judá. Los comandaba Naasón hijo de Aminadab. **15**Natanael hijo de Zuar comandaba el escuadrón de la tribu de Isacar. **16**Eliab hijo de Helón comandaba el escuadrón de la tribu de Zabulón.

17Entonces se desmontó el santuario, y los guersonitas y meraritas que lo transportaban se pusieron en marcha. **18**Les siguieron los escuadrones que marchaban bajo el estandarte del campamento de Rubén. Los comandaba Elisur hijo de Sedeúr. **19**Selumiel hijo de Zurisaday comandaba el escuadrón de la tribu de Simeón, **20**y Eliasaf hijo de Deuel comandaba el escuadrón de la tribu de Gad. **21**Luego partieron los coatitas, que llevaban las cosas sagradas. El santuario se levantaba antes de que ellos llegaran al próximo lugar de campamento.

22Les siguieron los escuadrones que marchaban bajo el estandarte del campamento de Efraín. Los comandaba Elisama hijo de Amiud. **23**Gamaliel hijo de Pedasur comandaba el escuadrón de la tribu de Manasés, **24**y Abidán hijo de Gedeoni comandaba el escuadrón de la tribu de Benjamín.

25Por último, a la retaguardia de todos los campamentos, partieron los escuadrones que marchaban bajo el estandarte del campamento de Dan. Los comandaba Ajiezer hijo de Amisaday. **26**Paguiel hijo de Ocrán comandaba el escuadrón de la tribu de Aser, **27**y Ajirá hijo de Enán comandaba el escuadrón de la tribu de Neftalí. **28**Éste era el orden de los escuadrones israelitas, cuando se ponían en marcha.

Moisés invita a Hobab

29Entonces Moisés le dijo al madianita Hobab hijo de Reuel, que era su suegro:

—Estamos por partir hacia la tierra que el SEÑOR prometió darnos. Ven con nosotros. Seremos generosos contigo, ya que el SEÑOR ha prometido ser generoso con Israel.

30—No, no iré —respondió Hobab—; quiero regresar a mi tierra y a mi familia.

31—Por favor, no nos dejes —insistió Moisés—. Tú conoces bien los lugares del desierto donde debemos acampar. Tú serás nuestro guía. **32**Si vienes con nosotros, compartiremos contigo todo lo bueno que el SEÑOR nos dé.

Israel se pone en marcha

33Los israelitas partieron de la montaña del SEÑOR y anduvieron por espacio de tres días, durante los cuales el arca del *pacto del SEÑOR marchaba al frente de ellos para buscarles un lugar donde acampar. **34**Cuando partían, la nube del SEÑOR permanecía sobre ellos todo el día. **35**Cada vez que el arca se ponía en marcha, Moisés decía:

«¡Levántate, SEÑOR!
    Sean dispersados tus enemigos;
    huyan de tu presencia los que te
        odian.»

36Pero cada vez que el arca se detenía, Moisés decía:

«¡Regresa, SEÑOR,
    a la incontable muchedumbre de
        Israel!»

El fuego del SEÑOR en Taberá

11 Un día, el pueblo se quejó de sus penalidades que estaba sufriendo. Al oírlos el SEÑOR, ardió en ira y su fuego consumió los alrededores del campamento. **2**Entonces el pueblo clamó a Moisés, y éste oró al SEÑOR por ellos y el fuego se apagó. **3**Por eso aquel lugar llegó a ser conocido como Taberá,**m** pues el fuego del SEÑOR ardió entre ellos.

Queja del pueblo en Quibrot Hatavá

4Al populacho que iba con ellos le vino un apetito voraz. Y también los israelitas volvieron a llorar, y dijeron: «¡Quién nos diera carne! **5**¡Cómo echamos de menos el pescado que comíamos gratis en Egipto! ¡También comíamos pepinos y melones, y puerros, cebollas y ajos! **6**Pero ahora, tenemos reseca la garganta; ¡y no vemos nada que no sea este maná!»

7A propósito, el maná se parecía a la semilla del cilantro y brillaba como la resina. **8**El pueblo salía a recogerlo, y lo molía entre dos piedras, o bien lo machacaba en morteros, y lo cocía en una olla o hacía pan con él. Sabía a pan amasado con aceite. **9**Por la noche, cuando el rocío caía sobre el campamento, también caía el maná.

Queja de Moisés en Quibrot Hatavá

10Moisés escuchó que las familias del pueblo lloraban, cada una a la entrada de su tienda, con lo cual hacían que la ira del SEÑOR se encendiera en extremo. Entonces, muy disgustado, **11**Moisés oró al SEÑOR:

—Si yo soy tu siervo, ¿por qué me perjudicas? ¿Por qué me niegas tu favor y me obligas a cargar con todo este pueblo? **12**¿Acaso yo lo concebí, o lo di a luz, para que me exijas que lo lleve en mi regazo, como si fuera su nodriza, y lo lleve hasta

m 11:3 En hebreo, *Taberá* significa *arder*.

la tierra que les prometiste a sus antepasados? **13**Todo este pueblo viene llorando a pedirme carne. ¿De dónde voy a sacarla? **14**Yo solo no puedo con todo este pueblo. ¡Es una carga demasiado pesada para mí! **15**Si éste es el trato que vas a darme, ¡me harás un favor si me quitas la vida! ¡Así me veré libre de mi desgracia!

El Señor le responde a Moisés

16El Señor le respondió a Moisés:

—Tráeme a setenta *ancianos de Israel, y asegúrate de que sean ancianos y gobernantes del pueblo. Llévalos a la *Tienda de reunión, y haz que esperen allí contigo. **17**Yo descenderé para hablar contigo, y compartiré con ellos el Espíritu que está sobre ti, para que te ayuden a llevar la carga que te significa este pueblo. Así no tendrás que llevarla tú solo.

18»Al pueblo sólo le dirás lo siguiente: "*Santifíquense para mañana, pues van a comer carne. Ustedes lloraron ante el Señor, y le dijeron: '¡Quién nos diera carne! ¡En Egipto la pasábamos mejor!' Pues bien, el Señor les dará carne, y tendrán que comérsela. **19**No la comerán un solo día, ni dos, ni cinco, ni diez, ni veinte, **20**sino todo un mes, hasta que les salga por las narices y les provoque náuseas. Y esto, por haber despreciado al Señor, que está en medio de ustedes, y por haberle llorado, diciendo: '¿Por qué tuvimos que salir de Egipto?'"

La palabra de Dios se cumple

21Moisés replicó:

—Me encuentro en medio de un ejército de seiscientos mil hombres, ¿y tú hablas de darles carne todo un mes? **22**Aunque se les degollaran rebaños y manadas completas, ¿les alcanzaría? Y aunque se les pescaran todos los peces del mar, ¿eso les bastaría?

23El Señor le respondió a Moisés:

—¿Acaso el poder del Señor es limitado? ¡Pues ahora verás si te cumplo o no mi palabra!

24Moisés fue y le comunicó al pueblo lo que el Señor le había dicho. Después juntó a setenta *ancianos del pueblo, y se quedó esperando con ellos alrededor de la *Tienda de reunión. **25**El Señor descendió en la nube y habló con Moisés, y compartió con los setenta ancianos el Espíritu que estaba sobre él. Cuando el Espíritu descansó sobre ellos, se pusieron a profetizar. Pero esto no volvió a repetirse.

26Dos de los ancianos se habían quedado en el campamento. Uno se llamaba Eldad y el otro Medad. Aunque habían sido elegidos, no acudieron a la Tienda de reunión. Sin embargo, el Espíritu descansó sobre ellos y se pusieron a profetizar dentro del campamento. **27**Entonces un muchacho corrió a contárselo a Moisés:

—¡Eldad y Medad están profetizando dentro del campamento!

28Josué hijo de Nun, uno de los siervos escogidos de Moisés, exclamó:

—¡Moisés, señor mío, deténlos!

29Pero Moisés le respondió:

—¿Estás celoso por mí? ¡Cómo quisiera que todo el pueblo del Señor profetizara, y que el Señor pusiera su Espíritu en todos ellos!

30Entonces Moisés y los ancianos regresaron al campamento.

Las codornices

31El Señor desató un viento que trajo codornices del mar y las dejó caer sobre el campamento. Las codornices cubrieron los alrededores del campamento, en una superficie de casi un día de camino y a una altura de casi un metro [n] sobre la superficie del suelo. **32**El pueblo estuvo recogiendo codornices todo ese día y toda esa noche, y todo el día siguiente. ¡Ninguno recogió menos de dos toneladas! [ñ] Después las distribuyeron por todo el campamento.

33Ni siquiera habían empezado a masticar la carne que tenían en la boca cuando la ira del Señor se encendió contra el pueblo y los hirió con gran mortandad. **34**Por eso llamaron a ese lugar Quibrot Hataavá, [o] porque allí fue sepultado el pueblo glotón.

---

[n] **11:31** *casi un metro.* Lit. *dos* *codos.*   [ñ] **11:32** *dos toneladas.* Lit. *diez* *jómer.*   [o] **11:34** En hebreo, *Quibrot Hatavá* significa *sepultura de la glotonería.*

35Desde Quibrot Hatavá el pueblo partió rumbo a Jazerot, y allí se quedó.

Quejas de Miriam y de Aarón

12 Moisés había tomado por esposa a una egipcia,p así que Miriam y Aarón empezaron a murmurar contra él por causa de ella. 2Decían: «¿Acaso no ha hablado el SEÑOR con otro que no sea Moisés? ¿No nos ha hablado también a nosotros?» Y el SEÑOR oyó sus murmuraciones.

3A propósito, Moisés era muy humilde, más humilde que cualquier otro sobre la tierra.

4De pronto el SEÑOR les dijo a Moisés, Aarón y Miriam: «Salgan los tres de la *Tienda de reunión.» Y los tres salieron. 5Entonces el SEÑOR descendió en una columna de nube y se detuvo a la entrada de la Tienda. Llamó a Aarón y a Miriam, y cuando ambos se acercaron, 6el SEÑOR les dijo: «Escuchen lo que voy a decirles:

»Cuando un profeta del SEÑOR
se levanta entre ustedes,
yo le hablo en visiones
y me revelo a él en sueños.
7Pero esto no ocurre así
con mi siervo Moisés,
porque en toda mi casa
él es mi hombre de confianza.
8Con él hablo cara a cara,
claramente y sin enigmas.
Él contempla la imagen del SEÑOR.
¿Cómo se atreven a murmurar
contra mi siervo Moisés?»

9Entonces la ira del SEÑOR se encendió contra ellos, y el SEÑOR se marchó. 10Tan pronto como la nube se apartó de la Tienda, a Miriam se le puso la piel blanca$q$ como la nieve. Cuando Aarón se volvió hacia ella, vio que tenía una enfermedad infecciosa. 11Entonces le dijo a Moisés: «Te suplico, mi señor, que no nos tomes en cuenta este pecado que neciamente hemos cometido. 12No la dejes como un abortivo, que sale del vientre de su madre con el cuerpo medio deshecho.»

Moisés intercede por Miriam

13Moisés le rogó al SEÑOR: «¡Oh Dios, te ruego que la sanes!»

14El SEÑOR le respondió a Moisés: «Si su padre le hubiera escupido el rostro, ¿no habría durado su humillación siete días? Que se le confine siete días fuera del campamento, y después de eso será readmitida.»

15Así que Miriam quedó confinada siete días fuera del campamento. El pueblo no se puso en marcha hasta que ella se reintegró. 16Después el pueblo partió de Jazerot y acampó en el desierto de Parán.

Los israelitas exploran Canaán

13 El SEÑOR le dijo a Moisés: 2«Quiero que envíes a algunos de tus hombres a explorar la tierra que estoy por entregar a los israelitas. De cada tribu enviarás a un líder que lo represente.»

3De acuerdo con la orden del SEÑOR, Moisés los envió desde el desierto de Parán. Todos ellos eran jefes en Israel, 4y éstos son sus nombres:

Samúa hijo de Zacur, de la tribu de Rubén;
5 Safat hijo de Horí, de la tribu de Simeón;
6 Caleb hijo de Jefone, de la tribu de Judá;
7 Igal hijo de José, de la tribu de Isacar;
8 Oseas hijo de Nun, de la tribu de Efraín;
9 Palti hijo de Rafú, de la tribu de Benjamín;
10 Gadiel hijo de Sodi, de la tribu de Zabulón;
11 Gadí hijo de Susi, de la tribu de Manasés (una de las tribus de José);
12 Amiel hijo de Guemalí, de la tribu de Dan;
13 Setur hijo de Micael, de la tribu de Aser;
14 Najbí hijo de Vapsi, de la tribu de Neftalí;
15 Geuel hijo de Maquí, de la tribu de Gad.

---

p **12:1** *egipcia*. Lit. **cusita**. q **12:10** *blanca*. Lit. *leprosa*.

16Éstos son los *nombres de los líderes que Moisés envió a explorar la tierra. (A Oseas hijo de Nun, Moisés le cambió el nombre y le puso Josué.)

17Cuando Moisés los envió a explorar la tierra de Canaán, les dijo: «Suban por el Néguev, hasta llegar a la montaña. 18Exploren el país, y fíjense cómo son sus habitantes, si son fuertes o débiles, muchos o pocos. 19Averigüen si la tierra en que viven es buena o mala, y si sus ciudades son abiertas o amuralladas. 20Examinen el terreno, y vean si es fértil o estéril, y si tiene árboles o no. ¡Adelante! Traigan algunos frutos del país.»

Ésa era la temporada en que maduran las primeras uvas.

21Los doce hombres se fueron y exploraron la tierra, desde el desierto de Zin hasta Rejob, cerca de Lebó Jamat.*r* 22Subieron por el Néguev y llegaron a Hebrón, donde vivían Ajimán, Sesay y Talmay, descendientes de Anac. (Hebrón había sido fundada siete años antes que la ciudad egipcia de Zoán.) 23Cuando llegaron al valle del arroyo Escol,*s* cortaron un sarmiento que tenía un solo racimo de uvas, y entre dos lo llevaron colgado de una vara. También cortaron granadas e higos. 24Por el racimo que estos israelitas cortaron, a ese lugar se le llamó Valle de Escol.

Informe de los exploradores

25Al cabo de cuarenta días los doce hombres regresaron de explorar aquella tierra. 26Volvieron a Cades, en el desierto de Parán, que era donde estaban Moisés, Aarón y toda la comunidad israelita, y les presentaron a todos ellos un informe, y les mostraron los frutos de esa tierra. 27Éste fue el informe:

—Fuimos al país al que nos enviaste, ¡y por cierto que allí abundan la leche y la miel! Aquí pueden ver sus frutos. 28Pero el pueblo que allí habita es poderoso, y sus ciudades son enormes y están fortificadas. Hasta vimos *anaquitas allí. 29Los amalecitas habitan el Néguev; los hititas, jebuseos y amorreos viven en la montaña, y

los cananeos ocupan la zona costera y la ribera del río Jordán.

30Caleb hizo callar al pueblo ante Moisés, y dijo:

—Subamos a conquistar esa tierra. Estoy seguro de que podremos hacerlo.

31Pero los que habían ido con él respondieron:

—No podremos combatir contra esa gente. ¡Son más fuertes que nosotros!

32Y comenzaron a esparcir entre los israelitas falsos rumores acerca de la tierra que habían explorado. Decían:

—La tierra que hemos explorado se traga a sus habitantes, y los hombres que allí vimos son enormes. 33¡Hasta vimos *anaquitas! Comparados con ellos, parecíamos langostas, y así nos veían ellos a nosotros.

El pueblo se rebela

14 Aquella noche toda la comunidad israelita se puso a gritar y a llorar. 2En sus murmuraciones contra Moisés y Aarón, la comunidad decía: «¡Cómo quisiéramos haber muerto en Egipto! ¡Más nos valdría morir en este desierto! 3¿Para qué nos ha traído el SEÑOR a esta tierra? ¿Para morir atravesados por la espada, y que nuestras esposas y nuestros niños se conviertan en botín de guerra? ¿No sería mejor que volviéramos a Egipto?» 4Y unos a otros se decían: «¡Escojamos un cabecilla que nos lleve a Egipto!»

5Entonces Moisés y Aarón cayeron rostro en tierra ante toda la comunidad israelita. 6Allí estaban también Josué hijo de Nun y Caleb hijo de Jefone, los cuales habían participado en la exploración de la tierra. Ambos se rasgaron las vestiduras en señal de duelo 7y le dijeron a toda la comunidad israelita:

—La tierra que recorrimos y exploramos es increíblemente buena. 8Si el SEÑOR se agrada de nosotros, nos hará entrar en ella. ¡Nos va a dar una tierra donde abundan la leche y la miel! 9Así que no se rebelen contra el SEÑOR ni tengan miedo de la gente que habita en esa tierra. ¡Ya son pan comido! No tienen quién los

---

r **13:21** *Lebó Jamat.* Alt. *la entrada de Jamat.*　　*s* **13:23** En hebreo, *Escol* significa *racimo;* también en v. 24.

proteja, porque el S��OR está de parte nuestra. Así que, ¡no les tengan miedo!

[10]Pero como toda la comunidad hablaba de apedrearlos, la gloria del SEÑOR se manifestó en la Tienda, frente a todos los israelitas. [11]Entonces el SEÑOR le dijo a Moisés:

—¿Hasta cuándo esta gente me seguirá menospreciando? ¿Hasta cuándo se negarán a creer en mí, a pesar de todas las maravillas que he hecho entre ellos? [12]Voy a enviarles una plaga que los destruya, pero de ti haré un pueblo más grande y fuerte que ellos.

[13]Moisés le argumentó al SEÑOR:

—¡Recuerda que fuiste tú quien con tu poder sacaste de Egipto a este pueblo! Cuando los egipcios se enteren de lo ocurrido, [14]se lo contarán a los habitantes de este país, quienes ya saben que tú, SEÑOR, estás en medio de este pueblo. También saben que a ti, SEÑOR, se te ha visto cara a cara; que tu nube reposa sobre tu pueblo, y que eres tú quien los guía, de día con la columna de nube y de noche con la columna de fuego. [15]De manera que, si matas a todo este pueblo, las naciones que han oído hablar de tu fama dirán: [16]"El SEÑOR no fue capaz de llevar a este pueblo a la tierra que juró darles, ¡y acabó matándolos en el desierto!"

[17]»Ahora, Señor, ¡deja sentir tu poder! Tú mismo has dicho [18]que eres lento para la ira y grande en amor, y que aunque perdonas la maldad y la rebeldía, jamás dejas impune al culpable, sino que castigas la maldad de los padres en sus hijos, nietos, bisnietos y tataranietos. [19]Por tu gran amor, te suplico que perdones la maldad de este pueblo, tal como lo has venido perdonando desde que salió de Egipto.

[20]El SEÑOR le respondió:

—Me pides que los perdone, y los perdono. [21]Pero juro por mí mismo, y por mi gloria que llena[f] toda la tierra, [22]que aunque vieron mi gloria y las maravillas que hice en Egipto y en el desierto, ninguno de los que me desobedecieron y me pusieron a prueba repetidas veces [23]verá jamás la tierra que, bajo juramento, prometí dar a sus padres. ¡Ninguno de los que me despreciaron la verá jamás! [24]En cambio, a mi siervo Caleb, que ha mostrado una actitud diferente y me ha sido fiel, le daré posesión de la tierra que exploró, y su descendencia la heredará. [25]Pero regresen mañana al desierto por la ruta del *Mar Rojo, puesto que los amalecitas y los cananeos viven en el valle.

[26]El SEÑOR les dijo a Moisés y a Aarón:

[27]—¿Hasta cuándo ha de murmurar contra mí esta perversa comunidad? Ya he escuchado cómo se quejan contra mí los israelitas. [28]Así que diles de parte mía: "Juro por mí mismo, que haré que se les cumplan sus deseos. [29]Los cadáveres de todos ustedes quedarán tirados en este desierto. Ninguno de los censados mayores de veinte años, que murmuraron contra mí, [30]tomará posesión de la tierra que les prometí. Sólo entrarán en ella Caleb hijo de Jefone y Josué hijo de Nun. [31]También entrarán en la tierra los niños que ustedes dijeron que serían botín de guerra. Y serán ellos los que gocen de la tierra que ustedes rechazaron. [32]Pero los cadáveres de todos ustedes quedarán tirados en este desierto. [33]Durante cuarenta años los hijos de ustedes andarán errantes por el desierto. Cargarán con esta infidelidad, hasta que el último de ustedes caiga muerto en el desierto. [34]La exploración del país duró cuarenta días, así que ustedes sufrirán un año por cada día. Cuarenta años llevarán a cuestas su maldad, y sabrán lo que es tenerme por enemigo." [35]Yo soy el SEÑOR, y cumpliré al pie de la letra todo lo que anuncié contra esta perversa comunidad que se atrevió a desafiarme. En este desierto perecerán. ¡Morirán aquí mismo!

[36]Los hombres que Moisés había enviado a explorar el país fueron los que, al volver, difundieron la falsa información de que la tierra era mala. Con esto hicieron que toda la comunidad murmurara. [37]Por eso los responsables de haber difundido este falso informe acerca de aquella tierra murieron delante del SEÑOR, víctimas de una plaga. [38]De todos los hombres que

---

[f]**14:21** *juro por mí mismo, y por mi gloria que llena.* Lit. *vivo yo y la gloria del SEÑOR llena.*

fueron a explorar el país, sólo sobrevivieron Josué hijo de Nun y Caleb hijo de Jefone.

El pueblo intenta conquistar la tierra

39Cuando Moisés terminó de decirles esto, todos los israelitas se pusieron a llorar amargamente. 40Al otro día, muy de mañana, el pueblo empezó a subir a la parte alta de la zona montañosa, diciendo:

—Subamos al lugar que el SEÑOR nos ha prometido, pues reconocemos que hemos pecado.

41Pero Moisés les dijo:

—¿Por qué han vuelto a desobedecer la orden del SEÑOR? ¡Esto no les va a dar resultado! 42Si suben, los derrotarán sus enemigos, porque el SEÑOR no está entre ustedes. 43Tendrán que enfrentarse a los amalecitas y los cananeos, que los matarán a filo de espada. Como ustedes se han alejado del SEÑOR, él no los ayudará.

44Pero ellos se empecinaron en subir a la zona montañosa, a pesar de que ni Moisés ni el arca del *pacto del SEÑOR salieron del campamento. 45Entonces los amalecitas y cananeos, que vivían en esa zona, descendieron y los derrotaron, haciéndolos retroceder hasta Jormá.

Leyes adicionales sobre las ofrendas

15 El SEÑOR le ordenó a Moisés 2que les dijera a los israelitas: «Después de que hayan entrado en la tierra que les doy para que la habiten, 3tal vez alguno quiera ofrecerle al SEÑOR una vaca o una oveja, ya sea como ofrenda presentada por fuego, o como *holocausto, o como sacrificio para cumplir un voto, o como ofrenda voluntaria, o para celebrar una fiesta solemne. Para que esa ofrenda sea un aroma grato al SEÑOR, 4el que presente su ofrenda deberá añadirle, como ofrenda de cereal, dos kilos de flor de harina mezclada con un litro u de aceite. 5A cada cordero que se le ofrezca al SEÑOR como holocaus-

to o sacrificio se le añadirá como libación un litro v de vino.

6»Si se trata de un carnero, se preparará una ofrenda de cereal de cuatro kilos w de flor de harina, mezclada con un litro y medio x de aceite. 7Como libación ofrecerás también un litro y medio de vino. Así será una ofrenda de aroma grato al SEÑOR.

8»Si ofreces un novillo como holocausto o sacrificio, a fin de cumplir un voto o hacer un sacrificio de *comunión para el SEÑOR, 9junto con el novillo presentarás, como ofrenda de cereal, seis kilos y de flor de harina mezclada con dos litros z de aceite. 10Presentarás también, como libación, dos litros de vino. Será una ofrenda presentada por fuego, de aroma grato al SEÑOR. 11Cada novillo, carnero, cordero o cabrito, deberá prepararse de la manera indicada. 12Procederás así con cada uno de ellos, sin que importe el número de animales que ofrezcas.

13»Cada vez que un israelita presente una ofrenda por fuego, de aroma grato al SEÑOR, se ceñirá a estas instrucciones. 14Si un extranjero que viva entre ustedes desea presentar una ofrenda por fuego, de aroma grato al SEÑOR, se ceñirá a estas mismas instrucciones, 15porque en la comunidad regirá un solo *estatuto para ti y para el extranjero que viva en tus ciudades. Será un estatuto perpetuo para todos tus descendientes. Tú y el extranjero son iguales ante el SEÑOR, 16así que la misma ley y el mismo derecho regirán, tanto para ti como para el extranjero que viva contigo.»

Ofrenda de los primeros frutos

17El SEÑOR le ordenó a Moisés 18que les dijera a los israelitas: «Cuando entren en la tierra adonde los llevo, 19y coman de lo que ella produce, ofrecerán una contribución al SEÑOR. 20De tu primera horneada presentarás, como contribución, una torta de flor de harina. 21Todos tus descendientes ofrecerán perpetuamente al SEÑOR una contribución de la primera horneada.

---

u 15:4 dos kilos ... un litro. Lit. una décima (de *efa) ... un cuarto de *hin.   v 15:5 un litro. Lit. un cuarto de hin.   w 15:6 cuatro kilos. Lit. dos décimas (de efa).   x 15:6 litro y medio. Lit. un tercio de hin; también en v. 7.   y 15:9 seis kilos. Lit. tres décimas (de efa).   z 15:9 dos litros. Lit. medio hin; también en v. 10.

Ofrendas por pecados inadvertidos

22»Podría ocurrir que ustedes pecaran inadvertidamente, y que no cumplieran con todos los mandamientos que el Señor entregó a Moisés, **23**es decir, con todos los mandamientos que el Señor les dio a ustedes por medio de Moisés, desde el día en que los promulgó para todos sus descendientes. **24**Si el pecado de la comunidad pasa inadvertido, ésta ofrecerá un novillo como *holocausto de aroma grato al Señor, junto con la libación, la ofrenda de cereal y un macho cabrío como sacrificio *expiatorio, tal como está prescrito. **25**El sacerdote hará *propiciación en favor de toda la comunidad israelita, y serán perdonados porque fue un pecado inadvertido y porque presentaron al Señor una ofrenda por fuego y un sacrificio expiatorio por el pecado inadvertido que cometieron. **26**Toda la comunidad israelita será perdonada, junto con los extranjeros, porque todo el pueblo pecó inadvertidamente.

27»Si es una persona la que peca inadvertidamente, deberá presentar, como sacrificio expiatorio, una cabra de un año. **28**El sacerdote hará propiciación ante el Señor en favor de la persona que inadvertidamente haya pecado. El sacerdote hará propiciación, y la persona que pecó será perdonada. **29**Una sola ley se aplicará para todo el que peque inadvertidamente, tanto para el israelita como para el extranjero residente.

30»Pero el que peque deliberadamente, sea nativo o extranjero, ofende al Señor. Tal persona será eliminada de la comunidad, **31**y cargará con su culpa, por haber despreciado la palabra del Señor y quebrantado su mandamiento.»

Quebrantamiento del día de reposo

32Un *sábado, durante la estadía de los israelitas en el desierto, un hombre fue sorprendido recogiendo leña. **33**Quienes lo sorprendieron lo llevaron ante Moisés y Aarón, y ante toda la comunidad. **34**Al principio sólo quedó detenido, porque no estaba claro qué se debía hacer con él. **35**Entonces el Señor le dijo a Moisés:

«Ese hombre debe morir. Que toda la comunidad lo apedree fuera del campamento.» **36**Así que la comunidad lo llevó fuera del campamento y lo apedreó hasta matarlo, tal como el Señor se lo ordenó a Moisés.

Flecos recordatorios

37El Señor le ordenó a Moisés **38**que les dijera a los israelitas: «Ustedes y todos sus descendientes deberán confeccionarse flecos, y coserlos sobre sus vestidos con hilo de color púrpura. **39**Estos flecos les ayudarán a recordar que deben cumplir con todos los mandamientos del Señor, y que no deben prostituirse ni dejarse llevar por los impulsos de su *corazón ni por los deseos de sus ojos. **40**Tendrán presentes todos mis mandamientos, y los pondrán por obra. Así serán mi pueblo consagrado. **41**Yo soy el Señor su Dios, que los sacó de Egipto para ser su Dios. ¡Yo soy el Señor!»

La rebelión de Coré, Datán y Abirán

16 Coré, que era hijo de Izar, nieto de Coat y bisnieto de Leví, y los rubenitas Datán y Abirán, hijos de Eliab, y On hijo de Pélet, **2**se atrevieron a sublevarse contra Moisés, con el apoyo de doscientos cincuenta israelitas. Todos ellos eran personas de renombre y líderes que la comunidad misma había escogido. **3**Se reunieron para oponerse a Moisés y a Aarón, y les dijeron:

—¡Ustedes han ido ya demasiado lejos! Si toda la comunidad es *santa, lo mismo que sus miembros, ¿por qué se creen ustedes los dueños de la comunidad del Señor?

4Cuando Moisés escuchó lo que le decían, se inclinó ante ellos **5**y les respondió a Coré y a todo su grupo:

—Mañana el Señor dirá quién es quién. Será él quien declare quién es su escogido, y hará que se le acerque. **6**Coré, esto es lo que tú y tu gente harán mañana: tomarán incensarios, **7**y les pondrán fuego e incienso en la presencia del Señor. El escogido del Señor será aquel a quien él elija. ¡Son ustedes, hijos de Leví, los que han ido demasiado lejos!

8Moisés le dijo a Coré:

—¡Escúchenme ahora, levitas! 9¿Les parece poco que el Dios de Israel los haya separado del resto de la comunidad para que estén cerca de él, ministren en el santuario del SEÑOR, y se distingan como servidores de la comunidad? 10Dios mismo los ha puesto a su lado, a ti y a todos los levitas, ¿y ahora quieren también el sacerdocio? 11Tú y tu gente se han reunido para oponerse al SEÑOR, porque ¿quién es Aarón para que murmuren contra él?

12Moisés mandó llamar a Datán y Abirán, hijos de Eliab, pero ellos contestaron:

—¡No iremos! 13¿Te parece poco habernos sacado de la tierra donde abundan la leche y la miel, para que ahora quieras matarnos en este desierto y dártelas de gobernante con nosotros? 14Lo cierto es que tú no has logrado llevarnos todavía a esa tierra donde abundan la leche y la miel, ni nos has dado posesión de campos y viñas. Lo único que quieres es seguir engatuzandoª a este pueblo. ¡Pues no iremos!

15Entonces Moisés, sumamente enojado, le dijo al SEÑOR:

—No aceptes la ofrenda que te traigan, que yo de ellos no he tomado ni siquiera un asno, ni les he hecho ningún daño.

16A Coré, Moisés le dijo:

—Tú y tu gente y Aarón se presentarán mañana ante el SEÑOR. 17Cada uno de ustedes se acercará al SEÑOR con su incensario lleno de incienso, es decir, se acercarán con doscientos cincuenta incensarios. También tú y Aarón llevarán los suyos.

18Así que cada uno, con su incensario lleno de fuego e incienso, se puso de pie a la entrada de la *Tienda de reunión, junto con Moisés y Aarón. 19Cuando Coré hubo reunido a toda su gente en contra de Moisés y Aarón a la entrada de la Tienda de reunión, la gloria del SEÑOR se apareció ante todos ellos. 20Entonces el SEÑOR les dijo a Moisés y a Aarón:

21—Apártense de esta gente, para que yo la consuma de una vez por todas.

22Pero Moisés y Aarón se postraron rostro en tierra, y exclamaron:

—SEÑOR, Dios de toda la humanidad:ᵇ un solo hombre ha pecado, ¿y vas tú a enojarte con todos ellos?

23Entonces el SEÑOR le dijo a Moisés:

24—Ordénales que se alejen de las tiendas de Coré, Datán y Abirán.

25Moisés y los *ancianos de Israel fueron adonde estaban Datán y Abirán. 26Entonces Moisés le advirtió a la gente:

—¡Aléjense de las tiendas de estos impíos! No toquen ninguna de sus pertenencias, para que ustedes no sean castigados por los pecados de ellos.

27El pueblo se alejó de las tiendas de Coré, Datán y Abirán. Los dos últimos habían salido a la entrada de sus tiendas, y estaban allí, de pie, con sus esposas y todos sus hijos.

28Moisés siguió diciendo:

—Ahora van a saber si el SEÑOR me ha enviado a hacer todas estas cosas, o si estoy actuando por mi cuenta. 29Si estos hombres mueren de muerte natural, como es el destino de todos los hombres, eso querrá decir que el SEÑOR no me ha enviado. 30Pero si el SEÑOR crea algo nuevo, y hace que la tierra se abra y se los trague con todas sus pertenencias, de tal forma que desciendan vivos al *sepulcro, entonces sabrán que estos hombres menospreciaron al SEÑOR.

31Tan pronto como Moisés terminó de hablar, la tierra se abrió debajo de ellos; 32se abrió y se los tragó, a ellos y a sus familias, junto con la gente y las posesiones de Coré. 33Bajaron vivos al sepulcro, junto con todo lo que tenían, y la tierra se cerró sobre ellos. De este modo fueron eliminados de la comunidad. 34Al oírlos gritar, todos los israelitas huyeron de allí exclamando:

—¡Corramos, no sea que la tierra nos trague también a nosotros!

35Y los doscientos cincuenta hombres que ofrecían incienso fueron consumidos por el fuego del SEÑOR.

ª16:14 seguir engatuzando. Lit. sacarle los ojos. ᵇ16:22 toda la humanidad. Lit. los espíritus de toda carne.

Los incensarios

36El Señor le dijo a Moisés: **37**«Ya que ahora los incensarios son *santos, ordena a Eleazar, hijo del sacerdote Aarón, que los retire del rescoldo y que esparza las brasas. **38**Toma los incensarios de aquellos que pecaron a costa de su *vida, y haz con ellos láminas para recubrir el altar. Ahora son santos, porque fueron presentados ante el Señor, y serán así una señal para los israelitas.»

39Entonces el sacerdote Eleazar recogió esos incensarios, y con ellos mandó hacer láminas para recubrir el altar. **40**Las láminas quedaron allí, como advertencia a los israelitas, para que ninguno que no fuera descendiente de Aarón ni estuviera autorizado se atreviera a ofrecer incienso ante el Señor; de lo contrario, le sucedería lo mismo que a Coré y su gente, tal como el Señor se lo había advertido por medio de Moisés.

Aarón intercede por el pueblo

41Al día siguiente, toda la congregación de los israelitas volvió a murmurar contra Moisés y Aarón, alegando:

—Ustedes mataron al pueblo del Señor.

42Como la congregación empezó a amotinarse contra Moisés y Aarón, éstos se dirigieron a la *Tienda de reunión. De repente la nube cubrió la Tienda, y apareció la gloria del Señor. **43**Entonces Moisés y Aarón se detuvieron frente a la Tienda de reunión, **44**y el Señor le dijo a Moisés:

45—Apártate de esta gente, para que yo la consuma de una vez por todas.

Ellos se postraron rostro en tierra, **46**y Moisés le dijo a Aarón:

—Toma tu incensario y pon en él algunas brasas del altar; agrégale incienso, y vete corriendo adonde está la congregación, para hacer *propiciación por ellos, porque la ira del Señor se ha desbordado y el azote divino ha caído sobre ellos.

47Aarón hizo lo que Moisés le dijo, y corrió a ponerse en medio de la asamblea. El azote divino ya se había desatado entre el pueblo, así que Aarón ofreció incienso e hizo propiciación por el pueblo. **48**Se puso entre los vivos y los muertos, y así detuvo la mortandad. **49**Con todo, catorce mil setecientas personas murieron, sin contar las que perdieron la vida por causa de Coré. **50**Una vez que cesó la mortandad, Aarón volvió a la entrada de la Tienda de reunión, donde estaba Moisés.

La vara de Aarón

17 El Señor le ordenó a Moisés: **2**«Diles a los israelitas que traigan doce varas, una por cada familia patriarcal, es decir, una por cada uno de los jefes de las familias patriarcales. Escribe el *nombre de cada uno de ellos sobre su propia vara. **3**Sobre la vara de Leví escribe el nombre de Aarón, pues cada jefe de familia patriarcal debe tener su vara. **4**Colócalas frente al arca del *pacto, en la Tienda donde me reúno con ustedes. **5**La vara que retoñe será la de mi elegido. De ese modo me quitaré de encima las constantes quejas que los israelitas levantan contra ustedes.»

6Moisés se lo comunicó a los israelitas, y los jefes le entregaron doce varas, una por cada jefe de su familia patriarcal. Entre ellas estaba la vara de Aarón. **7**Moisés colocó las varas delante del Señor, en la Tienda del pacto.

8Al día siguiente, Moisés entró en la Tienda del pacto y, al fijarse en la vara que representaba a la familia de Leví, vio que la vara de Aarón no sólo había retoñado, sino que también tenía botones, flores y almendras. **9**Sacó entonces de la presencia del Señor todas las varas, y las puso delante de los israelitas, para que por sí mismos vieran lo que había ocurrido, y cada jefe tomó su propia vara.

10El Señor le dijo a Moisés: «Vuelve a colocar la vara de Aarón frente al arca del pacto, para que sirva de advertencia a los rebeldes. Así terminarás con las quejas en contra mía, y evitarás que mueran los israelitas.»

11Moisés hizo todo tal como el Señor se lo ordenó. **12**Entonces los israelitas le dijeron a Moisés: «¡Estamos perdidos, totalmente perdidos! ¡Vamos a morir! **13**Todo el que se acerca al santuario del Señor muere, ¡así que todos moriremos!»

Deberes de sacerdotes y levitas

18 El Señor le dijo a Aarón: «Todos los de la tribu de Leví se expondrán a sufrir las consecuencias de acercarse a las cosas sagradas, pero de entre ellos sólo tú y tus hijos se expondrán a las consecuencias de ejercer el sacerdocio. ²Cuando tú y tus hijos estén ministrando delante de la Tienda del *pacto, tendrán como ayudantes a sus hermanos de la tribu de Leví. ³Ellos te ayudarán en tus deberes y estarán a cargo de la *Tienda de reunión, pero no se acercarán a los objetos sagrados ni al altar, para que no mueran. ⁴Ellos serán tus ayudantes, y estarán a cargo de la Tienda de reunión y de todo su servicio. Así que, cuando ustedes ministren, nadie que no esté autorizado se les acercará.

⁵»Sólo ustedes estarán a cargo de las cosas sagradas y del altar, para que no se vuelva a derramar mi ira sobre los israelitas. ⁶Considera que yo mismo he escogido, de entre la comunidad, a tus hermanos los levitas, para dártelos como un regalo. Ellos han sido dedicados al Señor para que sirvan en la Tienda de reunión. ⁷Pero sólo tú y tus hijos se harán cargo del sacerdocio, es decir, de todo lo referente al altar y a lo que está detrás de la cortina. A ustedes les doy de regalo el sacerdocio, pero cualquier otro que se acerque a las cosas sagradas será condenado a muerte.»

Privilegios de los sacerdotes

⁸El Señor le dijo a Aarón: «Yo mismo te he puesto a cargo de todas las cosas sagradas que los israelitas me traen como contribución. A ti y a tus hijos se las he entregado como su porción consagrada, como *estatuto perpetuo. ⁹Te corresponderán las cosas más sagradas, que no se queman en el altar. Tuya será toda ofrenda que presenten los israelitas, junto con las ofrendas de cereal, los sacrificios *expiatorios y los sacrificios por la culpa. Todo esto que ellos me traen será algo muy *santo para ti y para tus hijos. ¹⁰Comerás de las cosas más sagradas, y las considerarás santas. Todo varón comerá de ellas.

¹¹»También te corresponderán las contribuciones de todas las ofrendas mecidas que me presenten los israelitas. A ti y a tus hijos y a tus hijas se las he dado, como estatuto perpetuo.

¹²»De las *primicias que ellos traen al Señor te doy también lo mejor del aceite, del vino nuevo y de los cereales. ¹³Ellos traerán al Señor las primicias de todo lo que la tierra produce, y yo te las entregaré a ti. Toda persona que esté ritualmente *pura podrá comer de ellas.

¹⁴»Todo lo que en Israel haya sido dedicado por completo al Señor, será tuyo. ¹⁵Todo primogénito presentado al Señor será tuyo, ya sea de *hombre o de animal. Pero rescatarás al primogénito nacido de hombre y al de animales impuros. ¹⁶El rescate tendrá lugar cuando el primogénito tenga un mes de edad. El precio del rescate será de cinco monedas de plata, según la moneda oficial del santuario, que pesa once gramos. ᶜ

¹⁷»Pero no podrás rescatar al primogénito de un toro, de una oveja o de un macho cabrío, pues son santos. Rociarás su sangre en el altar, y quemarás su grasa como ofrenda presentada por fuego, de aroma grato al Señor. ¹⁸Pero la carne será tuya, lo mismo que el pecho de la ofrenda mecida y el muslo derecho. ¹⁹Yo, el Señor, te entrego todas las contribuciones sagradas que los israelitas me presentan. Son tuyas, y de tus hijos y de tus hijas, como estatuto perpetuo. Éste es un *pacto perpetuo, sellado en mi presencia, con sal. Es un pacto que hago contigo y con tus descendientes.»

Privilegios de los levitas

²⁰El Señor le dijo a Aarón: «Tú no tendrás herencia en el país, ni recibirás ninguna porción de tierra, porque yo soy tu porción; yo soy tu herencia entre los israelitas.

²¹»A los levitas les doy como herencia, y en pago por su servicio en la *Tienda de reunión, todos los diezmos de Israel. ²²Si los israelitas volvieran a cometer el pecado de acercarse a la Tienda de reunión,

---

ᶜ**18:16** *monedas ... gramos.* Lit. *siclos, según el siclo del santuario, que pesa veinte* *guerás.*

morirían. 23Por eso únicamente los levitas servirán en la Tienda de reunión y cargarán con la culpa de los israelitas. El siguiente es un *estatuto perpetuo para todas las generaciones venideras: Los levitas no recibirán herencia entre los israelitas, 24porque yo les he dado como herencia los diezmos que los israelitas ofrecen al SEÑOR como contribución. Por eso he decidido que no tengan herencia entre los israelitas.»

El diezmo de los diezmos

25El SEÑOR le ordenó a Moisés 26que les dijera a los levitas: «Cuando reciban de los israelitas los diezmos que les he dado a ustedes como herencia, ofrézcanme, como contribución, el diezmo de esos diezmos. 27La contribución que ustedes me presenten les será contada como si fuera trigo de la era o mosto del lagar. 28Así que reservarán para mí, como su contribución, el diezmo de todos los diezmos que reciban de los israelitas, y se lo entregarán al sacerdote Aarón. 29De todos los dones que reciban, reservarán para mí una contribución. Y me consagrarán lo mejor.

30»Cuando me hayan presentado la mejor parte, se les tomará en cuenta como si fuera vino o grano. 31Lo que sobre, ustedes y sus familias podrán comerlo donde quieran. Ése será el pago por su ministerio en la *Tienda de reunión. 32Después de presentarme el diezmo de los diezmos, ya no será pecado que coman lo que sobre.

»No profanen las ofrendas sagradas de los israelitas, porque de lo contrario morirán.»

Purificación de los impuros

19 El SEÑOR les dijo a Moisés y a Aarón: 2«El siguiente *estatuto forma parte de la ley que yo, el SEÑOR, he promulgado: Los israelitas traerán una vaca de piel rojiza, sin defecto, y que nunca haya llevado yugo. 3La entregarán al sacerdote Eleazar, quien ordenará que la saquen fuera del campamento y que en su presencia la degüellen. 4Después el sacerdote Eleazar mojará el dedo en la sangre y rociará siete veces en dirección a la *Tienda de reunión. 5Hará también que la vaca sea incinerada en su presencia. Se quemará la piel, la carne y la sangre, junto con el excremento. 6Luego el sacerdote tomará ramas de cedro y de *hisopo, y un paño escarlata, y lo echará al fuego donde se incinere la vaca. 7Finalmente, el sacerdote lavará sus vestidos y se bañará. Después de eso podrá volver al campamento, pero quedará *impuro hasta el anochecer. 8El que incinere la vaca lavará también sus vestidos y se bañará, y quedará impuro hasta el anochecer.

9»Un hombre ritualmente puro recogerá las cenizas de la vaca, y las llevará a un lugar puro fuera del campamento. Allí se depositarán las cenizas para que la comunidad israelita las use como sacrificio *expiatorio, junto con el agua de purificación. 10El que recoja las cenizas de la vaca lavará también sus vestidos, y quedará impuro hasta el anochecer. Éste será un estatuto perpetuo para los israelitas y para los extranjeros que vivan entre ellos.

El uso del agua de la purificación

11»Quien toque el cadáver de alguna persona, quedará *impuro siete días. 12Para purificarse, los días tercero y séptimo usará el agua de la purificación, y así quedará puro. Pero si no se purifica durante esos días, quedará impuro.

13»Quien toque el cadáver de alguna persona, y no se purifique, contamina el santuario del SEÑOR. Tal persona será eliminada de Israel, pues habrá quedado impura por no haber recibido las aguas de purificación.

14»Ésta es la ley que se aplicará cuando alguien muera en alguna de las tiendas: Todo el que entre en la tienda, y todo el que*d* se encuentre en ella, quedará impuro siete días. 15Toda vasija que no haya estado bien tapada también quedará impura. 16»Quien al pasar por un campo toque el cadáver de alguien que haya sido asesinado o que haya muerto de muerte natural,

---

d 19:14 *el que*. Alt. *lo que*.

o toque huesos *humanos o un sepulcro, quedará impuro siete días.

17»Para purificar a la persona que quedó impura, en una vasija se pondrá un poco de la ceniza del sacrificio *expiatorio, y se le echará agua fresca. **18**Después de eso, alguien ritualmente puro tomará *hisopo, lo mojará en el agua, y rociará la tienda y todos sus utensilios, y a todos los que estén allí. También se rociará al que haya tocado los huesos humanos, el sepulcro o el cadáver de alguien que haya sido asesinado o que haya muerto de muerte natural. **19**El hombre ritualmente puro rociará a la persona impura los días tercero y séptimo. Al séptimo día, purificará a la persona impura, la cual lavará sus vestidos y se bañará. Así quedará purificada al anochecer. **20**Pero si la persona impura no se purifica, será eliminada de la comunidad por haber contaminado el santuario del SEÑOR. Tal persona habrá quedado impura por no haber recibido las aguas de purificación. **21**Éste es un *estatuto perpetuo para Israel.

»El que rocía con las aguas de purificación también lavará sus vestidos, y quien toque el agua de purificación quedará impuro hasta el anochecer. **22**Todo lo que el impuro toque quedará impuro, y quien lo toque a él, también quedará impuro.»

El agua de la roca

20 Toda la comunidad israelita llegó al desierto de Zin el mes primero, y acampó en Cades. Fue allí donde Miriam murió y fue sepultada.

2Como hubo una gran escasez de agua, los israelitas se amotinaron contra Moisés y Aarón, **3**y le reclamaron a Moisés: «¡Ojalá el SEÑOR nos hubiera dejado morir junto con nuestros hermanos! **4**¿No somos acaso la asamblea del SEÑOR? ¿Para qué nos trajiste a este desierto, a morir con nuestro ganado? **5**¿Para qué nos sacaste de Egipto y nos metiste en este horrible lugar? Aquí no hay semillas, ni higueras, ni viñas, ni granados, ¡y ni siquiera hay agua!»

6Moisés y Aarón se apartaron de la asamblea y fueron a la entrada de la *Tienda de reunión, donde se postraron rostro en tierra. Entonces la gloria del SEÑOR se manifestó ante ellos, **7**y el SEÑOR le dijo a Moisés: **8**«Toma la vara y, reúne a la asamblea. En presencia de ésta, tú y tu hermano le ordenarán a la *roca que dé agua. Así harán que de ella brote agua, y darán de beber a la asamblea y a su ganado.»

9Tal como el SEÑOR se lo había ordenado, Moisés tomó la vara que estaba ante el SEÑOR. **10**Luego Moisés y Aarón reunieron a la asamblea frente a la roca, y Moisés dijo: «¡Escuchen, rebeldes! ¿Acaso tenemos que sacarles agua de esta roca?» **11**Dicho esto, levantó la mano y dos veces golpeó la roca con la vara, ¡y brotó agua en abundancia, de la cual bebieron la asamblea y su ganado!

12El SEÑOR les dijo a Moisés y a Aarón: «Por no haber confiado en mí, ni haber reconocido mi *santidad en presencia de los israelitas, no serán ustedes los que lleven a esta comunidad a la tierra que les he dado.»

13A estas aguas se les conoce como la fuente de Meribá,*e* porque fue allí donde los israelitas le hicieron reclamaciones al SEÑOR, y donde él manifestó su santidad.

Edom le niega el paso a Israel

14Desde Cades, Moisés envío emisarios al rey de Edom, con este mensaje:

«Así dice tu hermano Israel: "Tú conoces bien todos los sufrimientos que hemos padecido. **15**Sabes que nuestros antepasados fueron a Egipto, donde durante muchos años vivimos, y que los egipcios nos maltrataron a nosotros y a nuestros padres. **16**También sabes que clamamos al SEÑOR, y que él escuchó nuestra súplica y nos envió a un ángel que nos sacó de Egipto.

» "Ya estamos en Cades, población que está en las inmediaciones de tu territorio. **17**Sólo te pedimos que nos dejes cruzar por tus dominios. Te pro-

---

e **20:13** En hebreo, *Meribá* significa *reclamación*.

meto que no entraremos en ningún campo ni viña, ni beberemos agua de ningún pozo. Nos limitaremos a pasar por el camino real, sin apartarnos de él para nada, hasta que salgamos de tu territorio."»

18Pero el rey de Edom le mandó a decir:

«Ni siquiera intenten cruzar por mis dominios; de lo contrario, saldré con mi ejército y los atacaré.»

19Los israelitas insistieron:

«Sólo pasaremos por el camino principal, y si nosotros o nuestro ganado llegamos a beber agua de tus pozos, te lo pagaremos. Lo único que pedimos es que nos permitas pasar por él.»

20El rey fue tajante en su respuesta:

«¡Por aquí no pasarán!»

Y salió contra ellos con un poderoso ejército, **21**resuelto a no dejarlos cruzar por su territorio. Así que los israelitas se vieron obligados a ir por otro camino.

Muerte de Aarón

22Toda la comunidad israelita partió de Cades y llegó al monte Hor, **23**cerca de la frontera de Edom. Allí el SEÑOR les dijo a Moisés y a Aarón: **24**«Pronto Aarón partirá de este mundo, de modo que no entrará en la tierra que les he dado a los israelitas porque ustedes dos no obedecieron la orden que les di en la fuente de Meribá. **25**Así que lleva a Aarón y a su hijo al monte Hor. **26**Allí le quitarás a Aarón sus vestiduras sacerdotales, y se las pondrás a su hijo Eleazar, pues allí Aarón se reunirá con sus antepasados.»

27Moisés llevó a cabo lo que el SEÑOR le ordenó. A la vista de todo el pueblo, los tres subieron al monte Hor. **28**Moisés le quitó a Aarón las vestiduras sacerdotales, y se las puso a Eleazar. Allí, en la cumbre

del monte, murió Aarón. Luego Moisés y Eleazar descendieron del monte. **29**Y cuando el pueblo se enteró de que Aarón había muerto, lo lloró treinta días.

Derrota de Arad

21 Cuando el cananeo que reinaba en la ciudad de Arad y vivía en el Néguev se enteró de que los israelitas venían por el camino de Atarín, los atacó y capturó a algunos de ellos. **2**Entonces el pueblo de Israel hizo este voto al SEÑOR: «Si tú nos aseguras la victoria sobre este enemigo, *destruiremos por completo sus ciudades.» **3**El SEÑOR atendió la súplica de los israelitas y les concedió la victoria sobre los cananeos, a los que destruyeron por completo, junto con sus ciudades. Por eso a aquel lugar se le llamó Jormá.ᶠ

La serpiente de bronce

4Los israelitas salieron del monte Hor por la ruta del *Mar Rojo, bordeando el territorio de Edom. En el camino se impacientaron **5**y comenzaron a hablar contra Dios y contra Moisés:

—¿Para qué nos trajeron ustedes de Egipto a morir en este desierto? ¡Aquí no hay pan ni agua! ¡Ya estamos hartos de esta pésima comida!

6Por eso el SEÑOR mandó contra ellos serpientes venenosas, para que los mordieran, y muchos israelitas murieron. **7**El pueblo se acercó entonces a Moisés, y le dijo:

—Hemos pecado al hablar contra el SEÑOR y contra ti. Ruégale al SEÑOR que nos quite esas serpientes.

Moisés intercedió por el pueblo, **8**y el SEÑOR le dijo:

—Hazte una serpiente, y ponla en un asta. Todos los que sean mordidos y la miren, vivirán.

9Moisés hizo una serpiente de bronce y la puso en un asta. Los que eran mordidos, miraban a la serpiente de bronce y vivían.

En camino a Moab

10Los israelitas se pusieron en marcha y acamparon en Obot. **11**De allí partieron

ᶠ **21:3** En hebreo, *Jormá* significa *destrucción*.

y acamparon en Iyé Abarín, que está en el desierto, al oriente de Moab. **12**De allí partieron y acamparon en el valle de Zéred. **13**De allí partieron y acamparon al otro lado del río Arnón, que está en el desierto que se extiende desde el territorio de los amorreos. El río Arnón sirve de frontera entre el territorio de los moabitas y el de los amorreos. **14**Por eso puede leerse en el libro de las guerras del SEÑOR:

«… hacia el Mar Rojo,*g* los valles
y el Arnón.
15La ladera de los valles que se
extienden
hasta la región de Ar y la frontera
de Moab.»

16De allí continuaron hasta Ber, el pozo donde el SEÑOR le dijo a Moisés: «Reúne al pueblo, y les daré agua.» **17**En esa ocasión Israel entonó este cántico:

«¡Que brote el agua!
¡Que cante el pozo!
18¡Pozo que el gobernante cavó con
su cetro
y que el noble abrió con su vara!»

Desde el desierto se dirigieron a Matana; **19**de Matana a Najaliel, de Najaliel a Bamot, **20**y de Bamot al valle que está en la región de Moab, hasta la cumbre del monte Pisgá, desde donde puede verse el desierto de Jesimón.

Victoria sobre Sijón

21Israel envió emisarios a Sijón, rey de los amorreos, con este mensaje:

22«Te pido que nos dejes pasar por tus dominios. Te prometo que no entraremos en ningún campo ni viña, ni beberemos agua de ningún pozo. Nos limitaremos a pasar por el camino real, hasta que salgamos de tu territorio.»

23Pero Sijón no dejó que los israelitas pasaran por sus dominios. Más bien, reunió a sus tropas y salió a hacerles frente

en el desierto. Cuando llegó a Yahaza, los atacó. **24**Pero los israelitas lo derrotaron y se apoderaron de su territorio, desde el río Arnón hasta el río Jaboc, es decir, hasta la frontera de los amonitas, la cual estaba fortificada. **25**Israel se apoderó de todas las ciudades amorreas y se estableció en ellas, incluso en Hesbón y en todas sus aldeas. **26**Hesbón era la ciudad capital de Sijón, rey de los amorreos, quien había luchado en contra del anterior rey de Moab, conquistando todo su territorio, hasta el río Arnón.

27Por eso dicen los poetas:

«Vengan a Hesbón, la ciudad de
Sijón.
¡Reconstrúyanla! ¡Restáurenla!
28Porque de Hesbón ha salido fuego;
de la ciudad de Sijón salieron
llamas.
¡Y consumieron las ciudades de
Moab
y las alturas que dominan el
Arnón!
29¡Ay de ti, Moab!
¡Estás destruido, pueblo de
Quemós!
Tu dios convirtió a tus hijos en
fugitivos
y a tus hijas en prisioneras de
Sijón,
rey de los amorreos.

30»Los hemos destruido por completo,
desde Hesbón hasta Dibón.
Los devastamos hasta Nofa,
¡los destruimos hasta Medeba!»

31Así fue como Israel se estableció en la tierra de los amorreos.

Victoria sobre el rey Og de Basán

32Moisés también envió a explorar Jazer, y los israelitas se apoderaron de sus aldeas, expulsando a los amorreos que vivían allí. **33**Al volver, tomaron el camino de Basán. Fue allí donde Og, el rey de Basán, salió con su ejército para hacerles frente en Edrey.

g **21:14** *hacia el Mar Rojo.* Texto de difícil traducción.

³⁴Pero el SEÑOR le dijo a Moisés: «No le tengas miedo, porque voy a entregar en tus manos a Og, a su ejército, y a su territorio. Harás con él lo mismo que hiciste con Sijón, el rey de los amorreos que vivía en Hesbón.»

³⁵Así fue como los israelitas mataron a Og, a sus hijos y a todo su ejército, hasta no dejar sobreviviente, y se apoderaron de su territorio.

Balac manda llamar a Balán

22 Los israelitas se pusieron otra vez en marcha, y acamparon en las estepas de Moab, al otro lado del Jordán, a la altura de Jericó.

²Cuando Balac hijo de Zipor se dio cuenta de todo lo que Israel había hecho con los amorreos, ³los moabitas sintieron mucho miedo de los israelitas. Estaban verdaderamente aterrorizados de ellos, porque eran un ejército muy numeroso.

⁴Entonces dijeron los moabitas a los *ancianos de Madián: «¡Esta muchedumbre barrerá con todo lo que hay a nuestro alrededor, como cuando el ganado barre con la hierba del campo!»

En aquel tiempo, Balac hijo de Zipor era rey de Moab, ⁵así que mandó llamar a Balán hijo de Beor, quien vivía en Petor, a orillas del río Éufrates, en la tierra de los amavitas.ʰ Balac mandó a decirle:

«Hay un pueblo que salió de Egipto, y que ahora cubre toda la tierra y ha venido a asentarse cerca de mí. ⁶Te ruego que vengas y maldigas por mí a este pueblo, porque es más poderoso que yo. Tal vez así pueda yo vencerlos y echarlos fuera del país. Yo sé que a quien tú bendices, queda bendito, y a quien tú maldices, queda maldito.»

⁷Los ancianos de Moab y de Madián fueron a darle a Balán el mensaje que Balac le enviaba, y llevaron consigo dinero para pagarle sus conjuros.

⁸Balán los invitó a pasar allí la noche, prometiendo comunicarles después lo que

el SEÑOR le dijera. Y los gobernantes se alojaron con él.

⁹Dios se le apareció a Balán, y le dijo:

—¿Quiénes son estos hombres que se alojan contigo?

¹⁰Balán le respondió:

—Son los mensajeros que envió Balac hijo de Zipor, que es el rey de Moab. Los envió a decirme: ¹¹"Un pueblo que salió de Egipto cubre ahora toda la tierra. Ven y échales una maldición por mí. Tal vez así pueda yo luchar contra ellos y echarlos fuera de mi territorio."

¹²Pero Dios le dijo a Balán:

—No irás con ellos, ni pronunciarás ninguna maldición sobre los israelitas, porque son un pueblo bendito.

¹³Al otro día Balán se levantó y les dijo a los gobernantes enviados por Balac: «Regresen a su tierra, porque el SEÑOR no quiere que yo vaya con ustedes.»

¹⁴Los gobernantes moabitas regresaron adonde estaba Balac y le dijeron: «Balán no quiere venir con nosotros.»

¹⁵Balac envió entonces a otros gobernantes, más numerosos y distinguidos que los primeros, ¹⁶quienes fueron y le dijeron a Balán:

—Esto es lo que dice Balac hijo de Zipor:

"No permitas que nada te impida venir a verme, ¹⁷porque yo te recompensaré con creces y haré todo lo que tú me pidas. Te ruego que vengas y maldigas por mí a este pueblo."

¹⁸Pero Balán le respondió:

—Aun si Balac me diera su palacio lleno de oro y de plata, yo no podría hacer nada grande ni pequeño, sino ajustarme al mandamiento del SEÑOR mi Dios. ¹⁹Ustedes pueden también alojarse aquí esta noche, mientras yo averiguo si el SEÑOR quiere decirme alguna otra cosa.

²⁰Aquella noche Dios se le apareció a Balán y le dijo: «Ya que estos hombres han venido a llamarte, ve con ellos, pero sólo harás lo que yo te ordene.»

ʰ **22:5** *de los amavitas.* Alt. *de los hijos de su pueblo.*

Balán y su burra

21Balán se levantó por la mañana, ensilló su burra, y partió con los gobernantes de Moab. **22**Mientras iba con ellos, la ira de Dios se encendió y en el camino el ángel del Señor se hizo presente, dispuesto a no dejarlo pasar. Balán iba montado en su burra, y sus dos criados lo acompañaban. **23**Cuando la burra vio al ángel del Señor en medio del camino, con la espada desenvainada, se apartó del camino para meterse en el campo. Pero Balán la golpeó para hacerla volver al camino.

24El ángel del Señor se detuvo en un sendero estrecho que estaba entre dos viñas, con cercos de piedra en ambos lados. **25**Cuando la burra vio al ángel del Señor, se arrimó contra la pared, con lo que lastimó el pie de Balán. Entonces Balán volvió a pegarle.

26El ángel del Señor se les adelantó y se detuvo en un lugar más estrecho, donde ya no había hacia dónde volverse. **27**Cuando la burra vio al ángel del Señor, se echó al suelo con Balán encima. Entonces se encendió la ira de Balán y golpeó a la burra con un palo. **28**Pero el Señor hizo hablar a la burra, y ella le dijo a Balán:

—¿Se puede saber qué te he hecho, para que me hayas pegado tres veces?

29Balán le respondió:

—¡Te has venido burlando de mí! Si hubiera tenido una espada en la mano, te habría matado de inmediato.

30La burra le contestó a Balán:

—¿Acaso no soy la burra sobre la que siempre has montado, hasta el día de hoy? ¿Alguna vez te hice algo así?

—No —respondió Balán.

31El Señor abrió los ojos de Balán, y éste pudo ver al ángel del Señor en el camino y empuñando la espada. Balán se inclinó entonces y se postró rostro en tierra.

32El ángel del Señor le preguntó:

—¿Por qué golpeaste tres veces a tu burra? ¿No te das cuenta de que vengo dispuesto a no dejarte pasar porque he visto que tus *caminos son malos?[i] **33**Cuando la burra me vio, se apartó de mí tres veces. De no haber sido por ella, tú estarías ya muerto y ella seguiría con vida.

34Balán le dijo al ángel del Señor:

—He pecado. No me di cuenta de tu presencia en el camino para cerrarme el paso. Ahora bien, como esto te parece mal, voy a regresar.

35Pero el ángel del Señor le dijo a Balán:

—Ve con ellos, pero limítate a decir sólo lo que yo te mande.

Y Balán se fue con los jefes que Balac había enviado.

Balac se encuentra con Balán

36Cuando Balac se enteró de que Balán venía, salió a recibirlo en una ciudad moabita que está en la frontera del río Arnón. **37**Balac le dijo a Balán:

—¿Acaso no te mandé llamar? ¿Por qué no viniste a mí? ¿Crees que no soy capaz de recompensarte?

38—¡Bueno, ya estoy aquí! —contestó Balán—. Sólo que no podré decir nada que Dios no ponga en mi boca.

39De allí se fueron Balán y Balac a Quiriat Jusot. **40**Balac ofreció en sacrificio vacas y ovejas, y las compartió con Balán y los gobernantes que estaban con él. **41**A la mañana siguiente, Balac llevó a Balán a Bamot Baal, desde donde Balán pudo ver parte del campamento israelita.

Primer oráculo de Balán

23 Balán le dijo a Balac: «Edifícame siete altares en este lugar, y prepárame siete novillos y siete carneros.» **2**Balac hizo lo que Balán le pidió, y juntos ofrecieron un novillo y un carnero en cada altar.

3Entonces Balán le dijo a Balac: «Quédate aquí, al lado de tu *holocausto, mientras yo voy a ver si el Señor quiere reunirse conmigo. Luego te comunicaré lo que él me revele.» Y se fue a un cerro desierto.

4Dios vino a su encuentro, y Balán le dijo:

---

[i]**22:32** *son malos* (véase LXX y Vulgata). Texto de difícil traducción.

—He preparado siete altares, y en cada altar he ofrecido un novillo y un carnero.

⁵Entonces el SEÑOR puso su palabra en boca de Balán, y le dijo:

—Vuelve adonde está Balac, y repítele lo que te voy a decir.

⁶Balán regresó y encontró a Balac de pie, al lado de su holocausto, en compañía de todos los jefes de Moab. ⁷Y Balán pronunció su oráculo:

«De Aram, de las montañas de
        Oriente,
    me trajo Balac, el rey de Moab.
"Ven —me dijo—, maldice por mí
        a Jacob;
    ven, deséale el mal a Israel."
⁸¿Pero cómo podré echar
        maldiciones
    sobre quien Dios no ha
        maldecido?
¿Cómo podré desearle el mal
    a quien el SEÑOR no se lo desea?
⁹Desde la cima de las peñas lo veo;
    desde las colinas lo contemplo:
es un pueblo que vive apartado,
    que no se cuenta entre las
        naciones.
¹⁰¿Quién puede calcular la
        descendencia de Jacob,
    tan numerosa como el polvo,
o contar siquiera la cuarta parte
        de Israel?
¡Sea mi muerte como la del justo!
    ¡Sea mi fin semejante al suyo!»

¹¹Entonces Balac le reclamó a Balán:

—¿Qué me has hecho? Te traje para que lanzaras una maldición sobre mis enemigos, ¡y resulta que no has hecho más que bendecirlos!

¹²Pero Balán le respondió:

—¿Acaso no debo decir lo que el SEÑOR me pide que diga?

Segundo oráculo de Balán

¹³Entonces Balac le dijo:

—Por favor, ven conmigo a otro lugar. Desde allí podrás ver sólo a una parte del pueblo, y no a todos ellos,ʲ y les desearás el mal.

¹⁴Así que lo llevó al campo de Zofín en la cumbre del monte Pisgá. Allí edificó siete altares, y en cada uno de ellos ofreció un novillo y un carnero. ¹⁵Allí Balán le dijo a Balac: «Quédate aquí, al lado de tu *holocausto, mientras yo voy a reunirme con Dios.»ᵏ

¹⁶El SEÑOR se reunió con Balán y puso en boca de éste su palabra. Le dijo: «Vuelve adonde está Balac, y repite lo que te voy a decir.»

¹⁷Balán se fue adonde estaba Balac, y lo encontró de pie, al lado de su holocausto, en compañía de los jefes de Moab. Balac le preguntó:

—¿Qué dijo el SEÑOR?

¹⁸Entonces Balán pronunció su oráculo:

«Levántate, Balac, y escucha;
    óyeme, hijo de Zipor.
¹⁹Dios no es un simple *mortal
    para mentir y cambiar de
        parecer.
¿Acaso no cumple lo que promete
    ni lleva a cabo lo que dice?
²⁰Se me ha ordenado bendecir,
    y si eso es lo que Dios quiere,
    yo no puedo hacer otra cosa.

²¹»Dios no se ha fijado en la maldad
        de Jacob
    ni ha reparado en la violencia de
        Israel.
El SEÑOR su Dios está con ellos;
    y entre ellos se le aclama como
        rey.
²²Dios los sacó de Egipto
    con la fuerza de un toro salvaje.
²³Contra Jacob no hay brujería que
        valga,
    ni valen las hechicerías contra
        Israel.
De Jacob y de Israel se dirá:
    "¡Miren lo que Dios ha hecho!"
²⁴Un pueblo se alza como leona;
    se levanta como león.

ʲ 23:13 *podrás ver sólo a una parte del pueblo, y no a todos ellos.* Alt. *podrás ver al pueblo, ya que ahora sólo ves parte de él.*   ᵏ 23:15 *con Dios* (LXX); *allí* (TM).

No descansará hasta haber
    devorado su presa
y bebido la sangre de sus
    víctimas.»

25Balac le dijo entonces a Balán:

—¡Si no los vas a maldecir, tampoco los bendigas!

26Balán le respondió:

—¿Acaso no te advertí que yo repetiría todo lo que el SEÑOR me ordenara decir?

Tercer oráculo de Balán

27Balac le dijo a Balán:

—Por favor, ven conmigo, que te llevaré a otro lugar. Tal vez a Dios le parezca bien que los maldigas desde allí.

28Así que llevó a Balán hasta la cumbre del monte Peor, desde donde puede verse el desierto de Jesimón. **29**Allí Balán le dijo:

—Edifícame siete altares en este lugar, y prepárame siete novillos y siete carneros.

30Balac hizo lo que Balán le pidió, y en cada altar ofreció un novillo y un carnero.

24 Pero cuando Balán se dio cuenta de que al SEÑOR le complacía que se bendijera a Israel, no recurrió a la hechicería, como otras veces, sino que volvió su rostro hacia el desierto. **2**Cuando Balán alzó la vista y vio a Israel acampando por tribus, el Espíritu del SEÑOR vino sobre él; **3**entonces pronunció su oráculo:

«Palabras de Balán hijo de Beor;
    palabras del varón clarividente.
4Palabras del que oye las palabras
    de Dios,
    del que contempla la visión del
        *Todopoderoso,
    del que cae en trance y tiene
        visiones.

5»¡Cuán hermosas son tus tiendas,
    Jacob!
    ¡Qué bello es tu campamento,
    Israel!
6Son como arroyos que se
    ensanchan,
    como jardines a la orilla del río,
    como áloes plantados por el SEÑOR,
    como cedros junto a las aguas.

7Sus cántaros rebosan de agua;
    su semilla goza de agua
        abundante.
    Su rey es más grande que Agag;
    su reinado se engrandece.

8»Dios los sacó de Egipto
    con la fuerza de un toro salvaje.
    Israel devora a las naciones hostiles
    y les parte los huesos;
    ¡las atraviesa con sus flechas!
9Se agacha como un león,
    se tiende como una leona:
    ¿quién se atreverá a molestarlo?
    ¡Benditos sean los que te bendigan!
    ¡Malditos sean los que te
        maldigan!»

10Entonces la ira de Balac se encendió contra Balán, y chasqueando los dedos le dijo:

—Te mandé llamar para que echaras una maldición sobre mis enemigos, ¡y estas tres veces no has hecho sino bendecirlos! **11**¡Más te vale volver a tu tierra! Prometí que te recompensaría, pero esa recompensa te la ha negado el SEÑOR.

12Balán le contestó:

—Yo les dije a los mensajeros que me enviaste: **13**"Aun si Balac me diera su palacio lleno de oro y de plata, yo no podría hacer nada bueno ni malo, sino ajustarme al mandamiento del SEÑOR mi Dios. Lo que el SEÑOR me ordene decir, eso diré." **14**Ahora que vuelvo a mi pueblo, voy a advertirte en cuanto a lo que este pueblo hará con tu pueblo en los días postreros.

Cuarto oráculo de Balán

15Entonces Balán pronunció su oráculo:

«Palabras de Balán hijo de Beor,
    palabras del varón clarividente.
16Palabras del que oye las palabras
    de Dios
    y conoce el pensamiento del
        *Altísimo;
    del que contempla la visión del
        *Todopoderoso,
    del que cae en trance y tiene
        visiones:

17»Lo veo, pero no ahora;
  lo contemplo, pero no de cerca.
  Una estrella saldrá de Jacob;
  un rey surgirá en Israel.
  Aplastará las sienes de Moab
  y el cráneo de todos los hijos de
    Set.
18Edom será conquistado;
  Seír, su enemigo, será dominado,
  mientras que Israel hará proezas.
19De Jacob saldrá un soberano,
  y destruirá a los sobrevivientes de
    Ar.»

Últimos oráculos de Balán

20Balán miró a Amalec y pronunció
este oráculo:

«Amalec fue el primero entre las
    naciones,
  pero su fin será la destrucción
    total.»

21Luego miró Balán al quenita y pronunció este oráculo:

«Aunque tienes una morada segura
  y tu nido está sobre las rocas,
22tú, Caín, estás destinado al fuego,
  y Asiria te llevará cautivo.»

23Después Balán pronunció este oráculo:

«¡Ay!, ¿quién seguirá con vida
  cuando Dios determine hacer esto?
24Vendrán barcos desde las costas de
    Chipre,
  que oprimirán a Asiria y a Éber,
  pues ellos también serán
    destruidos.»

25Después de esto Balán se levantó y
volvió a su tierra, y también Balac se fue
por su camino.

Infidelidad de Israel

25 Mientras los israelitas acampaban
en Sitín, comenzaron a prostituirse
con las mujeres moabitas, 2las cuales los
invitaban a participar en los sacrificios a
sus dioses. Los israelitas comían delante
de esos dioses y se inclinaban a adorarlos.
3Esto los llevó a unirse al culto de Baal
Peor. Por tanto, la ira del SEÑOR se encendió contra ellos.

4Entonces el SEÑOR le dijo a Moisés:
«Toma a todos los jefes del pueblo y
ahórcalos en mi presencia a plena luz del
día, para que el furor de mi ira se aparte
de Israel.»

5Moisés les ordenó a los jueces de
Israel: «Maten a los hombres bajo su mando que se hayan unido al culto de Baal
Peor.»

6Mientras el pueblo lloraba a la entrada
de la *Tienda de reunión, un israelita trajo
a una madianita y, en presencia de Moisés
y de toda la comunidad israelita, tuvo el
descaro de presentársela a su familia. 7De
esto se dio cuenta el sacerdote Finés, que
era hijo de Eleazar y nieto del sacerdote
Aarón. Finés abandonó la asamblea y,
lanza en mano, 8siguió al hombre, entró
en su tienda y atravesó al israelita y a la
mujer.[l] De este modo cesó la mortandad
que se había desatado contra los israelitas.
9Con todo, los que murieron a causa de la
plaga fueron veinticuatro mil.

10El SEÑOR le dijo a Moisés: 11«Finés,
hijo de Eleazar y nieto del sacerdote Aarón, ha hecho que mi ira se aparte de los
israelitas, pues ha actuado con el mismo
celo que yo habría tenido por mi honor.
Por eso no destruí a los israelitas con el
furor de mi celo. 12Dile, pues, a Finés que
yo le concedo mi *pacto de comunión,
13por medio del cual él y sus descendientes gozarán de un sacerdocio eterno, ya
que defendió celosamente mi honor e hizo
*expiación por los israelitas.»

14El hombre que fue atravesado junto
con la madianita se llamaba Zimri hijo de
Salu, y era jefe de una familia de la tribu
de Simeón. 15La madianita se llamaba
Cozbí, y era hija de Zur, jefe de una
familia de Madián.

16El SEÑOR le dijo a Moisés: 17«Ataca
a los madianitas y mátalos, 18porque ellos
también los atacaron a ustedes con sus
artimañas, pues en Baal Peor los sedujeron

---

[l]25:8 *mujer* (lectura probable); *mujer, por el vientre de ella* (TM).

ron, como en el caso de Cozbí, la hija del jefe madianita que fue muerta el día de la mortandad en Baal Peor.»

Segundo censo de las tribus de Israel

26 Después de la mortandad, el SEÑOR les dijo a Moisés y al sacerdote Eleazar hijo de Aarón: 2«Hagan un censo de toda la comunidad israelita por sus familias patriarcales. Enlisten a los varones mayores de veinte años, que sean aptos para el servicio militar en Israel.»

3Moisés y el sacerdote Eleazar hablaron con el pueblo en las llanuras de Moab, cerca del Jordán, a la altura de Jericó, y le ordenaron 4levantar un censo de todos los varones mayores de veinte años, tal como el SEÑOR se lo había mandado a Moisés.

Los israelitas que salieron de Egipto fueron los siguientes:

5-6De Enoc, Falú, Jezrón y Carmí, hijos de Rubén, el primogénito de Israel, proceden los siguientes clanes: los enoquitas, los faluitas, los jezronitas y los carmitas. 7Éstos son los clanes de la tribu de Rubén. Su número llegó a cuarenta y tres mil setecientos treinta hombres.

8Eliab fue el único hijo de Falú. 9Los hijos de Eliab fueron Nemuel, Datán y Abirán. Éstos son los mismos Datán y Abirán que, no obstante haber sido escogidos por la comunidad como oficiales, se rebelaron contra Moisés y Aarón junto con la facción de Coré cuando este último se rebeló contra el SEÑOR. 10En esa ocasión, la tierra abrió sus fauces y se los tragó junto con Coré, muriendo también sus seguidores. El fuego devoró a doscientos cincuenta hombres, y este hecho los convirtió en una señal de advertencia. 11Sin embargo, los hijos de Coré no perecieron.

12-13De Nemuel, Jamín, Zera y Saúl, hijos de Simeón, proceden los siguientes clanes: los nemuelitas, los jaminitas, los zeraítas y los saulitas. 14Éstos son los clanes de la tribu de Simeón. Su número llegó a veintidós mil doscientos hombres.

15-17De Zefón, Jaguí, Suni, Ozni, Erí, Arodí y Arelí, hijos de Gad, proceden los siguientes clanes: los zefonitas, los jaguitas, los sunitas, los oznitas, los eritas, los aroditas y los arelitas. 18Éstos son los clanes de la tribu de Gad. Su número llegó a cuarenta mil quinientos hombres.

19-20Er y Onán eran hijos de Judá, pero ambos murieron en Canaán. De sus hijos Selá, Fares y Zera proceden los siguientes clanes: los selaítas, los faresitas y los zeraítas. 21De Jezrón y de Jamul, hijos de Fares, proceden los clanes jezronitas y jamulitas. 22Éstos son los clanes de la tribu de Judá. Su número llegó a setenta y seis mil quinientos hombres.

23-24De Tola, Fuvá, Yasub y Simrón, hijos de Isacar, proceden los siguientes clanes: los tolaítas, los fuvitas, los yasubitas y los simronitas. 25Éstos son los clanes de la tribu de Isacar. Su número llegó a sesenta y cuatro mil trescientos hombres.

26De Séred, Elón y Yalel, hijos de Zabulón, proceden los siguientes clanes: los sereditas, los elonitas y los yalelitas. 27Éstos son los clanes de la tribu de Zabulón. Su número llegó a sesenta mil quinientos hombres.

28De Manasés y Efraín, hijos de José, proceden los siguientes clanes:

29De Maquir hijo de Manasés y de Galaad hijo de Maquir proceden el clan maquirita y el clan galaadita. 30-32De Jezer, Jélec, Asriel, Siquén, Semidá y Héfer, hijos de Galaad, proceden los siguientes clanes: los jezeritas, los jelequitas, los asrielitas, los siquenitas, los semidaítas y los heferitas. 33Zelofejad hijo de Héfer no tuvo hijos sino sólo hijas, cuyos nombres eran Majlá, Noa, Joglá, Milca y Tirsá. 34Éstos son los clanes de la tribu de Manasés. Su número llegó a cincuenta y dos mil setecientos hombres. 35De Sutela, Béquer y Taján, hijos de Efraín, proceden los siguientes clanes: los sutelaítas, los bequeritas y los tajanitas.

36De Erán hijo de Sutela procede el clan de los eranitas. 37Éstos son los clanes de la tribu de Efraín. Su número llegó a treinta y dos mil quinientos hombres.

Todos estos clanes descendieron de José.

38-39De Bela, Asbel, Ajirán, Sufán y Jufán, hijos de Benjamín proceden los siguientes clanes: los belaítas, los asbelitas, los ajiranitas, los sufanitas y los jufanitas. 40De Ard y Naamán, hijos de Bela, proceden los clanes de los arditas y de los naamanitas. 41Éstos son los clanes de la tribu de Benjamín. Su número llegó a cuarenta y cinco mil seiscientos hombres.

42De Suján hijo de Dan procede el clan de los sujanitas, que fueron los únicos clanes danitas. 43Su número llegó a sesenta y cuatro mil cuatrocientos hombres.

44De Imná, Isví y Beriá, hijos de Aser, proceden los siguientes clanes: los imnaítas, los isvitas y los beriaítas. 45De Héber y Malquiel, hijos de Beriá, proceden los clanes de los heberitas y de los malquielitas. 46Aser tuvo una hija llamada Sera. 47Éstos son los clanes de la tribu de Aser. Su número llegó a cincuenta y tres mil cuatrocientos hombres.

48-49De Yazel, Guní, Jéser y Silén, hijos de Neftalí, proceden los siguientes clanes: los yazelitas, los gunitas, los jeseritas y los silenitas. 50Éstos son los clanes de la tribu de Neftalí. Su número llegó a cuarenta y cinco mil cuatrocientos hombres.

51Los hombres de Israel eran en total seiscientos un mil setecientos treinta.

Instrucciones para el reparto de la tierra

52El Señor le dijo a Moisés: 53«Reparte la tierra entre estas tribus para que sea su heredad. Hazlo según el número de nombres registrados. 54A la tribu más numerosa le darás la heredad más grande, y a la tribu menos numerosa le darás la heredad más pequeña. Cada tribu recibirá su heredad en proporción al número de censados. 55La tierra deberá repartirse por sorteo, según el nombre de las tribus patriarcales. 56El sorteo se hará entre todas las tribus, grandes y pequeñas.»

Censo de los levitas

57De los levitas Guersón, Coat y Merari proceden los clanes guersonitas, coatitas y meraritas.

58De los levitas proceden también los siguientes clanes: los libnitas, los hebronitas, los majlitas, los musitas y los coreítas. Coat fue el padre de Amirán. 59La esposa de Amirán se llamaba Jocabed hija de Leví, y había nacido en Egipto. Los hijos que ella tuvo de Amirán fueron Aarón y Moisés, y su hermana Miriam. 60Aarón fue el padre de Nadab, Abiú, Eleazar e Itamar, 61pero Nadab y Abiú murieron bajo el juicio del Señor por haberle ofrecido fuego profano.

62Los levitas mayores de un mes de edad fueron en total veintitrés mil. Pero no fueron censados junto con los demás israelitas porque no habrían de recibir heredad entre ellos.

63Éstos fueron los israelitas censados por Moisés y el sacerdote Eleazar, cuando los contaron en las llanuras de Moab, cerca del río Jordán, a la altura de Jericó. 64Entre los censados no figuraba ninguno de los registrados en el censo que Moisés y Aarón habían hecho antes en el desierto del Sinaí, 65porque el Señor había dicho que todos morirían en el desierto. Con la excepción de Caleb hijo de Jefone y de Josué hijo de Nun, ninguno de ellos quedó con vida.

Las hijas de Zelofejad

27:1-11 — Nm 36:1-12

27 Majlá, Noa, Joglá, Milca y Tirsá pertenecían a los clanes de Manasés hijo de José, pues eran hijas de Zelofejad hijo de Héfer, hijo de Galaad, hijo de Maquir, hijo de Manasés. Las cinco se acercaron 2a la entrada de la *Tienda de reunión, para hablar con Moisés y el sacerdote Eleazar, y con los jefes de toda la

comunidad. Les dijeron: ³«Nuestro padre murió sin dejar hijos, pero no por haber participado en la rebelión de Coré contra el SEÑOR. Murió en el desierto por su propio pecado. ⁴¿Será borrado de su clan el *nombre de nuestro padre por el solo hecho de no haber dejado hijos varones? Nosotras somos sus hijas. ¡Danos una heredad entre los parientes de nuestro padre!»

⁵Moisés le presentó al SEÑOR el caso de ellas, ⁶y el SEÑOR le respondió: ⁷«Lo que piden las hijas de Zelofejad es algo justo, así que debes darles una propiedad entre los parientes de su padre. Traspásales a ellas la heredad de su padre.

⁸»Además, diles a los israelitas: "Cuando un hombre muera sin dejar hijos, su heredad será traspasada a su hija. ⁹Si no tiene hija, sus hermanos recibirán la herencia. ¹⁰Si no tiene hermanos, se entregará la herencia a los hermanos de su padre. ¹¹Si su padre no tiene hermanos, se entregará la herencia al pariente más cercano de su clan, para que tome posesión de ella. Éste será el procedimiento legal que seguirán los israelitas, tal como yo se lo ordené a Moisés."»

Anuncio de la muerte de Moisés

¹²El SEÑOR le dijo a Moisés:

—Sube al monte Abarín y contempla desde allí la tierra que les he dado a los israelitas. ¹³Después de que la hayas contemplado, partirás de este mundo para reunirte con tus antepasados, como tu hermano Aarón. ¹⁴En el desierto de Zin, cuando la comunidad se puso a reclamar, ustedes dos me desobedecieron, pues al sacar agua de la *roca no reconocieron ante el pueblo mi santidad.

Esas aguas de Meribá están en Cades, en el desierto de Zin.

Moisés pide un líder para Israel

¹⁵Moisés le respondió al SEÑOR:

¹⁶—Dígnate, SEÑOR, Dios de toda la *humanidad,ᵐ nombrar un jefe sobre esta comunidad, ¹⁷uno que los dirija en sus

campañas, que los lleve a la guerra y los traiga de vuelta a casa. Así el pueblo del SEÑOR no se quedará como rebaño sin pastor.

¹⁸El SEÑOR le dijo a Moisés:

—Toma a Josué hijo de Nun, que es un hombre de gran espíritu.ⁿ Pon tus manos sobre él, ¹⁹y haz que se presente ante el sacerdote Eleazar y ante toda la comunidad. En presencia de ellos le entregarás el mando. ²⁰Lo investirás con algunas de tus atribuciones, para que toda la comunidad israelita le obedezca. ²¹Se presentará ante el sacerdote Eleazar, quien mediante el *urim consultará al SEÑOR. Cuando Josué ordene ir a la guerra, la comunidad entera saldrá con él, y cuando le ordene volver, volverá.

²²Moisés hizo lo que el SEÑOR le ordenó. Tomó a Josué y lo puso delante del sacerdote Eleazar y de toda la comunidad. ²³Luego le impuso las manos y le entregó el cargo, tal como el SEÑOR lo había mandado.

Calendario litúrgico

28 El SEÑOR le dijo a Moisés: ²«Ordénale al pueblo de Israel que se asegure de que se me presente mi ofrenda en el día señalado. Esa ofrenda de aroma grato presentada por fuego es mi comida.

Sacrificio diario

³»Dile también al pueblo que, como ofrenda presentada por fuego, todos los días me deben traer para el *holocausto continuo dos corderos de un año y sin defecto. ⁴Uno de ellos lo ofrecerás en la mañana, y el otro al atardecer, ⁵junto con dos kilosⁿ de flor de harina mezclada con un litroᵒ de aceite de oliva. ⁶Éste es el holocausto diario, instituido en el monte Sinaí como ofrenda presentada por fuego, de aroma grato al SEÑOR. ⁷Con cada cordero ofrecerás un litro de vino, como ofrenda de libación, la cual derramarás en el santuario en honor del SEÑOR. ⁸El segundo cordero lo ofrecerás al atardecer, junto con una ofrenda de cereales y una

---

ᵐ**27:16** *toda la humanidad.* Lit. *los espíritus de toda carne.*   ⁿ**27:18** *de gran espíritu.* Alt. *en quien mora el Espíritu.*   ⁿ**28:5** *dos kilos.* Lit. *una décima de* *efa.*   ᵒ**28:5** *un litro.* Lit. *un cuarto de* *hin*; también en vv. 7 y 14.

libación semejantes a las que presentaste en la mañana. Es una ofrenda presentada por fuego, de aroma grato al Señor.

Ofrendas del sábado

9»Cada *sábado ofrecerás dos corderos de un año y sin defecto, junto con una libación y una ofrenda de cuatro kilos y medio*P* de flor de harina mezclada con aceite. 10Éste es el *holocausto de cada sábado, además del holocausto que cada día se ofrece con su libación.

Ofrenda mensual

11»Cada primer día del mes presentarás, como tu holocausto al Señor, dos novillos, un carnero y siete corderos de un año y sin defecto. 12Con cada novillo presentarás también una ofrenda de seis kilos y medio*q* de flor de harina mezclada con aceite; con el carnero, cuatro kilos y medio de flor de harina mezclada con aceite; 13y con cada cordero, dos kilos de flor de harina mezclada con aceite. Éste será un holocausto, una ofrenda presentada por fuego, de aroma grato al Señor. 14Las libaciones serán las siguientes: Con cada novillo presentarás dos litros*r* de vino; con el carnero, un litro y un cuarto*s* de vino; y con cada cordero, un litro de vino. Éste es el holocausto que debes presentar durante todo el año, una vez al mes, en el día de luna nueva. 15Además del holocausto diario y su libación, también presentarás al Señor, como sacrificio *expiatorio, un macho cabrío.

La Pascua

16»La Pascua del Señor se celebrará el día catorce del mes primero. 17El día quince del mismo mes celebrarás una fiesta, y durante siete días comerás pan sin levadura. 18El primer día celebrarás una fiesta solemne, y nadie realizará ningún tipo de trabajo. 19Presentarás al Señor una ofrenda por fuego, un *holocausto que consistirá en dos novillos, un carnero y siete corderos de un año. Asegúrate de que los animales no tengan defecto. 20Con

cada novillo presentarás una ofrenda de seis kilos y medio de flor de harina mezclada con aceite; con el carnero, cuatro kilos y medio; 21y con cada uno de los siete corderos, dos kilos. 22También incluirás un macho cabrío como sacrificio *expiatorio para hacer *propiciación en tu favor. 23Presentarás estas ofrendas, además del holocausto diario de cada mañana. 24De igual manera las ofrecerás cada día, durante siete días consecutivos; es un alimento que consiste en una ofrenda presentada por fuego, de aroma grato al Señor. Todo esto se ofrecerá, además del holocausto diario y su libación. 25Al séptimo día celebrarás una fiesta solemne, y nadie realizará ningún tipo de trabajo.

Fiesta de las Semanas
28:26-31 — Lv 23:15-22; Dt 16:9-12

26»Durante la fiesta de las Semanas, presentarás al Señor una ofrenda de grano nuevo en el día de las *primicias, y celebrarás también una fiesta solemne. Ese día nadie realizará ningún tipo de trabajo. 27Ofrecerás dos novillos, un carnero y siete machos cabríos de un año, como *holocausto de aroma grato al Señor. 28Con cada novillo presentarás una ofrenda de seis kilos y medio de flor de harina mezclada con aceite; con el carnero, cuatro kilos y medio de esa misma harina; 29y con cada uno de los siete corderos, dos kilos. 30Incluirás también un macho cabrío para hacer *propiciación en tu favor. 31Presentarás todo esto junto con sus libaciones, además del holocausto diario y su libación. Los animales no deben tener ningún defecto.

Fiesta de las Trompetas
29:1-6 — Lv 23:23-25

29 »El día primero del mes séptimo celebrarás una fiesta solemne, y nadie realizará ningún tipo de trabajo. Ese día se anunciará con toque de trompetas. 2Como *holocausto de aroma grato al Señor, ofrecerás un novillo, un carnero, y siete corderos de un año y sin defecto.

P **28:9** *cuatro kilos y medio.* Lit. *dos décimas* (de efa); también en vv. 12,20,28.   *q* **28:12** *seis kilos y medio.* Lit. *tres décimas* (de efa); también en vv. 20 y 28.   *r* **28:14** *dos litros.* Lit. *la mitad de un hin.*   *s* **28:14** *un litro y un cuarto.* Lit. *un tercio de hin.*

³Con el novillo presentarás seis kilos y medio de flor de harina mezclada con aceite; con el carnero, cuatro kilos y medio[t] de esa misma harina; ⁴y con cada uno de los siete corderos, dos kilos.[u] ⁵Incluirás también un macho cabrío como sacrificio *expiatorio, para hacer *propiciación en tu favor. ⁶Todo esto se ofrecerá junto con las ofrendas de cereales y las libaciones, además del holocausto mensual y diario. Tal como está estipulado, todo esto lo presentarás como ofrenda por fuego, de aroma grato al SEÑOR.

El día del Perdón
29:7-11 — Lv 16:2-34; 23:26-32

⁷»El día diez del mes séptimo celebrarás una fiesta solemne. En ese día se ayunará, y nadie realizará ningún tipo de trabajo. ⁸Como *holocausto de aroma grato al SEÑOR presentarás un novillo, un carnero y siete corderos de un año. Los animales no deben tener ningún defecto. ⁹Con el novillo ofrecerás seis kilos y medio de flor de harina mezclada con aceite; con el carnero, cuatro kilos y medio de esa misma harina; ¹⁰y con cada uno de los siete corderos, dos kilos. ¹¹Incluirás también un macho cabrío como sacrificio *expiatorio, además del sacrificio expiatorio para la *propiciación y del holocausto diario con su ofrenda de cereales y su libación.

Fiesta de las *Enramadas
29:12-39 — Lv 23:33-43; Dt 16:13-17

¹²»El día quince del mes séptimo celebrarás una fiesta solemne, y nadie realizará ningún tipo de trabajo. Durante siete días celebrarás una fiesta en honor del SEÑOR. ¹³Como *holocausto presentado por fuego, de aroma grato al SEÑOR, ofrecerás trece novillos, dos carneros y catorce corderos de un año, que no tengan defecto. ¹⁴Con cada uno de los trece novillos presentarás seis kilos y medio de flor de harina mezclada con aceite; con cada uno de los dos carneros, cuatro kilos y medio de esa misma harina; ¹⁵y con cada uno de

los catorce corderos, dos kilos. ¹⁶Incluirás también un macho cabrío como sacrificio *expiatorio, además del holocausto diario con su ofrenda de cereales y su libación.

¹⁷»El segundo día prepararás doce novillos, dos carneros y catorce corderos de un año y sin defecto. ¹⁸Con los novillos, carneros y corderos presentarás ofrendas de cereales y libaciones, según lo que se especifica para cada número. ¹⁹Incluirás también un macho cabrío como sacrificio expiatorio, además del holocausto diario con su ofrenda de cereales y su libación.

²⁰»El tercer día prepararás once novillos, dos carneros y catorce corderos de un año y sin defecto. ²¹Con los novillos, carneros y corderos presentarás ofrendas de cereales y libaciones, según lo que se especifica para cada número. ²²Incluirás también un macho cabrío como sacrificio expiatorio, además del holocausto diario con su ofrenda de cereales y su libación.

²³»El cuarto día prepararás diez novillos, dos carneros y catorce corderos de un año y sin defecto. ²⁴Con los novillos, carneros y corderos presentarás ofrendas de cereales y libaciones, según lo que se especifica para cada número. ²⁵Incluirás también un macho cabrío como sacrificio expiatorio, además del holocausto diario con su ofrenda de cereales y su libación.

²⁶»El quinto día prepararás nueve novillos, dos carneros y catorce corderos de un año y sin defecto. ²⁷Con los novillos, carneros y corderos presentarás ofrendas de cereales y libaciones, según lo que se especifica para cada número. ²⁸Incluirás también un macho cabrío como sacrificio expiatorio, además del holocausto diario con su ofrenda de cereales y su libación.

²⁹»El sexto día prepararás ocho novillos, dos carneros y catorce corderos de un año y sin defecto. ³⁰Con los novillos, carneros y corderos presentarás ofrendas de cereales y libaciones, según lo que se especifica para cada número. ³¹Incluirás también un macho cabrío como sacrificio expiatorio, además del holocausto diario con su ofrenda de cereales y su libación.

---

[t]29:3 seis kilos y medio ... cuatro kilos y medio. Lit. tres décimas (de *efa) ... dos décimas (de efa); también en vv. 9 y 14.   [u]29:4 dos kilos. Lit. una décima (de efa); también en vv. 10 y 15.

32»El séptimo día prepararás siete novillos, dos carneros y catorce corderos de un año y sin defecto. 33Con los novillos, carneros y corderos presentarás ofrendas de cereales y libaciones, según lo que se especifica para cada número. 34Incluirás también un macho cabrío como sacrificio expiatorio, además del holocausto diario con su ofrenda de cereales y su libación.

35»El octavo día celebrarás una fiesta solemne, y nadie realizará ningún tipo de trabajo. 36Como holocausto presentado por fuego, de aroma grato al SEÑOR, ofrecerás un novillo, un carnero y siete corderos de un año y sin defecto. 37Con el novillo, el carnero y los corderos presentarás ofrendas de cereales y libaciones, según lo que se especifica para cada número. 38Incluirás también un macho cabrío como sacrificio expiatorio, además del holocausto diario con su ofrenda de cereales y su libación.

39»Éstas son las ofrendas que presentarás al SEÑOR en las fiestas designadas, aparte de otros votos, ofrendas voluntarias, holocaustos, ofrendas de cereales, libaciones y sacrificios de *comunión que quieras presentarle.»

40Y Moisés les comunicó a los israelitas todo lo que el SEÑOR le había mandado.

Votos de las mujeres

30 Moisés les dijo a los jefes de las tribus de Israel: «El SEÑOR ha ordenado que 2cuando un hombre haga un voto al SEÑOR, o bajo juramento haga un compromiso, no deberá faltar a su palabra sino que cumplirá con todo lo prometido.

3»Cuando una joven, que todavía viva en casa de su padre, haga un voto al SEÑOR y se comprometa en algo, 4si su padre se entera de su voto y de su compromiso pero no le dice nada, entonces ella estará obligada a cumplir con todos sus votos y promesas. 5Pero si su padre se entera y no lo aprueba, todos los votos y compromisos que la joven haya hecho quedarán anulados, y el SEÑOR la absolverá porque fue el padre quien los desaprobó.

6»Si la joven se casa después de haber hecho un voto o una promesa precipitada que la comprometa, 7y su esposo se entera pero no le dice nada, entonces ella estará obligada a cumplir sus votos y promesas. 8Pero si su esposo se entera y no lo aprueba, el voto y la promesa que ella hizo en forma precipitada quedarán anulados, y el SEÑOR la absolverá.

9»La viuda o divorciada que haga un voto o compromiso estará obligada a cumplirlo.

10»Cuando una mujer casada haga un voto, o bajo juramento se comprometa en algo, 11si su esposo se entera, pero se queda callado y no lo desaprueba, entonces ella estará obligada a cumplir todos sus votos y promesas. 12Pero si su esposo se entera y los anula, entonces ninguno de los votos o promesas que haya hecho le serán obligatorios, pues su esposo los anuló. El SEÑOR la absolverá.

13»El esposo tiene la autoridad de confirmar o de anular cualquier voto o juramento de abstinencia que ella haya hecho. 14En cambio, si los días pasan y el esposo se queda callado, su silencio confirmará todos los votos y compromisos contraídos por ella. El esposo los confirmará por no haber dicho nada cuando se enteró. 15Pero si llega a anularlos después de un tiempo de haberse enterado, entonces él cargará con la culpa de su esposa.»

16Éstos son los *estatutos que el SEÑOR dio a Moisés en cuanto a la relación entre esposo y esposa, y entre el padre y la hija que todavía viva en su casa.

Guerra con Madián

31 El SEÑOR le dijo a Moisés: 2«Antes de partir de este mundo para reunirte con tus antepasados, a nombre de tu pueblo tienes que vengarte de los madianitas.»

3Moisés se dirigió al pueblo y le dijo: «Preparen a algunos de sus hombres para la guerra contra Madián. Vamos a descargar sobre ellos la venganza del SEÑOR. 4Que cada una de las tribus de Israel envíe mil hombres a la guerra.»

5Los escuadrones de Israel proveyeron mil hombres por cada tribu, con lo que se reunieron doce mil hombres armados para la guerra. 6Moisés envió a la guerra a los mil hombres de cada tribu. Con ellos iba Finés, hijo del sacerdote Eleazar, quien tenía a su cargo los utensilios del santuario y las trompetas que darían la señal de ataque.

7 Tal como el SEÑOR se lo había ordenado a Moisés, los israelitas entraron en batalla y mataron a todos los madianitas. 8 Pasaron a espada a Eví, Requen, Zur, Jur y Reba, que eran los cinco reyes de Madián, y también a Balán hijo de Beor. 9 Capturaron a las mujeres y a los niños de los madianitas, y tomaron como botín de guerra todo su ganado, rebaños y bienes. 10 A todas las ciudades y campamentos donde vivían los madianitas les prendieron fuego, 11 y se apoderaron de *gente y de animales. Todos los despojos y el botín 12 se los llevaron a Moisés y al sacerdote Eleazar, y a toda la comunidad israelita. A los prisioneros, el botín y los despojos los llevaron hasta el campamento que estaba en las llanuras de Moab, cerca del Jordán, a la altura de Jericó.

13 Moisés y el sacerdote Eleazar y todos los líderes de la comunidad salieron a recibirlos fuera del campamento. 14 Moisés estaba furioso con los jefes de mil y de cien soldados que regresaban de la batalla. 15 «¿Cómo es que dejaron con vida a las mujeres? —les preguntó—. 16 ¡Si fueron ellas las que, aconsejadas por Balán, hicieron que los israelitas traicionaran al SEÑOR en Baal Peor! Por eso murieron tantos del pueblo del SEÑOR. 17 Maten a todos los niños, y también a todas las mujeres que hayan tenido relaciones sexuales, 18 pero quédense con todas las muchachas que jamás las hayan tenido.

Purificación de combatientes y de prisioneros

19 »Todos los que hayan matado a alguien, o hayan tocado un cadáver, deberán quedarse fuera del campamento durante siete días. Al tercer día, y al séptimo, se *purificarán ustedes y sus prisioneros. 20 También deberán purificar toda la ropa, y todo artículo de cuero, de pelo de cabra, o de madera.»

21 El sacerdote Eleazar les dijo a los soldados que habían ido a la guerra: «Esto es lo que manda la ley que el SEÑOR le

entregó a Moisés: 22 Oro, plata, bronce, hierro, estaño, plomo 23 y todo lo que resista el fuego, deberá ser pasado por el fuego para purificarse, pero también deberá limpiarse con las aguas de la purificación. Todo lo que no resista el fuego deberá pasar por las aguas de la purificación. 24 Al séptimo día, lavarán ustedes sus vestidos y quedarán purificados. Entonces podrán reintegrarse al campamento.»

Reparto del botín

25 El SEÑOR le dijo a Moisés: 26 «Tú y el sacerdote Eleazar y los jefes de las familias patriarcales harán un recuento de toda la *gente y de todos los animales capturados. 27 Dividirán el botín entre los soldados que fueron a la guerra y el resto de la comunidad. 28 A los que fueron a la guerra les exigirás del botín una contribución para el SEÑOR. Tanto de la gente como de los asnos, vacas u ovejas, apartarás uno de cada quinientos. 29 Los tomarás de la parte que les tocó a los soldados, y se los darás al sacerdote Eleazar como contribución al SEÑOR. 30 De la parte que les toca a los israelitas, apartarás de la gente uno de cada cincuenta, lo mismo que de los asnos, vacas, ovejas u otros animales, y se los darás a los levitas, pues ellos son los responsables del cuidado de mi santuario.»

31 Moisés y el sacerdote Eleazar hicieron tal como el SEÑOR se lo ordenó a Moisés.

32 Sin tomar en cuenta los despojos que tomaron los soldados, el botín fue de seiscientas setenta y cinco mil ovejas, 33 setenta y dos mil cabezas de ganado, 34 sesenta y un mil asnos 35 y treinta y dos mil mujeres que jamás habían tenido relaciones sexuales.

36 A los que fueron a la guerra les tocó lo siguiente:

Trescientas treinta y siete mil quinientas ovejas, 37 de las cuales se entregaron seiscientas setenta y cinco como contribución al SEÑOR.

38 Treinta y seis mil vacas, de las cuales se entregaron setenta y dos como contribución al SEÑOR.

39 Treinta mil quinientos asnos, de los cuales se entregaron sesenta y uno como contribución al SEÑOR.

40 Dieciséis mil mujeres, de las cuales se entregaron treinta y dos como contribución al SEÑOR.

41 La parte que le correspondía al SEÑOR, se la entregó Moisés al sacerdote Eleazar, tal como el SEÑOR se lo había ordenado.

42 Del botín que trajeron los soldados, Moisés tomó la mitad que les correspondía a los israelitas, **43** de modo que a la comunidad le tocaron trescientas treinta y siete mil quinientas ovejas, **44** treinta y seis mil vacas, **45** treinta mil quinientos asnos **46** y dieciséis mil mujeres. **47** De la parte que les tocó a los israelitas, Moisés tomó una de cada cincuenta personas, y uno de cada cincuenta animales, tal como el SEÑOR se lo había ordenado, y todos ellos se los entregó a los levitas, que eran los responsables del cuidado del santuario del SEÑOR.

La ofrenda de los capitanes

48 Entonces los oficiales que estaban a cargo de la tropa, es decir, los jefes de mil y de cien soldados, se acercaron a Moisés **49** y le dijeron: «Tus siervos han pasado revista, y no falta ninguno de los soldados que estaban bajo nuestras órdenes. **50** Por eso hemos traído, como ofrenda al SEÑOR, los artículos de oro que cada uno de nosotros encontró: brazaletes, cadenas, sortijas, pendientes y collares. Todo esto lo traemos para hacer *propiciación por nosotros ante el SEÑOR.»

51 Moisés y el sacerdote Eleazar recibieron todos los artículos de oro. **52** Todo el oro que los jefes de mil y de cien soldados presentaron como contribución al SEÑOR pesó ciento noventa kilos.ᵛ **53** Cada soldado había tomado botín para sí mismo. **54** Moisés y el sacerdote Eleazar recibieron el oro de manos de los jefes, y lo llevaron a la *Tienda de reunión para que el SEÑOR tuviera presentes a los israelitas.

Rubén y Gad se establecen en Transjordania

32 Las tribus de Rubén y Gad, que tenían mucho ganado, se dieron cuenta de que las tierras de Jazer y Galaad eran apropiadas para la ganadería. **2** Así que fueron a decirles a Moisés, al sacerdote Eleazar y a los jefes de la comunidad:

3 —Las tierras de Atarot, Dibón, Jazer, Nimrá, Hesbón, Elalé, Sebán, Nebo y Beón **4** las conquistó el SEÑOR para el pueblo de Israel, y son apropiadas para la ganadería de tus siervos. **5** Si nos hemos ganado tu favor, permítenos tomar esas tierras como heredad. No nos hagas cruzar el Jordán.

6 Entonces Moisés les dijo a los rubenitas y a los gaditas:

—¿Les parece justo que sus hermanos vayan al combate mientras ustedes se quedan aquí sentados? **7** Los israelitas se han propuesto conquistar la tierra que el SEÑOR les ha dado; ¿no se dan cuenta de que esto los desanimaría? **8** ¡Esto mismo hicieron los padres de ustedes cuando yo los envié a explorar la tierra de Cades Barnea! **9** Fueron a inspeccionar la tierra en el valle de Escol y, cuando volvieron, desanimaron a los israelitas para que no entraran en la tierra que el SEÑOR les había dado. **10** Ese día el SEÑOR se encendió en ira y juró: **11** "Por no haberme seguido de todo *corazón, ninguno de los mayores de veinte años que salieron de Egipto verá la tierra que juré darles a Abraham, Isaac y Jacob. **12** Ninguno de ellos la verá, con la sola excepción de Caleb hijo de Jefone, el quenizita, y Josué hijo de Nun, los cuales me siguieron de todo corazón." **13** El SEÑOR se encendió en ira contra Israel, y los hizo vagar por el desierto cuarenta años, hasta que murió toda la generación que había pecado.

14 »¡Y ahora ustedes, caterva de pecadores, vienen en lugar de sus padres para aumentar la ira del SEÑOR contra Israel! **15** Si ustedes se niegan a seguir al SEÑOR, él volverá a dejar en el desierto a todo este

---

ᵛ**31:52** *ciento noventa kilos.* Lit. *dieciséis mil setecientos cincuenta* *siclos.

pueblo, y ustedes serán la causa de su destrucción.

16Entonces ellos se acercaron otra vez a Moisés, y le dijeron:

—Vamos a construir corrales para el ganado, y a edificar ciudades para nuestros pequeños. 17Sin embargo, tomaremos las armas y marcharemos al frente de los israelitas hasta llevarlos a su lugar. Mientras tanto, nuestros pequeños vivirán en ciudades fortificadas que los protejan de los habitantes del país. 18No volveremos a nuestras casas hasta que cada uno de los israelitas haya recibido su heredad. 19Nosotros no queremos compartir con ellos ninguna heredad al otro lado del Jordán, porque nuestra heredad está aquí, en el lado oriental del río.

20Moisés les contestó:

—Si están dispuestos a hacerlo así, tomen las armas y marchen al combate. 21Crucen con sus armas el Jordán, y con la ayuda del SEÑOR luchen hasta que él haya quitado del camino a sus enemigos. 22Cuando a su paso el SEÑOR haya sometido la tierra, entonces podrán ustedes regresar a casa, pues habrán cumplido con su deber hacia el SEÑOR y hacia Israel. Y con la aprobación del SEÑOR esta tierra será de ustedes.

23»Pero si se niegan, estarán pecando contra el SEÑOR. Y pueden estar seguros de que no escaparán de su pecado. 24Edifiquen ciudades para sus pequeños, y construyan corrales para su ganado, pero cumplan también lo que han prometido.

25Los gaditas y los rubenitas le dijeron a Moisés:

—Tus siervos harán tal como el Señor lo ha mandado. 26Aquí en las ciudades de Galaad se quedarán nuestros pequeños, y todos nuestros ganados y rebaños, 27pero tus siervos cruzarán con sus armas el Jordán para pelear a la vanguardia del SEÑOR, tal como él lo ha ordenado.

28Así que Moisés dio las siguientes instrucciones al sacerdote Eleazar, y a Josué hijo de Nun y a los jefes de las familias patriarcales de las tribus de Israel:

29—Si los gaditas y los rubenitas, armados para la guerra, cruzan el Jordán con ustedes y conquistan el país, como el SEÑOR quiere, ustedes les entregarán como heredad la tierra de Galaad. 30Pero si no lo cruzan, ellos recibirán su heredad entre ustedes en Canaán.

31Los gaditas y los rubenitas respondieron:

—Tus siervos harán lo que el SEÑOR ha mandado. 32Tal como él lo quiere, cruzaremos armados a la tierra de Canaán. Pero nuestra heredad estará de este lado del Jordán.

33Entonces Moisés entregó a los gaditas y rubenitas, y a la media tribu de Manasés hijo de José, el reino de Sijón, rey de los amorreos, y el reino de Og, rey de Basán. Les entregó la tierra con las ciudades que estaban dentro de sus fronteras, es decir, las ciudades de todo el país.

34Los gaditas edificaron las ciudades de Dibón, Atarot, Aroer, 35Atarot Sofán, Jazer, Yogbea, 36Bet Nimrá y Bet Arán. Las edificaron como ciudades fortificadas, y construyeron corrales para sus rebaños. 37También edificaron las ciudades de Hesbón, Elalé, Quiriatayin, 38Nebo, Baal Megón y Sibma, y les cambiaron de *nombre.

39Los descendientes de Maquir hijo de Manasés fueron a Galaad y la conquistaron, echando de allí a los amorreos que la habitaban. 40Entonces Moisés entregó Galaad a los maquiritas, que eran descendientes de Manasés, y ellos se establecieron allí. 41Yaír hijo de Manasés capturó algunas aldeas y les puso por nombre Javot Yaír. 42Noba capturó Quenat y sus aldeas, y a la región le dio su propio nombre.

Ruta de Israel por el desierto

33 Cuando los israelitas salieron de Egipto bajo la dirección de Moisés y de Aarón, marchaban ordenadamente, como un ejército. 2Por mandato del SEÑOR, Moisés anotaba cada uno de los lugares de donde partían y adonde llegaban. Ésta es la ruta que siguieron:

3El día quince del mes primero, un día después de la Pascua, los israelitas partieron de Ramsés. Marcharon desafiantes a la vista de todos los egipcios,

4mientras éstos sepultaban a sus primogénitos, a quienes el SEÑOR había herido de muerte. El SEÑOR también dictó sentencia contra los dioses egipcios.

5Los israelitas partieron de Ramsés y acamparon en Sucot.

6Partieron de Sucot y acamparon en Etam, en los límites del desierto.

7Partieron de Etam, pero volvieron a Pi Ajirot, al este de Baal Zefón, y acamparon cerca de Migdol.

8Partieron de Pi Ajirot y cruzaron el mar hasta llegar al desierto. Después de andar tres días por el desierto de Etam, acamparon en Mara.

9Partieron de Mara con dirección a Elim, donde había doce fuentes de agua y setenta palmeras, y acamparon allí.

10Partieron de Elim y acamparon cerca del *Mar Rojo.

11Partieron del Mar Rojo y acamparon en el desierto de Sin.

12Partieron del desierto de Sin y acamparon en Dofcá.

13Partieron de Dofcá y acamparon en Alús.

14Partieron de Alús y acamparon en Refidín, donde los israelitas no tenían agua para beber.

15Partieron de Refidín y acamparon en el desierto de Sinaí.

16Partieron del desierto de Sinaí y acamparon en Quibrot Hatavá.

17Partieron de Quibrot Hatavá y acamparon en Jazerot.

18Partieron de Jazerot y acamparon en Ritmá.

19Partieron de Ritmá y acamparon en Rimón Peres.

20Partieron de Rimón Peres y acamparon en Libná.

21Partieron de Libná y acamparon en Risá.

22Partieron de Risá y acamparon en Celata.

23Partieron de Celata y acamparon en el monte Séfer.

24Partieron del monte Séfer y acamparon en Jaradá.

25Partieron de Jaradá y acamparon en Maquelot.

26Partieron de Maquelot y acamparon en Tajat.

27Partieron de Tajat y acamparon en Téraj.

28Partieron de Téraj y acamparon en Mitca.

29Partieron de Mitca y acamparon en Jasmoná.

30Partieron de Jasmoná y acamparon en Moserot.

31Partieron de Moserot y acamparon en Bené Yacán.

32Partieron de Bené Yacán y acamparon en el monte Guidgad.

33Partieron del monte Guidgad y acamparon en Jotbata.

34Partieron de Jotbata y acamparon en Abroná.

35Partieron de Abroná y acamparon en Ezión Guéber.

36Partieron de Ezión Guéber y acamparon en Cades, en el desierto de Zin.

37Partieron de Cades y acamparon en el monte Hor, en la frontera con Edom. 38Al mandato del SEÑOR, el sacerdote Aarón subió al monte Hor, donde murió el día primero del mes quinto, cuarenta años después de que los israelitas habían salido de Egipto. 39Aarón murió en el monte Hor a la edad de ciento veintitrés años.

40El rey cananeo de Arad, que vivía en el Néguev de Canaán, se enteró de que los israelitas se acercaban.

41Partieron del monte Hor y acamparon en Zalmona.

42Partieron de Zalmona y acamparon en Punón.

43Partieron de Punón y acamparon en Obot.

44Partieron de Obot y acamparon en Iyé Abarín, en la frontera con Moab.

45Partieron de Iyé Abarín y acamparon en Dibón Gad.

46Partieron de Dibón Gad y acamparon en Almón Diblatayin.

47Partieron de Almón Diblatayin y acamparon en los campos de Abarín, cerca de Nebo.

48Partieron de los montes de Abarín y acamparon en las llanuras de Moab, cerca del Jordán, a la altura de Jericó.
49Acamparon a lo largo del Jordán, desde Bet Yesimot hasta Abel Sitín, en las llanuras de Moab.

Instrucciones acerca de la tierra prometida

50Allí en las llanuras de Moab, cerca del Jordán, a la altura de Jericó, el SEÑOR le dijo a Moisés: **51**«Habla con los israelitas y diles que, una vez que crucen el Jordán y entren en Canaán, **52**deberán expulsar del país a todos sus habitantes y destruir a todos los ídolos e imágenes fundidas que ellos tienen. Ordénales que arrasen todos sus santuarios paganos **53**y conquisten la tierra y la habiten, porque yo se la he dado a ellos como heredad. **54**La tierra deberán repartirla por sorteo, según sus clanes. La tribu más numerosa recibirá la heredad más grande, mientras que la tribu menos numerosa recibirá la heredad más pequeña. Todo lo que les toque en el sorteo será de ellos, y recibirán su heredad según sus familias patriarcales.

55»Pero si no expulsan a los habitantes de la tierra que ustedes van a poseer, sino que los dejan allí, esa gente les causará problemas, como si tuvieran clavadas astillas en los ojos y espinas en los costados. **56**Entonces yo haré con ustedes lo que había pensado hacer con ellos.»

Fronteras de Canaán

34 El SEÑOR le dijo a Moisés: **2**«Hazles saber a los israelitas que las fronteras de Canaán, la tierra que van a recibir en heredad, serán las siguientes:

3»La frontera sur empezará en el desierto de Zin, en los límites con Edom. Por el este, la frontera sur estará donde termina el Mar Muerto. **4**A partir de allí, la línea fronteriza avanzará hacia el sur, hacia la cuesta de los Alacranes, cruzará Zin hasta alcanzar Cades Barnea, y llegará hasta Jazar Adar y Asmón. **5**De allí la frontera se volverá hacia el arroyo de Egipto, para terminar en el mar Mediterráneo.

6»La frontera occidental del país será la costa del mar Mediterráneo.

7»Para la frontera norte, la línea fronteriza correrá desde el mar Mediterráneo hasta el monte Hor, **8**y desde el monte Hor hasta Lebó Jamat. ^w De allí, esta línea seguirá hasta llegar a Zedad, **9**para continuar hasta Zifrón y terminar en Jazar Enán. Ésta será la frontera norte del país.

10»Para la frontera oriental, la línea fronteriza correrá desde Jazar Enán hasta Sefán. **11**De Sefán bajará a Riblá, que está al este de Ayin; de allí descenderá al este, hasta encontrarse con la ribera del lago Quinéret, ^x **12**y de allí la línea bajará por el río Jordán, hasta el Mar Muerto.

»Ésas serán las cuatro fronteras del país.»

13Moisés les dio a los israelitas la siguiente orden: «Ésta es la tierra que se repartirá por sorteo. El SEÑOR ha ordenado que sea repartida sólo entre las nueve tribus y media, **14**pues las familias patriarcales de las tribus de Rubén y de Gad, y la media tribu de Manasés, ya recibieron su heredad. **15**Estas dos tribus y media ya tienen su heredad en el este, cerca del río Jordán, a la altura de Jericó, por donde sale el sol.»

Repartición de la tierra

16El SEÑOR le dijo a Moisés: **17**«Éstos son los nombres de los encargados de repartir la tierra como heredad: el sacerdote Eleazar, y Josué hijo de Nun. **18**Ustedes, por su parte, tomarán a un jefe de cada tribu para que les ayuden a repartir la tierra.»

19Los nombres de los jefes de tribu fueron los siguientes:

Caleb hijo de Jefone, de la tribu de Judá;
20 Samuel hijo de Amiud, de la tribu de Simeón;
21 Elidad hijo de Quislón, de la tribu de Benjamín;
22 Buquí hijo de Joglí, jefe de la tribu de Dan;
23 Janiel hijo de Efod, jefe de la tribu de Manasés hijo de José;
24 Quemuel hijo de Siftán, jefe de la tribu de Efraín hijo de José;
25 Elizafán hijo de Parnac, jefe de la tribu de Zabulón;

---

^w**34:8** *Lebó Jamat.* Alt. *la entrada de Jamat.*   ^x**34:11** *lago Quinéret.* Es decir, lago de Galilea.

26 Paltiel hijo de Azán, jefe de la tribu de Isacar;

27 Ajiud hijo de Selomí, jefe de la tribu de Aser;

28 Pedael hijo de Amiud, jefe de la tribu de Neftalí.

29 A éstos les encargó el SEÑOR repartir la heredad entre los israelitas, en la tierra de Canaán.

Ciudades levíticas

35 En las llanuras de Moab, cerca del Jordán, a la altura de Jericó, el SEÑOR le dijo a Moisés: 2 «Ordénales a los israelitas que, de las heredades que reciban, entreguen a los levitas ciudades donde vivir, junto con las tierras que rodean esas ciudades. 3 De esta manera los levitas tendrán ciudades donde vivir y tierras de pastoreo para su ganado, rebaños y animales.

4 »Las tierras de pastoreo que entreguen a los levitas rodearán la ciudad, a quinientos metros*y* de la muralla. 5 A partir de los límites de la ciudad, ustedes medirán mil metros*z* hacia el este, mil hacia el sur, mil hacia el oeste y mil hacia el norte. La ciudad quedará en el centro. Éstas serán las tierras de pastoreo de sus ciudades.

6 »De las ciudades que recibirán los levitas, seis serán ciudades de refugio. A ellas podrá huir cualquiera que haya matado a alguien. Además de estas seis ciudades, les entregarán otras cuarenta y dos. 7 En total, les darán cuarenta y ocho ciudades con sus tierras de pastoreo. 8 El número de ciudades que los israelitas entreguen a los levitas de la tierra que van a heredar, deberá ser proporcional a la heredad que le corresponda a cada tribu. Es decir, de una tribu numerosa se tomará un número mayor de ciudades, mientras que de una tribu pequeña se tomará un número menor de ciudades.»

Ciudades de refugio

9 El SEÑOR le ordenó a Moisés 10 que les dijera a los israelitas: «Cuando crucen el Jordán y entren a Canaán, 11 escojan ciudades de refugio adonde pueda huir quien inadvertidamente mate a alguien. 12 Esa persona podrá huir a esas ciudades para protegerse del vengador. Así se evitará que se mate al homicida antes de ser juzgado por la comunidad.

13 »Seis serán las ciudades que ustedes reservarán como ciudades de refugio. 14 Tres de ellas estarán en el lado este del Jordán, y las otras tres en Canaán. 15 Estas seis ciudades les servirán de refugio a los israelitas y a los extranjeros, sean éstos inmigrantes o residentes. Cualquiera que inadvertidamente dé muerte a alguien, podrá refugiarse en estas ciudades.

16 »Si alguien golpea a una persona con un objeto de hierro, y esa persona muere, el agresor es un asesino y será condenado a muerte.

17 »Si alguien golpea a una persona con una piedra, y esa persona muere, el agresor es un asesino y será condenado a muerte.

18 »Si alguien golpea a una persona con un pedazo de madera, y esa persona muere, el agresor es un asesino y será condenado a muerte. 19 Corresponderá al vengador matar al asesino. Cuando lo encuentre, lo matará.

20 »Si alguien mata a una persona por haberla empujado con malas intenciones, o por haberle lanzado algo intencionalmente, 21 o por haberle dado un puñetazo por enemistad, el agresor es un asesino y será condenado a muerte. Cuando el vengador lo encuentre, lo matará.

22 »Pero podría ocurrir que alguien sin querer empuje a una persona, o que sin mala intención le lance algún objeto, 23 o que sin darse cuenta le deje caer una piedra, y que esa persona muera. Como en este caso ellos no eran enemigos, ni hubo intención de hacer daño, 24 será la comunidad la que, de acuerdo con estas leyes, deberá arbitrar entre el acusado y el vengador. 25 La comunidad deberá proteger del vengador al acusado, dejando que el acusado regrese a la ciudad de refugio adonde huyó, y que se quede allí hasta la

---

y **35:4** *quinientos metros.* Lit. *mil *codos.*   *z* **35:5** *mil metros.* Lit. *dos mil codos.*

muerte del sumo sacerdote que fue ungido con el aceite sagrado.

26»Pero si el acusado sale de los límites de la ciudad de refugio adonde huyó, 27el vengador podrá matarlo, y no será culpable de homicidio si lo encuentra fuera de la ciudad. 28Así que el acusado debe permanecer en su ciudad de refugio hasta la muerte del sumo sacerdote. Después de eso podrá volver a su heredad.

29»Esta ley regirá siempre sobre todos tus descendientes, dondequiera que vivan.

30»Sólo por el testimonio de varios testigos se le podrá dar muerte a una persona acusada de homicidio. Nadie podrá ser condenado a muerte por el testimonio de un solo testigo.

31»No aceptarás rescate por la *vida de un asesino condenado a muerte. Tendrá que morir.

32»Tampoco aceptarás rescate para permitir que el refugiado regrese a vivir a su tierra antes de la muerte del sumo sacerdote.

33»No profanes la tierra que habitas. El derramamiento de sangre *contamina la tierra, y sólo con la sangre de aquel que la derramó es posible hacer *expiación en favor de la tierra.

34»No profanes la tierra donde vives, y donde yo también vivo, porque yo, el SEÑOR, habito entre los israelitas.»

Herencia de las mujeres

36:1-12 — Nm 27:1-11

36 Los jefes de las familias patriarcales de los clanes de Galaad fueron a hablar con Moisés y con los otros jefes de familias patriarcales israelitas. Galaad era hijo de Maquir y nieto de Manasés, por lo que sus clanes descendían de José. 2Les dijeron:

—Cuando el SEÑOR te ordenó repartir por sorteo la tierra entre los israelitas, también te ordenó entregar la heredad de nuestro hermano Zelofejad a sus hijas. 3Ahora bien, si ellas se casan con hombres de otras tribus, su heredad saldrá del círculo de nuestra familia patriarcal y será transferida a la tribu de aquellos con quienes ellas se casen. De este modo perderíamos parte de la heredad que nos tocó por sorteo. 4Cuando los israelitas celebren el año del jubileo, esa heredad será incorporada a la tribu de sus esposos, y se perderá como propiedad de nuestra familia patriarcal.

5Entonces, por mandato del SEÑOR, Moisés entregó esta ley a los israelitas:

—La tribu de los descendientes de José tiene razón. 6Respecto a las hijas de Zelofejad, el SEÑOR ordena lo siguiente: Ellas podrán casarse con quien quieran, con tal de que se casen dentro de la tribu de José. 7Ninguna heredad en Israel podrá pasar de una tribu a otra, porque cada israelita tiene el derecho de conservar la tierra que su tribu heredó de sus antepasados. 8Toda hija que herede tierras, en cualquiera de las tribus, deberá casarse con alguien que pertenezca a la familia patriarcal de sus antepasados. Así cada israelita podrá conservar la heredad de sus padres. 9Ninguna heredad podrá pasar de una tribu a otra, porque cada tribu israelita debe conservar la tierra que heredó.

10Las hijas de Zelofejad hicieron lo que el SEÑOR le ordenó a Moisés. 11Se llamaban Majlá, Tirsá, Joglá, Milca y Noa. Se casaron con sus primos, 12dentro de los clanes de los descendientes de Manasés hijo de José, de modo que su heredad quedó dentro del clan y de la familia patriarcal de su padre.

13Éstos son los mandamientos y ordenanzas que, por medio de Moisés, dio el SEÑOR a los israelitas en las llanuras de Moab, cerca del Jordán, a la altura de Jericó.

Deuteronomio

Moisés ordena salir de Horeb

1 Éstas son las palabras que Moisés dirigió a todo Israel en el desierto al este del Jordán, es decir, en el Arabá, frente a Suf, entre la ciudad de Parán y las ciudades de Tofel, Labán, Jazerot y Dizahab. 2Por la ruta del monte Seír hay once días de camino entre Horeb y Cades Barnea.

3El día primero del mes undécimo del año cuarenta, Moisés les declaró a los israelitas todo lo que el SEÑOR les había ordenado por medio de él. 4Poco antes, Moisés había derrotado a Sijón, rey de los amorreos, que reinaba en Hesbón, y a Og, rey de Basán, que reinaba en Astarot y en Edrey.

5Moisés comenzó a explicar esta *ley cuando todavía estaban los israelitas en el país de Moab, al este del Jordán. Les dijo:

6«Cuando estábamos en Horeb, el SEÑOR nuestro Dios nos ordenó: "Ustedes han permanecido ya demasiado tiempo en este monte. 7Pónganse en marcha y diríjanse a la región montañosa de los amorreos y a todas las zonas vecinas: el Arabá, las montañas, las llanuras occidentales, el Néguev y la costa, hasta la tierra de los cananeos, el Líbano y el gran río, el Éufrates. 8Yo les he entregado esta tierra; ¡adelante, tomen posesión de ella!" El SEÑOR juró que se la daría a los antepasados de ustedes, es decir, a Abraham, Isaac y Jacob, y a sus descendientes.

Nombramiento de jefes

9»En aquel tiempo les dije: "Yo solo no puedo con todos ustedes. 10El SEÑOR su Dios los ha hecho tan numerosos que hoy son ustedes tantos como las estrellas del cielo. 11¡Que el SEÑOR y Dios de sus antepasados los multiplique mil veces más, y los bendiga tal como lo prometió! 12¿Cómo puedo seguir ocupándome de todos los problemas, las cargas y los pleitos de ustedes? 13Escojan de cada una de sus tribus a hombres sabios, inteligentes y experimentados, para que sean sus jefes."

14»Ustedes me respondieron: "Tu plan de acción nos parece excelente." 15Así que tomé a los líderes de sus tribus, hombres sabios y experimentados, y les di autoridad sobre ustedes. Los puse como jefes de grupos de mil, de cien, de cincuenta y de diez, y como funcionarios de las tribus. 16Además, en aquel tiempo les di a sus jueces la siguiente orden: "Atiendan todos los litigios entre sus hermanos, y juzguen con imparcialidad, tanto a los israelitas como a los extranjeros. 17No sean parciales en el juicio; consideren de igual manera la causa de los débiles y la de los poderosos. No se dejen intimidar por nadie, porque el juicio es de Dios. Los casos que no sean capaces de resolver, tráiganmelos, que yo los atenderé."

18»Fue en aquel tiempo cuando yo les ordené todo lo que ustedes debían hacer.

Misión de los espías

19»Obedecimos al SEÑOR nuestro Dios y salimos de Horeb rumbo a la región montañosa de los amorreos. Cruzamos todo aquel inmenso y terrible desierto que ustedes han visto, y así llegamos a Cades Barnea. 20Entonces les dije: "Han llegado a la región montañosa de los amorreos, la cual el SEÑOR nuestro Dios nos da. 21Miren, el SEÑOR su Dios les ha entregado la tierra. Vayan y tomen posesión de ella como les dijo el SEÑOR y Dios de sus antepasados. No tengan miedo ni se desanimen."

22»Pero todos ustedes vinieron a decirme: "Enviemos antes algunos de los nuestros para que exploren la tierra y nos traigan un informe de la ruta que debemos seguir y de las ciudades en las que podremos entrar."

²³»Su propuesta me pareció buena, así que escogí a doce de ustedes, uno por cada tribu. ²⁴Los doce salieron en dirección a la región montañosa, y llegaron al valle de Escol y lo exploraron. ²⁵Tomaron consigo algunos de los frutos de la tierra, nos los trajeron y nos informaron lo buena que es la tierra que nos da el SEÑOR nuestro Dios.

Rebelión contra el SEÑOR

²⁶»Sin embargo, ustedes se negaron a subir y se rebelaron contra la orden del SEÑOR su Dios. ²⁷Se pusieron a murmurar en sus carpas y dijeron: "El SEÑOR nos aborrece; nos hizo salir de Egipto para entregarnos a los amorreos y destruirnos. ²⁸¿A dónde iremos? Nuestros hermanos nos han llenado de miedo, pues nos informan que la gente de allá es más fuerte y más alta que nosotros, y que las ciudades son grandes y tienen muros que llegan hasta el cielo. ¡Para colmo, nos dicen que allí vieron *anaquitas!"

²⁹»Entonces les respondí: "No se asusten ni les tengan miedo. ³⁰El SEÑOR su Dios marcha al frente y peleará por ustedes, como vieron que lo hizo en Egipto ³¹y en el desierto. Por todo el camino que han recorrido, hasta llegar a este lugar, ustedes han visto cómo el SEÑOR su Dios los ha guiado, como lo hace un padre con su hijo."

³²»A pesar de eso, ninguno de ustedes confió en el SEÑOR su Dios, ³³que se adelantaba a ustedes para buscarles dónde acampar. De noche lo hacía con fuego, para que vieran el camino a seguir, y de día los acompañaba con una nube.

³⁴»Cuando el SEÑOR oyó lo que ustedes dijeron, se enojó e hizo este juramento: ³⁵"Ni un solo *hombre de esta generación perversa verá la buena tierra que juré darles a sus antepasados. ³⁶Sólo la verá Caleb hijo de Jefone. A él y a sus descendientes les daré la tierra que han tocado sus pies, porque fue fiel al SEÑOR."

³⁷»Por causa de ustedes el SEÑOR se enojó también conmigo, y me dijo: "Tampoco tú entrarás en esa tierra. ³⁸Quien sí entrará es tu asistente, Josué hijo de Nun. Infúndele ánimo, pues él hará que Israel posea la tierra. ³⁹En cuanto a sus hijos pequeños, que todavía no saben distinguir entre el bien y el mal, y de quienes ustedes pensaron que servirían de botín, ellos sí entrarán en la tierra y la poseerán, porque yo se la he dado. ⁴⁰Y ahora, ¡regresen al desierto! Sigan la ruta del *Mar Rojo."

⁴¹»Ustedes me respondieron: "Hemos pecado contra el SEÑOR. Pero iremos y pelearemos, como el SEÑOR nuestro Dios nos lo ha ordenado." Así que cada uno de ustedes se equipó para la guerra, pensando que era fácil subir a la región montañosa.

⁴²»Pero el SEÑOR me dijo: "Diles que no suban ni peleen, porque yo no estaré con ellos. Si insisten, los derrotarán sus enemigos."

⁴³»Yo les di la información, pero ustedes no obedecieron. Se rebelaron contra la orden del SEÑOR y temerariamente subieron a la región montañosa. ⁴⁴Los amorreos que vivían en aquellas montañas les salieron al encuentro y los persiguieron como abejas, y los vencieron por completo desde Seír hasta Jormá. ⁴⁵Entonces ustedes regresaron y lloraron ante el SEÑOR, pero él no prestó atención a su lamento ni les hizo caso. ⁴⁶Por eso ustedes tuvieron que permanecer en Cades tanto tiempo.

Peregrinación por el desierto

2 »En seguida nos dirigimos hacia el desierto por la ruta del *Mar Rojo, como el SEÑOR me lo había ordenado. Nos llevó mucho tiempo rodear la región montañosa de Seír. ²Entonces el SEÑOR me dijo: ³"Dejen ya de andar rondando por estas montañas, y diríjanse al norte. ⁴Dale estas órdenes al pueblo: 'Pronto pasarán ustedes por el territorio de sus hermanos, los descendientes de Esaú, que viven en Seír. Aunque ellos les tienen miedo a ustedes, tengan mucho cuidado; ⁵no peleen con ellos, porque no les daré a ustedes ninguna porción de su territorio, ni siquiera el lugar donde ustedes planten el pie. A Esaú le he dado por herencia la región montañosa de Seír. ⁶Páguenles todo el alimento y el agua que ustedes consuman.' "

⁷»Bien saben que el SEÑOR su Dios los ha bendecido en todo lo que han emprendido, y los ha cuidado por todo este inmenso desierto. Durante estos cuarenta

años, el SEÑOR su Dios ha estado con ustedes y no les ha faltado nada.

8»Así que bordeamos el territorio de nuestros hermanos, los descendientes de Esaú, que viven en Seír. Seguimos la ruta del Arabá, que viene desde Elat y Ezión Guéber. Luego dimos vuelta y viajamos por la ruta del desierto de Moab.

9»El SEÑOR también me dijo: "No ataquen a los moabitas, ni los provoquen a la guerra, porque no les daré a ustedes ninguna porción de su territorio. A los descendientes de Lot les he dado por herencia la región de Ar."»

10Tiempo atrás vivió allí un pueblo fuerte y numeroso, el de los emitas, que eran tan altos como los *anaquitas. 11Tanto a ellos como a los anaquitas se les consideraba gigantes, pero los moabitas los llamaban emitas. 12Antiguamente los horeos vivieron en Seír, pero los descendientes de Esaú los desalojaron, los destruyeron y se establecieron en su lugar, tal como lo hará Israel en la tierra que el SEÑOR le va a dar en posesión.

13«El SEÑOR ordenó: "¡En marcha! ¡Crucen el arroyo Zéred!" Y así lo hicimos. 14Habían pasado treinta y ocho años desde que salimos de Cades Barnea hasta que cruzamos el arroyo Zéred. Para entonces ya había desaparecido del campamento toda la generación de guerreros, tal como el SEÑOR lo había jurado. 15El SEÑOR atacó el campamento hasta que los eliminó por completo.

16»Cuando ya no quedaba entre el pueblo ninguno de aquellos guerreros, 17el SEÑOR me dijo: 18"Hoy van a cruzar la frontera de Moab por la ciudad de Ar. 19Cuando lleguen a la frontera de los amonitas, no los ataquen ni los provoquen a la guerra, porque no les daré a ustedes ninguna porción de su territorio. Esa tierra se la he dado por herencia a los descendientes de Lot." 20Hace mucho tiempo, a esta región se le consideró tierra de gigantes, porque antiguamente ellos vivían allí. Los amonitas los llamaban zamzumitas. 21Eran fuertes y numerosos, y tan altos como los *anaquitas, pero el SEÑOR los destruyó por medio de los amonitas, quienes luego de desalojarlos se establecieron en su lugar. 22Lo mismo hizo el SEÑOR en

favor de los descendientes de Esaú, que vivían en Seír, cuando por medio de ellos destruyó a los horeos. A éstos los desalojó para que los descendientes de Esaú se establecieran en su lugar, y hasta el día de hoy residen allí. 23Y en cuanto a los aveos que vivían en las aldeas cercanas a Gaza, los caftoritas procedentes de Creta los destruyeron y se establecieron en su lugar.

Derrota de Sijón rey de Hesbón

24»Después nos dijo el SEÑOR: "Emprendan de nuevo el viaje y crucen el arroyo Arnón. Yo les entrego a Sijón el amorreo, rey de Hesbón, y su tierra. Láncense a la conquista. Declárenle la guerra. 25Hoy mismo comenzaré a infundir entre todas las naciones que hay debajo del cielo terror y espanto hacia ustedes. Cuando ellas escuchen hablar de ustedes, temblarán y se llenarán de pánico."

26»Desde el desierto de Cademot envié mensajeros a Sijón, rey de Hesbón, con esta oferta de paz: 27"Déjanos pasar por tu país; nos mantendremos en el camino principal, sin desviarnos ni a la derecha ni a la izquierda. 28Te pagaremos todo el alimento y toda el agua que consumamos. Sólo permítenos pasar, 29tal como nos lo permitieron los descendientes de Esaú, que viven en Seír, y los moabitas, que viven en Ar. Necesitamos cruzar el Jordán para entrar en la tierra que nos da el SEÑOR nuestro Dios."

30»Pero Sijón, rey de Hesbón, se negó a dejarnos pasar por allí, porque el SEÑOR nuestro Dios había ofuscado su espíritu y endurecido su *corazón, para hacerlo súbdito nuestro, como lo es hasta hoy. 31Entonces el SEÑOR me dijo: "Ahora mismo voy a entregarles a Sijón y su país. Láncense a conquistarlo, y tomen posesión de su territorio."

32»Cuando Sijón, acompañado de todo su ejército, salió a combatirnos en Yahaza, 33el SEÑOR nuestro Dios nos lo entregó y lo derrotamos, junto con sus hijos y todo su ejército. 34En aquella ocasión conquistamos todas sus ciudades y las *destruimos por completo; matamos a varones, mujeres y niños. ¡Nadie quedó con vida! 35Sólo nos llevamos el ganado y el botín de las ciudades que conquistamos. 36Desde Aroer, que está a la orilla del arroyo Arnón, hasta Galaad, no hubo ciudad que nos ofreciera resistencia; el SEÑOR nuestro Dios nos entregó las ciudades una a una. [37]Sin embargo, conforme a la orden del SEÑOR nuestro Dios, no nos acercamos al territorio amonita, es decir, a toda la franja que se extiende a lo largo del arroyo Jaboc, ni a las ciudades de la región montañosa.

Derrota de Og, rey de Basán

3 »Cuando tomamos la ruta hacia Basán, el rey Og, que gobernaba ese país, nos salió al encuentro en Edrey. Iba acompañado de todo su ejército, dispuesto a pelear. [2]Pero el SEÑOR me dijo: "No le tengan miedo, porque se lo he entregado a ustedes, con todo su ejército y su territorio. Hagan con él lo que hicieron con Sijón, rey de los amorreos, que reinaba en Hesbón."

[3]»Y así sucedió. El SEÑOR nuestro Dios también entregó en nuestras manos al rey de Basán y a todo su ejército. Los derrotamos, y nadie vivió para contarlo. [4]En aquella ocasión conquistamos todas sus ciudades. Nos apoderamos de las sesenta ciudades que se encontraban en la región de Argob, del reino de Og en Basán. [5]Todas esas ciudades estaban fortificadas con altos muros, y con portones y barras, sin contar las muchas aldeas no amuralladas. [6]Tal como hicimos con Sijón, rey de Hesbón, *destruimos por completo las ciudades con sus varones, mujeres y niños, [7]pero nos quedamos con todo el ganado y el botín de sus ciudades.

[8]»Fue así como en aquella ocasión nos apoderamos del territorio de esos dos reyes amorreos, es decir, de toda la porción al este del Jordán, desde el arroyo Arnón hasta el monte Hermón, [9]al que los sidonios llaman Sirión y los amorreos Senir. [10]También nos apoderamos de todas las ciudades de la meseta, todo Galaad y todo Basán, hasta Salcá y Edrey, ciudades del reino de Og en Basán. [11]Por cierto, el rey Og de Basán fue el último de los gigantes. Su cama[a] era de hierro y medía cuatro

metros y medio de largo por dos de ancho.[b] Todavía se puede verla en Rabá de los amonitas.

División de la tierra

[12]»Una vez que nos apoderamos de esa tierra, a los rubenitas y a los gaditas les entregué el territorio que está al norte de Aroer y junto al arroyo Arnón, y también la mitad de la región montañosa de Galaad con sus ciudades. [13]El resto de Galaad y todo el reino de Og, es decir, Basán, se los entregué a la media tribu de Manasés.

»Ahora bien, a toda la región de Argob en Basán se le conoce como tierra de gigantes. [14]Yaír, uno de los descendientes de Manasés, se apoderó de toda la región de Argob hasta la frontera de los guesureos y los macateos, y a esa región de Basán le puso su propio *nombre, llamándola Javot Yaír,[c] nombre que retiene hasta el día de hoy. [15]A Maquir le entregué Galaad, [16]y a los rubenitas y a los gaditas les entregué el territorio que se extiende desde Galaad hasta el centro del arroyo Arnón, y hasta el río Jaboc, que marca la frontera de los amonitas. [17]Su frontera occidental era el Jordán en el Arabá, desde el lago Quinéret[d] hasta el mar del Arabá, que es el Mar Muerto, en las laderas del monte Pisgá.

[18]»En aquel tiempo les di esta orden: "El SEÑOR su Dios les ha dado posesión de esta tierra. Ustedes, los hombres fuertes y guerreros, pasen al otro lado al frente de sus hermanos israelitas. [19]En las ciudades que les he entregado permanecerán solamente sus mujeres, sus niños y el mucho ganado que yo sé que ustedes tienen. [20]No podrán volver al territorio que les he entregado hasta que el SEÑOR haya dado reposo a sus hermanos, como se lo ha dado a ustedes, y hasta que ellos hayan tomado posesión de la tierra que el SEÑOR su Dios les entregará al otro lado del Jordán."

Instrucciones a Josué

[21]»En aquel tiempo le ordené a Josué: "Con tus propios ojos has visto todo lo

---

[a]3:11 *cama*. Alt. *sarcófago*.　[b]3:11 *cuatro ... ancho*. Lit. *nueve *codos de largo y cuatro codos de ancho según el codo de un hombre*.　[c]3:14 *Javot Yaír*. Alt. *poblados de Yaír*.　[d]3:17 *lago Quinéret*. Es decir, lago de Galilea.

que el Señor y Dios de ustedes ha hecho con esos dos reyes. Y lo mismo hará con todos los reinos por donde vas a pasar. 22No les tengas miedo, que el Señor tu Dios pelea por ti.''

Dios le prohíbe a Moisés cruzar el Jordán

23»En aquella ocasión le supliqué al Señor: 24"Tú, Señor y Dios, has comenzado a mostrarle a tu siervo tu grandeza y tu poder; pues ¿qué dios hay en el cielo o en la tierra capaz de hacer las obras y los prodigios que tú realizas? 25Déjame pasar y ver la buena tierra al otro lado del Jordán, esa hermosa región montañosa y el Líbano.'' 26Pero por causa de ustedes el Señor se enojó conmigo y no me escuchó, sino que me dijo: "¡Basta ya! No me hables más de este asunto. 27Sube hasta la cumbre del Pisgá y mira al norte, al sur, al este y al oeste. Contempla la tierra con tus propios ojos, porque no vas a cruzar este río Jordán. 28Dale a Josué las debidas instrucciones; anímalo y fortalécelo, porque será él quien pasará al frente de este pueblo y quien les dará en posesión la tierra que vas a ver.''

29»Y permanecimos en el valle, frente a Bet Peor.

Exhortación a la obediencia

4 »Ahora, israelitas, escuchen los preceptos y las normas que les enseñé, para que los pongan en práctica. Así vivirán y podrán entrar a la tierra que el Señor y Dios de sus antepasados les da en posesión. 2No añadan ni quiten palabra alguna a esto que yo les ordeno. Más bien, cumplan los mandamientos del Señor su Dios.

3»Ustedes vieron con sus propios ojos lo que el Señor hizo en Baal Peor, y cómo el Señor su Dios destruyó de entre ustedes a todos los que siguieron al dios de ese lugar. 4Pero ustedes, los que se mantuvieron fieles al Señor su Dios, todavía están vivos.

5»Miren, yo les he enseñado los preceptos y las normas que me ordenó el Señor mi Dios, para que ustedes los pongan en práctica en la tierra de la que ahora van a tomar posesión. 6Obedézcanlos y pónganlos en práctica; así demostrarán su sabiduría e inteligencia ante las naciones. Ellas oirán todos estos preceptos, y dirán: "En verdad, éste es un pueblo sabio e inteligente; ¡ésta es una gran nación!'' 7¿Qué otra nación hay tan grande como la nuestra? ¿Qué nación tiene dioses tan cerca de ella como lo está de nosotros el Señor nuestro Dios cada vez que lo invocamos? 8¿Y qué nación hay tan grande que tenga normas y preceptos tan justos, como toda esta *ley que hoy les expongo?

9»¡Pero tengan cuidado! Presten atención y no olviden las cosas que han visto sus ojos, ni las aparten de su *corazón mientras vivan. Cuéntenselas a sus hijos y a sus nietos. 10El día que ustedes estuvieron ante el Señor su Dios en Horeb, él me dijo: "Convoca al pueblo para que se presente ante mí y oiga mis palabras, para que aprenda a temerme todo el tiempo que viva en la tierra, y para que enseñe esto mismo a sus hijos.'' 11Ustedes se acercaron al pie de la montaña, y allí permanecieron, mientras la montaña ardía en llamas que llegaban hasta el cielo mismo, entre negros nubarrones y densa oscuridad. 12Entonces el Señor les habló desde el fuego, y ustedes oyeron el sonido de las palabras, pero no vieron forma alguna; sólo se oía una voz. 13El Señor les dio a conocer su *pacto, los Diez Mandamientos, los cuales escribió en dos tablas de piedra y les ordenó que los pusieran en práctica. 14En aquel tiempo el Señor me ordenó que les enseñara los preceptos y normas que ustedes deberán poner en práctica en la tierra que van a poseer al cruzar el Jordán.

Prohibición de la idolatría

15»El día que el Señor les habló en Horeb, en medio del fuego, ustedes no vieron ninguna figura. Por lo tanto, tengan mucho cuidado 16de no corromperse haciendo ídolos o figuras que tengan alguna forma o imagen de hombre o de mujer, 17o imágenes de animales terrestres o de aves que vuelan por el aire, 18o imágenes de animales que se arrastran por la tierra, o peces que viven en las aguas debajo de la tierra. 19De lo contrario, cuando levanten los ojos y vean todo el ejército del cielo

—es decir, el sol, la luna y las estrellas—, pueden sentirse tentados a postrarse ante ellos y adorarlos. Esos astros los ha designado el Señor y Dios de ustedes como dioses de todas las naciones que están debajo del cielo. ²⁰Pero a ustedes el Señor los tomó y los sacó de Egipto, de ese horno donde se funde el hierro, para que fueran el pueblo de su propiedad, como lo son ahora.

²¹»Sin embargo, por culpa de ustedes el Señor se enojó conmigo y juró que yo no cruzaría el Jordán ni entraría en la buena tierra que el Señor su Dios les da en posesión. ²²Yo moriré en esta tierra sin haber cruzado el Jordán, pero ustedes sí lo cruzarán y tomarán posesión de esa buena tierra. ²³Tengan, pues, cuidado de no olvidar el *pacto que el Señor su Dios ha hecho con ustedes. No se fabriquen ídolos de ninguna figura que el Señor su Dios les haya prohibido, ²⁴porque el Señor su Dios es fuego consumidor y Dios celoso.

²⁵»Si después de haber tenido hijos y nietos, y de haber vivido en la tierra mucho tiempo, ustedes se corrompen y se fabrican ídolos y toda clase de figuras, haciendo así lo malo ante el Señor su Dios y provocándolo a ira, ²⁶hoy pongo al cielo y a la tierra por testigos contra ustedes, de que muy pronto desaparecerán de la tierra que van a poseer al cruzar el Jordán. No vivirán allí mucho tiempo, sino que serán destruidos por completo. ²⁷El Señor los dispersará entre las naciones, y entre todas ellas sólo quedarán esparcidos unos pocos. ²⁸Allí ustedes adorarán a dioses de madera y de piedra, hechos por *seres humanos: dioses que no pueden ver ni oír, ni comer ni oler.

²⁹»Pero si desde allí buscas al Señor tu Dios con todo tu *corazón y con toda tu alma, lo encontrarás. ³⁰Y al cabo del tiempo, cuando hayas vivido en medio de todas esas angustias y dolores, volverás al Señor tu Dios y escucharás su voz. ³¹Porque el Señor tu Dios es un Dios compasivo, que no te abandonará ni te destruirá, ni se olvidará del pacto que mediante juramento hizo con tus antepasados.

El Señor es Dios

³²»Pregúntales ahora a los tiempos pasados que te precedieron, desde el día que Dios creó al *ser humano en la tierra, e investiga de un extremo a otro del cielo. ¿Ha sucedido algo así de grandioso, o se ha sabido alguna vez de algo semejante? ³³¿Qué pueblo ha oído a Dios[e] hablarle en medio del fuego, como lo has oído tú, y ha vivido para contarlo? ³⁴¿Qué dios ha intentado entrar en una nación y tomarla para sí mediante pruebas, señales, milagros, guerras, actos portentosos y gran despliegue de fuerza y de poder[f], como lo hizo por ti el Señor tu Dios en Egipto, ante tus propios ojos?

³⁵»A ti se te ha mostrado todo esto para que sepas que el Señor es Dios, y que no hay otro fuera de él. ³⁶Desde el cielo te permitió escuchar su voz, para instruirte. Y en la tierra te permitió ver su gran fuego, desde el cual te habló. ³⁷El Señor amó a tus antepasados y escogió a la descendencia de ellos; por eso te sacó de Egipto con su presencia y gran poder, ³⁸y ante tus propios ojos desalojó a naciones más grandes y más fuertes que tú, para hacerte entrar en su tierra y dártela en posesión, como sucede hoy.

³⁹»Reconoce y considera seriamente hoy que el Señor es Dios arriba en el cielo y abajo en la tierra, y que no hay otro. ⁴⁰Obedece sus preceptos y normas que hoy te mando cumplir. De este modo a ti y a tus descendientes les irá bien, y permanecerán mucho tiempo en la tierra que el Señor su Dios les da para siempre.»

Ciudades de refugio

⁴¹Entonces Moisés reservó tres ciudades al este del Jordán, ⁴²para que en alguna de ellas pudiera refugiarse el que, sin premeditación ni rencor alguno, hubiera matado a su prójimo. De este modo tendría a dónde huir para ponerse a salvo. ⁴³Para los rubenitas designó Béser en el

---

[e] *4:33 a Dios.* Alt. *a un dios.* [f] *4:34 gran despliegue de fuerza y de poder.* Lit. *mano fuerte y brazo extendido;* también en otros pasajes similares.

desierto, en la planicie; para los gaditas, Ramot de Galaad; y para los manasesitas, Golán de Basán.

Introducción a la ley

⁴⁴Ésta es la *ley que Moisés expuso a los israelitas. ⁴⁵Éstos son los mandatos, preceptos y normas que Moisés les dictó después de que salieron de Egipto, ⁴⁶cuando todavía estaban al este del Jordán, en el valle cercano a Bet Peor. Era la tierra de Sijón rey de los amorreos, que vivía en Hesbón y que había sido derrotado por Moisés y los israelitas cuando salieron de Egipto. ⁴⁷Los israelitas tomaron posesión de su tierra y de la tierra de Og, rey de Basán, es decir, de los dos reyes amorreos cuyos territorios estaban al este del Jordán. ⁴⁸Este territorio se extendía desde Aroer, a la orilla del arroyo Arnón, hasta el monte Sirión,ᵍ es decir, el monte Hermón. ⁴⁹Incluía además todo el Arabá al este del Jordán, hasta el mar del Arabá, en las laderas del monte Pisgá.

Los Diez Mandamientos

5:6-21 — Éx 20:1-17

5 Moisés convocó a todo Israel y dijo: «Escuchen, israelitas, los preceptos y las normas que yo les comunico hoy. Apréndanselos y procuren ponerlos en práctica. ²El SEÑOR nuestro Dios hizo un *pacto con nosotros en el monte Horeb. ³No fue con nuestros padres con quienes el SEÑOR hizo ese pacto, sino con nosotros, con todos los que hoy estamos vivos aquí. ⁴Desde el fuego el SEÑOR les habló cara a cara en la montaña. ⁵En aquel tiempo yo actué como intermediario entre el SEÑOR y ustedes, para declararles la palabra del SEÑOR, porque ustedes tenían miedo del fuego y no subieron a la montaña. El SEÑOR dijo:

⁶»Yo soy el SEÑOR tu Dios. Yo te saqué de Egipto, país donde eras esclavo.
⁷»No tengas otros dioses además de mí.ʰ
⁸»No hagas ningún ídolo ni nada que guarde semejanza con lo que hay arriba en el cielo, ni con lo que hay abajo en la tierra, ni con lo que hay en las aguas debajo de la tierra. ⁹No te inclines delante de ellos ni los adores. Yo, el SEÑOR tu Dios, soy un Dios celoso. Cuando los padres son malvados y me odian, yo castigo a sus hijos hasta la tercera y cuarta generación. ¹⁰Por el contrario, cuando me aman y cumplen mis mandamientos, les muestro mi amor por mil generaciones.

¹¹»No pronuncies el *nombre del SEÑOR tu Dios a la ligera. Yo, el SEÑOR, no tendré por inocente a quien se atreva a pronunciar mi nombre a la ligera.

¹²»Observa el día *sábado, y conságralo al SEÑOR tu Dios, tal como él te lo ha ordenado. ¹³Trabaja seis días, y haz en ellos todo lo que tengas que hacer, ¹⁴pero observa el séptimo día como día de reposo para honrar al SEÑOR tu Dios. No hagas en ese día ningún trabajo, ni tampoco tu hijo, ni tu hija, ni tu esclavo, ni tu esclava, ni tu buey, ni tu burro, ni ninguno de tus animales, ni tampoco los extranjeros que vivan en tus ciudades. De ese modo podrán descansar tu esclavo y tu esclava, lo mismo que tú. ¹⁵Recuerda que fuiste esclavo en Egipto, y que el SEÑOR tu Dios te sacó de allí con gran despliegue de fuerza y de poder. Por eso el SEÑOR tu Dios te manda observar el día sábado.

¹⁶»Honra a tu padre y a tu madre, como el SEÑOR tu Dios te lo ha ordenado, para que disfrutes de una larga vida y te vaya bien en la tierra que te da el SEÑOR tu Dios.

¹⁷»No mates.

¹⁸»No cometas adulterio.

¹⁹»No robes.

²⁰»No des falso testimonio en contra de tu prójimo.

²¹»No codicies la mujer de tu prójimo, ni desees su casa, ni su tierra, ni su esclavo, ni su esclava, ni su buey, ni su burro, ni nada que le pertenezca.

ᵍ **4:48** *Sirión* (Siríaca; véase también 3:9); *Sión* (TM).   ʰ **5:7** *además de mí.* Lit. *junto a mí.*

²²»Éstas son las palabras que el Señor pronunció con voz fuerte desde el fuego, la nube y la densa oscuridad, cuando ustedes estaban reunidos al pie de la montaña. No añadió nada más. Luego las escribió en dos tablas de piedra, y me las entregó.

²³»Cuando ustedes oyeron la voz que salía de la oscuridad, mientras la montaña ardía en llamas, todos los jefes de sus tribus y sus *ancianos vinieron a mí ²⁴y me dijeron: "El Señor nuestro Dios nos ha mostrado su gloria y su majestad, y hemos oído su voz que salía del fuego. Hoy hemos visto que un simple *mortal puede seguir con vida aunque Dios hable con él. ²⁵Pero, ¿por qué tenemos que morir? Este gran fuego nos consumirá, y moriremos, si seguimos oyendo la voz del Señor nuestro Dios. ²⁶Pues ¿qué mortal ha oído jamás la voz del Dios viviente hablarle desde el fuego, como la hemos oído nosotros, y ha vivido para contarlo? ²⁷Acércate tú al Señor nuestro Dios, y escucha todo lo que él te diga. Repítenos luego todo lo que él te comunique, y nosotros escucharemos y obedeceremos."

²⁸»El Señor escuchó cuando ustedes me hablaban, y me dijo: "He oído lo que este pueblo te dijo. Todo lo que dijeron está bien. ²⁹¡Ojalá su *corazón esté siempre dispuesto a temerme y a cumplir todos mis mandamientos, para que a ellos y a sus hijos siempre les vaya bien!

³⁰» "Ve y diles que vuelvan a sus carpas. ³¹Pero tú quédate aquí conmigo, que voy a darte todos los mandamientos, preceptos y normas que has de enseñarles, para que los pongan en práctica en la tierra que les daré como herencia."

³²»Tengan, pues, cuidado de hacer lo que el Señor su Dios les ha mandado; no se desvíen ni a la derecha ni a la izquierda. ³³Sigan por el *camino que el Señor su Dios les ha trazado, para que vivan, prosperen y disfruten de larga vida en la tierra que van a poseer.

El amor a Dios

6 »Éstos son los mandamientos, preceptos y normas que el Señor tu Dios mandó que yo te enseñara, para que los pongas en práctica en la tierra de la que vas a tomar posesión, ²para que durante toda tu vida tú y tus hijos y tus nietos honren al Señor tu Dios cumpliendo todos los preceptos y mandamientos que te doy, y para que disfrutes de larga vida. ³Escucha, Israel, y esfuérzate en obedecer. Así te irá bien y serás un pueblo muy numeroso en la tierra donde abundan la leche y la miel, tal como te lo prometió el Señor y Dios de tus padres.

⁴»Escucha, Israel: El Señor nuestro Dios es el único Señor.ⁱ ⁵Ama al Señor tu Dios con todo tu *corazón y con toda tu *alma y con todas tus fuerzas. ⁶Grábate en el corazón estas palabras que hoy te mando. ⁷Incúlcaselas continuamente a tus hijos. Háblales de ellas cuando estés en tu casa y cuando vayas por el camino, cuando te acuestes y cuando te levantes. ⁸Átalas a tus manos como un signo; llévalas en tu frente como una marca; ⁹escríbelas en los postes de tu casa y en los *portones de tus ciudades.

¹⁰»El Señor tu Dios te hará entrar en la tierra que les juró a tus antepasados Abraham, Isaac y Jacob. Es una tierra con ciudades grandes y prósperas que tú no edificaste, ¹¹con casas llenas de toda clase de bienes que tú no acumulaste, con cisternas que no cavaste, y con viñas y olivares que no plantaste. Cuando comas de ellas y te sacies, ¹²cuídate de no olvidarte del Señor, que te sacó de Egipto, la tierra donde viviste en esclavitud.

¹³»Teme al Señor tu Dios, sírvele solamente a él, y jura sólo en su *nombre. ¹⁴No sigas a esos dioses de los pueblos que te rodean, ¹⁵pues el Señor tu Dios está contigo y es un Dios celoso; no vaya a ser que su ira se encienda contra ti y te borre de la faz de la tierra.

¹⁶»No pongas a prueba al Señor tu Dios, como lo hiciste en Masá. ¹⁷Cumple cuidadosamente los mandamientos del

---

ⁱ 6:4 *el Señor nuestro Dios es el único Señor.* Alt. *el Señor es nuestro Dios, el Señor es uno.*

SEÑOR tu Dios, y los mandatos y preceptos que te ha dado. 18Haz lo que es recto y bueno a los ojos del SEÑOR, para que te vaya bien y tomes posesión de la buena tierra que el SEÑOR les juró a tus antepasados. 19El SEÑOR arrojará a todos los enemigos que encuentres en tu camino, tal como te lo prometió.

20»En el futuro, cuando tu hijo te pregunte: "¿Qué significan los mandatos, preceptos y normas que el SEÑOR nuestro Dios les mandó?", 21le responderás: "En Egipto nosotros éramos esclavos del faraón, pero el SEÑOR nos sacó de allá con gran despliegue de fuerza. 22Ante nuestros propios ojos, el SEÑOR realizó grandes señales y terribles prodigios en contra de Egipto, del faraón y de toda su familia. 23Y nos sacó de allá para conducirnos a la tierra que a nuestros antepasados había jurado que nos daría. 24El SEÑOR nuestro Dios nos mandó temerle y obedecer estos preceptos, para que siempre nos vaya bien y sigamos con vida. Y así ha sido hasta hoy. 25Y si obedecemos fielmente todos estos mandamientos ante el SEÑOR nuestro Dios, tal como nos lo ha ordenado, entonces seremos justos."

Expulsión de las naciones

7 »El SEÑOR tu Dios te hará entrar en la tierra que vas a poseer, y expulsará de tu presencia a siete naciones más grandes y fuertes que tú, que son los hititas, los gergeseos, los amorreos, los cananeos, los ferezeos, los heveos y los jebuseos. 2Cuando el SEÑOR tu Dios te las haya entregado y tú las hayas derrotado, deberás *destruirlas por completo. No harás ningún pacto con ellas, ni les tendrás compasión. 3Tampoco te unirás en matrimonio con ninguna de esas naciones; no darás tus hijas a sus hijos ni tomarás sus hijas para tus hijos, 4porque ellas los apartarán del Señor y los harán servir a otros dioses. Entonces la ira del SEÑOR se encenderá contra ti y te destruirá de inmediato.

5»Esto es lo que harás con esas naciones: Destruirás sus altares, romperás sus *piedras sagradas, derribarás sus imágenes de la diosa *Aserá y les prenderás fuego a sus ídolos. 6Porque para el SEÑOR

tu Dios tú eres un pueblo *santo; él te eligió para que fueras su posesión exclusiva entre todos los pueblos de la tierra.

7»El SEÑOR se encariñó contigo y te eligió, aunque no eras el pueblo más numeroso sino el más insignificante de todos. 8Lo hizo porque te ama y quería cumplir su juramento a tus antepasados; por eso te rescató del poder del faraón, el rey de Egipto, y te sacó de la esclavitud con gran despliegue de fuerza.

9»Reconoce, por tanto, que el SEÑOR tu Dios es el Dios verdadero, el Dios fiel, que cumple su *pacto generación tras generación, y muestra su fiel amor a quienes lo aman y obedecen sus mandamientos, 10pero que destruye a quienes lo odian y no se tarda en darles su merecido. 11Por eso debes obedecer los mandamientos, los preceptos y las normas que hoy te mando que cumplas.

12»Si prestas atención a estas normas, y las cumples y las obedeces, entonces el SEÑOR tu Dios cumplirá el pacto que bajo juramento hizo con tus antepasados, y te mostrará su amor fiel. 13Te amará, te multiplicará y bendecirá el fruto de tu vientre, y también el fruto de la tierra que juró a tus antepasados que les daría. Es decir, bendecirá el trigo, el vino y el aceite, y las crías de tus ganados y los corderos de tus rebaños. 14Bendito serás, más que cualquier otro pueblo; no habrá entre los tuyos hombre ni mujer estéril, ni habrá un solo animal de tus ganados que se quede sin cría. 15El SEÑOR te mantendrá libre de toda enfermedad y alejará de ti las horribles enfermedades que conociste en Egipto; en cambio, las reservará para tus enemigos. 16Destruye a todos los pueblos que el SEÑOR tu Dios entregue en tus manos. No te apiades de ellos ni sirvas a sus dioses, para que no te sean una trampa mortal.

17»Tal vez te preguntes: "¿Cómo podré expulsar a estas naciones, si son más numerosas que yo?" 18Pero no les temas; recuerda bien lo que el SEÑOR tu Dios hizo contra el faraón y contra todo Egipto. 19Con tus propios ojos viste las grandes pruebas, señales y prodigios milagrosos que con gran despliegue de fuerza y de poder realizó el SEÑOR tu Dios para sacarte de Egipto, y lo mismo hará contra todos los pueblos a quienes ahora temes. **20**Además, el Señor tu Dios enviará contra ellos avispas, hasta que hayan perecido todos los sobrevivientes y aun los que intenten esconderse de ti. **21**No te asustes ante ellos, pues el Señor tu Dios, el Dios grande y temible, está contigo. **22**El Señor tu Dios expulsará a las naciones que te salgan al paso, pero lo hará poco a poco. No las eliminarás a todas de una sola vez, para que los animales salvajes no se multipliquen ni invadan tu territorio. **23**El Señor tu Dios entregará a esas naciones en tus manos, y las llenará de gran confusión hasta destruirlas. **24**Pondrá a sus reyes bajo tu poder, y de sus *nombres tú borrarás hasta el recuerdo. Ninguna de esas naciones podrá resistir tu presencia, porque tú las destruirás. **25**Pero tú deberás quemar en el fuego las esculturas de sus dioses. No codicies la plata y el oro que las recubren, ni caigas en la trampa de quedarte con ellas, pues eso es algo que aborrece el Señor tu Dios. **26**No metas en tu casa nada que sea abominable. Todo eso debe ser *destruido. Recházalo y detéstalo por completo, para que no seas destruido tú también.

Recuerda al Señor tu Dios

8 »Cumple fielmente todos los mandamientos que hoy te mando, para que vivas, te multipliques y tomes posesión de la tierra que el Señor juró a tus antepasados. **2**Recuerda que durante cuarenta años el Señor tu Dios te llevó por todo el camino del desierto, y te humilló y te puso a prueba para conocer lo que había en tu *corazón y ver si cumplirías o no sus mandamientos. **3**Te humilló y te hizo pasar hambre, pero luego te alimentó con maná, comida que ni tú ni tus antepasados habían conocido, con lo que te enseñó que no sólo de pan vive el *hombre, sino de todo lo que sale de la boca del Señor. **4**Durante esos cuarenta años no se te gastó la ropa que llevabas puesta, ni se te hincharon los pies. **5**Reconoce en tu corazón que, así como un padre *disciplina a su hijo, también el Señor tu Dios te disciplina a ti. **6**Cumple los mandamientos del Señor tu Dios; témelo y sigue sus *cami-

nos. **7**Porque el Señor tu Dios te conduce a una tierra buena: tierra de arroyos y de fuentes de agua, con manantiales que fluyen en los valles y en las colinas; **8**tierra de trigo y de cebada; de viñas, higueras y granados; de miel y de olivares; **9**tierra donde no escaseará el pan y donde nada te faltará; tierra donde las rocas son de hierro y de cuyas colinas sacarás cobre.

10»Cuando hayas comido y estés satisfecho, alabarás al Señor tu Dios por la tierra buena que te habrá dado. **11**Pero ten cuidado de no olvidar al Señor tu Dios. No dejes de cumplir sus mandamientos, normas y preceptos que yo te mando hoy. **12**Y cuando hayas comido y te hayas saciado, cuando hayas edificado casas cómodas y las habites, **13**cuando se hayan multiplicado tus ganados y tus rebaños, y hayan aumentado tu plata y tu oro y sean abundantes tus riquezas, **14**no te vuelvas orgulloso ni olvides al Señor tu Dios, quien te sacó de Egipto, la tierra donde viviste como esclavo. **15**El Señor te guió a través del vasto y horrible desierto, esa tierra reseca y sedienta, llena de serpientes venenosas y escorpiones; te dio el agua que hizo brotar de la más dura *roca; **16**en el desierto te alimentó con maná, comida que jamás conocieron tus antepasados. Así te humilló y te puso a prueba, para que al fin de cuentas te fuera bien. **17**No se te ocurra pensar: "Esta riqueza es fruto de mi poder y de la fuerza de mis manos." **18**Recuerda al Señor tu Dios, porque es él quien te da el poder para producir esa riqueza; así ha confirmado hoy el *pacto que bajo juramento hizo con tus antepasados.

19»Si llegas a olvidar al Señor tu Dios, y sigues a otros dioses para adorarlos e inclinarte ante ellos, testifico hoy en contra tuya que ciertamente serás destruido. **20**Si no obedeces al Señor tu Dios, te sucederá lo mismo que a las naciones que el Señor irá destruyendo a tu paso.

El mérito no es de Israel

9 »Escucha, Israel: hoy vas a cruzar el Jordán para entrar y desposeer a naciones más grandes y fuertes que tú, que habitan en grandes ciudades con muros que llegan hasta el cielo. **2**Esa gente es poderosa y de gran estatura; ¡son los *anaquitas! Tú ya los conoces y sabes que de ellos se dice: "¿Quién puede oponerse a los descendientes de Anac?" ³Pero tú, entiende bien hoy que el Señor tu Dios avanzará al frente de ti, y que los destruirá como un fuego consumidor y los someterá a tu poder. Tú los expulsarás y los aniquilarás en seguida, tal como el Señor te lo ha prometido.

⁴»Cuando el Señor tu Dios los haya arrojado lejos de ti, no vayas a pensar: "El Señor me ha traído hasta aquí, por mi propia justicia, para tomar posesión de esta tierra." ¡No! El Señor expulsará a esas naciones por la maldad que las caracteriza. ⁵De modo que no es por tu justicia ni por tu rectitud por lo que vas a tomar posesión de su tierra. ¡No! La propia maldad de esas naciones hará que el Señor tu Dios las arroje lejos de ti. Así cumplirá lo que juró a tus antepasados Abraham, Isaac y Jacob. ⁶Entiende bien que eres un pueblo terco, y que tu justicia y tu rectitud no tienen nada que ver con que el Señor tu Dios te dé en posesión esta buena tierra.

El becerro de oro

⁷»Recuerda esto, y nunca olvides cómo provocaste la ira del Señor tu Dios en el desierto. Desde el día en que saliste de Egipto hasta tu llegada aquí, has sido rebelde contra el Señor. ⁸A tal grado provocaste su enojo en Horeb, que estuvo a punto de destruirte. ⁹Cuando subí a la montaña para recibir las tablas de piedra, es decir, las tablas del *pacto que el Señor había hecho contigo, me quedé en la montaña cuarenta días y cuarenta noches, y no comí pan ni bebí agua. ¹⁰Allí el Señor me dio dos tablas de piedra, en las que él mismo escribió todas las palabras que proclamó desde la montaña, de en medio del fuego, el día de la asamblea.

¹¹»Pasados los cuarenta días y las cuarenta noches, el Señor me dio las dos tablas de piedra, es decir, las tablas del pacto, ¹²y me dijo: "Levántate y baja de aquí en seguida, porque ese pueblo tuyo, que sacaste de Egipto, se ha descarriado. Bien pronto se han apartado del *camino que les mandé seguir, y se han fabricado un ídolo de metal fundido."

¹³»También me dijo: "He visto a este pueblo, y ¡realmente es un pueblo terco! ¹⁴Déjame que lo destruya y borre hasta el recuerdo de su *nombre. De ti, en cambio, haré una nación más fuerte y numerosa que la de ellos."

¹⁵»Luego me di vuelta y bajé de la montaña que ardía en llamas. En las manos traía yo las dos tablas del pacto. ¹⁶Entonces vi que ustedes habían pecado contra el Señor su Dios, pues se habían fabricado un ídolo fundido con forma de becerro. ¡Bien pronto se habían apartado del camino que el Señor les había trazado! ¹⁷Así que tomé las dos tablas que traía en las manos y las arrojé al suelo, haciéndolas pedazos delante de ustedes.

¹⁸»Nuevamente me postré delante del Señor cuarenta días y cuarenta noches, y no comí pan ni bebí agua. Lo hice por el gran pecado que ustedes habían cometido al hacer lo malo a los ojos del Señor, provocando así su ira. ¹⁹Tuve verdadero miedo del enojo y de la ira del Señor, pues a tal grado se indignó contra ustedes, que quiso destruirlos. Sin embargo, el Señor me escuchó una vez más. ²⁰Así mismo, tan enojado estaba el Señor contra Aarón que quería destruirlo, y también en esa ocasión intercedí por él. ²¹Luego agarré el becerro que ustedes se fabricaron, ese ídolo que los hizo pecar, y lo quemé en el fuego; lo desmenucé y lo reduje a polvo fino, y arrojé el polvo al arroyo que baja de la montaña.

²²»En Taberá, en Masá y en Quibrot Hatavá ustedes provocaron también la indignación del Señor, ²³lo mismo que cuando el Señor los envió desde Cades Barnea y les dijo: "Vayan y tomen posesión de la tierra que les he dado." Ustedes se rebelaron contra la orden del Señor su Dios; no confiaron en él ni le obedecieron. ²⁴¡Desde que los conozco han sido rebeldes al Señor!

²⁵»Como el Señor había dicho que los destruiría, yo me quedé postrado ante él esos cuarenta días y cuarenta noches. ²⁶Oré al Señor y le dije: "Señor y Dios, ¡no destruyas tu propia heredad, el pueblo que por tu grandeza redimiste y sacaste de Egipto con gran despliegue de fuerza! ²⁷¡Acuérdate de tus siervos Abraham,

Isaac y Jacob! Pasa por alto la terquedad de este pueblo, y su maldad y su pecado, **28**no sea que allá, en el país de donde nos sacaste, digan: 'El SEÑOR no pudo llevarlos a la tierra que les había prometido. Y como los aborrecía, los sacó para que murieran en el desierto.' **29**Después de todo, ellos son tu propia heredad; son el pueblo que sacaste con gran despliegue de fuerza y de poder."

Las nuevas tablas de la ley

10 »En aquel tiempo el SEÑOR me dijo: "Talla dos tablas de piedra iguales a las primeras, y haz un arca de madera; después de eso, sube a la montaña para que te encuentres conmigo. **2**Yo escribiré en esas tablas las mismas palabras que estaban escritas en las primeras, y después las guardarás en el arca."

3»Hice, pues, el arca de madera de acacia, y tallé dos tablas de piedra como las primeras; luego subí a la montaña llevando en las manos las dos tablas. **4**En esas tablas, que luego me entregó, el SEÑOR escribió lo mismo que había escrito antes, es decir, los diez mandamientos que me dio a ustedes el día en que estábamos todos reunidos en asamblea, cuando habló desde el fuego en la montaña. **5**En seguida bajé de la montaña y guardé las tablas en el arca que había hecho. Y allí permanecen, tal como me lo ordenó el SEÑOR.»

Ministerio de los levitas

6Después los israelitas se trasladaron de los pozos de Berot Bené Yacán a Moserá. Allí murió Aarón y fue sepultado, y su hijo Eleazar lo sucedió en el sacerdocio. **7**De allí se fueron a Gudgoda, y siguieron hasta Jotbata, tierra con abundantes corrientes de agua. **8**En aquel tiempo el SEÑOR designó a la tribu de Leví para llevar el arca del *pacto y estar en su presencia, y para ministrar y pronunciar bendiciones en su *nombre, como hasta hoy lo hace. **9**Por eso los levitas no tienen patrimonio alguno entre sus hermanos, pues el SEÑOR es su herencia, como él mismo lo ha declarado.

Las demandas del SEÑOR

10«Yo me quedé en la montaña cuarenta días y cuarenta noches, como lo hice la primera vez, y también esta vez el SEÑOR me escuchó. Como no era su voluntad destruirlos, **11**el SEÑOR me dijo: "Ve y guía al pueblo en su *camino, para que entren y tomen posesión de la tierra que juré a sus antepasados que les daría."

12»Y ahora, Israel, ¿qué te pide el SEÑOR tu Dios? Simplemente que le temas y andes en todos sus caminos, que lo ames y le sirvas con todo tu *corazón y con toda tu *alma, **13**y que cumplas los mandamientos y los preceptos que hoy te manda cumplir, para que te vaya bien.

14»Al SEÑOR tu Dios le pertenecen los cielos y lo más alto de los cielos, la tierra y todo lo que hay en ella. **15**Sin embargo, él se encariñó con tus antepasados y los amó; y a ti, que eres su descendencia, te eligió de entre todos los pueblos, como lo vemos hoy. **16**Por eso, despójate de lo pagano que hay en tu corazón,*j* y ya no seas terco. **17**Porque el SEÑOR tu Dios es Dios de dioses y Señor de señores; él es el gran Dios, poderoso y terrible, que no actúa con parcialidad ni acepta sobornos. **18**Él defiende la causa del huérfano y de la viuda, y muestra su amor por el extranjero, proveyéndole ropa y alimentos. **19**Así mismo debes tú mostrar amor por los extranjeros, porque también tú fuiste extranjero en Egipto. **20**Teme al SEÑOR tu Dios y sírvele. Aférrate a él y jura sólo por su *nombre. **21**Él es el motivo de tu alabanza; él es tu Dios, el que hizo en tu favor las grandes y maravillosas hazañas que tú mismo presenciaste. **22**Setenta eran los antepasados tuyos que bajaron a Egipto, y ahora el SEÑOR tu Dios te ha hecho un pueblo tan numeroso como las estrellas del cielo.

Amor y obediencia al SEÑOR

11 »Amen al SEÑOR su Dios y cumplan siempre sus ordenanzas, preceptos, normas y mandamientos. **2**Recuerden hoy que fueron ustedes, y no sus hijos,

---

j **10:16** *despójate de lo pagano que hay en tu corazón.* Lit. *circuncídate el corazón.*

los que vieron y experimentaron la *disciplina del SEÑOR su Dios. Ustedes vieron su gran despliegue de fuerza y de poder, 3y los hechos y señales que realizó en Egipto contra el faraón y contra todo su país. 4Ustedes vieron lo que hizo contra el ejército de los egipcios, y cómo desató las aguas del *Mar Rojo sobre sus caballos y carros de guerra, cuando éstos los perseguían a ustedes. El SEÑOR los destruyó para siempre.

5»Recuerden también lo que él hizo por ustedes en el desierto, hasta que llegaron a este lugar. 6Además, vieron lo que les hizo a Datán y Abirán, hijos de Eliab el rubenita, pues en presencia de todo el pueblo hizo que la tierra se abriera y se los tragara junto con sus familias, sus carpas y todo lo que les pertenecía. 7Ciertamente ustedes han visto con sus propios ojos todas las maravillas que el SEÑOR ha hecho.

8»Por eso, cumplan todos los mandamientos que hoy les mando, para que sean fuertes y puedan cruzar el Jordán y tomar posesión de la tierra, 9y para que vivan mucho tiempo en esa tierra que el SEÑOR juró dar a los antepasados de ustedes y a sus descendientes, tierra donde abundan la leche y la miel. 10Esa tierra, de la que van a tomar posesión, no es como la de Egipto, de donde salieron; allá ustedes plantaban sus semillas y tenían que regarlas*k* como se riega un huerto. 11En cambio, la tierra que van a poseer es tierra de montañas y de valles, regada por la lluvia del cielo. 12El SEÑOR su Dios es quien la cuida; los ojos del SEÑOR su Dios están sobre ella todo el año, de principio a fin.

13»Si ustedes obedecen fielmente los mandamientos que hoy les doy, y si aman al SEÑOR su Dios y le sirven con todo el *corazón y con toda el *alma, 14entonces él enviará*l* la lluvia oportuna sobre su tierra, en otoño y en primavera*m*, para que obtengan el trigo, el vino y el aceite. 15También hará*n* que crezca hierba en los campos para su ganado, y ustedes comerán y quedarán satisfechos.

16»¡Cuidado! No se dejen seducir. No se descarríen ni adoren a otros dioses, ni se inclinen ante ellos, 17porque entonces se encenderá la ira del SEÑOR contra ustedes, y cerrará los cielos para que no llueva; el suelo no dará sus frutos, y pronto ustedes desaparecerán de la buena tierra que les da el SEÑOR. 18Grábense estas palabras en el corazón y en la *mente; átenlas en sus manos como un signo, y llévenlas en su frente como una marca. 19Enséñenselas a sus hijos y repítanselas cuando estén en su casa y cuando anden por el camino, cuando se acuesten y cuando se levanten; 20escríbanlas en los postes de su casa y en los *portones de sus ciudades. 21Así, mientras existan los cielos sobre la tierra, ustedes y sus descendientes prolongarán su vida sobre la tierra que el SEÑOR juró a los antepasados de ustedes que les daría.

22»Si ustedes obedecen todos estos mandamientos que les doy, y aman al SEÑOR su Dios, y siguen por todos sus *caminos y le son fieles, 23entonces el SEÑOR expulsará del territorio de ustedes a todas esas naciones. Así podrán desposeerlas, aunque sean más grandes y más fuertes que ustedes. 24Todo lugar donde planten el pie será de ustedes; su territorio se extenderá desde el desierto hasta el monte Líbano, y desde el río Éufrates hasta el mar Mediterráneo. 25Nadie podrá hacerles frente. Por dondequiera que vayan, el SEÑOR su Dios hará que todo el mundo sienta miedo y terror ante ustedes, como se lo ha prometido.

26»Hoy les doy a elegir entre la bendición y la maldición: 27bendición, si obedecen los mandamientos que yo, el SEÑOR su Dios, hoy les mando obedecer; 28maldición, si desobedecen los mandamientos del SEÑOR su Dios y se apartan del camino que hoy les mando seguir, y se van tras dioses extraños que jamás han conocido. 29Cuando el SEÑOR su Dios los haya hecho entrar en la tierra que van a poseer, ustedes bendecirán al monte Guerizín y maldecirán al monte Ebal. 30Esos montes

---

*k*11:10 *tenían que regarlas*. Lit. *las regabas con tu pie*. (Posiblemente se refiere a las ruedas que eran movidas con los pies para sacar el agua.) *l*11:14 *él enviará* (LXX, Pentateuco Samaritano y Vulgata); *yo enviaré* (TM). *m*11:14 *en otoño y en primavera*. Lit. *la temprana y la tardía*. *n*11:15 *hará* (Pentateuco Samaritano y mss. de LXX); *haré* (TM).

están al otro lado del Jordán, hacia el oeste, en el territorio de los cananeos que viven en el Arabá, en la vecindad de Guilgal, junto a las encinas de Moré.

31»Ustedes están a punto de cruzar el Jordán y entrar a tomar posesión de la tierra que les da el Señor su Dios. Cuando la hayan tomado y ya estén viviendo allí, 32cuiden de obedecer todos los preceptos y las normas que hoy les mando.

El lugar único de adoración

12 »Éstos son los preceptos y las normas que tendrán cuidado de poner en práctica mientras vivan en la tierra que el Señor y Dios de sus antepasados les ha dado en posesión: 2Destruirán por completo todos los lugares donde adoran a sus dioses las naciones que ustedes van a desposeer, es decir, en las montañas, en las colinas y debajo de todo árbol frondoso.

3»Demolerán sus altares, harán pedazos sus *piedras sagradas, les prenderán fuego a sus imágenes de la diosa *Aserá, derribarán sus ídolos y borrarán de esos lugares los *nombres de sus dioses.

4»No harán lo mismo con el Señor su Dios, 5sino que irán y lo buscarán en el lugar donde, de entre todas las tribus de ustedes, él decida habitar. 6Allí llevarán ustedes sus *holocaustos, sacrificios, diezmos, contribuciones, promesas, ofrendas voluntarias, y los primogénitos de sus ganados y rebaños. 7Allí, en la presencia del Señor su Dios, ustedes y sus familias comerán y se regocijarán por los logros de su trabajo, porque el Señor su Dios los habrá bendecido.

8»Ustedes no harán allí lo que ahora hacemos aquí, donde cada uno hace lo que mejor le parece, 9pues todavía no han entrado en el reposo ni en la herencia que les da el Señor su Dios. 10Pero ustedes cruzarán el río Jordán y vivirán en la tierra que el Señor su Dios les da en herencia; él los librará de sus enemigos que los rodean, y ustedes vivirán seguros. 11Y al lugar donde el Señor su Dios decida habitar llevarán todo lo que les he ordenado: holocaustos, sacrificios, diezmos, contribuciones, y las ofrendas más selectas que le hayan prometido al Señor. 12Y

se regocijarán en la presencia del Señor su Dios, junto con sus hijos e hijas, con sus esclavos y esclavas, y con los levitas que vivan en las ciudades de ustedes, pues ellos no tendrán ninguna posesión ni herencia.

13»Cuando ofrezcas holocaustos, cuídate de no hacerlo en el lugar que te plazca. 14Los ofrecerás sólo en el lugar que el Señor elija en una de tus tribus, y allí harás todo lo que yo te ordeno. 15Sin embargo, siempre que lo desees podrás matar animales y comer su carne en cualquiera de tus ciudades, según el Señor tu Dios te haya bendecido. Podrás comerla, estés o no ritualmente *puro, como si se tratara de carne de gacela o de ciervo. 16Pero no deberás comer la sangre, sino que la derramarás en la tierra como si fuera agua.

17»No podrás comer en tus ciudades el diezmo de tu trigo, de tu vino o de tu aceite, ni los primogénitos de tus ganados y de tus rebaños, ni lo que hayas prometido dar, ni tus ofrendas voluntarias ni tus contribuciones. 18Disfrutarás de ellos en presencia del Señor tu Dios, en el lugar que él elija. Así también lo harán tu hijo y tu hija, tu esclavo y tu esclava, y los levitas que vivan en tus ciudades, y te alegrarás ante el Señor tu Dios por los logros de tu trabajo. 19Cuídate de no abandonar al levita mientras vivas en tu tierra.

20»Cuando el Señor tu Dios haya extendido tu territorio, según te lo ha prometido, y digas: "¡Cómo quisiera comer carne!", podrás comer toda la carne que quieras. 21Si queda demasiado lejos el lugar donde el Señor tu Dios decida habitar, podrás sacrificar animales de tus ganados y rebaños, según mis instrucciones, y comer en tus pueblos todo lo que quieras. 22Come de su carne como si fuera carne de gacela o de ciervo. Estés o no ritualmente puro, podrás comerla. 23Pero asegúrate de no comer la sangre, porque la sangre es la *vida. No debes comer la vida con la carne. 24En lugar de comerla, derrámala en la tierra como si fuera agua. 25No comas la sangre, para que te vaya bien a ti y a tu descendencia, pues estarás haciendo lo recto a los ojos del Señor.

26»Las cosas que hayas consagrado, y las ofrendas que hayas prometido, prepáralas y llévalas al lugar que el SEÑOR habrá de elegir. 27Tanto la carne como la sangre de tus holocaustos las ofrecerás sobre el altar del SEÑOR tu Dios. Derramarás la sangre sobre el altar, pero podrás comer la carne.

28»Ten cuidado de obedecer todos estos mandamientos que yo te he dado, para que siempre te vaya bien, lo mismo que a tu descendencia. Así habrás hecho lo bueno y lo recto a los ojos del SEÑOR tu Dios.

29»Ante tus propios ojos el SEÑOR tu Dios exterminará a las naciones que vas a invadir y desposeer. Cuando las hayas expulsado y te hayas establecido en su tierra, 30después de haberlas destruido cuídate de no seguir su ejemplo y caer en la trampa de inquirir acerca de sus dioses. No preguntes: "¿Cómo adoraban estas naciones a sus dioses, para que yo pueda hacer lo mismo?" 31No adorarás de esa manera al SEÑOR tu Dios, porque al SEÑOR le resulta abominable todo lo que ellos hacen para honrar a sus dioses. ¡Hasta quemaban a sus hijos e hijas en el fuego como sacrificios a sus dioses!

32»Cuídate de poner en práctica todo lo que te ordeno, sin añadir ni quitar nada.

Advertencia contra la idolatría

13 »Cuando en medio de ti aparezca algún profeta o visionario, y anuncie algún prodigio o señal milagrosa, 2si esa señal o prodigio se cumple y él te dice: "Vayamos a rendir culto a otros dioses", dioses que no has conocido, 3no prestes atención a las palabras de ese profeta o visionario. El SEÑOR tu Dios te estará probando para saber si lo amas con todo el *corazón y con toda el *alma. 4Solamente al SEÑOR tu Dios debes seguir y rendir culto. Cumple sus mandamientos y obedécelo; sírvele y permanece fiel a él. 5Condenarás a muerte a ese profeta o visionario por haberte aconsejado rebelarte contra el SEÑOR tu Dios, que te sacó de Egipto y te rescató de la tierra de esclavitud. Así extirparás el mal que haya en medio de ti, porque tal profeta habrá intentado apartarte del *camino que el SEÑOR tu Dios te mandó que siguieras.

6»Si tu propio hermano, o tu hijo, o tu hija, o tu esposa amada, o tu amigo íntimo, trata de engañarte y en secreto te insinúa: "Vayamos a rendir culto a otros dioses", dioses que ni tú ni tus padres conocieron, 7dioses de pueblos cercanos o lejanos que abarcan toda la tierra, 8no te dejes engañar ni le hagas caso. Tampoco le tengas lástima. No te compadezcas de él ni lo encubras, 9ni dudes en matarlo. Al contrario, sé tú el primero en alzar la mano para matarlo, y que haga lo mismo todo el pueblo. 10Apedréalo hasta que muera, porque trató de apartarte del SEÑOR tu Dios, que te sacó de Egipto, la tierra donde eras esclavo. 11Entonces todos en Israel oirán esto y temblarán de miedo, y nadie intentará otra vez cometer semejante maldad.

12»Si de alguna de las ciudades que el SEÑOR tu Dios te da para que las habites llega el rumor de 13que han surgido hombres perversos que descarrían a la gente y le dicen: "Vayamos a rendir culto a otros dioses", dioses que ustedes no han conocido, 14entonces deberás inquirir e investigar todo con sumo cuidado. Si se comprueba que tal hecho abominable ha ocurrido en medio de ti, 15no dudes en matar a filo de espada a todos los habitantes de esa ciudad. *Destrúyelos junto con todo lo que haya en ella, incluyendo el ganado. 16Lleva todo el botín a la plaza pública, y préndele fuego a la ciudad y a todo el botín. Será una ofrenda totalmente quemada para el SEÑOR tu Dios. La ciudad se quedará para siempre en ruinas, y no volverá a ser reedificada. 17No te apropies de nada que haya sido consagrado a la *destrucción. De ese modo, el SEÑOR alejará de ti el furor de su ira, te tratará con misericordia y compasión, y hará que te multipliques, tal como se lo juró a tus antepasados. 18Así será, siempre y cuando obedezcas todos estos mandamientos que te ordeno hoy, y hagas lo recto ante el SEÑOR tu Dios.

Alimentos puros e impuros
14:3-20 — Lv 11:1-23

14 »Eres hijo del SEÑOR tu Dios. No te hagas cortes en la piel ni te rapes la cabeza en honor de un muerto, 2porque eres pueblo consagrado al SEÑOR tu Dios.

Él te eligió de entre todos los pueblos de la tierra, para que fueras su posesión exclusiva.

3»No comas ningún animal abominable. **4**Los que podrás comer son los siguientes: el buey, la oveja, la cabra, **5**el ciervo, la gacela, el venado, la cabra montés, el íbice, el antílope y el carnero montés.[ñ] **6**Podrás comer cualquier animal rumiante que tenga la pezuña hendida y partida en dos; **7**pero no podrás comer camello, liebre ni tejón porque, aunque rumian, no tienen la pezuña hendida. Los tendrás por animales *impuros.

8»El cerdo es también impuro porque, aunque tiene la pezuña hendida, no rumia. No podrás comer su carne ni tocar su cadáver.

9»De todos los animales que viven en el agua podrás comer los que tienen aletas y escamas, **10**pero no podrás comer los que no tienen aletas ni escamas, sino que los tendrás por animales impuros.

11»Podrás comer cualquier ave que sea pura, **12**pero no podrás comer águila, quebrantahuesos, azor, **13**gallinazo, ni especie alguna de milanos ni de halcones, **14**ni especie alguna de cuervos, **15**ni avestruz, lechuza o gaviota, ni especie alguna de gavilanes, **16**ni búho, ibis, cisne, **17**pelícano, buitre, cuervo marino **18**o cigüeña, ni especie alguna de garzas, ni abubilla ni murciélago.

19»A los insectos voladores los tendrás por impuros, así que no los comas. **20**Pero sí podrás comer cualquier animal alado que sea puro.

21»No comas nada que encuentres ya muerto. Podrás dárselo al extranjero que viva en cualquiera de tus ciudades; él sí podrá comérselo, o vendérselo a un forastero. Pero tú eres un pueblo consagrado al SEÑOR tu Dios.

»No cocines el cabrito en la leche de su madre.[o]

Los diezmos

22»Cada año, sin falta, apartarás la décima parte de todo lo que produzcan tus campos. **23**En la presencia del SEÑOR tu Dios comerás la décima parte de tu trigo, tu vino y tu aceite, y de los primogénitos de tus manadas y rebaños; lo harás en el lugar donde él decida habitar. Así aprenderás a temer siempre al SEÑOR tu Dios. **24**Pero si el SEÑOR tu Dios te ha bendecido y el lugar donde ha decidido habitar está demasiado distante, de modo que no puedes transportar tu diezmo hasta allá, **25**entonces lo venderás y te presentarás con el dinero en el lugar que el SEÑOR tu Dios haya elegido. **26**Con ese dinero podrás comprar lo que prefieras o más te guste: ganado, ovejas, vino u otra bebida fermentada, y allí, en presencia del SEÑOR tu Dios, tú y tu familia comerán y se regocijarán. **27**Pero toma en cuenta a los levitas que vivan en tus ciudades. Recuerda que, a diferencia de ti, ellos no tienen patrimonio alguno.

28»Cada tres años reunirás los diezmos de todos tus productos de ese año, y los almacenarás en tus ciudades. **29**Así los levitas que no tienen patrimonio alguno, y los extranjeros, los huérfanos y las viudas que viven en tus ciudades podrán comer y quedar satisfechos. Entonces el SEÑOR tu Dios bendecirá todo el trabajo de tus manos.

El año del perdón de las deudas

15 »Cada siete años perdonarás toda clase de deudas. **2**Lo harás de la siguiente manera: Cada acreedor le perdonará a su prójimo el préstamo que le haya hecho. Ya no le exigirá a su prójimo o hermano que le pague la deuda, porque se habrá proclamado el año del perdón de las deudas en honor del SEÑOR. **3**Podrás exigirle el pago de sus deudas al forastero, pero a tu hermano le perdonarás cualquier deuda que tenga contigo. **4**Entre ustedes no deberá haber pobres, porque el SEÑOR tu Dios te colmará de bendiciones en la tierra que él mismo te da para que la poseas como herencia. **5**Y así será, siempre y cuando obedezcas al SEÑOR tu Dios y cumplas fielmente todos estos manda-

---

[ñ] **14:5** La identificación de algunas aves y animales de este capítulo no ha podido establecerse con precisión.
[o] **14:21** La última prohibición posiblemente alude a alguna práctica supersticiosa de los cananeos.

mientos que hoy te ordeno. **6**El SEÑOR tu Dios te bendecirá, como lo ha prometido, y tú podrás darles prestado a muchas naciones, pero no tendrás que pedir prestado de ninguna. Dominarás a muchas naciones, pero ninguna te dominará a ti.

7»Cuando en alguna de las ciudades de la tierra que el SEÑOR tu Dios te da veas a un hermano hebreo pobre, no endurezcas tu *corazón ni le cierres tu mano. **8**Antes bien, tiéndele la mano y préstale generosamente lo que necesite. **9**No des cabida en tu corazón a la perversa idea de que, por acercarse el año séptimo, año del perdón de las deudas, puedes hacerle mala cara a tu hermano hebreo necesitado y no darle nada. De lo contrario, él podrá apelar al SEÑOR contra ti, y tú resultarás convicto de pecado. **10**No seas mezquino sino generoso, y así el SEÑOR tu Dios bendecirá todos tus trabajos y todo lo que emprendas. **11**Gente pobre en esta tierra, siempre la habrá; por eso te ordeno que seas generoso con tus hermanos hebreos y con los pobres y necesitados de tu tierra.

Liberación de los esclavos
15:12-18 — Éx 21:2-6

12»Si tu hermano hebreo, hombre o mujer, se vende a ti y te sirve durante seis años, en el séptimo año lo dejarás libre. **13**Y cuando lo liberes, no lo despidas con las manos vacías. **14**Abastécelo bien con regalos de tus rebaños, de tus cultivos y de tu lagar. Dale según el SEÑOR tu Dios te haya bendecido. **15**Recuerda que fuiste esclavo en Egipto, y que el SEÑOR tu Dios te dio libertad. Por eso te doy ahora esta orden.

16»Pero si tu esclavo, porque te ama a ti y a tu familia y le va bien contigo, te dice: "No quiero dejarte", **17**entonces tomarás un punzón y, apoyándole la oreja contra una puerta, le perforarás el lóbulo. Así se convertirá en tu esclavo de por vida. Lo mismo harás con la esclava. **18**No te pese dejar en libertad a tu esclavo, porque sus servicios durante esos seis años te costaron apenas la mitad de lo que le habrías pagado a un empleado. Así el SEÑOR tu Dios te bendecirá en todo lo que hagas.

Los animales primogénitos

19»Apartarás para el SEÑOR tu Dios todo primogénito macho de tus manadas y rebaños. No pondrás a trabajar al primogénito de tus bueyes, ni esquilarás al primogénito de tus ovejas. **20**Cada año, tú y tu familia los comerán en la presencia del SEÑOR tu Dios, en el lugar que él habrá de elegir. **21**Si alguno de esos animales está cojo o ciego, o tiene algún otro defecto grave, no se lo presentarás en sacrificio al SEÑOR tu Dios. **22**En tal caso, podrás comerlo en tu propia ciudad, como si fuera una gacela o un ciervo, estés o no ritualmente *puro. **23**Pero no comerás la sangre, sino que la derramarás en la tierra, como si fuera agua.

Fiesta de la Pascua
16:1-8 — Éx 12:14-20; Lv 23:4-8; Nm 28:16-25

16 »Aparta el mes de *aviv para celebrar la *Pascua del SEÑOR tu Dios, porque fue en una noche del mes de aviv cuando el SEÑOR tu Dios te sacó de Egipto. **2**En la Pascua del SEÑOR tu Dios sacrificarás de tus vacas y ovejas, en el lugar donde el SEÑOR decida habitar. **3**No comerás la Pascua con pan leudado, sino que durante siete días comerás pan sin levadura, pan de aflicción, pues de Egipto saliste de prisa. Lo harás así para que toda tu vida te acuerdes del día en que saliste de Egipto. **4**Durante siete días no habrá levadura en todo el país. De la carne que sacrifiques al atardecer del primer día, no quedará nada para la mañana siguiente.

5»No ofrecerás el sacrificio de la Pascua en ninguna de las otras ciudades que te dé el SEÑOR tu Dios. **6**Lo ofrecerás solamente en el lugar donde el SEÑOR decida habitar. Allí ofrecerás el sacrificio de la Pascua por la tarde, al ponerse el sol, que fue la hora en que saliste de Egipto. **7**Cocerás y comerás el sacrificio de la Pascua en el lugar que el SEÑOR tu Dios haya elegido, y a la mañana siguiente regresarás a tu casa. **8**Durante seis días comerás pan sin levadura, y el séptimo día convocarás a una asamblea solemne para el SEÑOR tu Dios. Ese día no trabajarás.

Fiesta de las Semanas
16:9-12 — Lv 23:15-22; Nm 28:26-31

9»Contarás siete semanas a partir del día en que comience la cosecha del trigo. **10**Entonces celebrarás en honor del SEÑOR tu Dios la fiesta solemne de las Semanas, en la que presentarás ofrendas voluntarias en proporción a las bendiciones que el SEÑOR tu Dios te haya dado. **11**Y te alegrarás en presencia del SEÑOR tu Dios en el lugar donde él decida habitar, junto con tus hijos y tus hijas, tus esclavos y tus esclavas, los levitas de tus ciudades, los extranjeros, y los huérfanos y las viudas que vivan en medio de ti. **12**Recuerda que fuiste esclavo en Egipto; cumple, pues, fielmente estos preceptos.

Fiesta de las Enramadas
16:13-17 — Lv 23:33-43; Nm 29:12-39

13»Al terminar la vendimia y la cosecha del trigo, celebrarás durante siete días la fiesta de las *Enramadas. **14**Te alegrarás en la fiesta junto con tus hijos y tus hijas, tus esclavos y tus esclavas, y los levitas, extranjeros, huérfanos y viudas que vivan en tus ciudades. **15**Durante siete días celebrarás esta fiesta en honor al SEÑOR tu Dios, en el lugar que él elija, pues el SEÑOR tu Dios bendecirá toda tu cosecha y todo el trabajo de tus manos. Y tu alegría será completa.

16»Tres veces al año todos tus varones se presentarán ante el SEÑOR tu Dios, en el lugar que él elija, para celebrar las fiestas de los Panes sin levadura, de las Semanas y de las Enramadas. Nadie se presentará ante el SEÑOR con las manos vacías. **17**Cada uno llevará ofrendas, según lo haya bendecido el SEÑOR tu Dios.

Impartición de justicia

18»Nombrarás jueces y funcionarios que juzguen con justicia al pueblo, en cada una de las ciudades que el SEÑOR tu Dios entregará a tus tribus. **19**No pervertirás la justicia ni actuarás con parcialidad. No aceptarás soborno, pues el soborno nubla los ojos del sabio y tuerce las palabras del justo. **20**Seguirás la justicia y solamente la justicia, para que puedas vivir y poseer la tierra que te da el SEÑOR tu Dios.

Exhortación contra la idolatría

21»No levantarás ninguna imagen de la diosa *Aserá junto al altar que edifiques para el SEÑOR tu Dios; **22**tampoco erigirás *piedras sagradas, porque el SEÑOR tu Dios las aborrece.

17 »No sacrificarás al SEÑOR tu Dios ninguna oveja ni buey que tenga algún defecto o imperfección, pues eso es abominable para el SEÑOR tu Dios.

2»Puede ser que a algún hombre o mujer entre los tuyos, habitante de una de las ciudades que el SEÑOR tu Dios te dará, se le sorprenda haciendo lo malo a los ojos de Dios. Tal persona habrá violado el *pacto **3**y desobedecido mi orden, al adorar a otros dioses e inclinarse ante ellos o ante el sol, la luna o las estrellas del cielo. **4**Tan pronto como lo sepas, deberás hacer una investigación escrupulosa. Si resulta verdad y se comprueba que algo tan abominable se ha cometido en Israel, **5**llevarás al culpable, sea hombre o mujer, fuera de las *puertas de la ciudad, para que muera apedreado. **6**Por el testimonio de dos o tres testigos se podrá condenar a muerte a una persona, pero nunca por el testimonio de uno solo. **7**Los primeros en ejecutar el castigo serán los testigos, y luego todo el pueblo. Así extirparás el mal que esté en medio de ti.

Los tribunales

8»Si te enfrentas a casos demasiado difíciles de juzgar, tales como homicidios, pleitos, violencia y otros litigios que surjan en las ciudades, irás al lugar que el SEÑOR tu Dios elija **9**y te presentarás ante los sacerdotes levitas y ante el juez en funciones. Los consultarás, y ellos te darán el veredicto. **10**Actuarás conforme a la sentencia que ellos dicten en el lugar que el SEÑOR elija, y harás todo lo que te digan. **11**Procederás según las instrucciones que te den y el veredicto que pronuncien, y seguirás al pie de la letra todas sus decisiones. **12**El soberbio que muestre desacato al juez o al sacerdote en funciones, será condenado a muerte. Así extirparás de Israel el mal. **13**Todo el pueblo lo sabrá, y tendrá temor y dejará de ser altivo.

El rey

14»Cuando tomes posesión de la tierra que te da el SEÑOR tu Dios, y te establezcas, si alguna vez dices: "Quiero tener sobre mí un rey que me gobierne, así como lo tienen todas las naciones que me rodean", **15**asegúrate de nombrar como rey a uno de tu mismo pueblo, uno que el SEÑOR tu Dios elija. No aceptes como rey a ningún forastero ni extranjero.

16»El rey no deberá adquirir gran cantidad de caballos, ni hacer que el pueblo vuelva a Egipto con el pretexto de aumentar su caballería, pues el SEÑOR te ha dicho: "No vuelvas más por ese camino." **17**El rey no tomará para sí muchas mujeres, no sea que se extravíe su *corazón, ni tampoco acumulará enormes cantidades de oro y plata.

18»Cuando el rey tome posesión de su reino, ordenará que le hagan una copia del libro de la *ley, que está al cuidado de los sacerdotes levitas. **19**Esta copia la tendrá siempre a su alcance y la leerá todos los días de su vida. Así aprenderá a temer al SEÑOR su Dios, cumplirá fielmente todas las palabras de esta ley y sus preceptos, **20**no se creerá superior a sus hermanos ni se apartará de la ley en el más mínimo detalle, y junto con su descendencia reinará por mucho tiempo sobre Israel.

Ofrendas para los sacerdotes levitas

18 »La tribu de Leví, a la que pertenecen los sacerdotes levitas, no tendrá patrimonio alguno en Israel. Vivirán de las ofrendas presentadas por fuego y de la herencia que corresponde al SEÑOR. **2**Los levitas no tendrán herencia entre sus hermanos; el SEÑOR mismo es su herencia, según les prometió.

3»Cuando alguien del pueblo sacrifique un buey o un cordero, los sacerdotes tendrán derecho a la espaldilla, las quijadas y los intestinos. **4**También les darás las *primicias de tu trigo, de tu vino y de tu aceite, así como la primera lana que esquiles de tus ovejas. **5**Porque el SEÑOR tu Dios los eligió a ellos y a su descendencia, de entre todas tus tribus, para que

estuvieran siempre en su presencia, ministrando en su *nombre.

6»Si un levita que viva en alguna de las ciudades de Israel, respondiendo al impulso de su *corazón se traslada al lugar que el SEÑOR haya elegido, **7**podrá ministrar en el nombre del SEÑOR su Dios como todos los otros levitas que sirvan allí, en la presencia del SEÑOR. **8**Recibirá los mismos beneficios que ellos, además de su patrimonio familiar.

Costumbres abominables

9»Cuando entres en la tierra que te da el SEÑOR tu Dios, no imites las costumbres abominables de esas naciones. **10**Nadie entre los tuyos deberá sacrificar a su hijo o hija en el fuego; ni practicar adivinación, brujería o hechicería; **11**ni hacer conjuros, servir de médium espiritista o consultar a los muertos. **12**Cualquiera que practique estas costumbres se hará abominable al SEÑOR, y por causa de ellas el SEÑOR tu Dios expulsará de tu presencia a esas naciones. **13**A los ojos del SEÑOR tu Dios serás irreprensible.

El profeta

14»Las naciones cuyo territorio vas a poseer consultan a hechiceros y adivinos, pero a ti el SEÑOR tu Dios no te ha permitido hacer nada de eso. **15**El SEÑOR tu Dios levantará de entre tus hermanos un profeta como yo. A él sí lo escucharás. **16**Eso fue lo que le pediste al SEÑOR tu Dios en Horeb, el día de la asamblea, cuando dijiste: "No quiero seguir escuchando la voz del SEÑOR mi Dios, ni volver a contemplar este enorme fuego, no sea que muera."

17»Y me dijo el SEÑOR: "Está bien lo que ellos dicen. **18**Por eso levantaré entre sus hermanos un profeta como tú; pondré mis palabras en su boca, y él les dirá todo lo que yo le mande. **19**Si alguien no presta oído a las palabras que el profeta proclame en mi nombre, yo mismo le pediré cuentas. **20**Pero el profeta que se atreva a hablar en mi nombre y diga algo que yo no le haya mandado decir, morirá. La misma suerte correrá el profeta que hable en nombre de otros dioses."

21»Tal vez te preguntes: "¿Cómo podré reconocer un mensaje que no provenga del SEÑOR?" ²²Si lo que el profeta proclame en nombre del SEÑOR no se cumple ni se realiza, será señal de que su mensaje no proviene del SEÑOR. Ese profeta habrá hablado con presunción. No le temas.

Las ciudades de refugio

19 »Cuando el SEÑOR tu Dios haya destruido a las naciones cuyo territorio va a entregarte, y tú las hayas expulsado y te hayas establecido en sus ciudades y en sus casas, ²apartarás tres ciudades centrales en la tierra que el SEÑOR tu Dios te da en posesión. ³Dividirás en tres partes la tierra que el SEÑOR tu Dios te da por herencia, y construirás caminos para que cualquiera que haya cometido un homicidio pueda ir a refugiarse en ellas.

⁴»En cuanto al homicida que llegue allí a refugiarse, sólo se salvará el que haya matado a su prójimo sin premeditación ni rencor alguno. ⁵Por ejemplo, si un *hombre va con su prójimo al bosque a cortar leña, y al dar el hachazo para cortar un árbol el hierro se desprende y golpea a su prójimo y lo mata, tal hombre podrá refugiarse en una de esas ciudades y ponerse a salvo. ⁶Es necesario evitar grandes distancias, para que el enfurecido vengador del delito de sangre no le dé alcance y lo mate; aquel hombre no merece la muerte, puesto que mató a su prójimo sin premeditación. ⁷Por eso te ordeno apartar tres ciudades.

⁸»Si el SEÑOR tu Dios extiende tu territorio, como se lo juró a tus antepasados, y te da toda la tierra que te prometió, ⁹y si tú obedeces todos estos mandamientos que hoy te ordeno, y amas al SEÑOR tu Dios y andas siempre en sus *caminos, entonces apartarás tres ciudades más. ¹⁰De este modo no se derramará sangre inocente en la tierra que el SEÑOR tu Dios te da por herencia, y tú no serás culpable de homicidio.

¹¹»Pero si un hombre odia a su prójimo y le prepara una emboscada, y lo asalta y lo mata, y luego busca refugio en una de esas ciudades, ¹²los *ancianos de su ciudad mandarán arrestarlo y lo entregarán al vengador para que lo mate. ¹³No le tendrás lástima, porque así evitarás que Israel sea culpable de que se derrame sangre inocente, y a ti te irá bien.

¹⁴»Cuando ocupes el territorio que el SEÑOR tu Dios te da como herencia, no reduzcas el límite de la propiedad de tu prójimo, que hace mucho tiempo le fue señalado.

Los testigos requeridos

¹⁵»Un solo testigo no bastará para condenar a un hombre acusado de cometer algún crimen o delito. Todo asunto se resolverá mediante el testimonio de dos o tres testigos.

¹⁶»Si un testigo falso acusa a alguien de un crimen, ¹⁷las dos personas involucradas en la disputa se presentarán ante el SEÑOR, en presencia de los sacerdotes y de los jueces que estén en funciones. ¹⁸Los jueces harán una investigación minuciosa, y si comprueban que el testigo miente y si comprueban que es falsa la declaración que el testigo ha dado contra su hermano, ¹⁹entonces le harán a él lo mismo que se proponía hacerle a su hermano. Así extirparás el mal que haya en medio de ti. ²⁰Y cuando todos los demás oigan esto, tendrán temor y nunca más se hará semejante maldad en el país. ²¹No le tengas consideración a nadie. Cobra *vida por vida, ojo por ojo, diente por diente, mano por mano, y pie por pie.

Instrucciones para la guerra

20 »Cuando salgas a pelear contra tus enemigos y veas un ejército superior al tuyo, con muchos caballos y carros de guerra, no les temas, porque el SEÑOR tu Dios, que te sacó de Egipto, estará contigo. ²Cuando estés a punto de entrar en batalla, el sacerdote pasará al frente y exhortará al ejército ³con estas palabras: "¡Escucha, Israel! Hoy vas a entrar en batalla contra tus enemigos. No te desanimes ni tengas miedo; no te acobardes ni te llenes de pavor ante ellos, ⁴porque el SEÑOR tu Dios está contigo; él peleará en favor tuyo y te dará la *victoria sobre tus enemigos."

⁵»Luego los oficiales le dirán al ejército: "Si alguno de ustedes ha construido una casa nueva y no la ha estrenado, que

vuelva a su casa, no sea que muera en batalla y otro la estrene. **6**Y si alguno ha plantado una viña y no ha disfrutado de las uvas, que vuelva a su finca, no sea que muera en batalla y sea otro el que disfrute de ellas. **7**Y si alguno se ha comprometido con una mujer y no se ha casado, que regrese a su pueblo, no sea que muera en batalla y sea otro el que se case con ella." **8**Y añadirán los oficiales: "Si alguno de ustedes es miedoso o cobarde, que vuelva a su casa, no sea que desanime también a sus hermanos." **9**Cuando los oficiales hayan terminado de hablar, nombrarán capitanes que dirijan el ejército.

10»Cuando te acerques a una ciudad para atacarla, hazle primero una oferta de paz. **11**Si acepta y abre las *puertas, todos los habitantes de esa ciudad quedarán bajo tu dominio y serán tus esclavos. **12**Pero si la ciudad rechaza la paz y entra en batalla contra ti, la sitiarás; **13**y cuando el SEÑOR tu Dios la entregue en tus manos, matarás a filo de espada a todos sus hombres. **14**Como botín, podrás retener a las mujeres y a los niños, y el ganado y todo lo demás que haya en la ciudad. También podrás comer del botín de tus enemigos, que te entrega el SEÑOR tu Dios. **15**Así tratarás a todas las ciudades lejanas que no pertenezcan a las naciones vecinas.

16»Sin embargo, en las ciudades de los pueblos que el SEÑOR tu Dios te da como herencia, no dejarás nada con vida. **17***Exterminarás del todo a hititas, amorreos, cananeos, ferezeos, heveos y jebuseos, tal como el SEÑOR tu Dios te lo ha mandado. **18**De lo contrario, ellos te enseñarán a hacer todas las cosas abominables que hacen para adorar a sus dioses, y pecarás contra el SEÑOR tu Dios.

19»Si antes de conquistar una ciudad tienes que sitiarla por mucho tiempo, no derribes sus árboles a golpe de hacha, pues necesitarás alimentarte de sus frutos. No los derribes, pues no son hombres que puedan defenderse de ti sino sólo árboles del campo. **20**Sin embargo, podrás derribar los árboles que no sean frutales y construir con ellos instrumentos de asedio contra la ciudad que tengas sitiada, hasta que caiga bajo tu dominio.

Un caso especial de homicidio

21 »Si en algún campo de la tierra que el SEÑOR tu Dios te da en posesión se halla un muerto, y no se sabe quién pudo haberlo matado, **2**tus *ancianos y tus jueces irán y medirán la distancia que haya entre el cuerpo y las ciudades vecinas. **3**Entonces los ancianos de la ciudad más cercana al muerto tomarán una becerra, a la cual nunca se le haya hecho trabajar ni se le haya puesto el yugo. **4**La llevarán a algún valle donde no se haya arado ni plantado, y donde haya un arroyo de aguas continuas, y allí le romperán el cuello. **5**Los sacerdotes levitas pasarán al frente para cumplir su tarea, porque el SEÑOR tu Dios los eligió para pronunciar bendiciones en su *nombre, y para ministrar y decidir en todos los casos de disputas y asaltos. **6**Luego, todos los ancianos del pueblo más cercano al muerto se lavarán las manos sobre la becerra desnucada, **7**y declararán: "No derramaron nuestras manos esta sangre, ni vieron nuestros ojos lo ocurrido. **8**Perdona, SEÑOR, a tu pueblo Israel, al cual liberaste, y no lo culpes de esta sangre inocente." **9**Así quitarás de en medio de ti la culpa de esa sangre inocente, y habrás hecho lo recto a los ojos del SEÑOR.

El matrimonio con prisioneras de guerra

10»Cuando salgas a la guerra contra tus enemigos, y el SEÑOR tu Dios los entregue en tus manos y los hagas prisioneros, **11**si ves entre las cautivas alguna mujer hermosa que te atraiga, podrás tomarla por esposa. **12**La llevarás a tu casa y harás que se rape la cabeza, se corte las uñas **13**y se deshaga de su ropa de cautiva. Después de que haya vivido en tu casa y guardado luto por su padre y su madre durante todo un mes, podrás unirte a ella y serán marido y mujer. **14**Pero si no resulta de tu agrado, la dejarás ir adonde ella lo desee. No deberás venderla ni tratarla como esclava, puesto que la habrás deshonrado.

El derecho del primogénito

15»Tomemos el caso de un hombre que tiene dos esposas, y que ama a una de ellas, pero no a la otra; ambas le dan hijos, y el primogénito es el hijo de la mujer a quien no ama. 16Cuando tal hombre reparta la herencia entre sus hijos, no dará los derechos de primogenitura al hijo de la esposa a quien ama, ni lo preferirá en perjuicio de su verdadero primogénito, es decir, el hijo de la esposa a quien no ama. 17Más bien, reconocerá a éste como el primogénito, y le dará el doble de las posesiones que le correspondan. Ese hijo es el primer fruto de su vigor, y a él le pertenece el derecho de primogenitura.

Un hijo rebelde

18»Si un hombre tiene un hijo obstinado y rebelde, que no escucha a su padre ni a su madre, ni los obedece cuando lo *disciplinan, 19su padre y su madre lo llevarán a la *puerta de la ciudad y lo presentarán ante los *ancianos. 20Y dirán los padres a los ancianos: "Este hijo nuestro es obstinado y rebelde, libertino y borracho. No nos obedece." 21Entonces todos los hombres de la ciudad lo apedrearán hasta matarlo. Así extirparás el mal que haya en medio de ti. Y todos en Israel lo sabrán, y tendrán temor.

Diversas leyes

22»Si alguien, por ser culpable de un delito, es condenado a la horca, 23no dejarás el cuerpo colgado del árbol durante la noche sino que lo sepultarás ese mismo día. Porque cualquiera que es colgado de un árbol está bajo la maldición de Dios. No *contaminarás la tierra que el SEÑOR tu Dios te da como herencia.

22 »Si ves que un buey o una oveja de tu hermano se ha extraviado, no te hagas el desentendido sino llévalo en seguida a su dueño. 2Si el dueño no es tu vecino, o no lo conoces, lleva el animal a tu casa y cuídalo hasta que el dueño te lo reclame; entonces se lo devolverás. 3Lo mismo harás si encuentras un burro, o un manto, o cualquier otra cosa que se le haya perdido a tu hermano. No te portes con indiferencia.

4»Si en el camino encuentras caído un burro o un buey que pertenezca a tu hermano, no te hagas el desentendido: ayúdalo a levantarlo.

5»La mujer no se pondrá ropa de hombre, ni el hombre se pondrá ropa de mujer, porque el SEÑOR tu Dios detesta a cualquiera que hace tal cosa.

6»Si en el camino encuentras el nido de un ave en un árbol o en el suelo, y a la madre echada sobre los polluelos o sobre los huevos, no te quedes con la madre y con la cría. 7Quédate con los polluelos, pero deja ir a la madre. Así te irá bien y gozarás de larga vida.

8»Cuando edifiques una casa nueva, construye una baranda alrededor de la azotea, no sea que alguien se caiga de allí y sobre tu familia recaiga la culpa de su muerte.

9»Cuando plantes en tu viña, no mezcles diferentes clases de semilla; si lo haces, tendrás que consagrar a Dios tanto el producto de lo plantado como el fruto total de la viña.

10»No ares con una yunta compuesta de un buey y un burro.

11»No te vistas con ropa de lana mezclada con lino.

12»Pon cuatro borlas en las puntas del manto con que te cubres.

Violación de las reglas matrimoniales

13»Si un hombre se casa, y después de haberse acostado con su esposa le toma aversión, 14y falsamente la difama y la acusa, alegando: "Me casé con esta mujer, pero al tener relaciones con ella descubrí que no era virgen"; 15entonces el padre y la madre de la joven irán a la *puerta de la ciudad y entregarán a los *ancianos pruebas de que ella sí era virgen. 16El padre de la joven dirá a los ancianos: "A este hombre le entregué mi hija en matrimonio, pero él le tomó aversión. 17Ahora la difama y alega haber descubierto que no era virgen. ¡Pero aquí está la prueba de que sí lo era!" Entonces sus padres exhibirán la sábana a la vista de los ancianos del pueblo, 18y ellos tomarán preso al hombre y lo castigarán; 19además, le impondrán una multa de cien monedas de plata por haber difamado a una virgen israelita, y se las darán al padre de la joven. Ella seguirá siendo su esposa y, mientras él viva, no podrá divorciarse de ella.

20»Pero si la acusación es verdadera y no se demuestra la virginidad de la joven, **21**la llevarán a la puerta de la casa de su padre, y allí los hombres de la ciudad la apedrearán hasta matarla. Esto le pasará por haber cometido una maldad en Israel y por deshonrar con su mala conducta la casa de su padre. Así extirparás el mal que haya en medio de ti.

22»Si un hombre es sorprendido durmiendo con la esposa de otro, los dos morirán, tanto el hombre que se acostó con ella como la mujer. Así extirparás el mal que haya en medio de Israel.

23»Si en una ciudad se encuentra casualmente un hombre con una joven virgen, ya comprometida para casarse, y se acuesta con ella, **24**llevarán a ambos a la puerta de la ciudad y los apedrearán hasta matarlos; a la joven, por no gritar pidiendo ayuda a los de la ciudad, y al hombre, por deshonrar a la prometida de su prójimo. Así extirparás el mal que haya en medio de ti.

25»Pero si un hombre se encuentra en el campo con una joven comprometida para casarse, y la viola, sólo morirá el hombre que forzó a la joven a acostarse con él. **26**A ella no le harás nada, pues ella no cometió ningún pecado que merezca la muerte. Este caso es como el de quien ataca y mata a su prójimo: **27**el hombre encontró a la joven en el campo y, aunque ella hubiera gritado, no habría habido quien la rescatara.

28»Si un hombre se encuentra casualmente con una joven virgen que no esté comprometida para casarse, y la obliga a acostarse con él, y son sorprendidos, **29**el hombre le pagará al padre de la joven cincuenta monedas de plata, y además se casará con la joven por haberla deshonrado. En toda su vida no podrá divorciarse de ella.

30»Ningún hombre tendrá relaciones íntimas con la esposa de su padre, ya que usurpa sus derechos de esposo.

Exclusión de la asamblea

23 »No podrá entrar en la asamblea del Señor ningún hombre que tenga magullados los testículos o mutilado el pene.

2»No podrá entrar en la asamblea del Señor quien haya nacido de una unión ilegítima; tampoco podrá hacerlo ninguno de sus descendientes, hasta la décima generación.

3»No podrán entrar en la asamblea del Señor los amonitas ni los moabitas, ni ninguno de sus descendientes, hasta la décima generación. **4**Porque no te ofrecieron pan y agua cuando cruzaste por su territorio, después de haber salido de Egipto. Además, emplearon a Balán hijo de Beor, originario de Petor en Aram Najarayin,*p* para que te maldijera. **5**Sin embargo, por el amor que el Señor tu Dios siente por ti, no quiso el Señor escuchar a Balán, y cambió la maldición en bendición. **6**Por eso, a lo largo de toda tu existencia no procurarás ni la *paz ni el bienestar de ellos.

7»No aborrecerás al edomita, pues es tu hermano. Tampoco aborrecerás al egipcio, porque viviste en su país como extranjero. **8**La tercera generación de sus descendientes sí podrá estar en la asamblea del Señor.

Higiene en el campamento

9»Cuando tengas que salir en campaña de guerra contra tus enemigos, te mantendrás alejado de *impurezas. **10**Si alguno de tus hombres queda impuro por causa de una emisión nocturna, saldrá del campamento y se quedará afuera, **11**pero se bañará al atardecer, y al ponerse el sol podrá volver al campamento.

12»Designarás un lugar fuera del campamento donde puedas ir a hacer tus necesidades. **13**Como parte de tu equipo tendrás una estaca, con la que cavarás un hueco y, luego de hacer tu necesidad, cubrirás tu excremento. **14**Porque el Señor tu Dios anda por tu campamento para protegerte y para entregar a tus ene-

---

p **23:4** *Aram Najarayin.* Es decir, el noroeste de Mesopotamia.

migos en tus manos. Por eso tu campamento debe ser un lugar *santo; si el Señor ve algo indecente, se apartará de ti.

Leyes misceláneas

15»Si un esclavo huye de su amo y te pide refugio, no se lo entregues a su amo 16sino déjalo que viva en medio de ti, en la ciudad que elija y donde se sienta a gusto. Y no lo oprimas.

17»Ningún hombre o mujer de Israel se dedicará a la prostitución ritual.

18»No lleves a la casa del Señor tu Dios dineros ganados con estas prácticas, ni pagues con esos dineros ninguna ofrenda prometida, porque unos y otros son abominables al Señor tu Dios.

19»No le cobres intereses a tu hermano sobre el dinero, los alimentos, o cualquier otra cosa que gane intereses. 20Cóbrale intereses a un extranjero, pero no a un hermano israelita. Así el Señor tu Dios bendecirá todo el trabajo de tus manos en el territorio del que vas a tomar posesión.

21»Si le haces una promesa al Señor tu Dios, no tardes en cumplirla, porque sin duda él demandará que se la cumplas; si no se la cumples, habrás cometido pecado. 22No serás culpable si evitas hacer una promesa. 23Pero, si por tu propia voluntad le haces una promesa al Señor tu Dios, cumple fielmente lo que le prometiste.

24»Si entras a la viña de tu prójimo, podrás comer todas las uvas que quieras, pero no podrás llevarte nada en tu cesto.

25»Si entras al trigal de tu prójimo, podrás arrancar espigas con las manos pero no cortar el trigo con la hoz.

24 »Si un hombre se casa con una mujer, pero luego deja de quererla por haber encontrado en ella algo indecoroso, sólo podrá despedirla si le entrega un certificado de divorcio. 2Una vez que ella salga de la casa, podrá casarse con otro hombre.

3»Si ocurre que el segundo esposo le toma aversión, y también le extiende un certificado de divorcio y la despide de su casa, o si el segundo esposo muere, 4el primer esposo no podrá casarse con ella

de nuevo, pues habrá quedado *impura. Eso sería abominable a los ojos del *Señor.

»No perviertas la tierra que el Señor tu Dios te da como herencia.

5»No envíes a la guerra a ningún hombre recién casado, ni le impongas ningún otro deber. Tendrá libre todo un año para atender su casa y hacer feliz a la mujer que tomó por esposa.

6»Si alguien se endeuda contigo, no tomes como prenda su molino de mano ni su piedra de moler, porque sería lo mismo que arrebatarle su propia subsistencia.

7»Si se descubre que alguien ha secuestrado a uno de sus hermanos israelitas, y lo trata como esclavo, o lo vende, el secuestrador morirá. Así extirparás el mal que haya en medio de ti.

8»Cuando se trate de una infección de la piel,q ten mucho cuidado de seguir las instrucciones de los sacerdotes levitas. Sigue al pie de la letra todo lo que te he mandado. 9Recuerda lo que el Señor tu Dios hizo con Miriam mientras andaban peregrinando, después de que el pueblo salió de Egipto.

10»Cuando le hagas un préstamo a tu prójimo, no entres en su casa ni tomes lo que te ofrezca en prenda. 11Quédate afuera y deja que él mismo te entregue la prenda. 12Si es pobre y en prenda te ofrece su manto, no se lo retengas durante la noche. 13Devuélveselo antes de la puesta del sol, para que se cubra con él durante la noche. Así estará él agradecido contigo, y tú habrás actuado con justicia a los ojos del Señor tu Dios.

14»No te aproveches del empleado pobre y necesitado, sea éste un compatriota israelita o un extranjero. 15Le pagarás su jornal cada día, antes de la puesta del sol, porque es pobre y cuenta sólo con ese dinero. De lo contrario, él clamará al Señor contra ti y tú resultarás convicto de pecado.

16»No se dará muerte a los padres por la culpa de sus hijos, ni se dará muerte a los hijos por la culpa de sus padres. Cada uno morirá por su propio pecado.

---

q **24:8** *una infección de la piel.* Tradicionalmente *lepra.*

17»No le niegues sus derechos al extranjero ni al huérfano, ni tomes en prenda el manto de la viuda. 18Recuerda que fuiste esclavo en Egipto, y que el SEÑOR tu Dios te sacó de allí. Por eso te ordeno que actúes con justicia.

19»Cuando recojas la cosecha de tu campo y olvides una gavilla, no vuelvas por ella. Déjala para el extranjero, el huérfano y la viuda. Así el SEÑOR tu Dios bendecirá todo el trabajo de tus manos.

20»Cuando sacudas tus olivos, no rebusques en las ramas; las aceitunas que queden, déjalas para el extranjero, el huérfano y la viuda.

21»Cuando coseches las uvas de tu viña, no repases las ramas; los racimos que queden, déjalos para el inmigrante, el huérfano y la viuda.

22»Recuerda que fuiste esclavo en Egipto. Por eso te ordeno que actúes con justicia.

25 »Cuando dos hombres tengan un pleito, se presentarán ante el tribunal y los jueces decidirán el caso, absolviendo al inocente y condenando al culpable. 2Si el culpable merece que lo azoten, el juez le ordenará tenderse en el suelo y hará que allí mismo le den el número de azotes que su crimen merezca. 3Pero no se le darán más de cuarenta azotes; más de eso sería humillante para tu hermano.

4»No le pongas bozal al buey mientras esté trillando.

5»Si dos hermanos viven en el mismo hogar, y uno muere sin dejar hijos, su viuda no se casará fuera de la familia. El hermano del esposo la tomará y se casará con ella, para cumplir con su deber de cuñado. 6El primer hijo que ella tenga llevará el *nombre del hermano muerto, para que su nombre no desaparezca de Israel.

7»Si tal hombre no quiere casarse con la viuda de su hermano, ella recurrirá a los *ancianos, a la *entrada de la ciudad, y les dirá: "Mi cuñado no quiere mantener vivo en Israel el nombre de su hermano. Se niega a cumplir conmigo su deber de cuñado." 8Entonces los ancianos lo llamarán y le hablarán. Si persiste en decir: "No quiero casarme con ella", 9la cuñada se acercará a él y, en presencia de los ancia-

nos, le quitará una de las sandalias, le escupirá en la cara, y dirá: "Esto es lo que se hace con quien no quiere mantener viva la descendencia de su hermano." 10Y para siempre se conocerá en Israel a ese hombre y a su familia como "los descalzos".

11»Cuando dos hombres se estén peleando y la esposa de uno de ellos venga a rescatar a su esposo de manos de su atacante, si la mujer le hiere los genitales al otro hombre, 12tú le cortarás a ella la mano. No le tendrás compasión.

13»No tendrás en tu bolsa dos pesas diferentes, una más pesada que la otra. 14Tampoco tendrás en tu casa dos medidas diferentes, una más grande que la otra. 15Más bien, tendrás pesas y medidas precisas y justas, para que vivas mucho tiempo en la tierra que te da el SEÑOR tu Dios, 16porque él aborrece a quien comete tales actos de injusticia.

17»Recuerda lo que te hicieron los amalecitas después de que saliste de Egipto: 18cuando estabas cansado y fatigado, salieron a tu encuentro y atacaron por la espalda a todos los rezagados. ¡No tuvieron temor de Dios! 19Por eso, cuando el SEÑOR tu Dios te dé la victoria sobre todas las naciones enemigas que rodean la tierra que él te da como herencia, borrarás para siempre el recuerdo de los descendientes de Amalec. ¡No lo olvides!

Diezmos y primicias

26 »Cuando hayas entrado en la tierra que el SEÑOR tu Dios te da como herencia, y tomes posesión de ella y te establezcas allí, 2tomarás de las *primicias de todo lo que produzca la tierra que el SEÑOR tu Dios te da, y las pondrás en una canasta. Luego irás al lugar donde el SEÑOR tu Dios haya decidido habitar, 3y le dirás al sacerdote que esté oficiando: "Hoy declaro, ante el SEÑOR tu Dios, que he entrado en la tierra que él nos dio, tal como se lo juró a nuestros antepasados."

4»El sacerdote tomará de tus manos la canasta y la pondrá frente al altar del SEÑOR tu Dios. 5Entonces tú declararás ante el SEÑOR tu Dios:

"Mi padre fue un *arameo errante, y descendió a Egipto con poca gente. Vivió allí hasta llegar a ser una gran nación, fuerte y numerosa. 6Pero los egipcios nos maltrataron, nos hicieron sufrir y nos sometieron a trabajos forzados. 7Nosotros clamamos al Señor, el Dios de nuestros padres, y él escuchó nuestro ruego y vio la miseria, el trabajo y la opresión que nos habían impuesto. 8Por eso el Señor nos sacó de Egipto con actos portentosos y gran despliegue de poder, con señales, prodigios y milagros que provocaron gran terror. 9Nos trajo a este lugar, y nos dio esta tierra, donde abundan la leche y la miel. 10Por eso ahora traigo las primicias de la tierra que el Señor tu Dios me ha dado."

»Acto seguido, pondrás la canasta delante del Señor tu Dios, y te postrarás ante él. 11Y los levitas y los extranjeros celebrarán contigo todo lo bueno que el Señor tu Dios te ha dado a ti y a tu familia.

12»Cuando ya hayas apartado la décima parte de todos tus productos del tercer año, que es el año del diezmo, se la darás al levita, al extranjero, al huérfano y a la viuda, para que coman y se sacien en tus ciudades. 13Entonces le dirás al Señor tu Dios:

"Ya he retirado de mi casa la porción consagrada a ti, y se la he dado al levita, al extranjero, al huérfano y a la viuda, conforme a todo lo que tú me mandaste. No me he apartado de tus mandamientos ni los he olvidado. 14Mientras estuve de luto, no comí nada de esta porción consagrada; mientras estuve *impuro, no tomé nada de ella ni se la ofrecí a los muertos. Señor mi Dios, yo te he obedecido y he hecho todo lo que me mandaste. 15Mira desde el cielo, desde el *santo lugar donde resides y, tal como se lo juraste a nuestros antepasados, bendice a tu pueblo Israel y a la tierra que nos has dado, tierra donde abundan la leche y la miel."

Exhortación a seguir los mandamientos del Señor

16»Hoy el Señor tu Dios te manda obedecer estos preceptos y normas. Pon todo lo que esté de tu parte para practi-

carlos con entusiasmo. 17Hoy has declarado que el Señor es tu Dios y que andarás en sus *caminos, que prestarás oído a su voz y que cumplirás sus preceptos, mandamientos y normas. 18Por su parte, hoy mismo el Señor ha declarado que tú eres su pueblo, su posesión preciosa, tal como lo prometió. Obedece, pues, todos sus mandamientos. 19El Señor ha declarado que te pondrá por encima de todas las naciones que ha formado, para que seas alabado y recibas fama y honra. Serás una nación consagrada al Señor tu Dios.»

El altar sobre el monte Ebal

27 Moisés y los *ancianos de Israel le dieron al pueblo esta orden: «Cumple todos estos mandamientos que hoy te entrego. 2Después de cruzar el Jordán y de entrar en la tierra que el Señor tu Dios te da, levantarás unas piedras grandes, las revocarás con cal, 3y escribirás sobre ellas todas las palabras de esta *ley. Esto lo harás después de cruzar el Jordán y de entrar en la tierra que el Señor tu Dios te da, tierra donde abundan la leche y la miel, tal como el Señor tu Dios se lo prometió a tus antepasados. 4Cuando hayas cruzado el Jordán, colocarás esas piedras sobre el monte Ebal y las revocarás con cal, tal como te lo ordeno hoy. 5Edificarás allí un altar de piedra en honor al Señor tu Dios, pero no con piedras labradas con instrumentos de hierro, sino con piedras enteras, 6porque el altar del Señor deberá construirse con piedras del campo. Quemarás sobre él ofrendas al Señor tu Dios; 7ofrecerás allí sacrificios de *comunión, y los comerás y te regocijarás en la presencia del Señor tu Dios. 8Sobre las piedras de ese altar escribirás claramente todas las palabras de esta ley.»

Maldiciones desde el monte Ebal

9Entonces Moisés y los sacerdotes levitas dijeron a todo Israel: «¡Guarda silencio, Israel, y escucha! Hoy te has convertido en el pueblo del Señor tu Dios. 10Obedece al Señor tu Dios y cumple los mandamientos y preceptos que hoy te mando.»

11Ese mismo día Moisés le ordenó al pueblo:

12«Cuando hayan cruzado el Jordán, las siguientes tribus estarán sobre el monte Guerizín para bendecir al pueblo: Simeón, Leví, Judá, Isacar, José y Benjamín. **13**»Sobre el monte Ebal estarán estas otras, para pronunciar las maldiciones: Rubén, Gad, Aser, Zabulón, Dan y Neftalí. **14**»Los levitas tomarán la palabra, y en voz alta le dirán a todo el pueblo de Israel:

15"Maldito sea quien haga un ídolo, ya sea tallado en madera o fundido en metal, y lo ponga en un lugar secreto. Es creación de las manos de un artífice, y por lo tanto es detestable al SEÑOR."

Y todo el pueblo dirá: "¡Amén!"

16"Maldito sea quien deshonre a su padre o a su madre."

Y todo el pueblo dirá: "¡Amén!"

17"Maldito sea quien altere los límites de la propiedad de su prójimo."

Y todo el pueblo dirá: "¡Amén!"

18"Maldito sea quien desvíe de su camino a un ciego."

Y todo el pueblo dirá: "¡Amén!"

19"Maldito sea quien viole los derechos del extranjero, del huérfano o de la viuda."

Y todo el pueblo dirá: "¡Amén!"

20"Maldito sea quien se acueste con la mujer de su padre, pues con tal acción deshonra el lecho de su padre."

Y todo el pueblo dirá: "¡Amén!"

21"Maldito sea quien tenga relaciones sexuales con un animal."

Y todo el pueblo dirá: "¡Amén!"

22"Maldito sea quien se acueste con su hermana, hija de su padre o de su madre."

Y todo el pueblo dirá: "¡Amén!"

23"Maldito sea quien se acueste con su suegra."

Y todo el pueblo dirá: "¡Amén!"

24"Maldito sea quien mate a traición a su prójimo."

Y todo el pueblo dirá: "¡Amén!"

25"Maldito sea quien acepte soborno para matar al inocente."

Y todo el pueblo dirá: "¡Amén!"

26"Maldito sea quien no practique fielmente las palabras de esta *ley."

Y todo el pueblo dirá: "¡Amén!"

Bendiciones por la obediencia

28 »Si realmente escuchas al SEÑOR tu Dios, y cumples fielmente todos estos mandamientos que hoy te ordeno, el SEÑOR tu Dios te pondrá por encima de todas las naciones de la tierra. **2**Si obedeces al SEÑOR tu Dios, todas estas bendiciones vendrán sobre ti y te acompañarán siempre:

3»Bendito serás en la ciudad,
   y bendito en el campo.

4»Benditos serán el fruto de tu
      vientre,
   tus cosechas, las crías de tu
      ganado,
   los terneritos de tus manadas
   y los corderitos de tus rebaños.

5»Benditas serán tu canasta
   y tu mesa de amasar.

6»Bendito serás en el hogar,
   y bendito en el camino.*r*

7»El SEÑOR te concederá la victoria sobre tus enemigos. Avanzarán contra ti en perfecta formación, pero huirán en desbandada. **8**»El SEÑOR bendecirá tus graneros, y todo el trabajo de tus manos.

»El SEÑOR tu Dios te bendecirá en la tierra que te ha dado. **9**»El SEÑOR te establecerá como su pueblo *santo, conforme a su juramento, si cumples sus mandamientos y andas en sus *caminos. **10**Todas las naciones de la tierra te respetarán al reconocerte como el pueblo del SEÑOR.

11»El SEÑOR te concederá abundancia de bienes: multiplicará tus hijos, tu ganado y tus cosechas en la tierra que a tus antepasados juró que te daría.

12»El SEÑOR abrirá los cielos, su generoso tesoro, para derramar a su debido

---

r **28:6** *en el hogar ... en el camino.* Lit. *en tu entrar ... en tu salir*; también en v. 19.

tiempo la lluvia sobre la tierra, y para bendecir todo el trabajo de tus manos. Tú les prestarás a muchas naciones, pero no tomarás prestado de nadie. **13**El Señor te pondrá a la cabeza, nunca en la cola. Siempre estarás en la cima, nunca en el fondo, con tal de que prestes atención a los mandamientos del Señor tu Dios que hoy te mando, y los obedezcas con cuidado. **14**Jamás te apartes de ninguna de las palabras que hoy te ordeno, para seguir y servir a otros dioses.

Maldiciones por la desobediencia

15»Pero debes saber que, si no obedeces al Señor tu Dios ni cumples fielmente todos sus mandamientos y preceptos que hoy te ordeno, vendrán sobre ti y te alcanzarán todas estas maldiciones:

16»Maldito serás en la ciudad,
  y maldito en el campo.

17»Malditas serán tu canasta
  y tu mesa de amasar.

18»Malditos serán el fruto de tu vientre,
  tus cosechas,
 los terneritos de tus manadas
  y los corderitos de tus rebaños.

19»Maldito serás en el hogar,
  y maldito en el camino.

20»El Señor enviará contra ti maldición, confusión y fracaso en toda la obra de tus manos, hasta que en un abrir y cerrar de ojos quedes arruinado y exterminado por tu mala conducta y por haberme abandonado. **21**»El Señor te infestará de plagas, hasta acabar contigo en la tierra de la que vas a tomar posesión. **22**El Señor te castigará con epidemias mortales, fiebres malignas e inflamaciones, con calor sofocante y sequía, y con plagas y pestes sobre tus cultivos. Te hostigará hasta que perezcas. **23**Sobre tu cabeza, el cielo será como bronce; bajo tus pies, la tierra será como hierro. **24**En lugar de lluvia, el Señor enviará sobre tus campos polvo y arena; del cielo lloverá ceniza, hasta que seas aniquilado.

25»El Señor hará que te derroten tus enemigos. Avanzarás contra ellos en perfecta formación, pero huirás en desbandada. ¡Todos los reinos de la tierra te humillarán! **26**Tu cadáver servirá de alimento a las aves de los cielos y a las bestias de la tierra, y no habrá quien las espante.

27»El Señor te afligirá con tumores y úlceras, como las de Egipto, y con sarna y comezón, y no podrás sanar. **28**»El Señor te hará sufrir de locura, ceguera y delirio. **29**En pleno día andarás a tientas, como ciego en la oscuridad. Fracasarás en todo lo que hagas; día tras día serás oprimido; te robarán y no habrá nadie que te socorra. **30**Estarás comprometido para casarte, pero otro tomará a tu prometida y la violará. Construirás una casa, y no podrás habitarla. Plantarás una viña, pero no podrás gozar de sus frutos. **31**Ante tus propios ojos degollarán a tu buey, y no probarás su carne. Te quitarán tu burro a la fuerza y no te lo devolverán. Tus ovejas pasarán a manos de tus enemigos, y nadie te ayudará a rescatarlas. **32**Tus hijos y tus hijas serán entregados a otra nación; te cansarás de buscarlos, y no los podrás encontrar. **33**Un pueblo desconocido se comerá los frutos de tu tierra y todo el producto de tu trabajo; para ti sólo habrá opresión y malos tratos cada día. **34**Tendrás visiones que te enloquecerán.

35»El Señor te herirá en las rodillas y en las piernas, y con llagas malignas e incurables que te cubrirán todo el cuerpo, desde la planta del pie hasta la coronilla. **36**»El Señor hará que tú y el rey que hayas elegido para gobernarte sean deportados a un país que ni tú ni tus antepasados conocieron. Allí adorarás a otros dioses, dioses de madera y de piedra. **37**Serás motivo de horror y objeto de burla y de ridículo en todas las naciones a las que el Señor te conduzca.

38»Sembrarás en tus campos mucho, pero cosecharás poco, porque las langostas devorarán tus plantíos. **39**Plantarás viñas y las cultivarás, pero no cosecharás las uvas ni beberás el vino, porque los gusanos se comerán tus vides. **40**Tendrás olivares por todo tu territorio, pero no te ungirás con su aceite, porque se caerán las aceitunas. 41Tendrás hijos e hijas pero no podrás retenerlos, porque serán llevados al cautiverio. 42¡Enjambres de langostas devorarán todos los árboles y las cosechas de tu tierra!

43»Los extranjeros que vivan contigo alcanzarán cada vez más poder sobre ti, mientras que tú te irás hundiendo más y más. 44Ellos serán tus acreedores, y tú serás su deudor. Ellos irán a la cabeza, y tú quedarás rezagado.

45»Todas estas maldiciones caerán sobre ti. Te perseguirán y te alcanzarán hasta destruirte, porque desobedeciste al SEÑOR tu Dios y no cumpliste sus mandamientos y preceptos. 46Ellos serán señal y advertencia permanente para ti y para tus descendientes, 47pues no serviste al SEÑOR tu Dios con gozo y alegría cuando tenías de todo en abundancia. 48Por eso sufrirás hambre y sed, desnudez y pobreza extrema, y serás esclavo de los enemigos que el SEÑOR enviará contra ti. Ellos te pondrán un yugo de hierro sobre el cuello, y te destruirán por completo.

49»El SEÑOR levantará contra ti una nación muy lejana, cuyo idioma no podrás entender; vendrá de los confines de la tierra, veloz como un águila. 50Esta nación tendrá un aspecto feroz y no respetará a los viejos ni se compadecerá de los jóvenes. 51Devorará las crías de tu ganado y las cosechas de tu tierra, hasta aniquilarte. No te dejará trigo, ni mosto ni aceite, ni terneras en las manadas, ni corderos en los rebaños. ¡Te dejará completamente arruinado! 52Te acorralará en todas las ciudades de tu tierra; te sitiará hasta que se derrumben esas murallas fortificadas en las que has confiado. ¡Te asediará en toda la tierra y en las ciudades que el SEÑOR tu Dios te ha dado!

53»Tal será tu sufrimiento durante el sitio de la ciudad, que acabarás comiéndote el fruto de tu vientre, ¡la carne misma de los hijos y las hijas que el SEÑOR tu Dios te ha dado! 54Aun el más tierno y sensible de tus hombres no tendrá compasión de su propio hermano, ni de la esposa que ama, ni de los hijos que todavía le queden, 55a tal grado que no compartirá con ellos nada de la carne de sus hijos que esté comiendo, pues será todo lo que le quede.

»Tal será la angustia que te hará sentir tu enemigo durante el asedio de todas tus ciudades, 56que aun la más tierna y sensible de tus mujeres, tan sensible y tierna que no se atrevería a rozar el suelo con la planta de los pies, no tendrá compasión de su propio esposo al que ama, ni de sus hijos ni de su hijas. 57No compartirá el hijo que acaba de parir, ni su placenta, sino que se los comerá en secreto, pues será lo único que le quede. ¡Tal será la angustia que te hará sentir tu enemigo durante el asedio de todas tus ciudades!

58»Si no te empeñas en practicar todas las palabras de esta *ley, que están escritas en este libro, ni temes al SEÑOR tu Dios, ¡*nombre glorioso e imponente!, 59el SEÑOR enviará contra ti y contra tus descendientes plagas terribles y persistentes, y enfermedades malignas e incurables. 60Todas las plagas de Egipto, que tanto horror te causaron, vendrán sobre ti y no te darán respiro.

61»El SEÑOR también te enviará, hasta exterminarte, toda clase de enfermedades y desastres no registrados en este libro de la ley. 62Y tú, que como pueblo fuiste tan numeroso como las estrellas del cielo, quedarás reducido a unos cuantos por no haber obedecido al SEÑOR tu Dios. 63Así como al SEÑOR le agradó multiplicarte y hacerte prosperar, también le agradará arruinarte y destruirte. ¡Serás arrancado de raíz, de la misma tierra que ahora vas a poseer!

64»El SEÑOR te dispersará entre todas las naciones, de uno al otro extremo de la tierra. Allí adorarás a otros dioses, dioses de madera y de piedra, que ni tú ni tus antepasados conocieron. 65En esas naciones no hallarás *paz ni descanso. El SEÑOR mantendrá angustiado tu *corazón; tus ojos se cansarán de anhelar, y tu corazón perderá toda esperanza. 66Noche y día vivirás en constante zozobra, lleno de terror y nunca seguro de tu vida. 67Debido a las visiones que tendrás y al terror que se apoderará de ti, dirás en la mañana: "¡Si tan sólo fuera de noche!", y en la noche: "¡Si tan sólo fuera de día!" 68Y aunque el SEÑOR te prometió que jamás volverías por el camino de Egipto, te hará volver en barcos. Allá te ofrecerás a tus enemigos como esclavo, y no habrá nadie que quiera comprarte.»

La renovación del pacto

29 Éstos son los términos del *pacto que, por orden del SEÑOR, hizo Moisés en Moab con los israelitas, además del pacto que ya había hecho con ellos en Horeb. **2**Moisés convocó a todos los israelitas y les dijo:

«Ustedes vieron todo lo que el SEÑOR hizo en Egipto con el faraón y sus funcionarios, y con todo su país. **3**Con sus propios ojos vieron aquellas grandes pruebas, señales y maravillas. **4**Pero hasta este día el SEÑOR no les ha dado *mente para entender, ni ojos para ver, ni oídos para oír. **5**Durante los cuarenta años que los guié a través del desierto, no se les desgastó la ropa ni el calzado. **6**No comieron pan ni bebieron vino ni ninguna bebida fermentada. Esto lo hice para que supieran que yo soy el SEÑOR su Dios.

7»Cuando llegaron a este lugar, Sijón rey de Hesbón y Og rey de Basán salieron a pelear contra nosotros, pero los derrotamos. **8**Tomamos su territorio y se lo dimos como herencia a los rubenitas, a los gaditas y a la media tribu de Manasés.

9»Ahora, cumplan con cuidado las condiciones de este pacto para que prosperen en todo lo que hagan. **10**Hoy están ante la presencia del SEÑOR su Dios todos ustedes, sus líderes y sus jefes, sus *ancianos y sus oficiales, y todos los hombres de Israel, **11**junto con sus hijos y sus esposas, y los extranjeros que viven en sus campamentos, desde los que cortan la leña hasta los que acarrean el agua. **12**Están aquí para hacer un pacto con el SEÑOR su Dios, quien hoy lo establece con ustedes y lo sella con su juramento. **13**De esta manera confirma hoy que ustedes son su pueblo, y que él es su Dios, según lo prometió y juró a sus antepasados Abraham, Isaac y Jacob. **14**El SEÑOR nuestro Dios afirma que no sólo hace su pacto y su juramento con los que ahora estamos en su presencia, **15**sino también con los que todavía no se encuentran entre nosotros.

16»Ustedes saben cómo fue nuestra vida en Egipto, y cómo avanzamos en medio de las naciones que encontramos en nuestro camino hasta aquí. **17**Ustedes vieron entre ellos sus detestables imágenes e ídolos de madera y de piedra, de plata y de oro. **18**Asegúrense de que ningún hombre ni mujer, ni clan ni tribu entre ustedes, aparte hoy su *corazón del SEÑOR nuestro Dios para ir a adorar a los dioses de esas naciones. Tengan cuidado de que ninguno de ustedes sea como una raíz venenosa y amarga.

19»Si alguno de ustedes, al oír las palabras de este juramento, se cree bueno y piensa: "Todo me saldrá bien, aunque persista yo en hacer lo que me plazca", provocará la ruina de todos. **20**El SEÑOR no lo perdonará. La ira y el celo de Dios arderán contra ese hombre. Todas las maldiciones escritas en este libro caerán sobre él, y el SEÑOR hará que desaparezca hasta el último de sus descendientes. **21**El SEÑOR lo apartará de todas las tribus de Israel, para su desgracia, conforme a todas las maldiciones del pacto escritas en este libro de la *ley.

22»Sus hijos y las generaciones futuras, y los extranjeros que vengan de países lejanos, verán las calamidades y enfermedades con que el SEÑOR habrá azotado esta tierra. **23**Toda ella será un desperdicio ardiente de sal y de azufre, donde nada podrá plantarse, nada germinará, y ni siquiera la hierba crecerá. Será como cuando el SEÑOR destruyó con su furor las ciudades de Sodoma y Gomorra, Admá y Zeboyín. **24**Todas las naciones preguntarán: "¿Por qué trató así el SEÑOR a esta tierra? ¿Por qué derramó con tanto ardor su furia sobre ella?" **25**Y la respuesta será: "Porque este pueblo abandonó el pacto del Dios de sus padres, pacto que el SEÑOR hizo con ellos cuando los sacó de Egipto. **26**Se fueron y adoraron a otros dioses; se inclinaron ante dioses que no conocían, dioses que no tenían por qué adorar. **27**Por eso se encendió la ira del SEÑOR contra esta tierra, y derramó sobre ella todas las maldiciones escritas en este libro. **28**Y como ahora podemos ver, con mucha furia y enojo el SEÑOR los arrancó de raíz de su tierra, y los arrojó a otro país."

29»Lo secreto le pertenece al SEÑOR nuestro Dios, pero lo revelado nos pertenece a nosotros y a nuestros hijos para siempre, para que obedezcamos todas las palabras de esta ley.

Bendición a causa del arrepentimiento

30 »Cuando recibas todas estas bendiciones o sufras estas maldiciones de las que te he hablado, y las recuerdes en cualquier nación por donde el Señor tu Dios te haya dispersado; 2y cuando tú y tus hijos se vuelvan al Señor tu Dios y le obedezcan con todo el *corazón y con toda el *alma, tal como hoy te lo ordeno, 3entonces el Señor tu Dios restaurará tu buena fortuna^s y se compadecerá de ti. ¡Volverá a reunirte de todas las naciones por donde te haya dispersado! 4Aunque te encuentres desterrado en el lugar más distante de la tierra, desde allá el Señor tu Dios te traerá de vuelta, y volverá a reunirte. 5Te hará volver a la tierra que perteneció a tus antepasados, y tomarás posesión de ella. Te hará prosperar, y tendrás más descendientes que los que tuvieron tus antepasados. 6El Señor tu Dios quitará lo pagano que haya en tu corazón^t y en el de tus descendientes, para que lo ames con todo tu corazón y con toda tu alma, y así tengas vida. 7Además, el Señor tu Dios hará que todas estas maldiciones caigan sobre tus enemigos, los cuales te odian y persiguen. 8Y tú volverás a obedecer al Señor y a cumplir todos sus mandamientos, tal como hoy te lo ordeno. 9Entonces el Señor tu Dios te bendecirá con mucha prosperidad en todo el trabajo de tus manos y en el fruto de tu vientre, en las crías de tu ganado y en las cosechas de tus campos. El Señor se complacerá de nuevo en tu bienestar, así como se deleitó en la prosperidad de tus antepasados, 10siempre y cuando obedezcas al Señor tu Dios y cumplas sus mandamientos y preceptos, escritos en este libro de la *ley, y te vuelvas al Señor tu Dios con todo tu corazón y con toda tu alma.

Elección entre la vida y la muerte

11»Este mandamiento que hoy te ordeno obedecer no es superior a tus fuerzas ni está fuera de tu alcance. 12No está arriba en el cielo, para que preguntes: "¿Quién subirá al cielo por nosotros, para que nos lo traiga, y así podamos escucharlo y obedecerlo?" 13Tampoco está más allá del océano, para que preguntes: "¿Quién cruzará por nosotros hasta el otro lado del océano, para que nos lo traiga, y así podamos escucharlo y obedecerlo?" 14¡No! La palabra está muy cerca de ti; la tienes en la boca y en el *corazón, para que la obedezcas.

15»Hoy te doy a elegir entre la vida y la muerte, entre el bien y el mal. 16Hoy te ordeno que ames al Señor tu Dios, que andes en sus *caminos, y que cumplas sus mandamientos, preceptos y leyes. Así vivirás y te multiplicarás, y el Señor tu Dios te bendecirá en la tierra de la que vas a tomar posesión.

17»Pero si tu corazón se rebela y no obedeces, sino que te desvías para adorar y servir a otros dioses, 18te advierto hoy que serás destruido sin remedio. No vivirás mucho tiempo en el territorio que vas a poseer luego de cruzar el Jordán.

19»Hoy pongo al cielo y a la tierra por testigos contra ti, de que te he dado a elegir entre la vida y la muerte, entre la bendición y la maldición. Elige, pues, la vida, para que vivan tú y tus descendientes. 20Ama al Señor tu Dios, obedécelo y sé fiel a él, porque de él depende tu vida, y por él vivirás mucho tiempo en el territorio que juró dar a tus antepasados Abraham, Isaac y Jacob.»

Josué, sucesor de Moisés

31 De nuevo habló Moisés a todo el pueblo de Israel, y les dijo: 2«Ya tengo ciento veinte años de edad, y no puedo seguir siendo su líder. Además, el Señor me ha dicho que no voy a cruzar el Jordán, 3pues ha ordenado que sea Josué quien lo cruce al frente de ustedes.

---

^s **30:3** *restaurará tu buena fortuna*. Alt. *te hará volver del destierro.*   ^t **30:6** *quitará lo pagano que haya en tu corazón*. Lit. *circuncidará tu corazón.*

El Señor su Dios marchará al frente de ustedes para destruir a todas las naciones que encuentren a su paso, y ustedes se apoderarán de su territorio. **4**El Señor las arrasará como arrasó a Sijón y Og, los reyes de los amorreos, junto con sus países. **5**Cuando el Señor los entregue en sus manos, ustedes los tratarán según mis órdenes. **6**Sean fuertes y valientes. No teman ni se asusten ante esas naciones, pues el Señor su Dios siempre los acompañará; nunca los dejará ni los abandonará.»

7Llamó entonces Moisés a Josué, y en presencia de todo Israel le dijo: «Sé fuerte y valiente, porque tú entrarás con este pueblo al territorio que el Señor juró darles a sus antepasados. Tú harás que ellos tomen posesión de su herencia. **8**El Señor mismo marchará al frente de ti y estará contigo; nunca te dejará ni te abandonará. No temas ni te desanimes.»

La lectura de la ley

9Moisés escribió esta *ley y se la entregó a los sacerdotes, los hijos de Leví, que transportaban el arca del *pacto del Señor, y a todos los *ancianos de Israel. **10**Luego les ordenó: «Cada siete años, en el año de la cancelación de deudas, durante la fiesta de las *Enramadas, **11**cuando tú, Israel, te presentes ante el Señor tu Dios en el lugar que él habrá de elegir, leerás en voz alta esta ley en presencia de todo Israel. **12**Reunirás a todos los hombres, mujeres y niños de tu pueblo, y a los extranjeros que vivan en tus ciudades, para que escuchen y aprendan a temer al Señor tu Dios, y obedezcan fielmente todas las palabras de esta ley. **13**Y los descendientes de ellos, para quienes esta ley será desconocida, la oirán y aprenderán a temer al Señor tu Dios mientras vivan en el territorio que vas a poseer al otro lado del Jordán.»

Predicción de la rebeldía de Israel

14El Señor le dijo a Moisés: «Ya se acerca el día de tu muerte. Llama a Josué, y preséntate con él en la *Tienda de reunión para que reciba mis órdenes.»

Fue así como Moisés y Josué se presentaron allí. **15**Entonces el Señor se apa-

reció a la entrada de la Tienda de reunión, en una columna de nube, **16**y le dijo a Moisés: «Tú irás a descansar con tus antepasados, y muy pronto esta gente me será infiel con los dioses extraños del territorio al que van a entrar. Me rechazarán y quebrantarán el *pacto que hice con ellos. **17**Cuando esto haya sucedido, se encenderá mi ira contra ellos y los abandonaré; ocultaré mi rostro, y serán presa fácil. Entonces les sobrevendrán muchos desastres y adversidades, y se preguntarán: "¿No es verdad que todos estos desastres nos han sobrevenido porque nuestro Dios ya no está con nosotros?" **18**Y ese día yo ocultaré aún más mi rostro, por haber cometido la maldad de irse tras otros dioses.

19»Escriban, pues, este cántico, y enséñenselo al pueblo para que lo cante y sirva también de testimonio contra ellos.

20»Cuando yo conduzca a los israelitas a la tierra que juré darles a sus antepasados, tierra donde abundan la leche y la miel, comerán hasta saciarse y engordarán; se irán tras otros dioses y los adorarán, despreciándome y quebrantando mi pacto. **21**Y cuando les sobrevengan muchos desastres y adversidades, este cántico servirá de testimonio contra ellos, porque sus descendientes lo recordarán y lo cantarán. Yo sé lo que mi pueblo piensa hacer, aun antes de introducirlo en el territorio que juré darle.»

22Entonces Moisés escribió ese cántico aquel día, y se lo enseñó a los israelitas. **23**Y el Señor le dio a Josué hijo de Nun esta orden: «Esfuérzate y sé valiente, porque tú conducirás a los israelitas al territorio que juré darles, y yo mismo estaré contigo.»

24Moisés terminó de escribir en un libro todas las palabras de esta *ley. **25**Luego dio esta orden a los levitas que transportaban el arca del pacto del Señor: **26**«Tomen este libro de la ley, y pónganlo junto al arca del pacto del Señor su Dios. Allí permanecerá como testigo contra ustedes los israelitas, **27**pues sé cuán tercos y rebeldes son. Si fueron rebeldes contra el Señor mientras viví con ustedes, ¡cuánto más lo serán después de mi muerte! **28**Reúnan ante mí a todos los *ancianos y los líderes de sus tribus, para que yo pueda comunicarles estas palabras y las escuchen claramente. Pongo al cielo y a la tierra por testigos contra ustedes, ²⁹porque sé que después de mi muerte se pervertirán y se apartarán del *camino que les he mostrado. En días venideros les sobrevendrán calamidades, porque harán lo malo a los ojos del SEÑOR y con sus detestables actos provocarán su ira.»

El cántico de Moisés

³⁰Y éste fue el cántico que recitó Moisés de principio a fin, en presencia de toda la asamblea de Israel:

32 «Escuchen, cielos, y hablaré;
oye, tierra, las palabras de mi
boca.
²Que caiga mi enseñanza como
lluvia
y desciendan mis palabras como
rocío,
como aguacero sobre el pasto
nuevo,
como lluvia abundante sobre
plantas tiernas.
³Proclamaré el *nombre del SEÑOR.
¡Alaben la grandeza de nuestro
Dios!
⁴Él es la *Roca, sus obras son
perfectas,
y todos sus *caminos son justos.
Dios es fiel; no practica la
injusticia.
Él es recto y justo.
⁵Actuaron contra él de manera
corrupta;
para vergüenza de ellos, ya no
son sus hijos;
¡son una generación torcida y
perversa!

⁶»¿Y así le pagas al SEÑOR,
pueblo tonto y necio?
¿Acaso no es tu Padre, tu Creador,
el que te hizo y te formó?
⁷Recuerda los días de antaño;
considera las épocas del remoto
pasado.

Pídele a tu padre que te lo diga,
y a los ancianos que te lo
expliquen.
⁸Cuando el *Altísimo dio su
herencia a las naciones,
cuando dividió a toda la
*humanidad,
les puso límites a los pueblos
según el número de los hijos de
Israel.
⁹Porque la porción del SEÑOR es su
pueblo;
Jacob es su herencia asignada.
¹⁰Lo halló en una tierra desolada,
en la rugiente soledad del yermo.
Lo protegió y lo cuidó;
lo guardó como a la niña de sus
ojos;
¹¹como un águila que agita el nido
y revolotea sobre sus polluelos,
que despliega su plumaje
y los lleva sobre sus alas.

¹²»Sólo el SEÑOR lo guiaba;
ningún Dios extraño iba con él.
¹³Lo hizo cabalgar sobre las alturas
de la tierra
y lo alimentó con el fruto de los
campos.
Lo nutrió con miel y aceite,
que hizo brotar de la roca;
¹⁴con natas y leche de la manada y
del rebaño,
y con cebados corderos y cabritos;
con toros selectos de Basán
y las mejores espigas del trigo.
¡Bebió la sangre espumosa de la
uva!

¹⁵»Jesurún ᵘ engordó y pateó;
se hartó de comida,
y se puso corpulento y rollizo.
Abandonó al Dios que le dio vida
y rechazó a la Roca, su Salvador.
¹⁶Lo provocó a celos con dioses
extraños
y lo hizo enojar con sus ídolos
detestables.
¹⁷Ofreció sacrificios a los demonios,
que no son Dios;

ᵘ **32:15** En hebreo, *Jesurún* significa *el justo*, es decir, Israel.

dioses que no había conocido,
dioses recién aparecidos,
dioses no honrados por sus
padres.
18 ¡Desertaste de la Roca que te
engendró!
¡Olvidaste al Dios que te dio vida!

19 »Al ver esto, el Señor los rechazó
porque sus hijos y sus hijas lo
irritaron.
20 "Les voy a dar la espalda —dijo—,
y a ver en qué terminan;
son una generación perversa,
¡son unos hijos infieles!
21 Me provocaron a celos con quien
no es Dios como yo,
y me enojaron con sus ídolos
indignos.
Pues yo haré que ustedes sientan
envidia de los que no son
pueblo;
voy a irritarlos con una nación
insensata.
22 Se ha encendido el fuego de mi ira,
que quema hasta lo profundo del
*abismo.
Devorará la tierra y sus cosechas,
y consumirá la raíz de las
montañas.

23 »"Amontonaré calamidades sobre
ellos
y gastaré mis flechas en su contra.
24 Enviaré a que los consuman el
hambre,
la pestilencia nauseabunda y la
plaga mortal.
Lanzaré contra ellos los colmillos
de las fieras
y el veneno de las víboras que se
arrastran por el polvo.
25 En la calle, la espada los dejará sin
hijos,
y en sus casas reinará el terror.
Perecerán los jóvenes y las
doncellas,
los que aún maman y los que
peinan canas.
26 Me dije: 'Voy a dispersarlos;
borraré de la tierra su memoria.'
27 Pero temí las provocaciones del
enemigo;

temí que el adversario no
entendiera
y llegara a pensar: 'Hemos
triunfado;
nada de esto lo ha hecho el
Señor.'"

28 »Como nación, son unos insensatos;
carecen de discernimiento.
29 ¡Si tan sólo fueran sabios y
entendieran esto,
y comprendieran cuál será su fin!
30 ¿Cómo podría un hombre perseguir
a mil
si su Roca no los hubiera vendido?
¿Cómo podrían dos hacer huir a
diez mil
si el Señor no los hubiera
entregado?
31 Su roca no es como la nuestra.
¡Aun nuestros enemigos lo
reconocen!
32 Su viña es un retoño de Sodoma,
de los campos de Gomorra.
Sus uvas están llenas de veneno;
sus racimos, preñados de
amargura.
33 Su vino es veneno de víboras,
ponzoña mortal de serpientes.

34 »"¿No he tenido esto en reserva,
y lo he sellado en mis archivos?
35 Mía es la venganza; yo pagaré.
A su debido tiempo, su pie
resbalará.
Se apresura su desastre,
y el día del juicio se avecina."

36 »El Señor defenderá a su pueblo
cuando lo vea sin fuerzas;
tendrá compasión de sus siervos
cuando ya no haya ni esclavos ni
libres.
37 Y les dirá: "¿Dónde están ahora
sus dioses,
la roca en la cual se refugiaron?
38 ¿Dónde están los dioses
que comieron la gordura de sus
sacrificios
y bebieron el vino de sus
libaciones?
¡Que se levanten a ayudarles!
¡Que les den abrigo!

39»"¡Vean ahora que yo soy único!
No hay otro Dios fuera de mí.
Yo doy la muerte y devuelvo la vida,
causo heridas y doy sanidad.
Nadie puede librarse de mi poder.
40Levanto la mano al cielo y declaro:
Tan seguro como que vivo para
siempre,
41cuando afile mi espada reluciente
y en el día del juicio la tome en
mis manos,
me vengaré de mis adversarios;
¡les daré su merecido a los que
me odian!
42Mis flechas se embriagarán de
sangre,
y mi espada se hartará de carne:
sangre de heridos y de cautivos,
cabezas de caudillos enemigos."

43»Alégrense, naciones, con el
pueblo de Dios;ᵛ
él vengará la sangre de sus
siervos.
¡Sí! Dios se vengará de sus
enemigos,
y hará *expiación por su tierra y
por su pueblo.»

44Acompañado de Josué hijo de Nun,
Moisés fue y recitó ante el pueblo todas
las palabras de este cántico. **45**Cuando
terminó, les dijo a todos los israelitas:
46«Mediten bien en todo lo que les he
declarado solemnemente este día, y díganles
a sus hijos que obedezcan fielmente
todas las palabras de esta *ley. **47**Porque
no son palabras vanas para ustedes, sino
que de ellas depende su vida; por ellas
vivirán mucho tiempo en el territorio que
van a poseer al otro lado del Jordán.»

Anuncio de la muerte de Moisés

48Ese mismo día el SEÑOR le dijo a
Moisés: **49**«Sube a las montañas de Abarín,
y contempla desde allí el monte Nebo,
en el territorio de Moab, frente a Jericó,
y el territorio de Canaán, el cual voy a dar
en posesión a los israelitas. **50**En el monte

al que vas a subir morirás, y te reunirás
con los tuyos, así como tu hermano Aarón
murió y se reunió con sus antepasados en
el monte Hor. **51**Esto será así porque, a la
vista de todos los israelitas, ustedes dos
me fueron infieles en las aguas de Meribá
Cades; en el desierto de Zin no honraron
mi *santidad. **52**Por eso no entrarás en el
territorio que voy a darle al pueblo de
Israel; solamente podrás verlo de lejos.»

Moisés bendice a las tribus

33 Antes de su muerte, Moisés, hombre
de Dios, bendijo así a los israelitas:

2«Vino el SEÑOR desde el Sinaí:
vino sobre su pueblo, como
aurora, desde Seír;
resplandeció desde el monte Parán,
y llegó desde Meribá Cades
con rayos de luz en su diestra.ʷ
3Tú eres quien ama a su pueblo;
todos los *santos están en tu
mano.
Por eso siguen tus pasos
y de ti reciben instrucción.
4Es la *ley que nos dio Moisés,
el tesoro de la asamblea de Jacob.
5El SEÑOR era rey sobre Jesurúnˣ
cuando los líderes del pueblo se
reunieron,
junto con las tribus de Israel.

6»Que Rubén viva, y que no muera;
¡sean innumerables sus hombres!»

7Y esto dijo acerca de Judá:

«Oye, SEÑOR, el clamor de Judá;
hazlo volver a su pueblo.
Judá defiende su causa con sus
propias fuerzas.
¡Ayúdalo contra sus enemigos!»

8Acerca de Leví dijo:

«El *urim y el *tumim*, que son
tuyos,

ᵛ**32:43** *Alégrense, naciones, con el pueblo de Dios.* Alt. *Hagan regocijar al pueblo de Dios, naciones.*
ʷ**33:2** *con rayos de luz en su diestra.* Frase de difícil traducción.   ˣ**33:5** En hebreo, *Jesurún* significa *el justo,* es decir, Israel; también en v. 26.

los has dado al hombre que
favoreces.
Lo pusiste a prueba en Masá;
en las aguas de Meribá
contendiste con él.
⁹Dijo de su padre y de su madre:
"No los tomo en cuenta."
No reconoció a sus hermanos,
y hasta desconoció a sus hijos,
pero tuvo en cuenta tu palabra
y obedeció tu *pacto.
¹⁰Le enseñó tus preceptos a Jacob
y tu ley a Israel.
Presentó ante ti, sobre tu altar,
el incienso y las ofrendas del
todo quemadas.
¹¹Bendice, SEÑOR, sus logros
y acepta la obra de sus manos.
Destruye el poder de sus
adversarios;
¡que nunca más se levanten sus
enemigos!»

¹²Acerca de Benjamín dijo:

«Que el amado del SEÑOR repose
seguro en él,
porque lo protege todo el día
y descansa tranquilo entre sus
hombros.»

¹³Acerca de José dijo:

«El SEÑOR bendiga su tierra
con el rocío precioso del cielo
y con las aguas que brotan de la
tierra;
¹⁴con las mejores cosechas del año
y los mejores frutos del mes;
¹⁵con lo más selecto de las montañas
de siempre
y la fertilidad de las colinas
eternas;
¹⁶con lo mejor de lo que llena la tierra
y el favor del que mora en la
zarza ardiente.
Repose todo esto sobre la cabeza
de José,
sobre la corona del elegido entre
sus hermanos.
¹⁷José es majestuoso como
primogénito de toro;
¡poderoso como un búfalo!

Con sus cuernos atacará a las
naciones,
hasta arrinconarlas en los
confines del mundo.
¡Tales son los millares de Manasés,
las decenas de millares de Efraín!»

¹⁸Acerca de Zabulón dijo:

«Tú, Zabulón, eres feliz
emprendiendo viajes,
y tú, Isacar, quedándote en tu
carpa.
¹⁹Invitarán a los pueblos a subir a la
montaña,
para ofrecer allí sacrificios de
justicia.
Disfrutarán de la abundancia del mar
y de los tesoros escondidos en la
arena.»

²⁰Acerca de Gad dijo:

«¡Bendito el que ensanche los
dominios de Gad!
Ahí habita Gad como león,
desgarrando brazos y cabezas.
²¹Escogió la mejor tierra para sí;
se guardó la porción del líder.
Cuando los jefes del pueblo se
reunieron,
cumplió la justa voluntad del
SEÑOR,
los decretos que había dado a su
pueblo.»

²²Acerca de Dan dijo:

«Dan es un cachorro de león,
que salta desde Basán.»

²³Acerca de Neftalí dijo:

«Neftalí rebosa del favor del
SEÑOR,
y está lleno de sus bendiciones;
sus dominios se extienden
desde el mar hasta el desierto.»

²⁴Acerca de Aser dijo:

«Aser es el más bendito de los
hijos;

que sea el favorito de sus
   hermanos,
y se empape en aceite los pies.
25 Tus cerrojos serán de hierro y
   bronce;
¡que dure tu fuerza tanto como
   tus días!

26 »No hay nadie como el Dios de
   Jesurún,
que para ayudarte cabalga en los
   cielos,
entre las nubes, con toda su
   majestad.
27 El Dios sempiterno es tu refugio;
por siempre te sostiene entre sus
   brazos.
Expulsará de tu presencia al
   enemigo
y te ordenará que lo destruyas.
28 ¡Vive seguro, Israel!
¡Habita sin enemigos, fuente de
   Jacob!
Tu tierra está llena de trigo y de
   mosto;
tus cielos destilan rocío.
29 ¡Sonríele a la vida, Israel!
¿Quién como tú,
pueblo rescatado por el Señor?
Él es tu escudo y tu ayuda;
él es tu espada victoriosa.
Tus enemigos se doblegarán ante ti;
sus espaldas te servirán de
   tapete.»^y

Muerte de Moisés

34 Moisés ascendió de las llanuras de
Moab al monte Nebo, a la cima del
monte Pisgá, frente a Jericó. Allí el Señor
le mostró todo el territorio que se extiende
desde Galaad hasta Dan, 2 todo el territorio
de Neftalí y de Efraín, Manasés y Judá,
hasta el mar Mediterráneo. 3 Le mostró
también la región del Néguev y la del valle
de Jericó, la ciudad de palmeras, hasta
Zoar. 4 Luego el Señor le dijo: «Éste es el
territorio que juré a Abraham, Isaac y
Jacob que daría a sus descendientes. Te he
permitido verlo con tus propios ojos, pero
no podrás entrar en él.»

5 Allí en Moab murió Moisés, siervo del
Señor, tal como el Señor se lo había
dicho. 6 Y fue sepultado en Moab, en el
valle que está frente a Bet Peor, pero hasta
la fecha nadie sabe dónde está su sepultura.
7 Moisés tenía ciento veinte años de
edad cuando murió. Con todo, no se había
debilitado su vista ni había perdido su
vigor. 8 Durante treinta días los israelitas
lloraron a Moisés en las llanuras de Moab,
guardando así el tiempo de luto acostumbrado.

9 Entonces Josué hijo de Nun fue lleno
de espíritu de sabiduría, porque Moisés
puso sus manos sobre él. Los israelitas,
por su parte, obedecieron a Josué e hicieron lo que el Señor le había ordenado a
Moisés.

10 Desde entonces no volvió a surgir en
Israel otro profeta como Moisés, con
quien el Señor tenía trato directo. 11 Sólo
Moisés hizo todas aquellas señales y prodigios que el Señor le mandó realizar en
Egipto ante el faraón, sus funcionarios y
todo su país. 12 Nadie ha demostrado jamás tener un poder tan extraordinario, ni
ha sido capaz de realizar las proezas que
hizo Moisés ante todo Israel.

---

^y **33:29** *sus espaldas te servirán de tapete.* Alt. *hollarás sus *santuarios paganos.*

Josué

Orden del SEÑOR a Josué

1 Después de la muerte de Moisés, siervo del SEÑOR, Dios le dijo a Josué hijo de Nun, ayudante de Moisés: 2«Mi siervo Moisés ha muerto. Por eso tú y todo este pueblo deberán prepararse para cruzar el río Jordán y entrar a la tierra que les daré a ustedes los israelitas. 3Tal como le prometí a Moisés, yo les entregaré a ustedes todo lugar que toquen sus pies. 4Su territorio se extenderá desde el desierto hasta el Líbano, y desde el gran río Éufrates, territorio de los hititas, hasta el mar Mediterráneo, que se encuentra al oeste. 5Durante todos los días de tu vida, nadie será capaz de enfrentarse a ti. Así como estuve con Moisés, también estaré contigo; no te dejaré ni te abandonaré.

6»Sé fuerte y valiente, porque tú harás que este pueblo herede la tierra que les prometí a sus antepasados. 7Sólo te pido que tengas mucho valor y firmeza para obedecer toda la *ley que mi siervo Moisés te mandó. No te apartes de ella para nada; sólo así tendrás éxito dondequiera que vayas. 8Recita siempre el libro de la ley y medita en él de día y de noche; cumple con cuidado todo lo que en él está escrito. Así prosperarás y tendrás éxito. 9Ya te lo he ordenado: ¡Sé fuerte y valiente! ¡No tengas miedo ni te desanimes! Porque el SEÑOR tu Dios te acompañará dondequiera que vayas.»

10Entonces Josué dio la siguiente orden a los jefes del pueblo: 11«Vayan por todo el campamento y díganle al pueblo que prepare provisiones, porque dentro de tres días cruzará el río Jordán para tomar posesión del territorio que Dios el SEÑOR le da como herencia.»

12A los rubenitas, a los gaditas y a la media tribu de Manasés, Josué les mandó: 13—Recuerden la orden que les dio Moisés, siervo del SEÑOR: "Dios el SEÑOR les ha dado reposo y les ha entregado esta tierra." 14Sus mujeres, sus niños y su ganado permanecerán en el territorio que Moisés les dio al este del Jordán. Pero ustedes, los hombres de guerra, cruzarán armados al frente de sus hermanos. Les prestarán ayuda 15hasta que el SEÑOR les dé reposo, como lo ha hecho con ustedes, y hasta que ellos tomen posesión de la tierra que el SEÑOR su Dios les da. Sólo entonces podrán ustedes retornar a sus tierras y ocuparlas. Son las tierras que Moisés, siervo del SEÑOR, les dio al este del Jordán.

16Ellos le respondieron a Josué:

—Nosotros obedeceremos todo lo que nos has mandado, e iremos adondequiera que nos envíes. 17Te obedeceremos en todo, tal como lo hicimos con Moisés. Lo único que pedimos es que el SEÑOR esté contigo como estuvo con Moisés. 18Cualquiera que se rebele contra tus palabras o que no obedezca lo que tú ordenes, será condenado a muerte. Pero tú, ¡sé fuerte y valiente!

Rajab y los espías

2 Luego Josué hijo de Nun envió secretamente, desde Sitín, a dos espías con la siguiente orden: «Vayan a explorar la tierra, especialmente Jericó.» Cuando los espías llegaron a Jericó, se hospedaron en la casa de una prostituta llamada Rajab. 2Pero el rey de Jericó se enteró de que dos espías israelitas habían entrado esa noche en la ciudad para reconocer el país. 3Así que le envió a Rajab el siguiente mensaje: «Echa fuera a los hombres que han entrado en tu casa, pues vinieron a espiar nuestro país.»

4Pero la mujer, que ya había escondido a los espías, le respondió al rey: «Es cierto que unos hombres vinieron a mi casa, pero no sé quiénes eran ni de dónde venían. 5Salieron cuando empezó a oscurecer, a la hora de cerrar las *puertas de la ciudad, y no sé a dónde se fueron. Vayan tras ellos;

tal vez les den alcance.» 6(En realidad, la mujer había llevado a los hombres al techo de la casa y los había escondido entre los manojos de lino que allí secaba.) 7Los hombres del rey fueron tras los espías, por el camino que lleva a los vados del río Jordán. En cuanto salieron, las puertas de Jericó se cerraron.

8Antes de que los espías se acostaran, Rajab subió al techo 9y les dijo:

—Yo sé que el SEÑOR les ha dado esta tierra, y por eso estamos aterrorizados; todos los habitantes del país están muertos de miedo ante ustedes. 10Tenemos noticias de cómo el SEÑOR secó las aguas del *Mar Rojo para que ustedes pasaran, después de haber salido de Egipto. También hemos oído cómo *destruyeron completamente a los reyes amorreos, Sijón y Og, al este del Jordán. 11Por eso estamos todos tan amedrentados y descorazonados frente a ustedes. Yo sé que el SEÑOR y Dios es Dios de dioses tanto en el cielo como en la tierra. 12Por lo tanto, les pido ahora mismo que juren en el *nombre del SEÑOR que serán bondadosos con mi familia, como yo lo he sido con ustedes. Quiero que me den como garantía una señal 13de que perdonarán la vida de mis padres, de mis hermanos y de todos los que viven con ellos. ¡Juren que nos salvarán de la muerte!

14—¡Juramos por nuestra vida que la de ustedes no correrá peligro! —contestaron ellos—. Si no nos delatas, seremos bondadosos contigo y cumpliremos nuestra promesa cuando el SEÑOR nos entregue este país.

15Entonces Rajab los bajó por la ventana con una soga, pues la casa donde ella vivía estaba sobre la muralla de la ciudad. 16Ya les había dicho previamente: «Huyan rumbo a las montañas para que sus perseguidores no los encuentren. Escóndanse allí por tres días, hasta que ellos regresen. Entonces podrán seguir su camino.»

17Los hombres le dijeron a Rajab:

—Quedaremos libres del juramento que te hemos hecho 18si, cuando conquistemos la tierra, no vemos este cordón rojo atado a la ventana por la que nos bajas.

Además, tus padres, tus hermanos y el resto de tu familia deberán estar reunidos en tu casa. 19Quien salga de la casa en ese momento, será responsable de su propia vida, y nosotros seremos inocentes. Sólo nos haremos responsables de quienes permanezcan en la casa, si alguien se atreve a ponerles la mano encima. 20Conste que si nos delatas, nosotros quedaremos libres del juramento que nos obligaste hacer.

21—De acuerdo —respondió Rajab—. Que sea tal como ustedes han dicho.

Luego los despidió; ellos partieron, y ella ató el cordón rojo a la ventana.

22Los hombres se dirigieron a las montañas y permanecieron allí tres días, hasta que sus perseguidores regresaron a la ciudad. Los habían buscado por todas partes, pero sin éxito. 23Los dos hombres emprendieron el regreso; bajando de las montañas, vadearon el río y llegaron adonde estaba Josué hijo de Nun. Allí le relataron todo lo que les había sucedido: 24«El SEÑOR ha entregado todo el país en nuestras manos. ¡Todos sus habitantes tiemblan de miedo ante nosotros!»

El cruce del río Jordán

3 Muy de mañana, Josué y todos los israelitas partieron de Sitín y se dirigieron hacia el río Jordán; pero antes de cruzarlo, acamparon a sus orillas. 2Al cabo de tres días, los jefes del pueblo recorrieron todo el campamento 3con la siguiente orden: «Cuando vean el arca del *pacto del SEÑOR su Dios, y a los sacerdotes levitas que la llevan, abandonen sus puestos y pónganse en marcha detrás de ella. 4Así sabrán por dónde ir, pues nunca antes han pasado por ese camino. Deberán, sin embargo, mantener como un kilómetro*a* de distancia entre ustedes y el arca; no se acerquen a ella.»

5Josué le ordenó al pueblo: «*Purifíquense, porque mañana el SEÑOR va a realizar grandes prodigios entre ustedes.» 6Y a los sacerdotes les dijo: «Carguen el arca del pacto y pónganse al frente del pueblo.» Los sacerdotes obedecieron y se pusieron al frente del pueblo.

---

a **3:4** *un kilómetro.* Lit. *dos mil *codos.

7Luego el Señor le dijo a Josué: «Este día comenzaré a engrandecerte ante el pueblo de Israel. Así sabrán que estoy contigo como estuve con Moisés. **8**Dales la siguiente orden a los sacerdotes que llevan el arca del pacto: "Cuando lleguen a la orilla del Jordán, deténganse."»

9Entonces Josué les dijo a los israelitas: «Acérquense y escuchen lo que Dios el Señor tiene que decirles.» **10**Y añadió: «Ahora sabrán que el Dios viviente está en medio de ustedes, y que de seguro expulsará a los cananeos, los hititas, los heveos, los ferezeos, los gergeseos, los amorreos y los jebuseos. **11**El arca del pacto, que pertenece al Soberano de toda la tierra, cruzará el Jordán al frente de ustedes. **12**Ahora, pues, elijan doce hombres, uno por cada tribu de Israel. **13**Tan pronto como los sacerdotes que llevan el arca del Señor, soberano de toda la tierra, pongan pie en el Jordán, las aguas dejarán de correr y se detendrán formando un muro.»

14Cuando el pueblo levantó el campamento para cruzar el Jordán, los sacerdotes que llevaban el arca del pacto marcharon al frente de todos. **15**Ahora bien, las aguas del Jordán se desbordan en el tiempo de la cosecha. A pesar de eso, tan pronto como los pies de los sacerdotes que portaban el arca tocaron las aguas, **16**éstas dejaron de fluir y formaron un muro que se veía a la distancia, más o menos a la altura del pueblo de Adán, junto a la fortaleza de Saretán. A la vez, dejaron de correr las aguas que fluían en el mar del Arabá, es decir, el Mar Muerto, y así el pueblo pudo cruzar hasta quedar frente a Jericó. **17**Por su parte, los sacerdotes que portaban el arca del pacto del Señor permanecieron de pie en terreno seco, en medio del Jordán, mientras todo el pueblo de Israel terminaba de cruzar el río por el cauce totalmente seco.

Monumento conmemorativo

4 Cuando todo el pueblo terminó de cruzar el río Jordán, el Señor le dijo a Josué: **2**«Elijan un hombre de cada una de las doce tribus de Israel, **3**y ordénenles que tomen doce piedras del cauce, exactamente del lugar donde los sacerdotes

permanecieron de pie. Díganles que las coloquen en el lugar donde hoy pasarán la noche.»

4Entonces Josué reunió a los doce hombres que había escogido de las doce tribus, **5**y les dijo: «Vayan al centro del cauce del río, hasta donde está el arca del Señor su Dios, y cada uno cargue al hombro una piedra. Serán doce piedras, una por cada tribu de Israel, **6**y servirán como señal entre ustedes. En el futuro, cuando sus hijos les pregunten: "¿Por qué están estas piedras aquí?" **7**Ustedes les responderán: "El día en que el arca del *pacto del Señor cruzó el Jordán, las aguas del río se dividieron frente a ella. Para nosotros los israelitas, estas piedras que están aquí son un recuerdo permanente de aquella gran hazaña."»

8Los israelitas hicieron lo que Josué les ordenó, según las instrucciones del Señor. Tomaron las piedras del cauce del Jordán, conforme al número de las tribus, las llevaron hasta el campamento y las colocaron allí. **9**Además, Josué colocó doce piedras en el cauce del río donde se detuvieron los sacerdotes que llevaban el arca del pacto. Esas piedras siguen allí hasta el día de hoy.

10Los sacerdotes que llevaban el arca permanecieron en medio del cauce hasta que los israelitas hicieron todo lo que el Señor le había ordenado a Josué. Todo se hizo según las instrucciones que Josué había recibido de Moisés. El pueblo se apresuró a cruzar el río, **11**y cuando todos lo habían hecho, el arca del Señor y los sacerdotes cruzaron también en presencia del pueblo. **12**Acompañaban al pueblo los guerreros de las tribus de Rubén, Gad y la media tribu de Manasés, según las órdenes que había dado Moisés. **13**Unos cuarenta mil guerreros armados desfilaron en presencia del Señor y se dirigieron a la planicie de Jericó listos para la guerra.

14Aquel mismo día, el Señor engrandeció a Josué ante todo Israel. El pueblo admiró a Josué todos los días de su vida, como lo había hecho con Moisés.

15Luego el Señor le dijo a Josué: **16**«Ordénales a los sacerdotes portadores del arca del pacto que salgan del Jordán.» **17**Josué les ordenó a los sacerdotes que salieran, [18]y así lo hicieron, portando el arca del pacto. Tan pronto como sus pies tocaron tierra firme, las aguas del río regresaron a su lugar y se desbordaron como de costumbre. [19]Así, el día diez del mes primero, el pueblo de Israel cruzó el Jordán y acampó en Guilgal, al este de Jericó. [20]Entonces Josué erigió allí las piedras que habían tomado del cauce del Jordán, [21]y se dirigió a los israelitas: «En el futuro, cuando sus hijos les pregunten: "¿Por qué están estas piedras aquí?", [22]ustedes les responderán: "Porque el pueblo de Israel cruzó el río Jordán en seco." [23]El SEÑOR, Dios de ustedes, hizo lo mismo que había hecho con el *Mar Rojo cuando lo mantuvo seco hasta que todos nosotros cruzamos. [24]Esto sucedió para que todas las naciones de la tierra supieran que el SEÑOR es poderoso, y para que ustedes aprendieran a temerlo para siempre.»

5 En efecto, un gran pánico invadió a todos los reyes amorreos que estaban al oeste del Jordán y a los reyes cananeos de la costa del Mediterráneo, cuando se enteraron de que el SEÑOR había secado el Jordán para que los israelitas lo cruzaran. ¡No se atrevían a hacerles frente!

Liberación del oprobio egipcio

[2]En aquel tiempo, el SEÑOR le dijo a Josué: «Prepara cuchillos de pedernal, y vuelve a practicar la circuncisión entre los israelitas.» [3]Así que Josué hizo los cuchillos y circuncidó a los varones israelitas en la colina de Aralot. [b] [4]Realizó la ceremonia porque los israelitas en edad militar que habían salido de Egipto ya habían muerto en el desierto. [5]Todos ellos habían sido circuncidados, pero no los que nacieron en el desierto mientras el pueblo peregrinaba después de salir de Egipto. [6]Dios les había prometido a sus antepasados que les daría una tierra donde abundan la leche y la miel. Pero los israelitas que salieron de Egipto no obedecieron al SEÑOR, y por ello él juró que no verían esa tierra. En consecuencia, deambularon por el desierto durante cuarenta años, hasta que murieron todos los varones en edad

militar. [7]A los hijos de éstos, a quienes Dios puso en lugar de ellos, los circuncidó Josué, pues no habían sido circuncidados durante el viaje. [8]Una vez que todos fueron circuncidados, permanecieron en el campamento hasta que se recuperaron.

[9]Luego el SEÑOR le dijo a Josué: «Hoy les he quitado de encima el oprobio de Egipto.» Por esa razón, aquel lugar se llama Guilgal hasta el día de hoy.

Celebración de la Pascua

[10]Al caer la tarde del día catorce del mes primero, mientras acampaban en la llanura de Jericó, los israelitas celebraron la Pascua. [11]Al día siguiente, después de la Pascua, el pueblo empezó a alimentarse de los productos de la tierra, de panes sin levadura y de trigo tostado. [12]Desde ese momento dejó de caer maná, y durante todo ese año el pueblo se alimentó de los frutos de la tierra.

El comandante del ejército del SEÑOR

[13]Cierto día Josué, que acampaba cerca de Jericó, levantó la vista y vio a un hombre de pie frente a él, espada en mano. Josué se le acercó y le preguntó:

—¿Es usted de los nuestros, o del enemigo?

[14]—¡De ninguno! —respondió—. Me presento ante ti como comandante del ejército del SEÑOR.

Entonces Josué se postró rostro en tierra y le preguntó:

—¿Qué órdenes trae usted, mi Señor, para este siervo suyo?

[15]El comandante del ejército del SEÑOR le contestó:

—Quítate las sandalias de los pies, porque el lugar que pisas es sagrado.

Y Josué le obedeció.

La conquista de Jericó

6 Las *puertas de Jericó estaban bien aseguradas por temor a los israelitas; nadie podía salir o entrar. [2]Pero el SEÑOR le dijo a Josué: «¡He entregado en tus manos a Jericó, y a su rey con sus guerre-

[b]5:3 En hebreo, *Aralot* significa *prepucios*.

ros! **3**Tú y tus soldados marcharán una vez alrededor de la ciudad; así lo harán durante seis días. **4**Siete sacerdotes llevarán trompetas hechas de cuernos de carneros, y marcharán frente al arca. El séptimo día ustedes marcharán siete veces alrededor de la ciudad, mientras los sacerdotes tocan las trompetas. **5**Cuando todos escuchen el toque de guerra, el pueblo deberá gritar a voz en cuello. Entonces los muros de la ciudad se derrumbarán, y cada uno entrará sin impedimento.»

6Josué hijo de Nun llamó a los sacerdotes y les ordenó: «Carguen el arca del *pacto, y que siete de ustedes lleven trompetas y marchen frente a ella.» **7**Y le dijo al pueblo: «¡Adelante! ¡Marchen alrededor de la ciudad! Pero los hombres armados deben marchar al frente del arca del SEÑOR.»

8Cuando Josué terminó de dar las instrucciones al pueblo, los siete sacerdotes marcharon al frente del arca del pacto del SEÑOR tocando sus trompetas; y el arca del pacto les seguía. **9**Los hombres armados marchaban al frente de los sacerdotes que tocaban las trompetas, y tras el arca marchaba la retaguardia. Durante todo ese tiempo las trompetas no cesaron de sonar. **10**Al resto del pueblo, en cambio, Josué le ordenó marchar en silencio, sin decir palabra alguna ni gritar hasta el día en que les diera la orden de gritar a voz en cuello.

11Josué hizo llevar el arca alrededor de Jericó una sola vez. Después, el pueblo regresó al campamento para pasar la noche. **12**Al día siguiente, Josué se levantó temprano, y los sacerdotes cargaron el arca del SEÑOR. **13**Los siete sacerdotes que llevaban las trompetas tomaron la delantera y marcharon al frente del arca mientras tocaban sus trompetas. Los hombres armados marchaban al frente de ellos, y tras el arca del SEÑOR marchaba la retaguardia. ¡Nunca dejaron de oírse las trompetas! **14**También en este segundo día marcharon una sola vez alrededor de Jericó, y luego regresaron al campamento. Así hicieron durante seis días.

15El séptimo día, a la salida del sol, se levantaron y marcharon alrededor de la ciudad tal como lo habían hecho los días anteriores, sólo que en ese día repitieron la marcha siete veces. **16**A la séptima vuelta, los sacerdotes tocaron las trompetas, y Josué le ordenó al ejército: «¡Empiecen a gritar! ¡El SEÑOR les ha entregado la ciudad! **17**Jericó, con todo lo que hay en ella, será destinada al *exterminio como ofrenda al SEÑOR. Sólo se salvarán la prostituta Rajab y los que se encuentren en su casa, porque ella escondió a nuestros mensajeros. **18**No vayan a tomar nada de lo que ha sido destinado al exterminio para que ni ustedes ni el campamento de Israel se pongan en peligro de exterminio y de desgracia. **19**El oro y la plata y los utensilios de bronce y de hierro pertenecen al SEÑOR: colóquenlos en su tesoro.»

20Entonces los sacerdotes tocaron las trompetas, y la gente gritó a voz en cuello, ante lo cual las murallas de Jericó se derrumbaron. El pueblo avanzó, sin ceder ni un centímetro, y tomó la ciudad. **21**Mataron a filo de espada a todo hombre y mujer, joven y anciano. Lo mismo hicieron con las vacas, las ovejas y los burros; destruyeron todo lo que tuviera aliento de vida. ¡La ciudad entera quedó *arrasada!

22Ahora bien, Josué les había dicho a los dos exploradores: «Vayan a casa de la prostituta, y tráiganla junto con sus parientes, tal como se lo juraron.» **23**Así que los jóvenes exploradores entraron y sacaron a Rajab junto con sus padres y hermanos, y todas sus pertenencias, y llevaron a toda la familia a un lugar seguro, fuera del campamento israelita. **24**Sólo entonces los israelitas incendiaron la ciudad con todo lo que había en ella, menos los objetos de plata, de oro, de bronce y de hierro, los cuales depositaron en el tesoro de la casa del SEÑOR. **25**Así Josué salvó a la prostituta Rajab, a toda su familia y todas sus posesiones, por haber escondido a los mensajeros que él había enviado a Jericó. Y desde entonces, Rajab y su familia viven con el pueblo de Israel.

26En aquel tiempo, Josué hizo este juramento:

«¡Maldito sea en la presencia del
　　SEÑOR
　el que se atreva a reconstruir esta
　　ciudad!

Que eche los cimientos
a costa de la vida de su hijo
mayor.
Que ponga las puertas
a costa de la vida de su hijo
menor.»

27El SEÑOR estuvo con Josué, y éste se
hizo famoso por todo el país.

El pecado de Acán

7 Sin embargo, los israelitas desobedecieron al SEÑOR conservando lo que
él había decidido que fuera destinado a la
*destrucción, pues Acán hijo de Carmí,
nieto de Zabdí y bisnieto de Zera, guardó
para sí parte del botín que Dios había
destinado al *exterminio. Este hombre de
la tribu de Judá provocó la ira del SEÑOR
contra los israelitas.

La derrota en Hai

2Josué envió a unos hombres de Jericó
hacia Hai, lugar cercano a Bet Avén, frente a Betel, y les dijo: «Vayan a explorar la
tierra.» Fueron, pues, a explorar la ciudad
de Hai. 3Poco después regresaron y le
dieron el siguiente informe a Josué: «No
es necesario que todo el pueblo vaya a la
batalla. Dos o tres mil soldados serán
suficientes para que tomemos Hai. Esa
población tiene muy pocos hombres y no
hay necesidad de cansar a todo el pueblo.»
4Por esa razón, sólo fueron a la batalla tres
mil soldados, pero los de Hai los derrotaron. 5El ejército israelita sufrió treinta y
seis bajas, y fue perseguido desde la
*puerta de la ciudad hasta las canteras.
Allí, en una pendiente, fueron vencidos.
Como resultado, todo el pueblo se acobardó y se llenó de miedo.

6Ante esto, Josué se rasgó las vestiduras y se postró rostro en tierra ante el arca
del *pacto del SEÑOR. Lo acompañaban
los jefes de Israel, quienes también mos-
traban su dolor y estaban consternados.
7Josué le reclamó a Dios:

—SEÑOR y Dios, ¿por qué hiciste que
este pueblo cruzara el Jordán, y luego lo
entregaste en manos de los amorreos para
que lo destruyeran? ¡Mejor nos hubiéramos quedado al otro lado del río! 8Dime,
Señor, ¿qué puedo decir ahora que Israel

ha huido de sus enemigos? 9Los cananeos
se enterarán y llamarán a los pueblos de
la región; entonces nos rodearán y nos
exterminarán. ¡Qué será de tu gran prestigio!

10Y el SEÑOR le contestó:

—¡Levántate! ¿Qué haces allí postrado? 11Los israelitas han pecado y violado
la alianza que concerté con ellos. Se han
apropiado del botín de guerra que debía
ser *destruido y lo han escondido entre sus
posesiones. 12Por eso los israelitas no
podrán hacerles frente a sus enemigos,
sino que tendrán que huir de sus adversarios. Ellos mismos se acarrearon su destrucción. Y si no *destruyen ese botín que
está en medio de ustedes, yo no seguiré a
su lado. 13¡Levántate! ¡*Purifica al pueblo! Diles que se consagren para presentarse ante mí mañana, y que yo, el SEÑOR,
Dios de Israel, declaro: "¡La *destrucción
está en medio de ti, Israel! No podrás
resistir a tus enemigos hasta que hayas
quitado el oprobio que está en el pueblo."
14Mañana por la mañana se presentarán
por tribus. La tribu que yo señale por
suertes presentará a sus clanes; el clan que
el Señor señale presentará a sus familias;
y la familia que el SEÑOR señale presentará
a sus varones. 15El que sea sorprendido en
posesión del botín de guerra destinado a
la *destrucción será quemado junto con su
familia y sus posesiones, pues ha violado
el pacto del SEÑOR y ha causado el oprobio
a Israel.

El castigo de Acán

16Al día siguiente, muy de madrugada,
Josué mandó llamar, una por una, las
tribus de Israel; y la suerte cayó sobre
Judá. 17Todos los clanes de Judá se acercaron, y la suerte cayó sobre el clan de
Zera. Del clan de Zera la suerte cayó sobre
la familia de Zabdí. 18Josué, entonces,
hizo pasar a cada uno de los varones de la
familia de Zabdí, y la suerte cayó sobre
Acán hijo de Carmí, nieto de Zabdí y
bisnieto de Zera. 19Entonces Josué lo interpeló:

—Hijo mío, honra y alaba al SEÑOR,
Dios de Israel. Cuéntame lo que has hecho. ¡No me ocultes nada!

20Acán le replicó:

—Es cierto que he pecado contra el SEÑOR, Dios de Israel. Ésta es mi falta: 21 Vi en el botín un hermoso manto de Babilonia, doscientas monedas de plata y una barra de oro de medio kilo.c Me deslumbraron y me apropié de ellos. Entonces los escondí en un hoyo que cavé en medio de mi carpa. La plata está también allí, debajo de todo.

22 En seguida, Josué envió a unos mensajeros, los cuales fueron corriendo a la carpa de Acán. Allí encontraron todo lo que Acán había escondido, 23 lo recogieron y se lo llevaron a Josué y a los israelitas, quienes se lo presentaron al SEÑOR. 24 Y Josué y todos los israelitas tomaron a Acán, bisnieto de Zera, y lo llevaron al valle de Acor, junto con la plata, el manto y el oro; también llevaron a sus hijos, sus hijas, el ganado, su carpa y todas sus posesiones. Cuando llegaron al valle de Acor, 25 Josué exclamó:

—¿Por qué has traído esta desgracia sobre nosotros? ¡Que el SEÑOR haga caer sobre ti esa misma desgracia!

Entonces todos los israelitas apedrearon a Acán y a los suyos, y los quemaron. 26 Luego colocaron sobre ellos un gran montón de piedras que sigue en pie hasta el día de hoy. Por eso aquel lugar se llama valle de Acor.d Así aplacó el SEÑOR el ardor de su ira.

Obediencia y victoria

8 El SEÑOR exhortó a Josué: «¡No tengas miedo ni te acobardes! Toma contigo a todo el ejército, y ataquen la ciudad de Hai. Yo les daré la victoria sobre su rey y su ejército; se apropiarán de su ciudad y de todo el territorio que la rodea. 2 Tratarás a esta ciudad y a su rey como hiciste con Jericó y con su rey. Sin embargo, podrán quedarse con el botín de guerra y todo el ganado. Prepara una emboscada en la parte posterior de la ciudad.»

3 Se levantó Josué junto con su ejército y fueron a pelear contra Hai. Josué escogió treinta mil guerreros y los envió durante la noche 4 con estas órdenes:

«Ustedes pondrán una emboscada en la parte posterior de la ciudad. No se alejen mucho de ella, y manténganse en sus posiciones. 5 Yo me acercaré con mi tropa, y cuando los enemigos salgan a pelear contra nosotros, huiremos como la primera vez. 6 Ellos nos perseguirán, pensando que estamos huyendo de nuevo, y así los alejaremos de la ciudad. 7 Entonces ustedes saldrán de su escondite y se apoderarán de Hai. El SEÑOR les dará la victoria. 8 Cuando hayan capturado la ciudad, quémenla tal como nos lo ordenó el SEÑOR. Éstas son mis órdenes.»

9 Dicho esto, Josué envió a los guerreros a preparar la emboscada, y ellos se apostaron entre Betel y Hai, al oeste de la ciudad mientras él, por su parte, pasaba esa noche con su ejército.

10 Muy de mañana se levantó Josué, pasó revista al ejército y, junto con los jefes de Israel, se puso en marcha hacia Hai. 11 Todos los guerreros que iban con Josué llegaron cerca de Hai y acamparon al norte de la ciudad. Sólo había un valle entre ellos y la ciudad. 12 Josué envió a cinco mil guerreros a preparar la emboscada, y ellos se escondieron entre Betel y Hai, al oeste de la ciudad. 13 De esa manera, una tropa acampó al norte de la ciudad y la otra al oeste. Esa noche Josué avanzó hacia el medio del valle.

14 Cuando el rey de Hai se dio cuenta de lo que pasaba, se apresuró a salir con toda su tropa a pelear contra Israel, en la pendiente que está frente al desierto, sin saber que le habían puesto una emboscada en la parte posterior de la ciudad. 15 Josué y su tropa, fingiéndose derrotados, huyeron por el camino que lleva al desierto. 16 Mientras tanto, todos los hombres que estaban en la ciudad recibieron el llamado de perseguir a los israelitas, alejándose así de Hai. 17 No quedó ni un solo hombre en Hai o en Betel que no hubiera salido a perseguir a Israel, de modo que la ciudad de Hai quedó desprotegida.

---

c 7:21 doscientas ... medio kilo. Lit. doscientos *siclos de plata y una barra de oro de cincuenta siclos.
d 7:26 En hebreo, Acor significa desgracia.

18Entonces el SEÑOR le ordenó a Josué: «Apunta hacia Hai con la jabalina que llevas, pues en tus manos entregaré la ciudad.» Y así lo hizo Josué. **19**Al ver esto, los que estaban en la emboscada salieron de inmediato de donde estaban y, entrando en la ciudad, la tomaron y la incendiaron.

20Cuando los hombres de Hai miraron hacia atrás, vieron que subía de la ciudad una nube de humo. Entonces se dieron cuenta de que no podían huir en ninguna dirección, porque la gente de Josué que antes huía hacia el desierto, ahora se lanzaba contra sus perseguidores. **21**En efecto, tan pronto como Josué y todos los israelitas vieron que los que tendieron la emboscada habían tomado la ciudad y la habían incendiado, se volvieron y atacaron a los de Hai. **22**Los de la emboscada salieron de la ciudad y persiguieron a los guerreros de Hai, y así éstos quedaron atrapados por todos lados. Los israelitas atacaron a sus enemigos hasta no dejar ni fugitivos ni sobrevivientes. **23**Al rey de Hai lo capturaron vivo y se lo entregaron a Josué.

24Después de que los israelitas terminaron de matar a filo de espada, en el campo y el desierto, a todos los guerreros de Hai que habían salido a perseguirlos, regresaron a la ciudad y del mismo modo mataron a todos los que quedaban. **25**Ese día murieron todos los habitantes de Hai, como doce mil hombres y mujeres. **26**Josué mantuvo extendido el brazo con el que sostenía su jabalina, hasta que el ejército israelita *exterminó a todos los habitantes de Hai. **27**Y tal como el SEÑOR había mandado, el pueblo se quedó con el botín de guerra y todo el ganado. **28**Luego Josué incendió la ciudad, reduciéndola a escombros, como permanece hasta el día de hoy. **29**También mandó ahorcar en un árbol al rey de Hai, y ordenó que dejaran su cuerpo colgando hasta la tarde. Al ponerse el sol, Josué mandó que bajaran el cuerpo del rey y lo arrojaran a la *entrada de la ciudad. Así mismo, pidió que se amontonaran piedras encima del cadáver. Y ese montón de piedras permanece hasta el día de hoy.

Lectura de la ley en el monte Ebal

30Entonces Josué levantó, en el monte Ebal, un altar al SEÑOR, Dios de Israel, **31**tal como Moisés, siervo del SEÑOR, había ordenado a los israelitas. Lo levantó de acuerdo con lo que está escrito en el libro de la *ley de Moisés: un altar de piedras sin labrar, es decir, que no habían sido trabajadas con ninguna herramienta. En él ofrecieron *holocaustos y sacrificios de *comunión al SEÑOR.

32Allí, en presencia de los israelitas, Josué escribió en tablas de piedra una copia de la ley que Moisés había escrito. **33**Todos los israelitas, con sus jefes, oficiales y jueces, estaban de pie a ambos lados del arca del *pacto, frente a los sacerdotes levitas que la cargaban en hombros. Tanto los israelitas como los inmigrantes tomaron sus posiciones, la mitad de ellos hacia el monte Guerizín y la otra mitad hacia el monte Ebal, tal como Moisés, siervo del SEÑOR, había mandado cuando bendijo por primera vez al pueblo de Israel.

34Luego Josué leyó todas las palabras de la ley, tanto las bendiciones como las maldiciones, según lo que estaba escrito en el libro de la ley. **35**De esta lectura que hizo Josué ante toda la asamblea de los israelitas, incluyendo a las mujeres, a los niños y a los inmigrantes, no se omitió ninguna palabra de lo ordenado por Moisés.

Astucia de los gabaonitas

9 Había reyes que vivían en el lado occidental del Jordán, en la montaña, en la llanura y a lo largo de la costa del Mediterráneo, hasta el Líbano: hititas, amorreos, cananeos, ferezeos, heveos y jebuseos. Cuando estos monarcas se enteraron de lo sucedido, **2**se aliaron bajo un solo mando para hacer frente a Josué y a los israelitas.

3Los gabaonitas, al darse cuenta de cómo Josué había tratado a las ciudades de Jericó y de Hai, **4**maquinaron un plan. Enviaron unos mensajeros, cuyos asnos llevaban costales viejos y odres para el vino, rotos y remendados. **5**Iban vestidos con ropa vieja y tenían sandalias gastadas y remendadas. El pan que llevaban para comer estaba duro y hecho migas. **6**Fueron al campamento de Guilgal, donde estaba Josué, y les dijeron a él y a los israelitas:

—Venimos de un país muy lejano. Queremos hacer un tratado con ustedes.

7Los israelitas replicaron:

—Tal vez ustedes son de por acá y, en ese caso, no podemos hacer ningún tratado con ustedes.

8Ellos le dijeron a Josué:

—Nosotros estamos dispuestos a servirles.

Y Josué les preguntó:

—¿Quiénes son ustedes y de dónde vienen?

9Ellos respondieron:

—Nosotros somos sus siervos, y hemos venido de un país muy distante, hasta donde ha llegado la fama del SEÑOR su Dios. Nos hemos enterado de todo lo que él hizo en Egipto **10**y de lo que les hizo a los dos reyes amorreos al este del Jordán: Sijón, rey de Hesbón, y Og, rey de Basán, el que residía en Astarot. **11**Por eso los habitantes de nuestro país, junto con nuestros *dirigentes, nos pidieron que nos preparáramos para el largo viaje y que les diéramos a ustedes el siguiente mensaje: "Deseamos ser siervos de ustedes; hagamos un tratado." **12**Cuando salimos para acá, nuestro pan estaba fresco y caliente, pero ahora, ¡mírenlo! Está duro y hecho migas. **13**Estos odres estaban nuevecitos y repletos de vino, y ahora, tal como pueden ver, están todos rotos. Y nuestra ropa y sandalias están gastadas por el largo viaje.

14Los *hombres de Israel participaron de las provisiones de los gabaonitas, pero no consultaron al SEÑOR. **15**Entonces Josué hizo con ellos un tratado de ayuda mutua y se comprometió a perdonarles la vida. Y los jefes israelitas ratificaron el tratado.

16Tres días después de haber concluido el tratado con los gabaonitas, los israelitas se enteraron de que eran sus vecinos y vivían en las cercanías. **17**Por eso se pusieron en marcha, y al tercer día llegaron a sus ciudades: Gabaón, Cafira, Berot y Quiriat Yearín. **18**Pero los israelitas no los atacaron porque los jefes de la comunidad les habían jurado en *nombre del SEÑOR, Dios de Israel, perdonarles la vida. Y aunque toda la comunidad se quejó contra sus jefes, **19**éstos contestaron:

—Hemos hecho un juramento en nombre del SEÑOR, y no podemos hacerles ningún daño. **20**Esto es lo que haremos con ellos: les perdonaremos la vida, para que no caiga sobre nosotros el castigo divino por quebrantar el juramento que hicimos.

21Luego añadieron:

—Se les permitirá vivir, pero a cambio de ser los leñadores y aguateros de la comunidad.

De ese modo, los jefes de la comunidad cumplieron su promesa.

22Entonces Josué llamó a los gabaonitas y les reclamó:

—¿Por qué nos engañaron con el cuento de que eran de tierras lejanas, cuando en verdad son nuestros vecinos? **23**A partir de ahora, ésta será su maldición: serán por siempre sirvientes del templo de mi Dios, responsables de cortar la leña y de acarrear el agua.

24Los gabaonitas contestaron:

—Nosotros, servidores suyos, fuimos bien informados de que el SEÑOR su Dios ordenó a su siervo Moisés que les diera toda esta tierra y que destruyera a todos sus habitantes. Temimos tanto por nuestra *vida que decidimos hacer lo que ya saben. **25**Estamos a merced de ustedes. Hagan con nosotros lo que les parezca justo y bueno.

26Así salvó Josué a los gabaonitas de morir a manos del pueblo de Israel. **27**Ese mismo día Josué los hizo leñadores y aguateros de la asamblea israelita, especialmente del altar del SEÑOR que está en el lugar que él mismo eligió. Y así han permanecido hasta el día de hoy.

Ataque de los reyes amorreos

10 Adonisédec, rey de Jerusalén, se enteró de que Josué había tomado la ciudad de Hai y la había *destruido completamente, pues Josué hizo con Hai y su rey lo mismo que había hecho con Jericó y su rey. Adonisédec también supo que los habitantes de Gabaón habían hecho un tratado de ayuda mutua con los israelitas y se habían quedado a vivir con ellos. **2**Esto, por supuesto, alarmó grandemente a Adonisédec y a su gente, porque Gabaón era más importante y más grande que la ciudad de Hai; era tan grande como las capitales reales, y tenía un ejército poderoso.

3Por eso Adonisédec envió un mensaje a los siguientes reyes: Hohán de Hebrón, Pirán de Jarmut, Jafía de Laquis, y Debir de Eglón. 4El mensaje decía: «Únanse a mí y conquistemos a Gabaón, porque ha hecho un tratado de ayuda mutua con Josué y los israelitas.»

5Entonces los cinco reyes amorreos de Jerusalén, Hebrón, Jarmut, Laquis y Eglón se unieron y marcharon con sus ejércitos para acampar frente a Gabaón y atacarla.

Derrota de los reyes amorreos

6Los gabaonitas, por su parte, enviaron el siguiente mensaje a Josué, que estaba en Guilgal: «No abandone usted a estos siervos suyos. ¡Venga de inmediato y sálvenos! Necesitamos su ayuda, porque todos los reyes amorreos de la región montañosa se han aliado contra nosotros.»

7Josué salió de Guilgal con todo su ejército, acompañados de su comando especial. 8Y el SEÑOR le dijo a Josué: «No tiembles ante ellos, pues yo te los entrego; ninguno de ellos podrá resistirte.»

9Después de marchar toda la noche desde Guilgal, Josué los atacó por sorpresa. 10A su vez, el SEÑOR llenó de pánico a los amorreos ante la presencia del ejército israelita, y éste les infligió una tremenda derrota en Gabaón. A los que huyeron los persiguieron por el camino de Bet Jorón, y acabaron con ellos por toda la vía que va a Azeca y Maquedá. 11Mientras los amorreos huían de Israel, entre Bet Jorón y Azeca, el SEÑOR mandó del cielo una tremenda granizada que mató a más gente de la que el ejército israelita había matado a filo de espada.

12Ese día en que el SEÑOR entregó a los amorreos en manos de los israelitas, Josué le dijo al SEÑOR en presencia de todo el pueblo:

«Sol, detente en Gabaón,
    luna, párate sobre Ayalón.»

13El sol se detuvo
    y la luna se paró,
hasta que Israel
    se vengó de sus adversarios.

Esto está escrito en el libro de Jaser. Y, en efecto, el sol se detuvo en el cenit y no se movió de allí por casi un día entero. 14Nunca antes ni después ha habido un día como aquél; fue el día en que el SEÑOR obedeció la orden de un *ser humano. ¡No cabe duda de que el SEÑOR estaba peleando por Israel!

15Al terminar todo, Josué regresó a Guilgal con todo el ejército israelita.

Muerte de los reyes amorreos

16Los cinco reyes habían huido y se habían refugiado en una cueva en Maquedá. 17Tan pronto como Josué supo que habían hallado a los cinco reyes en la cueva, 18dio la siguiente orden: «Coloquen rocas a la entrada de la cueva y pongan unos guardias para que la vigilen. 19¡Que nadie se detenga! Persigan a los enemigos y atáquenlos por la retaguardia. No les permitan llegar a sus ciudades. ¡El SEÑOR, Dios de ustedes, ya se los ha entregado!»

20Josué y el ejército israelita *exterminaron a sus enemigos; muy pocos de éstos pudieron refugiarse en las ciudades amuralladas. 21Finalmente, todos los israelitas retornaron a Maquedá sanos y salvos. ¡Nadie en la comarca se atrevía a decir nada contra Israel!

22Entonces Josué mandó que destaparan la entrada de la cueva y que le trajeran los cinco reyes amorreos. 23De inmediato sacaron a los cinco reyes de la cueva: los reyes de Jerusalén, Hebrón, Jarmut, Laquis y Eglón. 24Cuando se los trajeron, Josué convocó a todo el ejército israelita y les ordenó a todos los comandantes que lo habían acompañado: «Acérquense y písenles el cuello a estos reyes.» Los comandantes obedecieron al instante. 25Entonces Josué les dijo: «No teman ni den un paso atrás; al contrario, sean fuertes y valientes. Esto es exactamente lo que el SEÑOR hará con todos los que ustedes enfrenten en batalla.»

26Dicho esto, Josué mató a los reyes, los colgó en cinco árboles, y allí los dejó hasta el atardecer. 27Cuando ya el sol estaba por ponerse, Josué mandó que los descolgaran de los árboles y los arrojaran en la misma cueva donde antes se habían escondido. Entonces taparon la cueva con unas enormes rocas, que permanecen allí hasta el día de hoy.

28Ese mismo día Josué tomó Maquedá y mató a filo de espada a su rey y a todos sus habitantes; ¡nadie quedó con vida! Y al rey de Maquedá le sucedió lo mismo que al rey de Jericó.

Conquista de las ciudades del sur

29De Maquedá, Josué y todo Israel se dirigieron a Libná y la atacaron. 30El SEÑOR entregó en manos de Israel al rey y a sus habitantes. Josué pasó a filo de espada a todos sus habitantes; nadie quedó con vida. Y al rey de Libná le sucedió lo mismo que al rey de Jericó.

31De Libná, Josué y todo Israel se dirigieron a Laquis. El ejército la sitió y la atacó. 32El SEÑOR la entregó en manos de Israel, y al segundo día la conquistaron. Todos en Laquis murieron a filo de espada, tal como había sucedido con Libná. 33Además, Horán, rey de Guézer, que había salido a defender a Laquis, fue totalmente derrotado junto con su ejército; nadie sobrevivió a la espada de Josué.

34De Laquis, Josué y todo Israel se dirigieron a Eglón. Sitiaron la ciudad y la atacaron. 35En un solo día la conquistaron y *destruyeron a todos a filo de espada, tal como lo habían hecho con Laquis.

36De Eglón, Josué y todo Israel se dirigieron a Hebrón, y la atacaron. 37El ejército israelita tomó la ciudad y la pasó a filo de espada, de modo que nadie, ni el rey ni ninguno de los habitantes de la ciudad y de sus aldeas, escapó con vida. Y tal como sucedió en Eglón, Hebrón fue destruida completamente.

38De Hebrón, Josué y todo Israel se dirigieron a Debir y la atacaron. 39Se apoderaron de la ciudad, de su rey y de todas sus aldeas, y mataron a filo de espada a todos sus habitantes. Nadie quedó con vida; todo fue *arrasado. A Debir le sucedió lo mismo que les había sucedido a Libná, a Hebrón y a sus respectivos reyes.

40Así Josué conquistó toda aquella región: la cordillera, el Néguev, los llanos y las laderas. Derrotó a todos sus reyes, sin dejar ningún sobreviviente. ¡Todo cuanto tenía aliento de vida fue *destruido completamente! Esto lo hizo según el mandato del SEÑOR, Dios de Israel. 41Josué conquistó a todos, desde Cades Barnea hasta Gaza, y desde la región de Gosén hasta Gabaón. 42A todos esos reyes y sus territorios Josué los conquistó en una sola expedición, porque el SEÑOR, Dios de Israel, combatía por su pueblo.

43Después Josué regresó al campamento de Guilgal junto con todo el ejército israelita.

Conquista de los reinos del norte

11 Cuando Jabín, rey de Jazor, se enteró de todo lo ocurrido, convocó a Jobab, rey de Madón, y a los reyes de Simrón y de Acsaf. 2También llamó a los reyes de la región montañosa del norte; a los de la región al sur del lago Quinéret;e a los de los valles, y a los de Nafot Dor,f al occidente. 3Llamó además a los cananeos de oriente y occidente, a los amorreos, a los hititas, a los ferezeos, a los jebuseos de las montañas y a los heveos que viven en las laderas del monte Hermón en Mizpa.

4Todos ellos salieron con sus ejércitos, caballos y carros de guerra. Eran tan numerosos que parecían arena a la orilla del mar. 5Formaron un solo ejército y acamparon junto a las aguas de Merón para pelear contra Israel.

6Entonces el SEÑOR le dijo a Josué: «No les tengas miedo, porque mañana, a esta hora, yo le entregaré muerto a Israel todo ese ejército. Ustedes, por su parte, deberán desjarretar sus caballos e incendiar sus carros de guerra.»

7Así que Josué partió acompañado de sus guerreros y tomó por sorpresa a sus enemigos junto a las aguas de Merón. 8El SEÑOR los entregó en manos de los israelitas, quienes los atacaron y persiguieron hasta la gran ciudad de Sidón, y hasta Misrefot Mayin y el valle de Mizpa al este, y no quedaron sobrevivientes. 9Josué cumplió con todo lo que el SEÑOR le había

---

e11:2 lago Quinéret. Es decir, lago de Galilea.   f11:2 Nafot Dor. Alt. en las alturas de Dor.

ordenado: desjarretó los caballos del enemigo e incendió sus carros de guerra.

10 Al regreso Josué conquistó Jazor y mató a filo de espada a su rey, pues Jazor había sido cabecera de todos aquellos reinados. 11 Los israelitas mataron a espada a todo cuanto tenía *vida. *Arrasaron la ciudad y le prendieron fuego. 12 Josué conquistó todas las ciudades de aquellos reinos junto con sus reyes; a éstos mató a filo de espada, *destruyéndolos por completo. Así obedeció Josué todo lo que Moisés, siervo del SEÑOR, le había mandado. 13 Las ciudades que estaban sobre los cerros fueron las únicas que los israelitas no quemaron, excepto Jazor. 14 Tomaron como botín de guerra todas las pertenencias del enemigo y su ganado, y mataron a todos los hombres a filo de espada, de modo que ninguno quedó con vida. 15 Así como el SEÑOR había ordenado a su siervo Moisés, también Moisés se lo ordenó a Josué. Y éste, por su parte, cumplió al pie de la letra todo lo que el SEÑOR le había ordenado a Moisés.

Síntesis de la conquista

16 Josué logró conquistar toda aquella tierra: la región montañosa, todo el Néguev, toda la región de Gosén, el valle, el Arabá, la región montañosa de Israel y su valle. 17 También se apoderó de todos los territorios, desde la montaña de Jalac que se eleva hacia Seír, hasta Baal Gad en el valle del Líbano, a las faldas del monte Hermón. Josué capturó a todos los reyes de esa región y los ejecutó, 18 después de combatir con ellos por largo tiempo. 19 Ninguna ciudad hizo tratado de ayuda mutua con los israelitas, excepto los heveos de Gabaón. A todas esas ciudades Josué las derrotó en el campo de batalla, 20 porque el SEÑOR endureció el *corazón de los enemigos para que entablaran guerra con Israel. Así serían *exterminados sin compasión alguna, según el mandato que el SEÑOR le había dado a Moisés. 21 En aquel tiempo Josué destruyó a los *anaquitas del monte Hebrón, de Debir, de Anab y de la región montañosa de Judá

e Israel. Habitantes y ciudades fueron *arrasados por Josué. 22 Ningún anaquita quedó con vida en la tierra que ocupó el pueblo de Israel. Su presencia se redujo sólo a Gaza, Gat y Asdod. 23 Así logró Josué conquistar toda aquella tierra, conforme a la orden que el SEÑOR le había dado a Moisés, y se la entregó como herencia al pueblo de Israel, según la distribución tribal. Por fin, aquella región descansó de las guerras.

Reyes derrotados por Moisés

12 Los israelitas derrotaron a dos reyes cuyos territorios se extendían al este del río Jordán, desde el arroyo Arnón hasta el monte Hermón, y abarcaban el Arabá al oriente.

2 Uno de ellos era Sijón, rey de los amorreos, cuyo trono estaba en Hesbón. Este rey gobernaba desde Aroer, ciudad asentada a orillas del arroyo Arnón, hasta el arroyo Jaboc, que era la frontera del territorio de los amonitas. El territorio de Sijón incluía la cuenca del valle y la mitad de Galaad. 3 Abarcaba también la parte oriental del Arabá hasta el lago Quinéret,g y de allí al mar del sur, que es el Mar Muerto, por la vía de Bet Yesimot y, más al sur, hasta las laderas del monte Pisgá.

4 El otro rey era Og, rey de Basán, uno de los últimos refaítas, que residía en Astarot y Edrey. 5 Este rey gobernaba desde el monte Hermón, en Salcá, y en toda la región de Basán, hasta la frontera de Guesur y de Macá, y en la mitad de Galaad, hasta la frontera del territorio de Sijón, rey de Hesbón.

6 Los israelitas bajo el mando de Moisés derrotaron a estos reyes. Y Moisés repartió aquel territorio entre los rubenitas, los gaditas y la media tribu de Manasés.

Reyes derrotados por Josué

7 A continuación aparece la lista de los reyes que los israelitas derrotaron bajo el mando de Josué. Sus territorios se encontraban al lado occidental del río Jordán, y se extendían desde Baal Gad, en el valle

---

g 12:3 lago Quinéret. Es decir, lago de Galilea.

del Líbano, hasta el monte Jalac, que asciende hacia Seír. Josué entregó las tierras de estos reyes como propiedad a las tribus de Israel, según las divisiones tribales. ⁸Tales territorios comprendían la región montañosa, los valles occidentales, el Arabá, las laderas, el desierto y el Néguev. Esas tierras habían pertenecido a los hititas, amorreos, cananeos, ferezeos, heveos y jebuseos. Ésta es la lista de reyes:

⁹ el rey de Jericó,
  el rey de Hai, ciudad cercana a Betel,
¹⁰ el rey de Jerusalén,
  el rey de Hebrón,
¹¹ el rey de Jarmut,
  el rey de Laquis,
¹² el rey de Eglón,
  el rey de Guézer,
¹³ el rey de Debir,
  el rey de Guéder,
¹⁴ el rey de Jormá,
  el rey de Arad,
¹⁵ el rey de Libná,
  el rey de Adulán,
¹⁶ el rey de Maquedá,
  el rey de Betel,
¹⁷ el rey de Tapúaj,
  el rey de Héfer,
¹⁸ el rey de Afec,
  el rey de Sarón,
¹⁹ el rey de Madón,
  el rey de Jazor,
²⁰ el rey de Simrón Merón,
  el rey de Acsaf,
²¹ el rey de Tanac,
  el rey de Meguido,
²² el rey de Cedes,
  el rey de Jocneán que está en el Carmelo,
²³ el rey de Dor que está en Nafot Dor,ʰ
  el rey Goyim de Guilgal
²⁴ y el rey de Tirsá.
  Eran treinta y un reyes en total.

El territorio no conquistado

13 Cuando Josué era ya bastante anciano, el SEÑOR le dijo: «Ya estás muy viejo, y todavía queda mucho territorio por conquistar. ²Me refiero a todo el territorio filisteo y guesureo, ³que se extiende desde el río Sijor, al este de Egipto, hasta la frontera de Ecrón al norte. A ése se le considera territorio cananeo, y en él se encuentran los cinco gobernantes filisteos: el de Gaza, el de Asdod, el de Ascalón, el de Gat y el de Ecrón. También queda sin conquistar el territorio de los aveos. ⁴Por el lado sur queda todo el territorio cananeo, desde Araj, tierra de los sidonios, hasta Afec, que está en la frontera de los amorreos. ⁵Además queda el territorio de los guiblitas y todo el Líbano oriental, desde Baal Gad, al pie del monte Hermón, hasta Lebó Jamat.ⁱ ⁶Yo mismo voy a echar de la presencia de los israelitas a todos los habitantes de Sidón y a cuantos viven en la región montañosa, desde el Líbano hasta Misrefot Mayin.

»Tú, por tu parte, repartirás y les darás por herencia esta tierra a los israelitas, tal como te lo he ordenado. ⁷Ya es tiempo de que repartas esta tierra entre las nueve tribus restantes y la otra media tribu de Manasés.»

División de los territorios al oriente del Jordán

⁸La otra media tribu de Manasés, los rubenitas y los gaditas ya habían recibido la herencia que Moisés, siervo del SEÑOR, les había asignado de antemano. ⁹Abarcaba desde Aroer, que estaba a orillas del arroyo Arnón, con la población ubicada en medio del valle. Incluía también toda la meseta de Medeba hasta Dibón, ¹⁰todas las ciudades de Sijón —rey de los amorreos que reinaba desde Hesbón—, hasta la frontera del país de los amonitas. ¹¹Comprendía, además, Galaad, el territorio de la gente de Guesur y Macá, toda la montaña del Hermón y todo Basán hasta Salcá. ¹²Ésa era la tierra de Og, rey de Basán, que reinó en Astarot y Edrey; fue el último de los refaítas, a quienes Moisés había derrotado y arrojado de su territorio. ¹³Pero los israelitas no expulsaron de su territorio a los habitantes de Guesur y Macá, que hasta el día de hoy viven en territorio israelita.

ʰ12:23 *Nafot Dor*. Alt. *en las alturas de Dor*.   ⁱ13:5 *Lebó Jamat*. Alt. *la entrada de Jamat*.

14Sin embargo, a la tribu de Leví Moisés no le dio tierras por herencia, pues su herencia son las ofrendas del pueblo del SEÑOR, Dios de Israel, tal como él se lo había prometido.

15Éstas son las tierras que Moisés había entregado a cada uno de los clanes de la tribu de Rubén: 16abarcaban desde Aroer, que estaba a orillas del arroyo Arnón, con la población ubicada en medio del valle. Incluía también toda la meseta de Medeba 17hasta Hesbón y todas las poblaciones de la meseta: Dibón, Bamot Baal, Bet Baal Megón, 18Yahaza, Cademot, Mefat, 19Quiriatayin, Sibma, Zaret Sajar, que está en la colina del valle, 20Bet Peor, Bet Yesimot y las laderas del monte Pisgá; 21es decir, las ciudades y pueblos de la meseta, y todos los dominios de Sijón, rey amorreo que gobernó en Hesbón. Moisés había derrotado a este rey y a los príncipes madianitas Eví, Requen, Zur, Jur y Reba, todos ellos aliados de Sijón y habitantes de la región. 22Los israelitas pasaron a filo de espada a muchos hombres en el campo de batalla, incluso al adivino Balán hijo de Beor. 23El río Jordán sirvió como frontera del territorio perteneciente a los rubenitas. Estas ciudades y pueblos fueron la herencia de la tribu de Rubén, según sus clanes.

24Moisés también había entregado a la tribu de Gad y a sus respectivos clanes los siguientes territorios: 25las tierras de Jazer, todas las poblaciones de la región de Galaad y la mitad del territorio amonita, hasta Aroer, que está frente a Rabá; 26y las tierras comprendidas entre Hesbón, Ramat Mizpé y Betonín, y entre Majanayin y la frontera de Debir. 27En el valle recibieron Bet Aram, Bet Nimrá, Sucot y Zafón, junto con lo que quedaba del reino de Sijón, rey de Hesbón. Así que su territorio se extendía desde el este del Jordán hasta el sur del lago Quinéret.*j* 28Estas ciudades y pueblos fueron la herencia de la tribu de Gad, según sus clanes.

29Éstas son las tierras que Moisés había entregado a la media tribu de Manasés y sus clanes: 30el territorio que abarca Majanayin y toda la región de Basán, es decir, todo el reino de Og, incluyendo las sesenta poblaciones de Yaír. 31Además, la mitad de Galaad, y Astarot y Edrey, ciudades del reino de Og, les correspondieron a la mitad de los descendientes de Maquir hijo de Manasés, según sus clanes.

32Ésta es la herencia que Moisés repartió cuando se encontraba en los llanos de Moab, al otro lado del río Jordán, al este de Jericó. 33Sin embargo, a la tribu de Leví Moisés no le dio tierras por herencia, porque el SEÑOR, Dios de Israel, es su herencia, tal como él se lo había prometido.

División de los territorios al occidente del Jordán

14 Éstas son las tierras cananeas que el sacerdote Eleazar, Josué hijo de Nun y los jefes de los clanes entregaron a los israelitas como herencia. 2Esa herencia se les repartió por sorteo a las nueve tribus y media, tal como el SEÑOR había ordenado por medio de Moisés. 3-4Ya éste les había dado por herencia la parte oriental del Jordán a las dos tribus y media, pues los descendientes de José se habían dividido en dos tribus, Manasés y Efraín. Pero a los levitas no les dio tierras, sino sólo algunas poblaciones con sus respectivos campos de cultivo y pastoreo. 5Así los israelitas dividieron el territorio tal como el SEÑOR se lo había ordenado a Moisés.

Caleb recibe Hebrón

6Los descendientes de Judá se acercaron a Josué en Guilgal. El quenizita Caleb hijo de Jefone le pidió a Josué: «Acuérdate de lo que el SEÑOR le dijo a Moisés, hombre de Dios, respecto a ti y a mí en Cades Barnea. 7Yo tenía cuarenta años cuando Moisés, siervo del SEÑOR, me envió desde Cades Barnea para explorar el país, y con toda franqueza le informé de lo que vi. 8Mis compañeros de viaje, por el contrario, desanimaron a la gente y le infundieron temor. Pero yo me mantuve

---

j **13:27** *lago Quinéret.* Es decir, lago de Galilea.

fiel al SEÑOR mi Dios. [9]Ese mismo día Moisés me hizo este juramento: "La tierra que toquen tus pies será herencia tuya y de tus descendientes para siempre, porque fuiste fiel al SEÑOR mi Dios."[k]

[10]»Ya han pasado cuarenta y cinco años desde que el SEÑOR hizo la promesa por medio de Moisés, mientras Israel peregrinaba por el desierto; aquí estoy este día con mis ochenta y cinco años: ¡el SEÑOR me ha mantenido con vida! [11]Y todavía mantengo la misma fortaleza que tenía el día en que Moisés me envió. Para la batalla tengo las mismas energías que tenía entonces. [12]Dame, pues, la región montañosa que el SEÑOR me prometió en esa ocasión. Desde ese día, tú bien sabes que los *anaquitas habitan allí, y que sus ciudades son enormes y fortificadas. Sin embargo, con la ayuda del SEÑOR los expulsaré de ese territorio, tal como él ha prometido.»

[13]Entonces Josué bendijo a Caleb y le dio por herencia el territorio de Hebrón. [14]A partir de ese día Hebrón ha pertenecido al quenizita Caleb hijo de Jefone, porque fue fiel al SEÑOR, Dios de Israel. [15]Hebrón se llamaba originalmente Quiriat Arbá, porque Arbá fue un importante antepasado de los anaquitas.

Después de todo esto el país se vio libre de guerras.

Los territorios de Judá
15:15-19 — Jue 1:11-15

15 El territorio asignado a los clanes de la tribu de Judá abarcaba las tierras comprendidas hasta la frontera de Edom, incluyendo el desierto de Zin en el sur. [2]La frontera sur, que partía de la bahía ubicada al extremo sur del Mar Muerto, [3]salía hacia el sur de la cuesta de Acrabín, cruzaba hacia el desierto de Zin y continuaba hacia Cades Barnea, al sur. De allí seguía por Jezrón, subía hacia Adar, daba la vuelta hacia Carcá, [4]continuaba por Asmón y salía hacia el arroyo de Egipto, para terminar en el Mediterráneo. Ésta es la frontera sur de Judá.[l]

[5]La frontera oriental la formaba el Mar Muerto hasta la desembocadura del río Jordán.

La frontera norte se iniciaba en la bahía de la desembocadura del Jordán [6]y subía por Bet Joglá, continuando al norte de Bet Arabá, hasta la peña de Bohán hijo de Rubén. [7]Subía luego hacia Debir desde el valle de Acor, y giraba hacia el norte en dirección a Guilgal, al frente de la pendiente de Adumín, al sur del valle. Seguía bordeando las aguas de Ensemes y llegaba a Enroguel. [8]Continuaba hacia el valle de Ben Hinón al sur de la cuesta de la ciudad jebusea, es decir, Jerusalén. Ascendía a la cumbre de la loma al oeste del valle de Hinón, al norte del valle de Refayin. [9]De aquella cumbre la frontera se dirigía hacia el manantial de Neftóaj, seguía por las ciudades del monte Efrón y descendía hacia Balá, también llamada Quiriat Yearín. [10]De allí giraba al oeste de Balá y se dirigía hacia el monte Seír, bordeaba por el norte las laderas del monte Yearín, llamado también Quesalón, y descendía hacia Bet Semes, pasando por Timná. [11]Después seguía por la parte norte las cuestas de Ecrón, giraba hacia Sicrón, rodeaba el monte Balá y llegaba hasta Jabnel. La línea fronteriza terminaba en el mar Mediterráneo.

[12]La frontera occidental la formaba la costa del mar Mediterráneo.

Éstas son las fronteras de los territorios asignados a la tribu de Judá y sus clanes.

Caleb conquista Hebrón y Debir

[13]De acuerdo con lo ordenado por el SEÑOR, Josué le dio a Caleb hijo de Jefone una porción del territorio asignado a Judá. Esa porción es Quiriat Arbá, es decir, Hebrón (Arbá fue un ancestro de los *anaquitas). [14]Caleb expulsó de Hebrón a tres descendientes de Anac: Sesay, Ajimán y Talmay. [15]De allí subió para atacar a los habitantes de Debir, ciudad que antes se llamaba Quiriat Séfer. [16]Y dijo: «Le daré mi hija Acsa como esposa al hombre que ataque y conquiste la ciudad de Quiriat Séfer.»

---

[k]14:9 Dt 1:36　[l]15:4 Judá. Lit. ustedes.

17Entonces Otoniel hijo de Quenaz y sobrino de Caleb capturó Quiriat Séfer y se casó con Acsa.

18Cuando ella llegó, Otoniel la convenció*m* de que le pidiera un terreno a su padre. Al bajar Acsa del asno, Caleb le preguntó:

—¿Qué te pasa?

19—Concédeme un gran favor —respondió ella—. Ya que me has dado tierras en el Néguev, dame también manantiales.

Fue así como Caleb le dio a su hija manantiales en las zonas altas y bajas.

Ciudades de Judá

20Ésta es la lista de los territorios que recibieron como herencia los clanes de la tribu de Judá:

21Las ciudades sureñas de la tribu, ubicadas en el Néguev, cerca de la frontera con Edom:

Cabsel, Edar, Jagur, 22Quiná, Dimoná, Adadá, 23Cedes, Jazor, Itnán, 24Zif, Telén, Bealot, 25Jazor Jadatá, Queriot, Jezrón (conocida también como Jazor), 26Amán, Semá, Moladá, 27Jazar Gadá, Hesmón, Bet Pelet, 28Jazar Súal, Berseba, con sus poblados,*n* 29Balá, Iyín, Esen, 30Eltolad, Quesil, Jormá, 31Siclag, Madmana, Sansaná, 32Lebaot, Siljín, Ayin y Rimón, es decir, un total de veintinueve ciudades con sus pueblos.

33En la llanura:

Estaol, Zora, Asena, 34Zanoa, Enganín, Tapúaj, Enam, 35Jarmut, Adulán, Soco, Azeca, 36Sajarayin, Aditayin, Guederá y Guederotayin, es decir, catorce ciudades con sus pueblos.

37Zenán, Jadasá, Migdal Gad, 38Dileán, Mizpa, Joctel, 39Laquis, Boscat, Eglón, 40Cabón, Lajmás, Quitlís, 41Guederot, Bet Dagón, Noamá y Maquedá, es decir, dieciséis ciudades con sus pueblos.

42Libná, Éter, Asán, 43Jifta, Asena, Nezib, 44Queilá, Aczib y Maresá, es decir, nueve ciudades con sus pueblos.

45Ecrón, con sus pueblos y aldeas; 46de allí al mar, todo el territorio colindante con Asdod, junto con sus poblaciones; 47Asdod, con sus pueblos y aldeas, y Gaza, con sus pueblos y aldeas, hasta el arroyo de Egipto y la costa del mar Mediterráneo.

48En la región montañosa:

Samir, Jatir, Soco, 49Daná, Quiriat Saná (conocida como Debir), 50Anab, Estemoa, Anín, 51Gosén, Holón y Guiló, es decir, once ciudades con sus pueblos.

52Arab, Dumá, Esán, 53Yanún, Bet Tapúaj, Afecá, 54Humtá, Quiriat Arbá (llamada también Hebrón) y Sior, es decir, nueve ciudades con sus pueblos.

55Maón, Carmel, Zif, Yutá, 56Jezrel, Jocdeán, Zanoa, 57Caín, Guibeá y Timná, es decir, diez ciudades con sus pueblos.

58Jaljul, Betsur, Guedor, 59Marat, Bet Anot y Eltecón, es decir, seis ciudades con sus pueblos.

60Quiriat Baal, (o Quiriat Yearín) y Rabá, con sus pueblos.

61En el desierto:

Bet Arabá, Midín, Secacá, 62Nibsán, la Ciudad de la sal y Engadi, es decir, seis ciudades con sus pueblos.

63Los descendientes de Judá no pudieron expulsar de la ciudad de Jerusalén a los jebuseos, así que hasta el día de hoy éstos viven allí junto con los descendientes de Judá.

Los territorios de Efraín y Manasés

16 El territorio asignado a los descendientes de José comenzaba en el río Jordán,*ñ* al este de los manantiales de Jericó; y de allí ascendía hacia la región montañosa de Betel, a través del desierto. 2De Betel, es decir, Luz,*o* continuaba hacia el territorio de los arquitas hasta Astarot, 3descendía hacia el oeste al territorio de los jafletitas hasta la región de Bet

---

m 15:18 *Otoniel la convenció* (mss. de LXX); *lo convenció* (TM).   *n* 15:28 *con sus poblados* (LXX); *Biziotía* (TM).   *ñ* 16:1 *en el río Jordán.* Lit. *en el Jordán de Jericó* (uno de los antiguos nombres asignados al río Jordán).   *o* 16:2 *de Betel, es decir, Luz* (véase v. 1 de LXX); *de Betel hacia Luz* (TM).

Jorón de Abajo y Guézer, y terminaba en el mar Mediterráneo. ⁴Así fue como las tribus de Manasés y Efraín, descendientes de José, recibieron como herencia sus territorios.

El territorio de Efraín

⁵Éste es el territorio que recibieron la tribu de Efraín y sus respectivos clanes:

En el lado oriental sus límites se extendían desde Atarot Adar hasta Bet Jorón de Arriba, ⁶y llegaban hasta el mar Mediterráneo. En Micmetat, que está al norte, hacían una curva hacia el oriente rumbo a Tanat Siló y de allí llegaban a Janoa. ⁷Descendían de Janoa hacia Atarot y Nará, pasando por Jericó hasta llegar al río Jordán. ⁸De Tapúaj la frontera seguía hacia el occidente rumbo al arroyo de Caná y terminaba en el mar Mediterráneo. Éste es el territorio que recibió como herencia la tribu de Efraín por sus clanes. ⁹El territorio también incluía las ciudades y sus respectivas aldeas que se encontraban en el territorio asignado a la tribu de Manasés.

¹⁰Los efraimitas no expulsaron a los cananeos que vivían en Guézer; les permitieron vivir entre ellos, como sucede hasta el día de hoy, pero los sometieron a trabajos forzados.

El territorio de Manasés

17 También a la tribu de Manasés se le asignó su propio territorio, porque él era el primogénito de José. A Maquir, primogénito de Manasés y antepasado de los galaaditas, se le concedió Galaad y Basán por ser hombre de guerra. ²Los demás clanes de la tribu de Manasés también recibieron sus territorios: Abiezer, Jélec, Asriel, Siquén, Héfer y Semidá. Éstos eran descendientes de Manasés hijo de José.

³Sucedió que Zelofejad hijo de Héfer, nieto de Galaad y bisnieto de Manasés, sólo tuvo hijas, cuyos nombres eran Majlá, Noa, Joglá, Milca y Tirsá. ⁴Ellas se presentaron ante Eleazar el sacerdote, ante Josué hijo de Nun y ante los jefes de Israel, y les dijeron: «El Señor le ordenó a Moisés que nos diera tierras en los territorios asignados como herencia a nuestro clan.» Entonces Josué hizo tal como el Señor le había ordenado.

⁵La tribu de Manasés recibió diez porciones de tierra, además de los territorios de Galaad y Basán, que están al lado oriental del Jordán. ⁶Esto se debió a que las hijas de Manasés recibieron tierras como herencia, además de las repartidas a los descendientes varones. Galaad fue asignada a los otros descendientes de Manasés.

⁷El territorio de Manasés abarcaba desde Aser hasta Micmetat, ubicada al este de Siquén. De allí la frontera seguía hacia el sur, hasta las tierras pertenecientes a Yasub*P* En Tapúaj. ⁸A Manasés le pertenecían también las tierras de Tapúaj, pero la ciudad de Tapúaj, ubicada en los límites de Manasés, era de los descendientes de Efraín. ⁹La frontera continuaba hacia el sur, por el lado norte del arroyo de Caná, hasta llegar al mar Mediterráneo. En esa zona, varias ciudades de la tribu de Efraín se mezclaban con ciudades pertenecientes a Manasés. ¹⁰Los territorios del sur le pertenecían a Efraín, y los del norte, a Manasés. El territorio de Manasés llegaba hasta el mar Mediterráneo y bordeaba, por el norte, con la tribu de Aser, y por el este, con la de Isacar. ¹¹Dentro de las fronteras de Isacar y Aser, la tribu de Manasés tenía las siguientes ciudades con sus poblaciones: Betseán, Ibleam, Dor, Endor, Tanac y Meguido. La tercera ciudad de la lista era Nafot.

¹²Los miembros de la tribu de Manasés no pudieron habitar estas ciudades, porque los cananeos persistieron en vivir en ellas. ¹³Cuando los israelitas se hicieron fuertes, redujeron a los cananeos a esclavitud, pero no los expulsaron totalmente de esas tierras.

¹⁴Las tribus de José le reprocharon a Josué:

—¿Por qué nos has dado sólo una parte del territorio? Nosotros somos numerosos, y el Señor nos ha bendecido ricamente.

P 17:7 *Yasub* (lectura probable; véase LXX); *los habitantes de* (TM).

15Entonces Josué les respondió:

—Ya que son tan numerosos y encuentran que la región montañosa de Efraín es demasiado pequeña para ustedes, vayan a la zona de los bosques que están en territorio ferezeo y refaíta, y desmonten tierra para que habiten allá.

16Los descendientes de José replicaron:

—La región montañosa nos queda muy pequeña, y los cananeos que viven en el llano poseen carros de hierro, tanto los de Betsán y sus poblaciones como los del valle de Jezrel.

17Pero Josué animó a las tribus de Efraín y Manasés, descendientes de José:

—Ustedes son numerosos y tienen mucho poder. No se quedarán con un solo territorio, 18sino que poseerán la región de los bosques. Desmóntenla y ocúpenla hasta sus límites más lejanos. Y a pesar de que los cananeos tengan carros de hierro y sean muy fuertes, ustedes los podrán expulsar.

Los territorios de las otras tribus

18 Cuando el país quedó bajo el control de los israelitas, toda la asamblea israelita se reunió en Siló, donde habían establecido la *Tienda de reunión. 2Para entonces, todavía quedaban siete tribus que no habían recibido como herencia sus respectivos territorios.

3Así que Josué los desafió: «¿Hasta cuándo van a esperar para tomar posesión del territorio que les otorgó el SEÑOR, Dios de sus antepasados? 4Nombren a tres hombres de cada tribu para que yo los envíe a reconocer las tierras, y que hagan por escrito una reseña de cada territorio. A su regreso, 5dividan el resto del país en siete partes. Judá mantendrá sus territorios en el sur, y los descendientes de José, en el norte. 6Cuando hayan terminado la descripción de las siete regiones, tráiganmela, y yo las asignaré echando suertes en presencia del SEÑOR nuestro Dios. 7Los levitas, como ya saben, no recibirán ninguna porción de tierra, porque su herencia es su servicio sacerdotal ante el SEÑOR. Además, Gad, Rubén y la media tribu de Manasés ya han recibido sus respectivos

territorios en el lado oriental del Jordán. Moisés, siervo del SEÑOR, se los entregó como herencia.»

8Cuando los hombres estaban listos para salir a hacer el reconocimiento del país, Josué les ordenó: «Exploren todo el país y tráiganme una descripción escrita de todos sus territorios. Cuando regresen aquí a Siló, yo haré el sorteo de tierras en presencia del SEÑOR.» 9Los hombres hicieron tal como Josué les ordenó, y regresaron a Siló con la descripción de todo el país, ciudad por ciudad, y su división en siete partes. 10Josué hizo allí el sorteo en presencia del SEÑOR, y repartió los territorios entre los israelitas, según sus divisiones tribales.

El territorio de Benjamín

11A la tribu de Benjamín se le asignó su territorio según sus clanes. Ese territorio quedó ubicado entre las tribus de Judá y José.

12La frontera norte se iniciaba en el río Jordán, pasaba por las laderas al norte de Jericó y avanzaba en dirección occidental hacia la región montañosa, hasta llegar al desierto de Bet Avén. 13Continuaba hacia la ladera sureña de Luz, también llamada Betel, y descendía desde Atarot Adar hasta el cerro que está al sur de Bet Jorón de Abajo.

14De allí la frontera continuaba hacia el sur, por el lado occidental, hasta llegar a Quiriat Baal, llamada también Quiriat Yearín, una población perteneciente a Judá. Ésta era la frontera occidental.

15La frontera sur partía desde Quiriat Yearín, en el lado occidental, y continuaba hasta el manantial de Neftóaj. 16Descendía a las laderas del monte ubicado frente al valle de Ben Hinón, al norte del valle de Refayin. Seguía en descenso por el valle de Hinón, bordeando la cuesta de la ciudad de Jebús, hasta llegar a Enroguel. 17De allí giraba hacia el norte, rumbo a Ensemes, seguía por Guelilot, al frente de la cuesta de Adumín, y descendía a la peña de Bohán hijo de Rubén. 18La frontera continuaba hacia la cuesta norte de Bet Arabá,q y descendía hasta el Arabá. 19De

q 18:18 de Bet Arabá (LXX); al frente del Arabá (TM).

allí se dirigía a la cuesta norte de Bet Joglá y salía en la bahía norte del Mar Muerto, donde desemboca el río Jordán. Ésta era la frontera sur.

20 El río Jordán marcaba los límites del lado oriental.

Éstas eran las fronteras de las tierras asignadas como herencia a todos los clanes de la tribu de Benjamín.

21 Los clanes de la tribu de Benjamín poseyeron las siguientes ciudades: Jericó, Bet Joglá, Émec Casís, **22** Bet Arabá, Zemarayin, Betel, **23** Avín, Pará, Ofra, **24** Quefar Amoní, Ofni y Gueba, es decir, doce ciudades con sus poblaciones; **25** y Gabaón, Ramá, Berot, **26** Mizpa, Cafira, Mozá, **27** Requen, Irpel, Taralá, **28** Zela, Élef, Jebús, llamada también Jerusalén, Guibeá y Quiriat, es decir, catorce ciudades con sus poblaciones.

Ésta fue la herencia que recibieron los clanes de la tribu de Benjamín.

El territorio de Simeón
19:2-10 — 1Cr 4:28-33

19 Simeón fue la segunda tribu que recibió sus territorios, según sus clanes. Su herencia estaba ubicada dentro del territorio de Judá. **2** Le pertenecían las siguientes ciudades: Berseba (o Sabá), Moladá, **3** Jazar Súal, Balá, Esen, **4** Eltolad, Betul, Jormá, **5** Siclag, Bet Marcabot, Jazar Susá, **6** Bet Lebaot y Sarujén, es decir, trece ciudades con sus poblaciones; **7** y Ayin, Rimón, Éter y Asán, es decir, cuatro ciudades con sus poblaciones. **8** A estas ciudades se agregaban los pueblos que se contaban hasta los bordes de Balatber, ciudad de Ramat ubicada en el Néguev.

Éstos fueron los territorios asignados a los clanes de la tribu de Simeón. **9** Como la tribu de Judá tenía más territorio de lo que sus clanes necesitaban, la tribu de Simeón recibió su porción del territorio asignado a Judá.

El territorio de Zabulón

10 Zabulón fue la tercera tribu que recibió su territorio, según sus clanes. La frontera del territorio se extendía hasta Sarid. **11** Por el occidente, se dirigía hacia Maralá, y llegaba a Dabéset, hasta tocar el arroyo frente a Jocneán. **12** De allí, giraba al este de Sarid, hacia la salida del sol, hasta el territorio de Quislot Tabor, luego continuaba hasta alcanzar Daberat y subía hasta Jafía. **13** La frontera cruzaba por el oriente hacia Gat Jefer e Itacasín, hasta llegar a Rimón y girar hacia Negá. **14** De allí la frontera giraba hacia el norte hasta llegar a Janatón, y terminaba en el valle de Jeftel. **15** Ese territorio incluía doce ciudades y sus poblaciones, entre ellas Catat, Nalal, Simrón, Idalá y Belén. **16** Éste es el territorio asignado como herencia a los clanes de la tribu de Zabulón, incluyendo sus ciudades y pueblos.

El territorio de Isacar

17 Isacar fue la cuarta tribu que recibió su territorio, según sus clanes. **18** Las ciudades que se encontraban dentro de ese territorio eran: Jezrel, Quesulot, Sunén, **19** Jafarayin, Sijón, Anajarat, **20** Rabit, Cisón, Abez, **21** Rémet, Enganín, Enadá y Bet Pasés. **22** La frontera llegaba a Tabor, Sajazimá y Bet Semes, y terminaba en el río Jordán. En total, dieciséis ciudades con sus poblaciones **23** componían la herencia de los clanes de la tribu de Isacar.

El territorio de Aser

24 Aser fue la quinta tribu que recibió su territorio, según sus clanes. **25** En él se incluían las ciudades de Jelcat, Jalí, Betén, Acsaf, **26** Alamélec, Amad y Miseal. La frontera tocaba, por el oeste, el monte Carmelo y Sijor Libnat. **27** De allí giraba al este en dirección a Bet Dagón y llegaba a Zabulón, en el valle de Jeftel. Luego se dirigía al norte rumbo a Bet Émec y Neyel, bordeando, a la izquierda, Cabul. **28** La frontera seguía hacia Abdón,*r* Rejob, Hamón y Caná, hasta tocar la gran ciudad de Sidón. **29** Luego hacía un giro hacia Ramá, y de allí, hasta la ciudad fortificada de Tiro. Después giraba hacia Josá y salía al mar Mediterráneo. **30** Las ciudades sumaban veintidós, entre ellas Majaleb, Aczib,

---

r **19:28** *Abdón* (mss. hebreos; véase 21:30); *Hebrón* (TM).

Uma, Afec y Rejob. *s* 31Éste es el territorio asignado como herencia a los clanes de la tribu de Aser, incluyendo sus ciudades y pueblos.

El territorio de Neftalí

32Neftalí fue la sexta tribu que recibió su territorio, según sus clanes. 33Su territorio abarcaba desde Jélef y el gran árbol de Sananín hacia Adaminéqueb y Jabnel, y continuaba hacia Lacún, hasta el río Jordán. 34La frontera seguía por el occidente, pasando por Aznot Tabor, y proseguía en Hucoc. Bordeaba el territorio de la tribu de Zabulón por el sur, la de Aser por el occidente y *t* el río Jordán por el oriente. 35Las ciudades fortificadas eran: Sidín, Ser, Jamat, Racat, Quinéret, 36Adamá, Ramá, Jazor, 37Cedes, Edrey, Enjazor, 38Irón, Migdal El, Jorén, Bet Anat y Bet Semes. En total sumaban diecinueve ciudades con sus poblaciones. 39Éste es el territorio asignado como herencia a los clanes de la tribu de Neftalí, incluyendo sus ciudades y pueblos.

El territorio de Dan

40Dan fue la séptima tribu que recibió territorio, según sus clanes. 41Se incluían en el territorio Zora, Estaol, Ir Semes, 42Sagalbín, Ayalón, Jetlá, 43Elón, Timnat, Ecrón, 44Eltequé, Guibetón, Balat, 45Jehúd, Bené Berac, Gat Rimón, 46Mejarcón y Racón, con la región que estaba frente a Jope.

47Como a los danitas no les alcanzó el territorio que se les asignó, fueron a conquistar a la ciudad de Lesén. Después de que la tomaron, pasaron a filo de espada a todos sus habitantes. Luego los danitas la habitaron y le dieron por nombre Dan, en honor a su antepasado. 48Así quedó establecido el territorio de los clanes de la tribu de Dan, junto con sus ciudades y pueblos.

El territorio de Josué

49Cuando se terminó de asignarle a cada tribu el territorio que le correspondía, el pueblo de Israel le entregó a Josué hijo de Nun el territorio que le pertenecía a él como herencia. 50Así cumplieron con lo que el SEÑOR había ordenado. Josué recibió la ciudad de Timnat Sera, que estaba enclavada en la región montañosa de Efraín. Él la había solicitado, así que la reconstruyó y se estableció en ella.

51De este modo terminaron de dividir los territorios el sacerdote Eleazar, Josué y los jefes de las tribus de Israel. El sorteo lo realizaron en Siló, en presencia del SEÑOR, a la entrada de la *Tienda de reunión.

Ciudades de refugio

20 El SEÑOR le dijo a Josué: 2«Pídeles a los israelitas que designen algunas ciudades de refugio, tal como te lo ordené por medio de Moisés. 3Así cualquier persona que mate a otra accidentalmente o sin premeditación podrá huir a esas ciudades para refugiarse del vengador del delito de sangre.

4»Cuando tal persona huya a una de esas ciudades, se ubicará a la *entrada y allí presentará su caso ante los *ancianos de la ciudad. Acto seguido, los ancianos lo aceptarán en esa ciudad y le asignarán un lugar para vivir con ellos. 5Si el vengador del delito de sangre persigue a la persona hasta esa ciudad, los ancianos no deberán entregárselo, pues ya habrán aceptado al que mató sin premeditación ni rencor alguno. 6El acusado permanecerá en aquella ciudad hasta haber comparecido ante la asamblea del pueblo y hasta que el sumo sacerdote en funciones haya fallecido. Sólo después de esto el acusado podrá regresar a su hogar y al pueblo del cual huyó tiempo atrás.»

7En respuesta a la orden de Josué, los israelitas designaron Cedes en Galilea, en la región montañosa de Neftalí; Siquén, en la región montañosa de Efraín, y Quiriat Arbá, conocida como Hebrón, en la región montañosa de Judá. 8Al este del río Jordán, *u* escogieron las tres ciudades siguientes: Béser, en el desierto que está en la

---

s 19:29-30 *Mediterráneo.* 30*Las ciudades ... Rejob.* Alt. *Mediterráneo en la región de Aczib,* 30*Uma, Afec y Rejob. Las ciudades sumaban veintidós.*   *t* 19:34 *y* (LXX); *y la de Judá* (TM).   *u* 20:8 *del río Jordán.* Lit. *del Jordán de Jericó* (uno de los antiguos nombres asignados al río Jordán).

meseta perteneciente al territorio de la tribu de Rubén; Ramot de Galaad, en el territorio de la tribu de Gad, y Golán de Basán, en el territorio de la tribu de Manasés. ⁹Todo israelita o inmigrante que hubiera matado accidentalmente a alguien podría huir hacia una de esas ciudades para no morir por mano del vengador del delito de sangre, antes de ser juzgado por la asamblea.

Las poblaciones de los levitas
21:4-39 — 1Cr 6:54-80

21 Los jefes de familia de los levitas se acercaron al sacerdote Eleazar, a Josué hijo de Nun y a los representantes de los clanes israelitas, ²los cuales estaban en Siló, en la tierra de Canaán, y les dijeron: «El Señor ordenó por medio de Moisés que ustedes nos asignaran pueblos donde vivir y tierras para nuestro ganado.»

³Entonces, según el mandato del Señor, los israelitas entregaron, de su propiedad, las siguientes poblaciones y campos de pastoreo a los levitas:

⁴Los primeros en recibir sus poblaciones, por sorteo, fueron los levitas descendientes de Coat. A estos descendientes del sacerdote Aarón se les entregaron trece poblaciones en los territorios de las tribus de Judá, Simeón y Benjamín. ⁵Al resto de los descendientes de Coat se les entregaron diez poblaciones en los territorios de las tribus de Efraín, Dan y la media tribu de Manasés.

⁶A los descendientes de Guersón se les entregaron, por sorteo, trece poblaciones en los territorios de las tribus de Isacar, Aser, Neftalí y la media tribu de Manasés en Basán.

⁷Los descendientes de Merari recibieron doce poblaciones en los territorios de las tribus de Rubén, Gad y Zabulón.

⁸De este modo los israelitas asignaron todas estas poblaciones con sus campos de pastoreo a los levitas, según el mandato del Señor por medio de Moisés.

⁹Lo mismo se hizo con los territorios de las tribus de Judá y Simeón. ¹⁰Las poblaciones que se asignaron las recibieron los descendientes aaronitas del clan de Coat, porque ellos fueron los primeros que resultaron favorecidos en el sorteo. ¹¹A

ellos se les asignó Quiriat Arbá, es decir, Hebrón, junto con sus campos de pastoreo, en la región montañosa de Judá (Arbá era un ancestro de los *anaquitas). ¹²Pero las aldeas y los campos adyacentes a Hebrón no se asignaron a ningún levita, pues ya se habían asignado a Caleb hijo de Jefone.

¹³Además de Hebrón (ciudad de refugio para los acusados de homicidio), a los descendientes del sacerdote Aarón se les asignaron las siguientes poblaciones con sus campos de pastoreo: Libná, ¹⁴Jatir, Estemoa, ¹⁵Holón, Debir, ¹⁶Ayin, Yutá y Bet Semes, nueve poblaciones en total. ¹⁷Del territorio de la tribu de Benjamín se asignaron las siguientes poblaciones con sus campos de pastoreo: Gabaón, Gueba, ¹⁸Anatot y Almón, es decir, cuatro poblaciones. ¹⁹En total fueron trece poblaciones con sus campos de pastoreo los que se asignaron a los sacerdotes descendientes de Aarón.

²⁰Al resto de los levitas descendientes de Coat se les asignaron poblaciones en el territorio de la tribu de Efraín. ²¹En la región montañosa de Efraín se les asignó la ciudad de Siquén, que fue una de las ciudades de refugio para los acusados de homicidio. También se les asignaron Guézer, ²²Quibsayin y Bet Jorón, es decir, cuatro poblaciones con sus campos de pastoreo. ²³De la tribu de Dan se les asignaron Eltequé, Guibetón, ²⁴Ayalón y Gat Rimón, es decir, cuatro poblaciones con sus campos de pastoreo. ²⁵De la media tribu de Manasés se les asignaron Tanac y Gat Rimón, es decir, dos poblaciones con sus campos de pastoreo. ²⁶En total fueron diez poblaciones con sus campos de pastoreo los que se asignaron al resto de los descendientes de los clanes de Coat.

²⁷A los levitas descendientes de Guersón se les asignaron dos poblaciones con sus campos de pastoreo en el territorio de la media tribu de Manasés: Golán en Basán (ciudad de refugio para los acusados de homicidio) y Besterá. ²⁸De la tribu de Isacar se les asignaron Cisón, Daberat, ²⁹Jarmut y Enganín, es decir, cuatro poblaciones con sus campos de pastoreo. ³⁰De la tribu de Aser se les asignaron

Miseal, Abdón, ³¹Jelcat y Rejob, es decir, cuatro poblaciones con sus campos de pastoreo. ³²De la tribu de Neftalí se les asignaron tres poblaciones con sus campos de pastoreo: Cedes (ciudad de refugio en la región de Galilea), y las poblaciones de Jamot Dor y Cartán. ³³En total fueron trece poblaciones con sus campos de pastoreo las que se asignaron a los levitas descendientes de los clanes de Guersón.

³⁴A los meraritas, uno de los clanes levitas, se les asignaron cuatro poblaciones de la tribu de Zabulón, con sus campos de pastoreo: Jocneán, Cartá, ³⁵Dimná y Nalal. ³⁶De la tribu de Rubén se les asignaron cuatro poblaciones con sus campos de pastoreo: Béser, Yahaza, ³⁷Cademot y Mefat. ³⁸De la tribu de Gad se les asignaron cuatro poblaciones con sus campos de pastoreo: Ramot de Galaad (ciudad de refugio), Majanayin, ³⁹Hesbón y Jazer. ⁴⁰Fue así como los clanes levitas descendientes de Merari, los últimos a quienes se les asignaron poblaciones, recibieron un total de doce.

⁴¹Los levitas recibieron en total cuarenta y ocho poblaciones con sus respectivos campos de pastoreo en territorio israelita. ⁴²Cada una de esas poblaciones estaba rodeada de campos de pastoreo.

⁴³Así fue como el SEÑOR les entregó a los israelitas todo el territorio que había prometido darles a sus antepasados; y el pueblo de Israel se estableció allí. ⁴⁴El SEÑOR les dio descanso en todo el territorio, cumpliendo así la promesa hecha años atrás a sus antepasados. Ninguno de sus enemigos pudo hacer frente a los israelitas, pues el SEÑOR entregó en sus manos a cada uno de los que se les oponían. ⁴⁵Y ni una sola de las buenas promesas del SEÑOR a favor de Israel dejó de cumplirse, sino que cada una se cumplió al pie de la letra.

Retorno de las tribus orientales

22 Luego Josué convocó a las tribus de Rubén y Gad, y a la media tribu de Manasés, ²y les dijo: «Ustedes han cumplido todas las órdenes que les dio Moisés, siervo del SEÑOR. Además, ustedes me han obedecido en cada mandato que les he dado. ³Durante todo el tiempo que ha pasado, hasta este mismo día, ustedes no han abandonado a sus hermanos los israelitas. Más bien, han cumplido todos los mandatos del SEÑOR. ⁴Y ahora que el SEÑOR su Dios ha cumplido lo que prometió y les ha dado descanso a sus hermanos, regresen ustedes a sus hogares y a sus tierras que Moisés, siervo del SEÑOR, les entregó al lado oriental del río Jordán. ⁵Y esfuércense por cumplir fielmente el mandamiento y la *ley que les ordenó Moisés, siervo del SEÑOR: amen al SEÑOR su Dios, condúzcanse de acuerdo con su voluntad, obedezcan sus mandamientos, manténganse unidos firmemente a él y sírvanle de todo *corazón y con todo su ser.»

⁶Dicho esto, Josué les dio su bendición y los envió a sus hogares. ⁷A la mitad de la tribu de Manasés, Moisés ya le había entregado el territorio de Basán; a la otra mitad Josué le entregó el territorio que está en el lado occidental del río Jordán, donde se estableció la mayoría de los israelitas. A los primeros, Josué los envió a sus hogares, junto con las tribus de Rubén y Gad, y los bendijo ⁸así: «Regresen a sus hogares repletos de bienes: oro, plata, bronce, hierro, gran cantidad de ropa y mucho ganado. Compartan con sus hermanos lo que le han arrebatado al enemigo.»

⁹Entonces los rubenitas, los gaditas y la media tribu de Manasés salieron de Siló en Canaán, donde estaban congregados todos los israelitas, y regresaron a Galaad, el territorio que habían adquirido según el mandato que el SEÑOR había dado por medio de Moisés.

¹⁰Cuando llegaron a Guelilot, a orillas del río Jordán, todavía en territorio cananeo, las dos tribus y media construyeron un enorme altar. ¹¹Los demás israelitas se enteraron de que los rubenitas, los gaditas y la media tribu de Manasés habían construido aquel altar a orillas del Jordán, en pleno territorio israelita. ¹²Entonces toda la asamblea se reunió en Siló con la intención de combatir contra las dos tribus y media.

¹³Por tanto, los israelitas enviaron a Finés hijo del sacerdote Eleazar a la región de Galaad para hablar con esas tribus. ¹⁴Con él iban diez representantes de cada una de las tribus de Israel, jefes de clanes

y tribus. **15**Al llegar a Galaad, les dijeron a los de las dos tribus y media:

16—Toda la asamblea del SEÑOR quisiera saber por qué se han rebelado contra el Dios de Israel como lo han hecho. ¿Por qué le han dado la espalda al SEÑOR y se han rebelado contra él, construyéndose un altar? **17**¿Acaso no hemos aprendido ninguna lección del pecado de Peor, del cual todavía no nos hemos *purificado? ¿Nada nos ha enseñado la muerte de tantos miembros de nuestro pueblo? **18**¿Por qué insisten en darle la espalda al SEÑOR? ¡Si hoy se rebelan contra él, mañana su ira se descargará sobre todo Israel! **19**Si la tierra que ustedes poseen es impura, crucen a esta tierra que le pertenece al SEÑOR, y en la cual se encuentra su santuario. ¡Vengan, habiten entre nosotros! Pero, por favor, no se rebelen contra él ni contra nosotros, erigiendo otro altar además del altar del SEÑOR nuestro Dios. **20**¿No es verdad que cuando Acán hijo de Zera pecó al hurtar de lo que estaba destinado a la *destrucción, la ira de Dios se descargó sobre toda la comunidad de Israel? Recuerden que Acán no fue el único que murió por su pecado.

21Los de las tribus de Rubén, Gad y la media tribu de Manasés respondieron a los líderes israelitas:

22—¡El SEÑOR, Dios de dioses, sí, el SEÑOR, Dios de dioses, sabe bien que no hicimos esto por rebeldía o por infidelidad! Y que todo Israel también lo sepa. Si no es así, que no se nos perdone la vida. **23**¡Que el SEÑOR mismo nos llame a cuenta si hemos construido nuestro propio altar para abandonarlo a él o para ofrecer alguno de los sacrificios ordenados por Moisés! **24**En realidad lo construimos pensando en el futuro. Tememos que algún día los descendientes de ustedes les digan a los nuestros: "¡El SEÑOR, Dios de Israel, no tiene nada que ver con ustedes, **25**descendientes de Rubén y de Gad! Entre ustedes y nosotros el SEÑOR ha puesto el río Jordán como barrera. ¡Ustedes no tienen nada que ver con el SEÑOR!" Si esto sucediera, sus descendientes serían culpables de que los nuestros dejen de adorar al SEÑOR.

26»Por eso decidimos construir este altar, no como altar de *holocaustos y sacrificios, **27**sino como testimonio entre ustedes y nosotros y entre las generaciones futuras, de que también nosotros podemos servir al SEÑOR y ofrecerle los distintos sacrificios en su santuario. Así, en el futuro, los descendientes de ustedes nunca podrán decirles a los nuestros: "Ustedes no tienen nada que ver con el SEÑOR." **28**Por tanto, convenimos que si algún día nos dijeran eso a nosotros o a nuestros descendientes, nosotros les contestaríamos: "Miren la réplica del altar del SEÑOR que nuestros antepasados construyeron, no para hacer sacrificios en él, sino como testimonio entre ustedes y nosotros." **29**En fin, no tenemos intención alguna de rebelarnos contra el SEÑOR o de abandonarlo construyendo otro altar para holocaustos, ofrendas o sacrificios, además del que está construido a la entrada de su santuario.

30Cuando escucharon lo que los rubenitas, los gaditas y la media tribu de Manasés tenían que decir, Finés el sacerdote y los jefes de clanes y de la comunidad quedaron satisfechos. **31**Entonces Finés hijo de Eleazar les dijo a los de esas tribus:

—Ahora estamos seguros de que el SEÑOR está en medio de nosotros, pues ustedes no pretendían serle infieles al SEÑOR; así que nos han salvado del castigo divino.

32Luego Finés, hijo del sacerdote Eleazar, y los jefes de la nación se despidieron de los gaditas y rubenitas, y abandonaron Galaad para regresar a la tierra de Canaán con el fin de rendir su informe al resto de los israelitas. **33**Éstos recibieron el informe con agrado y alabaron a Dios, y no hablaron más de pelear con las tribus orientales ni de destruir sus tierras.

34Y los rubenitas y los gaditas le dieron al altar el nombre de «Testimonio», porque dijeron: «Entre nosotros servirá de testimonio de que el SEÑOR es Dios.»

Despedida de Josué

23 Mucho tiempo después de que el SEÑOR le diera a Israel *paz con sus enemigos cananeos, Josué, anciano y cansado, **2**convocó a toda la nación, incluyendo a sus líderes, jefes, jueces y oficiales, y les dijo: «Yo ya estoy muy viejo, y los años me pesan. **3**Ustedes han visto todo lo que el Señor su Dios ha hecho con todas aquellas naciones a favor de ustedes, pues él peleó las batallas por ustedes. **4**Yo repartí por sorteo, como herencia de sus tribus, tanto las tierras de las naciones que aún quedan como las de aquellas que ya han sido conquistadas, entre el río Jordán y el mar Mediterráneo. **5**El Señor su Dios expulsará a esas naciones de estas tierras, y ustedes tomarán posesión de ellas, tal como él lo ha prometido.

6»Por lo tanto, esfuércense por cumplir todo lo que está escrito en el libro de la *ley de Moisés. No se aparten de esa ley para nada. **7**No se mezclen con las naciones que aún quedan entre ustedes. No rindan culto a sus dioses ni juren por ellos. **8**Permanezcan fieles a Dios, como lo han hecho hasta ahora. **9**El Señor ha expulsado a esas grandes naciones que se han enfrentado con ustedes, y hasta ahora ninguna de ellas ha podido resistirlos. **10**Uno solo de ustedes hace huir a mil enemigos, porque el Señor pelea por ustedes, tal como lo ha prometido. **11**Hagan, pues, todo lo que está de su parte para amar al Señor su Dios. **12**Porque si ustedes le dan la espalda a Dios y se unen a las naciones que aún quedan entre ustedes, mezclándose y formando matrimonios con ellas, **13**tengan por cierto que el Señor su Dios no expulsará de entre ustedes a esas naciones. Por el contrario, ellas serán como red y trampa contra ustedes, como látigos en sus espaldas y espinas en sus ojos, hasta que ustedes desaparezcan de esta buena tierra que el Señor su Dios les ha entregado.

14»Por mi parte, yo estoy a punto de ir por el camino que todo mortal transita. Ustedes bien saben que ninguna de las buenas promesas del Señor su Dios ha dejado de cumplirse al pie de la letra. Todas se han hecho realidad, pues él no ha faltado a ninguna de ellas. **15**Pero así como el Señor su Dios ha cumplido sus buenas promesas, también descargará sobre ustedes todo tipo de calamidades, hasta que cada uno sea borrado de esta tierra que él les ha entregado. **16**Si no cumplen con el *pacto que el Señor su Dios les ha ordenado, sino que siguen a otros dioses, adorándolos e inclinándose ante ellos, tengan por seguro que la ira del Señor se descargará sobre ustedes y que serán borrados de la buena tierra que el Señor les ha entregado.»

Renovación del pacto en Siquén

24 Josué reunió a todas las tribus de Israel en Siquén. Allí convocó a todos los jefes, líderes, jueces y oficiales del pueblo. Todos se reunieron en presencia de Dios. **2**Josué se dirigió a todo el pueblo, y le exhortó:

—Así dice el Señor, Dios de Israel: "Hace mucho tiempo, sus antepasados, Téraj y sus hijos Abraham y Najor, vivían al otro lado del río Éufrates, y adoraban a otros dioses. **3**Pero yo tomé de ese lugar a Abraham, antepasado de ustedes, lo conduje por toda la tierra de Canaán y le di una descendencia numerosa. Primero le di un hijo, Isaac; **4**y a Isaac le di dos hijos, Jacob y Esaú. A Esaú le entregué la serranía de Seír, en tanto que Jacob y sus hijos descendieron a Egipto.

5»"Tiempo después, envié a Moisés y Aarón, y herí con plagas a Egipto hasta que los saqué a ustedes de allí. **6**Cuando saqué de ese país a sus antepasados, ustedes llegaron al *Mar Rojo y los egipcios los persiguieron con sus carros de guerra y su caballería. **7**Sus antepasados clamaron al Señor, y él interpuso oscuridad entre ellos y los egipcios. El Señor hizo que el mar cayera sobre éstos y los cubriera. Ustedes fueron testigos de lo que les hice a los egipcios. Después de esto, sus antepasados vivieron en el desierto durante mucho tiempo. **8**A ustedes los traje a la tierra de los amorreos, los que vivían al este del río Jordán. Cuando ellos les hicieron la guerra, yo los entregué en sus manos; ustedes fueron testigos de cómo los destruí para que ustedes poseyeran su tierra. **9**Y cuando Balac, hijo de Zipor y rey de Moab, se dispuso a presentarles combate, él envió al profeta Balán hijo de Beor para que los maldijera. **10**Pero yo no quise escuchar a Balán, por lo cual él los bendijo una y otra vez, y así los salvé a ustedes de su poder. **11**Finalmente, cruzaron el río Jordán y llegaron a Jericó, cuyos habitantes pelearon contra ustedes. Lo mismo hicieron los amorreos, ferezeos, cananeos, hititas, gergeseos, heveos y jebuseos. Pero yo los entregué en sus manos. 12No fueron ustedes quienes, con sus espadas y arcos, derrotaron a los dos reyes amorreos; fui yo quien por causa de ustedes envié tábanos, para que expulsaran de la tierra a sus enemigos. 13A ustedes les entregué una tierra que no trabajaron y ciudades que no construyeron. Vivieron en ellas y se alimentaron de viñedos y olivares que no plantaron."

14»Por lo tanto, ahora ustedes entréguense al SEÑOR y sírvanle fielmente. Desháganse de los dioses que sus antepasados adoraron al otro lado del río Éufrates y en Egipto, y sirvan sólo al SEÑOR. 15Pero si a ustedes les parece mal servir al SEÑOR, elijan ustedes mismos a quiénes van a servir: a los dioses que sirvieron sus antepasados al otro lado del río Éufrates, o a los dioses de los amorreos, en cuya tierra ustedes ahora habitan. Por mi parte, mi familia y yo serviremos al SEÑOR.

16El pueblo respondió:

—¡Eso no pasará jamás! ¡Nosotros no abandonaremos al SEÑOR por servir a otros dioses! 17El SEÑOR nuestro Dios es quien nos sacó a nosotros y a nuestros antepasados del país de Egipto, aquella tierra de servidumbre. Él fue quien hizo aquellas grandes señales ante nuestros ojos. Nos protegió durante todo nuestro peregrinaje por el desierto y cuando pasamos entre tantas naciones. 18El SEÑOR expulsó a todas las que vivían en este país, incluso a los amorreos. Por esa razón, nosotros también serviremos al SEÑOR, porque él es nuestro Dios.

19Entonces Josué les dijo:

—Ustedes son incapaces de servir al SEÑOR, porque él es Dios *santo y Dios celoso. No les tolerará sus rebeliones y pecados. 20Si ustedes lo abandonan y sirven a dioses ajenos, él se les echará encima y les traerá desastre; los *destruirá completamente, a pesar de haber sido bueno con ustedes.

21Pero el pueblo insistió:

—¡Eso no pasará jamás! Nosotros sólo serviremos al SEÑOR.

22Y Josué les dijo una vez más:

—Ustedes son testigos contra ustedes mismos de que han decidido servir al SEÑOR.

—Sí, sí lo somos —respondió toda la asamblea.

23Josué replicó:

—Desháganse de los dioses ajenos que todavía conservan. ¡Vuélvanse de todo *corazón al SEÑOR, Dios de Israel!

24El pueblo respondió:

—Sólo al SEÑOR nuestro Dios serviremos, y sólo a él obedeceremos.

25Aquel mismo día Josué renovó el *pacto con el pueblo de Israel. Allí mismo, en Siquén, les dio preceptos y normas, 26y los registró en el libro de la *ley de Dios. Luego tomó una enorme piedra y la colocó bajo la encina que está cerca del santuario del SEÑOR. 27Entonces le dijo a todo el pueblo:

—Esta piedra servirá de testigo contra ustedes. Ella ha escuchado todas las palabras que el SEÑOR nos ha dicho hoy. Testificará contra ustedes en caso de que ustedes digan falsedades contra su Dios.

28Después de todo esto, Josué envió a todo el pueblo a sus respectivas propiedades.

Entierros en la Tierra prometida
24:29-31 — Jue 2:6-9

29Tiempo después murió Josué hijo de Nun, siervo del SEÑOR, a la edad de ciento diez años. 30Fue sepultado en la parcela que se le había dado como herencia, en el lugar conocido como Timnat Sera, en la región montañosa de Efraín, al norte del monte Gaas. 31Durante toda la vida de Josué, el pueblo de Israel había servido al SEÑOR. Así sucedió también durante el tiempo en que estuvieron al frente de Israel los jefes que habían compartido el liderazgo con Josué y que sabían todo lo que el SEÑOR había hecho a favor de su pueblo.

32Los restos de José, que los israelitas habían traído de Egipto, fueron sepultados en Siquén, en un terreno que Jacob había comprado por cien monedas de plata a los hijos de Jamor, padre de Siquén. El terreno después llegó a ser propiedad de los descendientes de José.

33Finalmente, Eleazar hijo de Aarón murió y fue sepultado en Guibeá, propiedad de su hijo Finés, en la región montañosa de Efraín.

Jueces

Israel continúa su lucha contra los cananeos

1:11-15 — Jos 15:15-19

1 Después de la muerte de Josué, los israelitas le preguntaron al SEÑOR:

—¿Quién de nosotros será el primero en subir y pelear contra los cananeos?

2 El SEÑOR respondió:

—Judá será el primero en subir, puesto que ya le he entregado el país en sus manos.

3 Entonces los de la tribu de Judá dijeron a sus hermanos de la tribu de Simeón: «Suban con nosotros al territorio que nos ha tocado, y pelearemos contra los cananeos; después nosotros iremos con ustedes al territorio que les tocó.» Y los de la tribu de Simeón los acompañaron.

4 Cuando Judá atacó, el SEÑOR entregó en sus manos a los cananeos y a los ferezeos. En Bézec derrotaron a diez mil hombres. **5** Allí se toparon con Adoní Bézec y pelearon contra él, y derrotaron a los cananeos y a los ferezeos. **6** Adoní Bézec logró escapar, pero lo persiguieron hasta que lo alcanzaron, y le cortaron los pulgares de las manos y los dedos gordos de los pies.

7 Entonces Adoní Bézec exclamó: «¡Setenta reyes, cortados los pulgares de las manos y los dedos gordos de los pies, recogían migajas debajo de mi mesa! ¡Ahora Dios me ha pagado con la misma moneda!» Luego lo llevaron a Jerusalén, y allí murió.

8 Los de la tribu de Judá también atacaron a Jerusalén; la capturaron, matando a todos a filo de espada, y luego incendiaron la ciudad.

9 Después la tribu de Judá fue a pelear contra los cananeos que vivían en la región montañosa, en el Néguev y en la Sefelá. **10** Avanzaron contra los cananeos que vivían en Hebrón, ciudad que antes se llamaba Quiriat Arbá, y derrotaron a Sesay, Ajimán y Talmay.

11 Desde allí, avanzaron contra los habitantes de Debir, ciudad que antes se llamaba Quiriat Séfer. **12** Entonces Caleb dijo: «A quien derrote a Quiriat Séfer y la conquiste, yo le daré por esposa a mi hija Acsa.» **13** Y fue Otoniel hijo de Quenaz, hermano menor de Caleb, quien la conquistó; así que Caleb le dio por esposa a su hija Acsa. **14** Cuando ella llegó, Otoniel la convenció[a] de que le pidiera un terreno a su padre. Al bajar Acsa del asno, Caleb le preguntó:

—¿Qué te pasa?

15 —Concédeme un gran favor —respondió ella—. Ya que me has dado tierras en el Néguev, dame también manantiales.

Fue así como Caleb le dio a su hija manantiales en las zonas altas y bajas.

16 Los descendientes de Hobab[b] el quenita, suegro de Moisés, acompañaron a la tribu de Judá desde la Ciudad de las Palmeras[c] hasta el desierto de Judá, que está en el Néguev, cerca de Arad. Allí habitaron entre la gente del lugar.

17 Después fueron los de la tribu de Judá con sus hermanos de la tribu de Simeón y derrotaron a los cananeos que vivían en Sefat, ciudad a la que *destruyeron por completo. Desde entonces Sefat fue llamada Jormá.[d] **18** Los hombres de Judá también conquistaron las ciudades de Gaza, Ascalón y Ecrón, cada una de ellas con su propio territorio.

19 El SEÑOR estaba con los hombres de Judá. Éstos tomaron posesión de la región montañosa, pero no pudieron expulsar a los que vivían en las llanuras, porque esa

---

[a] **1:14** *Otoniel la convenció* (LXX y Vulgata); *lo convenció* (TM).   [b] **1:16** *Hobab.* Véase 4:11.   [c] **1:16** *la Ciudad de las Palmeras.* Es decir, Jericó.   [d] **1:17** En hebreo, *Jormá* significa *destrucción.*

gente contaba con carros de hierro. **20**Tal como lo había prometido Moisés, Caleb recibió Hebrón y expulsó de esa ciudad a los tres hijos de Anac. **21**En cambio, los de la tribu de Benjamín no lograron expulsar a los jebuseos, que vivían en Jerusalén. Por eso hasta el día de hoy los jebuseos viven con los benjaminitas en Jerusalén.

22Los de la tribu de José, por su parte, subieron contra Betel, pues el SEÑOR estaba con ellos. **23**Enviaron espías a Betel, ciudad que antes se llamaba Luz, **24**y éstos, al ver que un hombre salía de la ciudad, le dijeron: «Muéstranos cómo entrar en la ciudad, y seremos bondadosos contigo.» **25**Aquel hombre les mostró cómo entrar en la ciudad, y ellos la conquistaron a filo de espada; pero al hombre y a toda su familia les perdonaron la vida. **26**Y ese hombre se fue a la tierra de los hititas, donde fundó una ciudad a la que llamó Luz, nombre que conserva hasta el día de hoy.

27Pero los de la tribu de Manasés no pudieron expulsar a los de Betseán y de Tanac con sus respectivas aldeas, ni tampoco a los habitantes de Dor, Ibleam y Meguido con sus respectivas aldeas, porque los cananeos estaban decididos a permanecer en esa tierra. **28**Sólo cuando Israel se hizo fuerte pudo someter a los cananeos a trabajos forzados, aunque nunca pudo expulsarlos del todo. **29**Los de la tribu de Efraín tampoco pudieron expulsar a los cananeos que vivían en Guézer, de modo que los cananeos siguieron viviendo entre ellos. **30**Los de la tribu de Zabulón, por su parte, tampoco pudieron expulsar a los cananeos que vivían en Quitrón y Nalol, y éstos siguieron viviendo entre ellos, aunque fueron sometidos a trabajos forzados. **31**Tampoco los de la tribu de Aser pudieron expulsar a los habitantes de Aco, Sidón, Ajlab, Aczib, Jelba, Afec y Rejob. **32**Por eso, como no pudieron expulsarlos, el pueblo de la tribu de Aser vivió entre los cananeos que habitaban en aquella región. **33**Tampoco los de la tribu de Neftalí pudieron expulsar a los habitan-tes de Bet Semes y Bet Anat, sino que vivieron entre los cananeos que habitaban en aquella región. Sin embargo, sometieron a trabajos forzados a los que vivían en Bet Semes y Bet Anat. **34**Los amorreos hicieron retroceder a los de la tribu de Dan hasta la región montañosa, y no les permitieron bajar a la llanura. **35**Los amorreos también estaban decididos a permanecer en el monte Heres, en Ayalón y en Salbín. Pero cuando se acrecentó el poder de la tribu de José, los amorreos también fueron sometidos a trabajos forzados. **36**La frontera de los amorreos iba desde la cuesta de los Escorpiones hasta Selá, e incluso más arriba.

El ángel del SEÑOR en Boquín

2 El ángel del SEÑOR subió de Guilgal a Boquín y dijo: «Yo los saqué a ustedes de Egipto y los hice entrar en la tierra que juré darles a sus antepasados. Dije: "Nunca quebrantaré mi *pacto con ustedes; **2**ustedes, por su parte, no harán ningún pacto con la gente de esta tierra, sino que derribarán sus altares." ¡Pero me han desobedecido! ¿Por qué han actuado así? **3**Pues quiero que sepan que no expulsaré de la presencia de ustedes a esa gente; ellos les harán la vida imposible, y sus dioses les serán una trampa.»

4Cuando el ángel del SEÑOR les habló así a todos los israelitas, el pueblo lloró a gritos. **5**Por eso llamaron a aquel lugar Boquín,*e* y allí ofrecieron sacrificios al SEÑOR.

Desobediencia y derrota
2:6-9 — Jos 24:29-31

6Cuando Josué despidió al pueblo, los israelitas se fueron a tomar posesión de la tierra, cada uno a su propio territorio. **7**El pueblo sirvió al SEÑOR mientras vivieron Josué y los ancianos que le sobrevivieron, los cuales habían visto todas las grandes obras que el SEÑOR había hecho por Israel.

8Josué hijo de Nun, siervo del SEÑOR, murió a la edad de ciento diez años, **9**y lo sepultaron en Timnat Jeres,*f* tierra de su

---

*e***2:5** En hebreo, *Boquín* significa *los que lloran.*   *f***2:9** *Timnat Jeres.* También conocida como *Timnat Sera* (véanse Jos 19:50 y 24:30).

heredad, en la región montañosa de Efraín, al norte del monte de Gaas. ¹⁰También murió toda aquella generación, y surgió otra que no conocía al SEÑOR ni sabía lo que él había hecho por Israel. ¹¹Esos israelitas hicieron lo que ofende al SEÑOR y adoraron a los ídolos de *Baal. ¹²Abandonaron al SEÑOR, Dios de sus padres, que los había sacado de Egipto, y siguieron a otros dioses —dioses de los pueblos que los rodeaban—, y los adoraron, provocando así la ira del SEÑOR. ¹³Abandonaron al SEÑOR, y adoraron a Baal y a las imágenes de *Astarté. ¹⁴Entonces el SEÑOR se enfureció contra los israelitas y los entregó en manos de invasores que los saquearon. Los vendió a sus enemigos que tenían a su alrededor, a los que ya no pudieron hacerles frente. ¹⁵Cada vez que los israelitas salían a combatir, la mano del SEÑOR estaba en contra de ellos para su mal, tal como el SEÑOR se lo había dicho y jurado. Así llegaron a verse muy angustiados.

¹⁶Entonces el SEÑOR hizo surgir caudillos*g* que los libraron del poder de esos invasores. ¹⁷Pero tampoco escucharon a esos caudillos, sino que se prostituyeron al entregarse a otros dioses y adorarlos. Muy pronto se apartaron del *camino que habían seguido sus antepasados, el camino de la obediencia a los mandamientos del SEÑOR. ¹⁸Cada vez que el SEÑOR levantaba entre ellos un caudillo, estaba con él. Mientras ese caudillo vivía, los libraba del poder de sus enemigos, porque el SEÑOR se compadecía de ellos al oírlos gemir por causa de quienes los oprimían y afligían. ¹⁹Pero cuando el caudillo moría, ellos volvían a corromperse aún más que sus antepasados, pues se iban tras otros dioses, a los que servían y adoraban. De este modo se negaban a abandonar sus malvadas costumbres y su obstinada conducta.

²⁰Por eso el SEÑOR se enfureció contra Israel y dijo: «Puesto que esta nación ha violado el *pacto que yo establecí con sus antepasados y no me ha obedecido, ²¹tampoco yo echaré de su presencia a ninguna

de las naciones que Josué dejó al morir. ²²Las usaré para poner a prueba a Israel y ver si guarda mi camino y anda por él, como lo hicieron sus antepasados.» ²³Por eso el SEÑOR dejó en paz a esas naciones; no las echó en seguida ni las entregó en manos de Josué.

3 Las siguientes naciones son las que el SEÑOR dejó a salvo para poner a prueba a todos los israelitas que no habían participado en ninguna de las guerras de Canaán. ²Lo hizo solamente para que los descendientes de los israelitas, que no habían tenido experiencia en el campo de batalla, aprendieran a combatir. ³Quedaron los cinco príncipes de los filisteos, todos los cananeos, y los sidonios y heveos que vivían en los montes del Líbano, desde el monte de Baal Hermón hasta Lebó Jamat.*h* ⁴Allí los dejó el SEÑOR para poner a prueba a los israelitas, a ver si obedecían sus mandamientos, que él había dado a sus antepasados por medio de Moisés.

⁵Los israelitas vivían entre cananeos, hititas, amorreos, ferezeos, heveos y jebuseos. ⁶Se casaron con las hijas de esos pueblos, y a sus propias hijas las casaron con ellos y adoraron a sus dioses.

Otoniel

⁷Los israelitas hicieron lo que ofende al SEÑOR; se olvidaron del SEÑOR su Dios, y adoraron a las imágenes de *Baal y de *Aserá. ⁸El SEÑOR se enfureció contra Israel a tal grado que los vendió a Cusán Risatayin, rey de Aram Najarayin,*i* a quien estuvieron sometidos durante ocho años. ⁹Pero clamaron al SEÑOR, y él hizo que surgiera un libertador, Otoniel hijo de Quenaz, hermano menor de Caleb. Y Otoniel liberó a los israelitas. ¹⁰El Espíritu del SEÑOR vino sobre Otoniel, y así Otoniel se convirtió en caudillo de Israel y salió a la guerra. El SEÑOR entregó a Cusán Risatayin, rey de *Aram, en manos de Otoniel, quien prevaleció sobre él. ¹¹El país tuvo *paz durante cuarenta años, hasta que murió Otoniel hijo de Quenaz.

---

g **2:16** *caudillos.* Tradicionalmente *jueces;* así en el resto de este libro. *h* **3:3** *Lebó Jamat.* Alt. *la entrada de Jamat.* *i* **3:8** *Aram Najarayin.* Es decir, el noroeste de Mesopotamia.

Aod

[12]Una vez más los israelitas hicieron lo que ofende al Señor, y por causa del mal que hicieron, el Señor le dio poder sobre ellos a Eglón, rey de Moab. [13]Luego de aliarse con los amonitas y amalecitas, Eglón fue y atacó a Israel, y se apoderó de la Ciudad de las Palmeras.[j] [14]Los israelitas estuvieron sometidos a Eglón, rey de Moab, durante dieciocho años.

[15]Los israelitas volvieron a clamar al Señor, y el Señor les levantó un libertador: Aod, el hijo de Guerá, de la tribu de Benjamín, quien era zurdo. Por medio de él los israelitas enviaron tributo a Eglón rey de Moab. [16]Aod se había hecho una espada de doble filo y de medio metro de largo, la cual sujetó a su muslo derecho por debajo de la ropa. [17]Le presentó el tributo a Eglón, rey de Moab, que era muy gordo. [18]Cuando Aod terminó de presentárselo, se fue a despedir a los hombres que habían transportado el tributo. [19]Pero luego se regresó desde las canteras que estaban cerca de Guilgal, y dijo:

—Majestad, tengo un mensaje secreto para usted.

—¡Silencio! —ordenó el rey.

Y todos sus servidores se retiraron de su presencia.

[20]Entonces Aod se acercó al rey, que estaba sentado solo en la habitación del piso superior de su palacio de verano,[k] y le dijo:

—Tengo un mensaje de Dios para usted.

Cuando el rey se levantó de su trono, [21]Aod extendió la mano izquierda, sacó la espada que llevaba en el muslo derecho, y se la clavó al rey en el vientre. [22]La empuñadura se hundió tras la hoja, a tal punto que le salió por la espalda.[l] Además, Aod no le sacó la espada, ya que ésta quedó totalmente cubierta por la gordura. [23]Luego de cerrar y atrancar las puertas de la habitación del piso superior, Aod salió por la ventana.[m]

[24]Cuando ya Aod se había ido, llegaron los siervos del rey y, al ver atrancadas las puertas de la habitación del piso superior, dijeron: «Tal vez está haciendo sus necesidades[n] en el cuarto interior de la casa.» [25]Y tanto esperaron que se sintieron desconcertados. Al ver que el rey no abría las puertas de la habitación, las abrieron con una llave. Allí encontraron a su señor tendido en el piso, ya muerto.

[26]Mientras esperaban, Aod se escapó. Pasó junto a las canteras y huyó a Seirat. [27]Cuando llegó allí, tocó la trompeta en la región montañosa de Efraín, y los israelitas descendieron de la montaña, con él a la cabeza.

[28]«Síganme —les ordenó—, porque el Señor ha entregado en manos de ustedes a sus enemigos los moabitas.» Bajaron con él y, tomando posesión de los vados del Jordán que conducían a Moab, no dejaron pasar a nadie. [29]En aquella ocasión derrotaron a unos diez mil moabitas, todos robustos y aguerridos. No escapó ni un solo hombre. [30]Aquel día Moab quedó sometido a Israel, y el país tuvo *paz durante ochenta años.

Samgar

[31]El sucesor de Aod fue Samgar hijo de Anat, quien derrotó a seiscientos filisteos con una vara para arrear bueyes. También él liberó a Israel.

Débora

4 Después de la muerte de Aod, los israelitas volvieron a hacer lo que ofende al Señor. [2]Así que el Señor los vendió a Jabín, un rey cananeo que reinaba en Jazor. El jefe de su ejército era Sísara, que vivía en Jaroset Goyim. [3]Los israelitas clamaron al Señor porque Yabín tenía novecientos carros de hierro y, durante veinte años, había oprimido cruelmente a los israelitas.

[4]En aquel tiempo gobernaba a Israel una profetisa llamada Débora, que era esposa de Lapidot. [5]Ella tenía su tribunal bajo la Palmera de Débora, entre Ramá y Betel, en la región montañosa de Efraín,

---

[j] **3:13** *la Ciudad de las Palmeras.* Es decir, Jericó.   [k] **3:20** *palacio de verano.* Frase de difícil traducción.
[l] **3:22** *la espalda.* Palabra de difícil traducción.   [m] **3:23** *la ventana.* Palabra de difícil traducción.
[n] **3:24** *haciendo sus necesidades.* Lit. *cubriéndose los pies.*

y los israelitas acudían a ella para resolver sus disputas. ⁶Débora mandó llamar a Barac hijo de Abinoán, que vivía en Cedes de Neftalí, y le dijo:

—El SEÑOR, el Dios de Israel, ordena: "Ve y reúne en el monte Tabor a diez mil hombres de la tribu de Neftalí y de la tribu de Zabulón. ⁷Yo atraeré a Sísara, jefe del ejército de Jabín, con sus carros y sus tropas, hasta el arroyo Quisón. Allí lo entregaré en tus manos."

⁸Barac le dijo:

—Sólo iré si tú me acompañas; de lo contrario, no iré.

⁹—¡Está bien, iré contigo! —dijo Débora—. Pero, por la manera en que vas a encarar este asunto, la gloria no será tuya, ya que el SEÑOR entregará a Sísara en manos de una mujer.

Así que Débora fue con Barac hasta Cedes, ¹⁰donde él convocó a las tribus de Zabulón y Neftalí. Diez mil hombres se pusieron a sus órdenes, y también Débora lo acompañó.

¹¹Héber el quenita se había separado de los otros quenitas que descendían de Hobab, el suegro de Moisés, y armó su campamento junto a la encina que está en Zanayin, cerca de Cedes.

¹²Cuando le informaron a Sísara que Barac hijo de Abinoán había subido al monte Tabor, ¹³Sísara convocó a sus novecientos carros de hierro, y a todos sus soldados, desde Jaroset Goyim hasta el arroyo Quisón.

¹⁴Entonces Débora le dijo a Barac:

—¡Adelante! Éste es el día en que el SEÑOR entregará a Sísara en tus manos. ¿Acaso no marcha el SEÑOR al frente de tu ejército?

Barac descendió del monte Tabor, seguido por los diez mil hombres. ¹⁵Ante el avance de Barac, el SEÑOR desbarató a Sísara a filo de espada, con todos sus carros y su ejército, a tal grado que Sísara saltó de su carro y huyó a pie. ¹⁶Barac persiguió a los carros y al ejército hasta Jaroset Goyim. Todo el ejército de Sísara cayó a filo de espada; no quedó nadie con vida.

¹⁷Mientras tanto, Sísara había huido a pie hasta la carpa de Jael, la esposa de Héber el quenita, pues había buenas rela-

ciones entre Jabín, rey de Jazor, y el clan de Héber el quenita.

¹⁸Jael salió al encuentro de Sísara, y le dijo:

—¡Adelante, mi señor! Entre usted por aquí. No tenga miedo.

Sísara entró en la carpa, y ella lo cubrió con una manta.

¹⁹—Tengo sed —dijo él—. ¿Podrías darme un poco de agua?

Ella destapó un odre de leche, le dio de beber, y volvió a cubrirlo.

²⁰—Párate a la entrada de la carpa —le dijo él—. Si alguien viene y te pregunta: "¿Hay alguien aquí?", contéstale que no.

²¹Pero Jael, esposa de Héber, tomó una estaca de la carpa y un martillo, y con todo sigilo se acercó a Sísara, quien agotado por el cansancio dormía profundamente. Entonces ella le clavó la estaca en la sien y se la atravesó, hasta clavarla en la tierra. Así murió Sísara.

²²Barac pasó por allí persiguiendo a Sísara, y Jael salió a su encuentro. «Ven —le dijo ella—, y te mostraré al hombre que buscas.» Barac entró con ella, y allí estaba tendido Sísara, muerto y con la estaca atravesándole la sien.

²³Aquel día Dios humilló en presencia de los israelitas a Jabín, el rey cananeo. ²⁴Y el poder de los israelitas contra Jabín se consolidaba cada vez más, hasta que lo destruyeron.

La canción de Débora

5 Aquel día Débora y Barac hijo de Abinoán entonaron este canto:

²«Cuando los príncipes de Israel
  toman el mando,
  cuando el pueblo se ofrece
  voluntariamente,
  ¡bendito sea el SEÑOR!

³»¡Oigan, reyes! ¡Escuchen,
  gobernantes!
  Yo cantaré, cantaré al SEÑOR;
  tocaré música al SEÑOR, el Dios
  de Israel.

⁴»Oh SEÑOR, cuando saliste de Seír,
  cuando marchaste desde los
  campos de Edom,

tembló la tierra,
se estremecieron los cielos,
las nubes derramaron agua.
5 Temblaron las montañas
al ver al SEÑOR, el Dios del Sinaí;
al ver al SEÑOR, el Dios de Israel.

6 »En los días de Samgar hijo de
Anat,
en los días de Jael,
los viajeros abandonaron los
caminos
y se fueron por sendas escabrosas.
7 Los guerreros de Israel
desaparecieron;
desaparecieron hasta que yo me
levanté.
¡Yo, Débora, me levanté
como una madre en Israel!
8 Cuando escogieron nuevos dioses,
llegó la guerra a las *puertas de
la ciudad,
pero no se veía ni un escudo ni una
lanza
entre cuarenta mil hombres de
Israel.
9 Mi *corazón está con los príncipes
de Israel,
con los voluntarios del pueblo.
¡Bendito sea el SEÑOR!

10 »Ustedes, los que montan asnas
blancas
y se sientan sobre tapices,
y ustedes, los que andan por el
camino,
¡pónganse a pensar!
11 La voz de los que cantan en los
abrevaderos
relata los actos de *justicia del
SEÑOR,
los actos de justicia de sus
guerreros en Israel.
Entonces el ejército del SEÑOR
descendió a las puertas de la
ciudad.

12 »¡Despierta, despierta, Débora!
¡Despierta, despierta, y entona
una canción!
¡Levántate, Barac!
Lleva cautivos a tus prisioneros,
oh hijo de Abinoán.

13 »Los sobrevivientes
descendieron con los nobles;
el ejército del SEÑOR
vino a mí con los valientes.
14 Algunos venían de Efraín,
cuyas raíces estaban en Amalec;
Benjamín estaba con el pueblo
que te seguía.
Desde Maquir bajaron capitanes;
desde Zabulón, los que llevan el
bastón de mando.
15 Con Débora estaban los príncipes
de Isacar;
Isacar estaba con Barac,
y tras él se lanzó hasta el valle.
En los distritos de Rubén
hay grandes resoluciones.
16 ¿Por qué permaneciste entre las
fogatas
escuchando los silbidos para
llamar a los rebaños?
En los distritos de Rubén
hay grandes titubeos.
17 Galaad habitó más allá del Jordán.
Y Dan, ¿por qué se quedó junto a
los barcos?
Aser se quedó en la costa del mar;
permaneció en sus ensenadas.
18 El pueblo de Zabulón arriesgó la
*vida
hasta la muerte misma,
a ejemplo de Neftalí
en las alturas del campo.

19 »Los reyes vinieron y lucharon
junto a las aguas de Meguido;
los reyes de Canaán lucharon en
Tanac,
pero no se llevaron plata ni botín.
20 Desde los cielos lucharon las
estrellas,
desde sus órbitas lucharon contra
Sísara.
21 El torrente Quisón los arrastró;
el torrente antiguo, el torrente
Quisón.
¡Marcha, *alma mía, con vigor!
22 Resonaron entonces los cascos
equinos;
¡galopan, galopan sus briosos
corceles!
23 "Maldice a Meroz —dijo el ángel
del SEÑOR—.

Maldice a sus habitantes con
dureza,
porque no vinieron en ayuda del
Señor,
en ayuda del Señor y de sus
valientes."

24 »¡Sea Jael, esposa de Héber el
quenita,
la más bendita entre las mujeres!
¡La más bendita entre las mujeres
que habitan en carpas!
25 Sísara pidió agua, Jael le dio leche;
en taza de nobles le ofreció leche
cuajada.
26 Su mano izquierda tomó la estaca,
su mano derecha, el mazo de
trabajo.
Golpeó a Sísara, le machacó la
cabeza
y lo remató atravesándole las
sienes.
27 A los pies de ella se desplomó;
allí cayó y quedó tendido.
Cayó desplomado a sus pies;
allí donde cayó, quedó muerto.

28 »Por la ventana se asoma la madre
de Sísara;
tras la celosía clama a gritos:
"¿Por qué se demora su carro en
venir?
¿Por qué se atrasa el estruendo de
sus carros?"
29 Las más sabias de sus damas le
responden;
y ella se repite a sí misma:
30 "Seguramente se están repartiendo
el botín arrebatado al enemigo:
una muchacha o dos para cada
guerrero;
telas de colores como botín para
Sísara,
una tela, dos telas, de colores
bordadas para mi cuello.
¡Todo esto como botín!"

31 »¡Así perezcan todos tus enemigos,
oh Señor!
Pero los que te aman sean como el
sol
cuando sale en todo su
esplendor.»

Entonces el país tuvo *paz durante
cuarenta años.

Gedeón

6 Los israelitas hicieron lo que ofende
al Señor, y él los entregó en manos
de los madianitas durante siete años. 2 Era
tal la tiranía de los madianitas que los
israelitas se hicieron escondites en las
montañas y en las cuevas, y en otros
lugares donde pudieran defenderse.
3 Siempre que los israelitas sembraban, los
madianitas, amalecitas y otros pueblos del
oriente venían y los atacaban. 4 Acampaban y arruinaban las cosechas por todo el
territorio, hasta la región de Gaza. No
dejaban en Israel nada con vida: ni ovejas,
ni bueyes ni asnos. 5 Llegaban con su
ganado y con sus carpas como plaga de
langostas. Tanto ellos como sus camellos
eran incontables, e invadían el país para
devastarlo. 6 Era tal la miseria de los israelitas por causa de los madianitas, que
clamaron al Señor pidiendo ayuda.

7 Cuando los israelitas clamaron al
Señor a causa de los madianitas, 8 el
Señor les envió un profeta que dijo: «Así
dice el Señor, Dios de Israel: "Yo los
saqué de Egipto, tierra de esclavitud, 9 y
los libré de su poder. También los libré del
poder de todos sus opresores, a quienes
expulsé de la presencia de ustedes para
entregarles su tierra." 10 Les dije: "Yo soy
el Señor su Dios; no adoren a los dioses
de los amorreos, en cuya tierra viven."
Pero ustedes no me obedecieron.»

11 El ángel del Señor vino y se sentó
bajo la encina que estaba en Ofra, la cual
pertenecía a Joás, del clan de Abiezer. Su
hijo Gedeón estaba trillando trigo en un
lagar, para protegerlo de los madianitas.
12 Cuando el ángel del Señor se le apareció a Gedeón, le dijo:

—¡El Señor está contigo, guerrero valiente!

13 —Pero, señor —replicó Gedeón—,
si el Señor está con nosotros, ¿cómo es
que nos sucede todo esto? ¿Dónde están
todas las maravillas que nos contaban
nuestros padres, cuando decían: "¡El
Señor nos sacó de Egipto!"? ¡La verdad
es que el Señor nos ha desamparado y nos
ha entregado en manos de Madián!

14El Señor lo encaró y le dijo:

—Ve con la fuerza que tienes, y salvarás a Israel del poder de Madián. Yo soy quien te envía.

15—Pero, Señor —objetó Gedeón—, ¿cómo voy a salvar a Israel? Mi clan es el más débil de la tribu de Manasés, y yo soy el más insignificante de mi familia.

16El Señor respondió:

—Tú derrotarás a los madianitas como si fueran un solo hombre, porque yo estaré contigo.

17—Si me he ganado tu favor, dame una señal de que en realidad eres tú quien habla conmigo —respondió Gedeón—. **18**Te ruego que no te vayas hasta que yo vuelva y traiga mi ofrenda y la ponga ante ti.

—Esperaré hasta que vuelvas —le dijo el Señor.

19Gedeón se fue a preparar un cabrito; además, con una medida*ñ* de harina hizo panes sin levadura. Luego puso la carne en una canasta y el caldo en una olla, y los llevó y se los ofreció al ángel bajo la encina.

20El ángel de Dios le dijo:

—Toma la carne y el pan sin levadura, y ponlos sobre esta roca; y derrama el caldo.

Y así lo hizo Gedeón. **21**Entonces, con la punta del bastón que llevaba en la mano, el ángel del Señor tocó la carne y el pan sin levadura, ¡y de la roca salió fuego, que consumió la carne y el pan! Luego el ángel del Señor desapareció de su vista. **22**Cuando Gedeón se dio cuenta de que se trataba del ángel del Señor, exclamó:

—¡Ay de mí, Señor y Dios! ¡He visto al ángel del Señor cara a cara!

23Pero el Señor le dijo:

—¡Quédate tranquilo! No temas. No vas a morir.

24Entonces Gedeón construyó allí un altar al Señor, y lo llamó «El Señor es la *paz», el cual hasta el día de hoy se encuentra en Ofra de Abiezer.

25Aquella misma noche el Señor le dijo: «Toma un toro del rebaño de tu padre; el segundo, el que tiene siete años.*o* Derriba el altar que tu padre ha dedicado a *Baal, y el poste con la imagen de la diosa *Aserá que está junto a él. **26**Luego, sobre la cima de este lugar de refugio, construye un altar apropiado*p* para el Señor tu Dios. Toma entonces la leña del poste de Aserá que cortaste, y ofrece el segundo toro*q* como un *holocausto.»

27Gedeón llevó a diez de sus siervos e hizo lo que el Señor le había ordenado. Pero en lugar de hacerlo de día lo hizo de noche, pues tenía miedo de su familia y de los hombres de la ciudad.

28Cuando los hombres de la ciudad se levantaron por la mañana, vieron que el altar de Baal estaba destruido, que el poste con la imagen de la diosa Aserá estaba cortado, y que el segundo toro había sido sacrificado sobre el altar recién construido.

29Entonces se preguntaban el uno al otro: «¿Quién habrá hecho esto?» Luego de investigar cuidadosamente, llegaron a la conclusión: «Gedeón hijo de Joás lo hizo.» **30**Entonces los hombres de la ciudad le exigieron a Joás:

—Saca a tu hijo, pues debe morir, porque destruyó el altar de Baal y derribó la imagen de Aserá que estaba junto a él.

31Pero Joás le respondió a todos los que lo amenazaban:

—¿Acaso van ustedes a defender a Baal? ¿Creen que lo van a salvar? ¡Cualquiera que defienda a Baal, que muera antes del amanecer! Si de veras Baal es un dios, debe poder defenderse de quien destruya su altar.

32Por eso aquel día llamaron a Gedeón «Yerubaal»,*r* diciendo: «Que Baal se defienda contra él», porque él destruyó su altar.

33Todos los madianitas y amalecitas, y otros pueblos del oriente, se aliaron y cruzaron el Jordán, acampando en el valle de Jezrel. **34**Entonces Gedeón, poseído por el Espíritu del Señor, tocó la trompeta, y todos los del clan de Abiezer fueron convocados a seguirlo. **35**Envió mensaje-

---

ñ **6:19** *una medida.* Lit. *un *efa,* es decir, aprox. 22 litros.   *o* **6:25** *Toma un toro ... siete años.* Alt. *Toma un toro crecido, plenamente desarrollado, del rebaño de tu padre.*   *p* **6:26** *Construye un altar apropiado.* Alt. *Construye con capas de piedra un altar.*   *q* **6:26** *el segundo toro.* Alt. *el toro crecido;* también en v. 28.
r **6:32** En hebreo, *Yerubaal* significa *que Baal defienda.*

ros a toda la tribu de Manasés, convocándolos para que lo siguieran, y además los envió a Aser, Zabulón y Neftalí, de modo que también éstos se le unieron.

36Gedeón le dijo a Dios: «Si has de salvar a Israel por mi conducto, como has prometido, 37mira, tenderé un vellón de lana en la era, sobre el suelo. Si el rocío cae sólo sobre el vellón y todo el suelo alrededor queda seco, entonces sabré que salvarás a Israel por mi conducto, como prometiste.»

38Y así sucedió. Al día siguiente Gedeón se levantó temprano, exprimió el vellón para sacarle el rocío, y llenó una taza de agua. 39Entonces Gedeón le dijo a Dios: «No te enojes conmigo. Déjame hacer sólo una petición más. Permíteme hacer una prueba más con el vellón. Esta vez haz que sólo el vellón quede seco, y que todo el suelo quede cubierto de rocío.»

40Así lo hizo Dios aquella noche. Sólo el vellón quedó seco, mientras que todo el suelo estaba cubierto de rocío.

Gedeón derrota a los madianitas

7 Yerubaal —es decir, Gedeón— y todos sus hombres se levantaron de madrugada y acamparon en el manantial de Jarod. El campamento de los madianitas estaba al norte de ellos, en el valle que está al pie del monte de Moré. 2El SEÑOR le dijo a Gedeón: «Tienes demasiada gente para que yo entregue a Madián en sus manos. A fin de que Israel no vaya a jactarse contra mí y diga que su propia fortaleza lo ha librado, 3anúnciale ahora al pueblo: "¡Cualquiera que esté temblando de miedo, que se vuelva y se retire del monte de Galaad!"» Así que se volvieron veintidós mil hombres, y se quedaron diez mil.

4Pero el SEÑOR le dijo a Gedeón: «Todavía hay demasiada gente. Hazlos bajar al agua, y allí los seleccionaré por ti. Si digo: "Éste irá contigo", ése irá; pero si digo: "Éste no irá contigo", ése no irá.»

5Gedeón hizo que los hombres bajaran al agua. Allí el SEÑOR le dijo: «A los que laman el agua con la lengua, como los perros, sepáralos de los que se arrodillen a beber.»

6Trescientos hombres lamieron el agua llevándola de la mano a la boca. Todos los demás se arrodillaron para beber. 7El SEÑOR le dijo a Gedeón: «Con los trescientos hombres que lamieron el agua, yo los salvaré; y entregaré a los madianitas en tus manos. El resto, que se vaya a su casa.»

8Entonces Gedeón mandó a los demás israelitas a sus carpas, pero retuvo a los trescientos, los cuales se hicieron cargo de las provisiones y de las trompetas de los otros.

El campamento de Madián estaba situado en el valle, más abajo del de Gedeón. 9Aquella noche el SEÑOR le dijo a Gedeón: «Levántate y baja al campamento, porque voy a entregar en tus manos a los madianitas. 10Si temes atacar, baja primero al campamento, con tu criado Furá, 11y escucha lo que digan. Después de eso cobrarás valor para atacar el campamento.»

Así que él y Furá, su criado, bajaron hasta los puestos de los centinelas, en las afueras del campamento. 12Los madianitas, los amalecitas y todos los otros pueblos del oriente que se habían establecido en el valle eran numerosos como langostas. Sus camellos eran incontables, como la arena a la orilla del mar.

13Gedeón llegó precisamente en el momento en que un hombre le contaba su sueño a un amigo.

—Tuve un sueño —decía—, en el que un pan de cebada llegaba rodando al campamento madianita, y con tal fuerza golpeaba una carpa que ésta se volteaba y se venía abajo.

14Su amigo le respondió:

—Esto no significa otra cosa que la espada del israelita Gedeón hijo de Joás. ¡Dios ha entregado en sus manos a los madianitas y a todo el campamento!

15Cuando Gedeón oyó el relato del sueño y su interpretación, se inclinó y adoró. Luego volvió al campamento de Israel y ordenó: «¡Levántense! El SEÑOR ha entregado en manos de ustedes el campamento madianita.»

16Gedeón dividió a los trescientos hombres en tres compañías y distribuyó entre todos ellos trompetas y cántaros vacíos, con antorchas dentro de los cántaros. 17«Mírenme —les dijo—. Sigan mi ejemplo. Cuando llegue a las afueras del campamento, hagan exactamente lo mismo que me vean hacer. **18**Cuando yo y todos los que están conmigo toquemos nuestras trompetas, ustedes también toquen las suyas alrededor del campamento, y digan: "Por el Señor y por Gedeón."»

19Gedeón y los cien hombres que iban con él llegaron a las afueras del campamento durante el cambio de guardia, cuando estaba por comenzar el relevo de medianoche. Tocaron las trompetas y estrellaron contra el suelo los cántaros que llevaban en sus manos. **20**Las tres compañías tocaron las trompetas e hicieron pedazos los cántaros. Tomaron las antorchas en la mano izquierda y, sosteniendo en la mano derecha las trompetas que iban a tocar, gritaron: «¡Desenvainen sus espadas, por el Señor y por Gedeón!» **21**Como cada hombre se mantuvo en su puesto alrededor del campamento, todos los madianitas salieron corriendo y dando alaridos mientras huían.

22Al sonar las trescientas trompetas, el Señor hizo que los hombres de todo el campamento se atacaran entre sí con sus espadas. El ejército huyó hasta Bet Sitá, en dirección a Zererá, hasta la frontera de Abel Mejolá, cerca de Tabat. **23**Entonces se convocó a los israelitas de Neftalí y Aser, y a toda la tribu de Manasés, y éstos persiguieron a los madianitas. **24**Por toda la región montañosa de Efraín, Gedeón envió mensajeros que decían: «Desciendan contra los madianitas, y apodérense antes que ellos de los vados del Jordán, hasta Bet Bará.»

Se convocó entonces a todos los hombres de Efraín, y éstos se apoderaron de los vados del Jordán, hasta Bet Bará. **25**También capturaron a Oreb y Zeb, los dos jefes madianitas. A Oreb lo mataron en la roca de Oreb, y a Zeb en el lagar de Zeb. Luego de perseguir a los madianitas, llevaron la cabeza de Oreb y de Zeb a Gedeón, que estaba al otro lado del Jordán.

Zeba y Zalmuna

8 Los de la tribu de Efraín le dijeron a Gedeón:

—¿Por qué nos has tratado así? ¿Por qué no nos llamaste cuando fuiste a luchar contra los madianitas?

Y se lo reprocharon severamente.

2—¿Qué hice yo, comparado con lo que hicieron ustedes? —replicó él—. ¿No valen más los rebuscos de las uvas de Efraín que toda la vendimia de Abiezer? **3**Dios entregó en manos de ustedes a Oreb y a Zeb, los jefes madianitas. Comparado con lo que hicieron ustedes, ¡lo que yo hice no fue nada!

Al oír la respuesta de Gedeón, se calmó el resentimiento de ellos contra él.

4Gedeón y sus trescientos hombres, agotados pero persistiendo en la persecución, llegaron al Jordán y lo cruzaron. **5**Allí Gedeón dijo a la *gente de Sucot:

—Denles pan a mis soldados; están agotados y todavía estoy persiguiendo a Zeba y a Zalmuna, los reyes de Madián.

6Pero los jefes de Sucot le respondieron:

—¿Acaso tienes ya en tu poder las manos de Zeba y Zalmuna? ¿Por qué tendríamos que darle pan a tu ejército?

7Gedeón contestó:

—¡Está bien! Cuando el Señor haya entregado en mis manos a Zeba y a Zalmuna, les desgarraré a ustedes la carne con espinas y zarzas del desierto.

8Desde allí subió a Peniel*s* y les pidió lo mismo. Pero los de Peniel le dieron la misma respuesta que los hombres de Sucot. **9**Por eso les advirtió a los hombres de Peniel: «Cuando yo vuelva victorioso, derribaré esta torre.»

10Zeba y Zalmuna estaban en Carcor con una fuerza de quince mil guerreros, que era todo lo que quedaba de los ejércitos del oriente, pues habían caído en batalla ciento veinte mil soldados. **11**Gedeón subió por la ruta de los nómadas, al este de Noba y Yogbea, y atacó al ejército cuando éste se creía seguro. **12**Huyeron Zeba y Zalmuna, los dos reyes de Madián,

---

s **8:8** *Peniel*. Alt. *Penuel*; también en vv. 9 y 17.

pero él los persiguió y los capturó, aterro-
rizando a todo el ejército.

¹³Cuando Gedeón hijo de Joás volvió
de la batalla por el paso de Jeres, ¹⁴capturó
a un joven de Sucot y lo interrogó. Entonces el joven le anotó los nombres de los
setenta y siete jefes y *ancianos de Sucot.
¹⁵Luego Gedeón fue y les dijo a los hombres de Sucot: «Aquí están Zeba y Zalmuna, por causa de quienes se burlaron de mí
al decir: "¿Acaso tienes ya en tu poder las
manos de Zeba y Zalmuna? ¿Por qué
tendríamos que darles pan a tus hombres
que están agotados?"» ¹⁶Se apoderó de
los ancianos de la ciudad, tomó espinos y
zarzas del desierto, y castigando con ellos
a los hombres de Sucot les enseñó quién
era él. ¹⁷También derribó la torre de Peniel y mató a los hombres de la ciudad.

¹⁸Entonces les preguntó a Zeba y a
Zalmuna:

—¿Cómo eran los hombres que ustedes mataron en Tabor?

—Parecidos a ti —respondieron
ellos—; cada uno de ellos tenía el aspecto
de un príncipe.

¹⁹—¡Eran mis hermanos —replicó Gedeón—, los hijos de mi propia madre! Tan
cierto como que vive el SEÑOR, si les
hubieran perdonado la vida, yo no los
mataría a ustedes.

²⁰Volviéndose a Jéter, su hijo mayor,
le dijo:

—¡Vamos, mátalos!

Pero Jéter no sacó su espada, porque
era apenas un muchacho y tenía miedo.
²¹Zeba y Zalmuna dijeron:

—Vamos, mátanos tú mismo. "¡Al
hombre se le conoce por su valentía!"

Gedeón se levantó y mató a Zeba y
Zalmuna, y les quitó a sus camellos los
adornos que llevaban en el cuello.

El efod de Gedeón

²²Entonces los israelitas le dijeron a
Gedeón:

—Gobierna sobre nosotros, y después
de ti, tu hijo y tu nieto; porque nos has
librado del poder de los madianitas.

²³Pero Gedeón les dijo:

—Yo no los gobernaré, ni tampoco mi
hijo. Sólo el SEÑOR los gobernará. ²⁴Pero
tengo una petición —añadió—: que cada
uno de ustedes me dé un anillo, de lo que
les tocó del botín.

Era costumbre de los ismaelitas usar
anillos de oro.

²⁵—Con mucho gusto te los daremos
—le contestaron.

Así que tendieron una manta, y cada
hombre echó en ella un anillo de su botín.
²⁶El peso de los anillos de oro que él les
pidió llegó a diecinueve kilos,ᵗ sin contar
los adornos, los aros y los vestidos de
púrpura que usaban los reyes madianitas,
ni los collares que llevaban sus camellos.
²⁷Con el oro Gedeón hizo un *efod, que
puso en Ofra, su ciudad. Todo Israel se
prostituyó al adorar allí el efod, el cual se
convirtió en una trampa para Gedeón y su
familia.

Muerte de Gedeón

²⁸Los madianitas fueron sometidos delante de los israelitas, y no volvieron a
levantar cabeza. Y durante cuarenta años,
mientras vivió Gedeón, el país tuvo *paz.

²⁹Yerubaal hijo de Joás regresó a vivir
a su casa. ³⁰Tuvo setenta hijos, pues eran
muchas sus esposas. ³¹Su concubina que
vivía en Siquén también le dio un hijo, a
quien Gedeón llamó Abimélec. ³²Gedeón
hijo de Joás murió a una edad avanzada y
fue sepultado en la tumba de Joás, su
padre, en Ofra, pueblo del clan de Abiezer.

³³En cuanto murió Gedeón, los israelitas volvieron a prostituirse ante los ídolos de *Baal. Erigieron a Baal Berit como
su dios ³⁴y se olvidaron del SEÑOR su
Dios, que los había rescatado del poder de
todos los enemigos que los rodeaban.
³⁵También dejaron de mostrarse bondadosos con la familia de Yerubaal, es decir,
Gedeón, no obstante todo lo bueno que él
había hecho por Israel.

Abimélec

9 Abimélec hijo de Yerubaal fue a Siquén a ver a los hermanos de su
madre, y les dijo a ellos y a todo el clan

ᵗ**8:26** *diecinueve kilos.* Lit. *mil setecientos* *siclos.*

de su madre: **2**«Pregúntenles a todos los señores de Siquén: "¿Qué les conviene más: que todos los setenta hijos de Yerubaal los gobiernen, o que los gobierne un solo hombre?" Acuérdense de que yo soy de la misma sangre que ustedes.»

3Cuando los hermanos de su madre comunicaron todo esto a los señores de Siquén, éstos se inclinaron a favor de Abimélec, porque dijeron: «Él es nuestro hermano.» **4**Y le dieron setenta monedas de plata*u* del templo de Baal Berit, con el cual Abimélec contrató a unos maleantes sin escrúpulos para que lo siguieran. **5**Fue a Ofra, a la casa de su padre, y sobre una misma piedra asesinó a sus setenta hermanos, hijos de Yerubaal. Pero Jotán, el hijo menor de Yerubaal, se escondió y logró escaparse. **6**Todos los señores de Siquén y Bet Miló se reunieron junto a la encina y la *piedra sagrada que están en Siquén, para coronar como rey a Abimélec.

7Cuando Jotán se enteró, subió a la cima del monte Guerizín y les gritó bien fuerte:

«¡Escúchenme, señores de Siquén,
　y que Dios los escuche a ustedes!

8»Un día los árboles salieron
　a ungir un rey para sí mismos.
Y le dijeron al olivo:
　"Reina sobre nosotros."
9Pero el olivo les respondió:
　"¿He de renunciar a dar mi aceite,
　con el cual se honra a los dioses y a los *hombres,
　para ir a mecerme sobre los árboles?"

10»Después los árboles le dijeron a la higuera:
　"Reina sobre nosotros."
11Pero la higuera les respondió:
　"¿He de renunciar a mi fruto, tan bueno y dulce,
　para ir a mecerme sobre los árboles?"

12»Luego los árboles le dijeron a la vid:
　"Reina sobre nosotros."
13Pero la vid les respondió:
　"¿He de renunciar a mi vino, que alegra a los dioses y a los hombres,
　para ir a mecerme sobre los árboles?"

14»Por último, todos los árboles le dijeron al espino:
　"Reina sobre nosotros."
15Pero el espino respondió a los árboles:
　"Si de veras quieren ungirme como su rey,
　vengan y refúgiense bajo mi sombra;
　pero si no, ¡que salga fuego del espino,
　y que consuma los cedros del Líbano!"

16»Ahora bien, ¿han actuado ustedes con honradez y buena fe al coronar rey a Abimélec? ¿Han sido justos con Yerubaal y su familia, y lo han tratado como se merecía? **17**Mi padre luchó por ustedes, y arriesgando su *vida los libró del poder de los madianitas. **18**Pero hoy ustedes se han rebelado contra la familia de mi padre; han matado a sus setenta hijos sobre una misma piedra, y han hecho de Abimélec, hijo de su esclava, el rey de los señores de Siquén sólo porque él es pariente de ustedes. **19**Si hoy han actuado con honradez y buena fe hacia Yerubaal y su familia, ¡que sean felices con Abimélec, y que también él lo sea con ustedes! **20**Pero si no, señores de Siquén y Bet Miló, ¡que salga fuego de Abimélec y los consuma, y que salga fuego de ustedes y consuma a Abimélec!»

21Luego Jotán escapó, huyendo hasta Ber. Allí se quedó a vivir porque le tenía miedo a su hermano Abimélec.

22Abimélec había ya gobernado a Israel tres años **23**cuando Dios interpuso un *espíritu maligno entre Abimélec y los señores de Siquén, quienes lo traiciona-

---

u **9:4** *setenta monedas de plata.* Lit. *setenta ˷*siclos˷ *de plata* ron. ²⁴Esto sucedió a fin de que la violencia contra los setenta hijos de Yerubaal, y el derramamiento de su sangre, recayera sobre su hermano Abimélec, que los había matado, y sobre los señores de Siquén, que habían sido sus cómplices en ese crimen. ²⁵Los señores de Siquén le tendían emboscadas en las cumbres de las colinas, y asaltaban a todos los que pasaban por allí. Pero Abimélec se enteró de todo esto.

²⁶Aconteció que Gaal hijo de Ébed llegó a Siquén, junto con sus hermanos, y los señores de aquella ciudad confiaron en él. ²⁷Después de haber salido a los campos y recogido y pisado las uvas, celebraron un festival en el templo de su dios. Mientras comían y bebían, maldijeron a Abimélec. ²⁸Gaal hijo de Ébed dijo: «¿Quién se cree Abimélec, y qué es Siquén, para que tengamos que estar sometidos a él? ¿No es acaso el hijo de Yerubaal, y no es Zebul su delegado? ¡Que sirvan a los hombres de Jamor, el padre de Siquén! ¿Por qué habremos de servir a Abimélec? ²⁹¡Si este pueblo estuviera bajo mis órdenes, yo echaría a Abimélec! Le diría:ᵛ "¡Reúne a todo tu ejército y sal a pelear!"»

³⁰Zebul, el gobernador de la ciudad, se enfureció cuando oyó lo que decía Gaal hijo de Ébed. ³¹Entonces envió en secreto mensajeros a Abimélec, diciéndole: «Gaal hijo de Ébed y sus hermanos han llegado a Siquén y están instigando a la ciudad contra ti. ³²Ahora bien, levántense tú y tus hombres durante la noche, y pónganse al acecho en los campos. ³³Por la mañana, a la salida del sol, lánzate contra la ciudad. Cuando Gaal y sus hombres salgan contra ti, haz lo que más te convenga.»

³⁴Así que Abimélec y todo su ejército se levantaron de noche y se pusieron al acecho cerca de Siquén, divididos en cuatro compañías. ³⁵Gaal hijo de Ébed había salido, y estaba de pie a la entrada de la *puerta de la ciudad, precisamente cuando Abimélec y sus soldados salían de donde estaban al acecho. ³⁶Cuando Gaal los vio, le dijo a Zebul:

—¡Mira, viene bajando gente desde las cumbres de las colinas!

—Confundes con gente las sombras de las colinas —replicó Zebul.

³⁷Pero Gaal insistió, diciendo:

—Mira, viene bajando gente por la colina Ombligo de la Tierra, y otra compañía viene por el camino de la Encina de los Adivinos.

³⁸Zebul le dijo entonces:

—¿Dónde están ahora tus fanfarronerías, tú que decías: "¿Quién es Abimélec para que nos sometamos a él?" ¿No son ésos los hombres de los que tú te burlabas? ¡Sal y lucha contra ellos!

³⁹Gaal salió al frente de los señores de Siquén y peleó contra Abimélec; ⁴⁰pero éste los persiguió y, en la huida, muchos cayeron muertos por todo el camino, hasta la entrada de la puerta. ⁴¹Abimélec se quedó en Arumá, y Zebul expulsó de Siquén a Gaal y a sus hermanos.

⁴²Al día siguiente el pueblo de Siquén salió a los campos, y fueron a contárselo a Abimélec. ⁴³Entonces Abimélec tomó a sus hombres, los dividió en tres compañías, y se puso al acecho en los campos. Cuando vio que el ejército salía de la ciudad, se levantó para atacarlo. ⁴⁴Abimélec y las compañías que estaban con él se apresuraron a ocupar posiciones a la entrada de la puerta de la ciudad. Luego dos de las compañías arremetieron contra los que estaban en los campos y los derrotaron. ⁴⁵Abimélec combatió contra la ciudad durante todo aquel día, hasta que la conquistó matando a sus habitantes; arrasó la ciudad y esparció sal sobre ella.

⁴⁶Al saber esto, los señores que ocupaban la torre de Siquén entraron en la fortaleza del templo de El Berit. ⁴⁷Cuando Abimélec se enteró de que ellos se habían reunido allí, ⁴⁸él y todos sus hombres subieron al monte Zalmón. Tomó un hacha, cortó algunas ramas, y se las puso sobre los hombros. A los hombres que estaban con él les ordenó: «¡Rápido! ¡Hagan lo mismo que me han visto hacer!» ⁴⁹Todos los hombres cortaron ramas y siguieron a Abimélec hasta la fortaleza, donde amontonaron las ramas y les prendieron fuego. Así murió toda la gente que

---

ᵛ**9:29** *Le diría* (LXX); *Entonces él le dijo a Abimélec* (TM).

estaba dentro de la torre de Siquén, que eran como mil hombres y mujeres.

50Después Abimélec fue a Tebes, la sitió y la capturó. 51Dentro de la ciudad había una torre fortificada, a la cual huyeron todos sus habitantes, hombres y mujeres. Se encerraron en la torre y subieron al techo. 52Abimélec se dirigió a la torre y la atacó. Pero cuando se acercaba a la entrada para prenderle fuego, 53una mujer le arrojó sobre la cabeza una piedra de moler y le partió el cráneo.

54De inmediato llamó Abimélec a su escudero y le ordenó: «Saca tu espada y mátame, para que no se diga de mí: "¡Lo mató una mujer!"» Entonces su escudero le clavó la espada, y así murió. 55Cuando los israelitas vieron que Abimélec estaba muerto, regresaron a sus casas.

56Fue así como Dios le pagó a Abimélec con la misma moneda, por el crimen que había cometido contra su padre al matar a sus setenta hermanos. 57Además, Dios hizo que los hombres de Siquén pagaran por toda su maldad. Así cayó sobre ellos la maldición de Jotán hijo de Yerubaal.

Tola

10 Después de Abimélec surgió un hombre de Isacar para salvar a Israel. Se llamaba Tola, y era hijo de Fuvá y nieto de Dodó. Vivía en Samir, en la región montañosa de Efraín, 2y gobernó a Israel durante veintitrés años; entonces murió, y fue sepultado en Samir.

Yaír

3A Tola lo sucedió Yaír de Galaad, que gobernó a Israel durante veintidós años. 4Tuvo treinta hijos, cada uno de los cuales montaba su propio asno y gobernaba su propia ciudad en Galaad. Hasta el día de hoy estas ciudades se conocen como «los poblados de Yaír».w 5Cuando murió Yaír, fue sepultado en Camón.

Jefté

6Una vez más los israelitas hicieron lo que ofende al Señor. Adoraron a los ídolos de *Baal y a las imágenes de *Astarté; a los dioses de *Aram, Sidón y Moab, y a los de los amonitas y los filisteos. Y como los israelitas abandonaron al Señor y no le sirvieron más, 7él se enfureció contra ellos. Los vendió a los filisteos y a los amonitas, 8los cuales desde entonces y durante dieciocho años destrozaron y agobiaron a todos los israelitas que vivían en Galaad, un territorio amorreo, al otro lado del Jordán. 9También los amonitas cruzaron el Jordán para luchar contra las tribus de Judá, Benjamín y Efraín, por lo que Israel se encontró en una situación de extrema angustia. 10Entonces los israelitas clamaron al Señor:

—¡Hemos pecado contra ti, al abandonar a nuestro Dios y adorar a los ídolos de Baal!

11El Señor respondió:

—Cuando los egipcios, los amorreos, los amonitas, los filisteos, 12los sidonios, los amalecitas y los madianitasx los oprimían y ustedes clamaron a mí para que los ayudara, ¿acaso no los libré de su dominio? 13Pero ustedes me han abandonado y han servido a otros dioses; por lo tanto, no los volveré a salvar. 14Vayan y clamen a los dioses que han escogido. ¡Que ellos los libren en tiempo de angustia!

15Pero los israelitas le contestaron al Señor:

—Hemos pecado. Haz con nosotros lo que mejor te parezca, pero te rogamos que nos salves en este día.

16Entonces se deshicieron de los dioses extranjeros que había entre ellos y sirvieron al Señor. Y el Señor no pudo soportar más el sufrimiento de Israel.

17Cuando los amonitas fueron convocados y acamparon en Galaad, los israelitas se reunieron y acamparon en Mizpa. 18Los jefes y el pueblo de Galaad se dijeron el uno al otro: «El que inicie el ataque contra los amonitas será el caudillo de todos los que viven en Galaad.»

11 Jefté el galaadita era un guerrero valiente, hijo de Galaad y de una prostituta. 2Galaad también tuvo hijos con su esposa, quienes cuando crecieron echa-

---

w10:4 *Poblados de Yair.* Alt. *Javot Yair.*   x10:12 *madianitas* (LXX); *maonitas* (TM).

ron a Jefté. «No tendrás parte en la herencia de nuestra familia —le dijeron—, porque eres hijo de otra mujer.» **3**Entonces Jefté huyó de sus hermanos y se fue a vivir en la región de Tob, donde se le juntaron unos hombres sin escrúpulos, que salían con él a cometer fechorías.

4Después de algún tiempo, cuando los amonitas hicieron la guerra contra Israel, **5**los *ancianos de Galaad fueron a traer a Jefté de la tierra de Tob.

6—Ven —le dijeron—, sé nuestro jefe, para que podamos luchar contra los amonitas.

7Jefté les contestó:

—¿No eran ustedes los que me odiaban y me echaron de la casa de mi padre? ¿Por qué vienen a verme ahora, cuando están en apuros?

8Los ancianos de Galaad le dijeron:

—Por eso ahora venimos a verte. Ven con nosotros a luchar contra los amonitas, y serás el caudillo de todos los que vivimos en Galaad.

9Jefté respondió:

—Si me llevan con ustedes para luchar contra los amonitas y el SEÑOR me los entrega, entonces de veras seré el caudillo de ustedes.

10Los ancianos de Galaad le aseguraron:

—El SEÑOR es nuestro testigo: haremos lo que tú digas.

11Jefté fue con los ancianos de Galaad, y el pueblo lo puso como su caudillo y jefe. Y reiteró en Mizpa todas sus palabras en presencia del SEÑOR.

12Entonces Jefté envió unos mensajeros al rey de los amonitas, para que le preguntaran:

—¿Qué tienes contra mí, que has venido a hacerle la guerra a mi país?

13El rey de los amonitas respondió a los mensajeros de Jefté:

—Cuando Israel salió de Egipto, se apoderó de mi tierra desde el Arnón hasta el Jaboc, e incluso hasta el Jordán. Ahora devuélvemela por las buenas.

14Jefté volvió a enviar mensajeros al rey amonita, **15**diciéndole:

«Así dice Jefté: "Israel no se apoderó de la tierra de los moabitas ni de los amonitas. **16**Cuando los israelitas salieron de Egipto, caminaron por el desierto hasta el *Mar Rojo y siguieron hasta Cades. **17**Entonces enviaron mensajeros al rey de Edom, diciéndole: 'Danos permiso para pasar por tu país.' Pero el rey de Edom no les hizo caso. Le enviaron el mismo mensaje al rey de Moab, pero él tampoco aceptó. Así que Israel se quedó a vivir en Cades.

18» "Después anduvieron por el desierto, y bordeando los territorios de Edom y Moab, entraron en territorio moabita por la parte oriental, y acamparon al otro lado del río Arnón. No entraron en el territorio moabita, pues el Arnón era la frontera.

19» "Entonces Israel mandó mensajeros a Sijón, rey de los amorreos, que gobernaba en Hesbón, y le dijo: 'Permítenos pasar por tu país hasta nuestro territorio.' **20**Pero Sijón desconfió de Israel*y* en cuanto a dejarlo pasar por su territorio, por lo que reunió a todo su ejército y acampó en Yahaza y luchó contra Israel.

21» "El SEÑOR, Dios de Israel, entregó a Sijón y a todo su ejército en manos de Israel, y los derrotó. Así tomó Israel posesión de toda la tierra de los amorreos que vivían en aquel país, **22**ocupándolo todo, desde el Arnón hasta el Jaboc y desde el desierto hasta el Jordán.

23» "El SEÑOR, Dios de Israel, les quitó esta tierra a los amorreos para dársela a su pueblo Israel, ¿y tú nos la vas a quitar? **24**¿Acaso no consideras tuyo lo que tu dios Quemós te da? Pues también nosotros consideramos nuestro lo que el SEÑOR nuestro Dios nos ha dado. **25**¿Acaso te crees mejor que Balac hijo de Zipor, rey de Moab? ¿Acaso alguna vez entró él en litigio con Israel, o luchó contra ellos? **26**Hace ya trescientos años que Israel ocupó a Hesbón y Aroer, con sus poblados y todas las ciudades en la ribera del Arnón. ¿Por

*y***11:20** *desconfió de Israel.* Alt. *no acordó con Israel.*

qué no las recuperaron durante ese tiempo? **27**Yo no te he hecho ningún mal. Tú, en cambio, obras mal conmigo al librar una guerra contra mí. Que el Señor, el gran Juez, dicte hoy su sentencia en esta contienda entre israelitas y amonitas."»

28Sin embargo, el rey de los amonitas no prestó atención al mensaje que le envió Jefté.

29Entonces Jefté, poseído por el Espíritu del Señor, recorrió Galaad y Manasés, pasó por Mizpa de Galaad, y desde allí avanzó contra los amonitas. **30**Y Jefté le hizo un juramento solemne al Señor: «Si verdaderamente entregas a los amonitas en mis manos, **31**quien salga primero de la puerta de mi casa a recibirme, cuando yo vuelva de haber vencido a los amonitas, será del Señor y lo ofreceré en *holocausto.»

32Jefté cruzó el río para luchar contra los amonitas, y el Señor los entregó en sus manos. **33**Derrotó veinte ciudades, desde Aroer hasta las inmediaciones de Minit, y hasta Abel Queramín. La derrota fue muy grande; así los amonitas quedaron sometidos a los israelitas.

34Cuando Jefté volvió a su hogar en Mizpa, salió a recibirlo su hija, bailando al son de las panderetas. Ella era hija única, pues Jefté no tenía otros hijos. **35**Cuando Jefté la vio, se rasgó las vestiduras y exclamó:

—¡Ay, hija mía, me has destrozado por completo! ¡Eres la causa de mi desgracia! Le juré algo al Señor, y no puedo retractarme.

36—Padre mío —replicó ella—, le has dado tu palabra al Señor. Haz conmigo conforme a tu juramento, ya que el Señor te ha vengado de tus enemigos, los amonitas. **37**Pero concédeme esta sola petición —añadió—. Ya que nunca me casaré, dame un plazo de dos meses para retirarme a las montañas y llorar allí con mis amigas.

38—Está bien, puedes ir —le respondió él.

Y le permitió irse por dos meses. Ella y sus amigas se fueron a las montañas, y lloró porque nunca se casaría. **39**Cumplidos los dos meses volvió a su padre, y él hizo con ella conforme a su juramento. Ella era virgen.

De allí se originó la costumbre israelita **40**de que todos los años, durante cuatro días, las muchachas de Israel fueran a conmemorar la muerte de la hija de Jefté de Galaad.

Jefté y Efraín

12 Los hombres de Efraín se alistaron, y cruzaron el río hacia Zafón y le dijeron a Jefté:

—¿Por qué fuiste a luchar contra los amonitas sin llamarnos para ir contigo? ¡Ahora prenderemos fuego a tu casa, contigo adentro!

2Jefté respondió:

—Mi pueblo y yo estábamos librando una gran contienda con los amonitas y, aunque yo los llamé, ustedes no me libraron de su poder. **3**Cuando vi que ustedes no me ayudarían, arriesgué mi *vida, marché contra los amonitas, y el Señor los entregó en mis manos. ¿Por qué, pues, han subido hoy a luchar contra mí?

4Entonces Jefté reunió a todos los hombres de Galaad y lucharon contra los de la tribu de Efraín. Los de Galaad derrotaron a los de Efraín porque éstos les habían dicho: «Ustedes los galaaditas son renegados de Efraín y Manasés.» **5**Los galaaditas ocuparon los vados del Jordán que conducen a Efraín, y cada vez que algún sobreviviente de Efraín decía: «Déjenme cruzar», los hombres de Galaad le preguntaban: «¿Eres de la tribu de Efraín?» Si él contestaba: «No», **6**ellos decían: «Muy bien, di "Shibolet".» Si decía: «Sibolet», porque no podía pronunciar la palabra correctamente, lo agarraban y allí mismo, en los vados del Jordán, lo degollaban. En aquella ocasión murieron cuarenta y dos mil hombres de la tribu de Efraín.

7Jefté gobernó a Israel durante seis años. Cuando murió Jefté el galaadita, fue sepultado en su pueblo^z de Galaad.

---

^z**12:7** *su pueblo* (LXX); *las ciudades* (TM).

Ibsán, Elón y Abdón

8Después de Jefté, gobernó a Israel Ibsán de Belén. **9**Tuvo treinta hijos y treinta hijas. A sus hijas las dio en matrimonio a gente que no pertenecía a su clan, y para sus hijos trajo como esposas a treinta muchachas que no eran de su tribu. Ibsán gobernó a Israel por siete años. **10**Cuando murió, fue sepultado en Belén.

11Después de Ibsán gobernó a Israel Elón, de la tribu de Zabulón, durante diez años. **12**Cuando murió Elón el zabulonita, fue sepultado en Ayalón, en el territorio de Zabulón.

13Después de Elón gobernó a Israel Abdón hijo de Hilel, de Piratón. **14**Tuvo cuarenta hijos y treinta nietos, cada uno de los cuales montaba su propio asno. Gobernó a Israel durante ocho años. **15**Cuando murió Abdón hijo de Hilel, fue sepultado en Piratón, que está en el territorio de Efraín, en la región montañosa de los amalecitas.

Nacimiento de Sansón

13 Una vez más los israelitas hicieron lo que ofende al Señor. Por eso él los entregó en manos de los filisteos durante cuarenta años.

2Cierto hombre de Zora, llamado Manoa, de la tribu de Dan, tenía una esposa que no le había dado hijos porque era estéril. **3**Pero el ángel del Señor se le apareció a ella y le dijo: «Eres estéril y no tienes hijos, pero vas a concebir y tendrás un hijo. **4**Cuídate de no beber vino ni ninguna otra bebida fuerte, ni tampoco comas nada *impuro, **5**porque concebirás y darás a luz un hijo. No pasará la navaja sobre su cabeza, porque el niño va a ser nazareo, consagrado a Dios desde antes de nacer. Él comenzará a librar a Israel del poder de los filisteos.»

6La mujer fue adonde estaba su esposo y le dijo: «Un hombre de Dios vino adonde yo estaba. Por su aspecto imponente, parecía un ángel de Dios. Ni yo le pregunté de dónde venía, ni él me dijo cómo se llamaba. **7**Pero me dijo: "Concebirás y darás a luz un hijo. Ahora bien, cuídate de no beber vino ni ninguna otra bebida fuerte, ni de comer nada impuro, porque el niño será nazareo, consagrado a Dios desde antes de nacer hasta el día de su muerte."»

8Entonces Manoa oró al Señor: «Oh Señor, te ruego que permitas que vuelva el hombre de Dios que nos enviaste, para que nos enseñe cómo criar al niño que va a nacer.»

9Dios escuchó a Manoa, y el ángel de Dios volvió a aparecerse a la mujer mientras ésta se hallaba en el campo; pero Manoa su esposo no estaba con ella. **10**La mujer corrió de inmediato a avisarle a su esposo: «¡Está aquí! ¡El hombre que se me apareció el otro día!»

11Manoa se levantó y siguió a su esposa. Cuando llegó adonde estaba el hombre, le dijo:

—¿Eres tú el que habló con mi esposa?

—Sí, soy yo —respondió él.

12Así que Manoa le preguntó:

—Cuando se cumplan tus palabras, ¿cómo debemos criar al niño? ¿Cómo deberá portarse?

13El ángel del Señor contestó:

—Tu esposa debe cumplir con todo lo que le he dicho. **14**Ella no debe probar nada que proceda de la vid, ni beber ningún vino ni ninguna otra bebida fuerte; tampoco debe comer nada impuro. En definitiva, debe cumplir con todo lo que le he ordenado.

15Manoa le dijo al ángel del Señor:

—Nos gustaría que te quedaras hasta que te preparemos un cabrito.

16Pero el ángel del Señor respondió:

—Aunque me detengan, no probaré nada de tu comida. Pero si preparas un *holocausto, ofréceselo al Señor.

Manoa no se había dado cuenta de que aquél era el ángel del Señor. **17**Así que le preguntó:

—¿Cómo te llamas, para que podamos honrarte cuando se cumpla tu palabra?

18—¿Por qué me preguntas mi *nombre? —replicó él—. Es un misterio maravilloso.

19Entonces Manoa tomó un cabrito, junto con la ofrenda de cereales, y lo sacrificó sobre una roca al Señor. Y mientras Manoa y su esposa observaban, el Señor hizo algo maravilloso: **20**Mientras la llama subía desde el altar hacia el cielo, el ángel del Señor ascendía en la llama. Al ver eso, Manoa y su esposa se postraron en tierra sobre sus rostros. ²¹Y el ángel del Señor no se volvió a aparecer a Manoa y a su esposa. Entonces Manoa se dio cuenta de que aquél era el ángel del Señor.

²²—¡Estamos condenados a morir! —le dijo a su esposa—. ¡Hemos visto a Dios!

²³Pero su esposa respondió:

—Si el Señor hubiera querido matarnos, no nos habría aceptado el holocausto ni la ofrenda de cereales de nuestras manos; tampoco nos habría mostrado todas esas cosas ni anunciado todo esto.

²⁴La mujer dio a luz un niño y lo llamó Sansón. El niño creció y el Señor lo bendijo. ²⁵Y el Espíritu del Señor comenzó a manifestarse en él mientras estaba en Majané Dan, entre Zora y Estaol.

Matrimonio de Sansón

14 Sansón descendió a Timnat y vio allí a una joven filistea. ²Cuando él volvió, les dijo a sus padres:

—He visto en Timnat a una joven filistea; pídanla para que sea mi esposa.

³Pero sus padres le dijeron:

—¿Acaso no hay ninguna mujer aceptable entre tus parientes, o en todo nuestro*ᵃ* pueblo, que tienes que ir a buscar una esposa entre esos filisteos incircuncisos?

Sansón le respondió a su padre:

—¡Pídeme a ésa, que es la que a mí me gusta!

⁴Sus padres no sabían que esto era de parte del Señor, que buscaba la ocasión de confrontar a los filisteos; porque en aquel tiempo los filisteos dominaban a Israel. ⁵Así que Sansón descendió a Timnat junto con sus padres. De repente, al llegar a los viñedos de Timnat, un rugiente cachorro de león le salió al encuentro. ⁶Pero el Espíritu del Señor vino con poder sobre Sansón, quien a mano limpia despedazó al león como quien despedaza a un cabrito. Pero no les contó a sus padres lo que había hecho. ⁷Luego fue y habló con la mujer que le gustaba.

⁸Pasado algún tiempo, cuando regresó para casarse con ella, se apartó del camino para mirar el león muerto, y vio que había en su cadáver un enjambre de abejas y un panal de miel. ⁹Tomó con las manos un poco de miel y comió, mientras proseguía su camino. Cuando se reunió con sus padres, les ofreció miel, y también ellos comieron, pero no les dijo que la había sacado del cadáver del león.

¹⁰Después de eso su padre fue a ver a la mujer. Allí Sansón ofreció un banquete, como era la costumbre entre los jóvenes. ¹¹Cuando los filisteos lo vieron, le dieron treinta compañeros para que estuvieran con él.

¹²—Permítanme proponerles una adivinanza —les dijo Sansón—. Si me dan la solución dentro de los siete días que dura el banquete, yo les daré treinta vestidos de lino y treinta mudas de ropa de fiesta. ¹³Pero si no me la dan, serán ustedes quienes me darán los treinta vestidos de lino y treinta mudas de ropa de fiesta.

—Dinos tu adivinanza —le respondieron—, que te estamos escuchando.

¹⁴Entonces les dijo:

«Del que come salió comida;
y del fuerte salió dulzura.»

Pasaron tres días y no lograron resolver la adivinanza. ¹⁵Al cuarto*ᵇ* día le dijeron a la esposa de Sansón: «Seduce a tu esposo para que nos revele la adivinanza; de lo contrario, te quemaremos a ti y a la familia de tu padre. ¿Acaso nos invitaron aquí para robarnos?»

¹⁶Entonces la esposa de Sansón se tiró sobre él llorando, y le dijo:

—¡Me odias! ¡En realidad no me amas! Le propusiste a mi pueblo una adivinanza, pero no me has dicho la solución.

—Ni siquiera se la he dado a mis padres —replicó él—; ¿por qué habría de dártela a ti?

¹⁷Pero ella le lloró los siete días que duró el banquete, hasta que al fin, el séptimo día, Sansón le dio la solución, porque ella seguía insistiéndole. A su vez

---

*ᵃ***14:3** *nuestro.* Lit. *mi.*   *ᵇ***14:15** *cuarto* (mss. de LXX y Siríaca); *séptimo* (TM).

ella fue y les reveló la solución a los de su pueblo.

18Antes de la puesta del sol del séptimo día los hombres de la ciudad le dijeron:

«¿Qué es más dulce que la miel?
¿Qué es más fuerte que un león?»

Sansón les respondió:

«Si no hubieran arado con mi
    ternera,
no habrían resuelto mi adivinanza.»

19Entonces el Espíritu del SEÑOR vino sobre Sansón con poder, y éste descendió a Ascalón y derrotó a treinta de sus hombres, les quitó sus pertenencias y les dio sus ropas a los que habían resuelto la adivinanza. Luego, enfurecido, regresó a la casa de su padre. **20**Entonces la esposa de Sansón fue entregada a uno de los que lo habían acompañado en su boda.

Sansón se venga de los filisteos

15 Pasado algún tiempo, durante la cosecha de trigo, Sansón tomó un cabrito y fue a visitar a su esposa.

—Voy a la habitación de mi esposa —dijo él.

Pero el padre de ella no le permitió entrar, **2**sino que le dijo:

—Yo estaba tan seguro de que la odiabas, que se la di a tu amigo. ¿Pero acaso no es más atractiva su hermana menor? Tómala para ti, en lugar de la mayor.

3Sansón replicó:

—¡Esta vez sí que no respondo por el daño que les cause a los filisteos!

4Así que fue y cazó trescientas zorras, y las ató cola con cola en parejas, y a cada pareja le amarró una antorcha; **5**luego les prendió fuego a las antorchas y soltó a las zorras por los sembrados de los filisteos. Así incendió el trigo que ya estaba en gavillas y el que todavía estaba en pie, junto con los viñedos y olivares.

6Cuando los filisteos preguntaron: «¿Quién hizo esto?», les dijeron: «Sansón, el yerno del timnateo, porque éste le quitó a su esposa y se la dio a su amigo.»

Por eso los filisteos fueron y la quemaron a ella y a su padre. **7**Pero Sansón les dijo: «Puesto que actuaron de esa manera, ¡no pararé hasta que me haya vengado de ustedes!» **8**Y los atacó tan furiosamente que causó entre ellos una tremenda masacre. Luego se fue a vivir a una cueva, que está en la peña de Etam.

9Los filisteos subieron y acamparon en Judá, incursionando cerca de Lehí. **10**Los hombres de Judá preguntaron:

—¿Por qué han venido a luchar contra nosotros?

—Hemos venido a tomar prisionero a Sansón —les respondieron—, para hacerle lo mismo que nos hizo a nosotros.

11Entonces tres mil hombres de Judá descendieron a la cueva en la peña de Etam y le dijeron a Sansón:

—¿No te das cuenta de que los filisteos nos gobiernan? ¿Por qué nos haces esto?

—Simplemente les he hecho lo que ellos me hicieron a mí —contestó él.

12Ellos le dijeron:

—Hemos venido a atarte, para entregarte en manos de los filisteos.

—Júrenme que no me matarán ustedes mismos —dijo Sansón.

13—De acuerdo —respondieron ellos—. Sólo te ataremos y te entregaremos en sus manos. No te mataremos.

Entonces lo ataron con dos sogas nuevas y lo sacaron de la peña. **14**Cuando se acercaba a Lehí, los filisteos salieron a su encuentro con gritos de victoria. En ese momento el Espíritu del SEÑOR vino sobre él con poder, y las sogas que ataban sus brazos se volvieron como fibra de lino quemada, y las ataduras de sus manos se deshicieron. **15**Al encontrar una quijada de burro que todavía estaba fresca, la agarró y con ella mató a mil hombres.

16Entonces dijo Sansón:

«Con la quijada de un asno
    los he amontonado.*c*

---

c **15:16** *los he amontonado.* Alt. *los he convertido en asnos;* en hebreo, las palabras que significan *asno* y *montón* son idénticas.

Con una quijada de asno
he matado a mil hombres.»

17Cuando terminó de hablar, arrojó la quijada y llamó a aquel lugar Ramat Lehí.*d* **18**Como tenía mucha sed, clamó al SEÑOR: «Tú le has dado a tu siervo esta gran *victoria. ¿Acaso voy ahora a morir de sed, y a caer en manos de los incircuncisos?» **19**Entonces Dios abrió la hondonada que hay en Lehí, y de allí brotó agua. Cuando Sansón la bebió, recobró sus fuerzas y se reanimó. Por eso al manantial que todavía hoy está en Lehí se le llamó Enacoré.*e*

20Y Sansón gobernó a Israel durante veinte años en tiempos de los filisteos.

Sansón y Dalila

16 Un día Sansón fue a Gaza, donde vio a una prostituta. Entonces entró para pasar la noche con ella. **2**Al pueblo de Gaza se le anunció: «¡Sansón ha venido aquí!» Así que rodearon el lugar y toda la noche estuvieron al acecho junto a la *puerta de la ciudad. Se quedaron quietos durante toda la noche diciéndose: «Lo mataremos al amanecer.»

3Pero Sansón estuvo acostado allí hasta la medianoche; luego se levantó y arrancó las puertas de la entrada de la ciudad, junto con sus dos postes, con cerrojo y todo. Se las echó al hombro y las llevó hasta la cima del monte que está frente a Hebrón.

4Pasado algún tiempo, Sansón se enamoró de una mujer del valle de Sorec, que se llamaba Dalila. **5**Los jefes de los filisteos fueron a verla y le dijeron: «Sedúcelo, para que te revele el secreto de su tremenda fuerza y cómo podemos vencerlo, de modo que lo atemos y lo tengamos sometido. Cada uno de nosotros te dará mil cien monedas de plata.»*f*

6Dalila le dijo a Sansón:

—Dime el secreto de tu tremenda fuerza, y cómo se te puede atar y dominar.

7Sansón le respondió:

—Si se me ata con siete cuerdas de arco*g* que todavía no estén secas, me debilitaré y seré como cualquier otro hombre.

8Los jefes de los filisteos le trajeron a ella siete cuerdas de arco que aún no se habían secado, y Dalila lo ató con ellas. **9**Estando unos hombres al acecho en el cuarto, ella le gritó:

—¡Sansón, los filisteos se lanzan sobre ti!

Pero él rompió las cuerdas como quien rompe un pedazo de cuerda chamuscada. De modo que no se descubrió el secreto de su fuerza.

10Dalila le dijo a Sansón:

—¡Te burlaste de mí! ¡Me dijiste mentiras! Vamos, dime cómo se te puede atar.

11—Si se me ata firmemente con sogas nuevas, sin usar —le dijo él—, me debilitaré y seré como cualquier otro hombre.

12Mientras algunos filisteos estaban al acecho en el cuarto, Dalila tomó sogas nuevas y lo ató, y luego le gritó:

—¡Sansón, los filisteos se lanzan sobre ti!

Pero él rompió las sogas que ataban sus brazos, como quien rompe un hilo.

13Entonces Dalila le dijo a Sansón:

—¡Hasta ahora te has burlado de mí, y me has dicho mentiras! Dime cómo se te puede atar.

—Si entretejes las siete trenzas de mi cabello con la tela del telar, y aseguras ésta con la clavija —respondió él—, me debilitaré y seré como cualquier otro hombre.

Entonces, mientras él dormía, Dalila tomó las siete trenzas de Sansón, las entretejió con la tela **14**y*h* las aseguró con la clavija.

Una vez más ella le gritó: «¡Sansón, los filisteos se lanzan sobre ti!» Sansón despertó de su sueño y arrancó la clavija y el telar, junto con la tela.

15Entonces ella le dijo: «¿Cómo puedes decir que me amas, si no confías en

---

d **15:17** En hebreo, *Ramat Lehí* significa *colina de la quijada*.   *e* **15:19** En hebreo, *Enacoré* significa *manantial del que clama*.   *f* **16:5** *mil cien monedas de plata*. Lit. *mil cien* ⌊*siclos*⌋ *de plata*   *g* **16:7** *cuerdas de arco*. Alt. *correas nuevas*; también en vv. 8 y 9.   *h* **16:13,14** —Si entretejes ... la tela **14**y (algunos mss. de LXX); —Hay que entretejer las siete trenzas de mi cabello en la tela del telar —respondió él. / **14**Así que ella (TM).

mí? Ya van tres veces que te burlas de mí, y aún no me has dicho el secreto de tu tremenda fuerza.»

¹⁶Como todos los días lo presionaba con sus palabras, y lo acosaba hasta hacerlo sentirse harto de la vida, ¹⁷al fin se lo dijo todo. «Nunca ha pasado navaja sobre mi cabeza —le explicó—, porque soy nazareo, consagrado a Dios desde antes de nacer. Si se me afeitara la cabeza, perdería mi fuerza, y llegaría a ser tan débil como cualquier otro hombre.»

¹⁸Cuando Dalila se dio cuenta de que esta vez le había confiado todo, mandó llamar a los jefes de los filisteos, y les dijo: «Vuelvan una vez más, que él me lo ha confiado todo.» Entonces los gobernantes de los filisteos regresaron a ella con la plata que le habían ofrecido. ¹⁹Después de hacerlo dormir sobre sus rodillas, ella llamó a un hombre para que le cortara las siete trenzas de su cabello. Así comenzó a dominarlo. Y su fuerza lo abandonó.

²⁰Luego ella gritó: «¡Sansón, los filisteos se lanzan sobre ti!»

Sansón despertó de su sueño y pensó: «Me escaparé como las otras veces, y me los quitaré de encima.» Pero no sabía que el SEÑOR lo había abandonado.

²¹Entonces los filisteos lo capturaron, le arrancaron los ojos y lo llevaron a Gaza. Lo sujetaron con cadenas de bronce, y lo pusieron a moler en la cárcel. ²²Pero en cuanto le cortaron el cabello, le comenzó a crecer de nuevo.

Muerte de Sansón

²³Los jefes de los filisteos se reunieron para festejar y ofrecerle un gran sacrificio a Dagón, su dios, diciendo:

«Nuestro dios ha entregado en
   nuestras manos
a Sansón, nuestro enemigo.»

²⁴Cuando el pueblo lo vio, todos alabaron a su dios diciendo:

«Nuestro dios ha entregado en
   nuestras manos

a nuestro enemigo,
   al que asolaba nuestra tierra
   y multiplicaba nuestras víctimas.»

²⁵Cuando ya estaban muy alegres, gritaron: «¡Saquen a Sansón para que nos divierta!» Así que sacaron a Sansón de la cárcel, y él les sirvió de diversión.

Cuando lo pusieron de pie entre las columnas, ²⁶Sansón le dijo al muchacho que lo llevaba de la mano: «Ponme donde pueda tocar las columnas que sostienen el templo, para que me pueda apoyar en ellas.» ²⁷En ese momento el templo estaba lleno de hombres y mujeres; todos los jefes de los filisteos estaban allí, y en la parte alta había unos tres mil hombres y mujeres que se divertían a costa de Sansón. ²⁸Entonces Sansón oró al SEÑOR: «Oh soberano SEÑOR, acuérdate de mí. Oh Dios, te ruego que me fortalezcas sólo una vez más, y déjame de una vez por todas vengarme de los filisteos por haberme sacado los ojos.» ²⁹Luego Sansón palpó las dos columnas centrales que sostenían el templo y se apoyó contra ellas, la mano derecha sobre una y la izquierda sobre la otra. ³⁰Y gritó: «¡Muera yo junto con los filisteos!» Luego empujó con toda su fuerza, y el templo se vino abajo sobre los jefes y sobre toda la gente que estaba allí. Fueron muchos más los que Sansón mató al morir, que los que había matado mientras vivía.

³¹Sus hermanos y toda la familia de su padre descendieron para recogerlo. Lo llevaron de regreso y lo sepultaron entre Zora y Estaol, en la tumba de su padre Manoa. Sansón había gobernado a Israel durante veinte años.

Los ídolos de Micaías

17 En la región montañosa de Efraín había un hombre llamado Micaías, ²quien le dijo a su madre:

—Con respecto a las mil cien monedas de plata*ⁱ* que te robaron y sobre las cuales te oí pronunciar una maldición, yo tengo esa plata; yo te la robé.

Su madre le dijo:

ⁱ **17:2** *mil cien monedas de plata.* Lit. *mil cien* ⌊*siclos*⌋ *de plata*

—¡Que el Señor te bendiga, hijo mío!

³Cuando Micaías le devolvió a su madre las mil cien monedas de plata, ella dijo:

—Solemnemente consagro mi plata al Señor para que mi hijo haga una imagen tallada y un ídolo de fundición.*ʲ* Ahora pues, te la devuelvo.

⁴Cuando él le devolvió la plata a su madre, ella tomó doscientas monedas de plata y se las dio a un platero, quien hizo con ellas una imagen tallada y un ídolo de fundición, que fueron puestos en la casa de Micaías.

⁵Este Micaías tenía un santuario. Hizo un *efod y algunos ídolos domésticos, y consagró a uno de sus hijos como sacerdote. ⁶En aquella época no había rey en Israel; cada uno hacía lo que le parecía mejor.

⁷Un joven levita de Belén de Judá, que era forastero y de la tribu de Judá, ⁸salió de aquella ciudad en busca de algún otro lugar donde vivir. En el curso de su viaje*ᵏ* llegó a la casa de Micaías en la región montañosa de Efraín.

⁹—¿De dónde vienes? —le preguntó Micaías.

—Soy levita, de Belén de Judá —contestó él—, y estoy buscando un lugar donde vivir.

¹⁰—Vive conmigo —le propuso Micaías—, y sé mi padre y sacerdote; yo te daré diez monedas de plata al año, además de ropa y comida.

¹¹El joven levita aceptó quedarse a vivir con él, y fue para Micaías como uno de sus hijos. ¹²Luego Micaías invistió al levita, y así el joven se convirtió en su sacerdote y vivió en su casa. ¹³Y Micaías dijo: «Ahora sé que el Señor me hará prosperar, porque tengo a un levita como sacerdote.»

La tribu de Dan se establece en Lais

18 En aquella época no había rey en Israel, y la tribu de Dan andaba buscando un territorio propio donde establecerse, porque hasta ese momento no había recibido la parte que le correspondía de entre las tribus de Israel. ²Desde Zora y Estaol los danitas enviaron a cinco de sus hombres más valientes, para que espiaran la tierra y la exploraran. Les dijeron: «Vayan, exploren la tierra.»

Los hombres entraron en la región montañosa de Efraín y llegaron hasta la casa de Micaías, donde pasaron la noche. ³Cuando estaban cerca de la casa de Micaías, reconocieron la voz del joven levita; así que entraron allí y le preguntaron:

—¿Quién te trajo aquí? ¿Qué haces en este lugar? ¿Qué buscas aquí?

⁴El joven les contó lo que Micaías había hecho por él, y dijo:

—Me ha contratado, y soy su sacerdote.

⁵Le dijeron:

—Te rogamos que consultes a Dios para que sepamos si vamos a tener éxito en nuestro viaje.

⁶El sacerdote les respondió:

—Vayan en *paz. Su viaje tiene la aprobación del Señor.

⁷Los cinco hombres se fueron y llegaron a Lais, donde vieron que la gente vivía segura, tranquila y confiada, tal como vivían los sidonios. Gozaban de prosperidad y no les faltaba nada.*ˡ* Además, vivían lejos de los sidonios y no se relacionaban con nadie más. ⁸Cuando volvieron a Zora y Estaol, sus hermanos les preguntaron:

—¿Cómo les fue?

⁹Ellos respondieron:

—¡Subamos, ataquémoslos! Hemos visto que la tierra es excelente. ¿Qué pasa? ¿Se van a quedar ahí, sin hacer nada? No duden un solo instante en marchar allí y apoderarse de ella. ¹⁰Cuando lleguen allí, encontrarán a un pueblo confiado y una tierra espaciosa que Dios ha entregado en manos de ustedes. Sí, es una tierra donde no hace falta absolutamente nada.

¹¹Entonces partieron de Zora y Estaol seiscientos danitas armados para la batalla. ¹²Subieron y acamparon cerca de Quiriat Yearín en Judá. Por eso hasta el día de hoy el sector oeste de Quiriat Yearín se

---

*ʲ***17:3** *una imagen tallada y un ídolo de fundición.* Alt. *una imagen tallada revestida de metal fundido;* también en v. 4 y 18:14.   *ᵏ***17:8** *En el curso de su viaje.* Alt. *Para ejercer su oficio.*   *ˡ***18:7** *Gozaban ... nada.* Frases de difícil traducción.

llama Majané Dan.^m **13**Desde allí cruzaron hasta la región montañosa de Efraín, y llegaron a la casa de Micaías.

14Entonces los cinco hombres que habían explorado la tierra de Lais les dijeron a sus hermanos:

—¿Saben que una de esas casas tiene un *efod, algunos dioses domésticos, una imagen tallada y un ídolo de fundición? Ahora bien, ustedes sabrán qué hacer.

15Ellos se acercaron hasta allí, y entraron en la casa del joven levita, que era la misma de Micaías, y lo saludaron amablemente. **16**Los seiscientos danitas armados para la batalla se quedaron haciendo guardia en la entrada de la puerta. **17**Los cinco hombres que habían explorado la tierra entraron y tomaron la imagen tallada, el efod, los dioses domésticos y el ídolo de fundición. Mientras tanto, el sacerdote y los seiscientos hombres armados para la batalla permanecían a la entrada de la puerta.

18Cuando aquellos hombres entraron en la casa de Micaías y tomaron la imagen tallada, el efod, los dioses domésticos y el ídolo de fundición, el sacerdote les preguntó:

—¿Qué están haciendo?

19Ellos le respondieron:

—¡Silencio! No digas ni una sola palabra. Ven con nosotros, y serás nuestro padre y sacerdote. ¿No crees que es mejor ser sacerdote de toda una tribu y de un clan de Israel, que de la familia de un solo hombre?

20El sacerdote se alegró. Tomó el efod, los dioses domésticos y la imagen tallada, y se fue con esa gente. **21**Ellos, poniendo por delante a sus niños, su ganado y sus bienes, se volvieron y partieron.

22Cuando ya se habían alejado de la casa de Micaías, los hombres que vivían cerca de Micaías se reunieron y dieron alcance a los danitas. **23**Como gritaban tras ellos, los danitas se dieron vuelta y le preguntaron a Micaías:

—¿Qué te sucede, que has convocado a tu gente?

24Micaías les respondió:

—Ustedes se llevaron mis dioses, que yo mismo hice, y también se llevaron a mi sacerdote y luego se fueron. ¿Qué más me queda? ¡Y todavía se atreven a preguntarme qué me sucede!

25Los danitas respondieron:

—No nos levantes la voz, no sea que algunos de los nuestros pierdan la cabeza y los ataquen a ustedes, y tú y tu familia pierdan la *vida.

26Y así los danitas siguieron su camino. Micaías, viendo que eran demasiado fuertes para él, se dio la vuelta y regresó a su casa. **27**Así fue como los danitas se adueñaron de lo que había hecho Micaías, y también de su sacerdote, y marcharon contra Lais, un pueblo tranquilo y confiado; mataron a sus habitantes a filo de espada, y quemaron la ciudad. **28**No hubo nadie que los librara, porque vivían lejos de Sidón y no se relacionaban con nadie más. La ciudad estaba situada en un valle cercano a Bet Rejob.

Después los mismos danitas reconstruyeron la ciudad y se establecieron allí. **29**La llamaron Dan en honor a su antepasado del mismo nombre, que fue hijo de Israel, aunque antes la ciudad se llamaba Lais. **30**Allí erigieron para sí la imagen tallada, y Jonatán, hijo de Guersón y nieto de Moisés,ⁿ y sus hijos fueron sacerdotes de la tribu de Dan hasta el tiempo del exilio. **31**Instalaron la imagen tallada que había hecho Micaías, y allí quedó todo el tiempo que la casa de Dios estuvo en Siló.

El levita y su concubina

19 En la época en que no había rey en Israel, un levita que vivía en una zona remota de la región montañosa de Efraín tomó como concubina a una mujer de Belén de Judá. **2**Pero ella le fue infiel y lo dejó, volviéndose a la casa de su padre, en Belén de Judá. Había estado allí cuatro meses **3**cuando su esposo fue a verla para convencerla de que regresara. Con él llevó a un criado suyo y dos asnos. Ella lo hizo pasar a la casa de su propio

---

^m**18:12** En hebreo, *Majané Dan* significa *Campamento de Dan.*   ⁿ**18:30** *Moisés* (una tradición rabínica, mss. de LXX y Vulgata); *Manasés* (TM).

padre, quien se alegró mucho de verlo. **4**Su suegro, padre de la muchacha, lo convenció de que se quedara, y él se quedó con él tres días, comiendo, bebiendo y durmiendo allí.

5Al cuarto día madrugaron y él se dispuso a salir, pero el padre de la muchacha le dijo a su yerno: «Repón tus fuerzas con algo de comida; luego podrás irte.» **6**Así que se sentaron a comer y a beber los dos juntos. Después el padre de la muchacha le pidió: «Por favor, quédate esta noche para pasarla bien.» **7**Cuando el levita se levantó para irse, su suegro le insistió de tal manera que se vio obligado a quedarse allí esa noche. **8**Al quinto día madrugó para irse, pero el padre de la muchacha le dijo: «Repón tus fuerzas. ¡Espera hasta la tarde!» Así que los dos comieron juntos.

9Cuando el hombre se levantó para irse con su concubina y su criado, su suegro, que era el padre de la muchacha, le dijo: «Mira, está a punto de oscurecer, y el día ya se termina. Pasa aquí la noche; quédate para pasarla bien. Mañana podrás madrugar y emprender tu camino a casa.» **10**No queriendo quedarse otra noche, el hombre salió y partió rumbo a Jebús, es decir, Jerusalén, con sus dos asnos ensillados y su concubina.

11Cuando estaban cerca de Jebús, y ya era casi de noche, el criado le dijo a su amo:

—Vamos, desviémonos hacia esta ciudad de los jebuseos y pasemos la noche en ella.

12Pero su amo le replicó:

—No. No nos desviaremos para entrar en una ciudad extranjera, cuyo pueblo no sea israelita. Seguiremos hasta Guibeá.

13Luego añadió:

—Ven, tratemos de acercarnos a Guibeá o Ramá, y pasemos la noche en uno de esos lugares.

14Así que siguieron de largo, y al ponerse el sol estaban frente a Guibeá de Benjamín. **15**Entonces se desviaron para pasar la noche en Guibeá. El hombre fue y se sentó en la plaza de la ciudad, pero nadie les ofreció alojamiento para pasar la noche.

16Aquella noche volvía de trabajar en el campo un anciano de la región montañosa de Efraín, que vivía en Guibeá como forastero, pues los hombres del lugar eran benjaminitas. **17**Cuando el anciano miró y vio en la plaza de la ciudad al viajero, le preguntó:

—¿A dónde vas? ¿De dónde vienes?

18El viajero le respondió:

—Estamos de paso. Venimos de Belén de Judá, y vamos a una zona remota de la región montañosa de Efraín, donde yo vivo. He estado en Belén de Judá, y ahora me dirijo a la casa del SEÑOR, pero nadie me ha ofrecido alojamiento. **19**Tenemos paja y forraje para nuestros asnos, y también pan y vino para mí y para tu sierva, y para el joven que está conmigo. No nos hace falta nada.

20—En mi casa serás bienvenido —dijo el anciano—. Yo me encargo de todo lo que necesites. Pero no pases la noche en la plaza.

21Así que lo llevó a su casa y dio de comer a sus asnos y, después de lavarse los pies, comieron y bebieron.

22Mientras pasaban un momento agradable, algunos hombres perversos de la ciudad rodearon la casa. Golpeando la puerta, le gritaban al anciano dueño de la casa:

—¡Saca al hombre que llegó a tu casa! ¡Queremos tener relaciones sexuales con él!

23El dueño de la casa salió y les dijo:

—No, hermanos míos, no sean tan viles, pues este hombre es mi huésped. ¡No cometan con él tal infamia! **24**Miren, aquí está mi hija, que todavía es virgen, y la concubina de este hombre. Las voy a sacar ahora, para que las usen y hagan con ellas lo que bien les parezca. Pero con este hombre no cometan tal infamia.

25Aquellos perversos no quisieron hacerle caso, así que el levita tomó a su concubina y la echó a la calle. Los hombres la violaron y la ultrajaron toda la noche, hasta el amanecer; ya en la madrugada la dejaron ir. **26**Despuntaba el alba cuando la mujer volvió, y se desplomó a la entrada de la casa donde estaba hospedado su marido. Allí se quedó hasta que amaneció.

27Cuando por la mañana su marido se levantó y abrió la puerta de la casa, dispuesto a seguir su camino, vio allí a su concubina, tendida a la entrada de la casa y con las manos en el umbral. 28«¡Levántate, vámonos!», le dijo, pero no obtuvo respuesta. Entonces el hombre la puso sobre su asno y partió hacia su casa.

29Cuando llegó a su casa, tomó un cuchillo y descuartizó a su concubina en doce pedazos, después de lo cual distribuyó los pedazos por todas las regiones de Israel. 30Todo el que veía esto decía: «Nunca se ha visto, ni se ha hecho semejante cosa, desde el día que los israelitas salieron de la tierra de Egipto. ¡Piensen en esto! ¡Considérenlo y dígannos qué hacer!»

Los israelitas derrotan a los benjaminitas

20 Todos los israelitas desde Dan hasta Berseba, incluso los de la tierra de Galaad, salieron como un solo *hombre y se reunieron ante el SEÑOR en Mizpa. 2Los jefes de todo el pueblo, es decir, de todas las tribus de Israel, tomaron sus puestos en la asamblea del pueblo de Dios. Eran cuatrocientos mil soldados armados con espadas. 3A su vez, los de la tribu de Benjamín se enteraron de que los israelitas habían subido a Mizpa. Entonces los israelitas le dijeron al levita:

—Cuéntanos cómo sucedió esta infamia.

4El levita, esposo de la mujer asesinada, respondió:

—Mi concubina y yo llegamos a Guibeá de Benjamín para pasar la noche. 5Durante la noche los hombres de Guibeá se levantaron contra mí y rodearon la casa, con la intención de matarme. Luego violaron a mi concubina de tal manera que murió. 6Entonces la tomé, la corté en pedazos, y envié un pedazo a cada tribu en el territorio israelita, porque esa gente cometió un acto depravado e infame en Israel. 7Ahora, todos ustedes israelitas, opinen y tomen una decisión aquí mismo.

8Todo el pueblo se levantó como un solo hombre, y dijo:

—¡Ninguno de nosotros volverá a su carpa! ¡Nadie regresará a su casa! 9Y esto es lo que le haremos ahora a Guibeá: Echaremos suertes para ver quiénes subirán contra ella. 10De entre todas las tribus de Israel, tomaremos a diez hombres de cada cien, a cien de cada mil, y a mil de cada diez mil, para conseguir provisiones para el ejército. Cuando el ejército llegue a Guibeá de Benjamín, les dará su merecido por toda la infamia cometida en Israel.

11Así que todos los israelitas, como un solo hombre, unieron sus fuerzas para atacar la ciudad. 12Las tribus de Israel enviaron mensajeros por toda la tribu de Benjamín, diciendo: «¿Qué les parece este crimen que se cometió entre ustedes? 13Entreguen ahora a esos malvados de Guibeá, para que los matemos y eliminemos así la maldad en Israel.»

Pero los de la tribu de Benjamín no quisieron hacerles caso a sus hermanos israelitas. 14Al contrario, gente de todas sus ciudades se reunió en Guibeá para luchar contra los israelitas. 15En aquel día los de Benjamín movilizaron de entre sus ciudades veintiséis mil soldados armados de espada, además de setecientos hombres escogidos de los que vivían en Guibeá. 16Entre todos ellos había setecientos soldados escogidos que eran zurdos, todos ellos capaces de lanzar con la honda una piedra contra un cabello, sin errar.

17Israel, sin contar a Benjamín, movilizó a cuatrocientos mil soldados armados de espada, todos ellos expertos guerreros. 18Los israelitas subieron a Betel[ñ] y consultaron a Dios. Le preguntaron:

—¿Cuál de nosotros será el primero en combatir a los de la tribu de Benjamín?

El SEÑOR respondió:

—Judá será el primero.

19Los israelitas se levantaron temprano y acamparon frente a Guibeá; 20salieron a luchar contra los de Benjamín, y frente a Guibeá se dispusieron contra ellos en orden de batalla. 21Pero los de Benjamín salieron de Guibeá y abatieron aquel día a veintidós mil israelitas en el campo de batalla. 22Los israelitas se animaron unos a otros, y volvieron a presentar bata-

---

[ñ] **20:18** *Betel*. Alt. *la casa de Dios*; también en v. 26.

lla donde se habían apostado el primer día, ²³pues habían subido a llorar en presencia del SEÑOR hasta el anochecer, y le habían consultado:

—¿Debemos subir y volver a luchar contra los de Benjamín, nuestros hermanos?

Y el SEÑOR les había contestado:

—Suban contra ellos.

²⁴Fue así como los israelitas se acercaron a Benjamín el segundo día. ²⁵Los de Benjamín salieron de Guibeá para combatirlos, abatiendo esta vez a dieciocho mil israelitas más, todos ellos armados con espadas.

²⁶Entonces los israelitas, con todo el pueblo, subieron a Betel, y allí se sentaron y lloraron en presencia del SEÑOR. Ayunaron aquel día hasta el anochecer y presentaron al SEÑOR *holocaustos y sacrificios de *comunión. ²⁷Después consultaron al SEÑOR, pues en aquel tiempo estaba allí el arca del *pacto de Dios, ²⁸y Finés, hijo de Eleazar y nieto de Aarón, ministraba delante de ella. Preguntaron:

—¿Debemos subir y volver a luchar contra los de Benjamín, nuestros hermanos, o nos retiramos?

El SEÑOR respondió:

—Suban, porque mañana los entregaré en sus manos.

²⁹Israel tendió una emboscada alrededor de Guibeá. ³⁰Al tercer día subieron contra los de Benjamín y se pusieron en orden de batalla contra Guibeá, como lo habían hecho antes. ³¹Los de Benjamín salieron a su encuentro, y se vieron obligados a alejarse de la ciudad. Comenzaron a causar bajas entre los israelitas, como en las ocasiones anteriores, y alcanzaron a matar a unos treinta hombres en el campo abierto y por el camino que lleva a Betel, y también por el que lleva a Guibeá.

³²Los benjaminitas decían: «Los estamos derrotando como antes», pero los israelitas decían: «Huyamos, para que se alejen de la ciudad hasta los caminos.»

³³De pronto, los israelitas cambiaron de táctica y presentaron batalla en Baal Tamar, y los israelitas que estaban emboscados salieron a atacar al oeste^o de Guibeá. ³⁴Diez mil de los mejores guerreros de Israel lanzaron un ataque frontal contra Guibeá, y fue tan intenso el combate que los benjaminitas no se dieron cuenta de que la calamidad se les venía encima. ³⁵El SEÑOR derrotó a Benjamín delante de Israel, y aquel día los israelitas mataron a veinticinco mil cien hombres de la tribu de Benjamín, todos ellos armados con espadas. ³⁶Allí los de Benjamín cayeron en cuenta de que habían sido vencidos.

Los hombres de Israel habían cedido terreno delante de Benjamín, porque confiaban en la emboscada que habían tendido contra Guibeá. ³⁷De repente los hombres que habían estado emboscados asaltaron a Guibeá, se desplegaron, y mataron a filo de espada a todos los habitantes de la ciudad. ³⁸Los israelitas habían acordado con los que estaban emboscados que, cuando éstos levantaran una gran nube de humo desde la ciudad, ³⁹los hombres de Israel volverían a la batalla.

Cuando los de Benjamín comenzaron a causar bajas entre los israelitas, matando a unos treinta, se decían: «¡Los estamos derrotando, como en la primera batalla!» ⁴⁰Pero cuando la columna de humo comenzó a levantarse de la ciudad, los de Benjamín se dieron vuelta y vieron que el fuego de la ciudad entera subía al cielo. ⁴¹En ese momento atacaron los israelitas, y los hombres de Benjamín se aterrorizaron al darse cuenta de que la calamidad se les venía encima. ⁴²Así que huyeron ante los israelitas por el camino del desierto; pero no pudieron escapar de la batalla, pues a los que salían de las ciudades los abatieron allí. ⁴³Rodearon a los de Benjamín; los persiguieron y los aplastaron con facilidad^p en las inmediaciones de Guibeá, hacia el lado oriental. ⁴⁴Cayeron dieciocho mil de la tribu de Benjamín, todos ellos guerreros valientes. ⁴⁵Cuando se volvieron y huyeron hacia el desierto, a la peña de Rimón, los israelitas abatieron a cinco mil hombres junto a los caminos.

---

^o**20:33** *oeste* (mss. de LXX y Vulgata); palabra de difícil traducción.   ^p**20:43** *con facilidad.* Palabra de difícil traducción.

Continuaron persiguiéndolos hasta Guidón, y mataron a dos mil más.

46 Aquel día cayeron en combate veinticinco mil soldados benjaminitas armados con espada, todos ellos guerreros valientes. 47 Pero seiscientos hombres se volvieron y huyeron por el desierto hasta la peña de Rimón, donde permanecieron cuatro meses. 48 Los israelitas se volvieron contra los de Benjamín y mataron a filo de espada a los habitantes de todas las ciudades, incluso a los animales, y destrozaron todo lo que encontraron a su paso. También les prendieron fuego a todas las ciudades.

Esposas para los benjaminitas

21 Los israelitas habían jurado en Mizpa: «Ninguno de nosotros dará su hija en matrimonio a un benjaminita.»

2 El pueblo fue a Betel, q y allí permanecieron hasta el anochecer, clamando y llorando amargamente en presencia de Dios. 3 «Oh SEÑOR, Dios de Israel —clamaban—, ¿por qué le ha sucedido esto a Israel? ¡Hoy ha desaparecido una de nuestras tribus!»

4 Al día siguiente el pueblo se levantó de madrugada, construyó allí un altar, y presentaron *holocaustos y sacrificios de *comunión.

5 Luego preguntaron los israelitas: «¿Quién de entre todas las tribus de Israel no se presentó a la asamblea del SEÑOR?» Porque habían pronunciado un juramento solemne contra cualquiera que no se presentara ante el SEÑOR en Mizpa, diciendo: «Tendrá que morir.»

6 Los israelitas se afligieron por sus hermanos, los benjaminitas. «Hoy ha sido arrancada una tribu de Israel —dijeron ellos—. 7 ¿Cómo podemos proveerles esposas a los que quedan, si ya hemos jurado ante el SEÑOR no darles ninguna de nuestras hijas en matrimonio?» 8 Entonces preguntaron: «¿Cuál de las tribus de Israel no se presentó ante el SEÑOR en Mizpa?» Y resultó que ninguno de Jabés Galaad había llegado al campamento para la asamblea,

9 porque al pasar revista al pueblo notaron que de los habitantes de Jabés Galaad no había allí ninguno.

10 Así que la asamblea envió doce mil de los mejores guerreros con la siguiente orden: «Vayan y maten a filo de espada a los habitantes de Jabés Galaad. Maten también a las mujeres y a los niños. 11 Esto es lo que van a hacer: *Exterminarán a todos los hombres y a todas las mujeres que no sean vírgenes.» 12 Entre los habitantes de Jabés Galaad encontraron a cuatrocientas muchachas que no habían tenido relaciones sexuales con ningún hombre, y las llevaron al campamento de Siló, que está en la tierra de Canaán.

13 Entonces toda la comunidad envió una oferta de paz a los benjaminitas que estaban en la peña de Rimón. 14 En esa ocasión regresaron los benjaminitas, y se les dieron las mujeres de Jabés Galaad que habían dejado con vida. Pero no hubo mujeres para todos.

15 El pueblo todavía se afligía por Benjamín, porque el SEÑOR había dejado un vacío en las tribus de Israel. 16 Y los *ancianos de la asamblea dijeron: «¿Cómo podemos darles mujeres a los hombres que quedaron, si las mujeres de Benjamín fueron exterminadas? 17 ¡Los sobrevivientes benjaminitas deben tener herederos —exclamaron—, para que no sea aniquilada una tribu de Israel! 18 Pero nosotros no podemos darles nuestras hijas como esposas, porque hemos jurado diciendo: "Maldito sea el que dé una mujer a un benjaminita." 19 Pero miren, se acerca la fiesta del SEÑOR que todos los años se celebra en Siló, al norte de Betel, y al este del camino que va de Betel a Siquén, y al sur de Lebona.»

20 Así que dieron estas instrucciones a los de Benjamín: «Vayan, escóndanse en los viñedos 21 y estén atentos. Cuando las muchachas de Siló salgan a bailar, salgan ustedes de los viñedos y róbese cada uno de ustedes una de esas muchachas para esposa, y váyase a la tierra de Benjamín. 22 Y si sus padres o sus hermanos vienen

q 21:2 Betel. Alt. la casa de Dios.

a reclamarnos algo, les diremos: "Sean bondadosos con ellos, porque no conseguimos esposas para todos ellos durante la guerra. Además, ustedes son inocentes, ya que no les dieron sus hijas."»

23Así lo hicieron los de la tribu de Benjamín. Mientras bailaban las muchachas, cada uno de ellos se robó una y se la llevó. Luego regresaron a sus propias tierras, reconstruyeron las ciudades y se establecieron en ellas.

24Luego de eso los israelitas también se fueron de aquel lugar y regresaron a sus tribus y a sus clanes, cada uno a su propia tierra.

25En aquella época no había rey en Israel; cada uno hacía lo que le parecía mejor.

Rut

Noemí y Rut

1 En el tiempo en que los jueces gobernaban el país, hubo allí una época de hambre. Entonces un hombre de Belén de Judá emigró a la tierra de Moab, junto con su esposa y sus dos hijos. **2**El hombre se llamaba Elimélec, su esposa se llamaba Noemí y sus dos hijos, Majlón y Quilión, todos ellos efrateos, de Belén de Judá. Cuando llegaron a la tierra de Moab, se quedaron a vivir allí.

3Pero murió Elimélec, esposo de Noemí, y ella se quedó sola con sus dos hijos. **4**Éstos se casaron con mujeres moabitas, la una llamada Orfa y la otra Rut. Después de haber vivido allí unos diez años, **5**murieron también Majlón y Quilión, y Noemí se quedó viuda y sin hijos.

6Noemí regresó de la tierra de Moab con sus dos nueras, porque allí se enteró de que el S<small>EÑOR</small> había acudido en ayuda de su pueblo al proveerle de alimento. **7**Salió, pues, con sus dos nueras del lugar donde había vivido, y juntas emprendieron el camino que las llevaría hasta la tierra de Judá.

8Entonces Noemí les dijo a sus dos nueras:

—¡Miren, vuelva cada una a la casa de su madre! Que el S<small>EÑOR</small> las trate a ustedes con el mismo amor y lealtad que ustedes han mostrado con los que murieron y conmigo. **9**Que el S<small>EÑOR</small> les conceda hallar seguridad en un nuevo hogar, al lado de un nuevo esposo.

Luego las besó. Pero ellas, deshechas en llanto, alzaron la voz **10**y exclamaron:

—¡No! Nosotras volveremos contigo a tu pueblo.

11—¡Vuelvan a su casa, hijas mías! —insistió Noemí—. ¿Para qué se van a ir conmigo? ¿Acaso voy a tener más hijos que pudieran casarse con ustedes?

12¡Vuelvan a su casa, hijas mías! ¡Váyanse! Yo soy demasiado vieja para volver a casarme. Aun si abrigara esa esperanza, y esta misma noche me casara y llegara a tener hijos, **13**¿los esperarían ustedes hasta que crecieran? ¿Y por ellos se quedarían sin casarse? ¡No, hijas mías! Mi amargura es mayor que la de ustedes; ¡la mano del S<small>EÑOR</small> se ha levantado contra mí!

14Una vez más alzaron la voz, deshechas en llanto. Luego Orfa se despidió de su suegra con un beso, pero Rut se aferró a ella.

15—Mira —dijo Noemí—, tu cuñada se vuelve a su pueblo y a sus dioses. Vuélvete con ella.

16Pero Rut respondió:

—¡No insistas en que te abandone o en que me separe de ti!

»Porque iré adonde tú vayas,
 y viviré donde tú vivas.
Tu pueblo será mi pueblo,
 y tu Dios será mi Dios.
17Moriré donde tú mueras,
 y allí seré sepultada.
¡Que me castigue el S<small>EÑOR</small> con
  toda severidad
si me separa de ti algo que no sea
  la muerte!

18Al ver Noemí que Rut estaba tan decidida a acompañarla, no le insistió más.

19Entonces las dos mujeres siguieron caminando hasta llegar a Belén. Apenas llegaron, hubo gran conmoción en todo el pueblo a causa de ellas.

—¿No es ésta Noemí? —se preguntaban las mujeres del pueblo.

20—Ya no me llamen Noemí*ᵃ* —repuso ella—. Llámenme Mara,*ᵇ* porque el *Todopoderoso ha colmado mi vida de amargura.

ᵃ **1:20** En hebreo, *Noemí* significa *placentera* o *dulce*.   *ᵇ* **1:20** En hebreo, *Mara* significa *amarga*.

21»Me fui con las manos llenas,
   pero el SEÑOR me ha hecho
     volver sin nada.
¿Por qué me llaman Noemí
   si me ha afligido el SEÑOR,[c]
   si me ha hecho desdichada el
     Todopoderoso?

22Así fue como Noemí volvió de la tierra de Moab acompañada por su nuera, Rut la moabita. Cuando llegaron a Belén, comenzaba la cosecha de cebada.

Encuentro de Rut con Booz

2 Noemí tenía, por parte de su esposo, un pariente que se llamaba Booz. Era un hombre rico e influyente de la familia de Elimélec.

2Y sucedió que Rut la moabita le dijo a Noemí:

—Permíteme ir al campo a recoger las espigas que vaya dejando alguien a quien yo le caiga bien.

—Anda, hija mía —le respondió su suegra.

3Rut salió y comenzó a recoger espigas en el campo, detrás de los segadores. Y dio la casualidad de que el campo donde estaba trabajando pertenecía a Booz, el pariente de Elimélec.

4En eso llegó Booz desde Belén y saludó a los segadores:

—¡Que el SEÑOR esté con ustedes!

—¡Que el SEÑOR lo bendiga! —respondieron ellos.

5—¿De quién es esa joven? —preguntó Booz al capataz de sus segadores.

6—Es una joven moabita que volvió de la tierra de Moab con Noemí —le contestó el capataz—. 7Ella me rogó que la dejara recoger espigas de entre las gavillas, detrás de los segadores. No ha dejado de trabajar desde esta mañana que entró en el campo, hasta ahora que ha venido a descansar un rato en el cobertizo.[d]

8Entonces Booz le dijo a Rut:

—Escucha, hija mía. No vayas a recoger espigas a otro campo, ni te alejes de aquí; quédate junto a mis criadas, 9fíjate bien en el campo donde se esté cosechando, y síguelas. Ya les ordené a los criados que no te molesten. Y cuando tengas sed, ve adonde están las vasijas y bebe del agua que los criados hayan sacado.

10Rut se inclinó hacia la tierra, se postró sobre su rostro y exclamó:

—¿Cómo es que le he caído tan bien a usted, hasta el punto de fijarse en mí, siendo sólo una extranjera?

11—Ya me han contado —le respondió Booz— todo lo que has hecho por tu suegra desde que murió tu esposo; cómo dejaste padre y madre, y la tierra donde naciste, y viniste a vivir con un pueblo que antes no conocías. 12¡Que el SEÑOR te recompense por lo que has hecho! Que el SEÑOR, Dios de Israel, bajo cuyas alas has venido a refugiarte, te lo pague con creces.

13—¡Ojalá siga yo siendo de su agrado, mi señor! —contestó ella—. Usted me ha consolado y me ha hablado con cariño, aunque ni siquiera soy como una de sus servidoras.

14A la hora de comer, Booz le dijo:

—Ven acá. Sírvete pan y moja tu bocado en el vinagre.

Cuando Rut se sentó con los segadores, Booz le ofreció grano tostado. Ella comió, quedó satisfecha, y hasta le sobró. 15Después, cuando ella se levantó a recoger espigas, él dio estas órdenes a sus criados:

—Aun cuando saque espigas de las gavillas mismas, no la hagan pasar vergüenza. 16Más bien, dejen caer algunas espigas de los manojos para que ella las recoja, ¡y no la reprendan!

17Así que Rut recogió espigas en el campo hasta el atardecer. Luego desgranó la cebada que había recogido, la cual pesó más de veinte kilos.[e] 18La cargó de vuelta al pueblo, y su suegra vio cuánto traía. Además, Rut le entregó a su suegra lo que le había quedado después de haber comido hasta quedar satisfecha.

19Su suegra le preguntó:

—¿Dónde recogiste espigas hoy? ¿Dónde trabajaste? ¡Bendito sea el hombre que se fijó en ti!

---

[c]1:21 *si me ha afligido el SEÑOR*. Alt. *si el SEÑOR ha testificado contra mí.*   [d]2:7 *que ha venido ... cobertizo*. Frase de difícil traducción.   [e]2:17 *más de veinte kilos*. Lit. *casi un *efa.*

Entonces Rut le contó a su suegra acerca del hombre con quién había estado trabajando. Le dijo:

—El hombre con quien hoy trabajé se llama Booz.

20 —¡Que el Señor lo bendiga! —exclamó Noemí delante de su nuera—. El Señor no ha dejado de mostrar su fiel amor hacia los vivos y los muertos. Ese hombre es nuestro pariente cercano; es uno de los parientes que nos pueden redimir.

21 Rut la moabita añadió:

—Incluso me dijo que me quede allí con sus criados hasta que terminen de recogerle toda la cosecha.

22 —Hija mía, te conviene seguir con sus criadas —le dijo Noemí—, para que no se aprovechen de ti en otro campo.

23 Así que Rut se quedó junto con las criadas de Booz para recoger espigas hasta que terminó la cosecha de la cebada y del trigo. Mientras tanto, vivía con su suegra.

Rut y Booz en la era

3 Un día su suegra Noemí le dijo:

—Hija mía, ¿no debiera yo buscarte un hogar seguro donde no te falte nada? **2** Además, ¿acaso Booz, con cuyas criadas has estado, no es nuestro pariente? Pues bien, él va esta noche a la era para aventar la cebada. **3** Báñate y perfúmate, y ponte tu mejor ropa. Baja luego a la era, pero no dejes que él se dé cuenta de que estás allí hasta que haya terminado de comer y beber. **4** Cuando se vaya a dormir, te fijas dónde se acuesta. Luego vas, le destapas los pies, y te acuestas allí. Verás que él mismo te dice lo que tienes que hacer.

5 —Haré todo lo que me has dicho —respondió Rut.

6 Y bajó a la era e hizo todo lo que su suegra le había mandado.

7 Booz comió y bebió, y se puso alegre. Luego se fue a dormir detrás del montón de grano. Más tarde Rut se acercó sigilosamente, le destapó los pies y se acostó allí. **8** A medianoche Booz se despertó sobresaltado y, al darse vuelta, descubrió que había una mujer acostada a sus pies.

9 —¿Quién eres? —le preguntó.

—Soy Rut, su sierva. Extienda sobre mí el borde de su manto,*f* ya que usted es un pariente que me puede redimir.

10 —Que el Señor te bendiga, hija mía. Esta nueva muestra de lealtad de tu parte supera la anterior, ya que no has ido en busca de hombres jóvenes, sean ricos o pobres. **11** Y ahora, hija mía, no tengas miedo. Haré por ti todo lo que me pidas. Todo mi pueblo*g* sabe que eres una mujer ejemplar. **12** Ahora bien, aunque es cierto que soy un pariente que puede redimirte, hay otro más cercano que yo. **13** Quédate aquí esta noche. Mañana, si él quiere redimirte, está bien que lo haga. Pero si no está dispuesto a hacerlo, ¡tan cierto como que el Señor vive, te juro que yo te redimiré! Ahora acuéstate aquí hasta que amanezca.

14 Así que se quedó acostada a sus pies hasta el amanecer, y se levantó cuando aún estaba oscuro; pues él había dicho: «Que no se sepa que una mujer vino a la era.»

15 Luego Booz le dijo:

—Pásame el manto que llevas puesto y sostenlo firmemente.

Rut lo hizo así, y él echó en el manto seis medidas de cebada y puso la carga sobre ella. Luego él regresó al pueblo.

16 Cuando Rut llegó adonde estaba su suegra, ésta le preguntó:

—¿Cómo te fue, hija mía?

Rut le contó todo lo que aquel hombre había hecho por ella, **17** y añadió:

—Me dio estos veinte kilos de cebada, y me dijo: "No debes volver a tu suegra con las manos vacías."

18 Entonces Noemí le dijo:

—Espérate, hija mía, a ver qué sucede. Porque este hombre no va a descansar hasta dejar resuelto este asunto hoy mismo.

Matrimonio de Booz y Rut

4 Booz, por su parte, subió hasta la *puerta de la ciudad y se sentó allí. En eso pasó el pariente redentor que él había mencionado.

---

f **3:9** *Extienda sobre mí el borde de su manto.* Esta acción implicaba una propuesta de matrimonio.
g **3:11** *Todo mi pueblo.* Lit. *toda la *puerta de mi pueblo.*

—Ven acá, amigo mío, y siéntate —le dijo Booz.

El hombre fue y se sentó.

²Entonces Booz llamó a diez de los *ancianos de la ciudad, y les dijo:

—Siéntense aquí.

Y ellos se sentaron. ³Booz le dijo al pariente redentor:

—Noemí, que ha regresado de la tierra de Moab, está vendiendo el terreno que perteneció a nuestro hermano Elimélec. ⁴Consideré que debía informarte del asunto y sugerirte que lo compres en presencia de estos testigos y de los ancianos de mi pueblo. Si vas a redimir el terreno, hazlo. Pero si no vas ʰ a redimirlo, házmelo saber, para que yo lo sepa. Porque ningún otro tiene el derecho de redimirlo sino tú, y después de ti, yo tengo ese derecho.

—Yo lo redimo —le contestó.

⁵Pero Booz le aclaró:

—El día que adquieras el terreno de Noemí, adquieres también a Rut la moabita, viuda del difunto, ⁱ a fin de conservar su *nombre junto con su heredad.

⁶—Entonces no puedo redimirlo —respondió el pariente redentor—, porque podría perjudicar mi propia herencia. Redímelo tú; te cedo mi derecho. Yo no puedo ejercerlo.

⁷En aquellos tiempos, para ratificar la redención o el traspaso de una propiedad en Israel, una de las partes contratantes se quitaba la sandalia y se la daba a la otra. Así se acostumbraba legalizar los contratos en Israel. ⁸Por eso el pariente redentor le dijo a Booz:

—Cómpralo tú.

Y se quitó la sandalia.

⁹Entonces Booz proclamó ante los ancianos y ante todo el pueblo:

—Hoy son ustedes testigos de que le he comprado a Noemí toda la propiedad de Elimélec, Quilión y Majlón, ¹⁰y de que he tomado como esposa a Rut la moabita, viuda de Majlón, a fin de preservar el nombre del difunto con su heredad, para que su nombre no desaparezca de entre su familia ni de los registros del pueblo. ¡Hoy son ustedes testigos!

¹¹Los ancianos y todos los que estaban en la puerta respondieron:

—Somos testigos.

»¡Que el Señor haga que la mujer que va a formar parte de tu hogar sea como Raquel y Lea, quienes juntas edificaron el pueblo de Israel!

»¡Que seas un hombre ilustre en Efrata, y que adquieras renombre en Belén!

¹²»¡Que por medio de esta joven el Señor te conceda una descendencia tal que tu familia sea como la de Fares, el hijo que Tamar le dio a Judá!

Genealogía de David
4:18-22 — 1Cr 2:5-15; Mt 1:3-6; Lc 3:31-33

¹³Así que Booz tomó a Rut y se casó con ella. Cuando se unieron, el Señor le concedió quedar embarazada, de modo que tuvo un hijo. ¹⁴Las mujeres le decían a Noemí: «¡Alabado sea el Señor, que no te ha dejado hoy sin un redentor! ¡Que llegue a tener renombre en Israel! ¹⁵Este niño renovará tu *vida y te sustentará en la vejez, porque lo ha dado a luz tu nuera, que te ama y es para ti mejor que siete hijos.»

¹⁶Noemí tomó al niño, lo puso en su regazo y se encargó de criarlo. ¹⁷Las vecinas decían: «¡Noemí ha tenido un hijo!» Y lo llamaron Obed. Éste fue el padre de Isaí, padre de David.

¹⁸Así que éste es el linaje de Fares:

Fares fue el padre de Jezrón;
¹⁹Jezrón, el padre de Ram;
Ram, el padre de Aminadab;
²⁰Aminadab, el padre de Naasón;
Naasón, el padre de Salmón; ʲ
²¹Salmón, el padre de Booz;
Booz, el padre de Obed;
²²Obed, el padre de Isaí;
e Isaí, el padre de David.

ʰ **4:4** *si no vas* (mss. hebreos, LXX, Vulgata y Siríaca); *si él no va* (TM).   ⁱ **4:5** *de Noemí ... viuda* (Vulgata y Siríaca); *de Noemí y de Rut la moabita, tendrás que casarte con la viuda* (TM).   ʲ **4:20** *Salmón* (mss. hebreos, mss. de LXX y Vulgata; véanse también v. 21 y la LXX de 1Cr 2:11); *Salmá* (TM).

Primer Libro de
Samuel

Nacimiento de Samuel

1 En la sierra de Efraín había un hombre zufita de Ramatayin. *a* Su nombre era Elcaná hijo de Jeroán, hijo de Eliú, hijo de Tohu, hijo de Zuf, efraimita. 2Elcaná tenía dos esposas. Una de ellas se llamaba Ana, y la otra, Penina. Ésta tenía hijos, pero Ana no tenía ninguno.

3Cada año Elcaná salía de su pueblo para adorar al SEÑOR *Todopoderoso y ofrecerle sacrificios en Siló, donde Ofni y Finés, los dos hijos de Elí, oficiaban como sacerdotes del SEÑOR. 4Cuando llegaba el día de ofrecer su sacrificio, Elcaná solía darles a Penina y a todos sus hijos e hijas la porción que les correspondía. 5Pero a Ana le daba una porción especial, *b* pues la amaba a pesar de que el SEÑOR la había hecho estéril. 6Penina, su rival, solía atormentarla para que se enojara, ya que el SEÑOR la había hecho estéril.

7Cada año, cuando iban a la casa del SEÑOR, sucedía lo mismo: Penina la atormentaba, hasta que Ana se ponía a llorar y ni comer quería. 8Entonces Elcaná, su esposo, le decía: «Ana, ¿por qué lloras? ¿Por qué no comes? ¿Por qué estás resentida? ¿Acaso no soy para ti mejor que diez hijos?»

9Una vez, estando en Siló, Ana se levantó después de la comida. Y a la vista del sacerdote Elí, que estaba sentado en su silla junto a la puerta del santuario del SEÑOR, 10con gran angustia comenzó a orar al SEÑOR y a llorar desconsoladamente. 11Entonces hizo este voto: «SEÑOR Todopoderoso, si te dignas mirar la desdicha de esta sierva tuya y, si en vez de olvidarme, te acuerdas de mí y me conce-

des un hijo varón, yo te lo entregaré para toda su vida, y nunca se le cortará el cabello.»

12Como Ana estuvo orando largo rato ante el SEÑOR, Elí se fijó en su boca. 13Sus labios se movían pero, debido a que Ana oraba en voz baja, no se podía oír su voz. Elí pensó que estaba borracha, 14así que le dijo:

—¿Hasta cuándo te va a durar la borrachera? ¡Deja ya el vino!

15—No, mi señor; no he bebido ni vino ni cerveza. Soy sólo una mujer angustiada que ha venido a desahogarse delante del SEÑOR. 16No me tome usted por una mala mujer. He pasado este tiempo orando debido a mi angustia y aflicción.

17—Vete en *paz —respondió Elí—. Que el Dios de Israel te conceda lo que le has pedido.

18—Gracias. Ojalá favorezca usted siempre a esta sierva suya.

Con esto, Ana se despidió y se fue a comer. Desde ese momento, su semblante cambió. 19Al día siguiente madrugaron y, después de adorar al SEÑOR, volvieron a su casa en Ramá. Luego Elcaná se unió a su esposa Ana, y el SEÑOR se acordó de ella. 20Ana concibió y, pasado un año, dio a luz un hijo y le puso por nombre Samuel, *c* pues dijo: «Al SEÑOR se lo pedí.»

Ana dedica a Samuel

21Cuando Elcaná salió con toda su familia para cumplir su promesa y ofrecer su sacrificio anual al SEÑOR, 22Ana no lo acompañó.

—No iré hasta que el niño sea destetado —le explicó a su esposo—. Entonces

---

a **1:1** *zufita de Ramatayin.* Lit. *de Ramatayin Zofín.*   *b* **1:5** *especial.* Alt. *doble.*   *c* **1:20** En hebreo, el nombre *Samuel* suena como la expresión que significa *Dios oyó.*

lo llevaré para dedicarlo al Señor, y allí se quedará el resto de su vida.

²³—Bien, haz lo que te parezca mejor —respondió su esposo Elcaná—. Quédate hasta que lo destetes, con tal de que el Señor cumpla su palabra.

Así pues, Ana se quedó en su casa y crió a su hijo hasta que lo destetó.

²⁴Cuando dejó de amamantarlo, salió con el niño, a pesar de ser tan pequeño, y lo llevó a la casa del Señor en Siló. También llevó un becerro de tres años,ᵈ una medida de harina y un odre de vino. ²⁵Luego sacrificaron el becerro y presentaron el niño a Elí. ²⁶Dijo Ana: «Mi señor, tan cierto como que usted vive, le juro que yo soy la mujer que estuvo aquí a su lado orando al Señor. ²⁷Éste es el niño que yo le pedí al Señor, y él me lo concedió. ²⁸Ahora yo, por mi parte, se lo entrego al Señor. Mientras el niño viva, estará dedicado a él.» Entonces Elíᵉ se postró allí ante el Señor.

Oración de Ana

2 Ana elevó esta oración:

«Mi *corazón se alegra en el
        Señor;
    en él radica mi poder.ᶠ
Puedo celebrar su *salvación
    y burlarme de mis enemigos.

²»Nadie es santo como el Señor;
    no hay *roca como nuestro Dios.
    ¡No hay nadie como él!

³»Dejen de hablar con tanto orgullo
        y altivez;
    ¡no profieran palabras soberbias!
El Señor es un Dios que todo lo
        sabe,
    y él es quien juzga las acciones.

⁴»El arco de los poderosos se quiebra,
    pero los débiles recobran las
        fuerzas.
⁵Los que antes tenían comida de
        sobra

se venden por un pedazo de pan;
    los que antes sufrían hambre
    ahora viven saciados.
La estéril ha dado a luz siete veces,
    pero la que tenía muchos hijos
        languidece.

⁶»Del Señor vienen la muerte y la
        vida;
    él nos hace bajar al *sepulcro,
    pero también nos levanta.
⁷El Señor da la riqueza y la
        pobreza;
    humilla, pero también enaltece.
⁸Levanta del polvo al desvalido
    y saca del basurero al pobre
para sentarlos en medio de príncipes
    y darles un trono esplendoroso.

»Del Señor son los fundamentos
        de la tierra;
    ¡sobre ellos afianzó el mundo!
⁹Él guiará los pasos de sus fieles,
    pero los malvados se perderán
        entre las sombras.
    ¡Nadie triunfa por sus propias
        fuerzas!

¹⁰»El Señor destrozará a sus
        enemigos;
    desde el cielo lanzará truenos
        contra ellos.
El Señor juzgará los confines de la
        tierra,
    fortalecerá a su rey
    y enaltecerá el poder de su
        *ungido.»

¹¹Elcaná volvió a su casa en Ramá, pero el niño se quedó para servir al Señor, bajo el cuidado del sacerdote Elí.

Perversidad de los hijos de Elí

¹²Los hijos de Elí eran unos perversos que no tomaban en cuenta al Señor. ¹³La costumbre de estos sacerdotes era la siguiente: Cuando alguien ofrecía un sacrificio, el asistente del sacerdote se presentaba con un tenedor grande en la

---

ᵈ**1:24** *un becerro de tres años* (Qumrán, LXX, Siríaca); *tres becerros* (TM).   ᵉ**1:28** *Elí.* Lit. *él.*
ᶠ**2:1** *poder.* Lit. *cuerno*; también en v. 10.

mano y, mientras se cocía la carne, [14]metía el tenedor en la olla, en el caldero, en la cacerola o en la cazuela; y el sacerdote tomaba para sí mismo todo lo que se enganchaba en el tenedor. De este modo trataban a todos los israelitas que iban a Siló. [15]Además, antes de quemarse la grasa, solía llegar el ayudante del sacerdote para decirle al que estaba por ofrecer el sacrificio: «Dame carne para el asado del sacerdote, pues no te la va a aceptar cocida, sino cruda.» [16]Y si el hombre contestaba: «Espera a que se queme la grasa, como es debido; luego podrás tomar lo que desees», el asistente replicaba: «No, dámela ahora mismo; de lo contrario, te la quito por la fuerza.» [17]Así que el pecado de estos jóvenes era gravísimo a los ojos del SEÑOR, pues trataban con desprecio las ofrendas que le pertenecían.

[18]El niño Samuel, por su parte, vestido con un *efod de lino, seguía sirviendo en la presencia del SEÑOR. [19]Cada año su madre le hacía una pequeña túnica, y se la llevaba cuando iba con su esposo para ofrecer su sacrificio anual. [20]Elí entonces bendecía a Elcaná y a su esposa, diciendo: «Que el SEÑOR te conceda hijos de esta mujer, a cambio del niño que ella pidió para dedicárselo al SEÑOR.» Luego regresaban a su casa.

[21]El SEÑOR bendijo a Ana, de manera que ella concibió y dio a luz tres hijos y dos hijas. Durante ese tiempo, Samuel crecía en la presencia del SEÑOR.

[22]Elí, que ya era muy anciano, se enteró de todo lo que sus hijos le estaban haciendo al pueblo de Israel, incluso de que se acostaban con las mujeres que servían a la entrada del santuario. [23]Les dijo: «¿Por qué se comportan así? Todo el pueblo me habla de su mala conducta. [24]No, hijos míos; no es nada bueno lo que se comenta en el pueblo del SEÑOR. [25]Si alguien peca contra otra persona, Dios le servirá de árbitro; pero si peca contra el SEÑOR, ¿quién podrá interceder por él?» No obstante, ellos no le hicieron caso a la advertencia de su padre, pues la voluntad del SEÑOR era quitarles la vida.

[26]Por su parte, el niño Samuel seguía creciendo y ganándose el aprecio del SEÑOR y de la gente.

Profecía contra la familia de Elí

[27]Un hombre de Dios fue a ver a Elí, y le dijo:

«Así dice el SEÑOR: "Bien sabes que yo me manifesté a tus antepasados cuando estaban en Egipto bajo el poder del faraón. [28]De entre todas las tribus de Israel, escogí a Aarón para que fuera mi sacerdote, es decir, para que en mi presencia se acercara a mi altar, quemara el incienso y se pusiera el *efod. Además, a su familia le concedí las ofrendas que los israelitas queman en mi honor. [29]¿Por qué, pues, tratan ustedes con tanto desprecio los sacrificios y ofrendas que yo he ordenado que me traigan? ¿Por qué honras a tus hijos más que a mí, y los engordas con lo mejor de todas las ofrendas de mi pueblo Israel?"

[30]»Por cuanto has hecho esto, de ninguna manera permitiré que tus parientes me sirvan, aun cuando yo había prometido que toda tu familia, tanto tus antepasados como tus descendientes, me servirían siempre. Yo, el SEÑOR, Dios de Israel, lo afirmo. Yo honro a los que me honran, y humillo a los que me desprecian. [31]En efecto, se acerca el día en que acabaré con tu poder y con el de tu familia; ninguno de tus descendientes llegará a viejo. [32]Mirarás con envidia el bien que se le hará a Israel, y ninguno[g] de tus descendientes llegará a viejo. [33]Si permito que alguno de los tuyos continúe sirviendo en mi altar, será para empañarte de lágrimas los ojos y abatirte el *alma; todos tus descendientes morirán en la flor de la vida. [34]Y te doy esta señal: tus dos hijos, Ofni y Finés, morirán el mismo día.

[35]»Pero yo levantaré a un sacerdote fiel, que hará mi voluntad y cumplirá mis deseos. Jamás le faltará descendencia, y vivirá una larga vida en presencia

---

[g] **2:32** *Mirarás ... y ninguno.* Alt. *Verás angustia en mi morada. Y aunque a Israel se le hará el bien, ninguno.*

de mi *ungido. 36Y los familiares tuyos
que sobrevivan vendrán y de rodillas le
rogarán que les regale una moneda de
plata o un pedazo de pan. Le suplicarán:
"¡Dame algún trabajo sacerdotal para
mi sustento!"»

El SEÑOR llama a Samuel

3 Samuel, que todavía era joven, servía
al SEÑOR bajo el cuidado de Elí. En
esos tiempos no era común oír palabra del
SEÑOR, ni eran frecuentes las visiones.

2Elí ya se estaba quedando ciego. Un
día, mientras él descansaba en su habitación, 3Samuel dormía en el santuario,
donde se encontraba el arca de Dios. La
lámpara de Dios todavía estaba encendida.
4El SEÑOR llamó a Samuel, y éste respondió:

—Aquí estoy.

5Y en seguida fue corriendo adonde
estaba Elí, y le dijo:

—Aquí estoy; ¿para qué me llamó
usted?

—Yo no te he llamado —respondió
Elí—. Vuelve a acostarte.

Y Samuel volvió a su cama.

6Pero una vez más el SEÑOR lo llamó:

—¡Samuel!

Él se levantó, fue adonde estaba Elí y
le dijo:

—Aquí estoy; ¿para qué me llamó
usted?

—Hijo mío —respondió Elí—, yo no
te he llamado. Vuelve a acostarte.

7Samuel todavía no conocía al SEÑOR,
ni su palabra se le había revelado.

8Por tercera vez llamó el SEÑOR a Samuel. Él se levantó y fue adonde estaba Elí.

—Aquí estoy —le dijo—; ¿para qué me
llamó usted?

Entonces Elí se dio cuenta de que el
SEÑOR estaba llamando al muchacho.

9—Ve y acuéstate —le dijo Elí—. Si
alguien vuelve a llamarte, dile: "Habla,
SEÑOR, que tu siervo escucha."

Así que Samuel se fue y se acostó en
su cama. 10Entonces el SEÑOR se le acercó
y lo llamó de nuevo:

—¡Samuel! ¡Samuel!

—Habla, que tu siervo escucha —respondió Samuel.

11—Mira —le dijo el SEÑOR—, estoy
por hacer en Israel algo que a todo el que
lo oiga le quedará retumbando en los
oídos. 12Ese día llevaré a cabo todo lo que
he anunciado en contra de Elí y su familia.
13Ya le dije que por la maldad de sus hijos
he condenado a su familia para siempre;
él sabía que estaban *blasfemando contra
Diosh y, sin embargo, no los refrenó.
14Por lo tanto, hago este juramento en
contra de su familia: ¡Ningún sacrificio ni
ofrenda podrá *expiar jamás el pecado de
la familia de Elí!

15Samuel se acostó, y a la mañana
siguiente abrió las puertas de la casa del
SEÑOR, pero no se atrevía a contarle a Elí
la visión. 16Así que Elí tuvo que llamarlo.

—¡Samuel, hijo mío!

—Aquí estoy —respondió Samuel.

17—¿Qué fue lo que te dijo el SEÑOR?
—le preguntó Elí—. Te pido que no me lo
ocultes. ¡Que Dios te castigue sin piedad,
si me ocultas una sola palabra de todo lo
que te ha dicho!

18Samuel se lo refirió todo, sin ocul-
tarle nada, y Elí dijo:

—Él es el SEÑOR; que haga lo que
mejor le parezca.

19Mientras Samuel crecía, el SEÑOR
estuvo con él y confirmó todo lo que le
había dicho. 20Y todo Israel, desde Dan
hasta Berseba, se dio cuenta de que el
SEÑOR había confirmado a Samuel como
su profeta. 21Además, el SEÑOR siguió
manifestándose en Siló; allí se revelaba a
Samuel y le comunicaba su palabra.

Los filisteos capturan el arca

4 La palabra de Samuel llegó a todo el
pueblo de Israel. En aquellos días, los
israelitas salieron a enfrentarse con los
filisteos y acamparon cerca de Ebenezer.
Los filisteos, que habían acampado en
Afec, 2desplegaron sus tropas para atacar
a los israelitas. Se entabló la batalla, y los
filisteos derrotaron a los israelitas, matando en el campo a unos cuatro mil de ellos.
3Cuando el ejército regresó al campamen-

---

h 3:13 contra Dios (LXX y tradición rabínica); por sí mismos (TM).

to, los *ancianos de Israel dijeron: «¿Por qué nos ha derrotado hoy el SEÑOR por medio de los filisteos? Traigamos el arca del *pacto del SEÑOR, que está en Siló, para que nos acompañe y nos salve del poder de nuestros enemigos.»

⁴Así que enviaron un destacamento a Siló para sacar de allá el arca del pacto del SEÑOR *Todopoderoso, que reina entre los *querubines. Los dos hijos de Elí, Ofni y Finés, estaban a cargo del arca del pacto de Dios. ⁵Cuando ésta llegó al campamento, los israelitas empezaron a gritar de tal manera que la tierra temblaba.

⁶Los filisteos oyeron el griterío y preguntaron: «¿A qué viene tanto alboroto en el campamento hebreo?» Y al oír que el arca del SEÑOR había llegado al campamento, ⁷los filisteos se acobardaron y dijeron: «Dios ha entrado en el campamento. ¡Ay de nosotros, que nunca nos ha pasado algo así! ⁸¡Ay de nosotros! ¿Quién nos va a librar de las manos de dioses tan poderosos, que en el desierto hirieron a los egipcios con toda clase de plagas? ⁹¡Ánimo, filisteos! Si no quieren llegar a ser esclavos de los hebreos, tal como ellos lo han sido de nosotros, ¡ármense de valor y luchen como hombres!»

¹⁰Entonces los filisteos se lanzaron al ataque y derrotaron a los israelitas, los cuales huyeron en desbandada. La matanza fue terrible, pues de los israelitas cayeron treinta mil soldados de infantería. ¹¹Además, fue capturada el arca de Dios, y murieron Ofni y Finés, los dos hijos de Elí.

Muerte de Elí

¹²Un soldado que pertenecía a la tribu de Benjamín salió corriendo del frente de batalla, y ese mismo día llegó a Siló, con la ropa hecha pedazos y la cabeza cubierta de polvo. ¹³Allí se encontraba Elí, sentado en su silla y vigilando el camino, pues su *corazón le temblaba sólo de pensar en el arca de Dios. Cuando el soldado entró en el pueblo y contó lo que había sucedido, todos se pusieron a gritar.

¹⁴—¿A qué viene tanto alboroto? —preguntó Elí, al oír el griterío.

El hombre corrió para darle la noticia. ¹⁵(Elí ya tenía noventa y ocho años, y sus ojos ni se movían, de modo que no podía ver.)

¹⁶—Vengo del frente de batalla —le dijo a Elí—; huí de las filas hoy mismo.

—¿Qué pasó, hijo mío? —preguntó Elí.

¹⁷—Los israelitas han huido ante los filisteos —respondió el mensajero—; el ejército ha sufrido una derrota terrible. Además, tus dos hijos, Ofni y Finés, han muerto, y el arca de Dios ha sido capturada.

¹⁸Solamente de oír mencionar el arca de Dios, Elí se fue de espaldas, cayéndose de la silla junto a la puerta. Como era viejo y pesaba mucho, se rompió la nuca y murió. Durante cuarenta años había dirigido al pueblo de Israel.

¹⁹Su nuera, la esposa de Finés, estaba embarazada y próxima a dar a luz. Cuando supo que el arca de Dios había sido capturada, y que tanto su suegro como su esposo habían muerto, le vinieron los dolores de parto y tuvo un alumbramiento muy difícil. ²⁰Al verla agonizante, las parteras que la atendían le dijeron: «Anímate, que has dado a luz un niño.» Ella no respondió; ni siquiera les hizo caso. ²¹Pero por causa de la captura del arca de Dios, y por la muerte de su suegro y de su esposo, le puso al niño el nombre de Icabod,ⁱ para indicar que la gloria de Israel había sido desterrada. ²²Exclamó: «¡Se han llevado la gloria de Israel! ¡El arca de Dios ha sido capturada!»

El arca en Asdod y Ecrón

5 Después de capturar el arca de Dios, los filisteos la llevaron de Ebenezer a Asdod ²y la pusieron junto a la estatua de Dagón, en el templo de ese dios. ³Al día siguiente, cuando los habitantes de Asdod se levantaron, vieron que la estatua de Dagón estaba tirada en el suelo, boca abajo, frente al arca del SEÑOR. Así que la levantaron y la colocaron en su sitio. ⁴Pero

---

ⁱ4:21 En hebreo, *Icabod* significa *sin gloria*.

al día siguiente, cuando se levantaron, volvieron a encontrar la estatua tirada en el suelo, boca abajo, frente al arca del SEÑOR. Sobre el umbral estaban su cabeza y sus dos manos, separadas del tronco. ⁵Por eso, hasta el día de hoy, ninguno de los que entran en el templo de Dagón en Asdod pisan el umbral, ¡ni siquiera los sacerdotes!

⁶El SEÑOR descargó su mano sobre la población de Asdod y sus alrededores, y los azotó con tumores. ⁷La gente de Asdod reconoció lo que estaba pasando, y declaró: «El arca del Dios de Israel no puede quedarse en medio nuestro, porque ese dios ha descargado su mano sobre nosotros y contra nuestro dios Dagón.»

⁸Así que convocaron a todos los jefes filisteos y les preguntaron:

—¿Qué vamos a hacer con el arca del Dios de Israel?

—Trasládenla a la ciudad de Gat —respondieron los jefes.

Y así lo hicieron. ⁹Pero después de que la trasladaron, el SEÑOR castigó a esa ciudad, afligiendo con una erupción de tumores a sus habitantes, desde el más pequeño hasta el mayor. Eso provocó un pánico horrible. ¹⁰Entonces enviaron el arca de Dios a Ecrón pero, tan pronto como entró el arca en la ciudad, sus habitantes se pusieron a gritar: «¡Nos han traído el arca del Dios de Israel para matarnos a todos!» ¹¹Por eso convocaron a todos los jefes filisteos y protestaron: «¡Llévense el arca del Dios de Israel! ¡Devuélvanla a su lugar de origen, para que no nos mate a nosotros y a todos los nuestros!» Y es que el terror de la muerte se había apoderado de la ciudad, porque Dios había descargado su mano sobre ese lugar. ¹²Los que no murieron fueron azotados por tumores, de modo que los gritos de la ciudad llegaban hasta el cielo.

Los filisteos devuelven el arca a Israel

6 El arca del SEÑOR estuvo en territorio filisteo siete meses, ²y los filisteos convocaron a los sacerdotes y adivinos para preguntarles:

—¿Qué vamos a hacer con el arca del SEÑOR? Díganos de qué modo hay que devolverla a su lugar.

³—Si piensan devolverla —contestaron—, no la manden sin nada; tienen que presentarle a Dios una ofrenda compensatoria. Entonces recobrarán la salud y sabrán por qué Dios no ha dejado de castigarlos.

⁴—¿Y qué le debemos ofrecer? —preguntaron los filisteos.

—Cinco figuras de oro en forma de tumor —respondieron aquéllos— y otras cinco en forma de rata, conforme al número de jefes filisteos, pues la misma plaga los ha azotado a ustedes y a sus jefes. ⁵Así que hagan imágenes de los tumores y de las ratas que han devastado el país, y den honra al Dios de Israel. Tal vez suavice su castigo contra ustedes, sus dioses y su tierra. ⁶¿Por qué se van a obstinar, como lo hicieron los egipcios bajo el faraón? ¿No es cierto que Dios tuvo que hacerles daño para que dejaran ir a los israelitas?

⁷»Ahora manden a construir una carreta nueva. Escojan también dos vacas con cría y que nunca hayan llevado yugo. Aten las vacas a la carreta, pero encierren los becerros en el establo. ⁸Tomen luego el arca del SEÑOR y pónganla en la carreta. Coloquen una caja junto al arca, con los objetos de oro que van a entregarle a Dios como ofrenda compensatoria. Luego dejen que la carreta se vaya sola, ⁹y obsérvenla. Si se va en dirección de Bet Semes, su propio territorio, eso quiere decir que el SEÑOR es quien nos ha causado esta calamidad tan terrible. Pero si la carreta se desvía para otro lugar, sabremos que no fue él quien nos hizo daño, sino que todo ha sido por casualidad.

¹⁰Así lo hicieron. Tomaron dos vacas con cría y las ataron a la carreta, pero encerraron los becerros en el establo. ¹¹Además, en la carreta pusieron el arca del SEÑOR y la caja que contenía las figuras de ratas y de tumores de oro. ¹²¡Y las vacas se fueron mugiendo por todo el camino, directamente a Bet Semes! Siguieron esa ruta sin desviarse para ningún lado. Los jefes de los filisteos se fueron detrás de la carreta, hasta llegar al territorio de Bet Semes.

¹³Los habitantes de Bet Semes, que estaban en el valle cosechando el trigo, alzaron la vista y, al ver el arca, se llenaron de alegría. ¹⁴La carreta llegó hasta el campo de Josué de Bet Semes, donde había una gran piedra, y allí se detuvo. Entonces la gente del pueblo usó la madera de la carreta como leña, y ofreció las vacas en *holocausto al SEÑOR. ¹⁵Los levitas que habían descargado la carreta pusieron el arca del SEÑOR sobre la gran piedra, junto con la caja que contenía las figuras de oro. Aquel día los habitantes de Bet Semes ofrecieron holocaustos y sacrificios al SEÑOR. ¹⁶Los cinco jefes filisteos vieron todo esto, y regresaron a Ecrón ese mismo día.

¹⁷Las figuras de oro en forma de tumor, que los filisteos entregaron al SEÑOR como ofrenda compensatoria, correspondían a cada una de estas ciudades: Asdod, Gaza, Ascalón, Gat y Ecrón. ¹⁸Así mismo, el número de las ratas de oro correspondía al de las ciudades filisteas que pertenecían a los cinco jefes, tanto las ciudades fortificadas como las aldeas sin murallas. Y la gran piedra donde depositaron el arca del SEÑOR permanece hasta el día de hoy, como testimonio, en el campo de Josué de Bet Semes.

¹⁹Algunos hombres de ese lugar se atrevieron a mirar dentro del arca del SEÑOR, y Dios los mató. Fueron setenta*ʲ* los que perecieron. El pueblo hizo duelo por el terrible castigo que el SEÑOR había enviado, ²⁰y los habitantes de Bet Semes dijeron: «El SEÑOR es un Dios *santo. ¿Quién podrá presentarse ante él? ¿Y a dónde podremos enviar el arca para que no se quede entre nosotros?» ²¹Así que mandaron este mensaje a los habitantes de Quiriat Yearín: «Los filisteos han devuelto el arca del SEÑOR; vengan y llévensela.»

7 Los de Quiriat Yearín fueron a Bet Semes y se llevaron el arca del SEÑOR a la casa de Abinadab, que estaba en una loma. Luego consagraron a su hijo Eleazar para que estuviera a cargo de ella.

Samuel derrota a los filisteos en Mizpa

²El arca permaneció en Quiriat Yearín durante mucho tiempo. Pasaron veinte años, y todo el pueblo de Israel buscaba con ansiedad al SEÑOR. ³Por eso Samuel le dijo al pueblo: «Si ustedes desean volverse al SEÑOR de todo *corazón, desháganse de los dioses extranjeros y de las imágenes de *Astarté. Dedíquense totalmente a servir sólo al SEÑOR, y él los librará del poder de los filisteos.» ⁴Así que los israelitas echaron fuera a los ídolos de *Baal y a las imágenes de Astarté, y sirvieron sólo al SEÑOR.

⁵Luego Samuel ordenó: «Reúnan a todo Israel en Mizpa para que yo ruegue al SEÑOR por ustedes.» ⁶Cuando los israelitas se reunieron en Mizpa, sacaron agua y la derramaron ante el SEÑOR. También ayunaron durante el día, y públicamente confesaron: «Hemos pecado contra el SEÑOR.» Fue en Mizpa donde Samuel comenzó a gobernar a los israelitas.

⁷Cuando los filisteos se enteraron de que los israelitas se habían reunido en Mizpa, los jefes filisteos marcharon contra Israel. Al darse cuenta de esto, los israelitas tuvieron miedo de los filisteos ⁸y le dijeron a Samuel: «No dejes de clamar al SEÑOR por nosotros, para que nos salve del poder de los filisteos.» ⁹Samuel tomó entonces un cordero pequeño y lo ofreció en *holocausto al SEÑOR. Luego clamó al SEÑOR en favor de Israel, y el SEÑOR le respondió.

¹⁰Mientras Samuel ofrecía el sacrificio, los filisteos avanzaron para atacar a Israel. Pero aquel día el SEÑOR lanzó grandes truenos contra los filisteos. Esto creó confusión entre ellos, y cayeron derrotados ante los israelitas. ¹¹Entonces los israelitas persiguieron a los filisteos desde Mizpa hasta más allá de Bet Car, matándolos por el camino. ¹²Después Samuel tomó una piedra, la colocó entre Mizpa y Sen, y la llamó Ebenezer,*ᵏ* «El Señor no ha dejado de ayudarnos.»

---

*ʲ***6:19** *setenta* (mss. hebreos); *cincuenta mil setenta* (TM). *ᵏ***7:12** En hebreo, *Ebenezer* significa *piedra de ayuda.*

13Durante toda la vida de Samuel, el SEÑOR manifestó su poder sobre los filisteos. Éstos fueron subyugados por los israelitas y no volvieron a invadir su territorio. 14Fue así como los israelitas recuperaron las ciudades que los filisteos habían capturado anteriormente, desde Ecrón hasta Gat, y libraron todo ese territorio del dominio de los filisteos. También hubo paz entre Israel y los amorreos.

15Samuel siguió gobernando a Israel toda su vida. 16Todos los años recorría las ciudades de Betel, Guilgal y Mizpa, y atendía los asuntos del país en esas regiones. 17Luego regresaba a Ramá, donde residía, y desde allí gobernaba a Israel. También allí erigió un altar al SEÑOR.

Los israelitas piden un rey

8 Cuando Samuel entró en años, puso a sus hijos como gobernadores de Israel, 2con sede en Berseba. El hijo mayor se llamaba Joel, y el segundo, Abías. 3Pero ninguno de los dos siguió el ejemplo de su padre, sino que ambos se dejaron guiar por la avaricia, aceptando sobornos y pervirtiendo la justicia.

4Por eso se reunieron los *ancianos de Israel y fueron a Ramá para hablar con Samuel. 5Le dijeron: «Tú has envejecido ya, y tus hijos no siguen tu ejemplo. Mejor danos un rey que nos gobierne, como lo tienen todas las naciones.»

6Cuando le dijeron que querían tener un rey, Samuel se disgustó. Entonces se puso a orar al SEÑOR, 7pero el SEÑOR le dijo: «Considera seriamente todo lo que el pueblo te diga. En realidad, no te han rechazado a ti, sino a mí, pues no quieren que yo reine sobre ellos. 8Te están tratando del mismo modo que me han tratado a mí desde el día en que los saqué de Egipto hasta hoy. Me han abandonado para servir a otros dioses. 9Así que hazles caso, pero adviérteles claramente del poder que el rey va a ejercer sobre ellos.»

10Samuel comunicó entonces el mensaje del SEÑOR a la gente que le estaba pidiendo un rey. 11Les explicó:

—Esto es lo que hará el rey que va a ejercer el poder sobre ustedes: Les quitará a sus hijos para que se hagan cargo de los carros militares y de la caballería, y para que le abran paso al carro real. 12Los hará comandantes y capitanes,*l* y los pondrá a labrar y a cosechar, y a fabricar armamentos y pertrechos. 13También les quitará a sus hijas para emplearlas como perfumistas, cocineras y panaderas. 14Se apoderará de sus mejores campos, viñedos y olivares, y se los dará a sus ministros, 15y a ustedes les exigirá una décima parte de sus cosechas y vendimias para entregársela a sus funcionarios y ministros. 16Además, les quitará sus criados y criadas, y sus mejores bueyes*m* y asnos, de manera que trabajen para él. 17Les exigirá una décima parte de sus rebaños, y ustedes mismos le servirán como esclavos. 18Cuando llegue aquel día, clamarán por causa del rey que hayan escogido, pero el SEÑOR no les responderá.

19El pueblo, sin embargo, no le hizo caso a Samuel, sino que protestó:

—¡De ninguna manera! Queremos un rey que nos gobierne. 20Así seremos como las otras naciones, con un rey que nos gobierne y que marche al frente de nosotros cuando vayamos a la guerra.

21Después de oír lo que el pueblo quería, Samuel se lo comunicó al SEÑOR. 22—Hazles caso —respondió el SEÑOR—; dales un rey.

Entonces Samuel les dijo a los israelitas:

—¡Regresen a sus pueblos!

Samuel unge a Saúl

9 Había un hombre de la tribu de Benjamín, muy respetado, cuyo nombre era Quis hijo de Abiel, hijo de Zeror, hijo de Becorat, hijo de Afía, también benjaminita. 2Quis tenía un hijo llamado Saúl, que era buen mozo y apuesto como ningún otro israelita, tan alto que los demás apenas le llegaban al hombro.

3En cierta ocasión se extraviaron las burras de su padre Quis, y éste le dijo a Saúl: «Toma a uno de los criados y ve a

---

l **8:12** comandantes y capitanes. Lit. jefes de mil y jefes de cincuenta.   *m* **8:16** bueyes (LXX); jóvenes (TM).

buscar las burras.» 4Saúl y el criado se fueron y cruzaron la sierra de Efraín, hasta pasar por la región de Salisá, pero no las encontraron. Pasaron también por la región de Salín, y después por el territorio de Benjamín, pero tampoco allí las encontraron. 5Cuando llegaron al territorio de Zuf, Saúl le dijo al criado que lo acompañaba:

—Vámonos. Debemos regresar, no sea que mi padre comience a preocuparse más por nosotros que por las burras.

6El criado le contestó:

—En este pueblo vive un hombre de Dios que es muy famoso. Todo lo que dice se cumple sin falta. ¿Por qué no vamos allá? A lo mejor nos indica el camino que debemos seguir.

7—Pero si vamos, ¿qué le podemos llevar? —preguntó Saúl—. En las alforjas no nos queda nada de comer, ni tenemos ningún regalo que ofrecerle.

8—Aquí tengo casi tres gramos[n] de plata —respondió el criado—. Se los puedo dar al hombre de Dios para que nos indique el camino.

9(Antiguamente, cuando alguien en Israel iba a consultar a Dios, solía decir: «Vamos a ver al vidente», porque así se le llamaba entonces al que ahora se le llama profeta.)

10—Muy bien —dijo Saúl—, vamos.

Dicho esto, se dirigieron al pueblo donde vivía el hombre de Dios. 11Subían por la cuesta de la ciudad cuando se encontraron con unas jóvenes que iban a sacar agua. Les preguntaron:

—¿Se encuentra por aquí el vidente?

12—Sí, está más adelante —contestaron ellas—. Dense prisa, que acaba de llegar a la ciudad, y el pueblo va a ofrecer un sacrificio en el santuario del cerro. 13Cuando entren en la ciudad lo encontrarán, si llegan antes de que suba al santuario para comer. La gente no empezará a comer hasta que él llegue, pues primero tiene que bendecir el sacrificio, y luego los invitados comerán. Así que vayan de inmediato, que hoy mismo lo van a encontrar.

14Saúl y su criado se dirigieron entonces a la ciudad. Iban entrando cuando Samuel se encontró con ellos, camino al santuario del cerro.

15Un día antes de que Saúl llegara, el SEÑOR le había hecho esta revelación a Samuel: 16«Mañana, a esta hora, te voy a enviar un hombre de la tierra de Benjamín. Lo ungirás como gobernante de mi pueblo Israel, para que lo libre del poder de los filisteos. Me he compadecido de mi pueblo, pues sus gritos de angustia han llegado hasta mí.» 17Cuando Samuel vio a Saúl, el SEÑOR le dijo: «Ahí tienes al hombre de quien te hablé; él gobernará a mi pueblo.»

18Al llegar a la *puerta de la ciudad, Saúl se acercó a Samuel y le preguntó:

—¿Podría usted indicarme dónde está la casa del vidente?

19—Yo soy el vidente —respondió Samuel—. Acompáñame al santuario del cerro, que hoy comerán ustedes conmigo. Ya mañana, cuando te deje partir, responderé a todas tus inquietudes. 20En cuanto a las burras que se te perdieron hace tres días, ni te preocupes, que ya las encontraron.

Y agregó:

—Lo que Israel más desea, ¿no tiene que ver contigo y con toda la familia de tu padre?

21—¿Por qué me dices eso? —respondió Saúl—. ¿No soy yo de la tribu de Benjamín, que es la más pequeña de Israel? ¿Y no es mi familia la más insignificante de la tribu de Benjamín?

22No obstante, Samuel tomó a Saúl y a su criado, los llevó al salón y les dio un lugar especial entre los invitados, que eran unos treinta. 23Luego Samuel le dijo al cocinero:

—Trae la ración de carne que te pedí que apartaras, y que yo mismo te entregué.

24El cocinero sacó un pernil entero, y se lo sirvió a Saúl. Entonces Samuel dijo:

—Ahí tienes lo que estaba reservado para ti. Come, pues antes de invitar a los otros, tu ración ya había sido apartada para esta ocasión.

Así fue como Saúl comió aquel día con Samuel. 25Luego bajaron del santuario a

---

[n] **9:8** *casi tres gramos.* Lit. *un cuarto de* *siclo.

la ciudad, y Samuel conversó con Saúl en la azotea de su casa. **26**Al amanecer, a la hora de levantarse, Samuel habló con Saúl en ese mismo lugar:

—¡Levántate! —le dijo—; ya debes partir.

Saúl se levantó, y salieron de la casa juntos. **27**Mientras se dirigían a las afueras de la ciudad, Samuel le dijo a Saúl:

—Dile al criado que se adelante, pero tú quédate un momento, que te voy a dar un mensaje de parte de Dios.

El criado se adelantó.

10 Entonces Samuel tomó un frasco de aceite y lo derramó sobre la cabeza de Saúl. Luego lo besó y le dijo:

—¡Es el SEÑOR quien te ha ungido para que gobiernes a su pueblo! [ñ] **2**Hoy mismo, cuando te alejes de mí y llegues a Selsa, en el territorio de Benjamín, cerca de la tumba de Raquel verás a dos hombres. Ellos te dirán: "Ya encontramos las burras que andabas buscando. Pero tu padre ya no piensa en las burras, sino que ahora está preocupado por ustedes y se pregunta: '¿Qué puedo hacer para encontrar a mi hijo?' "

3»Más adelante, cuando llegues a la encina de Tabor, te encontrarás con tres hombres que se dirigen a Betel para adorar a Dios. Uno de ellos lleva tres cabritos; otro, tres panes; y el otro, un odre de vino. **4**Después de saludarte, te entregarán dos panes. Acéptalos.

5»De ahí llegarás a Guibeá de Dios, donde hay una guarnición filistea. Al entrar en la ciudad te encontrarás con un grupo de profetas que bajan del santuario en el cerro. Vendrán profetizando, precedidos por músicos que tocan liras, panderetas, flautas y arpas. **6**Entonces el Espíritu del SEÑOR vendrá sobre ti con poder, y tú profetizarás con ellos y serás una nueva persona. **7**Cuando se cumplan estas señales que has recibido, podrás hacer todo lo que esté a tu alcance, pues Dios estará contigo.

8»Baja luego a Guilgal antes que yo. Allí me reuniré contigo para ofrecer *holocaustos y sacrificios de *comunión, y cuando llegue, te diré lo que tienes que hacer. Pero tú debes esperarme siete días.

Saúl es proclamado rey

9Cuando Saúl se dio vuelta para alejarse de Samuel, Dios le cambió el *corazón, y ese mismo día se cumplieron todas esas señales. **10**En efecto, al llegar Saúl y su criado a Guibeá, un grupo de profetas les salió al encuentro. Entonces el Espíritu de Dios vino con poder sobre Saúl, quien cayó en trance profético junto con ellos. **11**Los que desde antes lo conocían, al verlo profetizar junto con los profetas se preguntaban unos a otros:

—¿Qué le pasa a Saúl hijo de Quis? ¿Acaso él también es uno de los profetas?

12Alguien que vivía allí replicó:

—¿Y quién es el responsable[o] de ellos?

De ahí viene el dicho: «¿Acaso también Saúl es uno de los profetas?»

13Cuando Saúl acabó de profetizar, subió al santuario del cerro. **14**Su tío les preguntó a él y a su criado:

—¿Y ustedes dónde estaban?

—Andábamos buscando las burras —respondió Saúl—; pero como no dábamos con ellas, fuimos a ver a Samuel.

15—Cuéntame lo que les dijo Samuel —pidió el tío de Saúl.

16—Nos aseguró que ya habían encontrado las burras.

Sin embargo, Saúl no le contó a su tío lo que Samuel le había dicho acerca del reino.

17Después de esto, Samuel convocó al pueblo de Israel para que se presentara ante el SEÑOR en Mizpa. **18**Allí les dijo a los israelitas:

«Así dice el SEÑOR, Dios de Israel: "Yo saqué a Israel de Egipto. Yo los libré a ustedes del poder de los egipcios y de todos los reinos que los oprimían." **19**Ahora, sin embargo, ustedes han rechazado a su Dios, quien los libra de todas las calamidades y aflicciones. Han dicho: "¡No! ¡Danos un rey que nos gobierne!" Por tanto, preséntense ahora ante el SEÑOR por tribus y por familias.»

[ñ] **10:1** *su pueblo*. Lit. *su heredad*.   [o] **10:12** *responsable*. Lit. *padre*.

²⁰Dicho esto, Samuel hizo que se acercaran todas las tribus de Israel y, al echar la suerte, fue escogida la tribu de Benjamín. ²¹Luego mandó que se acercara la tribu de Benjamín, familia por familia, y la suerte cayó sobre la familia de Matri, y finalmente sobre Saúl hijo de Quis. Entonces fueron a buscar a Saúl, pero no lo encontraron, ²²de modo que volvieron a consultar al SEÑOR:

—¿Ha venido aquí ese hombre?

—Sí —respondió el SEÑOR—, pero se ha escondido entre el equipaje.

²³Fueron corriendo y lo sacaron de allí. Y cuando Saúl se puso en medio de la gente, vieron que era tan alto que nadie le llegaba al hombro. ²⁴Dijo entonces Samuel a todo el pueblo:

—¡Miren al hombre que el SEÑOR ha escogido! ¡No hay nadie como él en todo el pueblo!

—¡Viva el rey! —exclamaron todos.

²⁵A continuación, Samuel le explicó al pueblo las leyes del reino y las escribió en un libro que depositó ante el SEÑOR. Luego mandó que todos regresaran a sus casas.

²⁶También Saúl se fue a su casa en Guibeá, acompañado por un grupo de hombres leales, a quienes el SEÑOR les había movido el corazón. ²⁷Pero algunos insolentes protestaron: «¿Y éste es el que nos va a salvar?» Y fue tanto su desprecio por Saúl, que ni le ofrecieron regalos. Saúl, por su parte, no les hizo caso.

Saúl libera la ciudad de Jabés

11 Najás el amonita subió contra Jabés de Galaad y la sitió. Los habitantes de la ciudad le dijeron:

—Haz un pacto con nosotros, y seremos tus siervos.

²—Haré un pacto con ustedes —contestó Najás el amonita—, pero con una condición: que les saque a cada uno de ustedes el ojo derecho. Así dejaré en desgracia a todo Israel.

³—Danos siete días para que podamos enviar mensajeros por todo el territorio de Israel —respondieron los *ancianos de Jabés—. Si no hay quien nos libre de ustedes, nos rendiremos.

⁴Cuando los mensajeros llegaron a Guibeá, que era la ciudad de Saúl, y le comunicaron el mensaje al pueblo, todos se echaron a llorar. ⁵En esos momentos Saúl regresaba del campo arreando sus bueyes, y preguntó: «¿Qué le pasa a la gente? ¿Por qué están llorando?» Entonces le contaron lo que habían dicho los habitantes de Jabés.

⁶Cuando Saúl escuchó la noticia, el Espíritu de Dios vino sobre él con poder. Enfurecido, ⁷agarró dos bueyes y los descuartizó, y con los mensajeros envió los pedazos por todo el territorio de Israel, con esta advertencia: «Así se hará con los bueyes de todo el que no salga para unirse a Saúl y Samuel.»

El temor del SEÑOR se apoderó del pueblo, y todos ellos, como un solo *hombre, salieron a la guerra. ⁸Saúl los reunió en Bézec para pasar revista, y había trescientos mil soldados de Israel y treinta mil de Judá. ⁹Luego les dijoᵖ a los mensajeros que habían venido: «Vayan y díganles a los habitantes de Jabés de Galaad: "Mañana, cuando más calor haga, serán librados."»

Los mensajeros fueron y les comunicaron el mensaje a los de Jabés. Éstos se llenaron de alegría ¹⁰y les dijeron a los amonitas: «Mañana nos rendiremos, y podrán hacer con nosotros lo que bien les parezca.»

¹¹Al día siguiente, antes del amanecer,�q Saúl organizó a los soldados en tres columnas. Invadieron el campamento de los amonitas, e hicieron una masacre entre ellos hasta la hora más calurosa del día. Los que sobrevivieron fueron dispersados, así que no quedaron dos hombres juntos.

Saúl es confirmado como rey

¹²El pueblo le dijo entonces a Samuel:

—¿Quiénes son los que no querían que Saúl reinara sobre nosotros? Entréguenlos, que vamos a matarlos.

¹³—¡Nadie va a morir hoy! —intervino Saúl—. En este día el SEÑOR ha librado a Israel.

ᵖ**11:9** *les dijo.* Lit. *dijeron.* �q**11:11** *antes del amanecer.* Lit. *en la vigilia de la mañana.*

14—¡Vengan! —le dijo Samuel al pueblo—. Vamos a Guilgal para confirmar a Saúl como rey.

15Todos se fueron a Guilgal, y allí, ante el SEÑOR, confirmaron a Saúl como rey. También allí, ante el SEÑOR, ofrecieron sacrificios de *comunión, y Saúl y todos los israelitas celebraron la ocasión con gran alegría.

Discurso de despedida de Samuel

12 Samuel le habló a todo Israel:
—¡Préstenme atención! Yo les he hecho caso en todo lo que me han pedido, y les he dado un rey que los gobierne. 2Ya tienen al rey que va a dirigirlos. En cuanto a mí, ya estoy viejo y lleno de canas, y mis hijos son parte del pueblo. Yo los he guiado a ustedes desde mi juventud hasta la fecha. 3Aquí me tienen. Pueden acusarme en la presencia del SEÑOR y de su *ungido. ¿A quién le he robado un buey o un asno? ¿A quién he defraudado? ¿A quién he oprimido? ¿Por quién me he dejado sobornar? Acúsenme, y pagaré lo que corresponda.

4—No nos has defraudado —respondieron—; tampoco nos has oprimido ni le has robado nada a nadie.

5Samuel insistió:
—¡Que el SEÑOR y su ungido sean hoy testigos de que ustedes no me han hallado culpable de nada!
—¡Que lo sean! —fue la respuesta del pueblo.

6Además Samuel les dijo:
—Testigo es el SEÑOR, que escogió a Moisés y a Aarón para sacar de Egipto a los antepasados de ustedes. 7Y ahora, préstenme atención. El SEÑOR los ha colmado de beneficios a ustedes y a sus antepasados, pero yo tengo una querella contra ustedes.

8»Después de que Jacob entró en Egipto, sus descendientes clamaron al SEÑOR. Entonces el SEÑOR envió a Moisés y a Aarón para sacarlos de Egipto y establecerlos en este lugar. 9Pero como se olvidaron de su SEÑOR y Dios, él los entregó

al poder de Sísara, comandante del ejército de Jazor, y al poder de los filisteos y del rey de Moab, y ellos les hicieron la guerra. 10Por eso ustedes clamaron al SEÑOR: "Hemos pecado al abandonar al SEÑOR y adorar a los ídolos de *Baal y a las imágenes de *Astarté. Pero ahora, si nos libras del poder de nuestros enemigos, sólo a ti te serviremos." 11Entonces el SEÑOR envió a Yerubaal, Barac,r Jefté y Samuel, y los libró a ustedes del poder de los enemigos que los rodeaban, para que vivieran seguros.

12»No obstante, cuando ustedes vieron que Najás, rey de los amonitas, los amenazaba, me dijeron: "¡No! ¡Queremos que nos gobierne un rey!" Y esto, a pesar de que el SEÑOR su Dios es el rey de ustedes. 13Pues bien, aquí tienen al rey que pidieron y que han escogido. Pero tengan en cuenta que es el SEÑOR quien les ha dado ese rey. 14Si ustedes y el rey que los gobierne temen al SEÑOR su Dios, y le sirven y le obedecen, acatando sus mandatos y manteniéndose fieles a él, ¡magnífico! 15En cambio, si lo desobedecen y no acatan sus mandatos, él descargará su mano sobre ustedes como la descargó contra sus antepasados.

16»Y ahora, préstenme atención y observen con sus propios ojos algo grandioso que el SEÑOR va a hacer. 17Ahora no es tiempo de lluvias sino de cosecha.s Sin embargo, voy a invocar al SEÑOR, y él enviará truenos y lluvia; así se darán cuenta de la gran maldad que han cometido ante el SEÑOR al pedir un rey.

18Samuel invocó al SEÑOR, y ese mismo día el SEÑOR mandó truenos y lluvia. Todo el pueblo sintió un gran temor ante el SEÑOR y ante Samuel, 19y le dijeron a Samuel:
—Ora al SEÑOR tu Dios por nosotros, tus siervos, para que no nos quite la vida. A todos nuestros pecados hemos añadido la maldad de pedirle un rey.

20—No teman —replicó Samuel—. Aunque ustedes han cometido una gran maldad, no se aparten del SEÑOR; más

---

r12:11 *Barac* (mss. de LXX y Siríaca); *Bedán* (TM).
la cosecha de trigo?

s12:17 *Ahora no es ... de cosecha.* Lit. *¿Acaso no es*

bien, sírvanle de todo *corazón. 21No se alejen de él por seguir a ídolos inútiles, que no los pueden ayudar ni rescatar, pues no sirven para nada. 22Por amor a su gran *nombre, el SEÑOR no rechazará a su pueblo; de hecho él se ha dignado hacerlos a ustedes su propio pueblo. 23En cuanto a mí, que el SEÑOR me libre de pecar contra él dejando de orar por ustedes. Yo seguiré enseñándoles el *camino bueno y recto. 24Pero los exhorto a temer al SEÑOR y a servirle fielmente y de todo corazón, recordando los grandes beneficios que él ha hecho en favor de ustedes. 25Si persisten en la maldad, tanto ustedes como su rey serán destruidos.

Samuel reprende a Saúl

13 Saúl tenía treinta años*t* cuando comenzó a reinar sobre Israel, y su reinado duró cuarenta y dos años.*u*

2De entre los israelitas, Saúl escogió tres mil soldados; dos mil estaban con él en Micmás y en los montes de Betel, y mil estaban con Jonatán en Guibeá de Benjamín. Al resto del ejército Saúl lo mandó a sus hogares.

3Jonatán atacó la guarnición filistea apostada en Gueba, y esto llegó a oídos de los filisteos. Entonces Saúl mandó que se tocara la trompeta por todo el país, pues dijo: «¡Que se enteren todos los hebreos!»

4Todo Israel se enteró de esta noticia: «Saúl ha atacado la guarnición filistea, así que los israelitas se han hecho odiosos a los filisteos.» Por tanto el pueblo se puso a las órdenes de Saúl en Guilgal.

5Los filisteos también se juntaron para hacerle la guerra a Israel. Contaban con tres mil*v* carros, seis mil jinetes, y un ejército tan numeroso como la arena a la orilla del mar. Avanzaron hacia Micmás, al este de Bet Avén, y allí acamparon. 6Los israelitas se dieron cuenta de que estaban en aprietos, pues todo el ejército se veía amenazado. Por eso tuvieron que esconderse en las cuevas, en los matorrales, entre las rocas, en las zanjas y en los pozos. 7Algunos hebreos incluso cruzaron el Jordán para huir al territorio de Gad, en Galaad.

Saúl se había quedado en Guilgal, y todo el ejército que lo acompañaba temblaba de miedo. 8Allí estuvo esperando siete días, según el plazo indicado por Samuel, pero éste no llegaba. Como los soldados comenzaban a desbandarse, 9Saúl ordenó: «Tráiganme el *holocausto y los sacrificios de *comunión»; y él mismo ofreció el holocausto. 10En el momento en que Saúl terminaba de celebrar el sacrificio, llegó Samuel. Saúl salió a recibirlo, y lo saludó. 11Pero Samuel le reclamó:

—¿Qué has hecho?

Y Saúl le respondió:

—Pues como vi que la gente se desbandaba, que tú no llegabas en el plazo indicado, y que los filisteos se habían juntado en Micmás, 12pensé: "Los filisteos ya están por atacarme en Guilgal, y ni siquiera he implorado la ayuda del SEÑOR." Por eso me atreví a ofrecer el holocausto.

13—¡Eres un necio! —le replicó Samuel—. No has cumplido el mandato que te dio el SEÑOR tu Dios. El SEÑOR habría establecido tu reino sobre Israel para siempre, 14pero ahora te digo que tu reino no permanecerá. El SEÑOR ya está buscando un hombre más de su agrado, pues tú no has cumplido su mandato.

15Dicho esto, Samuel se fue de Guilgal hacia Guibeá de Benjamín.

Jonatán ataca a los filisteos

Saúl pasó revista de los soldados que estaban con él, y eran unos seiscientos hombres. 16Él y su hijo Jonatán, junto con sus soldados, se quedaron en Gueba de Benjamín, mientras que los filisteos seguían acampados en Micmás. 17Del campamento filisteo salió una tropa de asalto dividida en tres grupos: uno de ellos avanzó por el camino de Ofra, hacia el territorio de Súal; 18otro, por Bet Jorón; y el tercero, por la frontera del valle de Zeboyín, en dirección al desierto.

---

*t*13:1 *treinta años* (LXX). TM no incluye el número de años. *u*13:1 *cuarenta y dos años* (texto probable; véase Hch 13:21); *dos años* (TM). *v*13:5 *tres mil* (LXX y Siríaca); *treinta mil* (TM).

19En todo el territorio de Israel no había un solo herrero, pues los filisteos no permitían que los hebreos se forjaran espadas y lanzas. **20**Por tanto, todo Israel dependía de los filisteos para que les afilaran los arados, los azadones, las hachas y las hoces.*ʷ* **21**Por un arado o un azadón cobraban ocho gramos de plata, y cuatro gramos*ˣ* por una horqueta o un hacha, o por arreglar las aguijadas. **22**Así que ninguno de los soldados israelitas tenía espada o lanza, excepto Saúl y Jonatán.

23Un destacamento de filisteos avanzó hasta el paso de Micmás.

14 Cierto día, Jonatán hijo de Saúl, sin decirle nada a su padre, le ordenó a su escudero: «Ven acá. Vamos a cruzar al otro lado, donde está el destacamento de los filisteos.» **2**Y es que Saúl estaba en las afueras de Guibeá, bajo un granado en Migrón, y tenía con él unos seiscientos hombres. **3**El *efod lo llevaba Abías hijo de Ajitob, que era hermano de Icabod, el hijo de Finés y nieto de Elí, sacerdote del SEÑOR en Siló.

Nadie sabía que Jonatán había salido, **4**y para llegar a la guarnición filistea Jonatán tenía que cruzar un paso entre dos peñascos, llamados Bosés y Sene. **5**El primero estaba al norte, frente a Micmás; el otro, al sur, frente a Gueba. **6**Así que Jonatán le dijo a su escudero:

—Vamos a cruzar hacia la guarnición de esos paganos.*ʸ* Espero que el SEÑOR nos ayude, pues para él no es difícil salvarnos, ya sea con muchos o con pocos.

7—¡Adelante! —respondió el escudero—. Haga usted todo lo que tenga pensado hacer, que cuenta con todo mi apoyo.

8—Bien —dijo Jonatán—; vamos a cruzar hasta donde están ellos, para que nos vean. **9**Si nos dicen: "¡Esperen a que los alcancemos!", ahí nos quedaremos, en vez de avanzar. **10**Pero si nos dicen: "¡Vengan acá!", avanzaremos, pues será señal de que el SEÑOR nos va a dar la *victoria.

11Así pues, los dos se dejaron ver por la guarnición filistea.

—¡Miren —exclamaron los filisteos—, los hebreos empiezan a salir de las cuevas donde estaban escondidos!

12Entonces los soldados de la guarnición les gritaron a Jonatán y a su escudero:

—¡Vengan acá! Tenemos algo que decirles.

—Ven conmigo —le dijo Jonatán a su escudero—, porque el SEÑOR le ha dado la victoria a Israel.

13Jonatán trepó con pies y manos, seguido por su escudero. A los filisteos que eran derribados por Jonatán, el escudero los remataba. **14**En ese primer encuentro, que tuvo lugar en un espacio reducido, Jonatán y su escudero mataron a unos veinte hombres.

Israel derrota a los filisteos

15Cundió entonces el pánico en el campamento filisteo y entre el ejército que estaba en el campo abierto. Todos ellos se acobardaron, incluso los soldados de la guarnición y las tropas de asalto. Hasta la tierra tembló, y hubo un pánico extraordinario.*ᶻ* **16**Desde Guibeá de Benjamín, los centinelas de Saúl podían ver que el campamento huía en desbandada. **17**Saúl dijo entonces a sus soldados: «Pasen revista, a ver quién de los nuestros falta.» Así lo hicieron, y resultó que faltaban Jonatán y su escudero.

18Entonces Saúl le pidió a Ahías que trajera el arca de Dios. (En aquel tiempo el arca estaba con los israelitas.) **19**Pero mientras hablaban, el desconcierto en el campo filisteo se hizo peor, así que Saúl le dijo al sacerdote: «¡No lo hagas!»

20En seguida Saúl reunió a su ejército, y todos juntos se lanzaron a la batalla. Era tal la confusión entre los filisteos, que se mataban unos a otros. **21**Además, los hebreos que hacía tiempo se habían unido a los filisteos, y que estaban con ellos en el campamento, se pasaron a las filas de los israelitas que estaban con Saúl y Jonatán. **22**Y los israelitas que se habían escondido en los montes de Efraín, al oír que los filisteos huían, se unieron a la batalla para

---

*ʷ***13:20** *las hoces* (LXX); *los arados* (TM).   *ˣ***13:21** *ocho gramos de plata … cuatro gramos.* Lit. *un *pim … un tercio de *siclo.*   *ʸ***14:6** *paganos.* Lit. *incircuncisos.*   *ᶻ***14:15** *pánico extraordinario.* Lit. *pánico de Dios.*

perseguirlos. **23**Así libró el SEÑOR a Israel aquel día, y la batalla se extendió más allá de Bet Avén.

El juramento de Saúl

24Los israelitas desfallecían de hambre, pues Saúl había puesto al ejército bajo este juramento: «¡Maldito el que coma algo antes del anochecer, antes de que pueda vengarme de mis enemigos!» Así que aquel día ninguno de los soldados había probado bocado.

25Al llegar a un bosque, notaron que había miel en el suelo. **26**Cuando el ejército entró en el bosque, vieron que la miel corría como agua, pero por miedo al juramento nadie se atrevió a probarla. **27**Sin embargo, Jonatán, que no había oído a su padre poner al ejército bajo juramento, alargó la vara que llevaba en la mano, hundió la punta en un panal de miel, y se la llevó a la boca. En seguida se le iluminó el rostro. **28**Pero uno de los soldados le advirtió:

—Tu padre puso al ejército bajo un juramento solemne, diciendo: "¡Maldito el que coma algo hoy!" Y por eso los soldados desfallecen.

29—Mi padre le ha causado un gran daño al país —respondió Jonatán—. Miren cómo me volvió el color al rostro cuando probé un poco de esta miel. **30**¡Imagínense si todo el ejército hubiera comido del botín que se le arrebató al enemigo! ¡Cuánto mayor habría sido el estrago causado a los filisteos!

31Aquel día los israelitas mataron filisteos desde Micmás hasta Ayalón. Y como los soldados estaban exhaustos, **32**echaron mano del botín. Agarraron ovejas, vacas y terneros, los degollaron sobre el suelo, y se comieron la carne con todo y sangre. **33**Entonces le contaron a Saúl:

—Los soldados están pecando contra el SEÑOR, pues están comiendo carne junto con la sangre.

—¡Son unos traidores! —replicó Saúl—. Hagan rodar una piedra grande, y tráiganmela ahora mismo. **34**También les dijo:

—Vayan y díganle a la gente que cada uno me traiga su toro o su oveja para degollarlos y comerlos aquí; y que no coman ya carne junto con la sangre, para que no pequen contra el SEÑOR.

Esa misma noche cada uno llevó su toro, y lo degollaron allí. **35**Luego Saúl construyó un altar al SEÑOR. Éste fue el primer altar que levantó. **36**Y dijo:

—Vayamos esta noche tras los filisteos. Antes de que amanezca, quitémosles todo lo que tienen y no dejemos a nadie con vida.

—Haz lo que te parezca mejor —le respondieron.

—Primero debemos consultar a Dios —intervino el sacerdote.

37Saúl entonces le preguntó a Dios: «¿Debo perseguir a los filisteos? ¿Los entregarás en manos de Israel?» Pero Dios no le respondió aquel día. **38**Así que Saúl dijo:

—Todos ustedes, jefes del ejército, acérquense y averigüen cuál es el pecado que se ha cometido hoy. **39**¡El SEÑOR y Salvador de Israel me es testigo de que, aun si el culpable es mi hijo Jonatán, morirá sin remedio!

Nadie se atrevió a decirle nada. **40**Les dijo entonces a todos los israelitas:

—Pónganse ustedes de un lado, y yo y mi hijo Jonatán nos pondremos del otro.

—Haz lo que te parezca mejor —respondieron ellos.

41Luego le rogó Saúl al SEÑOR, Dios de Israel, que le diera una respuesta clara. La suerte cayó sobre Jonatán y Saúl, de modo que los demás quedaron libres. **42**Entonces dijo Saúl:

—Echen suertes entre mi hijo Jonatán y yo.

Y la suerte cayó sobre Jonatán, **43**así que Saúl le dijo:

—Cuéntame lo que has hecho.

—Es verdad que probé un poco de miel con la punta de mi vara —respondió Jonatán—. ¿Y por eso tengo que morir?

44—Jonatán, si tú no mueres, ¡que Dios me castigue sin piedad! —exclamó Saúl.

45Los soldados le replicaron:

—¡Cómo va a morir Jonatán, siendo que le ha dado esta gran victoria a Israel! ¡Jamás! Tan cierto como que el SEÑOR vive, que ni un pelo de su cabeza caerá al suelo, pues con la ayuda de Dios hizo esta proeza.

Así libraron a Jonatán de la muerte. ⁴⁶Saúl, a su vez, dejó de perseguir a los filisteos, los cuales regresaron a su tierra.

⁴⁷Después de consolidar su reinado sobre Israel, Saúl luchó contra todos los enemigos que lo rodeaban, incluso contra los moabitas, los amonitas, los edomitas, los reyes de Sobá y los filisteos; y a todos los vencía ⁴⁸haciendo gala de valor. También derrotó a los amalecitas y libró a Israel de quienes lo saqueaban.

La familia de Saúl

⁴⁹Saúl tuvo tres hijos: Jonatán, Isví y Malquisúa. También tuvo dos hijas: la mayor se llamaba Merab, y la menor, Mical. ⁵⁰Su esposa era Ajinoán hija de Ajimaz. El general de su ejército era Abner hijo de Ner, tío de Saúl. ⁵¹Ner y Quis, el padre de Saúl, eran hermanos, y ambos eran hijos de Abiel.

⁵²Durante todo el reinado de Saúl se luchó sin cuartel contra los filisteos. Por eso, siempre que Saúl veía a alguien fuerte y valiente, lo alistaba en su ejército.

El SEÑOR rechaza a Saúl

15 Un día Samuel le dijo a Saúl: «El SEÑOR me envió a ungirte como rey sobre su pueblo Israel. Así que pon atención al mensaje del SEÑOR. ²Así dice el SEÑOR *Todopoderoso: "He decidido castigar a los amalecitas por lo que le hicieron a Israel, pues no lo dejaron pasar cuando salía de Egipto. ³Así que ve y ataca a los amalecitas ahora mismo. *Destruye por completo todo lo que les pertenezca; no les tengas compasión. Mátalos a todos, hombres y mujeres, niños y recién nacidos, toros y ovejas, camellos y asnos."»

⁴Saúl reunió al ejército y le pasó revista en Telayin: eran doscientos mil soldados de infantería más diez mil soldados de Judá. ⁵Luego se dirigió a la ciudad de Amalec y tendió una emboscada en el barranco. ⁶Los quenitas se apartaron de los amalecitas, pues Saúl les dijo: «¡Váyanse de aquí! Salgan y apártense de los amalecitas. Ustedes fueron bondadosos con todos los israelitas cuando ellos salieron de Egipto. Así que no quiero destruirlos a ustedes junto con ellos.»

⁷Saúl atacó a los amalecitas desde Javilá hasta Sur, que está cerca de la frontera de Egipto. ⁸A Agag, rey de Amalec, lo capturó vivo, pero a todos los habitantes los mató a filo de espada. ⁹Además de perdonarle la vida al rey Agag, Saúl y su ejército preservaron las mejores ovejas y vacas, los terneros más gordos y, en fin, todo lo que era de valor. Nada de esto quisieron destruir; sólo destruyeron lo que era inútil y lo que no servía.

¹⁰La palabra del SEÑOR vino a Samuel: ¹¹«Me arrepiento de haber hecho rey a Saúl, pues se ha apartado de mí y no ha llevado a cabo mis instrucciones.»

Tanto se alteró Samuel que pasó la noche clamando al SEÑOR. ¹²Por la mañana, muy temprano, se levantó y fue a encontrarse con Saúl, pero le dijeron: «Saúl se fue a Carmel, y allí se erigió un monumento. Luego dio una vuelta y continuó hacia Guilgal.»

¹³Cuando Samuel llegó, Saúl le dijo:

—¡Que el SEÑOR te bendiga! He cumplido las instrucciones del SEÑOR.

¹⁴—Y entonces, ¿qué significan esos balidos de oveja que me parece oír? —le reclamó Samuel—. ¿Y cómo es que oigo mugidos de vaca?

¹⁵—Son las que nuestras tropas trajeron del país de Amalec —respondió Saúl—. Dejaron con vida a las mejores ovejas y vacas para ofrecerlas al SEÑOR tu Dios, pero todo lo demás lo destruimos.

¹⁶¡Basta! —lo interrumpió Samuel—. Voy a comunicarte lo que el SEÑOR me dijo anoche.

—Te escucho —respondió Saúl.

¹⁷Entonces Samuel le dijo:

—¿No es cierto que, aunque te creías poca cosa, has llegado a ser jefe de las tribus de Israel? ¿No fue el SEÑOR quien te ungió como rey de Israel, ¹⁸y te envió a cumplir una misión? Él te dijo: "Ve y destruye a esos pecadores, los amalecitas. Atácalos hasta acabar con ellos." ¹⁹¿Por qué, entonces, no obedeciste al SEÑOR? ¿Por qué echaste mano del botín e hiciste lo que ofende al SEÑOR?

²⁰—¡Yo sí he obedecido al SEÑOR! —insistió Saúl—. He cumplido la misión que él me encomendó. Traje prisionero a

Agag, rey de Amalec, pero destruí a los amalecitas. ²¹Y del botín, los soldados tomaron ovejas y vacas con el propósito de ofrecerlas en Guilgal al SEÑOR tu Dios.

²²Samuel respondió:

«¿Qué le agrada más al SEÑOR:
que se le ofrezcan *holocaustos y
    sacrificios,
o que se obedezca lo que él dice?
El obedecer vale más que el
    sacrificio,
y el prestar atención, más que la
    grasa de carneros.
²³La rebeldía es tan grave como la
    adivinación,
y la arrogancia, como el pecado
    de la idolatría.
Y como tú has rechazado la
    palabra del SEÑOR,
él te ha rechazado como rey.»

²⁴—¡He pecado! —admitió Saúl—. He quebrantado el mandato del SEÑOR y tus instrucciones. Los soldados me intimidaron y les hice caso. ²⁵Pero te ruego que perdones mi pecado, y que regreses conmigo para adorar al SEÑOR.

²⁶—No voy a regresar contigo —le respondió Samuel—. Tú has rechazado la palabra del SEÑOR, y él te ha rechazado como rey de Israel.

²⁷Cuando Samuel se dio vuelta para irse, Saúl le agarró el borde del manto, y se lo arrancó. ²⁸Entonces Samuel le dijo:

—Hoy mismo el SEÑOR ha arrancado de tus manos el reino de Israel, y se lo ha entregado a otro más digno que tú. ²⁹En verdad, el que es la Gloria de Israel no miente ni cambia de parecer, pues no es *hombre para que se arrepienta.

³⁰—¡He pecado! —respondió Saúl—. Pero te pido que por ahora me sigas reconociendo ante los *ancianos de mi pueblo y ante todo Israel. Regresa conmigo para adorar al SEÑOR tu Dios.

³¹Samuel regresó con él, y Saúl adoró al SEÑOR. ³²Luego dijo Samuel:

—Tráiganme a Agag, rey de Amalec.

Agag se le acercó muy confiado, pues pensaba: «Sin duda que el trago amargo de la muerte ya pasó.»

³³Pero Samuel le dijo:

—Ya que tu espada dejó a tantas mujeres sin hijos, también sin su hijo se quedará tu madre.

Y allí en Guilgal, en presencia del SEÑOR, Samuel descuartizó a Agag. ³⁴Luego Saúl regresó a Ramá, mientras que Saúl se fue a su casa en Guibeá de Saúl. ³⁵Y como el SEÑOR se había arrepentido de haber hecho a Saúl rey de Israel, nunca más volvió Samuel a ver a Saúl, sino que hizo duelo por él.

Samuel unge a David

16 El SEÑOR le dijo a Samuel:

—¿Cuánto tiempo vas a quedarte llorando por Saúl, si ya lo he rechazado como rey de Israel? Mejor llena de aceite tu cuerno, y ponte en camino. Voy a enviarte a Belén, a la casa de Isaí, pues he escogido como rey a uno de sus hijos.

²—¿Y cómo voy a ir? —respondió Samuel—. Si Saúl llega a enterarse, me matará.

—Lleva una ternera —dijo el SEÑOR—, y diles que vas a ofrecerle al SEÑOR un sacrificio. ³Invita a Isaí al sacrificio, y entonces te explicaré lo que debes hacer, pues ungirás para mi servicio a quien yo te diga.

⁴Samuel hizo lo que le mandó el SEÑOR. Pero cuando llegó a Belén, los *ancianos del pueblo lo recibieron con mucho temor.

—¿Vienes en son de paz? —le preguntaron.

⁵—Claro que sí. He venido a ofrecerle al SEÑOR un sacrificio. Purifíquense y vengan conmigo para tomar parte en él.

Entonces Samuel *purificó a Isaí y a sus hijos, y los invitó al sacrificio. ⁶Cuando llegaron, Samuel se fijó en Eliab y pensó: «Sin duda que éste es el *ungido del SEÑOR.» ⁷Pero el SEÑOR le dijo a Samuel:

—No te dejes impresionar por su apariencia ni por su estatura, pues yo lo he rechazado. La gente se fija en las apariencias, pero yo me fijo en el *corazón.

⁸Entonces Isaí llamó a Abinadab para presentárselo a Samuel, pero Samuel dijo:

—A éste no lo ha escogido el SEÑOR.

⁹Luego le presentó a Sama, y Samuel repitió:

—Tampoco a éste lo ha escogido.

10Isaí le presentó a siete de sus hijos, pero Samuel le dijo:

—El SEÑOR no ha escogido a ninguno de ellos. **11**¿Son éstos todos tus hijos?

—Queda el más pequeño —respondió Isaí—, pero está cuidando el rebaño.

—Manda a buscarlo —insistió Samuel—, que no podemos continuar hasta que él llegue.

12Isaí mandó a buscarlo, y se lo trajeron. Era buen mozo, trigueño y de buena presencia. El SEÑOR le dijo a Samuel:

—Éste es; levántate y úngelo.

13Samuel tomó el cuerno de aceite y ungió al joven en presencia de sus hermanos. Entonces el Espíritu del SEÑOR vino con poder sobre David, y desde ese día estuvo con él. Luego Samuel regresó a Ramá.

David al servicio de Saúl

14El Espíritu del SEÑOR se apartó de Saúl, y en su lugar el SEÑOR le envió un espíritu maligno para que lo atormentara. **15**Sus servidores le dijeron:

—Como usted se dará cuenta, un espíritu maligno de parte de Dios lo está atormentando. **16**Así que ordene Su Majestad a estos siervos suyos que busquen a alguien que sepa tocar el arpa. Así, cuando lo ataque el espíritu maligno de parte de Dios, el músico tocará, y Su Majestad se sentirá mejor.

17—Bien —les respondió Saúl—, consíganme un buen músico y tráiganlo.

18Uno de los cortesanos sugirió:

—Conozco a un muchacho que sabe tocar el arpa. Es valiente, hábil guerrero, sabe expresarse y es de buena presencia. Además, el SEÑOR está con él. Su padre es Isaí, el de Belén.

19Entonces Saúl envió unos mensajeros a Isaí para decirle: «Mándame a tu hijo David, el que cuida del rebaño.» **20**Isaí tomó un asno, alimento, un odre de vino y un cabrito, y se los envió a Saúl por medio de su hijo David. **21**Cuando David llegó, quedó al servicio de Saúl, quien lo llegó a apreciar mucho y lo hizo su escu-dero. **22**Luego Saúl le mandó este mensaje a Isaí: «Permite que David se quede a mi servicio, pues me ha causado muy buena impresión.»

23Cada vez que el espíritu de parte de Dios atormentaba a Saúl, David tomaba su arpa y tocaba. La música calmaba a Saúl y lo hacía sentirse mejor, y el espíritu maligno se apartaba de él.

David y Goliat

17 Los filisteos reunieron sus ejércitos para la guerra, concentrando sus fuerzas en Soco, pueblo de Judá. Acamparon en Efesdamín, situado entre Soco y Azeca. **2**Por su parte, Saúl y los israelitas se reunieron también y, acampando en el valle de Elá, ordenaron sus filas para la batalla contra los filisteos. **3**Con el valle de por medio, los filisteos y los israelitas tomaron posiciones en montes opuestos.

4Un famoso guerrero, oriundo de Gat, salió del campamento filisteo. Su nombre era Goliat, y tenía una estatura de casi tres metros.[a] **5**Llevaba en la cabeza un casco de bronce, y su coraza, que pesaba cincuenta y cinco kilos,[b] también era de bronce, **6**como lo eran las polainas que le protegían las piernas y la jabalina que llevaba al hombro. **7**El asta de su lanza se parecía al rodillo de un telar, y tenía una punta de hierro que pesaba casi siete kilos.[c] Delante de él marchaba un escudero.

8Goliat se detuvo ante los soldados israelitas, y los desafió: «¿Para qué están ordenando sus filas para la batalla? ¿No soy yo un filisteo? ¿Y no están ustedes al servicio de Saúl? ¿Por qué no escogen a alguien que se me enfrente? **9**Si es capaz de hacerme frente y matarme, nosotros les serviremos a ustedes; pero si yo lo venzo y lo mato, ustedes serán nuestros esclavos y nos servirán.» **10**Dijo además el filisteo: «¡Yo desafío hoy al ejército de Israel! ¡Elijan a un hombre que pelee conmigo!» **11**Al oír lo que decía el filisteo, Saúl y todos los israelitas se consternaron y tuvieron mucho miedo.

12David era hijo de Isaí, un efrateo que

---

[a]**17:4** casi tres metros. Lit. seis *codos y un *palmo. [b]**17:5** cincuenta y cinco kilos. Lit. cinco mil *siclos. [c]**17:7** casi siete kilos. Lit. seiscientos siclos.

vivía en Belén de Judá. En tiempos de Saúl, Isaí era ya de edad muy avanzada, y tenía ocho hijos. 13Sus tres hijos mayores habían marchado a la guerra con Saúl. El primogénito se llamaba Eliab; el segundo, Abinadab; el tercero, Sama. 14Estos tres habían seguido a Saúl por ser los mayores. David, que era el menor, 15solía ir adonde estaba Saúl, pero regresaba a Belén para cuidar las ovejas de su padre.

16El filisteo salía mañana y tarde a desafiar a los israelitas, y así lo estuvo haciendo durante cuarenta días.

17Un día, Isaí le dijo a su hijo David: «Toma esta bolsa d de trigo tostado y estos diez panes, y vete pronto al campamento para dárselos a tus hermanos. 18Lleva también estos tres quesos para el jefe del batallón. Averigua cómo les va a tus hermanos, y tráeme una prueba de que ellos están bien. 19Los encontrarás en el valle de Elá, con Saúl y todos los soldados israelitas, peleando contra los filisteos.»

20David cumplió con las instrucciones de Isaí. Se levantó muy de mañana y, después de encargarle el rebaño a un pastor, tomó las provisiones y se puso en camino. Llegó al campamento en el momento en que los soldados, lanzando gritos de guerra, salían a tomar sus posiciones. 21Los israelitas y los filisteos se alinearon frente a frente. 22David, por su parte, dejó su carga al cuidado del encargado de las provisiones, y corrió a las filas para saludar a sus hermanos. 23Mientras conversaban, Goliat, el gran guerrero filisteo de Gat, salió de entre las filas para repetir su desafío, y David lo oyó. 24Cuando los israelitas vieron a Goliat, huyeron despavoridos. 25Algunos decían: «¿Ven a ese hombre que sale a desafiar a Israel? A quien lo venza y lo mate, el rey lo colmará de riquezas. Además, le dará su hija como esposa, y su familia quedará exenta de impuestos aquí en Israel.»

26David preguntó a los que estaban con él:

—¿Qué dicen que le darán a quien mate ese filisteo y salve así el honor de Israel? ¿Quién se cree este filisteo pagano,e que se atreve a desafiar al ejército del Dios viviente?

27—Al que lo mate —repitieron— se le dará la recompensa anunciada.

28Eliab, el hermano mayor de David, lo oyó hablar con los hombres y se puso furioso con él. Le reclamó:

—¿Qué has venido a hacer aquí? ¿Con quién has dejado esas pocas ovejas en el desierto? Yo te conozco. Eres un atrevido y mal intencionado. ¡Seguro que has venido para ver la batalla!

29—¿Y ahora qué hice? —protestó David—. ¡Si apenas he abierto la boca!

30Apartándose de su hermano, les preguntó a otros, quienes le dijeron lo mismo. 31Algunos que oyeron lo que había dicho David, se lo contaron a Saúl, y éste mandó a llamarlo. 32Entonces David le dijo a Saúl:

—¡Nadie tiene por qué desanimarse a causa de este filisteo! Yo mismo iré a pelear contra él.

33—¡Cómo vas a pelear tú solo contra este filisteo! —replicó Saúl—. No eres más que un muchacho, mientras que él ha sido un guerrero toda la vida.

34David le respondió:

—A mí me toca cuidar el rebaño de mi padre. Cuando un león o un oso viene y se lleva una oveja del rebaño, 35yo lo persigo y lo golpeo hasta que suelta la presa. Y si el animal me ataca, lo sigo golpeando hasta matarlo. 36Si este siervo de Su Majestad ha matado leones y osos, lo mismo puede hacer con ese filisteo pagano, porque está desafiando al ejército del Dios viviente. 37El SEÑOR, que me libró de las garras del león y del oso, también me librará del poder de ese filisteo.

—Anda, pues —dijo Saúl—, y que el SEÑOR te acompañe.

38Luego Saúl vistió a David con su uniforme de campaña. Le entregó también un casco de bronce y le puso una coraza. 39David se ciñó la espada sobre la armadura e intentó caminar, pero no pudo porque no estaba acostumbrado.

---

d 17:17 esta bolsa. Lit. este *efa. e 17:26 pagano. Lit. incircunciso; también en v. 36.

—No puedo andar con todo esto —le dijo a Saúl—; no estoy entrenado para ello.

De modo que se quitó todo aquello, **40**tomó su bastón, fue al río a escoger cinco piedras lisas, y las metió en su bolsa de pastor. Luego, honda en mano, se acercó al filisteo. **41**Éste, por su parte, también avanzaba hacia David detrás de su escudero. **42**Le echó una mirada a David y, al darse cuenta de que era apenas un muchacho, trigueño y buen mozo, con desprecio **43**le dijo:

—¿Soy acaso un perro para que vengas a atacarme con palos?

Y maldiciendo a David en *nombre de sus dioses, **44**añadió:

—¡Ven acá, que les voy a echar tu carne a las aves del cielo y a las fieras del campo!

45David le contestó:

—Tú vienes contra mí con espada, lanza y jabalina, pero yo vengo a ti en el nombre del SEÑOR *Todopoderoso, el Dios de los ejércitos de Israel, a los que has desafiado. **46**Hoy mismo el SEÑOR te entregará en mis manos; y yo te mataré y te cortaré la cabeza. Hoy mismo echaré los cadáveres del ejército filisteo a las aves del cielo y a las fieras del campo, y todo el mundo sabrá que hay un Dios en Israel. **47**Todos los que están aquí reconocerán que el SEÑOR salva sin necesidad de espada ni de lanza. La batalla es del SEÑOR, y él los entregará a ustedes en nuestras manos.

48En cuanto el filisteo avanzó para acercarse a David y enfrentarse con él, también éste corrió rápidamente hacia la línea de batalla para hacerle frente. **49**Metiendo la mano en su bolsa sacó una piedra, y con la honda se la lanzó al filisteo, hiriéndolo en la frente. Con la piedra incrustada entre ceja y ceja, el filisteo cayó de bruces al suelo. **50**Así fue como David triunfó sobre el filisteo: lo hirió de muerte con una honda y una piedra, y sin empuñar la espada. **51**Luego corrió adonde estaba el filisteo, le quitó la espada y, desenvainándola, lo remató con ella y le cortó la cabeza.

Cuando los filisteos vieron que su héroe había muerto, salieron corriendo.

52Entonces los soldados de Israel y de Judá, dando gritos de guerra, se lanzaron contra ellos y los persiguieron hasta la entrada de Gat*f* y hasta las *puertas de Ecrón. Todo el camino, desde Sajarayin hasta Gat y Ecrón, quedó regado de cadáveres de filisteos. **53**Cuando los israelitas dejaron de perseguir a los filisteos, regresaron para saquearles el campamento. **54**Luego David tomó la cabeza de Goliat y la llevó a Jerusalén, pero las armas las guardó en su tienda de campaña.

55Anteriormente Saúl, al ver a David enfrentarse con el filisteo, le había preguntado a Abner, general de su ejército:

—Abner, ¿quién es el padre de ese muchacho?

—Le aseguro, Su Majestad, que no lo sé.

56—Averíguame quién es —le había dicho el rey.

57Tan pronto como David regresó, después de haber matado a Goliat, y con la cabeza del filisteo todavía en la mano, Abner lo llevó ante Saúl.

58—¿De quién eres hijo, muchacho? —le preguntó Saúl.

—De Isaí de Belén, servidor de Su Majestad —respondió David.

Envidia de Saúl

18 **1-2**Una vez que David y Saúl terminaron de hablar, Saúl tomó a David a su servicio y, desde ese día, no lo dejó volver a la casa de su padre. Jonatán, por su parte, entabló con David una amistad entrañable y llegó a quererlo como a sí mismo. **3**Tanto lo quería, que hizo un pacto con él: **4**Se quitó el manto que llevaba puesto y se lo dio a David; también le dio su túnica, y aun su espada, su arco y su cinturón.

5Cualquier encargo que David recibía de Saúl, lo cumplía con éxito, de modo que Saúl lo puso al mando de todo su ejército, con la aprobación de los soldados de Saúl y hasta de sus oficiales.

6Ahora bien, cuando el ejército regresó, después de haber matado David al filisteo, de todos los pueblos de Israel salían mujeres a recibir al rey Saúl. Al son

---

f **17:52** *Gat* (mss. de LXX); *un valle* (MT).

de liras y panderetas, cantaban y bailaban, [7]y exclamaban con gran regocijo:

«Saúl destruyó a un ejército,
¡pero David aniquiló a diez!»

[8]Disgustado por lo que decían, Saúl se enfureció y protestó: «A David le dan crédito por diez ejércitos, pero a mí por uno solo. ¡Lo único que falta es que le den el reino!» [9]Y a partir de esa ocasión, Saúl empezó a mirar a David con recelo.

[10]Al día siguiente, el espíritu maligno de parte de Dios se apoderó de Saúl, quien cayó en trance en su propio palacio. Andaba con una lanza en la mano y, mientras David tocaba el arpa, como era su costumbre, [11]Saúl se la arrojó, pensando: «¡A éste lo clavo en la pared!» Dos veces lo intentó, pero David logró esquivar la lanza.

[12]Saúl sabía que el SEÑOR lo había abandonado, y que ahora estaba con David. Por eso tuvo temor de David [13]y lo alejó de su presencia, nombrándolo jefe de mil soldados para que dirigiera al ejército en campaña. [14]David tuvo éxito en todas sus expediciones, porque el SEÑOR estaba con él. [15]Al ver el éxito de David, Saúl se llenó de temor. [16]Pero todos en Israel y Judá sentían gran aprecio por David, porque él los dirigía en campaña.

[17]Un día Saúl le dijo a David:

—Aquí tienes a Merab, mi hija mayor. Te la entrego por esposa, con la condición de que me sirvas con valentía, peleando las batallas del SEÑOR.

Saúl pensaba: «Será mejor que no muera por mi mano, sino a mano de los filisteos.»

[18]Pero David le respondió:

—¿Quién soy yo? ¿Y quiénes son en Israel mis parientes, o la familia de mi padre, para que yo me convierta en yerno del rey?

[19]Sin embargo, cuando llegó la fecha en que Saúl había de casar a su hija Merab con David, Saúl se la entregó por esposa a Adriel de Mejolá.

[20]Mical, la otra hija de Saúl, se enamoró de David. Cuando se lo dijeron a Saúl, le agradó la noticia [21]y pensó: «Se la entregaré a él, como una trampa para que caiga en manos de los filisteos.» Así que volvió a decirle a David:

—Ahora sí vas a ser mi yerno.

[22]Entonces Saúl ordenó a sus funcionarios:

—Hablen con David en privado y díganle: "Oye, el rey te aprecia, y todos sus funcionarios te quieren. Acepta ser su yerno."

[23]Esto se lo repitieron a David, pero él respondió:

—¿Creen que es cosa fácil ser yerno del rey? ¡Yo no soy más que un plebeyo insignificante!

[24]Los funcionarios le comunicaron a Saúl la reacción de David. [25]Pero Saúl insistió:

—Díganle a David: "Lo único que el rey quiere es vengarse de sus enemigos, y como dote por su hija pide cien prepucios de filisteos."

En realidad, lo que Saúl quería era que David cayera en manos de los filisteos.

[26]Cuando los funcionarios de Saúl le dieron el mensaje a David, no le pareció mala la idea de convertirse en yerno del rey. Aún no se había cumplido el plazo [27]cuando David fue con sus soldados y mató a doscientos filisteos, cuyos prepucios entregó al rey para convertirse en su yerno. Así fue como Saúl le dio la mano de su hija Mical.

[28]Saúl se dio cuenta de que, en efecto, el SEÑOR estaba con David, y de que su hija Mical lo amaba. [29]Por eso aumentó el temor que Saúl sentía por David, y se convirtió en su enemigo por el resto de su vida.

[30]Además, cada vez que los jefes filisteos salían a campaña, David los enfrentaba con más éxito que los otros oficiales de Saúl. Por eso llegó a ser muy famoso.

Saúl intenta matar a David

19 Saúl les comunicó a su hijo Jonatán y a todos sus funcionarios su decisión de matar[g] a David. Pero como Jonatán le tenía tanto afecto a David, [2]le

---

[g] **19:1** *comunicó ... su decisión de matar.* Alt. *ordenó ... que mataran.*

advirtió: «Mi padre Saúl está buscando una oportunidad para matarte. Así que ten mucho cuidado mañana; escóndete en algún sitio seguro, y quédate allí. **3**Yo saldré con mi padre al campo donde tú estés, y le hablaré de ti. Cuando averigüe lo que pasa, te lo haré saber.»

4Jonatán le habló a su padre Saúl en favor de David:

—¡No vaya Su Majestad a hacerle daño a su siervo David! —le rogó—. Él no le ha hecho ningún mal; al contrario, lo que ha hecho ha sido de gran beneficio para Su Majestad. **5**Para matar al filisteo arriesgó su propia *vida, y el SEÑOR le dio una gran *victoria a todo Israel. Su Majestad mismo lo vio y se alegró. ¿Por qué ha de hacerle daño a un inocente y matar a David sin motivo?

6Saúl le hizo caso a Jonatán, y exclamó:

—Tan cierto como que el SEÑOR vive, te juro que David no morirá.

7Entonces Jonatán llamó a David y, después de contarle toda la conversación, lo llevó ante Saúl para que estuviera a su servicio como antes.

8Volvió a estallar la guerra. David salió a pelear contra los filisteos, y los combatió con tal violencia que tuvieron que huir.

9Sin embargo, un espíritu maligno de parte del SEÑOR se apoderó de Saúl. Estaba sentado en el palacio, con una lanza en la mano. Mientras David tocaba el arpa, **10**intentó clavarlo en la pared con la lanza, pero David esquivó el golpe de Saúl, de modo que la lanza quedó clavada en la pared. Esa misma noche David se dio a la fuga.

11Entonces Saúl mandó a varios hombres a casa de David, para que lo vigilaran durante la noche y lo mataran al día siguiente. Pero Mical, la esposa de David, le advirtió: «Si no te pones a salvo esta noche, mañana serás hombre muerto.» **12**En seguida ella descolgó a David por la ventana, y así él pudo escapar. **13**Luego Mical tomó un ídolo*h* y lo puso en la cama con un tejido de pelo de cabra en la cabeza, y lo cubrió con una sábana.

14Cuando Saúl mandó a los hombres para apresar a David, Mical les dijo: «Está enfermo.» **15**Pero Saúl los mandó de nuevo a buscar a David: «Aunque esté en cama, ¡tráiganmelo aquí para matarlo!» **16**Al entrar en la casa, los hombres vieron que lo que estaba en la cama era un ídolo, con un tejido de pelo de cabra en la cabeza. **17**Entonces Saúl le reclamó a Mical:

—¿Por qué me has engañado así? ¿Por qué dejaste escapar a mi enemigo?

Ella respondió:

—Él me amenazó con matarme si no lo dejaba escapar.

18Después de huir y ponerse a salvo, David fue a Ramá para ver a Samuel y contarle todo lo que Saúl le había hecho. Entonces los dos se fueron a vivir a Nayot. **19**Cuando Saúl se enteró de que David estaba en Nayot de Ramá, **20**mandó a sus hombres para que lo apresaran. Pero se encontraron con un grupo de profetas, dirigidos por Samuel, que estaban profetizando. Entonces el Espíritu de Dios vino con poder sobre los hombres de Saúl, y también ellos cayeron en trance profético. **21**Al oír la noticia, Saúl envió otro grupo, pero ellos también cayeron en trance. Luego mandó un tercer grupo, y les pasó lo mismo. **22**Por fin, Saúl en persona fue a Ramá y llegó al gran pozo que está en Secú.

—¿Dónde están Samuel y David? —preguntó.

—En Nayot de Ramá —alguien le respondió.

23Saúl se dirigió entonces hacia allá, pero el Espíritu de Dios vino con poder también sobre él, y Saúl estuvo en trance profético por todo el camino, hasta llegar a Nayot de Ramá. **24**Luego se quitó la ropa y, desnudo y en el suelo, estuvo en trance en presencia de Samuel todo el día y toda la noche. De ahí viene el dicho: «¿Acaso también Saúl es uno de los profetas?»

---

h **19:13** *un ídolo*. Lit. *los terafines*; también en v. 16.

David y Jonatán

20 David huyó de Nayot de Ramá y fue adonde estaba Jonatán.

—¿Qué he hecho yo? —le preguntó—. ¿Qué crimen o delito he cometido contra tu padre, para que él quiera matarme?

2—¿Morir tú? ¡De ninguna manera! —respondió Jonatán—. Mi padre no hace nada, por insignificante que sea, sin que me lo diga. ¿Por qué me lo habría de ocultar? ¡Eso no es posible!

3Pero David juró y perjuró:

—Tu padre sabe muy bien que tú me estimas, así que seguramente habrá pensado: "Jonatán no debe enterarse, para que no se disguste." Pero tan cierto como que el SEÑOR y tú viven, te aseguro que estoy a un paso de la muerte.

4—Dime qué quieres que haga, y lo haré —le respondió Jonatán.

5—Sabes —dijo David—, mañana es la fiesta de luna nueva, y se supone que yo debo sentarme a la mesa para comer con el rey. Pues bien, deja que me esconda en el campo hasta pasado mañana por la tarde. **6**Si tu padre me extraña, dile que yo insistí en que me dejaras ir en seguida a Belén, mi pueblo, pues toda mi familia estaba reunida allá para celebrar su sacrificio anual. **7**Si él responde que está bien, entonces no corro ningún peligro. Pero si se enfurece, con eso sabrás que ha decidido acabar conmigo. **8**Ya que en presencia del SEÑOR has hecho un pacto conmigo, que soy tu servidor, te ruego que me seas leal. Si me consideras culpable, no hace falta que me entregues a tu padre; ¡mátame tú mismo!

9—¡No digas tal cosa! —exclamó Jonatán—. Si llegara a enterarme de que mi padre ha decidido hacerte algún daño, ¿no crees que te lo diría?

10David le preguntó:

—Si tu padre te responde de mal modo, ¿quién me lo hará saber?

11Por toda respuesta, Jonatán invitó a David a salir al campo. Una vez allí, **12**le dijo:

—David, te juro por el SEÑOR, Dios de Israel, que a más tardar pasado mañana a esta hora averiguaré lo que piensa mi padre. Si no corres peligro, de alguna manera te lo haré saber. **13**Pero si mi padre intenta hacerte daño, y yo no te aviso para que puedas escapar, ¡que el SEÑOR me castigue sin piedad, y que esté contigo como estuvo con mi padre! **14**Y si todavía estoy vivo cuando el SEÑOR te muestre su bondad, te pido que también tú seas bondadoso conmigo y no dejes que me maten. **15**¡Nunca dejes de ser bondadoso con mi familia, aun cuando el SEÑOR borre de la faz de la tierra a todos tus enemigos! **16**¡Que el SEÑOR pida cuentas de esto a tus enemigos!

De ese modo Jonatán hizo un pacto con la familia de David, **17**pues quería a David como a sí mismo. Por ese cariño que le tenía, le pidió a David confirmar el pacto bajo juramento. **18**Además le dijo:

—Mañana es la fiesta de luna nueva. Cuando vean tu asiento desocupado, te van a extrañar. **19**Pasado mañana, sin falta, ve adonde te escondiste la otra vez, y quédate junto a la piedra de Ézel. **20**Yo fingiré estar tirando al blanco y lanzaré tres flechas en esa dirección. **21**Entonces le diré a uno de mis criados que vaya a buscarlas. Si le digo: "Mira, las flechas están más acá, recógelas"; eso querrá decir que no hay peligro y podrás salir sin ninguna preocupación. ¡Tan cierto como que el SEÑOR vive! **22**Pero si le digo: "Mira, las flechas están más allá", eso querrá decir que el SEÑOR quiere que te vayas, así que ¡escápate! **23**¡Que el SEÑOR sea siempre testigo del juramento que tú y yo nos hemos hecho!

24David se escondió en el campo. Cuando llegó la fiesta de luna nueva, el rey se sentó a la mesa para comer **25**ocupando, como de costumbre, el puesto junto a la pared. Jonatán se sentó enfrente,[i] mientras que Abner se acomodó a un lado de Saúl. El asiento de David quedó desocupado. **26**Ese día Saúl no dijo nada, pues pensó: «Algo le habrá pasado a David, que lo dejó ritualmente *impuro, y segura-

---

[i] **20:25** *se sentó enfrente* (LXX); *se levantó* (TM).

mente no pudo purificarse.» ²⁷Pero como al día siguiente, que era el segundo del mes, el puesto de David seguía desocupado, Saúl le preguntó a Jonatán:

—¿Cómo es que ni ayer ni hoy vino el hijo de Isaí a la comida?

²⁸Jonatán respondió:

—David me insistió en que le diera permiso para ir a Belén. ²⁹Me dijo: "Por favor, déjame ir. Mi familia va a celebrar el sacrificio anual en nuestro pueblo, y mi hermano me ha ordenado que vaya. Hazme este favor, y permite que me dé una escapada para ver a mis hermanos." Por eso es que David no se ha sentado a comer con Su Majestad.

³⁰Al oír esto, Saúl se enfureció con Jonatán.

—¡Hijo de mala madre! —exclamó—. ¿Crees que no sé que eres muy amigo del hijo de Isaí, para vergüenza tuya y de tu desgraciada madre? ³¹Mientras el hijo de Isaí viva en esta tierra, ¡ni tú ni tu reino estarán seguros! Así que manda a buscarlo, y tráemelo, pues está condenado a morir.

³²—¿Y por qué ha de morir? —le reclamó Jonatán—. ¿Qué mal ha hecho?

³³Por toda respuesta, Saúl le arrojó su lanza para herirlo. Así Jonatán se convenció de que su padre estaba decidido a matar a David. ³⁴Enfurecido, Jonatán se levantó de la mesa y no quiso tomar parte en la comida del segundo día de la fiesta. Estaba muy afligido porque su padre había insultado a David.

³⁵Por la mañana Jonatán salió al campo para encontrarse con David. Uno de sus criados más jóvenes lo acompañaba. ³⁶Jonatán le dijo: «Corre a buscar las flechas que voy a lanzar.»

El criado se echó a correr, y Jonatán lanzó una flecha que lo sobrepasó. ³⁷Cuando el criado llegó al lugar donde la flecha había caído, Jonatán le gritó: «¡Más allá! ¡La flecha está más allá! ³⁸¡Date prisa! ¡No te detengas!» Y así continuó gritándole Jonatán. Cuando el criado recogió la flecha y se la trajo a su amo, ³⁹lo hizo sin sospe-

char nada, pues sólo Jonatán y David sabían de qué se trataba. ⁴⁰Entonces Jonatán le dio sus armas al criado. «Vete —le dijo—; llévalas de vuelta a la ciudad.»

⁴¹En cuanto el criado se fue, David salió de su escondite^j y, luego de inclinarse tres veces, se postró rostro en tierra. En seguida se besaron y lloraron juntos, hasta que David se desahogó.

⁴²«Puedes irte tranquilo —le dijo Jonatán a David—, pues los dos hemos hecho un juramento eterno en *nombre del SEÑOR, pidiéndole que juzgue entre tú y yo, y entre tus descendientes y los míos.» Así que David se fue, y Jonatán regresó a la ciudad.

David en Nob

21 Cuando David llegó a Nob, fue a ver al sacerdote Ajimélec, quien al encontrarse con David se puso nervioso.

—¿Por qué vienes solo? —le preguntó—. ¿Cómo es que nadie te acompaña?

²David le respondió:

—Vengo por orden del rey, pero nadie debe saber a qué me ha enviado ni cuál es esa orden. En cuanto a mis hombres, ya les he indicado dónde encontrarnos. ³¿Qué provisiones tienes a mano? Dame unos cinco panes, o algo más que tengas.

⁴—No tengo a la mano pan común y corriente —le contestó el sacerdote—. Podría darte el pan consagrado, si es que tus hombres se han abstenido por lo menos de estar con mujeres.

⁵David respondió:

—Te aseguro que, como es la costumbre cuando salimos en una expedición, no hemos tenido contacto con mujeres. Además, mis hombres^k se consagran incluso en expediciones ordinarias, así que con más razón están consagrados ahora.

⁶Por tanto, el sacerdote le entregó a David el pan consagrado, ya que no había otro. Era el *pan de la Presencia que había sido quitado de delante del SEÑOR y reemplazado por el pan caliente del día.

⁷Aquel día estaba allí uno de los oficiales de Saúl, que había tenido que que-

^j 20:41 *salió de su escondite.* Lit. *se levantó del lado del sur.*   ^k 21:5 *mis hombres.* Lit. *los utensilios de los jóvenes.*

darse en el santuario del Señor. Se trataba de un edomita llamado Doeg, que era jefe de los pastores de Saúl.

8Más tarde, David le preguntó a Ajimélec:

—¿No tienes a la mano una lanza o una espada? Tan urgente era el encargo del rey que no alcancé a tomar mi espada ni mis otras armas.

9El sacerdote respondió:

—Aquí tengo la espada del filisteo Goliat, a quien mataste en el valle de Elá. Está detrás del *efod, envuelta en un paño. Puedes llevártela, si quieres. Otras armas no tengo.

—Dámela —dijo David—. ¡Es la mejor que podrías ofrecerme!

David en Gat

10Ese mismo día David, todavía huyendo de Saúl, se dirigió a Aquis, rey de Gat. **11**Los oficiales le dijeron a Aquis:

—¿No es éste David, el rey del país? ¿No es él por quien danzaban, y en los cantos decían:

«Saúl destruyó a un ejército,
    pero David aniquiló a diez»?

12Al oír esto, David se preocupó y tuvo mucho miedo de Aquis, rey de Gat. **13**Por lo tanto, cuando estaban por apresarlo, fingió perder la razón y, en público, comenzó a portarse como un loco, haciendo garabatos en las puertas y dejando que la saliva le corriera por la barba.

14Aquis dijo entonces a sus oficiales:

—¿Pero qué, no se fijan? ¡Ese hombre está loco! ¿Para qué me lo traen? **15**¿Acaso me hacen falta más locos, que encima me traen a éste para hacer sus locuras en mi presencia? ¡Sáquenlo de mi palacio!

David huye a Adulán y a Mizpa

22 David se fue de Gat y huyó a la cueva de Adulán. Cuando sus hermanos y el resto de la familia se enteraron, fueron a verlo allí. **2**Además, se le unieron muchos otros que estaban en apuros, cargados de deudas o amargados. Así, David llegó a tener bajo su mando a unos cuatrocientos hombres.

3De allí se dirigió a Mizpa, en Moab, y le pidió al rey de ese lugar: «Deja que mis padres vengan a vivir entre ustedes hasta que yo sepa lo que Dios quiere de mí.» **4**Fue así como dejó a sus padres con el rey de Moab, y ellos se quedaron allí todo el tiempo que David permaneció en su refugio.

5Pero el profeta Gad le dijo a David: «No te quedes en el refugio. Es mejor que regreses a la tierra de Judá.» Entonces David se fue de allí, y se metió en el bosque de Jaret.

Saúl elimina a los sacerdotes de Nob

6Mientras Saúl estaba sentado a la sombra de un tamarisco que había en la colina de Guibeá, se enteró de que David y sus hombres habían sido localizados. Tenía Saúl su lanza en la mano, y lo rodeaban todos sus oficiales, **7**a quienes les dijo:

—¡Pongan atención, hombres de Benjamín! ¿También ustedes creen que el hijo de Isaí les va a dar tierras y viñedos, y que a todos los va a nombrar jefes de mil y de cien soldados? **8**¡Ahora veo por qué todos ustedes conspiran contra mí, y por qué nadie me informa del pacto que mi hijo ha hecho con el hijo de Isaí! Nadie se ha tomado la molestia de avisarme que mi propio hijo instiga a uno de mis súbditos a que se subleve y me aceche, como en realidad está pasando.

9Doeg el edomita, que se encontraba entre los oficiales de Saúl, le dijo:

—Yo vi al hijo de Isaí reunirse en Nob con Ajimélec hijo de Ajitob. **10**Ajimélec consultó al Señor por David y le dio provisiones, y hasta le entregó la espada de Goliat.

11Entonces el rey mandó a llamar al sacerdote Ajimélec hijo de Ajitob, y a todos sus parientes, que eran sacerdotes en Nob. Cuando llegaron, **12**Saúl le dijo:

—Escucha, hijo de Ajitob.

—Diga, mi señor —respondió Ajimélec.

13—¿Por qué tú y el hijo de Isaí conspiran contra mí? —le reclamó Saúl—. Le diste comida y una espada. También consultaste a Dios por él para que se subleve y me aceche, como en realidad está pasando.

14Ajimélec le respondió al rey:

—¿Quién entre todos los oficiales del rey es tan fiel como su yerno David, jefe de la guardia real y respetado en el palacio? 15¿Es acaso ésta la primera vez que consulto a Dios por él? ¡Claro que no! No debiera el rey acusarnos ni a mí ni a mi familia, pues de este asunto su servidor no sabe absolutamente nada.

16—¡Te llegó la hora, Ajimélec! —replicó el rey—. ¡Y no sólo a ti sino a toda tu familia!

17De inmediato el rey ordenó a los guardias que lo acompañaban:

—¡Maten a los sacerdotes del SEÑOR, que ellos también se han puesto de parte de David! Sabían que estaba huyendo, y sin embargo no me lo dijeron.

Pero los oficiales del rey no se atrevieron a levantar la mano en contra de los sacerdotes del SEÑOR. 18Así que el rey le ordenó a Doeg:

—¡Pues mátalos tú!

Entonces Doeg el edomita se lanzó contra ellos y los mató. Aquel día mató a ochenta y cinco hombres que tenían puesto el *efod de lino. 19Luego fue a Nob, el pueblo de los sacerdotes, y mató a filo de espada a hombres y mujeres, a niños y recién nacidos, y hasta a los bueyes, asnos y ovejas.

20Sin embargo, un hijo de Ajimélec, llamado Abiatar, logró escapar y huyó hasta encontrarse con David. 21Cuando le informó que Saúl había matado a los sacerdotes del SEÑOR, 22David le respondió:

—Ya desde aquel día, cuando vi a Doeg en Nob, sabía yo que él le avisaría a Saúl. Yo tengo la culpa de que hayan muerto todos tus parientes. 23Pero no tengas miedo. Quédate conmigo, que aquí estarás a salvo. Quien quiera matarte tendrá que matarme a mí.

David libera la ciudad de Queilá

23 Los filisteos atacaron la ciudad de Queilá y saquearon los graneros. Cuando David se enteró de lo sucedido, 2consultó al SEÑOR:

—¿Debo ir a luchar contra los filisteos?

—Ve —respondió el SEÑOR—, lucha contra los filisteos y libera a Queilá.

3Pero los soldados le dijeron a David:

—Si aun aquí en Judá vivimos con miedo, ¡cuánto más si vamos a Queilá para atacar al ejército filisteo!

4David volvió a consultar al SEÑOR, y él le respondió:

—Ponte en camino y ve a Queilá, que voy a entregar en tus manos a los filisteos.

5Así que David y sus hombres fueron allá y lucharon contra los filisteos, derrotándolos por completo. David se apoderó de los ganados de los filisteos y rescató a los habitantes de la ciudad. 6Ahora bien, cuando Abiatar hijo de Ajimélec huyó a Queilá para refugiarse con David, se llevó consigo el *efod.

Saúl persigue a David

7Cuando le contaron a Saúl que David había ido a Queilá, exclamó: «¡Dios me lo ha entregado! David se ha metido en una ciudad con puertas y cerrojos, y no tiene escapatoria.» 8Entonces convocó a todo su ejército para ir a combatir a David y a sus hombres, y sitiar la ciudad de Queilá.

9David se enteró de que Saúl tramaba su destrucción. Por tanto, le ordenó a Abiatar que le llevara el *efod. 10Luego David oró:

—Oh SEÑOR, Dios de Israel, yo, tu siervo, sé muy bien que por mi culpa Saúl se propone venir a Queilá para destruirla. 11¿Me entregarán los habitantes de esta ciudad en manos de Saúl? ¿Es verdad que Saúl vendrá, según me han dicho? Yo te ruego, SEÑOR, Dios de Israel, que me lo hagas saber.

—Sí, vendrá —le respondió el SEÑOR.

12David volvió a preguntarle:

—¿Nos entregarán los habitantes de Queilá a mí y a mis hombres en manos de Saúl?

Y el SEÑOR le contestó:

—Sí, los entregarán.

13Entonces David y sus hombres, que eran como seiscientos, se fueron de Queilá y anduvieron de un lugar a otro. Cuando le contaron a Saúl que David se había ido de Queilá, decidió suspender la campaña.

14David se estableció en los refugios del desierto, en los áridos cerros de Zif.

Día tras día Saúl lo buscaba, pero Dios no lo entregó en sus manos.

15Estando David en Hores, en el desierto de Zif, se enteró de que Saúl había salido en su busca con la intención de matarlo. 16Jonatán hijo de Saúl fue a ver a David en Hores, y lo animó a seguir confiando en Dios. 17«No tengas miedo —le dijo—, que mi padre no podrá atraparte. Tú vas a ser el rey de Israel, y yo seré tu segundo. Esto, hasta mi padre lo sabe.» 18Entonces los dos hicieron un pacto en presencia del SEÑOR, después de lo cual Jonatán regresó a su casa y David se quedó en Hores.

19Los habitantes de Zif fueron a Guibeá y le dijeron a Saúl:

—¿No sabe Su Majestad que David se ha escondido en nuestro territorio? Está en el monte de Jaquilá, en los refugios de Hores, al sur del desierto. 20Cuando Su Majestad tenga a bien venir, entregaremos a David en sus manos.

21—¡Que el SEÑOR los bendiga por tenerme tanta consideración! —respondió Saúl—. 22Vayan y averigüen bien por dónde anda y quién lo ha visto, pues me han dicho que es muy astuto. 23Infórmense bien de todos los lugares donde se esconde, y tráiganme datos precisos. Entonces yo iré con ustedes, y si es verdad que está en esa región, lo buscaré entre todos los clanes de Judá.

24Los de Zif se despidieron de Saúl y volvieron a su tierra. Mientras tanto, David y sus hombres se encontraban en el desierto de Maón, en el Arabá, al sur del desierto. 25Cuando le avisaron a David que Saúl y sus hombres venían en su búsqueda, bajó al peñasco del desierto de Maón. Al enterarse de esto, Saúl dirigió la persecución hacia ese lugar.

26Saúl avanzaba por un costado del monte, mientras que David y sus hombres iban por el otro, apresurándose para escapar. Pero Saúl y sus hombres lo tenían rodeado. Ya estaban a punto de atraparlo, 27cuando un mensajero llegó y le dijo a Saúl: «¡Apresúrese, Su Majestad, que los filisteos están saqueando el país!» 28Saúl dejó entonces de perseguir a David y volvió para enfrentarse con los filisteos. Por eso aquel sitio se llama Sela Hamajlecot.*l* 29Luego David se fue de allí para establecerse en los refugios de Engadi.

David le perdona la vida a Saúl

24 Cuando Saúl regresó de perseguir a los filisteos, le informaron que David estaba en el desierto de Engadi. 2Entonces Saúl tomó consigo tres batallones de hombres escogidos de todo Israel, y se fue por los Peñascos de las Cabras, en busca de David y de sus hombres.

3Por el camino, llegó a un redil de ovejas; y como había una cueva en el lugar, entró allí para hacer sus necesidades.*m* David estaba escondido en el fondo de la cueva, con sus hombres, 4y éstos le dijeron:

—En verdad, hoy se cumple la promesa que te hizo el SEÑOR cuando te dijo: "Yo pondré a tu enemigo en tus manos, para que hagas con él lo que mejor te parezca."

David se levantó y, sin hacer ruido, cortó el borde del manto de Saúl. 5Pero le remordió la conciencia por lo que había hecho, 6y les dijo a sus hombres:

—¡Que el SEÑOR me libre de hacerle al rey lo que ustedes sugieren! No puedo alzar la mano contra él, porque es el *ungido del SEÑOR.

7De este modo David contuvo a sus hombres, y no les permitió que atacaran a Saúl. Pero una vez que éste salió de la cueva para proseguir su camino, 8David lo siguió, gritando:

—¡Majestad, Majestad!

Saúl miró hacia atrás, y David, prostrándose rostro en tierra, se inclinó 9y le dijo:

—¿Por qué hace caso Su Majestad a los que dicen que yo quiero hacerle daño? 10Usted podrá ver con sus propios ojos que hoy mismo, en esta cueva, el SEÑOR lo había entregado en mis manos. Mis hombres me incitaban a que lo matara, pero yo respeté su vida y dije: "No puedo

---

l 23:28 En hebreo, *Sela Hamajlecot* significa *peñasco de la despedida.*   *m* 24:3 *hacer sus necesidades.* Lit. *cubrirse los pies.*

alzar la mano contra el rey, porque es el ungido del SEÑOR." **11**Padre mío, mire usted el borde de su manto que tengo en la mano. Yo corté este pedazo, pero a usted no lo maté. Reconozca que yo no intento hacerle mal ni traicionarlo. Usted, sin embargo, me persigue para quitarme la *vida, aunque yo no le he hecho ningún agravio. **12**¡Que el SEÑOR juzgue entre nosotros dos! ¡Y que el SEÑOR me vengue de usted! Pero mi mano no se alzará contra usted. **13**Como dice el antiguo refrán: "De los malos, la maldad"; por eso mi mano jamás se alzará contra usted.

14»¿Contra quién ha salido el rey de Israel? ¿A quién persigue? ¡A un perro muerto! ¡A una pulga! **15**¡Que sea el SEÑOR quien juzgue y dicte la sentencia entre nosotros dos! ¡Que examine mi causa, y me defienda y me libre de usted!

16Cuando David terminó de hablar, Saúl le preguntó:

—David, hijo mío, ¡pero si eres tú quien me habla!

Y alzando la voz, se echó a llorar.

17—Has actuado mejor que yo —continuó Saúl—. Me has devuelto bien por mal. **18**Hoy me has hecho reconocer lo bien que me has tratado, pues el SEÑOR me entregó en tus manos, y no me mataste. **19**¿Quién encuentra a su enemigo y le perdona la vida?[n] ¡Que el SEÑOR te recompense por lo bien que me has tratado hoy! **20**Ahora caigo en cuenta que tú serás el rey, y que consolidarás el reino de Israel. **21**Júrame entonces, por el SEÑOR, que no exterminarás mi descendencia ni borrarás el *nombre de mi familia.

22David se lo juró. Luego Saúl volvió a su palacio, y David y sus hombres subieron al refugio.

David, Nabal y Abigaíl

25 Samuel murió, y fue enterrado en Ramá, donde había vivido. Todo Israel se reunió para hacer duelo por él. Después de eso David bajó al desierto de Maón.[n]

2Había en Maón un hombre muy rico, dueño de mil cabras y tres mil ovejas, las cuales esquilaba en Carmel, donde tenía su hacienda. **3**Se llamaba Nabal y pertenecía a la familia de Caleb. Su esposa, Abigaíl, era una mujer bella e inteligente; Nabal, por el contrario, era insolente y de mala conducta.

4Estando David en el desierto, se enteró de que Nabal estaba esquilando sus ovejas. **5**Envió entonces diez de sus hombres con este encargo: «Vayan a Carmel para llevarle a Nabal un saludo de mi parte. **6**Díganle: "¡Que tengan salud[o] y *paz tú y tu familia, y todo lo que te pertenece! **7**Acabo de escuchar que estás esquilando tus ovejas. Como has de saber, cuando tus pastores estuvieron con nosotros, jamás los molestamos. En todo el tiempo que se quedaron en Carmel, nunca se les quitó nada. **8**Pregúntales a tus criados, y ellos mismos te lo confirmarán. Por tanto, te agradeceré que recibas bien a mis hombres, pues este día hay que celebrarlo. Dales, por favor, a tus siervos y a tu hijo David lo que tengas a la mano."»

9Cuando los hombres de David llegaron, le dieron a Nabal este mensaje de parte de David y se quedaron esperando. **10**Pero Nabal les contestó:

—¿Y quién es ese tal David? ¿Quién es el hijo de Isaí? Hoy día son muchos los esclavos que se escapan de sus amos. **11**¿Por qué he de compartir mi pan y mi agua, y la carne que he reservado para mis esquiladores, con gente que ni siquiera sé de dónde viene?

12Los hombres de David se dieron la vuelta y se pusieron en camino. Cuando llegaron ante él, le comunicaron todo lo que Nabal había dicho. **13**Entonces David les ordenó: «¡Cíñanse todos la espada!» Y todos, incluso él, se la ciñeron. Acompañaron a David unos cuatrocientos hombres, mientras que otros doscientos se quedaron cuidando del bagaje.

14Uno de los criados avisó a Abigaíl, la esposa de Nabal: «David envió desde el desierto unos mensajeros para saludar a nuestro amo, pero él los trató mal. **15**Esos hombres se portaron muy bien con nosotros. En todo el tiempo que anduvimos con

---

[n] **24:19** *le perdona la vida.* Lit. *lo envía por buen camino.*   [n] **25:1** *Maón* (LXX); *Parán* (TM).
[o] **25:6** *¡Salud!* Palabra de difícil traducción.

ellos por el campo, jamás nos molestaron ni nos quitaron nada. ¹⁶Día y noche nos protegieron mientras cuidábamos los rebaños cerca de ellos. ¹⁷Piense usted bien lo que debe hacer, pues la ruina está por caer sobre nuestro amo y sobre toda su familia. Tiene tan mal genio que ni hablar se puede con él.»

¹⁸Sin perder tiempo, Abigaíl reunió doscientos panes, dos odres de vino, cinco ovejas asadas, treinta y cinco litros^p de trigo tostado, cien tortas de uvas pasas y doscientas tortas de higos. Después de cargarlo todo sobre unos asnos, ¹⁹les dijo a los criados: «Adelántense, que yo los sigo.» Pero a Nabal, su esposo, no le dijo nada de esto.

²⁰Montada en un asno, Abigaíl bajaba por la ladera del monte cuando vio que David y sus hombres venían en dirección opuesta, de manera que se encontraron. ²¹David recién había comentado: «De balde estuve protegiendo en el desierto las propiedades de ese tipo, para que no perdiera nada. Ahora resulta que me paga mal por el bien que le hice. ²²¡Que Dios me castigue^q sin piedad si antes del amanecer no acabo con todos sus hombres!»

²³Cuando Abigaíl vio a David, se bajó rápidamente del asno y se inclinó ante él, postrándose rostro en tierra. ²⁴Se arrojó a sus pies y dijo:

—Señor mío, yo tengo la culpa. Deje que esta sierva suya le hable; le ruego que me escuche. ²⁵No haga usted caso de ese grosero de Nabal, pues le hace honor a su *nombre, que significa "necio". La necedad lo acompaña por todas partes. Yo, por mi parte, no vi a los mensajeros que usted, mi señor, envió.

²⁶»Pero ahora el SEÑOR le ha impedido a usted derramar sangre y hacerse justicia con sus propias manos. ¡Tan cierto como que el SEÑOR y usted viven! Por eso, pido que a sus enemigos, y a todos los que quieran hacerle daño, les pase lo mismo que a Nabal. ²⁷Acepte usted este regalo

que su servidora le ha traído, y repártalo entre los criados que lo acompañan. ²⁸Yo le ruego que perdone la falta de esta servidora suya. Ciertamente, el SEÑOR le dará a usted una dinastía que se mantendrá firme, y nunca nadie podrá hacerle a usted ningún daño,^r pues usted pelea las batallas del SEÑOR. ²⁹Aun si alguien lo persigue con la intención de matarlo, su *vida estará protegida^s por el SEÑOR su Dios, mientras que sus enemigos serán lanzados a la destrucción.^t ³⁰Así que, cuando el SEÑOR le haya hecho todo el bien que le ha prometido, y lo haya establecido como jefe de Israel, ³¹no tendrá usted que sufrir la pena y el remordimiento de haberse vengado por sí mismo, ni de haber derramado sangre inocente. Acuérdese usted de esta servidora suya cuando el SEÑOR le haya dado prosperidad.

³²David le dijo entonces a Abigaíl:

—¡Bendito sea el SEÑOR, Dios de Israel, que te ha enviado hoy a mi encuentro! ³³¡Y bendita seas tú por tu buen juicio, pues me has impedido derramar sangre y vengarme con mis propias manos! ³⁴El SEÑOR, Dios de Israel, me ha impedido hacerte mal; pero te digo que si no te hubieras dado prisa en venir a mi encuentro, para mañana no le habría quedado vivo a Nabal ni uno solo de sus hombres. ¡Tan cierto como que el SEÑOR vive!

³⁵Dicho esto, David aceptó lo que ella le había traído.

—Vuelve tranquila a tu casa —añadió—. Como puedes ver, te he hecho caso: te concedo lo que me has pedido.^u

³⁶Cuando Abigaíl llegó a la casa, Nabal estaba dando un regio banquete. Se encontraba alegre y muy borracho, así que ella no le dijo nada hasta el día siguiente. ³⁷Por la mañana, cuando a Nabal ya se le había pasado la borrachera, su esposa le contó lo sucedido. Al oírlo, Nabal sufrió un ataque al corazón y quedó paralizado. ³⁸Unos diez días después, el SEÑOR hirió a Nabal, y así murió.

---

^p**25:18** *treinta y cinco litros*. Lit. *cinco *seah.   ^q**25:22** *me castigue* (lit. *castigue a David*; LXX); *castigue a los enemigos de David* (TM).   ^r**25:28** *y nunca nadie ... ningún daño*. Alt. *y nunca cometerás ningún mal*.   ^s**25:29** *estará protegida*. Lit. *está embolsada en la bolsa de los vivos*.   ^t**25:29** *sus enemigos ... destrucción*. Lit. *él lanzará la vida de sus enemigos de en medio de la palma de una honda*.   ^u**25:35** *te concedo lo que me has pedido*. Lit. *he levantado tu semblante*.

39Cuando David se enteró de que Nabal había muerto, exclamó: «¡Bendito sea el Señor, que me ha hecho *justicia por la afrenta que recibí de Nabal! El Señor libró a este siervo suyo de hacer mal, pero hizo recaer sobre Nabal su propia maldad.»

Entonces David envió un mensaje a Abigaíl, proponiéndole matrimonio. **40**Cuando los criados llegaron a Carmel, hablaron con Abigaíl y le dijeron:

—David nos ha enviado para pedirle a usted que se case con él.

41Ella se inclinó, y postrándose rostro en tierra dijo:

—Soy la sierva de David, y estoy para servirle. Incluso estoy dispuesta a lavarles los pies a sus criados.

42Sin perder tiempo, Abigaíl se dispuso a partir. Se montó en un asno y, acompañada de cinco criadas, se fue con los mensajeros de David. Después se casó con él.

43David también se había casado con Ajinoán de Jezrel, así que ambas fueron sus esposas. **44**Saúl, por su parte, había entregado su hija Mical, esposa de David, a Paltiel[v] hijo de Lais, oriundo de Galín.

David le perdona la vida a Saúl

26 Los habitantes de Zif fueron a Guibeá y le dijeron a Saúl:

—¿No sabe el rey que David está escondido en el monte de Jaquilá, frente al desierto?

2Entonces Saúl se puso en marcha con los tres batallones de hombres escogidos de Israel, y bajó al desierto de Zif en busca de David. **3**Acampó en el monte de Jaquilá, que está frente al desierto, junto al camino. Cuando David, que vivía en el desierto, se dio cuenta de que Saúl venía tras él, **4**envió espías para averiguar dónde se encontraba. **5**Luego se dirigió al campamento de Saúl, y observó el lugar donde dormían Saúl y Abner hijo de Ner, jefe del ejército. Saúl estaba dentro del campamento, y el ejército lo rodeaba. **6**David entonces les preguntó a Ajimélec el hitita y a Abisay hijo de Sarvia, hermano de Joab:

—¿Quién quiere venir conmigo al campamento de Saúl?

—Yo voy contigo —respondió Abisay.

7David y Abisay llegaron esa noche y vieron a Saúl dormido en medio del campamento, con su lanza hincada en tierra a su cabecera. Abner y el ejército estaban acostados a su alrededor.

8—Hoy ha puesto Dios en tus manos a tu enemigo —le dijo Abisay a David—. Déjame matarlo. De un solo golpe de lanza lo dejaré clavado en el suelo. ¡Y no tendré que rematarlo!

9—¡No lo mates! —exclamó David— ¿Quién puede impunemente alzar la mano contra el *ungido del Señor?

10Y añadió:

—Tan cierto como que el Señor vive, que él mismo lo herirá. O le llegará la hora de morir, o caerá en batalla. **11**En cuanto a mí, ¡que el Señor me libre de alzar la mano contra su ungido! Sólo toma la lanza y el jarro de agua que están a su cabecera, y vámonos de aquí.

12David mismo tomó la lanza y el jarro de agua que estaban a la cabecera de Saúl, y los dos se marcharon. Nadie los vio, ni se dio cuenta, pues todos estaban dormidos. No se despertaron, pues el Señor los había hecho caer en un sueño profundo. **13**David cruzó al otro lado y se detuvo en la cumbre del monte, de modo que había una buena distancia entre ellos. **14**Entonces llamó al ejército y a Abner hijo de Ner:

—¡Abner! ¿Me oyes?

Abner replicó:

—¿Quién le está gritando al rey?

15David le contestó:

—¿No eres tú el valiente sin par en Israel? ¿Cómo es que no has protegido a tu señor el rey? Te cuento que uno del pueblo entró con la intención de matarlo. **16**¡Lo que has hecho no tiene nombre! Tan cierto como que el Señor vive, que ustedes merecen la muerte por no haber protegido a su rey, el ungido del Señor. A ver, ¿dónde están la lanza del rey y el jarro de agua que estaban a su cabecera?

17Saúl, que reconoció la voz de David, dijo:

---

^v**25:44** *Paltiel*. Lit. *Palti* (variante de este nombre).

—David, hijo mío, ¡pero si eres tú quien habla!

—Soy yo, mi señor y rey —respondió David—. **18**¿Por qué persigue mi señor a este siervo suyo? ¿Qué le he hecho? ¿Qué delito he cometido? **19**Le ruego a Su Majestad que escuche mis palabras. Si quien lo mueve a usted en mi contra es el SEÑOR, una ofrenda bastará para aplacarlo. Pero si son los hombres, ¡que el SEÑOR los maldiga! Hoy me expulsan de esta tierra, que es la herencia del SEÑOR, y me dicen: "¡Vete a servir a otros dioses!" **20**Ahora bien, no deje usted que mi sangre sea derramada lejos de la presencia del SEÑOR. ¿Por qué ha salido el rey de Israel en busca de una simple pulga? ¡Es como si estuviera cazando una perdiz en los montes!

21—¡He pecado! —exclamó Saúl—. Regresa, David, hijo mío. Ya no voy a hacerte daño. Tú has valorado hoy mi vida; yo, en cambio, me he portado como un necio.

22David respondió:

—Su Majestad, aquí está su lanza. Mande usted a uno de sus criados a recogerla. **23**Que el SEÑOR le pague a cada uno según su rectitud y lealtad, pues hoy él lo había puesto a usted en mis manos, pero yo no me atreví a tocar siquiera al ungido del SEÑOR. **24**Sin embargo, así como hoy valoré la *vida de usted, quiera el SEÑOR valorar mi propia vida y librarme de toda angustia.

25—¡Bendito seas, David, hijo mío! —respondió Saúl—. Tú harás grandes cosas, y en todo triunfarás.

Luego David siguió su camino, y Saúl regresó a su palacio.

David entre los filisteos

27 Con todo, David pensaba: «Un día de éstos voy a morir a manos de Saúl. Lo mejor que puedo hacer es huir a la tierra de los filisteos. Así Saúl se cansará de buscarme por el territorio de Israel, y podré escapar de sus manos.»

2Acompañado de sus seiscientos hombres, David se puso en marcha y se trasladó a la tierra de Gat, donde reinaba Aquis hijo de Maoc. **3**Tanto David como sus hombres se establecieron allí, y quedaron bajo la protección de Aquis. Cada hombre había llevado a su familia, y David tenía consigo a sus dos esposas, Ajinoán la jezrelita y Abigaíl de Carmel, la viuda de Nabal. **4**En efecto, cuando Saúl se enteró de que David había huido a Gat, dejó de perseguirlo.

5David le dijo a Aquis: «Si en verdad cuento con el favor de Su Majestad, le ruego que me conceda algún pueblo en el campo, y allí viviré. No tiene ningún sentido que este siervo suyo viva en la capital del reino.»

6Aquel mismo día Aquis le dio la ciudad de Siclag, la cual hasta hoy pertenece a los reyes de Judá.

7David vivió en territorio filisteo un año y cuatro meses. **8**Acostumbraba salir en campaña con sus hombres para saquear a los guesureos, guirzitas y amalecitas, pueblos que durante mucho tiempo habían habitado la zona que se extiende hacia Sur y hasta el país de Egipto. **9**Cada vez que David atacaba la región, no dejaba a nadie con vida, ni hombre ni mujer. Antes de regresar adonde estaba Aquis se apoderaba de ovejas, vacas, asnos y camellos, y hasta de la ropa que vestían. **10**Si Aquis le preguntaba: «¿Qué región saqueaste hoy?», David le respondía: «La del sur de Judá»; o bien: «La del sur de Jerameel»; o «La del sur, donde viven los quenitas». **11**David no dejaba con vida ni a hombre ni a mujer, pues pensaba que si llevaba prisioneros a Gat lo denunciarían por lo que estaba haciendo. Éste fue su patrón de conducta todo el tiempo que estuvo en territorio filisteo. **12**Aquis, por su parte, confiaba en David y se decía: «David se está haciendo odioso a los israelitas, su propia gente. Sin duda me servirá para siempre.»

Saúl y la adivina de Endor

28 Por aquel tiempo, los filisteos reunieron sus tropas para ir a la guerra contra Israel. Por lo tanto, Aquis le dijo a David:

—Quiero que sepas que tú y tus hombres saldrán conmigo a la guerra.

2—Está bien —respondió David—. Ya verá Su Majestad de lo que es capaz este siervo suyo.

—Si es así —añadió Aquis—, de ahora en adelante te nombro mi guardaespaldas.

3 Ya Samuel había muerto. Todo Israel había hecho duelo por él, y lo habían enterrado en Ramá, que era su propio pueblo. Saúl, por su parte, había expulsado del país a los adivinos y a los hechiceros. **4** Los filisteos concentraron sus fuerzas y fueron a Sunén, donde acamparon. Saúl reunió entonces a los israelitas, y armaron su campamento en Guilboa. **5** Pero cuando vio Saúl al ejército filisteo, le entró tal miedo que se descorazonó por completo. **6** Por eso consultó al SEÑOR, pero él no le respondió ni en sueños, ni por el *urim ni por los profetas. **7** Por eso Saúl les ordenó a sus oficiales:

—Búsquenme a una adivina, para que yo vaya a consultarla.

—Pues hay una en Endor —le respondieron.

8 Saúl se disfrazó con otra ropa y, acompañado de dos hombres, se fue de noche a ver a la mujer.

—Quiero que evoques a un espíritu —le pidió Saúl—. Haz que se me aparezca el que yo te diga.

9 —¿Acaso no sabe usted lo que ha hecho Saúl? —respondió la mujer—. ¡Ha expulsado del país a los adivinos y a los hechiceros! ¿Por qué viene usted a tenderme una trampa y exponerme a la muerte?

10 —¡Tan cierto como que el SEÑOR vive, te juro que nadie te va a castigar por esto! —contestó Saúl.

11 —¿A quién desea usted que yo haga aparecer? —preguntó la mujer.

—Evócame a Samuel —respondió Saúl.

12 Al ver a Samuel, la mujer pegó un grito.

—¡Pero si usted es Saúl! ¿Por qué me ha engañado? —le reclamó.

13 —No tienes nada que temer —dijo el rey—. Dime lo que has visto.

—Veo un espíritu que sube[w] de la tierra —respondió ella.

14 —¿Y qué aspecto tiene?

—El de un anciano, que sube envuelto en un manto.

Al darse cuenta Saúl de que era Samuel, se postró rostro en tierra.

15 Samuel le dijo a Saúl:

—¿Por qué me molestas, haciéndome subir?

—Estoy muy angustiado —respondió Saúl—. Los filisteos me están atacando, y Dios me ha abandonado. Ya no me responde, ni en sueños ni por medio de profetas. Por eso decidí llamarte, para que me digas lo que debo hacer.

16 Samuel le replicó:

—Pero si el SEÑOR se ha alejado de ti y se ha vuelto tu enemigo, ¿por qué me consultas a mí? **17** El SEÑOR ha cumplido lo que había anunciado por medio de mí: él te ha arrebatado de las manos el reino, y se lo ha dado a tu compañero David. **18** Tú no obedeciste al SEÑOR, pues no llevaste a cabo la furia de su castigo contra los amalecitas; por eso él te condena hoy. **19** El SEÑOR te entregará a ti y a Israel en manos de los filisteos. Mañana tú y tus hijos se unirán a mí, y el campamento israelita caerá en poder de los filisteos.

20 Al instante Saúl se desplomó. Y es que estaba lleno de miedo por lo que Samuel le había dicho, además de que se moría de hambre, pues en toda la noche y en todo el día no había comido nada. **21** Al verlo tan asustado, la mujer se le acercó y le dijo:

—Yo, su servidora, le hice caso a usted y, por obedecer sus órdenes, me jugué la *vida. **22** Ahora yo le pido que me haga caso a mí. Déjeme traerle algún alimento para que coma; así podrá recuperarse y seguir su camino.

23 Pero Saúl se negó a comer. Sin embargo, sus oficiales insistieron al igual que la mujer, y por fin consintió. Se levantó del suelo y tomó asiento. **24** La mujer tenía en su casa un ternero gordo, al que mató en seguida. También amasó harina y horneó unos panes sin levadura. **25** Luego les sirvió a Saúl y a sus oficiales. Esa misma noche, después de comer, todos ellos emprendieron el camino.

---

[w] **28:13** *un espíritu que sube.* Lit. *dioses que suben.*

Los filisteos desconfían de David

29 Los filisteos reunieron a todas sus tropas en Afec. Los israelitas, por su parte, acamparon junto al manantial que está en Jezrel. ²Los jefes filisteos avanzaban en compañías de cien y de mil soldados, seguidos de Aquis y de David y sus hombres.

³—Y estos hebreos, ¿qué hacen aquí? —preguntaron los generales filisteos.

Aquis les respondió:

—¿No se dan cuenta de que éste es David, quien antes estuvo al servicio de Saúl, rey de Israel? Hace ya más de un año que está conmigo, y desde el primer día que se unió a nosotros no he visto nada que me haga desconfiar de él.

⁴Pero los generales filisteos, enojados con Aquis, le ordenaron:

—Despídelo; que regrese al lugar que le diste. No dejes que nos acompañe en la batalla, no sea que en medio del combate se vuelva contra nosotros. ¿Qué mejor manera tendría de reconciliarse con su señor, que llevándole las cabezas de estos soldados? ⁵¿Acaso no es éste el David por quien danzaban, y en sus cantos decían:

«Saúl mató a sus miles;
pero David, a sus diez miles»?

⁶Ante esto, Aquis llamó a David y le dijo:

—Tan cierto como que el SEÑOR vive, que tú eres un hombre honrado y me gustaría que me acompañaras en esta campaña. Desde el día en que llegaste, no he visto nada que me haga desconfiar de ti. Pero los jefes filisteos te miran con recelo. ⁷Así que, con mis mejores deseos, vuélvete a tu casa y no hagas nada que les desagrade.

⁸—Pero, ¿qué es lo que he hecho? —reclamó David—. ¿Qué falla ha visto Su Majestad en este servidor suyo desde el día en que entré a su servicio hasta hoy? ¿Por qué no me permiten luchar contra los enemigos de mi señor y rey?

⁹—Ya lo sé —respondió Aquis—. Para mí tú eres como un ángel de Dios. Sin embargo, los generales filisteos han decidido que no vayas con nosotros a la batalla. ¹⁰Por lo tanto, levántense mañana temprano, tú y los siervos de tu señor que vinieron contigo, y váyanse con la primera luz del día.

¹¹Así que al día siguiente David y sus hombres se levantaron temprano para regresar al país filisteo. Por su parte, los filisteos avanzaron hacia Jezrel.

David derrota a los amalecitas

30 Al tercer día David y sus hombres llegaron a Siclag, pero se encontraron con que los amalecitas habían invadido la región del Néguev y con que, luego de atacar e incendiar a Siclag, ²habían tomado cautivos a las mujeres y a todos los que estaban allí, desde el más grande hasta el más pequeño. Sin embargo, no habían matado a nadie.

³Cuando David y sus hombres llegaron, encontraron que la ciudad había sido quemada, y que sus esposas, hijos e hijas habían sido llevados cautivos. ⁴David y los que estaban con él se pusieron a llorar y a gritar hasta quedarse sin fuerzas. ⁵También habían caído prisioneras dos esposas de David, la jezrelita Ajinoán y Abigaíl, la viuda de Nabal de Carmel.

⁶David se alarmó, pues la tropa hablaba de apedrearlo; y es que todos se sentían amargados por la pérdida de sus hijos e hijas. Pero cobró ánimo y puso su confianza en el SEÑOR su Dios. ⁷Entonces le dijo al sacerdote Abiatar hijo de Ajimélec:

—Tráeme el *efod.

Tan pronto como Abiatar se lo trajo, ⁸David consultó al SEÑOR:

—¿Debo perseguir a esa banda? ¿Los voy a alcanzar?

—Persíguelos —le respondió el SEÑOR—. Vas a alcanzarlos, y rescatarás a los cautivos.

⁹David partió con sus seiscientos hombres hasta llegar al arroyo de Besor. Allí se quedaron rezagados ¹⁰doscientos hombres que estaban demasiado cansados para cruzar el arroyo. Así que David continuó la persecución con los cuatrocientos hombres restantes.

¹¹Los hombres de David se encontraron en el campo con un egipcio, y se lo llevaron a David. Le dieron de comer y de beber, ¹²y le ofrecieron una torta de higo

y dos tortas de uvas pasas, pues hacía tres días y tres noches que no había comido nada. En cuanto el egipcio comió, recobró las fuerzas.

13—¿A quién perteneces? —le preguntó David—. ¿De dónde vienes?

—Soy egipcio —le respondió—, esclavo de un amalecita. Hace tres días caí enfermo, y mi amo me abandonó. 14Habíamos invadido la región sur de los quereteos, de Judá y de Caleb; también incendiamos Siclag.

15—Guíanos adonde están esos bandidos —le dijo David.

—Júreme usted por Dios —suplicó el egipcio— que no me matará ni me entregará a mi amo. Con esa condición, lo llevo adonde está la banda.

16El egipcio los guió hasta los amalecitas, los cuales estaban dispersos por todo el campo, comiendo, bebiendo y festejando el gran botín que habían conseguido en el territorio filisteo y en el de Judá. 17David los atacó al amanecer y los combatió hasta la tarde del día siguiente. Los únicos que lograron escapar fueron cuatrocientos muchachos que huyeron en sus camellos. 18David pudo recobrar todo lo que los amalecitas se habían robado, y también rescató a sus dos esposas. 19Nada les faltó del botín, ni grande ni pequeño, ni hijos ni hijas, ni ninguna otra cosa de lo que les habían quitado. 20David también se apoderó de todas las ovejas y del ganado. La gente llevaba todo al frente y pregonaba: «¡Éste es el botín de David!»

21Luego David regresó al arroyo de Besor, donde se habían quedado los doscientos hombres que estaban demasiado cansados para seguirlo. Ellos salieron al encuentro de David y su gente, y David, por su parte, se acercó para saludarlos. 22Pero entre los que acompañaban a David había gente mala y perversa que reclamó:

—Éstos no vinieron con nosotros, así que no vamos a darles nada del botín que recobramos. Que tome cada uno a su esposa y a sus hijos, y que se vaya.

23—No hagan eso, mis hermanos —les respondió David—. Fue el SEÑOR quien nos lo dio todo, y quien nos protegió y puso en nuestras manos a esa banda de maleantes que nos había atacado. 24¿Quién va a estar de acuerdo con ustedes? Del botín participan tanto los que se quedan cuidando el bagaje como los que van a la batalla.

25Aquel día David estableció esa norma como ley en Israel, la cual sigue vigente hasta el día de hoy.

26Después de llegar a Siclag, David envió parte del botín a sus amigos que eran *ancianos de Judá, con este mensaje: «Aquí tienen un regalo del botín que rescatamos de los enemigos del SEÑOR.» 27Recibieron ese regalo los ancianos de Betel, Ramot del Néguev, Jatir, 28Aroer, Sifmot, Estemoa, 29Racal, las ciudades de Jeramel, las ciudades quenitas 30de Jormá, Corasán, Atac, 31y Hebrón, y los ancianos de todos los lugares donde David y sus hombres habían vivido.

Muerte de Saúl
31:1-13 — 2S 1:4-12; 1Cr 10:1-12

31 Los filisteos fueron a la guerra contra Israel, y los israelitas huyeron ante ellos. Muchos cayeron muertos en el monte Guilboa. 2Entonces los filisteos se fueron en persecución de Saúl, y lograron matar a sus hijos Jonatán, Abinadab y Malquisúa. 3La batalla se intensificó contra Saúl, y los arqueros lo alcanzaron con sus flechas. Al verse gravemente herido, 4Saúl le dijo a su escudero: «Saca la espada y mátame, no sea que lo hagan esos incircuncisos cuando lleguen, y se diviertan a costa mía.»

Pero el escudero estaba tan asustado que no quiso hacerlo, de modo que Saúl mismo tomó su espada y se dejó caer sobre ella. 5Cuando el escudero vio que Saúl caía muerto, también él se arrojó sobre su propia espada y murió con él. 6Así, en un mismo día murieron Saúl, sus tres hijos, su escudero y todos sus hombres.

7Cuando los israelitas que vivían al otro lado del valle y del Jordán vieron que el ejército de Israel había huido, y que Saúl y sus hijos habían muerto, también ellos abandonaron sus ciudades y se dieron a la fuga. Así fue como los filisteos las ocuparon.

8Al otro día, cuando los filisteos llegaron para despojar a los cadáveres, encontraron a Saúl y a sus hijos muertos en el monte Guilboa. 9Entonces lo decapitaron, le quitaron las armas, y enviaron mensajeros por todo el país filisteo para que proclamaran la noticia en el templo de sus ídolos y ante todo el pueblo. 10Sus armas las depositaron en el templo de la diosa *Astarté, y su cadáver lo colgaron en el muro de Betsán.

11Cuando los habitantes de Jabés de Galaad se enteraron de lo que habían hecho los filisteos con Saúl, 12los más valientes de ellos caminaron toda la noche hacia Betsán, tomaron los cuerpos de Saúl y de sus hijos y, luego de bajarlos del muro, regresaron a Jabés. Allí los incineraron, 13y luego tomaron los huesos y los enterraron a la sombra del tamarisco de Jabés. Después de eso guardaron siete días de ayuno.

Segundo Libro de
Samuel

Noticia de la muerte de Saúl
1:4-12 — 1S 31:1-13; 1Cr 10:1-12

1 Después de la muerte de Saúl, David se detuvo dos días en Siclag, luego de haber derrotado a los amalecitas. ²Al tercer día, llegó a Siclag un hombre que venía del campamento de Saúl. En señal de duelo se presentó ante David con la ropa rasgada y la cabeza cubierta de ceniza, y se postró rostro en tierra.

³—¿De dónde vienes? —le preguntó David.

—Vengo huyendo del campamento israelita —respondió.

⁴—Pero, ¿qué ha pasado? —exclamó David—. ¡Cuéntamelo todo!

—Pues resulta que nuestro ejército ha huido de la batalla, y muchos han caído muertos —contestó el mensajero—. Entre los caídos en combate se cuentan Saúl y su hijo Jonatán.

⁵—¿Y cómo sabes tú que Saúl y su hijo Jonatán han muerto? —le preguntó David al criado que le había traído la noticia.

⁶—Por casualidad me encontraba yo en el monte Guilboa. De pronto, vi a Saúl apoyado en su lanza y asediado por los carros y la caballería —respondió el criado—. ⁷Saúl se volvió y, al verme, me llamó. Yo me puse a sus órdenes. ⁸Me preguntó quién era yo, y le respondí que era amalecita. ⁹Entonces me pidió que me acercara y me ordenó: "¡Mátame de una vez, pues estoy agonizando y no acabo de morir!" ¹⁰Yo me acerqué y lo maté, pues me di cuenta de que no iba a sobrevivir al desastre. Luego le quité la diadema de la cabeza y el brazalete que llevaba en el brazo, para traérselos a usted, mi señor.

¹¹Al oírlo, David y los que estaban con él se rasgaron las vestiduras. ¹²Lloraron y ayunaron hasta el anochecer porque Saúl y su hijo Jonatán habían caído a filo de espada, y también por el ejército del SEÑOR y por la nación de Israel.

¹³Entonces David le preguntó al joven que le había traído la noticia:

—¿De dónde eres?

—Soy un extranjero amalecita —respondió.

¹⁴—¿Y cómo te atreviste a alzar la mano para matar al *ungido del SEÑOR? —le reclamó David.

¹⁵Y en seguida llamó a uno de sus hombres y le ordenó:

—¡Anda, mátalo!

Aquél cumplió la orden y lo mató. ¹⁶David, por su parte, dijo:

—¡Que tu sangre caiga sobre tu cabeza! Tu boca misma te condena al admitir que mataste al ungido del SEÑOR.

Lamento de David por Saúl y Jonatán

¹⁷David compuso este lamento en honor de Saúl y de su hijo Jonatán. ¹⁸Lo llamó el «Cántico del Arco» y ordenó que lo enseñaran a los habitantes de Judá. Así consta en el libro de Jaser:

¹⁹«¡Ay, Israel! Tu gloria yace herida
en las alturas de los montes.
¡Cómo han caído los valientes!

²⁰»No lo anuncien en Gat
ni lo pregonen en las calles de
Ascalón,
para que no se alegren las filisteas
ni lo celebren esas paganas.ᵃ

²¹»¡Ay, montes de Guilboa,
que no caiga sobre ustedes lluvia
ni rocío!

ᵃ **1:20** *esas paganas*. Lit. *hijas de incircuncisos.*

¡Que no crezca el trigo para las
ofrendas!*b*
Porque allí deshonraron el escudo
de Saúl:
¡allí quedó manchado*c* el escudo
de los valientes!
22¡Jamás volvía el arco de Jonatán
sin haberse saciado con la sangre
de los heridos,
ni regresaba la espada de Saúl
sin haberse hartado con la grasa
de sus oponentes!

23»¡Saúl! ¡Jonatán! ¡Nobles personas!
Fueron amados en la vida,
e inseparables en la muerte.
Más veloces eran que las águilas,
y más fuertes que los leones.

24»¡Ay, mujeres de Israel! Lloren por
Saúl,
que las vestía con lujosa seda
carmesí
y las adornaba con joyas de oro.

25»¡Cómo han caído los valientes en
batalla!
Jonatán yace muerto en tus alturas.
26¡Cuánto sufro por ti, Jonatán,
pues te quería como a un
hermano!
Más preciosa fue para mí tu amistad
que el amor de las mujeres.

27»¡Cómo han caído los valientes!
¡Las armas de guerra han
perecido!»

David es ungido rey de Judá

2 Pasado algún tiempo, David consultó
al SEÑOR:
—¿Debo ir a alguna de las ciudades de
Judá?
—Sí, debes ir —le respondió el SEÑOR.
—¿Y a qué ciudad quieres que vaya?
—A Hebrón.
2Así que David fue allá con sus dos
esposas, Ajinoán la jezrelita y Abigaíl, la
viuda de Nabal de Carmel. 3Se llevó ade-

más a sus hombres, cada cual acompañado
de su familia, y todos se establecieron en
Hebrón y sus aldeas. 4Entonces los habitantes de Judá fueron a Hebrón, y allí
ungieron a David como rey de su tribu.
Además, le comunicaron que los habitantes de Jabés de Galaad habían sepultado a
Saúl. 5Entonces David envió a los de
Jabés el siguiente mensaje: «Que el SEÑOR
los bendiga por haberle sido fieles a su
señor Saúl, y por darle sepultura. 6Y ahora, que el SEÑOR les muestre a ustedes su
amor y fidelidad, aunque yo también quiero recompensarlos por esto que han hecho.
7Cobren ánimo y sean valientes, pues
aunque su señor Saúl ha muerto, la tribu
de Judá me ha ungido como su rey.»

Guerra entre las tribus

8Entretanto, Abner hijo de Ner, general del ejército de Saúl, llevó a Isboset hijo
de Saúl a la ciudad de Majanayin, 9y allí
lo instauró rey de Galaad, de Guesurí,*d* de
Jezrel, de Efraín, de Benjamín y de todo
Israel.

10Isboset hijo de Saúl tenía cuarenta
años cuando fue instaurado rey de Israel,
y reinó dos años. La tribu de Judá, por su
parte, reconoció a David, 11quien desde
Hebrón reinó sobre la tribu de Judá durante siete años y seis meses.

12Abner hijo de Ner salió de Majanayin con las tropas de Isboset hijo de Saúl,
y llegó a Gabaón. 13Joab hijo de Sarvia,
por su parte, salió al frente de las tropas
de David. Los dos ejércitos se encontraron
en el estanque de Gabaón y tomaron posiciones en lados opuestos. 14Entonces
Abner le dijo a Joab:
—Propongo que salgan unos cuantos
jóvenes y midan sus armas en presencia
de nosotros.
—De acuerdo —respondió Joab.
15Así que pasaron al frente doce jóvenes del ejército benjaminita de Isboset hijo
de Saúl, y doce de los siervos de David.
16Cada soldado agarró a su rival por la
cabeza y le clavó la espada en el costado,
de modo que ambos combatientes murie-

---

*b***1:21** *¡Que no crezca el trigo para las ofrendas!* Texto de difícil traducción.   *c***1:21** *allí quedó manchado.*
Lit. *sin ser ungido con aceite.*   *d***2:9** *Guesurí* (Vulgata y Siríaca); *Asurí* o *Aser* (TM).

ron al mismo tiempo. Por eso a aquel lugar, que queda cerca de Gabaón, se le llama Jelcat Hazurín. *e*

17 Aquel día la batalla fue muy dura, y los siervos de David derrotaron a Abner y a los soldados de Israel. **18** Allí se encontraban Joab, Abisay y Asael, los tres hijos de Sarvia. Asael, que corría tan ligero como una gacela en campo abierto, **19** se lanzó tras Abner y lo persiguió sin vacilar. **20** Al mirar hacia atrás, Abner preguntó:

—¿Acaso no eres tú, Asael?

—¡Claro que sí! —respondió.

21 —¡Déjame tranquilo! —exclamó Abner—. Más te vale que agarres a algún otro y que te quedes con sus armas.

Pero Asael no le hizo caso, **22** así que Abner le advirtió una vez más:

—¡Deja ya de perseguirme, o me veré obligado a matarte! Y entonces, ¿cómo podría darle la cara a tu hermano Joab?

23 Como Asael no dejaba de perseguirlo, Abner le dio un golpe con la punta trasera de su lanza y le atravesó el vientre. La lanza le salió por la espalda, y ahí mismo Asael cayó muerto.

Todos los que pasaban por ahí se detenían a ver el cuerpo de Asael, **24** pero Joab y Abisay se lanzaron tras Abner. Ya se ponía el sol cuando llegaron al collado de Amá, frente a Guiaj, en el camino que lleva al desierto de Gabaón. **25** Entonces los soldados benjaminitas se reunieron para apoyar a Abner, y formando un grupo cerrado tomaron posiciones en lo alto de una colina. **26** Abner le gritó a Joab:

—¿Vamos a dejar que siga esta matanza? ¿No te das cuenta de que, al fin de cuentas, la victoria es amarga? ¿Qué esperas para ordenarles a tus soldados que dejen de perseguir a sus hermanos?

27 Joab respondió:

—Tan cierto como que Dios vive, que si no hubieras hablado, mis soldados habrían perseguido a sus hermanos hasta el amanecer.

28 En seguida Joab hizo tocar la trompeta, y todos los soldados, dejando de perseguir a los israelitas, se detuvieron y

ya no pelearon más. **29** Toda esa noche Abner y sus hombres atravesaron el Arabá. Después de cruzar el Jordán, siguieron por todo el territorio de Bitrón *f* hasta llegar a Majanayin.

30 Una vez que Joab dejó de perseguir a Abner, regresó y reunió a todo su ejército para contarlo. Además de Asael, faltaban diecinueve de los soldados de David. **31** Sin embargo, los soldados de David habían matado a trescientos sesenta de los soldados benjaminitas de Abner. **32** Tomaron luego el cuerpo de Asael y lo sepultaron en Belén, en la tumba de su padre. Toda esa noche Joab y sus hombres marcharon, y llegaron a Hebrón al amanecer.

3 La guerra entre las familias de Saúl y de David se prolongó durante mucho tiempo. David consolidaba más y más su reino, en tanto que el de Saúl se iba debilitando.

Hijos de David nacidos en Hebrón
3:2-5 — 1Cr 3:1-4

2 Mientras estuvo en Hebrón, David tuvo los siguientes hijos:

Su *primogénito fue Amnón hijo de Ajinoán la jezrelita;

3 el segundo, Quileab hijo de Abigaíl, viuda de Nabal de Carmel;

el tercero, Absalón hijo de Macá, la hija del rey Talmay de Guesur;

4 el cuarto, Adonías hijo de Jaguit;

el quinto, Sefatías hijo de Abital;

5 el sexto, Itreán hijo de Eglá, que era otra esposa de David.

Éstos son los hijos que le nacieron a David mientras estuvo en Hebrón.

Abner hace un pacto con David

6 Durante la guerra entre las familias de Saúl y de David, Abner fue consolidando su posición en el reino de Saúl, **7** aunque Isboset le reclamó a Abner el haberse acostado con Rizpa hija de Ayá, que había sido concubina de Saúl. **8** A Abner le molestó mucho el reclamo, así que replicó:

—¿Acaso soy un *perro de Judá? Hasta el día de hoy me he mantenido fiel a la

---

e **2:16** En hebreo, *Jelcat Hazurín* probablemente significa *campo de dagas.*   *f* **2:29** *siguieron por todo el territorio de Bitrón.* Alt. *caminaron toda la mañana.*

familia de tu padre Saúl, incluso a sus parientes y amigos, y conste que no te he entregado en manos de David. ¡Y ahora me sales con que he cometido una falta con esa mujer! **9**Que Dios me castigue sin piedad si ahora yo no procedo con David conforme a lo que el SEÑOR le juró: **10**Voy a quitarle el reino a la familia de Saúl y a establecer el trono de David sobre Israel y Judá, desde Dan hasta Berseba.

11Isboset no se atrevió a responderle a Abner ni una sola palabra, pues le tenía miedo. **12**Entonces Abner envió unos mensajeros a decirle a David: «¿A quién le pertenece la tierra, si no a usted? Haga un pacto conmigo, y yo lo apoyaré para hacer que todo Israel se ponga de su parte.»

13«Muy bien —respondió David—. Haré un pacto contigo, pero con esta condición: Cuando vengas a verme, trae contigo a Mical hija de Saúl. De lo contrario, no te recibiré.» **14**Además, David envió unos mensajeros a decirle a Isboset hijo de Saúl: «Devuélveme a mi esposa Mical, por la que di a cambio cien prepucios de filisteos.»

15Por tanto, Isboset mandó que se la quitaran a Paltiel hijo de Lais, que era su esposo, **16**pero Paltiel se fue tras ella, llorando por todo el camino hasta llegar a Bajurín. Allí Abner le ordenó que regresara, y Paltiel obedeció.

17Luego Abner habló con los *ancianos de Israel. «Hace tiempo que ustedes quieren hacer rey a David —les dijo—. **18**Ya pueden hacerlo, pues el SEÑOR le ha prometido: "Por medio de ti, que eres mi siervo, libraré a mi pueblo Israel del poder de los filisteos y de todos sus enemigos."»

19Abner habló también con los de Benjamín, y más tarde fue a Hebrón para contarle a David todo lo que Israel y la tribu de Benjamín deseaban hacer. **20**Cuando Abner llegó a Hebrón, David preparó un banquete para él y los veinte hombres que lo acompañaban. **21**Allí Abner le propuso a David: «Permítame Su Majestad convocar a todo Israel para que hagan un pacto con usted, y así su reino se extenderá a su gusto.» Con esto, David despidió a Abner, y éste se fue tranquilo.

Joab asesina a Abner

22Ahora bien, los soldados de David regresaban con Joab de una de sus campañas, y traían un gran botín. Abner ya no estaba con David en Hebrón, pues David lo había despedido, y él se había ido tranquilo. **23**Cuando llegó Joab con la tropa que lo acompañaba, le notificaron que Abner hijo de Ner había visitado al rey, y que el rey lo había dejado ir en paz.

24Por tanto, Joab fue a ver al rey y le dijo: «¡Así que Abner vino a ver a Su Majestad! ¿Y cómo se le ocurre dejar que se vaya tal como vino? **25**¡Ya Su Majestad lo conoce! Lo más seguro es que haya venido con engaño para averiguar qué planes tiene usted, y para enterarse de todo lo que usted está haciendo.»

26En cuanto Joab salió de hablar con David, envió mensajeros tras Abner, los cuales lo hicieron volver del pozo de Sira. Pero de esto Joab no le dijo nada a David. **27**Cuando Abner regresó a Hebrón, Joab lo llevó aparte a la *entrada de la ciudad, como para hablar con él en privado. Allí lo apuñaló en el vientre, y Abner murió. Así Joab se vengó de la muerte de su hermano Asael.

28Algún tiempo después, David se enteró de esto y declaró: «Hago constar ante el SEÑOR, que mi reino y yo somos totalmente inocentes de la muerte de Abner hijo de Ner. **29**¡Los responsables de su muerte son Joab y toda su familia! ¡Que nunca falte en la familia de Joab alguien que sufra de hemorragia o de *lepra, o que sea cojo, o que muera violentamente, o que pase hambre!»

30Joab y su hermano Abisay asesinaron a Abner porque en la batalla de Gabaón él había matado a Asael, hermano de ellos.

31David ordenó a Joab y a todos los que estaban con él: «Rásguense las vestiduras, vístanse de luto, y hagan duelo por Abner.» El rey David en persona marchó detrás del féretro, **32**y Abner fue enterrado en Hebrón. Junto a la tumba, el rey lloró a gritos, y todo el pueblo lloró con él. **33**Entonces el rey compuso este lamento por Abner:

«¿Por qué tenía que morir Abner
como mueren los canallas?
34¡No tenías atadas las manos
ni te habían encadenado los pies!
¡Caíste como el que cae
en manos de criminales!»

Y el pueblo lloró aún más. 35Todos se acercaron a David y le rogaron que comiera algo mientras todavía era de día, pero él hizo este juramento: «¡Que Dios me castigue sin piedad si pruebo pan o algún otro alimento antes de que se ponga el sol!»

36La gente prestó atención, y a todos les pareció bien. En realidad, todo lo que hacía el rey les agradaba. 37Aquel día todo el pueblo y todo Israel reconocieron que el rey no había sido responsable de la muerte de Abner hijo de Ner.

38El rey también le dijo a su gente: «¿No se dan cuenta de que hoy ha muerto en Israel un hombre extraordinario? 39En cuanto a mí, aunque me han ungido rey, soy todavía débil; no puedo hacerles frente a estos hijos de Sarvia. ¡Que el Señor le pague al malhechor según sus malas obras!»

Asesinato de Isboset

4 Cuando Isboset hijo de Saúl se enteró de que Abner había muerto en Hebrón, se acobardó, y con él todos los israelitas. 2Isboset contaba con dos sujetos que comandaban bandas armadas. Uno de ellos se llamaba Baná, y el otro Recab, y ambos eran hijos de Rimón el berotita y pertenecían a la tribu de Benjamín. Berot se consideraba parte de Benjamín, 3pues los habitantes de Berot se habían refugiado en Guitayin, donde hasta la fecha residen.

4Por otra parte, Jonatán hijo de Saúl tenía un hijo de cinco años, llamado Mefiboset, que estaba tullido. Resulta que cuando de Jezrel llegó la noticia de la muerte de Saúl y Jonatán, su nodriza lo cargó para huir pero, con el apuro, se le cayó y por eso quedó cojo.

5Ahora bien, Recab y Baná, los hijos de Rimón el berotita, partieron para la casa de Isboset y llegaron a la hora más calurosa del día, cuando él dormía la siesta.

6Con el pretexto de sacar un poco de trigo, Recab y su hermano Baná entraron al interior de la casa, y allí mismo lo apuñalaron en el vientre. Después de eso, escaparon. 7Se habían metido en la casa mientras Isboset estaba en la alcoba, acostado en su cama. Lo mataron a puñaladas, y luego le cortaron la cabeza y se la llevaron. Caminaron toda la noche por el Arabá 8y, al llegar a Hebrón, le entregaron a David la cabeza de Isboset, diciendo:

—Mire, Su Majestad: aquí le traemos la cabeza de Isboset, hijo de su enemigo Saúl, que intentó matarlo a usted. El Señor ha vengado hoy a Su Majestad por lo que Saúl y su descendencia le hicieron.

9Pero David les respondió a Recab y a Baná, los hijos de Rimón el berotita:

—Tan cierto como que vive el Señor, quien me ha librado de todas mis angustias, 10les juro que quien me anunció la muerte de Saúl se imaginaba que me traía buenas noticias, ¡pero la recompensa que le di por tan "buenas noticias" fue apresarlo y matarlo en Siclag! 11¡Y con mayor razón castigaré a los malvados que han dado muerte a un inocente mientras éste dormía en su propia cama! ¿Acaso no voy a vengar su muerte exterminándolos a ustedes de la tierra?

12Entonces David les ordenó a sus soldados que los mataran, y que además les cortaran las manos y los pies, y colgaran sus cuerpos junto al estanque de Hebrón. En cambio, la cabeza de Isboset la enterraron en Hebrón, en el sepulcro de Abner.

David es ungido rey de Israel
5:1-3 — 1Cr 11:1-3

5 Todas las tribus de Israel fueron a Hebrón para hablar con David. Le dijeron: «Su Majestad y nosotros somos de la misma sangre. 2Ya desde antes, cuando Saúl era nuestro rey, usted dirigía a Israel en sus campañas. El Señor le dijo a Su Majestad: "Tú guiarás a mi pueblo Israel y lo gobernarás."» 3Así pues, todos los *ancianos de Israel fueron a Hebrón para hablar con el rey David, y allí el rey hizo un pacto con ellos en presencia del Señor. Después de eso, ungieron a David para que fuera rey sobre Israel.

4David tenía treinta años cuando comenzó a reinar, y reinó cuarenta años. 5Durante siete años y seis meses fue rey de Judá en Hebrón; luego reinó en Jerusalén sobre todo Israel y Judá durante treinta y tres años.

David conquista Jerusalén
5:6-10 — 1Cr 11:4-9
5:11-16 — 1Cr 3:5-9; 14:1-7

6El rey y sus soldados marcharon sobre Jerusalén para atacar a los jebuseos, que vivían allí. Los jebuseos, pensando que David no podría entrar en la ciudad, le dijeron a David: «Aquí no entrarás; para ponerte en retirada, nos bastan los ciegos y los cojos.» 7Pero David logró capturar la fortaleza de *Sión, que ahora se llama la Ciudad de David. 8Aquel día David dijo: «Todo el que vaya a matar a los jebuseos, que suba por el acueducto, para alcanzar a los cojos y a los ciegos. ¡Los aborrezco!» De ahí viene el dicho: «Los ciegos y los cojos no entrarán en el palacio.»

9David se instaló en la fortaleza y la llamó Ciudad de David. También construyó una muralla alrededor, desde el terraplén g hasta el palacio, 10y se fortaleció más y más, porque el SEÑOR Dios *Todopoderoso estaba con él.

11Hiram, rey de Tiro, envió una embajada a David, y también le envió madera de cedro, carpinteros y canteros, para construirle un palacio. 12Con esto David se dio cuenta de que el SEÑOR, por amor a su pueblo, lo había establecido a él como rey sobre Israel y había engrandecido su reino.

13Cuando David se trasladó de Hebrón a Jerusalén, tomó más concubinas y esposas, con las cuales tuvo otros hijos y otras hijas. 14Los hijos que allí tuvo fueron Samúa, Sobab, Natán, Salomón, 15Ibjar, Elisúa, Néfeg, Jafía, 16Elisama, Eliadá y Elifelet.

David derrota a los filisteos
5:17-25 — 1Cr 14:8-17

17Al enterarse los filisteos de que David había sido ungido rey de Israel, subieron todos ellos contra él; pero David lo supo de antemano y bajó a la fortaleza. 18Los filisteos habían avanzado, desplegando sus fuerzas en el valle de Refayín, 19así que David consultó al SEÑOR:

—¿Debo atacar a los filisteos? ¿Los entregarás en mi poder?

—Atácalos —respondió el SEÑOR—; te aseguro que te los entregaré.

20Entonces David fue a Baal Perasín, y allí los derrotó. Por eso aquel lugar se llama Baal Perasín, h pues David dijo: «El SEÑOR ha abierto brechas a mi paso entre mis enemigos, así como se abren brechas en el agua.» 21Allí los filisteos dejaron abandonados sus ídolos, y David y sus soldados se los llevaron.

22Pero los filisteos volvieron a avanzar contra David, y desplegaron sus fuerzas en el valle de Refayín, 23así que David volvió a consultar al SEÑOR.

—No los ataques todavía —le respondió el SEÑOR—; rodéalos hasta llegar a los árboles de bálsamo, y entonces atácalos por la retaguardia. 24Tan pronto como oigas un ruido como de pasos sobre las copas de los árboles, lánzate al ataque, pues eso quiere decir que el SEÑOR va al frente de ti para derrotar al ejército filisteo.

25Así lo hizo David, tal como el SEÑOR se lo había ordenado, y derrotó a los filisteos desde Gabaón i hasta Guézer.

David lleva el arca a Jerusalén
6:1-11 — 1Cr 13:1-14
6:12-19 — 1Cr 15:25—16:3

6 Una vez más, David reunió los treinta batallones de soldados escogidos de Israel, 2y con todo su ejército partió hacia Balá de Judá para trasladar de allí el arca de Dios, sobre la que se invoca su *nombre, el nombre del SEÑOR *Todopoderoso que reina entre los *querubines. 3Colocaron el arca de Dios en una carreta nueva y se la llevaron de la casa de Abinadab, que estaba situada en una colina. Uza y Ajío, hijos de Abinadab, guiaban la carreta nueva 4que

---

g 5:9 terraplén. Alt. Milo.   h 5:20 En hebreo, Baal Perasín significa el dueño de las brechas.
i 5:25 Gabaón (LXX; véase 1Cr 14:16); Geba (TM).

llevaba el arca de Dios.ʲ Ajío iba delante del arca, ⁵mientras David y todo el pueblo de Israel danzaban ante el Señor con gran entusiasmo y cantaban al son de arpas,ᵏ liras, panderetas, sistros y címbalos.

⁶Al llegar a la parcela de Nacón, los bueyes tropezaron; pero Uza, extendiendo las manos, sostuvo el arca de Dios. ⁷Con todo, la ira del Señor se encendió contra Uza por su atrevimiento y lo hirió de muerte ahí mismo, de modo que Uza cayó fulminado junto al arca.

⁸David se enojó porque el Señor había matado a Uza, así que llamó a aquel lugar Peres Uza,ˡ nombre que conserva hasta el día de hoy. ⁹Aquel día David se sintió temeroso del Señor y exclamó: «¡Es mejor que no me lleve el arca del Señor!» ¹⁰Y como ya no quería llevarse el arca del Señor a la Ciudad de David, ordenó que la trasladaran a la casa de Obed Edom, oriundo de Gat. ¹¹Fue así como el arca del Señor permaneció tres meses en la casa de Obed Edom de Gat, y el Señor lo bendijo a él y a toda su familia.

¹²En cuanto le contaron al rey David que por causa del arca el Señor había bendecido a la familia de Obed Edom y toda su hacienda, David fue a la casa de Obed Edom y, en medio de gran algarabía, trasladó el arca de Dios a la Ciudad de David. ¹³Apenas habían avanzado seis pasos los que llevaban el arca cuando David sacrificó un toro y un ternero engordado. ¹⁴Vestido tan sólo con un *efod de lino, se puso a bailar ante el Señor con gran entusiasmo. ¹⁵Así que entre vítores y al son de cuernos de carnero, David y todo el pueblo de Israel llevaban el arca del Señor.

¹⁶Sucedió que, al entrar el arca del Señor a la Ciudad de David, Mical hija de Saúl se asomó a la ventana; y cuando vio que el rey David estaba saltando y bailando delante del Señor, sintió por él un profundo desprecio.

¹⁷El arca del Señor fue llevada a la tienda de campaña que David le había preparado. La instalaron en su sitio, y David ofreció *holocaustos y sacrificios de *comunión en presencia del Señor. ¹⁸Después de ofrecer los holocaustos y los sacrificios de comunión, David bendijo al pueblo en el nombre del Señor Todopoderoso, ¹⁹y a cada uno de los israelitas que estaban allí congregados, que eran toda una multitud de hombres y mujeres, les repartió pan, una torta de dátiles y una torta de uvas pasas. Después de eso, todos regresaron a sus casas.

²⁰Cuando David volvió para bendecir a su familia, Mical, la hija de Saúl, le salió al encuentro y le reprochó:

—¡Qué distinguido se ha visto hoy el rey de Israel, desnudándose como un cualquiera en presencia de las esclavas de sus oficiales!

²¹David le respondió:

—Lo hice en presencia del Señor, quien en vez de escoger a tu padre o a cualquier otro de su familia, me escogió a mí y me hizo gobernante de Israel, que es el pueblo del Señor. De modo que seguiré bailando en presencia del Señor, ²²y me rebajaré más todavía, hasta humillarme completamente. Sin embargo, esas mismas esclavas de quienes hablas me rendirán honores.

²³Y Mical hija de Saúl murió sin haber tenido hijos.

Promesa de Dios a David
7:1-17 — 1Cr 17:1-15

7 Una vez que el rey David se hubo establecido en su palacio, el Señor le dio descanso de todos los enemigos que lo rodeaban. ²Entonces el rey le dijo al profeta Natán:

—Como puedes ver, yo habito en un palacio de cedro, mientras que el arca de Dios se encuentra bajo el toldo de una tienda de campaña.

³—Bien —respondió Natán—. Haga Su Majestad lo que su *corazón le dicte, pues el Señor está con usted.

ʲ**6:4** *que llevaba el arca de Dios* (Qumrán y mss. de LXX); *y se la llevaron de la casa de Abinadab, que estaba situada en una colina, con el arca de Dios* (TM).　ᵏ**6:5** *danzaban ... arpas* (véanse Qumrán, LXX, 1Cr 13:8); *danzaban ante el SEÑOR al son de todo instrumento de madera, arpas* (TM).　ˡ**6:8** En hebreo, *Peres Uza* significa *golpe de Uza* o *brecha en Uza.*

4Pero aquella misma noche la palabra del SEÑOR vino a Natán y le dijo:

5«Ve y dile a mi siervo David que así dice el SEÑOR: "¿Serás tú acaso quien me construya una casa para que yo la habite? 6Desde el día en que saqué a los israelitas de Egipto, y hasta el día de hoy, no he habitado en casa alguna, sino que he andado de acá para allá, en una tienda de campaña a manera de santuario. 7Todo el tiempo que anduve con los israelitas, cuando mandé a sus gobernantes que pastorearan a mi pueblo Israel, ¿acaso le reclamé a alguno de ellos el no haberme construido una casa de cedro?"

8»Pues bien, dile a mi siervo David que así dice el SEÑOR *Todopoderoso: "Yo te saqué del redil para que, en vez de cuidar ovejas, gobernaras a mi pueblo Israel. 9Yo he estado contigo por dondequiera que has ido, y por ti he aniquilado a todos tus enemigos. Y ahora voy a hacerte tan famoso como los más grandes de la tierra. 10También voy a designar un lugar para mi pueblo Israel, y allí los plantaré para que puedan vivir sin sobresaltos. Sus malvados enemigos no volverán a humillarlos como lo han hecho desde el principio, 11desde el día en que nombré gobernantes sobre mi pueblo Israel. Y a ti te daré descanso de todos tus enemigos."

»Pero ahora el SEÑOR te hace saber que será él quien te construya una casa. 12"Cuando tu vida llegue a su fin y vayas a descansar entre tus antepasados, yo pondré en el trono a uno de tus propios descendientes, y afirmaré su reino. 13Será él quien construya una casa en mi honor, y yo afirmaré su trono real para siempre. 14Yo seré su padre, y él será mi hijo. Así que, cuando haga lo malo, lo castigaré con varas y azotes, como lo haría un padre. 15Sin embargo, no le negaré mi amor, como se lo negué

a Saúl, a quien abandoné para abrirte paso. 16Tu casa y tu reino durarán para siempre delante de mí;m tu trono quedará establecido para siempre."»

17Natán le comunicó todo esto a David, tal como lo había recibido por revelación.

Oración de David
7:18-29 — 1Cr 17:16-27

18Luego el rey David se presentó ante el SEÑOR y le dijo:

«SEÑOR y Dios, ¿quién soy yo, y qué es mi familia, para que me hayas hecho llegar tan lejos? 19Como si esto fuera poco, SEÑOR y Dios, también has hecho promesas a este siervo tuyo en cuanto al futuro de su dinastía. ¡Tal es tu plan para con los *hombres, SEÑOR y Dios!n

20»¿Qué más te puede decir tu siervo David que tú no sepas, SEÑOR mi Dios? 21Has hecho estas maravillas en cumplimiento de tu palabra, según tu voluntad, y las has revelado a tu siervo.

22»¡Qué grande eres, SEÑOR omnipotente! Nosotros mismos hemos aprendido que no hay nadie como tú, y que aparte de ti no hay Dios. 23¿Y qué nación se puede comparar con tu pueblo Israel? Es la única nación en la tierra que tú has redimido, para hacerla tu propio pueblo y para dar a conocer tu *nombre. Hiciste prodigios y maravillas cuando al paso de tu pueblo, al cual redimiste de Egipto, expulsaste a las naciones y a sus dioses.ñ 24Estableciste a Israel para que fuera tu pueblo para siempre, y para que tú, SEÑOR, fueras su Dios.

25»Y ahora, SEÑOR y Dios, reafirma para siempre la promesa que le has hecho a tu siervo y a su dinastía. Cumple tu palabra 26para que tu nombre sea siempre exaltado, y para que todos digan: "¡El SEÑOR *Todopoderoso es Dios de Israel!" Entonces la dinastía de

---

m7:16 mí (mss. hebreos; véanse LXX y Siríaca); ti (TM).   n7:19 ¡Tal ... Dios! Alt. ¿Así procedes con el hombre, SEÑOR y Dios? o ¿Así actúa el hombre, SEÑOR y Dios?   ñ7:23 cuando al paso ... a sus dioses (LXX; véase 1Cr 17:21); por tu tierra al paso de tu pueblo, al cual redimiste de Egipto, de las naciones y sus dioses (TM).

tu siervo David quedará establecida en tu presencia.

27»SEÑOR Todopoderoso, Dios de Israel, tú le has revelado a tu siervo el propósito de establecerle una dinastía, y por eso tu siervo se ha atrevido a hacerte esta súplica. 28SEÑOR mi Dios, tú que le has prometido tanta bondad a tu siervo, ¡tú eres Dios, y tus promesas son fieles! 29Dígnate entonces bendecir a la familia de tu siervo, de modo que bajo tu protección exista para siempre, pues tú mismo, SEÑOR omnipotente, lo has prometido. Si tú bendices a la dinastía de tu siervo, quedará bendita para siempre.»

Victorias de David
8:1-14 — 1Cr 18:1-13

8 Pasado algún tiempo, David derrotó a los filisteos y los subyugó, quitándoles el control de Méteg Amá. 2También derrotó a los moabitas, a quienes obligó a tenderse en el suelo y midió con un cordel; a los que cabían a lo largo de dos medidas los condenó a muerte, pero dejó con vida a los que quedaban dentro de la medida siguiente. Fue así como los moabitas pasaron a ser vasallos tributarios de David.

3Además, David derrotó a Hadad Ezer, hijo del rey Rejob de Sobá, cuando Hadad Ezer trató de restablecer su dominio sobre la región del río Éufrates. 4David le capturó mil carros, siete mil jinetes⁰ y veinte mil soldados de infantería; también desjarretó los caballos de tiro, aunque dejó los caballos suficientes para cien carros.

5Luego, cuando los *sirios de Damasco acudieron en auxilio de Hadad Ezer, rey de Sobá, David aniquiló a veintidós mil de ellos. 6También puso guarniciones en Damasco, de modo que los sirios pasaron a ser vasallos tributarios de David. En todas las campañas de David, el SEÑOR le daba la *victoria.

7En cuanto a los escudos de oro que llevaban los oficiales de Hadad Ezer, David se apropió de ellos y los trasladó a Jerusalén. 8Así mismo se apoderó de una gran cantidad de bronce que había en Tébajᵖ y Berotay, poblaciones de Hadad Ezer.

9Tou,�q rey de Jamat, se enteró de que David había derrotado por completo al ejército de Hadad Ezer. 10Como Tou también era enemigo de Hadad Ezer, envió a su hijo Jorán a desearle *bienestar al rey David, y a felicitarlo por haber derrotado a Hadad Ezer en batalla. Joránʳ llevó consigo objetos de plata, de oro y de bronce, 11los cuales el rey David consagró al SEÑOR, tal como lo había hecho con la plata y el oro de las otras naciones que él había subyugado: 12Edom,ˢ Moab, los amonitas, los filisteos y los amalecitas. También consagró el botín que le había quitado a Hadad Ezer, hijo del rey Rejob de Sobá.

13La fama de David creció aún más cuando regresó victorioso del valle de la Sal, donde aniquiló a dieciocho mil edomitas. 14También puso guarniciones en Edom; las estableció por todo el país, de modo que los edomitas pasaron a ser vasallos tributarios de David. En todas sus campañas, el SEÑOR le daba la victoria.

Los oficiales de David
8:15-18 — 1Cr 18:14-17

15David reinó sobre todo Israel, gobernando al pueblo entero con justicia y rectitud. 16Joab hijo de Sarvia era general del ejército; Josafat hijo de Ajilud era el secretario; 17Sadoc hijo de Ajitob y Ajimélec hijo de Abiatar eran sacerdotes; Seraías era el cronista; 18Benaías hijo de Joyadá estaba al mando de los soldados quereteos y peleteos, y los hijos de David eran ministros.ᵗ

David y Mefiboset

9 El rey David averiguó si había alguien de la familia de Saúl a quien pudiera beneficiar en memoria de Jonatán, 2y como la familia de Saúl había tenido

---

⁰8:4 *mil carros, siete mil jinetes* (LXX; véanse Qumrán y 1Cr 18:4); *mil setecientos jinetes* (TM). ᵖ8:8 *Tébaj* (Siríaca; véanse mss. de LXX y 1Cr 18:8); *Beta* (TM). �q8:9 *Tou* (véanse mss. de LXX, Vulgata, Siríaca, 1Cr 18:9-10); *Toy* (TM); también en v. 10. ʳ8:10 *Jorán.* También llamado *Adorán* (véase 1Cr 18:10). ˢ8:12 *Edom* (mss. hebreos, LXX y Siríaca; véase 1Cr 18:11); *Aram* (TM); también en v. 13 (*edomitas*). ᵗ8:18 *ministros.* Lit. *sacerdotes.*

un administrador que se llamaba Siba, mandaron a llamarlo. Cuando Siba se presentó ante David, éste le preguntó:

—¿Tú eres Siba?

—A las órdenes de Su Majestad —respondió.

³—¿No queda nadie de la familia de Saúl a quien yo pueda beneficiar en el *nombre de Dios? —volvió a preguntar el rey.

—Sí, Su Majestad. Todavía le queda a Jonatán un hijo que está tullido de ambos pies —le respondió Siba.

⁴—¿Y dónde está?

—En Lo Debar; vive en casa de Maquir hijo de Amiel.

⁵Entonces el rey David mandó a buscarlo a casa de Maquir hijo de Amiel, en Lo Debar. ⁶Cuando Mefiboset, que era hijo de Jonatán y nieto de Saúl, estuvo en presencia de David, se inclinó ante él rostro en tierra.

—¿Tú eres Mefiboset? —le preguntó David.

—A las órdenes de Su Majestad —respondió.

⁷—No temas, pues en memoria de tu padre Jonatán he decidido beneficiarte. Voy a devolverte todas las tierras que pertenecían a tu abuelo Saúl, y de ahora en adelante te sentarás a mi mesa.

⁸Mefiboset se inclinó y dijo:

—¿Y quién es este siervo suyo, para que Su Majestad se fije en él? ¡Si no valgo más que un *perro muerto!

⁹Pero David llamó a Siba, el administrador de Saúl, y le dijo:

—Todo lo que pertenecía a tu amo Saúl y a su familia se lo entrego a su nieto Mefiboset. ¹⁰Te ordeno que cultives para él la tierra y guardes la cosecha para el sustento de su casa. Que te ayuden tus quince hijos y tus veinte criados. En cuanto al nieto de tu amo, siempre comerá en mi mesa.

¹¹—Yo estoy para servir a Su Majestad. Haré todo lo que Su Majestad me mande —respondió Siba.

A partir de ese día Mefiboset se sentó a la mesa de David*ᵘ* como uno más de los hijos del rey. ¹²Toda la familia de Siba estaba al servicio de Mefiboset, quien tenía un hijo pequeño llamado Micaías. ¹³Tullido de ambos pies, Mefiboset vivía en Jerusalén, pues siempre se sentaba a la mesa del rey.

David derrota a los amonitas
10:1-19 — 1Cr 19:1-19

10 Pasado algún tiempo, murió el rey de los amonitas, y su hijo Janún lo sucedió en el trono. ²Entonces David pensó: «Debo ser leal con Janún hijo de Najás, tal como su padre lo fue conmigo.» Así que envió a unos mensajeros para darle el pésame por la muerte de su padre.

Cuando los mensajeros de David llegaron al país de los amonitas, ³los jefes de ese pueblo aconsejaron a Janún, su rey: «¿Y acaso cree Su Majestad que David ha enviado a estos mensajeros sólo para darle el pésame, y porque quiere honrar a su padre? ¿No será más bien que los ha enviado a espiar la ciudad para luego destruirla?» ⁴Entonces Janún mandó que apresaran a los mensajeros de David y que les afeitaran media barba y les rasgaran la ropa por la mitad, a la altura de las nalgas. Y así los despidió.

⁵Los hombres del rey David se sentían muy avergonzados. Cuando David se enteró de lo que les había pasado, mandó que los recibieran y les dieran este mensaje de su parte: «Quédense en Jericó, y no regresen hasta que les crezca la barba.»

⁶Al darse cuenta los amonitas de que habían ofendido a David, hicieron trámites para contratar mercenarios: de entre los *sirios de Bet Rejob y de Sobá, veinte mil soldados de infantería; del rey de Macá, mil hombres; y de Tob, doce mil hombres. ⁷Cuando David lo supo, despachó a Joab con todos los soldados del ejército. ⁸Los amonitas avanzaron hasta la *entrada de su ciudad y se alistaron para la batalla, mientras que los sirios de Sobá y Rejob se quedaron aparte, en campo abierto, junto con los hombres de Tob y de Macá.

---

*ᵘ***9:11** *la mesa de David* (LXX); *mi mesa* (TM).

9Joab se vio amenazado por el frente y por la retaguardia, así que escogió a las mejores tropas israelitas para pelear contra los sirios, 10y el resto de las tropas las puso al mando de su hermano Abisay, para que enfrentaran a los amonitas. 11A Abisay le ordenó: «Si los sirios pueden más que yo, tú vendrás a rescatarme; y si los amonitas pueden más que tú, yo iré a tu rescate. 12¡Ánimo! ¡Luchemos con valor por nuestro pueblo y por las ciudades de nuestro Dios! Y que el Señor haga lo que bien le parezca.»

13En seguida Joab y sus tropas avanzaron para atacar a los sirios, y éstos huyeron de él. 14Al ver que los sirios se daban a la fuga, también los amonitas huyeron de Abisay y se refugiaron en la ciudad. Entonces Joab suspendió el ataque contra los amonitas y regresó a Jerusalén.

15Los sirios, al verse derrotados por Israel, volvieron a reunirse. 16Además, Hadad Ezer mandó movilizar a los sirios que estaban al otro lado del río Éufrates, los cuales fueron a Jelán bajo el mando de Sobac, general del ejército de Hadad Ezer. 17Cuando David se enteró de esto, reunió a todo Israel, cruzó el Jordán y marchó hacia Jelán. Los sirios se enfrentaron con David y lo atacaron, 18pero tuvieron que huir ante los israelitas. David mató a setecientos soldados sirios de caballería y cuarenta mil de infantería.v También hirió a Sobac, general del ejército sirio, quien murió allí mismo. 19Al ver que los sirios habían sido derrotados por los israelitas, todos los reyes vasallos de Hadad Ezer hicieron la paz con los israelitas y se sometieron a ellos. Y nunca más se atrevieron los sirios a ir en auxilio de los amonitas.

David y Betsabé

11 En la primavera, que era la época en que los reyesw salían de campaña, David mandó a Joab con la guardia real y todo el ejército de Israel para que aniquilara a los amonitas y sitiara la ciu-

dad de Rabá. Pero David se quedó en Jerusalén.

2Una tarde, al levantarse David de la cama, comenzó a pasearse por la azotea del palacio, y desde allí vio a una mujer que se estaba bañando. La mujer era sumamente hermosa, 3por lo que David mandó que averiguaran quién era, y le informaron: «Se trata de Betsabé, que es hija de Elián y esposa de Urías el hitita.» 4Entonces David ordenó que la llevaran a su presencia, y cuando Betsabé llegó, él se acostó con ella. Después de eso, ella volvió a su casa. Hacía poco que Betsabé se había *purificado de su menstruación,x 5así que quedó embarazada y se lo hizo saber a David.

6Entonces David le envió este mensaje a Joab: «Mándame aquí a Urías el hitita.» Y Joab así lo hizo. 7Cuando Urías llegó, David le preguntó cómo estaban Joab y los soldados, y cómo iba la campaña. 8Luego le dijo: «Vete a tu casa y acuéstate con tu mujer.»y Tan pronto como salió del palacio, Urías recibió un regalo de parte del rey, 9pero en vez de irse a su propia casa, se acostó a la entrada del palacio, donde dormía la guardia real.

10David se enteró de que Urías no había ido a su casa, así que le preguntó:

—Has hecho un viaje largo; ¿por qué no fuiste a tu casa?

11—En este momento —respondió Urías—, tanto el arca como los hombres de Israel y de Judá se guarecen en simples enramadas, y mi señor Joab y sus oficiales acampan al aire libre, ¿y yo voy a entrar en mi casa para darme un banquete y acostarme con mi esposa? ¡Tan cierto como que Su Majestad vive, que yo no puedo hacer tal cosa!

12—Bueno, entonces quédate hoy aquí, y mañana te enviaré de regreso —replicó David.

Urías se quedó ese día en Jerusalén. Pero al día siguiente 13David lo invitó a un banquete y logró emborracharlo. A pesar de eso, Urías no fue a su casa sino

---

v10:18 *de infantería* (mss. de LXX; véase también 1Cr 19:18); *jinetes* (TM).   w11:1 *reyes* (LXX, Vulgata y varios mss. hebreos); *mensajeros* (TM).   x11:4 *Hacía poco ... se había purificado de su menstruación.* Es decir, no había quedado embarazada por Urías, y era tiempo propicio para la concepción.   y11:8 *acuéstate con tu mujer.* Lit. *lávate los pies.*

que volvió a pasar la noche donde dormía la guardia real. 14A la mañana siguiente, David le escribió una carta a Joab, y se la envió por medio de Urías. 15La carta decía: «Pongan a Urías al frente de la batalla, donde la lucha sea más dura. Luego déjenlo solo, para que lo hieran y lo maten.»

16Por tanto, cuando Joab ya había sitiado la ciudad, puso a Urías donde sabía que estaban los defensores más aguerridos. 17Los de la ciudad salieron para enfrentarse a Joab, y entre los oficiales de David que cayeron en batalla también perdió la vida Urías el hitita.

18Entonces Joab envió a David un informe con todos los detalles del combate, 19y le dio esta orden al mensajero: «Cuando hayas terminado de contarle al rey todos los pormenores del combate, 20tal vez se enoje y te pregunte: "¿Por qué se acercaron tanto a la ciudad para atacarla? ¿Acaso no sabían que les dispararían desde la muralla? 21¿Quién mató a Abimélec hijo de Yerubéset?z ¿No fue acaso una mujer la que le arrojó una piedra de molino desde la muralla de Tebes y lo mató? ¿Por qué se acercaron tanto a la muralla?" Pues si te hace estas preguntas, respóndele: "También ha muerto Urías el hitita, siervo de Su Majestad."»

22El mensajero partió, y al llegar le contó a David todo lo que Joab le había mandado decir.

23—Los soldados enemigos nos estaban venciendo —dijo el mensajero—, pero cuando nos atacaron a campo abierto pudimos rechazarlos hasta la *entrada de la ciudad. 24Entonces los arqueros dispararon desde la muralla a los soldados de Su Majestad, de modo que murieron varios de los nuestros. También ha muerto Urías el hitita, siervo de Su Majestad.

25Entonces David le dijo al mensajero:

—Dile a Joab de mi parte que no se aflija tanto por lo que ha pasado, pues la espada devora sin discriminar. Dile también que reanude el ataque contra la ciudad, hasta destruirla.

26Cuando Betsabé se enteró de que Urías, su esposo, había muerto, hizo duelo por él. 27Después del luto, David mandó que se la llevaran al palacio y la tomó por esposa. Con el tiempo, ella le dio un hijo. Sin embargo, lo que David había hecho le desagradó al SEÑOR.

Natán reprende a David
11:1; 12:29-31 — 1Cr 20:1-3

12 El SEÑOR envió a Natán para que hablara con David. Cuando este profeta se presentó ante David, le dijo:

—Dos hombres vivían en un pueblo. El uno era rico, y el otro pobre. 2El rico tenía muchísimas ovejas y vacas; 3en cambio, el pobre no tenía más que una sola ovejita que él mismo había comprado y criado. La ovejita creció con él y con sus hijos: comía de su plato, bebía de su vaso y dormía en su regazo. Era para ese hombre como su propia hija. 4Pero sucedió que un viajero llegó de visita a casa del hombre rico, y como éste no quería matar ninguna de sus propias ovejas o vacas para darle de comer al huésped, le quitó al hombre pobre su única ovejita.

5Tan grande fue el enojo de David contra aquel hombre, que le respondió a Natán:

—¡Tan cierto como que el SEÑOR vive, que quien hizo esto merece la muerte! 6¿Cómo pudo hacer algo tan ruin? ¡Ahora pagará cuatro veces el valor de la oveja!

7Entonces Natán le dijo a David:

—¡Tú eres ese hombre! Así dice el SEÑOR, Dios de Israel: "Yo te ungí como rey sobre Israel, y te libré del poder de Saúl. 8Te di el palacio de tu amo, y puse sus mujeres en tus brazos. También te permití gobernar a Israel y a Judá. Y por si esto hubiera sido poco, te habría dado mucho más. 9¿Por qué, entonces, despreciaste la palabra del SEÑOR haciendo lo que me desagrada? ¡Asesinaste a Urías el hitita para apoderarte de su esposa! ¡Lo mataste con la espada de los amonitas! 10Por eso la espada jamás se apartará de tu familia, pues me despreciaste al tomar la esposa de Urías el hitita para hacerla tu mujer."

z 11:21 Yerubéset. Es decir, Yerubaal o Gedeón (véanse Jue 8:35; 9:1,53).

11»Pues bien, así dice el SEÑOR: "Yo haré que el desastre que mereces surja de tu propia familia, y ante tus propios ojos tomaré a tus mujeres y se las daré a otro, el cual se acostará con ellas en pleno día. 12Lo que tú hiciste a escondidas, yo lo haré a plena luz, a la vista de todo Israel."

13—¡He pecado contra el SEÑOR! —reconoció David ante Natán.

—El SEÑOR ha perdonado ya tu pecado, y no morirás —contestó Natán—. 14Sin embargo, tu hijo sí morirá, pues con tus acciones has ofendido al*a* SEÑOR.

15Dicho esto, Natán volvió a su casa. Y el SEÑOR hirió al hijo que la esposa de Urías le había dado a David, de modo que el niño cayó gravemente enfermo. 16David se puso a rogar a Dios por él; ayunaba y pasaba las noches tirado en el suelo. 17Los ancianos de su corte iban a verlo y le rogaban que se levantara, pero él se resistía, y aun se negaba a comer con ellos. 18Siete días después, el niño murió. Los oficiales de David tenían miedo de darle la noticia, pues decían: «Si cuando el niño estaba vivo, le hablábamos al rey y no nos hacía caso, ¿qué locura no hará ahora si le decimos que el niño ha muerto?» 19Pero David, al ver que sus oficiales estaban cuchicheando, se dio cuenta de lo que había pasado y les preguntó:

—¿Ha muerto el niño?

—Sí, ya ha muerto —le respondieron.

20Entonces David se levantó del suelo y en seguida se bañó y se perfumó; luego se vistió y fue a la casa del SEÑOR para adorar. Después regresó al palacio, pidió que le sirvieran alimentos, y comió.

21—¿Qué forma de actuar es ésta? —le preguntaron sus oficiales—. Cuando el niño estaba vivo, usted ayunaba y lloraba; pero ahora que se ha muerto, ¡usted se levanta y se pone a comer!

22David respondió:

—Es verdad que cuando el niño estaba vivo yo ayunaba y lloraba, pues pensaba: "¿Quién sabe? Tal vez el SEÑOR tenga compasión de mí y permita que el niño viva." 23Pero ahora que ha muerto, ¿qué razón tengo para ayunar? ¿Acaso puedo devolverle la vida? Yo iré adonde él está, aunque él ya no volverá a mí.

24Luego David fue a consolar a su esposa y se unió a ella. Betsabé le dio un hijo, al que David llamó Salomón. El SEÑOR amó al niño 25y mandó a decir por medio del profeta Natán que le pusieran por *nombre Jedidías,*b* por disposición del SEÑOR.

26Mientras tanto, Joab había atacado la ciudad amonita de Rabá y capturado la fortaleza*c* real. 27Entonces envió unos mensajeros a decirle a David: «Acabo de atacar a Rabá y he capturado los depósitos*d* de agua. 28Ahora, pues, le pido a Su Majestad que movilice el resto de las tropas para sitiar y capturar la ciudad. Si no, lo haré yo mismo y le pondrán mi nombre.»

29Por tanto, David, movilizando todas las tropas, marchó contra Rabá, la atacó y la capturó. 30Al rey de los amonitas*e* le quitó la corona de oro que tenía puesta, la cual pesaba treinta y tres kilos*f* y estaba adornada con piedras preciosas. Luego se la pusieron a David. Además, David saqueó la ciudad y se llevó un botín inmenso. 31Expulsó de allí a sus habitantes y los puso a trabajar con sierras, trillos y hachas, y también los forzó a trabajar en los hornos de ladrillos. Lo mismo hizo con todos los pueblos amonitas, después de lo cual regresó a Jerusalén con todas sus tropas.

Amnón y Tamar

13 Pasado algún tiempo, sucedió lo siguiente. Absalón hijo de David tenía una hermana muy bella, que se llamaba Tamar; y Amnón, otro hijo de David, se enamoró de ella. 2Pero como Tamar era virgen, Amnón se enfermó de angustia al pensar que le sería muy difícil llevar a cabo sus intenciones con su hermana. 3Sin embargo, Amnón tenía un amigo muy astuto, que se llamaba Jonadab, y que era hijo de Simá y sobrino de David. Jonadab 4le preguntó a Amnón:

---

a **12:14** *al.* Lit. *a los enemigos del.*   *b* **12:25** En hebreo, *Jedidías* significa *amado por el SEÑOR.*
c **12:26** *fortaleza.* Lit. *ciudad.*   *d* **12:27** *los depósitos.* Lit. *la ciudad.*   *e* **12:30** *al rey de los amonitas.* Alt. *a Milcón* (es decir, el dios Moloc).   *f* **12:30** *treinta y tres kilos.* Lit. *un *talento.*

—¿Cómo es que tú, todo un príncipe, te ves cada día peor? ¿Por qué no me cuentas lo que te pasa?

—Es que estoy muy enamorado de mi hermana Tamar —respondió Amnón.

5Jonadab le sugirió:

—Acuéstate y finge que estás enfermo. Cuando tu padre vaya a verte, dile: "Por favor, que venga mi hermana Tamar a darme de comer. Quisiera verla preparar la comida aquí mismo, y que ella me la sirva."

6Así que Amnón se acostó y fingió estar enfermo. Y cuando el rey fue a verlo, Amnón le dijo:

—Por favor, que venga mi hermana Tamar a prepararme aquí mismo dos tortas, y que me las sirva.

7David envió un mensajero a la casa de Tamar, para que le diera este recado: «Ve a casa de tu hermano Amnón, y prepárale la comida.» **8**Tamar fue a casa de su hermano Amnón y lo encontró acostado. Tomó harina, la amasó, preparó las tortas allí mismo, y las coció. **9**Luego tomó la sartén para servirle, pero Amnón se negó a comer y ordenó:

—¡Fuera de aquí todos! ¡No quiero ver a nadie!

Una vez que todos salieron, **10**Amnón le dijo a Tamar:

—Trae la comida a mi habitación, y dame de comer tú misma.

Ella tomó las tortas que había preparado y se las llevó a su hermano Amnón a la habitación, **11**pero cuando se le acercó para darle de comer, él la agarró por la fuerza y le dijo:

—¡Ven, hermanita; acuéstate conmigo!

12Pero ella exclamó:

—¡No, hermano mío! No me humilles, que esto no se hace en Israel. ¡No cometas esta infamia! **13**¿A dónde iría yo con mi vergüenza? ¿Y qué sería de ti? ¡Serías visto en Israel como un depravado! Yo te ruego que hables con el rey; con toda seguridad, no se opondrá a que yo sea tu esposa.

14Pero Amnón no le hizo caso sino que, aprovechándose de su fuerza, se acostó con ella y la violó. **15**Pero el odio que sintió por ella después de violarla fue mayor que el amor que antes le había tenido. Así que le dijo:

—¡Levántate y vete!

16—¡No me eches de aquí! —replicó ella—. Después de lo que has hecho conmigo, ¡echarme de aquí sería una maldad aun más terrible!

Pero él no le hizo caso, **17**sino que llamó a su criado y le ordenó:

—¡Echa de aquí a esta mujer! Y luego que la hayas echado, cierra bien la puerta.

18Así que el criado la echó de la casa, y luego cerró bien la puerta.

Tamar llevaba puesta una túnica especial de mangas largas,*g* pues así se vestían las princesas solteras. **19**Al salir, se echó ceniza en la cabeza, se rasgó la túnica y, llevándose las manos a la cabeza, se fue por el camino llorando a gritos. **20**Entonces su hermano Absalón le dijo:

—¡Así que tu hermano Amnón ha estado contigo! Pues bien, hermana mía, cálmate y no digas nada. Al fin de cuentas, es tu hermano.

Desolada, Tamar se quedó a vivir en casa de su hermano Absalón. **21**El rey David, al enterarse de todo lo que había pasado, se enfureció. **22**Absalón, por su parte, no le dirigía la palabra a Amnón, pues lo odiaba por haber violado a su hermana Tamar.

Asesinato de Amnón

23Pasados dos años, Absalón convidó a todos los hijos del rey a un banquete en Baal Jazor, cerca de la frontera de Efraín, donde sus hombres estaban esquilando ovejas. **24**Además, se presentó ante el rey y le dijo:

—Su Majestad, este siervo suyo tiene esquiladores trabajando. Le ruego venir con su corte.

25—No, hijo mío —le respondió el rey—. No debemos ir todos, pues te seríamos una carga.

Absalón insistió, pero el rey no quiso ir; sin embargo, le dio su bendición. **26**Entonces Absalón le dijo:

*g***13:18** *de mangas largas.* Frase de difícil traducción. Véase Gn 37:3.

—Ya que Su Majestad no viene, ¿por qué no permite que nos acompañe mi hermano Amnón?

—¿Y para qué va a ir contigo? —le preguntó el rey.

27Pero tanto insistió Absalón que el rey dejó que Amnón y sus otros hijos fueran con Absalón. **28**Éste, por su parte, les había dado instrucciones a sus criados: «No pierdan de vista a Amnón. Y cuando se le haya subido el vino,*h* yo les daré la señal de ataque, y ustedes lo matarán. No tengan miedo, pues soy yo quien les da la orden. Ánimo; sean valientes.»

29Los criados hicieron con Amnón tal como Absalón les había ordenado. Entonces los otros hijos del rey se levantaron y, montando cada uno su mula, salieron huyendo.

30Todavía estaban en camino cuando llegó este rumor a oídos de David: «¡Absalón ha matado a todos los hijos del rey! ¡Ninguno de ellos ha quedado con vida!»

31El rey se levantó y, rasgándose las vestiduras en señal de duelo, se arrojó al suelo. También todos los oficiales que estaban con él se rasgaron las vestiduras. **32**Pero Jonadab, el hijo de Simá y sobrino de David, intervino:

—No piense Su Majestad que todos los príncipes han sido asesinados, sino sólo Amnón. Absalón ya lo tenía decidido desde el día en que Amnón violó a su hermana Tamar. **33**Su Majestad no debe dejarse llevar por el rumor de que han muerto todos sus hijos, pues el único que ha muerto es Amnón.

34El centinela de la ciudad alzó la vista y vio que del oeste, por la ladera del monte, venía bajando una gran multitud. Entonces fue a decirle al rey: «Veo venir gente por el camino de Joronayin, por la ladera del monte.»*i* Mientras tanto, Absalón había huido. **35**Jonadab le comentó al rey:

—¿Ya ve Su Majestad? Aquí llegan sus hijos, tal como yo se lo había dicho.

36Apenas había terminado de hablar cuando entraron los hijos del rey, todos ellos llorando a voz en cuello, y también

el rey y sus oficiales se pusieron a llorar desconsoladamente.

37-38 Absalón, en su huida, fue a refugiarse con Talmay hijo de Amiud, rey de Guesur, y allí se quedó tres años. David, por su parte, lloraba todos los días por su hijo Amnón, **39**y cuando se consoló por su muerte, comenzó a sentir grandes deseos de ver a Absalón.

Absalón regresa a Jerusalén

14 Joab hijo de Sarvia se dio cuenta de que el rey extrañaba mucho a Absalón. **2**Por eso mandó traer a una mujer muy astuta, la cual vivía en Tecoa, y le dijo:

—Quiero que te vistas de luto, y que no te eches perfume, sino que finjas estar de duelo, como si llevaras mucho tiempo llorando la muerte de alguien.

3Luego Joab le ordenó presentarse ante el rey, explicándole antes lo que tenía que decirle. **4**Cuando aquella mujer de Tecoa se presentó*j* ante el rey, le hizo una reverencia y se postró rostro en tierra.

—¡Ayúdeme, Su Majestad! —exclamó.

5—¿Qué te pasa? —le preguntó el rey.

—Soy una pobre viuda —respondió ella—; mi esposo ha muerto. **6**Esta servidora de Su Majestad tenía dos hijos, los cuales se pusieron a pelear en el campo. Como no había nadie que los separara, uno de ellos le asestó un golpe al otro y lo mató. **7**Pero ahora resulta que toda la familia se ha puesto en contra de esta servidora de Su Majestad. Me exigen que entregue al asesino para que lo maten, y así vengar la muerte de su hermano, aunque al hacerlo eliminen al heredero. La verdad es que de esa manera apagarían la última luz de esperanza que me queda, y dejarían a mi esposo sin *nombre ni descendencia sobre la tierra.

8—Regresa a tu casa, que yo me encargaré de este asunto —respondió el rey.

9Pero la mujer de Tecoa replicó:

—Su Majestad, que la culpa caiga sobre mí y sobre mi familia, y no sobre el rey ni su trono.

---

h **13:28** *se le haya subido el vino.* Lit. *se le alegre el corazón por el vino.* *i* **13:34** *Entonces fue ... monte* (LXX); TM no incluye esta oración. *j* **14:4** *se presentó* (mss. hebreos, LXX, Vulgata y Siríaca); *le dijo* (TM).

10—Si alguien te amenaza —insistió el rey—, tráemelo para que no vuelva a molestarte.

11Entonces ella le suplicó:

—¡Ruego a Su Majestad invocar al SEÑOR su Dios, para que quien deba vengar la muerte de mi hijo no aumente mi desgracia matando a mi otro hijo!

—¡Tan cierto como que el SEÑOR vive —respondió el rey—, juro que tu hijo no perderá ni un solo cabello!

12Pero la mujer siguió diciendo:

—Permita Su Majestad a esta servidora suya decir algo más.

—Habla.

13—¿Cómo es que Su Majestad intenta hacer lo mismo contra el pueblo de Dios? Al prometerme usted estas cosas, se declara culpable, pues no deja regresar a su hijo desterrado. 14Así como el agua que se derrama en tierra no se puede recoger, así también todos tenemos que morir. Pero Dios no nos arrebata la *vida, sino que provee los medios para que el desterrado no siga separado de él para siempre.

15»Yo he venido a hablar con Su Majestad porque hay gente que me ha infundido temor. He pensado: "Voy a hablarle al rey; tal vez me conceda lo que le pida, 16librándonos a mí y a mi hijo de quien quiere eliminarnos, para quedarse con la heredad que Dios nos ha dado."

17»Pensé, además, que su palabra me traería alivio, pues Su Majestad es como un ángel de Dios, que sabe distinguir entre lo bueno y lo malo. ¡Que el SEÑOR su Dios lo bendiga!

18Al llegar a este punto, el rey le dijo a la mujer:

—Voy a hacerte una pregunta, y te pido que no me ocultes nada.

—Dígame usted.

19—¿Acaso no está Joab detrás de todo esto?

La mujer respondió:

—Juro por la vida de Su Majestad que su pregunta ha dado en el blanco.ᵏ En efecto, fue su siervo Joab quien me instruyó y puso en mis labios todo lo que he dicho. 20Lo hizo para disimular el asunto,ˡ pero Su Majestad tiene la sabiduría de un ángel de Dios, y sabe todo lo que sucede en el país.

21Entonces el rey llamó a Joab y le dijo:

—Estoy de acuerdo. Anda, haz que regrese el joven Absalón.

22Postrándose rostro en tierra, Joab le hizo una reverencia al rey y le dio las gracias, añadiendo:

—Hoy sé que cuento con el favor de mi señor y rey, pues usted ha accedido a mi petición.

23Dicho esto, Joab emprendió la marcha a Guesur, y regresó a Jerusalén con Absalón. 24Pero el rey dio esta orden: «Que se retire a su casa, y que nunca me visite.» Por tanto, Absalón tuvo que irse a su casa sin presentarse ante el rey.

25En todo Israel no había ningún hombre tan admirado como Absalón por su hermosura; era perfecto de pies a cabeza. 26Tenía una cabellera tan pesada que una vez al año tenía que cortársela; y según la medida oficial, el pelo cortado pesaba dos kilos.ᵐ 27Además, tuvo tres hijos y una hija. Su hija, que se llamaba Tamar, llegó a ser una mujer muy hermosa.

28Absalón vivió en Jerusalén durante dos años sin presentarse ante el rey. 29Un día, le pidió a Joab que fuera a ver al rey, pero Joab no quiso ir. Se lo volvió a pedir, pero Joab se negó a hacerlo. 30Así que Absalón dio esta orden a sus criados: «Miren, Joab ha sembrado cebada en el campo que tiene junto al mío. ¡Vayan y préndanle fuego!»

Los criados fueron e incendiaron el campo de Joab. 31Entonces éste fue en seguida a casa de Absalón y le reclamó:

—¿Por qué tus criados le han prendido fuego a mi campo?

32Y Absalón le respondió:

—Te pedí que fueras a ver al rey y le preguntaras para qué he vuelto de Guesur. ¡Más me habría valido quedarme allá! Voy a presentarme ante el rey, y si soy culpable de algo, ¡que me mate!

ᵏ14:19 su pregunta ha dado en el blanco. Lit. nadie va a la derecha o a la izquierda de todo lo que mi señor el rey ha dicho.   ˡ14:20 para disimular el asunto. Alt. con el propósito de cambiar la situación.   ᵐ14:26 dos kilos. Lit. doscientos *siclos.

³³Joab fue a comunicárselo al rey; éste, por su parte, mandó llamar a Absalón, el cual se presentó ante el rey y, postrándose rostro en tierra, le hizo una reverencia. A su vez, el rey recibió a Absalón con un beso.

Absalón conspira contra David

15 Pasado algún tiempo, Absalón consiguió carros de combate, algunos caballos y una escolta de cincuenta soldados. ²Se levantaba temprano y se ponía a la vera del camino, junto a la *entrada de la ciudad. Cuando pasaba alguien que iba a ver al rey para que le resolviera un pleito, Absalón lo llamaba y le preguntaba de qué pueblo venía. Aquél le decía de qué tribu israelita era, ³y Absalón le aseguraba: «Tu demanda es muy justa, pero no habrá quien te escuche de parte del rey.» ⁴En seguida añadía: «¡Ojalá me pusieran por juez en el país! Todo el que tuviera un pleito o una demanda vendría a mí, y yo le haría justicia.»

⁵Además de esto, si alguien se le acercaba para inclinarse ante él, Absalón le tendía los brazos, lo abrazaba y lo saludaba con un beso. ⁶Esto hacía Absalón con todos los israelitas que iban a ver al rey para que les resolviera algún asunto, y así fue ganándose el cariño del pueblo.

⁷Al cabo de cuatro[n] años, Absalón le dijo al rey:

—Permítame Su Majestad ir a Hebrón, a cumplir un voto que le hice al SEÑOR. ⁸Cuando vivía en Guesur de *Aram, hice este voto: "Si el SEÑOR me concede volver a Jerusalén, le ofreceré un sacrificio."

⁹—Vete tranquilo —respondió el rey.

Absalón emprendió la marcha a Hebrón, ¹⁰pero al mismo tiempo envió mensajeros por todas las tribus de Israel con este mensaje: «Tan pronto como oigan el toque de trompeta, exclamen: "¡Absalón reina en Hebrón!"» ¹¹Además, desde Jerusalén llevó Absalón a doscientos invitados, los cuales lo acompañaron de buena fe y sin sospechar nada. ¹²Luego, mientras celebraba los sacrificios, Absalón mandó llamar a un consejero de su padre David,

el cual se llamaba Ajitofel y era del pueblo de Guiló. Así la conspiración fue tomando fuerza, y el número de los que seguían a Absalón crecía más y más.

¹³Un mensajero le llevó a David esta noticia: «Todos los israelitas se han puesto de parte de Absalón.»

¹⁴Entonces David les dijo a todos los oficiales que estaban con él en Jerusalén:

—¡Vámonos de aquí! Tenemos que huir, pues de otro modo no podremos escapar de Absalón. Démonos prisa, no sea que él se nos adelante. Si nos alcanza, nos traerá la ruina y pasará a toda la gente a filo de espada.

¹⁵—Como diga Su Majestad —respondieron los oficiales—; nosotros estamos para servirle.

¹⁶De inmediato partió el rey acompañado de toda la corte, con excepción de diez concubinas que dejó para cuidar el palacio. ¹⁷Habiendo salido del palacio con todo su séquito, se detuvo junto a la casa más lejana de la ciudad. ¹⁸Todos sus oficiales se pusieron a su lado. Entonces los quereteos y los peleteos, y seiscientos guititas que lo habían seguido desde Gat, desfilaron ante el rey.

¹⁹El rey se dirigió a Itay el guitita:

—¿Y tú por qué vienes con nosotros? Regresa y quédate con el rey Absalón, ya que eres extranjero y has sido desterrado de tu propio país. ²⁰¿Cómo voy a dejar que nos acompañes, si acabas de llegar y ni yo mismo sé a dónde vamos? Regresa y llévate a tus paisanos. ¡Y que el amor y la fidelidad de Dios te acompañen!

²¹Pero Itay le respondió al rey:

—¡Tan cierto como que el SEÑOR y Su Majestad viven, juro que, para vida o para muerte, iré adondequiera que usted vaya!

²²—Está bien —contestó el rey—, ven con nosotros.

Así que Itay el guitita marchó con todos los hombres de David y con las familias que lo acompañaban. ²³Todo el pueblo lloraba a gritos mientras David pasaba con su gente, y cuando el rey cruzó el arroyo de Cedrón, toda la gente comenzó la marcha hacia el desierto. ²⁴Entre

---

[n] **15:7** *cuatro* (Siríaca, Josefo y mss. de LXX); *cuarenta* (TM).

ellos se encontraba también Sadoc, con los levitas que llevaban el arca del *pacto de Dios. Éstos hicieron descansar el arca en el suelo, y Abiatar ofreció sacrificios[ñ] hasta que toda la gente terminó de salir de la ciudad. [25]Luego le dijo el rey al sacerdote Sadoc:

—Devuelve el arca de Dios a la ciudad. Si cuento con el favor del SEÑOR, él hará que yo regrese y vuelva a ver el arca y el lugar donde él reside. [26]Pero si el SEÑOR me hace saber que no le agrado, quedo a su merced y puede hacer conmigo lo que mejor le parezca.

[27]También le dijo:

—Como tú eres vidente, puedes volver tranquilo a la ciudad con Abiatar, y llevarte contigo a tu hijo Ajimaz y a Jonatán hijo de Abiatar. [28]Yo me quedaré en los llanos del desierto hasta que ustedes me informen de la situación.

[29]Entonces Sadoc y Abiatar volvieron a Jerusalén con el arca de Dios, y allí se quedaron. [30]David, por su parte, subió al monte de los Olivos llorando, con la cabeza cubierta y los pies descalzos. También todos los que lo acompañaban se cubrieron la cabeza y subieron llorando. [31]En eso le informaron a David que Ajitofel se había unido a la conspiración de Absalón. Entonces David oró: «SEÑOR, haz que fracasen los planes de Ajitofel.»

[32]Cuando David llegó a la cumbre del monte, donde se rendía culto a Dios, se encontró con Husay el arquita, que en señal de duelo llevaba las vestiduras rasgadas y la cabeza cubierta de ceniza. [33]David le dijo:

—Si vienes conmigo, vas a serme una carga. [34]Es mejor que regreses a la ciudad y le digas a Absalón: "Majestad, estoy a su servicio. Antes fui siervo de su padre, pero ahora lo soy de usted." De ese modo podrás ayudarme a desbaratar los planes de Ajitofel. [35]Allí contarás con los sacerdotes Sadoc y Abiatar, así que manténlos informados de todo lo que escuches en el palacio real. [36]También contarás con Ajimaz hijo de Sadoc y con Jonatán hijo de

Abiatar; comuníquenme ustedes por medio de ellos cualquier cosa que averigüen. [37]Husay, que era amigo de David, llegó a Jerusalén en el momento en que Absalón entraba en la ciudad.

David y Siba

16 Un poco más allá de la cumbre del monte, David se encontró con Siba, el criado de Mefiboset, que llevaba un par de asnos aparejados y cargados con doscientos panes, cien tortas de uvas pasas, cien tortas de higos y un odre de vino.

[2]—¿Qué vas a hacer con todo esto? —le preguntó el rey.

Siba respondió:

—Los asnos son para que monte la familia de Su Majestad, el pan y la fruta son para que coman los soldados, y el vino es para que beban los que desfallezcan en el desierto.

[3]Entonces el rey le preguntó:

—¿Dónde está el nieto de tu amo?

—Se quedó en Jerusalén —respondió Siba—. Él se imagina que ahora la nación de Israel le va a devolver el reino de su abuelo.

[4]—Bueno —replicó el rey—, todo lo que antes fue de Mefiboset ahora es tuyo.

—¡A sus pies, mi señor y rey! —exclamó Siba—. ¡Que cuente yo siempre con el favor de Su Majestad!

Simí maldice a David

[5]Cuando el rey David llegó a Bajurín, salía de allí un hombre de la familia de Saúl, llamado Simí hijo de Guerá. Éste se puso a maldecir, [6]y a tirarles piedras a David y a todos sus oficiales, a pesar de que las tropas y la guardia real rodeaban al rey. [7]En sus insultos, Simí le decía al rey:

—¡Largo de aquí! ¡Asesino! ¡Canalla! [8]El SEÑOR te está dando tu merecido por haber masacrado a la familia de Saúl para reinar en su lugar. Por eso el SEÑOR le ha entregado el reino a tu hijo Absalón. Has caído en desgracia, porque eres un asesino.

[9]Abisay hijo de Sarvia le dijo al rey:

[ñ] **15:24** *ofreció sacrificios*. Alt. *subió*.

—¿Cómo se atreve este *perro muerto a maldecir a Su Majestad? ¡Déjeme que vaya y le corte la cabeza!

10Pero el rey respondió:

—Esto no es asunto mío ni de ustedes, hijos de Sarvia. A lo mejor el SEÑOR le ha ordenado que me maldiga. Y si es así, ¿quién se lo puede reclamar?

11Dirigiéndose a Abisay y a todos sus oficiales, David añadió:

—Si el hijo de mis entrañas intenta quitarme la *vida, ¡qué no puedo esperar de este benjaminita! Déjenlo que me maldiga, pues el SEÑOR se lo ha mandado. 12A lo mejor el SEÑOR toma en cuenta mi aflicción y me paga con bendiciones las maldiciones que estoy recibiendo.

13David y sus hombres reanudaron el viaje. Simí, por su parte, los seguía por la ladera del monte, maldiciendo a David, tirándole piedras y levantando polvo. 14El rey y quienes lo acompañaban llegaron agotados a su destino, así que descansaron allí.

El consejo de Husay y Ajitofel

15Mientras tanto, Absalón y todos los israelitas que lo seguían habían entrado en Jerusalén; también Ajitofel lo acompañaba. 16Entonces Husay el arquita, amigo de David, fue a ver a Absalón y exclamó:

—¡Viva el rey! ¡Viva el rey!

17Absalón le preguntó:

—¿Así muestras tu lealtad a tu amigo? ¿Cómo es que no te fuiste con él?

18—De ningún modo —respondió Husay—. Soy más bien amigo del elegido del SEÑOR, elegido también por este pueblo y por todos los israelitas. Así que yo me quedo con usted. 19Además, ¿a quién voy a servir? Serviré al hijo, como antes serví al padre.

20Luego le dijo Absalón a Ajitofel:

—Pónganse a pensar en lo que debemos hacer.

21Ajitofel le respondió:

—Acuéstese usted con las concubinas que su padre dejó al cuidado del palacio. De ese modo todos los israelitas se darán

cuenta de que Su Majestad ha roto con su padre, y quienes lo apoyan a usted se fortalecerán en el poder.

22Entonces instalaron una tienda de campaña en la azotea para que Absalón se acostara con las concubinas de su padre a la vista de todos los israelitas. 23En aquella época, recibir el consejo de Ajitofel era como oír la palabra misma de Dios, y esto era así tanto para David como para Absalón.

17 Además, Ajitofel le propuso a Absalón lo siguiente:

—Yo escogería doce mil soldados, y esta misma noche saldría en busca de David. 2Como él debe de estar cansado y sin ánimo, lo atacaría, le haría sentir mucho miedo y pondría en fuga al resto de la gente que está con él. Pero mataría solamente al rey, 3y los demás se los traería a Su Majestad. La muerte del hombre que usted busca dará por resultado el regreso de los otros,o y todo el pueblo quedará en *paz.

4La propuesta le pareció acertada a Absalón, lo mismo que a todos los *ancianos de Israel, 5pero Absalón dijo:

—Llamemos también a Husay el arquita, para ver cuál es su opinión.

6Cuando Husay llegó, Absalón le preguntó:

—¿Debemos adoptar el plan que Ajitofel nos ha propuesto? Si no, ¿qué propones tú?

7—Esta vez el plan de Ajitofel no es bueno —respondió Husay—. 8Usted conoce bien a su padre David y a sus soldados: son valientes, y deben estar furiosos como una osa salvaje a la que le han robado su cría. Además, su padre tiene mucha experiencia como hombre de guerra y no ha de pasar la noche con las tropas. 9Ya debe de estar escondido en alguna cueva o en otro lugar. Si él ataca primero,p cualquiera que se entere dirá: "Ha habido una matanza entre las tropas de Absalón." 10Entonces aun los soldados más valientes, que son tan bravos como un león, se van a acobardar, pues todos los

---

o17:3 *La muerte ... los otros.* Texto de difícil traducción. *de los hombres caigan en el primer ataque.*

p17:9 *Si él ataca primero.* Alt. *Cuando algunos*

israelitas saben que David, su padre, es un gran soldado y cuenta con hombres muy valientes.

11»El plan que yo propongo es el siguiente: Convoque Su Majestad a todos los israelitas que hay, desde Dan hasta Berseba. Son tan numerosos como la arena a la orilla del mar, y Su Majestad mismo debe dirigirlos en la batalla. 12Atacaremos a David, no importa dónde se encuentre; caeremos sobre él como el rocío que cae sobre la tierra. No quedarán vivos ni él ni ninguno de sus soldados. 13Y si llega a refugiarse en algún pueblo, todos los israelitas llevaremos sogas a ese lugar, y juntos arrastraremos a ese pueblo hasta el arroyo, de modo que no quede allí ni una piedra.

14Absalón y todos los israelitas dijeron:

—El plan de Husay el arquita es mejor que el de Ajitofel.

Esto sucedió porque el SEÑOR había determinado hacer fracasar el consejo de Ajitofel, aunque era el más acertado, y de ese modo llevar a Absalón a la ruina.

15Entonces Husay les dijo a los sacerdotes Sadoc y Abiatar:

—Ajitofel les propuso tal y tal plan a Absalón y a los ancianos de Israel, pero yo les propuse este otro. 16Dense prisa y mándenle este mensaje a David: "No pase Su Majestad la noche en los llanos del desierto; más bien, cruce de inmediato al otro lado, no vaya a ser que Su Majestad y quienes lo acompañan sean aniquilados."

17Jonatán y Ajimaz se habían quedado en Enroguel. Como no se podían arriesgar a que los vieran entrar en la ciudad, una criada estaba encargada de darles la información para que ellos se la pasaran al rey David. 18Sin embargo, un joven los vio y se lo hizo saber a Absalón, así que ellos se fueron de allí en seguida. Cuando llegaron a la casa de cierto hombre en Bajurín, se metieron en un pozo que él tenía en el patio. 19La esposa de aquel hombre cubrió el pozo y esparció trigo sobre la

tapa. De esto nadie se enteró. 20Al pasar los soldados de Absalón por la casa, le preguntaron a la mujer:

—¿Dónde están Jonatán y Ajimaz?

—Cruzaron el río*q* —respondió ella.

Los soldados salieron en busca de ellos, pero como no pudieron encontrarlos, regresaron a Jerusalén. 21Después de que los soldados se fueron, Jonatán y Ajimaz salieron del pozo y se dirigieron adonde estaba David para ponerlo sobre aviso. Le dijeron:

—Crucen el río a toda prisa, pues Ajitofel ha aconsejado que los ataquen.

22Por tanto, David y quienes lo acompañaban se fueron y cruzaron el Jordán antes de que amaneciera. Todos sin excepción lo cruzaron. 23Ajitofel, por su parte, al ver que Absalón no había seguido su consejo, aparejó el asno y se fue a su pueblo. Cuando llegó a su casa, luego de arreglar sus asuntos, fue y se ahorcó. Así murió, y fue enterrado en la tumba de su padre.

24David se dirigió a Majanayin, y Absalón lo siguió, cruzando el Jordán con todos los israelitas. 25Ahora bien, en lugar de Joab, Absalón había nombrado general de su ejército a Amasá, que era hijo de un hombre llamado Itrá,*r* el cual era ismaelita*s* y se había casado con Abigaíl, hija de Najás y hermana de Sarvia, la madre de Joab. 26Los israelitas que estaban con Absalón acamparon en el territorio de Galaad.

27Cuando David llegó a Majanayin, allí estaban Sobí hijo de Najás, oriundo de Rabá, ciudad amonita; Maquir hijo de Amiel, que era de Lo Debar; y Barzilay el galaadita, habitante de Roguelín. 28Éstos habían llevado camas, vasijas y ollas de barro, y también trigo, cebada, harina, grano tostado, habas, lentejas,*t* 29miel, cuajada, queso de vaca y ovejas. Les ofrecieron esos alimentos a David y a su comitiva para que se los comieran, pues pensaban que en el desierto esta gente habría pasado hambre y sed, y estaría muy cansada.

---

q 17:20 *Cruzaron el río.* Alt. *Pasaron por el redil hacia el agua.* *r* 17:25 *Itrá.* También llamado *Jeter* (véase 1Cr 2:17). *s* 17:25 *ismaelita* (mss. de LXX; véase 1Cr 2:17); *israelita* (TM). *t* 17:28 *lentejas* (LXX y Siríaca); *lentejas y grano tostado* (TM).

Muerte de Absalón

18 David pasó revista a sus tropas y nombró jefes sobre grupos de mil y de cien soldados. ²Los dividió en tres unidades y los envió a la batalla. La primera unidad estaba bajo el mando de Joab, la segunda bajo el mando de Abisay, hijo de Sarvia y hermano de Joab, y la tercera bajo el mando de Itay el guitita.

—Yo los voy a acompañar —dijo el rey.

³Pero los soldados respondieron:

—No, Su Majestad no debe acompañarnos. Si tenemos que huir, el enemigo no se va a ocupar de nosotros. Y aun si la mitad de nosotros muere, a ellos no les va a importar. ¡Pero Su Majestad vale por diez mil de nosotros!ᵘ Así que es mejor que se quede y nos apoye desde la ciudad.

⁴—Bien —dijo el rey—, haré lo que les parezca más conveniente.

Dicho esto, se puso a un lado de la *entrada de la ciudad, mientras todos los soldados marchaban en grupos de cien y de mil. ⁵Además, el rey dio esta orden a Joab, Abisay e Itay:

—No me traten duro al joven Absalón.

Y todas las tropas oyeron las instrucciones que el rey le dio a cada uno de sus generales acerca de Absalón.

⁶El ejército marchó al campo para pelear contra Israel, y la batalla se libró en el bosque de Efraín. ⁷La lucha fue intensa aquel día: hubo veinte mil bajas. Sin embargo, los soldados de David derrotaron allí al ejército de Israel. ⁸La batalla se extendió por toda el área, de modo que el bosque causó más muertes que la espada misma.

⁹Absalón, que huía montado en una mula, se encontró con los soldados de David. La mula se metió por debajo de una gran encina, y a Absalón se le trabó la cabeza entre las ramas. Como la mula siguió de largo, Absalón quedó colgado en el aire. ¹⁰Un soldado que vio lo sucedido le dijo a Joab:

—Acabo de ver a Absalón colgado de una encina.

¹¹—¡Cómo! —exclamó Joab—. ¿Lo viste y no lo mataste ahí mismo? Te habría dado diez monedas de plataᵛ y un cinturón.

¹²Pero el hombre respondió:

—Aun si recibiera mil monedas, yo no alzaría la mano contra el hijo del rey. Todos oímos cuando el rey les ordenó a usted, a Abisay y a Itay que no le hicieran daño al joven Absalón. ¹³Si yo me hubiera arriesgado,ʷ me habrían descubierto, pues nada se le escapa al rey; y usted, por su parte, me habría abandonado.

¹⁴—No voy a malgastar mi tiempo contigo —replicó Joab.

Acto seguido, agarró tres lanzas y fue y se las clavó en el pecho a Absalón, que todavía estaba vivo en medio de la encina. ¹⁵Luego, diez de los escuderos de Joab rodearon a Absalón y lo remataron.

¹⁶Entonces Joab mandó tocar la trompeta para detener a las tropas, y dejaron de perseguir a los israelitas. ¹⁷Después tomaron el cuerpo de Absalón, lo tiraron en un hoyo grande que había en el bosque, y sobre su cadáver amontonaron muchísimas piedras. Mientras tanto, todos los israelitas huyeron a sus hogares. ¹⁸En vida, Absalón se había erigido una *estela en el valle del Rey, pues pensaba: «No tengo ningún hijo que conserve mi memoria.» Así que a esa estela le puso su propio *nombre, y por eso hasta la fecha se conoce como la Estela de Absalón.

David hace duelo

¹⁹Ajimaz hijo de Sadoc le propuso a Joab:

—Déjame ir corriendo para avisarle al rey que el SEÑOR lo ha librado del poder de sus enemigos.

²⁰—No le llevarás esta noticia hoy —le respondió Joab—. Podrás hacerlo en otra ocasión, pero no hoy, pues ha muerto el hijo del rey.

ᵘ**18:3** *Su Majestad vale por diez mil de nosotros* (dos mss. hebreos; véanse también LXX y Vulgata); *ahora hay diez mil como nosotros* (TM).   ᵛ**18:11** *diez monedas de plata.* Lit. *diez ⌐*siclos⌐ de plata*   ʷ**18:13** *me hubiera arriesgado.* Alt. *lo hubiera traicionado.*

21Entonces Joab se dirigió a un soldado *cusita y le ordenó:

—Ve tú y dile al rey lo que has visto.

El cusita se inclinó ante Joab y salió corriendo. **22**Pero Ajimaz hijo de Sadoc insistió:

—Pase lo que pase, déjame correr con el cusita.

—Pero muchacho —respondió Joab—, ¿para qué quieres ir? ¡Ni pienses que te van a dar una recompensa por la noticia!

23—Pase lo que pase, quiero ir.

—Anda, pues.

Ajimaz salió corriendo por la llanura y se adelantó al cusita. **24**Mientras tanto, David se hallaba sentado en el pasadizo que está entre las dos *puertas de la ciudad. El centinela, que había subido al muro de la puerta, alzó la vista y vio a un hombre que corría solo. **25**Cuando el centinela se lo anunció al rey, éste comentó:

—Si viene solo, debe de traer buenas noticias.

Pero mientras el hombre seguía corriendo y se acercaba, **26**el centinela se dio cuenta de que otro hombre corría detrás de él, así que le anunció al guarda de la puerta:

—¡Por ahí viene otro hombre corriendo solo!

—Ése también debe de traer buenas noticias —dijo el rey.

27El centinela añadió:

—Me parece que el primero corre como Ajimaz hijo de Sadoc.

—Es un buen hombre —comentó el rey—; seguro que trae buenas noticias.

28Ajimaz llegó y saludó al rey postrándose rostro en tierra, y le dijo:

—¡Bendito sea el SEÑOR, Dios de Su Majestad, pues nos ha entregado a los que se habían rebelado en contra suya!

29—¿Y está bien el joven Absalón? —preguntó el rey.

Ajimaz respondió:

—En el momento en que tu siervo Joab me enviaba, vi que se armó un gran alboroto, pero no pude saber lo que pasaba.

30—Pasa y quédate ahí —le dijo el rey.

Ajimaz se hizo a un lado. **31**Entonces llegó el cusita y anunció:

—Le traigo buenas noticias a Su Majestad. El SEÑOR lo ha librado hoy de todos los que se habían rebelado en contra suya.

32—¿Y está bien el joven Absalón? —preguntó el rey.

El cusita contestó:

—¡Que sufran como ese joven los enemigos de Su Majestad, y todos los que intentan hacerle mal!

33Al oír esto, el rey se estremeció; y mientras subía al cuarto que está encima de la puerta, lloraba y decía: «¡Ay, Absalón, hijo mío! ¡Hijo mío, Absalón, hijo mío! ¡Ojalá hubiera muerto yo en tu lugar! ¡Ay, Absalón, hijo mío, hijo mío!»

19 Avisaron a Joab que el rey estaba llorando amargamente por Absalón. **2**Cuando las tropas se enteraron de que el rey estaba afligido por causa de su hijo, la victoria de aquel día se convirtió en duelo para todo el ejército. **3**Por eso las tropas entraron en la ciudad furtivamente, como lo hace un ejército abochornado por haber huido del combate. **4**Pero el rey, cubriéndose la cara, seguía gritando a voz en cuello: «¡Ay, Absalón, hijo mío! ¡Ay, Absalón, hijo mío, hijo mío!»

5Entonces Joab fue adonde estaba el rey y le dijo: «Hoy Su Majestad ha llenado de vergüenza a todos sus siervos que le salvaron la *vida, y la de sus hijos e hijas y esposas y concubinas. **6**¡Usted ama a quienes lo odian, y odia a quienes lo aman! Hoy ha dejado muy en claro que nada le importan sus generales ni sus soldados. Ahora me doy cuenta de que usted preferiría que todos nosotros estuviéramos muertos, con tal de que Absalón siguiera con vida. **7**¡Vamos! ¡Salga usted y anime a sus tropas! Si no lo hace, juro por el SEÑOR que para esta noche ni un solo soldado se quedará con usted. ¡Y eso sería peor que todas las calamidades que Su Majestad ha sufrido desde su juventud hasta ahora!»

8Ante esto, el rey se levantó y fue a sentarse junto a la puerta de la ciudad. Cuando los soldados lo supieron, fueron todos a presentarse ante él.

David regresa a Jerusalén

Los israelitas, mientras tanto, habían huido a sus hogares, **9**y por todas las tribus de Israel se hablaba de la situación. Decían: «El rey nos rescató del poder de nuestros enemigos; él nos libró del dominio de los filisteos. Por causa de Absalón tuvo que huir del país. 10Pero ahora Absalón, al que habíamos ungido como rey, ha muerto en la batalla. ¿Qué nos impide pedirle al rey que vuelva?»

11Entonces el rey David mandó este mensaje a los sacerdotes Sadoc y Abiatar: «Hablen con los *ancianos de Judá y díganles: "El rey se ha enterado de lo que se habla por todo Israel. ¿Serán ustedes los últimos en pedirme a mí, el rey, que regrese a mi palacio? 12Ustedes son mis hermanos, ¡son de mi propia sangre! ¿Por qué han de ser los últimos en llamarme?" 13Díganle también a Amasá: "¿Acaso no eres de mi propia sangre? Tú serás de por vida el general de mi ejército, en lugar de Joab. ¡Que Dios me castigue sin piedad si no lo cumplo!"»

14Así el rey se ganó el aprecio de todos los de Judá, quienes a una voz le pidieron que regresara con todas sus tropas, 15de modo que el rey emprendió el viaje y llegó hasta el Jordán. Los de Judá se dirigieron entonces a Guilgal para encontrarse con el rey y acompañarlo a cruzar el río. 16Pero el benjaminita Simí hijo de Guerá, oriundo de Bajurín, se apresuró a bajar con los de Judá para recibir al rey David. 17Con él iban mil benjaminitas, e incluso Siba, que había sido administrador de la familia de Saúl, con sus quince hijos y veinte criados. Éstos llegaron al Jordán antes que el rey 18y vadearon el río para ponerse a las órdenes del rey y ayudar a la familia real a cruzar el Jordán. Cuando el rey estaba por cruzarlo, Simí hijo de Guerá se inclinó ante él 19y le dijo:

—Ruego a mi señor el rey que no tome en cuenta mi delito ni recuerde el mal que hizo este servidor suyo el día en que Su Majestad salió de Jerusalén. Le ruego a Su Majestad que olvide eso. 20Reconozco que he pecado, y por eso hoy, de toda la tribu de José, he sido el primero en salir a recibir a mi señor el rey.

21Pero Abisay hijo de Sarvia exclamó:

—¡Simí maldijo al *ungido del SEÑOR, y merece la muerte!

22David respondió:

—Hijos de Sarvia, esto no es asunto de ustedes, sino mío. Están actuando como si fueran mis adversarios. ¿Cómo va a morir hoy alguien del pueblo, cuando precisamente en este día vuelvo a ser rey de Israel?

23Y dirigiéndose a Simí, el rey le juró:

—¡No morirás!

24También Mefiboset, el nieto de Saúl, salió a recibir al rey. No se había lavado los pies ni la ropa, ni se había recortado el bigote, desde el día en que el rey tuvo que irse hasta que regresó sano y salvo. 25Cuando llegó de Jerusalén para recibir al rey, éste le preguntó:

—Mefiboset, ¿por qué no viniste conmigo?

26—Mi señor y rey, como este servidor suyo es cojo, yo quería que me aparejaran un asno para montar y así poder acompañarlo. Pero mi criado Siba me traicionó, 27y ahora me ha calumniado ante Su Majestad. Sin embargo, Su Majestad es como un ángel de Dios y puede hacer conmigo lo que mejor le parezca. 28No hay nadie en mi familia paterna que no merezca la muerte en presencia de mi señor el rey. A pesar de eso, Su Majestad le concedió a este servidor suyo comer en la mesa real. ¿Qué derecho tengo de pedirle algo más a Su Majestad?

29El rey le dijo:

—No tienes que dar más explicaciones. Ya he decidido que tú y Siba se repartan las tierras.

30—Él puede quedarse con todo —le respondió Mefiboset—; a mí me basta con que mi señor el rey haya regresado a su palacio sano y salvo.

31También Barzilay el galaadita bajó al Jordán. Había viajado desde Roguelín para escoltar al rey cuando cruzara el río. 32Barzilay, que ya era un anciano de ochenta años, le había proporcionado al rey todo lo necesario durante su estadía en Majanayin, pues era muy rico. 33El rey le dijo:

—Acompáñame. Quédate conmigo en Jerusalén, y yo me encargaré de todo lo que necesites.

34—Pero ¿cuántos años de vida me quedan? —respondió Barzilay—. ¿Para qué subir con el rey a Jerusalén? 35Ya tengo ochenta años, y apenas puedo distinguir lo bueno de lo malo, o saborear lo que como y bebo, o aun apreciar las voces de los cantores y las cantoras. ¿Por qué ha de ser este servidor una carga más para mi señor el rey? **36**¿Y por qué quiere Su Majestad recompensarme de este modo, cuando tan sólo voy a acompañarlo a cruzar el Jordán? **37**Déjeme usted regresar a mi propio pueblo, para que pueda morir allí y ser enterrado en la tumba de mis padres. Pero aquí le dejo a Quimán para que sirva a Su Majestad y lo acompañe a cruzar el río. Haga usted por él lo que haría por mí.

38—Está bien —respondió el rey—, Quimán irá conmigo, y haré por él lo que me pides. Y a ti te daré todo lo que quieras.

39La gente y el rey cruzaron el Jordán. Luego el rey le dio un beso a Barzilay y lo bendijo, y Barzilay volvió a su pueblo. **40**El rey, acompañado de Quimán y escoltado por las tropas de Judá y la mitad de las tropas de Israel, siguió hasta Guilgal. **41**Por eso los israelitas fueron a ver al rey y le reclamaron:

—¿Cómo es que nuestros hermanos de Judá se han adueñado del rey al cruzar el Jordán, y lo han escoltado a él, a su familia y a todas sus tropas?

42Los de Judá respondieron:

—¿Y a qué viene ese enojo? ¡El rey es nuestro pariente cercano! ¿Acaso hemos vivido a costillas del rey? ¿Acaso nos hemos aprovechado de algo?

43Pero los israelitas insistieron:

—¿Por qué nos tratan con tanto desprecio? ¡Nosotros tenemos diez veces más derecho que ustedes sobre el rey David! Además, ¿no fuimos nosotros los primeros en pedirle que volviera?

Entonces los de Judá les contestaron aun con más severidad.

Sabá se rebela contra David

20 Por allí se encontraba un malvado que se llamaba Sabá hijo de Bicrí, que era benjaminita. Dando un toque de trompeta, se puso a gritar:

«¡Pueblo de Israel, todos a sus casas,
pues no tenemos parte con David,
ni herencia con el hijo de Isaí!»

2Entonces todos los israelitas abandonaron a David y siguieron a Sabá hijo de Bicrí. Los de Judá, por su parte, se mantuvieron fieles a su rey y lo acompañaron desde el Jordán hasta Jerusalén. **3**Cuando el rey David llegó a su palacio en Jerusalén, sacó a las diez concubinas que había dejado a cargo del palacio y las puso bajo vigilancia. Siguió manteniéndolas, pero no volvió a acostarse con ellas. Hasta el día de su muerte, quedaron encerradas y viviendo como si fueran viudas.

4Luego el rey le ordenó a Amasá: «Moviliza a las tropas de Judá, y preséntate aquí con ellas dentro de tres días.» **5**Amasá salió para movilizar a las tropas, pero no cumplió con el plazo. **6**Por eso David le dijo a Abisay: «Ahora Sabá hijo de Bicrí va a perjudicarnos más que Absalón. Así que hazte cargo de la guardia real, y sal a perseguirlo, no sea que llegue a alguna ciudad fortificada y se nos escape.»*x* **7**Entonces los soldados de Joab, junto con los quereteos, los peleteos y todos los oficiales, bajo el mando de Abisay salieron de Jerusalén para perseguir a Sabá hijo de Bicrí.

8Al llegar a la gran roca que está en Gabaón, Amasá les salió al encuentro. Joab tenía su uniforme ajustado con un cinturón, y ceñida al muslo llevaba una daga envainada. Pero al caminar, la daga se le cayó. **9**Con la mano derecha, Joab tomó a Amasá por la barba para besarlo, mientras le preguntaba: «¿Cómo estás, hermano?» **10**Amasá no se percató de que en la otra mano Joab llevaba la daga, así que Joab se la clavó en el vientre, y las entrañas de Amasá se derramaron por el suelo. Amasá murió de una sola puñalada, y luego Joab y su hermano Abisay persiguieron a Sabá hijo de Bicrí.

11Uno de los soldados de Joab, deteniéndose junto al cuerpo de Amasá, exclamó: «¡Todos los que estén a favor de Joab

---

x **20:6** *se nos escape.* Lit. *libre nuestro ojo.*

y que apoyen a David, sigan a Joab!» **12**Como el cuerpo de Amasá, bañado en sangre, había quedado en medio del camino, todas las tropas que pasaban se detenían para verlo. Cuando aquel soldado se dio cuenta de esto, retiró el cuerpo hacia el campo y lo cubrió con un manto. **13**Luego de que Amasá fue apartado del camino, todas las tropas fueron con Joab a perseguir a Sabá hijo de Bicrí.

14Sabá recorrió todas las tribus de Israel, hasta llegar a Abel Betmacá, y allí todos los del clan de Bicrí*ʸ* se le unieron. **15**Las tropas de Joab llegaron a la ciudad de Abel Betmacá y la sitiaron. Construyeron una rampa contra la fortificación para atacar la ciudad, y cuando los soldados comenzaban a derribar la muralla, **16**una astuta mujer de la ciudad les gritó:

—¡Escúchenme! ¡Escúchenme! Díganle a Joab que venga acá para que yo pueda hablar con él.

17Joab se le acercó.

—¿Es usted Joab? —le preguntó la mujer.

—Así es.

Entonces la mujer le dijo:

—Ponga atención a las palabras de esta servidora suya.

—Te escucho —respondió Joab.

18Ella continuó:

—Antiguamente, cuando había alguna discusión, la gente resolvía el asunto con este dicho: "Vayan y pregunten en Abel." **19**Nuestra ciudad es la más pacífica y fiel del país, y muy importante en Israel; usted, sin embargo, intenta arrasarla. ¿Por qué quiere destruir la heredad del SEÑOR?

20—¡Que Dios me libre! —replicó Joab—. ¡Que Dios me libre de arrasarla y destruirla! **21**Yo no he venido a eso, sino a capturar a un hombre llamado Sabá hijo de Bicrí. Es de la sierra de Efraín y se ha sublevado contra el rey David. Si me entregan a ese hombre, me retiro de la ciudad.

—Muy bien —respondió la mujer—. Desde la muralla arrojaremos su cabeza.

22Y fue tal la astucia con que la mujer habló con todo el pueblo, que le cortaron la cabeza a Sabá hijo de Bicrí y se la arrojaron a Joab. Entonces Joab hizo tocar la trompeta, y todos los soldados se retiraron de la ciudad y regresaron a sus casas. Joab, por su parte, volvió a Jerusalén para ver al rey.

23Joab era general en jefe del ejército de Israel; Benaías hijo de Joyadá estaba al mando de los quereteos y los peleteos; **24**Adonirán supervisaba el trabajo forzado; Josafat hijo de Ajilud era el secretario; **25**Seva era el cronista; Sadoc y Abiatar eran los sacerdotes; **26**Ira el yairita era sacerdote personal de David.

Los gabaonitas se vengan

21 Durante el reinado de David hubo tres años consecutivos de hambre. David le pidió ayuda al SEÑOR, y él le contestó: «Esto sucede porque Saúl y su sanguinaria familia asesinaron a los gabaonitas.»

2Los gabaonitas no pertenecían a la nación de Israel, sino que eran un remanente de los amorreos. Los israelitas habían hecho un pacto con ellos, pero tanto era el celo de Saúl por Israel y Judá que trató de exterminarlos. Entonces David convocó a los gabaonitas **3**y les preguntó:

—¿Qué quieren que haga por ustedes? ¿Cómo puedo reparar el mal que se les ha hecho, de modo que bendigan al pueblo que es herencia del SEÑOR?

4Los gabaonitas respondieron:

—No nos interesa el dinero de Saúl y de su familia, ni tampoco queremos que muera alguien en Israel.

—Entonces, ¿qué desean que haga por ustedes? —volvió a preguntar el rey.

5—Saúl quiso destruirnos —contestaron ellos—; se propuso exterminarnos y nos expulsó de todo el territorio israelita. **6**Por eso pedimos que se nos entreguen siete de los descendientes de Saúl, a quien el SEÑOR escogió, para colgarlos en presencia del SEÑOR en Guibeá de Saúl.

—Se los entregaré —les prometió el rey.

7Sin embargo, por el juramento que David y Jonatán se habían hecho en pre-

---

ʸ **20:14** *todos los del clan de Bicrí* (véase LXX); *todos los beritas* (TM).

sencia del SEÑOR, el rey tuvo compasión de Mefiboset, que era hijo de Jonatán y nieto de Saúl. [8]Pero mandó apresar a Armoní y a Mefiboset, los dos hijos que Rizpa hija de Ayá había tenido con Saúl, y a los cinco hijos que Merab[z] hija de Saúl había tenido con Adriel hijo de Barzilay, el mejolatita. [9]David se los entregó a los gabaonitas, y ellos los colgaron en un monte, en presencia del SEÑOR. Los siete murieron juntos, ajusticiados en los primeros días de la siega, cuando se comenzaba a recoger la cebada.

[10]Rizpa hija de Ayá tomó un saco y lo tendió para acostarse sobre la peña, y allí se quedó desde el comienzo de la siega hasta que llegaron las lluvias. No permitía que las aves en el día ni las fieras en la noche tocaran los cadáveres. [11]Cuando le contaron a David lo que había hecho Rizpa hija de Ayá y concubina de Saúl, [12]fue a recoger los huesos de Saúl y de su hijo Jonatán, que estaban en Jabés de Galaad. Los filisteos los habían colgado en la plaza de Betsán el día en que derrotaron a Saúl en Guilboa, pero los habitantes de la ciudad se los habían robado de allí. [13]Así que David hizo que los trasladaran a Jerusalén, y que recogieran también los huesos de los siete hombres que habían sido colgados. [14]Así fue como los huesos de Saúl y de su hijo Jonatán fueron enterrados en la tumba de Quis, el padre de Saúl, que está en Zela de Benjamín. Todo se hizo en cumplimiento de las órdenes del rey, y después de eso Dios tuvo piedad del país.

Hazañas de los oficiales de David
21:15-22 — 1Cr 20:4-8

[15]Los filisteos reanudaron la guerra contra Israel, y David salió con sus oficiales para hacerles frente. Pero David se quedó agotado, [16]así que intentó matarlo un gigante[a] llamado Isbibenob, que iba armado con una espada nueva y una lanza de bronce que pesaba más de tres kilos.[b] [17]Sin embargo, Abisay hijo de Sarvia fue en su ayuda e hirió al filisteo y lo mató.

Allí los soldados de David le hicieron este juramento: «Nunca más saldrá Su Majestad con nosotros a la batalla, no sea que alguien lo mate y se apague la lámpara de Israel.»

[18]Algún tiempo después hubo en Gob otra batalla con los filisteos, y en esa ocasión Sibecay el jusatita mató al gigante Saf. [19]En una tercera batalla, que también se libró en Gob, Eljanán hijo de Yaré Oreguín, oriundo de Belén, mató a Goliat[c] el guitita, cuya lanza tenía un asta tan grande como el rodillo de un telar. [20]Hubo una batalla más en Gat. Allí había otro gigante, un hombre altísimo que tenía veinticuatro dedos, seis en cada mano y seis en cada pie. [21]Éste se puso a desafiar a los israelitas, pero Jonatán hijo de Simá, que era hermano de David, lo mató.

[22]Esos cuatro gigantes, que eran descendientes de Rafá el guitita, cayeron a manos de David y de sus oficiales.

Salmo de David
22:1-51 — Sal 18:1-50

22 David dedicó al SEÑOR la letra de esta canción cuando el SEÑOR lo libró de Saúl y de todos sus enemigos. [2]Dijo así:

«El SEÑOR es mi *roca, mi amparo,
          mi libertador;
[3] es mi Dios, el peñasco en que me
          refugio.
Es mi escudo, el poder que me
          salva,[d]
     ¡mi más alto escondite!
Él es mi protector y mi salvador.
     ¡Tú me salvaste de la violencia!
[4]Invoco al SEÑOR, que es digno de
          alabanza,
     y quedo a salvo de mis enemigos.

[5]»Las olas de la muerte me
          envolvieron;
     los torrentes destructores me
          abrumaron.

---

[z]**21:8** *Merab* (Targum, Siríaca y algunos mss. hebreos y griegos; véase 1S 19:19); *Mical* (TM).
[a]**21:16** *un gigante*. Lit. *uno de los descendientes de Refa* (también en vv. 18 y 20, con cierta variación).
[b]**21:16** *más de tres kilos*. Lit. *trescientos *siclos*. [c]**21:19** *Goliat*. Es decir, el hermano de Goliat (véase 1Cr 20:5). [d]**22:3** *el poder que me salva*. Lit. *el cuerno de mi salvación*.

6 Me enredaron los lazos del
       *sepulcro,
   y me encontré ante las trampas de
       la muerte.
7 En mi angustia invoqué al SEÑOR;
       llamé a mi Dios,
   y él me escuchó desde su templo;
       ¡mi clamor llegó a sus oídos!

8 »La tierra tembló, se estremeció;
       se sacudieron los cimientos de los
           cielos;
   ¡se tambalearon a causa de su
       enojo!
9 Por la nariz echaba humo,
       por la boca, fuego consumidor;
   ¡lanzaba carbones encendidos!

10 »Rasgando el cielo, descendió,
       pisando sobre oscuros nubarrones.
11 Montando sobre un *querubín,
       surcó los cielos
   y se remontó*e* sobre las alas del
       viento.
12 De las tinieblas y de los cargados
       nubarrones
   hizo pabellones que lo rodeaban.
13 De su radiante presencia
       brotaron carbones encendidos.

14 »Desde el cielo se oyó el trueno del
       SEÑOR,
   resonó la voz del *Altísimo.
15 Lanzó flechas y centellas contra
       mis enemigos;
   los dispersó y los puso en fuga.
16 A causa de la reprensión del SEÑOR,
       y por el resoplido de su enojo,*f*
   las cuencas del mar quedaron a la
       vista;
   ¡al descubierto quedaron los
       cimientos de la tierra!

17 »Extendiendo su mano desde lo alto,
       tomó la mía y me sacó del mar
           profundo.
18 Me libró de mi enemigo poderoso,
       de aquellos que me odiaban
   y que eran más fuertes que yo.

19 En el día de mi desgracia
       me salieron al encuentro,
   pero mi apoyo fue el SEÑOR.
20 Me sacó a un amplio espacio;
       me libró porque se agradó de mí.

21 »El SEÑOR me ha pagado conforme
       a mi *justicia,
   me ha premiado conforme a la
       *limpieza de mis manos;
22 pues he andado en los *caminos
       del SEÑOR;
   no he cometido mal alguno
       ni me he apartado de mi Dios.
23 Presentes tengo todas sus
       sentencias;
   no me he alejado de sus
       decretos.
24 He sido íntegro ante él
       y me he abstenido de pecar.
25 El SEÑOR me ha recompensado
       conforme a mi justicia,
   conforme a mi limpieza delante
       de él.

26 »Tú eres fiel con quien es fiel,
       e irreprochable con quien es
           irreprochable;
27 sincero eres con quien es sincero,
       pero sagaz con el que es
           tramposo.
28 Das la *victoria a los humildes,
       pero tu mirada humilla a los
           altaneros.
29 Tú, SEÑOR, eres mi lámpara;
       tú, SEÑOR, iluminas mis tinieblas.
30 Con tu apoyo me lanzaré contra un
       ejército;
   contigo, Dios mío, podré asaltar
       murallas.

31 »El camino de Dios es *perfecto;
       la palabra del SEÑOR es
           intachable.
   Escudo es Dios a los que en él se
       refugian.
32 ¿Pues quién es Dios, si no el SEÑOR?
       ¿Quién es la roca, si no nuestro
           Dios?

---

e 22:11 *se remontó* (mss. hebreos; véanse Siríaca, Targum, Vulgata, Sal 18:10); *apareció* (TM).   *f* 22:16 *por ... su enojo*. Lit. *por el soplo del aliento de su nariz*.

³³Es él quien me arma de valor
  y endereza mi camino;
³⁴da a mis pies la ligereza del venado,
  y me mantiene firme en las
    alturas;
³⁵adiestra mis manos para la batalla,
  y mis brazos para tensar arcos de
    bronce.
³⁶Tú me cubres con el escudo de tu
    *salvación;
  tu bondad me ha hecho prosperar.
³⁷Me has despejado el camino;
  por eso mis tobillos no flaquean.

³⁸»Perseguí a mis enemigos y los
    destruí;
  no retrocedí hasta verlos
    aniquilados.
³⁹Los aplasté por completo. Ya no se
    levantan.
  ¡Cayeron debajo de mis pies!
⁴⁰Tú me armaste de valor para el
    combate;
  bajo mi planta sometiste a los
    rebeldes.
⁴¹Hiciste retroceder a mis enemigos,
  y así exterminé a los que me
    odiaban.
⁴²Pedían ayuda; no hubo quien los
    salvara.
  Al SEÑOR clamaron, pero no les
    respondió.
⁴³Los desmenucé. Parecían el polvo
    de la tierra.
  ¡Los pisoteé como al lodo de las
    calles!

⁴⁴»Me has librado de una turba
    amotinada;
  me has puesto por encima de los
    *paganos;
  me sirve gente que yo no conocía.
⁴⁵Son extranjeros, y me rinden
    homenaje;
  apenas me oyen, me obedecen.
⁴⁶¡Esos extraños se descorazonan,
  y temblando salen de sus refugios!
⁴⁷¡El SEÑOR vive! ¡Alabada sea mi
    roca!
  ¡Exaltado sea Dios mi Salvador!
⁴⁸Él es el Dios que me vindica,
  el que pone los pueblos a mis
    pies.

⁴⁹Tú me libras de mis enemigos,
  me exaltas por encima de mis
    adversarios,
  me salvas de los hombres
    violentos.
⁵⁰Por eso, SEÑOR, te alabo entre las
    naciones
  y canto salmos a tu *nombre.

⁵¹»El SEÑOR da grandes victorias a
    su rey;
  a su *ungido David y a sus
    descendientes
  les muestra por siempre su gran
    amor.»

Últimas palabras de David

23 Éstas son las últimas palabras de
    David:

«Oráculo de David hijo de Isaí,
  dulce cantor de Israel;
  hombre exaltado por el *Altísimo
  y ungido por el Dios de Jacob.

²»El Espíritu del SEÑOR habló por
    medio de mí;
  puso sus palabras en mi
    lengua.
³El Dios de Israel habló,
  la Roca de Israel me dijo:
"El que gobierne a la gente con
    justicia,
  el que gobierne en el temor de
    Dios,
⁴será como la luz de la aurora
  en un amanecer sin nubes,
  que tras la lluvia resplandece
  para que brote la hierba en la
    tierra."

⁵»Dios ha establecido mi casa;
  ha hecho conmigo un *pacto
    eterno,
  bien reglamentado y seguro.
  Dios hará que brote mi *salvación
  y que se cumpla todo mi deseo.
⁶Pero los malvados son como
    espinos que se desechan;
  nadie los toca con la mano.
⁷Se recogen con un hierro o con una
    lanza,
  y ahí el fuego los consume.»

Héroes en el ejército de David

23:8-39 — 1Cr 11:10-41

8Éstos son los nombres de los soldados más valientes de David:

Joseb Basébet el tacmonita, que era el principal de los tres más famosos, en una batalla mató con su lanza[g] a ochocientos hombres.

9En segundo lugar estaba Eleazar hijo de Dodó el ajojita, que también era uno de los tres más famosos. Estuvo con David cuando desafiaron a los filisteos que se habían concentrado en Pasdamín[h] para la batalla. Los israelitas se retiraron, **10**pero Eleazar se mantuvo firme y derrotó a tantos filisteos que, por la fatiga, la mano se le quedó pegada a la espada. Aquel día el SEÑOR les dio una gran *victoria. Las tropas regresaron adonde estaba Eleazar, pero sólo para tomar los despojos.

11El tercer valiente era Sama hijo de Agué el ararita. En cierta ocasión, los filisteos formaron sus tropas[i] en un campo sembrado de lentejas. El ejército de Israel huyó ante ellos, **12**pero Semá se plantó en medio del campo y lo defendió, derrotando a los filisteos. El SEÑOR les dio una gran victoria.

13En otra ocasión, tres de los treinta más valientes fueron a la cueva de Adulán, donde estaba David. Era el comienzo de la siega, y una tropa filistea acampaba en el valle de Refayin. **14**David se encontraba en su fortaleza, y en ese tiempo había una guarnición filistea en Belén. **15**Como David tenía mucha sed, exclamó: «¡Ojalá pudiera yo beber agua del pozo que está a la *entrada de Belén!» **16**Entonces los tres valientes se metieron en el campamento filisteo, sacaron agua del pozo de Belén, y se la llevaron a David. Pero él no quiso beberla, sino que derramó el agua en honor al SEÑOR **17**y declaró solemnemente: «¡Que el SEÑOR me libre de beberla! ¡Eso sería como beberme la sangre de hombres que se han jugado la *vida!» Y no quiso beberla.

Tales hazañas hicieron esos tres héroes.

18Abisay, el hermano de Joab hijo de Sarvia, estaba al mando de los tres y ganó fama entre ellos. En cierta ocasión, lanza en mano atacó y mató a trescientos hombres. **19**Se destacó más que los tres valientes, y llegó a ser su jefe, pero no fue contado entre ellos.

20Benaías hijo de Joyadá era un guerrero de Cabsel que realizó muchas hazañas. Derrotó a dos de los mejores hombres[j] de Moab, y en otra ocasión, cuando estaba nevando, se metió en una cisterna y mató un león. **21**También derrotó a un egipcio de gran estatura. El egipcio empuñaba una lanza, pero Benaías, que no llevaba más que un palo, le arrebató la lanza y lo mató con ella. **22**Tales hazañas hizo Benaías hijo de Joyadá, y también él ganó fama como los tres valientes, **23**pero no fue contado entre ellos, aunque se destacó más que los treinta valientes. Además, David lo puso al mando de su guardia personal.

24Entre los treinta valientes estaban:
Asael hermano de Joab,
Eljanán hijo de Dodó, el de Belén,
25Sama el jarodita,
Elicá el jarodita,
26Heles el paltita,
Ira hijo de Iqués el tecoíta,
27Abiezer el anatotita,
Mebunay el jusatita,
28Zalmón el ajojita,
Maray el netofatita,
29Jéled[k] hijo de Baná el netofatita,
Itay hijo de Ribay, el de Guibeá de los benjaminitas,
30Benaías el piratonita,
Hiday, el de los arroyos de Gaas,
31Abí Albón el arbatita,
Azmávet el bajurinita,
32Elijaba el salbonita,
los hijos de Jasén,
Jonatán hijo de[l] **33**Sama el ararita,
Ahían hijo de Sarar el ararita,
34Elifelet hijo de Ajasbay el macateo,

---

[g] **23:8** *mató con su lanza* (mss. de LXX; véase 1Cr 11:11); *Adino el eznita mató* (TM).　[h] **23:9** *en Pasdamín* (texto probable; véase 1Cr 11:13); *allí* (TM).　[i] **23:11** *formaron sus tropas.* Alt. *se concentraron en Lehí.*　[j] **23:20** *dos de los mejores hombres.* Alt. *los dos hijos de Ariel.*　[k] **23:29** *Jéled* (mss. hebreos; véase 1Cr 11:30); *Jéleb* (TM).　[l] **23:32** *Jonatán hijo de* (mss. de LXX); *Jonatán* (TM).

Elián hijo de Ajitofel el guilonita,
35 Jezró el de Carmel,
   Paray el arbita,
36 Igal hijo de Natán, el de Sobá,
   el hijo de Hagrí,[m]
37 Sélec el amonita,
   Najaray el berotita, que fue escudero de
   Joab hijo de Sarvia,
38 Ira el itrita,
   Gareb el itrita,
39 y Urías el hitita.
   En total fueron treinta y siete.

David hace un censo militar

24:1-17 — 1Cr 21:1-17

24 Una vez más, la ira del SEÑOR se encendió contra Israel, así que el SEÑOR incitó a David contra el pueblo al decirle: «Haz un censo de Israel y de Judá.» 2 Entonces el rey les ordenó a Joab y a los capitanes del ejército que lo acompañaban:[n]

—Vayan por todas las tribus de Israel, desde Dan hasta Berseba, y hagan un censo militar, para que yo sepa cuántos pueden servir en el ejército.

3 Joab le respondió:

—¡Que el SEÑOR su Dios multiplique cien veces las tropas de Su Majestad, y le permita llegar a verlo con sus propios ojos! Pero, ¿qué lleva a Su Majestad a hacer tal cosa?

4 Sin embargo, la orden del rey prevaleció sobre la opinión de Joab y de los capitanes del ejército, de modo que salieron de su audiencia con el rey para llevar a cabo el censo militar de Israel. 5 Cruzaron el Jordán y acamparon cerca de Aroer, al sur del pueblo que está en el valle, después de lo cual siguieron hacia Gad y Jazer. 6 Fueron por Galaad y por el territorio de Tajtín Jodsí, hasta llegar a Dan Jaán y a los alrededores de Sidón. 7 Siguieron hacia la fortaleza de Tiro y recorrieron todas las ciudades de los heveos y los cananeos. Finalmente, llegaron a Berseba, en el Néguev de Judá.

8 Al cabo de nueve meses y veinte días, y después de haber recorrido todo el país, regresaron a Jerusalén. 9 Joab le entregó al rey los resultados del censo militar: en Israel había ochocientos mil hombres que podían servir en el ejército, y en Judá, quinientos mil.

10 Entonces le remordió a David la conciencia por haber realizado este censo militar, y le dijo al SEÑOR: «He cometido un pecado muy grande. He actuado como un necio. Yo te ruego, SEÑOR, que perdones la maldad de tu siervo.»

11 Por la mañana, antes de que David se levantara, la palabra del SEÑOR vino al profeta Gad, vidente de David, y le dio este mensaje: 12 «Ve a decirle a David: "Así dice el SEÑOR: 'Te doy a escoger entre estos tres castigos; dime cuál de ellos quieres que te imponga.' " » 13 Entonces Gad fue a ver a David y le preguntó:

—¿Qué prefieres: que vengan tres[ñ] años de hambre en el país, o que tus enemigos te persigan durante tres meses, y tengas que huir de ellos, o que el país sufra tres días de peste? Piénsalo bien, y dime qué debo responderle al que me ha enviado.

14 —¡Estoy entre la espada y la pared! —respondió David—. Pero es mejor que caigamos en las manos del SEÑOR, porque su amor es grande, y no que yo caiga en las manos de los *hombres.

15 Por lo tanto, el SEÑOR mandó contra Israel una peste que duró desde esa mañana hasta el tiempo señalado; y en todo el país, desde Dan hasta Berseba, murieron setenta mil personas. 16 Entonces el ángel del SEÑOR, que estaba junto a la parcela de Arauna el jebuseo, extendió su mano hacia Jerusalén para destruirla. Pero el SEÑOR se arrepintió del castigo que había enviado. «¡Basta! —le dijo al ángel que estaba hiriendo al pueblo—. ¡Detén tu mano!»

17 David, al ver que el ángel destruía a la gente, oró al SEÑOR: «¿Qué culpa tienen estas ovejas? ¡Soy yo el que ha pecado! ¡Soy yo el que ha hecho mal! ¡Descarga tu mano sobre mí y sobre mi familia!»

---

[m] **23:36** *el hijo de Hagrí* (mss. de LXX; véase 1Cr 11:38); *Baní el gadita* (TM).   [n] **24:2** *les ordenó ... acompañaban* (LXX; véanse v. 4 y 1Cr 21:2); *le ordenó a Joab, capitán del ejército, que lo acompañaba* (TM).   [ñ] **24:13** *tres* (LXX; véase 1Cr 21:12); *siete* (TM).

David construye un altar
24:18-25 — 1Cr 21:18-26

18Ese mismo día, Gad volvió adonde estaba David y le dijo: «Sube y construye un altar al SEÑOR en la parcela de Arauna el jebuseo.»

19David se puso en camino, tal como el SEÑOR se lo había ordenado por medio de Gad. **20**Arauna se asomó y, al ver que el rey y sus oficiales se acercaban, salió y rostro en tierra se postró delante de él.

21—Su Majestad —dijo Arauna—, ¿a qué debo el honor de su visita?

—Quiero comprarte la parcela —respondió David— y construir un altar al SEÑOR para que se detenga la plaga que está afligiendo al pueblo.

22—Tome Su Majestad y presente como ofrenda lo que mejor le parezca. Aquí hay bueyes para el *holocausto, y hay también trillos y yuntas que usted puede usar como leña. **23**Todo esto se lo doy a usted. ¡Que el SEÑOR su Dios vea a Su Majestad con agrado!

24Pero el rey le respondió a Arauna:

—Eso no puede ser. No voy a ofrecer al SEÑOR mi Dios holocaustos que nada me cuesten. Te lo compraré todo por su precio justo.

Fue así como David compró la parcela y los bueyes por cincuenta monedas*o* de plata. **25**Allí construyó un altar al SEÑOR y ofreció holocaustos y sacrificios de *comunión. Entonces el SEÑOR tuvo piedad del país, y se detuvo la plaga que estaba afligiendo a Israel.

---

o **24:24** *monedas.* Lit. *siclos.*

Primer Libro de los
Reyes

Adonías usurpa el trono

1 El rey David era ya tan anciano y tan entrado en años que, por más que lo abrigaban, no conseguía entrar en calor. ²Por eso sus servidores le dijeron: «Busquemos a una joven soltera para que atienda a Su Majestad y lo cuide, y se acueste a su lado para darle calor.» ³Así que fueron por todo Israel en busca de una muchacha hermosa, y encontraron a una sunamita llamada Abisag y se la llevaron al rey. ⁴La muchacha era realmente muy hermosa, y se dedicó a cuidar y a servir al rey, aunque el rey nunca tuvo relaciones sexuales con ella.

⁵Adonías, cuya madre fue Jaguit, ambicionaba ser rey, y por lo tanto se levantó en armas. Consiguió carros de combate, caballosᵃ y cincuenta guardias de escolta. ⁶Adonías era más joven que Absalón, y muy bien parecido. Como David, su padre, nunca lo había contrariado ni le había pedido cuentas de lo que hacía, ⁷Adonías se confabuló con Joab hijo de Sarvia y con el sacerdote Abiatar, y éstos le dieron su apoyo. ⁸Quienes no lo apoyaron fueron el sacerdote Sadoc, Benaías hijo de Joyadá, el profeta Natán, Simí y Reguí, y la guardia personal de David.

⁹Cerca de Enroguel, junto a la peña de Zojélet, Adonías ofreció un sacrificio de ovejas, bueyes y terneros engordados. Invitó a todos sus hermanos, los hijos del rey, y a todos los funcionarios reales de Judá, ¹⁰pero no invitó al profeta Natán, ni a Benaías, ni a la guardia real ni a su hermano Salomón. ¹¹Por eso Natán le preguntó a Betsabé, la madre de Salomón: «¿Ya sabes que Adonías, el hijo de Jaguit, se ha proclamado rey a espaldas de nuestro señor David? ¹²Pues si quieres salvar tu *vida y la de tu hijo Salomón, déjame darte un consejo: ¹³Ve a presentarte ante el rey David, y dile: "¿Acaso no le había jurado Su Majestad a esta servidora suya que mi hijo Salomón lo sucedería en el trono? ¿Cómo es que ahora el rey es Adonías?" ¹⁴Mientras tú estés allí, hablando con el rey, yo entraré para confirmar tus palabras.»

¹⁵Betsabé se dirigió entonces a la habitación del rey. Como éste ya era muy anciano, lo atendía Abisag la sunamita. ¹⁶Al llegar Betsabé, se arrodilló ante el rey, y éste le preguntó:

—¿Qué quieres?

¹⁷—Mi señor juró por el SEÑOR su Dios a esta servidora suya —contestó Betsabé—, que mi hijo Salomón sucedería en el trono a Su Majestad. ¹⁸Pero ahora resulta que Adonías se ha proclamado rey a espaldas de Su Majestad. ¹⁹Ha sacrificado una gran cantidad de toros, terneros engordados y ovejas, y ha invitado a todos los hijos del rey, al sacerdote Abiatar y a Joab, general del ejército; sin embargo, no invitó a Salomón, que es un fiel servidor de Su Majestad. ²⁰Mi señor y rey, todo Israel está a la expectativa y quiere que usted le diga quién lo sucederá en el trono. ²¹De lo contrario, tan pronto como Su Majestad muera, mi hijo Salomón y yo seremos acusados de alta traición.

²²Mientras Betsabé hablaba con el rey, llegó el profeta Natán, ²³y el rey se enteró de su llegada. Entonces Natán se presentó ante el rey y, arrodillándose, ²⁴le dijo:

—Mi señor y rey, ¿acaso ha decretado usted que Adonías lo suceda en el trono? ²⁵Pregunto esto porque él ha ido hoy a sacrificar una gran cantidad de toros, terneros engordados y ovejas. Además, ha invitado a todos los hijos de Su Majestad,

---

ᵃ **1:5** *caballos.* Alt. *aurigas.*

a los comandantes del ejército y al sacerdote Abiatar, y allí están todos ellos comiendo y bebiendo, y gritando en su presencia: "¡Viva el rey Adonías!" ²⁶Sin embargo, no me invitó a mí, que estoy al servicio de Su Majestad, ni al sacerdote Sadoc, ni a Benaías hijo de Joyadá, ni a Salomón, que es un fiel servidor de Su Majestad. ²⁷¿Será posible que mi señor y rey haya hecho esto sin dignarse comunicarles a sus servidores quién lo sucederá en el trono?

David proclama rey a Salomón
1:28-53 — 1Cr 29:21-25

²⁸Al oír esto, el rey David ordenó:

—¡Llamen a Betsabé!

Ella entró y se quedó de pie ante el rey. ²⁹Entonces el rey le hizo este juramento:

—Tan cierto como que vive el Señor, que me ha librado de toda angustia, ³⁰te aseguro que hoy cumpliré lo que te juré por el Señor, el Dios de Israel. Yo te prometí que tu hijo Salomón me sucederá en el trono y reinará en mi lugar.

³¹Betsabé se inclinó ante el rey y, postrándose rostro en tierra, exclamó:

—¡Que viva para siempre mi señor el rey David!

³²David ordenó:

—Llamen al sacerdote Sadoc, al profeta Natán y a Benaías hijo de Joyadá.

Cuando los tres se presentaron ante el rey, ³³éste les dijo:

—Tomen con ustedes a los funcionarios de la corte, monten a mi hijo Salomón en mi propia mula, y llévenlo a Guijón ³⁴para que el sacerdote Sadoc y el profeta Natán lo unjan como rey de Israel. Toquen luego la trompeta, y griten: "¡Viva el rey Salomón!" ³⁵Después de eso, regresen con él para que ocupe el trono en mi lugar y me suceda como rey, pues he dispuesto que sea él quien gobierne a Israel y a Judá.

³⁶—¡Que así sea! —le respondió Benaías hijo de Joyadá—. ¡Que así lo confirme el Señor, Dios de Su Majestad! ³⁷Que así como el Señor estuvo con Su Majestad, esté también con Salomón; ¡y que engrandezca su trono aún más que el trono de mi señor el rey David!

³⁸El sacerdote Sadoc, el profeta Natán y Benaías hijo de Joyadá, y los quereteos y los peleteos, montaron a Salomón en la mula del rey David y lo escoltaron mientras bajaban hasta Guijón. ³⁹Allí el sacerdote Sadoc tomó el cuerno de aceite que estaba en el santuario, y ungió a Salomón. Tocaron entonces la trompeta, y todo el pueblo gritó: «¡Viva el rey Salomón!» ⁴⁰Luego, todos subieron detrás de él, tocando flautas y lanzando gritos de alegría. Era tal el estruendo, que la tierra temblaba.

⁴¹Adonías y todos sus invitados estaban por terminar de comer cuando sintieron el estruendo. Al oír el sonido de la trompeta, Joab preguntó:

—¿Por qué habrá tanta bulla en la ciudad?

⁴²Aún estaba hablando cuando llegó Jonatán, hijo del sacerdote Abiatar.

—¡Entra! —le dijo Adonías—. Un hombre respetable como tú debe traer buenas noticias.

⁴³—¡No es así! —exclamó Jonatán—. Nuestro señor el rey David ha nombrado rey a Salomón. ⁴⁴También ha ordenado que el sacerdote Sadoc, el profeta Natán y Benaías hijo de Joyadá, con los quereteos y los peleteos, monten a Salomón en la mula del rey. ⁴⁵Sadoc y Natán lo han ungido como rey en Guijón. Desde allí han subido lanzando gritos de alegría, y la ciudad está alborotada. A eso se debe tanta bulla. ⁴⁶Además, Salomón se ha sentado en el trono real, ⁴⁷y los funcionarios de la corte han ido a felicitar a nuestro señor, el rey David. Hasta le desearon que su Dios hiciera el *nombre de Salomón más famoso todavía que el de David, y que engrandeciera el trono de Salomón más que el suyo. Ante eso, el rey se inclinó en su cama ⁴⁸y dijo: "¡Alabado sea el Señor, Dios de Israel, que hoy me ha concedido ver a mi sucesor sentarse en mi trono!"

⁴⁹Al oír eso, todos los invitados de Adonías se levantaron llenos de miedo y se dispersaron. ⁵⁰Adonías, por temor a Salomón, se refugió en el santuario, en donde se agarró de los cuernos del altar. ⁵¹No faltó quien fuera a decirle a Salomón:

—Adonías tiene miedo de Su Majestad y está agarrado de los cuernos del altar. Ha dicho: "¡Quiero que hoy mismo jure el rey Salomón que no condenará a muerte a este servidor suyo!"

⁵²Salomón respondió:

—Si demuestra que es un hombre de honor, no perderá ni un cabello de su cabeza; pero si se le sorprende en alguna maldad, será condenado a muerte.

⁵³Acto seguido, el rey Salomón mandó que lo trajeran. Cuando Adonías llegó, se inclinó ante el rey Salomón, y éste le ordenó que se fuera a su casa.

Últimas instrucciones de David
2:10-12 — 1Cr 29:26-28

2 David ya estaba próximo a morir, así que le dio estas instrucciones a su hijo Salomón:

²«Según el destino que a todos nos espera, pronto partiré de este mundo. ¡Cobra ánimo y pórtate como hombre! ³Cumple los mandatos del SEÑOR tu Dios; sigue sus sendas y obedece sus decretos, mandamientos, leyes y preceptos, los cuales están escritos en la *ley de Moisés. Así prosperarás en todo lo que hagas y por dondequiera que vayas, ⁴y el SEÑOR cumplirá esta promesa que me hizo: "Si tus descendientes cuidan su conducta y me son fieles con toda el *alma y de todo *corazón, nunca faltará un sucesor tuyo en el trono de Israel."

⁵»Ahora bien, tú mismo sabes que Joab hijo de Sarvia derramó sangre en tiempo de paz como si estuviera en guerra, y mató a Abner hijo de Ner y a Amasá hijo de Jéter, los dos comandantes de los ejércitos israelitas, manchándose así de sangre las manos.[b] ⁶Por tanto, usa la cabeza y no lo dejes llegar a viejo y morir en *paz.[c] ⁷En cambio, sé bondadoso con los hijos de Barzilay de Galaad y permíteles comer en tu mesa, pues ellos me ampararon cuando huía de tu hermano Absalón.

⁸»También encárgate de Simí hijo de Guerá, ese benjaminita de Bajurín que me lanzó terribles maldiciones cuando me dirigía a Majanayin. Es cierto que, cuando fue al Jordán a recibirme, le juré por el SEÑOR que no lo condenaría a muerte. ⁹Sin embargo, no tienes ya por qué perdonarle la vida. Tú eres inteligente, y sabrás qué hacer con él; aunque ya está viejo, hazlo sufrir una muerte sangrienta.»[d]

¹⁰David murió y fue sepultado en la ciudad que lleva su *nombre. ¹¹Había reinado siete años en Hebrón y treinta y tres en Jerusalén, así que en total reinó en Israel cuarenta años. ¹²Lo sucedió en el trono su hijo Salomón, y así se consolidó firmemente su reino.

Salomón consolida el reino

¹³Adonías hijo de Jaguit fue a ver a Betsabé, madre de Salomón, y Betsabé le preguntó:

—¿Vienes en son de *paz?

—Sí —respondió él—; ¹⁴tengo algo que comunicarle.

—Habla —contestó ella.

¹⁵—Como usted sabe —dijo Adonías—, el reino me pertenecía, y todos los israelitas esperaban que yo llegara a ser rey. Pero ahora el reino ha pasado a mi hermano, que lo ha recibido por voluntad del SEÑOR. ¹⁶Pues bien, tengo una petición que hacerle, y espero que me la conceda.

—Continúa —dijo ella.

¹⁷—Por favor, pídale usted al rey Salomón que me dé como esposa a Abisag la sunamita; a usted no se lo negará.

¹⁸—Muy bien —contestó Betsabé—; le hablaré al rey en tu favor.

¹⁹Betsabé fue a ver al rey Salomón para interceder en favor de Adonías. El rey se puso de pie para recibirla y se inclinó ante ella; luego se sentó en su trono y mandó que pusieran otro trono para su madre; y ella se sentó a la *derecha del rey.

²⁰—Quiero pedirte un pequeño favor —dijo ella—. Te ruego que no me lo niegues.

—Dime de qué se trata, madre mía. A ti no puedo negarte nada.

²¹Ella continuó:

---

[b] **2:5** *las manos*. Lit. *su cinturón y sus sandalias.*   [c] **2:6** *no lo dejes llegar a viejo y morir en paz*. Lit. *no dejes que sus canas bajen en paz al *Seol.*   [d] **2:9** *aunque ... sangrienta*. Lit. *haz que sus canas bajen con sangre al *Seol.*

—Concédele a tu hermano Adonías casarse con Abisag la sunamita.

22—Pero ¿cómo puedes pedirme semejante cosa? —respondió el rey a su madre—. Es mi hermano mayor, y cuenta con el apoyo del sacerdote Abiatar y de Joab hijo de Sarvia. ¡Realmente me estás pidiendo que le ceda el trono!

23Dicho esto, el rey Salomón juró por el SEÑOR: «¡Que Dios me castigue sin piedad si no hago que Adonías pague con su *vida por esa petición! **24**El SEÑOR me ha establecido firmemente en el trono de mi padre, y conforme a su promesa me ha dado una dinastía. Por tanto, tan cierto como que él vive, ¡juro que hoy mismo Adonías morirá!»

25En seguida, el rey Salomón le dio a Benaías hijo de Joyadá la orden de matar a Adonías. **26**Al sacerdote Abiatar, el rey mismo le ordenó: «Regresa a tus tierras en Anatot. Mereces la muerte, pero por el momento no voy a quitarte la vida, pues compartiste con David mi padre todas sus penurias, y en su presencia llevaste el arca del SEÑOR omnipotente.» **27**Fue así como, al destituir Salomón a Abiatar del sacerdocio del SEÑOR, se cumplió la palabra que el SEÑOR había pronunciado en Siló contra la familia de Elí.

28Joab había conspirado con Adonías, aunque no con Absalón, así que al oír que Adonías había muerto, fue a refugiarse en el santuario del SEÑOR, agarrándose de los cuernos del altar. **29**Cuando le dijeron a Salomón que Joab había huido al santuario, y que estaba junto al altar, el rey le ordenó a Benaías hijo de Joyadá que fuera a matarlo. **30**Benaías fue al santuario del SEÑOR y le dijo a Joab:

—El rey te ordena que salgas.

—¡No! —respondió Joab—. ¡De aquí sólo me sacarán muerto!

Benaías fue y le contó al rey lo que había dicho Joab.

31—¡Pues dale gusto! —ordenó el rey—. ¡Mátalo y entiérralo! De ese modo me absolverás a mí y a mi familia de la sangre inocente que derramó Joab. **32**El SEÑOR hará recaer sobre su cabeza la sangre que derramó, porque a espaldas de mi padre atacó Joab a Abner hijo de Ner,

que era comandante del ejército de Israel, y a Amasá hijo de Jéter, que era comandante del ejército de Judá. Así mató a filo de espada a dos hombres que eran mejores y más justos que él. **33**¡Que la culpa de esas muertes recaiga para siempre sobre la cabeza de Joab y de sus descendientes! ¡Pero que la paz del SEÑOR esté por siempre con David y sus descendientes, y con su linaje y su trono!

34Benaías hijo de Joyadá fue y mató a Joab, e hizo que lo sepultaran en su hacienda de la estepa. **35**Entonces el rey puso a Benaías hijo de Joyadá sobre el ejército en lugar de Joab, y al sacerdote Sadoc lo puso en lugar de Abiatar. **36**Luego mandó llamar a Simí y le dijo:

—Constrúyete una casa en Jerusalén, y quédate allí. No salgas a ninguna parte, **37**porque el día que salgas y cruces el arroyo de Cedrón, podrás darte por muerto. Y la culpa será tuya.

38—De acuerdo —le respondió Simí al rey—. Yo estoy para servir a Su Majestad, y acataré sus órdenes.

Simí permaneció en Jerusalén por un buen tiempo, **39**pero tres años más tarde dos de sus esclavos escaparon a Gat, donde reinaba Aquis hijo de Macá. Cuando le avisaron a Simí que sus esclavos estaban en Gat, **40**aparejó su asno y se fue allá a buscarlos y traerlos de vuelta. **41**Al oír Salomón que Simí había ido de Jerusalén a Gat y había regresado, **42**lo mandó llamar y le dijo:

—Yo te hice jurar por el SEÑOR, y te advertí: "El día que salgas a cualquier lugar, podrás darte por muerto." Y tú dijiste que estabas de acuerdo y que obedecerías. **43**¿Por qué, pues, no cumpliste con tu juramento al SEÑOR ni obedeciste la orden que te di?

44El rey también le dijo a Simí:

—Tú bien sabes cuánto daño le hiciste a mi padre David; ahora el SEÑOR se vengará de ti por tu maldad. **45**En cambio, yo seré bendecido, y el trono de David permanecerá firme para siempre en presencia del SEÑOR.

46Acto seguido, el rey le dio la orden a Benaías hijo de Joyadá, y éste fue y mató a Simí. Así se consolidó el reino en manos de Salomón.

Salomón pide sabiduría

3:4-15 — 2Cr 1:2-13

3 Salomón entró en alianza con el faraón, rey de Egipto, casándose con su hija, a la cual llevó a la Ciudad de David mientras terminaba de construir su palacio, el templo del SEÑOR y el muro alrededor de Jerusalén. 2Como aún no se había construido un templo en honor*e* del SEÑOR, el pueblo seguía ofreciendo sacrificios en los *santuarios paganos. 3Salomón amaba al SEÑOR y cumplía los decretos de su padre David. Sin embargo, también iba a los santuarios paganos para ofrecer sacrificios y quemar incienso. 4Como en Gabaón estaba el santuario pagano más importante, Salomón acostumbraba ir allá para ofrecer sacrificios. Allí ofreció mil *holocaustos; 5y allí mismo se le apareció el SEÑOR en un sueño, y le dijo:

—Pídeme lo que quieras.

6Salomón respondió:

—Tú trataste con mucho amor a tu siervo David, mi padre, pues se condujo delante de ti con lealtad y justicia, y con un *corazón recto. Y, como hoy se puede ver, has reafirmado tu gran amor al concederle que un hijo suyo lo suceda en el trono.

7»Ahora, SEÑOR mi Dios, me has hecho rey en lugar de mi padre David. No soy más que un muchacho, y apenas sé cómo comportarme. 8Sin embargo, aquí me tienes, un siervo tuyo en medio del pueblo que has escogido, un pueblo tan numeroso que es imposible contarlo. 9Yo te ruego que le des a tu siervo discernimiento para gobernar a tu pueblo y para distinguir entre el bien y el mal. De lo contrario, ¿quién podrá gobernar a este gran pueblo tuyo?

10Al Señor le agradó que Salomón hubiera hecho esa petición, 11de modo que le dijo:

—Como has pedido esto, y no larga vida ni riquezas para ti, ni has pedido la muerte de tus enemigos sino discernimiento para administrar justicia, 12voy a concederte lo que has pedido. Te daré un corazón sabio y prudente, como nadie antes de ti lo ha tenido ni lo tendrá después. 13Además, aunque no me lo has pedido, te daré tantas riquezas y esplendor que en toda tu vida ningún rey podrá compararse contigo. 14Si andas por mis sendas y obedeces mis decretos y mandamientos, como lo hizo tu padre David, te daré una larga vida.

15Cuando Salomón despertó y se dio cuenta del sueño que había tenido, regresó a Jerusalén. Se presentó ante el arca del *pacto del Señor y ofreció *holocaustos y sacrificios de *comunión. Luego ofreció un banquete para toda su corte.

Un gobernante sabio

16Tiempo después, dos prostitutas fueron a presentarse ante el rey. 17Una de ellas le dijo:

—Su Majestad, esta mujer y yo vivimos en la misma casa. Mientras ella estaba allí conmigo, yo di a luz, 18y a los tres días también ella dio a luz. No había en la casa nadie más que nosotras dos. 19Pues bien, una noche esta mujer se acostó encima de su hijo, y el niño murió. 20Pero ella se levantó a medianoche, mientras yo dormía, y tomando a mi hijo, lo acostó junto a ella y puso a su hijo muerto a mi lado. 21Cuando amaneció, me levanté para amamantar a mi hijo, ¡y me di cuenta de que estaba muerto! Pero al clarear el día, lo observé bien y pude ver que no era el hijo que yo había dado a luz.

22—¡No es cierto! —exclamó la otra mujer—. ¡El niño que está vivo es el mío, y el muerto es el tuyo!

—¡Mientes! —insistió la primera—. El niño muerto es el tuyo, y el que está vivo es el mío.

Y se pusieron a discutir delante del rey.

23El rey deliberó: «Una dice: "El niño que está vivo es el mío, y el muerto es el tuyo." Y la otra dice: "¡No es cierto! El niño muerto es el tuyo, y el que está vivo es el mío."» 24Entonces ordenó:

—Tráiganme una espada.

Cuando se la trajeron, 25dijo:

---

e **3:2** *en honor.* Lit. *al nombre;* así en el resto de este libro.

—Partan en dos al niño que está vivo, y denle una mitad a ésta y la otra mitad a aquélla.

26La verdadera madre, angustiada por su hijo, le dijo al rey:

—¡Por favor, Su Majestad! ¡Déle usted a ella el niño que está vivo, pero no lo mate!

En cambio, la otra exclamó:

—¡Ni para mí ni para ti! ¡Que lo partan!

27Entonces el rey ordenó:

—No lo maten. Entréguenle a la primera el niño que está vivo, pues ella es la madre.

28Cuando todos los israelitas se enteraron de la sentencia que el rey había pronunciado, sintieron un gran respeto por él, pues vieron que tenía sabiduría de Dios para administrar justicia.

Administración del reino

4 Salomón reinó sobre todo Israel, 2y éstos fueron sus funcionarios:

Azarías, hijo del sacerdote Sadoc;
3 Elijoref y Ahías, hijos de Sisá, cronistas;
Josafat hijo de Ajilud, el secretario;
4 Benaías hijo de Joyadá, comandante en jefe;
Sadoc y Abiatar, sacerdotes;
5 Azarías hijo de Natán, encargado de los gobernadores;
Zabud hijo de Natán, sacerdote y consejero personal del rey;
6 Ajisar, encargado del palacio;
Adonirán hijo de Abdá, supervisor del trabajo forzado.

7Salomón tenía por todo Israel a doce gobernadores, cada uno de los cuales debía abastecer al rey y a su corte un mes al año. 8Éstos son sus nombres:

Ben Jur, en la región montañosa de Efraín;
9 Ben Decar, en Macaz, Salbín, Bet Semes y Elón Bet Janán;

10 Ben Jésed, en Arubot (Soco y toda la tierra de Héfer entraban en su jurisdicción);
11 Ben Abinadab, en Nafot Dorᶠ (la esposa de Ben Abinadab fue Tafat hija de Salomón);
12 Baná hijo de Ajilud, en Tanac y Meguido, y en todo Betseán (junto a Saretán, más abajo de Jezrel, desde Betseán hasta Abel Mejolá, y todavía más allá de Jocmeán);
13 Ben Guéber, en Ramot de Galaad (los poblados de Yaír hijo de Manasés en Galaad entraban en su jurisdicción, así como también el distrito de Argob en Basán y sus sesenta grandes ciudades, amuralladas y con cerrojos de bronce);
14 Ajinadab hijo de Idó, en Majanayin;
15 Ajimaz, en Neftalí (Ajimaz estaba casado con Basemat, hija de Salomón);
16 Baná hijo de Husay, en Aser y en Alot;
17 Josafat hijo de Parúaj, en Isacar;
18 Simí hijo de Elá, en Benjamín;
19 Guéber hijo de Uri, en Galaad (que era el país de Sijón, rey de los amorreos, y de Og, rey de Basán).

En la tierra de Judá�g había un solo gobernador.

Prosperidad de Salomón

20Los pueblos de Judá y de Israel eran tan numerosos como la arena que está a la orilla del mar; y abundaban la comida, la bebida y la alegría. 21Salomón gobernaba sobre todos los reinos desde el río Éufrates hasta la tierra de los filisteos y la frontera con Egipto. Mientras Salomón vivió, todos estos países fueron sus vasallos tributarios.

22La provisión diaria de Salomón era de seis mil seiscientos litros de flor de harina y trece mil doscientos litrosʰ de harina, 23diez bueyes engordados y veinte de pastoreo, y cien ovejas, así como venados, gacelas, corzos y aves de corral. 24El dominio de Salomón se extendía sobre

---

ᶠ4:11 *Nafot Dor.* Alt. *en las alturas de Dor.*   ᵍ4:19 *tierra de Judá.* Lit. *tierra.*   ʰ4:22 *seis mil seiscientos litros ... trece mil doscientos litros.* Lit. *treinta *coros ... sesenta coros.*

todos los reinos al oeste del río Éufrates, desde Tifsa hasta Gaza, y disfrutaba de *paz en todas sus fronteras. 25Durante el reinado de Salomón, todos los habitantes de Judá y de Israel, desde Dan hasta Berseba, vivieron seguros bajo su propia parra y su propia higuera.

26Salomón tenía doce mil caballos,[i] y cuatro mil[j] establos para los caballos de sus carros de combate.

27Los gobernadores, cada uno en su mes, abastecían al rey Salomón y a todos los que se sentaban a su mesa, y se ocupaban de que no les faltara nada. 28Además, llevaban a los lugares indicados sus cuotas de cebada y de paja para los caballos de tiro y para el resto de la caballería.

La sabiduría de Salomón

29Dios le dio a Salomón sabiduría e inteligencia extraordinarias; sus conocimientos eran tan vastos como la arena que está a la orilla del mar. 30Sobrepasó en sabiduría a todos los sabios del Oriente y de Egipto. 31En efecto, fue más sabio que nadie: más que Etán el ezraíta, y más que Hemán, Calcol y Dardá, los hijos de Majol. Por eso la fama de Salomón se difundió por todas las naciones vecinas. 32Compuso tres mil proverbios y mil cinco canciones. 33Disertó acerca de las plantas, desde el cedro del Líbano hasta el *hisopo que crece en los muros. También enseñó acerca de las bestias y las aves, los reptiles y los peces. 34Los reyes de todas las naciones del mundo que se enteraron de la sabiduría de Salomón enviaron a sus representantes para que lo escucharan.

Preparativos para la construcción del templo

5:1-16 — 2Cr 2:1-18

5 El rey Hiram de Tiro siempre había tenido buenas relaciones con David, así que al saber que Salomón había sido ungido para suceder en el trono a su padre David, le mandó una embajada. 2En respuesta, Salomón le envió este mensaje:

3«Tú bien sabes que, debido a las guerras en que mi padre David se vio envuelto, no le fue posible construir un templo en honor del SEÑOR su Dios. Tuvo que esperar hasta que el SEÑOR sometiera a sus enemigos bajo su dominio. 4Pues bien, ahora el SEÑOR mi Dios me ha dado *paz por todas partes, de modo que no me amenazan ni adversarios ni calamidades. 5Por lo tanto me propongo construir un templo en honor del SEÑOR mi Dios, pues él le prometió a mi padre David: "Tu hijo, a quien pondré en el trono como sucesor tuyo, construirá el templo en mi honor."

6»Ahora, pues, ordena que se talen para mí cedros del Líbano. Mis obreros trabajarán con los tuyos, y yo te pagaré el salario que determines para tus obreros. Tú sabes que no hay entre nosotros quien sepa talar madera tan bien como los sidonios.»

7Cuando Hiram oyó el mensaje de Salomón, se alegró mucho y dijo: «¡Alabado sea hoy el SEÑOR, porque le ha dado a David un hijo sabio para gobernar a esta gran nación!» 8Entonces Hiram envió a Salomón este mensaje:

«He recibido tu petición. Yo te proporcionaré toda la madera de cedro y de pino que quieras. 9Mis obreros la transportarán desde el Líbano hasta el mar. Allí haré que la aten en forma de balsas para llevarla flotando hasta donde me indiques, y allí se desatará para que la recojas. Tú, por tu parte, tendrás a bien proporcionarle alimento a mi corte.»

10Así que Hiram le proveía a Salomón toda la madera de cedro y de pino que éste deseaba, 11y Salomón, por su parte, año tras año le entregaba a Hiram, como alimento para su corte, veinte mil cargas[k] de trigo y veinte mil medidas[l] de aceite de oliva. 12El SEÑOR, cumpliendo su palabra, le dio sabiduría a Salomón. Hiram y Salo-

---

[i]4:26 caballos. Alt. aurigas. [j]4:26 cuatro mil (mss. de LXX; véase también 2Cr 9:25); cuarenta mil (TM). [k]5:11 veinte mil cargas. Lit. veinte mil *coros (más de cuatro millones de litros). [l]5:11 veinte mil medidas (lit. veinte mil *batos, LXX; véase también 2Cr 2:10); veinte coros (TM).

món hicieron un tratado, y hubo paz entre ellos.

13El rey Salomón impuso trabajo forzado y reclutó a treinta mil obreros de todo Israel. 14Los envió al Líbano en relevos de diez mil al mes, de modo que pasaban un mes en el Líbano y dos meses en su casa. La supervisión del trabajo forzado estaba a cargo de Adonirán. 15Salomón tenía en las montañas setenta mil cargadores y ochenta mil canteros; 16había además tres mil trescientos capataces que estaban al frente de la obra y dirigían a los trabajadores. 17Para echar los cimientos del templo, el rey mandó que sacaran de la cantera grandes bloques de piedra de la mejor calidad. 18Los obreros de Salomón e Hiram, junto con los que habían llegado de Guebal,m tallaron la madera y labraron la piedra para la construcción del templo.

Salomón construye el templo

6:1-29 — 2Cr 3:1-14

6 Salomón comenzó a construir el templo del SEÑOR en el cuarto año de su reinado en Israel, en el mes de *zif*, que es el mes segundo. Habían transcurrido cuatrocientos ochenta años desde que los israelitas salieron de Egipto.

2El templo que el rey Salomón construyó para el SEÑOR medía veintisiete metros de largo por nueve metros de ancho y trece metros y medio de alto. 3El vestíbulo de la nave central del templo medía también nueve metros de ancho y por el frente del templo sobresalía cuatro metros y medio. 4Salomón también mandó colocar en el templo ventanales con celosías. 5Alrededor del edificio, y contra las paredes de la nave central y del santuario interior, construyó un anexo con celdas laterales. 6El piso inferior del anexo medía dos metros con veinticinco centímetros de ancho; el piso intermedio, dos metros con setenta centímetros, y el piso más alto, tres metros con quince centímetros. Salomón había mandado hacer salientes en el exterior del templo para que las vigas no se empotraran en la pared misma.

7En la construcción del templo sólo se emplearon piedras de cantera ya labradas, así que durante las obras no se oyó el ruido de martillos ni de piquetas, ni de ninguna otra herramienta.

8La entrada al piso inferior[n] se hallaba en el lado sur del templo; una escalera de caracol conducía al nivel intermedio y a la planta alta. 9Salomón terminó de construir el templo techándolo con vigas y tablones de cedro. 10A lo largo del templo construyó el anexo, el cual tenía una altura de dos metros con veinticinco centímetros y quedaba unido a la pared del templo por medio de vigas de cedro.

11La palabra del SEÑOR vino a Salomón y le dio este mensaje: 12«Ya que estás construyendo este templo, quiero decirte que si andas según mis decretos, y obedeces mis leyes y todos mis mandamientos, yo cumpliré por medio de ti la promesa que le hice a tu padre David. 13Entonces viviré entre los israelitas, y no abandonaré a mi pueblo Israel.»

14Cuando Salomón terminó de construir la estructura del templo, 15revistió las paredes interiores con tablas de cedro, artesonándolas desde el piso hasta el techo; el piso lo recubrió con tablones de pino. 16En el santuario interior, al fondo del templo, acondicionó el Lugar Santísimo, recubriendo el espacio de nueve metros con tablas de cedro desde el piso hasta el techo. 17Junto al Lugar Santísimo estaba la nave central, la cual medía dieciocho metros de largo. 18El interior del templo lo recubrió de cedro tallado con figuras de calabazas y flores abiertas. No se veía una sola piedra, pues todo era de cedro.

19Salomón dispuso el Lugar Santísimo del templo para que se colocara allí el arca del *pacto del SEÑOR. 20El interior de este santuario, que medía nueve metros de largo por nueve metros de alto, lo recubrió de oro puro, y también recubrió de cedro el altar. 21Además, Salomón recubrió de oro puro el interior del templo, y tendió cadenas de oro a lo largo del frente del Lugar Santísimo, el cual estaba recubierto

---

m 5:18 *Guebal*. Es decir, Byblos.   n 6:8 *inferior* (LXX y Targum); *intermedio* (TM).

de oro. **22**En efecto, recubrió de oro todo el santuario interior, y así mismo el altar que estaba delante de éste.

23Salomón mandó esculpir para el santuario interior dos *querubines de madera de olivo, cada uno de los cuales medía cuatro metros y medio de altura. **24**De una punta a otra, las alas extendidas del primer querubín medían cuatro metros y medio, es decir, cada una de sus alas medía dos metros y veinticinco centímetros. **25**Las del segundo querubín también medían cuatro metros y medio, pues los dos eran idénticos en tamaño y forma. **26**Cada querubín medía cuatro metros y medio de altura. **27**Salomón puso los querubines con sus alas extendidas en medio del recinto interior del templo. Con una de sus alas, cada querubín tocaba una pared, mientras que sus otras alas se tocaban en medio del santuario. **28**Luego Salomón recubrió de oro los querubines.

29Sobre las paredes que rodeaban el templo, lo mismo por dentro que por fuera, talló figuras de querubines, palmeras y flores abiertas. **30**Además, recubrió de oro los pisos de los cuartos interiores y exteriores del templo.

31Para la entrada del Lugar Santísimo, Salomón hizo puertas de madera de olivo, con jambas y postes pentagonales. **32**Sobre las dos puertas de madera de olivo talló figuras de querubines, palmeras y flores abiertas, y todas ellas las recubrió de oro. **33**Así mismo, para la entrada de la nave central hizo postes cuadrangulares de madera de olivo. **34**También hizo dos puertas de pino, cada una con dos hojas giratorias. **35**Sobre ellas talló figuras de querubines, palmeras y flores abiertas, y las recubrió de oro bien ajustado al relieve.

36Las paredes del atrio interior las construyó con tres hileras de piedra labrada por cada hilera de vigas de cedro.

37Los cimientos del templo del SEÑOR se habían echado en el mes de *zif* del cuarto año del reinado de Salomón, **38**y en el mes de *bul* del año undécimo, es decir, en el mes octavo de ese año, se terminó

de construir el templo siguiendo al pie de la letra todos los detalles del diseño. Siete años le llevó a Salomón la construcción del templo.

Salomón construye su palacio

7 Salomón también terminó la construcción de su propio palacio, pero el proyecto le llevó trece años. **2**Construyó el palacio «Bosque del Líbano», el cual medía cuarenta y cinco metros de largo por veintidós metros y medio de ancho y trece metros y medio de alto.[ñ] Cuatro hileras de columnas de cedro sostenían las vigas, las cuales también eran de cedro. **3**Encima de las columnas había cuarenta y cinco celdas, quince en cada piso; y sobre las celdas[o] había un techo de cedro. **4**Las ventanas estaban colocadas en tres filas, de tres en tres y unas frente a las otras. **5**Todas las entradas tenían un marco rectangular y estaban colocadas de tres en tres, unas frente a las otras.

6Salomón también hizo un vestíbulo de columnas que medía veintidós metros y medio de largo por trece metros y medio de ancho. Al frente había otro vestíbulo con columnas, y un alero. **7**Construyó además una sala para su trono, es decir, el tribunal donde impartía justicia. Esta sala la recubrió de cedro de arriba abajo. **8**Su residencia personal estaba en un atrio aparte y tenía un modelo parecido. Salomón le construyó también un palacio semejante a la hija del faraón, con la cual se había casado.

9Desde los cimientos hasta las cornisas, y desde la parte exterior hasta el gran atrio, todo se hizo con bloques de piedra de buena calidad, cortados a la medida y aserrados por ambos lados. **10**Para echar los cimientos se usaron piedras grandes y de buena calidad; unas medían más de cuatro metros, y otras, más de tres. **11**Para la parte superior se usaron también piedras selectas, cortadas a la medida, y vigas de cedro. **12**El muro que rodeaba el gran atrio tenía tres hileras de piedra labrada por cada hilera de vigas de cedro, lo

---

[ñ]**7:2** En este capítulo las medidas de longitud se han convertido al sistema métrico, sin explicación en las notas. [o]**7:3** *celdas, quince en cada piso; y sobre las celdas.* Alt. *vigas, quince en cada hilera; y sobre las vigas.*

mismo que el atrio interior y el vestíbulo del templo del SEÑOR.

Mobiliario del templo

7:23-26 — 2Cr 4:2-5
7:38-51 — 2Cr 4:6,10-5:1

13El rey Salomón mandó traer de Tiro a Hiram, 14que era hijo de una viuda de la tribu de Neftalí y de un nativo de Tiro que era artesano en bronce. Hiram era sumamente hábil e inteligente, experto en toda clase de trabajo en bronce, así que se presentó ante el rey Salomón y realizó todo el trabajo que se le asignó.

15Hiram fundió dos columnas de bronce, cada una de ocho metros de alto y cinco metros y medio de circunferencia, medidas a cordel. 16Las columnas que hizo remataban en dos capiteles de bronce fundido que medían dos metros y veinticinco centímetros de alto. 17Una red de cadenas trenzadas adornaba los capiteles en la parte superior de las columnas, y en cada capitel había siete trenzas. 18El capitel de cada columnaᵖ lo cubrió con dos hileras de granadas�q entrelazadas con las cadenas. 19Estos capiteles en que remataban las columnas del vestíbulo tenían forma de azucenas y medían un metro con ochenta centímetros. 20La parte más alta y más ancha de los capiteles de ambas columnas estaba rodeada por doscientas granadas, dispuestas en hileras junto a la red de cadenas. 21Cuando Hiram levantó las columnas en el vestíbulo de la nave central, llamó Jaquín a la columna de la derecha, y Boaz a la de la izquierda.ʳ 22El trabajo de las columnas quedó terminado cuando se colocaron en la parte superior las figuras en forma de azucenas.

23Hizo también una fuenteˢ circular de metal fundido, que medía cuatro metros y medio de diámetro y dos metros con veinticinco centímetros de alto. Su circunferencia, medida a cordel, era de trece metros y medio. 24Debajo del borde hizo dos hileras de figuras de calabazas, diez por cada medio metro, las cuales estaban fundidas en una sola pieza con la fuente.

25La fuente descansaba sobre doce bueyes, que tenían sus cuartos traseros hacia adentro. Tres bueyes miraban al norte, tres al oeste, tres al sur y tres al este. 26El grosor de la fuente era de ocho centímetros, y su borde, en forma de copa, se asemejaba a un capullo de azucena. Tenía una capacidad de cuarenta y cuatro mil litros.ᵗ

27También hizo diez bases de bronce, cada una de las cuales medía un metro con ochenta centímetros de largo y un metro con ochenta centímetros de ancho, por un metro y treinta y cinco centímetros de alto. 28Estaban revestidas con paneles entre los bordes, 29y en los paneles había figuras de leones, bueyes y *querubines, mientras que en los bordes, por encima y por debajo de los leones y los bueyes, había guirnaldas repujadas. 30Cada base tenía cuatro ruedas de bronce con ejes también de bronce, y por debajo de su lavamanos se apoyaba sobre cuatro soportes fundidos que tenían guirnaldas en cada lado. 31La boca del lavamanos estaba dentro de una corona, y sobresalía cuarenta y cinco centímetros; era redonda, y con su pedestal medía sesenta y siete centímetros. Alrededor de la boca había entalladuras, pero sus paneles eran cuadrados, no redondos. 32Las cuatro ruedas estaban debajo de los paneles, y los ejes de las ruedas estaban unidos a la base. Cada rueda medía sesenta y siete centímetros de diámetro 33y estaba hecha de metal fundido, como las ruedas de los carros, con sus ejes, aros, rayos y cubos.

34Cada base tenía cuatro soportes unidos a ella, uno en cada esquina. 35En la parte superior de la base había un marco redondo de veintidós centímetros. Los soportes y paneles formaban una misma pieza con la parte superior de la base. 36Sobre las superficies de los soportes y sobre los paneles Hiram grabó querubines,

---

ᵖ7:18 de cada columna (muchos mss. hebreos, LXX y Siríaca); de las granadas (TM). �q7:18 con dos hileras de granadas (dos mss. hebreos y LXX); hizo las columnas y dos hileras (TM). ʳ7:21 Jaquín (que probablemente significa él establece) estaba al sur, y Boaz (probablemente en él hay fuerza) estaba al norte. ˢ7:23 una fuente. Lit. el mar; así en el resto de este pasaje. ᵗ7:26 cuarenta y cuatro mil litros. Lit. dos mil *batos.

leones y palmeras, con guirnaldas alrededor, según el espacio disponible. **37**De ese modo hizo las diez bases, las cuales fueron fundidas en los mismos moldes y eran idénticas en forma y tamaño.

38Hiram hizo también diez lavamanos de bronce, uno para cada base. Cada uno de ellos medía un metro con ochenta centímetros y tenía capacidad para ochocientos ochenta litros.ᵘ **39**Colocó cinco de las bases al lado derecho del templo y cinco al lado izquierdo. La fuente de metal la colocó en la esquina del lado derecho, al sureste del templo. **40**También hizo las ollas,ᵛ las tenazas y los aspersorios.

Así Hiram terminó todo el trabajo que había emprendido para el rey Salomón en el templo del SEÑOR, es decir:

41 las dos columnas;

los dos capiteles en forma de tazón que coronaban las columnas;

las dos redes que decoraban los capiteles;

42 las cuatrocientas granadas, dispuestas en dos hileras para cada red;

43 las diez bases con sus diez lavamanos;

44 la fuente de metal y los doce bueyes que la sostenían;

45 las ollas, las tenazas y los aspersorios.

Todos esos utensilios que Hiram le hizo al rey Salomón para el templo del SEÑOR eran de bronce bruñido. **46**El rey los hizo fundir en moldes de arcilla en la llanura del Jordán, entre Sucot y Saretán. **47**Eran tantos los utensilios que Salomón ni los pesó, así que no fue posible determinar el peso del bronce.

48Salomón también mandó hacer los otros utensilios que estaban en el templo del SEÑOR, es decir:

el altar de oro;

la mesa de oro sobre la que se ponía el *pan de la Presencia;

49 los candelabros de oro puro, cinco en el lado sur y cinco en el lado

norte, en frente del Lugar Santísimo;

la obra floral, las lámparas y las tenazas, que también eran de oro;

50 las copas, las despabiladeras, los aspersorios, la vajilla y los incensarios;

y los goznes de oro para las puertas del Lugar Santísimo, como también para las puertas de la nave central del templo.

51Una vez terminada toda la obra que el rey había mandado hacer para el templo del SEÑOR, Salomón hizo traer el oro, la plata y los utensilios que su padre David había consagrado, y los depositó en el tesoro del templo del SEÑOR.

Traslado del arca al templo
8:1-21 — 2Cr 5:2–6:11

8 Entonces el rey Salomón mandó que los *ancianos de Israel, y todos los jefes de las tribus y los patriarcas de las familias israelitas, se congregaran ante él en Jerusalén para trasladar el arca del *pacto del SEÑOR desde *Sión, la Ciudad de David. **2**Así que en el mes de *etanim, durante la fiesta del mes séptimo, todos los israelitas se congregaron ante el rey Salomón. **3**Cuando llegaron todos los ancianos de Israel, los sacerdotes alzaron el arca. **4**Con la ayuda de los levitas, trasladaron el arca del SEÑOR junto con la *Tienda de reunión y con todos los utensilios sagrados que había en ella.

5El rey Salomón y toda la asamblea de Israel reunida con él delante del arca sacrificaron ovejas y bueyes en tal cantidad que fue imposible llevar la cuenta. **6**Luego los sacerdotes llevaron el arca del pacto del SEÑOR a su lugar en el santuario interior del templo, que es el Lugar Santísimo, y la pusieron bajo las alas de los *querubines. **7**Con sus alas extendidas sobre ese lugar, los querubines cubrían el arca y sus travesaños. **8**Los travesaños eran tan largos que sus extremos se podían ver desde el Lugar Santo, delante del

---

ᵘ**7:38** *ochocientos ochenta litros.* Lit. *cuarenta *batos.* Vulgata; véase v. 45); *los lavabos* (TM).

ᵛ**7:40** *las ollas* (muchos mss., LXX, Siríaca y

Lugar Santísimo, aunque no desde afuera; y ahí han permanecido hasta hoy. **9**En el arca sólo estaban las dos tablas de piedra que Moisés había colocado en ella en Horeb, donde el Señor hizo un pacto con los israelitas después de que salieron de Egipto.

10Cuando los sacerdotes se retiraron del Lugar Santo, la nube llenó el templo del Señor. **11**Y por causa de la nube, los sacerdotes no pudieron celebrar el culto, pues la gloria del Señor había llenado el templo.

12Entonces Salomón declaró:

> «Señor, tú has dicho que habitarías en la oscuridad de una nube, **13**y yo te he construido un excelso templo, un lugar donde habites para siempre.»

14Luego se puso de frente para bendecir a toda la asamblea de Israel que estaba allí de pie, **15**y dijo:

> «Bendito sea el Señor, Dios de Israel, que con su mano ha cumplido ahora lo que con su boca le había prometido a mi padre David cuando le dijo: **16**"Desde el día en que saqué de Egipto a mi pueblo Israel, no elegí ninguna ciudad de las tribus de Israel para que en ella se me construyera un templo donde yo habitara, sino que elegí a David para que gobernara a mi pueblo Israel."

> **17**»Pues bien, mi padre David tuvo mucho interés en construir un templo en honor del Señor, Dios de Israel, **18**pero el Señor le dijo: "Me agrada que te hayas interesado en construir un templo en mi honor. **19**Sin embargo, no serás tú quien lo construya, sino un hijo de tus entrañas; él será quien construya el templo en mi honor."

> **20**»Ahora el Señor ha cumplido su promesa: Tal como lo prometió, he sucedido a mi padre David en el trono de Israel y he construido el templo en honor del Señor, Dios de Israel. **21**Allí he fijado un lugar para el arca, en la cual está el pacto que el Señor hizo con nuestros antepasados cuando los sacó de Egipto.»

Oración de Salomón

8:22-53 — 2Cr 6:12-40

22A continuación, Salomón se puso delante del altar del Señor y, en presencia de toda la asamblea de Israel, extendió las manos hacia el cielo **23**y dijo:

> «Señor, Dios de Israel, no hay Dios como tú arriba en el cielo ni abajo en la tierra, pues tú cumples tu *pacto de amor con quienes te sirven y te siguen de todo *corazón. **24**Has llevado a cabo lo que le dijiste a tu siervo David, mi padre; y este día has cumplido con tu mano lo que con tu boca le prometiste.

> **25**»Ahora, Señor, Dios de Israel, cumple también la promesa que le hiciste a tu siervo, mi padre David, cuando le dijiste: "Si tus hijos observan una buena conducta y me siguen como tú lo has hecho, nunca te faltará un descendiente que ocupe el trono de Israel en mi presencia." **26**Dios de Israel, ¡confirma ahora la promesa que le hiciste a mi padre David, tu siervo!

> **27**»Pero ¿será posible, Dios mío, que tú habites en la tierra? Si los cielos, por altos que sean, no pueden contenerte, ¡mucho menos este templo que he construido! **28**Sin embargo, Señor mi Dios, atiende la oración y la súplica de este siervo tuyo. Oye el clamor y la oración que hoy elevo en tu presencia. **29**¡Que tus ojos estén abiertos día y noche sobre este templo, el lugar donde decidiste habitar, para que oigas la oración que tu siervo te eleva aquí! **30**Oye la súplica de tu siervo y de tu pueblo Israel cuando oren en este lugar. Oye desde el cielo, donde habitas; ¡escucha y perdona!

> **31**»Si alguien peca contra su prójimo y se le exige venir a este templo para jurar ante tu altar, **32**óyelo tú desde el cielo y juzga a tus siervos. Condena al culpable, y haz que reciba su merecido; absuelve al inocente, y vindícalo por su rectitud.

> **33**»Cuando tu pueblo Israel sea derrotado por el enemigo por haber pecado contra ti, si luego se vuelve a ti para honrar tu *nombre, y ora y te

suplica en este templo, ³⁴óyelo tú desde el cielo, y perdona su pecado y hazlo regresar a la tierra que les diste a sus antepasados.

³⁵»Cuando tu pueblo peque contra ti y tú lo aflijas cerrando el cielo para que no llueva, si luego ellos oran en este lugar y honran tu nombre y se *arrepienten de su pecado, ³⁶óyelos tú desde el cielo y perdona el pecado de tus siervos, de tu pueblo Israel. Guíalos para que sigan el buen *camino, y envía la lluvia sobre esta tierra, que es tuya, pues tú se la diste a tu pueblo por herencia.

³⁷»Cuando en el país haya hambre, peste, sequía, o plagas de langostas o saltamontes en los sembrados, o cuando el enemigo sitie alguna de nuestras ciudades; en fin, cuando venga cualquier calamidad o enfermedad, ³⁸si luego cada israelita, consciente de su propia culpa,^w extiende sus manos hacia este templo, y ora y te suplica, ³⁹óyelo tú desde el cielo, donde habitas, y perdónalo. Trata a cada uno según su conducta, la cual tú conoces, puesto que sólo tú escudriñas el corazón *humano. ⁴⁰Así todos tendrán temor de ti mientras vivan en la tierra que les diste a nuestros antepasados.

⁴¹»Trata de igual manera al extranjero que no pertenece a tu pueblo Israel, pero que atraído por tu fama ha venido de lejanas tierras. ⁴²(En efecto, los pueblos oirán hablar de tu gran nombre y de tus despliegues de fuerza y poder.) Cuando ese extranjero venga y ore en este templo, ⁴³óyelo tú desde el cielo, donde habitas, y concédele cualquier petición que te haga. Así todos los pueblos de la tierra conocerán tu nombre y, al igual que tu pueblo Israel, tendrán temor de ti y comprenderán que en este templo que he construido se invoca tu nombre.

⁴⁴»SEÑOR, cuando saques a tu pueblo para combatir a sus enemigos, sea donde sea, si el pueblo ora a ti y dirige la mirada hacia la ciudad que has escogido, hacia el templo que he construido en tu honor, ⁴⁵oye tú desde el cielo su oración y su súplica, y defiende su causa.

⁴⁶»Ya que no hay ser humano que no peque, si tu pueblo peca contra ti, y tú te enojas con ellos y los entregas al enemigo para que se los lleven cautivos a otro país, lejano o cercano, ⁴⁷si en el destierro, en el país de los vencedores, se arrepienten y se vuelven a ti, y oran a ti diciendo: "Somos culpables, hemos pecado, hemos hecho lo malo", ⁴⁸y allá en la tierra de sus enemigos que los tomaron cautivos se vuelven a ti de todo corazón y con toda el *alma, y oran a ti y dirigen la mirada hacia la tierra que les diste a sus antepasados, hacia la ciudad que has escogido y hacia el templo que he construido en tu honor, ⁴⁹oye tú su oración y su súplica desde el cielo, donde habitas, y defiende su causa. ⁵⁰Perdona a tu pueblo, que ha pecado contra ti; perdona todas las ofensas que te haya infligido. Haz que sus enemigos le muestren clemencia, ⁵¹pues Israel es tu pueblo y tu heredad; ¡tú lo sacaste de aquel horno de fundición que es Egipto!

⁵²»¡Dígnate mantener atentos tus oídos^x a la súplica de este siervo tuyo y de tu pueblo Israel! ¡Escúchalos cada vez que te invoquen! ⁵³Tú los apartaste de todas las naciones del mundo para que fueran tu heredad. Así lo manifestaste por medio de tu siervo Moisés cuando tú, SEÑOR y Dios, sacaste de Egipto a nuestros antepasados.»

⁵⁴Salomón había estado ante el altar del SEÑOR, de rodillas y con las manos extendidas hacia el cielo. Cuando terminó de orar y de hacer esta súplica al SEÑOR, se levantó ⁵⁵y, puesto de pie, bendijo en voz alta a toda la asamblea de Israel, diciendo:

---

^w**8:38** *de su propia culpa.* Lit. *de la plaga en su corazón.* *abiertos tus ojos* (TM).   ^x**8:52** *atentos tus oídos* (véase 2Cr 6:40);

⁵⁶«¡Bendito sea el SEÑOR, que conforme a sus promesas ha dado descanso a su pueblo Israel! No ha dejado de cumplir ni una sola de las gratas promesas que hizo por medio de su siervo Moisés. ⁵⁷Que el SEÑOR nuestro Dios esté con nosotros, como estuvo con nuestros antepasados; que nunca nos deje ni nos abandone. ⁵⁸Que incline nuestro corazón hacia él, para que sigamos todos sus caminos y cumplamos los mandamientos, decretos y leyes que les dio a nuestros antepasados. ⁵⁹Y que día y noche el SEÑOR tenga presente todo lo que le he suplicado, para que defienda la causa de este siervo suyo y la de su pueblo Israel, según la necesidad de cada día. ⁶⁰Así todos los pueblos de la tierra sabrán que el SEÑOR es Dios, y que no hay otro. ⁶¹Y ahora, dedíquense por completo al SEÑOR nuestro Dios; vivan según sus decretos y cumplan sus mandamientos, como ya lo hacen.»

Dedicación del templo
8:62-66 — 2Cr 7:1-10

⁶²Entonces el rey, con todo Israel, ofreció sacrificios en presencia del SEÑOR. ⁶³Como sacrificio de *comunión, Salomón ofreció al SEÑOR veintidós mil bueyes y ciento veinte mil ovejas. Así fue como el rey y todos los israelitas dedicaron el templo del SEÑOR.

⁶⁴Aquel mismo día el rey consagró la parte central del atrio, que está frente al templo del SEÑOR, y allí presentó los *holocaustos, las ofrendas de cereales y la grasa de los sacrificios de comunión, ya que el altar de bronce que estaba ante el SEÑOR era pequeño y no había espacio para todos estos sacrificios y ofrendas.

⁶⁵Y así, en presencia del SEÑOR, Salomón y todo Israel celebraron la fiesta durante siete días, extendiéndola luego siete días más: ¡catorce días de fiesta en total! A la fiesta llegó gente de todas partes, desde Lebó Jamatʸ hasta el río de Egipto, y se formó una gran asamblea. ⁶⁶Al final, Salomón despidió al pueblo, y

ellos bendijeron al rey y regresaron a sus casas, contentos y llenos de alegría por todo el bien que el SEÑOR había hecho en favor de su siervo David y de su pueblo Israel.

Pacto de Dios con Salomón
9:1-9 — 2Cr 7:11-22

9 Cuando Salomón terminó de construir el templo del SEÑOR y el palacio real, cumpliendo así todos sus propósitos y deseos, ²el SEÑOR se le apareció por segunda vez, como lo había hecho en Gabaón, ³y le dijo:

«He oído la oración y la súplica que me has hecho. Consagro este templo que tú has construido para que yo habite en él por siempre. Mis ojos y mi *corazón siempre estarán allí.

⁴»En cuanto a ti, si me sigues con integridad y rectitud de corazón, como lo hizo tu padre David, y me obedeces en todo lo que yo te ordene y cumples mis decretos y leyes, ⁵yo afirmaré para siempre tu trono en el reino de Israel, como le prometí a tu padre David cuando le dije: "Nunca te faltará un descendiente en el trono de Israel."

⁶»Pero si ustedes o sus hijos dejan de cumplir los mandamientos y decretos que les he dado, y se apartan de mí para servir y adorar a otros dioses, ⁷yo arrancaré a Israel de la tierra que le he dado y repudiaré el templo que he consagrado en mi honor. Entonces Israel será el hazmerreír de todos los pueblos. ⁸Y aunque ahora este templo es imponente, llegará el día en que todo el que pase frente a él quedará asombrado y, en son de burla, preguntará: "¿Por qué el SEÑOR ha tratado así a este país y a este templo?" ⁹Y le responderán: "Porque abandonaron al SEÑOR su Dios, que sacó de Egipto a sus antepasados, los israelitas, y se echaron en los brazos de otros dioses, a los cuales adoraron y sirvieron. Por eso el SEÑOR ha dejado que les sobrevenga tanto desastre."»

ʸ**8:65** *Lebó Jamat.* Alt. *la entrada de Jamat.*

Otras actividades de Salomón
9:10-28 — 2Cr 8:1-18

10Veinte años tardó el rey Salomón en construir los dos edificios, es decir, el templo del SEÑOR y el palacio real, **11**después de lo cual le dio a Hiram, rey de Tiro, veinte ciudades en Galilea, porque Hiram lo había abastecido con todo el cedro, el pino y el oro que quiso. **12**Sin embargo, cuando Hiram salió de Tiro y fue a ver las ciudades que Salomón le había dado, no quedó satisfecho con ellas. **13**«Hermano mío —protestó Hiram—, ¿qué clase de ciudades son éstas que me has dado?» De modo que llamó a esa región Cabul,*z* nombre que conserva hasta hoy. **14**Hiram, por su parte, le había enviado a Salomón tres mil novecientos sesenta kilos de oro.*a*

15En cuanto al trabajo forzado, el rey Salomón reunió trabajadores para construir el templo del SEÑOR, su propio palacio, los terraplenes,*b* el muro de Jerusalén, y Jazor, Meguido y Guézer. **16**El faraón, rey de Egipto, había atacado y tomado Guézer a sangre y fuego, matando a sus habitantes cananeos. Luego, como regalo de bodas, le dio esta ciudad a su hija, la esposa de Salomón. **17**Por eso Salomón reconstruyó las ciudades de Guézer, Bet Jorón la de abajo, **18**Balat y Tadmor,*c* en el desierto del país, **19**así como todos sus lugares de almacenamiento, los cuarteles para sus carros de combate y para su caballería, y cuanto quiso construir en Jerusalén, en el Líbano y en todo el territorio bajo su dominio.

20-21A los descendientes de los pueblos no israelitas (es decir, a los amorreos, hititas, ferezeos, heveos y jebuseos, pueblos que quedaron en el país porque los israelitas no pudieron *destruirlos), Salomón los sometió a trabajos forzados, y así continúan hasta el día de hoy. **22**Pero a los israelitas Salomón no los convirtió en esclavos, sino que le servían como soldados, ministros, comandantes, oficiales de carros de combate y jefes de caballería. **23**Salomón tenía además quinientos cincuenta capataces que supervisaban a sus trabajadores en la obra.

24Los terraplenes se hicieron después de que la hija del faraón se trasladó de la Ciudad de David al palacio que Salomón le había construido.

25Tres veces al año Salomón presentaba *holocaustos y sacrificios de *comunión sobre el altar que él había construido para el SEÑOR, y al mismo tiempo quemaba incienso en su presencia. Así cumplía con las obligaciones del templo.*d*

26El rey Salomón también construyó una flota naviera en Ezión Guéber, cerca de Elat en Edom, a orillas del *Mar Rojo. **27**Hiram envió a algunos de sus oficiales, que eran marineros expertos, para servir en la flota con los oficiales de Salomón, **28**y ellos se hicieron a la mar y llegaron a Ofir, de donde volvieron con unos catorce mil kilos*e* de oro, que le entregaron al rey Salomón.

La reina de Sabá visita a Salomón
10:1-13 — 2Cr 9:1-12

10 La reina de Sabá se enteró de la fama de Salomón, con la cual él honraba al SEÑOR, así que fue a verlo para ponerlo a prueba con preguntas difíciles. **2**Llegó a Jerusalén con un séquito muy grande. Sus camellos llevaban perfumes y grandes cantidades de oro y piedras preciosas. Al presentarse ante Salomón, le preguntó todo lo que tenía pensado, **3**y él respondió a todas sus preguntas. No hubo ningún asunto, por difícil que fuera, que el rey no pudiera resolver.

4-5 La reina de Sabá se quedó atónita ante la sabiduría de Salomón y al ver el palacio que él había construido, los manjares de su mesa, los asientos que ocupaban sus funcionarios, el servicio y la ropa de los camareros, las bebidas, y los *holocaustos que ofrecía en el templo*f* del SEÑOR. **6**Entonces le dijo al rey: «¡Todo

---

*z*9:13 El nombre *Cabul* parece ser un juego de palabras que sugiere que ésta era una región *inútil*. *a*9:14 *tres mil novecientos sesenta kilos.* Lit. *ciento veinte *talentos.* *b*9:15 *los terraplenes.* Alt. *el Milo;* también en v. 24. *c*9:18 *Tadmor.* Alt. *Tamar.* *d*9:25 *cumplía con las obligaciones del templo.* Lit. *completó el templo.* *e*9:28 *catorce mil kilos.* Lit. *cuatrocientos veinte *talentos.* *f*10:5 *los holocaustos … templo.* Alt. *la escalinata por la cual él subía al templo.*

lo que escuché en mi país acerca de tus triunfos y de tu sabiduría es cierto! [7]No podía creer nada de eso hasta que vine y lo vi con mis propios ojos. Pero en realidad, ¡no me habían contado ni siquiera la mitad! Tanto en sabiduría como en riqueza, superas todo lo que había oído decir. [8]¡*Dichosos tus súbditos! ¡Dichosos estos servidores tuyos, que constantemente están en tu presencia bebiendo de tu sabiduría! [9]¡Y alabado sea el SEÑOR tu Dios, que se ha deleitado en ti y te ha puesto en el trono de Israel! En su eterno amor por Israel, el SEÑOR te ha hecho rey para que gobiernes con justicia y rectitud.»

[10]Luego la reina le regaló a Salomón tres mil novecientos sesenta kilos[g] de oro, piedras preciosas y gran cantidad de perfumes. Nunca más llegaron a Israel tantos perfumes como los que la reina de Sabá le obsequió al rey Salomón.

[11]La flota de Hiram trajo desde Ofir, además del oro, grandes cargamentos de madera de sándalo y de piedras preciosas. [12]Con la madera, el rey construyó escalones[h] para el templo del SEÑOR y para el palacio real, y también hizo arpas y liras para los músicos. Desde entonces, nunca más se ha importado, ni ha vuelto a verse, tanto sándalo como aquel día.

[13]El rey Salomón, por su parte, le dio a la reina de Sabá todo lo que a ella se le antojó pedirle, además de lo que él, en su magnanimidad, ya le había regalado. Después de eso, la reina regresó a su país con todos los que la atendían.

El esplendor de Salomón
10:14-29 — 2Cr 1:14-17; 9:13-28

[14]La cantidad de oro que Salomón recibía anualmente llegaba a los veintidós mil kilos,[i] [15]sin contar los impuestos aportados por los mercaderes, el tráfico comercial, y todos los reyes árabes y los gobernadores del país.

[16]El rey Salomón hizo doscientos escudos grandes de oro batido, en cada uno de los cuales se emplearon unos seis kilos

y medio[j] de oro. [17]Hizo además trescientos escudos más pequeños, también de oro batido, empleando en cada uno de ellos un kilo y medio[k] de oro. Estos escudos los puso el rey en el palacio llamado «Bosque del Líbano».

[18]El rey hizo también un gran trono de marfil, recubierto de oro puro. [19]El trono tenía seis peldaños, un espaldar redondo, brazos a cada lado del asiento, dos leones de pie junto a los brazos [20]y doce leones de pie sobre los seis peldaños, uno en cada extremo. En ningún otro reino se había hecho algo semejante. [21]Todas las copas del rey Salomón y toda la vajilla del palacio «Bosque del Líbano» eran de oro puro. Nada estaba hecho de plata, pues en tiempos de Salomón la plata era poco apreciada. [22]Cada tres años, la flota comercial que el rey tenía en el mar, junto con la flota de Hiram, regresaba de Tarsis trayendo oro, plata y marfil, monos y mandriles.[l]

[23]Tanto en riquezas como en sabiduría, el rey Salomón sobrepasó a los demás reyes de la tierra. [24]Todo el mundo procuraba visitarlo para oír la sabiduría que Dios le había dado, [25]y año tras año le llevaban regalos: artículos de plata y de oro, vestidos, armas y perfumes, y caballos y mulas.

[26]Salomón multiplicó el número de sus carros de combate y sus caballos; llegó a tener mil cuatrocientos carros y doce mil caballos,[m] los cuales mantenía en las caballerizas y también en su palacio en Jerusalén. [27]El rey hizo que en Jerusalén la plata fuera tan común y corriente como las piedras, y el cedro tan abundante como las higueras de la llanura. [28]Los caballos de Salomón eran importados de Egipto y de Coa, que era donde los mercaderes de la corte los compraban. [29]En Egipto compraban carros por seiscientas monedas de plata[n], y caballos por ciento cincuenta, para luego vendérselos a todos los reyes hititas y *sirios.

---

[g]**10:10** *tres mil novecientos sesenta kilos.* Lit. *ciento veinte *talentos.* [h]**10:12** *escalones.* Alt. *barandas.*
[i]**10:14** *veintidós mil kilos.* Lit. *seiscientos sesenta y seis *talentos.* [j]**10:16** *unos seis kilos y medio.* Lit. *seiscientos *siclos.* [k]**10:17** *un kilo y medio.* Lit. *tres *minas.* [l]**10:22** *mandriles.* Alt. *pavos reales.* [m]**10:26** *caballos.* Alt. *aurigas.* [n]**10:29** *seiscientas monedas de plata.* Lit. *seiscientos ⸤*siclos⸥ de plata*

Las mujeres de Salomón

11 Ahora bien, además de casarse con la hija del faraón, el rey Salomón tuvo amoríos con muchas mujeres moabitas, amonitas, edomitas, sidonias e hititas, todas ellas mujeres extranjeras, 2que procedían de naciones de las cuales el SEÑOR había dicho a los israelitas: «No se unan a ellas, ni ellas a ustedes, porque de seguro les desviarán el *corazón para que sigan a otros dioses.» Con tales mujeres se unió Salomón y tuvo amoríos. 3Tuvo setecientas esposas que eran princesas, y trescientas concubinas; todas estas mujeres hicieron que se pervirtiera su corazón. 4En efecto, cuando Salomón llegó a viejo, sus mujeres le pervirtieron el corazón de modo que él siguió a otros dioses, y no siempre fue fiel al SEÑOR su Dios como lo había sido su padre David. 5Por el contrario, Salomón siguió a *Astarté, diosa de los sidonios, y a Moloc,*ñ* el detestable dios de los amonitas. 6Así que Salomón hizo lo que ofende al SEÑOR y no permaneció fiel a él como su padre David. 7Fue en esa época cuando, en una montaña al este de Jerusalén, Salomón edificó un *altar pagano para Quemós, el detestable dios de Moab, y otro para Moloc, el despreciable dios de los amonitas. 8Lo mismo hizo en favor de sus mujeres extranjeras, para que éstas pudieran quemar incienso y ofrecer sacrificios a sus dioses.

9Entonces el SEÑOR, Dios de Israel, se enojó con Salomón porque su corazón se había apartado de él, a pesar de que en dos ocasiones se le había aparecido 10para prohibirle que siguiera a otros dioses. Como Salomón no había cumplido esa orden, 11el SEÑOR le dijo: «Ya que procedes de este modo, y no has cumplido con mi *pacto ni con los decretos que te he ordenado, puedes estar seguro de que te quitaré el reino y se lo daré a uno de tus siervos. 12No obstante, por consideración a tu padre David no lo haré mientras tú vivas, sino que lo arrancaré de la mano de tu hijo. 13Y a éste, también por consideración a mi siervo David y a Jerusalén, no le quitaré todo el reino, sino que le dejaré una sola tribu, la cual ya he escogido.»

Los adversarios de Salomón

14Por lo tanto, el SEÑOR hizo que Hadad el edomita, que pertenecía a la familia real de Edom, surgiera como adversario de Salomón. 15Ahora bien, durante la guerra entre David y los edomitas, Joab, el general del ejército, había ido a enterrar a los muertos de Israel y había aprovechado la ocasión para matar a todos los hombres de Edom. 16Joab y los israelitas que estaban con él se quedaron allí seis meses, hasta que exterminaron a todos los varones edomitas. 17Pero Hadad, que entonces era apenas un muchacho, huyó a Egipto con algunos oficiales edomitas que habían estado al servicio de su padre. 18Partieron de Madián y llegaron a Parán, donde se les unieron unos hombres de ese lugar. De allí siguieron hacia Egipto y se presentaron ante el faraón, rey del país, quien le regaló a Hadad una casa y se encargó de darle sustento y tierras.

19Hadad agradó tanto al faraón, que éste le dio por esposa a su cuñada, una hermana de la reina Tapenés. 20La hermana de Tapenés dio a luz un hijo, al que llamó Guenubat, y Tapenés lo educó en el palacio real. De modo que Guenubat creció junto con los hijos del faraón.

21Mientras Hadad estaba en Egipto, se enteró de que ya habían muerto David y Joab, general del ejército. Entonces Hadad le dijo al faraón:

—Déjeme usted regresar a mi país.

22—¿Y por qué quieres regresar a tu país? —le preguntó el faraón—. ¿Acaso te falta algo aquí?

—No —respondió Hadad—, ¡pero de todos modos déjeme ir!

23Dios también incitó a Rezón hijo de Eliadá para que fuera adversario de Salomón. Rezón, que había huido de su amo Hadad Ezer, rey de Sobá, 24formó una banda de rebeldes y se convirtió en su jefe. Cuando David destruyó a los *sirios, los rebeldes fueron a Damasco y allí estable-

ñ 11:5 *Moloc.* Lit. *Milcón*; también en v. 33.

cieron su gobierno. 25Así fue como Rezón llegó a ser rey de Siria. Mientras vivió Salomón, Rezón aborreció a Israel y fue su adversario, de modo que agravó el daño causado por Hadad.

Jeroboán se rebela contra Salomón

26También se rebeló contra el rey Salomón uno de sus funcionarios, llamado Jeroboán hijo de Nabat. Este Jeroboán era efrateo, oriundo de Seredá; su madre se llamaba Zerúa, y era viuda. 27La rebelión de Jeroboán tuvo lugar cuando Salomón estaba construyendo los terraplenes*o* para cerrar la brecha en el muro de la ciudad de David, su padre. 28Jeroboán se había ganado el respeto de todos, de modo que cuando Salomón vio su buen desempeño lo puso a supervisar todo el trabajo forzado que se realizaba entre los descendientes de José.

29Un día en que Jeroboán salía de Jerusalén, se encontró en el camino con el profeta Ahías de Siló, quien llevaba puesto un manto nuevo. Los dos estaban solos en el campo. 30Entonces Ahías tomó el manto nuevo que llevaba puesto y, rasgándolo en doce pedazos, 31le dijo a Jeroboán: «Toma diez pedazos para ti, porque así dice el SEÑOR, Dios de Israel: "Ahora voy a arrancarle de la mano a Salomón el reino, y a ti te voy a dar diez tribus. 32A él le dejaré una sola tribu, y esto por consideración a mi siervo David y a Jerusalén, la ciudad que he escogido entre todas las tribus de Israel. 33Voy a hacerlo así porque él me ha abandonado*p* y adora a *Astarté, diosa de los sidonios, a Quemós, dios de los moabitas, y a Moloc, dios de los amonitas. Salomón no ha seguido mis *caminos; no ha hecho lo que me agrada, ni ha cumplido mis decretos y leyes como lo hizo David, su padre.

34» "Sin embargo, no le quitaré todo el reino a Salomón sino que lo dejaré gobernar todos los días de su vida, por consideración a David mi siervo, a quien escogí y quien cumplió mis mandamientos y decretos. 35Le quitaré el reino a su hijo, y te

daré a ti diez tribus. 36Pero a su hijo le dejaré una sola tribu, para que en Jerusalén, la ciudad donde decidí habitar, la lámpara de mi siervo David se mantenga siempre encendida delante de mí. 37En lo que a ti atañe, yo te haré rey de Israel, y extenderás tu reino a tu gusto. 38Si haces todo lo que te ordeno, y sigues mis caminos, haciendo lo que me agrada y cumpliendo mis decretos y mandamientos, como lo hizo David mi siervo, estaré contigo. Estableceré para ti una dinastía tan firme como la que establecí para David;*q* y te daré Israel. 39Así que haré sufrir a la descendencia de David, aunque no para siempre." »

40Salomón, por su parte, intentó matar a Jeroboán, pero éste huyó a Egipto y se quedó allí, bajo la protección del rey Sisac, hasta la muerte de Salomón.

Muerte de Salomón
11:41-43 — 2Cr 9:29-31

41Los demás acontecimientos del reinado de Salomón, y su sabiduría y todo lo que hizo, están escritos en el libro de las crónicas de Salomón, 42quien durante cuarenta años reinó en Jerusalén sobre todo Israel. 43Cuando murió, fue sepultado en la ciudad de David, su padre, y su hijo Roboán lo sucedió en el trono.

División del reino
12:1-24 — 2Cr 10:1–11:4

12 Roboán fue a Siquén porque todos los israelitas se habían reunido allí para proclamarlo rey. 2De esto se enteró Jeroboán hijo de Nabat, quien al huir del rey Salomón se había establecido en Egipto y aún vivía allí. 3Cuando lo mandaron a buscar, él y toda la asamblea de Israel fueron a ver a Roboán y le dijeron:

4—Su padre nos impuso un yugo pesado. Alívienos usted ahora el duro trabajo y el pesado yugo que él nos echó encima; así serviremos a Su Majestad.

5—Váyanse por ahora —respondió Roboán—, pero vuelvan a verme dentro de tres días.

---

o **11:27** *los terraplenes.* Alt. *el Milo.*   *p* **11:33** *me ha abandonado* (LXX, Siríaca y mss. de Vulgata); *me han abandonado* (TM). El cambio del singular al plural se aplica igualmente a los otros verbos en el versículo.
q **11:38** *Estableceré ... David.* Lit. *Te construiré una casa firme como le construí a David.*

Cuando el pueblo se fue, ⁶el rey Roboán consultó con los *ancianos que en vida de su padre Salomón habían estado a su servicio.

—¿Qué me aconsejan ustedes que le responda a este pueblo? —preguntó.

⁷—Si Su Majestad se pone hoy al servicio de este pueblo —respondieron ellos—, y condesciende con ellos y les responde con amabilidad, ellos le servirán para siempre.

⁸Pero Roboán rechazó el consejo que le dieron los ancianos, y consultó más bien con los jóvenes que se habían criado con él y que estaban a su servicio.

⁹—¿Ustedes qué me aconsejan? —les preguntó—. ¿Cómo debo responderle a este pueblo que me dice: "Alívienos el yugo que su padre nos echó encima"?

¹⁰Aquellos jóvenes, que se habían criado con él, le contestaron:

—Este pueblo le ha dicho a Su Majestad: "Su padre nos impuso un yugo pesado; hágalo usted más ligero." Pues bien, respóndales de este modo: "Mi dedo meñique es más grueso que la cintura de mi padre. ¹¹Si él les impuso un yugo pesado, ¡yo les aumentaré la carga! Y si él los castigaba a ustedes con una vara, ¡yo lo haré con un látigo!"ʳ

¹²Al tercer día, en la fecha que el rey Roboán había indicado, Jeroboán regresó con todo el pueblo para presentarse ante él. ¹³Pero el rey les respondió con brusquedad: rechazó el consejo que le habían dado los ancianos, ¹⁴y siguió más bien el de los jóvenes. Les dijo: «Si mi padre les impuso un yugo pesado, ¡yo les aumentaré la carga! Si él los castigaba a ustedes con una vara, ¡yo lo haré con un látigo!» ¹⁵De modo que el rey no les hizo caso al pueblo. Las cosas tomaron este rumbo por voluntad del SEÑOR, para que se cumpliera lo que ya él le había dicho a Jeroboán hijo de Nabat por medio de Ahías el silonita.

¹⁶Cuando se dieron cuenta de que el rey no iba a hacerles caso, todos los israelitas exclamaron a una:

«¡Pueblo de Israel, todos a sus
    casas!
¡Y tú, David, ocúpate de los tuyos!
¿Qué parte tenemos con David?
¿Qué herencia tenemos con el
    hijo de Isaí?»

Así que se fueron, cada uno a su casa. ¹⁷Sin embargo, Roboán siguió reinando sobre los israelitas que vivían en las ciudades de Judá. ¹⁸Más tarde, el rey Roboán envió a Adoniránˢ para que supervisara el trabajo forzado, pero todos los israelitas lo mataron a pedradas. ¡A duras penas logró el rey subir a su carro y escapar a Jerusalén! ¹⁹Desde entonces Israel ha estado en rebelión contra la familia de David.

²⁰Cuando los israelitas se enteraron de que Jeroboán había regresado, mandaron a llamarlo para que se presentara ante la asamblea, y lo proclamaron rey de todo Israel. No hubo quien se mantuviera leal a la familia de David, con la sola excepción de la tribu de Judá.

²¹Roboán hijo de Salomón llegó a Jerusalén y movilizó a todas las familias de Judá y a la tribu de Benjamín, ciento ochenta mil guerreros selectos en total, para hacer la guerra contra Israel y así recuperar el reino. ²²Pero la palabra de Dios vino a Semaías, hombre de Dios, y le dio este mensaje: ²³«Diles a Roboán hijo de Salomón y rey de Judá, a todas las familias de Judá y de Benjamín, y al resto del pueblo ²⁴que así dice el SEÑOR: "No vayan a luchar contra sus hermanos, los israelitas. Regrese cada uno a su casa, porque es mi voluntad que esto haya sucedido."» Y ellos obedecieron la palabra del SEÑOR y regresaron, tal como el SEÑOR lo había ordenado.

Los becerros de oro en Betel y Dan

²⁵Jeroboán fortificó la ciudad de Siquén en la región montañosa de Efraín, y se estableció allí. Luego se fue de Siquén y fortificó Peniel.ᵗ ²⁶Pero reflexionó: «¿Y

ʳ**12:11** *con una vara ... con un látigo.* Lit. *con azotes ... con escorpiones;* también en v. 14.
ˢ**12:18** *Adonirán* (mss. de LXX y Siríaca; véanse también 1R 4:6 y 5:14); *Adorán* (TM).   ᵗ**12:25** *Peniel.* Lit. *Penuel.*

qué tal si ahora el reino vuelve a la familia de David? **27**Si la gente sigue subiendo a Jerusalén para ofrecer sacrificios en el templo del S<small>EÑOR</small>, acabará por reconciliarse con su señor Roboán, rey de Judá. Entonces a mí me matarán, y volverán a unirse a él.»

28Después de buscar consejo, el rey hizo dos becerros de oro, y le dijo al pueblo: «¡Israelitas, no es necesario que sigan subiendo a Jerusalén! Aquí están sus dioses, que los sacaron de Egipto.» **29**Así que colocó uno de los becerros en Betel, y el otro en Dan. **30**Y esto incitó al pueblo a pecar; muchos inclusive iban hasta Dan para adorar al becerro que estaba allí.

31Jeroboán construyó *santuarios paganos en los cerros, y puso como sacerdotes a toda clase de gente, hasta a quienes no eran levitas. **32**Decretó celebrar una fiesta el día quince del mes octavo, semejante a la que se celebraba en Judá. En el altar de Betel ofreció sacrificios a los becerros que había hecho, y estableció también sacerdotes para los santuarios paganos que había construido. **33**Así pues, el día quince del mes octavo Jeroboán subió al altar que había construido en Betel y quemó incienso.*<small>u</small>* Ése fue el día que arbitrariamente decretó como día de fiesta para los israelitas.

El hombre de Dios que llegó de Judá

13 Sucedió que un hombre de Dios fue desde Judá hasta Betel en obediencia a la palabra del S<small>EÑOR</small>. Cuando Jeroboán, de pie junto al altar, se disponía a quemar incienso,*<small>v</small>* **2**el hombre de Dios, en obediencia a la palabra del S<small>EÑOR</small>, gritó: «¡Altar, altar! Así dice el S<small>EÑOR</small>: "En la familia de David nacerá un hijo llamado Josías, el cual sacrificará sobre ti a estos sacerdotes de *altares paganos que aquí queman incienso. ¡Sobre ti se quemarán huesos *humanos!"»

3Aquel mismo día el hombre de Dios ofreció una señal: «Ésta es la señal que el S<small>EÑOR</small> les da: ¡El altar será derribado, y las cenizas se esparcirán!»

4Al oír la sentencia que el hombre de Dios pronunciaba contra el altar de Betel, el rey extendió el brazo desde el altar y dijo: «¡Agárrenlo!» Pero el brazo que había extendido contra el hombre se le paralizó, de modo que no podía contraerlo. **5**En ese momento el altar se vino abajo y las cenizas se esparcieron, según la señal que, en obediencia a la palabra del S<small>EÑOR</small>, les había dado el hombre de Dios. **6**Entonces el rey le dijo al hombre de Dios:

—¡Apacigua al S<small>EÑOR</small> tu Dios! ¡Ora por mí, para que se me cure el brazo!

El hombre de Dios suplicó al S<small>EÑOR</small>, y al rey se le curó el brazo, quedándole como antes. **7**Luego el rey le dijo al hombre de Dios:

—Ven a casa conmigo, y come algo; además, quiero hacerte un regalo.

8Pero el hombre de Dios le respondió al rey:

—Aunque usted me diera la mitad de sus posesiones, no iría a su casa. Aquí no comeré pan ni beberé agua, **9**porque así me lo ordenó el S<small>EÑOR</small>. Me dijo: "No comas pan, ni bebas agua, ni regreses por el mismo camino."

10De modo que tomó un camino diferente al que había tomado para ir a Betel.

11En ese tiempo vivía en Betel cierto profeta anciano. Sus hijos fueron a contarle*<small>w</small>* todo lo que el hombre de Dios había hecho allí aquel día, y lo que le había dicho al rey. **12**Su padre les preguntó:

—¿Por dónde se fue?

Sus hijos le indicaron el camino que había tomado el hombre de Dios que había llegado de Judá, **13**y el padre les ordenó:

—Aparéjenme un asno, para que lo monte.

Cuando el asno estuvo listo, el profeta anciano lo montó **14**y se fue tras el hombre de Dios. Lo encontró sentado debajo de una encina, y le preguntó:

—¿Eres tú el hombre de Dios que vino de Judá?

—Sí, lo soy —respondió.

---

*<small>u</small>***12:33** *incienso.* Alt. *sacrificios.*   *<small>v</small>***13:1** *incienso.* Alt. *sacrificios*; también en v. 2.   *<small>w</small>***13:11** *Sus hijos fueron a contarle.* Lit. *Su hijo fue a contarle.*

15Entonces el profeta le dijo:

—Ven a comer a mi casa.

16—No puedo volver contigo ni acompañarte —respondió el hombre de Dios—; tampoco puedo comer pan ni beber agua contigo en este lugar, 17pues el SEÑOR me ha dado esta orden: "No comas pan ni bebas agua allí, ni regreses por el mismo camino."

18El anciano replicó:

—También yo soy profeta, como tú. Y un ángel, obedeciendo a la palabra del SEÑOR, me dijo: "Llévalo a tu casa para que coma pan y beba agua."

Así lo engañó, 19y el hombre de Dios volvió con él, y comió y bebió en su casa. 20Mientras estaban sentados a la mesa, la palabra del SEÑOR vino al profeta que lo había hecho volver. 21Entonces el profeta le anunció al hombre de Dios que había llegado de Judá:

—Así dice el SEÑOR: "Has desafiado la palabra del SEÑOR y no has cumplido la orden que el SEÑOR tu Dios te dio. 22Has vuelto para comer pan y beber agua en el lugar donde él te dijo que no lo hicieras. Por lo tanto, no será sepultado tu cuerpo en la tumba de tus antepasados."

23Cuando el hombre de Dios terminó de comer y beber, el profeta que lo había hecho volver le aparejó un asno, 24y el hombre de Dios se puso en camino. Pero un león le salió al paso y lo mató, dejándolo tendido en el camino. Sin embargo, el león y el asno se quedaron junto al cuerpo. 25Al ver el cuerpo tendido, y al león cuidando el cuerpo, los que pasaban por el camino llevaron la noticia a la ciudad donde vivía el profeta anciano.

26Cuando el profeta que lo había hecho volver se enteró de eso, dijo: «Ahí tienen al hombre de Dios que desafió la palabra del SEÑOR. Por eso el SEÑOR lo entregó al león, que lo ha matado y despedazado, como la palabra del SEÑOR se lo había advertido.»

27Luego el profeta les dijo a sus hijos: «Aparéjenme el asno.» En cuanto lo hicieron, 28el profeta salió y encontró el cuerpo tendido en el camino, con el asno y el león junto a él. El león no se había comido el cadáver, ni había despedazado al asno. 29Entonces el profeta levantó el cadáver del hombre de Dios, lo puso sobre el asno y se lo llevó de vuelta a la ciudad para hacer duelo por él y enterrarlo. 30Luego lo puso en la tumba de su propiedad, e hicieron duelo por él, clamando: «¡Ay, hermano mío!»

31Después de enterrarlo, el profeta les dijo a sus hijos: «Cuando yo muera, entiérrenme en la misma tumba donde está enterrado el hombre de Dios, y pongan mis huesos junto a los suyos. 32Porque ciertamente se cumplirá la sentencia que, en obediencia a la palabra del SEÑOR, él pronunció contra el altar de Betel y contra todos los santuarios paganos que están en los montes de las ciudades de Samaria.»

33Con todo, Jeroboán no cambió su mala conducta, sino que una vez más puso como sacerdotes para los santuarios paganos a toda clase de gente. A cualquiera que deseaba ser sacerdote de esos santuarios, él lo consagraba como tal. 34Esa conducta llevó a la dinastía de Jeroboán a pecar, y causó su caída y su desaparición de la faz de la tierra.

Profecía de Ahías contra Jeroboán

14 En aquel tiempo se enfermó Abías hijo de Jeroboán, 2y éste le dijo a su esposa: «Disfrázate para que nadie se dé cuenta de que eres mi esposa. Luego vete a Siló, donde está Ahías, el profeta que me anunció que yo sería rey de este pueblo. 3Llévate diez panes, algunas tortas y un jarro de miel. Cuando llegues, él te dirá lo que va a pasar con nuestro hijo.» 4Así que la esposa de Jeroboán emprendió el viaje a Siló y fue a casa de Ahías.

Debido a su edad, Ahías había perdido la vista y estaba ciego. 5Pero el SEÑOR le había dicho: «La esposa de Jeroboán, haciéndose pasar por otra, viene a pedirte información acerca de su hijo, que está enfermo. Quiero que le des tal y tal respuesta.» 6Así que cuando Ahías oyó el sonido de sus pasos, se dirigió a la puerta y dijo: «Esposa de Jeroboán, ¿por qué te haces pasar por otra? Entra, que tengo malas noticias para ti. 7Regresa a donde está Jeroboán y adviértele que así dice el SEÑOR, Dios de Israel: "Yo te levanté de entre mi pueblo Israel y te hice su gobernante. 8Le quité el reino a la familia de

David para dártelo a ti. Tú, sin embargo, no has sido como mi siervo David, que cumplió mis mandamientos y me siguió con todo el *corazón, haciendo solamente lo que me agrada. 9Por el contrario, te has portado peor que todos los que vivieron antes de ti, al extremo de hacerte otros dioses, ídolos de metal; esto me enfurece, pues me has dado la espalda.

10» "Por eso voy a enviarle una desgracia a la familia de Jeroboán. De sus descendientes en Israel exterminaré hasta el último varón,x esclavo o libre. Barreré la descendencia de Jeroboán como se barre el estiércol, hasta no dejar rastro. 11A los que mueran en la ciudad se los comerán los perros, y a los que mueran en el campo se los comerán las aves del cielo. ¡El SEÑOR lo ha dicho!"

12»En cuanto a ti, vuelve a tu casa, pues cuando llegues a la ciudad, morirá el muchacho. 13Entonces todos los israelitas harán duelo por él y lo sepultarán. De la familia de Jeroboán sólo él será sepultado, porque en esa familia sólo él ha complacido al SEÑOR, Dios de Israel.

14»El SEÑOR levantará para sí un rey en Israel que exterminará a la familia de Jeroboán. De ahora en adelantey 15el SEÑOR sacudirá a los israelitas como el agua sacude las cañas. Los desarraigará de esta buena tierra que les dio a sus antepasados y los dispersará más allá del río Éufrates, porque se hicieron imágenes de la diosa *Aserá y provocaron así la ira del SEÑOR. 16Y el SEÑOR abandonará a Israel por los pecados que Jeroboán cometió e hizo cometer a los israelitas.»

17Entonces la esposa de Jeroboán se puso en marcha y regresó a Tirsá. En el momento en que atravesó el umbral de la casa, el muchacho murió. 18Así que lo sepultaron, y todo Israel hizo duelo por él, según la palabra que el SEÑOR había anunciado por medio de su siervo, el profeta Ahías.

19Los demás acontecimientos del reinado de Jeroboán, sus batallas y su gobierno, están escritos en el libro de las crónicas de los reyes de Israel. 20Jeroboán reinó cuarenta y dos años. Cuando murió, su hijo Nadab lo sucedió en el trono.

Roboán, rey de Judá
14:21,25-31 — 2Cr 12:9-16

21Roboán hijo de Salomón fue rey de Judá. Tenía cuarenta y un años cuando ascendió al trono, y reinó diecisiete años en Jerusalén, la ciudad donde, de entre todas las tribus de Israel, el SEÑOR había decidido habitar. La madre de Roboán era una amonita llamada Noamá.

22Los habitantes de Judá hicieron lo que ofende al SEÑOR, y con sus pecados provocaron los celos del SEÑOR más que sus antepasados. 23Además, en todas las colinas y bajo todo árbol frondoso se construyeron *santuarios paganos, *piedras sagradas e imágenes de la diosa *Aserá. 24Incluso se practicaba en el país la prostitución sagrada. El pueblo participaba en todas las repugnantes ceremonias de las naciones que el SEÑOR había expulsado del territorio de los israelitas.

25Sisac, rey de Egipto, atacó a Jerusalén en el quinto año del reinado de Roboán, 26y saqueó los tesoros del templo del SEÑOR y del palacio real. Se lo llevó todo, aun los escudos de oro que Salomón había hecho. 27Para reemplazarlos, el rey Roboán mandó hacer escudos de bronce y los puso al cuidado de los jefes de la guardia que custodiaba la entrada del palacio real. 28Siempre que el rey iba al templo del SEÑOR, los guardias portaban los escudos, pero luego los devolvían a la sala de los centinelas.

29Los demás acontecimientos del reinado de Roboán, y todo lo que hizo, están escritos en el libro de las crónicas de los reyes de Judá. 30Durante su reinado hubo guerra constante entre él y Jeroboán. 31Cuando murió Roboán, hijo de la amonita llamada Noamá, fue sepultado con sus antepasados en la Ciudad de David, y su hijo Abíasz lo sucedió en el trono.

---

x14:10 *hasta el último varón.* Lit. *al que orina contra la pared*; también en 1R 16:11; 21:21. y14:14 *De ahora en adelante.* Lit. *Éste es el día. ¿Y qué? Aun ahora.* z14:31 *Abías* (mss. hebreos y de LXX; también en 15:1,7,8; véase 2Cr 12:16); *Abián* (TM).

Abías, rey de Judá
15:1-2,6-8 — 2Cr 13:1-2,22–14:1

15 En el año dieciocho del reinado de Jeroboán hijo de Nabat, Abías ascendió al trono de Judá, **2** y reinó en Jerusalén tres años. Su madre era Macá hija de Abisalón.

3 Abías cometió todos los pecados que, antes de él, había cometido su padre, pues no siempre fue fiel al SEÑOR su Dios como lo había sido su antepasado David. **4** No obstante, por consideración a David, el SEÑOR su Dios mantuvo la lámpara de David encendida en Jerusalén, y le dio un hijo que lo sucediera, para fortalecer así a Jerusalén. **5** Porque David había hecho lo que agrada al SEÑOR, y en toda su vida no había dejado de cumplir ninguno de los mandamientos del SEÑOR, excepto en el caso de Urías el hitita.

6 Durante toda la vida de Abías hubo guerra entre Roboán y Jeroboán. **7** Los demás acontecimientos del reinado de Abías, y todo lo que hizo, están escritos en el libro de las crónicas de los reyes de Judá. También hubo guerra entre Abías y Jeroboán. **8** Y Abías murió y fue sepultado en la Ciudad de David. Y su hijo Asá lo sucedió en el trono.

Asá, rey de Judá
15:9-22 — 2Cr 14:2-3; 15:16–16:6
15:23-24 — 2Cr 16:11–17:1

9 En el año veinte de Jeroboán, rey de Israel, Asá ocupó el trono de Judá, **10** y reinó en Jerusalén cuarenta y un años. Su abuela*ª* era Macá hija de Abisalón.

11 Asá hizo lo que agrada al SEÑOR, como lo había hecho su antepasado David. **12** Expulsó del país a los que practicaban la prostitución sagrada y acabó con todos los ídolos que sus antepasados habían fabricado. **13** Hasta destituyó a su abuela Macá de su puesto como reina madre, porque ella se había hecho una escandalosa imagen de la diosa *Aserá. Asá derribó la imagen y la quemó en el arroyo de Cedrón. **14** Aunque no quitó los *santuarios paganos, Asá se mantuvo siempre fiel

al SEÑOR. **15** Además, llevó al templo del SEÑOR el oro, la plata y los utensilios que él y su padre habían consagrado.

16 Durante los reinados de Asá y Basá, rey de Israel, hubo guerra entre ellos. **17** Basá, rey de Israel, atacó a Judá y fortificó Ramá para aislar totalmente a Asá, rey de Judá. **18** Entonces Asá tomó todo el oro y la plata que había quedado en los tesoros del templo del SEÑOR y de su propio palacio, y les encargó a sus funcionarios que se los llevaran a Ben Adad, hijo de Tabrimón y nieto de Hezión, rey de *Siria, que estaba gobernando en Damasco. Y le envió este mensaje: **19** «Hagamos tú y yo un tratado como el que antes hicieron tu padre y el mío. Aquí te envío un presente de oro y plata. Anula tu tratado con Basá, rey de Israel, para que se marche de aquí.»

20 Ben Adad estuvo de acuerdo con el rey Asá y mandó a los jefes de su ejército para que atacaran las ciudades de Israel. Así conquistó Iyón, Dan, Abel Betmacá y todo Quinéret, además de Neftalí. **21** Cuando Basá se enteró, dejó de fortificar Ramá y se retiró a Tirsá. **22** Entonces el rey Asá movilizó a todo Judá, sin eximir a nadie, y se llevaron de Ramá las piedras y la madera con que Basá había estado fortificando la ciudad. Con ellas el rey Asá fortificó Gueba de Benjamín, y también Mizpa.

23 Los demás acontecimientos del reinado de Asá, y todo su poderío y todo lo que hizo, y lo que atañe a las ciudades que edificó, están escritos en el libro de las crónicas de los reyes de Judá. Sin embargo, en su vejez sufrió una enfermedad de los pies. **24** Luego Asá murió y fue sepultado con sus antepasados en la Ciudad de David. Y su hijo Josafat lo sucedió en el trono.

Nadab, rey de Israel

25 En el segundo año de Asá, rey de Judá, Nadab hijo de Jeroboán ascendió al trono de Israel y reinó allí dos años. **26** Pero Nadab hizo lo que ofende al SEÑOR, pues siguió el mal ejemplo de su padre, persis-

---

ª **15:10** *abuela*. Lit. *madre*; también en v. 13.

tiendo en el mismo pecado con que éste hizo pecar a Israel.

27Basá hijo de Ahías, de la tribu de Isacar, conspiró contra Nadab y lo derrotó en la ciudad filistea de Guibetón, a la que Nadab y todo Israel tenían sitiada. **28**En el tercer año de Asá, rey de Judá, Basá mató a Nadab y lo sucedió en el trono.

29Tan pronto como comenzó a reinar, Basá mató a toda la familia de Jeroboán. No dejó vivo a ninguno de sus descendientes, sino que los eliminó a todos, según la palabra que el Señor dio a conocer por medio de su siervo Ahías el silonita. **30**Esto sucedió a raíz de los pecados que Jeroboán cometió e hizo cometer a los israelitas, con lo que provocó la ira del Señor, Dios de Israel.

31Los demás acontecimientos del reinado de Nadab, y todo lo que hizo, están escritos en el libro de las crónicas de los reyes de Israel. **32**Durante los reinados de Asá de Judá y Basá de Israel, hubo guerra entre ellos.

Basá, rey de Israel

33En el tercer año de Asá, rey de Judá, Basá hijo de Ahías ascendió al trono, y durante veinticuatro años reinó en Tirsá sobre todo Israel. **34**Basá hizo lo que ofende al Señor, pues siguió el mal ejemplo de Jeroboán, persistiendo en el mismo pecado con que éste hizo pecar a Israel.

16 En aquel tiempo la palabra del Señor vino a Jehú hijo de Jananí y le dio este mensaje contra Basá: **2**«Yo te levanté del polvo y te hice gobernante de mi pueblo Israel, pero tú seguiste el mal ejemplo de Jeroboán e hiciste que mi pueblo Israel pecara y provocara así mi enojo. **3**Por eso estoy a punto de aniquilarte y de hacer con tu familia lo mismo que hice con la de Jeroboán hijo de Nabat. **4**A los que mueran en la ciudad se los comerán los perros, y a los que mueran en el campo se los comerán las aves del cielo.»

5Los demás acontecimientos del reinado de Basá, y lo que hizo y atañe a sus obras, están escritos en el libro de las crónicas de los reyes de Israel. **6**Basá murió y fue sepultado en Tirsá. Y su hijo Elá lo sucedió en el trono.

7Además, por medio del profeta Jehú hijo de Jananí la palabra del Señor vino contra Basá y su familia, debido a todas las ofensas que éste había cometido contra el Señor, provocando así su ira. Y aunque destruyó a la familia de Jeroboán, llegó a ser semejante a ésta por las obras que hizo.

Elá, rey de Israel

8En el año veintiséis de Asá, rey de Judá, Elá hijo de Basá ascendió al trono de Israel, y reinó dos años en Tirsá. **9**Pero conspiró contra él Zimri, uno de sus funcionarios, que tenía el mando de la mitad de sus carros de combate. Estaba Elá en Tirsá, emborrachándose en la casa de Arsá, administrador de su palacio. **10**En ese momento irrumpió Zimri y lo hirió de muerte, y lo suplantó en el trono. Era el año veintisiete de Asá, rey de Judá.

11Tan pronto como Zimri usurpó el trono, eliminó a toda la familia de Basá. Exterminó hasta el último varón, fuera pariente o amigo. **12**Así aniquiló a toda la familia de Basá, conforme a la palabra que el Señor había anunciado contra Basá por medio del profeta Jehú. **13**Esto sucedió a raíz de todos los pecados que Basá y su hijo Elá cometieron e hicieron cometer a los israelitas, provocando con sus ídolos inútiles la ira del Señor, Dios de Israel.

14Los demás acontecimientos del reinado de Elá, y todo lo que hizo, están escritos en el libro de las crónicas de los reyes de Israel.

Zimri, rey de Israel

15En el año veintisiete de Asá, rey de Judá, mientras el ejército estaba acampado contra la ciudad filistea de Guibetón, Zimri reinó en Tirsá siete días. **16**El mismo día en que las tropas oyeron decir que Zimri había conspirado contra el rey y lo había asesinado, allí mismo en el campamento todo Israel proclamó como rey de Israel a Omrí, el jefe del ejército. **17**Entonces Omrí y todos los israelitas que estaban con él se retiraron de Guibetón y sitiaron Tirsá. **18**Cuando Zimri vio que la ciudad estaba a punto de caer, se metió en la torre del palacio real y le prendió fuego. Así murió **19**por los pecados que había cometido, pues hizo lo que ofende al Señor, siguiendo el mal ejemplo de Jeroboán y persistiendo en el mismo pecado con que éste hizo pecar a Israel.

20Los demás acontecimientos del reinado de Zimri, incluso lo que atañe a su rebelión, están escritos en el libro de las crónicas de los reyes de Israel.

Omrí, rey de Israel

21Entonces el pueblo de Israel se dividió en dos facciones: la mitad respaldaba como rey a Tibni hijo de Guinat, y la otra, a Omrí. **22**Pero los partidarios de Omrí derrotaron a los de Tibni, el cual murió en la contienda. Así fue como Omrí ascendió al trono.

23En el año treinta y uno de Asá, rey de Judá, Omrí ascendió al trono de Israel, y reinó doce años, seis de ellos en Tirsá. **24**A un cierto Sémer le compró el cerro de Samaria por sesenta y seis kilos *b* de plata, y allí construyó una ciudad. En honor a Sémer, nombre del anterior propietario del cerro, la llamó Samaria.

25Pero Omrí hizo lo que ofende al SEÑOR y pecó más que todos los reyes que lo precedieron. **26**Siguió el mal ejemplo de Jeroboán hijo de Nabat, persistiendo en el mismo pecado con que éste hizo pecar a Israel y provocando con sus ídolos inútiles la ira del SEÑOR, Dios de Israel.

27Los demás acontecimientos del reinado de Omrí, incluso lo que atañe a las proezas que realizó, están escritos en el libro de las crónicas de los reyes de Israel. **28**Omrí murió y fue sepultado en Samaria. Y su hijo Acab lo sucedió en el trono.

Acab, rey de Israel

29En el año treinta y ocho de Asá, rey de Judá, Acab hijo de Omrí ascendió al trono, y reinó sobre Israel en Samaria veintidós años. **30**Acab hijo de Omrí hizo lo que ofende al SEÑOR, más que todos los reyes que lo precedieron. **31**Como si hubiera sido poco el cometer los mismos pecados de Jeroboán hijo de Nabat, también se casó con Jezabel hija de Et Baal, rey de los sidonios, y se dedicó a servir a *Baal y a adorarlo. **32**Le erigió un altar en

el templo que le había construido en Samaria, **33**y también fabricó una imagen de la diosa *Aserá. En fin, hizo más para provocar la ira del SEÑOR, Dios de Israel, que todos los reyes de Israel que lo precedieron.

34En tiempos de Acab, Jiel de Betel reconstruyó Jericó. Echó los cimientos al precio de la vida de Abirán, su hijo mayor, y puso las *puertas al precio de la vida de Segub, su hijo menor, según la palabra que el SEÑOR había dado a conocer por medio de Josué hijo de Nun.

Elías es alimentado por los cuervos

17 Ahora bien, Elías, el de Tisbé*c* de Galaad, fue a decirle a Acab: «Tan cierto como que vive el SEÑOR, Dios de Israel, a quien yo sirvo, te juro que no habrá rocío ni lluvia en los próximos años, hasta que yo lo ordene.»

2Entonces la palabra del SEÑOR vino a Elías y le dio este mensaje: **3**«Sal de aquí hacia el oriente, y escóndete en el arroyo de Querit, al este del Jordán. **4**Beberás agua del arroyo, y yo les ordenaré a los cuervos que te den de comer allí.» **5**Así que Elías se fue al arroyo de Querit, al este del Jordán, y allí permaneció, conforme a la palabra del SEÑOR. **6**Por la mañana y por la tarde los cuervos le llevaban pan y carne, y bebía agua del arroyo.

La viuda de Sarepta

7Algún tiempo después, se secó el arroyo porque no había llovido en el país. **8**Entonces la palabra del SEÑOR vino a él y le dio este mensaje: **9**«Ve ahora a Sarepta de Sidón, y permanece allí. A una viuda de ese lugar le he ordenado darte de comer.» **10**Así que Elías se fue a Sarepta. Al llegar a la *puerta de la ciudad, encontró a una viuda que recogía leña. La llamó y le dijo:

—Por favor, tráeme una vasija con un poco de agua para beber.

11Mientras ella iba por el agua, él volvió a llamarla y le pidió:

---

b **16:24** *sesenta y seis kilos.* Lit. *dos *talentos.* *c* **17:1** *de Tisbé.* Alt. *de los pobladores.*

—Tráeme también, por favor, un pedazo de pan.

12—Tan cierto como que vive el Señor tu Dios —respondió ella—, no me queda ni un pedazo de pan; sólo tengo un puñado de harina en la tinaja y un poco de aceite en el jarro. Precisamente estaba recogiendo unos leños para llevármelos a casa y hacer una comida para mi hijo y para mí. ¡Será nuestra última comida antes de morirnos de hambre!

13—No temas —le dijo Elías—. Vuelve a casa y haz lo que pensabas hacer. Pero antes prepárame un panecillo con lo que tienes, y tráemelo; luego haz algo para ti y para tu hijo. 14Porque así dice el Señor, Dios de Israel: "No se agotará la harina de la tinaja ni se acabará el aceite del jarro, hasta el día en que el Señor haga llover sobre la tierra."

15Ella fue e hizo lo que le había dicho Elías, de modo que cada día hubo comida para ella y su hijo, como también para Elías. 16Y tal como la palabra del Señor lo había anunciado por medio de Elías, no se agotó la harina de la tinaja ni se acabó el aceite del jarro.

17Poco después se enfermó el hijo de aquella viuda, y tan grave se puso que finalmente expiró. 18Entonces ella le reclamó a Elías:

—¿Por qué te entrometes, hombre de Dios? ¡Viniste a recordarme mi pecado y a matar a mi hijo!

19—Dame a tu hijo —contestó Elías.

Y arrebatándoselo del regazo, Elías lo llevó al cuarto de arriba, donde estaba alojado, y lo acostó en su propia cama. 20Entonces clamó: «Señor mi Dios, ¿también a esta viuda, que me ha dado alojamiento, la haces sufrir matándole a su hijo?» 21Luego se tendió tres veces sobre el muchacho y clamó: «¡Señor mi Dios, devuélvele la *vida a este muchacho!»

22El Señor oyó el clamor de Elías, y el muchacho volvió a la vida. 23Elías tomó al muchacho y lo llevó de su cuarto a la planta baja. Se lo entregó a su madre y le dijo:

—¡Tu hijo vive! ¡Aquí lo tienes!

24Entonces la mujer le dijo a Elías:

—Ahora sé que eres un hombre de Dios, y que lo que sale de tu boca es realmente la palabra del Señor.

Elías y Abdías

18 Después de un largo tiempo, en el tercer año, la palabra del Señor vino a Elías y le dio este mensaje: «Ve y preséntate ante Acab, que voy a enviar lluvia sobre la tierra.» 2Así que Elías se puso en camino para presentarse ante Acab.

En Samaria había mucha hambre. 3Por lo tanto, Acab mandó llamar a Abdías, quien administraba su palacio y veneraba al Señor. 4Como Jezabel estaba acabando con los profetas del Señor, Abdías había tomado a cien de ellos y los había escondido en dos cuevas, cincuenta en cada una, y les había dado de comer y de beber. 5Acab instruyó a Abdías: «Recorre todo el país en busca de fuentes y ríos. Tal vez encontremos pasto para mantener vivos los caballos y las mulas, y no perdamos nuestras bestias.» 6Así que se dividieron la tierra que iban a recorrer: Acab se fue en una dirección, y Abdías en la otra.

7Abdías iba por su camino cuando Elías le salió al encuentro. Al reconocerlo, Abdías se postró rostro en tierra y le preguntó:

—Mi señor Elías, ¿de veras es usted?

8—Sí, soy yo —le respondió—. Ve a decirle a tu amo que aquí estoy.

9—¿Qué mal ha hecho este servidor suyo —preguntó Abdías—, para que usted me entregue a Acab y él me mate? 10Tan cierto como que vive el Señor su Dios, que no hay nación ni reino adonde mi amo no haya mandado a buscarlo. Y a quienes afirmaban que usted no estaba allí, él los hacía jurar que no lo habían encontrado. 11¿Y ahora usted me ordena que vaya a mi amo y le diga que usted está aquí? 12¡Qué sé yo a dónde lo va a llevar el Espíritu del Señor cuando nos separemos! Si voy y le digo a Acab que usted está aquí, y luego él no lo encuentra, ¡me matará! Tenga usted en cuenta que yo, su servidor, he sido fiel al Señor desde mi juventud. 13¿No le han contado a mi señor lo que hice cuando Jezabel estaba matando a los profetas del Señor? ¡Pues escondí a cien de los profetas del Señor en dos cuevas, cincuenta en cada una, y les di de comer y de beber! 14¡Y ahora usted me ordena que vaya a mi amo y le diga que usted está aquí! ¡De seguro me matará!

15Elías le respondió:

—Tan cierto como que vive el SEÑOR *Todopoderoso, a quien sirvo, te aseguro que hoy me presentaré ante Acab.

Elías en el monte Carmelo

16Abdías fue a buscar a Acab y le informó de lo sucedido, así que éste fue al encuentro de Elías 17y, cuando lo vio, le preguntó:

—¿Eres tú el que le está causando problemas a Israel?

18—No soy yo quien le está causando problemas a Israel —respondió Elías—. Quienes se los causan son tú y tu familia, porque han abandonado los mandamientos del SEÑOR y se han ido tras los *baales. 19Ahora convoca de todas partes al pueblo de Israel, para que se reúna conmigo en el monte Carmelo con los cuatrocientos cincuenta profetas de Baal y los cuatrocientos profetas de la diosa *Aserá que se sientan a la mesa de Jezabel.

20Acab convocó en el monte Carmelo a todos los israelitas y a los profetas. 21Elías se presentó ante el pueblo y dijo:

—¿Hasta cuándo van a seguir indecisos?d Si el Dios verdadero es el SEÑOR, deben seguirlo; pero si es Baal, síganlo a él.

El pueblo no dijo una sola palabra. 22Entonces Elías añadió:

—Yo soy el único que ha quedado de los profetas del SEÑOR; en cambio, Baal cuenta con cuatrocientos cincuenta profetas. 23Tráigannos dos bueyes. Que escojan ellos uno, y lo descuarticen y pongan los pedazos sobre la leña, pero sin prenderle fuego. Yo prepararé el otro buey y lo pondré sobre la leña, pero tampoco le prenderé fuego. 24Entonces invocarán ellos el *nombre de su dios, y yo invocaré el nombre del SEÑOR. ¡El que responda con fuego, ése es el Dios verdadero!

Y todo el pueblo estuvo de acuerdo.

25Entonces Elías les dijo a los profetas de Baal:

—Ya que ustedes son tantos, escojan uno de los bueyes y prepárenlo primero. Invoquen luego el nombre de su dios, pero no prendan fuego.

26Los profetas de Baal tomaron el buey que les dieron y lo prepararon, e invocaron el nombre de su dios desde la mañana hasta el mediodía.

—¡Baal, respóndenos! —gritaban, mientras daban brincos alrededor del altar que habían hecho.

Pero no se escuchó nada, pues nadie respondió. 27Al mediodía Elías comenzó a burlarse de ellos:

—¡Griten más fuerte! —les decía—. Seguro que es un dios, pero tal vez esté meditando, o esté ocupado o de viaje. ¡A lo mejor se ha quedado dormido y hay que despertarlo!

28Comenzaron entonces a gritar más fuerte y, como era su costumbre, se cortaron con cuchillos y dagas hasta quedar bañados en sangre. 29Pasó el mediodía, y siguieron con su espantosa algarabía hasta la hora del sacrificio vespertino. Pero no se escuchó nada, pues nadie respondió ni prestó atención.

30Entonces Elías le dijo a todo el pueblo:

—¡Acérquense!

Así lo hicieron. Como el altar del SEÑOR estaba en ruinas, Elías lo reparó. 31Luego recogió doce piedras, una por cada tribu descendiente de Jacob, a quien el SEÑOR le había puesto por nombre Israel. 32Con las piedras construyó un altar en honor del SEÑOR, y alrededor cavó una zanja en que cabían quince litrose de cereal. 33Colocó la leña, descuartizó el buey, puso los pedazos sobre la leña 34y dijo:

—Llenen de agua cuatro cántaros, y vacíenlos sobre el *holocausto y la leña.

Luego dijo:

—Vuelvan a hacerlo.

Y así lo hicieron.

—¡Háganlo una vez más! —les ordenó.

Y por tercera vez vaciaron los cántaros. 35El agua corría alrededor del altar hasta llenar la zanja.

---

d18:21 seguir indecisos. Lit. estar cojeando con dos muletas.   e18:32 quince litros. Lit. dos *seah.

36A la hora del sacrificio vespertino, el profeta Elías dio un paso adelante y oró así: «SEÑOR, Dios de Abraham, de Isaac y de Israel, que todos sepan hoy que tú eres Dios en Israel, y que yo soy tu siervo y he hecho todo esto en obediencia a tu palabra. **37**¡Respóndeme, SEÑOR, respóndeme, para que esta gente reconozca que tú, SEÑOR, eres Dios, y que estás convirtiendo a ti su *corazón!»

38En ese momento cayó el fuego del SEÑOR y quemó el holocausto, la leña, las piedras y el suelo, y hasta lamió el agua de la zanja. **39**Cuando todo el pueblo vio esto, se postró y exclamó: «¡El SEÑOR es Dios, el Dios verdadero!»

40Luego Elías les ordenó:

—¡Agarren a los profetas de Baal! ¡Que no escape ninguno!

Tan pronto como los agarraron, Elías hizo que los bajaran al arroyo Quisón, y allí los ejecutó. **41**Entonces Elías le dijo a Acab:

—Anda a tu casa, y come y bebe, porque ya se oye el ruido de un torrentoso aguacero.

42Acab se fue a comer y beber, pero Elías subió a la cumbre del Carmelo, se inclinó hasta el suelo y puso el rostro entre las rodillas.

43—Ve y mira hacia el mar —le ordenó a su criado.

El criado fue y miró, y dijo:

—No se ve nada.

Siete veces le ordenó Elías que fuera a ver, **44**y la séptima vez el criado le informó:

—Desde el mar viene subiendo una nube. Es tan pequeña como una mano.

Entonces Elías le ordenó:

—Ve y dile a Acab: "Engancha el carro y vete antes de que la lluvia te detenga."

45Las nubes fueron oscureciendo el cielo; luego se levantó el viento y se desató una fuerte lluvia. Pero Acab se fue en su carro hacia Jezrel. **46**Entonces el poder del SEÑOR vino sobre Elías, quien ajustándose el manto con el cinturón, echó a correr y llegó a Jezrel antes que Acab.

Elías huye a Horeb

19 Acab le contó a Jezabel todo lo que Elías había hecho, y cómo había matado a todos los profetas a filo de espada. **2**Entonces Jezabel envió un mensajero a que le dijera a Elías: «¡Que los dioses me castiguen sin piedad si mañana a esta hora no te he quitado la *vida como tú se la quitaste a ellos!»

3Elías se asustó[f] y huyó para ponerse a salvo. Cuando llegó a Berseba de Judá, dejó allí a su criado **4**y caminó todo un día por el desierto. Llegó adonde había un arbusto,[g] y se sentó a su sombra con ganas de morirse. «¡Estoy harto, SEÑOR! —protestó—. Quítame la vida, pues no soy mejor que mis antepasados.» **5**Luego se acostó debajo del arbusto y se quedó dormido.

De repente, un ángel lo tocó y le dijo: «Levántate y come.» **6**Elías miró a su alrededor, y vio a su cabecera un panecillo cocido sobre carbones calientes, y un jarro de agua. Comió y bebió, y volvió a acostarse.

7El ángel del SEÑOR regresó y, tocándolo, le dijo: «Levántate y come, porque te espera un largo viaje.» **8**Elías se levantó, y comió y bebió. Una vez fortalecido por aquella comida, viajó cuarenta días y cuarenta noches hasta que llegó a Horeb, el monte de Dios. **9**Allí pasó la noche en una cueva.

El SEÑOR se le aparece a Elías

Más tarde, la palabra del SEÑOR vino a él.

—¿Qué haces aquí, Elías? —le preguntó.

10—Me consume mi amor[h] por ti, SEÑOR Dios *Todopoderoso —respondió él—. Los israelitas han rechazado tu *pacto, han derribado tus altares, y a tus profetas los han matado a filo de espada. Yo soy el único que ha quedado con vida, ¡y ahora quieren matarme a mí también!

11El SEÑOR le ordenó:

---

f **19:3** *se asustó.* Alt. *vio.*　　*g* **19:4** *un arbusto.* Lit. *una* *retama; también en v. 5.*　　*h* **19:10** *amor.* Alt. *celo; también en v. 14.*

—Sal y preséntate ante mí en la montaña, porque estoy a punto de pasar por allí.

Como heraldo del SEÑOR vino un viento recio, tan violento que partió las montañas e hizo añicos las rocas; pero el SEÑOR no estaba en el viento. Al viento lo siguió un terremoto, pero el SEÑOR tampoco estaba en el terremoto. ¹²Tras el terremoto vino un fuego, pero el SEÑOR tampoco estaba en el fuego. Y después del fuego vino un suave murmullo. ¹³Cuando Elías lo oyó, se cubrió el rostro con el manto y, saliendo, se puso a la entrada de la cueva.

Entonces oyó una voz que le dijo:

—¿Qué haces aquí, Elías?

¹⁴Él respondió:

—Me consume mi amor por ti, SEÑOR, Dios Todopoderoso. Los israelitas han rechazado tu pacto, han derribado tus altares, y a tus profetas los han matado a filo de espada. Yo soy el único que ha quedado con vida, ¡y ahora quieren matarme a mí también!

¹⁵El SEÑOR le dijo:

—Regresa por el mismo camino, y ve al desierto de Damasco. Cuando llegues allá, unge a Jazael como rey de *Siria, ¹⁶y a Jehú hijo de Nimsi como rey de Israel; unge también a Eliseo hijo de Safat, de Abel Mejolá, para que te suceda como profeta. ¹⁷Jehú dará muerte a cualquiera que escape de la espada de Jazael, y Eliseo dará muerte a cualquiera que escape de la espada de Jehú. ¹⁸Sin embargo, yo preservaré a siete mil israelitas que no se han arrodillado ante *Baal ni lo han besado.

El llamamiento de Eliseo

¹⁹Elías salió de allí y encontró a Eliseo hijo de Safat, que estaba arando. Había doce yuntas de bueyes en fila, y él mismo conducía la última. Elías pasó junto a Eliseo y arrojó su manto sobre él. ²⁰Entonces Eliseo dejó sus bueyes y corrió tras Elías.

—Permítame usted despedirme de mi padre y de mi madre con un beso —dijo él—, y luego lo seguiré.

—Anda, ve —respondió Elías—. Yo no te lo voy a impedir.ⁱ

²¹Eliseo lo dejó y regresó. Tomó su yunta de bueyes y los sacrificó. Quemando la madera de la yunta, asó la carne y se la dio al pueblo, y ellos comieron. Luego partió para seguir a Elías y se puso a su servicio.

Ben Adad ataca a Samaria

20 Entonces Ben Adad, rey de *Siria reunió a todo su ejército y, acompañado por treinta y dos reyes con sus caballos y carros de combate, salió a hacerle guerra a Samaria, y la sitió. ²Envió a la ciudad mensajeros para que dijeran a Acab, rey de Israel: «Así dice Ben Adad: ³"Tu oro y tu plata son míos, lo mismo que tus mujeres y tus hermosos hijos."»

⁴El rey de Israel envió esta respuesta: «Tal como dices, mi señor y rey, yo soy tuyo, con todo lo que tengo.»

⁵Los mensajeros volvieron a Acab y le dijeron: «Así dice Ben Adad: "Mandé a decirte que me entregaras tu oro y tu plata, tus esposas y tus hijos. ⁶Por tanto, mañana como a esta hora voy a enviar a mis funcionarios a requisar tu palacio y las casas de tus funcionarios, y se apoderarán de todo lo que más valoras y se lo llevarán."»

⁷El rey de Israel mandó llamar a todos los *ancianos del país y les dijo:

—¡Miren cómo ese tipo nos quiere causar problemas! Cuando mandó que le entregara mis esposas y mis hijos, mi oro y mi plata, no se los negué.

⁸Los ancianos y todos los del pueblo respondieron:

—No le haga caso, Su Majestad, ni ceda a sus exigencias.

⁹Así que Acab les respondió a los mensajeros de Ben Adad:

—Díganle a mi señor y rey: "Yo, tu servidor, haré todo lo que me pediste la primera vez, pero no puedo satisfacer esta nueva exigencia."

Ellos regresaron a Ben Adad con esa respuesta. ¹⁰Entonces Ben Adad le envió otro mensaje a Acab: «Que los dioses me castiguen sin piedad si queda en Samaria

---

ⁱ **19:20** *Yo no te lo voy a impedir.* Alt. *Pero recuerda lo que he hecho por ti.*

el polvo suficiente para que mis hombres se lleven un puñado.»

11 Pero el rey de Israel respondió: «Díganle que no cante victoria antes de tiempo.»*j*

12 Cuando Ben Adad recibió este mensaje, estaba bebiendo con los reyes en su campamento.*k* De inmediato les ordenó a sus tropas: «¡A las armas!» Así que se prepararon para atacar la ciudad.

Acab derrota a Ben Adad

13 Mientras tanto, un profeta se presentó ante Acab, rey de Israel, y le anunció:

—Así dice el SEÑOR: "¿Ves ese enorme ejército? Hoy lo entregaré en tus manos, y entonces sabrás que yo soy el SEÑOR."

14 —¿Por medio de quién lo hará? —preguntó Acab.

—Así dice el SEÑOR —respondió el profeta—: "Lo haré por medio de los cadetes."*l*

—¿Y quién iniciará el combate? —insistió Acab.

—Tú mismo —respondió el profeta.

15 Así que Acab pasó revista a los cadetes, que sumaban doscientos treinta y dos hombres. También pasó revista a las demás tropas israelitas: siete mil en total. **16** Se pusieron en marcha al mediodía, mientras Ben Adad y los treinta y dos reyes aliados que estaban con él seguían emborrachándose en su campamento. **17** Los cadetes formaban la vanguardia.

Cuando los exploradores que Ben Adad había enviado le informaron que unos soldados estaban avanzando desde Samaria, **18** ordenó: «¡Captúrenlos vivos, sea que vengan en son de paz o en son de guerra!»

19 Los cadetes salieron de la ciudad al frente del ejército. **20** Cada soldado abatió a su adversario, y los *sirios tuvieron que huir. Los israelitas los persiguieron, pero Ben Adad, rey de Siria, escapó a caballo con algunos de sus jinetes. **21** El rey de Israel avanzó y abatió a la caballería, de modo que los sirios sufrieron una gran derrota.

22 Más tarde, el profeta se presentó ante el rey de Israel y le dijo: «No se duerma usted en sus laureles;*m* trace un buen plan, porque el año entrante el rey de Siria volverá a atacar.»

23 Por otra parte, los funcionarios del rey de Siria le aconsejaron: «Los dioses de los israelitas son dioses de las montañas. Por eso son demasiado fuertes para nosotros. Pero si peleamos contra ellos en las llanuras, sin duda los venceremos. **24** Haga usted lo siguiente: Destituya a todos los reyes y reemplácelos por otros funcionarios. **25** Prepare usted también un ejército como el que perdió, caballo por caballo y carro por carro, para atacar a Israel en las llanuras. ¡Sin duda los venceremos!»

Ben Adad estuvo de acuerdo, y así lo hizo. **26** Al año siguiente, pasó revista a las tropas sirias y marchó a Afec para atacar a Israel. **27** Acab, por su parte, pasó revista a las tropas israelitas y las aprovisionó. Éstas se pusieron en marcha para salir al encuentro de los sirios, y acamparon frente a ellos. Parecían un pequeño rebaño de cabras, mientras que los sirios cubrían todo el campo.

28 El hombre de Dios se presentó ante el rey de Israel y le dijo: «Así dice el SEÑOR: "Por cuanto los sirios piensan que el SEÑOR es un dios de las montañas y no un dios de los valles, yo te voy a entregar este enorme ejército en tus manos, y así sabrás que yo soy el SEÑOR."»

29 Siete días estuvieron acampados los unos frente a los otros, y el séptimo día se desató el combate. En un solo día los israelitas le causaron cien mil bajas a la infantería siria. **30** Los demás soldados huyeron a Afec, pero la muralla de la ciudad se desplomó sobre veintisiete mil de ellos.

Ben Adad, que también se había escapado a la ciudad, andaba de escondite en escondite. **31** Entonces sus funcionarios le dijeron: «Hemos oído decir que los reyes del linaje de Israel son compasivos. Rindámonos ante el rey de Israel y pidámosle

j 20:11 *que no cante ... de tiempo.* Lit. *no ha de jactarse el que se pone la armadura sino el que se la quita.* *k* 20:12 *en su campamento.* Alt. *en Sucot;* también en v. 16. *l* 20:14 *los cadetes.* Lit. *los jóvenes de los jefes provinciales;* también en vv. 15,17 y 19. *m* 20:22 *No se duerma usted en sus laureles.* Lit. *Vaya y fortalézcase.*

perdón.ⁿ Tal vez le perdone a usted la *vida.»

³²Se presentaron entonces ante el rey de Israel, se rindieron ante él y le rogaron:

—Su siervo Ben Adad dice: "Por favor, perdóname la vida."

—¿Todavía está vivo? —preguntó el rey—. ¡Pero si es mi hermano!

³³Los hombres tomaron esa respuesta como un buen augurio y, aprovechando la ocasión, exclamaron:

—¡Claro que sí, Ben Adad es su hermano!

—Vayan por él —dijo el rey.

Cuando Ben Adad se presentó ante Acab, éste lo hizo subir a su carro de combate. Entonces Ben Adad le propuso:

³⁴—Te devolveré las ciudades que mi padre le quitó al tuyo, y podrás establecer zonas de mercado en Damasco, como lo hizo mi padre en Samaria.

Acab le respondió:

—Sobre esa base, te dejaré en libertad.

Y así firmó un tratado con él, y lo dejó ir.

Un profeta condena a Acab

³⁵En obediencia a la palabra del SEÑOR, un miembro de la comunidad de profetas le dijo a otro:

—¡Golpéame!

Pero aquél se negó a hacerlo.

³⁶Entonces el profeta dijo:

—Por cuanto no has obedecido al SEÑOR, tan pronto como nos separemos te matará un león.

Y después de que el profeta se fue, un león le salió al paso y lo mató.

³⁷Más adelante, el mismo profeta encontró a otro hombre y le dijo: «¡Golpéame!» Así que el hombre lo golpeó y lo hirió. ³⁸Luego el profeta salió a esperar al rey a la vera del camino, cubierto el rostro con un antifaz. ³⁹Cuando pasaba el rey, el profeta le gritó:

—Este servidor de Su Majestad entró en lo más reñido de la batalla. Allí alguien se me presentó con un prisionero y me dijo: "Hazte cargo de este hombre. Si se te escapa, pagarás su *vida con la tuya, o con tres mil monedasⁿ de plata." ⁴⁰Mientras este servidor de Su Majestad estaba ocupado en otras cosas, el hombre se escapó.

—¡Ésa es tu sentencia! —respondió el rey de Israel—. Tú mismo has tomado la decisión.

⁴¹En el acto, el profeta se quitó el antifaz, y el rey de Israel se dio cuenta de que era uno de los profetas. ⁴²Y le dijo al rey:

—Así dice el SEÑOR: "Has dejado en libertad a un hombre que yo había condenado a muerte.ᵒ Por lo tanto, pagarás su vida con la tuya, y su pueblo con el tuyo."

⁴³Entonces el rey de Israel, deprimido y malhumorado, volvió a su palacio en Samaria.

El viñedo de Nabot

21 Un tiempo después sucedió lo siguiente: Nabot el jezrelita tenía un viñedo en Jezrel, el cual colindaba con el palacio de Acab, rey de Samaria. ²Éste le dijo a Nabot:

—Dame tu viñedo para hacerme una huerta de hortalizas, ya que está tan cerca de mi palacio. A cambio de él te daré un viñedo mejor o, si lo prefieres, te pagaré lo que valga.

³Pero Nabot le respondió:

—El SEÑOR prohíbe que yo le venda a Su Majestad lo que heredé de mis antepasados.

⁴Acab se fue a su casa deprimido y malhumorado porque Nabot el jezrelita le había dicho: «No puedo cederle a Su Majestad lo que heredé de mis antepasados.» De modo que se acostó de cara a la pared, y no quiso comer. ⁵Su esposa Jezabel entró y le preguntó:

—¿Por qué estás tan deprimido que ni comer quieres?

⁶—Porque le dije a Nabot el jezrelita que me vendiera su viñedo o que, si lo prefería, se lo cambiaría por otro; pero él se negó.

⁷Ante esto, Jezabel su esposa le dijo:

—¿Y no eres tú quien manda en Israel?

ⁿ 20:31 *Rindámonos ... perdón.* Lit. *Pongámonos* *cilicio en la cintura y sogas en la cabeza y vayamos al rey de Israel.*   ñ 20:39 *tres mil monedas.* Lit. *un* *talento.*   ᵒ 20:42 *un hombre ... muerte.* Lit. *al hombre de mi* *destrucción.*

¡Anda, levántate y come, que te hará bien! Yo te conseguiré el viñedo del tal Nabot.

8De inmediato escribió cartas en nombre de Acab, puso en ellas el sello del rey, y las envió a los *ancianos y nobles que vivían en la ciudad de Nabot. **9**En las cartas decía:

«Decreten un día de ayuno, y den a Nabot un lugar prominente en la asamblea del pueblo. **10**Pongan frente a él a dos sinvergüenzas y háganlos testificar que él ha maldecido tanto a Dios como al rey. Luego sáquenlo y mátenlo a pedradas.»

11Los ancianos y nobles que vivían en esa ciudad acataron lo que Jezabel había ordenado en sus cartas. **12**Decretaron un día de ayuno y le dieron a Nabot un lugar prominente en la asamblea. **13**Llegaron los dos sinvergüenzas, se sentaron frente a él y lo acusaron ante el pueblo, diciendo: «¡Nabot ha maldecido a Dios y al rey!» Como resultado, la gente lo llevó fuera de la ciudad y lo mató a pedradas. **14**Entonces le informaron a Jezabel: «Nabot ha sido apedreado, y está muerto.»

15Tan pronto como Jezabel se enteró de que Nabot había muerto a pedradas, le dijo a Acab: «¡Vamos! Toma posesión del viñedo que Nabot el jezrelita se negó a venderte. Ya no vive; está muerto.» **16**Cuando Acab se enteró de que Nabot había muerto, fue a tomar posesión del viñedo.

17Entonces la palabra del SEÑOR vino a Elías el tisbita y le dio este mensaje: **18**«Ve a encontrarte con Acab, rey de Israel, que gobierna en Samaria. En este momento se encuentra en el viñedo de Nabot, tomando posesión del mismo. **19**Dile que así dice el SEÑOR: "¿No has asesinado a un hombre, y encima te has adueñado de su propiedad?" Luego dile que también dice el SEÑOR: "¡En el mismo lugar donde los perros lamieron la sangre de Nabot, lamerán también tu propia sangre!"»

20Acab le respondió a Elías:

—¡Mi enemigo! ¿Así que me has encontrado?

—Sí —contestó Elías—, te he encontrado porque te has vendido para hacer lo que ofende al SEÑOR, **21**quien ahora te dice: "Voy a enviarte una desgracia. Acabaré contigo, y de tus descendientes en Israel exterminaré hasta el último varón, esclavo o libre. **22**Haré con tu familia lo mismo que hice con la de Jeroboán hijo de Nabat y con la de Basá hijo de Ahías, porque has provocado mi ira y has hecho que Israel peque." **23**Y en cuanto a Jezabel, el SEÑOR dice: "Los perros se la comerán junto al muro*p* de Jezrel." **24**También a los familiares de Acab que mueran en la ciudad se los comerán los perros, y a los que mueran en el campo se los comerán las aves del cielo.

25Nunca hubo nadie como Acab que, animado por Jezabel su esposa, se prestara para hacer lo que ofende al SEÑOR. **26**Su conducta fue repugnante, pues siguió a los ídolos, como lo habían hecho los amorreos, a quienes el SEÑOR expulsó de la presencia de Israel.

27Cuando Acab escuchó estas palabras, se rasgó las vestiduras, se vistió de luto y ayunó. Dormía vestido así, y andaba deprimido. **28**Entonces la palabra del SEÑOR vino a Elías el tisbita y le dio este mensaje: **29**«¿Has notado cómo Acab se ha humillado ante mí? Por cuanto se ha humillado, no enviaré esta desgracia mientras él viva, sino que la enviaré a su familia durante el reinado de su hijo.»

Micaías profetiza contra Acab
22:1-28 — 2Cr 18:1-27

22 Durante tres años no hubo guerra entre *Siria e Israel. **2**Pero en el tercer año Josafat, rey de Judá, fue a ver al rey de Israel, **3**el cual dijo a sus funcionarios: «¿No saben que Ramot de Galaad nos pertenece? ¡Y no hemos hecho nada para obligar al rey de Siria a que nos la devuelva!»

4Así que le preguntó a Josafat:

—¿Irías conmigo a pelear contra Ramot de Galaad?

Josafat le respondió al rey de Israel:

—Estoy a tu disposición, lo mismo que

mi pueblo y mis caballos. **5**Pero antes que nada, consultemos al SEÑOR —añadió.

6Así que el rey de Israel reunió a los profetas, que eran casi cuatrocientos, y les preguntó:

—¿Debo ir a la guerra contra Ramot de Galaad, o no?

—Vaya, Su Majestad —contestaron ellos—, porque el Señor la entregará en sus manos.

7Pero Josafat inquirió:

—¿No hay aquí un profeta del SEÑOR a quien podamos consultar?

8El rey de Israel le respondió:

—Todavía hay alguien por medio de quien podemos consultar al SEÑOR, pero me cae muy mal porque nunca me profetiza nada bueno; sólo me anuncia desastres. Se trata de Micaías hijo de Imlá.

—No digas eso —replicó Josafat.

9Entonces el rey de Israel llamó a uno de sus funcionarios y le ordenó:

—¡Traigan de inmediato a Micaías hijo de Imlá!

10El rey de Israel, y Josafat, rey de Judá, vestidos con su ropaje real y sentados en sus respectivos tronos, estaban en la plaza a la *entrada de Samaria, con todos los que profetizaban en presencia de ellos. **11**Sedequías hijo de Quenaná, que se había hecho unos cuernos de hierro, anunció: «Así dice el SEÑOR: "Con estos cuernos atacarás a los sirios hasta aniquilarlos."» **12**Y los demás profetas vaticinaban lo mismo: «Ataque Su Majestad a Ramot de Galaad, y vencerá, porque el SEÑOR la entregará en sus manos.»

13Ahora bien, el mensajero que había ido a llamar a Micaías le advirtió:

—Mira, los demás profetas a una voz predicen el éxito del rey. Habla favorablemente, para que tu mensaje concuerde con el de ellos.

14Pero Micaías repuso:

—Tan cierto como que vive el SEÑOR, ten la seguridad de que yo le anunciaré al rey lo que el SEÑOR me diga.

15Cuando compareció ante el rey, éste le preguntó:

—Micaías, ¿debemos ir a la guerra contra Ramot de Galaad, o no?

—Ataque, Su Majestad, que vencerá —contestó él—, porque el SEÑOR la entregará en sus manos.

16El rey le reclamó:

—¿Cuántas veces debo hacerte jurar que no me digas nada más que la verdad en el *nombre del SEÑOR?

17Ante esto, Micaías concedió:

—Vi a todo Israel esparcido por las colinas, como ovejas sin *pastor. Y el SEÑOR dijo: "Esta gente no tiene amo. ¡Que cada cual se vaya a su casa en *paz!"

18El rey de Israel le dijo a Josafat:

—¿No te dije que jamás me profetiza nada bueno, y que sólo me anuncia desastres?

19Micaías prosiguió:

—Por lo tanto, oiga usted la palabra del SEÑOR: Vi al SEÑOR sentado en su trono con todo el ejército del cielo alrededor de él, a su derecha y a su izquierda. **20**Y el SEÑOR dijo: "¿Quién seducirá a Acab para que ataque a Ramot de Galaad y vaya a morir allí?" Uno sugería una cosa, y otro sugería otra. **21**Por último, un espíritu se adelantó, se puso delante del SEÑOR y dijo: "Yo lo seduciré." **22**"¿Por qué medios?", preguntó el SEÑOR. Y aquel espíritu respondió: "Saldré y seré un espíritu mentiroso en la boca de todos sus profetas." Entonces el SEÑOR ordenó: "Ve y hazlo así, que tendrás éxito en seducirlo." **23**Así que ahora el SEÑOR ha puesto un espíritu mentiroso en la boca de todos esos profetas de Su Majestad. El SEÑOR ha decretado para usted la calamidad.

24Al oír esto, Sedequías hijo de Quenaná se levantó y le dio una bofetada a Micaías.

—¿Por dónde se fue el espíritu*q* del SEÑOR cuando salió de mí para hablarte? —le preguntó.

25Micaías contestó:

—Lo sabrás el día en que andes de escondite en escondite.

26Entonces el rey de Israel ordenó:

—Tomen a Micaías y llévenselo a Amón, el gobernador de la ciudad, y a Joás, mi hijo. **27**Díganles que les ordeno echar en la cárcel a ese tipo, y no darle

q **22:24** *espíritu.* Alt. *Espíritu.*

más que pan y agua, hasta que yo regrese sin contratiempos.

28 Micaías manifestó:

—Si regresas sin contratiempos, el SEÑOR no ha hablado por medio de mí. ¡Tomen nota todos ustedes de lo que estoy diciendo!

Muerte de Acab
22:29-36 — 2Cr 18:28-34

29 El rey de Israel, y Josafat, rey de Judá, marcharon juntos contra Ramot de Galaad. **30** Allí el rey de Israel le dijo a Josafat: «Yo entraré a la batalla disfrazado, pero tú te pondrás tu ropaje real.» Así que el rey de Israel se disfrazó y entró al combate.

31 Pero el rey de *Siria les había ordenado a sus treinta y dos capitanes de los carros de combate: «No luchen contra nadie, grande o pequeño, salvo contra el rey de Israel.» **32** Cuando los capitanes de los carros vieron a Josafat, pensaron: «Sin duda, éste es el rey de Israel.» Así que se volvieron para atacarlo; pero Josafat gritó. **33** Entonces los capitanes de los carros vieron que no era el rey de Israel, y dejaron de perseguirlo.

34 Sin embargo, alguien disparó su arco al azar e hirió al rey de Israel entre las piezas de su armadura. El rey le ordenó al que conducía su carro: «Da la vuelta y sácame del campo de batalla, pues me han herido.» **35** Todo el día arreció la batalla, y al rey se le mantuvo de pie en su carro, frente a los sirios. Pero la sangre de su herida no dejaba de correr por el piso del carro, y esa misma tarde Acab murió. **36** Ya se ponía el sol cuando por todo el ejército se difundió un clamor: «Cada hombre a su ciudad; ¡todo el mundo a su tierra!»

37 Así que el rey murió, y fue llevado a Samaria, donde lo sepultaron. **38** Lavaron el carro en un estanque de Samaria, donde se bañaban las prostitutas, y los perros lamieron la sangre, tal como lo había declarado la palabra del SEÑOR.

39 Los demás acontecimientos del reinado de Acab, incluso todo lo que hizo, el palacio que construyó e incrustó de marfil, y las ciudades que fortificó, están escritos en el libro de las crónicas de los reyes de Israel. **40** Acab murió, y su hijo Ocozías lo sucedió en el trono.

Josafat, rey de Judá
22:41-50 — 2Cr 20:31–21:1

41 Josafat hijo de Asá ascendió al trono de Judá en el cuarto año de Acab, rey de Israel. **42** Josafat tenía treinta y cinco años cuando comenzó a reinar, y reinó en Jerusalén veinticinco años. El nombre de su madre era Azuba hija de Siljí. **43** Siempre siguió el buen ejemplo de su padre Asá, y nunca se desvió de él, sino que hizo lo que agrada al SEÑOR. Sin embargo, no se quitaron los *santuarios paganos, de modo que el pueblo siguió ofreciendo allí sacrificios e incienso quemado. **44** Josafat también estaba en paz con el rey de Israel.

45 Los demás acontecimientos del reinado de Josafat, lo que llevó a cabo y sus proezas militares, están escritos en el libro de las crónicas de los reyes de Judá. **46** Libró la tierra del resto de hombres que practicaban la prostitución en los santuarios, los cuales se habían quedado allí incluso después del reinado de su padre Asá. **47** En aquel tiempo no había rey en Edom, sino que gobernaba un regente.

48 Por esos días Josafat construyó una flota mercante^r para ir a Ofir por oro, pero nunca llegaron a zarpar, pues naufragaron en Ezión Guéber. **49** Entonces Ocozías hijo de Acab le dijo a Josafat: «Deja que mis hombres naveguen con tus hombres.» Pero Josafat no se lo permitió.

50 Josafat murió y fue sepultado con sus antepasados en la ciudad de su padre David. Y su hijo Jorán lo sucedió en el trono.

Ocozías, rey de Israel

51 Ocozías hijo de Acab ascendió al trono de Israel en Samaria en el año diecisiete de Josafat, rey de Judá, y reinó dos años en Israel. **52** Pero hizo lo que ofende al SEÑOR, porque anduvo en los *caminos de su padre y de su madre, y en los caminos de Jeroboán hijo de Nabat, que hizo que Israel pecara. **53** Sirvió y adoró a *Baal, y provocó a ira al SEÑOR, Dios de Israel, tal como lo había hecho su padre.

---

^r **22:48** *una flota mercante.* Lit. *unos barcos de Tarsis.*

Segundo Libro de los
Reyes

El juicio del Señor contra Ocozías

1 Después de la muerte de Acab, la nación de Moab se rebeló contra Israel. ²Ocozías, que se había herido al caerse por la ventana del piso superior de su palacio en Samaria, despachó a unos mensajeros con este encargo: «Vayan y consulten a *Baal Zebub, dios de Ecrón, para saber si voy a recuperarme de estas heridas.» ³Pero el ángel del SEÑOR le dijo a Elías el tisbita: «Levántate y sal al encuentro de los mensajeros del rey de Samaria. Diles: "Y ustedes, ¿por qué van a consultar a Baal Zebub, dios de Ecrón? ¿Acaso no hay Dios en Israel?" ⁴Pues bien, así dice el SEÑOR: "Ya no te levantarás de tu lecho de enfermo, sino que ciertamente morirás."»

Así lo hizo Elías, ⁵y cuando los mensajeros regresaron, el rey les preguntó:

—¡Cómo! ¿Ya están de regreso?

⁶Ellos respondieron:

—Es que un hombre nos salió al encuentro y nos dijo que regresáramos al rey que nos había enviado y le dijéramos: "Así dice el SEÑOR: '¿Por qué mandas a consultar a Baal Zebub, dios de Ecrón? ¿Acaso no hay Dios en Israel? Pues bien, ya no te levantarás de tu lecho de enfermo, sino que ciertamente morirás.'"

⁷El rey les preguntó:

—¿Qué aspecto tenía el hombre que les salió al encuentro y les habló de ese modo?

⁸—Llevaba puesto un manto de piel, y tenía un cinturón de cuero atado a la cintura —contestaron ellos.

—¡Ah! ¡Era Elías el tisbita! —exclamó el rey.

⁹Y en seguida envió a un oficial con cincuenta soldados a buscarlo. El oficial fue y encontró a Elías sentado en la cima de un monte.

—Hombre de Dios —le dijo—, el rey le ordena que baje.

¹⁰—Si soy hombre de Dios —replicó Elías—, ¡que caiga fuego del cielo y te consuma junto con tus cincuenta soldados!

Al instante cayó fuego del cielo, y consumió al oficial y a sus soldados. ¹¹Así que el rey envió a otro oficial con otros cincuenta soldados en busca de Elías.

—Hombre de Dios —le dijo—, el rey le ordena que baje inmediatamente.

¹²—Si soy hombre de Dios —repuso Elías—, ¡que caiga fuego del cielo y te consuma junto con tus cincuenta soldados!

Una vez más, fuego de Dios cayó del cielo y consumió al oficial y a sus soldados.

¹³Por tercera vez el rey envió a un oficial con otros cincuenta soldados. Cuando éste llegó hasta donde estaba Elías, se puso de rodillas delante de él y le imploró:

—Hombre de Dios, le ruego que respete mi *vida y la de estos cincuenta servidores suyos. ¹⁴Sé bien que cayó fuego del cielo y consumió a los dos primeros oficiales y a sus soldados. Por eso le pido ahora que respete mi vida.

¹⁵El ángel del SEÑOR le ordenó a Elías: «Baja con él; no le tengas miedo.» Así que Elías se levantó y bajó con el oficial para ver al rey, ¹⁶a quien le dijo:

—Así dice el SEÑOR: "Enviaste mensajeros a consultar a Baal Zebub, dios de Ecrón. ¿Acaso no hay Dios en Israel a quien puedas consultar? Puesto que has actuado así, ya no te levantarás de tu lecho de enfermo, sino que ciertamente morirás."

¹⁷Así fue como murió el rey, según la palabra que el SEÑOR había anunciado por medio de Elías.

Como Ocozías no llegó a tener hijos, Jorán lo sucedió en el trono. Esto aconteció en el segundo año de Jorán hijo de Josafat, rey de Judá. 18Los demás acontecimientos del reinado de Ocozías están escritos en el libro de las crónicas de los reyes de Israel.

Elías llevado al cielo

2 Cuando se acercaba la hora en que el SEÑOR se llevaría a Elías al cielo en un torbellino, Elías y Eliseo salieron de Guilgal. 2Entonces Elías le dijo a Eliseo:

—Quédate aquí, pues el SEÑOR me ha enviado a Betel.

Pero Eliseo le respondió:

—Tan cierto como que el SEÑOR y tú viven, te juro que no te dejaré solo.

Así que fueron juntos a Betel. 3Allí los miembros de la comunidad de profetas de Betel salieron a recibirlos, y le preguntaron a Eliseo:

—¿Sabes que hoy el SEÑOR va a quitarte a tu maestro, y a dejarte sin guía?

—Lo sé muy bien; ¡cállense!

4Elías, por su parte, volvió a decirle:

—Quédate aquí, Eliseo, pues el SEÑOR me ha enviado a Jericó.

Pero Eliseo le repitió:

—Tan cierto como que el SEÑOR y tú viven, te juro que no te dejaré solo.

Así que fueron juntos a Jericó. 5También allí los miembros de la comunidad de profetas de la ciudad se acercaron a Eliseo y le preguntaron:

—¿Sabes que hoy el SEÑOR va a quitarte a tu maestro, y a dejarte sin guía?

—Lo sé muy bien; ¡cállense!

6Una vez más Elías le dijo:

—Quédate aquí, pues el SEÑOR me ha enviado al Jordán.

Pero Eliseo insistió:

—Tan cierto como que el SEÑOR y tú viven, te juro que no te dejaré solo.

Así que los dos siguieron caminando 7y se detuvieron junto al río Jordán. Cincuenta miembros de la comunidad de profetas fueron también hasta ese lugar, pero se mantuvieron a cierta distancia, frente a ellos. 8Elías tomó su manto y, enrollándolo, golpeó el agua. El río se partió en dos, de modo que ambos lo cruzaron en seco. 9Al cruzar, Elías le preguntó a Eliseo:

—¿Qué quieres que haga por ti antes de que me separen de tu lado?

—Te pido que sea yo el heredero de tu espíritu por partida doble*a* —respondió Eliseo.

10—Has pedido algo difícil —le dijo Elías—, pero si logras verme cuando me separen de tu lado, te será concedido; de lo contrario, no me verás.

11Iban caminando y conversando cuando, de pronto, los separó un carro de fuego con caballos de fuego, y Elías subió al cielo en medio de un torbellino. 12Eliseo, viendo lo que pasaba, se puso a gritar: «¡Padre mío, padre mío, carro y fuerza conductora de Israel!» Pero no volvió a verlo.

Entonces agarró su ropa y la rasgó en dos. 13Luego recogió el manto que se le había caído a Elías y, regresando a la orilla del Jordán, 14golpeó el agua con el manto y exclamó: «¿Dónde está el SEÑOR, el Dios de Elías?» En cuanto golpeó el agua, el río se partió en dos, y Eliseo cruzó.

15Los profetas de Jericó, al verlo, exclamaron: «¡El espíritu de Elías se ha posado sobre Eliseo!» Entonces fueron a su encuentro y se postraron ante él, rostro en tierra.

16—Mira —le dijeron—, aquí se encuentran, entre nosotros tus servidores, cincuenta hombres muy capaces, que pueden ir a buscar a tu maestro. Quizás el Espíritu del SEÑOR lo tomó y lo arrojó en algún monte o en algún valle.

—No —respondió Eliseo—, no los manden.

17Pero ellos insistieron tanto que él se sintió incómodo*b* y por fin les dijo:

—Está bien, mándenlos.

Así que enviaron a cincuenta hombres, los cuales buscaron a Elías durante tres días, pero no lo encontraron. 18Cuando regresaron a Jericó, donde se había quedado Eliseo, él les reclamó:

—¿No les advertí que no fueran?

---

a **2:9** *por partida doble.* Véase Dt 21:17.   *b* **2:17** *insistieron tanto que él se sintió incómodo.* Alt. *le insistieron por largo rato.*

Eliseo purifica el agua

19Luego, los habitantes de la ciudad le dijeron a Eliseo:

—Señor, como usted puede ver, nuestra ciudad está bien ubicada, pero el agua es mala, y por eso la tierra ha quedado estéril.

20—Tráiganme una vasija nueva, y échenle sal —les ordenó Eliseo.

Cuando se la entregaron, **21**Eliseo fue al manantial y, arrojando allí la sal, exclamó:

—Así dice el SEÑOR: "¡Yo *purifico esta agua para que nunca más cause muerte ni esterilidad!"

22A partir de ese momento, y hasta el día de hoy, el agua quedó purificada, según la palabra de Eliseo.

Eliseo maldice a los burlones

23De Jericó, Eliseo se dirigió a Betel. Iba subiendo por el camino cuando unos muchachos salieron de la ciudad y empezaron a burlarse de él. «¡Anda, viejo calvo! —le gritaban—. ¡Anda, viejo calvo!» **24**Eliseo se volvió y, clavándoles la vista, los maldijo en el *nombre del SEÑOR. Al instante, dos osas salieron del bosque y despedazaron a cuarenta y dos muchachos. **25**De allí, Eliseo se fue al monte Carmelo; y luego regresó a Samaria.

Los moabitas se rebelan

3 En el año dieciocho de Josafat, rey de Judá, Jorán hijo de Acab ascendió al trono de Israel en Samaria, y reinó doce años. **2**Jorán hizo lo que ofende al SEÑOR, aunque no tanto como su padre y su madre, pues mandó que se quitara una *piedra sagrada que su padre había erigido en honor de *Baal. **3**Sin embargo, Jorán se aferró a los mismos pecados con que Jeroboán hijo de Nabat había hecho pecar a los israelitas, pues no se apartó de esos pecados.

4Ahora bien, Mesá, rey de Moab, criaba ovejas, y como tributo anual le entregaba al rey de Israel cien mil ovejas y la lana de cien mil corderos. **5**Pero al morir Acab, el rey de Moab se rebeló contra el rey de Israel. **6**Entonces el rey Jorán salió de Samaria, movilizó a todo el ejército de Israel, **7**y le envió este mensaje a Josafat, rey de Judá:

—El rey de Moab se ha rebelado contra mí. ¿Irías conmigo a pelear contra Moab?

—Claro que sí —le respondió Josafat—. Estoy a tu disposición, lo mismo que mi ejército y mi caballería. **8**¿Qué ruta tomaremos?

—La ruta del desierto de Edom —contestó Jorán.

9Fue así como los reyes de Israel, Judá y Edom se pusieron en marcha. Durante siete días anduvieron por el desierto, hasta que el ejército y los animales se quedaron sin agua.

10—¡Ay! —exclamó el rey de Israel—. ¡El SEÑOR ha reunido a tres reyes para entregarlos en manos de los moabitas!

11Pero Josafat preguntó:

—¿Acaso no hay aquí un profeta del SEÑOR, para que consultemos al SEÑOR por medio de él?

Un oficial del rey de Israel contestó:

—Aquí cerca está Eliseo hijo de Safat, el que servía a Elías.*c*

12—Pues él puede darnos palabra del SEÑOR —comentó Josafat.

Así que el rey de Israel fue a ver a Eliseo, acompañado del rey Josafat y del rey de Edom. **13**Pero Eliseo le dijo al rey de Israel:

—¿Qué tengo yo que ver con usted? Váyase a consultar a los profetas de su padre y de su madre.

—No —respondió el rey de Israel—, pues el SEÑOR nos ha reunido a los tres para entregarnos en manos de los moabitas.

14Eliseo replicó:

—Le juro que si no fuera por el respeto que le tengo a Josafat, rey de Judá, ni siquiera le daría a usted la cara. ¡Tan cierto como que vive el SEÑOR *Todopoderoso, a quien sirvo! **15**En fin, ¡que me traigan un músico!

Mientras el músico tañía el arpa, la mano del SEÑOR vino sobre Eliseo, **16**y éste dijo:

c **3:11** *servía a Elías.* Lit. *echaba agua en manos de Elías.*

—Así dice el SEÑOR: "Abran zanjas por todo este valle, ¹⁷pues aunque no vean viento ni lluvia —dice el SEÑOR—, este valle se llenará de agua, de modo que podrán beber ustedes y todos sus animales." ¹⁸Esto es poca cosa para el SEÑOR, que además entregará a Moab en manos de ustedes. ¹⁹De hecho, ustedes destruirán todas las ciudades fortificadas y las otras ciudades principales. Cortarán los mejores árboles, cegarán los manantiales y sembrarán de piedras los campos fértiles.

²⁰A la mañana siguiente, a la hora de la ofrenda, toda el área se inundó con el agua que venía de la región de Edom. ²¹Ahora bien, cuando los moabitas se enteraron de que los reyes habían salido para atacarlos, movilizaron a todos los que podían servir en el ejército y tomaron posiciones en la frontera. ²²Al levantarse ellos por la mañana, el sol se reflejaba sobre el agua, y a los moabitas les pareció que estaba teñida en sangre. ²³«¡Es sangre de batalla! —exclamaron—. Esos reyes deben de haber peleado, y se han matado unos a otros. ¡Vamos, Moab, al saqueo!»

²⁴Cuando los moabitas llegaron al campamento de Israel, los israelitas les hicieron frente y los derrotaron. Aquéllos se dieron a la fuga, pero los israelitas los persiguieron y los aniquilaron, ²⁵y destruyeron sus ciudades. Cada uno tiró una piedra en los campos fértiles de Moab hasta llenarlos; además, cegaron los manantiales y cortaron los mejores árboles. Sólo Quir Jaréset quedó en pie, aunque los honderos la cercaron y también lograron conquistarla.

²⁶El rey de Moab, al ver que perdía la batalla, se llevó consigo a setecientos guerreros con el propósito de abrirse paso hasta donde estaba el rey de Edom, pero no logró pasar. ²⁷Tomó entonces a su hijo *primogénito, que había de sucederlo en el trono, y lo ofreció en *holocausto sobre la muralla. A raíz de esto, se desató contra Israel una furia incontenible, de modo que los israelitas tuvieron que retirarse y volver a su país.

El aceite de la viuda

4 La viuda de un miembro de la comunidad de los profetas le suplicó a Eliseo:

—Mi esposo, su servidor, ha muerto, y usted sabe que él era fiel*d* al SEÑOR. Ahora resulta que el hombre con quien estamos endeudados ha venido para llevarse a mis dos hijos como esclavos.

²—¿Y qué puedo hacer por ti? —le preguntó Eliseo—. Dime, ¿qué tienes en casa?

—Su servidora no tiene nada en casa —le respondió—, excepto un poco de aceite.

³Eliseo le ordenó:

—Sal y pide a tus vecinos que te presten sus vasijas; consigue todas las que puedas. ⁴Luego entra en la casa con tus hijos y cierra la puerta. Echa aceite en todas las vasijas y, a medida que las llenes, ponlas aparte.

⁵En seguida la mujer dejó a Eliseo y se fue. Luego se encerró con sus hijos y empezó a llenar las vasijas que ellos le pasaban. ⁶Cuando ya todas estuvieron llenas, ella le pidió a uno de sus hijos que le pasara otra más, y él respondió: «Ya no hay.» En ese momento se acabó el aceite.

⁷La mujer fue y se lo contó al hombre de Dios, quien le mandó: «Ahora ve a vender el aceite, y paga tus deudas. Con el dinero que te sobre, podrán vivir tú y tus hijos.»

El hijo de la sunamita

⁸Un día, cuando Eliseo pasaba por Sunén, cierta mujer de buena posición le insistió que comiera en su casa. Desde entonces, siempre que pasaba por ese pueblo, comía allí. ⁹La mujer le dijo a su esposo: «Mira, yo estoy segura de que este hombre que siempre nos visita es un *santo hombre de Dios. ¹⁰Hagámosle un cuarto en la azotea, y pongámosle allí una cama, una mesa con una silla, y una lámpara. De ese modo, cuando nos visite, tendrá un lugar donde quedarse.»

---

d **4:1** *era fiel*. Lit. *temía*.

11 En cierta ocasión Eliseo llegó, fue a su cuarto y se acostó. **12** Luego le dijo a su criado Guiezi:

—Llama a la señora.*e*

El criado así lo hizo, y ella se presentó. **13** Entonces Eliseo le dijo a Guiezi:

—Dile a la señora: "¡Te has tomado muchas molestias por nosotros! ¿Qué puedo hacer por ti? ¿Quieres que le hable al rey o al jefe del ejército en tu favor?"

Pero ella le respondió:

—Yo vivo segura en medio de mi pueblo.

14 Eliseo le preguntó a Guiezi:

—¿Qué puedo hacer por ella?

—Bueno —contestó el siervo— ella no tiene hijos, y su esposo ya es anciano.

15 —Llámala —ordenó Eliseo.

Guiezi la llamó, y ella se detuvo en la puerta. **16** Entonces Eliseo le prometió:

—El año que viene, por esta fecha, estarás abrazando a un hijo.

—¡No, mi señor, hombre de Dios! —exclamó ella—. No engañe usted a su servidora.

17 En efecto, la mujer quedó embarazada. Y al año siguiente, por esa misma fecha, dio a luz un hijo, tal como Eliseo se lo había dicho.

18 El niño creció, y un día salió a ver a su padre, que estaba con los segadores. **19** De pronto exclamó:

—¡Ay, mi cabeza! ¡Me duele la cabeza!

El padre le ordenó a un criado:

—¡Llévaselo a su madre!

20 El criado lo cargó y se lo llevó a la madre, la cual lo tuvo en sus rodillas hasta el mediodía. A esa hora, el niño murió. **21** Entonces ella subió, lo puso en la cama del hombre de Dios y, cerrando la puerta, salió. **22** Después llamó a su esposo y le dijo:

—Préstame un criado y una burra; en seguida vuelvo. Voy de prisa a ver al hombre de Dios.

23 —¿Para qué vas a verlo hoy? —le preguntó su esposo—. No es día de luna nueva ni *sábado.

—No importa —respondió ella.

24 Entonces hizo aparejar la burra y le ordenó al criado:

—¡Anda, vamos! No te detengas hasta que te lo diga.

25 La mujer se puso en marcha y llegó al monte Carmelo, donde estaba Eliseo, el hombre de Dios. Éste la vio a lo lejos y le dijo a su criado Guiezi:

—¡Mira! Ahí viene la sunamita. **26** Corre a recibirla y pregúntale cómo está ella, y cómo están su esposo y el niño.

El criado fue, y ella respondió que todos estaban bien. **27** Pero luego fue a la montaña y se abrazó a los pies del hombre de Dios. Guiezi se acercó con el propósito de apartarla, pero el hombre de Dios intervino:

—¡Déjala! Está muy angustiada, y el SEÑOR me ha ocultado lo que pasa; no me ha dicho nada.

28 —Señor mío —le reclamó la mujer—, ¿acaso yo le pedí a usted un hijo? ¿No le rogué que no me engañara?

29 Eliseo le ordenó a Guiezi:

—Arréglate la ropa, toma mi bastón y ponte en camino. Si te encuentras con alguien, ni lo saludes; si alguien te saluda, no le respondas. Y cuando llegues, coloca el bastón sobre la cara del niño.

30 Pero la madre del niño exclamó:

—¡Le juro a usted que no lo dejaré solo! ¡Tan cierto como que el SEÑOR y usted viven!

Así que Eliseo se levantó y fue con ella. **31** Guiezi, que se había adelantado, llegó y colocó el bastón sobre la cara del niño, pero éste no respondió ni dio ninguna señal de vida. Por tanto, Guiezi volvió para encontrarse con Eliseo y le dijo:

—El niño no despierta.

32 Cuando Eliseo llegó a la casa, encontró al niño muerto, tendido sobre su cama. **33** Entró al cuarto, cerró la puerta y oró al SEÑOR. **34** Luego subió a la cama y se tendió sobre el niño boca a boca, ojos a ojos y manos a manos, hasta que el cuerpo del niño empezó a entrar en calor. **35** Eliseo se levantó y se puso a caminar de un lado a otro del cuarto, y luego volvió a tenderse sobre el niño. Esto lo hizo siete veces, al cabo de las cuales el niño estornudó y

---

e **4:12** *señora*. Lit. *sunamita*; también en v. 36.

abrió los ojos.*f* 36Entonces Eliseo le dijo a Guiezi:

—Llama a la señora.

Guiezi así lo hizo, y cuando la mujer llegó, Eliseo le dijo:

—Puedes llevarte a tu hijo.

37Ella entró, se arrojó a los pies de Eliseo y se postró rostro en tierra. Entonces tomó a su hijo y salió.

El milagro de la comida

38Eliseo regresó a Guilgal y se encontró con que en esos días había mucha hambre en el país. Por tanto, se reunió con la comunidad de profetas y le ordenó a su criado: «Pon esa olla grande en el fogón y prepara un guisado para los profetas.»

39En eso, uno de ellos salió al campo para recoger hierbas; allí encontró una planta silvestre y arrancó varias frutas hasta llenar su manto. Al regresar, las cortó en pedazos y las echó en el guisado sin saber qué eran. 40Sirvieron el guisado, pero cuando los hombres empezaron a comerlo, gritaron:

—¡Hombre de Dios, esto es veneno!*g*

Así que no pudieron comer. 41Entonces Eliseo ordenó:

—Tráiganme harina.

Y luego de echar la harina en la olla, dijo:

—Sírvanle a la gente para que coma.

Y ya no hubo nada en la olla que les hiciera daño.

Alimentación de cien hombres

42De Baal Salisá llegó alguien que le llevaba al hombre de Dios pan de los *primeros frutos: veinte panes de cebada y espigas de trigo fresco.*h* Eliseo le dijo a su criado:

—Dale de comer a la gente.

43—¿Cómo voy a alimentar a cien personas con esto? —replicó el criado.

Pero Eliseo insistió:

—Dale de comer a la gente, pues así dice el SEÑOR: "Comerán y habrá de sobra."

44Entonces el criado les sirvió el pan y, conforme a la palabra del SEÑOR, la gente comió y hubo de sobra.

Eliseo sana a Naamán

5 Naamán, jefe del ejército del rey de *Siria, era un hombre de mucho prestigio y gozaba del favor de su rey porque, por medio de él, el SEÑOR le había dado victorias a su país. Era un soldado valiente, pero estaba enfermo de *lepra.

2En cierta ocasión los sirios, que salían a merodear, capturaron a una muchacha israelita y la hicieron criada de la esposa de Naamán. 3Un día la muchacha le dijo a su ama: «Ojalá el amo fuera a ver al profeta que hay en Samaria, porque él lo sanaría de su lepra.»

4Naamán fue a contarle al rey lo que la muchacha israelita había dicho. 5El rey de Siria le respondió:

—Bien, puedes ir; yo le mandaré una carta al rey de Israel.

Y así Naamán se fue, llevando treinta mil monedas de plata, seis mil monedas de oro*i* y diez mudas de ropa. 6La carta que le llevó al rey de Israel decía: «Cuando te llegue esta carta, verás que el portador es Naamán, uno de mis oficiales. Te lo envío para que lo sanes de su lepra.»

7Al leer la carta, el rey de Israel se rasgó las vestiduras y exclamó: «¿Y acaso soy Dios, capaz de dar vida o muerte, para que ese tipo me pida sanar a un leproso? ¡Fíjense bien que me está buscando pleito!»

8Cuando Eliseo, hombre de Dios, se enteró de que el rey de Israel se había rasgado las vestiduras, le envió este mensaje: «¿Por qué está Su Majestad tan molesto?*j* ¡Mándeme usted a ese hombre, para que sepa que hay profeta en Israel!»

9Así que Naamán, con sus caballos y sus carros, fue a la casa de Eliseo y se detuvo ante la puerta. 10Entonces Eliseo envió un mensajero a que le dijera: «Ve y zambúllete siete veces en el río Jordán; así tu piel sanará, y quedarás limpio.»

---

f **4:35** *Esto lo ... los ojos.* Alt. *El niño estornudó siete veces, y abrió los ojos.*　*g* **4:40** *esto es veneno.* Lit. *hay muerte en la olla.*　*h* **4:42** *espigas de trigo fresco.* Alt. *trigo fresco en su alforja.*　*i* **5:5** *treinta mil ... oro.* Lit. *diez *talentos de plata y seis mil ¸*siclos¸ de oro*　*j* **5:8** *está Su Majestad tan molesto.* Lit. *se ha rasgado la ropa.*

¹¹Naamán se enfureció y se fue, quejándose: «¡Yo creí que el profeta saldría a recibirme personalmente para invocar el *nombre del SEÑOR su Dios, y que con un movimiento de la mano me sanaría de la lepra! ¹²¿Acaso los ríos de Damasco, el Abaná y el Farfar, no son mejores que toda el agua de Israel? ¿Acaso no podría zambullirme en ellos y quedar limpio?» Furioso, dio media vuelta y se marchó.

¹³Entonces sus criados se le acercaron para aconsejarle: «Señor,ᵏ si el profeta le hubiera mandado hacer algo complicado, ¿usted no le habría hecho caso? ¡Con más razón si lo único que le dice a usted es que se zambulla, y así quedará limpio!» ¹⁴Así que Naamán bajó al Jordán y se sumergió siete veces, según se lo había ordenado el hombre de Dios. ¡Y su piel se volvió como la de un niño, y quedó limpio! ¹⁵Luego Naamán volvió con todos sus acompañantes y, presentándose ante el hombre de Dios, le dijo:

—Ahora reconozco que no hay Dios en todo el mundo, sino sólo en Israel. Le ruego a usted aceptar un regalo de su servidor.

¹⁶Pero Eliseo respondió:

—¡Tan cierto como que vive el SEÑOR, a quien yo sirvo, que no voy a aceptar nada!

Y por más que insistió Naamán, Eliseo no accedió.

¹⁷—En ese caso —persistió Naamán—, permítame usted llevarme dos cargas de esta tierra,ˡ ya que de aquí en adelante su servidor no va a ofrecerle *holocaustos ni sacrificios a ningún otro dios, sino sólo al SEÑOR. ¹⁸Y cuando mi señor el rey vaya a adorar en el templo de Rimón y se apoye de mi brazo, y yo me vea obligado a inclinarme allí, desde ahora ruego al SEÑOR me perdone por inclinarme en ese templo.

¹⁹—Puedes irte en *paz —respondió Eliseo.

Naamán se fue, y ya había recorrido cierta distancia ²⁰cuando Guiezi, el criado de Eliseo, hombre de Dios, pensó: «Mi amo ha sido demasiado bondadoso con este sirio Naamán, pues no le aceptó nada de lo que había traído. Pero yo voy a correr tras él, a ver si me da algo. ¡Tan cierto como que el SEÑOR vive!»

²¹Así que Guiezi se fue para alcanzar a Naamán. Cuando éste lo vio correr tras él, se bajó de su carro para recibirlo y lo saludó. ²²Respondiendo al saludo, Guiezi dijo:

—Mi amo me ha enviado con este mensaje: "Dos jóvenes de la comunidad de profetas acaban de llegar de la sierra de Efraín. Te pido que me des para ellos tres mil monedasᵐ de plata y dos mudas de ropa."

²³—Por favor, llévate seis mil —respondió Naamán, e insistió en que las aceptara.

Echó entonces las monedas en dos sacos, junto con las dos mudas de ropa, y todo esto se lo entregó a dos criados para que lo llevaran delante de Guiezi. ²⁴Al llegar a la colina, Guiezi tomó los sacos y los guardó en la casa; después despidió a los hombres, y éstos se fueron. ²⁵Entonces Guiezi se presentó ante su amo.

—¿De dónde vienes, Guiezi? —le preguntó Eliseo.

—Su servidor no ha ido a ninguna parte —respondió Guiezi.

²⁶Eliseo replicó:

—¿No estaba yo presente en espíritu cuando aquel hombre se bajó de su carro para recibirte? ¿Acaso es éste el momento de recibir dinero y ropa, huertos y viñedos, ovejas y bueyes, criados y criadas? ²⁷Ahora la lepra de Naamán se te pegará a ti, y a tus descendientes, para siempre.

No bien había salido Guiezi de la presencia de Eliseo cuando ya estaba blanco como la nieve por causa de la lepra.

El milagro del hacha

6 Un día, los miembros de la comunidad de los profetas le dijeron a Eliseo:

—Como puede ver, el lugar donde ahora vivimos con usted nos resulta pequeño. ²Es mejor que vayamos al Jordán. Allí podremos conseguir madera y construirⁿ un albergue.

ᵏ **5:13** *Señor.* Lit. *Padre mío.*   ˡ **5:17** *dos cargas de esta tierra.* Es decir, para construir un altar.   ᵐ **5:22** *tres mil monedas.* Lit. *un *talento.*   ⁿ **6:2** *podremos conseguir madera y construir.* Lit. *cada uno tomará una viga y construirá.*

—Bien, vayan —respondió Eliseo.

3Pero uno de ellos le pidió:

—Acompañe usted, por favor, a sus servidores.

Eliseo consintió **4**en acompañarlos, y cuando llegaron al Jordán empezaron a cortar árboles. **5**De pronto, al cortar un tronco, a uno de los profetas se le zafó el hacha y se le cayó al río.

—¡Ay, maestro! —gritó—. ¡Esa hacha no era mía!

6—¿Dónde cayó? —preguntó el hombre de Dios.

Cuando se le indicó el lugar, Eliseo cortó un palo y, echándolo allí, hizo que el hacha saliera a flote.

7—Sácala —ordenó Eliseo.

Así que el hombre extendió el brazo y la sacó.

Eliseo captura una tropa siria

8El rey de *Siria, que estaba en guerra con Israel, deliberó con sus ministros y les dijo: «Vamos a acampar en tal lugar.» **9**Pero el hombre de Dios le envió este mensaje al rey de Israel: «Procura no pasar por este sitio, pues los sirios te han tendido allí una emboscada.»*ñ* **10**Así que el rey de Israel envió a reconocer el lugar que el hombre de Dios le había indicado. Y en varias otras ocasiones Eliseo le avisó al rey, de modo que éste tomó precauciones. **11**El rey de Siria, enfurecido por lo que estaba pasando, llamó a sus ministros y les reclamó:

—¿Quieren decirme quién está informando al rey de Israel?

12—Nadie, mi señor y rey —respondió uno de ellos—. El responsable es Eliseo, el profeta que está en Israel. Es él quien le comunica todo al rey de Israel, aun lo que Su Majestad dice en su alcoba.

13—Pues entonces averigüen dónde está —ordenó el rey—, para que mande a capturarlo.

Cuando le informaron que Eliseo estaba en Dotán, **14**el rey envió allá un destacamento grande, con caballos y carros de combate. Llegaron de noche y cercaron la ciudad. **15**Por la mañana, cuando el criado del hombre de Dios se levantó para salir, vio que un ejército con caballos y carros de combate rodeaba la ciudad.

—¡Ay, mi señor! —exclamó el criado—. ¿Qué vamos a hacer?

16—No tengas miedo —respondió Eliseo—. Los que están con nosotros son más que ellos.

17Entonces Eliseo oró: «SEÑOR, ábrele a Guiezi los ojos para que vea.» El SEÑOR así lo hizo, y el criado vio que la colina estaba llena de caballos y de carros de fuego alrededor de Eliseo. **18**Como ya los sirios se acercaban a él, Eliseo volvió a orar: «SEÑOR, castiga a esta gente con ceguera.» Y el SEÑOR hizo lo que le pidió Eliseo.

19Luego Eliseo les dijo: «Ésta no es la ciudad adonde iban; han tomado un camino equivocado. Síganme, que yo los llevaré adonde está el hombre que buscan.» Pero los llevó a Samaria. **20**Después de entrar en la ciudad, Eliseo dijo: «SEÑOR, ábreles los ojos, para que vean.» El SEÑOR así lo hizo, y ellos se dieron cuenta de que estaban dentro de Samaria. **21**Cuando el rey de Israel los vio, le preguntó a Eliseo:

—¿Los mato, mi señor? ¿Los mato?

22—No, no los mates —contestó Eliseo—. ¿Acaso los has capturado con tu espada y tu arco, para que los mates? Mejor sírveles comida y agua para que coman y beban, y que luego vuelvan a su rey.

23Así que el rey de Israel les dio un tremendo banquete. Cuando terminaron de comer, los despidió, y ellos regresaron a su rey. Y las bandas de sirios no volvieron a invadir el territorio israelita.

Hambre en Samaria

24Algún tiempo después, Ben Adad, rey de *Siria, movilizó todo su ejército para ir a Samaria y sitiarla. **25**El sitio duró tanto tiempo que provocó un hambre terrible en la ciudad, a tal grado que una cabeza de asno llegó a costar ochenta monedas de plata,*o* y un poco de algarroba,*p* cinco.

ñ **6:9** *te han tendido allí una emboscada.* Alt. *piensan acampar allí.*   *o* **6:25** *ochenta monedas de plata.* Lit. *ochenta* ∟*siclos*∟ *de plata*   *p* **6:25** *un poco de algarroba.* Lit. *un cuarto de* *cab de estiércol de paloma* (es decir, aprox. un tercio de litro de cierta legumbre no comestible).

26Un día, mientras el rey recorría la muralla, una mujer le gritó:

—¡Sálvenos, Su Majestad!

27—Si el SEÑOR no te salva —respondió el rey—, ¿de dónde voy a sacar yo comida para salvarte? ¿Del granero? ¿Del lagar? 28¿Qué te pasa?

Ella se quejó:

—Esta mujer me propuso que le entregara mi hijo para que nos lo comiéramos hoy, y que mañana nos comeríamos el de ella. 29Pues bien, cocinamos a mi hijo y nos lo comimos, pero al día siguiente, cuando le pedí que entregara su hijo para que nos lo comiéramos, resulta que ya lo había escondido.

30Al oír la queja de la mujer, el rey se rasgó las vestiduras. Luego reanudó su recorrido por la muralla, y la gente pudo ver que bajo su túnica real iba vestido de luto. 31«¡Que el SEÑOR me castigue sin piedad —exclamó el rey— si hoy mismo no le corto la cabeza a Eliseo hijo de Safat!»

32Mientras Eliseo se encontraba en su casa, sentado con los *ancianos, el rey le envió un mensajero. Antes de que éste llegara, Eliseo les dijo a los ancianos:

—Ahora van a ver cómo ese asesino envía a alguien a cortarme la cabeza. Pues bien, cuando llegue el mensajero, atranquen la puerta para que no entre. ¡Ya oigo detrás de él los pasos de su señor!

33No había terminado de hablar cuando el mensajero llegó y dijo:

—Esta desgracia viene del SEÑOR; ¿qué más se puede esperar de él?

7 Eliseo contestó:

—Oigan la palabra del SEÑOR, que dice así: "Mañana a estas horas, a la *entrada de Samaria, podrá comprarse una medida*q* de flor de harina con una sola moneda de plata,*r* y hasta una doble medida de cebada por el mismo precio."

2El ayudante personal del rey replicó:

—¡No me digas! Aun si el SEÑOR abriera las ventanas del cielo, ¡no podría suceder tal cosa!

—Pues lo verás con tus propios ojos —le advirtió Eliseo—, pero no llegarás a comerlo.

Liberación de Samaria

3Ese día, cuatro hombres que padecían de *lepra se hallaban a la *entrada de la ciudad.

—¿Qué ganamos con quedarnos aquí sentados, esperando la muerte? —se dijeron unos a otros—. 4No ganamos nada con entrar en la ciudad. Allí nos moriremos de hambre con todos los demás, pero si nos quedamos aquí, nos sucederá lo mismo. Vayamos, pues, al campamento de los *sirios, para rendirnos. Si nos perdonan la vida, viviremos; y si nos matan, de todos modos moriremos.

5Al anochecer se pusieron en camino, pero cuando llegaron a las afueras del campamento sirio, ¡ya no había nadie allí! 6Y era que el Señor había confundido a los sirios haciéndoles oír el ruido de carros de combate y de caballería, como si fuera un gran ejército. Entonces se dijeron unos a otros: «¡Seguro que el rey de Israel ha contratado a los reyes hititas y egipcios para atacarnos!» 7Por lo tanto, emprendieron la fuga al anochecer abandonando tiendas de campaña, caballos y asnos. Dejaron el campamento tal como estaba, para escapar y salvarse.

8Cuando los leprosos llegaron a las afueras del campamento, entraron en una de las tiendas de campaña. Después de comer y beber, se llevaron de allí plata, oro y ropa, y fueron a esconderlo todo. Luego regresaron, entraron en otra tienda, y también de allí tomaron varios objetos y los escondieron.

9Entonces se dijeron unos a otros:

—Esto no está bien. Hoy es un día de buenas noticias, y no las estamos dando a conocer. Si esperamos hasta que amanezca, resultaremos culpables. Vayamos ahora mismo al palacio, y demos aviso.

10Así que fueron a la ciudad y llamaron a los centinelas. Les dijeron: «Fuimos al campamento de los sirios y ya no había

---

*q*7:1 *una medida.* Lit. *un *seah* (aprox. siete litros); también en vv. 16 y 18.   *r*7:1 *una sola moneda de plata.* Lit. *un *siclo*; también en vv. 16 y 18.

nadie allí. Sólo se oía a los caballos y asnos, que estaban atados. Y las tiendas las dejaron tal como estaban.» [11]Los centinelas, a voz en cuello, hicieron llegar la noticia hasta el interior del palacio. [12]Aunque era de noche, el rey se levantó y les dijo a sus ministros:

—Déjenme decirles lo que esos sirios están tramando contra nosotros. Como saben que estamos pasando hambre, han abandonado el campamento y se han escondido en el campo. Lo que quieren es que salgamos, para atraparnos vivos y entrar en la ciudad.

[13]Uno de sus ministros propuso:

—Que salgan algunos hombres con cinco de los caballos que aún quedan aquí. Si mueren, no les irá peor que a la multitud de israelitas que está por perecer. ¡Enviémoslos a ver qué pasa!

[14]De inmediato los hombres tomaron dos carros con caballos, y el rey los mandó al campamento del ejército sirio, con instrucciones de que investigaran. [15]Llegaron hasta el Jordán, y vieron que todo el camino estaba lleno de ropa y de objetos que los sirios habían arrojado al huir precipitadamente. De modo que regresaron los mensajeros e informaron al rey, [16]y el pueblo salió a saquear el campamento sirio. Y tal como la palabra del SEÑOR lo había dado a conocer, se pudo comprar una medida de flor de harina con una sola moneda de plata, y hasta una doble medida de cebada por el mismo precio.

[17]El rey le había ordenado a su ayudante personal que vigilara la entrada de la ciudad, pero el pueblo lo atropelló ahí mismo, y así se cumplió lo que había dicho el hombre de Dios cuando el rey fue a verlo. [18]De hecho, cuando el hombre de Dios le dijo al rey: «Mañana a estas horas, a la entrada de Samaria, podrá comprarse una doble medida de cebada con una sola moneda de plata, y una medida de flor de harina por el mismo precio», [19]ese oficial había replicado: «¡No me digas! Aun si el SEÑOR abriera las ventanas del cielo, ¡no podría suceder tal cosa!» De modo que el hombre de Dios respondió: «Pues lo verás con tus propios ojos, pero no llegarás a comerlo.» [20]En efecto, así ocurrió: el pueblo lo atropelló a la entrada de la ciudad, y allí murió.

La sunamita recupera su terreno

8 Ahora bien, Eliseo le había dicho a la mujer a cuyo hijo él había revivido: «Anda, vete con tu familia a vivir donde puedas, porque el SEÑOR ha ordenado que haya una gran hambre en el país, y que ésta dure siete años.» [2]La mujer se dispuso a seguir las instrucciones del hombre de Dios y se fue con su familia al país de los filisteos, donde se quedó siete años.

[3]Al cabo de los siete años, cuando regresó del país de los filisteos, la mujer fue a rogarle al rey que le devolviera su casa y sus tierras. [4]En esos momentos el rey estaba hablando con Guiezi, el criado del hombre de Dios, y le había dicho: «Cuéntame todas las maravillas que ha hecho Eliseo.» [5]Y precisamente cuando Guiezi le contaba al rey que Eliseo había revivido al niño muerto, la madre llegó para rogarle al rey que le devolviera su casa y sus tierras. Así que Guiezi dijo:

—Mi señor y rey, ésta es la mujer, y éste es el hijo que Eliseo revivió.

[6]El rey le hizo preguntas a la mujer, y ella se lo contó todo. Entonces el rey le ordenó a un funcionario[s] que se encargara de ella y le dijo:

—Devuélvele todo lo que le pertenecía, incluso todas las ganancias que hayan producido sus tierras, desde el día en que salió del país hasta hoy.

Jazael, rey de Siria

[7]Luego Eliseo se fue a Damasco. Ben Adad, rey de *Siria, estaba enfermo, y cuando le avisaron que el hombre de Dios había llegado, [8]le ordenó a Jazael: «Llévale un regalo al hombre de Dios. Cuando lo veas, consulta al SEÑOR por medio de él para saber si me voy a recuperar de esta enfermedad.»

[9]Jazael fue a ver a Eliseo, y como regalo le llevó de las mejores mercancías de Damasco, cargadas en cuarenta came-

---

[s] **8:6** *funcionario.* Lit. *eunuco.*

llos. Cuando llegó, se presentó ante él y le dijo:

—Ben Adad, rey de Siria, su servidor,[t] me ha enviado para preguntarle si él se va a recuperar de su enfermedad.

10 Eliseo respondió:

—Ve y dile[u] que sobrevivirá a esa enfermedad, aunque el SEÑOR me ha revelado que de todos modos va a morir.

11 Luego Eliseo se quedó mirándolo fijamente, hasta que Jazael se sintió incómodo.[v] Entonces el hombre de Dios se echó a llorar.

12 —¿Por qué llora mi señor? —le preguntó Jazael.

—Porque yo sé bien que vas a causarles mucho daño a los israelitas —respondió—. Vas a incendiar sus fortalezas, y a matar a sus jóvenes a filo de espada; despedazarás a los niños y les abrirás el vientre a las mujeres embarazadas.

13 Jazael exclamó:

—¡Qué es este servidor de usted sino un pobre perro! ¿Cómo es posible que haga tal cosa?

Entonces Eliseo le declaró:

—El SEÑOR me ha revelado que vas a ser rey de Siria.

14 Jazael se despidió de Eliseo y regresó para presentarse ante su rey. Cuando Ben Adad le preguntó qué le había dicho Eliseo, Jazael le respondió:

—Me dijo que usted sobrevivirá a su enfermedad.

15 Pero al día siguiente tomó una colcha y, empapándola en agua, le tapó la cara al rey hasta asfixiarlo. Así fue como Jazael usurpó el trono.

Jorán, rey de Judá
8:16-24 — 2Cr 21:5-10,20

16 En el quinto año del reinado de Jorán hijo de Acab, rey de Israel y contemporáneo de Josafat, rey de Judá, Jorán hijo de Josafat ascendió al trono de Judá. 17 Tenía treinta y dos años cuando comenzó a reinar, y reinó en Jerusalén ocho años. 18 Jorán hizo lo que ofende al SEÑOR, pues siguió el mal ejemplo de los reyes de Israel, como lo había hecho la familia de Acab, y llegó incluso a casarse con la hija de Acab. 19 Pero el SEÑOR no quiso destruir a Judá por consideración a su siervo David, pues le había prometido mantener encendida para siempre una lámpara para él y sus descendientes.

20 En tiempos de Jorán, los edomitas se sublevaron contra Judá y se nombraron su propio rey. 21 Por lo tanto, Jorán marchó sobre Zaír con todos sus carros de combate. Los edomitas cercaron a Jorán y a los capitanes de los carros, pero durante la noche Jorán logró abrirse paso; sin embargo, su ejército se dispersó.[w] 22 Desde entonces Edom ha estado en rebelión contra Judá, al igual que la ciudad de Libná, que en ese mismo tiempo se sublevó.

23 Los demás acontecimientos del reinado de Jorán, y todo lo que hizo, están escritos en el libro de las crónicas de los reyes de Judá. 24 Cuando murió, fue sepultado con sus antepasados en la Ciudad de David. Y su hijo Ocozías lo sucedió en el trono.

Ocozías, rey de Judá
8:25-29 — 2Cr 22:1-6

25 En el año duodécimo de Jorán hijo de Acab, rey de Israel, Ocozías hijo de Jorán ascendió al trono de Judá. 26 Tenía veintidós años cuando ascendió al trono, y reinó en Jerusalén un año. Su madre era Atalía, nieta[x] de Omrí, rey de Israel. 27 Ocozías hizo lo que ofende al SEÑOR, pues siguió el mal ejemplo de la familia de Acab, con la que estaba emparentado.

28 Ocozías, junto con Jorán hijo de Acab, marchó hacia Ramot de Galaad para hacerle guerra a Jazael, rey de *Siria, pero en la batalla los sirios hirieron a Jorán. 29 Por eso el rey Jorán tuvo que regresar a Jezrel, para reponerse de las heridas que había recibido de los sirios en Ramot,[y] cuando luchó contra Jazael, rey de Siria. Como Jorán hijo de Acab convalecía en Jezrel, Ocozías hijo de Jorán, rey de Judá, fue a visitarlo.

---

[t] **8:9** *servidor.* Lit. *hijo.*   [u] **8:10** *dile* (mss. hebreos); *di no* (TM).   [v] **8:11** *se quedó ... se sintió incómodo.* Alt. *se quedó inmovilizado por largo rato.*   [w] **8:21** *Los edomitas ... dispersó.* Texto de difícil traducción.   [x] **8:26** *nieta.* Lit. *hija.*   [y] **8:29** *Ramot.* Lit. *Ramá* (variante de Ramot).

Jehú ungido rey de Israel

9 Un día, el profeta Eliseo llamó a un miembro de la comunidad de los profetas. «Arréglate la ropa para viajar —le ordenó—. Toma este frasco de aceite y ve a Ramot de Galaad. ²Cuando llegues, busca a Jehú, hijo de Josafat y nieto de Nimsi. Ve adonde esté, apártalo de sus compañeros y llévalo a un cuarto. ³Toma entonces el frasco, derrama el aceite sobre su cabeza y declárale: "Así dice el SEÑOR: 'Ahora te unjo como rey de Israel.' " Luego abre la puerta y huye; ¡no te detengas!»

⁴Acto seguido, el joven profeta se fue a Ramot de Galaad. ⁵Cuando llegó, encontró reunidos a los capitanes del ejército y les dijo:

—Tengo un mensaje para el capitán.

—¿Para cuál de todos nosotros? —preguntó Jehú.

—Para usted, mi capitán —respondió.

⁶Jehú se levantó y entró en la casa. Entonces el profeta lo ungió con el aceite y declaró:

«Así dice el SEÑOR, Dios de Israel: "Ahora te unjo como rey sobre mi pueblo Israel. ⁷Destruirás a la familia de Acab, tu señor, y así me vengaré de la sangre de mis siervos los profetas; castigando a Jezabel, vengaré la sangre de todos mis siervos. ⁸Toda la familia de Acab perecerá, pues de sus descendientes en Israel exterminaré hasta el último varón,ᶻ esclavo o libre. ⁹Haré con ellos lo mismo que hice con la familia de Jeroboán hijo de Nabat y con la familia de Basá hijo de Ahías. ¹⁰Y en cuanto a Jezabel, los perros se la comerán en el campo de Jezrel, y nadie le dará sepultura."»

Acto seguido, el profeta abrió la puerta y huyó. ¹¹Cuando Jehú salió para volver a reunirse con los capitanes, uno de ellos le preguntó:

—¿Todo bien? ¿Qué quería ese loco?

—Ustedes ya lo conocen —respondió—, y saben cómo habla.

¹²—¡Pamplinas! —replicaron—. Dinos la verdad.

Jehú admitió:

—Esto es lo que me declaró, palabra por palabra: "Así dice el SEÑOR: 'Ahora te unjo como rey de Israel.' "

¹³Dicho esto, todos se apresuraron a tender sus mantos sobre los escalones, a los pies de Jehú. Luego tocaron la trompeta y gritaron: «¡Viva el rey Jehú!»

Jehú asesina a Jorán y a Ocozías
9:21-29 — 2Cr 22:7-9

¹⁴Entonces Jehú, hijo de Josafat y nieto de Nimsi, conspiró contra Jorán. Sucedió que Jorán, con todo el ejército israelita, había estado defendiendo Ramot de Galaad contra Jazael, rey de *Siria, ¹⁵pero tuvo que regresar a Jezrel para reponerse de las heridas que había recibido de los sirios en la batalla. Así que Jehú les dijo a sus partidarios: «Si ustedes quieren que yo sea rey, no dejen que nadie salga de la ciudad para ir a Jezrel con el informe.» ¹⁶Luego se montó en su carro de combate y fue a Jezrel, pues allí se estaba recuperando Jorán, a quien también Ocozías, rey de Judá, había ido a visitar.

¹⁷Cuando el centinela que vigilaba desde la torre de Jezrel vio que las tropas de Jehú se acercaban, gritó:

—¡Se acercan unas tropas!

En seguida Jorán ordenó:

—Llama a un jinete y mándalo al encuentro de las tropas para preguntarles si vienen en son de paz.

¹⁸El jinete se fue al encuentro de Jehú y le dijo:

—El rey quiere saber si vienen en son de paz.

—¿Y a ti qué te importa? —replicó Jehú—. Ponte allí atrás.

Entonces el centinela anunció:

—El mensajero ya llegó hasta ellos, pero no no lo veo regresar.

¹⁹Por tanto, el rey mandó a otro jinete, el cual fue a ellos y repitió:

ᶻ 9:8 *hasta el último varón*. Lit. *al que orina contra la pared.*

—El rey quiere saber si vienen en son de paz.

—Eso a ti no te importa —replicó Jehú—. Ponte allí atrás.

²⁰El centinela informó de nuevo:

—Ya llegó el mensajero hasta ellos, pero a él tampoco lo veo regresar. Además, el que conduce el carro ha de ser Jehú hijo de Nimsi, pues lo hace como un loco.

²¹—¡Enganchen el carro! —exclamó Jorán.

Así lo hicieron. Y en seguida Jorán, rey de Israel, y Ocozías, rey de Judá, cada uno en su carro, salieron y se encontraron con Jehú en la propiedad que había pertenecido a Nabot el jezrelita. ²²Cuando Jorán vio a Jehú, le preguntó:

—Jehú, ¿vienes en son de paz?

—¿Cómo puede haber paz mientras haya tantas idolatrías*a* y hechicerías de tu madre Jezabel? —replicó Jehú.

²³Jorán se dio la vuelta para huir, mientras gritaba:

—¡Traición, Ocozías!

²⁴Pero Jehú, que ya había tensado su arco, le disparó a Jorán por la espalda, y la flecha le atravesó el corazón. Jorán se desplomó en el carro, ²⁵y Jehú le ordenó a su ayudante Bidcar:

—Saca el cadáver y tíralo en el terreno que fue propiedad de Nabot el jezrelita. Recuerda el día en que tú y yo conducíamos juntos detrás de Acab, padre de Jorán, y el SEÑOR pronunció contra él esta sentencia: ²⁶"Ayer vi aquí la sangre de Nabot y de sus hijos. Por lo tanto, juro que en este mismo terreno te haré pagar por ese crimen. Yo, el SEÑOR, lo afirmo."*b* Saca, pues, el cadáver y tíralo en el terreno, según la palabra que dio a conocer el SEÑOR.

²⁷Cuando Ocozías, rey de Judá, vio lo que pasaba, huyó en dirección a Bet Hagán.*c* Pero Jehú lo persiguió, y ordenó:

—¡Mátenlo a él también!

Y lo hirieron*d* en su carro cuando iba por la cuesta de Gur, cerca de Ibleam, pero logró escapar y llegar a Meguido. Allí

murió. ²⁸Luego sus siervos trasladaron el cuerpo a Jerusalén, la Ciudad de David, donde lo sepultaron en su tumba, junto a sus antepasados. ²⁹Ocozías había ascendido al trono en el undécimo año del reinado de Jorán hijo de Acab.

Muerte de Jezabel

³⁰Cuando Jezabel se enteró de que Jehú estaba regresando a Jezrel, se sombreó los ojos, se arregló el cabello y se asomó a la ventana. ³¹Al entrar Jehú por la *puerta de la ciudad, ella le preguntó:

—¿Cómo estás, Zimri, asesino de tu señor?*e*

³²Levantando la vista hacia la ventana, Jehú gritó:

—¿Quién está de mi parte? ¿Quién? Entonces se asomaron dos o tres oficiales,*f* ³³y Jehú les ordenó:

—¡Arrójenla de allí!

Así lo hicieron, y su sangre salpicó la pared y a los caballos que la pisotearon. ³⁴Luego Jehú se sentó a comer y beber, y dio esta orden:

—Ocúpense de esa maldita mujer; denle sepultura, pues era hija de un rey.

³⁵Pero cuando fueron a enterrarla, no encontraron más que el cráneo, los pies y las manos. ³⁶Así que volvieron para informarle a Jehú, y éste comentó:

—Se ha cumplido la palabra que el SEÑOR dio a conocer por medio de su siervo Elías el tisbita, que dijo: "En el campo de Jezrel los perros se comerán a Jezabel."*g* ³⁷De hecho, el cadáver de Jezabel será como estiércol en el campo de Jezrel, y nadie podrá identificarla ni decir: "Ésta era Jezabel."

Jehú extermina a la familia de Acab

10 Acab tenía setenta hijos, los cuales vivían en Samaria. Por tanto, Jehú escribió cartas y las envió a Samaria, es decir, a las autoridades de la ciudad,*h* a los *ancianos y a los protectores de los hijos de Acab. En las cartas decía:

---

*a***9:22** *idolatrías.* Lit. *prostituciones.*   *b***9:26** Véase 1R 21:19.   *c***9:27** *en dirección a Bet Hagán.* Alt. *por el camino de la casa del huerto.*   *d***9:27** *lo hirieron* (véanse LXX y Siríaca); TM no incluye esta frase.   *e***9:31** *¿Cómo estás ... tu señor?* Alt. *¿Hay paz para Zimri, asesino de su señor?* (véase 1R 16:9-15).   *f***9:32** *oficiales.* Lit. *eunucos.*   *g***9:36** Véase 1R 21:23.   *h***10:1** *la ciudad* (mss. de LXX); *Jezrel* (TM).

2«Ustedes cuentan con los hijos de Acab,[i] y con los carros de combate y sus caballos, con una ciudad fortificada, y con un arsenal. Así que tan pronto como reciban esta carta, 3escojan al más capaz y más noble de los hijos de Acab, y pónganlo en el trono de su padre. Pero prepárense para luchar por la familia de su rey.»

4Ellos se aterrorizaron y dijeron: «Si dos reyes no pudieron hacerle frente, ¿cómo podremos hacerlo nosotros?» 5Por lo tanto, el administrador del palacio, el gobernador de la ciudad, los ancianos y los protectores le enviaron este mensaje a Jehú: «Nosotros somos sus servidores, y haremos lo que usted nos diga. No haremos rey a nadie. Haga usted lo que mejor le parezca.» 6Entonces Jehú les escribió otra carta, en la que decía: «Si ustedes están de mi parte y de veras están dispuestos a obedecerme, vengan a Jezrel mañana a esta hora y tráiganme las cabezas de los hijos de Acab.»

Los setenta príncipes vivían con las familias más notables de la ciudad, pues éstas los criaban. 7Cuando llegó la carta, prendieron a todos los príncipes y los decapitaron. Luego echaron las cabezas en unos cestos y se las enviaron a Jehú, que estaba en Jezrel. 8Un mensajero llegó y le dijo a Jehú que habían traído las cabezas de los príncipes. Entonces Jehú ordenó que las pusieran en dos montones a la *entrada de la ciudad, y que las dejaran allí hasta el día siguiente.

9Por la mañana, Jehú salió y, presentándose ante todo el pueblo, confesó: «¡Ustedes son inocentes! ¡Yo fui el que conspiró contra mi señor! ¡Yo lo maté! Pero ¿quién ha matado a todos éstos? 10Sepan, pues, que nada de lo que el SEÑOR ha dicho contra la familia de Acab dejará de cumplirse. En efecto, el SEÑOR ha hecho lo que había prometido por medio de su siervo Elías.» 11Dicho esto, Jehú mató a todos los que quedaban de la familia de Acab en Jezrel, y a todos sus dignatarios, sus amigos íntimos y sus sa-

cerdotes. No dejó a ninguno de ellos con vida.

12Después emprendió la marcha contra Samaria y, al llegar a Bet Équed de los Pastores, 13se encontró con unos parientes de Ocozías, rey de Judá.

—¿Quiénes son ustedes? —les preguntó.

—Somos parientes de Ocozías; hemos venido a visitar a la familia real.

14—¡Captúrenlos vivos! —ordenó Jehú.

Así lo hicieron, y después los degollaron junto al pozo de Bet Équed. Eran cuarenta y dos hombres; Jehú no dejó vivo a ninguno de ellos.

15Al dejar ese lugar, Jehú se encontró con Jonadab hijo de Recab, que había ido a verlo. Jehú lo saludó y le preguntó:

—¿Me eres leal, como yo lo soy contigo?

—Lo soy —respondió Jonadab.

Jehú replicó:

—Si es así, dame la mano.

Jonadab le dio la mano, y Jehú, haciéndolo subir con él a su carro, 16le dijo:

—Ven conmigo, para que veas el celo que tengo por el SEÑOR.

Y lo llevó en su carro. 17Tan pronto como Jehú llegó a Samaria, exterminó a la familia de Acab, matando a todos los que quedaban allí, según la palabra que el SEÑOR le había dado a conocer a Elías.

Jehú elimina a los adoradores de Baal

18Entonces Jehú reunió a todo el pueblo y dijo: «Acab adoró a *Baal con pocas ganas; Jehú lo hará con devoción. 19Llamen, pues, a todos los profetas de Baal, junto con todos sus ministros y sacerdotes. Que no falte ninguno de ellos, pues voy a ofrecerle a Baal un sacrificio grandioso. Todo el que falte, morirá.» En realidad, Jehú no era sincero, pues tenía el propósito de eliminar a los adoradores de Baal.

20Luego dio esta orden: «Convoquen una asamblea en honor de Baal.» Y así se hizo. 21Como Jehú envió mensajeros por todo Israel, vinieron todos los que servían

---

[i]**10:2** *Acab*. Lit. *su señor*; también en vv. 3 y 6.

a Baal, sin faltar ninguno. Eran tantos los que llegaron, que el templo de Baal se llenó de un extremo a otro. ²²Jehú le ordenó al encargado del guardarropa que sacara las vestiduras para los adoradores de Baal, y así lo hizo.

²³Cuando Jehú y Jonadab hijo de Recab entraron en el templo de Baal, Jehú les dijo a los congregados: «Asegúrense de que aquí entre ustedes no haya siervos del SEÑOR, sino sólo de Baal.» ²⁴Entonces pasaron para ofrecer sacrificios y *holocaustos.

Ahora bien, Jehú había apostado una guardia de ochenta soldados a la entrada, con esta advertencia: «Ustedes me responden por estos hombres. El que deje escapar a uno solo de ellos, lo pagará con su *vida.» ²⁵Así que tan pronto como terminó de ofrecer el holocausto, Jehú ordenó a los guardias y oficiales: «¡Entren y mátenlos! ¡Que no escape nadie!» Y los mataron a filo de espada y los echaron fuera. Luego los guardias y los oficiales entraron en el santuario^j del templo de Baal, ²⁶sacaron la *piedra sagrada que estaba allí, y la quemaron. ²⁷Además de tumbar la piedra sagrada, derribaron el templo de Baal y lo convirtieron en un muladar, y así ha quedado hasta el día de hoy.

²⁸De este modo Jehú erradicó de Israel el culto a Baal. ²⁹Sin embargo, no se apartó del pecado que Jeroboán hijo de Nabat hizo cometer a los israelitas, es decir, el de rendir culto a los becerros de oro en Betel y en Dan.

³⁰El SEÑOR le dijo a Jehú: «Has actuado bien. Has hecho lo que me agrada, pues has llevado a cabo lo que yo me había propuesto hacer con la familia de Acab. Por lo tanto, durante cuatro generaciones tus descendientes ocuparán el trono de Israel.» ³¹Sin embargo, Jehú no cumplió con todo el *corazón la *ley del SEÑOR, Dios de Israel, pues no se apartó de los pecados con que Jeroboán hizo pecar a los israelitas.

³²Por aquel tiempo, el SEÑOR comenzó a reducir el territorio israelita. Jazael atacó el país por todas las fronteras: ³³desde el Jordán hacia el este, toda la región de Galaad, ocupada por las tribus de Gad, Rubén y Manasés; y desde la ciudad de Aroer, junto al arroyo Arnón, hasta las regiones de Galaad y Basán.

³⁴Los demás acontecimientos del reinado de Jehú, y todo lo que hizo y todo su poderío, están escritos en el libro de las crónicas de los reyes de Israel. ³⁵Jehú murió y fue sepultado en Samaria. Y su hijo Joacaz lo sucedió en el trono. ³⁶Jehú reinó en Samaria sobre Israel durante veintiocho años.

Atalía y Joás
11:1-21 — 2Cr 22:10–23:21

11 Cuando Atalía, madre de Ocozías, vio que su hijo había muerto, tomó medidas para eliminar a toda la familia real. ²Pero Josaba, que era hija del rey Jorán y hermana de Ocozías, raptó a Joás hijo de Ocozías cuando los príncipes estaban a punto de ser asesinados. Metiéndolo en un dormitorio con su nodriza, logró esconderlo de Atalía, de modo que no lo mataron. ³Seis años estuvo Joás escondido con su nodriza en el templo del SEÑOR, mientras Atalía reinaba en el país.

⁴En el séptimo año, el sacerdote Joyadá mandó llamar a los capitanes,^k a los quereteos y a los guardias, para que se presentaran ante él en el templo del SEÑOR. Allí en el templo hizo un pacto con ellos y les tomó juramento. Luego les mostró al hijo del rey, ⁵y les dio estas órdenes: «Hagan lo siguiente: Una tercera parte de los que están de servicio el *sábado vigilará el palacio real; ⁶otra tercera parte, la puerta de Sur; y la otra tercera parte, la puerta detrás del cuartel. Harán la guardia del templo por turnos. ⁷Los dos grupos que están libres el sábado protegerán al rey en el templo del SEÑOR. ⁸Arma en mano, rodeen por completo al rey; y si alguien se atreve a penetrar las filas,^l mátenlo. ¡No dejen solo al rey, vaya donde vaya!»

⁹Los capitanes cumplieron con todo lo que el sacerdote Joyadá les había or-

denado. Cada uno reunió a sus hombres, tanto a los que estaban de servicio el sábado como a los que estaban libres, y se presentaron ante Joyadá. **10**Éste repartió entre los capitanes las lanzas y los escudos del rey David, que estaban guardados en el templo del SEÑOR. **11**Arma en mano, los guardias tomaron sus puestos alrededor del rey, cerca del altar, y desde el lado sur hasta el lado norte del templo.

12Entonces Joyadá sacó al hijo del rey, le puso la corona y le entregó una copia del pacto.*m* Luego lo ungieron, y todos aplaudieron, gritando: «¡Viva el rey!»

13Cuando Atalía oyó la gritería de los guardias y de la tropa, fue al templo del SEÑOR, donde estaba la gente. **14**Al ver que el rey estaba de pie junto a la columna, como era la costumbre, y que los capitanes y músicos estaban a su lado, y que toda la gente tocaba alegre las trompetas, Atalía se rasgó las vestiduras y gritó: «¡Traición! ¡Traición!»

15Entonces el sacerdote Joyadá, como no quería que la mataran en el templo del SEÑOR, ordenó a los capitanes que estaban al mando de las fuerzas: «Sáquenla de entre las filas; y si alguien se pone de su lado, ¡mátenlo a filo de espada!» **16**Así que la apresaron y la llevaron al palacio por la puerta de la caballería, y allí la mataron.

17Luego Joyadá hizo un *pacto entre el SEÑOR, el rey y la gente para que fueran el pueblo del SEÑOR; también hizo un pacto entre el rey y el pueblo. **18**Entonces toda la gente fue al templo de *Baal y lo derribó. Destruyeron los altares y los ídolos, y enfrente de los altares degollaron a Matán, sacerdote de Baal.

El sacerdote Joyadá apostó guardias en el templo del SEÑOR **19**y, acompañado de los capitanes y de los quereteos, los guardias y todo el pueblo, llevó al rey desde el templo del SEÑOR hasta el palacio real. Entraron juntos por la puerta del cuartel, y Joás se sentó en el trono real. **20**Todo el pueblo estaba alegre, y tranquila la ciudad, pues habían matado a Atalía a filo de espada en el palacio.

21Joás tenía siete años cuando ascendió al trono.

Joás, rey de Judá
12:1-21 — 2Cr 24:1-14,23-27

12 En el año séptimo del reinado de Jehú, Joás comenzó a reinar, y reinó en Jerusalén cuarenta años. Su madre era Sibia, oriunda de Berseba. **2**Joás hizo durante toda su vida lo que agrada al SEÑOR, pues siguió las enseñanzas del sacerdote Joyadá.*n* **3**Sin embargo, no se quitaron los *altares paganos, sino que el pueblo continuó ofreciendo sacrificios y quemando incienso en ellos.

4Un día Joás ordenó a los sacerdotes: «Recojan todo el dinero que cada persona traiga al templo del SEÑOR como ofrenda sagrada, incluso el impuesto del censo, el dinero de votos personales y todas las ofrendas voluntarias. **5**Cada sacerdote debe tomar el dinero de manos de su propio tesorero,*ñ* y usarlo para restaurar el templo y reparar todo lo que esté dañado.»

6En el año veintitrés del reinado de Joás sucedió que, como los sacerdotes no habían hecho reparaciones al templo, **7**el rey llamó al sacerdote Joyadá y a los otros sacerdotes, y les recriminó: «¿Por qué no han comenzado la restauración del templo? De aquí en adelante, ya no recibirán dinero de manos de los tesoreros, y deberán entregar lo que tengan para que se repare el templo.»

8Los sacerdotes accedieron a no recibir más dinero del pueblo, y renunciaron al encargo de restaurar el templo. **9**Sin embargo, el sacerdote Joyadá tomó un cofre y, después de hacer una ranura en la tapa, lo puso junto al altar, a la derecha, según se entra en el templo del SEÑOR. Los sacerdotes que vigilaban la entrada comenzaron a poner en el cofre todo el dinero que la gente traía al templo del SEÑOR. **10**Cuando veían que el cofre ya estaba lleno, subía el secretario

---

m 11:12 *le puso ... pacto.* Alt. *y le puso la corona y las insignias.*   *n* 12:2 *Joás ... Joyadá.* Alt. *Joás hizo lo que agrada al SEÑOR durante todo el tiempo que el sacerdote Joyadá lo instruyó* (véase 2Cr 24:2).
ñ 12:5 *tesorero.* Palabra de difícil traducción; también en v. 7.

real con el sumo sacerdote para vaciarlo[o] y contar el dinero que había en el templo del SEÑOR. **11**Una vez determinada la cantidad, entregaban el dinero a los que supervisaban la restauración del templo. Éstos les pagaban a los que trabajaban allí en el templo: carpinteros, maestros de obra, **12**albañiles y canteros. También compraban madera y piedras de cantería, y cubrían todos los gastos necesarios para restaurar el templo del SEÑOR.

13Sin embargo, del dinero que se traía al templo del SEÑOR, no se usaba nada para hacer copas, despabiladeras, aspersorios y trompetas, ni otros utensilios de plata y oro, **14**sino que ese dinero se les entregaba a los trabajadores, que lo usaban para reparar el templo. **15**A los que estaban encargados de pagar a los trabajadores no se les pedían cuentas, pues procedían con toda honradez. **16**El dinero de los sacrificios *expiatorios y por la culpa no era para el templo del SEÑOR, pues pertenecía a los sacerdotes.

17Por aquel tiempo, Jazael, rey de *Siria, atacó la ciudad de Gat y la conquistó; luego se propuso atacar a Jerusalén. **18**Por eso Joás, rey de Judá, recogió todos los objetos que habían consagrado sus antepasados Josafat, Jorán y Ocozías, reyes de Judá, junto con los que él mismo había consagrado, más todo el oro que pudo encontrar entre los tesoros del templo del SEÑOR y en el palacio real. Todo esto lo envió a Jazael, rey de Siria, el cual se retiró de Israel.

19Los demás acontecimientos del reinado de Joás, y todo lo que hizo, están escritos en el libro de las crónicas de los reyes de Israel. **20**Sus propios ministros conspiraron contra él y lo asesinaron en Bet Miló,[p] camino a Sila. **21**Quienes lo atacaron fueron Josacar hijo de Simat y Jozabad hijo de Semer. Así murió Joás, y fue sepultado con sus antepasados en la Ciudad de David. Y su hijo Amasías lo sucedió en el trono.

Joacaz, rey de Israel

13 En el año veintitrés del reinado de Joás hijo de Ocozías, rey de Judá, Joacaz hijo de Jehú ascendió al trono de Israel, y reinó en Samaria diecisiete años. **2**Joacaz hizo lo que ofende al SEÑOR, pues siguió el mal ejemplo de Jeroboán hijo de Nabat y no se apartó del pecado con que éste hizo pecar a Israel. **3**Por eso la ira del SEÑOR se encendió contra los israelitas y, por mucho tiempo, los puso bajo el poder de Jazael, rey de *Siria, y de su hijo Ben Adad.

4Entonces Joacaz clamó al SEÑOR, y él lo escuchó, pues vio la gran opresión del rey de Siria sobre Israel. **5**El SEÑOR les proveyó un libertador, de modo que los israelitas pudieron librarse del poder de los sirios y vivir tranquilos,[q] como antes. **6**Sin embargo, siguieron el mal ejemplo de la familia de Jeroboán y no se apartaron de los pecados con que éstos hicieron pecar a Israel, y hasta dejaron en pie la imagen de la diosa *Aserá, que estaba en Samaria.

7Del ejército no le habían quedado a Joacaz más que cincuenta jinetes, diez carros de combate y diez mil soldados de infantería, pues el rey de Siria había destruido el ejército, aniquilándolo por completo.

8Los demás acontecimientos del reinado de Joacaz, y todo lo que hizo y su poderío, están escritos en el libro de las crónicas de los reyes de Israel. **9**Joacaz murió y fue sepultado en Samaria. Y su hijo Joás lo sucedió en el trono.

Joás, rey de Israel

10En el año treinta y siete del reinado de Joás, rey de Judá, Joás hijo de Joacaz ascendió al trono de Israel, y reinó en Samaria dieciséis años. **11**Joás hizo lo que ofende al SEÑOR, pues siguió el mal ejemplo de Jeroboán hijo de Nabat y no se apartó de ninguno de los pecados con que éste hizo pecar a Israel.

---

[o] **12:10** *vaciarlo*. Palabra de difícil traducción. [p] **12:20** *Bet Miló*. Alt. *el edificio del terraplén*.
[q] **13:5** *tranquilos*. Lit. *en sus casas*.

¹²Los demás acontecimientos del reinado de Joás, y todo lo que hizo y su poderío, incluso la guerra que sostuvo contra Amasías, rey de Judá, están escritos en el libro de las crónicas de los reyes de Israel. ¹³Joás murió y fue sepultado en Samaria con los reyes de Israel. Y Jeroboán lo sucedió en el trono.

Muerte de Eliseo

¹⁴Cuando Eliseo cayó enfermo de muerte, Joás, rey de Israel, fue a verlo. Echándose sobre él, lloró y exclamó:

—¡Padre mío, padre mío, carro y fuerza conductora de Israel!

¹⁵Eliseo le dijo:

—Consigue un arco y varias flechas.

Joás así lo hizo. ¹⁶Luego Eliseo le dijo:

—Empuña el arco.

Cuando el rey empuñó el arco, Eliseo puso las manos sobre las del rey ¹⁷y le dijo:

—Abre la ventana que da hacia el oriente.

Joás la abrió, y Eliseo le ordenó:

—¡Dispara!

Así lo hizo. Entonces Eliseo declaró:

—¡Flecha victoriosa del SEÑOR! ¡Flecha victoriosa contra *Siria! ¡Tú vas a derrotar a los sirios en Afec hasta acabar con ellos! ¹⁸Así que toma las flechas —añadió.

El rey las tomó, y Eliseo le ordenó:

—¡Golpea el suelo!

Joás golpeó el suelo tres veces, y se detuvo. ¹⁹Ante eso, el hombre de Dios se enojó y le dijo:

—Debiste haber golpeado el suelo cinco o seis veces; entonces habrías derrotado a los sirios hasta acabar con ellos. Pero ahora los derrotarás sólo tres veces.

²⁰Después de esto, Eliseo murió y fue sepultado.

Cada año, bandas de guerrilleros moabitas invadían el país. ²¹En cierta ocasión, unos israelitas iban a enterrar a un muerto, pero de pronto vieron a esas bandas y echaron el cadáver en la tumba de Eliseo. Cuando el cadáver tocó los huesos de Eliseo, ¡el hombre recobró la vida y se puso de pie!

Jazael oprime a los israelitas

²²Durante el reinado de Joacaz, Jazael, rey de *Siria, oprimió a los israelitas. ²³Sin embargo, el SEÑOR tuvo misericordia de ellos. Por causa del *pacto que había hecho con Abraham, Isaac y Jacob, se compadeció de los israelitas y los preservó, y hasta el día de hoy no ha querido destruirlos ni arrojarlos de su presencia.

²⁴Cuando murió Jazael, rey de Siria, lo sucedió en el trono su hijo Ben Adad. ²⁵Entonces Joás hijo de Joacaz logró rescatar del poder de Ben Adad las ciudades que éste le había arrebatado a Joacaz. En tres ocasiones Joás logró derrotarlo, de modo que pudo recuperar las ciudades de Israel.

Amasías, rey de Judá

14:1-7 — 2Cr 25:1-4,11-12
14:8-22 — 2Cr 25:17–26:2

14 En el segundo año de Joás hijo de Joacaz, rey de Israel, Amasías hijo de Joás, rey de Judá, ascendió al trono. ²Tenía veinticinco años cuando comenzó a reinar, y reinó en Jerusalén veintinueve años. Su madre era Joadán, oriunda de Jerusalén. ³Amasías hizo lo que agrada al SEÑOR, aunque no como lo había hecho su antepasado David. En todo siguió el ejemplo de su padre Joás, ⁴pero no se quitaron los *altares paganos, sino que el pueblo siguió ofreciendo sacrificios y quemando incienso en ellos.

⁵Después de afianzarse en el poder, Amasías ajustició a los ministros que habían asesinado a su padre el rey. ⁶Sin embargo, según lo que ordenó el SEÑOR, no mató a los hijos de los asesinos, pues está escrito en el libro de la *ley de Moisés: «A los padres no se les dará muerte por la culpa de sus hijos, ni a los hijos se les dará muerte por la culpa de sus padres, sino que cada uno morirá por su propio pecado.»ʳ

⁷Amasías derrotó a diez mil edomitas en el valle de la Sal; también conquistó la ciudad de Selá y le puso por nombre Joctel, que es como se conoce hasta el día de hoy.

ʳ**14:6** Dt 24:16

8Por aquel tiempo, Amasías envió mensajeros a Joás, hijo de Joacaz y nieto de Jehú, rey de Israel, con este reto: «¡Sal para que nos enfrentemos!»

9Pero Joás, rey de Israel, le respondió a Amasías, rey de Judá: «El cardo del Líbano le mandó este mensaje al cedro: "Entrega a tu hija como esposa a mi hijo." Pero luego pasaron por allí las fieras del Líbano, y aplastaron al cardo. **10**De hecho, has derrotado a los edomitas, y el éxito se te ha subido a la cabeza. Está bien, jáctate si quieres, pero quédate en casa. ¿Para qué provocas una desgracia que significará tu perdición y la de Judá?»

11Amasías no le hizo caso. Así que Joás, rey de Israel, marchó a Bet Semes, en Judá, para enfrentarse con él. **12**Los israelitas batieron a los de Judá, y éstos huyeron a sus hogares. **13**En Bet Semes, Joás, rey de Israel, capturó a Amasías, rey de Judá, hijo de Joás y nieto de Ocozías. Luego fue a Jerusalén y derribó ciento ochenta metros*s* de la muralla, desde la puerta de Efraín hasta la puerta de la Esquina. **14**Además, se apoderó de todo el oro, la plata y los utensilios que había en el templo del SEÑOR y en el tesoro del palacio real. También tomó rehenes, y regresó a Samaria.

15Los demás acontecimientos del reinado de Joás, y todo lo que hizo y su poderío, incluso la guerra que sostuvo contra Amasías, rey de Judá, están escritos en el libro de las crónicas de los reyes de Israel. **16**Joás murió y fue sepultado en Samaria con los reyes de Israel. Y su hijo Jeroboán lo sucedió en el trono.

17Amasías hijo de Joás, rey de Judá, sobrevivió quince años a Joás hijo de Joacaz, rey de Israel. **18**Los demás acontecimientos del reinado de Amasías están escritos en el libro de las crónicas de los reyes de Judá. **19**Como se tramó una conspiración contra él en Jerusalén, Amasías huyó a Laquis; pero lo persiguieron y allí lo mataron. **20**Luego lo llevaron a caballo hasta Jerusalén, la Ciudad de David, y allí fue sepultado con sus antepasados, en la Ciudad de David.

21Entonces todo el pueblo de Judá tomó a Azarías, *t* que tenía dieciséis años, y lo proclamó rey en lugar de su padre Amasías. **22**Y fue Azarías quien, después de la muerte del rey Amasías, reconstruyó la ciudad de Elat y la reincorporó a Judá.

Jeroboán II, rey de Israel

23En el año quince del reinado de Amasías hijo de Joás, rey de Judá, Jeroboán hijo de Joás, rey de Israel, ascendió al trono, y reinó en Samaria cuarenta y un años. **24**Jeroboán hizo lo que ofende al SEÑOR, pues no se apartó de ninguno de los pecados con que Jeroboán hijo de Nabat hizo pecar a Israel. **25**Él fue quien restableció las fronteras de Israel desde Lebó Jamat*u* hasta el mar del Arabá, según la palabra que el SEÑOR, Dios de Israel, había dado a conocer por medio de su siervo Jonás hijo de Amitay, el profeta de Gat Jefer. **26**Porque el SEÑOR había visto que todos los habitantes de Israel, esclavos o libres, sufrían amargamente, y que no había nadie que los ayudara. **27**Pero el SEÑOR los salvó por medio de Jeroboán hijo de Joás, pues había dicho que no borraría de la tierra el *nombre de Israel.

28Los demás acontecimientos del reinado de Jeroboán, y todo lo que hizo y su poderío, incluso sus guerras en las que recuperó Damasco y Jamat para Israel, *v* están escritos en el libro de las crónicas de los reyes de Israel. **29**Jeroboán murió y fue sepultado con sus antepasados, los reyes de Israel. Y su hijo Zacarías lo sucedió en el trono.

Azarías, rey de Judá
15:1-7 — 2Cr 26:3-4,21-23

15 En el año veintisiete del reinado de Jeroboán, rey de Israel, Azarías hijo de Amasías, rey de Judá, ascendió al trono. **2**Tenía dieciséis años cuando comenzó a reinar, y reinó en Jerusalén cincuenta y dos años. Su madre era Jecolías, oriunda de Jerusalén. **3**Azarías hizo lo que

---

*s***14:13** *ciento ochenta metros.* Lit. *cuatrocientos* *codos.*   *t***14:21** *Azarías.* Lit. *Uzías.*   *u***14:25** *Lebó Jamat.* Alt. *la entrada de Jamat.*   *v***14:28** *para Israel* (lectura probable; véase Siríaca); *para Judá en Israel* (TM).

agrada al Señor, pues en todo siguió el buen ejemplo de su padre Amasías; **4**pero no se quitaron los *altares paganos, sino que el pueblo siguió ofreciendo sacrificios y quemando incienso en ellos.

5Sin embargo, el Señor castigó al rey con *lepra hasta el día de su muerte. Y como el rey Azarías tuvo que vivir aislado en casa,^w su hijo Jotán quedó a cargo del palacio y del gobierno del país.

6Los demás acontecimientos del reinado de Azarías, y todo lo que hizo, están escritos en el libro de las crónicas de los reyes de Israel. **7**Azarías murió y fue sepultado con sus antepasados en la Ciudad de David. Y su hijo Jotán lo sucedió en el trono.

Zacarías, rey de Israel

8En el año treinta y ocho del reinado de Azarías, rey de Judá, Zacarías hijo de Jeroboán ascendió al trono de Israel, y reinó en Samaria seis meses. **9**Zacarías hizo lo que ofende al Señor, como lo hicieron sus antepasados, pues no se apartó de los pecados con que Jeroboán hijo de Nabat hizo pecar a Israel.

10Salún hijo de Jabés conspiró contra Zacarías. Lo atacó en Ibleam^x y lo mató, usurpando así el trono. **11**Los demás acontecimientos del reinado de Zacarías están escritos en el libro de las crónicas de los reyes de Israel. **12**De este modo se cumplió la palabra que el Señor le había dado a conocer a Jehú: «Durante cuatro generaciones tus descendientes ocuparán el trono de Israel.»^y

Salún, rey de Israel

13Salún hijo de Jabés ascendió al trono en el año treinta y nueve de Uzías, rey de Judá, y reinó en Samaria un mes. **14**Pero Menajem hijo de Gadí llegó de Tirsá a Samaria, y allí atacó a Salún hijo de Jabés y lo mató, usurpando así el trono.

15Los demás acontecimientos del reinado de Salún, incluso su conspiración, están escritos en el libro de las crónicas de los reyes de Israel.

16Por aquel tiempo, Menajem atacó la ciudad de Tifsa. Como no le abrieron las *puertas de la ciudad, mató a todos los que vivían allí y en los alrededores, comenzando por Tirsá, y les abrió el vientre a las mujeres embarazadas.

Menajem, rey de Israel

17En el año treinta y nueve del reinado de Azarías, rey de Judá, Menajem hijo de Gadí ascendió al trono de Israel, y reinó en Samaria diez años. **18**Pero hizo lo que ofende al Señor, pues durante toda su vida jamás se apartó de los pecados con que Jeroboán hijo de Nabat hizo pecar a Israel.

19Tiglat Piléser,^z rey de Asiria, invadió el país, y Menajem le entregó treinta y tres mil kilos^a de plata para ganarse su apoyo y mantenerse en el trono. **20**Menajem les exigió este dinero a los israelitas: todos los ricos tenían que pagarle al rey de Asiria medio kilo^b de plata. Entonces el rey de Asiria se retiró y dejó de ocupar el país.

21Los demás acontecimientos del reinado de Menajem, y todo lo que hizo, están escritos en el libro de las crónicas de los reyes de Israel. **22**Menajem murió, y su hijo Pecajías lo sucedió en el trono.

Pecajías, rey de Israel

23En el año cincuenta de Azarías, rey de Judá, Pecajías hijo de Menajem ascendió al trono de Israel, y reinó en Samaria dos años. **24**Pero hizo lo que ofende al Señor, pues no se apartó de los pecados con que Jeroboán hijo de Nabat hizo pecar a Israel. **25**Uno de sus oficiales, que se llamaba Pecaj hijo de Remalías, conspiró contra él. Apoyado por cincuenta galaaditas, atacó a Pecajías, a Argob y a Arié, en la torre del palacio real en Samaria. Así fue como lo mató y usurpó el trono.

26Los demás acontecimientos del reinado de Pecajías, y todo lo que hizo, están escritos en el libro de las crónicas de los reyes de Israel.

---

^w**15:5** *aislado en casa.* Lit. *en casa de libertad* (es decir, libre de responsabilidad).　^x**15:10** *en Ibleam* (mss. de LXX); *ante el pueblo* (TM).　^y**15:12** 2R 10:30　^z**15:19** *Tiglat Piléser.* Lit. *Pul.*　^a**15:19** *treinta y tres mil kilos.* Lit. *mil *talentos.*　^b**15:20** *medio kilo.* Lit. *cincuenta *siclos.*

Pecaj, rey de Israel

27 En el año cincuenta y dos del reinado de Azarías, rey de Judá, Pecaj hijo de Remalías ascendió al trono de Israel, y reinó en Samaria veinte años. **28** Pero hizo lo que ofende al SEÑOR, pues no se apartó de los pecados con que Jeroboán hijo de Nabat hizo pecar a Israel.

29 En tiempos de Pecaj, rey de Israel, Tiglat Piléser, rey de Asiria, invadió el país y conquistó Iyón, Abel Betmacá, Janoa, Cedes, Jazor, Galaad y Galilea, incluyendo todo el territorio de Neftalí; además, deportó a los habitantes a Asiria. **30** Entonces Oseas hijo de Elá conspiró contra Pecaj hijo de Remalías y lo atacó. Así fue como, en el año veinte de Jotán hijo de Uzías, lo mató y usurpó el trono.

31 Los demás acontecimientos del reinado de Pecaj, y todo lo que hizo, están escritos en el libro de las crónicas de los reyes de Israel.

Jotán, rey de Judá
15:33-38 — 2Cr 27:1-4,7-9

32 En el segundo año del reinado de Pecaj hijo de Remalías, rey de Israel, Jotán hijo de Uzías, rey de Judá, ascendió al trono. **33** Tenía veinticinco años cuando comenzó a reinar, y reinó en Jerusalén dieciséis años. Su madre era Jerusa hija de Sadoc. **34** Jotán hizo lo que agrada al SEÑOR, pues en todo siguió el buen ejemplo de su padre Uzías. **35** Fue Jotán quien reconstruyó la puerta superior del templo del SEÑOR, pero no se quitaron los altares paganos, sino que el pueblo siguió ofreciendo sacrificios y quemando incienso en ellos.

36 Los demás acontecimientos del reinado de Jotán están escritos en el libro de las crónicas de los reyes de Judá. **37** Durante su reinado, el SEÑOR comenzó a enviar contra Judá a Rezín, rey de *Siria, y a Pecaj hijo de Remalías. **38** Jotán murió y fue sepultado con sus antepasados en la Ciudad de David, su antecesor. Y su hijo Acaz lo sucedió en el trono.

Acaz, rey de Judá
16:1-20 — 2Cr 28:1-27

16 En el año diecisiete del reinado de Pecaj hijo de Remalías, Acaz hijo de Jotán ascendió al trono. **2** Tenía veinte años cuando comenzó a reinar, y reinó en Jerusalén dieciséis años. Pero a diferencia de su antepasado David, Acaz no hizo lo que agradaba al SEÑOR su Dios. **3** Al contrario, siguió el mal ejemplo de los reyes de Israel, y hasta sacrificó en el fuego a su hijo, según las repugnantes ceremonias de las naciones que el SEÑOR había expulsado delante de los israelitas. **4** También ofrecía sacrificios y quemaba incienso en los *santuarios paganos, en las colinas y bajo todo árbol frondoso.

5 En cierta ocasión, Rezín, rey de *Siria, y Pecaj hijo de Remalías, rey de Israel, marcharon hacia Jerusalén para hacerle guerra a Acaz, y sitiaron la ciudad, pero no lograron tomarla. **6** Por aquel tiempo, Rezín, rey de Siria, había reconquistado la ciudad de Elat, desalojando a los de Judá que vivían allí. Posteriormente los edomitas se establecieron en Elat, y allí se han quedado hasta el día de hoy.

7 Acaz envió entonces mensajeros a Tiglat Piléser, rey de Asiria, con este mensaje: «Ya que soy tu servidor y vasallo,^{c} ven y líbrame del poder del rey de Siria y del rey de Israel, que se han puesto en mi contra.» **8** Acaz también juntó la plata y el oro que había en el templo del SEÑOR y en el tesoro del palacio real, y se lo envió todo al rey de Asiria como un regalo. **9** El rey de Asiria, accediendo a su petición, lanzó un ataque contra Damasco y conquistó la ciudad. Luego deportó a sus habitantes a Quir, y mató a Rezín.

10 El rey Acaz fue entonces a Damasco para encontrarse con Tiglat Piléser, rey de Asiria. Cuando vio el altar que había en la ciudad, el rey Acaz le envió al sacerdote Urías un plano del altar, con un dibujo de todos los detalles. **11** Entonces Urías construyó un altar según las instrucciones que el rey Acaz le había enviado desde Damasco, y lo terminó antes de que el rey

---

^{c} **16:7** *vasallo*. Lit. *hijo*.

regresara. ¹²Cuando éste llegó de Damasco y vio el altar, se acercó y presentó allí una ofrenda. ¹³Ofreció el *holocausto con la ofrenda, derramó su libación y roció sobre el altar la sangre de los sacrificios de *comunión. ¹⁴El altar de bronce, que estaba en la presencia del SEÑOR, lo retiró de la parte delantera del edificio y lo situó en el lado norte del nuevo altar, ya que ahora quedaba entre el nuevo altar y el templo del SEÑOR.

¹⁵Luego le dio estas órdenes al sacerdote Urías: «Ofrece en este gran altar el holocausto matutino y la ofrenda vespertina, así como el holocausto y la ofrenda del rey, y también los holocaustos, las ofrendas y las libaciones del pueblo en general. Rocía sobre este altar la sangre de todos los holocaustos y sacrificios. Pero el altar de bronce lo usaré yo.» ¹⁶Y el sacerdote Urías hizo todo lo que el rey Acaz le ordenó.

¹⁷El rey desmontó los paneles de las bases y les quitó los lavamanos; además bajó la fuente*d* que estaba encima de los bueyes de bronce y la instaló sobre un enlosado de piedra; ¹⁸y por deferencia al rey de Asiria, quitó del templo del SEÑOR el techado que se había construido allí para celebrar los *sábados,*e* así como la entrada exterior para el rey.

¹⁹Los demás acontecimientos del reinado de Acaz están escritos en el libro de las crónicas de los reyes de Judá. ²⁰Acaz murió y fue sepultado con sus antepasados en la Ciudad de David. Y su hijo Ezequías lo sucedió en el trono.

Oseas, rey de Israel
17:3-7 — 2R 18:9-12

17 En el año duodécimo del reinado de Acaz, rey de Judá, Oseas hijo de Elá ascendió al trono de Israel, y reinó en Samaria nueve años. ²Hizo lo que ofende al SEÑOR, aunque no tanto como los reyes de Israel que lo habían precedido.

³Salmanasar, rey de Asiria, atacó a Oseas, lo hizo su vasallo y le impuso tributo. ⁴Más tarde, el rey de Asiria descubrió que Oseas lo traicionaba, pues éste había enviado emisarios a So, rey de Egipto, y además había dejado de pagarle el tributo anual. Por eso el rey de Asiria mandó arrestarlo y lo metió en la cárcel. ⁵Después invadió el país entero, marchó contra Samaria y sitió la ciudad durante tres años. ⁶En el año noveno del reinado de Oseas, el rey de Asiria, después de conquistar Samaria, deportó a los israelitas a Asiria y los instaló en Jalaj, en Gozán (que está junto al río Jabor) y en las ciudades de los medos.

El pecado de Israel

⁷Todo esto sucedió porque los israelitas habían pecado contra el SEÑOR su Dios, que los había sacado de Egipto, librándolos del poder del faraón, rey de Egipto. Adoraron a otros dioses ⁸y siguieron las costumbres de las naciones que el SEÑOR había expulsado delante de ellos, como también las prácticas que introdujeron los reyes de Israel. ⁹Además blasfemaron*f* contra el SEÑOR su Dios, y dondequiera que habitaban se construían *altares paganos. Desde las torres de vigilancia hasta las ciudades fortificadas, ¹⁰y en cada colina y bajo todo árbol frondoso, erigieron *piedras sagradas e imágenes de la diosa *Aserá; ¹¹y en todos los altares paganos quemaron incienso, siguiendo el ejemplo de las naciones que el SEÑOR había desterrado delante de ellos. Fueron tantas las maldades que cometieron, que provocaron la ira del SEÑOR. ¹²Rindieron culto a los ídolos, aunque el SEÑOR se lo había prohibido categóricamente. ¹³Por eso el SEÑOR les dio esta advertencia a Israel y a Judá por medio de todos los profetas y videntes: «¡Vuélvanse de sus malos *caminos! Cumplan mis mandamientos y decretos, y obedezcan todas las leyes que ordené a sus antepasados, y que les di a conocer a ustedes por medio de mis siervos los profetas.»

¹⁴Con todo, no hicieron caso, sino que fueron tan tercos como lo habían sido sus

---

d **16:17** *la fuente.* Lit. *el mar.*   *e* **16:18** *el techado ... para celebrar los sábados.* Alt. *el estrado ... para el trono* (véase LXX).   *f* **17:9** *blasfemaron.* Palabra de difícil traducción.

antepasados, que no confiaron en el Señor su Dios. ¹⁵Rechazaron los decretos y las advertencias del Señor, y el *pacto que él había hecho con sus antepasados. Se fueron tras ídolos inútiles, de modo que se volvieron inútiles ellos mismos; y aunque el Señor lo había prohibido, siguieron las costumbres de las naciones vecinas. ¹⁶Abandonaron todos los mandamientos del Señor su Dios, y se hicieron dos ídolos fundidos en forma de becerro y una imagen de la diosa Aserá. Se postraron ante todos los astros del cielo, y adoraron a *Baal; ¹⁷sacrificaron en el fuego a sus hijos e hijas; practicaron la adivinación y la hechicería; en fin, se entregaron a hacer lo que ofende al Señor, provocando así su ira.

¹⁸Por lo tanto, el Señor se enojó mucho contra Israel y lo arrojó de su presencia. Sólo quedó la tribu de Judá. ¹⁹Pero aun Judá dejó de cumplir los mandatos del Señor su Dios, y siguió las costumbres que introdujo Israel. ²⁰Por eso el Señor rechazó a todos los israelitas: los afligió y los entregó en manos de invasores, y acabó por arrojarlos de su presencia.

²¹Cuando el Señor arrancó de la familia de David a los israelitas, éstos hicieron rey a Jeroboán hijo de Nabat. Jeroboán, por su parte, los alejó del camino del Señor y los hizo cometer un gran pecado. ²²De hecho, los israelitas imitaron todos los pecados de Jeroboán y no se apartaron de ellos; ²³Finalmente, el Señor arrojó a Israel de su presencia, tal como lo había anunciado por medio de sus siervos los profetas. Así, pues, fueron desterrados y llevados cautivos a Asiria, donde hasta el día de hoy se han quedado.

Repoblación de Samaria

²⁴Para reemplazar a los israelitas en los poblados de Samaria, el rey de Asiria trajo gente de Babilonia, Cuta, Ava, Jamat y Sefarvayin. Éstos tomaron posesión de Samaria y habitaron en sus poblados. ²⁵Al principio, cuando se establecieron, no adoraban al Señor, de modo que el Señor les envió leones que causaron estragos en la población. ²⁶Entonces le dieron este informe al rey de Asiria: «La gente que Su Majestad deportó y estableció en los poblados de Samaria no sabe lo que requiere el dios de ese país. Por esta razón, él les ha enviado leones, para que los maten.»

²⁷El rey de Asiria dio esta orden: «Hagan que regrese a vivir en Samaria uno de los sacerdotes que ustedes capturaron allí, y que le enseñe a la población lo que requiere el dios de ese país.» ²⁸Así que uno de los sacerdotes que habían sido deportados de Samaria fue a vivir a Betel y comenzó a enseñarles cómo adorar al Señor.

²⁹Sin embargo, todos esos pueblos se fabricaron sus propios dioses en las ciudades donde vivían, y los colocaron en los *altares paganos que habían construido los samaritanos. ³⁰Los de Babilonia hicieron al dios Sucot Benot; los de Cuta, a Nergal; los de Jamat, a Asimá, ³¹y los de Ava, a Nibjaz y a Tartac. Los de Sefarvayin quemaban a sus hijos como sacrificio a Adramélec y a Anamélec, dioses de Sefarvayin; ³²adoraban también al Señor, pero de entre ellos mismos nombraron sacerdotes a toda clase de gente para que oficiaran en los altares paganos. ³³Aunque adoraban al Señor, servían también a sus propios dioses, según las costumbres de las naciones de donde habían sido deportados.

³⁴Hasta el día de hoy persisten en sus antiguas costumbres. No adoran al Señor ni actúan según sus decretos y sus normas, ni según la *ley y el mandamiento que el Señor ordenó a los descendientes de Jacob, a quien le dio el *nombre de Israel. ³⁵Cuando el Señor hizo un *pacto con los israelitas, les ordenó:

«No adoren a otros dioses ni se inclinen delante de ellos; no les sirvan ni les ofrezcan sacrificios. ³⁶Adoren sólo al Señor, que los sacó de Egipto con gran despliegue de fuerza y poder. Es a él a quien deben adorar y ofrecerle sacrificios. ³⁷Tengan cuidado de cumplir siempre los decretos y ordenanzas, leyes y mandamientos que él les dio por escrito. No adoren a otros dioses. ³⁸No olviden el pacto que él ha hecho con ustedes. Por tanto, no adoren a otros dioses, ³⁹sino sólo al Señor su Dios. Y él los librará del poder de sus enemigos.»

⁴⁰Sin embargo, no hicieron caso, sino que persistieron en sus antiguas costumbres. ⁴¹Aquellos pueblos adoraban al SEÑOR, y al mismo tiempo servían a sus propios ídolos. Hasta el día de hoy sus hijos y sus descendientes siguen actuando como sus antepasados.

Ezequías, rey de Judá

18:2-4 — 2Cr 29:1-2; 31:1
18:5-7 — 2Cr 31:20-21
18:9-12 — 2R 17:3-7

18 En el tercer año de Oseas hijo de Elá, rey de Israel, Ezequías hijo de Acaz, rey de Judá, ascendió al trono. ²Tenía veinticinco años cuando ascendió al trono, y reinó en Jerusalén veintinueve años. Su madre era Abí hija de Zacarías. ³Ezequías hizo lo que agrada al SEÑOR, pues en todo siguió el ejemplo de su antepasado David. ⁴Quitó los *altares paganos, destrozó las *piedras sagradas y quebró las imágenes de la diosa *Aserá. Además, destruyó la serpiente de bronce que Moisés había hecho, pues los israelitas todavía le quemaban incienso, y la llamaban Nejustán.ᵍ

⁵Ezequías puso su confianza en el SEÑOR, Dios de Israel. No hubo otro como él entre todos los reyes de Judá, ni antes ni después. ⁶Se mantuvo fiel al SEÑOR y no se apartó de él, sino que cumplió los mandamientos que el SEÑOR le había dado a Moisés. ⁷El SEÑOR estaba con Ezequías, y por tanto éste tuvo éxito en todas sus empresas. Se rebeló contra el rey de Asiria y no se sometió a él. ⁸Y derrotó a los filisteos, tanto en las torres de vigilancia como en las ciudades fortificadas, hasta llegar a Gaza y sus alrededores.

⁹En el año cuarto del reinado de Ezequías, es decir, en el año séptimo del reinado de Oseas hijo de Elá, rey de Israel, Salmanasar, rey de Asiria, marchó contra Samaria y la sitió. ¹⁰Al cabo de tres años logró conquistarla. Era el año sexto del reinado de Ezequías, es decir, el año noveno del reinado de Oseas, rey de Israel.

¹¹El rey de Asiria deportó a los israelitas a Asiria, y los estableció en Jalaj, en Gozán (que está junto al río Jabor) y en las ciudades de los medos. ¹²Esto sucedió porque no obedecieron al SEÑOR su Dios, sino que violaron su *pacto. No cumplieron ni pusieron en práctica lo que Moisés, siervo del SEÑOR, les había ordenado.

¹³En el año catorce del reinado de Ezequías, Senaquerib, rey de Asiria, atacó y tomó todas las ciudades fortificadas de Judá. ¹⁴Entonces Ezequías le envió este mensaje al rey de Asiria, que se encontraba en Laquis: «He actuado mal. Si te retiras, te pagaré cualquier tributo que me impongas.» El rey de Asiria le impuso a Ezequías, rey de Judá, un tributo de nueve mil novecientos kilos de plata y novecientos noventa kilosʰ de oro. ¹⁵Así que Ezequías le entregó a Senaquerib toda la plata que había en el templo del SEÑOR y en los tesoros del palacio real. ¹⁶Fue entonces cuando Ezequías, rey de Judá, les quitó a las puertas y los quiciales del templo del SEÑOR el oro con que él mismo los había cubierto, y se lo entregó al rey de Asiria.

Senaquerib amenaza a Jerusalén

18:13,17-37 — Is 36:1-22
18:17-35 — 2Cr 32:9-19

¹⁷Desde Laquis el rey de Asiria envió a su virrey, al funcionarioⁱ principal y a su comandante en jefe,ʲ al frente de un gran ejército, para hablar con el rey Ezequías en Jerusalén. Marcharon hacia Jerusalén y, al llegar, se detuvieron junto al acueducto del estanque superior, en el camino que lleva al Campo del Lavandero. ¹⁸Entonces llamaron al rey, y salió a recibirlos Eliaquín hijo de Jilquías, que era el administrador del palacio, junto con el cronista Sebna y el secretario Joa hijo de Asaf.

¹⁹El comandante en jefe les dijo:

—Díganle a Ezequías que así dice el gran rey, el rey de Asiria: "¿En qué se basa tu confianza? ²⁰Tú dices que tienes estrategia y fuerza militar, pero éstas no son

---

ᵍ 18:4 la llamaban Nejustán. Alt. la llamó Nejustán. Este nombre suena como las palabras hebreas que significan bronce y serpiente.   ʰ 18:14 nueve mil novecientos kilos ... novecientos noventa kilos. Lit. trescientos *talentos ... treinta talentos.   ⁱ 18:17 funcionario. Lit. *eunuco.   ʲ 18:17 comandante en jefe. Alt. copero mayor.

más que palabras sin fundamento. ¿En quién confías, que te rebelas contra mí? [21] Ahora bien, tú confías en Egipto, ¡ese bastón de caña astillada, que traspasa la mano y hiere al que se apoya en él! Porque eso es el faraón, el rey de Egipto, para todos los que en él confían. [22] Y si ustedes me dicen: 'Nosotros confiamos en el SEÑOR, nuestro Dios', ¿no se trata acaso, Ezequías, del Dios cuyos altares y *santuarios paganos tú mismo quitaste, diciéndoles a Judá y a Jerusalén: 'Deben adorar solamente ante este altar en Jerusalén'?"

[23] »Ahora bien, Ezequías, haz este trato con mi señor, el rey de Asiria: Yo te doy dos mil caballos, si tú consigues otros tantos jinetes para montarlos. [24] ¿Cómo podrás rechazar el ataque de uno solo de los funcionarios más insignificantes de mi señor, si confías en obtener de Egipto carros de combate y jinetes? [25] ¿Acaso he venido a atacar y a destruir este lugar sin el apoyo del SEÑOR? ¡Si fue él mismo quien me ordenó: "Marcha contra este país y destrúyelo!"

[26] Eliaquín hijo de Jilquías, Sebna y Joa le dijeron al comandante en jefe:

—Por favor, hábleles usted a sus siervos en arameo, ya que lo entendemos. No nos hable en hebreo, que el pueblo que está sobre el muro nos escucha.

[27] Pero el comandante en jefe respondió:

—¿Acaso mi señor me envió a decirles estas cosas sólo a ti y a tu señor, y no a los que están sentados en el muro? ¡Si tanto ellos como ustedes tendrán que comerse su excremento y beberse su orina!

[28] Dicho esto, el comandante en jefe se puso de pie y a voz en cuello gritó en hebreo:

—¡Oigan las palabras del gran rey, el rey de Asiria! [29] Así dice el rey: "No se dejen engañar por Ezequías. ¡Él no puede librarlos de mis manos! [30] No dejen que Ezequías los persuada a confiar en el SEÑOR, diciendo: 'Sin duda el SEÑOR nos librará; ¡esta ciudad no caerá en manos del rey de Asiria!'"

[31] »No le hagan caso a Ezequías. Así dice el rey de Asiria: "Hagan las paces conmigo, y ríndanse. De este modo cada uno podrá comer de su vid y de su higuera, y beber agua de su propio pozo, [32] hasta que yo venga y los lleve a un país como el de ustedes, país de grano y de mosto, de pan y de viñedos, de aceite de oliva y de miel. Así vivirán en vez de morir."

»No le hagan caso a Ezequías, que los quiere seducir cuando dice: "El SEÑOR nos librará." [33] ¿Acaso alguno de los dioses de las naciones pudo librar a su país de las manos del rey de Asiria? [34] ¿Dónde están los dioses de Jamat y de Arfad? ¿Dónde están los dioses de Sefarvayin, de Hená y de Ivá? ¿Acaso libraron a Samaria de mis manos? [35] ¿Cuál de todos los dioses de estos países ha podido salvar de mis manos a su país? ¿Cómo entonces podrá el SEÑOR librar de mis manos a Jerusalén?

[36] Pero el pueblo permaneció en silencio y no respondió ni una sola palabra, porque el rey había ordenado: «No le respondan.»

[37] Entonces Eliaquín hijo de Jilquías, administrador del palacio, el cronista Sebna, y el secretario Joa hijo de Asaf, con las vestiduras rasgadas en señal de duelo, fueron a ver a Ezequías y le contaron lo que había dicho el comandante en jefe.

Isaías profetiza la liberación de Jerusalén
19:1-13 — Is 37:1-13

19 Cuando el rey Ezequías escuchó esto, se rasgó las vestiduras, se vistió de luto y fue al templo del SEÑOR. [2] Además, envió a Eliaquín, administrador del palacio, al cronista Sebna y a los sacerdotes más ancianos, todos vestidos de luto, para hablar con el profeta Isaías hijo de Amoz. [3] Y le dijeron: «Así dice Ezequías: "Hoy es un día de angustia, castigo y deshonra, como cuando los hijos están a punto de nacer y no se tienen fuerzas para darlos a luz. [4] Tal vez el SEÑOR tu Dios oiga todas las palabras del comandante en jefe, a quien su señor, el rey de Asiria, envió para insultar al Dios viviente. ¡Que el SEÑOR tu Dios lo castigue por las palabras que ha oído! Eleva, pues, una oración por el remanente del pueblo que aún sobrevive."»

[5] Cuando los funcionarios del rey Ezequías fueron a ver a Isaías, [6] éste les dijo: «Díganle a su señor que así dice el SEÑOR:

"No temas por las blasfemias que has oído, y que han pronunciado contra mí los subalternos del rey de Asiria. 7¡Mira! Voy a poner un espíritu en él, de manera que cuando oiga cierto rumor se regrese a su propio país. ¡Allí haré que lo maten a filo de espada!"»

8Cuando el comandante en jefe se enteró de que el rey de Asiria había salido de Laquis, se retiró y encontró al rey luchando contra Libná.

9Luego Senaquerib recibió el informe de que Tiracá, rey de *Cus, había salido para luchar contra él, así que una vez más envió mensajeros a Ezequías 10para que le dijeran: «Tú, Ezequías, rey de Judá: No dejes que tu Dios, en quien confías, te engañe cuando dice: "No caerá Jerusalén en manos del rey de Asiria." 11Sin duda te habrás enterado de lo que han hecho los reyes de Asiria en todos los países, *destruyéndolos por completo. ¿Y acaso vas tú a librarte? 12¿Libraron sus dioses a las naciones que mis antepasados han destruido: Gozán, Jarán, Résef y la gente de Edén que vivía en Telasar? 13¿Dónde están el rey de Jamat, el rey de Arfad, el rey de la ciudad de Sefarvayin, o de Hená o Ivá?»

Oración de Ezequías
19:14-19 — Is 37:14-20

14Ezequías tomó la carta de mano de los mensajeros, y la leyó. Luego subió al templo del SEÑOR, la desplegó delante del SEÑOR, 15y en su presencia oró así: «SEÑOR, Dios de Israel, entronizado sobre los *querubines: sólo tú eres el Dios de todos los reinos de la tierra. Tú has hecho los cielos y la tierra. 16Presta atención, SEÑOR, y escucha; abre tus ojos, SEÑOR, y mira; escucha las palabras que Senaquerib ha mandado a decir para insultar al Dios viviente.

17»Es verdad, SEÑOR, que los reyes asirios han asolado todas estas naciones y sus tierras. 18Han arrojado al fuego sus dioses, y los han destruido, porque no eran dioses sino sólo madera y piedra, obra de manos *humanas. 19Ahora, pues, SEÑOR y Dios nuestro, por favor, sálvanos de su mano, para que todos los reinos de la tierra sepan que sólo tú, SEÑOR, eres Dios.»

Muerte de Senaquerib
19:20-37 — Is 37:21-38
19:35-37 — 2Cr 32:20-21

20Entonces Isaías hijo de Amoz le envió este mensaje a Ezequías: «Así dice el SEÑOR, Dios de Israel: "Por cuanto me has rogado respecto a Senaquerib, rey de Asiria, te he escuchado. 21Ésta es la palabra que yo, el SEÑOR, he pronunciado contra él:

» "La virginal hija de *Sión
　　te desprecia y se burla de ti.
La hija de Jerusalén
　　menea la cabeza al verte huir.
22¿A quién has insultado?
　　¿Contra quién has blasfemado?
¿Contra quién has alzado la voz
　　y levantado los ojos con orgullo?
　　¡Contra el *Santo de Israel!
23Has enviado a tus mensajeros
　　a insultar al Señor, diciendo:
'Con mis numerosos carros de
　　　　combate
escalé las cumbres de las
　　　　montañas,
　　¡las laderas del Líbano!
Talé sus cedros más altos,
　　sus cipreses más selectos.
Alcancé sus refugios más lejanos,
　　y sus bosques más frondosos.
24Cavé pozos en tierras extranjeras,
　　y en esas aguas apagué mi sed.
Con las plantas de mis pies
　　sequé todos los ríos de Egipto.'

25» "¿No te has dado cuenta?
　　¡Hace mucho tiempo que lo he
　　　　preparado!
Desde tiempo atrás lo vengo
　　　　planeando,
　　y ahora lo he llevado a cabo;
por eso tú has dejado en ruinas
　　a las ciudades fortificadas.
26Sus habitantes, impotentes,
　　están desalentados y
　　　　avergonzados.
Son como plantas en el campo,
　　como tiernos pastos verdes,
como hierba que brota sobre el
　　　　techo
　　y que se quema antes de crecer.

27 » "Yo sé bien cuándo te sientas,
cuándo sales, cuándo entras,
y cuánto ruges contra mí.
28 Porque has rugido contra mí
y tu insolencia ha llegado a mis
oídos,
te pondré una argolla en la nariz
y un freno en la boca,
y por el mismo camino por donde
viniste
te haré regresar.

29 » "Ésta será la señal para ti, Ezequías:

» "Este año comerán lo que crezca
por sí solo,
y el segundo año lo que de allí
brote.
Pero al tercer año sembrarán y
cosecharán,
plantarán viñas y comerán su
fruto.
30 Una vez más los sobrevivientes de
la tribu de Judá
echarán raíces abajo, y arriba
darán fruto.
31 Porque de Jerusalén saldrá un
remanente,
del monte Sión un grupo de
sobrevivientes.
Esto lo hará mi celo,
celo del SEÑOR *Todopoderoso.

32 » "Yo, el SEÑOR, declaro esto acerca
del rey de Asiria:

» "No entrará en esta ciudad,
ni lanzará contra ella una sola
flecha.
No se enfrentará a ella con escudos,
ni construirá contra ella una
rampa de asalto.
33 Volverá por el mismo camino que
vino;
¡en esta ciudad no entrará!
Yo, el SEÑOR, lo afirmo.
34 Por mi causa, y por consideración a
David mi siervo,
defenderé esta ciudad y la
salvaré."»

35 Esa misma noche el ángel del SEÑOR
salió y mató a ciento ochenta y cinco mil
hombres del campamento asirio. A la
mañana siguiente, cuando los demás se
levantaron, ¡allí estaban tendidos todos los
cadáveres! 36 Así que Senaquerib, rey de
Asiria, levantó el campamento y se retiró.
Volvió a Nínive y permaneció allí. 37 Pero
un día, mientras adoraba en el templo de
su dios Nisroc, sus hijos Adramélec y
Sarézer lo mataron a espada y escaparon
a la tierra de Ararat. Y su hijo Esarjadón
lo sucedió en el trono.

Enfermedad de Ezequías
20:1-11 — 2Cr 32:24-26; Is 38:1-8

20 Por aquellos días Ezequías se enfermó gravemente y estuvo a punto
de morir. El profeta Isaías hijo de Amoz
fue a verlo y le dijo: «Así dice el SEÑOR:
"Pon tu casa en orden, porque vas a morir;
no te recuperarás."»

2 Ezequías volvió el rostro hacia la pared y le rogó al SEÑOR: 3 «Recuerda,
SEÑOR, que yo me he conducido delante
de ti con lealtad y con un *corazón íntegro,
y que he hecho lo que te agrada.» Y
Ezequías lloró amargamente.

4 No había salido Isaías del patio central, cuando le llegó la palabra del SEÑOR:
5 «Regresa y dile a Ezequías, gobernante
de mi pueblo, que así dice el SEÑOR, Dios
de su antepasado David: "He escuchado
tu oración y he visto tus lágrimas. Voy a
sanarte, y en tres días podrás subir al
templo del SEÑOR. 6 Voy a darte quince
años más de vida. Y a ti y a esta ciudad
los libraré de caer en manos del rey de
Asiria. Yo defenderé esta ciudad por mi
causa y por consideración a David mi
siervo."»

7 Entonces Isaías dijo: «Preparen una
pasta de higos.» Así lo hicieron; luego se
la aplicaron al rey en la llaga, y se recuperó.

8 Ezequías le había preguntado al profeta:

—¿Qué señal recibiré de que el SEÑOR
me sanará, y de que en tres días podré
subir a su templo?

9 Isaías le contestó:

—Ésta es la señal que te dará el SEÑOR
para confirmar lo que te ha prometido: la
sombra ha avanzado diez gradas; ¿podrá
retroceder diez?

10—Es fácil que la sombra se alargue diez gradas —replicó Ezequías—, pero no que vuelva atrás.

11Entonces el profeta Isaías invocó al SEÑOR, y el SEÑOR hizo que la sombra retrocediera diez gradas en la escala de Acaz.

Mensajeros de Babilonia
20:12-19 — Is 39:1-8
20:20-21 — 2Cr 32:32-33

12En aquel tiempo Merodac *k* Baladán hijo de Baladán, rey de Babilonia, le envió cartas y un regalo a Ezequías, porque supo que había estado enfermo. **13**Ezequías se alegró *l* al recibir esto, y les mostró a los mensajeros todos sus tesoros: la plata, el oro, las especias, el aceite fino, su arsenal y todo lo que había en ellos. No hubo nada en su palacio ni en todo su reino que Ezequías no les mostrara.

14Entonces el profeta Isaías fue a ver al rey Ezequías y le preguntó:

—¿Qué querían esos hombres? ¿De dónde vinieron?

—De un país lejano —respondió Ezequías—. Vinieron a verme desde Babilonia.

15—¿Y qué vieron en tu palacio? —preguntó el profeta.

—Vieron todo lo que hay en él —contestó Ezequías—. No hay nada en mis tesoros que yo no les haya mostrado.

16Entonces Isaías le dijo:

—Oye la palabra del SEÑOR: **17**Sin duda vendrán días en que todo lo que hay en tu palacio, y todo lo que tus antepasados atesoraron hasta el día de hoy, será llevado a Babilonia. No quedará nada —dice el SEÑOR—. **18**Y algunos de tus hijos y de tus descendientes serán llevados para servir como *eunucos en el palacio del rey de Babilonia.

19—El mensaje del SEÑOR que tú me has traído es bueno —respondió Ezequías.

Y es que pensaba: «Al menos mientras yo viva, sin duda que habrá *paz y seguridad.»

20Los demás acontecimientos del reinado de Ezequías, y todo su poderío y cómo construyó el estanque y el acueducto que llevaba agua a la ciudad, están escritos en el libro de las crónicas de los reyes de Judá. **21**Ezequías murió, y su hijo Manasés lo sucedió en el trono.

Manasés, rey de Judá
21:1-10 — 2Cr 33:1-10
21:17-18 — 2Cr 33:18-20

21 Manasés tenía doce años cuando ascendió al trono, y reinó en Jerusalén cincuenta y cinco años. Su madre era Hepsiba. **2**Manasés hizo lo que ofende al SEÑOR, pues practicaba las repugnantes ceremonias de las naciones que el SEÑOR había expulsado delante de los israelitas. **3**Reconstruyó los *altares paganos que su padre Ezequías había destruido; además, erigió otros altares en honor de *Baal e hizo una imagen de la diosa *Aserá, como lo había hecho Acab, rey de Israel. Se postró ante todos los astros del cielo y los adoró. **4**Construyó altares en el templo del SEÑOR, lugar del cual el SEÑOR había dicho: «Jerusalén será el lugar donde yo habite.» **5**En ambos atrios del templo del SEÑOR construyó altares en honor de los astros del cielo. **6**Sacrificó en el fuego a su propio hijo, practicó la magia y la hechicería, y consultó a nigromantes y a espiritistas. Hizo continuamente lo que ofende al SEÑOR, provocando así su ira.

7Tomó la imagen de la diosa Aserá que él había hecho, y la puso en el templo, lugar del cual el SEÑOR había dicho a David y a su hijo Salomón: «En este templo en Jerusalén, la ciudad que he escogido de entre todas las tribus de Israel, he decidido habitar para siempre. **8**Nunca más dejaré que los israelitas anden perdidos fuera de la tierra que les di a sus antepasados, siempre y cuando tengan cuidado de cumplir todo lo que yo les he ordenado, es decir, toda la *ley que les dio mi siervo Moisés.» **9**Pero no hicieron caso; Manasés los descarrió, de modo que se condujeron peor que las

---

k **20:12** *Merodac* (mss. hebreos, LXX y Siríaca; véase Is 39:1); *Berodac* (TM).   *l* **20:13** *se alegró* (LXX, Vulgata, Siríaca y varios mss. hebreos; véase Is 39:2); *escuchó* (TM).

naciones que el Señor destruyó delante de ellos.

¹⁰Por lo tanto, el Señor dijo por medio de sus siervos los profetas: ¹¹«Como Manasés, rey de Judá, ha practicado estas repugnantes ceremonias y se ha conducido peor que los amorreos que lo precedieron, haciendo que los israelitas pequen con los ídolos que él hizo, ¹²así dice el Señor, Dios de Israel: "Voy a enviar tal desgracia sobre Jerusalén y Judá, que a todo el que lo oiga le quedará retumbando en los oídos. ¹³Extenderé sobre Jerusalén el mismo cordel con que medí a Samaria, y la misma plomada con que señalé a la familia de Acab. Voy a tratar a Jerusalén como se hace con un plato que se restriega y se pone boca abajo. ¹⁴Abandonaré al resto de mi heredad, entregando a mi pueblo en manos de sus enemigos, que lo saquearán y lo despojarán. ¹⁵Porque los israelitas han hecho lo que me ofende, y desde el día en que sus antepasados salieron de Egipto hasta hoy me han provocado."»

¹⁶Además del pecado que hizo cometer a Judá, haciendo así lo que ofende al Señor, Manasés derramó tanta sangre inocente que inundó a Jerusalén de un extremo a otro.

¹⁷Los demás acontecimientos del reinado de Manasés, y todo lo que hizo, incluso el pecado que cometió, están escritos en el libro de las crónicas de los reyes de Judá. ¹⁸Manasés murió y fue sepultado en su palacio, en el jardín de Uza. Y su hijo Amón lo sucedió en el trono.

Amón, rey de Judá
21:19-24 — 2Cr 33:21-25

¹⁹Amón tenía veintidós años cuando ascendió al trono, y reinó en Jerusalén dos años. Su madre era Mesulémet hija de Jaruz, oriunda de Jotba. ²⁰Amón hizo lo que ofende al Señor, como lo había hecho su padre Manasés. ²¹En todo siguió el mal ejemplo de su padre, adorando e inclinándose ante los ídolos que éste había adorado. ²²Así que abandonó al Señor, Dios de

sus antepasados, y no anduvo en el *camino del Señor.

²³Los ministros del rey Amón conspiraron contra él, y lo asesinaron en su palacio. ²⁴Entonces el pueblo mató a todos los que habían conspirado contra el rey Amón, y en su lugar proclamaron rey a su hijo Josías.

²⁵Los demás acontecimientos del reinado de Amón están escritos en el libro de las crónicas de los reyes de Judá. ²⁶Amón fue sepultado en su sepulcro, en el jardín de Uza. Y su hijo Josías lo sucedió en el trono.

Josías, rey de Judá
22:1-20 — 2Cr 34:1-2,8-28

22 Josías tenía ocho años cuando ascendió al trono, y reinó en Jerusalén treinta y un años. Su madre era Jedidá hija de Adaías, oriunda de Boscat. ²Josías hizo lo que agrada al Señor, pues en todo siguió el buen ejemplo de su antepasado David; no se desvió de él en el más mínimo detalle.

³En el año dieciocho de su reinado, el rey Josías mandó a su cronista Safán, hijo de Asalías y nieto de Mesulán, que fuera al templo del Señor. Le dijo: ⁴«Preséntate ante el sumo sacerdote Jilquías y encárgale que recoja el dinero que el pueblo ha llevado al templo del Señor y ha entregado a los porteros. ⁵Ordena que ahora se les entregue el dinero a los que supervisan la restauración del templo del Señor, para pagarles a los trabajadores que lo están reparando. ⁶Que les paguen a los carpinteros, a los maestros de obra y a los albañiles, y que compren madera y piedras de cantería para restaurar el templo. ⁷Pero no les pidan cuentas a los que están encargados de pagar, pues ellos proceden con toda honradez.»

⁸El sumo sacerdote Jilquías le dijo al cronista Safán: «He encontrado el libro de la *ley en el templo del Señor.» Entonces se lo entregó a Safán, y éste, después de leerlo, ⁹fue y le informó al rey:

—Los ministros de Su Majestad han recogido el dinero*ᵐ* que estaba en el tem-

---

ᵐ **22:9** *recogido el dinero*. Lit. *fundido la plata*.

plo del SEÑOR, y se lo han entregado a los trabajadores y a los supervisores.

¹⁰El cronista Safán también le informó al rey que el sumo sacerdote Jilquías le había entregado un libro, el cual leyó en su presencia.

¹¹Cuando el rey oyó las palabras del libro de la ley, se rasgó las vestiduras ¹²y dio esta orden a Jilquías el sacerdote, a Ajicán hijo de Safán, a Acbor hijo de Micaías, a Safán el cronista, y a Asaías, su ministro personal:

¹³—Vayan a consultar al SEÑOR por mí, por el pueblo y por todo Judá con respecto a lo que dice este libro que se ha encontrado. Sin duda que la gran ira del SEÑOR arde contra nosotros, porque nuestros antepasados no obedecieron lo que dice este libro ni actuaron según lo que está prescrito para nosotros.

¹⁴Así que Jilquías el sacerdote, Ajicán, Acbor, Safán y Asaías fueron a consultar a la profetisa Huldá, que vivía en el barrio nuevo de Jerusalén. Huldá era la esposa de Salún, el encargado del vestuario, quien era hijo de Ticvá y nieto de Jarjás.

¹⁵Huldá les contestó: «Así dice el SEÑOR, Dios de Israel: "Díganle al que los ha enviado ¹⁶que yo, el SEÑOR, les advierto: 'Voy a enviar desgracia sobre este lugar y sus habitantes, según todo lo que dice el libro que ha leído el rey de Judá. ¹⁷Ellos me han abandonado; han quemado incienso a otros dioses y me han provocado a ira con todos sus ídolos.[n] Por eso mi ira arde contra este lugar, y no se apagará.' ¹⁸Pero al rey de Judá, que los envió para consultarme, díganle en lo que atañe a las palabras que él ha oído, que yo, el SEÑOR, Dios de Israel, afirmo: ¹⁹'Como te has conmovido y humillado ante el SEÑOR al escuchar lo que he anunciado contra este lugar y sus habitantes, que serían asolados y malditos; y como te has rasgado las vestiduras y has llorado en mi presencia, yo te he escuchado. Yo, el SEÑOR, lo afirmo. ²⁰Por lo tanto, te reuniré con tus antepasados, y serás sepultado en *paz. Tus ojos no verán la desgracia que enviaré sobre este lugar.'"»

Así que ellos regresaron para informar al rey.

Renovación del pacto

23:1-3 — 2Cr 34:29-32
23:21-23 — 2Cr 35:1,18-19
23:28-30 — 2Cr 35:20—36:1

23 Entonces el rey mandó convocar a todos los *ancianos de Judá y Jerusalén. ²Acompañado de toda la *gente de Judá, de los habitantes de Jerusalén, de los sacerdotes, de los profetas y, en fin, de la nación entera, desde el más pequeño hasta el más grande, el rey subió al templo del SEÑOR. Y en presencia de ellos leyó todo lo que está escrito en el libro del *pacto que fue hallado en el templo del SEÑOR. ³Después se puso de pie junto a la columna, y en presencia del SEÑOR renovó el pacto. Se comprometió a seguir al SEÑOR y a cumplir, de todo *corazón y con toda el *alma, sus mandamientos, sus preceptos y sus decretos, reafirmando así las palabras del pacto que están escritas en ese libro. Y todo el pueblo confirmó el pacto.

⁴Luego el rey ordenó al sumo sacerdote Jilquías, a los sacerdotes de segundo rango y a los porteros, que sacaran del templo del SEÑOR todos los objetos consagrados a *Baal, a *Aserá y a todos los astros del cielo. Hizo que los quemaran en los campos de Cedrón, a las afueras de Jerusalén, y que llevaran las cenizas a Betel. ⁵También destituyó a los sacerdotes idólatras que los reyes de Judá habían nombrado para quemar[n] incienso en los *altares paganos, tanto en las ciudades de Judá como en Jerusalén, los cuales quemaban incienso a Baal, al sol y a la luna, al zodíaco y a todos los astros del cielo. ⁶El rey sacó del templo del SEÑOR la imagen para el culto a Aserá y la llevó al arroyo de Cedrón, en las afueras de Jerusalén; allí la quemó hasta convertirla en cenizas, las cuales echó en la fosa común. ⁷Además, derrumbó en el templo del SEÑOR los cuartos dedicados a la prostitución sagrada, donde las mujeres tejían mantos[o] para la diosa Aserá.

---

[n] **22:17** *todos sus ídolos.* Lit. *toda la obra de sus manos.*   [ñ] **23:5** *para quemar* (mss. de LXX, Siríaca y Vulgata); *y quemó* (TM).   [o] **23:7** *mantos.* Palabra de difícil traducción.

⁸Josías trasladó a Jerusalén a todos los sacerdotes de las ciudades de Judá, y desde Gueba hasta Berseba eliminó*ᵖ* los *santuarios paganos donde ellos habían quemado incienso. También derribó los altares paganos junto a la puerta de Josué el gobernador, que está ubicada a la izquierda de la entrada a la ciudad. ⁹Aunque los sacerdotes que habían servido en los altares paganos no podían ministrar en el altar del Señor en Jerusalén, participaban de las comidas sagradas junto con los otros sacerdotes.*�q*

¹⁰El rey eliminó el santuario llamado Tofet, que estaba en el valle de Ben Hinón, para que nadie sacrificara en el fuego a su hijo o hija en honor de Moloc. ¹¹Se llevó los caballos que los reyes de Judá habían consagrado al sol y que se habían puesto en la entrada al templo del Señor, junto a la habitación de Natán Mélec, el *eunuco encargado del recinto. Josías también quemó los carros consagrados al sol.

¹²Además, el rey derribó los altares que los reyes de Judá habían erigido en la azotea de la sala de Acaz, y los que Manasés había erigido en los dos atrios del templo del Señor. Los hizo pedazos y echó los escombros en el arroyo de Cedrón. ¹³Eliminó los altares paganos que había al este de Jerusalén, en el lado sur de la Colina de la Destrucción,*ʳ* los cuales Salomón, rey de Israel, había construido para *Astarté, la despreciable diosa de los sidonios, para Quemós, el detestable dios de los moabitas, y para Moloc,*ˢ* el abominable dios de los amonitas.

¹⁴Josías hizo pedazos las *piedras sagradas y las imágenes de la diosa Aserá, y llenó con huesos *humanos los lugares donde se habían erigido. ¹⁵Derribó también el altar de Betel y el santuario pagano construidos por Jeroboán hijo de Nabat, que hizo pecar a Israel. Además, quemó el santuario pagano hasta convertirlo en cenizas, y le prendió fuego a la imagen de Aserá.

¹⁶De regreso, al ver los sepulcros que había en la colina, Josías mandó que recogieran los huesos y los quemaran en el altar para profanarlo, cumpliendo así la palabra del Señor que el hombre de Dios había comunicado cuando anunció estas cosas. ¹⁷Luego el rey preguntó:

—¿De quién es ese monumento que veo allá?

Y los habitantes de la ciudad le contestaron:

—Es el sepulcro del hombre de Dios que vino desde Judá, y que pronunció contra el altar de Betel lo que Su Majestad acaba de hacer.

¹⁸—Déjenlo, pues —replicó el rey—; que nadie mueva sus huesos.

Fue así como se conservaron sus huesos junto con los del profeta que había venido de Samaria.

¹⁹Tal como lo hizo en Betel, Josías eliminó todos los santuarios paganos que los reyes de Israel habían construido en las ciudades de Samaria, con los que provocaron la ira del Señor. ²⁰Finalmente, mató sobre los altares a todos los sacerdotes de aquellos santuarios, y encima de ellos quemó huesos humanos. Entonces regresó a Jerusalén.

²¹Después el rey dio esta orden al pueblo:

—Celebren la Pascua del Señor su Dios, según está escrito en este libro del pacto.

²²Desde la época de los *jueces que gobernaron a Israel hasta la de los reyes de Israel y de Judá, no se había celebrado una Pascua semejante. ²³Pero en el año dieciocho del reinado del rey Josías, esta Pascua se celebró en Jerusalén en honor del Señor.

²⁴Además, Josías expulsó a los adivinos y a los hechiceros, y eliminó toda clase de ídolos y el resto de las cosas detestables que se veían en el país de Judá y en Jerusalén. Lo hizo así para cumplir las instrucciones de la *ley, escritas en el libro que el sacerdote Jilquías encontró en el templo del Señor. ²⁵Ni antes ni después de Josías hubo otro rey que, como él, se volviera al Señor de

---

ᵖ **23:8** *eliminó.* Lit. *profanó;* también en vv. 10 y 13.   *q* **23:9** *participaban ... sacerdotes.* Lit. *comían panes sin levadura con sus hermanos.*   *ʳ* **23:13** *la Colina de la Destrucción.* Es decir, el monte de los Olivos.   *ˢ* **23:13** *Moloc.* Lit. *Milcón.*

todo corazón, con toda el alma y con todas sus fuerzas, siguiendo en todo la ley de Moisés.

²⁶A pesar de eso, el SEÑOR no apagó el gran fuego de su ira, que ardía contra Judá por todas las afrentas con que Manasés lo había provocado. ²⁷Por lo tanto, el SEÑOR declaró: «Voy a apartar de mi presencia a Judá, como lo hice con Israel; repudiaré a Jerusalén, la ciudad que escogí, y a este templo, del cual dije: "Ése será el lugar donde yo habite."»

²⁸Los demás acontecimientos del reinado de Josías, y todo lo que hizo, están escritos en el libro de las crónicas de los reyes de Judá. ²⁹En aquel tiempo el faraón Necao, rey de Egipto, fue a encontrarse con el rey de Asiria camino del río Éufrates. El rey Josías le salió al paso, pero Necao le hizo frente en Meguido y lo mató. ³⁰Los oficiales de Josías llevaron su cadáver en un carro desde Meguido hasta Jerusalén y lo sepultaron en su tumba. Entonces el pueblo tomó a Joacaz hijo de Josías, lo ungió y lo proclamó rey en lugar de su padre.

Joacaz, rey de Judá
23:31-34 — 2Cr 36:2-4

³¹Joacaz tenía veintitrés años cuando ascendió al trono, y reinó en Jerusalén tres meses. Su madre era Jamutal hija de Jeremías, oriunda de Libná. ³²Joacaz hizo lo que ofende al SEÑOR, tal como lo habían hecho sus antepasados. ³³Para impedir que Joacaz reinara en Jerusalén, el faraón Necao lo encarceló en Riblá, en el territorio de Jamat, y además impuso sobre Judá un tributo de tres mil trescientos kilos de plata y treinta y tres kilosᶠ de oro. ³⁴Luego hizo rey a Eliaquín hijo de Josías en lugar de su padre, y le dio el nombre de Joacim. En cuanto a Joacaz, lo llevó a Egipto, donde murió.

³⁵Joacim le pagó al faraón Necao la plata y el oro que exigió, pero tuvo que establecer un impuesto sobre el país: reclamó de cada persona, según su tasación, la plata y el oro que se le debía entregar al faraón Necao.

Joacim, rey de Judá
23:36–24:6 — 2Cr 36:5-8

³⁶Joacim tenía veinticinco años cuando ascendió al trono, y reinó en Jerusalén once años. Su madre era Zebudá hija de Pedaías, oriunda de Rumá. ³⁷También este rey hizo lo que ofende al SEÑOR, tal como lo hicieron sus antepasados.

24 Durante el reinado de Joacim, lo atacó Nabucodonosor, rey de Babilonia, y lo sometió durante tres años, al cabo de los cuales Joacim decidió rebelarse. ²Entonces el SEÑOR envió contra Joacim bandas de guerrilleros *babilonios, *sirios, moabitas y amonitas. Las envió contra Judá para destruir el país, según la palabra que el SEÑOR había dado a conocer por medio de sus siervos los profetas. ³De hecho, esto le sucedió a Judá por orden del SEÑOR, para apartar al pueblo de su presencia por los pecados de Manasés y por todo lo que hizo, ⁴incluso por haber derramado sangre inocente, con la cual inundó a Jerusalén. Por lo tanto, el SEÑOR no quiso perdonar.

⁵Los demás acontecimientos del reinado de Joacim, y todo lo que hizo, están escritos en el libro de las crónicas de los reyes de Judá. ⁶Joacim murió, y su hijo Joaquín lo sucedió en el trono.

⁷El rey de Egipto no volvió a hacer campañas militares fuera de su país, pues el rey de Babilonia se había adueñado de todas sus posesiones, desde el río de Egipto hasta el río Éufrates.

Joaquín, rey de Judá
24:8-17 — 2Cr 36:9-10

⁸Joaquín tenía dieciocho años cuando ascendió al trono, y reinó en Jerusalén tres meses. Su madre era Nejustá hija de Elnatán, oriunda de Jerusalén. ⁹Joaquín hizo lo que ofende al SEÑOR, tal como lo había hecho su padre.

¹⁰En aquel tiempo, las tropas de Nabucodonosor, rey de Babilonia, marcharon contra Jerusalén y la sitiaron. ¹¹Cuando ya la tenían cercada, Nabucodonosor llegó a la ciudad. ¹²Joaquín, rey de Judá, se

---

ᶠ**23:33** *tres mil trescientos kilos ... treinta y tres kilos.* Lit. *cien *talentos ... un talento.*

rindió, junto con su madre y sus funcionarios, generales y oficiales. Así, en el año octavo de su reinado, el rey de Babilonia capturó a Joaquín.

¹³Tal como el Señor lo había anunciado, Nabucodonosor se llevó los tesoros del templo del Señor y del palacio real, partiendo en pedazos todos los utensilios de oro que Salomón, rey de Israel, había hecho para el templo. ¹⁴Además, deportó a todo Jerusalén: a los generales y a los mejores soldados, a los artesanos y a los herreros, un total de diez mil personas. No quedó en el país más que la gente pobre.

¹⁵Nabucodonosor deportó a Joaquín a Babilonia, y también se llevó de Jerusalén a la reina madre, a las mujeres del rey, a sus oficiales y a la flor y nata del país. ¹⁶Deportó además a todos los guerreros, que eran siete mil, y a mil artesanos y herreros, todos aptos para la guerra. El rey de Babilonia se los llevó cautivos a Babilonia. ¹⁷Luego puso como rey a Matanías, tío de Joaquín, y le dio el nombre de Sedequías.

Sedequías, rey de Judá
24:18-20 — 2Cr 36:11-16; Jer 52:1-3

¹⁸Sedequías tenía veintiún años cuando ascendió al trono, y reinó en Jerusalén once años. Su madre se llamaba Jamutal hija de Jeremías, oriunda de Libná. ¹⁹Al igual que Joacim, Sedequías hizo lo que ofende al Señor, ²⁰a tal grado que el Señor, en su ira, los echó de su presencia. Todo esto sucedió en Jerusalén y en Judá.

La caída de Jerusalén
25:1-12 — Jer 39:1-10
25:1-21 — 2Cr 36:17-20; Jer 52:4-27
25:22-26 — Jer 40:7-9; 41:1-3,16-18

25 Sedequías se rebeló contra el rey de Babilonia.

¹En el año noveno del reinado de Sedequías, a los diez días del mes décimo, Nabucodonosor, rey de Babilonia, marchó con todo su ejército y atacó a Jerusalén. Acampó frente a la ciudad y construyó una rampa de asalto a su alrededor. ²La ciudad estuvo sitiada hasta el año undécimo del reinado de Sedequías.

³A los nueve días del mes cuarto,^u cuando el hambre se agravó en la ciudad, y no había más alimento para el pueblo, ⁴se abrió una brecha en el muro de la ciudad, de modo que, aunque los *babilonios la tenían cercada, todo el ejército se escapó de noche por la puerta que estaba entre los dos muros, junto al jardín real. Huyeron camino al Arabá,^v ⁵pero el ejército babilonio persiguió a Sedequías hasta alcanzarlo en la llanura de Jericó. Sus soldados se dispersaron, abandonándolo, ⁶y los babilonios lo capturaron. Entonces lo llevaron ante el rey de Babilonia, que estaba en Riblá. Allí Sedequías recibió su sentencia. ⁷Ante sus propios ojos degollaron a sus hijos, y después le sacaron los ojos, lo ataron con cadenas de bronce y lo llevaron a Babilonia.

⁸A los siete días del mes quinto del año diecinueve del reinado de Nabucodonosor, rey de Babilonia, su ministro Nabuzaradán, que era el comandante de la guardia, fue a Jerusalén ⁹y le prendió fuego al templo del Señor, al palacio real y a todas las casas de Jerusalén, incluso a todos los edificios importantes. ¹⁰Entonces el ejército babilonio bajo su mando derribó las murallas que rodeaban la ciudad. ¹¹Nabuzaradán además deportó a la gente que quedaba en la ciudad, es decir, al resto de la muchedumbre y a los que se habían aliado con el rey de Babilonia. ¹²Sin embargo, dejó a algunos de los más pobres para que se encargaran de los viñedos y de los campos.

¹³Los babilonios quebraron las columnas de bronce, las bases y la fuente^w de bronce que estaban en el templo del Señor, y se llevaron todo el bronce a Babilonia. ¹⁴También se llevaron las ollas, las tenazas, las despabiladeras, la vajilla y todos los utensilios de bronce que se usaban para el culto. ¹⁵Además, el comandante de la guardia se apoderó de los incensarios y de los aspersorios, todo lo cual era de oro y de plata.

---

^u**25:3** *cuarto.* El texto hebreo no incluye esta palabra, pero véase Jer 52:6.   ^v**25:4** *Arabá.* Alt. *valle del Jordán.*   ^w**25:13** *la fuente.* Lit. *el mar;* también en v. 16.

16El bronce de las dos columnas, de la fuente y de las bases, que Salomón había hecho para el templo del SEÑOR, era tanto que no se podía pesar. **17**Cada columna medía ocho metros de altura. El capitel de bronce que estaba encima de cada columna medía metro y medio*x* de altura y estaba decorado alrededor con una red y con granadas de bronce. Las dos columnas tenían el mismo adorno.

18El comandante de la guardia tomó presos a Seraías, sacerdote principal, a Sofonías, sacerdote de segundo rango, y a los tres porteros. **19**De los que quedaban en la ciudad, apresó al oficial encargado de las tropas, a cinco de los servidores personales del rey, al cronista principal del ejército, encargado de reclutar soldados de entre el pueblo, y a sesenta ciudadanos que todavía estaban en la ciudad. **20**Después de apresarlos, Nabuzaradán, comandante de la guardia, se los llevó al rey de Babilonia, que estaba en Riblá. **21**Allí, en el territorio de Jamat, el rey los hizo ejecutar.

Así Judá fue desterrado y llevado cautivo.

22Nabucodonosor, rey de Babilonia, nombró a Guedalías, hijo de Ajicán y nieto de Safán, para que gobernara a la gente que había dejado en Judá. **23**Cuando los oficiales del ejército de Judá y sus tropas se enteraron de que el rey de Babilonia había nombrado gobernador a Guedalías, fueron a ver a éste en Mizpa.

Los oficiales eran Ismael hijo de Netanías, Johanán hijo de Carea, Seraías hijo de Tanjumet, oriundo de Netofa, y Jazanías, hijo de un hombre de Macá. **24**Guedalías les hizo este juramento a ellos y a sus tropas: «No teman a los oficiales babilonios. Si ustedes se quedan en el país y sirven al rey de Babilonia, les aseguro que les irá bien.»

25Pero a los siete meses Ismael, hijo de Netanías y nieto de Elisama, que era de la estirpe real, y diez hombres que lo acompañaban, fueron y asesinaron a Guedalías; también mataron a los hombres de Judá y a los babilonios que formaban parte de su séquito en Mizpa. **26**Acto seguido, todos huyeron a Egipto, grandes y pequeños, junto con los oficiales, pues temían a los babilonios.

Liberación del rey Joaquín
25:27-30 — Jer 52:31-34

27En el día veintisiete del mes duodécimo del año treinta y siete del exilio de Joaquín, rey de Judá, Evil Merodac, rey de Babilonia, en el año primero de su reinado, sacó a Joaquín de la cárcel. **28**Lo trató amablemente y le dio una posición más alta que la de los otros reyes que estaban con él en Babilonia. **29**Joaquín dejó su ropa de prisionero, y por el resto de su vida comió a la mesa del rey. **30**Además, durante toda su vida Joaquín gozó de una pensión diaria que le proveía el rey el Babilonia.

---

x **25:17** *ocho metros ... metro y medio.* Lit. *dieciocho* **codos ... tres codos.*

Primer Libro de las
Crónicas

Descendientes de Adán

1 Adán, Set, Enós, 2Caínán, Malalel, Jared, 3Enoc, Matusalén, Lamec, 4Noé.

Descendientes de Noé

1:5-23 — Gn 10:2-31; 11:10-27

Hijos de Noé:ª Sem, Cam y Jafet.

5 Hijos de Jafet: Gómer, Magog, Maday, Javán, Tubal, Mésec y Tirás.

6 Hijos de Gómer: Asquenaz, Rifat y Togarma.

7 Hijos de Javán: Elisá, Tarsis, Chipre y Rodanín.

8 Hijos de Cam: Cus, Misrayin, Fut y Canaán.

9 Hijos de Cus: Seba, Javilá, Sabtá, Ragama y Sabteca.

Hijos de Ragama: Sabá y Dedán.

10 Cus fue el padre de Nimrod, quien llegó a ser un notable guerrero en la tierra.

11 Misrayin fue el antepasado de los ludeos, los anameos, los leabitas, los naftuitas, 12los patruseos, los caslujitas y los caftoritas, de quienes descienden los filisteos.

13 Canaán fue el padre de Sidón, su primogénito, y de Het, 14y el antepasado de los jebuseos, los amorreos, los gergeseos, 15los heveos, los araceos, los sineos, 16los arvadeos, los zemareos y los jamatitas.

17 Hijos de Sem: Elam, Asur, Arfaxad, Lud y Aram.

Hijos de Aram:ᵇ Uz, Hul, Guéter y Mésec. 18Arfaxad fue el padre de Selá, y éste lo fue de Éber. 19Éber

tuvo dos hijos; el primero se llamó Péleg, porque en su tiempo se dividió la tierra. El hermano de Péleg se llamó Joctán. 20Joctán fue el padre de Almodad, Sélef, Jazar Mávet, Yeraj, 21Hadorán, Uzal, Diclá, 22Obal,ᶜ Abimael, Sabá, 23Ofir, Javilá y Jobab. Todos éstos fueron hijos de Joctán.

Descendientes de Sem

24 Sem, Arfaxad, Selá, 25Éber, Péleg, Reú, 26Serug, Najor, Téraj 27y Abram, que es también Abraham.

Descendientes de Abraham

1:29-31 — Gn 25:12-16
1:32-33 — Gn 25:1-4

28 Hijos de Abraham: Isaac e Ismael.

29 Sus descendientes fueron Nebayot, primogénito de Ismael, Cedar, Adbel, Mibsán, 30Mismá, Dumá, Masá, Hadad, Temá, 31Jetur, Nafis y Cedema. Éstos fueron los hijos de Ismael.

32 Los hijos de Cetura, la concubina de Abraham, fueron Zimrán, Jocsán, Medán, Madián, Isbac y Súah.

Hijos de Jocsán: Sabá y Dedán.

33 Hijos de Madián: Efá, Éfer, Janoc, Abidá y Eldá. Todos éstos fueron hijos de Cetura.

34 Abraham también fue el padre de Isaac. Los hijos de Isaac fueron Esaú e Israel.

Descendientes de Esaú

1:35-42 — Gn 36:10-14,20-28

35 Hijos de Esaú: Elifaz, Reuel, Jeús, Jalán y Coré.

ª1:4 *Hijos de Noé* (LXX); TM no incluye esta frase.   ᵇ1:17 *Hijos de Aram* (un ms. hebreo y mss. de LXX; véase Gn 10:23); TM no incluye esta frase.   ᶜ1:22 *Obal* (mss. hebreos y Siríaca; véase Gn 10:28); *Ebal* (TM).

36 Hijos de Elifaz: Temán, Omar, Zefo, Gatán y Quenaz, Timná y Amalec.

37 Hijos de Reuel: Najat, Zera, Sama y Mizá.

38 Hijos de Seír:*d* Lotán, Sobal, Zibeón, Aná, Disón, Ezer y Disán.

39 Hijos de Lotán: Horí y Homán. Timná fue hermana de Lotán.

40 Hijos de Sobal: Alván, Manajat, Ebal, Sefó y Onam.

Hijos de Zibeón: Ayá y Aná.

41 El hijo de Aná fue Disón.

Hijos de Disón: Amirán, Esbán, Itrán y Querán.

42 Hijos de Ezer: Bilán, Zaván y Yacán.

Hijos de Disán: Uz y Arán.

Reyes de Edom
1:43-54 — Gn 36:31-43

43 Los reyes que a continuación se mencionan reinaron en la tierra de Edom antes de que los israelitas tuvieran rey:

Bela hijo de Beor; su ciudad se llamaba Dinaba.

44 Cuando Bela murió, lo sucedió en el trono Jobab hijo de Zera, que era de Bosra.

45 Cuando Jobab murió, lo sucedió en el trono Jusán, que era de la tierra de Temán.

46 Cuando Jusán murió, lo sucedió en el trono Hadad hijo de Bedad, quien derrotó a Madián en el campo de Moab. Su ciudad se llamaba Avit.

47 Cuando Hadad murió, lo sucedió en el trono Samla, que era de Masreca.

48 Cuando Samla murió, lo sucedió en el trono Saúl, que era de Rejobot a orillas del río Éufrates.

49 Cuando Saúl murió, lo sucedió en el trono Baal Janán hijo de Acbor.

50 Cuando Baal Janán murió, lo sucedió en el trono Hadad. Su ciudad se llamaba Pau,*e* y su esposa fue Mehitabel, hija de Matred y nieta de Mezab.

51 Después de que murió Hadad, gobernaron en Edom los siguientes caudillos: Timná, Alvá, Jetet,

52 Aholibama, Elá, Pinón, **53** Quenaz, Temán, Mibzar, **54** Magdiel e Iram. Éstos fueron los caudillos de Edom.

Hijos de Israel
2:1-2 — Gn 35:23-26

2 Los hijos de Israel fueron Rubén, Simeón, Leví, Judá, Isacar, Zabulón, **2** Dan, José, Benjamín, Neftalí, Gad y Aser.

Descendientes de Judá
2:5-15 — Rt 4:18-22; Mt 1:3-6

3 Hijos de Judá: Er, Onán y Selá. Estos tres le nacieron de una cananea que era hija de Súaj. Er, primogénito de Judá, hizo lo que ofende al SEÑOR, y el SEÑOR le quitó la vida. **4** Y Tamar, nuera de Judá, le dio a éste dos hijos: Fares y Zera. En total, Judá tuvo cinco hijos.

5 Hijos de Fares: Jezrón y Jamul.

6 Los hijos de Zera fueron cinco en total: Zimri, Etán, Hemán, Calcol y Dardá.*f*

7 El hijo de Carmí fue Acar,*g* quien provocó la desgracia sobre Israel por haber violado el mandato de Dios de *destruirlo todo.

8 El hijo de Etán fue Azarías.

9 Hijos de Jezrón: Jeramel, Ram y Quelubay.*h*

10 Ram fue el padre de Aminadab, y éste lo fue de Naasón, príncipe de los judíos.

11 Naasón fue el padre de Salmón,*i* y éste lo fue de Booz.

12 Booz fue el padre de Obed, y éste lo fue de Isaí. **13** El primer hijo de Isaí fue Eliab; el segundo, Abinadab; el tercero, Simá; **14** el cuarto, Natanael; el quinto, Raday; **15** el sexto, Ozén; y el séptimo, David. **16** Las hermanas de ellos fueron Sarvia y Abigaíl. Los hijos de Sarvia fueron tres: Abisay, Joab y Asael. **17** Abigaíl fue la madre de Amasá hijo de Jéter, el ismaelita.

---

d **1:38** *Seír*. Es decir, Esaú.   *e* **1:50** *Pau* (mss. hebreos, mss. de LXX, Siríaca, Targum, Vulgata; véase Gn 36:39); *Pay* (TM).   *f* **2:6** *Dardá* (mss. hebreos, mss. de LXX, Siríaca y Targum; véase 1R 4:31); *Dara* (TM).   *g* **2:7** En hebreo, *Acar* significa *desgracia*. En el libro de Josué este nombre aparece como *Acán*.   *h* **2:9** *Quelubay*. Variante de *Caleb*.   *i* **2:11** *Salmón* (LXX; véase Rt 4:20); *Salmá* (TM).

18 Caleb hijo de Jezrón tuvo hijos con su esposa Azuba y con Jeriot. Éstos fueron sus hijos: Jéser, Sobab y Ardón. 19Cuando Azuba murió, Caleb tomó por esposa a Efrata, con la que tuvo a su hijo Jur.

20 Jur fue el padre de Uri, y éste lo fue de Bezalel.

21 Cuando Jezrón tenía sesenta años, tomó por esposa a una hija de Maquir, padre de Galaad, y tuvo con ella a su hijo Segub. 22Segub fue el padre de Yaír, y fue dueño de veintitrés ciudades en la tierra de Galaad. 23Pero Guesur y Aram le quitaron los campamentos de Yaír y Quenat, y sus aldeas. En total, le quitaron sesenta pueblos. Todos éstos fueron los descendientes de Maquir, padre de Galaad.

24 Después de que Jezrón murió en Caleb Efrata, Abías, la esposa de Jezrón, dio a luz a Asur, padre*j* de Tecoa.

25 Los hijos de Jeramel, primogénito de Jezrón, fueron Ram, el mayor, Buná, Orén, Ozén y Ahías. 26Jeramel tuvo otra esposa, la cual se llamaba Atará. Ésta fue la madre de Onam.

27 Los hijos de Ram, primogénito de Jeramel, fueron Maaz, Jamín y Équer.

28 Hijos de Onam: Samay y Yada.
Hijos de Samay: Nadab y Abisur. 29La esposa de Abisur se llamaba Abijaíl, con la que tuvo a Ajbán y Molid.

30 Hijos de Nadab: Séled y Apayin. Séled murió sin tener hijos.

31 El hijo de Apayin fue Isí, el hijo de Isí fue Sesán y el hijo de Sesán fue Ajlay.

32 Los hijos de Yada, hermano de Samay, fueron Jéter y Jonatán. Jéter murió sin tener hijos.

33 Hijos de Jonatán: Pélet y Zazá.
Éstos fueron los descendientes de Jeramel.

34 Sesán no tuvo hijos sino hijas, y tenía un esclavo egipcio llamado Yarjá. 35A éste le dio por esposa una de sus hijas, la cual fue la madre de Atay.

36 Atay fue el padre de Natán,
Natán fue el padre de Zabad,
37 Zabad fue el padre de Eflal,
Eflal fue el padre de Obed,
38 Obed fue el padre de Jehú,
Jehú fue el padre de Azarías,
39 Azarías fue el padre de Heles,
Heles fue el padre de Elasá,
40 Elasá fue el padre de Sismay,
Sismay fue el padre de Salún,
41 Salún fue el padre de Jecamías,
y Jecamías fue el padre de Elisama.

Descendientes de Caleb

42 Los hijos de Caleb, hermano de Jeramel, fueron: Mesá, el primogénito, que fue el padre de Zif; y Maresá, que fue el padre de Hebrón.

43 Hijos de Hebrón: Coré, Tapúaj, Requen y Semá.

44 Semá fue el padre de Raham, que fue el padre de Jorcoán.
Requen fue el padre de Samay.

45 Samay fue el padre de Maón.
Maón fue el padre de Betsur.

46 Efá, concubina de Caleb, fue la madre de Jarán, Mosá y Gazez. Jarán fue el padre de Gazez.

47 Hijos de Yaday: Reguen, Jotán, Guesán, Pélet, Efá y Sagaf.

48 Macá, concubina de Caleb, fue la madre de Séber y de Tirjaná, 49y también de Sagaf, que fue el padre de Madmana; y de Seva, que fue el padre de Macbena y de Guibeá. Además, Caleb tuvo una hija llamada Acsa.

50 Éstos fueron los descendientes de Caleb.
Los hijos de Jur, primogénito de Efrata, fueron: Sobal, padre de Quiriat Yearín; 51Salmá, padre de Belén, y Jaref, padre de Bet Gader.

52 Los hijos de Sobal, padre de Quiriat Yearín, fueron: Haroé, la mitad de los manajatitas, 53las familias de Quiriat Yearín, los itritas, los futitas, los sumatitas y los misraítas, de quienes proceden los zoratitas y los estaolitas.

---

j 2:24 *padre*. Alt. *fundador*.

54 Hijos de Salmá: Belén, los netofatitas, Aterot Bet Joab, la mitad de los manajitatas, los zoreítas, 55 y las familias de los escribas que vivían en Jabés, es decir, los tirateos, los simateos y los sucateos. Éstos fueron los quenitas, descendientes de Jamat, padre de la familia de Recab.

Hijos de David

3:1-4 — 2S 3:2-5
3:5-8 — 2S 5:14-16; 1Cr 14:4-7

3 Éstos fueron los hijos de David nacidos en Hebrón:

Su *primogénito fue Amón hijo de Ajinoán la jezrelita;

el segundo, Daniel hijo de Abigaíl de Carmel;

2 el tercero, Absalón hijo de Macá, la hija del rey Talmay de Guesur;

el cuarto, Adonías hijo de Jaguit;

3 el quinto, Sefatías hijo de Abital;

y el sexto, Itreán hijo de Eglá, que era otra esposa de David.

4 Estos seis le nacieron en Hebrón, donde reinó siete años y seis meses. En Jerusalén reinó treinta y tres años. 5 Allí le nacieron Simá, Sobab, Natán y Salomón, hijos de Betsabé,*k* la hija de Amiel. 6 Tuvo también a Ibjar, Elisama, Elifelet, 7 Noga, Néfeg, Jafía, 8 Elisama, Eliadá y Elifelet; nueve en total. 9 Todos éstos fueron hijos de David, sin contar los hijos que tuvo con sus concubinas. La hermana de ellos fue Tamar.

Descendientes de Salomón

10 Éstos fueron los descendientes de Salomón en línea directa: Roboán, Abías, Asá, Josafat, 11 Jorán, Ocozías, Joás, 12 Amasías, Azarías, Jotán, 13 Acaz, Ezequías, Manasés, 14 Amón y Josías. 15 Los hijos de Josías fueron:

Johanán, el primero;

Joacim, el segundo;

Sedequías, el tercero,

y Salún, el cuarto.

16 Los hijos de Joacim fueron Jeconías y Sedequías.

17 Los hijos de Jeconías, el desterrado, fueron Salatiel, 18 Malquirán, Pedaías, Senazar, Jecamías, Hosamá y Nedabías.

19 Los hijos de Pedaías fueron Zorobabel y Simí.

Los hijos de Zorobabel fueron Mesulán y Jananías; Selomit fue hermana de ellos. 20 Tuvo también estos cinco: Jasubá, Ohel, Berequías, Jasadías y Yusab Jésed.

21 Los descendientes de Jananías fueron Pelatías e Isaías, y también los hijos de Refaías, los de Arnán, los de Abdías y los de Secanías.

22 Los descendientes de Secanías fueron Semaías y sus hijos Jatús, Igal, Barías, Nearías y Safat; seis en total.

23 Los hijos de Nearías fueron Elihoenay, Ezequías y Azricán; tres en total.

24 Los hijos de Elihoenay fueron Hodavías, Eliasib, Pelaías, Acub, Johanán, Delaías y Ananí; siete en total.

Descendientes de Judá

4 Los descendientes de Judá en línea directa fueron Fares, Jezrón, Carmí, Jur y Sobal. 2 Reaías hijo de Sobal fue el padre de Yajat, y Yajat fue el padre de Ajumay y de Lajad. Éstas fueron las familias de los zoratitas.

3 Los hijos*l* de Etam fueron Jezrel, Ismá e Idbás. La hermana de ellos fue Jazelelponi. 4 También fueron sus hijos Penuel, padre de Guedor, y Ezer, padre de Jusá. Éstos fueron los descendientes de Jur, primogénito de Efrata, padre*m* de Belén.

5 Asur, padre de Tecoa, tuvo dos esposas, Helá y Nara. 6 Nara fue la madre de Ajusán, Héfer, Temeni y Ajastarí. Éstos fueron los hijos de Nara.

7 Los hijos de Helá fueron Zéret, Yezojar y Etnán.

8 Cos fue el padre de Anub, de Zobebá y de las familias de Ajarjel hijo de Harún.

---

k **3:5** *Betsabé* (un ms. hebreo, LXX y Vulgata; véase 2S 11:3); *Bet Súa* (TM).   *l* **4:3** *Los hijos* (mss. de LXX); *El padre* (TM).   *m* **4:4** *padre.* Alt. *fundador* (también en vv. 5,12,14,17,18,21).

⁹Jabés fue más importante que sus hermanos. Cuando su madre le puso ese *nombre, dijo: «Con aflicción lo he dado a luz».ⁿ ¹⁰Jabés le rogó al Dios de Israel: «Bendíceme y ensancha mi territorio; ayúdame y líbrame del mal, para que no padezca aflicción.» Y Dios le concedió su petición.

¹¹Quelub, hermano de Sujá, fue el padre de Mejir, y Mejir fue el padre de Estón; ¹²Estón fue el padre de Bet Rafá, de Paseaj y de Tejiná, padre de Ir Najás.ñ̃ Éstos fueron los habitantes de Reca.

¹³Los hijos de Quenaz fueron Otoniel y Seraías.

Los hijos de Otoniel fueron Jatat ¹⁴y Meonotay, padre de Ofra.

Seraías fue el padre de Joab, padre de Ge Carisín,ᵒ porque sus habitantes eran herreros.

¹⁵Los hijos de Caleb hijo de Jefone fueron Ir, Elá y Noán. Elá fue el padre de Quenaz.

¹⁶Los hijos de Yalelel fueron Zif, Zifá, Tirías y Asarel.

¹⁷Los hijos de Esdras fueron Jéter, Méred, Éfer y Jalón. Una de las esposas de Méred —con la cual tuvo a Miriam, Samay e Isba, padre de Estemoa— ¹⁸era Bitiá, hija del faraón. La otra esposa de Méred era de la tribu de Judá, y con ella tuvo a Jéred, padre de Guedor, a Héber, padre de Soco, y a Jecutiel, padre de Zanoa.

¹⁹Queilá, el garmita, y Estemoa, el macateo, fueron hijos de la esposa de Hodías, es decir, de la hermana de Naján.

²⁰Los hijos de Simón fueron Amnón, Riná, Ben Janán y Tilón.

Los hijos de Isí fueron Zojet y Ben Zojet.

²¹Los descendientes de Selá hijo de Judá fueron Er, padre de Lecá; Ladá, padre de Maresá y de las familias que trabajan el lino en Bet Asbea; ²²también descendientes de Selá fueron Joaquín, y los habitantes de Cozebá, Joás y Saraf, quienes (según crónicas muy antiguas) antes de volver a Belénᵖ se casaron con mujeres moabitas.�q ²³Éstos eran alfareros que habitaban en Netaín y Guederá, donde se quedaron al servicio del rey.

Descendientes de Simeón
4:28-33 — Jos 19:2-10

²⁴Los descendientes de Simeón fueron Nemuel, Jamín, Jarib, Zera y Saúl. ²⁵El hijo de Saúl fue Salún, el de Salún, Mibsán, y el de Mibsán, Mismá.

²⁶Los descendientes de Mismá en línea directa fueron Jamuel, Zacur y Simí. ²⁷Simí tuvo dieciséis hijos y seis hijas; pero sus hermanos tuvieron pocos hijos, por lo cual sus familias no fueron tan numerosas como las de los descendientes de Judá. ²⁸Se establecieron en Berseba, Moladá, Jazar Súal, ²⁹Bilhá, Esen, Tolad, ³⁰Betuel, Jormá, Siclag, ³¹Bet Marcabot, Jazar Susín, Bet Biray y Sajarayin. Éstas fueron sus ciudades hasta el reinado de David. ³²Sus aldeas fueron Etam, Ayin, Rimón, Toquén y Asán —cinco en total—, ³³más todas las aldeas que estaban alrededor de aquellas ciudades hasta la región de Baal. Éstos fueron los lugares que habitaron, según sus registros genealógicos.

³⁴Mesobab, Jamlec, Josías hijo de Amasías, ³⁵Joel, Jehú hijo de Josibías, hijo de Seraías, hijo de Asiel; ³⁶Elihoenay, Jacoba, Yesojaías, Asaías, Adiel, Jesimiel, Benaías, ³⁷Ziza hijo de Sifi, hijo de Alón, hijo de Jedaías, hijo de Simri, hijo de Semaías: ³⁸todos éstos eran jefes de sus clanes. Como sus familias

---

ⁿ4:9 En hebreo, *Jabés* suena como la palabra que significa *dolor* o *aflicción*.   ñ̃4:12 *Ir Najás*. Alt. *la ciudad de Najás*.   ᵒ4:14 *de Ge Carisín*. Alt. *del valle de Carisín*. (La palabra *carisín* significa *herreros*.)   ᵖ4:22 *antes de volver a Belén* (véanse LXX y Vulgata); en TM, texto de difícil traducción.   q4:22 *se casaron con mujeres moabitas*. Alt. *dominaron en Moab*.

patriarcales llegaron a ser muy numerosas, **39** fueron hasta la *entrada de Guedor, al este del valle, en busca de pastos para sus ganados. **40** Allí encontraron pastos buenos y abundantes, y una tierra extensa, tranquila y pacífica. En ese lugar habían vivido los descendientes de Cam. **41** Los jefes mencionados anteriormente llegaron en los días de Ezequías, rey de Judá. Atacaron los campamentos de los descendientes de Cam y las viviendas *r* que encontraron, y los *destruyeron por completo. Y como en esa región había pastos para sus ganados, se quedaron allí en lugar de ellos, donde habitan hasta el día de hoy. **42** Quinientos de sus soldados, que eran descendientes de Simeón y estaban bajo las órdenes de Pelatías, Nearías, Refaías y Uziel, hijos de Isí, fueron a la montaña de Seír. **43** Después de destruir a los fugitivos del pueblo de Amalec que habían quedado, se establecieron allí, donde habitan hasta el día de hoy.

Descendientes de Rubén

5 Descendencia de Rubén, primogénito de Israel.

Rubén era el primogénito, pero en la genealogía no fue reconocido como tal por haber profanado el lecho de su padre. Su derecho de primogenitura pasó a los hijos de José hijo de Israel. **2** Y aunque es verdad que Judá fue más poderoso que sus hermanos, y hasta llegó a ser jefe de ellos, la primogenitura pasó a José. **3** Los hijos de Rubén, primogénito de Israel, fueron Janoc, Falú, Jezrón y Carmí.

4 Los descendientes de Joel en línea directa fueron Semaías, Gog, Simí, **5** Micaías, Reaías, Baal **6** y Beerá, jefe de los rubenitas. A este último se lo llevó cautivo Tiglat Piléser, rey de Asiria.

7 Éstos fueron los parientes de Beerá, según los registros genealógicos de sus familias: Jeyel el jefe, Zacarías

8 y Bela hijo de Azaz, hijo de Semá, hijo de Joel. Bela habitó en Aroer, y su territorio se extendía hasta Nebo y Baal Megón. **9** Por el oriente se extendía hasta el borde del desierto que colinda con el río Éufrates, pues sus ganados aumentaron mucho en la tierra de Galaad. **10** En el tiempo de Saúl le declararon la guerra a los agarenos y los derrotaron, y se establecieron en la región oriental de Galaad.

Descendientes de Gad

11 Éstos fueron los hijos de Gad que habitaron frente a los rubenitas en la región de Basán, hasta llegar a Salcá: **12** Joel fue el jefe en Basán; el segundo, Safán; y luego Janay y Safat. **13** Sus parientes, según las familias patriarcales, fueron siete en total: Micael, Mesulán, Sabá, Joray, Jacán, Zía y Éber.

14 Éstos fueron los hijos de Abijaíl hijo de Jurí, hijo de Jaroa, hijo de Galaad, hijo de Micael, hijo de Jesisay, hijo de Yadó, hijo de Buz. **15** El jefe de sus familias era Ahí, hijo de Abdiel y nieto de Guní. **16** Éstos habitaron en Galaad, en Basán y sus aldeas, y en todos los campos de pastoreo de Sarón, hasta sus confines. **17** La genealogía de ellos se registró en el tiempo de Jotán, rey de Judá, y de Jeroboán, rey de Israel.

18 Los rubenitas, los gaditas y los de la media tribu de Manasés contaban con un ejército de cuarenta y cuatro mil setecientos sesenta hombres valientes, armados de escudo y de espada, hábiles en el manejo del arco y diestros en la guerra. **19** Combatieron a los agarenos y a Jetur, Nafis y Nodab. **20** Por cuanto confiaban en Dios, clamaron a él en medio del combate, y Dios los ayudó a derrotar a los agarenos y a sus aliados. **21** Se apoderaron de su ganado (cincuenta mil camellos, doscientas cincuenta mil ovejas y dos mil burros) y capturaron a cien mil personas, **22** a

---

r **4:41** *las viviendas.* Alt. *los meunitas.*

muchas de las cuales mataron, porque Dios estaba con ellos. En ese lugar habitaron hasta el tiempo del exilio.

La media tribu de Manasés

23Los hijos de la media tribu de Manasés eran numerosos y se establecieron en el país, desde Basán hasta Baal Hermón, Senir y el monte Hermón. **24**Los jefes de sus familias patriarcales fueron Éfer, Isí, Eliel, Azriel, Jeremías, Hodavías y Yadiel. Todos ellos eran guerreros valientes, hombres importantes y jefes de sus respectivas familias patriarcales. **25**Pero pecaron contra el Dios de sus antepasados, pues se prostituyeron al adorar a los dioses de los pueblos de la región, a los cuales Dios había destruido delante de ellos. **26**Por eso el Dios de Israel incitó contra ellos a Pul, es decir, a Tiglat Piléser, rey de Asiria, quien deportó a los rubenitas, los gaditas y a la media tribu de Manasés, llevándolos a Jalaj, Jabor, Hará, y al río Gozán, donde permanecen hasta hoy.

Descendientes de Leví

6 Éstos fueron los hijos de Leví: Guersón, Coat y Merari.

2 Hijos de Coat: Amirán, Izar, Hebrón y Uziel.

3 Hijos de Amirán: Aarón, Moisés y Miriam.

Hijos de Aarón: Nadab, Abiú, Eleazar e Itamar.

4 Eleazar fue el padre de Finés.

Finés fue el padre de Abisúa,

5 Abisúa fue el padre de Buquí,

Buquí fue el padre de Uzi.

6 Uzi fue el padre de Zeraías,

Zeraías fue el padre de Merayot,

7 Merayot fue el padre de Amarías,

Amarías fue el padre de Ajitob,

8 Ajitob fue el padre de Sadoc,

Sadoc fue el padre de Ajimaz,

9 Ajimaz fue el padre de Azarías,

Azarías fue el padre de Johanán,

10 Johanán fue el padre de Azarías, quien ejerció el sacerdocio en el templo que Salomón construyó en Jerusalén.

11 Azarías fue el padre de Amarías,

Amarías fue el padre de Ajitob,

12 Ajitob fue el padre de Sadoc,

Sadoc fue el padre de Salún,

13 Salún fue el padre de Jilquías,

Jilquías fue el padre de Azarías,

14 Azarías fue el padre de Seraías,

y Seraías fue el padre de Josadac.

15 Josadac fue llevado al cautiverio cuando el SEÑOR deportó a Judá y a Jerusalén por medio de Nabucodonosor.

16 Los hijos de Leví fueron Guersón, Coat y Merari.

17 Hijos de Guersón: Libní y Simí.

18 Hijos de Coat: Amirán, Izar, Hebrón y Uziel.

19 Hijos de Merari: Majlí y Musí.

Éstos fueron los descendientes de los levitas por sus familias.

20 Los descendientes de Guersón en línea directa fueron Libní, Yajat, Zimá, **21**Joa, Idó, Zera y Yatray.

22 Los descendientes de Coat en línea directa fueron Aminadab, Coré, Asir, **23**Elcaná, Ebiasaf, Asir, **24**Tajat, Uriel, Uzías y Saúl.

25 Los hijos de Elcaná fueron Amasay y Ajimot.

26 Los descendientes de Ajimot en línea directa fueron Elcaná, Zofay, Najat, **27**Eliab, Jeroán y Elcaná.

28 Los hijos de Samuel fueron Vasni, el primogénito, y Abías.

29 Los descendientes de Merari en línea directa fueron Majlí, Libní, Simí, Uza, **30**Simá, Jaguías y Asaías.

Cantores del templo

31Éstos fueron los cantores que David nombró para el templo del SEÑOR, desde que se colocó allí el arca. **32**Ellos ya cantaban en la *Tienda de reunión, delante del santuario, antes de que Salomón edificara el templo del SEÑOR en Jerusalén. Luego continuaron su ministerio según las normas establecidas.

33Éstos y sus hijos estuvieron a cargo del canto:

De los descendientes de Coat, el cantor Hemán fue hijo de Joel, descendiente en línea directa de Samuel, **34**Elcaná, Jeroán, Eliel, Toa, **35**Zuf, Elcaná, Mahat, Amasay, **36**Elcaná, Joel, Azarías, Sofonías, **37**Tajat,

Asir, Ebiasaf, Coré, [38]Izar, Coat, Leví e Israel.

[39] A la derecha de Hemán se colocaba su pariente Asaf hijo de Berequías, descendiente en línea directa de Simá, [40]Micael, Baseías, Malquías, [41]Etní, Zera, Adaías, [42]Etán, Zimá, Simí, [43]Yajat, Guersón y Leví.

[44] A la izquierda de Hemán se colocaba Etán hijo de Quisi, que era de sus parientes los meraritas y descendiente en línea directa de Abdí, Maluc, [45]Jasabías, Amasías, Jilquías, [46]Amsí, Baní, Sémer, [47]Majlí, Musí, Merari y Leví.

[48]Sus hermanos los levitas estaban al servicio del santuario, en el templo de Dios. [49]Aarón y sus hijos estaban encargados de quemar las ofrendas sobre el altar de los *holocaustos y sobre el altar del incienso. De acuerdo con lo ordenado por Moisés, siervo de Dios, eran también responsables de todo lo relacionado con el Lugar Santísimo y de hacer la *expiación por Israel.

[50] Los descendientes de Aarón en línea directa fueron Eleazar, Finés, Abisúa, [51]Buquí, Uzi, Zeraías, [52]Merayot, Amarías, Ajitob, [53]Sadoc y Ajimaz.

Ciudades de los levitas
6:54-80 — Jos 21:4-39

[54]Éstos fueron los territorios donde vivían los descendientes de Aarón.

A las familias de los coatitas se les adjudicó por sorteo [55]Hebrón, en la tierra de Judá, con sus campos de pastoreo. [56]A Caleb hijo de Jefone le tocaron el campo de la ciudad y sus aldeas. [57]A los descendientes de Aarón les entregaron las siguientes ciudades de refugio: Hebrón, Libná, Jatir, Estemoa, [58]Hilén, Debir, [59]Asán y Bet Semes, con sus respectivos campos de pastoreo. [60]De la tribu de Benjamín les dieron Gueba, Alemet y Anatot, con sus respectivos campos de pastoreo. En total les tocaron trece ciudades, distribuidas entre sus familias.

[61]Al resto de los descendientes de Coat les tocaron por sorteo diez ciudades de la media tribu de Manasés.

[62]A los descendientes de Guersón, según sus familias, les dieron trece ciudades de las tribus de Isacar, Aser y Neftalí, y de la tribu de Manasés que estaba en Basán.

[63]A los descendientes de Merari, según sus familias, les tocaron por sorteo doce ciudades de las tribus de Rubén, Gad y Zabulón.

[64]Fue así como los israelitas entregaron a los levitas estas ciudades con sus campos de pastoreo. [65]Les adjudicaron por sorteo las ciudades de las tribus de Judá, Simeón y Benjamín, las cuales ya han sido mencionadas.

[66]Algunas de las familias descendientes de Coat recibieron por sorteo ciudades de la tribu de Efraín. [67]Como ciudades de refugio les dieron Siquén, en los montes de Efraín, Guézer, [68]Jocmeán, Bet Jorón, [69]Ayalón y Gat Rimón, con sus respectivos campos de pastoreo. [70]De la media tribu de Manasés les entregaron Aner y Bileán, con sus respectivos campos de pastoreo. Éstas fueron las ciudades asignadas al resto de las familias de Coat.

[71]Los descendientes de Guersón recibieron las siguientes ciudades de la media tribu de Manasés: Golán de Basán, y Astarot, con sus respectivos campos de pastoreo. [72]De la tribu de Isacar recibieron Cedes, Daberat, [73]Ramot y Anén, con sus respectivos campos de pastoreo. [74]De la tribu de Aser recibieron Masal, Abdón, [75]Hucoc y Rejob, con sus respectivos campos de pastoreo. [76]De la tribu de Neftalí recibieron Cedes de Galilea, Hamón y Quiriatayin, con sus respectivos campos de pastoreo.

[77]Los demás descendientes de Merari recibieron las siguientes ciudades de la tribu de Zabulón: Rimón y Tabor, con sus respectivos campos de pastoreo. [78]De la tribu de Rubén, que está en la ribera oriental del Jordán, frente a Jericó, recibieron Béser, que está en el desierto, Jaza, [79]Cademot y Mefat, con sus respectivos campos de pastoreo. [80]De la tribu de Gad recibieron Ramot de Galaad, Majanayin, [81]Hesbón y Jazer, con sus respectivos campos de pastoreo.

Descendientes de Isacar

7 Los hijos de Isacar fueron cuatro en total: Tola, Fuvá, Yasub y Simrón. **2** Los hijos de Tola fueron Uzi, Refaías, Jeriel, Yamay, Ibsán y Samuel, todos ellos guerreros valientes y jefes de las familias patriarcales de Tola. Según sus registros genealógicos, en el tiempo de David eran veintidós mil seiscientos.

3 Israías fue el hijo de Uzi, y los hijos de Israías fueron Micael, Abdías, Joel e Isías, en total cinco jefes. **4** Tan grande era el número de sus mujeres y niños que, según sus registros genealógicos, contaban con un ejército de treinta y seis mil hombres de guerra. **5** El número total de todos sus parientes de las familias de Isacar ascendía a ochenta y siete mil guerreros valientes.

Descendientes de Benjamín

6 Los hijos de Benjamín fueron Bela, Béquer y Jediael, tres en total.

7 Los hijos de Bela fueron Esbón, Uzi, Uziel, Jerimot e Irí, cinco en total. Todos ellos eran jefes de las familias patriarcales y guerreros valientes, y sumaban veintidós mil treinta y cuatro.

8 Los hijos de Béquer fueron Zemirá, Joás, Eliezer, Elihoenay, Omrí, Jerimot, Abías, Anatot y Alamet. Todos ellos eran hijos de Béquer, **9** jefes de sus familias patriarcales y guerreros valientes. Según sus registros genealógicos, eran veinte mil doscientos.

10 Bilhán fue el hijo de Jediael, y los hijos de Bilán fueron Jeús, Benjamín, Aod, Quenaná, Zetán, Tarsis y Ajisajar. **11** Todos ellos descendían de Jediael, y eran jefes de sus familias patriarcales y guerreros valientes. En total, eran diecisiete mil doscientos hombres aptos para la guerra.

12 Los hijos de Ir fueron Supín y Jupín. Jusín fue el hijo de Ajer.

Descendientes de Neftalí

13 Los hijos de Neftalí fueron Yazel, Guní, Jéser y Salún. Éstos eran descendientes de Bilhá.

Descendientes de Manasés

14 Los hijos que Manasés tuvo con su concubina *siria fueron Asriel y Maquir, este último, padre de Galaad. **15** Maquir tomó por esposa a Macá, de la familia de Jupín y Supín. El segundo hijo se llamaba Zelofejad, quien solamente tuvo hijas. **16** Macá, la esposa de Maquir, dio a luz un hijo, al que llamó Peres. Éste fue hermano de Seres y padre de Ulán y Requen. **17** Bedán fue hijo de Ulán.

Éstos fueron los hijos de Galaad, hijo de Maquir, hijo de Manasés. **18** Su hermana Hamoléquet fue la madre de Isod, Abiezer y Majlá.

19 Los hijos de Semidá fueron Ahián, Siquén, Liquejí y Anián.

Descendientes de Efraín

20 Los descendientes de Efraín en línea directa fueron Sutela, Béred, Tajat, Eladá, Tajat, **21** Zabad, Sutela, Ezer y Elad. Los habitantes de Gad mataron a estos dos últimos porque bajaron a robarles sus ganados. **22** Durante mucho tiempo Efraín guardó luto por sus hijos, y sus parientes llegaron para consolarlo. **23** Luego se unió a su esposa, la cual concibió y le dio a luz un hijo, a quien él llamó Beriá por la desgracia[s] que su familia había sufrido. **24** Su hija Será edificó Bet Jorón la de arriba y Bet Jorón la de abajo, y también Uzén Será.

25 Los descendientes de Beriá en línea directa fueron Refa, Résef, Télaj, Taján, **26** Ladán, Amiud, Elisama, **27** Nun y Josué. **28** Sus posesiones y lugares de residencia fueron Betel con sus aldeas; Narán, al este; Guézer con sus aldeas, al oeste; y Si-

---

[s] **7:23** En hebreo, *Beriá* suena como la palabra que significa *desgracia.*

quén con sus aldeas hasta Ayah con sus aldeas. **29**Los descendientes de Manasés tenían en su poder a Betseán, Tanac, Meguido y Dor, con sus respectivas aldeas. En estos lugares se asentaron los descendientes de José hijo de Israel.

Descendientes de Aser

30 Los hijos de Aser fueron Imná, Isvá, Isví, Beriá y Sera, su hermana.

31 Los hijos de Beriá fueron Héber y Malquiel, padre de Birzávit.

32 Los hijos de Héber fueron Jaflet, Semer, Jotán y Suá, su hermana.

33 Los hijos de Jaflet fueron Pasac, Bimal y Asvat.

34 Los hijos de su hermano Semer fueron Rohegá, Yehubá y Aram.

35 Los hijos de su hermano Hélem fueron Zofa, Imná, Seles y Amal.

36 Los hijos de Zofa fueron Súaj, Harnéfer, Súal, Berí, Imrá, **37**Béser, Hod, Sama, Silsa, Itrán y Beerá.

38 Los hijos de Jéter fueron Jefone, Pispa y Ará.

39 Los hijos de Ula fueron Araj, Janiel y Risiyá.

40Todos ellos fueron descendientes de Aser, jefes de familias patriarcales, hombres selectos, guerreros valientes e importantes. Según sus registros genealógicos eran veintiséis mil hombres, aptos para la guerra.

Descendientes de Benjamín

8:28-38 — 1Cr 9:34-44

8 Los hijos de Benjamín fueron: Bela, el primero; Asbel, el segundo; Ajará, el tercero;

2 Noja, el cuarto, y Rafá, el quinto.

3 Los hijos de Bela fueron Adar, Guerá, Abiud, **4**Abisúa, Naamán, Ajoaj, **5**Guerá, Sefufán e Hiram.

6 Los hijos de Aod, jefes de las familias patriarcales que habitaban en Gueba y que luego se trasladaron a Mana-

jat, fueron **7**Naamán, Ahías y Guerá, padre de Uza y de Ajiud. Guerá fue el que los trasladó a Manajat.

8 Después de que Sajarayin repudió a sus esposas Jusín y Bará, tuvo otros hijos en los campos de Moab. **9**Con su esposa Hodes tuvo a Jobab, Sibia, Mesá, Malcán, **10**Jeús, Saquías y Mirma. Estos hijos suyos fueron jefes de familias patriarcales.

11 Con Jusín tuvo a Abitob y a Elpal.

12 Los hijos de Elpal fueron Éber, Misán y Sémed. Sémed edificó las ciudades de Ono y Lod, con sus aldeas; **13**Beriá y Semá fueron jefes de las familias patriarcales de los habitantes de Ayalón, y expulsaron a los habitantes de Gat.

14 Los hijos de Beriá fueron Ajío, Sasac, Jeremot, **15**Zebadías, Arad, Ader, **16**Micael, Ispá y Yojá.

17 Zebadías, Mesulán, Hizqui, Éber, **18**Ismeray, Jezlías y Jobab fueron los hijos de Elpal.

19 Yaquín, Zicrí, Zabdí, **20**Elienay, Ziletay, Eliel, **21**Adaías, Beraías y Simrat fueron los hijos de Simí.

22 Ispán, Éber, Eliel, **23**Abdón, Zicrí, Janán, **24**Jananías, Elam, Anatotías, **25**Ifdaías y Peniel fueron los hijos de Sasac.

26 Samseray, Seharías, Atalías, **27**Jaresías, Elías y Zicrí fueron los hijos de Jeroán. **28**Según sus registros genealógicos, éstos fueron jefes de familias patriarcales y habitaron en Jerusalén.

29 Jehiel,*f* padre de Gabaón, vivía en Gabaón. Su esposa se llamaba Macá.

30Sus hijos fueron Abdón, el primogénito; Zur, Quis, Baal, Ner,*u* Nadab, **31**Guedor, Ajío, Zéquer **32**y Miclot, padre de Simá. Éstos vivían también en Jerusalén con sus hermanos.

33 Ner fue el padre de Quis, y éste fue padre de Saúl, quien fue padre de Jonatán, Malquisúa, Abinadab y Esbaal.*v*

---

*f***8:29** *Jehiel* (mss. de LXX; véase 9:35); TM no incluye este nombre. *u***8:30** *Ner* (mss. de LXX; véase 9:36); TM no incluye este nombre. *v***8:33** *Esbaal.* Conocido también como *Isboset*; también en 9:39.

³⁴ El hijo de Jonatán fue Meribaal, padre de Micaías. ³⁵ Los hijos de Micaías fueron Pitón, Mélec, Tarea y Acaz. ³⁶ Acaz fue padre de Joada, y éste lo fue de Alemet, Azmávet y Zimri. Zimri fue el padre de Mosá; ³⁷ Mosá fue el padre de Biná, y éste lo fue de Rafá; Rafá fue el padre de Elasá, y éste lo fue de Azel. ³⁸ Azel tuvo seis hijos, cuyos nombres fueron Azricán, Bocrú, Ismael, Searías, Abdías y Janán. Éstos fueron los hijos de Azel. ³⁹ Los hijos de su hermano Ésec fueron:

Ulán, el primero;
Jeús, el segundo,
y Elifelet, el tercero.

⁴⁰ Los hijos de Ulán fueron hombres guerreros valientes, diestros con el arco. Tuvieron muchos hijos y nietos: ciento cincuenta en total.

Todos éstos fueron los descendientes de Benjamín.

9 Todos los israelitas fueron registrados en las listas genealógicas e inscritos en el libro de los reyes de Israel.

Los que regresaron a Jerusalén
9:1-17 — Neh 11:3-19

Por causa de su infidelidad a Dios, Judá fue llevado cautivo a Babilonia.

² Los primeros en ocupar nuevamente sus posesiones y ciudades fueron israelitas, sacerdotes, levitas y servidores del templo. ³ Algunos de los descendientes de Judá, Benjamín, Efraín y Manasés habitaron en Jerusalén.

⁴ De los judíos: Utay hijo de Amiud, descendiente en línea directa de Omrí, Imrí, Baní y Fares hijo de Judá.

⁵ De los silonitas: Asaías, el primogénito, con sus hijos.

⁶ De los zeraítas: Jeuel y el resto de sus parientes; en total seiscientos noventa personas.

⁷ De los benjaminitas: Salú hijo de Mesulán, hijo de Hodavías, hijo de Senuá;ʷ ⁸ Ibneías hijo de Jeroán;

Elá hijo de Uzi, hijo de Micri; Mesulán hijo de Sefatías, hijo de Reuel, hijo de Ibnías, ⁹ con sus parientes. Según sus registros genealógicos, eran en total novecientos cincuenta y seis, todos ellos jefes de sus familias patriarcales.

¹⁰ De los sacerdotes: Jedaías, Joyarib, Jaquín, ¹¹ Azarías hijo de Jilquías, que era descendiente en línea directa de Mesulán, Sadoc, Merayot y Ajitob, que fue jefe del templo de Dios; ¹² Adaías hijo de Jeroán, hijo de Pasur, hijo de Malquías; Masay hijo de Adiel, que era descendiente en línea directa de Jazera, Mesulán, Mesilemit e Imer, ¹³ y sus parientes, en total mil setecientos sesenta jefes de familias patriarcales y hombres muy capacitados para el servicio en el templo de Dios.

¹⁴ De los levitas: Semaías hijo de Jasub, que descendía en línea directa de Azricán, Jasabías y Merari; ¹⁵ Bacbacar, Heres, Galal y Matanías hijo de Micaías, hijo de Zicrí, hijo de Asaf; ¹⁶ Abdías hijo de Semaías, hijo de Galal, hijo de Jedutún; Berequías hijo de Asá, hijo de Elcaná, que habitó en las aldeas de los netofatitas.

¹⁷ Los porteros: Salún, Acub, Talmón y Ajimán, y sus parientes; Salún era el jefe. ¹⁸ Hasta ahora custodian la puerta del rey, que está al oriente, y han sido porteros de los campamentos levitas. ¹⁹ Además, Salún hijo de Coré, hijo de Ebiasaf, hijo de Coré, y sus parientes coreítas de la misma familia patriarcal, estaban encargados de custodiar la entrada de la *Tienda de reunión, tal como sus antepasados habían custodiado la entrada del campamento del SEÑOR. ²⁰ En el pasado, Finés hijo de Eleazar fue su jefe, y el SEÑOR estuvo con él. ²¹ Zacarías hijo de Meselemías era el portero de la Tienda de reunión.

ʷ 9:7 *Senuá.* Alt. *Hasenuá.*

22Los escogidos como porteros fueron un total de doscientos doce. En sus aldeas se encuentran sus registros genealógicos. David y Samuel el vidente les asignaron sus funciones. **23**Los porteros y sus hijos estaban encargados de custodiar la entrada de la tienda de campaña que se usaba como templo del SEÑOR. **24**Había porteros en los cuatro puntos cardinales. **25**Cada siete días, sus parientes que vivían en las aldeas se turnaban para ayudarlos. **26**Los cuatro porteros principales estaban en servicio permanente. Eran levitas y custodiaban las salas y los tesoros del templo de Dios. **27**Durante le noche montaban guardia alrededor del templo, y en la mañana abrían sus puertas.

28Algunos de ellos estaban encargados de los utensilios que se usaban en el servicio del templo, y debían contarlos al sacarlos y al guardarlos. **29**Otros estaban a cargo de los utensilios, de todos los vasos sagrados, de la harina, el vino, el aceite, el incienso y los perfumes. **30**Algunos de los sacerdotes preparaban la mezcla de los perfumes. **31**El levita Matatías, primogénito del coreíta Salún, estaba encargado de hacer las tortas para las ofrendas. **32**Algunos de sus parientes coatitas preparaban los *panes sagrados para cada *sábado.

33También había cantores que eran jefes de familias patriarcales de los levitas, los cuales vivían en las habitaciones del templo. Éstos estaban exentos de cualquier otro servicio, porque de día y de noche tenían que ocuparse de su ministerio.

34Según sus registros genealógicos, éstos eran jefes de las familias patriarcales de los levitas y vivían en Jerusalén.

Genealogía de Saúl
9:34-44 — 1Cr 8:28-38

35 En Gabaón vivía Jehiel, padre de Gabaón. Su esposa se llamaba Macá, **36**y sus hijos fueron Abdón, el primogénito; Zur, Quis, Baal, Ner, Nadab, **37**Guedor, Ajío, Zacarías y Miclot, **38**que fue padre de Simán. Éstos también vivían en Jerusalén con sus parientes.

39 Ner fue el padre de Quis, Quis lo fue de Saúl, y Saúl lo fue de Jonatán, Malquisúa, Abinadab y Esbaal. **40**Jonatán fue el padre de Meribaal, y Meribaal lo fue de Micaías. **41** Los hijos de Micaías fueron Pitón, Mélec, Tarea y Acaz.[x] **42**Acaz fue el padre de Jará, y éste lo fue de Alemet, Azmávet y Zimri. Zimri fue el padre de Mosá; **43**Mosá fue el padre de Biná, y éste lo fue de Refaías; Refaías fue el padre de Elasá, y éste lo fue de Azel.

44 Azel tuvo seis hijos, cuyos nombres fueron Azricán, Bocrú, Ismael, Searías, Abdías y Janán. Éstos fueron los hijos de Azel.

Muerte de Saúl
10:1-12 — 1S 31:1-13; 2S 1:4-12

10 Los filisteos fueron a la guerra contra Israel, y los israelitas huyeron ante ellos. Muchos de ellos cayeron muertos en el monte Guilboa. **2**Entonces los filisteos se fueron en persecución de Saúl, y lograron matar a sus hijos Jonatán, Abinadab y Malquisúa. **3**La batalla se intensificó contra Saúl, y los arqueros lo alcanzaron con sus flechas. Al verse herido, **4**Saúl le dijo a su escudero: «Saca la espada y mátame, no sea que me maten esos incircuncisos cuando lleguen, y se diviertan a costa mía.»

Pero el escudero estaba tan asustado que no quiso hacerlo, de modo que Saúl mismo tomó su espada y se dejó caer sobre ella. **5**Cuando el escudero vio que Saúl caía muerto, también él se arrojó sobre su propia espada y murió. **6**Así murieron Saúl y sus tres hijos. Ese día pereció toda su familia.

7Cuando los israelitas que vivían en el valle vieron que el ejército había huido, y que Saúl y sus hijos habían muerto, también ellos abandonaron sus ciudades y se dieron a la fuga. Así fue como los filisteos las ocuparon.

8Al otro día, cuando los filisteos llegaron para despojar a los cadáveres, encontraron muertos a Saúl y a sus hijos en el

---

[x]**9:41** *y Acaz* (mss. de LXX, Siríaca, Targum y Vulgata; véase 8:35); TM no incluye esta frase.

monte Guilboa. **9**Lo despojaron, tomaron su cabeza y sus armas, y enviaron mensajeros por todo el país filisteo para que proclamaran la noticia a sus ídolos y al pueblo. **10**Después colocaron las armas en el templo de sus dioses y colgaron la cabeza en el templo de Dagón.

11Cuando los de Jabés de Galaad se enteraron de lo que habían hecho los filisteos con Saúl, **12**se levantaron todos los valientes y rescataron los cuerpos de Saúl y de sus hijos. Los llevaron a Jabés, sepultaron sus huesos debajo de la encina de Jabés y guardaron siete días de ayuno.

13-14 Saúl murió por haberse rebelado contra el SEÑOR, pues en vez de consultarlo, desobedeció su palabra y buscó el consejo de una adivina. Por eso el SEÑOR le quitó la vida y entregó el reino a David hijo de Isaí.

Proclamación de David como rey de Israel

11:1-3 — 2S 5:1-3

11 Todos los israelitas se reunieron con David en Hebrón y le dijeron: «Su Majestad y nosotros somos de la misma sangre. **2**Ya desde antes, cuando Saúl era rey, usted dirigía a Israel en sus campañas. Además, el SEÑOR su Dios le dijo a Su Majestad: "Tú guiarás a mi pueblo Israel y lo gobernarás."» **3**Así pues, todos los *ancianos de Israel fueron a Hebrón para hablar con el rey, quien hizo allí un pacto con ellos en presencia del SEÑOR. Después de eso, ungieron a David para que fuera rey sobre Israel, conforme a lo que el SEÑOR había dicho por medio de Samuel.

David conquista Jerusalén

11:4-9 — 2S 5:6-10

4David y todos los israelitas marcharon contra Jebús (que es Jerusalén), la cual estaba habitada por los jebuseos. **5**Éstos le dijeron a David: «¡No entrarás aquí!» Pero David se apoderó de la fortaleza de *Sión, que también se conoce como la Ciudad de David. **6**Y es que había prometido: «Al primero que mate a un jebuseo lo nombraré comandante en jefe.»

El primero en matar a un jebuseo fue Joab hijo de Sarvia, por lo cual fue nombrado jefe. **7**David se estableció en la fortaleza, y por eso la llamaron «Ciudad de David». **8**Luego edificó la ciudad, desde el terraplén hasta sus alrededores, y Joab reparó el resto de la ciudad. **9**Y David se fortaleció más y más, porque el SEÑOR *Todopoderoso estaba con él.

Jefes del ejército de David

11:10-41 — 2S 23:8-39

10Éstos fueron los jefes del ejército de David, quienes lo apoyaron durante su reinado y se unieron a todos los israelitas para proclamarlo rey, conforme a lo que el SEÑOR dijo acerca de Israel. **11**Ésta es la lista de los soldados más valientes de David:

Yasobeán hijo de Jacmoní, que era el principal de los tres*y* más famosos, en una batalla mató con su lanza a trescientos hombres. **12**En segundo lugar estaba Eleazar hijo de Dodó el ajojita, que también era uno de los más famosos. **13**Estuvo con David en Pasdamín, donde los filisteos se habían reunido para la batalla. Allí había un campo sembrado de cebada y, cuando el ejército huía ante los filisteos, **14**los oficiales se plantaron en medio del campo y lo defendieron, matando a los filisteos. Así el SEÑOR los salvó y les dio una gran *victoria.

15En otra ocasión, tres de los treinta más valientes fueron a la roca, hasta la cueva de Adulán, donde estaba David; y el ejército filisteo acampaba en el valle de Refayin. **16**David se encontraba en su fortaleza, y en ese tiempo había una guarnición filistea en Belén. **17**Como David tenía mucha sed, exclamó: «¡Ojalá pudiera yo beber agua del pozo que está a la *entrada de Belén!» **18**Entonces los tres valientes se metieron en el campamento filisteo, sacaron agua del pozo de Belén, y se la llevaron a David. Pero David no quiso beberla, sino que derramó el agua en honor al SEÑOR **19**y declaró solemnemente: «¡Que Dios me libre de beberla! ¿Cómo podría yo beber la sangre de quienes han puesto

---

y **11:11** *tres* (mss. de LXX); *treinta* (TM).

su *vida en peligro? ¡Se jugaron la vida para traer el agua!» Y no quiso beberla.

Tales hazañas hicieron estos tres héroes.

20 Abisay, el hermano de Joab, estaba al mando de los tres y ganó fama entre ellos. En cierta ocasión, lanza en mano atacó y mató a trescientos hombres. 21 Se destacó mucho más que los tres valientes, y llegó a ser su jefe, pero no fue contado entre ellos.

22 Benaías hijo de Joyadá era un guerrero de Cabsel que realizó muchas hazañas. Derrotó a dos de los mejores hombresᶻ de Moab, y en otra ocasión, cuando estaba nevando, se metió en una cisterna y mató un león. 23 También derrotó a un egipcio que medía como dos metros y medio,ᵃ y que empuñaba una lanza del tamaño de un rodillo de telar. Benaías, que no llevaba más que un palo, le arrebató la lanza y lo mató con ella. 24 Tales hazañas hizo Benaías hijo de Joyadá, y también él ganó fama como los tres valientes, 25 pero no fue contado entre ellos, aunque se destacó más que los treinta valientes. Además, David lo puso al mando de su guardia personal.

26 Los soldados más distinguidos eran:

Asael, hermano de Joab; Eljanán hijo de Dodó, de Belén; 27 Samot el harorita, Heles el pelonita, 28 Irá hijo de Iqués el tecoíta; Abiezer el anatotita; 29 Sibecay el jusatita, Ilay el ajojita, 30 Maray el netofatita, Jéled hijo de Baná el netofatita; 31 Itay hijo de Ribay, el de Guibeá de los benjaminitas; Benaías el piratonita; 32 Juray, del arroyo de Gaas; Abiel el arbatita; 33 Azmávet el bajurinita; Elijaba el salbonita; 34 los hijos de Jasén el guizonita; Jonatán hijo de Sague el ararita, 35 Ahían hijo de Sacar el ararita, Elifal hijo de Ur, 36 Héfer el mequeratita, Ahías el pelonita, 37 Jezró, de Carmel; Naray hijo de Ezbay, 38 Joel, hermano de Natán; Mibar hijo de Hagrí, 39 Sélec

el amonita, Najaray el berotita, que fue escudero de Joab hijo de Sarvia; 40 Irá el itrita, Gareb el itrita, 41 Urías el hitita, Zabad hijo de Ajlay, 42 Adiná hijo de Sizá el rubenita, jefe de los rubenitas, y treinta hombres con él; 43 Janán hijo de Macá; Josafat el mitnita, 44 Uzías el astarotita, Sama y Jehiel, hijos de Jotán el aroerita; 45 Jediael hijo de Simri, y su hermano Yojá el tizita; 46 Eliel el majavita; Jerebay y Josavía, hijos de Elnán; Itmá el moabita, 47 Eliel, Obed y Jasiel, de Sobá.

Guerreros que se unieron a David

12 Éstos fueron los guerreros que se unieron a David en Siclag cuando éste se encontraba desterrado por causa de Saúl hijo de Quis. Ellos lo ayudaron en tiempos de guerra. 2 Eran arqueros que podían lanzar piedras y disparar flechas con ambas manos.

De los benjaminitas parientes de Saúl: 3 el jefe Ajiezer y Joás, que eran hijos de Semá de Guibeá; Jeziel y Pélet hijos de Azmávet; Beracá y Jehú, oriundos de Anatot; 4 Ismaías, el gabaonita, que era uno de los treinta guerreros y jefe de ellos; Jeremías, Jahaziel, Johanán, Jozabad de Guederá, 5 Eluzay, Jerimot, Bealías, Semarías, Sefatías el harufita; 6 los coreítas Elcaná, Isías, Azarel, Joezer y Yasobeán, 7 Joelá y Zebadías, hijos de Jeroán, oriundos de Guedor.

8 También algunos de los gaditas se unieron a David cuando se encontraba en la fortaleza del desierto. Eran guerreros valientes, preparados para la guerra, hábiles en el manejo del escudo y de la lanza, feroces como leones y veloces como gacelas monteses. 9 Se llamaban: Ezer, el primero; Abdías, el segundo; Eliab, el tercero; 10 Mismaná, el cuarto; Jeremías, el quinto; 11 Atay, el sexto; Eliel, el sépti-

---

ᶻ **11:22** *dos de los mejores hombres.* Alt. *los dos hijos de Ariel.*   ᵃ **11:23** *dos metros y medio.* Lit. *cinco* *codos.*

mo; 12Johanán, el octavo; Elzabad, el noveno; 13Jeremías, el décimo, y Macbanay, el undécimo. 14Estos gaditas eran jefes del ejército; el menor de ellos valía por cien, y el mayor, por mil. 15Fueron ellos quienes atravesaron el Jordán en el mes primero, cuando el río se desbordó por sus dos riberas, e hicieron huir a los habitantes de los valles hacia el este y el oeste.

16También algunos guerreros de las tribus de Benjamín y de Judá se unieron a David en la fortaleza. 17David salió a su encuentro y les dijo:

—Si vienen en son de paz y para ayudarme, los aceptaré; pero si vienen para entregarme a mis enemigos, ¡que el Dios de nuestros padres lo vea y lo castigue, pues yo no soy ningún criminal!

18Y el Espíritu vino sobre Amasay, jefe de los treinta, y éste exclamó:

«¡Somos tuyos, David!
¡Estamos contigo, hijo de Isaí!
¡Tres veces deseamos la paz
a ti y a quien te brinde su ayuda!
¡Y quien te ayuda es tu Dios!»

David los recibió y los puso entre los jefes de la tropa.

19También algunos guerreros de Manasés se unieron a David cuando éste iba con los filisteos a luchar contra Saúl. Pero los príncipes de los filisteos se reunieron y decidieron rechazarlo, así que los filisteos se negaron a ayudarlo, pues dijeron: «David se pondrá de parte de su señor Saúl, y eso nos costará la cabeza.» 20Éstos fueron los manasesitas que se unieron a David cuando éste fue a Siclag: Adnás, Jozabad, Jediael, Micael, Jozabad, Eliú y Ziletay, jefes manasesitas de escuadrones de mil hombres. 21Ayudaban a David a combatir a las bandas de invasores, pues cada uno de ellos era un guerrero valiente y jefe del ejército. 22Y cada día se le unían más soldados a David, hasta que llegó a tener un ejército grande y poderoso.

Los que se unieron a David en Hebrón

23Éste es el número de los guerreros diestros para la guerra que se presentaron ante David en Hebrón, para entregarle el reino de Saúl, conforme a la palabra del SEÑOR:

24 De Judá: seis mil ochocientos hombres armados de lanza y escudo, diestros para la guerra.

25 De Simeón: siete mil cien guerreros valientes.

26 De Leví: cuatro mil seiscientos, 27y tres mil setecientos aaronitas, con Joyadá, su jefe; 28y Sadoc, joven guerrero muy valiente, con veintidós jefes de su familia patriarcal.

29 De Benjamín, parientes de Saúl: tres mil hombres. La mayor parte de ellos había permanecido fiel a la familia de Saúl.

30 De Efraín: veinte mil ochocientos hombres valientes, famosos en sus propias familias patriarcales.

31 De la media tribu de Manasés: dieciocho mil hombres que fueron nombrados para ir a proclamar rey a David.

32 De Isacar: doscientos jefes y todos sus parientes bajo sus órdenes. Eran hombres expertos en el conocimiento de los tiempos, que sabían lo que Israel tenía que hacer.

33 De Zabulón: cincuenta mil hombres listos para tomar las armas, preparados para usar cualquier clase de armamento y dispuestos a luchar sin cuartel en favor de David.

34 De Neftalí: mil jefes con treinta y siete mil hombres armados de escudos y lanzas.

35 De Dan: veintiocho mil seiscientos guerreros listos para el combate.

36 De Aser: cuarenta mil hombres aptos para la guerra.

37 De las tribus al otro lado del Jordán, es decir, de Rubén, Gad y de la media tribu de Manasés: ciento veinte mil hombres equipados con todo tipo de armamento.

38Todos estos guerreros, preparados para el combate, fueron a Hebrón decididos a proclamar a David como rey de todo Israel. También los demás israelitas proclamaron de manera unánime a David como rey. 39Todos se quedaron allí tres días, comiendo y bebiendo con David, ya que sus hermanos les dotaron de lo necesario. **40**Además, los que vivían cerca, y hasta los de Isacar, Zabulón y Neftalí, traían burros, camellos, mulas y bueyes cargados con harina, tortas de higos, pasas, vino y aceite. También les llevaron toros y ovejas en abundancia, porque Israel rebosaba de alegría.

Traslado del arca a la casa de Obed Edom
13:1-14 — 2S 6:1-11

13 Después de consultar a los jefes de mil y de cien soldados, y a todos los oficiales, David **2**dijo a toda la asamblea de Israel: «Si les parece bien, y si es lo que el SEÑOR nuestro Dios desea, invitemos a nuestros hermanos que se han quedado por todo el territorio de Israel, y también a los sacerdotes y levitas que están en los pueblos y aldeas, a que se unan a nosotros **3**para traer de regreso el arca de nuestro Dios. La verdad es que desde el tiempo de Saúl no la hemos consultado.»

4A la asamblea le agradó la propuesta, y acordó que se hiciera así.

5Entonces David reunió a todo el pueblo de Israel, desde Sijor en Egipto hasta Lebó Jamat*b*, para trasladar el arca que estaba en Quiriat Yearín. **6**Luego David y todo Israel fueron a Balá, que es Quiriat Yearín de Judá, para trasladar de allí el arca de Dios, sobre la cual se invoca el *nombre del SEÑOR, que reina entre *querubines. **7**Colocaron el arca de Dios en una carreta nueva y la sacaron de la casa de Abinadab. Uza y Ajío guiaban la carreta. **8**David y todo Israel danzaban ante Dios con gran entusiasmo y cantaban al son de liras, arpas, panderos, címbalos y trompetas.

9Al llegar a la parcela de Quidón, los bueyes tropezaron; pero Uza, extendiendo las manos, sostuvo el arca. **10**Con todo, la ira del SEÑOR se encendió contra Uza por haber tocado el arca, y allí en su presencia Dios lo hirió y le quitó la vida.

11David se enojó porque el SEÑOR había matado a Uza. Por eso le puso a aquel lugar el nombre de Peres Uza,*c* nombre que conserva hasta hoy. **12**Aquel día David se sintió temeroso de Dios y exclamó: «¡Es mejor que no me lleve el arca de Dios!» **13**Por eso no se la llevó a la Ciudad de David, sino que ordenó que la trasladaran a la casa de Obed Edom, oriundo de Gat. **14**Fue así como el arca de Dios permaneció tres meses en la casa de Obed Edom, y el SEÑOR bendijo a la familia de Obed Edom y todo lo que tenía.

Palacio y familia de David
14:1-7 — 2S 5:11-16; 1Cr 3:5-8

14 Hiram, rey de Tiro, envió a David una embajada que le llevó madera de cedro, albañiles y carpinteros para construirle un palacio. **2**Con esto David se dio cuenta de que el SEÑOR, por amor a su pueblo, lo había establecido a él como rey sobre Israel y había engrandecido su reino.

3En Jerusalén David tomó otras esposas, y tuvo más hijos e hijas. **4**Los hijos que tuvo fueron Samúa, Sobab, Natán, Salomón, **5**Ibjar, Elisúa, Elpélet, **6**Noga, Néfeg, Jafía, **7**Elisama, Belyadá y Elifelet.

David derrota a los filisteos
14:8-17 — 2S 5:17-25

8Al enterarse los filisteos de que David había sido ungido rey de todo Israel, subieron todos ellos contra él. Pero David lo supo y salió a su encuentro. **9**Ya los filisteos habían incursionado en el valle de Refayin. **10**Así que David consultó a Dios:

—¿Debo atacar a los filisteos? ¿Los entregarás en mi poder?

—Atácalos —le respondió el SEÑOR—, pues yo los entregaré en tus manos.

11Fueron, pues, a Baal Perasín,*d* y allí David los derrotó. Entonces dijo: «Como brecha producida por las aguas, así Dios ha abierto brechas entre mis enemigos por medio de mí.» Por eso a aquel lugar lo llamaron Baal Perasín. **12**Allí los filisteos abandonaron a sus dioses, y éstos fueron quemados por orden de David.

13Los filisteos hicieron una nueva incursión y se desplegaron por el valle. **14**Así que David volvió a consultar a Dios, y él le contestó:

---

b **13:5** *Lebó Jamat.* Alt. *la entrada de Jamat.*   *c* **13:11** En hebreo, *Peres Uza* significa *golpe de Uza* o *brecha en Uza.*   *d* **14:11** En hebreo, *Baal Perasín* significa *el dueño de las brechas.*

—No los ataques de frente, sino rodéalos hasta llegar a los árboles de bálsamo, y entonces atácalos por la retaguardia. **15** Tan pronto como oigas un ruido como de pasos sobre las copas de los árboles, atácalos, pues eso quiere decir que Dios va al frente de ti para derrotar al ejército filisteo.

16 Así lo hizo David, tal como Dios se lo había ordenado, y derrotaron al ejército filisteo desde Gabaón hasta Guézer. **17** La fama de David se extendió por todas las regiones, y el SEÑOR hizo que todos los pueblos le tuvieran miedo.

David lleva el arca a Jerusalén
15:25–16:3 — 2S 6:12-19

15 David construyó para sí casas en la Ciudad de David, dispuso un lugar para el arca de Dios y le levantó una tienda de campaña. **2** Luego dijo: «Sólo los levitas pueden transportar el arca de Dios, pues el SEÑOR los eligió a ellos para este oficio y para que le sirvan por siempre.»

3 Después David congregó a todo Israel en Jerusalén para trasladar el arca del SEÑOR al lugar que había dispuesto para ella. **4** También reunió a los descendientes de Aarón y a los levitas. Convocó a los siguientes:

5 De los descendientes de Coat, a su jefe Uriel y a sus parientes; ciento veinte en total.

6 De los descendientes de Merari, a su jefe Asaías y a sus compañeros; doscientos veinte en total.

7 De los descendientes de Guersón, a su jefe Joel y a sus parientes; ciento treinta en total.

8 De los descendientes de Elizafán, a su jefe Semaías y a sus parientes; doscientos en total.

9 De los descendientes de Hebrón, a su jefe Eliel y a sus parientes; ochenta en total.

10 De los descendientes de Uziel, a su jefe Aminadab y a sus parientes; ciento doce en total.

11 Luego David llamó a los sacerdotes Sadoc y Abiatar, y a los levitas Uriel, Asaías, Joel, Semaías, Eliel y Aminadab, **12** y les dijo: «Como ustedes son los jefes de las familias patriarcales de los levitas, *purifíquense y purifiquen a sus parientes para que puedan traer el arca del SEÑOR, Dios de Israel, al lugar que he dispuesto para ella. **13** La primera vez ustedes no la transportaron, ni nosotros consultamos al SEÑOR nuestro Dios, como está establecido; por eso él se enfureció contra nosotros.»

14 Entonces los sacerdotes y los levitas se purificaron para transportar el arca del SEÑOR, Dios de Israel. **15** Luego los descendientes de los levitas, valiéndose de las varas, llevaron el arca de Dios sobre sus hombros, tal como el SEÑOR lo había ordenado por medio de Moisés.

16 David les ordenó a los jefes de los levitas que nombraran cantores de entre sus parientes para que entonaran alegres cantos al son de arpas, liras y címbalos. **17** Los levitas nombraron a Hemán hijo de Joel, a su pariente Asaf hijo de Berequías, y a Etán hijo de Cusaías, de los descendientes de Merari. **18** Junto con ellos nombraron a sus parientes que les seguían en rango y que se desempeñaban como porteros: Zacarías hijo de Jaziel, Semiramot, Jehiel, Uni, Eliab, Benaías, Maseías, Matatías, Elifeleu, Micnías, Obed Edom y Jeyel.

19 Los cantores Hemán, Asaf y Etán tocaban los címbalos de bronce. **20** Zacarías, Aziel, Semiramot, Jehiel, Uni, Eliab, Maseías y Benaías tenían arpas de tono agudo. *e* **21** Matatías, Elifeleu, Micnías, Obed Edom, Jeyel y Azazías tenían arpas de ocho cuerdas para guiar el canto. **22** Quenanías, jefe de los levitas, como experto que era, dirigía el canto. **23** Berequías y Elcaná eran porteros del arca. **24** Los sacerdotes Sebanías, Josafat, Natanael, Amasay, Zacarías, Benaías y Eliezer tocaban las trompetas delante del arca. Obed Edom y Jehías eran también porteros del arca.

25 Muy alegres, David, los *ancianos de Israel y los jefes de mil fueron a trasladar el arca del *pacto del SEÑOR desde la casa de Obed Edom. **26** Y como Dios ayudaba a los levitas que transporta-

---

e **15:20** *de tono agudo.* Lit. *sobre *alamot.*

ban el arca del pacto del SEÑOR, se sacrificaron siete toros y siete carneros. **27**David estaba vestido con un manto de lino fino, lo mismo que todos los levitas que transportaban el arca, los cantores y Quenanías, director del canto. Además, David llevaba puesto un *efod de lino. **28**Así que entre vítores, y al son de cuernos de carnero, trompetas, címbalos, arpas y liras, todo Israel llevaba el arca del pacto del SEÑOR.

29Sucedió que, al entrar el arca del pacto del SEÑOR a la Ciudad de David, Mical, la hija de Saúl, se asomó a la ventana; y cuando vio que el rey David saltaba y danzaba con alegría, sintió por él un profundo desprecio.

16 El arca de Dios fue llevada a la tienda de campaña que David le había preparado. Allí la instalaron, y luego presentaron *holocaustos y sacrificios de *comunión en presencia de Dios. **2**Después de ofrecer los holocaustos y los sacrificios de comunión, David bendijo al pueblo en el *nombre del SEÑOR **3**y dio a cada israelita, tanto a hombres como a mujeres, una porción de pan, una torta de dátiles y una torta de pasas.

4David puso a algunos levitas a cargo del arca del SEÑOR para que ministraran, dieran gracias y alabaran al SEÑOR, Dios de Israel. **5**Los nombrados fueron: Asaf, el primero; Zacarías, el segundo; luego Jejiyel, Semiramot, Jehiel, Matatías, Eliab, Benaías, Obed Edom y Jeyel, los cuales tenían arpas y liras. Asaf tocaba los címbalos. **6**Los sacerdotes Benaías y Jahaziel tocaban continuamente las trompetas delante del arca del pacto del SEÑOR.

Salmo de David

16:8-22 — Sal 105:1-15
16:23-33 — Sal 96:1-13
16:34-36 — Sal 106:1,47-48

7Ese mismo día, David ordenó, por primera vez, que Asaf y sus compañeros fueran los encargados de esta alabanza al SEÑOR:

8«¡Alaben al SEÑOR, proclamen su
   *nombre,
   testifiquen de sus proezas entre
      los pueblos!
9¡Cántenle, cántenle salmos!
   ¡Hablen de sus maravillosas
      obras!
10¡Gloríense en su nombre *santo!
   ¡Alégrense de veras los que
      buscan al SEÑOR!
11¡Refúgiense en el SEÑOR y en su
      fuerza,
   busquen siempre su presencia!
12¡Recuerden las maravillas que ha
      realizado,
   los prodigios y los juicios que ha
      emitido!

13»Descendientes de Israel, su siervo,
   hijos de Jacob, sus elegidos:
14el SEÑOR es nuestro Dios,
   sus juicios rigen en toda la tierra.
15Él se acuerda siempre de su *pacto,
   de la palabra que dio a mil
      generaciones;
16del pacto que hizo con Abraham,
   y del juramento que le hizo a
      Isaac,
17que confirmó como estatuto para
      Jacob,
   como pacto eterno para Israel:
18"A ti te daré la tierra de Canaán
   como la herencia que te
      corresponde."
19Cuando apenas eran un puñado de
      vivientes,
   unos cuantos extranjeros en la
      tierra,
20cuando iban de nación en nación
   y pasaban de reino en reino,
21Dios no permitió que los
      oprimieran;
   por amor a ellos advirtió a los
      reyes:
22"¡No toquen a mis *ungidos!
   ¡No maltraten a mis profetas!"

23»¡Que toda la tierra cante al SEÑOR!
   ¡Proclamen su *salvación cada
      día!
24Anuncien su gloria entre las
      naciones,
   y sus maravillas a todos los
      pueblos.
25Porque el SEÑOR es grande,
   y digno de toda alabanza;
   ¡más temible que todos los dioses!

26Nada son los dioses de los pueblos,
 pero el S<small>EÑOR</small> fue quien hizo los
  cielos;
27esplendor y majestad hay en su
  presencia;
 poder y alegría hay en su santuario.

28»Tributen al S<small>EÑOR</small>, familias de los
  pueblos,
 tributen al S<small>EÑOR</small> la gloria y el
  poder;
29 tributen al S<small>EÑOR</small> la gloria que
  corresponde a su nombre;
 preséntense ante él con ofrendas,
 adoren al S<small>EÑOR</small> en su hermoso
  santuario.
30¡Que tiemble ante él toda la tierra!
 Él afirmó el mundo, y éste no se
  moverá.
31¡Alégrense los cielos, y regocíjese
  la tierra!
 Digan las naciones: "¡El S<small>EÑOR</small>
  reina!"

32»¡Que resuene el mar y todo cuanto
  contiene!
 ¡Que salte de alegría el campo y
  lo que hay en él!
33¡Que los árboles del campo canten
  de gozo ante el S<small>EÑOR</small>,
 porque él ha venido a juzgar a la
  tierra!

34»¡Alaben al S<small>EÑOR</small> porque él es
  bueno,
 y su gran amor perdura para
  siempre!
35Díganle: "¡Sálvanos, oh Dios,
  Salvador nuestro!
 Reúnenos y líbranos de entre los
  *paganos,
 y alabaremos tu santo nombre
 y nos regocijaremos en tu
  alabanza."
36¡Bendito sea el S<small>EÑOR</small>, Dios de
  Israel,
 desde siempre y para siempre!»

Y todo el pueblo respondió: «Amén», y
alabó al S<small>EÑOR</small>.

37David dejó el arca del pacto del
S<small>EÑOR</small> al cuidado de Asaf y sus hermanos,
para que sirvieran continuamente delante
de ella, de acuerdo con el ritual diario.
38Como porteros nombró a Obed Edom y
sus sesenta y ocho hermanos, junto con
Obed Edom hijo de Jedutún y Josá. **39**Al
sacerdote Sadoc y a sus hermanos sacer-
dotes los encargó del santuario del S<small>EÑOR</small>,
que está en la cumbre de Gabaón, **40**para
que sobre el altar ofrecieran constantemente los *holocaustos al S<small>EÑOR</small>, en la
mañana y en la tarde, tal como está escrito
en la *ley que el S<small>EÑOR</small> le dio a Israel.
41Con ellos nombró también a Hemán y a
Jedutún, y a los demás que había escogido
y designado por nombre para cantar al
S<small>EÑOR</small>: «Su gran amor perdura para siempre.» **42**Hemán y Jedutún tenían trompetas, címbalos y otros instrumentos
musicales para acompañar los cantos de
Dios. Los hijos de Jedutún eran porteros.

43Luego todos regresaron a su casa, y
David se fue a bendecir a su familia.

Promesa de Dios a David
17:1-15 — 2S 7:1-17

17 Una vez instalado en su palacio,
David le dijo al profeta Natán:

—¡Aquí me tienes, habitando un palacio de cedro, mientras que el arca del
*pacto del S<small>EÑOR</small> se encuentra bajo una
simple tienda de campaña!

2—Bien —respondió Natán—. Haga
Su Majestad lo que su corazón le dicte,
pues Dios está con usted.

3Pero aquella misma noche la palabra
de Dios vino a Natán y le dijo:

4«Ve y dile a mi siervo David que
así dice el S<small>EÑOR</small>: "No serás tú quien
me construya una casa para que yo la
habite. **5**Desde el día en que liberé a
Israel hasta el día de hoy, no he habitado
en casa alguna, sino que he ido de
campamento en campamento y de santuario en santuario. **6**Todo el tiempo
que anduve con Israel, cuando mandé a
sus jueces que *pastorearan a mi pueblo, ¿acaso le reclamé a alguno de ellos
el no haberme construido una casa de
cedro?"

7»Pues bien, dile a mi siervo David
que así dice el S<small>EÑOR</small> *Todopoderoso:

"Yo te saqué del redil para que, en vez de cuidar ovejas, gobernaras a mi pueblo Israel. 8 Yo he estado contigo por dondequiera que has ido, y he aniquilado a todos tus enemigos. Y ahora voy a hacerte tan famoso como los más grandes de la tierra. 9 También voy a designar un lugar para mi pueblo Israel, y allí los plantaré para que puedan vivir sin sobresaltos. Sus malvados enemigos no volverán a oprimirlos como lo han hecho desde el principio, 10 desde los días en que nombré jueces sobre mi pueblo Israel. Yo derrotaré a todos tus enemigos. Te anuncio, además, que yo, el SEÑOR, te edificaré una casa. 11 Cuando tu vida llegue a su fin y vayas a reunirte con tus antepasados, yo pondré en el trono a uno de tus descendientes, a uno de tus hijos, y afirmaré su reino. 12 Será él quien construya una casa en mi honor, y yo afirmaré su trono para siempre. 13 Yo seré su padre, y él será mi hijo. Jamás le negaré mi amor, como se lo negué a quien reinó antes que tú. 14 Al contrario, para siempre lo estableceré en mi casa y en mi reino, y su trono será firme para siempre."»

15 Natán le comunicó todo esto a David, tal como lo había recibido por revelación.

Oración de David
17:16-27 — 2S 7:18-29

16 Luego el rey David se presentó ante el SEÑOR y le dijo:

«SEÑOR y Dios, ¿quién soy yo, y qué es mi familia, para que me hayas hecho llegar tan lejos? 17 Como si esto fuera poco, SEÑOR y Dios, has hecho promesas a este siervo tuyo en cuanto al futuro de su dinastía. ¡Me has tratado como si fuera yo un hombre muy importante, SEÑOR y Dios! 18 ¿Qué más podría yo decir del honor que me has dado, si tú conoces a tu siervo? 19 SEÑOR, tú has hecho todas estas grandes maravillas, por amor a tu siervo y según tu voluntad, y las has dado a conocer. 20 SEÑOR, nosotros mismos hemos aprendido que no hay nadie como tú, y que aparte de ti no hay Dios. 21 ¿Y qué nación se puede comparar con tu pueblo Israel? Es la única nación en la tierra que tú has redimido, para hacerla tu propio pueblo y para dar a conocer tu *nombre. Hiciste prodigios y maravillas cuando al paso de tu pueblo, al cual redimiste de Egipto, expulsaste a las naciones y a sus dioses. 22 Adoptaste a Israel para que fuera tu pueblo para siempre, y para que tú, SEÑOR, fueras su Dios.

23 »Y ahora, SEÑOR, mantén para siempre la promesa que le has hecho a tu siervo y a su dinastía. Cumple tu palabra 24 para que tu nombre permanezca y sea exaltado por siempre, y para que todos digan: "¡El SEÑOR *Todopoderoso es el Dios de Israel!" Entonces la dinastía de tu siervo David quedará establecida en tu presencia.

25 »Tú, Dios mío, le has revelado a tu siervo el propósito de establecerle una dinastía, y por eso tu siervo se ha atrevido a dirigirte esta súplica. 26 Oh SEÑOR, ¡tú eres Dios y has prometido este favor a tu siervo! 27 Te has dignado bendecir a la familia de tu siervo, de modo que bajo tu protección exista para siempre. Tú, SEÑOR, la has bendecido, y por eso quedará bendita para siempre.»

Victorias de David
18:1-13 — 2S 8:1-14

18 Pasado algún tiempo, David derrotó a los filisteos y los subyugó, quitándoles el control de la ciudad de Gat y de sus aldeas. 2 También derrotó y sometió a los moabitas, los cuales pasaron a ser vasallos tributarios de David.

3 Además, David derrotó en Jamat a Hadad Ezer, rey de Sobá, cuando éste se dirigía a establecer su dominio sobre la región del río Éufrates. 4 David le capturó mil carros, siete mil jinetes y veinte mil soldados de infantería; también desjarretó los caballos de tiro, aunque dejó los caballos suficientes para cien carros.

5 Luego, cuando los *sirios de Damasco acudieron en auxilio de Hadad Ezer, rey de Sobá, David aniquiló a veintidós mil de ellos. 6 También puso guarniciones

en Damasco, de modo que los sirios pasaron a ser vasallos tributarios de David. En todas las campañas de David, el SEÑOR le daba la *victoria.

7En cuanto a los escudos de oro que llevaban los oficiales de Hadad Ezer, David se apropió de ellos y los trasladó a Jerusalén. 8Así mismo se apoderó de una gran cantidad de bronce que había en las ciudades de Tébaj*f* y de Cun, poblaciones de Hadad Ezer. Ése fue el bronce que Salomón usó para hacer la fuente, las columnas y todos los utensilios de bronce.

9Tou, rey de Jamat, se enteró de que David había derrotado por completo al ejército de Hadad Ezer, rey de Sobá. 10Como Tou también era enemigo de Hadad Ezer, envió a su hijo Adorán a desearle *bienestar al rey David, y a felicitarlo por haber derrotado a Hadad Ezer en batalla. Y Tou envió toda clase de utensilios de oro, de plata y de bronce, 11los cuales el rey David consagró al SEÑOR, tal como lo había hecho con toda la plata y el oro que había tomado de las naciones de Edom, Moab, Amón, Filistea y Amalec.

12Por su parte, Abisay hijo de Sarvia derrotó a los edomitas en el valle de la Sal, y aniquiló a dieciocho mil de ellos. 13También puso guarniciones en Edom, de modo que los edomitas pasaron a ser vasallos tributarios de David. En todas sus campañas, el SEÑOR le daba la victoria.

Oficiales de David
18:14-17 — 2S 8:15-18

14David reinó sobre todo Israel, gobernando al pueblo entero con justicia y rectitud. 15Joab hijo de Sarvia era general del ejército; Josafat hijo de Ajilud era el secretario; 16Sadoc hijo de Ajitob y Ajimélec*g* hijo de Abiatar eran sacerdotes; Savsa era el cronista. 17Benaías hijo de Joyadá estaba al mando de los soldados quereteos y peleteos, y los hijos de David ocupaban los principales puestos junto al rey.

Guerra contra los amonitas
19:1-19 — 2S 10:1-19

19 Pasado algún tiempo, murió Najás, rey de los amonitas, y su hijo lo sucedió en el trono. 2Entonces David pensó: «Debo ser leal con Janún hijo de Najás, pues su padre lo fue conmigo.» Así que envió a unos mensajeros para darle el pésame por la muerte de su padre.

Cuando los mensajeros de David llegaron al país de los amonitas para darle el pésame a Janún, 3los jefes de ese pueblo le aconsejaron: «¿Y acaso cree Su Majestad que David ha enviado a estos mensajeros sólo para darle el pésame, y porque quiere honrar a su padre? ¿No será más bien que han venido a espiar y explorar el país para luego destruirlo?» 4Entonces Janún mandó que apresaran a los mensajeros de David y que les afeitaran la barba y les rasgaran la ropa por la mitad, a la altura de las nalgas. Y así los despidió.

5Los hombres de David se sentían muy avergonzados. Cuando David se enteró de lo que les había pasado, mandó que los recibieran y les dieran este mensaje de su parte: «Quédense en Jericó, y no regresen hasta que les crezca la barba.»

6Al darse cuenta Janún y los amonitas de que habían ofendido a David, enviaron treinta y tres mil kilos*h* de plata para contratar carros y jinetes en Aram Najarayin,*i* en Aram de Macá y en Sobá. 7Contrataron treinta y dos mil carros y al rey de Macá con su ejército, que acampó frente a Medeba. Por su parte, los amonitas salieron de sus ciudades y se dispusieron para el combate. 8Cuando David lo supo, despachó a Joab con todos los soldados del ejército. 9Los amonitas avanzaron hasta la *entrada de su ciudad, pero los reyes que habían venido a reforzarlos se quedaron aparte, en campo abierto.

10Joab se vio amenazado por el frente y por la retaguardia, así que escogió a las mejores tropas israelitas para pelear contra los *sirios, 11y el resto de las tropas las puso al mando de su hermano Abisay,

---

f **18:8** *Tébaj.* Lit. *Tibjat* (variante de este nombre).   *g* **18:16** *Ajimélec* (mss. hebreos, Vulgata y Siríaca; véase 2S 8:17); *Abimélec* (TM).   *h* **19:6** *treinta y tres mil kilos.* Lit. *mil *talentos.*   *i* **19:6** *Aram Najarayin.* Es decir, el noroeste de Mesopotamia.

para que enfrentaran a los amonitas. ¹²A
Abisay le ordenó: «Si los sirios pueden
más que yo, tú vendrás a rescatarme; y si
los amonitas pueden más que tú, yo te
rescataré. ¹³¡Ánimo! Luchemos con valor
por nuestro pueblo y por las ciudades de
nuestro Dios. ¡Y que el SEÑOR haga lo que
bien le parezca!»

¹⁴En seguida Joab y sus tropas avanzaron contra los sirios, y éstos huyeron de
él. ¹⁵Al ver que los sirios se daban a la
fuga, también los amonitas huyeron de
Abisay y se refugiaron en la ciudad. Entonces Joab regresó a Jerusalén.

¹⁶Los sirios, al verse derrotados por
Israel, enviaron mensajeros para pedir
ayuda a los sirios que vivían al otro lado
del río Éufrates. Sofac, jefe del ejército de
Hadad Ezer, se puso al frente de ellos.
¹⁷Cuando David se enteró de esto, reunió
a todo Israel, cruzó el Jordán y tomó
posición de batalla contra los sirios. Éstos
lo atacaron, ¹⁸pero tuvieron que huir ante
los israelitas. David mató a siete mil soldados sirios de caballería y cuarenta mil
de infantería; también mató a Sofac, jefe
del ejército. ¹⁹Al ver que los sirios habían
sido derrotados por los israelitas, todos los
vasallos de Hadad Ezer hicieron la paz con
David y se sometieron a él. A partir de
entonces, los sirios se negaron a ir en
auxilio de los amonitas.

Conquista de Rabá
20:1-3 — 2S 11:1; 12:29-31

20 En la primavera, que era la época
en que los reyes salían de campaña,
Joab sacó el grueso del ejército y devastó
el país de los amonitas. Llegó hasta Rabá,
la atacó y la destruyó; pero David se quedó
en Jerusalén. ²Al rey de los amonitasʲ
David le quitó la corona de oro que tenía
puesta, la cual pesaba treinta y tres kilosᵏ
y estaba adornada con piedras preciosas.
Luego se las pusieron a David. Además,
David saqueó la ciudad y se llevó un botín
inmenso. ³Expulsó de allí a sus habitantes
y los puso a trabajar con sierras, rastrillos
y hachas. Lo mismo hizo con todos los

pueblos de los amonitas, después de lo
cual regresó a Jerusalén con todas sus
tropas.

Guerra contra los filisteos
20:4-8 — 2S 21:15-22

⁴Después de esto, hubo una batalla
contra los filisteos en Guézer. Fue en esa
ocasión cuando Sibecay el jusatita mató a
Sipay, descendiente de los gigantes. Así
sometieron a los filisteos.

⁵Luego, en otra batalla que hubo contra
los filisteos, Eljanán hijo de Yaír mató a
Lajmí, hermano de Goliat el guitita, cuya
lanza tenía un asta tan grande como el
rodillo de un telar.

⁶Hubo una batalla más en Gat. Allí
había otro gigante, un hombre altísimo
que tenía seis dedos en cada mano y seis
en cada pie, es decir, tenía veinticuatro
dedos en total. ⁷Éste se puso a desafiar a
los israelitas, pero Jonatán hijo de Simá,
que era hermano de David, lo mató.

⁸Éstos fueron los descendientes de Rafá el guitita que cayeron a manos de David
y de sus oficiales.

David hace un censo militar
21:1-17 — 2S 24:1-17

21 *Satanás conspiró contra Israel e
indujo a David a hacer un censo
del pueblo. ²Por eso David les dijo a Joab
y a los jefes del pueblo:

—Vayan y hagan un censo militar que
abarque desde Berseba hasta Dan, y tráiganme el informe para que yo sepa cuántos pueden servir en el ejército.

³Joab le respondió:

—¡Que el SEÑOR multiplique cien veces a su pueblo! Pero ¿acaso no son todos
ellos servidores suyos? ¿Para qué quiere
hacer esto Su Majestad? ¿Por qué ha de
hacer algo que traiga la desgracia sobre
Israel?

⁴Sin embargo, la orden del rey prevaleció sobre la opinión de Joab, de modo
que éste salió a recorrer todo el territorio
de Israel. Después regresó a Jerusalén ⁵y
le entregó a David los resultados del censo

ʲ **20:2** *al rey de los amonitas*. Alt. *a Milcón* (es decir, el dios Moloc).　　ᵏ **20:2** *treinta y tres kilos*. Lit. *un
talento.

militar: En Israel había un millón cien mil que podían servir en el ejército, y en Judá, cuatrocientos setenta mil. 6Pero Joab no contó a los de las tribus de Leví ni de Benjamín, porque para él era detestable la orden del rey. 7Dios también la consideró como algo malo, por lo cual castigó a Israel.

8Entonces David le dijo a Dios: «He cometido un pecado muy grande al hacer este censo. He actuado como un *necio. Yo te ruego que perdones la maldad de tu siervo.»

9El SEÑOR le dijo a Gad, el vidente de David: 10«Anda y dile a David que así dice el SEÑOR: "Te doy a escoger entre estos tres castigos: dime cuál de ellos quieres que te imponga."»

11Gad fue adonde estaba David y le dijo:

—Así dice el SEÑOR: "Elige una de estas tres cosas: 12tres años de hambre, o tres meses de persecución y derrota por la espada de tus enemigos, o tres días en los cuales el SEÑOR castigará con peste el país, y su ángel causará estragos en todos los rincones de Israel." Piénsalo bien y dime qué debo responderle al que me ha enviado.

13—¡Estoy entre la espada y la pared! —respondió David—. Pero es mejor que yo caiga en las manos del SEÑOR, porque su amor es muy grande, y no que caiga en las manos de los *hombres.

14Por lo tanto, el SEÑOR mandó contra Israel una peste, y murieron setenta mil israelitas. 15Luego envió un ángel a Jerusalén para destruirla. Y al ver el SEÑOR que el ángel la destruía, se arrepintió del castigo y le dijo al ángel destructor: «¡Basta! ¡Detén tu mano!» En ese momento, el ángel del SEÑOR se hallaba junto a la parcela de Ornán el jebuseo.

16David alzó la vista y vio que el ángel del SEÑOR estaba entre la tierra y el cielo, con una espada desenvainada en la mano que apuntaba hacia Jerusalén. Entonces David y los *ancianos, vestidos de luto, se postraron sobre su rostro. 17Y David le dijo a Dios: «SEÑOR y Dios mío, ¿acaso

no fui yo el que dio la orden de censar al pueblo? ¿Qué culpa tienen estas ovejas? ¡Soy yo el que ha pecado! ¡He actuado muy mal! ¡Descarga tu mano sobre mí y sobre mi familia, pero no sigas hiriendo a tu pueblo!»

David construye un altar
21:18-26 — 2S 24:18-25

18Entonces el ángel del SEÑOR le dijo a Gad: «Dile a David que vaya y construya un altar para el SEÑOR en la parcela de Ornán el jebuseo.» 19David se puso en camino, conforme a la palabra que Gad le dio en *nombre del SEÑOR.

20Ornán se encontraba trillando y, al mirar hacia atrás, vio al ángel. Los cuatro hijos que estaban con él corrieron a esconderse. 21Al ver Ornán que David se acercaba a su parcela, salió a recibirlo y se postró delante de él. 22David le dijo:

—Véndeme una parte de esta parcela para construirle un altar al SEÑOR, a fin de que se detenga la plaga que está afligiendo al pueblo. Véndemela por su verdadero precio.

23Ornán le contestó a David:

—Su Majestad, yo se la regalo, para que haga usted en ella lo que mejor le parezca. Yo mismo le daré los bueyes para los *holocaustos, los trillos para la leña y el trigo para la ofrenda de cereal. Todo se lo regalo.

24Pero el rey David le respondió a Ornán:

—Eso no puede ser. No tomaré lo que es tuyo para dárselo al SEÑOR, ni le ofreceré un holocausto que nada me cueste. Te lo compraré todo por su verdadero precio.

25Fue así como David le dio a Ornán seiscientas monedas[l] de oro por aquel lugar. 26Allí construyó un altar al SEÑOR y le ofreció holocaustos y sacrificios de *comunión. Luego oró al SEÑOR, y en respuesta Dios envió fuego del cielo sobre el altar del holocausto.

27Entonces el SEÑOR le ordenó al ángel que envainara su espada. 28Al ver David que el SEÑOR le había respondido, le ofreció sacrificios. 29En aquel tiempo, tanto

---

l21:25 seiscientas monedas. Lit. seiscientos *siclos.

el santuario del SEÑOR que Moisés hizo en el desierto como el altar del holocausto se encontraban en el santuario de Gabaón. ³⁰Pero David no fue a consultar al SEÑOR a ese lugar porque, por causa de la espada del ángel del SEÑOR, estaba aterrorizado.

22 Entonces dijo David: «Aquí se levantará el templo de Dios el SEÑOR, y también el altar donde Israel ofrecerá el holocausto.»

Preparativos para el templo

²Luego David ordenó que se reuniera a los extranjeros que vivían en territorio israelita. De entre ellos nombró canteros que labraran piedras para la construcción del templo de Dios. ³Además, David juntó mucho hierro para los clavos y las bisagras de las puertas, y bronce en abundancia. ⁴También amontonó mucha madera de cedro, pues los habitantes de Sidón y de Tiro le habían traído madera de cedro en abundancia.

⁵«Mi hijo Salomón —pensaba David— es muy joven e inexperto, y el templo que hay que construir para el SEÑOR debe ser el más grande y famoso de toda la tierra; por eso le dejaré todo listo.» Así que antes de morir, David dejó todo listo.

⁶Luego llamó a su hijo Salomón y le encargó construir el templo para el SEÑOR, Dios de Israel. ⁷David le dijo a Salomón: «Hijo mío, yo tenía la intención de construir un templo para honrar al SEÑOR mi Dios. ⁸Pero el SEÑOR me dijo: "Ante mis propios ojos has derramado mucha sangre y has hecho muchas guerras en la tierra; por eso no serás tú quien me construya un templo. ⁹Pero tendrás un hijo que será un hombre pacífico; yo haré que los países vecinos que sean sus enemigos lo dejen en *paz; por eso se llamará Salomón.ᵐ Durante su reinado, yo le daré a Israel paz y tranquilidad. ¹⁰Él será quien me construya un templo. Él será para mí como un hijo, y yo seré para él como un padre. Yo afirmaré para siempre el trono de su reino en Israel."

¹¹»Ahora, hijo mío, que el SEÑOR tu Dios te ayude a construir su templo, tal como te lo ha prometido. ¹²Que te dé prudencia y sabiduría para que, cuando estés al frente de Israel, obedezcas su *ley. Él es el SEÑOR tu Dios. ¹³Si cumples las leyes y normas que el SEÑOR le entregó a Israel por medio de Moisés, entonces te irá bien. ¡Sé fuerte y valiente! ¡No tengas miedo ni te desanimes!

¹⁴»Mira, con mucho esfuerzo he logrado conseguir para el templo del SEÑOR tres mil trescientas toneladas de oro, treinta y tres mil toneladas de plataⁿ y una incontable cantidad de bronce y de hierro. Además, he conseguido madera y piedra, pero tú debes adquirir más. ¹⁵También cuentas con una buena cantidad de obreros: canteros, albañiles, carpinteros, y expertos en toda clase de trabajos ¹⁶en oro, plata, bronce y hierro. Así que, ¡pon manos a la obra, y que el SEÑOR te acompañe!»

¹⁷Después David les ordenó a todos los jefes de Israel que colaboraran con su hijo Salomón. ¹⁸Les dijo: «El SEÑOR su Dios está con ustedes, y les ha dado paz en todo lugar. Él ha entregado en mi poder a los habitantes de la región, y éstos han quedado sometidos al SEÑOR y a su pueblo. ¹⁹Ahora, pues, busquen al SEÑOR su Dios de todo *corazón y con toda el *alma. Comiencen la construcción del santuario de Dios el SEÑOR, para que trasladen el arca del *pacto y los utensilios sagrados al templo que se construirá en su honor.»

Los levitas

23 David era muy anciano cuando declaró a su hijo Salomón rey de Israel. ²Reunió a todos los jefes de Israel, y a los sacerdotes y levitas. ³Entonces contaron a los levitas que tenían más de treinta años, y resultó que eran en total treinta y ocho mil hombres. ⁴De éstos, veinticuatro mil estaban a cargo del trabajo del templo del SEÑOR, seis mil eran oficiales y jueces, ⁵cuatro mil eran porteros, y los otros cuatro mil estaban encar-

---

ᵐ **22:9** En hebreo, *Salomón* suena como la palabra que significa *paz*.   ⁿ **22:14** *tres mil trescientas ... plata*. Lit. *cien mil *talentos de oro, un millón de talentos de plata*.

gados de alabar al SEÑOR con los instrumentos musicales que David había ordenado hacer[ñ] para ese propósito.

6 David dividió a los levitas en grupos de acuerdo con el número de los hijos de Leví, que fueron Guersón, Coat y Merari.

Los guersonitas

7 De los guersonitas: Ladán y Simí.

8 Los hijos de Ladán fueron tres: Jehiel, el mayor, Zetán y Joel.

9 Simí también tuvo tres hijos: Selomit, Jaziel y Jarán. Éstos fueron los jefes de las familias patriarcales de Ladán.

10 Los hijos de Simí fueron cuatro: Yajat, Ziza,[o] Jeús y Beriá. Éstos fueron los hijos de Simí. 11 Yajat era el mayor y Ziza, el segundo. Como Jeús y Beriá no tuvieron muchos hijos, se les contó como una sola familia y se les dio un mismo cargo.

Los coatitas

12 Los hijos de Coat fueron cuatro: Amirán, Izar, Hebrón y Uziel.

13 Los hijos de Amirán fueron Aarón y Moisés. Aarón y sus descendientes fueron los escogidos para presentar las ofrendas *santas, quemar el incienso, servir al SEÑOR y pronunciar la bendición en su *nombre.

14 A Moisés, hombre de Dios, y a sus hijos se les incluyó en la tribu de Leví.

15 Los hijos de Moisés fueron Guersón y Eliezer.

16 Sebuel fue el primero de los descendientes de Guersón.

17 Eliezer no tuvo sino un solo hijo, que fue Rejabías, pero éste sí tuvo muchos hijos.

18 El primer hijo de Izar fue Selomit.

19 El primer hijo de Hebrón fue Jerías; el segundo, Amarías; el tercero, Jahaziel, y el cuarto, Jecamán.

20 El primer hijo de Uziel fue Micaías, y el segundo, Isías.

Los meraritas

21 Los hijos de Merari fueron Majlí y Musí.

Los hijos de Majlí fueron Eleazar y Quis.

22 Eleazar murió sin tener hijos: solamente tuvo hijas. Éstas se casaron con sus primos, los hijos de Quis.

23 Musí tuvo tres hijos: Majlí, Edar y Jeremot.

24 Éstos fueron los descendientes de Leví por sus familias patriarcales. El censo los registró por nombre como jefes de sus familias patriarcales. Éstos prestaban servicio en el templo del SEÑOR, y eran mayores de veinte años.

25 David dijo: «Desde que el SEÑOR, Dios de Israel, estableció a su pueblo y estableció su residencia para siempre en Jerusalén, 26 los levitas ya no tienen que cargar el santuario ni los utensilios que se usan en el culto.»

27 De acuerdo con las últimas disposiciones de David, fueron censados los levitas mayores de veinte años, 28 y su función consistía en ayudar a los descendientes de Aarón en el servicio del templo del SEÑOR. Eran los responsables de los atrios, de los cuartos y de la *purificación de todas las cosas *santas; en fin, de todo lo relacionado con el servicio del templo de Dios. 29 También estaban encargados del *pan de la Presencia, de la harina para las ofrendas de cereales, de las hojuelas sin levadura, de las ofrendas fritas en sartén o cocidas, y de todas las medidas de capacidad y de longitud. 30 Cada mañana y cada tarde debían estar presentes para agradecer y alabar al SEÑOR. 31 Así mismo, debían ofrecer todos los *holocaustos que se presentaban al SEÑOR los *sábados y los días de luna nueva, y durante las otras fiestas. Así que siempre servían al SEÑOR, según el número y la función que se les asignaba. 32 De modo que tenían a su cargo el cuidado de la *Tienda de reunión y del

---

[ñ] 23:5 *que David había ordenado hacer.* Lit. *que yo hice.* [o] 23:10 *Ziza* (un ms. hebreo, LXX y Vulgata; véase v. 11); *Ziná* (TM).

santuario. El servicio que realizaban en el templo del SEÑOR quedaba bajo las órdenes de sus hermanos, los descendientes de Aarón.

Organización del servicio sacerdotal

24 Los descendientes de Aarón se organizaron de la siguiente manera:

Los hijos de Aarón fueron Nadab, Abiú, Eleazar e Itamar. ²Nadab y Abiú murieron antes que su padre, y no tuvieron hijos, así que Eleazar e Itamar ejercieron el sacerdocio.

³Con la ayuda de Sadoc, descendiente de Eleazar, y de Ajimélec, descendiente de Itamar, David organizó a los sacerdotes por turnos para el desempeño de sus funciones. ⁴Como había más jefes entre los descendientes de Eleazar que entre los de Itamar, los organizaron así: dieciséis jefes de las familias patriarcales de los descendientes de Eleazar, y ocho jefes de los descendientes de Itamar. ⁵La distribución se hizo por sorteo, pues tanto los descendientes de Eleazar como los de Itamar tenían oficiales del santuario y oficiales de Dios. ⁶El cronista Semaías hijo de Natanael, que era levita, registró sus nombres en presencia del rey y de los oficiales, del sacerdote Sadoc, de Ajimélec hijo de Abiatar, de los jefes de las familias patriarcales de los sacerdotes y de los levitas. La suerte se echó dos veces por la familia de Eleazar y una vez por la familia de Itamar.

⁷ La primera suerte le tocó a Joyarib;
la segunda, a Jedaías;
⁸ la tercera, a Jarín;
la cuarta, a Seorín;
⁹ la quinta, a Malquías;
la sexta, a Mijamín;
¹⁰ la séptima, a Cos;
la octava, a Abías;
¹¹ la novena, a Jesúa;
la décima, a Secanías;
¹² la undécima, a Eliasib;
la duodécima, a Yaquín;
¹³ la decimotercera, a Hupá;

la decimocuarta, a Jesebab;
¹⁴ la decimoquinta, a Bilgá;
la decimosexta, a Imer;
¹⁵ la decimoséptima, a Hezir;
la decimoctava, a Afsés;
¹⁶ la decimonovena, a Petaías;
la vigésima, a Ezequiel;
¹⁷ la vigesimoprimera, a Jaquín;
la vigesimosegunda, a Gamul;
¹⁸ la vigesimotercera, a Delaías;
la vigesimocuarta, a Maazías.

¹⁹Así fue como se organizaron los turnos para el servicio en el templo del SEÑOR, tal como el SEÑOR, Dios de Israel, lo había ordenado por medio de Aarón, antepasado de ellos.

El resto de los levitas

²⁰La siguiente es la lista del resto de los descendientes de Leví:
de los descendientes de Amirán, Subael;
de los descendientes de Subael, Jehedías;
²¹ de los descendientes de Rejabías, Isías, el hijo mayor;
²² de los descendientes de Izar, Selomot;
de los descendientes de Selomot, Yajat.
²³ De los hijos de Hebrón: el primero, ᴾ Jerías; el segundo, Amarías; el tercero, Jahaziel, y el cuarto, Jecamán.
²⁴ De los descendientes de Uziel, Micaías;
de los descendientes de Micaías, Samir;
²⁵ Isías, hermano de Micaías;
de los descendientes de Isías, Zacarías;
²⁶ de los descendientes de Merari, Majlí y Musí;
Benó, hijo de Jazías.
²⁷ De entre los descendientes de Merari:
de Jazías: Benó, Soján, Zacur e Ibrí;
²⁸ de Majlí: Eleazar, quien no tuvo hijos;
²⁹ de Quis: su hijo Jeramel;
³⁰ y los hijos de Musí: Majlí, Edar y Jeremot.

Éstos eran los hijos de los levitas por sus familias patriarcales. ³¹Al igual que a sus hermanos los descendientes de Aarón, también a ellos los repartieron por sorteo en presencia del rey David y de Sadoc, de Ajimélec y de los jefes de las familias patriarcales de los sacerdotes y de los levitas. A las familias de los hermanos mayores las trataron de la misma manera que a las de los hermanos menores.

Organización de los músicos

25 Para el ministerio de la música, David y los comandantes del ejército apartaron a los hijos de Asaf, Hemán y Jedutún, los cuales profetizaban acompañándose de arpas, liras y címbalos. Ésta es la lista de los que fueron apartados para el servicio:

2 De los hijos de Asaf: Zacur, José, Netanías y Asarela. A éstos los dirigía Asaf, quien profetizaba bajo las órdenes del rey.

3 De Jedutún, sus seis hijos: Guedalías, Zeri, Isaías, Simí,*q* Jasabías y Matatías. A éstos los dirigía su padre Jedutún, quien al son del arpa profetizaba para dar gracias y alabar al SEÑOR.

4 De los hijos de Hemán: Buquías, Matanías, Uziel, Sebuel, Jeremot, Jananías, Jananí, Eliatá, Guidalti, Romanti Ezer, Josbecasa, Malotí, Hotir y Mahaziot. 5 Todos éstos fueron hijos de Hemán, vidente del rey, y con la palabra de Dios exaltaban su poder.*r* Dios le dio a Hemán catorce hijos y tres hijas.

6 Su padre los dirigía en el culto del templo del SEÑOR, cuando cantaban acompañados de címbalos, liras y arpas. Asaf, Jedutún y Hemán estaban bajo las órdenes del rey. 7 Ellos eran en total doscientos ochenta y ocho, incluyendo a sus demás compañeros, y habían sido instruidos para cantarle al SEÑOR.

8 Para asignarles sus turnos se echaron suertes, sin hacer distinción entre menores y mayores, ni entre maestros y discípulos.

9 La primera suerte le tocó a José el asafita;

la segunda le tocó a Guedalías, junto con sus hermanos y sus hijos, doce en total.

10 La tercera, a Zacur, junto con sus hijos y hermanos, doce en total.

11 La cuarta, a Izri, junto con sus hijos y hermanos, doce en total.

12 La quinta, a Netanías, junto con sus hijos y hermanos, doce en total.

13 La sexta, a Buquías, junto con sus hijos y hermanos, doce en total.

14 La séptima, a Jesarela, junto con sus hijos y hermanos, doce en total.

15 La octava, a Isaías, junto con sus hijos y hermanos, doce en total.

16 La novena, a Matanías, junto con sus hijos y hermanos, doce en total.

17 La décima, a Simí, junto con sus hijos y hermanos, doce en total.

18 La undécima, a Azarel, junto con sus hijos y hermanos, doce en total.

19 La duodécima, a Jasabías, junto con sus hijos y hermanos, doce en total.

20 La decimotercera, a Subael, junto con sus hijos y hermanos, doce en total.

21 La decimocuarta, a Matatías, junto con sus hijos y hermanos, doce en total.

22 La decimoquinta, a Jeremot, junto con sus hijos y hermanos, doce en total.

23 La decimosexta, a Jananías, junto con sus hijos y hermanos, doce en total.

24 La decimoséptima, a Josbecasa, junto con sus hijos y hermanos, doce en total.

25 La decimoctava, a Jananí, junto con sus hijos y hermanos, doce en total.

26 La decimonovena, a Malotí, junto con sus hijos y hermanos, doce en total.

27 La vigésima, a Eliatá, junto con sus hijos y hermanos, doce en total.

28 La vigesimoprimera, a Hotir, junto con sus hijos y hermanos, doce en total.

29 La vigesimosegunda, a Guidalti, junto con sus hijos y hermanos, doce en total.

---

q 25:3 *Simí* (un ms. hebreo y mss. de LXX); TM no incluye este nombre.   *r* 25:5 *su poder*. Lit. *el cuerno*.

30 La vigesimotercera, a Mahaziot, junto con sus hijos y hermanos, doce en total.

31 La vigesimocuarta, a Romanti Ezer, junto con sus hijos y hermanos, doce en total.

Organización de los porteros

26 La organización de los porteros fue la siguiente:

De los coreítas: Meselemías hijo de Coré, descendiente de Asaf.

2 Los hijos de Meselemías fueron:
Zacarías, el primero;
Jediael, el segundo;
Zebadías, el tercero;
Jatniel, el cuarto;
3 Elam, el quinto;
Johanán, el sexto,
y Elihoenay, el séptimo.
4 Los hijos de Obed Edom fueron:
Semaías, el primero;
Jozabad, el segundo;
Joa, el tercero;
Sacar, el cuarto;
Natanael, el quinto;
5 Amiel, el sexto;
Isacar, el séptimo,
y el octavo, Peultay.
Dios bendijo a Obed Edom con muchos hijos.

6 Semaías hijo de Obed Edom también tuvo hijos, los cuales fueron jefes de sus familias patriarcales, pues eran hombres muy valientes. **7** Los hijos de Semaías fueron Otni, Rafael, Obed, Elzabad, y sus hermanos Eliú y Samaquías, todos ellos hombres valientes. **8** Todos éstos eran descendientes de Obed Edom. Tanto ellos como sus hijos y hermanos eran hombres muy valientes y fuertes para el trabajo. En total, los descendientes de Obed Edom fueron sesenta y dos.

9 Los hijos y hermanos de Meselemías fueron dieciocho, todos ellos hombres muy valientes.

10 Los hijos de Josá, descendiente de Merari, fueron Simri, el jefe (que en verdad no había sido el primero, pero su padre lo puso por jefe); **11** el segundo fue Jilquías; el tercero, Tebalías; y el cuarto, Zacarías. En total, los hijos y hermanos de Josá fueron trece.

12 Así fue como se organizó a los porteros, tanto a los jefes como a sus hermanos, para que sirvieran en el templo del SEÑOR. **13** El cuidado de cada puerta se asignó echando suertes entre las familias, sin hacer distinción entre menores y mayores.

14 Según el sorteo, a Selemías se le asignó la puerta del este, y a su hijo Zacarías, sabio consejero, la puerta del norte. **15** A Obed Edom le correspondió la puerta del sur, y a sus hijos les correspondió el cuidado de los depósitos del templo. **16** A Supín y a Josá les correspondió la puerta de Saléquet, que está al oeste, en el camino de la subida.

Los turnos se distribuyeron así: **17** Cada día había seis levitas en el este, cuatro en el norte y cuatro en el sur, y dos en cada uno de los depósitos. **18** En el patio del oeste había cuatro levitas para la calzada y dos para el patio mismo.

19 Así fue como quedaron distribuidos los porteros descendientes de Coré y de Merari.

Los tesoreros y otros oficiales

20 A los otros levitas se les puso al cuidado de los tesoros del templo y de los depósitos de los objetos sagrados. **21** Los descendientes de Guersón por parte de Ladán tenían a los jehielitas como jefes de las familias de Ladán el guersonita. **22** Zetán y su hermano Joel, hijos de Jehiel, quedaron a cargo de los tesoros del templo del SEÑOR.

23-24 Sebuel, que era descendiente de Guersón hijo de Moisés, era el tesorero mayor de los amiranitas, izaritas, hebronitas y uzielitas. **25** Sus descendientes en línea directa por parte de Eliezer eran Rejabías, Isaías, Jorán, Zicrí y Selomit. **26** Selomit y sus hermanos tenían a su cargo los depósitos de todos los objetos sagrados que habían sido obsequiados por el rey David y por los jefes de familia, así como por los comandantes de mil y de cien soldados y por los demás oficiales del ejército. **27**Ellos habían dedicado parte del botín de guerra para las reparaciones del templo del SEÑOR. **28**Selomit y sus hermanos tenían bajo su cuidado todo lo que había sido obsequiado por el vidente Samuel, por Saúl hijo de Quis, y por Abner hijo de Ner y Joab hijo de Sarvia.

29 Quenanías y sus hijos, que eran descendientes de Izar, estaban a cargo de los asuntos exteriores de Israel, y ejercían las funciones de oficiales y jueces.

30 Jasabías y sus parientes, que descendían de Hebrón, eran mil setecientos hombres valientes. Ellos eran los que al sudoeste del Jordán administraban a Israel en todo lo referente al SEÑOR y al rey. **31**El jefe de los hebronitas era Jerías. En el año cuarenta del reinado de David se investigó el registro genealógico de los descendientes de Hebrón, y se encontró que en Jazer de Galaad había entre ellos hombres valientes. **32**El número de los jefes de familia de estos valientes era de dos mil setecientos. El rey David les asignó la administración de las tribus de Rubén y Gad y de la media tribu de Manasés, en todos los asuntos relacionados con Dios y con el rey.

Divisiones del ejército

27 La siguiente lista corresponde a los jefes patriarcales, a los comandantes de mil y de cien soldados, y a los oficiales de las divisiones militares de Israel. Cada división constaba de veinticuatro mil hombres, y se turnaban cada mes, durante todo el año, para prestar servicio al rey.

2 Al frente de la primera división de veinticuatro mil hombres, la cual prestaba su servicio en el primer mes, estaba Yasobeán hijo de Zabdiel, **3**descendiente de Fares. Él era el jefe de todos los oficiales del ejército que hacían su turno el primer mes.

4 Al frente de la segunda división de veinticuatro mil, que prestaba su servicio en el segundo mes, estaba Doday el ajojita. El jefe de esa división era Miclot.

5 La tercera división de veinticuatro mil, asignada para el tercer mes, tenía como jefe a Benaías, hijo del sumo sacerdote Joyadá. **6**Este Benaías fue uno de los treinta valientes, y el jefe de ellos. En esa división estaba su hijo Amisabad.

7 La cuarta división de veinticuatro mil, asignada para el cuarto mes, tenía como jefe a Asael, hermano de Joab. Su sucesor fue su hijo Zebadías.

8 La quinta división de veinticuatro mil, asignada para el quinto mes, tenía como jefe a Samut el izraíta.

9 La sexta división de veinticuatro mil, asignada para el sexto mes, tenía como jefe a Irá hijo de Iqués el tecoíta.

10 La séptima división de veinticuatro mil, asignada para el séptimo mes, tenía como jefe a Heles el pelonita, de los descendientes de Efraín.

11 La octava división de veinticuatro mil, asignada para el octavo mes, tenía como jefe a Sibecay de Jusá, descendiente de los zeraítas.

12 La novena división de veinticuatro mil, para el noveno mes, tenía como jefe a Abiezer de Anatot, descendiente de Benjamín.

13 La décima división de veinticuatro mil, asignada para el décimo mes, tenía como jefe a Maray de Netofa, descendiente de los zeraítas.

14 La undécima división de veinticuatro mil, asignada para el undécimo mes, tenía como jefe a Benaías de Piratón, descendiente de Efraín.

15 La duodécima división de veinticuatro mil, asignada para el duodécimo mes, tenía como jefe a Jelday de Netofa, descendiente de Otoniel.

Jefes de las tribus

16Los siguientes fueron los jefes de las tribus de Israel:

de Rubén: Eliezer hijo de Zicrí;
de Simeón: Sefatías hijo de Macá;
17 de Leví: Jasabías hijo de Quemuel;
de Aarón: Sadoc;
18 de Judá: Eliú, hermano de David;
de Isacar: Omrí hijo de Micael;
19 de Zabulón: Ismaías hijo de Abdías;
de Neftalí: Jerimot hijo de Azriel;
20 de Efraín: Oseas hijo de Azazías;
de la media tribu de Manasés: Joel hijo de Pedaías;
21 de la otra media tribu de Manasés que estaba en Galaad: Idó hijo de Zacarías;
de Benjamín: Jasiel hijo de Abner;
22 de Dan: Azarel hijo de Jeroán.
Éstos eran los jefes de las tribus de Israel.

23David no censó a los hombres que tenían menos de veinte años porque el SEÑOR había prometido que haría a Israel tan numeroso como las estrellas del cielo. 24Joab hijo de Sarvia comenzó a hacer el censo, pero no lo terminó porque eso desató la ira de Dios sobre Israel. Por eso no quedó registrado el número en las crónicas del rey David.

Superintendentes del rey

25El encargado de los tesoros del rey era Azmávet hijo de Adiel.

El encargado de los tesoros de los campos, y de ciudades, aldeas y fortalezas, era Jonatán hijo de Uzías.

26Ezrí hijo de Quelub estaba al frente de los agricultores.

27Simí de Ramat estaba a cargo de los viñedos.

Zabdí de Sefán era el encargado de almacenar el vino en las bodegas.

28Baal Janán de Guéder estaba a cargo de los olivares y de los bosques de sicómoros de la Sefelá.

Joás tenía a su cargo los depósitos de aceite.

29Sitray de Sarón estaba a cargo del ganado que pastaba en Sarón.

Safat hijo de Adlay estaba a cargo del ganado de los valles.

30Obil el ismaelita era el encargado de los camellos.

Jehedías de Meronot era el encargado de las burras.

31Jaziz el agareno era el encargado de las ovejas.

Todos éstos eran los que administraban los bienes del rey.

32Jonatán, tío de David, escriba inteligente, era consejero del rey. Jehiel hijo de Jacmoní cuidaba a los príncipes.

33Ajitofel era otro consejero del rey. Husay el arquita era hombre de confianza del rey. 34A Ajitofel lo sucedieron Joyadá hijo de Benaías, y Abiatar.

Joab era el jefe del ejército real.

Instrucciones para la construcción del templo

28 David reunió en Jerusalén a todos los jefes de Israel, es decir, a los jefes de las tribus, los jefes de las divisiones que por turno servían al rey, los jefes de mil y de cien soldados, los administradores de los bienes, del ganado y de los príncipes, los *eunucos del palacio, los guerreros, y todos los valientes.

2Puesto de pie, el rey David dijo: «Hermanos de mi pueblo, escúchenme. Yo tenía el propósito de construir un templo para que en él reposara el arca del *pacto del SEÑOR nuestro Dios y sirviera como estrado de sus pies. Ya tenía todo listo para construirlo 3cuando Dios me dijo: "Tú no me construirás ningún templo, porque eres hombre de guerra y has derramado sangre."

4»Sin embargo, el SEÑOR, Dios de Israel, me escogió de entre mi familia para ponerme por rey de Israel para siempre. En efecto, él escogió a Judá como la tribu gobernante; de esta tribu escogió a mi familia, y de entre mis hermanos me escogió a mí, para ponerme por rey de Israel. 5De entre los muchos hijos que el SEÑOR me ha dado, escogió a mi hijo Salomón para que se sentara en el trono real del SEÑOR y gobernara a Israel. 6Dios me dijo: "Será tu hijo Salomón el que construya mi templo y mis atrios, pues lo he escogido como hijo, y seré para él como un padre. 7Y si persevera en cumplir mis *leyes y mis normas, como lo hace hoy, entonces afirmaré su reino para siempre."

8»En presencia de Dios que nos escucha, y de todo Israel, que es la congregación del SEÑOR, hoy les encarezco que obedezcan cumplidamente todos los mandamientos del SEÑOR su Dios. Así poseerán esta hermosa tierra y se la dejarán en herencia perpetua a sus hijos.

9»Y tú, Salomón, hijo mío, reconoce al Dios de tu padre, y sírvele de todo *corazón y con buena disposición, pues el SEÑOR escudriña todo corazón y discierne todo pensamiento. Si lo buscas, te permitirá que lo encuentres; si lo abandonas, te rechazará para siempre. 10Ten presente que el SEÑOR te ha escogido para que le edifiques un templo como santuario suyo. Así que ¡anímate y pon manos a la obra!»

11Luego David le entregó a Salomón el diseño del pórtico del templo, de sus edificios, de los almacenes, de las habitaciones superiores, de los cuartos interiores y del lugar del *propiciatorio. 12También le entregó el diseño de todo lo que había planeado para los atrios del templo del SEÑOR, para los cuartos de alrededor, para los tesoros del templo de Dios y para los depósitos de las ofrendas sagradas. 13Así mismo, le dio instrucciones en cuanto a la labor de los sacerdotes y levitas, y de todos los servicios del templo del SEÑOR y de todos los utensilios sagrados que se usarían en el servicio del templo. 14Además, le entregó abundante oro y plata para todos los utensilios de oro y de plata que se debían usar en cada uno de los servicios en el templo. 15También le pesó el oro y la plata para cada uno de los candelabros y sus lámparas, tanto los de oro como los de plata, según el uso de cada candelabro. 16De igual manera, le pesó el oro y

la plata para cada una de las mesas de los panes de la proposición, tanto las de oro como las de plata. 17Le hizo entrega del oro puro para los tenedores, los tazones y las jarras. Le pesó oro y plata suficiente para cada una de las copas de oro y de plata. 18Para el altar del incienso le entregó una cantidad suficiente de oro refinado. También le dio el diseño de la carroza y de los *querubines que cubren con sus alas extendidas el arca del pacto del SEÑOR.

19«Todo esto —dijo David— ha sido escrito por revelación del SEÑOR, para darme a conocer el diseño de las obras.»

20Además, David le dijo a su hijo Salomón: «¡Sé fuerte y valiente, y pon manos a la obra! No tengas miedo ni te desanimes, porque Dios el SEÑOR, mi Dios, estará contigo. No te dejará ni te abandonará hasta que hayas terminado toda la obra del templo. 21Aquí tienes la organización de los sacerdotes y de los levitas para el servicio del templo de Dios. Además, contarás con la ayuda voluntaria de expertos en toda clase de trabajos. Los jefes y todo el pueblo estarán a tu disposición.»

Ofrendas para el templo

29 El rey David le dijo a toda la asamblea: «Dios ha escogido a mi hijo Salomón, pero para una obra de esta magnitud todavía le falta experiencia. El palacio no es para un *hombre sino para Dios el SEÑOR. 2Con mucho esfuerzo he hecho los preparativos para el templo de Dios. He conseguido oro para los objetos de oro, plata para los de plata, bronce para los de bronce, hierro para los de hierro, madera para los de madera, y piedras de ónice, piedras de engaste, piedras talladas de diversos colores, piedras preciosas de toda clase, y mármol en abundancia. 3Además, aparte de todo lo que ya he conseguido, por amor al templo de mi Dios entrego para su templo todo el oro y la plata que poseo: 4cien mil kilos de oro de Ofir y doscientos treinta mil kilos de plata ᔆ finísima, para recubrir las

---

ᔆ 29:4 cien mil ... plata. Lit. tres mil *talentos de oro de Ofir y siete mil talentos de plata.

paredes de los edificios, 5para todos los objetos de oro y de plata, y para toda clase de trabajo que hagan los orfebres. ¿Quién de ustedes quiere hoy dar una ofrenda al SEÑOR?»

6Entonces los jefes de familia, los jefes de las tribus de Israel, los jefes de mil y de cien soldados, y los encargados de las obras del rey hicieron sus ofrendas voluntarias. 7Donaron para las obras del templo de Dios ciento sesenta y cinco mil kilos y diez mil monedas de oro, trescientos treinta mil kilos de plata, y alrededor de seiscientos mil kilos de bronce y tres millones trescientos mil kilos de hierro.[1] 8Los que tenían piedras preciosas las entregaron a Jehiel el guersonita para el tesoro del templo del SEÑOR. 9El pueblo estaba muy contento de poder dar voluntariamente sus ofrendas al SEÑOR, y también el rey David se sentía muy feliz.

Oración de David

10Entonces David bendijo así al SEÑOR en presencia de toda la asamblea:

«¡Bendito seas, SEÑOR,
    Dios de nuestro padre Israel,
        desde siempre y para siempre!
11Tuyos son, SEÑOR,
    la grandeza y el poder,
    la gloria, la *victoria y la
        majestad.
Tuyo es todo cuanto hay
    en el cielo y en la tierra.
Tuyo también es el reino,
    y tú estás por encima de todo.
12De ti proceden la riqueza y el
        honor;
    tú lo gobiernas todo.
En tus manos están la fuerza y el
        poder,
    y eres tú quien engrandece y
        fortalece a todos.
13Por eso, Dios nuestro, te damos
        gracias,
    y a tu glorioso *nombre
        tributamos alabanzas.

14»Pero, ¿quién soy yo, y quién es mi pueblo, para que podamos darte estas ofrendas voluntarias? En verdad, tú eres el dueño de todo, y lo que te hemos dado, de ti lo hemos recibido. 15Ante ti, somos extranjeros y peregrinos, como lo fueron nuestros antepasados. Nuestros días sobre la tierra son sólo una sombra sin esperanza. 16SEÑOR y Dios nuestro, de ti procede todo cuanto hemos conseguido para construir un templo a tu *santo nombre. ¡Todo es tuyo! 17Yo sé, mi Dios, que tú pruebas los corazones y amas la rectitud. Por eso, con rectitud de *corazón te he ofrecido voluntariamente todas estas cosas, y he visto con júbilo que tu pueblo, aquí presente, te ha traído sus ofrendas. 18SEÑOR, Dios de nuestros antepasados Abraham, Isaac e Israel, conserva por siempre estos pensamientos en el corazón de tu pueblo, y dirige su corazón hacia ti. 19Dale también a mi hijo Salomón un corazón íntegro, para que obedezca y ponga en práctica tus mandamientos, preceptos y *leyes. Permítele construir el templo para el cual he hecho esta provisión.»

20Luego David animó a toda la asamblea: «¡Alaben al SEÑOR su Dios!» Entonces toda la asamblea alabó al SEÑOR, Dios de sus antepasados, y se inclinó ante el SEÑOR y ante el rey.

Coronación de Salomón
29:21-25 — 1R 1:28-53

21Al día siguiente, ofrecieron sacrificios y *holocaustos al SEÑOR por todo Israel: mil becerros, mil carneros y mil corderos, con sus respectivas libaciones, y numerosos sacrificios. 22Ese día comieron y bebieron con gran regocijo en presencia del SEÑOR.

Luego, por segunda vez, proclamaron como rey a Salomón hijo de David, y lo consagraron ante el SEÑOR como rey, y a Sadoc lo ungieron como sacerdote. 23Y Salomón sucedió en el trono del SEÑOR a su padre David, y tuvo éxito. Todo Israel le obedeció. 24Todos los jefes, los guerre-

---

[1]29:7 ciento sesenta ... hierro. Lit. cien mil talentos y diez mil *dracmas de oro, y diez mil talentos de plata, y dieciocho mil talentos de bronce, y cien mil talentos de hierro.

ros y los hijos del rey David rindieron pleitesía al rey Salomón.

25El Señor engrandeció en extremo a Salomón ante todo Israel, y le otorgó un reinado glorioso, como jamás lo tuvo ninguno de los reyes de Israel.

Muerte de David
29:26-28 — 1R 2:10-12

26David hijo de Isaí reinó sobre todo Israel. 27En total, reinó cuarenta años sobre Israel: siete años reinó en Hebrón, y treinta y tres en Jerusalén. 28Y murió muy anciano y entrado en años, en medio de grandes honores y riquezas, y su hijo Salomón lo sucedió en el trono.

29-30Todos los hechos del rey David, desde el primero hasta el último, y lo que tiene que ver con su reinado y su poder, y lo que les sucedió a él, a Israel y a los pueblos vecinos, están escritos en las crónicas del vidente Samuel, del profeta Natán y del vidente Gad.

Segundo Libro de las
Crónicas

Salomón pide sabiduría

1:2-13 — 1R 3:4-15
1:14-17 — 1R 10:26-29; 2Cr 9:25-28

1 Salomón hijo de David consolidó su reino, pues el SEÑOR su Dios estaba con él y lo hizo muy poderoso.

2 Salomón habló con todos los israelitas, es decir, con los jefes de mil y de cien soldados, con los gobernantes y con todos los jefes de las familias patriarcales de Israel. 3 Luego, él y toda la asamblea que lo acompañaba se dirigieron al santuario de Gabaón, porque allí se encontraba la *Tienda de la reunión con Dios que Moisés, siervo del SEÑOR, había hecho en el desierto. 4 El arca de Dios se encontraba en Jerusalén, en la tienda que David le había preparado cuando la trasladó desde Quiriat Yearín, 5 pero el altar de bronce que había hecho Bezalel, hijo de Uri y nieto de Jur, estaba en Gabaón, frente al santuario del SEÑOR. Por eso Salomón y los israelitas fueron a ese lugar para consultar al SEÑOR. 6 Allí, en presencia del SEÑOR, Salomón subió al altar que estaba en la Tienda de reunión, y en él ofreció mil *holocaustos. 7 Aquella noche Dios se le apareció a Salomón y le dijo:

—Pídeme lo que quieras.

8 Salomón respondió:

—Tú trataste con mucho amor a David mi padre, y a mí me has permitido reinar en su lugar. 9 SEÑOR y Dios, cumple ahora la promesa que le hiciste a mi padre David, pues tú me has hecho rey de un pueblo tan numeroso como el polvo de la tierra. 10 Yo te pido sabiduría y conocimiento para gobernar a este gran pueblo tuyo; de lo contrario, ¿quién podrá gobernarlo?

11 Entonces Dios le dijo a Salomón:

—Ya que has pedido sabiduría y conocimiento para gobernar a mi pueblo, sobre el cual te he hecho rey, y no has pedido riquezas ni bienes ni esplendor, y ni siquiera la muerte de tus enemigos o una vida muy larga, 12 te los otorgo. Pero además voy a darte riquezas, bienes y esplendor, como nunca los tuvieron los reyes que te precedieron ni los tendrán los que habrán de sucederte.

13 Después de esto, Salomón bajó de la Tienda de reunión, que estaba en el santuario de Gabaón, y regresó a Jerusalén, desde donde reinó sobre Israel.

14 Salomón multiplicó el número de sus caballos y de sus carros de combate; llegó a tener mil cuatrocientos carros y doce mil caballos, los cuales mantenía en las caballerizas y en su palacio de Jerusalén. 15 El rey hizo que la plata y el oro fueran en Jerusalén tan comunes como las piedras, y que el cedro abundara como las higueras en la llanura. 16 Los caballos de Salomón eran importados de Egipto y de Cilicia, donde los compraban los mercaderes de la corte. 17 Un carro importado de Egipto costaba seiscientas monedas de plata[a]; un caballo, ciento cincuenta. Además, estos carros y caballos se los vendían a todos los reyes hititas y *sirios.

Preparativos para la construcción del templo

2:1-18 — 1R 5:1-16

2 Salomón decidió construir su palacio real y un templo en honor del SEÑOR. 2 Con este fin reclutó a setenta mil cargadores y ochenta mil canteros, para que trabajaran en la montaña. Al frente de ellos puso a tres mil seiscientos capataces. 3 Luego le envió este mensaje a Hiram, rey de Tiro:

---

[a] 1:17 seiscientas monedas de plata. Lit. seiscientos ⸤*siclos⸥ de plata

«Envíame madera de cedro, tal como lo hiciste con mi padre David cuando se la enviaste para que se construyera un palacio. 4Voy a construir un templo en honor del SEÑOR mi Dios. Lo consagraré a él, para quemar incienso aromático en su presencia, colocar siempre el pan consagrado, y ofrecer allí los *holocaustos de la mañana y de la tarde, los sacrificios de los *sábados y de luna nueva, así como los de las otras fiestas del SEÑOR nuestro Dios. Esto se hará en Israel siempre.

5»Voy a edificar un templo majestuoso, pues nuestro Dios es el más grande de todos los dioses. 6Pero, ¿cómo edificarle un templo, si ni los cielos más altos pueden contenerlo? ¿Y quién soy yo para construirle un templo, aunque sólo sea para quemar incienso para él?

7»Envíame un experto para trabajar el oro y la plata, el bronce y el hierro, el carmesí, la escarlata y la púrpura, y que sepa hacer grabados, para que trabaje junto con los expertos que yo tengo en Judá y en Jerusalén, los cuales contrató mi padre David.

8»Envíame también del Líbano madera de cedro, de ciprés y de sándalo, pues yo sé que tus obreros son expertos en cortar estos árboles. Mis obreros trabajarán con los tuyos 9para prepararme mucha madera, porque el templo que voy a edificar será grande y maravilloso. 10A tus siervos que corten la madera les daré veinte mil cargas de trigo, veinte mil cargas de cebada, veinte mil medidas de vino, y veinte mil medidas *b* de aceite.»

11En respuesta, Hiram, rey de Tiro, le envió a Salomón la siguiente carta:

«El SEÑOR te ha hecho rey de su pueblo, porque te ama. 12¡Alabado sea el SEÑOR, Dios de Israel, que hizo el cielo y la tierra, porque le ha dado al rey David un hijo sabio, dotado de sabiduría e inteligencia, el cual construirá un palacio real y un templo para el SEÑOR!

13»Te envío, pues, a Hiram Abí, hombre sabio e inteligente, 14hijo de una mujer oriunda de Dan y de un nativo de Tiro. Sabe trabajar el oro y la plata, el bronce y el hierro, la piedra y la madera, el carmesí y la púrpura, el lino y la escarlata; también es experto en hacer toda clase de figuras y en realizar cualquier diseño que se le encargue. Hiram trabajará junto con tus expertos y con los de David, tu padre y mi señor.

15»Envíanos ahora el trigo, la cebada, el aceite y el vino que tan bondadosamente me has prometido. 16Nosotros cortaremos del Líbano la madera que necesites, y te la llevaremos por mar hasta Jope, en forma de balsas. De allí tú la llevarás a Jerusalén.»

17Salomón hizo un censo de todos los extranjeros que vivían en Israel. Este censo, que fue posterior al que había hecho su padre David, arrojó la cifra de ciento cincuenta y tres mil seiscientos. 18A setenta mil de ellos los puso como cargadores; a ochenta mil, como canteros en las montañas; y a tres mil seiscientos, como capataces para dirigir a los trabajadores.

Construcción del templo
3:1-14 — 1R 6:1-29

3 Salomón comenzó a construir el templo del SEÑOR en el monte Moria, en Jerusalén, donde el SEÑOR se le había aparecido a su padre David. Lo construyó en el lugar que David había destinado, esto es, en la parcela de Arauna, *c* el jebuseo. 2La construcción la comenzó el día dos del mes segundo del cuarto año de su reinado.

3Salomón determinó que los cimientos del templo de Dios fueran de veintisiete metros de largo por nueve metros de ancho. *d* 4El vestíbulo de la nave medía lo mismo que el ancho del templo, es decir, también medía nueve metros de largo, y

---

b **2:10** *cargas ... cargas ... medidas ... medidas.* Lit. **coros ... coros ... *batos ... batos.* *c* **3:1** *Arauna.* Lit. *Ornán* (variante de este nombre). *d* **3:3** En este capítulo y en el siguiente, las medidas de longitud se han convertido al sistema métrico, sin explicación en las notas.

nueve metros de alto. Por dentro, Salomón lo recubrió de oro puro. ⁵Recubrió la nave central con paneles de madera de ciprés, sobre los cuales colocó figuras de palmeras y cadenas de oro fino. ⁶El templo lo adornó con piedras preciosas y con oro de Parvayin. ⁷En el interior del templo recubrió de oro las vigas, los umbrales, las paredes y las puertas, y en las paredes esculpió *querubines.

⁸Salomón hizo también el Lugar Santísimo, el cual medía lo mismo que el ancho del templo, es decir, nueve metros de largo y nueve metros de ancho. Lo recubrió por dentro con veintitrés toneladasᵉ de oro fino. ⁹Cada clavo de oro pesaba medio kilo.ᶠ También recubrió de oro las habitaciones superiores.

¹⁰En el Lugar Santísimo mandó tallar dos querubines, y los recubrió de oro. ¹¹Las alas de los querubines medían nueve metros de largo. Cada una de las alas del primer querubín medía dos metros con veinticinco centímetros; una de ellas tocaba la pared interior de la habitación, y la otra rozaba el ala del segundo querubín. ¹²Cada una de las alas del segundo querubín también medía dos metros con veinticinco centímetros; una de ellas tocaba la pared interior de la habitación, y la otra rozaba el ala del primer querubín. ¹³Los querubines estaban de pie, con el rostro hacia la nave, y sus alas extendidas medían en total nueve metros.

¹⁴La cortina la hizo de púrpura, carmesí, escarlata y lino, y sobre ella mandó bordar querubines.

¹⁵En la fachada del templo levantó dos columnas de dieciséis metros de altura, y el capitel que coronaba cada columna medía más de dos metros; ¹⁶además, mandó hacer unas cadenas trenzadasᵍ y las colocó en lo alto de las columnas; hizo también cien granadas, y las intercaló entre las cadenas. ¹⁷Levantó las columnas en la fachada del templo, una en el lado sur y otra en el lado norte. A la primera la nombró Jaquín, y a la segunda, Boaz.

Mobiliario del templo
4:2-6,10–5:1 — 1R 7:23-26,38-51

4 Salomón hizo un altar de bronce que medía nueve metros de largo por nueve de ancho y cuatro metros y medio de alto. ²Hizo también una fuenteʰ circular de metal fundido, que medía cuatro metros y medio de diámetro y dos metros con veinticinco centímetros de alto. Su circunferencia, medida a cordel, era de trece metros y medio. ³Bajo el borde hizo dos hileras de figuras de bueyes, diez por cada medio metro, las cuales estaban fundidas en una sola pieza con la fuente. ⁴La fuente descansaba sobre doce bueyes, que tenían sus cuartos traseros hacia adentro. Tres bueyes miraban al norte, tres al oeste, tres al sur y tres al este. ⁵El grosor de la fuente era de ocho centímetros, y su borde, en forma de copa, se asemejaba a un capullo de azucena. Tenía una capacidad de sesenta y seis mil litros.ⁱ

⁶Salomón hizo también diez lavamanos, y puso cinco en el lado sur y cinco en el lado norte. En ellos se lavaba todo el material de los *holocaustos, mientras que en la fuente se lavaban los sacerdotes.

⁷Hizo además diez candelabros de oro, según el modelo prescrito, y los colocó en el templo, cinco en el lado sur y cinco en el lado norte.

⁸Salomón hizo diez mesas y las colocó en el templo, cinco en el lado sur y cinco en el lado norte. También hizo cien aspersorios de oro. ⁹Edificó el atrio de los sacerdotes y el atrio mayor con sus puertas, las cuales recubrió de bronce. ¹⁰La fuente de metal la colocó en la esquina del lado derecho, que da al sureste. ¹¹También hizo las ollas, las palas y los aspersorios. Así fue como Hiram terminó todo el trabajo que había emprendido para el rey Salomón en el templo de Dios, es decir:

¹² las dos columnas;
    los dos capiteles en forma de tazón
       que coronaban las columnas;

ᵉ **3:8** *veintitrés toneladas.* Lit. *seiscientos* *talentos.*   ᶠ **3:9** *medio kilo.* Lit. *cincuenta* *siclos.*
ᵍ **3:16** *trenzadas.* Alt. *asociadas con el santuario.*   ʰ **4:2** *una fuente.* Lit. *el mar*; así en el resto de este pasaje.
ⁱ **4:5** *sesenta y seis mil litros.* Lit. *tres mil* *batos.*

las dos redes que decoraban los capiteles;

13 las cuatrocientas granadas, dispuestas en dos hileras para cada red;

14 las bases con sus lavamanos;

15 la fuente de metal y los doce bueyes que la sostenían;

16 las ollas, las tenazas y los tenedores.

Todos los utensilios que Hiram Abí le hizo al rey Salomón para el templo del SEÑOR eran de bronce pulido. 17El rey los hizo fundir en moldes de arcilla en la llanura del Jordán, entre Sucot y Saretán.ʲ 18Eran tantos los utensilios que hizo Salomón, que no fue posible determinar el peso del bronce utilizado.

19Salomón también mandó hacer los otros utensilios que estaban en el templo de Dios, es decir:

el altar de oro;

las mesas sobre las cuales se ponía el *pan de la Presencia;

20 los candelabros de oro puro con sus respectivas lámparas, para encenderlas en frente del Lugar Santísimo, tal como está prescrito;

21 la obra floral, las lámparas y las tenazas, que también eran de oro puro;

22 las despabiladeras, los aspersorios, la vajilla y los incensarios;

y la entrada del templo, es decir, las puertas interiores del Lugar Santísimo y las puertas de la nave central del templo, las cuales eran de oro.

5 Una vez terminada toda la obra que había mandado hacer para el templo del SEÑOR, Salomón hizo traer el oro, la plata y todos los utensilios que su padre David había consagrado, y los depositó en el tesoro del templo de Dios.

El arca del pacto
5:2–6:11 — 1R 8:1-21

2Entonces Salomón mandó que los *ancianos de Israel, y todos los jefes de las tribus y los patriarcas de las familias israelitas, se congregaran en Jerusalén para trasladar el arca del *pacto del SEÑOR desde *Sión, la Ciudad de David. 3Así que durante la fiesta del mes séptimo todos los israelitas se congregaron ante el rey. 4Cuando llegaron todos los ancianos de Israel, los levitas alzaron el arca. 5Los sacerdotes y los levitas la trasladaron junto con la *Tienda de reunión y con todos los utensilios sagrados que había en ella.

6El rey Salomón y toda la asamblea de Israel reunida delante del arca sacrificaron ovejas y bueyes en tal cantidad que fue imposible llevar la cuenta. 7Luego los sacerdotes llevaron el arca del pacto del SEÑOR a su lugar en el santuario interior del templo, que es el Lugar Santísimo, y la pusieron bajo las alas de los *querubines. 8Con sus alas extendidas sobre ese lugar, los querubines cubrían el arca y sus travesaños. 9Los travesaños eran tan largos que sus extremos se podían ver desde el arca delante del Lugar Santísimo, aunque no desde afuera; y ahí han permanecido hasta hoy. 10En el arca sólo estaban las dos tablas que Moisés había colocado en ella en Horeb, donde el SEÑOR hizo un pacto con los israelitas después de que ellos salieron de Egipto.

11Los sacerdotes se retiraron del Lugar Santo. Todos los sacerdotes allí presentes, sin distinción de clases, se habían *santificado. 12Todos los levitas cantores —es decir, Asaf, Hemán, Jedutún, sus hijos y sus parientes— estaban de pie en el lado este del altar, vestidos de lino fino y con címbalos, arpas y liras. Junto a ellos estaban ciento veinte sacerdotes que tocaban la trompeta.

13Los trompetistas y los cantores alababan y daban gracias al SEÑOR al son de trompetas, címbalos y otros instrumentos musicales. Y cuando tocaron y cantaron al unísono: «El SEÑOR es bueno; su gran amor perdura para siempre», una nube cubrió el templo del SEÑOR. 14Por causa de la nube, los sacerdotes no pudieron celebrar el culto, pues la gloria del SEÑOR había llenado el templo.

ʲ 4:17 Saretán (véanse 1R 7:46 y Vetus Latina); Seredata (TM).

6

Entonces Salomón declaró:

«SEÑOR, tú has dicho que habitarías en la oscuridad de una nube, 2y yo te he construido un excelso templo, un lugar donde habites para siempre.»

3Luego se puso de frente para bendecir a toda la asamblea de Israel que estaba allí de pie, 4y dijo:

«Bendito sea el SEÑOR, Dios de Israel, que con su mano ha cumplido ahora lo que con su boca le había prometido a mi padre David cuando le dijo: 5"Desde el día en que saqué de la tierra de Egipto a mi pueblo, no elegí a ninguna ciudad de las tribus de Israel para que en ella se me construyera un templo donde yo habitara, ni elegí a nadie para que gobernara a mi pueblo Israel. 6Más bien, elegí a Jerusalén para habitar en ella, y a David para que gobernara a mi pueblo Israel."

7»Pues bien, mi padre David tuvo mucho interés en construir un templo en honor del SEÑOR, Dios de Israel, 8pero el SEÑOR le dijo: "Me agrada que te hayas interesado en construir un templo en mi honor. 9Sin embargo, no serás tú quien me lo construya, sino un hijo de tus entrañas; él será quien construya el templo en mi honor."

10»Ahora el SEÑOR ha cumplido su promesa: Tal como lo prometió, he sucedido a mi padre David en el trono de Israel, y he construido el templo en honor del SEÑOR, Dios de Israel. 11Allí he colocado el arca, en la cual está el pacto que el SEÑOR hizo con los israelitas.»

Oración de Salomón
6:12-40 — 1R 8:22-53
6:41-42 — Sal 132:8-10

12A continuación, Salomón se puso ante el altar del SEÑOR y, en presencia de toda la asamblea de Israel, extendió las manos. 13Había mandado construir y colocar en medio del atrio una plataforma de bronce cuadrada, que medía dos metros con veinticinco centímetros por lado, y un metro con treinta y cinco centímetros de alto.

Allí, sobre la plataforma, se arrodilló y, extendiendo las manos al cielo, 14oró así:

«SEÑOR, Dios de Israel, no hay Dios como tú en el cielo ni en la tierra, pues tú cumples tu *pacto de amor con quienes te sirven y te siguen de todo *corazón. 15Has llevado a cabo lo que le dijiste a tu siervo David, mi padre; y este día has cumplido con tu mano lo que con tu boca prometiste.

16»Y ahora, SEÑOR, Dios de Israel, cumple también la promesa que le hiciste a tu siervo, mi padre David, cuando le dijiste: "Si tus hijos observan una buena conducta, viviendo de acuerdo con mi *ley como tú lo has hecho, nunca te faltará un descendiente que ocupe el trono de Israel en mi presencia." 17SEÑOR, Dios de Israel, ¡confirma ahora esta promesa que le hiciste a tu siervo David!

18»Pero ¿será posible que tú, Dios mío, habites en la tierra con la *humanidad? Si los cielos, por altos que sean, no pueden contenerte, ¡mucho menos este templo que he construido! 19Sin embargo, SEÑOR mi Dios, atiende la oración y la súplica de este siervo tuyo. Oye el clamor y la oración que elevo en tu presencia. 20¡Que tus ojos estén abiertos día y noche sobre este templo, el lugar donde decidiste habitar, para que oigas la oración que tu siervo te eleva aquí! 21Oye las súplicas de tu siervo y de tu pueblo Israel cuando oren en este lugar. Oye desde el cielo, donde habitas; ¡escucha y perdona!

22»Si alguien peca contra su prójimo y se le exige venir a este templo para jurar delante de tu altar, 23óyelo tú desde el cielo y juzga a tus siervos. Condena al culpable, y haz que reciba su merecido; absuelve al inocente, y vindícalo por su rectitud.

24»Si tu pueblo Israel es derrotado por el enemigo por haber pecado contra ti, y luego se vuelve a ti para honrar tu *nombre, y ora y te suplica en este templo, 25óyelo tú desde el cielo, y perdona su pecado y hazlo regresar a la tierra que les diste a ellos y a sus antepasados.

26»Cuando tu pueblo peque contra ti y tú lo aflijas cerrando el cielo para que no llueva, si luego ellos oran en este lugar y honran tu nombre y se *arrepienten de su pecado, 27óyelos tú desde el cielo y perdona el pecado de tus siervos, de tu pueblo Israel. Guíalos para que sigan el buen *camino, y envía la lluvia sobre esta tierra, que es tuya, pues tú se la diste a tu pueblo por herencia.

28»Cuando en el país haya hambre, peste, sequía, o plagas de langostas o saltamontes en los sembrados, o cuando el enemigo sitie alguna de nuestras ciudades; en fin, cuando venga cualquier calamidad o enfermedad, 29si luego en su dolor cada israelita, consciente de su culpa*k* extiende sus manos hacia este templo, y ora y te suplica, 30óyelo tú desde el cielo, donde habitas, y perdónalo. Págale a cada uno según su conducta, la cual tú conoces, puesto que sólo tú escudriñas el corazón humano. 31Así todos tendrán temor de ti y andarán en tus caminos mientras vivan en la tierra que les diste a nuestros antepasados.

32»Trata de igual manera al extranjero que no pertenece a tu pueblo Israel, pero que atraído por tu gran fama y por tus despliegues de fuerza y poder ha venido de lejanas tierras. Cuando ese extranjero venga y ore en este templo, 33óyelo tú desde el cielo, donde habitas, y concédele cualquier petición que te haga. Así todos los pueblos de la tierra conocerán tu nombre y, al igual que tu pueblo Israel, tendrán temor de ti y comprenderán que en este templo que he construido se invoca tu nombre.

34»Cuando saques a tu pueblo para combatir a sus enemigos, sea donde sea, si el pueblo ora a ti y dirige la mirada hacia esta ciudad que has escogido, hacia el templo que he construido en tu honor, 35oye tú desde el cielo su oración y su súplica, y defiende su causa.

36»Ya que no hay ser humano que no peque, si tu pueblo peca contra ti y tú te enojas con ellos y los entregas al enemigo para que se los lleven cautivos a otro país, lejano o cercano, 37si en el destierro, en el país de los vencedores, se arrepienten y se vuelven a ti, y oran a ti diciendo: "Somos culpables, hemos pecado, hemos hecho lo malo"; 38y en la tierra de sus captores se vuelven a ti de todo corazón y con toda el *alma, y oran y dirigen la mirada hacia la tierra que les diste a sus antepasados, hacia la ciudad que has escogido y hacia el templo que he construido en tu honor, 39oye tú sus oraciones y súplicas desde el cielo, donde habitas, y defiende su causa. ¡Perdona a tu pueblo que ha pecado contra ti!

40»Ahora, Dios mío, te ruego que tus ojos se mantengan abiertos, y atentos tus oídos a las oraciones que se eleven en este lugar.

41»Levántate, SEÑOR y Dios;
    ven a descansar,
    tú y tu arca poderosa.
  SEÑOR y Dios,
    ¡que tus sacerdotes se revistan de
    *salvación!
    ¡Que tus fieles se regocijen en tu
    bondad!
42SEÑOR y Dios,
    no le des la espalda a*l* tu *ungido.
    ¡Recuerda tu fiel amor hacia
    David, tu siervo!»

Dedicación del templo
7:1-10 — 1R 8:62-66

7 Cuando Salomón terminó de orar, descendió fuego del cielo y consumió el *holocausto y los sacrificios, y la gloria del SEÑOR llenó el templo. 2Tan lleno de su gloria estaba el templo, que los sacerdotes no podían entrar en él. 3Al ver los israelitas que el fuego descendía y que la gloria del SEÑOR se posaba sobre el templo, cayeron de rodillas y, postrándose rostro en tierra, alabaron al SEÑOR diciendo: «El SEÑOR es bueno; su gran amor perdura para siempre.»

---

k 6:29 *culpa.* Lit. *plaga.*   *l* 6:42 *no le des la espalda a.* Lit. *no vuelvas el rostro de.*

⁴Entonces el rey y todo el pueblo ofrecieron sacrificios en presencia del SEÑOR. ⁵El rey Salomón ofreció veintidós mil bueyes y ciento veinte mil ovejas. Así fue como el rey y todo el pueblo dedicaron el templo de Dios.

⁶Los sacerdotes estaban de pie en sus puestos. Los levitas tocaban los instrumentos musicales que el rey David había hecho para alabar al SEÑOR, y con los cuales cantaba: «Su gran amor perdura para siempre.» Los sacerdotes tocaban las trompetas frente a los levitas, y todo Israel permanecía de pie.

⁷Salomón también consagró la parte central del atrio, que está frente al templo del SEÑOR, y allí presentó los holocaustos y la grasa de los sacrificios de *comunión, ya que en el altar de bronce que hizo Salomón no había espacio para los holocaustos, la grasa y las ofrendas de cereales.

⁸En aquella ocasión Salomón y todo Israel celebraron la fiesta durante siete días. Era una inmensa asamblea que había acudido de todo lugar, desde Lebó Jamat *m* hasta el río de Egipto. ⁹Al octavo día tuvieron una asamblea solemne, porque habían celebrado la consagración del altar durante siete días, y la fiesta durante siete días más. ¹⁰El día veintitrés del mes séptimo, Salomón envió al pueblo a sus casas, y ellos regresaron contentos y llenos de alegría por el bien que el SEÑOR había hecho en favor de David, de Salomón y de su pueblo Israel.

Pacto de Dios con Salomón
7:11-22 — 1R 9:1-9

¹¹Cuando Salomón terminó el templo del SEÑOR y el palacio real, llevando a feliz término todo lo que se había propuesto hacer en ellos, ¹²el SEÑOR se le apareció una noche y le dijo:

«He escuchado tu oración, y he escogido este templo para que en él se me ofrezcan sacrificios. ¹³Cuando yo cierre los cielos para que no llueva, o le ordene a la langosta que devore la tierra,

o envíe pestes sobre mi pueblo, ¹⁴si mi pueblo, que lleva mi *nombre, se humilla y ora, y me busca y abandona su mala conducta, yo lo escucharé desde el cielo, perdonaré su pecado y restauraré su tierra. ¹⁵Mantendré abiertos mis ojos, y atentos mis oídos a las oraciones que se eleven en este lugar. ¹⁶Desde ahora y para siempre escojo y consagro este templo para habitar en él. Mis ojos y mi *corazón siempre estarán allí.

¹⁷»En cuanto a ti, si me sigues como lo hizo tu padre David, y me obedeces en todo lo que yo te ordene y cumples mis decretos y *leyes, ¹⁸yo afirmaré tu trono real, como pacté con tu padre David cuando le dije: "Nunca te faltará un descendiente en el trono de Israel."

¹⁹»Pero si ustedes me abandonan, y desobedecen los decretos y mandamientos que les he dado, y se apartan de mí para servir y adorar a otros dioses, ²⁰los desarraigaré de la tierra que les he dado y repudiaré este templo que he consagrado en mi honor. Entonces los convertiré en el hazmerreír de todos los pueblos. ²¹Y aunque ahora este templo es imponente, llegará el día en que todo el que pase frente a él quedará asombrado y preguntará: "¿Por qué el SEÑOR ha tratado así a este país y a este templo?" ²²Y le responderán: "Porque abandonaron al SEÑOR, Dios de sus antepasados, que los sacó de Egipto, y se echaron en los brazos de otros dioses, a los cuales adoraron y sirvieron. Por eso el SEÑOR ha dejado que les sobrevenga tanto desastre."»

Otras actividades de Salomón
8:1-18 — 1R 9:10-28

8 Veinte años tardó el rey Salomón en construir el templo del SEÑOR y su propio palacio. ²Después de esto, reconstruyó las ciudades que le había entregado Hiram y las pobló con israelitas. ³Luego marchó contra la ciudad de Jamat de Sobá y la conquistó. ⁴Reconstruyó Tadmor, en el desierto, y todos los lugares de almacenamiento que había construido

---

m 7:8 *Lebó Jamat.* Alt. *la entrada de Jamat.*

en Jamat. **5**Reconstruyó como ciudades fortificadas Bet Jorón la de arriba y Bet Jorón la de abajo, y les puso murallas, *puertas y cerrojos. **6**Lo mismo hizo con Balat y con todos los lugares de almacenamiento que tenía, con los cuarteles para sus carros de combate y para su caballería, y con todo cuanto quiso construir en Jerusalén, en el Líbano y en todo el territorio bajo su dominio.

7-8A los descendientes de los pueblos no israelitas (es decir, a los hititas, amorreos, ferezeos, heveos y jebuseos, pueblos que quedaron en el país porque los israelitas no pudieron *destruirlos), Salomón los sometió a trabajos forzados, y así continúan hasta el día de hoy. **9**Pero a los israelitas Salomón no los hizo trabajar como esclavos, sino que le servían como soldados, comandantes, oficiales de carros de combate y jefes de caballería. **10**El rey Salomón tenía además doscientos cincuenta capataces que supervisaban a los obreros.

11A la hija del faraón, Salomón la trasladó de la Ciudad de David al palacio que le había construido, pues dijo: «Mi esposa no debe vivir en el palacio de David, rey de Israel, porque los lugares donde ha estado el arca del Señor son sagrados.»

12En el altar del Señor que había construido frente al atrio, Salomón ofrecía *holocaustos al Señor **13**los días correspondientes, según lo ordenado por Moisés: los *sábados, las fiestas de la Luna Nueva, y las tres fiestas anuales, es decir, la de los Panes sin levadura, la de las Semanas y la de las *Enramadas.

14Conforme a lo dispuesto por su padre David, Salomón asignó turnos a los sacerdotes para prestar su servicio. A los levitas los estableció en sus cargos para entonar las alabanzas y para ayudar a los sacerdotes en los ritos diarios. También fijó turnos a los porteros en cada puerta, porque así lo había ordenado David, hombre de Dios. **15**Y se obedecieron todas las órdenes del rey en cuanto a los

sacerdotes y levitas, y aun en lo referente a los tesoros.

16Toda la obra de Salomón se llevó a cabo, desde el día en que se echaron los cimientos del templo hasta que se terminó de construirlo. Así el templo del Señor quedó perfectamente terminado.

17Luego Salomón se dirigió a Ezión Guéber y a Elat, en la costa de Edom. **18**Hiram, por medio de sus oficiales, le envió a Salomón barcos y marineros expertos. Éstos y los oficiales de Salomón navegaron a Ofir y volvieron con unos quince mil kilos^n de oro, que le entregaron al rey Salomón.

La reina de Sabá visita a Salomón
9:1-12 — 1R 10:1-13

9 La reina de Sabá se enteró de la fama de Salomón, así que fue a verlo en Jerusalén para ponerlo a prueba con preguntas difíciles. Llegó con un séquito muy grande; sus camellos llevaban perfumes, oro en abundancia y piedras preciosas. Al presentarse ante Salomón, le preguntó todo lo que tenía pensado, **2**y él respondió a todas sus preguntas. No hubo ningún asunto, por difícil que fuera, que Salomón no pudiera resolver. **3-4**La reina de Sabá se quedó atónita ante la sabiduría de Salomón y al ver el palacio que él había construido, los manjares de su mesa, los asientos que ocupaban sus funcionarios, el servicio y la ropa de sus criados y coperos, y los *holocaustos que ofrecía en el templo^n del Señor. **5**Entonces le dijo al rey: «¡Todo lo que escuché en mi país acerca de tus triunfos y de tu sabiduría es cierto! **6**No podía creer nada de eso hasta que vine y lo vi con mis propios ojos. Pero en realidad, ¡no me habían contado ni siquiera la mitad de tu extraordinaria sabiduría! Tú superas todo lo que había oído decir de ti. **7**¡*Dichosos tus súbditos! ¡Dichosos estos servidores tuyos, que constantemente están en tu presencia bebiendo de tu sabiduría! **8**¡Y alabado sea el Señor tu Dios, que se ha deleitado en ti y te ha puesto en su trono para que lo representes como rey! En su

---

^{n}**8:18** *quince mil kilos.* Lit. *cuatrocientos cincuenta* *talentos.* ^{n}**9:4** *los holocaustos ... templo.* Alt. *la escalinata por la cual él subía al templo.*

amor por Israel, tu Dios te ha hecho rey de ellos para que gobiernes con justicia y rectitud, pues él quiere consolidar a su pueblo para siempre.»

9Luego la reina le regaló a Salomón tres mil novecientos sesenta kilos*o* de oro, piedras preciosas y una gran cantidad de perfumes. Jamás volvió a haber perfumes como los que la reina de Sabá le obsequió al rey Salomón.

10Además del oro de Ofir, los oficiales de Hiram y los de Salomón trajeron madera de sándalo y piedras preciosas. 11Con la madera, el rey construyó escalinatas para el templo del SEÑOR y para el palacio real, y también hizo arpas y liras para los músicos. Nunca antes se había visto en Judá algo semejante.

12El rey Salomón, por su parte, le dio a la reina de Sabá todo lo que a ella se le antojó pedirle, lo cual fue más de lo que ella le dio al rey. Después de eso, la reina regresó a su país con todos los que la atendían.

El esplendor de Salomón
9:13-28 — 1R 10:14-29; 2Cr 1:14-17

13La cantidad de oro que Salomón recibía anualmente llegaba a los veintidós mil kilos,*p* 14sin contar los impuestos que pagaban los mercaderes y comerciantes. También los reyes de Arabia y los gobernadores del país le llevaban oro y plata a Salomón.

15El rey Salomón hizo doscientos escudos grandes de oro batido, en cada uno de los cuales se emplearon seis kilos y medio*q* de oro. 16Hizo además trescientos escudos más pequeños, también de oro batido, empleando en cada uno de ellos tres kilos*r* de oro. Estos escudos los puso el rey en el palacio llamado «Bosque del Líbano».

17El rey hizo también un gran trono de marfil, recubierto de oro puro. 18El trono tenía seis peldaños, un estrado de oro, brazos a cada lado del asiento, dos leones de pie junto a los brazos 19y doce leones de pie sobre los seis peldaños, uno en cada

extremo. En ningún otro reino se había hecho algo semejante. 20Todas las copas del rey Salomón y toda la vajilla del palacio «Bosque del Líbano» eran de oro puro. Nada estaba hecho de plata, pues en tiempos de Salomón la plata era poco apreciada. 21Cada tres años, la flota comercial del rey, que era tripulada por los oficiales de Hiram, regresaba de Tarsis trayendo oro, plata y marfil, monos y mandriles.*s*

22Tanto en riquezas como en sabiduría, el rey Salomón sobrepasó a los demás reyes de la tierra. 23Todos ellos procuraban visitarlo para oír la sabiduría que Dios le había dado, 24y año tras año le llevaban regalos: artículos de plata y de oro, vestidos, armas y perfumes, y caballos y mulas.

25Salomón tenía cuatro mil establos para sus caballos y sus carros de combate, y doce mil caballos que mantenía en las caballerizas y también en su palacio en Jerusalén. 26El rey Salomón extendió su dominio sobre todos los reyes, desde el río Éufrates hasta Filistea y la frontera de Egipto. 27Hizo que en Jerusalén la plata fuera tan común y corriente como las piedras, y el cedro tan abundante como las higueras de la llanura. 28Sus caballos eran importados de Egipto y de todos los otros países.

Muerte de Salomón
9:29-31 — 1R 11:41-43

29Los demás acontecimientos del reinado de Salomón, desde el primero hasta el último, están escritos en las crónicas del profeta Natán, en la profecía de Ahías el silonita, y en las visiones del vidente Idó acerca de Jeroboán hijo de Nabat. 30Salomón reinó en Jerusalén cuarenta años sobre todo Israel. 31Cuando murió, fue sepultado en la ciudad de David, su padre, y su hijo Roboán lo sucedió en el trono.

División del reino
10:1-11 — 1R 12:1-24

10 Roboán fue a Siquén porque todos los israelitas se habían reunido allí para proclamarlo rey. 2De esto se enteró

---

*o*9:9 *tres mil novecientos sesenta kilos.* Lit. *ciento veinte *talentos.*   *p*9:13 *veintidós mil kilos.* Lit. *seiscientos sesenta y seis talentos.*   *q*9:15 *seis kilos y medio.* Lit. *seiscientos ⌊*siclos⌋*   *r*9:16 *tres kilos.* Lit. *trescientos ⌊siclos⌋*   *s*9:21 *mandriles.* Alt. *pavos reales.*

Jeroboán hijo de Nabat, así que volvió de Egipto, que es adonde había huido del rey Salomón. ³Cuando lo mandaron a buscar, él y todo Israel fueron a ver a Roboán y le dijeron:

⁴—Su padre nos impuso un yugo pesado. Alívienos usted ahora el duro trabajo y el pesado yugo que él nos echó encima; así serviremos a Su Majestad.

⁵—Váyanse por ahora —respondió Roboán—, pero vuelvan a verme dentro de tres días.

Cuando el pueblo se fue, ⁶el rey Roboán consultó con los *ancianos que en vida de su padre Salomón habían estado a su servicio.

—¿Qué me aconsejan ustedes que le responda a este pueblo? —preguntó.

⁷Ellos respondieron:

—Si Su Majestad trata con bondad a este pueblo, y condesciende con ellos y les responde con amabilidad, ellos le servirán para siempre.

⁸Pero Roboán rechazó el consejo que le dieron los ancianos, y consultó más bien con los jóvenes que se habían criado con él y que estaban a su servicio.

⁹—¿Ustedes qué me aconsejan? —les preguntó—. ¿Cómo debo responderle a este pueblo que me dice: "Alívienos el yugo que su padre nos echó encima"?

¹⁰Aquellos jóvenes, que se habían criado con él, le contestaron:

—El pueblo le ha dicho a Su Majestad: "Su padre nos impuso un yugo pesado; hágalo usted más ligero." Pues bien, respóndales de este modo: "Mi dedo meñique es más grueso que la cintura de mi padre. ¹¹Si él les impuso un yugo pesado, ¡yo les aumentaré la carga! Y si él los castigaba a ustedes con una vara, ¡yo lo haré con un látigo!"ᵗ

¹²Al tercer día, en la fecha que el rey Roboán había indicado, Jeroboán regresó con todo el pueblo para presentarse ante él. ¹³Pero el rey Roboán les respondió con brusquedad: rechazó el consejo de los ancianos, ¹⁴y siguió más bien el de los jóvenes. Les dijo: «Si mi padre les impusoᵘ un yugo pesado; ¡yo les aumentaré la carga! Si él los castigaba a ustedes con una vara, ¡yo lo haré con un látigo!»

¹⁵Y como el rey no escuchó al pueblo, las cosas tomaron este rumbo por voluntad de Dios. Así se cumplió la palabra que el Señor le había comunicado a Jeroboán hijo de Nabat por medio de Ahías el silonita.

¹⁶Cuando se dieron cuenta de que el reyᵛ no iba a hacerles caso, todos los israelitas exclamaron a una:

«¡Pueblo de Israel, todos a sus casas!
¡Y tú, David, ocúpate de los tuyos!
¿Qué parte tenemos con David?
¿Qué herencia tenemos con el hijo de Isaí?»

Así que se fueron, cada uno a su casa. ¹⁷Sin embargo, Roboán siguió reinando sobre los israelitas que vivían en las ciudades de Judá. ¹⁸Más tarde, el rey Roboán envió a Adoniránʷ para que supervisara el trabajo forzado, pero los israelitas lo mataron a pedradas. ¡A duras penas logró el rey subir a su carro y escapar a Jerusalén! ¹⁹Desde entonces Israel ha estado en rebelión contra la familia de David.

11 Roboán llegó a Jerusalén y movilizó a las familias de Judá y de Benjamín, ciento ochenta mil guerreros selectos en total, para hacer la guerra contra Israel y así recuperar el reino. ²Pero la palabra del Señor vino a Semaías, hombre de Dios, y le dio este mensaje: ³«Diles a Roboán hijo de Salomón, rey de Judá, y a todos los israelitas que están en Judá y en Benjamín, ⁴que así dice el Señor: "No vayan a luchar contra sus hermanos. Regrese cada uno a su casa, porque es mi voluntad que esto haya sucedido."» Y ellos obedecieron las palabras del Señor y desistieron de marchar contra Jeroboán.

ᵗ **10:11** *con una vara ... con un látigo.* Lit. *con azotes ... con escorpiones;* también en v. 14.   ᵘ **10:14** *Si mi padre les impuso* (mss. hebreos y versiones antiguas); *Yo les impondré* (TM).   ᵛ **10:16** *Cuando se dieron cuenta de que el rey* (mss. hebreos y versiones antiguas); *Como el rey* (TM).   ʷ **10:18** *Adonirán.* Lit. *Adorán* (variante de este nombre).

Roboán fortifica las ciudades de Judá

5Roboán se estableció en Jerusalén y fortificó las siguientes ciudades de Judá: 6Belén, Etam, Tecoa, 7Betsur, Soco, Adulán, 8Gat, Maresá, Zif, 9Adorayin, Laquis, Azeca, 10Zora, Ayalón y Hebrón. Estas ciudades fueron fortificadas en Judá y en Benjamín. 11Roboán nombró gobernantes, reforzó las fortificaciones, almacenó en ellas víveres, aceite y vino, 12y las armó a todas con escudos y lanzas. Así fortificó completamente todas las ciudades y quedó en posesión de Judá y de Benjamín.

Los sacerdotes y los levitas apoyan a Roboán

13De todas las regiones de Israel llegaron sacerdotes y levitas para unirse a Roboán. 14Los levitas abandonaron sus campos de pastoreo y demás posesiones para irse a Judá y a Jerusalén, ya que Jeroboán y sus hijos les habían impedido ejercer el sacerdocio del SEÑOR. 15En su lugar, Jeroboán había nombrado sacerdotes para los *santuarios paganos y para el culto a los machos cabríos y a los becerros que había mandado hacer. 16Tras los levitas se fue gente de todas las tribus de Israel que con todo el *corazón buscaba al SEÑOR, Dios de Israel. Llegaron a Jerusalén para ofrecer sacrificios al SEÑOR, Dios de sus antepasados. 17Así consolidaron el reino de Judá, y durante tres años apoyaron a Roboán hijo de Salomón y siguieron el buen ejemplo de David y Salomón.

Esposas e hijos de Roboán

18Roboán se casó con Majalat hija de Jerimot, el hijo de David y de Abijaíl, hija de Eliab y nieta de Isaí. 19Los hijos que ella le dio fueron Jeús, Semarías y Zaján. 20Después se casó con Macá hija de Absalón. Los hijos que ella le dio fueron Abías, Atay, Ziza y Selomit. 21Roboán amó a Macá hija de Absalón más que a sus otras esposas y concubinas. En total, tuvo dieciocho esposas y sesenta concubinas, y fue padre de veintiocho hijos y de sesenta hijas.

22Roboán puso como jefe de sus hermanos a Abías hijo de Macá, pues tenía la intención de hacerlo rey. 23Y actuó con astucia, pues a sus otros hijos les dio víveres en abundancia, les consiguió muchas esposas y los dispersó por todo el territorio de Judá y de Benjamín y por todas las ciudades fortificadas.

Sisac invade Jerusalén

12:9-16 — 1R 14:21,25-31

12 Después de que Roboán consolidó su reino y se afirmó en el trono, él y todo Israel abandonaron la *ley del SEÑOR 2y le fueron infieles. Por eso en el quinto año del reinado de Roboán, Sisac, rey de Egipto, atacó a Jerusalén. 3Con mil doscientos carros de combate, sesenta mil jinetes y una innumerable multitud de libios, suquíes y *cusitas procedentes de Egipto, 4Sisac conquistó las ciudades fortificadas de Judá y llegó hasta Jerusalén.

5Entonces el profeta Semaías se presentó ante Roboán y los jefes de Judá que por miedo a Sisac se habían reunido en Jerusalén, y les dijo:

—Así dice el SEÑOR: "Como ustedes me abandonaron, ahora yo también los abandono, para que caigan en manos de Sisac."

6Los jefes israelitas y el rey confesaron con humildad:

—¡El SEÑOR es justo!

7Cuando el SEÑOR vio que se habían humillado, le habló nuevamente a Semaías y le dijo: «Puesto que han mostrado humildad, ya no voy a destruirlos; dentro de poco tiempo los libraré. No voy a permitir que Sisac ejecute mi castigo sobre Jerusalén, 8aunque sí dejaré que los someta a su dominio, para que aprendan la diferencia que hay entre servirme a mí y servir a los reyes de otros países.»

9Sisac, rey de Egipto, atacó a Jerusalén y se llevó los tesoros del templo del SEÑOR y del palacio real. Se lo llevó todo, aun los escudos de oro que Salomón había hecho. 10Para reemplazarlos, el rey Roboán mandó hacer escudos de bronce y los puso al cuidado de los jefes de la guardia que custodiaba la entrada del palacio real. 11Siempre que el rey iba al templo del SEÑOR, los guardias lo acompañaban portando los escudos, pero luego los devolvían a la sala de los centinelas.

12Por haberse humillado Roboán, y porque aún quedaba algo bueno en Judá, el SEÑOR apartó su ira de él y no lo destruyó por completo, 13así que el rey Roboán afirmó su trono y continuó reinando en Jerusalén. Su madre era una amonita llamada Noamá.

Roboán tenía cuarenta y un años cuando ascendió al trono, y reinó diecisiete años en Jerusalén, la ciudad donde, de entre todas las tribus de Israel, el SEÑOR había decidido habitar. 14Pero Roboán actuó mal, porque no tuvo el firme propósito de buscar al SEÑOR.

15Los acontecimientos del reinado de Roboán, desde el primero hasta el último, incluyendo las constantes guerras que hubo entre Jeroboán y él, están escritos en las crónicas del profeta Semaías y del vidente Idó.

16Cuando Roboán murió, fue sepultado en la Ciudad de David. Y su hijo Abías lo sucedió en el trono.

Abías, rey de Judá
13:1-2,22–14:1 — 1R 15:1-2,6-8

13 En el año dieciocho del reinado de Jeroboán, Abías ascendió al trono de Judá 2y reinó en Jerusalén tres años. Su madre era Micaías, hija de Uriel de Guibeá.

Hubo guerra entre Abías y Jeroboán. 3Para ir al combate, Abías escogió a cuatrocientos mil guerreros valientes; Jeroboán, por su parte, escogió a ochocientos mil y le hizo frente.

4Abías subió al monte Zemarayin, en la sierra de Efraín, y gritó: «¡Jeroboán! ¡Israelitas! ¡Escúchenme todos ustedes! 5¿No saben que el SEÑOR, Dios de Israel, concedió para siempre el reino de Israel a David y a sus descendientes mediante un *pacto inalterable?x 6Sin embargo, Jeroboán hijo de Nabat, oficial de Salomón hijo de David, se rebeló contra su señor. 7Unos hombres ociosos y malvados se unieron a Roboán hijo de Salomón, cuando éste era joven y débil de carácter, y se le impusieron, de modo que no pudo hacerles frente.

8»Ustedes piensan que ahora, por ser muy numerosos y por tener los becerros de oro, esos ídolos que Jeroboán les hizo pueden oponerse al reino del SEÑOR, aunque él se lo ha entregado a los hijos de David. 9¡Hasta expulsaron a los descendientes de Aarón, que son los sacerdotes del SEÑOR, y a los levitas! En su lugar han nombrado sacerdotes, y a cualquiera que trae un ternero y siete carneros lo consagran como sacerdote de los dioses falsos, tal como lo hacen los pueblos *paganos.

10»Nosotros, en cambio, no hemos abandonado al SEÑOR, porque él es nuestro Dios. Los descendientes de Aarón siguen siendo nuestros sacerdotes que sirven al SEÑOR, y los levitas son los encargados del culto. 11Todos los días, por la mañana y por la tarde, ofrecen al SEÑOR los *holocaustos y queman el incienso; además, todas las tardes colocan el pan consagrado sobre la mesa de oro puro, y encienden las lámparas del candelabro de oro. Dense cuenta de que nosotros sí mantenemos el culto al SEÑOR nuestro Dios, a quien ustedes han abandonado. 12Así que Dios, con sus sacerdotes, va al frente de nosotros. ¡Las trompetas están listas para dar la orden de ataque contra ustedes! ¡Israelitas, no peleen contra el SEÑOR, Dios de sus antepasados, pues no podrán vencerlo!»

13Para tenderle una emboscada a Abías, Jeroboán situó parte de sus tropas detrás del ejército de Judá, mientras que al resto de sus tropas lo mandó al frente. 14Cuando los de Judá miraron hacia atrás, se dieron cuenta de que los israelitas los atacaban también por la retaguardia. Entonces clamaron al SEÑOR, y los sacerdotes tocaron las trompetas. 15En el momento en que los de Judá lanzaron el grito de guerra, Dios derrotó a Jeroboán y a los israelitas, dándoles la *victoria a Abías y Judá. 16Los israelitas intentaron huir, pero Dios los entregó al poder de Judá. 17Abías y su ejército les ocasionaron una gran derrota, matando a quinientos mil soldados selectos de Israel. 18En esa ocasión fueron humillados los israelitas,

---

x13:5 inalterable. Lit. de sal; véase Nm 18:19.

mientras que los de Judá salieron victoriosos porque confiaron en el SEÑOR, Dios de sus antepasados.

¹⁹Abías persiguió a Jeroboán y le arrebató las ciudades de Betel, Jesaná y Efraín, con sus respectivas aldeas. ²⁰Durante el reinado de Abías, Jeroboán no pudo recuperar su poderío. Al final, el SEÑOR lo hirió, y Jeroboán murió.

²¹Abías, en cambio, siguió afirmándose en el trono. Tuvo catorce esposas, veintidós hijos y dieciséis hijas. ²²Los demás acontecimientos del reinado de Abías, y su conducta y sus obras,ʸ están escritos en el comentario del profeta Idó.

14 Abías murió y fue sepultado en la Ciudad de David, y su hijo Asá lo sucedió en el trono. Durante su reinado, el país disfrutó de diez años de *paz.

Asá, rey de Judá
14:2-3 — 1R 15:11-12

²Asá hizo lo que era bueno y agradable ante el SEÑOR su Dios. ³Se deshizo de los altares y *santuarios paganos, destrozó las piedras sagradas, y derribó las imágenes de la diosa *Aserá. ⁴Además, ordenó a los habitantes de Judá que acudieran al SEÑOR, Dios de sus antepasados, y que obedecieran su *ley y sus mandamientos. ⁵De este modo Asá se deshizo de los santuarios paganos y de los altares de incienso que había en todas las ciudades de Judá, y durante su reinado hubo tranquilidad. ⁶Asá construyó en Judá ciudades fortificadas, pues durante esos años el SEÑOR le dio descanso, y el país disfrutó de *paz y no estuvo en guerra con nadie.

⁷Asá les dijo a los de Judá: «Reconstruyamos esas ciudades, y levantemos a su alrededor murallas con torres, *puertas y cerrojos. El país todavía es nuestro, porque hemos buscado al SEÑOR nuestro Dios; como lo hemos buscado, él nos ha concedido estar en paz con nuestros vecinos.» Y tuvieron mucho éxito en la reconstrucción de las ciudades.

⁸Asá contaba con un ejército de trescientos mil soldados de Judá, los cuales portaban lanzas y escudos grandes, y de

doscientos ochenta mil benjaminitas, los cuales portaban arcos y escudos pequeños. Todos ellos eran guerreros valientes.

⁹Zera el *cusita marchó contra ellos al frente de un ejército de un millón de soldados y trescientos carros de guerra, y llegó hasta Maresá. ¹⁰Asá le salió al encuentro en el valle de Sefata, y tomó posiciones cerca de Maresá. ¹¹Allí Asá invocó al SEÑOR su Dios y le dijo: «SEÑOR, sólo tú puedes ayudar al débil y al poderoso. ¡Ayúdanos, SEÑOR y Dios nuestro, porque en ti confiamos, y en tu *nombre hemos venido contra esta multitud! ¡Tú, SEÑOR, eres nuestro Dios! ¡No permitas que ningún *mortal se alce contra ti!»

¹²El SEÑOR derrotó a los cusitas cuando éstos lucharon contra Asá y Judá. Los cusitas huyeron, ¹³pero Asá y su ejército los persiguieron hasta Guerar. Allí cayeron los cusitas, y ni uno de ellos quedó con vida, porque el SEÑOR y su ejército los aniquilaron. Los de Judá se llevaron un enorme botín, ¹⁴luego atacaron todas las ciudades que había alrededor de Guerar, las cuales estaban llenas de pánico ante el SEÑOR, y las saquearon, pues había en ellas un gran botín. ¹⁵Además, atacaron los campamentos, donde había mucho ganado, y se llevaron una gran cantidad de ovejas y camellos. Después de eso, regresaron a Jerusalén.

Reformas de Asá
15:16-19 — 1R 15:13-16

15 El Espíritu de Dios vino sobre Azarías hijo de Oded, ²y éste salió al encuentro de Asá y le dijo: «Asá, y gente de Judá y de Benjamín, ¡escúchenme! El SEÑOR estará con ustedes, siempre y cuando ustedes estén con él. Si lo buscan, él dejará que ustedes lo hallen; pero si lo abandonan, él los abandonará. ³Por mucho tiempo Israel estuvo sin el Dios verdadero y sin instrucción,ᶻ pues no había sacerdote que le enseñara. ⁴Pero cuando en su tribulación se volvieron al SEÑOR, Dios de Israel, y lo buscaron, él les permitió que lo hallaran. ⁵En aquellos tiempos no había seguridad para ningún

---

ʸ **13:22** *obras*. Alt. *palabras*.　　ᶻ **15:3** *instrucción*. Alt. **ley*.

viajero, sino que los habitantes de todos los países sufrían grandes calamidades. **6**Las naciones y las ciudades se destrozaban unas a otras, porque Dios las castigaba con toda clase de calamidades. **7**Pero ustedes, ¡manténganse firmes y no bajen la guardia, porque sus obras serán recompensadas!»

8Cuando Asá oyó este mensaje del profeta Azarías hijo de Oded,*a* se animó a eliminar los detestables ídolos que había en todo el territorio de Judá y Benjamín, y en las ciudades que había conquistado en los montes de Efraín. Además, restauró el altar del SEÑOR que estaba frente al atrio del templo del SEÑOR. **9**Después convocó a los habitantes de Judá y de Benjamín, como también a los de Efraín, Manasés y Simeón que vivían entre ellos, pues muchos israelitas se habían unido a Asá, al ver que el SEÑOR su Dios estaba con él. **10**Se reunieron en Jerusalén en el mes tercero del año quince del reinado de Asá. **11**Ese día ofrecieron al SEÑOR setecientos bueyes y siete mil ovejas del botín que habían tomado. **12**Luego hicieron un *pacto, mediante el cual se comprometieron a buscar de todo *corazón y con toda el *alma al SEÑOR, Dios de sus antepasados. **13**Al que no buscara al SEÑOR, Dios de Israel, se le castigaría con la muerte, fuera grande o pequeño, hombre o mujer. **14**Así lo juraron ante el SEÑOR, a voz en cuello y en medio de gritos y toques de trompetas y de cuernos. **15**Todos los de Judá se alegraron de haber hecho este juramento, porque lo habían hecho de todo corazón y habían buscado al SEÑOR con voluntad sincera, y él se había dejado hallar de ellos y les había concedido vivir en *paz con las naciones vecinas.

16Además, el rey Asá destituyó a su abuela Macá de su puesto como reina madre, porque ella había hecho una escandalosa imagen de la diosa *Aserá. Asá derribó la imagen, la redujo a polvo y la quemó en el arroyo de Cedrón. **17**Aunque no quitó de Israel los *santuarios paganos, Asá se mantuvo siempre fiel*b* al SEÑOR,

18y llevó al templo de Dios el oro, la plata y los utensilios que él y su padre habían consagrado.

19Durante los primeros treinta y cinco años del reinado de Asá no hubo guerra.

Pacto de Asá con Ben Adad
16:1-6 — 1R 15:17-22
16:11–17:1 — 1R 15:23-24

16 En el año treinta y seis del reinado de Asá, Basá, rey de Israel, atacó a Judá y fortificó Ramá para aislar totalmente a Asá, rey de Judá.

2Entonces Asá sacó plata y oro de los tesoros del templo del SEÑOR y del palacio real, y se los envió a Ben Adad, rey de *Siria, que gobernaba en Damasco. También le envió este mensaje: **3**«Hagamos un pacto entre tú y yo, como el que hicieron tu padre y el mío. Aquí te envío oro y plata. Anula tu pacto con Basá, rey de Israel, para que se marche de aquí.»

4Ben Adad estuvo de acuerdo con el rey Asá y dio a los jefes de su ejército la orden de atacar las ciudades de Israel. Así conquistaron Iyón, Dan y Abel Mayin, y todos los depósitos que había en las ciudades de Neftalí.

5Cuando Basá se enteró, suspendió las obras de fortificación de Ramá. **6**Entonces el rey Asá movilizó a todo Judá y se llevó de Ramá las piedras y la madera con que había estado fortificando aquella ciudad, y fortificó más bien Gueba y Mizpa.

7En esa ocasión el vidente Jananí se presentó ante Asá, rey de Judá, y le dijo: «Por cuanto pusiste tu confianza en el rey de Siria en vez de confiar en el SEÑOR tu Dios, el ejército sirio se te ha escapado de las manos. **8**También los *cusitas y los libios formaban un ejército numeroso, y tenían muchos carros de combate y caballos, y sin embargo el SEÑOR los entregó en tus manos, porque en esa ocasión tú confiaste en él. **9**El SEÑOR recorre con su mirada toda la tierra, y está listo para ayudar a quienes le son fieles.*c* Pero de ahora en adelante tendrás guerras, pues actuaste como un *necio.»

---

a 15:8 *Azarías hijo de Oded* (ms. de LXX y Vulgata); *Oded* (TM).　　*b* 15:17 *Asá se mantuvo siempre fiel....* Lit. *el corazón de Asá fue *perfecto.*　　*c* 16:9 *quienes le son fieles.* Lit. *los de corazón *perfecto para él.*

¹⁰Asá se enfureció contra el vidente por lo que éste le dijo, y lo mandó encarcelar. En ese tiempo, Asá oprimió también a una parte del pueblo.

¹¹Los hechos de Asá, desde el primero hasta el último, están escritos en el libro de los reyes de Judá e Israel. ¹²En el año treinta y nueve de su reinado, Asá se enfermó de los pies; y aunque su enfermedad era grave, no buscó al SEÑOR, sino que recurrió a los médicos. ¹³En el año cuarenta y uno de su reinado, Asá murió y fue sepultado con sus antepasados. ¹⁴Lo sepultaron en la tumba que él había mandado cavar en la Ciudad de David, y lo colocaron sobre un lecho lleno de perfumes y diversas clases de especias aromáticas, muy bien preparadas. En su honor encendieron una enorme hoguera.

Josafat, rey de Israel

17 Al rey Asá lo sucedió en el trono su hijo Josafat, quien se impuso a la fuerza sobre Israel. ²Colocó tropas en todas las ciudades fortificadas de Judá, y guarniciones en el territorio de Judá y en las ciudades de Efraín que su padre Asá había conquistado.

³El SEÑOR estuvo con Josafat porque siguió el ejemplo inicial de su padre,*d* pues no buscó a los *baales ⁴sino al Dios de su padre, obedeció los mandamientos de Dios, y no siguió las prácticas de los israelitas. ⁵Por eso el SEÑOR afirmó el reino en sus manos. Todo Judá le llevaba regalos, y Josafat llegó a tener muchas riquezas y recibió muchos honores. ⁶Anduvo con orgullo en los *caminos del SEÑOR, y hasta quitó de Judá los *santuarios paganos y las imágenes de la diosa *Aserá.

⁷En el año tercero de su reinado, Josafat envió a sus oficiales Ben Jayil, Abdías, Zacarías, Natanael y Micaías, para que instruyeran a la gente en las ciudades de Judá. ⁸Con ellos fueron los levitas Semaías, Netanías, Zebadías, Asael, Semiramot, Jonatán, Adonías, Tobías y Tobadonías, y también los sacerdotes Elisama y Jorán. ⁹Llevaron consigo el libro de la *ley del SEÑOR para instruir a los habitantes de Judá. Así que recorrieron todas las ciudades de Judá, enseñando al pueblo.

¹⁰Todos los reinos de las naciones vecinas de Judá sintieron un miedo profundo hacia el SEÑOR y no se atrevieron a declararle la guerra a Josafat. ¹¹Aun algunos filisteos le llevaron a Josafat, como tributo, regalos y plata. Los árabes también le llevaron siete mil setecientos carneros y siete mil setecientos machos cabríos.

¹²Josafat se hizo cada vez más poderoso. Construyó en Judá fortalezas y lugares de almacenamiento, ¹³y tenía muchas provisiones en las ciudades. En Jerusalén contaba con un regimiento de soldados muy valientes, ¹⁴cuyo registro, según sus familias patriarcales, es el siguiente:

Jefes de mil soldados en Judá:
Adnás, el comandante, al frente de trescientos mil soldados.
¹⁵Le seguía Johanán, al frente de doscientos ochenta mil soldados;
¹⁶le seguía Amasías hijo de Zicrí, que se ofreció voluntariamente para servir al SEÑOR, y estaba al frente de doscientos mil soldados.
¹⁷De Benjamín:
Eliadá, guerrero valiente, al frente de doscientos mil soldados que portaban arcos y escudos.
¹⁸Le seguía Jozabad, al frente de ciento ochenta mil soldados adiestrados para la guerra.

¹⁹Todos ellos estaban al servicio del rey, sin contar los que éste había destinado para las ciudades fortificadas de todo Judá.

Micaías profetiza contra Acab
18:1-27 — 1R 22:1-28

18 Josafat se hizo muy rico y famoso, y como había emparentado con Acab, ²después de algún tiempo fue a visitarlo en Samaria. Allí Acab mató muchas ovejas y vacas para Josafat y sus

---

d **17:3** *de su padre* (mss. hebreos y LXX); *de su padre David* (TM).

acompañantes, y lo animó a marchar contra Ramot de Galaad.

³Acab, rey de Israel, le preguntó a Josafat, rey de Judá:

—¿Irías conmigo a pelear contra Ramot de Galaad?

Josafat le respondió:

—Estoy a tu disposición, lo mismo que mi pueblo. Iremos contigo a la guerra. ⁴Pero antes que nada, consultemos al SEÑOR —añadió.

⁵Así que el rey de Israel reunió a los cuatrocientos profetas, y les preguntó:

—¿Debemos ir a la guerra contra Ramot de Galaad, o no?

—Vaya, Su Majestad —contestaron ellos—, porque Dios la entregará en sus manos.

⁶Pero Josafat inquirió:

—¿No hay aquí un profeta del SEÑOR a quien podamos consultar?

⁷El rey de Israel le respondió:

—Todavía hay alguien por medio de quien podemos consultar al SEÑOR, pero me cae muy mal porque nunca me profetiza nada bueno; sólo me anuncia desastres. Se trata de Micaías hijo de Imlá.

—No digas eso —replicó Josafat.

⁸Entonces el rey de Israel llamó a uno de sus funcionarios y le ordenó:

—¡Traigan de inmediato a Micaías hijo de Imlá!

⁹El rey de Israel, y Josafat, rey de Judá, vestidos con sus vestiduras reales y sentados en sus respectivos tronos, estaban en la plaza a la *entrada de Samaria, con todos los que profetizaban en su presencia. ¹⁰Sedequías hijo de Quenaná, que se había hecho unos cuernos de hierro, anunció: «Así dice el SEÑOR: "Con estos cuernos atacarás a los *sirios hasta aniquilarlos."» ¹¹Y los demás profetas vaticinaban lo mismo. «Ataque Su Majestad a Ramot de Galaad, y vencerá, porque el SEÑOR la entregará en sus manos.»

¹²Ahora bien, el mensajero que había ido a llamar a Micaías le advirtió:

—Mira, los demás profetas a una voz predicen el éxito del rey. Habla favorablemente, para que tu mensaje concuerde con el de ellos.

¹³Pero Micaías repuso:

—Tan cierto como que el SEÑOR vive, te juro que yo le anunciaré al rey lo que Dios me diga.

¹⁴Cuando compareció ante el rey, éste le preguntó:

—Micaías, ¿debemos ir a la guerra contra Ramot de Galaad, o no?

—Ataquen y vencerán —contestó él—, porque les será entregada.

¹⁵El rey le reclamó:

—¿Cuántas veces debo hacerte jurar que no me digas nada más que la verdad en el *nombre del SEÑOR?

¹⁶Ante esto, Micaías concedió:

—Vi a todo Israel esparcido por las colinas, como ovejas sin *pastor. Y el SEÑOR dijo: "Esta gente no tiene amo. ¡Que cada cual se vaya a su casa en paz!"

¹⁷El rey de Israel le dijo a Josafat:

—¿No te dije que jamás me profetiza nada bueno, y que sólo me anuncia desastres?

¹⁸Micaías prosiguió:

—Por lo tanto, oigan la palabra del SEÑOR: Vi al SEÑOR sentado en su trono con todo el ejército del cielo alrededor de él, a su derecha y a su izquierda. ¹⁹Y el SEÑOR dijo: "¿Quién seducirá a Acab, rey de Israel, para que ataque a Ramot de Galaad y vaya a morir allí?" Uno sugería una cosa, y otro sugería otra. ²⁰Por último, un espíritu se adelantó, se puso delante del SEÑOR y dijo: "Yo lo seduciré." "¿Por qué medios?", preguntó el SEÑOR. ²¹Y aquel espíritu respondió: "Saldré y seré un espíritu mentiroso en la boca de sus profetas." Entonces el SEÑOR ordenó: "Ve y hazlo así, que tendrás éxito en seducirlo." ²²Así que ahora el SEÑOR ha puesto un espíritu mentiroso en la boca de estos profetas de Su Majestad. El SEÑOR ha decretado para usted la calamidad.

²³Al oír esto, Sedequías hijo de Quenaná se levantó y le dio una bofetada a Micaías.

—¿Por dónde se fue el espíritu*ᵉ* del

ᵉ **18:23** *espíritu.* Alt. *Espíritu.*

SEÑOR cuando salió de mí para hablarte? —le preguntó.

24Micaías contestó:

—Lo sabrás el día en que andes de escondite en escondite.

25Entonces el rey de Israel ordenó:

—Tomen a Micaías, y llévenselo a Amón, el gobernador de la ciudad, y a Joás, mi hijo. 26Díganles que les ordeno echar en la cárcel a ese tipo, y no darle más que pan y agua, hasta que yo regrese sin contratiempos.

27Micaías manifestó:

—Si regresas sin contratiempos, el SEÑOR no ha hablado por medio de mí. ¡Tomen nota todos ustedes de lo que estoy diciendo!

Muerte de Acab en Ramot de Galaad

18:28-34 — 1R 22:29-36

28El rey de Israel, y Josafat, rey de Judá, marcharon juntos contra Ramot de Galaad. 29Allí el rey de Israel le dijo a Josafat: «Yo entraré a la batalla disfrazado, pero tú te pondrás tus vestiduras reales.» Así que el rey de Israel se disfrazó y entró al combate.

30Pero el rey de *Siria les había ordenado a sus capitanes de los carros de combate: «No luchen contra nadie, grande o pequeño, salvo contra el rey de Israel.» 31Cuando los capitanes de los carros vieron a Josafat, pensaron: «Éste es el rey de Israel.» Así que se volvieron para atacarlo; pero Josafat gritó, y Dios el SEÑOR lo ayudó, haciendo que se apartaran de él. 32Entonces los capitanes de los carros vieron que no era el rey de Israel, y dejaron de perseguirlo.

33Sin embargo, alguien disparó su arco al azar e hirió al rey de Israel entre las piezas de su armadura. El rey le ordenó al que conducía su carro: «Da la vuelta y sácame del campo de batalla, pues me han herido.» 34Todo el día arreció la batalla, y al rey de Israel se le mantuvo de pie en su carro frente a los sirios, hasta el atardecer, y murió al ponerse el sol.

19 Cuando Josafat, rey de Judá, regresó sin ningún contratiempo a su palacio en Jerusalén, 2el vidente Jehú hijo de Jananí fue a visitarlo y le dijo: «¿Cómo te atreviste a ayudar a los malvados, haciendo alianza con los enemigos delᶠ SEÑOR? Por haber hecho eso, la ira del SEÑOR ha caído sobre ti. 3Pero hay cosas buenas a tu favor, pues has quitado del país las imágenes de la diosa *Aserá, y has buscado a Dios de todo *corazón.»

Josafat nombra jueces

4Josafat se estableció en Jerusalén, pero volvió a visitar al pueblo, desde Berseba hasta los montes de Efraín, para hacerlo volver al SEÑOR, Dios de sus antepasados. 5En cada una de las ciudades fortificadas de Judá nombró jueces 6y les advirtió: «Tengan mucho cuidado con lo que hacen, pues su autoridad no proviene de un *hombre, sino del SEÑOR, que estará con ustedes cuando impartan justicia. 7Por eso, teman al SEÑOR y tengan cuidado con lo que hacen, porque el SEÑOR nuestro Dios no admite la injusticia ni la parcialidad ni el soborno.»

8En Jerusalén, Josafat designó también a levitas, sacerdotes y jefes de las familias patriarcales de Israel, para que administraran la *ley del SEÑOR y resolvieran pleitos. Éstos vivían en Jerusalén. 9Josafat les ordenó: «Ustedes actuarán con fidelidad e integridad, bajo el temor del SEÑOR. 10Cuando sus compatriotas vengan de las ciudades y sometan al juicio de ustedes casos de violencia, o algún otro asunto concerniente a la ley, los mandamientos, los estatutos y los juicios, ustedes les advertirán que no pequen contra el SEÑOR, para que su ira no caiga sobre ustedes y sobre ellos. Si así lo hacen, no serán culpables.

11»El sumo sacerdote Amarías los orientará en todo asunto de carácter religioso, mientras que Zebadías hijo de Ismael, que es el jefe de la tribu de Judá, lo hará en todo asunto de carácter civil.ᵍ También los levitas estarán al servicio de

---

ᶠ**19:2** *haciendo alianza con los enemigos del*. Lit. *y amas a los que odian al*.   ᵍ**19:11** *religioso ... civil*. Lit. *del SEÑOR ... del rey*.

ustedes. ¡Anímense, y manos a la obra! El
Señor estará con los que actúen bien.»

Josafat derrota a Moab y Amón

20 Después de esto, los moabitas, los
amonitas y algunos de los meunitas[h] le declararon la guerra a Josafat, ²y
alguien fue a informarle: «Del otro lado
del Mar Muerto y de Edom[i] viene contra
ti una gran multitud. Ahora están en Jazezón Tamar, es decir, en Engadi.» ³Atemorizado, Josafat decidió consultar al Señor
y proclamó un ayuno en todo Judá. ⁴Los
habitantes de todas las ciudades de Judá
llegaron para pedir juntos la ayuda del
Señor.

⁵En el templo del Señor, frente al atrio
nuevo, Josafat se puso de pie ante la
asamblea de Judá y de Jerusalén, ⁶y dijo:

«Señor, Dios de nuestros antepasados, ¿no eres tú el Dios del cielo, y el
que gobierna a todas las naciones? ¡Es
tal tu fuerza y tu poder que no hay quien
pueda resistirte! ⁷¿No fuiste tú, Dios
nuestro, quien a los ojos de tu pueblo
Israel expulsó a los habitantes de esta
tierra? ¿Y no fuiste tú quien les dio para
siempre esta tierra a los descendientes
de tu amigo Abraham? ⁸Ellos la habitaron y construyeron un santuario en tu
honor, diciendo: ⁹"Cuando nos sobrevenga una calamidad, o un castigo por
medio de la espada, o la peste o el
hambre, si nos congregamos ante ti, en
este templo donde habitas, y clamamos
a ti en medio de nuestra aflicción, tú nos
escucharás y nos salvarás."

¹⁰»Cuando Israel salió de Egipto, tú
no le permitiste que invadiera a los
amonitas, ni a los moabitas ni a los del
monte de Seír, sino que lo enviaste por
otro camino para que no destruyera a
esas naciones. ¹¹¡Mira cómo nos pagan
ahora, viniendo a arrojarnos de la tierra
que tú nos diste como herencia! ¹²Dios
nuestro, ¿acaso no vas a dictar sentencia
contra ellos? Nosotros no podemos
oponernos a esa gran multitud que viene

a atacarnos. ¡No sabemos qué hacer!
¡En ti hemos puesto nuestra esperanza!»

¹³Todos los hombres de Judá estaban
de pie delante del Señor, junto con sus
mujeres y sus hijos, aun los más pequeños.
¹⁴Entonces el Espíritu del Señor vino
sobre Jahaziel, hijo de Zacarías y descendiente en línea directa de Benaías, Jeyel y
Matanías. Este último era un levita de los
hijos de Asaf que se encontraba en la
asamblea. ¹⁵Y dijo Jahaziel: «Escuchen,
habitantes de Judá y de Jerusalén, y escuche también Su Majestad. Así dice el
Señor: "No tengan miedo ni se acobarden
cuando vean ese gran ejército, porque la
batalla no es de ustedes sino mía. ¹⁶Mañana, cuando ellos suban por la cuesta de Sis,
ustedes saldrán contra ellos y los encontrarán junto al arroyo, frente al desierto de
Jeruel. ¹⁷Pero ustedes no tendrán que intervenir en esta batalla. Simplemente, quédense quietos en sus puestos, para que
vean la *salvación que el Señor les dará.
¡Habitantes de Judá y de Jerusalén, no
tengan miedo ni se acobarden! Salgan
mañana contra ellos, porque yo, el Señor,
estaré con ustedes."»

¹⁸Josafat y todos los habitantes de Judá
y de Jerusalén se postraron rostro en tierra
y adoraron al Señor, ¹⁹y los levitas de los
hijos de Coat y de Coré se pusieron de pie
para alabar al Señor a voz en cuello.

²⁰Al día siguiente, madrugaron y fueron al desierto de Tecoa. Mientras avanzaban, Josafat se detuvo y dijo:
«Habitantes de Judá y de Jerusalén, escúchenme: ¡Confíen en el Señor, y serán
librados! ¡Confíen en sus profetas, y tendrán éxito!»

²¹Después de consultar con el pueblo,
Josafat designó a los que irían al frente del
ejército para cantar al Señor y alabar el
esplendor de su santidad[j] con el cántico:
«Den gracias al Señor; su gran amor
perdura para siempre.»

²²Tan pronto como empezaron a entonar este cántico de alabanza, el Señor
puso emboscadas contra los amonitas, los

---

[h] **20:1** *meunitas* (LXX); *amonitas* (TM).   [i] **20:2** *Edom* (un ms. hebreo y Vetus Latina); *Aram* (TM).
[j] **20:21** *el esplendor de su santidad.* Alt. *vestidos de ropas sagradas.*

moabitas y los del monte de Seír que habían venido contra Judá, y los derrotó. 23De hecho, los amonitas y los moabitas atacaron a los habitantes de los montes de Seír y los mataron hasta aniquilarlos. Luego de exterminar a los habitantes de Seír, ellos mismos se atacaron y se mataron unos a otros.

24Cuando los hombres de Judá llegaron a la torre del desierto para ver el gran ejército enemigo, no vieron sino los cadáveres que yacían en tierra. ¡Ninguno había escapado con vida! 25Entonces Josafat y su gente fueron para apoderarse del botín, y entre los cadáveres encontraron muchas riquezas, vestidos y joyas preciosas. Cada uno se apoderó de todo lo que quiso, hasta más no poder. Era tanto el botín, que tardaron tres días en recogerlo. 26El cuarto día se congregaron en el valle de Beracá, y alabaron al SEÑOR; por eso llamaron a ese lugar el valle de Beracá,k nombre con el que hasta hoy se le conoce.

27Más tarde, todos los de Judá y Jerusalén, con Josafat a la cabeza, regresaron a Jerusalén llenos de gozo porque el SEÑOR los había librado de sus enemigos. 28Al llegar, entraron en el templo del SEÑOR al son de arpas, liras y trompetas. 29Al oír las naciones de la tierra cómo el SEÑOR había peleado contra los enemigos de Israel, el temor de Dios se apoderó de ellas. 30Por lo tanto, el reinado de Josafat disfrutó de tranquilidad, y Dios le dio *paz por todas partes.

Fin del reinado de Josafat
20:31–21:1 — 1R 22:41-50

31Josafat tenía treinta y cinco años cuando ascendió al trono de Judá, y reinó en Jerusalén veinticinco años. El nombre de su madre era Azuba hija de Siljí. 32Siguió el buen ejemplo de su padre Asá y nunca se desvió de él, sino que hizo lo que agrada al SEÑOR. 33Sin embargo, no se quitaron los *santuarios paganos, pues el pueblo aún no se había consagrado al Dios de sus antepasados.

34Los demás acontecimientos del reinado de Josafat, desde el primero hasta el último, están escritos en las crónicas de Jehú hijo de Jananí, que forman parte del libro de los reyes de Israel.

35Después de esto, Josafat se alió con el perverso Ocozías, rey de Israel, 36para construir una flota mercante que iría a Tarsis. Los barcos los hacían en Ezión Guéber. 37Entonces Eliezer hijo de Dodías, de Maresá, profetizó contra Josafat: «Por haberte aliado con Ocozías, el SEÑOR destruirá lo que estás haciendo.» En efecto, los barcos naufragaron y no pudieron ir a Tarsis.

Jorán, rey de Judá
21:5-10,20 — 2R 8:16-24

21 Josafat murió y fue sepultado con sus antepasados en la Ciudad de David, y su hijo Jorán lo sucedió en el trono. 2Sus hermanos eran Azarías, Jehiel, Zacarías, Azarías, Micael y Sefatías. Todos éstos fueron hijos de Josafat, rey de Israel. 3Su padre les había regalado plata, oro y objetos de valor en abundancia, y les entregó también ciudades fortificadas en Judá, pero el reino se lo dio a Jorán, porque era el hijo mayor. 4Cuando Jorán se afirmó completamente en el trono de su padre, mató a espada a todos sus hermanos y también a algunos jefes de Israel.

5Jorán tenía treinta y dos años cuando ascendió al trono, y reinó en Jerusalén ocho años. 6Pero hizo lo que ofende al SEÑOR, pues siguió el mal ejemplo de los reyes de Israel, como lo había hecho la familia de Acab, y llegó incluso a casarse con la hija de Acab. 7Pero el SEÑOR no quiso destruir la dinastía de David por consideración al *pacto que había hecho con él, pues le había prometido mantener encendida para siempre una lámpara para él y sus descendientes.

8En tiempos de Jorán, los edomitas se sublevaron contra Judá y se nombraron su propio rey. 9Por lo tanto, Jorán marchó con sus capitanes y todos sus carros de combate. Los edomitas lo cercaron a él y a los capitanes de los carros, pero durante la noche Jorán logró abrirse paso. 10Desde entonces Edom ha estado en rebelión con-

---

k20:26 En hebreo, *Beracá* significa *bendición* o *alabanza*.

tra Judá, al igual que la ciudad de Libná, que en ese mismo tiempo se sublevó. Esto sucedió porque Jorán abandonó al SEÑOR, Dios de sus antepasados. ¹¹Además, Jorán construyó *santuarios paganos en las colinas de Judá, e indujo a los habitantes de Jerusalén y de Judá a la idolatría.

¹²El profeta Elías le envió una carta con este mensaje:

«Así dice el SEÑOR, Dios de tu antepasado David: "Por cuanto no seguiste el buen ejemplo de tu padre Josafat, ni el de Asá, rey de Judá, ¹³sino que seguiste el mal ejemplo de los reyes de Israel, haciendo que los habitantes de Judá y de Jerusalén fueran infieles a Dios,ˡ como lo hizo la familia de Acab; y por cuanto asesinaste a tus hermanos, la familia de tu padre, que eran mejores que tú, ¹⁴el SEÑOR herirá con una plaga terrible a tu pueblo, a tus hijos, a tus mujeres y todas tus posesiones. ¹⁵Y a ti te enviará una enfermedad en las entrañas, tan grave que día tras día empeorará, hasta que se te salgan los intestinos."»

¹⁶El SEÑOR incitó a los filisteos y a los árabes vecinos de los *cusitas para que se rebelaran contra Jorán. ¹⁷Así que marcharon contra Judá y la invadieron, y se llevaron todos los objetos de valor que hallaron en el palacio real, junto con los hijos y las mujeres de Jorán. Ninguno de sus hijos escapó con vida, excepto Joacaz, que era el menor de todos.

¹⁸Después de esto, el SEÑOR hirió a Jorán con una enfermedad incurable en las entrañas. ¹⁹Pasaron los días y, al cabo de dos años, murió en medio de una terrible agonía, pues por causa de su enfermedad se le salieron los intestinos. Su pueblo no encendió ninguna hoguera en su honor, como se había hecho en honor de sus antepasados.

²⁰Jorán tenía treinta y dos años cuando ascendió al trono, y reinó en Jerusalén ocho años. Murió sin que nadie guardara luto por él, y fue sepultado en la Ciudad de David, pero no en el panteón de los reyes.

Ocozías, rey de Judá

22:1-6 — 2R 8:25-29
22:7-9 — 2R 9:21-29

22 A la muerte de Jorán, los habitantes de Jerusalén proclamaron rey a Ocozías, su hijo menor, pues a sus hijos mayores los habían asesinado las bandas de árabes que habían venido al campamento. Así fue como Ocozías hijo de Jorán ascendió al trono de Judá. ²Tenía cuarenta y dos años cuando ascendió al trono, y reinó en Jerusalén un año. Su madre era Atalía, nietaᵐ de Omrí.

³También Ocozías siguió el mal ejemplo de la familia de Acab, pues su madre le aconsejaba que hiciera lo malo. ⁴Hizo lo que ofende al SEÑOR, como lo había hecho la familia de Acab. En efecto, una vez muerto su padre, Ocozías tuvo como consejeros a miembros de esa familia, para su perdición. ⁵Por consejo de ellos, Ocozías se juntó con Jorán hijo de Acab, rey de Israel, y marchó hacia Ramot de Galaad para hacerle la guerra a Jazael, rey de *Siria, pero en la batalla los sirios hirieron a Jorán. ⁶Por eso tuvo que regresar a Jezrel, para reponerse de las heridas que había recibido en Ramotⁿ cuando luchó contra Jazael, rey de Siria. Como Jorán hijo de Acab convalecía en Jezrel, Ocozíasñ hijo de Jorán, rey de Judá, fue a visitarlo.

Jehú mata a Ocozías

⁷Dios había dispuesto que Ocozías muriera cuando fuera a visitar a Jorán. Tan pronto como Ocozías llegó, salió acompañado de Jorán para encontrarse con Jehú hijo de Nimsi, al que el SEÑOR había escogido para exterminar a la familia de Acab. ⁸Mientras Jehú ejecutaba el juicio contra la familia de Acab, se encontró con los jefes de Judá y con los parientes de Ocozías que estaban al servicio de éste, y los mató. ⁹Luego mandó a buscar a Oco-

---

ˡ**21:13** *fueran infieles a Dios.* Lit. *se prostituyeran.*   ᵐ**22:2** *nieta.* Lit. *hija.*   ⁿ**22:6** *Ramot.* Lit. *Ramá* (variante de este nombre).   ñ**22:6** *Ocozías* (mss. hebreos, LXX, Siríaca; véase 2R 8:29); *Azarías* (TM).

zías, que se había escondido en Samaria; pero lo apresaron y lo llevaron ante Jehú, quien ordenó matarlo. Sin embargo, le dieron sepultura, porque decían: «Es el hijo de Josafat, que buscó al Señor con todo su *corazón.» Y en la familia de Ocozías no quedó nadie capaz de retener el reino.

Atalía y Joás
22:10–23:21 — 2R 11:1-21

10Cuando Atalía madre de Ocozías vio que su hijo había muerto, tomó medidas para eliminar a toda la familia real de Judá. 11Pero Josaba,o que era hija del rey y esposa del sacerdote Joyadá, raptó a Joás hijo de Ocozías cuando los príncipes estaban a punto de ser asesinados. Metiéndolo en un dormitorio con su nodriza, logró esconderlo de Atalía, de modo que no lo mataron. Hizo esto porque era la hermana de Ocozías. 12Seis años estuvo Joás escondido con ellos en el templo de Dios, mientras Atalía reinaba en el país.

23 En el séptimo año, el sacerdote Joyadá se armó de valor y convocó a los siguientes capitanes: Azarías hijo de Jeroán, Ismael hijo de Johanán, Azarías hijo de Obed, Maseías hijo de Adaías, y Elisafat hijo de Zicrí. 2Éstos recorrieron todo el país convocando a los levitas de todos los pueblos de Judá y a los jefes de las familias de Israel, para que fueran a Jerusalén. 3Allí toda la asamblea reunida en el templo de Dios hizo un *pacto con el rey.

Joyadá les dijo: «Aquí tienen al hijo del rey. Él es quien debe reinar, tal como lo prometió el Señor a los descendientes de David. 4Así que hagan lo siguiente: Una tercera parte de ustedes, los sacerdotes y levitas que están de servicio el *sábado, hará la guardia en las puertas; 5otra tercera parte permanecerá en el palacio real, y la tercera parte restante ocupará la puerta de los Cimientos, mientras que todo el pueblo estará en los atrios del templo. 6Sólo los sacerdotes y levitas que estén de servicio entrarán en el templo, pues ellos están consagrados; nadie más podrá entrar. El pueblo deberá obedecer el precepto del Señor. 7Arma en mano, los levitas rodearán por completo al rey; y si alguien se atreve a entrar al templo, mátenlo. ¡No dejen solo al rey, vaya donde vaya!»

8Los levitas y todos los habitantes de Judá cumplieron con todo lo que el sacerdote Joyadá les había ordenado. Cada uno reunió a sus hombres, tanto a los que estaban de servicio el sábado como a los que estaban libres, pues el sacerdote Joyadá no eximió a ninguno de los turnos. 9Éste repartió entre los capitanes las lanzas y los escudos grandes y pequeños del rey David, que estaban guardados en el templo de Dios, 10y luego colocó en sus puestos a todos. Cada uno, arma en mano, protegía al rey cerca del altar y desde el lado sur hasta el lado norte del templo. 11Luego sacaron al hijo del rey, le pusieron la corona, le entregaron una copia del pactoᵖ y lo proclamaron rey. Joyadá y sus hijos lo ungieron y gritaron: «¡Viva el rey!»

12Cuando Atalía oyó la gritería del pueblo que corría y aclamaba al rey, fue al templo del Señor, donde estaba la gente. 13Allí vio al rey de pie, junto a la columna de la entrada, y a los capitanes y músicos a su lado. Toda la gente tocaba alegre las trompetas, y los cantores, acompañados de instrumentos musicales, dirigían la alabanza. Al ver esto, Atalía se rasgó las vestiduras y gritó: «¡Traición! ¡Traición!»

14Entonces el sacerdote Joyadá, como no quería que la mataran en el templo del Señor, hizo que salieran los capitanes que estaban al mando de las fuerzas, y les ordenó: «¡Sáquenla de entre las filas! Y si alguien se pone de su lado, ¡mátenlo a filo de espada!» 15Así que la apresaron y la llevaron al palacio por la puerta de la caballería, y allí la mataron.

16Luego Joyadá hizo un pacto con toda la gente y con el rey, para que fueran el pueblo del Señor. 17Entonces toda la gente fue al templo de *Baal y lo derribó.

ᵒ**22:11** *Josaba.* Lit. *Josabet* (variante de este nombre). *corazón y las insignias.*

ᵖ**23:11** *le pusieron ... pacto.* Alt. *le pusieron la corona y las insignias.*

Destruyeron los altares y los ídolos, y en frente de los altares degollaron a Matán, sacerdote de Baal.

¹⁸Después Joyadá apostó guardias en el templo del SEÑOR, bajo las órdenes de los sacerdotes y levitas. A éstos David les había asignado sus turnos para que ofrecieran al SEÑOR los *holocaustos, como está escrito en la *ley de Moisés, y para que cantaran con gozo, como lo había ordenado David. ¹⁹También colocó porteros en la entrada del templo del SEÑOR, para que le impidieran el paso a todo el que estuviera *impuro.

²⁰Acto seguido, Joyadá, acompañado de los capitanes, los nobles, los gobernadores y todo el pueblo, llevó al rey desde el templo del SEÑOR hasta el palacio real, pasando por la puerta superior, y sentaron a Joás en el trono real. ²¹Todo el pueblo estaba alegre, y tranquila la ciudad, pues habían matado a Atalía a filo de espada.

Joás, rey de Judá

24:1-14 — 2R 12:1-16
24:23-27 — 2R 12:17-21

24 Joás tenía siete años cuando ascendió al trono, y reinó en Jerusalén cuarenta años. Su madre era Sibia, oriunda de Berseba. ²Mientras el sacerdote Joyadá vivió, Joás hizo lo que agradaba al SEÑOR. ³Joyadá eligió dos esposas para Joás, y con ellas Joás tuvo hijos e hijas.

⁴Algún tiempo después, Joás decidió reparar el templo del SEÑOR. ⁵Reunió a los sacerdotes y a los levitas, y les dijo: «Vayan por las ciudades de Judá y recojan dinero de todos los israelitas, para reparar cada año el templo de su Dios. Háganlo inmediatamente.»

Sin embargo, los levitas fueron negligentes. ⁶Entonces el rey llamó al sumo sacerdote Joyadá y le dijo: «¿Por qué no has presionado a los levitas para que vayan y recojan en Judá y en Jerusalén la contribución que Moisés, siervo del SEÑOR, y la asamblea de Israel impusieron para la Tienda del *pacto?»

⁷Resulta que la malvada de Atalía y sus hijos habían destrozado el templo de Dios, y hasta habían ofrecido a los *baales los objetos sagrados del templo del SEÑOR. ⁸Por eso el rey ordenó que se hiciera un cofre y se colocara afuera, junto a la puerta del templo del SEÑOR. ⁹Luego mandó que se pregonara por Judá y Jerusalén que trajeran al SEÑOR la contribución que Moisés, siervo del SEÑOR, había ordenado a Israel en el desierto.

¹⁰Todos los jefes y todo el pueblo llevaron alegremente sus contribuciones, y las depositaron en el cofre para llenarlo. ¹¹Los levitas llevaban el cofre a los funcionarios del rey, para que lo examinaran. Cuando veían que había mucho dinero, se presentaban el secretario real y un oficial nombrado por el sumo sacerdote y, luego de vaciar el cofre, volvían a colocarlo en su lugar. Esto lo hacían todos los días, y así recogieron mucho dinero. ¹²El rey y Joyadá entregaban el dinero a los que supervisaban la restauración del templo del SEÑOR, y éstos contrataban canteros, carpinteros, y expertos en el manejo del hierro y del bronce, para repararlo.

¹³Los supervisores de la restauración trabajaron diligentemente hasta terminar la obra. Repararon el templo del SEÑOR y lo dejaron en buen estado y conforme al diseño original. ¹⁴Cuando terminaron, le llevaron al rey y a Joyadá el dinero que sobró, y éstos lo utilizaron para hacer utensilios para el templo del SEÑOR: utensilios para el culto y para los *holocaustos, y cucharones y vasos de oro y de plata.

Todos los días, mientras Joyadá vivió, se ofrecieron holocaustos en el templo del SEÑOR. ¹⁵Pero Joyadá envejeció, y murió muy anciano. Cuando murió, tenía ciento treinta años. ¹⁶Fue sepultado junto con los reyes en la Ciudad de David, porque había servido bien a Israel y a Dios y su templo.

Depravación de Joás

¹⁷Después de que Joyadá murió, los jefes de Judá se presentaron ante el rey para rendirle homenaje, y él escuchó sus consejos. ¹⁸Abandonaron el templo del SEÑOR, Dios de sus antepasados, y adoraron las imágenes de *Aserá y de los ídolos. Debido a este pecado, la ira de Dios cayó sobre Judá y Jerusalén. ¹⁹El SEÑOR les envió profetas para que los exhortaran a volver a él, pero no les hicieron caso.

²⁰El Espíritu de Dios vino sobre Zacarías, hijo del sacerdote Joyadá, y éste,

presentándose ante el pueblo, declaró: «Así dice Dios el SEÑOR: ¿Por qué desobedecen mis mandamientos? De ese modo no prosperarán. Como me han abandonado, yo también los abandonaré.»

21-22 Pero ellos conspiraron contra Zacarías hijo de Joyadá y, por orden del rey, lo mataron a pedradas en el atrio del templo del SEÑOR. Así fue como el rey Joás mató a Zacarías y no tomó en cuenta la bondad de Joyadá, quien al morir dijo: «¡Que el SEÑOR vea esto y te juzgue!»

23Al cabo de un año, las tropas *sirias marcharon contra Joás, invadieron Judá y Jerusalén y, después de matar a los jefes del pueblo, enviaron todo el botín al rey de Damasco. **24**Aunque el ejército sirio era pequeño, el SEÑOR permitió que derrotara a un ejército muy numeroso, porque los habitantes de Judá habían abandonado al SEÑOR, Dios de sus antepasados. De esta manera Joás recibió el castigo que merecía.

25Cuando los sirios se retiraron, dejando a Joás gravemente herido, sus servidores conspiraron contra él y lo mataron en su propia cama, vengando así la muerte del hijo del sacerdote Joyadá. Luego lo sepultaron en la Ciudad de David, pero no en el panteón de los reyes. **26**Los que conspiraron contra Joás fueron Zabad, hijo de Simat el amonita, y Jozabad, hijo de Simrit el moabita.

27Todo lo relacionado con los hijos de Joás, con las muchas profecías en su contra y con la restauración del templo de Dios, está escrito en el comentario sobre el libro de los reyes. Su hijo Amasías lo sucedió en el trono.

Amasías, rey de Judá

25:1-4 — 2R 14:1-6
25:11-12 — 2R 14:7
25:17-28 — 2R 14:8-20

25 Amasías tenía veinticinco años cuando ascendió al trono, y reinó en Jerusalén veintinueve años. Su madre era Joadán, oriunda de Jerusalén. **2**Amasías hizo lo que agrada al SEÑOR, aunque no de todo *corazón. **3**Después de afian-

zarse en el poder, Amasías mató a los ministros que habían asesinado a su padre el rey. **4**Sin embargo, según lo que ordenó el SEÑOR, no mató a los hijos de los asesinos, pues está escrito en el libro de la *ley de Moisés: «A los padres no se les dará muerte por la culpa de sus hijos, ni a los hijos se les dará muerte por la culpa de sus padres, sino que cada uno morirá por su propio pecado.»*q*

5Amasías reunió a los de Judá, y puso al frente de todo Judá y Benjamín jefes de mil y de cien soldados, agrupados según sus familias patriarcales. Censó a los hombres mayores de veinte años, y resultó que había trescientos mil hombres aptos para ir a la guerra y capaces de manejar la lanza y el escudo. **6**Además, por la suma de tres mil trescientos kilos*r* de plata contrató a cien mil guerreros valientes de Israel.

7Pero un hombre de Dios fue a verlo y le dijo:

—Su Majestad, no permita que el ejército de Israel vaya con usted, porque el SEÑOR no está con esos efraimitas. **8**Si usted va con ellos, Dios lo derribará en la cara misma de sus enemigos aunque luche valerosamente, porque Dios tiene poder para ayudar y poder para derribar.

9Amasías le preguntó al hombre de Dios:

—¿Qué va a pasar con los tres mil trescientos kilos de plata que pagué al ejército de Israel?

—El SEÑOR puede darle a usted mucho más que eso —respondió.

10Entonces Amasías dio de baja a las tropas israelitas que habían llegado de Efraín, y las hizo regresar a su país. A raíz de eso, las tropas se enojaron mucho con Judá y regresaron furiosas a sus casas.

11Armándose de valor, Amasías guió al ejército hasta el valle de la Sal, donde mató a diez mil hombres de Seír. **12**El ejército de Judá capturó vivos a otros diez mil. A éstos los hicieron subir a la cima de una roca, y desde allí los despeñaron. Todos murieron destrozados.

13Mientras esto sucedía, las tropas que Amasías había dado de baja se lanzaron

---

*q***25:4** Dt 24:16   *r***25:6** *tres mil trescientos kilos.* Lit. cien *talentos*; también en v. 9.

contra las ciudades de Judá, y desde Samaria hasta Bet Jorón mataron a tres mil personas y se llevaron un enorme botín.

14Cuando Amasías regresó de derrotar a los edomitas, se llevó consigo los dioses de los habitantes de Seír y los adoptó como sus dioses, adorándolos y quemándoles incienso. 15Por eso el SEÑOR se encendió en ira contra Amasías y le envió un profeta con este mensaje:

—¿Por qué sigues a unos dioses que no pudieron librar de tus manos a su propio pueblo?

16El rey interrumpió al profeta y le replicó:

—¿Y quién te ha nombrado consejero del rey? Si no quieres que te maten, ¡no sigas fastidiándome!

El profeta se limitó a añadir:

—Sólo sé que, por haber hecho esto y por no seguir mi consejo, Dios ha resuelto destruirte.

17Sin embargo, Amasías, rey de Judá, siguiendo el consejo de otros, envió mensajeros a Joás, hijo de Joacaz y nieto de Jehú, rey de Israel, con este reto: «¡Ven acá, para que nos enfrentemos!»

18Pero Joás, rey de Israel, le respondió a Amasías, rey de Judá: «El cardo del Líbano le mandó este mensaje al cedro: "¡Entrega a tu hija como esposa a mi hijo!" Pero luego pasaron por allí las fieras del Líbano, y aplastaron al cardo. 19Tú te jactas de haber derrotado a los edomitas; ¡el éxito se te ha subido a la cabeza! Está bien, jáctate si quieres, pero quédate en casa. ¿Para qué provocas una desgracia que significará tu perdición y la de Judá?»

20Como estaba en los planes de Dios entregar a Amasías en poder del enemigo por haber seguido a los dioses de Edom, Amasías no le hizo caso a Joás. 21Entonces Joás, rey de Israel, marchó a Bet Semes, que está en Judá, para enfrentarse con él. 22Los israelitas batieron a los de Judá, y éstos huyeron a sus hogares. 23En Bet Semes, Joás, rey de Israel, capturó a Amasías, rey de Judá, hijo de Joás y nieto de Joacaz.*s* Luego fue a Jerusalén y derri-

bó ciento ochenta metros*t* de la muralla, desde la puerta de Efraín hasta la puerta de la Esquina. 24Además, se apoderó de todo el oro, la plata y los utensilios que estaban en el templo de Dios bajo el cuidado de Obed Edom. También se llevó los tesoros del palacio real, tomó rehenes y regresó a Samaria.

25Amasías hijo de Joás, rey de Judá, sobrevivió quince años a Joás hijo de Joacaz, rey de Israel. 26Los demás acontecimientos del reinado de Amasías, desde el primero hasta el último, están escritos en el libro de los reyes de Judá y de Israel. 27Desde el momento en que Amasías abandonó al SEÑOR, se tramó una conspiración contra él en Jerusalén. Entonces Amasías huyó a Laquis, pero lo persiguieron y allí lo mataron. 28Luego lo llevaron a caballo hasta la capital de Judá, donde fue sepultado con sus antepasados.

Uzías, rey de Judá
26:1-4 — 2R 14:21-22; 15:1-3
26:21-23 — 2R 15:5-7

26 Todo el pueblo de Judá tomó entonces a Uzías, que tenía dieciséis años, y lo proclamó rey en lugar de su padre Amasías. 2Y fue Uzías quien, después de la muerte del rey Amasías, reconstruyó la ciudad de Elat y la reintegró a Judá.

3Uzías tenía dieciséis años cuando ascendió al trono, y reinó en Jerusalén cincuenta y dos años. Su madre era Jecolías, oriunda de Jerusalén. 4Uzías hizo lo que agrada al SEÑOR, pues en todo siguió el buen ejemplo de su padre Amasías 5y, mientras vivió Zacarías, quien lo instruyó en el temor de Dios, se empeñó en buscar al SEÑOR. Mientras Uzías buscó a Dios, Dios le dio prosperidad.

6Uzías marchó contra los filisteos, y destruyó los muros de Gat, Jabnia y Asdod. Además, construyó ciudades en la región de Asdod, entre los filisteos. 7Dios lo ayudó en su guerra contra los filisteos, contra los árabes que vivían en Gur Baal, y contra los meunitas. 8Los amonitas fueron tributarios de Uzías, y éste llegó a

s **25:23** *Joacaz* es otra forma del nombre *Ocozías.*   *t* **25:23** *ciento ochenta metros.* Lit. *cuatrocientos* *codos.*

tener tanto poder que su fama se difundió hasta la frontera de Egipto.

⁹Uzías también construyó y fortificó torres en Jerusalén, sobre las puertas de la Esquina y del Valle, y en el ángulo del muro. ¹⁰Así mismo, construyó torres en el desierto y cavó un gran número de pozos, pues tenía mucho ganado en la llanura y en la meseta. Tenía también labradores y viñadores que trabajaban en las montañas y en los valles, pues era un amante de la agricultura.

¹¹Uzías contaba con un ejército que salía a la guerra por escuadrones, de acuerdo con el censo hecho por el cronista Jeyel y por el oficial Maseías, bajo la dirección de Jananías, funcionario del rey. ¹²El total de los jefes de familia era de dos mil seiscientos, todos ellos guerreros valientes. ¹³Bajo el mando de éstos había un ejército bien entrenado, compuesto por trescientos siete mil quinientos soldados, que combatían con mucho valor para apoyar al rey en su lucha contra los enemigos. ¹⁴A ese ejército Uzías lo dotó de escudos, lanzas, cascos, corazas, arcos y hondas. ¹⁵Construyó en Jerusalén unas máquinas diseñadas por hombres ingeniosos, y las colocó en las torres y en las esquinas de la ciudad para disparar flechas y piedras de gran tamaño. Con la poderosa ayuda de Dios, Uzías llegó a ser muy poderoso y su fama se extendió hasta muy lejos.

¹⁶Sin embargo, cuando aumentó su poder, Uzías se volvió arrogante, lo cual lo llevó a la desgracia. Se rebeló contra el Señor, Dios de sus antepasados, y se atrevió a entrar en el templo del Señor para quemar incienso en el altar. ¹⁷Detrás de él entró el sumo sacerdote Azarías, junto con ochenta sacerdotes del Señor, todos ellos hombres valientes, ¹⁸quienes se le enfrentaron y le dijeron: «No corresponde a Su Majestad quemar el incienso al Señor. Ésta es función de los sacerdotes descendientes de Aarón, pues son ellos los que están consagrados para quemar el incienso. Salga usted ahora mismo del santuario, pues ha pecado, y así Dios el Señor no va a honrarlo.»

¹⁹Esto enfureció a Uzías, quien tenía en la mano un incensario listo para ofrecer el incienso. Pero en ese mismo instante, allí en el templo del Señor, junto al altar del incienso y delante de los sacerdotes, la frente se le cubrió de *lepra. ²⁰Al ver que Uzías estaba leproso, el sumo sacerdote Azarías y los demás sacerdotes lo expulsaron de allí a toda prisa. Es más, él mismo se apresuró a salir, pues el Señor lo había castigado.

²¹El rey Uzías se quedó leproso hasta el día de su muerte. Tuvo que vivir aislado en su casa,ᵘ y le prohibieron entrar en el templo del Señor. Su hijo Jotán quedó a cargo del palacio y del gobierno del país.

²²Los demás acontecimientos del reinado de Uzías, desde el primero hasta el último, los escribió el profeta Isaías hijo de Amoz. ²³Cuando Uzías murió, fue sepultado con sus antepasados en un campo cercano al panteón de los reyes, pues padecía de lepra. Y su hijo Jotán lo sucedió en el trono.

Jotán, rey de Judá
27:1-4,7-9 — 2R 15:33-38

27 Jotán tenía veinticinco años cuando ascendió al trono, y reinó en Jerusalén dieciséis años. Su madre era Jerusa hija de Sadoc. ²Jotán hizo lo que agrada al Señor, pues en todo siguió el buen ejemplo de su padre Uzías, pero no iba al templo del Señor. El pueblo, por su parte, continuó con sus prácticas corruptas. ³Jotán fue quien reconstruyó la puerta superior del templo del Señor. Hizo también muchas obras en el muro de Ofel, ⁴construyó ciudades en las montañas de Judá, y fortalezas y torres en los bosques.

⁵Jotán le declaró la guerra al rey de los amonitas y lo venció. Durante tres años consecutivos, los amonitas tuvieron que pagarle un tributo anual de cien barrasᵛ de plata, diez mil cargas de trigo y diez mil cargasʷ de cebada.

⁶Jotán llegó a ser poderoso porque se propuso obedecer al Señor su Dios.

ᵘ **26:21** *aislado en su casa*. Lit. *en casa de libertad*; es decir, libre de responsabilidades. ᵛ**27:5** *barras*. Lit. *talentos*. ʷ**27:5** *cargas ... cargas*. Lit. *coros ... coros*.

⁷Los demás acontecimientos del reinado de Jotán, y sus guerras y su conducta, están escritos en el libro de los reyes de Israel y de Judá. ⁸Tenía Jotán veinticinco años cuando ascendió al trono, y reinó en Jerusalén dieciséis años. ⁹Cuando murió, fue sepultado en la Ciudad de David, y su hijo Acaz lo sucedió en el trono.

Acaz, rey de Judá
28:1-27 — 2R 16:1-20

28 Acaz tenía veinte años cuando ascendió al trono, y reinó en Jerusalén dieciséis años. Pero a diferencia de su antepasado David, Acaz no hizo lo que agrada al SEÑOR. ²Al contrario, siguió el mal ejemplo de los reyes de Israel, y también hizo imágenes fundidas de los *baales. ³Así mismo, quemó incienso en el valle de Ben Hinón y sacrificó en el fuego a sus hijos, según las repugnantes ceremonias de las naciones que el SEÑOR había expulsado al paso de los israelitas. ⁴También ofrecía sacrificios y quemaba incienso en los *santuarios paganos, en las colinas y bajo todo árbol frondoso.

⁵Por eso el SEÑOR su Dios lo entregó al poder del rey de *Siria. Los sirios lo derrotaron, y capturaron una gran cantidad de prisioneros que se llevaron a Damasco.

Acaz también cayó en poder del rey de Israel, quien le infligió una gran derrota. ⁶En un solo día, Pecaj hijo de Remalías mató en Judá a ciento veinte mil hombres, todos ellos soldados valientes, porque los habitantes de Judá habían abandonado al SEÑOR, Dios de sus antepasados. ⁷Zicrí, un guerrero de Efraín, mató a Maseías, hijo del rey, a Azricán, oficial encargado del palacio, y a Elcaná, que era el oficial más importante después del rey. ⁸De entre sus hermanos de Judá, los israelitas capturaron a doscientas mil personas, incluyendo a mujeres, niños y niñas. Además, se apoderaron de un enorme botín, que se llevaron a Samaria.

⁹Había allí un hombre llamado Oded, que era profeta del SEÑOR. Cuando el ejército regresaba a Samaria, este profeta salió a su encuentro y les dijo:

—El SEÑOR, Dios de sus antepasados, entregó a los de Judá en manos de ustedes, porque estaba enojado con ellos. Pero ustedes los mataron con tal furia, que repercutió en el cielo. ¹⁰Y como si fuera poco, ¡ahora pretenden convertir a los habitantes de Judá y de Jerusalén en sus esclavos! ¿Acaso no son también ustedes culpables de haber pecado contra el SEÑOR su Dios? ¹¹Por tanto, háganme caso: dejen libres a los prisioneros. ¿Acaso no son sus propios hermanos? ¡La ira del SEÑOR se ha encendido contra ustedes!

¹²Entonces Azarías hijo de Johanán, Berequías hijo de Mesilemot, Ezequías hijo de Salún, y Amasá hijo de Hadlay, que eran jefes de los efraimitas, se enfrentaron a los que regresaban de la guerra ¹³y les dijeron:

—No traigan aquí a los prisioneros, porque eso nos haría culpables ante el SEÑOR. ¿Acaso pretenden aumentar nuestros pecados y nuestras faltas? ¡Ya es muy grande nuestra culpa, y la ira del SEÑOR se ha encendido contra Israel!

¹⁴Así que los soldados dejaron libres a los prisioneros, y pusieron el botín a los pies de los jefes y de toda la asamblea. ¹⁵Algunos fueron nombrados para que se hicieran cargo de los prisioneros, y con la ropa y el calzado del botín vistieron a todos los que estaban desnudos. Luego les dieron de comer y de beber, y les untaron aceite. Finalmente, a los que estaban débiles los montaron en burros y los llevaron a Jericó, la ciudad de las palmeras, para reunirlos con sus hermanos. Después, aquellos hombres volvieron a Samaria.

¹⁶En aquel tiempo, el rey Acaz solicitó la ayuda de los reyes de Asiria, ¹⁷porque los edomitas habían atacado nuevamente a Judá y se habían llevado algunos prisioneros. ¹⁸Por su parte, los filisteos saquearon las ciudades de Judá que estaban en la llanura y en el Néguev, se apoderaron de Bet Semes, Ayalón, Guederot, Soco, Timná y Guimzó, junto con sus respectivas aldeas, y se establecieron en ellas. ¹⁹Así fue como el SEÑOR humilló a Judá, por culpa de Acaz su rey,ˣ quien permitió el

---

ˣ**28:19** *su rey.* Lit. *rey de Israel.* En este libro se usa con frecuencia el nombre de Israel para referirse a Judá.

desenfreno en Judá y se rebeló totalmente contra el SEÑOR.

²⁰Tiglat Piléser, rey de Asiria, en vez de apoyar a Acaz, marchó contra él y empeoró su situación. ²¹Entonces Acaz le entregó al rey de Asiria todo lo que había de valor en el templo del SEÑOR, en el palacio real y en las casas de sus oficiales; pero eso de nada le sirvió. ²²Y a pesar de encontrarse tan presionado, el rey Acaz se empecinó en su rebelión contra el SEÑOR. ²³Incluso ofreció sacrificios a los dioses de Damasco que lo habían derrotado, pues pensó: «Como los dioses de Siria ayudan a sus reyes, también me ayudarán a mí si les ofrezco sacrificios.» Pero esos dioses fueron su ruina y la de todo Israel. ²⁴Acaz también juntó y despedazó los utensilios del templo del SEÑOR, cerró sus puertas e hizo construir altares en cada esquina de Jerusalén. ²⁵Y en todas las ciudades de Judá hizo construir *santuarios paganos para quemar incienso a otros dioses, ofendiendo así al SEÑOR, Dios de sus antepasados.

²⁶Los demás acontecimientos de su reinado, desde el primero hasta el último, lo mismo que su conducta, están escritos en el libro de los reyes de Judá y de Israel. ²⁷Acaz murió y fue sepultado en la ciudad de Jerusalén, pero no en el panteón de los reyes de Israel. Su hijo Ezequías lo sucedió en el trono.

Ezequías, rey de Judá
29:1-2 — 2R 18:2-3

29 Ezequías tenía veinticinco años cuando ascendió al trono, y reinó en Jerusalén veintinueve años. Su madre era Abías hija de Zacarías. ²Ezequías hizo lo que agrada al SEÑOR, pues en todo siguió el buen ejemplo de su antepasado David.

³En el mes primero del primer año de su reinado, Ezequías mandó que se abrieran las puertas del templo del SEÑOR, y las reparó. ⁴En la plaza oriental convocó a los sacerdotes y a los levitas, ⁵y les dijo:

«¡Levitas, escúchenme! *Purifíquense ustedes, y purifiquen también el templo del SEÑOR, Dios de sus antepasados, y saquen las cosas profanas que hay en el santuario. ⁶Es un hecho que nuestros antepasados se rebelaron e hicieron lo que ofende al SEÑOR nuestro Dios, y que lo abandonaron. Es también un hecho que le dieron la espalda al SEÑOR, y que despreciaron el lugar donde él habita. ⁷Así mismo, cerraron las puertas del atrio, apagaron las lámparas, y dejaron de quemar incienso y de ofrecer *holocaustos en el santuario al Dios de Israel.

⁸¡Por eso la ira del SEÑOR cayó sobre Judá y Jerusalén, y los convirtió en objeto de horror, de desolación y de burla, tal como ustedes pueden verlo ahora con sus propios ojos! ⁹¡Por eso nuestros antepasados murieron a filo de espada, y nuestros hijos, nuestras hijas y nuestras mujeres fueron llevados al cautiverio!

¹⁰»Yo me propongo ahora hacer un *pacto con el SEÑOR, Dios de Israel, para que retire de nosotros su ardiente ira. ¹¹Así que, hijos míos, no sean negligentes, pues el SEÑOR los ha escogido a ustedes para que estén en su presencia, y le sirvan, y sean sus ministros y le quemen incienso.»

¹²Éstos son los levitas que se dispusieron a trabajar:

De los descendientes de Coat:
  Mahat hijo de Amasay, y Joel hijo de Azarías.
De los descendientes de Merari:
  Quis hijo de Abdí, y Azarías hijo de Yalelel.
De los descendientes de Guersón:
  Joa hijo de Zimá, y Edén hijo de Joa.
¹³De los descendientes de Elizafán:
  Simri y Jeyel.
De los descendientes de Asaf:
  Zacarías y Matanías.
¹⁴De los descendientes de Hemán:
  Jehiel y Simí.
De los descendientes de Jedutún:
  Semaías y Uziel.

¹⁵Éstos reunieron a sus parientes, se purificaron y entraron en el templo del SEÑOR para purificarlo, cumpliendo así la orden del rey, según las palabras del

SEÑOR. 16Después los sacerdotes entraron al interior del templo del SEÑOR para purificarlo. Sacaron al atrio del templo todos los objetos paganos.y que encontraron allí, y los levitas los recogieron y los arrojaron al arroyo de Cedrón. 17Comenzaron a purificar el templo el primer día del mes primero, y al octavo día ya habían llegado al pórtico del templo. Para completar la purificación emplearon otros ocho días, de modo que terminaron el día dieciséis del mes primero.

18Más tarde, se presentaron ante el rey Ezequías y le dijeron: «Ya hemos purificado el templo del SEÑOR, el altar de los holocaustos con sus utensilios, y la mesa para el *pan de la Presencia con sus utensilios. 19Además, hemos reparado y purificado todos los utensilios que, en su rebeldía, el rey Acaz profanó durante su reinado, y los hemos puesto ante el altar del SEÑOR.»

20El rey Ezequías se levantó muy de mañana, reunió a los jefes de la ciudad y se fue con ellos al templo del SEÑOR. 21Llevaron siete bueyes, siete carneros y siete corderos; además, como ofrenda por el pecado del reino, del santuario y de Judá, llevaron siete machos cabríos. El rey ordenó a los sacerdotes descendientes de Aarón que los ofrecieran en holocausto sobre el altar del SEÑOR. 22Los sacerdotes mataron los toros, recogieron la sangre y la rociaron sobre el altar; luego mataron los carneros y rociaron la sangre sobre el altar; después mataron los corderos y rociaron la sangre sobre el altar. 23Finalmente, a los machos cabríos de la ofrenda por el pecado los llevaron y los colocaron delante del rey y de la asamblea para que pusieran las manos sobre ellos; 24luego los mataron y rociaron la sangre sobre el altar como una ofrenda por el pecado de todo Israel, pues el rey había ordenado que el holocausto y el sacrificio por el pecado se ofrecieran por todo Israel.

25Ezequías instaló también a los levitas en el templo del SEÑOR, con música de címbalos, arpas y liras, tal como lo había ordenado David, Natán el profeta, y Gad, el vidente del rey. Este mandato lo dio el SEÑOR por medio de sus profetas.

26Los levitas estaban de pie con los instrumentos musicales de David, y los sacerdotes, con las trompetas. 27Entonces Ezequías ordenó que se ofreciera el holocausto sobre el altar. En cuanto comenzó el holocausto, comenzaron también los cantos al SEÑOR y el toque de trompetas, acompañados de los instrumentos musicales de David, rey de Israel. 28Toda la asamblea permaneció postrada hasta que terminó el holocausto, mientras los cantores entonaban los cantos y los trompetistas hacían resonar sus instrumentos.

29Cuando terminaron de ofrecer el holocausto, el rey y todos los que estaban con él se postraron para adorar al SEÑOR. 30El rey Ezequías y los jefes les ordenaron a los levitas que cantaran al SEÑOR las alabanzas que David y Asaf el vidente habían compuesto. Los levitas lo hicieron con alegría, y se postraron en adoración.

31Luego Ezequías dijo: «Ahora que ustedes se han consagrado al SEÑOR, acérquense y preséntenle en su templo los sacrificios y las ofrendas de acción de gracias.» 32Así que la asamblea llevó setenta bueyes, cien carneros y doscientos corderos, para ofrecerlos en holocausto al SEÑOR. 33También se consagraron seiscientos bueyes y tres mil ovejas. 34Pero como los sacerdotes eran pocos y no podían desollar tantos animales, sus parientes levitas tuvieron que ayudarlos para terminar el trabajo, a fin de que los otros sacerdotes pudieran purificarse, pues los levitas habían sido más diligentes en purificarse que los sacerdotes. 35Se ofrecieron muchos holocaustos, además de la grasa de los sacrificios de *comunión y de las libaciones para cada holocausto.

Así fue como se restableció el culto en el templo del SEÑOR. 36Y Ezequías y todo el pueblo se regocijaron de que Dios hubiera preparado al pueblo para hacerlo todo con rapidez.

---

y29:16 *todos los objetos paganos.* Lit. *toda la *impureza.*

Celebración de la Pascua

30 Ezequías escribió cartas a todo Israel y Judá, incluyendo a las tribus de Efraín y Manasés, y se las envió, para que acudieran al templo del SEÑOR en Jerusalén a celebrar la Pascua del SEÑOR, Dios de Israel. **2**El rey, los jefes y toda la asamblea habían decidido celebrar la Pascua en el mes segundo. **3**No pudieron hacerlo en la fecha correspondiente porque muchos de los sacerdotes aún no se habían *purificado, y el pueblo no se había reunido en Jerusalén. **4**Como la propuesta les agradó al rey y a la asamblea, **5**acordaron pregonar por todo Israel, desde Dan hasta Berseba, que todos debían acudir a Jerusalén para celebrar la Pascua del SEÑOR, Dios de Israel, pues muchos no la celebraban como está prescrito.

6Los mensajeros salieron por todo Israel y Judá con las cartas del rey y de sus oficiales, y de acuerdo con la orden del rey iban proclamando:

«Israelitas, vuélvanse al SEÑOR, Dios de Abraham, de Isaac y de Israel, para que él se vuelva al remanente de ustedes, que escapó del poder de los reyes de Asiria. **7**No sean como sus antepasados, ni como sus hermanos, que se rebelaron contra el SEÑOR, Dios de sus antepasados. Por eso él los convirtió en objeto de burla, como ahora lo pueden ver. **8**No sean tercos, como sus antepasados. Sométanse al SEÑOR, y entren en su santuario, que él consagró para siempre. Sirvan al SEÑOR su Dios, para que él retire su ardiente ira. **9**Si se vuelven al SEÑOR, sus hermanos y sus hijos serán tratados con benevolencia por aquellos que los tienen cautivos, y podrán regresar a esta tierra. El SEÑOR su Dios es compasivo y misericordioso. Si ustedes se vuelven a él, jamás los abandonará.»

10Los mensajeros recorrieron toda la región de Efraín y Manasés de ciudad en ciudad, hasta llegar a la región de Zabulón, pero todos se reían y se burlaban de ellos. **11**No obstante, algunos de las tribus de Aser, Manasés y Zabulón se humillaron y fueron a Jerusalén. **12**También los habitantes de Judá, movidos por Dios, cumplieron unánimes la orden del rey y de los jefes, conforme a la palabra del SEÑOR.

13En el mes segundo, una inmensa muchedumbre se reunió en Jerusalén para celebrar la fiesta de los Panes sin levadura. **14**Quitaron los altares que había en Jerusalén y los altares donde se quemaba incienso, y los arrojaron al arroyo de Cedrón.

15El día catorce del mes segundo celebraron[z] la Pascua. Los sacerdotes y los levitas, compungidos, se purificaron y llevaron *holocaustos al templo del SEÑOR, **16**después de lo cual ocuparon sus respectivos puestos, conforme a la *ley de Moisés, hombre de Dios. Los levitas entregaban la sangre a los sacerdotes, y éstos la rociaban. **17**Como muchos de la asamblea no se habían purificado, para consagrarlos al SEÑOR los levitas tuvieron que matar por ellos los corderos de la Pascua. **18**En efecto, mucha gente de Efraín, de Manasés, de Isacar y de Zabulón participó de la comida pascual sin haberse purificado, con lo que transgredieron lo prescrito. Pero Ezequías oró así a favor de ellos: «Perdona, buen Dios, **19**a todo el que se ha empeñado de todo *corazón en buscarte a ti, SEÑOR, Dios de sus antepasados, aunque no se haya purificado según las normas de *santidad.» **20**Y el SEÑOR escuchó a Ezequías y perdonó[a] al pueblo.

21Los israelitas que se encontraban en Jerusalén celebraron con mucho gozo, y durante siete días, la fiesta de los Panes sin levadura. Los levitas y los sacerdotes alababan al SEÑOR todos los días, y le entonaban cantos al son de sus instrumentos musicales.[b] **22**Y Ezequías felicitó a los levitas que habían tenido una buena disposición para servir al SEÑOR.

---

[z] **30:15** *celebraron.* Lit. *sacrificaron.*   [a] **30:20** *perdonó.* Lit. *sanó.*   [b] **30:21** *sus instrumentos musicales.* Lit. *los instrumentos poderosos del SEÑOR.*

Durante siete días celebraron la fiesta y participaron de la comida pascual, ofreciendo sacrificios de *comunión y alabando al SEÑOR, Dios de sus antepasados. 23Pero toda la asamblea acordó prolongar la fiesta siete días más, y llenos de gozo celebraron esos siete días. 24Ezequías, rey de Judá, le obsequió a la asamblea mil bueyes y siete mil ovejas, y también los jefes regalaron mil bueyes y diez mil ovejas. Y muchos más sacerdotes se purificaron. 25Toda la asamblea de Judá estaba alegre, lo mismo que todos los sacerdotes, levitas y extranjeros que habían llegado de Israel, así como los que vivían en Judá. 26Desde la época de Salomón hijo de David, rey de Israel, no se había celebrado en Jerusalén una fiesta tan alegre. 27Después los sacerdotes y los levitas se pusieron de pie y bendijeron al pueblo, y el SEÑOR los escuchó; su oración llegó hasta el cielo, el *santo lugar donde Dios habita.

31 Cuando terminó la fiesta, todos los israelitas que estaban allí recorrieron las ciudades de Judá para derribar las piedras sagradas y las imágenes de la diosa *Aserá. También derribaron por completo los altares y los *santuarios paganos que había en los territorios de Judá, Benjamín, Efraín y Manasés. Después de eso, todos ellos regresaron a sus ciudades, cada uno a su propiedad.

Reorganización del culto
31:20-21 — 2R 18:5-7

2Ezequías les asignó turnos a los sacerdotes y levitas, para que cada uno sirviera según su oficio, y así ofreciera los *holocaustos y los sacrificios de *comunión, oficiara en el culto, cantara las alabanzas al SEÑOR, o sirviera en las puertas del temploc del SEÑOR. 3El rey destinó parte de sus bienes para los holocaustos matutinos y vespertinos, y para los holocaustos de los *sábados, de luna nueva y de las fiestas solemnes, como está escrito en la *ley del SEÑOR. 4También ordenó que los habitantes de Jerusalén entregaran a los sacerdotes y a los levitas la parte que les

correspondía, para que pudieran dedicarse a la ley del SEÑOR. 5Tan pronto como se dio la orden, los israelitas entregaron en abundancia las *primicias del trigo, del vino, del aceite, de la miel y de todos los productos del campo. También dieron en abundancia el diezmo de todo. 6De igual manera, los habitantes de Israel y los que vivían en las ciudades de Judá entregaron el diezmo de bueyes y ovejas, y de todas aquellas cosas que eran consagradas al SEÑOR su Dios, y todo lo colocaron en montones. 7Comenzaron a formar los montones en el mes tercero, y terminaron en el séptimo. 8Cuando Ezequías y sus oficiales fueron y vieron los montones, bendijeron al SEÑOR y a su pueblo Israel.

9Entonces Ezequías pidió a los sacerdotes y a los levitas que le informaran acerca de esos montones, 10y el sumo sacerdote Azarías, descendiente de Sadoc, le contestó: «Desde que el pueblo comenzó a traer sus ofrendas al templo del SEÑOR, hemos tenido suficiente comida y nos ha sobrado mucho, porque el SEÑOR ha bendecido a su pueblo. En esos montones está lo que ha sobrado.»

11Ezequías ordenó entonces que prepararan unos depósitos en el templo del SEÑOR, y así lo hicieron. 12Y todos llevaron fielmente las ofrendas, los diezmos y los dones consagrados. El encargado de administrar todo esto era el levita Conanías, y su hermano Simí le ayudaba. 13El rey Ezequías y Azarías, que administraba el templo de Dios, nombraron como inspectores a Jehiel, Azazías, Najat, Asael, Jerimot, Jozabad, Eliel, Ismaquías, Mahat y Benaías, y los pusieron bajo las órdenes de Conanías y su hermano Simí. 14El levita Coré hijo de Imná, guardián de la puerta oriental, estaba encargado de las ofrendas voluntarias que se hacían al SEÑOR, y de distribuir las ofrendas del SEÑOR y los dones consagrados. 15Bajo sus órdenes estaban Edén, Minjamín, Jesúa, Semaías, Amarías y Secanías. Éstos se hallaban en las ciudades de los sacerdotes y, según sus turnos, distribuían fielmente las ofrendas entre sus compañeros,

---

c31:2 templo. Lit. campamento.

grandes y pequeños. 16 Se distribuían entre los varones de tres años para arriba que estuvieran inscritos en el registro genealógico y que prestaran diariamente sus servicios en el templo del SEÑOR, según sus respectivos turnos y oficios. 17 A los sacerdotes se les registraba de acuerdo con sus familias patriarcales, y a los levitas mayores de veinte años, de acuerdo con sus oficios y turnos. 18 En el registro se incluían los niños pequeños, las mujeres, los hijos y las hijas, es decir, todo el grupo, ya que se mantenían fielmente consagrados. 19 Además, en todas las ciudades había personas encargadas de repartir las porciones entre los sacerdotes descendientes de Aarón, y entre los levitas que estaban inscritos en el registro y que vivían en las aldeas de sus ciudades.

20 Eso mismo hizo Ezequías en todo Judá, actuando con bondad, rectitud y fidelidad ante el SEÑOR su Dios. 21 Todo lo que emprendió para el servicio del templo de Dios, lo hizo de todo *corazón, de acuerdo con la ley y el mandamiento de buscar a Dios, y tuvo éxito.

Senaquerib invade Judá
32:9-19 — 2R 18:17-35; Is 36:2-20
32:20-21 — 2R 19:35-37; Is 37:36-38

32 Después de semejante muestra de fidelidad por parte de Ezequías, Senaquerib, rey de Asiria, marchó contra Judá y sitió las ciudades fortificadas, dispuesto a conquistarlas. 2 Cuando Ezequías se enteró de que Senaquerib se dirigía también hacia Jerusalén con el propósito de atacarla, 3 se reunió con sus jefes civiles y militares y les propuso cegar los manantiales que había fuera de la ciudad, y ellos lo apoyaron. 4 Entonces se juntó mucha gente, y entre todos cegaron los manantiales y el arroyo que atravesaba la región, pues no querían que al llegar los reyes de Asiria encontraran agua en abundancia.

5 Armándose de valor, Ezequías reconstruyó toda la muralla que había sido derribada y levantó torres sobre ella; también construyó un muro exterior, fortificó los terraplenes[d] de la Ciudad de David, y mandó fabricar muchas lanzas y escudos. 6 Luego puso jefes militares al frente del ejército y, luego de reunirlos en la plaza frente a la *puerta de la ciudad, los arengó con estas palabras: 7 «¡Cobren ánimo y ármense de valor! No se asusten ni se acobarden ante el rey de Asiria y su numeroso ejército, porque nosotros contamos con alguien que es más poderoso. 8 Él se apoya en la fuerza *humana, mientras que nosotros contamos con el SEÑOR nuestro Dios, quien nos brinda su ayuda y pelea nuestras batallas.» Al oír las palabras de Ezequías, rey de Judá, el pueblo se tranquilizó.

9 Senaquerib, que en ese momento se hallaba en Laquis con todo su ejército, envió a sus oficiales para que les dijeran a Ezequías, rey de Judá, y a todos los de Judá que estaban en Jerusalén:

10 «Así dice Senaquerib, rey de Asiria: "¿En qué basan su confianza para permanecer dentro de Jerusalén, que ya es una ciudad sitiada? 11 ¿No se dan cuenta de que Ezequías los va a hacer morir de hambre y de sed? Él los está engañando cuando les dice que el SEÑOR su Dios los librará de mis manos. 12 ¿No fue acaso Ezequías mismo quien eliminó los *santuarios y los altares paganos, y luego ordenó a Judá y Jerusalén adorar en un solo altar, y sólo en él quemar incienso? 13 ¿Es que no se han dado cuenta de lo que yo y mis antepasados les hemos hecho a todas las naciones de la tierra? ¿Acaso los dioses de esas naciones pudieron librarlas de mi mano? 14 Pues así como ninguno de los dioses de esas naciones que mis antepasados *destruyeron por completo pudo librarlas de mi mano, tampoco este dios de ustedes podrá librarlos de mí. 15 ¡No se dejen engañar ni seducir por Ezequías! ¡No le crean! Si ningún dios de esas naciones y reinos pudo librarlos de mi poder y del poder de mis antepasados, ¡mucho menos el dios de ustedes podrá librarlos a ustedes de mi mano!"»

---

d 32:5 *los terraplenes*. Alt. *el Milo*.

16 Los oficiales de Senaquerib siguieron hablando contra Dios el SEÑOR y contra su siervo Ezequías. 17 Además, Senaquerib escribió una carta en la que insultaba al SEÑOR, Dios de Israel, en estos términos: «Así como los dioses de otras naciones no han podido librarlas de mi mano, tampoco ese dios de Ezequías podrá librar de mi mano a su pueblo.» 18 Los oficiales de Senaquerib les gritaban a voz en cuello a los habitantes de Jerusalén que estaban en la muralla. Lo hacían en lengua hebrea, para infundirles miedo y así poder conquistar la ciudad. 19 Y se referían al Dios de Jerusalén como si fuera igual a los dioses de las otras naciones de la tierra, fabricados por manos humanas.

20 Por ese motivo, el rey Ezequías y el profeta Isaías hijo de Amoz clamaron al cielo en oración. 21 Entonces el SEÑOR envió un ángel para que exterminara a todos los soldados y a los jefes y capitanes del campamento del rey de Asiria, y éste tuvo que volver avergonzado a su país. Al entrar en el templo de su dios, sus propios hijos lo asesinaron.

22 Así salvó el SEÑOR a Ezequías y a los habitantes de Jerusalén de la mano de Senaquerib, rey de Asiria, y de todos sus enemigos, y les dio *paz en todas sus fronteras. 23 Entonces muchos fueron a Jerusalén con ofrendas para el SEÑOR y regalos para Ezequías, rey de Judá. De este modo aumentó el prestigio de Ezequías entre todas las naciones.

Enfermedad y curación de Ezequías

32:24-33 — 2R 20:1-21; Is 37:21-38; 38:1-8

24 Por aquellos días Ezequías se enfermó gravemente y estuvo a punto de morir. Entonces oró al SEÑOR, quien le respondió y le dio una señal extraordinaria. 25 Pero Ezequías no correspondió al favor recibido, sino que se llenó de orgullo. Eso hizo que el SEÑOR se encendiera en ira contra él, y contra Judá y Jerusalén. 26 Luego Ezequías, junto con los habitantes de Jerusalén, se *arrepintió de su orgullo, y mientras él vivió, el SEÑOR no volvió a derramar su ira contra ellos.

Prosperidad y muerte de Ezequías

27 Ezequías llegó a tener muchas riquezas y a gozar de gran prestigio. Acumuló grandes cantidades de plata, oro, piedras preciosas, perfumes, escudos y toda clase de objetos valiosos. 28 Tenía depósitos para almacenar trigo, vino y aceite, establos para toda clase de ganado, y rediles para los rebaños. 29 También edificó ciudades, y era dueño de inmensos rebaños de ganado mayor y menor, pues Dios le concedió muchísimos bienes.

30 Ezequías fue también quien cegó la salida superior de las aguas de Guijón y las desvió por un canal subterráneo hacia la parte occidental de la Ciudad de David. En fin, Ezequías tuvo éxito en todas las obras que emprendió. 31 Sin embargo, cuando los príncipes de Babilonia enviaron una embajada para investigar acerca de la señal extraordinaria que había tenido lugar en el país, Dios se retiró de Ezequías para probarlo y descubrir todo lo que había en su *corazón.

32 Los demás acontecimientos del reinado de Ezequías, incluyendo sus hazañas, están escritos en la visión del profeta Isaías hijo de Amoz y en el libro de los reyes de Judá e Israel. 33 Ezequías murió y fue sepultado con sus antepasados en la parte superior del panteón de los descendientes de David. Todos los habitantes de Judá y de Jerusalén le rindieron honores. Y su hijo Manasés lo sucedió en el trono.

Manasés, rey de Judá

33:1-10 — 2R 21:1-10
33:18-20 — 2R 21:17-18

33 Manasés tenía doce años cuando ascendió al trono, y reinó en Jerusalén cincuenta y cinco años. 2 Pero hizo lo que ofende al SEÑOR, pues practicó las repugnantes ceremonias de las naciones que el SEÑOR había expulsado al paso de los israelitas. 3 Reconstruyó los *santuarios paganos que su padre Ezequías había derribado; además, erigió altares en honor de los *baales e hizo imágenes de la diosa *Aserá. Se postró ante todos los astros del cielo y los adoró. 4 Construyó altares en el templo del SEÑOR, lugar del cual el SEÑOR

había dicho: «En Jerusalén habitaré para siempre.» 5En ambos atrios del templo del SEÑOR construyó altares en honor de los astros del cielo. 6Sacrificó en el fuego a sus hijos en el valle de Ben Hinón, practicó la magia, la hechicería y la adivinación, y consultó a nigromantes y a espiritistas. Hizo continuamente lo que ofende al SEÑOR, provocando así su ira.

7Tomó la imagen del ídolo que había hecho y lo puso en el templo de Dios, lugar del cual Dios había dicho a David y a su hijo Salomón: «En este templo en Jerusalén, la ciudad que he escogido de entre todas las tribus de Israel, habitaré para siempre. 8Nunca más arrojaré a los israelitas de la tierra en que establecí a sus antepasados, siempre y cuando tengan cuidado de cumplir todo lo que les he ordenado, es decir, toda la *ley, los estatutos y los mandamientos que les di por medio de Moisés.» 9Manasés descarrió a los habitantes de Judá y de Jerusalén, de modo que se condujeron peor que las naciones que el SEÑOR destruyó al paso de los israelitas.

10El SEÑOR le habló a Manasés y a su pueblo, pero no le hicieron caso. 11Por eso el SEÑOR envió contra ellos a los jefes del ejército del rey de Asiria, los cuales capturaron a Manasés y lo llevaron a Babilonia sujeto con garfios y cadenas de bronce. 12Estando en tal aflicción, imploró al SEÑOR, Dios de sus antepasados, y se humilló profundamente ante él. 13Oró al SEÑOR, y él escuchó sus súplicas y le permitió regresar a Jerusalén y volver a reinar. Así Manasés reconoció que sólo el SEÑOR es Dios.

14Después de esto, Manasés construyó una alta muralla exterior en la Ciudad de David, la cual iba desde el oeste de Guijón, en el valle, hasta la puerta del Pescado, y rodeaba Ofel. Además, colocó jefes militares en todas las ciudades fortificadas de Judá 15y sacó del templo del SEÑOR los dioses extranjeros y el ídolo, arrojando fuera de la ciudad todos los altares que había construido en el monte del templo del SEÑOR y en Jerusalén. 16Luego reconstruyó el altar del SEÑOR, y en él ofreció sacrificios de *comunión y de acción de gracias, y le ordenó a Judá que sirviera al SEÑOR, Dios de Israel. 17Sin embargo, el pueblo siguió ofreciendo sacrificios en los *santuarios paganos, aunque se los ofrecían sólo al SEÑOR su Dios.

18Los demás acontecimientos del reinado de Manasés, incluso su oración a Dios y las palabras de los profetas que le hablaban en *nombre del SEÑOR, Dios de Israel, están escritos en las crónicas de los reyes de Israel. 19Su oración y la respuesta que recibió, como también todos sus pecados y rebeldías, los sitios donde erigió santuarios paganos y colocó las imágenes de la diosa *Aserá y de otros ídolos, lo cual hizo antes de su humillación, todo esto está escrito en las crónicas de Jozay. 20Manasés murió y fue sepultado en su palacio, y su hijo Amón lo sucedió en el trono.

Amón, rey de Judá
33:21-25 — 2R 21:19-24

21Amón tenía veintidós años cuando ascendió al trono, y reinó en Jerusalén dos años. 22Pero hizo lo que ofende al SEÑOR, como lo había hecho su padre Manasés, y ofreció sacrificios a todos los ídolos que había hecho su padre, y los adoró. 23Pero, a diferencia de su padre Manasés, no se humilló ante el SEÑOR, sino que multiplicó sus pecados.

24Los ministros de Amón conspiraron contra él y lo asesinaron en su palacio. 25A su vez, la gente mató a todos los que habían conspirado contra él, y en su lugar proclamaron rey a su hijo Josías.

Josías, rey de Judá
34:1-2 — 2R 22:1-2
34:8-13 — 2R 22:3-7

34 Josías tenía ocho años cuando ascendió al trono, y reinó en Jerusalén treinta y un años. 2Josías hizo lo que agrada al SEÑOR, pues siguió el buen ejemplo de su antepasado David; no se desvió de él en el más mínimo detalle.

3En el año octavo de su reinado, siendo aún muy joven, Josías comenzó a buscar al Dios de su antepasado David. En el año duodécimo empezó a *purificar a Judá y a Jerusalén, quitando los *santuarios paganos, las imágenes de la diosa *Aserá, y los ídolos y las imágenes de metal fundido. ⁴En su presencia fueron destruidos los altares de los *baales y los altares sobre los que se quemaba incienso; también fueron despedazadas las imágenes para el culto a Aserá, y los ídolos y las imágenes de metal fundido fueron reducidos a polvo, el cual fue esparcido sobre las tumbas de los que les habían ofrecido sacrificios. ⁵Quemó sobre los altares los huesos de los sacerdotes, purificando así a Judá y a Jerusalén. ⁶Lo mismo hizo en las ciudades de Manasés, Efraín, Simeón y Neftalí, y en sus alrededores. ⁷En toda la región de Israel destruyó los altares, redujo a polvo los ídolos y las imágenes de la diosa Aserá, y derribó los altares para quemar incienso. Luego regresó a Jerusalén.

⁸En el año dieciocho de su reinado, después de haber purificado el país y el templo, Josías envió a Safán hijo de Asalías y a Maseías, gobernador de la ciudad, junto con el secretario Joa hijo de Joacaz, a que repararan el templo del SEÑOR su Dios. ⁹Éstos se presentaron ante el sumo sacerdote Jilquías y le entregaron el dinero que había sido recaudado en el templo del SEÑOR, y que los levitas porteros habían recibido de los habitantes de Manasés y Efraín, y de todo el resto de Israel, Judá y Benjamín, y de los habitantes de Jerusalén. ¹⁰Luego entregaron el dinero a los que supervisaban la restauración del templo, y éstos se lo dieron a los trabajadores que estaban reparando y restaurando el templo del SEÑOR. ¹¹También les dieron dinero a los carpinteros y albañiles, a fin de que compraran piedras de cantera y madera para las vigas de los edificios que los reyes de Judá habían dejado deteriorar.

¹²Estos hombres realizaban su trabajo con honradez. Los que estaban al frente de ellos eran los levitas Yajat y Abdías, descendientes de Merari, y Zacarías y Mesulán, descendientes de Coat. Los levitas, que eran hábiles en tocar instrumentos de música, ¹³eran los jefes de los cargadores y de todos los que trabajaban en la obra, fuera cual fuera su tarea. Entre los levitas había cronistas, oficiales y porteros.

Hallazgo del libro de la ley

34:14-28 — 2R 22:8-20
34:29-32 — 2R 23:1-3

¹⁴Al sacar el dinero recaudado en el templo del SEÑOR, el sacerdote Jilquías encontró el libro de la *ley del SEÑOR, dada por medio de Moisés. ¹⁵Jilquías le dijo al cronista Safán: «He encontrado el libro de la ley en el templo del SEÑOR.» Entonces se lo entregó, ¹⁶y Safán se lo llevó al rey. Le dijo:

—Majestad, sus servidores están haciendo todo cuanto se les ha encargado. ¹⁷Han recogido el dinero*ᵉ* que estaba en el templo del SEÑOR, y se lo han entregado a los supervisores y a los trabajadores.

¹⁸En sus funciones de cronista, Safán también informó al rey que el sumo sacerdote Jilquías le había entregado un libro, el cual leyó en presencia del rey.

¹⁹Cuando el rey oyó las palabras de la ley, se rasgó las vestiduras en señal de duelo ²⁰y dio esta orden a Jilquías, a Ajicán hijo de Safán, a Abdón hijo de Micaías, al cronista Safán y a Asaías, su ministro personal:

²¹—Con respecto a lo que dice este libro que se ha encontrado, vayan a consultar al SEÑOR por mí y por el remanente de Israel y de Judá. Sin duda que la gran ira del SEÑOR se ha derramado contra nosotros porque nuestros antepasados no tuvieron en cuenta su palabra, ni actuaron según lo que está escrito en este libro.

²²Jilquías y los demás comisionados del rey fueron a consultar a la profetisa Huldá, que vivía en el barrio nuevo de Jerusalén. Huldá era la esposa de Salún, el encargado del vestuario, quien era hijo de Ticvá*ᶠ* y nieto de Jarjás.

²³Huldá les contestó: «Así dice el SEÑOR, Dios de Israel: "Díganle al que los ha enviado ²⁴que yo, el SEÑOR, les advierto: 'Voy a enviar una desgracia sobre este lugar y sus habitantes, y haré que se cumplan todas las maldiciones que están escritas en el libro que se ha leído ante el rey de Judá. ²⁵Ellos me han abandonado;

ᵉ**34:17** *recogido el dinero.* Lit. *fundido la plata.*   ᶠ**34:22** *Ticvá* (mss. de LXX y Siríaca; véase 2R 22:14); *Tocat* (TM).

han quemado incienso a otros dioses, y con todos sus ídolos*g* han provocado mi furor. Por eso arde mi ira contra este lugar, y no se apagará.' **26**Pero al rey de Judá, que los envió para consultarme, díganle que yo, el SEÑOR, Dios de Israel, digo en cuanto a las palabras que él ha oído: **27**'Como te has conmovido y humillado ante mí al escuchar lo que he anunciado contra este lugar y sus habitantes, y te has rasgado las vestiduras y has llorado en mi presencia, yo te he escuchado. Yo, el SEÑOR, lo afirmo. **28**Por lo tanto, te reuniré con tus antepasados, y serás sepultado en *paz. Tus ojos no verán la desgracia que voy a enviar sobre este lugar y sobre sus habitantes.' "»

Así que ellos regresaron para informar al rey.

Renovación del pacto

29Entonces el rey mandó convocar a todos los *ancianos de Judá y Jerusalén. **30**Acompañado de todos los habitantes de Judá y de Jerusalén, de los sacerdotes, de los levitas y, en fin, de la nación entera, desde el más grande hasta el más pequeño, el rey subió al templo del SEÑOR y, en presencia de ellos, leyó todo lo que dice el libro del *pacto que fue hallado en el templo del SEÑOR. **31**Después se puso de pie, junto a la columna del rey, y ante el SEÑOR renovó el pacto. Se comprometió a seguir al SEÑOR y a poner en práctica, de todo *corazón y con toda el *alma, sus mandamientos, preceptos y decretos, cumpliendo así las palabras del pacto escritas en este libro. **32**Después hizo que todos los que se encontraban en Jerusalén y en Benjamín confirmaran el pacto. Y así los habitantes de Jerusalén actuaron según el pacto del Dios de sus antepasados.

33Josías suprimió todas las costumbres detestables que había en todo el territorio de los israelitas, e hizo que todos los que se hallaban en Israel adoraran al SEÑOR su Dios. Mientras Josías vivió, no abandonaron al SEÑOR, Dios de sus antepasados.

Celebración de la Pascua

35:1,18-19 — 2R 23:21-23

35 Josías celebró en Jerusalén la Pascua del SEÑOR. El día catorce del mes primero celebraron la Pascua. **2**Josías asignó las funciones a los sacerdotes y los animó a dedicarse al servicio del templo del SEÑOR. **3**A los levitas, que eran los encargados de enseñar a los israelitas y que estaban consagrados al SEÑOR, les dijo: «Pongan el arca sagrada en el templo que construyó Salomón hijo de David, rey de Israel, para que ya no tengan que llevarla sobre los hombros. Sirvan al SEÑOR su Dios y a su pueblo Israel. **4**Organícense en turnos, según sus familias patriarcales, de acuerdo con las instrucciones que dejaron por escrito David, rey de Israel, y su hijo Salomón. **5**Ocupen sus puestos en el santuario, conforme a las familias patriarcales de sus hermanos israelitas, de manera que a cada grupo de familias del pueblo corresponda un grupo de levitas. **6**Celebren la Pascua, conságrense y preparen todo para sus hermanos, y cumplan con lo que el SEÑOR ordenó por medio de Moisés.»

7De sus propios bienes, Josías obsequió a todo el pueblo allí presente unos treinta mil corderos y cabritos y tres mil bueyes, para que celebraran la Pascua. **8**También los jefes hicieron sus donativos para el pueblo y para los sacerdotes y levitas. Por su parte, Jilquías, Zacarías y Jehiel, oficiales del templo de Dios, entregaron a los sacerdotes dos mil seiscientos animales de ganado menor y trescientos bueyes, para celebrar la Pascua. **9**Conanías y sus hermanos Semaías y Natanael, y Jasabías, Jeyel y Josabad, jefes de los levitas, entregaron a los levitas cinco mil animales de ganado menor y quinientos bueyes.

10Una vez preparada la ceremonia, los sacerdotes ocuparon sus puestos, y los levitas se organizaron según sus turnos, conforme a la orden del rey. **11**Al sacrificar los animales para la Pascua, los sacerdotes rociaban la sangre y los

---

g **34:25** *todos sus ídolos.* Lit. *todas las obras de sus manos.*

levitas desollaban los animales. **12**Luego entregaban a cada familia patriarcal del pueblo la porción que ésta debía ofrecerle al SEÑOR, como está escrito en el libro de Moisés. Lo mismo hicieron con los bueyes. **13**Después asaron los animales para la Pascua, conforme al mandamiento; además, cocieron las otras ofrendas en ollas, calderos y sartenes, y las repartieron rápidamente entre toda la gente. **14**Luego prepararon la Pascua para ellos mismos y para los sacerdotes descendientes de Aarón. Los levitas tuvieron que prepararla para ellos mismos y para los sacerdotes porque éstos estuvieron ocupados hasta la noche ofreciendo los *holocaustos y la grasa.

15Los cantores descendientes de Asaf ocuparon sus puestos, de acuerdo con lo que habían dispuesto David, Asaf, Hemán y Jedutún, vidente del rey. También los porteros permanecieron en sus respectivas puertas, y no tuvieron que abandonar sus puestos de servicio, pues sus compañeros levitas les prepararon la Pascua.

16Así se organizó aquel día el servicio del SEÑOR para celebrar la Pascua y ofrecer los holocaustos en el altar del SEÑOR, tal como lo había ordenado el rey Josías. **17**En aquella ocasión, los israelitas allí presentes celebraron durante siete días la fiesta de la Pascua y la de los Panes sin levadura. **18**Desde la época del profeta Samuel no se había celebrado una Pascua semejante, y ninguno de los reyes había celebrado una Pascua así, como lo hizo Josías con los sacerdotes y levitas, con los habitantes de Judá y de Israel allí presentes, y con los de Jerusalén. **19**Esta Pascua se celebró en el año dieciocho del reinado de Josías.

Muerte de Josías
35:20–36:1 — 2R 23:28-30

20Tiempo después de que Josías terminó la restauración del templo, Necao, rey de Egipto, salió a presentar batalla en Carquemis, ciudad que está junto al río Éufrates, pero Josías le salió al paso. **21**Ne-

cao envió mensajeros a decirle: «No te entrometas, rey de Judá. Hoy no vengo a luchar contra ti, sino contra la nación que me hace la guerra. Dios, que está de mi parte, me ha ordenado que me apresure. Así que no interfieras con Dios, para que él no te destruya.»

22Josías no le hizo caso a la advertencia que Dios le dio por medio de Necao; al contrario, en vez de retirarse, se disfrazó y fue a la llanura de Meguido para pelear con Necao. **23**Como los arqueros le dispararon, el rey Josías les dijo a sus servidores: «Sáquenme de aquí, porque estoy gravemente herido.» **24**Sus servidores lo sacaron del carro en que estaba y lo trasladaron a otro carro, y lo llevaron a Jerusalén. Allí murió, y fue sepultado en el panteón de sus antepasados. Y todo Judá y todo Jerusalén hicieron duelo por él.

25Jeremías compuso un lamento por la muerte de Josías; además, hasta este día todos los cantores y las cantoras aluden a Josías en sus cantos fúnebres. Estos cantos, que se han hecho populares en Israel, forman parte de las Lamentaciones.

26Los demás acontecimientos del reinado de Josías, sus actos piadosos acordes con la *ley del SEÑOR, **27**y sus hechos, desde el primero hasta el último, están escritos en el libro de los reyes de Israel y de Judá.

Joacaz, rey de Judá
36:2-4 — 2R 23:31-34

36 Entonces el pueblo tomó a Joacaz hijo de Josías y lo proclamó rey en Jerusalén, en lugar de su padre. **2**Joacaz tenía veintitrés años cuando ascendió al trono, y reinó en Jerusalén tres meses. **3**Sin embargo, el rey de Egipto lo quitó del trono para que no reinara en Jerusalén, y le impuso al país un tributo de cien barras de plata y una barra*h* de oro. **4**Luego hizo reinar sobre Judá y Jerusalén a Eliaquín, hermano de Joacaz, y le dio el nombre de Joacim. En cuanto a Joacaz, Necao se lo llevó a Egipto.

---

h **36:3** *barras ... una barra.* Lit. **talentos ... un talento.*

Joacim, rey de Judá
36:5-8 — 2R 23:36–24:6

5Joacim tenía veinticinco años cuando ascendió al trono, y reinó en Jerusalén once años, pero hizo lo que ofende al SEÑOR su Dios. 6Por eso Nabucodonosor, rey de Babilonia, marchó contra Joacim y lo llevó a Babilonia sujeto con cadenas de bronce. 7Además, Nabucodonosor se llevó a Babilonia los utensilios del templo del SEÑOR y los puso en su templo en Babilonia.

8Los demás acontecimientos del reinado de Joacim, y sus pecados y todo cuanto le sucedió, están escritos en el libro de los reyes de Israel y de Judá. Y su hijo Joaquín lo sucedió en el trono.

Joaquín, rey de Judá
36:9-10 — 2R 24:8-17

9Joaquín tenía dieciocho[i] años cuando ascendió al trono, y reinó en Jerusalén tres meses y diez días, pero hizo lo que ofende al SEÑOR. 10Por eso, a comienzos del año el rey Nabucodonosor mandó que lo llevaran a Babilonia, junto con los utensilios más valiosos del templo del SEÑOR, e hizo reinar sobre Judá y Jerusalén a Sedequías, pariente de Joaquín.

Sedequías, rey de Judá
36:11-16 — 2R 24:18-20; Jer 52:1-3

11Sedequías tenía veintiún años cuando ascendió al trono, y reinó en Jerusalén once años, 12pero hizo lo que ofende al SEÑOR su Dios. No se humilló ante el profeta Jeremías, que hablaba en *nombre del SEÑOR, 13y además se rebeló contra el rey Nabucodonosor, a quien había jurado lealtad. Sedequías fue terco y, en su obstinación, no quiso volverse al SEÑOR, Dios de Israel.

14También los jefes de los sacerdotes y el pueblo aumentaron su maldad, pues siguieron las prácticas detestables de los países vecinos y *contaminaron el templo que el SEÑOR había consagrado para sí en Jerusalén. 15Por amor a su pueblo y al lugar donde habita, el SEÑOR, Dios de sus antepasados, con frecuencia les enviaba advertencias por medio de sus mensajeros.

16Pero ellos se burlaban de los mensajeros de Dios, tenían en poco sus palabras, y se mofaban de sus profetas. Por fin, el SEÑOR desató su ira contra el pueblo, y ya no hubo remedio.

La caída de Jerusalén
36:17-20 — 2R 25:1-21; Jer 52:4-27
36:22-23 — Esd 1:1-3

17Entonces el SEÑOR envió contra ellos al rey de los *babilonios, quien dentro del mismo templo mató a espada a los jóvenes, y no tuvo compasión de jóvenes ni de doncellas, ni de adultos ni de ancianos. A todos se los entregó Dios en sus manos. 18Todos los utensilios del templo de Dios, grandes y pequeños, más los tesoros del templo y los del rey y de sus oficiales, fueron llevados a Babilonia. 19Incendiaron el templo de Dios, derribaron la muralla de Jerusalén, prendieron fuego a sus palacios y destruyeron todos los objetos de valor que allí había.

20A los que se salvaron de la muerte, el rey se los llevó a Babilonia, y fueron esclavos suyos y de sus hijos hasta el establecimiento del reino persa. 21De este modo se cumplió la palabra que el SEÑOR había pronunciado por medio de Jeremías. La tierra disfrutó de su descanso sabático todo el tiempo que estuvo desolada, hasta que se cumplieron setenta años.

Decreto de Ciro

22En cumplimiento de la palabra del SEÑOR, dada por medio del profeta Jeremías, en el primer año del reinado de Ciro, rey de Persia, el SEÑOR puso en el *corazón del rey que promulgara un decreto por todo el reino; y así lo hizo. En forma oral y por escrito, el rey promulgó lo siguiente:

23«Esto es lo que decreta Ciro, rey de Persia:

»"El SEÑOR, Dios del cielo, que me ha dado todos los reinos de la tierra, me ha encargado también que le construya un templo en la ciudad de Jerusalén, en Judá. Por tanto, cualquiera que pertenezca a ese pueblo, que se vaya, y que el SEÑOR su Dios lo acompañe."»

---

[i] **36:9** *dieciocho* (un ms. hebreo, mss. de LXX y Siríaca; véase 2R 24:8); *ocho* (TM).

Esdras

Ciro decreta el regreso de los cautivos

1 En el primer año del reinado de Ciro, rey de Persia, el SEÑOR dispuso el corazón del rey para que éste promulgara un decreto en todo su reino y así se cumpliera la palabra del SEÑOR por medio del profeta Jeremías. Tanto oralmente como por escrito, el rey decretó lo siguiente:

2«Esto es lo que ordena Ciro, rey de Persia:

»El SEÑOR, Dios del cielo, que me ha dado todos los reinos de la tierra, me ha encargado que le construya un templo en la ciudad de Jerusalén, que está en Judá. **3**Por tanto, cualquiera que pertenezca a Judá, vaya a Jerusalén a construir el templo del SEÑOR, Dios de Israel, el Dios que habita en Jerusalén; y que Dios lo acompañe. **4**También ordeno que los habitantes de cada lugar donde haya judíos sobrevivientes los ayuden dándoles plata y oro, bienes y ganado, y ofrendas voluntarias para el templo de Dios en Jerusalén.»

El regreso de los judíos

5Entonces los jefes de familia de Benjamín y de Judá, junto con los sacerdotes y levitas, es decir, con todos aquellos en cuyo corazón Dios puso el deseo de construir el templo, se dispusieron a ir a Jerusalén. **6**Todos sus vecinos los ayudaron con plata y oro, bienes y ganado, objetos valiosos y todo tipo de ofrendas voluntarias. **7**Además, el rey Ciro hizo sacar los utensilios que Nabucodonosor se había llevado del templo del SEÑOR en Jerusalén y había depositado en el templo de su dios.[a] **8**Ciro los entregó a su tesorero Mitrídates, el cual los contó y se los pasó a Sesbasar, jefe de Judá.

9El inventario de dichos utensilios fue el siguiente:

tazones de oro	30
tazones de plata	1.000
cuchillos	29
10 tazas de oro	30
tazas de plata	410
objetos diversos	1.000

11En total fueron cinco mil cuatrocientos los utensilios de oro y de plata. Todos estos objetos los llevó Sesbasar a Jerusalén cuando a los deportados se les permitió regresar de Babilonia.

Lista de los que regresaron

2 La siguiente es la lista de la gente de la provincia que Nabucodonosor, rey de Babilonia, había llevado cautiva a Babilonia, y a la que se le permitió regresar a Jerusalén y a Judá. Cada uno volvió a su propia población **2**en compañía de Zorobabel, Jesúa, Nehemías, Seraías, Relaías, Mardoqueo, Bilsán, Mispar, Bigvay, Rejún y Baná.

Ésta es la lista de los israelitas que regresaron:

3 de Parós	2.172
4 de Sefatías	372
5 de Araj	775
6 de Pajat Moab, es decir, de Jesúa y Joab	2.812
7 de Elam	1.254
8 de Zatú	945
9 de Zacay	760
10 de Baní	642
11 de Bebay	623

---

a 1:7 *su dios*. Alt. *sus dioses.*

12 de Azgad   1.222
13 de Adonicán   666
14 de Bigvay   2.056
15 de Adín   454
16 de Ater, es decir, de Ezequías   98
17 de Bezay   323
18 de Jorá   112
19 de Jasún   223
20 de Guibar   95
21 de Belén   123
22 de Netofa   56
23 de Anatot   128
24 de Azmávet   42
25 de Quiriat Yearín, Cafira y
   Berot   743
26 de Ramá y Gueba   621
27 de Micmás   122
28 de Betel y de Hai   223
29 de Nebo   52
30 de Magbís   156
31 del otro Elam   1.254
32 de Jarín   320
33 de Lod, Jadid y Ono   725
34 de Jericó   345
35 de Sená   3.630

36 De los sacerdotes descendientes de Jedaías, de la familia
   de Jesúa   973
37 de Imer   1052
38 de Pasur   1247
39 de Jarín   1017

40 De los levitas descendientes
   de Jesúa y de Cadmiel, que
   pertenecían a la familia de
   Hodavías   74

41 De los cantores descendientes
   de Asaf   128

42 De los porteros descendientes
   de Salún, Ater, Talmón,
   Acub, Jatitá y Sobay   139

43 Los servidores del templo eran de las
   familias de Zijá, Jasufá, Tabaot,
   44Querós, Sigajá, Padón, 45Lebaná,
   Jagabá, Acub, 46Jagab, Salmay, Janán, 47Guidel, Gajar, Reaías, 48Re-
   zín, Necoda, Gazán, 49Uza, Paseaj,
   Besay, 50Asena, Meunín, Nefusín,
   51Bacbuc, Jacufá, Jarjur, 52Baslut,

Mejidá, Jarsa, 53Barcós, Sísara, Temá, 54Neziaj y Jatifá.

55 Los descendientes de los servidores de
   Salomón eran de las familias de
   Sotay, Soféret, Peruda, 56Jalá, Darcón, Guidel, 57Sefatías, Jatil, Poquéret Hasebayin y Amón.

58 Los servidores del templo y
   de los descendientes de los
   servidores de Salomón   392

59Los siguientes regresaron de Tel Melaj, Tel Jarsá, Querub, Adón e Imer, pero
no pudieron demostrar ascendencia israelita:

60 De los descendientes de De-
   laías, Tobías y Necoda   652

61 De entre los sacerdotes, los siguientes
   tampoco pudieron demostrar su ascendencia israelita: los descendientes de Jabaías, Cos y Barzilay (este
   último se casó con una de las hijas
   de un galaadita llamado Barzilay,
   del cual tomó su nombre). 62Éstos
   buscaron sus registros genealógicos, pero como no los encontraron,
   fueron excluidos del sacerdocio.
   63A ellos el gobernador les prohibió
   comer de los alimentos sagrados
   hasta que un sacerdote decidiera su
   suerte por medio del *urim y el
   tumim.

64 El número total de los miembros de la
   asamblea era de cuarenta y dos mil
   trescientas sesenta personas, 65sin
   contar a esclavos y esclavas, que
   sumaban siete mil trescientos treinta y siete; y tenían doscientos cantores y cantoras. 66Tenían además
   setecientos treinta y seis caballos,
   doscientas cuarenta y cinco mulas,
   67cuatrocientos treinta y cinco camellos y seis mil setecientos veinte
   burros.

68Cuando llegaron al templo del
SEÑOR en Jerusalén, algunos jefes de familia dieron donativos para que se re-

construyera el templo del Señor en el mismo sitio. 69De acuerdo con sus capacidades económicas dieron, para la obra de reconstrucción, cuatrocientos ochenta y ocho kilos*b* de oro, dos mil setecientos cincuenta kilos*c*de plata y cien túnicas sacerdotales.

70Los sacerdotes, los levitas y algunos del pueblo se establecieron en Jerusalén,*d* en tanto que los cantores, los porteros, los servidores del templo y los demás israelitas se fueron a vivir a sus propias poblaciones.

Restauración del altar

3 En el mes séptimo, cuando ya todos los israelitas se habían establecido en sus poblaciones, se reunió el pueblo en Jerusalén con un mismo propósito. 2Entonces Jesúa hijo de Josadac con sus parientes, que eran sacerdotes, y Zorobabel hijo de Salatiel con sus parientes empezaron a construir el altar del Dios de Israel para ofrecer *holocaustos, según lo estipulado en la *ley de Moisés, hombre de Dios. 3A pesar del miedo que tenían de los pueblos vecinos, colocaron el altar en su mismo sitio. Y todos los días, por la mañana y por la tarde, ofrecían holocaustos al Señor. 4Luego, según lo estipulado en la ley, celebraron la fiesta de las *Enramadas, ofreciendo el número de holocaustos prescrito para cada día, 5como también los holocaustos diarios, los de luna nueva, los de las fiestas solemnes ordenadas por el Señor, y los que el pueblo le ofrecía voluntariamente. 6A pesar de que aún no se habían echado los cimientos del templo, desde el primer día del mes séptimo el pueblo comenzó a ofrecer holocaustos al Señor.

Se comienza la reconstrucción del templo

7Luego dieron dinero a los albañiles y carpinteros. A los de Sidón y Tiro les dieron comida, bebida y aceite para que por mar llevaran madera de cedro desde el Líbano hasta Jope, conforme a la autorización que había dado Ciro, rey de Persia. 8Zorobabel hijo de Salatiel, y Jesúa hijo de Josadac, junto con el resto de sus parientes, que eran sacerdotes, y con los levitas y con todos los que habían regresado del cautiverio, comenzaron la reconstrucción del templo en el mes segundo del segundo año de haber llegado a Jerusalén. A los levitas mayores de veinte años se encomendaron la tarea de supervisar las obras del templo del Señor. 9Entonces Jesúa, junto con sus hijos y hermanos, y Cadmiel y sus hijos, que eran descendientes de Hodavías,*e* y los descendientes de Henadad, y sus hijos y hermanos, que eran levitas, se unieron para supervisar a los obreros que trabajaban en el templo de Dios.

10Cuando los constructores echaron los cimientos del templo del Señor, los sacerdotes llegaron con sus vestimentas sagradas y con sus trompetas, y los levitas descendientes de Asaf, con sus platillos, ocuparon su lugar para alabar al Señor, según lo establecido por David, rey de Israel. 11Todos daban gracias al Señor, y a una le cantaban esta alabanza: «Dios es bueno; su gran amor por Israel perdura para siempre.» Y todo el pueblo alabó con grandes aclamaciones al Señor, porque se habían echado los cimientos del templo. 12Muchos de los sacerdotes, levitas y jefes de familia, que eran ya ancianos y habían conocido el primer templo, prorrumpieron en llanto cuando vieron los cimientos del nuevo templo, mientras muchos otros gritaban de alegría. 13Y no se podía distinguir entre los gritos de alegría y las voces de llanto, pues la gente gritaba a voz en cuello, y el ruido se escuchaba desde muy lejos.

Oposición samaritana

4 Cuando los enemigos del pueblo de Judá y de Benjamín se enteraron de que los repatriados estaban reconstruyendo el templo del Señor, Dios de Israel, 2se presentaron ante Zorobabel y ante los jefes de familia y les dijeron:

---

*b*2:69 *cuatrocientos ochenta y ocho kilos.* Lit. *sesenta y un mil *dracmas.*   *c*2:69 *dos mil setecientos cincuenta y dos kilos.* Lit. *cinco mil *minas.*   *d*2:70 *en Jerusalén* (LXX, 3 Esdras 5:46); *en sus ciudades* (TM).   *e*3:9 *Hodavías* (lectura probable; véase 2:40); *Judá* (TM).

—Permítannos participar en la reconstrucción, pues nosotros, al igual que ustedes, hemos buscado a su Dios y le hemos ofrecido *holocaustos desde el día en que Esarjadón, rey de Asiria, nos trajo acá.

3Pero Zorobabel, Jesúa y los jefes de las familias de Israel les respondieron:

—No podemos permitir que ustedes se unan a nosotros en la reconstrucción del templo de nuestro Dios. Nosotros solos nos encargaremos de reedificar el templo para el SEÑOR, Dios de Israel, tal como lo decretó Ciro, rey de Persia.

4Entonces los habitantes de la región comenzaron a desanimar e intimidar a los de Judá para que abandonaran la reconstrucción. **5**Y hasta llegaron a sobornar a algunos de los consejeros para impedirles llevar a cabo sus planes. Esto sucedió durante todo el reinado de Ciro, rey de Persia, y hasta el reinado de Darío, que también fue rey de Persia.

6También al comienzo del reinado de Jerjes,*f* aquellos enemigos enviaron una carta en la cual acusaban a los habitantes de Judá y de Jerusalén. **7**Luego, cuando Artajerjes llegó a ser rey de Persia, también a él Bislán, Mitrídates, Tabel y sus demás compañeros le enviaron una carta, que fue traducida al arameo.

8Además, el comandante Rejún y el cronista Simsay enviaron a Artajerjes una carta en contra de los habitantes de Jerusalén. La carta decía:

9El comandante Rejún y el cronista Simsay escriben esta carta, junto con sus compañeros los jueces, gobernadores y funcionarios de Persia, Érec, Babilonia y Susa (es decir, Elam). **10**Esta carta la suscriben también las demás naciones que el grande y noble Asnapar llevó cautivas y estableció en la ciudad de Samaria y en las otras provincias al oeste del río Éufrates.

11Al rey Artajerjes, de parte de sus siervos que habitan al oeste del río Éufrates:

12Sepa Su Majestad que los judíos enviados por usted han llegado a Jerusalén y están reconstruyendo esa ciudad rebelde y mala. Ya están echados los cimientos.

13Sepa también Su Majestad que si esta gente reconstruye la ciudad y termina la muralla, sus habitantes se rebelarán y no pagarán tributos, ni impuestos ni contribución alguna, lo cual sería perjudicial para el tesoro real. **14**Como nosotros somos vasallos de Su Majestad,*g* no podemos permitir que se le deshonre. Por eso le enviamos esta denuncia. **15**Pida Su Majestad que se investigue en los archivos donde están las crónicas de los reyes que le han precedido. Así comprobará que esta ciudad ha sido rebelde y nociva para los reyes y las provincias, y que fue destruida porque hace ya mucho tiempo allí se fraguaron sediciones. **16**Por eso le advertimos que, si esa ciudad es reconstruida y la muralla levantada, Su Majestad perderá el dominio de la región al oeste del Éufrates.

17En respuesta, el rey les escribió:

Al comandante Rejún y al cronista Simsay, y al resto de sus compañeros que viven en Samaria y en las otras regiones al oeste del río Éufrates:

Saludos.

18La carta que ustedes enviaron ha sido traducida y leída en mi presencia. **19**Di orden de investigar en los archivos y, en efecto, se encontró que anteriormente en dicha ciudad se fraguaron sediciones y se tramaron rebeliones contra los reyes; **20**que en Jerusalén hubo reyes poderosos, gobernantes de toda la región al oeste del río Éufrates, a quienes se les pagaban impuestos, tributos y rentas. **21**Por eso, ordénenles a esos hombres que cesen sus labores, que suspendan la reconstrucción de la ciudad, hasta que yo promulgue un nue-

---

f **4:6** *Jerjes.* Hebreo *Asuero*; véase nota en Est 1:1.   *g* **4:14** *somos vasallos del rey.* Lit. *comemos la sal del palacio.*

vo edicto. ²²Sean diligentes en hacer cumplir esta orden, para que no crezca la amenaza de perjuicio a los intereses reales.

²³En cuanto la carta del rey Artajerjes se leyó en presencia de Rejún, del cronista Simsay y de sus compañeros, todos ellos fueron a Jerusalén y, por la fuerza de las armas, obligaron a los judíos a detener la obra. ²⁴De este modo el trabajo de reconstrucción del templo de Dios en Jerusalén quedó suspendido hasta el año segundo del reinado de Darío, rey de Persia.

Se reinicia la reconstrucción del templo

5 Los profetas Hageo y Zacarías hijo de Idó profetizaron a los judíos que estaban en Judá y Jerusalén, en el *nombre del Dios de Israel, que velaba por ellos. ²Entonces Zorobabel hijo de Salatiel y Jesúa hijo de Josadac se dispusieron a continuar la reconstrucción del templo de Dios en Jerusalén. Y los profetas estaban con ellos ayudándolos.

³En ese mismo tiempo, Tatenay, gobernador de la provincia al oeste del río Éufrates, y Setar Bosnay y sus compañeros, se presentaron ante los judíos y les preguntaron: «¿Quién los autorizó a reconstruir ese templo y restaurar su estructura?» ⁴Y añadieron:^h «¿Cómo se llaman los que están reconstruyendo ese edificio?» ⁵Pero como Dios velaba por los *dirigentes judíos, no los obligaron a interrumpir el trabajo hasta que se consultara a Darío y éste respondiera por escrito.

⁶Entonces Tatenay, gobernador de la provincia al oeste del río Éufrates, y Setar Bosnay y sus compañeros, que eran los funcionarios del gobierno de esa provincia, enviaron una carta al rey Darío, ⁷la cual decía:

Al rey Darío:

Un cordial saludo.

⁸Ponemos en conocimiento de Su Majestad que fuimos a la provincia de Judá, al templo del gran Dios, y vimos que se está reconstruyendo con grandes piedras, y que sus paredes se están recubriendo con madera. El trabajo se hace con esmero y avanza rápidamente. ⁹A los dirigentes les preguntamos quién los había autorizado a reconstruir ese templo y restaurar su estructura, ¹⁰y cómo se llaman los que dirigen la obra, para comunicárselo por escrito a Su Majestad.

¹¹Ellos nos respondieron:

«Somos siervos del Dios del cielo y de la tierra, y estamos reconstruyendo el templo que fue edificado y terminado hace ya mucho tiempo por un gran rey de Israel. ¹²Pero como nuestros antepasados provocaron a ira al Dios del cielo, él los entregó en manos de Nabucodonosor, rey de Babilonia, el *caldeo que destruyó este templo y que llevó al pueblo cautivo a Babilonia.

¹³»Pero más tarde, en el primer año de su reinado, Ciro, rey de Babilonia, ordenó que este templo de Dios fuera reconstruido. ¹⁴También hizo sacar del templo de Babilonia los utensilios de oro y de plata que Nabucodonosor se había llevado del templo de Jerusalén y había puesto en el templo de Babilonia, y se los entregó a Sesbasar, a quien había nombrado gobernador. ¹⁵Ciro, pues, ordenó a Sesbasar que tomara esos utensilios y los devolviera al templo de Jerusalén, y que reedificara en el mismo sitio el templo de Dios. ¹⁶Entonces Sesbasar llegó a Jerusalén y echó los cimientos del templo de Dios. Desde entonces se ha estado trabajando en su reconstrucción, pero aún no se ha terminado.»

¹⁷Ahora bien, si Su Majestad lo considera conveniente, pedimos que se investiguen los archivos donde están las crónicas de los reyes de Babilonia, para saber si es verdad que el rey Ciro orde-

---

^h 5:4 *añadieron* (lectura probable; véanse LXX y Siríaca); *les dijimos* (TM).

nó la reconstrucción del templo de Dios en Jerusalén. Además solicitamos que se nos dé a conocer la decisión de Su Majestad con respecto a este asunto.

Decreto de Darío

6 Entonces el rey Darío ordenó que se investigara en los archivos donde se guardaban los tesoros de Babilonia. ²Y en el palacio de Ecbatana, en la provincia de Media, se encontró un rollo que contenía la siguiente memoria:

³En el primer año de su reinado, el rey Ciro promulgó el siguiente edicto respecto al templo de Dios en Jerusalén:

Que se echen los cimientos y se reconstruya el templo, para que en él se ofrezcan *holocaustos. Tendrá veintisiete metros[i] tanto de alto como de ancho, ⁴tres hileras de piedras grandes, y una de madera. Todos los gastos serán sufragados por el tesoro real. ⁵Con respecto a los utensilios de oro y de plata que Nabucodonosor sacó del templo de Jerusalén y llevó a Babilonia, que los devuelvan a Jerusalén, y que se pongan en el templo de Dios, donde deben estar.

⁶Entonces el rey Darío dio la siguiente orden[j] a Tatenay, gobernador de la provincia al oeste del río Éufrates, y a Setar Bosnay y a sus compañeros, los funcionarios de dicha provincia:

Aléjense de Jerusalén ⁷y no estorben la obra de reconstrucción del templo de Dios. Dejen que el gobernador de la provincia de Judá y los *dirigentes judíos reconstruyan el templo en su antiguo sitio.

⁸También he decidido que ustedes deben prestarles ayuda, sufragando los gastos de la reconstrucción del templo con los impuestos que la provincia al oeste del río Éufrates paga al tesoro real. No se tarden en pagar todos los gastos, para que no se interrumpan las obras.

⁹Además, todos los días, sin falta, deberán suministrarles becerros, carneros y corderos para ofrecerlos en holocausto al Dios del cielo, junto con trigo, sal, vino y aceite, y todo lo que necesiten, según las instrucciones de los sacerdotes que están en Jerusalén. ¹⁰Así podrán ellos ofrecer sacrificios gratos al Dios del cielo y rogar por la vida del rey y de sus hijos.

¹¹He determinado así mismo que, a quien desobedezca esta orden, lo empalen en una viga sacada de su propia casa, y que le derrumben la casa. ¹²¡Que el Dios que decidió habitar en Jerusalén derribe a cualquier rey o nación que intente modificar este decreto o destruir ese templo de Dios!

Yo, Darío, promulgo este decreto. Publíquese y cúmplase al pie de la letra.

Terminación y dedicación del templo

¹³Entonces Tatenay, gobernador de la provincia al oeste del río Éufrates, y Setar Bosnay y sus compañeros cumplieron al pie de la letra lo que el rey Darío les había ordenado. ¹⁴Así los *dirigentes judíos pudieron continuar y terminar la obra de reconstrucción, conforme a la palabra de los profetas Hageo y Zacarías hijo de Idó. Terminaron, pues, la obra de reconstrucción, según el mandato del Dios de Israel y por decreto de Ciro, Darío y Artajerjes, reyes de Persia. ¹⁵La reconstrucción del templo se terminó el día tres del mes de *adar, en el año sexto del reinado de Darío.

¹⁶Entonces los israelitas —es decir, los sacerdotes, los levitas y los demás que regresaron del cautiverio—, llenos de júbilo dedicaron el templo de Dios. ¹⁷Como ofrenda de dedicación, ofrecieron a Dios cien becerros, doscientos carneros, cuatrocientos corderos y doce chivos, conforme al número de las tribus de Israel, para *expiación por el pecado del pueblo. ¹⁸Luego, según lo que está escrito en el libro de Moisés, instalaron a los sacerdo-

---

[i] **6:3** *veintisiete metros.* Lit. *sesenta *codos.*   [j] **6:6** *Entonces el rey Darío dio la siguiente orden.* Se ha añadido esta frase para indicar el cambio de sujeto.

tes en sus turnos y a los levitas en sus funciones, para el culto que se ofrece a Dios en Jerusalén.

Celebración de la Pascua

19Los que regresaron del cautiverio celebraron la Pascua el día catorce del mes primero. **20**Los sacerdotes y levitas se habían unido para *purificarse y, ya estando ritualmente *limpios, mataron el cordero pascual por todos los que habían regresado del cautiverio, por sus compañeros los sacerdotes y por ellos mismos. **21**Los israelitas que regresaron del cautiverio comieron la Pascua junto con los que se habían apartado de la impureza de sus vecinos para seguir al SEÑOR, Dios de Israel. **22**Durante siete días celebraron con mucho gozo la fiesta de los Panes sin levadura, porque el SEÑOR les había devuelto la alegría y había hecho que el rey de Persia[k] los ayudara y permitiera reconstruir el templo del Dios de Israel.

Esdras llega a Jerusalén

7 Durante el reinado de Artajerjes, rey de Persia, vivió un hombre llamado Esdras hijo de Seraías, que era descendiente en línea directa de Azarías, Jilquías, **2**Salún, Sadoc, Ajitob, **3**Amarías, Azarías, Merayot, **4**Zeraías, Uzi, Buquí, **5**Abisúa, Finés, Eleazar y Aarón, que fue el primer sacerdote. **6**Este Esdras llegó de Babilonia. Era un maestro muy versado en la *ley que el SEÑOR, Dios de Israel, le había dado a Moisés. Gozaba de la simpatía del rey, y el SEÑOR su Dios estaba con él.

7Con Esdras regresaron a Jerusalén algunos israelitas, entre los cuales había sacerdotes, levitas, cantores, porteros y servidores del templo. Esto sucedió en el séptimo año del reinado de Artajerjes. **8**Así que Esdras llegó a Jerusalén en el mes quinto del séptimo año del reinado de Artajerjes. **9**Había salido de Babilonia el día primero del mes primero, y llegó a Jerusalén el día primero del mes quinto, porque la mano bondadosa de Dios estaba con él. **10**Esdras se había dedicado por

completo a estudiar la ley del SEÑOR, a ponerla en práctica y a enseñar sus preceptos y normas a los israelitas.

Carta de Artajerjes a Esdras

11El rey Artajerjes le entregó la siguiente carta a Esdras, quien era sacerdote y maestro de los mandamientos y preceptos que el SEÑOR le dio a Israel:

12Artajerjes, rey de reyes,

a Esdras, sacerdote y maestro versado en la *ley del Dios del cielo:

Saludos.[l]

13He dispuesto que todos los israelitas que quieran ir contigo a Jerusalén puedan hacerlo, incluyendo a los sacerdotes y levitas. **14**El rey y sus siete consejeros te mandan a investigar la situación de Jerusalén y de Judá, conforme a la ley de tu Dios que se te ha confiado. **15**Lleva el oro y la plata que el rey y sus consejeros han ofrecido voluntariamente al Dios de Israel, que habita en Jerusalén. **16**También lleva contigo toda la plata y el oro que obtengas de la provincia de Babilonia, junto con los donativos del pueblo y de los sacerdotes para el templo de su Dios en Jerusalén. **17**Con ese dinero compra, sin falta, becerros, carneros y corderos, con sus respectivas ofrendas de cereales y de vino, para ofrecerlos en el altar del templo del Dios de ustedes en Jerusalén. **18**Con el resto de la plata y del oro tú y tus compañeros podrán hacer lo que les parezca mejor, de acuerdo con la voluntad del Dios de ustedes. **19**Pero deposita en el templo los utensilios sagrados que se te han entregado para rendir culto a tu Dios en Jerusalén. **20**Cualquier otro gasto que sea necesario para el templo de tu Dios, se cubrirá del tesoro real.

21Ahora bien, yo, el rey Artajerjes, les ordeno a todos los tesoreros que

---

[k]6:22 *rey de Persia.* Lit. *rey de Asiria* (uno de los títulos dado al rey persa).   [l]7:12 *Saludos.* Texto de difícil traducción.

están al oeste del río Éufrates, que entreguen de inmediato todo cuanto solicite Esdras, sacerdote y maestro versado en la ley del Dios del cielo. 22Pueden darle hasta tres mil trescientos kilos de plata, veintidós mil litros de trigo, dos mil doscientos litros de vino, dos mil doscientos litros de aceite*m* y toda la sal que se requiera.

23Todo lo que ha ordenado el Dios del cielo para su templo, háganlo de inmediato, de modo que no se descargue su ira contra el dominio del rey y su familia. 24También les ordeno que exoneren de impuestos a los sacerdotes, levitas, cantores, porteros y servidores del templo de Dios.

25Por cuanto tú, Esdras, posees la sabiduría de Dios, serás el encargado de nombrar funcionarios y jueces para que juzguen a los habitantes de la provincia al oeste del río Éufrates, es decir, a todos los que conocen la ley de Dios. Pero a quienes no la conozcan, enséñasela. 26Si alguien desobedece la ley de tu Dios y las órdenes del rey, haz que se le castigue de inmediato con la pena de muerte, el destierro, la confiscación de bienes o la cárcel.

Oración de Esdras

27«Bendito sea el SEÑOR, Dios de nuestros antepasados, que puso en el *corazón del rey el propósito de honrar el templo del SEÑOR en Jerusalén. 28Por su infinito amor, él me ha permitido recibir el favor del rey, de sus consejeros y de todos sus funcionarios más importantes. Y porque Dios estaba conmigo, cobré ánimo y reuní a los jefes de Israel para que me acompañaran a Jerusalén.»

Lista de los que regresaron con Esdras

8 Según los registros genealógicos, ésta es la lista de los jefes de familia que durante el reinado de Artajerjes regresaron conmigo de Babilonia:

2 de los descendientes de Finés: Guersón; de Itamar: Daniel; de David: Jatús, 3que era de la familia de Secanías; de Parós: Zacarías y ciento cincuenta hombres que se registraron con él; 4 de Pajat Moab: Elihoenay hijo de Zeraías y doscientos hombres más; 5 de Secanías: el hijo de Jahaziel y trescientos hombres más; 6 de Adín: Ébed hijo de Jonatán y cincuenta hombres más; 7 de Elam: Isaías hijo de Atalías y setenta hombres más; 8 de Sefatías: Zebadías hijo de Micael y ochenta hombres más; 9 de Joab: Abdías hijo de Jehiel y doscientos dieciocho hombres más; 10 de Selomit: el hijo de Josifías y ciento sesenta hombres más; 11 de Bebay: Zacarías hijo de Bebay y veintiocho hombres más; 12 de Azgad: Johanán hijo de Hacatán y ciento diez hombres más; 13 de Adonicán: Elifelet, Jeyel y Semaías, los últimos de esta familia, con los cuales se registraron sesenta hombres más; 14 de Bigvay: Utay, Zabud y setenta hombres más.

El regreso a Jerusalén

15A estos jefes de familia los reuní junto al arroyo que corre hacia el río Ahava, y allí estuvimos acampados tres días. Cuando pasé revista a todo el pueblo y a los sacerdotes, no encontré a ningún descendiente de Leví. 16Entonces mandé llamar a Eliezer, Ariel, Semaías, Elnatán, Jarib, Elnatán, Natán, Zacarías y Mesulán, que eran jefes del pueblo, y también a Joyarib y Elnatán, que eran maestros, 17y los envié a Idó, que era el jefe de Casifia. Les encargué que les pidieran a Idó y a sus compañeros, quienes estaban al frente de Casifiá, que nos proveyeran servidores para el templo de nuestro Dios. 18Y como Dios estaba con nosotros, nos enviaron a

---

m 7:22 *hasta ... aceite.* Lit. *hasta cien *talentos de plata y hasta cien *coros de trigo y hasta cien *batos de vino y hasta cien batos de aceite.*

un israelita muy capacitado llamado Serebías hijo de Majlí, descendiente de Leví. Con él vinieron sus hijos y sus hermanos, dieciocho personas en total. **19**También nos enviaron a Jasabías y a Isaías, descendientes de Merari, junto con sus hijos y hermanos, veinte personas en total. **20**Además, del grupo que David y sus oficiales habían asignado para que ayudaran a los levitas, nos enviaron doscientos veinte servidores, los cuales fueron registrados por su nombre.

21Luego, estando cerca del río Ahava, proclamé un ayuno para que nos humilláramos ante nuestro Dios y le pidiéramos que nos acompañara durante el camino, a nosotros, a nuestros hijos y nuestras posesiones. **22**En realidad, sentí vergüenza de pedirle al rey que nos enviara un pelotón de caballería para que nos protegiera de los enemigos, ya que le habíamos dicho al rey que la mano de Dios protege a todos los que confían en él, pero que Dios descarga su poder y su ira contra quienes lo abandonan. **23**Así que ayunamos y oramos a nuestro Dios pidiéndole su protección, y él nos escuchó.

24Después aparté a doce jefes de los sacerdotes: Serebías, Jasabías y diez de sus parientes. **25**En presencia de ellos pesé el oro, los utensilios sagrados y las ofrendas que el rey, sus consejeros, sus funcionarios más importantes y todos los israelitas allí presentes habían entregado para el templo de Dios. **26**Lo que pesé fue lo siguiente: veintiún mil cuatrocientos cincuenta kilos de plata, utensilios de plata que pesaban tres mil trescientos kilos, tres mil trescientos kilos de oro, **27**veinte tazas de oro que pesaban ocho kilos,[n] y dos recipientes de bronce bruñido de la mejor calidad, tan preciosos como el oro.

28Luego les dije: «Ustedes y los utensilios han sido consagrados al SEÑOR. La plata y el oro son una ofrenda voluntaria para el SEÑOR, Dios de nuestros antepasados. **29**Vigílenlos y guárdenlos hasta que los pesen en los aposentos del templo del SEÑOR en Jerusalén, en presencia de los principales sacerdotes, de los levitas y de los jefes de familia del pueblo de Israel.» **30**Así que los sacerdotes y levitas recibieron la plata, el oro y los utensilios que fueron pesados para llevarlos al templo de nuestro Dios en Jerusalén.

31El día doce del mes primero partimos del río Ahava para ir a Jerusalén. Durante todo el trayecto Dios nos acompañó y nos libró de enemigos y asaltantes. **32**Al llegar a Jerusalén nos quedamos descansando tres días. **33**Al cuarto día pesamos la plata, el oro y los utensilios en el templo de nuestro Dios, y entregamos todo al sacerdote Meremot hijo de Urías. Eleazar hijo de Finés estaba allí con él, lo mismo que los levitas Jozabad hijo de Jesúa, y Noadías hijo de Binuy. **34**Ese día pesamos y contamos todo, y registramos el peso total.

35Luego, en honor del SEÑOR, Dios de Israel, los que habían regresado del cautiverio ofrecieron, en *holocausto y como ofrenda de *expiación por todo el pueblo, doce novillos, noventa y seis carneros, setenta y siete corderos y doce chivos. **36**Y se les entregaron los decretos del rey a los *sátrapas del reino y a los gobernadores de la provincia al oeste del río Éufrates, los cuales prestaron todo su apoyo al pueblo y al templo de Dios.

Esdras confiesa el pecado del pueblo

9 Después de todo esto, se me acercaron los jefes y me dijeron: «El pueblo de Israel, incluso los sacerdotes y levitas, no se ha mantenido separado de los pueblos vecinos, sino que practica las costumbres abominables de todos ellos, es decir, de los cananeos, hititas, ferezeos, jebuseos, amonitas, moabitas, egipcios y amorreos. **2**De entre las mujeres de esos pueblos han tomado esposas para sí mismos y para sus hijos, mezclando así la raza *santa con la de los pueblos vecinos. Y los primeros en cometer tal infidelidad han sido los jefes y los gobernantes.»

3Cuando escuché esto, me rasgué la túnica y el manto, me arranqué los pelos

---

[n] **8:26-27** *veintiún mil ... ocho kilos*. Lit. *seiscientos cincuenta *talentos de plata, utensilios de plata que pesaban cien talentos, cien talentos de oro,* **27***veinte tazas de oro que valían mil *dracmas.*

de la cabeza y de la barba, y me postré muy angustiado. **4**Entonces, por causa del pecado cometido por los repatriados, se reunieron a mi alrededor todos los que obedecían[n] la palabra de Dios. Y yo seguí angustiado hasta la hora del sacrificio de la tarde.

5A la hora del sacrificio me recobré de mi abatimiento y, con la túnica y el manto rasgados, caí de rodillas, extendí mis manos hacia el SEÑOR mi Dios, **6**y le dije en oración:

«Dios mío, estoy confundido y siento vergüenza de levantar el rostro hacia ti, porque nuestras maldades se han amontonado hasta cubrirnos por completo; nuestra culpa ha llegado hasta el cielo. **7**Desde los días de nuestros antepasados hasta hoy, nuestra culpa ha sido grande. Debido a nuestras maldades, nosotros, nuestros reyes y nuestros sacerdotes fuimos entregados al poder de los reyes de los países vecinos. Hemos sufrido la espada, el cautiverio, el pillaje y la humillación, como nos sucede hasta hoy.

8»Pero ahora tú, SEÑOR y Dios nuestro, por un breve momento nos has mostrado tu bondad al permitir que un remanente quede en libertad y se establezca en tu lugar santo. Has permitido que nuestros ojos vean una nueva luz, y nos has concedido un pequeño alivio en medio de nuestra esclavitud. **9**Aunque somos esclavos, no nos has abandonado, Dios nuestro, sino que nos has extendido tu misericordia a la vista de los reyes de Persia. Nos has dado nueva vida para reedificar tu templo y reparar sus ruinas, y nos has brindado tu protección en Judá y en Jerusalén.[o]

10»Y ahora, después de lo que hemos hecho, ¿qué podemos decirte? No hemos cumplido los mandamientos **11**que nos diste por medio de tus siervos los profetas, cuando nos advertiste: "La tierra que van a poseer está corrompida por la *impureza de los pueblos que la

habitan, pues de un extremo a otro ellos la han llenado con sus abominaciones. **12**Por eso, no permitan ustedes que sus hijas ni sus hijos se casen con los de esos pueblos. Nunca busquen el *bienestar ni la prosperidad que tienen ellos, para que ustedes se mantengan fuertes y coman de los frutos de la buena tierra y luego se la dejen por herencia a sus descendientes para siempre."

13»Después de todo lo que nos ha acontecido por causa de nuestras maldades y de nuestra grave culpa, reconocemos que tú, Dios nuestro, no nos has dado el castigo que merecemos, sino que nos has dejado un remanente. **14**¿Cómo es posible que volvamos a quebrantar tus mandamientos contrayendo matrimonio con las mujeres de estos pueblos que tienen prácticas abominables? ¿Acaso no sería justo que te enojaras con nosotros y nos destruyeras hasta no dejar remanente ni que nadie escape? **15**¡SEÑOR, Dios de Israel, tú eres justo! Tú has permitido que hasta hoy sobrevivamos como remanente. Culpables como somos, estamos en tu presencia, aunque no lo merecemos.»

El pueblo reconoce su pecado

10 Mientras Esdras oraba y hacía esta confesión llorando y postrándose delante del templo de Dios, a su alrededor se reunió una gran *asamblea de hombres, mujeres y niños del pueblo de Israel. Toda la multitud lloraba amargamente. **2**Entonces uno de los descendientes de Elam, que se llamaba Secanías hijo de Jehiel, se dirigió a Esdras y le dijo: «Nosotros hemos sido infieles a nuestro Dios, pues tomamos por esposas a mujeres de los pueblos vecinos; pero todavía hay esperanza para Israel. **3**Hagamos un *pacto con nuestro Dios, comprometiéndonos a expulsar a todas estas mujeres y a sus hijos, conforme al consejo que nos has dado tú, y todos los que aman el mandamiento de Dios. ¡Que todo se haga de acuerdo con la ley! **4**Levántate, pues ésta

---

[n] **9:4** *obedecían.* Lit. *temían.*   [o] **9:8-9** En el hebreo de estos versículos, Esdras se refiere a Dios en tercera persona.

es tu responsabilidad; nosotros te apoyamos. ¡Cobra ánimo y pon manos a la obra!»

5Al oír esto, Esdras se levantó e hizo que los jefes de los sacerdotes, los levitas y todo el pueblo de Israel se comprometieran, bajo juramento, a cumplir con lo que habían dicho; y ellos lo juraron. 6Luego Esdras salió del templo de Dios y fue a la habitación de Johanán hijo de Eliasib. Allí se quedó sin comer pan ni beber agua, porque estaba muy deprimido por causa de la infidelidad de los repatriados.

7Posteriormente anunciaron en Judá y Jerusalén que todos los que habían regresado del cautiverio debían reunirse en Jerusalén. 8Y advirtieron que a todo el que no se presentara en el plazo de tres días, según la decisión de los jefes y *dirigentes, se le quitarían sus propiedades y se le expulsaría de la asamblea de los repatriados.

9Por lo tanto, a los tres días, en el día veinte del mes noveno, se reunieron en Jerusalén todos los *hombres de Judá y de Benjamín. Todo el pueblo se sentó en la plaza del templo de Dios, temblando por causa de ese asunto e intimidados por el aguacero que caía. 10Entonces el sacerdote Esdras se puso en pie y les dijo:

—Ustedes han sido infieles y han aumentado la culpa de Israel, pues han contraído matrimonio con mujeres extranjeras. 11Ahora, pues, confiesen su pecado*p* al Señor, Dios de nuestros antepasados, y hagan lo que a él le agrada. Sepárense de los *paganos y de las mujeres extranjeras.

12Toda la asamblea contestó en alta voz:

—Haremos todo lo que nos has dicho. 13Pero no podemos quedarnos a la intemperie; estamos en época de lluvias y esto no es asunto de uno o dos días, pues somos muchos los que hemos cometido este pecado. 14Proponemos que se queden sólo los jefes del pueblo, y que todos los que viven en nuestras ciudades y se han casado con mujeres extranjeras se presenten en fechas determinadas, junto con los dirigentes y jueces de cada ciudad, hasta que

se aparte de nosotros la terrible ira de nuestro Dios por causa de esta infidelidad.

15Sólo se opusieron Jonatán hijo de Asael y Jahazías hijo de Ticvá, apoyados por los levitas Mesulán y Sabetay. 16Los que habían regresado del cautiverio actuaron según lo que se había convenido. Entonces el sacerdote Esdras seleccionó y llamó por nombre a ciertos jefes de familia, y a partir del primer día del mes décimo se reunió con ellos para tratar cada caso. 17Y el primer día del mes primero terminaron de resolver los casos de todos los que se habían casado con mujeres extranjeras.

Lista de los culpables

18Los descendientes de los sacerdotes que se habían casado con mujeres extranjeras fueron los siguientes:

De Jesúa hijo de Josadac, y de sus hermanos: Maseías, Eliezer, Jarib y Guedalías, 19los cuales se comprometieron a despedir a sus mujeres extranjeras, y ofrecieron un carnero como ofrenda de *expiación por su pecado.

20 De Imer: Jananí y Zebadías.

21 De Jarín: Maseías, Elías, Semaías, Jehiel y Uzías.

22 De Pasur: Elihoenay, Maseías, Ismael, Natanael, Jozabad y Elasá.

23 De los levitas:

Jozabad, Simí, Quelaías o Quelitá, Petaías, Judá y Eliezer.

24 De los cantores: Eliasib.

De los porteros: Salún, Telén y Uri.

25 Y de los demás israelitas:

De Parós: Ramías, Jezías, Malquías, Mijamín, Eleazar, Malquías y Benaías.

26 De Elam: Matanías, Zacarías, Jehiel, Abdí, Jeremot y Elías.

27 De Zatú: Elihoenay, Eliasib, Matanías, Jeremot, Zabad y Azizá.

---

p **10:11** *confiesen su pecado.* Alt. *den gracias.*

28De Bebay: Johanán, Jananías, Zabay y Atlay.

29 De Baní: Mesulán, Maluc, Adaías, Yasub, Seal y Ramot.

30 De Pajat Moab: Adná, Quelal, Benaías, Maseías, Matanías, Bezalel, Binuy y Manasés.

31 De Jarín: Eliezer, Isías, Malquías, Semaías, Simeón, **32**Benjamín, Maluc y Semarías.

33 De Jasún: Matenay, Matatá, Zabad, Elifelet, Jeremay, Manasés y Simí.

34 De Baní: Maday, Amirán, Uel, **35**Benaías, Bedías, Queluhi, **36**Vanías, Meremot, Eliasib, **37**Matanías, Matenay, Jasay.

38 De Binuy:*q* Simí, **39**Selemías, Natán, Adaías, **40**Macnadebay, Sasay, Saray, **41**Azarel, Selemías, Semarías, **42**Salún, Amarías y José.

43 De Nebo: Jeyel, Matatías, Zabad, Zebiná, Jadau, Joel y Benaías.

44Todos éstos se habían casado con mujeres extranjeras, y algunos habían tenido hijos con ellas.

Nehemías

Nehemías ora por su pueblo

1 Éstas son las palabras de Nehemías hijo de Jacalías:

En el mes de *quisleu del año veinte, estando yo en la ciudadela de Susa, **2**llegó Jananí, uno de mis hermanos, junto con algunos hombres de Judá. Entonces les pregunté por el resto de los judíos que se habían librado del destierro, y por Jerusalén.

3Ellos me respondieron: «Los que se libraron del destierro y se quedaron en la provincia están enfrentando una gran calamidad y humillación. La muralla de Jerusalén sigue derribada, con sus *puertas consumidas por el fuego.»

4Al escuchar esto, me senté a llorar; hice duelo por algunos días, ayuné y oré al Dios del cielo. **5**Le dije:

«SEÑOR, Dios del cielo, grande y temible, que cumples el *pacto y eres fiel con los que te aman y obedecen tus mandamientos, **6**te suplico que me prestes atención, y fijes tus ojos en este siervo tuyo que día y noche ora en favor de tu pueblo Israel. Confieso que los israelitas, entre los cuales estamos incluidos mi familia y yo, hemos pecado contra ti. **7**Te hemos ofendido y nos hemos corrompido mucho; hemos desobedecido los mandamientos, preceptos y decretos que tú mismo diste a tu siervo Moisés.

8»Recuerda, te suplico, lo que le dijiste a tu siervo Moisés: "Si ustedes pecan, yo los dispersaré entre las naciones: **9**pero si se vuelven a mí, y obedecen y ponen en práctica mis mandamientos, aunque hayan sido llevados al lugar más apartado del mundo los recogeré y los haré volver al lugar donde he decidido habitar."

10»Ellos son tus siervos y tu pueblo al cual redimiste con gran despliegue de fuerza y poder. **11**SEÑOR, te suplico que escuches nuestra oración, pues somos tus siervos y nos complacemos en honrar tu *nombre. Y te pido que a este siervo tuyo le concedas tener éxito y ganarse el favor del rey.»

En aquel tiempo yo era copero del rey.

Nehemías vuelve a Jerusalén

2 Un día, en el mes de *nisán del año veinte del reinado de Artajerjes, al ofrecerle vino al rey, como él nunca antes me había visto triste, **2**me preguntó:

—¿Por qué estás triste? No me parece que estés enfermo, así que debe haber algo que te está causando dolor.

Yo sentí mucho miedo **3**y le respondí:

—¡Qué viva Su Majestad para siempre! ¿Cómo no he de estar triste, si la ciudad donde están los sepulcros de mis padres se halla en ruinas, con sus *puertas consumidas por el fuego?

4—¿Qué quieres que haga? —replicó el rey.

Encomendándome al Dios del cielo, **5**le respondí:

—Si a Su Majestad le parece bien, y si este siervo suyo es digno de su favor, le ruego que me envíe a Judá para reedificar la ciudad donde están los sepulcros de mis padres.

6—¿Cuánto durará tu viaje? ¿Cuándo regresarás? —me preguntó el rey, que tenía a la reina sentada a su lado.

En cuanto le propuse un plazo, el rey aceptó enviarme. **7**Entonces añadí:

—Si a Su Majestad le parece bien, le ruego que envíe cartas a los gobernadores del oeste del río Éufrates para que me den vía libre y yo pueda llegar a Judá; **8**y por favor ordene a su guardabosques Asaf que me dé madera para reparar las puertas de la ciudadela del templo, la muralla de la ciudad y la casa donde he de vivir.

El rey accedió a mi petición, porque Dios estaba actuando a mi favor. **9**Cuando me presenté ante los gobernadores del oeste del río Éufrates, les entregué las cartas del rey. Además el rey había ordenado que me escoltaran su caballería y sus capitanes. **10**Pero al oír que alguien había llegado a ayudar a los israelitas, Sambalat el horonita y Tobías el siervo amonita se disgustaron mucho.

Nehemías inspecciona la muralla

11Tres días después de haber llegado a Jerusalén, **12**salí de noche acompañado de algunos hombres, pero a ninguno de ellos le conté lo que mi Dios me había motivado hacer por Jerusalén. La única bestia que llevábamos era la que yo montaba. **13**Esa noche salí por la puerta del Valle hacia la fuente del Dragón y la puerta del Basurero. Inspeccioné las ruinas de la muralla de Jerusalén, y sus puertas consumidas por el fuego. **14**Después me dirigí hacia la puerta de la Fuente y el estanque del Rey, pero no hallé por dónde pasar con mi cabalgadura. **15**Así que, siendo aún de noche, subí por el arroyo mientras inspeccionaba la muralla. Finalmente regresé y entré por la puerta del Valle.

16Los gobernadores no supieron a dónde fui ni qué hice, porque hasta entonces no había dicho nada a ningún judío: ni a los sacerdotes, ni a los nobles, ni a los gobernadores ni a los que estaban trabajando en la obra. **17**Por eso les dije:

—Ustedes son testigos de nuestra desgracia. Jerusalén está en ruinas, y sus *puertas han sido consumidas por el fuego. ¡Vamos, anímense! ¡Reconstruyamos la muralla de Jerusalén para que ya nadie se burle de nosotros!

18Entonces les conté cómo la bondadosa mano de Dios había estado conmigo y les relaté lo que el rey me había dicho. Al oír esto, exclamaron:

—¡Manos a la obra!

Y unieron la acción a la palabra.

19Cuando lo supieron, Sambalat el horonita, Tobías el oficial amonita y Guesén el árabe se burlaron de nosotros y nos preguntaron de manera despectiva:

—Pero, ¿qué están haciendo? ¿Acaso pretenden rebelarse contra el rey?

20Yo les contesté:

—El Dios del cielo nos concederá salir adelante. Nosotros, sus siervos, vamos a comenzar la reconstrucción. Ustedes no tienen arte ni parte en este asunto, ni raigambre en Jerusalén.

Se inicia la reconstrucción

3 Entonces el sumo sacerdote Eliasib y sus compañeros los sacerdotes trabajaron en la reconstrucción de la puerta de las Ovejas. La repararon y la colocaron en su lugar, y reconstruyeron*a* también la muralla desde la torre de los Cien hasta la torre de Jananel. **2**El tramo contiguo lo reconstruyeron los hombres de Jericó, y el tramo siguiente, Zacur hijo de Imrí.

3La puerta de los Pescados la reconstruyeron los descendientes de Sená.*b* Colocaron las vigas y pusieron la puerta en su lugar, con sus cerrojos y barras. **4**El tramo contiguo lo reconstruyó Meremot, hijo de Urías y nieto de Cos, y el tramo siguiente Mesulán, hijo de Berequías y nieto de Mesezabel. El siguiente tramo lo reconstruyó Sadoc hijo de Baná. **5**Los de Tecoa reconstruyeron el siguiente tramo de la muralla, aunque sus notables no quisieron colaborar con sus dirigentes.

6La puerta de Jesaná*c* la reconstruyeron Joyadá hijo de Paseaj y Mesulán hijo de Besodías. Colocaron las vigas y pusieron en su lugar la puerta con sus cerrojos y barras. **7**El tramo contiguo lo reconstruyeron Melatías de Gabaón y Jadón de Meronot. A éstos se les unieron los de Gabaón y los de Mizpa, que estaban bajo el dominio del gobernador de la provincia al oeste del río Éufrates.

8Uziel hijo de Jaraías, que era uno de los plateros, reconstruyó el siguiente tra-

---

a **3:1** *reparararon ... reconstruyeron* (texto probable); *consagraron ... consagraron* (TM).   *b* **3:3** *Sená.* Alt. *Hasená.*   *c* **3:6** *La puerta de Jesaná.* Alt. *La puerta Vieja.*

mo de la muralla, y uno de los perfumistas, llamado Jananías, el siguiente. Entre los dos reconstruyeron la muralla de Jerusalén hasta la muralla Ancha. **9**El siguiente tramo lo reconstruyó Refaías hijo de Jur, que era gobernador de una mitad del distrito de Jerusalén; **10**el siguiente, Jedaías hijo de Jarumaf, cuya casa quedaba al frente, y el siguiente, Jatús hijo de Jasabnías.

11Malquías hijo de Jarín y Jasub hijo de Pajat Moab reconstruyeron el siguiente tramo de la muralla y la torre de los Hornos. **12**Salún hijo de Halojés, que era gobernador de la otra mitad del distrito de Jerusalén, reconstruyó el siguiente tramo con la ayuda de sus hijas.

13La puerta del Valle la reconstruyeron Janún y los habitantes de Zanoa, y la colocaron en su lugar con sus cerrojos y barras. Levantaron también quinientos metros*d* de muralla hasta la puerta del Basurero.

14Malquías hijo de Recab, gobernador del distrito de Bet Haqueren, reconstruyó la puerta del Basurero y la colocó en su lugar con sus cerrojos y barras.

15Salún hijo de Coljozé, gobernador del distrito de Mizpa, reconstruyó la puerta de la Fuente, la techó y la colocó en su lugar con sus cerrojos y barras. Reconstruyó también el muro del estanque de Siloé, que está junto al jardín del rey, hasta las gradas que llevan a la Ciudad de David. **16**Nehemías hijo de Azbuc, gobernador de una mitad del distrito de Betsur, reconstruyó el siguiente tramo hasta el lugar que está frente a los sepulcros de David, hasta el estanque artificial y hasta el cuartel de la guardia real. **17**El sector que sigue lo reconstruyeron los levitas y Rejún hijo de Baní. En el tramo siguiente Jasabías, gobernador de una mitad del distrito de Queilá, hizo las obras de reconstrucción por cuenta de su distrito, **18**y las continuaron sus compañeros: Bavay hijo de Henadad, gobernador de la otra mitad del distrito de Queilá, **19**y

Ezer hijo de Jesúa, gobernador de Mizpa, que reconstruyó el tramo que sube frente al arsenal de la esquina. **20**El tramo siguiente, es decir, el sector que va desde la esquina hasta la puerta de la casa del sumo sacerdote Eliasib, lo reconstruyó con entusiasmo Baruc hijo de Zabay. **21**El sector que va desde la puerta de la casa de Eliasib hasta el extremo de la misma lo reconstruyó Meremot, hijo de Urías y nieto de Cos.

22El siguiente tramo lo reconstruyeron los sacerdotes que vivían en los alrededores. **23**Benjamín y Jasub reconstruyeron el sector que está frente a sus propias casas. Azarías, hijo de Maseías y nieto de Ananías, reconstruyó el tramo que está junto a su propia casa. **24**Binuy hijo de Henadad reconstruyó el sector que va desde la casa de Azarías hasta el ángulo, es decir, hasta la esquina. **25**Palal hijo de Uzay reconstruyó el sector de la esquina que está frente a la torre alta que sobresale del palacio real, junto al patio de la guardia. El tramo contiguo lo reconstruyó Pedaías hijo de Parós. **26**Los servidores del templo que vivían en Ofel reconstruyeron el sector oriental que está frente a la puerta del Agua y la torre que allí sobresale. **27**Los hombres de Tecoa reconstruyeron el tramo que va desde el frente de la gran torre que allí sobresale, hasta la muralla de Ofel.

28Los sacerdotes, cada uno frente a su casa, reconstruyeron el sector de la muralla sobre la puerta de los Caballos, **29**El siguiente tramo lo reconstruyó Sadoc hijo de Imer, pues quedaba frente a su propia casa. El sector que sigue lo reparó Semaías hijo de Secanías, guardián de la puerta oriental. **30**Jananías hijo de Selemías, y Janún, el sexto hijo de Salaf, reconstruyeron otro tramo. Mesulán hijo de Berequías reconstruyó el siguiente tramo, pues quedaba frente a su casa. **31**Malquías, que era uno de los plateros, reconstruyó el tramo que llega hasta las casas de los servidores del templo y de los comerciantes, frente a la puerta de la Inspección y hasta el puesto de vigilancia. **32**Y el sector que va desde allí hasta la puerta de las Ovejas lo reconstruyeron los plateros y los comerciantes.

---

*d***3:13** *quinientos metros.* Lit. *mil *codos.*

Se obstaculiza la reconstrucción

4 Cuando Sambalat se enteró de que estábamos reconstruyendo la muralla, se disgustó muchísimo y se burló de los judíos. **2**Ante sus compañeros y el ejército de Samaria dijo:

—¿Qué están haciendo estos miserables judíos? ¿Creen que se les va a dejar que reconstruyan y que vuelvan a ofrecer sacrificios? ¿Piensan acaso terminar en un solo día? ¿Cómo creen que de esas piedras quemadas, de esos escombros, van a hacer algo nuevo?

3Y Tobías el amonita, que estaba junto a él, añadió:

—¡Hasta una zorra, si se sube a ese montón de piedras, lo echa abajo!

4Por eso oramos:

«¡Escucha, Dios nuestro,
    cómo se burlan de nosotros!
Haz que sus ofensas recaigan sobre
    ellos mismos:
    entrégalos a sus enemigos;
    ¡que los lleven en cautiverio!
5No pases por alto su maldad
    ni olvides sus pecados,
porque insultan a los que
    reconstruyen.»

6Continuamos con la reconstrucción y levantamos la muralla hasta media altura, pues el pueblo trabajó con entusiasmo. **7**Pero cuando Sambalat y Tobías, y los árabes, los amonitas y los asdodeos se enteraron de que avanzaba la reconstrucción de la muralla y de que ya estábamos cerrando las brechas, se enojaron muchísimo **8**y acordaron atacar a Jerusalén y provocar disturbios en ella. **9**Oramos entonces a nuestro Dios y decidimos montar guardia día y noche para defendernos de ellos.

10Por su parte, la gente de Judá decía:

«Los cargadores desfallecen,
    pues son muchos los escombros;
¡no vamos a poder
    reconstruir esta muralla!»

11Y nuestros enemigos maquinaban: «Les caeremos por sorpresa y los mataremos; así haremos que la obra se suspenda.»

12Algunos de los judíos que vivían cerca de ellos venían constantemente y nos advertían: «Los van a atacar por todos lados.»

13Así que puse a la gente por familias, con sus espadas, arcos y lanzas, detrás de las murallas, en los lugares más vulnerables y desguarnecidos. **14**Luego de examinar la situación, me levanté y dije a los nobles y gobernantes, y al resto del pueblo: «¡No les tengan miedo! Acuérdense del Señor, que es grande y temible, y peleen por sus hermanos, por sus hijos e hijas, y por sus esposas y sus hogares.»

15Una vez que nuestros enemigos se dieron cuenta de que conocíamos sus intenciones y de que Dios había frustrado sus planes, todos regresamos a la muralla, cada uno a su trabajo. **16**A partir de aquel día la mitad de mi gente trabajaba en la obra, mientras la otra mitad permanecía armada con lanzas, escudos, arcos y corazas. Los jefes estaban pendientes de toda la gente de Judá. **17**Tanto los que reconstruían la muralla como los que acarreaban los materiales, no descuidaban ni la obra ni la defensa.*e* **18**Todos los que trabajaban en la reconstrucción llevaban la espada a la cintura. A mi lado estaba el encargado de dar el toque de alarma. **19**Yo les había dicho a los nobles y gobernantes, y al resto del pueblo: «La tarea es grande y extensa, y nosotros estamos muy esparcidos en la muralla, distantes los unos de los otros. **20**Por eso, al oír el toque de alarma, cerremos filas. ¡Nuestro Dios peleará por nosotros!»

21Así que, desde el amanecer hasta que aparecían las estrellas, mientras trabajábamos en la obra, la mitad de la gente montaba guardia lanza en mano.

22En aquella ocasión también le dije a la gente: «Todos ustedes, incluso los ayudantes, quédense en Jerusalén para que en la noche sirvan de centinelas y de día trabajen en la obra.» **23**Ni yo ni mis pa-

---

e **4:17** *no descuidaban ... defensa.* Lit. *con una mano trabajaban en la obra y con la otra sostenían la lanza.*

rientes y ayudantes, ni los de mi guardia personal, nos desvestíamos para nada: cada uno de nosotros se mantenía listo para la defensa.*f*

Nehemías defiende a los pobres

5 Los hombres y las mujeres del pueblo protestaron enérgicamente contra sus hermanos judíos, 2pues había quienes decían: «Si contamos a nuestros hijos y a nuestras hijas, ya somos muchos. Necesitamos conseguir trigo para subsistir.» 3Otros se quejaban: «Por conseguir trigo para no morirnos de hambre, hemos hipotecado nuestros campos, viñedos y casas.» 4Había también quienes se quejaban: «Tuvimos que empeñar nuestros campos y viñedos para conseguir dinero prestado y así pagar el tributo al rey. 5Y aunque nosotros y nuestros hermanos somos de la misma sangre, y nuestros hijos y los suyos son iguales, a nosotros nos ha tocado vender a nuestros hijos e hijas como esclavos. De hecho, hay hijas nuestras sirviendo como esclavas, y no podemos rescatarlas, puesto que nuestros campos y viñedos están en poder de otros.»

6Cuando oí sus palabras de protesta, me enojé muchísimo. 7Y después de reflexionar, reprendí a los nobles y gobernantes:

—¡Es inconcebible que sus propios hermanos les exijan el pago de intereses!

Convoqué además una gran asamblea contra ellos, 8y allí les recriminé:

—Hasta donde nos ha sido posible, hemos rescatado a nuestros hermanos judíos que fueron vendidos a los *paganos. ¡Y ahora son ustedes quienes venden a sus hermanos, después de que nosotros los hemos rescatado!*g*

Todos se quedaron callados, pues no sabían qué responder.

9Yo añadí:

—Lo que están haciendo ustedes es incorrecto. ¿No deberían mostrar la debida reverencia a nuestro Dios y evitar así el reproche de los paganos, nuestros enemigos? 10Mis hermanos y mis criados, y hasta yo mismo, les hemos prestado dinero y trigo. Pero ahora, ¡quitémosles esa carga de encima! 11Yo les ruego que les devuelvan campos, viñedos, olivares y casas, y también el uno por ciento de la plata, del trigo, del vino y del aceite que ustedes les exigen.

12—Está bien —respondieron ellos—, haremos todo lo que nos has pedido. Se lo devolveremos todo, sin exigirles nada.

Entonces llamé a los sacerdotes, y ante éstos les hice jurar que cumplirían su promesa. 13Luego me sacudí el manto y afirmé:

—¡Así sacuda Dios y arroje de su casa y de sus propiedades a todo el que no cumpla esta promesa! ¡Así lo sacuda Dios y lo deje sin nada!

Toda la asamblea respondió:

—¡Amén!

Y alabaron al SEÑOR, y el pueblo cumplió lo prometido.

14Desde el año veinte del reinado de Artajerjes, cuando fui designado gobernador de la tierra de Judá, hasta el año treinta y dos, es decir, durante doce años, ni mis hermanos ni yo utilizamos el impuesto que me correspondía como gobernador. 15En cambio, los gobernadores que me precedieron habían impuesto cargas sobre el pueblo, y cada día les habían exigido comida y vino por un valor de cuarenta monedas*h* de plata. También sus criados oprimían al pueblo. En cambio yo, por temor a Dios, no hice eso. 16Al contrario, tanto yo como mis criados trabajamos en la reconstrucción de la muralla y no compramos ningún terreno.

17A mi mesa se sentaban ciento cincuenta hombres, entre judíos y oficiales, sin contar a los que llegaban de países vecinos. 18Era tarea de todos los días preparar un buey, seis ovejas escogidas y algunas aves; y cada diez días se traía vino en abundancia. Pero nunca utilicé el impuesto que me correspondía como gobernador, porque ya el pueblo tenía una carga muy pesada.

---

f 4:23 *cada uno ... defensa.* Lit. *cada uno su arma el agua.* Texto de difícil traducción. *g* 5:8 *después de que nosotros los hemos rescatado.* Alt. *para que nosotros tengamos que volver a rescatarlos.* *h* 5:15 *monedas.* Lit. *siclos.*

19¡Recuerda, Dios mío, todo lo que he hecho por este pueblo, y favoréceme!

Nueva oposición de los enemigos

6 Sambalat, Tobías, Guesén el árabe y el resto de nuestros enemigos se enteraron de que yo había reconstruido la muralla, y de que se habían cerrado las brechas (aunque todavía no se habían puesto las *puertas en su sitio). 2 Entonces Sambalat y Guesén me enviaron este mensaje: «Tenemos que reunirnos contigo en alguna de las poblaciones del valle de Ono.» En realidad, lo que planeaban era hacerme daño. 3 Así que envié unos mensajeros a decirles: «Estoy ocupado en una gran obra, y no puedo ir. Si bajara yo a reunirme con ustedes, la obra se vería interrumpida.» 4 Cuatro veces me enviaron este mensaje, y otras tantas les respondí lo mismo. 5 La quinta vez Sambalat me envió, por medio de uno de sus siervos, el mismo mensaje en una carta abierta, 6 que a la letra decía:

«Corre el rumor entre la gente —y Guesén[i] lo asegura— de que tú y los judíos están construyendo la muralla porque tienen planes de rebelarse. Según tal rumor, tú pretendes ser su rey, 7 y has nombrado profetas para que te proclamen rey en Jerusalén, y se declare: "¡Tenemos rey en Judá!" Por eso, ven y hablemos de este asunto, antes de que todo esto llegue a oídos del rey.»

8 Yo envié a decirle: «Nada de lo que dices es cierto. Todo esto es pura invención tuya.»

9 En realidad, lo que pretendían era asustarnos. Pensaban desanimarnos, para que no termináramos la obra.

«Y ahora, Señor, ¡fortalece mis manos!»

10 Fui entonces a la casa de Semaías, hijo de Delaías y nieto de Mehitabel, que se había encerrado en su casa. Él me dijo:

«Reunámonos a puerta cerrada
en la casa de Dios,
en el interior del templo,
porque vendrán a matarte.
¡Sí, esta noche te quitarán la
vida!»

11 Pero yo le respondí:

—¡Yo no soy de los que huyen! ¡Los hombres como yo no corren a esconderse en el templo para salvar la vida! ¡No me esconderé!

12 Y es que me di cuenta de que Dios no lo había enviado, sino que se las daba de profeta porque Sambalat y Tobías lo habían sobornado. 13 En efecto, le habían pagado para intimidarme y hacerme pecar siguiendo su consejo. De este modo podrían hablar mal de mí y desprestigiarme.

14 «¡Dios mío, recuerda las intrigas de Sambalat y Tobías! ¡Recuerda también a la profetisa Noadías y a los otros profetas que quisieron intimidarme!»

Termina la reconstrucción de la muralla

15 La muralla se terminó el día veinticinco del mes de *elul. Su reconstrucción había durado cincuenta y dos días. 16 Cuando todos nuestros enemigos se enteraron de esto, las naciones vecinas se sintieron humilladas, pues reconocieron que ese trabajo se había hecho con la ayuda de nuestro Dios.

17 En aquellos días los nobles de Judá se mantuvieron en estrecho contacto con Tobías, 18 pues muchos judíos estaban aliados con él en vista de que era yerno de Secanías hijo de Araj, y de que su hijo Johanán era yerno de Mesulán hijo de Berequías. 19 En mi presencia hablaban bien de mí, pero luego le comunicaban todo lo que yo decía. Tobías, por su parte, trataba de intimidarme con sus cartas.

Plan para defender a Jerusalén

7 Una vez que se terminó la reconstrucción de la muralla y se colocaron sus *puertas, se nombraron porteros, cantores

---

i **6:6** *Guesén.* Lit. *Gasmu* (variante de este nombre).

y levitas. ²A mi hermano Jananí, que era un hombre fiel y temeroso de Dios como pocos, lo puse a cargo de Jerusalén, junto con Jananías, comandante de la ciudadela. ³A los dos les dije: «Las puertas de Jerusalén se abrirán cuando ya haya salido el sol, y volverán a cerrarse y se asegurarán con sus barras cuando los porteros estén en sus puestos. Además, los habitantes de Jerusalén montarán guardia, unos en sus puestos y otros frente a su propia casa.» ⁴La ciudad ocupaba una gran extensión, pero tenía pocos habitantes porque no todas las casas se habían reconstruido.

Lista de los repatriados

⁵Mi Dios puso en mi *corazón el deseo de reunir a los nobles, a los oficiales y al pueblo, para registrarlos según su descendencia; y encontré el registro genealógico de los que habían regresado en la primera repatriación. Allí estaba escrito:

⁶La siguiente es la lista de la gente de la provincia, es decir, de aquellos que Nabucodonosor, rey de Babilonia, se había llevado cautivos, y a quienes se les permitió regresar a Jerusalén y a Judá. Cada uno volvió a su propia ciudad, ⁷bajo el mando de Zorobabel, Jesúa, Nehemías, Azarías, Raamías, Najamani, Mardoqueo, Bilsán, Mispéret, Bigvay, Nehúm y Baná.

Ésta es la lista de los israelitas que regresaron:

⁸de Parós	2.172
⁹de Sefatías	372
¹⁰de Araj	652
¹¹de Pajat Moab, es decir, los de Jesúa y de Joab	2.818
¹²de Elam	1.254
¹³de Zatú	845
¹⁴de Zacay	760
¹⁵de Binuy	648
¹⁶de Bebay	628
¹⁷de Azgad	2.322
¹⁸de Adonicán	667
¹⁹de Bigvay	2.067
²⁰de Adín	655
²¹de Ater, es decir, los de Ezequías	98

²²de Jasún	328
²³de Bezay	324
²⁴de Jarif	112
²⁵de Gabaón	95
²⁶de Belén y de Netofa	188
²⁷de Anatot	128
²⁸de Bet Azmávet	42
²⁹de Quiriat Yearín, Cafira y Berot	743
³⁰de Ramá y de Gueba	721
³¹de Micmás	122
³²de Betel y de Hai	123
³³del otro Nebo	52
³⁴del otro Elam	1.254
³⁵de Jarín	320
³⁶de Jericó	345
³⁷de Lod, Jadid y Ono	721
³⁸de Sená	3.930

³⁹De los sacerdotes descendientes de Jedaías, de la familia de Jesúa	973
⁴⁰de Imer	1.052
⁴¹de Pasur	1.247
⁴²de Jarín	1.017

⁴³De los levitas descendientes de Jesúa y de Cadmiel, que pertenecían a la familia de Hodavías	74

⁴⁴De los cantores descendientes de Asaf	148

⁴⁵De los porteros descendientes de Salún, Ater, Talmón, Acub, Jatitá y Sobay	138

⁴⁶Los servidores del templo eran descendientes de Zijá, Jasufá, Tabaot, ⁴⁷Querós, Sigajá, Padón, ⁴⁸Lebaná, Jagabá, Salmay, ⁴⁹Janán, Guidel, Gajar, ⁵⁰Reaías, Rezín, Necoda, ⁵¹Gazán, Uza, Paseaj, ⁵²Besay, Meunín, Nefisesín, ⁵³Bacbuc, Jacufá, Jarjur, ⁵⁴Baslut, Mejidá, Jarsa, ⁵⁵Barcós, Sísara, Temá, ⁵⁶Neziaj y Jatifá.

⁵⁷Los descendientes de los servidores de Salomón eran de

las familias de Sotay, Soféret, Peruda, 58Jalá, Darcón, Guidel, 59Sefatías, Jatil, Poquéret Hasebayin y Amón.

60 Los servidores del templo y de los descendientes de los servidores de Salomón 392

61Los siguientes regresaron de Tel Melaj, Tel Jarsá, Querub, Adón e Imer, pero no pudieron demostrar ascendencia israelita:

62 De los descendientes de Delaías, Tobías y Necoda 642

63 De entre los sacerdotes, tampoco pudieron demostrar su ascendencia israelita los siguientes: los descendientes de Jabaías, Cos y Barzilay (este último se casó con una de las hijas de un galaadita llamado Barzilay, del cual tomó su nombre). 64Éstos buscaron sus registros genealógicos, pero como no los encontraron, fueron excluidos del sacerdocio. 65A ellos el gobernador les prohibió comer de los alimentos sagrados hasta que un sacerdote decidiera su suerte por medio del *urim* y el *tumim*.

66 El número total de los miembros de la asamblea ascendía a cuarenta y dos mil trescientas sesenta personas, 67sin contar a esclavos y esclavas, que sumaban siete mil trescientos treinta y siete; y tenían doscientos cuarenta y cinco cantores y cantoras. 68Tenían además setecientos treinta y seis caballos, doscientas cuarenta y cinco mulas,*j* 69cuatrocientos treinta y cinco camellos y seis mil setecientos veinte burros.

70Algunos jefes de familia entregaron al tesoro donativos para la obra: el gobernador entregó al tesoro ocho kilos de oro, cincuenta tazones y quinientas treinta túnicas sacerdotales; 71los jefes de familia entregaron ciento sesenta kilos de oro y mil doscientos diez kilos de plata, 72y el resto del pueblo entregó ciento sesenta kilos de oro, mil cien kilos*k* de plata y sesenta y siete túnicas sacerdotales.

73Los sacerdotes, los levitas, los porteros, los cantores, la gente del pueblo, los servidores del templo y los demás israelitas se establecieron en sus propias ciudades.

Esdras lee la ley

Al llegar el mes séptimo, los israelitas ya estaban establecidos en sus ciudades.

8 Entonces todo el pueblo, como un solo *hombre, se reunió en la plaza que está frente a la puerta del Agua y le pidió al *maestro Esdras traer el libro de la *ley que el SEÑOR le había dado a Israel por medio de Moisés. 2Así que el día primero del mes séptimo, el sacerdote Esdras llevó la ley ante la asamblea, que estaba compuesta de hombres y mujeres y de todos los que podían comprender la lectura, 3y la leyó en presencia de ellos en la plaza frente a la puerta del Agua. Todo el pueblo estaba muy atento a la lectura del libro de la ley.

4El maestro Esdras se puso de pie sobre una plataforma de madera construida para la ocasión. A su derecha estaban Matatías, Semá, Anías, Urías, Jilquías y Maseías; a su izquierda, Pedaías, Misael, Malquías, Jasún, Jasbadana, Zacarías y Mesulán. 5Esdras, a quien la gente podía ver porque él estaba en un lugar más alto, abrió el libro y todo el pueblo se puso de pie. 6Entonces Esdras bendijo al SEÑOR, el gran Dios. Y todo el pueblo, levantando las manos, respondió: «¡Amén y amén!». Luego adoraron al SEÑOR, inclinándose hasta tocar el suelo con la frente.

7Los levitas Jesúa, Baní, Serebías, Jamín, Acub, Sabetay, Hodías, Maseías, Quelitá, Azarías, Jozabed, Janán y Pelaías le explicaban la ley al pueblo, que no se

---

*j***7:68** *setecientos ... mulas* (varios mss. hebreos; véase también Esd 2:66); TM no incluye estas frases.
*k***7:70-72** *ocho kilos ... ciento sesenta kilos ... mil doscientos diez kilos ... ciento sesenta kilos ... miel cien kilos*. Lit. *mil *dracmas ... veinte mil dracmas ... dos mil doscientas *minas ... veinte mil dracmas ... dos mil minas*.

movía de su sitio. ⁸Ellos leían con claridad el libro de la ley de Dios y lo interpretaban de modo que se comprendiera su lectura.

⁹Al oír las palabras de la ley, la gente comenzó a llorar. Por eso el gobernador Nehemías, el sacerdote y maestro Esdras, y los levitas que enseñaban al pueblo, les dijeron: «No lloren ni se pongan tristes, porque este día ha sido consagrado al SEÑOR su Dios.»

¹⁰Luego Nehemías añadió: «Ya pueden irse. Coman bien, tomen bebidas dulces y compartan su comida con quienes no tengan nada, porque este día ha sido consagrado a nuestro Señor. No estén tristes, pues el gozo del Señor es nuestra fortaleza.»

¹¹También los levitas tranquilizaban a todo el pueblo. Les decían: «¡Tranquilos! ¡No estén tristes, que éste es un día *santo!»

¹²Así que todo el pueblo se fue a comer y beber y compartir su comida, felices de haber comprendido lo que se les había enseñado.

La fiesta de las Enramadas

¹³Al día siguiente, los jefes de familia, junto con los sacerdotes y los levitas, se reunieron con el maestro Esdras para estudiar los términos de la *ley. ¹⁴Y en ésta encontraron escrito que el SEÑOR le había mandado a Moisés que durante la fiesta del mes séptimo los israelitas debían habitar en *enramadas ¹⁵y pregonar en todas sus ciudades y en Jerusalén esta orden: «Vayan a la montaña y traigan ramas de olivo, de olivo silvestre, de arrayán, de palmera y de todo árbol frondoso, para hacer enramadas, conforme a lo que está escrito.»

¹⁶De modo que la gente fue y trajo ramas, y con ellas hizo enramadas en las azoteas, en los patios, en el atrio del templo de Dios, en la plaza de la puerta del Agua y en la plaza de la puerta de Efraín. ¹⁷Toda la asamblea de los que habían regresado del cautiverio hicieron enramadas y habitaron en ellas. Como los israelitas no habían hecho esto desde los días de Josué hijo de Nun, hicieron una gran fiesta.

¹⁸Todos los días, desde el primero hasta el último, se leyó el libro de la ley de Dios. Celebraron la fiesta durante siete días, y en el día octavo hubo una asamblea solemne, según lo ordenado.

Los israelitas confiesan sus pecados

9 El día veinticuatro de ese mes los israelitas se reunieron para ayunar, se vistieron de luto y se echaron ceniza sobre la cabeza. ²Habiéndose separado de los extranjeros, confesaron públicamente sus propios pecados y la maldad de sus antepasados, ³y asumieron así su responsabilidad. Durante tres horas^l leyeron el libro de la *ley del SEÑOR su Dios, y en las tres horas siguientes le confesaron sus pecados y lo adoraron. ⁴Luego los levitas Jesúa, Baní, Cadmiel, Sebanías, Buní, Serebías, Baní y Quenaní subieron a la plataforma y en alta voz invocaron al SEÑOR su Dios. ⁵Y los levitas Jesúa, Cadmiel, Baní, Jasabnías, Serebías, Hodías, Sebanías y Petaías clamaron:

«¡Vamos, bendigan al SEÑOR su
    Dios
    desde ahora y para siempre!
¡Bendito seas, Señor!
    ¡Sea exaltado tu glorioso
      *nombre,
    que está por encima de toda
      bendición y alabanza!

⁶»¡Sólo tú eres el SEÑOR!
    Tú has hecho los cielos,
    y los cielos de los cielos
      con todas sus estrellas.^m
Tú le das vida a todo lo creado:
    la tierra y el mar
    con todo lo que hay en ellos.
    ¡Por eso te adoran los ejércitos
      del cielo!

⁷»Tú, SEÑOR y Dios,
    fuiste quien escogió a Abram.

---

^l**9:3** *tres horas ... tres horas siguientes.* Lit. *una cuarta parte del día ... una cuarta parte.*   ^m**9:6** *todas sus estrellas.* Lit. *todo su ejército.*

Tú lo sacaste de Ur de los *caldeos
　　y le pusiste por nombre Abraham.
8 Descubriste en él un *corazón fiel;
　　por eso hiciste con él un *pacto.
Le prometiste que a sus
　　descendientes
　　les darías la tierra de los
　　　cananeos,
de los hititas, amorreos y ferezeos,
　　de los jebuseos y gergeseos.
Y cumpliste tu palabra
　　porque eres justo.

9 »En Egipto viste la aflicción de
　　nuestros padres;
　　junto al *Mar Rojo escuchaste
　　　sus lamentos.
10 Lanzaste grandes señales y
　　maravillas
　　contra el faraón, sus siervos y
　　　toda su gente,
porque viste la insolencia
　　con que habían tratado a tu
　　　pueblo.
Fue así como te ganaste
　　la buena fama que hoy tienes.
11 A la vista de ellos abriste el mar,
　　y lo cruzaron sobre terreno seco.
Pero arrojaste a sus perseguidores
　　en lo más profundo del mar,
　　como piedra en aguas caudalosas.
12 Con una columna de nube los
　　guiaste de día,
　　con una columna de fuego los
　　　guiaste de noche:
　　les alumbraste el camino que
　　　debían seguir.

13 »Descendiste al monte Sinaí;
　　desde el cielo les hablaste.
Les diste juicios rectos y leyes
　　verdaderas,
　　estatutos y mandamientos buenos.
14 Les diste a conocer tu *sábado
　　santo,
　　y por medio de tu servidor Moisés
les entregaste tus mandamientos,
　　estatutos y leyes.

15 »Saciaste su hambre con pan del
　　cielo;
　　calmaste su sed con agua de la
　　　roca.

Les diste posesión de la tierra
　　que bajo juramento les habías
　　　prometido.
16 Pero ellos y nuestros padres fueron
　　altivos;
　　no quisieron obedecer tus
　　　mandamientos.
17 Se negaron a escucharte;
　　no se acordaron de las maravillas
　　　que hiciste por ellos.
Fue tanta su terquedad y rebeldía
　　que hasta se nombraron un jefe
para que los hiciera volver
　　a la esclavitud de Egipto.
Pero tú no los abandonaste
　　porque eres Dios perdonador,
　　clemente y compasivo,
　　lento para la ira y grande en amor.

18 »Y a pesar de que se hicieron
　　un becerro de metal fundido
　　y dijeron: "Éste es tu dios
　　que te hizo subir de Egipto",
　　y aunque fueron terribles
　　las ofensas que cometieron,
19 tú no los abandonaste en el desierto
　　porque eres muy compasivo.

»Jamás se apartó de ellos la
　　columna de nube
　　que los guiaba de día por el
　　　camino;
　　ni dejó de alumbrarlos la columna
　　　de fuego
　　que de noche les mostraba por
　　　dónde ir.

20 »Con tu buen Espíritu les diste
　　entendimiento.
　　No les quitaste tu maná de la
　　　boca;
　　les diste agua para calmar su sed.
21 Cuarenta años los sustentaste en el
　　desierto.
　　¡Nada les faltó!
No se desgastaron sus vestidos
　　ni se les hincharon los pies.

22 »Les entregaste reinos y pueblos,
　　y asignaste a cada cual su
　　　territorio.
Conquistaron las tierras de Og y de
　　Sijón,

que eran reyes de Hesbón y de
Basán.

23 Multiplicaste sus hijos
como las estrellas del cielo;
los hiciste entrar en la tierra
que bajo juramento les prometiste
a sus padres.

24 Y sus hijos entraron en la tierra
y tomaron posesión de ella.
Ante ellos sometiste a los cananeos
que la habitaban;
les entregaste reyes y pueblos de
esa tierra,
para que hicieran con ellos lo que
quisieran.

25 Conquistaron ciudades fortificadas
y una tierra fértil;
se adueñaron de casas repletas de
bienes,
de cisternas, viñedos y olivares,
y de gran cantidad de árboles
frutales.
Comieron y se hartaron y
engordaron;
¡disfrutaron de tu gran bondad!

26 »Pero fueron desobedientes:
se rebelaron contra ti,
rechazaron tu ley,
mataron a tus profetas
que los convocaban a volverse
a ti;
¡te ofendieron mucho!

27 Por eso los entregaste a sus
enemigos,
y éstos los oprimieron.
En tiempo de angustia clamaron
a ti,
y desde el cielo los escuchaste;
por tu inmensa compasión les
enviaste salvadores
para que los liberaran de sus
enemigos.

28 Pero en cuanto eran liberados,
volvían a hacer lo que te ofende
tú los entregabas a sus enemigos,
y ellos los dominaban.
De nuevo clamaban a ti,
y desde el cielo los escuchabas.
¡Por tu inmensa compasión
muchas veces los libraste!

29 Les advertiste que volvieran a tu
ley,

pero ellos actuaron con soberbia
y no obedecieron tus
mandamientos.
Pecaron contra tus normas,
que dan vida a quien las obedece.
En su rebeldía, te rechazaron;
fueron tercos y no quisieron
escuchar.

30 »Por años les tuviste paciencia;
con tu Espíritu los amonestaste
por medio de tus profetas,
pero ellos no quisieron escuchar.
Por eso los dejaste caer en manos
de los pueblos de esa tierra.

31 Sin embargo, es tal tu compasión
que no los destruiste ni
abandonaste,
porque eres Dios clemente y
compasivo.

32 »Y ahora, Dios nuestro,
Dios grande, temible y poderoso,
que cumples el pacto y eres fiel,
no tengas en poco los sufrimientos
que han padecido nuestros
reyes,
gobernantes, sacerdotes y
profetas,
nuestros padres y todo tu pueblo,
desde los reyes de Asiria hasta
hoy.

33 Tú has sido justo en todo
lo que nos ha sucedido,
porque actúas con fidelidad.
Nosotros, en cambio, actuamos
con maldad.

34 Nuestros reyes y gobernantes,
nuestros sacerdotes y antepasados
desobedecieron tu ley
y no acataron tus mandamientos
ni las advertencias con que los
amonestabas.

35 Pero ellos, durante su reinado,
no quisieron servirte
ni abandonar sus malas obras,
a pesar de que les diste muchos
bienes
y les regalaste una tierra extensa
y fértil.

36 »Por eso ahora somos esclavos,
esclavos en la tierra

que les diste a nuestros padres
para que gozaran de sus frutos y
sus bienes.
37Sus abundantes cosechas son ahora
de los reyes
que nos has impuesto por nuestro
pecado.
Como tienen el poder, hacen lo que
quieren
con nosotros y con nuestro
ganado.
¡Grande es nuestra aflicción!

38»Por todo esto, nosotros hacemos este pacto y lo ponemos por escrito, firmado por nuestros gobernantes, levitas y sacerdotes.»

El pueblo se compromete a obedecer la ley

10 La siguiente es la lista de los que firmaron:

Nehemías hijo de Jacalías, que era el
gobernador;
Sedequías, **2**Seraías, Azarías, Jeremías,
3 Pasur, Amarías, Malquías,
4 Jatús, Sebanías, Maluc,
5 Jarín, Meremot, Abdías,
6 Daniel, Guinetón, Baruc,
7 Mesulán, Abías, Mijamín,
8 Maazías, Bilgay y Semaías.
Éstos eran los sacerdotes.

9Los levitas:

Jesúa hijo de Azanías, Binuy, de los
descendientes de Henadad, Cadmiel,
10 y sus hermanos Sebanías, Hodías,
Quelitá, Pelaías, Janán,
11 Micaías, Rejob, Jasabías,
12 Zacur, Serebías, Sebanías,
13 Hodías, Baní y Beninu.

14Los jefes del pueblo:

Parós, Pajat Moab, Elam, Zatú, Baní,
15 Buní, Azgad, Bebay,

16 Adonías, Bigvay, Adín,
17 Ater, Ezequías, Azur,
18 Hodías, Jasún, Bezay,
19 Jarif, Anatot, Nebay,
20 Magpías, Mesulán, Hezir,
21 Mesezabel, Sadoc, Jadúa,
22 Pelatías, Janán, Anaías,
23 Oseas, Jananías, Jasub,
24 Halojés, Piljá, Sobec,
25 Rejún, Jasabná, Maseías,
26 Ahías, Janán, Anán,
27 Maluc, Jarín y Baná.

28El resto del pueblo —sacerdotes, levitas, porteros, cantores, servidores del templo, todos los que se habían separado de los pueblos de aquella tierra para cumplir con la *ley de Dios, más sus mujeres, hijos e hijas, y todos los que tenían uso de razón— **29**se unió a sus parientes que ocupaban cargos importantes y se comprometió, bajo juramento, a vivir de acuerdo con la ley que Dios les había dado por medio de su servidor Moisés, y a obedecer todos los mandamientos, normas y estatutos de nuestro SEÑOR. **30**Además, todos nos comprometimos a no casar a nuestras hijas con los habitantes del país ni aceptar a sus hijas como esposas para nuestros hijos. **31**También prometimos que si la gente del país venía en *sábado, o en cualquier otro día de fiesta, a vender sus mercancías o alguna otra clase de víveres, nosotros no les compraríamos nada. Prometimos así mismo que en el séptimo año no cultivaríamos la tierra, y que perdonaríamos toda deuda.

32Además, nos impusimos la obligación de contribuir cada año con cuatro gramos de plata[n] para los gastos del templo de nuestro Dios: **33**el *pan de la Presencia; las ofrendas y el *holocausto diarios; los sacrificios de los sábados, de la luna nueva y de las fiestas solemnes; las ofrendas sagradas; los sacrificios de *expiación por el pecado de Israel, y todo el servicio del templo de nuestro Dios.

34En cuanto a la ofrenda de la leña, echamos suertes entre nosotros los sacerdotes, los levitas y el pueblo en general,

---

[n] **10:32** *cuatro gramos de plata*. Lit. *la tercera parte de un *siclo*.

según nuestras familias, para determinar a quiénes les tocaría llevar, en los tiempos fijados cada año, la leña para el templo del Señor nuestro Dios, para que ardiera en su altar, como está escrito en la ley. [35]Además nos comprometimos a llevar cada año al templo del Señor las *primicias del campo y de todo árbol frutal, [36]como también a presentar nuestros primogénitos y las primeras crías de nuestro ganado, tanto vacuno como ovino, ante los sacerdotes que sirven en el templo de nuestro Dios, como está escrito en la ley.

[37]Convinimos en llevar a los almacenes del templo de nuestro Dios las primicias de nuestra molienda, de nuestras ofrendas, del fruto de nuestros árboles, de nuestro vino nuevo y de nuestro aceite, para los sacerdotes que ministran en el templo de nuestro Dios. Convinimos también en dar la décima parte de nuestras cosechas a los levitas, pues son ellos quienes recolectan todo esto en los pueblos donde trabajamos. [38]Un sacerdote de la familia de Aarón acompañará a los levitas cuando éstos vayan a recolectar los diezmos. Los levitas, por su parte, depositarán el diezmo de los diezmos en la tesorería del templo de nuestro Dios. [39]Los israelitas y los levitas llevarán las ofrendas de trigo, de vino y de aceite a los almacenes donde se guardan los utensilios sagrados y donde permanecen los sacerdotes, los porteros y los cantores, cuando están de servicio.

De este modo nos comprometimos a no descuidar el templo de nuestro Dios.

Los que se establecieron en Jerusalén

11 Los jefes del pueblo se establecieron en Jerusalén. Entre el resto del pueblo se hizo un sorteo para que uno de cada diez se quedara a vivir en Jerusalén, la ciudad *santa, y los otros nueve se establecieran en las otras poblaciones. [2]El pueblo bendijo a todos los que se ofrecieron voluntariamente a vivir en Jerusalén.

[3]Éstos son los jefes de la provincia que se establecieron en Jerusalén y en las otras poblaciones de Judá. Los israelitas, los sacerdotes, los levitas, los servidores del templo y los descendientes de los servidores de Salomón se establecieron, cada uno en su propia población y en su respectiva propiedad. [4]Éstos fueron los judíos y benjaminitas que se establecieron en Jerusalén:

De los descendientes de Judá:

> Ataías hijo de Uzías, hijo de Zacarías, hijo de Amarías, hijo de Sefatías, hijo de Malalel, de los descendientes de Fares; [5]y Maseías hijo de Baruc, hijo de Coljozé, hijo de Jazaías, hijo de Adaías, hijo de Joyarib, hijo de Zacarías, hijo de Siloní. [6]El total de los descendientes de Fares que se establecieron en Jerusalén fue de cuatrocientos sesenta y ocho guerreros valientes.

[7]De los descendientes de Benjamín:

> Salú hijo de Mesulán, hijo de Joed, hijo de Pedaías, hijo de Colaías, hijo de Maseías, hijo de Itiel, hijo de Isaías, [8]y sus hermanos[ñ] Gabay y Salay. En total eran novecientos veintiocho. [9]Su jefe era Joel hijo de Zicrí, y el segundo jefe de la ciudad era Judá hijo de Senuá.[o]

[10]De los sacerdotes:

> Jedaías hijo de Joyarib, Jaquín, [11]Seraías hijo de Jilquías, hijo de Mesulán, hijo de Sadoc, hijo de Merayot, hijo de Ajitob, que era el jefe del templo de Dios, [12]y sus parientes, que eran ochocientos veintidós y trabajaban en el templo; así mismo, Adaías hijo de Jeroán, hijo de Pelalías, hijo de Amsí, hijo de Zacarías, hijo de Pasur, hijo de Malquías, [13]y sus parientes, los cuales eran jefes de familia y sumaban doscientos cuarenta y dos; también Amasay hijo de Azarel, hijo de Ajsay, hijo de Mesilemot, hijo de Imer, [14]y sus parientes, los cuales eran ciento veintiocho valientes. Su jefe era Zabdiel hijo de Guedolín.

[ñ]**11:8** *y sus hermanos* (mss. de LXX); *y después de él* (TM).   [o]**11:9** *Senuá*. Alt. *Hasenuá.*

15De los levitas:

Semaías hijo de Jasub, hijo de Azricán, hijo de Jasabías, hijo de Buní; **16**Sabetay y Jozabad, que eran jefes de los levitas y estaban encargados de la obra exterior del templo de Dios; **17**Matanías hijo de Micaías, hijo de Zabdí, hijo de Asaf, que dirigía el coro de los que entonaban las acciones de gracias en el momento de la oración; Bacbuquías, segundo entre sus hermanos, y Abdá hijo de Samúa, hijo de Galal, hijo de Jedutún. **18**Los levitas que se establecieron en la Ciudad santa fueron doscientos ochenta y cuatro.

19De los porteros:

Acub, Talmón y sus parientes, que vigilaban las puertas. En total eran ciento setenta y dos.

20Los demás israelitas, de los sacerdotes y de los levitas vivían en todas las poblaciones de Judá, cada uno en su propiedad.

21Los servidores del templo, que estaban bajo la dirección de Zijá y Guispa, se establecieron en Ofel.

22El jefe de los levitas que estaban en Jerusalén era Uzi hijo de Baní, hijo de Jasabías, hijo de Matanías, hijo de Micaías, uno de los descendientes de Asaf. Éstos tenían a su cargo el canto en el servicio del templo de Dios. **23**Una orden real y un reglamento establecían los deberes diarios de los cantores.

24Para atender todos los asuntos del pueblo, el rey había nombrado como su representante a Petaías hijo de Mesezabel, que era uno de los descendientes de Zera hijo de Judá.

Otras ciudades habitadas

25Algunos judíos se establecieron en las siguientes ciudades con sus poblaciones: Quiriat Arbá, Dibón, Yecabsel, **26**Jesúa, Moladá, Bet Pelet, **27**Jazar Súal, Bersebá, **28**Siclag, Mecona, **29**Enrimón,

Zora, Jarmut, **30**Zanoa, Adulán, Laquis y Azeca, es decir, desde Bersebá hasta el valle de Hinón.

31Los benjaminitas se establecieron en Gueba, Micmás, Aías, Betel y sus poblaciones, **32**Anatot, Nob, Ananías, **33**Jazor, Ramá, Guitayin, **34**Jadid, Seboyín, Nebalat, **35**Lod y Ono, y en el valle de los Artesanos.

36Algunos levitas de Judá se unieron a los benjaminitas.

Sacerdotes y levitas repatriados

12 Éstos son los sacerdotes y los levitas que regresaron con Zorobabel hijo de Salatiel, y con Jesúa:

Seraías, Jeremías, Esdras, **2**Amarías, Maluc, Jatús, **3**Secanías, Rejún, Meremot, **4**Idó, Guinetón, Abías, **5**Mijamín, Madías, Bilgá, **6**Semaías, Joyarib, Jedaías, **7**Salú, Amoc, Jilquías y Jedaías.
Éstos eran los jefes de los sacerdotes y de sus parientes en los días de Jesúa.

8Los levitas eran Jesúa, Binuy, Cadmiel, Serebías, Judá y Matanías, quien dirigía las acciones de gracias junto con sus hermanos; **9**Bacbuquías y Uni, sus hermanos, se colocaban frente a ellos en los servicios.

10Los descendientes de Jesúa eran Joaquim, Eliasib, Joyadá, **11**Johanán y Jadúa.

12Los jefes de las familias sacerdotales, en la época de Joaquim, eran:
de Seraías: Meraías;
de Jeremías: Jananías;
13de Esdras: Mesulán;
de Amarías: Johanán;
14de Melicú: Jonatán;
de Sebanías: José;
15de Jarín: Adná;
de Merayot: Jelcay;
16de Idó: Zacarías;
de Guinetón: Mesulán;
17de Abías: Zicrí;
de Minjamín;*p*
de Moadías: Piltay;

---

*p*12:17 En TM no aparece el nombre del jefe de Minjamín.

18 de Bilgá: Samúa;
  de Semaías: Jonatán;
19 de Joyarib: Matenay;
  de Jedaías: Uzi;
20 de Salay: Calay;
  de Amoc: Éber;
21 de Jilquías: Jasabías;
  de Jedaías: Natanael.

22 Los jefes de familia de los levitas y de los sacerdotes en tiempos de Eliasib, Joyadá, Johanán y Jadúa fueron inscritos durante el reinado de Darío el persa. 23 Los jefes de familia de los levitas hasta los días de Johanán hijo de Eliasib fueron inscritos en el libro de las crónicas. 24 Los jefes de los levitas eran Jasabías, Serebías y Jesúa hijo de Cadmiel. Cuando les llegaba el turno de servicio, sus parientes se colocaban frente a ellos para la alabanza y la acción de gracias, según lo establecido por David, hombre de Dios.

25 Matanías, Bacbuquías, Abdías, Mesulán, Talmón y Acub eran los porteros que montaban la guardia en los almacenes cercanos a las puertas. 26 Todos éstos vivieron en tiempos de Joaquim, hijo de Jesúa y nieto de Josadac, y en tiempos del gobernador Nehemías y del sacerdote y maestro Esdras.

Dedicación de la muralla

27 Cuando llegó el momento de dedicar la muralla, buscaron a los levitas en todos los lugares donde vivían, y los llevaron a Jerusalén para celebrar la dedicación con cánticos de acción de gracias, al son de címbalos, arpas y liras. 28 Entonces se reunieron los cantores de los alrededores de Jerusalén y de las aldeas de Netofa 29 y Bet Guilgal, así como de los campos de Gueba y de Azmávet, ya que los cantores se habían construido aldeas alrededor de Jerusalén. 30 Después de *purificarse a sí mismos, los sacerdotes y los levitas purificaron también a la gente, las *puertas y la muralla.

31 Luego hice que los jefes de Judá subieran a la muralla, y organicé dos grandes coros. Uno de ellos marchaba sobre la muralla hacia la derecha, rumbo a la puerta del Basurero, 32 seguido de Osaías, la mitad de los jefes de Judá, 33 Azarías, Esdras, Mesulán, 34 Judá, Benjamín, Semaías y Jeremías. 35 A éstos los acompañaban los siguientes sacerdotes, que llevaban trompetas: Zacarías hijo de Jonatán, hijo de Semaías, hijo de Matanías, hijo de Micaías, hijo de Zacur, hijo de Asaf, 36 y sus parientes Semaías, Azarel, Milalay, Guilalay, May, Natanael, Judá y Jananí, que llevaban los instrumentos musicales de David, hombre de Dios. Al frente de ellos iba Esdras. 37 Al llegar a la puerta de la Fuente, subieron derecho por las gradas de la Ciudad de David, por la cuesta de la muralla, pasando junto al palacio de David, hasta la puerta del Agua, al este de la ciudad.

38 El segundo coro marchaba en dirección opuesta, a lo largo de la torre de los Hornos hasta el muro Ancho. Yo iba detrás, sobre la muralla, junto con la otra mitad de la gente. 39 Pasamos por encima de la puerta de Efraín, la de Jesaná q y la de los Pescados; por la torre de Jananel y la de los Cien, y por la puerta de las Ovejas, hasta llegar a la puerta de la Guardia. Allí nos detuvimos. 40 Los dos coros ocuparon sus sitios en el templo de Dios. Lo mismo hicimos yo, la mitad de los oficiales del pueblo, 41 y los sacerdotes Eliaquín, Maseías, Minjamín, Micaías, Elihoenay, Zacarías, Jananías, 42 Maseías, Semaías, Eleazar, Uzi, Johanán, Malquías, Elam y Ezer. En seguida los cantores empezaron a cantar a toda voz, dirigidos por Izraías.

43 Ese día se ofrecieron muchos sacrificios y hubo fiesta, porque Dios los llenó de alegría. Hasta las mujeres y los niños participaron. Era tal el regocijo de Jerusalén que se oía desde lejos.

Contribución para los sacerdotes y levitas

44 Aquel día se nombró a los encargados de los depósitos donde se almacenaban los tesoros, las ofrendas, las *primicias y los diezmos, para que depositaran en ellos las contribuciones que

---

q 12:39 *de Jesaná.* Alt. *Vieja.*

provenían de los campos de cada población y que, según la *ley, les correspondían a los sacerdotes y a los levitas. La gente de Judá estaba contenta con el servicio que prestaban los sacerdotes y levitas, **45**quienes según lo establecido por David y su hijo Salomón se ocupaban del servicio de su Dios y del servicio de *purificación, junto con los cantores y los porteros. **46**Por mucho tiempo, desde los días de David y de Asaf, había directores de coro y cánticos de alabanza y de acción de gracias a Dios. **47**En la época de Zorobabel y de Nehemías, todos los días los israelitas entregaban las porciones correspondientes a los cantores y a los porteros. Así mismo daban las ofrendas sagradas para los demás levitas, y los levitas a su vez les entregaban a los hijos de Aarón lo que a éstos les correspondía.

Reforma final de Nehemías

13 Aquel día se leyó ante el pueblo el libro de Moisés, y allí se encontró escrito que los amonitas y moabitas no debían jamás formar parte del pueblo de Dios, **2**porque no sólo no les habían dado de comer ni de beber a los israelitas sino que habían contratado a Balán para que los maldijera, aunque en realidad nuestro Dios cambió la maldición por bendición. **3**Al escuchar lo que la *ley decía, apartaron de Israel a todos los que se habían mezclado con extranjeros.

4Antes de esto, el sacerdote Eliasib, encargado de los almacenes del templo de nuestro Dios, había emparentado con Tobías **5**y le había acondicionado una habitación grande. Allí se almacenaban las ofrendas, el incienso, los utensilios, los diezmos del trigo, vino y aceite correspondientes a los levitas, cantores y porteros, y las contribuciones para los sacerdotes. **6**Para ese entonces yo no estaba en Jerusalén, porque en el año treinta y dos de Artajerjes, rey de Babilonia, había ido a ver al rey. Después de algún tiempo, con permiso del rey **7**regresé a Jerusalén y me enteré de la infracción cometida por Eliasib al proporcionarle a Tobías una habitación en los atrios del templo de Dios. **8**Esto me disgustó tanto que hice sacar de la habitación todos los cachivaches de Tobías. **9**Luego ordené que *purificaran las habitaciones y volvieran a colocar allí los utensilios sagrados del templo de Dios, las ofrendas y el incienso.

10También me enteré de que a los levitas no les habían entregado sus porciones, y de que los levitas y cantores encargados del servicio habían regresado a sus campos. **11**Así que reprendí a los jefes y les dije: «¿Por qué está tan descuidado el templo de Dios?» Luego los reuní y los restablecí en sus puestos.

12Todo Judá trajo a los almacenes la décima parte del trigo, del vino y del aceite. **13**Puse a cargo de los almacenes al sacerdote Selemías, al escriba Sadoc y al levita Pedaías; como ayudante de ellos nombré a Janán, hijo de Zacur y nieto de Matanías. Todos ellos eran dignos de confianza, y se encargarían de distribuir las porciones entre sus compañeros.

14«¡Recuerda esto, Dios mío, y favóreceme; no olvides todo el bien que hice por el templo de mi Dios y de su culto!»

15Durante aquellos días vi en Judá que en *sábado algunos exprimían uvas y otros acarreaban, a lomo de mula, manojos de trigo, vino, uvas, higos y toda clase de cargas que llevaban a Jerusalén. Los reprendí entonces por vender sus víveres en ese día. **16**También los tirios que vivían en Jerusalén traían a la ciudad pescado y otras mercancías, y las vendían a los judíos en sábado. **17**Así que censuré la actitud de los nobles de Judá, y les dije: «¡Ustedes están pecando al profanar el día sábado! **18**Lo mismo hicieron sus antepasados, y por eso nuestro Dios envió toda esta desgracia sobre nosotros y sobre esta ciudad. ¿Acaso quieren que aumente la ira de Dios sobre Israel por profanar el sábado?»

19Entonces ordené que cerraran las *puertas de Jerusalén al caer la tarde, antes de que comenzara el sábado, y que no las abrieran hasta después de ese día. Así mismo, puse a algunos de mis servidores en las puertas para que no dejaran entrar ninguna carga en sábado. **20**Una o dos veces, los comerciantes y los vendedores de toda clase de mercancías pasaron la noche fuera de Jerusalén. **21**Así que les advertí: «¡No se queden junto a la muralla!

Si vuelven a hacerlo, ¡los apresaré!» Desde entonces no volvieron a aparecerse más en sábado. **22**Luego ordené a los levitas que se purificaran y que fueran a hacer guardia en las puertas, para que el sábado fuera respetado.

«¡Recuerda esto, Dios mío, y conforme a tu gran amor, ten compasión de mí!»

23En aquellos días también me di cuenta de que algunos judíos se habían casado con mujeres de Asdod, de Amón y de Moab. **24**La mitad de sus hijos hablaban la lengua de Asdod o de otros pueblos, y no sabían hablar la lengua de los judíos. **25**Entonces los reprendí y los maldije; a algunos de ellos los golpeé, y hasta les arranqué los pelos, y los obligué a jurar por Dios. Les dije: «No permitan que sus hijas se casen con los hijos de ellos, ni se casen ustedes ni sus hijos con las hijas de ellos. **26**¿Acaso no fue ése el pecado de Salomón, rey de Israel?

Entre todas las naciones no hubo un solo rey como él: Dios lo amó y lo hizo rey sobre todo Israel. Pero aun a él lo hicieron pecar las mujeres extranjeras. **27**¿Será que también de ustedes se dirá que cometieron el gran pecado de ofender a nuestro Dios casándose con mujeres extranjeras?»

28A uno de los hijos de Joyadá, hijo del sumo sacerdote Eliasib, lo eché de mi lado porque era yerno de Sambalat el horonita.

29«¡Recuerda esto, Dios mío, en perjuicio de los que profanaron el sacerdocio y el pacto de los sacerdotes y de los levitas!»

30Yo los purifiqué de todo lo extranjero y asigné a los sacerdotes y levitas sus respectivas tareas. **31**También organicé la ofrenda de la leña en las fechas establecidas, y la entrega de las *primicias.

«¡Acuérdate de mí, Dios mío, y favoréceme!»

Ester

Destitución de la reina Vasti

1 El rey Asuero,[a] que reinó sobre ciento veintisiete provincias que se extendían desde la India hasta *Cus, **2** estableció su trono real en la ciudadela de Susa.

3 En el tercer año de su reinado ofreció un banquete para todos sus funcionarios y servidores, al que asistieron los jefes militares de Persia y Media, y los magistrados y los gobernadores de las provincias, **4** y durante ciento ochenta días les mostró la enorme riqueza de su reino y la esplendorosa gloria de su majestad.

5 Pasado este tiempo, el rey ofreció otro banquete, que duró siete días, para todos los que se encontraban en la ciudadela de Susa, tanto los más importantes como los de menor importancia. Este banquete tuvo lugar en el jardín interior de su palacio, **6** el cual lucía cortinas blancas y azules, sostenidas por cordones de lino blanco y tela púrpura, los cuales pasaban por anillos de plata sujetos a columnas de mármol. También había sofás de oro y plata sobre un piso de mosaicos de pórfido, mármol, madreperla y otras piedras preciosas. **7** En copas de oro de las más variadas formas se servía el vino real, el cual corría a raudales, como era de esperarse del rey. **8** Todos los invitados podían beber cuanto quisieran, pues los camareros habían recibido instrucciones del rey de servir a cada uno lo que deseara.

9 La reina Vasti, por su parte, ofreció también un banquete para las mujeres en el palacio del rey Asuero.

10 Al séptimo día, como a causa del vino el rey Asuero estaba muy alegre, les ordenó a los siete *eunucos que le servían —Meumán, Biztá, Jarboná, Bigtá, Abagtá, Zetar y Carcás— **11** que llevaran a su presencia a la reina, ceñida con la corona real, a fin de exhibir su belleza ante los pueblos y sus dignatarios, pues realmente era muy hermosa. **12** Pero cuando los eunucos le comunicaron la orden del rey, la reina se negó a ir. Esto contrarió mucho al rey, y se enfureció.

13 De inmediato el rey consultó a los sabios conocedores de leyes,[b] porque era costumbre que en cuestiones de ley y justicia el rey consultara a los expertos. **14** Los más allegados a él eran: Carsena, Setar, Admata, Tarsis, Meres, Marsená y Memucán, los siete funcionarios de Persia y Media que tenían acceso especial a la presencia del rey y ocupaban los puestos más altos en el reino.

15 —Según la ley, ¿qué se debe hacer con la reina Vasti por haber desobedecido la orden del rey transmitida por los eunucos? —preguntó el rey.

16 En presencia del rey y de los funcionarios, Memucán respondió:

—La reina Vasti no sólo ha ofendido a Su Majestad, sino también a todos los funcionarios y a todos los pueblos de todas las provincias del reino. **17** Porque todas las mujeres se enterarán de la conducta de la reina, y esto hará que desprecien a sus esposos, pues dirán: "El rey Asuero mandó que la reina Vasti se presentara ante él, pero ella no fue." **18** El día en que las mujeres de la nobleza de Persia y de Media se enteren de la conducta de la reina, les responderán de la misma manera a todos los dignatarios de Su Majestad. ¡Entonces no habrá fin al desprecio y a la discordia!

19 »Por lo tanto, si le parece bien a Su Majestad, emita un decreto real, el cual se inscribirá con carácter irrevocable en las leyes de Persia y Media: que Vasti nunca vuelva a presentarse ante Su Majestad, y que el título de reina se lo otorgue a otra

---

[a] **1:1** *Asuero*. Variante hebrea de Jerjes, nombre persa; así en el resto de este libro.   [b] **1:13** *leyes* (lectura probable); *los tiempos* (TM).

mejor que ella. **20**Así, cuando el edicto real se dé a conocer por todo su inmenso reino, todas las mujeres respetarán a sus esposos, desde los más importantes hasta los menos importantes.

21Al rey y a sus funcionarios les pareció bien ese consejo, de modo que el rey hizo lo que había propuesto Memucán: **22**envió cartas por todo el reino, a cada provincia en su propia escritura y a cada pueblo en su propio idioma, proclamando en la lengua de cada pueblo que todo hombre debe ejercer autoridad sobre su familia.

Elección de Ester como reina

2 Algún tiempo después, ya aplacada su furia, el rey Asuero se acordó de Vasti y de lo que había hecho, y de lo que se había decretado contra ella. **2**Entonces los ayudantes personales del rey hicieron esta propuesta: «Que se busquen jóvenes vírgenes y hermosas para el rey. **3**Que nombre el rey para cada provincia de su reino delegados que reúnan a todas esas jóvenes hermosas en el harén de la ciudadela de Susa. Que sean puestas bajo el cuidado de Jegay, el *eunuco encargado de las mujeres del rey, y que se les dé un tratamiento de belleza. **4**Y que reine en lugar de Vasti la joven que más le guste al rey.» Esta propuesta le agradó al rey, y ordenó que así se hiciera.

5En la ciudadela de Susa vivía un judío de la tribu de Benjamín, llamado Mardoqueo hijo de Yaír, hijo de Simí, hijo de Quis, **6**uno de los capturados en Jerusalén y llevados al exilio cuando Nabucodonosor, rey de Babilonia, se llevó cautivo a Jeconías,*c* rey de Judá. **7**Mardoqueo tenía una prima llamada Jadasá. Esta joven, conocida también como Ester, a quien había criado porque era huérfana de padre y madre, tenía una figura atractiva y era muy hermosa. Al morir sus padres, Mardoqueo la adoptó como su hija.

8Cuando se proclamaron el edicto y la orden del rey, muchas jóvenes fueron reunidas en la ciudadela de Susa y puestas al cuidado de Jegay. Ester también fue llevada al palacio del rey y confiada a Jegay, quien estaba a cargo del harén. **9**La joven agradó a Jegay y se ganó su simpatía. Por eso él se apresuró a darle el tratamiento de belleza y los alimentos especiales. Le asignó las siete doncellas más distinguidas del palacio y la trasladó con sus doncellas al mejor lugar del harén.

10Ester no reveló su nacionalidad ni sus antecedentes familiares, porque Mardoqueo se lo había prohibido. **11**Éste se paseaba diariamente frente al patio del harén para saber cómo le iba a Ester y cómo la trataban.

12Ahora bien, para poder presentarse ante el rey, una joven tenía que completar los doce meses de tratamiento de belleza prescritos: seis meses con aceite de mirra, y seis con perfumes y cosméticos. **13**Terminado el tratamiento, la joven se presentaba ante el rey y podía llevarse del harén al palacio todo lo que quisiera. **14**Iba al palacio por la noche, y a la mañana siguiente volvía a un segundo harén bajo el cuidado de Sasgaz, el eunuco encargado de las concubinas del rey. Y no volvía a presentarse ante el rey, a no ser que él la deseara y la mandara a llamar.

15Cuando a Ester, la joven que Mardoqueo había adoptado y que era hija de su tío Abijaíl, le llegó el turno de presentarse ante el rey, ella no pidió nada fuera de lo sugerido por Jegay, el eunuco encargado del harén del rey. Para entonces, ella se había ganado la simpatía de todo el que la veía. **16**Ester fue llevada al palacio real ante el rey Asuero en el décimo mes, el mes de *tébet*, durante el séptimo año de su reinado.

17El rey se enamoró de Ester más que de todas las demás mujeres, y ella se ganó su aprobación y simpatía más que todas las otras vírgenes. Así que él le ciñó la corona real y la proclamó reina en lugar de Vasti. **18**Luego el rey ofreció un gran banquete en honor de Ester para todos sus funcionarios y servidores. Declaró un día de fiesta en todas las provincias y distribuyó regalos con generosidad digna de un rey.

---

c **2:6** *Jeconías.* Es decir, Joaquín (véase 2R 24:8-17).

Conspiración contra Asuero

19Mientras se reunía a un segundo grupo de vírgenes, Mardoqueo permanecía sentado a la puerta del rey. 20Ester, por su parte, continuó guardando en secreto sus antecedentes familiares y su nacionalidad, tal como Mardoqueo le había ordenado, ya que seguía cumpliendo las instrucciones de Mardoqueo como cuando estaba bajo su cuidado.

21En aquellos días, mientras Mardoqueo seguía sentado a la puerta del rey, Bigtán y Teres, los dos *eunucos del rey, miembros de la guardia, se enojaron y tramaron el asesinato del rey Asuero. 22Al enterarse Mardoqueo de la conspiración, se lo contó a la reina Ester, quien a su vez se lo hizo saber al rey de parte de Mardoqueo. 23Cuando se investigó el informe y se descubrió que era cierto, los dos eunucos fueron empalados en una estaca. Todo esto fue debidamente anotado en los registros reales, en presencia del rey.

Conspiración de Amán contra los judíos

3 Después de estos acontecimientos, el rey Asuero honró a Amán hijo de Hamedata, el descendiente de Agag, ascendiéndolo a un puesto más alto que el de todos los demás funcionarios que estaban con él. 2Todos los servidores de palacio asignados a la puerta del rey se arrodillaban ante Amán, y le rendían homenaje, porque así lo había ordenado el rey. Pero Mardoqueo no se arrodillaba ante él ni le rendía homenaje.

3Entonces los servidores de palacio asignados a la puerta del rey le preguntaron a Mardoqueo: «¿Por qué desobedeces la orden del rey?» 4Día tras día se lo reclamaban; pero él no les hacía caso. Por eso lo denunciaron a Amán para ver si seguía tolerándose la conducta de Mardoqueo, ya que éste les había confiado que era judío.

5Cuando Amán se dio cuenta de que Mardoqueo no se arrodillaba ante él ni le rendía homenaje, se enfureció. 6Y cuando le informaron a qué pueblo pertenecía Mardoqueo, desechó la idea de matarlo sólo a él y buscó la manera de exterminar a todo el pueblo de Mardoqueo, es decir, a los judíos que vivían por todo el reino de Asuero.

7Para determinar el día y el mes, se echó el *pur*, es decir, la suerte, en presencia de Amán, en el mes primero, que es el mes de *nisán*, del año duodécimo del reinado de Asuero. Y la suerte cayó sobre[d] el mes doce, el mes de *adar*.

8Entonces Amán le dijo al rey Asuero:

—Hay cierto pueblo disperso y diseminado entre los pueblos de todas las provincias del reino, cuyas leyes y costumbres son diferentes de las de todos los demás. ¡No obedecen las leyes del reino, y a Su Majestad no le conviene tolerarlos! 9Si le parece bien, emita Su Majestad un decreto para aniquilarlos, y yo depositaré en manos de los administradores trescientos treinta mil kilos[e] de plata para el tesoro real.

10Entonces el rey se quitó el anillo que llevaba su sello y se lo dio a Amán hijo de Hamedata, descendiente de Agag y enemigo de los judíos.

11—Quédate con el dinero —le dijo el rey a Amán—, y haz con ese pueblo lo que mejor te parezca.

12El día trece del mes primero se convocó a los secretarios del rey. Redactaron en la escritura de cada provincia y en el idioma de cada pueblo todo lo que Amán ordenaba a los *sátrapas del rey, a los intendentes de las diversas provincias y a los funcionarios de los diversos pueblos. Todo se escribió en *nombre del rey Asuero y se selló con el anillo real. 13Luego se enviaron los documentos por medio de los mensajeros a todas las provincias del rey con la orden de exterminar, matar y aniquilar a todos los judíos —jóvenes y ancianos, mujeres y niños— y saquear sus bienes en un solo día: el día trece del mes doce, es decir, el mes de *adar*. 14En cada provincia se debía emitir como ley una

---

[d] 3:7 *Y la suerte cayó sobre* (LXX); TM no incluye esta frase.   [e] 3:9 *trescientos treinta mil kilos*. Lit. *diez mil *talentos*.

copia del edicto, el cual se comunicaría a todos los pueblos a fin de que estuvieran preparados para ese día.

15Los mensajeros partieron de inmediato por orden del rey, y a la vez se publicó el edicto en la ciudadela de Susa. Luego el rey y Amán se sentaron a beber, mientras que en la ciudad de Susa reinaba la confusión.

Acuerdo entre Mardoqueo y Ester

4 Cuando Mardoqueo se enteró de todo lo que se había hecho, se rasgó las vestiduras, se vistió de luto, se cubrió de ceniza y salió por la ciudad dando gritos de amargura. **2**Pero como a nadie se le permitía entrar a palacio vestido de luto, sólo pudo llegar hasta la puerta del rey. **3**En cada provincia adonde llegaban el edicto y la orden del rey, había gran duelo entre los judíos, con ayuno, llanto y lamentos. Muchos de ellos, vestidos de luto, se tendían sobre la ceniza.

4Cuando las criadas y los *eunucos de la reina Ester llegaron y le contaron lo que pasaba, ella se angustió mucho y le envió ropa a Mardoqueo para que se la pusiera en lugar de la ropa de luto; pero él no la aceptó. **5**Entonces Ester mandó llamar a Hatac, uno de los eunucos del rey puesto al servicio de ella, y le ordenó que averiguara qué preocupaba a Mardoqueo y por qué actuaba de esa manera.

6Así que Hatac salió a ver a Mardoqueo, que estaba en la plaza de la ciudad, frente a la puerta del rey. **7**Mardoqueo le contó todo lo que le había sucedido, mencionándole incluso la cantidad exacta de dinero que Amán había prometido pagar al tesoro real por la aniquilación de los judíos. **8**También le dio una copia del texto del edicto promulgado en Susa, el cual ordenaba el exterminio, para que se lo mostrara a Ester, se lo explicara, y la exhortara a que se presentara ante el rey para implorar clemencia e interceder en favor de su pueblo.

9Hatac regresó y le informó a Ester lo que Mardoqueo había dicho. **10**Entonces ella ordenó a Hatac que le dijera a Mardoqueo: **11**«Todos los servidores del rey y el pueblo de las provincias del reino saben que, para cualquier hombre o mujer que, sin ser invitado por el rey, se acerque a él en el patio interior, hay una sola ley: la pena de muerte. La única excepción es que el rey, extendiendo su cetro de oro, le perdone la vida. En cuanto a mí, hace ya treinta días que el rey no me ha pedido presentarme ante él.»

12Cuando Mardoqueo se enteró de lo que había dicho Ester, **13**mandó a decirle: «No te imagines que por estar en la casa del rey serás la única que escape con vida de entre todos los judíos. **14**Si ahora te quedas absolutamente callada, de otra parte vendrán el alivio y la liberación para los judíos, pero tú y la familia de tu padre perecerán. ¡Quién sabe si no has llegado al trono precisamente para un momento como éste!»

15Ester le envió a Mardoqueo esta respuesta: **16**«Ve y reúne a todos los judíos que están en Susa, para que ayunen por mí. Durante tres días no coman ni beban, ni de día ni de noche. Yo, por mi parte, ayunaré con mis doncellas al igual que ustedes. Cuando cumpla con esto, me presentaré ante el rey, por más que vaya en contra de la ley. ¡Y si perezco, que perezca!»

17Entonces Mardoqueo fue y cumplió con todas las instrucciones de Ester.

Petición de Ester al rey Asuero

5 Al tercer día, Ester se puso sus vestiduras reales y fue a pararse en el patio interior del palacio, frente a la sala del rey. El rey estaba sentado allí en su trono real, frente a la puerta de entrada. **2**Cuando vio a la reina Ester de pie en el patio, se mostró complacido con ella y le extendió el cetro de oro que tenía en la mano. Entonces Ester se acercó y tocó la punta del cetro.

3El rey le preguntó:

—¿Qué te pasa, reina Ester? ¿Cuál es tu petición? ¡Aun cuando fuera la mitad del reino, te la concedería!

4—Si le parece bien a Su Majestad —respondió Ester—, venga hoy al banquete que ofrezco en su honor, y traiga también a Amán.

5—Vayan de inmediato por Amán, para que podamos cumplir con el deseo de Ester —ordenó el rey.

Así que el rey y Amán fueron al banquete que ofrecía Ester. **6**Cuando estaban brindando, el rey volvió a preguntarle a Ester:

—Dime qué deseas, y te lo concederé. ¿Cuál es tu petición? ¡Aun cuando fuera la mitad del reino, te lo concedería!

⁷Ester respondió:

—Mi deseo y petición es que, ⁸si me he ganado el favor de Su Majestad, y si le agrada cumplir mi deseo y conceder mi petición, venga mañana con Amán al banquete que les voy a ofrecer, y entonces le daré la respuesta.

Odio de Amán contra Mardoqueo

⁹Amán salió aquel día muy contento y de buen humor; pero cuando vio a Mardoqueo en la puerta del rey y notó que no se levantaba ni temblaba ante su presencia, se llenó de ira contra él. ¹⁰No obstante, se contuvo y se fue a su casa.

Luego llamó Amán a sus amigos y a Zeres, su esposa, ¹¹e hizo alarde de su enorme riqueza y de sus muchos hijos, y de cómo el rey lo había honrado en todo sentido ascendiéndolo sobre los funcionarios y demás servidores del rey.

¹²—Es más —añadió Amán—, yo soy el único a quien la reina Ester invitó al banquete que le ofreció al rey. Y también me ha invitado a acompañarlo mañana. ¹³Pero todo esto no significa nada para mí, mientras vea a ese judío Mardoqueo sentado a la puerta del rey.

¹⁴Su esposa Zeres y todos sus amigos le dijeron:

—Haz que se coloque una estaca a veinticinco metros*f* de altura, y por la mañana pídele al rey que empale en ella a Mardoqueo. Así podrás ir contento al banquete con el rey.

La sugerencia le agradó a Amán, y mandó que se colocara la estaca.

Exaltación de Mardoqueo

6 Aquella noche el rey no podía dormir, así que mandó que le trajeran las crónicas reales —la historia de su reino— y que se las leyeran. ²Allí constaba que Mardoqueo había delatado a Bigtán y Teres, dos de los *eunucos del rey, miembros

de la guardia, que habían tramado asesinar al rey Asuero.

³—¿Qué honor o reconocimiento ha recibido Mardoqueo por esto? —preguntó el rey.

—No se ha hecho nada por él —respondieron sus ayudantes personales.

⁴Amán acababa de entrar en el patio exterior del palacio para pedirle al rey que empalara a Mardoqueo en la estaca que había mandado levantar para él. Así que el rey preguntó:

—¿Quién anda en el patio?

⁵Sus ayudantes respondieron:

—El que anda en el patio es Amán.

—¡Que pase! —ordenó el rey.

⁶Cuando entró Amán, el rey le preguntó:

—¿Cómo se debe tratar al hombre a quien el rey desea honrar?

Entonces Amán dijo para sí: «¿A quién va a querer honrar el rey sino a mí?» ⁷Así que contestó:

—Para el hombre a quien el rey desea honrar, ⁸que se mande traer una vestidura real que el rey haya usado, y un caballo en el que haya montado y que lleve en la cabeza un adorno real. ⁹La vestidura y el caballo deberán entregarse a uno de los funcionarios más ilustres del rey, para que vista al hombre a quien el rey desea honrar, y que lo pasee a caballo por las calles de la ciudad, proclamando a su paso: "¡Así se trata al hombre a quien el rey desea honrar!"

¹⁰—Ve de inmediato —le dijo el rey a Amán—, toma la vestidura y el caballo, tal como lo has sugerido, y haz eso mismo con Mardoqueo, el judío que está sentado a la puerta del rey. No descuides ningún detalle de todo lo que has recomendado.

¹¹Así que Amán tomó la vestidura y el caballo, vistió a Mardoqueo y lo llevó a caballo por las calles de la ciudad, proclamando a su paso: «¡Así se trata al hombre a quien el rey desea honrar!»

¹²Después Mardoqueo volvió a la puerta del rey. Pero Amán regresó apurado a su casa, triste y tapándose la cara.

---

*f***5:14** *veinticinco metros.* Lit. *cincuenta *codos.*

13Y les contó a Zeres, su esposa, y a todos sus amigos todo lo que le había sucedido.

Entonces sus consejeros y su esposa Zeres le dijeron:

—Si Mardoqueo, ante quien has comenzado a caer, es de origen judío, no podrás contra él. ¡Sin duda acabarás siendo derrotado!

14Mientras todavía estaban hablando con Amán, llegaron los eunucos del rey y lo llevaron de prisa al banquete ofrecido por Ester.

Humillación y muerte de Amán

7 El rey y Amán fueron al banquete de la reina Ester, **2**y al segundo día, mientras brindaban, el rey le preguntó otra vez:

—Dime qué deseas, reina Ester, y te lo concederé. ¿Cuál es tu petición? ¡Aun cuando fuera la mitad del reino, te lo concedería!

3Ester respondió:

—Si me he ganado el favor de Su Majestad, y si le parece bien, mi deseo es que me conceda la *vida. Mi petición es que se compadezca de mi pueblo. **4**Porque a mí y a mi pueblo se nos ha vendido para exterminio, muerte y aniquilación. Si sólo se nos hubiera vendido como esclavos, yo me habría quedado callada, pues tal angustia no sería motivo suficiente para inquietar a Su Majestad.*g*

5El rey le preguntó:

—¿Y quién es ése que se ha atrevido a concebir semejante barbaridad? ¿Dónde está?

6—¡El adversario y enemigo es este miserable de Amán! —respondió Ester.

Amán quedó aterrorizado ante el rey y la reina. **7**El rey se levantó enfurecido, dejó de beber y salió al jardín del palacio. Pero Amán, dándose cuenta de que el rey ya había decidido su fin, se quedó para implorarle a la reina Ester que le perdonara la vida.

8Cuando el rey volvió del jardín del palacio a la sala del banquete, Amán estaba inclinado sobre el diván donde Ester estaba recostada. Al ver esto, el rey exclamó:

—¡Y todavía se atreve éste a violar a la reina en mi presencia y en mi casa!

Tan pronto como el rey pronunció estas palabras, cubrieron el rostro de Amán. **9**Y Jarboná, uno de los *eunucos que atendían al rey, dijo:

—Hay una estaca a veinticinco metros*h* de altura, junto a la casa de Amán. Él mandó colocarla para Mardoqueo, el que intervino en favor del rey.

—¡Empálenlo en ella! —ordenó el rey.

10De modo que empalaron a Amán en la estaca que él había mandado levantar para Mardoqueo. Con eso se aplacó la furia del rey.

Edicto real en favor de los judíos

8 Ese mismo día el rey Asuero le dio a la reina Ester las propiedades de Amán, el enemigo de los judíos. Mardoqueo se presentó ante el rey, porque Ester le había dicho cuál era su parentesco con ella. **2**El rey se quitó el anillo con su sello, el cual había recuperado de Amán, y se lo obsequió a Mardoqueo. Ester, por su parte, lo designó administrador de las propiedades de Amán.

3Luego Ester volvió a interceder ante el rey. Se echó a sus pies y, con lágrimas en los ojos, le suplicó que pusiera fin al malvado plan que Amán el agagueo había maquinado contra los judíos. **4**El rey le extendió a Ester el cetro de oro. Entonces ella se levantó y, permaneciendo de pie ante él, **5**dijo:

—Si me he ganado el favor de Su Majestad, y si piensa que es correcto hacerlo y está contento conmigo, dígnese dar una contraorden que invalide los decretos para aniquilar a los judíos que están en todas las provincias del reino, los cuales fraguó y escribió Amán hijo de Hamedata, el agagueo. **6**Porque ¿cómo podría yo ver la calamidad que se cierne sobre mi pueblo? ¿Cómo podría ver impasible el exterminio de mi gente?

7El rey Asuero respondió entonces a la reina Ester y a Mardoqueo el judío:

---

*g***7:4** *pues ... Majestad.* Alt. *pero la compensación que nuestro adversario ofrece no puede compararse con la pérdida que sufriría Su Majestad.* *h***7:9** *veinticinco metros.* Lit. *cincuenta* *codos.

—Debido a que Amán atentó contra los judíos, le he dado sus propiedades a Ester, y a él lo han empalado en la estaca. 8Redacten ahora, en mi *nombre, otro decreto en favor de los judíos, como mejor les parezca, y séllenlo con mi anillo real. Un documento escrito en mi nombre, y sellado con mi anillo, es imposible revocarlo.

9De inmediato fueron convocados los secretarios del rey. Era el día veintitrés del mes tercero, el mes de *siván. Se escribió todo lo que Mardoqueo ordenó a los judíos y a los *sátrapas, intendentes y funcionarios de las ciento veintisiete provincias que se extendían desde la India hasta *Cus. Esas órdenes se promulgaron en la escritura de cada provincia y en el idioma de cada pueblo, y también en la escritura e idioma propios de los judíos. 10Mardoqueo escribió los decretos en nombre del rey Asuero, los selló con el anillo real, y los envió por medio de mensajeros del rey, que montaban veloces corceles de las caballerizas reales.

11El edicto del rey facultaba a los judíos de cada ciudad a reunirse y defenderse, a exterminar, matar y aniquilar a cualquier fuerza armada de cualquier pueblo o provincia que los atacara a ellos o a sus mujeres y niños, y a apoderarse de los bienes de sus enemigos. 12Para llevar esto a cabo en todas las provincias del rey Asuero, los judíos fijaron el día trece del mes doce, que es el mes de *adar. 13En cada provincia se emitiría como ley una copia del edicto, y se daría a conocer a todos los pueblos. Así los judíos estarían preparados ese día para vengarse de sus enemigos.

14Los mensajeros, siguiendo las órdenes del rey, salieron de inmediato montando veloces corceles. El edicto se publicó también en la ciudadela de Susa.

15Mardoqueo salió de la presencia del rey vistiendo ropas reales de azul y blanco, una gran corona de oro y un manto de lino fino color púrpura. La ciudad de Susa estalló en gritos de alegría. 16Para los judíos, aquél fue un tiempo de luz y de alegría, júbilo y honor. 17En cada provincia y ciudad adonde llegaban el edicto y la orden del rey, había alegría y regocijo entre los judíos, con banquetes y festejos. Y muchas personas de otros pueblos se hicieron judíos por miedo a ellos.

Triunfo de los judíos

9 El edicto y la orden del rey debían ejecutarse el día trece del mes doce, que es el mes de *adar. Los enemigos de los judíos esperaban dominarlos ese día; pero ahora se habían invertido los papeles, y los judíos dominaban a quienes los odiaban. 2En todas las provincias del rey Asuero, los judíos se reunieron en sus respectivas ciudades para atacar a los que procuraban su ruina. Nadie podía combatirlos, porque el miedo a ellos se había apoderado de todos. 3Los funcionarios de las provincias, los *sátrapas, los intendentes y los administradores del rey apoyaban a los judíos, porque el miedo a Mardoqueo se había apoderado de todos ellos. 4Mardoqueo se había convertido en un personaje distinguido dentro del palacio real. Su fama se extendía por todas las provincias, y cada vez se hacía más poderoso.

5Los judíos mataron a filo de espada a todos sus enemigos. Los mataron y los aniquilaron, e hicieron lo que quisieron con quienes los odiaban. 6En la ciudadela de Susa mataron y aniquilaron a quinientos hombres. 7También mataron a Parsandata, Dalfón, Aspata, 8Porata, Adalías, Aridata, 9Parmasta, Arisay, Ariday y Vaizata, 10que eran los diez hijos de Amán hijo de Hamedata, el enemigo de los judíos. Pero no se apoderaron de sus bienes.

11Ese mismo día, al enterarse el rey del número de muertos en la ciudadela de Susa, 12le dijo a la reina Ester:

—Si los judíos han matado y aniquilado a quinientos hombres y a los diez hijos de Amán en la ciudadela de Susa, ¡qué no habrán hecho en el resto de las provincias del reino! Dime cuál es tu deseo, y se te concederá. ¿Qué otra petición tienes? ¡Se cumplirá tu deseo!

13—Si a Su Majestad le parece bien —respondió Ester—, concédeles permiso a los judíos de Susa para prorrogar hasta mañana el edicto de este día, y permita que sean empalados en la estaca los diez hijos de Amán.

¹⁴El rey ordenó que se hiciera así. Se emitió un edicto en Susa, y los diez hijos de Amán fueron empalados. ¹⁵Los judíos de Susa se reunieron también el día catorce del mes de *adar*, y mataron allí a trescientos hombres, pero no se apoderaron de sus bienes.

¹⁶Mientras tanto, los judíos restantes que estaban en las provincias del rey también se reunieron para defenderse y librarse de sus enemigos. Mataron a setenta y cinco mil de quienes los odiaban, pero tampoco se apoderaron de sus bienes. ¹⁷Esto sucedió el día trece del mes de *adar*. El día catorce descansaron, y lo celebraron con un alegre banquete.

Celebración del Purim

¹⁸En cambio, los judíos de Susa que se habían reunido el trece y el catorce, descansaron el día quince, y lo celebraron con un alegre banquete. ¹⁹Por eso los judíos de las zonas rurales —los que viven en las aldeas— celebran el catorce del mes de *adar como día de alegría y de banquete, y se hacen regalos unos a otros.

²⁰Mardoqueo registró estos acontecimientos, y envió cartas a todos los judíos de todas las provincias lejanas y cercanas del rey Asuero, ²¹exigiéndoles que celebraran cada año los días catorce y quince del mes de *adar* ²²como el tiempo en que los judíos se libraron de sus enemigos, y como el mes en que su aflicción se convirtió en alegría, y su dolor en día de fiesta. Por eso debían celebrarlos como días de banquete y de alegría, compartiendo los alimentos los unos con los otros y dándoles regalos a los pobres.

²³Así los judíos acordaron convertir en costumbre lo que habían comenzado a festejar, cumpliendo lo que Mardoqueo les había ordenado por escrito. ²⁴Porque Amán hijo de Hamedata, el agagueo, el enemigo de todos los judíos, había maquinado aniquilar a los judíos y había echado el *pur* —es decir, la suerte— para confundirlos y aniquilarlos. ²⁵Pero cuando Ester se presentó ante el rey, éste ordenó por escrito que el malvado plan que Amán había maquinado contra los judíos debía recaer sobre su propia cabeza, y que él y sus hijos fueran empalados en la estaca. ²⁶Por tal razón, a estos días se los llamó *Purim*, de la palabra *pur*. Conforme a todo lo escrito en esta carta, y debido a lo que habían visto y a lo que les había sucedido, ²⁷los judíos establecieron para ellos y sus descendientes, y para todos los que se les unieran, la costumbre de celebrar sin falta estos dos días cada año, según la manera prescrita y en la fecha fijada. ²⁸Toda familia, y cada provincia y ciudad, debía recordar y celebrar estos días en cada generación. Y estos días de *Purim* no debían dejar de festejarse entre los judíos, ni debía morir su recuerdo entre sus descendientes.

²⁹La reina Ester, hija de Abijaíl, junto con Mardoqueo el judío, escribieron con plena autoridad para confirmar esta segunda carta con respecto a los días de *Purim*. ³⁰Él envió decretos a todos los judíos de las ciento veintisiete provincias del reino de Asuero —con palabras de buena voluntad y seguridad— ³¹para establecer los días de *Purim* en las fechas fijadas, como lo habían decretado para ellos Mardoqueo el judío y la reina Ester, y como lo habían establecido para sí mismos y para sus descendientes, con algunas cláusulas sobre ayunos y lamentos. ³²El decreto de Ester confirmó estas normas con respecto a *Purim*, y quedó registrado por escrito.

Grandeza de Mardoqueo

10 El rey Asuero impuso tributo por todo el imperio, incluyendo las islas del mar. ²Todos los hechos de poder y autoridad de Mardoqueo, junto con un relato completo de la grandeza a la cual lo elevó el rey, se hallan registrados en las crónicas de los reyes de Media y Persia. ³El judío Mardoqueo fue preeminente entre su pueblo y segundo en jerarquía después del rey Asuero. Alcanzó gran estima entre sus muchos compatriotas, porque procuraba el bien de su pueblo y promovía su *bienestar.

Job

Prólogo

1 En la región de Uz había un hombre recto e intachable, que temía a Dios y vivía apartado del mal. Este hombre se llamaba Job. ²Tenía siete hijos y tres hijas; ³era dueño de siete mil ovejas, tres mil camellos, quinientas yuntas de bueyes y quinientas asnas, y su servidumbre era muy numerosa. Entre todos los habitantes del oriente era el personaje de mayor renombre.

⁴Sus hijos acostumbraban turnarse para celebrar banquetes en sus respectivas casas, e invitaban a sus tres hermanas a comer y beber con ellos. ⁵Una vez terminado el ciclo de los banquetes, Job se aseguraba de que sus hijos se *purificaran. Muy de mañana ofrecía un *holocausto por cada uno de ellos, pues pensaba: «Tal vez mis hijos hayan pecado y maldecido*a* en su *corazón a Dios.» Para Job ésta era una costumbre cotidiana.

Primera prueba de Job

⁶Llegó el día en que los ángeles*b* debían hacer acto de presencia ante el SEÑOR, y con ellos se presentó también *Satanás. ⁷Y el SEÑOR le preguntó:

—¿De dónde vienes?

—Vengo de rondar la tierra, y de recorrerla de un extremo a otro —le respondió Satanás.

⁸—¿Te has puesto a pensar en mi siervo Job? —volvió a preguntarle el SEÑOR—. No hay en la tierra nadie como él; es un hombre recto e intachable, que me honra y vive apartado del mal.

⁹Satanás replicó:

—¿Y acaso Job te honra sin recibir nada a cambio? ¹⁰¿Acaso no están bajo tu protección él y su familia y todas sus posesiones? De tal modo has bendecido la obra de sus manos que sus rebaños y ganados llenan toda la tierra. ¹¹Pero extiende la mano y quítale todo lo que posee, ¡a ver si no te maldice en tu propia cara!

¹²—Muy bien —le contestó el SEÑOR—. Todas sus posesiones están en tus manos, con la condición de que a él no le pongas la mano encima.

Dicho esto, Satanás se retiró de la presencia del SEÑOR.

¹³Llegó el día en que los hijos y las hijas de Job celebraban un banquete en casa de su hermano mayor. ¹⁴Entonces un mensajero llegó a decirle a Job: «Mientras los bueyes araban y los asnos pastaban por allí cerca, ¹⁵nos atacaron los sabeanos y se los llevaron. A los criados los mataron a filo de espada. ¡Sólo yo pude escapar, y ahora vengo a contárselo a usted!»

¹⁶No había terminado de hablar este mensajero cuando uno más llegó y dijo: «Del cielo cayó un rayo que calcinó a las ovejas y a los criados. ¡Sólo yo pude escapar para venir a contárselo!»

¹⁷No había terminado de hablar este mensajero cuando otro más llegó y dijo: «Unos salteadores caldeos vinieron y, dividiéndose en tres grupos, se apoderaron de los camellos y se los llevaron. A los criados los mataron a filo de espada. ¡Sólo yo pude escapar, y ahora vengo a contárselo!»

¹⁸No había terminado de hablar este mensajero cuando todavía otro llegó y dijo: «Los hijos y las hijas de usted estaban celebrando un banquete*c* en casa del mayor de todos ellos ¹⁹cuando, de pronto, un fuerte viento del desierto dio contra la casa y derribó sus cuatro esquinas. ¡Y la casa cayó sobre los jóvenes, y todos murieron! ¡Sólo yo pude escapar, y ahora vengo a contárselo!»

---

*a***1:5** *maldecido.* Lit. *bendecido*; este eufemismo se usa también en 1:11; 2:5,9. *b***1:6** *ángeles.* Lit. *hijos de Dios.* *c***1:18** *celebrando un banquete.* Lit. *comiendo y bebiendo vino.*

²⁰Al llegar a este punto, Job se levantó, se rasgó las vestiduras, se rasuró la cabeza, y luego se dejó caer al suelo en actitud de adoración. ²¹Entonces dijo:

«Desnudo salí del vientre de mi
    madre,
y desnudo he de partir. *d*
El SEÑOR ha dado; el SEÑOR ha
    quitado.
¡Bendito sea el *nombre del
    SEÑOR!»

²²A pesar de todo esto, Job no pecó ni le echó la culpa a Dios. *e*

Segunda prueba de Job

2 Llegó el día en que los ángeles *f* debían hacer acto de presencia ante el SEÑOR, y con ellos llegó también *Satanás para presentarse ante el SEÑOR. ²Y el SEÑOR le preguntó:

—¿De dónde vienes?

—Vengo de rondar la tierra, y de recorrerla de un extremo a otro —le respondió Satanás.

³—¿Te has puesto a pensar en mi siervo Job? —volvió a preguntarle el SEÑOR—. No hay en la tierra nadie como él; es un hombre recto e intachable, que me honra y vive apartado del mal. Y aunque tú me incitaste contra él para arruinarlo sin motivo, ¡todavía mantiene firme su integridad!

⁴—¡Una cosa por la otra! —replicó Satanás—. Con tal de salvar la vida, el *hombre da todo lo que tiene. ⁵Pero extiende la mano y hiérelo, ¡a ver si no te maldice en tu propia cara!

⁶—Muy bien —dijo el SEÑOR a Satanás—, Job está en tus manos. Eso sí, respeta su vida.

⁷Dicho esto, Satanás se retiró de la presencia del SEÑOR para afligir a Job con dolorosas llagas desde la planta del pie hasta la coronilla. ⁸Y Job, sentado en medio de las cenizas, tomó un pedazo de teja para rascarse constantemente.

⁹Su esposa le reprochó:

—¿Todavía mantienes firme tu integridad? ¡Maldice a Dios y muérete!

¹⁰Job le respondió:

—Mujer, hablas como una necia. Si de Dios sabemos recibir lo bueno, ¿no sabremos también recibir lo malo?

A pesar de todo esto, Job no pecó ni de palabra.

Los tres amigos de Job

¹¹Tres amigos de Job se enteraron de todo el mal que le había sobrevenido, y de común acuerdo salieron de sus respectivos lugares para ir juntos a expresarle a Job sus condolencias y consuelo. Ellos eran Elifaz de Temán, Bildad de Súah, y Zofar de Namat. ¹²Desde cierta distancia alcanzaron a verlo, y casi no lo pudieron reconocer. Se echaron a llorar a voz en cuello, rasgándose las vestiduras y arrojándose polvo y ceniza sobre la cabeza, ¹³y durante siete días y siete noches se sentaron en el suelo para hacerle compañía. Ninguno de ellos se atrevía a decirle nada, pues veían cuán grande era su sufrimiento.

Primer discurso de Job

3 Después de esto, Job rompió el silencio para maldecir el día en que había nacido. ²Dijo así:

³«Que perezca el día en que fui
    concebido
y la noche en que se anunció:
    "¡Ha nacido un niño!"
⁴Que ese día se vuelva oscuridad;
    que Dios en lo alto no lo tome en
        cuenta;
    que no brille en él ninguna luz.
⁵Que las tinieblas y las más pesadas
        sombras
    vuelvan a reclamarlo;
Que una nube lo cubra con su
        sombra;
    que la oscuridad domine su
        esplendor.
⁶Que densas tinieblas caigan sobre
    esa noche;

---

d **1:21** *he de partir.* Alt. *he de volver allá.*   *e* **1:22** *ni le echó la culpa a Dios.* Lit. *ni dio oración a Dios*; véase nota en 1:5.   *f* **2:1** *ángeles.* Lit. *hijos de Dios.*

que no sea contada entre los días
del año,
ni registrada en ninguno de los
meses.
7 Que permanezca estéril esa noche;
que no haya en ella gritos de
alegría.
8 Que maldigan ese día los que
profieren maldiciones,
los expertos en provocar a
*Leviatán.
9 Que se oscurezcan sus estrellas
matutinas;
que en vano esperen la luz del día,
y que no vean los primeros rayos
de la aurora.
10 Pues no cerró el vientre de mi
madre
ni evitó que mis ojos vieran tanta
miseria.

11 »¿Por qué no perecí al momento de
nacer?
¿Por qué no morí cuando salí del
vientre?
12 ¿Por qué hubo rodillas que me
recibieran,
y pechos que me amamantaran?
13 Ahora estaría yo descansando en
paz;
estaría durmiendo tranquilo
14 entre reyes y consejeros de este
mundo,
que se construyeron monumentos
hoy en ruinas;
15 entre gobernantes que poseyeron
mucho oro
y que llenaron de plata sus
mansiones.
16 ¿Por qué no me enterraron como a
un abortivo,
como a esos niños que jamás
vieron la luz?
17 ¡Allí cesa el afán de los malvados!
¡Allí descansan las víctimas de la
opresión!
18 También los cautivos disfrutan del
reposo,
pues ya no escuchan los gritos
del capataz.
19 Allí el pequeño se codea con el
grande,
y el esclavo se libera de su amo.

20 »¿Por qué permite Dios que los
sufridos vean la luz?
¿Por qué se les da vida a los
amargados?
21 Anhelan éstos una muerte que no
llega,
aunque la buscan más que a
tesoro escondido;
22 ¡se llenarían de gran regocijo,
se alegrarían si llegaran al
sepulcro!
23 ¿Por qué arrincona Dios
al *hombre que desconoce su
destino?
24 Antes que el pan, me llegan los
suspiros;
mis gemidos se derraman como
el agua.
25 Lo que más temía, me sobrevino;
lo que más me asustaba, me
sucedió.
26 No encuentro paz ni sosiego;
no hallo reposo, sino sólo
agitación.»

Primer discurso de Elifaz

4 A esto respondió así Elifaz de Temán:

2 «Tal vez no puedas aguantar
que alguien se atreva a decirte
algo,
pero ¿quién podría contener las
palabras?
3 Tú, que impartías instrucción a las
multitudes
y fortalecías las manos decaídas;
4 tú, que con tus palabras sostenías a
los que tropezaban
y fortalecías las rodillas que
flaqueaban;
5 ¡ahora que afrontas las
calamidades, no las
resistes!;
¡te ves golpeado y te desanimas!
6 ¿No debieras confiar en que temes
a Dios
y en que tu conducta es
intachable?

7 »Ponte a pensar: ¿Quién que sea
inocente ha perecido?
¿Cuándo se ha destruido a la
gente íntegra?

⁸La experiencia me ha enseñado
que los que siembran maldad
cosechan desventura.
⁹El soplo de Dios los destruye,
el aliento de su enojo los consume.
¹⁰Aunque ruja el león y gruña el
cachorro,
acabarán con los colmillos
destrozados;
¹¹el león perece por falta de presa,
y los cachorros de la leona se
dispersan.

¹²»En lo secreto me llegó un mensaje;
mis oídos captaron sólo su
murmullo.
¹³Entre inquietantes visiones
nocturnas,
cuando cae sobre los *hombres
un sueño profundo,
¹⁴me hallé presa del miedo y del
temblor;
mi esqueleto entero se sacudía.
¹⁵Sentí sobre mi rostro el roce de un
espíritu,
y se me erizaron los cabellos.
¹⁶Una silueta se plantó frente a mis
ojos,
pero no pude ver quién era.
Detuvo su marcha,
y escuché una voz que susurraba:

¹⁷»"¿Puede un simple *mortal ser
más justo que Dios?
¿Puede ser más puro el hombre
que su Creador?
¹⁸Pues si Dios no confía en sus
propios siervos,
y aun a sus ángeles acusa de
cometer errores,
¹⁹¡cuánto más a los que habitan en
casas de barro,
cimentadas sobre el polvo y
aplastadas como polilla!
²⁰Entre la aurora y el ocaso pueden
ser destruidos
y perecer para siempre, sin que a
nadie le importe.
²¹¿No se arrancan acaso las estacas
de su carpa?

¡Mueren sin haber adquirido
sabiduría!"

5 »Llama, si quieres, pero ¿habrá
quien te responda?
¿A cuál de los dioses[g] te
dirigirás?
²El resentimiento mata a los necios;
la envidia mata a los insensatos.
³Yo mismo he visto al necio echar
raíces,
pero de pronto su casa fue
maldecida.[h]
⁴Sus hijos distan mucho de estar a
salvo;
en el tribunal se les oprime, y
nadie los defiende.
⁵Los hambrientos se comen su
cosecha,
y la recogen de entre las espinas;
los sedientos se beben sus
riquezas.
⁶Y aunque las penas no brotan del
suelo,
ni los sufrimientos provienen de
la tierra,
⁷con todo, el *hombre nace para
sufrir,
tan cierto como que las chispas
vuelan.

⁸»Si se tratara de mí, yo apelaría a
Dios;
ante él expondría mi caso.
⁹Él realiza maravillas insondables,
portentos que no pueden
contarse.
¹⁰Él derrama lluvia sobre la tierra
y envía agua sobre los campos.
¹¹Él enaltece a los humildes
y da seguridad a los enlutados.
¹²Él deshace las maquinaciones de
los astutos,
para que no prospere la obra de
sus manos.
¹³Él atrapa a los astutos en su astucia,
y desbarata los planes de los
malvados.
¹⁴De día éstos se topan con las
tinieblas;

---

[g] 5:1 *dioses.* Lit. *santos.*   [h] 5:3 *fue maldecida.* Lit. *yo maldije.*

a plena luz andan a tientas, como
  si fuera de noche.
15 Pero a los menesterosos los salva
  de la opresión de los poderosos
  y de su lengua viperina.
16 Así es como los pobres recobran la
  esperanza,
  y a la injusticia se le tapa la boca.

17 »¡Cuán *dichoso es el hombre a
  quien Dios corrige!
  No menosprecies la *disciplina
  del *Todopoderoso.
18 Porque él hiere, pero venda la
  herida;
  golpea, pero trae alivio.
19 De seis aflicciones te rescatará,
  y la séptima no te causará ningún
  daño.
20 Cuando haya hambre, te salvará de
  la muerte;
  cuando haya guerra, te librará de
  la espada.
21 Estarás a salvo del latigazo de la
  lengua,
  y no temerás cuando venga la
  destrucción.
22 Te burlarás de la destrucción y del
  hambre,
  y no temerás a las bestias salvajes,
23 pues harás un pacto con las piedras
  del campo
  y las bestias salvajes estarán en
  *paz contigo.
24 Reconocerás tu casa como lugar
  seguro;
  contarás tu ganado, y ni un solo
  animal faltará.
25 Llegarás a tener muchos hijos,
  y descendientes como la hierba
  del campo.
26 Llegarás al sepulcro anciano pero
  vigoroso,
  como las gavillas que se recogen
  a tiempo.

27 »Esto lo hemos examinado, y es
  verdad.
  Así que escúchalo y compruébalo
  tú mismo.»

Segundo discurso de Job

6 A esto Job respondió:

2 «¡Cómo quisiera que mi angustia se
  pesara
  y se pusiera en la balanza, junto
  con mi desgracia!
3 ¡De seguro pesarían más que la
  arena de los mares!
  ¡Por algo mis palabras son tan
  impetuosas!
4 Las saetas del *Todopoderoso me
  han herido,
  y mi espíritu absorbe su veneno.
  ¡Dios ha enviado sus terrores
  contra mí!
5 ¿Rebuzna el asno salvaje si tiene
  hierba?
  ¿Muge el buey si tiene forraje?
6 ¿Puede comerse sin sal la comida
  desabrida?
  ¿Tiene algún sabor la clara de
  huevo?[i]
7 Mi paladar se niega a probarla;
  ¡esa comida me enferma!

8 »¡Ah, si Dios me concediera lo que
  pido!
  ¡Si Dios me otorgara lo que
  anhelo!
9 ¡Ah, si Dios se decidiera a
  destrozarme por completo,
  a descargar su mano sobre mí, y
  aniquilarme!
10 Aun así me quedaría este consuelo,
  esta alegría en medio de mi
  implacable dolor:
  ¡el no haber negado las palabras
  del Dios *Santo!

11 »¿Qué fuerzas me quedan para
  seguir esperando?
  ¿Qué fin me espera para querer
  vivir?
12 ¿Tengo acaso la fuerza de la
  roca?
  ¿Acaso tengo piel de bronce?
13 ¿Cómo puedo valerme por mí
  mismo,

[i] **6:6** *la clara de huevo.* Alt. *el suero del queso,* o *el jugo de malva.*

si me han quitado todos mis
recursos?

14»Aunque uno se aparte del temor al
Todopoderoso,
el amigo no le niega su lealtad.*j*

15Pero mis hermanos son arroyos
inconstantes;
son corrientes desbordadas:

16se enturbian cuando el hielo se
derrite,
se ensanchan al derretirse la
nieve,

17pero dejan de fluir durante las
sequías,
¡en pleno calor desaparecen de
sus lechos!

18Las caravanas se apartan de sus
rutas;
se encaminan al desierto, y allí
mueren.

19Las caravanas de Temá van en
busca de agua,
los mercaderes de Sabá abrigan
esperanzas.

20Se desaniman, a pesar de su
confianza;
llegan allí y se quedan frustrados.

21Lo mismo pasa con ustedes:
¡ven algo espantoso, y se asustan!

22¿Quién les ha pedido que me den
algo,
o que paguen con su dinero mi
rescate?

23¿Quién les ha pedido que me libren
de mi enemigo,
o que me rescaten de las garras
de los tiranos?

24»Instrúyanme, y me quedaré
callado;
muéstrenme en qué estoy
equivocado.

25Las palabras justas no ofenden,
¡pero los argumentos de ustedes
no prueban nada!

26¿Me van a juzgar por mis palabras,
sin ver que provienen*k* de un
desesperado?

27¡Ustedes echarían suertes hasta por
un huérfano,
y venderían a su amigo por
cualquier cosa!

28»Tengan la bondad de mirarme a
los ojos;
¿Creen que les mentiría en su
propia cara?

29Reflexionen, no sean injustos;
reflexionen, que en esto radica mi
integridad.

30¿Acaso hay maldad en mi lengua?
¿No puede mi paladar discernir la
maldad?

7 »¿No tenemos todos una obligación
en este mundo?
¿No son nuestros días como los
de un asalariado?

2Como el esclavo que espera con
ansias la noche,
como el asalariado que ansioso
espera su paga,

3meses enteros he vivido en vano;
¡me han tocado noches de
miseria!

4Me acuesto y pienso:
"¿Cuánto falta para que
amanezca?"
La noche se me hace interminable;
me doy vueltas en la cama hasta
el amanecer.

5Tengo el cuerpo cubierto de
gusanos y de costras;
¡la piel se me raja y me supura!

6»Mis días se van más veloces que
una lanzadera,
y sin esperanza alguna llegan a su
fin.

7Recuerda, oh Dios, que mi vida es
un suspiro;
que ya no verán mis ojos la
felicidad.

8Los ojos que hoy me ven, no me
verán mañana;
pondrás en mí tus ojos, pero ya
no existiré.

---

j **6:14** *el amigo ... lealtad* (lectura probable); *para el desahuciado hay lealtad de su amigo* (TM).   *k* **6:26** *sin ver que provienen.* Lit. *y al viento las palabras.*

⁹Como nubes que se diluyen y se
pierden,
los que bajan al *sepulcro ya no
vuelven a subir.
¹⁰Nunca más regresan a su casa;
desaparecen de su lugar.

¹¹»Por lo que a mí toca, no guardaré
silencio;
la angustia de mi alma me lleva a
hablar,
la amargura en que vivo me
obliga a protestar.
¹²¿Soy acaso el mar, el monstruo del
abismo,
para que me pongas bajo
vigilancia?
¹³Cuando pienso que en mi lecho
hallaré consuelo
o encontraré alivio a mi queja,
¹⁴aun allí me infundes miedo en mis
sueños;
¡me aterras con visiones!
¹⁵¡Preferiría que me estrangularan
a seguir viviendo en este cuerpo!
¹⁶Tengo en poco mi vida; no quiero
vivir para siempre.
¡Déjame en paz, que mi vida no
tiene sentido!

¹⁷»¿Qué es el *hombre, que le das
tanta importancia,
que tanta atención le concedes,
¹⁸que cada mañana lo examinas
y a toda hora lo pones a prueba?
¹⁹Aparta de mí la mirada;
¡déjame al menos tragar saliva!
²⁰Si he pecado, ¿en qué te afecta,
vigilante de los *mortales?
¿Por qué te ensañas conmigo?
¿Acaso te soy una carga?ˡ
²¹¿Por qué no me perdonas mis
pecados?
¿Por qué no pasas por alto mi
maldad?
Un poco más, y yaceré en el
polvo;
me buscarás, pero habré dejado
de existir.»

Primer discurso de Bildad

8 A esto respondió Bildad de Súah:

²«¿Hasta cuándo seguirás hablando
así?
¡Tus palabras son un viento
huracanado!
³¿Acaso Dios pervierte la justicia?
¿Acaso tuerce el derecho el
*Todopoderoso?
⁴Si tus hijos pecaron contra Dios,
él les dio lo que su pecado
merecía.
⁵Pero si tú vuelves la mirada a
Dios,
si le pides perdón al
Todopoderoso,
⁶y si eres puro y recto,
él saldrá en tu defensaᵐ
y te devolverá el lugar que te
corresponde.
⁷Modestas parecerán tus primeras
riquezas,
comparadas con tu prosperidad
futura.

⁸»Pregunta a las generaciones
pasadas;
averigua lo que descubrieron sus
padres.
⁹Nosotros nacimos ayer, y nada
sabemos;
nuestros días en este mundo son
como una sombra.
¹⁰Pero ellos te instruirán, te lo harán
saber;
compartirán contigo su
experiencia.
¹¹¿Puede crecer el papiro donde no
hay pantano?
¿Pueden crecer los juncos donde
no hay agua?
¹²Aunque estén floreciendo y nadie
los haya cortado,
se marchitan antes que otra
hierba.
¹³Tal es el destino de los que se
olvidan de Dios;

ˡ**7:20** *¿Acaso te soy una carga?* (LXX, mss. hebreos y una tradición rabínica); *Me he vuelto una carga para mí mismo* (TM).   ᵐ**8:6** *saldrá en tu defensa.* Alt. *velará por ti.*

así termina la esperanza de los
impíos.

[14]Muy débiles[n] son sus esperanzas;
han puesto su confianza en una
telaraña.

[15]No podrán sostenerse cuando se
apoyen en ella;
no quedarán en pie cuando se
prendan de sus hilos.

[16]Son como plantas frondosas
expuestas al sol,
que extienden sus ramas por todo
el jardín:

[17]hunden sus raíces en torno a un
montón de piedras
y buscan arraigarse entre ellas.

[18]Pero si las arrancan de su sitio,
ese lugar negará haberlas
conocido.

[19]¡Así termina su alegría de vivir,
y del suelo brotan otras plantas!

[20]»Dios no rechaza a quien es
íntegro,
ni brinda su apoyo a quien hace
el mal.

[21]Pondrá de nuevo risas en tu boca,
y gritos de alegría en tus labios.

[22]Tus enemigos se cubrirán de
vergüenza,
y desaparecerán las moradas de
los malvados.»

Tercer discurso de Job

9 Job entonces replicó:

[2]«Aunque sé muy bien que esto es
cierto,
¿cómo puede un *mortal
justificarse ante Dios?

[3]Si uno quisiera disputar con él,
de mil cosas no podría
responderle una sola.

[4]Profunda es su sabiduría, vasto su
poder.
¿Quién puede desafiarlo y salir
bien librado?

[5]Él mueve montañas sin que éstas lo
sepan,
y en su enojo las trastorna.

[6]Él remueve los cimientos de la
tierra
y hace que se estremezcan sus
columnas.

[7]Reprende al sol, y su brillo se
apaga;
eclipsa la luz de las estrellas.

[8]Él se basta para extender los
cielos;
somete a su dominio las olas del
mar.

[9]Él creó la Osa y el Orión,
las Pléyades y las constelaciones
del sur.

[10]Él realiza maravillas insondables,
portentos que no pueden contarse.

[11]Si pasara junto a mí, no podría
verlo;
si se alejara, no alcanzaría a
percibirlo.

[12]Si de algo se adueñara, ¿quién lo
haría desistir?
¿Quién puede cuestionar sus
actos?

[13]Dios no depone el enojo;
aun *Rahab y sus secuaces se
postran a sus pies.

[14]»¿Cómo entonces podré yo
responderle?
¿Dónde hallar palabras para
contradecirle?

[15]Aunque sea yo inocente, no puedo
defenderme;
de mi juez sólo puedo pedir
misericordia.

[16]Y aunque lo llamara y me
respondiera,
no creo que me concedería
audiencia.

[17]Me despedazaría con una tormenta,
y por la menor cosa multiplicaría
mis heridas.

[18]No me dejaría recobrar el aliento;
más bien, me saturaría de
amargura.

[19]Si de fuerza se trata, ¡él es más
poderoso!
Si es cuestión de juicio, ¿quién
lo[n] hará comparecer?

---

[n]**8:14** *débiles.* Palabra de difícil traducción.   [n]**9:19** *lo* (LXX); *me* (TM).

20 Aun siendo inocente, me condenará
        mi boca;
    aun siendo íntegro, resultaré
        culpable.

21 »Soy intachable, pero ya no me
        importa;
    tengo en poco mi propia vida.
22 Todo es lo mismo; por eso digo:
    "A buenos y a malos destruye por
        igual."
23 Si alguna plaga acarrea la muerte
        repentina,
    él se burla de la angustia del
        inocente.
24 Si algún malvado se apodera de un
        terreno,
    él les tapa los ojos a los jueces.
    Si no lo hace él, ¿entonces quién?

25 »Transcurren mis días con más
        rapidez que un corredor;
    vuelan sin que hayan conocido la
        dicha.
26 Se deslizan como barcas de papiro,
    como veloces águilas al caer
        sobre su presa.
27 Si acaso digo: "Olvidaré mi queja,
    cambiaré de expresión, esbozaré
        una sonrisa",
28 me queda el miedo de tanto
        sufrimiento,
    pues bien sé que no me
        consideran inocente.
29 Y ya que me tienen por culpable,
    ¿para qué voy a luchar en vano?
30 Aunque me restriegue con jabón[o]
    y me limpie las manos con lejía,
31 tú me lanzarás al muladar,
    ¡y hasta mis ropas me aborrecerán!

32 »Dios no es *hombre como yo,
    para que juntos comparezcamos
        ante un tribunal.
33 ¡No hay un juez entre nosotros
    que decida el caso por los dos!
34 ¡No hay quien aleje de mí el báculo
        divino
    para que ya no me asuste su
        terror!

35 Quisiera yo hablar sin temor,
    pero no estoy en tales
        condiciones.

10 »¡Ya estoy harto de esta vida!
    Por eso doy rienda suelta a mi
        queja;
    desahogo la amargura de mi alma.
2 Le he dicho a Dios: No me
        condenes.
    Dime qué es lo que tienes contra
        mí.
3 ¿Te parece bien el oprimirme
    y despreciar la obra de tus manos
    mientras te muestras complaciente
    ante los planes del malvado?
4 ¿Son tus ojos los de un simple
        *mortal?
    ¿Ves las cosas como las vemos
        nosotros?
5 ¿Son tus días como los nuestros,
    tus años como los de un mortal,
6 para que andes investigando mis
        faltas
    y averiguándolo todo acerca de
        mi pecado?
7 ¡Tú bien sabes que no soy culpable
    y que de tus manos no tengo
        escapatoria!

8 »Tú me hiciste con tus propias
        manos;
    tú me diste forma.
    ¿Vas ahora a cambiar de parecer
    y a ponerle fin a mi vida?
9 Recuerda que tú me modelaste,
        como al barro;
    ¿Vas ahora a devolverme al
        polvo?
10 ¿No fuiste tú quien me derramó
        como leche,
    quien me hizo cuajar como queso?
11 Fuiste tú quien me vistió de carne
        y piel,
    quien me tejió con huesos y
        tendones.
12 Me diste vida, me favoreciste con
        tu amor,
    y tus cuidados me han infundido
        aliento.

----

o 9:30 *jabón*. Alt. *nieve*.

13»Pero una cosa mantuviste en
    secreto,
    y sé muy bien que la tuviste en
    mente:
14Que si yo peco, tú me vigilas
    y no pasas por alto mi pecado.
15Si soy culpable, ¡ay de mí!
    Si soy inocente, no puedo dar la
    cara.
    ¡Lleno estoy de vergüenza,
    y consciente de mi aflicción!
16Si me levanto, me acechas como
    un león
    y despliegas contra mí tu gran
    poder.
17Contra mí presentas nuevos
    testigos,
    contra mí acrecientas tu enojo.
    ¡Una tras otra, tus tropas me
    atacan!

18»¿Por qué me hiciste salir del
    vientre?
    ¡Quisiera haber muerto, sin que
    nadie me viera!
19¡Preferiría no haber existido,
    y haber pasado del vientre a la
    tumba!
20¿Acaso mis contados días no llegan
    ya a su fin?
    ¡Déjame disfrutar de un momento
    de alegría
21antes de mi partida sin regreso
    a la tierra de la penumbra y de las
    sombras,
22al país de la más profunda de las
    noches,
    al país de las sombras y del caos,
    donde aun la luz se asemeja a las
    tinieblas!»

Primer discurso de Zofar

11 A esto respondió Zofar de Namat:

2«¿Quedará sin respuesta toda esta
    perorata?
    ¿Resultará inocente este hablador?
3¿Toda esa palabrería nos dejará
    callados?

¿Te burlarás sin que nadie te
    reprenda?
4Tú afirmas: "Mi postura es la
    correcta;
    soy puro a los ojos de Dios."
5¡Cómo me gustaría que Dios
    interviniera
    y abriera sus labios contra ti
6para mostrarte los secretos de la
    sabiduría,
    pues ésta es muy compleja!ᵖ
Sabrías entonces que buena parte
    de tu pecado
    Dios no lo ha tomado en cuenta.

7»¿Puedes adentrarte en los
    misterios de Dios
    o alcanzar la perfección�q del
    *Todopoderoso?
8Son más altos que los cielos;
    ¿qué puedes hacer?
    Son más profundos que el
    *sepulcro;
    ¿qué puedes saber?
9Son más extensos que toda la tierra;
    ¡son más anchos que todo el
    mar!

10»Si viene y te pone en un calabozo,
    y luego te llama a cuentas,
    ¿quién lo hará desistir?
11Bien conoce Dios a la gente sin
    escrúpulos;
    cuando percibe el mal, no lo pasa
    por alto.
12¡El necio llegará a ser sabio
    cuando de un asno salvaje nazca
    un *hombre!ʳ

13»Pero si le entregas tu *corazón
    y hacia él extiendes las manos,
14si te apartas del pecado que has
    cometido
    y en tu morada no das cabida al
    mal,
15entonces podrás llevar la frente en
    alto
    y mantenerte firme y libre de
    temor.

ᵖ11:6 *ésta es muy compleja.* Frase de difícil traducción.   �q11:7 *alcanzar la perfección.* Alt. *llegar hasta los límites.*   ʳ11:12 *cuando de un asno salvaje nazca un hombre.* Alt. *cuando los asnos salvajes nazcan domesticados.*

16Ciertamente olvidarás tus pesares,
o los recordarás como el agua
que pasó.

17Tu vida será más radiante que el
sol de mediodía,
y la oscuridad será como el
amanecer.

18Vivirás tranquilo, porque hay
esperanza;
estarás protegido*s* y dormirás
confiado.

19Descansarás sin temer a nadie,
y muchos querrán ganarse tu favor.

20Pero los ojos de los malvados se
apagarán;
no tendrán escapatoria.
¡Su esperanza es exhalar el
último suspiro!»

Cuarto discurso de Job

12 A esto respondió Job:

2«¡No hay duda de que ustedes son
el pueblo!
¡Muertos ustedes, morirá la
sabiduría!

3Pero yo tengo tanto cerebro como
ustedes;
en nada siento que me aventajen.
¿Quién no sabe todas esas cosas?

4»Yo, que llamaba a Dios y él me
respondía,
me he vuelto el hazmerreír de
mis amigos;
¡soy un hazmerreír, recto e
intachable!

5Dice la gente que vive tranquila:
"¡Al daño se añade la injuria!",
"¡Al que está por caer, hay que
empujarlo!"

6Los salteadores viven tranquilos en
sus carpas;
confiados viven esos que irritan a
Dios
y piensan que pueden controlarlo.

7»Pero interroga a los animales,
y ellos te darán una lección;
pregunta a las aves del cielo,
y ellas te lo contarán;

8habla con la tierra, y ella te
enseñará;
con los peces del mar, y te lo
harán saber.

9¿Quién de todos ellos no sabe
que la mano del SEÑOR ha hecho
todo esto?

10En sus manos está la vida de todo
*ser vivo,
y el hálito que anima a todo ser
humano.

11¿Acaso no comprueba el oído las
palabras
como la lengua prueba la comida?

12Entre los ancianos se halla la
sabiduría;
en los muchos años, el
entendimiento.

13»Con Dios están la sabiduría y el
poder;
suyos son el consejo y el
entendimiento.

14Lo que él derriba, nadie lo levanta;
a quien él apresa, nadie puede
liberarlo.

15Si él retiene las lluvias, hay sequía;
si las deja caer, se inunda la tierra.

16Suyos son el poder y el buen juicio;
suyos son los engañados y los
que engañan.

17Él pone en ridículo a los consejeros
y hace que los jueces pierdan la
cabeza.

18Despoja de su autoridad a los reyes,
y les ata a la cintura un simple
taparrabo.*t*

19Él pone en ridículo a los sacerdotes,
y derroca a los que detentan el
poder.

20Acalla los labios de los consejeros
y deja sin discernimiento a los
ancianos.

21Derrama ignominia sobre los
nobles
y deja en vergüenza a*u* los
poderosos.

---

s **11:18** *estarás protegido.* Alt. *mirarás en torno tuyo* (TM). *t* **12:18** *un simple taparrabo.* Alt. *un cinturón.*
u **12:21** *deja en vergüenza a.* Lit. *afloja el cinturón de.*

22 Pone al descubierto los más
oscuros abismos
y saca a la luz las sombras más
profundas.

23 Engrandece o destruye a las
naciones;
las hace prosperar o las dispersa.

24 Priva de sensatez a los poderosos,
y los hace vagar por desiertos sin
senderos.

25 Andan a tientas en medio de la
oscuridad,
y se tambalean como borrachos.

13 »Todo esto lo han visto mis ojos;
lo han captado y entendido mis
oídos.

2 Yo tengo tanto *conocimiento
como ustedes;
en nada siento que me aventajen.

3 Más bien quisiera hablar con el
*Todopoderoso;
me gustaría discutir mi caso con
Dios.

4 Porque ustedes son unos
incriminadores;^v
¡como médicos no valen nada!

5 ¡Si tan sólo se callaran la boca!
Eso, en ustedes, ¡ya sería
sabiduría!

6 Ahora les toca escuchar mi
defensa;
presten atención a mi alegato.

7 ¿Se atreverán a mentir en *nombre
de Dios?
¿Argumentarán en su favor con
engaños?

8 ¿Le harán el favor de defenderlo?
¿Van a resultar sus abogados
defensores?

9 ¿Qué pasaría si él los examinara?
¿Podrían engañarlo como se
engaña a la gente?

10 Lo más seguro es que él los
reprendería
si en secreto se mostraran
parciales.

11 ¿Acaso no les infundiría miedo su
esplendor?

¿Y no caería sobre ustedes su
terror?

12 ¡Han memorizado proverbios sin
sentido!
¡Se defienden con apologías
endebles!

13 »¡Cállense la boca y déjenme
hablar,
y que venga lo que venga!

14 ¿Por qué me pongo en peligro
y me juego el pellejo?

15 ¡Que me mate! ¡Ya no tengo
esperanza!^w
Pero en su propia cara defenderé
mi conducta.

16 En esto radica mi liberación:
en que ningún impío
comparecería ante él.

17 »Presten atención a mis palabras;
presten oído a lo que digo:

18 Vean que ya he preparado mi caso,
y sé muy bien que seré declarado
inocente.

19 ¿Hay quien pueda presentar cargos
contra mí?
Si lo hay, me quedaré callado
hasta que muera.

20 »Concédeme, oh Dios, sólo dos
cosas,
y no tendré que esconderme de ti:

21 Quítame la mano de encima
y deja de infundirme temor.

22 Llámame a comparecer, y te
responderé;
o déjame hablar, y contéstame tú.

23 Enumera mis iniquidades y
pecados;
hazme ver mis transgresiones y
ofensas.

24 ¿Por qué no me das la cara?
¿Por qué me tienes por enemigo?

25 ¿Acosarás a una hoja arrebatada
por el viento?
¿Perseguirás a la paja seca?

26 Has dictado contra mí penas
amargas;

---

^v**13:4** *incriminadores.* Lit. *untadores de mentira.*   ^w**13:15** *¡Que me mate ... esperanza!* Alt. *Aunque él me mate, seguiré esperando en él.*

me estás cobrando[x] los pecados
de mi juventud.

27Me has puesto cadenas en los pies;
vigilas todos mis pasos;
¡examinas las huellas que dejo al
caminar!

28»El *hombre es como un odre[y]
desgastado;
como ropa carcomida por la
polilla.

14 »Pocos son los días, y muchos los
problemas,
que vive el *hombre nacido de
mujer.

2Es como las flores, que brotan y se
marchitan;
es como efímera sombra que se
esfuma.

3¿Y en alguien así has puesto los
ojos?
¿Con alguien como yo entrarás
en juicio?

4¿Quién de la inmundicia puede
sacar pureza?
¡No hay nadie que pueda
hacerlo!

5Los días del hombre ya están
determinados;
tú has decretado los meses de su
vida;
le has puesto límites que no
puede rebasar.

6Aparta de él la mirada; déjalo en
paz,
hasta que haya gozado de su día
de asalariado.

7»Si a un árbol se le derriba,
queda al menos la esperanza de
que retoñe
y de que no se marchiten sus
renuevos.

8Tal vez sus raíces envejezcan en la
tierra
y su tronco muera en su terreno,

9pero al sentir el agua, florecerá;
echará ramas como árbol recién
plantado.

10El hombre, en cambio, muere y
pierde su fuerza;
exhala el último suspiro, y deja
de existir.

11Y así como del mar desaparece el
agua,
y los ríos se agotan y se secan,

12así los *mortales, cuando se
acuestan,
no se vuelven a levantar.
Mientras exista el cielo,
no se levantarán los mortales
ni se despertarán de su sueño.

13»¡Si al menos me ocultaras en el
*sepulcro
y me escondieras hasta que pase
tu enojo!
¡Si al menos me pusieras un plazo,
y luego me recordaras!

14Si el hombre muere, ya no vuelve a
la vida.
Cada día de mi servicio
obligatorio
esperaré a que llegue mi relevo.

15Tú me llamarás, y yo te responderé;
desearás ver la obra de tus manos.

16Desearás también contar mis pasos,
pero no tomarás en cuenta mi
pecado.

17En saco sellado guardarás mis
transgresiones,
y perdonarás del todo mi pecado.

18»Pero así como un monte se
erosiona y se derrumba,
y las piedras cambian de lugar;

19así como las aguas desgastan las
rocas
y los torrentes deslavan el suelo,
así tú pones fin a la esperanza del
hombre.

20Lo apabullas del todo, y él
desaparece;
lo desfiguras, y entonces lo
despides.

21Si sus hijos reciben honores, él no
lo sabe;
si se les humilla, él no se da
cuenta.

---

[x]**13:26** *cobrando.* Lit. *heredando.*   [y]**13:28** *como un odre.* Alt. *como algo podrido.*

²²Sólo siente el dolor de su propio
cuerpo,
y sólo de sí mismo se conduele.»

Segundo discurso de Elifaz

15 Replicó entonces Elifaz de Temán:

²«El sabio no responde con vana
sabiduría
ni explota en violenta verborrea. ᶻ
³Tampoco discute con argumentos
vanos
ni con palabras huecas.
⁴Tú, en cambio, restas valor al
temor a Dios
y tomas a la ligera la devoción
que él merece.
⁵Tu maldad pone en acción tu boca;
hablas igual que los pícaros.
⁶Tu propia boca te condena, no la
mía;
tus propios labios atestiguan
contra ti.

⁷»¿Eres acaso el primer *hombre
que ha nacido?
¿Naciste acaso antes que los
montes?
⁸¿Tienes parte en el consejo de
Dios?
¿Acaso eres tú el único sabio?
⁹¿Qué sabes tú que nosotros no
sepamos?
¿Qué has percibido que nosotros
ignoremos?
¹⁰Las canas y la edad están de
nuestra parte,
tenemos más experiencia que tu
padre.
¹¹¿No te basta que Dios mismo te
consuele
y que se te hable con cariño?
¹²¿Por qué te dejas llevar por el
enojo?
¿Por qué te relampaguean los
ojos?
¹³¿Por qué desatas tu enojo contra
Dios
y das rienda suelta a tu lengua?

¹⁴»¿Qué es el hombre para creerse
puro,
y el nacido de mujer para alegar
inocencia?
¹⁵Si Dios no confía ni en sus *santos
siervos,
y ni siquiera considera puros a
los cielos,
¹⁶¡cuánto menos confiará en el
hombre,
que es vil y corrupto y tiene sed
del mal! ᵃ

¹⁷»Escúchame, y te lo explicaré;
déjame decirte lo que he visto.
¹⁸Es lo que han declarado los sabios,
sin ocultar nada de lo aprendido
de sus padres.
¹⁹Sólo a ellos se les dio la tierra,
y ningún extraño pasó entre ellos.
²⁰El impío se ve atormentado toda su
vida,
el desalmado tiene sus años
contados.
²¹Sus oídos perciben sonidos
espantosos;
cuando está en *paz, los
salteadores lo atacan.
²²No espera escapar de las tinieblas;
condenado está a morir a filo de
espada.
²³Vaga sin rumbo; es comida de los
buitres; ᵇ
sabe que el día de las tinieblas le
ha llegado.
²⁴La desgracia y la angustia lo llenan
de terror;
lo abruman como si un rey fuera
a atacarlo,
²⁵y todo por levantar el puño contra
Dios
y atreverse a desafiar al
*Todopoderoso.
²⁶Contra Dios se lanzó desafiante,
blandiendo grueso y resistente
escudo.

²⁷»Aunque su rostro esté hinchado de
grasa,

ᶻ**15:2** *explota en violenta verborrea.* Lit. *llena su vientre con el viento del este.*   ᵃ**15:16** *que tiene sed del mal.* Lit. *que bebe como agua el mal.*   ᵇ**15:23** *rumbo ... buitres.* Alt. *rumbo, en busca de alimento.*

y le sobre carne en la cintura,
²⁸habitará en lugares desolados,
en casas deshabitadas,
en casas a punto de derrumbarse.
²⁹Dejará de ser rico; no durarán sus
riquezas
ni se extenderán sus posesiones
en la tierra.
³⁰No podrá escapar de las tinieblas;
una llama de fuego marchitará
sus renuevos,
y el aliento de Dios lo arrebatará.
³¹Que no se engañe ni confíe en
cosas vanas,
porque nada obtendrá a cambio
de ellas.
³²Antes de su término recibirá su
merecido,
y sus ramas no reverdecerán.
³³Quedará como vid que pierde sus
uvas verdes,
como olivo que no llega a florecer.
³⁴La compañía de los impíos no es
de provecho;
¡las moradas de los que aman el
soborno
serán consumidas por el fuego!
³⁵Conciben iniquidad, y dan a luz
maldad;
en su vientre se genera el
engaño.»

Quinto discurso de Job

16 A esto, Job contestó:

²«Cosas como éstas he escuchado
muchas;
¡valiente consuelo el de^c todos
ustedes!
³¿No habrá fin a sus peroratas?
¿Qué tanto les irrita que siguen
respondiendo?
⁴¡También yo podría hablar del
mismo modo
si estuvieran ustedes en mi lugar!
¡También yo pronunciaría bellos
discursos en su contra,
meneando con sarcasmo la
cabeza!

⁵¡Les infundiría nuevos bríos con la
boca;
les daría consuelo con los labios!

⁶»Si hablo, mi dolor no disminuye;
si me callo, tampoco se me
calma.
⁷Ciertamente Dios me ha destruido;
ha exterminado^d a toda mi
familia.
⁸Me tiene acorralado, y da
testimonio contra mí;
mi deplorable estado se levanta y
me condena.

⁹»En su enojo Dios me desgarra y
me persigue;
rechina los dientes contra mí;
mi adversario me clava la mirada.
¹⁰La gente se mofa de mí
abiertamente;
burlones, me dan de bofetadas,
y todos juntos se ponen en mi
contra.
¹¹Dios me ha entregado en manos de
gente inicua;
me ha arrojado en las garras de
los malvados.
¹²Yo vivía tranquilo, pero él me
destrozó;
me agarró por el cuello y me hizo
pedazos;
¡me hizo blanco de sus ataques!
¹³Sus arqueros me rodearon.
Sin piedad me perforaron los
riñones,
y mi hígado se derramó por el
suelo.
¹⁴Abriéndome herida tras herida,
se lanzaron contra mí como un
guerrero.

¹⁵»El luto es parte de mi cuerpo;
en el polvo tengo enterrada la
frente.^{e}
¹⁶De tanto llorar tengo enrojecida la
cara,
profundas ojeras tengo en torno a
los ojos;

---

^{c}**16:2** *valiente consuelo el de.* Lit. *consoladores de calamidad son.* ^{d}**16:7** *ha exterminado*; Lit. *tú has
exterminado.* ^{e}**16:15** *enterrada la frente.* Lit. *enterrado mi cuerno.*

17 pero mis manos están libres de
violencia,
y es pura mi oración.

18 »¡Ah, tierra, no cubras mi sangre!
¡No dejes que se acalle mi
clamor!
19 Ahora mismo tengo en los cielos
un testigo;
en lo alto se encuentra mi
abogado.
20 Mi intercesor es mi amigo,*f*
y ante él me deshago en lágrimas
21 para que interceda ante Dios en
favor mío,
como quien apela por su amigo.
22 Pasarán sólo unos cuantos años
antes de que yo emprenda el viaje
sin regreso.

17 »Mi ánimo se agota,
mis días se acortan,
la tumba me espera.
2 Estoy rodeado de burlones;
¡sufren mis ojos su hostilidad!

3 »Dame, oh Dios, la fianza que
demandas.
¿Quién más podría responder por
mí?
4 Tú has ofuscado su pensamiento,
por eso no dejarás que triunfen.
5 Quien por una recompensa
denuncia a sus amigos,
verá a sus hijos desfallecer.

6 »Dios me ha puesto en boca de
todos;
no falta quien me escupa en la cara.
7 Los ojos se me apagan a causa del
dolor;
todo mi esqueleto no es más que
una sombra.
8 Los justos ven esto, y se quedan
asombrados;
los inocentes se indignan contra
el impío,
9 la gente recta se aferra a su camino
y los de manos limpias aumentan
su fuerza.

10 »Vengan, pues, todos ustedes;
¡arremetan contra mí!
No hallaré entre ustedes a un solo
sabio.
11 Mis días van pasando, mis planes
se frustran
junto con los anhelos de mi
*corazón.
12 Esta gente convierte la noche en día;
todo está oscuro, pero insisten:
"La luz se acerca."
13 Si el único hogar que espero es el
*sepulcro,
he de tenderme a dormir en las
tinieblas;
14 he de llamar "Padre mío" a la
corrupción,
y "Madre" y "Hermana" a los
gusanos.
15 ¿Dónde queda entonces mi
esperanza?
¿Quién ve alguna esperanza para
mí?
16 ¿Bajará conmigo hasta las puertas
de la *muerte?
¿Descenderemos juntos hasta el
polvo?»

Segundo discurso de Bildad

18 Respondió entonces Bildad de
Súah:

2 «¿Cuándo pondrás fin a tanta
palabrería?
Entra en razón, y entonces
hablaremos.
3 ¿Por qué nos tratas como si
fuéramos bestias?
¿Por qué nos consideras unos
tontos?
4 Es tal tu enojo que te desgarras el
alma;
¡mas no por ti quedará desierta la
tierra,
ni se moverán de su lugar las rocas!

5 »La lámpara de los malvados se
apagará;
la llama de su fuego dejará de
arder.

---

f **16:20** *Mi intercesor es mi amigo.* Alt. *Mis amigos me tratan con burlas.*

6 Languidece la luz de su morada;
la lámpara que lo alumbra se
apagará.

7 El vigor de sus pasos se irá
debilitando;
sus propios planes lo derribarán.

8 Sus pies lo harán caer en una trampa,
y entre sus redes quedará
atrapado.

9 Quedará sujeto por los tobillos;
quedará atrapado por completo.

10 Un lazo le espera escondido en el
suelo;
una trampa está tendida a su paso.

11 El terror lo asalta por doquier,
y anda tras sus pasos.

12 La calamidad lo acosa sin descanso;
el desastre no lo deja un solo
instante.

13 La enfermedad le carcome el cuerpo;
la muerte le devora las manos y
los pies.ᵍ

14 Lejos de la seguridad de su morada,
marcha ahora hacia el rey de los
terrores.

15 El fuego se ha apoderado de su
carpa;ʰ
hay azufre ardiente esparcido en
su morada.

16 En el tronco, sus raíces se han
secado;
en la copa, sus ramas se
marchitan.

17 Borrada de la tierra ha sido su
memoria;
de su fama nada queda en el país.

18 De la luz es lanzado a las tinieblas;
ha sido expulsado de este mundo.

19 No tiene entre su pueblo hijos ni
parientes;
nadie le sobrevive donde él
habitó.

20 Del oriente al occidente
los pueblos se asombran de su
suerte
y se estremecen de terror.

21 Así es la morada del malvado,
el lugar del que no conoce a
Dios.»

Sexto discurso de Job

19

A esto, Job respondió:

2 «¿Hasta cuándo van a estar
atormentándome
y aplastándome con sus palabras?

3 Una y otra vezⁱ me hacen reproches;
descaradamente me atacan.

4 Aun si fuera verdad que me he
desviado,
mis errores son asunto mío.

5 Si quieren darse importancia a
costa mía,
y valerse de mi humillación para
atacarme,

6 sepan que es Dios quien me ha
hecho daño,
quien me ha atrapado en su red.

7 »Aunque grito: "¡Violencia!", no
hallo respuesta;
aunque pido ayuda, no se me
hace justicia.

8 Dios me ha cerrado el camino, y no
puedo pasar;
ha cubierto de oscuridad mis
senderos.

9 Me ha despojado de toda honra;
de la cabeza me ha quitado la
corona.

10 Por todos lados me destroza, como
a un árbol;
me aniquila, y arranca de raíz mi
esperanza.

11 Su enojo se ha encendido contra mí;
me cuenta entre sus enemigos.

12 Sus tropas avanzan en tropel;
levantan una rampa para
asediarme;
¡acampan alrededor de mi carpa!

13 »Hizo que mis hermanos me
abandonaran;
hasta mis amigos se han alejado
de mí.

14 Mis parientes y conocidos se
distanciaron,
me echaron al olvido.

ᵍ **18:13** *la muerte ... los pies.* Lit. *devora sus miembros el primogénito de la muerte.* ʰ **18:15** *El fuego se ha
apoderado de su carpa.* Alt. *En su carpa, de lo suyo nada queda.* ⁱ **19:3** *Una y otra vez.* Lit. *Diez veces.*

15 Mis huéspedes y mis criadas me
    ven como a un extraño,
  me miran como a un desconocido.
16 Llamo a mi criado, y no me
    responde,
  aunque yo mismo se lo ruego.
17 A mi esposa le da asco mi aliento;
  a mis hermanos[j] les resulto
    repugnante.
18 Hasta los niños se burlan de mí;
  en cuanto me ven, me dan la
    espalda.[k]
19 A todos mis amigos les resulto
    abominable;
  mis seres queridos se han vuelto
    contra mí.
20 La piel y la carne se me pegan a
    los huesos;
  ¡a duras penas he salvado el
    pellejo![l]

21 »¡Compadézcanse de mí, amigos
    míos;
  compadézcanse, que la mano de
    Dios me ha golpeado!
22 ¿Por qué me acosan como Dios?
  ¿No les basta con desollarme
    vivo?[m]

23 »¡Ah, si fueran grabadas mis
    palabras,
  si quedaran escritas en un libro!
24 ¡Si para siempre quedaran sobre la
    roca,
  grabadas con cincel en una placa
    de plomo!
25 Yo sé que mi redentor[n] vive,
  y que al final *triunfará sobre la
    muerte.[ñ]
26 Y cuando mi piel haya sido destruida,
  todavía veré a Dios con mis
    propios ojos.[o]
27 Yo mismo espero verlo;
  espero ser yo quien lo vea, y no
    otro.
  ¡Este anhelo me consume las
    entrañas!

28 »Ustedes dicen: "Vamos a acosarlo,
  porque en él está la raíz del mal."
29 Pero cuídense de la espada,
  pues con ella viene la ira justiciera,
  para que sepan que hay un juez.»

Segundo discurso de Zofar

20 A esto respondió Zofar de Namat:

2 »Mis turbados pensamientos me
    hacen replicar,
  pues me hallo muy desconcertado.
3 He escuchado una reprensión que
    me deshonra,
  y mi inteligencia me obliga a
    responder.

4 »Bien sabes tú que desde antaño,
  desde que Dios puso al hombre[p]
    en la tierra,
5 muy breve ha sido la algarabía del
    malvado;
  la alegría del impío ha sido
    pasajera.
6 Aunque su orgullo llegue hasta los
    cielos
  y alcance a tocar con la cabeza
    las nubes,
7 él perecerá para siempre, como su
    excremento,
  y sus allegados dirán: "¿Qué se
    hizo?"
8 Como un sueño, como una visión
    nocturna,
  se desvanecerá y no volverá a ser
    hallado.
9 Los ojos que lo vieron no volverán
    a verlo;
  su lugar no volverá a
    contemplarlo.
10 Sus hijos tendrán que resarcir a los
    pobres;
  ellos mismos restituirán las
    riquezas de su padre.
11 El vigor juvenil que hoy sostiene
    sus huesos
  un día reposará en el polvo con él.

---

[j] 19:17 *mis hermanos.* Lit. *los hijos de mi vientre.*   [k] 19:18 *en cuanto ... la espalda.* Lit. *me levanto, y hablan contra mí.*   [l] 19:20 *¡a duras ... el pellejo!* Lit. *he escapado con la piel de mis dientes.*   [m] 19:22 *con desollarme vivo.* Lit. *con mi carne.*   [n] 19:25 *redentor.* Alt. *defensor.*   [ñ] 19:25 *triunfará sobre la muerte.* Lit. *se levantará sobre el polvo.*   [o] 19:26 *con mis propios ojos.* Lit. *desde mi carne.*   [p] 20:4 *al hombre.* Alt. *a Adán.*

12»Aunque en su boca el mal sabe
dulce
y lo disimula bajo la lengua,
13y aunque no lo suelta para nada,
sino que tenazmente lo retiene,
14ese pan se le agriará en el
estómago;
dentro de él se volverá veneno de
áspid.
15Vomitará las riquezas que se
engulló;
Dios hará que las arroje de su
vientre.
16Chupará veneno de serpientes;
la lengua de un áspid lo matará.
17No disfrutará de los arroyos,
de los ríos de crema y miel;
18no se engullirá las ganancias de sus
negocios;
no disfrutará de sus riquezas,
19porque oprimió al pobre y lo dejó
sin nada,
y se adueñó de casas que nunca
construyó.

20»Su ambición nunca quedó
satisfecha;
¡nada quedó a salvo de su codicia!
21Nada se libró de su voracidad;
por eso no perdurará su bienestar.
22En medio de la abundancia, lo
abrumará la angustia;
le sobrevendrá toda la fuerza de
la desgracia.
23Cuando el malvado se haya llenado
el vientre,
Dios dará rienda suelta a su enojo
contra él,
y descargará sobre él sus golpes.
24Aunque huya de las armas de
hierro,
una flecha de bronce lo
atravesará.
25Cuando del hígado y de la espalda
intente sacarse la punta de la
flecha,
se verá sobrecogido de espanto,
26   y la oscuridad total acechará sus
tesoros.
Un fuego no atizado acabará con él

y con todo lo que haya quedado
de su casa.
27Los cielos harán pública su culpa;
la tierra se levantará a
denunciarlo.
28En el día de la ira de Dios,
un aluvión arrasará con su casa.
29Tal es el fin que Dios reserva al
malvado;
tal es la herencia que le asignó.»

Séptimo discurso de Job

21 A esto, Job respondió:

2«Escuchen atentamente mis
palabras;
concédanme este consuelo.
3Tolérenme un poco mientras hablo,
y búrlense si quieren cuando haya
terminado.

4»¿Acaso dirijo mi reclamo a los
*mortales?
¿Por qué creen que pierdo la
paciencia?
5Mírenme, y queden asombrados;
tápense la boca con la mano.
6Si pienso en esto, me lleno de
espanto;
un escalofrío me corre por el
cuerpo.
7¿Por qué siguen con vida los
malvados,
cada vez más viejos y más ricos?
8Ven establecerse en torno suyo
a sus hijos y a sus descendientes.
9Tienen *paz en su hogar, y están
libres de temores;
la vara de Dios no los castiga.
10Sus toros son verdaderos sementales;
sus vacas paren y no pierden las
crías.
11Dejan correr a sus niños como si
fueran ovejas;
sus pequeñuelos danzan alegres.
12Cantan al son del tamboril y del
arpa;
se divierten al son de la flauta.
13Pasan la vida con gran bienestar,
y en paz*q* bajan al *sepulcro.

---

q **21:13** *en paz.* Lit. *en un instante.*

14A Dios increpan: "¡Déjanos
tranquilos!
No queremos conocer tu voluntad.
15¿Quién es el *Todopoderoso, para
que le sirvamos?
¿Qué ganamos con dirigirle
nuestras oraciones?"
16Pero su bienestar no depende de
ellos.
¡Jamás me dejaré llevar por sus
malos consejos!

17»¿Cuándo se ha apagado la lámpara
de los malvados?
¿Cuándo les ha sobrevenido el
desastre?
¿Cuándo Dios, en su enojo, los ha
hecho sufrir
18 como paja que arrebata el viento,
como tamo que se lleva la
tormenta?
19Me dirán que Dios reserva el castigo
para los hijos del pecador.
¡Mejor que castigue al que peca,
para que escarmiente!
20¡Que sufra el pecador su propia
destrucción!
¡Que beba de la ira del
Todopoderoso!
21¿Qué le puede importar la familia
que deja,
si le quedan pocos meses de vida?

22»¿Quién puede impartirle a Dios
*conocimientos,
si es él quien juzga a las grandes
eminencias?
23Hay quienes mueren en la flor de
la vida,
rebosantes de salud y de paz;
24sus caderas,*r* llenas de grasa;
sus huesos, recios hasta la médula.
25Otros mueren con el ánimo
amargado,
sin haber disfrutado de lo bueno.
26¡En el polvo yacen unos y otros,
todos ellos cubiertos de gusanos!

27»Sé muy bien lo que están
pensando,
y los planes que tienen de
hacerme daño.
28También sé que se preguntan:
"¿Dónde está la mansión del
potentado?
¿Dónde están las moradas de los
inicuos?"
29¿No han interrogado a los viajeros?
¿No han prestado atención a sus
argumentos?
30En el día del desastre, el malvado
se salva;
¡en el día de la ira, es puesto a
salvo!
31¿Y quién le echa en cara su
conducta?
¿Quién le da su merecido por sus
hechos?
32Cuando lo llevan al sepulcro,
sobre su tumba se pone vigilancia;
33mucha gente le abre paso,
y muchos más cierran el cortejo.
¡Descansa en paz bajo la tierra
del valle!*s*

34»¿Cómo esperan consolarme con
discursos sin sentido?
¡Sus respuestas no son más que
falacias!»

Tercer discurso de Elifaz

22 A esto respondió Elifaz de Temán:

2«¿Puede alguien, por muy sabio
que sea,
serle a Dios de algún provecho?
3¿Sacará alguna ventaja el
*Todopoderoso
con que seas un hombre justo?
¿Tendrá algún beneficio
si tu conducta es intachable?
4¿Acaso te reprende por temerlo,
y por eso te lleva a juicio?
5¿No es acaso demasiada tu maldad?
¿Y no son incontables tus pecados?
6Sin motivo demandabas fianza de
tus hermanos,
y en prenda los despojabas de sus
mantos;
¡desnudos los dejabas!

---

*r***21:24** *caderas.* Palabra de difícil traducción. *s***21:33** *¡Descansa ... valle!* Lit. *Dulce le es el suelo del valle.*

7 Al sediento no le dabas agua;
al hambriento le negabas la
comida.
8 Hombre de poder, te adueñaste de
la tierra;
hombre prominente, en ella te
asentaste.
9 No les dabas nada a las viudas,
y para colmo les quitabas todo*t* a
los huérfanos.
10 Por eso ahora te ves rodeado de
trampas,
y te asaltan temores repentinos;
11 la oscuridad te impide ver,
y te ahogan las aguas torrenciales.

12 »¿No está Dios en las alturas de los
cielos?
¡Mira las estrellas, cuán altas y
remotas!
13 Sin embargo, cuestionas: "¿Y Dios
qué sabe?
¿Puede acaso juzgar a través de
las tinieblas?
14 Él recorre los cielos de uno a otro
extremo,
y densas nubes lo envuelven,
¡así que no puede vernos!"

15 »¿Vas a seguir por los trillados
caminos
que han recorrido los malvados?
16 Perdieron la vida antes de tiempo;
un diluvio arrasó sus cimientos.
17 Increparon a Dios: "¡Déjanos
tranquilos!
¿Qué puedes tú hacernos,*u*
Todopoderoso?"
18 ¡Y fue Dios quien llenó sus casas
de bienes!
¡Yo no me dejaré llevar por sus
malos consejos!

19 »Los justos se alegran al ver la
ruina de los malvados;
los inocentes dicen en son de
burla:
20 "Nuestros enemigos han sido
destruidos;

¡el fuego ha consumido sus
riquezas!"

21 »Sométete a Dios; ponte en *paz
con él,
y volverá a ti la prosperidad.
22 Acepta la enseñanza que mana de
su boca;
¡grábate sus palabras en el
*corazón!
23 Si te vuelves al Todopoderoso
y alejas de tu casa la maldad,
serás del todo restaurado;
24 si tu oro refinado*v* lo arrojas por el
suelo,
entre rocas y cañadas,
25 tendrás por oro al Todopoderoso,
y será él para ti como plata
refinada.
26 En el Todopoderoso te deleitarás;
ante Dios levantarás tu rostro.
27 Cuando ores, él te escuchará,
y tú le cumplirás tus votos.
28 Tendrás éxito en todo lo que
emprendas,
y en tus caminos brillará la luz.
29 Porque Dios humilla a los altaneros,
y exalta a los humildes.
30 Él salva al que es inocente,
y por tu honradez quedarás a
salvo.»*w*

Octavo discurso de Job

23 A esto respondió Job:

2 «Mi queja sigue siendo amarga;
gimo bajo el peso de su mano*x*.
3 ¡Ah, si supiera yo dónde encontrar
a Dios!
¡Si pudiera llegar adonde él habita!
4 Ante él expondría mi caso;
llenaría mi boca de argumentos.
5 Podría conocer su respuesta,
y trataría de entenderla.
6 ¿Disputaría él conmigo, con todo
su poder?
¡Claro que no! ¡Ni me acusaría!
7 Ante él cualquier *hombre recto
podría presentar su caso,

---

t **22:9** *les quitabas todo.* Alt. *anulaste la fuerza.* Lit. *sus brazos fueron rotos.*   *u* **22:17** *hacernos* (LXX y
Siríaca); *hacerle* (TM).   *v* **22:24** *oro refinado.* Lit. *oro de Ofir.*   *w* **22:30** *Él salva ... salvo.* Alt. *Él salva al
que es culpable, / y lo salva por la limpieza de tus manos.*   *x* **23:2** *su mano* (LXX y Siríaca); *mi mano* (TM).

y yo sería absuelto para siempre
delante de mi juez.

⁸»Si me dirijo hacia el este, no está
allí;
si me encamino al oeste, no lo
encuentro.
⁹Si está ocupado en el norte, no lo
veo;
si se vuelve al sur, no alcanzo a
percibirlo.
¹⁰Él, en cambio, conoce mis caminos;
si me pusiera a prueba, saldría yo
puro como el oro.
¹¹En sus sendas he afirmado mis pies;
he seguido su camino sin
desviarme.
¹²No me he apartado de los
mandamientos de sus labios;
en lo más profundo de mi ser[y]
he atesorado las palabras de su
boca.

¹³»Pero él es soberano;[z]
¿quién puede hacerlo desistir?
Lo que él quiere hacer, lo hace.
¹⁴Hará conmigo lo que ha
determinado;
todo lo que tiene pensado lo
realizará.
¹⁵Por eso me espanto en su presencia;
si pienso en todo esto, me lleno
de temor.
¹⁶Dios ha hecho que mi *corazón
desmaye;
me tiene aterrado el
*Todopoderoso.
¹⁷Con todo, no logran acallarme las
tinieblas
ni la densa oscuridad que cubre
mi rostro.

24 »Si los tiempos no se esconden
del *Todopoderoso,
¿por qué no los perciben quienes
dicen conocerlo?
²Hay quienes no respetan los
linderos,
y pastorean ganado robado;
³a los huérfanos los despojan de sus
asnos;
a las viudas les quitan en prenda
sus bueyes;
⁴apartan del camino a los necesitados;
a los pobres del país los obligan a
esconderse.
⁵Como asnos salvajes del desierto,
se afanan los pobres por
encontrar su presa,
y el páramo da de comer a sus
hijos.
⁶En campos ajenos recogen forraje,
y en las viñas de los malvados
recogen uvas.
⁷Por no tener ropa, se pasan la
noche desnudos;
¡no tienen con qué protegerse del
frío!
⁸Las lluvias de las montañas los
empapan;
no teniendo más abrigo, se
arriman a las peñas.
⁹Al huérfano se le aparta de los
pechos de su madre;
al pobre se le retiene a cambio de
una deuda.
¹⁰Por no tener ropa, andan desnudos;
aunque cargados de trigo, van
muriéndose de hambre.
¹¹Exprimen aceitunas en las terrazas;[a]
pisan uvas en las cubas, pero
desfallecen de sed.
¹²De la ciudad se eleva el clamor de
los moribundos;
la garganta de los heridos
reclama ayuda,
¡pero Dios ni se da por enterado!

¹³»Hay quienes se oponen a la luz;
no viven conforme a ella
ni reconocen sus caminos.
¹⁴Apenas amanece, se levanta el
asesino
y mata al pobre y al necesitado;
apenas cae la noche, actúa como
ladrón.
¹⁵Los ojos del adúltero están
pendientes de la noche;

---

[y] **23:12** *en lo más profundo de mi ser* (LXX y Vulgata); *más que mi porción* (TM).   [z] **23:13** *pero él es soberano.* Lit. *y él, en uno.*   [a] **24:11** *en las terrazas.* Alt. *entre las piedras de molino.*

se dice a sí mismo: "No habrá
quien me vea",
y mantiene oculto el rostro.
16Por la noche, entra el ladrón a casa
ajena,
pero se encierra durante el día;
¡de la luz no quiere saber nada!
17Para todos ellos, la mañana es
oscuridad;
prefieren el horror de las
tinieblas.»

Interrupción de Zofar[b]

18«Los malvados son como espuma
sobre el agua;
su parcela está bajo maldición;
ya no van a trabajar a los viñedos.
19Y así como el calor y la sequía
arrebatan con violencia la nieve
derretida,
así el *sepulcro arrebata a los
pecadores.
20Su propia madre se olvida de ellos;
los gusanos se los comen;
nadie vuelve a recordarlos,
¡son desgajados como árboles!
21Maltratan a la estéril, a la mujer sin
hijos;
jamás buscan el bien de la viuda.
22Pero Dios, con su poder, arrastra a
los poderosos;
cuando él se levanta, nadie tiene
segura la vida.
23Dios los deja sentirse seguros,
pero no les quita la vista de
encima.
24Por algún tiempo son exaltados,
pero luego dejan de existir;
son humillados y recogidos como
hierba,[c]
¡son cortados como espigas!
25¿Quién puede probar que es falso
lo que digo,
y reducir mis palabras a la nada?»

Tercer discurso de Bildad

25 A esto respondió Bildad de Súah:

2«Dios es poderoso e infunde temor;

él pone orden[d] en las alturas de
los cielos.
3¿Pueden contarse acaso sus
ejércitos?
¿Sobre quién no alumbra su luz?
4¿Cómo puede el *hombre
declararse inocente ante Dios?
¿Cómo puede alegar pureza
quien ha nacido de mujer?
5Si a sus ojos no tiene brillo la luna,
ni son puras las estrellas,
6mucho menos el hombre, simple
gusano;
¡mucho menos el hombre,
miserable lombriz!»

Interrupción de Job

26 Pero Job intervino:

2«¡Tú sí que ayudas al débil!
¡Tú sí que salvas al que no tiene
fuerza!
3¡Qué consejos sabes dar al
ignorante!
¡Qué gran discernimiento has
demostrado!
4¿Quién te ayudó a pronunciar tal
discurso?
¿Qué espíritu ha hablado por tu
boca?»

Bildad reanuda su discurso

5«Un estremecimiento invade a los
muertos,
a los que habitan debajo de las
aguas.
6Ante Dios, queda el *sepulcro al
descubierto;
nada hay que oculte a este
*destructor.
7Dios extiende el cielo[e] sobre el
vacío;
sobre la nada tiene suspendida la
tierra.
8En sus nubes envuelve las aguas,
pero no revientan las nubes con
su peso.
9Cubre la faz de la luna llena
al extender sobre ella sus nubes.

---

[b] **24:18-25** Zofar no se menciona en el texto. Se considera que esta porción, junto con 27:13-23, forma parte del tercer discurso de este personaje.   [c] **24:24** *como hierba* (LXX); *como todo* (TM).   [d] **25:2** *pone orden.* Lit. *hace* *paz.*   [e] **26:7** *el cielo.* Lit. *el norte.*

10 Dibuja el horizonte sobre la faz de
las aguas
para dividir la luz de las tinieblas.
11 Aterrados por su reprensión,
tiemblan los pilares de los cielos.
12-13 Con un soplo suyo se despejan los
cielos;
con su poder Dios agita el mar.
Con su sabiduría descuartizó a
*Rahab;
con su mano ensartó a la
serpiente escurridiza.
14 ¡Y esto es sólo una muestra de sus
obras,*f*
un murmullo que logramos
escuchar!
¿Quién podrá comprender su
trueno poderoso?»

Noveno discurso de Job

27 Job, retomando la palabra, dijo:

2 «Juro por Dios,*g* el *Todopoderoso,
quien se niega a hacerme
*justicia,
quien me ha amargado el ánimo,
3 que mientras haya vida en mí
y aliento divino en mi nariz,
4 mis labios no pronunciarán maldad
alguna,
ni mi lengua proferirá mentiras.
5 Jamás podré admitir que ustedes
tengan la razón;
mientras viva, insistiré en mi
integridad.
6 Insistiré en mi inocencia; no cederé.
Mientras viva, no me remorderá
la conciencia.

7 »¡Que terminen mis enemigos
como los malvados
y mis adversarios como los
injustos!
8 ¿Qué esperanza tienen los impíos
cuando son eliminados,
cuando Dios les quita la vida?
9 ¿Escucha Dios su clamor
cuando les sobreviene la angustia?
10 ¿Acaso se deleitan en el
Todopoderoso,
o claman a Dios en todo tiempo?

11 »¡Yo les voy a mostrar algo del
poder de Dios!
¡No les voy a ocultar los planes
del Todopoderoso!
12 Si ustedes mismos han visto todo
esto,
¿a qué viene tanta palabrería?»

Tercer discurso de Zofar

13 «Ésta es la herencia que Dios
tiene reservada para los malvados;
ésta es la herencia que los
desalmados
recibirán del *Todopoderoso:
14 No importa cuántos hijos tengan,
la espada los aguarda;
jamás sus pequeños comerán
hasta saciarse.
15 La muerte sepultará a quienes les
sobrevivan,
sus viudas no llorarán por ellos.
16 Y aunque amontonen plata como
polvo,
y apilen vestidos como arcilla,
17 será el justo quien se ponga esos
vestidos,
y el inocente quien reparta esa
plata.
18 Las casas que construyen parecen
larvas de polilla,
parecen cobertizo de vigilancia.
19 Se acuestan siendo ricos, pero por
última vez:
cuando despiertan, sus riquezas
se han esfumado.
20 Les sobreviene un diluvio de
terrores;
la tempestad los arrebata por la
noche.
21 El viento del este se los lleva, y
desaparecen;
los arranca del lugar donde viven.
22 Se lanza contra ellos sin clemencia,
mientras ellos tratan de huir de su
poder.
23 Agita las manos y aplaude burlón;
entre silbidos, los arranca de su
lugar.»

---

f **26:14** *una muestra de sus obras.* Lit. *los extremos de sus caminos.*   *g* **27:2** *Juro por Dios.* Lit. *Vive Dios.*

Elogio de la sabiduría

28 Hay minas de donde se saca la
plata,
y crisoles donde se refina el oro.
2 El hierro se extrae de la tierra;
el cobre se separa de la escoria.
3 El minero ha puesto fin a las
tinieblas:
hurga en los rincones más
apartados,
busca piedras en la más densa
oscuridad.
4 Lejos de la gente
cava túneles en lugares nunca
hollados;
lejos de la gente
se balancea en el aire.
5 Extrae su sustento de la tierra,
cuyas entrañas se transforman
como por fuego.
6 De sus rocas se obtienen zafiros,
y en el polvo se encuentra oro.
7 No hay ave rapaz que conozca ese
escondrijo
ni ojo de halcón que lo haya
descubierto.
8 Ninguna bestia salvaje ha puesto
allí su pie;
tampoco merodean allí los leones.
9 La mano del minero ataca el
pedernal
y pone al descubierto la raíz de
las montañas.
10 Abre túneles en la roca,
y sus ojos contemplan todos sus
tesoros.
11 Anda en busca de*h* las fuentes de
los ríos,
y trae a la luz cosas ocultas.

12 Pero, ¿dónde se halla la sabiduría?
¿Dónde habita la inteligencia?
13 Nadie sabe lo que ella vale,
pues no se encuentra en este
mundo.
14 «Aquí no está», dice el océano;
«Aquí tampoco», responde el mar.
15 No se compra con el oro más fino,
ni su precio se calcula en plata.

16 No se compra con oro refinado,*i*
ni con ónice ni zafiros.
17 Ni el oro ni el cristal se comparan
con ella,
ni se cambia por áureas joyas.
18 ¡Para qué mencionar el coral y el
jaspe!
¡La sabiduría vale más que los
rubíes!
19 El topacio de Cus no se le iguala,
ni es posible comprarla con oro
puro.

20 ¿De dónde, pues, viene la sabiduría?
¿Dónde habita la inteligencia?
21 Se esconde de los ojos de toda
criatura;
¡hasta de las aves del cielo se
oculta!
22 La *destrucción y la muerte
afirman:
«Algo acerca de su fama llegó a
nuestros oídos.»
23 Sólo Dios sabe llegar hasta ella;
sólo él sabe dónde habita.
24 Él puede ver los confines de la tierra;
él ve todo lo que hay bajo los
cielos.
25 Cuando él establecía la fuerza del
viento
y determinaba el volumen de las
aguas,
26 cuando dictaba el decreto para las
lluvias
y la ruta de las tormentas,
27 miró entonces a la sabiduría y
ponderó su valor;
la puso a prueba y la confirmó.
28 Y dijo a los *mortales:
«Temer al Señor: ¡eso es
sabiduría!
Apartarse del mal: ¡eso es
discernimiento!»

Soliloquio de Job

29 Job, retomando la palabra, dijo:

2 «¡Cómo añoro los meses que se
han ido,
los días en que Dios me cuidaba!

---

h **28:11** *Anda en busca de* (LXX, Aquila y Vulgata); *Detiene* (TM).   *i* **28:16** *oro refinado*; Lit. *oro de Ofir.*

³Su lámpara alumbraba sobre mi
cabeza,
y por su luz podía andar entre
tinieblas.
⁴¡Qué días aquellos, cuando yo
estaba en mi apogeo
y Dios bendecía mi casa con su
íntima amistad!

⁵»Cuando aún estaba conmigo el
*Todopoderoso,
y mis hijos me rodeaban;
⁶cuando ante mí corrían ríos de
crema,
y de las rocas fluían arroyos de
aceite;
⁷cuando ocupaba mi puesto en el
consejo de la ciudad,ʲ
y en la plaza pública tomaba
asiento,
⁸los jóvenes al verme se hacían a un
lado,
y los ancianos se ponían de pie;
⁹los jefes se abstenían de hablar
y se tapaban la boca con las
manos;
¹⁰los nobles bajaban la voz,
y la lengua se les pegaba al
paladar.
¹¹Los que me oían, hablaban bien de
mí;
los que me veían, me alababan.
¹²Si el pobre recurría a mí, yo lo
ponía a salvo,
y también al huérfano, si no tenía
quien lo ayudara.
¹³Me bendecían los desahuciados;
¡por mí gritaba de alegría
el *corazón de las viudas!
¹⁴De justicia y rectitud me revestía;
ellas eran mi manto y mi
turbante.
¹⁵Para los ciegos fui sus ojos;
para los tullidos, sus pies.
¹⁶Fui padre de los necesitados
y defensor de los extranjeros.
¹⁷A los malvados les rompí la cara;
¡de sus fauces les arrebaté la
presa!

¹⁸»Llegué a pensar: "Moriré en mi
propia casa;
mis días serán incontables como
la arena del mar.
¹⁹Mis raíces llegarán hasta las aguas;
el rocío de la noche se quedará en
mis ramas.
²⁰Mi gloria mantendrá en mí su
lozanía,
y el arco en mi mano se
mantendrá firme."

²¹»La gente me escuchaba expectante,
y en silencio aguardaba mi
consejo.
²²Hablaba yo, y nadie replicaba;
mis palabras hallaban cabidaᵏ en
sus oídos.
²³Expectantes, absorbían mis palabras
como quien espera las lluvias
tardías.
²⁴Si yo les sonreía, no podían creerlo;
mi rostro sonriente los reanimaba.ˡ
²⁵Yo les indicaba el camino a seguir;
me sentaba a la cabecera;
habitaba entre ellos como un rey
entre su tropa,
como quien consuela a los que
están de luto.

30 »¡Y ahora resulta que de mí se
burlan
jovencitos a cuyos padres no
habría puesto
ni con mis perros ovejeros!
²¿De qué me habría servido la
fuerza de sus manos,
si no tenían ya fuerza para nada?
³Retorciéndose de hambre y de
necesidad,
rondabanᵐ en la noche por tierras
desoladas,
por páramos deshabitados.
⁴En las breñas recogían hierbas
amargas
y comíanⁿ raíces de *retama.
⁵Habían sido excluidos de la
comunidad,
acusados a gritos como ladrones.

ʲ**29:7** *cuando ocupaba ... ciudad*. Lit. *cuando salía yo a las *puertas de la ciudad*. ᵏ**29:22** *hallaban cabida*.
Lit. *caían como gotas*. ˡ**29:24** *mi rostro ... reanimaba*. Lit. *la luz de mi rostro no los hacía caer*.
ᵐ**30:3** *rondaban*. Alt. *roían*. ⁿ**30:4** *comían*. Alt. *se calentaban con*.

6 Se vieron obligados a vivir
en el lecho de los arroyos secos,
entre las grietas y en las cuevas.

7 Bramaban entre los matorrales,
se amontonaban entre la maleza.

8 Gente vil, generación infame,
fueron expulsados de la tierra.

9 »¡Y ahora resulta que soy tema de
sus parodias!
¡Me he vuelto su hazmerreír!

10 Les doy asco, y se alejan de mí;
no vacilan en escupirme en la cara.

11 Ahora que Dios me ha humillado
por completo,
no se refrenan en mi presencia.

12 A mi derecha, me ataca el
populacho;[ñ]
tienden trampas a mis pies
y levantan rampas de asalto para
atacarme.

13 Han irrumpido en mi camino;
sin ayuda de nadie han logrado
destruirme.[o]

14 Avanzan como a través de una
brecha;
irrumpen entre las ruinas.

15 El terror me ha sobrecogido;
mi dignidad se esfuma como el
viento,
¡mi *salvación se desvanece
como las nubes!

16 »Y ahora la vida se me escapa;
me oprimen los días de
sufrimiento.

17 La noche me taladra los huesos;
el dolor que me corroe no tiene fin.

18 Como con un manto, Dios me
envuelve con su poder;
me ahoga como el cuello de mi
ropa.

19 Me arroja con fuerza en el fango,
y me reduce a polvo y ceniza.

20 »A ti clamo, oh Dios, pero no me
respondes;
me hago presente, pero tú apenas
me miras.

21 Implacable, te vuelves contra mí;
con el poder de tu brazo me
atacas.

22 Me arrebatas, me lanzas[p] al viento;
me arrojas al ojo de la tormenta.

23 Sé muy bien que me harás bajar al
sepulcro,
a la morada final de todos los
vivientes.

24 »Pero nadie golpea al que está
derrotado,
al que en su angustia reclama
auxilio.

25 ¿Acaso no he llorado por los que
sufren?
¿No me he condolido por los
pobres?

26 Cuando esperaba lo bueno, vino lo
malo;
cuando buscaba la luz, vinieron
las sombras.

27 No cesa la agitación que me invade;
me enfrento a días de sufrimiento.

28 Ando apesadumbrado, pero no a
causa del sol;
me presento en la asamblea, y
pido ayuda.

29 He llegado a ser hermano de los
chacales,
compañero de las lechuzas.

30 La piel se me ha requemado, y se
me cae;
el cuerpo me arde por la fiebre.

31 El tono de mi arpa es de lamento,
el son de mi flauta es de tristeza.

31 »Yo había convenido con mis
ojos
no mirar con lujuria a ninguna
mujer.[q]

2 ¿Qué se recibe del Dios altísimo?
¿Qué se hereda del
*Todopoderoso en las
alturas?

3 ¿No es acaso la ruina para los
malvados
y el desastre para los
malhechores?

[ñ] **30:12** *populacho*. Palabra de difícil traducción.
destruirme, y dicen: "Nadie puede ayudarlo."
[q] **31:1** *mujer*. Lit. *virgen*.

[o] **30:13** *sin ayuda ... destruirme*. Alt. *han logrado*
[p] **30:22** *me lanzas al*. Lit. *me haces cabalgar sobre el*.

⁴¿Acaso no se fija Dios en mis
      caminos
   y toma en cuenta todos mis
      pasos?

⁵»Si he andado en malos pasos,
   o mis pies han corrido tras la
      mentira,
⁶¡que Dios me pese en una balanza
      justa,
   y así sabrá que soy inocente!
⁷Si mis pies se han apartado del
      camino,
   o mi *corazón se ha dejado llevar
      por mis ojos,
   o mis manos se han llenado de
      ignominia,
⁸¡que se coman otros lo que yo he
      sembrado,
   y que sean destruidas mis
      cosechas!

⁹»Si por alguna mujer me he dejado
      seducir,
   si a las puertas de mi prójimo he
      estado al acecho,
¹⁰¡que mi esposa muela el grano de
      otro hombre,
   y que otros hombres se acuesten
      con ella!
¹¹Eso habría sido una infamia,
   ¡un pecado que tendría que ser
      juzgado!
¹²¡Habría sido un incendio
      *destructor!
   ¡Habría arrancado mi cosecha de
      raíz!

¹³»Si me negué a hacerles justicia
   a mis siervos y a mis siervas
   cuando tuvieron queja contra mí,
¹⁴¿qué haré cuando Dios me llame a
      cuentas?
   ¿qué responderé cuando me haga
      comparecer?
¹⁵El mismo Dios que me formó en el
      vientre
   fue el que los formó también a
      ellos;
   nos dio forma en el seno materno.

¹⁶»Jamás he desoído los ruegos de
      los pobres,
   ni he dejado que las viudas
      desfallezcan;
¹⁷jamás el pan me lo he comido solo,
   sin querer compartirlo con los
      huérfanos.
¹⁸Desde mi juventud he sido un
      padre para ellos;
   a las viudas las he guiado desde
      mi nacimiento.
¹⁹Si he dejado que alguien muera por
      falta de vestido,
   o que un necesitado no tenga qué
      ponerse;
²⁰si éste no me ha bendecido de
      corazón
   por haberlo abrigado con lana de
      mis rebaños;
²¹o si he levantado contra el
      huérfano mi mano
   por contar con influencias en los
      tribunales,ʳ
²²¡que los brazos se me caigan de los
      hombros!
   ¡que se me zafen de sus
      articulaciones!
²³Siempre he sido temeroso del
      castigo de Dios;
   ¡ante su majestad no podría
      resistir!

²⁴»¿Acaso he puesto en el oro mi
      confianza,
   o le he dicho al oro puro: "En ti
      confío"?
²⁵¿Me he ufanado de mi gran fortuna,
   de las riquezas amasadas con mis
      manos?
²⁶¿He admirado acaso el esplendor
      del sol
   o el avance esplendoroso de la
      luna,
²⁷como para rendirles culto en lo
      secreto
   y enviarles un beso con la mano?
²⁸¡También este pecado tendría que
      ser juzgado,
   pues habría yo traicionado al
      Dios de las alturas!

ʳ**31:21** *en los tribunales*. Lit. *en la* ***puerta** (es decir, de la ciudad).

29 »¿Acaso me he alegrado de la ruina
de mi enemigo?
¿Acaso he celebrado su desgracia?
30 ¡Jamás he permitido que mi boca
peque
pidiendo que le vaya mal!
31 ¿Quién bajo mi techo no sació su
hambre
con los manjares de mi mesa?
32 Jamás mis puertas se cerraron al
viajero;
jamás un extraño pasó la noche
en la calle.
33 Jamás he ocultado mi pecado,
como el común de la gente,^{s}
ni he mantenido mi culpa en secreto,
34   por miedo al qué dirán.
Jamás me he quedado en silencio y
encerrado
por miedo al desprecio de mis
parientes.

35 »¡Cómo quisiera que Dios me
escuchara!
Estampo aquí mi firma;
que me responda el
Todopoderoso.
Si él quiere contender conmigo,
que lo haga por escrito.
36 Llevaré esa acusación sobre mis
hombros;
me la pondré como diadema.
37 Compareceré ante él con dignidad,
y le daré cuenta de cada uno de
mis pasos.

38 »Si mis tierras claman contra mí,
y todos sus surcos se aniegan en
llanto;
39 si he tomado la cosecha de alguien
sin pagarle,
o quebrantado el ánimo de sus
dueños,
40 ¡que nazcan en mi tierra zarzas en
vez de trigo,
y hierbas en vez de cebada!»

Con esto Job dio por terminado su
discurso.

Intervención de Eliú

32 Al ver los tres amigos de Job que
éste se consideraba un hombre rec-
to, dejaron de responderle. 2 Pero Eliú hijo
de Baraquel de Buz, de la familia de Ram,
se enojó mucho con Job porque, en vez de
justificar a Dios, se había justificado a sí
mismo. 3 También se enojó con los tres
amigos porque no habían logrado refutar
a Job, y sin embargo lo habían condenado.
4 Ahora bien, Eliú había estado esperando
antes de dirigirse a Job, porque ellos eran
mayores de edad; 5 pero al ver que los tres
amigos no tenían ya nada que decir, se
encendió su enojo. 6 Y habló Eliú hijo de
Baraquel de Buz:

Primer discurso de Eliú

«Yo soy muy joven, y ustedes
ancianos;
por eso me sentía muy temeroso
de expresarles mi opinión.
7 Y me dije: "Que hable la voz de la
experiencia;
que demuestren los ancianos su
sabiduría."
8 Pero lo que da entendimiento al
*hombre
es el espíritu^t que en él habita;
¡es el hálito del *Todopoderoso!
9 No son los ancianos^u los únicos
sabios,
ni es la edad la que hace entender
lo que es justo.

10 »Les ruego, por tanto, que me
escuchen;
yo también tengo algo que
decirles.
11 Mientras hablaban, me propuse
esperar
y escuchar sus razonamientos;
mientras buscaban las palabras,
12   les presté toda mi atención.
Pero no han podido probar que Job
esté equivocado;
ninguno ha respondido a sus
argumentos.

---

^{s} **31:33** *como el común de la gente.* Alt. *como Adán.*
^{u} **32:9** *ancianos.* Alt. *muchos,* o *grandes.*

^{t} **32:8** *espíritu.* Alt. *Espíritu;* también en v. 18.

13No vayan a decirme: "Hemos
hallado la sabiduría;
que lo refute Dios, y no los
hombres."
14Ni Job se ha dirigido a mí,
ni yo he de responderle como
ustedes.

15»Job, tus amigos están
desconcertados;
no pueden responder, les faltan
las palabras.
16¿Y voy a quedarme callado ante su
silencio,
ante su falta de respuesta?
17Yo también tengo algo que decir,
y voy a demostrar mis
*conocimientos.
18Palabras no me faltan;
el espíritu que hay en mí me
obliga a hablar.
19Estoy como vino embotellado,
como vino en odre nuevo a punto
de estallar.
20Tengo que hablar y desahogarme;
tengo que abrir la boca y dar
respuesta.
21No favoreceré a nadie
ni halagaré a ninguno;
22Yo no sé adular a nadie;
si lo hiciera,v mi Creador me
castigaría.

33 »Te ruego, Job, que escuches mis
palabras,
que prestes atención a todo lo que
digo.
2Estoy a punto de abrir la boca,
y voy a hablar hasta por los codos.
3Mis palabras salen de un *corazón
honrado;
mis labios dan su opinión sincera.
4El Espíritu de Dios me ha creado;
me infunde vida el hálito del
*Todopoderoso.
5Contéstame, si puedes;
prepárate y hazme frente.
6Ante Dios, tú y yo somos iguales;
también yo fui tomado de la tierra.
7No debieras alarmarte ni temerme,
ni debiera pesar mi mano sobre ti.

8»Pero me parece haber oído que
decías
(al menos, eso fue lo que escuché):
9"Soy inocente. No tengo pecado.
Estoy limpio y libre de culpa.
10Sin embargo, Dios me ha
encontrado faltas;
me considera su enemigo.
11Me ha sujetado los pies con cadenas
y vigila todos mis pasos."

12»Pero déjame decirte que estás
equivocado,
pues Dios es más grande que los
*mortales.
13¿Por qué le echas en cara
que no responda a todas tusw
preguntas?x
14Dios nos habla una y otra vez,
aunque no lo percibamos.
15Algunas veces en sueños,
otras veces en visiones nocturnas,
cuando caemos en un sopor
profundo,
o cuando dormitamos en el lecho,
16él nos habla al oído
y nos aterra con sus advertencias,
17para apartarnos de hacer lo malo
y alejarnos de la soberbia;
18para librarnos de caer en el sepulcro
y de cruzar el umbral de la
muerte.y
19A veces nos castiga con el lecho
del dolor,
con frecuentes dolencias en los
huesos.
20Nuestro ser encuentra repugnante
la comida;
el mejor manjar nos parece
aborrecible.
21Nuestra carne va perdiéndose en la
nada,
hasta se nos pueden contar los
huesos.
22Nuestra vida va acercándose al
sepulcro,
se acerca a los heraldos de la
muerte.

---

v32:22 *si lo hiciera.* Lit. *en poco tiempo.*   w33:13 *tus.* Lit. *sus.*   x33:13 *que no ... preguntas.* Alt. *de que
no responde por ninguno de sus actos.*   y33:18 *y de ... muerte.* Lit. *y su vida del cruce del canal.*

23»Mas si un ángel, uno entre mil,
aboga por el *hombre y sale en
su favor,
y da constancia de su rectitud;
24si le tiene compasión y le ruega a
Dios:
"Sálvalo de caer en la tumba,
que ya tengo su rescate",
25entonces el hombre rejuvenece;
¡vuelve a ser como cuando era
niño!
26Orará a Dios, y él recibirá su favor;
verá su rostro y gritará de alegría,
y Dios lo hará volver a su estado
de inocencia.
27El hombre reconocerá
públicamente:z
"He pecado, he pervertido la
justicia,
pero no recibí mi merecido.
28Dios me libró de caer en la tumba;
¡estoy vivo y disfruto de la luz!"

29»Todo esto Dios lo hace
una, dos y hasta tres veces,
30para salvarnos de la muerte,
para que la luz de la vida nos
alumbre.

31»Préstame atención, Job,
escúchame;
guarda silencio, que quiero hablar.
32Si tienes algo que decir,
respóndeme;
habla, que quisiera darte la razón.
33De lo contrario, escúchame en
silencio
y yo te impartiré sabiduría.»

Segundo discurso de Eliú

34 También dijo Eliú:

2«Ustedes los sabios, escuchen mis
palabras;
ustedes los instruidos, préstenme
atención.
3El oído saborea las palabras,
como saborea el paladar la
comida.

4Examinemos juntos este caso;
decidamos entre nosotros lo
mejor.

5»Job alega: "Soy inocente,
pero Dios se niega a hacerme
*justicia.
6Tengo que resultar un mentiroso,
a pesar de que soy justo;
sus flechas me hieren de muerte,
a pesar de que no he pecado."
7¿Dónde hay alguien como Job,
que tiene el sarcasmo a flor de
labios?a
8Le encanta hacer amistad con los
malhechores
y andar en compañía de los
malvados.
9¡Y nos alega que ningún provecho
saca el *hombre
tratando de agradar a Dios!

10»Escúchenme, hombres entendidos:
¡Es inconcebible que Dios haga
lo malo,
que el *Todopoderoso cometa
injusticias!
11Dios paga al hombre según sus
obras;
lo trata como se merece.
12¡Ni pensar que Dios cometa
injusticias!
¡El Todopoderoso no pervierte el
derecho!
13¿Quién le dio poder sobre la tierra?
¿Quién lo puso a cargo de todo el
mundo?
14Si pensara en retirarnos su espíritu,b
en quitarnos su hálito de vida,
15todo el *género humano perecería,
¡la humanidad entera volvería a
ser polvo!

16»Escucha esto, si eres entendido;
presta atención a lo que digo.
17¿Puede acaso gobernar quien
detesta la justicia?
¿Condenarás entonces al Dios
justo y poderoso,

---

z33:27 *El hombre reconocerá públicamente.* Lit. *Cantará ante los hombres y dirá.*   a34:7 *tiene ... labios.*
Lit. *bebe sarcasmo como agua.*   b34:14 *espíritu.* Alt. *Espíritu.*

18al que niega el valor de los reyes
y denuncia la maldad de los
nobles?
19Dios no se muestra parcial con los
príncipes
ni favorece a los ricos más que a
los pobres.
¡Unos y otros son obra de sus
manos!
20Mueren de pronto, en medio de la
noche;
la gente se estremece y muere;
los poderosos son derrocados
sin intervención *humana.

21»Los ojos de Dios ven los caminos
del hombre;
él vigila cada uno de sus pasos.
22No hay lugares oscuros ni sombras
profundas
que puedan esconder a los
malhechores.
23Dios no tiene que examinarlos
para someterlos a juicio.
24No tiene que indagar para derrocar
a los poderosos
y sustituirlos por otros.
25Dios toma nota de todo lo que
hacen;
por la noche los derroca, y
quedan aplastados;
26los castiga por su maldad
para escarmiento de todos,c
27pues dejaron de seguirlo
y no tomaron en cuenta sus
caminos.
28Hicieron llegar a su presencia
el clamor de los pobres y
necesitados,
y Dios lo escuchó.
29¿Pero quién puede condenarlo
si él decide guardar silencio?
¿Quién puede verlo si oculta su
rostro?
Él está por encima de pueblos y
personas,
30para que no reinen los malvados
ni se le tiendan trampas a su
pueblo.

31»Supongamos que le dijeras:
"Soy culpable; no volveré a
ofenderte.
32Enséñame lo que no alcanzo a
percibir;
si he cometido algo malo, no
volveré a hacerlo."
33¿Tendría Dios que recompensarte
como tú quieres que lo haga,
aunque lo hayas rechazado?
No seré yo quien lo decida,
sino tú,
así que expresa lo que piensas.

34»Que me digan los sabios
y ustedes los entendidos que me
escuchan:
35"Job no sabe lo que dice;
en sus palabras no hay
inteligencia."
36¡Que sea Job examinado,
pues como un malvado ha
respondido!
37A su pecado ha añadido rebeldía;
en nuestra propia cara se ha
burlado de nosotros,
y se ha excedido en sus palabras
contra Dios.»

Tercer discurso de Eliú

35 Además, Eliú dijo:

2«¿Crees tener la razón, Job, cuando
afirmas:
"Mi justicia es mayor que la de
Dios"?,d
3y cuando te atreves a preguntarle:
"¿En qué te beneficias si no
peco?"
4Pues bien, voy a responderles
a ti y a tus amigos.
5Mira hacia el cielo, y fíjate bien;
contempla las nubes en lo alto.
6Si pecas, ¿en qué afectas a Dios?
Si multiplicas tus faltas, ¿en qué
lo dañas?
7Si actúas con justicia, ¿qué puedes
darle?
¿Qué puede recibir de parte tuya?

---

c34:26 *para escarmiento de todos.* Lit. *en un lugar visible.*   d35:2 *Mi justicia ... Dios.* Alt. *Dios habrá de justificarme.*

8Hagas el mal o hagas el bien,
los únicos afectados serán tus
semejantes.

9»Todo el mundo clama bajo el peso
de la opresión,
y pide ser librado del brazo del
poderoso.
10Pero nadie dice: "¿Dónde está
Dios, mi Hacedor,
que me infunde fuerzas*e* por las
noches,
11que nos enseña más que a las
bestias del campo,
que nos hace más sabios que las
aves del cielo?"
12Si Dios no responde al clamor de
la gente,
es por la arrogancia de los
malvados.
13Dios no escucha sus vanas
peticiones;
el *Todopoderoso no les presta
atención.
14Aun cuando digas que no puedes
verlo,
tu caso está delante de él, y debes
aguardarlo.
15Tú dices que Dios no se enoja ni
castiga,
y que no se da cuenta de tanta
maldad;*f*
16pero tú, Job, abres la boca y dices
tonterías;
hablas mucho y no sabes lo que
dices.»

Cuarto discurso de Eliú

36 Eliú continuó diciendo:

2«Ten paciencia conmigo y te
mostraré
que aún quiero decir más en
favor de Dios.
3Mi *conocimiento proviene de muy
lejos;
voy a demostrar que mi Hacedor
está en lo justo.

4Te aseguro que no hay falsedad en
mis palabras;
¡tienes ante ti a la sabiduría en
persona!

5»Dios es poderoso, pero no rechaza
al inocente;*g*
Dios es poderoso, y todo lo
entiende.*h*
6Al malvado no lo mantiene con
vida;
al afligido le hace valer sus
derechos.
7Cuida siempre de los justos;
los hace reinar en compañía de
reyes
y los exalta para siempre.
8Pero si son encadenados,
si la aflicción los domina,
9Dios denuncia sus acciones
y la arrogancia de su pecado.
10Les hace prestar oído a la
*corrección
y les pide apartarse del mal.
11Si ellos le obedecen y le sirven,
pasan el resto de su vida en
prosperidad,
pasan felices los años que les
quedan.
12Pero si no le hacen caso,
sin darse cuenta cruzarán el
umbral de la muerte.*i*

13»Los de *corazón impío abrigan
resentimiento;
no piden ayuda aun cuando Dios
los castigue.*j*
14Mueren en la flor de la vida,
entre los que se prostituyen en los
santuarios.
15A los que sufren, Dios los libra
mediante el sufrimiento;
en su aflicción, los consuela.*k*

16»Dios te libra de las fauces de la
angustia,
te lleva a un lugar amplio y
espacioso,

---

*e***35:10** *que me infunde fuerzas*. Alt. *que me inspira cánticos.*　　*f***35:15** *maldad.* Palabra de difícil traducción.
*g***36:5** *no rechaza al inocente* (LXX); *no rechaza* (TM).　　*h***36:5** *todo lo entiende.* Lit. *es fuerte de corazón.*
*i***36:12** *el umbral de la muerte.* Lit. *el canal.*　　*j***36:13** *los castigue* (lectura probable); *los aprisione* (TM).
*k***36:15** *los consuela.* Alt. *los hace entender.* Lit. *abre sus oídos.*

y llena tu mesa con la mejor
comida.

17Pero tú te has ganado el juicio de
los impíos;[l]
el juicio y la justicia te tienen
atrapado.

18Cuídate de no dejarte seducir por
las riquezas;
no te dejes desviar por el
soborno.

19Tus grandes riquezas no podrán
sostenerte,
ni tampoco todos tus esfuerzos.

20No ansíes que caiga la noche,
cuando la gente es arrancada de
su sitio.[m]

21Cuídate de no inclinarte a la
maldad,
que por eso fuiste apartado de la
aflicción.

22»Dios es exaltado por su poder.
¿Qué maestro hay que se le
compare?

23¿Quién puede pedirle cuentas de
sus actos?
¿Quién puede decirle que se ha
equivocado?

24No te olvides de exaltar sus obras,
que con cánticos han sido
alabadas.

25Todo el *género humano puede
contemplarlas,
aunque sólo desde lejos.

26¡Tan grande es Dios que no lo
conocemos!
¡Incontable es el número de sus
años!

27»Él derrama las gotas de agua
que fluyen como lluvia hacia los
ríos;[n]

28las nubes derraman su lluvia,
que cae a raudales sobre el
género humano.

29¿Quién entiende la extensión de las
nubes
y el estruendo que sale de su
pabellón?

30Vean a Dios esparcir su luz en
torno suyo,
y bañar con ella las
profundidades del océano.

31Dios gobierna a las naciones
y les da comida en abundancia.

32Toma entre sus manos el
relámpago,
y le ordena dar en el blanco.

33Su trueno anuncia la inminente
tormenta,
y hasta el ganado presagia su
llegada.

37»Al llegar a este punto,[ñ] me
palpita el *corazón
como si fuera a salírseme del
pecho.

2¡Escucha, escucha el estruendo de
su voz,
el ruido estrepitoso que sale de su
boca!

3Lanza sus rayos bajo el cielo entero;
su resplandor, hasta los confines
de la tierra.

4Sigue luego el rugido majestuoso
de su voz;
¡resuena su voz, y no retiene sus
rayos!

5Dios hace tronar su voz
y se producen maravillas:
¡Dios hace grandes cosas
que rebasan nuestra comprensión!

6A la nieve le ordena: "¡Cae sobre
la tierra!",
y a la lluvia: "¡Muestra tu
poder!"

7Hace que todo el mundo se
encierre,
para que todos reconozcan sus
obras.

8Los animales buscan abrigo
y se quedan en sus cuevas.

9De las cámaras del sur viene la
tempestad;
de los vientos del norte, el frío.

10Por el aliento de Dios se forma el
hielo
y se congelan las masas de agua.

---

[l]**36:17** *te has ... impíos*. Texto de difícil traducción.   [m]**36:20** Los vv. 18-20 son de difícil traducción.
[n]**36:27** *que fluyen ... los ríos*. Alt. *que destila del rocío en forma de lluvia*.   [ñ]**37:1** *Al llegar a este punto*.
Alt. *Al ver esto*.

11Con agua de lluvia carga las nubes,
y lanza sus relámpagos desde
ellas;
12y éstas van de un lado a otro,
por toda la faz de la tierra,
dispuestas a cumplir sus
mandatos.
13Por su bondad, hace que vengan las
nubes,
ya sea para castigar o para
bendecir.*o*

14»Espera un poco, Job, y escucha;
ponte a pensar en las maravillas
de Dios.
15¿Sabes cómo controla Dios las
nubes,
y cómo hace que su relámpago
deslumbre?
16¿Sabes cómo las nubes,
maravillas del conocimiento
perfecto,*p*
se mantienen suspendidas?
17Tú, que te sofocas de calor entre
tus ropas
cuando la tierra dormita bajo el
viento del sur,
18¿puedes ayudarle a extender los
cielos,
sólidos como espejo de bronce
bruñido?

19»Haznos saber qué debemos
responderle,
pues debido a nuestra ignorancia*q*
no tenemos argumentos.
20¿Le haré saber que estoy pidiendo
la palabra?
¿Quién se atreve a hablar y ser
destruido?
21No hay quien pueda mirar al sol
brillante
después de que el viento ha
despejado los cielos.
22Un dorado resplandor viene del
norte;
¡viene Dios, envuelto en terrible
majestad!

23El *Todopoderoso no está a
nuestro alcance;
excelso es su poder.
Grandes son su justicia y rectitud;
¡a nadie oprime!
24Él no toma en cuenta a los que se
creen sabios;
por eso le temen los *mortales.»

Respuesta de Dios

38 El SEÑOR le respondió a Job desde
la tempestad. Le dijo:

2«¿Quién es éste, que oscurece mi
consejo
con palabras carentes de sentido?
3Prepárate a hacerme frente;*r*
yo te cuestionaré, y tú me
responderás.

4»¿Dónde estabas cuando puse las
bases de la tierra?
¡Dímelo, si de veras sabes tanto!
5¡Seguramente sabes quién
estableció sus dimensiones
y quién tendió sobre ella la cinta
de medir!
6¿Sobre qué están puestos sus
cimientos,
o quién puso su piedra angular
7mientras cantaban a coro las
estrellas matutinas
y todos los ángeles*s* gritaban de
alegría?

8»¿Quién encerró el mar tras sus
compuertas
cuando éste brotó del vientre de
la tierra?
9¿O cuando lo arropé con las nubes
y lo envolví en densas tinieblas?
10¿O cuando establecí sus límites
y en sus compuertas coloqué
cerrojos?
11¿O cuando le dije: "Sólo hasta aquí
puedes llegar;
de aquí no pasarán tus orgullosas
olas"?

---

*o*37:13 Versículo de difícil traducción.   *p*37:16 *del conocimiento perfecto.* Alt. *del que todo lo sabe.*
*q*37:19 *nuestra ignorancia.* Lit. *nuestra oscuridad.*   *r*38:3 *Prepárate a hacerme frente.* Lit. *Ciñe ahora,
como hombre, tus lomos.*   *s*38:7 *ángeles.* Lit. *hijos de Dios.*

12»¿Alguna vez en tu vida le has
    dado órdenes a la mañana,
  o le has hecho saber a la aurora
    su lugar,
13para que tomen la tierra por sus
    extremos
  y sacudan de ella a los malvados?
14La tierra adquiere forma, como
    arcilla bajo un sello;
  resaltan sus rasgos como los de
    un vestido.
15Los malvados son privados de su
    luz,
  y es quebrantado su altanero
    brazo.

16»¿Has viajado hasta las fuentes del
    océano,
  o recorrido los rincones del
    abismo?
17¿Te han mostrado los umbrales de
    la muerte?
  ¿Has visto las puertas de la
    región tenebrosa?*t*
18¿Tienes idea de cuán ancha es la
    tierra?
  Si de veras sabes todo esto, ¡dalo
    a conocer!

19»¿Qué camino lleva a la morada de
    la luz?
  ¿En qué lugar se encuentran las
    tinieblas?
20¿Puedes acaso llevarlas a sus
    linderos?
  ¿Conoces el camino a sus
    moradas?
21¡Con toda seguridad lo sabes,
    pues para entonces ya habrías
    nacido!
  ¡Son tantos los años que has
    vivido!

22»¿Has llegado a visitar
    los depósitos de nieve de
    granizo,
23que guardo para tiempos azarosos,
    cuando se libran guerras y
    batallas?

24¿Qué camino lleva adonde la luz se
    dispersa,
  o adonde los vientos del este
    se desatan sobre la tierra?
25¿Quién abre el canal para las
    lluvias torrenciales,
  y le da paso a la tormenta,
26para regar regiones despobladas,
    desiertos donde nadie vive,
27para saciar la sed del yermo
    desolado
  y hacer que en él brote la
    hierba?
28¿Acaso la lluvia tiene padre?
  ¿Ha engendrado alguien las gotas
    de rocío?
29¿De qué vientre nace el hielo?
  ¿Quién da a luz la escarcha de los
    cielos?
30¡Las aguas se endurecen como
    rocas,
  y la faz del mar profundo se
    congela!

31»¿Acaso puedes atar los lazos de
    las Pléyades,
  o desatar las cuerdas que sujetan
    al Orión?
32¿Puedes hacer que las
    constelaciones*u* salgan a
    tiempo?
  ¿Puedes guiar a la Osa Mayor y a
    la Menor?*v*
33¿Conoces las leyes que rigen los
    cielos?
  ¿Puedes establecer mi*w* dominio
    sobre la tierra?

34»¿Puedes elevar tu voz hasta las
    nubes
  para que te cubran aguas
    torrenciales?
35¿Eres tú quien señala el curso de
    los rayos?
  ¿Acaso te responden: "Estamos a
    tus órdenes"?
36¿Quién infundió sabiduría en el
    ibis,
  o dio al gallo*x* entendimiento?

---

*t***38:17** *la región tenebrosa.* Lit. *la profunda sombra.*   *u***38:32** *las constelaciones.* Alt. *la estrella de la mañana.*   *v***38:32** *a la Osa Mayor y a la Menor.* Alt. *a Leo y a sus cachorros.*   *w***38:33** *mi.* Lit. *su.*   *x***38:36** *ibis ... gallo.* Palabras de difícil traducción.

37 ¿Quién tiene sabiduría para contar
las nubes?
¿Quién puede vaciar los cántaros
del cielo
38 cuando el polvo se endurece
y los terrones se pegan entre sí?

39 »¿Cazas tú la presa para las
leonas
y sacias el hambre de sus
cachorros
40 cuando yacen escondidas en sus
cuevas
o se tienden al acecho en sus
guaridas?
41 ¿Eres tú quien alimenta a los
cuervos
cuando sus crías claman a mí*y*
y andan sin rumbo y sin
comida?

39 »¿Sabes cuándo los íbices tienen
sus crías?
¿Has visto el parto de las
gacelas?
2 ¿Has contado los meses de su
gestación?
¿Sabes cuándo dan a luz?
3 Al tener sus crías se encorvan,
y allí terminan sus dolores de
parto.
4 Crecen sus crías, y en el bosque se
hacen fuertes;
luego se van y ya no vuelven.

5 »¿Quién deja sueltos a los asnos
salvajes?
¿Quién les desata las cuerdas?
6 Yo les di el páramo por morada,
el yermo por hábitat.
7 Se burlan del ajetreo de la
ciudad;
no prestan atención a los gritos
del arriero.
8 Recorren los cerros en busca de
pastos,
en busca de verdes prados.

9 »¿Crees tú que el toro salvaje se
prestará a servirte?

¿Pasará la noche en tus
establos?
10 ¿Puedes mantenerlo en el surco con
el arnés?
¿Irá en pos de ti labrando los
valles?
11 ¿Pondrás tu confianza en su
tremenda fuerza?
¿Echarás sobre sus lomos tu
pesado trabajo?
12 ¿Puedes confiar en él para que
acarree tu grano
y lo junte en el lugar donde lo
trillas?

13 »El avestruz bate alegremente sus
alas,
pero su plumaje no es como el de
la cigüeña.*z*
14 Pone sus huevos en la tierra,
los deja empollar en la arena,
15 sin que le importe aplastarlos con
sus patas,
o que las bestias salvajes los
pisoteen.
16 Maltrata a sus polluelos como si no
fueran suyos,
y no le importa haber trabajado
en vano,
17 pues Dios no le dio sabiduría
ni le impartió su porción de buen
juicio.
18 Pero cuando extiende sus alas y
corre,
se ríe de jinetes y caballos.

19 »¿Le has dado al caballo su
fuerza?
¿Has cubierto su cuello con
largas crines?
20 ¿Eres tú quien lo hace saltar como
langosta,
con su orgulloso resoplido que
infunde terror?
21 Patalea con furia, regocijándose en
su fuerza,
y se lanza al galope hacia la
llanura.
22 Se burla del miedo; a nada le
teme;

y **38:41** *a mi.* Lit. *a Dios.*   *z* **39:13** *su plumaje ... cigüeña.* Frase de difícil traducción.

no rehuye hacerle frente a la
espada.
23 En torno suyo silban las flechas,
brillan las lanzas y las jabalinas.
24 En frenética carrera devora las
distancias;
al toque de trompeta no es
posible refrenarlo.
25 En cuanto suena la trompeta,
resopla desafiante;
percibe desde lejos el fragor*a* de
la batalla,
los gritos de combate y las
órdenes de ataque.

26 »¿Es tu sabiduría la que hace que
el halcón vuele
y que hacia el sur extienda sus
alas?
27 ¿Acaso por tus órdenes remonta el
vuelo el águila
y construye su nido en las
alturas?
28 Habita en los riscos; allí pasa la
noche;
en escarpadas grietas tiene su
baluarte.
29 Desde allí acecha la presa;
sus ojos la detectan desde lejos.
30 Sus polluelos se regodean en la
sangre;
donde hay un cadáver, allí está el
halcón.»

40 El Señor dijo también a Job:

2 «¿Corregirá al *Todopoderoso
quien contra él contiende?
¡Que le responda a Dios quien se
atreve a acusarlo!»

3 Entonces Job le respondió:

4 «¿Qué puedo responderte, si soy
tan indigno?
¡Me tapo la boca con la mano!
5 Hablé una vez, y no voy a
responder;

hablé otra vez, y no voy a
insistir.»

6 El Señor le respondió a Job desde la
tempestad. Le dijo:

7 «Prepárate a hacerme frente.
Yo te cuestionaré, y tú me
responderás.

8 »¿Vas acaso a invalidar mi
*justicia?
¿Me harás quedar mal para que tú
quedes bien?
9 ¿Tienes acaso un brazo como el
mío?
¿Puede tu voz tronar como la
mía?
10 Si es así, cúbrete de gloria y
esplendor;
revístete de honra y majestad.
11 Da rienda suelta a la furia de
tu ira;
mira a los orgullosos, y
humíllalos;
12 mira a los soberbios, y somételos;
aplasta a los malvados donde se
hallen.
13 Entiérralos a todos en el polvo;
amortaja sus rostros en la fosa.
14 Yo, por mi parte, reconoceré
que en tu mano *derecha está la
*salvación.

15 »Mira a Behemot,*b* criatura mía
igual que tú,
que se alimenta de hierba, como
los bueyes.
16 ¡Cuánta fuerza hay en sus lomos!
¡Su poder está en los músculos de
su vientre!
17 Su rabo se mece como un cedro;
los tendones de sus muslos se
entrelazan.
18 Sus huesos son como barras de
bronce;
sus piernas parecen barrotes de
hierro.

---

a **39:25** *el fragor*. Lit. *el olor*.   *b* **40:15** *Behemot*. Posiblemente se trata del hipopótamo o del elefante.

19 Entre mis obras ocupa el primer
lugar,
sólo yo, su Hacedor, puedo
acercármele con la espada.
20 Los montes le brindan sus frutos;
allí juguetean todos los animales
salvajes.
21 Debajo de los lotos se tiende a
descansar;
se oculta entre los juncos del
pantano.
22 Los lotos le brindan su sombra;
los álamos junto al río lo
envuelven.
23 Vacía un río entero sin
apresurarse;
con toda calma se traga el
Jordán. c
24 ¿Quién ante sus ojos se atreve a
capturarlo?
¿Quién puede atraparlo y
perforarle la nariz?

41 »¿Puedes pescar a *Leviatán con
un anzuelo,
o atarle la lengua con una
cuerda?
2 ¿Puedes ponerle un cordel en la
nariz,
o perforarle la quijada con un
gancho?
3 ¿Acaso amablemente va a pedirte
o suplicarte que le tengas
compasión?
4 ¿Acaso va a comprometerse
a ser tu esclavo de por vida?
5 ¿Podrás jugar con él como juegas
con los pájaros,
o atarlo para que tus niñas se
entretengan?
6 ¿Podrán los mercaderes ofrecerlo
como mercancía, d
o cortarlo en pedazos para
venderlo?
7 ¿Puedes atravesarle la piel con
lanzas,
o la cabeza con arpones?
8 Si llegas a ponerle la mano
encima,

¡jamás te olvidarás de esa
batalla,
y no querrás repetir la
experiencia!
9 Vana es la pretensión de llegar a
someterlo;
basta con verlo para
desmayarse. e
10 No hay quien se atreva siquiera a
provocarlo;
¿quién, pues, podría hacerle
frente?
11 ¿Y quién tiene alguna cuenta que
cobrarme?
¡Mío es todo cuanto hay bajo los
cielos!

12 »No puedo dejar de mencionar sus
extremidades,
su fuerza y su elegante
apariencia.
13 ¿Quién puede despojarlo de su
coraza?
¿Quién puede acercarse a él y
ponerle un freno?
14 ¿Quién se atreve a abrir el abismo
de sus fauces,
coronadas de terribles
colmillos?
15 Tiene el lomo recubierto f de hileras
de escudos,
todos ellos unidos en cerrado
tejido;
16 tan juntos están uno del otro
que no dejan pasar ni el aire;
17 tan prendidos están uno del otro,
tan unidos entre sí, que no
pueden separarse.
18 Resopla y lanza deslumbrantes
relámpagos;
sus ojos se parecen a los rayos de
la aurora.
19 Ascuas de fuego brotan de su
hocico;
chispas de lumbre salen
disparadas.
20 Lanza humo por la nariz
como olla hirviendo sobre un
fuego de juncos.

---

c **40:23** *Vacía un río ... el Jordán.* Alt. *No se alarma si brama el río; / vive tranquilo, aunque el Jordán le llegue al hocico.* d **41:6** *como mercancía.* Alt. *en un banquete.* e **41:9** *basta con ... para desmayarse.* Alt. *¡hasta un dios se desmayó al verlo!* f **41:15** *lomo* (véanse LXX y Vulgata); *orgullo* (TM).

21Con su aliento enciende los
carbones,
y lanza fuego por la boca.
22En su cuello radica su fuerza;
ante él, todo el mundo pierde el
ánimo.
23Los pliegues de su piel son un
tejido apretado;
firmes son, e inconmovibles.
24Duro es su pecho, como una roca;
sólido, cual piedra de molino.
25Cuando se yergue, los poderosos
tiemblan;
cuando se sacude, emprenden la
huida.
26La espada, aunque lo alcance, no lo
hiere,
ni lo hieren tampoco los dardos,
ni las lanzas y las jabalinas.
27Al hierro lo trata como a paja,
y al bronce como a madera
podrida.
28No lo hacen huir las flechas;
ve como paja las piedras de las
hondas.
29Los golpes del mazo apenas le
hacen cosquillas;
se burla del silbido de la lanza.
30Sus costados son dentados tiestos
que en el fango van dejando
huellas de rastrillos.
31Hace hervir las profundidades
como un caldero;
agita los mares como un frasco
de ungüento.
32Una estela brillante va dejando tras
de sí,
cual si fuera la blanca cabellera
del abismo.
33Es un monstruo que a nada teme;
nada hay en el mundo que se le
parezca.
34Mira con desdén a todos los
poderosos;
¡él es rey de todos los soberbios!»

Respuesta de Job

42 Job respondió entonces al Señor.
Le dijo:

2«Yo sé bien que tú lo puedes todo,
que no es posible frustrar
ninguno de tus planes.
3"¿Quién es éste", has preguntado,
"que sin *conocimiento oscurece
mi consejo?"
Reconozco que he hablado de
cosas
que no alcanzo a comprender,
de cosas demasiado maravillosas
que me son desconocidas.

4»"Ahora escúchame, que voy a
hablar", dijiste;g
"yo te cuestionaré, y tú me
responderás."
5De oídas había oído hablar de ti,
pero ahora te veo con mis propios
ojos.
6Por tanto, me retracto de lo que he
dicho,
y me arrepiento en polvo y
ceniza.»

Epílogo

7Después de haberle dicho todo esto a
Job, el Señor se dirigió a Elifaz de Temán
y le dijo: «Estoy muy irritado contigo y
con tus dos amigos porque, a diferencia
de mi siervo Job, lo que ustedes han dicho
de mí no es verdad. 8Tomen ahora siete
toros y siete carneros, y vayan con mi
siervo Job y ofrezcan un *holocausto por
ustedes mismos. Mi siervo Job orará por
ustedes, y yo atenderé a su oración y no
los haré quedar en vergüenza. Y conste
que, a diferencia de mi siervo Job, lo que
ustedes han dicho de mí no es verdad.»
9Elifaz de Temán, Bildad de Súah y
Zofar de Namat fueron y cumplieron con
lo que el Señor les había ordenado, y el
Señor atendió a la oración de Job.
10Después de haber orado Job por sus
amigos, el Señor lo hizo prosperar de
nuevo y le dio dos veces más de lo que
antes tenía. 11Todos sus hermanos y hermanas, y todos los que antes lo habían
conocido, fueron a su casa y celebraron
con él un banquete. Lo animaron y lo

g **42:4** *dijiste*. Véase 38:3.

consolaron por todas las calamidades que el SEÑOR le había enviado, y cada uno de ellos le dio una moneda de plata y un anillo de oro.

12El SEÑOR bendijo más los últimos años de Job que los primeros, pues llegó a tener catorce mil ovejas, seis mil camellos, mil yuntas de bueyes y mil asnas. **13**Tuvo también catorce[h] hijos y tres hijas. **14**A la primera de ellas le puso por nombre Paloma, a la segunda la llamó Canela, y a la tercera, Linda.[i] **15**No había en todo el país mujeres tan bellas como las hijas de Job. Su padre les dejó una herencia, lo mismo que a sus hermanos.

16Después de estos sucesos Job vivió ciento cuarenta años. Llegó a ver a sus hijos, y a los hijos de sus hijos, hasta la cuarta generación. **17**Disfrutó de una larga vida y murió en plena ancianidad.

---

[h] **42:13** *catorce.* Alt. *siete.*   [i] **42:14** *Linda.* Lit. *Frasquito de maquillaje.*

Salmos

LIBRO I
Salmos 1–41

Salmo 1

1 *Dichoso el *hombre
que no sigue el consejo de los
malvados,
ni se detiene en la senda de los
pecadores
ni cultiva la amistad de los
*blasfemos,
2 sino que en la *ley del SEÑOR se
deleita,
y día y noche medita en ella.
3 Es como el árbol
plantado a la orilla de un río
que, cuando llega su tiempo, da fruto
y sus hojas jamás se marchitan.
¡Todo cuanto hace prospera!

4 En cambio, los malvados
son como paja arrastrada por el
viento.
5 Por eso no se sostendrán los
malvados en el juicio,
ni los pecadores en la asamblea de
los justos.

6 Porque el SEÑOR cuida el *camino
de los justos,
mas la senda de los malos lleva a la
perdición.

Salmo 2

1 ¿Por qué se sublevan las naciones,
y en vano conspiran los pueblos?
2 Los reyes de la tierra se rebelan;
los gobernantes se confabulan
contra el SEÑOR
y contra su *ungido.
3 Y dicen: «¡Hagamos pedazos sus
cadenas!
¡Librémonos de su yugo!»

4 El rey de los cielos se ríe;
el SEÑOR se burla de ellos.
5 En su enojo los reprende,
en su furor los intimida y dice:
6 «He establecido a mi rey
sobre *Sión, mi santo monte.»

7 Yo proclamaré el decreto del SEÑOR:
«Tú eres mi hijo», me ha dicho;
«hoy mismo te he engendrado.
8 Pídeme,
y como herencia te entregaré las
naciones;
¡tuyos serán los confines de la
tierra!
9 Las gobernarás con puño*a* de hierro;
las harás pedazos como a vasijas
de barro.»

10 Ustedes, los reyes, sean prudentes;
déjense enseñar, gobernantes de la
tierra.
11 Sirvan al SEÑOR con temor;
con temblor ríndanle alabanza.
12 Bésenle los pies,*b* no sea que se enoje
y sean ustedes destruidos en el
camino,
pues su ira se inflama de repente.

¡*Dichosos los que en él buscan
refugio!

Salmo 3

Salmo de David, cuando huía de su hijo Absalón.

1 Muchos son, SEÑOR, mis enemigos;
muchos son los que se me oponen,
2 y muchos los que de mí aseguran:
«Dios no lo salvará.»   *Selah

3 Pero tú, SEÑOR, me rodeas cual
escudo;
tú eres mi gloria;
¡tú mantienes en alto mi cabeza!

---

*a*2:9 *puño.* Lit. *cetro.*   *b*2:12 *Bésenle los pies.* Texto de difícil traducción.

⁴Clamo al Señor a voz en cuello,
   y desde su monte santo él me
      responde.   *Selah*

⁵Yo me acuesto, me duermo y vuelvo
      a despertar,
   porque el Señor me sostiene.
⁶No me asustan los numerosos
      escuadrones
   que me acosan por doquier.

⁷¡Levántate, Señor!
   ¡Ponme a salvo, Dios mío!
   ¡Rómpeles la quijada a mis
      enemigos!
   ¡Rómpeles los dientes a los
      malvados!

⁸Tuya es, Señor, la *salvación;
   ¡envía tu bendición sobre tu pueblo!
                              Selah

Salmo 4

Al director musical. Acompáñese con instrumentos
   de cuerda. Salmo de David.

¹Responde a mi clamor,
   Dios mío y defensor mío.
   Dame alivio cuando esté angustiado,
   apiádate de mí y escucha mi
      oración.

²Y ustedes, señores,
   ¿hasta cuándo cambiarán mi gloria
      en vergüenza?
   ¿Hasta cuándo amarán ídolos vanos
   e irán en pos de lo ilusorio?   *Selah*

³Sepan que el Señor honra al que le
      es fiel;
   el Señor me escucha cuando lo
      llamo.

⁴Si se enojan, no pequen;
   en la quietud del descanso nocturno
   examínense el *corazón.   *Selah*
⁵Ofrezcan sacrificios de *justicia
   y confíen en el Señor.

⁶Muchos son los que dicen:
   «¿Quién puede mostrarnos algún
      bien?»
   ¡Haz, Señor, que sobre nosotros
   brille la luz de tu rostro!

⁷Tú has hecho que mi corazón rebose
      de alegría,
   alegría mayor que la que tienen los
   que disfrutan de trigo y vino
      en abundancia.

⁸En *paz me acuesto y me duermo,
   porque sólo tú, Señor, me haces
      vivir confiado.

Salmo 5

Al director musical. Acompáñese con flautas. Salmo
   de David.

¹Atiende, Señor, a mis palabras;
   toma en cuenta mis gemidos.
²Escucha mis súplicas, rey mío y
      Dios mío,
   porque a ti elevo mi plegaria.
³Por la mañana, Señor, escuchas mi
      clamor;
   por la mañana te presento mis
      ruegos,
   y quedo a la espera de tu
      respuesta.

⁴Tú no eres un Dios que se
      complazca en lo malo;
   a tu lado no tienen cabida los
      malvados.
⁵No hay lugar en tu presencia para los
      altivos,
   pues aborreces a los malhechores.
⁶Tú destruyes a los mentirosos
   y aborreces a los tramposos y
      asesinos.

⁷Pero yo, por tu gran amor
   puedo entrar en tu casa;
   puedo postrarme reverente
   hacia tu santo templo.

⁸Señor, por causa de mis enemigos,
   dirígeme en tu *justicia;
   empareja delante de mí tu senda.

⁹En sus palabras no hay sinceridad;
   en su interior sólo hay corrupción.
   Su garganta es un sepulcro abierto;
   con su lengua profieren engaños.

¹⁰¡Condénalos, oh Dios!
   ¡Que caigan por sus propias
      intrigas!

¡Recházalos por la multitud de sus
  crímenes,
  porque se han rebelado contra ti!

11 Pero que se alegren todos los que en
    ti buscan refugio;
  ¡que canten siempre jubilosos!
  Extiende tu protección, y que en ti se
    regocijen
  todos los que aman tu *nombre.
12 Porque tú, SEÑOR, bendices a los
    justos;
  cual escudo los rodeas con tu
    buena voluntad.

Salmo 6

Al director musical. Acompáñese con instrumentos
de cuerda. Sobre la octava.[c] Salmo de David.

1 No me reprendas, SEÑOR, en tu ira;
  no me castigues en tu furor.
2 Tenme compasión, SEÑOR, porque
    desfallezco;
  sáname, SEÑOR, que un frío de
    muerte recorre mis huesos.
3 Angustiada está mi *alma;
  ¿hasta cuándo, SEÑOR, hasta
    cuándo?

4 Vuélvete, SEÑOR, y sálvame la vida;
  por tu gran amor, ¡ponme a salvo!
5 En la muerte nadie te recuerda;
  en el *sepulcro, ¿quién te alabará?

6 Cansado estoy de sollozar;
  toda la noche inundo de lágrimas
    mi cama,
  ¡mi lecho empapo con mi llanto!
7 Desfallecen mis ojos por causa del
    dolor;
  desfallecen por culpa de mis
    enemigos.

8 ¡Apártense de mí, todos los
    malhechores,
  que el SEÑOR ha escuchado mi
    llanto!
9 El SEÑOR ha escuchado mis
    ruegos;
  el SEÑOR ha tomado en cuenta mi
    oración.

10 Todos mis enemigos quedarán
    avergonzados y confundidos;
  ¡su repentina vergüenza los hará
    retroceder!

Salmo 7

*Sigaión de David, que elevó al SEÑOR
acerca de Cus el benjaminita.

1 ¡Sálvame, SEÑOR mi Dios, porque en
    ti busco refugio!
  ¡Líbrame de todos mis
    perseguidores!
2 De lo contrario, me devorarán como
    leones;
  me despedazarán, y no habrá quien
    me libre.

3 SEÑOR mi Dios, ¿qué es lo que he
    hecho?
  ¿qué mal he cometido?
4 Si le he hecho daño a mi amigo,
  si he despojado sin razón al que me
    oprime,
5 entonces que mi enemigo me persiga
  y me alcance;
  que me haga morder el polvo
  y arrastre mi honra por los suelos.
                                    *Selah

6 ¡Levántate, SEÑOR, en tu ira;
  enfréntate al furor de mis
    enemigos!
  ¡Despierta, oh Dios, e imparte
    *justicia!
7 Que en torno tuyo se reúnan los
    pueblos;
  reina[d] sobre ellos desde lo alto.
8 ¡El SEÑOR juzgará a los pueblos!

  Júzgame, SEÑOR, conforme a mi
    justicia;
  págame conforme a mi inocencia.
9 Dios justo, que examinas mente y
    corazón,
  acaba con la maldad de los
    malvados
  y mantén firme al que es justo.

10 Mi escudo está en Dios,
  que salva a los de *corazón recto.

---

[c] *Sobre la octava.* Lit. *Sobre *shemínit.*   [d] 7:7 *reina* (lectura probable); *vuélvete* (TM).

11Dios es un juez justo,
un Dios que en todo tiempo
manifiesta su enojo.
12Si el malvado no se arrepiente,
Dios afilará la espada y tensará el
arco;
13ya ha preparado sus mortíferas armas;
ya tiene listas sus llameantes saetas.

14Miren al preñado de maldad:
Concibió iniquidad y parirá
mentira.
15Cavó una fosa y la ahondó,
y en esa misma fosa caerá.
16Su iniquidad se volverá contra él;
su violencia recaerá sobre su cabeza.

17¡Alabaré al Señor por su justicia!
¡Al *nombre del Señor altísimo
cantaré salmos!

Salmo 8

Al director musical. Sígase la tonada de
«La canción del lagar».*e* Salmo de David.

1Oh Señor, soberano nuestro,
¡qué imponente es tu *nombre en
toda la tierra!
¡Has puesto tu gloria sobre los
cielos!

2Por causa de tus adversarios
has hecho que brote la alabanza*f*
de labios de los pequeñitos y de los
niños de pecho,
para silenciar al enemigo y al
rebelde.

3Cuando contemplo tus cielos,
obra de tus dedos,
la luna y las estrellas que allí fijaste,
4me pregunto:
«¿Qué es el *hombre, para que en
él pienses?
¿Qué es el *ser humano*g*, para que
lo tomes en cuenta?»
5Pues lo hiciste poco menos que un
dios,*h*
y lo coronaste de gloria y de honra;

6lo entronizaste sobre la obra de tus
manos,
¡todo lo sometiste a su dominio!
7Todas las ovejas, todos los bueyes,
todos los animales del campo,
8las aves del cielo, los peces del mar,
y todo lo que surca los senderos
del mar.

9Oh Señor, soberano nuestro,
¡qué imponente es tu nombre en
toda la tierra!

Salmo 9*i*

Al director musical. Sígase la tonada de
«La muerte del hijo». Salmo de David.

Álef   **1**Quiero alabarte, Señor, con
todo el *corazón,
y contar todas tus maravillas.
2Quiero alegrarme y
regocijarme en ti,
y cantar salmos a tu
*nombre, oh *Altísimo.

Bet   **3**Mis enemigos retroceden;
tropiezan y perecen ante ti.
4Porque tú me has hecho
*justicia, me has vindicado;
tú, juez justo, ocupas tu
trono.
Guímel **5**Reprendiste a los *paganos,
destruiste a los malvados;
¡para siempre borraste su
memoria!
6Desgracia sin fin cayó sobre el
enemigo;
arrancaste de raíz sus
ciudades,
y hasta su recuerdo se ha
desvanecido.

He   **7**Pero el Señor reina por
siempre;
para emitir juicio ha
establecido su trono.
8Juzgará al mundo con justicia;
gobernará a los pueblos con
equidad.

---

e Sígase ... lagar. Lit. *Según la *gittith.   *f***8:2** *has hecho que brote la alabanza.* Lit. *fundaste la fortaleza.*
*g***8:4** *ser humano.* Lit. *hijo de hombre.*   *h***8:5** *un dios.* Alt. *los ángeles* o *los seres celestiales.*   *i En el texto*
hebreo los salmos 9 y 10 son un solo poema (véase LXX), que forma un acróstico siguiendo el orden del
alfabeto hebreo.

Vav　⁹El SEÑOR es refugio de los
oprimidos;
es su baluarte en momentos
de angustia.

¹⁰En ti confían los que conocen
tu nombre,
porque tú, SEÑOR, jamás
abandonas a los que te
buscan.

Zayin　¹¹Canten salmos al SEÑOR, el rey
de *Sión;
proclamen sus proezas entre
las naciones.
¹²El vengador de los inocentes^j
se acuerda de ellos;
no pasa por alto el clamor de
los afligidos.

Jet　¹³Ten compasión de mí,
SEÑOR;
mira cómo me afligen los
que me odian.
Sácame de las puertas de la
muerte,
¹⁴ para que en las *puertas de
Jerusalén^k
proclame tus alabanzas y me
regocije en tu *salvación.

Tet　¹⁵Han caído los paganos
en la fosa que han cavado;
sus pies quedaron atrapados
en la red que ellos mismos
escondieron.

¹⁶Al SEÑOR se le conoce porque
imparte justicia;
el malvado cae en la trampa
que él mismo tendió.
*Higaión. *Selah*

Yod　¹⁷Bajan al *sepulcro los
malvados,
todos los paganos que de
Dios se olvidan.
Caf　¹⁸Pero no se olvidará para
siempre al necesitado,

ni para siempre se perderá la
esperanza del pobre.

¹⁹¡Levántate, SEÑOR!
No dejes que el *hombre
prevalezca;
¡haz que las naciones
comparezcan ante ti!
²⁰Infúndeles terror, SEÑOR;
¡que los pueblos sepan que
son simples *mortales!
Selah

Salmo 10

Lámed　¹¿Por qué, SEÑOR, te mantienes
distante?
¿Por qué te escondes en
momentos de angustia?
²Con arrogancia persigue el
malvado al indefenso,
pero se enredará en sus
propias artimañas.
³El malvado hace alarde de su
propia codicia;
alaba al ambicioso y
menosprecia al SEÑOR.
⁴El malvado levanta insolente la
nariz,
y no da lugar a Dios en sus
pensamientos.
⁵Todas sus empresas son
siempre exitosas;
tan altos y alejados de él
están tus juicios
que se burla de todos sus
enemigos.
⁶Y se dice a sí mismo: «Nada
me hará caer.
Siempre seré feliz. Nunca
tendré problemas.»
Pe　⁷Llena está su boca de
maldiciones,
de mentiras y amenazas;
bajo su lengua esconde
maldad y violencia.
⁸Se pone al acecho en las
aldeas,
se esconde en espera de sus
víctimas,

---

^j **9:12** *vengador de los inocentes.* Lit. *vengador de sangres.*　　^k **9:14** *Jerusalén.* Lit. *la hija de Sión.*

y asesina a mansalva al
inocente.

Ayin ⁹Cual león en su guarida se
agazapa,
listo para atrapar al indefenso;
le cae encima y lo arrastra en
su red.
¹⁰Bajo el peso de su poder,
sus víctimas caen por tierra.
¹¹Se dice a sí mismo: «Dios se
ha olvidado.
Se cubre el rostro. Nunca ve
nada.»

Qof ¹²¡Levántate, SEÑOR!
¡Levanta, oh Dios, tu brazo!
¡No te olvides de los
indefensos!
¹³¿Por qué te ha de menospreciar
el malvado?
¿Por qué ha de pensar que
no lo llamarás a cuentas?
Resh ¹⁴Pero tú ves la opresión y la
violencia,
las tomas en cuenta y te
harás cargo de ellas.
Las víctimas confían en ti;
tú eres la ayuda de los
huérfanos.
Shin ¹⁵¡Rómpeles el brazo al malvado
y al impío!
¡Pídeles cuentas de su
maldad,
y haz que desaparezcan por
completo!

¹⁶El SEÑOR es rey eterno;
los *paganos serán borrados
de su tierra.

Tav ¹⁷Tú, SEÑOR, escuchas la
petición de los indefensos,
les infundes aliento y
atiendes su clamor.
¹⁸Tú defiendes al huérfano y al
oprimido,
para que el *hombre, hecho
de tierra,
no siga ya sembrando el
terror.

Salmo 11

Al director musical. Salmo de David.

¹En el SEÑOR hallo refugio.
¿Cómo, pues, se atreven a decirme:
«Huye al monte, como las aves»?
²Vean cómo tensan sus arcos los
malvados:
preparan las flechas sobre la cuerda
para disparar desde las sombras
contra los rectos de *corazón.
³Cuando los fundamentos son
destruidos,
¿qué le queda al justo?

⁴El SEÑOR está en su santo templo,
en los cielos tiene el SEÑOR su
trono,
y atentamente observa al *ser
humano;
con sus propios ojos lo examina.
⁵El SEÑOR examina a justos y a
malvados,
y aborrece a los que aman la
violencia.
⁶Hará llover sobre los malvados
ardientes brasas y candente azufre;
¡un viento abrasador será su suerte!

⁷Justo es el SEÑOR, y ama la *justicia;
por eso los íntegros contemplarán
su rostro.

Salmo 12

Al director musical. Sobre la octava.¹
Salmo de David.

¹Sálvanos, SEÑOR, que ya no hay
*gente fiel;
ya no queda gente sincera en este
mundo.
²No hacen sino mentirse unos a otros;
sus labios lisonjeros hablan con
doblez.

³El SEÑOR cortará todo labio lisonjero
y toda lengua jactanciosa
⁴que dice: «Venceremos con la lengua;
en nuestros labios confiamos.
¿Quién puede dominarnos a
nosotros?»

---

¹*Sobre la octava.* Lit. *Sobre* *sheminit.*

5Dice el SEÑOR: «Voy ahora a
        levantarme,
    y pondré a salvo a los oprimidos,
pues al pobre se le oprime,
    y el necesitado se queja.»

6Las palabras del SEÑOR son puras,
    son como la plata refinada,
    siete veces purificada en el crisol.

7Tú, SEÑOR, nos protegerás;
    tú siempre nos defenderás de esta
        gente,
8aun cuando los malvados sigan
        merodeando,
    y la maldad sea exaltada en este
        mundo.

Salmo 13

Al director musical. Salmo de David.

1¿Hasta cuándo, SEÑOR, me seguirás
        olvidando?
    ¿Hasta cuándo esconderás de mí tu
        rostro?
2¿Hasta cuándo he de estar angustiado
    y he de sufrir cada día en mi
        *corazón?
    ¿Hasta cuándo el enemigo me
        seguirá dominando?

3SEÑOR y Dios mío,
    mírame y respóndeme;
    ilumina mis ojos.
    Así no caeré en el sueño de la
        muerte;
4   así no dirá mi enemigo: «Lo he
        vencido»;
    así mi adversario no se alegrará de
        mi caída.

5Pero yo confío en tu gran amor;
    mi corazón se alegra en tu
        *salvación.
6Canto salmos al SEÑOR.
    ¡El SEÑOR ha sido bueno conmigo!

Salmo 14

14:1-7 — Sal 53:1-6
Al director musical. Salmo de David.

1Dice el *necio en su *corazón:

«No hay Dios.»
    Están corrompidos, sus obras son
        detestables;
    ¡no hay uno solo que haga lo
        bueno!

2Desde el cielo el SEÑOR contempla a
        los *mortales,
    para ver si hay alguien
    que sea sensato y busque a Dios.
3Pero todos se han descarriado,
    a una se han corrompido.
    No hay nadie que haga lo bueno;
    ¡no hay uno solo!

4¿Acaso no entienden todos los que
        hacen lo malo,
    los que devoran a mi pueblo como
        si fuera pan?
    ¡Jamás invocan al SEÑOR!
5Allí los tienen, sobrecogidos de
        miedo,
    pero Dios está con los que son
        justos.

6Ustedes frustran los planes de los
        pobres,
    pero el SEÑOR los protege.

7¡Quiera Dios que de *Sión
    venga la *salvación de Israel!
    Cuando el SEÑOR restaure a su
        pueblo,m
    ¡Jacob se regocijará, Israel se
        alegrará!

Salmo 15

Salmo de David.

1¿Quién, SEÑOR, puede habitar en tu
        santuario?
    ¿Quién puede vivir en tu santo
        monte?
2Sólo el de conducta intachable,
    que practica la *justicia
    y de *corazón dice la verdad;
3que no calumnia con la lengua,
    que no le hace mal a su prójimo
    ni le acarrea desgracias a su vecino;
4que desprecia al que Dios reprueba,
    pero honra al que teme al SEÑOR;

---

m 14:7 Cuando ... a su pueblo. Alt. Cuando el Señor haga que su pueblo vuelva de la cautividad.

que cumple lo prometido
aunque salga perjudicado;
[5] que presta dinero sin ánimo de lucro,
y no acepta sobornos que afecten al
inocente.

El que así actúa no caerá jamás.

Salmo 16
*Mictam de David.

[1] Cuídame, oh Dios, porque en ti
busco refugio.

[2] Yo le he dicho al SEÑOR: «Mi SEÑOR
eres tú.
Fuera de ti, no poseo bien alguno.»
[3] Poderosos son los sacerdotes
*paganos del país,
según todos sus seguidores.[n]
[4] Pero aumentarán los dolores
de los que corren tras ellos.
¡Jamás derramaré sus sangrientas
libaciones,
ni con mis labios pronunciaré sus
nombres!

[5] Tú, SEÑOR, eres mi porción y mi
copa;
eres tú quien ha afirmado mi suerte.
[6] Bellos lugares me han tocado en
suerte;
¡preciosa herencia me ha
correspondido!

[7] Bendeciré al SEÑOR, que me
aconseja;
aun de noche me reprende mi
conciencia.
[8] Siempre tengo presente al SEÑOR;
con él a mi derecha, nada me hará
caer.

[9] Por eso mi *corazón se alegra,
y se regocijan mis entrañas;[ñ]
todo mi ser se llena de confianza.
[10] No dejarás que mi vida termine en el
*sepulcro;
no permitirás que sufra corrupción
tu siervo fiel.

[11] Me has dado a conocer la senda de
la vida;
me llenarás de alegría en tu
presencia,
y de dicha eterna a tu derecha.

Salmo 17
Oración de David.

[1] SEÑOR, oye mi justo ruego;
escucha mi clamor;
presta oído a mi oración,
pues no sale de labios engañosos.
[2] Sé tú mi defensor,
pues tus ojos ven lo que es justo.

[3] Tú escudriñas mi *corazón,
tú me examinas por las noches;
¡ponme, pues, a prueba,
que no hallarás en mí maldad
alguna!

¡No pasarán por mis labios
[4]   palabras como las de otra *gente,
pues yo cumplo con tu palabra!
Del *camino de la violencia
[5]   he apartado mis pasos;
mis pies están firmes en tus sendas.

[6] A ti clamo, oh Dios, porque tú me
respondes;
inclina a mí tu oído, y escucha mi
oración.
[7] Tú, que salvas con tu diestra
a los que buscan escapar de sus
adversarios,
dame una muestra de tu gran amor.
[8] Cuídame como a la niña de tus ojos;
escóndeme, bajo la sombra de tus
alas,
[9] de los malvados que me atacan,
de los enemigos que me han
cercado.
[10] Han cerrado su insensible corazón,
y profieren insolencias con su
boca.
[11] Vigilan de cerca mis pasos,
prestos a derribarme.
[12] Parecen leones ávidos de presa,
leones que yacen al acecho.

---

[n] 16:3 *Poderosos ... sus seguidores.* Alt. *En cuanto a los santos que están en la tierra, son los gloriosos en
quienes está toda mi delicia.*   [ñ] 16:9 *mis entrañas.* Lit. *mi gloria.*

13 ¡Vamos, SEÑOR, enfréntate a ellos!
¡Derrótalos!
¡Con tu espada rescátame de los
malvados!
14 ¡Con tu mano, SEÑOR, sálvame de
estos *mortales
que no tienen más herencia que
esta vida!

Con tus tesoros les has llenado el
vientre,
sus hijos han tenido abundancia,
y hasta ha sobrado para sus
descendientes.
15 Pero yo en *justicia contemplaré tu
rostro;
me bastará con verte cuando
despierte.

Salmo 18
18 tít.-50 — 2S 22:1-51

Al director musical. De David, siervo del
SEÑOR. David dedicó al SEÑOR la letra de esta
canción cuando el SEÑOR lo libró de Saúl
y de todos sus enemigos. Dijo así:

1 ¡Cuánto te amo, SEÑOR, fuerza mía!

2 El SEÑOR es mi *roca, mi amparo,
mi libertador;
es mi Dios, el peñasco en que me
refugio.
Es mi escudo, el poder que me
salva,*o*
¡mi más alto escondite!
3 Invoco al SEÑOR, que es digno de
alabanza,
y quedo a salvo de mis enemigos.

4 Los lazos de la muerte me
envolvieron;
los torrentes destructores me
abrumaron.
5 Me enredaron los lazos del *sepulcro,
y me encontré ante las trampas de
la muerte.
6 En mi angustia invoqué al SEÑOR;
clamé a mi Dios,
y él me escuchó desde su templo;
¡mi clamor llegó a sus oídos!

7 La tierra tembló, se estremeció;
se sacudieron los cimientos de los
montes;
¡retemblaron a causa de su enojo!
8 Por la nariz echaba humo,
por la boca, fuego consumidor;
¡lanzaba carbones encendidos!

9 Rasgando el cielo, descendió,
pisando sobre oscuros nubarrones.
10 Montando sobre un *querubín, surcó
los cielos
y se remontó sobre las alas del
viento.
11 Hizo de las tinieblas su escondite,
de los oscuros y cargados
nubarrones
un pabellón que lo rodeaba.
12 De su radiante presencia brotaron
nubes,
granizos y carbones encendidos.

13 En el cielo, entre granizos y
carbones encendidos,
se oyó el trueno del SEÑOR,
resonó la voz del *Altísimo.
14 Lanzó sus flechas, sus grandes
centellas;
dispersó a mis enemigos y los puso
en fuga.
15 A causa de tu reprensión, oh
SEÑOR,
y por el resoplido de tu enojo,*p*
las cuencas del mar quedaron a la
vista;
¡al descubierto quedaron los
cimientos de la tierra!

16 Extendiendo su mano desde lo alto,
tomó la mía y me sacó del mar
profundo.
17 Me libró de mi enemigo poderoso,
de aquellos que me odiaban
y eran más fuertes que yo.
18 En el día de mi desgracia me
salieron al encuentro,
pero mi apoyo fue el SEÑOR.
19 Me sacó a un amplio espacio;
me libró porque se agradó de mí.

---

o **18:2** *el poder que me salva.* Lit. *el cuerno de mi salvación.*   *p* **18:15** *por ... tu enojo.* Lit. *por el soplo del
aliento de tu nariz.*

²⁰El Señor me ha pagado conforme a
   mi *justicia;
   me ha premiado conforme a la
   limpieza de mis manos,
²¹pues he andado en los *caminos del
   Señor;
   no he cometido mal alguno
   ni me he apartado de mi Dios.
²²Presentes tengo todas sus sentencias;
   no me he alejado de sus decretos.
²³He sido íntegro con él
   y me he abstenido de pecar.
²⁴El Señor me ha recompensado
   conforme a mi justicia,
   conforme a la limpieza de mis
   manos.

²⁵Tú eres fiel con quien es fiel,
   e irreprochable con quien es
   irreprochable;
²⁶sincero eres con quien es sincero,
   pero sagaz con el que es tramposo.
²⁷Tú das la *victoria a los humildes,
   pero humillas a los altaneros.
²⁸Tú, Señor, mantienes mi lámpara
   encendida;
   tú, Dios mío, iluminas mis tinieblas.
²⁹Con tu apoyo me lanzaré contra un
   ejército;
   contigo, Dios mío, podré asaltar
   murallas.

³⁰El camino de Dios es perfecto;
   la palabra del Señor es intachable.
   Escudo es Dios a los que en él se
   refugian.
³¹¿Quién es Dios, si no el Señor?
   ¿Quién es la roca, si no nuestro
   Dios?
³²Es él quien me arma de valor
   y endereza mi camino;
³³da a mis pies la ligereza del venado,
   y me mantiene firme en las
   alturas;
³⁴adiestra mis manos para la batalla,
   y mis brazos para tensar arcos de
   bronce.
³⁵Tú me cubres con el escudo de tu
   *salvación,

y con tu diestra me sostienes;
   tu bondad me ha hecho prosperar.
³⁶Me has despejado el camino,
   así que mis tobillos no flaquean.

³⁷Perseguí a mis enemigos, les di
   alcance,
   y no retrocedí hasta verlos
   aniquilados.
³⁸Los aplasté. Ya no pudieron
   levantarse.
   ¡Cayeron debajo de mis pies!
³⁹Tú me armaste de valor para el
   combate;
   bajo mi planta sometiste a los
   rebeldes.
⁴⁰Hiciste retroceder a mis enemigos,
   y así exterminé a los que me
   odiaban.
⁴¹Pedían ayuda; no hubo quien los
   salvara.
   Al Señor clamaron,�q pero no les
   respondió.
⁴²Los desmenucé. Parecían polvo
   disperso por el viento.
   ¡Los pisoteéʳ como al lodo de las
   calles!

⁴³Me has librado de una turba
   amotinada;
   me has puesto por encima de los
   *paganos;
   me sirve *gente que yo no conocía.
⁴⁴Apenas me oyen, me obedecen;
   son extranjeros, y me rinden
   homenaje.
⁴⁵¡Esos extraños se descorazonan,
   y temblando salen de sus refugios!
⁴⁶¡El Señor vive! ¡Alabada sea mi
   roca!
   ¡Exaltado sea Dios mi Salvador!
⁴⁷Él es el Dios que me vindica,
   el que pone los pueblos a mis pies.

⁴⁸Tú me libras del furor de mis
   enemigos,
   me exaltas por encima de mis
   adversarios,
   me salvas de los hombres violentos.

�q **18:41** *Al Señor clamaron* (versiones antiguas); TM no incluye *clamaron.*   ʳ**18:42** *Los pisoteé* (LXX,
Siríaca, Targum, mss. y 2S 22:43); *Los vacié* (TM).

⁴⁹Por eso, Señor, te alabo entre las
     naciones
   y canto salmos a tu *nombre.

⁵⁰El Señor da grandes victorias a su
     rey;
   a su *ungido David y a sus
     descendientes
   les muestra por siempre su gran
     amor.

Salmo 19

Al director musical. Salmo de David.

¹Los cielos cuentan la gloria de Dios,
   el firmamento proclama la obra de
     sus manos.
²Un día comparte al otro la noticia,
   una noche a la otra se lo hace saber.
³Sin palabras, sin lenguaje,
   sin una voz perceptible,
⁴por toda la tierra resuena su eco,
   ¡sus palabras llegan hasta los
     confines del mundo!

   Dios ha plantado en los cielos
   un pabellón para el sol.
⁵Y éste, como novio que sale de la
     cámara nupcial,
   se apresta, cual atleta, a recorrer el
     camino.
⁶Sale de un extremo de los cielos
   y, en su recorrido, llega al otro
     extremo,
   sin que nada se libre de su calor.

⁷La *ley del Señor es perfecta:
   infunde nuevo *aliento.
   El mandato del Señor es digno de
     confianza:
   da sabiduría al *sencillo.
⁸Los preceptos del Señor son rectos:
   traen alegría al *corazón.
   El mandamiento del Señor es claro:
   da luz a los ojos.
⁹El temor del Señor es puro:
   permanece para siempre.
   Las sentencias del Señor son
     verdaderas:
   todas ellas son justas.
¹⁰Son más deseables que el oro,
   más que mucho oro refinado;
   son más dulces que la miel,
   la miel que destila del panal.

¹¹Por ellas queda advertido tu siervo;
   quien las obedece recibe una gran
     recompensa.

¹²¿Quién está consciente de sus
     propios errores?
   ¡Perdóname aquellos de los que no
     estoy consciente!
¹³Libra, además, a tu siervo de pecar a
     sabiendas;
   no permitas que tales pecados me
     dominen.
   Así estaré libre de culpa
   y de multiplicar mis pecados.

¹⁴Sean, pues, aceptables ante ti
   mis palabras y mis pensamientos,
   oh Señor, *roca mía y redentor
     mío.

Salmo 20

Al director musical. Salmo de David.

¹Que el Señor te responda cuando
     estés angustiado;
   que el *nombre del Dios de Jacob
     te proteja.
²Que te envíe ayuda desde el
     santuario;
   que desde *Sión te dé su apoyo.
³Que se acuerde de todas tus ofrendas;
   que acepte tus *holocaustos.   *Selah

⁴Que te conceda lo que tu *corazón
     desea;
   que haga que se cumplan todos tus
     planes.
⁵Nosotros celebraremos tu *victoria,
   y en el nombre de nuestro Dios
   desplegaremos las banderas.
   ¡Que el Señor cumpla todas tus
     peticiones!

⁶Ahora sé que el Señor salvará a su
     *ungido,
   que le responderá desde su santo
     cielo
   y con su poder le dará grandes
     victorias.
⁷Éstos confían en sus carros de guerra,
   aquéllos confían en sus corceles,
   pero nosotros confiamos en el
     nombre
   del Señor nuestro Dios.

8Ellos son vencidos y caen,
   pero nosotros nos erguimos y de
   pie permanecemos.

9¡Concede, SEÑOR, la victoria al rey!
   ¡Respóndenos cuando te llamemos!

Salmo 21
Al director musical. Salmo de David.

1En tu fuerza, SEÑOR,
   se regocija el rey;
   ¡cuánto se alegra en tus
   *victorias!
2Le has concedido lo que su *corazón
   desea;
   no le has negado lo que sus labios
   piden.   *Selah
3Has salido a su encuentro con ricas
   bendiciones;
   lo has coronado con diadema de
   oro fino.
4Te pidió vida, se la concediste:
   una vida larga y duradera.
5Por tus victorias se acrecentó su
   gloria;
   lo revestiste de honor y majestad.
6Has hecho de él manantial de
   bendiciones;
   tu presencia lo ha llenado de
   alegría.

7El rey confía en el SEÑOR,
   en el gran amor del *Altísimo;
   por eso jamás caerá.

8Tu mano alcanzará a todos tus
   enemigos;
   tu diestra alcanzará a los que te
   aborrecen.
9Cuando tú, SEÑOR, te manifiestes,
   los convertirás en un horno
   encendido.

   En su ira los devorará el SEÑOR;
   ¡un fuego los consumirá!
10Borrarás de la tierra a su simiente;
   de entre los *mortales, a su
   posteridad.
11Aunque tramen hacerte daño
   y maquinen perversidades,
   ¡no se saldrán con la suya!
12Porque tú los harás retroceder
   cuando tenses tu arco contra ellos.

13Enaltécete, SEÑOR, con tu poder,
   y con salmos celebraremos tus
   proezas.

Salmo 22
Al director musical. Sígase la tonada de
«La cierva de la aurora». Salmo de David.

1Dios mío, Dios mío,
   ¿por qué me has abandonado?
   Lejos estás para salvarme,
   lejos de mis palabras de lamento.
2Dios mío, clamo de día y no me
   respondes;
   clamo de noche y no hallo reposo.

3Pero tú eres santo, tú eres rey,
   ¡tú eres la alabanza de Israel!
4En ti confiaron nuestros padres;
   confiaron, y tú los libraste;
5a ti clamaron, y tú los salvaste;
   se apoyaron en ti, y no los
   defraudaste.

6Pero yo, gusano soy y no *hombre;
   la *gente se burla de mí,
   el pueblo me desprecia.
7Cuantos me ven, se ríen de mí;
   lanzan insultos, meneando la
   cabeza:
8«Éste confía en el SEÑOR,
   ¡pues que el SEÑOR lo ponga a salvo!
   Ya que en él se deleita,
   ¡que sea él quien lo libre!»

9Pero tú me sacaste del vientre
   materno;
   me hiciste reposar confiado
   en el regazo de mi madre.
10Fui puesto a tu cuidado
   desde antes de nacer;
   desde el vientre de mi madre
   mi Dios eres tú.
11No te alejes de mí,
   porque la angustia está cerca
   y no hay nadie que me ayude.

12Muchos toros me rodean;
   fuertes toros de Basán me cercan.
13Contra mí abren sus fauces
   leones que rugen y desgarran a su
   presa.
14Como agua he sido derramado;
   dislocados están todos mis huesos.

Mi *corazón se ha vuelto como cera,
y se derrite en mis entrañas.
¹⁵Se ha secado mi vigor como una
teja;
la lengua se me pega al paladar.
¡Me has hundido en el polvo de la
muerte!
¹⁶Como perros de presa, me han
rodeado;
me ha cercado una banda de
malvados;
me han traspasadoˢ las manos y los
pies.
¹⁷Puedo contar todos mis huesos;
con satisfacción perversa
la gente se detiene a mirarme.
¹⁸Se reparten entre ellos mis vestidos
y sobre mi ropa echan suertes.

¹⁹Pero tú, SEÑOR, no te alejes;
fuerza mía, ven pronto en mi
auxilio.
²⁰Libra mi vida de la espada,
mi preciosa vida del poder de esos
perros.
²¹Rescátame de la boca de los leones;
sálvame deᵗ los cuernos de los
toros.

²²Proclamaré tu *nombre a mis
hermanos;
en medio de la congregación te
alabaré.
²³¡Alaben al SEÑOR los que le temen!
¡Hónrenlo, descendientes de
Jacob!
¡Venérenlo, descendientes de
Israel!
²⁴Porque él no desprecia ni tiene en
poco
el sufrimiento del pobre;
no esconde de él su rostro,
sino que lo escucha cuando a él
clama.

²⁵Tú inspiras mi alabanza en la gran
asamblea;
ante los que te temen cumpliré mis
promesas.

²⁶Comerán los pobres y se saciarán;
alabarán al SEÑOR quienes lo
buscan;
¡que su corazón viva para siempre!
²⁷Se acordarán del SEÑOR y se
volverán a él
todos los confines de la tierra;
ante él se postrarán
todas las familias de las naciones,
²⁸porque del SEÑOR es el reino;
él gobierna sobre las naciones.

²⁹Festejarán y adorarán todos los ricos
de la tierra;
ante él se postrarán todos los que
bajan al polvo,
los que no pueden conservar su
vida.
³⁰La posteridad le servirá;
del Señor se hablará a las
generaciones futuras.
³¹A un pueblo que aún no ha nacido
se le dirá que Dios hizo *justicia.

Salmo 23
Salmo de David.

¹El SEÑOR es mi *pastor, nada me
falta;
²   en verdes pastos me hace
descansar.
Junto a tranquilas aguas me conduce;
³   me infunde nuevas *fuerzas.
Me guía por sendas de *justicia
por amor a su *nombre.

⁴Aun si voy por valles tenebrosos,
no temo peligro alguno
porque tú estás a mi lado;
tu vara de pastor me reconforta.

⁵Dispones ante mí un banquete
en presencia de mis enemigos.
Has ungido con perfume mi cabeza;
has llenado mi copa a rebosar.

⁶La bondad y el amor me seguirán
todos los días de mi vida;
y en la casa del SEÑOR
habitaré para siempre.

ˢ**22:16** *me han traspasado* (LXX, Siríaca y algunos mss. hebreos); *como el león* (TM).   ᵗ**22:21** *sálvame de
... los toros* (lectura probable); *me respondiste desde* (TM).

Salmo 24

Salmo de David.

1 Del SEÑOR es la tierra y todo cuanto
  hay en ella,
  el mundo y cuantos lo habitan;
2 porque él la afirmó sobre los mares,
  la estableció sobre los ríos.

3 ¿Quién puede subir al monte del
    SEÑOR?
  ¿Quién puede estar en su lugar
    santo?
4 Sólo el de manos limpias y *corazón
    puro,
  el que no adora ídolos vanos
  ni jura por dioses falsos. u

5 Quien es así recibe bendiciones del
    SEÑOR;
  Dios su Salvador le hará *justicia.
6 Tal es la generación de los que a ti
    acuden,
  de los que buscan tu rostro, oh
    Dios de Jacob. v   *Selah

7 Eleven, *puertas, sus dinteles;
  levántense, puertas antiguas,
  que va a entrar el Rey de la gloria.

8 ¿Quién es este Rey de la gloria?
  El SEÑOR, el fuerte y valiente,
  el SEÑOR, el valiente guerrero.

9 Eleven, puertas, sus dinteles;
  levántense, puertas antiguas,
  que va a entrar el Rey de la gloria.

10 ¿Quién es este Rey de la gloria?
   Es el SEÑOR *Todopoderoso;
   ¡él es el Rey de la gloria!   Selah

Salmo 25 w

Salmo de David.

Álef   1 A ti, SEÑOR, elevo mi *alma;
Bet   2 mi Dios, en ti confío;
           no permitas que sea yo
             humillado,

           no dejes que mis enemigos
             se burlen de mí.
Guímel 3 Quien en ti pone su esperanza
           jamás será avergonzado;
           pero quedarán en vergüenza
           los que traicionan sin razón.

Dálet   4 SEÑOR, hazme conocer tus
             *caminos;
           muéstrame tus sendas.
He   5 Encamíname en tu verdad,
           ¡enséñame!
           Tú eres mi Dios y Salvador;
Vav   ¡en ti pongo mi esperanza
             todo el día!
Zayin   6 Acuérdate, SEÑOR, de tu
             ternura y gran amor,
           que siempre me has
             mostrado;
Jet   7 olvida los pecados y
             transgresiones
           que cometí en mi juventud.
           Acuérdate de mí según tu gran
             amor,
           porque tú, SEÑOR, eres bueno.

Tet   8 Bueno y justo es el SEÑOR;
           por eso les muestra a los
             pecadores el camino.
Yod   9 Él dirige en la *justicia a los
             humildes,
           y les enseña su camino.
Caf   10 Todas las sendas del SEÑOR
             son amor y verdad
           para quienes cumplen los
             preceptos de su *pacto.
Lámed 11 Por amor a tu *nombre, SEÑOR,
           perdona mi gran iniquidad.
Mem   12 ¿Quién es el *hombre que
             teme al SEÑOR?
           Será instruido en el mejor de
             los caminos.
Nun   13 Tendrá una vida placentera,
           y sus descendientes
             heredarán la tierra.
Sámej 14 El SEÑOR brinda su amistad a
             quienes le honran,
           y les da a conocer su pacto.

---

u 24:4 *por dioses falsos.* Alt. *con falsedad.*   v 24:6 *Dios de Jacob* (LXX, Siríaca, Targum y dos mss. hebreos); TM no incluye *Dios de.*   w Este salmo es un poema acróstico, que sigue el orden del alfabeto hebreo.

Ayin 15Mis ojos están puestos siempre
en el SEÑOR,
pues sólo él puede sacarme
de la trampa.

Pe 16Vuelve a mí tu rostro y tenme
compasión,
pues me encuentro solo y
afligido.

Tsade 17Crecen las angustias de mi
*corazón;
líbrame de mis tribulaciones.
18Fíjate en mi aflicción y en mis
penurias,
y borra todos mis pecados.

Resh 19¡Mira cómo se han
multiplicado mis enemigos,
y cuán violento es el odio
que me tienen!

Shin 20Protege mi vida, rescátame;
no permitas que sea
avergonzado,
porque en ti busco refugio.

Tav 21Sean mi protección la
integridad y la rectitud,
porque en ti he puesto mi
esperanza.

22¡Libra, oh Dios, a Israel
de todas sus angustias!

Salmo 26

Salmo de David.

1Hazme *justicia, SEÑOR,
pues he llevado una vida intachable;
¡en el SEÑOR confío sin titubear!
2Examíname, SEÑOR; ¡ponme a
prueba!
purifica mis entrañas y mi *corazón.

3Tu gran amor lo tengo presente,
y siempre ando en tu verdad.
4Yo no convivo con los mentirosos,
ni me junto con los hipócritas;
5aborrezco la compañía de los
malvados;
no cultivo la amistad de los
perversos.

6Con manos limpias e inocentes
camino, SEÑOR, en torno a tu altar,
7proclamando en voz alta tu alabanza
y contando todas tus maravillas.

8SEÑOR, yo amo la casa donde vives,
el lugar donde reside tu gloria.

9En la muerte, no me incluyas
entre pecadores y asesinos,
10entre *gente que tiene las manos
llenas de artimañas y sobornos.
11Yo, en cambio, llevo una vida
intachable;
líbrame y compadécete de mí.

12Tengo los pies en terreno firme,
y en la gran asamblea bendeciré al
SEÑOR.

Salmo 27

Salmo de David.

1El SEÑOR es mi luz y mi *salvación;
¿a quién temeré?
El SEÑOR es el baluarte de mi vida;
¿quién podrá amedrentarme?
2Cuando los malvados avanzan contra
mí
para devorar mis carnes,
cuando mis enemigos y adversarios
me atacan,
son ellos los que tropiezan y
caen.
3Aun cuando un ejército me asedie,
no temerá mi *corazón;
aun cuando una guerra estalle contra
mí,
yo mantendré la confianza.

4Una sola cosa le pido al SEÑOR,
y es lo único que persigo:
habitar en la casa del SEÑOR
todos los días de mi vida,
para contemplar la hermosura del
SEÑOR
y recrearme en su templo.
5Porque en el día de la aflicción
él me resguardará en su morada;
al amparo de su tabernáculo me
protegerá,
y me pondrá en alto, sobre una
roca.
6Me hará prevalecer
frente a los enemigos que me
rodean;
en su templo ofreceré sacrificios de
alabanza
y cantaré salmos al SEÑOR.

⁷Oye, Señor, mi voz cuando a ti
   clamo;
compadécete de mí y respóndeme.
⁸El corazón me dice: «¡Busca su
   rostro!»ˣ
Y yo, Señor, tu rostro busco.
⁹No te escondas de mí;
no rechaces, en tu enojo, a este
   siervo tuyo,
porque tú has sido mi ayuda.
No me desampares ni me abandones,
Dios de mi salvación.

¹⁰Aunque mi padre y mi madre me
   abandonen,
el Señor me recibirá en sus
   brazos.

¹¹Guíame, Señor, por tu *camino;
dirígeme por la senda de rectitud,
por causa de los que me acechan.
¹²No me entregues al capricho de mis
   adversarios,
pues contra mí se levantan falsos
   testigos
que respiran violencia.

¹³Pero de una cosa estoy seguro:
he de ver la bondad del Señor
en esta tierra de los vivientes.

¹⁴Pon tu esperanza en el Señor;
ten valor, cobra ánimo;
¡pon tu esperanza en el Señor!

Salmo 28
Salmo de David.

¹A ti clamo, Señor, *roca mía;
no te desentiendas de mí,
porque si guardas silencio
ya puedo contarme entre los
   muertos.
²Oye mi voz suplicante,
cuando a ti acudo en busca de
   ayuda,
cuando tiendo los brazos hacia tu
   lugar santísimo.
³No me arrastres con los malvados,
con los que hacen iniquidad,

con los que hablan de *paz con su
   prójimo
pero en su *corazón albergan
   maldad.
⁴Págales conforme a sus obras,
conforme a sus malas acciones.
Págales conforme a las obras de sus
   manos;
¡dales su merecido!
⁵Ya que no toman en cuenta las obras
   del Señor
y lo que él ha hecho con sus manos,
él los derribará
y nunca más volverá a levantarlos.

⁶Bendito sea el Señor,
que ha oído mi voz suplicante.
⁷El Señor es mi fuerza y mi escudo;
mi corazón en él confía;
de él recibo ayuda.
Mi corazón salta de alegría,
y con cánticos le daré gracias.

⁸El Señor es la fortaleza de su pueblo,
y un baluarte de *salvación para su
   *ungido.
⁹Salva a tu pueblo, bendice a tu
   heredad,
y cual *pastor guíalos por siempre.

Salmo 29
Salmo de David.

¹Tributen al Señor, seres celestiales, ʸ
tributen al Señor la gloria y el
   poder.
²Tributen al Señor la gloria que
   merece su *nombre;
póstrense ante el Señor en su
   santuario majestuoso.

³La voz del Señor está sobre las
   aguas;
resuena el trueno del Dios de la
   gloria;
el Señor está sobre las aguas
   impetuosas.
⁴La voz del Señor resuena potente;
la voz del Señor resuena
   majestuosa.

ˣ **27:8** *El corazón ... su rostro!»* (lectura probable); *A ti dice mi corazón: «Busquen mi rostro»* (TM).
ʸ **29:1** *seres celestiales.* Lit. *hijos de los dioses.*

5La voz del SEÑOR desgaja los cedros,
desgaja el SEÑOR los cedros del
Líbano;
6hace que el Líbano salte como
becerro,
y que el Hermónᶻ salte cual toro
salvaje.
7La voz del SEÑOR lanza ráfagas de
fuego;
8 la voz del SEÑOR sacude al
desierto;
el SEÑOR sacude al desierto de
Cades.
9La voz del SEÑOR retuerce los roblesᵃ
y deja desnudos los bosques;
en su templo todos gritan:
«¡Gloria!»

10El SEÑOR tiene su trono sobre las
lluvias;
el SEÑOR reina por siempre.
11El SEÑOR fortalece a su pueblo;
el SEÑOR bendice a su pueblo con
la *paz.

Salmo 30
Cántico para la dedicación de la casa.ᵇ
Salmo de David.

1Te exaltaré, SEÑOR, porque me
levantaste,
porque no dejaste que mis
enemigos se burlaran de mí.
2SEÑOR, mi Dios, te pedí ayuda
y me sanaste.
3Tú, SEÑOR, me sacaste del *sepulcro;
me hiciste revivir de entre los
muertos.

4Canten al SEÑOR, ustedes sus fieles;
alaben su santo *nombre.
5Porque sólo un instante dura su enojo,
pero toda una vida su bondad.
Si por la noche hay llanto,
por la mañana habrá gritos de
alegría.

6Cuando me sentí seguro, exclamé:
«Jamás seré conmovido.»
7Tú, SEÑOR, en tu buena voluntad,

me afirmaste en elevado baluarte;
pero escondiste tu rostro,
y yo quedé confundido.

8A ti clamo, SEÑOR soberano;
a ti me vuelvo suplicante.
9¿Qué ganas tú con que yo muera,ᶜ
con que descienda yo al sepulcro?
¿Acaso el polvo te alabará
o proclamará tu verdad?
10Oye, SEÑOR; compadécete de mí.
¡Sé tú, SEÑOR, mi ayuda!

11Convertiste mi lamento en danza;
me quitaste la ropa de luto
y me vestiste de fiesta,
12para que te cante y te glorifique,
y no me quede callado.

¡SEÑOR, mi Dios, siempre te daré
gracias!

Salmo 31
31:1-4 — Sal 71:1-3
Al director musical. Salmo de David.

1En ti, SEÑOR, busco refugio;
jamás permitas que me
avergüencen;
en tu *justicia, líbrame.
2Inclina a mí tu oído,
y acude pronto a socorrerme.
Sé tú mi *roca protectora,
la fortaleza de mi *salvación.
3Guíame, pues eres mi roca y mi
fortaleza,
dirígeme por amor a tu *nombre.
4Líbrame de la trampa que me han
tendido,
porque tú eres mi refugio.
5En tus manos encomiendo mi espíritu;
líbrame, SEÑOR, Dios de la verdad.

6Odio a los que veneran ídolos vanos;
yo, por mi parte, confío en ti, SEÑOR.
7Me alegro y me regocijo en tu amor,
porque tú has visto mi aflicción
y conoces las angustias de mi
*alma.
8No me entregaste al enemigo,

ᶻ29:6 Hermón (lectura probable); Sirión (TM).   ᵃ29:9 retuerce los robles. Alt. hace parir a la cierva.
ᵇcasa. Alt. palacio, o templo.   ᶜ30:9 con que yo muera. Lit. con mi sangre.

sino que me pusiste en lugar
　espacioso.

9Tenme compasión, SEÑOR, que estoy
　angustiado;
　el dolor está acabando con mis ojos,
　con mi alma, ¡con mi cuerpo!
10La vida se me va en angustias,
　y los años en lamentos;
　la tristeza está acabando con mis
　　fuerzas,
　y mis huesos se van debilitando.
11Por causa de todos mis enemigos,
　soy el hazmerreír de mis vecinos;
　soy un espanto para mis amigos;
　de mí huyen los que me encuentran
　　en la calle.
12Me han olvidado, como si hubiera
　　muerto;
　soy como una vasija hecha
　　pedazos.
13Son muchos a los que oigo
　　cuchichear:
　«Hay terror por todas partes.»
　Se han confabulado contra mí,
　y traman quitarme la vida.

14Pero yo, SEÑOR, en ti confío,
　y digo: «Tú eres mi Dios.»
15Mi vida entera está en tus manos;
　líbrame de mis enemigos y
　　perseguidores.
16Que irradie tu faz sobre tu siervo;
　por tu gran amor, sálvame.

17SEÑOR, no permitas que me
　　avergüencen,
　porque a ti he clamado.
　Que sean avergonzados los
　　malvados,
　y acallados en el *sepulcro.
18Que sean silenciados sus labios
　　mentirosos,
　porque hablan contra los justos
　con orgullo, desdén e insolencia.

19Cuán grande es tu bondad,
　que atesoras para los que te temen,
　y que a la vista de la *gente derramas
　sobre los que en ti se refugian.

20Al amparo de tu presencia los
　　proteges
　de las intrigas *humanas;
　en tu morada los resguardas
　de las lenguas contenciosas.

21Bendito sea el SEÑOR,
　pues mostró su gran amor por mí
　cuando me hallaba en una ciudad
　　sitiada.
22En mi confusión llegué a decir:
　«¡He sido arrojado de tu presencia!»
　Pero tú oíste mi voz suplicante
　cuando te pedí que me ayudaras.

23Amen al SEÑOR, todos sus fieles;
　él protege a los dignos de
　　confianza,
　pero a los orgullosos les da su
　　merecido.
24Cobren ánimo y ármense de valor,
　todos los que en el SEÑOR esperan.

Salmo 32

Salmo de David. *Masquil.

1*Dichoso aquel
　a quien se le perdonan sus
　　transgresiones,
　a quien se le borran sus pecados.
2Dichoso aquel
　a quien el SEÑOR no toma en
　　cuenta su maldad
　y en cuyo espíritu no hay engaño.
3Mientras guardé silencio,
　mis huesos se fueron consumiendo
　por mi gemir de todo el día.
4Mi fuerza se fue debilitando
　como al calor del verano,
　porque día y noche
　tu mano pesaba sobre mí.   *Selah

5Pero te confesé mi pecado,
　y no te oculté mi maldad.
　Me dije: «Voy a confesar mis
　　transgresiones al SEÑOR»,
　y tú perdonaste mi maldad y mi
　　pecado.   Selah

6Por eso los fieles te invocan
　en momentos de angustia;d

d32:6 de angustia (LXX y Siríaca); de encontrar solamente (TM).

caudalosas aguas podrán desbordarse,
pero a ellos no los alcanzarán.

7 Tú eres mi refugio;
tú me protegerás del peligro
y me rodearás con cánticos de
    liberación.   *Selah*

8 El SEÑOR dice:
«Yo te instruiré,
    yo te mostraré el *camino que
        debes seguir;
    yo te daré consejos y velaré por ti.
9 No seas como el mulo o el caballo,
    que no tienen discernimiento,
    y cuyo brío hay que domar con brida
        y freno,
    para acercarlos a ti.»

10 Muchas son las calamidades de los
        malvados,
    pero el gran amor del SEÑOR
        envuelve a los que en él confían.

11 ¡Alégrense, ustedes los justos;
    regocíjense en el SEÑOR!
    ¡canten todos ustedes,
        los rectos de *corazón!

Salmo 33

1 Canten al SEÑOR con alegría, ustedes
        los justos;
    es propio de los íntegros alabar al
        SEÑOR.
2 Alaben al SEÑOR al son del arpa;
    entonen alabanzas con el
        decacordio.
3 Cántenle una canción nueva;
    toquen con destreza,
    y den voces de alegría.

4 La palabra del SEÑOR es justa;
    fieles son todas sus obras.
5 El SEÑOR ama la *justicia y el
        derecho;
    llena está la tierra de su amor.

6 Por la palabra del SEÑOR fueron
        creados los cielos,
    y por el soplo de su boca, las
        estrellas.
7 Él recoge en un cántaro el agua de
        los mares,
    y junta en vasijas los océanos.

8 Tema toda la tierra al SEÑOR;
    hónrenlo todos los pueblos del
        mundo;
9 porque él habló, y todo fue creado;
    dio una orden, y todo quedó
        firme.
10 El SEÑOR frustra los planes de las
        naciones;
    desbarata los designios de los
        pueblos.
11 Pero los planes del SEÑOR quedan
        firmes para siempre;
    los designios de su *mente son
        eternos.

12 Dichosa la nación cuyo Dios es el
        SEÑOR,
    el pueblo que escogió por su
        heredad.
13 El SEÑOR observa desde el cielo
    y ve a toda la *humanidad;
14 él contempla desde su trono
    a todos los habitantes de la
        tierra.
15 Él es quien formó el *corazón de
        todos,
    y quien conoce a fondo todas sus
        acciones.
16 No se salva el rey por sus muchos
        soldados,
    ni por su mucha fuerza se libra el
        valiente.
17 Vana esperanza de *victoria es el
        caballo;
    a pesar de su mucha fuerza no
        puede salvar.
18 Pero el SEÑOR cuida de los que le
        temen,
    de los que esperan en su gran
        amor;
19 él los libra de la muerte,
    y en épocas de hambre los
        mantiene con vida.

20 Esperamos confiados en el SEÑOR;
    él es nuestro socorro y nuestro
        escudo.
21 En él se regocija nuestro corazón,
    porque confiamos en su santo
        *nombre.
22 Que tu gran amor, SEÑOR, nos
        acompañe,
    tal como lo esperamos de ti.

Salmo 34 *e*

Salmo de David, cuando fingió estar demente ante
Abimélec, por lo cual éste lo arrojó de su presencia.

Álef **1** Bendeciré al SEÑOR en todo
tiempo;
mis labios siempre lo
alabarán.

Bet **2** Mi *alma se gloría en el
SEÑOR;
lo oirán los humildes y se
alegrarán.

Guímel **3** Engrandezcan al SEÑOR
conmigo;
exaltemos a una su
*nombre.

Dálet **4** Busqué al SEÑOR, y él me
respondió;
me libró de todos mis
temores.

He **5** Radiantes están los que a él
acuden;
jamás su rostro se cubre de
vergüenza.

Zayin **6** Este pobre clamó, y el SEÑOR
le oyó
y lo libró de todas sus
angustias.

Jet **7** El ángel del SEÑOR acampa en
torno a los que le temen;
a su lado está para librarlos.

Tet **8** Prueben y vean que el SEÑOR
es bueno;
*dichosos los que en él se
refugian.

Yod **9** Teman al SEÑOR, ustedes sus
santos,
pues nada les falta a los que
le temen.

Caf **10** Los leoncillos se debilitan y
tienen hambre,
pero a los que buscan al
SEÑOR nada les falta.

Lámed **11** Vengan, hijos míos, y
escúchenme,
que voy a enseñarles el
temor del SEÑOR.

Mem **12** El que quiera amar la vida
y gozar de días felices,

Nun **13** que refrene su lengua de hablar
el mal
y sus labios de proferir
engaños;

Sámej **14** que se aparte del mal y haga el
bien;
que busque la *paz y la siga.

Ayin **15** Los ojos del SEÑOR están sobre
los justos,
y sus oídos, atentos a sus
oraciones;

Pe **16** el rostro del SEÑOR está contra
los que hacen el mal,
para borrar de la tierra su
memoria.

Tsade **17** Los justos claman, y el SEÑOR
los oye;
los libra de todas sus
angustias.

Qof **18** El SEÑOR está cerca de los
quebrantados de corazón,
y salva a los de espíritu
abatido.

Resh **19** Muchas son las angustias del
justo,
pero el SEÑOR lo librará de
todas ellas;

Shin **20** le protegerá todos los huesos,
y ni uno solo le quebrarán.

Tav **21** La maldad destruye a los
malvados;
serán condenados los
enemigos de los justos.

22 El SEÑOR libra a sus siervos;
no serán condenados los que
en él confían.

Salmo 35

Salmo de David.

1 Defiéndeme, SEÑOR, de los que me
atacan;
combate a los que me combaten.

2 Toma tu adarga, tu escudo,
y acude en mi ayuda.

e Este salmo es un poema acróstico, que sigue el orden del alfabeto hebreo.

³Empuña la lanza y el hacha,
  y haz frente a*ᶠ* los que me persiguen.
Quiero oírte decir:
  «Yo soy tu *salvación.»

⁴Queden confundidos y avergonzados
  los que procuran matarme;
retrocedan humillados
  los que traman mi ruina.
⁵Sean como la paja en el viento,
  acosados por el ángel del SEÑOR;
⁶sea su senda oscura y resbalosa,
  perseguidos por el ángel del SEÑOR.
⁷Ya que sin motivo me tendieron una
    trampa,
  y sin motivo cavaron una fosa para
    mí,
⁸que la ruina los tome por sorpresa;
  que caigan en su propia trampa,
  en la fosa que ellos mismos
    cavaron.

⁹Así mi *alma se alegrará en el SEÑOR
  y se deleitará en su salvación;
¹⁰así todo mi ser exclamará:
  «¿Quién como tú, SEÑOR?
Tú libras de los poderosos a los
    pobres;
  a los pobres y necesitados libras
  de aquellos que los explotan.»

¹¹Se presentan testigos despiadados
  y me preguntan cosas que yo
    ignoro.
¹²Me devuelven mal por bien,
  y eso me hiere en el alma;
¹³pues cuando ellos enfermaban
  yo me vestía de luto,
  me afligía y ayunaba.

¡Ay, si pudiera retractarme de mis
    oraciones!

¹⁴Me vestía yo de luto,
  como por un amigo o un hermano.
Afligido, inclinaba la cabeza,
  como si llorara por mi madre.
¹⁵Pero yo tropecé, y ellos se alegraron,
  y a una se juntaron contra mí.

Gente extraña,*ᵍ* que yo no conocía,
  me calumniaba sin cesar.
¹⁶Me atormentaban, se burlaban de
    mí,*ʰ*
  y contra mí rechinaban los dientes.

¹⁷¿Hasta cuándo, Señor, vas a tolerar
    esto?
Libra mi vida, mi única vida,
  de los ataques de esos leones.
¹⁸Yo te daré gracias en la gran
    asamblea;
  ante una multitud te alabaré.

¹⁹No dejes que de mí se burlen
  mis enemigos traicioneros;
no dejes que se guiñen el ojo
  los que me odian sin motivo.
²⁰Porque no vienen en son de *paz,
  sino que urden mentiras
  contra la gente apacible del país.
²¹De mí se ríen a carcajadas, y
    exclaman:
  «¡Miren en lo que vino a parar!»

²²SEÑOR, tú has visto todo esto;
  no te quedes callado.
  ¡Señor, no te alejes de mí!
²³¡Despierta, Dios mío, levántate!
  ¡Hazme *justicia, Señor,
    defiéndeme!
²⁴Júzgame según tu justicia, SEÑOR mi
    Dios;
  no dejes que se burlen de mí.
²⁵No permitas que piensen:
  «¡Así queríamos verlo!»
No permitas que digan:
  «Nos lo hemos tragado vivo.»

²⁶Queden avergonzados y
    confundidos
  todos los que se alegran de mi
    desgracia;
sean cubiertos de oprobio y
    vergüenza
  todos los que se creen más que yo.
²⁷Pero lancen voces de alegría y
    regocijo
  los que apoyan mi causa,

ᶠ **35:3** *el hacha, y haz frente a* (lectura probable); *cierra contra* (TM).   *ᵍ* **35:15** *gente extraña* (lectura probable); *gente golpeada* (TM).   *ʰ* **35:16** *Me atormentaban, se burlaban de mí* (LXX); *Con inicuos burlones de una torta* (TM).

y digan siempre: «Exaltado sea el
Señor,
quien se deleita en el *bienestar de
su siervo.»

28 Con mi lengua proclamaré tu justicia,
y todo el día te alabaré.

Salmo 36

Al director musical. De David, el siervo del Señor.

1 Dice el pecador:
«Ser impío lo llevo en el
*corazón.»[i]
No hay temor de Dios
delante de sus ojos.
2 Cree que merece alabanzas
y no halla aborrecible su pecado.
3 Sus palabras son inicuas y engañosas;
ha perdido el buen juicio
y la capacidad de hacer el bien.
4 Aun en su lecho trama hacer el mal;
se aferra a su mal *camino
y persiste en la maldad.

5 Tu amor, Señor, llega hasta los
cielos;
tu fidelidad alcanza las nubes.
6 Tu *justicia es como las altas
montañas;[j]
tus juicios, como el gran océano.

Tú, Señor, cuidas de *hombres y
animales;
7 ¡cuán precioso, oh Dios, es tu gran
amor!
Todo *ser humano halla refugio
a la sombra de tus alas.
8 Se sacian de la abundancia de tu
casa;
les das a beber de tu río de deleites.
9 Porque en ti está la fuente de la vida,
y en tu luz podemos ver la luz.

10 Extiende tu amor a los que te
conocen,
y tu justicia a los rectos de
corazón.
11 Que no me aplaste el pie del
orgulloso,

ni me desarraigue la mano del
impío.

12 Vean cómo fracasan los malvados:
¡caen a tierra, y ya no pueden
levantarse!

Salmo 37[k]

Salmo de David.

Álef **1** No te irrites a causa de los
impíos
ni envidies a los que
cometen injusticias;
2 porque pronto se marchitan,
como la hierba;
pronto se secan, como el
verdor del pasto.

Bet **3** Confía en el Señor y haz el
bien;
establécete en la tierra y
manténte fiel.
4 Deléitate en el Señor,
y él te concederá los deseos
de tu *corazón.

Guímel **5** Encomienda al Señor tu
*camino;
confía en él, y él actuará.
6 Hará que tu *justicia
resplandezca como el alba;
tu justa causa, como el sol de
mediodía.

Dálet **7** Guarda silencio ante el Señor,
y espera en él con paciencia;
no te irrites ante el éxito de
otros,
de los que maquinan planes
malvados.

He **8** Refrena tu enojo, abandona la
ira;
no te irrites, pues esto
conduce al mal.
9 Porque los impíos serán
exterminados,
pero los que esperan en el
Señor heredarán la tierra.

---

[i] **36:1** Dice el ... corazón» (lectura probable); Oráculo del pecado al malvado en medio de mi corazón (TM).
[j] **36:6** las altas montañas. Alt. las montañas de Dios.　[k] Este salmo es un poema acróstico, que sigue el
orden del alfabeto hebreo.

Vav ¹⁰Dentro de poco los malvados
dejarán de existir;
por más que los busques, no
los encontrarás.
¹¹Pero los desposeídos heredarán
la tierra
y disfrutarán de gran
*bienestar.

Zayin ¹²Los malvados conspiran contra
los justos
y crujen los dientes contra
ellos;
¹³pero el Señor se ríe de los
malvados,
pues sabe que les llegará su
hora.

Jet ¹⁴Los malvados sacan la espada
y tensan el arco
para abatir al pobre y al
necesitado,
para matar a los que viven
con rectitud.
¹⁵Pero su propia espada les
atravesará el corazón,
y su arco quedará hecho
pedazos.

Tet ¹⁶Más vale lo poco de un justo
que lo mucho de
innumerables malvados;
¹⁷porque el brazo de los impíos
será quebrado,
pero el Señor sostendrá a
los justos.

Yod ¹⁸El Señor protege la vida de
los íntegros,
y su herencia perdura por
siempre.
¹⁹En tiempos difíciles serán
prosperados;
en épocas de hambre tendrán
abundancia.

Caf ²⁰Los malvados, los enemigos
del Señor,
acabarán por ser destruidos;
desaparecerán como las flores
silvestres,
se desvanecerán como el
humo.

Lámed ²¹Los malvados piden prestado y
no pagan,
pero los justos dan con
generosidad.
²²Los benditos del Señor
heredarán la tierra,
pero los que él maldice serán
destruidos.

Mem ²³El Señor afirma los pasos del
*hombre
cuando le agrada su modo de
vivir;
²⁴podrá tropezar, pero no caerá,
porque el Señor lo sostiene
de la mano.

Nun ²⁵He sido joven y ahora soy viejo,
pero nunca he visto justos en
la miseria,
ni que sus hijos mendiguen
pan.
²⁶Prestan siempre con
generosidad;
sus hijos son una bendición.

Sámej ²⁷Apártate del mal y haz el bien,
y siempre tendrás dónde
vivir.
²⁸Porque el Señor ama la justicia
y no abandona a quienes le
son fieles.

El Señor los protegerá para
siempre,
pero acabará con la
descendencia de los
malvados.

Ayin ²⁹Los justos heredarán la tierra,
y por siempre vivirán en ella.

Pe ³⁰La boca del justo imparte
sabiduría,
y su lengua emite justicia.
³¹La *ley de Dios está en su
corazón,
y sus pies jamás resbalan.

Tsade ³²Los malvados acechan a los
justos
con la intención de matarlos,
³³pero el Señor no los dejará
caer en sus manos

ni permitirá que los
condenen en el juicio.

Qof ³⁴Pero tú, espera en el SEÑOR,
y vive según su voluntad,
que él te exaltará para que
heredes la tierra.
Cuando los malvados sean
destruidos,
tú lo verás con tus propios
ojos.

Resh ³⁵He visto al déspota y malvado
extenderse como cedro
frondoso.
³⁶Pero pasó al olvido y dejó de
existir;
lo busqué, y ya no pude
encontrarlo.

Shin ³⁷Observa a los que son íntegros
y rectos:
hay porvenir para quien
busca la *paz.
³⁸Pero todos los pecadores serán
destruidos;
el porvenir de los malvados
será el exterminio.

Tav ³⁹La *salvación de los justos
viene del SEÑOR;
él es su fortaleza en tiempos
de angustia.
⁴⁰El SEÑOR los ayuda y los libra;
los libra de los malvados y
los salva,
porque en él ponen su
confianza.

Salmo 38
Salmo de David, para las ofrendas memoriales.

¹SEÑOR, no me reprendas en tu enojo
ni me castigues en tu ira.
²Porque tus flechas me han
atravesado,
y sobre mí ha caído tu mano.
³Por causa de tu indignación
no hay nada sano en mi cuerpo;
por causa de mi pecado
mis huesos no hallan descanso.

⁴Mis maldades me abruman,
son una carga demasiado pesada.

⁵Por causa de mi insensatez
mis llagas hieden y supuran.
⁶Estoy agobiado, del todo abatido;
todo el día ando acongojado.
⁷Estoy ardiendo de fiebre;
no hay nada sano en mi cuerpo.
⁸Me siento débil, completamente
deshecho;
mi *corazón gime angustiado.

⁹Ante ti, Señor, están todos mis
deseos;
no te son un secreto mis anhelos.
¹⁰Late mi corazón con violencia,
las fuerzas me abandonan,
hasta la luz de mis ojos se apaga.
¹¹Mis amigos y vecinos se apartan de
mis llagas;
mis parientes se mantienen a
distancia.
¹²Tienden sus trampas los que quieren
matarme;
maquinan mi ruina los que buscan
mi mal
y todo el día urden engaños.

¹³Pero yo me hago el sordo, y no los
escucho;
me hago el mudo, y no les
respondo.
¹⁴Soy como los que no oyen
ni pueden defenderse.
¹⁵Yo, SEÑOR, espero en ti;
tú, Señor y Dios mío, serás quien
responda.
¹⁶Tan sólo pido que no se burlen de mí,
que no se crean superiores si
resbalo.

¹⁷Estoy por desfallecer;
el dolor no me deja un solo
instante.
¹⁸Voy a confesar mi iniquidad,
pues mi pecado me angustia.
¹⁹Muchos son mis enemigos gratuitos;^l
abundan los que me odian sin
motivo.

---

^l**38:19** *gratuitos* (lectura probable); *vivientes* (TM).

²⁰Por hacer el bien, me pagan con el
mal;
por procurar lo bueno, se ponen en
mi contra.

²¹SEÑOR, no me abandones;
Dios mío, no te alejes de mí.
²²Señor de mi *salvación,
¡ven pronto en mi ayuda!

Salmo 39
Al director musical. Para Jedutún. Salmo de David.

¹Me dije a mí mismo:
«Mientras esté ante gente malvada
vigilaré mi conducta,
me abstendré de pecar con la
lengua,
me pondré una mordaza en la
boca.»
²Así que guardé silencio, me mantuve
callado.
¡Ni aun lo bueno salía de mi boca!
Pero mi angustia iba en aumento;
³ ¡el corazón me ardía en el
pecho!
Al meditar en esto, el fuego se
inflamó
y tuve que decir:

⁴«Hazme saber, SEÑOR, el límite de
mis días,
y el tiempo que me queda por vivir;
hazme saber lo efímero que soy.
⁵Muy breve es la vida que me has
dado;
ante ti, mis años no son nada.
Un soplo nada más es el *mortal,
                                    *Selah
⁶ un suspiro que se pierde entre las
sombras.
Ilusorias son las riquezas que
amontona,ᵐ
pues no sabe quién se quedará con
ellas.

⁷»Y ahora, Señor, ¿qué esperanza me
queda?
¡Mi esperanza he puesto en ti!
⁸Líbrame de todas mis transgresiones.
Que los *necios no se burlen de mí.

⁹»He guardado silencio; no he abierto
la boca,
pues tú eres quien actúa.
¹⁰Ya no me castigues,
que los golpes de tu mano me
aniquilan.
¹¹Tú reprendes a los mortales,
los castigas por su iniquidad;
como polilla, acabas con sus placeres.
¡Un soplo nada más es el mortal!
                                    Selah

¹²»SEÑOR, escucha mi oración,
atiende a mi clamor;
no cierres tus oídos a mi llanto.
Ante ti soy un extraño,
un peregrino, como todos mis
antepasados.
¹³No me mires con enojo, y volveré a
alegrarme
antes que me muera y deje de
existir.»

Salmo 40
40:13-17 — Sal 70:1-5
Al director musical. Salmo de David.

¹Puse en el SEÑOR toda mi esperanza;
él se inclinó hacia mí y escuchó mi
clamor.
²Me sacó de la fosa de la muerte,
del lodo y del pantano;
puso mis pies sobre una roca,
y me plantó en terreno firme.
³Puso en mis labios un cántico nuevo,
un himno de alabanza a nuestro
Dios.
Al ver esto, muchos tuvieron miedo
y pusieron su confianza en el
SEÑOR.

⁴*Dichoso el que pone su confianza
en el SEÑOR
y no recurre a los idólatras
ni a los que adoran dioses falsos.
⁵Muchas son, SEÑOR mi Dios,
las maravillas que tú has hecho.
No es posible enumerar
tus bondades en favor nuestro.
Si quisiera anunciarlas y proclamarlas,
serían más de lo que puedo contar.

ᵐ39:6 *Ilusorias ... que amontona* (lectura probable); *en vano hace ruido y amontona* (TM).

⁶A ti no te complacen sacrificios ni
ofrendas,
pero me has hecho obediente;ⁿ
tú no has pedido *holocaustos
ni sacrificios por el pecado.
⁷Por eso dije: «Aquí me tienes
—como el libro dice de mí—.
⁸Me agrada, Dios mío, hacer tu
voluntad;
tu *ley la llevo dentro de mí.»

⁹En medio de la gran asamblea
he dado a conocer tu *justicia.
Tú bien sabes, SEÑOR,
que no he sellado mis labios.
¹⁰No escondo tu justicia en mi
*corazón,
sino que proclamo tu fidelidad y tu
*salvación.
No oculto en la gran asamblea
tu gran amor y tu verdad.
¹¹No me niegues, SEÑOR, tu
misericordia;
que siempre me protejan tu amor y
tu verdad.
¹²Muchos males me han rodeado;
tantos son que no puedo contarlos.
Me han alcanzado mis iniquidades,
y ya ni puedo ver.
Son más que los cabellos de mi
cabeza,
y mi corazón desfallece.

¹³Por favor, SEÑOR, ¡ven a librarme!
¡Ven pronto, SEÑOR, en mi
auxilio!
¹⁴Sean confundidos y avergonzados
todos los que tratan de matarme;
huyan derrotados
todos los que procuran mi mal;
¹⁵que la vergüenza de su derrota
humille a los que se burlan de mí.
¹⁶Pero que todos los que te buscan
se alegren en ti y se regocijen;
que los que aman tu salvación digan
siempre:
«¡Cuán grande es el SEÑOR!»

¹⁷Y a mí, pobre y necesitado,
quiera el Señor tomarme en cuenta.

Tú eres mi socorro y mi libertador;
¡no te tardes, Dios mío!

Salmo 41

Al director musical. Salmo de David.

¹*Dichoso el que piensa en el débil;
el SEÑOR lo librará en el día de la
desgracia.
²El SEÑOR lo protegerá y lo
mantendrá con vida;
lo hará dichoso en la tierra
y no lo entregará al capricho de sus
adversarios.
³El SEÑOR lo confortará cuando esté
enfermo;
lo alentará en el lecho del dolor.

⁴Yo he dicho:
«SEÑOR, compadécete de mí;
sáname, pues contra ti he pecado.»
⁵Con saña dicen de mí mis enemigos:
«¿Cuándo se morirá?
¿Cuándo pasará al olvido?»
⁶Si vienen a verme, no son sinceros;
recogen calumnias y salen a
contarlas.

⁷Mis enemigos se juntan y cuchichean
contra mí;
me hacen responsable de mi mal.
Dicen:
⁸«Lo que le ha sobrevenido es cosa
del demonio;
de esa cama no volverá a
levantarse.»
⁹Hasta mi mejor amigo, en quien yo
confiaba
y que compartía el pan conmigo,
me ha puesto la zancadilla.

¹⁰Pero tú, SEÑOR, compadécete de mí;
haz que vuelva a levantarme
para darles su merecido.
¹¹En esto sabré que te he agradado:
en que mi enemigo no triunfe
sobre mí.
¹²Por mi integridad habrás de
sostenerme,
y en tu presencia me mantendrás
para siempre.

ⁿ**40:6** *me has hecho obediente.* Lit. *me has perforado los oídos.*

13Bendito sea el SEÑOR, el Dios de
    Israel,
  por los siglos de los siglos.
      Amén y amén.

LIBRO II
Salmos 42-72

Salmo 42ñ

Al director musical. *Masquil* de los hijos de Coré.

1Cual ciervo jadeante en busca del
    agua,
  así te busca, oh Dios, todo mi ser.
2Tengo sed de Dios, del Dios de la
    vida.
  ¿Cuándo podré presentarme ante
      Dios?
3Mis lágrimas son mi pan de día y de
    noche,
  mientras me echan en cara a todas
      horas:
  «¿Dónde está tu Dios?»

4Recuerdo esto y me deshago en
    llanto:
  yo solía ir con la multitud,
  y la conducía a la casa de Dios.
  Entre voces de alegría y acciones de
      gracias
  hacíamos gran celebración.

5¿Por qué voy a inquietarme?
  ¿Por qué me voy a angustiar?
  En Dios pondré mi esperanza
  y todavía lo alabaré.
  ¡Él es mi Salvador y mi Dios!

6Me siento sumamente angustiado;
  por eso, mi Dios, pienso en ti
  desde la tierra del Jordán,
    desde las alturas del Hermón,
    desde el monte Mizar.
7Un abismo llama a otro abismo
  en el rugir de tus cascadas;
  todas tus ondas y tus olas
  se han precipitado sobre mí.

8Ésta es la oración al Dios de mi vida:
  que de día el SEÑOR mande su
      amor,

  y de noche su canto me acompañe.
9Y le digo a Dios, a mi *Roca:
  «¿Por qué me has olvidado?
  ¿Por qué debo andar de luto
  y oprimido por el enemigo?»
10Mortal agonía me penetra hasta los
      huesos
  ante la burla de mis adversarios,
  mientras me echan en cara a todas
      horas:
  «¿Dónde está tu Dios?»

11¿Por qué voy a inquietarme?
  ¿Por qué me voy a angustiar?
  En Dios pondré mi esperanza,
  y todavía lo alabaré.
  ¡Él es mi Salvador y mi Dios!

Salmo 43

1¡Hazme *justicia, oh Dios!
  Defiende mi causa frente a esta
      nación impía;
  líbrame de *gente mentirosa y
      perversa.
2Tú eres mi Dios y mi fortaleza:
  ¿Por qué me has rechazado?
  ¿Por qué debo andar de luto
  y oprimido por el enemigo?
3Envía tu luz y tu verdad;
  que ellas me guíen a tu monte
      santo,
  que me lleven al lugar donde tú
      habitas.
4Llegaré entonces al altar de Dios,
  del Dios de mi alegría y mi deleite,
  y allí, oh Dios, mi Dios,
  te alabaré al son del arpa.

5¿Por qué voy a inquietarme?
  ¿Por qué me voy a angustiar?
  En Dios pondré mi esperanza,
  y todavía lo alabaré.
  ¡Él es mi Salvador y mi Dios!

Salmo 44

Al director musical. *Masquil* de los hijos de Coré.

1Oh Dios, nuestros oídos han oído
  y nuestros padres nos han contado
  las proezas que realizaste en sus días,
  en aquellos tiempos pasados:

ñPor su contenido, los salmos 42 y 43 forman una sola unidad literaria.

²Con tu mano echaste fuera a las
naciones
y en su lugar estableciste a
nuestros padres;
aplastaste a aquellos pueblos,
y a nuestros padres los hiciste
prosperar.ᵒ
³Porque no fue su espada la que
conquistó la tierra,
ni fue su brazo el que les dio la
victoria:
fue tu brazo, tu mano derecha;
fue la luz de tu rostro, porque tú
los amabas.

⁴Sólo tú eres mi rey y mi Dios.
¡Decreta las *victorias de Jacob!
⁵Por ti derrotamos a nuestros
enemigos;
en tu *nombre aplastamos a
nuestros agresores.
⁶Yo no confío en mi arco,
ni puede mi espada darme la
victoria;
⁷tú nos das la victoria sobre nuestros
enemigos,
y dejas en vergüenza a nuestros
adversarios.
⁸¡Por siempre nos gloriaremos en
Dios!
¡Por siempre alabaremos tu
nombre!   *Selah*

⁹Pero ahora nos has rechazado y
humillado;
ya no sales con nuestros ejércitos.
¹⁰Nos hiciste retroceder ante el
enemigo;
nos han saqueado nuestros
adversarios.
¹¹Cual si fuéramos ovejas
nos has entregado para que nos
devoren,
nos has dispersado entre las
naciones.
¹²Has vendido a tu pueblo muy barato,
y nada has ganado con su venta.

¹³Nos has puesto en ridículo ante
nuestros vecinos;

somos la burla y el escarnio de los
que nos rodean.
¹⁴Nos has hecho el hazmerreír de las
naciones;
todos los pueblos se burlan de
nosotros.
¹⁵La ignominia no me deja un solo
instante;
se me cae la cara de vergüenza
¹⁶por las burlas de los que me injurian
y me ultrajan,
por culpa del enemigo que está
presto a la venganza.

¹⁷Todo esto nos ha sucedido,
a pesar de que nunca te
olvidamos
ni faltamos jamás a tu *pacto.
¹⁸No te hemos sido infieles,
ni nos hemos apartado de tu
senda.
¹⁹Pero tú nos arrojaste a una cueva de
chacales;
¡nos envolviste en la más densa
oscuridad!

²⁰Si hubiéramos olvidado el nombre
de nuestro Dios,
o tendido nuestras manos a un dios
extraño,
²¹¿acaso Dios no lo habría descubierto,
ya que él conoce los más íntimos
secretos?
²²Por tu causa, siempre nos llevan a la
muerte;
¡nos tratan como a ovejas para el
matadero!

²³¡Despierta, Señor! ¿Por qué
duermes?
¡Levántate! No nos rechaces para
siempre.
²⁴¿Por qué escondes tu rostro
y te olvidas de nuestro sufrimiento
y opresión?
²⁵Estamos abatidos hasta el polvo;
nuestro cuerpo se arrastra por el
suelo.
²⁶Levántate, ven a ayudarnos,
y por tu gran amor, ¡rescátanos!

ᵒ**44:2** *los hiciste prosperar.* Lit. *los arrojaste.*

Salmo 45

Al director musical. Sígase la tonada de
«Los lirios». *Masquil de los hijos de Coré.
Canto nupcial.

1 En mi *corazón se agita un bello
   tema
   mientras recito mis versos ante el
   rey;
   mi lengua es como pluma de hábil
   escritor.

2 Tú eres el más apuesto de los hombres;
   tus labios son fuente de elocuencia,
   ya que Dios te ha bendecido para
   siempre.
3 ¡Con esplendor y majestad,
   cíñete la espada, oh valiente!
4 Con majestad, cabalga victorioso
   en nombre de la verdad, la
   humildad y la justicia;
   que tu diestra realice gloriosas
   hazañas.
5 Que tus agudas flechas atraviesen
   el corazón de los enemigos del rey,
   y que caigan las naciones a tus pies.

6 Tu trono, oh Dios, permanece para
   siempre;
   el cetro de tu reino es un cetro de
   justicia.
7 Tú amas la justicia y odias la maldad;
   por eso Dios te escogió a ti y no a
   tus compañeros,
   ¡tu Dios te ungió con perfume de
   alegría!
8 Aroma de mirra, áloe y canela
   exhalan todas tus vestiduras;
   desde los palacios adornados con
   marfil
   te alegra la música de cuerdas.
9 Entre tus damas de honor se cuentan
   princesas;
   a tu derecha se halla la novia real
   luciendo el oro más fino. P

10 Escucha, hija, fíjate bien y presta
   atención:
   Olvídate de tu pueblo y de tu
   familia.

11 El rey está cautivado por tu
   hermosura;
   él es tu señor: inclínate ante él.
12 La gente de Tiro vendrá con
   presentes;
   los ricos del pueblo buscarán tu
   favor.

13 La princesa es todo esplendor,
   luciendo en su alcoba brocados de
   oro.
14 Vestida de finos bordados
   es conducida ante el rey,
   seguida por sus damas de
   compañía.
15 Con alegría y regocijo son
   conducidas
   al interior del palacio real.

16 Tus hijos ocuparán el trono de tus
   ancestros;
   los pondrás por príncipes en toda la
   tierra.
17 Haré que tu *nombre se recuerde
   por todas las generaciones;
   por eso las naciones te alabarán
   eternamente y para siempre.

Salmo 46

Al director musical. De los hijos de Coré.
Canción según *alamot.

1 Dios es nuestro amparo y nuestra
   fortaleza,
   nuestra ayuda segura en momentos
   de angustia.
2 Por eso, no temeremos
   aunque se desmorone la tierra
   y las montañas se hundan en el
   fondo del mar;
3 aunque rujan y se encrespen sus
   aguas,
   y ante su furia retiemblen los
   montes.   *Selah

4 Hay un río cuyas corrientes alegran
   la ciudad de Dios,
   la santa habitación del *Altísimo.
5 Dios está en ella, la ciudad no caerá;
   al rayar el alba Dios le brindará su
   ayuda.

P 45:9 oro más fino. Lit. oro de Ofir.

⁶Se agitan las naciones, se tambalean
    los reinos;
  Dios deja oír su voz, y la tierra se
    derrumba.

⁷El SEÑOR *Todopoderoso está con
    nosotros;
  nuestro refugio es el Dios de Jacob.
                                    Selah

⁸Vengan y vean los portentos del
    SEÑOR;
  él ha traído desolación sobre la
    tierra.
⁹Ha puesto fin a las guerras
  en todos los confines de la tierra;
  ha quebrado los arcos, ha destrozado
    las lanzas,
  ha arrojado los carros al fuego.
¹⁰«Quédense quietos, reconozcan que
    yo soy Dios.
  ¡Yo seré exaltado entre las naciones!
  ¡Yo seré enaltecido en la tierra!»

¹¹El SEÑOR Todopoderoso está con
    nosotros;
  nuestro refugio es el Dios de Jacob.
                                    Selah

Salmo 47

Al director musical. Salmo de los hijos de Coré.

¹Aplaudan, pueblos todos;
  aclamen a Dios con gritos de alegría.
²¡Cuán imponente es el SEÑOR
    *Altísimo,
  el gran rey de toda la tierra!
³Sometió a nuestro dominio las
    naciones;
  puso a los pueblos bajo nuestros
    pies;
⁴escogió para nosotros una heredad
  que es el orgullo de Jacob, a quien
    amó.   *Selah*

⁵Dios el SEÑOR ha ascendido
  entre gritos de alegría y toques de
    trompeta.
⁶Canten salmos a Dios, cántenle salmos;
  canten, cántenle salmos a nuestro
    rey.

⁷Dios es el rey de toda la tierra;
  por eso, cántenle un salmo
    solemne.ᑫ
⁸Dios reina sobre las naciones;
  Dios está sentado en su santo trono.
⁹Los nobles de los pueblos se reúnen
  con el pueblo del Dios de Abraham,
¹⁰pues de Dios son los imperios de la
    tierra.
  ¡Él es grandemente enaltecido!

Salmo 48

Canción. Salmo de los hijos de Coré.

¹Grande es el SEÑOR, y digno de
    suprema alabanza
  en la ciudad de nuestro Dios.
  Su monte santo, ²bella colina,
  es la alegría de toda la tierra.
  El monte *Sión, en la parte norte,
  es la ciudad del gran Rey.
³En las fortificaciones de Sión
  Dios se ha dado a conocer como
    refugio seguro.

⁴Hubo reyes que unieron sus fuerzas
  y que juntos avanzaron contra la
    ciudad;
⁵pero al verla quedaron pasmados,
  y asustados emprendieron la
    retirada.
⁶Allí el miedo se apoderó de ellos,
  y un dolor de parturienta les
    sobrevino.
⁷¡Con un viento huracanado
  destruiste las naves de Tarsis!

⁸Tal como lo habíamos oído,
  ahora lo hemos visto
  en la ciudad del SEÑOR
    *Todopoderoso,
  en la ciudad de nuestro Dios:
  ¡Él la hará permanecer para
    siempre!   *Selah*

⁹Dentro de tu templo, oh Dios,
  meditamos en tu gran amor.
¹⁰Tu alabanza, oh Dios, como tu
    *nombre,
  llega a los confines de la tierra;
  tu derecha está llena de *justicia.

ᑫ 47:7 *un salmo solemne*. Lit. *un *masquil*.

11 Por causa de tus justas decisiones
   el monte Sión se alegra
   y las aldeas de Judá se regocijan.

12 Caminen alrededor de Sión,
   caminen en torno suyo
   y cuenten sus torres.
13 Observen bien sus murallas
   y examinen sus fortificaciones,
   para que se lo cuenten a las
      generaciones futuras.
14 ¡Este Dios es nuestro Dios eterno!
   ¡Él nos guiará para siempre!*r*

Salmo 49

Al director musical. Salmo de los hijos de Coré.

1 Oigan esto, pueblos todos;
   escuchen, habitantes todos del
      mundo,
2 tanto débiles como poderosos,
   lo mismo los ricos que los pobres.
3 Mi boca hablará con sabiduría;
   mi *corazón se expresará con
      inteligencia.
4 Inclinaré mi oído a los *proverbios;
   propondré mi enigma al son del
      arpa.

5 ¿Por qué he de temer en tiempos de
      desgracia,
   cuando me rodeen inicuos
      detractores?
6 ¿Temeré a los que confían en sus
      riquezas
   y se jactan de sus muchas
      posesiones?
7 Nadie puede salvar a nadie,
   ni pagarle a Dios rescate por la vida.
8 Tal rescate es muy costoso;
   ningún pago es suficiente.
9 Nadie vive para siempre
   sin llegar a ver la fosa.
10 Nadie puede negar que todos mueren,
   que sabios e insensatos perecen por
      igual,
   y que sus riquezas se quedan para
      otros.
11 Aunque tuvieron tierras a su nombre,
   sus tumbas serán*s* su hogar eterno,

su morada por todas las
   generaciones.

12 A pesar de sus riquezas, no perduran
   los *mortales;
   al igual que las bestias, perecen.

13 Tal es el destino de los que confían
      en sí mismos;
   el final de*t* los que se envanecen.
                                    Selah
14 Como ovejas, están destinados al
      *sepulcro;
   hacia allá los conduce la muerte.
   Sus cuerpos se pudrirán en el
      *sepulcro,
   lejos de sus mansiones suntuosas.
   Por la mañana los gobernarán los
      justos.
15 Pero Dios me rescatará de las garras
      del sepulcro
   y con él me llevará.   *Selah*

16 No te asombre ver que alguien se
      enriquezca
   y aumente el esplendor de su casa,
17 porque al morir no se llevará nada,
   ni con él descenderá su esplendor.
18 Aunque en vida se considere dichoso,
   y la gente lo elogie por sus logros,
19 irá a reunirse con sus ancestros,
   sin que vuelva jamás a ver la luz.

20 A pesar de sus riquezas, no
      perduran*u* los mortales;
   al igual que las bestias, perecen.

Salmo 50

Salmo de Asaf.

1 Habla el Señor, el Dios de dioses:
   convoca a la tierra de oriente a
      occidente.
2 Dios resplandece desde *Sión,
   la ciudad bella y perfecta.
3 Nuestro Dios viene, pero no en
      silencio;
   lo precede un fuego que todo lo
      destruye,
   y en torno suyo ruge la tormenta.

---

r **48:14** *para siempre* (LXX); *sobre muerte* (TM).   *s* **49:11** *sus tumbas serán* (LXX y Siríaca); *su interior
será* (TM).   *t* **49:13** *el final de* (Targum); *tras ellos* (TM).   *u* **49:20** *no perduran* (algunos mss.; véase
v. 12); *no entienden* (TM).

⁴El Señor convoca a los cielos y a la
	tierra,
	para que presencien el juicio de su
	pueblo:
⁵«Reúnanme a los consagrados,
	a los que pactaron conmigo
	mediante un sacrificio.»
⁶El cielo proclama la *justicia divina:
	¡Dios mismo es el juez! *Selah

⁷«Escucha, pueblo mío, que voy a
	hablar;
	Israel, voy a testificar contra ti:
	¡Yo soy tu Dios, el único Dios!
⁸No te reprendo por tus sacrificios
	ni por tus *holocaustos, que
	siempre me ofreces.
⁹No necesito becerros de tu establo
	ni machos cabríos de tus apriscos,
¹⁰pues míos son los animales del
	bosque,
	y mío también el ganado de los
	cerros.
¹¹Conozco a las aves de las alturas;
	todas las bestias del campo son mías.
¹²Si yo tuviera hambre, no te lo diría,
	pues mío es el mundo, y todo lo
	que contiene.
¹³¿Acaso me alimento con carne de
	toros,
	o con sangre de machos cabríos?
¹⁴¡Ofrece a Dios tu gratitud,
	cumple tus promesas al *Altísimo!
¹⁵Invócame en el día de la angustia;
	yo te libraré y tú me honrarás.»

¹⁶Pero Dios le dice al malvado:
	«¿Qué derecho tienes tú de recitar
	mis *leyes
	o de mencionar mi *pacto con tus
	labios?
¹⁷Mi *instrucción, la aborreces;
	mis palabras, las desechas.
¹⁸Ves a un ladrón, y lo acompañas;
	con los adúlteros te identificas.
¹⁹Para lo malo, das rienda suelta a tu
	boca;
	tu lengua está siempre dispuesta al
	engaño.
²⁰Tienes por costumbre hablar contra
	tu prójimo,
	y aun calumnias a tu propio
	hermano.

²¹Has hecho todo esto, y he guardado
	silencio;
	¿acaso piensas que soy como tú?
	Pero ahora voy a reprenderte;
	cara a cara voy a denunciarte.

²²»Ustedes que se olvidan de Dios,
	consideren lo que he dicho;
	de lo contrario, los haré pedazos,
	y no habrá nadie que los salve.
²³Quien me ofrece su gratitud, me
	honra;
	al que enmiende su conducta le
	mostraré mi *salvación.»

Salmo 51

Al director musical. Salmo de David,
cuando el profeta Natán fue a verlo por haber
cometido David adulterio con Betsabé.

¹Ten compasión de mí, oh Dios,
	conforme a tu gran amor;
	conforme a tu inmensa bondad,
	borra mis transgresiones.
²Lávame de toda mi maldad
	y límpiame de mi pecado.

³Yo reconozco mis transgresiones;
	siempre tengo presente mi pecado.
⁴Contra ti he pecado, sólo contra ti,
	y he hecho lo que es malo ante tus
	ojos;
	por eso, tu sentencia es justa,
	y tu juicio, irreprochable.
⁵Yo sé que soy malo de nacimiento;
	pecador me concibió mi madre.
⁶Yo sé que tú amas la verdad en lo
	íntimo;
	en lo secreto me has enseñado
	sabiduría.

⁷Purifícame con *hisopo, y quedaré
	limpio;
	lávame, y quedaré más blanco que
	la nieve.
⁸Anúnciame gozo y alegría;
	infunde gozo en estos huesos que
	has quebrantado.
⁹Aparta tu rostro de mis pecados
	y borra toda mi maldad.

¹⁰Crea en mí, oh Dios, un *corazón
	limpio,
	y renueva la firmeza de mi espíritu.

11 No me alejes de tu presencia
  ni me quites tu santo Espíritu.
12 Devuélveme la alegría de tu
    *salvación;
  que un espíritu obediente me
    sostenga.
13 Así enseñaré a los transgresores tus
    *caminos,
  y los pecadores se volverán a ti.

14 Dios mío, Dios de mi salvación,
  líbrame de derramar sangre,
  y mi lengua alabará tu *justicia.
15 Abre, *Señor, mis labios,
  y mi boca proclamará tu alabanza.
16 Tú no te deleitas en los sacrificios
  ni te complacen los *holocaustos;
  de lo contrario, te los ofrecería.
17 El sacrificio que te agrada
  es un espíritu quebrantado;
  tú, oh Dios, no desprecias
  al corazón quebrantado y
    arrepentido.

18 En tu buena voluntad, haz que
    prospere *Sión;
  levanta los muros de Jerusalén.
19 Entonces te agradarán los sacrificios
    de justicia,
  los holocaustos del todo quemados,
  y sobre tu altar se ofrecerán
    becerros.

Salmo 52

Al director musical. *Masquil de David, cuando
Doeg el edomita fue a informarle a Saúl: «David ha
ido a la casa de Ajimélec.»

1 ¿Por qué te jactas de tu maldad,
    varón prepotente?
  ¡El amor de Dios es constante!
2 Tu lengua, como navaja afilada,
  trama destrucción y practica el
    engaño.
3 Más que el bien, amas la maldad;
  más que la verdad, amas la mentira.
                              *Selah

4 Lengua embustera,
  te encanta ofender con tus palabras.
5 Pero Dios te arruinará para siempre;
  te tomará y te arrojará de tu hogar;
  ¡te arrancará del mundo de los
    vivientes!   Selah

6 Los justos verán esto, y temerán;
  entre burlas dirán de él:
7 «¡Aquí tienen al hombre
  que no buscó refugio en Dios,
  sino que confió en su gran riqueza
  y se afirmó en su maldad!»

8 Pero yo soy como un olivo verde
  que florece en la casa de Dios;
  yo confío en el gran amor de Dios
  eternamente y para siempre.

9 En todo tiempo te alabaré por tus
    obras;
  en ti pondré mi esperanza en
    presencia de tus fieles,
  porque tu *nombre es bueno.

Salmo 53

53:1-6 — Sal 14:1-7

Al director musical. Según *majalat.
*Masquil de David.

1 Dice el *necio en su *corazón:
  «No hay Dios.»
  Están corrompidos, sus obras son
    detestables;
  ¡no hay uno solo que haga lo
    bueno!

2 Desde el cielo Dios contempla a los
    *mortales,
  para ver si hay alguien
  que sea sensato y busque a Dios.
3 Pero todos se han descarriado,
  a una se han corrompido.
  No hay nadie que haga lo bueno;
  ¡no hay uno solo!

4 ¿Acaso no entienden todos los que
    hacen lo malo,
  los que devoran a mi pueblo como
    si fuera pan?
  ¡Jamás invocan a Dios!
5 Allí los tienen, sobrecogidos de
    miedo,
  cuando no hay nada que temer.
  Dios dispersó los huesos de quienes
    te atacaban;
  tú los avergonzaste, porque Dios
    los rechazó.

6 ¡Quiera Dios que de *Sión
  venga la *salvación para Israel!

Cuando Dios restaure a su pueblo,[v]
se regocijará Jacob; se alegrará
todo Israel.

Salmo 54

Al director musical. Acompáñese con instrumentos
de cuerda. *Masquil de David, cuando gente de Zif
fue a decirle a Saúl: «¿No estará David escondido
entre nosotros?»

1 Sálvame, oh Dios, por tu *nombre;
defiéndeme con tu poder.
2 Escucha, oh Dios, mi oración;
presta oído a las palabras de mi
boca.
3 Pues *gente extraña me ataca;
tratan de matarme los violentos,
gente que no toma en cuenta a Dios.
*Selah

4 Pero Dios es mi socorro;
el Señor es quien me sostiene,
5 y hará recaer el mal sobre mis
adversarios.

Por tu fidelidad, SEÑOR, ¡destrúyelos!
6 Te presentaré una ofrenda voluntaria
y alabaré, SEÑOR, tu buen nombre;
7 pues me has librado de todas mis
angustias,
y mis ojos han visto la derrota de
mis enemigos.

Salmo 55

Al director musical. Acompáñese
con instrumentos de cuerda. *Masquil de David.

1 Escucha, oh Dios, mi oración;
no pases por alto mi súplica.
2 ¡Óyeme y respóndeme,
porque mis angustias me perturban!
Me aterran **3** las amenazas del
enemigo
y la opresión de los impíos,
pues me causan sufrimiento
y en su enojo me insultan.

4 Se me estremece el *corazón dentro
del pecho,
y me invade un pánico mortal.
5 Temblando estoy de miedo,
sobrecogido estoy de terror.

6 ¡Cómo quisiera tener las alas de una
paloma
y volar hasta encontrar reposo!
7 Me iría muy lejos de aquí;
me quedaría a vivir en el desierto.
*Selah
8 Presuroso volaría a mi refugio,
para librarme del viento borrascoso
y de la tempestad.

9 ¡Destrúyelos, Señor! ¡Confunde su
lenguaje!
En la ciudad sólo veo contiendas y
violencia;
10 día y noche rondan por sus muros,
y dentro de ella hay intrigas y
maldad.
11 En su seno hay fuerzas destructivas;
de sus calles no se apartan la
opresión y el engaño.

12 Si un enemigo me insultara,
yo lo podría soportar;
si un adversario me humillara,
de él me podría yo esconder.
13 Pero lo has hecho tú, un *hombre
como yo,
mi compañero, mi mejor amigo,
14 a quien me unía una bella amistad,
con quien convivía en la casa de
Dios.

15 ¡Que sorprenda la muerte a mis
enemigos!
¡Que caigan vivos al *sepulcro,
pues en ellos habita la maldad!

16 Pero yo clamaré a Dios,
y el SEÑOR me salvará.
17 Mañana, tarde y noche
clamo angustiado, y él me
escucha.
18 Aunque son muchos los que me
combaten,
él me rescata, me salva la vida
en la batalla que se libra contra mí.
19 ¡Dios, que reina para siempre,
habrá de oírme y los afligirá!   Selah
Esa *gente no cambia de conducta,
no tiene temor de Dios.

---

[v] **53:6** restaure a su pueblo. Alt. haga que su pueblo vuelva de la cautividad (véase también 14:7).

20 Levantan la mano contra sus amigos
   y no cumplen sus compromisos.
21 Su boca es blanda como la manteca,
   pero sus pensamientos son
     belicosos.
   Sus palabras son más suaves que el
     aceite,
   pero no son sino espadas
     desenvainadas.

22 Encomienda al SEÑOR tus afanes,
   y él te sostendrá;
   no permitirá que el justo caiga
   y quede abatido para siempre.
23 Tú, oh Dios, abatirás a los impíos
   y los arrojarás en la fosa de la
     muerte;
   la gente sanguinaria y mentirosa
   no llegará ni a la mitad de su
     vida.
   Yo, por mi parte, en ti confío.

Salmo 56

Al director musical. Sígase la tonada de «La tórtola
en los robles lejanos». *Mictam de David,
cuando los filisteos lo apresaron en Gat.

1 Ten compasión de mí, oh Dios,
   pues hay *gente que me persigue.
   Todo el día me atacan mis opresores,
2   todo el día me persiguen mis
     adversarios;
   son muchos los arrogantes que me
     atacan.

3 Cuando siento miedo,
   pongo en ti mi confianza.
4 Confío en Dios y alabo su palabra;
   confío en Dios y no siento miedo.
   ¿Qué puede hacerme un simple
     *mortal?

5 Todo el día tuercen mis palabras;
   siempre están pensando hacerme
     mal.
6 Conspiran, se mantienen al acecho;
   ansiosos por quitarme la vida,
   vigilan todo lo que hago.
7 ¡En tu enojo, Dios mío, humilla a
     esos pueblos!
   ¡De ningún modo los dejes escapar!

8 Toma en cuenta mis lamentos;
   registra mi llanto en tu libro. w
   ¿Acaso no lo tienes anotado?
9 Cuando yo te pida ayuda,
   huirán mis enemigos.
   Una cosa sé: ¡Dios está de mi parte!
10 Confío en Dios y alabo su palabra;
   confío en el SEÑOR y alabo su
     palabra;
11 confío en Dios y no siento miedo.
   ¿Qué puede hacerme un simple
     mortal?

12 He hecho votos delante de ti, oh
     Dios,
   y te presentaré mis ofrendas de
     gratitud.
13 Tú, oh Dios, me has librado de
     tropiezos,
   me has librado de la muerte,
   para que siempre, en tu presencia,
   camine en la luz de la vida.

Salmo 57

57:7-11 — Sal 108:1-5

Al director musical. Sígase la tonada de «No
destruyas». *Mictam de David, cuando David
había huido de Saúl y estaba en una cueva.

1 Ten compasión de mí, oh Dios;
   ten compasión de mí, que en ti
     confío.
   A la sombra de tus alas me refugiaré,
   hasta que haya pasado el peligro.

2 Clamo al Dios *Altísimo,
   al Dios que me brinda su apoyo.
3 Desde el cielo me tiende la mano y
     me salva;
   reprende a mis perseguidores.
                                    *Selah
   ¡Dios me envía su amor y su
     verdad!

4 Me encuentro en medio de leones,
   rodeado de *gente rapaz.
   Sus dientes son lanzas y flechas;
   su lengua, una espada afilada.

5 Pero tú, oh Dios, estás sobre los cielos,
   ¡tu gloria cubre toda la tierra!

---

w 56:8 *registra mi llanto en tu libro.* Lit. *pon mis lágrimas en tu frasco.*

⁶Tendieron una red en mi camino,
   y mi ánimo quedó por los suelos.
En mi senda cavaron una fosa,
   pero ellos mismos cayeron en ella.
                                        Selah

⁷Firme está, oh Dios, mi *corazón;
   firme está mi corazón.
   Voy a cantarte salmos.
⁸¡Despierta, *alma mía!
   ¡Despierten, arpa y lira!
   ¡Haré despertar al nuevo día!

⁹Te alabaré, Señor, entre los pueblos,
   te cantaré salmos entre las naciones.
¹⁰Pues tu amor es tan grande que llega
   a los cielos;
   ¡tu verdad llega hasta el firmamento!

¹¹¡Tú, oh Dios, estás sobre los cielos;
   tu gloria cubre toda la tierra!

Salmo 58

Al director musical. Sígase la tonada de
«No destruyas». *Mictam* de David.

¹¿Acaso ustedes, gobernantes, actúan
   con *justicia,
   y juzgan con rectitud a los *seres
   humanos?
²Al contrario, con la *mente traman
   injusticia,
   y la violencia de sus manos se
   desata en el país.
³Los malvados se pervierten desde
   que nacen;
   desde el vientre materno se desvían
   los mentirosos.
⁴Su veneno es como el de las
   serpientes,
   como el de una cobra que se hace
   la sorda
⁵para no escuchar la música del mago,
   del diestro en encantamientos.

⁶Rómpeles, oh Dios, los dientes;
   ¡arráncales, Señor, los colmillos a
   esos leones!
⁷Que se escurran, como el agua entre
   los dedos;
   que se rompan sus flechas al tensar
   el arco.
⁸Que se disuelvan, como babosa
   rastrera;

que no vean la luz, cual si fueran
   abortivos.
⁹Que sin darse cuenta, ardan como
   espinos;
   que el viento los arrastre, estén
   verdes o secos.

¹⁰Se alegrará el justo al ver la venganza,
   al empapar sus pies en la sangre
   del impío.
¹¹Dirá entonces la *gente:
   «Ciertamente los justos son
   recompensados;
   ciertamente hay un Dios que juzga
   en la tierra.»

Salmo 59

Al director musical. Sígase la tonada de
«No destruyas». *Mictam* de David,
cuando Saúl había ordenado que vigilaran
la casa de David con el propósito de matarlo.

¹Líbrame de mis enemigos, oh Dios;
   protégeme de los que me atacan.
²Líbrame de los malhechores;
   sálvame de los asesinos.

³¡Mira cómo me acechan!
   *Hombres crueles conspiran contra
   mí
   sin que yo, Señor, haya delinquido
   ni pecado.
⁴Presurosos se disponen a atacarme
   sin que yo haya cometido mal
   alguno.

¡Levántate y ven en mi ayuda!
   ¡Mira mi condición!
⁵Tú, Señor, eres el Dios
   *Todopoderoso,
   ¡eres el Dios de Israel!
¡Despiértate y castiga a todas las
   naciones;
   no tengas compasión de esos viles
   traidores!   *Selah*

⁶Ellos vuelven por la noche,
   gruñendo como perros
   y acechando alrededor de la ciudad.
⁷Echan espuma por la boca,
   lanzan espadas por sus fauces,
   y dicen: «¿Quién va a oírnos?»
⁸Pero tú, Señor, te burlas de ellos;
   te ríes de todas las naciones.

⁹A ti, fortaleza mía, vuelvo los ojos,
  pues tú, oh Dios, eres mi protector.
¹⁰Tú eres el Dios que me ama,
  e irás delante de mí
  para hacerme ver la derrota de mis
    enemigos.
¹¹Pero no los mates,
  para que mi pueblo no lo olvide.
Zarandéalos con tu poder; ¡humíllalos!
  ¡Tú, Señor, eres nuestro escudo!
¹²Por los pecados de su boca,
  por las palabras de sus labios,
  que caigan en la trampa de su
    orgullo.
Por las maldiciones y mentiras que
    profieren,
¹³ consúmelos en tu enojo;
  ¡consúmelos hasta que dejen de
    existir!
Así todos sabrán que Dios gobierna
    en Jacob,
  y hasta los confines de la tierra.

Selah

¹⁴Porque ellos vuelven por la noche,
  gruñendo como perros
  y acechando alrededor de la ciudad.
¹⁵Van de un lado a otro buscando
    comida,
  y aúllan si no quedan satisfechos.
¹⁶Pero yo le cantaré a tu poder,
  y por la mañana alabaré tu amor;
  porque tú eres mi protector,
  mi refugio en momentos de angustia.

¹⁷A ti, fortaleza mía, te cantaré salmos,
  pues tú, oh Dios, eres mi protector.
  ¡Tú eres el Dios que me ama!

Salmo 60
60:5-12 — Sal 108:6-13
Al director musical. Sígase la tonada de
«El lirio del pacto». *Mictam* didáctico
de David, cuando luchó contra los arameos
del noroeste de Mesopotamia y de Siria central,
y cuando Joab volvió y abatió a doce mil
edomitas en el valle de la Sal.

¹Oh Dios, tú nos has rechazado
  y has abierto brecha en nuestras
    filas;

te has enojado con nosotros:
  ¡restáuranos ahora!
²Has sacudido la tierra,
  la has resquebrajado;
repara sus grietas,
  porque se desmorona.
³Has sometido a tu pueblo a duras
    pruebas;
  nos diste a beber un vino
    embriagador.

⁴Da^x a tus fieles la señal de retirada,
  para que puedan escapar de los
    arqueros.   *Selah*
⁵Líbranos con tu diestra, respóndenos
  para que tu pueblo amado quede a
    salvo.

⁶Dios ha dicho en su santuario:
  «Triunfante repartiré a Siquén,
  y dividiré el valle de Sucot.
⁷Mío es Galaad, mío es Manasés;
  Efraín es mi yelmo y Judá mi cetro.
⁸En Moab me lavo las manos,
  sobre Edom arrojo mi sandalia;
  sobre Filistea lanzo gritos de
    triunfo.»

⁹¿Quién me llevará a la ciudad
    fortificada?
  ¿Quién me mostrará el camino a
    Edom?
¹⁰¿No eres tú, oh Dios, quien nos ha
    rechazado?
  ¡Ya no sales, oh Dios, con nuestros
    ejércitos!
¹¹Bríndanos tu ayuda contra el enemigo,
  pues de nada sirve la ayuda
    *humana.
¹²Con Dios obtendremos la victoria;
  ¡él pisoteará a nuestros enemigos!

Salmo 61
Al director musical. Acompáñese con ir.strumentos
de cuerda. De David.

¹Oh Dios, escucha mi clamor
  y atiende a mi oración.

²Desde los confines de la tierra te
    invoco,

---

^{x}**60:4** *Da* (lectura probable); *Diste* (TM).

pues mi *corazón desfallece;
llévame a una roca donde esté yo a
salvo.
3 Porque tú eres mi refugio,
mi baluarte contra el enemigo.

4 Anhelo habitar en tu casa para
siempre
y refugiarme debajo de tus alas.
*Selah
5 Tú, oh Dios, has aceptado mis votos
y me has dado la heredad de
quienes te honran.

6 Concédele al rey más años de vida;
que sean sus días una eternidad.
7 Que reine siempre en tu presencia,
y que tu amor y tu verdad lo
protejan.
8 Así cantaré siempre salmos a tu
*nombre
y cumpliré mis votos día tras día.

Salmo 62

Al director musical. Para Jedutún. Salmo de David.

1 Sólo en Dios halla descanso mi
*alma;
de él viene mi *salvación.
2 Sólo él es mi *roca y mi salvación;
él es mi protector.
¡Jamás habré de caer!

3 ¿Hasta cuándo atacarán todos
ustedes
a un *hombre para derribarlo?
Es como un muro inclinado,
¡como una cerca a punto de
derrumbarse!
4 Sólo quieren derribarlo
de su lugar de preeminencia.
Se complacen en la mentira:
bendicen con la boca,
pero maldicen con el *corazón.
*Selah

5 Sólo en Dios halla descanso mi alma;
de él viene mi esperanza.
6 Sólo él es mi roca y mi salvación;
él es mi protector
y no habré de caer.
7 Dios es mi salvación y mi gloria;
es la roca que me fortalece;
¡mi refugio está en Dios!

8 Confía siempre en él, pueblo mío;
ábrele tu corazón cuando estés ante
él.
¡Dios es nuestro refugio!   *Selah*

9 Una quimera es la *gente de humilde
cuna,
y una mentira la gente de alta
alcurnia;
si se les pone juntos en la balanza,
todos ellos no pesan nada.

10 No confíen en la extorsión
ni se hagan ilusiones con sus
rapiñas;
y aunque se multipliquen sus
riquezas,
no pongan el corazón en ellas.

11 Una cosa ha dicho Dios,
y dos veces lo he escuchado:
Que tú, oh Dios, eres poderoso;
12 que tú, Señor, eres todo amor;
que tú pagarás a cada uno
según lo que merezcan sus obras.

Salmo 63

Salmo de David, cuando estaba
en el desierto de Judá.

1 Oh Dios, tú eres mi Dios;
yo te busco intensamente.
Mi *alma tiene sed de ti;
todo mi ser te anhela,
cual tierra seca, extenuada y
sedienta.

2 Te he visto en el santuario
y he contemplado tu poder y tu
gloria.
3 Tu amor es mejor que la vida;
por eso mis labios te alabarán.
4 Te bendeciré mientras viva,
y alzando mis manos te invocaré.

5 Mi alma quedará satisfecha
como de un suculento banquete,
y con labios jubilosos
te alabará mi boca.

6 En mi lecho me acuerdo de ti;
pienso en ti toda la noche.
7 A la sombra de tus alas cantaré,
porque tú eres mi ayuda.

8Mi alma se aferra a ti;
tu mano derecha me sostiene.

9Los que buscan mi muerte serán
destruidos;
bajarán a las profundidades de la
tierra.
10Serán entregados a la espada
y acabarán devorados por los
chacales.

11El rey se regocijará en Dios;
todos los que invocan a Dios lo
alabarán,
pero los mentirosos serán
silenciados.

Salmo 64

Al director musical. Salmo de David.

1Escucha, oh Dios, la voz de mi queja;
protégeme del temor al enemigo.
2Escóndeme de esa pandilla de impíos,
de esa caterva de malhechores.
3Afilan su lengua como espada
y lanzan como flechas palabras
ponzoñosas.
4Emboscados, disparan contra el
inocente;
le tiran sin temor y sin aviso.

5Unos a otros se animan en sus planes
impíos,
calculan cómo tender sus trampas;
y hasta dicen: «¿Quién las verá?»
6Maquinan injusticias, y dicen:
«¡Hemos tramado un plan perfecto!»
¡Cuán incomprensibles son
la *mente y los pensamientos
*humanos!

7Pero Dios les disparará sus flechas,
y sin aviso caerán heridos.
8Su propia lengua será su ruina,
y quien los vea se burlará de ellos.

9La *humanidad entera sentirá temor:
proclamará las proezas de Dios
y meditará en sus obras.
10Que se regocijen en el SEÑOR los
justos;
que busquen refugio en él;
¡que lo alaben todos los de recto
*corazón!

Salmo 65

Al director musical. Salmo de David. Cántico.

1A ti, oh Dios de *Sión,
te pertenece la alabanza.
A ti se te deben cumplir los votos,
2   porque escuchas la oración.
A ti acude todo *mortal,
3   a causa de sus perversidades.
Nuestros delitos nos abruman,
pero tú los perdonaste.
4¡*Dichoso aquel a quien tú escoges,
al que atraes a ti para que viva en
tus atrios!
Saciémonos de los bienes de tu casa,
de los dones de tu santo templo.

5Tú, oh Dios y Salvador nuestro,
nos respondes con imponentes
obras de *justicia;
tú eres la esperanza de los confines
de la tierra
y de los más lejanos mares.
6Tú, con tu poder, formaste las
montañas,
desplegando tu potencia.
7Tú calmaste el rugido de los mares,
el estruendo de sus olas,
y el tumulto de los pueblos.
8Los que viven en remotos lugares
se asombran ante tus prodigios;
del oriente al occidente
tú inspiras canciones de alegría.

9Con tus cuidados fecundas la tierra,
y la colmas de abundancia.
Los arroyos de Dios se llenan de
agua,
para asegurarle trigo al pueblo.
¡Así preparas el campo!
10Empapas los surcos, nivelas sus
terrones,
reblandeces la tierra con las
lluvias
y bendices sus renuevos.
11Tú coronas el año con tus bondades,
y tus carretas se desbordan de
abundancia.
12Rebosan los prados del desierto;
las colinas se visten de alegría.
13Pobladas de rebaños las praderas,
y cubiertos los valles de trigales,
cantan y lanzan voces de alegría.

Salmo 66

Al director musical. Cántico. Salmo.

¹¡Aclamen alegres a Dios,
habitantes de toda la tierra!
²Canten salmos a su glorioso
*nombre;
¡ríndanle gloriosas alabanzas!
³Díganle a Dios:
«¡Cuán imponentes son tus obras!
Es tan grande tu poder
que tus enemigos mismos se rinden
ante ti.
⁴Toda la tierra se postra en tu
presencia,
y te cantan salmos;
cantan salmos a tu nombre.»   *Selah

⁵¡Vengan y vean las proezas de Dios,
sus obras portentosas en nuestro
favor!
⁶Convirtió el mar en tierra seca,
y el pueblo cruzó el río a pie.
¡Regocijémonos en él!
⁷Con su poder gobierna eternamente;
sus ojos vigilan a las naciones.
¡Que no se levanten contra él los
rebeldes!   Selah

⁸Pueblos todos, bendigan a nuestro
Dios,
hagan oír la voz de su alabanza.
⁹Él ha protegido nuestra vida,
ha evitado que resbalen nuestros
pies.

¹⁰Tú, oh Dios, nos has puesto a
prueba;
nos has purificado como a la plata.
¹¹Nos has hecho caer en una red;
¡pesada carga nos has echado a
cuestas!
¹²Las caballerías nos han aplastado la
cabeza;
hemos pasado por el fuego y por el
agua,
pero al fin nos has dado un respiro.
¹³Me presentaré en tu templo con
*holocaustos
y cumpliré los votos que te hice,
¹⁴los votos de mis labios y mi boca
que pronuncié en medio de mi
angustia.

¹⁵Te ofreceré holocaustos de animales
engordados,
junto con el humo de ofrendas de
carneros;
te ofreceré toros y machos cabríos.
    Selah

¹⁶Vengan ustedes, temerosos de
Dios,
escuchen, que voy a contarles
todo lo que él ha hecho por mí.
¹⁷Clamé a él con mi boca;
lo alabé con mi lengua.
¹⁸Si en mi *corazón hubiera yo
abrigado maldad,
el *Señor no me habría
escuchado;
¹⁹pero Dios sí me ha escuchado,
ha atendido a la voz de mi
plegaria.
²⁰¡Bendito sea Dios,
que no rechazó mi plegaria
ni me negó su amor!

Salmo 67

Al director musical. Acompáñese con instrumentos
de cuerda. Salmo. Cántico.

¹Dios nos tenga compasión y nos
bendiga;
Dios haga resplandecer su rostro
sobre nosotros,   *Selah
²para que se conozcan en la tierra sus
*caminos,
y entre todas las naciones su
*salvación.

³Que te alaben, oh Dios, los pueblos;
que todos los pueblos te alaben.

⁴Alégrense y canten con júbilo las
naciones,
porque tú las gobiernas con
rectitud;
¡tú guías a las naciones de la tierra!
    Selah
⁵Que te alaben, oh Dios, los pueblos;
que todos los pueblos te alaben.

⁶La tierra dará entonces su fruto,
y Dios, nuestro Dios, nos bendecirá.
⁷Dios nos bendecirá,
y le temerán todos los confines de
la tierra.

Salmo 68

Al director musical. Salmo de David. Cántico.

1 Que se levante Dios,
   que sean dispersados sus enemigos,
   que huyan de su presencia los que
      le odian.
2 Que desaparezcan del todo,
   como humo que se disipa con el
      viento;
 que perezcan ante Dios los impíos,
   como cera que se derrite en el
      fuego.
3 Pero que los justos se alegren y se
      regocijen;
   que estén felices y alegres delante
      de Dios.

4 Canten a Dios, canten salmos a su
      *nombre;
   aclamen a quien cabalga por las
      estepas,
 y regocíjense en su presencia.
   ¡Su nombre es el SEÑOR!
5 Padre de los huérfanos y defensor de
      las viudas
   es Dios en su morada santa.
6 Dios da un hogar a los desamparados
   y libertad a los cautivos;
   los rebeldes habitarán en el
      desierto.

7 Cuando saliste, oh Dios, al frente de
      tu pueblo,
   cuando a través de los páramos
      marchaste,   *Selah*
8 la tierra se estremeció,
   los cielos se vaciaron,
 delante de Dios, el Dios de Sinaí,
   delante de Dios, el Dios de Israel.
9 Tú, oh Dios, diste abundantes
      lluvias;
   reanimaste a tu extenuada herencia.
10 Tu familia se estableció en la tierra
   que en tu bondad, oh Dios,
      preparaste para el pobre.

11 El Señor ha emitido la palabra,
   y millares de mensajeras la
      proclaman:
12 «Van huyendo los reyes y sus tropas;
   en las casas, las mujeres se
      reparten el botín:

13 alas de paloma cubiertas de plata,
   con plumas de oro resplandeciente.
   Tú te quedaste a dormir entre los
      rebaños.»
14 Cuando el *Todopoderoso puso en
      fuga
   a los reyes de la tierra,
 parecían copos de nieve
   cayendo sobre la cumbre del
      Zalmón.

15 Montañas de Basán, montañas
      imponentes;
   montañas de Basán, montañas
      escarpadas:
16 ¿Por qué, montañas escarpadas,
      miran con envidia
   al monte donde a Dios le place
      residir,
   donde el SEÑOR habitará por
      siempre?
17 Los carros de guerra de Dios
   se cuentan por millares;
 del Sinaí vino en ellos el Señor
   para entrar en su santuario.
18 Cuando tú, Dios y SEÑOR,
   ascendiste a las alturas,
   te llevaste contigo a los cautivos;
 tomaste tributo de los *hombres,
   aun de los rebeldes,
   para establecer tu morada.

19 Bendito sea el Señor, nuestro Dios y
      Salvador,
   que día tras día sobrelleva nuestras
      cargas.   *Selah*
20 Nuestro Dios es un Dios que
      salva;
   el SEÑOR Soberano nos libra de la
      muerte.

21 Dios aplastará la cabeza de sus
      enemigos,
   la testa enmarañada de los que
      viven pecando.
22 El Señor nos dice: «De Basán los
      regresaré;
   de las profundidades del mar los
      haré volver,
23 para que se empapen los pies
   en la sangre de sus enemigos;
 para que, al lamerla, los perros
   tengan también su parte.»

24En el santuario pueden verse
las procesiones de mi Dios,
las procesiones de mi Dios
y rey.
25Los cantores van al frente,
seguidos de los músicos de
cuerda,
entre doncellas que tocan
panderetas.
26Bendigan a Dios en la gran
congregación;
alaben al SEÑOR, descendientes de
Israel.
27Los guía la joven tribu de Benjamín,
seguida de los múltiples príncipes
de Judá
y de los príncipes de Zabulón y
Neftalí.

28Despliega tu poder, oh Dios;
haz gala, oh Dios, de tu poder,
que has manifestado en favor
nuestro.
29Por causa de tu templo en
Jerusalén
los reyes te ofrecerán presentes.
30Reprende a esa bestia de los
juncos,
a esa manada de toros bravos
entre naciones que parecen
becerros.
Haz que, humillada, te lleve barras
de plata;
dispersa a las naciones belicosas.
31Egipto enviará embajadores,
y *Cus se someterá a Dios.

32Cántenle a Dios, oh reinos de la
tierra,
cántenle salmos al Señor,   *Selah*
33al que cabalga por los cielos,
los cielos antiguos,
al que hace oír su voz,
su voz de trueno.
34Reconozcan el poder de Dios;
su majestad está sobre Israel,
su poder está en las alturas.
35En tu santuario, oh Dios, eres
imponente;
¡el Dios de Israel da poder y fuerza
a su pueblo!

¡Bendito sea Dios!

Salmo 69

Al director musical. Sígase la tonada de «Los
lirios». De David.

1Sálvame, Dios mío,
que las aguas ya me llegan al
*cuello.
2Me estoy hundiendo en una ciénaga
profunda,
y no tengo dónde apoyar el pie.
Estoy en medio de profundas
aguas,
y me arrastra la corriente.
3Cansado estoy de pedir ayuda;
tengo reseca la garganta.
Mis ojos languidecen,
esperando la ayuda de mi Dios.
4Más que los cabellos de mi cabeza
son los que me odian sin motivo;
muchos son los enemigos gratuitos
que se han propuesto destruirme.
¿Cómo voy a devolver lo que no
he robado?

5Oh Dios, tú sabes lo insensato que
he sido;
no te puedo esconder mis
transgresiones.
6SEÑOR Soberano, *Todopoderoso,
que no sean avergonzados por mi
culpa
los que en ti esperan;
oh Dios de Israel,
que no sean humillados por mi
culpa
los que te buscan.
7Por ti yo he sufrido insultos;
mi rostro se ha cubierto de
ignominia.
8Soy como un extraño para mis
hermanos;
soy un extranjero para los hijos de
mi madre.
9El celo por tu casa me consume;
sobre mí han recaído
los insultos de tus detractores.
10Cuando lloro y ayuno,
tengo que soportar sus ofensas;
11cuando me visto de luto,
soy objeto de burlas.
12Los que se sientan a la *puerta
murmuran contra mí;
los borrachos me dedican parodias.

¹³Pero yo, SEÑOR, te imploro
    en el tiempo de tu buena voluntad.
Por tu gran amor, oh Dios,
        respóndeme;
    por tu fidelidad, sálvame.
¹⁴Sácame del fango;
    no permitas que me hunda.
Líbrame de los que me odian,
    y de las aguas profundas.
¹⁵No dejes que me arrastre la corriente;
    no permitas que me trague el
        abismo,
    ni que el foso cierre sus fauces
        sobre mí.
¹⁶Respóndeme, SEÑOR, por tu bondad
        y tu amor;
    por tu gran compasión, vuélvete a
        mí.
¹⁷No escondas tu rostro de este siervo
        tuyo;
    respóndeme pronto, que estoy
        angustiado.
¹⁸Ven a mi lado, y rescátame;
    redímeme, por causa de mis
        enemigos.

¹⁹Tú bien sabes cómo me insultan,
    me avergüenzan y denigran;
    sabes quiénes son mis adversarios.
²⁰Los insultos me han destrozado el
        corazón;
    para mí ya no hay remedio.
Busqué compasión, y no la hubo;
    busqué consuelo, y no lo hallé.
²¹En mi comida pusieron hiel;
    para calmar mi sed me dieron
        vinagre.

²²Que se conviertan en trampa sus
        banquetes,
    y su prosperidad en lazo.
²³Que se les nublen los ojos, para que
        no vean;
    y que sus fuerzas flaqueen para
        siempre.
²⁴Descarga tu furia sobre ellos;
    que tu ardiente ira los alcance.
²⁵Quédense desiertos sus campamentos,
    y deshabitadas sus tiendas de
        campaña.
²⁶Pues al que has afligido lo persiguen,
    y se burlan del dolor del que has
        herido.

²⁷Añade a sus pecados más pecados;
    no los hagas partícipes de tu
        *salvación.
²⁸Que sean borrados del libro de la
        vida;
    que no queden inscritos con los
        justos.

²⁹Y a mí, que estoy pobre y
        adolorido,
    que me proteja, oh Dios, tu
        *salvación.
³⁰Con cánticos alabaré el *nombre de
        Dios;
    con acción de gracias lo exaltaré.
³¹Esa ofrenda agradará más al SEÑOR
    que la de un toro o un novillo
    con sus cuernos y pezuñas.
³²Los pobres verán esto y se alegrarán;
    ¡reanímense ustedes, los que
        buscan a Dios!
³³Porque el SEÑOR oye a los
        necesitados,
    y no desdeña a su pueblo cautivo.

³⁴Que lo alaben los cielos y la tierra,
    los mares y todo lo que se mueve
        en ellos,
³⁵porque Dios salvará a *Sión
    y reconstruirá las ciudades de Judá.
Allí se establecerá el pueblo
    y tomará posesión de la tierra.
³⁶La heredarán los hijos de sus siervos;
    la habitarán los que aman al Señor.

Salmo 70

70:1-5 — Sal 40:13-17

Al director musical. Petición de David.

¹Apresúrate, oh Dios, a rescatarme;
    ¡apresúrate, SEÑOR, a socorrerme!
²Que sean avergonzados y
        confundidos
    los que procuran matarme.
Que retrocedan humillados
    todos los que desean mi ruina.
³Que vuelvan sobre sus pasos,
        avergonzados,
    todos los que se burlan de mí.
⁴Pero que todos los que te buscan
    se alegren en ti y se regocijen;
    que los que aman tu *salvación
        digan siempre:
        «¡Sea Dios exaltado!»

⁵Yo soy pobre y estoy necesitado;
    ¡ven pronto a mí, oh Dios!
Tú eres mi socorro y mi
    libertador;
    ¡no te demores, SEÑOR!

Salmo 71

71:1-3 — Sal 31:1-4

¹En ti, SEÑOR, me he refugiado;
    jamás me dejes quedar en
    vergüenza.
²Por tu justicia, rescátame y
    líbrame;
    dígnate escucharme, y sálvame.
³Sé tú mi *roca de refugio
    adonde pueda yo siempre acudir;
Da la orden de salvarme,
    porque tú eres mi roca, mi
    fortaleza.
⁴Líbrame, Dios mío, de manos de los
    impíos,
    del poder de los malvados y
    violentos.

⁵Tú, Soberano SEÑOR, has sido mi
    esperanza;
    en ti he confiado desde mi
    juventud.
⁶De ti he dependido desde que nací;
    del vientre materno me hiciste
    nacer.
    ¡Por siempre te alabaré!
⁷Para muchos, soy motivo de
    asombro,
    pero tú eres mi refugio
    inconmovible.
⁸Mi boca rebosa de alabanzas a tu
    *nombre,
    y todo el día proclama tu grandeza.

⁹No me rechaces cuando llegue a
    viejo;
    no me abandones cuando me falten
    las fuerzas.
¹⁰Porque mis enemigos murmuran
    contra mí;
    los que me acechan se confabulan.
¹¹Y dicen: «¡Dios lo ha abandonado!
    ¡Persíganlo y agárrenlo, que nadie
    lo rescatará!»
¹²Dios mío, no te alejes de mí;
    Dios mío, ven pronto a
    ayudarme.

¹³Que perezcan humillados mis
    acusadores;
    que se cubran de oprobio y de
    ignominia
    los que buscan mi ruina.

¹⁴Pero yo siempre tendré esperanza,
    y más y más te alabaré.
¹⁵Todo el día proclamará mi boca
    tu justicia y tu *salvación,
    aunque es algo que no alcanzo a
    descifrar.
¹⁶Soberano SEÑOR, relataré tus obras
    poderosas,
    y haré memoria de tu justicia,
    de tu justicia solamente.
¹⁷Tú, oh Dios, me enseñaste desde mi
    juventud,
    y aún hoy anuncio todos tus
    prodigios.
¹⁸Aun cuando sea yo anciano y peine
    canas,
    no me abandones, oh Dios,
hasta que anuncie tu poder
    a la generación venidera,
y dé a conocer tus proezas
    a los que aún no han nacido.

¹⁹Oh Dios, tú has hecho grandes
    cosas;
    tu justicia llega a las alturas.
    ¿Quién como tú, oh Dios?
²⁰Me has hecho pasar por muchos
    infortunios,
    pero volverás a darme vida;
    de las profundidades de la tierra
    volverás a levantarme.
²¹Acrecentarás mi honor
    y volverás a consolarme.

²²Por tu fidelidad, Dios mío,
    te alabaré con instrumentos de
    cuerda;
    te cantaré, oh Santo de Israel,
    salmos con la lira.
²³Gritarán de júbilo mis labios
    cuando yo te cante salmos,
    pues me has salvado la vida.
²⁴Todo el día repetirá mi lengua
    la historia de tus justas acciones,
    pues quienes buscaban mi mal
    han quedado confundidos y
    avergonzados.

Salmo 72

De Salomón.

1 Oh Dios, otorga tu justicia al rey,
   tu rectitud al príncipe heredero.
2 Así juzgará con rectitud a tu pueblo
   y hará justicia a tus pobres.
3 Brindarán los montes *bienestar al
      pueblo,
   y fruto de justicia las colinas.
4 El rey hará justicia a los pobres del
      pueblo
   y salvará a los necesitados;
   ¡él aplastará a los opresores!

5 Que viva el rey ^y por mil
      generaciones,
   lo mismo que el sol y que la luna.
6 Que sea como la lluvia sobre un
      campo sembrado,
   como las lluvias que empapan la
      tierra.
7 Que en sus días florezca la justicia,
   y que haya gran prosperidad,
   hasta que la luna deje de existir.

8 Que domine el rey de mar a mar,
   desde el río Éufrates hasta los
      confines de la tierra.
9 Que se postren ante él las tribus del
      desierto;
   ¡que muerdan el polvo sus
      enemigos!
10 Que le paguen tributo los reyes de
      Tarsis
   y de las costas remotas;
   que los reyes de Sabá y de Seba
   le traigan presentes;
11 Que ante él se inclinen todos los reyes;
   ¡que le sirvan todas las naciones!

12 Él librará al indigente que pide
      auxilio,
   y al pobre que no tiene quien lo
      ayude.
13 Se compadecerá del desvalido y del
      necesitado,
   y a los menesterosos les salvará la
      vida.

14 Los librará de la opresión y la
      violencia,
   porque considera valiosa su vida.

15 ¡Que viva el rey!
   ¡Que se le entregue el oro de Sabá!
   Que se ore por él sin cesar;
   que todos los días se le bendiga.
16 Que abunde el trigo en toda la tierra;
   que ondeen los trigales en la
      cumbre de los montes.
   Que el grano se dé como en el Líbano;
   que abunden las gavillas^z como la
      hierba del campo.

17 Que su *nombre perdure para siempre;
   que su fama permanezca como el
      sol.
   Que en su nombre las naciones
   se bendigan unas a otras;
   que todas ellas lo proclamen
      *dichoso.

18 Bendito sea Dios el Señor,
   el Dios de Israel,
   el único que hace obras portentosas.
19 Bendito sea por siempre su glorioso
      nombre;
   ¡que toda la tierra se llene de su
      gloria!

      Amén y Amén.

20 Aquí terminan las oraciones de
      David hijo de Isaí.

LIBRO III
Salmos 73-89

Salmo 73

Salmo de Asaf.

1 En verdad, ¡cuán bueno es Dios con
      Israel,
   con los puros de corazón!
2 Yo estuve a punto de caer,
   y poco me faltó para que resbalara.
3 Sentí envidia de los arrogantes,
   al ver la prosperidad de esos
      malvados.

---

^y **72:5** *Que viva el rey* (véase LXX); *Te temerán* (TM).   ^z **72:16** *que abunden las gavillas.* Alt. *que de la ciudad nazca gente.*

⁴Ellos no tienen ningún problema;
su cuerpo está fuerte y saludable. *a*

⁵Libres están de los afanes de todos;
no les afectan los infortunios
humanos.

⁶Por eso lucen su orgullo como un
collar,
y hacen gala de su violencia.

⁷¡Están que revientan de malicia,
y hasta se les ven sus malas
intenciones!

⁸Son burlones, hablan con doblez,
y arrogantes oprimen y amenazan.

⁹Con la boca increpan al cielo,
con la lengua dominan la tierra.

¹⁰Por eso la gente acude a ellos
y cree todo lo que afirman.

¹¹Hasta dicen: «¿Cómo puede Dios
saberlo?
¿Acaso el *Altísimo tiene
entendimiento?»

¹²Así son los impíos;
sin afanarse, aumentan sus riquezas.

¹³En verdad, ¿de qué me sirve
mantener mi corazón limpio
y mis manos lavadas en la
inocencia,

¹⁴si todo el día me golpean
y de mañana me castigan?

¹⁵Si hubiera dicho: «Voy a hablar
como ellos»,
habría traicionado a tu linaje.

¹⁶Cuando traté de comprender todo
esto,
me resultó una carga insoportable,

¹⁷hasta que entré en el santuario de
Dios;
allí comprendí cuál será el destino
de los malvados:

¹⁸En verdad, los has puesto en terreno
resbaladizo,
y los empujas a su propia
destrucción.

¹⁹¡En un instante serán destruidos,
totalmente consumidos por el
terror!

²⁰Como quien despierta de un sueño,
así, *Señor, cuando tú te levantes,
desecharás su falsa apariencia.

²¹Se me afligía el corazón
y se me amargaba el ánimo

²²por mi *necedad e ignorancia.
¡Me porté contigo como una bestia!

²³Pero yo siempre estoy contigo,
pues tú me sostienes de la mano
derecha.

²⁴Me guías con tu consejo,
y más tarde me acogerás en gloria.

²⁵¿A quién tengo en el cielo sino a ti?
Si estoy contigo, ya nada quiero en
la tierra.

²⁶Podrán desfallecer mi cuerpo y mi
espíritu, *b*
pero Dios fortalece *c* mi corazón;
él es mi herencia eterna.

²⁷Perecerán los que se alejen de ti;
tú destruyes a los que te son
infieles.

²⁸Para mí el bien es estar cerca de Dios.
He hecho del Señor Soberano mi
refugio
para contar todas sus obras.

Salmo 74
*Masquil de Asaf.

¹¿Por qué, oh Dios,
nos has rechazado para siempre?
¿Por qué se ha encendido tu ira
contra las ovejas de tu prado?

²Acuérdate del pueblo que adquiriste
desde tiempos antiguos,
de la tribu que redimiste
para que fuera tu posesión.
Acuérdate de este monte *Sión,
que es donde tú habitas.

³Dirige tus pasos hacia estas ruinas
eternas;
¡todo en el santuario lo ha
destruido el enemigo!

⁴Tus adversarios rugen en el lugar de
tus asambleas
y plantan sus banderas en señal de
victoria.

---

a **73:4** *no tienen ningún problema; / su cuerpo está fuerte y saludable.* Alt. *no tienen lucha alguna ante su muerte; / su cuerpo está saludable.*   *b* **73:26** *espíritu.* Lit. *corazón.*   *c* **73:26** *fortalece.* Lit. *es la roca de.*

5Parecen leñadores en el bosque,
talando árboles con sus hachas.
6Con sus hachas y martillos
destrozaron todos los adornos de
madera.
7Prendieron fuego a tu santuario;
profanaron el lugar donde habitas.
8En su corazón dijeron: «¡Los
haremos polvo!»,
y quemaron en el país todos tus
santuarios.
9Ya no vemos ondear nuestras
banderas;
ya no hay ningún profeta,
y ni siquiera sabemos
hasta cuándo durará todo esto.

10¿Hasta cuándo, oh Dios, se burlará el
adversario?
¿Por siempre insultará tu nombre el
enemigo?
11¿Por qué retraes tu mano, tu mano
derecha?
¿Por qué te quedas cruzado de
brazos?

12Tú, oh Dios, eres mi rey desde
tiempos antiguos;
tú traes *salvación sobre la tierra.
13Tú dividiste el mar con tu poder;
les rompiste la cabeza a los
monstruos marinos.
14Tú aplastaste las cabezas de
*Leviatán
y lo diste por comida a las jaurías
del desierto.
15Tú hiciste que brotaran fuentes y
arroyos;
secaste ríos de inagotables
corrientes.
16Tuyo es el día, tuya también la
noche;
tú estableciste la luna y el sol;
17trazaste los límites de la tierra,
y creaste el verano y el invierno.

18Recuerda, SEÑOR, que tu enemigo se
burla,
y que un pueblo insensato ofende
tu nombre.

19No entregues a las fieras
la vida de tu tórtola;
no te olvides, ni ahora ni nunca,
de la vida de tus pobres.
20Toma en cuenta tu *pacto,
pues en todos los rincones del país
abunda la violencia.
21Que no vuelva humillado el oprimido;
que alaben tu nombre el pobre y el
necesitado.

22Levántate, oh Dios, y defiende tu
causa;
recuerda que a todas horas te
ofenden los *necios.
23No pases por alto el griterío de tus
adversarios,
el creciente tumulto de tus
enemigos.

Salmo 75

Al director musical. Sígase la tonada de
«No destruyas». Salmo de Asaf. Cántico.

1Te damos gracias, oh Dios,
te damos gracias e invocamos*d* tu
*nombre;
¡todos hablan de tus obras
portentosas!

2Tú dices: «Cuando yo lo decida,
juzgaré con justicia.
3Cuando se estremece la tierra
con todos sus habitantes,
soy yo quien afirma sus columnas.»
*Selah

4«No sean altaneros», digo a los altivos;
«No sean soberbios», ordeno a los
impíos;
5«No hagan gala de soberbia contra el
cielo,
ni hablen con aires de suficiencia.»

6La exaltación no viene del oriente,
ni del occidente ni del sur,
7sino que es Dios el que juzga:
a unos humilla y a otros exalta.
8En la mano del SEÑOR hay una copa
de espumante vino mezclado con
especias;

---

*d*75:1 *e invocamos* (LXX y Siríaca); *y cercano está* (TM).

cuando él lo derrame, todos los
impíos de la tierra
habrán de beberlo hasta las heces.
⁹Yo hablaré de esto siempre;
cantaré salmos al Dios de Jacob.
¹⁰Aniquilaré la altivez de todos los
impíos,
y exaltaré el poder de los justos.

Salmo 76

Al director musical. Acompáñese con instrumentos
de cuerda. Salmo de Asaf. Cántico.

¹Dios es conocido en Judá;
su *nombre es exaltado en Israel.
²En *Salén se halla su santuario;
en *Sión está su morada.
³Allí hizo pedazos las centelleantes
saetas,
los escudos, las espadas, las armas
de guerra.　　　　*Selah

⁴Estás rodeado de esplendor;
eres más imponente que las
montañas eternas.ᵉ
⁵Los valientes yacen ahora
despojados;
han caído en el sopor de la muerte.
Ninguno de esos hombres aguerridos
volverá a levantar sus manos.
⁶Cuando tú, Dios de Jacob, los
reprendiste,
quedaron pasmados jinetes y
corceles.
⁷Tú, y sólo tú, eres de temer.
¿Quién puede hacerte frente
cuando se enciende tu enojo?
⁸Desde el cielo diste a conocer tu
veredicto;
la tierra, temerosa, guardó silencio
⁹cuando tú, oh Dios, te levantaste
para juzgar,
para salvar a los pobres de la tierra.
　　　　Selah
¹⁰La furia de Edom se vuelve tu
alabanza;
lo que aún queda de Jamat se
vuelve tu corona.ᶠ
¹¹Hagan votos al Señor su Dios, y
cúmplanlos;

que todos los países vecinos
paguen tributo al Dios temible,
¹²al que acaba con el valor de los
gobernantes,
¡al que es temido por los reyes de
la tierra!

Salmo 77

Al director musical. Para Jedutún. Salmo de Asaf.

¹A Dios elevo mi voz suplicante;
a Dios elevo mi voz para que me
escuche.
²Cuando estoy angustiado, recurro al
*Señor;
sin cesar elevo mis manos por las
noches,
pero me niego a recibir consuelo.
³Me acuerdo de Dios, y me lamento;
medito en él, y desfallezco.　　*Selah*
⁴No me dejas conciliar el sueño;
tan turbado estoy que ni hablar
puedo.
⁵Me pongo a pensar en los tiempos de
antaño;
de los años ya idos ⁶me acuerdo.
Mi corazón reflexiona por las
noches;ᵍ
mi espíritu medita e inquiere:
⁷«¿Nos rechazará el Señor para
siempre?
¿No volverá a mostrarnos su buena
voluntad?
⁸¿Se habrá agotado su gran amor
eterno,
y sus promesas por todas las
generaciones?
⁹¿Se habrá olvidado Dios de sus
bondades,
y en su enojo ya no quiere tenernos
compasión?»　　　　*Selah*

¹⁰Y me pongo a pensar: «Esto es lo
que me duele:
que haya cambiado la diestra del
*Altísimo.»
¹¹Prefiero recordar las hazañas del
Señor,
traer a la memoria sus milagros de
antaño.

ᵉ**76:4** *montañas eternas* (LXX); *montañas donde hay presa* (TM).　　ᶠ**76:10** *La furia ... tu corona* (lectura
probable); *La furia del hombre te alabará, porque los sobrevivientes al castigo ᵗe harán fiesta* (TM).
ᵍ**77:6** *me acuerdo. / Mi ... las noches* (LXX); *Me acuerdo de mi cántico por las noches con mi corazón* (TM).

¹²Meditaré en todas tus proezas;
    evocaré tus obras poderosas.

¹³Santos, oh Dios, son tus *caminos;
    ¿qué dios hay tan excelso como
       nuestro Dios?
¹⁴Tú eres el Dios que realiza maravillas;
    el que despliega su poder entre los
       pueblos.
¹⁵Con tu brazo poderoso redimiste a tu
       pueblo,
    a los descendientes de Jacob y de
       José.   *Selah*

¹⁶Las aguas te vieron, oh Dios,
    las aguas te vieron y se agitaron;
    el propio abismo se estremeció con
       violencia.
¹⁷Derramaron su lluvia las nubes;
    retumbaron con estruendo los
       cielos;
    rasgaron el espacio tus centellas.
¹⁸Tu estruendo retumbó en el torbellino
    y tus relámpagos iluminaron el
       mundo;
    la tierra se estremeció con
       temblores.
¹⁹Te abriste camino en el mar;
    te hiciste paso entre las muchas
       aguas,
    y no se hallaron tus huellas.
²⁰Por medio de Moisés y de Aarón
    guiaste como un rebaño a tu pueblo.

Salmo 78
*Masquil de Asaf.

¹Pueblo mío, atiende a mi *enseñanza;
    presta oído a las palabras de mi
       boca.
²Mis labios pronunciarán *parábolas
    y evocarán misterios de antaño,
³cosas que hemos oído y conocido,
    y que nuestros padres nos han
       contado.
⁴No las esconderemos de sus
       descendientes;
    hablaremos a la generación
       venidera
    del poder del Señor, de sus proezas,
    y de las maravillas que ha
       realizado.
⁵Él promulgó un decreto para Jacob,
    dictó una *ley para Israel;

ordenó a nuestros antepasados
    enseñarlos a sus descendientes,
⁶para que los conocieran las
       generaciones venideras
    y los hijos que habrían de nacer,
    que a su vez los enseñarían a sus
       hijos.
⁷Así ellos pondrían su confianza en
       Dios
    y no se olvidarían de sus proezas,
    sino que cumplirían sus
       mandamientos.
⁸Así no serían como sus
       antepasados:
    generación obstinada y rebelde,
    gente de corazón fluctuante,
    cuyo espíritu no se mantuvo fiel a
       Dios.
⁹La tribu de Efraín, con sus diestros
       arqueros,
    se puso en fuga el día de la batalla.

¹⁰No cumplieron con el *pacto de Dios,
    sino que se negaron a seguir sus
       enseñanzas.
¹¹Echaron al olvido sus proezas,
    las maravillas que les había
       mostrado,
¹²los milagros que hizo a la vista de
       sus padres
    en la tierra de Egipto, en la región
       de Zoán.
¹³Partió el mar en dos para que ellos lo
       cruzaran,
    mientras mantenía las aguas firmes
       como un muro.
¹⁴De día los guió con una nube,
    y toda la noche con luz de fuego.
¹⁵En el desierto partió en dos las rocas,
    y les dio a beber torrentes de aguas;
¹⁶hizo que brotaran arroyos de la peña
    y que las aguas fluyeran como ríos.

¹⁷Pero ellos volvieron a pecar contra él;
    en el desierto se rebelaron contra el
       *Altísimo.
¹⁸Con toda intención pusieron a Dios a
       prueba,
    y le exigieron comida a su antojo.
¹⁹Murmuraron contra Dios, y aun
       dijeron:
    «¿Podrá Dios tendernos una mesa
       en el desierto?

²⁰Cuando golpeó la roca,
   el agua brotó en torrentes;
pero ¿podrá también darnos de
      comer?,
   ¿podrá proveerle carne a su
      pueblo?»
²¹Cuando el Señor oyó esto, se puso
      muy furioso;
   su enojo se encendió contra Jacob,
   su ira ardió contra Israel.
²²Porque no confiaron en Dios,
   ni creyeron que él los salvaría.
²³Desde lo alto dio una orden a las
      nubes,
   y se abrieron las puertas de los
      cielos.
²⁴Hizo que les lloviera maná, para que
      comieran;
   pan del cielo les dio a comer.
²⁵Todos ellos comieron pan de ángeles;
   Dios les envió comida hasta
      saciarlos.
²⁶Desató desde el cielo el viento
      solano,
   y con su poder levantó el viento
      del sur.
²⁷Cual lluvia de polvo, hizo que les
      lloviera carne;
   ¡nubes de pájaros, como la arena
      del mar!
²⁸Los hizo caer en medio de su
      campamento
   y en los alrededores de sus tiendas.
²⁹Comieron y se hartaron,
   pues Dios les cumplió su capricho.
³⁰Pero el capricho no les duró mucho:
   aún tenían la comida en la boca
³¹cuando el enojo de Dios vino sobre
      ellos:
   dio muerte a sus hombres más
      robustos;
   abatió a la flor y nata de Israel.

³²A pesar de todo, siguieron pecando
   y no creyeron en sus maravillas.
³³Por tanto, Dios hizo que sus días
   se esfumaran como un suspiro,
   que sus años acabaran en medio
      del terror.
³⁴Si Dios los castigaba, entonces lo
      buscaban,
   y con ansias se volvían de nuevo a
      él.

³⁵Se acordaban de que Dios era su *roca,
   de que el Dios Altísimo era su
      redentor.
³⁶Pero entonces lo halagaban con la
      boca,
   y le mentían con la lengua.
³⁷No fue su corazón sincero para con
      Dios;
   no fueron fieles a su pacto.
³⁸Sin embargo, él les tuvo compasión;
   les perdonó su maldad y no los
      destruyó.
   Una y otra vez contuvo su enojo,
   y no se dejó llevar del todo por la
      ira.
³⁹Se acordó de que eran simples
      *mortales,
   un efímero suspiro que jamás
      regresa.

⁴⁰¡Cuántas veces se rebelaron contra él
      en el desierto,
   y lo entristecieron en los páramos!
⁴¹Una y otra vez ponían a Dios a
      prueba;
   provocaban al Santo de Israel.
⁴²Jamás se acordaron de su poder,
   de cuando los rescató del opresor,
⁴³ni de sus señales milagrosas en
      Egipto,
   ni de sus portentos en la región de
      Zoán,
⁴⁴cuando convirtió en sangre los ríos
      egipcios
   y no pudieron ellos beber de sus
      arroyos;
⁴⁵cuando les envió tábanos que se los
      devoraban,
   y ranas que los destruían;
⁴⁶cuando entregó sus cosechas a los
      saltamontes,
   y sus sembrados a la langosta;
⁴⁷cuando con granizo destruyó sus
      viñas,
   y con escarcha sus higueras;
⁴⁸cuando entregó su ganado al granizo,
   y sus rebaños a las centellas;
⁴⁹cuando lanzó contra ellos el ardor de
      su ira,
   de su furor, indignación y
      hostilidad:
   ¡todo un ejército de ángeles
      destructores!

⁵⁰Dio rienda suelta a su enojo
  y no los libró de la muerte,
  sino que los entregó a la plaga.
⁵¹Dio muerte a todos los primogénitos
    de Egipto,
  a las primicias de su raza en los
    campamentos de Cam.
⁵²A su pueblo lo guió como a un
    rebaño;
  los llevó por el desierto, como a
    ovejas,
⁵³infundiéndoles confianza para que
    no temieran.
  Pero a sus enemigos se los tragó el
    mar.

⁵⁴Trajo a su pueblo a esta su tierra
    santa,
  a estas montañas que su diestra
    conquistó.
⁵⁵Al paso de los israelitas expulsó
    naciones,
  cuyas tierras dio a su pueblo en
    heredad;
  ¡así estableció en sus tiendas a las
    tribus de Israel!

⁵⁶Pero ellos pusieron a prueba a Dios:
  se rebelaron contra el *Altísimo
  y desobedecieron sus *estatutos.
⁵⁷Fueron desleales y traidores, como
    sus padres;
  ¡tan falsos como un arco
    defectuoso!
⁵⁸Lo irritaron con sus santuarios
    paganos;
  con sus ídolos despertaron sus celos.
⁵⁹Dios lo supo y se puso muy furioso,
  por lo que rechazó completamente
    a Israel.
⁶⁰Abandonó el tabernáculo de Siló,
  que era su santuario aquí en la
    tierra,
⁶¹y dejó que el símbolo de su poder y
    gloria
  cayera cautivo en manos enemigas.
⁶²Tan furioso estaba contra su pueblo
  que dejó que los mataran a filo de
    espada.

⁶³A sus jóvenes los consumió el fuego,
  y no hubo cantos nupciales para
    sus doncellas;
⁶⁴a filo de espada cayeron sus sacerdotes,
  y sus viudas no pudieron hacerles
    duelo.

⁶⁵Despertó entonces el Señor,
  como quien despierta de un sueño,
  como un guerrero que, por causa del
    vino,
  lanza gritos desaforados.
⁶⁶Hizo retroceder a sus enemigos,
  y los puso en vergüenza para
    siempre.
⁶⁷Rechazó a los descendientes ʰ de
    José,
  y no escogió a la tribu de Efraín;
⁶⁸más bien, escogió a la tribu de Judá
  y al monte *Sión, al cual ama.
⁶⁹Construyó su santuario, alto como
    los cielos, ⁱ
  como la tierra, que él afirmó para
    siempre.
⁷⁰Escogió a su siervo David,
  al que sacó de los apriscos de las
    ovejas,
⁷¹y lo quitó de andar arreando los
    rebaños
  para que fuera el *pastor de Jacob,
    su pueblo;
  el pastor de Israel, su herencia.
⁷²Y David los pastoreó con corazón
    sincero;
  con mano experta los dirigió.

Salmo 79

Salmo de Asaf.

¹Oh Dios, los pueblos paganos han
    invadido tu herencia;
  han profanado tu santo templo,
  han dejado en ruinas a Jerusalén.
²Han entregado los cadáveres de tus
    siervos
  como alimento de las aves del cielo;
  han destinado los cuerpos de tus
    fieles
  para comida de los animales
    salvajes.

ʰ **78:67** *los descendientes.* Lit. *las tiendas (de campaña).*
santuario como las alturas.

ⁱ **78:69** *santuario, alto como los cielos.* Lit.
santuario como las alturas.

3 Por toda Jerusalén han derramado su
   sangre,
   como si derramaran agua,
   y no hay quien entierre a los
   muertos.
4 Nuestros vecinos hacen mofa de
   nosotros;
   somos blanco de las burlas de
   quienes nos rodean.

5 ¿Hasta cuándo, SEÑOR?
   ¿Vas a estar enojado para siempre?
   ¿Arderá tu celo como el fuego?
6 ¡Enójate con las naciones que no te
   reconocen,
   con los reinos que no invocan tu
   *nombre!
7 Porque a Jacob se lo han devorado,
   y al país lo han dejado en ruinas.
8 No nos tomes en cuenta los pecados
   de ayer;
   ¡venga pronto tu misericordia a
   nuestro encuentro,
   porque estamos totalmente
   abatidos!

9 Oh Dios y salvador nuestro,
   por la gloria de tu nombre,
   ayúdanos;
   por tu nombre, líbranos y perdona
   nuestros pecados.

10 ¿Por qué van a decir las naciones:
   «¿Dónde está su Dios?»
   Permítenos ver, y muéstrales a los
   pueblos paganos
   cómo tomas venganza de la sangre
   de tus siervos.
11 Que lleguen a tu presencia
   los gemidos de los cautivos,
   y por la fuerza de tu brazo
   salva a los condenados a muerte.

12 Señor, haz que sientan nuestros
   vecinos,
   siete veces y en carne propia,
   el oprobio que han lanzado
   contra ti.
13 Y nosotros, tu pueblo y ovejas de tu
   prado,
   te alabaremos por siempre;
   de generación en generación
   cantaremos tus alabanzas.

Salmo 80

Al director musical. Sígase la tonada de
«Los lirios del *pacto». Salmo de Asaf.

1 *Pastor de Israel,
   tú que guías a José como a un
   rebaño,
   tú que reinas entre los *querubines,
   ¡escúchanos!
   ¡Resplandece **2** delante de Efraín,
   Benjamín y Manasés!
   ¡Muestra tu poder, y ven a
   salvarnos!

3 Restáuranos, oh Dios;
   haz resplandecer tu rostro sobre
   nosotros,
   y sálvanos.

4 ¿Hasta cuándo, SEÑOR, Dios
   *Todopoderoso,
   arderá tu ira contra las oraciones de
   tu pueblo?
5 Por comida, le has dado pan de
   lágrimas;
   por bebida, lágrimas en
   abundancia.
6 Nos has hecho motivo de contienda
   para nuestros vecinos;
   nuestros enemigos se burlan de
   nosotros.

7 Restáuranos, oh Dios Todopoderoso;
   haz resplandecer tu rostro sobre
   nosotros,
   y sálvanos.

8 De Egipto trajiste una vid;
   expulsaste a los pueblos paganos, y
   la plantaste.
9 Le limpiaste el terreno,
   y ella echó raíces y llenó la tierra.
10 Su sombra se extendía hasta las
   montañas,
   su follaje cubría los más altos
   cedros.
11 Sus ramas se extendieron hasta el
   Mediterráneo
   y sus renuevos hasta el Éufrates.

12 ¿Por qué has derribado sus muros?
   ¡Todos los que pasan le arrancan
   uvas!

13 Los jabalíes del bosque la destruyen,
los animales salvajes la devoran.
14 ¡Vuélvete a nosotros, oh Dios
Todopoderoso!
¡Asómate a vernos desde el cielo
y brinda tus cuidados a esta vid!
15 ¡Es la raíz que plantaste con tu
diestra!
¡Es el vástago que has criado para ti!

16 Tu vid está derribada, quemada por
el fuego;
a tu represión perece tu pueblo.*j*
17 Bríndale tu apoyo al *hombre de tu
diestra,
al *ser humano*k* que para ti has
criado.
18 Nosotros no nos apartaremos de ti;
reavívanos, e invocaremos tu
*nombre.

19 Restáuranos, SEÑOR, Dios
Todopoderoso;
haz resplandecer tu rostro sobre
nosotros,
y sálvanos.

Salmo 81

Al director musical. Sígase la tonada de «La
canción del lagar». Salmo de Asaf.

1 Canten alegres a Dios, nuestra
fortaleza;
¡aclamen con regocijo al Dios de
Jacob!
2 ¡Entonen salmos!
¡Toquen ya la pandereta,
la lira y el arpa melodiosa!

3 Toquen el cuerno de carnero en la
luna nueva,
y en la luna llena, día de nuestra
fiesta.
4 Éste es un decreto para Israel,
una ordenanza del Dios de Jacob.
5 Lo estableció como un *pacto con José
cuando salió de la tierra de Egipto.

Escucho un idioma que no entiendo:
6 «Te he quitado la carga de los hombros;

tus manos se han librado del
pesado cesto.
7 En tu angustia me llamaste, y te libré;
oculto en el nubarrón te respondí;
en las aguas de Meribá te puse a
prueba.   *Selah

8 »Escucha, pueblo mío, mis
advertencias;
¡ay Israel, si tan sólo me
escucharas!
9 No tendrás ningún dios extranjero,
ni te inclinarás ante ningún dios
extraño.
10 Yo soy el SEÑOR tu Dios,
que te sacó de la tierra de Egipto.
Abre bien la boca, y te la llenaré.

11 »Pero mi pueblo no me escuchó;
Israel no quiso hacerme caso.
12 Por eso los abandoné a su obstinada
voluntad,
para que actuaran como mejor les
pareciera.

13 »Si mi pueblo tan sólo me escuchara,
si Israel quisiera andar por mis
*caminos,
14 ¡cuán pronto sometería yo a sus
enemigos,
y volvería mi mano contra sus
adversarios!
15 Los que aborrecen al SEÑOR se
rendirían ante él,
pero serían eternamente castigados.
16 Y a ti te alimentaría con lo mejor del
trigo;
con miel de la peña te saciaría.»

Salmo 82

Salmo de Asaf.

1 Dios preside el consejo celestial;
entre los dioses dicta sentencia:

2 «¿Hasta cuándo defenderán la
injusticia
y favorecerán a los impíos?   *Selah
3 Defiendan la causa del huérfano y
del desvalido;

---

j **80:16** *Tu vid ... tu pueblo* (lectura probable); *Haz que perezcan, a tu represión, / los que la queman y
destruyen* (TM).   *k* **80:17** *ser humano.* Lit. *hijo de hombre.*

al pobre y al oprimido háganles
justicia.
4 Salven al menesteroso y al necesitado;
líbrenlos de la mano de los impíos.

5 »Ellos no saben nada, no entienden
nada.
Deambulan en la oscuridad;
se estremecen todos los cimientos
de la tierra.

6 »Yo les he dicho: "Ustedes son dioses;
todos ustedes son hijos del
*Altísimo."
7 Pero morirán como cualquier *mortal;
caerán como cualquier otro
gobernante.»

8 Levántate, oh Dios, y juzga a la
tierra,
pues tuyas son todas las naciones.

Salmo 83
Cántico. Salmo de Asaf.

1 Oh Dios, no guardes silencio;
no te quedes, oh Dios, callado e
impasible.
2 Mira cómo se alborotan tus
enemigos,
cómo te desafían los que te odian.
3 Con astucia conspiran contra tu
pueblo;
conspiran contra aquellos a quienes
tú estimas.
4 Y dicen: «¡Vengan, destruyamos su
nación!
¡Que el *nombre de Israel no
vuelva a recordarse!»

5 Como un solo hombre se confabulan;
han hecho un *pacto contra ti:
6 los campamentos de Edom y de
Ismael,
los de Moab y de Agar,
7 Guebal,*ˡ* Amón y Amalec,
los de Filistea y los habitantes de
Tiro.
8 ¡Hasta Asiria se les ha unido;
ha apoyado a los descendientes de
Lot!   **Selah*

9 Haz con ellos como hiciste con
Madián,
como hiciste con Sísara y Jabín en
el río Quisón,
10 los cuales perecieron en Endor
y quedaron en la tierra, como
estiércol.
11 Haz con sus nobles
como hiciste con Oreb y con Zeb;
haz con todos sus príncipes
como hiciste con Zeba y con
Zalmuna,
12 que decían: «Vamos a adueñarnos
de los pastizales de Dios.»

13 Hazlos rodar como zarzas, Dios mío;
¡como paja que se lleva el viento!
14 Y así como el fuego consume los
bosques
y las llamas incendian las
montañas,
15 así persíguelos con tus tormentas
y aterrorízalos con tus tempestades.
16 SEÑOR, cúbreles el rostro de ignominia,
para que busquen tu nombre.

17 Que sean siempre puestos en
vergüenza;
que perezcan humillados.
18 Que sepan que tú eres el SEÑOR,
que ése es tu nombre;
que sepan que sólo tú eres el
*Altísimo
sobre toda la tierra.

Salmo 84
Al director musical. Sígase la tonada de «La
canción del lagar». Salmo de los hijos de Coré.

1 ¡Cuán hermosas son tus moradas,
SEÑOR *Todopoderoso!
2 Anhelo con el *alma los atrios del
SEÑOR;
casi agonizo por estar en ellos.
Con el corazón, con todo el cuerpo,
canto alegre al Dios de la vida.

3 SEÑOR Todopoderoso, rey mío y
Dios mío,
aun el gorrión halla casa cerca de
tus altares;

---

*ˡ*83:7 *Guebal*. Es decir, Biblos.

también la golondrina hace allí su
  nido,
  para poner sus polluelos.

4 *Dichoso el que habita en tu templo,
  pues siempre te está alabando.
                          *Selah
5 Dichoso el que tiene en ti su
  fortaleza,
  que sólo piensa en recorrer tus
  sendas.
6 Cuando pasa por el valle de las
  Lágrimas
  lo convierte en región de
  manantiales;
  también las lluvias tempranas
  cubren de bendiciones el valle.
7 Según avanzan los peregrinos,
  cobran más fuerzas,
  y en *Sión se presentan ante el
  Dios de dioses.

8 Oye mi oración, SEÑOR, Dios
  Todopoderoso;
  escúchame, Dios de Jacob.   Selah
9 Oh Dios, escudo nuestro,
  pon sobre tu ungido tus ojos
  bondadosos.

10 Vale más pasar un día en tus atrios
  que mil fuera de ellos;
  prefiero cuidar la entrada de la casa
  de mi Dios
  que habitar entre los impíos.

11 El SEÑOR es sol y escudo;
  Dios nos concede honor y gloria.
  El SEÑOR brinda generosamente su
  bondad
  a los que se conducen sin tacha.

12 SEÑOR Todopoderoso,
  ¡dichosos los que en ti confían!

Salmo 85

Al director musical. Salmo de los hijos de Coré.

1 SEÑOR, tú has sido bondadoso con
  esta tierra tuya
  al restaurar[m] a Jacob;

2 perdonaste la iniquidad de tu pueblo
  y cubriste todos sus pecados;
                          *Selah
3 depusiste por completo tu enojo,
  y contuviste el ardor de tu ira.

4 Restáuranos una vez más, Dios y
  salvador nuestro;
  pon fin a tu disgusto con nosotros.
5 ¿Vas a estar enojado con nosotros
  para siempre?
  ¿Vas a seguir eternamente airado?
6 ¿No volverás a darnos nueva vida,
  para que tu pueblo se alegre en ti?
7 Muéstranos, SEÑOR, tu amor
  inagotable,
  y concédenos tu *salvación.

8 Voy a escuchar lo que Dios el
  SEÑOR dice:
  él promete *paz a su pueblo y a sus
  fieles,
  siempre y cuando no se vuelvan a
  la *necedad.[n]
9 Muy cercano está para salvar a los
  que le temen,
  para establecer su gloria en nuestra
  tierra.

10 El amor y la verdad se encontrarán;
  se besarán la paz y la justicia.
11 De la tierra brotará la verdad,
  y desde el cielo se asomará la
  justicia.
12 El SEÑOR mismo nos dará bienestar,
  y nuestra tierra rendirá su fruto.
13 La justicia será su heraldo
  y le preparará el camino.

Salmo 86

Oración de David.

1 Atiéndeme, SEÑOR; respóndeme,
  pues pobre soy y estoy necesitado.
2 Presérvame la vida, pues te soy
  fiel.
  Tú eres mi Dios, y en ti confío;
  ¡salva a tu siervo!
3 Compadécete, Señor, de mí,
  porque a ti clamo todo el día.

---

[m] 85:1 al restaurar. Alt. al hacer volver de la cautividad.
que se vuelven de su necedad.

[n] 85:8 siempre y cuando ... necedad. Lit. y a los

⁴Reconforta el espíritu de tu siervo,
porque a ti, Señor, elevo mi *alma.

⁵Tú, Señor, eres bueno y perdonador;
grande es tu amor por todos los
que te invocan.
⁶Presta oído, SEÑOR, a mi oración;
atiende a la voz de mi clamor.
⁷En el día de mi angustia te invoco,
porque tú me respondes.

⁸No hay, SEÑOR, entre los dioses otro
como tú,
ni hay obras semejantes a las tuyas.
⁹Todas las naciones que has creado
vendrán, Señor, y ante ti se postrarán
y glorificarán tu *nombre.
¹⁰Porque tú eres grande y haces
maravillas;
¡sólo tú eres Dios!

¹¹Instrúyeme, SEÑOR, en tu *camino
para conducirme con fidelidad.
Dame integridad de corazón
para temer tu nombre.
¹²Señor mi Dios, con todo el corazón
te alabaré,
y por siempre glorificaré tu nombre.
¹³Porque grande es tu amor por mí:
me has librado de caer en el
*sepulcro.

¹⁴Gente altanera me ataca, oh Dios;
una banda de asesinos procura
matarme.
¡Son gente que no te toma en cuenta!
¹⁵Pero tú, Señor, eres Dios clemente y
compasivo,
lento para la ira, y grande en amor
y verdad.
¹⁶Vuélvete hacia mí, y tenme compasión;
concédele tu fuerza a este siervo
tuyo.
¡Salva a tu hijo fiel!ⁿ
¹⁷Dame una muestra de tu amor,
para que mis enemigos la vean y se
avergüencen,
porque tú, SEÑOR, me has brindado
ayuda y consuelo.

Salmo 87
Salmo de los hijos de Coré. Cántico.

¹Los cimientos de la ciudad de Diosᵒ
están en el santo monte.
²El SEÑOR ama las *entradas de
*Sión
más que a todas las moradas de
Jacob.
³De ti, ciudad de Dios,
se dicen cosas gloriosas: *Selah
⁴«Entre los que me reconocen
puedo contar a *Rahab y a
Babilonia,
a Filistea y a Tiro, lo mismo que a
*Cus.
Se dice: "Éste nació en Sión."»

⁵De Sión se dirá, en efecto:
«Éste y aquél nacieron en ella.
El *Altísimo mismo la ha
establecido.»
⁶El SEÑOR anotará en el registro de
los pueblos:
«Éste nació en Sión.»   Selah
⁷Y mientras cantan y bailan, dicen:
«En ti se hallan todos mis
orígenes.»ᵖ

Salmo 88
Cántico. Salmo de los hijos de Coré. Al director
musical. Según *majalat leannot. *Masquil de
Hemán el ezraíta.

¹SEÑOR, Dios de mi *salvación,
día y noche clamo en presencia
tuya.
²Que llegue ante ti mi oración;
dígnate escuchar mi súplica.

³Tan colmado estoy de calamidades
que mi vida está al borde del
*sepulcro.
⁴Ya me cuentan entre los que bajan a
la fosa;
parezco un guerrero desvalido.
⁵Me han puesto aparte, entre los
muertos;
parezco un cadáver que yace en el
sepulcro,

ⁿ**86:16** *a tu hijo fiel.* Lit. *al hijo de tu sierva.*   ᵒ**87:1** *Los cimientos de la ciudad de Dios.* Lit. *Los cimientos de él.*   ᵖ**87:7** *todos mis orígenes.* Lit. *todas mis fuentes.*

de esos que tú ya no recuerdas,
porque fueron arrebatados de tu
mano.

⁶Me has echado en el foso más
profundo,
en el más tenebroso de los abismos.
⁷El peso de tu enojo ha recaído sobre
mí;
me has abrumado con tus olas.
Selah

⁸Me has quitado a todos mis amigos
y ante ellos me has hecho
aborrecible.
Estoy aprisionado y no puedo
librarme;
⁹ los ojos se me nublan de tristeza.

Yo, SEÑOR, te invoco cada día,
y hacia ti extiendo las manos.
¹⁰¿Acaso entre los muertos realizas
maravillas?
¿Pueden los muertos levantarse a
darte gracias? *Selah*
¹¹¿Acaso en el sepulcro se habla de tu
amor,
y de tu fidelidad en el abismo
destructor?*q*
¹²¿Acaso en las tinieblas se conocen
tus maravillas,
o tu justicia en la tierra del olvido?

¹³Yo, SEÑOR, te ruego que me ayudes;
por la mañana busco tu presencia
en oración.
¹⁴¿Por qué me rechazas, SEÑOR?
¿Por qué escondes de mí tu rostro?

¹⁵Yo he sufrido desde mi juventud;
muy cerca he estado de la muerte.
Me has enviado terribles sufrimientos
y ya no puedo más.
¹⁶Tu ira se ha descargado sobre mí;
tus violentos ataques han acabado
conmigo.
¹⁷Todo el día me rodean como un
océano;
me han cercado por completo.
¹⁸Me has quitado amigos y seres
queridos;

ahora sólo tengo amistad con las
tinieblas.

Salmo 89

Masquil de Etán el ezraíta.

¹Oh SEÑOR, por siempre cantaré
la grandeza de tu amor;
por todas las generaciones
proclamará mi boca tu fidelidad.
²Declararé que tu amor permanece
firme para siempre,
que has afirmado en el cielo tu
fidelidad.

³Dijiste: «He hecho un *pacto con mi
escogido;
le he jurado a David mi siervo:
⁴"Estableceré tu dinastía para siempre,
y afirmaré tu trono por todas las
generaciones."» *Selah*

⁵Los cielos, SEÑOR, celebran tus
maravillas,
y tu fidelidad la asamblea de los
santos.
⁶¿Quién en los cielos es comparable
al SEÑOR?
¿Quién como él entre los seres
celestiales?
⁷Dios es muy temido en la asamblea
de los santos;
grande y portentoso sobre cuantos
lo rodean.
⁸¿Quién como tú, SEÑOR, Dios
*Todopoderoso,
rodeado de poder y de fidelidad?

⁹Tú gobiernas sobre el mar
embravecido;
tú apaciguas sus encrespadas olas.
¹⁰Aplastaste a *Rahab como a un
cadáver;
con tu brazo poderoso dispersaste a
tus enemigos.
¹¹Tuyo es el cielo, y tuya la tierra;
tú fundaste el mundo y todo lo que
contiene.
¹²Por ti fueron creados el norte y el sur;
el Tabor y el Hermón cantan
alegres a tu *nombre.

---

q **88:11** *abismo destructor*. Lit. **abadón*.

13 Tu brazo es capaz de grandes proezas;
   fuerte es tu mano, exaltada tu
      diestra.

14 La justicia y el derecho son el
      fundamento de tu trono,
   y tus heraldos, el amor y la verdad.
15 *Dichosos los que saben aclamarte,
      SEÑOR,
   y caminan a la luz de tu presencia;
16 los que todo el día se alegran en tu
      nombre
   y se regocijan en tu justicia.
17 Porque tú eres su gloria y su poder;
   por tu buena voluntad aumentas
      nuestra fuerza.*r*
18 Tú, SEÑOR, eres nuestro escudo;
   tú, Santo de Israel, eres nuestro rey.

19 Una vez hablaste en una visión,
   y le dijiste a tu pueblo fiel:
   «Le he brindado mi ayuda a un
      valiente;
   al mejor hombre del pueblo lo he
      exaltado.
20 He encontrado a David, mi siervo,
   y lo he ungido con mi aceite santo.
21 Mi mano siempre lo sostendrá;
   mi brazo lo fortalecerá.
22 Ningún enemigo lo someterá a
      tributo;
   ningún inicuo lo oprimirá.
23 Aplastaré a quienes se le enfrenten
   y derribaré a quienes lo aborrezcan.
24 La fidelidad de mi amor lo
      acompañará,
   y por mi nombre será exaltada su
      fuerza.*s*
25 Le daré poder sobre el mar*t*
   y dominio sobre los ríos.*u*
26 Él me dirá: "Tú eres mi Padre,
   mi Dios, la *roca de mi *salvación."
27 Yo le daré los derechos de
      primogenitura,
   la primacía sobre los reyes de la
      tierra.
28 Mi amor por él será siempre
      constante,
   y mi pacto con él se mantendrá fiel.

29 Afirmaré su dinastía y su trono
   para siempre, mientras el cielo
      exista.

30 »Pero si sus hijos se apartan de mi *ley
   y no viven según mis decretos,
31 si violan mis *estatutos
   y no observan mis mandamientos,
32 con vara castigaré sus transgresiones
   y con azotes su iniquidad.
33 Con todo, jamás le negaré mi amor,
   ni mi fidelidad le faltará.
34 No violaré mi pacto
   ni me retractaré de mis palabras.
35 Una sola vez he jurado por mi
      santidad,
   y no voy a mentirle a David:
36 Su descendencia vivirá por siempre;
   su trono durará como el sol en mi
      presencia.
37 Como la luna, fiel testigo en el cielo,
   será establecido para siempre.»
                              Selah

38 Pero tú has desechado, has
      rechazado a tu ungido;
   te has enfurecido contra él en gran
      manera.
39 Has revocado el pacto con tu siervo;
   has arrastrado por los suelos su
      corona.
40 Has derribado todas sus murallas
   y dejado en ruinas sus fortalezas.
41 Todos los que pasan lo saquean;
   ¡es motivo de burla para sus
      vecinos!
42 Has exaltado el poder de sus
      adversarios
   y llenado de gozo a sus enemigos.
43 Le has quitado el filo a su espada,
   y no lo has apoyado en la batalla.
44 Has puesto fin a su esplendor
   al derribar por tierra su trono.
45 Has acortado los días de su juventud;
   lo has cubierto con un manto de
      vergüenza.   *Selah*

46 ¿Hasta cuándo, SEÑOR, te seguirás
      escondiendo?

---

r **89:17** *aumentas nuestra fuerza.* Lit. *levantas nuestro cuerno.*   *s* **89:24** *su fuerza.* Lit. *su cuerno.*
t **89:25** Probable referencia al mar Mediterráneo.   *u* **89:25** Probable referencia a Mesopotamia.

¿Va a arder tu ira para siempre,
como el fuego?
47 ¡Recuerda cuán efímera es mi vida! v
Al fin y al cabo, ¿para qué creaste
a los *mortales?
48 ¿Quién hay que viva y no muera
jamás,
o que pueda escapar del poder del
*sepulcro?   Selah
49 ¿Dónde está, Señor, tu amor de
antaño,
que en tu fidelidad juraste a David?
50 Recuerda, Señor, que se burlan de
tus siervos;
que llevo en mi pecho los insultos
de muchos pueblos.
51 Tus enemigos, SEÑOR, nos ultrajan;
a cada paso ofenden a tu ungido.

52 ¡Bendito sea el SEÑOR por siempre!
Amén y Amén.

LIBRO IV
Salmos 90-106

Salmo 90
Oración de Moisés, hombre de Dios.

1 *Señor, tú has sido nuestro refugio
generación tras generación.
2 Desde antes que nacieran los montes
y que crearas la tierra y el mundo,
desde los tiempos antiguos
y hasta los tiempos postreros,
tú eres Dios.

3 Tú haces que los *hombres vuelvan
al polvo,
cuando dices: «¡Vuélvanse al
polvo, *mortales!»
4 Mil años, para ti, son como el día de
ayer, que ya pasó;
son como unas cuantas horas de la
noche.
5 Arrasas a los mortales. Son como un
sueño.
Nacen por la mañana, como la hierba
6 que al amanecer brota lozana
y por la noche ya está marchita y
seca.

7 Tu ira en verdad nos consume,
tu indignación nos aterra.
8 Ante ti has puesto nuestras
iniquidades;
a la luz de tu presencia, nuestros
pecados secretos.
9 Por causa de tu ira se nos va la vida
entera;
se esfuman nuestros años como un
suspiro.
10 Algunos llegamos hasta los setenta
años,
quizás alcancemos hasta los ochenta,
si las fuerzas nos acompañan.
Tantos años de vida, w sin embargo,
sólo traen pesadas cargas y
calamidades:
pronto pasan, y con ellos pasamos
nosotros.

11 ¿Quién puede comprender el furor
de tu enojo?
¡Tu ira es tan grande como el
temor que se te debe!
12 Enséñanos a contar bien nuestros
días,
para que nuestro corazón adquiera
sabiduría.

13 ¿Cuándo, SEÑOR, te volverás hacia
nosotros?
¡Compadécete ya de tus siervos!
14 Sácianos de tu amor por la mañana,
y toda nuestra vida cantaremos de
alegría.
15 Días y años nos has afligido, nos has
hecho sufrir;
¡devuélvenos ahora ese tiempo en
alegría!
16 ¡Sean manifiestas tus obras a tus
siervos,
y tu esplendor a sus descendientes!
17 Que el favor x del Señor nuestro Dios
esté sobre nosotros.
Confirma en nosotros la obra de
nuestras manos;
sí, confirma la obra de nuestras
manos.

---

v 89:47 Véase 39:4.   w 90:10 Tantos años de vida. Lit. Su orgullo.   x 90:17 Que el favor. Alt. Que la
belleza.

Salmo 91

1 El que habita al abrigo del *Altísimo
se acoge a la sombra del
*Todopoderoso.
2 Yo le digo al SEÑOR: «Tú eres mi
refugio,
mi fortaleza, el Dios en quien
confío.»

3 Sólo él puede librarte de las trampas
del cazador
y de mortíferas plagas,
4 pues te cubrirá con sus plumas
y bajo sus alas hallarás refugio.
¡Su verdad será tu escudo y tu
baluarte!
5 No temerás el terror de la noche,
ni la flecha que vuela de día,
6 ni la peste que acecha en las sombras
ni la plaga que destruye a mediodía.
7 Podrán caer mil a tu izquierda,
y diez mil a tu derecha,
pero a ti no te afectará.
8 No tendrás más que abrir bien los ojos,
para ver a los impíos recibir su
merecido.

9 Ya que has puesto al SEÑOR por tu^y
refugio,
al Altísimo por tu protección,
10 ningún mal habrá de sobrevenirte,
ninguna calamidad llegará a tu
hogar.
11 Porque él ordenará que sus ángeles
te cuiden en todos tus *caminos.
12 Con sus propias manos te levantarán
para que no tropieces con piedra
alguna.
13 Aplastarás al león y a la víbora;
¡hollarás fieras y serpientes!

14 «Yo lo libraré, porque él se acoge a
mí;
lo protegeré, porque reconoce mi
*nombre.
15 Él me invocará, y yo le responderé;
estaré con él en momentos de
angustia;
lo libraré y lo llenaré de honores.

16 Lo colmaré con muchos años de vida
y le haré gozar de mi *salvación.»

Salmo 92

Salmo para cantarse en *sábado.

1 ¡Cuán bueno, SEÑOR, es darte gracias
y entonar, oh *Altísimo, salmos a
tu *nombre;
2 proclamar tu gran amor por la mañana,
y tu fidelidad por la noche,
3 al son del decacordio y de la lira;
al son del arpa y del salterio!

4 Tú, SEÑOR, me llenas de alegría con
tus maravillas;
por eso alabaré jubiloso las obras
de tus manos.
5 Oh SEÑOR, ¡cuán imponentes son tus
obras,
y cuán profundos tus pensamientos!
6 Los insensatos no lo saben,
los *necios no lo entienden:
7 aunque broten como hierba los impíos,
y florezcan todos los malhechores,
para siempre serán destruidos.
8 Sólo tú, SEÑOR, serás exaltado
para siempre.

9 Ciertamente tus enemigos, SEÑOR,
ciertamente tus enemigos
perecerán;
¡dispersados por todas partes
serán todos los malhechores!

10 Me has dado las fuerzas de un toro;
me has ungido con el mejor
perfume.
11 Me has hecho ver la caída de mis
adversarios
y oír la derrota de mis malvados
enemigos.

12 Como palmeras florecen los justos;
como cedros del Líbano crecen.
13 Plantados en la casa del SEÑOR,
florecen en los atrios de nuestro
Dios.
14 Aun en su vejez, darán fruto;
siempre estarán vigorosos y
lozanos,

y 91:9 *tu*. Lit. *mi*.

¹⁵para proclamar: «El S<small>EÑOR</small> es justo;
él es mi *Roca, y en él no hay
injusticia.»

Salmo 93

¹El S<small>EÑOR</small> reina, revestido de
esplendor;
el S<small>EÑOR</small> se ha revestido de grandeza
y ha desplegado su poder.
Ha establecido el mundo con firmeza;
jamás será removido.
²Desde el principio se estableció tu
trono,
y tú desde siempre has existido.

³Se levantan las aguas, S<small>EÑOR</small>;
se levantan las aguas con estruendo;
se levantan las aguas y sus
batientes olas.
⁴Pero el S<small>EÑOR</small>, en las alturas, se
muestra poderoso:
más poderoso que el estruendo de
las muchas aguas,
más poderoso que los embates del
mar.

⁵Dignos de confianza son, S<small>EÑOR</small>, tus
*estatutos;
¡la santidad es para siempre el
adorno de tu casa!

Salmo 94

¹S<small>EÑOR</small>, Dios de las venganzas;
Dios de las venganzas,
¡manifiéstate!ᶻ
²Levántate, Juez de la tierra,
y dales su merecido a los soberbios.
³¿Hasta cuándo, S<small>EÑOR</small>, hasta cuándo
habrán de ufanarse los impíos?

⁴Todos esos malhechores son unos
fanfarrones;
a borbotones escupen su arrogancia.
⁵A tu pueblo, S<small>EÑOR</small>, lo pisotean;
¡oprimen a tu herencia!
⁶Matan a las viudas y a los
extranjeros;
a los huérfanos los asesinan.
⁷Y hasta dicen: «El S<small>EÑOR</small> no ve;
el Dios de Jacob no se da cuenta.»

⁸Entiendan esto, gente necia;
¿cuándo, insensatos, lo van a
comprender?
⁹¿Acaso no oirá el que nos puso las
orejas,
ni podrá ver el que nos formó los
ojos?
¹⁰¿Y no habrá de castigar el que
corrige a las naciones
e instruye en el saber a todo el
mundo?
¹¹El S<small>EÑOR</small> conoce los pensamientos
*humanos,
y sabe que son absurdos.

¹²*Dichoso aquel a quien tú, S<small>EÑOR</small>,
corriges;
aquel a quien instruyes en tu *ley,
¹³para que enfrente tranquilo los días
de aflicción
mientras al impío se le cava una
fosa.
¹⁴El S<small>EÑOR</small> no rechazará a su pueblo;
no dejará a su herencia en el
abandono.
¹⁵El juicio volverá a basarse en la
justicia,
y todos los rectos de corazón lo
seguirán.

¹⁶¿Quién se levantó a defenderme de
los impíos?
¿Quién se puso de mi parte contra
los malhechores?
¹⁷Si el S<small>EÑOR</small> no me hubiera brindado
su ayuda,
muy pronto me habría quedado en
mortal silencio.
¹⁸No bien decía: «Mis pies resbalan»,
cuando ya tu amor, S<small>EÑOR</small>, venía
en mi ayuda.
¹⁹Cuando en mí la angustia iba en
aumento,
tu consuelo llenaba mi *alma de
alegría.

²⁰¿Podrías ser amigo de reyes corruptosᵃ
que por decreto fraguan la maldad,
²¹que conspiran contra la gente honrada
y condenan a muerte al inocente?

ᶻ **94:1** *¡manifiéstate!* Lit. *resplandece.*   ᵃ **94:20** *de reyes corruptos.* Lit. *del trono corrupto.*

²²Pero el S<small>EÑOR</small> es mi protector,
    es mi Dios y la *roca en que me
    refugio.
²³Él les hará pagar por sus pecados
    y los destruirá por su maldad;
    ¡el S<small>EÑOR</small> nuestro Dios los
    destruirá!

Salmo 95

¹Vengan, cantemos con júbilo al
    S<small>EÑOR</small>;
    aclamemos a la *roca de nuestra
    *salvación.
²Lleguemos ante él con acción de
    gracias,
    aclamémoslo con cánticos.

³Porque el S<small>EÑOR</small> es el gran Dios,
    el gran Rey sobre todos los dioses.
⁴En sus manos están los abismos de
    la tierra;
    suyas son las cumbres de los
    montes.
⁵Suyo es el mar, porque él lo hizo;
    con sus manos formó la tierra firme.

⁶Vengan, postrémonos reverentes,
    doblemos la rodilla
    ante el S<small>EÑOR</small> nuestro Hacedor.
⁷Porque él es nuestro Dios
    y nosotros somos el pueblo de su
    prado;
    ¡somos un rebaño bajo su cuidado!

Si ustedes oyen hoy su voz,
⁸ no endurezcan el corazón, como
    en Meribá,ᵇ
    como aquel día en Masá,ᶜ en el
    desierto,
⁹cuando sus antepasados me tentaron,
    cuando me pusieron a prueba,
    a pesar de haber visto mis obras.
¹⁰Cuarenta años estuve enojado
    con aquella generación,
    y dije: «Son un pueblo mal
    encaminado
    que no reconoce mis senderos.»
¹¹Así que, en mi enojo, hice este
    juramento:
    «Jamás entrarán en mi reposo.»

Salmo 96
96:1-13 — 1Cr 16:23-33

¹Canten al S<small>EÑOR</small> un cántico nuevo;
    canten al S<small>EÑOR</small>, habitantes de toda
    la tierra.
²Canten al S<small>EÑOR</small>, alaben su *nombre;
    anuncien día tras día su *victoria.
³Proclamen su gloria entre las
    naciones,
    sus maravillas entre todos los
    pueblos.

⁴¡Grande es el S<small>EÑOR</small> y digno de
    alabanza,
    más temible que todos los dioses!
⁵Todos los dioses de las naciones no
    son nada,
    pero el S<small>EÑOR</small> ha creado los cielos.
⁶El esplendor y la majestad son sus
    heraldos;
    hay poder y belleza en su santuario.

⁷Tributen al S<small>EÑOR</small>, pueblos todos,
    tributen al S<small>EÑOR</small> la gloria y el
    poder.
⁸Tributen al S<small>EÑOR</small> la gloria que
    merece su nombre;
    traigan sus ofrendas y entren en sus
    atrios.
⁹Póstrense ante el S<small>EÑOR</small> en la
    majestad de su santuario;
    ¡tiemble delante de él toda la tierra!

¹⁰Que se diga entre las naciones:
    «¡El S<small>EÑOR</small> es rey!»
  Ha establecido el mundo con firmeza;
    jamás será removido.
    Él juzga a los pueblos con equidad.
¹¹¡Alégrense los cielos, regocíjese la
    tierra!
    ¡Brame el mar y todo lo que él
    contiene!
¹²¡Canten alegres los campos y todo lo
    que hay en ellos!
    ¡Canten jubilosos todos los árboles
    del bosque!
¹³¡Canten delante del S<small>EÑOR</small>, que ya
    viene!
    ¡Viene ya para juzgar la tierra!

ᵇ**95:8** En hebreo, *Meribá* significa *altercado*.   ᶜ**95:8** En hebreo, *Masá* significa *prueba* o *provocación*.

Y juzgará al mundo con justicia,
y a los pueblos con fidelidad.

Salmo 97

1 ¡El SEÑOR es rey!
¡Regocíjese la tierra!
¡Alégrense las costas más remotas!

2 Oscuros nubarrones lo rodean;
la rectitud y la justicia son la base
de su trono.
3 El fuego va delante de él
y consume a los adversarios que lo
rodean.
4 Sus relámpagos iluminan el mundo;
al verlos, la tierra se estremece.
5 Ante el SEÑOR, dueño de toda la tierra,
las montañas se derriten como cera.
6 Los cielos proclaman su justicia,
y todos los pueblos contemplan su
gloria.

7 Sean avergonzados todos los idólatras,
los que se jactan de sus ídolos
inútiles.
¡Póstrense ante él todos los dioses!
8 SEÑOR, por causa de tus juicios
*Sión escucha esto y se alegra,
y las ciudades de Judá se regocijan.
9 Porque tú eres el SEÑOR *Altísimo,
por encima de toda la tierra.
¡Tú estás muy por encima de todos
los dioses!

10 El SEÑOR ama*d* a los que odian*e* el
mal;
él protege la vida de sus fieles,
y los libra de manos de los impíos.
11 La luz se esparce sobre los justos,
y la alegría sobre los rectos de
corazón.
12 Alégrense en el SEÑOR, ustedes los
justos,
y alaben su santo *nombre.

Salmo 98
Salmo.

1 Canten al SEÑOR un cántico nuevo,
porque ha hecho maravillas.

Su diestra, su santo brazo,
ha alcanzado la *victoria.
2 El SEÑOR ha hecho gala de su *triunfo;
ha mostrado su justicia a las
naciones.
3 Se ha acordado de su amor y de su
fidelidad
por el pueblo de Israel;
¡todos los confines de la tierra son
testigos
de la *salvación de nuestro Dios!

4 ¡Aclamen alegres al SEÑOR,
habitantes de toda la tierra!
¡Prorrumpan en alegres cánticos y
salmos!
5 ¡Canten salmos al SEÑOR al son del
arpa,
al son del arpa y de coros
melodiosos!
6 ¡Aclamen alegres al SEÑOR, el Rey,
al son de clarines y trompetas!

7 ¡Brame el mar y todo lo que él
contiene;
el mundo y todos sus habitantes!
8 ¡Batan palmas los ríos,
y canten jubilosos todos los
montes!
9 Canten delante del SEÑOR,
que ya viene a juzgar la tierra.
Y juzgará al mundo con justicia,
a los pueblos con equidad.

Salmo 99

1 El SEÑOR es rey:
que tiemblen las naciones.
Él tiene su trono entre *querubines:
que se estremezca la tierra.
2 Grande es el SEÑOR en *Sión,
¡excelso sobre todos los pueblos!
3 Sea alabado su *nombre grandioso e
imponente:
¡él es santo!

4 Rey poderoso, que amas la justicia:
tú has establecido la equidad
y has actuado en Jacob con justicia
y rectitud.

---

d **97:10** *El Señor ama* (lectura probable); *Los que aman al Señor* (TM).   *e* **97:10** *a los que odian* (Siríaca y
algunos mss. hebreos); *ustedes odian* (TM).

⁵Exalten al Señor nuestro Dios;
    adórenlo ante el estrado de sus pies:
    ¡él es santo!

⁶Moisés y Aarón se contaban entre
        sus sacerdotes,
    y Samuel, entre los que invocaron
        su nombre.
    Invocaron al Señor, y él les respondió;
⁷   les habló desde la columna de nube.
    Cumplieron con sus *estatutos,
        con los decretos que él les entregó.

⁸Señor y Dios nuestro, tú les
        respondiste;
    fuiste para ellos un Dios perdonador,
        aun cuando castigaste sus rebeliones.

⁹Exalten al Señor nuestro Dios;
    adórenlo en su santo monte:
    ¡Santo es el Señor nuestro Dios!

Salmo 100
Salmo de acción de gracias.

¹Aclamen alegres al Señor,
        habitantes de toda la tierra;
²   adoren al Señor con regocijo.
    Preséntense ante él
        con cánticos de júbilo.
³Reconozcan que el Señor es Dios;
    él nos hizo, y somos suyos.ᶠ
    Somos su pueblo, ovejas de su
        prado.

⁴Entren por sus *puertas con acción
        de gracias;
    vengan a sus atrios con himnos de
        alabanza;
    denle gracias, alaben su *nombre.
⁵Porque el Señor es bueno y su gran
        amor es eterno;
    su fidelidad permanece para
        siempre.

Salmo 101
Salmo de David.

¹Quiero cantar al amor y a la justicia:
    quiero, Señor, cantarte salmos.
²Quiero triunfar en el *camino de
        perfección:

¿Cuándo me visitarás?
    Quiero conducirme en mi propia casa
        con integridad de corazón.
³No me pondré como meta
    nada en que haya perversidad.

    Las acciones de gente desleal las
        aborrezco;
    no tendrán nada que ver conmigo.
⁴Alejaré de mí toda intención perversa;
    no tendrá cabida en mí la maldad.

⁵Al que en secreto calumnie a su
        prójimo,
    lo haré callar para siempre;
    al de ojos altivos y corazón soberbio
    no lo soportaré.

⁶Pondré mis ojos en los fieles de la
        tierra,
    para que habiten conmigo;
    sólo estarán a mi servicio
    los de conducta intachable.

⁷Jamás habitará bajo mi techo
    nadie que practique el engaño;
    jamás prevalecerá en mi presencia
    nadie que hable con falsedad.

⁸Cada mañana reduciré al silencio
    a todos los impíos que hay en la
        tierra;
    extirparé de la ciudad del Señor
    a todos los malhechores.

Salmo 102
Oración de un afligido que, a punto de desfallecer,
da rienda suelta a su lamento ante el Señor.

¹Escucha, Señor, mi oración;
    llegue a ti mi clamor.
²No escondas de mí tu rostro
    cuando me encuentre angustiado.
    Inclina a mí tu oído;
    respóndeme pronto cuando te llame.

³Pues mis días se desvanecen como el
        humo,
    los huesos me arden como brasas.
⁴Mi corazón decae y se marchita
    como la hierba;

ᶠ 100:3 *y somos suyos* (Targum, Qumrán y mss.); *y no nosotros* (TM).

¡hasta he perdido el apetito!
5 Por causa de mis fuertes gemidos
se me pueden contar los huesos. *g*
6 Parezco una lechuza del desierto;
soy como un búho entre las ruinas.
7 No logro conciliar el sueño;
parezco ave solitaria sobre el tejado.
8 A todas horas me ofenden mis
enemigos,
y hasta usan mi *nombre para
maldecir.
9 Las cenizas son todo mi alimento;
mis lágrimas se mezclan con mi
bebida.
10 ¡Por tu enojo, por tu indignación,
me levantaste para luego arrojarme!
11 Mis días son como sombras
nocturnas;
me voy marchitando como la hierba.

12 Pero tú, SEÑOR, reinas eternamente;
tu nombre perdura por todas las
generaciones.
13 Te levantarás y tendrás piedad de
*Sión,
pues ya es tiempo de que la
compadezcas.
¡Ha llegado el momento señalado!
14 Tus siervos sienten cariño por sus
ruinas;
los mueven a compasión sus
escombros.

15 Las naciones temerán el nombre del
SEÑOR;
todos los reyes de la tierra
reconocerán su majestad.
16 Porque el SEÑOR reconstruirá a Sión,
y se manifestará en su esplendor.
17 Atenderá la oración de los
desamparados,
y no desdeñará sus ruegos.
18 Que se escriba esto para las
generaciones futuras,
y que el pueblo que será creado
alabe al SEÑOR.
19 Miró el SEÑOR desde su altísimo
santuario;
contempló la tierra desde el cielo,

20 para oír los lamentos de los cautivos
y liberar a los condenados a muerte;
21 para proclamar en Sión el nombre
del SEÑOR
y anunciar en Jerusalén su alabanza,
22 cuando todos los pueblos y los reinos
se reúnan para adorar al SEÑOR.

23 En el curso de mi vida acabó Dios
con mis fuerzas;*h*
me redujo los días. 24 Por eso dije:
«No me lleves, Dios mío, a la mitad
de mi vida;
tú permaneces por todas las
generaciones.
25 En el principio tú afirmaste la tierra,
y los cielos son la obra de tus
manos.
26 Ellos perecerán, pero tú permaneces.
Todos ellos se desgastarán como
un vestido.
Y como ropa los cambiarás,
y los dejarás de lado.
27 Pero tú eres siempre el mismo,
y tus años no tienen fin.
28 Los hijos de tus siervos se
establecerán,
y sus descendientes habitarán en tu
presencia.»

Salmo 103

Salmo de David.

1 Alaba, *alma mía, al SEÑOR;
alabe todo mi ser su santo *nombre.
2 Alaba, alma mía, al SEÑOR,
y no olvides ninguno de sus
beneficios.
3 Él perdona todos tus pecados
y sana todas tus dolencias;
4 él rescata tu vida del *sepulcro
y te cubre de amor y compasión;
5 él colma de bienes tu vida*i*
y te rejuvenece como a las águilas.

6 El SEÑOR hace *justicia
y defiende a todos los oprimidos.
7 Dio a conocer sus *caminos a
Moisés;
reveló sus obras al pueblo de Israel.

---

g 102:5 *se me pueden contar los huesos.* Lit. *se me pegan los huesos a la carne.* *h* 102:23 *mis fuerzas.* Lit.
su fuerza. *i* 103:5 *vida.* Palabra de difícil traducción.

⁸El Señor es clemente y compasivo,
    lento para la ira y grande en amor.
⁹No sostiene para siempre su querella
    ni guarda rencor eternamente.
¹⁰No nos trata conforme a nuestros
        pecados
    ni nos paga según nuestras
        maldades.
¹¹Tan grande es su amor por los que le
        temen
    como alto es el cielo sobre la tierra.
¹²Tan lejos de nosotros echó nuestras
        transgresiones
    como lejos del oriente está el
        occidente.
¹³Tan compasivo es el Señor con los
        que le temen
    como lo es un padre con sus hijos.
¹⁴Él conoce nuestra condición;
    sabe que somos de barro.

¹⁵El *hombre es como la hierba,
    sus días florecen como la flor del
        campo:
¹⁶sacudida por el viento,
    desaparece sin dejar rastro alguno.
¹⁷Pero el amor del Señor es eterno
    y siempre está con los que le
        temen;
    su justicia está con los hijos de sus
        hijos,
¹⁸   con los que cumplen su *pacto
    y se acuerdan de sus preceptos
    para ponerlos por obra.

¹⁹El Señor ha establecido su trono en
    el cielo;
    su reinado domina sobre todos.

²⁰Alaben al Señor, ustedes sus ángeles,
    paladines que ejecutan su palabra
    y obedecen su mandato.
²¹Alaben al Señor, todos sus
        ejércitos,
    siervos suyos que cumplen su
        voluntad.
²²Alaben al Señor, todas sus obras
    en todos los ámbitos de su dominio.

    ¡Alaba, alma mía, al Señor!

Salmo 104

¹¡Alaba, *alma mía, al Señor!

  Señor mi Dios, tú eres grandioso;
    te has revestido de gloria y
        majestad.
²Te cubres ʲ de luz como con un
        manto;
    extiendes los cielos como un velo.
³Afirmas sobre las aguas tus altos
        aposentos
    y haces de las nubes tus carros de
        guerra.
    ¡Tú cabalgas en las alas del viento!
⁴Haces de los vientos tus mensajeros, ᵏ
    y de las llamas de fuego tus
        servidores.

⁵Tú pusiste la tierra sobre sus
        cimientos,
    y de allí jamás se moverá;
⁶la revestiste con el mar,
    y las aguas se detuvieron sobre los
        montes.
⁷Pero a tu reprensión huyeron las
        aguas;
    ante el estruendo de tu voz se
        dieron a la fuga.
⁸Ascendieron a los montes,
    descendieron a los valles,
    al lugar que tú les asignaste.
⁹Pusiste una frontera que ellas no
        pueden cruzar;
    ¡jamás volverán a cubrir la tierra!

¹⁰Tú haces que los manantiales
    viertan sus aguas en las cañadas,
    y que fluyan entre las montañas.
¹¹De ellas beben todas las bestias del
        campo;
    allí los asnos monteses calman su
        sed.
¹²Las aves del cielo anidan junto a las
        aguas
    y cantan entre el follaje.
¹³Desde tus altos aposentos riegas las
        montañas;
    la tierra se sacia con el fruto de tu
        trabajo.

ʲ**104:2** *Te cubres.* Lit. *Él se cubre.*   ᵏ**104:4** *mensajeros.* Alt. *ángeles.*

14Haces que crezca la hierba para el
  ganado,
  y las plantas que la *gente cultiva
  para sacar de la tierra su alimento:
15el vino que alegra el corazón,
  el aceite que hace brillar el rostro,
  y el pan que sustenta la vida.
16Los árboles del Señor están bien
  regados,
  los cedros del Líbano que él plantó.
17Allí las aves hacen sus nidos;
  en los cipreses tienen su hogar las
  cigüeñas.
18En las altas montañas están las
  cabras monteses,
  y en los escarpados peñascos tienen
  su madriguera los tejones.

19Tú hiciste[l] la luna, que marca las
  estaciones,
  y el sol, que sabe cuándo ocultarse.
20Tú traes la oscuridad, y cae la noche,
  y en sus sombras se arrastran los
  animales del bosque.
21Los leones rugen, reclamando su
  presa,
  exigiendo que Dios les dé su
  alimento.
22Pero al salir el sol se escabullen,
  y vuelven a echarse en sus guaridas.
23Sale entonces la *gente a cumplir
  sus tareas,
  a hacer su trabajo hasta el
  anochecer.

24¡Oh Señor, cuán numerosas son tus
  obras!
  ¡Todas ellas las hiciste con
  sabiduría!
  ¡Rebosa la tierra con todas tus
  criaturas!
25Allí está el mar, ancho e infinito,[m]
  que abunda en animales, grandes y
  pequeños,
  cuyo número es imposible conocer.
26Allí navegan los barcos y se mece
  *Leviatán,
  que tú creaste para jugar con él.

27Todos ellos esperan de ti
  que a su tiempo les des su alimento.
28Tú les das, y ellos recogen;
  abres la mano, y se colman de
  bienes.
29Si escondes tu rostro, se aterran;
  si les quitas el aliento, mueren y
  vuelven al polvo.
30Pero si envías tu Espíritu, son
  creados,
  y así renuevas la faz de la tierra.

31Que la gloria del Señor perdure
  eternamente;
  que el Señor se regocije en sus
  obras.
32Él mira la tierra y la hace temblar;
  toca los montes y los hace echar
  humo.

33Cantaré al Señor toda mi vida;
  cantaré salmos a mi Dios mientras
  tenga aliento.
34Quiera él agradarse de mi meditación;
  yo, por mi parte, me alegro en el
  Señor.
35Que desaparezcan de la tierra los
  pecadores;
  ¡que no existan más los malvados!

  ¡Alaba, *alma mía, al Señor!

  *¡Aleluya! ¡Alabado sea el Señor![n]

Salmo 105
105:1-15 — 1Cr 16:8-22

1Den gracias al Señor, invoquen su
  *nombre;
  den a conocer sus obras entre las
  naciones.
2Cántenle, entónenle salmos;
  hablen de todas sus maravillas.
3Siéntanse orgullosos de su santo
  nombre;
  alégrese el corazón de los que
  buscan al Señor.
4Recurran al Señor y a su fuerza;
  busquen siempre su rostro.

---

[l]104:19 *Tú hiciste.* Lit. *Él hace.*   [m]104:25 *infinito.* Lit. *amplio de manos.*   [n]104:35 En LXX este verso
aparece al principio del Salmo 105.

⁵Recuerden las maravillas que ha
realizado,
sus señales, y los decretos que ha
emitido.
⁶¡Ustedes, descendientes de Abraham
su siervo!
¡Ustedes, hijos de Jacob, elegidos
suyos!
⁷Él es el SEÑOR, nuestro Dios;
en toda la tierra están sus decretos.

⁸Él siempre tiene presente su *pacto,
la palabra que ordenó para mil
generaciones.
⁹Es el pacto que hizo con Abraham,
el juramento que le hizo a Isaac.
¹⁰Se lo confirmó a Jacob como un
decreto,
a Israel como un pacto eterno,
¹¹cuando dijo: «Te daré la tierra de
Canaán
como la herencia que te toca.»

¹²Aun cuando eran pocos en número,
unos cuantos extranjeros en la tierra
¹³que andaban siempre de nación en
nación
y de reino en reino,
¹⁴a nadie permitió que los oprimiera,
sino que por ellos reprendió a los
reyes:
¹⁵«No toquen a mis ungidos;
no hagan daño a mis profetas.»

¹⁶Dios provocó hambre en la tierra
y destruyó todos sus trigales.ⁿ
¹⁷Pero envió delante de ellos a un
hombre:
a José, vendido como esclavo.
¹⁸Le sujetaron los pies con grilletes,
entre hierros le aprisionaron el
*cuello,
¹⁹hasta que se cumplió lo que él
predijo
y la palabra del SEÑOR probó que
él era veraz.
²⁰El rey ordenó ponerlo en libertad,
el gobernante de los pueblos lo
dejó libre.

²¹Le dio autoridad sobre toda su casa
y lo puso a cargo de cuanto poseía,
²²con pleno poder para instruirᵒ a sus
príncipes
e impartir sabiduría a sus ancianos.

²³Entonces Israel vino a Egipto;
Jacob fue extranjero en el país de
Cam.
²⁴El SEÑOR hizo que su pueblo se
multiplicara;
lo hizo más numeroso que sus
adversarios,
²⁵a quienes trastornó para que odiaran
a su pueblo
y se confabularan contra sus
siervos.
²⁶Envió a su siervo Moisés,
y a Aarón, a quien había escogido,
²⁷y éstos hicieron señales milagrosas
entre ellos,
¡maravillas en el país de Cam!
²⁸Envió tinieblas, y la tierra se
oscureció,
pero ellos no atendieronᵖ a sus
palabras.
²⁹Convirtió en sangre sus aguas
y causó la muerte de sus peces.
³⁰Todo Egipto�q se infestó de ranas,
¡hasta las habitaciones de sus reyes!
³¹Habló Dios, e invadieron todo el país
enjambres de moscas y mosquitos.
³²Convirtió la lluvia en granizo,
y lanzó relámpagos sobre su tierra;
³³derribó sus vides y sus higueras,
y en todo el país hizo astillas los
árboles.
³⁴Dio una orden, y llegaron las
langostas,
¡infinidad de saltamontes!
³⁵Arrasaron con toda la vegetación del
país,
devoraron los frutos de sus campos.
³⁶Hirió de muerte a todos los
primogénitos del país,
a las primicias de sus
descendientes.
³⁷Sacó a los israelitas cargados de oro
y plata,

ⁿ**105:16** *todos sus trigales.* Lit. *todo bastón de pan.*   ᵒ**105:22** *instruir* (LXX, Siríaca y Vulgata); *atar* (TM).
ᵖ**105:28** *no atendieron* (véanse LXX y Siríaca); *no se opusieron* (TM).   q**105:30** *Todo Egipto.* Lit. *La tierra de ellos.*

y no hubo entre sus tribus nadie
que tropezara.

38 Los egipcios se alegraron de su
partida,
pues el miedo a los israelitas los
dominaba.
39 El Señor les dio sombra con una
nube,
y con fuego los alumbró de noche.
40 Pidió el pueblo comida, y les envió
codornices;
los sació con pan del cielo.
41 Abrió la roca, y brotó agua
que corrió por el desierto como un
río.

42 Ciertamente Dios se acordó de su
santa promesa,
la que hizo a su siervo Abraham.
43 Sacó a su pueblo, a sus escogidos,
en medio de gran alegría y de
gritos jubilosos.
44 Les entregó las tierras que poseían
las naciones;
heredaron el fruto del trabajo de
otros pueblos
45 para que ellos observaran sus
preceptos
y pusieran en práctica sus *leyes.

*¡Aleluya! ¡Alabado sea el Señor!

Salmo 106
106:1,47-48 — 1Cr 16:34-36

1 *¡Aleluya! ¡Alabado sea el Señor!

Den gracias al Señor, porque él es
bueno;
su gran amor perdura para siempre.
2 ¿Quién puede proclamar las proezas
del Señor,
o expresar toda su alabanza?
3 *Dichosos los que practican la
justicia
y hacen siempre lo que es justo.
4 Recuérdame, Señor, cuando te
compadezcas de tu pueblo;
ven en mi ayuda el día de tu
*salvación.

5 Hazme disfrutar del bienestar de tus
escogidos,
participar de la alegría de tu pueblo
y expresar mis alabanzas con tu
heredad.

6 Hemos pecado, lo mismo que
nuestros padres;
hemos hecho lo malo y actuado
con iniquidad.
7 Cuando nuestros padres estaban en
Egipto,
no tomaron en cuenta tus maravillas;
no tuvieron presente tu bondad
infinita
y se rebelaron junto al mar, el Mar
Rojo.^r
8 Pero Dios los salvó, haciendo honor
a su *nombre,
para mostrar su gran poder.
9 Reprendió al Mar Rojo, y éste quedó
seco;
los condujo por las profundidades
del mar
como si cruzaran el desierto.
10 Los salvó del poder de sus enemigos,
del poder de quienes los odiaban.
11 Las aguas envolvieron a sus
adversarios,
y ninguno de éstos quedó con vida.
12 Entonces ellos creyeron en sus
promesas
y le entonaron alabanzas.

13 Pero muy pronto olvidaron sus
acciones
y no esperaron a conocer sus
planes.
14 En el desierto cedieron a sus propios
deseos;
en los páramos pusieron a prueba a
Dios.
15 Y él les dio lo que pidieron,
pero les envió una enfermedad
devastadora.
16 En el campamento tuvieron envidia
de Moisés
y de Aarón, el que estaba
consagrado al Señor.

---

^r **106:7** *Mar Rojo.* Lit. *Mar de las Cañas* (heb. *Yam Suf*); también en vv. 9 y 22.

¹⁷Se abrió la tierra y se tragó a Datán;
   sepultó a los seguidores de Abirán.
¹⁸Un fuego devoró a esa pandilla;
   las llamas consumieron a los
      impíos.

¹⁹En Horeb hicieron un becerro;
   se postraron ante un ídolo de
      fundición.
²⁰Cambiaron al que era su motivo de
      orgullo*ˢ*
   por la imagen de un toro que come
      hierba.
²¹Se olvidaron del Dios que los salvó
   y que había hecho grandes cosas en
      Egipto:
²²milagros en la tierra de Cam
   y portentos junto al Mar Rojo.
²³Dios amenazó con destruirlos,
   pero no lo hizo por Moisés, su
      escogido,
   que se puso ante él en la brecha
   e impidió que su ira los destruyera.

²⁴Menospreciaron esa bella tierra;
   no creyeron en la promesa de Dios.
²⁵Refunfuñaron en sus tiendas de
      campaña
   y no obedecieron al SEÑOR.
²⁶Por tanto, él levantó su mano contra
      ellos
   para hacerlos caer en el desierto,
²⁷para hacer caer a sus descendientes
      entre las naciones
   y dispersarlos por todos los países.

²⁸Se sometieron al yugo de Baal Peor
   y comieron de las ofrendas a ídolos
      sin vida.*ᵗ*
²⁹Provocaron al SEÑOR con sus
      malvadas acciones,
   y les sobrevino una plaga.
³⁰Pero Finés se levantó e hizo
      justicia,
   y la plaga se detuvo.
³¹Esto se le acreditó como un acto de
      justicia
   para siempre, por todas las
      generaciones.

³²Junto a las aguas de Meribá hicieron
      enojar al SEÑOR,
   y a Moisés le fue mal por culpa de
      ellos,
³³pues lo sacaron de quicio
   y él habló sin pensar lo que decía.
³⁴No destruyeron a los pueblos
   que el SEÑOR les había señalado,
³⁵sino que se mezclaron con los
      paganos
   y adoptaron sus costumbres.
³⁶Rindieron culto a sus ídolos,
   y se les volvieron una trampa.
³⁷Ofrecieron a sus hijos y a sus hijas
   como sacrificio a esos demonios.
³⁸Derramaron sangre inocente,
   la sangre de sus hijos y sus hijas.
   Al ofrecerlos en sacrificio a los
      ídolos de Canaán,
   su sangre derramada profanó la
      tierra.
³⁹Tales hechos los contaminaron;
   tales acciones los corrompieron.

⁴⁰La ira del SEÑOR se encendió contra
      su pueblo;
   su heredad le resultó aborrecible.
⁴¹Por eso los entregó a los paganos,
   y fueron dominados por quienes
      los odiaban.
⁴²Sus enemigos los oprimieron,
   los sometieron a su poder.
⁴³Muchas veces Dios los libró;
   pero ellos, empeñados en su
      rebeldía,
   se hundieron en la maldad.

⁴⁴Al verlos Dios angustiados,
   y al escuchar su clamor,
⁴⁵se acordó del pacto que había hecho
      con ellos
   y por su gran amor les tuvo
      compasión.
⁴⁶Hizo que todos sus opresores
   también se apiadaran de ellos.

⁴⁷Sálvanos, SEÑOR, Dios nuestro;
   vuelve a reunirnos de entre las
      naciones,

---

*ˢ*106:20 *Cambiaron ... de orgullo.* Lit. *Cambiaron la gloria de ellos.*   *ᵗ*106:28 *ofrendas a ídolos sin vida.*
Lit. *ofrendas a los muertos.*

para que demos gracias a tu santo
    nombre
  y orgullosos te alabemos.

48 ¡Bendito sea el SEÑOR, el Dios de
    Israel,
  eternamente y para siempre!
  ¡Que todo el pueblo diga: «Amén»!

*¡Aleluya! ¡Alabado sea el SEÑOR!

Libro V
Salmos 107-150

Salmo 107

1 Den gracias al SEÑOR, porque él es
    bueno;
  su gran amor perdura para siempre.
2 Que lo digan los redimidos del
    SEÑOR,
  a quienes redimió del poder del
    adversario,
3 a quienes reunió de todos los países,
  de oriente y de occidente, del norte
    y del sur. *u*

4 Vagaban perdidos por parajes
    desiertos,
  sin dar con el camino a una ciudad
    habitable.
5 Hambrientos y sedientos,
  la vida se les iba consumiendo.
6 En su angustia clamaron al SEÑOR,
  y él los libró de su aflicción.
7 Los llevó por el camino recto
  hasta llegar a una ciudad habitable.

8 ¡Que den gracias al SEÑOR por su
    gran amor,
  por sus maravillas en favor nuestro!
9 ¡Él apaga la sed del sediento,
  y sacia con lo mejor al hambriento!

10 Afligidos y encadenados,
  habitaban en las más densas
    tinieblas
11 por haberse rebelado contra las
    palabras de Dios,
  por menospreciar los designios del
    *Altísimo.

12 Los sometió *v* a trabajos forzados;
  tropezaban, y no había quien los
    ayudara.
13 En su angustia clamaron al SEÑOR,
  y él los salvó de su aflicción.
14 Los sacó de las sombras tenebrosas
  y rompió en pedazos sus cadenas.

15 ¡Que den gracias al SEÑOR por su
    gran amor,
  por sus maravillas en favor de los
    hombres!
16 ¡Él hace añicos las puertas de
    bronce
  y rompe en mil pedazos las barras
    de hierro!

17 Trastornados por su rebeldía,
  afligidos por su iniquidad,
18 todo alimento les causaba asco.
  ¡Llegaron a las puertas mismas de
    la muerte!
19 En su angustia clamaron al SEÑOR,
  y él los salvó de su aflicción.
20 Envió su palabra para sanarlos,
  y así los rescató del sepulcro.

21 ¡Que den gracias al SEÑOR por su
    gran amor,
  por sus maravillas en favor de los
    hombres!
22 ¡Que ofrezcan sacrificios de gratitud,
  y jubilosos proclamen sus obras!

23 Se hicieron a la mar en sus barcos;
  para comerciar surcaron las
    muchas aguas.
24 Allí, en las aguas profundas,
  vieron las obras del SEÑOR y sus
    maravillas.
25 Habló Dios, y se desató un fuerte
    viento
  que tanto encrespó las olas
26 que subían a los cielos y bajaban al
    abismo.
  Ante el peligro, ellos perdieron el
    coraje.
27 Como ebrios tropezaban, se
    tambaleaban;
  de nada les valía toda su pericia.

---

u 107:3 *del sur.* Lit. *del mar.*   *v* 107:12 *Los sometió.* Lit. *Sometió sus corazones.*

²⁸En su angustia clamaron al SEÑOR,
  y él los sacó de su aflicción.
²⁹Cambió la tempestad en suave
  brisa:
  se sosegaron las olas del mar.
³⁰Ante esa calma se alegraron,
  y Dios los llevó al puerto anhelado.

³¹¡Que den gracias al SEÑOR por su
  gran amor,
  por sus maravillas en favor de los
  hombres!
³²¡Que lo exalten en la asamblea del
  pueblo!
  ¡Que lo alaben en el consejo de los
  ancianos!

³³Dios convirtió los ríos en desiertos,
  los manantiales en tierra seca,
³⁴los fértiles terrenos en tierra
  salitrosa,
  por la maldad de sus habitantes.
³⁵Convirtió el desierto en fuentes de
  agua,
  la tierra seca en manantiales;
³⁶hizo habitar allí a los hambrientos,
  y ellos fundaron una ciudad
  habitable.
³⁷Sembraron campos, plantaron
  viñedos,
  obtuvieron abundantes cosechas.
³⁸Dios los bendijo y se multiplicaron,
  y no dejó que menguaran sus
  rebaños.

³⁹Pero si merman y son humillados,
  es por la opresión, la maldad y la
  aflicción.
⁴⁰Dios desdeña a los nobles
  y los hace vagar por desiertos sin
  senderos.
⁴¹Pero a los necesitados los saca de su
  miseria,
  y hace que sus familias crezcan
  como rebaños.
⁴²Los rectos lo verán y se alegrarán,
  pero todos los impíos serán
  acallados.

⁴³Quien sea sabio, que considere estas
  cosas
  y entienda bien el gran amor del
  SEÑOR.

Salmo 108

108:1-5 — Sal 57:7-11
108:6-13 — Sal 60:5-12
Cántico. Salmo de David.

¹Firme está, oh Dios, mi corazón;
  ¡voy a cantarte salmos, gloria mía!
²¡Despierten, arpa y lira!
  ¡Haré despertar al nuevo día!
³Te alabaré, SEÑOR, entre los pueblos;
  te cantaré salmos entre las naciones.
⁴Pues tu amor es tan grande que
  rebasa los cielos;
  ¡tu verdad llega hasta el firmamento!
⁵Tú, oh Dios, estás sobre los cielos,
  y tu gloria cubre toda la tierra.

⁶Líbranos con tu diestra, respóndeme
  para que tu pueblo amado quede a
  salvo.

⁷Dios ha dicho en su santuario:
  «Triunfante repartiré a Siquén,
  y dividiré el valle de Sucot.
⁸Mío es Galaad, mío es Manasés;
  Efraín es mi yelmo y Judá mi cetro.
⁹En Moab me lavo las manos,
  sobre Edom arrojo mi sandalia;
  sobre Filistea lanzo gritos de
  triunfo.»

¹⁰¿Quién me llevará a la ciudad
  fortificada?
  ¿Quién me mostrará el camino a
  Edom?
¹¹¿No es Dios quien nos ha rechazado?
  ¡Ya no sales, oh Dios, con nuestros
  ejércitos!
¹²Bríndanos tu ayuda contra el
  enemigo,
  pues de nada sirve la ayuda
  humana.
¹³Con Dios obtendremos la victoria;
  ¡él pisoteará a nuestros enemigos!

Salmo 109

Al director musical. Salmo de David.

¹Oh Dios, alabanza mía,
  no guardes silencio.
²Pues gente impía y mentirosa
  ha declarado en mi contra,
  y con lengua engañosa me difaman;
³con expresiones de odio me acosan,
  y sin razón alguna me atacan.

⁴Mi amor me lo pagan con calumnias,
  mientras yo me encomiendo a Dios.
⁵Mi bondad la pagan con maldad;
  en vez de amarme, me aborrecen.

⁶Pon en su contra a un malvado;
  que a su derecha esté su acusador.ʷ
⁷Que resulte culpable al ser juzgado,
  y que sus propias oraciones lo
    condenen.
⁸Que se acorten sus días,
  y que otro se haga cargo de su
    oficio.
⁹Que se queden huérfanos sus hijos;
  que se quede viuda su esposa.
¹⁰Que anden sus hijos vagando y
    mendigando;
  que anden rebuscando entre las
    ruinas.
¹¹Que sus acreedores se apoderen de
    sus bienes;
  que gente extraña saquee sus
    posesiones.
¹²Que nadie le extienda su bondad;
  que nadie se compadezca de sus
    huérfanos.
¹³Que sea exterminada su
    descendencia;
  que desaparezca su *nombre en la
    próxima generación.
¹⁴Que recuerde el SEÑOR la iniquidad
    de su padre,
  y no se olvide del pecado de su
    madre.
¹⁵Que no les quite el SEÑOR la vista de
    encima,
  y que borre de la tierra su memoria.

¹⁶Por cuanto se olvidó de hacer el bien,
  y persiguió hasta la muerte
  a pobres, afligidos y menesterosos,
¹⁷y porque le encantaba maldecir,
  ¡que caiga sobre él la maldición!
  Por cuanto no se complacía en
    bendecir,
  ¡que se aleje de él la bendición!
¹⁸Por cuanto se cubrió de maldición
  como quien se pone un vestido,
  ¡que ésta se filtre en su cuerpo como
    el agua!,

¡que penetre en sus huesos como el
    aceite!
¹⁹¡Que lo envuelva como un manto!
  ¡Que lo apriete en todo tiempo
    como un cinto!
²⁰¡Que así les pague el SEÑOR a mis
    acusadores,
  a los que me calumnian!

²¹Pero tú, SEÑOR Soberano,
  trátame bien por causa de tu
    nombre;
  líbrame por tu bondad y gran amor.
²²Ciertamente soy pobre y estoy
    necesitado;
  profundamente herido está mi
    corazón.
²³Me voy desvaneciendo como sombra
    vespertina;
  se desprenden de mí como de una
    langosta.
²⁴De tanto ayunar me tiemblan las
    rodillas;
  la piel se me pega a los huesos.
²⁵Soy para ellos motivo de burla;
  me ven, y menean la cabeza.

²⁶SEÑOR, mi Dios, ¡ayúdame!;
  por tu gran amor, ¡sálvame!
²⁷Que sepan que ésta es tu mano;
  que tú mismo, SEÑOR, lo has
    hecho.
²⁸¿Qué importa que ellos me maldigan?
  ¡Bendíceme tú!
  Pueden atacarme, pero quedarán
    avergonzados;
  en cambio, este siervo tuyo se
    alegrará.
²⁹¡Queden mis acusadores cubiertos de
    deshonra,
  envueltos en un manto de
    vergüenza!

³⁰Por mi parte, daré muchas gracias al
    SEÑOR;
  lo alabaré entre una gran
    muchedumbre.
³¹Porque él defiende alˣ necesitado,
  para salvarlo de quienes lo
    condenan.

ʷ**109:6** *esté su acusador*. Lit. *esté Satán.*   ˣ**109:31** *defiende al*. Lit. *está de pie a la diestra del.*

Salmo 110

Salmo de David.

[1] Así dijo el SEÑOR a mi Señor:
«Siéntate a mi derecha
hasta que ponga a tus enemigos
por estrado de tus pies.»

[2] ¡Que el SEÑOR extienda desde *Sión
el poder de tu cetro!
¡Domina tú en medio de tus
enemigos!

[3] Tus tropas estarán dispuestas
el día de la batalla,
ordenadas en santa majestad.
De las entrañas de la aurora
recibirás el rocío de tu juventud.

[4] El SEÑOR ha jurado
y no cambiará de parecer:
«Tú eres sacerdote para siempre,
según el orden de Melquisedec.»

[5] El Señor está a tu mano derecha;
aplastará a los reyes en el día de su
ira.
[6] Juzgará a las naciones y amontonará
cadáveres;
aplastará cabezas en toda la tierra.

[7] Beberá de un arroyo junto al camino,
y por lo tanto cobrará nuevas
fuerzas.[y]

Salmo 111[z]

[1] *¡Aleluya! ¡Alabado sea el
SEÑOR!

Álef	Alabaré al SEÑOR con todo el corazón
Bet	en la asamblea, en compañía de los rectos.
Guímel	[2] Grandes son las obras del SEÑOR;
Dálet	estudiadas por los que en ellas se deleitan.
He	[3] Gloriosas y majestuosas son sus obras;
Vav	su justicia permanece para siempre.
Zayin	[4] Ha hecho memorables sus maravillas.
Jet	¡El SEÑOR es clemente y compasivo!
Tet	[5] Da de comer a quienes le temen;
Yod	siempre recuerda su pacto.
Caf	[6] Ha mostrado a su pueblo el poder de sus obras
Lámed	al darle la heredad de otras naciones.
Mem	[7] Las obras de sus manos son fieles y justas;
Nun	todos sus preceptos son dignos de confianza,
Sámej	[8] inmutables por los siglos de los siglos,
Ayin	establecidos con fidelidad y rectitud.
Pe	[9] Pagó el precio del rescate de su pueblo
Tsade	y estableció su pacto para siempre.
Qof	¡Su *nombre es santo e imponente!
Resh	[10] El principio de la sabiduría es el temor del SEÑOR;
Shin	buen juicio demuestran quienes cumplen sus preceptos.[a]
Tav	¡Su alabanza permanece para siempre!

Salmo 112[b]

[1] *¡Aleluya! ¡Alabado sea el
SEÑOR!

Álef	*Dichoso el que teme al SEÑOR,
Bet	el que halla gran deleite en sus mandamientos.
Guímel	[2] Sus hijos dominarán el país;
Dálet	la descendencia de los justos será bendecida.
He	[3] En su casa habrá abundantes riquezas,
Vav	y para siempre permanecerá su justicia.

---

[y] 110:7 *cobrará nuevas fuerzas.* Lit. *levantará la cabeza.* [z] Este salmo es un poema acróstico, que sigue el orden del alfabeto hebreo. [a] 111:10 *quienes cumplen sus preceptos.* Lit. *quienes hacen estas cosas.* [b] Este salmo es un poema acróstico, que sigue el orden del alfabeto hebreo.

Zayin 4Para los justos la luz brilla en
las tinieblas.

Jet ¡Dios es clemente,
compasivo y justo!

Tet 5Bien le va al que presta con
generosidad,

Yod y maneja sus negocios con
justicia.

Lámed 6El justo será siempre recordado;

Caf ciertamente nunca fracasará.

Mem 7No temerá recibir malas
noticias;

Nun su corazón estará firme,
confiado en el SEÑOR.

Sámej 8Su corazón estará seguro, no
tendrá temor,

Ayin y al final verá derrotados a
sus adversarios.

Pe 9Reparte sus bienes entre los
pobres;

Tsade su justicia permanece para
siempre;

Qof su poder*c* será gloriosamente
exaltado.

Resh 10El malvado verá esto, y se
irritará;

Shin rechinando los dientes se irá
desvaneciendo.

Tav ¡La ambición de los impíos
será destruida!

Salmo 113

1*¡Aleluya! ¡Alabado sea el SEÑOR!

Alaben, siervos del SEÑOR,
alaben el *nombre del SEÑOR.
2Bendito sea el nombre del SEÑOR,
desde ahora y para siempre.
3Desde la salida del sol hasta su
ocaso,
sea alabado el nombre del SEÑOR.

4El SEÑOR domina sobre todas las
naciones;
su gloria está sobre los cielos.
5¿Quién como el SEÑOR nuestro Dios,
que tiene su trono en las alturas
6 y se digna contemplar los cielos y
la tierra?

7Él levanta del polvo al pobre
y saca del muladar al necesitado;
8los hace sentarse con príncipes,
con los príncipes de su pueblo.
9A la mujer estéril le da un hogar
y le concede la dicha de ser madre.

*¡Aleluya! ¡Alabado sea el SEÑOR!

Salmo 114

1Cuando Israel, el pueblo de Jacob,
salió de Egipto, de un pueblo
extraño,
2Judá se convirtió en el santuario de
Dios;
Israel llegó a ser su dominio.

3Al ver esto, el mar huyó;
el Jordán se volvió atrás.
4Las montañas saltaron como carneros,
los cerros saltaron como ovejas.
5¿Qué te pasó, mar, que huiste,
y a ti, Jordán, que te volviste atrás?
6 ¿Y a ustedes montañas, que
saltaron como carneros?
¿Y a ustedes cerros, que saltaron
como ovejas?

7¡Tiembla, oh tierra, ante el *Señor,
tiembla ante el Dios de Jacob!
8¡Él convirtió la roca en un estanque,
el pedernal en manantiales de agua!

Salmo 115
115:4-11 — Sal 135:15-20

1La gloria, SEÑOR, no es para
nosotros;
no es para nosotros sino para tu
*nombre,
por causa de tu amor y tu verdad.

2¿Por qué tienen que decirnos las
naciones:
«¿Dónde está su Dios?»
3Nuestro Dios está en los cielos
y puede hacer lo que le parezca.
4Pero sus ídolos son de oro y plata,
producto de manos humanas.
5Tienen boca, pero no pueden hablar;
ojos, pero no pueden ver;

---

*c*112:9 *poder*. Lit. *cuerno*.

⁶tienen oídos, pero no pueden oír;
nariz, pero no pueden oler;
⁷tienen manos, pero no pueden palpar;
pies, pero no pueden andar;
¡ni un solo sonido emite su
garganta!
⁸Semejantes a ellos son sus hacedores,
y todos los que confían en ellos.

⁹Pueblo de Israel, confía en el Señor;
él es tu ayuda y tu escudo.
¹⁰Descendientes de Aarón, confíen en
el Señor;
él es su ayuda y su escudo.
¹¹Los que temen al Señor, confíen en
él;
él es su ayuda y su escudo.

¹²El Señor nos recuerda y nos bendice:
bendice al pueblo de Israel,
bendice a los descendientes de
Aarón,
¹³ bendice a los que temen al Señor,
bendice a grandes y pequeños.

¹⁴Que el Señor multiplique la
descendencia
de ustedes y de sus hijos.
¹⁵Que reciban bendiciones del Señor,
creador del cielo y de la tierra.

¹⁶Los cielos le pertenecen al Señor,
pero a la *humanidad le ha dado la
tierra.
¹⁷Los muertos no alaban al Señor,
ninguno de los que bajan al
silencio.
¹⁸Somos nosotros los que alabamos al
Señor
desde ahora y para siempre.

*¡Aleluya! ¡Alabado sea el Señor!

Salmo 116

¹Yo amo al Señor
porque él escucha*d* mi voz
suplicante.
²Por cuanto él inclina a mí su oído,
lo invocaré toda mi vida.

³Los lazos de la muerte me enredaron;
me sorprendió la angustia del
*sepulcro,
y caí en la ansiedad y la aflicción.
⁴Entonces clamé al Señor:
«¡Te ruego, Señor, que me salves
la vida!»

⁵El Señor es compasivo y justo;
nuestro Dios es todo ternura.
⁶El Señor protege a la gente sencilla;
estaba yo muy débil, y él me salvó.

⁷¡Ya puedes, *alma mía, estar
tranquila,
que el Señor ha sido bueno
contigo!

⁸Tú me has librado de la muerte,
has enjugado mis lágrimas,
no me has dejado tropezar.
⁹Por eso andaré siempre delante del
Señor
en esta tierra de los vivientes.
¹⁰Aunque digo: «Me encuentro muy
afligido»,
sigo creyendo en Dios.
¹¹En mi desesperación he exclamado:
«Todos son unos mentirosos.»

¹²¿Cómo puedo pagarle al Señor
por tanta bondad que me ha
mostrado?
¹³¡Tan sólo brindando con la copa de
*salvación
e invocando el *nombre del Señor!
¹⁴¡Tan sólo cumpliendo mis promesas
al Señor
en presencia de todo su pueblo!

¹⁵Mucho valor tiene a los ojos del
Señor
la muerte de sus fieles.
¹⁶Yo, Señor, soy tu siervo;
soy siervo tuyo, tu hijo fiel;*e*
¡tú has roto mis cadenas!

¹⁷Te ofreceré un sacrificio de gratitud
e invocaré, Señor, tu nombre.

---

*d*116:1 *Yo amo ... él escucha.* Lit. *Yo amo porque el Señor escucha.*   *e*116:16 *tu hijo fiel.* Lit. *hijo de tu sierva.*

18Cumpliré mis votos al Señor
en presencia de todo su pueblo,
19en los atrios de la casa del Señor,
en medio de ti, oh Jerusalén.

*¡Aleluya! ¡Alabado sea el Señor!

Salmo 117

1¡Alaben al Señor, naciones todas!
¡Pueblos todos, cántenle alabanzas!
2¡Grande es su amor por nosotros!
¡La fidelidad del Señor es eterna!

*¡Aleluya! ¡Alabado sea el Señor!

Salmo 118

1Den gracias al Señor, porque él es
bueno;
su gran amor perdura para siempre.

2Que proclame el pueblo de Israel:
«Su gran amor perdura para
siempre.»
3Que proclamen los descendientes de
Aarón:
«Su gran amor perdura para
siempre.»
4Que proclamen los que temen al
Señor:
«Su gran amor perdura para
siempre.»

5Desde mi angustia clamé al Señor,
y él respondió dándome libertad.
6El Señor está conmigo, y no tengo
miedo;
¿qué me puede hacer un simple
*mortal?
7El Señor está conmigo, él es mi ayuda;
¡ya veré por los suelos a los que
me odian!

8Es mejor refugiarse en el Señor
que confiar en el *hombre.
9Es mejor refugiarse en el Señor
que fiarse de los poderosos.

10Todas las naciones me rodearon,
pero en el *nombre del Señor las
aniquilé.

11Me rodearon por completo,
pero en el nombre del Señor las
aniquilé.
12Me rodearon como avispas,
pero se consumieron como zarzas
en el fuego.
¡En el nombre del Señor las
aniquilé!

13Me empujaron*f* con violencia para
que cayera,
pero el Señor me ayudó.
14El Señor es mi fuerza y mi canto;
¡él es mi *salvación!

15Gritos de júbilo y *victoria
resuenan en las casas de los justos:
«¡La diestra del Señor realiza
proezas!
16 ¡La diestra del Señor es exaltada!
¡La diestra del Señor realiza
proezas!»

17No he de morir; he de vivir
para proclamar las maravillas del
Señor.
18El Señor me ha castigado con
dureza,
pero no me ha entregado a la
muerte.

19Ábranme las *puertas de la justicia
para que entre yo a dar gracias al
Señor.
20Son las puertas del Señor,
por las que entran los justos.
21¡Te daré gracias porque me
respondiste,
porque eres mi *salvación!

22La piedra que desecharon los
constructores
ha llegado a ser la piedra angular.
23Esto ha sido obra del Señor,
y nos deja maravillados.
24Éste es el día en que el Señor actuó;
regocijémonos y alegrémonos en él.

25Señor, ¡danos la *salvación!
Señor, ¡concédenos la *victoria!

---

f **118:13** *Me empujaron* (LXX, Vulgata y Siríaca); *Tú me empujaste* (TM).

²⁶Bendito el que viene en el nombre
del Señor.
Desde la casa del Señor los
bendecimos.
²⁷El Señor es Dios y nos ilumina.
Únanse a la procesión portando
ramas en la mano
hasta los cuernos del altar.ᵍ

²⁸Tú eres mi Dios, por eso te doy gracias;
tú eres mi Dios, por eso te exalto.

²⁹Den gracias al Señor, porque él es
bueno;
su gran amor perdura para siempre.

Salmo 119ʰ

Álef   ¹*Dichosos los que van por
*caminos perfectos,
los que andan conforme a la
*ley del Señor.
²Dichosos los que guardan sus
*estatutos
y de todo corazón lo buscan.
³Jamás hacen nada malo,
sino que siguen los *caminos
de Dios.
⁴Tú has establecido tus
preceptos,
para que se cumplan
fielmente.
⁵¡Cuánto deseo afirmar mis
caminos
para cumplir tus decretos!
⁶No tendré que pasar vergüenzas
cuando considere todos tus
mandamientos.
⁷Te alabaré con integridad de
corazón,
cuando aprenda tus justos
juicios.
⁸Tus decretos cumpliré;
no me abandones del todo.

Bet   ⁹¿Cómo puede el joven llevar
una vida íntegra?
Viviendo conforme a tu
palabra.

¹⁰Yo te busco con todo el
corazón;
no dejes que me desvíe de
tus mandamientos.
¹¹En mi corazón atesoro tus
dichos
para no pecar contra ti.
¹²¡Bendito seas, Señor!
¡Enséñame tus decretos!
¹³Con mis labios he proclamado
todos los juicios que has
emitido.
¹⁴Me regocijo en el *camino de
tus estatutos
más que enⁱ todas las
riquezas.
¹⁵En tus preceptos medito,
y pongo mis ojos en tus
sendas.
¹⁶En tus decretos hallo mi deleite,
y jamás olvidaré tu palabra.

Guímel ¹⁷Trata con bondad a este siervo
tuyo;
así viviré y obedeceré tu
palabra.
¹⁸Ábreme los ojos, para que
contemple
las maravillas de tu ley.
¹⁹En esta tierra soy un extranjero;
no escondas de mí tus
mandamientos.
²⁰A toda hora siento un nudo en
la garganta
por el deseo de conocer tus
juicios.
²¹Tú reprendes a los insolentes;
¡malditos los que se apartan
de tus mandamientos!
²²Aleja de mí el menosprecio y
el desdén,
pues yo cumplo tus estatutos.
²³Aun los poderosos se
confabulan contra mí,
pero este siervo tuyo medita
en tus decretos.
²⁴Tus estatutos son mi deleite;
son también mis consejeros.

ᵍ**118:27** *Únanse ... del altar.* Alt. *Aten el sacrificio festivo con sogas / y llévenlo hasta los cuernos del altar.*
ʰÉste es un salmo acróstico, dividido en 22 estrofas, conforme al número de las letras del alfabeto hebreo.
En el texto hebreo cada una de los ocho líneas principales de cada estrofa comienza con la letra que da
nombre a la misma.   ⁱ**119:14** *más que en* (Siríaca); *como sobre* (TM).

Dálet 25 Postrado estoy en el polvo;
dame vida conforme a tu
palabra.
26 Tú me respondiste cuando te
hablé de mis caminos.
¡Enséñame tus decretos!
27 Hazme entender el *camino de
tus preceptos,
y meditaré en tus maravillas.
28 De angustia se me derrite el
*alma:
susténtame conforme a tu
palabra.
29 Manténme alejado de caminos
torcidos;
concédeme las bondades de
tu ley.
30 He optado por el camino de la
fidelidad,
he escogido tus juicios.
31 Yo, SEÑOR, me apego a tus
estatutos;
no me hagas pasar vergüenza.
32 Corro por el camino de tus
mandamientos,
porque has ampliado mi
modo de pensar.

He 33 Enséñame, SEÑOR, a seguir tus
decretos,
y los cumpliré hasta el fin.
34 Dame entendimiento para
seguir tu ley,
y la cumpliré de todo
corazón.
35 Dirígeme por la senda de tus
mandamientos,
porque en ella encuentro mi
solaz.
36 Inclina mi corazón hacia tus
estatutos
y no hacia las ganancias
desmedidas.
37 Aparta mi vista de cosas vanas,
dame vida conforme a tu
palabra.*j*
38 Confirma tu promesa a este
siervo,
como lo has hecho con los
que te temen.

39 Líbrame del oprobio que me
aterra,
porque tus juicios son
buenos.
40 ¡Yo amo tus preceptos!
¡Dame vida conforme a tu
justicia!

Vav 41 Envíame, SEÑOR, tu gran amor
y tu *salvación, conforme a
tu promesa.
42 Así responderé a quien me
desprecie,
porque yo confío en tu
palabra.
43 No me quites de la boca la
palabra de verdad,
pues en tus juicios he puesto
mi esperanza.
44 Por toda la eternidad
obedeceré fielmente tu ley.
45 Viviré con toda libertad,
porque he buscado tus
preceptos.
46 Hablaré de tus estatutos a los
reyes
y no seré avergonzado,
47 pues amo tus mandamientos,
y en ellos me regocijo.
48 Yo amo tus mandamientos,
y hacia ellos elevo mis
manos;
¡quiero meditar en tus
decretos!

Zayin 49 Acuérdate de la palabra que
diste a este siervo tuyo,
palabra con la que me
infundiste esperanza.
50 Éste es mi consuelo en medio
del dolor:
que tu promesa me da vida.
51 Los insolentes me ofenden
hasta el colmo,
pero yo no me aparto de tu
ley.
52 Me acuerdo, SEÑOR, de tus
juicios de antaño,
y encuentro consuelo en
ellos.

---

j **119:37** *conforme a tu palabra* (Targum y dos mss. hebreos); *en tu camino* (TM).

53 Me llenan de indignación los
impíos,
que han abandonado tu ley.
54 Tus decretos han sido mis
cánticos
en el lugar de mi destierro.
55 SEÑOR, por la noche evoco tu
*nombre;
¡quiero cumplir tu ley!
56 Lo que a mí me corresponde
es obedecer tus preceptos.^{k}

Jet
57 ¡Mi herencia eres tú, SEÑOR!
Prometo obedecer tus
palabras.
58 De todo corazón busco tu rostro;
compadécete de mí conforme
a tu promesa.
59 Me he puesto a pensar en mis
caminos,
y he orientado mis pasos
hacia tus estatutos.
60 Me doy prisa, no tardo nada
para cumplir tus
mandamientos.
61 Aunque los lazos de los impíos
me aprisionan,
yo no me olvido de tu ley.
62 A medianoche me levanto a
darte gracias
por tus rectos juicios.
63 Soy amigo de todos los que te
honran,
de todos los que observan tus
preceptos.
64 Enséñame, SEÑOR, tus decretos;
¡la tierra está llena de tu gran
amor!

Tet
65 Tú, SEÑOR, tratas bien a tu
siervo,
conforme a tu palabra.
66 Impárteme *conocimiento y
buen juicio,
pues yo creo en tus
mandamientos.
67 Antes de sufrir anduve
descarriado,
pero ahora obedezco tu
palabra.

68 Tú eres bueno, y haces el bien;
enséñame tus decretos.
69 Aunque los insolentes me
difaman,
yo cumplo tus preceptos con
todo el corazón.
70 El corazón de ellos es torpe e
insensible,
pero yo me regocijo en tu ley.
71 Me hizo bien haber sido
afligido,
porque así llegué a conocer
tus decretos.
72 Para mí es más valiosa tu
*enseñanza
que millares de monedas de
oro y plata.

Yod
73 Con tus manos me creaste, me
diste forma.
Dame entendimiento para
aprender tus mandamientos.
74 Los que te honran se regocijan
al verme,
porque he puesto mi
esperanza en tu palabra.
75 SEÑOR, yo sé que tus juicios
son justos,
y que con justa razón me
afliges.
76 Que sea tu gran amor mi
consuelo,
conforme a la promesa que
hiciste a tu siervo.
77 Que venga tu compasión a
darme vida,
porque en tu ley me
regocijo.
78 Sean avergonzados los
insolentes que sin motivo
me maltratan;
yo, por mi parte, meditaré en
tus preceptos.
79 Que se reconcilien conmigo los
que te temen,
los que conocen tus estatutos.
80 Sea mi corazón íntegro hacia
tus decretos,
para que yo no sea
avergonzado.

---

^{k} **119:56** *Lo que a mí ... tus preceptos.* Alt. *Esto es lo que me corresponde, porque obedezco tus preceptos.*

Caf ⁸¹Esperando tu salvación se me
va la vida.
En tu palabra he puesto mi
esperanza.
⁸²Mis ojos se consumen
esperando tu promesa,
y digo: «¿Cuándo vendrás a
consolarme?»
⁸³Parezco un odre ennegrecido
por el humo,
pero no me olvido de tus
decretos.
⁸⁴¿Cuánto más vivirá este siervo
tuyo?
¿Cuándo juzgarás a mis
perseguidores?
⁸⁵Me han cavado trampas los
insolentes,
los que no viven conforme a
tu ley.
⁸⁶Todos tus mandamientos son
fidedignos;
¡ayúdame!, pues falsos son
mis perseguidores.
⁸⁷Por poco me borran de la tierra,
pero yo no abandono tus
preceptos.
⁸⁸Por tu gran amor, dame vida
y cumpliré tus estatutos.

Lámed ⁸⁹Tu palabra, SEÑOR, es eterna,
y está firme en los cielos.
⁹⁰Tu fidelidad permanece para
siempre;
estableciste la tierra, y quedó
firme.
⁹¹Todo subsiste hoy, conforme a
tus decretos,
porque todo está a tu servicio.
⁹²Si tu ley no fuera mi regocijo,
la aflicción habría acabado
conmigo.
⁹³Jamás me olvidaré de tus
preceptos,
pues con ellos me has dado
vida.
⁹⁴¡Sálvame, pues te pertenezco
y escudriño tus preceptos!
⁹⁵Los impíos me acechan para
destruirme,

pero yo me esfuerzo por
entender tus estatutos.
⁹⁶He visto que aun la perfección
tiene sus límites;
¡sólo tus mandamientos son
infinitos!

Mem ⁹⁷¡Cuánto amo yo tu ley!
Todo el día medito en ella.
⁹⁸Tus mandamientos me hacen
más sabio que mis enemigos
porque me pertenecen para
siempre.
⁹⁹Tengo más discernimiento que
todos mis maestros
porque medito en tus estatutos.
¹⁰⁰Tengo más entendimiento que
los ancianos
porque obedezco tus
preceptos.
¹⁰¹Aparto mis pies de toda mala
senda
para cumplir con tu palabra.
¹⁰²No me desvío de tus juicios
porque tú mismo me
instruyes.
¹⁰³¡Cuán dulces son a mi paladar
tus palabras!
¡Son más dulces que la miel
a mi boca!
¹⁰⁴De tus preceptos adquiero
entendimiento;
por eso aborrezco toda senda
de mentira.

Nun ¹⁰⁵Tu palabra es una lámpara a
mis pies;
es una luz en mi sendero.
¹⁰⁶Hice un juramento, y lo he
confirmado:
que acataré tus rectos juicios.
¹⁰⁷SEÑOR, es mucho lo que he
sufrido;
dame vida conforme a tu
palabra.
¹⁰⁸SEÑOR, acepta la ofrenda que
brota de mis labios;
enséñame tus juicios.
¹⁰⁹Mi vida pende de un hilo,*ˡ*
pero no me olvido de tu ley.

---

*ˡ***119:109** *pende de un hilo.* Lit. *está siempre en mi puño.*

110 Los impíos me han tendido una
trampa,
pero no me aparto de tus
preceptos.
111 Tus estatutos son mi herencia
permanente;
son el regocijo de mi corazón.
112 Inclino mi corazón a cumplir
tus decretos
para siempre y hasta el fin.

Sámej 113 Aborrezco a los hipócritas,
pero amo tu ley.
114 Tú eres mi escondite y mi
escudo;
en tu palabra he puesto mi
esperanza.
115 ¡Malhechores, apártense de mí,
que quiero cumplir los
mandamientos de mi Dios!
116 Sosténme conforme a tu
promesa, y viviré;
no defraudes mis esperanzas.
117 Defiéndeme, y estaré a salvo;
siempre optaré por tus
decretos.
118 Tú rechazas a los que se
desvían de tus decretos,
porque sólo maquinan
falsedades.
119 Tú desechas como escoria a los
impíos de la tierra;
por eso amo tus estatutos.
120 Mi cuerpo se estremece por el
temor que me inspiras;
siento reverencia por tus leyes.

Ayin 121 Yo practico la justicia y el
derecho;
no me dejes en manos de mis
opresores.
122 Garantiza el bienestar de tu
siervo;
que no me opriman los
arrogantes.
123 Mis ojos se consumen
esperando tu salvación,
esperando que se cumpla tu
justicia.

124 Trata a tu siervo conforme a tu
gran amor;
enséñame tus decretos.
125 Tu siervo soy: dame
entendimiento
y llegaré a conocer tus
estatutos.
126 SEÑOR, ya es tiempo de que
actúes,
pues tu ley está siendo
quebrantada.
127 Sobre todas las cosas amo tus
mandamientos,
más que el oro, más que el
oro refinado.
128 Por eso tomo en cuenta todos
tus preceptos*m*
y aborrezco toda senda falsa.

Pe 129 Tus estatutos son maravillosos;
por eso los obedezco.
130 La exposición de tus palabras
nos da luz,
y da entendimiento al
*sencillo.
131 Jadeante abro la boca
porque ansío tus
mandamientos.
132 Vuélvete a mí, y tenme
compasión
como haces siempre con los
que aman tu nombre.
133 Guía mis pasos conforme a tu
promesa;
no dejes que me domine la
iniquidad.
134 Líbrame de la opresión
humana,
pues quiero obedecer tus
preceptos.
135 Haz brillar tu rostro sobre tu
siervo;
enséñame tus decretos.
136 Ríos de lágrimas brotan de mis
ojos,
porque tu ley no se obedece.

Tsade 137 SEÑOR, tú eres justo,
y tus juicios son rectos.

---

m 119:128 *Por eso ... tus preceptos* (véanse LXX y Vulgata); *Por eso todos los estatutos de todo lo que hago recto* (TM).

138 Justos son los estatutos que has
ordenado,
y muy dignos de confianza.

139 Mi celo me consume,
porque mis adversarios
pasan por alto tus palabras.

140 Tus promesas han superado
muchas pruebas,
por eso tu siervo las ama.

141 Insignificante y
menospreciable como soy,
no me olvido de tus preceptos.

142 Tu justicia es siempre justa;
tu ley es la verdad.

143 He caído en la angustia y la
aflicción,
pero tus mandamientos son
mi regocijo.

144 Tus estatutos son siempre justos;
dame entendimiento para
poder vivir.

Qof   145 Con todo el corazón clamo a ti,
SEÑOR;
respóndeme, y obedeceré tus
decretos.

146 A ti clamo: «¡Sálvame!»
Quiero cumplir tus estatutos.

147 Muy de mañana me levanto a
pedir ayuda;
en tus palabras he puesto mi
esperanza.

148 En toda la noche no pego los
ojos,[n]
para meditar en tu promesa.

149 Conforme a tu gran amor,
escucha mi voz;
conforme a tus juicios,
SEÑOR, dame vida.

150 Ya se acercan mis crueles
perseguidores,
pero andan muy lejos de tu ley.

151 Tú, SEÑOR, también estás cerca,
y todos tus mandamientos
son verdad.

152 Desde hace mucho conozco tus
estatutos,
los cuales estableciste para
siempre.

Resh   153 Considera mi aflicción, y
líbrame,
pues no me he olvidado de
tu ley.

154 Defiende mi causa, rescátame;
dame vida conforme a tu
promesa.

155 La salvación está lejos de los
impíos,
porque ellos no buscan tus
decretos.

156 Grande es, SEÑOR, tu
compasión;
dame vida conforme a tus
juicios.

157 Muchos son mis adversarios y
mis perseguidores,
pero yo no me aparto de tus
estatutos.

158 Miro a esos renegados y me
dan náuseas,
porque no cumplen tus
palabras.

159 Mira, SEÑOR, cuánto amo tus
preceptos;
conforme a tu gran amor,
dame vida.

160 La suma de tus palabras es la
verdad;
tus rectos juicios permanecen
para siempre.

Shin   161 Gente poderosa[ñ] me persigue
sin motivo,
pero mi corazón se asombra
ante tu palabra.

162 Yo me regocijo en tu promesa
como quien halla un gran
botín.

163 Aborrezco y repudio la
falsedad,
pero amo tu ley.

164 Siete veces al día te alabo
por tus rectos juicios.

165 Los que aman tu ley disfrutan
de gran *bienestar,
y nada los hace tropezar.

166 Yo, SEÑOR, espero tu salvación
y practico tus mandamientos.

---

[n] **119:148** *En toda ... los ojos*. Lit. *Se anticipan mis ojos a las vigilias.*   [ñ] **119:161** *Gente poderosa*. Lit.
Príncipes.

167Con todo mi ser cumplo tus
estatutos.
¡Cuánto los amo!
168Obedezco tus preceptos y tus
estatutos,
porque conoces todos mis
caminos.

Tav 169Que llegue mi clamor a tu
presencia;
dame entendimiento, SEÑOR,
conforme a tu palabra.
170Que llegue a tu presencia mi
súplica;
líbrame, conforme a tu
promesa.
171Que rebosen mis labios de
alabanza,
porque tú me enseñas tus
decretos.
172Que entone mi lengua un
cántico a tu palabra,
pues todos tus mandamientos
son justos.
173Que acuda tu mano en mi ayuda,
porque he escogido tus
preceptos.
174Yo, SEÑOR, ansío tu salvación.
Tu ley es mi regocijo.
175Déjame vivir para alabarte;
que vengan tus juicios a
ayudarme.
176Cual oveja perdida me he
extraviado;
ven en busca de tu siervo,
porque no he olvidado tus
mandamientos.

Salmo 120

Cántico de los *peregrinos.

1En mi angustia invoqué al SEÑOR,
y él me respondió.
2SEÑOR, líbrame de los labios
mentirosos
y de las lenguas embusteras.

3¡Ah, lengua embustera!
¿Qué se te habrá de dar?
¿Qué se te habrá de añadir?

4¡Puntiagudas flechas de guerrero,
con ardientes brasas de *retama!

5¡Ay de mí, que soy extranjero en
Mésec,
que he acampado entre las tiendas
de Cedar!
6¡Ya es mucho el tiempo que he
acampado
entre los que aborrecen la *paz!
7Yo amo la paz,
pero si hablo de paz,
ellos hablan de guerra.

Salmo 121

Cántico de los *peregrinos.

1A las montañas levanto mis ojos;
¿de dónde ha de venir mi ayuda?
2Mi ayuda proviene del SEÑOR,
creador del cielo y de la tierra.

3No permitirá que tu pie resbale;
jamás duerme el que te cuida.
4Jamás duerme ni se adormece
el que cuida de Israel.

5El SEÑOR es quien te cuida,
el SEÑOR es tu sombra protectora.o
6De día el sol no te hará daño,
ni la luna de noche.

7El SEÑOR te protegerá;
de todo mal protegerá tu vida.
8El SEÑOR te cuidará en el hogar y en
el camino,p
desde ahora y para siempre.

Salmo 122

Cántico de los *peregrinos. De David.

1Yo me alegro cuando me dicen:
«Vamos a la casa del SEÑOR.»
2*¡Jerusalén, ya nuestros pies
se han plantado ante tus *portones!

3¡Jerusalén, ciudad edificada
para que en ella todos se
congreguen!q
4A ella suben las tribus,
las tribus del SEÑOR,

---

o121:5 *tu sombra protectora.* Lit. *tu sombra a tu mano derecha.*   p121:8 *te cuidará en el hogar y en el camino.* Lit. *cuidará tu salida y tu entrada.*   q122:3 *¡Jerusalén, ... se congreguen!* Alt. *Jerusalén, edificada como ciudad, en la que todo se mantiene bien unido.*

para alabar su *nombre
conforme a la ordenanza que
recibió Israel.

5 Allí están los tribunales de justicia,
los tribunales de la dinastía de
David.

6 Pidamos por la *paz de Jerusalén:
«Que vivan en paz los que te aman.
7 Que haya paz dentro de tus murallas,
seguridad en tus fortalezas.»
8 Y ahora, por mis hermanos y amigos
te digo:
«¡Deseo que tengas paz!»
9 Por la casa del SEÑOR nuestro Dios
procuraré tu bienestar.

Salmo 123

Cántico de los *peregrinos.

1 Hacia ti dirijo la mirada,
hacia ti, cuyo trono está en el cielo.
2 Como dirigen los esclavos la mirada
hacia la mano de su amo,
como dirige la esclava la mirada
hacia la mano de su ama,
así dirigimos la mirada al SEÑOR
nuestro Dios,
hasta que nos muestre compasión.

3 Compadécenos, SEÑOR,
compadécenos,
¡ya estamos hartos de que nos
desprecien!
4 Ya son muchas las burlas que hemos
sufrido;
muchos son los insultos de los
altivos,
y mucho el menosprecio de los
orgullosos.

Salmo 124

Cántico de los *peregrinos. De David.

1 Si el SEÑOR no hubiera estado de
nuestra parte
—que lo repita ahora Israel—,
2 si el SEÑOR no hubiera estado de
nuestra parte
cuando todo el mundo se levantó
contra nosotros,
3 nos habrían tragado vivos
al encenderse su furor contra
nosotros;

4 nos habrían inundado las aguas,
el torrente nos habría arrastrado,
5 ¡nos habrían arrastrado las aguas
turbulentas!

6 Bendito sea el SEÑOR, que no dejó
que nos despedazaran con sus
dientes.
7 Como las aves, hemos escapado
de la trampa del cazador;
¡la trampa se rompió,
y nosotros escapamos!
8 Nuestra ayuda está en el *nombre
del SEÑOR,
creador del cielo y de la tierra.

Salmo 125

Cántico de los *peregrinos.

1 Los que confían en el SEÑOR
son como el monte *Sión,
que jamás será conmovido,
que permanecerá para siempre.
2 Como rodean las colinas a Jerusalén,
así rodea el SEÑOR a su pueblo,
desde ahora y para siempre.

3 No prevalecerá el cetro de los impíos
sobre la heredad asignada a los
justos,
para que nunca los justos extiendan
sus manos hacia la maldad.

4 Haz bien, SEÑOR, a los que son
buenos,
a los de recto corazón.
5 Pero a los que van por caminos
torcidos
deséchalos, SEÑOR, junto con los
malhechores.

¡Que haya paz en Israel!

Salmo 126

Cántico de los *peregrinos.

1 Cuando el SEÑOR hizo volver a
*Sión a los cautivos,
nos parecía estar soñando.
2 Nuestra boca se llenó de risas;
nuestra lengua, de canciones
jubilosas.
Hasta los otros pueblos decían:
«El SEÑOR ha hecho grandes cosas
por ellos.»

³Sí, el SEÑOR ha hecho grandes cosas
por nosotros,
y eso nos llena de alegría.

⁴Ahora, SEÑOR, haz volver a nuestros
cautivos
como haces volver los arroyos del
desierto.
⁵El que con lágrimas siembra,
con regocijo cosecha.
⁶El que llorando esparce la semilla,
cantando recoge sus gavillas.

Salmo 127
Cántico de los *peregrinos. De Salomón.

¹Si el SEÑOR no edifica la casa,
en vano se esfuerzan los albañiles.
Si el SEÑOR no cuida la ciudad,
en vano hacen guardia los vigilantes.
²En vano madrugan ustedes,
y se acuestan muy tarde,
para comer un pan de fatigas,
porque Dios concede el sueño a sus
amados.

³Los hijos son una herencia del
SEÑOR,
los frutos del vientre son una
recompensa.
⁴Como flechas en las manos del
guerrero
son los hijos de la juventud.
⁵*Dichosos los que llenan su aljaba
con esta clase de flechas.ʳ
No serán avergonzados por sus
enemigos
cuando litiguen con ellos en los
tribunales.

Salmo 128
Cántico de los *peregrinos.

¹*Dichosos todos los que temen al
SEÑOR,
los que van por sus *caminos.
²Lo que ganes con tus manos, eso
comerás;
gozarás de dicha y prosperidad.
³En el seno de tu hogar,
tu esposa será como vid llena de
uvas;

alrededor de tu mesa,
tus hijos serán como vástagos de
olivo.
⁴Tales son las bendiciones
de los que temen al SEÑOR.

⁵Que el SEÑOR te bendiga desde
*Sión,
y veas la prosperidad de Jerusalén
todos los días de tu vida.
⁶Que vivas para ver a los hijos de tus
hijos.

¡Que haya *paz en Israel!

Salmo 129
Cántico de los *peregrinos.

¹Mucho me han angustiado desde mi
juventud
—que lo repita ahora Israel—,
²mucho me han angustiado desde mi
juventud,
pero no han logrado vencerme.
³Sobre la espalda me pasaron el
arado,
abriéndome en ella profundosˢ
surcos.
⁴Pero el SEÑOR, que es justo,
me libró de las ataduras de los
impíos.

⁵Que retrocedan avergonzados
todos los que odian a *Sión.
⁶Que sean como la hierba en el techo,
que antes de crecer se marchita;
⁷que no llena las manos del segador
ni el regazo del que cosecha.
⁸Que al pasar nadie les diga:
«La bendición del SEÑOR sea con
ustedes;
los bendecimos en el *nombre del
SEÑOR.»

Salmo 130
Cántico de los *peregrinos.

¹A ti, SEÑOR, elevo mi clamor
desde las profundidades del abismo.
²Escucha, Señor, mi voz.
Estén atentos tus oídos a mi voz
suplicante.

ʳ **127:5** *con esta clase de flechas.* Lit. *con ellos.*   ˢ **129:3** *profundos.* Lit. *largos.*

³Si tú, SEÑOR, tomaras en cuenta los pecados,
¿quién, SEÑOR, sería declarado inocente?ᵗ
⁴Pero en ti se halla perdón,
y por eso debes ser temido.

⁵Espero al SEÑOR, lo espero con toda el *alma;
en su palabra he puesto mi esperanza.
⁶Espero al SEÑOR con toda el alma,
más que los centinelas la mañana.

Como esperan los centinelas la mañana,
⁷ así tú, Israel, espera al SEÑOR.
Porque en él hay amor inagotable;
en él hay plena redención.
⁸Él mismo redimirá a Israel
de todos sus pecados.

Salmo 131

Cántico de los *peregrinos. De David.

¹SEÑOR, mi corazón no es orgulloso,
ni son altivos mis ojos;
no busco grandezas desmedidas,
ni proezas que excedan a mis fuerzas.

²Todo lo contrario:
he calmado y aquietado mis ansias.
Soy como un niño recién amamantado
en el regazo de su madre.
¡Mi *alma es como un niño recién amamantado!

³Israel, pon tu esperanza en el SEÑOR
desde ahora y para siempre.

Salmo 132

132:8-10 — 2Cr 6:41-42

Cántico de los *peregrinos.

¹SEÑOR, acuérdate de David
y de todas sus penurias.
²Acuérdate de sus juramentos al SEÑOR,
de sus votos al Poderoso de Jacob:

³«No gozaré del calor del hogar,
ni me daré un momento de descanso;ᵘ
⁴no me permitiré cerrar los ojos,
y ni siquiera el menor pestañeo,
⁵antes de hallar un lugar para el SEÑOR,
una morada para el Poderoso de Jacob.»

⁶En Efrata oímos hablar del arca;ᵛ
dimos con ella en los campos de Yagar:ʷ
⁷«Vayamos hasta su morada;
postrémonos ante el estrado de sus pies.»

⁸Levántate, SEÑOR; ven a tu lugar de reposo,
tú y tu arca poderosa.
⁹¡Que se revistan de justicia tus sacerdotes!
¡Que tus fieles canten jubilosos!
¹⁰Por amor a David, tu siervo,
no le des la espalda aˣ tu *ungido.

¹¹El SEÑOR le ha hecho a David
un firme juramento que no revocará:
«A uno de tus propios descendientes
lo pondré en tu trono.
¹²Si tus hijos cumplen con mi pacto
y con los *estatutos que les enseñaré,
también sus descendientes
te sucederán en el trono para siempre.»

¹³El SEÑOR ha escogido a *Sión;
su deseo es hacer de este monte su morada:
¹⁴«Éste será para siempre mi lugar de reposo;
aquí pondré mi trono, porque así lo deseo.
¹⁵Bendeciré con creces sus provisiones,
y saciaré de pan a sus pobres.

ᵗ130:3 ¿ ... sería declarado inocente? Lit. ¿ ... se mantendría en pie?   ᵘ132:3 No gozaré ... de descanso. Lit. Si entrara yo en la tienda de mi casa, / si subiera yo al lecho de mi cama.   ᵛ132:6 del arca. Lit. de ella; véase 1S 7:1.   ʷ132:6 Yagar. Es decir, Quiriat Yearín.   ˣ132:10 no le des la espalda a. Lit. no vuelvas el rostro de.

16Revestiré de *salvación a sus
  sacerdotes,
  y jubilosos cantarán sus fieles.

17»Aquí haré renacer el poder*y* de David,
  y encenderé la lámpara de mi
  ungido.
18A sus enemigos los cubriré de
  vergüenza,
  pero él lucirá su corona
  esplendorosa.»

Salmo 133
Cántico de los *peregrinos. De David.

1¡Cuán bueno y cuán agradable es
  que los hermanos convivan en
  armonía!
2Es como el buen aceite que, desde la
  cabeza,
  va descendiendo por la barba,
  por la barba de Aarón,
  hasta el borde de sus vestiduras.
3Es como el rocío de Hermón
  que va descendiendo sobre los
  montes de *Sión.
  Donde se da esta armonía,*z*
  el SEÑOR concede bendición y vida
  eterna.

Salmo 134
Cántico de los *peregrinos.

1Bendigan al SEÑOR todos ustedes sus
  siervos,
  que de noche permanecen en la
  casa del SEÑOR.
2Eleven sus manos hacia el santuario
  y bendigan al SEÑOR.
3Que desde *Sión los bendiga el SEÑOR,
  creador del cielo y de la tierra.

Salmo 135
135:15-20 — Sal 115:4-11

1*¡Aleluya! ¡Alabado sea el SEÑOR!

¡Alaben el *nombre del SEÑOR!
  ¡Siervos del SEÑOR, alábenlo!
2Ustedes, que permanecen en la casa
  del SEÑOR,
  en los atrios de la casa del Dios
  nuestro.

3Alaben al SEÑOR, porque el SEÑOR
  es bueno;
  canten salmos a su nombre, porque
  eso es agradable.
4El SEÑOR escogió a Jacob como su
  propiedad,
  a Israel como su posesión.

5Yo sé que el SEÑOR, nuestro
  Soberano,
  es más grande que todos los dioses.
6El SEÑOR hace todo lo que quiere
  en los cielos y en la tierra,
  en los mares y en todos sus
  abismos.
7Levanta las nubes desde los confines
  de la tierra;
  envía relámpagos con la lluvia
  y saca de sus depósitos a los vientos.

8A los primogénitos de Egipto hirió
  de muerte,
  tanto a *hombres como a animales.
9En tu corazón mismo, oh Egipto,
  Dios envió señales y maravillas
  contra el faraón y todos sus siervos.
10A muchas naciones las hirió de
  muerte;
  a reyes poderosos les quitó la vida:
11a Sijón, el rey amorreo;
  a Og, el rey de Basán,
  y a todos los reyes de Canaán.
12Entregó sus tierras como herencia,
  ¡como herencia para su pueblo
  Israel!

13Tu nombre, SEÑOR, es eterno;
  tu renombre, por todas las
  generaciones.
14Ciertamente el SEÑOR juzgará a su
  pueblo,
  y de sus siervos tendrá compasión.

15Los ídolos de los paganos son de oro
  y plata,
  producto de manos humanas.
16Tienen boca, pero no pueden hablar;
  ojos, pero no pueden ver;
17tienen oídos, pero no pueden oír;
  ¡ni siquiera hay aliento en su boca!

y **132:17** *poder.* Lit. *cuerno.*   *z* **133:3** *Donde se da esta armonía.* Lit. *Ciertamente allí.*

18 Semejantes a ellos son sus hacedores
y todos los que confían en ellos.

19 Pueblo de Israel, bendice al SEÑOR;
descendientes de Aarón, bendigan
al SEÑOR;
20 descendientes de Leví, bendigan al
SEÑOR;
los que temen al SEÑOR, bendíganlo.
21 Desde *Sión sea bendito el SEÑOR,
el que habita en Jerusalén.

*¡Aleluya! ¡Alabado sea el SEÑOR!

Salmo 136

1 Den gracias al SEÑOR, porque él es
bueno;
su gran amor perdura para siempre .
2 Den gracias al Dios de dioses;
su gran amor perdura para siempre .
3 Den gracias al SEÑOR omnipotente;
su gran amor perdura para siempre .
4 Al único que hace grandes
maravillas;
su gran amor perdura para siempre .
5 Al que con inteligencia hizo los cielos;
su gran amor perdura para siempre .
6 Al que expandió la tierra sobre las
aguas;
su gran amor perdura para siempre.
7 Al que hizo las grandes luminarias;
su gran amor perdura para siempre.
8 El sol, para iluminar*a* el día;
su gran amor perdura para siempre.
9 La luna y las estrellas, para iluminar
la noche;
su gran amor perdura para siempre.
10 Al que hirió a los primogénitos de
Egipto;
su gran amor perdura para siempre.
11 Al que sacó de Egipto*b* a Israel;
su gran amor perdura para siempre.
12 Con mano poderosa y con brazo
extendido;
su gran amor perdura para siempre.
13 Al que partió en dos el Mar Rojo;*c*
su gran amor perdura para siempre.
14 Y por en medio hizo cruzar a Israel;
su gran amor perdura para siempre.

15 Pero hundió en el Mar Rojo al
faraón y a su ejército;
su gran amor perdura para siempre.
16 Al que guió a su pueblo por el desierto;
su gran amor perdura para siempre.
17 Al que hirió de muerte a grandes reyes;
su gran amor perdura para siempre.
18 Al que a reyes poderosos les quitó la
vida;
su gran amor perdura para siempre.
19 A Sijón, el rey amorreo;
su gran amor perdura para siempre.
20 A Og, el rey de Basán;
su gran amor perdura para siempre.
21 Cuyas tierras entregó como herencia;
su gran amor perdura para siempre.
22 Como herencia para su siervo Israel;
su gran amor perdura para siempre.
23 Al que nunca nos olvida, aunque
estemos humillados;
su gran amor perdura para siempre.
24 Al que nos libra de nuestros
adversarios;
su gran amor perdura para siempre.
25 Al que alimenta a todo ser viviente;
su gran amor perdura para siempre.
26 ¡Den gracias al Dios de los cielos!
¡Su gran amor perdura para siempre!

Salmo 137

1 Junto a los ríos de Babilonia nos
sentábamos,
y llorábamos al acordarnos de *Sión.
2 En los álamos que había en la ciudad
colgábamos nuestras arpas.
3 Allí, los que nos tenían cautivos
nos pedían que entonáramos
canciones;
nuestros opresores nos pedían estar
alegres;
nos decían: «¡Cántennos un cántico
de Sión!»

4 ¿Cómo cantar las canciones del
SEÑOR
en una tierra extraña?
5 Ah, Jerusalén, Jerusalén,
si llegara yo a olvidarte,
¡que la mano derecha se me seque!

---

a **136:8** *iluminar.* Lit. *dominar.* *b* **136:11** *de Egipto.* Lit. *de entre ellos.* *c* **136:13** *Mar Rojo.* Lit. *Mar de las Cañas* (heb. *Yam Suf*); también en v. 15.

⁶Si de ti no me acordara,
    ni te pusiera por encima de mi
        propia alegría,
    ¡que la lengua se me pegue al
        paladar!

⁷SEÑOR, acuérdate de los edomitas
    el día en que cayó Jerusalén.
    «¡Arrásenla —gritaban—,
    arrásenla hasta sus cimientos!»

⁸Hija de Babilonia, que has de ser
        destruida,
    *¡dichoso el que te haga pagar
    por todo lo que nos has hecho!
⁹¡Dichoso el que agarre a tus pequeños
    y los estrelle contra las rocas!

Salmo 138
Salmo de David.

¹SEÑOR, quiero alabarte de todo
        corazón,
    y cantarte salmos delante de los
        dioses.
²Quiero inclinarme hacia tu santo
        templo
    y alabar tu *nombre por tu gran
        amor y fidelidad.
Porque has exaltado tu nombre y tu
        palabra
    por sobre todas las cosas.
³Cuando te llamé, me respondiste;
    me infundiste ánimo y renovaste
        mis *fuerzas.

⁴Oh SEÑOR, todos los reyes de la tierra
    te alabarán al escuchar tus palabras.
⁵Celebrarán con cánticos tus
        *caminos,
    porque tu gloria, SEÑOR, es grande.

⁶El SEÑOR es excelso,
    pero toma en cuenta a los humildes
    y mira*d* de lejos a los orgullosos.
⁷Aunque pase yo por grandes angustias,
    tú me darás vida;
contra el furor de mis enemigos
        extenderás la mano:
    ¡tu mano derecha me pondrá a
        salvo!

⁸El SEÑOR cumplirá en mí su
        propósito.*e*
Tu gran amor, SEÑOR, perdura para
        siempre;
    ¡no abandones la obra de tus manos!

Salmo 139
Al director musical. Salmo de David.

¹SEÑOR, tú me examinas,
    tú me conoces.
²Sabes cuándo me siento y cuándo
        me levanto;
    aun a la distancia me lees el
        pensamiento.
³Mis trajines y descansos los conoces;
    todos mis caminos te son
        familiares.
⁴No me llega aún la palabra a la
        lengua
    cuando tú, SEÑOR, ya la sabes toda.
⁵Tu protección me envuelve por
        completo;
    me cubres con la palma de tu mano.
⁶Conocimiento tan maravilloso rebasa
        mi comprensión;
    tan sublime es que no puedo
        entenderlo.

⁷¿A dónde podría alejarme de tu
        Espíritu?
    ¿A dónde podría huir de tu
        presencia?
⁸Si subiera al cielo,
    allí estás tú;
si tendiera mi lecho en el fondo del
        *abismo,
    también estás allí.
⁹Si me elevara sobre las alas del alba,
    o me estableciera en los extremos
        del mar,
¹⁰aun allí tu mano me guiaría,
    ¡me sostendría tu mano derecha!

¹¹Y si dijera: «Que me oculten las
        tinieblas;
    que la luz se haga noche en torno
        mío»,
¹²ni las tinieblas serían oscuras para ti,
    y aun la noche sería clara como el
        día.

---

d **138:6** *mira.* Lit. *conoce.*   *e* **138:8** *El SEÑOR ... su propósito.* Lit. *El SEÑOR completará en mí.*

¡Lo mismo son para ti las tinieblas
que la luz!

13 Tú creaste mis entrañas;
me formaste en el vientre de mi
madre.
14 ¡Te alabo porque soy una creación
admirable!
¡Tus obras son maravillosas,
y esto lo sé muy bien!
15 Mis huesos no te fueron desconocidos
cuando en lo más recóndito era yo
formado,
cuando en lo más profundo de la tierra
era yo entretejido.
16 Tus ojos vieron mi cuerpo en
gestación:
todo estaba ya escrito en tu libro;
todos mis días se estaban diseñando,
aunque no existía uno solo de ellos.

17 ¡Cuán preciosos, oh Dios, me son tus
pensamientos!
¡Cuán inmensa es la suma de ellos!
18 Si me propusiera contarlos,
sumarían más que los granos de
arena.
Y si terminara de hacerlo, *f*
aún estaría a tu lado.

19 Oh Dios, ¡si les quitaras la vida a los
impíos!
¡Si de mí se apartara la gente
sanguinaria,
20 esos que con malicia te difaman
y que en vano se rebelan contra ti! *g*
21 ¿Acaso no aborrezco, SEÑOR, a los
que te odian,
y abomino a los que te rechazan?
22 El odio que les tengo es un odio
implacable;
¡los cuento entre mis enemigos!

23 Examíname, oh Dios, y sondea mi
corazón;
ponme a prueba y sondea mis
pensamientos.
24 Fíjate si voy por mal camino,
y guíame por el *camino eterno.

Salmo 140

Al director musical. Salmo de David.

1 Oh SEÑOR, líbrame de los impíos;
protégeme de los violentos,
2 de los que urden en su corazón
planes malvados
y todos los días fomentan la guerra.
3 Afilan su lengua cual lengua de
serpiente;
¡veneno de víbora hay en sus
labios!   *Selah

4 SEÑOR, protégeme del poder de los
impíos;
protégeme de los violentos,
de los que piensan hacerme caer.
5 Esos engreídos me han tendido una
trampa;
han puesto los lazos de su red,
han tendido trampas a mi paso.   *Selah*

6 Yo le digo al SEÑOR: «Tú eres mi
Dios.
Atiende, SEÑOR, a mi voz
suplicante.»
7 SEÑOR Soberano, mi salvador
poderoso
que me protege en el día de la
batalla:
8 No satisfagas, SEÑOR, los caprichos
de los impíos;
no permitas que sus planes
prosperen,
para que no se enorgullezcan.   *Selah*

9 Que sobre la cabeza de mis
perseguidores
recaiga el mal que sus labios
proclaman.
10 Que lluevan brasas sobre ellos;
que sean echados en el fuego,
en ciénagas profundas, de donde
no vuelvan a salir.
11 Que no eche raíces en la tierra
la *gente de lengua viperina;
que la calamidad persiga y destruya
a la gente que practica la violencia.

---

f **139:18** *Y si terminara de hacerlo* (algunos mss. hebreos); *Despierto y* (TM).   *g* **139:20** *y que en vano ...*
contra ti (tres versiones griegas y algunos mss. hebreos); *levantan en vano tus ciudades* (TM).

¹²Yo sé que el S<small>EÑOR</small> hace justicia a
los pobres
y defiende el derecho de los
necesitados.
¹³Ciertamente los justos alabarán tu
*nombre
y los íntegros vivirán en tu
presencia.

Salmo 141
Salmo de David.

¹A ti clamo, S<small>EÑOR</small>; ven pronto a mí.
¡Atiende a mi voz cuando a ti
clamo!
²Que suba a tu presencia mi plegaria
como una ofrenda de incienso;
que hacia ti se eleven mis manos
como un sacrificio vespertino.

³S<small>EÑOR</small>, ponme en la boca un
centinela;
un guardia a la puerta de mis labios.
⁴No permitas que mi corazón se
incline a la maldad,
ni que sea yo cómplice de
iniquidades;
no me dejes participar de banquetes
en compañía de malhechores.

⁵Que la justicia me golpee,
que el amor me reprenda;
pero que el ungüento de los malvados
no perfume mi cabeza,
pues mi oración está siempre
en contra de sus malas obras.
⁶Cuando sus gobernantes sean lanzados
desde los despeñaderos,
sabrán que mis palabras eran bien
intencionadas.
⁷Y dirán: «Así como se dispersa la
tierra
cuando en ella se abren surcos con
el arado,
así se han dispersado nuestros huesos
a la orilla del *sepulcro.»

⁸En ti, S<small>EÑOR</small> Soberano, tengo
puestos los ojos;
en ti busco refugio; no dejes que
me maten.

⁹Protégeme de las trampas que me
tienden,
de las trampas que me tienden los
malhechores.
¹⁰Que caigan los impíos en sus propias
redes,
mientras yo salgo bien librado.

Salmo 142
*Masquil de David. Cuando estaba en la cueva.
Oración.*

¹A voz en cuello, al S<small>EÑOR</small> le pido
ayuda;
a voz en cuello, al S<small>EÑOR</small> le pido
compasión.
²Ante él expongo mis quejas;
ante él expreso mis angustias.

³Cuando ya no me queda aliento,
tú me muestras el camino. *ʰ*
Por la senda que transito
algunos me han tendido una
trampa.
⁴Mira a mi derecha, y ve:
nadie me tiende la mano.
No tengo dónde refugiarme;
por mí nadie se preocupa.

⁵A ti, S<small>EÑOR</small>, te pido ayuda;
a ti te digo: «Tú eres mi refugio,
mi porción en la tierra de los
vivientes.»
⁶Atiende a mi clamor,
porque me siento muy débil;
líbrame de mis perseguidores,
porque son más fuertes que yo.
⁷Sácame de la prisión,
para que alabe yo tu *nombre.
Los justos se reunirán en torno mío
por la bondad que me has mostrado.

Salmo 143
Salmo de David.

¹Escucha, S<small>EÑOR</small>, mi oración;
atiende a mi súplica.
Por tu fidelidad y tu justicia,
respóndeme.
²No lleves a juicio a tu siervo,
pues ante ti nadie puede alegar
inocencia.

ʰ **142:3** *tú me muestras el camino.* Lit. *tú conoces mi encrucijada.*

³El enemigo atenta contra mi vida:
  quiere hacerme morder el polvo.
Me obliga a vivir en las tinieblas,
  como los que murieron hace
    tiempo.
⁴Ya no me queda aliento;
  dentro de mí siento paralizado el
    corazón.
⁵Traigo a la memoria los tiempos de
    antaño:
  medito en todas tus proezas,
  considero las obras de tus manos.
⁶Hacia ti extiendo las manos;
  me haces falta, como el agua a la
    tierra seca.   *Selah

⁷Respóndeme pronto, SEÑOR,
  que el aliento se me escapa.
No escondas de mí tu rostro,
  o seré como los que bajan a la fosa.
⁸Por la mañana hazme saber de tu
    gran amor,
  porque en ti he puesto mi confianza.
Señálame el *camino que debo
    seguir,
  porque a ti elevo mi *alma.
⁹SEÑOR, líbrame de mis enemigos,
  porque en ti busco refugio.
¹⁰Enséñame a hacer tu voluntad,
  porque tú eres mi Dios.
Que tu buen Espíritu me guíe
  por un terreno sin obstáculos.

¹¹Por tu *nombre, SEÑOR, dame vida;
  por tu justicia, sácame de este
    aprieto.
¹²Por tu gran amor, destruye a mis
    enemigos;
  acaba con todos mis adversarios.
  ¡Yo soy tu siervo!

Salmo 144
Salmo de David.

¹Bendito sea el SEÑOR, mi *Roca,
  que adiestra mis manos para la
    guerra,
  mis dedos para la batalla.
²Él es mi Dios amoroso, mi amparo,
  mi más alto escondite, mi libertador,

mi escudo, en quien me refugio.
  Él es quien pone los pueblos^i a mis
    pies.

³SEÑOR, ¿qué es el *mortal para que
    lo cuides?
  ¿Qué es el *ser humano para que
    en él pienses?
⁴Todo mortal es como un suspiro;
  sus días son fugaces como una
    sombra.

⁵Abre tus cielos, SEÑOR, y desciende;
  toca los montes y haz que echen
    humo.
⁶Lanza relámpagos y dispersa al
    enemigo;
  dispara tus flechas y ponlo en
    retirada.
⁷Extiende tu mano desde las alturas
  y sálvame de las aguas tumultuosas;
  líbrame del poder de gente extraña.
⁸Cuando abren la boca, dicen mentiras;
  cuando levantan su diestra, juran
    en falso.^{j}

⁹Te cantaré, oh Dios, un cántico nuevo;
  con el arpa de diez cuerdas te
    cantaré salmos.
¹⁰Tú das la *victoria a los reyes;
  a tu siervo David lo libras de la
    cruenta espada.
¹¹Ponme a salvo,
  líbrame del poder de gente extraña.
Cuando abren la boca, dicen mentiras;
  cuando levantan su diestra, juran
    en falso.

¹²Que nuestros hijos, en su juventud,
  crezcan como plantas frondosas;
  que sean nuestras hijas como
    columnas
  esculpidas para adornar un palacio.
¹³Que nuestros graneros se llenen
  con provisiones de toda especie.
Que nuestros rebaños aumenten por
    millares,
  por decenas de millares en nuestros
    campos.

---

^{i}**144:2** *los pueblos* (Targum, Vulgata, Siríaca, Aquila y varios mss. hebreos); *mi pueblo* (TM).
^{j}**144:8** *cuando ... en falso.* Lit. *su diestra es diestra de engaño*; también en v. 11.

14Que nuestros bueyes arrastren cargas
    pesadas;[k]
  que no haya brechas ni salidas,
  ni gritos de angustia en nuestras
    calles.

15*¡Dichoso el pueblo que recibe todo
    esto!
  ¡Dichoso el pueblo cuyo Dios es el
    Señor!

Salmo 145[l]
Salmo de alabanza. De David.

Álef   1Te exaltaré, mi Dios y rey;
          por siempre bendeciré tu
            *nombre.
Bet   2Todos los días te bendeciré;
          por siempre alabaré tu
            nombre.

Guímel 3Grande es el Señor, y digno
          de toda alabanza;
          su grandeza es insondable.
Dálet   4Cada generación celebrará tus
            obras
          y proclamará tus proezas.
He   5Se hablará del esplendor de tu
            gloria y majestad,
          y yo meditaré en tus obras
            maravillosas.[m]
Vav   6Se hablará del poder de tus
            portentos,
          y yo anunciaré la grandeza
            de tus obras.
Zayin   7Se proclamará la memoria de
            tu inmensa bondad,
          y se cantará con júbilo tu
            *victoria.

Jet   8El Señor es clemente y
            compasivo,
          lento para la ira y grande en
            amor.
Tet   9El Señor es bueno con
            todos;
          él se compadece de toda
            su creación.

Yod   10Que te alaben, Señor, todas
            tus obras;
          que te bendigan tus fieles.
Caf   11Que hablen de la gloria de tu
            reino;
          que proclamen tus proezas,
Lámed   12para que todo el mundo
            conozca tus proezas
          y la gloria y esplendor de tu
            reino.
Mem   13Tu reino es un reino eterno;
          tu dominio permanece por
            todas las edades.

Nun   Fiel es el Señor a su palabra
          y bondadoso en todas sus
            obras.[n]
Sámej   14El Señor levanta a los caídos
          y sostiene a los agobiados.
Ayin   15Los ojos de todos se posan en ti,
          y a su tiempo les das su
            alimento.
Pe   16Abres la mano y sacias con tus
            favores
          a todo ser viviente.

Tsade   17El Señor es justo en todos sus
            *caminos
          y bondadoso en todas sus
            obras.
Qof   18El Señor está cerca de quienes
            lo invocan,
          de quienes lo invocan en
            verdad.
Resh   19Cumple los deseos de quienes
            le temen;
          atiende a su clamor y los salva.
Shin   20El Señor cuida a todos los que
            lo aman,
          pero aniquilará a todos los
            impíos.

Tav   21¡Prorrumpa mi boca en
            alabanzas al Señor!
          ¡Alabe todo el mundo su
            santo nombre,
          por siempre y para siempre!

---

[k]144:14 *Que nuestros ... cargas pesadas.* Alt. *Que nuestros capitanes sean establecidos firmemente.* [l]Este salmo es un poema acróstico, que sigue el orden del alfabeto hebreo. [m]145:5 *Se hablará ... obras maravillosas.* (Qumrán y Siríaca; véase también LXX); *Meditaré en el esplendor glorioso de tu majestad / y en tus obras maravillosas* (TM). [n]145:13 *Fiel es el Señor a su palabra / y bondadoso en todas sus obras* (LXX, Siríaca, Vulgata y un ms. hebreo); TM no incluye estas dos líneas.

Salmo 146

1 *¡Aleluya! ¡Alabado sea el SEÑOR!
   Alaba, *alma mía, al SEÑOR.
2 Alabaré al SEÑOR toda mi vida;
   mientras haya aliento en mí,
     cantaré salmos a mi Dios.

3 No pongan su confianza en gente
     poderosa,
   en simples *mortales, que no
     pueden salvar.
4 Exhalan el espíritu y vuelven al
     polvo,
   y ese mismo día se desbaratan sus
     planes.

5 *Dichoso aquel cuya ayuda es el
     Dios de Jacob,
   cuya esperanza está en el SEÑOR su
     Dios,
6 creador del cielo y de la tierra,
   del mar y de todo cuanto hay en
     ellos,
   y que siempre mantiene la verdad.
7 El SEÑOR hace justicia a los
     oprimidos,
   da de comer a los hambrientos
   y pone en libertad a los cautivos.
8 El SEÑOR da vista a los ciegos,
   el SEÑOR sostiene a los agobiados,
   el SEÑOR ama a los justos.
9 El SEÑOR protege al extranjero
   y sostiene al huérfano y a la viuda,
   pero frustra los planes de los impíos.

10 ¡Oh *Sión, que el SEÑOR reine para
     siempre!
   ¡Que tu Dios reine por todas las
     generaciones!

   *¡Aleluya! ¡Alabado sea el SEÑOR!

Salmo 147

1 *¡Aleluya! ¡Alabado sea el SEÑOR!

   ¡Cuán bueno es cantar salmos a
     nuestro Dios,
   cuán agradable y justo es alabarlo!

2 El SEÑOR reconstruye a Jerusalén
   y reúne a los exiliados de Israel;
3 restaura a los abatidos[n]
   y cubre con vendas sus heridas.

4 Él determina el número de las
     estrellas
   y a todas ellas les pone *nombre.
5 Excelso es nuestro Señor, y grande
     su poder;
   su entendimiento es infinito;
6 El SEÑOR sostiene a los pobres,
   pero hace morder el polvo a los
     impíos.

7 Canten al SEÑOR con gratitud;
   canten salmos a nuestro Dios al
     son del arpa.
8 Él cubre de nubes el cielo,
   envía la lluvia sobre la tierra
   y hace crecer la hierba en los
     montes.
9 Él alimenta a los ganados
   y a las crías de los cuervos cuando
     graznan.

10 El SEÑOR no se deleita en los bríos
     del caballo,
   ni se complace en la agilidad[o] del
     *hombre,
11 sino que se complace en los que le
     temen,
   en los que confían en su gran amor.

12 Alaba al SEÑOR, Jerusalén;
   alaba a tu Dios, oh *Sión.
13 Él refuerza los cerrojos de tus
     *puertas
   y bendice a los que en ti habitan.
14 Él trae la *paz a tus fronteras
   y te sacia con lo mejor del trigo.

15 Envía su palabra a la tierra;
   su palabra corre a toda prisa.
16 Extiende la nieve cual blanco
     manto,[p]
   esparce la escarcha cual ceniza.
17 Deja caer el granizo como grava;
   ¿quién puede resistir sus ventiscas?

---

[n] 147:3 *a los abatidos.* Lit. *a los de corazón quebrantado.*   [o] 147:10 *en la agilidad.* Lit. *en las piernas.*
[p] 147:16 *cual blanco manto.* Lit. *como lana.*

18 Pero envía su palabra y lo derrite;
hace que el viento sople, y las
aguas fluyen.

19 A Jacob le ha revelado su palabra;
sus *leyes y decretos a Israel.
20 Esto no lo ha hecho con ninguna otra
nación;
jamás han conocido ellas sus
decretos.

*¡Aleluya! ¡Alabado sea el SEÑOR!

Salmo 148

1 *¡Aleluya! ¡Alabado sea el SEÑOR!

Alaben al SEÑOR desde los cielos,
alábenlo desde las alturas.
2 Alábenlo, todos sus ángeles,
alábenlo, todos sus ejércitos.
3 Alábenlo, sol y luna,
alábenlo, estrellas luminosas.
4 Alábenlo ustedes, altísimos cielos,
y ustedes, las aguas que están sobre
los cielos.
5 Sea alabado el *nombre del SEÑOR,
porque él dio una orden y todo fue
creado.
6 Todo quedó afirmado para siempre;
emitió un decreto que no será
abolido.

7 Alaben al SEÑOR desde la tierra
los monstruos marinos y las
profundidades del mar,
8 el relámpago y el granizo, la nieve y
la neblina,
el viento tempestuoso que cumple
su mandato,
9 los montes y las colinas,
los árboles frutales y todos los
cedros,
10 los animales salvajes y los
domésticos,
los reptiles y las aves,
11 los reyes de la tierra y todas las
naciones,
los príncipes y los gobernantes de
la tierra,

12 los jóvenes y las jóvenes,
los ancianos y los niños.

13 Alaben el nombre del SEÑOR,
porque sólo su nombre es excelso;
su esplendor está por encima de la
tierra y de los cielos.
14 ¡Él ha dado poder a su pueblo!*q*

¡A él sea la alabanza de todos sus
fieles,
de los hijos de Israel, su pueblo
cercano!

*¡Aleluya! ¡Alabado sea el SEÑOR!

Salmo 149

1 *¡Aleluya! ¡Alabado sea el SEÑOR!

Canten al SEÑOR un cántico nuevo,
alábenlo en la comunidad de los
fieles.

2 Que se alegre Israel por su creador;
que se regocijen los hijos de *Sión
por su rey.
3 Que alaben su *nombre con danzas;
que le canten salmos al son de la
lira y el pandero.
4 Porque el SEÑOR se complace en su
pueblo;
a los humildes concede el honor de
la *victoria.
5 Que se alegren los fieles por su
triunfo;*r*
que aun en sus camas griten de
júbilo.

6 Que broten de su garganta alabanzas
a Dios,
y haya en sus manos una espada de
dos filos
7 para que tomen venganza de las
naciones
y castiguen a los pueblos;
8 para que sujeten a sus reyes con
cadenas,
a sus nobles con grilletes de
hierro;

---

q **148:14** *¡Él ha dado ... su pueblo!* Lit. *¡Él levantó un cuerno para su pueblo!.*   *r* **149:5** *por su triunfo.* Lit.
en gloria.

⁹para que se cumpla en ellos la
sentencia escrita.
¡Ésta será la gloria de todos sus
fieles!

*¡Aleluya! ¡Alabado sea el SEÑOR!

Salmo 150

¹*¡Aleluya! ¡Alabado sea el SEÑOR!

Alaben a Dios en su santuario,
alábenlo en su poderoso
firmamento.

²Alábenlo por sus proezas,
alábenlo por su inmensa grandeza.
³Alábenlo con sonido de trompeta,
alábenlo con el arpa y la lira.
⁴Alábenlo con panderos y danzas,
alábenlo con cuerdas y flautas.
⁵Alábenlo con címbalos sonoros,
alábenlo con címbalos resonantes.

⁶¡Que todo lo que respira alabe al
SEÑOR!

*¡Aleluya! ¡Alabado sea el SEÑOR!

Proverbios

Prólogo: Propósito y tema

1 *Proverbios de Salomón hijo de David, rey de Israel:

2 para adquirir sabiduría y *disciplina;
  para discernir palabras de
    inteligencia;
3 para recibir la *corrección que dan
    la prudencia,
  la rectitud, la *justicia y la equidad;
4 para infundir sagacidad en los
    *inexpertos,
  *conocimiento y discreción en
    los jóvenes.
5 Escuche esto el sabio, y aumente
    su saber;
  reciba dirección el entendido,
6 para discernir el proverbio y la
    *parábola,
  los dichos de los sabios y sus
    enigmas.

7 El temor del SEÑOR es el principio
    del conocimiento;
  los *necios desprecian la
    sabiduría y la disciplina.

Exhortaciones a buscar la sabiduría

Advertencia contra el engaño

8 Hijo mío, escucha las correcciones
    de tu padre
  y no abandones las *enseñanzas
    de tu madre.
9 Adornarán tu cabeza como una
    diadema;
  adornarán tu cuello como un collar.

10 Hijo mío, si los pecadores quieren
    engañarte,
  no vayas con ellos.

11 Éstos te dirán:
  «¡Ven con nosotros!
  Acechemos a algún inocente
  y démonos el gusto de matar a
    algún incauto;
12 traguémonos a alguien vivo,
  como se traga el *sepulcro a la
    *gente;
  devorémoslo entero,
  como devora la fosa a los
    muertos.
13 Obtendremos toda clase de
    riquezas;
  con el botín llenaremos nuestras
    casas.
14 Comparte tu suerte con nosotros,
  y compartiremos contigo lo que
    obtengamos.»
15 ¡Pero no te dejes llevar por ellos,ᵃ
    hijo mío!
  ¡Apártate de sus senderos!
16 Pues corren presurosos a hacer lo
    malo;
  ¡tienen prisa por derramar
    sangre!
17 De nada sirve tender la red
  a la vista de todos los pájaros,
18 pero aquéllos acechan su propia
    vidaᵇ
  y acabarán por destruirse a sí
    mismos.
19 Así terminan los que van tras
    ganancias mal habidas;
  por éstas perderán la vida.

Advertencia contra el rechazo a la sabiduría

20 Clama la sabiduría en las calles;
  en los lugares públicos levanta su
    voz.
21 Clama en las esquinas de calles
    transitadas;
  a la *entrada de la ciudad razona:

ᵃ **1:15** *no ... por ellos.* Lit. *no vayas por sus caminos.*   ᵇ **1:18** *vida.* Lit. *sangre.*

22«¿Hasta cuándo, muchachos
*inexpertos,
seguirán aferrados a su
inexperiencia?
¿Hasta cuándo, ustedes los
*insolentes,
se complacerán en su insolencia?
¿Hasta cuándo, ustedes los necios,
aborrecerán el conocimiento?
23Respondan a mis represiones,
y yo les abriré mi corazón;c
les daré a conocer mis
pensamientos.
24Como ustedes no me atendieron
cuando los llamé,
ni me hicieron caso cuando les
tendí la mano,
25sino que rechazaron todos mis
consejos
y no acataron mis represiones,
26ahora yo me burlaré de ustedes
cuando caigan en desgracia.
Yo seré el que se ría de ustedes
cuando les sobrevenga el miedo,
27cuando el miedo les sobrevenga
como una tormenta
y la desgracia los arrastre como
un torbellino.

28»Entonces me llamarán, pero no les
responderé;
me buscarán, pero no me
encontrarán.
29Por cuanto aborrecieron el
conocimiento
y no quisieron temer al SEÑOR;
30por cuanto no siguieron mis
consejos,
sino que rechazaron mis
represiones,
31cosecharán el fruto de su conducta,
se hartarán con sus propias
intrigas;
32¡su descarrío e inexperiencia los
destruirán,
su complacencia y *necedad los
aniquilarán!
33Pero el que me obedezca vivirá
tranquilo,
sosegado y sin temor del mal.»

Ventajas de la sabiduría

2 Hijo mío, si haces tuyas mis
palabras
y atesoras mis mandamientos;
2si tu oído inclinas hacia la sabiduría
y de corazón te entregas a la
inteligencia;
3si llamas a la inteligencia
y pides discernimiento;
4si la buscas como a la plata,
como a un tesoro escondido,
5entonces comprenderás el temor
del SEÑOR
y hallarás el conocimiento de
Dios.
6Porque el SEÑOR da la sabiduría;
conocimiento y ciencia brotan de
sus labios.
7Él reserva su ayuda para la gente
íntegra
y protege a los de conducta
intachable.
8Él cuida el sendero de los justos
y protege el camino de sus fieles.
9Entonces comprenderás la justicia
y el derecho,
la equidad y todo buen camino;
10la sabiduría vendrá a tu corazón,
y el conocimiento te endulzará la
vida.
11La discreción te cuidará,
la inteligencia te protegerá.

12La sabiduría te librará del camino
de los malvados,
de los que profieren palabras
perversas,
13de los que se apartan del camino
recto
para andar por sendas tenebrosas,
14de los que se complacen en hacer
lo malo
y festejan la perversidad,
15de los que andan por caminos
torcidos
y por sendas extraviadas;
16te librará de la mujer ajena,
de la extraña de palabras
seductoras

---

c1:23 *les abriré mi corazón.* Lit. *derramaré mi espíritu.*

17 que, olvidándose de su pacto con
Dios,
abandona al compañero de su
juventud.
18 Ciertamente su casa conduce a la
muerte;
sus sendas llevan al reino de las
sombras.
19 El que se enreda con ella no vuelve
jamás,
ni alcanza los senderos de la vida.

20 Así andarás por el camino de los
buenos
y seguirás la senda de los justos.
21 Pues los íntegros, los perfectos,
habitarán la tierra y
permanecerán en ella.
22 Pero los malvados, los impíos,
serán desarraigados y expulsados
de la tierra.

Otras ventajas de la sabiduría

3 Hijo mío, no te olvides de mis
*enseñanzas;
más bien, guarda en tu *corazón
mis mandamientos.
2 Porque prolongarán tu vida muchos
años
y te traerán prosperidad.
3 Que nunca te abandonen el amor y
la verdad:
llévalos siempre alrededor de tu
cuello
y escríbelos en el libro de tu
corazón.
4 Contarás con el favor de Dios
y tendrás buena fama[d] entre la
*gente.
5 Confía en el SEÑOR de todo
corazón,
y no en tu propia inteligencia.
6 Reconócelo en todos tus *caminos,
y él allanará tus sendas.
7 No seas sabio en tu propia opinión;
más bien, teme al SEÑOR y huye
del mal.
8 Esto infundirá salud a tu cuerpo
y fortalecerá tu ser.[e]
9 Honra al SEÑOR con tus riquezas

y con los primeros frutos de tus
cosechas.
10 Así tus graneros se llenarán a
reventar
y tus bodegas rebosarán de vino
nuevo.
11 Hijo mío, no desprecies la
*disciplina del SEÑOR,
ni te ofendas por sus reprensiones.
12 Porque el SEÑOR disciplina a los
que ama,
como corrige un padre a su hijo
querido.

13 *Dichoso el que halla sabiduría,
el que adquiere inteligencia.
14 Porque ella es de más provecho
que la plata
y rinde más ganancias que el oro.
15 Es más valiosa que las piedras
preciosas:
¡ni lo más deseable se le puede
comparar!
16 Con la mano derecha ofrece larga
vida;
con la izquierda, honor y riquezas.
17 Sus caminos son placenteros
y en sus senderos hay *paz.
18 Ella es árbol de vida para quienes
la abrazan;
¡dichosos los que la retienen!
19 Con sabiduría afirmó el SEÑOR la
tierra,
con inteligencia estableció los
cielos.
20 Por su *conocimiento se separaron
las aguas,
y las nubes dejaron caer su rocío.

21 Hijo mío, conserva el buen juicio;
no pierdas de vista la discreción.
22 Te serán fuente de vida,
te adornarán como un collar.
23 Podrás recorrer tranquilo tu camino,
y tus pies no tropezarán.
24 Al acostarte, no tendrás temor
alguno;
te acostarás y dormirás tranquilo.
25 No temerás ningún desastre
repentino,

---

[d] **3:4** *buena fama*. Lit. *prudencia*.   [e] **3:8** *tu ser*. Lit. *tus huesos*.

ni la desgracia que sobreviene a
los impíos.
26 Porque el Señor estará siempre a
tu lado
y te librará de caer en la trampa.

27 No niegues un favor a quien te lo
pida,
si en tu mano está el otorgarlo.
28 Nunca digas a tu prójimo:
«Vuelve más tarde; te ayudaré
mañana»,
si hoy tienes con qué ayudarlo.
29 No urdas el mal contra tu prójimo,
contra el que ha puesto en ti su
confianza.
30 No entres en pleito con nadie
que no te haya hecho ningún daño.
31 No envidies a los violentos,
ni optes por andar en sus caminos.
32 Porque el Señor aborrece al
perverso,
pero al íntegro le brinda su
amistad.
33 La maldición del Señor cae sobre
la casa del malvado;
su bendición, sobre el hogar de
los justos.
34 El Señor se burla de los *burlones,
pero muestra su favor a los
humildes.
35 Los sabios son dignos de honra,
pero los *necios sólo merecen
deshonra.

La sabiduría es lo máximo

4 Escuchen, hijos, la corrección de
un padre;
dispónganse a adquirir
inteligencia.
2 Yo les brindo buenas enseñanzas,
así que no abandonen mi
instrucción.
3 Cuando yo era pequeño y vivía con
mi padre,
cuando era el niño consentido de
mi madre,
4 mi padre me instruyó de esta
manera:
«Aférrate de corazón a mis
palabras;
obedece mis mandamientos, y
vivirás.

5 Adquiere sabiduría, adquiere
inteligencia;
no olvides mis palabras ni te
apartes de ellas.
6 No abandones nunca a la sabiduría,
y ella te protegerá;
ámala, y ella te cuidará.
7 La sabiduría es lo primero.
¡Adquiere sabiduría!
Por sobre todas las cosas,
adquiere discernimiento.
8 Estima a la sabiduría, y ella te
exaltará;
abrázala, y ella te honrará;
9 te pondrá en la cabeza una hermosa
diadema;
te obsequiará una bella corona.»

10 Escucha, hijo mío; acoge mis
palabras,
y los años de tu vida aumentarán.
11 Yo te guío por el camino de la
sabiduría,
te dirijo por sendas de rectitud.
12 Cuando camines, no encontrarás
obstáculos;
cuando corras, no tropezarás.
13 Aférrate a la instrucción, no la
dejes escapar;
cuídala bien, que ella es tu vida.
14 No sigas la senda de los perversos
ni vayas por el camino de los
malvados.
15 ¡Evita ese camino! ¡No pases por
él!
¡Aléjate de allí, y sigue de largo!
16 Los malvados no duermen si no
hacen lo malo;
pierden el sueño si no hacen que
alguien caiga.
17 Su pan es la maldad;
su vino, la violencia.

18 La senda de los justos se asemeja
a los primeros albores de la
aurora:
su esplendor va en aumento
hasta que el día alcanza su
plenitud.
19 Pero el camino de los malvados
es como la más densa oscuridad;
¡ni siquiera saben con qué
tropiezan!

20 Hijo mío, atiende a mis consejos;
   escucha atentamente lo que digo.
21 No pierdas de vista mis palabras;
   guárdalas muy dentro de tu
   corazón.
22 Ellas dan vida a quienes las hallan;
   son la salud del cuerpo.
23 Por sobre todas las cosas cuida tu
   corazón,
   porque de él mana la vida.
24 Aleja de tu boca la perversidad;
   aparta de tus labios las palabras
   corruptas.
25 Pon la mirada en lo que tienes
   delante;
   fija la vista en lo que está frente a
   ti.
26 Endereza las sendas por donde andas;
   allana todos tus caminos.
27 No te desvíes ni a diestra ni a
   siniestra;
   apártate de la maldad.

Advertencia contra el adulterio

5 Hijo mío, pon atención a mi
   sabiduría
   y presta oído a mi buen juicio,
2 para que al hablar mantengas la
   discreción
   y retengas el conocimiento.
3 De los labios de la adúltera fluye
   miel;
   su lengua es más suave que el
   aceite.
4 Pero al fin resulta más amarga que
   la hiel
   y más cortante que una espada de
   dos filos.
5 Sus pies descienden hasta la muerte;
   sus pasos van derecho al
   *sepulcro.
6 No toma ella en cuenta el camino
   de la vida;*f*
   sus sendas son torcidas, y ella no
   lo reconoce.*g*

7 Pues bien, hijo mío, préstame
   atención
   y no te apartes de mis palabras.

8 Aléjate de la adúltera;
   no te acerques a la puerta de su
   casa,
9 para que no entregues a otros tu
   vigor,
   ni tus años a gente cruel;
10 para que no sacies con tu fuerza a
   gente extraña,
   ni vayan a dar en casa ajena tus
   esfuerzos.
11 Porque al final acabarás por llorar,
   cuando todo tu ser*h* se haya
   consumido.
12 Y dirás: «¡Cómo pude aborrecer la
   corrección!
   ¡Cómo pudo mi corazón
   despreciar la disciplina!
13 No atendí a la voz de mis maestros,
   ni presté oído a mis instructores.
14 Ahora estoy al borde de la ruina,
   en medio de toda la comunidad.»

15 Bebe el agua de tu propio pozo,
   el agua que fluye de tu propio
   manantial.
16 ¿Habrán de derramarse tus fuentes
   por las calles
   y tus corrientes de aguas por las
   plazas públicas?
17 Son tuyas, solamente tuyas,
   y no para que las compartas con
   extraños.
18 ¡Bendita sea tu fuente!
   ¡Goza con la esposa de tu
   juventud!
19 Es una gacela amorosa,
   es una cervatilla encantadora.
   ¡Que sus pechos te satisfagan
   siempre!
   ¡Que su amor te cautive todo el
   tiempo!
20 ¿Por qué, hijo mío, dejarte cautivar
   por una adúltera?
   ¿Por qué abrazarte al pecho de la
   mujer ajena?

21 Nuestros caminos están a la vista
   del SEÑOR;
   él examina todas nuestras sendas.

---

f 5:6 *No toma ... vida.* Lit. *El camino de la vida para que no lo prepare.*   *g* 5:6 *y ella no lo reconoce.* Alt. *y tú no lo sabes.*   *h* 5:11 *todo tu ser.* Lit. *tu carne y tu cuerpo.*

²²Al malvado lo atrapan sus malas
obras;
las cuerdas de su pecado lo
aprisionan.
²³Morirá por su falta de disciplina;
perecerá por su gran insensatez.

Advertencia contra la insensatez

6 Hijo mío, si has salido fiador de tu
vecino,
si has hecho tratos para responder
por otro,
²si verbalmente te has comprometido,
enredándote con tus propias
palabras,
³ entonces has caído en manos de
tu prójimo.
Si quieres librarte, hijo mío, éste es
el camino:
Ve corriendo y humíllate ante él;
procura deshacer tu compromiso.
⁴No permitas que se duerman tus ojos;
no dejes que tus párpados se
cierren.
⁵Líbrate, como se libra del cazador*ⁱ*
la gacela,
como se libra de la trampa*ʲ* el ave.

⁶¡Anda, perezoso, fíjate en la
hormiga!
¡Fíjate en lo que hace, y adquiere
sabiduría!
⁷No tiene quien la mande,
ni quien la vigile ni gobierne;
⁸con todo, en el verano almacena
provisiones
y durante la cosecha recoge
alimentos.

⁹Perezoso, ¿cuánto tiempo más
seguirás acostado?
¿Cuándo despertarás de tu sueño?
¹⁰Un corto sueño, una breve siesta,
un pequeño descanso, cruzado de
brazos...
¹¹¡y te asaltará la pobreza como un
bandido,
y la escasez como un hombre
armado!*ᵏ*

¹²El bribón y sinvergüenza,
el vagabundo de boca corrupta,
¹³hace guiños con los ojos,
y señas con los pies y con los
dedos.
¹⁴El malvado trama el mal en su
mente,
y siempre anda provocando
disensiones.
¹⁵Por eso le sobrevendrá la ruina;
¡de repente será destruido, y no
podrá evitarlo!

¹⁶Hay seis cosas que el SEÑOR
aborrece,
y siete que le son detestables:
¹⁷ Los ojos que se enaltecen,
la lengua que miente,
las manos que derraman sangre
inocente,
¹⁸ el corazón que hace planes perversos,
los pies que corren a hacer lo
malo,
¹⁹ el falso testigo que esparce
mentiras,
y el que siembra discordia
entre hermanos.

Advertencia contra el adulterio

²⁰Hijo mío, obedece el mandamiento
de tu padre
y no abandones la enseñanza de
tu madre.
²¹Grábatelos en el corazón;
cuélgatelos al cuello.
²²Cuando camines, te servirán de
guía;
cuando duermas, vigilarán tu
sueño;
cuando despiertes, hablarán
contigo.
²³El mandamiento es una lámpara,
la enseñanza es una luz
y la disciplina es el camino a la
vida.
²⁴Te protegerán de la mujer malvada,
de la mujer ajena y de su lengua
seductora.

ⁱ **6:5** *del cazador* (LXX y otras versiones antiguas); *de la mano* (TM).   *ʲ* **6:5** *de la trampa* (LXX y otras
versiones antiguas); *de la mano del trampero* (TM).   *ᵏ* **6:11** *como un hombre armado.* Alt. *como un
limosnero.*

25 No abrigues en tu corazón deseos
    por su belleza,
  ni te dejes cautivar por sus ojos,
26 pues la ramera va tras un pedazo
    de pan,
  pero la adúltera va tras el hombre
    que vale.[l]
27 ¿Puede alguien echarse brasas en el
    pecho
  sin quemarse la ropa?
28 ¿Puede alguien caminar sobre las
    brasas
  sin quemarse los pies?
29 Pues tampoco quien se acuesta con
    la mujer ajena
  puede tocarla y quedar impune.

30 No se desprecia al ladrón
    que roba para mitigar su hambre;
31 pero si lo atrapan, deberá devolver
    siete tantos lo robado,
  aun cuando eso le cueste todas
    sus posesiones.
32 Pero al que comete adulterio le
    faltan sesos;
  el que así actúa se destruye a sí
    mismo.
33 No sacará más que golpes y
    vergüenzas,
  y no podrá borrar su oprobio.
34 Porque los celos desatan la furia
    del esposo,
  y éste no perdonará en el día de
    la venganza.
35 No aceptará nada en desagravio,
  ni se contentará con muchos
    regalos.

Advertencia contra la mujer adúltera

7 Hijo mío, pon en práctica[m] mis
    palabras
  y atesora mis mandamientos.
2 Cumple con mis mandatos, y vivirás;
  cuida mis enseñanzas como a la
    niña de tus ojos.
3 Llévalos atados en los dedos;
  anótalos en la tablilla de tu
    corazón.

4 Di a la sabiduría: «Tú eres mi
    hermana»,
  y a la inteligencia: «Eres de mi
    sangre.»
5 Ellas te librarán de la mujer ajena,
  de la adúltera y de sus palabras
    seductoras.

6 Desde la ventana de mi casa
  miré a través de la celosía.
7 Me puse a ver a los inexpertos,
  y entre los jóvenes observé
  a uno de ellos falto de juicio.[n]
8 Cruzó la calle, llegó a la esquina,
  y se encaminó hacia la casa de
    esa mujer.
9 Caía la tarde. Llegaba el día a su fin.
  Avanzaban las sombras de la
    noche.

10 De pronto la mujer salió a su
    encuentro,
  con toda la apariencia de una
    prostituta
  y con solapadas intenciones.
11 (Como es escandalosa y descarada,
  nunca hallan sus pies reposo en
    su casa.
12 Unas veces por las calles, otras
    veces por las plazas,
  siempre está al acecho en cada
    esquina.)
13 Se prendió de su cuello, lo besó,
  y con todo descaro le dijo:

14 «Tengo en mi casa sacrificios de
    *comunión,
  pues hoy he cumplido mis votos.
15 Por eso he venido a tu encuentro;
  te buscaba, ¡y ya te he
    encontrado!
16 Sobre la cama he tendido
  multicolores linos egipcios.
17 He perfumado mi lecho
  con aroma de mirra, áloe y canela.
18 Ven, bebamos hasta el fondo la
    copa del amor;
  ¡disfrutemos del amor hasta el
    amanecer!

---

[l] 6:26 el hombre que vale. Lit. un alma valiosa.   [m] 7:1 pon en práctica. Lit. guarda.   [n] 7:7 falto de juicio. Lit. falto de corazón.

19 Mi esposo no está en casa,
  pues ha emprendido un largo viaje.
20 Se ha llevado consigo la bolsa del
    dinero,
  y no regresará hasta el día de luna
    llena.»

21 Con palabras persuasivas lo
    convenció;
  con lisonjas de sus labios lo sedujo.
22 Y él, en seguida fue tras ella,
  como el buey que va camino al
    matadero;
  como el ciervo[n] que cae en la
    trampa,[o]
23   hasta que una flecha le abre las
    entrañas;
  como el ave que se lanza contra la
    red,
  sin saber que en ello le va la vida.

24 Así que, hijo mío, escúchame;
  presta[p] atención a mis palabras.
25 No desvíes tu corazón hacia sus
    sendas,
  ni te extravíes por sus caminos,
26 pues muchos han muerto por su
    causa;
  sus víctimas han sido
    innumerables.
27 Su casa lleva derecho al *sepulcro;
  ¡conduce al reino de la muerte!

Llamado de la sabiduría

8 ¿Acaso no está llamando la
    sabiduría?
  ¿No está elevando su voz la
    inteligencia?
2 Toma su puesto en las alturas,
  a la vera del camino y en las
    encrucijadas.
3 Junto a las *puertas que dan a la
    ciudad,
  a la *entrada misma, grita a voz
    en cuello:
4 «A ustedes los *hombres, los estoy
    llamando;
  dirijo mi voz a toda la
    *humanidad.

5 Ustedes los *inexpertos, ¡adquieran
    prudencia!
  Ustedes los *necios, ¡obtengan
    discernimiento!
6 Escúchenme, que diré cosas
    importantes;
  mis labios hablarán con *justicia.
7 Mi boca expresará la verdad,
  pues mis labios detestan la
    mentira.
8 Las palabras de mi boca son todas
    justas;
  no hay en ellas maldad ni doblez.
9 Son claras para los entendidos,
  e irreprochables para los
    sabios.
10 Opten por mi *instrucción, no por
    la plata;
  por el *conocimiento, no por el
    oro refinado.
11 Vale más la sabiduría que las
    piedras preciosas,
  y ni lo más deseable se le
    compara.

12 »Yo, la sabiduría, convivo con la
    prudencia
  y poseo conocimiento y
    discreción.
13 Quien teme al SEÑOR aborrece lo
    malo;
  yo aborrezco el orgullo y la
    arrogancia,
  la mala conducta y el lenguaje
    perverso.
14 Míos son el consejo y el buen
    juicio;
  míos son el entendimiento y el
    poder.
15 Por mí reinan los reyes
  y promulgan leyes justas los
    gobernantes.
16 Por mí gobiernan los príncipes
  y todos los nobles que rigen la
    tierra.[q]
17 A los que me aman, les
    correspondo;
  a los que me buscan, me doy a
    conocer.

---

[n] **7:22** *ciervo* (Siríaca; véase también LXX); *necio* (TM).   [o] **7:22** Texto de difícil traducción.   [p] **7:24** *hijo mío, escúchame, presta*. Lit. *hijos míos, escúchenme, presten*.   [q] **8:16** *y todos los nobles que rigen la tierra* (varios mss. hebreos y LXX); *y nobles, todos jueces justos* (TM).

¹⁸Conmigo están las riquezas y la
    honra,
  la prosperidad^r y los bienes
    duraderos.
¹⁹Mi fruto es mejor que el oro fino;
  mi cosecha sobrepasa a la plata
    refinada.
²⁰Voy por el *camino de la rectitud,
  por los senderos de la justicia,
²¹enriqueciendo a los que me aman
  y acrecentando sus tesoros.

²²»El SEÑOR me dio la vida^s como
    primicia de sus obras,^t
  mucho antes de sus obras de
    antaño.
²³Fui establecida desde la eternidad,
  desde antes que existiera el
    mundo.
²⁴No existían los grandes mares
    cuando yo nací;
  no había entonces manantiales de
    abundantes aguas.
²⁵Nací antes que fueran formadas las
    colinas,
  antes que se cimentaran las
    montañas,
²⁶antes que él creara la tierra y sus
    paisajes
  y el polvo primordial con que
    hizo el mundo.
²⁷Cuando Dios cimentó la bóveda
    celeste
  y trazó el horizonte sobre las
    aguas,
  allí estaba yo presente.
²⁸Cuando estableció las nubes en los
    cielos
  y reforzó las fuentes del mar
    profundo;
²⁹cuando señaló los límites del mar,
  para que las aguas obedecieran su
    mandato;
  cuando plantó los fundamentos de
    la tierra,
³⁰ allí estaba yo, afirmando su obra.
  Día tras día me llenaba yo de alegría,
  siempre disfrutaba de estar en su
    presencia;

³¹me regocijaba en el mundo que él
    creó;
  ¡en el *género humano me
    deleitaba!

³²»Y ahora, hijos míos, escúchenme:
  *dichosos los que van por^u mis
    caminos.
³³Atiendan a mi instrucción, y sean
    sabios;
  no la descuiden.
³⁴Dichosos los que me escuchan
  y a mis puertas están atentos cada
    día,
  esperando a la entrada de mi casa.
³⁵En verdad, quien me encuentra,
    halla la vida
  y recibe el favor del SEÑOR.
³⁶Quien me rechaza, se perjudica a sí
    mismo;
  quien me aborrece, ama la muerte.»

Invitación de la sabiduría y de la necedad

9 La sabiduría construyó su casa
    y labró sus siete pilares.
²Preparó un banquete, mezcló su vino
  y tendió la mesa.
³Envió a sus doncellas, y ahora clama
  desde lo más alto de la ciudad.
⁴«¡Vengan conmigo los inexpertos!
  —dice a los faltos de juicio—.
⁵Vengan, disfruten de mi pan
  y beban del vino que he mezclado.
⁶Dejen su insensatez, y vivirán;
  andarán por el camino del
    discernimiento.

⁷»El que corrige al burlón se gana
    que lo insulten;
  el que reprende al malvado se
    gana su desprecio.
⁸No reprendas al insolente, no sea
    que acabe por odiarte;
  reprende al sabio, y te amará.
⁹Instruye al sabio, y se hará más
    sabio;
  enseña al justo, y aumentará su
    saber.

---

^r **8:18** *prosperidad.* Lit. *justicia.*   ^s **8:22** *me dio la vida.* Alt. *era mi dueño.*   ^t **8:22** *obras.* Lit. *caminos.*
^u **8:32** *van por.* Lit. *guardan.*

10»El comienzo de la sabiduría es el
temor del SEÑOR;
conocer al Santo[v] es tener
discernimiento.
11Por mí aumentarán tus días;
muchos años de vida te serán
añadidos.
12Si eres sabio, tu premio será tu
sabiduría;
si eres insolente, sólo tú lo
sufrirás.»

13La mujer necia es escandalosa,
frívola y desvergonzada.
14Se sienta a las puertas de su casa,
sienta sus reales en lo más alto de
la ciudad,
15y llama a los que van por el camino,
a los que no se apartan de su
senda.
16«¡Vengan conmigo, inexpertos!
—dice a los faltos de juicio—.
17¡Las aguas robadas saben a gloria!
¡El pan sabe a miel si se come a
escondidas!»
18Pero éstos ignoran que allí está la
muerte,
que sus invitados caen al fondo
de la *fosa.

Proverbios de Salomón

10 Proverbios de Salomón:

El hijo sabio es la alegría de su
padre;
el hijo necio es el pesar de su
madre.

2Las riquezas mal habidas no sirven
de nada,
pero la justicia libra de la muerte.

3El SEÑOR no deja sin comer al
justo,
pero frustra la avidez de los
malvados.

4Las manos ociosas conducen a la
pobreza;
las manos hábiles atraen riquezas.

5El hijo prevenido se abastece en el
verano,
pero el sinvergüenza duerme en
tiempo de cosecha.

6El justo se ve coronado de
bendiciones,
pero la boca del malvado encubre
violencia.

7La memoria de los justos es una
bendición,
pero la fama de los malvados será
pasto de los gusanos.

8El de sabio corazón acata las
órdenes,
pero el necio y rezongón va
camino al desastre.

9Quien se conduce con integridad,
anda seguro;
quien anda en malos pasos será
descubierto.

10Quien guiña el ojo con malicia
provoca pesar;
el necio y rezongón va camino al
desastre.

11Fuente de vida es la boca del justo,
pero la boca del malvado encubre
violencia.

12El odio es motivo de disensiones,
pero el amor cubre todas las
faltas.

13En los labios del prudente hay
sabiduría;
en la espalda del falto de juicio,
sólo garrotazos.

14El que es sabio atesora el
conocimiento,
pero la boca del necio es un
peligro inminente.

15La riqueza del rico es su baluarte;
la pobreza del pobre es su ruina.

---

[v]**9:10** al Santo. Alt. las cosas santas.

16 El salario del justo es la vida;
la ganancia del malvado es el
pecado.

17 El que atiende a la corrección va
camino a la vida;
el que la rechaza se pierde.

18 El de labios mentirosos disimula su
odio,
y el que propaga calumnias es un
necio.

19 El que mucho habla, mucho yerra;
el que es sabio refrena su lengua.

20 Plata refinada es la lengua del justo;
el corazón del malvado no vale
nada.

21 Los labios del justo orientan a
muchos;
los necios mueren por falta de
juicio.

22 La bendición del SEÑOR trae
riquezas,
y nada se gana con preocuparse.

23 El necio se divierte con su mala
conducta,
pero el sabio se recrea con la
sabiduría.

24 Lo que el malvado teme, eso le
ocurre;
lo que el justo desea, eso recibe.

25 Pasa la tormenta y desaparece el
malvado,
pero el justo permanece firme
para siempre.

26 Como vinagre a los dientes y humo
a los ojos
es el perezoso para quienes lo
emplean.

27 El temor del SEÑOR prolonga la
vida,

pero los años del malvado se
acortan.

28 El futuro de los justos es halagüeño;
la esperanza de los malvados se
desvanece.

29 El camino del SEÑOR es refugio de
los justos
y ruina de los malhechores.

30 Los justos no tropezarán jamás;
los malvados no habitarán la
tierra.

31 La boca del justo profiere sabiduría,
pero la lengua perversa será
cercenada.

32 Los labios del justo destilan^w
bondad;
de la boca del malvado brota
perversidad.

11 El SEÑOR aborrece las balanzas
adulteradas,
pero aprueba las pesas exactas.

2 Con el orgullo viene el oprobio;
con la humildad, la sabiduría.

3 A los justos los guía su integridad;
a los falsos los destruye su
hipocresía.

4 En el día de la ira de nada sirve ser
rico,
pero la justicia libra de la muerte.

5 La justicia endereza el camino de
los íntegros,
pero la maldad hace caer a los
impíos.

6 La justicia libra a los justos,
pero la codicia atrapa a los falsos.

7 Muere el malvado, y con él su
esperanza;
muere también su ilusión de poder.

---

^w**10:32** *destilan* (LXX); *saben* (TM).

⁸El justo se salva de la calamidad,
pero la desgracia le sobreviene al
malvado.

⁹Con la boca el impío destruye a su
prójimo,
pero los justos se libran por el
conocimiento.

¹⁰Cuando el justo prospera, la ciudad
se alegra;
cuando el malvado perece, hay
gran regocijo.

¹¹La bendición de los justos enaltece
a la ciudad,
pero la boca de los malvados la
destruye.

¹²El falto de juicio desprecia a su
prójimo,
pero el entendido refrena su
lengua.

¹³La gente chismosa revela los
secretos;
la gente confiable es discreta.

¹⁴Sin dirección, la nación fracasa;
el éxito depende de los muchos
consejeros.

¹⁵El fiador de un extraño saldrá
perjudicado;
negarse a dar fianza˟ es vivir en
paz.

¹⁶La mujer bondadosa se gana el
respeto;
los hombres violentos sólo ganan
riquezas.

¹⁷El que es bondadoso se beneficia a
sí mismo;
el que es cruel, a sí mismo se
perjudica.

¹⁸El malvado obtiene ganancias
ilusorias;
el que siembra justicia asegura su
ganancia.

¹⁹El que es justo obtiene la vida;
el que persigue el mal se
encamina a la muerte.

²⁰El SEÑOR aborrece a los de corazón
perverso,
pero se complace en los que
viven con rectitud.

²¹Una cosa es segura:ʸ Los malvados
no quedarán impunes,
pero los justos saldrán bien
librados.

²²Como argolla de oro en hocico de
cerdo
es la mujer bella pero
indiscreta.

²³Los deseos de los justos terminan
bien;
la esperanza de los malvados
termina mal.ᶻ

²⁴Unos dan a manos llenas, y reciben
más de lo que dan;
otros ni sus deudas pagan, y
acaban en la miseria.

²⁵El que es generoso prospera;
el que reanima será reanimado.

²⁶La gente maldice al que acapara el
trigo,
pero colma de bendiciones al que
gustoso lo vende.

²⁷El que madruga para el bien, halla
buena voluntad;
el que anda tras el mal, por el mal
será alcanzado.

²⁸El que confía en sus riquezas se
marchita,
pero el justo se renueva como el
follaje.

˟11:15 *a dar fianza.* Lit. *a estrechar la mano.* ʸ11:21 *Una cosa es segura.* Lit. *Mano a mano.*
ᶻ11:23 *termina mal* (LXX); *es ira* (TM).

²⁹El que perturba su casa no hereda
    más que el viento,
  y el necio termina sirviendo al
    sabio.

³⁰El fruto de la justicia*ᵃ* es árbol de
    vida,
  pero el que arrebata vidas es
    violento. *ᵇ*

³¹Si los justos reciben su pago aquí
    en la tierra,
  ¡cuánto más los impíos y los
    pecadores!

12 El que ama la disciplina ama el
    conocimiento,
  pero el que la aborrece es un
    necio.

²El hombre bueno recibe el favor
    del SEÑOR,
  pero el intrigante recibe su
    condena.

³Nadie puede afirmarse por medio
    de la maldad;
  sólo queda firme la raíz de los
    justos.

⁴La mujer ejemplar*ᶜ* es corona de su
    esposo;
  la desvergonzada es carcoma en
    los huesos.

⁵En los planes del justo hay
    justicia,
  pero en los consejos del malvado
    hay engaño.

⁶Las palabras del malvado son
    insidias de muerte,
  pero la boca de los justos los
    pone a salvo.

⁷Los malvados se derrumban y
    dejan de existir,
  pero los hijos de los justos
    permanecen.

⁸Al hombre se le alaba según su
    sabiduría,
  pero al de mal corazón se le
    desprecia.

⁹Vale más un Don Nadie con criado
    que un Don Alguien sin pan.

¹⁰El justo atiende a las necesidades
    de su bestia,
  pero el malvado es de mala
    entraña.

¹¹El que labra su tierra tendrá
    abundante comida,
  pero el que sueña despierto*ᵈ* es
    un imprudente.

¹²Los malos deseos son la trampa*ᵉ*
    de los malvados,
  pero la raíz de los justos prospera.

¹³En el pecado de sus labios se
    enreda el malvado,
  pero el justo sale del aprieto.

¹⁴Cada uno se sacia*ᶠ* del fruto de sus
    labios,
  y de la obra de sus manos recibe
    su recompensa.

¹⁵Al necio le parece bien lo que
    emprende,
  pero el sabio atiende al consejo.

¹⁶El necio muestra en seguida su
    enojo,
  pero el prudente pasa por alto el
    insulto.

¹⁷El testigo verdadero declara lo que
    es justo,
  pero el testigo falso declara
    falsedades.

¹⁸El charlatán hiere con la lengua
    como con una espada,
  pero la lengua del sabio brinda
    alivio.

---

*ᵃ***11:30** *de la justicia* (LXX); *del justo* (TM).   *ᵇ***11:30** *violento* (LXX); *sabio* (TM).   *ᶜ***12:4** *ejemplar*. Alt.
fuerte; véase 31:10-31.   *ᵈ***12:11** *el que sueña despierto*. Lit. *el que persigue lo vacío*; también en 28:19.
*ᵉ***12:12** *la trampa* (texto probable); *el botín* (TM).   *ᶠ***12:14** *se sacia*. Lit. *se sacia de lo bueno*.

¹⁹ Los labios sinceros permanecen
para siempre,
pero la lengua mentirosa dura
sólo un instante.

²⁰ En los que fraguan el mal habita el
engaño,
pero hay gozo para los que
promueven la paz.

²¹ Al justo no le sobrevendrá ningún
daño,
pero al malvado lo cubrirá la
desgracia.

²² El Señor aborrece a los de labios
mentirosos,
pero se complace en los que
actúan con lealtad.

²³ El hombre prudente no muestra lo
que sabe,
pero el corazón de los necios
proclama su necedad.

²⁴ El de manos diligentes gobernará;
pero el perezoso será subyugado.

²⁵ La angustia abate el corazón del
hombre,
pero una palabra amable lo alegra.

²⁶ El justo es guía de su prójimo,ᵍ
pero el camino del malvado lleva
a la perdición.

²⁷ El perezoso no atrapa presa,ʰ
pero el diligente ya posee una
gran riqueza.

²⁸ En el camino de la justicia se halla
la vida;
por ese camino se evita la muerte.

13 El hijo sabio atiende aⁱ la
*corrección de su padre,
pero el *insolente no hace caso a
la represión.

² Quien habla el bien, del bien se
nutre,
pero el infiel padece hambre de
violencia.

³ El que refrena su lengua protege su
vida,
pero el ligero de labios provoca
su ruina.

⁴ El perezoso ambiciona, y nada
consigue;
el diligente ve cumplidos sus
deseos.

⁵ El justo aborrece la mentira;
el malvado acarrea vergüenza y
deshonra.

⁶ La *justicia protege al que anda en
integridad,
pero la maldad arruina al pecador.

⁷ Hay quien pretende ser rico, y no
tiene nada;
hay quien parece ser pobre, y
todo lo tiene.

⁸ Con su riqueza el rico pone a salvo
su vida,
pero al pobre no hay ni quien lo
amenace.

⁹ La luz de los justos brilla radiante,ʲ
pero los malvados son como
lámpara apagada.

¹⁰ El orgullo sólo genera contiendas,
pero la sabiduría está con quienes
oyen consejos.

¹¹ El dinero mal habido pronto se
acaba;
quien ahorra, poco a poco se
enriquece.

¹² La esperanza frustrada aflige al
*corazón;

ᵍ **12:26** Texto de difícil traducción. ʰ **12:27** *no atrapa presa.* Alt. *no pone a asar lo que ha cazado.* Texto
de difícil traducción. ⁱ **13:1** *atiende a* (LXX y Siríaca). TM no incluye verbo. ʲ **13:9** *brilla radiante.* Lit.
se alegra.

el deseo cumplido es un árbol de
vida.

13Quien se burla de la *instrucción
tendrá su merecido;
quien respeta el mandamiento
tendrá su recompensa.

14La *enseñanza de los sabios es
fuente de vida,
y libera de los lazos de la muerte.

15El buen juicio redunda en aprecio,
pero el *camino del infiel no
cambia.

16El prudente actúa con cordura,
pero el *necio se jacta de su
*necedad.

17El mensajero malvado se mete en
problemas;
el enviado confiable aporta la
solución.

18El que desprecia a la *disciplina
sufre pobreza y deshonra;
el que atiende a la corrección
recibe grandes honores.

19El deseo cumplido endulza el
*alma,
pero el necio detesta alejarse del
mal.

20El que con sabios anda, sabio se
vuelve;
el que con necios se junta, saldrá
mal parado.

21Al pecador lo persigue el mal,
y al justo lo recompensa el
bien.

22El *hombre de bien deja herencia a
sus nietos;
las riquezas del pecador se
quedan para los justos.

23En el campo del pobre hay
abundante comida,
pero ésta se pierde donde hay
injusticia.

24No corregir al hijo es no quererlo;
amarlo es disciplinarlo.

25El justo come hasta quedar saciado,
pero el malvado se queda con
hambre.

14La mujer sabia edifica su casa;
la necia, con sus manos la
destruye.

2El que va por buen camino teme al
SEÑOR;
el que va por mal camino lo
desprecia.

3De la boca del necio brota
arrogancia;
los labios del sabio son su propia
protección.

4Donde no hay bueyes el granero
está vacío;
con la fuerza del buey aumenta la
cosecha.

5El testigo verdadero jamás
engaña;
el testigo falso propaga mentiras.

6El insolente busca sabiduría y no la
halla;
para el entendido, el
conocimiento es cosa fácil.

7Manténte a distancia del necio,
pues en sus labios no hallarás
conocimiento.

8La sabiduría del prudente es
discernir sus caminos,
pero al necio lo engaña su propia
necedad.

9Los necios hacen mofa de sus
propias faltas,
pero los íntegros cuentan con el
favor de Dios.

10Cada corazón conoce sus propias
amarguras,
y ningún extraño comparte su
alegría.

¹¹La casa del malvado será destruida,
pero la morada del justo
prosperará.

¹²Hay caminos que al hombre le
parecen rectos,
pero que acaban por ser caminos
de muerte.

¹³También de reírse duele el corazón,
y hay alegrías que acaban en
tristeza.

¹⁴El inconstante recibirá todo el pago
de su inconstancia;
el hombre bueno, el premio de
sus acciones.

¹⁵El ingenuo cree todo lo que le
dicen;
el prudente se fija por dónde va.

¹⁶El sabio teme al SEÑOR y se aparta
del mal,
pero el necio es arrogante y se
pasa de confiado.

¹⁷El iracundo comete locuras,
pero el prudente sabe aguantar.^k

¹⁸Herencia de los inexpertos es la
necedad;
corona de los prudentes, el
conocimiento.

¹⁹Los malvados se postrarán ante los
buenos;
los impíos, ante el tribunal^l de los
justos.

²⁰Al pobre hasta sus amigos lo
aborrecen,
pero son muchos los que aman al
rico.

²¹Es un pecado despreciar al prójimo;
¡dichoso el que se compadece de
los pobres!

²²Pierden el camino los que
maquinan el mal,
pero hallan amor y verdad los
que hacen el bien.

²³Todo esfuerzo tiene su recompensa,
pero quedarse sólo en palabras
lleva a la pobreza.

²⁴La corona del sabio es su
sabiduría;^m
la de los necios, su necedad.

²⁵El testigo veraz libra de la muerte,
pero el testigo falso miente.

²⁶El temor del SEÑOR es un baluarte
seguro
que sirve de refugio a los hijos.

²⁷El temor del SEÑOR es fuente de
vida,
y aleja al hombre de las redes de
la muerte.

²⁸Gloria del rey es gobernar a
muchos;
un príncipe sin súbditos está
arruinado.

²⁹El que es paciente muestra gran
discernimiento;
el que es agresivo muestra mucha
insensatez.

³⁰El corazón tranquilo da vida al
cuerpo,
pero la envidia corroe los huesos.

³¹El que oprime al pobre ofende a su
Creador,
pero honra a Dios quien se apiada
del necesitado.

³²El malvado cae por su propia
maldad;
el justo halla refugio en su
integridad.ⁿ

---

^k**14:17** *sabe aguantar* (LXX); *es odiado* (TM).   ^l**14:19** *ante el tribunal*. Lit. *ante la* *puerta.   ^m**14:24** *su sabiduría* (LXX); *su riqueza* (TM).   ⁿ**14:32** *en su integridad* (LXX y Siríaca); *en su muerte* (TM).

33 En el corazón de los sabios mora la
sabiduría,
pero los necios ni siquiera la
conocen. [ñ]

34 La justicia enaltece a una nación,
pero el pecado deshonra a todos
los pueblos.

35 El rey favorece al siervo inteligente,
pero descarga su ira sobre el
sinvergüenza.

15 La respuesta amable calma el
enojo,
pero la agresiva echa leña al
fuego.

2 La lengua de los sabios destila
conocimiento; [o]
la boca de los necios escupe
necedades.

3 Los ojos del SEÑOR están en todo
lugar,
vigilando a los buenos y a los
malos.

4 La lengua que brinda consuelo [p] es
árbol de vida;
la lengua insidiosa deprime el
espíritu.

5 El necio desdeña la corrección de
su padre;
el que la acepta demuestra
prudencia.

6 En la casa del justo hay gran
abundancia;
en las ganancias del malvado,
grandes problemas.

7 Los labios de los sabios esparcen
conocimiento;
el corazón de los necios ni piensa
en ello.

8 El SEÑOR aborrece las ofrendas de
los malvados,
pero se complace en la oración de
los justos.

9 El SEÑOR aborrece el camino de los
malvados,
pero ama a quienes siguen la
justicia.

10 Para el descarriado, disciplina
severa;
para el que aborrece la
corrección, la muerte.

11 Si ante el SEÑOR están el *sepulcro
y la *muerte,
¡cuánto más el corazón humano!

12 Al insolente no le gusta que lo
corrijan,
ni busca la compañía de los sabios.

13 El corazón alegre se refleja en el
rostro,
el corazón dolido deprime el
espíritu.

14 El corazón entendido va tras el
conocimiento;
la boca de los necios se nutre de
tonterías.

15 Para el afligido todos los días son
malos;
para el que es feliz siempre es día
de fiesta.

16 Más vale tener poco, con temor del
SEÑOR,
que muchas riquezas con grandes
angustias.

17 Más vale comer verduras
sazonadas con amor
que un festín de carne [q] sazonada
con odio.

[ñ] **14:33** *los necios ni siquiera la conocen* (LXX y Siríaca); *los necios la conocen* (TM).   [o] **15:2** *destila conocimiento* (LXX); *hace bien al conocimiento* (TM).   [p] **15:4** *que brinda consuelo.* Lit. *que sana.* [q] **15:17** *que un festín de carne.* Lit. *que toro engordado.*

¹⁸El que es iracundo provoca
contiendas;
el que es paciente las apacigua.

¹⁹El camino del perezoso está
plagado de espinas,
pero la senda del justo es como
una calzada.

²⁰El hijo sabio alegra a su padre;
el hijo necio menosprecia a su
madre.

²¹Al necio le divierte su falta de juicio;
el entendido endereza sus propios
pasos.

²²Cuando falta el consejo, fracasan
los planes;
cuando abunda el consejo,
prosperan.

²³Es muy grato dar la respuesta
adecuada,
y más grato aún cuando es
oportuna.

²⁴El sabio sube por el sendero de
vida,
para librarse de caer en el
*sepulcro.

²⁵El SEÑOR derriba la casa de los
soberbios,
pero mantiene intactos los
linderos de las viudas.

²⁶El SEÑOR aborrece los planes de
los malvados,
pero le agradan las palabras puras.

²⁷El ambicioso acarrea mal sobre su
familia;
el que aborrece el soborno vivirá.

²⁸El corazón del justo medita sus
respuestas,
pero la boca del malvado rebosa
de maldad.

²⁹El SEÑOR se mantiene lejos de los
impíos,
pero escucha las oraciones de los
justos.

³⁰Una mirada radiante alegra el
corazón,
y las buenas noticias renuevan las
fuerzas.ʳ

³¹El que atiende a la crítica edificante
habitará entre los sabios.

³²Rechazar la corrección es
despreciarse a sí mismo;
atender a la reprensión es ganar
entendimiento.

³³El temor del SEÑOR es corrección y
sabiduría;ˢ
la humildad precede a la honra.

16 El hombre propone
y Diosᵗ dispone.

²A cada uno le parece correcto su
proceder,ᵘ
pero el SEÑOR juzga los motivos.

³Pon en manos del SEÑOR todas tus
obras,
y tus proyectos se cumplirán.

⁴Toda obra del SEÑOR tiene un
propósito;
¡hasta el malvado fue hecho para
el día del desastre!

⁵El SEÑOR aborrece a los arrogantes.
Una cosa es segura: no quedarán
impunes.

⁶Con amor y verdad se perdona el
pecado,
y con temor del SEÑOR se evita el
mal.

⁷Cuando el SEÑOR aprueba la
conducta de un hombre,

ʳ **15:30** *las fuerzas.* Lit. *los huesos.* ˢ **15:33** *es corrección y sabiduría* (LXX); *es corrección de sabiduría*
(TM). ᵗ **16:1** *Dios.* Lit. *el SEÑOR.* ᵘ **16:2** *A cada uno ... proceder.* Lit. *Todos los caminos del hombre son
limpios a sus ojos.*

hasta con sus enemigos lo
reconcilia.

⁸Más vale tener poco con justicia
que ganar mucho con injusticia.

⁹El corazón del hombre traza su
rumbo,
pero sus pasos los dirige el SEÑOR.

¹⁰La sentencia ᵛ está en labios del rey;
en el veredicto que emite no hay
error.

¹¹Las pesas y las balanzas justas son
del SEÑOR;
todas las medidas son hechura
suya.

¹²El rey detesta las malas acciones,
porque el trono se afirma en la
justicia.

¹³El rey se complace en los labios
honestos;
aprecia a quien habla con la
verdad.

¹⁴La ira del rey es presagio de muerte,
pero el sabio sabe apaciguarla.

¹⁵El rostro radiante del rey es signo
de vida;
su favor es como lluvia en
primavera.

¹⁶Más vale adquirir sabiduría que oro;
más vale adquirir inteligencia que
plata.

¹⁷El camino del hombre recto evita el
mal;
el que quiere salvar su vida, se
fija por dónde va.

¹⁸Al orgullo le sigue la destrucción;
a la altanería, el fracaso.

¹⁹Vale más humillarse con los
oprimidos

que compartir el botín con los
orgullosos.

²⁰El que atiende a la palabra, prospera.
¡Dichoso el que confía en el
SEÑOR!

²¹Al sabio de corazón se le llama
inteligente;
los labios convincentes
promueven el saber.

²²Fuente de vida es la prudencia para
quien la posee;
el castigo de los necios es su
propia necedad.

²³El sabio de corazón controla su
boca;
con sus labios promueve el saber.

²⁴Panal de miel son las palabras
amables:
endulzan la vida y dan salud al
cuerpo. ʷ

²⁵Hay caminos que al hombre le
parecen rectos,
pero que acaban por ser caminos
de muerte.

²⁶Al que trabaja, el hambre lo obliga
a trabajar,
pues su propio apetito lo estimula.

²⁷El perverso hace ˣ planes malvados;
en sus labios hay un fuego
devorador.

²⁸El perverso provoca contiendas,
y el chismoso divide a los buenos
amigos.

²⁹El violento engaña a su prójimo
y lo lleva por mal camino.

³⁰El que guiña el ojo trama algo
perverso;
el que aprieta los labios ya lo ha
cometido.

ᵛ **16:10** *La sentencia.* Alt. *El oráculo.* ʷ **16:24** *al cuerpo.* Lit. *a los huesos.* ˣ **16:27** *hace.* Lit. *cava.*

³¹Las canas son una honrosa corona
   que se obtiene en el camino de la
   justicia.

³²Más vale ser paciente que valiente;
   más vale dominarse a sí mismo
   que conquistar ciudades.

³³Las suertes se echan sobre la mesa,ʸ
   pero el veredicto proviene del
   SEÑOR.

17 ¹Más vale comer pan duro donde
   hay concordia
   que hacer banqueteᶻ donde hay
   discordia.

²El siervo sabio gobernará al hijo
   sinvergüenza,
   y compartirá la herencia con los
   otros hermanos.

³En el crisol se prueba la plata
   y en el horno se prueba el oro,
   pero al corazón lo prueba el
   SEÑOR.

⁴El malvado hace caso a los labios
   impíos,
   y el mentiroso presta oído a la
   lengua maliciosa.

⁵El que se burla del pobre ofende a
   su Creador;
   el que se alegra de verlo en la
   ruina no quedará sin castigo.

⁶La corona del anciano son sus
   nietos;
   el orgullo de los hijos son sus
   padres.

⁷No va bien con los necios el
   lenguaje refinado,
   ni con los gobernantes, la mentira.

⁸Varaᵃ mágica es el soborno para
   quien lo ofrece,

pues todo lo que emprende lo
   consigue.

⁹El que perdona la ofensa cultiva el
   amor;
   el que insiste en la ofensa divide
   a los amigos.

¹⁰Cala más un regaño en el hombre
   prudente
   que cien latigazos en el
   obstinado.

¹¹El revoltoso siempre anda
   buscando camorra,
   pero se las verá con un mensajero
   cruel.

¹²Más vale toparse con un oso
   enfurecidoᵇ
   que con un necio empecinado en
   su necedad.

¹³Al que devuelve mal por bien,
   nunca el mal se apartará de su
   familia.

¹⁴Iniciar una pelea es romper una
   represa;
   vale más retirarse que comenzarla.

¹⁵Absolver al culpable y condenar al
   inocente
   son dos cosas que el SEÑOR
   aborrece.

¹⁶¿De qué le sirve al necio poseer
   dinero?
   ¿Podrá adquirir sabiduría si le
   faltan sesos?ᶜ

¹⁷En todo tiempo ama el amigo;
   para ayudar en la adversidad
   nació el hermano.

¹⁸El que es imprudente se
   compromete por otros,
   y sale fiador de su prójimo.

ʸ**16:33** *sobre la mesa.* Lit. *en el regazo.*   ᶻ**17:1** *banquete.* Lit. *sacrificios.*   ᵃ**17:8** *vara.* Lit. *piedra.*
ᵇ**17:12** *oso enfurecido.* Lit. *oso al que le robaron sus cachorros.*   ᶜ**17:16** *sesos.* Lit. *corazón.*

¹⁹ Al que le gusta pecar, le gusta pelear;
el que abre mucho la boca, busca
que se la rompan. *d*

²⁰ El de corazón perverso jamás
prospera;
el de lengua engañosa caerá en
desgracia.

²¹ Engendrar a un hijo necio es causa
de pesar;
ser padre de un necio no es
ninguna alegría.

²² Gran remedio es el corazón alegre,
pero el ánimo decaído seca los
huesos.

²³ El malvado acepta soborno en
secreto,
con lo que tuerce el curso de la
justicia.

²⁴ La meta del prudente es la sabiduría;
el necio divaga contemplando
vanos horizontes. *e*

²⁵ El hijo necio irrita a su padre,
y causa amargura a su madre.

²⁶ No está bien castigar al inocente,
ni azotar por su rectitud a gente
honorable.

²⁷ El que es entendido refrena sus
palabras;
el que es prudente controla sus
impulsos.

²⁸ Hasta un necio pasa por sabio si
guarda silencio;
se le considera prudente si cierra
la boca.

18 El egoísta busca su propio bien;
contra todo sano juicio se rebela.

² Al necio no le complace el
discernimiento;
tan sólo hace alarde de su propia
opinión.

³ Con la maldad, viene el desprecio,
y con la vergüenza llega el
oprobio.

⁴ Las palabras del hombre son aguas
profundas,
arroyo de aguas vivas, fuente de
sabiduría.

⁵ No está bien declarar inocente al *f*
malvado
y dejar de lado los derechos del
justo.

⁶ Los labios del necio son causa de
contienda;
su boca incita a la riña.

⁷ La boca del necio es su
perdición;
sus labios son para él una trampa
mortal.

⁸ Los chismes son deliciosos
manjares;
penetran hasta lo más íntimo del
ser.

⁹ El que es negligente en su trabajo
confraterniza con el que es
destructivo.

¹⁰ Torre inexpugnable es el nombre
del Señor;
a ella corren los justos y se ponen
a salvo.

¹¹ Ciudad amurallada es la riqueza
para el rico,
y éste cree que sus muros son
inexpugnables.

¹² Al fracaso lo precede la soberbia
humana;
a los honores los precede la
humildad.

---

d **17:19** *el que abre ... se la rompan.* Lit. *el que abre su puerta, busca destrucción.*   *e* **17:24** *el necio ...
horizontes.* Lit. *y los ojos del necio en los confines de la tierra.*   *f* **18:5** *declarar inocente al.* Lit. *levantar el
rostro del.*

¹³Es necio y vergonzoso
    responder antes de escuchar.

¹⁴En la enfermedad, el ánimo levanta
    al enfermo;
    ¿pero quién podrá levantar al
    abatido?

¹⁵El corazón prudente adquiere
    conocimiento;
    los oídos de los sabios procuran
    hallarlo.

¹⁶Con regalos se abren todas las
    puertas
    y se llega a la presencia de gente
    importante.

¹⁷El primero en presentar su caso
    parece inocente,
    hasta que llega la otra parte y lo
    refuta.

¹⁸El echar suertes pone fin a los litigios
    y decide entre las partes en pugna.

¹⁹Más resiste el hermano ofendido
    que una ciudad amurallada;
    los litigios son como cerrojos de
    ciudadela.

²⁰Cada uno se llena con lo que dice
    y se sacia con lo que habla.

²¹En la lengua hay poder de vida y
    muerte;
    quienes la aman comerán de su
    fruto.

²²Quien halla esposa halla la felicidad:
    muestras de su favor le ha dado el
    SEÑOR.

²³El pobre habla en tono suplicante;
    el rico responde con aspereza.

²⁴Hay amigos*g* que llevan a la ruina,
    y hay amigos más fieles que un
    hermano.

19Más vale pobre e intachable
    que necio y embustero.

²El afán sin conocimiento no vale
    nada;
    mucho yerra quien mucho
    corre.

³La necedad del hombre le hace
    perder el rumbo,
    y para colmo se irrita contra el
    SEÑOR.

⁴Con las riquezas aumentan los
    amigos,
    pero al pobre hasta su amigo lo
    abandona.

⁵El testigo falso no quedará sin
    castigo;
    el que esparce mentiras no saldrá
    bien librado.

⁶Muchos buscan congraciarse con
    los poderosos;
    todos son amigos de quienes
    reparten regalos.

⁷Si al pobre lo aborrecen sus
    parientes,
    con más razón lo evitan sus
    amigos.
    Aunque los busca suplicante,
    por ninguna parte los encuentra.*h*

⁸El que adquiere cordura*i* a sí
    mismo se ama,
    y el que retiene el discernimiento
    prospera.

⁹El testigo falso no quedará sin
    castigo;
    el que difunde mentiras
    perecerá.

¹⁰No va bien con el necio vivir entre
    lujos,
    y menos con el esclavo gobernar
    a los príncipes.

---

*g*18:24 *Hay amigos* (LXX, Siríaca y Targum); *Hombre de amigos* (TM).   *h*19:7 Texto de difícil traducción.
*i*19:8 *cordura*. Lit. *corazón*.

11 El buen juicio hace al hombre
              paciente;
    su gloria es pasar por alto la ofensa.

12 Rugido de león es la ira del rey;
    su favor es como rocío sobre el
              pasto.

13 El hijo necio es la ruina del padre;
    la mujer pendenciera es gotera
              constante.

14 La casa y el dinero se heredan de
              los padres,
    pero la esposa inteligente es un
              don del Señor.

15 La pereza conduce al sueño
              profundo;
    el holgazán pasará hambre.

16 El que cumple el mandamiento
              cumple consigo mismo;
    el que descuida su conducta morirá.

17 Servir al pobre es hacerle un
              préstamo al Señor;
    Dios pagará esas buenas acciones.

18 Corrige a tu hijo mientras aún hay
              esperanza;
    no te hagas cómplice de su muerte.*j*

19 El iracundo tendrá que afrontar el
              castigo;
    el que intente disuadirlo
              aumentará su enojo.*k*

20 Atiende al consejo y acepta la
              corrección,
    y llegarás a ser sabio.

21 El corazón humano genera muchos
              proyectos,
    pero al final prevalecen los
              designios del Señor.

22 De todo hombre se espera lealtad.*l*
    Más vale ser pobre que mentiroso.

23 El temor del Señor conduce a la
              vida;
    da un sueño tranquilo y evita los
              problemas.

24 El perezoso mete la mano en el
              plato,
    pero es incapaz de llevarse el
              bocado a la boca.

25 Golpea al insolente, y se hará
              prudente el inexperto;
    reprende al entendido, y ganará
              en conocimiento.

26 El que roba a su padre y echa a la
              calle a su madre
    es un hijo infame y sinvergüenza.

27 Hijo mío, si dejas de atender a la
              corrección,
    te apartarás de las palabras del
              saber.

28 El testigo corrupto se burla de la
              justicia,
    y la boca del malvado engulle
              maldad.

29 El castigo se dispuso para los
              insolentes,
    y los azotes para la espalda de los
              necios.

20 El vino lleva a la insolencia,
    y la bebida embriagante al
              escándalo;
    ¡nadie bajo sus efectos se
              comporta sabiamente!

2 Rugido de león es la furia del
              rey;
    quien provoca su enojo se juega
              la vida.

3 Honroso es al hombre evitar la
              contienda,
    pero no hay necio que no inicie
              un pleito.

---

j **19:18** *no te hagas ... muerte.* Alt. *pero no te excedas hasta matarlo.*   *k* **19:19** Texto de difícil traducción.
l **19:22** *De todo ... lealtad.* Alt. *El anhelo de todo hombre es su amor.*

⁴El perezoso no labra la tierra en
otoño;
en tiempo de cosecha buscará y
no hallará.

⁵Los pensamientos humanos son
aguas profundas;
el que es inteligente los capta
fácilmente.

⁶Son muchos los que proclaman su
lealtad,
¿pero quién puede hallar a
alguien digno de confianza?

⁷Justo es quien lleva una vida sin
tacha;
¡dichosos los hijos que sigan su
ejemplo!ᵐ

⁸Cuando el rey se sienta en el
tribunal,
con su sola mirada barre toda
maldad.

⁹¿Quién puede afirmar: «Tengo
puro el corazón;
estoy limpio de pecado»?

¹⁰Pesas falsas y medidas engañosas:
¡vaya pareja que el SEÑOR
detesta!

¹¹Por sus hechos el niño deja
entrever
si su conducta será pura y recta.

¹²Los oídos para oír y los ojos para ver:
¡hermosa pareja que el SEÑOR ha
creado!

¹³No te des al sueño, o te quedarás
pobre;
mantente despierto y tendrás pan
de sobra.

¹⁴«¡No sirve, no sirve!», dice el
comprador,
pero luego va y se jacta de su
compra.

¹⁵Oro hay, y abundan las piedras
preciosas,
pero aún más valiosos son los
labios del saber.

¹⁶Toma la prenda del que salga
fiador de un extraño;
reténla en garantía si la da en
favor de desconocidos.

¹⁷Tal vez sea agradable ganarse el
pan con engaños,
pero uno acaba con la boca llena
de arena.

¹⁸Afirma tus planes con buenos
consejos;
entabla el combate con buena
estrategia.

¹⁹El chismoso traiciona la confianza;
no te juntes con la gente que
habla de más.

²⁰Al que maldiga a su padre y a su
madre,
su lámpara se le apagará en la
más densa oscuridad.

²¹La herencia de fácil comienzo
no tendrá un final feliz.

²²Nunca digas: «¡Me vengaré de ese
daño!»
Confía en el SEÑOR, y él actuará
por ti.

²³El SEÑOR aborrece las pesas falsas
y reprueba el uso de medidas
engañosas.

²⁴Los pasos del hombre los dirige el
SEÑOR.
¿Cómo puede el hombre entender
su propio camino?

²⁵Trampa es consagrar algo sin
pensarlo
y más tarde reconsiderar lo
prometido.

ᵐ 20:7 *los hijos ... su ejemplo.* Lit. *sus hijos después de él.*

²⁶El rey sabio avienta como trigo a
los malvados,
y los desmenuza con rueda de
molino.

²⁷El espíritu humano es la lámpara
del SEÑOR,
pues escudriña lo más recóndito
del ser.

²⁸La misericordia y la verdad
sostienen al rey;
su trono se afirma en la
misericordia.

²⁹La gloria de los jóvenes radica en
su fuerza;
la honra de los ancianos, en sus
canas.

³⁰Los golpes y las heridas curan la
maldad;
los azotes purgan lo más íntimo
del ser.

21 En las manos del SEÑOR el
corazón del rey es como un
río:
sigue el curso que el SEÑOR le ha
trazado.

²A cada uno le parece correcto su
proceder,ⁿ
pero el SEÑOR juzga los
corazones.

³Practicar la justicia y el derecho
lo prefiere el SEÑOR a los
sacrificios.

⁴Los ojos altivos, el corazón
orgulloso
y la lámpara de los malvados son
pecado.

⁵Los planes bien pensados: ¡pura
ganancia!
Los planes apresurados: ¡puro
fracaso!

⁶La fortuna amasada por la lengua
embustera
se esfuma como la niebla y es
mortal como una trampa.ⁿ

⁷La violencia de los malvados los
destruirá,
porque se niegan a practicar la
justicia.

⁸Torcido es el camino del culpable,
pero recta la conducta del hombre
honrado.

⁹Más vale habitar en un rincón de la
azotea
que compartir el techo con mujer
pendenciera.

¹⁰El malvado sólo piensa en el mal;
jamás se compadece de su prójimo.

¹¹Cuando se castiga al insolente,
aprendeᵒ el inexperto;
cuando se instruye al sabio,
el inexperto adquiere
conocimiento.

¹²El justo se fija en la casa del
malvado,
y ve cuando éste acaba en la
ruina.

¹³Quien cierra sus oídos al clamor
del pobre,
llorará también sin que nadie le
responda.

¹⁴El regalo secreto apacigua el enojo;
el obsequio discreto calma la ira
violenta.

¹⁵Cuando se hace justicia,
se alegra el justo y tiembla el
malhechor.

¹⁶Quien se aparta de la senda del
discernimiento
irá a parar entre los muertos.

ⁿ**21:2** *A cada uno ... su proceder.* Lit. *Todo camino del hombre recto a sus ojos.*   ⁿ**21:6** *se esfuma ... una trampa* (LXX, Vulgata y algunos mss. hebreos); *es niebla llevada de los que buscan la muerte* (TM).
ᵒ**21:11** *aprende.* Lit. *se hace sabio.*

¹⁷El que ama el placer se quedará en
la pobreza;
el que ama el vino y los perfumes
jamás será rico.

¹⁸El malvado pagará por el justo,
y el traidor por el hombre
intachable.

¹⁹Más vale habitar en el desierto
que con mujer pendenciera y de
mal genio.

²⁰En casa del sabio abundan las
riquezas y el perfume,
pero el necio todo lo despilfarra.

²¹El que va tras la justicia y el
amor
halla vida, prosperidad*ᴾ* y honra.

²²El sabio conquista la ciudad de los
valientes
y derriba el baluarte en que ellos
confiaban.

²³El que refrena su boca y su lengua
se libra de muchas angustias.

²⁴Orgulloso y arrogante, y famoso
por insolente,
es quien se comporta con
desmedida soberbia.

²⁵La codicia del perezoso lo lleva a
la muerte,
porque sus manos se niegan a
trabajar;
²⁶todo el día se lo pasa codiciando,
pero el justo da con generosidad.

²⁷El sacrificio de los malvados es
detestable,
y más aún cuando se ofrece con
mala intención.

²⁸El testigo falso perecerá,
y quien le haga caso será
destruido*�q* para siempre.

²⁹El malvado es inflexible en sus
decisiones;
el justo examina*ʳ* su propia
conducta.

³⁰De nada sirven ante el Señor
la sabiduría, la inteligencia y el
consejo.

³¹Se alista al caballo para el día de la
batalla,
pero la victoria depende del Señor.

22 Vale más la buena fama que las
muchas riquezas,
y más que oro y plata, la buena
reputación.

²El rico y el pobre tienen esto en
común:
a ambos los ha creado el Señor.

³El prudente ve el peligro y lo evita;
el inexperto sigue adelante y
sufre las consecuencias.

⁴Recompensa de la humildad y del
temor del Señor
son las riquezas, la honra y la
vida.

⁵Espinas y trampas hay en la senda
de los impíos,
pero el que cuida su vida se aleja
de ellas.

⁶Instruye al niño en el camino
correcto,
y aun en su vejez no lo abandonará.

⁷Los ricos son los amos de los
pobres;
los deudores son esclavos de sus
acreedores.

⁸El que siembra maldad cosecha
desgracias;
el Señor lo destruirá con el cetro
de su ira.*ˢ*

ᴾ **21:21** *prosperidad.* Alt. *justicia.* *q* **21:28** *será destruido.* Alt. *hablará.* *ʳ* **21:29** *examina* (LXX, Qumrán y varios mss. hebreos); *ordena* (TM). *ˢ* **22:8** *el Señor ... su ira.* Lit. *el cetro de su ira perecerá.*

⁹El que es generoso*ᵗ* será bendecido,
    pues comparte su comida con los
    pobres.

¹⁰Despide al insolente, y se irá la
    discordia
    y cesarán los pleitos y los insultos.

¹¹El que ama la pureza de corazón y
    tiene gracia al hablar
    tendrá por amigo al rey.

¹²Los ojos del SEÑOR protegen el
    saber,
    pero desbaratan las palabras del
    traidor.

¹³«¡Hay un león allá afuera! —dice
    el holgazán—.
    ¡En plena calle me va a hacer
    pedazos!»

¹⁴La boca de la adúltera es una fosa
    profunda;
    en ella caerá quien esté bajo la ira
    del SEÑOR.

¹⁵La necedad es parte del corazón
    juvenil,
    pero la vara de la disciplina la
    corrige.

¹⁶Oprimir al pobre para enriquecerse,
    y hacerle regalos al rico,
    ¡buena manera de empobrecerse!

Los treinta dichos de los sabios
(22:17—24:22)

¹⁷Presta atención, escucha mis
    palabras;*ᵘ*
    aplica tu corazón a mi
    conocimiento.
¹⁸Grato es retenerlas dentro de ti,
    y tenerlas todas a flor de labio.
¹⁹A ti te las enseño en este día,
    para que pongas tu confianza en
    el SEÑOR.

²⁰¿Acaso no te he escrito treinta*ᵛ*
    dichos
    que contienen sabios consejos?
²¹Son para enseñarte palabras ciertas
    y confiables,
    para que sepas responder bien a
    quien te pregunte.*ʷ*

1
²²No explotes al pobre porque es
    pobre,
    ni oprimas en los tribunales*ˣ* a
    los necesitados;
²³porque el SEÑOR defenderá su
    causa,
    y despojará a quienes los
    despojen.

2
²⁴No te hagas amigo de gente
    violenta,
    ni te juntes con los iracundos,
²⁵no sea que aprendas sus malas
    costumbres
    y tú mismo caigas en la trampa.

3
²⁶No te comprometas por otros
    ni salgas fiador de deudas ajenas;
²⁷porque si no tienes con qué pagar,
    te quitarán hasta la cama en que
    duermes.

4
²⁸No cambies de lugar los linderos
    antiguos
    que establecieron tus antepasados.

5
²⁹¿Has visto a alguien diligente en su
    trabajo?
    se codeará con reyes, y nunca
    será un Don Nadie.

6
23 Cuando te sientes a comer con un
    gobernante,
    fíjate bien en lo que*ʸ* tienes ante
    ti.
²Si eres dado a la glotonería,
    domina tu apetito.*ᶻ*
³No codicies sus manjares,
    pues tal comida no es más que un
    engaño.

---

*ᵗ***22:9** *El que es generoso.* Lit. *El buen ojo.*   *ᵘ***22:17** *palabras* (LXX); *las palabras de los sabios* (TM).
*ᵛ***22:20** *escrito treinta.* Alt. *escrito antes* o *escrito excelentes.*   *ʷ***22:21** *a quien te pregunte* (LXX); *al que te*
envíe (TM).   *ˣ***22:22** *en los tribunales.* Lit. *en la *puerta.*   *ʸ***23:1** *en lo que.* Alt. *en quién.*   *ᶻ***23:2** *domina*
tu apetito. Lit. *ponle un cuchillo a tu garganta.*

7

⁴No te afanes acumulando riquezas;
   no te obsesiones con ellas.
⁵¿Acaso has podido verlas? ¡No
      existen!
   Es como si les salieran alas,
   pues se van volando como las
      águilas.

8

⁶No te sientes a la mesa de un
      tacaño,ᵃ
   ni codicies sus manjares,
⁷ que son como un pelo en la
      garganta.ᵇ
   «Come y bebe», te dirá,
   pero no te lo dirá de corazón.
⁸Acabarás vomitando lo que hayas
      comido,
   y tus cumplidos no habrán
      servido de nada.

9

⁹A oídos del necio jamás dirijas
      palabra,
   pues se burlará de tus sabios
      consejos.

10

¹⁰No cambies de lugar los linderos
      antiguos,
   ni invadas la propiedad de los
      huérfanos,
¹¹porque su Defensor es muy
      poderoso
   y contra ti defenderá su causa.

11

¹²Aplica tu corazón a la disciplina
   y tus oídos al conocimiento.

12

¹³No dejes de disciplinar al joven,
   que de unos cuantos azotes no se
      morirá.
¹⁴Dale unos buenos azotes,
   y así lo librarás del *sepulcro.

13

¹⁵Hijo mío, si tu corazón es sabio,
   también mi corazón se regocijará;
¹⁶en lo íntimo de mi ser me alegraré
   cuando tus labios hablen con
      rectitud.

14

¹⁷No envidies en tu corazón a los
      pecadores;
   más bien, muéstrate siempre
      celoso en el temor del SEÑOR.
¹⁸Cuentas con una esperanza futura,
   la cual no será destruida.

15

¹⁹Hijo mío, presta atención y sé
      sabio;
   mantén tu corazón en el camino
      recto.
²⁰No te juntes con los que beben
      mucho vino,
   ni con los que se hartan de carne,
²¹pues borrachos y glotones, por su
      indolencia,
   acaban harapientos y en la
      pobreza.

16

²²Escucha a tu padre, que te
      engendró,
   y no desprecies a tu madre
      cuando sea anciana.
²³Adquiere la verdad y la sabiduría,
   la disciplina y el discernimiento,
   ¡y no los vendas!
²⁴El padre del justo experimenta gran
      regocijo;
   quien tiene un hijo sabio se
      solaza en él.
²⁵¡Que se alegren tu padre y tu
      madre!
   ¡Que se regocije la que te dio la
      vida!

17

²⁶Dame, hijo mío, tu corazón
   y no pierdas de vista mis caminos.
²⁷Porque fosa profunda es la
      prostituta,
   y estrecho pozo, la mujer ajena.
²⁸Se pone al acecho, como un
      bandido,
   y multiplica la infidelidad de los
      hombres.

18

²⁹¿De quién son los lamentos? ¿De
      quién los pesares?

ᵃ **23:6** *un tacaño.* Alt. *un hombre mal intencionado.*
en su interior, así es él (TM).   ᵇ **23:7** *que son ... garganta* (LXX); *pues como él piensa*

¿De quién son los pleitos? ¿De
quién las quejas?
¿De quién son las heridas
gratuitas?
¿De quién los ojos morados?
30 ¡Del que no suelta la botella de vino
ni deja de probar licores!

31 No te fijes en lo rojo que es el vino,
ni en cómo brilla en la copa,
ni en la suavidad con que se
desliza;
32 porque acaba mordiendo como
serpiente
y envenenando como víbora.
33 Tus ojos verán alucinaciones,
y tu mente imaginará estupideces.
34 Te parecerá estar durmiendo en alta
mar,
acostado sobre el mástil mayor.
35 Y dirás: «Me han herido, pero no
me duele.
Me han golpeado, pero no lo
siento.
¿Cuándo despertaré de este
sueño
para ir a buscar otro trago?»

19

24 No envidies a los malvados,
ni procures su compañía;
2 porque en su corazón traman
violencia,
y no hablan más que de cometer
fechorías.

20

3 Con sabiduría se construye la casa;
con inteligencia se echan los
cimientos.
4 Con buen juicio se llenan sus
cuartos
de bellos y extraordinarios
tesoros.

21

5 El que es sabio tiene gran poder,
y el que es entendido aumenta su
fuerza.
6 La guerra se hace con buena
estrategia;
la victoria se alcanza con muchos
consejeros.

22

7 La sabiduría no está al alcance del
necio,
que en la asamblea del pueblo[c]
nada tiene que decir.

23

8 Al que hace planes malvados
lo llamarán intrigante.
9 Las intrigas del necio son pecado,
y todos aborrecen a los insolentes.

24

10 Si en el día de la aflicción te
desanimas,
muy limitada es tu fortaleza.

25

11 Rescata a los que van rumbo a la
muerte;
detén a los que a tumbos avanzan
al suplicio.
12 Pues aunque digas, «Yo no lo
sabía»,
¿no habrá de darse cuenta el que
pesa los corazones?
¿No habrá de saberlo el que vigila
tu vida?
¡Él le paga a cada uno según sus
acciones!

26

13 Come la miel, hijo mío, que es
deliciosa;
dulce al paladar es la miel del
panal.
14 Así de dulce sea la sabiduría a tu
alma;
si das con ella, tendrás buen
futuro;
tendrás una esperanza que no será
destruida.

27

15 No aceches cual malvado la casa
del justo,
ni arrases el lugar donde habita;
16 porque siete veces podrá caer el
justo,
pero otras tantas se levantará;
los malvados, en cambio,
se hundirán en la desgracia.

28

17 No te alegres cuando caiga tu
enemigo,

---

c 24:7 *en la asamblea del pueblo*. Lit. *en la* *puerta.

ni se regocije tu corazón ante su
desgracia,
[18] no sea que el SEÑOR lo vea y no lo
apruebe,
y aparte de él su enojo.

29

[19] No te alteres por causa de los
malvados,
ni sientas envidia de los impíos,
[20] porque el malvado no tiene porvenir;
¡la lámpara del impío se apagará!

30

[21] Hijo mío, teme al SEÑOR y honra al
rey,
y no te juntes con los rebeldes,
[22] porque de los dos recibirás un
castigo repentino
¡y quién sabe qué calamidades
puedan venir!

Otros dichos de los sabios

[23] También éstos son dichos de los sabios:

No es correcto ser parcial en el
juicio.

[24] Maldecirán los pueblos, y
despreciarán las naciones,
a quien declare inocente al
culpable.
[25] Pero bien vistos serán, y bendecidos,
los que condenen al culpable.

[26] Una respuesta sincera
es como un beso en los labios.

[27] Prepara primero tus faenas de
cultivo
y ten listos tus campos para la
siembra;
después de eso, construye tu casa.

[28] No testifiques sin razón contra tu
prójimo,
ni mientas con tus labios.
[29] No digas: «Le haré lo mismo que
me hizo;
le pagaré con la misma moneda.»

[30] Pasé por el campo del perezoso,
por la viña del falto de juicio.
[31] Había espinas por todas partes;
la hierba cubría el terreno,
y el lindero de piedras estaba en
ruinas.
[32] Guardé en mi corazón lo observado,
y de lo visto saqué una lección:
[33] Un corto sueño, una breve siesta,
un pequeño descanso, cruzado de
brazos...
[34] ¡y te asaltará la pobreza como un
bandido,
y la escasez, como un hombre
armado!

Más proverbios de Salomón

25 Éstos son otros proverbios de Salomón, copiados por los escribas
de Ezequías, rey de Judá.

[2] Gloria de Dios es ocultar un asunto,
y gloria de los reyes el investigarlo.

[3] Tan impenetrable es el corazón de
los reyes
como alto es el cielo y profunda
la tierra.

[4] Quita la escoria de la plata,
y de allí saldrá material para[d] el
orfebre;
[5] quita de la presencia del rey al
malvado,
y el rey afirmará su trono en la
justicia.

[6] No te des importancia en presencia
del rey,
ni reclames un lugar entre los
magnates;
[7] vale más que el rey te diga: «Sube
acá»,
y no que te humille ante gente
importante.

Lo que atestigües con tus ojos
[8] no lo lleves[e] de inmediato al
tribunal,

---

[d] **25:4** *saldrá material para.* Alt. *sacará una copa para.*
Alt. *gente importante / sobre la que hayas posado tus ojos.* / [8] *No vayas*

[e] **25:7,8** *gente importante. Lo que ... no lo lleves.*

pues ¿qué harás si a fin de cuentas
  tu prójimo te pone en vergüenza?

⁹Defiende tu causa contra tu prójimo,
  pero no traiciones la confianza de
    nadie,
¹⁰no sea que te avergüence el que te
    oiga
  y ya no puedas quitarte la infamia.

¹¹Como naranjas de oro con
    incrustaciones de plata
  son las palabras dichas a tiempo.

¹²Como anillo o collar de oro fino
  son los regaños del sabio en oídos
    atentos.

¹³Como frescura de nieve en día de
    verano
  es el mensajero confiable para
    quien lo envía,
  pues infunde nuevo ánimo en sus
    amos.

¹⁴Nubes y viento, y nada de lluvia,
  es quien presume de dar y nunca
    da nada.

¹⁵Con paciencia se convence al
    gobernante.
  ¡La lengua amable quebranta
    hasta los huesos!

¹⁶Si encuentras miel, no te empalagues;
  la mucha miel provoca náuseas.

¹⁷No frecuentes la casa de tu amigo;
  no sea que lo fastidies y llegue a
    aborrecerte.

¹⁸Un mazo, una espada, una aguda
    saeta,
  ¡eso es el falso testigo contra su
    amigo!

¹⁹Confiar en gente desleal en
    momentos de angustia
  es como tener un diente careado
  o una pierna quebrada.

²⁰Dedicarle canciones al corazón
    afligido
  es como echarle vinagreᶠ a una
    herida
  o como andar desabrigado en un
    día de frío.

²¹Si tu enemigo tiene hambre, dale
    de comer;
  si tiene sed, dale de beber.
²²Actuando así, harás que se
    avergüence de su conducta,ᵍ
  y el SEÑOR te lo recompensará.

²³Con el viento del norte vienen las
    lluvias;
  con la lengua viperina, las malas
    caras.

²⁴Más vale habitar en un rincón de la
    azotea
  que compartir el techo con mujer
    pendenciera.

²⁵Como el agua fresca a la garganta
    reseca
  son las buenas noticias desde
    lejanas tierras.

²⁶Manantial turbio, contaminado
    pozo,
  es el justo que flaquea ante el
    impío.

²⁷No hace bien comer mucha miel,
  ni es honroso buscar la propia
    gloria.

²⁸Como ciudad sin defensa y sin
    murallas
  es quien no sabe dominarse.

26 Ni la nieve es para el verano,
   ni la lluvia para la cosecha,
   ni los honores para el necio.

²Como el gorrión sin rumbo o la
    golondrina sin nido,
  la maldición sin motivo jamás
    llega a su destino.

ᶠ**25:20** *vinagre* (LXX); *salitre* (TM).   ᵍ**25:22** *harás ... conducta.* Lit. *ascuas amontonarás sobre su cabeza.*

3 El látigo es para los caballos,
  el freno para los asnos,
  y el garrote para la espalda del
  necio.

4 No respondas al necio según su
  necedad,
  o tú mismo pasarás por necio.

5 Respóndele al necio como se
  merece,
  para que no se tenga por sabio.

6 Enviar un mensaje por medio de un
  necio
  es como cortarse los pies o
  sufrir[h] violencia.

7 Inútil es el proverbio en la boca del
  necio
  como inútiles son las piernas de
  un tullido.

8 Rendirle honores al necio es tan
  absurdo
  como atar una piedra a la honda.

9 El proverbio en la boca del necio
  es como espina en la mano del
  borracho.

10 Como arquero que hiere a todo el
   que pasa
   es quien contrata al necio en su
   casa.[i]

11 Como vuelve el perro a su
   vómito,
   así el necio insiste en su necedad.

12 ¿Te has fijado en quien se cree
   muy sabio?
   Más se puede esperar de un necio
   que de gente así.

13 Dice el perezoso: «Hay una fiera
   en el camino.
   ¡Por las calles un león anda
   suelto!»

14 Sobre sus goznes gira la puerta;
   sobre la cama, el perezoso.

15 El perezoso mete la mano en el plato,
   pero le pesa llevarse el bocado a
   la boca.

16 El perezoso se cree más sabio
   que siete sabios que saben
   responder.

17 Meterse en pleitos ajenos
   es como agarrar a un perro por
   las orejas.

18 Como loco que dispara
   mortíferas flechas encendidas,
19 es quien engaña a su amigo y
   explica:
   «¡Tan sólo estaba bromeando!»

20 Sin leña se apaga el fuego;
   sin chismes se acaba el pleito.

21 Con el carbón se hacen brasas, con
   la leña se prende fuego,
   y con un pendenciero se inician
   los pleitos.

22 Los chismes son como ricos
   bocados:
   se deslizan hasta las entrañas.

23 Como baño de plata[j] sobre vasija
   de barro
   son los labios zalameros de un
   corazón malvado.

24 El que odia se esconde tras sus
   palabras,
   pero en lo íntimo alberga perfidia.
25 No le creas, aunque te hable con
   dulzura,
   porque su corazón rebosa de
   abominaciones.[k]

26 Tal vez disimule con engaños su
   odio,
   pero en la asamblea se descubrirá
   su maldad.

---

[h] **26:6** *sufrir.* Lit. *beber.*   [i] **26:10** Texto de difícil traducción.   [j] **26:23** *como baño de plata.* Lit. *como plata de escoria.*   [k] **26:25** *porque su corazón ... abominaciones.* Lit. *porque siete abominaciones hay en su corazón.*

27 Cava una fosa, y en ella caerás;
echa a rodar piedras, y te
aplastarán.

28 La lengua mentirosa odia a sus
víctimas;
la boca lisonjera lleva a la ruina.

27 No te jactes del día de mañana,
porque no sabes lo que el día
traerá.

2 No te jactes de ti mismo;
que sean otros los que te alaben.

3 Pesada es la piedra, pesada es la
arena,
pero más pesada es la ira del necio.

4 Cruel es la furia, y arrolladora la ira,
pero ¿quién puede enfrentarse a
la envidia?

5 Más vale ser reprendido con
franqueza
que ser amado en secreto.

6 Más confiable es el amigo que hiere
que el enemigo que besa.

7 Al que no tiene hambre, hasta la
miel lo empalaga;
al hambriento, hasta lo amargo le
es dulce.

8 Como ave que vaga lejos del nido
es el hombre que vaga lejos del
hogar.

9 El perfume y el incienso alegran el
corazón;
la dulzura de la amistad fortalece
el ánimo.*l*

10 No abandones a tu amigo ni al
amigo de tu padre.

No vayas a la casa de tu hermano
cuando tengas un problema.

Más vale vecino cercano que
hermano distante.

11 Hijo mío, sé sabio y alegra mi
corazón;
así podré responder a los que me
desprecian.

12 El prudente ve el peligro y lo
evita;
el inexperto sigue adelante y
sufre las consecuencias.

13 Toma la prenda del que salga
fiador por un extraño;
reténla en garantía si la entrega
por la mujer ajena.

14 El mejor saludo se juzga una
impertinencia
cuando se da a gritos y de
madrugada.

15 Gotera constante en un día lluvioso
es la mujer que siempre pelea.

16 Quien la domine, podrá dominar el
viento
y retener*m* aceite en la mano.

17 El hierro se afila con el hierro,
y el hombre en el trato con el
hombre.

18 El que cuida de la higuera comerá
de sus higos,
y el que vela por su amo recibirá
honores.

19 En el agua se refleja el rostro,
y en el corazón se refleja la
persona.

20 El *sepulcro, la *muerte y los ojos
del hombre
jamás se dan por satisfechos.

21 En el crisol se prueba la plata;
en el horno se prueba el oro;
ante las alabanzas, el hombre.

---

l **27:9** Texto de difícil traducción.   *m* **27:16** *y retener.* Lit. *y llamará.*

22 Aunque al necio lo muelas y lo
     remuelas,
   y lo machaques como al grano,
   no le quitarás la necedad.

23 Asegúrate de saber cómo están tus
     rebaños;
   cuida mucho de tus ovejas;
24 pues las riquezas no son eternas
   ni la fortuna está siempre segura.
25 Cuando se limpien los campos y
     brote el verdor,
   y en los montes se recoja la hierba,
26 las ovejas te darán para el vestido,
   y las cabras para comprar un
     campo;
27 tendrás leche de cabra en
     abundancia
   para que se alimenten tú y tu
     familia,
   y toda tu servidumbre.

28 El malvado huye aunque nadie lo
     persiga;
   pero el justo vive confiado como
     un león.

2 Cuando hay rebelión en el país,
   los caudillos se multiplican;
   cuando el gobernante es entendido,
   se mantiene el orden.

3 El gobernante[n] que oprime a los
     pobres
   es como violenta lluvia que
     arrasa la cosecha.

4 Los que abandonan la ley alaban a
     los malvados;
   los que la obedecen luchan contra
     ellos.

5 Los malvados nada entienden de la
     justicia;
   los que buscan al SEÑOR lo
     entienden todo.

6 Más vale pobre pero honrado,
   que rico pero perverso.

7 El hijo entendido se sujeta a la ley;
   el derrochador deshonra a su
     padre.

8 El que amasa riquezas mediante la
     usura
   las acumula para el que se
     compadece de los pobres.

9 Dios aborrece hasta la oración
   del que se niega a obedecer la ley.

10 El que lleva a los justos por el mal
     camino,
   caerá en su propia trampa;
   pero los íntegros heredarán el
     bien.

11 El rico se las da de sabio;
   el pobre pero inteligente lo
     desenmascara.

12 Cuando los justos triunfan, se hace
     gran fiesta;
   cuando los impíos se imponen,
     todo el mundo se esconde.

13 Quien encubre su pecado jamás
     prospera;
   quien lo confiesa y lo deja, halla
     perdón.

14 ¡Dichoso el que siempre teme al
     SEÑOR![n]
   Pero el obstinado caerá en la
     desgracia.

15 Un león rugiente, un oso
     hambriento,
   es el gobernante malvado que
     oprime a los pobres.

16 El gobernante falto de juicio es
     terrible opresor;
   el que odia las riquezas prolonga
     su vida.

17 El que es perseguido por[o]
     homicidio

---

[n] **28:3** *El gobernante* (texto probable); *El pobre* (TM).   [n] **28:14** *teme al Señor.* Lit. *teme.*   [o] **28:17** *El que es perseguido por.* Alt. *El que carga con la culpa de.*

será un fugitivo hasta la muerte.
¡Que nadie le brinde su apoyo!

18El que es honrado se mantendrá a
salvo;
el de caminos perversos caerá en
la fosa.*p*
19El que trabaja la tierra tendrá
abundante comida;
el que sueña despierto*q* sólo
abundará en pobreza.

20El hombre fiel recibirá muchas
bendiciones;
el que tiene prisa por enriquecerse
no quedará impune.

21No es correcto mostrarse parcial
con nadie.
Hay quienes pecan hasta por un
mendrugo de pan.

22El tacaño ansía enriquecerse,
sin saber que la pobreza lo aguarda.

23A fin de cuentas, más se aprecia
al que reprende que al que adula.

24El que roba a su padre o a su madre,
e insiste en que no ha pecado,
amigo es de gente perversa.*r*

25El que es ambicioso provoca peleas,
pero el que confía en el SEÑOR
prospera.

26Necio es el que confía en sí mismo;
el que actúa con sabiduría se
pone a salvo.

27El que ayuda al pobre no conocerá
la pobreza;
el que le niega su ayuda será
maldecido.

28Cuando triunfan los impíos, la
gente se esconde;
cuando perecen, los justos
prosperan.

29El que es reacio a las represiones
será destruido de repente y sin
remedio.

2Cuando los justos prosperan, el
pueblo se alegra;
cuando los impíos gobiernan, el
pueblo gime.

3El que ama la sabiduría alegra a su
padre;
el que frecuenta rameras derrocha
su fortuna.

4Con justicia el rey da estabilidad al
país;
cuando lo abruma con tributos, lo
destruye.

5El que adula a su prójimo
le tiende una trampa.

6Al malvado lo atrapa su propia
maldad,
pero el justo puede cantar de
alegría.

7El justo se ocupa de la causa del
desvalido;
el malvado ni sabe de qué se
trata.

8Los insolentes conmocionan a la
ciudad,
pero los sabios apaciguan los
ánimos.

9Cuando el sabio entabla pleito
contra un necio,
aunque se enoje o se ría, nada
arreglará.

10Los asesinos aborrecen a los
íntegros,
y tratan de matar a los justos.

11El necio da rienda suelta a
su ira,
pero el sabio sabe dominarla.

---

*p***28:18** *en la fosa* (Siríaca); *en uno* (TM).   *q***28:19** *el que sueña despierto*. Lit. *el que persigue lo vacío*;
también en 12:11.   *r***28:24** *de gente perversa*. Lit. *del destructor*.

¹²Cuando un gobernante se deja
    llevar por mentiras,
 todos sus oficiales se corrompen.

¹³Algo en común tienen el pobre y el
    opresor:
 a los dos el SEÑOR les ha dado la
    vista.

¹⁴El rey que juzga al pobre según la
    verdad
 afirma su trono para siempre.

¹⁵La vara de la disciplina imparte
    sabiduría,
 pero el hijo malcriado
    avergüenza a su madre.

¹⁶Cuando prospera el impío, prospera
    el pecado,
 pero los justos presenciarán su
    caída.

¹⁷Disciplina a tu hijo, y te traerá
    tranquilidad;
 te dará muchas satisfacciones.

¹⁸Donde no hay visión, el pueblo se
    extravía;
 ¡dichosos los que son obedientes
    a la ley!

¹⁹No sólo con palabras se corrige al
    siervo;
 aunque entienda, no obedecerá.

²⁰¿Te has fijado en los que hablan
    sin pensar?
 ¡Más se puede esperar de un
    necio que de gente así!

²¹Quien consiente a su criado cuando
    éste es niño,
 al final habrá de lamentarlo.ˢ

²²El hombre iracundo provoca
    peleas;
 el hombre violento multiplica sus
    crímenes.

²³El altivo será humillado,
 pero el humilde será enaltecido.

²⁴El cómplice del ladrón atenta
    contra sí mismo;
 aunque esté bajo juramento,ᵗ no
    testificará.

²⁵Temer a los hombres resulta una
    trampa,
 pero el que confía en el SEÑOR
    sale bien librado.

²⁶Muchos buscan el favor del
    gobernante,
 pero la sentencia del hombre la
    dicta el SEÑOR.

²⁷Los justos aborrecen a los malvados,
 y los malvados aborrecen a los
    justos.

Dichos de Agur

30 Dichos de Agur hijo de Jaqué. Orá-
    culo.ᵘ Palabras de este varón:

 «Cansado estoy, oh Dios;
 cansado estoy, oh Dios, y débil.ᵛ

²»Soy el más ignorante de todos los
    hombres;
 no hay en mí discernimiento
    humano.

³No he adquirido sabiduría,
 ni tengo conocimiento del Dios
    santo.

⁴»¿Quién ha subido a los cielos
 y descendido de ellos?
 ¿Quién puede atrapar el viento en
    su puño
 o envolver el mar en su manto?
 ¿Quién ha establecido los límites
    de la tierra?
 ¿Quién conoce su nombre o el de
    su hijo?

⁵»Toda palabra de Dios es digna de
    crédito;

ˢ**29:21** Texto de difícil traducción.   ᵗ**29:24** *bajo juramento.* Alt. *bajo maldición.*   ᵘ**30:1** *hijo de Jaqué.
Oráculo.* Alt. *hijo de Jaqué de Masa.*   ᵛ**30:1** *Cansado ... y débil.* Alt. *A Itiel, a Itiel y a Ucal.*

Dios protege a los que en él
buscan refugio.
6 No añadas nada a sus palabras,
no sea que te reprenda
y te exponga como a un mentiroso.

7 »Sólo dos cosas te pido, SEÑOR;
no me las niegues antes de que
muera:
8 Aleja de mí la falsedad y la mentira;
no me des pobreza ni riquezas
sino sólo el pan de cada día.
9 Porque teniendo mucho, podría
desconocerte
y decir: "¿Y quién es el SEÑOR?"
Y teniendo poco, podría llegar a
robar
y deshonrar así el nombre de mi
Dios.

10 »No ofendas al esclavo delante de
su amo,
pues podría maldecirte y sufrirías
las consecuencias.

11 »Hay quienes maldicen a su padre
y no bendicen a su madre.
12 Hay quienes se creen muy puros,
pero no se han purificado de su
impureza.
13 Hay quienes se creen muy
importantes,
y a todos miran con desdén.
14 Hay quienes tienen espadas por
dientes
y cuchillos por mandíbulas;
para devorar a los pobres de la
tierra
y a los menesterosos de este
mundo.

15 »La sanguijuela tiene dos hijas
que sólo dicen: "Dame, dame."

»Tres cosas hay que nunca se
sacian,
y una cuarta que nunca dice
"¡Basta!":
16 el *sepulcro, el vientre estéril,
la tierra, que nunca se sacia de
agua,
y el fuego, que no se cansa de
consumir.

17 »Al que mira con desdén a su padre,
y rehúsa obedecer a su madre,
que los cuervos del valle le saquen
los ojos
y que se lo coman vivo los
buitres.

18 »Tres cosas hay que me causan
asombro,
y una cuarta que no alcanzo a
comprender:
19 el rastro del águila en el cielo,
el rastro de la serpiente en la roca,
el rastro del barco en alta mar,
y el rastro del hombre en la mujer.

20 »Así procede la adúltera:
come, se limpia la boca,
y afirma: "Nada malo he
cometido."

21 »Tres cosas hacen temblar la tierra,
y una cuarta la hace estremecer:
22 el siervo que llega a ser rey,
el necio al que le sobra comida,
23 la mujer rechazada que llega a
casarse,
y la criada que suplanta a su
señora.

24 »Cuatro cosas hay pequeñas en el
mundo,
pero que son más sabias que los
sabios:
25 las hormigas, animalitos de escasas
fuerzas,
pero que almacenan su comida en
el verano;
26 los tejones, animalitos de poca
monta,
pero que construyen su casa entre
las rocas;
27 las langostas, que no tienen rey,
pero que avanzan en formación
perfecta;
28 las lagartijas, que se atrapan con la
mano,
pero que habitan hasta en los
palacios.

29 »Tres cosas hay que caminan con
garbo,
y una cuarta de paso imponente:

30 el león, poderoso entre las bestias,
   que no retrocede ante nada;
31 el gallo engreído,[w] el macho cabrío,
   y el rey al frente de su ejército.[x]

32 »Si como un necio te has engreído,
   o si algo maquinas, ponte a
   pensar[y]
33 que batiendo la leche se obtiene
   mantequilla,
   que sonándose fuerte sangra la
   nariz,
   y que provocando la ira se acaba
   peleando.»

Dichos del rey Lemuel

31 Los dichos del rey Lemuel. Oráculo mediante el cual[z] su madre lo instruyó:

2 «¿Qué pasa, hijo mío?
   ¿Qué pasa, hijo de mis entrañas?
   ¿Qué pasa, fruto de mis votos[a] al
   SEÑOR?
3 No gastes tu vigor en las mujeres,
   ni tu fuerza[b] en las que arruinan a
   los reyes.

4 »No conviene que los reyes, oh
   Lemuel,
   no conviene que los reyes se den
   al vino,
   ni que los gobernantes se
   entreguen al licor,
5 no sea que al beber se olviden de
   lo que la *ley ordena
   y priven de sus derechos a todos
   los oprimidos.
6 Dales licor a los que están por
   morir,
   y vino a los amargados;
7 ¡que beban y se olviden de su
   pobreza!
   ¡que no vuelvan a acordarse de
   sus penas!

8 »¡Levanta la voz por los que no
   tienen voz!
   ¡Defiende los derechos de los
   desposeídos!
9 ¡Levanta la voz, y hazles *justicia!
   ¡Defiende a los pobres y
   necesitados!»

Epílogo: Acróstico a la mujer ejemplar[c]

Álef 10 Mujer ejemplar,[d] ¿dónde se
   hallará?
   ¡Es más valiosa que las
   piedras preciosas!

Bet 11 Su esposo confía plenamente
   en ella
   y no necesita de ganancias
   mal habidas.

Guímel 12 Ella le es fuente de bien, no de
   mal,
   todos los días de su vida.

Dálet 13 Anda en busca de lana y de
   lino,
   y gustosa trabaja con sus
   manos.

He 14 Es como los barcos mercantes,
   que traen de muy lejos su
   alimento.

Vav 15 Se levanta de madrugada,
   da de comer[e] a su familia
   y asigna tareas a sus
   criadas.

Zayin 16 Calcula el valor de un campo y
   lo compra;
   con sus ganancias[f] planta un
   viñedo.

Jet 17 Decidida se ciñe la cintura[g]
   y se apresta para el trabajo.

Tet 18 Se complace en la prosperidad
   de sus negocios,
   y no se apaga su lámpara en
   la noche.

Yod 19 Con una mano sostiene el
   huso
   y con la otra tuerce el hilo.

---

[w] **30:31** *el gallo engreído.* Lit. *el apretado de hombros.*   [x] **30:31** *el rey ... ejército.* Alt. *el rey contra quien su pueblo no se subleva.*   [y] **30:32** *ponte a pensar.* Lit. *mano a la boca.*   [z] **31:1** *Lemuel. Oráculo mediante el cual.* Alt. *Lemuel de Masá, mediante los cuales.*   [a] **31:2** *fruto de mis votos.* Alt. *respuesta a mis oraciones.*   [b] **31:3** *tu fuerza.* Lit. *tus caminos.*   [c] **31:10** Los vv. 10-31 son un acróstico, en que cada verso comienza con una de las letras del alfabeto hebreo.   [d] **31:10** *ejemplar.* Alt. *fuerte.*   [e] **31:15** *da de comer.* Lit. *da presa.*   [f] **31:16** *sus ganancias.* Lit. *el fruto de sus manos.*   [g] **31:17** *se ciñe la cintura.* Lit. *se ciñe con fuerza sus lomos.*

Caf²⁰Tiende la mano al pobre,
y con ella sostiene al
necesitado.

Lámed²¹Si nieva, no tiene que
preocuparse de su familia,
pues todos están bien
abrigados.

Mem²²Las colchas las cose ella
misma,
y se viste de púrpura y lino
fino.

Nun²³Su esposo es respetado en la
comunidad;ʰ
ocupa un puesto entre las
autoridades del lugar.

Sámej²⁴Confecciona ropa de lino y la
vende;
provee cinturones a los
comerciantes.

Ayin²⁵Se reviste de fuerza y dignidad,
y afronta segura el porvenir.

Pe²⁶Cuando habla, lo hace con
sabiduría;
cuando instruye, lo hace con
amor.

Tsade²⁷Está atenta a la marcha de su
hogar,
y el pan que come no es
fruto del ocio.

Qof²⁸Sus hijos se levantan y la
felicitan;
también su esposo la alaba:

Resh²⁹«Muchas mujeres han realizado
proezas,
pero tú las superas a todas.»

Shin³⁰Engañoso es el encanto y
pasajera la belleza;
la mujer que teme al SEÑOR
es digna de alabanza.

Tav³¹¡Sean reconocidosⁱ sus logros,
y públicamenteʲ alabadas sus
obras!

ʰ**31:23** en la comunidad. Lit. en las *puertas. ⁱ**31:31** Sean reconocidos. Alt. Denle. ʲ**31:31** públicamente.
Lit. en las puertas.

Eclesiastés

Discurso inicial

1 Éstas son las palabras del Maestro,[a]
hijo de David, rey en Jerusalén.

2Lo más absurdo de lo absurdo,
—dice el Maestro—,
lo más absurdo de lo absurdo,
¡todo es un absurdo!
3¿Qué provecho saca el hombre
de tanto afanarse en esta vida?
4Generación va, generación viene,
mas la tierra siempre es la misma.
5Sale el sol, se pone el sol,
y afanoso vuelve a su punto de
origen
para de allí volver a salir.
6Dirigiéndose al sur,
o girando hacia el norte,
sin cesar va girando el viento
para de nuevo volver a girar.
7Todos los ríos van a dar al mar,
pero el mar jamás se sacia.
A su punto de origen vuelven los
ríos,
para de allí volver a fluir.
8Todas las cosas hastían
más de lo que es posible expresar.
Ni se sacian los ojos de ver,
ni se hartan los oídos de oír.
9Lo que ya ha acontecido
volverá a acontecer;
Lo que ya se ha hecho
se volverá a hacer
¡y no hay nada nuevo bajo el sol!
10Hay quien llega a decir:
«¡Mira que esto sí es una
novedad!»
Pero eso ya existía desde siempre,
entre aquellos que nos
precedieron.
11Nadie se acuerda de los hombres[b]
primeros,

como nadie se acordará de los
últimos.
¡No habrá memoria de ellos
entre los que habrán de
sucedernos!

Primeras conclusiones

12Yo, el Maestro, reiné en Jerusalén
sobre Israel. **13**Y me dediqué de lleno a
explorar e investigar con sabiduría todo
cuanto se hace bajo el cielo. ¡Penosa tarea
ha impuesto Dios al *género humano para
abrumarlo con ella! **14**Y he observado
todo cuanto se hace en esta vida, y todo
ello es absurdo, ¡es correr tras el viento!

15Ni se puede enderezar lo torcido,
ni se puede contar lo que falta.

16Me puse a reflexionar: «Aquí me
tienen, engrandecido y con más sabiduría
que todos mis antecesores en Jerusalén, y
habiendo experimentado abundante sabiduría y conocimiento. **17**Me he dedicado
de lleno a la comprensión de la sabiduría,
y hasta conozco la *necedad y la insensatez. ¡Pero aun esto es querer alcanzar el
viento! **18**Francamente,

»mientras más sabiduría, más
problemas;
mientras más se sabe, más se
sufre.»

2 Me dije entonces: «Vamos, pues, haré
la prueba con los placeres y me daré
la gran vida.» ¡Pero aun esto resultó un
absurdo! **2**A la risa la considero una locura; en cuanto a los placeres, ¿para qué
sirven?
3Quise luego hacer la prueba de entregarme al vino —si bien mi *mente estaba
bajo el control de la sabiduría—, y de

---

[a]**1:1** *Maestro*. Alt. *Predicador*. [b]**1:11** *hombres*. Alt. *tiempos*.

aferrarme a la *necedad, hasta ver qué de bueno le encuentra el hombre a lo que hace bajo el cielo durante los contados días de su vida.

⁴Realicé grandes obras: me construí casas, me planté viñedos, ⁵cultivé mis propios huertos y jardines, y en ellos planté toda clase de árboles frutales. ⁶También me construí aljibes para irrigar los muchos árboles que allí crecían. ⁷Me hice de esclavos y esclavas; y tuve criados, y mucho más ganado vacuno y lanar que todos los que me precedieron en Jerusalén. ⁸Amontoné oro y plata, y tesoros que fueron de reyes y provincias. Me hice de cantores y cantoras, y disfruté de los deleites de los hombres: ¡formé mi propio harén! *c*

⁹Me engrandecí en gran manera, más que todos los que me precedieron en Jerusalén; además, la sabiduría permanecía conmigo. ¹⁰No le negué a mis ojos ningún deseo, ni a mi *corazón privé de placer alguno, sino que disfrutó de todos mis afanes. ¡Sólo eso saqué de tanto afanarme!

¹¹Consideré luego todas mis obras y el trabajo que me había costado realizarlas, y vi que todo era absurdo, un correr tras el viento, y que ningún provecho se saca en esta vida.

Todos paran en lo mismo

¹²Consideré entonces la sabiduría, la *necedad y la insensatez —¿qué más puede hacer el sucesor del rey, aparte de lo ya hecho?—, ¹³y pude observar que hay más provecho en la sabiduría que en la insensatez, así como hay más provecho en la luz que en las tinieblas.

¹⁴El sabio tiene los ojos bien puestos,
   pero el necio anda a oscuras.

Pero también me di cuenta de que un mismo final les espera a todos. ¹⁵Me dije entonces: «Si al fin voy a acabar igual que el necio, ¿de qué me sirve ser tan sabio?» Y concluí que también esto es absurdo,

¹⁶pues nadie se acuerda jamás del sabio ni del necio; con el paso del tiempo todo cae en el olvido, y lo mismo mueren los sabios que los necios.

¹⁷Aborrecí entonces la vida, pues todo cuanto se hace en ella me resultaba repugnante. Realmente, todo es absurdo; ¡es correr tras el viento!

¹⁸Aborrecí también el haberme afanado tanto en esta vida, pues el fruto de tanto afán tendría que dejárselo a mi sucesor, ¹⁹y ¿quién sabe si éste sería sabio o necio? Sin embargo, se adueñaría de lo que con tantos afanes y sabiduría logré hacer en esta vida. ¡Y también esto es absurdo!

²⁰Volví a sentirme descorazonado de haberme afanado tanto en esta vida, ²¹pues hay quienes ponen a trabajar su sabiduría y sus conocimientos y experiencia, para luego entregarle todos sus bienes a quien jamás movió un dedo. ¡Y también esto es absurdo, y un mal enorme! ²²Pues, ¿qué gana el *hombre con todos sus esfuerzos y con tanto preocuparse y afanarse bajo el sol? ²³Todos sus días están plagados de sufrimientos y tareas frustrantes, y ni siquiera de noche descansa su *mente. ¡Y también esto es absurdo!

²⁴Nada hay mejor para el hombre que comer y beber, y llegar a disfrutar de sus afanes. He visto que también esto proviene de Dios, ²⁵porque ¿quién puede comer y alegrarse, si no es por Dios? *d* ²⁶En realidad, Dios da sabiduría, conocimientos y alegría a quien es de su agrado; en cambio, al pecador le impone la tarea de acumular más y más, para luego dárselo todo a quien es de su agrado. Y también esto es absurdo; ¡es correr tras el viento!

Hay un tiempo para todo

3 Todo tiene su momento oportuno; hay un tiempo para todo lo que se hace bajo el cielo:

²Un tiempo para nacer,
   y un tiempo para morir;
un tiempo para plantar,
   y un tiempo para cosechar;

---

c **2:8** *¡formé mi propio harén!* Frase de difícil traducción. Siríaca); *por mí* (TM).

d **2:25** *por Dios* (véanse mss. hebreos, LXX y

³un tiempo para matar,
   y un tiempo para sanar;
un tiempo para destruir,
   y un tiempo para construir;
⁴un tiempo para llorar,
   y un tiempo para reír;
un tiempo para estar de luto,
   y un tiempo para saltar de gusto;
⁵un tiempo para esparcir piedras,
   y un tiempo para recogerlas;
un tiempo para abrazarse,
   y un tiempo para despedirse;
⁶un tiempo para intentar,
   y un tiempo para desistir;
un tiempo para guardar,
   y un tiempo para desechar;
⁷un tiempo para rasgar,
   y un tiempo para coser;
un tiempo para callar,
   y un tiempo para hablar;
⁸un tiempo para amar,
   y un tiempo para odiar;
un tiempo para la guerra,
   y un tiempo para la paz.

De nada sirve afanarse

⁹¿Qué provecho saca quien trabaja, de tanto afanarse? ¹⁰He visto la tarea que Dios ha impuesto al *género humano para abrumarlo con ella. ¹¹Dios hizo todo hermoso en su momento, y puso en la *mente humana el sentido del tiempo, aun cuando el *hombre no alcanza a comprender la obra que Dios realiza de principio a fin.

¹²Yo sé que nada hay mejor para el hombre que alegrarse y hacer el bien mientras viva; ¹³y sé también que es un don de Dios que el hombre coma o beba, y disfrute de todos sus afanes. ¹⁴Sé además que todo lo que Dios ha hecho permanece para siempre; que no hay nada que añadirle ni quitarle; y que Dios lo hizo así para que se le tema.

¹⁵Lo que ahora existe, ya existía;
   y lo que ha de existir, existe ya.
   Dios hace que la historia se repita.

Contradicciones de la vida

¹⁶He visto algo más en esta vida: maldad donde se dictan las sentencias, y maldad donde se imparte la justicia. ¹⁷Pensé entonces: «Al justo y al malvado los juzgará Dios, pues hay un tiempo para toda obra y un lugar para toda acción.»

¹⁸Pensé también con respecto a los *hombres: «Dios los está poniendo a prueba, para que ellos mismos se den cuenta de que son como los animales. ¹⁹Los hombres terminan igual que los animales; el destino de ambos es el mismo, pues unos y otros mueren por igual, y el aliento de vida es el mismo para todos, así que el hombre no es superior a los animales. Realmente, todo es absurdo, ²⁰y todo va hacia el mismo lugar.

»Todo surgió del polvo,
   y al polvo todo volverá.

²¹»¿Quién sabe si el espíritu del hombre se remonta a las alturas, y el de los animales desciende[e] a las profundidades de la tierra?» ²²He visto, pues, que nada hay mejor para el hombre que disfrutar de su trabajo, ya que eso le ha tocado. Pues, ¿quién lo traerá para que vea lo que sucederá después de él?

Opresores y oprimidos

4 Luego me fijé en tanta opresión que hay en esta vida. Vi llorar a los oprimidos, y no había quien los consolara; el poder estaba del lado de sus opresores, y no había quien los consolara. ²Y consideré más felices a los que ya han muerto que a los que aún viven, ³aunque en mejor situación están los que aún no han nacido, los que no han visto aún la maldad que se comete en esta vida.

⁴Vi además que tanto el afán como el éxito en la vida despiertan envidias. Y también esto es absurdo; ¡es correr tras el viento!

---

[e] 3:21 *sabe ... desciende.* Alt. *conoce el espíritu del hombre, que se remonta a las alturas, o el de los animales, que desciende.*

5El necio se cruza de brazos,
   y acaba muriéndose de hambre.
6Más vale poco con tranquilidad
   que mucho^f con fatiga ...
   ¡corriendo tras el viento!

La unión hace la fuerza

7Me fijé entonces en otro absurdo en esta vida: **8**vi a un hombre solitario, sin hijos ni hermanos, y que nunca dejaba de afanarse; ¡jamás le parecían demasiadas sus riquezas! «¿Para quién trabajo tanto, y me abstengo de las cosas buenas?», se preguntó. ¡También esto es absurdo, y una penosa tarea!

9Más valen dos que uno,
   porque obtienen más fruto de su
     esfuerzo.
10Si caen, el uno levanta al otro.
   ¡Ay del que cae
   y no tiene quien lo levante!
11Si dos se acuestan juntos,
   entrarán en calor;
   uno solo ¿cómo va a calentarse?
12Uno solo puede ser vencido,
   pero dos pueden resistir.
   ¡La cuerda de tres hilos
   no se rompe fácilmente!

Juventud y sabiduría

13Más vale joven pobre pero sabio
   que rey viejo pero necio,
   que ya no sabe recibir consejos.

14Aunque de la cárcel haya ascendido al trono, o haya nacido pobre en ese reino, **15**en esta vida he visto que la gente apoya al joven que sucede al rey. **16**Y aunque es incontable la gente que sigue a los reyes,^g muchos de los que vienen después tampoco quedan contentos con el sucesor. Y también esto es absurdo; ¡es alcanzar el viento!

Hay que cumplir los votos

5 Cuando vayas a la casa de Dios, cuida tus pasos y acércate a escuchar en vez de ofrecer sacrificio de necios, que ni conciencia tienen de que hacen mal.

2No te apresures,
   ni con la boca ni con la
     *mente,
   a proferir ante Dios palabra
     alguna;
  él está en el cielo y tú estás en la
     tierra.
  Mide, pues, tus palabras.
3Quien mucho se preocupa tiene
     pesadillas,
   y quien mucho habla dice
     tonterías.

4Cuando hagas un voto a Dios, no tardes en cumplirlo, porque a Dios no le agradan los *necios. Cumple tus votos:

5Vale más no hacer votos
   que hacerlos y no cumplirlos.

6No permitas que tu boca te haga pecar, ni digas luego ante el mensajero de Dios^h que lo hiciste sin querer. ¿Por qué ha de enojarse Dios por lo que dices, y destruir el fruto de tu trabajo? **7**Más bien, entre tantos absurdos, pesadillas y palabrerías, muestra temor a Dios.

Futilidad de las riquezas

8Si en alguna provincia ves que se oprime al pobre, y que a la gente se le niega un juicio justo, no te asombres de tales cosas; porque a un alto oficial lo vigila otro más alto, y por encima de ellos hay otros altos oficiales. **9**¿Qué provecho hay en todo esto para el país? ¿Está el rey al servicio del campo?ⁱ

10Quien ama el dinero, de dinero no se sacia. Quien ama las riquezas nunca tiene suficiente. ¡También esto es absurdo! **11**Donde abundan los bienes, sobra quien se los gaste; ¿y qué saca de esto su dueño, aparte de contemplarlos? **12**El trabajador duerme tranquilo, coma mucho o coma poco. Al rico sus muchas riquezas no lo dejan dormir.

13He visto un mal terrible en esta vida: riquezas acumuladas que redundan en perjuicio de su dueño, **14**y riquezas que se pierden en un mal negocio. Y si llega su

---

^f**4:6** *poco ... mucho.* Lit. *un puñado ... dos puñados.*   ^g**4:16** *los reyes.* Lit. *ellos.*   ^h**5:6** *mensajero de Dios.* Lit. *mensajero.*   ⁱ**5:9** *Versículo de difícil traducción.*

dueño a tener un hijo, ya no tendrá nada que dejarle. **15**Tal como salió del vientre de su madre, así se irá: desnudo como vino al mundo, y sin llevarse el fruto de tanto trabajo.

16Esto es un mal terrible: que tal como viene el hombre, así se va. ¿Y de qué le sirve afanarse tanto para nada? **17**Además, toda su vida come en tinieblas, y en medio de muchas molestias, enfermedades y enojos.

18Esto es lo que he comprobado: que en esta vida lo mejor es comer y beber, y disfrutar del fruto de nuestros afanes. Es lo que Dios nos ha concedido; es lo que nos ha tocado. **19**Además, a quien Dios le concede abundancia y riquezas, también le concede comer de ellas, y tomar su parte y disfrutar de sus afanes, pues esto es don de Dios. **20**Y como Dios le llena de alegría el *corazón, muy poco reflexiona el hombre en cuanto a su vida.

¿Qué sentido tiene la vida?

6 Hay un mal que he visto en esta vida y que abunda entre los *hombres: **2**a algunos Dios les da abundancia, riquezas y honores, y no les falta nada que pudieran desear, pero es a otros a quienes les concede disfrutar de todo ello. ¡Esto es absurdo, y un mal terrible!

3Si un hombre tiene cien hijos y vive muchos años, no importa cuánto viva, si no se ha saciado de las cosas buenas ni llega a recibir sepultura, yo digo que un abortivo vale más que él. **4**Porque el abortivo vino de la nada, y a las tinieblas va, y en las tinieblas permanecerá anónimo. **5**Nunca llegará a ver el sol, ni sabrá nada; sin embargo, habrá tenido más tranquilidad que el **6**que pudo haber vivido dos mil años sin disfrutar jamás de lo bueno. ¿Y acaso no van todos a un mismo lugar? **7**Mucho trabaja el hombre para comer, pero nunca se sacia. **8**¿Qué ventaja tiene el sabio sobre el *necio? ¿Y qué gana el pobre con saber enfrentarse a la vida? **9**Vale más lo visible que lo imaginario. Y también esto es absurdo; ¡es correr tras el viento!

10Lo que ahora existe ya ha recibido su *nombre,

y se sabe lo que es: *humanidad.
Nadie puede luchar
    contra alguien más fuerte.
11Aumentan las palabras,
    aumentan los absurdos.

¿Y qué se gana con eso? **12**En realidad, ¿quién sabe qué le conviene al hombre en esta breve y absurda vida suya, por donde pasa como una sombra? ¿Y quién puede decirle lo que sucederá en esta vida después de su muerte?

Nueva escala de valores

7 Vale más el buen *nombre
    que el buen perfume.
Vale más el día en que se muere
    que el día en que se nace.
2Vale más ir a un funeral
    que a un festival.

Pues la muerte es el fin de todo *hombre,
y los que viven debieran tenerlo presente.

3Vale más llorar que reír;
    pues entristece el rostro,
    pero le hace bien al *corazón.
4El sabio tiene presente la muerte;
    el *necio sólo piensa en la
      diversión.
5Vale más represión de sabios
    que lisonja de necios.

6Pues las carcajadas de los necios son como el crepitar de las espinas bajo la olla. ¡Y también esto es absurdo!

7La extorsión entorpece al sabio,
    y el soborno corrompe su corazón.
8Vale más el fin de algo
    que su principio.
Vale más la paciencia
    que la arrogancia.
9No te dejes llevar por el enojo
    que sólo abriga el corazón del
      necio.

10Nunca preguntes por qué todo tiempo pasado fue mejor. No es de sabios hacer tales preguntas.

11Buena es la sabiduría sumada a la heredad, y provechosa para los que viven. **12**Puedes ponerte a la sombra de la sabiduría o a la sombra del dinero, pero la sabiduría tiene la ventaja de dar vida a quien la posee.

13Contempla las obras de Dios: ¿quién puede enderezar lo que él ha torcido? 14Cuando te vengan buenos tiempos, disfrútalos; pero cuando te lleguen los malos, piensa que unos y otros son obra de Dios, y que el hombre nunca sabe con qué habrá de encontrarse después.

15Todo esto he visto durante mi absurda vida: hombres justos a quienes su justicia los destruye, y hombres malvados a quienes su maldad les alarga la vida.

16No seas demasiado justo,
　　ni tampoco demasiado sabio.
　¿Para qué destruirte
　　a ti mismo?

17No hay que pasarse de malo,
　　ni portarse como un necio.
　¿Para qué morir
　　antes de tiempo?

18Conviene asirse bien de esto,
　　sin soltar de la mano aquello.
　Quien teme a Dios
　　saldrá bien en todo.

19Más fortalece la sabiduría al sabio
　　que diez gobernantes a una
　　　ciudad.
20No hay en la tierra nadie tan justo
　　que haga el bien y nunca peque.

21No prestes atención a todo lo que se dice, y así no oirás cuando tu siervo hable mal de ti, 22aunque bien sabes que muchas veces también tú has hablado mal de otros.

Tras la razón de las cosas

23Todo esto lo examiné muy bien y con sabiduría, pues me dispuse a ser sabio, pero la sabiduría estaba fuera de mi alcance. 24Lejos y demasiado profundo está todo cuanto existe. ¿Quién puede dar con ello? 25Volví entonces mi atención hacia el conocimiento, para investigar e indagar acerca de la sabiduría y la razón de las cosas, y me di cuenta de la insensatez de la maldad y la locura de la *necedad. 26Y encontré algo más amargo que la muerte: a la mujer que es una trampa, que por *corazón tiene una red y por brazos tiene cadenas. Quien agrada a Dios se librará de ella, pero el pecador caerá en sus redes.

27Y dijo el Maestro: «Miren lo que he hallado al buscar la razón de las cosas, una por una: 28¡que todavía estoy buscando lo que no he encontrado! Ya he dado con un hombre entre mil, pero entre todas las mujeres aún no he encontrado ninguna. 29Tan sólo he hallado lo siguiente: que Dios hizo perfecto al *género humano, pero éste se ha buscado demasiadas complicaciones.»

8 ¿Quién como el sabio? ¿Quién conoce las respuestas? La sabiduría del hombre hace que resplandezca su rostro y se ablanden sus facciones.

La obediencia al rey

2Yo digo: Obedece al rey, porque lo has jurado ante Dios. 3No te apresures a salir de su presencia. No defiendas una mala causa, porque lo que él quiere hacer, lo hace. 4Puesto que la palabra del rey tiene autoridad, ¿quién puede pedirle cuentas?

5El que acata sus órdenes no sufrirá daño alguno. El *corazón sabio sabe cuándo y cómo acatarlas. 6En realidad, para todo lo que se hace hay un cuándo y un cómo, aunque el *hombre tiene en su contra un gran problema: 7que no sabe lo que está por suceder, ni hay quien se lo pueda decir. 8No hay quien tenga poder sobre el aliento de vida, como para retenerlo, ni hay quien tenga poder sobre el día de su muerte. No hay licencias durante la batalla, ni la maldad deja libre al malvado.

Sinrazones de la vida

9Todo esto vi al dedicarme de lleno a conocer todo lo que se hace en esta vida: hay veces que el hombre domina sobre el hombre, para su mal. 10Vi también a los malvados ser sepultados —los que solían ir y venir del lugar santo—; a ellos se les echó al olvido en la ciudad donde así se condujeron.ʲ ¡Y también esto es absurdo! **11**Cuando no se ejecuta rápidamente la sentencia de un delito, el *corazón del pueblo se llena de razones para hacer lo malo.

12El pecador puede hacer lo malo cien veces, y vivir muchos años; pero sé también que le irá mejor a quien teme a Dios y le guarda reverencia. **13**En cambio, a los malvados no les irá bien ni vivirán mucho tiempo. Serán como una sombra, porque no temen a Dios.

14En la tierra suceden cosas absurdas, pues hay hombres justos a quienes les va como si fueran malvados, y hay malvados a quienes les va como si fueran justos. ¡Y yo digo que también esto es absurdo!

15Por tanto, celebro la alegría, pues no hay para el hombre nada mejor en esta vida que comer, beber y divertirse, pues sólo eso le queda de tanto afanarse en esta vida que Dios le ha dado.

16Al dedicarme al *conocimiento de la sabiduría y a la observación de todo cuanto se hace en la tierra, sin que pudiera conciliar el sueño ni de día ni de noche, **17**pude ver todo lo hecho por Dios. ¡El hombre no puede comprender todo lo que Dios ha hecho en esta vida! Por más que se esfuerce por hallarle sentido, no lo encontrará; aun cuando el sabio diga conocerlo, no lo puede comprender.

Un destino común

9 A todo esto me dediqué de lleno, y en todo esto comprobé que los justos y los sabios, y sus obras, están en las manos de Dios; que el hombre nada sabe del amor ni del odio, aunque los tenga ante sus ojos. **2**Para todos hay un mismo final:

> para el justo y el injusto,
> para el bueno y el malo,
> para el puro y el impuro,
> para el que ofrece sacrificios
>   y para el que no los ofrece;
> para el bueno y para el pecador,
> para el que hace juramentos
>   y para el que no los hace.

3Hay un mal en todo lo que se hace en esta vida: que todos tienen un mismo final. Además, el *corazón del *hombre rebosa de maldad; la locura está en su corazón toda su vida, y su fin está entre los muertos. **4**¿Por quién, pues, decidirse? Entre todos los vivos hay esperanza, pues

> vale más perro vivo
> que león muerto.

5Porque los vivos saben que han de morir, pero los muertos no saben nada ni esperan nada, pues su memoria cae en el olvido. **6**Sus amores, odios y pasiones llegan a su fin, y nunca más vuelven a tener parte en nada de lo que se hace en esta vida.

7¡Anda, come tu pan con alegría! ¡Bebe tu vino con buen ánimo, que Dios ya se ha agradado de tus obras! **8**Que sean siempre blancos tus vestidos, y que no falte nunca el perfume en tus cabellos. **9**Goza de la vida con la mujer amada cada día de la fugaz existencia que Dios te ha dado en este mundo. ¡Cada uno de tus absurdos días! Esto es lo que te ha tocado de todos tus afanes en este mundo. **10**Y todo lo que te venga a la mano, hazlo con todo empeño; porque en el *sepulcro, adonde te diriges, no hay trabajo ni planes ni conocimiento ni sabiduría.

Más vale maña que fuerza

11Me fijé que en esta vida la carrera no la ganan los más veloces, ni ganan la batalla los más valientes; que tampoco los sabios tienen qué comer, ni los inteligentes abundan en dinero, ni los instruidos gozan de simpatía, sino que a todos les llegan buenos y malos tiempos.

12Vi además que nadie sabe cuándo le llegará su hora. Así como los peces caen en la red maligna y las aves caen en la trampa, también los *hombres se ven atrapados por una desgracia que de pronto les sobreviene.

13También vi en este mundo un notable caso de sabiduría: **14**una ciudad pequeña,

---

ʲ **8:10** *a ellos ... se condujeron.* Frase de difícil traducción.

con pocos habitantes, contra la cual se dirigió un rey poderoso que la sitió, y construyó a su alrededor una impresionante maquinaria de asalto. **15**En esa ciudad había un hombre, pobre pero sabio, que con su sabiduría podría haber salvado a la ciudad, ¡pero nadie se acordó de aquel hombre pobre!

16Yo digo que «más vale maña que fuerza», aun cuando se menosprecie la sabiduría del pobre y no se preste atención a sus palabras.

17Más se atiende a las palabras
tranquilas de los sabios
que a los gritos del jefe de los
necios.
18Vale más la sabiduría
que las armas de guerra.
Un solo error
acaba con muchos bienes.

Dichos de sabiduría

10Las moscas muertas apestan
y echan a perder el perfume.
Pesa más una pequeña *necedad
que la sabiduría y la honra juntas.

2El *corazón del sabio busca el bien,
pero el del necio busca el mal.

3Y aun en el camino por el que va, el necio revela su falta de inteligencia y a todos va diciendo lo necio que es.

4Si el ánimo del gobernante se exalta contra ti, no abandones tu puesto. La paciencia es el remedio para los grandes errores.

5Hay un mal que he visto en esta vida, semejante al error que cometen los gobernantes: **6**al necio se le dan muchos puestos elevados, pero a los capaces se les dan los puestos más bajos. **7**He visto esclavos montar a caballo, y príncipes andar a pie como esclavos.

8El que cava la fosa,
en ella se cae.
Al que abre brecha en el muro,
la serpiente lo muerde.

9El que pica piedra,
con las piedras se hiere.

El que corta leña,
con los leños se lastima.

10Si el hacha pierde su filo,
y no se vuelve a afilar,
hay que golpear con más fuerza.
El éxito radica en la acción
sabia y bien ejecutada.

11Si la serpiente muerde antes de ser
encantada,
no hay ganancia para el
encantador.

12Las palabras del sabio son
placenteras,
pero los labios del necio son su
ruina;
13sus primeras palabras son
necedades,
y las últimas son terribles
sandeces.
14 ¡Pero no le faltan las palabras!

Nadie sabe lo que ha de suceder,
y lo que será aun después,
¿quién podría decirlo?

15El trabajo del necio tanto lo
fatiga
que ni el camino a la ciudad
conoce.

16¡Ay del país cuyo rey es un
inmaduro,
y cuyos príncipes banquetean
desde temprano!

17¡*Dichoso el país cuyo rey es un
noble,
y cuyos príncipes comen cuando
es debido,
para reponerse y no para
embriagarse!

18Por causa del ocio se viene abajo el
techo,
y por la pereza se desploma la
casa.

19Para alegrarse, el pan;
para gozar, el vino;
para disfrutarlo, el dinero.

20No maldigas al rey ni con el
pensamiento,
ni en privado maldigas al rico,
pues las aves del cielo pueden
correr la voz.
Tienen alas y pueden divulgarlo.

11 Lanza tu pan sobre el agua;
después de algún tiempo volverás
a encontrarlo.

2Comparte lo que tienes entre siete,
y aun entre ocho,
pues no sabes qué calamidad
pueda venir sobre la tierra.

3Cuando las nubes están cargadas,
derraman su lluvia sobre la tierra.

Si el árbol cae hacia el sur,
o cae hacia el norte,
donde cae allí se queda.

4Quien vigila al viento, no siembra;
quien contempla las nubes, no
cosecha.

5Así como no sabes por dónde va el
viento ni cómo se forma el niño en el
vientre de la madre, tampoco entiendes la
obra de Dios, creador de todas las cosas.
6Siembra tu semilla en la mañana, y
no te des reposo por la tarde, pues nunca
sabes cuál siembra saldrá mejor, si ésta
o aquélla, o si ambas serán igual de
buenas.

7Grata es la luz, y qué bueno que los
ojos disfruten del sol. **8**Mas si el hombre
vive muchos años, y todos ellos los disfruta, debe recordar que los días tenebrosos serán muchos y que lo venidero será
un absurdo.

Acuérdate de tu Creador

9Alégrate, joven, en tu juventud; deja
que tu *corazón disfrute de la adolescen-
cia. Sigue los impulsos de tu corazón y
responde al estímulo de tus ojos, pero
toma en cuenta que Dios te juzgará por
todo esto. **10**Aleja de tu corazón el enojo,
y echa fuera de tu ser la maldad, porque
confiar en la juventud y en la flor de la
vida es un absurdo.

12Acuérdate de tu Creador
en los días de tu juventud,
antes que lleguen los días malos
y vengan los años en que digas:
«No encuentro en ellos placer
alguno»;
2antes que dejen de brillar
el sol y la luz,
la luna y las estrellas,
y vuelvan las nubes después de la
lluvia.
3Un día temblarán los guardianes de
la casa,
y se encorvarán los hombres de
batalla;
se detendrán las molenderas por ser
tan pocas,
y se apagarán los que miran a
través de las ventanas.
4Se irán cerrando las puertas de la
calle,
irá disminuyendo el ruido del
molino,
las aves elevarán su canto,
pero apagados se oirán sus trinos.
5Sobrevendrá el temor por las
alturas
y por los peligros del camino.
Florecerá el almendro,
la langosta resultará onerosa,
y no servirá de nada la alcaparra,
pues el hombre se encamina al
hogar eterno
y rondan ya en la calle los que
lloran su muerte.

6Acuérdate de tu Creador
antes que se rompa el cordón de
plata
y se quiebre la vasija de oro,
y se estrelle el cántaro contra la
fuente
y se haga pedazos la polea del
pozo.
7Volverá entonces el polvo a la
tierra,
como antes fue,
y el espíritu volverá a Dios,
que es quien lo dio.

8Lo más absurdo de lo absurdo,
¡todo es un absurdo!
—ha dicho el Maestro.

Epílogo

9Además de ser sabio, el Maestro impartió conocimientos a la gente. Ponderó, investigó y ordenó muchísimos proverbios. **10**Procuró también hallar las palabras más adecuadas y escribirlas con honradez y veracidad.

11Las palabras de los sabios son como aguijones. Como clavos bien puestos son sus colecciones de dichos, dados por un solo pastor. **12**Además de ellas, hijo mío, ten presente que el hacer muchos libros es algo interminable y que el mucho leer causa fatiga. **13**El fin de este asunto es que ya se ha escuchado todo. Teme, pues, a Dios y cumple sus mandamientos, porque esto es todo para el hombre. **14**Pues Dios juzgará toda obra, buena o mala, aun la realizada en secreto.

Cantar de los Cantares

1 Cantar de los cantares[a] de Salomón.

Primer Canto

La amada

²Ah, si me besaras con los besos de
   tu boca[b]...
   ¡grato en verdad es tu amor, más
   que el vino!
³Grata es también, de tus perfumes,
   la fragancia;
   tú mismo eres[c] bálsamo fragante.
   ¡Con razón te aman las doncellas!
⁴¡Hazme del todo tuya![d] ¡Date
   prisa!
   ¡Llévame, oh rey, a tu alcoba!

Los amigos

Regocijémonos y deleitémonos
   juntos,
   celebraremos tus caricias más
   que el vino.
   ¡Sobran las razones para amarte!

La amada

⁵Morena soy, pero hermosa,
   hijas de Jerusalén;
   morena como las carpas de Cedar,
   hermosa como los pabellones de
   Salmá.[e]
⁶No se fijen en mi tez morena,
   ni en que el sol me bronceó la
   piel.
   Mis hermanos se enfadaron contra
   mí,
   y me obligaron a cuidar las viñas;
   ¡y mi propia viña descuidé!
⁷Cuéntame, amor de mi *vida,
   ¿dónde apacientas tus rebaños?,
   ¿dónde a la hora de la siesta[f] los
   haces reposar?

¿Por qué he de andar vagando[g]
   entre los rebaños de tus amigos?

Los amigos

⁸Si no lo sabes, bella entre las bellas,
   ve tras la huella del rebaño
   y apacienta a tus cabritos
   junto a las moradas de los
   pastores.

El amado

⁹Tú y tus adornos, amada mía,
   me recuerdan a las yeguas
   enjaezadas
   de los carros del faraón.
¹⁰¡Qué hermosas lucen tus mejillas
   entre los pendientes!
   ¡Qué hermoso luce tu cuello entre
   los collares!
¹¹¡Haremos para ti pendientes de oro
   con incrustaciones de plata!

La amada

¹²Mientras el rey se halla sentado a
   la mesa,
   mi perfume esparce su fragancia.
¹³Mi amado es para mí como el
   saquito de mirra
   que duerme entre mis pechos.
¹⁴Mi amado es para mí como un
   ramito de azahar[h]
   de las viñas de Engadi.

El amado

¹⁵¡Cuán bella eres, amada mía!
   ¡Cuán bella eres!
   ¡Tus ojos son dos palomas!

La amada

¹⁶¡Cuán hermoso eres, amado mío!
   ¡Eres un encanto!

---

[a]**1:1** *Cantar de los cantares.* Alt. *El más bello cantar.*   [b]**1:2** *si me besaras ... tu boca.* Lit. *béseme él con los besos de su boca.*   [c]**1:3** *tú mismo eres.* Lit. *tu *nombre es.*   [d]**1:4** *Hazme del todo tuya.* Lit. *Arrástrame tras de ti.*   [e]**1:5** *Salmá.* Alt. *Salomón.*   [f]**1:7** *a la hora de la siesta.* Lit. *al mediodía.*   [g]**1:7** *vagando* (véanse Siríaca, Targum y Vulgata); *como una mujer cubierta con un velo* (TM).   [h]**1:14** *azahar.* Lit. *alheña.*

El amado

Una alfombra de verdor es nuestro
lecho,
17 los cedros son las vigas de la casa
y nos cubre un techo de cipreses.

La amada

2 Yo soy una rosa de Sarón,
una azucena de los valles.

El amado

2Como azucena entre las espinas
es mi amada entre las mujeres.

La amada

3Cual manzano entre los árboles del
bosque
es mi amado entre los hombres.
Me encanta sentarme a su sombra;
dulce a mi paladar es su fruto.
4Me llevó a la sala del banquete,
y sobre mí enarboló su bandera
de amor.
5¡Fortalézcanme con pasas,
susténtenme con manzanas,
porque desfallezco de amor!
6¡Ojalá pudiera mi cabeza
reposar sobre su izquierda!
¡Ojalá su derecha me abrazara!

El amado

7Yo les ruego, mujeres de Jerusalén,
por las gacelas y cervatillas del
bosque,
que no desvelen ni molesten a mi
amada
hasta que ella quiera despertar.

Segundo Canto

La amada

8¡La voz de mi amado!
¡Mírenlo, aquí viene!
Saltando por las colinas,
brincando por las montañas.
9Mi amado es como un venado;
se parece a un cervatillo.
¡Mírenlo, de pie tras nuestro muro,
espiando por las ventanas,
atisbando por las celosías!

10Mi amado me habló y me dijo:
«¡Levántate, amada mía;
ven conmigo, mujer hermosa!
11¡Mira, el invierno se ha ido,
y con él han cesado y se han ido
las lluvias!
12Ya brotan flores en los campos;
¡el tiempo de la canción ha
llegado!
Ya se escucha por toda nuestra
tierra
el arrullo de las tórtolas.
13La higuera ofrece ya sus primeros
frutos,
y las viñas en ciernes esparcen su
fragancia.
¡Levántate, amada mía;
ven conmigo, mujer hermosa!»

El amado

14Paloma mía, que te escondes
en las grietas de las rocas,
en las hendiduras de las montañas,
muéstrame tu rostro,
déjame oír tu voz;
pues tu voz es placentera
y hermoso tu semblante.

El amado y la amada

15Atrapen a las zorras,
a esas zorras pequeñas
que arruinan nuestros viñedos,
nuestros viñedos en flor.

La amada

16Mi amado es mío, y yo soy suya;
él apacienta su rebaño entre
azucenas.
17Antes de que el día despunte
y se desvanezcan las sombras,
regresa a mí, amado mío.
Corre como un venado,
como un cervatillo
por colinas escarpadas. *i*

3 Por las noches, sobre mi lecho,
busco al amor de mi *vida;
lo busco y no lo hallo.
2Me levanto, y voy por la ciudad,
por sus calles y mercados,

---

i **2:17** *por colinas escarpadas.* Alt. *por las colinas de Beter.*

buscando al amor de mi vida.
¡Lo busco y no lo hallo!

3 Me encuentran los centinelas
mientras rondan la ciudad.
Les pregunto:
«¿Han visto ustedes al amor de
mi vida?»
4 No bien los he dejado,
cuando encuentro al amor de mi
vida.
Lo abrazo y, sin soltarlo,
lo llevo a la casa de mi madre,
a la alcoba donde ella me
concibió.

El amado

5 Yo les ruego, mujeres de Jerusalén,
por las gacelas y cervatillas del
bosque,
que no desvelen ni molesten a mi
amada
hasta que ella quiera despertar.

Tercer Canto

El coro

6 ¿Qué es eso que sube por el desierto
semejante a una columna de humo,
entre aromas de mirra e incienso,
entre exóticos perfumes?[j]
7 ¡Miren!
¡Es el carruaje de Salomón!
Viene escoltado por sesenta
guerreros,
escogidos entre los más valientes
de Israel.
8 Todos ellos portan espadas,
y han sido adiestrados para el
combate;
cada uno lleva la espada al cinto
por causa de los peligros de la
noche.
9 Salomón mismo se hizo el carruaje
con finas maderas del Líbano.
10 Hizo de plata las columnas,
y de oro los soportes.
El asiento lo tapizó de púrpura,
y su interior fue decorado con
esmero
por las hijas de Jerusalén.

11 ¡Salgan, mujeres de *Sión!
¡Contemplen al rey Salomón!
¡Lleva puesta la corona que le ciñó
su madre
el día en que contrajo nupcias,
el día en que se alegró su
*corazón!

El amado

4 ¡Cuán bella eres, amada mía!
¡Cuán bella eres!
Tus ojos, tras el velo, son dos
palomas.
Tus cabellos son como los rebaños
de cabras
que retozan en los montes de
Galaad.
2 Tus dientes son como ovejas recién
trasquiladas,
que ascienden luego de haber
sido bañadas.
Cada una de ellas tiene su pareja;
ninguna de ellas está sola.
3 Tus labios son cual cinta
escarlata;
tus palabras me tienen
hechizado.
Tus mejillas, tras el velo,
parecen dos mitades de granadas.
4 Tu cuello se asemeja a la torre de
David,
construida con piedras labradas;
de ella penden mil escudos,
escudos de guerreros todos ellos.
5 Tus pechos parecen dos cervatillos,
dos crías mellizas de gacela
que pastan entre azucenas.
6 Antes de que el día despunte
y se desvanezcan las sombras,
subiré a la montaña de la mirra,
a la colina del incienso.

7 Toda tú eres bella, amada mía;
no hay en ti defecto alguno.
8 Desciende del Líbano conmigo,
novia mía;
desciende del Líbano conmigo.
Baja de la cumbre del Amaná,
de la cima del Senir y del
Hermón.

---

[j] **3:6** *exóticos perfumes*. Lit. *perfumes de mercaderes*.

Baja de las guaridas de los leones,
de los montes donde habitan los
leopardos.

9Cautivaste mi *corazón,
hermana y novia mía,
con una mirada de tus ojos;
con una vuelta de tu collar
cautivaste mi corazón.
10¡Cuán delicioso es tu amor,
hermana y novia mía!
¡Más agradable que el vino es tu
amor,
y más que toda especia
la fragancia de tu perfume!
11Tus labios, novia mía, destilan miel;
leche y miel escondes bajo la
lengua.
Cual fragancia del Líbano
es la fragancia de tus vestidos.

12Jardín cerrado eres tú,
hermana y novia mía;
¡jardín cerrado, sellado manantial!
13Tus pechos k son un huerto de
granadas
con frutos exquisitos,
con flores de nardo y azahar;
14con toda clase de árbol resinoso, l
con nardo y azafrán,
con cálamo y canela,
con mirra y áloe,
y con las más finas especias.
15Eres fuente de los jardines,
manantial de aguas vivas,
¡arroyo que del Líbano desciende!

La amada

16¡Viento del norte, despierta!
¡Viento del sur, ven acá!
Soplen en mi jardín;
¡esparzan su fragancia!
Que venga mi amado a su jardín
y pruebe sus frutos exquisitos.

El amado

5   He entrado ya en mi jardín,
hermana y novia mía,
y en él recojo mirra y bálsamo;
allí me sacio del panal y de su miel.

Allí me embriago de vino y leche;
¡todo esto me pertenece!

Los amigos

¡Coman y beban, amigos,
y embriáguense de amor!

Cuarto Canto

La amada

2Yo dormía, pero mi *corazón
velaba.
¡Y oí una voz!
¡Mi amado estaba a la puerta!

«Hermana, amada mía;
preciosa paloma mía,
¡déjame entrar!
Mi cabeza está empapada de rocío;
la humedad de la noche corre por
mi pelo.»

3Ya me he quitado la ropa;
¡cómo volver a vestirme!
Ya me he lavado los pies;
¡cómo ensuciarlos de nuevo!

4Mi amado pasó la mano
por la abertura del cerrojo;
¡se estremecieron mis entrañas al
sentirlo!
5Me levanté y le abrí a mi amado;
¡gotas de mirra corrían por mis
manos!
¡Se deslizaban entre mis dedos
y caían sobre la aldaba!

6Le abrí a mi amado,
pero ya no estaba allí.
Se había marchado,
y tras su voz se fue mi *alma.
Lo busqué, y no lo hallé.
Lo llamé, y no me respondió.
7Me encontraron los centinelas
mientras rondaban la ciudad;
los que vigilan las murallas
me hirieron, me golpearon;
¡me despojaron de mi manto!

8Yo les ruego, mujeres de Jerusalén,
que si encuentran a mi amado,

---

k 4:13 *Tus pechos*. Lit. *Tus brotes*.   l 4:14 *resinoso*. Lit. *de incienso*.

¡le digan que estoy enferma de
  amor!

El coro

⁹Dinos, bella entre las bellas,
  ¿en qué aventaja tu amado a otros
  hombres?
¿En qué aventaja tu amado a otros
  hombres,
  que nos haces tales ruegos?

La amada

¹⁰Mi amado es apuesto y trigueño,
  y entre diez mil hombres se le
  distingue.
¹¹Su cabeza es oro puro;
  su cabellera es ondulada
  y negra como un cuervo.
¹²Sus ojos parecen palomas
  posadas junto a los arroyos,
  bañadas en leche,
  montadas como joyas.
¹³Sus mejillas son como lechos de
  bálsamo,
  como cultivos de aromáticas
  hierbas.
Sus labios son azucenas
  por las que fluye mirra.
¹⁴Sus brazos son barras de oro
  montadas sobre topacios.
Su cuerpo es pulido marfil
  incrustado de zafiros.
¹⁵Sus piernas son pilares de mármol
  que descansan sobre bases de oro
  puro.
Su porte es como el del Líbano,
  esbelto como sus cedros.
¹⁶Su paladar es la dulzura misma;
  ¡él es todo un encanto!

¡Tal es mi amado, tal es mi
  amigo,
  mujeres de Jerusalén!

El coro

6 ¿A dónde se ha ido tu amado,
  tú, bella entre las bellas?
¿Hacia dónde se ha encaminado?
  ¡Iremos contigo a buscarlo!

La amada

²Mi amado ha bajado a su jardín,
  a los lechos de bálsamo,

para retozar en los jardines
  y recoger azucenas.
³Yo soy de mi amado, y mi amado
  es mío;
  él apacienta su rebaño entre
  azucenas.

Quinto Canto

El amado

⁴Tú, amada mía, eres bella como
  Tirsá,
  encantadora como Jerusalén,
  majestuosa como las estrellas del
  cielo.
⁵Aparta de mí la mirada,
  que tus ojos me tienen fascinado.
Tus cabellos son como los rebaños
  de cabras
  que retozan en Galaad.
⁶Tus dientes son como rebaños de
  cabritas
  recién salidas del baño.
Cada una de ellas tiene su pareja,
  ninguna de ellas marcha sola.
⁷Tus mejillas, tras el velo,
  parecen dos mitades de granadas.
⁸Pueden ser sesenta las reinas,
  ochenta las concubinas
  e innumerables las vírgenes,
⁹pero una sola es mi palomita
  preciosa,
  la hija consentida de su madre,
  la favorita de quien le dio la
  vida.
Las mujeres la ven y la bendicen;
  las reinas y las concubinas la
  alaban.

El coro

¹⁰¿Quién es ésta, admirable como la
  aurora?
  ¡Es bella como la luna,
  radiante como el sol,
  majestuosa como las estrellas del
  cielo!

El amado

¹¹Descendí al huerto de los nogales
  para admirar los nuevos brotes en
  el valle,
  para admirar los retoños de las
  vides
  y los granados en flor.

12 Sin darme cuenta, mi pasión me
puso
entre las carrozas reales de mi
pueblo. *m*

Los amigos

13 Vuelve, Sulamita, vuelve;
vuélvete a nosotros,
¡queremos contemplarte!

El amado

¿Y por qué han de contemplar a la
Sulamita,
como en las danzas de los
campamentos?

7 ¡Ah, princesa mía,
cuán bellos son tus pies en las
sandalias!
Las curvas de tus caderas son
como alhajas
labradas por hábil artesano.
2 Tu ombligo es una copa redonda,
rebosante de buen vino.
Tu vientre es un monte de trigo
rodeado de azucenas.
3 Tus pechos parecen dos cervatillos,
dos crías mellizas de gacela.
4 Tu cuello parece torre de marfil.
Tus ojos son los manantiales de
Hesbón,
junto a la entrada de Bat Rabín.
Tu nariz se asemeja a la torre del
Líbano,
que mira hacia Damasco.
5 Tu cabeza se yergue como la
cumbre del Carmelo.
Hilos de púrpura son tus cabellos;
¡con tus rizos has cautivado al rey!

6 Cuán bella eres, amor mío,
¡cuán encantadora en tus delicias!
7 Tu talle se asemeja al talle de la
palmera,
y tus pechos a sus racimos.
8 Me dije: «Me treparé a la palmera;
de sus racimos me adueñaré.»
¡Sean tus pechos como racimos de
uvas,

tu aliento cual fragancia de
manzanas,
9 y como el buen vino tu boca!

La amada

¡Corra el vino hacia mi amado,
y le resbale por labios y dientes! *n*

10 Yo soy de mi amado,
y él me busca con pasión.
11 Ven, amado mío;
vayamos a los campos,
pasemos la noche entre los
azahares.
12 Vayamos temprano a los viñedos,
para ver si han retoñado las
vides,
si sus pimpollos se han abierto,
y si ya florecen los granados.
¡Allí te brindaré mis caricias!

13 Las mandrágoras esparcen su
fragancia,
y hay a nuestras puertas
toda clase de exquisitos frutos,
lo mismo nuevos que añejos,
que he guardado para ti, amor
mío.

8 ¡Ah, si fueras mi propio hermano,
criado a los pechos de mi madre!
Al encontrarte en la calle podría
besarte,
y nadie me juzgaría mal.
2 Tomándote de la mano,
te llevaría a la casa de mi madre,
y me enseñarías el arte del amor.
Te daría a beber vino con especias,
y el néctar de mis granadas.

3 ¡Ojalá pudiera mi cabeza
reposar sobre su izquierda!
¡Ojalá su derecha me abrazara!

El amado

4 Yo les ruego, mujeres de Jerusalén,
que no desvelen ni molesten a mi
amada,
hasta que ella quiera despertar.

---

m **6:12** *entre ... mi pueblo.* Alt. *entre los carros de Aminadab.* *n* **7:9** *labios y dientes* (LXX y Aquila; véanse
Siríaca y Vulgata); *labios de dormilones* (TM).

Sexto Canto

El coro

5 ¿Quién es ésta que sube por el
desierto
apoyada sobre el hombro de su
amado?

El amado

Bajo el manzano te desperté;
allí te concibió tu madre,
allí mismo te dio a luz.

La amada

6 Grábame como un sello sobre tu
*corazón;
llévame como una marca sobre tu
brazo.
Fuerte es el amor, como la muerte,
y tenaz la pasión, como el
*sepulcro.
Como llama divina
es el fuego ardiente del amor.
7 Ni las muchas aguas pueden
apagarlo,
ni los ríos pueden extinguirlo.
Si alguien ofreciera todas sus
riquezas
a cambio del amor,
sólo conseguiría el desprecio.

El coro

8 Tan pequeña es nuestra hermana
que no le han crecido los
pechos.
¿Qué haremos por nuestra hermana
cuando vengan a pedirla?

9 Si fuera una muralla,
construiríamos sobre ella almenas
de plata.
Si acaso fuera una puerta,
la recubriríamos con paneles de
cedro.

La amada

10 Una muralla soy yo,
y mis pechos, sus dos torres.
Por eso a los ojos de mi amado
soy como quien ha hallado la paz.

11 Salomón tenía una viña en Baal
Jamón,
que dejó al cuidado de aparceros.
Cada uno entregaba, por sus frutos,
mil monedas[n] de plata.
12 ¡Quédate, Salomón, con las mil
monedas,
y ustedes, aparceros, con
doscientas,
pero mi viña sólo a mí me
pertenece!

El amado

13 Tú, que reinas en los jardines,
pendientes de tu voz están
nuestros amigos;
¡déjanos escucharla!

La amada

14 ¡Apresúrate, amado mío!
¡Corre como venado, como
cervato,
sobre los montes de bálsamo
cubiertos!

[n] **8:11** *mil monedas de plata*. Lit. *mil ⌊*siclos⌋ de plata*

Isaías

1 Visión que recibió Isaías hijo de
Amoz acerca de Judá y Jerusalén,
durante los reinados de Uzías, Jotán, Acaz
y Ezequías, reyes de Judá.

Judá, nación rebelde

2 ¡Oigan, cielos! ¡Escucha, tierra!
    Así dice el SEÑOR:
«Yo crié hijos hasta hacerlos
        *hombres,
    pero ellos se rebelaron contra mí.
3 El buey conoce a su dueño
    y el asno el pesebre de su amo;
¡pero Israel no conoce,
    mi pueblo no entiende!»

4 ¡Ay, nación pecadora,
    pueblo cargado de culpa,
generación de malhechores,
    hijos corruptos!
¡Han abandonado al SEÑOR!
    ¡Han despreciado al *Santo de
        Israel!
    ¡Se han vuelto atrás!

5 ¿Para qué recibir más golpes?
    ¿Para qué insistir en la rebelión?
Toda su cabeza está herida,
    todo su corazón está enfermo.
6 Desde la planta del pie hasta la
        coronilla
    no les queda nada sano:
todo en ellos es heridas, moretones,
    y llagas abiertas,
que no les han sido curadas ni
        vendadas,
    ni aliviadas con aceite.

7 Su país está desolado,
    sus ciudades son presa del
        fuego;
ante sus propios ojos
    los extraños devoran sus campos;
su país está desolado,
    como si hubiera sido destruido
        por extranjeros.

8 La bella *Sión ha quedado
    como cobertizo en un viñedo,
como choza en un melonar,
    como ciudad sitiada.
9 Si el SEÑOR *Todopoderoso
    no nos hubiera dejado algunos
        sobrevivientes,
seríamos ya como Sodoma,
    nos pareceríamos a Gomorra.

10 ¡Oigan la palabra del SEÑOR,
    gobernantes de Sodoma!
¡Escuchen la *enseñanza de
        nuestro Dios,
    pueblo de Gomorra!
11 «¿De qué me sirven sus muchos
        sacrificios?
    —dice el SEÑOR—.
Harto estoy de *holocaustos de
        carneros
    y de la grasa de animales
        engordados;
la sangre de toros, corderos y cabras
    no me complace.
12 ¿Por qué vienen a presentarse ante
        mí?
    ¿Quién les mandó traer animales
para que pisotearan mis atrios?
13 No me sigan trayendo vanas
        ofrendas;
    el incienso es para mí una
        abominación.
Luna nueva, día de reposo,
    asambleas convocadas;
¡no soporto que con su adoración
    me ofendan!
14 Yo aborrezco sus lunas nuevas y
        festividades;
    se me han vuelto una carga
que estoy cansado de soportar.
15 Cuando levantan sus manos,
    yo aparto de ustedes mis ojos;
aunque multipliquen sus oraciones,
    no las escucharé,
pues tienen las manos llenas de
        sangre.

16 ¡Lávense, límpiense!
  ¡Aparten de mi vista sus obras
    malvadas!
  ¡Dejen de hacer el mal!
17   ¡Aprendan a hacer el bien!
  ¡Busquen la justicia y reprendan al
    opresor!
    ¡Aboguen por el huérfano y
      defiendan a la viuda!

18 »Vengan, pongamos las cosas en
    claro
    —dice el SEÑOR—.
  ¿Son sus pecados como escarlata?
  ¡Quedarán blancos como la
    nieve!
  ¿Son rojos como la púrpura?
  ¡Quedarán como la lana!
19 ¿Están ustedes dispuestos a
    obedecer?
  ¡Comerán lo mejor de la tierra!
20 ¿Se niegan y se rebelan?
  ¡Serán devorados por la espada!»
    El SEÑOR mismo lo ha dicho.

21 ¡Cómo se ha prostituido la ciudad
    fiel!
    Antes estaba llena de justicia.
  La rectitud moraba en ella,
    pero ahora sólo quedan asesinos.
22 Tu plata se ha convertido en
    escoria;
    tu buen vino, en agua.
23 Tus gobernantes son rebeldes,
    cómplices de ladrones;
  todos aman el soborno
    y van detrás de las prebendas.
  No abogan por el huérfano,
    ni se ocupan de la causa de la
      viuda.

24 Por eso afirma el Señor,
    el SEÑOR Todopoderoso
    el Fuerte de Israel:
  «Me desquitaré de mis adversarios,
    me vengaré de mis enemigos.
25 Volveré mi mano contra ti,
    limpiaré tus escorias con lejía
    y quitaré todas tus *impurezas.
26 Restauraré a tus jueces como al
    principio,
    y a tus consejeros como al
      comienzo.

Entonces serás llamada "Ciudad de
    justicia",
  "Ciudad fiel".»

27 Sión será redimida con justicia,
    y con rectitud, los que se
      *arrepientan.
28 Pero los rebeldes y pecadores a una
    serán quebrantados,
  y perecerán los que abandonan al
    SEÑOR.
29 Se avergonzarán de las encinas que
    ustedes tanto aman;
  los jardines que eligieron serán
    para ellos una afrenta.
30 Serán como una encina con hojas
    marchitas,
    como un jardín sin agua.
31 El hombre fuerte se convertirá en
    estopa,
    y su trabajo en chispa;
  arderán los dos juntos,
    y no habrá quien los apague.

El monte del SEÑOR
2:1-4 — Mi 4:1-3

2 Palabra que Isaías hijo de Amoz recibió en visión acerca de Judá y Jerusalén:

  2 En los últimos días,
    el monte de la casa del SEÑOR
      será establecido
    como el más alto de los montes;
  se alzará por encima de las colinas,
    y hacia él confluirán todas las
      naciones.
  3 Muchos pueblos vendrán y dirán:
    «¡Vengan, subamos al monte del
      SEÑOR,
    a la casa del Dios de Jacob!,
  para que nos enseñe sus *caminos
    y andemos por sus sendas.»
    Porque de *Sión saldrá la enseñanza,
    de Jerusalén la palabra del SEÑOR.
  4 Él juzgará entre las naciones
    y será árbitro de muchos pueblos.
  Convertirán sus espadas en arados
    y sus lanzas en hoces.
  No levantará espada nación contra
    nación,
    y nunca más se adiestrarán para
      la guerra.

5¡Ven, pueblo de Jacob,
  y caminemos a la luz del SEÑOR!

El día del SEÑOR

6Has abandonado a tu pueblo,
  a los descendientes de Jacob,
porque están llenos de astrólogos
    de Oriente,
  de adivinos como entre los
    filisteos,
  y hacen tratos con extranjeros.
7Su tierra está llena de oro y plata,
  y sus tesoros son incalculables.
En su tierra abundan los caballos,
  y sus carros de guerra son
    incontables.
8Su país está lleno de ídolos;
  el pueblo adora la obra de sus
    manos,
  lo que han hecho con sus propios
    dedos.
9Al *hombre se le humilla,
  a la humanidad se le degrada.
  ¡Imposible que los perdones!

10¡Métete en la roca,
  y escóndete en el polvo
ante el terror del SEÑOR
  y el esplendor de su majestad!
11Los ojos del altivo serán
    humillados
  y la arrogancia humana será
    doblegada.
¡En aquel día sólo el SEÑOR será
    exaltado!

12Un día vendrá el SEÑOR
    *Todopoderoso
  contra todos los orgullosos y
    arrogantes,
  contra todos los altaneros, para
    humillarlos;
13 contra todos los cedros del
    Líbano, arrogantes y
    erguidos,
  contra todas las encinas de Basán,
14 contra todas las montañas altivas,
  contra todas las colinas erguidas,
15 contra todas las torres altas,
  contra todo muro fortificado,
16 contra todas las naves de Tarsis,
  contra todos los barcos lujosos.
17La altivez del hombre será abatida,

y la arrogancia humana será
    humillada.
En aquel día sólo el SEÑOR será
    exaltado,
18 y los ídolos desaparecerán por
    completo.

19Los hombres se meterán en las
    cuevas de las rocas,
  y en las grietas del suelo,
ante el terror del SEÑOR
  y el esplendor de su majestad,
cuando él se levante
  para hacer temblar la tierra.
20En aquel día arrojará el hombre
  a los topos y murciélagos,
  a sus ídolos de oro y plata
  que él fabricó para adorarlos.
21Se meterá en las grutas de las rocas
  y en las hendiduras de los
    peñascos,
ante el terror del SEÑOR
  y el esplendor de su majestad,
cuando él se levante
  para hacer temblar la tierra.
22¡Dejen de confiar en el hombre,
  que es muy poco lo que vale!
  ¡Su vida es un soplo nada más!

Juicio sobre Jerusalén y Judá

3 ¡Presten atención!
  El Señor, el SEÑOR
    *Todopoderoso,
  retira de Jerusalén y de Judá
    todo apoyo y sustento:
    toda provisión de pan,
    toda provisión de agua.
2Él retira al valiente y al guerrero,
  al juez y al profeta,
  al adivino y al anciano,
3 al capitán y al dignatario,
  al consejero, al artesano experto
  y al hábil encantador.

4Les pondré como jefes a
    muchachos,
  y los gobernarán niños
    caprichosos.
5Unos a otros se maltratarán:
  hombre contra hombre,
  vecino contra vecino,
  joven contra anciano,
  plebeyo contra noble.

6 Entonces un hombre agarrará a su
hermano
en la casa de su padre, y le dirá:
«Sé nuestro líder, pues tienes un
manto;
¡hazte cargo de este montón de
ruinas!»
7 Pero entonces el otro protestará:
«Yo no soy médico,
y en mi casa no hay pan ni manto;
¡no me hagas líder del pueblo!»

8 Jerusalén se tambalea,
Judá se derrumba,
porque su hablar y su actuar
son contrarios al SEÑOR:
¡desafían su gloriosa presencia!
9 Su propio descaro los acusa
y, como Sodoma, se jactan de su
pecado;
¡ni siquiera lo disimulan!
¡Ay de ellos,
porque causan su propia desgracia!
10 Díganle al justo que le irá bien,
pues gozará del fruto de sus
acciones.
11 ¡Ay del malvado, pues le irá mal!
¡Según la obra de sus manos se le
pagará!

12 ¡Pobre pueblo mío, oprimido por
niños
y gobernado por mujeres!
¡Pobre pueblo mío, extraviado por
tus guías,
que tuercen el curso de tu senda!
13 El SEÑOR se dispone a denunciar;
se levanta para enjuiciar al pueblo.
14 El SEÑOR entra en juicio
contra los *ancianos y jefes de su
pueblo:
«¡Ustedes han devorado la viña,
y el despojo del pobre está en sus
casas!
15 ¿Con qué derecho aplastan a mi
pueblo
y pasan por encima de los
pobres?»,
afirma el Señor, el SEÑOR
Todopoderoso.

16 El SEÑOR dice:
«Las hijas de *Sión son tan
orgullosas
que caminan con el cuello estirado,
con ojos seductores y pasitos
cortos,
haciendo sonar los adornos de sus
pies.
17 Por eso el Señor cubrirá de sarna
la cabeza de las hijas de Sión;
el SEÑOR las dejará
completamente calvas.»

18 En aquel día, el Señor arrancará todo
adorno: hebillas, diademas, broches,
19 pendientes, pulseras, velos, **20** pañuelos,
cadenillas de los pies, cinturones, frasqui-
tos de perfume, amuletos, **21** anillos, argo-
llas para la nariz, **22** ropas de gala, mantos,
chales, bolsos, **23** espejos, telas finas, turbantes y mantillas.

24 Habrá pestilencia en vez de
perfume,
soga en vez de cinturón,
calvicie en vez de peinado
elegante,
ropa de luto en vez de trajes
lujosos,
vergüenza*a* en vez de belleza.
25 Tus hombres caerán a filo de
espada,
y tus valientes, en el campo de
batalla.
26 Las *puertas de la ciudad gemirán
y se vestirán de luto;
desolada, la ciudad se sentará en
el suelo.

4 En aquel día, siete mujeres
agarrarán
a un solo hombre y le dirán:
«De alimentarnos y de vestirnos
nosotras nos ocuparemos;
tan sólo déjanos llevar tu *nombre:
¡Líbranos de nuestra afrenta!»

2 En aquel día, el retoño del SEÑOR será
bello y glorioso, y el fruto de la tierra será
el orgullo y el honor de los sobrevivientes
de Israel. **3** Entonces tanto el que quede en

---

a **3:24** *vergüenza* (Qumrán); TM no incluye esta palabra.

*Sión como el que sobreviva en Jerusalén serán llamados *santos, e inscritos para vida en Jerusalén. **4**Con espíritu de juicio y espíritu*b* abrasador, el Señor lavará la inmundicia de las hijas de Sión y limpiará la sangre que haya en Jerusalén. **5**Entonces el SEÑOR creará una nube de humo durante el día y un resplandor de fuego llameante durante la noche, sobre el monte Sión y sobre los que allí se reúnan. Por sobre toda la gloria habrá un toldo **6**que servirá de cobertizo, para dar sombra contra el calor del día, y de refugio y protección contra la lluvia y la tormenta.

El canto a la viña

5 Cantaré en nombre de mi amigo querido
una canción dedicada a su viña.
Mi amigo querido tenía una viña
en una ladera fértil.
2La cavó, la limpió de piedras
y la plantó con las mejores cepas.
Edificó una torre en medio de ella
y además preparó un lagar.
Él esperaba que diera buenas uvas,
pero acabó dando uvas agrias.
3Y ahora, *hombres de Judá,
habitantes de Jerusalén,
juzguen entre mi viña y yo.
4¿Qué más se podría hacer por mi viña
que yo no lo haya hecho?
Yo esperaba que diera buenas uvas;
¿por qué dio uvas agrias?
5Voy a decirles
lo que haré con mi viña:
Le quitaré su cerco, y será destruida;
derribaré su muro, y será
pisoteada.
6La dejaré desolada,
y no será podada ni cultivada;
le crecerán espinos y cardos.
Mandaré que las nubes
no lluevan sobre ella.
7La viña del SEÑOR *Todopoderoso
es el pueblo de Israel;
los hombres de Judá son su huerto
preferido.

Él esperaba justicia,
pero encontró ríos de sangre;
esperaba rectitud,
pero encontró gritos de angustia.

Maldiciones contra los explotadores

8¡Ay de aquellos que acaparan casa
tras casa
y se apropian de campo tras
campo
hasta que no dejan lugar para nadie
más,
y terminan viviendo solos en el
país!
9El SEÑOR *Todopoderoso me ha
dicho al oído:
«Muchas casas quedarán
desoladas,
y no habrá quien habite las
grandes mansiones.
10Tres hectáreas de viña sólo
producirán un tonel,
y diez medidas de semilla
darán tan sólo una.»*c*

11¡Ay de los que madrugan
para ir tras bebidas embriagantes,
que quedan hasta muy tarde
embriagándose con vino!
12En sus banquetes hay vino y arpas,
liras, tambores y flautas;
pero no se fijan en los hechos del
SEÑOR
ni tienen en cuenta las obras de
sus manos.
13Por eso mi pueblo será exiliado
porque no me conoce;
sus nobles perecerán de hambre
y la multitud se morirá de sed.
14Por eso el *sepulcro ensancha su
garganta,
y desmesuradamente abre sus
fauces.
Allí bajan nobles y plebeyos,
con sus juergas y diversiones.
15El *hombre será humillado,
la humanidad, doblegada,
y abatidos los ojos altivos.

---

b **4:4** *espíritu ... espíritu.* Alt. *el Espíritu de juicio y el Espíritu.*   *c* **5:10** *tres hectáreas ... un tonel ... diez medidas ... tan sólo una.* Lit. *diez yugadas ... un* **bato ... un* **jómer ... un* **efa.*

16Pero el SEÑOR Todopoderoso será
    exaltado en *justicia,
el Dios *santo se mostrará santo
    en rectitud.
17Los corderos pastarán como en
    praderas propias,
y las cabras*d* comerán entre las
    ruinas de los ricos.

18¡Ay de los que arrastran iniquidad
    con cuerdas de mentira,
y el pecado con sogas de carreta!
19Dicen: «¡Que Dios se apure,
    que apresure su obra
    para que la veamos;
que se acerque y se cumpla
    el plan del Santo de Israel,
    para que lo conozcamos!»

20¡Ay de los que llaman a lo malo
    bueno
y a lo bueno malo,
que tienen las tinieblas por luz
    y la luz por tinieblas,
que tienen lo amargo por dulce
    y lo dulce por amargo!

21¡Ay de los que se consideran
    sabios,
de los que se creen inteligentes!

22¡Ay de los valientes para beber
    vino,
de los valentones que mezclan
    bebidas embriagantes,
23de los que por soborno absuelven
    al culpable,
y le niegan sus derechos al
    indefenso!
24Por eso, así como las lenguas de
    fuego devoran la paja
y el pasto seco se consume en las
    llamas,
su raíz se pudrirá
y, como el polvo, se disipará su
    flor.
Porque han rechazado la *ley del
    SEÑOR Todopoderoso
y han desdeñado la palabra del
    Santo de Israel.

25Por eso se enciende la ira del
    SEÑOR contra su pueblo,
levanta la mano contra él y lo
    golpea;
las montañas se estremecen,
los cadáveres quedan como basura
    en medio de las calles.

Con todo, no se aplacó su ira,
    y su brazo aún sigue extendido.

26Con una bandera le hará señas a
    una nación lejana,
con un silbido la llamará desde el
    extremo de la tierra,
y esta nación llegará presta y
    veloz.
27Ninguno de ellos se cansa ni
    tropieza,
ni dormita ni se duerme;
a ninguno se le afloja el cinturón
ni se le rompe la correa de las
    sandalias.
28Sus flechas son puntiagudas,
    tensos todos sus arcos;
parecen pedernal los cascos de sus
    caballos,
y torbellino las ruedas de sus
    carros.
29Su rugido es el de una leona,
    como el de los leoncillos:
gruñe y atrapa la presa,
y se la lleva sin que nadie se la
    arrebate.
30En aquel día bramará contra ella
    como brama el mar.
Si alguien contempla la tierra,
    la verá sombría y angustiada,
y la luz se ocultará tras negros
    nubarrones.

La misión de Isaías

6 El año de la muerte del rey Uzías, vi
al Señor excelso y sublime, sentado
en un trono; las orlas de su manto llenaban
el templo. 2Por encima de él había serafines, cada uno de los cuales tenía seis alas:
con dos de ellas se cubrían el rostro, con
dos se cubrían los pies, y con dos volaban.
3Y se decían el uno al otro:

---

*d*5:17 *las cabras* (LXX); *los forasteros* (TM).

«*Santo, santo, santo es el SEÑOR
  *Todopoderoso;
toda la tierra está llena de su
  gloria.»

4Al sonido de sus voces, se estremecieron los umbrales de las puertas y el templo se llenó de humo. **5**Entonces grité: «¡Ay de mí, que estoy perdido! Soy un hombre de labios *impuros y vivo en medio de un pueblo de labios blasfemos, ¡y no obstante mis ojos han visto al Rey, al SEÑOR Todopoderoso!»

6En ese momento voló hacia mí uno de los serafines. Traía en la mano una brasa que, con unas tenazas, había tomado del altar. **7**Con ella me tocó los labios y me dijo:

«Mira, esto ha tocado tus labios;
  tu maldad ha sido borrada,
  y tu pecado, perdonado.»

8Entonces oí la voz del Señor que decía:

—¿A quién enviaré? ¿Quién irá por nosotros?

Y respondí:

—Aquí estoy. ¡Envíame a mí!

9Él dijo:

—Ve y dile a este pueblo:

»"Oigan bien, pero no entiendan;
  miren bien, pero no perciban."
10Haz insensible el *corazón de este
  pueblo;
  embota sus oídos
  y cierra sus ojos,
no sea que vea con sus ojos,
  oiga con sus oídos,
  y entienda con su corazón,
  y se convierta
  y sea sanado.

11Entonces exclamé:

—¿Hasta cuándo, Señor?

Y él respondió:

«Hasta que las ciudades queden
  destruidas
  y sin habitante alguno;

hasta que las casas queden
  deshabitadas,
  y los campos, asolados y en ruinas;
12hasta que el SEÑOR haya enviado
  lejos a todo el pueblo,
  y el país quede en total abandono.
13Y si aún queda en la tierra una
  décima parte,
  ésta volverá a ser devastada.
Pero así como al talar la encina y
  el roble
queda parte del tronco,
  esa parte es la simiente santa.»

La señal de Emanuel

7 Acaz, hijo de Jotán y nieto de Uzías, reinaba en Judá. En ese tiempo Rezín, rey de *Siria, y Pecaj hijo de Remalías, rey de Israel, subieron contra Jerusalén para atacarla, pero no pudieron conquistarla.

2En el palacio de David se recibió la noticia de que Siria se había aliado con Efraín, y se estremeció el *corazón de Acaz y el de su pueblo, como se estremecen por el viento los árboles del bosque.

3El SEÑOR le dijo a Isaías: «Ve con tu hijo Sear Yasub[e] a encontrarte con Acaz donde termina el canal del estanque superior, en el camino que conduce al Campo del Lavandero. **4**Dile que tenga cuidado y no pierda la calma; que no tema ante el enojo ardiente de Rezín el sirio, ni ante el hijo de Remalías; que no se descorazone a causa de esos dos tizones humeantes. **5**Dile también que Efraín, junto con el hijo de Remalías y el sirio, han tramado hacerle mal, pues piensan **6**subir contra Judá, provocar el pánico, conquistarla y poner allí como rey al hijo de Tabel. **7**Pero dile además que yo, el SEÑOR omnipotente, digo:

»"Eso no se cumplirá ni sucederá.
8 La cabeza de Siria es Damasco,
  y la cabeza de Damasco es Rezín;
pero dentro de sesenta y cinco años
  Efraín será destrozado hasta dejar
  de ser pueblo.
9La cabeza de Efraín es Samaria,
  y la cabeza de Samaria es el hijo
  de Remalías;

---

[e] **7:3** En hebreo, *Sear Yasub* significa *un remanente volverá*.

si ustedes no creen en mí,
no permanecerán[f] firmes."»

10El Señor se dirigió a Acaz de nuevo: **11**—Pide que el Señor tu Dios te dé una señal, ya sea en lo más profundo de la tierra o en lo más alto del cielo.

12Pero Acaz respondió:

—No pondré a prueba al Señor, ni le pediré nada.

13Entonces Isaías dijo: «¡Escuchen ahora ustedes, los de la dinastía de David! ¿No les basta con agotar la paciencia de los *hombres, que hacen lo mismo con mi Dios? **14**Por eso, el Señor mismo les dará una señal: La joven concebirá y dará a luz un hijo, y lo llamará Emanuel.[g] **15**Cuando sepa elegir lo bueno y rechazar lo malo, comerá cuajada con miel. **16**Porque antes de que el niño sepa elegir lo bueno y rechazar lo malo, la tierra de los dos reyes que tú temes quedará abandonada.

17»El Señor hará venir sobre ti, sobre tu pueblo y sobre la dinastía de tu padre, días como no se conocieron desde que Efraín se separó de Judá, pues hará venir al rey de Asiria.»

18En aquel día el Señor llamará con un silbido a la mosca que está en los lejanos ríos de Egipto, y a la abeja que está en la tierra de Asiria. **19**Todas ellas vendrán y anidarán en las quebradas profundas, en las hendiduras de las rocas, en todos los matorrales espinosos y sobre todos los abrevaderos.

20En aquel día, con el rey de Asiria como navaja prestada del otro lado del río Éufrates, el Señor le afeitará a Israel la cabeza y el vello púbico,[h] y también la barba.

21En aquel día, un hombre criará un ternero y dos cabras; **22**y le darán tanta leche que tendrá leche cuajada para comer. Además, todos los que permanezcan en la tierra comerán cuajada con miel.

23En aquel día, allí donde hubo mil viñedos que costaban mil monedas de plata[i] cada uno, no quedarán más que zarzas y espinos, **24**los cuales cubrirán toda la tierra. Sólo se podrá entrar allí con arco y flecha. **25**Y por temor a estos espinos y a estas zarzas, ya no irás a los cerros que antes se cultivaban con el azadón, pues se convertirán en lugares donde se suelta el ganado y corretean las ovejas.

Asiria, el instrumento del Señor

8 El Señor me dijo: «Toma una tablilla grande y, con un estilete común, escribe sobre ella: "Tocante a Maher Salal Jasbaz".[j] **2**Yo convocaré como testigos confiables al sacerdote Urías y a Zacarías hijo de Jeberequías.»

3Luego tuve relaciones con la profetisa, y ella concibió y dio a luz un hijo. Entonces el Señor me dijo: «Ponle por nombre Maher Salal Jasbaz. **4**Antes de que el niño aprenda a decir "papá" y "mamá", la riqueza de Damasco y el botín de Samaria serán llevados ante el rey de Asiria.»

5El Señor volvió a decirme:

6«Por cuanto este pueblo ha rechazado
las mansas corrientes de Siloé
y se regocija con Rezín
y con el hijo de Remalías,
7el Señor está a punto de traer
contra ellos
las impetuosas crecientes del río
Éufrates:
al rey de Asiria con toda su
gloria.
Rebasará todos sus canales,
desbordará todas sus orillas;
8pasará hasta Judá, la inundará,
y crecerá hasta llegarle al cuello.
Sus alas extendidas, ¡oh Emanuel!,[k]
cubrirán la anchura de tu tierra.»

9Escuchen esto, naciones,
todas las naciones lejanas:
¡Alcen el grito de guerra,

---

[f] **7:9** *no creen en mí, / no permanecerán* (lectura probable); *no creen, / ciertamente no permanecerán* (TM).
[g] **7:14** En hebreo, *Emanuel* significa *Dios con nosotros*.   [h] **7:20** *vello púbico*. Lit. *vello de los pies*.
[i] **7:23** *mil monedas de plata*. Lit. *mil [*siclos] de plata*.   [j] **8:1** En hebreo, *Maher Salal Jasbaz* significa
Pronto al saqueo, presto al botín; también en v. 3.   [k] **8:8** En hebreo, *Emanuel* significa *Dios con nosotros*;
véase también v. 10.

y serán destrozadas!
¡Prepárense para la batalla,
y serán despedazadas!
¡Prepárense para la batalla,
y serán desmenuzadas!
10Tracen su estrategia,
pero será desbaratada;
propongan su plan,
pero no se realizará,
porque Dios está con nosotros.*l*

Hay que temer a Dios

11El SEÑOR me habló fuertemente y me advirtió que no siguiera el *camino de este pueblo. Me dijo:

12«No digan ustedes que es
conspiración
todo lo que llama conspiración
esta gente;
no teman lo que ellos temen,
ni se dejen asustar.
13Sólo al SEÑOR *Todopoderoso
tendrán ustedes por *santo,
sólo a él deben honrarlo,
sólo a él han de temerlo.
14   El SEÑOR será un santuario.
Pero será una piedra de tropiezo
para las dos casas de Israel;
¡una *roca que los hará caer!
¡Será para los habitantes de
Jerusalén
un lazo y una trampa!
15Muchos de ellos tropezarán;
caerán y serán quebrantados.
Se les tenderán trampas,
y en ellas quedarán atrapados.»

16Guarda bien el testimonio;
sella la ley entre mis discípulos.
17El SEÑOR ha escondido su rostro
del pueblo de Jacob,
pero yo esperaré en él,
pues en él tengo puesta mi
esperanza.

18Aquí me tienen, con los hijos que el SEÑOR me ha dado. Somos en Israel señales y presagios del SEÑOR Todopoderoso, que habita en el monte *Sión.

19Si alguien les dice: «Consulten a las pitonisas y a los agoreros que susurran y musitan; ¿acaso no es deber de un pueblo consultar a sus dioses y a los muertos, en favor de los vivos?», 20yo les digo: «¡Aténganse a la ley y al testimonio!» Para quienes no se atengan a esto, no habrá un amanecer.

21Ustedes habrán de enfurecerse cuando, angustiados y hambrientos, vaguen por la tierra. Levantando los ojos al cielo, maldecirán a su rey y a su Dios, 22y clavando la mirada en la tierra, sólo verán aflicción, tinieblas y espantosa penumbra; ¡serán arrojados a una oscuridad total!

Nos ha nacido un niño

9 A pesar de todo, no habrá más penumbra para la que estuvo angustiada. En el pasado Dios humilló a la tierra de Zabulón y a la tierra de Neftalí; pero en el futuro honrará a Galilea, tierra de *paganos, en el camino del mar, al otro lado del Jordán.

2El pueblo que andaba en la
oscuridad
ha visto una gran luz;
sobre los que vivían en densas
tinieblas
la luz ha resplandecido.
3Tú has hecho que la nación crezca;
has aumentado su alegría.
Y se alegran ellos en tu presencia
como cuando recogen la cosecha,
como cuando reparten el botín.
4Ciertamente tú has quebrado,
como en la derrota de Madián,
el yugo que los oprimía,
la barra que pesaba sobre sus
hombros,
el bastón de mando que los
subyugaba.
5Todas las botas guerreras
que resonaron en la batalla,
y toda la ropa teñida en sangre
serán arrojadas al fuego,
serán consumidas por las llamas.
6Porque nos ha nacido un niño,
se nos ha concedido un hijo;

---

*l*8:10 *Dios está con nosotros.* Lit. *Emanuel;* véase v. 8.

la soberanía reposará sobre sus
hombros,
y se le darán estos *nombres:
Consejero admirable, Dios fuerte,
Padre eterno, Príncipe de *paz.
⁷Se extenderán su soberanía y su
paz,
y no tendrán fin.
Gobernará sobre el trono de David
y sobre su reino,
para establecerlo y sostenerlo
con justicia y rectitud
desde ahora y para siempre.
Esto lo llevará a cabo
el celo del SEÑOR *Todopoderoso.

El enojo del SEÑOR contra Israel

⁸El Señor ha enviado su palabra;
la ha enviado contra Jacob,
¡ya cae sobre Israel!
⁹De esto se entera todo el pueblo
—Efraín y los habitantes de
Samaria—,
todos los que dicen con orgullo
y con altivez de *corazón:
¹⁰«Si se caen los ladrillos,
recostruiremos con piedra tallada;
si se caen las vigas de higuera,
las repondremos con vigas de
cedro.»

¹¹Pero el SEÑOR ha fortalecido
a los adversarios de Rezín;
ha incitado a sus enemigos.
¹²Los *sirios en el este y los filisteos
en el oeste
se comieron a Israel de un solo
bocado.

A pesar de todo esto,
la ira de Dios no se ha aplacado;
¡su mano aún sigue extendida!

¹³Pero el pueblo no ha querido
reconocer
al que lo ha castigado;
no ha buscado al SEÑOR
*Todopoderoso.
¹⁴Por eso en un mismo día
el SEÑOR le cortará a Israel

la cabeza y la cola,
la palmera y el junco.
¹⁵La cabeza son los *ancianos
y la gente de alto rango;
la cola son los profetas,
maestros de mentiras.
¹⁶Los guías de este pueblo lo han
extraviado;
los que se dejan guiar son
confundidos.
¹⁷Por eso no se complacerá el Señor
en los jóvenes,
ni se apiadará de huérfanos y
viudas,
porque todos ellos son impíos y
malvados;
sus labios profieren *necedades.

A pesar de todo esto,
la ira de Dios no se ha aplacado;
¡su mano aún sigue extendida!

¹⁸La maldad arde como un fuego
que consume zarzas y espinos,
que incendia la espesura del bosque
y sube luego, como torbellino,
en una columna de humo.
¹⁹Por la ira del SEÑOR Todopoderoso
arderá en fuego la tierra.
Y el pueblo será el combustible:
¡Nadie se compadecerá de su
hermano!
²⁰Unos comerán lo que esté a su
mano derecha,
pero se quedarán con hambre;
otros comerán lo que esté a su
izquierda,
pero no quedarán satisfechos.
¡Se comerán a sus propios hijos!ᵐ
²¹Manasés se comerá a Efraín,
y Efraín a Manasés,
y los dos juntos atacarán a Judá.

A pesar de todo esto,
la ira de Dios no se ha aplacado;
¡su mano aún sigue extendida!

10¡Ay de los que emiten decretos
inicuos
y publican edictos opresivos!

ᵐ **9:20** *a sus propios hijos.* Lit. *la carne de su brazo.*

2Privan de sus derechos a los pobres,
    y no les hacen justicia a los
        oprimidos de mi pueblo;
hacen de las viudas su presa
    y saquean a los huérfanos.
3¿Qué van a hacer cuando deban
        rendir cuentas,
    cuando llegue desde lejos la
        tormenta?
¿A quién acudirán en busca de
        ayuda?
    ¿En dónde dejarán sus riquezas?
4No les quedará más remedio
    que humillarse entre los cautivos
    o morir entre los masacrados.

A pesar de todo esto,
    la ira de Dios no se ha aplacado;
    ¡su mano aún sigue extendida!

Juicio de Dios sobre Asiria

5«¡Ay de Asiria, vara de mi ira!
    ¡El garrote de mi enojo está en su
        mano!
6Lo envío contra una nación impía,
    lo mando contra un pueblo que
        me enfurece,
para saquearlo y despojarlo,
    para pisotearlo como al barro de
        las calles.
7Pero esto Asiria no se lo propuso;
    ¡ni siquiera lo pensó!
Sólo busca destruir
    y aniquilar a muchas naciones.
8Pues dice: "¿Acaso no son reyes
        todos mis jefes?
9   ¿No es Calnó como Carquemis?
¿No es Jamat como Arfad,
    y Samaria como Damasco?
10Así como alcanzó mi mano
    a los reinos de los ídolos,
reinos cuyas imágenes superaban
    a las de Jerusalén y de Samaria,
11y así como hice con Samaria y sus
        dioses,
    también haré con Jerusalén y sus
        ídolos."»

12Cuando el Señor termine lo que va a
hacer contra el monte *Sión y contra
Jerusalén, él dirá: «Castigaré el fruto del
orgulloso *corazón del rey de Asiria y la
arrogancia de sus ojos.» 13Porque afirma:

«Esto lo hizo el poder de mi mano;
    lo hizo mi sabiduría,
    porque soy inteligente.
He cambiado las fronteras de los
        pueblos,
    he saqueado sus tesoros;
como un guerrero poderoso
    he derribado a sus reyes.
14Como quien mete la mano en un
        nido,
    me he adueñado de la riqueza de
        los pueblos;
como quien recoge huevos
        abandonados,
    me he apoderado de toda la
        tierra;
y no hubo nadie que aleteara
    ni abriera el pico y chillara.»

15¿Puede acaso gloriarse el hacha
    más que el que la maneja,
    o jactarse la sierra contra quien la
        usa?
¡Como si pudiera el bastón manejar
    a quien lo tiene en la mano,
o la frágil vara pudiera levantar
    a quien pesa más que la madera!
16Por eso enviará el Señor,
    el SEÑOR *Todopoderoso,
una enfermedad devastadora
    sobre sus robustos guerreros.
En vez de honrarlos, les prenderá
        fuego,
    un fuego como de llama ardiente.
17La luz de Israel se convertirá en
        fuego;
    su *Santo se volverá una llama.
En un solo día quemará sus espinos
    y consumirá sus zarzas.
18Destruirá de extremo a extremo
    el esplendor de sus bosques y de
        sus huertos,
    como enfermo carcomido por la
        plaga.
19Tan pocos árboles quedarán en su
        bosque
    que hasta un niño podrá contarlos.

El remanente de Israel

20En aquel día ni el remanente de
        Israel
    ni los sobrevivientes del pueblo
        de Jacob

volverán a apoyarse
en quien los hirió de muerte,
sino que su apoyo verdadero
será el SEÑOR, el *Santo de Israel.
21 Y un remanente volverá;[n]
un remanente de Jacob volverá al
Dios Poderoso.
22 Israel,
aunque tu pueblo sea como la
arena del mar,
sólo un remanente volverá.
Se ha decretado destrucción,
abrumadora justicia.
23 Porque el Señor, el SEÑOR
*Todopoderoso,
ejecutará la destrucción decretada
en medio de todo el país.

24 Por eso, así dice el Señor, el SEÑOR
Todopoderoso:

«Pueblo mío, que vives en *Sión,
no tengas temor de Asiria.
Aunque te golpee con el bastón
y contra ti levante una vara,
como lo hizo Egipto.
25 Dentro de muy poco tiempo
mi indignación contra ti llegará a
su fin,
y mi ira destruirá a tus
enemigos.»

26 Con un látigo los azotará
el SEÑOR Todopoderoso,
como cuando abatió a Madián
en la *roca de Oreb;
levantará sobre el mar su vara,
como lo hizo en Egipto.
27 En aquel día
esa carga se te quitará de los
hombros,
y a causa de la gordura
se romperá el yugo que llevas en
el cuello.

28 Llega el enemigo hasta Ayat,
pasa por Migrón,
y deja en Micmás su equipaje.
29 Cruza el vado, y dice:
«Acampemos en Gueba.»

Ramá se pone a temblar,
y huye Guibeá, ciudad de Saúl.
30 ¡Clama a gritos, hija de Galín!
¡Escucha, Lais!
¡Pobre Anatot!
31 Se ha puesto en fuga Madmena;
los habitantes de Guebín buscan
refugio.
32 Hoy mismo se detendrá en Nob;
agitará su puño contra el monte
de la ciudad de Sión,
el monte de Jerusalén.

33 ¡Miren! El Señor, el SEÑOR
Todopoderoso,
desgaja las ramas con fuerza
increíble.
Los árboles más altos son talados;
los más elevados son abatidos.
34 Derriba con un hacha la espesura
del bosque,
y el esplendor del Líbano se
viene abajo.

El retoño de Isaí

11 Del tronco de Isaí brotará un
retoño;
un vástago nacerá de sus raíces.
2 El Espíritu del SEÑOR reposará
sobre él:
espíritu de sabiduría y de
entendimiento,
espíritu de consejo y de poder,
espíritu de conocimiento y de
temor del SEÑOR.

3 Él se deleitará en el temor del
SEÑOR;
no juzgará según las apariencias,
ni decidirá por lo que oiga decir,
4 sino que juzgará con justicia a los
desvalidos,
y dará un fallo justo
en favor de los pobres de la tierra.
Destruirá la tierra con la vara de su
boca;
matará al malvado con el aliento
de sus labios.
5 La *justicia será el cinto de sus
lomos

[n] 10:21 un remanente volverá. Véase nota en 7:3.

y la fidelidad el ceñidor de su
cintura.

⁶El lobo vivirá con el cordero,
el leopardo se echará con el
cabrito,
y juntos andarán el ternero y el
cachorro de león,
y un niño pequeño los guiará.
⁷La vaca pastará con la osa,
sus crías se echarán juntas,
y el león comerá paja como el
buey.
⁸Jugará el niño de pecho
junto a la cueva de la cobra,
y el recién destetado meterá la mano
en el nido de la víbora.
⁹No harán ningún daño ni estrago
en todo mi monte *santo,
porque rebosará la tierra
con el conocimiento del Señor
como rebosa el mar con las aguas.

¹⁰En aquel día se alzará la raíz de Isaí
como estandarte de los pueblos;
hacia él correrán las naciones,
y glorioso será el lugar donde
repose.
¹¹En aquel día el Señor volverá a
extender su mano
para recuperar al remanente de su
pueblo,
a los que hayan quedado en Asiria,
en Egipto, Patros y *Cus;
en Elam, Sinar y Jamat,
y en las regiones más remotas.
¹²Izará una bandera para las naciones,
reunirá a los desterrados de Israel,
y de los cuatro puntos cardinales
juntará al pueblo esparcido de
Judá.
¹³Desaparecerán los celos de Efraín;
los opresores de Judá serán
aniquilados.
Efraín no tendrá más celos de Judá,
ni oprimirá Judá a Efraín.
¹⁴Juntos se lanzarán hacia el oeste,
contra las laderas de los filisteos;
juntos saquearán a los pueblos del
este,

dejarán sentir su poder sobre
Edom y Moab,
y se les someterán los amonitas.
¹⁵Secará^{n} el Señor el golfo del mar
de Egipto;
pasará su mano sobre el río
Éufrates
y lanzará un viento ardiente;
lo dividirá en siete arroyos
para que lo puedan cruzar en
sandalias.
¹⁶Para el remanente de su pueblo,
para los que hayan quedado de
Asiria,
habrá un camino, como lo hubo
para Israel
cuando salió de Egipto.

Canciones de alabanza

12 En aquel día tú dirás:

«Señor, yo te alabaré
aunque te hayas enojado
conmigo.
Tu ira se ha calmado,
y me has dado consuelo.
²¡Dios es mi *salvación!
Confiaré en él y no temeré.
El Señor es mi fuerza,
el Señor es mi canción;
¡él es mi salvación!»
³Con alegría sacarán ustedes agua
de las fuentes de la salvación.

⁴En aquel día se dirá:

«Alaben al Señor, invoquen su
*nombre;
den a conocer entre los pueblos
sus obras;
proclamen la grandeza de su
nombre.
⁵Canten salmos al Señor,
porque ha hecho maravillas;
que esto se dé a conocer
en toda la tierra.
⁶¡Canta y grita de alegría,
habitante de *Sión;
realmente es grande, en medio de ti,
el *Santo de Israel!»

---

^{n}**11:15** *secará* (LXX); *destruirá* (TM).

Profecía contra Babilonia

13 Profecía contra Babilonia que recibió Isaías hijo de Amoz:

2 Sobre un monte pelado agiten la
bandera;
llamen a gritos a los soldados,
háganles señas con la mano
para que entren por las puertas de
los nobles.
3 Ya he dado orden a mis
consagrados;
he reclutado a mis valientes,
a los que se alegran de mi *triunfo,
para que ejecuten mi castigo.
4 ¡Escuchen! Se oye tumulto en las
montañas,
como el de una gran multitud.
¡Escuchen! Se oye un estruendo de
reinos,
de naciones que se han reunido.
El SEÑOR *Todopoderoso pasa
revista
a un ejército para la batalla.
5 Vienen de tierras lejanas,
de los confines del horizonte.
Viene el SEÑOR con las armas de
su ira
para destruir toda la tierra.
6 ¡Giman, que el día del SEÑOR está
cerca!
Llega de parte del *Todopoderoso
como una devastación.
7 Por eso todas las manos desfallecen,
todo mundo pierde el ánimo.
8 Quedan todos aterrados;
dolores y angustias los atrapan:
¡se retuercen de dolor,
como si estuvieran de parto!
Espantados, se miran unos a otros;
¡tienen el rostro encendido!
9 ¡Miren! ¡Ya viene el día del SEÑOR
—día cruel, de furor y ardiente
ira—;
convertirá en desolación la tierra
y exterminará de ella a los
pecadores!
10 Las estrellas y las constelaciones
del cielo
dejarán de irradiar su luz;
se oscurecerá el sol al salir
y no brillará más la luna.

11 Castigaré por su maldad al mundo,
y por su iniquidad a los malvados.
Pondré fin a la soberbia de los
arrogantes
y humillaré el orgullo de los
violentos.
12 Voy a hacer que haya menos gente
que oro fino,
menos *mortales que oro de Ofir.
13 Por eso haré que tiemble el cielo
y que la tierra se mueva de su
sitio,
por el furor del SEÑOR
*Todopoderoso
en el día de su ardiente ira.
14 Como gacela acosada,
como rebaño sin *pastor,
cada uno se volverá a su propio
pueblo,
cada cual huirá a su propia tierra.
15 Al que atrapen lo traspasarán;
el que caiga preso morirá a filo
de espada.
16 Ante sus propios ojos
estrellarán a sus pequeños,
saquearán sus casas
y violarán a sus mujeres.
17 ¡Miren! Yo incito contra ellos a los
medos,
pueblo al que no le importa la
plata
ni se deleita en el oro.
18 Con sus arcos traspasarán a los
jóvenes;
no se apiadarán del fruto del
vientre
ni tendrán compasión de los
niños.
19 Babilonia, la perla de los reinos,
la gloria y el orgullo de los
*caldeos,
quedará como Sodoma y Gomorra
cuando Dios las destruyó.
20 Nunca más volverá a ser habitada,
ni poblada en los tiempos
venideros.
No volverá a acampar allí el
beduino,
ni hará el pastor descansar a su
rebaño.
21 Allí descansarán las fieras del
desierto;
sus casas se llenarán de búhos.

Allí habitarán los avestruces
y brincarán las cabras salvajes.
22En sus fortalezas aullarán las
hienas,
y en sus lujosos palacios, los
chacales.
Su hora está por llegar,
y no se prolongarán sus días.

14 En verdad, el SEÑOR tendrá compasión de Jacob y elegirá de nuevo
a Israel. Los asentará en su propia tierra.
Los extranjeros se juntarán con ellos, y se
unirán a los descendientes de Jacob. 2Los
pueblos los acogerán y los llevarán hasta
su patria. Los israelitas los tomarán como
siervos y siervas en el suelo del SEÑOR;
apresarán a sus captores y dominarán a sus
opresores.

3Cuando el SEÑOR los haga descansar
de su sufrimiento, de su tormento y de la
cruel esclavitud a la que fueron sometidos,
4pronunciarán esta sátira contra el rey de
Babilonia:

¡Hay que ver cómo terminó el
opresor,
y cómo acabó su furia insolente!o
5Quebró el SEÑOR la vara de los
malvados;
rompió el bastón de los tiranos
6que con furia y continuos golpes
castigaba a los pueblos,
que con implacable enojo
dominaba y perseguía a las
naciones.
7Toda la tierra descansa tranquila
y prorrumpe en gritos de alegría.
8Hasta los pinos y cedros del
Líbano
se burlan de ti y te dicen:
«Desde que yaces tendido,
nadie viene a derribarnos.»
9Allá en lo profundo, por tu causa,
el *sepulcro se estremece
al salir a tu encuentro;
Por causa tuya despierta a los
muertos,
a los que fueron jefes de la tierra.

Hace que los reyes de todas las
naciones
se levanten de sus tronos.
10Todos ellos responden y te dicen:
«¡También tú te has debilitado!
¡Ya eres uno más de los nuestros!»
11Tu majestad ha sido arrojada al
*sepulcro,
junto con el sonido de tus arpas.
¡Duermes entre gusanos,
y te cubren las lombrices!
12¡Cómo has caído del cielo,
lucero de la mañana!
Tú, que sometías a las naciones,
has caído por tierra.
13Decías en tu *corazón:
«Subiré hasta los cielos.
¡Levantaré mi trono
por encima de las estrellas de
Dios!
Gobernaré desde el extremo norte,
en el monte de los dioses.p
14Subiré a la cresta de las más altas
nubes,
seré semejante al *Altísimo.»
15¡Pero has sido arrojado al sepulcro,
a lo más profundo de la fosa!
16Los que te ven, te clavan la mirada
y reflexionan en cuanto a tu
destino:
«¿Y éste es el que sacudía a la tierra
y hacía temblar a los reinos,
17el que dejaba el mundo hecho un
desierto,
el que arrasaba sus ciudades
y nunca dejaba libres a los
presos?»
18Todos los reyes de las naciones
reposan con honor,
cada uno en su tumba.
19Pero a ti, el sepulcro te ha vomitado
como a un vástago repugnante.
Los que murieron a filo de espada,
los que bajaron al fondo de la fosa,
te han cubierto por completo.
¡Pareces un cadáver pisoteado!
20No tendrás sepultura con los reyes,
porque destruiste a tu tierra
y asesinaste a tu pueblo.

---

o14:4 insolente (LXX, Qumrán y Siríaca); en TM, palabra de difícil traducción.   p14:13 monte de los
dioses. Lit. monte de la asamblea.

¡Jamás volverá a mencionarse
la descendencia de los
malhechores!
21 Por causa de la maldad de los
padres,
preparen un matadero para los
hijos.
¡Que no se levanten para heredar la
tierra
ni cubran con ciudades la faz del
mundo!

22 «Yo me levantaré contra ellos
—afirma el SEÑOR
*Todopoderoso—.
Yo extirparé de Babilonia
*nombre y descendencia,
vástago y posteridad
—afirma el SEÑOR
Todopoderoso—.
23 La convertiré en lugar de erizos,
en charco de agua estancada;
la barreré con la escoba de la
destrucción»,
afirma el SEÑOR Todopoderoso.

Profecía contra Asiria

24 El SEÑOR Todopoderoso ha jurado:
«Tal como lo he planeado, se
cumplirá;
tal como lo he decidido, se
realizará.
25 Destrozaré a Asiria en mi tierra;
la pisotearé sobre mis montes.
Mi pueblo dejará de llevar su yugo;
ya no pesará esa carga sobre sus
hombros.»
26 Esto es lo que he determinado
para toda la tierra;
ésta es la mano que he extendido
sobre todas las naciones.
27 Si lo ha determinado el SEÑOR
*Todopoderoso,
¿quién podrá impedirlo?
Si él ha extendido su mano,
¿quién podrá detenerla?

Profecía contra los filisteos

28 Esta profecía vino a Isaías el año que
murió el rey Acaz:

29 Todos ustedes filisteos,
no se alegren de que se haya roto

el bastón que los golpeaba;
porque una víbora saldrá
de la raíz de la serpiente;
su fruto será una serpiente
voladora.
30 Los más desvalidos pacerán como
ovejas,
los necesitados descansarán
seguros.
Pero mataré de hambre a su raíz;
destruiré a sus sobrevivientes.
31 ¡Gime y grita, *puerta de la ciudad!
¡Ponte a temblar de miedo,
Filistea entera!
Porque viene del norte una nube de
humo,
y nadie rompe la formación.
32 ¿Qué respuesta se dará a los
mensajeros de esa nación?
Pues que el SEÑOR ha afirmado a
*Sión,
y que allí se refugiarán
los afligidos de su pueblo.

Profecía contra Moab

16:6-12 — Jer 48:29-36

15 Profecía contra Moab:

La ciudad moabita de Ar está
arruinada,
¡destruida en una noche!
La ciudad moabita de Quir está
arruinada,
¡destruida en una noche!
2 Acuden los de Dibón al templo,
a sus *altares paganos, para llorar.
Moab está gimiendo
por Nebo y por Medeba.
Rapadas están todas las cabezas,
y afeitadas todas las barbas.
3 Todos, desechos en llanto,
van por las calles, vestidos de luto;
¡gimen en los techos y en las
plazas!
4 Hesbón y Elalé claman a gritos,
hasta Yahaza se escuchan sus
clamores.
Por eso gritan los valientes de
Moab,
y flaquea su entereza.
5 Mi *corazón grita por Moab;
sus fugitivos huyen hasta Zoar,
hasta Eglat Selisiyá.

Suben llorando por la cuesta de
Luhit;
ante el desastre, gritan
desesperados
por el camino de Joronayin.
6Se han secado las aguas de Nimrín;
se ha marchitado la hierba.
Ya no hay vegetación,
no ha quedado nada verde.
7Por eso se llevaron,
más allá del arroyo de los Sauces,
las muchas riquezas que amasaron.
8Su grito desesperado
va recorriendo la frontera de
Moab.
Llega su gemido hasta Eglayin,
y aun llega hasta Ber Elín.
9Llenas están de sangre las aguas de
Dimón,
y aún más plagas le añadiré:
enviaré un león contra los moabitas
fugitivos
y contra los que permanezcan en
la tierra.

16 Envíen corderos al gobernante del
país,
desde Selá, por el desierto,
y hasta el monte de la hija de
*Sión,
2Las mujeres de Moab,
en los vados del Arnón,
parecen aves que, espantadas,
abandonan el nido.

3«Danos un consejo;
toma una decisión.
A plena luz del día,
extiende tu sombra como la
noche.
Esconde a los fugitivos;
no traiciones a los refugiados.
4Deja que los fugitivos de Moab
encuentren en ti un refugio;
¡protégelos del destructor!»

Cuando la opresión llegue a su fin
y la destrucción se acabe,
el agresor desaparecerá de la
tierra.
5El trono se fundará en la lealtad,
y un descendiente de David
reinará sobre él con fidelidad:

será un juez celoso del derecho
y ansioso de hacer justicia.

6Hemos sabido que Moab
es extremadamente orgulloso;
hemos sabido de su soberbia,
de su orgullo y arrogancia,
de su charlatanería sin sentido.
7Por eso gimen los moabitas;
todos ellos gimen por Moab.
Laméntense, aflíjanse,
por las tortas de pasas de Quir
Jaréset.
8Se han marchitado los campos de
Hesbón,
lo mismo que las vides de Sibma.
Los gobernantes de las naciones
han pisoteado los viñedos más
selectos,
los que llegaban hasta Jazer
y se extendían hacia el desierto.
Sus sarmientos se extendían
y llegaban hasta el mar.
9Por eso lloro, como llora Jazer,
por los viñedos de Sibma.
¡Y a ustedes, ciudades de Hesbón y
de Elalé,
las empapo con mis lágrimas!
Se han acallado los gritos de
alegría
por tu fruto maduro y tus
cosechas.
10Ya no hay en los huertos alegría ni
regocijo.
Nadie canta ni grita en los viñedos,
nadie pisa la uva en los lagares;
yo le puse fin al clamor en la
vendimia.
11Por eso vibran mis entrañas por
Moab
como las cuerdas de un arpa;
vibra todo mi ser por Quir Jaréset.
12Por más que acuda Moab a sus
*altares paganos
no logrará sino fatigarse;
cuando vaya a orar a su santuario,
todo lo que haga será en vano.

13Ésta es la palabra que el SEÑOR
pronunció en el pasado contra Moab.
14Pero ahora el SEÑOR dice: «Dentro de
tres años, contados como los cuenta un
jornalero, el esplendor de Moab y de

toda su inmensa multitud será despreciado, y muy pocos y débiles serán sus sobrevivientes.»

Profecía contra Damasco

17 Profecía contra Damasco:

«¡Miren a Damasco!
¡Ya no será una ciudad!
¡Será convertida en un montón de escombros!
² Abandonadas quedarán
las ciudades de Aroer;
serán pastizales donde los rebaños
comerán sin que nadie los asuste.
³ Efraín perderá la ciudad fortificada;
Damasco se quedará sin realeza.
Los sobrevivientes de Aram y sus riquezas
serán para los hijos de Israel
—afirma el SEÑOR
*Todopoderoso—.

⁴ »En aquel día
se debilitará la gloria de Jacob
y se consumirá la gordura de su cuerpo.
⁵ Será como el segador que recoge la mies
y cosecha el grano con su brazo;
será como cuando se recoge el grano
en el valle de Refayin.
⁶ Pero quedarán algunos rebuscos,
como cuando se sacude el olivo
y dos o tres aceitunas se quedan
en las ramas más altas,
y tal vez cuatro o cinco
en todas las ramas del árbol.»
Lo afirma el SEÑOR,
el Dios de Israel.

⁷ En aquel día
buscará el *hombre a su Hacedor;
fijará la mirada en el *Santo de Israel.
⁸ Ya no se fijará en los altares,
que son obra de sus manos;
ni volverá la mirada a las imágenes
de *Aserá,

ni a los altares de incienso
que sus dedos fabricaron.

⁹ En aquel día las ciudades fortificadas,
que fueron abandonadas por causa de los israelitas, serán como lugares abandonados que se convierten en bosques y matorrales. Todo será desolación.

¹⁰ Porque te olvidaste del Dios de tu *salvación;
no te acordaste de la *Roca de tu fortaleza.
Por eso, aunque siembres las plantas más selectas
y plantes vides importadas,
¹¹ aunque las hagas crecer el día que las plantes,
y las hagas florecer al día siguiente,
en el día del dolor y de la enfermedad incurable
la cosecha se malogrará.

¹² ¡Ay del rugido de muchas naciones!
¡Braman como brama el mar!
¡Ay del clamor de los pueblos!
¡Su estruendo es como el de aguas caudalosas!
¹³ Aunque esos pueblos braman como aguas encrespadas,
huyen cuando él los reprende,
arrastrados por el viento
como la paja de los cerros,
como el polvo con el vendaval.
¹⁴ Al atardecer, ¡terror repentino!
Antes del amanecer, ¡ya no existen!
Tal es el destino de quienes nos despojan;
eso les espera a quienes nos saquean.

Profecía contra Etiopía

18 ¡Ay de la tierra de zumbantes langostas^q
más allá de los ríos de *Cus,
² que por las aguas del río Nilo
envía emisarios en barcas de papiro!

---

^q 18:1 *langostas.* Lit. *alas.*

Vayan, veloces mensajeros,
a una nación de gente alta y
lampiña;
a un pueblo temido por doquier,
a una nación agresiva y
dominante,
cuya tierra está surcada por ríos.

3 Cuando sobre las montañas
se alce el estandarte y suene la
trompeta,
¡fíjense, habitantes del mundo!;
¡escuchen, pobladores de la
tierra!

4 Así me dijo el SEÑOR:
«Desde mi morada miraré
impasible,
como los candentes rayos del sol,
como las nubes de rocío en el
calor de la vendimia.»
5 Porque antes de la vendimia,
cuando la flor se cae y madura la
uva,
se podarán los retoños
y se arrancarán de raíz los
sarmientos.
6 Todos ellos quedarán abandonados
a los buitres de las montañas
y a los animales salvajes;
durante el verano
serán el alimento de las aves de
rapiña;
durante el invierno,
de todos los animales salvajes.

7 En aquel tiempo ese pueblo de alta
estatura y de lampiña piel, ese pueblo
temido en todas partes, esa nación agresiva y dominante, cuya tierra está surcada
por ríos, le llevará ofrendas al SEÑOR
*Todopoderoso. Se las llevará al monte
*Sión, al lugar donde habita el *nombre
del SEÑOR Todopoderoso.

Profecía contra Egipto

19 Profecía contra Egipto:

¡Miren al SEÑOR!
Llega a Egipto montado sobre
una nube ligera.
Los ídolos de Egipto
tiemblan en su presencia;

el *corazón de los egipcios
desfallece en su interior.

2 «Incitaré a egipcio contra
egipcio;
luchará hermano contra
hermano,
amigo contra amigo,
ciudad contra ciudad,
reino contra reino.
3 Los egipcios quedarán
desanimados
y consultarán a los ídolos:
a los espíritus de los muertos,
a las pitonisas y a los agoreros,
¡pero yo frustraré sus planes!
4 Dejaré que crueles amos los
dominen;
un rey de mano dura los
gobernará»,
afirma el Señor, el SEÑOR
*Todopoderoso.

5 Se agotarán las aguas del Nilo;
árido y reseco quedará el lecho
del río.
6 Apestarán los canales,
y bajará el nivel de los arroyos de
Egipto
hasta dejarlos completamente
secos.
¡Las cañas y los juncos quedarán
marchitos!
7 A orillas del Nilo,
en la desembocadura del río,
la vegetación perderá su verdor.
Todos los sembrados junto al Nilo
quedarán asolados, dejarán de
existir.
8 Gemirán y harán lamentos todos
los pescadores,
los que lanzan anzuelos en el
Nilo;
desfallecerán los que echan redes
en el agua.
9 Quedarán frustrados los que
trabajan el lino peinado;
perderán la esperanza los
tejedores de lino fino.
10 Quedarán desalentados los
fabricantes de telas;
todos los asalariados se llenarán
de angustia.

11 Los jefes de Zoán no son más que
unos necios;
los consejeros más sabios
le dan a Faraón consejos
insensatos.
¿Cómo se les ocurre decirle:
«Yo soy uno de los sabios,
discípulo de los antiguos
reyes»?

12 ¿Dónde quedaron tus sabios?
Que te muestren y te hagan
saber
lo que el SEÑOR Todopoderoso
ha planeado contra Egipto.

13 Los jefes de Zoán se han vuelto
necios;
los jefes de Menfis se dejaron
engañar.
Las piedras angulares de sus
pueblos
han hecho que Egipto pierda el
rumbo.

14 El SEÑOR ha infundido en ellos
un espíritu de desconcierto.
En todo lo que hace Egipto
le han hecho perder el rumbo.
Como un borracho en su vómito,
Egipto se tambalea.

15 Nada puede hacerse por Egipto,
sea cabeza o cola, palmera o caña.

16 En aquel día los egipcios parecerán
mujeres. Se estremecerán de terror ante la
mano amenazante que el SEÑOR Todopoderoso agita contra ellos. 17 La tierra de
Judá será un espanto para los egipcios. Por
causa de lo que el SEÑOR Todopoderoso
está planeando contra ellos, la sola mención de Judá llenará de espanto a los que
oigan este *nombre.

18 En aquel día habrá en Egipto cinco
ciudades que hablarán el idioma de Canaán, y que jurarán lealtad al SEÑOR Todopoderoso. Una de ellas se llamará
Ciudad del Sol.ʳ

19 En aquel día habrá un altar para el
SEÑOR en el corazón mismo de Egipto,
y en su frontera un monumento al
SEÑOR. 20 Esto servirá en Egipto de señal

y testimonio del SEÑOR Todopoderoso.
Cuando ellos clamen al SEÑOR por causa
de sus opresores, él les enviará un salvador y defensor que los librará. 21 De modo que el SEÑOR se dará a conocer a los
egipcios, y en aquel día ellos reconocerán al SEÑOR: lo servirán con sacrificios
y ofrendas de grano; harán votos al
SEÑOR y se los cumplirán. 22 El SEÑOR
herirá a los egipcios con una plaga, y aun
hiriéndolos, los sanará. Ellos se volverán
al SEÑOR, y él responderá a sus ruegos
y los sanará.

23 En aquel día habrá una carretera
desde Egipto hasta Asiria. Los asirios irán
a Egipto y los egipcios a Asiria, y unos y
otros adorarán juntos. 24 En aquel día Israel será, junto con Egipto y Asiria, una
bendición en medio de la tierra. 25 El
SEÑOR Todopoderoso los bendecirá, diciendo: «Bendito sea Egipto mi pueblo, y
Asiria obra de mis manos, e Israel mi
heredad.»

Profecía contra Egipto y Cus

20 El año en que el comandante en
jefe enviado por Sargón, rey de
Asiria, fue a Asdod, atacó esa ciudad y la
conquistó. 2 En aquel tiempo el SEÑOR
habló por medio de Isaías hijo de Amoz.
Le dijo: «Anda, quítate la ropa de luto y
las sandalias.» Así lo hizo Isaías, y anduvo
desnudo y descalzo.

3 Entonces el SEÑOR dijo: «Así como
durante tres años mi siervo Isaías ha andado desnudo y descalzo, como señal y
presagio contra Egipto y *Cus, 4 así también, para vergüenza de Egipto, el rey de
Asiria llevará desnudos y descalzos, y con
las nalgas al aire, a los cautivos de Egipto
y a los desterrados de Cus, lo mismo
jóvenes que viejos. 5 Y los que confían en
Etiopía y se enorgullecen de Egipto quedarán aterrados y avergonzados. 6 En
aquel día los habitantes de esta costa dirán:
"Fíjense, ahí tienen a los que eran nuestra
esperanza, ¡aquellos a quienes acudíamos
en busca de ayuda, para que nos libraran
del rey de Asiria! Y ahora, ¿cómo podremos escapar?"»

ʳ **19:18** *del Sol* (mss. hebreos, Qumrán y Vulgata); *de la destrucción* (TM).

Profecía contra Babilonia

21 Profecía contra el desierto junto al mar:[s]

Como torbellinos que pasan por el Néguev,
se acercan invasores de una temible tierra del desierto.
[2] Una visión terrible
me ha sido revelada:
el traidor traiciona,
el destructor destruye.
¡Al ataque, Elam! ¡Al asedio, Media!
Pondré fin a todo gemido.

[3] Por eso mi cuerpo se estremece de dolor,
sufro de agudos dolores,
como los de una parturienta;
lo que oigo, me aturde;
lo que veo, me desconcierta.
[4] Se me turba la *mente,
me hace temblar el terror;
el crepúsculo tan anhelado
se me ha vuelto un espanto.

[5] ¡Ellos tienden las mesas,
extienden los tapices,
y comen y beben!
¡Jefes, pónganse de pie!
¡Levántense y engrasen los escudos!

[6] Porque así me ha dicho el SEÑOR:

«Ve y pon un centinela,
que informe de todo lo que vea.
[7] Cuando vea carros de combate
tirados por caballos,
o gente montada en asnos o en camellos,
que preste atención,
mucha atención.»

[8] Y el centinela[t] gritó:

«¡Día tras día, Señor,
estoy de pie en la torre;
cada noche permanezco
en mi puesto de guardia!
[9] ¡Ahí viene un hombre
en un carro de combate tirado por caballos!
Y éste es su mensaje:
"¡Ha caído, ha caído Babilonia!
¡Todas las imágenes de sus dioses
han rodado por el suelo!"»

[10] Pueblo mío, trillado como el trigo,
yo te he anunciado lo que he oído
de parte del SEÑOR *Todopoderoso,
del Dios de Israel.

Profecía contra Edom

[11] Profecía contra Dumá:[u]

Alguien me grita desde Seír:
«Centinela, ¿cuánto queda de la noche?
Centinela, ¿cuánto falta para que amanezca?»
[12] El centinela responde:
«Ya viene la mañana, pero también la noche.
Si quieren preguntar, pregunten;
si quieren volver, vuelvan.»

Profecía contra Arabia

[13] Profecía contra Arabia:

Caravanas de Dedán,
acampadas en los matorrales del desierto:
[14] salgan al encuentro del sediento
y ofrézcanle agua.
Habitantes de la tierra de Temá,
ofrezcan alimento a los fugitivos,
[15] porque huyen de la espada,
de la espada desnuda,
del arco tenso
y del fragor de la batalla.

[16] Porque así me dijo el Señor: «Dentro de un año, contado como lo cuenta un jornalero, toda la magnificencia de Cedar llegará a su fin. [17] Pocos serán los arqueros,

---

[s] **21:1** *el desierto junto al mar.* Probable referencia al golfo Pérsico o a la llanura al sur de Babilonia.
[t] **21:8** *el centinela* (Qumrán y Siríaca); *un león* (TM). [u] **21:11** En hebreo, *Dumá* significa *silencio* o *quietud*; juego de palabras con *Edom.*

los guerreros de Cedar, que sobrevivan.»
Lo ha dicho el SEÑOR, el Dios de Israel.

Profecía contra Jerusalén

22 Profecía contra el valle de la Visión:

¿Qué te pasa ahora,
 que has subido a las azoteas,
2ciudad llena de disturbios,
 de tumultos y parrandas?
Tus víctimas no cayeron a filo de
 espada
 ni murieron en batalla.
3Todos tus jefes huyeron juntos,
 pero fueron capturados
 sin haber disparado el arco.
Todos tus prisioneros fueron
 capturados
 mientras trataban de huir.

4Por eso dije: «Apártense de mí;
 déjenme llorar amargamente.
No insistan en consolarme:
 ¡la hija de mi pueblo ha sido
 destruida!»

5El Señor, el SEÑOR *Todopoderoso,
 ha decretado un día de pánico,
un día de humillación y
 desconcierto
 en el valle de la Visión,
un día para derribar muros
 y para clamar a las montañas.
6Montado en sus carros de combate,
 Elam toma la aljaba;
 Quir saca el escudo a relucir.
7Llenos de carros de combate
 están tus valles preferidos;
apostados a la puerta están los
 jinetes.
8¡Judá se ha quedado indefensa!

Aquel día ustedes se fijaron
 en el arsenal del Palacio del
 bosque;
9Vieron que en la ciudad de David
 había muchas brechas,
en el estanque inferior
 guardaron agua,
10contaron las casas de Jerusalén
 y derribaron algunas para
 reforzar el muro,

11entre los dos muros construyeron
 un depósito
 para las aguas del estanque
 antiguo,
pero no se fijaron en quien lo hizo,
 ni consideraron al que hace
 tiempo lo planeó.

12En aquel día el Señor,
 el SEÑOR Todopoderoso,
los llamó a llorar y a lamentarse,
 a raparse la cabeza y a hacer duelo.
13¡Pero miren, hay gozo y alegría!
 ¡Se sacrifican vacas, se matan
 ovejas,
 se come carne y se bebe vino!

«¡Comamos y bebamos,
 que mañana moriremos!»

14El SEÑOR Todopoderoso me reveló
al oído: «No se te perdonará este pecado
hasta el día de tu muerte. Lo digo yo, el
Señor, el SEÑOR Todopoderoso.»

15Así dice el Señor, el SEÑOR Todopoderoso: «Ve a encontrarte con Sebna, el
mayordomo, que está a cargo del palacio,
y dile:

16»"¿Qué haces aquí?
 ¿Quién te dio permiso
 para cavarte aquí un sepulcro?
¿Por qué tallas en las alturas tu
 lugar de reposo,
 y lo esculpes en la roca?

17»"Mira, hombre poderoso,
 el SEÑOR está a punto de agarrarte
 y arrojarte con violencia.
18Te hará rodar como pelota,
 y te lanzará a una tierra inmensa.
Allí morirás; allí quedarán
 tus gloriosos carros de combate.
 ¡Serás la vergüenza de la casa de
 tu señor!
19Te destituiré de tu cargo,
 y serás expulsado de tu puesto."

20»En aquel día llamaré a mi siervo
Eliaquín hijo de Jilquías. 21Le pondré tu
túnica, le colocaré tu cinto, y le daré tu
autoridad. Será como un padre para los

habitantes de Jerusalén y para la tribu de Judá. 22Sobre sus hombros pondré la llave de la casa de David; lo que él abra, nadie podrá cerrarlo; lo que él cierre, nadie podrá abrirlo. 23Como a una estaca, lo clavaré en un lugar firme, y será como un trono de honor para la dinastía de su padre. 24De él penderá toda la gloria de su familia: sus descendientes y sus vástagos, y toda la vajilla pequeña, desde los cántaros hasta las tazas.

25»En aquel día —afirma el SEÑOR Todopoderoso—, cederá la estaca clavada en el lugar firme; será arrancada de raíz y se vendrá abajo, con la carga que colgaba de ella.» El SEÑOR mismo lo ha dicho.

Profecía contra Tiro

23 Profecía contra Tiro:

¡Giman, barcos de Tarsis!,
    porque destruidas están su casa y
        su puerto.
Desde la tierra de Chipre
les ha llegado la noticia.

2¡Callen, habitantes de la costa,
    comerciantes de Sidón,
    ciudad que han enriquecido los
        marinos!
3Sobre las grandes aguas
    llegó el grano de Sijor;
Tiro se volvió el centro comercial
    de las naciones;
    la cosecha del Nilo le aportaba
        ganancias.
4Avergüénzate, Sidón, fortaleza del
        mar,
    porque el mar ha dicho:
«No he estado con dolores de parto
        ni he dado a luz;
    no he criado hijos ni educado
        hijas.»
5Cuando la noticia llegue a Egipto,
    lo que se diga de Tiro los
        angustiará.

6Pasen a Tarsis;
    giman, habitantes de la costa.

7¿Es ésta su ciudad alegre,
    la ciudad tan antigua,
    cuyos pies la han llevado
    a establecerse en tierras lejanas?
8¿Quién planeó esto contra Tiro,
    la ciudad que confiere coronas,
    cuyos comerciantes son príncipes,
    y sus negociantes reconocidos en
        la tierra?
9Lo planeó el SEÑOR *Todopoderoso
    para abatir la altivez de toda gloria
    y humillar a toda la gente
        importante de la tierra.

10Hija de Tarsis,
    cultiva^v tu tierra como en el Nilo,
    porque tu puerto ya no existe.
11El SEÑOR ha extendido su mano
        sobre el mar
    y ha puesto a temblar a los reinos,
    ha ordenado destruir las
        fortalezas de Canaán.
12Él dijo:
    «¡Virgen violentada, hija de
        Sidón:
    no volverás a alegrarte!

»Levántate y cruza hasta Chipre;
    ¡ni siquiera allí encontrarás
        descanso!»
13¡Mira la tierra de los *caldeos!
    ¡Ese pueblo ya no existe!
Asiria la ha convertido
    en refugio de las fieras del
        desierto;
    levantaron torres de asalto,
    demolieron sus fortalezas
    y las convirtieron en ruinas.

14¡Giman, barcos de Tarsis,
    porque destruida está su fortaleza!

15En aquel tiempo Tiro será olvidada durante setenta años, que es lo que vive un rey. Pero al cabo de esos setenta años le sucederá a Tiro lo que dice la canción de la prostituta:

16«Tú, prostituta olvidada,
    toma un arpa y recorre la ciudad;

^{v}23:10 cultiva (Qumrán y LXX); atraviesa (TM).

toca lo mejor que puedas,
　y canta muchas canciones,
　para que te recuerden.»

17Al cabo de setenta años, el Señor se ocupará de Tiro, la cual volverá a venderse y prostituirse con todos los reinos de la tierra. **18**Pero sus ingresos y ganancias se consagrarán al Señor; no serán almacenados ni atesorados. Sus ganancias serán para los que habitan en presencia del Señor, para que se alimenten en abundancia y se vistan con ropas finas.

Juicio universal

24 Miren, el Señor arrasa la tierra y la devasta,
　trastorna su faz y dispersa a sus
　　habitantes.
2Lo mismo le pasará
　al sacerdote y al pueblo,
　al amo y al esclavo,
　a la señora y a la esclava,
　al comprador y al vendedor,
　al prestamista y al prestatario,
　al acreedor y al deudor.
3La tierra queda totalmente arrasada,
　saqueada por completo,
　porque el Señor lo ha dicho.
4La tierra languidece y se marchita;
　el mundo se marchita y desfallece;
　desfallecen los notables de la tierra.
5La tierra yace profanada,
　pisoteada por sus habitantes,
　porque han desobedecido las leyes,
　han violado los estatutos,
　han quebrantado el *pacto eterno.
6Por eso una maldición consume a
　　la tierra,
　y los culpables son sus habitantes.
　Por eso el fuego los consume,
　y sólo quedan unos cuantos.
7Languidece el vino nuevo,
　desfallece la vid;
　gimen todos los corazones
　　alegres.
8Cesó el ritmo de los tambores,
　se aplacó el bullicio de los que se
　　divierten,
　se apagó el júbilo del arpa.
9Ya no beben vino mientras cantan;
　a los borrachos el licor les sabe
　　amargo.

10La ciudad del caos yace desolada;
　cerrado está el acceso a toda casa.
11Clamor hay en las calles porque
　　falta el vino;
　toda alegría se ha extinguido;
　el júbilo ha sido desterrado.
12La ciudad está en ruinas;
　su *puerta está hecha pedazos.
13Así sucederá en medio de la tierra
　y entre las naciones,
　como cuando a golpes se cosechan
　　aceitunas,
　como cuando se recogen rebuscos
　　después de la vendimia.
14El remanente eleva su voz y grita
　　de alegría;
　desde el occidente aclama la
　　majestad del Señor.
15Por eso, glorifiquen al Señor en el
　　oriente;
　el *nombre del Señor, Dios de
　　Israel,
　en las costas del mar.
16Desde los confines de la tierra
　　oímos cantar:
　«¡Gloria al justo!»
　Pero yo digo: «¡Ay de mí!
　¡Qué dolor, que me consumo!»
　Los traidores traicionan,
　　los traidores maquinan traiciones.
17¡Terror, fosa y trampa
　están contra ti, habitante de la
　　tierra!
18Quien huya del grito de terror
　caerá en la fosa,
　y quien suba del fondo de la fosa
　caerá en la trampa,
　porque abiertas están las ventanas
　　de lo alto,
　y tiemblan los cimientos de la
　　tierra.
19La tierra se quiebra, se desintegra;
　la tierra se agrieta, se resquebraja;
　la tierra tiembla y retiembla.
20La tierra se tambalea como un
　　borracho,
　se sacude como una choza.
　Tanto pesa sobre ella su rebelión
　que caerá para no volver a
　　levantarse.
21En aquel día el Señor castigará
　a los poderes celestiales en el cielo
　y a los reyes terrenales en la tierra.

22 Serán amontonados en un pozo,
   como prisioneros entre rejas,
   y después de muchos días se les
      castigará.
23 La luna se sonrojará
   y el sol se avergonzará,
   porque sobre el monte *Sión,
   sobre Jerusalén,
   reinará el SEÑOR *Todopoderoso,
   glorioso entre sus *ancianos.

Canto de alabanza al SEÑOR

25 SEÑOR, tú eres mi Dios;
   te exaltaré y alabaré tu *nombre
   porque has hecho maravillas.
   Desde tiempos antiguos
   tus planes son fieles y seguros.
2 Has convertido la ciudad en un
      montón de escombros,
   la ciudad fortificada en una ruina.
   Ya no es ciudad la ciudadela de
      extranjeros;
   nunca más volverá a ser
      reconstruida.
3 Por eso te glorifica un pueblo
      poderoso;
   te teme la ciudad de las naciones
      crueles.
4 Porque tú has sido,
   en su angustia,
   un baluarte para el desvalido,
   un refugio para el necesitado,
   un resguardo contra la tormenta,
   una sombra contra el calor.
   En cambio, el aliento de los crueles
   es como una tormenta contra un
      muro,
5   como el calor en el desierto.
   Tú aplacas el tumulto de los
      extranjeros,
   como se aplaca el calor bajo la
      sombra de una nube,
   y ahogas la alaraca de los tiranos.

6 Sobre este monte, el SEÑOR
   *Todopoderoso
   preparará para todos los pueblos
   un banquete de manjares
      especiales,
   un banquete de vinos añejos,
   de manjares especiales y de
      selectos vinos añejos.
7 Sobre este monte rasgará
   el velo que cubre a todos los
      pueblos,
   el manto que envuelve a todas las
      naciones.
8 Devorará a la muerte para siempre;
   el SEÑOR omnipotente enjugará
      las lágrimas de todo rostro,
   y quitará de toda la tierra
   el oprobio de su pueblo.
          El SEÑOR mismo lo ha dicho.

9 En aquel día se dirá:

   «¡Sí, éste es nuestro Dios;
   en él confiamos, y él nos salvó!
   ¡Éste es el SEÑOR, en él hemos
      confiado;
   regocijémonos y alegrémonos en
      su *salvación!»

10 La mano del SEÑOR se posará
      sobre este monte,
   pero Moab será pisoteada en su
      sitio,
   como se pisotea la paja en el
      muladar.
11 Allí extenderán sus manos,
   como al nadar las extiende un
      nadador.
   Pero el SEÑOR abatirá su orgullo,
   junto con la destreza^w de sus
      manos.
12 Derribará, hará caer y abatirá
   tus muros altos y fortificados,
   hasta dejarlos hechos polvo sobre
      la tierra.

Canto de victoria

26 En aquel día se entonará esta canción en la tierra de Judá:

   «Tenemos una ciudad fuerte.
   Como un muro, como un baluarte,
   Dios ha interpuesto su *salvación.
2 Abran las *puertas, para que entre
   la nación justa que se mantiene
      fiel.

---

^{w} 25:11 la destreza. Palabra de difícil traducción.

³Al de carácter firme
  lo guardarás en perfecta *paz,
  porque en ti confía.
⁴Confíen en el SEÑOR para siempre,
  porque el SEÑOR es una *Roca
    eterna.
⁵Él hace caer a los que habitan en lo
    alto
  y abate a la ciudad enaltecida:
  la abate hasta dejarla por el suelo,
  la derriba hasta hacerla morder el
    polvo.
⁶¡Los débiles y los desvalidos
  la pisotean con sus propios pies!»

⁷La senda del justo es llana;
  tú, que eres recto, allanas su
    *camino.
⁸Sí, en ti esperamos, SEÑOR,
  y en la senda de tus juicios;
  tu *nombre y tu memoria
  son el deseo de nuestra *vida.
⁹Todo mi ser te desea por las
    noches;
  por la mañana mi espíritu te busca.
  Pues cuando tus juicios llegan a la
    tierra,
  los habitantes del mundo
  aprenden lo que es justicia.
¹⁰Aunque al malvado se le tenga
    compasión,
  no aprende lo que es justicia;
  en tierra de rectitud actúa con
    iniquidad,
  y no reconoce la majestad del
    SEÑOR.

¹¹Levantada está, SEÑOR, tu mano,
  pero ellos no la ven.
  ¡Que vean tu celo por el pueblo, y
    sean avergonzados;
  que sean consumidos por el fuego
    destinado a tus enemigos!

¹²SEÑOR, tú estableces la paz en
    favor nuestro,
  porque tú eres quien realiza todas
    nuestras obras.
¹³SEÑOR y Dios nuestro,
  otros señores nos han gobernado,

pero sólo a tu nombre damos
    honra.
¹⁴Ya están muertos, y no revivirán;
  ya son sombras, y no se levantarán.
  Tú los has castigado y destruido;
  has hecho que perezca su
    memoria.
¹⁵Tú, SEÑOR, has engrandecido a la
    nación;
  la has engrandecido y te has
    glorificado;
  has extendido las fronteras de
    todo el país.
¹⁶SEÑOR, en la angustia te buscaron;
  apenas si lograban susurrar una
    oraciónˣ
  cuando tú ya los corregías.
¹⁷SEÑOR, nosotros estuvimos ante ti
  como cuando una mujer
    embarazada
  se retuerce y grita de dolor
  al momento de dar a luz.
¹⁸Concebimos, nos retorcimos,
  pero dimos a luz tan sólo viento.
  No trajimos salvación a la tierra,
  ni nacieron los habitantes del
    mundo.

¹⁹Pero tus muertos vivirán,
  sus cadáveres volverán a la vida.
  ¡Despierten y griten de alegría,
    moradores del polvo!
  Porque tu rocío es como el rocío de
    la mañana,
  y la tierra devolverá sus muertos.

²⁰¡Anda, pueblo mío, entra en tus
    habitaciones
  y cierra tus puertas tras de ti;
  escóndete por un momento,
  hasta que pase la ira!
²¹¡Estén alerta!,
  que el SEÑOR va a salir de su
    morada
para castigar la maldad
  de los habitantes del país.
La tierra pondrá al descubierto la
    sangre derramada;
  ¡ya no ocultará a los masacrados
    en ella!

ˣ26:16 *apenas ... oración.* Frase de difícil traducción.

Liberación de Israel

27 En aquel día el SEÑOR castigará
a *Leviatán, la serpiente huidiza,
a Leviatán, la serpiente tortuosa.
Con su espada violenta, grande y
poderosa,
matará al Dragón que está en el
mar.
2 «Canten en aquel día
a la viña escogida:
3 Yo, el SEÑOR, soy su guardián;
todo el tiempo riego mi viña.
Día y noche cuido de ella
para que nadie le haga daño.
4 No estoy enojado.
Si tuviera zarzas y espinos,
pelearía contra ella
y la quemaría totalmente,
5 a menos que ella acudiera a mi
refugio
e hiciera las paces conmigo,
sí, que hiciera las paces conmigo.»

6 Días vendrán en que Jacob echará
raíces,
en que Israel retoñará y florecerá,
y llenará el mundo con sus frutos.
7 ¿Acaso el SEÑOR lo ha golpeado
como hizo con quien lo golpeaba?
¿Acaso le dio muerte
como hizo con quienes lo
mataron?
8 Contendió con él con guerra^y y
destierro;
lo expulsó con su soplo violento
al soplar el viento del este.
9 Así quedará *expiada la iniquidad
de Jacob;
ésta será la única condición
para que se le perdone su pecado:
que reduzca a polvo todas las
piedras del altar,
como si moliera piedra caliza,
y no deje en pie ninguna imagen de
*Aserá
ni altar de incienso alguno.

10 En ruinas está la ciudad fortificada;
es un sitio sin habitantes,

abandonado como el desierto.
Allí se echa el ternero,
allí pace y deshoja las ramas.
11 Una vez secas, las ramas se
quiebran;
vienen luego las mujeres y con
ellas hacen fuego.
Porque éste es un pueblo sin
entendimiento;
por eso su Creador no le tiene
compasión,
ni de él se apiada quien lo formó.

12 En aquel día el SEÑOR trillará desde
las corrientes del Éufrates hasta el torrente
de Egipto, y ustedes, israelitas, serán recogidos uno por uno. 13 En aquel día sonará una gran trompeta. Los que fueron
llevados a Asiria y los que fueron desterrados a Egipto vendrán y adorarán al
SEÑOR sobre el monte *santo en Jerusalén.

Ay de Efraín

28 ¡Ay de la altiva corona de los
borrachos de Efraín,
de la flor marchita de su gloriosa
hermosura,
que está sobre la cumbre de un
valle fértil!
¡Ay de los abatidos por el vino!
2 Miren, el Señor cuenta con alguien
que es fuerte y poderoso:
Éste echará todo por tierra con
violencia,
como tormenta de granizo,
como tempestad destructora,
como tormenta de aguas
torrenciales,
como torrente desbordado.
3 La altiva corona de los borrachos
de Efraín,
será pisoteada.
4 Esa flor marchita de su gloriosa
hermosura,
sobre la cumbre de un valle fértil,
será como higo maduro antes de la
cosecha:
apenas alguien lo ve y lo tiene en
la mano,
se lo traga.

---

^y **27:8** *guerra.* Palabra de difícil traducción.

⁵En aquel día el Señor
        *Todopoderoso
    será una hermosa corona,
una diadema gloriosa
    para el remanente de su pueblo.
⁶Él infundirá espíritu de justicia
    al que se sienta en el tribunal,
y valor a los que rechazan
    los asaltos a la puerta.

⁷También sacerdotes y profetas
    se tambalean por causa del vino,
    trastabillan por causa del licor;
quedan aturdidos con el vino,
    tropiezan a causa del licor.
Cuando tienen visiones, titubean;
    cuando toman decisiones, vacilan.
⁸¡Sí, regadas de vómito están todas
        las mesas,
    y no queda limpio ni un solo lugar!

⁹«¿A quién creen que están
        enseñando?
    ¿A quién le están explicando su
        mensaje?
    ¿Creen que somos niños recién
        destetados,
    que acaban de dejar el pecho?
¹⁰¿Niños que repiten:
    "a-b-c-ch-d, a-e-i-o-u,
    un poquito aquí, un poquito
        allá"?»ᶻ

¹¹Pues bien, Dios hablará a este
        pueblo
    con labios burlones y lenguas
        extrañas,
¹²pueblo al que dijo:
    «Éste es el lugar de descanso;
    que descanse el fatigado»;
    y también:
    «Éste es el lugar de reposo».
    ¡Pero no quisieron escuchar!
¹³Pues la palabra del Señor
    para ellos será también:
    «a-b-c-ch-d, a-e-i-o-u,
    un poquito aquí, un poquito allá.»
    Para que se vayan de espaldas
        cuando caminen,

y queden heridos, enredados y
    atrapados.

¹⁴Por tanto, gobernantes insolentes
    de este pueblo de Jerusalén,
    escuchen la palabra del Señor:

¹⁵Ustedes dicen: «Hemos hecho un
        pacto con la muerte,
    hemos hecho una alianza con el
        *sepulcro.
    Cuando venga una calamidad
        abrumadora,
    no nos podrá alcanzar,
    porque hemos hecho de la mentira
        nuestro refugio
    y del engaño nuestro escondite.»

¹⁶Por eso dice el Señor omnipotente:

«¡Yo pongo en *Sión una piedra
        probada!,
    piedra angular y preciosa para un
        cimiento firme;
    el que confíe no andará
        desorientado.
¹⁷Pondré como nivel la justicia,
    y la rectitud como plomada.
El granizo arrasará con el refugio
        de la mentira,
    y las aguas inundarán el
        escondite.
¹⁸Se anulará el pacto que hicieron
        con la muerte,
    quedará sin efecto su alianza con
        el sepulcro.
Cuando venga la calamidad
        abrumadora,
    a ustedes los aplastará.
¹⁹Cada vez que pase, los arrebatará;
    pasará mañana tras mañana, de
        día y de noche.»

La comprensión de este mensaje
    causará terror absoluto.
²⁰La cama es demasiado estrecha
        para estirarse en ella,
    la manta es demasiado corta para
        envolverse en ella.

ᶻ**28:10** Versículo de difícil traducción (posiblemente remedo burlón de una lección de abecedario); también
en v. 13.

²¹Sí, el Señor se levantará como en
    el monte Perasín,
  se moverá como en el valle de
    Gabaón;
  para llevar a cabo su extraña obra,
    para realizar su insólita tarea.
²²Ahora bien, dejen de burlarse,
    no sea que se aprieten más sus
      cadenas;
  porque me ha hecho saber el Señor,
    el Señor Todopoderoso,
  acerca de la destrucción decretada
    contra todo el país.

²³Escuchen, oigan mi voz;
    presten atención, oigan mi
      palabra:
²⁴Cuando un agricultor ara para
    sembrar,
    ¿lo hace sin descanso?
  ¿Se pasa todos los días rompiendo
    y rastrillando su terreno?
²⁵Después de que ha emparejado la
    superficie,
    ¿no siembra eneldo y esparce
      comino?
  ¿No siembra trigo en hileras,ᵃ
    cebada en el lugar debido,
    y centeno en las orillas?
²⁶Es Dios quien lo instruye
    y le enseña cómo hacerlo.

²⁷Porque no se trilla el eneldo con
    rastrillo,
  ni sobre el comino se pasa una
    rueda de carreta,
  sino que el eneldo se golpea con
    una vara,
    y el comino con un palo.
²⁸El grano se tritura, pero no
    demasiado,
  ni tampoco se trilla sin descanso.
  Se le pasan las ruedas de la
    carreta,
    pero los caballos no lo trituran.
²⁹También esto viene del Señor
    Todopoderoso,
    admirable por su consejo
    y magnífico por su sabiduría.

Ay de la Ciudad de David

29 ¡Ay, Ariel, Ariel,
    ciudad donde acampó David!
  Añadan a un año otro año más,
    y que prosiga el ciclo de las fiestas.
²Pero a Ariel la sitiaré;
    habrá llanto y lamento,
    y será para mí como un brasero
      del altar.ᵇ
³Acamparé contra ti, y te rodearé;
    te cercaré con empalizadas,
    y levantaré contra ti torres de
      asalto.
⁴Humillada, desde el suelo elevarás
    tu voz;
    tu palabra apenas se levantará del
      polvo.
  Saldrá tu voz de la tierra
    como si fuera la de un fantasma;
  tu palabra, desde el polvo,
    apenas será un susurro.

⁵Pero la multitud de tus enemigos
    quedará hecha polvo fino,
  y la multitud de despiadados
    será como la paja que se lleva el
      viento.
  De repente, en un instante,
⁶   vendrá contra ti el Señor
      *Todopoderoso;
  vendrá con truenos, terremotos
    y gran estruendo,
  vendrá con una violenta tormenta
    y con devoradoras llamas de fuego.
⁷La multitud de todas las naciones
    que batallan contra Ariel,
  todos los que luchan contra ella
    y contra su fortaleza,
  aquellos que la asedian,
    serán como un sueño,
    como una visión nocturna.
⁸Como el hambriento que sueña que
    está comiendo,
    pero despierta y aún tiene hambre;
  como el sediento que sueña que
    está bebiendo,
    pero despierta y la sed le reseca
      la garganta.

ᵃ**28:25** *hileras.* Palabra de difícil traducción.   ᵇ**29:2** *un brasero del altar.* Esta frase traduce una palabra
hebrea que es idéntica al nombre *Ariel.*

Así sucederá con la multitud de
  todas las naciones
que luchan contra el monte *Sión.

⁹Pierdan el juicio, quédense
    pasmados,
  pierdan la vista, quédense ciegos;
embriáguense, pero no con vino;
  tambaléense, pero no por el licor.
¹⁰El SEÑOR ha derramado sobre
    ustedes
  un espíritu de profundo sueño;
a los profetas les cubrió los ojos,
  a los videntes les tapó la cara.

¹¹Para ustedes, toda esta visión no es
otra cosa que palabras en un rollo de
pergamino sellado. Si le dan el rollo a
alguien que sepa leer, y le dicen: «Lea
esto, por favor», éste responderá: «No
puedo hacerlo; está sellado.» ¹²Y si le dan
el rollo a alguien que no sepa leer, y le
dicen: «Lea esto, por favor», éste responderá: «No sé leer.»

¹³El Señor dice:

«Este pueblo me alaba con la boca
  y me honra con los labios,
  pero su *corazón está lejos de mí.
Su adoración no es más que un
    mandato
  enseñado por *hombres.
¹⁴Por eso, una vez más asombraré a
    este pueblo
  con prodigios maravillosos;
perecerá la sabiduría de sus sabios,
  y se esfumará la inteligencia de
    sus inteligentes.»
¹⁵¡Ay de los que, para esconder sus
    planes,
  se ocultan del SEÑOR en las
    profundidades;
cometen sus fechorías en la
    oscuridad, y piensan:
  «¿Quién nos ve? ¿Quién nos
    conoce?»!
¹⁶¡Qué manera de falsear las cosas!
  ¿Acaso el alfarero es igual al
    barro?
  ¿Acaso le dirá el objeto al que lo
    modeló:
  «Él no me hizo»?

¿Puede la vasija decir del alfarero:
  «Él no entiende nada»?

¹⁷Muy pronto el Líbano
  se convertirá en campo fértil,
  y el campo fértil se convertirá en
    bosque.
¹⁸En aquel día podrán los sordos
  oír la lectura del rollo,
  y los ojos de los ciegos podrán ver
    desde la oscuridad y la penumbra.
¹⁹Los pobres volverán a alegrarse en
    el SEÑOR,
  los más necesitados se
    regocijarán en el *Santo de
    Israel.
²⁰Se desvanecerán los despiadados,
  desaparecerán los insolentes,
  y todos los que no duermen para
    hacer el mal
  serán exterminados;
²¹los que con una palabra hacen
    culpable a una persona,
  los que en el tribunal ponen
    trampas al defensor
  y con engaños perjudican al
    indefenso.

²²Por eso, el SEÑOR, el redentor de
Abraham, dice así a los descendientes de
Jacob:

«Jacob ya no será avergonzado,
  ni palidecerá su rostro.
²³Cuando él vea a sus hijos,
  y la obra de mis manos en medio
    de él,
  todos ellos santificarán mi *nombre;
santificarán al Santo de Jacob,
  y temerán al Dios de Israel.
²⁴Los de espíritu extraviado recibirán
    entendimiento;
  y los murmuradores aceptarán ser
    instruidos.»

Ay de la nación obstinada

30 El SEÑOR ha dictado esta sentencia:

«Ay de los hijos rebeldes
  que ejecutan planes que no son
    míos,
  que hacen alianzas contrarias a mi
    Espíritu,

que amontonan pecado sobre
    pecado,
2 que bajan a Egipto sin consultarme,
    que se acogen a la protección de
        Faraón,
    y se refugian bajo la sombra de
        Egipto.
3 ¡La protección de Faraón será su
        vergüenza!
  ¡El refugiarse bajo la sombra de
        Egipto, su humillación!
4 Aunque en Zoán tengan
        funcionarios,
  y a Janés hayan llegado sus
        mensajeros,
5 todos quedarán avergonzados
  por culpa de un pueblo que les
        resulta inútil,
  que no les brinda ninguna ayuda ni
        provecho,
  sino sólo vergüenza y frustración.»

6 Ésta es la sentencia que se ha dictado
contra los animales del Néguev:

Por tierra de dificultades y
        angustias,
  de leones y leonas,
  de víboras y serpientes voladoras,
llevan ellos a lomo de burro
  las riquezas de esa nación inútil,
  y sus tesoros, a lomo de camello.
7 La ayuda de Egipto no sirve para
        nada;
  por eso la llamo: «*Rahab, la
        inmóvil».

8 Anda, pues, delante de ellos,
  y grábalo en una tablilla.
  Escríbelo en un rollo de cuero,
    para que en los días venideros
    quede como un testimonio eterno.
9 Porque éste es un pueblo rebelde;
    son hijos engañosos,
hijos que no quieren escuchar
    la enseñanza del SEÑOR.
10 A los videntes les dicen:
    «¡No tengan más visiones!»,
  y a los profetas:
    «¡No nos sigan profetizando la
        verdad!
  Dígannos cosas agradables,
    profeticen ilusiones.

11 ¡Apártense del camino,
  retírense de esta senda,
  y dejen de enfrentarnos
    con el *Santo de Israel!»

12 Así dice el Santo de Israel:

  «Ustedes han rechazado esta
        palabra;
  han confiado en la opresión y en
        la perversidad,
  y se han apoyado en ellas.
13 Por eso su iniquidad se alzará
        frente a ustedes
  como un muro alto y agrietado,
  a punto de derrumbarse:
  ¡de repente, en un instante, se
        desplomará!
14 Su iniquidad quedará hecha
        pedazos,
  hecha añicos sin piedad, como
        vasija de barro:
  ni uno solo de sus pedazos servirá
    para sacar brasas del fuego
    ni agua de una cisterna.»

15 Porque así dice el SEÑOR omnipotente, el Santo de Israel:

  «En el *arrepentimiento y la calma
        está su *salvación,
  en la serenidad y la confianza
        está su fuerza,
  ¡pero ustedes no lo quieren
        reconocer!
16 Se resisten y dicen: "Huiremos a
        caballo."
  ¡Por eso, así tendrán que huir!
  Dicen: "Cabalgaremos sobre
        caballos veloces."
  ¡Por eso, veloces serán sus
        perseguidores!
17 Ante la amenaza de uno solo;
  mil de ustedes saldrán huyendo;
ante la amenaza de cinco,
  huirán todos ustedes;
hasta quedar abandonados
  como un mástil en la cima de una
        montaña,
  como una señal sobre una colina.»

18 Por eso el SEÑOR los espera, para
    tenerles piedad;

por eso se levanta para mostrarles
compasión.
Porque el Señor es un Dios de
*justicia.
¡*Dichosos todos los que en él
esperan!

19Pueblo de *Sión, que habitas en Jerusalén, ya no llorarás más. ¡El Dios de
piedad se apiadará de ti cuando clames
pidiendo ayuda! Tan pronto como te oiga,
te responderá. 20Aunque el Señor te dé
pan de adversidad y agua de aflicción, tu
maestro no se esconderá más; con tus
propios ojos lo verás. 21Ya sea que te
desvíes a la derecha o a la izquierda, tus
oídos percibirán a tus espaldas una voz
que te dirá: «Éste es el *camino; síguelo.»
22Entonces profanarás tus ídolos enchapa-
dos en plata y tus imágenes revestidas de
oro; los arrojarás como cosa *impura, y
les dirás: «¡Fuera de aquí!»

23El Señor te enviará lluvia para la
semilla que siembres en la tierra, y el
alimento que produzca la tierra será suculento y abundante. En aquel día tu ganado
pacerá en extensas praderas. 24Los bueyes
y los burros que trabajan la tierra comerán
el mejor forraje, aventado con bieldo y
horquilla. 25En el día de la gran masacre,
cuando caigan las torres, habrá arroyos y
corrientes de agua en toda montaña alta y
en toda colina elevada. 26Cuando el
Señor ponga una venda en la fractura de
su pueblo y sane las heridas que le causó,
brillará la luna como el sol, y será la luz
del sol siete veces más intensa, como la
luz de siete días enteros.

27¡Miren! El *nombre del Señor
viene de lejos,
con ardiente ira y densa humareda.
Sus labios están llenos de furor;
su lengua es como un fuego
consumidor.
28Su aliento es cual torrente
desbordado
que llega hasta el cuello,
para zarandear a las naciones
en la zaranda destructora.

Pone en las quijadas de los pueblos
un freno que los desvía.
29Ustedes cantarán como en noche de
fiesta solemne;
su *corazón se alegrará,
como cuando uno sube con flautas
a la montaña del Señor,
a la *Roca de Israel.
30El Señor hará oír su majestuosa
voz,
y descargará su brazo:
con rugiente ira y llama de fuego
consumidor,
con aguacero, tormenta y granizo.
31La voz del Señor quebrantará a
Asiria;
la golpeará con su bastón.
32Cada golpe que el Señor
descargue sobre ella
con su vara de castigo
será al son de panderos y de arpas;
agitando su brazo, peleará contra
ellos.
33Porque Tofetᶜ está preparada desde
hace tiempo;
está dispuesta incluso para el rey.
Se ha hecho una pira de fuego
profunda y ancha,
con abundancia de fuego y leña;
el soplo del Señor la encenderá
como un torrente de azufre
ardiente.

Ay de los que confían en Egipto

31 ¡Ay de los que descienden a
Egipto en busca de ayuda,
de los que se apoyan en la
caballería,
de los que confían en la multitud
de sus carros de guerra
y en la gran fuerza de sus jinetes,
pero no toman en cuenta al *Santo
de Israel,
ni buscan al Señor!
2Sin embargo, el Señor es también
sabio,
y traerá calamidad,
y no se retractará de sus palabras.
Se levantará contra la dinastía de
los malvados,

ᶜ30:33 *Tofet.* Lugar de incineración, cercano a Jerusalén.

contra los que ayudan a los
malhechores.
3 Los egipcios, en cambio, son
*hombres y no dioses;
sus caballos son carne y no
espíritu.
Cuando el Señor extienda su mano,
tropezará el que presta ayuda
y caerá el que la recibe.
¡Todos juntos perecerán!

4 Porque así me dice el Señor:

«Como león que gruñe sobre la presa
cuando contra él se reúne
toda una cuadrilla de pastores;
como cachorro de león
que no se asusta por sus gritos
ni se inquieta por su tumulto,
así también el Señor
*Todopoderoso
descenderá para combatir
sobre el monte *Sión, sobre su
cumbre.
5 Como aves que revolotean sobre el
nido,
así también el Señor
Todopoderoso
protegerá a Jerusalén;
la protegerá y la librará,
la defenderá y la rescatará.»

6 Israelitas, ¡vuélvanse a aquel contra
quien ustedes se han rebelado tan abiertamente! 7 Porque en aquel día cada uno de
ustedes rechazará a los ídolos de plata y
oro que sus propias manos pecadoras fabricaron.

8 «Asiria caerá a espada, pero no de
hombre;
una espada, pero no de hombre,
la consumirá.
Huirá para escapar de la espada,
y sus jóvenes serán sometidos a
trabajos forzados.
9 A causa del terror caerá su
fortaleza;
¡sus jefes dejarán abandonada su
bandera!»
Lo afirma el Señor,
cuyo fuego está en Sión,
y cuyo horno está en Jerusalén.

El reino de justicia

32 Miren, un rey reinará con rectitud
y los gobernantes gobernarán con
justicia.
2 Cada uno será como un refugio
contra el viento,
como un resguardo contra la
tormenta;
como arroyos de agua en tierra seca,
como la sombra de un peñasco en
el desierto.

3 No se nublarán los ojos de los que
ven;
prestarán atención los oídos de
los que oyen.
4 La *mente impulsiva comprenderá
y entenderá,
la lengua tartamuda hablará con
fluidez y claridad.
5 Ya no se llamará noble al necio
ni será respetado el canalla.
6 Porque el necio profiere
*necedades,
y su mente maquina iniquidad;
practica la impiedad,
y habla falsedades contra el
Señor;
deja con hambre al hambriento,
y le niega el agua al sediento.
7 El canalla recurre a artimañas
malignas,
y trama designios infames;
destruye a los pobres con mentiras,
aunque el necesitado reclama
justicia.
8 El noble, por el contrario,
concibe nobles planes,
y en sus nobles acciones se
afirma.

Las mujeres de Jerusalén

9 Mujeres despreocupadas,
¡levántense y escúchenme!
Hijas que se sienten tan confiadas,
¡presten atención a lo que voy a
decirles!
10 Ustedes, que se sienten tan
confiadas,
en poco más de un año temblarán;
porque fallará la vendimia,
y no llegará la cosecha.

11 Mujeres despreocupadas,
    ¡estremézcanse!
  Ustedes, que se sienten tan
    confiadas,
    ¡pónganse a temblar!
  Desvístanse, desnúdense;
    pónganse ropa de luto.
12 Golpéense el pecho,
    por los campos agradables,
    por los viñedos fértiles,
13 por el suelo de mi pueblo
    cubierto de espinos y de zarzas,
    por todas las casas donde hay
      alegría
    y por esta ciudad donde hay
      diversión.
14 La fortaleza será abandonada,
    y desamparada la ciudad
      populosa;
    para siempre convertidas en cuevas
    quedarán la ciudadela y la
      atalaya;
    convertidas en deleite de asnos,
    en pastizal de rebaños,
15 hasta que desde lo alto
    el Espíritu sea derramado sobre
      nosotros.
  Entonces el desierto se volverá un
    campo fértil,
    y el campo fértil se convertirá en
      bosque.
16 La justicia morará en el desierto,
    y en el campo fértil habitará la
      rectitud.
17 El producto de la justicia será la
    *paz;
    tranquilidad y seguridad
    perpetuas serán su fruto.
18 Mi pueblo habitará en un lugar de
    paz,
    en moradas seguras,
    en serenos lugares de reposo.
19 Aunque el granizo arrase con el
    bosque
    y la ciudad sea completamente
      allanada,
20 ¡*dichosos ustedes,
    los que siembran junto al agua,
    y dejan sueltos al buey y al asno!

Angustia y auxilio

33 ¡Ay de ti, destructor, que no has
    sido destruido!
  ¡Ay de ti, traidor, que no has sido
    traicionado!
  Cuando dejes de destruir, te
    destruirán;
    cuando dejes de traicionar, te
    traicionarán.

2 SEÑOR, ten compasión de
    nosotros;
    pues en ti esperamos.
  Sé nuestra fortaleza^d cada mañana,
    nuestra *salvación en tiempo de
    angustia.
3 Al estruendo de tu voz, huyen los
    pueblos;
    cuando te levantas, se dispersan
    las naciones.
4 Los despojos de ustedes se recogen
    como si fueran devorados por
      orugas;
    sobre ellos se lanza el enemigo
    como una bandada de langostas.

5 Exaltado es el SEÑOR porque mora
    en las alturas,
    y llena a *Sión de justicia y
    rectitud.
6 Él será la seguridad de tus tiempos,
    te dará en abundancia salvación,
      sabiduría y conocimiento;
    el temor del SEÑOR será tu
    tesoro.

7 ¡Miren cómo gritan sus valientes
    en las calles!
    ¡amargamente lloran los
    mensajeros de *paz!
8 Los caminos están desolados,
    nadie transita por los senderos.
  El *pacto se ha quebrantado,
    se desprecia a los testigos,^{e}
    ¡a nadie se le respeta!
9 La tierra está de luto y languidece;
    el Líbano se avergüenza y se
    marchita;

---

^{d}**33:2** *nuestra fortaleza* (Siríaca, Targum y Vulgata); *la fortaleza de ellos* (TM). ^{e}**33:8** *los testigos*
(Qumrán); *las ciudades* (TM).

Sarón es como un desierto;
　　Basán y el Carmelo pierden su
　　　follaje.

10 «Ahora me levantaré —dice el
　　　SEÑOR—.
　　Ahora seré exaltado,
　　　ahora seré ensalzado.
11 Ustedes conciben cizaña
　　y dan a luz paja;
　　¡pero el fuego de mi aliento los
　　　consumirá!
12 Los pueblos serán calcinados,
　　como espinos cortados arderán en
　　　el fuego.»

13 Ustedes, que están lejos,
　　oigan lo que he hecho;
　　y ustedes, que están cerca,
　　reconozcan mi poder.
14 Los pecadores están aterrados en
　　　Sión;
　　el temblor atrapa a los impíos:
　　«¿Quién de nosotros puede habitar
　　　en el fuego consumidor?
　　¿Quién de nosotros puede habitar
　　　en la hoguera eterna?»
15 Sólo el que procede con justicia
　　y habla con rectitud,
　　el que rechaza la ganancia de la
　　　extorsión
　　y se sacude las manos para no
　　　aceptar soborno,
　　el que no presta oído a las conjuras
　　　de asesinato
　　y cierra los ojos para no
　　　contemplar el mal.
16 Ese tal morará en las alturas;
　　tendrá como refugio una fortaleza
　　　de rocas,
　　se le proveerá de pan,
　　y no le faltará el agua.

17 Tus ojos verán al rey en su
　　　esplendor
　　y contemplarán una tierra que se
　　　extiende hasta muy lejos.
18 Dentro de ti meditarás acerca del
　　　terror, y dirás:
　　«¿Dónde está el contador?
　　¿Dónde el recaudador de impuestos?
　　¿Dónde el que lleva el registro de
　　　las torres?»

19 No verás más a ese pueblo
　　　insolente,
　　a ese pueblo de idioma confuso,
　　de lengua extraña e
　　　incomprensible.

20 Mira a Sión, la ciudad de nuestras
　　　fiestas;
　　tus ojos verán a Jerusalén,
　　morada apacible, campamento bien
　　　plantado;
　　sus estacas jamás se arrancarán,
　　ni se romperá ninguna de sus
　　　sogas.
21 Allí el SEÑOR nos mostrará su poder.
　　Será como un lugar de anchos
　　　ríos y canales.
　　Ningún barco de remos surcará sus
　　　aguas,
　　ni barcos poderosos navegarán
　　　por ellas.
22 Porque el SEÑOR es nuestro guía;
　　el SEÑOR es nuestro gobernante.
　　El SEÑOR es nuestro rey:
　　¡Él nos salvará!

23 Tus cuerdas se han aflojado:
　　No sostienen el mástil con
　　　firmeza
　　ni se despliegan las velas.
　　Abundante botín habrá de
　　　repartirse,
　　y aun los cojos se dedicarán al
　　　saqueo.
24 Ningún habitante dirá: «Estoy
　　　enfermo»;
　　y se perdonará la iniquidad del
　　　pueblo que allí habita.

Juicio contra las naciones

34 Naciones, ¡acérquense a escuchar!
　　Pueblos, ¡presten atención!
　　¡Que lo oiga la tierra, y todo lo que
　　　hay en ella;
　　el mundo, y todo lo que él produce!
2 El SEÑOR está enojado con todas
　　　las naciones,
　　airado con todos sus ejércitos.
　　Él los ha *destruido por completo,
　　los ha entregado a la matanza.
3 Serán arrojados sus muertos,
　　hedor despedirán sus cadáveres,
　　su sangre derretirá las montañas.

4Se desintegrarán todos los astros
del cielo
y se enrollará el cielo como un
pergamino;
toda la multitud de astros perderá
su brillo,
como lo pierde la hoja marchita
de la vid,
o los higos secos de la higuera.

5Mi espada se ha embriagado en el
cielo;
miren cómo desciende en juicio
sobre Edom,
pueblo que he condenado a la
destrucción total.
6La espada del SEÑOR está bañada
en sangre,
en la sangre de cabras y corderos;
cubierta está de grasa,
de la grasa de los riñones de
carneros.
Porque el SEÑOR celebra un
sacrificio en Bosra
y una gran matanza en tierra de
Edom.
7Y con ellos caerán los búfalos,
los terneros y los toros.
Su tierra quedará empapada en
sangre,
y su polvo se llenará de grasa.

8Porque el SEÑOR celebra un día de
venganza,
un año de desagravio
para defender la causa de *Sión.
9Los arroyos de Edom se volverán
ríos de brea,
su polvo se convertirá en azufre
y ardiente brea se volverá su
tierra.
10Ni de día ni de noche se extinguirá,
y su humo subirá por siempre.
Quedará desolada por todas las
generaciones;
nunca más transitará nadie por
ella.
11Se adueñarán de ella el pelícano y
el erizo;
anidarán allí el búho y el cuervo.
Dios extenderá sobre Edom
el cordel del caos
y la plomada de la desolación.

12Sus nobles no tendrán allí
nada que pueda llamarse reino;
todos sus príncipes desaparecerán.
13Los espinos invadirán sus palacios;
las ortigas y las zarzas, sus
fortalezas.
Se volverá guarida de chacales
y nido de avestruces.
14Las fieras del desierto se juntarán
con las hienas,
y las cabras monteses se llamarán
unas a otras;
allí también reposarán las aves
nocturnas
y encontrarán un lugar de
descanso.
15Allí el búho anidará y pondrá sus
huevos;
bajo sus alas incubará y cuidará a
sus crías.
También allí se reunirán los
buitres,
cada cual con su pareja.

16Consulten el libro del SEÑOR y lean:

Ninguno de estos animales faltará;
cada cual tendrá su pareja.
El SEÑOR mismo ha dado la orden,
y su Espíritu los ha de reunir.
17Él les ha asignado sus lugares;
su mano les señaló su territorio.
Ellos los poseerán para siempre,
y morarán allí por todas las
generaciones.

La alegría de los redimidos

35 Se alegrarán el desierto y el
sequedal;
se regocijará el desierto
y florecerá como el azafrán.
2Florecerá y se regocijará:
¡gritará de alegría!
Se le dará la gloria del Líbano,
y el esplendor del Carmelo y de
Sarón.
Ellos verán la gloria del SEÑOR,
el esplendor de nuestro Dios.

3Fortalezcan las manos débiles,
afirmen las rodillas temblorosas;
4digan a los de *corazón temeroso:
«Sean fuertes, no tengan miedo.

Su Dios vendrá,
vendrá con venganza;
con retribución divina
vendrá a salvarlos.»

5 Se abrirán entonces los ojos de los
ciegos
y se destaparán los oídos de los
sordos;
6 saltará el cojo como un ciervo,
y gritará de alegría la lengua del
mudo.
Porque aguas brotarán en el desierto,
y torrentes en el sequedal.
7 La arena ardiente se convertirá en
estanque,
la tierra sedienta en manantiales
burbujeantes.
Las guaridas donde se tendían los
chacales,
serán morada de juncos y papiros.

8 Habrá allí una calzada
que será llamada *Camino de
*santidad.
No viajarán por ella los *impuros,
ni transitarán por ella los necios;
será sólo para los que siguen el
camino.
9 No habrá allí ningún león,
ni bestia feroz que por él pase;
¡Allí no se les encontrará!
¡Por allí pasarán solamente los
redimidos!
10 Y volverán los rescatados por el
SEÑOR,
y entrarán en *Sión con cantos de
alegría,
coronados de una alegría eterna.
Los alcanzarán la alegría y el
regocijo,
y se alejarán la tristeza y el
gemido.

Senaquerib amenaza a Jerusalén
36:1-22 — 2R 18:13,17-37; 2Cr 32:9-19

36 En el año catorce del reinado de
Ezequías, Senaquerib, rey de Asiria, atacó y tomó todas las ciudades for-

tificadas de Judá. 2 Desde Laquis el rey
de Asiria envió a su comandante en jefe,ᶠ al frente de un gran ejército, para
hablar con el rey Ezequías en Jerusalén.
Cuando el comandante se detuvo en el
acueducto del estanque superior, en el
camino que lleva al Campo del Lavandero, 3 salió a recibirlo Eliaquín hijo de
Jilquías, que era el administrador del palacio, junto a con el cronista Sebna y el
secretario Joa hijo de Asaf.

4 El comandante en jefe les dijo:

—Díganle a Ezequías que así dice el
gran rey, el rey de Asiria: "¿En qué se basa
tu confianza? 5 Tú dicesᵍ que tienes estrategia y fuerza militar, pero éstas no son
más que palabras sin fundamento. ¿En
quién confías, que te rebelas contra mí?
6 Mira, tú confías en Egipto, ¡ese bastón
de caña astillada, que traspasa la mano y
hiere al que se apoya en él! Porque eso es
el faraón, el rey de Egipto, para todos los
que en él confían. 7 Y si tú me dices:
'Nosotros confiamos en el SEÑOR, nuestro
Dios', ¿no se trata acaso, Ezequías, del
Dios cuyos altares y *santuarios paganos
tú mismo quitaste, diciéndoles a Judá y a
Jerusalén: 'Deben adorar solamente ante
este altar'?"

8 »Ahora bien, Ezequías, haz este trato
con mi señor, el rey de Asiria: Yo te doy
dos mil caballos, si tú consigues otros
tantos jinetes para montarlos. 9 ¿Cómo podrás rechazar el ataque de uno solo de los
funcionarios más insignificantes de mi
señor, si confías en obtener de Egipto
carros de combate y jinetes? 10 ¿Acaso he
venido a atacar y a destruir esta tierra sin
el apoyo del SEÑOR? ¡Si fue él mismo
quien me ordenó: "Marcha contra este
país y destrúyelo"!

11 Eliaquín, Sebna y Joa le dijeron al
comandante en jefe:

—Por favor, hábleles usted a sus siervos en arameo, ya que lo entendemos. No
nos hable en hebreo, que el pueblo que
está sobre el muro nos escucha.

12 Pero el comandante en jefe respondió:

ᶠ 36:2 *comandante en jefe.* Alt. *copero mayor.* ᵍ 36:5 *Tú dices* (mss. hebreos y Qumrán; véase 2R 18:20);
Yo digo (TM).

—¿Acaso mi señor me envió a decirles estas cosas sólo a ti y a tu señor, y no a los que están sentados en el muro? ¡Si tanto ellos como ustedes tendrán que comerse su excremento y beberse su orina!

13 Dicho esto, el comandante en jefe se puso de pie y a voz en cuello gritó en hebreo:

—¡Oigan las palabras del gran rey, el rey de Asiria! 14 Así dice el rey: "No se dejen engañar por Ezequías. ¡Él no puede librarlos! 15 No dejen que Ezequías los persuada a confiar en el SEÑOR, diciendo: 'Sin duda el SEÑOR nos librará; ¡esta ciudad no caerá en manos del rey de Asiria!' "

16 »No le hagan caso a Ezequías. Así dice el rey de Asiria: "Hagan las paces conmigo, y ríndanse. De este modo cada uno podrá comer de su vid y de su higuera, y beber agua de su propio pozo, 17 hasta que yo venga y los lleve a un país como el de ustedes, país de grano y de mosto, de pan y de viñedos."

18 »No se dejen seducir por Ezequías cuando dice: "El SEÑOR nos librará." ¿Acaso alguno de los dioses de las naciones pudo librar a su país de las manos del rey de Asiria? 19 ¿Dónde están los dioses de Jamat y de Arfad? ¿Dónde están los dioses de Sefarvayin? ¿Acaso libraron a Samaria de mis manos? 20 ¿Cuál de todos los dioses de estos países ha podido salvar de mis manos a su país? ¿Cómo entonces podrá el SEÑOR librar de mis manos a Jerusalén?

21 Pero el pueblo permaneció en silencio y no respondió ni una sola palabra, porque el rey había ordenado: «No le respondan.»

22 Entonces Eliaquín hijo de Jilquías, administrador del palacio, el cronista Sebna y el secretario Joa hijo de Asaf, con las vestiduras rasgadas en señal de duelo, fueron a ver a Ezequías y le contaron lo que había dicho el comandante en jefe.

Se profetiza la liberación de Jerusalén
37:1-13 — 2R 19:1-13

37 Cuando el rey Ezequías escuchó esto, se rasgó las vestiduras, se vistió de luto y fue al templo del SEÑOR. 2 Además, envió a Eliaquín, administrador del palacio, al cronista Sebna y a los sacerdotes más ancianos, todos vestidos de luto, para hablar con el profeta Isaías hijo de Amoz. 3 Y le dijeron: «Así dice Ezequías: "Hoy es un día de angustia, castigo y deshonra, como cuando los hijos están a punto de nacer y no se tienen fuerzas para darlos a luz. 4 Tal vez el SEÑOR tu Dios oiga las palabras del comandante en jefe, a quien su señor, el rey de Asiria, envió para insultar al Dios viviente. ¡Que el SEÑOR tu Dios lo castigue por las palabras que ha oído! Eleva, pues, una oración por el remanente del pueblo que aún sobrevive."»

5 Cuando los funcionarios del rey Ezequías fueron a ver a Isaías, 6 éste les dijo: «Díganle a su señor que así dice el SEÑOR: "No temas por las blasfemias que has oído, y que han pronunciado contra mí los subalternos del rey de Asiria. 7 ¡Mira! Voy a poner un espíritu en él, de manera que cuando oiga cierto rumor se regrese a su propio país. ¡Allí haré que lo maten a filo de espada!"»

8 Cuando el comandante en jefe se enteró de que el rey de Asiria había salido de Laquis, se retiró y encontró al rey luchando contra Libná.

9 Luego Senaquerib recibió el informe de que Tiracá, rey de *Cus, había salido para luchar contra él. Al enterarse de esto, envió mensajeros a Ezequías 10 para que le dijeran: «Tú, Ezequías, rey de Judá: No dejes que tu Dios, en quien confías, te engañe cuando dice: "No caerá Jerusalén en manos del rey de Asiria." 11 Sin duda te habrás enterado de lo que han hecho los reyes de Asiria en todos los países, *destruyéndolos por completo. ¿Y acaso vas tú a librarte? 12 ¿Libraron sus dioses a las naciones que mis antepasados han destruido: Gozán, Jarán, Résef y la gente de Edén que vivía en Telasar? 13 ¿Dónde están el rey de Jamat, el rey de Arfad, y el rey de la ciudad de Sefarvayin, o de Hená o Ivá?»

Oración de Ezequías
37:14-20 — 2R 19:14-19

14 Ezequías tomó la carta de mano de los mensajeros, y la leyó. Luego subió al templo del SEÑOR, la desplegó delante del SEÑOR, 15 y oró así: 16 «SEÑOR *Todopo-

deroso, Dios de Israel, entronizado sobre los *querubines: sólo tú eres el Dios de todos los reinos de la tierra. Tú has hecho los cielos y la tierra. 17Presta atención, SEÑOR, y escucha; abre tus ojos, SEÑOR, y mira; escucha todas las palabras que Senaquerib ha mandado a decir para insultar al Dios viviente.

18»Es verdad, SEÑOR, que los reyes asirios han asolado todas estas naciones y sus tierras. 19Han arrojado al fuego sus dioses, y los han destruido, porque no eran dioses sino sólo madera y piedra, obra de manos *humanas. 20Ahora, pues, SEÑOR y Dios nuestro, sálvanos de su mano, para que todos los reinos de la tierra sepan que sólo tú, SEÑOR, eres Dios.»*h*

Muerte de Senaquerib
37:21-38 — 2R 19:20-37; 2Cr 32:20-21

21Entonces Isaías hijo de Amoz le envió este mensaje a Ezequías: «Así dice el SEÑOR, Dios de Israel: "Por cuanto me has rogado respecto a Senaquerib, rey de Asiria, 22ésta es la palabra que yo, el SEÑOR, he pronunciado contra él:

» "La virginal hija de *Sión
    te desprecia y se burla de ti.
La hija de Jerusalén
    menea la cabeza al verte huir.
23¿A quién has insultado?
    ¿Contra quién has blasfemado?
¿Contra quién has alzado la voz
    y levantado los ojos con orgullo?
¡Contra el *Santo de Israel!
24Has enviado a tus siervos
    a insultar al Señor, diciendo:
'Con mis numerosos carros de
      combate
escalé las cumbres de las
      montañas,
    ¡las laderas del Líbano!
Talé sus cedros más altos,
    sus cipreses más selectos.
Alcancé sus cumbres más lejanas,
    y sus bosques más frondosos.
25Cavé pozos en tierras extranjeras,*i*
    y en esas aguas apagué mi sed.

Con las plantas de mis pies
    sequé todos los ríos de Egipto.'

26» "¿No te has dado cuenta?
    ¡Hace mucho tiempo que lo he
      preparado!
Desde tiempo atrás lo vengo
      planeando,
    y ahora lo he llevado a cabo;
por eso tú has dejado en ruinas
    a las ciudades fortificadas.
27Sus habitantes, impotentes,
    están desalentados y
      avergonzados.
Son como plantas en el campo,
    como tiernos pastos verdes,
como hierba que brota sobre el
      techo
    y que se quema*j* antes de
      crecer.

28» "Yo sé bien cuándo te sientas,
    cuándo sales, cuándo entras,
    y cuánto ruges contra mí.
29Porque has rugido contra mí
    y tu insolencia ha llegado a mis
      oídos,
te pondré una argolla en la nariz
    y un freno en la boca,
y por el mismo camino por donde
      viniste
    te haré regresar.

30» "Ésta será la señal para ti, Ezequías:

» "Este año comerán lo que crezca
    por sí solo,
y el segundo año lo que de allí
      brote.
Pero al tercer año sembrarán y
      cosecharán,
plantarán viñas y comerán su
      fruto.
31Una vez más los sobrevivientes de
    la tribu de Judá
echarán raíces abajo, y arriba
    darán fruto.
32Porque de Jerusalén saldrá un
      remanente,

---

h 37:20 *sólo tú, SEÑOR, eres Dios* (Qumrán y LXX; véase también 2R 19:19); *sólo tú eres el SEÑOR* (TM). *i* 37:25 *en tierras extranjeras* (Qumrán; véase también 2R 19:24); TM no incluye esta frase. *j* 37:27 *y que se quema* (mss. hebreos; véanse Qumrán y 2R 19:26); *y como un campo* (TM).

del monte Sión un grupo de
sobrevivientes.
Esto lo hará mi celo,
celo del SEÑOR *Todopoderoso.

33» "Yo, el SEÑOR, declaro esto acerca
del rey de Asiria:

» "No entrará en esta ciudad,
ni lanzará contra ella una sola
flecha.
No se enfrentará a ella con
escudos,
ni construirá contra ella una
rampa de asalto.
34Volverá por el mismo camino que
vino;
¡en esta ciudad no entrará!
Yo, el SEÑOR, lo afirmo.
35Por mi causa, y por consideración a
David mi siervo,
defenderé esta ciudad y la
salvaré."»

36Entonces el ángel del SEÑOR salió y
mató a ciento ochenta y cinco mil hombres
del campamento asirio. A la mañana siguiente, cuando los demás se levantaron,
¡allí estaban tendidos todos los cadáveres!
37Así que Senaquerib, rey de Asiria, levantó el campamento y se retiró. Volvió a
Nínive y permaneció allí. **38**Pero un día,
mientras adoraba en el templo de su dios
Nisroc, sus hijos Adramélec y Sarézer lo
mataron a espada y escaparon a la tierra
de Ararat. Y su hijo Esarjadón lo sucedió
en el trono.

Enfermedad de Ezequías
38:1-8 — 2R 20:1-11; 2Cr 32:24-26

38 Por aquellos días Ezequías se enfermó gravemente y estuvo a punto
de morir. El profeta Isaías hijo de Amoz
fue a verlo y le dijo: «Así dice el SEÑOR:
"Pon tu casa en orden, porque vas a morir;
no te recuperarás."»

2Ezequías volvió el rostro hacia la pared y le rogó al SEÑOR: **3**«Recuerda,
SEÑOR, que yo me he conducido delante
de ti con lealtad y con un *corazón íntegro,

y que he hecho lo que te agrada.» Y
Ezequías lloró amargamente.

4Entonces la palabra del SEÑOR vino a
Isaías: **5**«Ve y dile a Ezequías que así dice
el SEÑOR, Dios de su antepasado David:
"He escuchado tu oración y he visto tus
lágrimas; voy a darte quince años más de
vida. **6**Y a ti y a esta ciudad los libraré de
caer en manos del rey de Asiria. Yo defenderé esta ciudad. **7**Y ésta es la señal que
te daré para confirmar lo que te he prometido: **8**Haré que en la escala de Acaz la
sombra del sol retroceda las diez gradas
que ya ha bajado."» ¡Y la luz del sol
retrocedió las diez gradas que ya había
bajado!

Escrito de Ezequías

9Después de su enfermedad y recupe-
ración Ezequías, rey de Judá, escribió:

10«Yo decía: "¿Debo, en la plenitud
de mi vida,
pasar por las puertas del *sepulcro
y ser privado del resto de mis
días?"
11Yo decía: "Ya no veré más al
SEÑOR
en esta tierra de los vivientes;
ya no contemplaré más a los *seres
humanos,
a los que habitan este mundo." *k*
12Me quitaron mi casa, me la
arrebataron,
como si fuera la carpa de un pastor.
Como un tejedor, enrollé mi vida,
y él me la arrancó del telar.
¡De la noche a la mañana acabó
conmigo!
13Pacientemente esperé hasta la
aurora,
pero él, como león, me quebró
todos los huesos.
¡De la noche a la mañana acabó
conmigo!
14Chillé como golondrina, como
grulla;
¡me quejé como paloma!
Mis ojos se cansaron de mirar al
cielo.

---

k **38:11** *este mundo* (mss. hebreos); *el lugar de cesación* (TM).

¡Angustiado estoy, Señor!
¡Acude en mi ayuda!

15»Pero ¿qué puedo decir?
Él mismo me lo anunció, y así lo
ha hecho.
La amargura de mi *alma
me ha quitado el sueño.
16Señor, por tales cosas viven los
*hombres,
y también mi espíritu encuentra
vida en ellas.
Tú me devolviste la salud
y me diste vida.
17Sin duda, fue para mi bien
pasar por tal angustia.
Con tu amor me guardaste
de la fosa destructora,
y le diste la espalda a mis pecados.
18El sepulcro nada te agradece;
la muerte no te alaba.
Los que descienden a la fosa
nada esperan de tu fidelidad.
19Los que viven, y sólo los que viven,
son los que te alaban,
como hoy te alabo yo.
Todo padre hablará a sus hijos
acerca de tu fidelidad.

20»El SEÑOR me salvará,
y en el templo del SEÑOR
todos los días de nuestra vida
cantaremos con instrumentos de
cuerda.»

21Isaías había dicho: «Preparen una
pasta de higos, apliquensela en la llaga, y
él se recuperará.»
22Y Ezequías había preguntado: «¿Qué
señal recibiré de que se me permitirá subir
al templo del SEÑOR?»

Mensajeros de Babilonia
39:1-8 — 2R 20:12-19

39 En aquel tiempo Merodac Baladán
hijo de Baladán, rey de Babilonia,
le envió cartas y un regalo a Ezequías,
porque supo que había estado enfermo y
que se había recuperado. 2Ezequías se
alegró al recibir esto, y les mostró a los
mensajeros todos sus tesoros: la plata, el
oro, las especias, el aceite fino, todo su
arsenal y todo lo que había en ellos. No

hubo nada en su palacio ni en todo su reino
que Ezequías no les mostrara.
3Entonces el profeta Isaías fue a ver al
rey Ezequías y le preguntó:
—¿Qué querían esos hombres? ¿De
dónde vinieron?
—De un país lejano —respondió Ezequías—. Vinieron a verme desde Babilonia.
4—¿Y qué vieron en tu palacio? —preguntó el profeta.
—Vieron todo lo que hay en él —contestó Ezequías—. No hay nada en mis
tesoros que yo no les haya mostrado.
5Entonces Isaías le dijo:
—Oye la palabra del SEÑOR *Todopoderoso: 6"Sin duda vendrán días en que
todo lo que hay en tu palacio, y todo lo
que tus antepasados atesoraron hasta el día
de hoy, será llevado a Babilonia. No quedará nada —dice el SEÑOR—. 7Y algunos
de tus hijos y de tus descendientes serán
llevados para servir como *eunucos en el
palacio del rey de Babilonia."
8—El mensaje del SEÑOR que tú me
has traído es bueno —respondió Ezequías.
Y es que pensaba: «Al menos mientras
yo viva, habrá *paz y seguridad.»

Consuelo para el pueblo de Dios

40 ¡Consuelen, consuelen a mi
pueblo!
—dice su Dios—.
2Hablen con cariño a Jerusalén,
y anúncienle
que ya ha cumplido su tiempo de
servicio,
que ya ha pagado por su
iniquidad,
que ya ha recibido de la mano del
SEÑOR
el doble por todos sus pecados.

3Una voz proclama:
«Preparen en el desierto
un camino para el SEÑOR;
enderecen en la estepa
un sendero para nuestro Dios.
4Que se levanten todos los valles,
y se allanen todos los montes y
colinas;
que el terreno escabroso se nivele
y se alisen las quebradas.

5Entonces se revelará la gloria del
  SEÑOR,
    y la verá toda la humanidad.
      El SEÑOR mismo lo ha dicho.»

6Una voz dice: «Proclama.»
  «¿Y qué voy a proclamar?»,
    respondo yo.¹

  «Que todo *mortal es como la
    hierba,
      y toda su gloria como la flor del
        campo.
7La hierba se seca y la flor se
  marchita,
    porque el aliento del SEÑOR sopla
      sobre ellas.
        Sin duda, el pueblo es hierba.
8La hierba se seca y la flor se
  marchita,
    pero la palabra de nuestro Dios
      permanece para siempre.»

9Sión, portadora de buenas noticias,
  ¡súbete a una alta montaña!
Jerusalén, portadora de buenas
  noticias,
    ¡alza con fuerza tu voz!
Álzala, no temas;
  di a las ciudades de Judá:
    «¡Aquí está su Dios!»

10Miren, el SEÑOR omnipotente llega
  con poder,
    y con su brazo gobierna.
Su galardón lo acompaña;
  su recompensa lo precede.
11Como un *pastor que cuida su
  rebaño,
    recoge los corderos en sus brazos;
los lleva junto a su pecho,
  y guía con cuidado a las recién
    paridas.

12¿Quién ha medido las aguas con la
  palma de su mano,
    y abarcado entre sus dedos la
      extensión de los cielos?
¿Quién metió en una medida el
  polvo de la tierra?

¿Quién pesó en una balanza las
  montañas y los cerros?
13¿Quién puede medir el alcance del
  espíritu del SEÑOR,
    o quién puede servirle de
      consejero?
14¿A quién consultó el SEÑOR para
  ilustrarse,
    y quién le enseñó el *camino de
      la justicia?
¿Quién le impartió *conocimiento
  o le hizo conocer la senda de la
    inteligencia?

15A los ojos de Dios, las naciones son
  como una gota de agua en un
    balde,
como una brizna de polvo en una
  balanza.
El SEÑOR pesa las islas
  como si fueran polvo fino.
16El Líbano no alcanza para el fuego
  de su altar,
    ni todos sus animales para los
      *holocaustos.
17Todas las naciones no son nada en
  su presencia;
    no tienen para él valor alguno.

18¿Con quién compararán a Dios?
  ¿Con qué imagen lo
    representarán?
19Al ídolo un escultor lo funde;
  un joyero lo enchapa en oro
    y le labra cadenas de plata.
20El que es muy pobre para ofrendar
  escoge madera que no se
    pudra,
y busca un hábil artesano
  para erigir un ídolo que no se
    caiga.

21¿Acaso no lo sabían ustedes?
  ¿No se habían enterado?
¿No se les dijo desde el principio?
  ¿No lo entendieron desde la
    fundación del mundo?
22Él reina sobre la bóveda de la tierra,
  cuyos habitantes son como
    langostas.

---

¹40:6 *respondo yo* (LXX, Qumrán y Vulgata); *responde él* (TM).

Él extiende los cielos como un
toldo,
y los despliega como carpa para
ser habitada.
²³Él anula a los poderosos,
y a nada reduce a los gobernantes
de este mundo.
²⁴Escasamente han sido plantados,
apenas han sido sembrados,
apenas echan raíces en la tierra,
cuando él sopla sobre ellos y se
marchitan;
¡y el huracán los arrasa como
paja!

²⁵«¿Con quién, entonces, me
compararán ustedes?
¿Quién es igual a mí?», dice el
*Santo.
²⁶Alcen los ojos y miren a los
cielos:
¿Quién ha creado todo esto?
El que ordena la multitud de
estrellas una por una,
y llama a cada una por su
*nombre.
¡Es tan grande su poder, y tan
poderosa su fuerza,
que no falta ninguna de ellas!

²⁷¿Por qué murmuras, Jacob?
¿Por qué refunfuñas, Israel:
«Mi camino está escondido del
SEÑOR;
mi Dios ignora mi derecho»?
²⁸¿Acaso no lo sabes?
¿Acaso no te has enterado?
El SEÑOR es el Dios eterno,
creador de los confines de la
tierra.
No se cansa ni se fatiga,
y su inteligencia es insondable.
²⁹Él fortalece al cansado
y acrecienta las fuerzas del débil.
³⁰Aun los jóvenes se cansan, se
fatigan,
y los muchachos tropiezan y
caen;
³¹pero los que confían en el SEÑOR
renovarán sus fuerzas;
volarán como las águilas:
correrán y no se fatigarán,
caminarán y no se cansarán.

El amparo de Israel

41 «¡Callen en mi presencia, costas
lejanas!
¡Naciones, renueven sus fuerzas!
Acérquense y hablen;
reunámonos para juicio.

²»¿Quién ha hecho venir desde el
oriente
a aquel que siempre sale
*victorioso?
Pone a las naciones en sus manos;
ante él los reyes se rinden.
Con su espada los vuelve polvo,
con su arco los dispersa como
paja.
³Con paso firme los persigue
por una senda que nunca antes
pisó.
⁴¿Quién realizó esto? ¿Quién lo hizo
posible?
¿Quién llamó a las generaciones
desde el principio?
Yo, el SEÑOR, soy el primero,
y seré el mismo hasta el fin.»

⁵Lo han visto las costas lejanas, y
temen;
tiemblan los confines de la tierra.
¡Ya se acercan, ya vienen!
⁶Cada uno ayuda a su compañero,
y le infunde aliento a su hermano.
⁷El artesano anima al joyero;
y el que aplana con el martillo
le dice al que golpea el yunque:
«¡Es buena la soldadura!»;
luego asegura el ídolo con clavos
para que no se tambalee.

⁸«Pero tú, Israel, mi siervo,
tú Jacob, a quien he escogido,
simiente de Abraham, mi amigo:
⁹Te tomé de los confines de la
tierra,
te llamé de los rincones más
remotos,
y te dije: "Tú eres mi siervo."
Yo te escogí; no te rechacé.
¹⁰Así que no temas, porque yo estoy
contigo;
no te angusties, porque yo soy tu
Dios.

Te fortaleceré y te ayudaré;
 te sostendré con mi diestra
  victoriosa.

11»Todos los que se enardecen contra
   ti
 sin duda serán avergonzados y
  humillados;
 los que se te oponen serán como
  nada,
 como si no existieran.
12Aunque busques a tus enemigos,
  no los encontrarás.
 Los que te hacen la guerra serán
  como nada,
 como si no existieran.
13Porque yo soy el SEÑOR, tu Dios,
  que sostiene tu mano *derecha;
 yo soy quien te dice:
  "No temas, yo te ayudaré."
14No temas, gusano Jacob, pequeño
  Israel
  —afirma el SEÑOR—,
 porque yo mismo te ayudaré;
  ¡el *Santo de Israel es tu redentor!

15»Te convertiré en una trilladora
  nueva y afilada, de doble filo.
 Trillarás las montañas y las harás
  polvo;
  convertirás en paja las colinas.
16Las aventarás y se las llevará el
  viento;
  ¡un vendaval las dispersará!
 Pero tú te alegrarás en el SEÑOR,
  te gloriarás en el Santo de Israel.

17»Los pobres y los necesitados
  buscan agua,
 pero no la encuentran;
  la sed les ha resecado la lengua.
 Pero yo, el SEÑOR, les responderé;
 yo, el Dios de Israel, no los
  abandonaré.
18Haré brotar ríos en las áridas
  cumbres,
 y manantiales entre los valles.
 Transformaré el desierto en
  estanques de agua,
 y el sequedal en manantiales.

19Plantaré en el desierto
  cedros, acacias, mirtos y olivos;
 en áridas tierras plantaré cipreses,
  junto con pinos y abetos,
20para que la gente vea y sepa,
  y considere y entienda,
 que la mano del SEÑOR ha hecho
  esto,
 que el Santo de Israel lo ha
  creado.

21»Expongan su caso —dice el
  SEÑOR—;
 presenten sus pruebas —demanda
  el rey de Jacob—.
22Acérquense^m y anuncien
  lo que ha de suceder,
 y cómo fueron las cosas del
  pasado,
 para que las consideremos
  y conozcamos su desenlace.
 ¡Cuéntennos lo que está por venir!
23Digan qué nos depara el futuro;
  así sabremos que ustedes son
  dioses.
 Hagan algo, bueno o malo,
  para verlo y llenarnos de terror.
24¡La verdad es que ustedes no son
  nada,
 y aun menos que nada son sus
  obras!
  ¡Abominable es quien los escoge!

25»Del norte hice venir a uno,
  y acudió a mi llamado;
 desde el oriente invoca mi
  *nombre.
 Como alfarero que amasa arcilla
  con los pies,
 aplasta gobernantes como si
  fueran barro.
26¿Quién lo anunció desde el
  principio,
  para que lo supiéramos?
 ¿Quién lo anunció de antemano,
  para que dijéramos: "Tenía
  razón"?
 Nadie lo anunció ni lo proclamó;
  nadie les oyó proclamar mensaje
  alguno.

---

^m 41:22 *Acérquense* (LXX, Qumrán, Targum y Vulgata); *Traigan* (TM).

²⁷Yo fui el primero en decirle a *Sión:
"¡Mira, ya están aquí!"
Yo fui quien envió a Jerusalén
un mensajero de buenas noticias.
²⁸Miro entre ellos, y no hay nadie;
no hay entre ellos quien aconseje,
no hay quien me responda
cuando les pregunto.
²⁹¡Todos ellos son falsos!
Sus obras no son nada;
sus ídolos no son más que viento
y confusión.

El siervo del Señor

42 »Éste es mi siervo, a quien
sostengo,
mi escogido, en quien me deleito;
sobre él he puesto mi Espíritu,
y llevará *justicia a las naciones.
²No clamará, ni gritará,
ni alzará su voz por las calles.
³No acabará de romper la caña
quebrada,
ni apagará la mecha que apenas
arde.
Con fidelidad hará justicia;
⁴ no vacilará ni se desanimará
hasta implantar la justicia en la
tierra.
Las costas lejanas esperan su
enseñanza.»

⁵Así dice Dios, el Señor,
el que creó y desplegó los cielos;
el que expandió la tierra
y todo lo que ella produce;
el que da aliento al pueblo que la
habita,
y vida a los que en ella se
mueven:
⁶«Yo, el Señor, te he llamado en
justicia;
te he tomado de la mano.
Yo te formé, yo te constituí
como *pacto para el pueblo,
como luz para las naciones,
⁷para abrir los ojos de los ciegos,
para librar de la cárcel a los presos,
y del calabozo a los que habitan
en tinieblas.

⁸»Yo soy el Señor; ¡ése es mi
*nombre!

No entrego a otros mi gloria,
ni mi alabanza a los ídolos.
⁹Las cosas pasadas se han cumplido,
y ahora anuncio cosas nuevas;
¡las anuncio antes que sucedan!»

Canción de alabanza al Señor

¹⁰Canten al Señor un cántico nuevo,
ustedes, que descienden al mar,
y todo lo que hay en él;
canten su alabanza desde los
confines de la tierra,
ustedes, costas lejanas y sus
habitantes.
¹¹Que alcen la voz el desierto y sus
ciudades,
y los poblados donde Cedar
habita.
Que canten de alegría los
habitantes de Selá,
y griten desde las cimas de las
montañas.
¹²Den gloria al Señor
y proclamen su alabanza en las
costas lejanas.
¹³El Señor marchará como guerrero;
como hombre de guerra
despertará su celo.
Con gritos y alaridos se lanzará al
combate,
y *triunfará sobre sus enemigos.

¹⁴«Por mucho tiempo he guardado
silencio,
he estado callado y me he
contenido.
Pero ahora voy a gritar como
parturienta,
voy a resollar y jadear al mismo
tiempo.
¹⁵Devastaré montañas y cerros,
y secaré toda su vegetación;
convertiré los ríos en tierra seca,
y secaré los estanques;
¹⁶conduciré a los ciegos por caminos
desconocidos,
los guiaré por senderos
inexplorados;
ante ellos convertiré en luz las
tinieblas,
y allanaré los lugares escabrosos.
Esto haré,
y no los abandonaré.

17Pero retrocederán llenos de
    vergüenza
  los que confían en los ídolos,
  los que dicen a las imágenes:
    "Ustedes son nuestros dioses."

Israel ciego y sordo

18»Sordos, ¡escuchen!
    Ciegos, ¡fíjense bien!
19¿Quién es más ciego que mi siervo,
    y más sordo que mi mensajero?
  ¿Quién es más ciego que mi
    enviado,
  y más ciego que el siervo del
    SEÑOR?
20Tú has visto muchas cosas,
    pero no las has captado;
  tienes abiertos los oídos,
    pero no oyes nada.»
21Le agradó al SEÑOR,
    por amor a su justicia,
  hacer su *ley grande y gloriosa.
22Pero éste es un pueblo saqueado y
    despojado,
  todos atrapados en cuevas
    o encerrados en cárceles.
  Son saqueados,
    y nadie los libra;
  son despojados,
    y nadie reclama.

23¿Quién de ustedes escuchará esto
    y prestará atención en el futuro?
24¿Quién entregó a Jacob para el
    despojo,
    a Israel para el saqueo?
  ¿No es acaso el SEÑOR
    a quien su pueblo ha ofendido?
  No siguió sus *caminos
    ni obedeció su ley.
25Por eso el SEÑOR derramó sobre él
    su ardiente ira y el furor de la
    guerra.
  Lo envolvió en llamas, pero no
    comprendió;
  lo consumió, pero no lo tomó en
    serio.

El único Salvador de Israel

43 Pero ahora, así dice el SEÑOR,
  el que te creó, Jacob,
  el que te formó, Israel:
  «No temas, que yo te he redimido;

te he llamado por tu *nombre; tú
    eres mío.
2Cuando cruces las aguas,
    yo estaré contigo;
  cuando cruces los ríos,
    no te cubrirán sus aguas;
  cuando camines por el fuego,
    no te quemarás ni te abrasarán las
    llamas.
3Yo soy el SEÑOR, tu Dios,
    el *Santo de Israel, tu salvador;
  yo he entregado a Egipto como
    precio por tu rescate,
  a *Cus y a Seba en tu lugar.
4A cambio de ti entregaré *hombres;
  ¡a cambio de tu *vida entregaré
    pueblos!
  Porque te amo y eres ante mis ojos
    precioso y digno de honra.
5No temas, porque yo estoy contigo;
    desde el oriente traeré a tu
    descendencia,
  desde el occidente te reuniré.
6Al norte le diré: "¡Entrégalos!"
    y al sur: "¡No los retengas!"
  Trae a mis hijos desde lejos
    y a mis hijas desde los confines
    de la tierra.
7Trae a todo el que sea llamado por
    mi nombre,
  al que yo he creado para mi gloria,
    al que yo hice y formé."»

8Saquen al pueblo ciego, aunque
    tiene ojos,
  al pueblo sordo, aunque tiene
    oídos.
9Que se reúnan todas las naciones
    y se congreguen los pueblos.
  ¿Quién de entre ellos profetizó
    estas cosas
  y nos anunció lo ocurrido en el
    pasado?
  Que presenten a sus testigos
    y demuestren tener razón,
  para que otros oigan y digan:
    «Es verdad.»
10«Ustedes son mis testigos —afirma
    el SEÑOR—,
    son mis siervos escogidos,
  para que me conozcan y crean en
    mí,
  y entiendan que Yo soy.

Antes de mí no hubo ningún otro
dios,
ni habrá ninguno después de mí.
11 Yo, yo soy el SEÑOR,
fuera de mí no hay ningún otro
salvador.
12 Yo he anunciado, salvado y
proclamado;
yo entre ustedes, y no un dios
extraño.
Ustedes son mis testigos —afirma
el SEÑOR—,
y yo soy Dios.
13 Desde los tiempos antiguos, Yo soy.
No hay quien pueda librar de mi
mano.
Lo que yo hago, nadie puede
desbaratarlo.»

La misericordia de Dios y la infidelidad de Israel

14 Así dice el SEÑOR,
su Redentor, el *Santo de Israel:
«Por ustedes enviaré gente a
Babilonia;
abatiré a todos como fugitivos.
En los barcos que eran su orgullo,
abatiré también a los *caldeos.
15 Yo soy el SEÑOR, su santo;
soy su rey, el creador de Israel.»

16 Así dice el SEÑOR,
el que abrió un camino en el mar,
una senda a través de las aguas
impetuosas;
17 el que hizo salir carros de combate
y caballos,
ejército y guerrero al mismo
tiempo,
los cuales quedaron tendidos para
nunca más levantarse,
extinguidos como mecha que se
apaga:
18 «Olviden las cosas de antaño;
ya no vivan en el pasado.
19 ¡Voy a hacer algo nuevo!
Ya está sucediendo, ¿no se dan
cuenta?
Estoy abriendo un camino en el
desierto,
y ríos en lugares desolados.
20 Me honran los animales salvajes,
los chacales y los avestruces;

yo hago brotar agua en el desierto,
ríos en lugares desolados,
para dar de beber a mi pueblo
escogido,
21 al pueblo que formé para mí
mismo,
para que proclame mi alabanza.

22 »Pero tú, Jacob, no me has
invocado;
tú, Israel, te has cansado de mí.
23 No me has traído el cordero de tus
*holocaustos,
ni me has honrado con tus
sacrificios.
No te he abrumado exigiendo
ofrendas de grano,
ni te he agobiado reclamando
incienso.
24 No me has comprado caña
aromática,
ni me has saciado con el sebo de
tus sacrificios.
¡En cambio, tú me has abrumado
con tus pecados
y me has agobiado con tus
iniquidades!

25 »Yo soy el que por amor a mí
mismo
borra tus transgresiones
y no se acuerda más de tus
pecados.
26 ¡Hazme recordar! Presentémonos a
juicio;
plantea el argumento de tu
inocencia.
27 Tu primer antepasado pecó;
tus voceros se rebelaron contra
mí.
28 Por eso humillé a las autoridades
del templo;
entregué a Jacob a la
*destrucción total,
entregué a Israel al menosprecio.

Israel el escogido

44 »Pero ahora, Jacob, mi siervo,
Israel, a quien he escogido,
¡escucha!
2 Así dice el SEÑOR, el que te hizo,
el que te formó en el seno
materno

y te brinda su ayuda:
"No temas, Jacob, mi siervo,
Jesurún, a quien he escogido,
3que regaré con agua la tierra sedienta,
y con arroyos el suelo seco;
derramaré mi Espíritu sobre tu
descendencia,
y mi bendición sobre tus vástagos,
4y brotarán como hierba en un prado,
como sauces junto a arroyos.
5Uno dirá: 'Pertenezco al SEÑOR';
otro llevará el *nombre de Jacob,
y otro escribirá en su mano: 'Yo
soy del SEÑOR',
y tomará para sí el nombre de
Israel."

El SEÑOR y los ídolos

6»Así dice el SEÑOR, el SEÑOR
*Todopoderoso,
rey y redentor de Israel:
"Yo soy el primero y el último;
fuera de mí no hay otro dios.
7¿Quién es como yo?
Que lo diga.
Que declare lo que ha ocurrido
desde que establecí a mi antiguo
pueblo;
que exponga ante mí lo que está
por venir,
¡que anuncie lo que va a suceder!
8No tiemblen ni se asusten.
¿Acaso no lo anuncié y profeticé
hace tiempo?
Ustedes son mis testigos.
¿Hay algún Dios fuera de mí?
No, no hay otra *Roca;
no conozco ninguna."»

9Los que fabrican ídolos no valen
nada;
inútiles son sus obras más
preciadas.
Para su propia vergüenza,
sus propios testigos no ven ni
conocen.
10¿Quién modela un dios o funde un
ídolo,
que no le sirve para nada?
11Todos sus devotos quedarán
avergonzados;
¡simples *mortales son los
artesanos!

Que todos se reúnan y
comparezcan;
¡aterrados y avergonzados
quedarán todos ellos!

12El herrero toma una herramienta,
y con ella trabaja sobre las
brasas;
con martillo modela un ídolo,
con la fuerza de su brazo lo forja.
Siente hambre, y pierde las fuerzas;
no bebe agua, y desfallece.
13El carpintero mide con un cordel,
hace un boceto con un estilete,
lo trabaja con el escoplo
y lo traza con el compás.
Le da forma *humana;
le imprime la belleza de un ser
humano,
para que habite en un santuario.
14Derriba los cedros,
y escoge un ciprés o un roble,
y lo deja crecer entre los árboles
del bosque;
o planta un pino, que la lluvia
hace crecer.
15Al *hombre le sirve de combustible,
y toma una parte para calentarse;
enciende un fuego y hornea pan.
Pero también labra un dios y lo
adora;
hace un ídolo y se postra ante él.
16La mitad de la madera la quema en
el fuego,
sobre esa mitad prepara su
comida;
asa la carne y se sacia.
También se calienta y dice:
«¡Ah! Ya voy entrando en calor,
mientras contemplo las llamas.»
17Con el resto hace un dios, su ídolo;
se postra ante él y lo adora.
Y suplicante le dice:
«Sálvame, pues tú eres mi dios.»

18No saben nada, no entienden nada;
sus ojos están velados, y no ven;
su *mente está cerrada, y no
entienden.
19Les falta *conocimiento y
entendimiento;
no se ponen a pensar ni a decir:
«Usé la mitad para combustible;

incluso horneé pan sobre las
brasas,
asé carne y la comí.
¿Y haré algo abominable con lo
que queda?
¿Me postraré ante un pedazo de
madera?»
20 Se alimentan de cenizas,
se dejan engañar por su iluso
*corazón,
no pueden salvarse a sí mismos, ni
decir:
«¡Lo que tengo en mi diestra es
una mentira!»

21 «Recuerda estas cosas, Jacob,
porque tú eres mi siervo, Israel.
Yo te formé, tú eres mi siervo;
Israel, yo no te olvidaré.
22 He disipado tus transgresiones
como el rocío,
y tus pecados como la bruma de
la mañana.
Vuelve a mí, que te he redimido.»

23 ¡Canten de alegría, cielos,
que esto lo ha hecho el SEÑOR!
¡Griten con fuerte voz,
profundidades de la tierra!
¡Prorrumpan en canciones,
montañas;
y bosques, con todos sus árboles!
Porque el SEÑOR ha redimido a
Jacob,
Dios ha manifestado su gloria en
Israel.

Jerusalén vuelve a ser habitada

24 «Así dice el SEÑOR, tu Redentor,
quien te formó en el seno materno:

"Yo soy el SEÑOR,
que ha hecho todas las cosas,
yo solo desplegué los cielos
y expandí la tierra.
¿Quién estaba conmigo?

25 » "Yo frustro las señales de los
falsos profetas
y ridiculizo a los adivinos;

yo hago retroceder a los sabios
y convierto su sabiduría en
necedad.
26 Yo confirmo la palabra de mis
siervos
y cumplo el consejo de mis
mensajeros.
Yo digo que Jerusalén será habitada,
que los pueblos de Judá serán
reconstruidos;
y sus ruinas las restauraré.
27 Yo mando que se seque lo
profundo del mar,
y ordeno que se sequen sus
corrientes.
28 Yo afirmo que Ciro es mi pastor,
y dará cumplimiento a mis deseos;
dispondrá que Jerusalén sea
reconstruida,
y que se repongan los cimientos
del templo."»

45 Así dice el SEÑOR a Ciro, su
ungido,
a quien tomó de la mano *derecha
para someter a su dominio las
naciones
y despojar de su armadura a los
reyes,
para abrir a su paso las *puertas
y dejar abiertas las entradas:

2 «Marcharé al frente de ti,
y allanaré las montañas; [n]
haré pedazos las puertas de bronce
y cortaré los cerrojos de hierro.
3 Te daré los tesoros de las tinieblas,
y las riquezas guardadas en
lugares secretos,
para que sepas que yo soy el
SEÑOR,
el Dios de Israel, que te llama por
tu *nombre.
4 Por causa de Jacob mi siervo,
de Israel mi escogido,
te llamo por tu nombre
y te confiero un título de honor,
aunque tú no me conoces.
5 Yo soy el SEÑOR, y no hay otro;
fuera de mí no hay ningún Dios.

---

[n] 45:2 *las montañas* (Qumrán y LXX); en TM, palabra de difícil traducción.

Aunque tú no me conoces,
te fortaleceré,
6para que sepan de oriente a
occidente
que no hay ningún otro fuera de
mí.
Yo soy el SEÑOR, y no hay
ningún otro.
7Yo formo la luz y creo las tinieblas,
traigo *bienestar y creo
calamidad;
Yo, el SEÑOR, hago todas estas
cosas.

8»¡Destilen, cielos, desde lo alto!
¡Nubes, hagan llover *justicia!
¡Que se abra la tierra de par en par!
¡Que brote la *salvación!
¡Que crezca con ella la justicia!
Yo, el SEÑOR, lo he creado.»

9¡Ay del que contiende con su
Hacedor!
¡Ay del que no es más que un
tiesto
entre los tiestos de la tierra!
¿Acaso el barro le reclama al
alfarero:
«¡Fíjate en lo que haces!
¡Tu vasija no tiene agarraderas!»?

10¡Ay del que le reprocha a su padre:
«¡Mira lo que has engendrado!»!
¡Ay del que le reclama a su madre:
«¡Mira lo que has dado a luz!»!

11Así dice el SEÑOR,
el *Santo de Israel, su artífice:
«¿Van acaso a pedirme cuentas del
futuro de mis hijos,
o a darme órdenes sobre la obra
de mis manos?
12Yo hice la tierra,
y sobre ella formé a la
*humanidad.
Mis propias manos extendieron los
cielos,
y di órdenes a sus constelaciones.
13Levantaré a Ciro en justicia;
allanaré todos sus caminos.
Él reconstruirá mi ciudad
y pondrá en libertad a mis
cautivos,

pero no por precio ni soborno.
Lo digo yo, el SEÑOR
*Todopoderoso.»

14Así dice el SEÑOR:

«Los productos de Egipto y la
mercancía de *Cus,
pasarán a ser de tu propiedad;
los sabeos, hombres de elevada
estatura,
marcharán detrás de ti en cadenas.
Se inclinarán en tu presencia,
y suplicantes te dirán:
"Hay un solo Dios, no hay ningún
otro,
y ese Dios está contigo."»

15Tú, Dios y salvador de Israel,
eres un Dios que se oculta,
16Todos los que hacen ídolos
serán avergonzados y humillados,
y juntos marcharán con su
humillación.
17Pero Israel será salvada por el
SEÑOR
con salvación eterna;
y nunca más volverá a ser
avergonzada ni humillada.

18Porque así dice el SEÑOR,
el que creó los cielos;
el Dios que formó la tierra,
que la hizo y la estableció;
que no la creó para dejarla vacía,
sino que la formó para ser
habitada:
«Yo soy el SEÑOR,
y no hay ningún otro.
19Desde ningún lugar de esta tierra
tenebrosa
les he hablado en secreto.
Ni he dicho a los descendientes de
Jacob:
"Búsquenme en el vacío."
Yo, el SEÑOR, digo lo que es justo,
y declaro lo que es recto.

20»Reúnanse, fugitivos de las
naciones;
congréguense y vengan.
Ignorantes son los que cargan
ídolos de madera

y oran a dioses que no pueden
    salvar.
21 Declaren y presenten sus pruebas,
    deliberen juntos.
¿Quién predijo esto hace tiempo,
    quién lo declaró desde tiempos
    antiguos?
¿Acaso no lo hice yo, el SEÑOR?
    Fuera de mí no hay otro Dios;
Dios justo y Salvador,
    no hay ningún otro fuera de mí.

22 »Vuelvan a mí y sean salvos,
    todos los confines de la tierra,
porque yo soy Dios, y no hay
    ningún otro.
23 He jurado por mí mismo,
    con integridad he pronunciado
    una palabra irrevocable:
Ante mí se doblará toda rodilla,
    y por mí jurará toda lengua.
24 Ellos dirán de mí: "Sólo en el
    SEÑOR
    están la justicia y el poder."»
Todos los que contra él se
    enfurecieron
    ante él comparecerán
    y quedarán avergonzados.
25 Pero toda la descendencia de Israel
    será vindicada y exaltada en el
    SEÑOR.

Los dioses de Babilonia

46 Bel se inclina, Nebo se somete;
    sus ídolos son llevados por
    bestias de carga. ñ
Pesadas son las imágenes que por
    todas partes llevan;
    son una carga para el agotado.
2 Todos a la vez se someten y se
    inclinan;
    no pudieron rescatar la carga,
    y ellos mismos van al cautiverio.

3 «Escúchame, familia de Jacob,
    todo el resto de la familia de
    Israel,
a quienes he cargado desde el
    vientre,
    y he llevado desde la cuna.

4 Aun en la vejez, cuando ya peinen
    canas,
yo seré el mismo, yo los
    sostendré.
Yo los hice, y cuidaré de ustedes;
    los sostendré y los libraré.

5 »¿Con quién vas a compararme,
    o a quién me vas a igualar?
¿A quién vas a asemejarme,
    para que seamos parecidos?
6 Algunos derrochan oro de sus
    bolsas
    y pesan plata en la balanza;
contratan a un joyero para que les
    haga un dios,
y ante ese dios se inclinan para
    adorarlo.
7 Lo levantan en hombros y lo
    cargan;
lo ponen en su lugar, y allí se
    queda.
No se puede mover de su sitio.
Por más que clamen a él, no habrá
    de responderles,
ni podrá salvarlos de sus
    aflicciones.

8 »Recuerden esto, rebeldes;
    piénsenlo bien, ¡fíjenlo en su
    *mente!
9 Recuerden las cosas pasadas,
    aquellas de antaño;
yo soy Dios, y no hay ningún otro,
yo soy Dios, y no hay nadie igual
    a mí.
10 Yo anuncio el fin desde el
    principio;
desde los tiempos antiguos, lo
    que está por venir.
Yo digo: Mi propósito se cumplirá,
    y haré todo lo que deseo.
11 Del oriente llamo
    al ave de rapiña;
de tierra distante,
    al hombre que cumplirá mi
    propósito.
Lo que he dicho, haré que se
    cumpla;
    lo que he planeado, lo realizaré.

ñ 46:1 *son llevados por bestias de carga.* Alt. *no son más que bestias y ganados.*

12Escúchenme ustedes, obstinados de
         *corazón,
  que están lejos de la *justicia.
13Mi justicia no está lejana;
  mi *salvación ya no tarda.
  ¡Estoy por traerlas!
  Concederé salvación a *Sión,
  y mi esplendor a Israel.

La caída de Babilonia

47»Desciende, siéntate en el polvo,
     hija virginal de Babilonia;
  siéntate en el suelo, hija de los
         *caldeos,
  pues ya no hay trono.
  Nunca más se te llamará
  tierna y delicada.
2Toma piedras de molino, y muele
         la harina;
  quítate el velo.
  Levántate las faldas, desnúdate las
         piernas,
  y cruza los ríos.
3Tu desnudez quedará al
         descubierto;
  quedará expuesta tu vergüenza.
  Voy a tomar venganza,
  y a nadie perdonaré.»

4Nuestro Redentor es el *Santo de
         Israel;
  su *nombre es el SEÑOR
  *Todopoderoso.

5«Siéntate en silencio, hija de los
         caldeos;
  entra en las tinieblas.
  Porque nunca más se te llamará
  "soberana de los reinos".
6Yo estaba enojado con mi pueblo;
  por eso profané mi heredad.
  Los entregué en tu mano,
  y no les tuviste compasión.
  Pusiste sobre los ancianos
  un yugo muy pesado.
7Dijiste: "¡Por siempre seré la
         soberana!"
  Pero no consideraste esto,
  ni reflexionaste sobre su final.

8»Ahora escucha esto, voluptuosa;
  tú, que moras confiada y te dices
  a ti misma:

"Yo soy, y no hay otra fuera
         de mí.
  Nunca enviudaré ni me quedaré
  sin hijos."
9De repente, en un solo día,
  ambas cosas te sorprenderán:
  la pérdida de tus hijos y la viudez
  te abrumarán por completo,
  a pesar de tus muchas hechicerías
  y de tus poderosos
  encantamientos.
10Tú has confiado en tu maldad,
  y has dicho: "Nadie me ve."
  Tu sabiduría y tu conocimiento te
  engañan
  cuando a ti misma te dices:
  "Yo soy, y no hay otra fuera de
  mí."
11Pero vendrá sobre ti una desgracia
  que no sabrás conjurar;
  caerá sobre ti una calamidad
  que no podrás evitar.
  ¡Una catástrofe que ni te imaginas
  vendrá de repente sobre ti!

12»Persiste, entonces, con tus
         encantamientos
  y con tus muchas hechicerías,
  en las que te has ejercitado desde
  la niñez.
  Tal vez tengas éxito,
  tal vez puedas provocar terror.
13¡Los muchos consejos te han
         fatigado!
  Que se presenten tus astrólogos,
  los que observan las estrellas,
  los que hacen predicciones mes a
  mes,
  ¡que te salven de lo que viene
  sobre ti!
14¡Míralos! Son como la paja,
  y el fuego los consumirá.
  Ni a sí mismos pueden salvarse
  del poder de las llamas.
  Aquí no hay brasas para
  calentarse,
  ni fuego para sentarse ante él.
15Eso son para ti los hechiceros
  con quienes te has ejercitado,
  y con los que has negociado
  desde tu juventud.
  Cada uno sigue en su error;
  no habrá quien pueda salvarte.

El Israel obstinado

48 »Escuchen esto ustedes,
los de la familia de Jacob,
descendientes de Judá,
que llevan el *nombre de Israel;
que juran en el nombre del Señor,
e invocan al Dios de Israel,
pero no con sinceridad ni justicia.

2 Ustedes que se llaman ciudadanos
de la ciudad *santa
y confían en el Dios de Israel,
cuyo nombre es el Señor
*Todopoderoso:

3 Desde hace mucho tiempo
anuncié las cosas pasadas.
Yo las profeticé;
yo mismo las di a conocer.
Actué de repente,
y se hicieron realidad.

4 Porque yo sabía que eres muy
obstinado;
que tu cuello es un tendón de
hierro,
y que tu frente es de bronce.

5 Por eso te declaré esas cosas desde
hace tiempo;
te las di a conocer antes que
sucedieran,
para que no dijeras:
"¡Fue mi ídolo quien las hizo!
¡mi imagen tallada o fundida las
dispuso!"

6 De todo esto has tenido noticia,
¿y no vas a proclamarlo?

»Desde ahora te haré conocer cosas
nuevas;
cosas que te son ocultas y
desconocidas.

7 Son cosas creadas ahora, y no hace
tiempo;
hasta hoy no habías oído hablar
de ellas,
para que no dijeras:
"¡Sí, ya las sabía!"

8 Nunca habías oído ni entendido;
nunca antes se te había abierto el
oído.
Yo sé bien que eres muy
traicionero,
y que desde tu nacimiento te
llaman rebelde.

9 Por amor a mi nombre contengo mi
ira;
por causa de mi alabanza me
refreno,
para no aniquilarte.

10 ¡Mira! Te he refinado pero no
como a la plata;
te he probado en el horno de la
aflicción.

11 Y lo he hecho por mí, por mí mismo.
¿Cómo puedo permitir que se me
profane?
¡No cederé mi gloria a ningún otro!

Liberación de Israel

12 »Escúchame, Jacob,
Israel, a quien he llamado:
Yo soy Dios;
yo soy el primero, y yo soy el
último.

13 Con la mano izquierda afirmé la
tierra,
y con la derecha desplegué los
cielos.
Yo pronuncié su *nombre,
y todos ellos aparecieron.

14 »Reúnanse, todos ustedes, y
escuchen:
¿Quién de ellos ha profetizado
estas cosas?
El amado del Señor
ejecutará su propósito contra
Babilonia;
su brazo estará contra los
*caldeos.

15 Sólo yo he hablado;
sólo yo lo he llamado.
Lo haré venir,
y triunfará en su misión.

16 »Acérquense a mí, escuchen esto:

»Desde el principio, jamás hablé en
secreto;
cuando las cosas suceden, allí
estoy yo.»

Y ahora el Señor omnipotente
me ha enviado con su Espíritu.

17 Esto es lo que dice el Señor,
tu Redentor, el *Santo de Israel:

«Yo soy el SEÑOR tu Dios,
que te enseña lo que te conviene,
que te guía por el *camino en que
debes andar.
18 Si hubieras prestado atención a mis
mandamientos,
tu *paz habría sido como un río;
tu justicia, como las olas del mar.
19 Como la arena serían tus
descendientes;
como los granos de arena, tus
hijos;
su nombre nunca habría sido
eliminado
ni borrado de mi presencia.»

20 ¡Salgan de Babilonia!
¡Huyan de los caldeos!
Anuncien esto con gritos de
alegría
y háganlo saber.
Publíquenlo hasta en los confines
de la tierra;
digan: «El SEÑOR ha redimido a
su siervo Jacob.»
21 Cuando los guió a través de los
desiertos,
no tuvieron sed;
hizo que de la *roca brotara agua
para ellos;
partió la roca, y manaron las
aguas.

22 «No hay paz para el malvado»,
dice el SEÑOR.

El Siervo del SEÑOR

49 Escúchenme, costas lejanas,
oigan esto, naciones distantes:
El SEÑOR me llamó antes de que yo
naciera,
en el vientre de mi madre
pronunció mi *nombre.
2 Hizo de mi boca una espada afilada,
y me escondió en la sombra de su
mano;
me convirtió en una flecha pulida,
y me escondió en su aljaba.
3 Me dijo: «Israel, tú eres mi siervo;
en ti seré glorificado.»
4 Y respondí: «En vano he trabajado;
he gastado mis fuerzas sin
provecho alguno.

Pero mi justicia está en manos del
SEÑOR;
mi recompensa está con mi Dios.»

5 Y ahora dice el SEÑOR,
que desde el seno materno me
formó
para que fuera yo su siervo,
para hacer que Jacob se vuelva a él,
que Israel se reúna a su alrededor;
porque a los ojos del SEÑOR soy
digno de honra,
y mi Dios ha sido mi fortaleza:
6 «No es gran cosa que seas mi
siervo,
ni que restaures a las tribus de
Jacob,
ni que hagas volver a los de Israel,
a quienes he preservado.
yo te pongo ahora como luz para
las naciones,
a fin de que lleves mi *salvación
hasta los confines de la tierra.»

7 Así dice el SEÑOR,
el Redentor y *Santo de Israel,
al despreciado y aborrecido por las
naciones,
al siervo de los gobernantes:
«Los reyes te verán y se pondrán
de pie,
los príncipes te verán y se
inclinarán,
por causa del SEÑOR, el Santo de
Israel,
que es fiel y te ha escogido.»

Restauración de Israel

8 Así dice el SEÑOR:

«En el momento propicio te
respondí,
y en el día de *salvación te
ayudé.
Ahora te guardaré, y haré de ti
un *pacto para el pueblo,
para que restaures el país
y repartas las propiedades
asoladas;
9 para que digas a los cautivos:
"¡Salgan!",
y a los que viven en tinieblas:
"¡Están en libertad!"

»Junto a los caminos pastarán
y en todo cerro árido hallarán
pastos.
10 No tendrán hambre ni sed,
no los abatirá el sol ni el calor,
porque los guiará quien les tiene
compasión,
y los conducirá junto a
manantiales de agua.
11 Convertiré en caminos todas mis
montañas,
y construiré mis calzadas.
12 ¡Miren! Ellos vendrán de muy lejos;
unos desde el norte, otros desde
el oeste,
y aun otros desde la región de
Asuán.»*o*

13 Ustedes los cielos, ¡griten de
alegría!
Tierra, ¡regocíjate!
Montañas, ¡prorrumpan en
canciones!
Porque el SEÑOR consuela a su
pueblo
y tiene compasión de sus pobres.

14 Pero *Sión dijo: «El SEÑOR me ha
abandonado;
el Señor se ha olvidado de mí.»

15 «¿Puede una madre olvidar a su
niño de pecho,
y dejar de amar al hijo que ha
dado a luz?
Aun cuando ella lo olvidara,
¡yo no te olvidaré!
16 Grabada te llevo en las palmas de
mis manos;
tus muros siempre los tengo
presentes.
17 Tus constructores*p* se apresuran;
de ti se apartan tus destructores
y los que te asolaron.
18 Alza tus ojos, y mira a tu
alrededor;
todos se reúnen y vienen hacia ti.
Tan cierto como que yo vivo,
afirma el SEÑOR,

a todos ellos los usarás como
adorno,
los lucirás en tu vestido de novia.

19 »Aunque te arrasaron y te dejaron
en ruinas,
y tu tierra quedó asolada,
ahora serás demasiado pequeña
para tus habitantes,
y lejos quedarán los que te
devoraban.
20 Los hijos que dabas por perdidos
todavía te dirán al oído:
"Este lugar es demasiado pequeño
para mí;
hazme lugar para poder vivir."
21 Y te pondrás a pensar:
"¿Quién me engendró estos hijos?
Yo no tenía hijos, era estéril,
desterrada y rechazada;
pero a éstos, ¿quién los ha
criado?
Me había quedado sola,
pero éstos, ¿de dónde han
salido?"»

22 Así dice el SEÑOR omnipotente:

«Hacia las naciones alzaré mi
mano,
hacia los pueblos levantaré mi
estandarte.
Ellos traerán a tus hijos en sus
brazos,
y cargarán a tus hijas en sus
hombros.
23 Los reyes te adoptarán como hijo,
y sus reinas serán tus nodrizas.
Se postrarán ante ti rostro en tierra,
y lamerán el polvo que tú pises.
Sabrás entonces que yo soy el
SEÑOR,
y que no quedarán avergonzados
los que en mí confían.»

24 ¿Se le puede quitar el botín a los
guerreros?
¿Puede el cautivo ser rescatado
del tirano?*q*

---

o 49:12 *Asuán* (Qumrán); *Sinín* (TM).   *p* 49:17 *constructores.* Alt. *hijos* (TM).   *q* 49:24 *tirano* (Qumrán,
Vulgata y Siríaca; véanse también LXX y v. 25); *justo* (TM).

25Pero así dice el SEÑOR:

«Sí, al guerrero se le arrebatará el
cautivo,
y del tirano se rescatará el botín;
contenderé con los que contiendan
contigo,
y yo mismo salvaré a tus hijos.
26Haré que tus opresores se coman
su propia carne
y se embriaguen con su propia
sangre,
como si fuera vino.
Toda la *humanidad sabrá entonces
que yo, el SEÑOR, soy tu Salvador;
que yo, el Poderoso de Jacob, soy
tu Redentor.»

El pecado de Israel y la obediencia del Siervo

50 Así dice el SEÑOR:

«A la madre de ustedes, yo la
repudié;
¿dónde está el acta de divorcio?
¿A cuál de mis acreedores los he
vendido?
Por causa de sus iniquidades,
fueron ustedes vendidos;
por las transgresiones de ustedes
fue despedida su madre.
2¿Por qué no había nadie cuando
vine?
¿Por qué nadie respondió cuando
llamé?
¿Tan corta es mi mano que no
puede rescatar?
¿Me falta acaso fuerza para
liberarlos?
Yo seco el mar con una simple
represión,
y convierto los ríos en desierto;
por falta de agua sus peces se
pudren
y se mueren de sed.
3A los cielos los revisto de tinieblas
y los cubro de ceniza.»

4El SEÑOR omnipotente me ha
concedido
tener una lengua instruida,
para sostener con mi palabra al
fatigado.
Todas las mañanas me despierta,
y también me despierta el oído,
para que escuche como los
discípulos.
5El SEÑOR omnipotente me ha
abierto los oídos,
y no he sido rebelde ni me he
vuelto atrás.
6Ofrecí mi espalda a los que me
golpeaban,
mis mejillas a los que me
arrancaban la barba;
ante las burlas y los escupitajos
no escondí mi rostro.
7Por cuanto el SEÑOR omnipotente
me ayuda,
no seré humillado.
Por eso endurecí mi rostro como el
pedernal,
y sé que no seré avergonzado.
8Cercano está el que me justifica;
¿quién entonces contenderá
conmigo?
¡Comparezcamos juntos!
¿Quién es mi acusador?
¡Que se me enfrente!
9¡El SEÑOR omnipotente es quien
me ayuda!
¿Quién me condenará?
Todos ellos se gastarán;
como a la ropa, la polilla se los
comerá.

10¿Quién entre ustedes teme al SEÑOR
y obedece la voz de su siervo?
Aunque camine en la oscuridad,
y sin un rayo de luz,
que confíe en el *nombre del SEÑOR
y dependa de su Dios.
11Pero ustedes que encienden fuegos
y preparan antorchas encendidas,
caminen a la luz de su propio fuego
y de las antorchas que han
encendido.
Esto es lo que ustedes recibirán de
mi mano:
en medio de tormentos quedarán
tendidos.

Salvación eterna para Sión

51 «Ustedes, los que van tras la
*justicia
y buscan al SEÑOR, ¡escúchenme!

Miren la roca de la que fueron
tallados,
   la cantera de la que fueron
extraídos.
2Miren a Abraham, su padre,
   y a Sara, que los dio a luz.
Cuando yo lo llamé, él era solo uno,
   pero lo bendije y lo multipliqué.
3Sin duda, el SEÑOR consolará a
*Sión;
   consolará todas sus ruinas.
Convertirá en un Edén su desierto;
   en huerto del SEÑOR sus tierras
secas.
En ella encontrarán alegría y
regocijo,
   acción de gracias y música de
salmos.

4»Préstame atención, pueblo mío;
   óyeme, nación mía:
porque de mí saldrá la enseñanza,
   y mi justicia será luz para las
naciones.
5Ya se acerca mi justicia,
   mi *salvación está en camino;
   ¡mi brazo juzgará a las naciones!
Las costas lejanas confían en mí,
   y ponen su esperanza en mi brazo.
6Levanten los ojos al cielo;
   miren la tierra aquí abajo:
como humo se esfumarán los
cielos,
   como ropa se gastará la tierra,
   y como moscas morirán sus
habitantes.
Pero mi salvación permanecerá
para siempre,
   mi justicia nunca fallará.

7»Escúchenme, ustedes que conocen
lo que es recto;
   pueblo que lleva mi *ley en su
*corazón:
No teman el reproche de los
*hombres,
   ni se desalienten por sus insultos,
8porque la polilla se los comerá
como ropa
   y el gusano los devorará como
lana.
Pero mi justicia permanecerá para
siempre;

   mi salvación, por todas las
generaciones.»

9¡Despierta, brazo del SEÑOR!
   ¡Despierta y vístete de fuerza!
Despierta, como en los días
pasados,
   como en las generaciones de
antaño.
¿No fuiste tú el que despedazó a
*Rahab,
   el que traspasó a ese monstruo
marino?
10¿No fuiste tú el que secó el mar,
   esas aguas del gran abismo?
¿El que en las profundidades del
mar hizo un camino
   para que por él pasaran los
redimidos?
11Volverán los rescatados del SEÑOR,
   y entrarán en Sión con cánticos
de júbilo;
   su corona será el gozo eterno.
Se llenarán de regocijo y alegría,
   y se apartarán de ellos el dolor y
los gemidos.

12«Soy yo mismo el que los
consuela.
   ¿Quién eres tú, que temes a los
hombres,
   a simples *mortales, que no son
más que hierba?
13¿Has olvidado al SEÑOR, que te
hizo;
   al que extendió los cielos y
afirmó la tierra?
¿Vivirás cada día en terror
constante
   por causa de la furia del opresor
   que está dispuesto a destruir?
Pero ¿dónde está esa furia?
14Pronto serán liberados los
prisioneros;
   no morirán en el calabozo,
   ni les faltará el pan.
15Porque yo soy el SEÑOR tu Dios,
   yo agito el mar, y rugen sus olas;
   el SEÑOR *Todopoderoso es mi
*nombre.
16He puesto mis palabras en tu boca
   y te he cubierto con la sombra de
mi mano;

he establecido los cielos y
    afirmado la tierra,
y he dicho a Sión: "Tú eres mi
    pueblo."»

La copa de la ira de Dios

17¡Despierta, Jerusalén, despierta!
    Levántate, tú, que de la mano del
    SEÑOR
has bebido la copa de su furia;
tú, que has bebido hasta el fondo
    la copa que entorpece a los
    *hombres.
18De todos los hijos que diste a luz,
    no hubo ninguno que te guiara;
de todos los hijos que criaste,
    ninguno te tomó de la mano.
19Estos dos males han venido sobre ti:
    Ruina y destrucción, hambre y
    espada.
¿Quién se apiadará de ti?
    ¿Quién te consolará?r
20Tus hijos han desfallecido;
    como antílopes atrapados en la red,
han caído en las esquinas de las
    calles.
Sobre ellos recae toda la furia del
    SEÑOR,
todo el reproche de su Dios.

21Por eso escucha esto, tú que estás
    afligida;
que estás ebria, pero no de vino.
22Así dice tu SEÑOR y Dios,
    tu Dios, que aboga por su pueblo:
«Te he quitado de la mano
    la copa que te hacía tambalear.
De esa copa, que es el cáliz de mi
    furia,
jamás volverás a beber.
23La pondré en manos de los que te
    atormentan,
de los que te dijeron:
"¡Tiéndete en el suelo,
    para que pasemos sobre ti!"
¡Y te echaste boca abajo, sobre el
    suelo,
para que te pisoteara todo
    mundo!»

52 ¡Despierta, *Sión, despierta!
    ¡Revístete de poder!
Jerusalén, ciudad *santa,
    ponte tus vestidos de gala,
que los incircuncisos e *impuros
    no volverán a entrar en ti.
2¡Sacúdete el polvo, Jerusalén!
    ¡Levántate, vuelve al trono!
¡Libérate de las cadenas de tu
    cuello,
cautiva hija de Sión!

3Porque así dice el SEÑOR:

«Ustedes fueron vendidos por nada,
    y sin dinero serán redimidos.»

4Porque así dice el SEÑOR omnipotente:

«En tiempos pasados,
    mi pueblo descendió a Egipto y
    vivió allí;
en estos últimos tiempos,
    Asiria los ha oprimido sin razón.

5»Y ahora —afirma el SEÑOR—,
    ¿qué estoy haciendo aquí?
Sin motivo se han llevado a mi
    pueblo;
sus gobernantes se mofan de él.s
No hay un solo momento
    en que mi *nombre no lo
    blasfemen.
6Por eso mi pueblo conocerá mi
    nombre,
y en aquel día sabrán
    que yo soy quien dice: "¡Aquí
    estoy!"»

7¡Qué hermosos son, sobre los
    montes,
los pies del que trae buenas
    nuevas;
del que proclama la *paz,
    del que anuncia buenas noticias,
del que proclama la *salvación,
    del que dice a Sión: «Tu Dios
    reina»!

---

r51:19 ¿Quién te consolará? (Qumrán, LXX, Vulgata y Siríaca); ¿Cómo te consolaré? (TM).   s52:5 se
mofan de él (Qumrán, Aquila, Targum y Vulgata); lanzan alaridos (TM).

8¡Escucha! Tus centinelas alzan la
voz,
y juntos gritan de alegría,
porque ven con sus propios ojos
que el SEÑOR vuelve a Sión.
9Ruinas de Jerusalén,
¡prorrumpan juntas en canciones
de alegría!
Porque el SEÑOR ha consolado a su
pueblo,
¡ha redimido a Jerusalén!
10El SEÑOR desnudará su santo brazo
a la vista de todas las naciones,
y todos los confines de la tierra
verán la salvación de nuestro
Dios.

11Ustedes, que transportan los
utensilios del SEÑOR,
¡pónganse en marcha, salgan de
allí!
¡Salgan de en medio de ella,
purifíquense!
¡No toquen nada impuro!
12Pero no tendrán que apresurarse ni
salir huyendo,
porque el SEÑOR marchará a la
cabeza;
¡el Dios de Israel les cubrirá la
espalda!

El sufrimiento y la gloria del Siervo

13Miren, mi siervo triunfará;
será exaltado, levantado y muy
enaltecido.
14Muchos se asombraron de él,t
pues tenía desfigurado el
semblante;
¡nada de *humano tenía su
aspecto!
15Del mismo modo, muchas naciones
se asombrarán,u
y en su presencia enmudecerán
los reyes,
porque verán lo que no se les había
anunciado,
y entenderán lo que no habían
oído.

53 ¿Quién ha creído a nuestro
mensaje
y a quién se le ha revelado el
poder del SEÑOR?
2Creció en su presencia como
vástago tierno,
como raíz de tierra seca.
No había en él belleza ni majestad
alguna;
su aspecto no era atractivo
y nada en su apariencia lo hacía
deseable.
3Despreciado y rechazado por los
*hombres,
varón de dolores, hecho para el
sufrimiento.
Todos evitaban mirarlo;
fue despreciado, y no lo
estimamos.

4Ciertamente él cargó con nuestras
enfermedades
y soportó nuestros dolores,
pero nosotros lo consideramos
herido,
golpeado por Dios, y humillado.
5Él fue traspasado por nuestras
rebeliones,
y molido por nuestras
iniquidades;
sobre él recayó el castigo, precio
de nuestra *paz,
y gracias a sus heridas fuimos
sanados.
6Todos andábamos perdidos, como
ovejas;
cada uno seguía su propio
*camino,
pero el SEÑOR hizo recaer sobre él
la iniquidad de todos nosotros.
7Maltratado y humillado,
ni siquiera abrió su boca;
como cordero, fue llevado al
matadero;
como oveja, enmudeció ante su
trasquilador;
y ni siquiera abrió su boca.
8Después de aprehenderlo y
juzgarlo, le dieron muerte;

---

t52:14 de él (dos mss. hebreos, Siríaca y Targum); de ti (TM).   u52:15 muchas naciones se asombrarán (LXX); rociará a muchas naciones (TM).

nadie se preocupó de su
descendencia.
Fue arrancado de la tierra de los
vivientes,
y golpeado por la transgresión de
mi pueblo.
9 Se le asignó un sepulcro con los
malvados,
y murió entre los malhechores, [v]
aunque nunca cometió violencia
alguna,
ni hubo engaño en su boca.

10 Pero el SEÑOR quiso quebrantarlo y
hacerlo sufrir,
y como él ofreció [w] su *vida en
*expiación,
verá su descendencia y prolongará
sus días,
y llevará a cabo la voluntad del
SEÑOR.
11 Después de su sufrimiento,
verá la luz [x] y quedará satisfecho;
por su *conocimiento
mi siervo justo justificará a
muchos,
y cargará con las iniquidades de
ellos.
12 Por lo tanto, le daré un puesto entre
los grandes,
y repartirá el botín con los fuertes,
porque derramó su vida hasta la
muerte,
y fue contado entre los
transgresores.
Cargó con el pecado de muchos,
e intercedió por los pecadores.

La futura gloria de Sión

54 «Tú, mujer estéril que nunca has
dado a luz,
¡grita de alegría!
Tú, que nunca tuviste dolores de
parto,
¡prorrumpe en canciones y grita
con júbilo!
Porque más hijos que la casada
tendrá la desamparada
—dice el SEÑOR—.

2 Ensancha el espacio de tu carpa,
y despliega las cortinas de tu
morada.
¡No te limites!
Alarga tus cuerdas y refuerza tus
estacas.
3 Porque a derecha y a izquierda te
extenderás;
tu descendencia desalojará
naciones,
y poblará ciudades desoladas.

4 »No temas,
porque no serás avergonzada.
No te turbes,
porque no serás humillada.
Olvidarás la vergüenza de tu
juventud,
y no recordarás más el oprobio de
tu viudez.
5 Porque el que te hizo es tu esposo;
su *nombre es el SEÑOR
*Todopoderoso.
Tu Redentor es el *Santo de Israel;
¡Dios de toda la tierra es su
nombre!
6 El SEÑOR te llamará
como a esposa abandonada;
como a mujer angustiada de
espíritu,
como a esposa que se casó
joven
tan sólo para ser rechazada
—dice tu Dios—.
7 Te abandoné por un instante,
pero con profunda compasión
volveré a unirme contigo.
8 Por un momento, en un arrebato de
enojo,
escondí mi rostro de ti;
pero con amor eterno
te tendré compasión
—dice el SEÑOR, tu Redentor—.

9 »Para mí es como en los días de
Noé,
cuando juré que las aguas del
diluvio [y]
no volverían a cubrir la tierra.

---

[v] 53:9 *malhechores* (lectura probable); *un rico* (TM).   [w] 53:10 *él ofreció* (lectura probable); *tú ofreciste* (TM).   [x] 53:11 *la luz* (Qumrán y LXX); TM no incluye esta palabra.   [y] 54:9 *del diluvio*. Lit. *de Noé*.

Así he jurado no enojarme más
  contigo,
ni volver a reprenderte.
¹⁰Aunque cambien de lugar las
    montañas
  y se tambaleen las colinas,
no cambiará mi fiel amor por ti
  ni vacilará mi *pacto de *paz,
dice el SEÑOR, que de ti se
    compadece.

¹¹»¡Mira tú, ciudad afligida,
    atormentada y sin consuelo!
¡Te afirmaré con turquesas,ᶻ
  y te cimentaré con zafiros!ᵃ
¹²Con rubíes construiré tus almenas,
  con joyas brillantes tus *puertas,
  y con piedras preciosas todos tus
    muros.
¹³El SEÑOR mismo instruirá a todos
    tus hijos,
  y grande será su *bienestar.
¹⁴Serás establecida en justicia;
  lejos de ti estará la opresión,
  y nada tendrás que temer;
el terror se apartará de ti,
  y no se te acercará.
¹⁵Si alguien te ataca,
  no será de mi parte;
cualquiera que te ataque
  caerá ante ti.

¹⁶»Mira, yo he creado al herrero
  que aviva las brasas del fuego
  y forja armas para sus propios
    fines.
Yo también he creado al destructor
  para que haga estragos.
¹⁷No prevalecerá ninguna arma que
    se forje contra ti;
  toda lengua que te acuse será
    refutada.
Ésta es la herencia de los siervos
    del SEÑOR,
  la *justicia que de mí procede
        —afirma el SEÑOR—.

Invitación a los sedientos

55 »¡Vengan a las aguas
      todos los que tengan sed!

¡Vengan a comprar y a comer
  los que no tengan dinero!
Vengan, compren vino y leche
  sin pago alguno.
²¿Por qué gastan dinero en lo que
    no es pan,
  y su salario en lo que no
    satisface?
Escúchenme bien, y comerán lo
    que es bueno,
  y se deleitarán con manjares
    deliciosos.
³Presten atención y vengan a mí,
  escúchenme y vivirán.
Haré con ustedes un *pacto eterno,
  conforme a mi constante amor
    por David.
⁴Lo he puesto como testigo para los
    pueblos,
  como su jefe supremo.
⁵Sin duda convocarás a naciones
    que no conocías,
  y naciones que no te conocían
    correrán hacia ti,
gracias al SEÑOR tu Dios,
  el *Santo de Israel,
  que te ha colmado de honor.»

⁶Busquen al SEÑOR mientras se deje
    encontrar,
  llámenlo mientras esté cercano.
⁷Que abandone el malvado su
    *camino,
  y el perverso sus pensamientos.
Que se vuelva al SEÑOR, a nuestro
    Dios,
  que es generoso para perdonar,
  y de él recibirá misericordia.
⁸«Porque mis pensamientos no son
    los de ustedes,
  ni sus caminos son los míos
        —afirma el SEÑOR—.
⁹Mis caminos y mis pensamientos
  son más altos que los de ustedes;
  ¡más altos que los cielos sobre la
    tierra!
¹⁰Así como la lluvia y la nieve
    descienden del cielo,
  y no vuelven allá sin regar antes la
    tierra

ᶻ**54:11** *turquesas.* Alt. *jaspe,* o *antimonio,* o *argamasa.*   ᵃ**54:11** *zafiros.* Alt. *azul ultramarino.*

y hacerla fecundar y germinar
para que dé semilla al que siembra
y pan al que come,
11 así es también la palabra que sale
de mi boca:
No volverá a mí vacía,
sino que hará lo que yo deseo
y cumplirá con mis propósitos.
12 Ustedes saldrán con alegría
y serán guiados en *paz.
A su paso, las montañas y las
colinas
prorrumpirán en gritos de júbilo
y aplaudirán todos los árboles del
bosque.
13 En vez de zarzas, crecerán cipreses;
mirtos, en lugar de ortigas.
Esto le dará renombre al SEÑOR;
será una señal que durará para
siempre.»

Salvación para los demás

56 Así dice el SEÑOR:

«Observen el derecho
y practiquen la justicia,
porque mi *salvación está por
llegar;
mi justicia va a manifestarse.
2 *Dichoso el que así actúa,
y se mantiene firme en sus
convicciones;
el que observa el *sábado sin
profanarlo,
y se cuida de hacer lo malo.»

3 El extranjero que por su propia
voluntad
se ha unido al Señor, no debe
decir:
«El SEÑOR me excluirá de su
pueblo.»
Tampoco debe decir el *eunuco:
«No soy más que un árbol seco.»

4 Porque así dice el SEÑOR:

«A los *eunucos que observen mis
sábados,
que elijan lo que me agrada,
y sean fieles a mi *pacto,
5 les concederé ver grabado su
*nombre

dentro de mi templo y de mi
ciudad;
¡eso les será mejor que tener
hijos e hijas!
También les daré un nombre eterno
que jamás será borrado.
6 Y a los extranjeros que se han
unido al SEÑOR
para servirle,
para amar el nombre del SEÑOR,
y adorarlo,
a todos los que observan el sábado
sin profanarlo
y se mantienen firmes en mi pacto,
7 los llevaré a mi monte *santo;
¡los llenaré de alegría en mi casa
de oración!
Aceptaré los *holocaustos y
sacrificios
que ofrezcan sobre mi altar,
porque mi casa será llamada
casa de oración para todos los
pueblos.»

8 Así dice el SEÑOR omnipotente,
el que reúne a los desterrados de
Israel:
«Reuniré a mi pueblo con otros
pueblos,
además de los que ya he reunido.»

La acusación de Dios contra los malvados

9 Animales del campo y fieras del
bosque,
¡vengan todos y devoren!
10 Ciegos están todos los guardianes
de Israel;
ninguno de ellos sabe nada.
Todos ellos son perros mudos,
que no pueden ladrar.
Se acuestan y desvarían;
les encanta dormitar.
11 Son perros de voraz apetito;
nunca parecen saciarse.
Son *pastores sin discernimiento;
cada uno anda por su propio
*camino.
Todos, sin excepción,
procuran su propia ganancia.
12 «¡Vengan, busquemos vino!
¡emborrachémonos con licor!
—gritan a una voz—.

¡Y mañana haremos lo mismo que
hoy,
pero mucho mejor!»

57 El justo perece, y a nadie le
importa;
mueren tus siervos fieles, y nadie
comprende
que mueren los justos a causa del
mal.
2 Los que van por el *camino recto
mueren en *paz;
hallan reposo en su lecho de
muerte.

3 «Ustedes, hijos de hechicera,
descendientes de adúltero con
prostituta,
¡acérquense!
4 ¿De quién quieren burlarse?
¿A quién le hacen muecas
despectivas
y le sacan la lengua?
¿Acaso no son ustedes una camada
de rebeldes,
y una descendencia de
mentirosos?
5 Entre los robles, y debajo de todo
árbol frondoso,
dan rienda suelta a su lujuria;
junto a los arroyos, y en las grietas
de las rocas,
sacrifican a niños pequeños.
6 Las piedras lisas de los arroyos,
serán tu herencia;
sí, ellas serán tu destino.
Ante ellas has derramado libaciones
y has presentado ofrendas de
grano.
Ante estas cosas, ¿me quedaré
callado?
7 Sobre un monte alto y encumbrado,
pusiste tu lecho,
y hasta allí subiste
para ofrecer sacrificios.
8 Detrás de tu puerta y de sus postes
has puesto tus símbolos paganos.
Te alejaste de mí, te desnudaste,
subiste al lecho que habías
preparado;
entraste en arreglos con la gente
con quienes deseabas acostarte,
y contemplaste su desnudez.

9 Acudiste a Moloc y le llevaste
aceite de oliva,
y multiplicaste tus perfumes.
Enviaste muy lejos a tus
embajadores;
¡hasta el *sepulcro mismo los
hiciste bajar!
10 De tanto andar te cansaste,
pero no dijiste: "Hasta aquí llego."
Lograste renovar tus fuerzas;
por eso no desmayaste.

11 »¿Quién te asustó, quién te metió
miedo,
que me has engañado?
No te acordaste de mí,
ni me tomaste en cuenta.
¿Será que no me temes
porque guardé silencio tanto
tiempo?
12 Yo denunciaré tu justicia y tus
obras,
y de nada te servirán.
13 Cuando grites pidiendo ayuda,
¡que te salve tu colección de
ídolos!
A todos ellos se los llevará el
viento;
con un simple soplo
desaparecerán.
Pero el que se refugia en mí
recibirá la tierra por herencia
y tomará posesión de mi monte
*santo.»

Consuelo para los contritos

14 Y se dirá:

«¡Construyan, construyan, preparen
el camino!
¡Quiten los obstáculos del camino
de mi pueblo!»
15 Porque lo dice el excelso y sublime,
el que vive para siempre, cuyo
*nombre es *santo:
«Yo habito en un lugar santo y
sublime,
pero también con el contrito y
humilde de espíritu,
para reanimar el espíritu de los
humildes
y alentar el *corazón de los
quebrantados.

16Mi litigio no será eterno,
   ni estaré siempre enojado,
   porque ante mí desfallecerían
      todos los seres vivientes que he
      creado.
17La codicia de mi pueblo es irritable,
   por perversa,
   en mi enojo, lo he castigado;
      le he dado la espalda,
   pero él prefirió seguir
      sus obstinados *caminos.
18He visto sus caminos, pero lo
      sanaré;
   lo guiaré y lo colmaré de
      consuelo.
   Y a los que lloran por él
19   les haré proclamar esta alabanza:
   ¡*Paz a los que están lejos,
   y paz a los que están cerca!
      Yo los sanaré —dice el SEÑOR—,
20pero los malvados son como el mar
      agitado,
   que no puede calmarse,
      cuyas olas arrojan fango y lodo.
21No hay paz para los malvados
      —dice mi Dios—.

El verdadero ayuno

58»¡Grita con toda tu fuerza, no te
      reprimas!
   Alza tu voz como trompeta.
   Denúnciale a mi pueblo sus
      rebeldías;
      sus pecados, a los descendientes
      de Jacob.
2Porque día tras día me buscan,
   y desean conocer mis
      *caminos,
   como si fueran una nación
   que practicara la justicia,
   como si no hubieran abandonado
   mis mandamientos.
   Me piden decisiones justas,
   y desean acercarse a mí,
3y hasta me reclaman:
   "¿Para qué ayunamos, si no lo
      tomas en cuenta?
   ¿Para qué nos afligimos, si tú no
      lo notas?"

»Pero el día en que ustedes ayunan,
   hacen negocios y explotan a sus
      obreros.

4Ustedes sólo ayunan para pelear y
      reñir,
   y darse puñetazos a mansalva.
   Si quieren que el cielo atienda sus
      ruegos,
   ¡ayunen, pero no como ahora lo
      hacen!
5¿Acaso el ayuno que he escogido
   es sólo un día para que el
      *hombre se mortifique?
   ¿Y sólo para que incline la cabeza
      como un junco,
   haga duelo y se cubra de ceniza?
   ¿A eso llaman ustedes día de ayuno
   y el día aceptable al SEÑOR?

6»El ayuno que he escogido,
   ¿no es más bien romper las
      cadenas de injusticia
   y desatar las correas del yugo,
   poner en libertad a los oprimidos
   y romper toda atadura?
7¿No es acaso el ayuno compartir tu
      pan con el hambriento
   y dar refugio a los pobres sin techo,
   vestir al desnudo
   y no dejar de lado a tus
      semejantes?
8Si así procedes,
   tu luz despuntará como la aurora,
   y al instante llegará tu sanidad;
   tu justicia te abrirá el camino,
   y la gloria del SEÑOR te seguirá.
9Llamarás, y el SEÑOR responderá;
   pedirás ayuda, y él dirá: "¡Aquí
      estoy!"

»Si desechas el yugo de opresión,
   el dedo acusador y la lengua
      maliciosa,
10si te dedicas a ayudar a los
      hambrientos
   y a saciar la necesidad del
      desvalido,
   entonces brillará tu luz en las
      tinieblas,
   y como el mediodía será tu noche.
11El SEÑOR te guiará siempre;
   te saciará en tierras resecas,
   y fortalecerá tus huesos.
   Serás como jardín bien regado,
   como manantial cuyas aguas no
      se agotan.

¹²Tu pueblo reconstruirá las ruinas
    antiguas
  y levantará los cimientos de
    antaño;
  serás llamado "reparador de muros
    derruidos",
    "restaurador de calles
    transitables".

¹³»Si dejas de profanar el *sábado,
  y no haces negocios en mi día
    *santo;
  si llamas al sábado "delicia",
  y al día santo del SEÑOR,
    "honorable";
  si te abstienes de profanarlo,
  y lo honras no haciendo negocios
    ni profiriendo palabras inútiles,
¹⁴entonces hallarás tu gozo en el
    SEÑOR;
  sobre las cumbres de la tierra te
    haré cabalgar,
  y haré que te deleites
    en la herencia de tu padre Jacob.»
    El SEÑOR mismo lo ha dicho.

Pecado, confesión y redención

59 La mano del SEÑOR
    no es corta para salvar,
  ni es sordo su oído para oír.
²Son las iniquidades de ustedes
  las que los separan de su Dios.
  Son estos pecados los que lo llevan
    a ocultar su rostro para no
    escuchar.
³Ustedes tienen las manos
    manchadas de sangre
  y los dedos manchados de
    iniquidad.
  Sus labios dicen mentiras;
    su lengua murmura maldades.
⁴Nadie clama por la justicia,
  nadie va a juicio con integridad.
  Se confía en argumentos sin sentido,
  y se mienten unos a otros.
  Conciben malicia
    y dan a luz perversidad.
⁵Incuban huevos de víboras
    y tejen telarañas.
  El que coma de estos huevos
    morirá;
  si uno de ellos se rompe, saldrá
    una culebra.

⁶Sus tejidos no sirven para vestido;
  no podrán cubrirse con lo que
    fabrican.
  Sus obras son obras de iniquidad,
  y sus manos generan violencia.
⁷Sus pies corren hacia el mal;
  se apresuran a derramar sangre
    inocente.
  Sus pensamientos son perversos;
    dejan ruina y destrucción en sus
    caminos.
⁸No conocen la senda de la *paz;
  no hay justicia alguna en su
    *camino.
  Abren senderos tortuosos,
  y el que anda por ellos no conoce
    la paz.

⁹Por eso el derecho está lejos de
    nosotros,
  y la justicia queda fuera de
    nuestro alcance.
  Esperábamos luz, pero todo es
    tinieblas;
  claridad, pero andamos en densa
    oscuridad.
¹⁰Vamos palpando la pared como los
    ciegos,
  andamos a tientas como los que
    no tienen ojos.
  En pleno mediodía tropezamos
    como si fuera de noche;
  teniendo fuerzas, estamos como
    muertos.
¹¹Todos nosotros gruñimos como
    osos,
  gemimos como palomas.
  Esperábamos la *justicia, y no
    llegó;
  ¡la liberación sigue lejos de
    nosotros!

¹²Tú sabes que son muchas nuestras
    rebeliones;
  nuestros pecados nos acusan.
  Nuestras rebeliones no nos dejan;
  conocemos nuestras iniquidades.
¹³Hemos sido rebeldes; hemos
    negado al SEÑOR.
  ¡Le hemos vuelto la espalda a
    nuestro Dios!
  Fomentamos la opresión y la
    traición;

proferimos las mentiras
   concebidas en nuestro
   *corazón.
14 Así se le vuelve la espalda al
      derecho,
   y se mantiene alejada la justicia;
   a la verdad se le hace tropezar en
      la plaza,
   y no le damos lugar a la honradez.
15 No se ve la verdad por ninguna
      parte;
   al que se aparta del mal lo
      despojan de todo.

   El Señor lo ha visto, y le ha
      disgustado
   ver que no hay justicia alguna.
16 Lo ha visto, y le ha asombrado
   ver que no hay nadie que
      intervenga.
   Por eso su propio brazo vendrá a
      salvarlos;
   su propia justicia los sostendrá.
17 Se pondrá la justicia como coraza,
   y se cubrirá la cabeza con el
      casco de la *salvación;
   se vestirá con ropas de venganza,
   y se envolverá en el manto de sus
      celos.
18 Les pagará según sus obras;
   a las costas lejanas les dará su
      merecido:
   furor para sus adversarios,
   y retribución para sus enemigos.

19 Desde el occidente temerán el
      *nombre del Señor,
   y desde el oriente respetarán su
      gloria.
   Porque vendrá como un torrente
      caudaloso,
   impulsado por el soplo del
      Señor.

20 «El Redentor vendrá a *Sión;
   ¡vendrá a todos los de Jacob
   que se *arrepientan de su
      rebeldía!
                  —afirma el Señor—.

21 »En cuanto a mí —dice el Señor—,
   éste es mi *pacto con ellos:
   Mi Espíritu que está sobre ti,

y mis palabras que he puesto en
   tus labios,
no se apartarán más de ti,
   ni de tus hijos ni de sus
      descendientes,
   desde ahora y para siempre
                  —dice el Señor—.

La gloria de Sión

60 »¡Levántate y resplandece, que tu
      luz ha llegado!
   ¡La gloria del Señor brilla sobre
      ti!
2 Mira, las tinieblas cubren la tierra,
   y una densa oscuridad se cierne
      sobre los pueblos.
   Pero la aurora del Señor brillará
      sobre ti;
   ¡sobre ti se manifestará su
      gloria!
3 Las naciones serán guiadas por tu
      luz,
   y los reyes, por tu amanecer
      esplendoroso.

4 »Alza los ojos, mira a tu alrededor:
   todos se reúnen y acuden a ti.
   Tus hijos llegan desde lejos;
   a tus hijas las traen en brazos.
5 Verás esto y te pondrás radiante de
      alegría;
   vibrará tu *corazón y se henchirá
      de gozo;
   porque te traerán los tesoros del
      mar,
   y te llegarán las riquezas de las
      naciones.
6 Te llenarás con caravanas de
      camellos,
   con dromedarios de Madián y de
      Efa.
   Vendrán todos los de Sabá,
   cargando oro e incienso
   y proclamando las alabanzas del
      Señor.
7 En ti se reunirán todos los rebaños
      de Cedar,
   te servirán los carneros de
      Nebayot;
   subirán como ofrendas agradables
      sobre mi altar,
   y yo embelleceré mi templo
      glorioso.

8»¿Quiénes son los que pasan como
      nubes,
    y como palomas rumbo a su
      palomar?
9En mí esperarán las costas lejanas;
    a la cabeza vendrán los barcos de
      Tarsis
  trayendo de lejos a tus hijos,
    y con ellos su oro y su plata,
  para la honra del SEÑOR tu Dios,
    el *Santo de Israel,
      porque él te ha llenado de gloria.

10»Los extranjeros reconstruirán tus
      muros,
    y sus reyes te servirán.
  Aunque en mi furor te castigué,
    por mi bondad tendré compasión
      de ti.
11Tus *puertas estarán siempre
      abiertas,
    ni de día ni de noche se cerrarán;
  a ti serán traídas las riquezas de las
      naciones;
    ante ti desfilarán sus derrotados
      reyes.
12La nación o el reino que no te
      sirva, perecerá;
    quedarán arruinados por completo.

13»Te llegará la gloria del Líbano,
    con el ciprés, el olmo y el abeto,
  para embellecer el lugar de mi
      santuario.
    Glorificaré el lugar donde
      reposan mis pies.
14Ante ti vendrán a inclinarse
    los hijos de tus opresores;
  todos los que te desprecian
    se postrarán a tus pies,
  y te llamarán "Ciudad del SEÑOR",
    "Sión del Santo de Israel".

15»Aunque fuiste abandonada y
      aborrecida,
    y nadie transitaba por tus calles,
  haré de ti el orgullo eterno
    y la alegría de todas las
      generaciones.
16Te alimentarás con la leche de las
      naciones,
    con la riqueza de los reyes serás
      amamantada.

  Sabrás entonces que yo, el SEÑOR,
    soy tu Salvador;
  que yo, el Poderoso de Jacob, soy
    tu Redentor.
17En vez de bronce te traeré oro;
    en lugar de hierro, plata.
  En vez de madera te traeré bronce,
    y en lugar de piedras, hierro.
  Haré que la *paz te gobierne,
    y que la justicia te rija.
18Ya no se sabrá de violencia en tu
      tierra,
    ni de ruina y destrucción en tus
      fronteras,
  sino que llamarás a tus muros
    "*Salvación",
    y a tus puertas, "Alabanza".
19Ya no será el sol tu luz durante el
      día,
    ni con su resplandor te alumbrará
      la luna,
  porque el SEÑOR será tu luz eterna;
    tu Dios será tu gloria.
20Tu sol no volverá a ponerse,
    ni menguará tu luna;
  será el SEÑOR tu luz eterna,
    y llegarán a su fin tus días de
      duelo.
21Entonces todo tu pueblo será justo
    y poseerá la tierra para siempre.
  Serán el retoño plantado por mí
      mismo,
    la obra maestra que me
      glorificará.
22El más débil se multiplicará por
      miles,
    y el menor llegará a ser una
      nación poderosa.
  Yo soy el SEÑOR;
    cuando llegue el momento,
      actuaré sin demora.»

El año del favor del SEÑOR

61 El Espíritu del SEÑOR
      omnipotente está sobre mí,
    por cuanto me ha ungido
    para anunciar buenas nuevas a los
      pobres.
  Me ha enviado a sanar los
      corazones heridos,
    a proclamar liberación a los
      cautivos
    y libertad a los prisioneros,

² a pregonar el año del favor del
     SEÑOR
  y el día de la venganza de nuestro
     Dios,
a consolar a todos los que están de
     duelo,
³ y a confortar a los dolientes de
     *Sión.
  Me ha enviado a darles una corona
     en vez de cenizas,
  aceite de alegría
     en vez de luto,
  traje de fiesta
     en vez de espíritu de desaliento.
  Serán llamados robles de justicia,
     plantío del SEÑOR, para mostrar
        su gloria.
⁴ Reconstruirán las ruinas antiguas,
     y restaurarán los escombros de
        antaño;
  repararán las ciudades en ruinas,
     y los escombros de muchas
        generaciones.
⁵ Gente extraña pastoreará
     los rebaños de ustedes,
  y sus campos y viñedos serán
     labrados
  por un pueblo extranjero.
⁶ Pero a ustedes los llamarán
     «sacerdotes del SEÑOR»;
  les dirán «ministros de nuestro
     Dios».
  Se alimentarán de las riquezas de
     las naciones,
  y se jactarán de los tesoros de
     ellas.

⁷ En vez de su vergüenza,
     mi pueblo recibirá doble porción;
  en vez de deshonra,
     se regocijará en su herencia;
  y así en su tierra recibirá doble
     herencia,
  y su alegría será eterna.

⁸ «Yo, el SEÑOR, amo la justicia,
     pero odio el robo y la iniquidad.
  En mi fidelidad los recompensaré
     y haré con ellos un *pacto eterno.
⁹ Sus descendientes serán conocidos
     entre las naciones,
  y sus vástagos, entre los pueblos.
  Quienes los vean, reconocerán

que ellos son descendencia
   bendecida del SEÑOR.»

¹⁰ Me deleito mucho en el SEÑOR;
     me regocijo en mi Dios.
  Porque él me vistió con ropas de
     *salvación
  y me cubrió con el manto de la
     justicia.
  Soy semejante a un novio que luce
     su diadema,
  o una novia adornada con sus
     joyas.
¹¹ Porque así como la tierra hace que
     broten los retoños,
  y el huerto hace que germinen las
     semillas,
  así el SEÑOR omnipotente hará que
     broten
  la justicia y la alabanza ante todas
     las naciones.

El nuevo nombre de Sión

62 Por amor a *Sión no guardaré
     silencio,
  por amor a Jerusalén no
     desmayaré,
  hasta que su justicia resplandezca
     como la aurora,
  y como antorcha encendida su
     *salvación.
² Las naciones verán tu justicia,
     y todos los reyes tu gloria;
  recibirás un *nombre nuevo,
     que el Señor mismo te dará.
³ Serás en la mano del SEÑOR como
     una corona esplendorosa,
  ¡como una diadema real en la
     palma de tu Dios!
⁴ Ya no te llamarán «Abandonada»,
     ni a tu tierra la llamarán
        «Desolada»,
  sino que serás llamada «Mi deleite»;
     tu tierra se llamará «Mi esposa»;
  porque el SEÑOR se deleitará en ti,
     y tu tierra tendrá esposo.
⁵ Como un joven que se casa con
     una doncella,
  así el que te edifica se casará
     contigo;
  como un novio que se regocija por
     su novia,
  así tu Dios se regocijará por ti.

⁶Jerusalén, sobre tus muros he
　　puesto centinelas
que nunca callarán, ni de día ni
　　de noche.
Ustedes, los que invocan al
　　SEÑOR,
no se den descanso;
⁷ni tampoco lo dejen descansar,
hasta que establezca a
　　Jerusalén
y la convierta en la alabanza
　　de la tierra.

⁸Por su mano *derecha, por su
　　brazo poderoso,
ha jurado el SEÑOR:
«Nunca más daré a tus enemigos
tu grano como alimento,
ni se beberá gente extranjera
el vino nuevo por el que
　　trabajaste.
⁹Alabando al Señor comerán el
　　grano
quienes lo hayan cosechado;
en los atrios de mi santuario
　　beberán el vino
quienes hayan trabajado en la
　　vendimia.»

¹⁰¡Pasen, pasen por las *puertas!
Preparen el camino para el
　　pueblo.
¡Construyan la carretera!
¡Quítenle todas las piedras!
¡Desplieguen sobre los pueblos la
　　bandera!

¹¹He aquí lo que el SEÑOR ha
　　proclamado
hasta los confines de la tierra:
«Digan a la hija de Sión:
　"¡Ahí viene tu Salvador!
Trae su premio consigo;
su recompensa lo acompaña."»
¹²Serán llamados «Pueblo *santo»,
「Redimidos del SEÑOR»;
y tú serás llamada «Ciudad
　　anhelada»,
«Ciudad nunca abandonada».

El día de la venganza y la redención de Dios

63 ¿Quién es éste que viene de Edom,
　　desde Bosra, vestido de púrpura?
¿Quién es este de espléndido ropaje,
　　que avanza[b] con fuerza
　　arrolladora?

«Soy yo, el que habla con justicia,
el que tiene poder para salvar.»

²¿Por qué están rojos tus vestidos,
como los del que pisa las uvas en
　　el lagar?

³«He pisado el lagar yo solo;
ninguno de los pueblos estuvo
　　conmigo.
Los he pisoteado en mi enojo;
los he aplastado en mi ira.
Su sangre salpicó mis vestidos,
y me manché toda la ropa.
⁴¡Ya tengo planeado el día de la
　　venganza!
¡El año de mi redención ha
　　llegado!
⁵Miré, pero no hubo quien me
　　ayudara,
me asombró que nadie me diera
　　apoyo.
Mi propio brazo me dio la victoria;
¡mi propia ira me sostuvo!
⁶En mi enojo pisoteé a los pueblos,
y los embriagué con la copa de
　　mi ira;
¡hice correr su sangre sobre la
　　tierra!»

Alabanza y oración

⁷Recordaré el gran amor del SEÑOR,
y sus hechos dignos de alabanza,
por todo lo que hizo por nosotros,
por su compasión y gran amor.
¡Sí, por la multitud de cosas buenas
que ha hecho por los
　　descendientes de Israel!
⁸Declaró: «Verdaderamente son mi
　　pueblo,

---

[b] **63:1** *avanza* (Vulgata); *se inclina* (TM).

hijos que no me engañarán.»
Así se convirtió en el Salvador
9 de todas sus angustias.

Él mismo los salvó;
no envió un emisario ni un ángel.[c]

En su amor y misericordia los
rescató;
los levantó y los llevó en sus
brazos
como en los tiempos de antaño.

10 Pero ellos se rebelaron
y afligieron a su *santo Espíritu.
Por eso se convirtió en su enemigo,
y luchó él mismo contra ellos.

11 Su pueblo recordó los tiempos
pasados,
los tiempos de Moisés:
¿Dónde está el que los guió a
través del mar,
como guía el *pastor a su rebaño?[d]
¿Dónde está el que puso
su santo Espíritu entre ellos,
12 el que hizo que su glorioso brazo
marchara a la *derecha de
Moisés,
el que separó las aguas a su paso,
para ganarse renombre eterno?
13 ¿Dónde está el que los guió a
través del mar,[e]
como a caballo en el desierto,
sin que ellos tropezaran?
14 El Espíritu del SEÑOR les dio
descanso,
como a ganado que pasta en la
llanura.
Fue así como guiaste a tu pueblo,
para hacerte un *nombre glorioso.

15 Mira bien desde el cielo;
observa desde tu morada santa y
gloriosa.
¿Dónde están tu celo y tu poder?
¡Se nos niega tu abundante
compasión y ternura!
16 Pero tú eres nuestro Padre,
aunque Abraham no nos conozca
ni nos reconozca Israel;
tú, SEÑOR, eres nuestro Padre;

¡tu nombre ha sido siempre
«nuestro Redentor»!

17 ¿Por qué, SEÑOR, nos desvías de
tus *caminos,
y endureces nuestro *corazón
para que no te temamos?
Vuelve por amor a tus siervos,
por las tribus que son tu herencia.
18 Tu pueblo poseyó por un tiempo tu
santuario,
pero ahora lo han pisoteado
nuestros enemigos.
19 Estamos como si nunca nos
hubieras gobernado,
como si nunca hubiéramos
llevado tu nombre.

64 ¡Ojalá rasgaras los cielos, y
descendieras!
¡Las montañas temblarían ante ti,
2 como cuando el fuego enciende la
leña
y hace que hierva el agua!
Así darías a conocer tu *nombre
entre tus enemigos,
y ante ti temblarían las naciones.
3 Hiciste portentos inesperados
cuando descendiste;
ante tu presencia temblaron las
montañas.
4 Fuera de ti, desde tiempos antiguos
nadie ha escuchado ni percibido,
ni ojo alguno ha visto,
a un Dios que, como tú,
actúe en favor de quienes en él
confían.
5 Sales al encuentro de los que,
alegres,
practican la justicia y recuerdan
tus *caminos.
Pero te enojas si persistimos
en desviarnos de ellos.[f]
¿Cómo podremos ser salvos?
6 Todos somos como gente *impura;
todos nuestros actos de justicia
son como trapos de inmundicia.
Todos nos marchitamos como hojas:
nuestras iniquidades nos arrastran
como el viento.

---

[c] 63:9 *de todas ... un ángel.* Frases de difícil traducción. *está el que sacó de las aguas al pastor de su rebaño? ellos.* Frase de difícil traducción.

[d] 63:11 *¿Dónde está ... su rebaño?* Alt. *¿Dónde* [e] 63:13 *mar.* Lit. *abismo.* [f] 64:5 *te enojas ... de*

7Nadie invoca tu nombre,
　ni se esfuerza por aferrarse a ti.
Pues nos has dado la espalda
　y nos has entregado^g en poder de
　nuestras iniquidades.

8A pesar de todo, SEÑOR, tú eres
　　nuestro Padre;
　nosotros somos el barro, y tú el
　　alfarero.
　Todos somos obra de tu mano.
9No te enojes demasiado, SEÑOR;
　no te acuerdes siempre de
　　nuestras iniquidades.
¡Considera, por favor,
　que todos somos tu pueblo!
10Tus ciudades *santas han quedado
　　devastadas,
　y hasta *Sión se ha vuelto un
　　desierto;
Jerusalén es una desolación.
11Nuestro santo y glorioso templo,
　donde te alababan nuestros padres,
　ha sido devorado por el fuego.
Ha quedado en ruinas
　todo lo que más queríamos.
12Ante todo esto, SEÑOR, ¿no vas a
　　hacer nada?
　¿Vas a guardar silencio y
　　afligirnos sin medida?

Juicio y salvación

65 «Me di a conocer a los que no
　　preguntaban por mí;
　dejé que me hallaran los que no
　　me buscaban.
A una nación que no invocaba mi
　　*nombre,
　le dije: "¡Aquí estoy!"
2Todo el día extendí mis manos
　　hacia un pueblo rebelde,
　que va por mal *camino,
　siguiendo sus propias ideas.
3Es un pueblo que en mi propia cara
　　constantemente me provoca;
　que ofrece sacrificios en los jardines
　y quema incienso en los altares;
4que se sienta entre los sepulcros
　y pasa la noche en vigilias
　　secretas;

que come carne de cerdo,
　y en sus ollas cocina caldo
　　*impuro;
5que dice: "¡Manténganse alejados!
¡No se me acerquen!
¡Soy demasiado sagrado para
　　ustedes!"
Todo esto me fastidia como humo
　　en la nariz;
　¡es un fuego que arde todo el día!

6»Ante mí ha quedado escrito;
　no guardaré silencio.
Les daré su merecido;
　lo sufrirán en carne propia,
7tanto por las iniquidades de ustedes
　como por las de sus padres
　　　　　—dice el SEÑOR—.
Por cuanto ellos quemaron incienso
　　en las montañas
　y me desafiaron en las colinas,
les haré sufrir en carne propia
　las consecuencias de sus acciones
　　pasadas.»

8Así dice el SEÑOR:

«Cuando alguien encuentra un buen
　　racimo de uvas,
　dice: "No voy a dañarlo,
　porque todavía tiene jugo".
Del mismo modo actuaré yo por
　　amor a mis siervos:
　No los destruiré a todos.
9De Jacob sacaré descendientes,
　y de Judá, a los que poseerán mis
　　montañas.
Las heredarán mis elegidos,
　y allí morarán mis siervos.
10Para mi pueblo que me busca,
　Sarón será redil de ovejas;
　el valle de Acor, corral de vacas.

11»Pero a ustedes que abandonan al
　　SEÑOR
　y se olvidan de mi monte *santo,
que para los dioses de la Fortuna y
　　del Destino
　preparan mesas y sirven vino
　　mezclado,

---

^g64:7 *entregado* (LXX, Targum y Siríaca); *derretido* (TM).

12los destinaré a la espada;
¡todos ustedes se inclinarán para
el degüello!
Porque llamé y no me respondieron,
hablé y no me escucharon.
Más bien, hicieron lo malo ante
mis ojos
y optaron por lo que no me
agrada.»

13Por eso, así dice el Señor omnipotente:

«Mis siervos comerán,
pero ustedes pasarán hambre;
mis siervos beberán,
pero ustedes sufrirán de sed;
mis siervos se alegrarán,
pero ustedes serán avergonzados.
14Mis siervos cantarán
con alegría de *corazón,
pero ustedes clamarán
con corazón angustiado;
¡gemirán con espíritu
quebrantado!
15Mis escogidos heredarán el nombre
de ustedes
como una maldición.
El Señor omnipotente les dará
muerte,
pero a sus siervos les dará un
nombre diferente.
16Cualquiera que en el país invoque
una bendición,
lo hará por el Dios de la verdad;
y cualquiera que jure en esta tierra,
lo hará por el Dios de la verdad.
Las angustias del pasado han
quedado en el olvido,
las he borrado de mi vista.

Nuevos cielos y nueva tierra

17»Presten atención, que estoy por
crear
un cielo nuevo y una tierra nueva.
No volverán a mencionarse las
cosas pasadas,
ni se traerán a la memoria.
18Alégrense más bien, y regocíjense
por siempre,

por lo que estoy a punto de crear:
Estoy por crear una Jerusalén feliz,
un pueblo lleno de alegría.
19Me regocijaré por Jerusalén
y me alegraré en mi pueblo;
no volverán a oírse en ella
voces de llanto ni gritos de clamor.

20»Nunca más habrá en ella
niños que vivan pocos días,
ni ancianos que no completen sus
años.
El que muera a los cien años
será considerado joven;
pero el que no llegue*h* a esa edad
será considerado maldito.
21Construirán casas y las habitarán;
plantarán viñas y comerán de su
fruto.
22Ya no construirán casas para que
otros las habiten,
ni plantarán viñas para que otros
coman.
Porque los días de mi pueblo
serán como los de un árbol;
mis escogidos disfrutarán
de las obras de sus manos.
23No trabajarán en vano,
ni tendrán hijos para la desgracia;
tanto ellos como su descendencia
serán simiente bendecida del
Señor.
24Antes que me llamen,
yo les responderé;
todavía estarán hablando
cuando ya los habré escuchado.
25El lobo y el cordero pacerán juntos;
el león comerá paja como el buey,
y la serpiente se alimentará de
polvo.
En todo mi monte *santo
no habrá quien haga daño ni
destruya»,
              dice el Señor.

Juicio y esperanza

66   Así dice el Señor:

«El cielo es mi trono,
y la tierra, el estrado de mis pies.

---

h **65:20** *el que no llegue.* Alt. *el pecador que llegue.*

¿Qué casa me pueden construir?
¿Qué morada me pueden ofrecer?
2 Fue mi mano la que hizo todas
estas cosas;
fue así como llegaron a existir
—afirma el SEÑOR—.

»Yo estimo a los pobres y contritos
de espíritu,
a los que tiemblan ante mi
palabra.
3 Pero los que sacrifican toros
son como los que matan
*hombres;
los que ofrecen corderos
son como los que desnucan
perros;
los que presentan ofrendas de
grano
son como los que ofrecen sangre
de cerdo,
y los que queman ofrendas de
incienso
son como los que adoran ídolos.
Ellos han escogido sus propios
*caminos,
y se deleitan en sus
abominaciones.
4 Pues yo también escogeré
aflicciones para ellos
y enviaré sobre ellos lo que tanto
temen.
Porque nadie respondió cuando
llamé;
cuando hablé, nadie escuchó.
Más bien, hicieron lo malo ante
mis ojos
y optaron por lo que no me
agrada.»

5 ¡Escuchen la palabra del SEÑOR,
ustedes que tiemblan ante su
palabra!:
«Así dicen sus hermanos que los
odian
y los excluyen por causa de mi
*nombre:
"¡Que el SEÑOR sea glorificado,
para que veamos la alegría de
ustedes!"
Pero ellos serán los avergonzados.
6 Una voz resuena desde la ciudad,
una voz surge del templo:

Es la voz del SEÑOR
que da a sus enemigos su
merecido.

7 »Antes de estar con dolores de
parto,
Jerusalén tuvo un hijo;
antes que le llegaran los dolores,
dio a luz un varón.
8 ¿Quién ha oído cosa semejante?
¿Quién ha visto jamás cosa igual?
¿Puede una nación nacer en un
solo día?
¿Se da a luz un pueblo en un
momento?
Sin embargo, *Sión dio a luz sus
hijos
cuando apenas comenzaban sus
dolores.
9 ¿Podría yo abrir la matriz,
y no provocar el parto?
—dice el SEÑOR—.
¿O cerraría yo el seno materno,
siendo que yo hago dar a luz?
—dice tu Dios—.
10 Mas alégrense con Jerusalén, y
regocíjense por ella,
todos los que la aman;
salten con ella de alegría,
todos los que por ella se
conduelen.
11 Porque ustedes serán amamantados
y saciados,
y hallarán consuelo en sus pechos;
beberán hasta saciarse,
y se deleitarán en sus henchidos
senos.»

12 Porque así dice el SEÑOR:

«Hacia ella extenderé la *paz como
un torrente,
y la riqueza de las naciones como
río desbordado.
Ustedes serán amamantados,
llevados en sus brazos,
mecidos en sus rodillas.
13 Como madre que consuela a su hijo,
así yo los consolaré a ustedes;
en Jerusalén serán consolados.»

14 Cuando ustedes vean esto,
se regocijará su *corazón,

y su cuerpo florecerá como la
  hierba;
el Señor dará a conocer
  su poder entre sus siervos,
  y su furor entre sus enemigos.
15¡Ya viene el Señor con fuego!
  ¡Sus carros de combate son como
    un torbellino!
Descargará su enojo con furor,
  y su represión con llamas de
    fuego.
16Con fuego y con espada
  juzgará el Señor a todo *mortal.
  ¡Muchos morirán a manos del
    Señor!

17«Juntos perecerán los que se *santifican y se *purifican para entrar en los
jardines, siguiendo a uno que va al frente,*i*
y los que comen carne de cerdo, ratas y
otras cosas abominables —afirma el
Señor—.

18»Yo, por causa de sus acciones y sus
ideas, estoy a punto de reunir a gente de
toda nación y lengua; vendrán y verán mi
gloria.

19»Les daré una señal, y a algunos de
sus sobrevivientes los enviaré a las naciones: a Tarsis, Pul, Lidia (famosa por sus
arqueros), Tubal y Grecia, y a las costas
lejanas que no han oído hablar de mi fama

ni han visto mi gloria. Ellos anunciarán mi
gloria entre las naciones. 20Y a todos los
hermanos que ustedes tienen entre las
naciones los traerán a mi monte santo en
Jerusalén, como una ofrenda al Señor; los
traerán en caballos, en carros de combate
y en literas, y en mulas y camellos —dice
el Señor—. Los traerán como traen los
israelitas, en recipientes limpios, sus
ofrendas de grano al templo del Señor.
21Y de ellos escogeré también a algunos,
para que sean sacerdotes y levitas —dice
el Señor—.

22»Porque así como perdurarán en mi
presencia el cielo nuevo y la tierra nueva
que yo haré, así también perdurarán el
nombre y los descendientes de ustedes
—afirma el Señor—. 23Sucederá que de
una luna nueva a otra, y de un *sábado a
otro, toda la humanidad vendrá a postrarse
ante mí —dice el Señor—. 24Entonces
saldrán y contemplarán los cadáveres de
los que se rebelaron contra mí.

»Porque no morirá el gusano que
    los devora,
  ni se apagará el fuego que los
    consume:
  ¡repulsivos serán a toda la
    humanidad!»

---

i **66:17** *al frente.* Lit. *en medio.*

Jeremías

1 Éstas son las palabras de Jeremías hijo de Jilquías. Jeremías provenía de una familia sacerdotal de Anatot, ciudad del territorio de Benjamín. 2La palabra del SEÑOR vino a Jeremías en el año trece del reinado de Josías hijo de Amón, rey de Judá. 3También vino a él durante el reinado de Joacim hijo de Josías, rey de Judá, y hasta el fin del reinado de Sedequías hijo de Josías, rey de Judá; es decir, hasta el quinto mes del año undécimo de su reinado, cuando la población de Jerusalén fue deportada.

Llamamiento de Jeremías

4La palabra del SEÑOR vino a mí:

5«Antes de formarte en el vientre,
    ya te había elegido;
antes de que nacieras,
    ya te había apartado;
    te había nombrado profeta para
        las naciones.»

6Yo le respondí:

«¡Ah, SEÑOR mi Dios! ¡Soy muy joven, y no sé hablar!»

7Pero el SEÑOR me dijo:

«No digas: "Soy muy joven", porque vas a ir adondequiera que yo te envíe, y vas a decir todo lo que yo te ordene. 8No le temas a nadie, que yo estoy contigo para librarte.» Lo afirma el SEÑOR.

9Luego extendió el SEÑOR la mano y, tocándome la boca, me dijo:

«He puesto en tu boca mis palabras. 10Mira, hoy te doy autoridad sobre naciones y reinos,

»para arrancar y derribar,
para destruir y demoler,
para construir y plantar.»

11La palabra del SEÑOR vino a mí, y me dijo:

«¿Qué es lo que ves, Jeremías?»

«Veo una rama de almendro», respondí.

12«Has visto bien —dijo el SEÑOR—, porque yo estoy alerta*a* para que se cumpla mi palabra.»

13La palabra del SEÑOR vino a mí por segunda vez, y me dijo:

«¿Qué es lo que ves?»

«Veo una olla que hierve y se derrama desde el norte», respondí.

14Entonces el SEÑOR me dijo:

«Desde el norte se derramará la calamidad sobre todos los habitantes del país. 15Yo estoy por convocar a todas las tribus de los reinos del norte —afirma el SEÑOR—.

»Vendrán, y cada uno pondrá su
        trono
    a la *entrada misma de Jerusalén;
vendrán contra todos los muros que
        la rodean,
    y contra todas las ciudades de
        Judá.
16Yo dictaré sentencia contra mi
        pueblo,
    por toda su maldad,
    porque me han abandonado;
han quemado incienso a otros
        dioses,
    y han adorado las obras de sus
        manos.

17»Pero tú, ¡prepárate! Ve y diles todo lo que yo te ordene. No temas ante ellos, pues de lo contrario yo haré que sí les temas. 18Hoy te he puesto como ciudad fortificada, como columna de hierro y muro de bronce, contra todo el país, contra

---

a 1:11-12 En hebreo, las palabras que corresponden a *almendro* y *yo estoy alerta* tienen un sonido parecido.

los reyes de Judá, contra sus autoridades y sus sacerdotes, y contra la gente del país. ¹⁹Pelearán contra ti, pero no te podrán vencer, porque yo estoy contigo para librarte», afirma el SEÑOR.

Israel abandona a Dios

2 La palabra del SEÑOR vino a mí: ²«Ve y proclama a oídos de Jerusalén que así dice el SEÑOR:

»"Recuerdo el amor de tu juventud,
    tu cariño de novia,
cuando me seguías por el desierto,
    por tierras no cultivadas.
³Israel estaba consagrada al SEÑOR,
    era las *primicias de su cosecha;
todo el que comía de ella sufría las
        consecuencias,
    les sobrevenía la calamidad"»,
            afirma el SEÑOR.

⁴¡Escuchen la palabra del SEÑOR,
        descendientes de Jacob,
    tribus todas del pueblo de Israel!

⁵Así dice el SEÑOR:

«¿Qué injusticia vieron en mí sus
        antepasados,
    que se alejaron tanto de mí?
Se fueron tras lo que nada vale,
    y en nada se convirtieron.
⁶Nunca preguntaron:
    "¿Dónde está el SEÑOR
    que nos hizo subir de Egipto,
que nos guió por el desierto,
    por tierra árida y accidentada,
por tierra reseca y tenebrosa,
    por tierra que nadie transita
    y en la que nadie vive?"
⁷Yo los traje a una tierra fértil,
    para que comieran de sus frutos
    y de su abundancia.
Pero ustedes vinieron y
        *contaminaron mi tierra;
    hicieron de mi heredad algo
        abominable.
⁸Nunca preguntaron los sacerdotes:
    "¿Dónde está el SEÑOR?"

Los expertos en la ley jamás me
        conocieron;
    los *pastores se rebelaron contra
        mí,
los profetas hablaron en nombre de
        *Baal
    y se fueron tras dioses que para
        nada sirven.
⁹Por eso, aún voy a entablar un
        litigio contra ustedes,
    y también litigaré contra los hijos
        de sus hijos
            —afirma el SEÑOR—.

¹⁰»Crucen a las costas de Chipre, y
        miren;
    envíen mensajeros a Cedar,ᵇ e
        infórmense bien;
    fíjense si ha sucedido algo
        semejante:
¹¹¿Hay alguna nación que haya
        cambiado de dioses,
    a pesar de que no son dioses?
¡Pues mi pueblo ha cambiado al
        que es su gloria,
    por lo que no sirve para nada!
¹²¡Espántense, cielos, ante esto!
    ¡Tiemblen y queden horrorizados!
            —afirma el SEÑOR—.

¹³»Dos son los pecados
    que ha cometido mi pueblo:
Me han abandonado a mí,
    fuente de agua viva,
y han cavado sus propias
        cisternas,
    cisternas rotas que no retienen
        agua.
¹⁴¿Acaso es Israel un esclavo?
    ¿Nació en la esclavitud?
    ¿Por qué entonces lo saquean?
¹⁵Los leones rugieron contra él,
    lanzaron fuertes gruñidos.
Dejaron desolado su país,
    sus ciudades fueron incendiadas,
    y ya nadie las habita.

¹⁶»Para colmo de males,
    los de Menfisᶜ y los de Tafnes
    te raparon la cabeza.

ᵇ**2:10** *Cedar*. Asentamiento de tribus beduinas en el desierto siro-arábigo.   ᶜ**2:16** *Menfis*. Lit. *Nof*.

17¿No te ha pasado todo esto
    por haber abandonado al SEÑOR
        tu Dios,
    mientras él te guiaba por el
        camino?
18Y ahora, ¿qué sacas con ir a Egipto
    a beber agua del Nilo?
¿Qué sacas con ir a Asiria
    a beber agua del Éufrates?
19Tu maldad te castigará,
    tu infidelidad te recriminará.
Ponte a pensar cuán malo y amargo
    es abandonar al SEÑOR tu Dios
    y no sentir temor de mí
            —afirma el Señor, el SEÑOR
                    *Todopoderoso—.

20»Desde hace mucho quebraste el
        yugo;
    te quitaste las ataduras
    y dijiste: "¡No quiero servirte!"
Sobre toda colina alta,
    y bajo todo árbol frondoso,
    te entregaste a la prostitución.
21Yo te planté, como vid selecta,
    con semilla genuina.
¿Cómo es que te has convertido
    en una vid degenerada y extraña?
22Aunque te laves con lejía,
    y te frotes con mucho jabón,
ante mí seguirá presente
    la mancha de tu iniquidad
    —afirma el SEÑOR omnipotente—.

23»¿Cómo puedes decir:
    "No me he contaminado,
    ni me he ido tras los baales"?
¡Considera tu conducta en el valle!
    ¡Reconoce lo que has hecho!
¡Camella ligera de cascos,
    que no puedes quedarte quieta!
24¡Asna salvaje que tiras al monte!
Cuando ardes en deseos, olfateas el
        viento;
    cuando estás en celo, no hay
        quien te detenga.
Ningún macho que te busque tiene
    que fatigarse:
    cuando estás en celo, fácilmente
        te encuentra.

25»No andes con pies descalzos, que
        te lastimas,
    ni dejes que la garganta se te
        reseque.
Pero tú insistes: "¡No tengo
        remedio!
    Amo a dioses extraños, y tras
        ellos me iré."

26»El pueblo de Israel se avergonzará,
    junto con sus reyes y autoridades,
sacerdotes y profetas,
    como se avergüenza el ladrón
        cuando lo descubren.
27A un trozo de madera le dicen:
    "Tú eres mi padre",
    y a una piedra le repiten:
    "Tú me has dado a luz."
Me han vuelto la espalda;
    no me quieren dar la cara.
Pero les llega la desgracia y me
        dicen:
    "¡Levántate y sálvanos!"
28¿Dónde están, Judá, los dioses que
        te fabricaste?
    ¡Tienes tantos dioses como
        ciudades!
¡Diles que se levanten!
    ¡A ver si te salvan cuando caigas
        en desgracia!

29»¿Por qué litigan conmigo?
    Todos ustedes se han rebelado
        contra mí
            —afirma el SEÑOR—.

30»En vano castigo a mi pueblo,
    pues rechaza mi *corrección.
Cual si fuera un león feroz,
    la espada de ustedes devoró a sus
        profetas.

31»Pero ustedes, los de esta generación,
    presten atención a la palabra del
        SEÑOR:
¿Acaso he sido para Israel
    un desierto o una tierra tenebrosa?
¿Por qué dice mi pueblo:
    "Somos libres, nunca más
        volveremos a ti"?
32¿Acaso una joven se olvida de sus
        joyas,
    o una novia de su atavío?
¡Pues hace muchísimo tiempo
    que mi pueblo se olvidó de mí!

33¡Qué mañosa eres
    para conseguir amantes!
¡Hasta las malas mujeres
    han aprendido de ti!
34Tienes la ropa manchada de sangre,
    de sangre de gente pobre e
        inocente,
    a los que nunca sorprendiste
        robando.
Por todo esto 35te voy a juzgar:
    por alegar que no has pecado,
    por insistir en tu inocencia,
    por afirmar: "¡Dios ya no está
        enojado conmigo!"
36¡Con qué ligereza cambias de
        parecer!*d*
    Pues también Egipto te
        defraudará,
    como te defraudó Asiria.
37Saldrás de allí con las manos en la
        nuca,
    porque el SEÑOR ha rechazado
    a aquellos en quienes confías,
    y no prosperarás con ellos.

3 »Supongamos que un hombre se divorcia de su mujer, y que ella lo deja
para casarse con otro. ¿Volvería el primero a casarse con ella? ¡Claro que no!
Semejante acción *contaminaría por completo la tierra. Pues bien, tú te has prostituido con muchos amantes, y ya no podrás
volver a mí —afirma el SEÑOR—.

2»Fíjate bien en esas lomas estériles:
    ¡Dónde no se han acostado
        contigo!
Como un beduino en el desierto,
    te sentabas junto al camino,
    a la espera de tus amantes.
Has contaminado la tierra
    con tus infames prostituciones.
3Por eso se demoraron las lluvias,
    y no llegaron los aguaceros de
        primavera.
Tienes el descaro de una prostituta;
    ¡no conoces la vergüenza!
4No hace mucho me llamabas:
    "Padre mío, amigo de mi
        juventud,

5¿vas a estar siempre enojado?
    ¿Guardarás rencor eternamente?"
Y mientras hablabas,
    hacías todo el mal posible.»

La infidelidad de Israel

6Durante el reinado del rey Josías el
SEÑOR me dijo: «¿Has visto lo que ha
hecho Israel, la infiel? Se fue a todo monte
alto, y allí, bajo todo árbol frondoso, se
prostituyó. 7Yo pensaba que después de
hacer todo esto ella volvería a mí. Pero no
lo hizo. Esto lo vio su hermana, la infiel
Judá, 8y vio*e* también que yo había repu-
diado a la apóstata Israel, y que le había
dado carta de divorcio por todos los adulterios que había cometido. No obstante, su
hermana, la infiel Judá, no tuvo ningún
temor, sino que también ella se prostituyó.
9»Como Israel no tuvo ningún reparo
en prostituirse, *contaminó la tierra y cometió adulterio al adorar ídolos de piedra
y de madera. 10A pesar de todo esto, su
hermana, la infiel Judá, no se volvió a mí
de todo *corazón, sino que sólo fingió
volverse», afirma el SEÑOR.
11El SEÑOR me dijo: «La apóstata Israel ha resultado ser más justa que la infiel
Judá. 12Ve al norte y proclama este mensaje:

»"¡Vuelve, apóstata Israel!
    No te miraré con ira
                —afirma el SEÑOR—.
    No te guardaré rencor para siempre,
    porque soy misericordioso
                —afirma el SEÑOR—.
13Tan sólo reconoce tu culpa,
    y que te rebelaste contra el
        SEÑOR tu Dios.
Bajo todo árbol frondoso
    has brindado a dioses extraños
        tus favores,
    y no has querido obedecerme"
                —afirma el SEÑOR—.

14»¡Vuélvanse a mí, apóstatas —afirma el SEÑOR—, porque yo soy su esposo!
De ustedes tomaré uno de cada ciudad y
dos de cada familia, y los traeré a *Sión.

---

d **2:36** *de parecer.* Alt. *de aliados.*   *e* **3:8** *vio* (un ms. hebreo, mss. de LXX y Siríaca); *yo vi* (TM).

15Les daré *pastores que cumplan mi voluntad, para que los guíen con sabiduría y entendimiento.

16»En aquellos días, cuando ustedes se hayan multiplicado y sean numerosos en el país, ya no se dirá más: "Arca del *pacto del SEÑOR". Nadie pensará más en ella ni la recordará; nadie la echará de menos ni volverá a fabricarla —afirma el SEÑOR—.

17»En aquel tiempo llamarán a Jerusalén: "Trono del SEÑOR". Todas las naciones se reunirán en Jerusalén para honrar el *nombre del SEÑOR, y ya no volverán a obedecer ciegamente a su malvado corazón.

18»En aquellos días la tribu de Judá se unirá al pueblo de Israel, y juntos vendrán del país del norte, a la tierra que di como herencia a sus antepasados.

19»Yo mismo dije:

»"¡Cómo quisiera tratarte como a
        un hijo,
    y darte una tierra codiciable,
    la heredad más hermosa de las
        naciones!"
Yo creía que me llamarías "Padre
        mío",
    y que nunca dejarías de seguirme.
20Pero tú, pueblo de Israel,
    me has sido infiel
    como una mujer infiel a su
        esposo»,
                afirma el SEÑOR.

21Se escucha un grito en las lomas
        estériles,
    la súplica angustiosa del pueblo
        de Israel,
    porque han pervertido su conducta,
    se han olvidado del SEÑOR su
        Dios.

22«¡Vuélvanse, apóstatas,
    y los curaré de su infidelidad!»

«Aquí estamos, a ti venimos,
    porque tú eres el SEÑOR nuestro
        Dios.
23Ciertamente son un engaño las
        colinas,
    y una mentira el estruendo sobre
        las montañas.

Ciertamente en el SEÑOR nuestro
        Dios
    está la *salvación de Israel.
24Desde nuestra juventud, la
        vergonzosa idolatría
    se ha engullido el esfuerzo de
        nuestros antepasados:
    sus rebaños y su ganado,
    sus hijos y sus hijas.
25¡Acostémonos en nuestra
        vergüenza,
    y que nos cubra nuestra desgracia!
    ¡Nosotros y nuestros antepasados
    hemos pecado contra el SEÑOR
        nuestro Dios!
Desde nuestra juventud y hasta el
        día de hoy,
    no hemos obedecido al SEÑOR
        nuestro Dios.»

4 «Israel, si piensas volver,
    vuélvete a mí
                —afirma el SEÑOR—.
Si quitas de mi vista tus ídolos
        abominables
    y no te alejas de mí,
2si con fidelidad, justicia y rectitud
    juras: "Por la vida del SEÑOR",
entonces "en él serán benditas las
        naciones,
    y en él se gloriarán".»

3Así dice el SEÑOR
    a los habitantes de Judá y de
        Jerusalén:
«Abran surcos en terrenos no
        labrados,
    y no siembren entre espinos.
4Habitantes de Judá y de Jerusalén,
    marquen su *corazón con la señal
        del *pacto:
    circuncídense para honrar al
        SEÑOR,
no sea que por la maldad de sus
        obras
    mi furor se encienda como el
        fuego
    y arda sin que nadie pueda
        apagarlo.

La amenaza del norte

5»¡Anúncienlo en Judá,
    proclámenlo en Jerusalén!

¡Toquen la trompeta por todo el
país!
Griten a voz en cuello:
"¡Reúnanse y entremos
en las ciudades fortificadas!"
6 Señalen a *Sión con la bandera;
¡busquen refugio, no se detengan!
Porque yo traigo del norte
calamidad y gran destrucción.
7 Un león ha salido del matorral,
un destructor de naciones se ha
puesto en marcha;
ha salido de su lugar de origen
para desolar tu tierra;
tus ciudades quedarán en ruinas
y totalmente despobladas.
8 Por esto, vístanse de luto,
laméntense y giman,
porque la ardiente ira del SEÑOR
no se ha apartado de nosotros.

9 »En aquel día desfallecerá
el *corazón del rey y de los
jefes;
los sacerdotes se llenarán de pánico
y los profetas quedarán atónitos»,
afirma el SEÑOR.

10 Yo dije: «¡Ah, SEÑOR mi Dios,
cómo has engañado a este pueblo
y a Jerusalén!
Dijiste: "Tendrán *paz",
pero tienen la espada en el
cuello.»

11 En aquel tiempo se les dirá
a este pueblo y a Jerusalén:
«Desde las estériles lomas del
desierto
sopla un viento abrasador
en dirección a la capital de mi
pueblo.
No es el viento que sirve para
aventar
ni para limpiar el trigo;
12 el viento que haré venir
es demasiado fuerte para eso,
porque yo mismo
dictaré sentencia contra ellos.»

13 ¡Mírenlo avanzar como las nubes!
¡Sus carros de guerra parecen un
huracán!

¡Sus caballos son más veloces que
las águilas!
¡Ay de nosotros! ¡Estamos
perdidos!
14 Jerusalén, limpia de maldad tu
corazón
para que seas salvada.
¿Hasta cuándo hallarán lugar en ti
los pensamientos perversos?
15 Una voz anuncia desgracia
desde Dan y desde las colinas de
Efraín.
16 «Adviertan a las naciones,
proclámenlo contra Jerusalén:
"De lejanas tierras vienen sitiadores
lanzando gritos de guerra
contra las ciudades de Judá."
17 La rodean como quien cuida un
campo,
porque ella se rebeló contra mí
—afirma el SEÑOR—.
18 Tu conducta y tus acciones
te han causado todo esto.
Ésta es tu desgracia. ¡Qué amarga es!
¡Cómo te ha calado en el propio
corazón!»

19 ¡Qué angustia, qué angustia!
¡Me retuerzo de dolor!
Mi corazón se agita. ¡Ay, corazón
mío!
¡No puedo callarme!
Puedo escuchar el toque de trompeta
y el grito de guerra.
20 Un desastre llama a otro desastre;
todo el país está devastado.
De repente fueron destruidos
las carpas y los pabellones donde
habito.
21 ¿Hasta cuándo tendré que ver la
bandera
y escuchar el toque de la trompeta?

22 «Mi pueblo es *necio,
no me conoce;
son hijos insensatos
que no tienen entendimiento.
Son hábiles para hacer el mal;
no saben hacer el bien.»

23 Miré a la tierra, y era un caos total;
miré a los cielos, y todo era
tinieblas.

²⁴Miré a las montañas, y estaban
        temblando;
    ¡se sacudían todas las colinas!
²⁵Miré, y no quedaba nadie;
    habían huido todas las aves del
        cielo.
²⁶Miré, y la tierra fértil era un desierto;
    yacían en ruinas todas las ciudades,
    por la acción del SEÑOR,
    por causa de su ardiente ira.

²⁷Así dice el SEÑOR:

    «Todo el país quedará desolado,
    pero no lo destruiré por completo.
²⁸Por eso el país estará de luto,
    y los altos cielos se oscurecerán,
    pues ya lo dije, y no me retractaré;
    lo he decidido, y no me volveré
        atrás.»

²⁹Ante el ruido de arqueros y jinetes
    huye toda la ciudad.
    Algunos se meten en los matorrales,
    otros trepan por los peñascos.
    Toda la ciudad queda abandonada;
    ¡no queda un solo habitante!

³⁰¿Qué piensas hacer, ciudad
        devastada?
    ¿Para qué te vistes de púrpura?
    ¿Para qué te pones joyas de oro?
    ¿Para qué te maquillas los ojos?
    En vano te embelleces,
    pues tus amantes te desprecian;
    sólo buscan tu muerte.

³¹Oigo gritos como de parturienta,
    gemidos como de primeriza.
    Son los gemidos de la bella Sión,
    que respira con dificultad;
    que extiende los brazos y dice:
        «¡Ay de mí, que desfallezco!
        ¡Estoy en manos de asesinos!»

La corrupción de Jerusalén
y de Judá

5   «Recorran las calles de Jerusalén,
        observen con cuidado,
        busquen por las plazas.
    Si encuentran una sola persona
        que practique la justicia y busque
        la verdad,

    yo perdonaré a esta ciudad.
²Aunque juran: "Por la vida del
        SEÑOR",
    de hecho juran en falso.»

³SEÑOR, ¿acaso no buscan tus ojos
        la verdad?
    Golpeaste a esa gente, y no les
        dolió,
    acabaste con ellos, y no quisieron
        ser corregidos.
    Endurecieron su rostro más que
        una roca,
    y no quisieron *arrepentirse.
⁴Entonces pensé: «Así es la plebe;
    siempre actúan como *necios,
    porque no conocen el *camino del
        SEÑOR
    ni las demandas de su Dios.
⁵Me dirigiré a los líderes
    y les hablaré;
    porque ellos sí conocen el camino
        del SEÑOR
    y las demandas de su Dios.»
    Pero ellos también quebrantaron el
        yugo
    y rompieron las ataduras.
⁶Por eso los herirá el león de la selva
    y los despedazará el lobo del
        desierto;
    frente a sus ciudades está el
        leopardo al acecho,
    y todo el que salga de ellas será
        despedazado,
    pues son muchas sus rebeliones
    y numerosas sus infidelidades.

⁷«¿Por qué habré de perdonarte?
    Tus hijos me han abandonado,
    han jurado por los que no son
        dioses.
    Cuando suplí sus necesidades,
    ellos cometieron adulterio
    y en tropel se volcaron a los
        prostíbulos.
⁸Son como caballos bien cebados y
        fogosos;
    todos relinchan por la mujer
        ajena.
⁹¿Y no los he de castigar por esto?
    —afirma el SEÑOR—.
    ¿Acaso no he de vengarme de
        semejante nación?

10»Suban por los surcos de esta viña
    y arrásenla, pero no acaben con
        ella.
    Arránquenle sus sarmientos,
        porque no son del SEÑOR.
11Pues las casas de Israel y de Judá
    me han sido más que infieles»,
                afirma el SEÑOR.

12Ellas han negado al SEÑOR,
    y hasta dicen: «¡Dios no existe!
    Ningún mal vendrá sobre nosotros,
        no sufriremos guerras ni hambre.»
13Los profetas son como el viento:
    la palabra del SEÑOR*f* no está en
        ellos.
    ¡Que así les suceda!

14Por eso, así dice el SEÑOR,
    el Dios *Todopoderoso:
    «Por cuanto el pueblo ha hablado
        así,
    mis palabras serán como fuego en
        tu boca,
    y este pueblo, como un montón de
        leña.
    Ese fuego los consumirá.

15»Pueblo de Israel,
    voy a traer contra ustedes una
        nación lejana,
    una nación fuerte y antigua,
    una nación cuyo idioma no
        conocen,
    cuyo lenguaje no entienden
             —afirma el SEÑOR—.
16Todos ellos son guerreros valientes;
    sus flechas presagian la muerte.
17Acabarán con tu cosecha y tu
        alimento,
    devorarán a tus hijos e hijas,
    matarán a tus rebaños y ganados,
    y destruirán tus viñas y tus
        higueras.
    Tus ciudades fortificadas,
        en las que pusiste tu confianza,
        serán pasadas a filo de espada.

18»Sin embargo, aun en aquellos días
no los destruiré por completo —afirma el
SEÑOR—. 19Y cuando te pregunten: "¿Por
qué el SEÑOR, nuestro Dios, nos ha hecho
todo esto?", tú les responderás: "Así como
ustedes me han abandonado y en su propia
tierra han servido a dioses extranjeros, así
también en tierra extraña servirán a gente
extranjera."

20»Anuncien esto entre los
        descendientes de Jacob
    y proclámenlo en Judá:
21Escucha esto, pueblo necio e
        insensato,
    que tiene ojos pero no ve,
    que tiene oídos pero no oye.
22¿Acaso has dejado de temerme?
        —afirma el SEÑOR—.
    ¿No debieras temblar ante mí?
    Yo puse la arena como límite del
        mar,
        como frontera perpetua e
        infranqueable.
    Aunque se agiten sus olas,
        no podrán prevalecer;
    aunque bramen,
        no franquearán esa frontera.
23Pero este pueblo tiene un *corazón
        terco y rebelde;
    se ha descarriado, ha sido infiel.
24No reflexionan ni dicen:
    "Temamos al SEÑOR, nuestro Dios,
    quien a su debido tiempo nos da
        lluvia,
    las lluvias de otoño y primavera,
    y nos asegura las semanas señaladas
        para la cosecha."
25Las iniquidades de ustedes
    les han quitado estos beneficios;
    sus pecados los han privado
        de estas bendiciones.
26Sin duda en mi pueblo hay
        malvados,
    que están al acecho como
        cazadores de aves,
    que ponen trampas para atrapar a
        la gente.
27Como jaulas llenas de pájaros,
    llenas de engaño están sus casas;
    por eso se han vuelto poderosos y
        ricos,

---

f **5:13** *del SEÑOR* (LXX); TM no incluye esta frase.

28 gordos y pedantes.
Sus obras de maldad no tienen
límite:
no le hacen justicia al huérfano,
para que su causa prospere;
ni defienden tampoco
el derecho de los menesterosos.
29 ¿Y no los he de castigar por esto?
¿No he de vengarme de
semejante nación?
—afirma el Señor—.

30 »Algo espantoso y terrible
ha ocurrido en este país.
31 Los profetas profieren mentiras,
los sacerdotes gobiernan a su
antojo,
¡y mi pueblo tan campante!
Pero, ¿qué van a hacer ustedes
cuando todo haya terminado?

Jerusalén es sitiada

6 »¡Huyan de Jerusalén,
benjaminitas!
¡Toquen la trompeta en Tecoa!
¡Levanten señal en Bet Haqueren!
Una desgracia, una gran
destrucción,
nos amenaza desde el norte.
2 Estoy por destruir a *Sión,
tan hermosa y delicada.
3 Los pastores y sus rebaños vienen
contra ella:
acampan a su alrededor,
y cada uno escoge su pastizal.»

4 «¡Prepárense para pelear contra ella!
¡Ataquémosla a plena luz del día!
Pero, ¡ay de nosotros, que el día se
acaba
y se alargan las sombras de la
noche!
5 ¡Vamos, ataquémosla de noche,
y destruyamos sus fortalezas!»

6 Así dice el Señor *Todopoderoso:

«¡Talen árboles
y levanten una rampa contra
Jerusalén!

Esta ciudad debe ser castigada,
pues en ella no hay más que
opresión.
7 Como agua que brota de un pozo,
así brota de Jerusalén la maldad.
En ella se oye de violencia y
destrucción;
no veo otra cosa que
enfermedades y heridas.
8 ¡Escarmienta, Jerusalén,
para que no me aparte de ti!
De lo contrario, te convertiré en
desolación,
en una tierra inhabitable.»

9 Así dice el Señor Todopoderoso:

«Busquen al remanente de Israel.
Rebusquen, como en una viña;
repasen los sarmientos,
como lo hace el vendimiador.»

10 ¿A quién le hablaré?
¿A quién le advertiré?
¿Quién podrá escucharme?
Tienen tapados^g los oídos
y no pueden comprender.
La palabra del Señor los ofende;
detestan escucharla.
11 Pero yo estoy lleno de la ira del
Señor,
y ya no puedo contenerme.

«Derrama tu ira sobre los niños de
la calle,
sobre los grupos de jóvenes,
porque serán apresados el marido y
la mujer,
la gente madura y la entrada en
años.
12 Sus casas, sus campos y sus
mujeres
caerán en manos extrañas,
porque yo voy a extender mi mano
contra los habitantes del país
—afirma el Señor—.

13 »Desde el más pequeño hasta el
más grande,
todos codician ganancias injustas;

desde el profeta hasta el
    sacerdote,
todos practican el engaño.
14 Curan por encima la herida de mi
    pueblo,
y les desean: "¡*Paz, paz!",
    cuando en realidad no hay paz.
15 ¿Acaso se han avergonzado
    de la abominación que han
      cometido?
¡No, no se han avergonzado de
    nada,
ni saben siquiera lo que es la
    vergüenza!
Por eso, caerán con los que caigan;
    cuando los castigue, serán
      derribados»,
                  dice el SEÑOR.

16 Así dice el SEÑOR:

«Deténganse en los caminos y
    miren;
preguenten por los senderos
    antiguos.
Pregunten por el buen *camino,
    y no se aparten de él.
    Así hallarán el descanso anhelado.
Pero ellos dijeron:
    "No lo seguiremos."
17 Yo aposté centinelas para ustedes,
    y dije:
    "Presten atención al toque de
      trompeta."
Pero ellos dijeron:
    "No prestaremos atención."
18 Por eso, ¡escuchen, naciones!
    ¡Sepa la congregación lo que le
      espera!
19 Escucha, tierra:
Traigo sobre este pueblo una
    desgracia,
    fruto de sus maquinaciones,
porque no prestaron atención a mis
    palabras,
sino que rechazaron mi
    enseñanza.
20 ¿De qué me sirve este incienso que
    llega de Sabá,
    o la caña dulce de un país
      lejano?
Sus *holocaustos no me gustan;
    sus sacrificios no me agradan.»

21 Por eso, así dice el SEÑOR:

«Voy a ponerle obstáculos a este
    pueblo.
Padres e hijos tropezarán contra
    ellos,
vecinos y amigos perecerán.»

22 Así dice el SEÑOR:

«¡Miren! Del norte viene un
    ejército;
una gran nación se moviliza
    desde los confines de la tierra.
23 Empuñan el arco y la lanza;
    son crueles y no tienen
      compasión.
Lanzan gritos como bramidos del
    mar,
    y cabalgan sobre sus corceles.
¡Vienen contra ti, hija de Sión,
    listos para la batalla!»

24 Nos ha llegado la noticia,
    y nuestras manos flaquean;
la angustia nos domina,
    como si tuviéramos dolores de
      parto.
25 ¡Viene el enemigo armado con
    espada!
No salgan al campo,
    ni transiten por los caminos.
    ¡Hay terror por todas partes!
26 Vístete de luto, pueblo mío;
    revuélcate en las cenizas.
Llora amargamente,
    como lo harías por tu
      primogénito,
porque nos cae por sorpresa
    el que viene a destruirnos.

27 «Te he puesto entre mi pueblo
    como vigía y atalaya,
para que escudriñes
    y examines su conducta.
28 Todos ellos son muy rebeldes,
    y andan sembrando calumnias;
sean de bronce o de hierro,
    todos son unos corruptos.
29 Los fuelles soplan con furor,
    y el plomo se derrite en el fuego,
pero los malvados no se *purifican;
    ¡de nada sirve que se les refine!

³⁰Por eso se les llama "Escoria de la plata":
¡para el Señor son un desecho!»

La religión falsa e inútil

7 Ésta es la palabra que vino a Jeremías de parte del Señor: ²«Párate a la entrada de la casa del Señor, y desde allí proclama este mensaje: ¡Escuchen la palabra del Señor, todos ustedes, habitantes de Judá que entran por estas puertas para adorar al Señor! ³Así dice el Señor *Todopoderoso, el Dios de Israel: "Enmienden su conducta y sus acciones, y yo los dejaré seguir viviendo en este país. ⁴No confíen en esas palabras engañosas que repiten: '¡Éste es el templo del Señor, el templo del Señor, el templo del Señor!' ⁵Si en verdad enmiendan su conducta y sus acciones, si en verdad practican la justicia los unos con los otros, ⁶si no oprimen al extranjero ni al huérfano ni a la viuda, si no derraman sangre inocente en este lugar, ni siguen a otros dioses para su propio mal, ⁷entonces los dejaré seguir viviendo en este país, en la tierra que di a sus antepasados para siempre.

⁸» "¡Pero ustedes confían en palabras engañosas, que no tienen validez alguna! ⁹Roban, matan, cometen adulterio, juran en falso, queman incienso a *Baal, siguen a otros dioses que jamás conocieron, ¹⁰¡y vienen y se presentan ante mí en esta casa que lleva mi *nombre, y dicen: 'Estamos a salvo', para luego seguir cometiendo todas estas abominaciones! ¹¹¿Creen acaso que esta casa que lleva mi nombre es una cueva de ladrones? ¡Pero si yo mismo lo he visto! —afirma el Señor—.

¹²» "Vayan ahora a mi santuario en Siló, donde al principio hice habitar mi nombre, y vean lo que hice con él por culpa de la maldad de mi pueblo Israel. ¹³Y ahora, puesto que ustedes han hecho todas estas cosas —afirma el Señor—, y puesto que una y otra vez les he hablado y no me han querido escuchar, y puesto que los he llamado y no me han respondido, ¹⁴lo mismo que hice con Siló haré con esta casa, que lleva mi nombre y en la que ustedes confían, y con el lugar que les di a ustedes y a sus antepasados. ¹⁵Los echaré de mi presencia, así como eché a todos sus hermanos, a toda la descendencia de Efraín."

¹⁶»Pero en cuanto a ti, Jeremías, no intercedas por este pueblo. No me ruegues ni me supliques por ellos. No me insistas, porque no te escucharé. ¹⁷¿Acaso no ves lo que hacen en las ciudades de Judá y en las calles de Jerusalén? ¹⁸Los niños juntan la leña, los padres encienden el fuego, y las mujeres hacen la masa para cocer tortas y ofrecérselas a la "reina del cielo". Además, para ofenderme derraman libaciones a otros dioses. ¹⁹Pero no es a mí al que ofenden —afirma el Señor—. Más bien se ofenden a sí mismos, para su propia vergüenza.

²⁰»Por eso, así dice el Señor omnipotente: "Descargaré mi enojo y mi furor sobre este lugar: sobre los *hombres y los animales, sobre los árboles del campo y los frutos de la tierra, ¡y arderá mi enojo y no se apagará!"

²¹»Así dice el Señor Todopoderoso, el Dios de Israel: "¡Junten sus *holocaustos con sus sacrificios, y cómanse la carne! ²²En verdad, cuando yo saqué de Egipto a sus antepasados, no les dije nada ni les ordené nada acerca de holocaustos y sacrificios. ²³Lo que sí les ordené fue lo siguiente: 'Obedézcanme. Así yo seré su Dios, y ustedes serán mi pueblo. Condúzcanse conforme a todo lo que yo les ordene, a fin de que les vaya bien.' ²⁴Pero ellos no me obedecieron ni me prestaron atención, sino que siguieron los consejos de su terco y malvado *corazón. Fue así como, en vez de avanzar, retrocedieron. ²⁵Desde el día en que sus antepasados salieron de Egipto hasta ahora, no he dejado de enviarles, día tras día, a mis servidores los profetas. ²⁶Con todo, no me obedecieron ni me prestaron atención, sino que se obstinaron y fueron peores que sus antepasados."

²⁷»Tú les dirás todas estas cosas, pero no te escucharán. Los llamarás, pero no te responderán. ²⁸Entonces les dirás: "Ésta es la nación que no ha obedecido la voz del Señor su Dios, ni ha aceptado su *corrección. La verdad ha muerto, ha sido arrancada de su boca.

²⁹»"Córtate la cabellera, y tírala;
    eleva tu lamento en las lomas
        desoladas,
    porque el SEÑOR ha rechazado y
        abandonado
    a la generación que provocó su
        ira.

El valle de la Matanza

³⁰»"La gente de Judá ha hecho el mal
que yo detesto —afirma el SEÑOR—. Han
profanado la casa que lleva mi *nombre
al instalar allí sus ídolos abominables.
³¹Además, construyeron el *santuario pagano de Tofet, en el valle de Ben Hinón,
para quemar a sus hijos y a sus hijas en el
fuego, cosa que jamás ordené ni me pasó
siquiera por la *mente. ³²Por eso llegarán
días —afirma el SEÑOR—, cuando ya no
lo llamarán más Tofet ni Valle de Ben
Hinón, sino Valle de la Matanza; y a falta
de otro lugar, en Tofet enterrarán a sus
muertos. ³³Los cadáveres de este pueblo
servirán de comida a las aves del cielo y
a los animales de la tierra, y no habrá quien
los espante. ³⁴Haré que en las ciudades de
Judá y en las calles de Jerusalén se apaguen los gritos de alegría, las voces de
júbilo, y los cánticos del novio y de la
novia, porque el país se convertirá en
desolación.

8 » "En aquel tiempo —afirma el
SEÑOR—, se exhumarán los huesos de
los reyes y de los jefes de Judá, de los
sacerdotes y de los profetas, y de los
habitantes de Jerusalén. ²Quedarán expuestos al sol y a la luna, y a todas las
estrellas del cielo, cuerpos celestes a los
que ellos amaron, sirvieron, consultaron y
adoraron. No se les recogerá ni se les
enterrará; ¡como estiércol quedarán sobre
la faz de la tierra! ³En todos los lugares
por donde yo disperse a los sobrevivientes
de esta nación malvada, los que hayan
quedado preferirán la muerte a la vida. Lo
afirma el SEÑOR *Todopoderoso."

Pecado y castigo

⁴»Pero tú les advertirás que así dice el
SEÑOR:

    »"Cuando los *hombres caen,
        ¿acaso no se levantan?

    Cuando uno se desvía,
        ¿acaso no vuelve al camino?
⁵¿Por qué entonces este pueblo se
        ha desviado?
    ¿Por qué persiste Jerusalén en su
        apostasía?
    Se aferran al engaño,
        y no quieren volver a mí.
⁶He escuchado con suma atención,
    para ver si alguien habla con
        rectitud,
    pero nadie se *arrepiente de su
        maldad;
    nadie reconoce el mal que ha
        hecho.
    Todos siguen su loca carrera,
        como caballos desbocados en
        combate.
⁷Aun la cigüeña en el cielo
    conoce sus estaciones;
    la tórtola, la golondrina y la grulla
        saben cuándo deben emigrar.
    Pero mi pueblo no conoce
        las *leyes del SEÑOR.

⁸»"¿Cómo se atreven a decir:
    'Somos sabios; la ley del SEÑOR
        nos apoya',
    si la pluma engañosa de los
        escribas
        la ha falsificado?
⁹Los sabios serán avergonzados,
    serán atrapados y abatidos.
    Si han rechazado la palabra del
        SEÑOR,
    ¿qué sabiduría pueden tener?
¹⁰Por eso entregaré sus mujeres a
        otros hombres,
    y sus campos a otros dueños.
    Porque desde el más pequeño hasta
        el más grande,
    todos codician ganancias injustas;
    desde el profeta hasta el sacerdote,
        todos practican el engaño.
¹¹Curan por encima la herida de mi
        pueblo,
    y les desean: '¡*Paz, paz!',
    cuando en realidad no hay paz.
¹²¿Acaso se han avergonzado
    de la abominación que han
        cometido?
    ¡No, no se han avergonzado de
        nada,

y ni siquiera saben lo que es la
vergüenza!
Por eso, caerán con los que caigan;
cuando los castigue, serán
derribados
—dice el SEÑOR—.

13»"Cuando quiero cosechar
—afirma el SEÑOR—,
no encuentro uvas en la viña,
ni hay higos en la higuera;
sus hojas están marchitas.
¡Voy, pues, a quitarles
lo que les he dado!"»*h*

14«¿Qué hacemos aquí sentados?
¡Vengan, y vámonos juntos a las
ciudades fortificadas
para morir allí!
El SEÑOR nuestro Dios nos está
destruyendo.
Nos ha dado a beber agua
envenenada,
porque hemos pecado contra él.
15Esperábamos paz,
pero no llegó nada bueno.
Esperábamos un tiempo de salud,
pero sólo nos llegó el terror.
16Desde Dan se escucha
el resoplar de sus caballos;
cuando relinchan sus corceles,
tiembla toda la tierra.
Vienen a devorarse el país,
y todo lo que hay en él,
la ciudad y todos sus habitantes.»

17«¡Miren! Estoy lanzando contra
ustedes
serpientes venenosas que los
morderán,
y contra ellas no hay
encantamiento»,
afirma el SEÑOR.

18La aflicción me abruma;*i*
mi *corazón desfallece.
19El clamor de mi pueblo se levanta
desde todos los rincones del país:
«¿Acaso no está el SEÑOR en *Sión?
¿No está allí su rey?»

«¿Por qué me provocan con sus
ídolos,
con sus dioses inútiles y extraños?»

20«Pasó la cosecha, se acabó el
verano,
y nosotros no hemos sido
salvados.»

21Por la herida de mi pueblo estoy
herido;
estoy de luto, el terror se apoderó
de mí.
22¿No queda bálsamo en Galaad?
¿No queda allí médico alguno?
¿Por qué no se ha restaurado
la salud de mi pueblo?

9 ¡Ojalá mi cabeza fuera un
manantial,
y mis ojos una fuente de lágrimas,
para llorar de día y de noche
por los muertos de mi pueblo!
2¡Ojalá tuviera yo en el desierto
una posada junto al camino!
Abandonaría a mi pueblo,
y me alejaría de ellos.
Porque todos ellos son adúlteros,
son una banda de traidores.
3«Tensan su lengua como un arco;
en el país prevalece la mentira,
no la verdad,
porque van de mal en peor,
y a mí no me conocen
—afirma el SEÑOR—.
4Cuídese cada uno de su amigo,
no confíe ni siquiera en el
hermano,
porque todo hermano engaña,
y todo amigo difama.
5Se engañan unos a otros;
no se hablan con la verdad.
Han enseñado sus lenguas a mentir,
y pecan hasta el cansancio.

6»Tú, Jeremías, vives en medio de
engañadores,
que por su engaño no quieren
reconocerme»,
afirma el SEÑOR.

---

*h*8:13 *¡Voy ... dado!* Texto de difícil traducción.   *i*8:18 *La aflicción me abruma.* Frase de difícil traducción.

7Por eso, así dice el S<small>EÑOR</small> *Todopoderoso:

«Voy a refinarlos, a ponerlos a
    prueba.
¿Qué más puedo hacer con mi
    pueblo?
8Su lengua es una flecha mortífera,
    su boca sólo sabe engañar;
hablan cordialmente con su
    amigo,
    mientras en su interior le tienden
    una trampa.
9¿Y no los he de castigar por esto?
    —afirma el S<small>EÑOR</small>—.
¿Acaso no he de vengarme de
    semejante nación?»

10Lloraré y gemiré por las montañas,
    haré lamentos por las praderas
    del desierto,
porque están desoladas, ya nadie
    las transita
    ni se escuchan los mugidos del
    ganado.
Desde las aves del cielo hasta los
    animales del campo,
    todos han huido.

11«Convertiré a Jerusalén en un
    montón de ruinas,
    en una guarida de chacales.
Convertiré en desolación las
    ciudades de Judá;
    ¡las dejaré sin habitantes!»

12¿Quién es tan sabio como para entender esto? ¿A quién le habló el S<small>EÑOR</small>, para que lo anuncie? ¿Por qué está arruinado el país, desolado como un desierto por el que nadie pasa? **13**El S<small>EÑOR</small> dice: «Ellos abandonaron la *ley que yo les entregué; no me obedecieron ni vivieron conforme a ella. **14**Siguieron la terquedad de su *corazón; se fueron tras los *baales, como les habían enseñado sus antepasados.» **15**Por eso, así dice el S<small>EÑOR</small> Todopoderoso, el Dios de Israel: «A este pueblo le daré a comer ajenjo y a beber agua envenenada. **16**Los dispersaré entre naciones que ni ellos ni sus antepasados conocieron; los perseguiré con espada hasta aniquilarlos.»

17Así dice el S<small>EÑOR</small> Todopoderoso:

«¡Atención! Llamen a las
    plañideras.
Que vengan las más expertas.
18Que se den prisa,
    que hagan lamentación por
    nosotros.
Nuestros ojos se inundarán de
    lágrimas,
    y brotará de nuestros párpados el
    llanto.
19Desde *Sión se escuchan gemidos
    y lamentos:
"Hemos sido devastados;
    nos han avergonzado por
    completo.
Tenemos que abandonar el país,
    porque han derribado nuestros
    hogares."»

20Escuchen, mujeres, la palabra del
    S<small>EÑOR</small>;
    reciban sus oídos la palabra de su
    boca.
Enseñen a sus hijas a entonar
    endechas;
    que unas a otras se enseñen este
    lamento:
21«La muerte se ha metido por
    nuestras ventanas,
    ha entrado en nuestros palacios;
ha eliminado en las calles a los
    niños,
    y en las plazas a los jóvenes.
22Yacen tendidos los cadáveres
    como estiércol sobre los campos,
como gavillas que caen tras el
    segador,
    sin que nadie las recoja»,
                        afirma el S<small>EÑOR</small>.

23Así dice el S<small>EÑOR</small>:

«Que no se gloríe el sabio de su
    sabiduría,
    ni el poderoso de su poder,
    ni el rico de su riqueza.
24Si alguien ha de gloriarse,
    que se gloríe de conocerme
    y de comprender que yo soy el
    S<small>EÑOR</small>,
    que actúo en la tierra con amor,

con derecho y justicia,
pues es lo que a mí me agrada
—afirma el SEÑOR—.

25»Vienen días —afirma el SEÑOR—
en que castigaré al que sólo haya sido
circuncidado del prepucio: **26**castigaré a
Egipto, Judá, Edom, Amón, Moab, y a
todos los que viven en el desierto y se
rapan las sienes. Todas las naciones son
incircuncisas, pero el pueblo de Israel es
incircunciso de corazón.»

Dios y los ídolos
10:12-16 — Jer 51:15-19

10 Escucha, pueblo de Israel, la palabra del SEÑOR. **2**Dice así:

«No aprendan ustedes la conducta
de las naciones,
ni se aterroricen ante las señales
del cielo,
aunque las naciones les tengan
miedo.
3Las costumbres de los pueblos
no tienen valor alguno.
Cortan un tronco en el bosque,
y un artífice lo labra con un
cincel.
4Lo adornan con oro y plata,
y lo afirman con clavos y martillo
para que no se tambalee.

5»Sus ídolos no pueden hablar;
¡parecen espantapájaros
en un campo sembrado de
melones!
Tienen que ser transportados,
porque no pueden caminar.
No les tengan miedo,
que ningún mal pueden hacerles,
pero tampoco ningún bien.»

6¡No hay nadie como tú, SEÑOR!
¡Grande eres tú,
y grande y poderoso es tu
*nombre!
7¿Quién no te temerá, Rey de las
naciones?
¡Es lo que te corresponde!

Entre todos los sabios de las
naciones,
y entre todos los reinos,
no hay nadie como tú.
8Todos son *necios e insensatos,
educados por inútiles ídolos de
palo.
9De Tarsis se trae plata laminada,
y de Ufaz se importa oro.
Los ídolos, vestidos de púrpura y
carmesí,
son obra de artífices y orfebres;
¡todos ellos son obra de artesanos!
10Pero el SEÑOR es el Dios verdadero,
el Dios viviente, el Rey eterno.
Cuando se enoja, tiembla la tierra;
las naciones no pueden soportar
su ira.

11«Así les dirás: "Los dioses que no
hicieron los cielos ni la tierra, desaparecerán de la tierra y de debajo del cielo."»[j]

12Dios hizo la tierra con su poder,
afirmó el mundo con su
sabiduría,
¡extendió los cielos con su
inteligencia!
13Cuando él deja oír su voz,
rugen las aguas en los cielos;
hace que vengan las nubes
desde los confines de la tierra.
Entre relámpagos hace llover,
y saca de sus depósitos al viento.
14La *humanidad es necia e
ignorante;
todo orfebre se avergüenza de sus
ídolos.
Sus imágenes son un engaño,
y no hay en ellas aliento de vida.
15No valen nada, son obras ridículas;
cuando llegue el día de su
castigo, serán destruidas.
16La heredad de Jacob no es como
ellos,
porque él es quien hace todas las
cosas;
su nombre es el SEÑOR
*Todopoderoso,
e Israel es la tribu de su herencia.

[j] **10:11** Este versículo está escrito en arameo.

Destrucción inminente

17 Recoge del suelo tus cosas,
   tú que te encuentras sitiado.
18 Porque así dice el SEÑOR:
   «Esta vez arrojaré a los habitantes
      del país
   como si los lanzara con una
      honda.
   Los pondré en aprietos
   y dejaré que los capturen.»

19 ¡Ay de mí, que estoy quebrantado!
   ¡Mi herida es incurable!
   Pero es mi enfermedad,
   y me toca soportarla.
20 Devastada está mi carpa,
   y rotas todas mis cuerdas.
   Mis hijos me han abandonado;
   han dejado de existir.
   Ya no hay nadie que arme mi
      carpa,
   y que levante mis toldos.
21 Los *pastores se han vuelto
      *necios,
   no buscan al SEÑOR;
   por eso no han prosperado,
   y su rebaño anda disperso.

22 ¡Escuchen! ¡Llega un mensaje!
   Un gran estruendo viene de un
      país del norte,
   que convertirá las ciudades de Judá
      en guarida de chacales, en un
      montón de ruinas.

Oración de Jeremías

23 SEÑOR, yo sé que el *hombre
   no es dueño de su destino,
   que no le es dado al caminante
   dirigir sus propios pasos.
24 Corrígeme, SEÑOR, pero con
      *justicia,
   y no según tu ira, pues me
      destruirías.
25 Derrama tu furor
   sobre las naciones que no te
      reconocen,
   y sobre las familias que no
      invocan tu *nombre.
   Porque se han devorado a Jacob;
   se lo han tragado por completo,
   y han asolado su morada.

Violación del pacto

11 Ésta es la palabra que vino a Jeremías de parte del SEÑOR: 2 «Atiende a los términos de este *pacto, y comunícaselos a la gente de Judá y a los habitantes de Jerusalén. 3 Diles que así ha dicho el SEÑOR, Dios de Israel: "Maldito sea el *hombre que no obedezca los términos de este pacto, 4 que yo mismo prescribí a los antepasados de ustedes el día que los hice salir de Egipto, de esa caldera para fundir hierro." Les dije: "Obedézcanme y cumplan con todo lo que les prescribo, y ustedes serán mi pueblo y yo seré su Dios. 5 Así cumpliré el juramento que les hice a sus antepasados, de darles una tierra donde abundan la leche y la miel, como la que hoy tienen ustedes."»

Yo respondí: «Amén, SEÑOR.»

6 El SEÑOR me dijo: «Proclama todo esto en las ciudades de Judá y en las calles de Jerusalén, diciendo: "Escuchen los términos de este pacto, y cúmplanlos. 7 Desde el día en que hice salir a sus antepasados de la tierra de Egipto hasta el día de hoy, una y otra vez les he advertido: 'Obedézcanme.' 8 Pero no obedecieron ni prestaron atención, sino que siguieron la terquedad de su malvado *corazón. Por eso hice caer sobre ellos todo el peso de las palabras de este pacto, que yo les había ordenado cumplir, pero que no cumplieron."»

9 El SEÑOR también me dijo: «Se está fraguando una conspiración entre los hombres de Judá y los habitantes de Jerusalén. 10 Han vuelto a los mismos pecados de sus antepasados, quienes se negaron a obedecerme. Se han ido tras otros dioses para servirles. Tanto el pueblo de Israel como la tribu de Judá han quebrantado el pacto que hice con sus antepasados. 11 Por eso, así dice el SEÑOR: "Les enviaré una calamidad de la cual no podrán escapar. Aunque clamen a mí, no los escucharé. 12 Entonces las ciudades de Judá y los habitantes de Jerusalén irán a clamar a los dioses a los que quemaron incienso, pero ellos no podrán salvarlos cuando llegue el tiempo de su calamidad. 13 Tú, Judá, tienes tantos dioses como ciudades. Erigiste tantos altares como calles hay en Jerusalén;

altares para quemar incienso a *Baal, para vergüenza tuya."

14»Pero en cuanto a ti, Jeremías, no intercedas por este pueblo. No me ruegues ni me supliques por ellos, porque yo no escucharé cuando clamen a mí por causa de su calamidad.

> **15**»¿Qué hace mi amada en mi casa,
> después de haber cometido tantas
> vilezas?
> ¿Acaso la carne consagrada
> alejará de ti la calamidad?
> ¿Podrás así regocijarte?»

> **16**El Señor te puso por *nombre:
> «Olivo frondoso, lleno de
> hermosos frutos».
> Pero en medio de grandes
> estruendos,
> te ha prendido fuego,
> y tus ramas se consumen.

17El Señor *Todopoderoso, el que te plantó, ha decretado una calamidad contra ti, por causa de la maldad que cometieron el pueblo de Israel y la tribu de Judá. Dice el Señor: «Me han agraviado al quemar incienso a Baal.»

18El Señor me lo hizo saber y lo comprendí. Me mostró las maldades que habían cometido. **19**Pero yo era como un manso cordero que es llevado al matadero; no sabía lo que estaban maquinando contra mí, y que decían:

> «Destruyamos el árbol con su fruto,
> arranquémoslo de la tierra de los
> vivientes,
> para que nadie recuerde más su
> nombre.»
> **20**Pero tú, Señor Todopoderoso,
> que juzgas con *justicia,
> que pruebas los sentimientos y la
> *mente,
> ¡Déjame ver cómo te vengas de
> ellos,
> porque en tus manos he puesto
> mi causa!

21«Por eso, así dice el Señor en contra de los hombres de Anatot, que buscan quitarte la vida y afirman: "¡No profetices en nombre del Señor, si no quieres morir a manos nuestras!" **22**Por eso, así dice el Señor Todopoderoso: "Voy a castigarlos. Los jóvenes morirán a filo de espada, y sus hijos y sus hijas se morirán de hambre. **23**No quedará ni uno solo de ellos. En el año de su castigo haré venir una calamidad sobre los hombres de Anatot."»

Queja de Jeremías

12 Tú, Señor, eres justo
cuando argumento contigo.
> Sin embargo, quisiera exponerte
> algunas cuestiones de justicia.
> ¿Por qué prosperan los malvados?
> ¿Por qué viven tranquilos los
> traidores?
> **2**Tú los plantas, y ellos echan raíces;
> crecen y dan fruto.
> Te tienen a flor de labio,
> pero estás lejos de su *corazón.
> **3**A mí, Señor, tú me conoces;
> tú me ves y sabes lo que siento
> por ti.
> Arrástralos, como ovejas, al
> matadero;
> apártalos para el día de la
> matanza.
> **4**¿Hasta cuándo estará seca la tierra,
> y marchita la hierba de todos los
> campos?
> Los animales y las aves se mueren
> por la maldad de los que habitan
> el país,
> quienes se atreven a decir:
> «Dios no verá nuestro fin.»

Respuesta de Dios

> **5**«Si los que corren a pie han hecho
> que te canses,
> ¿cómo competirás con los
> caballos?
> Si te sientes confiado en una tierra
> tranquila,
> ¿qué harás en la espesura del
> Jordán?
> **6**Aun tus hermanos, los de tu propia
> familia,
> te han traicionado y gritan
> contra ti.
> Por más que te digan cosas
> agradables,
> no confíes en ellos.

7»He abandonado mi casa,
  he rechazado mi herencia,
  he entregado a mi pueblo amado
    en poder de sus enemigos.
8Mis herederos se han comportado
    conmigo
  como leones en la selva.
  Lanzan rugidos contra mí;
    por eso los aborrezco.
9Mi heredad es para mí
  como un ave de muchos colores
    acosada por las aves de rapiña.
  ¡Vayan y reúnan a todos los
    animales salvajes!
  ¡Tráiganlos para que la devoren!
10Muchos *pastores han destruido mi
    viña,
  han pisoteado mi terreno;
  han hecho de mi hermosa parcela
    un desierto desolado.
11La han dejado en ruinas,
    seca y desolada ante mis ojos;
  todo el país ha sido arrasado
    porque a nadie le importa.
12Sobre todas las lomas del desierto
    vinieron depredadores.
  La espada del SEÑOR destruirá al
    país
  de un extremo al otro,
    y para nadie habrá *paz.
13Sembraron trigo y cosecharon
    espinos;
  ¡de nada les valió su esfuerzo!
  Por causa de la ardiente ira del
    SEÑOR
  se avergonzarán de sus cosechas.»

14Así dice el SEÑOR: «En cuanto a
todos los vecinos malvados que tocaron la
heredad que le di a mi pueblo Israel, los
arrancaré de sus tierras, y a la tribu de Judá
la quitaré de en medio de ellos. 15Después
que los haya desarraigado, volveré a tener
compasión de ellos, y los haré regresar,
cada uno a su heredad y a su propio país.
16Y si aprenden bien los *caminos de mi
pueblo y, si así como enseñaron a mi
pueblo a jurar por *Baal, aprenden a jurar
por mi *nombre y dicen: "Por la vida del
SEÑOR", entonces serán establecidos en
medio de mi pueblo. 17Pero a la nación
que no obedezca, la desarraigaré por completo y la destruiré», afirma el SEÑOR.

El cinturón de lino

13 Así me dijo el SEÑOR: «Ve y cómprate un cinturón de lino, y póntelo
en la cintura, pero no lo metas en agua.»
2Conforme a las instrucciones del SEÑOR,
compré el cinturón y me lo puse en la
cintura. 3Entonces el SEÑOR me dijo por
segunda vez: 4«Toma el cinturón que has
comprado y que tienes puesto en la cintura, y ve a Perat,k y escóndelo allí, en la
grieta de una roca.» 5Fui entonces y lo
escondí en Perat, tal como el SEÑOR me lo
había ordenado.

6Al cabo de muchos días, el SEÑOR me
dijo: «Ve a Perat y busca el cinturón que
te mandé a esconder allí.» 7Fui a Perat,
cavé y saqué el cinturón del lugar donde
lo había escondido, pero ya estaba podrido
y no servía para nada.

8Entonces el SEÑOR volvió a decirme:
9«Así dice el SEÑOR: "De esta misma
manera destruiré el orgullo de Judá y el
gran orgullo de Jerusalén. 10Este pueblo
malvado, que se niega a obedecerme, que
sigue la terquedad de su *corazón y va tras
otros dioses para servirlos y adorarlos,
será como este cinturón, que no sirve para
nada. 11Porque así como el cinturón se
ajusta a la cintura del hombre, así procuré
que todo el pueblo de Israel y toda la tribu
de Judá se ajustaran a mí —afirma el
SEÑOR— para que fueran mi pueblo y mi
renombre, mi honor y mi gloria. ¡Pero no
obedecieron!"

Los cántaros rotos

12»Diles también lo siguiente: "Así
dice el SEÑOR, el Dios de Israel: 'Todo
cántaro se llenará de vino.' Y si ellos te
dicen: '¿Acaso no sabemos bien que todo
cántaro se debe llenar de vino?', 13enton-
ces les responderás que así dice el SEÑOR:
'Voy a llenar de vino a todos los habitantes de este país: a los reyes que se sientan
en el trono de David, a los sacerdotes y a
todos los habitantes de Jerusalén. 14Haré

k13:4 Perat. Posiblemente el río Éufrates; también en vv. 5-7.

que se despedacen unos a otros, padres e hijos por igual. No les tendré piedad ni lástima, sino que los destruiré sin compasión.' Lo afirma el SEÑOR."»

Advertencia oportuna

15 ¡Escúchenme, préstenme atención!
 ¡No sean soberbios, que el SEÑOR
 mismo lo ha dicho!
16 Glorifiquen al SEÑOR su Dios,
 antes de que haga venir la
 oscuridad
 y ustedes tropiecen contra los
 montes sombríos.
 Ustedes esperan la luz,
 pero Él la cambiará en densas
 tinieblas;
 ¡la convertirá en profunda
 oscuridad!
17 Pero si ustedes no obedecen,
 lloraré en secreto
 por causa de su orgullo;
 mis ojos llorarán amargamente
 y se desharán en lágrimas,
 porque el rebaño del SEÑOR
 será llevado al cautiverio.
18 Di al rey y a la reina madre:
 «¡Humíllense, siéntense en el
 suelo,
 que ya no ostentan sobre su cabeza
 la corona de gloria!»
19 Las ciudades del Néguev están
 cerradas,
 y no hay quien abra sus *puertas.
 Todo Judá se ha ido al destierro,
 exiliado en su totalidad.
20 Alcen los ojos y miren
 a los que vienen del norte.
 ¿Dónde está el rebaño que te fue
 confiado,
 el rebaño que era tu orgullo?
21 ¿Qué dirás cuando el SEÑOR te
 imponga como jefes
 a los que tú mismo enseñaste
 a ser tus aliados predilectos?
 ¿No tendrás dolores
 como de mujer de parto?
22 Y si preguntas:
 «¿Por qué me pasa esto?»,

¡por tus muchos pecados
 te han arrancado las faldas
 y te han violado![l]
23 ¿Puede el etíope cambiar de piel,
 o el leopardo quitarse sus
 manchas?
 ¡Pues tampoco ustedes pueden
 hacer el bien,
 acostumbrados como están a
 hacer el mal!
24 «Los dispersaré como a la paja
 que arrastra el viento del desierto.
25 Esto es lo que te ha tocado en
 suerte,
 ¡la porción que he medido para ti!
 —afirma el SEÑOR—.
 Ya que me has olvidado,
 y has confiado en la mentira,
26 ¡yo también te alzaré las faldas
 hasta cubrirte el rostro
 y descubrir tus vergüenzas!
27 He visto tus adulterios,
 tus relinchos,
 tu vergonzosa prostitución
 y tus abominaciones,
 en los campos y sobre las colinas.
 ¡Ay de ti, Jerusalén!
 ¿Hasta cuándo seguirás en tu
 *impureza?»

Sequía, hambre y espada

14 Ésta es la palabra del SEÑOR, que vino a Jeremías con motivo de la sequía:

2 «Judá está de luto
 y sus ciudades desfallecen;
 hay lamentos en el país,
 y sube el clamor de Jerusalén.
3 Los nobles mandan por agua a sus
 siervos,
 y éstos van a las cisternas,
 pero no la encuentran.
 Avergonzados y confundidos,
 vuelven con sus cántaros vacíos
 y agarrándose[m] la cabeza.
4 El suelo está agrietado,
 porque no llueve en el país.

---

[l] **13:22** *te han violado.* Lit. *tus talones han sufrido violencia.*   [m] **14:3** *agarrándose.* Lit. *cubriéndose;* también en v. 4.

Avergonzados están los campesinos,
agarrándose la cabeza.
5 Aun las ciervas, en el campo,
abandonan a sus crías por falta de
pastos.
6 Parados sobre las lomas desiertas,
y con los ojos desfallecientes,
los asnos salvajes jadean como
chacales
porque ya no tienen hierba.»

7 Aunque nuestras iniquidades nos
acusan,
tú, SEÑOR, actúas en razón de tu
*nombre;
muchas son nuestras infidelidades;
¡contra ti hemos pecado!
8 Tú, esperanza y *salvación de Israel
en momentos de angustia,
¿por qué actúas en el país como un
peregrino,
como un viajero que sólo pasa la
noche?
9 ¿Por qué te encuentras confundido,
como un guerrero impotente para
salvar?
SEÑOR, tú estás en medio de
nosotros,
y se nos llama por tu nombre;
¡no nos abandones!

10 Así dice el SEÑOR acerca de este
pueblo:

«Les encanta vagabundear;
no refrenan sus pies.
Por eso yo no los acepto,
sino que voy a recordar sus
iniquidades
y a castigar sus pecados.»

11 Entonces el SEÑOR me dijo: «No
ruegues por el bienestar de este pueblo.
12 Aunque ayunen, no escucharé sus clamores; aunque me ofrezcan *holocaustos
y ofrendas de cereal, no los aceptaré. En
verdad, voy a exterminarlos con la espada,
el hambre y la peste.»
13 Pero yo respondí: «¡Ah, SEÑOR mi
Dios! Los profetas les dicen que no se

enfrentarán con la espada ni pasarán hambre, sino que tú les concederás una *paz
duradera en este lugar.»
14 El SEÑOR me contestó: «Mentira es
lo que están profetizando en mi nombre
esos profetas. Yo no los he enviado, ni les
he dado ninguna orden, y ni siquiera les
he hablado. Lo que les están profetizando
son visiones engañosas, adivinaciones vanas y delirios de su propia imaginación.
15 Por eso, así dice el SEÑOR: "En cuanto
a los profetas que profetizan en mi nombre
sin que yo los haya enviado, y que además
dicen que no habrá espada ni hambre en
este país, ellos mismos morirán de hambre
y a filo de espada. 16 Y el pueblo al que
profetizan será arrojado a las calles de
Jerusalén a causa del hambre y de la
espada, y no habrá quien los entierre, ni a
ellos ni a sus esposas, ni a sus hijos, ni a
sus hijas; también les echaré encima su
propia maldad."

17 »Tú les dirás lo siguiente:

»"Que corran lágrimas de mis ojos
día y noche, sin cesar,
porque la virginal hija de mi
pueblo
ha sufrido una herida terrible,
¡un golpe muy duro!
18 Si salgo al campo, veo los cuerpos
de los muertos a filo de espada;
si entro en la ciudad, veo los
estragos
que el hambre ha producido.
Tanto el profeta como el sacerdote
ejercen en el país, sin
*conocimiento."»ⁿ

19 ¿Has rechazado por completo a
Judá?
¿Detestas a *Sión?
¿Por qué nos has herido de tal
modo
que ya no tenemos remedio?
Esperábamos tiempos de paz,
pero nada bueno recibimos.
Esperábamos tiempos de salud,
pero sólo nos llegó el terror.

ⁿ 14:18 *ejercen ... sin conocimiento.* Alt. *andan errantes en una tierra que no conocen.*

20Reconocemos, Señor, nuestra
        maldad,
    y la iniquidad de nuestros padres;
    ¡hemos pecado contra ti!
21En razón de tu nombre, no nos
        desprecies;
    no deshonres tu trono glorioso.
    ¡Acuérdate de tu *pacto con
        nosotros!
    ¡No lo quebrantes!
22¿Acaso hay entre los ídolos falsos
    alguno que pueda hacer llover?
    SEÑOR y Dios nuestro,
        ¿acaso no eres tú, y no el cielo
            mismo,
    el que manda los aguaceros?
    Tú has hecho todas estas cosas;
    por eso esperamos en ti.

15 El SEÑOR me dijo: «Aunque Moisés y Samuel se presentaran ante
mí, no tendría compasión de este pueblo.
¡Échalos de mi presencia! ¡Que se vayan!
2Y si te preguntan: "¿A dónde iremos?",
adviérteles que así dice el SEÑOR:

    »"Los destinados a la muerte, a la
        muerte;
    los destinados a la espada, a la
        espada;
    los destinados al hambre, al
        hambre;
    los destinados al cautiverio, al
        cautiverio."

3»Enviaré contra ellos cuatro clases
de calamidades —afirma el SEÑOR—: la
espada para matar, los perros para arrastrar, las aves del cielo para devorar, y las
bestias de la tierra para destruir. 4Los
haré motivo de espanto para todos los
reinos de la tierra, por causa de lo que
Manasés hijo de Ezequías, rey de Judá,
hizo en Jerusalén.

    5»¿Quién tendrá compasión de ti,
        Jerusalén?
    ¿Quién llorará por ti?
    ¿Quién se detendrá a preguntar por
        tu salud?
    6Tú me has rechazado,
    te has vuelto atrás
            —afirma el SEÑOR—.

Extenderé mi mano contra ti,
    y te destruiré;
    estoy cansado de tenerte
        compasión.
7Te aventaré con la horquilla
    por las *puertas de la ciudad.
A ti te dejaré sin hijos,
    y a mi pueblo lo destruiré,
    porque no cambió su conducta.
8Haré que sus viudas sean más
        numerosas
    que la arena de los mares;
en pleno día enviaré destrucción
    contra las madres de los
        jóvenes.
De repente haré que caigan sobre
        ellas
    la angustia y el pavor.
9Se desmaya la que tuvo siete
        hijos;
    se queda sin *aliento.
Su sol se pone en pleno día;
    ¡se queda avergonzada y
        humillada!
A sus sobrevivientes los entregaré
        a la espada
    delante de sus enemigos»,
                    afirma el SEÑOR.

10¡Ay de mí, madre mía,
    que me diste a luz
como hombre de contiendas y
        disputas
    contra toda la nación!
No he prestado ni me han
        prestado,
    pero todos me maldicen.

11El SEÑOR dijo:

    «De veras te libraré para bien;
        haré que el enemigo te suplique
    en tiempos de calamidad y de
        angustia.

12»¿Puede el *hombre romper el
        hierro,
    el hierro del norte, y el bronce?
13Por causa de todos tus pecados
        entregaré como botín, sin costo
            alguno,
    tu riqueza y tus tesoros,
    por todo tu territorio.

14Haré que sirvas[n] a tus enemigos
en una tierra que no conoces,
porque en mi ira un fuego se ha
encendido,
y arde contra ustedes.»

15Tú comprendes, SEÑOR;
¡acuérdate de mí, y cuídame!
¡Toma venganza de los que me
persiguen!
Por causa de tu paciencia,
no permitas que sea yo arrebatado;
mira que por ti sufro injurias.

16Al encontrarme con tus palabras,
yo las devoraba;
ellas eran mi gozo
y la alegría de mi *corazón,
porque yo llevo tu *nombre,
SEÑOR, Dios *Todopoderoso.

17No he formado parte de grupos
libertinos,
ni me he divertido con ellos;
he vivido solo, porque tú estás
conmigo
y me has llenado de indignación.

18¿Por qué no cesa mi dolor?
¿Por qué es incurable mi herida?
¿Por qué se resiste a sanar?
¿Serás para mí un torrente engañoso
de aguas no confiables?

19Por eso, así dice el SEÑOR:

«Si te *arrepientes,
yo te restauraré y podrás servirme.
Si evitas hablar en vano,
y hablas lo que en verdad vale,
tú serás mi portavoz.
Que ellos se vuelvan hacia ti,
pero tú no te vuelvas hacia ellos.

20Haré que seas para este pueblo
como invencible muro de bronce;
pelearán contra ti,
pero no te podrán vencer,
porque yo estoy contigo
para salvarte y librarte
—afirma el SEÑOR—.

21Te libraré del poder de los malvados;
¡te rescataré de las garras de los
violentos!»

Mensaje de juicio

16 La palabra del SEÑOR vino a mí, y me dijo: **2**«No te cases, ni tengas hijos ni hijas en este lugar.» **3**Porque así dice el SEÑOR en cuanto a los hijos y las hijas que han nacido en este lugar, y en cuanto a las madres que los dieron a luz y los padres que los engendraron en este país: **4**«Morirán de enfermedades horribles. Nadie llorará por ellos, ni los sepultará; se quedarán sobre la faz de la tierra, como el estiércol. La espada y el hambre acabarán con ellos, y sus cadáveres servirán de alimento para las aves del cielo y para las bestias de la tierra.»

5Así dice el SEÑOR: «No entres en una casa donde estén de luto, ni vayas a llorar, ni los consueles, porque a este pueblo le he retirado mi *paz, mi amor y mi compasión —afirma el SEÑOR—. **6**En este país morirán grandes y pequeños; nadie llorará por ellos, ni los sepultará; nadie se hará heridas en el cuerpo ni se rapará la cabeza por ellos. **7**Nadie ofrecerá un banquete fúnebre a los que estén de duelo, para consolarlos por el muerto, ni a nadie se le dará a beber la copa del consuelo, aun cuando quien haya muerto sea su padre o su madre.

8»No entres en una casa donde haya una celebración, ni te sientes con ellos a comer y beber. **9**Porque así dice el SEÑOR *Todopoderoso, el Dios de Israel: Voy a poner fin en este lugar a toda expresión de alegría y de regocijo, y al cántico del novio y de la novia. Esto sucederá en sus propios días, y ustedes lo verán.

10»Cuando anuncies a este pueblo todas estas cosas, ellos te preguntarán: "¿Por qué ha decretado el SEÑOR contra nosotros esta calamidad tan grande? ¿Cuál es nuestra iniquidad? ¿Qué pecado hemos cometido contra el SEÑOR nuestro Dios?" **11**Entonces les responderás: "Esto es porque sus antepasados me abandonaron y se fueron tras otros dioses, y los sirvieron y los adoraron. Pero a mí me abandonaron, y no cumplieron mi *ley —afirma el SEÑOR—. **12**Pero ustedes se han compor-

---

[n] **15:14** *Haré que sirvas* (mss. hebreos, LXX y Siríaca); *Haré pasar* (TM).

tado peor que sus antepasados. Cada uno sigue la terquedad de su *corazón malvado, y no me ha obedecido. **13**Por eso los voy a arrojar de esta tierra, a un país que ni ustedes ni sus antepasados conocieron, y allí servirán a otros dioses día y noche. No les tendré clemencia."

14»Por eso —afirma el SBñor—, vienen días en que ya no se dirá: "Por la vida del SBñor, que hizo salir a los israelitas de la tierra de Egipto", **15**sino: "Por la vida del SBñor, que hizo salir a los israelitas de la tierra del norte, y de todos los países adonde los había expulsado." Yo los haré volver a su tierra, la que antes di a sus antepasados.

16»Voy a enviar a muchos pescadores —afirma el SBñor—, y ellos los pescarán a ustedes. Después, enviaré a muchos cazadores, y ellos los cazarán a ustedes por todas las montañas y colinas, y por las grietas de las rocas. **17**Ciertamente mis ojos ven todas sus acciones; ninguna de ellas me es oculta. Su iniquidad no puede esconderse de mi vista. **18**Primero les pagaré el doble por su iniquidad y su pecado, porque con los cadáveres de sus ídolos detestables han profanado mi tierra, y han llenado mi herencia con sus abominaciones.»

19SBñor, fuerza y fortaleza mía,
    mi refugio en el día de la angustia:
desde los confines de la tierra
    vendrán a ti las naciones, y dirán:
«Sólo mentira heredaron nuestros
    antepasados;
heredaron lo absurdo,
    lo que no sirve para nada.
20¿Acaso puede el *hombre hacer
    sus propios dioses?
¡Pero si no son dioses!»

21Por eso, esta vez les daré una lección;
    les daré a conocer mi mano
      poderosa.
¡Así sabrán que mi *nombre es el
    SBñor!

17 «El pecado de Judá está escrito
    con cincel de hierro;
grabado está con punta de diamante
    sobre la tabla de su *corazón
    y sobre los cuernos de sus altares.

2Bien que se acuerdan sus hijos
    de sus altares junto a árboles
      frondosos;
de sus imágenes de *Aserá sobre
    altas colinas
3 y sobre mi montaña a campo
    abierto.

»Entregaré como botín tu riqueza,
    tus tesoros y tus *santuarios
      paganos,
por todos tus pecados
    en todo tu territorio.
4Por tu culpa perderás la herencia
    que yo te había dado.
Te haré esclava de tus enemigos,
    en un país para ti desconocido,
porque has encendido mi ira,
    la cual se mantendrá ardiendo
      para siempre.»

5Así dice el SBñor:

«¡Maldito el *hombre que confía
    en el hombre!
¡Maldito el que se apoya en su
    propia fuerza
y aparta su corazón del SBñor!
6Será como una zarza en el
    desierto:
no se dará cuenta cuando llegue
    el bien.
Morará en la sequedad del
    desierto,
en tierras de sal, donde nadie
    habita.

7»Bendito el hombre que confía en
    el Señor,
y pone su confianza en él.
8Será como un árbol plantado junto
    al agua,
que extiende sus raíces hacia la
    corriente;
no teme que llegue el calor,
    y sus hojas están siempre verdes.
En época de sequía no se angustia,
    y nunca deja de dar fruto.»

9Nada hay tan engañoso como el
    corazón.
No tiene remedio.
¿Quién puede comprenderlo?

10«Yo, el SEÑOR, sondeo el corazón
y examino los pensamientos,
para darle a cada uno según sus
acciones
y según el fruto de sus obras.»

11El que acapara riquezas injustas
es perdiz que empolla huevos
ajenos.
En la mitad de la vida las
perderá,
y al final no será más que un
insensato.

12Trono de gloria,
exaltado desde el principio,
es el lugar de nuestro santuario.
13SEÑOR, tú eres la esperanza de
Israel,
todo el que te abandona quedará
avergonzado.
El que se aparta de ti
quedará como algo escrito en el
polvo,
porque abandonó al SEÑOR,
al manantial de aguas vivas.

14Sáname, SEÑOR, y seré sanado;
sálvame y seré salvado,
porque tú eres mi alabanza.
15No falta quien me pregunte:
«¿Dónde está la palabra del
SEÑOR?
¡Que se haga realidad!»
16Pero yo no me he apresurado
a abandonarte y dejar de ser tu
*pastor,
ni he deseado que venga el día de
la calamidad.
Tú bien sabes lo que he dicho,
pues lo dije en tu presencia.
17No seas para mí un motivo de
terror;
tú eres mi refugio en tiempos de
calamidad.
18¡No me pongas a mí en
vergüenza;
avergüénzalos a ellos!
¡No me llenes de terror a mí;
aterrorízalos a ellos!
Envíales tiempos difíciles;
¡destrózalos, y vuelve a
destrozarlos!

La observancia del sábado

19Así me dijo el SEÑOR: «Ve y párate
en la puerta del Pueblo, por donde entran
y salen los reyes de Judá, y luego en todas
las *puertas de Jerusalén, 20y diles: "¡Escuchen la palabra del SEÑOR, reyes de
Judá, y toda la gente de Judá y todos los
habitantes de Jerusalén que entran por
estas puertas! 21Así dice el SEÑOR: 'Cuídense bien de no llevar ninguna carga en
día *sábado, y de no meterla por las
puertas de Jerusalén. 22Tampoco saquen
ninguna carga de sus casas en día sábado,
ni hagan ningún tipo de trabajo. Observen
el reposo del sábado, tal como se lo ordené
a sus antepasados. 23Pero ellos no me
prestaron atención ni me obedecieron, sino que se obstinaron y no quisieron escuchar ni recibir *corrección.

24»"'Si de veras me obedecen —afirma
el SEÑOR— y no meten ninguna carga por
las puertas de esta ciudad en día sábado,
sino que observan este día no haciendo
ningún trabajo, 25entonces entrarán por las
puertas de esta ciudad reyes y príncipes que
se sentarán en el trono de David. Ellos y los
príncipes entrarán montados en carros y
caballos, acompañados por la gente de
Judá y por los habitantes de Jerusalén, y
esta ciudad será habitada para siempre.
26Vendrá gente de las ciudades de Judá y
de los alrededores de Jerusalén, del territorio de Benjamín y de la Sefelá, de la región
montañosa y del Néguev. Traerán a la casa
del SEÑOR *holocaustos y sacrificios,
ofrendas de cereal y de incienso, y ofrendas
de acción de gracias. 27Pero si no obedecen
ustedes mi mandato de observar el reposo
del sábado, y de no llevar carga al entrar en
sábado por las puertas de Jerusalén, entonces les prenderé fuego a sus puertas, que no
podrá ser apagado y que consumirá los
palacios de Jerusalén.'"»

Parábola del alfarero

18 Ésta es la palabra del SEÑOR, que
vino a Jeremías: 2«Baja ahora mismo a la casa del alfarero, y allí te comunicaré mi mensaje.»
3Entonces bajé a la casa del alfarero, y
lo encontré trabajando en el torno. 4Pero
la vasija que estaba modelando se le des-

hizo en las manos; así que volvió a hacer otra vasija, hasta que le pareció que le había quedado bien.

5En ese momento la palabra del SEÑOR vino a mí, y me dijo: **6**«Pueblo de Israel, ¿acaso no puedo hacer con ustedes lo mismo que hace este alfarero con el barro? —afirma el SEÑOR—. Ustedes, pueblo de Israel, son en mis manos como el barro en las manos del alfarero. **7**En un momento puedo hablar de arrancar, derribar y destruir a una nación o a un reino; **8**pero si la nación de la cual hablé se *arrepiente de su maldad, también yo me arrepentiré del castigo que había pensado infligirles. **9**En otro momento puedo hablar de construir y plantar a una nación o a un reino. **10**Pero si esa nación hace lo malo ante mis ojos y no me obedece, me arrepentiré del bien que había pensado hacerles. **11**Y ahora habla con los habitantes de Judá y de Jerusalén, y adviérteles que así dice el SEÑOR: "Estoy preparando una calamidad contra ustedes, y elaborando un plan en su contra. ¡Vuélvanse ya de su mal *camino; enmienden su conducta y sus acciones!" **12**Ellos objetarán: "Es inútil. Vamos a seguir nuestros propios planes", y cada uno cometerá la maldad que le dicte su obstinado *corazón.»

13Por eso, así dice el SEÑOR:

«Pregunten entre las naciones:
¿Quién ha oído algo semejante?
La virginal Israel
ha cometido algo terrible.
14¿Acaso la nieve del Líbano
desaparece de las colinas
escarpadas?
¿Se agotan las aguas frías
que fluyen de las montañas?*o*
15Sin embargo, mi pueblo me ha
olvidado;
quema incienso a ídolos inútiles.
Ha tropezado en sus caminos,
en los senderos antiguos,
para andar por sendas
y caminos escabrosos.
16Así ha dejado desolado su país;

lo ha hecho objeto de burla
constante.
Todo el que pase por él
meneará atónito la cabeza.
17Como un viento del este,
los esparciré delante del enemigo.
En el día de su calamidad
les daré la espalda y no la cara.»

18Ellos dijeron: «Vengan, tramemos un plan contra Jeremías. Porque no le faltará la ley al sacerdote, ni el consejo al sabio, ni la palabra al profeta. Ataquémoslo de palabra, y no hagamos caso de nada de lo que diga.»

19¡SEÑOR, préstame atención!
¡Escucha a los que me acusan!
20¿Acaso el bien se paga con el mal?
¡Pues ellos me han cavado una
fosa!
Recuerda que me presenté ante ti
para interceder por ellos,
para apartar de ellos tu ira.
21Por eso, entrega ahora sus hijos al
hambre;
abandónalos a merced de la
espada.
Que sus esposas se queden viudas
y sin hijos;
que sus maridos mueran
asesinados,
y que sus jóvenes caigan en combate
a filo de espada.
22¡Que se oigan los gritos desde sus
casas,
cuando de repente mandes contra
ellos
una banda de asaltantes!
Han cavado una fosa para
atraparme,
y han puesto trampas a mi paso.
23Pero tú, SEÑOR, conoces
todos sus planes para matarme.
¡No perdones su iniquidad,
ni borres de tu presencia sus
pecados!
¡Que caigan derribados ante ti!
¡Enfréntate a ellos en el momento
de tu ira!

---

o **18:14** *¿Se agotan ... montañas?* Texto de difícil traducción.

19 Así dice el SEÑOR: «Ve a un alfarero, y cómprale un cántaro de barro. Pide luego que te acompañen algunos de los *ancianos del pueblo y de los ancianos de los sacerdotes, ²y ve al valle de Ben Hinón, que está a la entrada de la puerta de los Alfareros, y proclama allí las palabras que yo te comunicaré. ³Diles: "Reyes de Judá y habitantes de Jerusalén, escuchen la palabra del SEÑOR. Así dice el SEÑOR *Todopoderoso, el Dios de Israel: 'Haré venir tal calamidad sobre este lugar, que a todo el que se entere le zumbarán los oídos. ⁴Porque ellos me han abandonado. Han profanado este lugar, quemando en él incienso a otros dioses que no conocían ni ellos ni sus antepasados ni los reyes de Judá. Además, han llenado de sangre inocente este lugar. ⁵Han construido *santuarios paganos en honor de *Baal, para quemar a sus hijos en el fuego como *holocaustos a Baal, cosa que yo jamás les ordené ni mencioné, ni jamás me pasó por la *mente. ⁶Por eso vendrán días en que este lugar ya no se llamará Tofet, ni Valle de Ben Hinón, sino Valle de la Matanza —afirma el SEÑOR—. ⁷En este lugar anularé los planes de Judá y de Jerusalén, y los haré caer a filo de espada delante de sus enemigos, es decir, a manos de los que atentan contra su vida, y dejaré sus cadáveres a las aves del cielo y a las bestias de la tierra, para que les sirvan de comida. ⁸Convertiré a esta ciudad en un lugar desolado y en objeto de burla. Todo el que pase por ella quedará atónito y se burlará de todas sus heridas. ⁹Ante el angustioso asedio que les impondrán los enemigos que atentan contra ustedes, haré que se coman la carne de sus propios hijos e hijas, y que se devoren entre sí.' "

¹⁰»Rompe después el cántaro en mil pedazos, a la vista de los hombres que te acompañaron, ¹¹y adviérteles que así dice el SEÑOR Todopoderoso: "Voy a hacer pedazos esta nación y esta ciudad, como quien hace pedazos un cántaro de alfarero, que ya no se puede reparar; y a falta de otro lugar, enterrarán a sus muertos en Tofet. ¹²Así haré con este lugar y con sus habitantes —afirma el SEÑOR—; esta ciudad quedará tal y como quedó Tofet. ¹³Todas las casas de Jerusalén y todos los palacios de los reyes de Judá, es decir, todas esas casas en cuyas azoteas se quemó incienso a los astros de los cielos y donde se derramaron libaciones a otros dioses, quedarán tan *impuras como quedó Tofet."»

¹⁴Cuando Jeremías regresó de Tofet, adonde el SEÑOR lo había enviado a profetizar, se paró en el atrio de la casa del Señor y dijo a todo el pueblo: ¹⁵«Así dice el SEÑOR Todopoderoso, el Dios de Israel: "Como esta ciudad y todos sus pueblos vecinos se han obstinado en desobedecer mis palabras, voy a mandarles toda la calamidad que les había prometido."»

Jeremías y Pasur

20 Cuando el sacerdote Pasur hijo de Imer, que era el oficial principal de la casa del SEÑOR, oyó lo que Jeremías profetizaba, ²mandó que golpearan al profeta Jeremías y que lo colocaran en el cepo ubicado en la puerta alta de Benjamín, junto a la casa del SEÑOR. ³A la mañana siguiente, cuando Pasur liberó a Jeremías del cepo, Jeremías le dijo: «El SEÑOR ya no te llama Pasur, sino "Terror por todas partes". ⁴Porque así dice el SEÑOR: "Te voy a convertir en terror para ti mismo y para tus amigos, los cuales caerán bajo la espada de sus enemigos, y tú mismo lo verás. Entregaré a todo Judá en manos del rey de Babilonia, el cual los deportará a Babilonia o los matará a filo de espada. ⁵Además, pondré en manos de sus enemigos toda la riqueza de esta ciudad, todos sus productos y objetos de valor, y todos los tesoros de los reyes de Judá, para que los saqueen y se los lleven a Babilonia. ⁶Y tú, Pasur, irás al cautiverio de Babilonia junto con toda tu familia. Allí morirás, y allí serás enterrado, con todos tus amigos, a quienes les profetizabas mentiras."»

Quejas de Jeremías

⁷¡Me sedujiste, SEÑOR,
    y yo me dejé seducir!
Fuiste más fuerte que yo,
    y me venciste.
Todo el mundo se burla de mí;
    se ríen de mí todo el tiempo.

⁸Cada vez que hablo, es para gritar:
«¡Violencia! ¡Violencia!»
Por eso la palabra del SEÑOR
no deja de ser para mí
un oprobio y una burla.
⁹Si digo: «No me acordaré más de él,
ni hablaré más en su *nombre»,
entonces su palabra en mi interior
se vuelve un fuego ardiente
que me cala hasta los huesos.
He hecho todo lo posible por
contenerla,
pero ya no puedo más.
¹⁰Escucho a muchos decir con sorna:
«¡Hay terror por todas partes!»
y hasta agregan: «¡Denúncienlo!
¡Vamos a denunciarlo!»
Aun mis mejores amigos
esperan que tropiece.
También dicen: «Quizá lo podamos
seducir.
Entonces lo venceremos
y nos vengaremos de él.»

¹¹Pero el SEÑOR está conmigo
como un guerrero poderoso;
por eso los que me persiguen
caerán y no podrán prevalecer,
fracasarán y quedarán
avergonzados.
Eterna será su deshonra;
jamás será olvidada.
¹²Tú, SEÑOR *Todopoderoso,
que examinas al justo,
que sondeas el *corazón y la
*mente,
hazme ver tu venganza sobre ellos,
pues a ti he encomendado mi
causa.

¹³¡Canten al SEÑOR, alábenlo!
Él salva a los pobres
del poder de los malvados.

¹⁴¡Maldito el día en que nací!
¡Maldito el día en que mi madre
me dio a luz!
¹⁵¡Maldito el hombre que alegró a mi
padre
cuando le dijo: «¡Te ha nacido un
hijo varón!»!
¹⁶¡Que sea tal hombre como las
ciudades

que el SEÑOR destruyó sin
compasión.
Que oiga gritos en la mañana
y alaridos de guerra al mediodía!
¹⁷¿Por qué Dios no me dejó morir
en el seno de mi madre?
Así ella habría sido mi tumba,
y yo jamás habría salido de su
vientre.
¹⁸¿Por qué tuve que salir del vientre
sólo para ver problemas y
aflicción,
y para terminar mis días en
vergüenza?

Dios rechaza el pedido de Sedequías

21 Ésta es la palabra del SEÑOR, que vino a Jeremías cuando el rey Sedequías envió a Pasur hijo de Malquías, y al sacerdote Sofonías hijo de Maseías, a que le dijeran:

²«Consulta ahora al SEÑOR por nosotros, porque Nabucodonosor, rey de Babilonia, nos está atacando. Tal vez el SEÑOR haga uno de sus milagros, y lo obligue a retirarse.»

³Jeremías les respondió:

«Adviértanle a Sedequías ⁴que así dice el SEÑOR, el Dios de Israel: "Yo haré retroceder tus tropas, las que pelean contra el rey de Babilonia y contra los *caldeos, que desde fuera de los muros los tienen sitiados. Haré que tus tropas se repliegen dentro de la ciudad. ⁵Yo mismo pelearé contra ustedes. Con gran despliegue de poder, y con ira, furor y gran indignación, ⁶heriré a *hombres y animales, y los habitantes de esta ciudad morirán por causa de una peste terrible. ⁷Después de eso entregaré a Sedequías, rey de Judá, y a sus oficiales y a la gente que haya quedado con vida después de la peste, la espada y el hambre —afirma el SEÑOR—. Los entregaré en manos de Nabucodonosor, rey de Babilonia, y de los enemigos que buscan matarlos. Sin ninguna piedad, clemencia ni compasión, Nabucodonosor los herirá a filo de espada."

⁸»Y a este pueblo adviértele que así dice el SEÑOR: "Pongo delante de ustedes el *camino de la vida y el camino de la muerte. ⁹El que se quede en esta ciudad

morirá por la espada y la peste, o de hambre. Pero el que salga y se rinda a los caldeos que los están sitiando, vivirá. Así salvará su vida. **10**Porque he decidido hacerle a esta ciudad el mal y no el bien —afirma el SEÑOR—. Será entregada en manos del rey de Babilonia, quien le prenderá fuego."

11»Di también a la casa real de Judá que escuchen la palabra del SEÑOR. **12**Adviértele a la dinastía de David que así dice el SEÑOR:

> »"Hagan justicia cada mañana,
> y libren al explotado del poder
> del opresor,
> no sea que mi ira se encienda como
> un fuego
> y arda sin que nadie pueda
> extinguirla,
> a causa de la maldad de sus
> acciones.
> **13**¡Yo estoy contra ti, Jerusalén,
> reina del valle, roca de la llanura!
> —afirma el SEÑOR—.
> Ustedes dicen: '¿Quién podrá venir
> contra nosotros?
> ¿Quién podrá entrar en nuestros
> refugios?'
> **14**Yo los castigaré conforme al fruto
> de sus acciones
> —afirma el SEÑOR—;
> a su bosque le prenderé fuego,
> y ese fuego consumirá todos sus
> alrededores."»

Juicio contra reyes malvados

22 Así dice el SEÑOR: «Ve a la casa del rey de Judá, y proclama allí este mensaje: **2**"Tú, rey de Judá, que estás sentado sobre el trono de David, y tus oficiales y tu pueblo, que entran por estas puertas, escuchen la palabra del SEÑOR. **3**Así dice el SEÑOR: 'Practiquen el derecho y la justicia. Libren al oprimido del poder del opresor. No maltraten ni hagan violencia al extranjero, ni al huérfano ni a la viuda, ni derramen sangre inocente en este lugar. **4**Si de veras cumplen con esta palabra, entonces por las puertas de este palacio entrarán reyes que ocuparán el trono de David; entrarán en carros y a caballo, acompañados por sus oficiales y su pueblo. **5**Pero si no obedecen estas palabras, juro por mí mismo que este palacio se convertirá en un montón de ruinas. Yo, el SEÑOR, lo afirmo.' " »

6Porque así dice el SEÑOR acerca de la casa real de Judá:

> «Para mí, tú eres como Galaad
> y como la cima del Líbano,
> pero juro que te convertiré en un
> desierto,
> en ciudades deshabitadas.
> **7**Enviaré contra ti destructores,
> cada uno con sus armas,
> que talarán tus cedros más
> hermosos
> y los echarán en el fuego.

8»Gente de muchas naciones pasará por esta ciudad, y se preguntará: "¿Por qué habrá tratado así el SEÑOR a esta gran ciudad?" **9**Y se le responderá: "Porque abandonaron el *pacto del SEÑOR su Dios, adorando y sirviendo a otros dioses."»

> **10**No lloren por el que está muerto,
> ni hagan lamentaciones por él.
> Lloren más bien por el exiliado,
> por el que nunca volverá
> ni verá más la tierra en que nació.

11Así dice el SEÑOR acerca de Salún hijo de Josías, rey de Judá, que ascendió al trono después de su padre Josías y que salió de este lugar: «Nunca más volverá, **12**sino que morirá en el lugar donde ha sido desterrado. No volverá a ver más este país.

> **13**»¡Ay del que edifica su casa
> y sus habitaciones superiores
> violentando la justicia y el
> derecho!
> ¡Ay del que obliga a su prójimo
> a trabajar de balde,
> y no le paga por su trabajo!
> **14**¡Ay del que dice: "Me edificaré
> una casa señorial,
> con habitaciones amplias en el
> piso superior"!
> Y le abre grandes ventanas,
> y la recubre de cedro y la pinta de
> rojo.

15»¿Acaso eres rey
  sólo por acaparar mucho cedro?
  Tu padre no sólo comía y bebía,
    sino que practicaba el derecho y
      la justicia,
    y por eso le fue bien.
16Defendía la causa del pobre y del
    necesitado,
  y por eso le fue bien.
  ¿Acaso no es esto conocerme?
    —afirma el SEÑOR—.

17»Pero tus ojos y tu *corazón
  sólo buscan ganancias
    deshonestas,
  sólo buscan derramar sangre
    inocente
  y practicar la opresión y la
    violencia.»

18Por eso, así dice el SEÑOR acerca de
Joacim hijo de Josías, rey de Judá:

  «Nadie lamentará su muerte ni
    gritará:
    "¡Ay, mi hermano! ¡Ay, mi
      hermana!"
  Nadie lamentará su muerte ni
    gritará:
    "¡Ay, señor! ¡Ay, Su Majestad!"
19Será enterrado como un asno,
  y lo arrastrarán y lo arrojarán
    fuera de las *puertas de
      Jerusalén.»

20«¡Sube al Líbano y grita;
  levanta tu voz en Basán!
  ¡Grita desde Abarín,
    pues todos tus amantes han sido
      destruidos!
21Yo te hablé cuando te iba bien,
    pero tú dijiste: "¡No escucharé!"
  Así te has comportado desde tu
    juventud:
    ¡nunca me has obedecido!
22El viento arrastrará a todos tus
    *pastores,
  y tus amantes irán al cautiverio.
  Por culpa de toda tu maldad

quedarás avergonzada y humillada.
23Tú, que habitas en el Líbano,[p]
  que has puesto tu nido entre los
    cedros,
  ¡cómo gemirás cuando te vengan
    los dolores,
  dolores como de parturienta!

24»¡Tan cierto como que yo vivo
—afirma el SEÑOR—, que aunque Jeconías[q] hijo de Joacim, rey de Judá, sea
un anillo en mi mano *derecha, aun de
allí lo arrancaré! 25Yo te entregaré en
manos de los que buscan matarte, y en
manos de los que tú más temes, es decir, en poder de Nabucodonosor, rey de
Babilonia, y de los *babilonios. 26A ti
y a la madre que te dio a luz los arrojaré a un país que no los vio nacer, y
allí morirán. 27Jamás volverán al país al
que tanto anhelan volver.»

28¿Es Jeconías una vasija
    despreciable y rota,
  un objeto que nadie desea?
  ¿Por qué son arrojados él y su
    descendencia,
  y echados a un país que no
    conocen?
29¡Tierra, tierra, tierra!
    ¡Escucha la palabra del SEÑOR!
30Así dice el SEÑOR: «Anoten a este
    hombre
  como si fuera un hombre sin
    hijos;
  como alguien que fracasó en su
    vida.
  Porque ninguno de sus
    descendientes
  logrará ocupar el trono de David,
    ni reinar de nuevo en Judá.»

El Rey justo

23 «¡Ay de los *pastores que destruyen y dispersan el rebaño de mis
praderas!», afirma el SEÑOR. 2Por eso, así
dice el SEÑOR, el Dios de Israel, a los
pastores que apacientan a mi pueblo: «Ustedes han dispersado a mis ovejas; las han

---

P22:23 *el Líbano*. Es decir, en el palacio en Jerusalén (véase 1R 7:2).   q22:24 *Jeconías*. Lit. *Conías* (variante de este nombre); también en v. 28.

expulsado y no se han encargado de ellas. Pues bien, yo me encargaré de castigarlos a ustedes por sus malas acciones —afirma el SEÑOR—. ³Al resto de mis ovejas yo mismo las reuniré de todos los países adonde las expulsé; y las haré volver a sus pastos, donde crecerán y se multiplicarán. ⁴Pondré sobre ellas pastores que las pastorearán, y ya no temerán ni se espantarán, ni faltará ninguna de ellas —afirma el SEÑOR—.

⁵»Vienen días —afirma el SEÑOR—,
en que de la simiente de David
haré surgir un vástago justo;
él reinará con sabiduría en el país,
y practicará el derecho y la
justicia.
⁶En esos días Judá será salvada,
Israel morará seguro.
Y éste es el *nombre que se le dará:
"El SEÑOR es nuestra *salvación."

⁷»Por eso —afirma el SEÑOR— vienen días en que ya no se dirá: "Por la vida del SEÑOR, que hizo salir a los israelitas de la tierra de Egipto", ⁸sino: "Por la vida del SEÑOR, que hizo salir a los descendientes de la familia de Israel, y los hizo llegar del país del norte, y de todos los países adonde los había expulsado." Y habitarán en su propia tierra.»

Profetas mentirosos

⁹En cuanto a los profetas:

Se me parte el *corazón en el
pecho
y se me estremecen los huesos.
Por causa del SEÑOR
y de sus santas palabras,
hasta parezco un borracho,
alguien dominado por el vino.
¹⁰A causa de la maldición,
el país está lleno de adúlteros,
la tierra está de luto
y los pastos del desierto se han
secado.
Los profetas corren tras la maldad,
y usan su poder para la injusticia.

¹¹«Impíos son los profetas y los
sacerdotes;

aun en mi propia casa encuentro
su maldad
—afirma el SEÑOR—.

¹²»Por eso su *camino será
resbaladizo;
serán empujados a las tinieblas,
y en ellas se hundirán.
Yo traeré sobre ellos una calamidad
en el año de su castigo
—afirma el SEÑOR—.

¹³»Algo insólito he observado
entre los profetas de Samaria:
profetizaron en nombre de *Baal,
y descarriaron a mi pueblo Israel.
¹⁴Y entre los profetas de Jerusalén
he observado cosas terribles:
cometen adulterio, y viven en la
mentira;
fortalecen las manos de los
malhechores,
ninguno se convierte de su
maldad.
Todos ellos son para mí como
Sodoma;
los habitantes de Jerusalén son
como Gomorra.»

¹⁵Por tanto, así dice el SEÑOR *Todopoderoso contra los profetas:

«Haré que coman alimentos
amargos
y que beban agua envenenada,
porque los profetas de Jerusalén
han llenado de corrupción todo el
país.»

¹⁶Así dice el SEÑOR Todopoderoso:

«No hagan caso de lo que dicen los
profetas,
pues alientan en ustedes falsas
esperanzas;
cuentan visiones que se han
imaginado
y que no proceden de la boca del
SEÑOR.
¹⁷A los que me desprecian les
aseguran
que yo digo que gozarán de
*bienestar;

a los que obedecen los dictados de
su terco corazón
les dicen que no les sobrevendrá
ningún mal.
18¿Quién de ellos ha estado en el
consejo del SEÑOR?
¿Quién ha recibido o escuchado
su palabra?
¿Quién ha atendido y escuchado
su palabra?
19El huracán del SEÑOR se ha
desatado con furor;
un torbellino se cierne amenazante
sobre la cabeza de los malvados.
20La ira del SEÑOR no cesará
hasta que haya realizado por
completo
los propósitos de su corazón.
Al final de los tiempos
lo comprenderán con claridad.
21Yo no envié a esos profetas,
pero ellos corrieron;
ni siquiera les hablé,
pero ellos profetizaron.
22Si hubieran estado en mi consejo,
habrían proclamado mis palabras
a mi pueblo;
lo habrían hecho volver de su mal
camino
y de sus malas acciones.

23»¿Soy acaso Dios sólo de cerca?
¿No soy Dios también de lejos?
—afirma el SEÑOR—.
24¿Podrá el *hombre hallar un
escondite
donde yo no pueda encontrarlo?
—afirma el SEÑOR—.
¿Acaso no soy yo el que llena los
cielos y la tierra?
—afirma el SEÑOR—.

25»He escuchado lo que dicen los profetas que profieren mentiras en mi nombre, los cuales dicen: "¡He tenido un
sueño, he tenido un sueño!" **26**¿Hasta
cuándo seguirán dándole valor de profecía
a las mentiras y delirios de su *mente?
27Con los sueños que se cuentan unos a
otros pretenden hacer que mi pueblo se

olvide de mi nombre, como sus antepasados se olvidaron de mi nombre por el de
Baal. **28**El profeta que tenga un sueño, que
lo cuente; pero el que reciba mi palabra,
que la proclame con fidelidad. ¿Qué tiene
que ver la paja con el grano? —afirma el
SEÑOR—. **29**¿No es acaso mi palabra como
fuego, y como martillo que pulveriza la
roca? —afirma el SEÑOR—.

30»Por eso yo estoy contra los profetas
que se roban mis palabras entre sí —afirma el SEÑOR—. **31**Yo estoy contra los
profetas que sueltan la lengua y hablan por
hablar —afirma el SEÑOR—. **32**Yo estoy
contra los profetas que cuentan sueños
mentirosos, y que al contarlos hacen que
mi pueblo se extravíe con sus mentiras y
sus presunciones —afirma el SEÑOR—. Yo
no los he enviado ni les he dado ninguna
orden. Son del todo inútiles para este
pueblo —afirma el SEÑOR—.

Profecías falsas

33»Y si este pueblo, o algún profeta
o sacerdote, te pregunta: "¿Qué mensaje*r* tenemos del SEÑOR?", tú les responderás: "¿De qué mensaje hablan?" Yo
los abandonaré —afirma el SEÑOR—.
34Y si un profeta o un sacerdote, o alguien del pueblo, dice: "Éste es el mensaje del SEÑOR", yo castigaré a ese
hombre y a su casa. **35**Así deberán ha-
blarse entre amigos y hermanos: "¿Qué
ha respondido el SEÑOR?", o "¿Qué ha
dicho el SEÑOR?" **36**Pero no deberán
mencionar más la frase "Mensaje del
SEÑOR", porque el mensaje de cada uno
será su propia palabra, ya que ustedes
han distorsionado las palabras del Dios
viviente, del SEÑOR *Todopoderoso,
nuestro Dios. **37**Así les dirás a los profetas: "¿Qué les ha respondido el
SEÑOR? ¿Qué les ha dicho?" **38**Pero si
ustedes responden: "¡Mensaje del
SEÑOR!", el SEÑOR dice: "Por cuanto
ustedes han dicho: '¡Mensaje del
SEÑOR!', siendo que yo les había prohibido que pronunciaran esta frase, **39**entonces me olvidaré de ustedes y los
echaré de mi presencia, junto con la ciu-

---

r **23:33** *mensaje.* Juego de palabras aquí y en los vv. siguientes; el vocablo hebreo también significa *carga.*

dad que les di a ustedes y a sus antepasados. ⁴⁰Y los afligiré con un oprobio eterno, con una humillación eterna que jamás será olvidada."»

Dos canastas de higos

24 Después de que Nabucodonosor, rey de Babilonia, deportó de Jerusalén a Jeconías hijo de Joacim, rey de Judá, junto con los jefes de Judá y con los artesanos y herreros, el SEÑOR me mostró dos canastas de higos colocadas frente al templo del SEÑOR. ²Una de ellas tenía higos muy buenos, como los que maduran primero; la otra tenía higos muy malos, tan malos que no se podían comer.

³Entonces el SEÑOR me preguntó: «¿Qué ves, Jeremías?» Yo respondí: «Veo higos. Unos están muy buenos, pero otros están tan malos que no se pueden comer.»

⁴Y la palabra del SEÑOR vino a mí: ⁵«Así dice el SEÑOR, el Dios de Israel: "A los deportados de Judá, que envié de este lugar al país de los *babilonios, los consideraré como a estos higos buenos. ⁶Los miraré favorablemente, y los haré volver a este país. Los edificaré y no los derribaré, los plantaré y no los arrancaré. ⁷Les daré un *corazón que me conozca, porque yo soy el SEÑOR. Ellos serán mi pueblo, y yo seré su Dios, porque volverán a mí de todo corazón.

⁸»"Pero a Sedequías, rey de Judá, y a sus jefes y a los sobrevivientes de Jerusalén —lo mismo a los que se quedaron en este país como a los que viven en Egipto— los trataré como a los higos malos, que de tan malos no se pueden comer —afirma el SEÑOR—. ⁹Los convertiré en motivo de espanto y de calamidad, para todos los reinos de la tierra. En todos los lugares por donde yo los disperse, serán objeto de escarnio, desprecio, burla y maldición. ¹⁰Enviaré contra ellos espada, hambre y pestilencia, hasta que sean exterminados de la tierra que les di a ellos y a sus antepasados."»

Setenta años de cautiverio

25 Ésta es la palabra que vino a Jeremías con relación a todo el pueblo de Judá. La recibió en el año cuarto del reinado de Joacim hijo de Josías, rey de Judá, es decir, durante el año primero del reinado de Nabucodonosor, rey de Babilonia. ²El profeta Jeremías les dijo lo siguiente a todo el pueblo de Judá y a todos los habitantes de Jerusalén: ³«Desde el año trece de Josías hijo de Amón, rey de Judá, hasta el día de hoy —¡y conste que ya han pasado veintitrés años!—, el SEÑOR me ha dirigido su palabra, y yo les he hablado en repetidas ocasiones, pero ustedes no me han hecho caso.

⁴»Además, una y otra vez el SEÑOR les ha enviado a sus siervos los profetas, pero ustedes no los han escuchado ni les han prestado atención. ⁵Ellos los exhortaban: "Dejen ya su mal *camino y sus malas acciones. Así podrán habitar en la tierra que, desde siempre y para siempre, el SEÑOR les ha dado a ustedes y a sus antepasados. ⁶No vayan tras otros dioses para servirles y adorarlos; no me irriten con la obra de sus manos, y no les haré ningún mal."

⁷»Pero ustedes no me obedecieron —afirma el SEÑOR—, sino que me irritaron con la obra de sus manos, para su propia desgracia.

⁸»Por eso, así dice el SEÑOR *Todopoderoso: "Por cuanto no han obedecido mis palabras, ⁹yo haré que vengan todos los pueblos del norte, y también mi siervo Nabucodonosor, rey de Babilonia. Los traeré contra este país, contra sus habitantes y contra todas las naciones vecinas, y los *destruiré por completo: ¡los convertiré en objeto de horror, de burla y de eterna desolación! —afirma el SEÑOR—. ¹⁰Haré que desaparezcan entre ellos los gritos de gozo y alegría, los cantos de bodas, el ruido del molino y la luz de la lámpara. ¹¹Todo este país quedará reducido a horror y desolación, y estas naciones servirán al rey de Babilonia durante setenta años."

¹²»Pero cuando se hayan cumplido los setenta años, yo castigaré por su iniquidad al rey de Babilonia y a aquella nación, país de los *caldeos, y los convertiré en desolación perpetua —afirma el SEÑOR—. ¹³Haré que vengan sobre ese país todas las amenazas que le anuncié, y todo lo que está registrado en este libro y que Jeremías ha profetizado contra las naciones. ¹⁴Los

caldeos, a su vez, caerán bajo el yugo de muchas naciones y reyes poderosos. Así les daré lo que merecen su conducta y sus hechos.»

15El Señor, el Dios de Israel, me dijo: «Toma de mi mano esta copa del vino de mi ira, y dásela a beber a todas las naciones a las que yo te envíe. **16**Cuando ellas la beban, se tambalearán y perderán el juicio, a causa de la espada que voy a enviar contra ellos.»

17Tomé de la mano del Señor la copa, y se la di a beber a todas las naciones a las cuales el Señor me envió: **18**a Jerusalén y a las ciudades de Judá, a sus reyes y a sus jefes, para convertirlos en ruinas, en motivo de horror, burla y maldición, como hoy se puede ver. **19**También se la di a beber al faraón, rey de Egipto, y a sus siervos y jefes y a todo su pueblo; **20**a todos los forasteros, a todos los reyes del país de Uz, y a todos los reyes del país de los filisteos: a los de Ascalón, Gaza y Ecrón, y a los sobrevivientes de Asdod; **21**a Edom y Moab, y a los hijos de Amón; **22**a todos los reyes de Tiro y de Sidón; a todos los reyes de las costas al otro lado del mar; **23**a Dedán, Temá y Buz; a todos los pueblos que se rapan las sienes; **24**a todos los reyes de Arabia; a todos los reyes de las diferentes tribus del desierto; **25**a todos los reyes de Zimri, Elam y Media; **26**a todos los reyes del norte, cercanos o lejanos entre sí, y a todos los reinos que están sobre la faz de la tierra. Y después de ellos beberá el rey de Sesac.*s*

27«Tú les dirás: "Así dice el Señor Todopoderoso, el Dios de Israel: 'Beban, emborráchense, vomiten y caigan para no levantarse más, por causa de la espada que estoy por mandar contra ustedes.' " **28**Pero si se niegan a tomar de tu mano la copa y a beberla, tú les dirás: "Así dice el Señor Todopoderoso: '¡Tendrán que beberla!' **29**Desataré calamidades contra la ciudad que lleva mi *nombre. ¿Y creen ustedes que no los voy a castigar? Al contrario, serán castigados —afirma el Señor Todopoderoso—, porque yo desenvaino la es-

pada contra todos los habitantes de la tierra."

30»Tú, Jeremías, profetiza contra ellos todas estas palabras:

» "Ruge el Señor desde lo alto;
    desde su *santa morada hace
      tronar su voz.
Ruge violento contra su rebaño;
    grita como los que pisan la uva,
  contra todos los habitantes del
      mundo.
31El estruendo llega hasta los
      confines de la tierra,
    porque el Señor litiga contra las
      naciones;
  enjuicia a todos los *mortales,
    y pasa por la espada a los
      malvados" »,
              afirma el Señor.

32Así dice el Señor Todopoderoso:

«La calamidad se extiende de
      nación en nación;
    una terrible tempestad se desata
      desde los confines de la tierra.»

33En aquel día, las víctimas del Señor quedarán tendidas de un extremo a otro de la tierra. Nadie las llorará ni las recogerá ni las enterrará; se quedarán sobre la faz de la tierra, como el estiércol.

34Giman, *pastores, y clamen;
    revuélquense en el polvo, jefes
      del rebaño,
  porque les ha llegado el día de la
      matanza;
    serán dispersados, y caerán como
      carneros escogidos.*t*
35Los pastores no tendrán escapatoria;
    no podrán huir los jefes del
      rebaño.
36Escuchen el clamor de los pastores
    y el gemido de los jefes del
      rebaño,
  porque el Señor destruye sus
      pastizales.

---

s **25:26** *Sesac* es un criptograma que alude a Babilonia. *escogidas* (TM).

t **25:34** *carneros escogidos* (LXX); *vasijas escogidas* (TM).

37 Las hermosas praderas son asoladas,
   a causa de la ardiente ira del
      SEÑOR.
38 Como león que deja abandonada su
      guarida,
   el SEÑOR ha dejado desolado su
      país,
   a causa de la espada[u] devastadora,
   a causa de la ardiente ira del
      SEÑOR.

Jeremías bajo amenaza de muerte

26 Al comienzo del reinado de Joacim hijo de Josías, rey de Judá, vino a Jeremías esta palabra del SEÑOR: 2 «Así dice el SEÑOR: "Párate en el atrio de la casa del SEÑOR, y di todas las palabras que yo te ordene a todas las ciudades de Judá que vienen a adorar en la casa del SEÑOR. No omitas ni una sola palabra. 3 Tal vez te hagan caso y se conviertan de su mal *camino. Si lo hacen, me arrepentiré del mal que pensaba hacerles por causa de sus malas acciones. 4 Tú les advertirás que así dice el SEÑOR: 'Si no me obedecen ni se ciñen a la *ley que yo les he entregado, 5 y si no escuchan las palabras de mis siervos los profetas, a quienes una y otra vez he enviado y ustedes han desobedecido, 6 entonces haré con esta casa lo mismo que que hice con Siló: ¡Haré de esta ciudad una maldición para todas las naciones de la tierra!' " »

7 Los sacerdotes, los profetas y el pueblo entero oyeron estas palabras que el profeta Jeremías pronunció en la casa del SEÑOR. 8 Pero en cuanto Jeremías terminó de decirle al pueblo todo lo que el SEÑOR le había ordenado, los sacerdotes y los profetas y todo el pueblo lo apresaron y le dijeron: «¡Vas a morir! 9 ¿Por qué has profetizado en el *nombre del SEÑOR que esta casa se quedará como Siló, y que esta ciudad quedará desolada y deshabitada?» Y todo el pueblo que estaba en la casa del SEÑOR se abalanzó sobre Jeremías.

10 Cuando los jefes de Judá escucharon estas cosas, fueron del palacio del rey a la casa del SEÑOR, y se apostaron a la entrada de la Puerta Nueva del templo. 11 Allí los sacerdotes y los profetas dijeron a los jefes y a todo el pueblo: «Este hombre debe ser condenado a muerte, porque ha profetizado contra esta ciudad, tal como ustedes lo han escuchado con sus propios oídos.»

12 Pero Jeremías les dijo a todos los jefes y a todo el pueblo: «El SEÑOR me envió para profetizar contra esta casa y contra esta ciudad todas las cosas que ustedes han escuchado. 13 Así que enmienden ya su conducta y sus acciones, y obedezcan al SEÑOR su Dios, y el SEÑOR se arrepentirá del mal que les ha anunciado. 14 En cuanto a mí, estoy en manos de ustedes; hagan conmigo lo que mejor les parezca. 15 Pero sepan que si ustedes me matan, estarán derramando sangre inocente sobre ustedes mismos y sobre los habitantes de esta ciudad. Lo cierto es que el SEÑOR me ha enviado a que les anuncie claramente todas estas cosas.»

16 Los jefes y todo el pueblo dijeron a los sacerdotes y a los profetas: «Este hombre no debe ser condenado a muerte, porque nos ha hablado en el nombre del SEÑOR nuestro Dios.»

17 Entonces algunos de los *ancianos del país se levantaron y le recordaron a toda la asamblea del pueblo 18 que, durante el reinado de Ezequías, Miqueas de Moréset había profetizado a todo el pueblo de Judá:

«Así dice el SEÑOR *Todopoderoso:
   "Sión será arada como un campo,
   Jerusalén quedará en ruinas,
   y la montaña del templo se
      volverá un bosque."

19 »¿Acaso Ezequías, rey de Judá, y todo su pueblo mataron a Miqueas? ¿No es verdad que Ezequías temió al SEÑOR y le pidió su ayuda, y que el SEÑOR se arrepintió del mal que les había anunciado? Sin embargo, nosotros estamos por provocar nuestro propio mal.»

20 Hubo también otro profeta, de nombre Urías hijo de Semaías, de Quiriat Yearín, que profetizaba en el nombre del SEÑOR. Éste profetizó contra la ciudad y

---

[u] **25:38** *la espada* (mss. hebreos, LXX y Targum; véanse también Jer 46:16 y 50:16); *la ira* (TM).

contra el país, tal y como lo hizo Jeremías. [21]Cuando el rey Joacim y sus funcionarios y jefes oyeron sus palabras, el rey intentó matarlo; pero al enterarse Urías, tuvo miedo y escapó a Egipto. [22]Después el rey Joacim envió a Egipto a Elnatán hijo de Acbor, junto con otros hombres, [23]y ellos sacaron de Egipto a Urías y lo llevaron ante el rey Joacim, quien mandó que mataran a Urías a filo de espada, y que arrojaran su cadáver a la fosa común.

[24]Sin embargo, Ajicán hijo de Safán protegió a Jeremías y no permitió que cayera en manos del pueblo ni que lo mataran.

Parábola del yugo

27 Al comienzo del reinado de Sedequías hijo de Josías, rey de Judá, vino a Jeremías esta palabra del SEÑOR: [2]Así me dijo el SEÑOR: «Hazte un yugo y unas correas, y póntelos sobre el cuello. [3]Envía luego a los reyes de Edom, Moab, Amón, Tiro y Sidón, un mensaje por medio de los mensajeros que vienen a Jerusalén para ver a Sedequías, rey de Judá. [4]Entrégales este mensaje para sus señores: "Así dice el SEÑOR *Todopoderoso, el Dios de Israel: 'Digan a sus señores: [5]Yo, con mi gran poder y mi brazo poderoso, hice la tierra, y los *hombres y los animales que están sobre ella, y puedo dárselos a quien me plazca. [6]Ahora mismo entrego todos estos países en manos de mi siervo Nabucodonosor, rey de Babilonia, y hasta las bestias del campo las he puesto bajo su poder. [7]Todas las naciones le servirán a él, y a su hijo y a su nieto, hasta que también a su país le llegue la hora y sea sometido por numerosas naciones y grandes reyes. [8]Y si alguna nación o reino rehúsa someterse a Nabucodonosor, rey de Babilonia, y no dobla el cuello bajo el yugo del rey de Babilonia, yo castigaré a esa nación con espada, hambre y pestilencia, hasta que Nabucodonosor la destruya por completo —afirma el SEÑOR—. [9]» "'Por tanto, no les hagan caso a sus profetas ni a sus adivinos, intérpretes de sueños, astrólogos y hechiceros, que les

dicen que no se sometan al rey de Babilonia. [10]Las mentiras que ellos les profetizan sólo sirven para que ustedes se alejen de su propia tierra, y para que yo los expulse y mueran. [11]En cambio, a la nación que doble el cuello bajo el yugo del rey de Babilonia y se someta a él —afirma el SEÑOR—, yo la dejaré en su propia tierra para que la trabaje y viva en ella.' " »

[12]A Sedequías, rey de Judá, le dije lo mismo: «Doblen el cuello bajo el yugo del rey de Babilonia; sométanse a él y a su pueblo, y seguirán con vida. [13]¿Para qué van a morir tú y tu pueblo por la espada, el hambre y la pestilencia, tal como lo ha prometido el SEÑOR a toda nación que no se someta al rey de Babilonia? [14]No le hagan caso a las palabras de los profetas que les dicen que no se sometan al rey de Babilonia, porque lo que les profetizan son mentiras. [15]"¡Yo no los envié! —afirma el SEÑOR—. Ellos profetizan mentiras en mi *nombre, que sólo servirán para que yo los expulse a ustedes, y mueran tanto ustedes como sus profetas."»

[16]También les comuniqué a los sacerdotes y a todo el pueblo que así dice el SEÑOR:

«No les hagan caso a los profetas que les aseguran que muy pronto les serán devueltos de Babilonia los utensilios de la casa del SEÑOR. ¡Tales profecías son puras mentiras! [17]No les hagan caso. Sométanse al rey de Babilonia, y seguirán con vida. ¿Por qué ha de convertirse en ruinas esta ciudad? [18]Si de veras son profetas y tienen palabra del SEÑOR, que le supliquen al SEÑOR Todopoderoso que no sean llevados a Babilonia los utensilios que aún quedan en la casa del SEÑOR, y en el palacio del rey de Judá y en Jerusalén.

[19]»En cuanto a las columnas, la fuente de agua, las bases y los demás utensilios que quedaron en esta ciudad, [20]los cuales no se llevó Nabucodonosor, rey de Babilonia, cuando deportó de Jerusalén a Babilonia a Jeconías[v] hijo de Joacim, rey de Judá, junto con todos los nobles de Judá y Jerusalén, [21]es decir, en cuanto a los utensilios que quedaron en la casa del SEÑOR y en el

---

[v]**27:20** *Jeconías.* Es decir, Joaquín; también en 28:4.

palacio del rey de Judá y en Jerusalén, así dice el SEÑOR Todopoderoso, el Dios de Israel: 22"Todo esto será llevado a Babilonia —afirma el SEÑOR—, y allí permanecerá hasta el día en que yo lo vaya a buscar y lo devuelva a este lugar."»

Jananías, el falso profeta

28 En el quinto mes de ese mismo año cuarto, es decir, al comienzo del reinado de Sedequías, rey de Judá, el profeta Jananías hijo de Azur, que era de Gabaón, me dijo en la casa del SEÑOR, en presencia de los sacerdotes y de todo el pueblo:

2—Así dice el SEÑOR *Todopoderoso, el Dios de Israel: "Voy a quebrar el yugo del rey de Babilonia. 3Dentro de dos años devolveré a este lugar todos los utensilios que Nabucodonosor, rey de Babilonia, se llevó de la casa del SEÑOR a Babilonia. 4También haré que vuelvan a este lugar Jeconías hijo de Joacim, rey de Judá, y todos los que fueron deportados de Judá a Babilonia. ¡Voy a quebrar el yugo del rey de Babilonia! Yo, el SEÑOR, lo afirmo."

5En presencia de los sacerdotes y de todo el pueblo que estaba en la casa del SEÑOR, el profeta Jeremías le respondió al profeta Jananías:

6—¡Amén! Que así lo haga el SEÑOR. Que cumpla el SEÑOR las palabras que has profetizado. Que devuelva a este lugar los utensilios de la casa del SEÑOR y a todos los que fueron deportados a Babilonia. 7Pero presta atención a lo que voy a decirles a ti y a todo el pueblo: 8Los profetas que nos han precedido profetizaron guerra, hambre y pestilencia contra numerosas naciones y grandes reinos. 9Pero a un profeta que anuncia *paz se le reconoce como profeta verdaderamente enviado por el SEÑOR, sólo si se cumplen sus palabras.

10Entonces el profeta Jananías tomó el yugo que estaba sobre el cuello del profeta Jeremías, y lo quebró. 11Y dijo en presencia de todo el pueblo:

—Así dice el SEÑOR: "De esta manera voy a quebrar, dentro de dos años, el yugo

de Nabucodonosor, rey de Babilonia, que pesa sobre el cuello de todas las naciones."

El profeta Jeremías, por su parte, optó por seguir su camino.

12Algún tiempo después de que el profeta Jananías quebrara el yugo que pesaba sobre el cuello de Jeremías, la palabra del SEÑOR vino a este profeta:

13«Ve y adviértele a Jananías que así dice el SEÑOR: "Tú has quebrado un yugo de madera, pero yo haré*w* en su lugar un yugo de hierro. 14Porque así dice el SEÑOR Todopoderoso, el Dios de Israel: 'Voy a poner un yugo de hierro sobre el cuello de todas estas naciones, para someterlas a Nabucodonosor, rey de Babilonia, y ellas se sujetarán a él. También a las bestias del campo las someteré a su poder.' "»

15Entonces el profeta Jeremías le dijo al profeta Jananías:

—Presta mucha atención. A pesar de que el SEÑOR no te ha enviado, tú has hecho que este pueblo confíe en una mentira. 16Por eso, así dice el SEÑOR: "Voy a hacer que desaparezcas de la faz de la tierra. Puesto que has incitado a la rebelión contra el SEÑOR, este mismo año morirás."

17En efecto, el profeta Jananías murió en el mes séptimo de ese mismo año.

Carta a los exiliados

29 Ésta es la carta que el profeta Jeremías envió desde Jerusalén al resto de los *ancianos que estaban en el exilio, a los sacerdotes y los profetas, y a todo el pueblo que Nabucodonosor había desterrado de Jerusalén a Babilonia. 2Esto sucedió después de que el rey Jeconías había salido de Jerusalén, junto con la reina madre, los *eunucos, los jefes de Judá y de Jerusalén, los artesanos y los herreros. 3La carta fue enviada por medio de Elasá hijo de Safán, y de Guemarías hijo de Jilquías, a quienes Sedequías, rey de Judá, había enviado al rey Nabucodonosor, rey de Babilonia. La carta decía:

4Así dice el SEÑOR *Todopoderoso, el Dios de Israel, a todos los que he

---

*w***28:13** *yo haré* (LXX); *tú harás* (TM).

deportado de Jerusalén a Babilonia: **5**«Construyan casas y habítenlas; planten huertos y coman de su fruto. **6**Cásense, y tengan hijos e hijas; y casen a sus hijos e hijas, para que a su vez ellos les den nietos. Multiplíquense allá, y no disminuyan. **7**Además, busquen el *bienestar de la ciudad adonde los he deportado, y pidan al SEÑOR por ella, porque el bienestar de ustedes depende del bienestar de la ciudad.» **8**Así dice el SEÑOR Todopoderoso, el Dios de Israel: «No se dejen engañar por los profetas ni por los adivinos que están entre ustedes. No hagan caso de los sueños que ellos tienen.ˣ **9**Lo que ellos les profetizan en mi *nombre es una mentira. Yo no los he enviado», afirma el SEÑOR.

10Así dice el SEÑOR: «Cuando a Babilonia se le hayan cumplido los setenta años, yo los visitaré; y haré honor a mi promesa en favor de ustedes, y los haré volver a este lugar. **11**Porque yo sé muy bien los planes que tengo para ustedes —afirma el SEÑOR—, planes de bienestar y no de calamidad, a fin de darles un futuro y una esperanza. **12**Entonces ustedes me invocarán, y vendrán a suplicarme, y yo los escucharé. **13**Me buscarán y me encontrarán, cuando me busquen de todo *corazón. **14**Me dejaré encontrar —afirma el SEÑOR—, y los haré volver del cautiverio.ʸ Yo los reuniré de todas las naciones y de todos los lugares adonde los haya dispersado, y los haré volver al lugar del cual los deporté», afirma el SEÑOR.

15Ustedes podrán decir: «El SEÑOR nos ha dado profetas en Babilonia», **16**pero esto es lo que dice el SEÑOR acerca del rey que ocupa el trono de David, y acerca de todo el pueblo que aún queda en esta ciudad, es decir, de sus hermanos que no fueron con ustedes al exilio. **17**Así dice el SEÑOR Todopoderoso: «Voy a mandar contra ellos la espada, el hambre y la pestilencia. Haré que sean como higos podridos, que de tan malos no se pueden comer. **18**Los

perseguiré con espada, hambre y pestilencia, y haré que sean motivo de espanto para todos los reinos de la tierra, y que sean maldición y objeto de horror, de burla y de escarnio en todas las naciones por donde yo los disperse. **19**Porque ustedes no han escuchado ni han hecho caso de las palabras que, una y otra vez, les envié por medio de mis siervos los profetas —afirma el SEÑOR—.

20»Pero ahora todos ustedes los exiliados que hice deportar de Jerusalén a Babilonia, ¡obedezcan mi palabra!» **21**Así dice el SEÑOR Todopoderoso, el Dios de Israel, acerca de Acab hijo de Colaías, y de Sedequías hijo de Maseías, que les profetizan una mentira en mi nombre: «Voy a entregarlos en manos de Nabucodonosor, rey de Babilonia, y él los matará ante sus propios ojos. **22**Por culpa de ellos, todos los deportados de Judá que están en Babilonia pronunciarán esta maldición: "Que haga el SEÑOR contigo lo mismo que hizo con Sedequías y Acab, a quienes el rey de Babilonia asó en el fuego." **23**Porque cometieron una infamia en Israel: adulteraron con la mujer de su prójimo y dijeron mentiras en mi nombre, cosas que jamás les ordené. Yo lo sé, y de eso soy testigo», afirma el SEÑOR.

Mensaje de Semaías

24También a Semaías hijo de Nejelán le comunicarás **25**que así dice el SEÑOR *Todopoderoso, el Dios de Israel: «Tú, en tu propio nombre, enviaste cartas a todo el pueblo que está en Jerusalén, al sacerdote Sofonías hijo de Maseías, y a todos los sacerdotes. En esas cartas decías: **26**"El SEÑOR te ha puesto como sacerdote en lugar del sacerdote Joyadá, para que vigiles en la casa del SEÑOR. A todo loco que se haga pasar por profeta, lo pondrás en el cepo y en el calabozo. **27**¿Por qué, pues, no has reprendido a Jeremías de Anatot, que entre ustedes se hace pasar por

---

ˣ **29:8** *que ellos tienen.* Lit. *que ustedes hacen soñar. la suerte de ustedes.*

ʸ **29:14** *los haré volver del cautiverio.* Alt. *cambiaré* profeta? **28**Resulta que él nos envió un mensaje a Babilonia, el cual decía: 'La deportación va a durar mucho tiempo; así que construyan casas, y habítenlas; planten huertos y coman de su fruto.' " »

29El sacerdote Sofonías leyó esta carta al profeta Jeremías. **30**Entonces vino a Jeremías la palabra del Señor:

31«Comunícales a todos los deportados que así dice el Señor acerca de Semaías de Nejelán: "Puesto que Semaías les ha profetizado sin que yo lo haya enviado, y les ha hecho confiar en una mentira, **32**yo, el Señor, castigaré a Semaías de Nejelán y a su descendencia, porque ha incitado al pueblo a rebelarse contra mí. Ninguno de su familia vivirá para contar el bien que le haré a mi pueblo"», afirma el Señor.

Restauración de Israel

30 La palabra del Señor vino a Jeremías: **2**«Así dice el Señor, el Dios de Israel: "Escribe en un libro todas las palabras que te he dicho. **3**Porque vienen días —afirma el Señor— cuando yo haré volver del cautiverio a mi pueblo Israel y Judá,*z* y los traeré a la tierra que di a sus antepasados, y la poseerán"», afirma el Señor.

4Esto fue lo que el Señor le dijo a Jeremías acerca de Israel y Judá: **5**«Así dice el Señor:

»"Hemos escuchado un grito de
espanto;
no hay *paz, sino terror.
6Pregunten y vean
si acaso los varones dan a luz.
¿Por qué, pues, veo a todos los
*hombres
con las manos sobre las caderas,
como mujeres con dolores de
parto?
¿Por qué han palidecido
todos los rostros?
7¡Ay! Será un día terrible,
un día que no tiene parangón.
Será un tiempo de angustia para
Jacob,
pero será librado de ella.

8»"En aquel día —afirma el Señor
*Todopoderoso—,
quebraré el yugo que mi pueblo
lleva sobre el cuello,
romperé sus ataduras,
y ya no serán esclavos de
extranjeros.
9Servirán al Señor, su Dios,
y a David, a quien pondré como
su rey.

10»"No temas, Jacob, siervo mío;
no te asustes, Israel
—afirma el Señor—.
A ti, Jacob, te libraré de ese país
lejano;
a tus descendientes los libraré del
exilio.
Volverás a vivir en paz y
tranquilidad,
y ya nadie te infundirá temor.
11Porque yo estoy contigo para
salvarte
—afirma el Señor—.
Destruiré por completo a todas las
naciones
entre las que te había dispersado.
Pero a ti no te destruiré del todo,
sino que te castigaré con *justicia;
¡de ninguna manera quedarás
impune!"

12»Así dice el Señor:

»"Tu herida es incurable,
tu llaga no tiene remedio.
13No hay quien defienda tu causa;
no hay remedio para tu mal
ni sanidad para tu enfermedad.
14Todos tus amantes te han olvidado;
ya no se ocupan de ti.
Por causa de tu enorme iniquidad,
y por tus muchos pecados,
te he golpeado, te he corregido,
como lo haría un adversario cruel.
15¿Por qué te quejas de tus heridas,
si tu dolor es incurable?
Por causa de tu enorme iniquidad
y por tus muchos pecados,
yo te he tratado así.

---

z **30:3** *haré volver del cautiverio a.* Alt. *cambiaré la suerte de.*

16» "Todos los que te devoren serán
　　　devorados;
　　todos tus enemigos serán
　　　deportados.
　　Todos los que te saqueen serán
　　　saqueados;
　　todos los que te despojen serán
　　　despojados.
17Pero yo te restauraré
　　y sanaré tus heridas
　　　　　　　　—afirma el Señor—
　porque te han llamado la
　　　Desechada,
　　la pobre *Sión, la que a nadie le
　　　importa."

18»Así dice el Señor:

　»"Restauraré las fortunas de las
　　　carpas de Jacob,
　　y tendré compasión de sus
　　　moradas;
　la ciudad resurgirá sobre sus ruinas,
　　y el palacio se asentará en el
　　　lugar debido.
19Surgirán de ellos cánticos de
　　　gratitud,
　　y gritos de alegría.
　Multiplicaré su descendencia, y no
　　　disminuirá;
　　los honraré, y no serán
　　　menospreciados.
20Sus hijos volverán a ser como antes;
　　ante mí será restablecida su
　　　comunidad,
　　pero castigaré a todos sus
　　　opresores.
21De entre ellos surgirá su líder;
　　uno de ellos será su gobernante.
　Lo acercaré hacia mí, y él estará a
　　　mi lado,
　　pues ¿quién arriesgaría su vida
　　　por acercarse a mí?
　　　　　　　　—afirma el Señor—.
22Ustedes serán mi pueblo,
　　y yo seré su Dios."»

23La tempestad del Señor
　　ha estallado con furor;
　　una tempestad huracanada

se ha desatado sobre los
　　malvados.
24La ardiente ira del Señor no pasará
　　hasta que haya realizado del todo
　　los propósitos de su *corazón.
　Todo esto lo comprenderán ustedes
　　al final de los tiempos.

31 «En aquel tiempo —afirma el
　　Señor— seré el Dios de todas las
familias de Israel, y ellos serán mi pueblo.»
2Así dice el Señor:

«El pueblo que escapó de la espada
　　ha hallado gracia en el desierto;
　　Israel va en busca de su reposo.»

3Hace mucho tiempo[a] se me apareció
el Señor y me dijo:

«Con amor eterno te he amado;
　　por eso te sigo con fidelidad,
4　　oh virginal Israel.
　Te edificaré de nuevo;
　　¡sí, serás reedificada!
　De nuevo tomarás panderetas
　　y saldrás a bailar con alegría.
5Volverás a plantar viñedos
　　en las colinas de Samaria,
　y quienes los planten
　　gozarán de sus frutos
6Vendrá un día en que los centinelas
　　gritarán por las colinas de Efraín:
　"¡Vengan, subamos a *Sión,
　　al monte del Señor, nuestro
　　　Dios!"»

7Así dice el Señor:

«Canten jubilosos en honor de
　　Jacob;
　　griten de alegría por la mejor de
　　　las naciones.
　Hagan oír sus alabanzas y clamen:
　　"Salva, Señor, a tu pueblo;
　　salva al remanente de Israel."
8Yo los traeré del país del norte;
　　los reuniré de los confines de la
　　　tierra.
　　¡Volverá una gran multitud!

---

a **31:3** *Hace mucho tiempo.* Alt. *Desde lejos.*

Entre ellos vendrán ciegos y cojos,
embarazadas y parturientas.
⁹Entre llantos vendrán,
y entre consuelos los conduciré.
Los guiaré a corrientes de agua
por un camino llano
en el que no tropezarán.
Yo soy el padre de Israel;
mi primogénito es Efraín.

¹⁰»Naciones, escuchen la palabra del
SEÑOR,
y anuncien en las costas más
lejanas:
"El que dispersó a Israel, lo
reunirá;
lo cuidará como un *pastor a su
rebaño."
¹¹Porque el SEÑOR rescató a Jacob;
lo redimió de una mano más
poderosa.
¹²Vendrán y cantarán jubilosos en las
alturas de Sión;
disfrutarán de las bondades del
SEÑOR:
el trigo, el vino nuevo y el aceite,
las crías de las ovejas y las
vacas.
Serán como un jardín bien regado,
y no volverán a desmayar.
¹³Entonces las jóvenes danzarán con
alegría,
y los jóvenes junto con los
ancianos.
Convertiré su duelo en gozo, y los
consolaré;
transformaré su dolor en alegría.
¹⁴Colmaré de abundancia a los
sacerdotes,
y saciaré con mis bienes a mi
pueblo»,
afirma el SEÑOR.

¹⁵Así dice el SEÑOR:

«Se oye un grito en Ramá,
lamentos y amargo llanto.
Es Raquel, que llora por sus hijos
y no quiere ser consolada;
¡sus hijos ya no existen!»

¹⁶Así dice el SEÑOR:

«Reprime tu llanto,
las lágrimas de tus ojos,
pues tus obras tendrán su
recompensa:
tus hijos volverán del país
enemigo
—afirma el SEÑOR—.
¹⁷Se vislumbra esperanza en tu
futuro:
tus hijos volverán a su patria
—afirma el SEÑOR—.

¹⁸»Por cierto, he escuchado el
lamento de Efraín:
"Me has escarmentado como a un
ternero sin domar,
y he aceptado tu *corrección.
Hazme volver, y seré restaurado;
porque tú, mi Dios, eres el SEÑOR.
¹⁹Yo me aparté, pero me *arrepentí;
al comprenderlo me di golpes de
pecho.ᵇ
Me siento avergonzado y humillado
porque cargo con el oprobio de
mi juventud."

²⁰»¿Acaso no es Efraín mi hijo
amado?
¿Acaso no es mi niño preferido?
Cada vez que lo reprendo,
vuelvo a acordarme de él.
Por él mi *corazón se conmueve;
por él siento mucha compasión
—afirma el SEÑOR—.

²¹»Ponte señales en el camino,
coloca marcas por donde pasaste,
fíjate bien en el sendero.
¡Vuelve, virginal Israel;
vuelve a tus ciudades!
²²¿Hasta cuándo andarás errante,
hija infiel?
El SEÑOR creará algo nuevo en la
tierra,
la mujer regresará a su esposo.»ᶜ

²³Así dice el SEÑOR *Todopoderoso,
el Dios de Israel: «Cuando yo cambie su

ᵇ**31:19** *de pecho.* Lit. *en el muslo.*   ᶜ**31:22** *regresará a su esposo.* Frase de difícil traducción.

suerte, en la tierra de Judá y en sus ciudades volverá a decirse:

> »"Monte *santo, morada de justicia:
> ¡que el SEÑOR te bendiga!"

24Allí habitarán juntos Judá y todas sus ciudades, los agricultores y los pastores de rebaños. **25**Daré de beber a los sedientos y saciaré a los que estén agotados.»
26En ese momento me desperté, y abrí los ojos. Había tenido un sueño agradable.
27«Vienen días —afirma el SEÑOR— en que con la simiente de *hombres y de animales sembraré el pueblo de Israel y la tribu de Judá. **28**Y así como he estado vigilándolos para arrancar y derribar, para destruir y demoler, y para traer calamidad, así también habré de vigilarlos para construir y plantar —afirma el SEÑOR—. **29**En aquellos días no volverá a decirse:

> »"Los padres comieron uvas agrias,
> y a los hijos se les destemplaron
> los dientes."

30Al contrario, al que coma uvas agrias se le destemplarán los dientes, es decir, que cada uno morirá por su propia iniquidad.
31»Vienen días —afirma el SEÑOR— en que haré un nuevo *pacto con el pueblo de Israel y con la tribu de Judá. **32**No será un pacto como el que hice con sus antepasados el día en que los tomé de la mano y los saqué de Egipto, ya que ellos lo quebrantaron a pesar de que yo era su esposo —afirma el SEÑOR—.
33»Éste es el pacto que después de aquel tiempo haré con el pueblo de Israel —afirma el SEÑOR—: Pondré mi *ley en su *mente, y la escribiré en su *corazón. Yo seré su Dios, y ellos serán mi pueblo. **34**Ya no tendrá nadie que enseñar a su prójimo, ni dirá nadie a su hermano: "¡Conoce al SEÑOR!", porque todos, desde el más pequeño hasta el más grande, me conocerán —afirma el SEÑOR—. Yo les perdonaré su iniquidad, y nunca más me acordaré de sus pecados.»

35Así dice el SEÑOR,
   cuyo *nombre es el SEÑOR
      Todopoderoso,

quien estableció el sol para
      alumbrar el día,
y la luna y las estrellas para
      alumbrar la noche,
y agita el mar para que rujan sus
      olas:

36«Si alguna vez fallaran estas leyes
      —afirma el SEÑOR—,
entonces la descendencia de Israel
      ya nunca más sería mi nación
      especial.»

37Así dice el SEÑOR:

«Si se pudieran medir los cielos en
      lo alto,
y en lo bajo explorar los
      cimientos de la tierra,
entonces yo rechazaría a la
      descendencia de Israel
por todo lo que ha hecho
            —afirma el SEÑOR—.

38»Vienen días —afirma el SEÑOR—, en que la ciudad del SEÑOR será reconstruida, desde la torre de Jananel hasta la puerta de la Esquina. **39**El cordel para medir se extenderá en línea recta, desde allí hasta la colina de Gareb, y luego girará hacia Goa. **40**Y todo el valle donde se arrojan los cadáveres y las cenizas, y todos los campos, hasta el arroyo de Cedrón y hasta la puerta de los Caballos, en la esquina oriental, estarán consagrados al SEÑOR. ¡Nunca más la ciudad será arrancada ni derribada!»

Parábola del terreno

32 Ésta es la palabra del SEÑOR, que vino a Jeremías en el año décimo del reinado de Sedequías en Judá, es decir, en el año dieciocho de Nabucodonosor. **2**En aquel tiempo el ejército del rey de Babilonia mantuvo sitiada a Jerusalén, y el profeta Jeremías estuvo preso en el patio de la guardia del palacio real.

3Sedequías, el rey de Judá, lo tenía preso y le reprochaba: «¿Por qué andas profetizando: "Así dice el SEÑOR"? Andas proclamando que el SEÑOR dice: "Voy a entregar esta ciudad en manos del rey de Babilonia, y él la tomará; **4**y

Sedequías, rey de Judá, no escapará de la mano de los *babilonios, sino que será entregado en manos del rey de Babilonia y tendrá que enfrentarse con él cara a cara." 5Además, dices que el SEÑOR afirma: "Nabucodonosor se llevará a Sedequías a Babilonia, y allí se quedará hasta que yo vuelva a ocuparme de él", y también: "Si ustedes combaten contra los babilonios, no vencerán."»

6Jeremías respondió: «La palabra del SEÑOR vino a mí, 7y me dijo: "Janamel, hijo de tu tío Salún, vendrá a pedirte que le compres el campo que está en Anatot, pues tienes el derecho y la responsabilidad de comprarlo por ser el pariente más cercano."*d*

8»En efecto, conforme a la palabra del SEÑOR, mi primo Janamel vino a verme en el patio de la guardia y me dijo: "Compra ahora mi campo que está en Anatot, en el territorio de Benjamín, ya que tú tienes el derecho y la responsabilidad de comprarlo por ser el pariente más cercano." Entonces comprendí que esto era palabra del SEÑOR, 9y le compré a mi primo Janamel el campo de Anatot por diecisiete monedas*e* de plata. 10Reuní a los testigos, firmé la escritura, la sellé, y pagué el precio convenido. 11Luego tomé la copia sellada y la copia abierta de la escritura con las condiciones de compra, 12y se las entregué a Baruc, hijo de Nerías y nieto de Maseías, en presencia de Janamel, de los testigos que habían firmado la escritura, y de todos los judíos que estaban sentados en el patio de la guardia. 13Con ellos como testigos, le ordené a Baruc: 14"Así dice el SEÑOR *Todopoderoso, el Dios de Israel: 'Toma la copia sellada y la copia abierta de esta escritura, y guárdalas en una vasija de barro, para que se conserven mucho tiempo.' 15Porque así dice el SEÑOR Todopoderoso, el Dios de Israel: 'De nuevo volverán a comprarse casas, campos y viñedos en esta tierra.' "

16»Después de entregarle la escritura a Baruc hijo de Nerías, oré al SEÑOR:

17»¡Ah, SEÑOR mi Dios! Tú, con tu gran fuerza y tu brazo poderoso, has hecho los cielos y la tierra. Para ti no hay nada imposible. 18Muestras tu fiel amor a multitud de generaciones, pero también castigas a los hijos por la iniquidad de sus antepasados. ¡Oh Dios grande y fuerte, tu *nombre es el SEÑOR Todopoderoso! 19Tus proyectos son grandiosos, y magníficas tus obras. Tus ojos observan todo lo que hace la *humanidad, para dar a cada uno lo que merece, según su conducta y los frutos de sus acciones. 20Tú hiciste milagros y prodigios en la tierra de Egipto, y hasta el día de hoy los sigues haciendo, tanto en Israel como en todo el mundo; así te has conquistado la fama que hoy tienes. 21Tú, con gran despliegue de poder, y con milagros, prodigios y gran terror, sacaste de Egipto a tu pueblo. 22Le diste a Israel esta tierra, donde abundan la leche y la miel, tal como se lo habías jurado a sus antepasados. 23Pero cuando entraron y tomaron posesión de ella, no te obedecieron ni acataron tu *ley, ni tampoco hicieron lo que les habías ordenado. Por eso les enviaste toda esta desgracia. 24Ahora las rampas de ataque han llegado hasta la ciudad para conquistarla. A causa de la espada, el hambre y la pestilencia, la ciudad caerá en manos de los babilonios que la atacan. SEÑOR, todo lo que habías anunciado se está cumpliendo, y tú mismo lo estás viendo. 25SEÑOR mi Dios, a pesar de que la ciudad caerá en manos de los babilonios, tú me has dicho: "Cómprate el campo al contado en presencia de testigos."»

26Entonces vino la palabra del SEÑOR a Jeremías: 27«Yo soy el SEÑOR, Dios de toda la humanidad. ¿Hay algo imposible para mí? 28Por eso, así dice el SEÑOR: Voy a entregar esta ciudad en manos de los babilonios y de Nabucodonosor, su rey, y él la capturará. 29Y los babilonios que ataquen esta ciudad, entrarán en ella y le

---

d **32:7** *el derecho ... más cercano.* Lit. *el derecho de rescate para comprarlo*; también en v. 8 (véase Lv 25:25-28). *e* **32:9** *monedas.* Lit. *siclos.*

prenderán fuego, así como a las casas en cuyas azoteas se quemaba incienso a *Baal y, para provocarme a ira, se derramaban libaciones a otros dioses. ³⁰Porque desde su juventud el pueblo de Israel y el de Judá no han hecho sino lo malo delante de mí. El pueblo de Israel no ha dejado de provocarme a ira con la obra de sus manos —afirma el Señor—. ³¹Desde el día en que construyeron esta ciudad hasta hoy, ella ha sido para mí motivo de ira y de furor. Por eso la quitaré de mi presencia, ³²por todo el mal que han cometido los pueblos de Israel y de Judá: ellos, sus reyes, sus jefes, sus sacerdotes y sus profetas, todos los habitantes de Judá y de Jerusalén. ³³Ellos no me miraron de frente, sino que me dieron la espalda. Y aunque una y otra vez les enseñaba, no escuchaban ni aceptaban *corrección. ³⁴Colocaban sus ídolos abominables en la casa que lleva mi nombre, y así la profanaban. ³⁵También construían altares a Baal en el valle de Ben Hinón, para pasar por el fuego a sus hijos e hijas en sacrificio a Moloc, cosa detestable que yo no les había ordenado, y que ni siquiera se me había ocurrido. De este modo hacían pecar a Judá.

³⁶»Por tanto, así dice el Señor, Dios de Israel, acerca de esta ciudad que, según ustedes, caerá en manos del rey de Babilonia por la espada, el hambre y la pestilencia: ³⁷Voy a reunirlos de todos los países adonde en mi ira, furor y terrible enojo los dispersé, y los haré volver a este lugar para que vivan seguros. ³⁸Ellos serán mi pueblo, y yo seré su Dios. ³⁹Haré que haya coherencia entre su pensamiento y su conducta, a fin de que siempre me teman, para su propio bien y el de sus hijos. ⁴⁰Haré con ellos un *pacto eterno: Nunca dejaré de estar con ellos para mostrarles mi favor; pondré mi temor en sus corazones, y así no se apartarán de mí. ⁴¹Me regocijaré en favorecerlos, y con todo mi *corazón y con toda mi *alma los plantaré firmemente en esta tierra.

⁴²»Así dice el Señor: Tal como traje esta gran calamidad sobre este pueblo, yo mismo voy a traer sobre ellos todo el bien que les he prometido. ⁴³Se comprarán campos en esta tierra, de la cual ustedes dicen: "Es una tierra desolada, sin gente ni animales, porque fue entregada en manos de los babilonios." ⁴⁴En la tierra de Benjamín y en los alrededores de Jerusalén, en las ciudades de Judá, de la región montañosa, de la llanura, y del Néguev, se comprarán campos por dinero, se firmarán escrituras, y se sellarán ante testigos —afirma el Señor—, porque yo cambiaré su suerte.»

Promesas de restauración

33 La palabra del Señor vino a Jeremías por segunda vez, cuando éste aún se hallaba preso en el patio de la guardia: ²«Así dice aquel cuyo *nombre es el Señor, el que hizo la tierra, y la formó y la estableció con firmeza: ³"Clama a mí y te responderé, y te daré a conocer cosas grandes y ocultas que tú no sabes." ⁴Porque así dice el Señor, Dios de Israel, acerca de las casas de esta ciudad y de los palacios de los reyes de Judá, que van a ser derribados para levantar defensas contra la espada y contra las rampas de asalto: ⁵"Los *babilonios vienen para atacar la ciudad y llenarla de cadáveres. En mi ira y furor he ocultado mi rostro de esta ciudad; la heriré de muerte a causa de todas sus maldades.

⁶»"Sin embargo, les daré salud y los curaré; los sanaré y haré que disfruten de abundante *paz y seguridad. ⁷Cambiaré la suerte de Judá y de Israel, y los reconstruiré como al principio. ⁸Los *purificaré de todas las iniquidades que cometieron contra mí; les perdonaré todos los pecados con que se rebelaron contra mí. ⁹Jerusalén será para mí motivo de gozo, y de alabanza y de gloria a la vista de todas las naciones de la tierra. Se enterarán de todo el bien que yo le hago, y temerán y temblarán por todo el bienestar y toda la paz que yo le ofrezco."

¹⁰»Así dice el Señor: "Ustedes dicen que este lugar está en ruinas, sin gente ni animales. Sin embargo, en las ciudades de Judá y en las calles de Jerusalén, que están desoladas y sin gente ni animales, se oirá de nuevo ¹¹el grito de gozo y alegría, el canto del novio y de la novia, y la voz de los que traen a la casa del Señor ofrendas de acción de gracias y cantan:

»'"Den gracias al Señor
*Todopoderoso,
porque el Señor es bueno,
porque su amor es eterno.'

Yo cambiaré la suerte de este país —afirma el Señor—, y volverá a ser como al principio."

12»Así dice el Señor Todopoderoso: "En este lugar que está en ruinas, sin gente ni animales, y en todas sus ciudades, de nuevo habrá pastos en donde los *pastores harán descansar a sus rebaños. **13**En las ciudades de la región montañosa, de la llanura, y del Néguev, en el territorio de Benjamín, en los alrededores de Jerusalén y en las ciudades de Judá, las ovejas volverán a ser contadas por los pastores —dice el Señor—.

14»"Llegarán días —afirma el Señor—, en que cumpliré la promesa de bendición que hice al pueblo de Israel y a la tribu de Judá.

15»"En aquellos días, y en aquel
tiempo,
haré que brote de David un
renuevo justo,
y él practicará la justicia y el
derecho en el país.
16En aquellos días Judá estará a salvo,
y Jerusalén morará segura.
Y será llamada así:
'El Señor es nuestra *justicia.'"

17Porque así dice el Señor: "Nunca le faltará a David un descendiente que ocupe el trono del pueblo de Israel. **18**Tampoco a los sacerdotes levitas les faltará un descendiente que en mi presencia ofrezca *holocausto, queme ofrendas de grano, y presente sacrificios todos los días."»

19La palabra del Señor vino a Jeremías: **20**«Así dice el Señor: "Si ustedes pudieran romper mi *pacto con el día y mi pacto con la noche, de modo que el día y la noche no llegaran a su debido tiempo, **21**también podrían romper mi pacto con mi siervo David, que no tendría un sucesor que ocupara su trono, y con los sacerdotes levitas, que son mis ministros. **22**Yo multiplicaré la descendencia de mi siervo David, y la de los levitas, mis ministros,

como las incontables estrellas del cielo y los granos de arena del mar."»

23La palabra del Señor vino a Jeremías: **24**«"¿No te has dado cuenta de que esta gente afirma que yo, el Señor, he rechazado a los dos reinos que había escogido? Con esto desprecian a mi pueblo, y ya no lo consideran una nación. **25**Así dice el Señor: "Si yo no hubiera establecido mi pacto con el día ni con la noche, ni hubiera fijado las leyes que rigen el cielo y la tierra, **26**entonces habría rechazado a los descendientes de Jacob y de mi siervo David, y no habría escogido a uno de su estirpe para gobernar sobre la descendencia de Abraham, Isaac y Jacob. ¡Pero yo cambiaré su suerte y les tendré compasión!"»

Advertencia al rey Sedequías

34 La palabra del Señor vino a Jeremías cuando Nabucodonosor, rey de Babilonia, estaba atacando a Jerusalén y a sus ciudades vecinas con todo su ejército y con todos los reinos y pueblos de la tierra regidos por él: **2**«Así dice el Señor, el Dios de Israel: "Ve y adviértele a Sedequías, rey de Judá, que así dice el Señor: 'Voy a entregar esta ciudad en manos del rey de Babilonia, quien la incendiará. **3**Y tú no te escaparás de su poder, porque ciertamente serás capturado y entregado en sus manos. Tus ojos verán los ojos del rey de Babilonia, y él te hablará cara a cara, y serás llevado a Babilonia.'

4»"No obstante, Sedequías, rey de Judá, escucha la promesa del Señor para ti. Así dice el Señor: 'Tú no morirás a filo de espada **5**sino en *paz.' También afirma el Señor: 'Yo te prometo que, así como los reyes de antaño que te precedieron quemaron especias por tus antepasados, así también lo harán en tu funeral, lamentándose por ti y clamando: ¡Ay, señor!'"»

6El profeta Jeremías dijo todo esto a Sedequías, rey de Judá, en Jerusalén. **7**Mientras tanto, el ejército del rey de Babilonia estaba combatiendo contra Jerusalén y contra las ciudades de Judá que aún quedaban, es decir, Laquis y Azeca, que eran las únicas ciudades fortificadas.

Liberación para los esclavos

8La palabra del Señor vino a Jeremías después de que el rey Sedequías hizo un pacto con todo el pueblo de Jerusalén para dejar libres a los esclavos. **9**El acuerdo estipulaba que cada israelita debía dejar libre a sus esclavas y esclavos hebreos, y que nadie debía esclavizar a un compatriota judío. **10**Todo el pueblo y los jefes que habían hecho el acuerdo liberaron a sus esclavos, de manera que nadie quedaba obligado a servirlos. **11**Pero después se retractaron y volvieron a someter a esclavitud a los que habían liberado.

12Una vez más la palabra del Señor vino a Jeremías: **13**«Así dice el Señor, el Dios de Israel: "Yo hice un *pacto con sus antepasados cuando los saqué de Egipto, lugar de esclavitud. Les ordené **14**que cada siete años liberaran a todo esclavo hebreo que se hubiera vendido a sí mismo con ellos. Después de haber servido como esclavo durante seis años, debía ser liberado.*ᶠ* Pero sus antepasados no me obedecieron ni me hicieron caso. **15**Ustedes, en cambio, al proclamar la libertad de su prójimo, se habían convertido y habían hecho lo que yo apruebo. Además, se habían comprometido con un pacto en mi presencia, en la casa que lleva mi *nombre. **16**Pero ahora se han vuelto atrás y han profanado mi nombre. Cada uno ha obligado a sus esclavas y esclavos que había liberado a someterse de nuevo a la esclavitud."

17»Por tanto, así dice el Señor: "No me han obedecido, pues no han dejado en libertad a sus hermanos. Por tanto, yo proclamo contra ustedes una liberación —afirma el Señor—: dejaré en libertad a la guerra, la pestilencia y el hambre, para que lo que les pase a ustedes sirva de escarmiento para todos los reinos de la tierra. **18**Puesto que han violado mi pacto, y no han cumplido las estipulaciones del pacto que acordaron en mi presencia, los trataré comoᐧ al novillo que cortaron en dos, y entre cuyos pedazos pasaron para rubricar el pacto.ᵍ **19**A los jefes de Judá y

de Jerusalén, y a los oficiales de la corte y a los sacerdotes, y a todos los que pasaron entre los pedazos del novillo, **20**los entregaré en manos de sus enemigos, que atentan contra su vida, y sus cadáveres servirán de alimento a las aves de rapiña y a las fieras del campo.

21»"A Sedequías, rey de Judá, y a sus jefes, los entregaré en manos de sus enemigos, que atentan contra sus vidas, es decir, en poder del ejército del rey de Babilonia, que por el momento se ha replegado. **22**Voy a dar una orden —afirma el Señor—, y los haré volver a esta ciudad. La atacarán y, luego de tomarla, la incendiarán. Dejaré a las ciudades de Judá en total desolación, sin habitantes."»

El ejemplo de los recabitas

35 La palabra del Señor vino a mí, Jeremías, en los días de Joacim hijo de Josías, rey de Judá. **2**«Ve a la familia de los recabitas, e invítalos para que vengan a una de las salas de la casa del Señor, y ofréceles vino.»

3Entonces fui a buscar a Jazanías, hijo de mi tocayo Jeremías y nieto de Jabasinías, y a sus hermanos y a todos sus hijos, y a toda la familia de los recabitas. **4**Los llevé a la casa del Señor, a la sala de los hijos de Janán hijo de Igdalías, hombre de Dios. Esta sala se encontraba junto a la de los jefes, que a su vez estaba encima de la de Maseías hijo de Salún, guardián del umbral. **5**Les serví a los recabitas jarras y copas llenas de vino, y les dije: «¡Beban!»

6Ellos me respondieron: «Nosotros no bebemos vino, porque Jonadab hijo de Recab, nuestro antepasado, nos ordenó lo siguiente: "Nunca beban vino, ni ustedes ni sus descendientes. **7**Tampoco edifiquen casas, ni siembren semillas, ni planten viñedos, ni posean ninguna de estas cosas. Habiten siempre en tiendas de campaña, para que vivan mucho tiempo en esta tierra donde son extranjeros." **8**Nosotros obedecemos todo lo que nos ordenó Jonadab hijo de Recab, nuestro antepasado. Nunca bebemos vino, ni tampoco lo hacen nuestras mujeres ni

---

*ᶠ***34:14** Véanse Éx 21:2; Dt 15:12.   ᵍ**34:18** Véase Gn 15:9-10,17-18.

nuestros hijos. ⁹No edificamos casas para habitarlas; no poseemos viñedos ni campos sembrados. ¹⁰Vivimos en tiendas de campaña y obedecemos todo lo que nos ordenó Jonadab, nuestro antepasado. ¹¹Pero cuando Nabucodonosor, rey de Babilonia, invadió esta tierra, dijimos: "Vámonos a Jerusalén, para escapar del ejército *babilonio y del ejército *sirio." Por eso ahora vivimos en Jerusalén.»

¹²Entonces la palabra del SEÑOR vino a Jeremías: ¹³«Así dice el SEÑOR *Todopoderoso, el Dios de Israel: "Ve y dile a toda la gente de Judá y Jerusalén: ¿No pueden aprender esta lección, y obedecer mis palabras? —afirma el SEÑOR—. ¹⁴Los descendientes de Jonadab hijo de Recab han cumplido con la orden de no beber vino, y hasta el día de hoy no lo beben porque obedecen lo que su antepasado les ordenó. En cambio ustedes, aunque yo les he hablado en repetidas ocasiones, no me han hecho caso. ¹⁵Además, no he dejado de enviarles a mis siervos, los profetas, para decirles: 'Conviértanse ya de su mal *camino, enmienden sus acciones y no sigan a otros dioses para servirlos; entonces habitarán en la tierra que yo les he dado a ustedes y a sus antepasados.' Pero ustedes no me han prestado atención; no me han hecho caso. ¹⁶Los descendientes de Jonadab hijo de Recab cumplieron la orden dada por su antepasado; en cambio, este pueblo no me obedece."

¹⁷»Por eso, así dice el SEÑOR, Dios Todopoderoso, el Dios de Israel: "Voy a enviar contra Judá y contra todos los habitantes de Jerusalén todas las calamidades que ya les he anunciado, porque les hablé y no me obedecieron; los llamé y no me respondieron."»

¹⁸Jeremías también les dijo a los recabitas: «Así dice el SEÑOR Todopoderoso, el Dios de Israel: "Por cuanto ustedes han obedecido las órdenes de Jonadab, su antepasado, y han cumplido con todos sus mandamientos y han hecho todo lo que él les ordenó, ¹⁹así dice el SEÑOR Todopoderoso, el Dios de Israel: 'Nunca le faltará a Jonadab hijo de Recab un descendiente que esté a mi servicio todos los días.'"»

El rey Joacim quema el rollo de Jeremías

36 Esta palabra del SEÑOR vino a Jeremías en el año cuarto del rey Joacim hijo de Josías: ²«Toma un rollo y escribe en él todas las palabras que desde los tiempos de Josías, desde que comencé a hablarte hasta ahora, te he dicho acerca de Israel, de Judá y de las otras naciones. ³Cuando los de Judá se enteren de todas las calamidades que pienso enviar contra ellos, tal vez abandonen su mal *camino y pueda yo perdonarles su iniquidad y su pecado.»

⁴Jeremías llamó a Baruc hijo de Nerías, y mientras le dictaba, Baruc escribía en el rollo todo lo que el SEÑOR le había dicho al profeta. ⁵Luego Jeremías le dio esta orden a Baruc: «Estoy detenido y no puedo ir a la casa del SEÑOR. ⁶Por tanto, ve a la casa del SEÑOR en el día de ayuno, y lee en voz alta ante el pueblo de Jerusalén las palabras del SEÑOR que te he dictado y que escribiste en el rollo. Léeselas también a toda la gente de Judá que haya venido de sus ciudades. ⁷¡A lo mejor su oración llega a la presencia del SEÑOR y cada uno se convierte de su mal camino! ¡Ciertamente son terribles la ira y el furor con que el SEÑOR ha amenazado a este pueblo!»

⁸Baruc hijo de Nerías hizo tal y como le había ordenado el profeta Jeremías: Leyó en la casa del SEÑOR las palabras contenidas en el rollo.

⁹En el mes noveno del año quinto de Joacim hijo de Josías, rey de Judá, todo el pueblo de Jerusalén y todos los que habían venido de las otras ciudades de Judá fueron convocados a ayunar en honor del SEÑOR. ¹⁰Baruc se dirigió al atrio superior de la casa del SEÑOR, a la entrada de la Puerta Nueva, y desde la sala de Guemarías hijo de Safán, el cronista, leyó ante todo el pueblo el rollo que contenía las palabras de Jeremías.

¹¹Micaías hijo de Guemarías, nieto de Safán, escuchó todas las palabras del SEÑOR que estaban escritas en el rollo. ¹²Entonces bajó al palacio del rey, a la sala del cronista, donde estaban reunidos todos los jefes, es decir, el cronista Elisama, Delaías hijo de Semaías, Elnatán hijo de

Acbor, Guemarías hijo de Safán, Sedequías hijo de Ananías, y todos los demás jefes. 13Micaías les contó todo lo que había escuchado de lo que Baruc había leído ante el pueblo. 14Entonces todos los jefes enviaron a Yehudi hijo de Netanías, nieto de Selemías y bisnieto de Cusí, para que le dijera a Baruc: «Toma el rollo que has leído ante el pueblo, y ven.» Baruc hijo de Nerías lo tomó y se presentó ante ellos. 15Los jefes le dijeron:

—Siéntate y léenos lo que está en el rollo.

Baruc lo leyó ante ellos. 16Terminada la lectura, se miraron temerosos unos a otros y le dijeron:

—Tenemos que informar de todo esto al rey.

17Luego le preguntaron a Baruc:

—Dinos, ¿cómo fue que escribiste todo esto? ¿Te lo dictó Jeremías?

18—Sí —les respondió Baruc—, él me lo dictó, y yo lo escribí con tinta, en el rollo.

19Entonces los jefes le dijeron a Baruc:

—Tú y Jeremías, vayan a esconderse. ¡Que nadie sepa donde están!

20Después de dejar el rollo en la sala del cronista Elisama, los jefes se presentaron en el atrio, delante del rey, y lo pusieron al tanto de todo lo ocurrido. 21El rey envió a Yehudi a buscar el rollo, y Yehudi lo tomó de la sala de Elisama y lo leyó en presencia del rey y de todos los jefes que estaban con él. 22Era el mes noveno, y por eso el rey estaba en su casa de invierno, sentado junto a un brasero encendido. 23A medida que Yehudi terminaba de leer tres o cuatro columnas, el rey las cortaba con un estilete de escriba y las echaba al fuego del brasero. Así lo hizo con todo el rollo, hasta que éste se consumió en el fuego. 24Ni el rey ni los jefes que escucharon todas estas palabras tuvieron temor ni se rasgaron las vestiduras. 25Esto sucedió a pesar de que Elnatán, Delaías y Guemarías le habían suplicado al rey que no quemara el rollo; pero el rey no les hizo caso. 26Por el contrario, mandó a Jeramel, su hijo, a Seraías hijo de Azriel, y a Selemías hijo de Abdel que arrestaran al escriba Baruc y al profeta Jeremías. Pero el SEÑOR los había escondido.

27Luego que el rey quemó el rollo con las palabras que Jeremías le había dictado a Baruc, la palabra del SEÑOR vino a Jeremías: 28«Toma otro rollo, y escribe exactamente lo mismo que estaba escrito en el primer rollo quemado por Joacim, rey de Judá. 29Y adviértele a Joacim que así dice el SEÑOR: "Tú quemaste aquel rollo, diciendo: '¿Por qué has escrito en él que con toda seguridad el rey de Babilonia vendrá a destruir esta tierra, y a borrar de ella a toda persona y animal?' " 30Por eso, así dice el SEÑOR acerca de Joacim, rey de Judá: "Ninguno de sus descendientes ocupará el trono de David; su cadáver será arrojado, y quedará expuesto al calor del día y a las heladas de la noche. 31Castigaré la iniquidad de él, la de su descendencia y la de sus siervos. Enviaré contra ellos, y contra los habitantes de Jerusalén y de Judá, todas las calamidades con que los amenacé, porque no me hicieron caso."»

32Entonces Jeremías tomó otro rollo y se lo dio al escriba Baruc hijo de Nerías. Baruc escribió en el rollo todo lo que Jeremías le dictó, el cual era idéntico al escrito en el rollo quemado por el rey Joacim. Se agregaron, además, muchas otras cosas semejantes.

Encarcelamiento de Jeremías

37 Nabucodonosor, rey de Babilonia, puso como rey de Judá a Sedequías hijo de Josías, en lugar de Jeconías*h* hijo de Joacim. 2Pero ni Sedequías ni sus siervos ni la gente de Judá hicieron caso a las palabras que el SEÑOR había hablado a través del profeta Jeremías. 3No obstante, el rey Sedequías envió a Jucal hijo de Selemías, y al sacerdote Sofonías hijo de Maseías a decirle al profeta Jeremías: «Ora por nosotros al SEÑOR, nuestro Dios.»

4Mientras tanto, Jeremías se movía con total libertad entre la gente, pues todavía no lo habían encarcelado. 5Por otra parte, el ejército del faraón había salido de Egipto. Y cuando los *babilonios, que estaban

---

h 37:1 *Jeconías.* Lit. *Conías* (variante de este nombre).

sitiando a Jerusalén, se enteraron de la noticia, emprendieron la retirada.

⁶La palabra del Señor vino al profeta Jeremías: ⁷«Así dice el Señor, el Dios de Israel: "Díganle al rey de Judá que los mandó a consultarme: 'El ejército del faraón, que salió para apoyarlos, se volverá a Egipto. ⁸Los babilonios regresarán para atacar esta ciudad, y la capturarán y la incendiarán.'"

⁹»Así dice el Señor: "No se hagan ilusiones creyendo que los babilonios se van a retirar. ¡Se equivocan! No se van a retirar. ¹⁰Y aunque ustedes derrotaran a todo el ejército babilonio, y sólo quedaran en sus campamentos algunos hombres heridos, éstos se levantarían e incendiarían esta ciudad."»

¹¹Cuando por causa de la incursión del ejército del faraón el ejército de Babilonia se retiró de Jerusalén, ¹²Jeremías quiso trasladarse de Jerusalén al territorio de Benjamín para tomar posesión de una herencia. ¹³Pero al llegar a la puerta de Benjamín, un capitán de la guardia llamado Irías, hijo de Selemías y nieto de Jananías, detuvo al profeta Jeremías y lo acusó:

—¡Estás por pasarte a los babilonios!

¹⁴Jeremías respondió:

—¡Mentira, no voy a pasarme a los babilonios!

Pero Irías no le hizo caso, sino que lo detuvo y lo llevó ante los jefes. ¹⁵Éstos estaban enfurecidos contra Jeremías, así que luego de golpearlo lo encarcelaron en la casa del cronista Jonatán, ya que la habían convertido en prisión. ¹⁶Así Jeremías fue encerrado en un calabozo subterráneo, donde permaneció mucho tiempo.

¹⁷El rey Sedequías mandó que trajeran a Jeremías al palacio, y allí le preguntó en secreto:

—¿Has recibido alguna palabra del Señor?

—Sí —respondió Jeremías—, Su Majestad será entregado en manos del rey de Babilonia.

¹⁸A su vez, Jeremías le preguntó al rey Sedequías:

—¿Qué crimen he cometido contra Su Majestad, o contra sus ministros o este pueblo, para que me hayan encarcelado? ¹⁹¿Dónde están sus profetas, los que profetizaban que el rey de Babilonia no los atacaría ni a ustedes ni a este país? ²⁰Pero ahora, ruego a Su Majestad me preste atención. Le pido que no me mande de vuelta a la casa del cronista Jonatán, no sea que yo muera allí.

²¹Entonces el rey Sedequías ordenó que pusieran a Jeremías en el patio de la guardia y que, mientras hubiera pan en la ciudad, todos los días le dieran una porción del pan horneado en la calle de los Panaderos. Así fue como Jeremías permaneció en el patio de la guardia.

Jeremías en la cisterna

38 Sefatías hijo de Matán, Guedalías hijo de Pasur, Jucal hijo de Selemías, y Pasur hijo de Malquías, oyeron que Jeremías le decía a todo el pueblo: ²«Así dice el Señor: "El que se quede en esta ciudad morirá de hambre, por la espada o por la peste. Pero el que se pase a los *babilonios vivirá. ¡Se entregará como botín de guerra, pero salvará su vida!" ³Así dice el Señor: "Esta ciudad caerá en poder del ejército del rey de Babilonia, y será capturada."»

⁴Los jefes le dijeron al rey:

—Hay que matar a este hombre. Con semejantes discursos está desmoralizando a los soldados y a todo el pueblo que aún quedan en esta ciudad. Este hombre no busca el bien del pueblo, sino su desgracia.

⁵El rey Sedequías respondió:

—Lo dejo en sus manos. Ni yo, que soy el rey, puedo oponerme a ustedes.

⁶Ellos tomaron a Jeremías y, bajándolo con cuerdas, lo echaron en la cisterna del patio de la guardia, la cual era de Malquías, el hijo del rey. Pero como en la cisterna no había agua, sino lodo, Jeremías se hundió en él.

⁷El etíope Ebedmélec, funcionario*ⁱ* de la casa real, se enteró de que habían echado a Jeremías en la cisterna. En cierta ocasión cuando el rey estaba participando

---

ⁱ **38:7** *funcionario.* Lit. *eunuco.*

en una sesión frente al portón de Benjamín, [8]Ebedmélec salió del palacio real y le dijo:

[9]—Mi rey y señor, estos hombres han actuado con saña. Han arrojado a Jeremías en la cisterna, y allí se morirá de hambre, porque ya no hay pan en la ciudad.

[10]Entonces el rey ordenó al etíope Ebedmélec:

—Toma contigo tres[j] hombres, y rescata de la cisterna al profeta Jeremías antes de que se muera.

[11]Ebedmélec lo hizo así, y fue al depósito de ropa[k] del palacio real, sacó de allí ropas y trapos viejos, y con unas sogas se los bajó a la cisterna a Jeremías. [12]Ebedmélec le dijo a Jeremías:

—Ponte en los sobacos estas ropas y trapos viejos, para protegerte de las sogas.

Así lo hizo Jeremías. [13]Los hombres tiraron de las sogas y lo sacaron de la cisterna. Y Jeremías permaneció en el patio de la guardia.

Sedequías interroga a Jeremías

[14]El rey Sedequías mandó que llevaran a Jeremías a la tercera entrada de la casa del SEÑOR, y allí le dijo:

—Te voy a preguntar algo, y por favor no me ocultes nada.

[15]Jeremías le respondió al rey:

—Si respondo a la pregunta de Su Majestad, lo más seguro es que me mate. Y si le doy un consejo, no me va a hacer caso.

[16]Pero en secreto el rey Sedequías le hizo este juramento a Jeremías:

—¡Te juro por el SEÑOR, que nos ha dado esta vida, que no te mataré ni te entregaré en manos de estos hombres que atentan contra tu vida!

[17]Jeremías le dijo a Sedequías:

—Así dice el SEÑOR *Todopoderoso, el Dios de Israel: "Si Su Majestad se rinde ante los jefes del rey de Babilonia, salvará su vida, y esta ciudad no será incendiada; Su Majestad y su familia vivirán. [18]Pero si no se rinde ante los jefes del rey de Babilonia, la ciudad caerá bajo el poder de los *caldeos, y será incendiada, y usted no tendrá escapatoria."

[19]El rey Sedequías respondió:

—Yo le tengo terror a los judíos que se pasaron al bando de los *babilonios, pues me pueden entregar en sus manos para que me torturen.

[20]Jeremías le contestó:

—Obedezca Su Majestad la voz del SEÑOR que yo le estoy comunicando, y no caerá en manos de los babilonios. Así le irá bien a usted, y salvará su vida. [21]Pero si Su Majestad se empecina en no rendirse, ésta es la palabra que el SEÑOR me ha revelado: [22]Todas las mujeres que aún quedan en el palacio del rey de Judá serán entregadas a los jefes del rey de Babilonia, y ellas mismas le echarán en cara:

»"Tus amigos más confiables
te han engañado y te han vencido.
Tienes los pies hundidos en el fango,
pues tus amigos te dieron la
espalda."

[23]»Todas las mujeres y los hijos de Su Majestad serán entregados a los babilonios, y ni Su Majestad podrá escapar, sino que caerá bajo el poder del rey de Babilonia, y la ciudad será incendiada.

[24]Sedequías le contestó a Jeremías:

—Que nadie se entere de estas palabras, pues de lo contrario morirás. [25]Si los jefes se enteran de que yo hablé contigo, y vienen y te dicen: "Dinos ya lo que le has informado al rey, y lo que él te dijo; no nos ocultes nada, pues de lo contrario te mataremos", [26]tú les dirás: "Vine a suplicarle al rey que no me mandara de vuelta a casa de Jonatán, a morir allí."

[27]Y así fue. Todos los jefes vinieron a interrogar a Jeremías, pero él les contestó de acuerdo con lo que el rey le había ordenado. Entonces lo dejaron tranquilo, porque nadie había escuchado la conversación. [28]Y Jeremías se quedó en el patio de la guardia hasta el día en que Jerusalén fue capturada.

---

[j]**38:10** *tres* (un mss. hebreo); *treinta* (TM). [k]**38:11** *al depósito de ropa*. Lit. *debajo de la tesorería*; véase 2R 10:22.

La caída de Jerusalén
39:1-10 — 2R 25:1-12; Jer 52:4-16

39 Jerusalén fue tomada de la siguiente manera: **1**En el mes décimo del año noveno del reinado de Sedequías en Judá, el rey Nabucodonosor de Babilonia y todo su ejército marcharon contra Jerusalén y la sitiaron. **2**El día nueve del mes cuarto del año undécimo del reinado de Sedequías, abrieron una brecha en el muro de la ciudad, **3**por la que entraron todos los jefes del rey de Babilonia, hasta instalarse en la puerta central: Nergal Sarézer de Samgar, Nebo Sarsequín,*l* un oficial principal, Nergal Sarézer, también un alto funcionario, y todos los otros jefes del rey de Babilonia. **4**Al verlos, el rey Sedequías de Judá y todos los soldados huyeron de la ciudad. Salieron de noche por el camino del jardín del rey, por la *puerta que está entre los dos muros, tomando el camino del Arabá.*m*

5Pero el ejército babilónico los persiguió hasta alcanzarlos en las llanuras de Jericó. Capturaron a Sedequías y lo llevaron ante Nabucodonosor, rey de Babilonia, que estaba en Riblá, en el territorio de Jamat. Allí dictó sentencia contra Sedequías, **6**y ante sus propios ojos hizo degollar a sus hijos, lo mismo que a todos los nobles de Judá. **7**Luego mandó que a Sedequías le sacaran los ojos y le pusieran cadenas de bronce, para llevarlo a Babilonia.

8Los *babilonios prendieron fuego al palacio real y a las casas del pueblo, y derribaron los muros de Jerusalén. **9**Finalmente Nabuzaradán, el comandante de la guardia, llevó cautivos a Babilonia tanto al resto de la población como a los desertores, es decir, a todos los que quedaban. **10**Nabuzaradán, comandante de la guardia, sólo dejó en el territorio de Judá a algunos de los más pobres, que no poseían nada. En aquel día les asignó campos y viñedos.

11En cuanto a Jeremías, el rey Nabucodonosor de Babilonia había dado la siguiente orden a Nabuzaradán, el comandante de la guardia: **12**«Vigílalo bien, sin hacerle ningún daño, y atiende a todas sus necesidades.» **13**Nabuzaradán, comandante de la guardia, Nebusazbán, un oficial principal, Nergal Sarézer, un alto funcionario, y todos los demás oficiales del rey de Babilonia, **14**mandaron sacar a Jeremías del patio de la guardia y se lo confiaron a Guedalías hijo de Ajicán, nieto de Safán, para que lo llevaran de vuelta a su casa. Así Jeremías se quedó a vivir en medio del pueblo.

15Aún estaba Jeremías preso en el patio de la guardia cuando la palabra del SEÑOR vino a él: **16**«Ve y dile a Ebedmélec, el etíope, que así dice el SEÑOR *Todopoderoso, el Dios de Israel: "Voy a cumplir las palabras que anuncié contra esta ciudad, para mal y no para bien. En aquel día, tú serás testigo de todo esto. **17**Pero en ese mismo día yo te rescataré —afirma el SEÑOR—, y no caerás en las manos de los hombres que temes. **18**Porque ciertamente yo te libraré —afirma el SEÑOR—, y no caerás a filo de espada; antes bien, tu vida será tu botín, porque has confiado en mí."»

Liberación de Jeremías

40 La palabra del SEÑOR vino a Jeremías después de que Nabuzaradán, el comandante de la guardia, lo había dejado libre en Ramá. Allí lo había encontrado Nabuzaradán preso y encadenado, entre todos los cautivos de Judá y Jerusalén que eran deportados a Babilonia. **2**El comandante de la guardia tomó aparte a Jeremías, y le dijo: «El SEÑOR, tu Dios decretó esta calamidad para este lugar, **3**y ahora el SEÑOR ha cumplido sus amenazas. Todo esto les ha pasado porque pecaron contra el SEÑOR y desobedecieron su voz. **4**No obstante, hoy te libero de las cadenas que te sujetan las manos. Si quieres venir conmigo a Babilonia, ven, que yo te cuidaré. Pero si no quieres, no lo hagas. Mira, tienes ante tus ojos toda la tierra: ve adonde más te convenga.»

---

l **39:3** *Nergal Sarézer de Samgar, Nebo Sarsequín.* Alt. *Nergal Sarézer, Samgar Nebo, Sarsequín.*
m **39:4** *del Arabá.* Alt. *del valle del Jordán.*

⁵Como Jeremías no se decidía, Nabuzaradán añadió: «Vuelve junto a Guedalías hijo de Ajicán, nieto de Safán, a quien el rey de Babilonia ha nombrado gobernador de las ciudades de Judá, y vive con él y con tu pueblo, o ve adonde más te convenga.»

Luego el comandante de la guardia le dio provisiones y un regalo, y lo dejó en libertad. ⁶Jeremías se fue entonces junto a Guedalías hijo de Ajicán, en Mizpa, y se quedó con él, en medio del pueblo que había permanecido en el país.

Asesinato de Guedalías
40:7-9; 41:1-3 — 2R 25:22-26

⁷Cuando todos los jefes y soldados del ejército que estaban en el campo se enteraron de que el rey de Babilonia había puesto a Guedalías hijo de Ajicán como gobernador del país, y de que le había confiado el cuidado de hombres, mujeres y niños, así como de los más pobres del país que no habían sido deportados a Babilonia, ⁸fueron a Mizpa para presentarse ante Guedalías. Entre ellos estaban: Ismael hijo de Netanías, Johanán y Jonatán hijos de Carea, Seraías hijo de Tanjumet, los hijos de Efay de Netofa, y Jezanías, hijo de un hombre de Macá, y sus hombres. ⁹Guedalías hijo de Ajicán, nieto de Safán, les hizo este juramento a ellos y a sus tropas: «No teman a los *babilonios. Si ustedes se quedan en el país y sirven al rey de Babilonia, les aseguro que les irá bien. ¹⁰Yo me quedaré en Mizpa, para representarlos ante los babilonios que vengan hasta acá. Pero ustedes, comiencen a almacenar en recipientes vino, frutos de verano y aceite, y vivan en las ciudades que han ocupado.»

¹¹Todos los judíos que estaban en Moab, Amón y Edom, y en todos los otros países, se enteraron también de que el rey de Babilonia había dejado un remanente en Judá, y nombrado como gobernador a Guedalías hijo de Ajicán, nieto de Safán. ¹²Entonces todos estos judíos regresaron a la tierra de Judá, de todos los países donde estaban dispersos. Al llegar, se presentaron en Mizpa ante Guedalías, y también almacenaron vino y frutos de verano en abundancia.

¹³Johanán hijo de Carea, y todos los demás jefes militares que estaban en el campo, se presentaron ante Guedalías en Mizpa, ¹⁴y le dijeron:

—¿No sabes que Balís, rey de Amón, ha mandado a Ismael hijo de Netanías, para matarte?

Pero Guedalías hijo de Ajicán no les creyó. ¹⁵Y allí en Mizpa, Johanán hijo de Carea le propuso en secreto a Guedalías:

—Déjame ir a matar a Ismael hijo de Netanías. ¡Nadie tiene que enterarse! ¿Por qué vamos a permitir que te asesine? Eso causaría la dispersión de todos los judíos que se han reunido a tu alrededor, y acabaría con lo que queda de Judá.

¹⁶Pero Guedalías hijo de Ajicán le respondió a Johanán hijo de Carea:

—¡Ni lo pienses! ¡Lo que dices acerca de Ismael es mentira!

41 En el mes séptimo Ismael, hijo de Netanías y nieto de Elisama, que era de estirpe real y había sido uno de los oficiales del rey, vino a Mizpa con diez hombres y se presentó ante Guedalías hijo de Ajicán. Y ahí en Mizpa, mientras comían juntos, ²Ismael hijo de Netanías se levantó y, junto con los diez hombres que lo acompañaban, hirió a filo de espada a Guedalías hijo de Ajicán, nieto de Safán, quitándole la vida. Así hicieron con quien había sido nombrado gobernador del país por el rey de Babilonia. ³Ismael mató también a todos los judíos y soldados que se encontraban en Mizpa con Guedalías.

⁴Al día siguiente del asesinato de Guedalías, cuando todavía nadie se había enterado, ⁵llegaron de Siquén, Siló y Samaria ochenta hombres con la barba afeitada, la ropa rasgada, y el cuerpo lleno de cortaduras que ellos mismos se habían hecho. Traían ofrendas de cereales, e incienso, para presentarlas en la casa del SEÑOR. ⁶Desde Mizpa salió a su encuentro Ismael hijo de Netanías; iba llorando y, cuando los encontró, les dijo:

—Vengan a ver a Guedalías hijo de Ajicán.

⁷Pero no habían llegado al centro de la ciudad cuando Ismael hijo de Netanías y sus secuaces los mataron y los arrojaron en una cisterna. ⁸Había entre ellos diez hombres, que le rogaron a Ismael:

—¡No nos mates; tenemos escondidos en el campo trigo, cebada, aceite y miel! Ismael accedió, y no los mató como a sus compañeros. [9]El rey Asá había hecho una fosa para defenderse de Basá, rey de Israel, y en esa fosa fue donde Ismael arrojó los cadáveres de los hombres que había matado, junto con Guedalías, llenándola de cadáveres.

[10]Después Ismael se llevó en cautiverio a las hijas del rey y a todo el resto del pueblo que había quedado en Mizpa, a quienes Nabuzaradán, comandante de la guardia, había puesto bajo el mando de Guedalías hijo de Ajicán. Ismael hijo de Netanías salió con sus cautivos hacia el territorio de los amonitas.

[11]Cuando Johanán hijo de Carea, y todos los jefes militares que estaban con él, se enteraron del crimen que había cometido Ismael hijo de Netanías, [12]reunieron a todos sus hombres y fueron a pelear contra él. Lo encontraron cerca del gran estanque que está en Gabaón. [13]Y sucedió que toda la gente que estaba con Ismael se alegró al ver a Johanán hijo de Carea, acompañado de todos los jefes militares. [14]Todo el pueblo que Ismael llevaba cautivo desde Mizpa se dio la vuelta y se fue con Johanán hijo de Carea. [15]Pero Ismael hijo de Netanías y ocho de sus hombres se escaparon de Johanán y huyeron hacia Amón.

Huida a Egipto

[16]Entonces Johanán hijo de Carea, junto con todos los jefes militares que lo acompañaban, tomaron y rescataron al resto del pueblo que Mizpa se había llevado Ismael hijo de Netanías, luego de haber asesinado a Guedalías hijo de Ajicán: eran soldados, mujeres, niños y altos funcionarios. [17]Se pusieron en marcha hasta llegar a Guerut Quimán, que está junto a Belén, desde donde pensaban continuar a Egipto [18]para huir de los *babilonios. Estaban con temor, ya que Ismael hijo de Netanías había matado a Guedalías hijo de Ajicán, a quien el rey de Babilonia había nombrado gobernador del país.

42 Entonces se acercaron Johanán hijo de Carea y Azarías[n] hijo de Osaías, junto con los jefes militares y todo el pueblo, desde el más chico hasta el más grande, [2]y le dijeron al profeta Jeremías:

—Por favor, atiende nuestra súplica y ruega al SEÑOR tu Dios por todos nosotros los que quedamos. Como podrás darte cuenta, antes éramos muchos, pero ahora quedamos sólo unos cuantos. [3]Ruega para que el SEÑOR tu Dios nos indique el *camino que debemos seguir, y lo que debemos hacer.

[4]Jeremías les respondió:

—Ya los he oído. Voy a rogar al SEÑOR, al Dios de ustedes, tal como me lo han pedido. Les comunicaré todo lo que el SEÑOR me diga, y no les ocultaré absolutamente nada.

[5]Ellos le dijeron a Jeremías:

—Que el SEÑOR tu Dios sea un testigo fiel y verdadero contra nosotros, si no actuamos conforme a todo lo que él nos ordene por medio de ti. [6]Sea o no de nuestro agrado, obedeceremos la voz del SEÑOR nuestro Dios, a quien te enviamos a consultar. Así, al obedecer la voz del SEÑOR nuestro Dios, nos irá bien.

[7]Diez días después, la palabra del SEÑOR vino a Jeremías. [8]Éste llamó a Johanán hijo de Carea, a todos lo jefes militares que lo acompañaban, y a todo el pueblo, desde el más chico hasta al más grande, [9]y les dijo: «Así dice el SEÑOR, Dios de Israel, a quien ustedes me enviaron para interceder por ustedes: [10]"Si se quedan en este país, yo los edificaré y no los derribaré, los plantaré y no los arrancaré, porque me duele haberles causado esa calamidad. [11]No teman al rey de Babilonia, al que ahora temen —afirma el SEÑOR—; no le teman, porque yo estoy con ustedes para salvarlos y librarlos de su poder. [12]Tendré compasión de ustedes, y de esa manera él también les tendrá compasión y les permitirá volver a su tierra."

[13]»Pero si desobedecen la voz del SEÑOR, Dios de ustedes, y dicen: "No nos quedaremos en esta tierra, [14]sino que nos

---

[n] **42:1** *Azarías* (LXX; véase 43:2); *Jezanías* (TM).

iremos a Egipto, donde no veremos guerra, ni escucharemos el sonido de la trompeta, ni pasaremos hambre, y allí nos quedaremos a vivir", 15entonces presten atención a la palabra del SEÑOR, ustedes los que quedan en Judá: Así dice el SEÑOR *Todopoderoso, el Dios de Israel: "Si ustedes insisten en trasladarse a Egipto para vivir allá, 16la guerra que tanto temen los alcanzará, y el hambre que los aterra los seguirá de cerca hasta Egipto, y en ese lugar morirán. 17Todos los que están empecinados en trasladarse a Egipto para vivir allá, morirán por la guerra, el hambre y la peste. Ninguno sobrevivirá ni escapará a la calamidad que haré caer sobre ellos." 18Porque así dice el SEÑOR Todopoderoso, el Dios de Israel: "Así como se ha derramado mi ira y mi furor sobre los habitantes de Jerusalén, así se derramará mi furor sobre ustedes, si se van a Egipto. Se convertirán en objeto de maldición, de horror, de imprecación y de oprobio, y nunca más volverán a ver este lugar."

19¡Remanente de Judá! El SEÑOR les ha dicho que no vayan a Egipto. Sepan bien que hoy les hago una advertencia seria. 20Ustedes cometieron un error fatal cuando me enviaron al SEÑOR, Dios de ustedes, y me dijeron: "Ruega al SEÑOR, nuestro Dios, por nosotros, y comunícanos todo lo que él te diga, para que lo cumplamos." 21Hoy se lo he hecho saber a ustedes, pero no han querido obedecer la voz del SEÑOR su Dios en nada de lo que él me encargó comunicarles. 22Por lo tanto, sepan bien que en el lugar donde quieren residir morirán por la guerra, el hambre y la peste.»

43 Cuando Jeremías terminó de comunicarle al pueblo todo lo que el SEÑOR su Dios le había encomendado decirles, 2Azarías hijo de Osaías, Johanán hijo de Carea, y todos los arrogantes le respondieron a Jeremías: «¡Lo que dices es una mentira! El SEÑOR nuestro Dios no te mandó a decirnos que no vayamos a vivir a Egipto. 3Es Baruc hijo de Nerías el que te incita contra nosotros, para entregarnos en poder de los *babilonios, para

que nos maten o nos lleven cautivos a Babilonia.»

4Así que ni Johanán hijo de Carea, ni los jefes militares, ni nadie del pueblo, obedecieron al mandato del SEÑOR, de quedarse a vivir en el país de Judá. 5Por el contrario, Johanán hijo de Carea y todos los jefes militares se llevaron a la gente que aún quedaba en Judá, es decir, a los que habían vuelto para vivir en Judá luego de haber sido dispersados por todas las naciones: 6los hombres, las mujeres y los niños, las hijas del rey, y toda la gente que Nabuzaradán, comandante de la guardia, había confiado a Guedalías hijo de Ajicán, nieto de Safán, y también a Jeremías el profeta y a Baruc hijo de Nerías; 7y contrariando el mandato del SEÑOR se dirigieron al país de Egipto, llegando hasta la ciudad de Tafnes.

8En Tafnes, la palabra del SEÑOR vino a Jeremías: 9«Toma en tus manos unas piedras grandes y, a la vista de los judíos, entiérralas con argamasa en el pavimento, frente a la entrada del palacio del faraón en Tafnes. 10Luego comunícales que así dice el SEÑOR *Todopoderoso, el Dios de Israel: "Voy a mandar a buscar a mi siervo Nabucodonosor, rey de Babilonia; voy a colocar su trono sobre estas piedras que he enterrado, y él armará sobre ellas su toldo real. 11Vendrá al país de Egipto y lo atacará: el que esté destinado a la muerte, morirá; el que esté destinado al exilio, será exiliado; el que esté destinado a la guerra, a la guerra irá. 12Prenderá[ñ] fuego a los templos de los dioses de Egipto; los quemará y los llevará cautivos. Sacudirá a Egipto, como un pastor que se sacude los piojos de la ropa, y luego se irá de allí sin inmutarse. 13Destruirá los obeliscos de Bet Semes,[o] y prenderá fuego a los templos de los dioses de Egipto."»

Desastre causado por la idolatría

44 La palabra del SEÑOR vino a Jeremías para todos los judíos que habitaban en Egipto, es decir, para los que vivían en las ciudades de Migdol, Tafnes

---

[ñ] **43:12** *Prenderá* (LXX, Siríaca y Vulgata); *Prenderé* (TM). [o] **43:13** En hebreo, *Bet Semes* significa *casa del sol*; posible alusión al templo del sol o a la ciudad de Heliópolis.

y Menfis,[p] y en la región del sur: **2**«Así dice el Señor *Todopoderoso, el Dios de Israel: "Ustedes han visto todas las calamidades que yo provoqué sobre Jerusalén y sobre todas las ciudades de Judá. Hoy yacen en ruinas, sin morador alguno, **3**a causa de las maldades que cometieron. Ellos provocaron mi enojo al adorar y ofrecer incienso a otros dioses, que ni ellos ni sus antepasados conocieron. **4**Una y otra vez les envié a mis siervos los profetas, para que les advirtieran que no incurrieran en estas cosas tan abominables que yo detesto. **5**Pero ellos no escucharon ni prestaron atención; no se *arrepintieron de sus maldades, sino que siguieron ofreciendo incienso a otros dioses. **6**Por eso se derramó mi ira contra las ciudades de Judá; por eso se encendió mi furor contra las calles de Jerusalén, las cuales se convirtieron en desolación hasta el día de hoy."

7»Y ahora, así dice el Señor, el Dios Todopoderoso, el Dios de Israel: "¿Por qué se provocan ustedes mismos un mal tan grande? ¿Por qué provocan la muerte de la gente de Judá, de hombres, mujeres, niños y recién nacidos, hasta acabar con todos? **8**Me agravian con las obras de sus manos, al ofrecer incienso a otros dioses en el país de Egipto, donde han ido a vivir. Lo único que están logrando es ganarse su propia destrucción, y convertirse en maldición y oprobio entre todas las naciones de la tierra. **9**¿Acaso ya se han olvidado de todas las maldades que cometieron sus antepasados, de las que cometieron los reyes de Judá y sus esposas, y de las que ustedes y sus esposas cometieron en Judá y en las calles de Jerusalén? **10**Sin embargo, hasta el día de hoy no se han humillado ni han sentido temor; no se han comportado según mi *ley y mis preceptos, que les di a ustedes y a sus antepasados."

11»Por eso, así dice el Señor Todopoderoso, el Dios de Israel: "He decidido ponerme en contra de ustedes, para su mal, y destruir a todo Judá. **12**Tomaré al resto de Judá, que se empecinó en ir a vivir a Egipto, y todos perecerán allí;

caerán a filo de espada, o el hambre los exterminará. Desde el más pequeño hasta el más grande, morirán de hambre o a filo de espada. Se convertirán en objeto de maldición, de horror, de imprecación y de oprobio. **13**Con hambre, peste y espada castigaré a los que habitan en Egipto, como castigué a Jerusalén. **14**No escapará ninguno del resto de Judá que se fue a vivir a Egipto, ni sobrevivirá para volver a Judá. Aunque deseen y añoren volver a vivir en Judá, no podrán regresar, salvo algunos fugitivos."»

15Entonces los hombres que sabían que sus esposas ofrecían incienso a otros dioses, así como las mujeres que estaban presentes, es decir, un grupo numeroso, y todo el pueblo que vivía en la región sur de Egipto, respondieron a Jeremías:

16—No le haremos caso al mensaje que nos diste en el *nombre del Señor. **17**Al contrario, seguiremos haciendo lo que ya hemos dicho: Ofreceremos incienso y libaciones a la Reina del Cielo,[q] como lo hemos hecho nosotros, y como antes lo hicieron nuestros antepasados, nuestros reyes y nuestros funcionarios, en las ciudades de Judá y en las calles de Jerusalén. En aquel tiempo teníamos comida en abundancia, nos iba muy bien y no sufríamos ninguna calamidad. **18**Pero desde que dejamos de ofrecer incienso y libaciones a la Reina del Cielo nos ha faltado todo, y el hambre y la espada están acabando con nosotros.

19Y las mujeres añadieron:

—Cuando nosotras ofrecíamos incienso y libaciones a la Reina del Cielo, ¿acaso no sabían nuestros maridos que hacíamos tortas con su imagen, y que les ofrecíamos libaciones?

20Entonces Jeremías le respondió a todo el pueblo, es decir, a los hombres y mujeres que le habían contestado:

21—¿Piensan ustedes que el Señor no se acuerda, o no se daba cuenta de que ustedes y sus antepasados, sus reyes y sus funcionarios, y todo el pueblo, ofrecían incienso en las ciudades de Judá y en las calles de Jerusalén? **22**Cuando el Señor

---

[p] **44:1** *Menfis.* Lit. *Nof.*   [q] **44:17** *Reina del Cielo.* Nombre de una diosa.

ya no pudo soportar más las malas acciones y las cosas abominables que ustedes hacían, su país se convirtió en objeto de maldición, en un lugar desértico, desolado y sin habitantes, tal como está hoy. **23**Ustedes ofrecieron incienso y pecaron contra el SEÑOR, y no obedecieron su voz ni cumplieron con su ley, sus preceptos y estipulaciones. Por eso en este día les ha sobrevenido esta desgracia.

24Jeremías le dijo a todo el pueblo, incluyendo a las mujeres:

—Escuchen la palabra del SEÑOR todos ustedes, gente de Judá que vive en Egipto: **25**Así dice el SEÑOR Todopoderoso, el Dios de Israel: "Cuando ustedes y sus mujeres dicen: 'Ciertamente cumpliremos nuestros votos de ofrecer incienso y libaciones a la Reina del Cielo', demuestran con sus acciones que cumplen lo que prometen. ¡Está bien, vayan y cumplan sus promesas, lleven a cabo sus votos! **26**Pero escuchen la palabra del SEÑOR todos ustedes, gente de Judá que vive en Egipto: 'Juro por mi nombre soberano —dice el SEÑOR— que ninguno de los de Judá que vive en Egipto volverá a invocar mi nombre, ni a jurar diciendo: ¡Por la vida del SEÑOR omnipotente! **27**Porque yo los estoy vigilando, para mal y no para bien. El hambre y la espada acabarán con todos los judíos que viven en Egipto. **28**Tan sólo unos pocos lograrán escapar de la espada y regresar a Judá. Entonces, todo el resto de Judá que se fue a vivir a Egipto sabrá si se cumple mi palabra o la de ellos.'

29»"Ésta será la señal de que voy a castigarlos en este lugar, para que sepan que mis amenazas contra ustedes se habrán de cumplir —afirma el SEÑOR—. **30**Así dice el SEÑOR: 'Voy a entregar al faraón Hofra, rey de Egipto, en poder de los enemigos que atentan contra su vida, tal como entregué a Sedequías, rey de Judá, en poder de su enemigo Nabucodonosor, rey de Babilonia, que atentaba contra su vida.' " »

Mensaje para Baruc

45 Ésta es la palabra que el profeta Jeremías le comunicó a Baruc hijo de Nerías, en el año cuarto del gobierno de Joacim hijo de Josías, cuando Baruc escribía en un rollo estas palabras que Jeremías le dictaba: **2**«Así dice el SEÑOR, Dios de Israel, acerca de ti, Baruc: **3**"Tú dijiste: '¡Ay de mí! ¡El SEÑOR añade angustia a mi dolor! Estoy agotado de tanto gemir, y no encuentro descanso.'

4»"Pues le dirás que así dice el SEÑOR: 'Voy a destruir lo que he construido, y a arrancar lo que he plantado; es decir, arrasaré con toda esta tierra. **5**¿Buscas grandes cosas para ti? No las pidas, porque voy a provocar una desgracia sobre toda la gente, pero a ti te concederé la posibilidad de conservar la vida dondequiera que vayas —afirma el SEÑOR—. Ése será tu botín.' " »

Mensaje para Egipto

46 La palabra del SEÑOR acerca de las naciones vino a Jeremías el profeta.

2En cuanto a Egipto, éste es el mensaje contra el ejército del faraón Necao, rey de Egipto, que en el año cuarto del gobierno de Joacim hijo de Josías, rey de Judá, fue derrotado en Carquemis, junto al río Éufrates, por Nabucodonosor, rey de Babilonia:

3«¡Preparen el escudo y el broquel,
 y avancen al combate!
4¡Ensillen los caballos,
 monten los corceles!
 ¡Alístense, pónganse los cascos!
 ¡Afilen las lanzas, vístanse las
 corazas!
5Pero ¿qué es lo que veo?
 Sus guerreros están derrotados;
 aterrados retroceden.
 Sin mirar atrás, huyen despavoridos.
 ¡Cunde el terror por todas partes!
 —afirma el SEÑOR—.
6El más veloz no puede huir
 ni el más fuerte, escapar.
 En el norte, a orillas del río Éufrates
 trastabillan y caen.

7»¿Quién es ése que sube como el
 Nilo,
 como ríos de aguas agitadas?
8Es Egipto, que trepa como el Nilo,
 como ríos de aguas agitadas.
 Dice Egipto: "Subiré y cubriré toda
 la tierra;
 destruiré las ciudades y sus
 habitantes."

⁹¡Ataquen, corceles!
¡Carros, avancen con furia!
¡Que marchen los guerreros!
¡Que tomen sus escudos
    los soldados de *Cus y de Fut!
¡Que tensen el arco
    los soldados de Lidia!

¹⁰»Aquel día pertenece
    al Señor, al SEÑOR
        *Todopoderoso.
Será un día de venganza;
    se vengará de sus enemigos.
La espada devorará hasta saciarse;
    con sangre apagará su sed.
En la tierra del norte,
    a orillas del río Éufrates,
    el Señor, el SEÑOR Todopoderoso,
    realizará una matanza.ʳ

¹¹»¡Virginal hija de Egipto,
    ve a Galaad y consigue bálsamo!
En vano multiplicas los remedios;
    ya no sanarás.
¹²Las naciones ya saben de tu
        humillación;
    tus gritos llenan la tierra.
Un guerrero tropieza contra otro,
    y juntos caen por tierra.»

¹³Ésta es la palabra del SEÑOR, que
vino a Jeremías el profeta cuando Nabucodonosor, rey de Babilonia, vino para
atacar el país de Egipto:

¹⁴«Anuncien esto en Egipto,
    proclámenlo en Migdol, Menfisˢ
        y Tafnes:
    "¡A sus puestos! ¡Manténganse
        alerta!
    ¡La espada devora a su
        alrededor!"
¹⁵¿Por qué yacen postrados tus
        guerreros?
    ¡No pueden mantenerse en pie,
        porque el SEÑOR los ha derribado!
¹⁶Tropiezan una y otra vez,
    se caen uno sobre otro.
Se dicen: "¡Levántate,
    volvamos a nuestra gente,

a la tierra donde nacimos,
    lejos de la espada del opresor!"
¹⁷Allí gritan: "¡El faraón es puro
        ruido!
    ¡el rey de Egipto ya perdió su
        oportunidad!"

¹⁸»¡Vivo yo! —declara el Rey,
    cuyo *nombre es el SEÑOR
        Todopoderoso—:
Como el Tabor, que sobresale de
        entre los montes,
    y como el Carmelo, que se erige
        sobre el mar,
    así será el enemigo que viene.
¹⁹Tú, que habitas en Egipto,
    prepara tu equipaje para el exilio,
porque Menfis se convertirá en
        desolación,
    en una ruina deshabitada.

²⁰»Novilla hermosa es Egipto,
    pero viene contra ella un tábano
        del norte.
²¹Los mercenarios en sus filas
    son como novillos cebados;
también ellos se vuelven atrás;
    todos juntos huyen sin detenerse,
porque ha llegado el día de su
        ruina,
    el momento de su castigo.
²²Egipto huye silbando como
        serpiente,
    pues el enemigo avanza con
        fuerza.
Se acercan contra ella con hachas,
    como si fueran leñadores;
²³por impenetrables que sean sus
        bosques,
    los talan por completo
        —afirma el SEÑOR—.
Más numerosos que langostas,
    son los leñadores;
    nadie los puede contar.
²⁴Egipto la hermosa, será
        avergonzada
    y entregada a la gente del norte.»

²⁵El SEÑOR Todopoderoso, el Dios de
Israel, dice: «Voy a castigar a Amón, dios

ʳ **46:10** *realizará una matanza.* Lit. *tiene un sacrificio.*   ˢ **46:14** *Menfis.* Lit. *Nof;* también en v. 19.

de Tebas,^{t} a Egipto, a sus dioses y reyes,
al faraón y a los que en él confían. **26**Los
entregaré al poder de quienes atentan contra su vida, al poder de Nabucodonosor,
rey de Babilonia, y de sus siervos. Luego
Egipto será habitada como en los días de
antaño —afirma el SEÑOR—.

27»Pero tú, Jacob siervo mío, no
temas;
no te asustes, Israel.
Porque te salvaré de un lugar
remoto;
y a tu descendencia, del destierro.
Jacob volverá a vivir en *paz;
estará seguro y tranquilo.
28Tú, Jacob, siervo mío, no temas,
porque yo estoy contigo —afirma
el SEÑOR—.

»Aunque aniquile a todas las
naciones
por las que te he dispersado,
a ti no te aniquilaré.
Te corregiré con *justicia,
pero no te dejaré sin castigo.»

Mensaje para los filisteos

47 Antes de que el faraón atacara Gaza, la palabra del SEÑOR acerca de
los filisteos vino al profeta Jeremías:

2«Así dice el SEÑOR:

»"¡Miren! Las aguas del norte
suben cual torrente desbordado.
Inundan la tierra y todo lo que
contiene,
sus ciudades y sus habitantes.
¡Grita toda la gente!
¡Gimen los habitantes de la tierra!
3Al oír el galope de sus corceles,
el estruendo de sus carros
y el estrépito de sus ruedas,
los padres abandonan a sus hijos
porque sus fuerzas desfallecen.
4Ha llegado el día
de exterminar a los filisteos,
y de quitarles a Tiro y Sidón

todos los aliados con que aún
cuenten.
El SEÑOR exterminará a los
filisteos
y al resto de las costas de Caftor.^{u}
5Se rapan la cabeza los de Gaza;
se quedan mudos los de Ascalón.
Tú, resto de las llanuras,
¿hasta cuándo te harás incisiones?

6»"¡Ay, espada del SEÑOR!
¿Cuándo vas a descansar?
¡Vuélvete a la vaina!
¡Detente, quédate quieta!

7»"¿Cómo va a descansar,
si el SEÑOR le ha dado órdenes
de atacar a Ascalón
y a la costa del mar?"»

Mensaje para Moab
48:29-36 — Is 16:6-12

48 Así dice el SEÑOR *Todopoderoso,
el Dios de Israel, acerca de Moab:

«¡Ay de Nebo, porque será
devastada!
¡Quiriatayin será capturada y
puesta en vergüenza!
¡Su fortaleza^v será humillada y
destruida!
2La gloria de Moab ha desaparecido;
en Hesbón^w maquinan el mal
contra ella:
"¡Vengan, hagamos desaparecer
a esta nación!"
También tú, Madmén,^{x} serás
silenciada,
y la espada te perseguirá.
3Se oye el clamor desde Joronayin:
¡devastación y gran destrucción!
4Moab será quebrantada;
ya se oyen los gritos de sus
pequeños.
5Por la cuesta de Luhit
suben llorando sin cesar;
por la bajada de Joronayin
se oyen gritos de dolor,
por causa de la destrucción.

---

^{t}**46:25** *Amón, dios de Tebas*. Lit. *Amón de No.* ^{u}**47:4** *Caftor*. Es decir, *Creta*. ^{v}**48:1** *Su fortaleza*. Alt. *Misgab*. ^{w}**48:2** En hebreo, *Hesbón* suena como el verbo que significa *maquinan*. ^{x}**48:2** En hebreo, *Madmén* suena como el verbo que significa *serás silenciada*.

6¡Huyan! ¡Sálvese quien pueda!
   ¡Sean como las zarzas*y* del
      desierto!
7Por cuanto confías en tus obras y
      en tus riquezas,
   también tú serás capturada.
   Quemós, tu dios, irá al exilio,
      junto con sus sacerdotes y
         oficiales.
8El destructor vendrá contra toda
      ciudad,
   y ni una sola de ellas escapará.
   El valle quedará en ruinas,
      y la meseta quedará destruida,
      tal como lo ha dicho el SEÑOR.
9Coloquen una lápida*z* para Moab,
      porque yace destruida;
   sus ciudades están desoladas,
      y sin habitante alguno.

10»¡Maldito el que sea negligente
      para realizar el trabajo del SEÑOR!
   ¡Maldito el que de la sangre
      retraiga su espada!

11»Moab ha vivido en paz desde su
      juventud;
   ha reposado sobre sus heces.
   No ha pasado de vasija en vasija,
      ni ha ido jamás al exilio.
   Por eso conserva su sabor
      y no pierde su aroma.
12Pero vienen días —afirma el
      SEÑOR—
   en que enviaré gente que
      transvasará a Moab;
   y vaciará sus vasijas
      y romperá sus cántaros.
13Entonces Moab se avergonzará de
      Quemós,
   como el pueblo de Israel se
      avergonzó de Betel,
   santuario en el que había
      depositado su confianza.

14»¿Cómo se atreven a decir:
   "Somos guerreros,
      hombres valientes para la
         guerra"?

15Moab será devastada
   y sus ciudades, invadidas
   —afirma el Rey,
      cuyo *nombre es el SEÑOR
         Todopoderoso—:
   Lo mejor de su juventud
      descenderá al matadero.
16La ruina de Moab se acerca;
      su calamidad es inminente.
17Lloren por él todos sus vecinos,
      los que saben de su fama.
   Digan: "¡Cómo se ha quebrado el
      cetro
   tan poderoso e imponente!"

18»Tú, que habitas en Dibón:
   desciende de tu lugar de honor
      y siéntate en el sequedal,
   porque el destructor de Moab te
      ataca
   y destruye tus fortificaciones.
19Tú, que habitas en Aroer,
   párate a la vera del camino, y
      observa;
   pregunta a los que huyen, hombres
      y mujeres:
   "¿Qué es lo que ha sucedido?"
20Moab está humillado;
      ha sido destrozado.
   ¡Giman y clamen!
      ¡Anuncien por el río Arnón
   que Moab ha sido devastado!
21El juicio ha llegado hasta la meseta
   contra Holón, Yahaza y Mefat;
22contra Dibón, Nebo y Bet
      Diblatayin;
23contra Quiriatayin, Bet Gamul y
      Bet Megón,
24contra Queriot y Bosra,
   y contra todas las ciudades de
      Moab,
   cercanas y lejanas.
25El poder*a* de Moab ha
      desaparecido;
   ¡su fuerza está abatida!
                  —afirma el SEÑOR—.

26»¡Emborrachen a Moab,
   porque ha desafiado al SEÑOR!

---

y **48:6** *las zarzas* (véanse Aquila y Vulgata). Alt. *Aroer.*   *z* **48:9** *lápida* (LXX); en TM, palabra de difícil
traducción.   *a* **48:25** *poder.* Lit. *cuerno.*

¡Que se regodee en su vómito,
　y se convierta en objeto de burla!
27 ¿Acaso no te burlabas de Israel,
　　y con tus palabras lo despreciabas,
　　como si hubiera sido sorprendido
　　　entre ladrones?
28 Habitantes de Moab,
　　¡abandonen las ciudades
　　y vivan entre las rocas!
　Sean como las palomas
　　que anidan al borde de los
　　　precipicios.

29 »Conocemos bien el orgullo de
　　　Moab,
　　ese orgullo exagerado.
　¡Tanta soberbia y tanto orgullo!
　¡Tanta arrogancia y altivez!
30 Yo conozco su insolencia,
　　pero sus jactancias no logran nada
　　　—afirma el Señor—.
31 Por eso lloro por Moab;
　　gimo por toda su gente,
　　sollozo por el pueblo de Quir Jeres.
32 Lloro por ti, viña de Sibma,
　　más que por Jazer;
　tus sarmientos sobrepasan el mar
　　y llegan hasta Jazer,
　pero caerá el destructor
　　sobre tu cosecha y sobre tu
　　　vendimia.
33 De los fértiles campos de Moab
　　han desaparecido el gozo y
　　　alegría.
　Acabé con el vino de tus lagares;
　　ya nadie pisa las uvas entre gritos
　　　de alborozo;
　　los gritos ya no son de regocijo.

34 »El clamor de Hesbón llega hasta
　　　Elalé y Yahaza,
　　su voz se alza desde Zoar
　　hasta Joronayin y Eglat Selisiyá.
　Porque hasta las aguas de Nimrín
　　se han secado.
35 Acabaré con la gente de Moab
　　que ofrece sacrificios en *altares
　　　paganos
　　y quema incienso a sus dioses
　　　—afirma el Señor—.

36 »Por eso, con sonido de flautas
　　gime por Moab mi *corazón;

con sonido de flautas
　gime mi corazón por Quir Jeres,
　porque han desaparecido
　las riquezas que acumularon.
37 Toda cabeza está rapada
　　y toda barba rasurada;
　en todas las manos hay incisiones,
　y todos están vestidos de luto.
38 Sobre todos los techos de Moab,
　　y por todas sus plazas,
　　sólo se escuchan lamentos;
　porque rompí en pedazos a
　　　Moab
　como a una vasija desechada
　　　—afirma el Señor—.
39 ¡Cómo quedó hecha pedazos!
　　¡Cómo gimen!
　Moab ha vuelto la espalda
　　del todo avergonzada.
　Es para todos sus vecinos
　　objeto de burla y de terror.»

40 Así dice el Señor:

«¡Miren! Vuela el enemigo como
　　　águila;
　sobre Moab despliega sus alas.
41 Sus ciudades serán capturadas,
　　y conquistadas sus fortalezas.
　En aquel día, el corazón de los
　　　guerreros de Moab
　　será como el de una parturienta.
42 Moab será destruida como nación,
　　porque ha desafiado al Señor.
43 El terror, la fosa y la trampa,
　　aguardan al habitante de Moab
　　　—afirma el Señor—.
44 El que huya del terror caerá en la
　　　fosa;
　　el que salga de la fosa caerá en la
　　　trampa;
　porque yo hago venir sobre Moab
　　el tiempo de su castigo
　　　—afirma el Señor—.

45 »A la sombra de Hesbón
　　se detienen exhaustos los
　　　fugitivos.
　De Hesbón sale un fuego;
　　de la ciudad de Sijón, una llama
　que consume las sienes de Moab
　y el cráneo de los arrogantes y
　　　revoltosos.

46¡Ay de ti, Moab!
El pueblo de Quemós está
destruido;
tus hijos son llevados al exilio;
tus hijas, al cautiverio.
47Pero en los días venideros
yo cambiaré la suerte de Moab»,
afirma el SEÑOR.

Aquí concluye el juicio contra Moab.

Mensaje para Amón

49 Así dice el SEÑOR acerca de los
amonitas:

«¿Acaso Israel no tiene hijos?
¿Acaso no tiene herederos?
¿Por qué el dios Moloc[b] ha
heredado Gad,
y su pueblo vive en sus ciudades?
2Vienen días —afirma el SEÑOR—
en que yo haré resonar el grito de
guerra
contra Rabá de los amonitas;
y se convertirá en un montón de
ruinas,
y sus ciudades serán incendiadas.
Entonces Israel despojará de todo
a los que de todo la despojaron
—afirma el SEÑOR—.

3»¡Gime, Hesbón, porque Hai ha
sido destruida!
¡Griten, hijas de Rabá!
¡Vístanse de luto, y hagan
lamentación;
corran de un lado a otro, dentro
de los muros!,
porque Moloc marcha al destierro,
junto con sus sacerdotes y
oficiales.
4¿Por qué te jactas de tus valles,
de tus fértiles valles,
hija rebelde, que confías en tus
tesoros
y dices: "¿Quién me atacará?"?
5Voy a hacer que te acose
el terror por todas partes
—afirma el SEÑOR
*Todopoderoso—.

Todos serán expulsados, cada uno
por su lado,
y nadie reunirá a los fugitivos.

6»Pero después de esto,
cambiaré la suerte de los
amonitas»,
afirma el SEÑOR.

Mensaje para Edom
49:9-10 — Abd 5-6
49:14-16 — Abd 1-4

7Así dice el SEÑOR Todopoderoso
acerca de Edom:

«¿Ya no hay sabiduría en Temán?
¿Se acabó el consejo de los
inteligentes?
¿Acaso se ha echado a perder su
sabiduría?
8Habitantes de Dedán:
¡Huyan, vuélvanse atrás!
¡Escóndanse en lo más profundo
de la tierra!
Yo provocaré un desastre sobre
Esaú,
pues le llegó la hora del castigo.
9Si los vendimiadores llegaran a ti,
¿no te dejarían algunos racimos?
Si de noche te llegaran ladrones,
¿no se llevarían sólo lo que
pudieran?
10Pero yo despojaré por completo a
Esaú;
descubriré sus escondites, y no
podrá ocultarse.
Sus hijos, parientes y vecinos,
serán destruidos y dejarán de
existir.
11¡Abandona a tus huérfanos,
que yo les protegeré la vida!
¡Tus viudas pueden confiar en
mí!»

12Así dice el SEÑOR: «Los que no
estaban condenados a beber la copa de
castigo, la bebieron. ¿Y acaso tú vas a
quedarte sin castigo? ¡De ninguna manera
quedarás impune, sino que también beberás de esa copa! **13**Juro por mí mismo

[b] **49:1** *Moloc.* Lit. *Malcán;* es decir, Milcón. Alt. *su rey.* También en v. 3.

—afirma el SEÑOR—, que Bosra se convertirá en objeto de maldición, y en horror, oprobio y desolación. Para siempre quedarán en ruinas todas sus ciudades.»

14 He oído un mensaje del SEÑOR.
   Un heraldo lo anuncia entre las
      naciones:
   «¡Reúnanse, ataquen a la ciudad!
      ¡Prepárense para la guerra!»

15 «Te haré pequeño entre las
      naciones,
   menospreciado entre los
      *hombres.
16 Tú, que habitas en las hendiduras
      de las rocas;
   tú, que ocupas las alturas de los
      montes:
   fuiste engañado por el terror que
      infundías
   y por el orgullo de tu *corazón.
   Aunque pongas tu nido tan alto
      como el del águila,
   desde allí te haré caer
                  —afirma el SEÑOR—.
17 Tan espantosa será la caída de
      Edom,
   que todo el que pase junto a la
      ciudad
   quedará pasmado al ver todas sus
      heridas.
18 Será como en la destrucción de
      Sodoma y Gomorra
   y de sus ciudades vecinas;
   nadie volverá a vivir allí,
   ni la habitará ningún *ser humano
                  —afirma el SEÑOR—.

19 »Como león que sale de los
      matorrales del Jordán
   hacia praderas de verdes pastos,
   en un instante espantaré de su
      tierra a los de Edom,
   y sobre ellos nombraré a mi
      elegido.
   Porque, ¿quién como yo?
   ¿Quién me puede desafiar?
   ¿Qué *pastor se me puede
      oponer?»
20 Por eso, escuchen el plan que el
      SEÑOR
   ha diseñado contra Edom;

escuchen lo que tiene proyectado
      contra los habitantes de Temán:
   Serán arrastrados
      los más pequeños del rebaño;
   por causa de ellos
      sus praderas quedarán asoladas.
21 Tiembla la tierra
      por el estruendo de su caída;
   hasta en el *Mar Rojo
      resuenan sus gritos.
22 Remonta vuelo el enemigo,
      se desliza como un águila,
      extiende sus alas sobre Bosra.
   En aquel día se angustiarán los
      valientes de Edom,
   como se angustia una mujer de
      parto.

Mensaje para Damasco

23 Mensaje acerca de Damasco:

   «Jamat y Arfad están
      desconcertadas,
   pues ya saben de la mala noticia.
   Naufragan en el mar de la
      angustia,
   y no pueden calmarse.
24 Damasco desfallece;
      trató de huir, pero la dominó el
      pánico.
   Se halla presa de la angustia y el
      dolor,
   como si estuviera de parto.
25 ¿Por qué no ha sido abandonada
      la ciudad famosa, la que era mi
      delicia?
26 En aquel día sus jóvenes
      quedarán tendidos en las calles;
   ¡perecerán todos sus soldados!
   —afirma el SEÑOR *Todopoderoso—.
27 Prenderé fuego al muro de
      Damasco,
   y los palacios de Ben Adad serán
      consumidos.»

Mensaje para Cedar y Jazor

28 Así dice el SEÑOR acerca de Cedar y de los reinos de Jazor que fueron atacados por Nabucodonosor, rey de Babilonia:

   «¡Vamos, ataquen a Cedar!
      ¡Destruyan a esa gente del
      oriente!

²⁹Sus carpas y rebaños les serán
   arrebatados,
   se llevarán sus toldos, bienes y
     camellos.
La gente les gritará:
   "¡Cunde el terror por todas
     partes!"

³⁰»¡Huyan, habitantes de Jazor!
Escapen ya, escóndanse
   en lo más profundo de la tierra
     —afirma el SEÑOR—.
Nabucodonosor, rey de Babilonia,
   maquina planes contra ustedes;
   contra ustedes ha diseñado un
     plan.

³¹»¡Vamos, ataquen a esta nación
     indolente
   que vive del todo confiada,
nación que no tiene puertas ni
     cerrojos,
   y que vive muy aislada!
     —afirma el SEÑOR—.
³²Sus camellos serán el botín,
   y su numeroso ganado, el despojo.
Dispersaré a los cuatro vientos
   a los que se rapan las sienes;
de todas partes les traeré su ruina
     —afirma el SEÑOR—.
³³Jazor se convertirá en una guarida
     de chacales,
   en un lugar desolado para
     siempre.
Ningún *ser humano vivirá allí,
   nadie habitará en ese lugar.»

Mensaje para Elam

³⁴La palabra del SEÑOR acerca de Elam
vino al profeta Jeremías al comienzo del
reinado de Sedequías, rey de Judá.

³⁵Así dice el SEÑOR *Todopoderoso:

«Voy a quebrar el arco de Elam;
   voy a acabar con lo mejor de su
     poderío.
³⁶Voy a desatar contra Elam los
     cuatro vientos
   desde los cuatro confines de la
     tierra.
Los voy a esparcir por los cuatro
     vientos,

y no quedará nación alguna
   adonde no lleguen sus
     desterrados.
³⁷Aterraré a Elam frente a sus
     enemigos,
   frente a los que atentan contra su
     vida;
desataré mi ardiente ira,
   y traeré sobre ellos calamidad
     —afirma el SEÑOR—.
Haré que la espada los persiga
   hasta que los haya exterminado.
³⁸Estableceré mi trono en Elam,
   y destruiré a su rey y a sus
     oficiales
     —afirma el SEÑOR—.

³⁹»Pero en los días venideros
   cambiaré la suerte de Elam»,
     afirma el SEÑOR.

Mensaje para Babilonia
51:15-19 — Jer 10:12-16

50 La palabra del SEÑOR acerca de los
*babilonios y de su país vino al
profeta Jeremías:

²«¡Anuncien y proclamen entre las
     naciones!
   ¡Proclámenlo, levanten un
     estandarte!
No oculten nada, sino digan:
   "¡Babilonia será conquistada!
¡Bel quedará en vergüenza!
   ¡Marduc quedará aterrado!
¡Sus imágenes quedan humilladas,
   y aterrados sus ídolos!"
³Porque la ataca una nación del norte,
   que dejará desolada a su tierra.
*Hombres y animales saldrán
     huyendo,
   y no habrá nadie que la habite.

⁴»En aquellos días, en aquel tiempo,
   la gente de Israel y de Judá
   irá llorando en busca del SEÑOR,
     su Dios
     —afirma el SEÑOR—.
⁵Preguntarán por el camino de *Sión,
   y hacia allá se encaminarán.
Vendrán y se aferrarán al SEÑOR
   en un *pacto eterno, que ya no
     olvidarán.

6»Mi pueblo ha sido como un
   rebaño perdido;
   sus *pastores lo han descarriado,
   lo han hecho vagar por las
      montañas.
Ha ido de colina en colina,
   y se ha olvidado de su redil.
7Todos los que lo encuentran, lo
      devoran;
   "No somos culpables —decían
      sus enemigos—,
porque ellos pecaron contra el
      SEÑOR;
   ¡él es morada de *justicia,
   esperanza de sus antepasados!"

8»¡Huyan de Babilonia;
   abandonen ese país!
Sean como los machos cabríos
   que guían a las ovejas.
9Porque yo movilizo contra
      Babilonia,
   una alianza de grandes naciones
      del norte.
Se alistarán contra ella,
   y desde el norte será conquistada.
Sus flechas son como expertos
      guerreros
   que no vuelven con las manos
      vacías.
10Babilonia será saqueada,
   y todos sus saqueadores se
      saciarán
            —afirma el SEÑOR—.

11»¡Ustedes, que saquean mi heredad,
   alégrense y regocíjense!
¡Salten como terneros en la
      pradera,
   relinchen como sementales!
12Pero la patria de ustedes
   quedará humillada;
   la que les dio la vida quedará en
      vergüenza.
Será la última de las naciones;
   se convertirá en sequedal,
   desierto y estepa.
13Por el enojo del SEÑOR
   no será habitada,
   sino que quedará en desolación.
Todo el que pase por Babilonia
   quedará pasmado al ver todas sus
      heridas.

14»¡Tomen posiciones alrededor de
      Babilonia,
   todos los que tensan el arco!
¡Dispárenle, no escatimen flechas,
   porque ha pecado contra el
      SEÑOR!
15Griten en torno de ella:
   ¡Babilonia se rinde!
¡Cayeron sus torres,
   se derrumbaron sus muros!
¡Ésta es la venganza del SEÑOR!
   ¡Vénguense de ella!
   ¡Páguenle con la misma moneda!
16Exterminen al que siembra en
      Babilonia,
   y al que maneja la hoz en la
      cosecha.
Ante la espada del opresor,
   cada uno retorna a su pueblo,
   cada cual huye a su país.

17»Israel es como un rebaño
      descarriado,
   acosado por los leones.
Primero lo devoró el rey de Asiria,
   y luego Nabucodonosor, rey de
      Babilonia,
   le quebró todos los huesos.»

18Por eso, así dice el SEÑOR *Todopoderoso, el Dios de Israel:

   «Castigaré al rey de Babilonia y a
      su país
   como castigué al rey de Asiria.
19Haré que Israel vuelva a su prado
   y que se alimente en el Carmelo y
      en Basán.
Su apetito quedará saciado
   en las montañas de Efraín y
      Galaad.
20En aquellos días se buscará la
      iniquidad de Israel,
   pero ya no se encontrará.
En aquel tiempo se buscarán los
      pecados de Judá,
   pero ya no se hallarán,
   porque yo perdonaré a los que
      deje con vida
            —afirma el SEÑOR—.

21»¡Ataca el país de Meratayin
   y a los que viven en Pecod!

¡Mátalos, *destrúyelos por
    completo!
¡Cumple con todas mis órdenes!
        —afirma el SEÑOR—.

²² ¡En el país hay estruendo de guerra
    y de impresionante destrucción!
²³ ¡Cómo ha sido quebrado y
        derribado
    el martillo de toda la tierra!
¡Babilonia ha quedado desolada
    en medio de las naciones!
²⁴ Te tendí una trampa, y en ella
        caíste
    antes de que te dieras cuenta.
Fuiste sorprendida y apresada,
    porque te opusiste al SEÑOR.
²⁵ El SEÑOR ha abierto su arsenal,
    y ha sacado las armas de su ira;
    el SEÑOR omnipotente, el
        Todopoderoso,
    tiene una tarea que cumplir
    en el país de los babilonios.
²⁶ ¡Atáquenla desde los confines de la
        tierra!
¡Abran sus graneros!
¡Amontónenla como a las gavillas!
¡Destrúyanla por completo!
¡Que no quede nada de ella!
²⁷ ¡Maten a todos sus novillos!
¡Llévenlos al matadero!
¡Ay de ellos, pues les ha llegado el
        día,
    el día de su castigo!
²⁸ Se oye la voz de los fugitivos,
    de los que escaparon de
        Babilonia;
vienen a anunciar en Sión
    la venganza del SEÑOR, nuestro
        Dios,
    la venganza por su templo.

²⁹ »Recluten contra Babilonia a los
        arqueros,
    a todos los que tensan el arco;
acampen a su alrededor,
    y que no escape ninguno.
Retribúyanle según sus obras,
    páguenle con la misma moneda.
Porque ella ha desafiado al SEÑOR,
    al *Santo de Israel.

³⁰ Por eso en aquel día
    caerán sus jóvenes en las calles
    y perecerán todos sus soldados
        —afirma el SEÑOR—.

³¹ »Estoy contra ti, nación arrogante
        —afirma el Señor, el SEÑOR
            Todopoderoso—;
    al fin ha llegado el día,
    el día de tu castigo.
³² El arrogante tropezará y caerá,
    y no habrá quien lo ayude a
        levantarse.
Prenderé fuego a todas sus
        ciudades,
    fuego que consumirá cuanto le
        rodea.»

³³ Así dice el SEÑOR Todopoderoso:

«Israel y Judá son pueblos
        oprimidos;
    sus enemigos los tienen
        apresados,
    no los dejan en libertad.
³⁴ Pero su redentor es fuerte,
    su *nombre es el SEÑOR
        Todopoderoso.
Con vigor defenderá su causa;
    traerá la *paz a la tierra,
    pero a Babilonia, el terror.

³⁵ »¡Muerte a^c los babilonios!
¡Muerte a sus jefes y sabios!
        —afirma el SEÑOR—.
³⁶ ¡Muerte a sus falsos profetas!
¡Que pierdan la razón!
¡Muerte a sus guerreros!
¡Que queden aterrorizados!
³⁷ ¡Muerte a sus caballos y carros!
¡Muerte a todos sus mercenarios!
¡Que se vuelvan como mujeres!
¡Muerte a sus tesoros!
¡Que sean saqueados!
³⁸ ¡Muerte a sus aguas!
¡Que queden secas!
Porque Babilonia es un país de
        ídolos,
    de ídolos terribles que provocan
        la locura.

---

^{c}**50:35** *Muerte a.* Lit. *Espada contra*; también en vv. 36 y 37.

³⁹»Por eso las fieras del desierto
vivirán allí con las hienas;
también los avestruces harán allí
su morada.
Nunca más volverá a ser habitada;
quedará despoblada para siempre.
⁴⁰Será como cuando Dios destruyó a
Sodoma y Gomorra,
y a sus ciudades vecinas;
allí nadie volverá a vivir,
ni la habitará ningún *ser humano
—afirma el SEÑOR—.

⁴¹»Del norte viene un ejército;
desde los confines de la tierra
se preparan una gran nación y
muchos reyes.
⁴²Vienen armados con arcos y lanzas;
son crueles y desalmados.
Vienen montados a caballo;
su estruendo es como el bramido
del mar.
Contra ti, bella Babilonia, contra ti
marchan en formación de combate,
alineados como un solo hombre.
⁴³El rey de Babilonia ha escuchado
la noticia,
y sus brazos flaquean;
de él se apodera la angustia
y le vienen dolores de parto.
⁴⁴Como león que sale de los
matorrales del Jordán
hacia praderas de verdes pastos,
en un instante espantaré de su
tierra a los de Babilonia,
y sobre ellos nombraré a mi
elegido.
Porque, ¿quién como yo?
¿Quién me puede desafiar?
¿Qué pastor se me puede
oponer?»
⁴⁵Por eso, escuchen el plan que el
SEÑOR
ha diseñado contra Babilonia,
escuchen lo que tiene proyectado
en contra del país de los
babilonios:
Serán arrastrados
los más pequeños del rebaño;

por causa de ellos,
sus praderas quedarán asoladas.
⁴⁶Tiembla la tierra
por la estruendosa caída de
Babilonia;
resuenan sus gritos
en medio de las naciones.

51

Así dice el SEÑOR:

«Voy a levantar un viento destructor
contra Babilonia y la gente de
Leb Camay.^d
²Enviaré contra Babilonia
gente que la lance por los aires,
que la aviente como se avienta el
trigo,
hasta dejarla vacía.
En el día de su calamidad
la atacarán por todas partes.
³Que no tense el arquero su arco,^e
ni se vista la coraza.
No perdonen a sus jóvenes;
*destruyan a su ejército por
completo.
⁴Caerán muertos en el país de los
*babilonios;
serán traspasados en las calles.
⁵Aunque Israel y Judá están llenos
de culpa
delante del *Santo de Israel,
no han sido abandonados por su
Dios,
el SEÑOR *Todopoderoso.

⁶»¡Huyan de Babilonia!
¡Sálvese quien pueda!
No perezcan por causa de su
iniquidad.
Porque ha llegado la hora
de que el SEÑOR tome venganza;
¡él le dará su merecido!
⁷En la mano del SEÑOR
Babilonia era una copa de oro
que embriagaba a toda la tierra.
Las naciones bebieron de su vino
y se enloquecieron.
⁸Pero de pronto Babilonia cayó
hecha pedazos.

---

^d51:1 *Leb Camay* es un criptograma que alude a *Caldea, es decir, Babilonia.   ^e51:3 *Que no tense el
arquero su arco*. Frase de difícil traducción.

¡Giman por ella!
Traigan bálsamo para su dolor;
tal vez pueda ser curada.

9»"Quisimos curar a Babilonia,
pero no pudo ser sanada;
abandonémosla, y regrese cada uno
a su país,
porque llega su condena hasta los
cielos;
¡se eleva hasta las nubes!"

10»"¡El SEÑOR nos ha vindicado!
Vengan, que en *Sión daremos a
conocer
lo que ha hecho el SEÑOR,
nuestro Dios."

11»¡Afilen las flechas!
¡Ármense con escudos!
El SEÑOR ha despertado el espíritu
de los reyes de Media
para destruir a Babilonia.
Ésta es la venganza del SEÑOR,
la venganza por su templo.
12¡Levanten el estandarte
contra los muros de Babilonia!
¡Refuercen la guardia!
¡Pongan centinelas!
¡Preparen la emboscada!
El SEÑOR cumplirá su propósito;
cumplirá su decreto contra los
babilonios.
13Tú, que habitas junto a muchas aguas
y eres rica en tesoros,
has llegado a tu fin,
al final de tu existencia.
14El SEÑOR Todopoderoso ha jurado
por sí mismo:
"Te llenaré de enemigos, como
de langostas,
y sobre ti lanzarán gritos de
victoria."

15»Con su poder hizo el SEÑOR la
tierra;
con su sabiduría afirmó el mundo;
con su inteligencia extendió los
cielos.
16Ante su trueno, braman las lluvias
en el cielo,
y desde los confines de la tierra
hace que suban las nubes;

entre relámpagos desata la lluvia,
y saca de sus depósitos el viento.

17»Todo *hombre es *necio e
ignorante;
todo orfebre se avergüenza de sus
ídolos.
Sus ídolos son una mentira;
no tienen aliento de vida.
18Son absurdos, objetos de burla;
en el tiempo del juicio serán
destruidos.
19La porción de Jacob no es como
aquéllos;
su Dios es el creador de todas las
cosas.
Su *nombre es el SEÑOR
Todopoderoso;
Israel es la tribu de su heredad.

20»Tú eres mi mazo, mi arma de
guerra;
contigo destrozo naciones y
reinos.
21Contigo destrozo jinetes y caballos;
contigo destrozo aurigas y carros
de guerra.
22Contigo destrozo hombres y
mujeres;
contigo destrozo jóvenes y
ancianos,
contigo destrozo jóvenes y
doncellas.
23Contigo destrozo pastores y
rebaños;
contigo destrozo labradores y
yuntas,
contigo destrozo jefes y
gobernantes.

24»Pero en presencia de ustedes les
daré su merecido a Babilonia y a todos sus
habitantes por todo el mal que han hecho
en Sión —afirma el SEÑOR—.

25»Estoy en contra tuya,
monte del exterminio,
que destruyes toda la tierra
—afirma el SEÑOR—.
Extenderé mi mano contra ti;
te haré rodar desde los peñascos
y te convertiré en monte
quemado.

26No volverán a tomar de ti piedra
    angular,
  ni piedra de cimiento,
  porque para siempre quedarás
    desolada
      —afirma el SEÑOR—.

27»¡Levanten la bandera en el país!
  ¡Toquen la trompeta entre las
    naciones!
  ¡Convoquen contra ella
  a los reinos de Ararat, Mini y
    Asquenaz!
  ¡Pongan al frente un general!
  ¡Que avancen los caballos cual
    plaga de langostas!
28¡Convoquen contra ella a las
    naciones,
  a los reyes de Media,
  y a sus gobernadores y oficiales!
  ¡Convoquen a todo su imperio!
29La tierra tiembla y se sacude;
  se cumplen los planes de Dios
    contra Babilonia,
  al convertirla en un desierto
    desolado
  donde nadie ha de habitar.
30Dejaron de combatir los guerreros
    de Babilonia;
  se escondieron en las fortalezas.
  Sus fuerzas se agotaron;
  se volvieron como mujeres.
  Sus moradas fueron incendiadas
  y destrozados sus cerrojos.
31Corre un emisario tras el otro;
  un mensajero sigue a otro
    mensajero,
  para anunciarle al rey de Babilonia
  que toda la ciudad ha sido
    conquistada.
32Los vados han sido ocupados,
  e incendiados los esteros;
  llenos de pánico quedaron los
    guerreros.»

33Porque así dice el SEÑOR Todopoderoso, el Dios de Israel:

  «La bella Babilonia es como una era
  en el momento de la trilla;

¡ya le llega el tiempo de la
    cosecha!»

34«Nabucodonosor, el rey de
    Babilonia,
  me devoró, me confundió;
  me dejó como un plato vacío.
  Me tragó como un monstruo
    marino,
  con mis delicias se ha llenado el
    estómago
  para luego vomitarme.
35Dice Jerusalén:
  "¡Que recaiga sobre Babilonia
  la violencia que me hizo!"
  Dice la moradora de Sión:
  "¡Que mi sangre se derrame
  sobre los babilonios!"»

36Por eso, así dice el SEÑOR:

  «Voy a defender tu causa,
  y llevaré a cabo tu venganza;
  voy a secar el agua de su mar,
  y dejaré secos sus manantiales.
37Babilonia se convertirá en un
    montón de ruinas,
  en guarida de chacales,
  en objeto de horror y de burla,
  en un lugar sin habitantes.
38Juntos rugen como leones;
  gruñen como cachorros de león.
39Cuando entren en calor, les serviré
    bebida;
  los embriagaré para que se
    diviertan.
  Así dormirán un sueño eterno
  del que ya no despertarán
      —afirma el SEÑOR—.
40Voy a llevarlos al matadero,
  como si fueran corderos;
  como carneros y chivos.

41»¡Cómo ha sido capturada Sesac!*f*
  ¡Cómo ha sido conquistado
  el orgullo de toda la tierra!
  Babilonia se ha convertido
  en un horror para las naciones.
42El mar ha subido contra Babilonia;
  agitadas olas la han cubierto.

*f*51:41 *Sesac* es un criptograma que alude a Babilonia.

⁴³Desoladas han quedado sus ciudades:
como un sequedal, como un
desierto.
Nadie habita allí;
nadie pasa por ese lugar.
⁴⁴Voy a castigar al dios Bel en
Babilonia,
haré que vomite lo que se ha
tragado.
Ya no acudirán a él las naciones,
ni quedará en pie el muro de
Babilonia.

⁴⁵»¡Huye de ella, pueblo mío!
¡Sálvese quien pueda de mi
ardiente ira!
⁴⁶No desfallezcan, no se acobarden
por los rumores que corren por el
país.
Año tras año surgen nuevos
rumores;
cunde la violencia en el país,
y un gobernante se levanta contra
otro.
⁴⁷Se acercan ya los días
en que castigaré a los ídolos de
Babilonia.
Toda su tierra será avergonzada;
caerán sus víctimas en medio de
ella.
⁴⁸Entonces el cielo y la tierra,
y todo lo que hay en ellos,
lanzarán gritos de júbilo contra
Babilonia,
porque del norte vendrán sus
destructores
—afirma el Señor—.

⁴⁹»Babilonia tiene que caer
por las víctimas de Israel,
así como en toda la tierra
cayeron las víctimas de Babilonia.
⁵⁰Ustedes, los que escaparon de la
espada,
huyan sin demora.
Invoquen al Señor en tierras
lejanas,
y no dejen de pensar en
Jerusalén.»

⁵¹«Sentimos vergüenza por los
insultos;
estamos cubiertos de deshonra,
porque han penetrado extranjeros
en el santuario del Señor.»

⁵²«Por eso, vienen días
en que castigaré a sus ídolos;
a lo largo de todo el país
gemirán sus heridos
—afirma el Señor—.
⁵³Aunque Babilonia suba hasta los
cielos,
y en lo alto fortifique sus
baluartes,
yo enviaré destructores contra ella
—afirma el Señor—.

⁵⁴»Se oyen clamores por la gran
destrucción
del país de Babilonia.
⁵⁵El Señor la destruye por completo;
pone fin a su bullicio.
Rugen sus enemigos como olas
agitadas;
resuena el estruendo de su voz.
⁵⁶Llega contra Babilonia el
destructor;
sus guerreros serán capturados,
y sus arcos serán hechos pedazos.
Porque el Señor es un Dios
que a cada cual le da su merecido.
⁵⁷Voy a embriagar a sus jefes y a sus
sabios;
a sus gobernadores, oficiales y
guerreros;
y dormirán un sueño eterno,
del que no despertarán»,
afirma el Rey,
cuyo nombre es el Señor
Todopoderoso.

⁵⁸Así dice el Señor Todopoderoso:

«Los anchos muros de Babilonia
serán derribados por completo;
sus imponentes *puertas serán
incendiadas.
Los pueblos se agotan en vano,
y las naciones se fatigan
por lo que se desvanece como el
humo.»

⁵⁹Éste es el mandato que el profeta
Jeremías dio a Seraías, hijo de Nerías y
nieto de Maseías, cuando fue a Babilonia

con Sedequías, rey de Judá, durante el año cuarto de su reinado. Seraías era el jefe de este viaje. ⁶⁰Jeremías había descrito en un rollo todas las calamidades que le sobrevendrían a Babilonia, es decir, todo lo concerniente a ella. ⁶¹Jeremías le dijo a Seraías: «En cuanto llegues a Babilonia, asegúrate de leerles todas estas palabras. ⁶²Luego diles: "SEÑOR, tú has dicho que vas a destruir este lugar, y que lo convertirás en una desolación perpetua, hasta que no quede en él un solo habitante, ni hombre ni animal." ⁶³Cuando termines de leer el rollo, átale una piedra y arrójalo al Éufrates. ⁶⁴Luego diles: "Así se hundirá Babilonia, y nunca más se levantará del desastre que voy a traer sobre ella."»

Aquí concluyen las palabras de Jeremías.

La caída de Jerusalén
52:1-3 — 2R 24:18-20; 2Cr 36:11-16
52:4-16 — Jer 39:1-10
52:4-21 — 2R 25:1-21; 2Cr 36:17-20

52 Sedequías tenía veintiún años cuando ascendió al trono, y reinó en Jerusalén once años. Su madre se llamaba Jamutal hija de Jeremías, oriunda de Libná. ²Al igual que Joacim, Sedequías hizo lo que ofende al SEÑOR, ³a tal grado que el Señor, en su ira, los echó de su presencia. Todo esto sucedió en Jerusalén y en Judá.

Sedequías se rebeló contra el rey de Babilonia. ⁴En el año noveno del reinado de Sedequías, a los diez días del mes décimo, Nabucodonosor, rey de Babilonia, marchó con todo su ejército y atacó a Jerusalén. Acampó frente a la ciudad y construyó una rampa de asalto a su alrededor. ⁵La ciudad estuvo sitiada hasta el año undécimo del reinado de Sedequías.

⁶A los nueve días del mes cuarto, cuando el hambre se agravó en la ciudad y no había más alimento para el pueblo, ⁷se abrió una brecha en el muro de la ciudad, de modo que, aunque los *babilonios la tenían cercada, todo el ejército

se escapó. Salieron de noche, por la *puerta que estaba entre los dos muros, junto al jardín real. Huyeron camino al Arabá,ᵍ ⁸pero el ejército babilonio persiguió al rey Sedequías hasta alcanzarlo en la llanura de Jericó. Sus soldados se dispersaron, abandonándolo, ⁹y los babilonios lo capturaron. Entonces lo llevaron ante el rey de Babilonia, que estaba en Riblá, en el territorio de Jamat. Allí Nabucodonosor dictó sentencia contra Sedequías, ¹⁰y ante sus propios ojos hizo degollar a sus hijos, lo mismo que a todos los nobles de Judá. ¹¹Luego mandó que a Sedequías le sacaran los ojos y que le pusieran cadenas de bronce para llevarlo a Babilonia, donde permaneció preso hasta el día en que murió.

¹²A los diez días del mes quinto del año diecinueve del reinado de Nabucodonosor, rey de Babilonia, su servidor Nabuzaradán, que era comandante de la guardia, fue a Jerusalén ¹³y le prendió fuego al templo del SEÑOR, al palacio real y a todas las casas de Jerusalén, incluso a todos los edificios importantes. ¹⁴Entonces el ejército de los babilonios bajo su mando derribó todas las murallas que rodeaban la ciudad. ¹⁵Nabuzaradán además deportóʰ a la gente que quedaba en la ciudad, es decir, al resto de los artesanos y a los que se habían aliado con el rey de Babilonia. ¹⁶Sin embargo, dejó a algunos de los más pobres para que se encargaran de los viñedos y de los campos.

¹⁷Los babilonios quebraron las columnas de bronce, las bases y la fuenteⁱ de bronce que estaban en el templo del SEÑOR, y se llevaron todo el bronce a Babilonia. ¹⁸También se llevaron las ollas, las tenazas, las despabiladeras, los tazones, la vajilla y todos los utensilios de bronce que se usaban para el culto. ¹⁹Además, el comandante de la guardia se apoderó de las palanganas, los incensarios, los aspersorios, las ollas, los candelabros, los platos y fuentes para las libaciones, todo lo cual era de oro y de plata.

ᵍ**52:7** *Arabá*. Alt. *valle del Jordán.*   ʰ**52:15** *deportó* (lectura probable; véase 2R 25:11); *deportó a algunos de los más pobres del pueblo y* (TM).   ⁱ**52:17** *la fuente*. Lit. *el mar*; también en v. 20.

²⁰El bronce de las dos columnas, de la fuente, de los doce toros que estaban debajo de la fuente,ʲ y de las bases, que el rey Salomón había hecho para el templo del Señor, era tanto que no se podía pesar. ²¹Cada columna medía ocho metros de altura y cinco y medio de circunferencia; su espesor era de ocho centímetros, ᵏ y era hueca por dentro. ²²El capitel de bronce que estaba encima de cada columna medía dos metrosˡ de altura y estaba decorado alrededor con una red y con granadas de bronce. Las dos columnas tenían el mismo adorno. ²³De cada columna pendían noventa y seis granadas, y las granadas que estaban alrededor de la red eran cien en total.

²⁴El comandante de la guardia tomó presos a Seraías, sacerdote principal, a Sofonías, sacerdote de segundo rango, y a los tres porteros. ²⁵De los que quedaban en la ciudad, apresó al oficial encargado de las tropas, a siete de los servidores personales del rey, al cronista principal del ejército, encargado de reclutar soldados de entre el pueblo, y a sesenta ciudadanos que todavía estaban dentro de la ciudad. ²⁶Después de apresarlos, Nabuzaradán, comandante de la guardia, se los llevó al rey de Babilonia, que estaba en Riblá. ²⁷Allí, en el territorio de Jamat, el rey los hizo ejecutar.

Así Judá fue desterrado y llevado cautivo. ²⁸Éste es el número de personas desterradas por Nabucodonosor:

en el año séptimo de su reinado, tres mil veintitrés judíos;
²⁹ en el año dieciocho de su reinado, ochocientas treinta y dos personas de Jerusalén;
³⁰ en el año veintitrés de su reinado, Nabuzaradán, el capitán de la guardia real, desterró a setecientos cuarenta y cinco judíos.

En total fueron desterradas cuatro mil seiscientas personas.

Liberación del rey Joaquín
52:31-34 — 2R 25:27-30

³¹En el día veintisiete del mes duodécimo del año treinta y siete del exilio de Joaquín, rey de Judá, Evil Merodac, rey de Babilonia, en el año primero de su reinado, indultó a Joaquín y lo sacó de la cárcel. ³²Lo trató amablemente y le dio una posición más alta que la de los otros reyes que estaban con él en Babilonia. ³³Joaquín dejó su ropa de prisionero, y por el resto de su vida comió a la mesa del rey. ³⁴Además, durante toda su vida y hasta el día de su muerte, Joaquín gozó de una pensión diaria que le proveía el rey de Babilonia.

ʲ**52:20** *debajo de la fuente* (LXX y Siríaca); *debajo* (TM). ᵏ**52:21** *ocho metros ... cinco y medio ... ocho centímetros*. Lit. *dieciocho *codos ... doce codos ... cuatro dedos.* ˡ**52:22** *dos metros*. Lit. *cinco codos.*

Lamentaciones

Álef

1 ^a ¡Ay, cuán desolada se encuentra
la que fue ciudad populosa!
¡Tiene apariencia de viuda
la que fue grande entre las
naciones!
¡Hoy es esclava de las provincias
la que fue gran señora entre ellas!

Bet

2 Amargas lágrimas derrama por las
noches;
corre el llanto por sus mejillas.
No hay entre sus amantes
uno solo que la consuele.
Todos sus amigos la traicionaron;
se volvieron sus enemigos.

Guímel

3 Humillada, cargada de cadenas,
Judá marchó al exilio.
Una más entre las naciones,
no encuentra reposo.
Todos sus perseguidores la acosan,
la ponen en aprietos.

Dálet

4 Los caminos a *Sión están de
duelo;
ya nadie asiste a sus fiestas
solemnes.
Las *puertas de la ciudad se ven
desoladas:
sollozan sus sacerdotes,
se turban sus doncellas,
¡toda ella es amargura!

He

5 Sus enemigos se volvieron sus
amos;
¡tranquilos se ven sus adversarios!
El SEÑOR la ha acongojado
por causa de sus muchos pecados.

Sus hijos marcharon al cautiverio,
arrastrados por sus enemigos.

Vav

6 La bella Sión ha perdido
todo su antiguo esplendor.
Sus príncipes parecen venados
que vagan en busca de pastos.
Exhaustos, se dan a la fuga
frente a sus perseguidores.

Zayin

7 Jerusalén trae a la memoria
los tristes días de su peregrinaje;
se acuerda de todos los tesoros
que en el pasado fueron suyos.
Cuando su pueblo cayó en manos
enemigas
nadie acudió en su ayuda.
Sus adversarios vieron su caída
y se burlaron de ella.

Jet

8 Grave es el pecado de Jerusalén;
¡por eso se ha vuelto *impura!
Los que antes la honraban ahora la
desprecian,
pues han visto su desnudez;
ella misma se deshace en llanto,
y no se atreve a dar la cara.

Tet

9 Sus vestidos están llenos de
inmundicia;
no tomó en cuenta lo que le
esperaba.
Su caída fue sorprendente;
no hubo nadie que la consolara.
«¡Mira, SEÑOR, mi aflicción!
¡El enemigo ha triunfado!»

Yod

10 El enemigo se adueñó
de todos los tesoros de Jerusalén;

---

^a Este capítulo es un poema acróstico, que sigue el orden del alfabeto hebreo.

vio ella penetrar en su santuario
a las naciones *paganas,
a las que tú prohibiste
entrar en tu asamblea.

Caf

11 Todo su pueblo solloza
y anda en busca de pan;
para mantenerse con *vida
cambian por comida sus tesoros.
«¡Mira, SEÑOR, date cuenta
de cómo me están humillando!»

Lámed

12 «Fíjense ustedes, los que pasan por
el camino:
¿Acaso no les importa?
¿Dónde hay un sufrimiento como
el mío,
como el que el SEÑOR me ha
hecho padecer,
como el que el SEÑOR lanzó sobre
mí
en el día de su furor?

Mem

13 »Desde lo alto envió el Señor un
fuego
que me caló hasta los huesos.
A mi paso tendió una trampa
y me hizo retroceder.
Me abandonó por completo;
a todas horas me sentía morir.

Nun

14 »Pesan mis pecados como un yugo
sobre mí;
Dios mismo me los ató con sus
manos.[b]
Me los ha colgado al cuello,
y ha debilitado mis fuerzas.
Me ha entregado en manos de gente
a la que no puedo ofrecer
resistencia.

Sámej

15 »En mi ciudad el SEÑOR ha
rechazado
a todos los guerreros;

ha reunido un ejército para
atacarme,
para despedazar[c] a mis jóvenes.
El SEÑOR ha aplastado a la virginal
hija de Judá
como quien pisa uvas para hacer
vino.

Ayin

16 »Todo esto me hace llorar;
los ojos se me nublan de llanto.
No tengo cerca a nadie que me
consuele;
no tengo a nadie que me reanime.
Mis hijos quedaron abandonados
porque el enemigo salió
victorioso.»

Pe

17 Sión clama pidiendo ayuda,[d]
pero no hay quien la consuele.
Por decreto del SEÑOR
los vecinos de Jacob son ahora
sus enemigos;
Jerusalén ha llegado a ser
basura e inmundicia.

Tsade

18 «El SEÑOR es justo,
pero yo me rebelé contra sus
*leyes.
Escuchen, ustedes los pueblos;
fíjense en mi sufrimiento.
Mis jóvenes y mis doncellas
han marchado al destierro.

Qof

19 »Llamé a mis amantes,
pero ellos me traicionaron.
Mis sacerdotes y mis *ancianos
perecieron en la ciudad,
mientras buscaban alimentos
para mantenerse con vida.

Resh

20 »¡Mírame, SEÑOR, que me
encuentro angustiada!
¡Siento una profunda agonía![e]
Mi corazón está desconcertado,

---

[b] 1:14 *como un yugo ... sus manos.* Texto de difícil traducción.   [c] 1:15 *ha reunido ... despedazar.* Alt. *ha establecido mi tiempo, / cuando él despedazará.*   [d] 1:17 *clama pidiendo ayuda.* Lit. *extiende los brazos.* [e] 1:20 *¡Siento ... agonía!* Lit. *Mis entrañas se agitan.*

pues he sido muy rebelde.
Allá afuera, la espada me deja sin
hijos;
aquí adentro, hay un ambiente de
muerte.

Shin

21 »La gente ha escuchado mi gemir,
pero no hay quien me consuele.
Todos mis enemigos conocen mi
pesar
y se alegran de lo que has hecho
conmigo.
¡Manda ya tu castigo anunciado,
para que sufran lo que he sufrido!

Tav

22 »¡Que llegue a tu presencia
toda su maldad!
¡Trátalos como me has tratado a mí
por causa de todos mis pecados!
Son muchos mis gemidos,
y mi *corazón desfallece.»

Álef

2 f ¡Ay, el SEÑOR ha eclipsado a la
bella *Sión
con la nube de su furor! g
Desde el cielo echó por tierra
el esplendor de Israel;
en el día de su ira se olvidó
del estrado de sus pies.

Bet

2 Sin compasión el Señor ha
destruido
todas las moradas de Jacob;
en su furor ha derribado
los baluartes de la bella Judá
y ha puesto su honra por los suelos
al derrocar a su rey y a sus
príncipes.

Guímel

3 Dio rienda suelta a su furor
y deshizo todo el poder h de Israel.
Nos vimos frente al enemigo,
y el Señor nos negó su ayuda. i

Ardió en Jacob como un fuego
encendido
que consumía cuanto le rodeaba.

Dálet

4 Como enemigo, tensó el arco;
lista estaba su mano derecha.
Como enemigo, eliminó
a nuestros seres queridos.
Como fuego, derramó su ira
sobre las tiendas de la bella Sión.

He

5 El Señor se porta como enemigo:
ha destruido a Israel.
Ha destruido todos sus palacios
y derribado sus baluartes.
Ha multiplicado el luto y los
lamentos
por la bella Judá.

Vav

6 Ha desolado su morada como a un
jardín;
ha derribado su lugar de reunión.
El SEÑOR ha hecho que Sión olvide
sus fiestas solemnes y sus
*sábados;
se desató su furia contra el rey
y dejó de lado al sacerdote.

Zayin

7 El Señor ha rechazado su altar;
ha abandonado su santuario.
Ha puesto en manos del enemigo
las murallas de sus palacios.
¡Lanzan gritos en la casa del SEÑOR
como en día de fiesta!

Jet

8 El SEÑOR decidió derribar
la muralla que rodea a la bella
Sión.
Tomó la vara y midió;
destruyó sin compasión.
Hubo lamentos en rampas y
muros;
todos ellos se derrumbaron.

---

f Este capítulo es un poema acróstico, que sigue el orden del alfabeto hebreo.   g 2:1 ¡Ay ... furor!. Alt.
¡Cómo el Señor, en su enojo, / ha tratado con reproches a la hija de Sión!   h 2:3 todo el poder. Lit. todo
cuerno.   i 2:3 nos negó su ayuda. Lit. retiró su mano derecha.

Tet

⁹Las *puertas se han desplomado;
  él rompió por completo sus
    cerrojos.
Su rey y sus príncipes
  andan entre las naciones;
  ya no hay ley ni profetas,
    ni visiones de parte del SEÑOR.

Yod

¹⁰En la bella Sión los ancianos
  se sientan silenciosos en el suelo;
  se echan ceniza sobre la cabeza
    y se visten de luto.
Postradas yacen en el suelo
  las jóvenes de Jerusalén.

Caf

¹¹El llanto me consume los ojos;
  siento una profunda agonía.ʲ
Estoy con el ánimoᵏ por los suelos
  porque mi pueblo ha sido
    destruido.
Niños e infantes desfallecen
  por las calles de la ciudad.

Lámed

¹²«¿Dónde hay pan y vino?»,
  preguntan a sus madres
mientras caen por las calles
  como heridos de muerte,
mientras en los brazos maternos
  exhalan el último suspiro.

Mem

¹³¿Qué puedo decir de ti, bella
    Jerusalén?
  ¿A qué te puedo comparar?
¿Qué ejemplo darte como consuelo,
  virginal ciudad de Sión?
Profundas como el mar son tus
    heridas.
  ¿Quién podría devolverte la salud?

Nun

¹⁴Tus profetas te anunciaron
  visiones falsas y engañosas.
No denunciaron tu maldad;

no evitaron tu cautiverio.
Los mensajes que te anunciaban
  eran falsas patrañas.

Sámej

¹⁵Cuantos pasan por el camino
  aplauden burlones al verte.
Ante ti, bella Jerusalén, hacen
    muecas,
  y entre silbidos preguntan:
«¿Es ésta la ciudad de belleza
    perfecta?
  ¿Es ésta la alegría de toda la
    tierra?»

Pe

¹⁶Todos tus enemigos abren la boca
  para hablar mal de ti;
rechinando los dientes, declaran
    burlones:
«Nos la hemos comido viva.
Llegó el día tan esperado;
  ¡hemos vivido para verlo!»

Ayin

¹⁷El SEÑOR ha llevado a cabo sus
    planes;
  ha cumplido su palabra,
  que decretó hace mucho tiempo.
Sin piedad, te echó por tierra;
  dejó que el enemigo se burlara
    de ti,
  y enalteció el poderˡ de tus
    oponentes.

Tsade

¹⁸El *corazón de la gente
  clama al Señor con angustia.
Bella Sión amurallada,
  ¡deja que día y noche
  corran tus lágrimas como un río!
¡No te des un momento de
    descanso!
  ¡No retengas el llanto de tus ojos!ᵐ

Qof

¹⁹Levántate y clama por las noches,
  cuando empiece la vigilancia
    nocturna.

ʲ**2:11** *siento ... agonía.* Lit. *mis entrañas se agitan.* ᵏ**2:11** *Estoy con el ánimo.* Lit. *Mi hígado está derramado.* ˡ**2:17** *poder.* Lit. *cuerno.* ᵐ**2:18** *no retengas ... ojos.* Lit. *no acalles a la niña de tus ojos.*

Deja correr el llanto de tu corazón
como ofrenda derramada ante el
Señor.
Eleva tus manos a Dios en oración
por la *vida de tus hijos,
que desfallecen de hambre
y quedan tendidos por las calles.

Resh

20 «Mira, SEÑOR, y ponte a pensar:
¿A quién trataste alguna vez así?
¿Habrán de comerse las mujeres
a sus hijos, fruto de sus entrañas?
¿Habrán de matar a sacerdotes y
profetas
en el santuario del Señor?

Shin

21 »Jóvenes y ancianos por igual
yacen en el polvo de las calles;
mis jóvenes y mis doncellas
cayeron a filo de espada.
En tu enojo les quitaste la vida;
¡los masacraste sin piedad!

Tav

22 »Como si invitaras a una fiesta
solemne,
enviaste contra mí terror de todas
partes.
En el día de la ira del SEÑOR
nadie pudo escapar, nadie quedó
con vida.
A mis seres queridos, a los que
eduqué,
los aniquiló el enemigo.»

Álef

3 [n] Yo soy aquel que ha sufrido la
aflicción
bajo la vara de su ira.
2 Me ha hecho andar en las tinieblas;
me ha apartado de la luz.
3 Una y otra vez, y a todas horas,
su mano se ha vuelto contra mí.

Bet

4 Me ha marchitado la carne y la
piel;
me ha quebrantado los huesos.

5 Me ha tendido un cerco
de amargura y tribulaciones.
6 Me obliga a vivir en las tinieblas,
como a los que hace tiempo
murieron.

Guímel

7 Me tiene encerrado, no puedo
escapar;
me ha puesto pesadas cadenas.
8 Por más que grito y pido ayuda,
él se niega a escuchar mi oración.
9 Ha sembrado de piedras mi camino;
ha torcido mis senderos.

Dálet

10 Me vigila como oso agazapado;
me acecha como león.
11 Me aparta del camino para
despedazarme;
¡me deja del todo desvalido!
12 Con el arco tenso,
me ha hecho el blanco de sus
flechas.

He

13 Me ha partido el *corazón
con las flechas de su aljaba.
14 Soy el hazmerreír de todo mi
pueblo;
todo el día me cantan parodias.
15 Me ha llenado de amargura,
me ha saturado de hiel.

Vav

16 Me ha estrellado contra el suelo;
me ha hecho morder el polvo.
17 Me ha quitado la *paz;
ya no recuerdo lo que es la dicha.
18 Y digo: «La vida se me acaba,
junto con mi esperanza en el
SEÑOR.»

Zayin

19 Recuerda que ando errante y
afligido,
que me embargan la hiel y la
amargura.
20 Siempre tengo esto presente,
y por eso me deprimo.

---

[n] Este capítulo es un poema acróstico, que sigue el orden del alfabeto hebreo.

21 Pero algo más me viene a la
memoria,
lo cual me llena de esperanza:

Jet

22 El gran amor del SEÑOR nunca se
acaba,[ñ]
y su compasión jamás se agota.
23 Cada mañana se renuevan sus
bondades;
¡muy grande es su fidelidad!
24 Por tanto, digo:
«El SEÑOR es todo lo que tengo.
¡En él esperaré!»

Tet

25 Bueno es el SEÑOR con quienes en
él confían,
con todos los que lo buscan.
26 Bueno es esperar calladamente
a que el SEÑOR venga a *salvarnos.
27 Bueno es que el hombre aprenda
a llevar el yugo desde su juventud.

Yod

28 ¡Déjenlo estar solo y en silencio,
porque así el SEÑOR se lo impuso!
29 ¡Que hunda el rostro en el polvo!
¡Tal vez haya esperanza todavía!
30 ¡Que dé la otra mejilla a quien lo
hiera,
y quede así cubierto de oprobio!

Caf

31 El Señor nos ha rechazado,
pero no será para siempre.
32 Nos hace sufrir, pero también nos
compadece,
porque es muy grande su amor.
33 El Señor nos hiere y nos aflige,
pero no porque sea de su agrado.

Lámed

34 Cuando se aplasta bajo el pie
a todos los prisioneros de la tierra,
35 cuando en presencia del *Altísimo
se le niegan al *hombre sus
derechos
36 y no se le hace justicia,
¿el Señor no se da cuenta?

Mem

37 ¿Quién puede anunciar algo y
hacerlo realidad
sin que el Señor dé la orden?
38 ¿No es acaso por mandato del
Altísimo
que acontece lo bueno y lo malo?
39 ¿Por qué habría de quejarse en vida
quien es castigado por sus
pecados?

Nun

40 Hagamos un examen de conciencia
y volvamos al *camino del SEÑOR.
41 Elevemos al Dios de los cielos
nuestro corazón y nuestras manos.
42 Hemos pecado, hemos sido
rebeldes,
y tú no has querido perdonarnos.

Sámej

43 Ardiendo en ira nos persigues;
nos masacras sin piedad.
44 Te envuelves en una nube
para no escuchar nuestra oración.
45 Como a escoria despreciable,
nos has arrojado entre las
naciones.

Pe

46 Todos nuestros enemigos abren la
boca
para hablar mal de nosotros.
47 Hemos sufrido terrores, caídas,
ruina y destrucción.
48 Ríos de lágrimas corren por mis
mejillas
porque ha sido destruida la
capital de mi pueblo.

Ayin

49 Se inundarán en llanto mis ojos,
sin cesar y sin consuelo,
50 hasta que desde el cielo
el SEÑOR se digne mirarnos.
51 Me duele en lo más profundo del
*alma
ver sufrir a las mujeres de mi
ciudad.

[ñ] 3:22 *El gran ... acaba* (Siríaca y Targum); *Por el gran amor del SEÑOR no somos consumidos* (TM).

Tsade

52 Mis enemigos me persiguen sin razón,
  y quieren atraparme como a un ave.
53 Me quieren enterrar vivo
  y taparme con piedras la salida.
54 Las aguas me han cubierto la cabeza;
  tal parece que me ha llegado el fin.

Qof

55 Desde lo más profundo de la fosa invoqué, SEÑOR, tu nombre,
56 y tú escuchaste mi plegaria;
  no cerraste tus oídos a mi clamor.
57 Te invoqué, y viniste a mí;
  «No temas», me dijiste.

Resh

58 Tú, Señor, te pusiste de mi parte
  y me salvaste la vida.
59 Tú, SEÑOR, viste el mal que me causaron;
  ¡hazme justicia!
60 Tú notaste su sed de venganza
  y todas sus maquinaciones en mi contra.

Shin

61 SEÑOR, tú has escuchado sus insultos
  y todas sus maquinaciones en mi contra;
62 tú sabes que todo el día mis enemigos
  cuchichean y se confabulan contra mí.
63 ¡Míralos! Hagan lo que hagan,*o*
  se burlan de mí en sus canciones.

Tav

64 ¡Dales, SEÑOR, su merecido
  por todo lo que han hecho!
65 Oscurece su entendimiento,
  ¡y caiga sobre ellos tu maldición!

66 Persíguelos, SEÑOR, en tu enojo,
  y bórralos de este mundo.

Álef

4*p* ¡El oro ha perdido su lustre!
  ¡Se ha empañado el oro fino!
¡Regadas por las esquinas de las calles
  se han quedado las joyas sagradas!

Bet

2 A los apuestos habitantes de *Sión,
  que antaño valían su peso en oro,
hoy se les ve como vasijas de barro,
  ¡como la obra de un alfarero!

Guímel

3 Hasta los chacales ofrecen el pecho
  y dan leche a sus cachorros,
pero Jerusalén*q* ya no tiene sentimientos;
  ¡es como los avestruces del desierto!

Dálet

4 Tanta es la sed que tienen los niños,
  que la lengua se les pega al paladar.
Piden pan los pequeñuelos,
  pero nadie se lo da.

He

5 Quienes antes comían los más ricos manjares
  hoy desfallecen de hambre por las calles.
Quienes antes se vestían de fina púrpura
  hoy se revuelcan en la inmundicia.

Vav

6 Más grande que los pecados de Sodoma
  es la iniquidad de Jerusalén;
¡fue derribada en un instante,
  y nadie le tendió la mano!

---

o 3:63 *¡Míralos! Hagan lo que hagan.* Lit. *Su sentarse y su levantarse mira.* *p* Este capítulo es un poema acróstico, que sigue el orden del alfabeto hebreo. *q* 4:3 *Jerusalén.* Lit. *la hija de mi pueblo;* también en vv. 6 y 10.

Zayin

7 Más radiantes que la nieve eran sus
  príncipes,
    y más blancos que la leche;
  más rosado que el coral era su
  cuerpo;
    su apariencia era la del zafiro.

Jet

8 Pero ahora se ven más sucios que
  el hollín;
    en la calle nadie los reconoce.
  Su piel, reseca como la leña,
    se les pega a los huesos.

Tet

9 ¡*Dichosos los que mueren por la
  espada,
    más que los que mueren de
    hambre!
  Torturados por el hambre
  desfallecen,
    pues no cuentan con los frutos
    del campo.

Yod

10 Con sus manos, mujeres
  compasivas
    cocinaron a sus propios hijos,
  y esos niños fueron su alimento
    cuando Jerusalén fue destruida.

Caf

11 El SEÑOR dio rienda suelta a su
  enojo;
    dejó correr el ardor de su ira.
  Le prendió fuego a Sión
    y la consumió hasta sus cimientos.

Lámed

12 No creían los reyes de la tierra,
    ni tampoco los habitantes del
    mundo,
  que los enemigos y adversarios de
  Jerusalén
    cruzarían alguna vez sus *puertas.

Mem

13 Pero sucedió.
    Por los pecados de sus profetas.
    Por las iniquidades de sus
    sacerdotes.

¡Por derramar sangre inocente
  en las calles de la ciudad!

Nun

14 Con las manos manchadas de
  sangre,
    andan por las calles como ciegos.
  No hay nadie que se atreva
    a tocar siquiera sus vestidos.

Sámej

15 «¡Largo de aquí, *impuros!», les
  grita la gente.
    «¡Fuera! ¡Fuera! ¡No nos
    toquen!»
  Entre las naciones *paganas les
  dicen:
    «Son unos vagabundos, que
    andan huyendo.
    No pueden quedarse aquí más
    tiempo.»

Pe

16 El SEÑOR mismo los ha dispersado;
    ya no se preocupa por ellos.
  Ya no hay respeto para los
  sacerdotes
    ni compasión para los ancianos.

Ayin

17 Para colmo, desfallecen nuestros
  ojos
    esperando en vano que alguien
    nos ayude.
  Desde nuestras torres estamos en
  espera
    de una nación que no puede
    salvarnos.

Tsade

18 A cada paso nos acechan;
    no podemos ya andar por las
    calles.
  Nuestro fin se acerca, nos ha
  llegado la hora;
    ¡nuestros días están contados!

Qof

19 Nuestros perseguidores resultaron
  más veloces que las águilas del
  cielo;
    nos persiguieron por las montañas,
    nos acecharon en el desierto.

Resh

20 También cayó en sus redes el
  *ungido del SEÑOR,
  que era nuestra razón de vivir.
  Era él de quien decíamos:
  ¡Viviremos bajo su sombra entre
  las naciones!

Shin

21 ¡Regocíjate y alégrate, capital de
  Edom,
  que vives como reina en la tierra
  de Uz!
  ¡Pero ya tendrás que beber de esta
  copa,
  y quedarás embriagada y desnuda!

Tav

22 Tu castigo se ha cumplido, bella
  Sión;
  Dios no volverá a desterrarte.
  Pero a ti, capital de Edom, te
  castigará por tu maldad
  y pondrá al descubierto tus
  pecados.

5 Recuerda, SEÑOR, lo que nos ha
  sucedido;
  toma en cuenta nuestro oprobio.
2 Nuestra heredad ha caído en manos
  extrañas;
  nuestro hogar, en manos de
  extranjeros.
3 No tenemos padre, hemos quedado
  huérfanos;
  viudas han quedado nuestras
  madres.
4 El agua que bebemos, tenemos que
  pagarla;
  la leña, tenemos que comprarla.
5 Los que nos persiguen nos pisan
  los talones;*r*
  estamos fatigados y no hallamos
  descanso.
6 Entramos en tratos*s* con Egipto y
  con Asiria
  para conseguir alimentos.

7 Nuestros padres pecaron y murieron,
  pero a nosotros nos tocó el castigo.
8 Ahora nos gobiernan los esclavos,
  y no hay quien nos libre de sus
  manos.
9 Exponiéndonos a los peligros*t* del
  desierto,
  nos jugamos la *vida para
  obtener alimentos.
10 La piel nos arde como un horno;
  ¡de hambre nos da fiebre!
11 En *Sión y en los pueblos de Judá
  fueron violadas casadas y solteras.
12 A nuestros jefes los colgaron de las
  manos,
  y ni siquiera respetaron a
  nuestros ancianos.
13 A nuestros mejores jóvenes los
  pusieron a moler;
  los niños tropezaban bajo el peso
  de la leña.
14 Ya no se sientan los *ancianos
  a las *puertas de la ciudad;
  no se escucha ya la música de los
  jóvenes.
15 En nuestro corazón ya no hay gozo;
  la alegría de nuestras danzas se
  convirtió en tristeza.
16 Nuestra cabeza se ha quedado sin
  corona.
  ¡Ay de nosotros; hemos pecado!
17 Desfallece nuestro *corazón;
  se apagan nuestros ojos,
18 porque el monte Sión se halla
  desolado,
  y sobre él rondan los chacales.

19 Pero tú, SEÑOR, reinas por siempre;
  tu trono permanece eternamente.
20 ¿Por qué siempre nos olvidas?
  ¿Por qué nos abandonas tanto
  tiempo?
21 Permítenos volver a ti, SEÑOR, y
  volveremos;
  devuélvenos la gloria de antaño.*u*
22 La verdad es que nos has rechazado
  y te has excedido en tu enojo
  contra nosotros.

---

r **5:5** *Los que ... los talones.* Lit. *Sobre nuestro cuello nos persiguen.*   *s* **5:6** *Entramos en tratos.* Lit. *Dimos la mano.*   *t* **5:9** *Exponiéndonos a los peligros.* Lit. *Por causa de la espada.*   *u* **5:21** *devuélvenos ... antaño.* Lit. *renueva nuestros días como antes.*

Ezequiel

1

1 En el día quinto del mes cuarto del año treinta, mientras me encontraba entre los deportados a orillas del río Quebar, los cielos se abrieron y recibí visiones de Dios. **2**Habían pasado cinco años y cinco meses desde que el rey Joaquín fue deportado.

3(En este tiempo, mientras Ezequiel hijo de Buzí estaba a orillas del río Quebar, en la tierra de los *caldeos, el SEÑOR le dirigió la palabra, y su mano se posó sobre él).

4De pronto me fijé y vi que del norte venían un viento huracanado y una nube inmensa rodeada de un fuego fulgurante y de un gran resplandor. En medio del fuego se veía algo semejante a un metal refulgente. **5**También en medio del fuego vi algo parecido a cuatro seres vivientes, **6**cada uno de los cuales tenía cuatro caras y cuatro alas. **7**Sus piernas eran rectas, y sus pies parecían pezuñas de ternero y brillaban como el bronce bruñido. **8**En sus cuatro costados, debajo de las alas, tenían manos humanas. Estos cuatro seres tenían caras y alas, **9**y las alas se tocaban entre sí. Cuando avanzaban no se volvían, sino que cada uno caminaba de frente. **10**Sus rostros tenían el siguiente aspecto: de frente, los cuatro tenían rostro humano; a la derecha tenían cara de león; a la izquierda, de toro; y por detrás, de águila. **11**Tales eran sus caras. Sus alas se desplegaban hacia arriba. Con dos alas se tocaban entre sí, mientras que con las otras dos se cubrían el cuerpo. **12**Los cuatro seres avanzaban al adonde el espíritu los impulsaba, y no se volvían al andar. **13**Estos seres vivientes parecían carbones encendidos, o antorchas, que se movían de un lado a otro. El fuego resplandecía, y de él se desprendían relámpagos. **14**Los seres vivientes se desplazaban de un lado a otro con la rapidez de un rayo.

15Miré a los seres vivientes de cuatro caras, y vi que en el suelo, junto a cada uno de ellos, había una rueda. **16**Las cuatro ruedas tenían el mismo aspecto, es decir, brillaban como el topacio y tenían la misma forma. Su estructura era tal que cada rueda parecía estar encajada dentro de la otra. **17**Las ruedas podían avanzar en las cuatro direcciones sin tener que volverse. **18**Las cuatro ruedas tenían grandes aros y estaban llenas de ojos por todas partes. **19**Cuando los seres vivientes avanzaban, las ruedas a su lado hacían lo mismo, y cuando se levantaban del suelo, también se levantaban las ruedas. **20**Los seres iban adonde el espíritu los impulsaba, y las ruedas se elevaban juntamente con ellos, porque el espíritu de los seres vivientes estaba en las ruedas. **21**Cuando los seres se movían, las ruedas también se movían; cuando se detenían, las ruedas también se detenían; cuando se elevaban del suelo, las ruedas también se elevaban. Las ruedas hacían lo mismo que ellos, porque el espíritu de los seres vivientes estaba en las ruedas.

22Sobre las cabezas de los seres vivientes había una especie de bóveda, muy hermosa y reluciente como el cristal. **23**Debajo de la bóveda las alas de estos seres se extendían y se tocaban entre sí, y cada uno de ellos tenía otras dos alas con las que se cubría el cuerpo. **24**Cuando los seres avanzaban, yo podía oír el ruido de sus alas: era como el estruendo de muchas aguas, como la voz del *Todopoderoso, como el tumultuoso ruido de un campamento militar. Cuando se detenían, replegaban sus alas. **25**Luego, mientras estaban parados con sus alas replegadas, se produjo un estruendo por encima de la bóveda que estaba sobre sus cabezas. **26**Por encima de esa bóveda había algo semejante a un trono de zafiro, y sobre lo que parecía un trono había una figura de aspecto humano. **27**De lo que parecía ser su cintura para arriba, vi algo que brillaba como el metal bruñido, rodeado de fuego. De su cintura para abajo, vi algo semejante al fuego, y un resplandor a su alrededor. **28**El resplandor era semejante al del arco iris cuando aparece en las nubes en un día de lluvia. Tal era el aspecto de la gloria del Señor. Ante esa visión, caí rostro en tierra y oí que una voz me hablaba.

Llamamiento de Ezequiel

2 Esa voz me dijo: «Hijo de hombre, ponte en pie, que voy a hablarte.»

2Mientras me hablaba, el Espíritu entró en mí, hizo que me pusiera de pie, y pude oír al que me hablaba. **3**Me dijo: «Hijo de hombre, te voy a enviar a los israelitas. Es una nación rebelde que se ha sublevado contra mí. Ellos y sus antepasados se han rebelado contra mí hasta el día de hoy. **4**Te estoy enviando a un pueblo obstinado y terco, al que deberás advertirle: "Así dice el Señor omnipotente." **5**Tal vez te escuchen, tal vez no, pues son un pueblo rebelde; pero al menos sabrán que entre ellos hay un profeta. **6**Tú, hijo de hombre, no tengas miedo de ellos ni de sus palabras, por más que estés en medio de cardos y espinas, y vivas rodeado de escorpiones. No temas por lo que digan, ni te sientas atemorizado, porque son un pueblo obstinado. **7**Tal vez te escuchen, tal vez no, pues son un pueblo rebelde; pero tú les proclamarás mis palabras. **8**Tú, hijo de hombre, atiende bien a lo que te voy a decir, y no seas rebelde como ellos. Abre tu boca y come lo que te voy a dar.»

9Entonces miré, y vi que una mano con un rollo escrito se extendía hacia mí. **10**La mano abrió ante mis ojos el rollo, el cual estaba escrito por ambos lados, y contenía lamentos, gemidos y amenazas.

3 Y me dijo: «Hijo de hombre, cómete este rollo escrito, y luego ve a hablarles a los israelitas.»

2Yo abrí la boca y él hizo que me comiera el rollo. **3**Luego me dijo: «Hijo de hombre, cómete el rollo que te estoy dando hasta que te sacies.» Y yo me lo comí, y era tan dulce como la miel.

4Otra vez me dijo: «Hijo de hombre, ve a la nación de Israel y proclámale mis palabras. **5**No te envío a un pueblo de lenguaje complicado y difícil de entender, sino a la nación de Israel. **6**No te mando a naciones numerosas de lenguaje complicado y difícil de entender, aunque si te hubiera mandado a ellas seguramente te escucharían. **7**Pero el pueblo de Israel no va a escucharte porque no quiere obedecerme. Todo el pueblo de Israel es terco y obstinado. **8**No obstante, yo te haré tan terco y obstinado como ellos. **9**¡Te haré inquebrantable como el diamante, inconmovible como la roca! No les tengas miedo ni te asustes, por más que sean un pueblo rebelde.»

10Luego me dijo: «Hijo de hombre, escucha bien todo lo que voy a decirte, y atesóralo en tu *corazón. **11**Ahora ve adonde están exiliados tus compatriotas. Tal vez te escuchen, tal vez no; pero tú adviérteles: "Así dice el Señor omnipotente."»

12Entonces el Espíritu de Dios[a] me levantó, y detrás de mí oí decir con el estruendo de un terremoto: «¡Bendita sea la gloria del Señor, donde él habita!» **13**Oí el ruido de las alas de los seres vivientes al rozarse unas con otras, y el de las ruedas que estaban junto a ellas, y el ruido era estruendoso. **14**El Espíritu me levantó y se apoderó de mí, y me fui amargado y enardecido, mientras la mano del Señor me sujetaba con fuerza. **15**Así llegué a Tel Aviv, a orillas del río Quebar, adonde estaban los israelitas exiliados, y totalmente abatido me quedé con ellos durante siete días.

Advertencia a Israel

16Al cabo de los siete días, el Señor me dijo lo siguiente: **17**«Hijo de hombre, a ti te he puesto como centinela del pueblo de Israel. Por tanto, cuando oigas mi palabra, adviértele de mi parte **18**al malvado: "Estás condenado a muerte." Si tú no le hablas al malvado ni le haces ver su mala conducta, para que siga viviendo, ese malvado morirá por causa de su pecado, pero yo te pediré cuentas de su muerte. **19**En cambio, si tú se lo adviertes, y él no se

---

a **3:12** *Espíritu de Dios.* Lit. *espíritu o viento*; también en v. 24.

*arrepiente de su maldad ni de su mala conducta, morirá por causa de su pecado, pero tú habrás salvado tu vida. 20 Por otra parte, si un justo se desvía de su buena conducta y hace lo malo, y yo lo hago caer y tú no se lo adviertes, él morirá sin que se le tome en cuenta todo el bien que haya hecho. Por no haberle hecho ver su maldad, él morirá por causa de su pecado, pero yo te pediré cuentas de su muerte. 21 Pero si tú le adviertes al justo que no peque, y en efecto él no peca, él seguirá viviendo porque hizo caso de tu advertencia, y tú habrás salvado tu vida.»

22 Luego el SEÑOR puso su mano sobre mí, y me dijo: «Levántate y dirígete al campo, que allí voy a hablarte.» 23 Yo me levanté y salí al campo. Allí vi la gloria del SEÑOR, tal como la había visto a orillas del río Quebar, y caí rostro en tierra. 24 Entonces el Espíritu de Dios entró en mí, hizo que me pusiera de pie, y me dijo: «Ve y enciérrate en tu casa. 25 A ti, hijo de hombre, te atarán con sogas para que no puedas salir ni andar entre el pueblo. 26 Yo haré que se te pegue la lengua al paladar, y así te quedarás mudo y no podrás reprenderlos, por más que sean un pueblo rebelde. 27 Pero cuando yo te hable, te soltaré la lengua y les advertirás: "Así dice el SEÑOR omnipotente." El que quiera oír, que oiga; y el que no quiera, que no oiga, porque son un pueblo rebelde.

Anuncio del sitio a Jerusalén

4 »Hijo de hombre, toma ahora un ladrillo, ponlo delante de ti y dibuja en él la ciudad de Jerusalén. 2 Acampa a su alrededor y ponle sitio; levanta torres de asalto contra ella y construye una rampa que llegue hasta la ciudad; instala máquinas para derribar sus murallas. 3 Toma una plancha de hierro y colócala como un muro entre ti y la ciudad, y fija tu mirada contra ella. De esa manera quedará sitiada: tú mismo la sitiarás. Eso les servirá de señal a los israelitas.

4 »Acuéstate sobre tu lado izquierdo, y echa sobre ti la culpa de los israelitas.

Todo el tiempo que estés acostado sobre ese lado, cargarás con sus culpas. 5 Yo te he puesto un plazo de trescientos noventa días, es decir, un lapso de tiempo equivalente a los años de la culpa de Israel. 6 Cuando cumplas ese plazo, volverás a acostarte, pero esta vez sobre tu lado derecho, y cuarenta días cargarás con la culpa del pueblo de Judá, o sea, un día por cada año. 7 Luego mirarás el asedio de Jerusalén, y con brazo amenazante profetizarás contra ella. 8 Yo te ataré con sogas para que no puedas darte vuelta de un lado a otro mientras no se cumplan los días del asedio.

9 »Toma trigo, cebada, habas, lentejas, mijo y avena; viértelos en un recipiente y amásalos para hacer pan, pues ése será tu alimento durante los trescientos noventa días que estarás acostado sobre tu lado izquierdo. 10 Cada día comerás, a una hora fija, una ración de un cuarto de kilo.[b] 11 También a una hora fija beberás medio litro[c] de agua. 12 Cocerás ese pan con excremento humano, y a la vista de todos lo comerás, como si fuera una torta de cebada.»

13 Luego el SEÑOR añadió: «De igual manera, los israelitas comerán alimentos *impuros en medio de las naciones por donde los voy a dispersar.»

14 Entonces exclamé: «¡No, SEÑOR mi Dios! ¡Yo jamás me he *contaminado con nada! Desde mi niñez y hasta el día de hoy, jamás he comido carne de ningún animal que se haya encontrado muerto, o que haya sido despedazado por las fieras. ¡Por mi boca no ha entrado ningún tipo de carne impura!»

15 «Está bien —me respondió—, te doy permiso para que hornees tu pan con excremento de vaca en vez de excremento humano.»

16 Luego me dijo: «Hijo de hombre, voy a hacer que escasee el trigo en Jerusalén. La gente comerá el pan racionado y con mucha angustia; también el agua será racionada, la beberán con mucha ansiedad. 17 Escasearán el pan y el agua, y cuando cada uno vea la condición del otro,

---

b 4:10 *un cuarto de kilo.* Lit. *veinte* *siclos.*   c 4:11 *medio litro.* Lit. *la sexta parte de un* *hin.*

todos irán perdiendo las fuerzas y acabarán muriéndose a causa de sus pecados.

5 »Hijo de hombre, toma ahora una espada afilada, y úsala como navaja de afeitar para raparte la cabeza y afeitarte la barba. Toma luego una balanza y divide tu cabello cortado. 2Cuando se cumplan los días del sitio, quemarás en medio de la ciudad una tercera parte del cabello; otra tercera parte la cortarás con la espada alrededor de la ciudad, y la parte restante la esparcirás al viento. Yo, por mi parte, desenvainaré la espada y perseguiré a sus habitantes. 3Toma algunos de los cabellos y átalos al borde de tu manto. 4Luego toma otros pocos y arrójalos en el fuego para que se quemen. Desde allí se extenderá el fuego sobre todo el pueblo de Israel.

5»Así dice el SEÑOR omnipotente: Ésta es la ciudad de Jerusalén. Yo la coloqué en medio de las naciones y de los territorios a su alrededor. 6Pero ella se rebeló contra mis *leyes y decretos, con una perversidad mayor a la de las naciones y territorios vecinos. En otras palabras, rechazó por completo mis leyes y decretos.

7»Por eso yo, el SEÑOR omnipotente, declaro: Ustedes han sido más rebeldes que las naciones a su alrededor; no han seguido mis decretos ni obedecido mis leyes, y ni siquiera se han sujetado a las costumbres de esas naciones. 8Por lo tanto yo, el SEÑOR omnipotente, declaro: Estoy contra ti, Jerusalén, y te voy a castigar a la vista de todas las naciones. 9Por causa de tus ídolos repugnantes, haré contigo lo que jamás he hecho ni volveré a hacer. 10Entre ustedes habrá padres que se comerán a sus hijos, y también hijos que se comerán a sus padres. Yo los castigaré, y a quien sobreviva lo dispersaré por los cuatro vientos.

11»Por esta razón yo, el SEÑOR omnipotente, juro por mí mismo: Como ustedes han profanado mi santuario con sus ídolos repugnantes y con prácticas detestables, yo los destruiré sin misericordia y sin piedad. 12Una tercera parte de tu pueblo morirá en tus calles por la peste y por el hambre; otra tercera parte caerá a filo de espada en tus alrededores, y a la tercera parte restante la dispersaré por los cuatro vientos. Yo desenvainaré la espada y perseguiré a la gente. 13Entonces se apaciguará mi ira, mi enojo contra ellos será saciado, y me daré por satisfecho. Y cuando en mi celo haya desahogado mi enojo contra ellos, sabrán que yo, el SEÑOR, lo he dicho.

14»Yo te convertiré en un montón de ruinas; te haré objeto de burla de todas las naciones que te rodean. Todos los que pasen junto a ti, lo verán. 15Cuando yo te castigue con indignación, enojo y durísimos reproches, serás objeto de burla y de oprobio, y motivo de advertencia y escarmiento para las naciones que te rodean. Yo, el SEÑOR, lo he dicho.

16»Yo te haré blanco del hambre, esa mortífera flecha que todo lo destruye. Dispararé a matar, pues traeré sobre ti hambre y escasez de provisiones. 17Por si fuera poco, lanzaré contra ti animales salvajes que te dejarán sin hijos. Te verás abrumado por las plagas y por el derramamiento de sangre, pues haré que caigas a filo de espada. Yo, el SEÑOR, lo he dicho.»

Profecía contra los montes de Israel

6 El SEÑOR me dirigió la palabra: 2«Hijo de hombre, alza tu mirada hacia los cerros de Israel, y profetiza contra ellos. 3Diles: "Escuchen, cerros de Israel, la palabra del SEÑOR. Esto dice el SEÑOR omnipotente a cerros y colinas, a ríos y valles: 'Haré que venga contra ustedes la espada, y destruiré sus lugares de culto idolátrico. 4Despedazaré sus altares, haré añicos sus quemadores de incienso, y haré también que sus muertos caigan frente a sus ídolos malolientes. 5¡Sí! Delante de sus ídolos malolientes arrojaré los cadáveres de los israelitas, y esparciré sus huesos en torno a sus altares. 6No importa dónde vivan ustedes, sus ciudades serán destruidas y sus lugares de culto idolátrico serán devastados. Sus altares quedarán completamente destrozados; sus ídolos malolientes, hechos un montón de ruinas; sus quemadores de incienso, hechos añicos. ¡Todas sus obras desaparecerán! 7Su propia gente caerá muerta, y así sabrán ustedes que yo soy el SEÑOR.

8»'"Pero yo dejaré que algunos de ustedes se escapen de la muerte y queden esparcidos entre las naciones y los pueblos. ⁹Los sobrevivientes se acordarán de mí en las naciones donde hayan sido llevados cautivos. Se acordarán de cómo sufrí por culpa de su *corazón adúltero, y de cómo se apartaron de mí y se fueron tras sus ídolos malolientes. ¡Sentirán asco de ellos mismos por todas las maldades que hicieron y por sus obras repugnantes! ¹⁰Entonces sabrán que no en vano yo, el Señor, los amenacé con estas calamidades.»

¹¹»Así dice el Señor omnipotente: "Aplaude, patalea y grita: '¡Felicitaciones por todas las terribles abominaciones del pueblo de Israel!' Morirán por la espada, el hambre y la peste. ¹²Quien esté lejos perecerá por la peste, y quien esté cerca morirá a filo de espada, y el que quede con vida se morirá de hambre. Así descargaré sobre ellos toda mi ira, ¹³y sus cadáveres quedarán tendidos entre sus ídolos malolientes y alrededor de sus altares, en las colinas altas y en las cumbres de los cerros, o debajo de todo árbol frondoso y de toda encina tupida, es decir, en los lugares donde ofrecieron incienso de olor agradable a sus ídolos malolientes. ¡Entonces sabrán que yo soy el Señor! ¹⁴Extenderé mi mano contra ellos, y convertiré en tierra desolada su país y todo lugar donde habiten, desde el desierto hasta Riblá. ¡Entonces sabrán que yo soy el Señor!"»

El fin ha llegado

7 El Señor me dirigió la palabra: ²«Hijo de hombre, así dice el Señor omnipotente al pueblo de Israel: ¡Te llegó la hora! Ha llegado el fin para todo el país. ³¡Te ha llegado el fin! Descargaré mi ira sobre ti; te juzgaré según tu conducta y te pediré cuentas de todas tus acciones detestables. ⁴No voy a tratarte con piedad ni a tenerte compasión, sino que te haré pagar cara tu conducta y tus prácticas repugnantes. Así sabrás que yo soy el Señor.

⁵»Así dice el Señor omnipotente: ¡Las desgracias se siguen unas a otras! ⁶¡Ya viene la hecatombe; tu fin es inminente! ⁷Te ha llegado la hora, habitante del país.

Ya viene la hora, ya se acerca el día. En las montañas hay pánico y no alegría. ⁸Ya estoy por descargar sobre ti mi furor; desahogaré mi enojo contra ti. Te juzgaré según tu conducta; te pediré cuentas por todas tus acciones detestables. ⁹No voy a tratarte con piedad ni a tenerte compasión, sino que te haré pagar cara tu conducta y tus prácticas repugnantes. Así sabrás que yo, el Señor, también puedo herir.

¹⁰»¡Ya llegó el día! ¡Ya está aquí! ¡Tu suerte está echada! Florece la injusticia,ᵈ germina el orgullo, ¹¹y la violencia produce frutos de maldad. Nada quedará de ustedesᵉ ni de su multitud; nada de su riqueza ni de su opulencia.ᶠ ¹²Llegó la hora; éste es el día. Que no se alegre el que compra ni llore el que vende, porque mi enojo caerá sobre toda la multitud. ¹³Y aunque el vendedor siga con vida, no recuperará lo vendido. Porque no se revocará la visión referente a toda su multitud, y por su culpa nadie podrá conservar la vida. ¹⁴Aunque toquen la trompeta y preparen todo, nadie saldrá a la batalla, porque mi enojo caerá sobre toda la multitud.

¹⁵»Allá afuera hay guerra; y aquí adentro, peste y hambre. El que esté en el campo morirá a filo de espada, y el que esté en la ciudad se morirá de hambre y de peste. ¹⁶Los que logren escapar se quedarán en las montañas como palomas del valle, cada uno llorando por su maldad. ¹⁷Desfallecerá todo brazo y temblará toda rodilla. ¹⁸Se vestirán de luto, y el terror los dominará. Se llenarán de vergüenza y se convertirán en objeto de burla.ᵍ ¹⁹La plata la arrojarán a las calles, y el oro lo verán como basura. En el día de la ira del Señor, ni su oro ni su plata podrán salvarlos, ni les servirán para saciar su hambre y llenarse el estómago, porque el oro fue el causante de su caída. ²⁰Se enorgullecían de sus joyas hermosas, y las usaron para fabricar sus imágenes detestables y sus ídolos despreciables. Por esta razón convertiré esas joyas en algo repugnante. ²¹Haré que vengan los extranjeros y se las roben, y que los malvados

---

ᵈ**7:10** *injusticia*. Lit. *vara*.   ᵉ**7:11** *ustedes*. Lit. *ellos*; es decir, el pueblo de Israel.   ᶠ**7:11** *nada quedará ... opulencia*. Frases de difícil traducción.   ᵍ**7:18** *se convertirán en objeto de burla*. Lit. *todas sus cabezas serán rapadas*.

de la tierra se las lleven y las profanen. 22Alejaré de ellos mi presencia, y mi templo será profanado; entrarán los invasores y lo profanarán.

23»Prepara las cadenas[h] porque el país se ha llenado de sangre, y la ciudad está llena de violencia. 24Haré que las naciones más violentas vengan y se apoderen de sus casas. Pondré fin a la soberbia de los poderosos, y sus santuarios serán profanados. 25Cuando la desesperación los atrape, en vano buscarán la *paz. 26Una tras otra vendrán las desgracias, al igual que las malas noticias. Del profeta demandarán visiones; la instrucción se alejará del sacerdote, y a los *jefes del pueblo no les quedarán consejos. 27El rey hará duelo, el príncipe se cubrirá de tristeza, y temblarán las manos del pueblo. Yo los trataré según su conducta, y los juzgaré según sus acciones. Así sabrán que yo soy el SEÑOR.»

Idolatría en el templo

8 En el día quinto del mes sexto del año sexto, yo estaba sentado en mi casa, junto con los *jefes de Judá. De pronto, el SEÑOR puso su mano sobre mí.

2Miré entonces, y vi una figura de aspecto humano: de la cintura para abajo, ardía como fuego; de la cintura para arriba, brillaba como el metal bruñido. 3Aquella figura extendió lo que parecía ser una mano, y me tomó del cabello. Un viento me sostuvo entre la tierra y el cielo, y en visiones divinas me llevó a la parte norte de Jerusalén, hasta la entrada de la puerta interior, que es donde está el ídolo que provoca los celos de Dios. 4Allí estaba la gloria del Dios de Israel, como la visión que yo había visto en el campo. 5Y Dios me dijo: «Hijo de hombre, levanta la vista hacia el norte.» Yo miré en esa dirección, y en la entrada misma, al norte de la puerta del altar, vi el ídolo que provoca los celos de Dios. 6También me dijo: «Hijo de hombre, ¿ves las grandes abominaciones que cometen los israelitas en este lugar, y que me hacen alejarme de mi santuario? Realmente no has visto nada todavía; peores abominaciones verás.»

7Después me llevó a la entrada del atrio. En el muro había un agujero. 8Entonces me dijo: «Hijo de hombre, agranda el agujero del muro.» Yo agrandé el agujero en el muro y me encontré con una puerta. 9Dios me dijo: «Entra y observa las abominaciones que allí cometen.» 10Yo entré y a lo largo del muro vi pinturas de todo tipo: figuras de reptiles y de otros animales repugnantes, y de todos los malolientes ídolos de Israel. 11Setenta jefes israelitas estaban de pie frente a los ídolos, rindiéndoles culto. Entre ellos se encontraba Jazanías hijo de Safán. Cada uno tenía en la mano un incensario, del cual subía una fragante nube de incienso.

12Y él me dijo: «Hijo de hombre, ¿ves lo que hacen los jefes israelitas en los oscuros nichos de sus ídolos? Andan diciendo: "No hay ningún SEÑOR que nos vea. El SEÑOR ha abandonado el país."» 13Y añadió: «Ya los verás cometer mayores atrocidades.»

14Luego me llevó a la entrada del templo del SEÑOR, a la puerta que da hacia el norte. Allí estaban unas mujeres sentadas, que lloraban por el dios Tamuz. 15Entonces Dios me dijo: «Hijo de hombre, ¿ves esto? Pues aún las verás cometer mayores atrocidades.»

16Y me llevó al atrio interior del templo. A la entrada del templo, entre el vestíbulo y el altar, había unos veinticinco hombres que estaban mirando hacia el oriente y adoraban al sol, de espaldas al templo del SEÑOR. 17Me dijo: «Hijo de hombre, ¿ves esto? ¿Tan poca cosa le parece a Judá cometer tales abominaciones, que también ha llenado la tierra de violencia y no deja de provocarme? ¡Mira cómo me enardecen, pasándome[i] por la nariz sus pestilentes ramos! 18Por eso, voy a actuar con furor. No les tendré piedad ni compasión. Por más que me imploren a gritos, ¡no los escucharé!»

El castigo de los culpables

9 Después oí que Dios clamaba con fuerte voz: «¡Acérquense, verdugos de la ciudad, cada uno con su arma des-

---

[h] **7:23** *cadenas.* Palabra de difícil traducción.　　[i] **8:17** *pasándome.* Lit. *pasándose.*

tructora en la mano!» ²Entonces vi que por el camino de la puerta superior que da hacia el norte venían seis hombres, cada uno con un arma mortal en la mano. Con ellos venía un hombre vestido de lino, que llevaba en la cintura un estuche de escriba. Todos ellos entraron y se pararon junto al altar de bronce. ³La gloria del Dios de Israel, que estaba sobre los *querubines, se elevó y se dirigió hacia el umbral del templo. Al hombre vestido de lino que llevaba en la cintura un estuche de escriba, el Señor lo llamó ⁴y le dijo: «Recorre la ciudad de Jerusalén, y coloca una señal en la frente de quienes giman y hagan lamentación por todos los actos detestables que se cometen en la ciudad.» ⁵Pero oí que a los otros les dijo: «Síganlo. Recorran la ciudad y maten sin piedad ni compasión. ⁶Maten a viejos y a jóvenes, a muchachas, niños y mujeres; comiencen en el templo, y no dejen a nadie con vida. Pero no toquen a los que tengan la señal.» Y aquellos hombres comenzaron por matar a los viejos que estaban frente al templo.

⁷Después les dijo: «Salgan y profanen el templo; llenen de cadáveres los atrios.» Ellos salieron y comenzaron a matar gente en toda la ciudad. ⁸Y mientras mataban, yo me quedé solo, caí rostro en tierra y grité: «¡Ay, Señor y Dios! ¿Descargarás tu furor sobre Jerusalén y destruirás a todo el resto de Israel?»

⁹El Señor me respondió: «La iniquidad del pueblo de Israel y de Judá es extremadamente grande. El país está lleno de violencia; la ciudad, llena de injusticia. Ellos piensan: "El Señor ha abandonado el país. No hay ningún Señor que vea." ¹⁰Por eso no les tendré piedad ni compasión, sino que les pediré cuentas de su conducta.»

¹¹Entonces el hombre vestido de lino que llevaba en la cintura un estuche de escriba me informó: «Ya hice lo que me mandaste hacer.»

La gloria del Señor abandona el templo

10 Después miré, y sobre la bóveda que estaba encima de la cabeza de los *querubines vi una especie de piedra de zafiro que tenía la forma de un trono.

²Y el Señor le dijo al hombre vestido de lino: «Métete entre las ruedas que están debajo de los querubines, toma un puñado de las brasas que están entre los querubines, y espárcelas por toda la ciudad.» Y el hombre se metió allí, mientras yo miraba.

³En el momento en que el hombre entró, los querubines estaban en la parte sur del templo y una nube llenaba el atrio interior. ⁴Entonces la gloria del Señor, que estaba sobre los querubines, se elevó y se dirigió hacia el umbral del templo. La nube llenó el templo, y el atrio se llenó del resplandor de la gloria del Señor. ⁵El ruido de las alas de los querubines llegaba hasta el atrio exterior, y era semejante a la voz del Dios *Todopoderoso.

⁶El Señor le ordenó al hombre vestido de lino: «Toma fuego de en medio de las ruedas que están entre los querubines.» Así que el hombre fue y se paró entre las ruedas. ⁷Uno de los querubines extendió la mano, tomó el fuego que estaba entre ellos, y lo puso en las manos del hombre vestido de lino. Aquél lo recibió y se fue. ⁸(Debajo de las alas de los querubines se veía algo semejante a la mano de un hombre.)

⁹Me fijé, y al lado de los querubines vi cuatro ruedas, una junto a cada uno de ellos. Las ruedas tenían un aspecto brillante como el crisólito. ¹⁰Las cuatro ruedas se asemejaban, y parecía como si una rueda estuviera encajada en la otra. ¹¹Al avanzar, podían hacerlo en las cuatro direcciones sin necesidad de volverse. Avanzaban en la dirección a que apuntaba la cabeza del querubín, y no tenían que volverse. ¹²Todo el cuerpo, la espalda, las manos y las alas de los querubines, al igual que las cuatro ruedas, estaban llenos de ojos. ¹³Alcancé a oír que a las ruedas se les llamaba «círculos». ¹⁴Cada uno de los querubines tenía cuatro caras: la primera, de querubín; la segunda, de hombre; la tercera, de león; y la cuarta, de águila.

¹⁵Los querubines, que eran los mismos seres que yo había visto junto al río Quebar, se elevaron. ¹⁶Cuando avanzaban, las ruedas a su costado hacían lo mismo; cuando desplegaban sus alas para levantarse del suelo, las ruedas no se apartaban de ellos; ¹⁷cuando se detenían, las ruedas

hacían lo mismo; cuando se levantaban, las ruedas se levantaban también, porque el espíritu de esos seres vivientes estaba en las ruedas.

18La gloria del Señor se elevó por encima del umbral del templo y se detuvo sobre los querubines. **19**Y mientras yo miraba, los querubines desplegaron sus alas y se elevaron del suelo, y junto con las ruedas salieron y se detuvieron en la puerta oriental del templo del Señor. La gloria del Dios de Israel estaba por encima de ellos. **20**Eran los mismos seres vivientes que, estando yo junto al río Quebar, había visto debajo del Dios de Israel. Entonces me di cuenta de que eran querubines. **21**Cada uno tenía cuatro caras y cuatro alas, y bajo las alas tenían algo que se parecía a las manos de un hombre. **22**Sus caras eran iguales a las que yo había visto junto al río Quebar. Cada uno de ellos caminaba de frente.

Juicio contra los líderes de Israel

11 Un viento me levantó y me llevó hasta la entrada oriental del templo del Señor. A la entrada vi a veinticinco hombres, entre los cuales estaban Jazanías hijo de Azur y Pelatías hijo de Benaías, que eran jefes del pueblo. **2**Dios me dijo: «Hijo de hombre, éstos son los que están tramando maldades y dando malos consejos en esta ciudad. **3**Dicen: "Todavía no es el momento de reconstruir las casas. La ciudad es la olla y nosotros somos la carne." **4**Por eso, hijo de hombre, profetiza contra ellos; ¡sí, profetiza!»

5El Espíritu del Señor vino sobre mí y me ordenó proclamar: «Así dice el Señor: "Ustedes, pueblo de Israel, han dicho esto, y yo conozco sus pensamientos. **6**Han matado a mucha gente en esta ciudad y han llenado las calles de cadáveres. **7**Por eso yo, el Señor omnipotente, les aseguro que los cadáveres que ustedes han arrojado en medio de la ciudad son la carne, y la ciudad es la olla de la que yo los arrojaré. **8**¿Temen la guerra? Pues bien, yo, el Señor omnipotente, declaro que enviaré guerra contra ustedes. **9**Los echaré de la ciudad, los entregaré en manos de extranjeros y los castigaré con justicia. **10**Morirán a filo de espada; yo los

juzgaré en las mismas fronteras de Israel, y así sabrán que yo soy el Señor. **11**La ciudad no les servirá de olla, ni serán ustedes la carne dentro de ella. Yo los juzgaré en la frontera misma de Israel. **12**Entonces sabrán que yo soy el Señor. No han seguido mis decretos ni han cumplido con mis *leyes, sino que han adoptado las costumbres de las naciones que los rodean."»

13Mientras yo profetizaba, Pelatías hijo de Benaías cayó muerto. Entonces caí rostro en tierra y clamé a gritos: «¡Ay, Señor mi Dios! ¿Vas a exterminar al resto de Israel?»

14El Señor me dirigió la palabra: **15**«Hijo de hombre, esto es lo que dicen los habitantes de Jerusalén en cuanto a tus hermanos, tus parientes y todo el pueblo de Israel: "Ellos se han alejado del Señor, y por eso se nos ha dado esta tierra en posesión." **16**Por tanto, adviérteles que así dice el Señor omnipotente: "Aunque los desterré a naciones lejanas y los dispersé por países extraños, por un tiempo les he servido de santuario en las tierras adonde han ido."

17»Adviérteles también que así dice el Señor omnipotente: "Yo los reuniré de entre las naciones; los juntaré de los países donde han estado dispersos, y les daré la tierra de Israel. **18**Ellos volverán a su tierra y echarán de allí a los ídolos detestables y pondrán fin a las prácticas repugnantes. **19**Yo les daré un *corazón íntegro, y pondré en ellos un espíritu renovado. Les arrancaré el corazón de piedra que ahora tienen, y pondré en ellos un corazón de carne, **20**para que cumplan mis decretos y pongan en práctica mis leyes. Entonces ellos serán mi pueblo, y yo seré su Dios. **21**Pero a los que van tras esos ídolos detestables y siguen prácticas repugnantes, yo les pediré cuentas de su conducta. Lo afirma el Señor omnipotente."»

La gloria del Señor abandona Jerusalén

22Los *querubines desplegaron sus alas. Las ruedas estaban junto a ellos, y la gloria del Dios de Israel estaba por encima de ellos. **23**La gloria del Señor se elevó de en medio de la ciudad y se detuvo sobre el cerro que está al oriente de Jerusalén. ²⁴En una visión, un viento me levantó y me trasladó hasta donde estaban los exiliados en Babilonia; y la visión desapareció. ²⁵Entonces les comuniqué a los exiliados lo que el Señor me había revelado.

Símbolo del exilio

12 El Señor me dirigió la palabra: ²«Hijo de hombre, vives en medio de un pueblo rebelde. Tienen ojos para ver, pero no ven; tienen oídos para oír, pero no oyen. ¡Son un pueblo rebelde!

³»Por tanto, hijo de hombre, prepara tu equipaje; prepáralo para el exilio, y a plena luz del día, a la vista de todos, saldrás como quien va exiliado sin destino fijo. Tal vez así entiendan, aunque son un pueblo rebelde. ⁴Saca tu equipaje a plena luz del día, a la vista de todos, y al caer la tarde ponte en marcha, a la vista de todos, como quien va al exilio. ⁵También en presencia de todos, abre un agujero en el muro y sal por ahí con tu equipaje. ⁶Al llegar la noche, mientras todos te estén viendo, ponte en marcha con el equipaje al hombro. Cúbrete la cara para que no puedas ver la tierra, porque de ti he hecho un presagio para el pueblo de Israel.»

⁷Hice lo que se me había mandado, y a plena luz del día saqué mi bagaje, como quien va al exilio. Al caer la tarde abrí el agujero con mis propias manos, y al llegar la noche, en presencia de todos, salí con mi equipaje al hombro.

⁸Por la mañana el Señor me dirigió la palabra: ⁹«Hijo de hombre, con toda seguridad el pueblo rebelde de Israel te preguntará: "¿Qué estás haciendo?" ¹⁰Pero tú explícales: "Así dice el Señor omnipotente: 'Este mensaje se refiere al pueblo de Israel que vive en Jerusalén, y también a su gobernante.'" ¹¹Diles: "Yo soy un presagio para ustedes. Lo que hice yo, les va a pasar a ustedes, pues serán llevados cautivos al exilio." ¹²Y su gobernante se echará el equipaje al hombro, y saldrá de noche por un agujero que abrirán en el muro. Se cubrirá la cara para que no pueda ver la tierra. ¹³Yo tenderé mi red sobre él, y quedará atrapado en mi trampa. Así lo

llevaré a Babilonia, la tierra de los *caldeos, pero no podrá verla porque allá morirá. ¹⁴Dispersaré a los cuatro vientos a todos los que lo rodean, tanto a sus ayudantes como a todas sus tropas, y los perseguiré espada en mano. ¹⁵Entonces sabrán que yo soy el Señor.

»Cuando los haya dispersado y esparcido por las naciones, ¹⁶dejaré que unos pocos de ellos se escapen de la guerra, del hambre y de la peste, para que en las naciones por donde vayan den cuenta de sus prácticas repugnantes. Entonces sabrán que yo soy el Señor.»

¹⁷El Señor me dirigió la palabra: ¹⁸«Hijo de hombre, tiembla al comer tu pan, y llénate de espanto y miedo al beber tu agua. ¹⁹Adviértele a la gente del país que así dice el Señor omnipotente acerca de los que habitan en Jerusalén y en la tierra de Israel: "Con mucho miedo comerán su pan, y con gran angustia beberán su agua. Por la violencia de sus habitantes la tierra será despojada de todo lo que hay en ella. ²⁰Las ciudades habitadas serán arrasadas, y su país quedará en ruinas. Entonces sabrán ustedes que yo soy el Señor."»

²¹El Señor me dirigió la palabra: ²²«Hijo de hombre, ¿qué quiere decir este refrán que se repite en la tierra de Israel: "Se cumple el tiempo, pero no la visión"? ²³Por lo tanto, adviérteles que así dice el Señor omnipotente: "Pondré fin a ese refrán, y ya no volverán a repetirlo en Israel." Y adviérteles también: "Ya vienen los días en que se cumplirán las visiones. ²⁴Pues ya no habrá visiones engañosas ni predicciones que susciten falsas expectativas en el pueblo de Israel. ²⁵Porque yo, el Señor, hablaré, y lo que diga se cumplirá sin retraso. Pueblo rebelde, mientras ustedes aún tengan vida, yo cumpliré mi palabra. Lo afirma el Señor omnipotente."»

²⁶El Señor me dirigió la palabra: ²⁷«Hijo de hombre, el pueblo de Israel anda diciendo que tus visiones son para un futuro distante, y que tus profecías son a largo plazo. ²⁸Por lo tanto, adviérteles que así dice el Señor omnipotente: "Mis

palabras se cumplirán sin retraso: yo cumpliré con lo que digo. Lo afirma el SEÑOR omnipotente."»

Condena a los falsos profetas

13 El SEÑOR me dirigió la palabra: 2«Hijo de hombre, denuncia a los profetas de Israel que hacen vaticinios según sus propios delirios, y diles que escuchen la palabra del SEÑOR. 3Así dice el SEÑOR omnipotente: "¡Ay de los profetas insensatos que, sin haber recibido ninguna visión, siguen su propia inspiración! 4¡Ay, Israel! Tus profetas son como chacales entre las ruinas. 5No han ocupado su lugar en las brechas, ni han reparado los muros del pueblo de Israel, para que en el día del SEÑOR se mantenga firme en la batalla. 6Sus visiones son falsas, y mentirosas sus adivinaciones. Dicen: 'Lo afirma el SEÑOR', pero el SEÑOR no los ha enviado; sin embargo, ellos esperan que se cumpla lo que profetizan. 7¿Acaso no son falsas sus visiones, y mentirosas sus adivinaciones, cuando dicen: 'Lo afirma el SEÑOR', sin que yo haya hablado?

8» "Por tanto, así dice el SEÑOR omnipotente: A causa de sus palabras falsas y visiones mentirosas, aquí estoy contra ustedes. Lo afirma el SEÑOR omnipotente. 9Levantaré mi mano contra los profetas; contra aquellos que tienen visiones falsas y ofrecen adivinaciones mentirosas. No participarán en la asamblea de mi pueblo, ni aparecerán sus nombres en los registros de los israelitas, ni entrarán en el país de Israel. Así sabrán ustedes que yo soy el SEÑOR omnipotente.

10» "Así es, en efecto. Estos profetas han engañado a mi pueblo diciendo: '¡Todo anda bien!', pero las cosas no andan bien; construyen paredes endebles de hermosa fachada. 11Pues diles a esos constructores que sus fachadas se vendrán abajo con una lluvia torrencial, abundante granizo y viento huracanado. 12Y cuando la pared se haya caído, les preguntarán: '¿Qué pasó con la hermosa fachada?'

13» "Por tanto, así dice el SEÑOR omnipotente: En mi furia desataré un viento huracanado; en mi ira, una lluvia torrencial; en mi furia, granizo destructor. 14Echaré por los suelos la pared con su hermosa fachada; sus endebles cimientos quedarán al descubierto. Y cuando caiga, ustedes perecerán. Así sabrán que yo soy el SEÑOR. 15Descargaré mi furia sobre esa pared y sobre los que hicieron su hermosa fachada. A ustedes les diré que ya no queda la pared ni los que hicieron su hermosa fachada: 16esos profetas de Israel que profetizaban acerca de Jerusalén, y tenían visiones falsas, y anunciaban que todo andaba bien, cuando en realidad era todo lo contrario. Lo afirma el SEÑOR omnipotente."

Condena a las profetisas

17» Y ahora tú, hijo de hombre, enfréntate a esas mujeres de tu pueblo que profetizan según sus propios delirios. ¡Denúncialas! 18Adviérteles que así dice el SEÑOR omnipotente: "¡Ay de las que hacen objetos de hechicería y sortilegios para atrapar a la gente!*ʲ* ¿Acaso creen que pueden atrapar la vida de mi pueblo y salvar su propio pellejo? 19Ustedes me han profanado delante de mi pueblo por un puñado de cebada y unas migajas de pan. Por las mentiras que dicen, y que mi pueblo cree, se mata a los que no deberían morir y se deja con vida a los que no merecen vivir.

20» "Por tanto, así dice el SEÑOR omnipotente: Estoy contra sus hechicerías, con las que ustedes atrapan a la gente como a pájaros. Pero yo los liberaré de sus poderes mágicos, y los dejaré volar. 21Rescataré a mi pueblo de esos sortilegios, para que dejen de ser presa en sus manos. Así sabrán que yo soy el SEÑOR. 22Porque ustedes han descorazonado al justo con sus mentiras, sin que yo lo haya afligido. Han alentado al malvado para que no se convierta de su mala conducta y se salve. 23Por eso ya no volverán a tener visiones falsas ni a practicar la adivinación. Yo rescataré a mi pueblo del poder de ustedes, y así sabrán que yo soy el SEÑOR."»

ʲ **13:18** *las que hacen ... la gente.* Texto de difícil traducción.

Contra la idolatría

14 Unos *jefes de Israel vinieron a visitarme, y se sentaron frente a mí. ²Entonces el SEÑOR me dirigió la palabra: ³«Hijo de hombre, estas personas han hecho de su *corazón un altar de ídolos malolientes, y a su paso han colocado trampas que los hacen pecar. ¿Cómo voy a permitir que me consulten? ⁴Por tanto, habla con ellos y adviérteles que así dice el SEÑOR omnipotente: "A todo israelita que haya hecho de su corazón un altar de ídolos malolientes, y que después de haber colocado a su paso trampas que lo hagan pecar consulte al profeta, yo el SEÑOR le responderé según la multitud de sus ídolos malolientes. ⁵Así cautivaré el corazón de los israelitas que por causa de todos esos ídolos malolientes se hayan alejado de mí."

⁶»Por tanto, adviértele al pueblo de Israel que así dice el SEÑOR omnipotente: "¡*Arrepiéntanse! Apártense de una vez por todas de su idolatría y de toda práctica repugnante." ⁷Yo seré quien le responda a todo israelita o inmigrante que resida en Israel y que se haya alejado de mí: al que haya hecho de su corazón un altar de ídolos malolientes, o haya colocado ante sí trampas que lo hayan hecho pecar, y luego haya acudido al profeta para consultarme. ⁸Me enfrentaré a él, y de él haré una señal de escarmiento, y lo extirparé de mi pueblo. Así sabrán que yo soy el SEÑOR.

⁹»Si un profeta es seducido y pronuncia un mensaje, será porque yo, el SEÑOR, lo he seducido. Así que levantaré mi mano contra él, y lo haré pedazos en presencia de mi pueblo. ¹⁰Tanto el profeta como quien lo haya consultado cargarán con la misma culpa, ¹¹para que el pueblo de Israel ya no se aparte de mí ni vuelva a mancharse con sus pecados. Entonces ellos serán mi pueblo y yo seré su Dios. Lo afirma el SEÑOR omnipotente.»

Contra falsas esperanzas

¹²El SEÑOR me dirigió la palabra: ¹³«Hijo de hombre, si un país peca contra mí y persiste en su infidelidad, yo levantaré mi mano contra él; le quitaré las provisiones, lo sumiré en el hambre, y arrasaré a sus habitantes y a sus animales. ¹⁴Y aun si Noé, Daniel*k* y Job vivieran en ese país, sólo ellos se salvarían por su justicia. Lo afirmo yo, el SEÑOR omnipotente.

¹⁵»Y si por todo el país yo mandara bestias feroces que lo arrasaran y lo convirtieran en desierto desolado, de modo que por temor a las fieras nadie se atreviera a pasar, ¹⁶aun si aquellos tres hombres vivieran allí, ni sus hijos ni sus hijas sobrevivirían. Sólo ellos se salvarían, pero el país quedaría desolado. ¡Yo, el SEÑOR omnipotente, lo juro por mí mismo!

¹⁷»Y si yo enviara guerra sobre ese país y dejara que la espada arrasara la tierra y eliminara a sus habitantes y a sus animales, ¹⁸aun si aquellos tres hombres vivieran allí, ni sus hijos ni sus hijas sobrevivirían. Sólo ellos se salvarían. ¡Yo, el SEÑOR omnipotente, lo juro por mí mismo!

¹⁹»Y si yo enviara peste a ese país y derramara sobre él mi ira mortal para eliminar a sus habitantes y a sus animales, ²⁰aun si Noé, Daniel y Job vivieran allí, ni sus hijos ni sus hijas sobrevivirían. Sólo ellos se salvarían por su justicia. ¡Yo, el SEÑOR omnipotente, lo juro por mí mismo!

²¹»Así dice el SEÑOR omnipotente: ¡Peor será cuando mande contra Jerusalén mis cuatro castigos fatales: la guerra, el hambre, las bestias feroces y la peste! Con ellas arrasaré a sus habitantes y a sus animales. ²²Sin embargo, quedarán algunos sobrevivientes que serán liberados y harán salir del exilio a sus hijos y a sus hijas. Cuando lleguen adonde están ustedes, y ustedes vean su conducta y sus obras, se consolarán del desastre que envié contra Jerusalén, y de todo lo que hice contra ella. ²³Ustedes se consolarán cuando vean la conducta y las obras de esa gente, y sabrán que lo que hice contra Jerusalén no fue sin razón. Lo afirma el SEÑOR omnipotente.»

---

k **14:14** *Daniel*. Alt. *Danel*.

Jerusalén, una vid inútil

15 El Señor me dirigió la palabra: ²«Hijo de hombre, ¿en qué supera la leña de la vid a la madera de los árboles del bosque? ³Esa leña no sirve para hacer muebles, ¡y ni siquiera para hacer una percha! ⁴¡Escasamente sirve para alimentar el fuego! Pero ¿de qué sirve cuando sus extremos se consumen y ya se ha quemado por dentro? ⁵Si cuando estaba entera no servía para nada, ¡mucho menos cuando ya ha sido consumida por el fuego!

⁶»Por tanto, así dice el Señor omnipotente: Como la leña de la vid, que sólo sirve para echarla al fuego, así haré con los habitantes de Jerusalén. ⁷Voy a enfrentarme a ellos; ¡se han librado de un fuego, pero serán consumidos por otro! Cuando me enfrente a ellos, ustedes sabrán que yo soy el Señor. ⁸Convertiré a este país en desolación, porque ha sido infiel. Lo afirma el Señor omnipotente.»

Infidelidad de Jerusalén

16 El Señor me dirigió la palabra: ²«Hijo de hombre, échale en cara a Jerusalén sus prácticas repugnantes. ³Adviértele que así dice el Señor omnipotente: "Jerusalén, tú eres cananea de origen y de nacimiento; tu padre era amorreo y tu madre, hitita. ⁴El día en que naciste no te cortaron el cordón umbilical; no te bañaron, no te frotaron con sal, ni te envolvieron en pañales. ⁵Nadie se apiadó de ti ni te mostró compasión brindándote estos cuidados. Al contrario, el día en que naciste te arrojaron al campo como un objeto despreciable.

⁶» "Pasé junto a ti, y te vi revolcándote en tu propia sangre y te dije: ¡Sigue viviendo! ⁷crece como planta silvestre!

» "Tú te desarrollaste, y creciste y te hiciste mujer. Y se formaron tus senos, y te brotó el vello, pero tú seguías completamente desnuda.

⁸» "Tiempo después pasé de nuevo junto a ti, y te miré. Estabas en la edad del amor. Extendí entonces mi manto sobre ti, y cubrí tu desnudez. Me comprometí e hice alianza contigo, y fuiste mía. Lo afirma el Señor omnipotente.

⁹» "Te bañé, te limpié la sangre y te perfumé. ¹⁰Te puse un vestido bordado y te calcé con finas sandalias de cuero. Te vestí con ropa de lino y de seda. ¹¹Te adorné con joyas: te puse pulseras, collares, ¹²aretes, un anillo en la nariz y una hermosa corona en la cabeza. ¹³Quedaste adornada de oro y plata, vestida de lino fino, de seda y de telas bordadas. Te alimentabas con el mejor trigo, y con miel y aceite de oliva. Llegaste a ser muy hermosa; ¡te sobraban cualidades para ser reina! ¹⁴Tan perfecta era tu belleza que tu fama se extendió por todas las naciones, pues yo te adorné con mi esplendor. Lo afirma el Señor omnipotente.

¹⁵» "Sin embargo, confiaste en tu belleza y, valiéndote de tu fama, te prostituiste. ¡Sin ningún pudor te entregaste a cualquiera que pasaba! ¹⁶Con tus mismos vestidos te hiciste aposentos idolátricos de vistosos colores, y allí te prostituiste. ¡Algo nunca visto! ¹⁷Con las joyas de oro y plata que yo te había obsequiado, hiciste imágenes masculinas, y con ellas te prostituiste ofreciéndoles culto. ¹⁸Les pusiste tus vestidos bordados, y les ofreciste mi aceite y mi perfume. ¹⁹Como ofrenda de olor fragante les presentaste el alimento que yo te había dado: el mejor trigo, el aceite de oliva y la miel. Lo afirma el Señor omnipotente.

²⁰» "Tomaste también a los hijos y a las hijas que tuviste conmigo y los sacrificaste como alimento a esas imágenes. ¡No te bastaron tus prostituciones! ²¹Inmolaste a mis hijos y los pasaste por fuego como ofrenda en honor de esos ídolos. ²²En todas tus repugnantes prácticas y prostituciones no te acordaste de los días de tu infancia, cuando estabas completamente desnuda y te revolcabas en tu propia sangre.

²³» "¡Ay de ti, ay de ti! —afirma el Señor omnipotente—. Para colmo de tus perversidades, ²⁴construiste prostíbulos en cada plaza. ²⁵¡No hubo esquina donde no te exhibieras para prostituirte! Te abriste de piernas a cualquiera que pasaba, y forniciaste sin cesar. ²⁶Te acostaste con los egipcios, tus vecinos de grandes genitales, y para enfurecerme multiplicaste tus fornicaciones. ²⁷Yo levanté mi mano para

castigarte y reduje tu territorio; te entregué a las ciudades*l* filisteas, que se avergonzaban de tu conducta depravada. ²⁸Una y otra vez fornicaste con los asirios, porque eras insaciable. ²⁹Lo mismo hiciste con los comerciantes de Babilonia, y ni así quedaste satisfecha.

³⁰»"¡Qué *mente tan depravada la tuya! —afirma el SEÑOR omnipotente—. ¡Te comportabas como una vil prostituta! ³¹Pero cuando en cada plaza armabas un prostíbulo y te exhibías en cada esquina, no te comportabas como una prostituta, ¡pues no cobrabas nada!

³²»"¡Adúltera! Prefieres a los extraños, en vez de a tu marido. ³³A todas las prostitutas se les paga; tú, en cambio, les pagas a tus amantes. Los sobornas para que vengan de todas partes a acostarse contigo. ³⁴En tu prostitución has sido diferente de otras mujeres: como nadie se te ofrecía, tú pagabas en vez de que te pagaran a ti. ¡En eso sí eras diferente de las demás!

³⁵»"Por tanto, prostituta, escucha la palabra del SEÑOR. ³⁶Así dice el SEÑOR omnipotente: Has expuesto tus vergüenzas y exhibido tu desnudez al fornicar con tus amantes y con tus malolientes ídolos; a éstos les has ofrecido la sangre de tus hijos. ³⁷Por tanto, reuniré a todos tus amantes, a quienes brindaste placer; tanto a los que amaste como a los que odiaste. Los reuniré contra ti de todas partes, y expondré tu desnudez ante ellos, y ellos te verán completamente desnuda. ³⁸Te juzgaré como a una adúltera y homicida, y derramaré sobre ti mi ira y mi celo. ³⁹Te entregaré en sus manos, y ellos derribarán tus prostíbulos y demolerán tus puestos. Te arrancarán la ropa y te despojarán de tus joyas, dejándote completamente desnuda. ⁴⁰Convocarán a la asamblea contra ti, y te apedrearán y te descuartizarán a filo de espada. ⁴¹Incendiarán tus casas, y en presencia de muchas mujeres ejecutarán la sentencia contra ti. Yo pondré fin a tu prostitución, y ya no volverás a pagarles a tus amantes. ⁴²Así calmaré mi ira contra ti y se apaciguarán mis celos; me quedaré tranquilo y sin enojo. ⁴³Yo te hago responsable de tu conducta por haberte olvidado de los días de tu infancia, por haberme irritado con todas estas cosas, y por haber agregado infamia a tus prácticas repugnantes. Lo afirma el SEÑOR.

⁴⁴»"Los que acostumbran citar refranes, dirán esto de ti: 'De tal palo, tal astilla.' ⁴⁵Tú eres igual a tu madre, que despreció a su marido y a sus hijos; eres igual a tus hermanas, que despreciaron a sus maridos y a sus hijos. La madre de ustedes era hitita, y su padre, amorreo. ⁴⁶Tu hermana mayor es Samaria, ubicada al norte de ti con sus aldeas.*m* Tu hermana menor es Sodoma, ubicada al sur de ti con sus aldeas. ⁴⁷No sólo has seguido su conducta, sino que has actuado según sus prácticas repugnantes. En poco tiempo llegaste a ser peor que ellas. ⁴⁸Yo, el SEÑOR, lo juro por mí mismo: ni tu hermana Sodoma ni sus aldeas hicieron jamás lo que tú y tus aldeas han hecho. ⁴⁹Tu hermana Sodoma y sus aldeas pecaron de soberbia, gula, apatía, e indiferencia hacia el pobre y el indigente. ⁵⁰Se creían superiores a otras, y en mi presencia se entregaron a prácticas repugnantes. Por eso, tal como lo has visto, las he destruido. ⁵¹¡Pero ni Samaria ni sus aldeas cometieron la mitad de tus pecados! Tú te entregaste a más prácticas repugnantes que ellas, haciendo que ellas parecieran justas en comparación contigo. ⁵²Ahora tú, carga con tu desgracia; porque son tantos tus pecados que has favorecido a tus hermanas al hacerlas parecer más justas que tú. ¡Avergüénzate y carga con tu desgracia! Has hecho que tus hermanas parezcan más justas que tú.

⁵³»"Pero yo cambiaré su suerte, la suerte de Sodoma y de Samaria, con sus respectivas aldeas, y haré lo mismo contigo. ⁵⁴Así cargarás con tu desgracia y te avergonzarás de todo lo que hiciste, y les servirás de consuelo. ⁵⁵Tú y tus dos hermanas, con sus respectivas aldeas, volverán a ser como antes. ⁵⁶¿Acaso no te burlabas de tu hermana Sodoma en tu época de orgullo, ⁵⁷antes de que se hiciera

---

l **16:27** *ciudades.* Lit. *hijas.*   *m* **16:46** *aldeas.* Lit. *hijas*; así en el resto de este capítulo.

pública tu maldad? Ahora te has vuelto el hazmerreír de las aldeas edomitas y filisteas, ¡y por todas partes te desprecian! **58**Sobre tus hombros llevas el peso de tu infamia y de tus prácticas repugnantes. Lo afirma el SEÑOR.

59»"Así dice el SEÑOR omnipotente: Te daré tu merecido, porque has menospreciado el juramento y quebrantado la alianza. **60**Sin embargo, yo sí me acordaré de la alianza que hice contigo en los días de tu infancia, y estableceré contigo una alianza eterna. **61**Tú te acordarás de tu conducta pasada, y te avergonzarás cuando yo acoja*n* a tus hermanas, la mayor y la menor, para dártelas como hijas, aunque no participan de mi alianza contigo. **62**Yo estableceré mi alianza contigo, y sabrás que yo soy el SEÑOR. **63**Cuando yo te perdone por todo lo que has hecho, tú te acordarás de tu maldad y te avergonzarás, y en tu humillación no volverás a jactarte. Lo afirma el SEÑOR omnipotente."»

La vid y el águila

17 El SEÑOR me dirigió la palabra: **2**«Hijo de hombre: Plantéale al pueblo de Israel este enigma, y nárrale esta parábola. **3**Adviértele que así dice el SEÑOR:

»Llegó al Líbano un águila enorme,
 de grandes alas, tupido plumaje y
 vivos colores.
Se posó sobre la copa de un cedro,
4 y arrancó el retoño más alto.
Lo llevó a un país de mercaderes,
 y lo plantó en una ciudad de
 comerciantes.
5Tomó luego semilla de aquel país
 y la plantó en terreno fértil.
La sembró como un sauce,
 junto a aguas abundantes.
6La semilla germinó
 y se hizo una vid frondosa, de
 poca altura;
volvió sus ramas hacia el águila,
 y hundió sus raíces bajo sí misma.
Así se convirtió en una vid
 con retoños y exuberante follaje.

7Pero había otra águila grande,
 de gigantescas alas y abundante
 plumaje.
Y la vid volvió sus raíces
 y orientó sus ramas hacia ella,
 para recibir más agua
 de la que ya tenía.
8¡Había estado plantada en tierra
 fértil
 junto a aguas abundantes,
para echar retoños y dar frutos,
 y convertirse en una hermosa vid!

9»Adviértele que así dice el SEÑOR:

»¿Prosperará esa vid?
 ¿El águila no la arrancará de raíz?
¿No le quitará su fruto,
 y así la vid se marchitará?
Sí, los tiernos retoños se secarán.
 No hará falta un brazo fuerte ni
 mucha gente
 para arrancarla de cuajo.
10¿Prosperará aunque sea
 trasplantada?
 ¿Acaso el viento del este
 no la marchitará cuando la azote?
¡claro que sí se marchitará
 en el lugar donde había nacido!»

11El SEÑOR me dirigió la palabra: **12**«Pregúntale a este pueblo rebelde si tiene idea de lo que significa todo esto. Recuérdale que el rey de Babilonia vino a Jerusalén y se llevó a su país al rey de Judá y a sus funcionarios. **13**Luego tomó a uno de la familia real y lo obligó a firmar con él un tratado bajo juramento, y se llevó a la flor y nata del país. **14**Esto lo hizo para humillar a Judá. Así le impidió sublevarse y lo obligó a cumplir el tratado para poder subsistir. **15**Sin embargo, este príncipe se rebeló contra el rey de Babilonia, y envió mensajeros a Egipto para conseguir caballos y un numeroso ejército. ¿Y tendrá éxito y podrá escapar el que se atreva a hacer esto? ¿Acaso podrá violar el tratado y salir con vida? **16**¡No, sino que morirá en Babilonia, el país del rey que lo nombró y con quien hizo un juramento que no

*n***16:61** *yo acoja* (mss. de LXX y Siríaca); *tú acojas* (TM).

cumplió, y firmó un tratado que violó! Yo, el S<small>EÑOR</small> omnipotente, lo juro por mí mismo. **17**Ni el faraón con su gran ejército y numerosas tropas podrá auxiliarlo en la guerra, cuando se levanten rampas y se construyan torres de asalto para matar a mucha gente. **18**El príncipe de Judá quebrantó el juramento y violó el tratado. Así que por haber hecho todo esto a pesar de su compromiso, ¡no escapará!

19»Por tanto, así dice el S<small>EÑOR</small> omnipotente: "Juro por mí mismo que lo castigaré por haber faltado al juramento y violado el tratado. **20**Le tenderé mis redes, y caerá en mi trampa. Lo llevaré a Babilonia, y allí lo someteré a juicio por haberme sido infiel. **21**Lo mejor[ñ] de sus tropas caerá a filo de espada, y los que aún queden con vida serán esparcidos a los cuatro vientos. Así sabrán que yo, el S<small>EÑOR</small>, lo he dicho.

22» "Así dice el S<small>EÑOR</small> omnipotente:

» "De la copa de un cedro tomaré
un retoño,
de las ramas más altas arrancaré
un brote,
y lo plantaré sobre un cerro muy
elevado.
23Lo plantaré sobre el cerro
más alto de Israel,
para que eche ramas y produzca
fruto
y se convierta en un magnífico
cedro.
Toda clase de aves anidará en él,
y vivirá a la sombra de sus ramas.
24Y todos los árboles del campo
sabrán que yo soy el S<small>EÑOR</small>.
Al árbol grande lo corto,
y al pequeño lo hago crecer.
Al árbol verde lo seco,
y al seco, lo hago florecer.
Yo, el S<small>EÑOR</small>, lo he dicho,
y lo cumpliré." »

La responsabilidad personal

18 El S<small>EÑOR</small> me dirigió la palabra: **2**«¿A qué viene tanta repetición de este *proverbio tan conocido en Israel:

"Los padres comieron uvas agrias, y a los hijos se les destemplaron los dientes?" **3**Yo, el S<small>EÑOR</small> omnipotente, juro por mí mismo que jamás se volverá a repetir este proverbio en Israel. **4**La persona que peque morirá. Sepan que todas las vidas me pertenecen, tanto la del padre como la del hijo.

5»Quien es justo practica el derecho y la justicia; **6**no participa de los banquetes idolátricos en los cerros, ni eleva plegarias a los ídolos malolientes de Israel. No deshonra a la mujer de su prójimo, ni se une a la mujer en los días de su menstruación. **7**No oprime a nadie, ni roba, sino que devuelve la prenda al deudor, da de comer al hambriento y viste al desnudo. **8**No presta dinero con usura ni exige intereses. Se abstiene de hacer el mal y juzga imparcialmente entre los rivales. **9**Obedece mis decretos y cumple fielmente mis *leyes. Tal persona es justa, y ciertamente vivirá. Lo afirma el S<small>EÑOR</small> omnipotente.

10»Pero bien puede suceder que esa persona tenga un hijo violento y homicida, que no siga su ejemplo **11**y participe de los banquetes idolátricos en los cerros; que deshonre a la mujer de su prójimo, **12**oprima al pobre y al indigente, robe y no devuelva la prenda al deudor, y eleve plegarias a los ídolos e incurre en actos repugnantes; **13**que, además, preste dinero con usura y exija intereses. ¿Tal hijo merece vivir? ¡Claro que no! Por haber incurrido en estos actos asquerosos, será condenado a muerte, y de su muerte sólo él será responsable.

14»Ahora bien, ese hijo podría a su vez tener un hijo que observa todos los pecados de su padre, pero no los imita, **15**pues no participa de los banquetes idolátricos en los cerros, ni eleva plegarias a los ídolos malolientes de Israel, ni deshonra a la mujer de su prójimo; **16**no oprime a nadie, no roba, devuelve la prenda al deudor, da de comer al hambriento y viste al desnudo; **17**se abstiene de hacer el mal, no presta dinero con usura ni exige intereses; cumple mis leyes y obedece mis decretos. Un hijo así no merece morir por

---

[ñ] **17:21** *Lo mejor* (mss. hebreos, mss. de LXX, Siríaca y Targum); *Los fugitivos* (TM).

la maldad de su padre; ¡merece vivir! 18En cuanto a su padre, que fue un opresor, que robó a su prójimo y que hizo lo malo en medio de su pueblo, ¡morirá por su propio pecado!

19»Pero ustedes preguntan: "¿Por qué no carga el hijo con las culpas de su padre?" ¡Porque el hijo era justo y recto, pues obedeció mis decretos y los puso en práctica! ¡Tal hijo merece vivir! 20Todo el que peque, merece la muerte, pero ningún hijo cargará con la culpa de su padre, ni ningún padre con la del hijo: al justo se le pagará con justicia y al malvado se le pagará con maldad.

21»Si el malvado se *arrepiente de todos los pecados que ha cometido, y obedece todos mis decretos y practica el derecho y la justicia, no morirá; 22vivirá por practicar la justicia, y Dios se olvidará de todos los pecados que ese malvado haya cometido. 23¿Acaso creen que me complace la muerte del malvado? ¿No quiero más bien que abandone su mala conducta y que viva? Yo, el SEÑOR, lo afirmo.

24»Si el justo se aparta de la justicia y hace lo malo y practica los mismos actos repugnantes del malvado, ¿merece vivir? No, sino que morirá por causa de su infidelidad y de sus pecados, y no se recordará ninguna de sus obras justas.

25»Ustedes dicen: "El SEÑOR es injusto." Pero escucha, pueblo de Israel: ¿En qué soy injusto? ¿No son más bien ustedes los injustos? 26Cuando el justo se aparta de la justicia, cae en la maldad y muere, ¡pero muere por su maldad! 27Por otra parte, si el malvado se aleja de su maldad y practica el derecho y la justicia, salvará su vida. 28Si recapacita y se aparta de todas sus maldades, no morirá sino que vivirá.

29»Sin embargo, el pueblo de Israel anda diciendo: "El SEÑOR es injusto." Pueblo de Israel, ¿en qué soy injusto? ¿No son más bien ustedes los injustos? 30Por tanto, a cada uno de ustedes, los israelitas, los juzgaré según su conducta. Lo afirma el SEÑOR omnipotente. Arrepiéntanse y apártense de todas sus maldades, para que el pecado no les acarree la ruina. 31Arrojen de una vez por todas las maldades que cometieron contra mí, y háganse de un *corazón y de un espíritu nuevos. ¿Por qué habrás de morir, pueblo de Israel? 32Yo no quiero la muerte de nadie. ¡Conviértanse, y vivirán! Lo afirma el SEÑOR omnipotente.

Lamento por los príncipes de Israel

19 »Dedícale este lamento a la nobleza de Israel:

2»"En medio de los leones,
      tu madre era toda una leona.
   Recostada entre leoncillos,
      amamantaba a sus cachorros.
3A uno de ellos lo crió,
      y éste llegó a ser un león bravo
   que aprendió a desgarrar su presa
      y a devorar a la gente.
4Las naciones supieron de sus
            excesos,
      y lo atraparon en una fosa;
      ¡se lo llevaron encadenado a
            Egipto!
5Cuando la leona madre perdió toda
            esperanza
      de que volviera su cachorro,
   tomó a otra de sus crías
      y la convirtió en una fiera.
6Cuando este león se hizo fuerte,
      se paseaba muy orondo entre los
            leones.
   Aprendió a desgarrar su presa
      y a devorar a la gente.
7Demolía palacios,º
      asolaba ciudades,
   y amedrentaba con sus rugidos
      a todo el país y a sus habitantes.
8Las naciones y provincias vecinas
      se dispusieron a atacarlo.
   Le tendieron trampas,
      y quedó atrapado en la fosa.
9Encadenado y enjaulado
      lo llevaron ante el rey de
            Babilonia.
   Enjaulado lo llevaron

º **19:7** *Demolía palacios* (lectura probable; véanse LXX y Targum); *Conocía viudas* (TM).

para que no se oyeran sus rugidos
en los cerros de Israel.

10» "En medio del viñedo*p*
tu madre era una vid
plantada junto al agua:
¡fructífera y frondosa,
gracias al agua abundante!
11 Sus ramas crecieron vigorosas,
¡aptas para ser cetros de reyes!
Tanto creció que se destacaba
por encima del follaje.
Se le reconocía por su altura
y por sus ramas frondosas.
12 Pero fue desarraigada con furia
y arrojada por el suelo.
El viento del este la dejó marchita,
y la gente le arrancó sus frutos.
Secas quedaron sus vigorosas
ramas,
y fueron consumidas por el fuego.
13 Ahora se halla en el desierto,
plantada en tierra árida y reseca.
14 De una de sus ramas brotó un
fuego,
y ese fuego devoró sus frutos.
¡Nada queda de esas vigorosas
ramas,
aptas para ser cetros de reyes!"

Éste es un lamento, y debe entonarse
como tal.»

Historia de una rebelión

20 El día diez del mes quinto del año
séptimo, unos *jefes de Israel vinieron a consultar al SEÑOR, y se sentaron
frente a mí. 2 Allí el SEÑOR me dirigió la
palabra: 3 «Hijo de hombre, habla con los
jefes de Israel y adviérteles que yo, el
SEÑOR omnipotente, digo: "¿Así que ustedes vienen a consultarme? ¡Pues juro
por mí mismo que no dejaré que me
consulten! Lo afirmo yo, el SEÑOR omnipotente."

4 »¡Júzgalos tú, hijo de hombre; júzgalos tú! Hazles ver las repugnantes prácticas de sus antepasados. 5 Adviérteles que
así dice el SEÑOR omnipotente: "El día en
que elegí a Israel, con la mano en alto le

hice un juramento a la descendencia de
Jacob. El día en que me di a conocer a
ellos en Egipto, volví a hacerles este juramento: 'Yo soy el SEÑOR su Dios.' 6 En
aquel día, con la mano en alto les juré que
los sacaría de Egipto y los llevaría a una
tierra que yo mismo había explorado. Es
una tierra donde abundan la leche y la
miel, ¡la más hermosa de todas! 7 A cada
uno de ellos le ordené que arrojara sus
ídolos detestables, con los que estaba ob-
sesionado, y que no se *contaminara con
los malolientes ídolos de Egipto; porque
yo soy el SEÑOR su Dios.

8 »"Sin embargo, ellos se rebelaron
contra mí, y me desobedecieron. No arrojaron los ídolos con que estaban obsesionados, ni abandonaron los ídolos de
Egipto. Por eso, cuando estaban en Egipto,
pensé agotar mi furor y descargar mi ira
sobre ellos. 9 Pero decidí actuar en honor
a mi *nombre, para que no fuera profanado ante las naciones entre las cuales vivían
los israelitas. Porque al sacar a los israelitas de Egipto yo me di a conocer a ellos
en presencia de las naciones.

10 »"Yo los saqué de Egipto y los llevé
al desierto. 11 Les di mis decretos, y les hice
conocer mis *leyes, que son vida para
quienes los obedecen. 12 También les di
mis *sábados como una señal entre ellos y
yo, para que reconocieran que yo, el
SEÑOR, he consagrado los sábados para mí.
13 Pero el pueblo de Israel se rebeló contra
mí en el desierto; desobedeció mis decretos
y rechazó mis leyes, que son vida para
quienes los obedecen. ¡Hasta el colmo
profanaron mis sábados! Por eso, cuando
estaban en el desierto, pensé descargar mi
ira sobre ellos y exterminarlos. 14 Pero decidí actuar en honor a mi nombre, para que
no fuera profanado ante las naciones, las
cuales me vieron sacarlos de Egipto.

15 »"También con la mano en alto, en
el desierto les juré que no los llevaría a la
tierra que les había dado, ¡la tierra más
hermosa de todas, donde abundan la leche
y la miel! 16 Rechazaron mis leyes, desobedecieron mis decretos y profanaron mis
sábados, ¡y todo esto lo hicieron por haber

---

p **19:10** *del viñedo* (dos mss. hebreos); *de tu sangre* (TM).

andado tras esos ídolos malolientes! **17**Sin embargo, les tuve compasión, y en el desierto no los destruí ni los exterminé.

18»"Allí en el desierto les dije a sus descendientes: 'No sigan los preceptos de sus padres; no obedezcan sus leyes ni se contaminen con sus ídolos malolientes. **19**Yo soy el SEÑOR su Dios. Sigan mis decretos, obedezcan mis leyes **20**y observen mis sábados como días consagrados a mí, como señal entre ustedes y yo, para que reconozcan que yo soy el SEÑOR su Dios.'

21»"Sin embargo, los israelitas se rebelaron contra mí. No siguieron mis decretos y no obedecieron mis leyes, que son vida para quienes los obedecen. Además, profanaron mis sábados. Por eso, cuando estaban en el desierto, pensé agotar mi furor y descargar mi ira sobre ellos. **22**Pero me contuve en honor a mi nombre, para que no fuera profanado ante las naciones, las cuales me vieron sacarlos de Egipto. **23**También con la mano en alto les juré en el desierto que los dispersaría entre las naciones. Los esparciría entre los países **24**porque, obsesionados como estaban con los ídolos malolientes de sus antepasados, desobedecieron mis leyes, rechazaron mis decretos y profanaron mis sábados. **25**¡Hasta les di decretos que no eran buenos y leyes que no daban vida! **26**Los contaminé con sus propias ofrendas, dejándolos ofrecer en sacrificio a sus primogénitos, para horrorizarlos y hacerles reconocer que yo soy el SEÑOR."

27»Por tanto, hijo de hombre, habla con el pueblo de Israel y adviértele que yo, el SEÑOR omnipotente, digo: "En esto también me ofendieron tus antepasados y me trataron con absoluta infidelidad: **28**Cuando los hice entrar en la tierra que con la mano en alto había jurado darles, cualquier cerro o árbol frondoso que veían les venía bien para hacer sacrificios y presentarme esas ofrendas que tanto me ofenden. Allí quemaban incienso y derramaban sus libaciones. **29**Y les pregunté: '¿Qué significa ese *santuario pagano que tanto frecuentan?' Y hasta el día de hoy ese lugar

de culto idolátrico se conoce como 'santuario pagano'."

Juicio y restauración

30»Por tanto, adviértele al pueblo de Israel que así dice el SEÑOR omnipotente: "¿Se *contaminarán ustedes a la manera de sus antepasados, y se prostituirán con sus ídolos detestables? **31**Hasta el día de hoy, ustedes se contaminan al hacer sus ofrendas y al sacrificar a sus hijos, pasándolos por fuego en honor a los ídolos malolientes. ¿Y ahora ustedes, israelitas, vienen a consultarme? Juro por mí mismo que no dejaré que me consulten. Yo, el SEÑOR omnipotente, lo afirmo. **32**Jamás sucederá lo que ustedes tienen en mente: 'Queremos ser como las otras naciones, como los pueblos del mundo, que adoran al palo y a la piedra.' **33**Yo, el SEÑOR omnipotente, juro por mí mismo que reinaré sobre ustedes con gran despliegue de fuerza y de poder,*q* y con furia incontenible. **34**Los sacaré de las naciones y de los pueblos por donde estaban esparcidos, y los reuniré con gran despliegue de fuerza y de poder, y con furia incontenible. **35**Los llevaré al desierto que está entre las naciones, y allí los juzgaré cara a cara. **36**Así como juzgué a sus antepasados en el desierto de Egipto, también los juzgaré a ustedes. Yo, el SEÑOR omnipotente, lo afirmo. **37**Así como el *pastor selecciona sus ovejas, también yo los haré pasar a ustedes bajo mi vara y los seleccionaré para que formen parte de la alianza. **38**Apartaré a los rebeldes, a los que se rebelan contra mí, y los sacaré del país donde ahora viven como extranjeros, pero no entrarán en la tierra de Israel. Entonces ustedes reconocerán que yo soy el SEÑOR.

39»"En cuanto a ustedes, pueblo de Israel, así dice el SEÑOR omnipotente: Si no quieren obedecerme, ¡vayan y adoren a sus ídolos malolientes! Pero no sigan profanando mi *santo *nombre con sus ofrendas y sus ídolos apestosos. **40**Porque en mi monte santo, el monte elevado de Israel, me adorará todo el pueblo de Israel; todos los que habitan en el país. Yo, el

---

q **20:33** *despliegue ... poder.* Lit. *mano fuerte y brazo extendido;* también en v. 34.

SEÑOR, lo afirmo. Allí los recibiré, y exigiré sus ofrendas y sus *primicias, junto con todo lo que quieran dedicarme. ⁴¹Cuando yo los saque a ustedes y los reúna de todas las naciones y pueblos donde estarán esparcidos, en presencia de las naciones los recibiré como incienso agradable y les manifestaré mi santidad. ⁴²Y cuando yo los lleve a la tierra de Israel, al país que con la mano en alto había jurado a sus antepasados que les daría, entonces reconocerán que yo soy el SEÑOR. ⁴³Allí se acordarán de su conducta y de todas sus acciones con las que se contaminaron, y sentirán asco de sí mismos por todas las maldades que cometieron. ⁴⁴Pueblo de Israel, cuando yo actúe en favor de ustedes, en honor a mi nombre y no según su mala conducta y sus obras corruptas, entonces ustedes reconocerán que yo soy el SEÑOR. Yo, el SEÑOR omnipotente, lo afirmo.”»

Profecía contra el sur

⁴⁵El SEÑOR me dirigió la palabra: ⁴⁶«Hijo de hombre, mira hacia el sur y en esa dirección profetiza contra el bosque del Néguev. ⁴⁷Dile: “Escucha, bosque del Néguev, la palabra del SEÑOR. Así dice el SEÑOR omnipotente: ‘En medio de ti voy a prender un fuego que devorará todos los árboles, tanto los secos como los verdes. Este incendio no se podrá apagar, y quemará toda la superficie, de norte a sur. ⁴⁸Todos los *mortales verán que yo, el SEÑOR, lo he encendido, y no podrá apagarse.’ ”»

⁴⁹Entonces yo exclamé: «¡Ay, SEÑOR omnipotente, todo el mundo anda diciendo que soy un charlatán!»

La espada justiciera

21 El SEÑOR me dirigió la palabra: ²«Hijo de hombre, vuélvele la espalda a Jerusalén; clama contra sus santuarios, profetiza contra la tierra de Israel, ³anúnciale que así dice el SEÑOR: “Me declaro contra ti. Desenvainaré mi espada y mataré a justos y a malvados por igual.

⁴Puesto que he de extirpar de ti tanto al justo como al malvado, mi espada saldrá contra todo el mundo, desde el norte hasta el sur. ⁵Así todos sabrán que yo, el SEÑOR, he desenvainado la espada y no volveré a envainarla.”

⁶»Y tú, hijo de hombre, con el *corazón quebrantado y en presencia de todo el mundo, llora con amargura. ⁷Y cuando te pregunten por qué lloras así, diles que es por la noticia de lo que va a suceder. Esta noticia hará que todos los corazones desfallezcan, que se dejen caer todos los brazos, y que tiemblen todas las rodillas. ¡Ya está por llegar! ¡Ya es una realidad! Yo, el SEÑOR, lo afirmo.»

⁸El SEÑOR me dirigió la palabra: ⁹«Hijo de hombre, profetiza y proclama que así dice el SEÑOR:

> »“¡La espada, la espada,
> afilada y bruñida!,
> ¹⁰bruñida para fulgurar
> y afilada para masacrar.^r
> ¹¹La bruñeron y la afilaron
> para ponerla en manos del
> asesino.

> ¹²»”¡Grita y gime, hijo de hombre,
> que la espada se perfila contra mi
> pueblo
> y contra todos los jefes de Israel.
> Han sido arrojados contra ella,
> lo mismo que mi pueblo.
> Por eso, ¡date golpes de pecho!

> ¹³»”El SEÑOR omnipotente afirma:^s

> ¹⁴»”Hijo de hombre, profetiza y bate
> palmas;
> que hiera la espada, y vuelva a
> herir.
> Es la espada de la muerte
> que a todos mantiene amenazados,
> ¹⁵para que el corazón desfallezca
> y aumente el número de víctimas.
> Ya he colocado en las puertas
> la espada asesina.^t

---

^r**21:10** *bruñida para ... masacrar* (véanse LXX, Vetus Latina, y Siríaca); TM incluye una frase de difícil traducción.   ^s**21:13** *El SEÑOR omnipotente afirma* (lectura probable); TM incluye frases de difícil traducción.   ^t**21:15** *asesina.* Palabra de difícil traducción.

Es la espada bruñida para
centellear
y afilada para matar.
¹⁶Muévete a diestra y a siniestra,
y hiere por todas partes.
¡Exhibe tu filo, espada asesina!
¹⁷También yo batiré palmas
y aplacaré mi furor.
Yo, el Señor, lo he dicho."»

¹⁸El Señor me dirigió la palabra:
¹⁹«Tú, hijo de hombre, traza dos caminos
para que llegue por ellos la espada del rey
de Babilonia. Estos dos caminos partirán
del mismo país, y a la entrada de cada uno
de ellos colocarás una señal que indique a
qué ciudad conduce. ²⁰Traza un camino
para que la espada llegue contra Rabá de
los amonitas y contra Jerusalén, la ciudad
fortificada de Judá. ²¹El rey de Babilonia
se ha colocado en la bifurcación del camino y consulta los augurios: sacude las
saetas, consulta los ídolos domésticos y
examina el hígado de un animal. ²²Con su
mano *derecha ha marcado el destino de
Jerusalén: prepara arietes para derribar las
*puertas, levanta terraplenes y edifica to-
rres de asedio; alza la voz en grito de
batalla y da la orden para la matanza.
²³Por las alianzas ya hechas, los habitantes de Jerusalén creerán que se trata de una
falsa profecía; pero aquel rey les recordará
la iniquidad por la que serán capturados.

²⁴»Por eso dice el Señor omnipotente:

»Se les ha recordado su iniquidad,
y han quedado al descubierto sus
rebeliones;
expuestas están sus acciones
pecaminosas,
¡y por tanto serán capturados!

²⁵»Y en cuanto a ti, príncipe de Israel,
infame y malvado, tu día ha llegado; ¡la
hora de tu castigo es inminente! ²⁶Así dice
el Señor omnipotente: Quítate el turbante,
renuncia a la corona, que todo cambiará.
Lo humilde será exaltado y lo excelso será
humillado. ²⁷¡Ruinas, ruinas, todo lo convertiré en ruinas! Esto no sucederá hasta
que venga aquel a quien le asiste el derecho, y a quien le pediré que establezca la
justicia.

²⁸»Y tú, hijo de hombre, profetiza y
declara que esto afirma el Señor omnipotente acerca de los amonitas y de sus
insultos: "La espada, la espada está desenvainada para la masacre; pulida está para
devorar y centellear como relámpago.
²⁹La espada degollará a esos infames malvados, pues sus visiones son falsas y sus
adivinanzas, mentiras. Pero su día ha llegado; ¡la hora de su castigo es inminente!
³⁰»"¡Espada, vuelve a tu vaina! Allí,
en tu tierra de origen, donde fuiste forjada,
¡allí te juzgaré! ³¹Sobre ti derramaré mi
ira, sobre ti soplaré el fuego de mi furor;
te entregaré en manos de gente sanguinaria y destructora. ³²Serás pasto para el
fuego; salpicaré con tu sangre todo el país,
y borraré tu memoria de la faz de la tierra.
Yo, el Señor, lo he dicho."»

Los pecados de Jerusalén

22 El Señor me dirigió la palabra:
²«Tú, hijo de hombre, juzga a la
ciudad sanguinaria; denúnciala por todas
sus prácticas detestables. ³Adviértele que
así dice el Señor omnipotente: "¡Ay de ti,
ciudad que derramas sangre en tus calles,
y te *contaminas fabricando ídolos malolientes! ¡Cómo provocas tu ruina! ⁴Te he
hecho culpable por la sangre que has
derramado, te has contaminado con los
ídolos malolientes que has fabricado; has
hecho que se avecine tu hora, ¡has llegado
al final de tus años! Por eso te haré objeto
de oprobio y de burla entre las naciones y
los pueblos. ⁵Ciudad caótica y de mala
fama, ¡gente de cerca y de lejos se burlará
de ti! ⁶Mira, ahí tienes a los gobernadores
de Israel, que en tus calles abusan del
poder sólo para derramar sangre. ⁷Tus
habitantes tratan con desprecio a su padre
y a su madre, oprimen al extranjero, explotan al huérfano y a la viuda. ⁸Menos-
precian mis objetos sagrados, profanan
mis *sábados. ⁹En ti habita gente que con
sus calumnias incita a derramar sangre;
gente que come en los santuarios de los
montes y que hace cosas detestables.
¹⁰Hay quienes deshonran la cama de su
padre y obligan a la mujer a tener relaciones en su período de menstruación. ¹¹Al-
gunos cometen adulterio con la mujer de
su prójimo, otros tienen relaciones ver-

gonzosas con sus nueras, y hasta hay quienes violan a su hermana, ¡a la hija de su propio padre! ¹²También hay entre los tuyos quienes aceptan soborno para derramar sangre. Tú practicas la usura y cobras altísimos intereses; extorsionas a tu prójimo y te olvidas de mí. Lo afirma el SEÑOR.

¹³»"Pero yo voy a batir palmas en contra de las ganancias injustas que has acumulado, y en contra de la sangre que se ha derramado en tus calles. ¹⁴Y cuando yo te haga frente, ¿podrá resistir tu *corazón, y tendrán fuerza tus manos? Yo, el SEÑOR, lo he dicho, y lo cumpliré. ¹⁵Te dispersaré entre las naciones, te esparciré entre los pueblos, y pondré fin a tu inmundicia. ¹⁶Serás una deshonra frente a las naciones, pero sabrás que yo soy el SEÑOR."»

¹⁷El SEÑOR me dirigió la palabra: ¹⁸«Hijo de hombre, todo el pueblo de Israel se ha vuelto para mí como la escoria del cobre y del estaño, del hierro y del plomo, que se queda en el horno. ¡Son como la escoria de la plata! ¹⁹Por eso, así dice el SEÑOR omnipotente: "Como todos ustedes se han convertido en escoria, los voy a reunir en medio de Jerusalén. ²⁰Así como la plata, el cobre, el hierro, el plomo y el estaño se juntan y se echan en el horno, y se atiza el fuego para fundirlos, así también yo, en mi ira, los juntaré a ustedes y los fundiré. ²¹Los amontonaré y atizaré contra ustedes el fuego de mi ira, y los fundiré en medio de la ciudad. ²²Así como se funde la plata en medio del horno, así serán fundidos ustedes en medio de la ciudad, y sabrán que yo, el SEÑOR, he derramado mi ira contra ustedes."»

²³El SEÑOR me dirigió la palabra: ²⁴«Hijo de hombre, dile a Israel: "Tú eres una tierra que no ha sido *purificada ni mojada por la lluvia en el día de la ira." ²⁵Como leones rugientes que despedazan a la presa, hay una conspiración de profetas que devoran a la gente, que se apoderan de las riquezas y de los objetos de valor,

y que aumentan el número de viudas. ²⁶Sus sacerdotes violan mi *ley y profanan mis objetos sagrados. Ellos no hacen distinción entre lo sagrado y lo profano, ni enseñan a otros la diferencia entre lo puro y lo impuro. Tampoco le prestan atención a mis sábados, y he sido profanado entre ellos. ²⁷Los jefes de la ciudad son como lobos que desgarran a su presa; siempre están listos a derramar sangre y a destruir vidas, con tal de lograr ganancias injustas. ²⁸Los profetas todo lo blanquean*ᵘ* mediante visiones falsas y predicciones mentirosas. Alegan que lo ha dicho el SEÑOR omnipotente, cuando en realidad el SEÑOR no les ha dicho nada. ²⁹Los terratenientes roban y extorsionan a la gente, explotan al indigente y al pobre, y maltratan injustamente al extranjero. ³⁰Yo he buscado entre ellos a alguien que se interponga entre mi pueblo y yo, y saque la cara por él*ᵛ* para que yo no lo destruya. ¡Y no lo he hallado! ³¹Por eso derramaré mi ira sobre ellos; los consumiré con el fuego de mi ira, y haré recaer sobre ellos todo el mal que han hecho. Lo afirma el SEÑOR omnipotente.»

Las dos hermanas adúlteras

23 El SEÑOR me dirigió la palabra: ²«Hijo de hombre, te cuento que había dos mujeres, hijas de una misma madre. ³Desde jóvenes se dejaron manosear los senos; en Egipto se prostituyeron y dejaron que les acariciaran sus pechos virginales. ⁴La mayor se llamaba Aholá, y la menor, Aholibá. Me uní a ellas, y me dieron hijos e hijas. (Aholá representa a Samaria, y su hermana Aholibá, a Jerusalén.) ⁵Mientras Aholá me pertenecía, me fue infiel y se enamoró perdidamente de sus amantes los asirios, ⁶todos ellos guerreros vestidos de púrpura, gobernadores y oficiales, jóvenes apuestos y hábiles jinetes. ⁷Como una prostituta, se entregó a lo mejor de los asirios; se *contaminó con todos los ídolos malolientes que pertenecían a sus amantes. ⁸Jamás abandonó la prostitución que había comenzado a

---

*ᵘ***22:28** *Los profetas todo lo blanquean.* Lit. *Sus profetas los recubren con cal.* *ᵛ***22:30** *se interponga … por él.* Lit. *construya un muro y se ponga en la brecha delante de mí por la tierra.*

practicar en Egipto. Desde su juventud, fueron muchos los que se acostaron con ella; fueron muchos los que acariciaron sus pechos virginales y se apasionaron con ella. ⁹Por eso la entregué en manos de sus amantes, los asirios, con quienes ella se apasionó. ¹⁰Y ellos la desnudaron, le quitaron sus hijos y sus hijas, y a ella la mataron a filo de espada. Fue tal el castigo que ella recibió, que su caso se volvió una advertencia para las mujeres.

¹¹»Aunque su hermana Aholibá vio esto, dio rienda suelta a sus pasiones y se prostituyó aún más que su hermana. ¹²Ella también se enamoró perdidamente de los asirios, todos ellos gobernadores y oficiales, guerreros vestidos con mucho lujo, hábiles jinetes, y jóvenes muy apuestos. ¹³Yo pude darme cuenta de que ella se había contaminado y seguido el ejemplo de su hermana. ¹⁴Pero Aholibá llevó más allá sus prostituciones. Vio en la pared figuras de *caldeos pintadas de rojo, ¹⁵con cinturones y amplios turbantes en la cabeza. Todos ellos tenían aspecto de oficiales, y se parecían a los *babilonios originarios de Caldea. ¹⁶Al verlos, se enamoró de ellos perdidamente y envió mensajeros a Caldea. ¹⁷Los babilonios vinieron y se acostaron con ella en el lecho de sus pasiones. A tal punto la contaminaron con sus prostituciones que se hastió de ellos. ¹⁸Pero exhibiendo su desnudez, practicó con descaro la prostitución. Entonces me hastié de ella, como antes me había hastiado de su hermana. ¹⁹Pero ella multiplicó sus prostituciones, recordando los días de su juventud cuando en Egipto había sido una prostituta. ²⁰Allí se había enamorado perdidamente de sus amantes, cuyos genitales eran como los de un asno y su semen como el de un caballo. ²¹Así echó de menos la lujuria de su juventud, cuando los egipcios le manoseaban los senos y le acariciaban sus pechos virginales.

²²»Por eso, Aholibá, así dice el SEÑOR omnipotente: "Voy a incitar contra ti a tus amantes, de los que ahora estás hastiada. De todas partes traeré contra ti ²³a los babilonios y a todos los caldeos, a los de Pecod, Soa y Coa, y con ellos a los asirios,

todos ellos jóvenes apuestos, gobernantes y oficiales, guerreros y hombres distinguidos, montados a caballo. ²⁴Vendrán contra ti con muchos carros y carretas, y con una multitud de ejércitos, cascos y escudos. Les encargaré que te juzguen, y te juzgarán según sus costumbres. ²⁵Descargaré sobre ti el furor de mi ira, y ellos te maltratarán con saña. Te cortarán la nariz y las orejas, y a tus sobrevivientes los matarán a filo de espada. Te arrebatarán a tus hijos y a tus hijas, y los que aún queden con vida serán consumidos por el fuego. ²⁶Te arrancarán tus vestidos y te quitarán tus joyas. ²⁷Así pondré fin a tu lujuria y a tu prostitución, que comenzaste en Egipto. Ya no desearás esas cosas ni te acordarás más de Egipto.

²⁸»"Así dice el SEÑOR omnipotente: Voy a entregarte en manos de los que odias, en manos de quienes te hartaron. ²⁹Ellos te tratarán con odio y te despojarán de todas tus posesiones. Te dejarán completamente desnuda, y tus prostituciones quedarán al descubierto. Tu lujuria y tu promiscuidad ³⁰son la causa de todo esto, porque te prostituiste con las naciones y te contaminaste con sus ídolos malolientes. ³¹Por cuanto has seguido los pasos de tu hermana, en castigo beberás la misma copa.

³²»"Así dice el SEÑOR omnipotente:

»"Beberás la copa de tu hermana,
    una copa grande y profunda.
  Llena está de burla y escarnio,
³³   llena de embriaguez y dolor.
  Es la copa de ruina y desolación;
    ¡es la copa de tu hermana
       Samaria!
³⁴La beberás hasta las heces,
    la romperás en mil pedazos,
  y te desgarrarás los pechos
    porque yo lo he dicho.
       Lo afirma el SEÑOR omnipotente.

³⁵»"Por eso, así dice el SEÑOR omnipotente: Por cuanto me has olvidado y me has dado la espalda, sufrirás las consecuencias de tu lujuria y de tus prostituciones."»

³⁶El SEÑOR me dijo: «Hijo de hombre, ¿acaso no juzgarás a Aholá y a Aholibá?

¡Échales en cara sus actos detestables! **37**Ellas han cometido adulterio, y tienen las manos manchadas de sangre. Han cometido adulterio con sus ídolos malolientes, han sacrificado a los hijos que me dieron, y los han ofrecido como alimento a esos ídolos. **38**Además, me han ofendido contaminando mi santuario y, a la vez, profanando mis *sábados. **39**El mismo día que sacrificaron a sus hijos para adorar a sus ídolos malolientes, entraron a mi santuario y lo profanaron. ¡Y lo hicieron en mi propia casa!

40»Y por si fuera poco, mandaron traer gente de muy lejos. Cuando esa gente llegó, ellas se bañaron, se pintaron los ojos y se adornaron con joyas; **41**luego se sentaron en un diván lujoso, frente a una mesa donde previamente habían colocado el incienso y el aceite que me pertenecen. **42**Podía escucharse el bullicio de una multitud: eran los sabeos, que venían del desierto. Adornaron a las mujeres poniéndoles brazaletes en los brazos y hermosas coronas sobre la cabeza. **43**Pensé entonces en esa mujer desgastada por sus adulterios: "Ahora van a seguir aprovechándose de esa mujer prostituida." **44**Y se acostaron con ella como quien se acuesta con una prostituta. Fue así como se acostaron con esas mujeres lascivas llamadas Aholá y Aholibá. **45**Pero los hombres justos les darán el castigo que merecen las mujeres asesinas y adúlteras, ¡porque son unas adúlteras, y tienen las manos manchadas de sangre!

46»En efecto, así dice el SEÑOR: ¡Que se convoque a una multitud contra ellas, y que sean entregadas al terror y al saqueo! **47**¡Que la multitud las apedree y las despedace con la espada! ¡Que maten a sus hijos y a sus hijas, y les prendan fuego a sus casas! **48**Yo pondré fin en el país a esta conducta llena de lascivia. Todas las mujeres quedarán advertidas y no seguirán su ejemplo. **49**Sobre estas dos hermanas recaerá su propia lascivia, y pagarán las consecuencias de sus pecados de idolatría. Entonces sabrán que yo soy el SEÑOR omnipotente.»

La olla hirviente

24 El día diez del mes décimo del año noveno, el SEÑOR me dirigió la palabra: **2**«Hijo de hombre, anota la fecha de hoy, de este mismo día, porque el rey de Babilonia se ha puesto en marcha contra Jerusalén. **3**Cuéntale una parábola a este pueblo rebelde, y adviértele que así dice el SEÑOR omnipotente:

»"Coloca la olla sobre el fuego
    y échale agua.
4Agrégale pedazos de carne,
    los mejores trozos de pata y de
        lomo,
    y lo mejor de los huesos.
5Toma luego la oveja más gorda
    y amontona leña debajo de ella,
para que hierva bien el agua
    y se cuezan bien los huesos.

6» "Porque el SEÑOR omnipotente dice:

» "¡Ay de la ciudad sanguinaria!
    ¡Ay de esa olla herrumbrada,
    cuya herrumbre no se puede
        quitar!
Saca uno a uno los trozos de carne,
    tal como vayan saliendo. *w*
7La ciudad está empapada en su
        sangre,
    pues ella la derramó sobre la roca
        desnuda;
no la derramó por el suelo,
    para impedir que el polvo la
        cubriera.
8Sobre la roca desnuda he vertido su
        sangre,
    para que no quede cubierta.
    Así haré que se encienda mi ira,
    y daré lugar a mi venganza.

9» "Porque así dice el SEÑOR omnipotente:

» "¡Ay de la ciudad sanguinaria!
    Yo también amontonaré la leña.
10¡Vamos, apilen la leña y enciendan
        el fuego!

---

w **24:6** *tal como vayan saliendo.* Lit. *sin echar suertes sobre ella.*

¡Cocinen la carne y preparen las
   especias,
y que se quemen bien los huesos!
[11]¡Pongan la olla vacía sobre las
   brasas,
hasta que el bronce esté al rojo
   vivo!
¡Que se fundan en ella sus
   *impurezas,
y se consuma su herrumbre!
[12]¡Aunque esa olla está tan oxidada
que ya ni con fuego se purifica![x]

[13]»"Jerusalén, yo he querido purificarte de tu infame lujuria, pero no has dejado que te purifique. Por eso, no quedarás *limpia hasta que se apacigüe mi ira contra ti. [14]Yo, el SEÑOR, lo he dicho, y lo cumpliré. Yo mismo actuaré, y no me voy a retractar. No tendré compasión ni me arrepentiré. Te juzgaré conforme a tu conducta y a tus acciones. Lo afirma el SEÑOR omnipotente."»

Muerte de la esposa de Ezequiel

[15]El SEÑOR me dirigió la palabra: [16]«Hijo de hombre, voy a quitarte de golpe la mujer que te deleita la vista. Pero no llores ni hagas lamentos, ni dejes tampoco que te corran las lágrimas. [17]Gime en silencio y no hagas duelo por los muertos. Átate el turbante, cálzate los pies, y no te cubras la barba ni comas el pan de duelo.»

[18]Por la mañana le hablé al pueblo, y por la tarde murió mi esposa. A la mañana siguiente hice lo que se me había ordenado. [19]La gente del pueblo me preguntó: «¿No nos vas a explicar qué significado tiene para nosotros lo que estás haciendo?» [20]Yo les contesté: «El SEÑOR me dirigió la palabra y me ordenó [21]advertirle al pueblo de Israel que así dice el SEÑOR omnipotente: "Voy a profanar mi santuario, orgullo de su fortaleza, el templo que les deleita la vista y en el que depositan su afecto. Los hijos y las hijas que ustedes dejaron morirán a filo de espada, [22]y ustedes harán lo mismo que yo: no se cubrirán la barba ni comerán el pan de

duelo. [23]Llevarán el turbante sobre la cabeza y se calzarán los pies. No llorarán ni harán lamentos, sino que se pudrirán a causa de sus pecados y gemirán unos con otros. [24]Ezequiel les servirá de señal, y ustedes harán lo mismo que él hizo. Cuando esto suceda, sabrán que yo soy el SEÑOR omnipotente."

[25]»Y tú, hijo de hombre, el día en que yo les quite su fortaleza, su alegría y su gozo, el templo que les deleita la vista, el deseo de su *corazón, y a sus hijos e hijas, [26]vendrá un fugitivo a comunicarte la noticia. [27]Ese mismo día se te soltará la lengua y dejarás de estar mudo. Entonces podrás hablar con el fugitivo; servirás de señal para ellos, y sabrán que yo soy el SEÑOR.»

Profecía contra Amón

25 El SEÑOR me dirigió la palabra: [2]«Hijo de hombre, encara a los amonitas y profetiza contra ellos. [3]Diles que presten atención a la palabra del SEÑOR omnipotente: "Por cuanto ustedes se burlaron cuando vieron que mi santuario era profanado, y que el país de Israel era devastado y que a los habitantes de Judá se los llevaban al exilio, [4]yo los entregaré a ustedes al poder de los pueblos del oriente. Ellos armarán sus campamentos y establecerán entre ustedes sus moradas; comerán los frutos y beberán la leche de ustedes. [5]Convertiré a Rabá en un pastizal de camellos, y a Amón en un corral de ovejas. Entonces sabrán ustedes que yo soy el SEÑOR.

[6]»"Así dice el SEÑOR omnipotente: Por cuanto ustedes los amonitas aplaudieron y saltaron de alegría, y maliciosamente se rieron de Israel, [7]yo voy a extender mi mano contra ustedes y los entregaré a las naciones como despojo. Los arrancaré de entre los pueblos, y los destruiré por completo. Entonces sabrán que yo soy el SEÑOR."»

Profecía contra Moab

[8]«Así dice el SEÑOR omnipotente: Por cuanto Moab y Seír dicen: "Judá es igual

---

[x] **24:12** *Aunque ... purifica.* Texto de difícil traducción.

a todas las naciones," ⁹voy a abrir el flanco de Moab. De un extremo a otro la dejaré sin Bet Yesimot, Baal Megón y Quiriatayin, ciudades que son su orgullo. ¹⁰Entregaré a Moab y a los amonitas en manos de los pueblos del oriente, y de los amonitas no quedará ni el recuerdo. ¹¹Además, castigaré a Moab. Entonces sabrán que yo soy el SEÑOR.»

Profecía contra Edom

¹²«Así dice el SEÑOR omnipotente: Edom se ha vengado completamente de Judá, y de esta manera resulta más grave su culpa. ¹³Por eso, así dice el SEÑOR omnipotente: Extenderé mi mano contra Edom, y exterminaré a *hombres y animales. Lo dejaré en ruinas. Desde Temán hasta Dedán, todos morirán a filo de espada. ¹⁴Por medio de mi pueblo Israel me vengaré de Edom. Mi pueblo hará con Edom lo que le dicten mi ira y mi furor. Así conocerán lo que es mi venganza. Lo afirma el SEÑOR omnipotente.»

Profecía contra los filisteos

¹⁵«Así dice el SEÑOR omnipotente: Los filisteos se vengaron con alevosía; con profundo desprecio intentaron destruir a Judá por causa de una antigua enemistad. ¹⁶Por eso, así dice el SEÑOR omnipotente: Extenderé mi mano contra los filisteos. Exterminaré a los quereteos, y destruiré a los que aún quedan en la costa del mar. ¹⁷Mi venganza contra ellos será terrible. Los castigaré con mi ira. Y cuando ejecute mi venganza, sabrán que yo soy el SEÑOR.»

Profecía contra Tiro

26 El día primero del mes primero*ʸ* del año undécimo, el SEÑOR me dirigió la palabra: ²«Tiro ha dicho de Jerusalén: "Las *puertas de las naciones se han derrumbado. Sus puertas se me han abierto de par en par, y yo me estoy enriqueciendo mientras ellas yacen en ruinas." ³Por eso, así dice el SEÑOR omnipotente: Tiro, yo me declaro contra ti, y así como el mar levanta sus olas, voy a hacer

que contra ti se levanten muchas naciones. ⁴Destruirán los muros de Tiro, y derribarán sus torres. Hasta los escombros barreré de su lugar; ¡la dejaré como roca desnuda! ⁵¡Quedará en medio del mar como un tendedero de redes! Yo, el SEÑOR omnipotente, lo afirmo. Tiro será despojo de las naciones, ⁶y sus poblados tierra adentro serán devastados a filo de espada. Entonces sabrán que yo soy el SEÑOR.

⁷»Así dice el SEÑOR omnipotente: Desde el norte voy a traer contra Tiro a Nabucodonosor, rey de Babilonia, rey de reyes. Vendrá con un gran ejército de caballos, y con carros de guerra y jinetes. ⁸Tus poblados tierra adentro serán devastados a filo de espada. Y Nabucodonosor construirá contra ti muros de asedio, levantará rampas para atacarte y alzará sus escudos. ⁹Atacará tus muros con arietes, y con sus armas destruirá tus torres. ¹⁰Cuando el rey de Babilonia entre por tus puertas, como se entra en una ciudad conquistada, sus caballos serán tan numerosos que te cubrirán de polvo, y tus muros temblarán por el estruendo de su caballería y sus carros. ¹¹Con los cascos de sus caballos pisoteará todas tus calles; matará a tu pueblo a filo de espada, y tus sólidas columnas caerán por tierra. ¹²Además, saquearán tus riquezas y robarán tus mercancías. Derribarán tus muros, demolerán tus suntuosos palacios, y arrojarán al mar tus piedras, vigas y escombros. ¹³Así pondré fin al ruido de tus canciones, y no se volverá a escuchar la melodía de tus arpas. ¹⁴Te convertiré en una roca desnuda, en un tendedero de redes, y no volverás a ser edificada. Yo, el SEÑOR, lo he dicho. Yo, el SEÑOR omnipotente, lo afirmo.

¹⁵»Así le dice el SEÑOR omnipotente a Tiro: Las naciones costeras temblarán ante el estruendo de tu caída, el gemido de tus heridos y la masacre de tus habitantes. ¹⁶Todos los príncipes del mar descenderán de sus tronos, se quitarán los mantos y se despojarán de las vestiduras bordadas. Llenos de pánico se sentarán en el suelo; espantados por tu condición temblarán sin cesar, ¹⁷y sobre ti entonarán este lamento:

ʸ **26:1** *primero* (mss. de LXX); TM no incluye esta palabra.

»"¡Cómo has sido destruida,
ciudad famosa,
habitada por gente del mar!
¡Tú en el mar eras poderosa!
¡Con tus habitantes infundías
terror a todo el continente!
18Ahora, en el día de tu caída,
tiemblan los pueblos costeros,
y las islas que están en el mar
se aterrorizan ante tu debacle."

19»Así dice el S<small>EÑOR</small> omnipotente: Te convertiré en lugar de ruinas, como toda ciudad deshabitada. Haré que te cubran las aguas caudalosas del océano. **20**Te haré descender con los que descienden a la fosa; te haré habitar en lo más profundo de la tierra, en el país de eternas ruinas, con los que descienden a la fosa. No volverás a ser habitada ni reconstruida[z] en la tierra de los vivientes. **21**Te convertiré en objeto de espanto, y ya no volverás a existir. Te buscarán, pero jamás podrán encontrarte. Lo afirma el S<small>EÑOR</small> omnipotente.»

Lamento por la caída de Tiro

27 El S<small>EÑOR</small> me dirigió la palabra: **2**«Hijo de hombre, dedícale este canto fúnebre a Tiro, **3**ciudad asentada junto al mar y que trafica con pueblos de muchas costas lejanas:

»Así dice el S<small>EÑOR</small> omnipotente:

»"Tú, ciudad de Tiro,
pretendes ser hermosa y perfecta.
4Tu dominio está en alta mar,
tus constructores resaltaron tu
hermosura.
5Con pinos del monte Senir
hicieron todos tus entablados.
Con cedros del Líbano
armaron tu mástil.
6Con encinas de Basán
construyeron tus remos,
y con cipreses de Chipre
ensamblaron tu cubierta,
la cual fue decorada
con incrustaciones de marfil.

7Con lino bordado de Egipto
hicieron tus velas,
y éstas te sirvieron de bandera.
De las costas de Elisá trajeron
telas moradas y rojas para tu
toldo.
8Oh, Tiro, tus remeros vinieron de
Sidón y de Arvad.
A bordo iban tus propios
timoneles,
los más expertos hombres de mar.
9Los hábiles veteranos de Guebal[a]
repararon los daños en la nave.
Los marineros de todas las naves
del mar
negociaron con tus mercancías.
10Hombres de Persia, Lidia y Fut
militaron en tu ejército.
Te adornaron con escudos y cascos;
¡sacaron a relucir tu esplendor!

11»"Los de Arvad, junto con tu ejército, defendían los muros que te rodean, y los de Gamad estaban apostados en tus torres. A lo largo de tus muros colgaban sus escudos, haciendo resaltar tu hermosura. **12**Era tal tu riqueza que Tarsis comerciaba contigo. A cambio de tu mercadería, ella te ofrecía plata, hierro, estaño y plomo. **13**También Grecia, Tubal y Mésec negociaban contigo, y a cambio de tus mercancías te ofrecían esclavos y objetos de bronce. **14**La gente de Bet Togarma te pagaba con caballos de trabajo, caballos de montar y mulos. **15**Los habitantes de Rodas[b] también comerciaban contigo. Concretabas negocios con muchas islas del mar, las cuales te pagaban con ébano y colmillos de marfil. **16**Por los muchos productos que tenías, Siria comerciaba contigo y a cambio te entregaba topacio, telas teñidas de púrpura, telas bordadas, lino fino, corales y rubíes. **17**Judá e Israel también comerciaban contigo. Te ofrecían trigo de Minit, pasteles,[c] miel, aceite y bálsamo. **18**Por la gran cantidad de tus productos, y por la abundancia de tu riqueza, también Damasco comerciaba contigo. Te pagaba con vino de Jelbón y

---

[z]**26:20** *ni reconstruida* (LXX); *y daré gloria* (TM).   [a]**27:9** *Guebal*. Es decir, Byblos.   [b]**27:15** *Rodas* (LXX); *Dedán* (TM).   [c]**27:17** *pasteles*. Palabra de difícil traducción.

lana de Sajar. ¹⁹A cambio de tus mercancías, los danitas y los griegos te traían de Uzal hierro forjado, canela y caña aromática. ²⁰Dedán te vendía aparejos para montar. ²¹Tus clientes eran Arabia y todos los príncipes de Cedar, quienes te pagaban con corderos, carneros y chivos. ²²También eran tus clientes los comerciantes de Sabá y Ragama. A cambio de mercancías, te entregaban oro, piedras preciosas y los mejores perfumes. ²³Jarán, Cané, Edén y los comerciantes de Sabá, Asiria y Quilmad negociaban contigo. ²⁴Para abastecer tus mercados te vendían hermosas telas, mantos de color púrpura, bordados, tapices de muchos colores y cuerdas muy bien trenzadas. ²⁵Las naves de Tarsis transportaban tus mercancías.

» "Cargada de riquezas,
  navegabas en alta mar.
²⁶Tus remeros te llevaron por los
  mares inmensos,
  en alta mar el viento del este te
  hizo pedazos.
²⁷El día de tu naufragio
  se hundirán en el fondo del mar
  tu riqueza, tu mercancía y tus
  productos,
  tus marineros y tus timoneles,
  los que reparan tus naves y tus
  comerciantes,
  tus soldados y toda tu tripulación.
²⁸Al grito de tus timoneles
  temblarán las costas.
²⁹Todos los remeros abandonarán las
  naves;
  marineros y timoneles bajarán a
  tierra.
³⁰Por ti levantarán la voz
  y llorarán con amargura;
  se echarán ceniza sobre la cabeza,
  y se revolcarán en ella.
³¹Por tu culpa se raparán la cabeza,
  y se vestirán de luto.
  Llorarán por ti con gran amargura,
  y con angustiosos gemidos.
³²Entonarán sentidos lamentos,
  y en tono de amarga queja dirán:
  '¿Quién en medio de los mares
  podía compararse a Tiro?'
³³Cuando desembarcaban tus
  productos

muchas naciones quedaban
  satisfechas.
Con tus muchas riquezas y
  mercancías,
  enriquecías a los reyes de la tierra.
³⁴Pero ahora el mar te ha hecho
  pedazos,
  ¡yaces en lo profundo de las aguas!
Tus mercancías y toda tu
  tripulación
  se hundieron contigo.
³⁵Por ti están horrorizados
  todos los habitantes de las costas;
  sus reyes tiemblan de miedo,
  y en su rostro se dibuja el terror.
³⁶Atónitos se han quedado
  los comerciantes de otros países;
  ¡tu fin ha llegado!,
  ¡nunca más volverás a existir!"»

Profecía contra el rey de Tiro

28 El SEÑOR me dirigió la palabra: ²«Hijo de hombre, adviértele al rey de Tiro que así dice el SEÑOR omnipotente:

» "En la intimidad de tu arrogancia
  dijiste:
  'Yo soy un dios.
Me encuentro en alta mar
  sentado en un trono de dioses.'
¡Pero tú no eres un dios,
  aunque te creas que lo eres!
  ¡Tú eres un simple *mortal!
³¿Acaso eres más sabio que Daniel?
  ¿Acaso conoces todos los secretos?
⁴Con tu sabiduría y tu inteligencia
  has acumulado muchas riquezas,
  y en tus cofres has amontonado
  mucho oro y mucha plata.
⁵Eres muy hábil para el comercio;
  por eso te has hecho muy rico.
Con tus grandes riquezas
  te has vuelto muy arrogante.

⁶Por eso, así dice el SEÑOR omnipotente:

» "Ya que pretendes ser
  tan sabio como un dios,
⁷haré que vengan extranjeros contra ti,
  los más feroces de las naciones:
  desenvainarán la espada
  contra tu hermosura y sabiduría,

y profanarán tu esplendor.
8Te hundirán en la fosa,
y en alta mar sufrirás una muerte
violenta.
9Y aun así, en presencia de tus
verdugos,
¿te atreverás a decir: ¡Soy un
dios!?
¡Pues en manos de tus asesinos
no serás un dios sino un simple
mortal!
10Sufrirás a manos de extranjeros
la muerte de los incircuncisos,
porque yo lo he dicho.

Lo afirma el SEÑOR omnipotente."»

11El SEÑOR me dirigió la palabra:
12«Hijo de hombre, entona una elegía al
rey de Tiro y adviértele que así dice el
SEÑOR omnipotente:

»"Eras un modelo de perfección,
lleno de sabiduría y de hermosura
perfecta.
13Estabas en Edén, en el jardín de
Dios,
adornado con toda clase de
piedras preciosas:
rubí, crisólito, jade,
topacio, cornalina, jaspe,
zafiro, granate y esmeralda.
Tus joyas y encajes estaban
cubiertos de oro,
y especialmente preparados para ti
desde el día en que fuiste creado.
14Fuiste elegido *querubín protector,
porque yo así lo dispuse.*d*
Estabas en el *santo monte de
Dios,
y caminabas sobre piedras de
fuego.
15Desde el día en que fuiste creado
tu conducta fue irreprochable,
hasta que la maldad halló cabida
en ti.
16Por la abundancia de tu comercio,
te llenaste de violencia, y pecaste.
Por eso te expulsé del monte de
Dios,

como a un objeto profano.
A ti, querubín protector,
te borré de entre las piedras de
fuego.
17A causa de tu hermosura
te llenaste de orgullo.
A causa de tu esplendor,
corrompiste tu sabiduría.
Por eso te arrojé por tierra,
y delante de los reyes
te expuse al ridículo.
18Has profanado tus santuarios,
por la gran cantidad de tus
pecados,
¡por tu comercio corrupto!
Por eso hice salir de ti
un fuego que te devorara.
A la vista de todos los que te
admiran
te eché por tierra y te reduje a
cenizas.
19Al verte, han quedado espantadas
todas las naciones que te
conocen.
Has llegado a un final terrible,
y ya no volverás a existir."»

Profecía contra Sidón

20El SEÑOR me dirigió la palabra:
21«Hijo de hombre, encara a Sidón y profetiza contra ella. **22**Adviértele que así
dice el SEÑOR omnipotente:

»"Aquí estoy, Sidón, para acusarte
y para ser glorificado en ti.
Cuando traiga sobre ti un justo
castigo,
y manifieste sobre ti mi *santidad,
se sabrá que yo soy el SEÑOR.
23Mandaré contra ti una peste,
y por tus calles correrá la sangre;
por la espada que ataca por todos
lados
los heridos caerán en tus calles,
y se sabrá que yo soy el SEÑOR.
24Los israelitas no volverán a sufrir
el desprecio de sus vecinos,
que duele como aguijones
y punza como espinas,
¡y se sabrá que yo soy el SEÑOR!"

---

d **28:14** *Fuiste ... dispuse.* Texto de difícil traducción.

25»Así dice el SEÑOR omnipotente: "Cuando yo reúna al pueblo de Israel de entre las naciones donde se encuentra disperso, le mostraré mi santidad en presencia de todas las naciones. Entonces Israel vivirá en su propio país, el mismo que le di a mi siervo Jacob. 26Allí vivirán seguros, y se construirán casas y plantarán viñedos, porque yo ejecutaré un justo castigo sobre los vecinos que desprecian al pueblo de Israel. ¡y se sabrá que yo soy el SEÑOR su Dios!"»

Profecía contra Egipto

29 A los doce días del mes décimo del año décimo, el SEÑOR me dirigió la palabra: 2«Hijo de hombre, encara al faraón, rey de Egipto, y profetiza contra él y contra todo Egipto. 3Adviértele que así dice el SEÑOR omnipotente:

»"A ti, Faraón, rey de Egipto,
gran monstruo que yaces
en el cauce de tus ríos,
que dices: 'El Nilo es mío,
el Nilo es mi creación,'
¡te declaro que estoy en tu contra!
4Te pondré garfios en las
mandíbulas,
y haré que los peces del río
se te peguen a las escamas.
Y con todos los peces pegados a
tus escamas
te sacaré de la corriente.
5Te abandonaré a tu suerte en el
desierto,
junto con todos los peces de tu
río.
Caerás en campo abierto,
y no serás recogido ni enterrado.e
Las bestias de la tierra y las aves
del cielo
te las daré como alimento.
6Entonces todos los habitantes de
Egipto
sabrán que yo soy el SEÑOR.
No fuiste para el pueblo de Israel
más que un bastón de caña.
7Cuando se agarraron de tu mano,

te quebraste, y les desgarraste las
manos;f
cuando en ti se apoyaron te
rompiste,
y sus espaldas se estremecieron.g

8» "Por eso, así dice el SEÑOR omnipotente: Contra ti traeré la espada, y haré que mate a *hombres y animales. 9La tierra de Egipto se convertirá en desolación. Entonces sabrán que yo soy el SEÑOR. Tú dijiste: 'El Nilo es mío, el Nilo es mi creación.' 10Por eso me declaro en contra tuya y en contra de tus ríos. Desde Migdol hasta Asuán, y hasta la frontera con Etiopía, convertiré a la tierra de Egipto en ruina y desolación total. 11Durante cuarenta años quedará completamente deshabitada, y ni hombres ni animales pasarán por allí. 12Haré de Egipto la más desolada de todas las tierras, y durante cuarenta años sus ciudades quedarán en ruinas y en medio de gran desolación. Yo dispersaré a los egipcios entre las naciones, y los esparciré por los países.

13» "Así dice el SEÑOR omnipotente: Al cabo de los cuarenta años reuniré a los egipcios de entre los pueblos donde fueron dispersados. 14Cambiaré la suerte de Egipto y los haré volver a Patros, tierra de sus antepasados. Allí formarán un reino humilde. 15Será el reino de menor importancia, y nunca podrá levantarse por encima de las demás naciones. Yo mismo los haré tan pequeños que no podrán dominar a las otras naciones. 16El pueblo de Israel no confiará más en Egipto. Al contrario, será Egipto quien les sirva para recordar el pecado que cometieron los israelitas al seguirlo. Así sabrán que yo soy el SEÑOR."»

17El día primero del mes primero del año veintisiete, el SEÑOR me dirigió la palabra: 18«Toma en cuenta, hijo de hombre, que el rey de Babilonia, Nabucodonosor, y su ejército llevaron a cabo una gran campaña contra Tiro. Todos ellos quedaron con la cabeza rapada y con llagas en

---

e 29:5 enterrado (mss. hebreos y Targum); juntado (TM).   f 29:7 manos (LXX y Siríaca); hombros (TM).
g 29:7 se estremecieron (Siríaca; véanse LXX y Vulgata); hiciste que se pararan (TM).

la espalda. Pero, a pesar del tremendo esfuerzo, ni él ni su ejército sacaron provecho alguno de la campaña emprendida contra Tiro. **19**Por eso, así dice el SEÑOR omnipotente: Pondré a Egipto en manos de Nabucodonosor, rey de Babilonia, quien se apoderará de sus riquezas, saqueará sus despojos, y se llevará el botín que servirá de recompensa para su ejército. **20**Al rey de Babilonia le entregaré Egipto como recompensa por lo que hizo contra Tiro, porque ellos lo hicieron por mí. Lo afirma el SEÑOR omnipotente.

21»En aquel día acrecentaré la fuerza del pueblo de Israel, y entonces tú, Ezequiel, les hablarás con libertad. Entonces sabrán que yo soy el SEÑOR.»

Lamento por Egipto

30 El SEÑOR me dirigió la palabra: **2**«Hijo de hombre, profetiza y adviérteles:

»Así dice el SEÑOR:
"Giman: '¡Ay de aquel día!'
3El día del SEÑOR se acerca,
sí, ya se acerca el día.
Día cargado de nubarrones,
día nefasto para los pueblos.
4Vendrá una espada contra Egipto
y Etiopía será presa de la angustia.
Cuando caigan heridos los egipcios,
serán saqueadas sus riquezas
y destruidos sus cimientos.
5Etiopía, Fut, toda Arabia y Lidia
caerán a filo de espada,
lo mismo que los hijos del país
del *pacto.

6» "Así dice el SEÑOR;
esto afirma el SEÑOR omnipotente:
Caerán los aliados de Egipto,
se derrumbará el orgullo de su
poder.
Desde Migdol hasta Asuán
caerán a filo de espada.
7Sus ciudades quedarán en ruinas,
entre las más desoladas de las
tierras.
8Cuando yo le prenda fuego a Egipto
y sean destrozados todos sus
aliados,
sabrán que yo soy el SEÑOR.

9»"En aquel día saldrán en barcos mis mensajeros para aterrorizar a la confiada Etiopía; en el día de Egipto, que ya está a la puerta, les sobrevendrá la angustia.

10»"Así dice el SEÑOR omnipotente:

»"Por medio de Nabucodonosor,
rey de Babilonia,
acabaré con la opulencia de
Egipto.
11Nabucodonosor y su ejército,
el más poderoso de las
naciones,
vendrán a destruir el país.
Desenvainarán la espada contra
Egipto
y llenarán de cadáveres el país.
12Secaré los canales del Nilo,
y entregaré el país en manos de
gente malvada.
Por medio de manos extranjeras
desolaré el país y cuanto haya en
él.
Yo, el SEÑOR, lo he dicho.

13»"Así dice el SEÑOR omnipotente:

»"Voy a destruir a todos los ídolos
de Menfis;
pondré fin a sus dioses falsos.
Haré que cunda el pánico por todo
el país,
y no habrá más príncipes en
Egipto.
14Devastaré a Patros,
le prenderé fuego a Zoán,
y dictaré sentencia contra Tebas.

15»"Desataré mi ira sobre Sin, la fortaleza de Egipto, y extirparé la riqueza de Tebas. **16**Le prenderé fuego a Egipto, y Sin se retorcerá de dolor. Se abrirán brechas en Tebas, y Menfis vivirá en constante angustia. **17**Los jóvenes de On y de Bubastis caerán a filo de espada, y las mujeres irán al cautiverio. **18**Cuando yo haga pedazos el yugo de Egipto, el día se oscurecerá en Tafnes. Así llegará a su fin el orgullo de su fuerza. Egipto quedará cubierto de nubes, y sus hijas irán al cautiverio. **19**Éste será su castigo, y así Egipto sabrá que yo soy el SEÑOR."»

20El día siete del mes primero del año undécimo, el SEÑOR me dirigió la palabra: 21«Hijo de hombre, yo le he quebrado el brazo al faraón, rey de Egipto. Nadie se lo ha vendado ni curado para que recobre su fuerza y pueda empuñar la espada. 22Por eso, así dice el SEÑOR: "Estoy contra el faraón, rey de Egipto. Le quebraré los dos brazos, el sano y el fracturado, y haré que la espada se le caiga de la mano. 23Voy a dispersar a los egipcios entre las naciones; voy a esparcirlos entre los países. 24Fortaleceré a su vez los brazos del rey de Babilonia: pondré mi espada en sus manos y quebraré los brazos del faraón. Entonces él gemirá ante su enemigo como herido de muerte. 25Fortaleceré los brazos del rey de Babilonia, y haré que desfallezcan los brazos del faraón. Y cuando ponga yo mi espada en manos del rey de Babilonia, y él la extienda contra Egipto, se sabrá que yo soy el SEÑOR. 26Dispersaré por las naciones a los egipcios; los esparciré entre los países. Entonces sabrán que yo soy el SEÑOR."»

El cedro del Líbano

31 El día primero del mes tercero del año undécimo, el SEÑOR me dirigió la palabra: 2«Hijo de hombre, dile al faraón y a toda su gente:

» "¿Quién se puede comparar con
tu grandeza?
3Fíjate en Asiria,
que alguna vez fue cedro del
Líbano,
con bello y frondoso ramaje;
su copa llegaba hasta las nubes.
4Las aguas lo hicieron crecer;
las corrientes profundas lo
nutrieron.
Sus ríos corrían en torno a sus raíces;
sus acequias regaban todos los
árboles del campo.
5Así el cedro creció
más alto que todos los árboles.
Gracias a las abundantes aguas,
se extendió su frondoso ramaje.
6Todas las aves del cielo
anidaban en sus ramas.
Todas las bestias del campo
parían bajo su follaje.

Todas las naciones
vivían bajo su sombra.
7Era un árbol imponente y
majestuoso,
de ramas extendidas;
sus raíces se hundían
hasta las aguas caudalosas.
8Ningún cedro en el jardín de Dios
se le podía comparar;
ningún pino ostentaba un follaje
parecido,
ni tenían su fronda los castaños.
Ningún árbol del jardín de Dios
se le comparaba en hermosura.
9Yo lo hice bello
y con un ramaje majestuoso.
En el Edén, jardín de Dios,
era la envidia de todos los árboles.

10» "Por eso, así dice el SEÑOR omnipotente: 'Por cuanto el árbol creció tan alto, y ufano de su altura irguió su copa hasta las nubes, 11yo lo he desechado; lo he dejado en manos de un déspota invasor, para que lo trate según su maldad. 12Los extranjeros más crueles lo han talado, abandonándolo a su suerte. Sus ramas han caído en los montes y en los valles; yacen rotas por todas las cañadas del país. Huyeron y lo abandonaron todas las naciones que buscaban protección bajo su sombra. 13Ahora las aves del cielo se posan sobre su tronco caído, y los animales salvajes se meten entre sus ramas. 14Y esto es para que ningún árbol que esté junto a las aguas vuelva a crecer tanto; para que ningún árbol, por bien regado que esté, vuelva a elevar su copa hasta las nubes. Todos están destinados a la muerte, a bajar a las regiones profundas de la tierra y quedarse entre los *mortales que descienden a la fosa.'

15» "'Así dice el SEÑOR omnipotente: El día en que el cedro bajó al *abismo, hice que el mar subterráneo se secara en señal de duelo. Detuve sus corrientes, y contuve sus ríos; por él cubrí de luto al Líbano, y todos los árboles del campo se marchitaron. 16Cuando lo hice bajar al abismo, junto con los que descienden a la fosa, con el estruendo de su caída hice temblar a las naciones. Todos los árboles del Edén, los más selectos y hermosos del

Líbano, los que estaban mejor regados, se consolaron en las regiones subterráneas. [17]Sus aliados entre las naciones que buscaban protección bajo su sombra también descendieron con él al abismo, junto con los que habían muerto a filo de espada. [18]Ningún árbol del Edén se le podía comparar en grandeza y majestad. No obstante, también él descendió con los árboles del Edén a las regiones subterráneas. Allí quedó tendido en medio de los *paganos, junto con los que murieron a filo de espada. ¡Y así será la muerte del faraón y de todos sus súbditos! Lo afirma el Señor omnipotente.' " »

Lamento por el faraón

32 El día primero del mes duodécimo del año duodécimo, el Señor me dirigió la palabra: [2]«Hijo de hombre, entona este lamento dedicado al faraón, rey de Egipto:

» "Pareces un león entre las
        naciones;
    pareces un monstruo marino
    chapoteando en el río;
    con tus patas enturbias el agua
    y revuelves sus corrientes.

[3]» "Así dice el Señor omnipotente:

» " "Aunque estés entre numerosos
        pueblos,
    tenderé sobre ti mi red
    y te atraparé con ella.
[4]Te arrastraré por tierra,
    y en pleno campo te dejaré
        tendido.
    Dejaré que sobre ti se posen
    todas las aves del cielo.
    Dejaré que con tu carne
    se sacien todas las bestias salvajes.
[5]Desparramaré tu carne por los
        montes,
    y con tu carroña llenaré los valles.
[6]Con tu sangre empaparé la tierra
    hasta la cima de las montañas;
    con tu sangre llenaré
    los cauces de los ríos.
[7]Cuando te hayas consumido,
    haré que el cielo se oscurezca
    y se apaguen las estrellas;

    cubriré el sol con una nube,
    y no brillará más la luna.
[8]Por ti haré que se oscurezcan
    todos los astros luminosos de los
        cielos,
    y que tu país quede envuelto en
        las tinieblas.
        Lo afirma el Señor omnipotente.

[9]» " 'Cuando yo haga que la noticia de tu destrucción llegue hasta tierras que tú no conocías, haré temblar a muchas naciones. [10]También haré que por tu causa muchos pueblos queden consternados. Cuando yo esgrima mi espada delante de ellos, sus reyes se estremecerán. En el día de tu debacle, en todo momento temblarán de miedo por temor a perder la vida.

[11]» " 'Así dice el Señor omnipotente: La espada del rey de Babilonia vendrá contra ti. [12]Haré que tu pueblo numeroso caiga a filo de espada, empuñada por los guerreros más crueles entre las naciones. Ellos arrasarán la soberbia de Egipto, y toda su multitud será derrotada. [13]Voy a destruir a todo el ganado que pasta junto a las aguas abundantes, y éstas nunca más serán enturbiadas por *hombres ni animales. [14]Entonces dejaré que las aguas se asienten y que corran tranquilas, como el aceite. Lo afirma el Señor omnipotente. [15]Cuando convierta en desolación la tierra de Egipto, y la despoje de todo lo que hay en ella, y hiera a todos lo que la habitan, entonces sabrán que yo soy el Señor.' "

[16]»Éste es el lamento que las ciudades de las naciones entonarán sobre Egipto y toda su multitud. Lo afirma el Señor omnipotente.»

[17]En el día quince del mes duodécimo del año duodécimo, el Señor me dirigió la palabra: [18]«Hijo de hombre, entona un lamento sobre las multitudes de Egipto, y junto con las ciudades de las naciones más poderosas hazlas descender con los que bajan a la fosa, a las regiones más profundas. [19]Pregúntales: "¿Se creen acaso más privilegiadas que otros? ¡Pues bajen y tiéndanse entre los *paganos!" [20]Y caerán entre los que murieron a filo de espada. Ya tienen la espada en la mano: ¡que se arrastre a Egipto y a sus multitudes! [21]En

medio del *abismo, los guerreros más fuertes y valientes hablarán de Egipto y de sus aliados. Y dirán: "¡Ya han descendido a la fosa! ¡Yacen tendidos entre los paganos que murieron a filo de espada!"

²²»Allí está Asiria, con toda su multitud en torno a su sepulcro. Todos ellos murieron a filo de espada. ²³Todos los que sembraban el terror en la tierra de los vivientes yacen muertos, víctimas de la espada. Ahora están sepultados en lo más profundo de la fosa, ¡tendidos alrededor de su tumba!

²⁴»Allí está Elam, con toda su multitud en torno a su sepulcro. Todos ellos murieron a filo de espada. Todos los que sembraban el terror en la tierra de los vivientes bajaron como paganos a lo más profundo de la fosa. Yacen tendidos sin honor entre los que descendieron a la fosa. ²⁵A Elam le han preparado una cama en medio de los muertos, entre los paganos que murieron a filo de espada y que ahora rodean su tumba. Ellos sembraron el terror en la tierra de los vivientes, pero ahora yacen tendidos sin honor entre los que descendieron a la fosa. Allí quedaron, entre gente que murió asesinada.

²⁶»Allí están Mésec y Tubal, con toda su multitud en torno a su sepulcro. Todos ellos son paganos, muertos a filo de espada porque sembraron el terror en la tierra de los vivientes. ²⁷No yacen con los héroes caídos de entre los paganos, que bajaron al abismo con sus armas de guerra y que tienen sus espadas bajo la cabeza. El castigo de sus pecados cayó sobre sus huesos, porque estos héroes sembraron el terror en la tierra de los vivientes.

²⁸»Ahí estarás tú, Egipto, en medio de los paganos, quebrado y sepultado junto con los que murieron a filo de espada.

²⁹»Allí está Edom, con sus reyes y príncipes. A pesar de todo su poder, también ellos yacen tendidos junto a los que murieron a filo de espada. Yacen entre los paganos, con los que descendieron a la fosa.

³⁰»Allí están todos los príncipes del norte, y todos los de Sidón. A pesar del terror que sembraron con su poderío, también ellos bajaron, envueltos en deshonra, con los que murieron a filo de espada. Son paganos, y ahora yacen tendidos entre los que murieron a filo de espada, en medio de los que descendieron a la fosa.

³¹»El faraón los verá y se consolará de la muerte de toda su gente, pues él y todo su ejército morirán a filo de espada. Lo afirma el Señor omnipotente.

³²»Aunque yo hice que el faraón sembrara el terror en la tierra de los vivientes, él y todo su ejército serán sepultados entre los paganos, con los que murieron a filo de espada. Lo afirma el Señor omnipotente.»

El profeta centinela de su pueblo

33 El Señor me dirigió la palabra: ²«Hijo de hombre, habla con tu pueblo y dile: "Cuando yo envío la guerra a algún país, y la gente de ese país escoge a un hombre y lo pone por centinela, ³si éste ve acercarse al ejército enemigo, toca la trompeta para advertir al pueblo. ⁴Entonces, si alguien escucha la trompeta pero no se da por advertido, y llega la espada y lo mata, él mismo será el culpable de su propia muerte. ⁵Como escuchó el sonido de la trompeta pero no le hizo caso, será responsable de su propia muerte, pues si hubiera estado atento se habría salvado.

⁶»"Ahora bien, si el centinela ve que se acerca el enemigo y no toca la trompeta para prevenir al pueblo, y viene la espada y mata a alguien, esa persona perecerá por su maldad, pero al centinela yo le pediré cuentas de esa muerte."

⁷»A ti, hijo de hombre, te he puesto por centinela del pueblo de Israel. Por lo tanto, oirás la palabra de mi boca, y advertirás de mi parte al pueblo. ⁸Cuando yo le diga al malvado: "¡Vas a morir!", si tú no le adviertes que cambie su mala conducta, el malvado morirá por su pecado, pero a ti te pediré cuentas de su sangre. ⁹En cambio, si le adviertes al malvado que cambie su mala conducta, y no lo hace, él morirá por su pecado pero tú habrás salvado tu vida.

¹⁰»Hijo de hombre, diles a los israelitas: "Ustedes dicen: 'Nuestras rebeliones y nuestros pecados pesan sobre nosotros, y nos estamos consumiendo en vida. ¿Cómo podremos vivir?' " ¹¹Diles: "Tan cier-

to como que yo vivo —afirma el Señor omnipotente—, que no me alegro con la muerte del malvado, sino con que se convierta de su mala conducta y viva. ¡Conviértete, pueblo de Israel; conviértete de tu conducta perversa! ¿Por qué habrás de morir?"

12»Tú, hijo de hombre, diles a los hijos de tu pueblo: "Al justo no lo salvará su propia justicia si comete algún pecado; y la maldad del impío no le será motivo de tropiezo si se convierte. Si el justo peca, no se podrá salvar por su justicia anterior. **13**Si yo le digo al justo: '¡Vivirás!', pero él se atiene a su propia justicia y hace lo malo, no se le tomará en cuenta su justicia, sino que morirá por la maldad que cometió. **14**En cambio, si le digo al malvado: '¡Morirás!', pero luego él se convierte de su pecado y actúa con justicia y rectitud, **15**y devuelve lo que tomó en prenda y restituye lo que robó, y obedece los preceptos de vida, sin cometer ninguna iniquidad, ciertamente vivirá y no morirá. **16**No se le tomará en cuenta ninguno de los pecados que antes cometió, sino que vivirá por haber actuado con justicia y rectitud."

17»Los hijos de tu pueblo dicen: "El Señor no actúa con justicia." En realidad, los que no actúan con justicia son ellos. **18**Si el justo se aparta de su justicia y hace lo malo, morirá a causa de ello. **19**Y si el malvado deja de hacer lo malo y actúa con justicia y rectitud, vivirá. **20**A pesar de esto, ustedes siguen repitiendo: "El Señor no actúa con justicia." Pero yo, israelitas, los juzgaré a cada uno de ustedes según su conducta.»

La caída de Jerusalén

21El día quinto del mes décimo del año duodécimo de nuestro exilio, un fugitivo que había huido de Jerusalén vino y me dio esta noticia: «La ciudad ha sido conquistada.» **22**La noche antes de que llegara el fugitivo, la mano del Señor vino sobre mí y me dejó mudo. A la mañana siguiente, cuando vino el hombre, el Señor me devolvió el habla.

23Luego el Señor me dirigió la palabra: **24**«Hijo de hombre, la gente que vive en esas ruinas en la tierra de Israel, anda

diciendo: "Si Abraham, que era uno solo, llegó a poseer todo el país, con mayor razón nosotros, que somos muchos, habremos de recibir la tierra en posesión." **25**Por tanto, adviérteles que así dice el Señor omnipotente: "Ustedes comen carne con sangre, adoran a sus ídolos, y derraman sangre, ¿y aun así pretenden poseer el país? **26**Además, confían en sus espadas, cometen abominaciones, viven en adulterio con la mujer de su prójimo, ¿y aun así pretenden poseer el país?"

27»Por tanto, adviérteles que así dice el Señor omnipotente: "Tan cierto como que yo vivo, que los que habitan en las ruinas morirán a filo de espada; a los que andan por el campo abierto se los daré como pasto a las fieras, y los que están en las fortalezas y en las cuevas morirán de peste. **28**Convertiré al país en un desierto desolado, y se acabará el orgullo de su poder. Los montes de Israel quedarán devastados, y nadie más pasará por ellos. **29**Y cuando yo deje a este país como un desierto desolado por culpa de los actos detestables que ellos cometieron, sabrán que yo soy el Señor."

30»En cuanto a ti, hijo de hombre, los de tu pueblo hablan de ti junto a los muros y en las puertas de las casas, y se dicen unos a otros: "Vamos a escuchar el mensaje que nos envía el Señor." **31**Y se te acercan en masa, y se sientan delante de ti y escuchan tus palabras, pero luego no las practican. Me halagan de labios para afuera, pero después sólo buscan las ganancias injustas. **32**En realidad, tú eres para ellos tan sólo alguien que entona canciones de amor con una voz hermosa, y que toca bien un instrumento; oyen tus palabras, pero no las ponen en práctica. **33**No obstante, cuando todo esto suceda —y en verdad está a punto de cumplirse—, sabrán que hubo un profeta entre ellos.»

Pastores y ovejas

34 El Señor me dirigió la palabra: **2**«Hijo de hombre, profetiza contra las ovejas de Israel; profetiza y adviérteles que así dice el Señor omnipotente: "¡Ay de ustedes, *pastores de Israel, que tan sólo se cuidan a sí mismos! ¿Acaso los pastores no deben cuidar al rebaño? ³Ustedes se beben la leche, se visten con la lana, y matan las ovejas más gordas, pero no cuidan del rebaño. ⁴No fortalecen a la oveja débil, no cuidan de la enferma, ni curan a la herida; no van por la descarriada ni buscan a la perdida. Al contrario, tratan al rebaño con crueldad y violencia. ⁵Por eso las ovejas se han dispersado: ¡por falta de pastor! Por eso están a la merced de las fieras salvajes. ⁶Mis ovejas andan descarriadas por montes y colinas, dispersas por toda la tierra, sin que nadie se preocupe por buscarlas.

⁷»"Por tanto, pastores, escuchen bien la palabra del SEÑOR: ⁸Tan cierto como que yo vivo —afirma el SEÑOR omnipotente—, que por falta de pastor mis ovejas han sido objeto del pillaje y han estado a merced de las fieras salvajes. Mis pastores no se ocupan de mis ovejas; cuidan de sí mismos pero no de mis ovejas. ⁹Por tanto, pastores, escuchen la palabra del SEÑOR. ¹⁰Así dice el SEÑOR omnipotente: Yo estoy en contra de mis pastores. Les pediré cuentas de mi rebaño; les quitaré la responsabilidad de apacentar a mis ovejas, y no se apacentarán más a sí mismos. Arrebataré de sus fauces a mis ovejas, para que no les sirvan de alimento.

¹¹»"Así dice el SEÑOR omnipotente: Yo mismo me encargaré de buscar y de cuidar a mi rebaño. ¹²Como un pastor que cuida de sus ovejas cuando están dispersas, así me ocuparé de mis ovejas y las rescataré de todos los lugares donde, en un día oscuro y de nubarrones, se hayan dispersado. ¹³Yo las sacaré de entre las naciones; las reuniré de los países, y las llevaré a su tierra. Las apacentaré en los montes de Israel, en los vados y en todos los poblados del país. ¹⁴Las haré pastar en los mejores pastos, y su aprisco estará en los montes altos de Israel. Allí descansarán en un buen lugar de pastoreo y se alimentarán de los mejores pastos de los montes de Israel. ¹⁵Yo mismo apacentaré a mi rebaño, y lo llevaré a descansar. Lo afirma el SEÑOR omnipotente. ¹⁶Buscaré a las ovejas perdidas, recogeré a las extraviadas, vendaré a las que estén heridas y fortaleceré a las débiles, pero exterminaré a las ovejas gordas y robustas. Yo las pastorearé con *justicia.

¹⁷»"En cuanto a ti, rebaño mío, esto es lo que dice el SEÑOR omnipotente: Juzgaré entre ovejas y ovejas, y entre carneros y chivos. ¹⁸¿No les basta con comerse los mejores pastos, sino que tienen también que pisotear lo que queda? ¿No les basta con beber agua limpia, sino que tienen que enturbiar el resto con las patas? ¹⁹Por eso mis ovejas tienen ahora que comerse el pasto que ustedes han pisoteado, y beberse el agua que ustedes han enturbiado.

²⁰»"Por eso, así dice el SEÑOR omnipotente: Yo mismo voy a juzgar entre las ovejas gordas y las flacas. ²¹Por cuanto ustedes han empujado con el costado y con la espalda, y han atacado a cornadas a las más débiles, hasta dispersarlas, ²²voy a salvar a mis ovejas, y ya no les servirán de presa. Yo juzgaré entre ovejas y ovejas. ²³Entonces les daré un pastor, mi siervo David, que las apacentará y será su único pastor. ²⁴Yo, el SEÑOR, seré su Dios, y mi siervo David será su príncipe. Yo, el SEÑOR, lo he dicho.

²⁵»"Estableceré con ellas un *pacto de *paz: haré desaparecer del país a las bestias feroces, para que mis ovejas puedan habitar seguras en el desierto y dormir tranquilas en los bosques. ²⁶Haré que ellas y los alrededores de mi colina sean una fuente de bendición. Haré caer lluvias de bendición en el tiempo oportuno. ²⁷Los árboles del campo darán su fruto, la tierra entregará sus cosechas, y ellas vivirán seguras en su propia tierra. Y cuando yo haga pedazos su yugo y las libere de sus tiranos, entonces sabrán que yo soy el SEÑOR. ²⁸Ya no volverán a ser presa de las naciones, ni serán devoradas por las fieras. Vivirán seguras y nadie les infundirá temor. ²⁹Les daré una tierra famosa por sus cosechas. No sufrirán hambre en la tierra, ni tendrán que soportar los insultos de las naciones. ³⁰Entonces sabrán que yo, el SEÑOR su Dios, estoy con ellos, y que ellos, el pueblo de Israel, son mi pueblo. Yo, el SEÑOR omnipotente, lo afirmo, ³¹y afirmo también que yo soy su Dios y que ustedes son mis ovejas, las ovejas de mi prado."»

Profecía contra Edom

35 El SEÑOR me dirigió la palabra: ²«Hijo de hombre, vuélvete hacia la montaña de Seír y profetiza contra ella. ³Adviértele que así dice el SEÑOR omnipotente:

» "Aquí estoy contra ti, montaña de
    Seír.
Contra ti extenderé mi mano,
    y te convertiré en un desierto
    desolado.
⁴Tus ciudades quedarán en ruinas,
    y tú serás una desolación.
Entonces sabrán que yo soy el
    SEÑOR.

⁵» "En el día del castigo final de los israelitas, en el tiempo de su calamidad, tú les hiciste la guerra, y has mantenido contra ellos una enemistad proverbial. Por lo tanto, ⁶tan cierto como que yo vivo, que te anegaré en sangre, y la sangre te perseguirá. Lo afirma el SEÑOR omnipotente: eres culpable de muerte, y la muerte no te dará tregua. ⁷Haré de la montaña de Seír un desierto desolado, y exterminaré a todo el que pase o venga por allí. ⁸Llenaré de víctimas tus montes; los que han muerto a filo de espada cubrirán tus colinas, tus valles y los cauces de tus ríos. ⁹Para siempre te convertiré en una desolación; tus ciudades quedarán deshabitadas. Entonces sabrás que yo soy el SEÑOR.

¹⁰» "Porque tú has dicho: 'A pesar de que el Señor viva allí, las dos naciones y los dos territorios serán míos, y yo seré su dueño.' ¹¹Por eso, tan cierto como que yo vivo, que haré contigo conforme al furor y celo con que tú actuaste en tu odio contra ellos. Lo afirma el SEÑOR. Y cuando yo te castigue me haré conocer entre ellos. ¹²Entonces sabrás que yo, el SEÑOR, he oído todas las injurias que has proferido contra las montañas de Israel. Tú dijiste desafiante: '¡Están devastados! ¡Ahora sí me los puedo devorar!' ¹³Me has desafiado con arrogancia e insolencia, y te he escuchado.

¹⁴» "Así dice el SEÑOR omnipotente: Para alegría de toda la tierra, yo los voy a destruir. ¹⁵Así como se alegraron cuando quedó devastada la herencia del pueblo de Israel, también yo me alegraré de ti. Tú, montaña de Seír, y todo el territorio de Edom, quedarán desolados. Así sabrán que yo soy el SEÑOR."

Profecía sobre las montañas de Israel

36 »Tú, hijo de hombre, profetiza contra los montes de Israel y diles: "Montes de Israel, escuchen la palabra del SEÑOR. ²Así dice el SEÑOR omnipotente: El enemigo se ha burlado de ustedes diciendo: 'Las antiguas colinas ya son nuestras.'" ³Por eso, profetiza y adviérteles que así dice el SEÑOR omnipotente: "A ustedes los han asolado y arrasado por todas partes; se han convertido en posesión del resto de las naciones, y además han sido objeto de burla y de insultos por parte de la gente. ⁴Por eso, montes de Israel, escuchen la palabra del SEÑOR omnipotente. Así habla el SEÑOR omnipotente a los montes y a las colinas, a los torrentes y a los valles, a las ruinas desoladas y a los pueblos deshabitados, saqueados y escarnecidos por los pueblos vecinos. ⁵Esto dice el SEÑOR omnipotente: En el ardor de mi celo me he pronunciado contra el resto de las naciones y contra todo Edom, porque con mucha alegría y profundo desprecio se han apoderado de mi tierra para destruirla y saquearla."

⁶»Por eso, profetiza contra Israel, y adviérteles a los montes y a las colinas, a los torrentes y a los valles, que así dice el SEÑOR omnipotente: "En mi celo y en mi furor he hablado, porque ustedes han sufrido el oprobio de las naciones. ⁷Por eso, así dice el SEÑOR omnipotente: Juro con la mano en alto que las naciones vecinas también sufrirán su propia deshonra.

⁸» "Ustedes, en cambio, montes de Israel, echarán ramas y producirán frutos para mi pueblo Israel, porque ya está por regresar. ⁹Yo estoy preocupado por ustedes, y los voy a proteger. Ustedes, los montes, volverán a ser sembrados y cultivados, ¹⁰y multiplicaré al pueblo de Israel. Las ciudades serán repobladas, y reconstruidas las ruinas. ¹¹Sobre ustedes multiplicaré a los *hombres y animales, y ellos serán fecundos y numerosos. Los

poblaré como en tiempos pasados, y los haré prosperar más que antes. Entonces sabrán que yo soy el SEÑOR. ¹²Haré que mi pueblo Israel transite por el territorio de ustedes. Él te poseerá, y tú serás parte de su herencia, y ya nunca más los privarás de sus hijos.

¹³» "Así dice el SEÑOR omnipotente: Por cuanto te han dicho que tú devoras a los hombres y dejas sin hijos a tu propio pueblo, ¹⁴el SEÑOR omnipotente afirma: Ya no devorarás más hombres, ni dejarás sin hijos a tu pueblo. ¹⁵Nunca más te haré oír el ultraje de las naciones; no tendrás que volver a soportar los insultos de los pueblos, ni serás causa de tropiezo para tu nación. Lo afirma el SEÑOR omnipotente." »

¹⁶El SEÑOR me dirigió otra vez la palabra: ¹⁷«Hijo de hombre, cuando los israelitas habitaban en su propia tierra, ellos mismos la *contaminaron con su conducta y sus acciones. Su conducta ante mí era semejante a la *impureza de una mujer en sus días de menstruación. ¹⁸Por eso, por haber derramado tanta sangre sobre la tierra y por haberla contaminado con sus ídolos, desaté mi furor contra ellos. ¹⁹Los dispersé entre las naciones, y quedaron esparcidos entre diversos pueblos. Los juzgué según su conducta y sus acciones. ²⁰Pero al llegar a las distintas naciones, ellos profanaban mi *santo *nombre, pues se decía de ellos: "Son el pueblo del SEÑOR, pero han tenido que abandonar su tierra." ²¹Así que tuve que defender mi santo nombre, el cual los israelitas profanaban entre las naciones por donde iban.

²²»Por eso, adviértele al pueblo de Israel que así dice el SEÑOR omnipotente: "Voy a actuar, pero no por ustedes sino por causa de mi santo nombre, que ustedes han profanado entre las naciones por donde han ido. ²³Daré a conocer la grandeza de mi santo nombre, el cual ha sido profanado entre las naciones, el mismo que ustedes han profanado entre ellas. Cuando dé a conocer mi santidad entre ustedes, las naciones sabrán que yo soy el SEÑOR. Lo afirma el SEÑOR omnipotente. ²⁴Los sacaré de entre las naciones, los reuniré de entre todos los

pueblos, y los haré regresar a su propia tierra. ²⁵Los rociaré con agua pura, y quedarán purificados. Los *limpiaré de todas sus impurezas e idolatrías. ²⁶Les daré un nuevo *corazón, y les infundiré un espíritu nuevo; les quitaré ese corazón de piedra que ahora tienen, y les pondré un corazón de carne. ²⁷Infundiré mi Espíritu en ustedes, y haré que sigan mis preceptos y obedezcan mis *leyes. ²⁸Vivirán en la tierra que les di a sus antepasados, y ustedes serán mi pueblo y yo seré su Dios. ²⁹Los libraré de todas sus impurezas. Haré que tengan trigo en abundancia, y no permitiré que sufran hambre. ³⁰Multiplicaré el fruto de los árboles y las cosechas del campo, para que no sufran más entre las naciones el oprobio de pasar hambre. ³¹Así se acordarán ustedes de su mala conducta y de sus acciones perversas, y sentirán vergüenza por sus propias iniquidades y prácticas detestables. ³²Y quiero que sepan que esto no lo hago por consideración a ustedes. Lo afirma el SEÑOR. ¡Oh, pueblo de Israel, sientan vergüenza y confusión por su conducta!

³³» "Así dice el SEÑOR omnipotente: El día que yo los purifique de todas sus iniquidades, poblaré las ciudades y reconstruiré las ruinas. ³⁴Se cultivará la tierra desolada, y ya no estará desierta a la vista de cuantos pasan por ella. ³⁵Entonces se dirá: 'Esta tierra, que antes yacía desolada, es ahora un jardín de Edén; las ciudades que antes estaban en ruinas, desoladas y destruidas, están ahora habitadas y fortalecidas.' ³⁶Entonces las naciones que quedaron a su alrededor sabrán que yo, el SEÑOR, reconstruí lo que estaba derribado y replanté lo que había quedado como desierto. Yo, el SEÑOR, lo he dicho, y lo cumpliré."

³⁷»Así dice el SEÑOR omnipotente: Todavía he de concederle al pueblo de Israel que me suplique aumentar el número de sus hombres, hasta que sean como un rebaño. ³⁸Entonces las ciudades desoladas se llenarán de mucha gente. Serán como las ovejas que, durante las fiestas solemnes, se llevan a Jerusalén para los sacrificios. Entonces sabrán que yo soy el SEÑOR.»

El valle de los huesos secos

37 La mano del SEÑOR vino sobre mí, y su Espíritu me llevó y me colocó en medio de un valle que estaba lleno de huesos. 2Me hizo pasearme entre ellos, y pude observar que había muchísimos huesos en el valle, huesos que estaban completamente secos. 3Y me dijo: «Hijo de hombre, ¿podrán revivir estos huesos?» Y yo le contesté: «SEÑOR omnipotente, tú lo sabes.»

4Entonces me dijo: «Profetiza sobre estos huesos, y diles: "¡Huesos secos, escuchen la palabra del SEÑOR! 5Así dice el SEÑOR omnipotente a estos huesos: 'Yo les daré aliento de vida, y ustedes volverán a vivir. 6Les pondré tendones, haré que les salga carne, y los cubriré de piel; les daré aliento de vida, y así revivirán. Entonces sabrán que yo soy el SEÑOR.' " »

7Tal y como el SEÑOR me lo había mandado, profeticé. Y mientras profetizaba, se escuchó un ruido que sacudió la tierra, y los huesos comenzaron a unirse entre sí. 8Yo me fijé, y vi que en ellos aparecían tendones, y les salía carne y se recubrían de piel, ¡pero no tenían vida!

9Entonces el SEÑOR me dijo: «Profetiza, hijo de hombre; conjura al aliento de vida y dile: "Esto ordena el SEÑOR omnipotente: 'Ven de los cuatro vientos, y dales vida a estos huesos muertos para que revivan.' " » 10Yo profeticé, tal como el SEÑOR me lo había ordenado, y el aliento de vida entró en ellos; entonces los huesos revivieron y se pusieron de pie. ¡Era un ejército numeroso!

11Luego me dijo: «Hijo de hombre, estos huesos son el pueblo de Israel. Ellos andan diciendo: "Nuestros huesos se han secado. Ya no tenemos esperanza. ¡Estamos perdidos!" 12Por eso, profetiza y adviérteles que así dice el SEÑOR omnipotente: "Pueblo mío, abriré tus tumbas y te sacaré de ellas, y te haré regresar a la tierra de Israel. 13Y cuando haya abierto tus tumbas y te haya sacado de allí, entonces, pueblo mío, sabrás que yo soy el SEÑOR. 14Pondré en ti mi aliento de vida, y volverás a vivir. Y te estableceré en tu propia tierra. Entonces sabrás que yo, el SEÑOR, lo he dicho, y lo cumpliré. Lo afirma el SEÑOR."»

Unificación de Judá e Israel

15El SEÑOR me dirigió la palabra: 16«Hijo de hombre, toma una vara y escribe sobre ella: "Para Judá y sus aliados los israelitas." Luego toma otra vara y escribe: "Para José, vara de Efraín, y todos sus aliados los israelitas." 17Júntalas, la una con la otra, de modo que formen una sola vara en tu mano.

18»Cuando la gente de tu pueblo te pregunte: "¿Qué significa todo esto?", 19tú les responderás que así dice el SEÑOR omnipotente: "Voy a tomar la vara de José que está en la mano de Efraín, y a las tribus de Israel que están unidas a él, y la uniré a la vara de Judá. Así haré con ellos una sola vara, y en mi mano serán una sola." 20Sostén en tu mano las varas sobre las cuales has escrito, de modo que ellos las vean, 21y adviérteles que así dice el SEÑOR omnipotente: "Tomaré a los israelitas de entre las naciones por donde han andado, y de todas partes los reuniré y los haré regresar a su propia tierra. 22Y en esta tierra, en los montes de Israel, haré de ellos una sola nación. Todos estarán bajo un solo rey, y nunca más serán dos naciones ni estarán divididos en dos reinos. 23Ya no se *contaminarán más con sus ídolos, ni con sus iniquidades ni actos abominables. Yo los libraré y los *purificaré de todas sus infidelidades.h Ellos serán mi pueblo y yo seré su Dios. 24Mi siervo David será su rey, y todos tendrán un solo *pastor. Caminarán según mis *leyes, y cumplirán mis preceptos y los pondrán en práctica. 25Habitarán en la tierra que le di a mi siervo Jacob, donde vivieron sus antepasados. Ellos, sus hijos y sus nietos vivirán allí para siempre, y mi siervo David será su príncipe eterno. 26Y haré con ellos un *pacto de *paz. Será un pacto eterno. Haré que se multipliquen, y para siempre colocaré mi santuario en medio de ellos. 27Habitaré entre ellos, y yo seré su Dios y ellos serán mi pueblo. 28Y

---

h **37:23** *infidelidades* (mss. hebreos y LXX); *moradas* (TM).

cuando mi santuario esté para siempre en medio de ellos, las naciones sabrán que yo, el SEÑOR, he hecho de Israel un pueblo *santo."»

Profecía contra Gog

38 El SEÑOR me dirigió la palabra: 2«Hijo de hombre, encara a Gog, de la tierra de Magog, príncipe soberano de Mésec y Tubal. Profetiza contra él 3y adviértele que así dice el SEÑOR omnipotente: "Yo estoy contra ti, Gog, príncipe supremo de Mésec y Tubal. 4Te haré volver, te pondré garfios en la boca y te sacaré con todo tu ejército, caballos y jinetes. Todos ellos están bien armados; son una multitud enorme, con escudos y broqueles; todos ellos empuñan la espada. 5Con ellos están Persia, Etiopía y Fut, todos ellos armados con escudos y yelmos. 6Gómer también está allí, con todas sus tropas, y también Bet Togarma, desde el lejano norte, con todas sus tropas y muchos ejércitos que son tus aliados.

7»"Prepárate, mantente alerta, tú y toda la multitud que está reunida a tu alrededor; ponlos bajo tu mando. 8Al cabo de muchos días se te encomendará una misión. Después de muchos años invadirás un país que se ha recuperado de la guerra, una nación que durante mucho tiempo estuvo en ruinas, pero que ha sido reunido de entre los muchos pueblos en los montes de Israel. Ha sido sacado de entre las naciones, y ahora vive confiado. 9Pero tú lo invadirás como un huracán. Tú, con todas tus tropas y todos tus aliados, serás como un nubarrón que cubrirá la tierra.

10»"Así dice el SEÑOR omnipotente: En aquel día harás proyectos, y maquinarás un plan perverso. 11Y dirás: 'Invadiré a un país indefenso; atacaré a un pueblo pacífico que habita confiado en ciudades sin muros, *puertas y cerrojos. 12Lo saquearé y me llevaré el botín; atacaré a las ciudades reconstruidas de entre las ruinas, al pueblo reunido allí de entre las naciones; es un pueblo rico en ganado y posesiones, que se cree el centro del mundo.' 13La gente de Sabá y Dedán, y los comerciantes de Tarsis y todos sus potentados, te preguntarán: '¿A qué vienes? ¿A despojarnos de todo lo nuestro? ¿Para eso

reuniste a tus tropas? ¿Para quitarnos la plata y el oro, y llevarte nuestros ganados y posesiones? ¿Para alzarte con un enorme botín?'"

14»Por eso, hijo de hombre, profetiza contra Gog y adviértele que así dice el SEÑOR omnipotente: "En aquel día, ¿acaso no te enterarás de que mi pueblo Israel vive confiado? 15Vendrás desde el lejano norte, desde el lugar donde habitas, junto con otros pueblos numerosos. Todos ellos vendrán montados a caballo, y serán una gran multitud, un ejército poderoso. 16En los últimos días atacarás a mi pueblo Israel, y como un nubarrón cubrirás el país. Yo haré que tú, Gog, vengas contra mi tierra, para que las naciones me conozcan y para que, por medio de ti, mi *santidad se manifieste ante todos ellos.

17»"Así dice el SEÑOR omnipotente: A ti me refería yo cuando en tiempos pasados hablé por medio de mis siervos, los profetas de Israel. En aquel tiempo, y durante años, ellos profetizaron que yo te haría venir contra los israelitas. 18Pero el día en que Gog invada a Israel, mi ira se encenderá con furor. Lo afirma el SEÑOR omnipotente. 19En el ardor de mi ira, declaro que en aquel momento habrá un gran terremoto en la tierra de Israel. 20Ante mí temblarán los peces del mar, las aves del cielo, las bestias del campo, los reptiles que se arrastran, y toda la gente que hay sobre la faz de la tierra. Se derrumbarán los montes, se desplomarán las pendientes escarpadas, y todos los muros se vendrán abajo. 21En todos los montes convocaré a la guerra contra Gog, y la espada de cada cual se volverá contra su prójimo —afirma el SEÑOR—. 22Yo juzgaré a Gog con peste y con sangre; sobre él y sobre sus tropas, lo mismo que sobre todas sus naciones aliadas, haré caer lluvias torrenciales, granizo, fuego y azufre. 23De esta manera mostraré mi grandeza y mi santidad, y me daré a conocer ante muchas naciones. Entonces sabrán que yo soy el SEÑOR."

Derrota de Og

39 »Hijo de hombre, profetiza contra Gog y adviértele que así dice el SEÑOR omnipotente: "Yo estoy contra ti, Gog, príncipe soberano de Mésec y Tubal.

²Te haré volver y te arrastraré; te haré salir del lejano norte, y te haré venir contra los montes de Israel. ³Quebraré el arco que llevas en la mano izquierda, y arrojaré a la basura las flechas que llevas en la mano derecha. ⁴Caerás sobre los montes de Israel, junto con tus tropas y las naciones que te acompañan. Te arrojaré a las aves de rapiña y a las fieras salvajes para que te devoren. ⁵⁻⁶Y caerás en campo abierto, porque yo lo he dicho. Y enviaré fuego sobre Magog y sobre los que confiados habitan en las costas. Entonces sabrán que yo soy el Señor. Yo, el Señor omnipotente, lo afirmo.

⁷»"Y me daré a conocer en medio de mi pueblo Israel. Ya no permitiré que mi *santo *nombre sea profanado; las naciones sabrán que yo soy el Señor, el santo de Israel. ⁸Todo esto se acerca, y está a punto de suceder. Éste es el día del que he hablado. Yo, el Señor, lo afirmo.

⁹»"Entonces los habitantes de las ciudades de Israel saldrán y prenderán una hoguera, y allí quemarán sus armas: escudos y broqueles, arcos y flechas, mazas y lanzas. ¡Tendrán suficiente leña para hacer fuego durante siete años! ¹⁰No tendrán que ir a buscar leña al monte, ni tendrán que cortarla de los bosques, porque la leña que usarán serán sus propias armas. Además, saquearán a sus saqueadores y despojarán a sus despojadores. Lo afirma el Señor.

¹¹»"En aquel día abriré en Israel, en el valle de los Viajeros, frente al mar, una tumba para Gog. Ese lugar le cortará el paso a los viajeros. Allí enterrarán a Gog y a todo su ejército, y lo llamarán Valle del ejército de Gog. ¹²Para enterrarlos, y *purificar así el país, los israelitas necesitarán siete meses. ¹³Toda la gente del país los enterrará. Y el día en que yo me glorifique será para ellos un día memorable. Yo, el Señor omnipotente, lo afirmo.

¹⁴»"Al cabo de esos siete meses, elegirán hombres que se encarguen de recorrer el país, y junto con otros enterrarán a los que aún queden sobre la tierra, y así purificarán al país. ¹⁵Cuando al recorrer el país uno de estos hombres encuentre algún hueso humano, colocará a su lado

una señal, hasta que los enterradores lo sepulten en el Valle del ejército de Gog. ¹⁶De esa manera purificarán al país. También allí habrá una ciudad llamada 'El ejército'."

¹⁷»Hijo de hombre, así dice el Señor omnipotente: Diles a todas las aves del cielo, y a todas las fieras, que se reúnan de todos los alrededores y vengan al sacrificio que les ofrezco, un gran sacrificio sobre los montes de Israel. Allí comerán carne y beberán sangre: ¹⁸carne de poderosos guerreros, sangre de los príncipes de la tierra, como si fuera de carneros o corderos, de chivos o becerros, todos ellos engordados en Basán. ¹⁹Del sacrificio que voy a preparar, comerán grasa hasta hastiarse y beberán sangre hasta emborracharse. ²⁰En mi mesa se hartarán de caballos y de jinetes, de guerreros valientes y de toda clase de soldados. Yo, el Señor, lo afirmo.

²¹»Yo manifestaré mi gloria entre las naciones. Todas ellas verán cómo los he juzgado y castigado. ²²Y a partir de ese día, los israelitas sabrán que yo soy el Señor, su Dios. ²³Y sabrán las naciones que el pueblo de Israel fue al exilio por causa de sus iniquidades, y porque me fueron infieles. Por eso les di la espalda y los entregué en manos de sus enemigos, y todos ellos cayeron a filo de espada. ²⁴Los traté conforme a sus impurezas y rebeliones, y les volví la espalda.

²⁵»Por eso, así dice el Señor omnipotente: Ahora voy a cambiar la suerte de Jacob. Tendré compasión de todo el pueblo de Israel, y celaré el prestigio de mi santo nombre. ²⁶Cuando habiten tranquilos en su tierra, sin que nadie los perturbe, olvidarán su vergüenza y todas las infidelidades que cometieron contra mí. ²⁷Cuando yo los haga volver de entre las naciones, y los reúna de entre los pueblos enemigos, en presencia de muchas naciones y por medio de ellos manifestaré mi *santidad. ²⁸Entonces sabrán que yo soy el Señor su Dios, quien los envió al exilio entre las naciones, pero que después volví a reunirlos en su propia tierra, sin dejar a nadie atrás. ²⁹Ya no volveré a darles la espalda, pues derramaré mi Espíritu sobre Israel. Yo, el Señor, lo afirmo.»

Visión del templo futuro

40 Transcurría el año veinticinco del exilio cuando el SEÑOR puso su mano sobre mí, y me llevó a Jerusalén. Esto sucedió al comenzar el año, el día diez del mes primero, es decir, catorce años después de la toma de Jerusalén. **2**En una visión divina, Dios me trasladó a la tierra de Israel y me colocó sobre un monte muy alto. Desde allí, mirando al sur, había unos edificios que parecían una ciudad. **3**Dios me llevó allí, y vi un hombre que parecía hecho de bronce. Estaba de pie junto a la puerta, y en su mano tenía una cuerda de lino y una vara de medir. **4**Aquel hombre me dijo: «Hijo de hombre, abre los ojos y presta atención a todo lo que estoy por mostrarte, pues para eso se te ha traído aquí. Anda luego y comunícale a Israel todo lo que veas.»

La puerta oriental

5Entonces vi un muro que rodeaba el templo por fuera. El hombre tenía en la mano una vara de tres metros,[i] que le servía para medir, y midió el muro, el cual tenía tres metros de ancho por tres metros de alto. **6**Luego se dirigió a la puerta que mira hacia el oriente. Subió sus gradas y midió el umbral de la puerta, el cual medía tres metros de ancho.[j] **7**Cada celda lateral medía tres metros de largo por tres metros de ancho. Entre las celdas había un espacio de dos metros y medio. El umbral junto al vestíbulo de la puerta que daba al templo medía tres metros. **8**Luego midió el vestíbulo de la puerta, hacia el interior, y medía tres metros. **9**Midió el vestíbulo de la puerta que daba al templo, y éste medía cuatro metros; sus pilares eran de un metro de ancho. **10**A cada lado de la puerta que daba al oriente había tres celdas del mismo tamaño. A su vez, los pilares que estaban a los lados tenían la misma medida. **11**Aquel hombre midió también la entrada de la puerta, y tenía cinco metros de ancho por seis metros y medio de largo. **12**Delante de cada celda había un pequeño muro que medía medio metro de ancho por lado. Cada celda medía tres metros de ancho por tres metros de largo. **13**Luego midió la puerta, desde el techo de una celda hasta el techo de la celda de enfrente, y entre una y otra abertura había una distancia de doce metros y medio. **14**Luego midió el vestíbulo, que era de diez metros. El vestíbulo daba al atrio, que lo rodeaba por completo. **15**Desde el frente de la puerta de entrada hasta la parte interior del vestíbulo, el corredor tenía una extensión de veinticinco metros. **16**En torno de las celdas y de los pilares había ventanas con rejas que daban al interior. También en torno al vestíbulo había ventanas que daban a su interior. Sobre los pilares había grabados de palmeras.

El atrio exterior

17Luego el hombre me llevó al atrio exterior. Allí vi unas habitaciones y un enlosado construido alrededor del atrio; las habitaciones que daban al enlosado eran treinta. **18**Este enlosado, que estaba en el piso inferior, bordeaba las puertas y correspondía a la longitud de las mismas. **19**Luego midió la distancia desde el frente de la puerta de abajo hasta el frente del atrio interior, y al este y al norte la distancia era de cincuenta metros.

La puerta norte

20El hombre midió el largo y el ancho de la puerta que daba hacia el norte, es decir, hacia el atrio exterior. **21**Sus celdas, que también eran tres de cada lado, más sus pilares y su vestíbulo, tenían las mismas medidas que la primera puerta: veinticinco metros de largo por doce metros y medio de ancho. **22**Sus ventanas, su vestíbulo y sus palmeras tenían las mismas medidas que las de la puerta oriental. A esta puerta se subía por medio de siete gradas, y su vestíbulo estaba frente a ellas. **23**En el atrio interior había una puerta que daba a la puerta del norte, igual que en la

[i] **40:5** *tres metros*. Lit. *seis *codos, a razón de codo y *palmo*. En el resto de este libro, las medidas se han convertido al sistema métrico, sin explicación en las notas. [j] **40:6** *ancho* (LXX); *ancho, y un umbral, una vara de ancho* (TM).

puerta del este. El hombre midió la distancia entre las dos puertas, y era de cincuenta metros.

La puerta sur

24Luego me condujo hacia el sur, y allí había una puerta que daba al sur. Midió las celdas, los pilares y el vestíbulo, y todos éstos tenían las mismas medidas que los anteriores. 25La puerta y el vestíbulo también tenían ventanas a su alrededor, al igual que los otros, y medían veinticinco metros de largo por doce metros y medio de ancho. 26También se subía a la puerta por medio de siete gradas, y frente a ella estaba su vestíbulo. Los pilares a ambos lados tenían grabados de palmeras. 27El atrio anterior tenía una puerta que daba al sur. El hombre midió la distancia entre una puerta y otra en dirección sur, y era de cincuenta metros.

Las puertas del atrio interior: la puerta sur

28Luego me llevó por la puerta del sur hacia el atrio interior. Midió la puerta del sur, la cual tenía las mismas medidas que las anteriores. 29Sus celdas, sus pilares y su vestíbulo también tenían las mismas medidas que los anteriores. La puerta y el vestíbulo tenían ventanas a su alrededor, y medían veinticinco metros de largo por doce metros y medio de ancho. 30En su derredor había unos vestíbulos de doce metros y medio de largo por dos metros y medio de ancho. 31Su vestíbulo daba hacia el atrio exterior; sus pilares también tenían grabados de palmeras. A esta puerta se llegaba subiendo ocho gradas.

El atrio interior: la puerta oriental

32También me llevó al atrio interior que daba al oriente, y midió la entrada, y medía igual que las anteriores. 33Sus celdas, sus pilares y su vestíbulo también tenían las mismas medidas que los anteriores. La puerta y el vestíbulo tenían ventanas a su alrededor, y medían veinticinco metros de largo por doce metros y

medio de ancho. 34Su vestíbulo daba al atrio exterior. Los pilares tenían a cada lado grabados de palmeras, y a esta puerta se llegaba subiendo ocho gradas.

El atrio interior: la puerta norte

35Luego el mismo hombre me llevó a la puerta del norte y la midió: ésta tenía las mismas medidas que las otras. 36También tenía celdas, pilares, vestíbulo y ventanas a su alrededor, y medían veinticinco metros de largo por doce metros y medio de ancho. 37Su vestíbulo miraba hacia el atrio exterior. Los pilares tenían grabados de palmera a cada lado. A esta puerta se llegaba subiendo ocho gradas.

Los anexos de las puertas

38Había una sala que se comunicaba con el vestíbulo de cada puerta. Allí se lavaba el *holocausto. 39En el vestíbulo de la puerta había cuatro mesas, dos de cada lado, donde se mataba a los animales para el holocausto, para la ofrenda por el pecado y para la ofrenda por la culpa. 40Fuera del vestíbulo, por donde se subía hacia la entrada de la puerta norte, había otras dos mesas; y al otro lado del vestíbulo de la puerta había otras dos mesas. 41De manera que había cuatro mesas de un lado de la puerta y cuatro del otro, es decir, ocho mesas en total, donde se mataba a los animales. 42Para el holocausto había cuatro mesas talladas en piedra, que medían setenta y cinco centímetros de largo por setenta y cinco centímetros de ancho, y cincuenta centímetros de alto. Sobre ellas se colocaban los instrumentos con que se mataba a los animales para el holocausto y otros sacrificios. 43Colocados en el interior, sobre las paredes en derredor, estaban los ganchos dobles, que medían unos veinticinco centímetros de largo. Sobre las mesas se ponía la carne de las ofrendas.

Las habitaciones para los sacerdotes

44En el atrio interior, fuera de las puertas interiores, había dos salas.k Una de

---

k 40:44 *dos salas* (LXX); *salas para cantores* (TM).

ellas estaba junto a la puerta del norte que daba al sur, y la otra estaba junto a la puerta del sur*l* que daba al norte. **45**Aquel hombre me dijo: «La sala que da al sur es para los sacerdotes que están encargados del servicio en el templo, **46**mientras que la sala que da al norte es para los sacerdotes encargados del servicio en el altar. Éstos son los hijos de Sadoc, y son los únicos levitas que pueden acercarse al Señor para servirle.»

El atrio interior y el templo

47El hombre midió el atrio, que era un cuadrado de cincuenta metros de largo por cincuenta metros de ancho. El altar estaba frente al templo. **48**Entonces me llevó al vestíbulo del templo y midió sus pilares, y cada uno medía dos metros y medio de grueso. El ancho de la puerta era de siete metros, mientras que las paredes laterales de la puerta medían un metro y medio de ancho. **49**El vestíbulo medía seis metros de largo por diez metros de ancho, y se llegaba a él por una escalera de diez gradas.*m* Junto a cada pilar había una columna.

41 Luego el hombre me llevó al templo y midió los pilares, los cuales tenían tres metros de un lado y tres metros del otro. **2**El ancho de la entrada era de cinco metros, y cada una de las paredes laterales medía dos metros y medio de ancho. También midió la nave central, la cual medía veinte metros de largo por diez de ancho. **3**Después entró en el recinto interior y midió los pilares de la entrada, los cuales eran de un metro cada uno. La entrada medía tres metros de ancho, y las paredes laterales de la entrada medían tres metros y medio. **4**Después midió la longitud del recinto interior, que era de diez metros de largo; su anchura era de la misma medida. Entonces me dijo: «Éste es el Lugar Santísimo.»

5Luego midió el muro del templo, que era de tres metros de espesor. Las salas alrededor del templo medían dos metros de fondo. **6**Estas salas laterales estaban puestas una sobre otra, formando tres pisos. En cada piso había treinta salas. Alrededor de todo el muro del templo había soportes que sobresalían para sostener a las salas laterales, de modo que no estuvieran empotradas en el muro del templo. **7**Las salas laterales alrededor del templo se ensanchaban en cada piso sucesivo. La estructura alrededor del templo estaba construida en niveles ascendentes, de modo que, a medida que se subía, las salas de arriba adquirían mayor amplitud. Una rampa subía desde el piso inferior hasta el superior, pasando por el piso intermedio.

8También vi que alrededor de todo el templo había una plataforma elevada que servía de base para las salas laterales. Esta base medía tres metros de altura. **9**La pared exterior de las salas tenía un espesor de dos metros y medio, y entre las salas laterales del templo **10**y las habitaciones de los sacerdotes que rodeaban el templo quedaba un espacio libre de diez metros de ancho. **11**Las salas laterales se comunicaban con el espacio libre por medio de dos entradas, una al norte y otra al sur. El ancho del espacio libre alrededor de las salas laterales era de dos metros y medio.

12El edificio que por el lado oeste quedaba frente al patio medía treinta y cinco metros de ancho, con un muro de dos metros y medio de ancho por cuarenta y cinco metros de largo.

13El hombre midió el templo, el cual tenía un total de cincuenta metros de largo. También el patio con el edificio adyacente y el muro medían cincuenta metros de largo. **14**El ancho de la fachada del templo, más la parte del patio que da hacia el este, medía cincuenta metros. **15**Luego midió la longitud del edificio posterior del templo que daba al patio, junto con las galerías de ambos lados, y medía cincuenta metros.

La nave interior del templo, los vestíbulos del atrio, **16**los umbrales, las ventanas con rejas y las galerías alrededor de los tres pisos, comenzando desde la entrada, estaban recubiertos de madera por todas partes. De arriba a abajo, todo estaba recubierto, incluso las ventanas. **17**Desde

---

l **40:44** *sur* (LXX); *este* (TM).   *m* **40:49** *diez gradas* (LXX); *gradas* (TM) la entrada hasta el recinto interior, y alrededor de todo el muro, por dentro y por fuera, en el interior y el exterior, 18se alternaban los grabados de *querubines y palmeras. Cada querubín tenía dos rostros, 19uno de hombre y otro de león. Cada rostro miraba hacia la palmera que tenía a su costado. Alrededor de todo el templo podían verse los grabados de estos querubines. 20Desde el suelo hasta la parte superior de las puertas había grabados de querubines y palmeras sobre todas las paredes del templo.

21Los postes de la entrada al templo eran cuadrados, y frente al Lugar Santísimo había algo que parecía 22un altar de madera, el cual medía un metro y medio de alto por uno de largo y uno de ancho. Sus esquinas, la base*n* y sus costados eran de madera. El hombre me dijo: «Esta es la mesa que está delante del SEÑOR.» 23Tanto el templo como el Lugar Santísimo tenían puertas dobles. 24Cada puerta tenía dos hojas; dos hojas giratorias para cada puerta. 25Sobre la puerta del templo había grabados de querubines y palmeras, como los que había en las paredes. En la fachada del vestíbulo, por la parte exterior, había un alero de madera. 26Sobre ambos lados del vestíbulo había ventanas con rejas y con grabados de palmeras. Las salas laterales también tenían aleros.

Las habitaciones para los sacerdotes

42 El hombre me sacó al atrio exterior, en dirección al norte, y me hizo entrar a las habitaciones que estaban hacia el norte, frente al patio cerrado y frente al edificio detrás del templo. 2Todo esto medía cincuenta metros de largo por el lado norte, y veinticinco metros de ancho. 3Frente a los diez metros del atrio interior, y frente al enlosado del atrio exterior, había en los tres pisos unas galerías, las cuales quedaban unas frente a las otras. 4Frente a las habitaciones había un pasillo interior de cinco metros de ancho y cincuenta*ñ* de largo. Las puertas de las

habitaciones daban al norte. 5Las habitaciones del piso superior eran más estrechas que las del piso inferior y las del piso intermedio, porque las galerías les quitaban más espacio a las de arriba. 6Las habitaciones en el tercer piso no tenían columnas como las habitaciones del atrio, y por eso eran más estrechas que las del piso intermedio que las del piso inferior. 7Había un muro exterior que corría paralelo y de frente a las habitaciones del atrio exterior, el cual medía veinticinco metros de largo. 8Las habitaciones que daban al atrio exterior medían veinticinco metros, mientras que las que daban al frente del templo medían cincuenta metros. 9A las habitaciones del piso inferior se entraba por el atrio exterior, es decir, por el este.

10Por el lado sur,*o* a lo largo del muro del atrio, frente al patio y frente al edificio detrás del templo, había unas habitaciones. 11Tenían un pasillo frente a ellas, como el de las habitaciones de la parte norte. A su vez, tenían la misma longitud, el mismo ancho, las mismas salidas, las mismas disposiciones y las mismas entradas. 12Bajo las habitaciones que daban al sur, frente al muro que daba al este, que era por donde se podía entrar a ellas, había una entrada al comienzo de cada pasillo.

13El hombre me dijo: «Las habitaciones del norte y del sur, que están frente al patio, son las habitaciones sagradas. Allí es donde los sacerdotes que se acercan al SEÑOR comerán las ofrendas más sagradas. Allí colocarán la ofrenda de cereal, la ofrenda por el pecado y la ofrenda por la culpa, porque el lugar es *santo. 14Cuando los sacerdotes entren allí, no saldrán al atrio exterior sin dejar antes las vestiduras con que ministran, porque esas vestiduras son santas. Antes de acercarse a los lugares destinados para el pueblo deberán vestirse con otra ropa.»

15Cuando el hombre terminó de medir el interior del templo, me hizo salir por la puerta que da al oriente, y midió todo el contorno. 16Tomó la vara para medir el lado oriental, y éste midió doscientos cin-

---

*n*41:22 *la base* (LXX); *la longitud* (TM).   *ñ*42:4 *cincuenta* (LXX; lit. *cien* *codos*); *medio metro* (TM; lit. *un codo*).   *o*42:10 *sur* (LXX); *este* (TM).

cuenta metros.*p* **17**Después midió el lado norte, y también medía doscientos cincuenta metros; **18**luego el lado sur: doscientos cincuenta metros; **19**luego se volvió hacia el lado oeste y lo midió: doscientos cincuenta metros. **20**El hombre tomó las medidas de los cuatro lados. La zona estaba rodeada por un muro que medía doscientos cincuenta metros de largo por doscientos cincuenta metros de ancho. Este muro separaba lo sagrado de lo profano.

La gloria del Señor vuelve al templo

43 Entonces el hombre me llevó a la puerta que da al oriente, **2**y vi que la gloria del Dios de Israel venía del oriente, en medio de un ruido ensordecedor, semejante al de un río caudaloso; y la tierra se llenó de su gloria. **3**Esta visión era semejante a la que tuve cuando el SEÑOR vino a destruir la ciudad de Jerusalén, y a la que tuve junto al río Quebar. Me incliné rostro en tierra, **4**y la gloria del SEÑOR entró al templo por la puerta que daba al oriente. **5**Entonces el Espíritu me levantó y me introdujo en el atrio interior, y vi que la gloria del SEÑOR había llenado el templo.

6Mientras el hombre estaba de pie a mi lado, oí que alguien me hablaba desde el templo. **7**Me decía: «Hijo de hombre, éste es el lugar de mi trono, el lugar donde pongo la planta de mis pies; aquí habitaré entre los israelitas para siempre. El pueblo de Israel y sus reyes no volverán a profanar mi *santo *nombre con sus infidelidades, ni con sus tumbas reales y sus cultos idolátricos. **8**Los israelitas profanaron mi santo nombre con sus acciones detestables, pues colocaron su umbral y sus postes junto a los míos, con tan sólo un muro de por medio. Por eso, en mi ira los exterminé. **9**Que alejen ahora de mí sus infidelidades y sus tumbas reales, y yo habitaré en medio de ellos para siempre.

10»Hijo de hombre, cuéntale al pueblo de Israel acerca del templo, con sus planos y medidas, para que se avergüencen de sus iniquidades. **11**Y si se avergüenzan de todo lo que han hecho, hazles conocer el diseño del templo y su estructura, con sus salidas y entradas, es decir, todo su diseño, al igual que sus preceptos y sus *leyes. Pon todo esto por escrito ante sus ojos, para que sean fieles a todo su diseño y cumplan todos sus preceptos.

12»Ésta es la ley del templo: todo el terreno que lo rodea sobre la cumbre del monte será un Lugar Santísimo. Tal es la ley del templo.»

El altar

13Éstas son las medidas del altar:*q* Alrededor del altar había una fosa de medio metro de hondo por medio metro de ancho, con un reborde de veinticinco centímetros alrededor de toda la orilla. La altura del altar era la siguiente: **14**Desde la fosa en el suelo hasta el zócalo inferior tenía un metro de alto y medio metro de ancho; y desde el zócalo inferior hasta el zócalo superior, medía dos metros de alto y medio metro de ancho. **15**El fogón del altar medía dos metros, y desde allí se erguían cuatro cuernos. **16**El fogón del altar era un cuadrado perfecto de seis metros de largo por seis de ancho. **17**El zócalo superior también era un cuadrado de siete metros de largo por siete de ancho, y alrededor de todo el altar había un reborde de veinticinco centímetros. La fosa alrededor del altar tenía medio metro de ancho. Las gradas del altar daban al oriente.

18Luego el hombre me dijo: «Hijo de hombre, así dice el SEÑOR omnipotente: El día que se construya el altar para ofrecer los *holocaustos y para derramar la sangre, se deberán seguir estas normas: **19**A los sacerdotes levitas descendientes de Sadoc que se acercan para servirme les darás un ternero para que lo ofrezcan como sacrificio por el pecado. Lo afirma el SEÑOR omnipotente. **20**Luego tomarás un poco de la sangre, y con ella rociarás los cuatro cuernos, las cuatro esquinas del zócalo superior y todo el reborde que lo

---

*p***42:16** *doscientos cincuenta metros.* Texto de difícil traducción.   *q***43:13** *del altar.* Lit. *del altar en codos, a razón de *codo y *palmo.*

rodea. Así lo *purificarás y harás *expiación por él. 21Después tomarás el ternero del sacrificio por el pecado, y éste será quemado en el lugar señalado en el templo, fuera del santuario.

22»Al segundo día, ofrecerás como sacrificio por el pecado un macho cabrío sin defecto, y el altar quedará purificado de la misma manera que se purificó con el ternero. 23Cuando hayas terminado de purificarlo, ofrecerás un ternero y un carnero sin defecto 24en presencia del SEÑOR, y los sacerdotes los rociarán con sal y los ofrecerán como holocausto al SEÑOR. 25Durante siete días ofrecerás diariamente un macho cabrío para el sacrificio por el pecado, y también un ternero y un carnero del rebaño, ambos sin defecto. 26Durante siete días los sacerdotes harán la expiación por el altar y lo purificarán; de este modo quedará consagrado. 27Al cabo de estos siete días, y a partir del día octavo, comenzarán a ofrecer sobre el altar los holocaustos y sacrificios de *comunión que ustedes ofrezcan. Entonces yo los aceptaré. Lo afirma el SEÑOR.»

Deberes de levitas y sacerdotes

44 El hombre me hizo regresar por la puerta exterior del templo, la que daba al oriente, pero estaba cerrada. 2Allí el SEÑOR me dijo: «Esta puerta quedará cerrada. No se abrirá, y nadie deberá entrar por ella. Deberá quedar cerrada porque por ella ha entrado el SEÑOR, Dios de Israel. 3Tan sólo el príncipe podrá sentarse junto a la puerta para comer en presencia del SEÑOR. Deberá entrar por el vestíbulo de la puerta, y salir por el mismo lugar.»

Los levitas

4Después el hombre me llevó por el camino de la puerta del norte, que está frente al templo. Al ver que la gloria del SEÑOR llenaba el templo, me postré rostro en tierra. 5Entonces el SEÑOR me dijo: «Hijo de hombre, presta mucha atención. Abre bien los ojos y escucha atentamente todo lo que voy a decirte sobre las normas y las leyes concernientes al templo. Fíjate bien en quiénes pueden entrar al santuario, y quiénes no.

6»Adviértele a este pueblo rebelde de Israel que así dice el SEÑOR omnipotente: "Pueblo de Israel, ¡basta ya de tus prácticas detestables! 7Ustedes dejaron entrar en mi santuario a extranjeros, incircuncisos de *corazón y de cuerpo, para que profanaran mi templo. Mientras tanto, ustedes me ofrecían alimentos, grasa y sangre, violando así mi *pacto con sus acciones detestables. 8No se ocuparon de cumplir con mi culto sagrado, sino que pusieron a extranjeros a cargo de mi santuario. 9Así dice el SEÑOR omnipotente: ¡No entrará en mi templo ningún extranjero incircunciso de corazón y de cuerpo; ni siquiera los extranjeros que habitan entre los israelitas!

10»"Tendrán que pagar por su iniquidad los levitas que se alejaron de mí cuando Israel se descarriaba para ir tras sus ídolos malolientes. 11Podrán servir en mi santuario como custodios de las puertas, y en algunos otros menesteres del templo. Ellos serán los que maten los animales para el *holocausto y para el sacrificio que presenta el pueblo, y deberán estar dispuestos a servir al pueblo. 12Pero yo he levantado mi mano contra ellos, y por haber servido al pueblo de Israel delante de sus ídolos malolientes, y por hacerlo caer, tendrán que pagar su iniquidad. Yo, el SEÑOR, lo afirmo. 13No podrán acercarse a mí para servir como sacerdotes, ni se acercarán a mis objetos sagrados, y menos aún a los objetos santísimos. Tendrán que cargar con la vergüenza de las acciones detestables que han cometido. 14Sin embargo, los pondré a cargo de la custodia del templo, y de todo el servicio que se deba cumplir en él.

15»"En cambio, se acercarán para servirme los sacerdotes levitas descendientes de Sadoc, que estuvieron al servicio de mi santuario cuando los israelitas se descarriaban de mí; y se presentarán ante mí para ofrecerme la grasa y la sangre. Yo, el SEÑOR omnipotente, lo afirmo. 16Sólo ellos entrarán en mi santuario y podrán acercarse a mi mesa para servirme y encargarse de mi servicio. 17Y cuando entren por la puerta del atrio interior, se pondrán vestiduras de lino. Cuando estén sirviendo a las puertas del atrio interior, o en el templo, no llevarán ropa de lana. [18]Llevarán turbantes de lino sobre la cabeza, y alrededor de la cintura usarán ropa interior de lino. No se pondrán nada en la cintura que los haga transpirar. [19]Y cuando salgan al atrio exterior, donde está el pueblo, deberán quitarse la ropa con que hayan servido y dejarla en las salas sagradas. Luego se cambiarán de ropa, a fin de no *santificar al pueblo por medio de sus vestiduras.

[20]» "No se raparán la cabeza, pero tampoco se dejarán largo el cabello, sino que se lo recortarán prolijamente.

[21]» "Ningún sacerdote deberá beber vino cuando entre en el atrio interior.

[22]» "No deberá casarse con una viuda o una divorciada, sino sólo con una israelita que aún sea virgen o con la viuda de un sacerdote.

[23]» "Deberán enseñarle a mi pueblo a distinguir entre lo sagrado y lo profano, y mostrarle cómo diferenciar entre lo *puro y lo impuro.

[24]» "En cualquier pleito, los sacerdotes fungirán como jueces y juzgarán según mis ordenanzas. En todas mis fiestas observarán mis *leyes y mis preceptos, y observarán mis *sábados, pues son días *santos.

[25]» "El sacerdote no deberá acercarse a un cadáver, para no *contaminarse. Sólo podrá contaminarse si el cadáver es de su propio padre, o de su madre, hijo, hija, hermano, o hermana soltera. [26]Si queda contaminado, deberá purificarse, y luego esperar siete días. [27]El día que vuelva a entrar en el atrio interior del santuario para cumplir su servicio, deberá ofrecer su sacrificio por el pecado. Lo afirma el SEÑOR omnipotente.

[28]» "Los sacerdotes no tendrán ninguna heredad, porque su heredad soy yo. Ustedes no les darán ninguna propiedad en Israel. Su propiedad soy yo. [29]Ellos se alimentarán de la ofrenda de cereal y de las víctimas ofrecidas por el pecado y por la culpa. Además, todo lo que los israelitas consagren al SEÑOR será para ellos.

[30]También recibirán lo mejor de todas las *primicias y de todas las ofrendas que ustedes presenten. Les darán a los sacerdotes, para su pan, lo mejor de sus masas. Así mi bendición reposará sobre los hogares de ustedes. [31]Los sacerdotes no comerán ningún animal, sea ave o bestia, que sea encontrado muerto o despedazado por una fiera.

División de la tierra

45 » "Cuando por sorteo se repartan la tierra como herencia, deberán reservar una porción de terreno, la cual será consagrada al SEÑOR. Esta porción santa será de doce mil quinientos metros de largo por diez mil[r] de ancho. Todo este territorio será *santo. [2]De allí se adjudicará para el santuario un terreno cuadrado de doscientos cincuenta metros por lado. Además, alrededor de ese terreno se reservará un espacio libre de veinticinco metros de ancho. [3]En esa sección reservada apartarás una parcela de doce mil quinientos metros de largo por cinco mil de ancho, donde estará el santuario, el Lugar Santísimo. [4]Ésta será la porción santa de tierra para los sacerdotes que sirven en el santuario y que se acercan para servir al SEÑOR. Allí construirán sus casas, y también el santuario del SEÑOR. [5]Además, a los levitas que sirven en el templo se les adjudicará un espacio de doce mil quinientos metros de largo por cinco mil de ancho, para que tengan ciudades donde vivir.[s] [6]Y como territorio para la ciudad se asignará, junto a la sección reservada para el santuario, un espacio de dos mil quinientos metros de ancho por doce mil quinientos de largo. Este terreno pertenecerá a todo el pueblo de Israel.

[7]» "Al príncipe se le asignará una porción de tierra a ambos lados de la sección reservada para el santuario y de la sección reservada para la ciudad. Por el lado oeste se extenderá hacia el oeste, y hacia el este por el lado oriental. Su longitud de este a oeste será igual a la de los terrenos asignados a una de las tribus. [8]Esta tierra será

---

[r] **45:1** *diez mil* (LXX; lit. *veinte mil *codos*); *cinco mil* (TM; lit. *diez mil codos*). [s] **45:5** *ciudades donde vivir* (LXX); *veinte habitaciones* (TM).

su posesión en Israel; así mis príncipes no volverán a oprimir a mi pueblo, sino que dejarán que las tribus de Israel ocupen la tierra.

9» "Así dice el Señor omnipotente: ¡Basta ya, príncipes de Israel! ¡Abandonen la violencia y la explotación! ¡Practiquen el derecho y la justicia! ¡Dejen de extorsionar a mi pueblo! Lo afirma el Señor. 10¡Usen balanzas justas, y pesas y medidas exactas! 11Para sólidos y líquidos usarán la misma unidad de medida. El *jómer* de doscientos veinte litros servirá de patrón. Un *bato* de líquido será igual a una décima de *jómer*, y un *efa* de granos será igual a una décima de *jómer*. 12En cuanto a las medidas de peso: una *mina* será igual a veinte *siclos*, y un *siclo* será igual a veinte *guerás*.

13» "Ésta es la ofrenda especial que presentarán: por cada *jómer* de trigo, la sexta parte de un *efa*; por cada *jómer* de cebada, la sexta parte de un *efa*. 14La medida para el aceite es la siguiente: por cada *coro*, la décima parte de un *bato*; esto equivale a diez *batos,* y también a un *jómer*, ya que diez *batos* equivalen a un *jómer*.

15» "En cuanto a las ovejas, se tomará una de cada doscientas de los rebaños que pastan en las mejores praderas de Israel. Éstas se usarán para las ofrendas de cereales, el *holocausto y el sacrificio de *comunión, a fin de hacer *expiación por ellos —afirma el Señor—. 16Todo el pueblo estará obligado a contribuir para esta ofrenda especial del príncipe de Israel. 17Pero en las fiestas, lunas nuevas y *sábados, y en todas las fiestas señaladas en el pueblo de Israel, al príncipe le corresponderá proveer los holocaustos, las ofrendas de cereales y las libaciones. Deberá también proveer la ofrenda por el pecado, las ofrendas de cereales, el holocausto y los sacrificios de comunión, para hacer expiación por los pecados de Israel.

18» "Así dice el Señor omnipotente: El día primero del mes primero tomarás un ternero sin defecto y lo ofrecerás como sacrificio para *purificar de pecado al templo. 19De la ofrenda por el pecado el sacerdote tomará un poco de sangre y la

pondrá sobre los postes de la puerta del templo, en las cuatro esquinas del zócalo superior del altar, y en los postes de la puerta del atrio interior. 20Lo mismo harás el día siete del mes con todo el que haya pecado sin intención o por ignorancia. Así el templo quedará purificado.

21» "El día catorce del mes primero deberás celebrar la fiesta de la Pascua. Durante siete días comerás pan sin levadura. 22Ese día el príncipe deberá ofrecer un ternero como sacrificio por su pecado y el de todo el pueblo. 23Y cada día, durante los siete días de la fiesta, el príncipe deberá ofrecer en holocausto al Señor siete terneros y siete carneros sin defecto. Además, cada día ofrecerá un macho cabrío como sacrificio por el pecado. 24También ofrecerá, como ofrenda de cereal, un *efa* por cada ternero, un *efa* por cada carnero, y un *hin* de aceite por cada *efa*.

25» "Durante los siete días de la fiesta, que comienza el día quince del mes séptimo, el príncipe deberá proveer lo mismo para el sacrificio por el pecado, el holocausto y las ofrendas de cereales y de aceite.

46 » "Así dice el Señor omnipotente: La puerta oriental del atrio interior permanecerá cerrada durante los días laborables, pero se abrirá los *sábados y los días de luna nueva. 2El príncipe entrará por el vestíbulo de la puerta, y se detendrá junto a uno de los postes de la puerta; entonces los sacerdotes ofrecerán sus *holocaustos y sus sacrificios de *comunión. El príncipe adorará junto al umbral de la puerta, y luego saldrá; la puerta, sin embargo, no se cerrará hasta el atardecer. 3» "Los sábados y los días de luna nueva el pueblo de esta tierra adorará en presencia del Señor, frente a la misma puerta. 4El holocausto que el príncipe ofrecerá al Señor el día sábado será de seis corderos y un carnero, todos ellos sin defecto alguno. 5La ofrenda de cereales será de un *efa* por carnero, y por los corderos, lo que pueda darse; por cada *efa* deberá ofrecer un *hin* de aceite. 6En el día de luna nueva deberá ofrecer un ternero, seis corderos y un carnero, todos ellos sin defecto alguno. 7Por el ternero ofrecerá una ofrenda de cereales de un *efa*, y lo

mismo por el carnero. Por los corderos, la ofrenda de cereales será según lo que pueda darse, y por cada *efa* deberá ofrecer un *hin* de aceite.

8» "Cuando el príncipe entre, lo hará por el vestíbulo de la puerta, y saldrá por el mismo lugar. 9Pero cuando el pueblo se presente delante del SEÑOR durante las fiestas señaladas, el que entre para adorar por la puerta del norte saldrá por la puerta del sur; así mismo, el que entre por la puerta del sur saldrá por la puerta del norte. Nadie saldrá por la misma puerta por la que entró, sino que siempre saldrá por la de enfrente. 10Y cuando entren y cuando salgan, el príncipe deberá estar entre ellos. 11En los festivales y en las fiestas señaladas, la ofrenda de cereales será de un *efa* por cada ternero y lo mismo por cada carnero. Por los corderos será según lo que pueda darse, y por cada *efa* deberá ofrecerse un *hin* de aceite.

12» "Y cuando el príncipe presente una ofrenda voluntaria al SEÑOR, ya sea un holocausto o un sacrificio de comunión, se le abrirá la puerta oriental, y ofrecerá su holocausto o su sacrificio de comunión de la misma manera que lo hace el día sábado. Luego saldrá, y tras él cerrarán la puerta.

13» "Todas las mañanas ofrecerás, en holocausto al SEÑOR, un cordero de un año sin defecto. 14De la misma manera, ofrecerás cada mañana una ofrenda de cereales. Será de una sexta parte de un *efa*, con una tercera parte de un *hin* de aceite para humedecer la harina. Ésta será una ofrenda al SEÑOR, que se presentará siempre, por ordenanza perpetua. 15Por lo tanto, cada mañana se ofrecerán, como holocausto perpetuo, el cordero, la ofrenda de cereales y la ofrenda de aceite.

16» "Así dice el SEÑOR omnipotente: Si el príncipe le regala a alguno de sus hijos parte de su herencia, ese regalo le pertenecerá a sus descendientes, pues es su herencia. 17Pero si le regala parte de su herencia a alguno de sus siervos, ésta sólo le pertenecerá al siervo hasta el año

del jubileo, después de lo cual el siervo se la devolverá al príncipe. La herencia del príncipe es patrimonio de sus descendientes. 18El príncipe no se apoderará de la herencia del pueblo, ni lo privará de lo que le pertenece. A sus hijos les dará solamente lo que sea parte de su propiedad personal; así en mi pueblo nadie quedará despojado de su propiedad."»

19Luego el hombre me llevó a la entrada que estaba al lado de la puerta, a las habitaciones que dan al norte y que estaban consagradas para los sacerdotes. Desde allí me mostró un espacio en el fondo, al lado oeste. 20Y me dijo: «Éste es el lugar donde los sacerdotes hervirán la carne de los animales ofrecidos en sacrificio por la culpa o por el pecado. También aquí se cocerán las ofrendas de cereales. Esto es para que no tengan que sacarlas al atrio exterior, pues el pueblo podría entrar en contacto con los objetos sagrados.»

21Entonces me llevó al atrio exterior y me hizo pasar por los cuatro ángulos del atrio. Vi que en cada ángulo había un pequeño atrio. 22En los cuatro ángulos del atrio había atrios cercados, *t* todos del mismo tamaño, de veinte metros de largo por quince de ancho. 23Alrededor de los cuatro atrios había un muro, y en todo el derredor de la parte baja del muro había unos fogones. 24Entonces me dijo: «Éstas son las cocinas donde los servidores del templo hervirán los animales para los sacrificios del pueblo.»

El río del templo

47 El hombre me trajo de vuelta a la entrada del templo, y vi que brotaba agua por debajo del umbral, en dirección al oriente, que es hacia donde da la fachada del templo. El agua corría por la parte baja del lado derecho del templo, al sur del altar. 2Luego el hombre me sacó por la puerta del norte, y me hizo dar la vuelta por fuera, hasta la puerta exterior que mira hacia el oriente; y vi que las aguas fluían del lado sur. 3El hombre salió

---

t **46:22** *cercados.* Palabra de difícil traducción.

hacia el oriente con una cuerda en la mano, midió quinientos metros y me hizo cruzar el agua, la cual me llegaba a los tobillos. **4**Luego midió otros quinientos metros y me hizo cruzar el agua, que ahora me llegaba a las rodillas. Midió otros quinientos metros, y me hizo cruzar el agua, que esta vez me llegaba a la cintura. **5**Midió otros quinientos metros, pero la corriente se había convertido ya en un río que yo no podía cruzar. Había crecido tanto que sólo se podía cruzar a nado. **6**Entonces me preguntó: «¿Lo has visto, hijo de hombre?»

En seguida me hizo volver a la orilla del río, **7**y al llegar vi que en sus márgenes había muchos árboles. **8**Allí me dijo: «Estas aguas fluyen hacia la región oriental, descienden hasta el Arabá, y van a dar al Mar Muerto. Cuando desembocan en ese mar, las aguas se vuelven dulces. **9**Por donde corra este río, todo ser viviente que en él se mueva vivirá. Habrá peces en abundancia porque el agua de este río transformará el agua salada en agua dulce, y todo lo que se mueva en sus aguas vivirá. **10**Junto al río se detendrán los pescadores, desde Engadi hasta Eneglayin, porque allí habrá lugar para secar sus redes. Los peces allí serán tan variados y numerosos como en el mar Mediterráneo.*u* **11**Pero sus pantanos y marismas no tendrán agua dulce, sino que quedarán como salinas. **12**Junto a las orillas del río crecerá toda clase de árboles frutales; sus hojas no se marchitarán, y siempre tendrán frutos. Cada mes darán frutos nuevos, porque el agua que los riega sale del templo. Sus frutos servirán de alimento y sus hojas serán medicinales.

Los límites del país

13»Así dice el SEÑOR omnipotente: Éstos son los límites del país que se repartirá como herencia a las doce tribus de Israel, tomando en cuenta que a José le tocará una doble porción. **14**A los antepasados de ustedes les juré darles este país como herencia. Ahora cada uno de ustedes recibirá una parte igual, porque este país es su herencia.

15»Por el lado norte, comenzando desde el mar Mediterráneo y pasando por la ciudad de Hetlón hasta la entrada de Zedad, los límites del país serán: **16**Jamat, Berotá, Sibrayin —que está entre el territorio de Damasco y el de Jamat— y Jazar Haticón, que limita con Jaurán. **17**Así el límite norte se extenderá desde el mar Mediterráneo hasta Jazar Enán. Al norte quedarán los territorios de Jamat y Jaurán.

18»Por el oriente, la frontera entre la tierra de Israel y Jaurán, Damasco y Galaad, será el río Jordán, hasta la ciudad de Tamar, que está junto al Mar Muerto; éste será el lado oriental.

19»Por el sur, la frontera irá desde Tamar hasta el oasis de Meribá Cades, en dirección del torrente de Egipto, hasta el mar Mediterráneo. Éste será el límite sur.

20»Por el occidente, la frontera será el mar Mediterráneo, desde el límite sur hasta la costa que está a la altura de Lebó Jamat.*v* Éste será el límite occidental.

21»Ustedes deberán repartirse esta tierra entre las doce tribus de Israel. **22**La sortearán como herencia entre ustedes, y entre los extranjeros que habiten entre ustedes y que entre ustedes hayan tenido, a los cuales deberán considerar israelitas por nacimiento. Por tanto, estos extranjeros recibirán una herencia con ustedes entre las tribus de Israel. **23**Y en la tribu donde esté residiendo el extranjero, allí le darán su herencia. Lo afirma el SEÑOR omnipotente.

Reparto de la tierra

48 »Éstos son los nombres de las tribus, partiendo desde la frontera norte y comenzando con la tribu de Dan, de este a oeste, y desde el Mediterráneo, pasando por Hetlón, hasta Lebó Jamat y Jazar Enán, que es la parte al sur de Damasco y Jamat:

---

u **47:10** *mar Mediterráneo.* Lit. *mar grande*; también en vv. 15,19,20.   *v* **47:20** *Lebó Jamat.* Alt. *la entrada de Jamat*; también en 48:1.

²»Debajo de Dan, de este a oeste, está la porción de territorio de Aser.

³»Debajo de Aser, de este a oeste, está la porción de territorio de Neftalí.

⁴»Debajo de Neftalí, de este a oeste, está la porción de territorio de Manasés.

⁵»Debajo de Manasés, de este a oeste, está la porción de territorio de Efraín.

⁶»Debajo de Efraín, de este a oeste, está la porción de territorio de Rubén.

⁷»Debajo de Rubén, de este a oeste, está la porción de territorio de Judá.

⁸»Debajo de Judá, de este a oeste, está la porción de territorio que reservarás. Será de doce mil quinientos metros de ancho, y de este a oeste su longitud será la misma que la de los otros territorios. En medio de esta porción estará el santuario.

⁹»La parcela que ustedes deben reservar para el SEÑOR tendrá doce mil quinientos metros de largo por diez mil metros *w* de ancho. ¹⁰Dentro de esta parcela sagrada, a los sacerdotes les corresponderá una sección exclusiva que medirá doce mil quinientos metros por el norte, y cinco mil metros por el sur. En medio de ella se levantará el santuario del SEÑOR. ¹¹Esta sección estará destinada a los sacerdotes consagrados, descendientes de Sadoc, que cuando se descarrió el pueblo de Israel se encargaron de mi servicio y no se descarriaron, como los levitas. ¹²Por eso, a los sacerdotes les corresponderá una sección santísima de la parcela consagrada al SEÑOR, junto al territorio de los levitas. ¹³También los levitas tendrán una parcela de doce mil quinientos metros de largo por cinco mil de ancho, a lo largo del territorio de los sacerdotes. En total, la parcela reservada tendrá doce mil quinientos metros de largo por diez mil metros de ancho. ¹⁴Como parcela escogida del país, no se podrá vender, permutar ni expropiar ninguna parte de ella, pues está consagrada al SEÑOR.

¹⁵»La sección restante de doce mil quinientos metros de largo por dos mil quinientos metros de ancho es terreno profano. Se dedicará al uso común de la ciudad, para la construcción de viviendas y para pastizales. La ciudad quedará en el centro, ¹⁶y medirá dos mil doscientos cincuenta metros de largo por el lado norte, y lo mismo por sus lados sur, este y oeste. ¹⁷Los pastizales de la ciudad medirán ciento veinticinco metros de ancho alrededor de toda la ciudad. ¹⁸A los costados de la ciudad quedará una sección, junto a la parcela consagrada al SEÑOR, que tendrá cinco mil metros de largo por la parte este, y otros tantos por el oeste. Todo lo que allí se produzca servirá de alimento para los trabajadores de la ciudad. ¹⁹La cultivarán los trabajadores de la ciudad, sin importar a qué tribu pertenezcan. ²⁰Toda la parcela consagrada, incluso lo que pertenece a la ciudad, formará un cuadrado de doce mil quinientos metros por lado.

²¹»El terreno que quede a ambos lados de la parcela consagrada y de la que pertenece a la ciudad, será para el príncipe. A él le tocará una parcela de doce mil quinientos metros por el lado este, hasta la frontera oriental, y doce mil quinientos metros por el oeste, hasta la frontera occidental. Todo esto quedará paralelo a las otras secciones. En el centro estarán la parcela consagrada y el santuario del templo. ²²Así mismo, la propiedad de los levitas y la de la ciudad se ubicarán entre las fronteras de Judá y Benjamín, en medio de la parcela que le corresponde al príncipe.

²³»En cuanto a las demás tribus, a Benjamín le tocará una sección de este a oeste.

²⁴»Debajo de Benjamín, a Simeón le tocará una sección de este a oeste.

²⁵»Debajo de Simeón, a Isacar le tocará una sección de este a oeste.

²⁶»Debajo de Isacar, a Zabulón le tocará una sección de este a oeste.

²⁷»Debajo de Zabulón, a Gad le tocará una sección de este a oeste.

²⁸»Debajo de Gad, partiendo de este a oeste, la frontera irá desde Tamar hasta el

---

w **48:9** *diez mil metros* (lectura probable; lit. *veinte mil [*codos]*); *cinco mil metros* (TM; lit. *diez mil [codos]*); también en v. 13.

oasis de Meribá Cades y el arroyo de Egipto, y hasta el mar Mediterráneo.

²⁹»Éste es el territorio que ustedes repartirán por sorteo entre las tribus de Israel, y que será su herencia. Así quedará distribuido el territorio. Lo afirma el Señor omnipotente.

Las puertas de Jerusalén

³⁰»Éstas son las salidas de la ciudad:

»Por el norte, la ciudad medirá dos mil doscientos cincuenta metros. ³¹Las *puertas de la ciudad tendrán los nombres de las tribus de Israel. Al norte habrá tres puertas: la de Rubén, la de Judá y la de Leví.

³²»Por el este, la ciudad medirá dos mil doscientos cincuenta metros, y tendrá tres puertas: la de José, la de Benjamín y la de Dan.

³³»Por el sur, la ciudad medirá dos mil doscientos cincuenta metros, y tendrá tres puertas: la de Simeón, la de Isacar y la de Zabulón.

³⁴»Por el oeste, la ciudad medirá dos mil doscientos cincuenta metros, y tendrá tres puertas: la de Gad, la de Aser y la de Neftalí.

³⁵»El perímetro urbano será de nueve mil metros.

»Y desde aquel día el *nombre de la ciudad será:

AQUÍ HABITA EL SEÑOR.»

Daniel

Daniel en Babilonia

1 En el año tercero del reinado del rey Joacim de Judá, el rey Nabucodonosor de Babilonia vino a Jerusalén y la sitió. **2**El SEÑOR permitió que Joacim cayera en manos de Nabucodonosor. Junto con él, cayeron en sus manos algunos de los utensilios del templo de Dios, los cuales Nabucodonosor se llevó a Babilonia y puso en el tesoro del templo de sus dioses. **3**Además, el rey le ordenó a Aspenaz, jefe de los oficiales de su corte, que llevara a su presencia a algunos de los israelitas pertenecientes a la familia real y a la nobleza. **4**Debían ser jóvenes apuestos y sin ningún defecto físico, que tuvieran aptitudes para aprender de todo y que actuaran con sensatez; jóvenes sabios y aptos para el servicio en el palacio real, a los cuales Aspenaz debía enseñarles la lengua y la literatura de los *babilonios. **5**El rey les asignó raciones diarias de la comida y del vino que se servía en la mesa real. Su preparación habría de durar tres años, después de lo cual entrarían al servicio del rey.

6Entre estos jóvenes se encontraban Daniel, Ananías, Misael y Azarías, que eran de Judá, **7**y a los cuales el jefe de oficiales les cambió el nombre: a Daniel lo llamó Beltsasar; a Ananías, Sadrac; a Misael, Mesac; y a Azarías, Abednego.

8Pero Daniel se propuso no *contaminarse con la comida y el vino del rey, así que le pidió al jefe de oficiales que no lo obligara a contaminarse. **9**Y aunque Dios había hecho que Daniel se ganara el afecto y la simpatía del jefe de oficiales, **10**éste se vio obligado a responderle a Daniel: «Tengo miedo de mi señor el rey, pues fue él quien te asignó la comida y el vino. Si el rey llega a verte más flaco y demacrado que los otros jóvenes de tu edad, por culpa tuya me cortará la cabeza.»

11El jefe de oficiales le ordenó a un guardia atender a Daniel, Ananías, Misael y Azarías. Por su parte, Daniel habló con ese guardia y le dijo: **12**«Por favor, haz con tus siervos una prueba de diez días. Danos de comer sólo verduras, y de beber sólo agua. **13**Pasado ese tiempo, compara nuestro semblante con el de los jóvenes que se alimentan con la comida real, y procede de acuerdo con lo que veas en nosotros.»

14El guardia aceptó la propuesta, y los sometió a una prueba de diez días. **15**Al cumplirse el plazo, estos jóvenes se veían más sanos y mejor alimentados que cualquiera de los que participaban de la comida real. **16**Así que el guardia les retiró la comida y el vino del rey, y en su lugar siguió alimentándolos con verduras.

17A estos cuatro jóvenes Dios los dotó de sabiduría e inteligencia para entender toda clase de literatura y ciencia. Además, Daniel podía entender toda visión y todo sueño.

18Cumplido el plazo fijado por el rey Nabucodonosor, y conforme a sus instrucciones, el jefe de oficiales los llevó ante su presencia. **19**Luego de hablar el rey con Daniel, Ananías, Misael y Azarías, no encontró a nadie que los igualara, de modo que los cuatro entraron a su servicio. **20**El rey los interrogó, y en todos los temas que requerían de sabiduría y discernimiento los halló diez veces más inteligentes que todos los magos y hechiceros de su reino. **21**Fue así como Daniel se quedó en Babilonia hasta el primer año del rey Ciro.

El sueño del rey Nabucodonosor

2 En el segundo año de su reinado, Nabucodonosor tuvo varios sueños que lo perturbaron y no lo dejaban dormir. **2**Mandó entonces que se reunieran los magos, hechiceros, adivinos y astrólogos[a] de su reino, para que le dijeran lo que

---

[a] **2:2** *astrólogos.* Lit. **caldeos*; así en el resto de este libro.

había soñado. Una vez reunidos, y ya en presencia del rey, ³éste les dijo:

—Tuve un sueño que me tiene preocupado, y quiero saber lo que significa.

⁴Los astrólogos le respondieron:[b]

—¡Que viva Su Majestad por siempre! Estamos a su servicio. Cuéntenos el sueño, y nosotros le diremos lo que significa.

⁵Pero el rey les advirtió:

—Mi decisión ya está tomada: Si no me dicen lo que soñé, ni me dan su interpretación, ordenaré que los corten en pedazos y que sus casas sean reducidas a cenizas. ⁶Pero si me dicen lo que soñé y me explican su significado, yo les daré regalos, recompensas y grandes honores. Así que comiencen por decirme lo que soñé, y luego explíquenme su significado.

⁷Los astrólogos insistieron:

—Si Su Majestad les cuenta a estos siervos suyos lo que soñó, nosotros le diremos lo que significa.

⁸Pero el rey les contestó:

—Mi decisión ya está tomada. Eso ustedes bien lo saben, y por eso quieren ganar tiempo. ⁹Si no me dicen lo que soñé, ya saben lo que les espera. Ustedes se han puesto de acuerdo para salirme con cuestiones engañosas y mal intencionadas, esperando que cambie yo de parecer. Díganme lo que soñé, y así sabré que son capaces de darme su interpretación.

¹⁰Entonces los astrólogos le respondieron:

—¡No hay nadie en la tierra capaz de hacer lo que Su Majestad nos pide! ¡Jamás a ningún rey se le ha ocurrido pedirle tal cosa a ningún mago, hechicero o astrólogo! ¹¹Lo que Su Majestad nos pide raya en lo imposible, y nadie podrá revelárselo, a no ser los dioses. ¡Pero ellos no viven entre nosotros!

¹²Tanto enfureció al rey la respuesta de los astrólogos, que mandó ejecutar a todos los sabios de Babilonia. ¹³Se publicó entonces un edicto que decretaba la muerte de todos los sabios, de modo que se ordenó la búsqueda de Daniel y de sus compañeros para que fueran ejecutados.

¹⁴Cuando el comandante de la guardia real, que se llamaba Arioc, salió para ejecutar a los sabios *babilonios, Daniel le habló con mucho tacto e inteligencia. ¹⁵Le dijo: «¿¿Por qué ha emitido el rey un edicto tan violento?» Y una vez que Arioc le explicó cuál era el problema, ¹⁶Daniel fue a ver al rey y le pidió tiempo para poder interpretarle su sueño. ¹⁷Después volvió a su casa y les contó a sus amigos Ananías, Misael y Azarías cómo se presentaba la situación. ¹⁸Al mismo tiempo, les pidió que imploraran la misericordia del Dios del cielo en cuanto a ese sueño misterioso, para que ni él ni sus amigos fueran ejecutados con el resto de los sabios babilonios.

¹⁹Durante la noche, Daniel recibió en una visión la respuesta al misterio. Entonces alabó al Dios del cielo ²⁰y dijo:

«¡Alabado sea por siempre el
  *nombre de Dios!
Suyos son la sabiduría y el poder.
²¹Él cambia los tiempos y las épocas,
  pone y depone reyes.
A los sabios da sabiduría,
  y a los inteligentes,
  discernimiento.
²²Él revela lo profundo y lo
  escondido,
  y sabe lo que se oculta en las
  sombras.
¡En él habita la luz!
²³A ti, Dios de mis padres,
  te alabo y te doy gracias.
Me has dado sabiduría y poder,
  me has dado a conocer lo que te
  pedimos,
  ¡me has dado a conocer el sueño
  del rey!»

Daniel interpreta el sueño del rey

²⁴Entonces Daniel fue a ver a Arioc, a quien el rey le había dado la orden de ejecutar a los sabios de Babilonia, y le dijo:

—No mates a los sabios *babilonios. Llévame ante el rey, y le interpretaré el sueño que tuvo.

---

[b] **2:4** *le respondieron.* Lit. *le respondieron en arameo.* En efecto, de aquí al final del cap. 7 el texto bíblico está escrito en la lengua aramea.

²⁵Inmediatamente Arioc condujo a Daniel a la presencia del rey, y le dijo:

—Entre los exiliados de Judá he hallado a alguien que puede interpretar el sueño de Su Majestad.

²⁶El rey le preguntó a Daniel, a quien los babilonios le habían puesto por nombre Beltsasar:

—¿Puedes decirme lo que vi en mi sueño, y darme su interpretación?

²⁷A esto Daniel respondió:

—No hay ningún sabio ni hechicero, ni mago o adivino, que pueda explicarle a Su Majestad el misterio que le preocupa. ²⁸Pero hay un Dios en el cielo que revela los misterios. Ese Dios le ha mostrado a usted lo que tendrá lugar en los días venideros. Éstos son el sueño y las visiones que pasaron por la mente de Su Majestad mientras dormía: ²⁹Allí, en su cama, Su Majestad dirigió sus pensamientos a las cosas por venir, y el que revela los misterios le mostró lo que está por suceder. ³⁰Por lo que a mí toca, este misterio me ha sido revelado, no porque yo sea más sabio que el resto de la humanidad, sino para que Su Majestad llegue a conocer su interpretación y entienda lo que pasaba por su *mente.

³¹»En su sueño Su Majestad veía una estatua enorme, de tamaño impresionante y de aspecto horrible. ³²La cabeza de la estatua era de oro puro, el pecho y los brazos eran de plata, el vientre y los muslos eran de bronce, ³³y las piernas eran de hierro, lo mismo que la mitad de los pies, en tanto que la otra mitad era de barro cocido. ³⁴De pronto, y mientras Su Majestad contemplaba la estatua, una roca que nadie desprendió vino y golpeó los pies de hierro y barro de la estatua, y los hizo pedazos. ³⁵Con ellos se hicieron añicos el hierro y el barro, junto con el bronce, la plata y el oro. La estatua se hizo polvo, como el que vuela en el verano cuando se trilla el trigo. El viento barrió con la estatua, y no quedó ni rastro de ella. En cambio, la roca que dio contra la estatua se convirtió en una montaña enorme que llenó toda la tierra.

³⁶»Éste fue el sueño que tuvo Su Majestad, y éste es su significado: ³⁷Su Majestad es rey entre los reyes; el Dios del cielo le ha dado el reino, el poder, la majestad y la gloria. ³⁸Además, ha puesto en manos de Su Majestad a la *humanidad entera, a las bestias del campo y a las aves del cielo. No importa dónde vivan, Dios ha hecho de Su Majestad el gobernante de todos ellos. ¡Su Majestad es la cabeza de oro!

³⁹»Después de Su Majestad surgirá otro reino de menor importancia. Luego vendrá un tercer reino, que será de bronce, y dominará sobre toda la tierra. ⁴⁰Finalmente, vendrá un cuarto reino, sólido como el hierro. Y así como el hierro todo lo rompe, destroza y pulveriza, este cuarto reino hará polvo a los otros reinos.

⁴¹»Su Majestad veía que los pies y los dedos de la estatua eran mitad hierro y mitad barro cocido. El hierro y el barro, que Su Majestad vio mezclados, significan que éste será un reino dividido, aunque tendrá la fuerza del hierro. ⁴²Y como los dedos eran también mitad hierro y mitad barro, este reino será medianamente fuerte y medianamente débil. ⁴³Su Majestad vio mezclados el hierro y el barro, dos elementos que no pueden fundirse entre sí. De igual manera, el pueblo será una mezcla que no podrá mantenerse unida.

⁴⁴»En los días de estos reyes el Dios del cielo establecerá un reino que jamás será destruido ni entregado a otro pueblo, sino que permanecerá para siempre y hará pedazos a todos estos reinos. ⁴⁵Tal es el sentido del sueño donde la roca se desprendía de una montaña; roca que, sin la intervención de nadie, hizo añicos al hierro, al bronce, al barro, a la plata y al oro. El gran Dios le ha mostrado a Su Majestad lo que tendrá lugar en el futuro. El sueño es verdadero, y esta interpretación, digna de confianza.

⁴⁶Al oír esto, el rey Nabucodonosor se postró ante Daniel y le rindió pleitesía, ordenó que se le presentara una ofrenda e incienso, ⁴⁷y le dijo:

—¡Tu Dios es el Dios de dioses y el soberano de los reyes! ¡Tu Dios revela todos los misterios, pues fuiste capaz de revelarme este sueño misterioso!

⁴⁸Luego el rey puso a Daniel en un puesto prominente y lo colmó de regalos,

lo nombró gobernador de toda la provincia de Babilonia y jefe de todos sus sabios. ⁴⁹Además, a solicitud de Daniel, el rey nombró a Sadrac, Mesac y Abednego administradores de la provincia de Babilonia. Daniel, por su parte, permaneció en la corte real.

El horno en llamas

3 El rey Nabucodonosor mandó hacer una estatua de oro, de veintisiete metros de alto por dos metros y medio^c de ancho, y mandó que la colocaran en los llanos de Dura, en la provincia de Babilonia. ²Luego les ordenó a los *sátrapas, prefectos, gobernadores, consejeros, tesoreros, jueces, magistrados y demás oficiales de las provincias, que asistieran a la dedicación de la estatua que había mandado erigir. ³Para celebrar tal dedicación, los sátrapas, prefectos, gobernadores, consejeros, tesoreros, jueces, magistrados y demás oficiales de las provincias se reunieron ante la estatua. ⁴Entonces los heraldos proclamaron a voz en cuello: «A ustedes, pueblos, naciones y gente de toda lengua, se les ordena lo siguiente: ⁵Tan pronto como escuchen la música de trompetas, flautas, cítaras, liras, arpas, zampoñas y otros instrumentos musicales, deberán inclinarse y adorar la estatua de oro que el rey Nabucodonosor ha mandado erigir. ⁶Todo el que no se incline ante ella ni la adore será arrojado de inmediato a un horno en llamas.»

⁷Ante tal amenaza, tan pronto como se escuchó la música de todos esos instrumentos musicales, todos los pueblos y naciones, y gente de toda lengua, se inclinaron y adoraron la estatua de oro que el rey Nabucodonosor había mandado erigir. ⁸Pero algunos astrólogos se presentaron ante el rey y acusaron a los judíos:

⁹—¡Que viva Su Majestad por siempre! —exclamaron—. ¹⁰Usted ha emitido un decreto ordenando que todo el que oiga la música de trompetas, flautas, cítaras, liras, arpas, zampoñas y otros instrumentos musicales, se incline ante la estatua de oro y la adore. ¹¹También ha ordenado que todo el que no se incline ante la estatua ni la adore será arrojado a un horno en llamas. ¹²Pero hay algunos judíos, a quienes Su Majestad ha puesto al frente de la provincia de Babilonia, que no acatan sus órdenes. No adoran a los dioses de Su Majestad ni a la estatua de oro que mandó erigir. Se trata de Sadrac, Mesac y Abednego.

¹³Lleno de ira, Nabucodonosor los mandó llamar. Cuando los jóvenes se presentaron ante el rey, ¹⁴Nabucodonosor les dijo:

—Ustedes tres, ¿es verdad que no honran a mis dioses ni adoran a la estatua de oro que he mandado erigir? ¹⁵Ahora que escuchen la música de los instrumentos musicales, más les vale que se inclinen ante la estatua que he mandado hacer, y que la adoren. De lo contrario, serán lanzados de inmediato a un horno en llamas, ¡y no habrá dios capaz de librarlos de mis manos!

¹⁶Sadrac, Mesac y Abednego le respondieron a Nabucodonosor:

—¡No hace falta que nos defendamos ante Su Majestad! ¹⁷Si se nos arroja al horno en llamas, el Dios al que servimos puede librarnos del horno y de las manos de Su Majestad. ¹⁸Pero aun si nuestro Dios no lo hace así, sepa usted que no honraremos a sus dioses ni adoraremos a su estatua.

¹⁹Ante la respuesta de Sadrac, Mesac y Abednego, Nabucodonosor se puso muy furioso y cambió su actitud hacia ellos. Mandó entonces que se calentara el horno siete veces más de lo normal, ²⁰y que algunos de los soldados más fuertes de su ejército ataran a los tres jóvenes y los arrojaran al horno en llamas. ²¹Fue así como los arrojaron al horno con sus mantos, sandalias, turbantes y todo, es decir, tal y como estaban vestidos. ²²Tan inmediata fue la orden del rey, y tan caliente estaba el horno, que las llamas alcanzaron y mataron a los soldados que arrojaron a Sadrac, Mesac y Abednego, ²³los cuales, atados de pies y manos, cayeron dentro del horno en llamas.

---

^c**3:1** *veintisiete metros ... dos metros y medio.* Lit. *sesenta *codos ... seis codos.*

24En ese momento Nabucodonosor se puso de pie, y sorprendido les preguntó a sus consejeros:

—¿Acaso no eran tres los hombres que atamos y arrojamos al fuego?

—Así es, Su Majestad —le respondieron.

25—¡Pues miren! —exclamó—. Allí en el fuego veo a cuatro hombres, sin ataduras y sin daño alguno, ¡y el cuarto tiene la apariencia de un dios!*d*

26Dicho esto, Nabucodonosor se acercó a la puerta del horno en llamas y gritó:

—Sadrac, Mesac y Abednego, siervos del Dios *Altísimo, ¡salgan de allí, y vengan acá!

Cuando los tres jóvenes salieron del horno, **27**los sátrapas, prefectos, gobernadores y consejeros reales se arremolinaron en torno a ellos y vieron que el fuego no les había causado ningún daño, y que ni uno solo de sus cabellos se había chamuscado; es más, su ropa no estaba quemada ¡y ni siquiera olía a humo!

28Entonces exclamó Nabucodonosor: «¡Alabado sea el Dios de estos jóvenes, que envió a su ángel y los salvó! Ellos confiaron en él y, desafiando la orden real, optaron por la muerte antes que honrar o adorar a otro dios que no fuera el suyo. **29**Por tanto, yo decreto que se descuartice a cualquiera que hable en contra del Dios de Sadrac, Mesac y Abednego, y que su casa sea reducida a cenizas, sin importar la nación a que pertenezca o la lengua que hable. ¡No hay otro dios que pueda salvar de esta manera!»

30Después de eso el rey promovió a Sadrac, Mesac y Abednego a un alto puesto en la provincia de Babilonia.

Nabucodonosor, árbol caído

4 El rey Nabucodonosor,

a todos los pueblos y naciones que habitan en este mundo, y a toda lengua:

¡Paz y prosperidad para todos!

2Me es grato darles a conocer las señales y maravillas que el Dios *Altísimo ha realizado en mi favor. **3**¡Cuán grandes son sus señales! ¡Cuán portentosas son sus maravillas! ¡Su reino es un reino eterno! ¡Su soberanía permanece de generación en generación!

4Yo, Nabucodonosor, estaba en mi palacio, feliz y lleno de prosperidad, **5**cuando tuve un sueño que me infundió miedo. Recostado en mi lecho, las imágenes y visiones que pasaron por mi mente me llenaron de terror. **6**Ordené entonces que vinieran a mi presencia todos los sabios de Babilonia para que me interpretaran el sueño. **7**Cuando llegaron los magos, hechiceros, astrólogos y adivinos, les conté mi sueño pero no me lo pudieron interpretar. **8**Finalmente Daniel, que en honor a mi Dios también se llama Beltsasar, se presentó ante mí y le conté mi sueño, pues en él reposa el espíritu de los *santos dioses.

9Yo le dije: «Beltsasar, jefe de los magos, yo sé que en ti reposa el espíritu de los santos dioses, y que no hay para ti ningún misterio demasiado difícil de resolver. Te voy a contar mi sueño, y quiero que me digas lo que significa. **10**Y ésta es la tremenda visión que tuve mientras reposaba en mi lecho: Veía ante mí un árbol de altura impresionante, plantado en medio de la tierra. **11**El árbol creció y se hizo fuerte, y su copa tocaba el cielo, ¡hasta podía verse desde cualquier punto de la tierra! **12**Tenía un hermoso follaje y abundantes frutos; ¡todo el mundo hallaba en él su alimento! Hasta las bestias salvajes venían a refugiarse bajo su sombra, y en sus ramas anidaban las aves del cielo. ¡Ese árbol alimentaba a todos los animales!

13»En la visión que tuve mientras reposaba en mi lecho, vi ante mí a un mensajero santo que descendía del cielo **14**y que a voz en cuello me gritaba: "¡Derriba el árbol y córtale las ramas; arráncale las hojas y esparce los frutos! ¡Haz que las bestias huyan de su sombra, y que las aves abandonen sus nidos! **15**Pero deja enterrados el tocón y las

---

*d***3:25** *dios.* Lit. *hijo de dioses.*

raíces; sujétalos con hierro y bronce entre la hierba del campo. Deja que se empape con el rocío del cielo, y que habite con los animales y entre las plantas de la tierra. **16**Deja que su *mente *humana se trastorne y se vuelva como la de un animal, hasta que hayan transcurrido siete años."*e*

17»Los santos mensajeros han anunciado la decisión, es decir, el veredicto, para que todos los vivientes reconozcan que el Dios Altísimo es el soberano de todos los reinos humanos, y que se los entrega a quien él quiere, y hasta pone sobre ellos al más humilde de los hombres.

18»Yo, Nabucodonosor, tuve este sueño. Ahora tú, Beltsasar, dime qué es lo que significa, ya que ninguno de los sabios de mi reino me lo pudo interpretar. ¡Pero tú sí puedes hacerlo, porque en ti reposa el espíritu de los santos dioses!»

Daniel interpreta el sueño del rey

19Daniel, conocido también como Beltsasar, se quedó desconcertado por algún tiempo y aterrorizado por sus propios pensamientos; por eso el rey le dijo:

—Beltsasar, no te dejes alarmar por este sueño y su significado.

A esto Daniel respondió:

—¡Ojalá que el sueño y su significado tengan que ver con los acérrimos enemigos de Su Majestad! **20**La copa del árbol que Su Majestad veía crecer y fortalecerse, tocaba el cielo; ¡hasta podía verse desde cualquier punto de la tierra! **21**Ese árbol tenía un hermoso follaje y daba abundantes frutos, y alimentaba a todo el mundo; bajo su sombra se refugiaban las bestias salvajes, y en sus ramas anidaban las aves del cielo. **22**Ese árbol es Su Majestad, que se ha hecho fuerte y poderoso, y con su grandeza ha alcanzado el cielo. ¡Su dominio se extiende a los lugares más remotos de la tierra!

23»Su Majestad veía que del cielo bajaba un mensajero *santo, el cual le ordenaba derribar el árbol y destruirlo, y dejarlo enterrado para que se empapara con el rocío del cielo, aunque tenía que sujetar con hierro y bronce el tocón y las raíces. De este modo viviría como los animales salvajes hasta que transcurrieran siete años.

24»La interpretación del sueño, y el decreto que el *Altísimo ha emitido contra Su Majestad, es como sigue: **25**Usted será apartado de la gente y habitará con los animales salvajes; comerá pasto como el ganado, y se empapará con el rocío del cielo. Siete años pasarán hasta que Su Majestad reconozca que el Altísimo es el soberano de todos los reinos del mundo, y que se los entrega a quien él quiere. **26**La orden de dejar el tocón y las raíces del árbol quiere decir que Su Majestad recibirá nuevamente el reino, cuando haya reconocido que el verdadero reino es el del cielo. **27**Por lo tanto, yo le ruego a Su Majestad aceptar el consejo que le voy a dar: Renuncie usted a sus pecados y actúe con justicia; renuncie a su maldad y sea bondadoso con los oprimidos. Tal vez entonces su prosperidad vuelva a ser la de antes.»

28En efecto, todo esto le sucedió al rey Nabucodonosor. **29**Doce meses después, mientras daba un paseo por la terraza del palacio real de Babilonia, **30**exclamó: «¡Miren la gran Babilonia que he construido como capital del reino! ¡La he construido con mi gran poder, para mi propia honra!»

31No había terminado de hablar cuando, desde el cielo, se escuchó una voz que decía:

«Éste es el decreto en cuanto a ti, rey Nabucodonosor. Tu autoridad real se te ha quitado. **32**Serás apartado de la gente y vivirás entre los animales salvajes; comerás pasto como el ganado, y siete años transcurrirán hasta que reconozcas que el Altísimo es el soberano de todos los reinos del mundo, y que se los entrega a quien él quiere.»

33Y al instante se cumplió lo anunciado a Nabucodonosor. Lo separaron de la gen-

---

*e***4:16** *años.* Lit. *tiempos*; también en v. 23.

te, y comió pasto como el ganado. Su cuerpo se empapó con el rocío del cielo, y hasta el pelo y las uñas le crecieron como plumas y garras de águila.

34Pasado ese tiempo yo, Nabucodonosor, elevé los ojos al cielo, y recobré el juicio. Entonces alabé al Altísimo; honré y glorifiqué al que vive para siempre:

Su dominio es eterno;
    su reino permanece para siempre.
35Ninguno de los pueblos de la tierra
    merece ser tomado en cuenta.
Dios hace lo que quiere
    con los poderes celestiales
    y con los pueblos de la tierra.
No hay quien se oponga a su poder
    ni quien le pida cuentas de sus
        actos.

36Recobré el juicio, y al momento me fueron devueltos la honra, el esplendor y la gloria de mi reino. Mis consejeros y cortesanos vinieron a buscarme, y me fue devuelto el trono. ¡Llegué a ser más poderoso que antes! **37**Por eso yo, Nabucodonosor, alabo, exalto y glorifico al Rey del cielo, porque siempre procede con rectitud y justicia, y es capaz de humillar a los soberbios.

La escritura en la pared

5 El rey Belsasar ofreció un gran banquete a mil miembros de la nobleza, y bebió vino con ellos hasta emborracharse. **2-3**Mientras brindaban, Belsasar mandó que le trajeran las copas de oro y de plata que Nabucodonosor, su padre, había tomado del templo de Jerusalén. Y así se hizo. Le llevaron las copas, y en ellas bebieron el rey y sus nobles, junto con sus esposas y concubinas. **4**Ya borrachos, se deshacían en alabanzas a los dioses de oro, plata, bronce, hierro, madera y piedra.

5En ese momento, en la sala del palacio apareció una mano que, a la luz de las lámparas, escribía con el dedo sobre la parte blanca de la pared. Mientras el rey observaba la mano que escribía, **6**el rostro le palideció del susto, las rodillas comenzaron a temblarle, y apenas podía soste-

nerse. **7**Mandó entonces que vinieran los hechiceros, astrólogos y adivinos, y a estos sabios *babilonios les dijo:

—Al que lea lo que allí está escrito, y me diga lo que significa, lo vestiré de púrpura, le pondré una cadena de oro en el cuello, y lo nombraré tercer gobernante del reino.

8Todos los sabios del reino se presentaron, pero no pudieron descifrar lo escrito ni decirle al rey lo que significaba. **9**Esto hizo que el rey Belsasar se asustara y palideciera más todavía. Los nobles, por su parte, se hallaban confundidos.

10Al oír el alboroto que hacían el rey y sus nobles, la reina misma entró en la sala del banquete y exclamó:

—¡Que viva Su Majestad por siempre! ¡Y no se alarme ni se ponga pálido! **11**En el reino de Su Majestad hay un hombre en quien reposa el espíritu de los *santos dioses. Cuando vivía el rey Nabucodonosor, padre de Su Majestad, se halló que ese hombre poseía sabiduría, inteligencia y gran percepción, semejantes a las de los dioses. El padre de Su Majestad llegó a nombrar a ese hombre jefe de los magos, hechiceros, astrólogos y adivinos. **12**Y es que ese hombre tiene una mente aguda, amplios *conocimientos, e inteligencia y capacidad para interpretar sueños, explicar misterios y resolver problemas difíciles. Llame usted a ese hombre, y él le dirá lo que significa ese escrito. Se llama Daniel, aunque el padre de Su Majestad le puso por nombre Beltsasar.

13Daniel fue llevado a la presencia del rey, y éste le preguntó:

—¿Así que tú eres Daniel, uno de los exiliados que mi padre trajo de Judá? **14**Me han contado que en ti reposa el espíritu de los dioses, y que posees gran agudeza e inteligencia, y una sabiduría sorprendente. **15**Los sabios y hechiceros se presentaron ante mí para leer esta escritura y decirme lo que significa, pero no pudieron descifrarla. **16**Según me han dicho, tú puedes dar interpretaciones y resolver problemas difíciles. Si logras descifrar e interpretar lo que allí está escrito, te vestiré de púrpura, te pondré una cadena de oro en el cuello, y te nombraré tercer gobernante del reino.

17—Su Majestad puede quedarse con sus regalos, o dárselos a otro —le respondió Daniel—. Yo voy a leerle a Su Majestad lo que dice en la pared, y le explicaré lo que significa.

18»El Dios *Altísimo dio al rey Nabucodonosor, padre de usted, grandeza, gloria, majestad y esplendor. **19**Gracias a la autoridad que Dios le dio, ante él temblaban de miedo todos los pueblos, naciones y gente de toda lengua. A quien él quería matar, lo mandaba matar; a quien quería perdonar, lo perdonaba; si quería promover a alguien, lo promovía; y si quería humillarlo, lo humillaba. **20**Pero, cuando su *corazón se volvió arrogante y orgulloso, se le arrebató el trono real y se le despojó de su gloria; **21**fue apartado de la gente y recibió la *mente de un animal; vivió entre los asnos salvajes y se alimentó con pasto como el ganado; ¡el rocío de la noche empapaba su cuerpo! Todo esto le sucedió hasta que reconoció que el Dios Altísimo es el soberano de todos los reinos del mundo, y que se los entrega a quien él quiere.

22»Sin embargo, y a pesar de saber todo esto, usted, hijo de Nabucodonosor, no se ha humillado. **23**Por el contrario, se ha opuesto al Dios del cielo mandando traer de su templo las copas, para que beban en ellas usted y sus nobles, y sus esposas y concubinas. Usted se ha deshecho en alabanzas a los dioses de oro, plata, hierro, madera y piedra, dioses que no pueden ver ni oír ni entender; en cambio, no ha honrado al Dios en cuyas manos se hallan la vida y las acciones de Su Majestad. **24**Por eso Dios ha enviado esa mano a escribir **25**lo que allí aparece: *Mene, Mene, Téquel, Parsin.*

26»Pues bien, esto es lo que significan esas palabras:

»*Mene*: Dios ha contado los días del reino de Su Majestad, y les ha puesto un límite.
27»*Téquel*: Su Majestad ha sido puesto en la balanza, y no pesa lo que debería pesar.
28»*Parsin*: El reino de Su Majestad se ha dividido, y ha sido entregado a medos y persas.

29Entonces Belsasar ordenó que se vistiera a Daniel de púrpura, que se le pusiera una cadena de oro en el cuello, y que se le nombrara tercer gobernante del reino. **30**Esa misma noche fue asesinado Belsasar, rey de los babilonios, y Darío el Persa se apoderó del reino. **31**Para entonces, Darío tenía sesenta y dos años.

Daniel en el foso de los leones

6 Para el control eficaz de su reino, Darío consideró prudente nombrar a ciento veinte *sátrapas **2**y tres administradores, uno de los cuales era Daniel. Estos sátrapas eran responsables ante los administradores, a fin de que los intereses del rey no se vieran afectados. **3**Y tanto se distinguió Daniel por sus extraordinarias cualidades administrativas, que el rey pensó en ponerlo al frente de todo el reino. **4**Entonces los administradores y los sátrapas empezaron a buscar algún motivo para acusar a Daniel de malos manejos en los negocios del reino. Sin embargo, no encontraron de qué acusarlo porque, lejos de ser corrupto o negligente, Daniel era un hombre digno de confianza. **5**Por eso concluyeron: «Nunca encontraremos nada de qué acusar a Daniel, a no ser algo relacionado con la *ley de su Dios.»

6Formaron entonces los administradores y sátrapas una comisión para ir a hablar con el rey, y estando en su presencia le dijeron:

—¡Que viva para siempre Su Majestad, el rey Darío! **7**Nosotros los administradores reales, junto con los prefectos, sátrapas, consejeros y gobernadores, convenimos en que Su Majestad debiera emitir y confirmar un decreto que exija que, durante los próximos treinta días, sea arrojado al foso de los leones todo el que adore a cualquier dios u *hombre que no sea Su Majestad. **8**Expida usted ahora ese decreto, y póngalo por escrito. Así, conforme a la ley de los medos y los persas, no podrá ser revocado.

9El rey Darío expidió el decreto y lo puso por escrito. **10**Cuando Daniel se enteró de la publicación del decreto, se fue a su casa y subió a su dormitorio, cuyas ventanas se abrían en dirección a Jerusalén. Allí se arrodilló y se puso a orar y alabar a Dios, pues tenía por costumbre orar tres veces al día. **11**Cuando aquellos hombres llegaron y encontraron a Daniel orando e implorando la ayuda de Dios, **12**fueron a hablar con el rey respecto al decreto real:

—¿No es verdad que Su Majestad publicó un decreto? Según entendemos, todo el que en los próximos treinta días adore a otro dios u hombre que no sea Su Majestad, será arrojado al foso de los leones.

—El decreto sigue en pie —contestó el rey—. Según la ley de los medos y los persas, no puede ser derogado.

13—¡Pues Daniel —respondieron ellos—, que es uno de los exiliados de Judá, no toma en cuenta a Su Majestad ni al decreto que ha promulgado! ¡Todavía sigue orando a su Dios tres veces al día!

14Cuando el rey escuchó esto, se deprimió mucho y se propuso salvar a Daniel, así que durante todo el día buscó la forma de salvarlo. **15**Pero aquellos hombres fueron a ver al rey y lo presionaron:

—No olvide Su Majestad que, según la ley de los medos y los persas, ningún decreto ni edicto emitido por el rey puede ser derogado.

16El rey dio entonces la orden, y Daniel fue arrojado al foso de los leones. Allí el rey animaba a Daniel:

—¡Que tu Dios, a quien siempre sirves, se digne salvarte!

17Trajeron entonces una piedra, y con ella taparon la boca del foso. El rey lo selló con su propio anillo y con el de sus nobles, para que la sentencia contra Daniel no pudiera ser cambiada. **18**Luego volvió a su palacio y pasó la noche sin comer y sin divertirse, y hasta el sueño se le fue. **19**Tan pronto como amaneció, se levantó y fue al foso de los leones. **20**Ya cerca, lleno de ansiedad gritó:

—Daniel, siervo del Dios viviente, ¿pudo tu Dios, a quien siempre sirves, salvarte de los leones?

21—¡Que viva Su Majestad por siempre! —contestó Daniel desde el foso—. **22**Mi Dios envió a su ángel y les cerró la boca a los leones. No me han hecho ningún daño, porque Dios bien sabe que soy inocente. ¡Tampoco he cometido nada malo contra Su Majestad!

23Sin ocultar su alegría, el rey ordenó que sacaran del foso a Daniel. Cuando lo sacaron, no se le halló un solo rasguño, pues Daniel confiaba en su Dios. **24**Entonces el rey mandó traer a los que falsamente lo habían acusado, y ordenó que los arrojaran al foso de los leones, junto con sus esposas y sus hijos. ¡No habían tocado el suelo cuando ya los leones habían caído sobre ellos y les habían triturado los huesos!

25Más tarde el rey Darío firmó este decreto:

«A todos los pueblos, naciones y lenguas de este mundo:

»¡Paz y prosperidad para todos!

26»He decretado que en todo lugar de mi reino la gente adore y honre al Dios de Daniel.

»Porque él es el Dios vivo,
    y permanece para siempre.
Su reino jamás será destruido,
    y su dominio jamás tendrá fin.
27Él rescata y salva;
    hace prodigios en el cielo
    y maravillas en la tierra.
¡Ha salvado a Daniel
    de las garras de los leones!»

28Fue así como Daniel prosperó durante los reinados de Darío y de Ciro el Persa.

Las cuatro bestias

7 En el primer año del reinado de Belsasar en Babilonia, Daniel tuvo un sueño y visiones mientras yacía en su lecho. Entonces puso por escrito lo más importante de su sueño, **2**y esto es lo que escribió:

«Durante la noche tuve una visión, y en ella veía al gran mar, agitado por los cuatro vientos del cielo. **3**Del mar salían cuatro bestias enormes, cada una diferente de la otra.

4»La primera de ellas se parecía a un león, pero sus alas eran las de un águila. Mientras yo la observaba, le arrancaron las alas, la levantaron del suelo, y la obligaron a pararse sobre sus patas traseras, como si fuera un hombre. Y se le dio un corazón *humano.

5»La segunda bestia que vi se parecía a un oso. Se levantaba sobre uno de sus costados, y entre sus fauces tenía tres costillas. A esta bestia se le dijo: "¡Levántate y come carne hasta que te hartes!"

6»Ante mis propios ojos vi aparecer otra bestia, la cual se parecía a un leopardo, aunque en el lomo tenía cuatro alas, como las de un ave. Esta bestia tenía cuatro cabezas, y recibió autoridad para gobernar.

7»Después de esto, en mis visiones nocturnas vi ante mí una cuarta bestia, la cual era extremadamente horrible y poseía una fuerza descomunal. Con sus grandes colmillos de hierro aplastaba y devoraba a sus víctimas, para luego pisotear los restos. Tenía diez cuernos, y no se parecía en nada a las otras bestias.

8»Mientras me fijaba en los cuernos, vi surgir entre ellos otro cuerno más pequeño. Por causa de éste fueron arrancados tres de los primeros. El cuerno pequeño parecía tener ojos humanos, y una boca que profería insolencias.

Canto al Anciano

9»Mientras yo observaba esto,
se colocaron unos tronos,
y tomó asiento un venerable
Anciano.
Su ropa era blanca como la nieve,
y su cabello, blanco como la lana.
Su trono con sus ruedas
centelleaban como el fuego.
10De su presencia brotaba
un torrente de fuego.
Miles y millares le servían,
centenares de miles lo atendían.
Al iniciarse el juicio,
los libros fueron abiertos.

11»Yo me quedé mirando por causa de las grandes insolencias que profería el cuerno. Seguí mirando hasta que a esta bestia la mataron, la descuartizaron y echaron los pedazos al fuego ardiente. 12A las otras bestias les quitaron el poder, aunque las dejaron vivir por algún tiempo.

13»En esa visión nocturna, vi que alguien con aspecto humano*f* venía entre las nubes del cielo. Se acercó al venerable Anciano y fue llevado a su presencia, 14y se le dio autoridad, poder y majestad. ¡Todos los pueblos, naciones y lenguas lo adoraron! ¡Su dominio es un dominio eterno, que no pasará, y su reino jamás será destruido!

La interpretación del sueño

15»Yo, Daniel, me quedé aterrorizado, y muy preocupado por las visiones que pasaban por mi mente. 16Me acerqué entonces a uno de los que estaban allí, y le pregunté el verdadero significado de todo esto. Y ésta fue su interpretación: 17"Las cuatro grandes bestias son cuatro reinos que se levantarán en la tierra, 18pero los *santos del *Altísimo recibirán el reino, y será suyo para siempre, ¡para siempre jamás!"

19»Quise entonces saber el verdadero significado de la cuarta bestia, la cual desmenuzaba a sus víctimas y las devoraba, pisoteando luego sus restos. Era muy distinta a las otras tres, pues tenía colmillos de hierro y garras de bronce. ¡Tenía un aspecto espantoso! 20Quise saber también acerca de los diez cuernos que tenía en la cabeza, y del otro cuerno que le había salido y ante el cual habían caído tres de ellos. Este cuerno se veía más impresionante que los otros, pues tenía ojos y hablaba con insolencia.

21»Mientras observaba yo, este cuerno libró una guerra contra los santos y los venció. 22Entonces vino el Anciano y emitió juicio en favor de los santos del Altísimo. En ese momento los santos recibieron el reino.

23»Ésta fue la explicación que me dio el venerable Anciano:

"La cuarta bestia es un cuarto reino
que surgirá en este mundo.
Será diferente a los otros reinos;
devorará a toda la tierra;
¡la aplastará y la pisoteará!
24Los diez cuernos son diez reyes
que saldrán de este reino.

---

*f***7:13** *alguien con aspecto humano*. Lit. *como un hijo de hombre.*

Otro rey les sucederá,
distinto a los anteriores,
el cual derrocará a tres reyes.
25Hablará en contra del Altísimo
y oprimirá a sus santos;
tratará de cambiar las festividades
y también las leyes,
y los santos quedarán bajo su poder
durante tres años y medio.g
26Los jueces tomarán asiento,
y al cuerno se le quitará el poder
y se le destruirá para siempre.
27Entonces se dará a los santos,
que son el pueblo del Altísimo,
la majestad y el poder
y la grandeza de los reinos.
Su reino será un reino eterno,
y lo adorarán y obedecerán
todos los gobernantes de la
tierra."

28»Aquí termina la visión. Yo, Daniel, me quedé desconcertado por tantas ideas que me pasaban por la *mente, a tal grado que palideció mi rostro. Pero preferí mantener todo esto en secreto.»h

Visión del carnero y del macho cabrío

8 «En el tercer año del reinado de Belsasar, yo, Daniel, tuve otra visión. 2En ella, me veía en la ciudadela de Susa, en la provincia de Elam, junto al río Ulay. 3Me fijé, y vi ante mí un carnero con sus dos cuernos. Estaba junto al río, y tenía cuernos largos. Uno de ellos era más largo, y le había salido después.

4»Me quedé observando cómo el carnero atacaba hacia el norte y hacia el sur. Ningún animal podía hacerle frente, ni había tampoco quien pudiera librarse de su poder. El carnero hacía lo que quería, y cada vez cobraba más fuerza.

5»Mientras reflexionaba yo al respecto, de pronto surgió del oeste un macho cabrío, con un cuerno enorme entre los ojos, y cruzó toda la tierra sin tocar siquiera el suelo. 6Se lanzó contra el carnero que yo había visto junto al río, y lo atacó

furiosamente. 7Yo vi cómo lo golpeó y le rompió los dos cuernos. El carnero no pudo hacerle frente, pues el macho cabrío lo derribó y lo pisoteó. Nadie pudo librar al carnero del poder del macho cabrío.

8»El macho cabrío cobró gran fuerza, pero en el momento de su mayor grandeza se le rompió el cuerno más largo, y en su lugar brotaron cuatro grandes cuernos que se alzaron contra los cuatro vientos del cielo. 9De uno de ellos salió otro cuerno, pequeño al principio, que extendió su poder hacia el sur y hacia el este, y también hacia nuestra hermosa tierra. 10Creció hasta alcanzar al ejército de los cielos, derribó algunas estrellas y las pisoteó, 11y aun llegó a sentirse más importante que el jefe del ejército de los cielos. Por causa de él se eliminó el sacrificio diario y se profanó el santuario. 12Por la rebeldía de nuestro pueblo, su ejército echó por tierra la verdad y quitó el sacrificio diario. En fin, ese cuerno hizo y deshizo.

13»Escuché entonces que uno de los *santos hablaba, y que otro le preguntaba: "¿Cuánto más va a durar esta visión del sacrificio diario, de la rebeldía desoladora, de la entrega del santuario y de la humillación del ejército?" 14Y aquel santo me dijo: "Va a tardar dos mil trescientos días con sus noches. Después de eso, se *purificará el santuario."

Significado de la visión

15»Mientras yo, Daniel, contemplaba la visión y trataba de entenderla, de repente apareció ante mí alguien de apariencia *humana. 16Escuché entonces una voz que desde el río Ulay gritaba: "¡Gabriel, dile a este hombre lo que significa la visión!"

17»Cuando Gabriel se acercó al lugar donde yo estaba, me sentí aterrorizado y caí de rodillas. Pero él me dijo: "Toma en cuenta, criatura humana,i que la visión tiene que ver con la hora final."

18»Mientras Gabriel me hablaba, yo caí en un sueño profundo, de cara al suelo. Pero él me despertó y me obligó a levan-

---

g7:25 tres años y medio. Lit. un tiempo y tiempos y medio tiempo.   h7:28 Aquí termina la porción aramea.
Véase nota en 2:4.   i8:17 criatura humana. Lit. hijo de hombre.

tarme, [19]mientras me decía: "Voy a darte a conocer lo que sucederá cuando llegue a su fin el tiempo de la ira de Dios, porque el fin llegará en el momento señalado. [20]El carnero de dos cuernos que has visto simboliza a los reyes de Media y de Persia. [21]El macho cabrío es el rey de Grecia, y el cuerno grande que tiene entre los ojos es el primer rey. [22]Los cuatro cuernos que salieron en lugar del que fue hecho pedazos simbolizan a los cuatro reinos que surgirán de esa nación, pero que no tendrán el mismo poder.

[23]» "Hacia el final de esos reinos, cuando los rebeldes lleguen al colmo de su maldad, surgirá un rey de rostro adusto, maestro de la intriga, [24]que llegará a tener mucho poder, pero no por sí mismo. Ese rey causará impresionantes destrozos y saldrá airoso en todo lo que emprenda. Destruirá a los poderosos y al pueblo *santo. [25]Con su astucia propagará el engaño, creyéndose un ser superior. Destruirá a mucha gente que creía estar segura, y se enfrentará al Príncipe de los príncipes, pero será destruido sin la intervención humana. [26]Esta visión de los días con sus noches, que se te ha dado a conocer, es verdadera. Pero no la hagas pública, pues para eso falta mucho tiempo."

[27]»Yo, Daniel, quedé exhausto, y durante varios días guardé cama. Luego me levanté para seguir atendiendo los asuntos del reino. Pero la visión me dejó pasmado, pues no lograba comprenderla.

Oración de Daniel

9 [1-2]»Corría el primer año del reinado de Darío hijo de Jerjes, un medo que llegó a ser rey de los *babilonios, cuando yo, Daniel, logré entender ese pasaje de las Escrituras[j] donde el Señor le comunicó al profeta Jeremías que la desolación de Jerusalén duraría setenta años. [3]Entonces me puse a orar y a dirigir mis súplicas al Señor mi Dios. Además de orar, ayuné y me vestí de luto y me senté sobre cenizas. [4]Ésta fue la oración y confesión que le hice:

» "Señor, Dios grande y terrible, que cumples tu *pacto de fidelidad con los que te aman y obedecen tus mandamientos: [5]Hemos pecado y hecho lo malo; hemos sido malvados y rebeldes; nos hemos apartado de tus mandamientos y de tus *leyes. [6]No hemos prestado atención a tus siervos los profetas, que en tu *nombre hablaron a nuestros reyes y príncipes, a nuestros antepasados y a todos los habitantes de la tierra.

[7]» "Tú, Señor, eres justo. Nosotros, en cambio, somos motivo de vergüenza en este día; nosotros, pueblo de Judá, habitantes de Jerusalén y de todo Israel, tanto los que vivimos cerca como los que se hallan lejos, en todos los países por los que nos has dispersado por haberte sido infieles.

[8]» "Señor, tanto nosotros como nuestros reyes y príncipes, y nuestros antepasados, somos motivo de vergüenza por haber pecado contra ti. [9]Pero aun cuando nos hemos rebelado contra ti, tú, Señor nuestro, eres un Dios compasivo y perdonador.

[10]» "Señor y Dios nuestro, no hemos obedecido ni seguido tus leyes, las cuales nos diste por medio de tus siervos los profetas. [11]Todo Israel se ha apartado de tu ley y se ha negado a obedecerte. Por eso, porque pecamos contra ti, nos han sobrevenido las maldiciones que nos anunciaste, las cuales están escritas en la ley de tu siervo Moisés.

[12]» "Tú has cumplido las advertencias que nos hiciste, a nosotros y a nuestros gobernantes, y has traído sobre nosotros esta gran calamidad. ¡Jamás ha ocurrido bajo el cielo nada semejante a lo que sucedió con Jerusalén!

[13]» "Señor y Dios, todo este desastre ha venido sobre nosotros, tal y como está escrito en la ley de Moisés, y ni aun así hemos buscado tu favor. No nos hemos apartado de nuestros pecados ni hemos procurado entender tu verdad.

[14]» "Tú, Señor y Dios nuestro, dispusiste esta calamidad y la has dejado caer sobre nosotros, porque eres justo

---

[j] **9:2** Alusión a Jer 25:11-12.

en todos tus actos. ¡A pesar de todo, no te hemos obedecido!

15» "Señor y Dios nuestro, que con mano poderosa sacaste de Egipto a tu pueblo y te has hecho famoso, como hoy podemos ver: ¡Hemos pecado; hemos hecho lo malo! 16Aparta tu ira y tu furor de Jerusalén, como corresponde a tus actos de *justicia. Ella es tu ciudad y tu monte *santo. Por nuestros pecados, y por la iniquidad de nuestros antepasados, Jerusalén y tu pueblo son objeto de burla de cuantos nos rodean.

17» "Y ahora, Dios y Señor nuestro, escucha las oraciones y súplicas de este siervo tuyo. Haz honor a tu nombre y mira con amor a tu santuario, que ha quedado desolado. 18Préstanos oído, Dios nuestro; abre los ojos y mira nuestra desolación y la ciudad sobre la cual se invoca tu nombre. Al hacerte estas peticiones, no apelamos a nuestra rectitud sino a tu gran misericordia. 19¡Señor, escúchanos! ¡Señor, perdónanos! ¡Señor, atiéndenos y actúa! Dios mío, haz honor a tu nombre y no tardes más; ¡tu nombre se invoca sobre tu ciudad y sobre tu pueblo!"

Las setenta semanas

20»"Yo seguí hablando y orando al Señor mi Dios. Le confesé mi pecado y el de mi pueblo Israel, y le supliqué en favor de su *santo monte. 21Se acercaba la hora del sacrificio vespertino. Y mientras yo seguía orando, el ángel Gabriel, a quien había visto en mi visión anterior, vino en raudo vuelo a verme 22y me hizo la siguiente aclaración:

»"Daniel, he venido en este momento para que entiendas todo con claridad. 23Tan pronto como empezaste a orar, Dios contestó tu oración. He venido a decírtelo porque tú eres muy apreciado. Presta, pues, atención a mis palabras, para que entiendas la visión.

24» "Setenta semanask han sido decretadas para que tu pueblo y tu santa ciudad pongan fin a sus transgresiones y pecados, pidan perdón por su maldad, establezcan para siempre la justicia, sellen la visión y la profecía, y consagren el lugar santísimo.

25» "Entiende bien lo siguiente: Habrá siete semanas desde la promulgación del decreto que ordena la reconstrucción de Jerusalén hasta la llegada del príncipe elegido.l Después de eso, habrá sesenta y dos semanas más. Entonces será reconstruida Jerusalén, con sus calles y murallas.m Pero cuando los tiempos apremien, 26después de las sesenta y dos semanas, se le quitará la vida al príncipe elegido. Éste se quedará sin ciudad y sin santuario, porque un futuro gobernante los destruirá. El fin vendrá como una inundación, y la destrucción no cesarán hasta que termine la guerra. 27Durante una semana ese gobernante hará un pacto con muchos, pero a media semana pondrá fin a los sacrificios y ofrendas. Sobre una de las alas del templo cometerá horribles sacrilegios, hasta que le sobrevenga el desastroso fin que le ha sido decretado."»

Daniel junto al río Tigris

10 En el tercer año del reinado de Ciro de Persia, Daniel tuvo una visión acerca de un gran ejército. El mensaje era verdadero, y Daniel, que también se llamaba Beltsasar, pudo comprender su significado en la visión.

2«En aquella ocasión yo, Daniel, pasé tres semanas como si estuviera de luto. 3En todo ese tiempo no comí nada especial, ni probé carne ni vino, ni usé ningún perfume. 4El día veinticuatro del mes primero, mientras me encontraba yo a la orilla del gran río Tigris, 5levanté los ojos y vi ante mí a un hombre vestido de lino, con un cinturón del oro más refinado. 6Su cuerpo brillaba como el topacio, y su rostro resplandecía como el relámpago; sus ojos eran dos antorchas encendidas, y sus brazos y piernas parecían de bronce bruñido; su voz resonaba como el eco de una multitud.

---

k 9:24 semanas. Lit. sietes; también en vv. 25-27.   l 9:25 príncipe elegido. Lit. *Mesías príncipe.
m 9:25 murallas. Alt. trincheras, o diques.   n 9:26 no cesará. Lit. ha sido decretada.

7»Yo, Daniel, fui el único que tuvo esta visión. Los que estaban conmigo, aunque no vieron nada, se asustaron y corrieron a esconderse. **8**Nadie se quedó conmigo cuando tuve esta gran visión. Las fuerzas me abandonaron, palideció mi rostro, y me sentí totalmente desvalido. **9**Fue entonces cuando oí que aquel hombre me hablaba. Mientras me oía, caí en un profundo sueño, de cara al suelo. **10**En ese momento una mano me agarró, me puso sobre mis manos y rodillas, **11**y me dijo: "Levántate, Daniel, pues he sido enviado a verte. Tú eres muy apreciado, así que presta atención a lo que voy a decirte."

»En cuanto aquel hombre me habló, tembloroso me puse de pie. **12**Entonces me dijo: "No tengas miedo, Daniel. Tu petición fue escuchada desde el primer día en que te propusiste ganar entendimiento y humillarte ante tu Dios. En respuesta a ella estoy aquí. **13**Durante veintiún días el príncipe de Persia se me opuso, así que acudió en mi ayuda Miguel, uno de los príncipes de primer rango. Y me quedé allí, con los reyes de Persia. **14**Pero ahora he venido a explicarte lo que va a suceder con tu pueblo en el futuro, pues la visión tiene que ver con el porvenir."

15»Mientras aquel hombre me decía esto, yo me incliné de cara al suelo y guardé silencio. **16**Entonces alguien con aspecto *humano me tocó los labios, y yo los abrí y comencé a hablar. Y le dije a quien había estado hablando conmigo: "Señor, por causa de esta visión me siento muy angustiado y sin fuerzas. **17**¿Cómo es posible que yo, que soy tu siervo, hable contigo? ¡Las fuerzas me han abandonado, y apenas puedo respirar!"

18»Una vez más, el de aspecto humano me tocó y me infundió fuerzas, **19**al tiempo que me decía: "¡La *paz sea contigo, hombre altamente estimado! ¡Cobra ánimo, no tengas miedo!"

»Mientras él me hablaba, yo fui recobrando el ánimo y le dije: "Ya que me has reanimado, ¡háblame, Señor!" **20**Y me dijo: "¿Sabes por qué he venido a verte? Pues porque debo volver a pelear contra el príncipe de Persia. Y cuando termine de luchar con él, hará su apari-ción el príncipe de Grecia. **21**Pero antes de eso, te diré lo que está escrito en el libro de la verdad. En mi lucha contra ellos, sólo cuento con el apoyo de Miguel, el capitán de ustedes.

11 »Cuando Darío el Medo estaba en el primer año de su reinado, también le brindé mi apoyo y mi ayuda.

Los reyes del norte y del sur

2» »Pero ahora voy a darte a conocer la verdad. Van a levantarse en Persia tres reyes más, y hasta un cuarto, el cual será más rico que los otros tres. En cuanto haya cobrado fuerza con sus riquezas, incitará a todos contra el reino griego. **3**Surgirá entonces un rey muy aguerrido, el cual gobernará con lujo de fuerza y hará lo que mejor le parezca. **4**Pero tan pronto como surja su imperio, se resquebrajará y se esparcirá hacia los cuatro vientos del cielo. Este imperio no será para sus descendientes, ni tendrá el poder que tuvo bajo su gobierno, porque Dios lo dividirá y se lo entregará a otros.

5» »El rey del sur cobrará fuerza, pero uno de sus comandantes se hará más fuerte que él, y con alarde de poder gobernará sobre su propio imperio. **6**Pasados algunos años harán una alianza: la hija del rey del sur se casará con el rey del norte, y harán las paces, aunque ella no retendrá su poder, y el poder del rey tampoco durará. Ella será traicionada, junto con su escolta, su hijo y su esposo.

»En esos días, **7**uno de la familia real usurpará el trono de la hija del rey del sur, y con su ejército atacará al rey del norte y a la fortaleza real, saliendo victorioso de la lucha. **8**Se apoderará de las estatuas de metal de sus dioses, y de sus objetos de oro y plata, y se los llevará a Egipto, dejando tranquilo al rey del norte durante algunos años. **9**Luego el rey del norte invadirá los dominios del rey del sur, pero se verá forzado a volver a su país. **10**Tocará a sus hijos alistarse para la guerra, y reunirán a un gran ejército que, como una inundación, avanzará arrasándolo todo hasta llegar a la fortaleza.

11» »Enfurecido, el rey del sur marchará en contra del rey del norte, que será derrotado a pesar de contar con un gran ejército. [12]Ante el triunfo obtenido, el rey del sur se llenará de orgullo y matará a miles, pero su victoria no durará [13]porque el rey del norte reunirá a otro ejército, más numeroso y mejor armado que el anterior, y después de algunos años volverá a atacar al rey del sur.

[14]»"Mira, Daniel, por ese tiempo habrá muchos que se rebelarán contra el rey del sur, incluso gente violenta de tu pueblo, pero no saldrán victoriosos. Así se cumplirá la visión. [15]Entonces el rey del norte vendrá y levantará rampas de asalto y conquistará la ciudad fortificada, pues las fuerzas del sur no podrán resistir; ¡ni siquiera sus mejores tropas podrán ofrecer resistencia! [16]El ejército invasor hará de las suyas, pues nadie podrá hacerle frente, y se establecerá en nuestra hermosa tierra, la cual quedará bajo su dominio. [17]El rey del norte se dispondrá a atacar con todo el poder de su reino, pero hará una alianza con el rey del sur: éste le dará su hija en matrimonio, con miras a derrocar su reino, pero sus planes no tendrán el éxito esperado. [18]Dirigirá entonces sus ataques contra las ciudades costeras, y conquistará muchas de ellas, pero un general responderá a su insolencia y lo hará quedar en ridículo. [19]Después de eso, el rey del norte regresará a la fortaleza de su país, pero sufrirá un tropiezo y no volverá a saberse nada de él.

[20]»"Después del rey del norte, ocupará el trono un rey que, para mantener el esplendor del reino, enviará a un recaudador de impuestos. Pero poco tiempo después ese rey perderá la vida, aunque no en el fragor de la batalla.

[21]»"En su lugar reinará un hombre despreciable, indigno de ser rey, que invadirá el reino cuando la gente se sienta más segura y, recurriendo a artimañas, usurpará el trono. [22]Arrasará como una inundación a las fuerzas que se le opongan; las derrotará por completo, lo mismo que al príncipe del pacto. [23]Engañará a los que pacten con él, y con un grupo reducido usurpará el trono. [24]Cuando las provincias más ricas se sientan más seguras, las invadirá, logrando así lo que jamás lograron sus padres y abuelos. Repartirá entre sus seguidores el botín y las riquezas que haya ganado en la guerra, y hará planes para atacar las ciudades fortificadas.

» "Pero esto no durará mucho tiempo. [25]Envalentonado por su fuerza, ese hombre atacará al rey del sur con un gran ejército. Al frente de un ejército muy grande y poderoso, el rey del sur responderá al ataque; pero no podrá vencerlo, porque será traicionado. [26]Los mismos que compartían su mesa buscarán su ruina; su ejército será derrotado por completo, y muchos caerán en batalla. [27]Sentados a la misma mesa, estos dos reyes pensarán sólo en hacerse daño, y se mentirán el uno al otro; pero esto de nada servirá, porque el momento del fin todavía no habrá llegado. [28]El rey del norte regresará a su país con grandes riquezas, pero antes profanará el *santo templo,[ñ] y así que llevará a cabo sus planes y luego volverá a su país.

[29]»"En el momento preciso, el rey del norte volverá a invadir el sur, aunque esta vez el resultado será diferente, [30]porque los barcos de guerra de las costas occidentales se opondrán a él y le harán perder el valor. Entonces retrocederá y descargará su enojo contra el santo templo. En su retirada, se mostrará bondadoso con los que renegaron de él. [31]Sus fuerzas armadas se dedicarán a profanar la fortaleza del templo, y suspenderán el sacrificio diario, estableciendo el horrible sacrilegio. [32]Corromperá con halagos a los que hayan renegado del pacto, pero los que conozcan a su Dios se le opondrán con firmeza.

[33]»"Los sabios instruirán a muchos, aunque durante algún tiempo morirán a filo de espada, o serán quemados, o se les tomará cautivos y se les despojará de todo. [34]Cuando caigan, recibirán muy poca ayuda, aunque mucha gente hipócrita se les unirá. [35]Algunos de los sabios caerán, pero esa prueba los *purificará y *perfeccionará, para que

---

[ñ]**11:28** *templo.* Lit. *pacto;* también en v. 30.

cuando llegue la hora final no tengan mancha alguna. Todavía falta mucho para que llegue el momento preciso.

El rey se exalta a sí mismo

36» "El rey hará lo que mejor le parezca. Se exaltará a sí mismo, se creerá superior a todos los dioses, y dirá cosas del Dios de dioses que nadie antes se atrevió a decir. Su éxito durará mientras la ira de Dios no llegue a su colmo, aunque lo que ha de suceder, sucederá. **37** Ese rey no tomará en cuenta a los dioses de sus antepasados, ni al dios que adoran las mujeres, ni a ningún otro dios, sino que se exaltará a sí mismo por encima de todos ellos. **38** En su lugar, adorará al dios de las fortalezas; honrará a un dios que sus antepasados no conocieron, y le presentará costosas ofrendas de oro, plata y piedras preciosas. **39** Con la ayuda de un dios extraño atacará las fortalezas más poderosas, y rendirá grandes honores a aquellos que lo reconozcan, pues en recompensa los pondrá como gobernadores de grandes multitudes y les dará tierras.

40» "Cuando llegue la hora final, el rey del sur trabará combate contra el rey del norte, pero éste responderá a su ataque con carros y caballos y con toda una flota de barcos de guerra. Invadirá muchos países, y los arrasará como una inundación. **41** También invadirá nuestro hermoso país, y muchos países caerán bajo su poder, aunque Edom y Moab y los jefes de Amón escaparán de sus manos. **42** Extenderá su poder sobre muchos países, y ni Egipto podrá salvarse. **43** Se adueñará de los tesoros de oro y plata de Egipto, y de todas sus riquezas, y también someterá a los libios y a los etíopes. **44** Sin embargo, le llegarán noticias alarmantes del este y del norte, y en su furor se pondrá en marcha dispuesto a destruir y matar a mucha gente. **45** Plantará su campamento real entre el mar y el bello monte *santo; pero allí le llegará su fin, y nadie acudirá en su ayuda.

La hora final

12 » "Entonces se levantará Miguel, el gran príncipe protector de tu pueblo.

Habrá un período de angustia,
como no lo ha habido jamás
desde que las naciones existen.
Serán salvados los de tu pueblo,
cuyo *nombre se halla anotado
en el libro,
2 y del polvo de la tierra se
levantarán
las multitudes de los que
duermen,
algunos de ellos para vivir por
siempre,
pero otros para quedar en la
vergüenza
y en la confusión perpetuas.
3 Los sabios resplandecerán
con el brillo de la bóveda celeste;
los que instruyen a las multitudes
en el *camino de la justicia
brillarán como las estrellas
por toda la eternidad.

4» "Tú, Daniel, guarda estas cosas en secreto y sella el libro hasta la hora final, pues muchos andarán de un lado a otro en busca de cualquier conocimiento."

5» Yo, Daniel, vi ante mí a otros dos hombres; uno de ellos estaba en una orilla del río, y el otro en la orilla opuesta. **6** Uno de ellos le dijo al hombre vestido de lino, que estaba sobre las aguas del río: "¿Cuánto falta para que se cumplan estas cosas tan increíbles?"

7» Yo pude ver y oír cuando el hombre vestido de lino, que estaba sobre las aguas del río, levantó las manos al cielo y juró por el que vive para siempre: "Faltan tres años y medio.*o* Todo esto se cumplirá cuando el poder del pueblo *santo no vuelva a ser destruido."

8» Aunque escuché lo que dijo ese hombre, no pude entenderlo, así que le pregunté: "Señor, ¿en qué va a parar

---

o 12:7 *tres años y medio.* Lit. *un tiempo, tiempos y medio tiempo.*

todo esto?" ⁹Y él me respondió: "Sigue adelante, Daniel, que estas cosas se mantendrán selladas y en secreto hasta que llegue la hora final. ¹⁰Muchos serán *purificados y *perfeccionados, y quedarán limpios, pero los malvados seguirán en su maldad. Ninguno de ellos entenderá nada, pero los sabios lo entenderán todo. ¹¹A partir del momento en que se suspenda el sacrificio diario y se imponga el horrible sacrilegio, transcurrirán mil doscientos noventa días. ¹²¡*Dichoso el que espere a que hayan transcurrido mil trescientos treinta y cinco días! ¹³Pero tú, persevera hasta el fin y descansa, que al final de los tiempos te levantarás para recibir tu recompensa."»

Oseas

1

¹ Ésta es la palabra del SEÑOR que vino a Oseas hijo de Beerí durante los reinados de Uzías, Jotán, Acaz y Ezequías, reyes de Judá, y durante el reinado de Jeroboán hijo de Joás, rey de Israel.

La esposa y los hijos de Oseas

² La primera vez que el SEÑOR habló por medio de Oseas, le dijo: «Ve y toma por esposa una prostituta, y ten con ella hijos de prostitución, porque el país se ha prostituido por completo. ¡Se ha apartado del SEÑOR!»

³ Oseas fue y tomó por esposa a Gómer, hija de Diblayin, la cual concibió y le dio a luz un hijo.

⁴ Entonces el SEÑOR le dijo: «Ponle por *nombre Jezrel, porque dentro de poco haré que la casa real de Jehú pague por la masacre en Jezrel. Así pondré fin al dominio del reino de Israel. ⁵ Ese día quebraré el arco de Israel en el valle de Jezrel.»

⁶ Gómer volvió a concebir y dio a luz una niña. Entonces el SEÑOR le dijo a Oseas: «Ponle por nombre: "Indigna de compasión",*ᵃ* porque no volveré a compadecerme del reino de Israel, sino que le negaré el perdón. ⁷ En cambio, tendré compasión de la tribu de Judá, y la salvaré; pero no por medio de arco, ni de espada ni de batallas, ni tampoco por medio de caballos y jinetes, sino por medio del SEÑOR su Dios.»

⁸ Cuando Gómer destetó a la llamada «Indigna de compasión», volvió a concebir y tuvo otro hijo. ⁹ Entonces el SEÑOR le dijo a Oseas: «Ponle por nombre: "Pueblo ajeno",*ᵇ* porque ni ustedes son mi pueblo, ni yo soy su Dios.»

¹⁰ »Con todo, los israelitas serán tan numerosos como la arena del mar, que no se puede medir ni contar. Y en el mismo lugar donde se les llamó: "Pueblo ajeno", se les llamará: "Hijos del Dios viviente". ¹¹ El pueblo de Judá se reunirá con el pueblo de Israel, y nombrarán un solo jefe y resurgirán en su país, porque grande será el día de Jezrel.

2

»Llamen a sus hermanos: "Pueblo mío",*ᶜ* y a sus hermanas: "Compadecidas".*ᵈ*

Castigo y restauración de Israel

² »¡Échenle en cara a su madre
   que ni ella es mi esposa ni yo su
      esposo!
   ¡Que se quite del rostro el
      maquillaje de prostituta,
   y de entre los pechos los adornos
      de ramera!
³ De lo contrario, la desnudaré por
      completo;
   la dejaré como el día en que nació.
   La pondré como un desierto:
   ¡la convertiré en tierra seca y la
      mataré de sed!
⁴ No tendré compasión de sus hijos,
   porque son hijos de prostitución.
⁵ Su madre es una prostituta;
   ¡la que los concibió es una
      sinvergüenza!
   Pues dijo: "Quiero ir tras mis
      amantes,
   que me dan mi pan y mi agua,
   mi lana y mi lino, mi aceite y mis
      bebidas."
⁶ Por eso le cerraré el paso con
      espinos;
   la encerraré para que no
      encuentre el camino.
⁷ Con ardor perseguirá a sus amantes,
   y al no encontrarlos dirá:
   "Prefiero volver con mi primer
      esposo,
   porque antes me iba mejor que
      ahora."

ᵃ 1:6 *Indigna de compasión.* Lit. *Lorrujama*; también en v. 8, y véase 2:23.   *ᵇ* 1:9 *Pueblo ajeno.* Lit. *Loamí.*
ᶜ 2:1 *Pueblo mío.* Lit. *Amí.*   *ᵈ* 2:1 *Compadecidas.* Lit. *Rujama.*

8Ella no ha querido reconocer que
        soy yo
    quien le da el grano, el vino
        nuevo y el aceite.
    Yo le he multiplicado la plata y el
        oro,
    ¿y que hizo con ellos? ¡Falsos
        dioses! *e*

9»Por eso, llegado el momento
        le quitaré mi trigo y mi vino
        nuevo.
    La dejaré sin la lana y el lino
        que le di para cubrir su desnudez.
10Voy a exhibir su desvergüenza
        a la vista de sus amantes,
    y nadie la librará de mi mano.
11Pondré fin a todo su jolgorio:
        sus peregrinaciones, sus lunas
        nuevas,
    sus días de reposo, y sus fiestas
        solemnes.
12Devastaré sus vides y sus higueras,
        que consideraba la paga de sus
        amantes.
    Las convertiré en maleza,
        y los animales del campo
        acabarán con ellas.
13La llamaré a cuentas por los días
        en que quemaba ofrendas a sus
        falsos dioses,
    cuando se adornaba con zarcillos y
        joyas,
    y olvidándose de mí, se iba tras
        sus amantes
                    —afirma el SEÑOR—.

14»Por eso, ahora voy a seducirla:
        me la llevaré al desierto
    y le hablaré con ternura.
15Allí le devolveré sus viñedos,
        y convertiré el valle de la
        Desgracia *f*
    en el paso de la Esperanza.
    Allí me corresponderá, como en los
        días de su juventud,
    como en el día en que salió de
        Egipto.

16»En aquel día —afirma el SEÑOR—,
        ya no me llamarás: "mi señor", *g*
    sino que me dirás: "esposo mío".
17Te quitaré de los labios el nombre
        de tus falsos dioses,
    y nunca más volverás a
        invocarlos.
18Aquel día haré en tu favor un pacto
        con los animales del campo,
    con las aves de los cielos
        y con los reptiles de la tierra.
    Eliminaré del país arcos, espadas y
        guerra,
    para que todos duerman seguros.
19Yo te haré mi esposa para siempre,
        y te daré como dote el derecho y
        la justicia,
    el amor y la compasión.
20Te daré como dote mi fidelidad,
    y entonces conocerás al SEÑOR.

21»En aquel día yo responderé
                    —afirma el SEÑOR—;
    yo le responderé al cielo,
        y el cielo le responderá a la tierra;
22la tierra les responderá al cereal,
        al vino nuevo y al aceite,
    y éstos le responderán a Jezrel. *h*
23Yo la sembraré para mí en la tierra;
        me compadeceré de la "Indigna
        de compasión",
    a "Pueblo ajeno" lo llamaré:
        "Pueblo mío"; *i*
    y él me dirá: "Mi Dios".»

Oseas se reconcilia con su esposa

3 Me habló una vez más el SEÑOR, y me
    dijo: «Ve y ama a esa mujer adúltera,
que es amante de otro. Ámala como ama
el SEÑOR a los israelitas, aunque se hayan
vuelto a dioses ajenos y se deleiten con las
tortas de pasas que les ofrecen.»

2Compré entonces a esa mujer por
quince monedas de plata *j* y una carga y
media de cebada, *k* **3**y le dije: «Vas a vivir
conmigo mucho tiempo, pero sin prosti-
tuirte. No tendrás relaciones sexuales con
ningún otro hombre. ¡Ni yo te voy a tocar!»

---

e **2:8** *Falsos dioses.* Lit. **Baales;* también en vv. 13 y 17.   *f* **2:15** *la Desgracia.* Lit. *Acor;* véase Jos 7:24-26.
g **2:16** *señor.* Lit. *baal.*   *h* **2:22** En hebreo, *Jezrel* significa *Dios siembra.*   *i* **2:23** *Indigna de compasión ...*
Pueblo ajeno ... Pueblo mío. Véanse 1:6,8; 2:1 y notas.   *j* **3:2** *quince monedas de plata.* Lit. *quince *siclos*
de plata.   *k* **3:2** *una carga y media de cebada.* Lit. *un *jómer de cebada y un *létec de cebada.*

4Ciertamente los israelitas vivirán mucho tiempo sin rey ni gobernante, sin sacrificio ni altares, ni *efod ni ídolos. 5Pero después los israelitas buscarán nuevamente al SEÑOR su Dios, y a David su rey. En los últimos días acudirán con temor reverente al Señor y a sus bondades.

Pleito contra Israel

4 Escuchen, israelitas,
la palabra del SEÑOR,
porque el SEÑOR va a entrar en
juicio
contra los habitantes del país:

«Ya no hay entre mi pueblo
fidelidad ni amor,
ni *conocimiento de Dios.
2Cunden, más bien, el perjurio y la
mentira.
Abundan el robo, el adulterio y el
asesinato.
¡Un homicidio sigue a otro!
3Por tanto, se resecará la tierra,
y desfallecerán todos sus
habitantes.
¡Morirán las bestias del campo,
las aves del cielo y los peces del
mar!

4»¡Que nadie acuse ni reprenda a
nadie!
¡Tu pueblo parece acusar al
sacerdote!
5Tropiezas de día y de noche,
y los profetas tropiezan contigo;
tu madre dejará de existir,
6 pues por falta de conocimiento
mi pueblo ha sido destruido.

»Puesto que rechazaste el
conocimiento,
yo también te rechazo como mi
sacerdote.
Ya que te olvidaste de la *ley de tu
Dios,
yo también me olvidaré de tus
hijos.

7Mientras más aumentaban los
sacerdotes,
más pecaban contra mí;
cambiaron a quien es su gloria
en algo deshonroso.
8El pecado de mi pueblo es su
comida;
se regodean en su perversidad.
9¡De tal pueblo, tal sacerdote![l]
¡Por eso les pediré cuentas de su
conducta
y les daré la paga de sus acciones!

10»Comerán, pero no quedarán
satisfechos;
se prostituirán, pero no se
saciarán;[m]
porque han abandonado al SEÑOR
para entregarse 11a la
prostitución y al vino,
¡al mosto que hace perder la
razón!
12Mi pueblo consulta a su ídolo de
madera,
y ese pedazo de palo le responde;
su tendencia a prostituirse los
descarría;
se prostituyen en abierto desafío
a su Dios.
13En la cumbre de montes y colinas
queman ofrendas y ofrecen
sacrificios,
bajo la agradable sombra
de robles, álamos y encinas.
Por eso se prostituyen sus hijas
y cometen adulterio sus nueras.
14Pero no las castigaré
por sus prostituciones y
adulterios,
porque sus propios maridos
se juntan con prostitutas
y celebran banquetes paganos
con las sacerdotisas del templo.
¡Es así como acaba por hundirse
un pueblo falto de entendimiento!

15»Si tú, Israel, te prostituyes,
¡que no resulte culpable Judá!

---

[l]4:9 ¡De tal ... sacerdote! Alt. Al pueblo le irá como al sacerdote.   [m]4:10 no se saciarán. Alt. no tendrán hijos.

»No vayan a Guilgal ni suban a Bet
  Avén,[n]
ni juren: "¡Por la vida del SEÑOR!"
[16]Israel es tan indómito como una
  novilla.
¿Cómo podrá el SEÑOR
  pastorearlos
en campo abierto, como a
  corderos?
[17]Efraín se ha aliado con las
  imágenes;
¡pues que se quede con ellas!
[18]Cuando ya no tienen licor,
se entregan de lleno a la
  prostitución,
¡y hasta sus gobernantes aman la
  deshonra!
[19]¡Por eso un torbellino los arrastrará,
y quedarán avergonzados por sus
  sacrificios!

Juicio contra Israel

5 »¡Oigan esto, sacerdotes!
¡Pon atención, reino de Israel!
¡Escucha, casa real!
¡Contra ustedes es la sentencia!
En Mizpa han sido ustedes una
  trampa;
en el monte Tabor, una red
  tendida;
[2]en Sitín, una fosa abierta.[ñ]
Por eso, yo los disciplinaré.
[3]Yo conozco bien a Efraín;
Israel no me es desconocido.
Pero ahora Efraín se ha prostituido;
e Israel se ha mancillado.

[4]»No les permiten sus malas obras
  volverse a su Dios;
su tendencia a prostituirse
les impide conocer al SEÑOR.
[5]La arrogancia de Israel testificará
  en su contra,
Israel y Efraín tropezarán con su
  maldad,
y hasta Judá caerá con ellos.
[6]Con sus ovejas y sus vacas
irán en busca del SEÑOR,

pero no lo encontrarán
porque él se ha apartado de ellos.
[7]Han traicionado al SEÑOR;
han dado a luz hijos de otros
  padres.
¡Ahora la destrucción[o] devorará
  sus fincas!

[8]»Toquen la corneta en Guibeá,
hagan sonar la trompeta en Ramá,
lancen el grito de guerra en Bet
  Avén:[p]
"¡Cuídate las espaldas,
  Benjamín!"
[9]En el día de la reprensión,
Efraín quedará desolado.
Entre las tribus de Israel
doy a conocer lo que les va a
  pasar.
[10]Las autoridades de Judá se parecen
a los que alteran los linderos.
¡Pues derramaré mi enojo sobre ellos
como si derramara un torrente de
  agua!
[11]Efraín está deprimido,
aplastado por el juicio,
empeñado en seguir a los ídolos.[q]
[12]¡Pues seré para Efraín como polilla,
como carcoma para el pueblo de
  Judá!

[13]»Cuando Efraín vio su enfermedad
y Judá reparó en sus llagas,
Efraín recurrió a Asiria
y pidió la ayuda del gran rey.
Pero el rey no podrá sanarlo,
ni tampoco curar sus llagas.
[14]Yo seré como un león para Efraín,
como un cachorro para Judá.
Yo mismo los haré pedazos,
y luego me alejaré;
yo mismo me llevaré la presa,
y no habrá quien me la arrebate.
[15]Volveré luego a mi morada,
hasta que reconozcan su culpa.
Buscarán ganarse mi favor;
angustiados, me buscarán con
  ansias.»

---

[n]**4:15** *Bet Avén*, nombre que significa *casa de iniquidad*, se aplica aquí a la ciudad de Betel, que significa *casa de Dios* (véase también 5:8).   [ñ]**5:2** *en Sitín ... abierta* (lectura probable); en TM, texto de difícil traducción.   [o]**5:7** *la destrucción* (lectura probable); *la fiesta de luna nueva* (TM).   [p]**5:8** Véase nota en 4:15.   [q]**5:11** *ídolos*. Palabra de difícil traducción.

Impenitencia de Israel

6 ¡Vengan, volvámonos al Señor!
Él nos ha despedazado, pero nos
sanará;
nos ha herido, pero nos vendará.
² Después de dos días nos dará vida;
al tercer día nos levantará,
y así viviremos en su presencia.
³ Conozcamos al Señor;
vayamos tras su conocimiento.
Tan cierto como que sale el sol,
él habrá de manifestarse;
vendrá a nosotros como la lluvia de
invierno,
como la lluvia de primavera que
riega la tierra.

⁴ «¿Qué voy a hacer contigo, Efraín?
¿Qué voy a hacer contigo, Judá?
El amor de ustedes es como nube
matutina,
como rocío que temprano se
evapora.
⁵ Por eso los hice pedazos por medio
de los profetas;
los herí con las palabras de mi
boca.
¡Mi sentencia los fulminará como
un relámpago!
⁶ Lo que pido de ustedes es amor y
no sacrificios,
conocimiento de Dios y no
*holocaustos.
⁷ Son como Adán:
han quebrantado el *pacto,
¡me han traicionado!
⁸ Galaad es una ciudad de
malhechores;
sus pisadas dejan huellas de
sangre.
⁹ Una pandilla de sacerdotes
está al acecho en el camino a
Siquén,
y como banda de salteadores,
comete toda clase de infamias.
¹⁰ En el reino de Israel
he visto algo horrible:
Allí se prostituye Efraín
y se mancilla Israel.

¹¹ »¡A ti también, Judá,
te espera la cosecha de tu maldad!

7 »Cuando cambie yo la suerte de mi
pueblo,
cuando sane yo a Israel,
la perversidad de Efraín y la
maldad de Samaria
quedarán al descubierto.
Porque ellos cometen fraudes;
mientras el ladrón se mete en las
casas,
una banda de salteadores roba en
las calles.
² No se ponen a pensar
que yo tomo en cuenta todas sus
maldades.
Sus malas acciones los tienen
cercados,
y las tengo muy presentes.

³ »Con su maldad deleitan al rey;
con sus mentiras, a las autoridades.
⁴ Parecen un horno encendido
cuyo fuego no hace falta atizar
desde que el panadero prepara la
harina
hasta que la masa fermenta.
¡Todos ellos son adúlteros!
⁵ En la fiesta del rey las autoridades
se encienden
bajo los efectos del vino,
y el rey pierde su dignidad
codeándose con la plebe.
⁶ Como el horno, se les prende el
corazón,
dispuesto para la intriga.
Su ira se adormece por la noche,
pero se reaviva por la mañana.
⁷ Todos ellos arden como un horno;
devoran a sus gobernantes.
Caen todos sus reyes,
pero ninguno de ellos me invoca.

⁸ »Efraín se mezcla con las naciones;
parece una torta cocida de un
solo lado.
⁹ Los extranjeros le minan las fuerzas,
pero él ni cuenta se da.
Su pelo se ha encanecido,
pero él ni cuenta se da.
¹⁰ La arrogancia de Israel testifica en
su contra,
pero él no se vuelve al Señor su
Dios;
a pesar de todo esto, no lo busca.

11»Efraín es como una paloma
    torpe y sin entendimiento,
que unas veces pide ayuda a Egipto
    y otras, recurre a Asiria.
12Pero tan pronto como lo hagan,
    lanzaré mi red sobre ellos;
los derribaré como a las aves del
    cielo,
    ¡siete veces los castigaré por sus
        pecados!*r*
13¡Ay de ellos, que de mí se alejaron!
    ¡Que sean destruidos por
        rebelarse contra mí!
Yo bien podría redimirlos,
    pero ellos no me hablan con la
        verdad.
14No me invocan de *corazón,
    sino que se lamentan echados en
        sus camas.
Para obtener grano y vino nuevo se
    laceran*s*
    y se ponen en mi contra.
15Yo adiestré y fortalecí sus brazos,
    pero ellos maquinan maldades
        contra mí.
16No se vuelven al *Altísimo;
    son como un arco engañoso.
Sus autoridades caerán a filo de
    espada
    por sus palabras insolentes,
    y en la tierra de Egipto
    se burlarán de ellos.

Siembran vientos y cosechan torbellinos

8 »¡Da el toque de trompeta!
    ¡Un águila se cierne sobre la casa
        del SEÑOR!
Han quebrantado mi *pacto
    y se han rebelado contra mi *ley,
2y ahora vienen a suplicarme:
    "¡Dios de Israel, te conocemos!"
3Pero Israel ha rechazado el bien,
    así que un enemigo lo perseguirá.
4Establecen reyes que yo no apruebo,
    y escogen autoridades que no
        conozco.
Con su plata y con su oro se hacen
    imágenes

para su propia destrucción.
5Samaria, ¡arroja el becerro
    que tienes por ídolo!
Contra ustedes se ha encendido mi
    ira.
    ¿Hasta cuándo estarán sin
        *purificarse?
6Oye, Israel: Ese becerro no es
    Dios;
    es obra de un escultor.
Ese becerro de Samaria
    será hecho pedazos.

7»Sembraron vientos
    y cosecharán tempestades.
El tallo no tiene espiga
    y no producirá harina;
si acaso llegara a producirla,
    se la tragarían los extranjeros.
8Pues a Israel se lo han tragado,
    y hoy es de poca estima entre las
        naciones.
9Los israelitas subieron a Asiria;
    se apartaron como terco asno
        salvaje,
    y Efraín se ha comprado amantes.
10Pero aunque se los compre entre
    las naciones,
    de allí volveré a reunirlos;
    y comenzarán a retorcerse
    bajo la opresión de un rey
        poderoso.

11»Efraín edificó muchos altares
    para *expiar sus pecados,
pero éstos se han convertido
    en altares para pecar.
12Yo podría escribirles mi ley
    muchas veces,
    pero ellos la verían como algo
        extraño.
13Me han ofrecido sacrificios y
    ofrendas,
    y se han comido la carne,
    pero eso a mí no me agrada.
Voy ahora a tomar en cuenta sus
    perversidades,
    y castigaré sus pecados;
    ¡y tendrán que regresar a Egipto!

---

*r***7:12** *siete veces ... por sus pecados* (lectura probable); *según la noticia a su asamblea* (TM).   *s***7:14** *se laceran* (mss. hebreos y LXX); *residen como extranjeros* (TM).

14 Israel se olvidó de su Hacedor y se
edificó palacios;
Judá multiplicó las ciudades
amuralladas;
pero yo lanzaré sobre sus ciudades
y fortalezas
un fuego que las consuma.»

El castigo a Israel

9 No te alegres, Israel;
no hagas fiesta como las naciones.
Porque te has prostituido:
¡le has sido infiel a tu Dios!
Prefieres la paga de prostituta
que recibes en todos los trigales.*t*

2 Ni el trigo ni las uvas podrán
alimentarlos;
el vino nuevo no tendrá el gusto
que esperaban.
3 No habitarán en la tierra del Señor;
Efraín regresará a Egipto
y comerá inmundicias en Asiria.
4 No le ofrecerán al Señor más
libaciones de vino,
ni le serán gratos sus sacrificios.
Se les volverá pan de lágrimas;
quienes lo coman quedarán
*impuros.
Tal vez les sirva para matar el
hambre,
pero no tendrá cabida en la casa
del Señor.

5 ¿Qué harán ustedes en los días de
fiesta,
o en las peregrinaciones en honor
del Señor?
6 Aunque escapen de la destrucción,
los recogerá Egipto y los
enterrará Menfis.
Sus tesoros de plata se llenarán de
ortigas,
y los espinos invadirán sus carpas.
7 Han llegado los días del castigo,
han llegado los días de la
retribución.
¡Que lo sepa Israel!
Es tan grande tu maldad,
y tan intensa tu hostilidad,

que al profeta se le tiene por necio,
y al hombre inspirado por loco.
8 El profeta, junto con Dios,
es el centinela de Efraín,*u*
pero enfrenta trampas en todos sus
caminos,
y hostilidad en la casa de su Dios.
9 Han llegado al colmo de la
corrupción,
como en los días de Guibeá;
¡pero Dios se acordará de sus
perversidades
y los castigará por sus pecados!

10 «Cuando encontré a Israel,
fue como hallar uvas en el
desierto;
cuando vi a sus antepasados,
fue como ver higos tiernos en la
higuera.
Pero ellos se fueron a Baal Peor
y se entregaron a la vergüenza;
¡se volvieron tan detestables
como el objeto de su amor!
11 El esplendor de Efraín saldrá
volando, como un ave;
no habrá más concepción ni
embarazo ni nacimiento.
12 Y aun cuando vean crecer a sus
hijos,
yo los arrebataré de este mundo.
¡Ay de ellos cuando los abandone!
13 He visto a Efraín y a Tiro
plantados en una pradera.*v*
¡Pero Efraín entregará sus hijos al
verdugo!»

14 Dales, Señor ... ¿qué les darás?
¡Dales vientres que aborten y
pechos resecos!

15 «Toda su maldad comenzó en
Guilgal;
allí comencé a aborrecerlos.
Por causa de sus maldades,
los expulsaré de mi casa.
No volveré a amarlos,
pues todas sus autoridades son
rebeldes.

---

t **9:1** *trigales.* Lit. *eras.*   *u* **9:8** *El profeta ... de Efraín.* Alt. *El profeta es el centinela de Efraín, / el pueblo de mi Dios.*   *v* **9:13** *He visto ... pradera.* Texto de difícil traducción.

16Efraín se ha marchitado:
  su raíz se secó y no produce fruto.
  Aunque llegue a tener hijos,
    mataré el precioso fruto de su
    vientre.»

17Como no lo obedecieron, mi Dios
    los rechazará;
  ¡andarán errantes entre las
    naciones!

10Israel era una vid frondosa
  que daba fruto a su antojo.
  Pero cuanto más aumentaba su
    fruto,
    más altares se construía;
  cuanto más prosperaba su país,
    más hermosas hacía sus *piedras
    sagradas.
2Su *corazón es escurridizo,
  pero tendrá que cargar con su
    culpa.
  El Señor destrozará sus altares
  y devastará sus piedras sagradas.

3Tal vez dirán: «No hemos temido
    al Señor,
  y por eso no tenemos rey.
  Pero aun si lo tuviéramos,
    ¿qué podría hacer por nosotros?»
4Hablan sólo por hablar;
  juran en falso y hacen tratos;
  ¡por eso florecen los pleitos
    como la mala yerba en el campo!
5Temen los moradores de Samaria
  por el becerro que adoran en Bet
    Avén.w
  El pueblo del becerro hará duelo
    por él,
    lo mismo que sus sacerdotes
    idólatras.
  Harán lamentos por su esplendor,
  porque se lo llevarán al destierro.
6El becerro será llevado a Asiria
  como tributo para el gran rey.
  Efraín quedará avergonzado;
  Israel se avergonzará de sus
    ídolos.x
7Samaria y su rey desaparecerán
  como rama arrastrada por el agua.

8Serán destruidos sus *santuarios
    paganos,
  lugares de pecado de Israel.
  ¡Cardos y espinos crecerán sobre
    sus altares!
  Entonces dirán a las montañas:
    «¡Cúbrannos!»,
  y a las colinas: «¡Caigan sobre
    nosotros!»

9«Tú, Israel, has venido pecando
    desde los días de Guibeá,
  y allí te has mantenido.
  ¡En Guibeá la guerra
    tomará por sorpresa a los
    malvados!
10Cuando yo quiera, los castigaré;
  entonces las naciones se juntarán
    contra ellos
  para aprisionarlos por su doble
    perversión.
11Efraín es una novilla adiestrada
  a la que le gusta trillar,
  pero yo no quise ponerle el yugo.
  Pero ahora voy a uncir a Efraín,
  y Judá tendrá que arar,
  y Jacob emparejará la tierra.»

12¡Siembren para ustedes *justicia!
  ¡Cosechen el fruto del amor,
  y pónganse a labrar el barbecho!
  ¡Ya es tiempo de buscar al Señor!,
  hasta que él venga y les envíe
    lluvias de justicia.
13Pero ustedes sembraron maldad,
    cosecharon crímenes
  y comieron el fruto de la mentira,
  porque confiaron en sus carros
  y en la multitud de sus guerreros.
14Un estruendo de guerra se
    levantará contra su pueblo,
  y todas sus fortalezas serán
    devastadas,
  como devastó Salmán a Bet Arbel
    en el día de la batalla,
  cuando las madres fueron
    destrozadas
  junto con sus hijos.
15Esto es lo que Betel les hizo a
    ustedes,

---

w10:5 Véase nota en 4:15.   x10:6 sus ídolos (lectura probable); sus planes (TM).

a causa de su extrema maldad.
¡Pues el rey de Israel será destruido
por completo
en cuanto amanezca!

El amor de Dios por Israel

11 «Desde que Israel era niño, yo lo
amé;
de Egipto llamé a mi hijo.
2 Pero cuanto más lo llamaba,
más se alejaba de mí.*y*
Ofrecía sacrificios a sus falsos
dioses*z*
y quemaba incienso a las
imágenes.
3 Yo fui quien enseñó a caminar a
Efraín;
yo fui quien lo tomó de la mano.
Pero él no quiso reconocer
que era yo quien lo sanaba.
4 Lo atraje con cuerdas de ternura,*a*
lo atraje con lazos de amor.
Le quité de la cerviz el yugo,
y con ternura me acerqué para
alimentarlo.

5 »No volverán a Egipto,
sino que Asiria reinará sobre
ellos,
porque no quisieron volverse a
mí.
6 En sus ciudades se blandirán
espadas,
que destrozarán los barrotes de
sus *puertas
y acabarán con sus planes.
7 Mi pueblo está resuelto a renegar
de mi *nombre;
por eso, aunque me invoquen, no
los exaltaré.

8 »¿Cómo podría yo entregarte,
Efraín?
¿Cómo podría abandonarte,
Israel?
¡Yo no podría entregarte como
entregué a Admá!
¡Yo no podría abandonarte como
a Zeboyín!

Dentro de mí, el *corazón me da
vuelcos,
y se me conmueven las entrañas.
9 Pero no daré rienda suelta a mi ira,
ni volveré a destruir a Efraín.
Porque en medio de ti no está un
*hombre,
sino estoy yo, el Dios *santo,
y no atacaré la ciudad.»

10 El SEÑOR rugirá como león,
y ellos lo seguirán.
Cuando el SEÑOR lance su rugido,
sus hijos vendrán temblando de
occidente.

11 «Vendrán desde Egipto, temblando
como aves;
vendrán desde Asiria, temblando
como palomas,
y yo los estableceré en sus casas
—afirma el SEÑOR—.

El pecado de Israel

12 »Efraín me ha rodeado de mentiras,
y el reino de Israel con fraude;
Judá anda errante, lejos de Dios;
¡lejos del Dios santísimo y fiel!

12 Efraín se alimenta de viento;
todo el día va tras el viento
solano,
y multiplica la mentira y la
violencia.
Hace pactos con Asiria,
y a Egipto le da aceite como
tributo.»

2 El SEÑOR tiene un pleito contra Judá:
le hará pagar a Jacob*b* todo lo
que ha hecho,
le dará lo que merecen sus obras.
3 Ya en el seno materno suplantó a
su hermano,
y cuando se hizo hombre luchó
con Dios.
4 Luchó con el ángel, y lo venció;
lloró y le rogó que lo favoreciera.
Se lo encontró en Betel,
y allí habló con él;

y 11:2 *llamaba ... de mí* (LXX); *llamaban ... de ellos* (TM). *z* 11:2 *falsos dioses.* Lit. *baales. a* 11:4 *de ternura.* Lit. *humanas. b* 12:2 En hebreo, *Jacob* significa *él agarra el talón* (en sentido figurado: *él suplanta* o *engaña*).

5 ¡habló con el SEÑOR, Dios
  *Todopoderoso,
cuyo *nombre es el SEÑOR!
6 Pero tú debes volverte a tu Dios,
  practicar el amor y la justicia,
  y confiar siempre en él.

7 Canaán[c] usa balanzas fraudulentas,
  pues le gusta explotar a los
  demás.
8 Efraín dice con jactancia:
  «¡Cómo me he enriquecido!
  ¡He amasado una gran fortuna!
En todas mis ganancias no
  encontrarán
  que haya pecado en algo.»

9 «Yo soy el SEÑOR tu Dios
  desde que estabas en Egipto,
  y haré que vuelvas a vivir en
  carpas,
  como en los días de nuestro
  encuentro en el desierto.[d]
10 Yo les hablé a los profetas;
  les hice tener muchas visiones,
  y por medio de ellos les hablé en
  parábolas.»

11 ¿Es Galaad malvado?
  ¡No hay duda de que no vale
  nada!
En Guilgal sacrifica toros;
  por eso sus altares quedarán
  reducidos a montones de
  piedra
  entre los surcos del campo.
12 Jacob huyó a un campo de
  Aram;[e]
  Israel trabajó cuidando ovejas
  en pago por su esposa.
13 Para sacar a Israel de Egipto, y
  después cuidarlo,
  el SEÑOR usó a un profeta.
14 Pero Efraín ha irritado a su SEÑOR;
  le ha causado un amargo disgusto.
Por eso el SEÑOR le hará pagar sus
  crímenes
  y le devolverá sus injurias.

La ira del SEÑOR contra Israel

13 Efraín tenía la preeminencia en
  Israel.
  Cuando él hablaba, la gente
  temblaba.
  Pero le rindió culto a *Baal,
  y por ese pecado murió.
2 Sin embargo, siguen pecando,
  pues se fabrican, según su
  ingenio,
imágenes de fundición e ídolos de
  plata
  que no son más que obra de
  artesanos.
De ellos se dice:
  «Ofrecen sacrificios humanos
  y besan ídolos en forma de
  becerros.»[f]
3 Por eso serán como nube
  matutina,
  como rocío que temprano se
  evapora,
  como paja que se lleva el viento,
  como humo que se escapa por la
  chimenea.

4 «Pero yo soy el SEÑOR tu Dios
  desde que estabas en Egipto.
No conocerás[g] a otro Dios fuera de
  mí,
  ni a otro Salvador que no sea yo.
5 Porque yo fui el que te conoció en
  el desierto,
  en esa tierra de terrible aridez.
6 Les di de comer, y quedaron
  saciados,
  y una vez satisfechos, se
  volvieron arrogantes
  y se olvidaron de mí.
7 Por eso, yo seré para ellos como un
  león;
  los acecharé junto al camino,
  como un leopardo.
8 Los atacaré y les desgarraré el
  pecho
  como una osa a quien le quitan
  sus cachorros.

---

c **12:7** *Canaán.* Alt. *El mercader.*   *d* **12:9** *de nuestro encuentro en el desierto.* Alt. *de fiestas solemnes.*
e **12:12** *Aram.* Es decir, al noroeste de Mesopotamia.   *f* **13:2** *De ellos ... becerros.* Alt. *Dicen a la gente:*
«Quien ofrezca sacrificios, que bese a los becerros.»   *g* **13:4** *No conocerás.* Alt. *No deberías haber conocido.*

¡Los devoraré como un león!
¡Los despedazaré como fiera del
　　campo!

9 »Voy a destruirte, Israel,
porque estás contra quien te
　　ayuda.
10 ¿Dónde está tu rey,
para que te salve en todas tus
　　ciudades?
¿Dónde están los gobernantes, de
　　los que decías:
"Dame rey y autoridades"?
11 En mi ira te di rey,
y en mi enojo te lo quité.
12 La perversidad de Efraín está bien
　　guardada;
se ha tomado nota de su
　　pecado.
13 Llegan los dolores de parto,
pero él es una criatura necia:
¡cuando llega la hora del
　　parto,
no se acomoda para salir!

14 »¿Habré de rescatarlos del poder
　　del *sepulcro?
¿Los redimiré de la muerte?
¿Dónde están, oh muerte, tus
　　plagas?
¿Dónde está, oh sepulcro, tu
　　destrucción?
¡Vengan, que no les tendré
　　misericordia!»

15 Aunque Efraín prospere entre sus
　　hermanos,
vendrá el viento del SEÑOR,
el viento solano que se levanta del
　　desierto,
y se agotarán sus fuentes y
　　manantiales.
¡Y arrebatará sus tesoros,
todos sus objetos preciosos!
16 El pueblo de Samaria cargará con
　　su culpa
por haberse rebelado contra su
　　Dios.
Caerán a filo de espada;
¡a los niños los lanzarán contra el
　　suelo,
y a las embarazadas les abrirán el
　　vientre!

Arrepentimiento para traer bendición

14 Vuélvete, Israel, al SEÑOR tu Dios.
　　¡Tu perversidad te ha hecho caer!
2 Piensa bien lo que le dirás,
y vuélvete al SEÑOR con este
　　ruego:
«Perdónanos nuestra perversidad,
y recíbenos con benevolencia,
pues queremos ofrecerte
el fruto de nuestros labios.
3 Asiria no podrá salvarnos;
no montaremos caballos de guerra.
Nunca más llamaremos "dios
　　nuestro"
a cosas hechas por nuestras manos,
pues en ti el huérfano halla
　　compasión.»

Respuesta de Dios

4 «Yo corregiré su rebeldía
y los amaré de pura gracia,
porque mi ira contra ellos se ha
　　calmado.
5 Yo seré para Israel como el rocío,
y lo haré florecer como lirio.
¡Hundirá sus raíces como cedro
　　del Líbano!
6 Sus vástagos crecerán,
y tendrán el esplendor del olivo
y la fragancia del cedro del
　　Líbano.
7 Volverán a habitar bajo mi sombra,
y crecerán como el trigo.
Echarán renuevos, como la vid,
y serán tan famosos como el vino
　　del Líbano.
8 Efraín, ¿yo qué tengo que ver con
　　las imágenes?
¡Soy yo quien te responde y
　　cuida de ti!
Soy como un pino siempre verde;
tu fruto procede de mí.»

9 El que es sabio entiende estas cosas;
el que es inteligente las
　　comprende.
Ciertamente son rectos los
　　*caminos del SEÑOR:
en ellos caminan los justos,
mientras que allí tropiezan los
　　rebeldes.

Joel

1 Ésta es la palabra del Señor, que vino a Joel hijo de Petuel.

La invasión de langostas

2 ¡Oigan esto, *ancianos del pueblo!
¡Presten atención, habitantes
todos del país!
¿Alguna vez sucedió cosa
semejante
en sus tiempos o en los de sus
antepasados?
3 Cuéntenselo a sus hijos,
y que ellos se lo cuenten a los
suyos,
y éstos a la siguiente generación.
4 Lo que dejaron las langostas
grandes
lo devoraron las langostas
pequeñas;
lo que dejaron las langostas
pequeñas
se lo comieron las larvas;
y lo que dejaron las larvas
se lo comieron las orugas.*a*

5 ¡Despierten, borrachos, y lloren!
Giman, todos los entregados al
vino,
porque el vino dulce les fue
arrebatado de los labios.
6 Una nación poderosa e innumerable
ha invadido mi país:
tiene dientes de león,
colmillos de leona.
7 Asoló mis vides,
desgajó mis higueras.
Las peló hasta dejar blancas sus
ramas;
¡las derribó por completo!

8 Mi pueblo gime como virgen
vestida de luto
por la muerte de su prometido.

9 Las ofrendas de cereales y las
libaciones
no se ofrecen ya en la casa del
Señor.
Hacen duelo los sacerdotes,
los ministros del Señor.
10 Los campos yacen devastados,
reseca está la tierra;
han sido arrasados los cereales,
se ha secado el vino nuevo
y agotado el aceite.
11 Séquense también ustedes,
labradores;
giman, viñadores,
por el trigo y la cebada,
porque se ha perdido la cosecha
de los campos.
12 La vid se marchitó;
languideció la higuera;
se marchitaron los granados,
las palmeras, los manzanos,
¡todos los árboles del campo!
¡Y hasta la alegría de la gente
acabó por marchitarse!

Llamado al arrepentimiento

13 Vístanse de duelo y giman,
sacerdotes;
laméntense, ministros del altar.
Vengan, ministros de mi Dios,
y pasen la noche vestidos de luto,
porque las ofrendas de cereales y
las libaciones
han sido suspendidas en la casa
de su Dios.
14 Entréguense al ayuno,
convoquen a una asamblea
solemne.
Reúnan a los *ancianos del pueblo
en la casa del Señor su Dios;
reúnan a todos los habitantes del
país,
y clamen al Señor.

---

a **1:4** El texto hebreo en este versículo usa cuatro términos que se refieren a langostas y que son de difícil traducción; también en 2:25.

15¡Ay de aquel día, el día del SEÑOR,
     que ya se aproxima!
  Vendrá como devastación de
     parte del *Todopoderoso.

16¿No se nos arrebató el alimento
     ante nuestros propios ojos,
  y la alegría y el regocijo
     de la casa de nuestro Dios?
17La semilla se pudrió
     a pesar de haber sido cultivada.[b]
  Los silos están en ruinas
     y los graneros derribados
  porque la cosecha se perdió.
18¡Cómo brama el ganado!
     Vagan sin rumbo las vacas
  porque no tienen donde pastar,
     y sufren también las ovejas.

19A ti clamo, SEÑOR,
     porque el fuego ha devorado los
        pastizales de la estepa;
  las llamas han consumido todos
     los árboles silvestres.
20Aun los animales del campo te
     buscan con ansias,
  porque se han secado los
     arroyos
  y el fuego ha devorado los
     pastizales de la estepa.

Un ejército de langostas

2 Toquen la trompeta en *Sión;
     den la voz de alarma en mi
        *santo monte.
  Tiemblen todos los habitantes del
     país,
  pues ya viene el día del SEÑOR,
     en realidad ya está cerca.
  2Día de tinieblas y oscuridad,
     día de nubes y densos
        nubarrones.
  Como la aurora que se extiende
     sobre los montes,
  así avanza un pueblo fuerte y
     numeroso,
  pueblo como nunca lo hubo en la
     antigüedad
  ni lo habrá en las generaciones
     futuras.

3Antes de que llegue, devora el
     fuego;
  cuando ya ha pasado, las llamas
     lo inflaman todo.
  Antes de que llegue, el país se
     parece al jardín del Edén;
  cuando ya ha pasado, queda un
     desolado desierto;
  ¡nada escapa su poder!
4Tienen aspecto de caballos;
     galopan como corceles.
5Y al saltar sobre las cumbres de los
     montes,
  producen un estruendo como el
     de carros de guerra,
  como el crepitar del fuego al
     consumir la hojarasca.
  ¡Son como un ejército poderoso
     en formación de batalla!

6Ante él se estremecen las
     naciones;
  todo rostro palidece.
7Atacan como guerreros,
     escalan muros como soldados.
  Cada uno mantiene la marcha
     sin romper la formación.
8No se atropellan entre sí;
     cada uno marcha en línea.
  Se lanzan entre las flechas
     sin romper filas.
9Se abalanzan contra la ciudad,
     arremeten contra los muros,
  trepan por las casas,
     se meten por las ventanas como
        ladrones.

10Ante este ejército tiembla la tierra
     y se estremece el cielo,
  el sol y la luna se oscurecen
     y las estrellas dejan de brillar.
11Truena la voz del SEÑOR
     al frente de su ejército;
  son innumerables sus
     tropas
  y poderosos los que ejecutan su
     palabra.
  El día del SEÑOR es grande y
     terrible.
  ¿Quién lo podrá resistir?

---

[b] **1:17** *La semilla ... cultivada.* Texto de difícil traducción.

Exhortación al arrepentimiento

¹²«Ahora bien —afirma el Señor—,
   vuélvanse a mí de todo *corazón,
   con ayuno, llantos y lamentos.»

¹³Rásguense el corazón
   y no las vestiduras.
Vuélvanse al Señor su Dios,
   porque él es bondadoso y
      compasivo,
lento para la ira y lleno de amor,
   cambia de parecer y no castiga.
¹⁴Tal vez Dios reconsidere y cambie
      de parecer,
   y deje tras de sí una bendición.
Las ofrendas de cereales y las
      libaciones
   son del Señor su Dios.

¹⁵Toquen la trompeta en *Sión,
   proclamen el ayuno,
convoquen a una asamblea solemne.
¹⁶Congreguen al pueblo,
   *purifiquen la asamblea;
junten a los *ancianos del pueblo,
   reúnan a los pequeños
   y a los niños de pecho.
Que salga de su alcoba el recién
      casado,
   y la recién casada de su cámara
      nupcial.
¹⁷Lloren, sacerdotes, ministros del
      Señor,
   entre el pórtico y el altar;
y digan: «Compadécete, Señor, de
      tu pueblo.
No entregues tu propiedad al
      oprobio,
   para que las naciones no se
      burlen de ella. ᶜ
¿Por qué habrán de decir entre los
      pueblos:
   "Dónde está su Dios?"»

La respuesta del Señor

¹⁸Entonces el Señor mostró amor
      por su tierra
   y perdonó a su pueblo.

¹⁹Y les respondió el Señor:

«Miren, les enviaré cereales, vino
      nuevo y aceite,
   hasta dejarlos plenamente
      satisfechos;
y no volveré a entregarlos
   al oprobio entre las naciones.

²⁰»Alejaré de ustedes al que viene
      del norte,
   arrojándolo hacia una tierra seca
      y desolada:
lanzaré su vanguardia hacia el mar
      oriental,
   y su retaguardia hacia el mar
      occidental. ᵈ
Subirá su hedor
   y se elevará su fetidez.»
¡El Señor hará grandes cosas!
²¹No temas, tierra,
   sino alégrate y regocíjate,
porque el Señor hará grandes
      cosas.
²²No teman, animales del campo,
   porque los pastizales de la estepa
      reverdecerán;
los árboles producirán su fruto,
   y la higuera y la vid darán su
      riqueza.
²³Alégrense, hijos de Sión,
   regocíjense en el Señor su Dios,
   que a su tiempo les dará las
      lluvias de otoño.
Les enviará la lluvia,
   la de otoño y la de primavera,
   como en tiempos pasados.
²⁴Las eras se llenarán de grano;
   los lagares rebosarán de vino
      nuevo y de aceite.
²⁵«Yo les compensaré a ustedes
   por los años en que todo lo
      devoró
ese gran ejército de langostas
   que envié contra ustedes:
las grandes, las pequeñas,
   las larvas y las orugas. ᵉ
²⁶Ustedes comerán en abundancia,
   hasta saciarse,

ᶜ**2:17** *no se burlen de ella.* Alt. *no la sometan.*   ᵈ**2:20** *el mar oriental ... el mar occidental.* Es decir, el Mar Muerto y el Mediterráneo.   ᵉ**2:25** Véase nota en 1:4.

y alabarán el *nombre del Señor
su Dios,
que hará maravillas por ustedes.
¡Nunca más será avergonzado
mi pueblo!
27 Entonces sabrán que yo estoy en
medio de Israel,
que yo soy el Señor su Dios,
y no hay otro fuera de mí.
¡Nunca más será avergonzado mi
pueblo!

El día del Señor

28 »Después de esto,
derramaré mi Espíritu sobre todo
el *género humano.
Los hijos y las hijas de ustedes
profetizarán,
tendrán sueños los ancianos
y visiones los jóvenes.
29 En esos días derramaré mi Espíritu
aun sobre los siervos y las siervas.
30 En el cielo y en la tierra mostraré
prodigios:
sangre, fuego y columnas de
humo.
31 El sol se convertirá en tinieblas
y la luna en sangre
antes que llegue el día del Señor,
día grande y terrible.
32 Y todo el que invoque el *nombre
del Señor
escapará con vida,
porque en el monte *Sión y en
Jerusalén
habrá escapatoria,
como lo ha dicho el Señor.
Y entre los sobrevivientes
estarán los llamados del Señor.

El juicio de las naciones

3 »En aquellos días, en el tiempo
señalado,
cuando restaure yo la suerte de
Judá y de Jerusalén,
2 reuniré a todas las naciones
y las haré bajar al valle de
Josafat.ᶠ
Allí entraré en juicio contra los
pueblos

en cuanto a mi propiedad, mi
pueblo Israel,
pues lo dispersaron entre las
naciones
y se repartieron mi tierra.
3 Se repartieron a mi pueblo echando
suertes,
cambiaron a niños por prostitutas
y, para emborracharse,
vendieron niñas por vino.

4 »Ahora bien, Tiro y Sidón, y regiones
todas de Filistea, ¿qué tienen en contra
mía? ¿Quieren acaso vengarse de mí? Si
es así, yo haré que muy pronto recaiga
sobre ustedes su propia venganza, 5 pues
se robaron mi oro y mi plata, y se llevaron
a sus templos mis valiosos tesoros. 6 A los
griegos les vendieron el pueblo de Jerusalén y de Judá, para alejarlos de su tierra.

7 »Sepan, pues, que voy a sacarlos de
los lugares donde fueron vendidos, y haré
que recaiga sobre ustedes su propia venganza. 8 Venderé sus hijos y sus hijas al
pueblo de Judá, y ellos a su vez los venderán a los sabeos, una nación lejana.» El
Señor lo ha dicho.

9 Proclamen esto entre las naciones:
¡Prepárenseᵍ para la batalla!
¡Movilicen a los soldados!
¡Alístense para el combate todos
los hombres de guerra!
10 Forjen espadas con los azadones
y hagan lanzas con las hoces.
Que diga el cobarde:
«¡Soy un valiente!»
11 Dense prisa, naciones vecinas,
reúnanse en ese lugar.

¡Haz bajar, Señor, a tus valientes!

12 «Movilícense las naciones;
suban hasta el valle de Josafat,
que allí me sentaré
para juzgar a los pueblos vecinos.
13 Mano a la hoz,
que la mies está madura.
Vengan a pisar las uvas,
que está lleno el lagar.

ᶠ **3:2** En hebreo, *Josafat* significa *el Señor juzga*; también en v. 12.   ᵍ **3:9** *Prepárense.* Lit. *Santifíquense.*

Sus cubas se desbordan:
¡tan grande es su maldad!»

14 ¡Multitud tras multitud
en el valle de la Decisión!
¡Cercano está el día del SEÑOR
en el valle de la Decisión!
15 Se oscurecerán el sol y la luna;
dejarán de brillar las estrellas.
16 Rugirá el SEÑOR desde *Sión,
tronará su voz desde Jerusalén,
y la tierra y el cielo temblarán.
Pero el SEÑOR será un refugio para
su pueblo,
una fortaleza para los israelitas.

Bendiciones para el pueblo de Dios

17 «Entonces ustedes sabrán que yo,
el SEÑOR su Dios,
habito en Sión, mi monte *santo.
Santa será Jerusalén,
y nunca más la invadirán los
extranjeros.

18 »En aquel día las montañas
destilarán vino dulce,
y de las colinas fluirá leche;
correrá el agua por los arroyos de
Judá.
De la casa del SEÑOR brotará una
fuente
que irrigará el valle de las
Acacias.
19 Pero Egipto quedará desolado,
y Edom convertido en desierto,
por la violencia cometida contra el
pueblo de Judá,
en cuya tierra derramaron sangre
inocente.
20 Judá y Jerusalén serán habitadas
para siempre, por todas las
generaciones.
21 ¿Perdonaré la sangre que
derramaron?
¡Claro que no la perdonaré!»

¡El SEÑOR hará su morada en Sión!

Amós

1 Éstas son las palabras de Amós, pastor de Tecoa. Es la visión que recibió acerca de Israel dos años antes del terremoto, cuando Uzías era rey de Judá, y Jeroboán hijo de Joás era rey de Israel.

2 Amós dijo:

«Ruge el SEÑOR desde *Sión;
        truena su voz desde Jerusalén.
Los pastizales de los pastores
        quedan asolados,
    y se seca la cumbre del Carmelo.»

Juicio contra las naciones vecinas

3 Así dice el SEÑOR:

«Los delitos de Damasco han
        llegado a su colmo;[a]
    por tanto, no revocaré su castigo:
Porque trillaron a Galaad
        con trillos de hierro,
4 yo enviaré fuego contra el palacio
        de Jazael,
    que consumirá las fortalezas de
        Ben Adad.
5 Romperé el cerrojo de la *puerta
        de Damasco,
    destruiré al que reina en el valle
        de Avén[b]
    y al que empuña el cetro en Bet
        Edén.
Y el pueblo de Siria
        será desterrado a Quir»,
                dice el SEÑOR.

6 Así dice el SEÑOR:

«Los delitos de Gaza han llegado a
        su colmo;
    por tanto, no revocaré su castigo:
Porque desterraron a poblaciones
        enteras
    para venderlas a Edom,
7 yo enviaré fuego contra los muros
        de Gaza,
    que consumirá sus fortalezas.
8 Destruiré al que reina en Asdod
    y al que empuña el cetro en
        Ascalón.
Volveré mi mano contra Ecrón,
    y perecerá hasta el último de los
        filisteos»,
                dice el SEÑOR omnipotente.

9 Así dice el SEÑOR:

«Los delitos de Tiro han llegado a
        su colmo;
    por tanto, no revocaré su
        castigo:
Porque le vendieron a Edom
        poblaciones enteras de
        cautivos,
    olvidando así una alianza entre
        hermanos,
10 yo enviaré fuego contra los muros
        de Tiro,
    que consumirá sus fortalezas.»

11 Así dice el SEÑOR:

«Los delitos de Edom han llegado a
        su colmo;
    por tanto, no revocaré su
        castigo:
Porque sin mostrar ninguna
        compasión
    persiguieron con espada a su
        hermano;
porque dieron rienda suelta a
        su ira
    y no dejaron de alimentar su
        enojo,
12 yo enviaré fuego contra Temán,
    que consumirá las fortalezas de
        Bosra.»

---

[a] **1:3** *Los delitos ... su colmo.* Lit. *Por tres delitos de ..., y por cuatro* (hebraísmo que indica plenitud);
también en 1:6,9,11,13; 2:1,4,6.   [b] **1:5** *Avén.* Alt. *maldad.*

¹³Así dice el SEÑOR:

«Los delitos de Amón han llegado
   a su colmo;
por tanto, no revocaré su
   castigo:
Porque, a fin de extender sus
   fronteras,
a las mujeres encintas de la
   región de Galaad
les abrieron el vientre,
¹⁴yo prenderé fuego a los muros de
   Rabá,
que consumirá sus fortalezas
entre gritos de guerra en el día de
   la batalla,
y en el rugir de la tormenta en un
   día de tempestad.
¹⁵Su rey[c] marchará al destierro,
   junto con sus oficiales»,
                dice el SEÑOR.

2 Así dice el SEÑOR:

«Los delitos de Moab han llegado a
   su colmo;
por tanto, no revocaré su castigo:
Porque quemaron los huesos del
   rey de Edom
hasta reducirlos a ceniza,
²yo enviaré fuego sobre Moab
que consumirá las fortalezas de
   Queriot,
y morirá Moab en medio del
   estrépito
de gritos de guerra y toques de
   trompeta.
³Destruiré al gobernante en medio
   de su pueblo,
y junto con él mataré a todos sus
   oficiales»,
                dice el SEÑOR.

⁴Así dice el SEÑOR:

«Los delitos de Judá han llegado a
   su colmo;
por tanto, no revocaré su castigo:
Porque, dejándose descarriar por
   sus mentiras,

tras las cuales anduvieron sus
   antepasados,
rechazaron la *ley del SEÑOR
y no obedecieron sus preceptos.
⁵Por eso yo enviaré fuego contra
   Judá,
que consumirá las fortalezas de
   Jerusalén.»

Juicio contra Israel

⁶Así dice el SEÑOR:

«Los delitos de Israel han llegado a
   su colmo;
por tanto, no revocaré su castigo:
Venden al justo por monedas,
y al necesitado, por un par de
   sandalias.
⁷Pisotean la cabeza de los desvalidos
como si fuera el polvo de la tierra,
y pervierten el camino de los
   pobres.
Padre e hijo se acuestan con la
   misma mujer,
profanando así mi *santo *nombre.
⁸Junto a cualquier altar
se acuestan sobre ropa que
   tomaron en prenda,
y el vino que han cobrado como
   multa
lo beben en la casa de su Dios.[d]

⁹»Todo esto, a pesar de que por ellos
yo destruí a los amorreos;
destruí su fruto arriba
y sus raíces abajo,
aunque eran altos como el cedro
y fuertes como la encina.

¹⁰»Yo mismo los hice subir desde
   Egipto,
y los conduje cuarenta años por
   el desierto,
a fin de conquistar para ustedes
la tierra de los amorreos.
¹¹También levanté profetas de entre
   sus hijos
y nazareos de entre sus jóvenes.
¿Acaso no fue así, israelitas?
         —afirma el SEÑOR—.

---

[c] **1:15** *Su rey.* Alt. *Milcón.*   [d] **2:8** *su Dios.* Alt. *sus dioses.*

12 Pero ustedes les hicieron beber
vino a los nazareos
y les ordenaron a los profetas que
no profetizaran.

13 »Pues bien, estoy por aplastarlos a
ustedes
como aplasta una carreta cargada
de trigo.
14 Entonces no habrá escapatoria para
el ágil,
ni el fuerte podrá valerse de su
fuerza,
ni el valiente librará su vida.
15 El arquero no resistirá,
ni escapará con vida el ágil de
piernas,
ni se salvará el que monta a
caballo.
16 En aquel día huirá desnudo
aun el más valiente de los
guerreros,»
afirma el SEÑOR.

Vocación del profeta Amós

3 Oigan, israelitas, esta palabra que el
SEÑOR pronuncia contra ustedes, contra toda la familia que saqué de Egipto:

2 «Sólo a ustedes los he escogido
entre todas las familias de la
tierra.
Por tanto, les haré pagar
todas sus perversidades.»

3 ¿Pueden dos caminar juntos
sin antes ponerse de acuerdo?
4 ¿Ruge el león en la espesura
sin tener presa alguna?
¿Gruñe el leoncillo en su guarida
sin haber atrapado nada?
5 ¿Cae el pájaro en la trampa
sin que haya carnada?
¿Salta del suelo la trampa
sin haber atrapado nada?
6 ¿Se toca la trompeta en la ciudad
sin que el pueblo se alarme?
¿Ocurrirá en la ciudad alguna
desgracia
que el SEÑOR no haya provocado?

7 En verdad, nada hace el SEÑOR
omnipotente
sin antes revelar sus designios
a sus siervos los profetas.

8 Ruge el león;
¿quién no temblará de miedo?
Habla el SEÑOR omnipotente;
¿quién no profetizará?

El castigo a Israel

9 Proclamen en las fortalezas de
Asdod
y en los baluartes de Egipto:
«Reúnanse sobre los montes de
Samaria
y vean cuánto pánico hay en ella,
¡cuánta opresión hay en su medio!»

10 «Los que acumulan en sus
fortalezas
el fruto de la violencia y el saqueo
no saben actuar con rectitud»,
afirma el SEÑOR.

11 Por lo tanto, así dice el SEÑOR
omnipotente:

«Un enemigo invadirá tu tierra;
echará abajo tu poderío
y saqueará tus fortalezas.»

12 Así dice el SEÑOR:

«Como el pastor arrebata de las
fauces del león
si acaso dos patas o un pedazo de
oreja,
así serán rescatados los israelitas,
los que en Samaria se reclinan
en el borde de la cama y en
divanes de Damasco. e

13 »Oigan esto y testifiquen contra el
pueblo de Jacob —afirma el SEÑOR
omnipotente, el Dios *Todopoderoso—:

14 »El día en que haga pagar a Israel
sus delitos,
destruiré los altares de Betel;

---

e 3:12 en el borde ... Damasco. Texto de difícil traducción.

los cuernos del altar serán
   arrancados,
y caerán por tierra.
15Derribaré tanto la casa de invierno
   como la de verano;
serán destruidas las casas
   adornadas de marfil
y serán demolidas muchas
   mansiones»,
                    afirma el SEÑOR.

4   Oigan esta palabra ustedes, vacas
    de Basán,
   que viven en el monte de Samaria,
que oprimen a los desvalidos
   y maltratan a los necesitados,
que dicen a sus esposos:
   «¡Tráigannos de beber!»
2El SEÑOR omnipotente ha jurado
   por su *santidad:
«Vendrán días en que hasta la
   última de ustedes
será arreada con garfios y arpones.
3Una tras otra saldrán por las
   brechas del muro,
y hacia Hermón serán expulsadas
                    —afirma el SEÑOR—.

4»Vayan a Betel y pequen;
   vayan a Guilgal y sigan pecando.
Ofrezcan sus sacrificios por la
   mañana,
y al tercer día sus diezmos.
5Quemen pan leudado como ofrenda
   de gratitud
y proclamen ofrendas voluntarias.
Háganlo saber a todos, israelitas;
   ¡eso es lo que a ustedes les
   encanta!
                    —afirma el SEÑOR omnipotente—.

Dureza de Israel

6»Yo les hice pasar hambre en todas
   sus ciudades,
y los privé de pan en todos sus
   poblados.
Con todo, ustedes no se volvieron
   a mí
                    —afirma el SEÑOR—.

7»Yo les retuve la lluvia
   cuando aún faltaban tres meses
   para la cosecha.

En una ciudad hacía llover,
   pero en otra no;
una parcela recibía lluvia,
   mientras que otra no, y se secó.
8Vagando de ciudad en ciudad, iba
   la gente en busca de agua,
   pero no calmaba su sed.
Con todo, ustedes no se volvieron
   a mí
                    —afirma el SEÑOR—.

9»Castigué sus campos con plagas y
   sequía;
la langosta devoró sus huertos y
   viñedos,
sus higueras y olivares.
Con todo, ustedes no se volvieron
   a mí
                    —afirma el SEÑOR—.

10»Les mandé plagas
   como las de Egipto.
Pasé por la espada a sus mejores
   jóvenes,
junto con los caballos capturados.
Hice que llegara hasta sus propias
   narices
   el hedor de los cadáveres.
Con todo, ustedes no se volvieron
   a mí
                    —afirma el SEÑOR—.

11»Yo les envié destrucción
   como la de Sodoma y Gomorra;
¡quedaron como tizones
   arrebatados del fuego!
Con todo, ustedes no se volvieron
   a mí
                    —afirma el SEÑOR—.

12»Por eso, Israel, voy a actuar
   contra ti;
y como voy a hacerlo,
   ¡prepárate, Israel, para
   encontrarte con tu Dios!»

13He aquí el que forma las
   montañas,
el que crea el viento,
el que revela al hombre sus
   designios,
el que convierte la aurora en
   tinieblas,

el que marcha sobre las alturas de
la tierra:
su nombre es el SEÑOR Dios
*Todopoderoso.

Advertencias y lamentos

5 Oye esta palabra, reino de Israel,
este canto fúnebre que por ti
entono:

2 «Ha caído la joven Israel,
y no volverá a levantarse;
postrada en su propia tierra,
no hay quien la levante.»

3 Así dice el SEÑOR omnipotente al
reino de Israel:

«La ciudad que salía a la guerra
con mil hombres
se quedará sólo con cien,
y la que salía con cien
se quedará sólo con diez.»

4 Así dice el SEÑOR al reino de Israel:

«Búsquenme y vivirán.
5   Pero no acudan a Betel,
ni vayan a Guilgal,
ni pasen a Berseba,
porque Guilgal será llevada cautiva,
y Betel, reducida a la nada.»

6 Busquen al SEÑOR y vivirán,
no sea que él caiga como fuego
sobre los descendientes de José,
fuego que devore a Betel
sin que haya quien lo apague.
7 Ustedes convierten el derecho en
amargura
y echan por tierra la justicia.

8 El SEÑOR hizo las Pléyades y el
Orión,
convierte en aurora las densas
tinieblas
y oscurece el día hasta
convertirlo en noche.
Él convoca las aguas del mar
y las derrama sobre la tierra.
¡Su nombre es el SEÑOR!
9 Él reduce a la nada la fortaleza
y trae la ruina sobre la plaza fuerte.

10 Ustedes odian al que defiende la
justicia en el tribunal
y detestan al que dice la verdad.
11 Por eso, como pisotean al desvalido
y le imponen tributo de grano,
no vivirán en las casas de piedra
labrada que han construido,
ni beberán del vino de los selectos
viñedos que han plantado.
12 ¡Yo sé cuán numerosos son sus
delitos,
cuán grandes sus pecados!

Ustedes oprimen al justo, exigen
soborno
y en los tribunales atropellan al
necesitado.
13 Por eso en circunstancias como
éstas guarda silencio el
prudente,
porque estos tiempos son malos.

14 Busquen el bien y no el mal, y
vivirán;
y así estará con ustedes el SEÑOR
Dios *Todopoderoso,
tal como ustedes lo afirman.

15 ¡Odien el mal y amen el bien!
Hagan que impere la justicia en
los tribunales;
tal vez así el SEÑOR, el Dios
Todopoderoso,
tenga compasión del remanente
de José.

16 Por eso, así dice el SEÑOR
omnipotente, el Dios Todopoderoso:

«En todas las plazas se escucharán
lamentos,
y gritos de angustia en todas las
calles.
Llamarán a duelo a los campesinos,
y a los llorones profesionales, a
hacer lamentación.
17 Se escucharán lamentos en todos
los viñedos
cuando yo pase en medio de ti»,
dice el SEÑOR.

18 ¡Ay de los que suspiran
por el día del SEÑOR!

¿De qué les servirá ese día
   si va a ser de oscuridad y no de
      luz?
19 Será como cuando alguien huye de
      un león
   y se le viene encima un oso,
o como cuando al llegar a su casa,
   apoya la mano en la pared
   y lo muerde una serpiente.
20 ¿No será el día del SEÑOR de
      oscuridad y no de luz?
   ¡Será por cierto sombrío y sin
      resplandor!

21 «Yo aborrezco sus fiestas
      religiosas;
   no me agradan sus cultos
      solemnes.
22 Aunque me traigan holocaustos y
      ofrendas de cereal,
   no los aceptaré,
ni prestaré atención
   a los sacrificios de *comunión de
      novillos cebados.
23 Aleja de mí el bullicio de tus
      canciones;
   no quiero oír la música de tus
      cítaras.
24 ¡Pero que fluya el derecho como
      las aguas,
   y la justicia como arroyo
      inagotable!

25 »Pueblo de Israel, ¿acaso me
      ofrecieron sacrificios y
      ofrendas
   durante los cuarenta años en el
      desierto?
26 Ustedes tendrán que cargar con la
      imagen de Sicut, su rey,
   y también con la de Quiyún,
imágenes de esos dioses astrales
   que ustedes mismos se han
      fabricado.
27 Entonces los mandaré al exilio más
      allá de Damasco»,
   dice el SEÑOR, cuyo nombre es
      Dios Todopoderoso.

6 ¡Ay de los que viven tranquilos en
      *Sión
   y de los que viven confiados en
      el monte de Samaria!

¡Ay de los notables de la nación
      más importante,
   a quienes acude el pueblo de
      Israel!
2 Pasen a Calné y obsérvenla;
   vayan de allí a Jamat la grande,
   bajen luego a Gat de los filisteos.
¿Acaso son ustedes superiores a
      estos reinos,
   o es más grande su territorio que
      el de ustedes?
3 Ustedes creen alejar el día de la
      desgracia,
   pero están acercando el imperio
      de la violencia.
4 Ustedes que se acuestan en camas
      incrustadas de marfil
   y se arrellanan en divanes;
que comen corderos selectos
   y terneros engordados;
5 que, a la manera de David,
   improvisan canciones al son de la
      cítara
   e inventan instrumentos
      musicales;
6 que beben vino en tazones
   y se perfuman con las esencias
      más finas
sin afligirse por la ruina de José,
7 marcharán a la cabeza de los
      desterrados,
   y así terminará el banquete de los
      holgazanes.

8 El SEÑOR omnipotente jura por sí
      mismo;
   esto afirma el SEÑOR Dios
      *Todopoderoso:

«Yo detesto la arrogancia de
      Jacob;
   yo aborrezco sus fortalezas;
por eso entregaré la ciudad al
      enemigo,
   con todo lo que hay en ella.»

9 Sucederá que si en una casa quedan
diez hombres con vida, todos morirán.
10 Y cuando vengan a la casa para levantar
los cadáveres y quemarlos, algún pariente
le preguntará a otro que ande en la casa:
«¿Queda alguien más contigo?» Y aquél
le responderá: «No.» Entonces le dirá:

«¡Cállate! No vayamos a mencionar el *nombre del SEÑOR.»

11 Mira, el SEÑOR da la orden
de golpear la casa grande hasta
hacerla añicos
y de hacer trizas la casa pequeña.

12 ¿Acaso galopan los caballos por las rocas
o se ara en éstas con bueyes?
Pero ustedes han convertido el
derecho en veneno,
y en amargura el fruto de la
justicia.

13 Ustedes se regocijan por la
conquista de Lo Debar[f]
y agregan: «¿No fue con nuestras
propias fuerzas
como nos apoderamos de
Carnayin?»[g]

14 «Por tanto, pueblo de Israel,
voy a levantar contra ti a una
nación
que te oprimirá desde Lebó
Jamat[h]
hasta el torrente del Arabá»,
afirma el SEÑOR,
el Dios Todopoderoso.

Tres visiones

7 El SEÑOR omnipotente me mostró esta visión: Empezaba a crecer la hierba después de la siega que corresponde al rey, y vi al Señor preparando enjambres de langostas. 2 Cuando las langostas acababan con la hierba de la tierra, exclamé:

—¡SEÑOR mi Dios, te ruego que perdones a Jacob! ¿Cómo va a sobrevivir, si es tan pequeño?

3 Entonces el SEÑOR se compadeció y dijo:

—Esto no va a suceder.

4 El SEÑOR omnipotente me mostró entonces otra visión: Vi al SEÑOR llamar a juicio con un fuego que devoraba el gran abismo y consumía los campos. 5 Y exclamé:

—¡Deténte, SEÑOR mi Dios, te lo ruego! ¿Cómo sobrevivirá Jacob, si es tan pequeño?

6 Entonces el SEÑOR se compadeció y dijo:

—Esto tampoco va a suceder.

7 El SEÑOR me mostró otra visión: Estaba él de pie junto a un muro construido a plomo, y tenía una cuerda de plomada en la mano. 8 Y el SEÑOR me preguntó:

—¿Qué ves, Amós?

—Una cuerda de plomada —respondí.

Entonces el Señor dijo:

—Mira, voy a tirar la plomada en medio de mi pueblo Israel; no volveré a perdonarlo.

9 »Los *altares paganos de Isaac
serán destruidos,
y arruinados los santuarios de
Israel;
me levantaré con espada
contra el palacio de Jeroboán.

Amasías contra Amós

10 Entonces Amasías, sacerdote de Betel, envió un mensaje a Jeroboán rey de Israel: «Amós está conspirando contra ti en medio de Israel. El país ya no aguanta tanta palabrería de Amós, 11 porque anda diciendo:

» "Jeroboán morirá a espada,
e Israel será llevado cautivo
lejos de su tierra."»

12 Entonces Amasías le dijo a Amós:

—¡Largo de aquí, vidente! ¡Si quieres ganarte el pan profetizando, vete a la tierra de Judá! 13 No vuelvas a profetizar en Betel, porque éste es el santuario del rey; es el templo del reino.

14 Amós le respondió a Amasías:

---

[f] 6:13 En hebreo, *Lo Debar* significa *nada*.   [g] 6:13 En hebreo, *Carnayin* significa *dos cuernos*; el cuerno es símbolo del poder.   [h] 6:14 *Lebó Jamat*. Alt. *la entrada de Jamat*.

—Yo no soy profeta ni hijo de profeta, sino que cuido ovejas y cultivo higueras. 15Pero el SEÑOR me sacó de detrás del rebaño y me dijo: "Ve y profetiza a mi pueblo Israel." 16Así que oye la palabra del SEÑOR. Tú dices:

»"No profetices contra Israel;
   deja de predicar contra los
     descendientes de Isaac."

17»Por eso, así dice el SEÑOR:

»"Tu esposa se prostituirá en la
   ciudad,
 y tus hijos y tus hijas caerán a
   espada.
Tu tierra será medida y repartida,
 y tú mismo morirás en un país
   *pagano.
E Israel será llevado cautivo
 lejos de su tierra."

Cuarta visión y advertencias

8 El SEÑOR omnipotente me mostró en una visión una canasta de fruta madura, 2y me preguntó:
—¿Qué ves, Amós?
—Una canasta de fruta madura —respondí.
Entonces el SEÑOR me dijo:
—Ha llegado el tiempo de que Israel caiga como fruta madura; no volveré a perdonarlo.
3»En aquel día —afirma el SEÑOR omnipotente—, las canciones del palacio se volverán lamentos. ¡Muchos serán los cadáveres tirados por todas partes! ¡Silencio!

4Oigan esto, los que pisotean a los
   necesitados
 y exterminan a los pobres de la
   tierra.

5Ustedes dicen:

«¿Cuándo pasará la fiesta de la
   Luna Nueva
 para que podamos vender grano,
o el día de reposo
 para que pongamos a la venta el
   trigo?»

Ustedes buscan

achicar la medida
 y aumentar el precio,
falsear las balanzas
6 y vender los deshechos del trigo,
comprar al desvalido por dinero,
 y al necesitado, por un par de
   sandalias.

7Jura el SEÑOR por el orgullo de Jacob:
«Jamás olvidaré nada de lo que han hecho.

8»¿Y con todo esto no temblará la
   tierra?
 ¿No se enlutarán sus habitantes?
Subirá la tierra entera como el Nilo;
 se agitará y bajará,
 como el río de Egipto.

9»En aquel día —afirma el SEÑOR omnipotente—,

»haré que el sol se ponga al
   mediodía,
 y que en pleno día la tierra se
   oscurezca.
10Convertiré en luto sus fiestas
   religiosas,
 y en cantos fúnebres todas sus
   canciones.
Los vestiré de luto
 y les afeitaré la cabeza.
Será como si lloraran la muerte de
   un hijo único,
 y terminarán el día en amargura.

11»Vienen días —afirma el SEÑOR
   omnipotente—,
 en que enviaré hambre al país;
no será hambre de pan ni sed de
   agua,
 sino hambre de oír las palabras
   del SEÑOR.
12La gente vagará sin rumbo de mar
   a mar;
 andarán errantes del norte al este,
buscando la palabra del SEÑOR,
 pero no la encontrarán.

13»En aquel día se desmayarán de sed
   las jóvenes hermosas y los
     jóvenes fuertes.

14 Y caerán para no levantarse jamás
　　los que juran por la culpa*i* de
　　　　Samaria,
　　los que dicen: "¡Por la vida de tu
　　　　dios, oh Dan!
　　　¡Por la vida de tu dios,
　　　　Berseba!"»*j*

Quinta visión

9 Vi al Señor de pie junto al altar, y él
　　dijo:

　　«Golpea los capiteles de las
　　　　columnas
　　　para que se estremezcan los
　　　　umbrales,
　　y que caigan en pedazos sobre sus
　　　　cabezas.
　　　A los que queden los mataré a
　　　　espada.
　　Ni uno solo escapará,
　　　ninguno saldrá con vida.
2 Aunque se escondan en lo
　　　　profundo del *sepulcro,
　　　de allí los sacará mi mano.
　　Aunque suban hasta el cielo,
　　　de allí los derribaré.
3 Aunque se oculten en la cumbre
　　　　del Carmelo,
　　　allí los buscaré y los atraparé.
　　Aunque de mí se escondan en el
　　　　fondo del mar,
　　　allí ordenaré a la serpiente que
　　　　los muerda.
4 Aunque vayan al destierro arriados
　　　　por sus enemigos,
　　　allí ordenaré que los mate la
　　　　espada.
　　Para mal, y no para bien,
　　　fijaré en ellos mis ojos.»

5 El SEÑOR omnipotente, el
　　　　Todopoderoso,
　　　toca la tierra, y ella se desmorona.
　　Sube y baja la tierra
　　　como las aguas del Nilo, el río de
　　　　Egipto,
　　　y se enlutan todos los que en ella
　　　　viven.

6 Dios construye su excelso palacio
　　　　en el cielo
　　　y pone su cimiento*k* en la tierra,
　　llama a las aguas del mar
　　　y las derrama sobre la superficie
　　　　de la tierra:
　　　su *nombre es el SEÑOR.

7 «Israelitas, ¿acaso ustedes
　　　　no son para mí como *cusitas?
　　¿Acaso no saqué de Egipto a
　　　　Israel,
　　　de Creta*l* a los filisteos
　　　y de Quir a los *sirios?
　　　　　—afirma el SEÑOR—.
8 Por eso los ojos del SEÑOR
　　　　omnipotente
　　　están sobre este reino pecaminoso.
　　Borraré de la faz de la tierra a los
　　　　descendientes de Jacob,
　　　aunque no del todo
　　　　　—afirma el SEÑOR—.
9 Daré la orden de zarandear al
　　　　pueblo de Israel
　　　entre todas las naciones,
　　como se zarandea la arena en una
　　　　criba,
　　　sin que caiga a tierra ni una sola
　　　　piedra.
10 Morirán a filo de espada
　　　　todos los pecadores de mi
　　　　　pueblo,
　　　todos los que dicen:
　　　"No nos alcanzará la calamidad;
　　　　¡jamás se nos acercará!"

Restauración de Israel

11 »En aquel día levantaré
　　　la choza caída de David.
　　Repararé sus grietas,
　　　restauraré sus ruinas
　　　y la reconstruiré tal como era en
　　　　días pasados,
12 para que ellos posean el remanente
　　　　de Edom
　　　y todas las naciones que llevan
　　　　mi *nombre
　　　　　—afirma el SEÑOR,
　　　que hará estas cosas—.

---

i **8:14** *por la culpa.* Alt. *por Asima*; es decir, el ídolo samaritano.　*j* **8:14** *de tu dios, Berseba.* Lit. *del camino de Berseba.*　*k* **9:6** *excelso palacio … cimiento.* Palabras de difícil traducción.　*l* **9:7** *Creta.* Lit. *Caftor.*

13»Vienen días —afirma el Señor—,

»en los cuales el que ara alcanzará
al segador
y el que pisa las uvas, al
sembrador.
Los montes destilarán vino dulce,
el cual correrá por todas las
colinas.
14Restauraré a*m* mi pueblo Israel;
ellos reconstruirán las ciudades
arruinadas

y vivirán en ellas.
Plantarán viñedos y beberán su
vino;
cultivarán huertos y comerán sus
frutos.
15Plantaré a Israel en su propia
tierra,
para que nunca más sea
arrancado
de la tierra que yo le di»,

dice el Señor, tu Dios.

---

*m*9:14 *Restauraré a.* Alt. *Haré volver a los cautivos de.*

Abdías

¹Visión de Abdías.

Orgullo y caída de Edom

1-4 — Jer 49:14-16
5-6 — Jer 49:9-10

Hemos oído una noticia de parte del Señor y un mensajero ha sido enviado a las naciones, diciendo: «¡Vamos, marchemos a la guerra contra ella!»

Así dice el Señor omnipotente acerca de Edom:

²«¡Te haré insignificante entre las
   naciones,
   serás tremendamente despreciado!
³Tu carácter soberbio te ha
   engañado.
Como habitas en las hendiduras de
   los desfiladeros,
   en la altura de tu morada,
   te dices a ti mismo:
   ¿Quién podrá arrojarme a tierra?
⁴Pero aunque vueles a lo alto como
   águila,
   y tu nido esté puesto en las
   estrellas,
   de allí te arrojaré
                    —afirma el Señor—.
⁵Si vinieran a ti ladrones
   o saqueadores nocturnos,
   ¿no robarían sólo lo que les
   bastara?
   ¡Pero tú, cómo serás destruido!
Si vinieran a ti vendimiadores,
   ¿no dejarían algunos racimos?
⁶¡Pero cómo registrarán a Esaú!
   ¡Cómo rebuscarán sus
   escondrijos!
⁷Hasta la frontera te expulsarán
   tus propios aliados,
   te engañarán y dominarán
   tus propios amigos.
Los que se sientan a tu mesa
   te pondrán una trampa.

¡Es que Edom ya no tiene
   inteligencia!
⁸¿Acaso no destruiré yo en aquel día
   a los sabios de Edom,
   a la inteligencia del monte de
   Esaú?
                    —afirma el Señor—.
⁹Ciudad de Temán, tus guerreros se
   caerán de miedo,
   a fin de que todo hombre sea
   exterminado
   del monte de Esaú por la masacre.

¹⁰»Por la violencia hecha contra tu
   hermano Jacob,
   te cubrirá la vergüenza
   y serás exterminado para siempre.
¹¹En el día que te mantuviste aparte,
   en el día que extranjeros llevaron
   su ejército cautivo,
   cuando extraños entraron por su
   puerta
   y sobre Jerusalén echaron
   suerte,
   tú eras como uno de ellos.
¹²No debiste reírte de tu hermano en
   su mal día,
   en el día de su desgracia.
No debiste alegrarte a costa del
   pueblo de Judá
   en el día de su ruina.
No debiste proferir arrogancia
   en el día de su angustia.
¹³No debiste entrar por la *puerta de
   mi pueblo
   en el día de su calamidad.
No debiste recrear la vista con su
   desgracia
   en el día de su calamidad.
No debiste echar mano a sus
   riquezas
   en el día de su calamidad.
¹⁴No debiste aguardar en los
   angostos caminos
   para matar a los que huían.

No debiste entregar a los
sobrevivientes
en el día de su angustia.

15»Porque cercano está el día del
Señor
contra todas las naciones.
¡Edom, como hiciste, se te hará!
¡sobre tu cabeza recaerá tu
merecido!
16Pues sin duda que así como
ustedes, israelitas,
bebieron de mi copa en mi santo
monte,
así también la beberán sin cesar
todas las naciones;
beberán y engullirán,
y entonces serán como si nunca
hubieran existido.
17Pero en el monte *Sión habrá
liberación, y será sagrado.
El pueblo de Jacob recuperará sus
posesiones.
18Los descendientes de Jacob serán
fuego,

y los de José, llama;
pero la casa real de Esaú será
estopa:
le pondrán fuego y la consumirán,
de tal forma que no quedará
sobreviviente
entre los descendientes de
Esaú.»
El Señor lo ha dicho.

Restauración del pueblo de Dios

19Los del Néguev poseerán el monte
de Esaú, y los de la Sefelá poseerán Filistea. Los israelitas poseerán los campos de
Efraín y de Samaria, y los de Benjamín
poseerán Galaad.
20Los exiliados, este ejército de israelitas que viven entre los cananeos, poseerán la tierra hasta Sarepta. Los
desterrados de Jerusalén, que viven en
Sefarad, poseerán las ciudades del Néguev, 21y los libertadores subirán al
monte Sión para gobernar la región montañosa de Esaú. Y el reino será del
Señor.

Jonás

Jonás desobedece al SEÑOR

1 La palabra del SEÑOR vino a Jonás hijo de Amitay: **2**«Anda, ve a la gran ciudad de Nínive y proclama contra ella que su maldad ha llegado hasta mi presencia.»

3Jonás se fue, pero en dirección a Tarsis, para huir del SEÑOR. Bajó a Jope, donde encontró un barco que zarpaba rumbo a Tarsis. Pagó su pasaje y se embarcó con los que iban a esa ciudad, huyendo así del SEÑOR. **4**Pero el SEÑOR lanzó sobre el mar un fuerte viento, y se desencadenó una tormenta tan violenta que el barco amenazaba con hacerse pedazos.

5Los marineros, aterrados y a fin de aliviar la situación, comenzaron a clamar cada uno a su dios y a lanzar al mar lo que había en el barco. Jonás, en cambio, que había bajado al fondo de la nave para acostarse, ahora dormía profundamente. **6**El capitán del barco se le acercó y le dijo:

—¿Cómo puedes estar durmiendo? ¡Levántate! ¡Clama a tu dios! Quizá se fije en nosotros, y no perezcamos.

7Los marineros, por su parte, se dijeron unos a otros:

—¡Vamos, echemos suertes para averiguar quién tiene la culpa de que nos haya venido este desastre!

Así lo hicieron, y la suerte recayó en Jonás. **8**Entonces le preguntaron:

—Dinos ahora, ¿quién tiene la culpa de que nos haya venido este desastre? ¿A qué te dedicas? ¿De dónde vienes? ¿Cuál es tu país? ¿A qué pueblo perteneces?

9—Soy hebreo y temo al SEÑOR, Dios del cielo, que hizo el mar y la tierra firme —les respondió.

10Al oír esto, los marineros se aterraron aún más, y como sabían que Jonás huía del SEÑOR, pues él mismo se lo había contado, le dijeron:

—¡Qué es lo que has hecho!

11Pero el mar se iba enfureciendo más y más, así que le preguntaron:

—¿Qué vamos a hacer contigo para que el mar deje de azotarnos?

12—Tómenme y láncenme al mar, y el mar dejará de azotarlos —les respondió—. Yo sé bien que por mi culpa se ha desatado sobre ustedes esta terrible tormenta.

13Sin embargo, en un intento por regresar a tierra firme, los marineros se pusieron a remar con todas sus fuerzas; pero como el mar se enfurecía más y más contra ellos, no lo consiguieron. **14**Entonces clamaron al SEÑOR: «Oh SEÑOR, tú haces lo que quieres. No nos hagas perecer por quitarle la *vida a este hombre, ni nos hagas responsables de la muerte de un inocente.» **15**Así que tomaron a Jonás y lo lanzaron al agua, y la furia del mar se aplacó. **16**Al ver esto, se apoderó de ellos un profundo temor al SEÑOR, a quien le ofrecieron un sacrificio y le hicieron votos.

17El SEÑOR, por su parte, dispuso un enorme pez para que se tragara a Jonás, quien pasó tres días y tres noches en su vientre.

Oración de Jonás

2 Entonces Jonás oró al SEÑOR su Dios desde el vientre del pez. **2**Dijo:

«En mi angustia clamé al SEÑOR,
  y él me respondió.
Desde las entrañas del *sepulcro
    pedí auxilio,
  y tú escuchaste mi clamor.
3A lo profundo me arrojaste,
  al corazón mismo de los mares;
las corrientes me envolvían,
  todas tus ondas y tus olas
    pasaban sobre mí.
4Y pensé: "He sido expulsado
  de tu presencia.

¿Cómo volveré a contemplar
tu santo templo?"*a*
5Las aguas me llegaban hasta el
*cuello,
lo profundo del océano me
envolvía;
las algas se me enredaban en la
cabeza,
6 arrastrándome a los cimientos de
las montañas.
Me tragó la tierra, y para siempre
sus cerrojos se cerraron tras de
mí.
Pero tú, SEÑOR, Dios mío,
me rescataste de la fosa.

7»Al sentir que se me iba la *vida,
me acordé del SEÑOR,
y mi oración llegó hasta ti,
hasta tu *santo templo.

8»Los que siguen a ídolos vanos
abandonan el amor de Dios.*b*
9Yo, en cambio, te ofreceré
sacrificios
y cánticos de gratitud.
Cumpliré las promesas que te hice.
¡La *salvación viene del SEÑOR!»

10Entonces el SEÑOR dio una orden y
el pez vomitó a Jonás en tierra firme.

Jonás obedece al SEÑOR

3 La palabra del SEÑOR vino por segunda vez a Jonás: 2«Anda, ve a la gran
ciudad de Nínive y proclámale el mensaje
que te voy a dar.»

3Jonás se fue hacia Nínive, conforme
al mandato del SEÑOR. Ahora bien, Nínive
era una ciudad grande y de mucha importancia.*c* 4Jonás se fue internando en la
ciudad, y la recorrió todo un día, mientras
proclamaba: «¡Dentro de cuarenta días
Nínive será destruida!» 5Y los ninivitas le
creyeron a Dios, proclamaron ayuno y,
desde el mayor hasta el menor, se vistieron
de luto en señal de *arrepentimiento.

6Cuando el rey de Nínive se enteró del
mensaje, se levantó de su trono, se quitó

su manto real, hizo duelo y se cubrió de
ceniza. 7Luego mandó que se pregonara
en Nínive:

«Por decreto del rey y de su corte:

»Ninguna persona o animal, ni ganado lanar o vacuno, probará alimento
alguno, ni tampoco pastará ni beberá
agua. 8Al contrario, el rey ordena que
toda persona, junto con sus animales,
haga duelo y clame a Dios con todas sus
fuerzas. Ordena así mismo que cada uno
se convierta de su mal camino y de sus
hechos violentos. 9¡Quién sabe! Tal vez
Dios cambie de parecer, y aplaque el
ardor de su ira, y no perezcamos.»

10Al ver Dios lo que hicieron, es decir,
que se habían convertido de su mal camino, cambió de parecer y no llevó a cabo
la destrucción que les había anunciado.

Enojo de Jonás

4 Pero esto disgustó mucho a Jonás, y
lo hizo enfurecerse. 2Así que oró al
SEÑOR de esta manera:
—¡Oh SEÑOR! ¿No era esto lo que yo
decía cuando todavía estaba en mi tierra?
Por eso me anticipé a huir a Tarsis, pues
bien sabía que tú eres un Dios bondadoso
y compasivo, lento para la ira y lleno de
amor, que cambias de parecer y no destruyes. 3Así que ahora, SEÑOR, te suplico que
me quites la *vida. ¡Prefiero morir que
seguir viviendo!
4—¿Tienes razón de enfurecerte tanto?
—le respondió el SEÑOR.
5Jonás salió y acampó al este de la
ciudad. Allí hizo una enramada y se sentó
bajo su sombra para ver qué iba a suceder
con la ciudad. 6Para aliviarlo de su males-
tar, Dios el SEÑOR dispuso una planta,*d* la
cual creció hasta cubrirle a Jonás la cabeza
con su sombra. Jonás se alegró muchísimo
por la planta. 7Pero al amanecer del día
siguiente Dios dispuso que un gusano la
hiriera, y la planta se marchitó. 8Al salir
el sol, Dios dispuso un viento oriental

---

a 2:4 ¿Cómo ... templo? Alt. Sin embargo, volveré a contemplar / tu santo templo.   *b* 2:8 abandonan el amor
de Dios. Alt. desprecian la misericordia suya.   *c* 3:3 grande y de mucha importancia. Lit. grande para
Dios, viaje de tres días.   *d* 4:6 planta. Palabra de difícil traducción.

abrasador. Además, el sol hería a Jonás en la cabeza, de modo que éste desfallecía. Con deseos de morirse, exclamó: «¡Prefiero morir que seguir viviendo!»

⁹Pero Dios le dijo a Jonás:

—¿Tienes razón de enfurecerte tanto por la planta?

—¡Claro que la tengo! —le respondió—. ¡Me muero de rabia!

¹⁰El Señor le dijo:

—Tú te compadeces de una planta que, sin ningún esfuerzo de tu parte, creció en una noche y en la otra pereció. ¹¹Y de Nínive, una gran ciudad donde hay más de ciento veinte mil personas que no distinguen su derecha de su izquierda, y tanto ganado, ¿no habría yo de compadecerme?

Miqueas

1 Ésta es la palabra que el SEÑOR dirigió a Miqueas de Moréset, durante los reinados de Jotán, Acaz y Ezequías, reyes de Judá. Ésta es la visión que tuvo acerca de Samaria y de Jerusalén.

La venida del Señor

2 Escuchen, pueblos todos;
    preste atención la tierra
    y todo lo que hay en ella.
Desde su *santo templo
    el Señor, el SEÑOR omnipotente,
    será testigo en contra de ustedes.
3 ¡Miren! Ya sale el SEÑOR de su morada;
    ya baja y se encamina
    hacia las cumbres de la tierra.
4 A su paso se derriten las montañas
    como la cera junto al fuego;
se parten en dos los valles
    como partidos por el agua de un torrente.
5 Y todo esto por la transgresión de Jacob,
    por los pecados del pueblo de Israel.

¿Acaso no representa Samaria
    la transgresión de Jacob?
¿Y no es acaso en Jerusalén
    donde están los *santuarios paganos de Judá?
6 Dejaré a Samaria hecha un montón de ruinas:
    ¡convertida en campo arado para viñedos!
Arrojaré sus piedras al valle,
    y pondré al descubierto sus cimientos.
7 Todos sus ídolos serán hechos pedazos;
    toda su paga de prostituta será arrojada al fuego.
Yo destrozaré todas sus imágenes.
Todo cuanto ganó como prostituta,
    en paga de prostituta se convertirá.

Lamento de Miqueas

8 Por eso lloraré y gritaré de dolor,
    y andaré descalzo y desnudo.
Aullaré como chacal
    y gemiré como avestruz.
9 Porque la herida de Samaria es incurable:
    ha llegado hasta Judá.
Se ha extendido hasta mi pueblo,
    ¡hasta la *entrada misma de Jerusalén!
10 No lo anuncien en Gat,ᵃ
    no se entreguen al llanto;
¡revuélquense de dolor
    en el polvo de Bet Leafrá!ᵇ
11 Habitantes de Safir,ᶜ
    emigren desnudos y humillados.
Los habitantes de Zanánᵈ
    no se atrevieron a salir.
Bet Ésel está gimiendo,
    y va a retirarles su apoyo.
12 Se retuercen esperando el bien,
    los habitantes de Marot;ᵉ
el SEÑOR ha enviado el mal
    hasta la entrada misma de Jerusalén.

13 Habitantes de Laquis,ᶠ
    ¡enganchen al carro los corceles!
Con ustedes comenzó el pecado de
    la hija de *Sión;
en ustedes se hallaron los delitos
    de Israel.

ᵃ 1:10 En hebreo, *Gat* suena como el verbo que significa *anuncien*. ᵇ 1:10 En hebreo, *Bet Leafrá* significa *casa de polvo*. ᶜ 1:11 En hebreo, *Safir* significa *placentero*. ᵈ 1:11 En hebreo, *Zanán* suena como el verbo que significa *salir*. ᵉ 1:12 En hebreo, *Marot* suena como la palabra que significa *amargura*. ᶠ 1:13 En hebreo, *Laquis* suena como la palabra que significa *corceles*.

14Por tanto, despídanse de Moréset
  Gat.
  Los edificios de la ciudad de Aczib*g*
  son una trampa para los reyes de
  Israel.

15Habitantes de Maresá,*h*
  yo enviaré contra ustedes un
  conquistador,
  y hasta Adulán irá a parar
  la flor y nata de Israel.
16Así que rasúrate la barba y rápate
  la cabeza;
  haz duelo por tus amados hijos;
  agranda tu calva como la del buitre,
  pues tus hijos te serán
  arrebatados.

El castigo a los ricos opresores

2 ¡Ay de los que sólo piensan en el
  mal,
  y aun acostados hacen planes
  malvados!
  En cuanto amanece, los llevan a
  cabo
  porque tienen el poder en sus
  manos.
2Codician campos, y se apropian de
  ellos;
  casas, y de ellas se adueñan.
  Oprimen al varón y a su familia,
  al hombre y a su propiedad.

3Por tanto, así dice el SEÑOR:

  «Ahora soy yo el que piensa
  traer sobre ellos una desgracia,
  de la que no podrán escapar.
  Ya no andarán erguidos,
  porque ha llegado la hora de su
  desgracia.
4En aquel día se les hará burla,
  y se les cantará este lamento:
  "¡Estamos perdidos!
  Se están repartiendo los campos
  de mi pueblo.
  ¡Cómo me los arrebatan!
  Nuestra tierra se la reparten los
  traidores."»

5Por eso no tendrán en la asamblea
  del SEÑOR
  a nadie que reparta la tierra.

Falsos profetas

6Estos profetas me dicen:
  «¡Deja ya de profetizarnos!
  ¡No nos vengas con que el
  oprobio nos alcanzará!»
7Los descendientes de Jacob
  declaran:
  «¿Acaso ha perdido el SEÑOR la
  paciencia?
  ¿Es ésta su manera de actuar?
  ¿Acaso no hacen bien sus palabras?
  ¿Acaso no caminamos con el
  Justo?»
8Ayer ustedes eran mi pueblo,
  pero hoy se han vuelto mis
  enemigos.
  A los que pasan confiados,
  a los que vuelven de la guerra,
  los despojan de su manto.
9A las mujeres de mi pueblo
  las echan de sus preciadas casas,
  y a sus niños los despojan para
  siempre
  del honor que les di.

10¡Levántense! ¡Pónganse en marcha,
  que éste no es un lugar de reposo!
  ¡Está *contaminado,
  destruido sin remedio!
11Si con la intención de mentirles,
  llega algún embustero y les dice:
  «Yo les anuncio vino y cerveza»,
  este pueblo lo verá como un
  profeta.

Promesa de liberación

12Te aseguro, Jacob,
  que yo reuniré a todo tu pueblo.
  Te aseguro, Israel,
  que yo juntaré a tu remanente.
  Los congregaré como a rebaño en
  el aprisco,
  como a ovejas que, en medio del
  pastizal,
  balan huyendo de la gente.

---

*g***1:14** En hebreo, *Aczib* significa *destrucción.* *h***1:15** En hebreo, *Maresá* suena como la palabra que
significa *conquistador.*

¹³El que abre brecha marchará al
frente,
y también ellos se abrirán camino;
atravesarán la puerta y se irán,
mientras su rey avanza al frente,
mientras el Señor va a la cabeza.

El castigo a los gobernantes corruptos

3 Entonces dije:

«Escuchen, gobernantes de Jacob,
autoridades del pueblo de Israel:
¿Acaso no les corresponde a ustedes
conocer el derecho?
²Ustedes odian el bien y aman el
mal;
a mi pueblo le arrancan la piel del
cuerpo
y la carne de los huesos;
³ustedes se devoran a mi pueblo,
le arrancan la piel, le rompen los
huesos;
lo descuartizan como carne para la
olla,
como carne para el horno.»

⁴Ya le pedirán auxilio al Señor,
pero él no les responderá;
esconderá de ellos su rostro
porque hicieron lo malo.

Contraste entre el profeta falso y el verdadero

⁵Esto es lo que dice el Señor contra
ustedes,
profetas que descarrían a mi
pueblo:

«Con el estómago lleno, invitan a
la paz;
con el vientre vacío, declaran la
guerra.
⁶Por tanto, tendrán noches sin
visiones,
oscuridad sin presagios.»

El sol se ocultará de estos profetas;
¡el día se les volverá tinieblas!
⁷Los videntes quedarán en vergüenza;
los adivinos serán humillados.
Dios les tapará la boca,
pues no les dará respuesta.

⁸Yo, en cambio, estoy lleno de
poder,
lleno del Espíritu del Señor,
y lleno de justicia y de fuerza,
para echarle en cara a Jacob su
delito;
para reprocharle a Israel su
pecado.

El gobierno corrupto, causa de la caída de Sión

⁹Escuchen esto ustedes,
gobernantes del pueblo de Jacob,
y autoridades del reino de Israel,
que abominan la justicia y
tuercen el derecho,
¹⁰que edifican a *Sión con sangre
y a Jerusalén con injusticia.
¹¹Sus gobernantes juzgan por
soborno,
sus sacerdotes instruyen por
paga,
y sus profetas predicen por dinero;
para colmo, se apoyan en el Señor,
diciendo:
«¿No está el Señor entre
nosotros?
¡No vendrá sobre nosotros
ningún mal!»
¹²Por lo tanto, por culpa de ustedes
Sión será como un campo arado;
Jerusalén quedará en ruinas,
y el monte del templo se volverá
un matorral.

Futura exaltación de Sión
4:1-3 — Is 2:1-4

4 En los últimos días,
el monte del templo del Señor
será puesto sobre la cumbre de las
montañas
y elevado por encima de las
colinas.
Entonces los pueblos marcharán
hacia ella,
² y muchas naciones se acercarán,
diciendo:
«Vengan, subamos al monte del
Señor,
a la casa del Dios de Jacob.
Dios mismo nos instruirá en sus
*caminos,
y así andaremos en sus sendas.»

Porque de *Sión viene la
instrucción;
de Jerusalén, la palabra del
Señor.
3 Dios mismo juzgará entre muchos
pueblos,
y administrará *justicia
a naciones poderosas y lejanas.
Convertirán en azadones sus
espadas,
y en hoces sus lanzas.
Ya no alzará su espada nación
contra nación,
ni se adiestrarán más para la
guerra.
4 Cada uno se sentará
bajo su parra y su higuera;
y nadie perturbará su solaz
—el Señor *Todopoderoso lo ha
dicho—.
5 Todos los pueblos marchan
en *nombre de sus dioses,
pero nosotros marchamos en el
nombre del Señor,
en el nombre de nuestro Dios,
desde ahora y para siempre.

Futura restauración de Sión

6 «En aquel día —afirma el Señor—
reuniré a las ovejas lastimadas,
dispersas y maltratadas.
7 Con las ovejas heridas formaré un
remanente,
y con las desterradas, una nación
poderosa.
El Señor reinará sobre ellas en el
monte Sión
desde ahora y para siempre.
8 Y tú, Torre del Rebaño,
colina fortificada de la ciudad de
Sión:
a ti volverá tu antiguo poderío,
la soberanía de la ciudad de
Jerusalén.»

Castigo y triunfo de Sión

9 Ahora, ¿por qué gritas tanto?
¿Acaso no tienes rey?
¿Por qué te han venido dolores de
parto?
¿Murió acaso tu consejero?
10 Retuércete y puja, hija de Sión,
como mujer a punto de dar a luz,
porque ahora vas a salir de tu
ciudad,
y tendrás que vivir a campo
abierto.
Irás a Babilonia, pero de allí serás
rescatada;
el Señor te librará del poder de
tus enemigos.

11 Ahora muchas naciones se han
reunido contra ti.
Y dicen: «¡Que sea profanada
Sión!
¡Disfrutemos del espectáculo!»
12 Pero ellas no saben lo que piensa el
Señor,
ni comprenden sus designios;
no saben que él las junta
como a gavillas en la era.
13 ¡Levántate, hija de Sión!
¡Ponte a trillar!
Yo haré de hierro tus cuernos
y de bronce tus pezuñas,
para que conviertas en polvo a
muchos pueblos,
y consagres al Señor sus
ganancias injustas;
sus riquezas, al Señor de toda la
tierra.

Humillación y exaltación de la dinastía davídica

5 Reagrupa tus tropas, ciudad
guerrera,
porque nos asedian.
Con vara golpearán en la mejilla
al gobernante de Israel.
2 Pero de ti, Belén Efrata,
pequeña entre los clanes de Judá,
saldrá el que gobernará a Israel;
sus orígenes se remontan hasta la
antigüedad,
hasta tiempos inmemoriales.
3 Por eso Dios los entregará al
enemigo
hasta que tenga su hijo la que va
a ser madre,
y vuelva junto al pueblo de Israel
el resto de sus hermanos.
4 Pero surgirá uno para *pastorearlos
con el poder del Señor,
con la majestad del nombre del
Señor su Dios.

Vivirán seguros, porque él dominará
hasta los confines de la tierra.
5 ¡Él traerá la *paz!
Si Asiria llegara a invadir nuestro
país
para pisotear nuestras fortalezas,
le haremos frente con siete pastores,
y aun con ocho líderes del pueblo;
6 ellos pastorearán a Asiria con la
espada;
con la daga, a la tierra de Nimrod.
Si Asiria llegara a invadir nuestro
país,
si llegara a profanar nuestras
fronteras,
¡él nos rescatará!

El remanente

7 Será el remanente de Jacob,
en medio de muchos pueblos,
como rocío que viene del SEÑOR,
como abundante lluvia sobre la
hierba,
que no depende de los hombres,
ni espera nada de ellos.
8 Será el remanente de Jacob entre
las naciones,
en medio de muchos pueblos,
como un león entre los animales
del bosque,
como un cachorro entre las
ovejas del rebaño,
que al pasar las pisotea y las
desgarra,
sin que nadie pueda rescatarlas.
9 Levantarás la mano contra tus
enemigos,
y acabarás con todos tus
agresores.

Purificación de un pueblo idólatra y belicoso

10 Esto afirma el SEÑOR:

«En aquel día exterminaré tu
caballería,
y destruiré tus carros de guerra.
11 Exterminaré las ciudades de tu país
y derribaré todas tus fortalezas.
12 Pondré fin a tus hechicerías
y no tendrás más adivinos.
13 Acabaré con tus ídolos
y con tus monumentos sagrados;

nunca más volverás a postrarte
ante las obras de tus manos.
14 Arrancaré tus imágenes de *Aserá,
y reduciré a escombros tus
ciudades;
15 con ira y con furor me vengaré
de las naciones que no me
obedecieron.»

Querella de Dios contra su pueblo

6 Escuchen lo que dice el SEÑOR:

«Levántate, presenta tu caso ante
las montañas;
deja que las colinas oigan tu voz.»

2 Escuchen, montañas, la querella del
SEÑOR;
presten atención, firmes
cimientos de la tierra;
el SEÑOR entra en juicio contra su
pueblo,
entabla un pleito contra Israel:
3 «Pueblo mío, ¿qué te he hecho?
¡Dime en qué te he ofendido!
4 Yo fui quien te sacó de Egipto,
quien te libró de esa tierra de
esclavitud.
Yo envié a Moisés, Aarón y Miriam,
para que te dirigieran.
5 Recuerda, pueblo mío,
lo que tramaba Balac, rey de
Moab,
y lo que le respondió Balán hijo
de Beor.
Recuerda tu paso desde Sitín hasta
Guilgal,
y reconoce las hazañas redentoras
del SEÑOR.»

6 ¿Cómo podré acercarme al SEÑOR
y postrarme ante el Dios
Altísimo?
¿Podré presentarme con
*holocaustos
o con becerros de un año?
7 ¿Se complacerá el SEÑOR con miles
de carneros,
o con diez mil arroyos de aceite?
¿Ofreceré a mi primogénito por mi
delito,
al fruto de mis entrañas por mi
pecado?

8¡Ya se te ha declarado lo que es
　　　bueno!
　　Ya se te ha dicho lo que de ti
　　　espera el Señor:
　Practicar la justicia,
　　amar la misericordia,
　　　y humillarte ante tu Dios.

Castigo por delitos económicos y sociales

9Tribu y asamblea de la ciudad,
　　escuchen la voz del Señor, que
　　　los convoca,
　　pues es de sabios temer su
　　　*nombre. *i*
10«¡Malvados!
　　¿Debo tolerar sus tesoros mal
　　　habidos,
　　y sus odiosas medidas
　　　adulteradas?
11¿Debo tener por justas la balanza
　　　falsa
　　y la bolsa de pesas alteradas?
12Los ricos de la ciudad son gente
　　　violenta;
　　sus habitantes son gente
　　　mentirosa;
　　¡engañan con la boca y con la
　　　lengua!
13Por lo que a mí toca, te demoleré a
　　　golpes,
　　te destruiré por tus pecados.
14Comerás, pero no te saciarás,
　　sino que seguirás padeciendo
　　　hambre.*j*
　Lo que recojas no lo podrás
　　　retener,
　　y lo que retengas lo entregaré a la
　　　espada.
15Lo que siembres no lo cosecharás,
　　ni usarás el aceite de las
　　　aceitunas que exprimas,
　　ni beberás el vino de las uvas que
　　　pises.
16Tú sigues fielmente los decretos de
　　　Omrí
　　y todas las prácticas de la dinastía
　　　de Acab;
　　te conduces según sus consejos.

　Por eso voy a entregarte a la
　　　destrucción,
　　y a poner en ridículo a tus
　　　habitantes.
　¡Tendrás que soportar el insulto
　　　de los pueblos!»*k*

Lamento ante una sociedad corrupta

7 ¡Pobre de mí!
　No llegué a tiempo para la cosecha
　　　de verano
　　ni para los rebuscos de la
　　　vendimia;
　no tengo un solo racimo que comer,
　　ni un higo tierno, por el que me
　　　muero.
2La gente piadosa ha sido eliminada
　　　del país,
　　¡ya no hay gente honrada en este
　　　mundo!
　Todos tratan de matar a alguien,
　　y unos a otros se tienden redes.
3Nadie les gana en cuanto a hacer lo
　　　malo;
　　funcionarios y jueces exigen
　　　soborno.
　Los magnates no hacen más que
　　　pedir,
　　y todos complacen su codicia.
4El mejor de ellos es más
　　　enmarañado que una zarza;
　　el más recto, más torcido que un
　　　espino.
　Pero ya viene el día de su
　　　confusión;
　　¡ya se acerca el día de tu castigo
　　　anunciado por tus centinelas!
5No creas en tu prójimo,
　　ni confíes en tus amigos;
　cuídate de lo que hablas
　　con la que duerme en tus brazos.
6El hijo ultraja al padre,
　　la hija se rebela contra la madre,
　　la nuera contra la suegra,
　　y los enemigos de cada cual
　　　están en su propia casa.
7Pero yo he puesto mi esperanza en
　　　el Señor;

---

*i***6:9** Versículo de difícil traducción.　*j***6:14** *seguirás padeciendo hambre*. Texto de difícil traducción.
*k***6:16** *los pueblos* (LXX); *mi pueblo* (TM).

yo espero en el Dios de mi
*salvación.
¡Mi Dios me escuchará!

Esperanza de redención

⁸Enemiga mía, no te alegres de mi
mal.
Caí, pero he de levantarme;
vivo en tinieblas, pero el Señor
es mi luz.
⁹He pecado contra el Señor,
así que soportaré su furia
hasta que él juzgue mi causa
y me haga justicia.
Entonces me sacará a la luz
y gozaré de su salvación.
¹⁰Cuando lo vea mi enemiga,
la que me decía: «¿Dónde está tu
Dios?»,
se llenará de vergüenza.
Mis ojos contemplarán su desgracia,
pues será pisoteada como el lodo
de las calles.

¹¹El día que tus muros sean
reconstruidos
será el momento de extender tus
fronteras.
¹²Ese día acudirán a ti los pueblos,
desde Asiria hasta las ciudades
de Egipto,
desde el río Nilo hasta el río
Éufrates,
de mar a mar y de montaña a
montaña.
¹³La tierra quedará desolada
por culpa de sus habitantes,
como resultado de su maldad.

¹⁴Pastorea con tu cayado a tu pueblo,
al rebaño de tu propiedad,
que habita solitario en el bosque,
en medio de la espesura.
Hazlo pastar en Basán y en Galaad
como en los tiempos pasados.
¹⁵Muéstrale tus prodigios,
como cuando lo sacaste de
Egipto.¹
¹⁶Las naciones verán tus maravillas
y se avergonzarán de toda su
prepotencia;
se llevarán la mano a la boca
y sus oídos se ensordecerán.
¹⁷Lamerán el polvo como serpientes,
como los reptiles de la tierra.
Saldrán temblando de sus
escondrijos
y, temerosos ante tu presencia,
se volverán a ti, Señor y Dios
nuestro.

¹⁸¿Qué Dios hay como tú,
que perdone la maldad
y pase por alto el delito
del remanente de su pueblo?
No siempre estarás airado,
porque tu mayor placer es amar.
¹⁹Vuelve a compadecerte de nosotros.
Pon tu pie sobre nuestras
maldades
y arroja al fondo del mar todos
nuestros pecados.
²⁰Muestra tu fidelidad a Jacob,
y tu lealtad a Abraham,
como desde tiempos antiguos
se lo juraste a nuestros
antepasados.

---

¹ 7:15 *Muéstrale ... Egipto* (lectura probable); *Le mostraré maravillas / como cuando saliste de la tierra de Egipto* (TM).

Nahúm

1

Profecía acerca de Nínive. Libro de la visión que tuvo Nahúm de Elcós.

Manifestación del Señor

2 El Señor es un Dios celoso y
     vengador.
  ¡Señor de la venganza, Señor de
     la ira!
  El Señor se venga de sus
     adversarios;
  es implacable con sus enemigos.
3 El Señor es lento para la ira,
     imponente en su fuerza.
  El Señor no deja a nadie sin
     castigo.
  Camina en el huracán y en la
     tormenta;
  las nubes son el polvo de sus pies.
4 Increpa al mar y lo seca;
  hace que todos los ríos se
     evaporen.
  Los montes Basán y Carmelo
     pierden su lozanía;
  el verdor del Líbano se marchita.
5 Ante él tiemblan las montañas
  y se desmoronan las colinas.
  Ante él se agita la tierra,
  el mundo y cuanto en él habita.
6 ¿Quién podrá enfrentarse a su
     indignación?
  ¿Quién resistirá el ardor de su ira?
  Su furor se derrama como fuego;
  ante él se resquebrajan las
     rocas.

Destrucción de Nínive

7 Bueno es el Señor;
  es refugio en el día de la angustia,
  y protector de los que en él
     confían.
8 Pero destruirá a Nínive[a]
  con una inundación arrasadora;
  ¡aun en las tinieblas perseguirá a
     sus enemigos!

9 ¿Qué traman contra el Señor?
  ¡Él desbaratará sus planes!
  ¡La calamidad no se repetirá!
10 Serán consumidos como paja seca,
  como espinos enmarañados,
  como borrachos ahogados en vino.
11 Tú, Nínive, engendraste
  al que trama el mal contra el
     Señor,
  al infame consejero.

Liberación del opresor

12 Así dice el Señor:

  «Aunque los asirios sean fuertes y
     numerosos,
  serán arrancados y morirán.
  Y a ti, Judá, aunque te he afligido,
  no volveré a afligirte.
13 Voy a quebrar el yugo que te
     oprime,
  voy a romper tus ataduras.»
14 Pero acerca de ti, Nínive,
  el Señor ha decretado:
  «No tendrás más hijos que
     perpetúen tu *nombre;
  extirparé de la casa de tus dioses
  las imágenes talladas y los ídolos
     fundidos.
  Te voy a preparar una tumba,
  porque eres una infame.»

Anuncio de la victoria sobre Nínive

15 ¡Miren! Ya se acerca por los montes
  el que anuncia las buenas nuevas
     de *victoria,
  el que proclama la *paz.
  ¡Celebra tus peregrinaciones, Judá!
  ¡Paga tus votos!
  Porque no volverán a invadirte los
     malvados,
  pues han sido destruidos por
     completo.

---

[a] **1:8** *a Nínive*. Lit. *el lugar de ella.*

La destrucción de Nínive

2 Nínive, un destructor avanza
contra ti,
así que monta guardia en el
terraplén,
vigila el camino, renueva tus
fuerzas,
acrecienta tu poder.
[2] Porque el SEÑOR restaura la
majestad de Jacob,
como la majestad de Israel,
pues los destructores lo han
arrasado;
han arruinado sus sarmientos.

[3] Rojo es el escudo de sus valientes;
de púrpura se visten los guerreros.
El metal de sus carros brilla como
fuego
mientras se alistan para la batalla
y los guerreros agitan sus lanzas.
[4] Desaforados corren los carros por
las calles,
irrumpen con violencia por las
plazas.
Son como antorchas de fuego,
como relámpagos zigzagueantes.

Caída y saqueo de Nínive

[5] Convoca el rey de Nínive a sus
tropas escogidas,
que en su carrera se atropellan.
Se lanzan contra la muralla
para levantar la barricada,
[6] pero se abren las compuertas de los
ríos
y el palacio se derrumba.
[7] Ya está decidido:
la ciudad[b] será llevada al exilio.
Gimen sus criadas como palomas,
y se golpean el pecho.

[8] Nínive es como un estanque roto
cuyas aguas se derraman.
«¡Deténganse!» «¡Deténganse!», les
gritan,
pero nadie vuelve atrás.
[9] ¡Saqueen la plata!
¡Saqueen el oro!

El tesoro es inagotable,
y abundan las riquezas y los
objetos preciosos.
[10] ¡Destrucción, desolación,
devastación!
Desfallecen los *corazones,
tiemblan las rodillas,
se estremecen los cuerpos,
palidecen los rostros.

La bestia salvaje morirá

[11] ¿Qué fue de la guarida de los leones
y de la cueva de los leoncillos,
donde el león, la leona y sus
cachorros
se guarecían sin que nadie los
perturbara?
[12] ¿Qué fue del león,
que despedazaba para sus crías
y estrangulaba para sus leonas,
que llenaba de presas su caverna
y de carne su guarida?
[13] Pero ahora yo vengo contra ti
—afirma el SEÑOR
omnipotente—.
Reduciré a cenizas tus carros de
guerra
y mataré a filo de espada a tus
leoncillos.
Pondré fin en el país a tus rapiñas,
y no volverá a oírse la voz de tus
mensajeros.

Descripción del fin de Nínive

3 ¡Ay de la ciudad sedienta de
sangre,
repleta de mentira,
insaciable en su rapiña,
aferrada a la presa!
[2] Se oye el chasquido de los látigos,
el estrépito de las ruedas,
el galopar de los caballos,
el chirrido de los carros,
[3] la carga de la caballería,
el fulgor de las espadas,
el centellear de las lanzas,
la multitud de muertos,
los cuerpos amontonados,
los cadáveres por doquier,
en los que todos tropiezan.

---

[b] **2:7** *ciudad.* Alt. *reina.*

4 ¡Y todo por las muchas
  prostituciones
de esa ramera de encantos
  zalameros,
de esa maestra de la seducción!
Engañó a los pueblos con sus
  fornicaciones,
y a los clanes con sus embrujos.

5 «¡Aquí estoy contra ti!
  —afirma el SEÑOR
  *Todopoderoso—.
Te levantaré la falda hasta la cara,
  para que las naciones vean tu
    desnudez,
  y los reinos descubran tus
    vergüenzas.
6 Te cubriré de inmundicias,
  te ultrajaré y te exhibiré en
    público.
7 Todos los que te vean huirán de ti,
  y dirán: "¡Nínive ha sido
    devastada!
¿Quién hará duelo por ella?"
  ¿Dónde hallaré quien la
    consuele?»

Destrucción total de Nínive

8 ¿Acaso eres mejor que Tebas,[c]
  ciudad rodeada de aguas,
asentada junto a las corrientes del
  Nilo,
que tiene al mar por terraplén
  y a las aguas por muralla?
9 *Cus y Egipto eran su fuerza
    ilimitada,
Fut y Libia eran sus aliados.
10 Con todo, Tebas marchó al exilio;
  fue llevada al cautiverio.
A sus hijos los estrellaron
  contra las esquinas de las calles.
Sobre sus nobles echaron suertes,
  y encadenaron a su gente ilustre.

11 También tú, Nínive, te embriagarás,
  y se embotarán tus sentidos.
También tú, por causa del enemigo,
  tendrás que buscar refugio.

12 Todas tus fortalezas son higueras
  cargadas de brevas maduras:
si las sacuden,
  caen en la boca del que se las
    come.
13 Mira, al enfrentarse al enemigo
  tus tropas se portan como mujeres.
Las *puertas de tu país quedarán
  abiertas de par en par,
porque el fuego consumirá tus
  cerrojos.

Defensa inútil

14 Abastécete de agua para el asedio,
  refuerza tus fortificaciones.
Métete al barro, pisa la mezcla
  y moldea los ladrillos.
15 Porque allí mismo te consumirá el
    fuego
  y te exterminará la espada;
  ¡como larva de langosta te
    devorará!
Multiplícate como larva,
  reprodúcete como langosta.
16 Aumentaste tus mercaderes
  más que las estrellas del cielo.[d]
17 Tus dignatarios son como langostas
  y tus oficiales, como insectos
  que en días fríos se posan sobre
    los muros,
pero que al salir el sol desaparecen,
  y nadie sabe dónde hallarlos.

18 Rey de Asiria,
  tus pastores están amodorrados,
  ¡tus tropas escogidas se echaron a
    dormir!
Tu pueblo anda disperso por los
    montes,
  y no hay quien lo reúna.
19 Tu herida no tiene remedio;
  tu llaga es incurable.

Todos los que sepan lo que te ha
    pasado,
  celebrarán tu desgracia.
Pues ¿quién no fue víctima
  de tu constante maldad?

---

[c] 3:8 *Tebas*. Lit. *No Amón.*   [d] 3:16 *cielo* (lectura probable); *cielo. La larva se desprende del capullo y vuela* (TM).

Habacuc

1 Ésta es la profecía que el profeta Habacuc recibió en visión.

La primera queja de Habacuc

2¿Hasta cuándo, SEÑOR, he de
    pedirte ayuda
  sin que tú me escuches?
¿Hasta cuándo he de quejarme de
    la violencia
  sin que tú nos salves?
3¿Por qué me haces presenciar
    calamidades?
  ¿Por qué debo contemplar el
    sufrimiento?
Veo ante mis ojos destrucción y
    violencia;
  surgen riñas y abundan las
    contiendas.
4Por lo tanto, se entorpece la ley
  y no se da curso a la justicia.
El impío acosa al justo,
  y las sentencias que se dictan son
    injustas.

La respuesta del SEÑOR

5«¡Miren a las naciones!
  ¡Contémplenlas y quédense
    asombrados!
Estoy por hacer en estos días cosas
    tan sorprendentes
  que no las creerán aunque alguien
    se las explique.
6Estoy incitando a los *caldeos,
  ese pueblo despiadado e
    impetuoso,
que recorre toda la tierra
  para apoderarse de territorios
    ajenos.
7Son un pueblo temible y espantoso,
  que impone su propia justicia y
    grandeza.
8Sus caballos son más veloces que
    leopardos,

más feroces que lobos nocturnos.
Su caballería se lanza a todo galope;
  sus jinetes vienen de muy lejos.
  ¡Caen como buitres sobre su
    presa!
9Vienen en son de violencia;
  avanzan sus hordas*a* como el
    viento del desierto,
  hacen prisioneros como quien
    recoge arena.
10Ridiculizan a los reyes,
  se burlan de los gobernantes;
  se ríen de toda ciudad amurallada,
  pues construyen terraplenes y la
    toman.
11Son un viento que a su paso arrasa
    todo;
  su pecado es hacer de su fuerza
    un dios.»

La segunda queja de Habacuc

12¡Tú, SEÑOR, existes desde la
    eternidad!
  ¡Tú, mi *santo Dios, eres
    inmortal!*b*
Tú, SEÑOR, los has puesto para
    hacer justicia;
  tú, mi *Roca, los has puesto para
    ejecutar tu castigo.
13Son tan puros tus ojos que no
    puedes ver el mal;
  no te es posible contemplar el
    sufrimiento.
¿Por qué entonces toleras a los
    traidores?
  ¿Por qué guardas silencio
  mientras los impíos se tragan a
    los justos?
14Has hecho a los *hombres como
    peces del mar,
  como reptiles que no tienen jefe.
15Babilonia los saca a todos con
    anzuelo,

---

*a***1:9** *hordas.* Palabra de difícil traducción.   *b***1:12** *eres inmortal* (lit. *no morirás*; según una tradición rabínica); *no moriremos* (TM).

los arrastra con sus redes,
los recoge entre sus mallas,
y así se alegra y regocija.
16Por lo tanto, ofrece sacrificios a
sus redes
y quema incienso a sus mallas,
pues gracias a sus redes su porción
es sabrosa
y su comida es suculenta.
17¿Continuará vaciando sus redes
y matando sin piedad a las
naciones?

2 Me mantendré alerta,
me apostaré en los terraplenes;
estaré pendiente de lo que me diga,
de su respuesta a mi reclamo.

La respuesta del Señor

2Y el Señor me respondió:

«Escribe la visión,
y haz que resalte claramente en
las tablillas,
para que pueda leerse de corrido.
3Pues la visión se realizará en el
tiempo señalado;
marcha hacia su cumplimiento, y
no dejará de cumplirse.
Aunque parezca tardar, espérala;
porque sin falta vendrá.

4»El insolente no tiene el *alma
recta,
pero el justo vivirá por su fe.
5Además, la riqueza es traicionera;c
por eso el soberbio no
permanecerá.
Pues ensancha su garganta, como
el *sepulcro,
y es insaciable como la muerte.
Reúne en torno suyo a todas las
naciones
y toma cautivos a todos los
pueblos.
6Y éstos lo harán objeto de burla
en sus sátiras y adivinanzas.

»¡Ay del que se hace rico con lo
ajeno

y acumula prendas empeñadas!
¿Hasta cuándo seguirá con esta
práctica?
7¿No se levantarán de repente tus
acreedores?
¿No se despertarán para
sacudirte
y despojarte con violencia?
8Son tantas las naciones que has
saqueado,
que los pueblos que se salven te
saquearán a ti;
porque es mucha la sangre que has
derramado,
y mucha tu violencia contra este
país,
contra esta ciudad y sus
habitantes.

9»¡Ay del que llena su casa de
ganancias injustas
en un intento por salvar su nido
y escapar de las garras del
infortunio!

10»Son tus maquinaciones la
vergüenza de tu casa:
exterminaste a muchas naciones,
pero causaste tu propia
desgracia.
11Por eso hasta las piedras del muro
claman,
y resuenan las vigas del
enmaderado.

12»¡Ay del que construye una ciudad
con asesinatos
y establece un poblado mediante
el crimen!
13¿No ha determinado el Señor
*Todopoderoso
que los pueblos trabajen para el
fuego
y las naciones se fatiguen por
nada?
14Porque así como las aguas cubren
los mares,
así también se llenará la tierra
del conocimiento de la gloria del
Señor.

---

c2:5 la riqueza es traicionera (Qumrán); el vino es traicionero (TM).

15»¡Ay de ti, que emborrachas a tu
    prójimo!
  ¡Ay de ti, que lo embriagas con
    vino[d]
  para contemplar su cuerpo
    desnudo!
16Con esto te has cubierto de
    ignominia y no de gloria.
  ¡Pues bebe también tú, y muestra
    lo pagano que eres![e]
  ¡Que se vuelque sobre ti la copa de
    la diestra del SEÑOR,
  y sobre tu gloria, la ignominia!
17¡Que te aplaste la violencia que
    cometiste contra el Líbano!
  ¡Que te abata la destrucción que
    hiciste de los animales!
  ¡Porque es mucha la sangre que
    has derramado,
  y mucha tu violencia contra este
    país,
  contra esta ciudad y sus
    habitantes!

18»¿De qué sirve una imagen,
    si quien la esculpe es un artesano?
  ¿De qué sirve un ídolo fundido,
    si tan sólo enseña mentiras?
  El artesano que hace ídolos que no
    pueden hablar
  sólo está confiando en su propio
    artificio.
19¡Ay del que le dice al madero:
    "Despierta",
  y a la piedra muda: "Levántate"!
  Aunque están recubiertos de oro y
    plata,
  nada pueden enseñarle,
  pues carecen de aliento de vida.
20En cambio, el SEÑOR está en su
    *santo templo;
  ¡guarde toda la tierra silencio en
    su presencia!»

La oración de Habacuc

3 Oración del profeta Habacuc. Según
    sigionot.[f]

2SEÑOR, he sabido de tu fama;

tus obras, SEÑOR, me dejan
    pasmado.
Realízalas de nuevo en nuestros
    días,
  dalas a conocer en nuestro
    tiempo;
  en tu ira, ten presente tu
    misericordia.

3De Temán viene Dios,
  del monte de Parán viene el
    *Santo.
                                    *Selah
  Su gloria cubre el cielo
  y su alabanza llena la tierra.
4Su brillantez es la del relámpago;
  rayos brotan de sus manos;
  ¡tras ellos se esconde su poder!
5Una plaga mortal lo precede,
  un fuego abrasador le sigue los
    pasos.
6Se detiene, y la tierra se estremece;
  lanza una mirada, y las naciones
    tiemblan.
  Se desmoronan las antiguas
    montañas
  y se desploman las viejas colinas,
  pero los caminos de Dios son
    eternos.
7He visto afligidos los campamentos
    de Cusán,
  y angustiadas las moradas de
    Madián.

8¿Te enojaste, oh SEÑOR, con los
    ríos?
  ¿Estuviste airado contra las
    corrientes?
  ¿Tan enfurecido estabas contra el
    mar
  que cabalgaste en tus caballos
  y montaste en tus carros
    victoriosos?
9Descubriste tu arco,
  llenaste de flechas tu aljaba.[g]
                                    Selah
  Tus ríos surcan la tierra;
10 las montañas te ven y se
    retuercen.

---

[d]**2:15** que lo embriagas con vino. Texto de difícil traducción.
[f]**3:1** Sigionot. Probablemente un término literario o musical. LXX); en TM, texto de difícil traducción.
[e]**2:16** lo pagano que eres. Lit. tu prepucio.
[g]**3:9** llenaste de flechas tu aljaba (mss. de

Pasan los torrentes de agua,
　　y ruge el abismo, levantando sus
　　manos.
11 El sol y la luna se detienen en el
　　cielo
　　por el fulgor de tus veloces
　　　flechas,
　　por el deslumbrante brillo de tu
　　　lanza.
12 Indignado, marchas sobre la tierra;
　　lleno de ira, trillas a las
　　　naciones.

13 Saliste a liberar a tu pueblo,
　　saliste a salvar a tu *ungido.
　　Aplastaste al rey de la perversa
　　　dinastía,
　　¡lo desnudaste de pies a cabeza!
　　　　　　　　　　　　　　　Selah
14 Con tu lanza les partiste la cabeza
　　a sus guerreros,
　　que enfurecidos querían
　　　dispersarme,
　　que con placer arrogante se
　　　lanzaron contra mí,
　　como quien se lanza contra un
　　　pobre indefenso. *h*
15 Pisoteaste el mar con tus corceles,
　　agitando las inmensas aguas.

16 Al oírlo, se estremecieron mis
　　entrañas;
　　a su voz, me temblaron los labios;
　　la carcoma me caló en los huesos,
　　y se me aflojaron las piernas.
　　Pero yo espero con paciencia
　　　el día en que la calamidad
　　　vendrá sobre la nación que nos
　　　invade.
17 Aunque la higuera no dé renuevos,
　　ni haya frutos en las vides;
　　aunque falle la cosecha del olivo,
　　　y los campos no produzcan
　　　alimentos;
　　aunque en el aprisco no haya
　　　ovejas,
　　ni ganado alguno en los establos;
18 aun así, yo me regocijaré en el
　　SEÑOR,
　　¡me alegraré en Dios, mi
　　　libertador!

19 El SEÑOR omnipotente es mi fuerza;
　　da a mis pies la ligereza de una
　　　gacela
　　y me hace caminar por las alturas.

Al director musical.
Sobre instrumentos de cuerda.

---

h 3:14 Versículo de difícil traducción.

Sofonías

1 Ésta es la palabra del Señor, que vino a Sofonías hijo de Cusí, hijo de Guedalías, hijo de Amarías, hijo de Ezequías, durante el reinado de Josías hijo de Amón, rey de Judá:

Advertencia sobre la destrucción venidera

2 «Arrasaré por completo
cuanto hay sobre la faz de la tierra
—afirma el Señor—.
3 Arrasaré con *hombres y animales,
con las aves del cielo,
con los peces del mar,
con ídolos e impíos por igual.*a*

»Exterminaré al hombre
de sobre la faz de la tierra
—afirma el Señor—.

Juicio contra Judá

4 »Extenderé mi mano contra Judá
y contra todos los habitantes de
Jerusalén.
Exterminaré de este lugar todo
rastro de *Baal,
y hasta el nombre de sus
sacerdotes;*b*
5 a los que en las azoteas se postran
en adoración
ante las estrellas del cielo,
a los que, postrados en adoración,
juran lealtad al Señor,
y al mismo tiempo a Moloc,*c*
6 a los que se apartan del Señor,
y no lo buscan ni lo consultan.
7 ¡Silencio ante el Señor
omnipotente,
porque cercano está el día del
Señor;
ha preparado el Señor un sacrificio

y ha *purificado a sus invitados!
8 En el día del sacrificio del Señor
castigaré a los funcionarios y
oficiales del rey,
y a cuantos se visten según
modas extrañas.
9 En aquel día castigaré
a cuantos evitan pisar el umbral,*d*
a los que llenan de violencia y
engaño
la casa de sus dioses.*e*

10 »Aquel día se oirán gritos de
auxilio,
desde la puerta del Pescado,
gemidos desde el Barrio Nuevo,
y gran quebranto desde las
colinas
—afirma el Señor—.

11 »¡Giman, habitantes del Barrio del
Mercado!*f*
Aniquilados serán todos sus
mercaderes,
exterminados cuantos comercian
con plata.
12 En aquel tiempo registraré
Jerusalén con lámparas
para castigar a los que reposan
tranquilos
como vino en su sedimento,
a los que piensan: "El Señor no va
a hacer nada,
ni para bien ni para mal."
13 En botín se convertirán sus
riquezas,
sus casas en desolación:
"Edificarán casas,
pero no las habitarán;
plantarán viñas,
pero del vino no beberán."

---

a **1:3** *con ídolos e impíos por igual.* Texto de difícil traducción.   *b* **1:4** *de sus sacerdotes* (LXX); *de los sacerdotes paganos con los sacerdotes* (TM).   *c* **1:5** *Moloc.* Lit. *Malcán*; es decir, Milcón.   *d* **1:9** *evitan pisar el umbral.* Alusión a una práctica supersticiosa; véase 1S 5:5.   *e* **1:9** *la casa de sus dioses.* Alt. *el palacio de su señor.*   *f* **1:11** *Mercado.* Alt. *Mortero.*

El gran día del SEÑOR

14»Ya se acerca el gran día del
    SEÑOR;
    a toda prisa se acerca.
El estruendo del día del SEÑOR será
    amargo,
    y aun el más valiente gritará.
15Día de ira será aquel día,
    día de acoso y angustia,
    día de devastación y ruina,
    día de tinieblas y penumbra,
    día de niebla y densos nubarrones,
16   día de trompeta y grito de batalla
contra las ciudades fortificadas,
    contra los altos bastiones.
17De tal manera acosaré a los
    *hombres,
    que andarán como ciegos,
porque pecaron contra el SEÑOR.
Su sangre será derramada como
    polvo
    y sus entrañas como estiércol.
18No los podrán librar
    ni su plata ni su oro
    en el día de la ira del SEÑOR.
En el fuego de su celo
    será toda la tierra consumida;
en un instante reducirá a la nada
    a todos los habitantes de la
    tierra.»

2   Humíllate hasta el polvo,g
    nación no quebrantada;
2hazlo antes que se cumpla lo que
    he determinado
y ese día se desvanezca como la
    brizna,
antes que caiga sobre ti la ira
    ardiente del SEÑOR,
antes que venga sobre ti el día de
    la ira del SEÑOR.
3Busquen al SEÑOR, todos los
    humildes de la tierra,
    los que han puesto en práctica sus
    normas.
Busquen la justicia, busquen la
    humildad;
    tal vez encontrarán refugio
    en el día de la ira del SEÑOR.

Juicio contra los filisteos

4Gaza quedará abandonada
    y Ascalón acabará en desolación.
Asdod será expulsada a plena luz
    del día
    y Ecrón será desarraigada.
5¡Ay de la nación queretea
    que habita a la orilla del mar!
La palabra del SEÑOR es contra ti,
    Canaán, tierra de los filisteos:

«Te aniquilaré
    hasta no dejar en ti habitante.»

6El litoral se convertirá en praderas,
    en camposh de pastoreo y
    corrales de ovejas.
7Y allí pastarán las ovejas
    del remanente de la tribu de Judá.
Al atardecer se echarán a descansar
    en las casas de Ascalón;
    el SEÑOR su Dios vendrá en su ayuda
    para restaurarlos.i

Juicio contra Moab y Amón

8«He oído los insultos de Moab
    y las burlas de los amonitas,
que injuriaron a mi pueblo
    y se mostraron arrogantes contra
    su territorio.
9Tan cierto como que yo vivo
    —afirma el SEÑOR
    *Todopoderoso, el Dios de
    Israel—,
que Moab vendrá a ser como
    Sodoma
    y los amonitas como Gomorra:
se volverán campos de espinos y
    minas de sal,
    desolación perpetua.
El remanente de mi pueblo los
    saqueará;
    los sobrevivientes de mi nación
    heredarán su tierra.»

10Éste será el pago por su soberbia
    y por injuriar y despreciar al
    pueblo del SEÑOR
    Todopoderoso.

---

g 2:1 *Humíllate hasta el polvo.* Texto de difícil traducción.   h 2:6 *campos.* Palabra de difícil traducción.
i 2:7 *para restaurarlos.* Alt. *y hará volver a sus cautivos.*

11 El Señor los aterrará
cuando destruya a todos los
dioses de la tierra;
y así hasta las naciones más remotas
se postrarán en adoración ante él,
cada cual en su propia tierra.

Juicio contra Cus

12 «También ustedes, *cusitas,
serán atravesados por mi espada.»

Juicio contra Asiria

13 Él extenderá su mano contra el
norte;
aniquilará a Asiria
y convertirá a Nínive en desolación,
árida como un desierto.
14 Se tenderán en medio de ella los
rebaños,
todos los animales del campo.
Pasarán la noche sobre sus
columnas
tanto el pelícano como la garza.
Resonarán por las ventanas sus
graznidos,
habrá asolamiento en los
umbrales,
las vigas de cedro quedarán al
descubierto.
15 Ésta es la ciudad alegre
que habitaba segura,
la que se decía a sí misma:
«Yo y nadie más.»
¡Cómo ha quedado convertida en
espanto,
en guarida de fieras!
Todo el que pasa junto a ella
se mofa y amenaza con los puños.

El futuro de Jerusalén

3 ¡Ay de la ciudad opresora,
rebelde y contaminada!
2 No atiende a consejos,
ni acepta *corrección.
No confía en el Señor,
ni se acerca a su Dios.
3 Las autoridades que están en ella
son leones rugientes,
sus gobernantes son lobos
nocturnos
que no dejan nada para la mañana.
4 Sus profetas son impertinentes,
hombres traicioneros.

Sus sacerdotes profanan las cosas
*santas
y violentan la ley.
5 Pero el Señor que está en ella es
justo;
no comete iniquidad.
Cada mañana imparte su justicia,
y no deja de hacerlo cada nuevo
día,
pero el inicuo no conoce la
vergüenza.

6 «Exterminé naciones;
quedaron desolados sus bastiones.
Dejé sus calles desiertas,
y nadie pasa por ellas.
Quedaron arrasadas sus ciudades,
sin ningún habitante.
7 Dije a la ciudad:
"¡Ciertamente me temerás;
aceptarás corrección!"
Entonces no sería destruida su
morada,
según todo lo que decreté contra
ella.
A pesar de todo, se empeñaron
en corromper todas sus obras.
8 Espérenme, por tanto,
hasta el día que me levante a
buscar el botín
—afirma el Señor—,
porque he decidido reunir a las
naciones
y juntar a los reinos
para derramar sobre ellos mi
indignación,
toda mi ardiente ira.
En el fuego de mi celo
será toda la tierra consumida.

9 »*Purificaré los labios de los
pueblos
para que todos invoquen el
*nombre del Señor
y le sirvan de común acuerdo.
10 Desde más allá de los ríos de *Cus
me traerán ofrendas
mis adoradores, mi pueblo
disperso.
11 Aquel día no tendrás que
avergonzarte más
de todas tus rebeliones contra mí.
Quitaré de en medio de ti

a esa gente altanera y jactanciosa,
y así nunca más volverás a ser
  arrogante
en mi santo monte.
12 Dejaré un remanente en medio de ti,
  un pueblo pobre y humilde.
En el nombre del Señor,
  se cobijará 13 el remanente de
    Israel;
no cometerá iniquidad,
  no dirá mentiras,
  ni se hallará engaño en su boca.
Pastarán y se echarán a descansar
  sin que nadie los espante.»

14 ¡Lanza gritos de alegría, hija de
    *Sión!
  ¡da gritos de victoria, Israel!
  ¡Regocíjate y alégrate de todo
    corazón,
  hija de Jerusalén!
15 El Señor te ha levantado el
    castigo,
  ha puesto en retirada a tus
    enemigos.
El Señor, rey de Israel, está en
    medio de ti:
  nunca más temerás mal alguno.

16 Aquel día le dirán a Jerusalén:
  «No temas, Sión, ni te desanimes,
17 porque el Señor tu Dios está en
    medio de ti
  como guerrero victorioso.
Se deleitará en ti con gozo,
  te renovará con su amor,
  se alegrará por ti con cantos
18   como en los días de fiesta.

»Yo te libraré de las tristezas,
  que son para ti una carga
    deshonrosa.*j*
19 En aquel tiempo yo mismo me
    ocuparé
  de todos los que te oprimen;
  salvaré a la oveja que cojea
  y juntaré a la descarriada.
Les daré a ustedes fama y renombre
  en los países donde fueron
    avergonzados.
20 En aquel tiempo yo los traeré,
  en aquel tiempo los reuniré.
Daré a ustedes fama y renombre
  entre todos los pueblos de la tierra
cuando yo los restaure*k*
ante sus mismos ojos.»
            Así lo ha dicho el Señor.

---

j **3:18** Versículo de difícil traducción.   *k* **3:20** *los restaure.* Alt. *haga volver a sus cautivos.*

Hageo

Primer oráculo: Exhortación a reedificar el templo

1 El día primero del mes sexto del segundo año del rey Darío, vino palabra del SEÑOR por medio del profeta Hageo a Zorobabel hijo de Salatiel, gobernador de Judá, y al sumo sacerdote Josué hijo de Josadac: 2«Así dice el SEÑOR *Todopoderoso: "Este pueblo alega que todavía no es el momento apropiado para ir a reconstruir la casa del SEÑOR."»

3También vino esta palabra del SEÑOR por medio del profeta Hageo:

4«¿Acaso es el momento apropiado
    para que ustedes residan en casas
        techadas
    mientras que esta casa está en
        ruinas?»

5Así dice ahora el SEÑOR Todopoderoso:

«¡Reflexionen sobre su proceder!

6»Ustedes siembran mucho, pero
        cosechan poco;
    comen, pero no quedan
        satisfechos;
    beben, pero no llegan a saciarse;
    se visten, pero no logran
        abrigarse;
    y al jornalero se le va su salario
        como por saco roto.»

7Así dice el SEÑOR Todopoderoso:

«¡Reflexionen sobre su proceder!

8»Vayan ustedes a los montes;
    traigan madera y reconstruyan mi
        casa.
    Yo veré su reconstrucción con gusto,
    y manifestaré mi gloria
        —dice el SEÑOR—.

9»Ustedes esperan mucho,
    pero cosechan poco;
    lo que almacenan en su casa,
    yo lo disipo de un soplo.
    ¿Por qué? ¡Porque mi casa está en
        ruinas,
    mientras ustedes sólo se ocupan de
        la suya!
        —afirma el SEÑOR
        Todopoderoso—.

10»Por eso, por culpa de ustedes, los cielos retuvieron el rocío y la tierra se negó a dar sus productos. 11Yo hice venir una sequía sobre los campos y las montañas, sobre el trigo y el vino nuevo, sobre el aceite fresco y el fruto de la tierra, sobre los animales y los hombres, y sobre toda la obra de sus manos.»

12Zorobabel hijo de Salatiel, el sumo sacerdote Josué hijo de Josadac, y todo el resto del pueblo, obedecieron al SEÑOR su Dios, es decir, obedecieron las palabras del profeta Hageo, a quien el SEÑOR su Dios había enviado. Y el pueblo sintió temor en la presencia del SEÑOR. 13Entonces Hageo su mensajero comunicó al pueblo el mensaje del SEÑOR: «Yo estoy con ustedes. Yo, el SEÑOR, lo afirmo.» 14Y el SEÑOR inquietó de tal manera a Zorobabel hijo de Salatiel, gobernador de Judá, y al sumo sacerdote Josué hijo de Josadac, y a todo el resto del pueblo, que vinieron y empezaron a trabajar en la casa de su Dios, el SEÑOR Todopoderoso. 15Era el día veinticuatro del mes sexto del segundo año del rey Darío.

Segundo oráculo: La presencia del Señor

2 El día veintiuno del mes séptimo, vino palabra del SEÑOR por medio del profeta Hageo: 2«Pregunta a Zorobabel hijo de Salatiel, gobernador de Judá, al sumo sacerdote Josué hijo de Josadac, y al resto

del pueblo: **3**"¿Queda alguien entre ustedes que haya visto esta casa en su antiguo esplendor? ¿Qué les parece ahora? ¿No la ven como muy poca cosa? **4**Pues ahora, ¡ánimo, Zorobabel! —afirma el SEÑOR—. ¡Ánimo, Josué hijo de Josadac! ¡Tú eres el sumo sacerdote! ¡Ánimo, pueblo de esta tierra! —afirma el SEÑOR—. ¡Manos a la obra, que yo estoy con ustedes! —afirma el SEÑOR *Todopoderoso—. **5**Y mi Espíritu permanece en medio de ustedes, conforme al *pacto que hice con ustedes cuando salieron de Egipto."

»No teman, **6**porque así dice el SEÑOR Todopoderoso: "Dentro de muy poco haré que se estremezcan los cielos y la tierra, el mar y la tierra firme; **7**¡haré temblar a todas las naciones! Sus riquezas llegarán aquí, y así llenaré de esplendor esta casa —dice el SEÑOR Todopoderoso—. **8**Mía es la plata, y mío es el oro —afirma el SEÑOR Todopoderoso—. **9**El esplendor de esta segunda casa será mayor que el de la primera —dice el SEÑOR Todopoderoso—. Y en este lugar concederé la *paz", afirma el SEÑOR Todopoderoso.»

Tercer oráculo: Consulta a los sacerdotes

10El día veinticuatro del mes noveno del segundo año de Darío, vino palabra del SEÑOR al profeta Hageo: **11**«Así dice el SEÑOR Todopoderoso: "Consulta a los sacerdotes sobre las cosas sagradas."» Entonces Hageo les planteó lo siguiente:

12—Supongamos que alguien lleva carne consagrada en la falda de su vestido, y sucede que la falda toca pan, o guiso, o vino, o aceite, o cualquier otro alimento; ¿quedarán también consagrados?

—¡No! —contestaron los sacerdotes.

13—Supongamos ahora —prosiguió Hageo— que una persona inmunda por el contacto de un cadáver toca cualquiera de estas cosas; ¿también ellas quedarán inmundas?

—¡Sí! —contestaron los sacerdotes.

14Entonces Hageo respondió:

«¡Así es este pueblo!
¡Así es para mí esta nación!
 —afirma el SEÑOR—.
¡Así es cualquier obra de sus
 manos!
¡y aun lo que allí ofrecen es
 inmundo!

15»Ahora bien, desde hoy en adelante, reflexionen. Antes de que ustedes pusieran piedra sobre piedra en la casa del SEÑOR, **16**¿cómo les iba? Cuando alguien se acercaba a un montón de grano esperando encontrar veinte medidas, sólo hallaba diez; y si se iba al lagar esperando sacar cincuenta medidas de la artesa del mosto, sólo sacaba veinte. **17**Herí sus campos con quemazón y con plaga, y con granizo toda obra de sus manos. Pero ustedes no se volvieron[a] a mí —afirma el SEÑOR—. **18**Reflexionen desde hoy en adelante, desde el día veinticuatro del mes noveno, día en que se colocaron los cimientos de la casa del SEÑOR. Reflexionen: **19**¿Queda todavía alguna semilla en el granero? ¿Todavía no producen nada la vid ni la higuera, ni el granado ni el olivo? ¡Pues a partir de hoy yo los bendeciré!»

Cuarto oráculo: Promesas a Zorobabel

20El día veinticuatro del mismo mes vino por segunda vez palabra del SEÑOR a Hageo: **21**«Di a Zorobabel, gobernante de Judá: "Yo estoy por estremecer los cielos y la tierra. **22**Volcaré los tronos reales y haré pedazos el poderío de los reinos del mundo. Volcaré los carros con sus conductores, y caerán caballos y jinetes, y éstos se matarán a espada unos a otros. **23**En aquel día —afirma el SEÑOR *Todopoderoso— te tomaré a ti, mi siervo Zorobabel hijo de Salatiel —afirma el SEÑOR—, y te haré semejante a un anillo de sellar, porque yo te he elegido", afirma el SEÑOR Todopoderoso.»

---

[a] **2:17** no se volvieron (LXX y Siríaca); en TM, texto de difícil traducción.

Zacarías

Un llamado a volver al SEÑOR

1 En el mes octavo del segundo año del reinado de Darío, la palabra del SEÑOR vino al profeta Zacarías, hijo de Berequías y nieto de Idó:

2«El SEÑOR está ardiendo en ira contra los antepasados de ustedes. 3Por lo tanto, adviértele al pueblo que así dice el SEÑOR *Todopoderoso:

»"Vuélvanse a mí,
    y yo me volveré a ustedes
        —afirma el SEÑOR
            Todopoderoso—.

4»"No sean como sus antepasados,
    a quienes les proclamaron
        los profetas de antaño
    que así dice el SEÑOR
        Todopoderoso:
    'Vuélvanse de su mala conducta
        y de sus malas prácticas.'
    Porque ellos no me obedecieron
        ni me prestaron atención
            —afirma el SEÑOR—.

5»"¿Dónde están los antepasados de
        ustedes?
    ¿Acaso los profetas siguen con
        vida?
6¿No se cumplieron en sus
        antepasados
    las palabras y los decretos
    que a mis siervos los profetas
        ordené comunicarles?

»"Entonces ellos se volvieron al SEÑOR, y dijeron: 'El SEÑOR Todopoderoso nos ha tratado tal y como había resuelto hacerlo: conforme a lo que merecen nuestra conducta y nuestras acciones.'" »

El hombre entre los arrayanes

7En el segundo año del reinado de Darío, en el día veinticuatro del mes de *sebat, que es el mes undécimo, la palabra del SEÑOR vino al profeta Zacarías, hijo de Berequías y nieto de Idó: 8Una noche tuve una visión, en la que vi a un hombre montado en un caballo alazán. Ese hombre se detuvo entre los arrayanes que había en una hondonada. Detrás de él había jinetes en caballos alazanes, bayos y blancos. 9Yo le pregunté: «¿Qué significan estos jinetes, mi señor?» El ángel que hablaba conmigo me respondió: «Voy a explicarte lo que significan.» 10Y el hombre que estaba entre los arrayanes me dijo: «El SEÑOR ha enviado estos jinetes a recorrer toda la tierra.»

11Los jinetes informaron al ángel del SEÑOR, que estaba entre los arrayanes: «Hemos recorrido toda la tierra. Por cierto, la encontramos tranquila y en paz.» 12Ante esto, el ángel del SEÑOR replicó: «SEÑOR Todopoderoso, ¿hasta cuándo te negarás a compadecerte de Jerusalén y de las ciudades de Judá, con las que has estado enojado estos setenta años?» 13El SEÑOR le respondió con palabras buenas y consoladoras al ángel que hablaba conmigo, 14y luego el ángel me dijo: «Proclama este mensaje de parte del SEÑOR Todopoderoso:

»"Mi amor por *Sión y por
        Jerusalén
    me hace sentir celos por ellas.
15En cambio, estoy lleno de ira
    con las naciones engreídas.
    Mi enojo no era tan grave,
    pero ellas lo agravaron más."

16»Por lo tanto, así dice el SEÑOR:
    "Volveré a compadecerme de
        Jerusalén.
    Allí se reconstruirá mi templo,
        y se extenderá el cordel de medir,
            afirma el Señor Todopoderoso."

17»Proclama además lo siguiente de parte del SEÑOR Todopoderoso:

»"Otra vez mis ciudades rebosarán
de bienes,
otra vez el SEÑOR consolará a
Sión,
otra vez escogerá a Jerusalén."»

18Alcé la vista, ¡y vi ante mí cuatro cuernos! **19**Le pregunté entonces al ángel que hablaba conmigo: «¿Qué significan estos cuernos?» Y el ángel me respondió: «Estos cuernos son los poderes que dispersaron a Judá, a Israel y a Jerusalén.»

20Luego el SEÑOR me mostró cuatro herreros. **21**Le pregunté: «¿Y éstos qué han venido a hacer?» Y el SEÑOR me respondió: «Los cuernos son los poderes que dispersaron a Judá, a tal punto que nadie pudo volver a levantar la cabeza. Los herreros han venido para aterrorizarlos, y para deshacer el poder de las naciones que levantaron su cuerno contra la tierra de Judá y dispersaron a sus habitantes.»

El hombre con el cordel de medir

2 Alcé la vista, ¡y vi ante mí un hombre que tenía en la mano un cordel de medir! **2**Le pregunté: «¿A dónde vas?» Y él me respondió: «Voy a medir a Jerusalén. Quiero ver cuánto mide de ancho y cuánto de largo.»

3Ya salía el ángel que hablaba conmigo cuando otro ángel vino a su encuentro **4**y le dijo: «Corre a decirle a ese joven:

»"Tanta gente habrá en Jerusalén,
y tanto ganado,
que Jerusalén llegará a ser
una ciudad sin muros.
5En torno suyo —afirma el SEÑOR—
seré un muro de fuego,
y dentro de ella
seré su gloria."

6»¡Salgan, salgan!
¡Huyan del país del norte!
—afirma el SEÑOR—.

»¡Fui yo quien los dispersó a
ustedes
por los cuatro vientos del cielo!
—afirma el SEÑOR—.

7»Sión, tú que habitas en Babilonia,
¡sal de allí; escápate!» **8**Porque así dice el SEÑOR *Todopoderoso, cuya gloria me envió contra las naciones que los saquearon a ustedes:

«La nación que toca a mi pueblo,
me toca la niña de los ojos.
9Yo agitaré mi mano contra esa
nación,
y sus propios esclavos la
saquearán.

»Así sabrán que me ha enviado el SEÑOR Todopoderoso.

10»¡Grita de alegría, hija de *Sión!
¡Yo vengo a habitar en medio
de ti!
—afirma el SEÑOR—.

11»En aquel día,
muchas naciones se unirán al
SEÑOR.
Ellas serán mi pueblo,
y yo habitaré entre ellas.

»Así sabrán que el SEÑOR Todopoderoso es quien me ha enviado a ustedes. **12**El SEÑOR tomará posesión de Judá, su porción en tierra *santa, y de nuevo escogerá a Jerusalén. **13**¡Que todo el mundo guarde silencio ante el SEÑOR, que ya avanza desde su santa morada!»

Ropas limpias para el sumo sacerdote

3 Entonces me mostró a Josué, el sumo sacerdote, que estaba de pie ante el ángel del SEÑOR, y a *Satanás, que estaba a su mano derecha como parte acusadora. **2**El ángel del SEÑOR le dijo a Satanás:

«¡Que te reprenda el SEÑOR,
que ha escogido a Jerusalén!
¡Que el SEÑOR te reprenda,
Satanás!
¿Acaso no es este hombre
un tizón rescatado del fuego?»

3Josué estaba vestido con ropas sucias en presencia del ángel. **4**Así que el ángel les dijo a los que estaban allí, dispuestos a servirle: «¡Quítenle las ropas sucias!» Y a Josué le dijo: «Como puedes ver, ya te he liberado de tu culpa, y ahora voy a vestirte con ropas espléndidas.»

5 Entonces dije yo: «¡Pónganle también un turbante limpio en la cabeza!» Y le pusieron en la cabeza un turbante limpio, y lo vistieron, mientras el ángel del SEÑOR permanecía de pie. 6 Luego el ángel del SEÑOR le hizo esta advertencia a Josué: 7 «Así dice el SEÑOR *Todopoderoso:

» "Si andas en mis *caminos
    y me cumples como sacerdote,
entonces gobernarás mi templo
    y te harás cargo de mis atrios.
¡Yo te concederé un lugar
    entre estos que están aquí!

8 » "Escucha, Josué, sumo sacerdote,
    y que lo oigan tus compañeros,
que se sientan en tu presencia
    y que son un buen presagio:
Estoy por traer a mi siervo,
    estoy por traer al Renuevo.
9 ¡Mira, Josué, la piedra
    que ante ti he puesto!
Hay en ella siete ojos,ª
    y en ella pondré una inscripción.
¡En un solo día borraré
    el pecado de esta tierra!
—afirma el SEÑOR
    Todopoderoso—.

10 » "En aquel día, cada uno de ustedes invitará a su vecino a sentarse debajo de su vid y de su higuera, afirma el SEÑOR Todopoderoso."»

El candelabro de oro y los dos olivos

4 Entonces el ángel que hablaba conmigo volvió y me despertó, como a quien se despierta de su sueño. 2 Y me preguntó: «¿Qué es lo que ves?» Yo le respondí: «Veo un candelabro de oro macizo, con un recipiente en la parte superior. Encima del candelabro hay siete lámparas, con siete tubos para las mismas.

3 Hay también junto a él dos olivos, uno a la derecha del recipiente, y el otro a la izquierda.»

4 Le pregunté entonces al ángel que hablaba conmigo: «¿Qué significa todo esto, mi señor?» 5 Y el ángel me respondió: «¿Acaso no sabes lo que significa?»

Tuve que admitir que no lo sabía. 6 Así que el ángel me dijo: «Ésta es la palabra del SEÑOR para Zorobabel:

» "No será por la fuerza
    ni por ningún poder,
sino por mi Espíritu
    —dice el SEÑOR
    *Todopoderoso—.
7 ¿Quién te crees tú, gigantesca
    montaña?
    ¡Ante Zorobabel sólo eres una
    llanura!
Y él sacará la piedra principal
    entre gritos de alabanza a su
    belleza."»

8 Entonces vino a mí la palabra del SEÑOR:

9 «Zorobabel ha puesto los cimientos
    de este templo,
    y él mismo terminará de
    construirlo.
¡Así sabrán que me ha enviado a
    ustedes
    el SEÑOR Todopoderoso!
10 Cuando vean la plomada
    en las manos de Zorobabel,
se alegrarán los que menospreciaron
    los días de los modestos
    comienzos.
¡Éstos son los siete ojos del
    SEÑOR,
    que recorren toda la tierra!»

11 Entonces le pregunté al ángel: «¿Qué significan estos dos olivos a la derecha y a la izquierda del candelabro?» 12 Y también le pregunté: «¿Qué significan estas dos ramas de olivo junto a los dos tubos de oro, por los que fluye el aceite dorado?»

ª 3:9 ojos. Alt. caras.

13El ángel me respondió: «¿Acaso no sabes lo que significan?» Y yo tuve que admitir que no lo sabía. **14**Así que el ángel me explicó: «Éstos son los dos *ungidos que están al servicio del Señor de toda la tierra.»

El rollo que volaba

5 Alcé otra vez la vista, ¡y vi ante mí un rollo que volaba! **2**El ángel me preguntó: «¿Qué es lo que ves?» Y yo respondí: «Veo un rollo que vuela, de diez metros de largo por cinco de ancho.»[b]

3Entonces el ángel me dijo: «Ésta es la maldición que caerá sobre todo el país. Según lo escrito en el rollo, alcanzará tanto al ladrón como al perjuro. **4**Así que he desencadenado esta maldición para que entre en la casa del ladrón y en la del que jura en falso por mi nombre. Se alojará dentro de su casa y la destruirá, junto con sus vigas y sus piedras, afirma el SEÑOR *Todopoderoso.»

La mujer en un recipiente

5Entonces el ángel que hablaba conmigo salió y me dijo: «Alza la vista y fíjate en esto que ha aparecido.»

6«¿Y qué es?», le pregunté. Y él me contestó: «Es una medida de veintidós litros.[c] Es la maldad de la gente de todo el país.»

7Se levantó entonces la tapa de plomo, ¡y dentro de esa medida había una mujer sentada! **8**El ángel dijo: «Ésta es la maldad», e inmediatamente arrojó a la mujer dentro de la medida, la cual cubrió luego con la tapa de plomo.

9Alcé la vista, ¡y vi ante mí dos mujeres que salían batiendo sus alas al viento! Tenían alas como de cigüeña, y elevaban la medida por los aires.

10Yo le pregunté al ángel que hablaba conmigo: «¿A dónde se llevan la medida?» **11**Y él me respondió: «Se la llevan al país de Babilonia, para construirle un templo. Cuando el templo esté listo, colocarán la medida allí, sobre un pedestal.»

Los cuatro carros

6 Alcé de nuevo la vista, ¡y vi ante mí cuatro carros de guerra que salían de entre dos montañas, las cuales eran de bronce! **2**El primer carro era tirado por caballos alazanes, el segundo por caballos negros, **3**el tercero por caballos blancos, y el cuarto por caballos pintos. Todos ellos eran caballos briosos. **4**Le pregunté al ángel que hablaba conmigo: «¿Qué significan estos carros, mi señor?»

5El ángel me respondió: «Éstos son los cuatro espíritus[d] del cielo, que salen después de haberse presentado ante el Señor de toda la tierra. **6**El carro de los caballos negros va hacia el país del norte; el de los caballos blancos, hacia el occidente;[e] y el de los caballos pintos, hacia el país del sur.»

7Esos briosos caballos estaban impacientes por recorrer toda la tierra. Y el ángel les dijo: «¡Vayan, recorran la tierra de uno a otro extremo!» Y así lo hicieron.

8Entonces el ángel me llamó y me dijo: «Mira, los que van hacia el país del norte van a calmar mi enojo en ese país.»

La corona para Josué

9La palabra del SEÑOR vino a mí, y me dijo: **10**«Ve hoy mismo a la casa de Josías hijo de Sofonías, que es adonde han llegado de Babilonia los exiliados Jelday, Tobías y Jedaías. Recíbeles **11**la plata y el oro que traen consigo, y con ese oro y esa plata haz una corona, la cual pondrás en la cabeza del sumo sacerdote Josué hijo de Josadac. **12**Y le dirás a Josué de parte del SEÑOR *Todopoderoso:

> »"Éste es aquel cuyo *nombre es
> Renuevo,
> pues echará renuevos de sus
> raíces
> y reconstruirá el templo del
> SEÑOR.
> **13**Él reconstruirá el templo del SEÑOR,
> se revestirá de majestad

---

[b] **5:2** *diez metros de largo por cinco de ancho.* Lit. *veinte *codos de largo y diez codos de ancho.*   [c] **5:6** *una medida de veintidós litros.* Lit. *un *efa*; también en vv. 7,9,10.   [d] **6:5** *espíritus.* Alt. *vientos.*   [e] **6:6** *hacia el occidente* (lectura probable); *tras ellos* (TM).

y se sentará a gobernar en su
trono.
También un sacerdote se sentará en
su propio trono,
y entre ambos habrá armonía.''

14»La corona permanecerá en el templo del Señor como un recordatorio para Jelday,[f] Tobías, Jedaías y Hen[g] hijo de Sofonías. **15**Si ustedes se esmeran en obedecer al Señor su Dios, los que están lejos vendrán para ayudar en la reconstrucción del templo del Señor. Así sabrán que el Señor Todopoderoso me ha enviado a ustedes.»

Justicia y misericordia en lugar de ayuno

7 En el cuarto año del reinado del rey Darío, en el día cuatro del mes noveno, que es el mes de *quisleu*, la palabra del Señor vino a Zacarías. **2**El pueblo de Betel había enviado a Sarézer y a Reguen Mélec, y a sus hombres, a buscar el favor del Señor **3**y a preguntarles a los sacerdotes de la casa del Señor *Todopoderoso y a los profetas: «¿Debemos observar en el quinto mes un día de duelo y abstinencia, tal como lo hemos hecho todos estos años?»

4Vino entonces a mí esta palabra de parte del Señor Todopoderoso:

5«Dile a todo el pueblo de la tierra,
y también a los sacerdotes:
"Cuando ustedes ayunaban y se
lamentaban
en los meses quinto y séptimo
de los últimos setenta años,
¿realmente ayunaban por mí?
6Y cuando ustedes comen y beben,
¿acaso no lo hacen para sí
mismos?"»

7¿No son éstas las palabras
que por medio de los antiguos
profetas
el Señor mismo proclamó
cuando Jerusalén y las ciudades
cercanas

estaban habitadas y tenían paz,
cuando el Néguev y las llanuras del
oeste
también estaban habitadas?

8La palabra del Señor vino de nuevo a Zacarías. Le advirtió:

9«Así dice el Señor Todopoderoso:

»"Juzguen con verdadera justicia;
muestren amor y compasión
los unos por los otros.
10No opriman a las viudas ni a los
huérfanos,
ni a los extranjeros ni a los
pobres.
No maquinen el mal en su *corazón
los unos contra los otros."

11»Pero ellos se negaron a hacer caso. Desafiantes volvieron la espalda, y se taparon los oídos. **12**Para no oír las instrucciones ni las palabras que por medio de los antiguos profetas el Señor Todopoderoso había enviado con su Espíritu, endurecieron su corazón como el diamante. Por lo tanto, el Señor Todopoderoso se llenó de ira. **13**"Como no me escucharon cuando los llamé, tampoco yo los escucharé cuando ellos me llamen —dice el Señor Todopoderoso—. **14**Como con un torbellino, los dispersé entre todas las naciones que no conocían. La tierra que dejaron quedó tan desolada que nadie siquiera pasaba por ella. Fue así como convirtieron en desolación la tierra que antes era una delicia."»

El Señor promete bendecir a Jerusalén

8 Otra vez vino a mí la palabra del Señor *Todopoderoso. Me hizo saber lo siguiente:

2«Así dice el Señor Todopoderoso:

»"Siento grandes celos por *Sión.
Son tantos mis celos por ella
que me llenan de furia."

---

f **6:14** *Jelday* (Siríaca; véase v. 10); *Hélem* (TM).   *g* **6:14** *Hen*. Alt. *el piadoso, el*.

3»Así dice el SEÑOR:

»"Regresaré a Sión,
y habitaré en Jerusalén.
Y Jerusalén será conocida
como la Ciudad de la Verdad,
y el monte del SEÑOR
Todopoderoso
como el Monte de la *Santidad."

4»Así dice el SEÑOR Todopoderoso:

»"Los ancianos y las ancianas
volverán a sentarse
en las calles de Jerusalén,
cada uno con su bastón en la mano
debido a su avanzada edad.
5Los niños y las niñas volverán a jugar
en las calles de la ciudad."

6»Así dice el SEÑOR Todopoderoso:

»"Al remanente de este pueblo
podrá parecerle imposible en
aquellos días,
¿pero también a mí me parecerá
imposible?,
afirma el SEÑOR Todopoderoso."

7»Así dice el SEÑOR Todopoderoso:

»"Salvaré a mi pueblo
de los países de oriente y de
occidente.
8Los haré volver
para que vivan en Jerusalén;
ellos serán mi pueblo
y yo seré su Dios,
en la verdad y en la justicia."

9»Así dice el SEÑOR Todopoderoso:

»"¡Cobren ánimo, ustedes,
los que en estos días han
escuchado
las palabras de los profetas,
mientras se echan los cimientos
para la reconstrucción del templo
del SEÑOR Todopoderoso!
10Porque antes de estos días
ni los hombres recibían su jornal
ni los animales su alimento.
Por culpa del enemigo

tampoco los viajeros tenían
seguridad,
pues yo puse a la *humanidad entera
en contra de sus semejantes.
11Pero ya no trataré al remanente de
este pueblo
como lo hice en el pasado
—afirma el SEÑOR
Todopoderoso—.
12Habrá *paz cuando se siembre,
y las vides darán su fruto;
la tierra producirá sus cosechas
y el cielo enviará su rocío.
Todo esto se lo daré como herencia
al remanente de este pueblo.
13Judá e Israel,
¡no teman, sino cobren ánimo!
Ustedes han sido entre las naciones
objeto de maldición,
pero yo los salvaré,
y serán una bendición."

14»Así dice el SEÑOR Todopoderoso:

»"Cuando sus antepasados me
hicieron enojar,
yo decidí destruirlos sin ninguna
compasión
—afirma el SEÑOR
Todopoderoso—.
15Pero ahora he decidido
hacerles bien a Jerusalén y a Judá.
¡Así que no tengan miedo!

16» "Lo que ustedes deben hacer
es decirse la verdad,
y juzgar en sus tribunales
con la verdad y la justicia.
¡Eso trae la paz!
17No maquinen el mal contra su
prójimo,
ni sean dados al falso testimonio,
porque yo aborrezco todo eso,
afirma el SEÑOR."»

18Vino a mí la palabra del SEÑOR Todopoderoso, y me declaró:

19«Así dice el SEÑOR Todopoderoso:

»"Para Judá, los ayunos de los
meses
cuarto, quinto, séptimo y décimo,

serán motivo de gozo y de alegría,
y de animadas festividades.
Amen, pues, la verdad y la paz."

20»Así dice el SEÑOR Todopoderoso:

»"Todavía vendrán pueblos
y habitantes de muchas ciudades,
21que irán de una ciudad a otra
diciendo a los que allí vivan:
'¡Vayamos al SEÑOR para buscar su
bendición!
¡Busquemos al SEÑOR
Todopoderoso!
¡Yo también voy a buscarlo!'
22Y muchos pueblos y potentes
naciones
vendrán a Jerusalén
en busca del SEÑOR Todopoderoso
y de su bendición."

23»Así dice el SEÑOR Todopoderoso:
"En aquellos días habrá mucha gente, de
todo idioma y de toda nación, que tomará
a un judío por el borde de su capa y le dirá:
¡Déjanos acompañarte! ¡Hemos sabido
que Dios está con ustedes!"»

Juicio contra los enemigos de Israel

9 Esta profecía es la palabra del SEÑOR,
la cual caerá sobre la tierra de Jadrac
y sobre Damasco. Ciertamente el SEÑOR
tiene puestos los ojos sobre la humanidad
y sobre todas las tribus de Israel,[h] **2**como
también sobre Jamat, su vecina, y sobre
Tiro y Sidón, aunque sean muy sabias.

3Tiro se ha edificado una fortaleza;
ha amontonado plata como polvo,
y oro como lodo de las calles.
4Pero el Señor le quitará sus
posesiones;
arrojará al mar sus riquezas,
y el fuego la devorará.
5Lo verá Ascalón, y se llenará de
miedo;
Gaza se retorcerá en agonía,
y lo mismo hará Ecrón

al ver marchita su esperanza.
Gaza se quedará sin rey,
y Ascalón sin habitantes.
6Bastardos habitarán en Asdod,
y yo aniquilaré el orgullo de los
filisteos.
7De la boca les quitaré la sangre,
y de entre los dientes el alimento
prohibido.
También los filisteos serán
un remanente de nuestro Dios;
se convertirán en jefes de Judá,
y Ecrón será como ios jebuseos.
8Montaré guardia junto a mi casa
para que nadie entre ni salga.
¡Nunca más un opresor invadirá a
mi pueblo,
porque ahora me mantengo
vigilante!

El rey de Sión

9¡Alégrate mucho, hija de *Sión!
¡Grita de alegría, hija de
Jerusalén!
Mira, tu rey viene hacia ti,
justo, salvador y humilde.
Viene montado en un asno,
en un pollino, cría de asna.
10Destruirá los carros de Efraín
y los caballos de Jerusalén.
Quebrará el arco de combate
y proclamará *paz a las naciones.
Su dominio se extenderá de mar a
mar,
¡desde el río Éufrates
hasta los confines de la tierra!

Restauración de Israel

11En cuanto a ti,
por la sangre de mi *pacto
contigo
libraré de la cisterna seca a tus
cautivos.
12Vuelvan a su fortaleza,
cautivos de la esperanza,
pues hoy mismo les hago saber
que les devolveré el doble.
13Tensaré a Judá como mi arco,
y pondré a Efraín como mi flecha.

---

[h] **9:1** *Damasco ... Israel.* Alt. *Damasco. Porque la humanidad y todas las tribus de Israel tienen los ojos
puestos en el SEÑOR.*

Incitaré a tus hijos, a los hijos de
Sión,
contra tus hijos, los hijos de
Grecia,
y te usaré como espada de
guerrero.

14 El Señor se aparecerá sobre ellos,
y como un relámpago saldrá su
flecha.
¡El Señor omnipotente tocará la
trompeta
y marchará sobre las tempestades
del sur!

15 El Señor Todopoderoso los
protegerá,
y ellos destruirán por completo
los proyectiles de la honda.
Beberán y reirán como
embriagados de vino;
se llenarán como un tazón de
libaciones,
como los cuernos del altar.

16 En aquel día el Señor su Dios
salvará a su pueblo como a un
rebaño,
y en la tierra del Señor
brillarán como las joyas de una
corona.

17 ¡Qué bueno y hermoso será todo ello!
El trigo dará nuevos bríos a los
jóvenes,
y el mosto alegrará a las
muchachas.

El Señor cuidará de Judá

10 ¡Pídanle al Señor que llueva en
primavera!
¡Él es quien hace los nubarrones
y envía los aguaceros!
¡Él es quien da a todo *hombre
la hierba del campo!

2 Los ídolos hablan con engaño,
los adivinos tienen sueños falsos;
hablan de visiones engañosas
y consuelan con fantasías.
¡Y el pueblo vaga como rebaño
agobiado
porque carece de *pastor!

3 Se enciende mi ira contra los
pastores;
castigaré a esos machos cabríos.

Ciertamente el Señor
*Todopoderoso
cuida de Judá, que es su rebaño,
¡y lo convertirá en su corcel de
honor
el día de la batalla!

4 De Judá saldrán
la piedra angular y la estaca de la
carpa,
el arco de guerra y todo
gobernante.

5 Juntos serán como héroes
que combaten sobre el lodo de las
calles,
que luchan contra jinetes y los
derriban
porque el Señor está con ellos.

6 «Yo fortaleceré a la tribu de Judá
y salvaré a los descendientes de
José.
Me he compadecido de ellos
y los haré volver.
Será como si nunca los hubiera
rechazado,
porque yo soy el Señor su Dios,
y les responderé.

7 Efraín se volverá como un guerrero,
y su *corazón se alegrará
como si tomara vino.
Sus hijos lo verán y se pondrán
felices;
su corazón se alegrará en el
Señor.

8 Yo los llamaré y los recogeré.
Cuando los haya redimido,
serán tan numerosos como antes.

9 Aunque los dispersé entre los
pueblos,
en tierras remotas se acordarán de
mí.
Aunque vivieron allí con sus hijos,
regresarán a su tierra.

10 Los traeré de Egipto,
los recogeré de Asiria,
los llevaré a Galaad y al Líbano,
y hasta espacio les faltará.

11 Cruzarán el mar de la angustia,
pero yo heriré sus olas,
y las profundidades del Nilo se
secarán.
Abatiré el orgullo de Asiria,
y pondré fin al dominio de Egipto.

¹²Yo mismo los fortaleceré,
y ellos caminarán en mi nombre»,
afirma el SEÑOR.

11

¡Abre tus puertas, monte Líbano,
para que el fuego devore tus
cedros!
²¡Gime tú, ciprés, porque los cedros
se han caído
y los majestuosos árboles se han
derrumbado!
¡Giman, robles de Basán!
¡Los tupidos bosques han sido
derribados!
³Escuchen el gemido de los pastores;
¡sus ricos pastizales han sido
destruidos!
Escuchen el rugido de los leones;
¡la espesura del Jordán ha
quedado devastada!

Los dos pastores

⁴Así dice el SEÑOR mi Dios: «Cuida de
las ovejas destinadas al matadero. ⁵Quie-
nes las compran las matan impunemente,
y quienes las venden dicen: "¡Bendito sea
el SEÑOR, porque me he enriquecido!" Ni
sus propios pastores se compadecen de
ellas. ⁶Pero ya no tendré piedad de los que
habitan este país —afirma el SEÑOR—,
sino que los entregaré en manos de su
prójimo y de su rey. Aunque devasten el
país, no los rescataré de sus manos.»

⁷Así que me dediqué a cuidar las ovejas que los mercaderes habían destinado
al matadero. Tomé dos varas de *pastor:
a una le puse por nombre Gracia, y a la
otra Unión, y me dediqué a cuidar del
rebaño. ⁸En un solo mes me deshice de
tres pastores.

Pero me cansé de las ovejas, y ellas se
cansaron de mí. ⁹Así que les dije:ⁱ «Ya no
voy a ser su pastor. Las que se vayan a
morir, que se mueran; las que deban perecer, que perezcan; y las que queden con
vida, que se devoren unas a otras.»

¹⁰Tomé entonces la vara a la que había
llamado Gracia, y la quebré. De ese modo
anulé el pacto que había hecho con todas

las naciones. ¹¹Ese mismo día quedó anu-
lado, y los mercaderes de ovejas que me
observaban supieron que se trataba de la
palabra del SEÑOR.

¹²Les dije: «Si les parece bien, páguen-
me mi jornal; de lo contrario, quédense
con él.» Y me pagaron sólo treinta monedas de plata.ʲ ¹³¡Valiente precio el que me
pusieron!

Entonces el SEÑOR me dijo: «Entréga-
selas al fundidor.» Así que tomé las treinta
monedas de plata y se las di al fundidor
del templo del SEÑOR.

¹⁴Quebré luego la segunda vara, a la
que había llamado Unión, y anulé el vínculo fraternal entre Judá e Israel. ¹⁵El
SEÑOR me dijo entonces: «Vístete ahora
como uno de esos pastores insensatos,
¹⁶porque voy a poner sobre el país a un
pastor que no se preocupará por las ovejas
moribundas, ni buscará a las ovejas pequeñas, ni curará a las ovejas heridas ni
dará de comer a las ovejas sanas, sino que
devorará a las más gordas y les arrancará
las pezuñas.»

¹⁷¡Ay del pastor inútil
que abandona su rebaño!
¡Que la espada le hiera el brazo,
y el puñal le saque el ojo derecho!
¡Que del brazo quede tullido,
y del ojo derecho, ciego!

Destrucción de los enemigos de Jerusalén

12

Esta profecía es la palabra del
SEÑOR con respecto a Israel.

Afirma el SEÑOR, que extendió los
cielos,
que echó los cimientos de la tierra,
y que puso en el *hombre aliento
de vida:

²«Convertiré a Jerusalén en una copa
que embriagará a todos los pueblos vecinos. Judá será sitiada, lo mismo que Jerusalén, ³y todas las naciones de la tierra se
juntarán contra ella.

ⁱ11:8-9 me cansé ... les dije. Alt. me cansé de los pastores, y ellos se hastiaron de mí. ⁹Así que les dije a las
ovejas. ʲ11:12 treinta monedas de plata. Lit. treinta [*siclos] de plata.

»En aquel día convertiré a Jerusalén en una roca inconmovible para todos los pueblos. Los que intenten moverla quedarán despedazados.

4»En aquel día espantaré a todos los caballos y enloqueceré a sus jinetes —afirma el SEÑOR—. Me mantendré vigilante sobre Judá, pero dejaré ciegos a los caballos de todas las naciones. 5Entonces los jefes de Judá proclamarán: "La fortaleza de los habitantes de Jerusalén es su Dios, el SEÑOR *Todopoderoso."

6»En aquel día convertiré a los jefes de Judá en un brasero ardiente dentro de un bosque, en una antorcha encendida entre las gavillas. A diestra y a siniestra devorarán a todos los pueblos vecinos, pero Jerusalén misma volverá a ser habitada. 7El SEÑOR salvará primero las viviendas de Judá, para que no sea mayor la gloria de la casa real de David, y la de los habitantes de Jerusalén, que la de Judá.

8»En aquel día yo, el SEÑOR, protegeré a los habitantes de Jerusalén. El más débil entre ellos será como David, y la casa real de David será como Dios mismo, como el ángel del SEÑOR que marcha al frente de ellos.

Lamento por el que fue traspasado

9»En aquel día me dispondré a destruir a todas las naciones que ataquen a Jerusalén. 10Sobre la casa real de David y los habitantes de Jerusalén derramaré un espíritu[k] de gracia y de súplica, y entonces pondrán sus ojos en mí. Harán lamentación por el que traspasaron, como quien hace lamentación por su hijo único; llorarán amargamente, como quien llora por su primogénito.

11»En aquel día habrá una gran lamentación en Jerusalén, como la de Hadad Rimón en la llanura de Meguido. 12Todo el país hará duelo, familia por familia:

»la parentela de David
   y sus esposas,
la parentela de Natán
   y sus esposas,

13la parentela de Leví
   y sus esposas,
la parentela de Simí
   y sus esposas,
14y todas las demás familias
   y sus esposas.

Limpieza del pecado

13 »En aquel día se abrirá una fuente para lavar del pecado y de la *impureza a la casa real de David y a los habitantes de Jerusalén.

2»En aquel día arrancaré del país los *nombres de los ídolos, y nunca más volverán a ser invocados —afirma el SEÑOR *Todopoderoso—. También eliminaré del país a los profetas y la impureza que los inspira. 3Y si hubiera todavía alguno que quisiera profetizar, sus propios padres le dirán: "Has mentido en el nombre del SEÑOR. Por tanto, debes morir." Y por meterse a profeta, sus propios padres lo apuñalarán.

4»En aquel día los profetas se avergonzarán de sus visiones proféticas. Ya no engañarán a nadie vistiéndose con mantos de piel, 5sino que cada cual dirá: "Yo no soy profeta sino agricultor. Desde mi juventud, la tierra ha sido mi ocupación."[l] 6Y si alguien le pregunta: "¿Por qué tienes esas heridas en las manos?", él responderá: "Son las heridas que me hicieron en casa de mis amigos."

El pastor herido, las ovejas dispersas

7»¡Despierta, espada, contra mi
     *pastor,
   contra el hombre en quien confío!
   —afirma el SEÑOR
     Todopoderoso—.
Hiere al pastor
   para que se dispersen las ovejas
   y vuelva yo mi mano contra los
     corderitos.
8Las dos terceras partes del país
   serán abatidas y perecerán;
sólo una tercera parte quedará con
     vida
   —afirma el SEÑOR—.

---

[k] 12:10 *un espíritu.* Alt. *el Espíritu.*   [l] 13:5 *Desde ... ocupación.* Alt. *Un hombre me vendió en mi juventud.*

⁹Pero a esa parte restante la pasaré
por el fuego;
la refinaré como se refina la plata,
la probaré como se prueba el oro.
Entonces ellos me invocarán
y yo les responderé.
Yo diré: "Ellos son mi pueblo",
y ellos dirán: "El Señor es
nuestro Dios."

El reinado venidero del Señor

14 »¡Jerusalén! Viene un día para el
Señor cuando tus despojos serán
repartidos en tus propias calles. ²Movilizaré a todas las naciones para que peleen
contra ti. Te conquistarán, saquearán tus
casas y violarán a tus mujeres. La mitad
de tus habitantes irá al exilio, pero el resto
del pueblo se quedará contigo. ³Entonces
saldrá el Señor y peleará contra aquellas
naciones, como cuando pelea en el día de
la batalla.

⁴»En aquel día pondrá el Señor sus
pies en el monte de los Olivos, que se
encuentra al este de Jerusalén, y el monte
de los Olivos se partirá en dos de este a
oeste, y formará un gran valle, con una
mitad del monte desplazándose al norte y
la otra mitad al sur. ⁵Ustedes huirán por
el valle de mi monte, porque se extenderá
hasta Asal. Huirán como huyeron del terremoto en los días de Uzías, rey de Judá.
Entonces vendrá el Señor mi Dios, acompañado de todos sus fieles.

⁶»En aquel día no habrá luz, ni hará
frío. ⁷Será un día excepcional, que sólo el
Señor conoce: no tendrá día ni noche,
pues cuando llegue la noche, seguirá
alumbrando la luz.

⁸»En aquel día fluirá agua viva desde
Jerusalén, tanto en verano como en invierno. Y una mitad correrá hacia el Mar
Muerto, y la otra hacia el mar Mediterráneo. ⁹El Señor reinará sobre toda la tierra.
En aquel día el Señor será el único Dios,
y su *nombre será el único nombre.

¹⁰»Desde Gueba hasta Rimón, al sur de
Jerusalén, todo el país se volverá un desierto.ᵐ Pero Jerusalén se levantará y permanecerá en su lugar, desde la puerta de
Benjamín hasta el sitio de la puerta Primera, hasta la puerta del Ángulo, y desde la
torre de Jananel hasta los lagares del rey.
¹¹Jerusalén volverá a ser habitada, tendrá
tranquilidad, y nunca más será *destruida.

¹²»Ésta es la plaga con la que el Señor
herirá a todos los pueblos que pelearon
contra Jerusalén: Se les pudrirá la carne
en vida, se les pudrirán los ojos en las
cuencas, y se les pudrirá la lengua en la
boca. ¹³En aquel día el Señor los llenará
de pánico. Cada uno levantará la mano
contra el otro, y se atacarán entre sí.
¹⁴También Judá peleará en Jerusalén, y se
recogerán las riquezas de todas las naciones vecinas, y grandes cantidades de oro
y plata y de ropa. ¹⁵Una plaga semejante
herirá también a caballos y mulos, camellos y asnos, y a todo animal que esté en
aquellos campamentos.

¹⁶»Entonces los sobrevivientes de todas las naciones que atacaron a Jerusalén
subirán año tras año para adorar al Rey, al
Señor *Todopoderoso, y para celebrar la
fiesta de las *Enramadas. ¹⁷Si alguno de
los pueblos de la tierra no sube a Jerusalén
para adorar al Rey, al Señor Todopoderoso, tampoco recibirá lluvia. ¹⁸Y si el
pueblo egipcio no sube ni participa, tampoco recibirá lluvia. El Señor enviará una
plaga para castigar a las naciones que no
suban a celebrar la fiesta de las Enramadas. ¹⁹¡Así será castigado Egipto, y todas
las naciones que no suban a celebrar la
fiesta de las Enramadas!

²⁰»En aquel día los cascabeles de los
caballos llevarán esta inscripción: Consagrado al Señor. Las ollas de cocina del
templo del Señor serán como los tazones
sagrados que están frente al altar del sacrificio. ²¹Toda olla de Jerusalén y de Judá
será consagrada al Señor Todopoderoso, y
todo el que vaya a sacrificar tomará algunas de esas ollas y cocinará en ellas. En
aquel día no habrá más mercaderesⁿ en el
templo del Señor Todopoderoso.»

ᵐ14:10 *un desierto.* Lit. *como el Arabá.*   ⁿ14:21 *mercaderes.* Alt. *cananeos.*

Malaquías

1 Esta profecía es la palabra del SEÑOR dirigida a Israel por medio de Malaquías.*a*

El amor de Dios por su pueblo

2«Yo los he amado», dice el SEÑOR.

«"¿Y cómo nos has amado?", replican ustedes.

»¿No era Esaú hermano de Jacob? Sin embargo, amé a Jacob **3**pero aborrecí a Esaú, y convertí sus montañas en desolación y entregué su heredad a los chacales del desierto.»

4Edom dice: «Aunque nos han hecho pedazos, reconstruiremos sobre las ruinas.» Pero el SEÑOR Todopoderoso dice: «Ustedes podrán reconstruir, pero yo derribaré. Serán llamados territorio malvado, pueblo contra el cual siempre estará indignado el SEÑOR. **5**Ustedes lo verán con sus propios ojos y dirán: "¡Se ha engrandecido el SEÑOR aun más allá de las fronteras*b* de Israel!"

El culto al SEÑOR

6»El hijo honra a su padre y el siervo a su señor. Ahora bien, si soy padre, ¿dónde está el honor que merezco? Y si soy señor, ¿dónde está el respeto que se me debe? Yo, el SEÑOR *Todopoderoso, les pregunto a ustedes, sacerdotes que desprecian mi *nombre.

»Y encima preguntan: "¿En qué hemos despreciado tu nombre?"

7»Pues en que ustedes traen a mi altar alimento mancillado.

»Y todavía preguntan: "¿En qué te hemos mancillado?"

»Pues en que tienen la mesa del SEÑOR como algo despreciable. **8**Ustedes traen animales ciegos para el sacrificio, y piensan que no tiene nada de malo; sacrifican animales cojos o enfermos, y piensan que no tiene nada de malo. ¿Por qué no tratan de ofrecérselos a su gobernante? ¿Creen que estaría él contento con ustedes? ¿Se ganarían su favor? —dice el SEÑOR Todopoderoso—.

9»Ahora pues, traten de apaciguar a Dios para que se apiade de nosotros. ¿Creen que con esta clase de ofrendas se van a ganar su favor? —dice el SEÑOR Todopoderoso—. **10**¡Cómo quisiera que alguno de ustedes clausurara el templo, para que no encendieran en vano el fuego de mi altar! No estoy nada contento con ustedes —dice el SEÑOR Todopoderoso—, y no voy a aceptar ni una sola ofrenda de sus manos. **11**Porque desde donde nace el sol hasta donde se pone, grande es mi nombre entre las naciones. En todo lugar se ofrece incienso y ofrendas puras a mi nombre, porque grande es mi nombre entre las naciones —dice el SEÑOR Todopoderoso—. **12**Pero ustedes lo profanan cuando dicen que la mesa del Señor está mancillada y que su alimento es despreciable. **13**Y exclaman: "¡Qué hastío!" Y me tratan con desdén —dice el SEÑOR Todopoderoso—. ¿Y creen que voy a aceptar de sus manos los animales lesionados, cojos o enfermos que ustedes me traen como sacrificio? —dice el SEÑOR—.

14»¡Maldito sea el tramposo que, teniendo un macho aceptable en su rebaño, se lo dedica al Señor y luego le ofrece un animal mutilado! Porque yo soy el gran rey —dice el SEÑOR Todopoderoso—, y temido es mi nombre entre las naciones.

Juicio contra los sacerdotes

2 »Ahora, pues, este mandato es para ustedes, los sacerdotes. **2**Si no me hacen caso ni se deciden a honrar mi *nombre —dice el SEÑOR *Todopoderoso—, les enviaré una maldición, y malde-

---

*a*1:1 En hebreo, *Malaquías* significa *mi mensajero.* *b*1:5 *aun más allá de las fronteras.* Alt. *sobre el territorio.*

ciré sus bendiciones. Ya las he maldecido, porque ustedes no se han decidido a honrarme.

3»Por esto, voy a reprender a sus descendientes. Les arrojaré a la cara los desperdicios de los sacrificios de sus fiestas, y los barreré junto con ellos. **4**Entonces sabrán que les he dado este mandato, a fin de que continúe mi *pacto con Leví —dice el SEÑOR Todopoderoso—. **5**Mi pacto con él era de vida y *paz, y se las di; era también de temor, y él me temió, y mostró ante mí profunda reverencia. **6**En su boca había instrucción fidedigna; en sus labios no se encontraba perversidad. En paz y rectitud caminó conmigo, y apartó del pecado a muchos.

7»Los labios de un sacerdote atesoran sabiduría, y de su boca los hombres buscan instrucción, porque es mensajero del SEÑOR Todopoderoso. **8**Pero ustedes se han desviado del *camino y mediante su instrucción han hecho tropezar a muchos; ustedes han arruinado el pacto con Leví —dice el SEÑOR Todopoderoso—. **9**Por mi parte, yo he hecho que ustedes sean despreciables y viles ante todo el pueblo, porque no han guardado mis caminos sino que han mostrado parcialidad en cuestiones de la *ley.»

Deslealtad de Judá

10¿No tenemos todos un solo Padre? ¿No nos creó un solo Dios? ¿Por qué, pues, profanamos el *pacto de nuestros antepasados al traicionarnos unos a otros? **11**Judá ha sido traicionero. En Israel y en Jerusalén se ha cometido algo detestable: al casarse Judá con la hija de un dios extraño, ha profanado el santuario^c que el SEÑOR ama. **12**En cuanto al hombre que haga eso, quienquiera que sea, que el SEÑOR *Todopoderoso lo excluya de los campamentos de Jacob, aun cuando le lleve ofrendas.

13Otra cosa que ustedes hacen es inundar de lágrimas el altar del SEÑOR; lloran y se lamentan porque él ya no presta atención a sus ofrendas ni las acepta de sus manos con agrado.

14Y todavía preguntan por qué.

Pues porque el SEÑOR actúa como testigo entre ti y la esposa de tu juventud, a la que traicionaste aunque es tu compañera, la esposa de tu pacto.^{d} **15**¿Acaso no hizo el SEÑOR un solo ser, que es cuerpo y espíritu? Y ¿por qué es uno solo? Porque busca descendencia dada por Dios.^{e} Así que cuídense ustedes en su propio espíritu, y no traicionen a la esposa de su juventud. **16**«Yo aborrezco el divorcio —dice el SEÑOR, Dios de Israel—, y al que cubre^f de violencia sus vestiduras», dice el SEÑOR Todopoderoso.

Así que cuídense en su espíritu, y no sean traicioneros.

Acusaciones contra Judá

17Ustedes han cansado al SEÑOR con sus palabras.

Y encima preguntan: «¿En qué lo hemos cansado?»

En que dicen: «Todo el que hace lo malo agrada al SEÑOR, y él se complace con ellos»; y murmuran: «¿Dónde está el Dios de *justicia?»

3 El SEÑOR *Todopoderoso responde: «Yo estoy por enviar a mi mensajero para que prepare el camino delante de mí. De pronto vendrá a su templo el Señor a quien ustedes buscan; vendrá el mensajero del *pacto, en quien ustedes se complacen.»

2Pero ¿quién podrá soportar el día de su venida? ¿Quién podrá mantenerse en pie cuando él aparezca? Porque será como fuego de fundidor o lejía de lavandero. **3**Se sentará como fundidor y purificador de plata; *purificará a los levitas y los refinará como se refinan el oro y la plata. Entonces traerán al SEÑOR ofrendas conforme a la justicia, **4**y las ofrendas de Judá y Jerusalén serán aceptables al SEÑOR, como en tiempos antiguos, como en años pasados.

5«De modo que me acercaré a ustedes para juicio. Estaré presto a testificar contra

---

^{c}**2:11** *el santuario.* Alt. *las cosas santas.* ^{d}**2:14** *pacto.* Alt. *vínculo matrimonial,* o *misma nacionalidad.* ^{e}**2:15** *¿Acaso ... Dios.* Texto de difícil traducción. ^{f}**2:16** *Yo aborrezco el divorcio ... y al que cubre.* Alt. *El que odia y se divorcia ... cubre.*

los hechiceros, los adúlteros y los perjuros, contra los que explotan a sus asalariados; contra los que oprimen a las viudas y a los huérfanos, y niegan el derecho del extranjero, sin mostrarme ningún temor —dice el SEÑOR Todopoderoso—.

Fidelidad en las ofrendas

6»Yo, el SEÑOR, no cambio. Por eso ustedes, descendientes de Jacob, no han sido exterminados. 7Desde la época de sus antepasados se han apartado de mis preceptos y no los han guardado. Vuélvanse a mí, y yo me volveré a ustedes —dice el SEÑOR Todopoderoso—.

»Pero ustedes replican: "¿En qué sentido tenemos que volvernos?"

8»¿Acaso roba el hombre a Dios? ¡Ustedes me están robando!

»Y todavía preguntan: "¿En qué te robamos?"

»En los diezmos y en las ofrendas. 9Ustedes —la nación entera— están bajo gran maldición, pues es a mí a quien están robando.

10»Traigan íntegro el diezmo para los fondos del templo, y así habrá alimento en mi casa. Pruébenme en esto —dice el SEÑOR Todopoderoso—, y vean si no abro las compuertas del cielo y derramo sobre ustedes bendición hasta que sobreabunde. 11Exterminaré a la langosta, para que no arruine sus cultivos y las vides en los campos no pierdan su fruto —dice el SEÑOR Todopoderoso—. 12Entonces todas las naciones los llamarán a ustedes *dichosos, porque ustedes tendrán una nación encantadora —dice el SEÑOR Todopoderoso—.

Insolencia de Judá

13»Ustedes profieren insolencias contra mí —dice el SEÑOR—.

»Y encima preguntan: "¿Qué insolencias hemos dicho contra ti?"

14»Ustedes han dicho: "Servir a Dios no vale la pena. ¿Qué ganamos con cumplir sus mandatos y vestirnos de luto delante del SEÑOR Todopoderoso 15si nos toca llamar dichosos a los soberbios, y los que hacen lo malo no sólo prosperan sino que incluso desafían a Dios y se salen con la suya?"»

16Los que temían al SEÑOR hablaron entre sí, y él los escuchó y les prestó atención. Entonces se escribió en su presencia un libro de memorias de aquellos que temen al SEÑOR y honran su nombre. 17«El día que yo actúe ellos serán mi propiedad exclusiva —dice el SEÑOR Todopoderoso—. Tendré compasión de ellos, como se compadece un hombre del hijo que le sirve. 18Y ustedes volverán a distinguir entre los buenos y los malos, entre los que sirven a Dios y los que no le sirven.

El día del SEÑOR

4 »Miren, ya viene el día, ardiente como un horno. Todos los soberbios y todos los malvados serán como paja, y aquel día les prenderá fuego hasta dejarlos sin raíz ni rama —dice el SEÑOR *Todopoderoso—. 2Pero para ustedes que temen mi *nombre, se levantará el sol de justicia trayendo en sus rayosg salud. Y ustedes saldrán saltando como becerros recién alimentados. 3El día que yo actúe ustedes pisotearán a los malvados, y bajo sus pies quedarán hechos polvo —dice el SEÑOR Todopoderoso—.

4»Acuérdense de la *ley de mi siervo Moisés. Recuerden los preceptos y las leyes que le di en Horeb para todo Israel.

5»Estoy por enviarles al profeta Elías antes que llegue el día del SEÑOR, día grande y terrible. 6Él hará que los padres se reconcilien con sus hijos y los hijos con sus padres, y así no vendré a herir la tierra con *destrucción total.»

---

g 4:2 *rayos*. Lit. *alas*.

El Nuevo Testamento

Evangelio según Mateo

Genealogía de Jesucristo

1:1-17 — Lc 3:23-38
1:3-6 — Rt 4:18-22
1:7-11 — 1Cr 3:10-17

1 Tabla genealógica de *Jesucristo, hijo de David, hijo de Abraham:

2 Abraham fue el padre de[a] Isaac;
  Isaac, padre de Jacob;
  Jacob, padre de Judá y de sus
    hermanos;
3 Judá, padre de Fares y de Zera,
    cuya madre fue Tamar;
  Fares, padre de Jezrón;
  Jezrón, padre de Aram;
4 Aram, padre de Aminadab;
  Aminadab, padre de Naasón;
  Naasón, padre de Salmón;
5 Salmón, padre de Booz, cuya
    madre fue Rajab;
  Booz, padre de Obed, cuya madre
    fue Rut;
  Obed, padre de Isaí;
6 e Isaí, padre del rey David.

  David fue el padre de Salomón,
    cuya madre había sido la
    esposa de Urías;
7 Salomón, padre de Roboán;
  Roboán, padre de Abías;
  Abías, padre de Asá;
8 Asá, padre de Josafat;
  Josafat, padre de Jorán;
  Jorán, padre de Uzías;
9 Uzías, padre de Jotán;
  Jotán, padre de Acaz;
  Acaz, padre de Ezequías;
10 Ezequías, padre de Manasés;
  Manasés, padre de Amón;
  Amón, padre de Josías;
11 y Josías, padre de Jeconías[b] y de

sus hermanos en tiempos de
la deportación a Babilonia.

12 Después de la deportación a
    Babilonia,
  Jeconías fue el padre de Salatiel;
  Salatiel, padre de Zorobabel;
13 Zorobabel, padre de Abiud;
  Abiud, padre de Eliaquín;
  Eliaquín, padre de Azor;
14 Azor, padre de Sadoc;
  Sadoc, padre de Aquín;
  Aquín, padre de Eliud;
15 Eliud, padre de Eleazar;
  Eleazar, padre de Matán;
  Matán, padre de Jacob;
16 y Jacob fue padre de José, que
    fue el esposo de María, de la
    cual nació Jesús, llamado el
    *Cristo.

17 Así que hubo en total catorce generaciones desde Abraham hasta David, catorce desde David hasta la deportación a Babilonia, y catorce desde la deportación hasta el Cristo.

Nacimiento de Jesucristo

18 El nacimiento de Jesús, el *Cristo, fue así: Su madre, María, estaba comprometida para casarse con José, pero antes de unirse a él, resultó que estaba encinta por obra del Espíritu Santo. 19 Como José, su esposo, era un hombre justo y no quería exponerla a vergüenza pública, resolvió divorciarse de ella en secreto.

20 Pero cuando él estaba considerando hacerlo, se le apareció en sueños un ángel del Señor y le dijo: «José, hijo de David, no temas recibir a María por esposa, porque ella ha concebido por obra del Espíritu Santo. 21 Dará a luz un hijo, y le pondrás

---

[a] 1:2 *fue el padre de.* Lit. *engendró a*; y así sucesivamente en el resto de esta genealogía.   [b] 1:11 *Jeconías.* Es decir, Joaquín; también en v. 12.

por nombre Jesús,[c] porque él salvará a su pueblo de sus pecados.»

22Todo esto sucedió para que se cumpliera lo que el Señor había dicho por medio del profeta: **23**«La virgen concebirá y dará a luz un hijo, y lo llamarán Emanuel»[d] (que significa «Dios con nosotros»).

24Cuando José se despertó, hizo lo que el ángel del Señor le había mandado y recibió a María por esposa. **25**Pero no tuvo relaciones conyugales con ella hasta que dio a luz un hijo,[e] a quien le puso por nombre Jesús.

Visita de los sabios

2 Después de que Jesús nació en Belén de Judea en tiempos del rey Herodes, llegaron a Jerusalén unos sabios[f] procedentes del Oriente.

2—¿Dónde está el que ha nacido rey de los judíos? —preguntaron—. Vimos levantarse[g] su estrella y hemos venido a adorarlo.

3Cuando lo oyó el rey Herodes, se turbó, y toda Jerusalén con él. **4**Así que convocó de entre el pueblo a todos los jefes de los sacerdotes y *maestros de la ley, y les preguntó dónde había de nacer el *Cristo.

5—En Belén de Judea —le respondieron—, porque esto es lo que ha escrito el profeta:

6»"Pero tú, Belén, en la tierra de
        Judá,
    de ninguna manera eres la menor
        entre los principales de Judá;
    porque de ti saldrá un príncipe
    que será el pastor de mi pueblo
        Israel."[h]

7Luego Herodes llamó en secreto a los sabios y se enteró por ellos del tiempo exacto en que había aparecido la estrella. **8**Los envió a Belén y les dijo:

—Vayan e infórmense bien de ese niño y, tan pronto como lo encuentren, avísenme para que yo también vaya y lo adore.

9Después de oír al rey, siguieron su camino, y sucedió que la estrella que habían visto levantarse iba delante de ellos hasta que se detuvo sobre el lugar donde estaba el niño. **10**Al ver la estrella, se llenaron de alegría. **11**Cuando llegaron a la casa, vieron al niño con María, su madre; y postrándose lo adoraron. Abrieron sus cofres y le presentaron como regalos oro, incienso y mirra. **12**Entonces, advertidos en sueños de que no volvieran a Herodes, regresaron a su tierra por otro camino.

La huida a Egipto

13Cuando ya se habían ido, un ángel del Señor se le apareció en sueños a José y le dijo: «Levántate, toma al niño y a su madre, y huye a Egipto. Quédate allí hasta que yo te avise, porque Herodes va a buscar al niño para matarlo.»

14Así que se levantó cuando todavía era de noche, tomó al niño y a su madre, y partió para Egipto, **15**donde permaneció hasta la muerte de Herodes. De este modo se cumplió lo que el Señor había dicho por medio del profeta: «De Egipto llamé a mi hijo.»[i]

16Cuando Herodes se dio cuenta de que los sabios se habían burlado de él, se enfureció y mandó matar a todos los niños menores de dos años en Belén y en sus alrededores, de acuerdo con el tiempo que había averiguado de los sabios. **17**Entonces se cumplió lo dicho por el profeta Jeremías:

18«Se oye un grito en Ramá,
    llanto y gran lamentación;
    es Raquel, que llora por sus hijos
    y no quiere ser consolada;
    ¡sus hijos ya no existen!»[j]

El regreso a Nazaret

19Después de que murió Herodes, un ángel del Señor se le apareció en sueños a José en Egipto **20**y le dijo: «Levántate, toma al niño y a su madre, y vete a la tierra de Israel, que ya murieron los que amenazaban con quitarle la *vida al niño.»

[c]**1:21** *Jesús* es la forma griega del nombre hebreo *Josué*, que significa *el SEÑOR salva.*   [d]**1:23** Is 7:14
[e]**1:25** *un hijo.* Var. *su hijo primogénito.*   [f]**2:1** *sabios.* Lit. *magos*; también en vv. 7, 16.   [g]**2:2** *levantarse.*
Alt. *en el oriente*; también en v. 9.   [h]**2:6** Mi 5:2   [i]**2:15** Os 11:1   [j]**2:18** Jer 31:15

21 Así que se levantó José, tomó al niño y a su madre, y regresó a la tierra de Israel. 22 Pero al oír que Arquelao reinaba en Judea en lugar de su padre Herodes, tuvo miedo de ir allá. Advertido por Dios en sueños, se retiró al distrito de Galilea, 23 y fue a vivir en un pueblo llamado Nazaret. Con esto se cumplió lo dicho por los profetas: «Lo llamarán nazareno.»

Juan el Bautista prepara el camino

3:1-12 — Mr 1:3-8; Lc 3:2-17

3 En aquellos días se presentó Juan el Bautista predicando en el desierto de Judea. 2 Decía: «*Arrepiéntanse, porque el reino de los cielos está cerca.» 3 Juan era aquel de quien había escrito el profeta Isaías:

«Voz de uno que grita en el
          desierto:
    "Preparen el camino para el Señor,
      háganle sendas derechas."»[k]

4 La ropa de Juan estaba hecha de pelo de camello. Llevaba puesto un cinturón de cuero y se alimentaba de langostas y miel silvestre. 5 Acudía a él la gente de Jerusalén, de toda Judea y de toda la región del Jordán. 6 Cuando confesaban sus pecados, él los bautizaba en el río Jordán.

7 Pero al ver que muchos fariseos y saduceos llegaban adonde él estaba bautizando, les advirtió: «¡Camada de víboras! ¿Quién les dijo que podrán escapar del castigo que se acerca? 8 Produzcan frutos que demuestren arrepentimiento. 9 No piensen que podrán alegar: "Tenemos a Abraham por padre." Porque les digo que aun de estas piedras Dios es capaz de darle hijos a Abraham. 10 El hacha ya está puesta a la raíz de los árboles, y todo árbol que no produzca buen fruto será cortado y arrojado al fuego.

11 »Yo los bautizo a ustedes con[l] agua para que se arrepientan. Pero el que viene después de mí es más poderoso que yo, y ni siquiera merezco llevarle las sandalias. Él los bautizará con el Espíritu Santo y con fuego. 12 Tiene el rastrillo en la mano y limpiará su era, recogiendo el trigo en su granero; la paja, en cambio, la quemará con fuego que nunca se apagará.»

Bautismo de Jesús

3:13-17 — Mr 1:9-11; Lc 3:21-22; Jn 1:31-34

13 Un día Jesús fue de Galilea al Jordán para que Juan lo bautizara. 14 Pero Juan trató de disuadirlo.

—Yo soy el que necesita ser bautizado por ti, ¿y tú vienes a mí? —objetó.

15 —Dejémoslo así por ahora, pues nos conviene cumplir con lo que es justo —le contestó Jesús.

Entonces Juan consintió.

16 Tan pronto como Jesús fue bautizado, subió del agua. En ese momento se abrió el cielo, y él vio al Espíritu de Dios bajar como una paloma y posarse sobre él. 17 Y una voz del cielo decía: «Éste es mi Hijo amado; estoy muy complacido con él.»

Tentación de Jesús

4:1-11 — Mr 1:12-13; Lc 4:1-13

4 Luego el Espíritu llevó a Jesús al desierto para que el diablo lo sometiera a *tentación. 2 Después de ayunar cuarenta días y cuarenta noches, tuvo hambre. 3 El tentador se le acercó y le propuso:

—Si eres el Hijo de Dios, ordena a estas piedras que se conviertan en pan.

4 Jesús le respondió:

—Escrito está: "No sólo de pan vive el hombre, sino de toda palabra que sale de la boca de Dios."[m]

5 Luego el diablo lo llevó a la ciudad santa e hizo que se pusiera de pie sobre la parte más alta del *templo, y le dijo:

6 —Si eres el Hijo de Dios, tírate abajo. Porque escrito está:

"Ordenará que sus ángeles
  te sostengan en sus manos,
para que no tropieces con piedra
      alguna."[n]

7 —También está escrito: "No pongas a prueba al Señor tu Dios"[ñ] —le contestó Jesús.

---

[k] 3:3 Is 40:3   [l] 3:11 con. Alt. en.   [m] 4:4 Dt 8:3   [n] 4:6 Sal 91:11,12   [ñ] 4:7 Dt 6:16

8De nuevo lo tentó el diablo, llevándolo a una montaña muy alta, y le mostró todos los reinos del mundo y su esplendor. **9**—Todo esto te daré si te postras y me adoras.

10—¡Vete, Satanás! —le dijo Jesús—. Porque escrito está: "Adora al Señor tu Dios y sírvele solamente a él."*o*

11Entonces el diablo lo dejó, y unos ángeles acudieron a servirle.

Jesús comienza a predicar

12Cuando Jesús oyó que habían encarcelado a Juan, regresó a Galilea. **13**Partió de Nazaret y se fue a vivir a Capernaúm, que está junto al lago en la región de Zabulón y de Neftalí, **14**para cumplir lo dicho por el profeta Isaías:

15«Tierra de Zabulón y tierra de
Neftalí,
camino del mar, al otro lado del
Jordán,
Galilea de los *gentiles;
16el pueblo que habitaba en la
oscuridad
ha visto una gran luz;
sobre los que vivían en densas
tinieblas*p*
la luz ha resplandecido.»*q*

17Desde entonces comenzó Jesús a predicar: «*Arrepiéntanse, porque el reino de los cielos está cerca.»

Llamamiento de los primeros discípulos

4:18-22 — Mr 1:16-20; Lc 5:2-11; Jn 1:35-42

18Mientras caminaba junto al mar de Galilea, Jesús vio a dos hermanos: uno era Simón, llamado Pedro, y el otro Andrés. Estaban echando la red al lago, pues eran pescadores. **19**«Vengan, síganme —les dijo Jesús—, y los haré pescadores de hombres.» **20**Al instante dejaron las redes y lo siguieron.

21Más adelante vio a otros dos hermanos: *Jacobo y Juan, hijos de Zebedeo, que estaban con su padre en una barca

remendando las redes. Jesús los llamó, **22**y dejaron en seguida la barca y a su padre, y lo siguieron.

Jesús sana a los enfermos

23Jesús recorría toda Galilea, enseñando en las sinagogas, anunciando las buenas *nuevas del reino, y sanando toda enfermedad y dolencia entre la gente. **24**Su fama se extendió por toda Siria, y le llevaban todos los que padecían de diversas enfermedades, los que sufrían de dolores graves, los endemoniados, los epilépticos y los paralíticos, y él los sanaba. **25**Lo seguían grandes multitudes de Galilea, *Decápolis, Jerusalén, Judea y de la región al otro lado del Jordán.

Las bienaventuranzas

5:3-12 — Lc 6:20-23

5 Cuando vio a las multitudes, subió a la ladera de una montaña y se sentó. Sus discípulos se le acercaron, **2**y tomando él la palabra, comenzó a enseñarles diciendo:

3«*Dichosos los pobres en espíritu,
porque el reino de los cielos les
pertenece.
4Dichosos los que lloran,
porque serán consolados.
5Dichosos los humildes,
porque recibirán la tierra como
herencia.
6Dichosos los que tienen hambre y
sed de justicia,
porque serán saciados.
7Dichosos los compasivos,
porque serán tratados con
compasión.
8Dichosos los de corazón limpio,
porque ellos verán a Dios.
9Dichosos los que trabajan por la
paz,
porque serán llamados hijos de
Dios.
10Dichosos los perseguidos por causa
de la justicia,
porque el reino de los cielos les
pertenece.

---

*o***4:10** Dt 6:13   *p***4:16** *vivían en densas tinieblas.* Lit. *habitaban en tierra y sombra de muerte.*
*q***4:16** Is 9:1,2

11»Dichosos serán ustedes cuando por mi causa la gente los insulte, los persiga y levante contra ustedes toda clase de calumnias. **12**Alégrense y llénense de júbilo, porque les espera una gran recompensa en el cielo. Así también persiguieron a los profetas que los precedieron a ustedes.

La sal y la luz

13»Ustedes son la sal de la tierra. Pero si la sal se vuelve insípida, ¿cómo recobrará su sabor? Ya no sirve para nada, sino para que la gente la deseche y la pisotee.

14»Ustedes son la luz del mundo. Una ciudad en lo alto de una colina no puede esconderse. **15**Ni se enciende una lámpara para cubrirla con un cajón. Por el contrario, se pone en la repisa para que alumbre a todos los que están en la casa. **16**Hagan brillar su luz delante de todos, para que ellos puedan ver las buenas obras de ustedes y alaben al Padre que está en el cielo.

El cumplimiento de la ley

17»No piensen que he venido a anular la ley o los profetas; no he venido a anularlos sino a darles cumplimiento. **18**Les aseguro que mientras existan el cielo y la tierra, ni una letra ni una tilde de la ley desaparecerán hasta que todo se haya cumplido. **19**Todo el que infrinja uno solo de estos mandamientos, por pequeño que sea, y enseñe a otros a hacer lo mismo, será considerado el más pequeño en el reino de los cielos; pero el que los practique y enseñe será considerado grande en el reino de los cielos. **20**Porque les digo a ustedes, que no van a entrar en el reino de los cielos a menos que su justicia supere a la de los fariseos y de los *maestros de la ley.

El homicidio

5:25-26 — Lc 12:58-59

21»Ustedes han oído que se dijo a sus antepasados: "No mates,[r] y todo el que mate quedará sujeto al juicio del tribunal."

22Pero yo les digo que todo el que se enoje[s] con su hermano quedará sujeto al juicio del tribunal. Es más, cualquiera que insulte[t] a su hermano quedará sujeto al juicio del *Consejo. Pero cualquiera que lo maldiga[u] quedará sujeto al juicio del infierno.[v]

23»Por lo tanto, si estás presentando tu ofrenda en el altar y allí recuerdas que tu hermano tiene algo contra ti, **24**deja tu ofrenda allí delante del altar. Ve primero y reconcíliate con tu hermano; luego vuelve y presenta tu ofrenda.

25»Si tu adversario te va a denunciar, llega a un acuerdo con él lo más pronto posible. Hazlo mientras vayan de camino al juzgado, no sea que te entregue al juez, y el juez al guardia, y te echen en la cárcel. **26**Te aseguro que no saldrás de allí hasta que pagues el último centavo.[w]

El adulterio

27»Ustedes han oído que se dijo: "No cometas adulterio."[x] **28**Pero yo les digo que cualquiera que mira a una mujer y la codicia ya ha cometido adulterio con ella en el corazón. **29**Por tanto, si tu ojo derecho te hace *pecar, sácatelo y tíralo. Más te vale perder una sola parte de tu cuerpo, y no que todo él sea arrojado al infierno.[y] **30**Y si tu mano derecha te hace pecar, córtatela y arrójala. Más te vale perder una sola parte de tu cuerpo, y no que todo él vaya al infierno.

El divorcio

31»Se ha dicho: "El que repudia a su esposa debe darle un certificado de divorcio."[z] **32**Pero yo les digo que, excepto en caso de infidelidad conyugal, todo el que se divorcia de su esposa, la induce a cometer adulterio, y el que se casa con la divorciada comete adulterio también.

Los juramentos

33»También han oído que se dijo a sus antepasados: "No faltes a tu juramento, sino cumple con tus promesas al Señor."

---

[r] **5:21** Éx 20:13   [s] **5:22** *se enoje.* Var. *se enoje sin causa.*   [t] **5:22** *insulte.* Lit. *le diga: "Raca"* (*estúpido* en arameo).   [u] **5:22** *lo maldiga.* Lit. *le diga: "Necio."*   [v] **5:22** *del infierno.* Lit. *de la *Gehenna del fuego.*   [w] **5:26** *centavo.* Lit. *cuadrante.*   [x] **5:27** Éx 20:14   [y] **5:29** *al infierno.* Lit. *a la *Gehenna*; también en v. 30.   [z] **5:31** Dt 24:1

³⁴Pero yo les digo: No juren de ningún modo: ni por el cielo, porque es el trono de Dios; ³⁵ni por la tierra, porque es el estrado de sus pies; ni por Jerusalén, porque es la ciudad del gran Rey. ³⁶Tampoco jures por tu cabeza, porque no puedes hacer que ni uno solo de tus cabellos se vuelva blanco o negro. ³⁷Cuando ustedes digan "sí", que sea realmente sí; y cuando digan "no", que sea no. Cualquier cosa de más, proviene del maligno.

Ojo por ojo

³⁸»Ustedes han oído que se dijo: "Ojo por ojo y diente por diente."*ᵃ* ³⁹Pero yo les digo: No resistan al que les haga mal. Si alguien te da una bofetada en la mejilla derecha, vuélvele también la otra. ⁴⁰Si alguien te pone pleito para quitarte la capa, déjale también la *camisa. ⁴¹Si alguien te obliga a llevarle la carga un kilómetro, llévasela dos. ⁴²Al que te pida, dale; y al que quiera tomar de ti prestado, no le vuelvas la espalda.

El amor a los enemigos

⁴³»Ustedes han oído que se dijo: "Ama a tu prójimo*ᵇ* y odia a tu enemigo." ⁴⁴Pero yo les digo: Amen a sus enemigos y oren por quienes los persiguen,*ᶜ* ⁴⁵para que sean hijos de su Padre que está en el cielo. Él hace que salga el sol sobre malos y buenos, y que llueva sobre justos e injustos. ⁴⁶Si ustedes aman solamente a quienes los aman, ¿qué recompensa recibirán? ¿Acaso no hacen eso hasta los *recaudadores de impuestos? ⁴⁷Y si saludan a sus hermanos solamente, ¿qué de más hacen ustedes? ¿Acaso no hacen esto hasta los *gentiles? ⁴⁸Por tanto, sean *perfectos, así como su Padre celestial es perfecto.

El dar a los necesitados

6 »Cuídense de no hacer sus obras de justicia delante de la gente para llamar la atención. Si actúan así, su Padre que está en el cielo no les dará ninguna recompensa.

²»Por eso, cuando des a los necesitados, no lo anuncies al son de trompeta, como lo hacen los *hipócritas en las sinagogas y en las calles para que la gente les rinda homenaje. Les aseguro que ellos ya han recibido toda su recompensa. ³Más bien, cuando des a los necesitados, que no se entere tu mano izquierda de lo que hace la derecha, ⁴para que tu limosna sea en secreto. Así tu Padre, que ve lo que se hace en secreto, te recompensará.

La oración
6:9-13 — Lc 11:2-4

⁵»Cuando oren, no sean como los *hipócritas, porque a ellos les encanta orar de pie en las sinagogas y en las esquinas de las plazas para que la gente los vea. Les aseguro que ya han obtenido toda su recompensa. ⁶Pero tú, cuando te pongas a orar, entra en tu cuarto, cierra la puerta y ora a tu Padre, que está en lo secreto. Así tu Padre, que ve lo que se hace en secreto, te recompensará. ⁷Y al orar, no hablen sólo por hablar como hacen los *gentiles, porque ellos se imaginan que serán escuchados por sus muchas palabras. ⁸No sean como ellos, porque su Padre sabe lo que ustedes necesitan antes de que se lo pidan.

⁹»Ustedes deben orar así:

»"Padre nuestro que estás en el
    cielo,
  *santificado sea tu nombre,
¹⁰venga tu reino,
  hágase tu voluntad
    en la tierra como en el cielo.
¹¹Danos hoy nuestro pan cotidiano.*ᵈ*
¹²Perdónanos nuestras deudas,
    como también nosotros hemos
      perdonado a nuestros
        deudores.
¹³Y no nos dejes caer en *tentación,
    sino líbranos del maligno."*ᵉ*

¹⁴»Porque si perdonan a otros sus ofensas, también los perdonará a ustedes su

---

*ᵃ***5:38** Éx 21:24; Lv 24:20; Dt 19:21   *ᵇ***5:43** Lv 19:18   *ᶜ***5:44** *Amen ... persiguen.* Var. *Amen a sus enemigos, bendigan a quienes los maldicen, hagan bien a quienes los odian, y oren por quienes los ultrajan y los persiguen* (véase Lc 6:27,28).   *ᵈ***6:11** *nuestro pan cotidiano.* Alt. *el pan que necesitamos.*   *ᵉ***6:13** *del maligno.* Alt. *del mal.* Var. *del maligno, porque tuyos son el reino y el poder y la gloria para siempre. Amén.*

Padre celestial. **15**Pero si no perdonan a otros sus ofensas, tampoco su Padre les perdonará a ustedes las suyas.

El ayuno

16»Cuando ayunen, no pongan cara triste como hacen los *hipócritas, que demudan sus rostros para mostrar que están ayunando. Les aseguro que éstos ya han obtenido toda su recompensa. **17**Pero tú, cuando ayunes, perfúmate la cabeza y lávate la cara **18**para que no sea evidente ante los demás que estás ayunando, sino sólo ante tu Padre, que está en lo secreto; y tu Padre, que ve lo que se hace en secreto, te recompensará.

Tesoros en el cielo

6:22-23 — Lc 11:34-36

19»No acumulen para sí tesoros en la tierra, donde la polilla y el óxido destruyen, y donde los ladrones se meten a robar. **20**Más bien, acumulen para sí tesoros en el cielo, donde ni la polilla ni el óxido carcomen, ni los ladrones se meten a robar. **21**Porque donde esté tu tesoro, allí estará también tu corazón.

22»El ojo es la lámpara del cuerpo. Por tanto, si tu visión es clara, todo tu ser disfrutará de la luz. **23**Pero si tu visión está nublada, todo tu ser estará en oscuridad. Si la luz que hay en ti es oscuridad, ¡qué densa será esa oscuridad!

24»Nadie puede servir a dos señores, pues menospreciará a uno y amará al otro, o querrá mucho a uno y despreciará al otro. No se puede servir a la vez a Dios y a las riquezas.

De nada sirve preocuparse

6:25-33 — Lc 12:22-31

25»Por eso les digo: No se preocupen por su *vida, qué comerán o beberán; ni por su cuerpo, cómo se vestirán. ¿No tiene la vida más valor que la comida, y el cuerpo más que la ropa? **26**Fíjense en las aves del cielo: no siembran ni cosechan ni almacenan en graneros; sin embargo, el Padre celestial las alimenta. ¿No valen ustedes mucho más que ellas? **27**¿Quién de ustedes, por mucho que se preocupe, puede añadir una sola hora al curso de su vida?*ᶠ*

28»¿Y por qué se preocupan por la ropa? Observen cómo crecen los lirios del campo. No trabajan ni hilan; **29**sin embargo, les digo que ni siquiera Salomón, con todo su esplendor, se vestía como uno de ellos. **30**Si así viste Dios a la hierba que hoy está en el campo y mañana es arrojada al horno, ¿no hará mucho más por ustedes, gente de poca fe? **31**Así que no se preocupen diciendo: "¿Qué comeremos?" o "¿Qué beberemos?" o "¿Con qué nos vestiremos?" **32**Porque los *paganos andan tras todas estas cosas, y el Padre celestial sabe que ustedes las necesitan. **33**Más bien, busquen primeramente el reino de Dios y su justicia, y todas estas cosas les serán añadidas. **34**Por lo tanto, no se angustien por el mañana, el cual tendrá sus propios afanes. Cada día tiene ya sus problemas.

El juzgar a los demás

7:3-5 — Lc 6:41-42

7»No juzguen a nadie, para que nadie los juzgue a ustedes. **2**Porque tal como juzguen se les juzgará, y con la medida que midan a otros, se les medirá a ustedes.

3»¿Por qué te fijas en la astilla que tiene tu hermano en el ojo, y no le das importancia a la viga que está en el tuyo? **4**¿Cómo puedes decirle a tu hermano: "Déjame sacarte la astilla del ojo", cuando ahí tienes una viga en el tuyo? **5**¡*Hipócrita!, saca primero la viga de tu propio ojo, y entonces verás con claridad para sacar la astilla del ojo de tu hermano.

6»No den lo sagrado a los *perros, no sea que se vuelvan contra ustedes y los despedacen; ni echen sus perlas a los cerdos, no sea que las pisoteen.

Pidan, busquen, llamen

7:7-11 — Lc 11:9-13

7»Pidan, y se les dará; busquen, y encontrarán; llamen, y se les abrirá. **8**Porque todo el que pide, recibe; el que busca, encuentra; al que llama, se le abre.

ᶠ **6:27** *puede añadir ... su vida.* Alt. *puede aumentar su estatura siquiera medio metro?* (lit. *un *codo).

9»¿Quién de ustedes, si su hijo le pide pan, le da una piedra? 10¿O si le pide un pescado, le da una serpiente? 11Pues si ustedes, aun siendo malos, saben dar cosas buenas a sus hijos, ¡cuánto más su Padre que está en el cielo dará cosas buenas a los que le pidan! 12Así que en todo traten ustedes a los demás tal y como quieren que ellos los traten a ustedes. De hecho, esto es la ley y los profetas.

La puerta estrecha y la puerta ancha

13»Entren por la puerta estrecha. Porque es ancha la puerta y espacioso el camino que conduce a la destrucción, y muchos entran por ella. 14Pero estrecha es la puerta y angosto el camino que conduce a la vida, y son pocos los que la encuentran.

El árbol y sus frutos

15»Cuídense de los falsos profetas. Vienen a ustedes disfrazados de ovejas, pero por dentro son lobos feroces. 16Por sus frutos los conocerán. ¿Acaso se recogen uvas de los espinos, o higos de los cardos? 17Del mismo modo, todo árbol bueno da fruto bueno, pero el árbol malo da fruto malo. 18Un árbol bueno no puede dar fruto malo, y un árbol malo no puede dar fruto bueno. 19Todo árbol que no da buen fruto se corta y se arroja al fuego. 20Así que por sus frutos los conocerán.

21»No todo el que me dice: "Señor, Señor", entrará en el reino de los cielos, sino sólo el que hace la voluntad de mi Padre que está en el cielo. 22Muchos me dirán en aquel día: "Señor, Señor, ¿no profetizamos en tu nombre, y en tu nombre expulsamos demonios e hicimos muchos milagros?" 23Entonces les diré claramente: "Jamás los conocí. ¡Aléjense de mí, hacedores de maldad!"

El prudente y el insensato

7:24-27 — Lc 6:47-49

24»Por tanto, todo el que me oye estas palabras y las pone en práctica es como un hombre prudente que construyó su casa sobre la roca. 25Cayeron las lluvias, crecieron los ríos, y soplaron los vientos y azotaron aquella casa; con todo, la casa no se derrumbó porque estaba cimentada sobre la roca. 26Pero todo el que me oye estas palabras y no las pone en práctica es como un hombre insensato que construyó su casa sobre la arena. 27Cayeron las lluvias, crecieron los ríos, y soplaron los vientos y azotaron aquella casa, y ésta se derrumbó, y grande fue su ruina.»

28Cuando Jesús terminó de decir estas cosas, las multitudes se asombraron de su enseñanza, 29porque les enseñaba como quien tenía autoridad, y no como los *maestros de la ley.

Jesús sana a un leproso

8:2-4 — Mr 1:40-44; Lc 5:12-14

8 Cuando Jesús bajó de la ladera de la montaña, lo siguieron grandes multitudes. 2Un hombre que tenía *lepra se le acercó y se arrodilló delante de él.

—Señor, si quieres, puedes *limpiarme —le dijo.

3Jesús extendió la mano y tocó al hombre.

—Sí quiero —le dijo—. ¡Queda limpio! Y al instante quedó sanog de la lepra.

4—Mira, no se lo digas a nadie —le dijo Jesús—; sólo ve, preséntate al sacerdote, y lleva la ofrenda que ordenó Moisés, para que sirva de testimonio.

La fe del centurión

8:5-13 — Lc 7:1-10

5Al entrar Jesús en Capernaúm, se le acercó un centurión pidiendo ayuda.

6—Señor, mi siervo está postrado en casa con parálisis, y sufre terriblemente.

7—Iré a sanarlo —respondió Jesús.

8—Señor, no merezco que entres bajo mi techo. Pero basta con que digas una sola palabra, y mi siervo quedará sano. 9Porque yo mismo soy un hombre sujeto a órdenes superiores, y además tengo soldados bajo mi autoridad. Le digo a uno: "Ve", y va, y al otro: "Ven", y viene. Le digo a mi siervo: "Haz esto", y lo hace.

g 8:3 *sano.* Lit. *limpio.*

10Al oír esto, Jesús se asombró y dijo a quienes lo seguían:

—Les aseguro que no he encontrado en Israel a nadie que tenga tanta fe. **11**Les digo que muchos vendrán del oriente y del occidente, y participarán en el banquete con Abraham, Isaac y Jacob en el reino de los cielos. **12**Pero a los súbditos del reino se les echará afuera, a la oscuridad, donde habrá llanto y rechinar de dientes.

13Luego Jesús le dijo al centurión:

—¡Ve! Todo se hará tal como creíste.

Y en esa misma hora aquel siervo quedó sano.

Jesús sana a muchos enfermos

8:14-16 — Mr 1:29-34; Lc 4:38-41

14Cuando Jesús entró en casa de Pedro, vio a la suegra de éste en cama, con fiebre. **15**Le tocó la mano y la fiebre se le quitó; luego ella se levantó y comenzó a servirle. **16**Al atardecer, le llevaron muchos endemoniados, y con una sola palabra expulsó a los espíritus, y sanó a todos los enfermos. **17**Esto sucedió para que se cumpliera lo dicho por el profeta Isaías:

«Él cargó con nuestras
enfermedades
y soportó nuestros dolores.»[h]

Lo que cuesta seguir a Jesús

8:19-22 — Lc 9:57-60

18Cuando Jesús vio a la multitud que lo rodeaba, dio orden de pasar al otro lado del lago. **19**Se le acercó un *maestro de la ley y le dijo:

—Maestro, te seguiré a dondequiera que vayas.

20—Las zorras tienen madrigueras y las aves tienen nidos —le respondió Jesús—, pero el Hijo del hombre no tiene dónde recostar la cabeza.

21Otro discípulo le pidió:

—Señor, primero déjame ir a enterrar a mi padre.

22—Sígueme —le replicó Jesús—, y deja que los muertos entierren a sus muertos.

Jesús calma la tormenta

8:23-27 — Mr 4:36-41; Lc 8:22-25

23Luego subió a la barca y sus discípulos lo siguieron. **24**De repente, se levantó en el lago una tormenta tan fuerte que las olas inundaban la barca. Pero Jesús estaba dormido. **25**Los discípulos fueron a despertarlo.

—¡Señor —gritaron—, sálvanos, que nos vamos a ahogar!

26—Hombres de poca fe —les contestó—, ¿por qué tienen tanto miedo?

Entonces se levantó y reprendió a los vientos y a las olas, y todo quedó completamente tranquilo.

27Los discípulos no salían de su asombro, y decían: «¿Qué clase de hombre es éste, que hasta los vientos y las olas le obedecen?»

Liberación de dos endemoniados

8:28-34 — Mr 5:1-17; Lc 8:26-37

28Cuando Jesús llegó al otro lado, a la región de los gadarenos,[i] dos endemoniados le salieron al encuentro de entre los sepulcros. Eran tan violentos que nadie se atrevía a pasar por aquel camino. **29**De pronto le gritaron:

—¿Por qué te entrometes, Hijo de Dios? ¿Has venido aquí a atormentarnos antes del tiempo señalado?

30A cierta distancia de ellos estaba paciendo una gran manada de cerdos. **31**Los demonios le rogaron a Jesús:

—Si nos expulsas, mándanos a la manada de cerdos.

32—Vayan —les dijo.

Así que salieron de los hombres y entraron en los cerdos, y toda la manada se precipitó al lago por el despeñadero y murió en el agua. **33**Los que cuidaban los cerdos salieron corriendo al pueblo y dieron aviso de todo, incluso de lo que les había sucedido a los endemoniados. **34**Entonces todos los del pueblo fueron al encuentro de Jesús. Y cuando lo vieron, le suplicaron que se alejara de esa región.

[h]**8:17** Is 53:4 [i]**8:28** *gadarenos.* Var. *gergesenos*; otra var. *gerasenos.*

Jesús sana a un paralítico

9:2-8 — Mr 2:3-12; Lc 5:18-26

9 Subió Jesús a una barca, cruzó al otro lado y llegó a su propio pueblo. 2Unos hombres le llevaron un paralítico, acostado en una camilla. Al ver Jesús la fe de ellos, le dijo al paralítico:

—¡Ánimo, hijo; tus pecados quedan perdonados!

3Algunos de los *maestros de la ley murmuraron entre ellos: «¡Este hombre *blasfema!»

4Como Jesús conocía sus pensamientos, les dijo:

—¿Por qué dan lugar a tan malos pensamientos? 5¿Qué es más fácil, decir: "Tus pecados quedan perdonados", o decir: "Levántate y anda"? 6Pues para que sepan que el Hijo del hombre tiene autoridad en la tierra para perdonar pecados —se dirigió entonces al paralítico—: Levántate, toma tu camilla y vete a tu casa.

7Y el hombre se levantó y se fue a su casa. 8Al ver esto, la multitud se llenó de temor, y glorificó a Dios por haber dado tal autoridad a los *mortales.

Llamamiento de Mateo

9:9-13 — Mr 2:14-17; Lc 5:27-32

9Al irse de allí, Jesús vio a un hombre llamado Mateo, sentado a la mesa de recaudación de impuestos. «Sígueme», le dijo. Mateo se levantó y lo siguió.

10Mientras Jesús estaba comiendo en casa de Mateo, muchos *recaudadores de impuestos y *pecadores llegaron y comieron con él y sus discípulos. 11Cuando los fariseos vieron esto, les preguntaron a sus discípulos:

—¿Por qué come su maestro con recaudadores de impuestos y con pecadores?

12Al oír esto, Jesús les contestó:

—No son los sanos los que necesitan médico sino los enfermos. 13Pero vayan y aprendan lo que significa: "Lo que pido

de ustedes es misericordia y no sacrificios."*j* Porque no he venido a llamar a justos sino a pecadores.

Le preguntan a Jesús sobre el ayuno

9:14-17 — Mr 2:18-22; Lc 5:33-39

14Un día se le acercaron los discípulos de Juan y le preguntaron:

—¿Cómo es que nosotros y los fariseos ayunamos, pero no así tus discípulos?

Jesús les contestó:

15—¿Acaso pueden estar de luto los invitados del novio mientras él está con ellos? Llegará el día en que se les quitará el novio; entonces sí ayunarán. 16Nadie remienda un vestido viejo con un retazo de tela nueva, porque el remiendo fruncirá el vestido y la rotura se hará peor. 17Ni tampoco se echa vino nuevo en odres viejos. De hacerlo así, se reventarán los odres, se derramará el vino y los odres se arruinarán. Más bien, el vino nuevo se echa en odres nuevos, y así ambos se conservan.

Una niña muerta y una mujer enferma

9:18-26 — Mr 5:22-43; Lc 8:41-56

18Mientras él les decía esto, un dirigente judío llegó, se arrodilló delante de él y le dijo:

—Mi hija acaba de morir. Pero ven y pon tu mano sobre ella, y vivirá.

19Jesús se levantó y fue con él, acompañado de sus discípulos. 20En esto, una mujer que hacía doce años padecía de hemorragias se le acercó por detrás y le tocó el borde del manto. 21Pensaba: «Si al menos logro tocar su manto, quedaré *sana.» 22Jesús se dio vuelta, la vio y le dijo:

—¡Ánimo, hija! Tu fe te ha sanado.

Y la mujer quedó sana en aquel momento.

23Cuando Jesús entró en la casa del dirigente y vio a los flautistas y el alboroto de la gente, 24les dijo:

j **9:13** Os 6:6

—Váyanse. La niña no está muerta sino dormida.

Entonces empezaron a burlarse de él. 25Pero cuando se les hizo salir, entró él, tomó de la mano a la niña, y ésta se levantó. 26La noticia se divulgó por toda aquella región.

Jesús sana a los ciegos y a los mudos

27Al irse Jesús de allí, dos ciegos lo siguieron, gritándole:

—¡Ten compasión de nosotros, Hijo de David!

28Cuando entró en la casa, se le acercaron los ciegos, y él les preguntó:

—¿Creen que puedo sanarlos?

—Sí, Señor —le respondieron.

29Entonces les tocó los ojos y les dijo:

—Se hará con ustedes conforme a su fe.

30Y recobraron la vista. Jesús les advirtió con firmeza:

—Asegúrense de que nadie se entere de esto.

31Pero ellos salieron para divulgar por toda aquella región la noticia acerca de Jesús.

32Mientras ellos salían, le llevaron un mudo endemoniado. 33Así que Jesús expulsó al demonio, y el que había estado mudo habló. La multitud se maravillaba y decía: «Jamás se ha visto nada igual en Israel.»

34Pero los fariseos afirmaban: «Éste expulsa a los demonios por medio del príncipe de los demonios.»

Son pocos los obreros

35Jesús recorría todos los pueblos y aldeas enseñando en las sinagogas, anunciando las buenas *nuevas del reino, y sanando toda enfermedad y toda dolencia. 36Al ver a las multitudes, tuvo compasión de ellas, porque estaban agobiadas y desamparadas, como ovejas sin pastor. 37«La cosecha es abundante, pero son pocos los obreros —les dijo a sus discípulos—. 38Pídanle, por tanto, al Señor de la cosecha que envíe obreros a su campo.»

Jesús envía a los doce

10:2-4 — Mr 3:16-19; Lc 6:14-16; Hch 1:13
10:9-15 — Mr 6:8-11; Lc 9:3-5; 10:4-12
10:19-22 — Mr 13:11-13; Lc 21:12-17
10:26-33 — Lc 12:2-9
10:34-35 — Lc 12:51-53

10 Reunió a sus doce discípulos y les dio autoridad para expulsar a los *espíritus malignos y sanar toda enfermedad y toda dolencia.

2Éstos son los nombres de los doce apóstoles: primero Simón, llamado Pedro, y su hermano Andrés; *Jacobo y su hermano Juan, hijos de Zebedeo; 3Felipe y Bartolomé; Tomás y Mateo, el *recaudador de impuestos; Jacobo, hijo de Alfeo, y Tadeo; 4Simón el Zelote y Judas Iscariote, el que lo traicionó.

5Jesús envió a estos doce con las siguientes instrucciones: «No vayan entre los *gentiles ni entren en ningún pueblo de los samaritanos. 6Vayan más bien a las ovejas descarriadas del pueblo de Israel. 7Dondequiera que vayan, prediquen este mensaje: "El reino de los cielos está cerca." 8Sanen a los enfermos, resuciten a los muertos, *limpien de su enfermedad a los que tienen *lepra, expulsen a los demonios. Lo que ustedes recibieron gratis, denlo gratuitamente. 9No lleven oro ni plata ni cobre en el cinturón, 10ni bolsa para el camino, ni dos mudas de ropa, ni sandalias, ni bastón; porque el trabajador merece que se le dé su sustento.

11»En cualquier pueblo o aldea donde entren, busquen a alguien que merezca recibirlos, y quédense en su casa hasta que se vayan de ese lugar. 12Al entrar, digan: "Paz a esta casa."k 13Si el hogar se lo merece, que la paz de ustedes reine en él; y si no, que la paz se vaya con ustedes. 14Si alguno no los recibe bien ni escucha sus palabras, al salir de esa casa o de ese pueblo, sacúdanse el polvo de los pies. 15Les aseguro que en el día del juicio el castigo para Sodoma y Gomorra será más tole-

k 10:12 *Al entrar ... casa". Lit. Al entrar en la casa, salúdenla.*

rable que para ese pueblo. **16**Los envío como ovejas en medio de lobos. Por tanto, sean astutos como serpientes y sencillos como palomas.

17»Tengan cuidado con la gente; los entregarán a los tribunales y los azotarán en las sinagogas. **18**Por mi causa los llevarán ante gobernadores y reyes para dar testimonio a ellos y a los gentiles. **19**Pero cuando los arresten, no se preocupen por lo que van a decir o cómo van a decirlo. En ese momento se les dará lo que han de decir, **20**porque no serán ustedes los que hablen, sino que el Espíritu de su Padre hablará por medio de ustedes.

21»El hermano entregará a la muerte al hermano, y el padre al hijo. Los hijos se rebelarán contra sus padres y harán que los maten. **22**Por causa de mi nombre todo el mundo los odiará, pero el que se mantenga firme hasta el fin será salvo. **23**Cuando los persigan en una ciudad, huyan a otra. Les aseguro que no terminarán de recorrer las ciudades de Israel antes de que venga el Hijo del hombre.

24»El discípulo no es superior a su maestro, ni el *siervo superior a su amo. **25**Basta con que el discípulo sea como su maestro, y el siervo como su amo. Si al jefe de la casa lo han llamado *Beelzebú, ¡cuánto más a los de su familia!

26»Así que no les tengan miedo; porque no hay nada encubierto que no llegue a revelarse, ni nada escondido que no llegue a conocerse. **27**Lo que les digo en la oscuridad, díganlo ustedes a plena luz; lo que se les susurra al oído, proclámenlo desde las azoteas. **28**No teman a los que matan el cuerpo pero no pueden matar el alma.[l] Teman más bien al que puede destruir alma y cuerpo en el infierno.[m] **29**¿No se venden dos gorriones por una monedita?[n] Sin embargo, ni uno de ellos caerá a tierra sin que lo permita el Padre; **30**y él les tiene contados a ustedes aun los cabellos de la cabeza. **31**Así que no tengan miedo; ustedes valen más que muchos gorriones.

32»A cualquiera que me reconozca delante de los demás, yo también lo reconoceré delante de mi Padre que está en el cielo. **33**Pero a cualquiera que me desconozca delante de los demás, yo también lo desconoceré delante de mi Padre que está en el cielo.

34»No crean que he venido a traer paz a la tierra. No vine a traer paz sino espada. **35**Porque he venido a poner en conflicto

> "al hombre contra su padre,
> a la hija contra su madre,
> a la nuera contra su suegra;
> **36**los enemigos de cada cual
> serán los de su propia familia".[ñ]

37»El que quiere a su padre o a su madre más que a mí no es digno de mí; el que quiere a su hijo o a su hija más que a mí no es digno de mí; **38**y el que no toma su cruz y me sigue no es digno de mí. **39**El que encuentre su *vida, la perderá, y el que la pierda por mi causa, la encontrará.

40»Quien los recibe a ustedes, me recibe a mí; y quien me recibe a mí, recibe al que me envió. **41**Cualquiera que recibe a un profeta por tratarse de un profeta, recibirá recompensa de profeta; y el que recibe a un justo por tratarse de un justo, recibirá recompensa de justo. **42**Y quien dé siquiera un vaso de agua fresca a uno de estos pequeños por tratarse de uno de mis discípulos, les aseguro que no perderá su recompensa.»

Jesús y Juan el Bautista
11:2-19 — Lc 7:18-35

11 Cuando Jesús terminó de dar instrucciones a sus doce discípulos, se fue de allí a enseñar y a predicar en otros pueblos.

2Juan estaba en la cárcel, y al enterarse de lo que *Cristo estaba haciendo, envió a sus discípulos a que le preguntaran:

3—¿Eres tú el que ha de venir, o debemos esperar a otro?

---

[l]**10:28** *alma.* Este vocablo griego también puede significar *vida.*   [m]**10:28** *infierno.* Lit. *Gehenna.*   [n]**10:29** *una monedita.* Lit. *un *asarion.*   [ñ]**10:36** Mi 7:6

4Les respondió Jesús:

—Vayan y cuéntenle a Juan lo que están viendo y oyendo: 5Los ciegos ven, los cojos andan, los que tienen *lepra son sanados, los sordos oyen, los muertos resucitan y a los pobres se les anuncian las buenas *nuevas. 6*Dichoso el que no *tropieza por causa mía.

7Mientras se iban los discípulos de Juan, Jesús comenzó a hablarle a la multitud acerca de Juan: «¿Qué salieron a ver al desierto? ¿Una caña sacudida por el viento? 8Si no, ¿qué salieron a ver? ¿A un hombre vestido con ropa fina? Claro que no, pues los que usan ropa de lujo están en los palacios de los reyes. 9Entonces, ¿qué salieron a ver? ¿A un profeta? Sí, les digo, y más que profeta. 10Éste es de quien está escrito:

»"Yo estoy por enviar a mi
mensajero delante de ti,
el cual preparará tu camino."o

11Les aseguro que entre los mortales no se ha levantado nadie más grande que Juan el Bautista; sin embargo, el más pequeño en el reino de los cielos es más grande que él. 12Desde los días de Juan el Bautista hasta ahora, el reino de los cielos ha venido avanzando contra viento y marea, y los que se esfuerzan logran aferrarse a él.p 13Porque todos los profetas y la ley profetizaron hasta Juan. 14Y si quieren aceptar mi palabra, Juan es el Elías que había de venir. 15El que tenga oídos, que oiga.

16»¿Con qué puedo comparar a esta generación? Se parece a los niños sentados en la plaza que gritan a los demás:

17»"Tocamos la flauta,
y ustedes no bailaron;
Cantamos por los muertos,
y ustedes no lloraron."

18»Porque vino Juan, que no comía ni bebía, y ellos dicen: "Tiene un demonio." 19Vino el Hijo del hombre, que come y bebe, y dicen: "Éste es un glotón y un borracho, amigo de *recaudadores de impuestos y de *pecadores." Pero la sabiduría queda demostrada por sus hechos.»

Ayes sobre ciudades no arrepentidas
11:21-23 – Lc 10:13-15

20Entonces comenzó Jesús a denunciar a las ciudades en que había hecho la mayor parte de sus milagros, porque no se habían *arrepentido. 21«¡Ay de ti, Corazín! ¡Ay de ti, Betsaida! Si se hubieran hecho en Tiro y en Sidón los milagros que se hicieron en medio de ustedes, ya hace tiempo que se habrían arrepentido con muchos lamentos.q 22Pero les digo que en el día del juicio será más tolerable el castigo para Tiro y Sidón que para ustedes. 23Y tú, Capernaúm, ¿acaso serás levantada hasta el cielo? No, sino que descenderás hasta el *abismo. Si los milagros que se hicieron en ti se hubieran hecho en Sodoma, ésta habría permanecido hasta el día de hoy. 24Pero ter digo que en el día del juicio será más tolerable el castigo para Sodoma que para ti.»

Descanso para los cansados
11:25-27 – Lc 10:21-22

25En aquel tiempo Jesús dijo: «Te alabo, Padre, Señor del cielo y de la tierra, porque habiendo escondido estas cosas de los sabios e instruidos, se las has revelado a los que son como niños. 26Sí, Padre, porque esa fue tu buena voluntad.

27»Mi Padre me ha entregado todas las cosas. Nadie conoce al Hijo sino el Padre, y nadie conoce al Padre sino el Hijo y aquel a quien el Hijo quiera revelarlo.

28»Vengan a mí todos ustedes que están cansados y agobiados, y yo les daré descanso. 29Carguen con mi yugo y aprendan de mí, pues yo soy apacible y humilde de corazón, y encontrarán descanso para su alma. 30Porque mi yugo es suave y mi carga es liviana.»

---

o11:10 Mal 3:1 p11:12 ha venido ... aferrarse a él. Alt. sufre violencia y los violentos quieren arrebatarlo.
q11:21 con muchos lamentos. Lit. en saco y ceniza. r11:24 te. Lit. les.

Señor del sábado
12:1-8 — Mr 2:23-28; Lc 6:1-5
12:9-14 — Mr 3:1-6; Lc 6:6-11

12 Por aquel tiempo pasaba Jesús por los sembrados en *sábado. Sus discípulos tenían hambre, así que comenzaron a arrancar algunas espigas de trigo y comérselas. 2Al ver esto, los fariseos le dijeron:

—¡Mira! Tus discípulos están haciendo lo que está prohibido en sábado.

3Él les contestó:

—¿No han leído lo que hizo David en aquella ocasión en que él y sus compañeros tuvieron hambre? 4Entró en la casa de Dios, y él y sus compañeros comieron los panes consagrados a Dios, lo que no se les permitía a ellos sino sólo a los sacerdotes. 5¿O no han leído en la ley que los sacerdotes en el *templo profanan el sábado sin incurrir en culpa? 6Pues yo les digo que aquí está uno más grande que el templo. 7Si ustedes supieran lo que significa: "Lo que pido de ustedes es misericordia y no sacrificios",s no condenarían a los que no son culpables. 8Sepan que el Hijo del hombre es Señor del sábado.

9Pasando de allí, entró en la sinagoga, 10donde había un hombre que tenía una mano paralizada. Como buscaban un motivo para acusar a Jesús, le preguntaron:

—¿Está permitido sanar en sábado?

11Él les contestó:

—Si alguno de ustedes tiene una oveja y en sábado se le cae en un hoyo, ¿no la agarra y la saca? 12¡Cuánto más vale un hombre que una oveja! Por lo tanto, está permitido hacer el bien en sábado.

13Entonces le dijo al hombre:

—Extiende la mano.

Así que la extendió y le quedó restablecida, tan sana como la otra. 14Pero los fariseos salieron y tramaban cómo matar a Jesús.

El siervo escogido por Dios
15Consciente de esto, Jesús se retiró de aquel lugar. Muchos lo siguieron, y él sanó a todos los enfermos, 16pero les ordenó que no dijeran quién era él. 17Esto fue para que se cumpliera lo dicho por el profeta Isaías:

18«Éste es mi siervo, a quien he
      escogido,
   mi amado, en quien estoy muy
      complacido;
   sobre él pondré mi Espíritu,
   y proclamará justicia a las
      *naciones.
19No disputará ni gritará;
   nadie oirá su voz en las calles.
20No acabará de romper la caña
      quebrada
   ni apagará la mecha que apenas
      arde,
   hasta que haga triunfar la justicia.
21   Y en su nombre pondrán las
      naciones su esperanza.»t

Jesús y Beelzebú
12:25-29 — Mr 3:23-27; Lc 11:17-22

22Un día le llevaron un endemoniado que estaba ciego y mudo, y Jesús lo sanó, de modo que pudo ver y hablar. 23Toda la gente se quedó asombrada y decía: «¿No será éste el Hijo de David?»

24Pero al oírlo los fariseos, dijeron: «Éste no expulsa a los demonios sino por medio de *Beelzebú, príncipe de los demonios.»

25Jesús conocía sus pensamientos, y les dijo: «Todo reino dividido contra sí mismo quedará asolado, y toda ciudad o familia dividida contra sí misma no se mantendrá en pie. 26Si Satanás expulsa a Satanás, está dividido contra sí mismo. ¿Cómo puede, entonces, mantenerse en pie su reino? 27Ahora bien, si yo expulso a los demonios por medio de Beelzebú, ¿los seguidores de ustedes por medio de quién los expulsan? Por eso ellos mismos los juzgarán a ustedes. 28En cambio, si expulso a los demonios por medio del Espíritu de Dios, eso significa que el reino de Dios ha llegado a ustedes.

29»¿O cómo puede entrar alguien en la casa de un hombre fuerte y arrebatarle sus

---

s12:7 Os 6:6   t12:21 Is 42:1-4

bienes, a menos que primero lo ate? Sólo entonces podrá robar su casa.

30»El que no está de mi parte, está contra mí; y el que conmigo no recoge, esparce. 31Por eso les digo que a todos se les podrá perdonar todo pecado y toda *blasfemia, pero la blasfemia contra el Espíritu no se le perdonará a nadie. 32A cualquiera que pronuncie alguna palabra contra el Hijo del hombre se le perdonará, pero el que hable contra el Espíritu Santo no tendrá perdón ni en este mundo ni en el venidero.

33»Si tienen un buen árbol, su fruto es bueno; si tienen un mal árbol, su fruto es malo. Al árbol se le reconoce por su fruto. 34Camada de víboras, ¿cómo pueden ustedes que son malos decir algo bueno? De la abundancia del corazón habla la boca. 35El que es bueno, de la bondad que atesora en el corazón saca el bien, pero el que es malo, de su maldad saca el mal. 36Pero yo les digo que en el día del juicio todos tendrán que dar cuenta de toda palabra ociosa que hayan pronunciado. 37Porque por tus palabras se te absolverá, y por tus palabras se te condenará.»

La señal de Jonás
12:39-42 — Lc 11:29-32
12:43-45 — Lc 11:24-26

38Algunos de los fariseos y de los *maestros de la ley le dijeron:

—Maestro, queremos ver alguna señal milagrosa de parte tuya.

39Jesús les contestó:

—¡Esta generación malvada y adúltera pide una señal milagrosa! Pero no se le dará más señal que la del profeta Jonás. 40Porque así como tres días y tres noches estuvo Jonás en el vientre de un gran pez, también tres días y tres noches estará el Hijo del hombre en las entrañas de la tierra. 41Los habitantes de Nínive se levantarán en el juicio contra esta generación y la condenarán; porque ellos se *arrepintieron al escuchar la predicación de Jonás, y aquí tienen ustedes a uno más grande que Jonás. 42La reina del Sur se levantará en el día del juicio y condenará

a esta generación; porque ella vino desde los confines de la tierra para escuchar la sabiduría de Salomón, y aquí tienen ustedes a uno más grande que Salomón.

43»Cuando un *espíritu maligno sale de una persona, va por lugares áridos, buscando descanso sin encontrarlo. 44Entonces dice: "Volveré a la casa de donde salí." Cuando llega, la encuentra desocupada, barrida y arreglada. 45Luego va y trae a otros siete espíritus más malvados que él, y entran a vivir allí. Así que el estado postrero de aquella persona resulta peor que el primero. Así le pasará también a esta generación malvada.

La madre y los hermanos de Jesús
12:46-50 — Mr 3:31-35; Lc 8:19-21

46Mientras Jesús le hablaba a la multitud, se presentaron su madre y sus hermanos. Se quedaron afuera, y deseaban hablar con él. 47Alguien le dijo:

—Tu madre y tus hermanos están afuera y quieren hablar contigo.ᵘ

48—¿Quién es mi madre, y quiénes son mis hermanos? —replicó Jesús.

49Señalando a sus discípulos, añadió:

—Aquí tienen a mi madre y a mis hermanos. 50Pues mi hermano, mi hermana y mi madre son los que hacen la voluntad de mi Padre que está en el cielo.

Parábola del sembrador
13:1-15 — Mr 4:1-12; Lc 8:4-10
13:16-17 — Lc 10:23-24
13:18-23 — Mr 4:13-20; Lc 8:11-15

13 Ese mismo día salió Jesús de la casa y se sentó junto al lago. 2Era tal la multitud que se reunió para verlo que él tuvo que subir a una barca donde se sentó mientras toda la gente estaba de pie en la orilla. 3Y les dijo en parábolas muchas cosas como éstas: «Un sembrador salió a sembrar. 4Mientras iba esparciendo la semilla, una parte cayó junto al camino, y llegaron los pájaros y se la comieron. 5Otra parte cayó en terreno pedregoso, sin mucha tierra. Esa semilla brotó pronto porque la tierra no era profunda; 6pero cuando salió el sol, las plantas se marchi-

---

ᵘ12:47 Var. no incluye v. 47.

taron y, por no tener raíz, se secaron. **7**Otra parte de la semilla cayó entre espinos que, al crecer, la ahogaron. **8**Pero las otras semillas cayeron en buen terreno, en el que se dio una cosecha que rindió treinta, sesenta y hasta cien veces más de lo que se había sembrado. **9**El que tenga oídos, que oiga.»

10Los discípulos se acercaron y le preguntaron:

—¿Por qué le hablas a la gente en parábolas?

11—A ustedes se les ha concedido conocer los *secretos del reino de los cielos; pero a ellos no. **12**Al que tiene, se le dará más, y tendrá en abundancia. Al que no tiene, hasta lo poco que tiene se le quitará. **13**Por eso les hablo a ellos en parábolas:

»Aunque miran, no ven;
　　aunque oyen, no escuchan ni
　　　entienden.

14En ellos se cumple la profecía de Isaías:

»"Por mucho que oigan, no
　　entenderán;
　por mucho que vean, no
　　percibirán.
15Porque el corazón de este pueblo
　　se ha vuelto insensible;
　se les han embotado los oídos,
　y se les han cerrado los ojos.
De lo contrario, verían con los ojos,
　oirían con los oídos,
　entenderían con el corazón
　y se convertirían, y yo los
　　sanaría."*v*

16Pero *dichosos los ojos de ustedes porque ven, y sus oídos porque oyen. **17**Porque les aseguro que muchos profetas y otros justos anhelaron ver lo que ustedes ven, pero no lo vieron; y oír lo que ustedes oyen, pero no lo oyeron.

18»Escuchen lo que significa la parábola del sembrador: **19**Cuando alguien oye la palabra acerca del reino y no la entiende, viene el maligno y arrebata lo que se sembró en su corazón. Ésta es la semilla sembrada junto al camino. **20**El que recibió la semilla que cayó en terreno pedregoso es el que oye la palabra e inmediatamente la recibe con alegría; **21**pero como no tiene raíz, dura poco tiempo. Cuando surgen problemas o persecución a causa de la palabra, en seguida se aparta de ella. **22**El que recibió la semilla que cayó entre espinos es el que oye la palabra, pero las preocupaciones de esta vida y el engaño de las riquezas la ahogan, de modo que ésta no llega a dar fruto. **23**Pero el que recibió la semilla que cayó en buen terreno es el que oye la palabra y la entiende. Éste sí produce una cosecha al treinta, al sesenta y hasta al ciento por uno.

Parábola de la mala hierba

24Jesús les contó otra parábola: «El reino de los cielos es como un hombre que sembró buena semilla en su campo. **25**Pero mientras todos dormían, llegó su enemigo y sembró mala hierba entre el trigo, y se fue. **26**Cuando brotó el trigo y se formó la espiga, apareció también la mala hierba. **27**Los siervos fueron al dueño y le dijeron: "Señor, ¿no sembró usted semilla buena en su campo? Entonces, ¿de dónde salió la mala hierba?" **28**"Esto es obra de un enemigo", les respondió. Le preguntaron los siervos: "¿Quiere usted que vayamos a arrancarla?" **29**"¡No! —les contestó—, no sea que, al arrancar la mala hierba, arranquen con ella el trigo. **30**Dejen que crezcan juntos hasta la cosecha. Entonces les diré a los segadores: Recojan primero la mala hierba, y átenla en manojos para quemarla; después recojan el trigo y guárdenlo en mi granero."»

Parábolas del grano de mostaza y de la levadura

13:31-32 — Mr 4:30-32
13:31-33 — Lc 13:18-21

31Les contó otra parábola: «El reino de los cielos es como un grano de mostaza que un hombre sembró en su campo. **32**Aunque es la más pequeña de todas las semillas, cuando crece es la más grande de las hortalizas y se convierte en árbol, de modo que vienen las aves y anidan en sus ramas.»

33Les contó otra parábola más: «El reino de los cielos es como la levadura que una mujer tomó y mezcló en una gran cantidad[w] de harina, hasta que fermentó toda la masa.»

34Jesús le dijo a la multitud todas estas cosas en parábolas. Sin emplear parábolas no les decía nada. 35Así se cumplió lo dicho por el profeta:

«Hablaré por medio de parábolas;
revelaré cosas que han estado
    ocultas desde la creación del
mundo.»[x]

Explicación de la parábola de la mala hierba

36Una vez que se despidió de la multitud, entró en la casa. Se le acercaron sus discípulos y le pidieron:

—Explícanos la parábola de la mala hierba del campo.

37—El que sembró la buena semilla es el Hijo del hombre —les respondió Jesús—. 38El campo es el mundo, y la buena semilla representa a los hijos del reino. La mala hierba son los hijos del maligno, 39y el enemigo que la siembra es el diablo. La cosecha es el fin del mundo, y los segadores son los ángeles.

40»Así como se recoge la mala hierba y se quema en el fuego, ocurrirá también al fin del mundo. 41El Hijo del hombre enviará a sus ángeles, y arrancarán de su reino a todos los que *pecan y hacen pecar. 42Los arrojarán al horno encendido, donde habrá llanto y rechinar de dientes. 43Entonces los justos brillarán en el reino de su Padre como el sol. El que tenga oídos, que oiga.

Parábolas del tesoro escondido y de la perla

44»El reino de los cielos es como un tesoro escondido en un campo. Cuando un hombre lo descubrió, lo volvió a esconder, y lleno de alegría fue y vendió todo lo que tenía y compró ese campo.

45»También se parece el reino de los cielos a un comerciante que andaba buscando perlas finas. 46Cuando encontró una de gran valor, fue y vendió todo lo que tenía y la compró.

Parábola de la red

47»También se parece el reino de los cielos a una red echada al lago, que recoge peces de toda clase. 48Cuando se llena, los pescadores la sacan a la orilla, se sientan y recogen en canastas los peces buenos, y desechan los malos. 49Así será al fin del mundo. Vendrán los ángeles y apartarán de los justos a los malvados, 50y los arrojarán al horno encendido, donde habrá llanto y rechinar de dientes.

51—¿Han entendido todo esto? —les preguntó Jesús.

—Sí —respondieron ellos.

Entonces concluyó Jesús:

52—Todo *maestro de la ley que ha sido instruido acerca del reino de los cielos es como el dueño de una casa, que de lo que tiene guardado saca tesoros nuevos y viejos.

Un profeta sin honra
13:54-58 — Mr 6:1-6

53Cuando Jesús terminó de contar estas parábolas, se fue de allí. 54Al llegar a su tierra, comenzó a enseñar a la gente en la sinagoga.

—¿De dónde sacó éste tal sabiduría y tales poderes milagrosos? —decían maravillados—. 55¿No es acaso el hijo del carpintero? ¿No se llama su madre María; y no son sus hermanos *Jacobo, José, Simón y Judas? 56¿No están con nosotros todas sus hermanas? ¿Así que de dónde sacó todas estas cosas?

57Y se *escandalizaban a causa de él. Pero Jesús les dijo:

—En todas partes se honra a un profeta, menos en su tierra y en su propia casa.

58Y por la incredulidad de ellos, no hizo allí muchos milagros.

---

[w]13:33 *una gran cantidad*. Lit. *tres satas* (probablemente unos 22 litros).   [x]13:35 Sal 78:2

Decapitación de Juan el Bautista
14:1-12 — Mr 6:14-29

14 En aquel tiempo Herodes el tetrarca se enteró de lo que decían de Jesús, ²y comentó a sus sirvientes: «¡Ése es Juan el Bautista; ha *resucitado! Por eso tiene poder para realizar milagros.»

³En efecto, Herodes había arrestado a Juan. Lo había encadenado y metido en la cárcel por causa de Herodías, esposa de su hermano Felipe. ⁴Es que Juan había estado diciéndole: «La ley te prohíbe tenerla por esposa.» ⁵Herodes quería matarlo, pero le tenía miedo a la gente, porque consideraban a Juan como un profeta.

⁶En el cumpleaños de Herodes, la hija de Herodías bailó delante de todos; y tanto le agradó a Herodes ⁷que le prometió bajo juramento darle cualquier cosa que pidiera. ⁸Instigada por su madre, le pidió: «Dame en una bandeja la cabeza de Juan el Bautista.»

⁹El rey se entristeció, pero a causa de sus juramentos y en atención a los invitados, ordenó que se le concediera la petición, ¹⁰y mandó decapitar a Juan en la cárcel. ¹¹Llevaron la cabeza en una bandeja y se la dieron a la muchacha, quien se la entregó a su madre. ¹²Luego llegaron los discípulos de Juan, recogieron el cuerpo y le dieron sepultura. Después fueron y avisaron a Jesús.

Jesús alimenta a los cinco mil
14:13-21 — Mr 6:32-44; Lc 9:10-17; Jn 6:1-13

¹³Cuando Jesús recibió la noticia, se retiró él solo en una barca a un lugar solitario. Las multitudes se enteraron y lo siguieron a pie desde los poblados. ¹⁴Cuando Jesús desembarcó y vio a tanta gente, tuvo compasión de ellos y sanó a los que estaban enfermos.

¹⁵Al atardecer se le acercaron sus discípulos y le dijeron:

—Éste es un lugar apartado y ya se hace tarde. Despide a la gente, para que vayan a los pueblos y se compren algo de comer.

¹⁶—No tienen que irse —contestó Jesús—. Denles ustedes mismos de comer.

¹⁷Ellos objetaron:

—No tenemos aquí más que cinco panes y dos pescados.

¹⁸—Tráiganmelos acá —les dijo Jesús. ¹⁹Y mandó a la gente que se sentara sobre la hierba. Tomó los cinco panes y los dos pescados y, mirando al cielo, los bendijo. Luego partió los panes y se los dio a los discípulos, quienes los repartieron a la gente. ²⁰Todos comieron hasta quedar satisfechos, y los discípulos recogieron doce canastas llenas de pedazos que sobraron. ²¹Los que comieron fueron unos cinco mil hombres, sin contar a las mujeres y a los niños.

Jesús camina sobre el agua
14:22-33 — Mr 6:45-51; Jn 6:15-21
14:34-36 — Mr 6:53-56

²²En seguida Jesús hizo que los discípulos subieran a la barca y se le adelantaran al otro lado mientras él despedía a la multitud. ²³Después de despedir a la gente, subió a la montaña para orar a solas. Al anochecer, estaba allí él solo, ²⁴y la barca ya estaba bastante lejos[y] de la tierra, zarandeada por las olas, porque el viento le era contrario.

²⁵En la madrugada,[z] Jesús se acercó a ellos caminando sobre el lago. ²⁶Cuando los discípulos lo vieron caminando sobre el agua, quedaron aterrados.

—¡Es un fantasma! —gritaron de miedo.

²⁷Pero Jesús les dijo en seguida:

—¡Cálmense! Soy yo. No tengan miedo.

²⁸—Señor, si eres tú —respondió Pedro—, mándame que vaya a ti sobre el agua.

²⁹—Ven —dijo Jesús.

Pedro bajó de la barca y caminó sobre el agua en dirección a Jesús. ³⁰Pero al sentir el viento fuerte, tuvo miedo y comenzó a hundirse. Entonces gritó:

—¡Señor, sálvame!

---

[y] **14:24** *bastante lejos.* Lit. *a muchos* *estadios.   [z] **14:25** *la madrugada.* Lit. *la cuarta vigilia de la noche.*

31En seguida Jesús le tendió la mano y, sujetándolo, lo reprendió:

—¡Hombre de poca fe! ¿Por qué dudaste?

32Cuando subieron a la barca, se calmó el viento. **33**Y los que estaban en la barca lo adoraron diciendo:

—Verdaderamente tú eres el Hijo de Dios.

34Después de cruzar el lago, desembarcaron en Genesaret. **35**Los habitantes de aquel lugar reconocieron a Jesús y divulgaron la noticia por todos los alrededores. Le llevaban todos los enfermos, **36**suplicándole que les permitiera tocar siquiera el borde de su manto, y quienes lo tocaban quedaban sanos.

Lo limpio y lo impuro

15:1-20 — Mr 7:1-23

15 Se acercaron a Jesús algunos fariseos y *maestros de la ley que habían llegado de Jerusalén, y le preguntaron:

2—¿Por qué quebrantan tus discípulos la tradición de los *ancianos? ¡Comen sin cumplir primero el rito de lavarse las manos!

3Jesús les contestó:

—¿Y por qué ustedes quebrantan el mandamiento de Dios a causa de la tradición? **4**Dios dijo: "Honra a tu padre y a tu madre",*a* y también: "El que maldiga a su padre o a su madre será condenado a muerte."*b* **5**Ustedes, en cambio, enseñan que un hijo puede decir a su padre o a su madre: "Cualquier ayuda que pudiera darte ya la he dedicado como ofrenda a Dios." **6**En ese caso, el tal hijo no tiene que honrar a su padre.*c* Así por causa de la tradición anulan ustedes la palabra de Dios. **7**¡*Hipócritas! Tenía razón Isaías cuando profetizó de ustedes:

8»"Este pueblo me honra con los labios,
    pero su corazón está lejos de mí.
9En vano me adoran;

sus enseñanzas no son más que
    reglas *humanas."*d*

10Jesús llamó a la multitud y dijo:

—Escuchen y entiendan. **11**Lo que *contamina a una persona no es lo que entra en la boca sino lo que sale de ella.

12Entonces se le acercaron los discípulos y le dijeron:

—¿Sabes que los fariseos se *escandalizaron al oír eso?

13—Toda planta que mi Padre celestial no haya plantado será arrancada de raíz —les respondió—. **14**Déjenlos; son guías ciegos.*e* Y si un ciego guía a otro ciego, ambos caerán en un hoyo.

15—Explícanos la comparación —le pidió Pedro.

16—¿También ustedes son todavía tan torpes? —les dijo Jesús—. **17**¿No se dan cuenta de que todo lo que entra en la boca va al estómago y después se echa en la letrina? **18**Pero lo que sale de la boca viene del corazón y contamina a la persona. **19**Porque del corazón salen los malos pensamientos, los homicidios, los adulterios, la inmoralidad sexual, los robos, los falsos testimonios y las calumnias. **20**Éstas son las cosas que contaminan a la persona, y no el comer sin lavarse las manos.

La fe de la mujer cananea

15:21-28 — Mr 7:24-30

21Partiendo de allí, Jesús se retiró a la región de Tiro y Sidón. **22**Una mujer cananea de las inmediaciones salió a su encuentro, gritando:

—¡Señor, Hijo de David, ten compasión de mí! Mi hija sufre terriblemente por estar endemoniada.

23Jesús no le respondió palabra. Así que sus discípulos se acercaron a él y le rogaron:

—Despídela, porque viene detrás de nosotros gritando.

24—No fui enviado sino a las ovejas perdidas del pueblo de Israel —contestó Jesús.

---

*a***15:4** Éx 20:12; Dt 5:16   *b***15:4** Éx 21:17; Lv 20:9   *c***15:6** *padre.* Var. *padre ni a su madre.*
*d***15:9** Is 29:13   *e***15:14** *guías ciegos.* Var. *ciegos guías de ciegos.*

25La mujer se acercó y, arrodillándose delante de él, le suplicó:

—¡Señor, ayúdame!

26Él le respondió:

—No está bien quitarles el pan a los hijos y echárselo a los *perros.

27—Sí, Señor; pero hasta los perros comen las migajas que caen de la mesa de sus amos.

28—¡Mujer, qué grande es tu fe! —contestó Jesús—. Que se cumpla lo que quieres.

Y desde ese mismo momento quedó sana su hija.

Jesús alimenta a los cuatro mil
15:29-31 — Mr 7:31-37
15:32-39 — Mr 8:1-10

29Salió Jesús de allí y llegó a orillas del mar de Galilea. Luego subió a la montaña y se sentó. **30**Se le acercaron grandes multitudes que llevaban cojos, ciegos, lisiados, mudos y muchos enfermos más, y los pusieron a sus pies; y él los sanó. **31**La gente se asombraba al ver a los mudos hablar, a los lisiados recobrar la salud, a los cojos andar y a los ciegos ver. Y alababan al Dios de Israel.

32Jesús llamó a sus discípulos y les dijo:

—Siento compasión de esta gente porque ya llevan tres días conmigo y no tienen nada que comer. No quiero despedirlos sin comer, no sea que se desmayen por el camino.

33Los discípulos objetaron:

—¿Dónde podríamos conseguir en este lugar despoblado suficiente pan para dar de comer a toda esta multitud?

34—¿Cuántos panes tienen? —les preguntó Jesús.

—Siete, y unos pocos pescaditos.

35Luego mandó que la gente se sentara en el suelo. **36**Tomando los siete panes y los pescados, dio gracias, los partió y se los fue dando a los discípulos. Éstos, a su vez, los distribuyeron a la gente. **37**Todos comieron hasta quedar satisfechos. Después los discípulos reco-

gieron siete cestas llenas de pedazos que sobraron. **38**Los que comieron eran cuatro mil hombres, sin contar a las mujeres y a los niños. **39**Después de despedir a la gente, subió Jesús a la barca y se fue a la región de Magadán.*f*

Le piden a Jesús una señal
16:1-12 — Mr 8:11-21

16 Los fariseos y los saduceos se acercaron a Jesús y, para ponerlo a prueba, le pidieron que les mostrara una señal del cielo.

2Él les contestó:*g* «Al atardecer, ustedes dicen que hará buen tiempo porque el cielo está rojizo, **3**y por la mañana, que habrá tempestad porque el cielo está nublado y amenazante.*h* Ustedes saben discernir el aspecto del cielo, pero no las señales de los tiempos. **4**Esta generación malvada y adúltera busca una señal milagrosa, pero no se le dará más señal que la de Jonás.» Entonces Jesús los dejó y se fue.

La levadura de los fariseos y de los saduceos

5Cruzaron el lago, pero a los discípulos se les había olvidado llevar pan.

6—Tengan cuidado —les advirtió Jesús—; eviten la levadura de los fariseos y de los saduceos.

7Ellos comentaban entre sí: «Lo dice porque no trajimos pan.» **8**Al darse cuenta de esto, Jesús les recriminó:

—Hombres de poca fe, ¿por qué están hablando de que no tienen pan? **9**¿Todavía no entienden? ¿No recuerdan los cinco panes para los cinco mil, y el número de canastas que recogieron? **10**¿Ni los siete panes para los cuatro mil, y el número de cestas que recogieron? **11**¿Cómo es que no entienden que no hablaba yo del pan sino de tener cuidado de la levadura de fariseos y saduceos?

12Entonces comprendieron que no les decía que se cuidaran de la levadura del pan sino de la enseñanza de los fariseos y de los saduceos.

---

*f***15:39** *Magadán.* Var. *Magdala.* *g***16:2** Var. no incluye el resto del v. 2 y todo el v. 3. *h***16:3** *amenazante.* Lit. *rojizo.*

La confesión de Pedro

16:13-16 — Mr 8:27-29; Lc 9:18-20

13 Cuando llegó a la región de Cesarea de Filipo, Jesús preguntó a sus discípulos:

—¿Quién dice la gente que es el Hijo del hombre?

Le respondieron:

14 —Unos dicen que es Juan el Bautista, otros que Elías, y otros que Jeremías o uno de los profetas.

15 —Y ustedes, ¿quién dicen que soy yo?

16 —Tú eres el *Cristo, el Hijo del Dios viviente —afirmó Simón Pedro.

17 —*Dichoso tú, Simón, hijo de Jonás —le dijo Jesús—, porque eso no te lo reveló ningún mortal,[i] sino mi Padre que está en el cielo. 18 Yo te digo que tú eres Pedro,[j] y sobre esta piedra edificaré mi iglesia, y las puertas del reino de la muerte[k] no prevalecerán contra ella. 19 Te daré las llaves del reino de los cielos; todo lo que ates en la tierra quedará atado en el cielo, y todo lo que desates en la tierra quedará desatado en el cielo.

20 Luego les ordenó a sus discípulos que no dijeran a nadie que él era el Cristo.

Jesús predice su muerte

16:21-28 — Mr 8:31–9:1; Lc 9:22-27

21 Desde entonces comenzó Jesús a advertir a sus discípulos que tenía que ir a Jerusalén y sufrir muchas cosas a manos de los *ancianos, de los jefes de los sacerdotes y de los *maestros de la ley, y que era necesario que lo mataran y que al tercer día resucitara. 22 Pedro lo llevó aparte y comenzó a reprenderlo:

—¡De ninguna manera, Señor! ¡Esto no te sucederá jamás!

23 Jesús se volvió y le dijo a Pedro:

—¡Aléjate de mí, Satanás! Quieres hacerme *tropezar; no piensas en las cosas de Dios sino en las de los hombres.

24 Luego dijo Jesús a sus discípulos:

—Si alguien quiere ser mi discípulo, tiene que negarse a sí mismo, tomar su cruz y seguirme. 25 Porque el que quiera salvar su *vida, la perderá; pero el que pierda su vida por mi causa, la encontrará. 26 ¿De qué sirve ganar el mundo entero si se pierde la vida? ¿O qué se puede dar a cambio de la vida? 27 Porque el Hijo del hombre ha de venir en la gloria de su Padre con sus ángeles, y entonces recompensará a cada persona según lo que haya hecho. 28 Les aseguro que algunos de los aquí presentes no sufrirán la muerte sin antes haber visto al Hijo del hombre llegar en su reino.

La transfiguración

17:1-8 — Lc 9:28-36
17:1-13 — Mr 9:2-13

17 Seis días después, Jesús tomó consigo a Pedro, a *Jacobo y a Juan, el hermano de Jacobo, y los llevó aparte, a una montaña alta. 2 Allí se transfiguró en presencia de ellos; su rostro resplandeció como el sol, y su ropa se volvió blanca como la luz. 3 En esto, se les aparecieron Moisés y Elías conversando con Jesús. 4 Pedro le dijo a Jesús:

—Señor, ¡qué bien que estemos aquí! Si quieres, levantaré tres albergues: uno para ti, otro para Moisés y otro para Elías.

5 Mientras estaba aún hablando, apareció una nube luminosa que los envolvió, de la cual salió una voz que dijo: «Éste es mi Hijo amado; estoy muy complacido con él. ¡Escúchenlo!»

6 Al oír esto, los discípulos se postraron sobre su rostro, aterrorizados. 7 Pero Jesús se acercó a ellos y los tocó.

—Levántense —les dijo—. No tengan miedo.

8 Cuando alzaron la vista, no vieron a nadie más que a Jesús.

9 Mientras bajaban de la montaña, Jesús les encargó:

—No le cuenten a nadie lo que han visto hasta que el Hijo del hombre *resucite.

10 Entonces los discípulos le preguntaron a Jesús:

—¿Por qué dicen los *maestros de la ley que Elías tiene que venir primero?

---

[i] 16:17 *ningún mortal.* Lit. **carne y sangre.*   [j] 16:18 *Pedro* significa *piedra.*   [k] 16:18 *del reino de la muerte.* Lit. *del *Hades.*

11—Sin duda Elías viene, y restaurará todas las cosas —respondió Jesús—. 12Pero les digo que Elías ya vino, y no lo reconocieron sino que hicieron con él todo lo que quisieron. De la misma manera va a sufrir el Hijo del hombre a manos de ellos.

13Entonces entendieron los discípulos que les estaba hablando de Juan el Bautista.

Jesús sana a un muchacho endemoniado

17:14-19 — Mr 9:14-28; Lc 9:37-42

14Cuando llegaron a la multitud, un hombre se acercó a Jesús y se arrodilló delante de él.

15—Señor, ten compasión de mi hijo. Le dan ataques y sufre terriblemente. Muchas veces cae en el fuego o en el agua. 16Se lo traje a tus discípulos, pero no pudieron sanarlo.

17—¡Ah, generación incrédula y perversa! —respondió Jesús—. ¿Hasta cuándo tendré que estar con ustedes? ¿Hasta cuándo tendré que soportarlos? Tráiganme acá al muchacho.

18Jesús reprendió al demonio, el cual salió del muchacho, y éste quedó sano desde aquel momento.

19Después los discípulos se acercaron a Jesús y, en privado, le preguntaron:

—¿Por qué nosotros no pudimos expulsarlo?

20—Porque ustedes tienen tan poca fe —les respondió—. Les aseguro que si tienen fe tan pequeña como un grano de mostaza, podrán decirle a esta montaña: "Trasládate de aquí para allá", y se trasladará. Para ustedes nada será imposible.[l]

22Estando reunidos en Galilea, Jesús les dijo: «El Hijo del hombre va a ser entregado en manos de los hombres. 23Lo matarán, pero al tercer día resucitará.» Y los discípulos se entristecieron mucho.

El impuesto del templo

24Cuando Jesús y sus discípulos llegaron a Capernaúm, los que cobraban el impuesto del *templo[m] se acercaron a Pedro y le preguntaron:

—¿Su maestro no paga el impuesto del templo?

25—Sí, lo paga —respondió Pedro.

Al entrar Pedro en la casa, se adelantó Jesús a preguntarle:

—¿Tú qué opinas, Simón? Los reyes de la tierra, ¿a quiénes cobran tributos e impuestos: a los suyos o a los demás?

26—A los demás —contestó Pedro.

—Entonces los suyos están exentos —le dijo Jesús—. 27Pero, para no *escandalizar a esta gente, vete al lago y echa el anzuelo. Saca el primer pez que pique; ábrele la boca y encontrarás una moneda.[n] Tómala y dásela a ellos por mi impuesto y por el tuyo.

El más importante en el reino de los cielos

18:1-5 — Mr 9:33-37; Lc 9:46-48

18 En ese momento los discípulos se acercaron a Jesús y le preguntaron:

—¿Quién es el más importante en el reino de los cielos?

2Él llamó a un niño y lo puso en medio de ellos. 3Entonces dijo:

—Les aseguro que a menos que ustedes cambien y se vuelvan como niños, no entrarán en el reino de los cielos. 4Por tanto, el que se humilla como este niño será el más grande en el reino de los cielos.

5»Y el que recibe en mi nombre a un niño como éste, me recibe a mí. 6Pero si alguien hace *pecar a uno de estos pequeños que creen en mí, más le valdría que le colgaran al cuello una gran piedra de molino y lo hundieran en lo profundo del mar.

7»¡Ay del mundo por las cosas que hacen pecar a la gente! Inevitable es que sucedan, pero ¡ay del que hace pecar a los demás! 8Si tu mano o tu pie te hace pecar, córtatelo y arrójalo. Más te vale entrar en la vida manco o cojo que ser arrojado al fuego eterno con tus dos manos y tus dos pies. 9Y si tu ojo te hace pecar, sácatelo y arrójalo. Más te vale entrar tuerto en la

---

[l]17:20 imposible. Var. imposible. 21Pero esta clase no sale sino con oración y ayuno. [m]17:24 el impuesto del templo. Lit. las dos *dracmas. [n]17:27 una moneda. Lit. un estatero (moneda que equivale a cuatro *dracmas).

vida que con dos ojos ser arrojado al fuego del infierno. ñ

Parábola de la oveja perdida
18:12-14 — Lc 15:4-7

10»Miren que no menosprecien a uno de estos pequeños. Porque les digo que en el cielo los ángeles de ellos contemplan siempre el rostro de mi Padre celestial. o

12»¿Qué les parece? Si un hombre tiene cien ovejas y se le extravía una de ellas, ¿no dejará las noventa y nueve en las colinas para ir en busca de la extraviada? **13**Y si llega a encontrarla, les aseguro que se pondrá más feliz por esa sola oveja que por las noventa y nueve que no se extraviaron. **14**Así también, el Padre de ustedes que está en el cielo no quiere que se pierda ninguno de estos pequeños.

El hermano que peca contra ti

15»Si tu hermano peca contra ti, p ve a solas con él y hazle ver su falta. Si te hace caso, has ganado a tu hermano. **16**Pero si no, lleva contigo a uno o dos más, para que "todo asunto se resuelva mediante el testimonio de dos o tres testigos". q **17**Si se niega a hacerles caso a ellos, díselo a la iglesia; y si incluso a la iglesia no le hace caso, trátalo como si fuera un incrédulo o un renegado. r

18»Les aseguro que todo lo que ustedes aten en la tierra quedará atado en el cielo, y todo lo que desaten en la tierra quedará desatado en el cielo.

19»Además les digo que si dos de ustedes en la tierra se ponen de acuerdo sobre cualquier cosa que pidan, les será concedida por mi Padre que está en el cielo. **20**Porque donde dos o tres se reúnen en mi nombre, allí estoy yo en medio de ellos.

Parábola del siervo despiadado

21Pedro se acercó a Jesús y le preguntó:
—Señor, ¿cuántas veces tengo que perdonar a mi hermano que peca contra mí? ¿Hasta siete veces?

22—No te digo que hasta siete veces, sino hasta setenta y siete veces s —le contestó Jesús—.

23»Por eso el reino de los cielos se parece a un rey que quiso ajustar cuentas con sus *siervos. **24**Al comenzar a hacerlo, se le presentó uno que le debía miles y miles de monedas de oro. t **25**Como él no tenía con qué pagar, el señor mandó que lo vendieran a él, a su esposa y a sus hijos, y todo lo que tenía, para así saldar la deuda. **26**El siervo se postró delante de él. "Tenga paciencia conmigo —le rogó—, y se lo pagaré todo." **27**El señor se compadeció de su siervo, le perdonó la deuda y lo dejó en libertad.

28»Al salir, aquel siervo se encontró con uno de sus compañeros que le debía cien monedas de plata. u Lo agarró por el cuello y comenzó a estrangularlo. "¡Págame lo que me debes!", le exigió. **29**Su compañero se postró delante de él. "Ten paciencia conmigo —le rogó—, y te lo pagaré." **30**Pero él se negó. Más bien fue y lo hizo meter en la cárcel hasta que pagara la deuda. **31**Cuando los demás siervos vieron lo ocurrido, se entristecieron mucho y fueron a contarle a su señor todo lo que había sucedido. **32**Entonces el señor mandó llamar al siervo. "¡Siervo malvado! —le increpó—. Te perdoné toda aquella deuda porque me lo suplicaste. **33**¿No debías tú también haberte compadecido de tu compañero, así como yo me compadecí de ti?" **34**Y enojado, su señor lo entregó a los carceleros para que lo torturaran hasta que pagara todo lo que debía.

35»Así también mi Padre celestial los tratará a ustedes, a menos que cada uno perdone de corazón a su hermano.

El divorcio
19:1-9 — Mr 10:1-12

19 Cuando Jesús acabó de decir estas cosas, salió de Galilea y se fue a la región de Judea, al otro lado del Jordán.

ñ **18:9** *al fuego del infierno.* Lit. *a la* *Gehenna *del fuego.* o **18:10** *celestial.* Var. *celestial.* **11***El Hijo del hombre vino a salvar lo que se había perdido.* p **18:15** *peca contra ti.* Var. *peca.* q **18:16** Dt 19:15
r **18:17** *un incrédulo o un renegado.* Lit. *un* *gentil o un *recaudador de impuestos.* s **18:22** *setenta y siete veces.* Alt. *setenta veces siete.* t **18:24** *miles y miles de monedas de oro.* Lit. *una miríada de* *talentos.*
u **18:28** *monedas de plata.* Lit. *denarios.*

²Lo siguieron grandes multitudes, y sanó allí a los enfermos.

³Algunos fariseos se le acercaron y, para ponerlo a *prueba, le preguntaron:

—¿Está permitido que un hombre se divorcie de su esposa por cualquier motivo?

⁴—¿No han leído —replicó Jesús— que en el principio el Creador "los hizo hombre y mujer",ᵛ ⁵y dijo: "Por eso dejará el hombre a su padre y a su madre, y se unirá a su esposa, y los dos llegarán a ser un solo cuerpo"?ʷ ⁶Así que ya no son dos, sino uno solo. Por tanto, lo que Dios ha unido, que no lo separe el hombre.

⁷Le replicaron:

—¿Por qué, entonces, mandó Moisés que un hombre le diera a su esposa un certificado de divorcio y la despidiera?

⁸—Moisés les permitió divorciarse de su esposa por lo obstinados que sonˣ —respondió Jesús—. Pero no fue así desde el principio. ⁹Les digo que, excepto en caso de infidelidad conyugal, el que se divorcia de su esposa, y se casa con otra, comete adulterio.

¹⁰—Si tal es la situación entre esposo y esposa —comentaron los discípulos—, es mejor no casarse.

¹¹—No todos pueden comprender este asunto —respondió Jesús—, sino sólo aquellos a quienes se les ha concedido entenderlo. ¹²Pues algunos son *eunucos porque nacieron así; a otros los hicieron así los hombres; y otros se han hecho así por causa del reino de los cielos. El que pueda aceptar esto, que lo acepte.

Jesús y los niños
19:13-15 — Mr 10:13-16; Lc 18:15-17

¹³Llevaron unos niños a Jesús para que les impusiera las manos y orara por ellos, pero los discípulos reprendían a quienes los llevaban.

¹⁴Jesús dijo: «Dejen que los niños vengan a mí, y no se lo impidan, porque el reino de los cielos es de quienes son como ellos.» ¹⁵Después de poner las manos sobre ellos, se fue de allí.

El joven rico
19:16-29 — Mr 10:17-30; Lc 18:18-30

¹⁶Sucedió que un hombre se acercó a Jesús y le preguntó:

—Maestro, ¿qué de bueno tengo que hacer para obtener la vida eterna?

¹⁷—¿Por qué me preguntas sobre lo que es bueno? —respondió Jesús—. Solamente hay uno que es bueno. Si quieres entrar en la vida, obedece los mandamientos.

¹⁸—¿Cuáles? —preguntó el hombre.

Contestó Jesús:

—"No mates, no cometas adulterio, no robes, no presentes falso testimonio, ¹⁹honra a tu padre y a tu madre",ʸ y "ama a tu prójimo como a ti mismo"ᶻ.

²⁰—Todos ésos los he cumplido —dijo el joven—. ¿Qué más me falta?

²¹—Si quieres ser *perfecto, anda, vende lo que tienes y dáselo a los pobres, y tendrás tesoro en el cielo. Luego ven y sígueme.

²²Cuando el joven oyó esto, se fue triste porque tenía muchas riquezas.

²³—Les aseguro —comentó Jesús a sus discípulos— que es difícil para un rico entrar en el reino de los cielos. ²⁴De hecho, le resulta más fácil a un camello pasar por el ojo de una aguja, que a un rico entrar en el reino de Dios.

²⁵Al oír esto, los discípulos quedaron desconcertados y decían:

—En ese caso, ¿quién podrá salvarse?

²⁶—Para los hombres es imposible —aclaró Jesús, mirándolos fijamente—, mas para Dios todo es posible.

²⁷—¡Mira, nosotros lo hemos dejado todo por seguirte! —le reclamó Pedro—. ¿Y qué ganamos con eso?

²⁸—Les aseguro —respondió Jesús— que en la renovación de todas las cosas, cuando el Hijo del hombre se siente en su trono glorioso, ustedes que me han seguido se sentarán también en doce tronos para gobernar a las doce tribus de Israel. ²⁹Y todo el que por mi causa haya dejado casas, hermanos, hermanas, padre, madre,ᵃ hijos o terrenos, recibirá cien veces

---

ᵛ**19:4** Gn 1:27   ʷ**19:5** Gn 2:24   ˣ**19:8** *por lo obstinados que son.* Lit. *por su dureza de corazón.*
ʸ**19:19** Éx 20:12-16; Dt 5:16-20   ᶻ**19:19** Lv 19:18   ᵃ**19:29** *madre.* Var. *madre, esposa.*

más y heredará la vida eterna. **30**Pero muchos de los primeros serán últimos, y muchos de los últimos serán primeros.

Parábola de los viñadores

20 »Así mismo el reino de los cielos se parece a un propietario que salió de madrugada a contratar obreros para su viñedo. **2**Acordó darles la paga de un día de trabajo*b* y los envió a su viñedo. **3**Cerca de las nueve de la mañana,*c* salió y vio a otros que estaban desocupados en la plaza. **4**Les dijo: "Vayan también ustedes a trabajar en mi viñedo, y les pagaré lo que sea justo." **5**Así que fueron. Salió de nuevo a eso del mediodía y a la media tarde, e hizo lo mismo. **6**Alrededor de las cinco de la tarde, salió y encontró a otros más que estaban sin trabajo. Les preguntó: "¿Por qué han estado aquí desocupados todo el día?" **7**"Porque nadie nos ha contratado", contestaron. Él les dijo: "Vayan también ustedes a trabajar en mi viñedo."

8»Al atardecer, el dueño del viñedo le ordenó a su capataz: "Llama a los obreros y págales su jornal, comenzando por los últimos contratados hasta llegar a los primeros." **9**Se presentaron los obreros que habían sido contratados cerca de las cinco de la tarde, y cada uno recibió la paga de un día. **10**Por eso cuando llegaron los que fueron contratados primero, esperaban que recibirían más. Pero cada uno de ellos recibió también la paga de un día. **11**Al recibirla, comenzaron a murmurar contra el propietario. **12**"Estos que fueron los últimos en ser contratados trabajaron una sola hora —dijeron—, y usted los ha tratado como a nosotros que hemos soportado el peso del trabajo y el calor del día." **13**Pero él le contestó a uno de ellos: "Amigo, no estoy cometiendo ninguna injusticia contigo. ¿Acaso no aceptaste trabajar por esa paga? **14**Tómala y vete. Quiero darle al último obrero contratado lo mismo que te di a ti. **15**¿Es que no tengo derecho a hacer lo que quiera con mi dinero? ¿O te da envidia de que yo sea generoso?"*d*

16»Así que los últimos serán primeros, y los primeros, últimos.

Jesús predice de nuevo su muerte
20:17-19 — Mr 10:32-34; Lc 18:31-33

17Mientras subía Jesús rumbo a Jerusalén, tomó aparte a los doce discípulos y les dijo: **18**«Ahora vamos rumbo a Jerusalén, y el Hijo del hombre será entregado a los jefes de los sacerdotes y a los *maestros de la ley. Ellos lo condenarán a muerte **19**y lo entregarán a los *gentiles para que se burlen de él, lo azoten y lo crucifiquen. Pero al tercer día resucitará.»

La petición de una madre
20:20-28 — Mr 10:35-45

20Entonces la madre de *Jacobo y de Juan,*e* junto con ellos, se acercó a Jesús y, arrodillándose, le pidió un favor.

21—¿Qué quieres? —le preguntó Jesús.

—Ordena que en tu reino uno de estos dos hijos míos se siente a tu *derecha y el otro a tu izquierda.

22—No saben lo que están pidiendo —les replicó Jesús—. ¿Pueden acaso beber el trago amargo de la copa que yo voy a beber?

—Sí, podemos.

23—Ciertamente beberán de mi copa —les dijo Jesús—, pero el sentarse a mi derecha o a mi izquierda no me corresponde concederlo. Eso ya lo ha decidido*f* mi Padre.

24Cuando lo oyeron los otros diez, se indignaron contra los dos hermanos. **25**Jesús los llamó y les dijo:

—Como ustedes saben, los gobernantes de las *naciones oprimen a los súbditos, y los altos oficiales abusan de su autoridad. **26**Pero entre ustedes no debe ser así. Al contrario, el que quiera hacerse grande entre ustedes deberá ser su servidor, **27**y el que quiera ser el primero deberá ser *esclavo de los demás; **28**así como el Hijo del hombre no vino para que le sirvan, sino para servir y para dar su *vida en rescate por muchos.

---

*b***20:2** *la paga de un día de trabajo*. Lit. *un *denario por el día*; también en vv. 9,10,13.   *c***20:3** *las nueve de la mañana*. Lit. *la hora tercera*; en v. 5 *la hora sexta y novena*; en vv. 6 y 9 *la hora undécima*.   *d***20:15** *¿O ... generoso?* Lit. *¿O es tu ojo malo porque yo soy bueno?*   *e***20:20** *de Jacobo y de Juan*. Lit. *de los hijos de Zebedeo.*   *f***20:23** *concederlo. Eso ya lo ha decidido.* Lit. *concederlo, sino para quienes lo ha preparado.*

Dos ciegos reciben la vista

20:29-34 — Mr 10:46-52; Lc 18:35-43

29Una gran multitud seguía a Jesús cuando él salía de Jericó con sus discípulos. **30**Dos ciegos que estaban sentados junto al camino, al oír que pasaba Jesús, gritaron:

—¡Señor, Hijo de David, ten compasión de nosotros!

31La multitud los reprendía para que se callaran, pero ellos gritaban con más fuerza:

—¡Señor, Hijo de David, ten compasión de nosotros!

32Jesús se detuvo y los llamó.

—¿Qué quieren que haga por ustedes?

33—Señor, queremos recibir la vista.

34Jesús se compadeció de ellos y les tocó los ojos. Al instante recobraron la vista y lo siguieron.

La entrada triunfal

21:1-9 — Mr 11:1-10; Lc 19:29-38
21:4-9 — Jn 12:12-15

21 Cuando se acercaban a Jerusalén y llegaron a Betfagué, al monte de los Olivos, Jesús envió a dos discípulos **2**con este encargo: «Vayan a la aldea que tienen enfrente, y ahí mismo encontrarán una burra atada, y un burrito con ella. Desátenlos y tráiganmelos. **3**Si alguien les dice algo, díganle que el Señor los necesita, pero que ya los devolverá.»

4Esto sucedió para que se cumpliera lo dicho por el profeta:

5«Digan a la hija de Sión:
"Mira, tu rey viene hacia ti,
humilde y montado en un burro,
en un burrito, cría de una bestia
de carga."»*g*

6Los discípulos fueron e hicieron como les había mandado Jesús. **7**Llevaron la burra y el burrito, y pusieron encima sus mantos, sobre los cuales se sentó Jesús. **8**Había mucha gente que tendía sus mantos sobre el camino; otros cortaban ramas de los árboles y las esparcían en el camino. **9**Tanto la gente que iba delante de él como la que iba detrás, gritaba:

—¡Hosanna*h* al Hijo de David!

—¡Bendito el que viene en el
nombre del Señor!*i*

—¡Hosanna en las alturas!

10Cuando Jesús entró en Jerusalén, toda la ciudad se conmovió.

—¿Quién es éste? —preguntaban.

11—Éste es el profeta Jesús, de Nazaret de Galilea —contestaba la gente.

Jesús en el templo

21:12-16 — Mr 11:15-18; Lc 19:45-47

12Jesús entró en el *templo*j* y echó de allí a todos los que compraban y vendían. Volcó las mesas de los que cambiaban dinero y los puestos de los que vendían palomas. **13**«Escrito está —les dijo—: "Mi casa será llamada casa de oración";*k* pero ustedes la están convirtiendo en "cueva de ladrones".*l*»

14Se le acercaron en el templo ciegos y cojos, y los sanó. **15**Pero cuando los jefes de los sacerdotes y los *maestros de la ley vieron que hacía cosas maravillosas, y que los niños gritaban en el templo: «¡Hosanna al Hijo de David!», se indignaron.

16—¿Oyes lo que ésos están diciendo? —protestaron.

—Claro que sí —respondió Jesús—; ¿no han leído nunca:

»"En los labios de los pequeños
y de los niños de pecho
has puesto la perfecta alabanza"?*m*

17Entonces los dejó y, saliendo de la ciudad, se fue a pasar la noche en Betania.

Se seca la higuera

21:18-22 — Mr 11:12-14,20-24

18Muy de mañana, cuando volvía a la ciudad, tuvo hambre. **19**Al ver una higuera

---

junto al camino, se acercó a ella, pero no encontró nada más que hojas.

—¡Nunca más vuelvas a dar fruto! —le dijo.

Y al instante se secó la higuera.

20Los discípulos se asombraron al ver esto.

—¿Cómo es que se secó la higuera tan pronto? —preguntaron ellos.

21—Les aseguro que si tienen fe y no dudan —les respondió Jesús—, no sólo harán lo que he hecho con la higuera, sino que podrán decirle a este monte: "¡Quítate de ahí y tírate al mar!", y así se hará. **22**Si ustedes creen, recibirán todo lo que pidan en oración.

La autoridad de Jesús puesta en duda
21:23-27 — Mr 11:27-33; Lc 20:1-8

23Jesús entró en el *templo y, mientras enseñaba, se le acercaron los jefes de los sacerdotes y los *ancianos del pueblo.

—¿Con qué autoridad haces esto? —lo interrogaron—. ¿Quién te dio esa autoridad?

24—Yo también voy a hacerles una pregunta. Si me la contestan, les diré con qué autoridad hago esto. **25**El bautismo de Juan, ¿de dónde procedía? ¿Del cielo o de la tierra?[n]

Ellos se pusieron a discutir entre sí: «Si respondemos: "Del cielo", nos dirá: "Entonces, ¿por qué no le creyeron?" **26**Pero si decimos: "De la tierra"... tememos al pueblo, porque todos consideran que Juan era un profeta.» Así que le respondieron a Jesús:

27—No lo sabemos.

—Pues yo tampoco les voy a decir con qué autoridad hago esto.

Parábola de los dos hijos

28»¿Qué les parece? —continuó Jesús—. Había un hombre que tenía dos hijos. Se dirigió al primero y le pidió: "Hijo, ve a trabajar hoy en el viñedo." **29**"No quiero", contestó, pero después se *arrepintió y fue. **30**Luego el padre se dirigió al otro hijo y le pidió lo mismo. Éste contestó: "Sí, señor"; pero no fue. **31**¿Cuál de los dos hizo lo que su padre quería?

—El primero —contestaron ellos.

Jesús les dijo:

—Les aseguro que los *recaudadores de impuestos y las prostitutas van delante de ustedes hacia el reino de Dios. **32**Porque Juan fue enviado a ustedes a señalarles el camino de la justicia, y no le creyeron, pero los recaudadores de impuestos y las prostitutas sí le creyeron. E incluso después de ver esto, ustedes no se arrepintieron para creerle.

Parábola de los labradores malvados
21:33-46 — Mr 12:1-12; Lc 20:9-19

33»Escuchen otra parábola: Había un propietario que plantó un viñedo. Lo cercó, cavó un lagar y construyó una torre de vigilancia. Luego arrendó el viñedo a unos labradores y se fue de viaje. **34**Cuando se acercó el tiempo de la cosecha, mandó sus *siervos a los labradores para recibir de éstos lo que le correspondía. **35**Los labradores agarraron a esos siervos; golpearon a uno, mataron a otro y apedrearon a un tercero. **36**Después les mandó otros siervos, en mayor número que la primera vez, y también los maltrataron.

37»Por último, les mandó a su propio hijo, pensando: "¡A mi hijo sí lo respetarán!" **38**Pero cuando los labradores vieron al hijo, se dijeron unos a otros: "Éste es el heredero. Matémoslo, para quedarnos con su herencia." **39**Así que le echaron mano, lo arrojaron fuera del viñedo y lo mataron.

40»Ahora bien, cuando vuelva el dueño, ¿qué hará con esos labradores?

41—Hará que esos malvados tengan un fin miserable —respondieron—, y arrendará el viñedo a otros labradores que le den lo que le corresponde cuando llegue el tiempo de la cosecha.

42Les dijo Jesús:

—¿No han leído nunca en las Escrituras:

>»"La piedra que desecharon los
>constructores

---

[n] **21:25** *la tierra.* Lit. *los hombres*; también en v. 26.

ha llegado a ser la piedra angular;
esto es obra del Señor,
y nos deja maravillados"?[ñ]

43»Por eso les digo que el reino de Dios se les quitará a ustedes y se le entregará a un pueblo que produzca los frutos del reino. **44**El que caiga sobre esta piedra quedará despedazado, y si ella cae sobre alguien, lo hará polvo.[o] **45**Cuando los jefes de los sacerdotes y los fariseos oyeron las parábolas de Jesús, se dieron cuenta de que hablaba de ellos. **46**Buscaban la manera de arrestarlo, pero temían a la gente porque ésta lo consideraba un profeta.

Parábola del banquete de bodas

22 Jesús volvió a hablarles en parábolas, y les dijo: **2**«El reino de los cielos es como un rey que preparó un banquete de bodas para su hijo. **3**Mandó a sus *siervos que llamaran a los invitados, pero éstos se negaron a asistir al banquete. **4**Luego mandó a otros siervos y les ordenó: "Digan a los invitados que ya he preparado mi comida: Ya han matado mis bueyes y mis reses cebadas, y todo está listo. Vengan al banquete de bodas." **5**Pero ellos no hicieron caso y se fueron: uno a su campo, otro a su negocio. **6**Los demás agarraron a los siervos, los maltrataron y los mataron. **7**El rey se enfureció. Mandó su ejército a destruir a los asesinos y a incendiar su ciudad. **8**Luego dijo a sus siervos: "El banquete de bodas está preparado, pero los que invité no merecían venir. **9**Vayan al cruce de los caminos e inviten al banquete a todos los que encuentren." **10**Así que los siervos salieron a los caminos y reunieron a todos los que pudieron encontrar, buenos y malos, y se llenó de invitados el salón de bodas.

11»Cuando el rey entró a ver a los invitados, notó que allí había un hombre que no estaba vestido con el traje de boda. **12**"Amigo, ¿cómo entraste aquí sin el traje de boda?", le dijo. El hombre se quedó callado. **13**Entonces el rey dijo a los sirvientes: "Átenlo de pies y manos, y échenlo

afuera, a la oscuridad, donde habrá llanto y rechinar de dientes." **14**Porque muchos son los invitados, pero pocos los escogidos.»

El pago de impuestos al césar
22:15-22 — Mr 12:13-17; Lc 20:20-26

15Entonces salieron los fariseos y tramaron cómo tenderle a Jesús una trampa con sus mismas palabras. **16**Enviaron algunos de sus discípulos junto con los herodianos, los cuales le dijeron:

—Maestro, sabemos que eres un hombre íntegro y que enseñas el camino de Dios de acuerdo con la verdad. No te dejas influir por nadie porque no te fijas en las apariencias. **17**Danos tu opinión: ¿Está permitido pagar impuestos al *césar o no?

18Conociendo sus malas intenciones, Jesús replicó:

—¡*Hipócritas! ¿Por qué me tienden *trampas? **19**Muéstrenme la moneda para el impuesto.

Y se la enseñaron.[p]

20—¿De quién son esta imagen y esta inscripción? —les preguntó.

21—Del césar —respondieron.

—Entonces denle al césar lo que es del césar y a Dios lo que es de Dios.

22Al oír esto, se quedaron asombrados. Así que lo dejaron y se fueron.

El matrimonio en la resurrección
22:23-33 — Mr 12:18-27; Lc 20:27-40

23Ese mismo día los saduceos, que decían que no hay resurrección, se le acercaron y le plantearon un problema:

24—Maestro, Moisés nos enseñó que si un hombre muere sin tener hijos, el hermano de ese hombre tiene que casarse con la viuda para que su hermano tenga descendencia. **25**Pues bien, había entre nosotros siete hermanos. El primero se casó y murió y, como no tuvo hijos, dejó la esposa a su hermano. **26**Lo mismo les pasó al segundo y al tercer hermano, y así hasta llegar al séptimo. **27**Por último, murió la mujer. **28**Ahora bien, en la resurrección, ¿de cuál de los siete será esposa esta mujer, ya que todos estuvieron casados con ella?

29Jesús les contestó:

[ñ] **21:42** Sal 118:22,23   [o] **21:44** Var. no incluye v. 44.   [p] **22:19** *se la enseñaron.* Lit. *le trajeron un *denario.*

—Ustedes andan equivocados porque desconocen las Escrituras y el poder de Dios. **30**En la resurrección, las personas no se casarán ni serán dadas en casamiento, sino que serán como los ángeles que están en el cielo. **31**Pero en cuanto a la resurrección de los muertos, ¿no han leído lo que Dios les dijo a ustedes: **32**"Yo soy el Dios de Abraham, de Isaac y de Jacob"?*q* Él no es Dios de muertos, sino de vivos.

33Al oír esto, la gente quedó admirada de su enseñanza.

El mandamiento más importante
22:34-40 — Mr 12:28-31

34Los fariseos se reunieron al oír que Jesús había hecho callar a los saduceos. **35**Uno de ellos, *experto en la ley, le tendió una *trampa con esta pregunta:

36—Maestro, ¿cuál es el mandamiento más importante de la ley?

37—"Ama al Señor tu Dios con todo tu corazón, con todo tu ser y con toda tu mente"*r* —le respondió Jesús—. **38**Éste es el primero y el más importante de los mandamientos. **39**El segundo se parece a éste: "Ama a tu prójimo como a ti mismo."*s* **40**De estos dos mandamientos dependen toda la ley y los profetas.

¿De quién es hijo el Cristo?
22:41-46 — Mr 12:35-37; Lc 20:41-44

41Mientras estaban reunidos los fariseos, Jesús les preguntó:

42—¿Qué piensan ustedes acerca del *Cristo? ¿De quién es hijo?

—De David —le respondieron ellos.

43—Entonces, ¿cómo es que David, hablando por el Espíritu, lo llama "Señor"? Él afirma:

44»"Dijo el Señor a mi Señor:
'Siéntate a mi *derecha,
hasta que ponga a tus enemigos
debajo de tus pies.' "*t*

45Si David lo llama "Señor", ¿cómo puede entonces ser su hijo?

46Nadie pudo responderle ni una sola palabra, y desde ese día ninguno se atrevía a hacerle más preguntas.

Jesús denuncia a los fariseos y a los maestros de la ley
23:1-7 — Mr 12:38-39; Lc 20:45-46
23:37-39 — Lc 13:34-35

23 Después de esto, Jesús dijo a la gente y a sus discípulos: **2**«Los *maestros de la ley y los fariseos tienen la responsabilidad de interpretar a Moisés.*u* **3**Así que ustedes deben obedecerlos y hacer todo lo que les digan. Pero no hagan lo que hacen ellos, porque no practican lo que predican. **4**Atan cargas pesadas y las ponen sobre la espalda de los demás, pero ellos mismos no están dispuestos a mover ni un dedo para levantarlas.

5»Todo lo hacen para que la gente los vea: Usan filacterias grandes y adornan sus ropas con borlas vistosas;*v* **6**se mueren por el lugar de honor en los banquetes y los primeros asientos en las sinagogas, **7**y porque la gente los salude en las plazas y los llame "Rabí".

8»Pero no permitan que a ustedes se les llame "Rabí", porque tienen un solo Maestro y todos ustedes son hermanos. **9**Y no llamen "padre" a nadie en la tierra, porque ustedes tienen un solo Padre, y él está en el cielo. **10**Ni permitan que los llamen "maestro", porque tienen un solo Maestro, el *Cristo. **11**El más importante entre ustedes será siervo de los demás. **12**Porque el que a sí mismo se enaltece será humillado, y el que se humilla será enaltecido.

13»¡Ay de ustedes, maestros de la ley y fariseos, *hipócritas! Les cierran a los demás el reino de los cielos, y ni entran ustedes ni dejan entrar a los que intentan hacerlo.*w*

---

q **22:32** Éx 3:6 *r* **22:37** Dt 6:5 *s* **22:39** Lv 19:18 *t* **22:44** Sal 110:1 *u* **23:2** *tienen ... Moisés.* Lit. *se sientan en la cátedra de Moisés.* *v* **23:5** *Usan ... vistosas.* Lit. *Ensanchan sus filacterias y engrandecen las borlas.* Las filacterias eran pequeñas cajas en las que llevaban textos de las Escrituras en la frente y en los brazos; las borlas simbolizaban obediencia a los mandamientos (véanse Nm 15:38-39; Dt 6:8; 11:18).
w **23:13** *hacerlo.* Var. *hacerlo.* **14***¡Ay de ustedes, maestros de la ley y fariseos, hipócritas! Ustedes devoran las casas de las viudas y por las apariencias hacen largas plegarias. Por esto se les castigará con más severidad.*

¹⁵»¡Ay de ustedes, maestros de la ley y fariseos, hipócritas! Recorren tierra y mar para ganar un solo adepto, y cuando lo han logrado lo hacen dos veces más merecedor del infierno*ˣ* que ustedes.

¹⁶»¡Ay de ustedes, guías ciegos!, que dicen: "Si alguien jura por el templo, no significa nada; pero si jura por el oro del templo, queda obligado por su juramento." ¹⁷¡Ciegos insensatos! ¿Qué es más importante: el oro, o el templo que hace sagrado al oro? ¹⁸También dicen ustedes: "Si alguien jura por el altar, no significa nada; pero si jura por la ofrenda que está sobre él, queda obligado por su juramento." ¹⁹¡Ciegos! ¿Qué es más importante: la ofrenda, o el altar que hace sagrada la ofrenda? ²⁰Por tanto, el que jura por el altar, jura no sólo por el altar sino por todo lo que está sobre él. ²¹El que jura por el templo, jura no sólo por el templo sino por quien habita en él. ²²Y el que jura por el cielo, jura por el trono de Dios y por aquel que lo ocupa.

²³»¡Ay de ustedes, maestros de la ley y fariseos, hipócritas! Dan la décima parte de sus especias: la menta, el anís y el comino. Pero han descuidado los asuntos más importantes de la ley, tales como la justicia, la misericordia y la *fidelidad. Debían haber practicado esto sin descuidar aquello. ²⁴¡Guías ciegos! Cuelan el mosquito pero se tragan el camello.

²⁵»¡Ay de ustedes, maestros de la ley y fariseos, hipócritas! *Limpian el exterior del vaso y del plato, pero por dentro están llenos de robo y de desenfreno. ²⁶¡Fariseo ciego! Limpia primero por dentro el vaso y el plato, y así quedará limpio también por fuera.

²⁷»¡Ay de ustedes, maestros de la ley y fariseos, hipócritas!, que son como sepulcros blanqueados. Por fuera lucen hermosos pero por dentro están llenos de huesos de muertos y de podredumbre. ²⁸Así también ustedes, por fuera dan la impresión de ser justos pero por dentro están llenos de hipocresía y de maldad.

²⁹»¡Ay de ustedes, maestros de la ley y fariseos, hipócritas! Construyen sepul-

cros para los profetas y adornan los monumentos de los justos. ³⁰Y dicen: "Si hubiéramos vivido nosotros en los días de nuestros antepasados, no habríamos sido cómplices de ellos para derramar la sangre de los profetas." ³¹Pero así quedan implicados ustedes al declararse descendientes de los que asesinaron a los profetas. ³²¡Completen de una vez por todas lo que sus antepasados comenzaron!

³³»¡Serpientes! ¡Camada de víboras! ¿Cómo escaparán ustedes de la condenación del infierno?*ʸ* ³⁴Por eso yo les voy a enviar profetas, sabios y maestros. A algunos de ellos ustedes los matarán y crucificarán; a otros los azotarán en sus sinagogas y los perseguirán de pueblo en pueblo. ³⁵Así recaerá sobre ustedes la culpa de toda la sangre justa que ha sido derramada sobre la tierra, desde la sangre del justo Abel hasta la de Zacarías, hijo de Berequías, a quien ustedes asesinaron entre el *santuario y el altar de los sacrificios. ³⁶Les aseguro que todo esto vendrá sobre esta generación.

³⁷»¡Jerusalén, Jerusalén, que matas a los profetas y apedreas a los que se te envían! ¡Cuántas veces quise reunir a tus hijos, como reúne la gallina a sus pollitos debajo de sus alas, pero no quisiste! ³⁸Pues bien, la casa de ustedes va a quedar abandonada. ³⁹Y les advierto que ya no volverán a verme hasta que digan: "¡Bendito el que viene en el nombre del Señor!"*ᶻ*»

Señales del fin del mundo
24:1-51 — Mr 13:1-37; Lc 21:5-36

24 Jesús salió del *templo y, mientras caminaba, se le acercaron sus discípulos y le mostraron los edificios del templo. ²Pero él les dijo:

—¿Ven todo esto? Les aseguro que no quedará piedra sobre piedra, pues todo será derribado.

³Más tarde estaba Jesús sentado en el monte de los Olivos, cuando llegaron los discípulos y le preguntaron en privado:

ˣ**23:15** *merecedor del infierno.* Lit. *hijo de la* *Gehenna.   ʸ**23:33** *del infierno.* Lit. *de la* *Gehenna.
ᶻ**23:39** Sal 118:26

—¿Cuándo sucederá eso, y cuál será la señal de tu venida y del fin del mundo?

4—Tengan cuidado de que nadie los engañe —les advirtió Jesús—. **5**Vendrán muchos que, usando mi nombre, dirán: "Yo soy el *Cristo", y engañarán a muchos. **6**Ustedes oirán de guerras y de rumores de guerras, pero procuren no alarmarse. Es necesario que eso suceda, pero no será todavía el fin. **7**Se levantará nación contra nación, y reino contra reino. Habrá hambres y terremotos por todas partes. **8**Todo esto será apenas el comienzo de los dolores.

9»Entonces los entregarán a ustedes para que los persigan y los maten, y los odiarán todas las *naciones por causa de mi nombre. **10**En aquel tiempo muchos se apartarán de la fe; unos a otros se traicionarán y se odiarán; **11**y surgirá un gran número de falsos profetas que engañarán a muchos. **12**Habrá tanta maldad que el amor de muchos se enfriará, **13**pero el que se mantenga firme hasta el fin será salvo. **14**Y este *evangelio del reino se predicará en todo el mundo como testimonio a todas las naciones, y entonces vendrá el fin.

15»Así que cuando vean en el lugar santo "el horrible sacrilegio",*a* de la que habló el profeta Daniel (el que lee, que lo entienda), **16**los que estén en Judea huyan a las montañas. **17**El que esté en la azotea no baje a llevarse nada de su casa. **18**Y el que esté en el campo no regrese para buscar su capa. **19**¡Qué terrible será en aquellos días para las que estén embarazadas o amamantando! **20**Oren para que su huida no suceda en invierno ni en *sábado. **21**Porque habrá una gran tribulación, como no la ha habido desde el principio del mundo hasta ahora, ni la habrá jamás. **22**Si no se acortaran esos días, nadie sobreviviría, pero por causa de los elegidos se acortarán. **23**Entonces, si alguien les dice a ustedes: "¡Miren, aquí está el Cristo!" o "¡Allí está!", no lo crean. **24**Porque surgirán falsos Cristos y falsos profetas que harán grandes señales y milagros para engañar, de ser posible, aun a los elegidos.

25Fíjense que se lo he dicho a ustedes de antemano.

26»Por eso, si les dicen: "¡Miren que está en el desierto!", no salgan; o: "¡Miren que está en la casa!", no lo crean. **27**Porque así como el relámpago que sale del oriente se ve hasta en el occidente, así será la venida del Hijo del hombre. **28**Donde esté el cadáver, allí se reunirán los buitres.

29»Inmediatamente después de la tribulación de aquellos días,

> »"se oscurecerá el sol
>   y no brillará más la luna;
> las estrellas caerán del cielo
>   y los cuerpos celestes serán
>   sacudidos".*b*

30»La señal del Hijo del hombre aparecerá en el cielo, y se angustiarán todas las razas de la tierra. Verán al Hijo del hombre venir sobre las nubes del cielo con poder y gran gloria. **31**Y al sonido de la gran trompeta mandará a sus ángeles, y reunirán de los cuatro vientos a los elegidos, de un extremo al otro del cielo.

32»Aprendan de la higuera esta lección: Tan pronto como se ponen tiernas sus ramas y brotan sus hojas, ustedes saben que el verano está cerca. **33**Igualmente, cuando vean todas estas cosas, sepan que el tiempo está cerca, a las puertas. **34**Les aseguro que no pasará esta generación hasta que todas estas cosas sucedan. **35**El cielo y la tierra pasarán, pero mis palabras jamás pasarán.

Se desconocen el día y la hora

24:37-39 — Lc 17:26-27
24:45-51 — Lc 12:42-46

36»Pero en cuanto al día y la hora, nadie lo sabe, ni siquiera los ángeles en el cielo, ni el Hijo,*c* sino sólo el Padre. **37**La venida del Hijo del hombre será como en tiempos de Noé. **38**Porque en los días antes del diluvio comían, bebían y se casaban y daban en casamiento, hasta el día en que Noé entró en el arca; **39**y no supieron nada de lo que sucedería hasta que llegó el

---

a **24:15** *el horrible sacrilegio.* Lit. *la abominación de la desolación*; Dn 9:27; 11:31; 12:11.
b **24:29** Is 13:10; 34:4   *c* **24:36** Var. no incluye: *ni el Hijo.*

diluvio y se los llevó a todos. Así será en la venida del Hijo del hombre. **40**Estarán dos hombres en el campo: uno será llevado y el otro será dejado. **41**Dos mujeres estarán moliendo: una será llevada y la otra será dejada.

42»Por lo tanto, manténganse despiertos, porque no saben qué día vendrá su Señor. **43**Pero entiendan esto: Si un dueño de casa supiera a qué hora de la noche va a llegar el ladrón, se mantendría despierto para no dejarlo forzar la entrada. **44**Por eso también ustedes deben estar preparados, porque el Hijo del hombre vendrá cuando menos lo esperen.

45»¿Quién es el *siervo fiel y prudente a quien su señor ha dejado encargado de los sirvientes para darles la comida a su debido tiempo? **46***Dichoso el siervo cuando su señor, al regresar, lo encuentra cumpliendo con su deber. **47**Les aseguro que lo pondrá a cargo de todos sus bienes. **48**Pero ¿qué tal si ese siervo malo se pone a pensar: "Mi señor se está demorando", **49**y luego comienza a golpear a sus compañeros, y a comer y beber con los borrachos? **50**El día en que el siervo menos lo espere y a la hora menos pensada el señor volverá. **51**Lo castigará severamente y le impondrá la condena que reciben los *hipócritas. Y habrá llanto y rechinar de dientes.

Parábola de las diez jóvenes

25 »El reino de los cielos será entonces como diez jóvenes solteras que tomaron sus lámparas y salieron a recibir al novio. **2**Cinco de ellas eran insensatas y cinco prudentes. **3**Las insensatas llevaron sus lámparas, pero no se abastecieron de aceite. **4**En cambio, las prudentes llevaron vasijas de aceite junto con sus lámparas. **5**Y como el novio tardaba en llegar, a todas les dio sueño y se durmieron. **6**A medianoche se oyó un grito: "¡Ahí viene el novio! ¡Salgan a recibirlo!" **7**Entonces todas las jóvenes se despertaron y se pusieron a preparar sus lámparas. **8**Las insensatas dijeron a las prudentes: "Dennos un poco de su aceite porque nuestras lám-

paras se están apagando." **9**"No —respondieron éstas—, porque así no va a alcanzar ni para nosotras ni para ustedes. Es mejor que vayan a los que venden aceite, y compren para ustedes mismas." **10**Pero mientras iban a comprar el aceite llegó el novio, y las jóvenes que estaban preparadas entraron con él al banquete de bodas. Y se cerró la puerta. **11**Después llegaron también las otras. "¡Señor! ¡Señor! —suplicaban—. ¡Ábrenos la puerta!" **12**"¡No, no las conozco!", respondió él.

13»Por tanto —agregó Jesús—, manténganse despiertos porque no saben ni el día ni la hora.

Parábola de las monedas de oro

14»El reino de los cielos será también como un hombre que, al emprender un viaje, llamó a sus *siervos y les encargó sus bienes. **15**A uno le dio cinco mil monedas de oro,*d* a otro dos mil y a otro sólo mil, a cada uno según su capacidad. Luego se fue de viaje. **16**El que había recibido las cinco mil fue en seguida y negoció con ellas y ganó otras cinco mil. **17**Así mismo, el que recibió dos mil ganó otras dos mil. **18**Pero el que había recibido mil fue, cavó un hoyo en la tierra y escondió el dinero de su señor.

19»Después de mucho tiempo volvió el señor de aquellos siervos y arregló cuentas con ellos. **20**El que había recibido las cinco mil monedas llegó con las otras cinco mil. "Señor —dijo—, usted me encargó cinco mil monedas. Mire, he ganado otras cinco mil." **21**Su señor le respondió: "¡Hiciste bien, siervo bueno y fiel! En lo poco has sido fiel; te pondré a cargo de mucho más. ¡Ven a compartir la felicidad de tu señor!" **22**Llegó también el que recibió dos mil monedas. "Señor —informó—, usted me encargó dos mil monedas. Mire, he ganado otras dos mil." **23**Su señor le respondió: "¡Hiciste bien, siervo bueno y fiel! Has sido fiel en lo poco; te pondré a cargo de mucho más. ¡Ven a compartir la felicidad de tu señor!"

24»Después llegó el que había recibido sólo mil monedas. "Señor —expli-

---

d **25:15** *cinco mil monedas de oro.* Lit. *cinco *talentos* (y así sucesivamente en el resto de este pasaje).

có—, yo sabía que usted es un hombre duro, que cosecha donde no ha sembrado y recoge donde no ha esparcido. 25Así que tuve miedo, y fui y escondí su dinero en la tierra. Mire, aquí tiene lo que es suyo." 26Pero su señor le contestó: "¡Siervo malo y perezoso! ¿Así que sabías que cosecho donde no he sembrado y recojo donde no he esparcido? 27Pues debías haber depositado mi dinero en el banco, para que a mi regreso lo hubiera recibido con intereses.

28»"Quítenle las mil monedas y dénselas al que tiene las diez mil. 29Porque a todo el que tiene, se le dará más, y tendrá en abundancia. Al que no tiene se le quitará hasta lo que tiene. 30Y a ese siervo inútil échenlo afuera, a la oscuridad, donde habrá llanto y rechinar de dientes."

Las ovejas y las cabras

31»Cuando el Hijo del hombre venga en su gloria, con todos sus ángeles, se sentará en su trono glorioso. 32Todas las naciones se reunirán delante de él, y él separará a unos de otros, como separa el pastor las ovejas de las cabras. 33Pondrá las ovejas a su *derecha, y las cabras a su izquierda.

34»Entonces dirá el Rey a los que estén a su derecha: "Vengan ustedes, a quienes mí Padre ha bendecido; reciban su herencia, el reino preparado para ustedes desde la creación del mundo. 35Porque tuve hambre, y ustedes me dieron de comer; tuve sed, y me dieron de beber; fui forastero, y me dieron alojamiento; 36necesité ropa, y me vistieron; estuve enfermo, y me atendieron; estuve en la cárcel, y me visitaron." 37Y le contestarán los justos: "Señor, ¿cuándo te vimos hambriento y te alimentamos, o sediento y te dimos de beber? 38¿Cuándo te vimos como forastero y te dimos alojamiento, o necesitado de ropa y te vestimos? 39¿Cuándo te vimos enfermo o en la cárcel y te visitamos?" 40El Rey les responderá: "Les aseguro que todo lo que hicieron por uno de mis hermanos, aun por el más pequeño, lo hicieron por mí."

41»Luego dirá a los que estén a su izquierda: "Apártense de mí, malditos, al fuego eterno preparado para el diablo y sus ángeles. 42Porque tuve hambre, y ustedes no me dieron nada de comer; tuve sed, y no me dieron nada de beber; 43fui forastero, y no me dieron alojamiento; necesité ropa, y no me vistieron; estuve enfermo y en la cárcel, y no me atendieron." 44Ellos también le contestarán: "Señor, ¿cuándo te vimos hambriento o sediento, o como forastero, o necesitado de ropa, o enfermo, o en la cárcel, y no te ayudamos?" 45Él les responderá: "Les aseguro que todo lo que no hicieron por el más pequeño de mis hermanos, tampoco lo hicieron por mí."

46»Aquéllos irán al castigo eterno, y los justos a la vida eterna.

La conspiración contra Jesús

26:2-5 — Mr 14:1-2; Lc 22:1-2

26 Después de exponer todas estas cosas, Jesús les dijo a sus discípulos: 2«Como ya saben, faltan dos días para la Pascua, y el Hijo del hombre será entregado para que lo crucifiquen.»

3Se reunieron entonces los jefes de los sacerdotes y los *ancianos del pueblo en el palacio de Caifás, el sumo sacerdote, 4y con artimañas buscaban cómo arrestar a Jesús para matarlo. 5«Pero no durante la fiesta —decían—, no sea que se amotine el pueblo.»

Una mujer unge a Jesús en Betania

26:6-13 — Mr 14:3-9

6Estando Jesús en Betania, en casa de Simón llamado el Leproso, 7se acercó una mujer con un frasco de alabastro lleno de un perfume muy caro, y lo derramó sobre la cabeza de Jesús mientras él estaba *sentado a la mesa.

8Al ver esto, los discípulos se indignaron.

—¿Para qué este desperdicio? —dijeron—. 9Podía haberse vendido este perfume por mucho dinero para darlo a los pobres.

10Consciente de ello, Jesús les dijo:

—¿Por qué molestan a esta mujer? Ella ha hecho una obra hermosa conmigo. 11A los pobres siempre los tendrán con ustedes, pero a mí no me van a tener siempre. 12Al derramar ella este perfume sobre mi cuerpo, lo hizo a fin de prepararme para la sepultura. ¹³Les aseguro que en cualquier parte del mundo donde se predique este *evangelio, se contará también, en memoria de esta mujer, lo que ella hizo.

Judas acuerda traicionar a Jesús
26:14-16 — Mr 14:10-11; Lc 22:3-6

¹⁴Uno de los doce, el que se llamaba Judas Iscariote, fue a ver a los jefes de los sacerdotes.

¹⁵—¿Cuánto me dan, y yo les entrego a Jesús? —les propuso.

Decidieron pagarle treinta monedas de plata. ¹⁶Y desde entonces Judas buscaba una oportunidad para entregarlo.

La Cena del Señor
26:17-19 — Mr 14:12-16; Lc 22:7-13
26:20-24 — Mr 14:17-21
26:26-29 — Mr 14:22-25; Lc 22:17-20;
　　　　1Co 11:23-25

¹⁷El primer día de la fiesta de los Panes sin levadura, se acercaron los discípulos a Jesús y le preguntaron:

—¿Dónde quieres que hagamos los preparativos para que comas la Pascua?

¹⁸Él les respondió que fueran a la ciudad, a la casa de cierto hombre, y le dijeran: «El Maestro dice: "Mi tiempo está cerca. Voy a celebrar la Pascua en tu casa con mis discípulos."» ¹⁹Los discípulos hicieron entonces como Jesús les había mandado, y prepararon la Pascua.

²⁰Al anochecer, Jesús estaba *sentado a la mesa con los doce. ²¹Mientras comían, les dijo:

—Les aseguro que uno de ustedes me va a traicionar.

²²Ellos se entristecieron mucho, y uno por uno comenzaron a preguntarle:

—¿Acaso seré yo, Señor?

²³—El que mete la mano conmigo en el plato es el que me va a traicionar —respondió Jesús—. ²⁴A la verdad el Hijo del hombre se irá, tal como está escrito de él, pero ¡ay de aquel que lo traiciona! Más le valdría a ese hombre no haber nacido.

²⁵—¿Acaso seré yo, Rabí? —le dijo Judas, el que lo iba a traicionar.

—Tú lo has dicho —le contestó Jesús.

²⁶Mientras comían, Jesús tomó pan y lo bendijo. Luego lo partió y se lo dio a sus discípulos, diciéndoles:

—Tomen y coman; esto es mi cuerpo.

²⁷Después tomó la copa, dio gracias, y se la ofreció diciéndoles:

—Beban de ella todos ustedes. ²⁸Esto es mi sangre del pacto,^e que es derramada por muchos para el perdón de pecados. ²⁹Les digo que no beberé de este fruto de la vid desde ahora en adelante, hasta el día en que beba con ustedes el vino nuevo en el reino de mi Padre.

³⁰Después de cantar los salmos, salieron al monte de los Olivos.

Jesús predice la negación de Pedro
26:31-35 — Mr 14:27-31; Lc 22:31-34

³¹—Esta misma noche —les dijo Jesús— todos ustedes me abandonarán, porque está escrito:

» "Heriré al pastor,
　　y se dispersarán las ovejas del
　　　　rebaño."^f

³²Pero después de que yo resucite, iré delante de ustedes a Galilea.

³³—Aunque todos te abandonen —declaró Pedro—, yo jamás lo haré.

³⁴—Te aseguro —le contestó Jesús— que esta misma noche, antes de que cante el gallo, me negarás tres veces.

³⁵—Aunque tenga que morir contigo —insistió Pedro—, jamás te negaré.

Y los demás discípulos dijeron lo mismo.

Jesús en Getsemaní
26:36-46 — Mr 14:32-42; Lc 22:40-46

³⁶Luego fue Jesús con sus discípulos a un lugar llamado Getsemaní, y les dijo: «Siéntense aquí mientras voy más allá a orar.» ³⁷Se llevó a Pedro y a los dos hijos de Zebedeo, y comenzó a sentirse triste y angustiado. ³⁸«Es tal la angustia que me invade, que me siento morir —les dijo—. Quédense aquí y manténganse despiertos conmigo.»

---

^e**26:28** del pacto. Var. del nuevo pacto (véase Lc 22:20).　　^f**26:31** Zac 13:7

39Yendo un poco más allá, se postró sobre su rostro y oró: «Padre mío, si es posible, no me hagas beber este trago amargo.*g* Pero no sea lo que yo quiero, sino lo que quieres tú.»

40Luego volvió adonde estaban sus discípulos y los encontró dormidos. «¿No pudieron mantenerse despiertos conmigo ni una hora? —le dijo a Pedro—. **41**Estén alerta y oren para que no caigan en *tentación. El espíritu está dispuesto, pero el cuerpo*h* es débil.»

42Por segunda vez se retiró y oró: «Padre mío, si no es posible evitar que yo beba este trago amargo,*i* hágase tu voluntad.»

43Cuando volvió, otra vez los encontró dormidos, porque se les cerraban los ojos de sueño. **44**Así que los dejó y se retiró a orar por tercera vez, diciendo lo mismo.

45Volvió de nuevo a los discípulos y les dijo: «¿Siguen durmiendo y descansando? Miren, se acerca la hora, y el Hijo del hombre va a ser entregado en manos de *pecadores. **46**¡Levántense! ¡Vámonos! ¡Ahí viene el que me traiciona!»

Arresto de Jesús
26:47-56 — Mr 14:43-50; Lc 22:47-53

47Todavía estaba hablando Jesús cuando llegó Judas, uno de los doce. Lo acompañaba una gran turba armada con espadas y palos, enviada por los jefes de los sacerdotes y los *ancianos del pueblo. **48**El traidor les había dado esta contraseña: «Al que le dé un beso, ése es; arréstenlo.» **49**En seguida Judas se acercó a Jesús y lo saludó.

—¡Rabí! —le dijo, y lo besó.

50—Amigo —le replicó Jesús—, ¿a qué vienes?*j*

Entonces los hombres se acercaron y prendieron a Jesús. **51**En eso, uno de los que estaban con él extendió la mano, sacó la espada e hirió al siervo del sumo sacerdote, cortándole una oreja.

52—Guarda tu espada —le dijo Jesús—, porque los que a hierro matan, a hierro mueren.*k* **53**¿Crees que no puedo acudir a mi Padre, y al instante pondría a mi disposición más de doce batallones*l* de ángeles? **54**Pero entonces, ¿cómo se cumplirían las Escrituras que dicen que así tiene que suceder?

55Y de inmediato dijo a la turba:

—¿Acaso soy un bandido,*m* para que vengan con espadas y palos a arrestarme? Todos los días me sentaba a enseñar en el *templo, y no me prendieron. **56**Pero todo esto ha sucedido para que se cumpla lo que escribieron los profetas.

Entonces todos los discípulos lo abandonaron y huyeron.

Jesús ante el Consejo
26:57-68 — Mr 14:53-65; Jn 18:12-13,19-24

57Los que habían arrestado a Jesús lo llevaron ante Caifás, el sumo sacerdote, donde se habían reunido los *maestros de la ley y los *ancianos. **58**Pero Pedro lo siguió de lejos hasta el patio del sumo sacerdote. Entró y se sentó con los guardias para ver en qué terminaba aquello.

59Los jefes de los sacerdotes y el *Consejo en pleno buscaban alguna prueba falsa contra Jesús para poder condenarlo a muerte. **60**Pero no la encontraron, a pesar de que se presentaron muchos falsos testigos.

Por fin se presentaron dos, **61**que declararon:

—Este hombre dijo: "Puedo destruir el *templo de Dios y reconstruirlo en tres días."

62Poniéndose en pie, el sumo sacerdote le dijo a Jesús:

—¿No vas a responder? ¿Qué significan estas denuncias en tu contra?

63Pero Jesús se quedó callado. Así que el sumo sacerdote insistió:

—Te ordeno en el nombre del Dios viviente que nos digas si eres el *Cristo, el Hijo de Dios.

64—Tú lo has dicho —respondió Jesús—. Pero yo les digo a todos: De ahora en adelante verán ustedes al Hijo del hombre sentado a la *derecha del Todopoderoso, y viniendo en las nubes del cielo.

---

g **26:39** *no ... amargo.* Lit. *que pase de mí esta copa.* *h* **26:41** *el cuerpo.* Lit. *la* "carne. *i* **26:42** *evitar ... amargo.* Lit. *que esto pase de mí.* *j* **26:50** *¿a qué vienes?* Alt. *haz lo que viniste a hacer.* *k* **26:52** *porque ... mueren.* Lit. *Porque todos los que toman espada, por espada perecerán.* *l* **26:53** *batallones.* Lit. *legiones.* *m* **26:55** *bandido.* Alt. *insurgente.*

65—¡Ha *blasfemado! —exclamó el sumo sacerdote, rasgándose las vestiduras—. ¿Para qué necesitamos más testigos? ¡Miren, ustedes mismos han oído la blasfemia! 66¿Qué piensan de esto?

—Merece la muerte —le contestaron.

67Entonces algunos le escupieron en el rostro y le dieron puñetazos. Otros lo abofeteaban 68y decían:

—A ver, Cristo, ¡adivina quién te pegó!

Pedro niega a Jesús
26:69-75 — Mr 14:66-72; Lc 22:55-62;
Jn 18:16-18,25-27

69Mientras tanto, Pedro estaba sentado afuera, en el patio, y una criada se le acercó.

—Tú también estabas con Jesús de Galilea —le dijo.

70Pero él lo negó delante de todos, diciendo:

—No sé de qué estás hablando.

71Luego salió a la puerta, donde otra criada lo vio y dijo a los que estaban allí:

—Éste estaba con Jesús de Nazaret.

72Él lo volvió a negar, jurándoles:

—¡A ese hombre ni lo conozco!

73Poco después se acercaron a Pedro los que estaban allí y le dijeron:

—Seguro que eres uno de ellos; se te nota por tu acento.

74Y comenzó a echarse maldiciones, y les juró:

—¡A ese hombre ni lo conozco!

En ese instante cantó un gallo. 75Entonces Pedro se acordó de lo que Jesús había dicho: «Antes de que cante el gallo, me negarás tres veces.» Y saliendo de allí, lloró amargamente.

Judas se ahorca

27 Muy de mañana, todos los jefes de los sacerdotes y los *ancianos del pueblo tomaron la decisión de condenar a muerte a Jesús. 2Lo ataron, se lo llevaron y se lo entregaron a Pilato, el gobernador.

3Cuando Judas, el que lo había traicionado, vio que habían condenado a Jesús, sintió remordimiento y devolvió las treinta monedas de plata a los jefes de los sacerdotes y a los ancianos.

4—He pecado —les dijo— porque he entregado sangre inocente.

—¿Y eso a nosotros qué nos importa? —respondieron—. ¡Allá tú!

5Entonces Judas arrojó el dinero en el *santuario y salió de allí. Luego fue y se ahorcó.

6Los jefes de los sacerdotes recogieron las monedas y dijeron: «La ley no permite echar esto al tesoro, porque es precio de sangre.» 7Así que resolvieron comprar con ese dinero un terreno conocido como Campo del Alfarero, para sepultar allí a los extranjeros. 8Por eso se le ha llamado Campo de Sangre hasta el día de hoy. 9Así se cumplió lo dicho por el profeta Jeremías: «Tomaron las treinta monedas de plata, el precio que el pueblo de Israel le había fijado, 10y con ellas compraron el campo del alfarero, como me ordenó el Señor.»[n]

Jesús ante Pilato
27:11-26 — Mr 15:12-15; Lc 23:2-3,18-25;
Jn 18:29—19:16

11Mientras tanto, Jesús compareció ante el gobernador, y éste le preguntó:

—¿Eres tú el rey de los judíos?

—Tú lo dices —respondió Jesús.

12Al ser acusado por los jefes de los sacerdotes y por los *ancianos, Jesús no contestó nada.

13—¿No oyes lo que declaran contra ti? —le dijo Pilato.

14Pero Jesús no respondió ni a una sola acusación, por lo que el gobernador se llenó de asombro.

15Ahora bien, durante la fiesta el gobernador acostumbraba soltar un preso que la gente escogiera. 16Tenían un preso famoso llamado Barrabás. 17-18Así que cuando se reunió la multitud, Pilato, que sabía que le habían entregado a Jesús por envidia, les preguntó:

—¿A quién quieren que les suelte: a Barrabás o a Jesús, al que llaman *Cristo?

19Mientras Pilato estaba sentado en el tribunal, su esposa le envió el siguiente

[n]27:10 Véanse Zac 11:12,13; Jer 19:1-13; 32:6-9.

recado: «No te metas con ese justo, pues por causa de él, hoy he sufrido mucho en un sueño.»

20Pero los jefes de los sacerdotes y los ancianos persuadieron a la multitud a que le pidiera a Pilato soltar a Barrabás y ejecutar a Jesús.

21—¿A cuál de los dos quieren que les suelte? —preguntó el gobernador.

—A Barrabás.

22—¿Y qué voy a hacer con Jesús, al que llaman Cristo?

—¡Crucifícalo! —respondieron todos.

23—¿Por qué? ¿Qué crimen ha cometido?

Pero ellos gritaban aún más fuerte:

—¡Crucifícalo!

24Cuando Pilato vio que no conseguía nada, sino que más bien se estaba formando un tumulto, pidió agua y se lavó las manos delante de la gente.

—Soy inocente de la sangre de este hombre —dijo—. ¡Allá ustedes!

25—¡Que su sangre caiga sobre nosotros y sobre nuestros hijos! —contestó todo el pueblo.

26Entonces les soltó a Barrabás; pero a Jesús lo mandó azotar, y lo entregó para que lo crucificaran.

Los soldados se burlan de Jesús
27:27-31 — Mr 15:16-20

27Los soldados del gobernador llevaron a Jesús al palacio[n] y reunieron a toda la tropa alrededor de él. **28**Le quitaron la ropa y le pusieron un manto de color escarlata. **29**Luego trenzaron una corona de espinas y se la colocaron en la cabeza, y en la mano derecha le pusieron una caña. Arrodillándose delante de él, se burlaban diciendo:

—¡Salve, rey de los judíos!

30Y le escupían, y con la caña le golpeaban la cabeza. **31**Después de burlarse de él, le quitaron el manto, le pusieron su propia ropa y se lo llevaron para crucificarlo.

La crucifixión
27:33-44 — Mr 15:22-32; Lc 23:33-43; Jn 19:17-24

32Al salir encontraron a un hombre de Cirene que se llamaba Simón, y lo obligaron a llevar la cruz. **33**Llegaron a un lugar llamado Gólgota (que significa «Lugar de la Calavera»). **34**Allí le dieron a Jesús vino mezclado con hiel; pero después de probarlo, se negó a beberlo. **35**Lo crucificaron y repartieron su ropa echando suertes.[o] **36**Y se sentaron a vigilarlo. **37**Encima de su cabeza pusieron por escrito la causa de su condena: «ÉSTE ES JESÚS, EL REY DE LOS JUDÍOS.» **38**Con él crucificaron a dos bandidos,[p] uno a su derecha y otro a su izquierda. **39**Los que pasaban meneaban la cabeza y *blasfemaban contra él:

40—Tú, que destruyes el *templo y en tres días lo reconstruyes, ¡sálvate a ti mismo! ¡Si eres el Hijo de Dios, baja de la cruz!

41De la misma manera se burlaban de él los jefes de los sacerdotes, junto con los *maestros de la ley y los *ancianos.

42—Salvó a otros —decían—, ¡pero no puede salvarse a sí mismo! ¡Y es el Rey de Israel! Que baje ahora de la cruz, y así creeremos en él. **43**Él confía en Dios; pues que lo libre Dios ahora, si de veras lo quiere. ¿Acaso no dijo: "Yo soy el Hijo de Dios"?

44Así también lo insultaban los bandidos que estaban crucificados con él.

Muerte de Jesús
27:45-56 — Mr 15:31-41; Lc 23:44-49

45Desde el mediodía y hasta la media tarde[q] toda la tierra quedó en oscuridad. **46**Como a las tres de la tarde,[r] Jesús gritó con fuerza:

—Elí, Elí,[s] ¿lama sabactani? (que significa: "Dios mío, Dios mío, ¿por qué me has desamparado?").[t]

47Cuando lo oyeron, algunos de los que estaban allí dijeron:

—Está llamando a Elías.

---

[n]**27:27** *palacio.* Lit. *pretorio.*   [o]**27:35** *suertes.* Var. *suertes, para que se cumpliera lo dicho por medio del profeta: «Se repartieron entre ellos mi manto y sobre mi ropa echaron suertes»* (Sal 22:18; véase Jn 19:24).
[p]**27:38** *bandidos.* Alt. *insurgentes;* también en v. 44.   [q]**27:45** *Desde ... tarde.* Lit. *Desde la hora sexta hasta la hora novena.*   [r]**27:46** *Como ... tarde.* Lit. *Como a la hora novena.*   [s]**27:46** *Elí, Elí.* Var. *Eloi, Eloi.*
[t]**27:46** Sal 22:1

48Al instante uno de ellos corrió en busca de una esponja. La empapó en vinagre, la puso en una caña y se la ofreció a Jesús para que bebiera. 49Los demás decían:

—Déjalo, a ver si viene Elías a salvarlo.

50Entonces Jesús volvió a gritar con fuerza, y entregó su espíritu.

51En ese momento la cortina del *santuario del templo se rasgó en dos, de arriba abajo. La tierra tembló y se partieron las rocas. 52Se abrieron los sepulcros, y muchos *santos que habían muerto resucitaron. 53Salieron de los sepulcros y, después de la resurrección de Jesús, entraron en la ciudad santa y se aparecieron a muchos.

54Cuando el centurión y los que con él estaban custodiando a Jesús vieron el terremoto y todo lo que había sucedido, quedaron aterrados y exclamaron:

—¡Verdaderamente éste era el Hijo*u* de Dios!

55Estaban allí, mirando de lejos, muchas mujeres que habían seguido a Jesús desde Galilea para servirle. 56Entre ellas se encontraban María Magdalena, María la madre de *Jacobo y de José, y la madre de los hijos de Zebedeo.

Sepultura de Jesús
27:57-61 — Mr 15:42-47; Lc 23:50-56; Jn 19:38-42

57Al atardecer, llegó un hombre rico de Arimatea, llamado José, que también se había convertido en discípulo de Jesús. 58Se presentó ante Pilato para pedirle el cuerpo de Jesús, y Pilato ordenó que se lo dieran. 59José tomó el cuerpo, lo envolvió en una sábana limpia 60y lo puso en un sepulcro nuevo de su propiedad que había cavado en la roca. Luego hizo rodar una piedra grande a la entrada del sepulcro, y se fue. 61Allí estaban, sentadas frente al sepulcro, María Magdalena y la otra María.

La guardia ante el sepulcro

62Al día siguiente, después del día de la preparación, los jefes de los sacerdotes y los fariseos se presentaron ante Pilato.

63—Señor —le dijeron—, nosotros recordamos que mientras ese engañador aún vivía, dijo: "A los tres días resucitaré." 64Por eso, ordene usted que se selle el sepulcro hasta el tercer día, no sea que vengan sus discípulos, se roben el cuerpo y le digan al pueblo que ha *resucitado. Ese último engaño sería peor que el primero.

65—Llévense una guardia de soldados —les ordenó Pilato—, y vayan a asegurar el sepulcro lo mejor que puedan. 66Así que ellos fueron, cerraron el sepulcro con una piedra, y lo sellaron; y dejaron puesta la guardia.

La resurrección
28:1-8 — Mr 16:1-8; Lc 24:1-10

28 Después del *sábado, al amanecer del primer día de la semana, María Magdalena y la otra María fueron a ver el sepulcro.

2Sucedió que hubo un terremoto violento, porque un ángel del Señor bajó del cielo y, acercándose al sepulcro, quitó la piedra y se sentó sobre ella. 3Su aspecto era como el de un relámpago, y su ropa era blanca como la nieve. 4Los guardias tuvieron tanto miedo de él que se pusieron a temblar y quedaron como muertos.

5El ángel dijo a las mujeres:

—No tengan miedo; sé que ustedes buscan a Jesús, el que fue crucificado. 6No está aquí, pues ha resucitado, tal como dijo. Vengan a ver el lugar donde lo pusieron. 7Luego vayan pronto a decirles a sus discípulos: "Él se ha *levantado de entre los muertos y va delante de ustedes a Galilea. Allí lo verán." Ahora ya lo saben.

8Así que las mujeres se alejaron a toda prisa del sepulcro, asustadas pero muy alegres, y corrieron a dar la noticia a los discípulos. 9En eso Jesús les salió al encuentro y las saludó. Ellas se le acercaron, le abrazaron los pies y lo adoraron.

10—No tengan miedo —les dijo Jesús—. Vayan a decirles a mis hermanos que se dirijan a Galilea, y allí me verán.

*u*27:54 *era el Hijo.* Alt. *era hijo.*

El informe de los guardias

11Mientras las mujeres iban de camino, algunos de los guardias entraron en la ciudad e informaron a los jefes de los sacerdotes de todo lo que había sucedido. **12**Después de reunirse estos jefes con los *ancianos y de trazar un plan, les dieron a los soldados una fuerte suma de dinero **13**y les encargaron: «Digan que los discípulos de Jesús vinieron por la noche y que, mientras ustedes dormían, se robaron el cuerpo. **14**Y si el gobernador llega a enterarse de esto, nosotros responderemos por ustedes y les evitaremos cualquier problema.»

15Así que los soldados tomaron el dinero e hicieron como se les había instruido. Esta es la versión de los sucesos que hasta el día de hoy ha circulado entre los judíos.

La gran comisión

16Los once discípulos fueron a Galilea, a la montaña que Jesús les había indicado. **17**Cuando lo vieron, lo adoraron; pero algunos dudaban. **18**Jesús se acercó entonces a ellos y les dijo:

—Se me ha dado toda autoridad en el cielo y en la tierra. **19**Por tanto, vayan y hagan discípulos de todas las *naciones, bautizándolos en el nombre del Padre y del Hijo y del Espíritu Santo, **20**enseñándoles a obedecer todo lo que les he mandado a ustedes. Y les aseguro que estaré con ustedes siempre, hasta el fin del mundo.*v*

v **28:20** *el fin del mundo.* Lit. *la consumación del siglo.*

Evangelio según Marcos

Juan el Bautista prepara el camino

1:2-8 — Mt 3:1-11; Lc 3:2-16

1 Comienzo del *evangelio de *Jesucristo, el Hijo de Dios.ᵃ

²Sucedió como está escrito en el profeta Isaías:

«Yo estoy por enviar a mi
    mensajero delante de ti,
el cual preparará tu camino.»ᵇ
³«Voz de uno que grita en el
    desierto:
"Preparen el camino del Señor,
    háganle sendas derechas."»ᶜ

⁴Así se presentó Juan, bautizando en el desierto y predicando el bautismo de *arrepentimiento para el perdón de pecados. ⁵Toda la gente de la región de Judea y de la ciudad de Jerusalén acudía a él. Cuando confesaban sus pecados, él los bautizaba en el río Jordán. ⁶La ropa de Juan estaba hecha de pelo de camello. Llevaba puesto un cinturón de cuero, y comía langostas y miel silvestre. ⁷Predicaba de esta manera: «Después de mí viene uno más poderoso que yo; ni siquiera merezco agacharme para desatar la correa de sus sandalias. ⁸Yo los he bautizado a ustedes conᵈ agua, pero él los bautizará con el Espíritu Santo.»

Bautismo y tentación de Jesús

1:9-11 — Mt 3:13-17; Lc 3:21-22
1:12-13 — Mt 4:1-11; Lc 4:1-13

⁹En esos días llegó Jesús desde Nazaret de Galilea y fue bautizado por Juan en el Jordán. ¹⁰En seguida, al subir del agua, Jesús vio que el cielo se abría y que el Espíritu bajaba sobre él como una paloma.

¹¹También se oyó una voz del cielo que decía: «Tú eres mi Hijo amado; estoy muy complacido contigo.»

¹²En seguida el Espíritu lo impulsó a ir al desierto, ¹³y allí fue *tentado por Satanás durante cuarenta días. Estaba entre las fieras, y los ángeles le servían.

Llamamiento de los primeros discípulos

1:16-20 — Mt 4:18-22; Lc 5:2-11; Jn 1:35-42

¹⁴Después de que encarcelaron a Juan, Jesús se fue a Galilea a anunciar las buenas *nuevas de Dios. ¹⁵«Se ha cumplido el tiempo —decía—. El reino de Dios está cerca. ¡*Arrepiéntanse y crean las buenas *nuevas!»

¹⁶Pasando por la orilla del mar de Galilea, Jesús vio a Simón y a su hermano Andrés que echaban la red al lago, pues eran pescadores. ¹⁷«Vengan, síganme —les dijo Jesús—, y los haré pescadores de hombres.» ¹⁸Al momento dejaron las redes y lo siguieron.

¹⁹Un poco más adelante vio a *Jacobo y a su hermano Juan, hijos de Zebedeo, que estaban en su barca remendando las redes. ²⁰En seguida los llamó, y ellos, dejando a su padre Zebedeo en la barca con los jornaleros, se fueron con Jesús.

Jesús expulsa a un espíritu maligno

1:21-28 — Lc 4:31-37

²¹Entraron en Capernaúm, y tan pronto como llegó el *sábado, Jesús fue a la sinagoga y se puso a enseñar. ²²La gente se asombraba de su enseñanza, porque la impartía como quien tiene autoridad y no como los *maestros de la ley. ²³De repente, en la sinagoga, un hombre que estaba poseído por un *espíritu maligno gritó:

ᵃ1:1 Var. no incluye: el Hijo de Dios.   ᵇ1:2 Mal 3:1   ᶜ1:3 Is 40:3   ᵈ1:8 con. Alt. en.

24—¿Por qué te entrometes, Jesús de Nazaret? ¿Has venido a destruirnos? Yo sé quién eres tú: ¡el Santo de Dios!

25—¡Cállate! —lo reprendió Jesús—. ¡Sal de ese hombre!

26Entonces el espíritu maligno sacudió al hombre violentamente y salió de él dando un alarido. 27Todos se quedaron tan asustados que se preguntaban unos a otros: «¿Qué es esto? ¡Una enseñanza nueva, pues lo hace con autoridad! Les da órdenes incluso a los espíritus malignos, y le obedecen.» 28Como resultado, su fama se extendió rápidamente por toda la región de Galilea.

Jesús sana a muchos enfermos
1:29-31 — Mt 8:14-15; Lc 4:38-39
1:32-34 — Mt 8:16-17; Lc 4:40-41

29Tan pronto como salieron de la sinagoga, Jesús fue con *Jacobo y Juan a casa de Simón y Andrés. 30La suegra de Simón estaba en cama con fiebre, y en seguida se lo dijeron a Jesús. 31Él se le acercó, la tomó de la mano y la ayudó a levantarse. Entonces se le quitó la fiebre y se puso a servirles.

32Al atardecer, cuando ya se ponía el sol, la gente le llevó a Jesús todos los enfermos y endemoniados, 33de manera que la población entera se estaba congregando a la puerta. 34Jesús sanó a muchos que padecían de diversas enfermedades. También expulsó a muchos demonios, pero no los dejaba hablar porque sabían quién era él.

Jesús ora en un lugar solitario
1:35-38 — Lc 4:42-43

35Muy de madrugada, cuando todavía estaba oscuro, Jesús se levantó, salió de la casa y se fue a un lugar solitario, donde se puso a orar. 36Simón y sus compañeros salieron a buscarlo.

37Por fin lo encontraron y le dijeron:

—Todo el mundo te busca.

38Jesús respondió:

—Vámonos de aquí a otras aldeas cercanas donde también pueda predicar; para esto he venido.

39Así que recorrió toda Galilea, predicando en las sinagogas y expulsando demonios.

Jesús sana a un leproso
1:40-44 — Mt 8:2-4; Lc 5:12-14

40Un hombre que tenía *lepra se le acercó, y de rodillas le suplicó:

—Si quieres, puedes *limpiarme.

41Movido a compasión, Jesús extendió la mano y tocó al hombre, diciéndole:

—Sí quiero. ¡Queda limpio!

42Al instante se le quitó la lepra y quedó sano. *e* 43Jesús lo despidió en seguida con una fuerte advertencia:

44—Mira, no se lo digas a nadie; sólo ve, preséntate al sacerdote y lleva por tu *purificación lo que ordenó Moisés, para que sirva de testimonio.

45Pero él salió y comenzó a hablar sin reserva, divulgando lo sucedido. Como resultado, Jesús ya no podía entrar en ningún pueblo abiertamente, sino que se quedaba afuera, en lugares solitarios. Aun así, gente de todas partes seguía acudiendo a él.

Jesús sana a un paralítico
2:3-12 — Mt 9:2-8; Lc 5:18-26

2 Unos días después, cuando Jesús entró de nuevo en Capernaúm, corrió la voz de que estaba en casa. 2Se aglomeraron tantos que ya no quedaba sitio ni siquiera frente a la puerta mientras él les predicaba la palabra. 3Entonces llegaron cuatro hombres que le llevaban un paralítico. 4Como no podían acercarlo a Jesús por causa de la multitud, quitaron parte del techo encima de donde estaba Jesús y, luego de hacer una abertura, bajaron la camilla en la que estaba acostado el paralítico. 5Al ver Jesús la fe de ellos, le dijo al paralítico:

—Hijo, tus pecados quedan perdonados.

6Estaban sentados allí algunos *maestros de la ley, que pensaban: 7«¿Por qué habla éste así? ¡Está *blasfemando! ¿Quién puede perdonar pecados sino sólo Dios?»

e 1:42 *sano.* Lit. *limpio.*

8En ese mismo instante supo Jesús en su espíritu que esto era lo que estaban pensando.

—¿Por qué razonan así? —les dijo—. **9**¿Qué es más fácil, decirle al paralítico: "Tus pecados son perdonados", o decirle: "Levántate, toma tu camilla y anda"? **10**Pues para que sepan que el Hijo del hombre tiene autoridad en la tierra para perdonar pecados —se dirigió entonces al paralítico—: **11**A ti te digo, levántate, toma tu camilla y vete a tu casa.

12Él se levantó, tomó su camilla en seguida y salió caminando a la vista de todos. Ellos se quedaron asombrados y comenzaron a alabar a Dios.

—Jamás habíamos visto cosa igual —decían.

Llamamiento de Leví

2:14-17 — Mt 9:9-13; Lc 5:27-32

13De nuevo salió Jesús a la orilla del lago. Toda la gente acudía a él, y él les enseñaba. **14**Al pasar vio a Leví hijo de Alfeo, donde éste cobraba impuestos.

—Sígueme —le dijo Jesús.

Y Leví se levantó y lo siguió.

15Sucedió que, estando Jesús a la mesa en casa de Leví, muchos *recaudadores de impuestos y *pecadores se *sentaron con él y sus discípulos, pues ya eran muchos los que lo seguían. **16**Cuando los *maestros de la ley, que eran *fariseos, vieron con quién comía, les preguntaron a sus discípulos:

—¿Y éste come con recaudadores de impuestos y con pecadores?

17Al oírlos, Jesús les contestó:

—No son los sanos los que necesitan médico sino los enfermos. Y yo no he venido a llamar a justos sino a pecadores.

Le preguntan a Jesús sobre el ayuno

2:18-22 — Mt 9:14-17; Lc 5:33-38

18Al ver que los discípulos de Juan y los *fariseos ayunaban, algunos se acercaron a Jesús y le preguntaron:

—¿Cómo es que los discípulos de Juan y de los fariseos ayunan, pero los tuyos no?

19Jesús les contestó:

—¿Acaso pueden ayunar los invitados del novio mientras él está con ellos? No pueden hacerlo mientras lo tienen con ellos. **20**Pero llegará el día en que se les quitará el novio, y ese día sí ayunarán. **21**Nadie remienda un vestido viejo con un retazo de tela nueva. De hacerlo así, el remiendo fruncirá el vestido y la rotura se hará peor. **22**Ni echa nadie vino nuevo en odres viejos. De hacerlo así, el vino hará reventar los odres y se arruinarán tanto el vino como los odres. Más bien, el vino nuevo se echa en odres nuevos.

Señor del sábado

2:23-28 — Mt 12:1-8; Lc 6:1-5
3:1-6 — Mt 12:9-14; Lc 6:6-11

23Un *sábado, al cruzar Jesús los sembrados, sus discípulos comenzaron a arrancar a su paso unas espigas de trigo.

24—Mira —le preguntaron los *fariseos—, ¿por qué hacen ellos lo que está prohibido hacer en sábado?

25Él les contestó:

—¿Nunca han leído lo que hizo David en aquella ocasión, cuando él y sus compañeros tuvieron hambre y pasaron necesidad? **26**Entró en la casa de Dios cuando Abiatar era el sumo sacerdote, y comió los panes consagrados a Dios, que sólo a los sacerdotes les es permitido comer. Y dio también a sus compañeros.

27»El sábado se hizo para el hombre, y no el hombre para el sábado —añadió—. **28**Así que el Hijo del hombre es Señor incluso del sábado.

3 En otra ocasión entró en la sinagoga, y había allí un hombre que tenía la mano paralizada. **2**Algunos que buscaban un motivo para acusar a Jesús no le quitaban la vista de encima para ver si sanaba al enfermo en *sábado. **3**Entonces Jesús le dijo al hombre de la mano paralizada:

—Ponte de pie frente a todos.

4Luego dijo a los otros:

—¿Qué está permitido en sábado: hacer el bien o hacer el mal, salvar una *vida o matar?

Pero ellos permanecieron callados.

5Jesús se les quedó mirando, enojado y entristecido por la dureza de su corazón, y le dijo al hombre:

—Extiende la mano.

La extendió, y la mano le quedó restablecida. **6**Tan pronto como salieron los fariseos, comenzaron a tramar con los herodianos cómo matar a Jesús.

La multitud sigue a Jesús

3:7-12 — Mt 12:15-16; Lc 6:17-19

7 Jesús se retiró al lago con sus discípulos, y mucha gente de Galilea lo siguió. 8 Cuando se enteraron de todo lo que hacía, acudieron también a él muchos de Judea y Jerusalén, de Idumea, del otro lado del Jordán y de las regiones de Tiro y Sidón. 9 Entonces, para evitar que la gente lo atropellara, encargó a sus discípulos que le tuvieran preparada una pequeña barca; 10 pues como había sanado a muchos, todos los que sufrían dolencias se abalanzaban sobre él para tocarlo. 11 Además, los *espíritus malignos, al verlo, se postraban ante él, gritando: «¡Tú eres el Hijo de Dios!» 12 Pero él les ordenó terminantemente que no dijeran quién era él.

Nombramiento de los doce apóstoles

3:16-19 — Mt 10:2-4; Lc 6:14-16; Hch 1:13

13 Subió Jesús a una montaña y llamó a los que quiso, los cuales se reunieron con él. 14 Designó a doce, a quienes nombró apóstoles,*f* para que lo acompañaran y para enviarlos a predicar 15 y ejercer autoridad para expulsar demonios. 16 Éstos son los doce que él nombró: Simón (a quien llamó Pedro); 17 *Jacobo y su hermano Juan, hijos de Zebedeo (a quienes llamó Boanerges, que significa: Hijos del trueno); 18 Andrés, Felipe, Bartolomé, Mateo, Tomás, Jacobo, hijo de Alfeo; Tadeo, Simón el Zelote 19 y Judas Iscariote, el que lo traicionó.

Jesús y Beelzebú

3:23-27 — Mt 12:25-29; Lc 11:14-22

20 Luego entró en una casa, y de nuevo se aglomeró tanta gente que ni siquiera podían comer él y sus discípulos. 21 Cuando se enteraron sus parientes, salieron a hacerse cargo de él, porque decían: «Está fuera de sí.»

22 Los *maestros de la ley que habían llegado de Jerusalén decían: «¡Está poseí-do por *Beelzebú! Expulsa a los demonios por medio del príncipe de los demonios.»

23 Entonces Jesús los llamó y les habló en parábolas: «¿Cómo puede Satanás expulsar a Satanás? 24 Si un reino está dividido contra sí mismo, ese reino no puede mantenerse en pie. 25 Y si una familia está dividida contra sí misma, esa familia no puede mantenerse en pie. 26 Igualmente, si Satanás se levanta contra sí mismo y se divide, no puede mantenerse en pie, sino que ha llegado su fin. 27 Ahora bien, nadie puede entrar en la casa de alguien fuerte y arrebatarle sus bienes a menos que primero lo ate. Sólo entonces podrá robar su casa. 28 Les aseguro que todos los pecados y *blasfemias se les perdonarán a todos por igual, 29 excepto a quien blasfeme contra el Espíritu Santo. Éste no tendrá perdón jamás; es culpable de un pecado eterno.»

30 Es que ellos habían dicho: «Tiene un *espíritu maligno.»

La madre y los hermanos de Jesús

3:31-33 — Mt 12:46-50; Lc 8:19-21

31 En eso llegaron la madre y los hermanos de Jesús. Se quedaron afuera y enviaron a alguien a llamarlo, 32 pues había mucha gente sentada alrededor de él.

—Mira, tu madre y tus hermanos*g* están afuera y te buscan —le dijeron.

33 —¿Quiénes son mi madre y mis hermanos? —replicó Jesús.

34 Luego echó una mirada a los que estaban sentados alrededor de él y añadió:

—Aquí tienen a mi madre y a mis hermanos. 35 Cualquiera que hace la voluntad de Dios es mi hermano, mi hermana y mi madre.

Parábola del sembrador

4:1-12 — Mt 13:1-15; Lc 8:4-10
4:13-20 — Mt 13:18-23; Lc 8:11-15

4 De nuevo comenzó Jesús a enseñar a la orilla del lago. La multitud que se reunió para verlo era tan grande que él subió y se sentó en una barca que estaba en el lago, mientras toda la gente se quedaba en la playa. 2 Entonces se puso a

---

f **3:14** Var. no incluye: *a quienes nombró apóstoles.*   *g* **3:32** *tus hermanos.* Var. *tus hermanos y tus hermanas.*

enseñarles muchas cosas por medio de parábolas y, como parte de su instrucción, les dijo: 3«¡Pongan atención! Un sembrador salió a sembrar. 4Sucedió que al esparcir él la semilla, una parte cayó junto al camino, y llegaron los pájaros y se la comieron. 5Otra parte cayó en terreno pedregoso, sin mucha tierra. Esa semilla brotó pronto porque la tierra no era profunda; 6pero cuando salió el sol, las plantas se marchitaron y, por no tener raíz, se secaron. 7Otra parte de la semilla cayó entre espinos que, al crecer, la ahogaron, de modo que no dio fruto. 8Pero las otras semillas cayeron en buen terreno. Brotaron, crecieron y produjeron una cosecha que rindió el treinta, el sesenta y hasta el ciento por uno.

9»El que tenga oídos para oír, que oiga», añadió Jesús.

10Cuando se quedó solo, los doce y los que estaban alrededor de él le hicieron preguntas sobre las parábolas. 11«A ustedes se les ha revelado el *secreto del reino de Dios —les contestó—; pero a los de afuera todo les llega por medio de parábolas, 12para que

> »"por mucho que vean, no
> perciban;
> y por mucho que oigan, no
> entiendan;
> no sea que se conviertan y sean
> perdonados."h

13»¿No entienden esta parábola? —continuó Jesús—. ¿Cómo podrán, entonces, entender las demás? 14El sembrador siembra la palabra. 15Algunos son como lo sembrado junto al camino, donde se siembra la palabra. Tan pronto como la oyen, viene Satanás y les quita la palabra sembrada en ellos. 16Otros son como lo sembrado en terreno pedregoso: cuando oyen la palabra, en seguida la reciben con alegría, 17pero como no tienen raíz, duran poco tiempo. Cuando surgen problemas o persecución a causa de la palabra, en seguida se apartan de ella. 18Otros son como lo sembrado entre espinos: oyen la palabra, 19pero las preocupaciones de esta vida, el engaño de las riquezas y muchos otros malos deseos entran hasta ahogar la palabra, de modo que ésta no llega a dar fruto. 20Pero otros son como lo sembrado en buen terreno: oyen la palabra, la aceptan y producen una cosecha que rinde el treinta, el sesenta y hasta el ciento por uno.»

Una lámpara en una repisa

21También les dijo: «¿Acaso se trae una lámpara para ponerla debajo de un cajón o debajo de la cama? ¿No es, por el contrario, para ponerla en una repisa? 22No hay nada escondido que no esté destinado a descubrirse; tampoco hay nada oculto que no esté destinado a ser revelado. 23El que tenga oídos para oír, que oiga.

24»Pongan mucha atención —añadió—. Con la medida que midan a otros, se les medirá a ustedes, y aún más se les añadirá. 25Al que tiene, se le dará más; al que no tiene, hasta lo poco que tiene se le quitará.»

Parábola de la semilla que crece

26Jesús continuó: «El reino de Dios se parece a quien esparce semilla en la tierra. 27Sin que éste sepa cómo, y ya sea que duerma o esté despierto, día y noche brota y crece la semilla. 28La tierra da fruto por sí sola; primero el tallo, luego la espiga, y después el grano lleno en la espiga. 29Tan pronto como el grano está maduro, se le mete la hoz, pues ha llegado el tiempo de la cosecha.»

Parábola del grano de mostaza
4:30-32 — Mt 13:31-32; Lc 13:18-19

30También dijo: «¿Con qué vamos a comparar el reino de Dios? ¿Qué parábola podemos usar para describirlo? 31Es como un grano de mostaza: cuando se siembra en la tierra, es la semilla más pequeña que hay, 32pero una vez sembrada crece hasta convertirse en la más grande de las hortalizas, y echa ramas tan grandes que las aves pueden anidar bajo su sombra.»

h 4:12 Is 6:9,10

33Y con muchas parábolas semejantes les enseñaba Jesús la palabra hasta donde podían entender. **34**No les decía nada sin emplear parábolas. Pero cuando estaba a solas con sus discípulos, les explicaba todo.

Jesús calma la tormenta
4:35-41 — Mt 8:18,23-27; Lc 8:22-25

35Ese día al anochecer, les dijo a sus discípulos:

—Crucemos al otro lado.

36Dejaron a la multitud y se fueron con él en la barca donde estaba. También lo acompañaban otras barcas. **37**Se desató entonces una fuerte tormenta, y las olas azotaban la barca, tanto que ya comenzaba a inundarse. **38**Jesús, mientras tanto, estaba en la popa, durmiendo sobre un cabezal, así que los discípulos lo despertaron.

—¡Maestro! —gritaron—, ¿no te importa que nos ahoguemos?

39Él se levantó, reprendió al viento y ordenó al mar:

—¡Silencio! ¡Cálmate!

El viento se calmó y todo quedó completamente tranquilo.

40—¿Por qué tienen tanto miedo? —dijo a sus discípulos—. ¿Todavía[i] no tienen fe?

41Ellos estaban espantados y se decían unos a otros:

—¿Quién es éste, que hasta el viento y el mar le obedecen?

Liberación de un endemoniado
5:1-17 — Mt 8:28-34; Lc 8:26-37
5:18-20 — Lc 8:38-39

5 Cruzaron el lago hasta llegar a la región de los gerasenos.[j] **2**Tan pronto como desembarcó Jesús, un hombre poseído por un *espíritu maligno le salió al encuentro de entre los sepulcros. **3**Este hombre vivía en los sepulcros, y ya nadie podía sujetarlo, ni siquiera con cadenas. **4**Muchas veces lo habían atado con cadenas y grilletes, pero él los destrozaba, y nadie tenía fuerza para dominarlo. **5**Noche y día andaba por los sepulcros y por las colinas, gritando y golpeándose con piedras.

6Cuando vio a Jesús desde lejos, corrió y se postró delante de él.

7—¿Por qué te entrometes, Jesús, Hijo del Dios Altísimo? —gritó con fuerza—. ¡Te ruego por Dios que no me atormentes!

8Es que Jesús le había dicho: «¡Sal de este hombre, espíritu maligno!»

9—¿Cómo te llamas? —le preguntó Jesús.

—Me llamo Legión —respondió—, porque somos muchos.

10Y con insistencia le suplicaba a Jesús que no los expulsara de aquella región.

11Como en una colina estaba paciendo una manada de muchos cerdos, los demonios le rogaron a Jesús:

12—Mándanos a los cerdos; déjanos entrar en ellos.

13Así que él les dio permiso. Cuando los espíritus malignos salieron del hombre, entraron en los cerdos, que eran unos dos mil, y la manada se precipitó al lago por el despeñadero y allí se ahogó.

14Los que cuidaban los cerdos salieron huyendo y dieron la noticia en el pueblo y por los campos, y la gente fue a ver lo que había pasado. **15**Llegaron adonde estaba Jesús, y cuando vieron al que había estado poseído por la legión de demonios, sentado, vestido y en su sano juicio, tuvieron miedo. **16**Los que habían presenciado estos hechos le contaron a la gente lo que había sucedido con el endemoniado y con los cerdos. **17**Entonces la gente comenzó a suplicarle a Jesús que se fuera de la región.

18Mientras subía Jesús a la barca, el que había estado endemoniado le rogaba que le permitiera acompañarlo. **19**Jesús no se lo permitió, sino que le dijo:

—Vete a tu casa, a los de tu familia, y diles todo lo que el Señor ha hecho por ti y cómo te ha tenido compasión.

20Así que el hombre se fue y se puso a proclamar en *Decápolis lo mucho que Jesús había hecho por él. Y toda la gente se quedó asombrada.

---

[i] **4:40** *Todavía.* Var. *Cómo es que.* [j] **5:1** *gerasenos.* Var. *gadarenos*; otra var. *gergesenos.*

Una niña muerta y una mujer enferma

5:22-43 — Mt 9:18-26; Lc 8:41-56

21Después de que Jesús regresó en la barca al otro lado del lago, se reunió alrededor de él una gran multitud, por lo que él se quedó en la orilla. 22Llegó entonces uno de los jefes de la sinagoga, llamado Jairo. Al ver a Jesús, se arrojó a sus pies, 23suplicándole con insistencia:

—Mi hijita se está muriendo. Ven y pon tus manos sobre ella para que se *sane y viva.

24Jesús se fue con él, y lo seguía una gran multitud, la cual lo apretujaba. 25Había entre la gente una mujer que hacía doce años padecía de hemorragias. 26Había sufrido mucho a manos de varios médicos, y se había gastado todo lo que tenía sin que le hubiera servido de nada, pues en vez de mejorar, iba de mal en peor. 27Cuando oyó hablar de Jesús, se le acercó por detrás entre la gente y le tocó el manto. 28Pensaba: «Si logro tocar siquiera su ropa, quedaré sana.» 29Al instante cesó su hemorragia, y se dio cuenta de que su cuerpo había quedado libre de esa aflicción.

30Al momento también Jesús se dio cuenta de que de él había salido poder, así que se volvió hacia la gente y preguntó:

—¿Quién me ha tocado la ropa?

31—Ves que te apretuja la gente —le contestaron sus discípulos—, y aun así preguntas: "¿Quién me ha tocado?"

32Pero Jesús seguía mirando a su alrededor para ver quién lo había hecho. 33La mujer, sabiendo lo que le había sucedido, se acercó temblando de miedo y, arrojándose a sus pies, le confesó toda la verdad.

34—¡Hija, tu fe te ha sanado! —le dijo Jesús—. Vete en paz y queda sana de tu aflicción.

35Todavía estaba hablando Jesús, cuando llegaron unos hombres de la casa de Jairo, jefe de la sinagoga, para decirle:

—Tu hija ha muerto. ¿Para qué sigues molestando al Maestro?

36Sin hacer caso de la noticia, Jesús le dijo al jefe de la sinagoga:

—No tengas miedo; cree nada más.

37No dejó que nadie lo acompañara, excepto Pedro, *Jacobo y Juan, el hermano de Jacobo. 38Cuando llegaron a la casa del jefe de la sinagoga, Jesús notó el alboroto, y que la gente lloraba y daba grandes alaridos. 39Entró y les dijo:

—¿Por qué tanto alboroto y llanto? La niña no está muerta sino dormida.

40Entonces empezaron a burlarse de él, pero él los sacó a todos, tomó consigo al padre y a la madre de la niña y a los discípulos que estaban con él, y entró adonde estaba la niña. 41La tomó de la mano y le dijo:

—*Talita cum*k (que significa: Niña, a ti te digo, ¡levántate!).

42La niña, que tenía doce años, se levantó en seguida y comenzó a andar. Ante este hecho todos se llenaron de asombro. 43Él dio órdenes estrictas de que nadie se enterara de lo ocurrido, y les mandó que le dieran de comer a la niña.

Un profeta sin honra

6:1-6 — Mt 13:54-58

6 Salió Jesús de allí y fue a su tierra, en compañía de sus discípulos. 2Cuando llegó el *sábado, comenzó a enseñar en la sinagoga.

—¿De dónde sacó éste tales cosas? —decían maravillados muchos de los que le oían—. ¿Qué sabiduría es ésta que se le ha dado? ¿Cómo se explican estos milagros que vienen de sus manos? 3¿No es acaso el carpintero, el hijo de María y hermano de *Jacobo, de José, de Judas y de Simón? ¿No están sus hermanas aquí con nosotros?

Y se *escandalizaban a causa de él. Por tanto, Jesús les dijo:

4—En todas partes se honra a un profeta, menos en su tierra, entre sus familiares y en su propia casa.

5En efecto, no pudo hacer allí ningún milagro, excepto sanar a unos pocos enfermos al imponerles las manos. 6Y él se quedó asombrado por la incredulidad de ellos.

---

k5:41 *cum*. Var. *cumi*.

Jesús envía a los doce

6:7-11 — Mt 10:1,9-14; Lc 9:1,3-5

Jesús recorría los alrededores, enseñando de pueblo en pueblo. 7Reunió a los doce, y comenzó a enviarlos de dos en dos, dándoles autoridad sobre los *espíritus malignos.

8Les ordenó que no llevaran nada para el camino, ni pan, ni bolsa, ni dinero en el cinturón, sino sólo un bastón. 9«Lleven sandalias —dijo—, pero no dos mudas de ropa.» 10Y añadió: «Cuando entren en una casa, quédense allí hasta que salgan del pueblo. 11Y si en algún lugar no los reciben bien o no los escuchan, al salir de allí sacúdanse el polvo de los pies, como un testimonio contra ellos.»

12Los doce salieron y exhortaban a la gente a que se *arrepintiera. 13También expulsaban a muchos demonios y sanaban a muchos enfermos, ungiéndolos con aceite.

Decapitación de Juan el Bautista

6:14-29 — Mt 14:1-12
6:14-16 — Lc 9:7-9

14El rey Herodes se enteró de esto, pues el nombre de Jesús se había hecho famoso. Algunos decían:*l* «Juan el Bautista ha *resucitado, y por eso tiene poder para realizar milagros.» 15Otros decían: «Es Elías.» Otros, en fin, afirmaban: «Es un profeta, como los de antes.» 16Pero cuando Herodes oyó esto, exclamó: «¡Juan, al que yo mandé que le cortaran la cabeza, ha resucitado!»

17En efecto, Herodes mismo había mandado que arrestaran a Juan y que lo encadenaran en la cárcel. Herodes se había casado con Herodías, esposa de Felipe su hermano, 18y Juan le había estado diciendo a Herodes: «La ley te prohíbe tener a la esposa de tu hermano.» 19Por eso Herodías le guardaba rencor a Juan y deseaba matarlo. Pero no había logrado hacerlo, 20ya que Herodes temía a Juan y lo protegía, pues sabía que era un hombre justo y *santo. Cuando Herodes oía a Juan, se quedaba muy desconcertado, pero lo escuchaba con gusto.

21Por fin se presentó la oportunidad. En su cumpleaños Herodes dio un banquete a sus altos oficiales, a los comandantes militares y a los notables de Galilea. 22La hija de Herodías entró en el banquete y bailó, y esto agradó a Herodes y a los invitados.

—Pídeme lo que quieras y te lo daré —le dijo el rey a la muchacha.

23Y le prometió bajo juramento:

—Te daré cualquier cosa que me pidas, aun cuando sea la mitad de mi reino.

24Ella salió a preguntarle a su madre:

—¿Qué debo pedir?

—La cabeza de Juan el Bautista —contestó.

25En seguida se fue corriendo la muchacha a presentarle al rey su petición:

—Quiero que ahora mismo me des en una bandeja la cabeza de Juan el Bautista.

26El rey se quedó angustiado, pero a causa de sus juramentos y en atención a los invitados, no quiso desairarla. 27Así que en seguida envió a un verdugo con la orden de llevarle la cabeza de Juan. El hombre fue, decapitó a Juan en la cárcel 28y volvió con la cabeza en una bandeja. Se la entregó a la muchacha, y ella se la dio a su madre. 29Al enterarse de esto, los discípulos de Juan fueron a recoger el cuerpo y le dieron sepultura.

Jesús alimenta a los cinco mil

6:32-44 — Mt 14:13-21; Lc 9:10-17; Jn 6:5-13

30Los apóstoles se reunieron con Jesús y le contaron lo que habían hecho y enseñado. 31Y como no tenían tiempo ni para comer, pues era tanta la gente que iba y venía, Jesús les dijo:

—Vengan conmigo ustedes solos a un lugar tranquilo y descansen un poco.

32Así que se fueron solos en la barca a un lugar solitario. 33Pero muchos que los vieron salir los reconocieron y, desde todos los poblados, corrieron por tierra hasta allá y llegaron antes que ellos. 34Cuando Jesús desembarcó y vio tanta gente, tuvo compasión de ellos, porque eran como

---

l **6:14** *Algunos decían.* Var. *Él decía.*

ovejas sin pastor. Así que comenzó a enseñarles muchas cosas.

35Cuando ya se hizo tarde, se le acercaron sus discípulos y le dijeron:

—Éste es un lugar apartado y ya es muy tarde. 36Despide a la gente, para que vayan a los campos y pueblos cercanos y se compren algo de comer.

37—Denles ustedes mismos de comer —contestó Jesús.

—¡Eso costaría casi un año de trabajo!m —objetaron—. ¿Quieres que vayamos y gastemos todo ese dinero en pan para darles de comer?

38—¿Cuántos panes tienen ustedes? —preguntó—. Vayan a ver.

Después de averiguarlo, le dijeron:

—Cinco, y dos pescados.

39Entonces les mandó que hicieran que la gente se sentara por grupos sobre la hierba verde. 40Así que ellos se acomodaron en grupos de cien y de cincuenta. 41Jesús tomó los cinco panes y los dos pescados y, mirando al cielo, los bendijo. Luego partió los panes y se los dio a los discípulos para que se los repartieran a la gente. También repartió los dos pescados entre todos. 42Comieron todos hasta quedar satisfechos, 43y los discípulos recogieron doce canastas llenas de pedazos de pan y de pescado. 44Los que comieron fueron cinco mil.

Jesús camina sobre el agua

6:45-51 — Mt 14:22-32; Jn 6:15-21
6:53-56 — Mt 14:34-36

45En seguida Jesús hizo que sus discípulos subieran a la barca y se le adelantaran al otro lado, a Betsaida, mientras él despedía a la multitud. 46Cuando se despidió, fue a la montaña para orar.

47Al anochecer, la barca se hallaba en medio del lago, y Jesús estaba en tierra solo. 48En la madrugada,n vio que los discípulos hacían grandes esfuerzos para remar, pues tenían el viento en contra. Se acercó a ellos caminando sobre el lago, e iba a pasarlos de largo. 49Los discípulos, al verlo caminar sobre el agua, creyeron que era un fantasma y se pusieron a gritar,

50llenos de miedo por lo que veían. Pero él habló en seguida con ellos y les dijo: «¡Cálmense! Soy yo. No tengan miedo.»

51Subió entonces a la barca con ellos, y el viento se calmó. Estaban sumamente asombrados, 52porque tenían la mente embotada y no habían comprendido lo de los panes.

53Después de cruzar el lago, llegaron a tierra en Genesaret y atracaron allí. 54Al bajar ellos de la barca, la gente en seguida reconoció a Jesús. 55Lo siguieron por toda aquella región y, adonde oían que él estaba, le llevaban en camillas a los que tenían enfermedades. 56Y dondequiera que iba, en pueblos, ciudades o caseríos, colocaban a los enfermos en las plazas. Le suplicaban que les permitiera tocar siquiera el borde de su manto, y quienes lo tocaban quedaban *sanos.

Lo puro y lo impuro

7:1-23 — Mt 15:1-20

7 Los *fariseos y algunos de los *maestros de la ley que habían llegado de Jerusalén se reunieron alrededor de Jesús, 2y vieron a algunos de sus discípulos que comían con manos *impuras, es decir, sin habérselas lavado. 3(En efecto, los fariseos y los demás judíos no comen nada sin primero cumplir con el rito de lavarse las manos, ya que están aferrados a la tradición de los *ancianos. 4Al regresar del mercado, no comen nada antes de lavarse. Y siguen otras muchas tradiciones, tales como el rito de lavar copas, jarras y bandejas de cobre.ñ) 5Así que los fariseos y los maestros de la ley le preguntaron a Jesús:

—¿Por qué no siguen tus discípulos la tradición de los ancianos, en vez de comer con manos impuras?

6Él les contestó:

—Tenía razón Isaías cuando profetizó acerca de ustedes, *hipócritas, según está escrito:

»"Este pueblo me honra con los labios,
    pero su corazón está lejos de mí.
7En vano me adoran;

---

m6:37 casi un año de trabajo. Lit. doscientos *denarios.   n6:48 En la madrugada. Lit. Alrededor de la cuarta vigilia de la noche.   ñ7:4 bandejas de cobre. Var. bandejas de cobre y divanes.

sus enseñanzas no son más que reglas *humanas."*o*

⁸Ustedes han desechado los mandamientos divinos y se aferran a las tradiciones humanas.

⁹Y añadió:

—¡Qué buena manera tienen ustedes de dejar a un lado los mandamientos de Dios para mantener*p* sus propias tradiciones! ¹⁰Por ejemplo, Moisés dijo: "Honra a tu padre y a tu madre",*q* y: "El que maldiga a su padre o a su madre será condenado a muerte".*r* ¹¹Ustedes, en cambio, enseñan que un hijo puede decirle a su padre o a su madre: "Cualquier ayuda que pudiera haberte dado es corbán" (es decir, ofrenda dedicada a Dios). ¹²En ese caso, el tal hijo ya no está obligado a hacer nada por su padre ni por su madre. ¹³Así, por la tradición que se transmiten entre ustedes, anulan la palabra de Dios. Y hacen muchas cosas parecidas.

¹⁴De nuevo Jesús llamó a la multitud.

—Escúchenme todos —dijo— y entiendan esto: ¹⁵Nada de lo que viene de afuera puede *contaminar a una persona. Más bien, lo que sale de la persona es lo que la contamina.*s*

¹⁷Después de que dejó a la gente y entró en la casa, sus discípulos le preguntaron sobre la comparación que había hecho.

¹⁸—¿Tampoco ustedes pueden entenderlo? —les dijo—. ¿No se dan cuenta de que nada de lo que entra en una persona puede contaminarla? ¹⁹Porque no entra en su corazón sino en su estómago, y después va a dar a la letrina.

Con esto Jesús declaraba *limpios todos los alimentos. ²⁰Luego añadió:

—Lo que sale de la persona es lo que la contamina. ²¹Porque de adentro, del corazón humano, salen los malos pensamientos, la inmoralidad sexual, los robos, los homicidios, los adulterios, ²²la avaricia, la maldad, el engaño, el libertinaje, la envidia, la calumnia, la arrogancia y la necedad. ²³Todos estos males

vienen de adentro y contaminan a la persona.

La fe de una mujer sirofenicia
7:24-30 — Mt 15:21-28

²⁴Jesús partió de allí y fue a la región de Tiro.*t* Entró en una casa y no quería que nadie lo supiera, pero no pudo pasar inadvertido. ²⁵De hecho, muy pronto se enteró de su llegada una mujer que tenía una niña poseída por un *espíritu maligno, así que fue y se arrojó a sus pies. ²⁶Esta mujer era extranjera,*u* sirofenicia de nacimiento, y le rogaba que expulsara al demonio que tenía su hija.

²⁷—Deja que primero se sacien los hijos —replicó Jesús—, porque no está bien quitarles el pan a los hijos y echárselo a los *perros.

²⁸—Sí, Señor —respondió la mujer—, pero hasta los perros comen debajo de la mesa las migajas que dejan los hijos.

²⁹Jesús le dijo:

—Por haberme respondido así, puedes irte tranquila; el demonio ha salido de tu hija.

³⁰Cuando ella llegó a su casa, encontró a la niña acostada en la cama. El demonio ya había salido de ella.

Jesús sana a un sordomudo
7:31-37 — Mt 15:29-31

³¹Luego regresó Jesús de la región de Tiro y se dirigió por Sidón al mar de Galilea, internándose en la región de *Decápolis. ³²Allí le llevaron un sordo tartamudo, y le suplicaban que pusiera la mano sobre él.

³³Jesús lo apartó de la multitud para estar a solas con él, le puso los dedos en los oídos y le tocó la lengua con saliva.*v* ³⁴Luego, mirando al cielo, suspiró profundamente y le dijo: «*¡Efatá!*» (que significa: ¡Ábrete!). ³⁵Con esto, se le abrieron los oídos al hombre, se le destrabó la lengua y comenzó a hablar normalmente.

---

*o***7:6,7** Is 29:13   *p***7:9** *mantener.* Var. *establecer.*   *q***7:10** Éx 20:12; Dt 5:16   *r***7:10** Éx 21:17; Lv 20:9
*s***7:15** *contamina.* Var. *contamina.* ¹⁶*El que tenga oídos para oír, que oiga.*   *t***7:24** *de Tiro.* Var. *de Tiro y Sidón.*   *u***7:26** *extranjera.* Lit. *helénica* (es decir, de cultura griega).   *v***7:33** *con saliva.* Lit. *escupiendo.*

³⁶Jesús les mandó que no se lo dijeran a nadie, pero cuanto más se lo prohibía, tanto más lo seguían propagando. ³⁷La gente estaba sumamente asombrada, y decía: «Todo lo hace bien. Hasta hace oír a los sordos y hablar a los mudos.»

Jesús alimenta a los cuatro mil

8:1-9 — Mt 15:32-39
8:11-21 — Mt 16:1-12

8 En aquellos días se reunió de nuevo mucha gente. Como no tenían nada que comer, Jesús llamó a sus discípulos y les dijo:

²—Siento compasión de esta gente porque ya llevan tres días conmigo y no tienen nada que comer. ³Si los despido a sus casas sin haber comido, se van a desmayar por el camino, porque algunos de ellos han venido de lejos.

⁴Los discípulos objetaron:

—¿Dónde se va a conseguir suficiente pan en este lugar despoblado para darles de comer?

⁵—¿Cuántos panes tienen? —les preguntó Jesús.

—Siete —respondieron.

⁶Entonces mandó que la gente se sentara en el suelo. Tomando los siete panes, dio gracias, los partió y se los fue dando a sus discípulos para que los repartieran a la gente, y así lo hicieron. ⁷Tenían además unos cuantos pescaditos. Dio gracias por ellos también y les dijo a los discípulos que los repartieran. ⁸La gente comió hasta quedar satisfecha. Después los discípulos recogieron siete cestas llenas de pedazos que sobraron. ⁹Los que comieron eran unos cuatro mil. Tan pronto como los despidió, ¹⁰Jesús se embarcó con sus discípulos y se fue a la región de Dalmanuta.

¹¹Llegaron los *fariseos y comenzaron a discutir con Jesús. Para ponerlo a *prueba, le pidieron una señal del cielo. ¹²Él lanzó un profundo suspiro y dijo:ʷ «¿Por qué pide esta generación una señal milagrosa? Les aseguro que no se le dará

ninguna señal.» ¹³Entonces los dejó, volvió a embarcarse y cruzó al otro lado.

La levadura de los fariseos y la de Herodes

¹⁴A los discípulos se les había olvidado llevar comida, y sólo tenían un pan en la barca.

¹⁵Tengan cuidado —les advirtió Jesús—; ¡ojo con la levadura de los *fariseos y con la de Herodes!

¹⁶Ellos comentaban entre sí: «Lo dice porque no tenemos pan.» ¹⁷Al darse cuenta de esto, Jesús les dijo:

—¿Por qué están hablando de que no tienen pan? ¿Todavía no ven ni entienden? ¿Tienen la mente embotada? ¹⁸¿Es que tienen ojos, pero no ven, y oídos, pero no oyen? ¿Acaso no recuerdan? ¹⁹Cuando partí los cinco panes para los cinco mil, ¿cuántas canastas llenas de pedazos recogieron?

—Doce —respondieron.

²⁰—Y cuando partí los siete panes para los cuatro mil, ¿cuántas cestas llenas de pedazos recogieron?

—Siete.

²¹Entonces concluyó:

—¿Y todavía no entienden?

Jesús sana a un ciego en Betsaida

²²Cuando llegaron a Betsaida, algunas personas le llevaron un ciego a Jesús y le rogaron que lo tocara. ²³Él tomó de la mano al ciego y lo sacó fuera del pueblo. Después de escupirle en los ojos y de poner las manos sobre él, le preguntó:

—¿Puedes ver ahora?

²⁴El hombre alzó los ojos y dijo:

—Veo gente; parecen árboles que caminan.

²⁵Entonces le puso de nuevo las manos sobre los ojos, y el ciego fue curado: recobró la vista y comenzó a ver todo con claridad. ²⁶Jesús lo mandó a su casa con esta advertencia:

—No vayas a entrar en el pueblo.ˣ

ʷ**8:12** *lanzó ... dijo.* Lit. *suspirando en su espíritu dijo.*

ˣ**8:26** *pueblo.* Var. *pueblo, ni a decírselo a nadie en el pueblo.*

La confesión de Pedro
8:27-29 — Mt 16:13-16; Lc 9:18-20

27 Jesús y sus discípulos salieron hacia las aldeas de Cesarea de Filipo. En el camino les preguntó:

—¿Quién dice la gente que soy yo?

28 —Unos dicen que Juan el Bautista, otros que Elías, y otros que uno de los profetas —contestaron.

29 —Y ustedes, ¿quién dicen que soy yo?

—Tú eres el *Cristo —afirmó Pedro.

30 Jesús les ordenó que no hablaran a nadie acerca de él.

Jesús predice su muerte
8:31–9:1 — Mt 16:21-28; Lc 9:22-27

31 Luego comenzó a enseñarles:

—El Hijo del hombre tiene que sufrir muchas cosas y ser rechazado por los *ancianos, por los jefes de los sacerdotes y por los *maestros de la ley. Es necesario que lo maten y que a los tres días resucite.

32 Habló de esto con toda claridad. Pedro lo llevó aparte y comenzó a reprenderlo. **33** Pero Jesús se dio la vuelta, miró a sus discípulos, y reprendió a Pedro.

—¡Aléjate de mí, Satanás! le dijo—. Tú no piensas en las cosas de Dios sino en las de los hombres.

34 Entonces llamó a la multitud y a sus discípulos.

—Si alguien quiere ser mi discípulo —les dijo—, que se niegue a sí mismo, lleve su cruz y me siga. **35** Porque el que quiera salvar su *vida, la perderá; pero el que pierda su vida por mi causa y por el *evangelio, la salvará. **36** ¿De qué sirve ganar el mundo entero si se pierde la vida? **37** ¿O qué se puede dar a cambio de la vida? **38** Si alguien se avergüenza de mí y de mis palabras en medio de esta generación adúltera y pecadora, también el Hijo del hombre se avergonzará de él cuando venga en la gloria de su Padre con los santos ángeles.

9 Y añadió:

—Les aseguro que algunos de los aquí presentes no sufrirán la muerte sin antes haber visto el reino de Dios llegar con poder.

La transfiguración
9:2-8 — Lc 9:28-36
9:2-13 — Mt 17:1-13

2 Seis días después Jesús tomó consigo a Pedro, a *Jacobo y a Juan, y los llevó a una montaña alta, donde estaban solos. Allí se transfiguró en presencia de ellos. **3** Su ropa se volvió de un blanco resplandeciente como nadie en el mundo podría blanquearla. **4** Y se le aparecieron Elías y Moisés, los cuales conversaban con Jesús. Tomando la palabra, **5** Pedro le dijo a Jesús:

—Rabí, ¡qué bien que estemos aquí! Podemos levantar tres albergues: uno para ti, otro para Moisés y otro para Elías.

6 No sabía qué decir, porque todos estaban asustados. **7** Entonces apareció una nube que los envolvió, de la cual salió una voz que dijo: «Éste es mi Hijo amado. ¡Escúchenlo!»

8 De repente, cuando miraron a su alrededor, ya no vieron a nadie más que a Jesús.

9 Mientras bajaban de la montaña, Jesús les ordenó que no contaran a nadie lo que habían visto hasta que el Hijo del hombre se *levantara de entre los muertos. **10** Guardaron el secreto, pero discutían entre ellos qué significaría eso de «levantarse de entre los muertos».

11 —¿Por qué dicen los *maestros de la ley que Elías tiene que venir primero? —le preguntaron.

12 —Sin duda Elías ha de venir primero para restaurar todas las cosas —respondió Jesús—. Pero entonces, ¿cómo es que está escrito que el Hijo del hombre tiene que sufrir mucho y ser rechazado? **13** Pues bien, les digo que Elías ya ha venido, y le hicieron todo lo que quisieron, tal como está escrito de él.

Jesús sana a un muchacho endemoniado
9:14-28,30-32 — Mt 17:14-19,22-23; Lc 9:37-45

14 Cuando llegaron adonde estaban los otros discípulos, vieron^y que a su alrede-

---

^{y}**9:14** *Cuando llegaron ... vieron.* Var. *Cuando llegó ... vio.*

dor había mucha gente y que los *maestros de la ley discutían con ellos. ¹⁵Tan pronto como la gente vio a Jesús, todos se sorprendieron y corrieron a saludarlo.

¹⁶—¿Qué están discutiendo con ellos? —les preguntó.

¹⁷—Maestro —respondió un hombre de entre la multitud—, te he traído a mi hijo, pues está poseído por un espíritu que le ha quitado el habla. ¹⁸Cada vez que se apodera de él, lo derriba. Echa espumarajos, cruje los dientes y se queda rígido. Les pedí a tus discípulos que expulsaran al espíritu, pero no lo lograron.

¹⁹—¡Ah, generación incrédula! —respondió Jesús—. ¿Hasta cuándo tendré que estar con ustedes? ¿Hasta cuándo tendré que soportarlos? Tráiganme al muchacho.

²⁰Así que se lo llevaron. Tan pronto como vio a Jesús, el espíritu sacudió de tal modo al muchacho que éste cayó al suelo y comenzó a revolcarse echando espumarajos.

²¹—¿Cuánto tiempo hace que le pasa esto? —le preguntó Jesús al padre.

—Desde que era niño —contestó—. ²²Muchas veces lo ha echado al fuego y al agua para matarlo. Si puedes hacer algo, ten compasión de nosotros y ayúdanos.

²³—¿Cómo que si puedo? Para el que cree, todo es posible.

²⁴—¡Sí creo! —exclamó de inmediato el padre del muchacho—. ¡Ayúdame en mi poca fe!

²⁵Al ver Jesús que se agolpaba mucha gente, reprendió al *espíritu maligno.

—Espíritu sordo y mudo —dijo—, mando que salgas y que jamás vuelvas a entrar en él.

²⁶El espíritu, dando un alarido y sacudiendo violentamente al muchacho, salió de él. Éste quedó como muerto, tanto que muchos decían: «Ya se murió.» ²⁷Pero Jesús lo tomó de la mano y lo levantó, y el muchacho se puso de pie.

²⁸Cuando Jesús entró en casa, sus discípulos le preguntaron en privado:

—¿Por qué nosotros no pudimos expulsarlo?

²⁹—Esta clase de demonios sólo puede ser expulsada a fuerza de oración [z] —respondió Jesús.

³⁰Dejaron aquel lugar y pasaron por Galilea. Pero Jesús no quería que nadie lo supiera, ³¹porque estaba instruyendo a sus discípulos. Les decía: «El Hijo del hombre va a ser entregado en manos de los hombres. Lo matarán, y a los tres días de muerto resucitará.» ³²Pero ellos no entendían lo que quería decir con esto, y no se atrevían a preguntárselo.

¿Quién es el más importante?
9:33-37 — Mt 18:1-5; Lc 9:46-48

³³Llegaron a Capernaúm. Cuando ya estaba en casa, Jesús les preguntó:

—¿Qué venían discutiendo por el camino?

³⁴Pero ellos se quedaron callados, porque en el camino habían discutido entre sí quién era el más importante.

³⁵Entonces Jesús se sentó, llamó a los doce y les dijo:

—Si alguno quiere ser el primero, que sea el último de todos y el servidor de todos.

³⁶Luego tomó a un niño y lo puso en medio de ellos. Abrazándolo, les dijo:

³⁷—El que recibe en mi nombre a uno de estos niños, me recibe a mí; y el que me recibe a mí, no me recibe a mí sino al que me envió.

El que no está contra nosotros está a favor de nosotros
9:38-40 — Lc 9:49-50

³⁸—Maestro —dijo Juan—, vimos a uno que expulsaba demonios en tu nombre y se lo impedimos porque no es de los nuestros. [a]

³⁹—No se lo impidan —replicó Jesús—. Nadie que haga un milagro en mi nombre puede a la vez hablar mal de mí. ⁴⁰El que no está contra nosotros está a favor de nosotros. ⁴¹Les aseguro que cualquiera que les dé un vaso de agua en mi nombre por ser ustedes de *Cristo no perderá su recompensa.

---

[z] **9:29** *oración.* Var. *oración y ayuno.*   [a] **9:38** *no es de los nuestros.* Lit. *no nos sigue.*

El hacer pecar

42»Pero si alguien hace *pecar a uno de estos pequeños que creen en mí, más le valdría que le ataran al cuello una piedra de molino y lo arrojaran al mar. **43**Si tu mano te hace pecar, córtatela. Más te vale entrar en la vida manco, que ir con las dos manos al infierno,[b] donde el fuego nunca se apaga.[c] **45**Y si tu pie te hace pecar, córtatelo. Más te vale entrar en la vida cojo, que ser arrojado con los dos pies al infierno.[d] **47**Y si tu ojo te hace pecar, sácatelo. Más te vale entrar tuerto en el reino de Dios, que ser arrojado con los dos ojos al infierno, **48**donde

> »"su gusano no muere,
> y el fuego no se apaga".[e]

49La sal con que todos serán sazonados es el fuego.

50»La sal es buena, pero si deja de ser salada, ¿cómo le pueden volver a dar sabor? Que no falte la sal entre ustedes, para que puedan vivir en paz unos con otros.

El divorcio

10:1-12 — Mt 19:1-9

10 Jesús partió de aquel lugar y se fue a la región de Judea y al otro lado del Jordán. Otra vez se le reunieron las multitudes, y como era su costumbre, les enseñaba.

2En eso, unos *fariseos se le acercaron y, para ponerlo a *prueba, le preguntaron:

—¿Está permitido que un hombre se divorcie de su esposa?

3—¿Qué les mandó Moisés? —replicó Jesús.

4—Moisés permitió que un hombre escribiera un certificado de divorcio y la despidiera —contestaron ellos.

5—Esa ley la escribió Moisés para ustedes por lo obstinados que son[f] —aclaró Jesús—. **6**Pero al principio de la creación Dios "los hizo hombre y mujer".[g] **7**"Por eso dejará el hombre a su padre y a su madre, y se unirá a su esposa,[h] **8**y los dos llegarán a ser un solo cuerpo."[i] Así que ya no son dos, sino uno solo. **9**Por tanto, lo que Dios ha unido, que no lo separe el hombre.

10Vueltos a casa, los discípulos le preguntaron a Jesús sobre este asunto.

11—El que se divorcia de su esposa y se casa con otra, comete adulterio contra la primera —respondió—. **12**Y si la mujer se divorcia de su esposo y se casa con otro, comete adulterio.

Jesús y los niños

10:13-16 — Mt 19:13-15; Lc 18:15-17

13Empezaron a llevarle niños a Jesús para que los tocara, pero los discípulos reprendían a quienes los llevaban. **14**Cuando Jesús se dio cuenta, se indignó y les dijo: «Dejen que los niños vengan a mí, y no se lo impidan, porque el reino de Dios es de quienes son como ellos. **15**Les aseguro que el que no reciba el reino de Dios como un niño, de ninguna manera entrará en él.» **16**Y después de abrazarlos, los bendecía poniendo las manos sobre ellos.

El joven rico

10:17-31 — Mt 19:16-30; Lc 18:18-30

17Cuando Jesús estaba ya para irse, un hombre llegó corriendo y se postró delante de él.

—Maestro bueno —le preguntó—, ¿qué debo hacer para heredar la vida eterna?

18—¿Por qué me llamas bueno? —respondió Jesús—. Nadie es bueno sino sólo Dios. **19**Ya sabes los mandamientos: "No mates, no cometas adulterio, no robes, no presentes falso testimonio, no defraudes, honra a tu padre y a tu madre."[j]

20—Maestro —dijo el hombre—, todo eso lo he cumplido desde que era joven.

21Jesús lo miró con amor y añadió:

---

[b]**9:43** *al infierno.* Lit. *a la *Gehenna;* también en vv. 45 y 47.   [c]**9:43** *apaga.* Var. *apaga,* **44***donde "su gusano no muere, y el fuego no se apaga".*   [d]**9:45** *infierno.* Var. *infierno,* **46***donde "su gusano no muere, y el fuego no se apaga".*   [e]**9:48** Is 66:24   [f]**10:5** *por lo obstinados que son.* Lit. *por su dureza de corazón.*   [g]**10:6** Gn 1:27   [h]**10:7** Var. no incluye: *y se unirá a su esposa.*   [i]**10:8** Gn 2:24   [j]**10:19** Éx 20:12-16; Dt 5:16-20

—Una sola cosa te falta: anda, vende todo lo que tienes y dáselo a los pobres, y tendrás tesoro en el cielo. Luego ven y sígueme.

²²Al oír esto, el hombre se desanimó y se fue triste porque tenía muchas riquezas.

²³Jesús miró alrededor y les comentó a sus discípulos:

—¡Qué difícil es para los ricos entrar en el reino de Dios!

²⁴Los discípulos se asombraron de sus palabras.

—Hijos, ¡qué difícil es entrar*k* en el reino de Dios! —repitió Jesús—. ²⁵Le resulta más fácil a un camello pasar por el ojo de una aguja, que a un rico entrar en el reino de Dios.

²⁶Los discípulos se asombraron aún más, y decían entre sí: «Entonces, ¿quién podrá salvarse?»

²⁷—Para los hombres es imposible —aclaró Jesús, mirándolos fijamente—, pero no para Dios; de hecho, para Dios todo es posible.

²⁸—¿Qué de nosotros, que lo hemos dejado todo y te hemos seguido? —comenzó a reclamarle Pedro.

²⁹—Les aseguro —respondió Jesús— que todo el que por mi causa y la del *evangelio haya dejado casa, hermanos, hermanas, madre, padre, hijos o terrenos, ³⁰recibirá cien veces más ahora en este tiempo (casas, hermanos, hermanas, madres, hijos y terrenos, aunque con persecuciones); y en la edad venidera, la vida eterna. ³¹Pero muchos de los primeros serán últimos, y los últimos, primeros.

Jesús predice de nuevo su muerte
10:32-34 — Mt 20:17-19; Lc 18:31-33

³²Iban de camino subiendo a Jerusalén, y Jesús se les adelantó. Los discípulos estaban asombrados, y los otros que venían detrás tenían miedo. De nuevo tomó aparte a los doce y comenzó a decirles lo que le iba a suceder. ³³«Ahora vamos rumbo a Jerusalén, y el Hijo del hombre será entregado a los jefes de los sacerdotes y a los *maestros de la ley. Ellos lo

condenarán a muerte y lo entregarán a los *gentiles. ³⁴Se burlarán de él, le escupirán, lo azotarán y lo matarán. Pero a los tres días resucitará.»

La petición de Jacobo y Juan
10:35-45 — Mt 20:20-28

³⁵Se le acercaron *Jacobo y Juan, hijos de Zebedeo.

—Maestro —le dijeron—, queremos que nos concedas lo que te vamos a pedir.

³⁶—¿Qué quieren que haga por ustedes?

³⁷—Concédenos que en tu glorioso reino uno de nosotros se siente a tu *derecha y el otro a tu izquierda.

³⁸—No saben lo que están pidiendo —les replicó Jesús—. ¿Pueden acaso beber el trago amargo de la copa que yo bebo, o pasar por la prueba del bautismo con el que voy a ser probado?*l*

³⁹—Sí, podemos.

—Ustedes beberán de la copa que yo bebo —les respondió Jesús— y pasarán por la prueba del bautismo con el que voy a ser probado, ⁴⁰pero el sentarse a mi derecha o a mi izquierda no me corresponde a mí concederlo. Eso ya está decidido.*m*

⁴¹Los otros diez, al oír la conversación, se indignaron contra Jacobo y Juan. ⁴²Así que Jesús los llamó y les dijo:

—Como ustedes saben, los que se consideran jefes de las *naciones oprimen a los súbditos, y los altos oficiales abusan de su autoridad. ⁴³Pero entre ustedes no debe ser así. Al contrario, el que quiera hacerse grande entre ustedes deberá ser su servidor, ⁴⁴y el que quiera ser el primero deberá ser *esclavo de todos. ⁴⁵Porque ni aun el Hijo del hombre vino para que le sirvan, sino para servir y para dar su *vida en rescate por muchos.

El ciego Bartimeo recibe la vista
10:46-52 — Mt 20:29-34; Lc 18:35-43

⁴⁶Después llegaron a Jericó. Más tarde, salió Jesús de la ciudad acompañado de sus discípulos y de una gran multitud. Un mendigo ciego llamado Bartimeo (el

---

k **10:24** *es entrar.* Var. *es para los que confían en las riquezas entrar.* *l* **10:38** *beber ... probado?* Lit. *beber la copa que yo bebo, o ser bautizados con el bautismo con que yo soy bautizado?* *m* **10:40** *concederlo. Eso ya está decidido.* Lit. *concederlo, sino para quienes está preparado.*

hijo de Timeo) estaba sentado junto al camino. **47**Al oír que el que venía era Jesús de Nazaret, se puso a gritar:

—¡Jesús, Hijo de David, ten compasión de mí!

48Muchos lo reprendían para que se callara, pero él se puso a gritar aún más:

—¡Hijo de David, ten compasión de mí!

49Jesús se detuvo y dijo:

—Llámenlo.

Así que llamaron al ciego.

—¡Ánimo! —le dijeron—. ¡Levántate! Te llama.

50Él, arrojando la capa, dio un salto y se acercó a Jesús.

51—¿Qué quieres que haga por ti? —le preguntó.

—Rabí, quiero ver —respondió el ciego.

52—Puedes irte —le dijo Jesús—; tu fe te ha *sanado.

Al momento recobró la vista y empezó a seguir a Jesús por el camino.

La entrada triunfal
11:1-10 — Mt 21:1-9; Lc 19:29-38
11:7-10 — Jn 12:12-15

11 Cuando se acercaban a Jerusalén y llegaron a Betfagué y a Betania, junto al monte de los Olivos, Jesús envió a dos de sus discípulos **2**con este encargo: «Vayan a la aldea que tienen enfrente. Tan pronto como entren en ella, encontrarán atado un burrito, en el que nunca se ha montado nadie. Desátenlo y tráiganlo acá. **3**Y si alguien les dice: "¿Por qué hacen eso?", díganle: "El Señor lo necesita, y en seguida lo devolverá."»

4Fueron, encontraron un burrito afuera en la calle, atado a un portón, y lo desataron. **5**Entonces algunos de los que estaban allí les preguntaron: «¿Qué hacen desatando el burrito?» **6**Ellos contestaron como Jesús les había dicho, y les dejaron desatarlo. **7**Le llevaron, pues, el burrito a Jesús. Luego pusieron encima sus mantos, y él se montó. **8**Muchos tendieron sus mantos sobre el camino; otros usaron ramas que habían cortado en los campos. **9**Tanto los que iban delante como los que iban detrás, gritaban:

—¡Hosanna![n]

—¡Bendito el que viene en el nombre del Señor![ñ]

10—¡Bendito el reino venidero de nuestro padre David!

—¡Hosanna en las alturas!

11Jesús entró en Jerusalén y fue al *templo. Después de observarlo todo, como ya era tarde, salió para Betania con los doce.

Jesús purifica el templo
11:12-14 — Mt 21:18-22
11:15-18 — Mt 21:12-16; Lc 19:45-47; Jn 2:13-16

12Al día siguiente, cuando salían de Betania, Jesús tuvo hambre. **13**Viendo a lo lejos una higuera que tenía hojas, fue a ver si hallaba algún fruto. Cuando llegó a ella sólo encontró hojas, porque no era tiempo de higos. **14**«¡Nadie vuelva jamás a comer fruto de ti!», le dijo a la higuera. Y lo oyeron sus discípulos.

15Llegaron, pues, a Jerusalén. Jesús entró en el *templo[o] y comenzó a echar de allí a los que compraban y vendían. Volcó las mesas de los que cambiaban dinero y los puestos de los que vendían palomas, **16**y no permitía que nadie atravesara el templo llevando mercancías. **17**También les enseñaba con estas palabras: «¿No está escrito:

» "Mi casa será llamada
casa de oración para todas las
*naciones"?[p]

Pero ustedes la han convertido en "cueva de ladrones".»[q]

18Los jefes de los sacerdotes y los *maestros de la ley lo oyeron y comenzaron a buscar la manera de matarlo, pues le

---

[n]**11:9** Expresión hebrea que significa «¡Salva!», y que llegó a ser una exclamación de alabanza; también en v. 10.   [ñ]**11:9** Sal 118:25,26   [o]**11:15** Es decir, en el área general del templo; también en v. 16.   [p]**11:17** Is 56:7   [q]**11:17** Jer 7:11

temían, ya que toda la gente se maravillaba de sus enseñanzas.

¹⁹Cuando cayó la tarde, salieron*ʳ* de la ciudad.

La higuera seca
11:20-24 — Mt 21:19-22

²⁰Por la mañana, al pasar junto a la higuera, vieron que se había secado de raíz. ²¹Pedro, acordándose, le dijo a Jesús:

—¡Rabí, mira, se ha secado la higuera que maldijiste!

²²Tengan fe en Dios —respondió Jesús—. ²³Les aseguro*ˢ* que si alguno le dice a este monte: "Quítate de ahí y tírate al mar", creyendo, sin abrigar la menor duda de que lo que dice sucederá, lo obtendrá. ²⁴Por eso les digo: Crean que ya han recibido todo lo que estén pidiendo en oración, y lo obtendrán. ²⁵Y cuando estén orando, si tienen algo contra alguien, perdónenlo, para que también su Padre que está en el cielo les perdone a ustedes sus pecados.*ᵗ*

La autoridad de Jesús puesta en duda
11:27-33 — Mt 21:23-27; Lc 20:1-8

²⁷Llegaron de nuevo a Jerusalén, y mientras Jesús andaba por el *templo, se le acercaron los jefes de los sacerdotes, los *maestros de la ley y los *ancianos.

²⁸—¿Con qué autoridad haces esto? —lo interrogaron—. ¿Quién te dio autoridad para actuar así?

²⁹—Yo voy a hacerles una pregunta a ustedes —replicó él—. Contéstenmela, y les diré con qué autoridad hago esto: ³⁰El bautismo de Juan, ¿procedía del cielo o de la tierra?*ᵘ* Respóndanme.

³¹Ellos se pusieron a discutir entre sí: «Si respondemos: "Del cielo", nos dirá: "Entonces, ¿por qué no le creyeron?" ³²Pero si decimos: "De la tierra" … » Es que temían al pueblo, porque todos consideraban que Juan era realmente un profeta. ³³Así que le respondieron a Jesús:

—No lo sabemos.

—Pues yo tampoco les voy a decir con qué autoridad hago esto.

Parábola de los labradores malvados
12:1-12 — Mt 21:33-46; Lc 20:9-19

12 Entonces comenzó Jesús a hablarles en parábolas: «Un hombre plantó un viñedo. Lo cercó, cavó un lagar y construyó una torre de vigilancia. Luego arrendó el viñedo a unos labradores y se fue de viaje. ²Llegada la cosecha, mandó un *siervo a los labradores para recibir de ellos una parte del fruto. ³Pero ellos lo agarraron, lo golpearon y lo despidieron con las manos vacías. ⁴Entonces les mandó otro siervo; a éste le rompieron la cabeza y lo humillaron. ⁵Mandó a otro, y a éste lo mataron. Mandó a otros muchos; a unos los golpearon; a otros los mataron.

⁶»Le quedaba todavía uno, su hijo amado. Por último, lo mandó a él, pensando: "¡A mi hijo sí lo respetarán!" ⁷Pero aquellos labradores se dijeron unos a otros: "Éste es el heredero. Matémoslo, y la herencia será nuestra." ⁸Así que le echaron mano y lo mataron, y lo arrojaron fuera del viñedo.

⁹»¿Qué hará el dueño? Volverá, acabará con los labradores, y dará el viñedo a otros. ¹⁰¿No han leído ustedes esta Escritura:

»"La piedra que desecharon los constructores
ha llegado a ser la piedra angular;
¹¹esto es obra del Señor,
y nos deja maravillados"?»*ᵛ*

¹²Cayendo en cuenta que la parábola iba dirigida contra ellos, buscaban la manera de arrestarlo. Pero temían a la multitud; así que lo dejaron y se fueron.

El pago de impuestos al césar
12:13-17 — Mt 22:15-22; Lc 20:20-26

¹³Luego enviaron a Jesús algunos de los *fariseos y de los herodianos para

---

*ʳ***11:19** *salieron.* Var. *salió.*   *ˢ***11:22-23** *Tengan fe … Les aseguro.* Var. *Si tienen fe … les aseguro.*
*ᵗ***11:25** *pecados.* Var. *pecados. Pero si ustedes no perdonan, tampoco su Padre que está en el cielo les perdonará a ustedes sus pecados.*   *ᵘ***11:30** *la tierra.* Lit. *los hombres;* también en v. 32.
*ᵛ***12:11** Sal 118:22,23

tenderle una trampa con sus mismas palabras. ¹⁴Al llegar le dijeron:

—Maestro, sabemos que eres un hombre íntegro. No te dejas influir por nadie porque no te fijas en las apariencias, sino que de verdad enseñas el camino de Dios. ¿Está permitido pagar impuestos al *césar o no? ¹⁵¿Debemos pagar o no?

Pero Jesús, sabiendo que fingían, les replicó:

—¿Por qué me tienden *trampas? Tráiganme una moneda romana*w* para verla.

¹⁶Le llevaron la moneda, y él les preguntó:

—¿De quién son esta imagen y esta inscripción?

—Del césar —contestaron.

¹⁷—Denle, pues, al césar lo que es del césar, y a Dios lo que es de Dios.

Y se quedaron admirados de él.

El matrimonio en la resurrección
12:18-27 — Mt 22:23-33; Lc 20:27-38

¹⁸Entonces los saduceos, que dicen que no hay resurrección, fueron a verlo y le plantearon un problema:

¹⁹—Maestro, Moisés nos enseñó en sus escritos que si un hombre muere y deja a la viuda sin hijos, el hermano de ese hombre tiene que casarse con la viuda para que su hermano tenga descendencia. ²⁰Ahora bien, había siete hermanos. El primero se casó y murió sin dejar descendencia. ²¹El segundo se casó con la viuda, pero también murió sin dejar descendencia. Lo mismo le pasó al tercero. ²²En fin, ninguno de los siete dejó descendencia. Por último, murió también la mujer. ²³Cuando resuciten, ¿de cuál será esposa esta mujer, ya que los siete estuvieron casados con ella?

²⁴—¿Acaso no andan ustedes equivocados? —les replicó Jesús—. ¡Es que desconocen las Escrituras y el poder de Dios! ²⁵Cuando resuciten los muertos, no se casarán ni serán dados en casamiento, sino que serán como los ángeles que están en el cielo. ²⁶Pero en cuanto a que los muertos resucitan, ¿no han leído en el libro de Moisés, en el pasaje sobre la zarza, cómo Dios le dijo: "Yo soy el Dios de Abraham, de Isaac y de Jacob"?*x* ²⁷Él no es Dios de muertos, sino de vivos. ¡Ustedes andan muy equivocados!

El mandamiento más importante
12:28-34 — Mt 22:34-40

²⁸Uno de los *maestros de la ley se acercó y los oyó discutiendo. Al ver lo bien que Jesús les había contestado, le preguntó:

—De todos los mandamientos, ¿cuál es el más importante?

²⁹—El más importante es: "Oye, Israel. El Señor nuestro Dios es el único Señor*y* —contestó Jesús—. ³⁰Ama al Señor tu Dios con todo tu corazón, con toda tu alma, con toda tu mente y con todas tus fuerzas."*z* ³¹El segundo es: "Ama a tu prójimo como a ti mismo."*a* No hay otro mandamiento más importante que éstos.

³²—Bien dicho, Maestro —respondió el hombre—. Tienes razón al decir que Dios es uno solo y que no hay otro fuera de él. ³³Amarlo con todo el corazón, con todo el entendimiento y con todas las fuerzas, y amar al prójimo como a uno mismo, es más importante que todos los holocaustos y sacrificios.

³⁴Al ver Jesús que había respondido con inteligencia, le dijo:

—No estás lejos del reino de Dios.

Y desde entonces nadie se atrevió a hacerle más preguntas.

¿De quién es hijo el Cristo?
12:35-37 — Mt 22:41-46; Lc 20:41-44
12:38-40 — Mt 23:1-7; Lc 20:45-47

³⁵Mientras enseñaba en el *templo, Jesús les propuso:

—¿Cómo es que los *maestros de la ley dicen que el *Cristo es hijo de David? ³⁶David mismo, hablando por el Espíritu Santo, declaró:

» "Dijo el Señor a mi Señor:
    'Siéntate a mi *derecha,
hasta que ponga a tus enemigos
    debajo de tus pies.' "*b*

---

w **12:15** *una moneda romana.* Lit. *un *denario.* *x* **12:26** Éx 3:6 *y* **12:29** *Dios es el único Señor.* Alt. *Dios, el Señor es uno.* *z* **12:30** Dt 6:4,5 *a* **12:31** Lv 19:18 *b* **12:36** Sal 110:1

37Si David mismo lo llama "Señor", ¿cómo puede ser su hijo?

La muchedumbre lo escuchaba con agrado. **38**Como parte de su enseñanza Jesús decía:

—Tengan cuidado de los *maestros de la ley. Les gusta pasearse con ropas ostentosas y que los saluden en las plazas, **39**ocupar los primeros asientos en las sinagogas y los lugares de honor en los banquetes. **40**Se apoderan de los bienes de las viudas y a la vez hacen largas plegarias para impresionar a los demás. Éstos recibirán peor castigo.

La ofrenda de la viuda

12:41-44 — Lc 21:1-4

41Jesús se sentó frente al lugar donde se depositaban las ofrendas, y estuvo observando cómo la gente echaba sus monedas en las alcancías del *templo. Muchos ricos echaban grandes cantidades. **42**Pero una viuda pobre llegó y echó dos moneditas de muy poco valor.[c]

43Jesús llamó a sus discípulos y les dijo: «Les aseguro que esta viuda pobre ha echado en el tesoro más que todos los demás. **44**Éstos dieron de lo que les sobraba; pero ella, de su pobreza, echó todo lo que tenía, todo su sustento.»

Señales del fin del mundo

13:1-37 — Mt 24:1-51; Lc 21:5-36

13 Cuando salía Jesús del *templo, le dijo uno de sus discípulos:

—¡Mira, Maestro! ¡Qué piedras! ¡Qué edificios!

2—¿Ves todos estos grandiosos edificios? —contestó Jesús—. No quedará piedra sobre piedra; todo será derribado.

3Más tarde estaba Jesús sentado en el monte de los Olivos, frente al templo. Y Pedro, *Jacobo, Juan y Andrés le preguntaron en privado:

4—Dinos, ¿cuándo sucederá eso? ¿Y cuál será la señal de que todo está a punto de cumplirse?

5—Tengan cuidado de que nadie los engañe —comenzó Jesús a advertirles—.

6Vendrán muchos que, usando mi nombre, dirán: "Yo soy", y engañarán a muchos. **7**Cuando sepan de guerras y de rumores de guerras, no se alarmen. Es necesario que eso suceda, pero no será todavía el fin. **8**Se levantará nación contra nación, y reino contra reino. Habrá terremotos por todas partes; también habrá hambre. Esto será apenas el comienzo de los dolores.

9»Pero ustedes cuídense. Los entregarán a los tribunales y los azotarán en las sinagogas. Por mi causa comparecerán ante gobernadores y reyes para dar testimonio ante ellos. **10**Pero primero tendrá que predicarse el *evangelio a todas las *naciones. **11**Y cuando los arresten y los sometan a juicio, no se preocupen de antemano por lo que van a decir. Sólo declaren lo que se les dé a decir en ese momento, porque no serán ustedes los que hablen, sino el Espíritu Santo.

12»El hermano entregará a la muerte al hermano, y el padre al hijo. Los hijos se rebelarán contra sus padres y les darán muerte. **13**Todo el mundo los odiará a ustedes por causa de mi nombre, pero el que se mantenga firme hasta el fin será salvo.

14»Ahora bien, cuando vean "el horrible sacrilegio"[d] donde no debe estar (el que lee, que lo entienda), entonces los que estén en Judea huyan a las montañas. **15**El que esté en la azotea no baje ni entre en casa para llevarse nada. **16**Y el que esté en el campo no regrese para buscar su capa. **17**¡Ay de las que estén embarazadas o amamantando en aquellos días! **18**Oren para que esto no suceda en invierno, **19**porque serán días de tribulación como no la ha habido desde el principio, cuando Dios creó el mundo,[e] ni la habrá jamás. **20**Si el Señor no hubiera acortado esos días, nadie sobreviviría. Pero por causa de los que él ha elegido, los ha acortado. **21**Entonces, si alguien les dice a ustedes: "¡Miren, aquí está el *Cristo!" o "¡Miren, allí está!", no lo

---

[c] **12:42** *dos moneditas de muy poco valor.* Lit. *dos *lepta, que es un cuadrante.*   [d] **13:14** *el horrible sacrilegio.* Lit. *la abominación de desolación;* Dn 9:27; 11:31; 12:11.   [e] **13:19** *desde ... mundo.* Lit. *desde el principio de la creación que creó Dios hasta ahora.*

crean. ²²Porque surgirán falsos Cristos y falsos profetas que harán señales y milagros para engañar, de ser posible, aun a los elegidos. ²³Así que tengan cuidado; los he prevenido de todo.

²⁴»Pero en aquellos días, después de esa tribulación,

> »"se oscurecerá el sol
> y no brillará más la luna;
> ²⁵las estrellas caerán del cielo
> y los cuerpos celestes serán
> sacudidos".ᶠ

²⁶»Verán entonces al Hijo del hombre venir en las nubes con gran poder y gloria. ²⁷Y él enviará a sus ángeles para reunir de los cuatro vientos a los elegidos, desde los confines de la tierra hasta los confines del cielo.

²⁸»Aprendan de la higuera esta lección: Tan pronto como se ponen tiernas sus ramas y brotan sus hojas, ustedes saben que el verano está cerca. ²⁹Igualmente, cuando vean que suceden estas cosas, sepan que el tiempo está cerca, a las puertas. ³⁰Les aseguro que no pasará esta generación hasta que todas estas cosas sucedan. ³¹El cielo y la tierra pasarán, pero mis palabras jamás pasarán.

Se desconocen el día y la hora

³²»Pero en cuanto al día y la hora, nadie lo sabe, ni siquiera los ángeles en el cielo, ni el Hijo, sino sólo el Padre. ³³¡Estén alerta! ¡Vigilen!ᵍ Porque ustedes no saben cuándo llegará ese momento. ³⁴Es como cuando un hombre sale de viaje y deja su casa al cuidado de sus siervos, cada uno con su tarea, y le manda al portero que vigile.

³⁵»Por lo tanto, manténganse despiertos, porque no saben cuándo volverá el dueño de la casa, si al atardecer, o a la medianoche, o al canto del gallo, o al amanecer; ³⁶no sea que venga de repente y los encuentre dormidos. ³⁷Lo que les digo a ustedes, se lo digo a todos: ¡Manténganse despiertos!

Una mujer unge a Jesús en Betania

14:1-11 — Mt 26:2-16
14:1-2,10-11 — Lc 22:1-6

14 Faltaban sólo dos días para la Pascua y para la fiesta de los Panes sin levadura. Los jefes de los sacerdotes y los *maestros de la ley buscaban con artimañas cómo arrestar a Jesús para matarlo. ²Por eso decían: «No durante la fiesta, no sea que se amotine el pueblo.»

³En Betania, mientras estaba él *sentado a la mesa en casa de Simón llamado el leproso, llegó una mujer con un frasco de alabastro lleno de un perfume muy costoso, hecho de nardo puro. Rompió el frasco y derramó el perfume sobre la cabeza de Jesús.

⁴Algunos de los presentes comentaban indignados:

—¿Para qué este desperdicio de perfume? ⁵Podía haberse vendido por muchísimo dineroʰ para darlo a los pobres.

Y la reprendían con severidad.

⁶—Déjenla en paz —dijo Jesús—. ¿Por qué la molestan? Ella ha hecho una obra hermosa conmigo. ⁷A los pobres siempre los tendrán con ustedes, y podrán ayudarlos cuando quieran; pero a mí no me van a tener siempre. ⁸Ella hizo lo que pudo. Ungió mi cuerpo de antemano, preparándolo para la sepultura. ⁹Les aseguro que en cualquier parte del mundo donde se predique el *evangelio, se contará también, en memoria de esta mujer, lo que ella hizo.

¹⁰Judas Iscariote, uno de los doce, fue a los jefes de los sacerdotes para entregarles a Jesús. ¹¹Ellos se alegraron al oírlo, y prometieron darle dinero. Así que él buscaba la ocasión propicia para entregarlo.

La Cena del Señor

14:12-26 — Mt 26:17-30; Lc 22:7-23
14:22-25 — 1Co 11:23-25

¹²El primer día de la fiesta de los Panes sin levadura, cuando se acostumbraba sa-

---

ᶠ**13:25** Is 13:10; 34:4   ᵍ**13:33** ¡Vigilen! Var. ¡Vigilen y oren!   ʰ**14:5** muchísimo dinero. Lit. más de trescientos *denarios.

crificar el cordero de la Pascua, los discípulos le preguntaron a Jesús:

—¿Dónde quieres que vayamos a hacer los preparativos para que comas la
Pascua?

¹³Él envió a dos de sus discípulos con
este encargo:

—Vayan a la ciudad y les saldrá al
encuentro un hombre que lleva un cántaro
de agua. Síganlo, ¹⁴y allí donde entre
díganle al dueño: "El Maestro pregunta:
¿Dónde está la sala en la que pueda comer
la Pascua con mis discípulos?" ¹⁵Él les
mostrará en la planta alta una sala amplia,
amueblada y arreglada. Preparen allí nuestra cena.

¹⁶Los discípulos salieron, entraron en
la ciudad y encontraron todo tal y como
les había dicho Jesús. Así que prepararon
la Pascua.

¹⁷Al anochecer llegó Jesús con los
doce. ¹⁸Mientras estaban *sentados a la
mesa comiendo, dijo:

—Les aseguro que uno de ustedes, que
está comiendo conmigo, me va a traicionar.

¹⁹Ellos se pusieron tristes, y uno tras
otro empezaron a preguntarle:

—¿Acaso seré yo?

²⁰—Es uno de los doce —contestó—,
uno que moja el pan conmigo en el plato.
²¹A la verdad, el Hijo del hombre se irá
tal y como está escrito de él, pero ¡ay de
aquel que lo traiciona! Más le valdría a ese
hombre no haber nacido.

²²Mientras comían, Jesús tomó pan y
lo bendijo. Luego lo partió y se lo dio a
ellos, diciéndoles:

—Tomen; esto es mi cuerpo.

²³Después tomó una copa, dio gracias
y se la dio a ellos, y todos bebieron de
ella.

²⁴—Esto es mi sangre del pacto,ⁱ que
es derramada por muchos —les dijo—.
²⁵Les aseguro que no volveré a beber del
fruto de la vid hasta aquel día en que beba
el vino nuevo en el reino de Dios.

²⁶Después de cantar los salmos, salieron al monte de los Olivos.

Jesús predice la negación de Pedro
14:27-31 — Mt 26:31-35

²⁷—Todos ustedes me abandonarán
—les dijo Jesús—, porque está escrito:

» "Heriré al pastor,
   y se dispersarán las ovejas."ʲ

²⁸Pero después de que yo resucite, iré
delante de ustedes a Galilea.

²⁹—Aunque todos te abandonen, yo no
—declaró Pedro.

³⁰—Te aseguro —le contestó Jesús—
que hoy, esta misma noche, antes de que
el gallo cante por segunda vez,ᵏ me negarás tres veces.

³¹—Aunque tenga que morir contigo
—insistió Pedro con vehemencia—, jamás
te negaré.

Y los demás dijeron lo mismo.

Getsemaní
14:32-42 — Mt 26:36-46; Lc 22:40-46

³²Fueron a un lugar llamado Getsemaní, y Jesús les dijo a sus discípulos: «Siéntense aquí mientras yo oro.» ³³Se llevó a
Pedro, a *Jacobo y a Juan, y comenzó a
sentir temor y tristeza. ³⁴«Es tal la angustia que me invade que me siento morir
—les dijo—. Quédense aquí y vigilen.»

³⁵Yendo un poco más allá, se postró en
tierra y empezó a orar que, de ser posible,
no tuviera él que pasar por aquella hora.
³⁶Decía: «*Abba, Padre, todo es posible
para ti. No me hagas beber este trago
amargo,ˡ pero no sea lo que yo quiero,
sino lo que quieres tú.»

³⁷Luego volvió a sus discípulos y los
encontró dormidos. «Simón —le dijo a
Pedro—, ¿estás dormido? ¿No pudiste
mantenerte despierto ni una hora? ³⁸Vigi-
len y oren para que no caigan en *tentación. El espíritu está dispuesto, pero el
cuerpoᵐ es débil.»

³⁹Una vez más se retiró e hizo la misma
oración. ⁴⁰Cuando volvió, los encontró
dormidos otra vez, porque se les cerraban
los ojos de sueño. No sabían qué decirle.

ⁱ**14:24** *del pacto.* Var. *del nuevo pacto* (véase Lc 22:20).   ʲ**14:27** Zac 13:7   ᵏ**14:30** Var. no incluye: *por segunda vez.*   ˡ**14:36** *No ... amargo.* Lit. *Quita de mí esta copa.*   ᵐ**14:38** *el cuerpo.* Lit. *la *carne.*

41Al volver por tercera vez, les dijo: «¿Siguen durmiendo y descansando? ¡Se acabó! Ha llegado la hora. Miren, el Hijo del hombre va a ser entregado en manos de *pecadores. **42**¡Levántense! ¡Vámonos! ¡Ahí viene el que me traiciona!»

Arresto de Jesús

14:43-50 — Mt 26:14-56; Lc 22:47-50; Jn 18:3-11

43Todavía estaba hablando Jesús cuando de repente llegó Judas, uno de los doce. Lo acompañaba una turba armada con espadas y palos, enviada por los jefes de los sacerdotes, los *maestros de la ley y los *ancianos.
44El traidor les había dado esta contraseña: «Al que yo le dé un beso, ése es; arréstenlo y llévenselo bien asegurado.» **45**Tan pronto como llegó, Judas se acercó a Jesús.

—¡Rabí! —le dijo, y lo besó.

46Entonces los hombres prendieron a Jesús. **47**Pero uno de los que estaban ahí desenfundó la espada e hirió al siervo del sumo sacerdote, cortándole una oreja.

48—¿Acaso soy un bandido[n] —dijo Jesús—, para que vengan con espadas y palos a arrestarme? **49**Día tras día estaba con ustedes, enseñando en el *templo, y no me prendieron. Pero es preciso que se cumplan las Escrituras.

50Entonces todos lo abandonaron y huyeron. **51**Cierto joven que se cubría con sólo una sábana iba siguiendo a Jesús. Lo detuvieron, **52**pero él soltó la sábana y escapó desnudo.

Jesús ante el Consejo

14:53-65 — Mt 26:57-68; Jn 18:12-13,19-24
14:61-63 — Lc 22:67-71

53Llevaron a Jesús ante el sumo sacerdote y se reunieron allí todos los jefes de los sacerdotes, los *ancianos y los *maestros de la ley. **54**Pedro lo siguió de lejos hasta dentro del patio del sumo sacerdote. Allí se sentó con los guardias, y se calentaba junto al fuego.

55Los jefes de los sacerdotes y el *Consejo en pleno buscaban alguna prueba contra Jesús para poder condenarlo a muerte, pero no la encontraban. **56**Muchos testificaban falsamente contra él, pero sus declaraciones no coincidían. **57**Entonces unos decidieron dar este falso testimonio contra él:

58—Nosotros le oímos decir: "Destruiré este *templo hecho por hombres y en tres días construiré otro, no hecho por hombres."

59Pero ni aun así concordaban sus declaraciones.

60Poniéndose de pie en el medio, el sumo sacerdote interrogó a Jesús:

—¿No tienes nada que contestar? ¿Qué significan estas denuncias en tu contra?

61Pero Jesús se quedó callado y no contestó nada.

—¿Eres el *Cristo, el Hijo del Bendito? —le preguntó de nuevo el sumo sacerdote.

62—Sí, yo soy —dijo Jesús—. Y ustedes verán al Hijo del hombre sentado a la *derecha del Todopoderoso, y viniendo en las nubes del cielo.

63—¿Para qué necesitamos más testigos? —dijo el sumo sacerdote, rasgándose las vestiduras—. **64**¡Ustedes han oído la *blasfemia! ¿Qué les parece?

Todos ellos lo condenaron como digno de muerte. **65**Algunos comenzaron a escupirle; le vendaron los ojos y le daban puñetazos.

—¡Profetiza! —le gritaban.

Los guardias también le daban bofetadas.

Pedro niega a Jesús

14:66-72 — Mt 26:69-75; Lc 22:56-62;
    Jn 18:16-18,25-27

66Mientras Pedro estaba abajo en el patio, pasó una de las criadas del sumo sacerdote. **67**Cuando vio a Pedro calentándose, se fijó en él.

—Tú también estabas con ese nazareno, con Jesús —le dijo ella.

68Pero él lo negó:

—No lo conozco. Ni siquiera sé de qué estás hablando.

Y salió afuera, a la entrada.[ñ]

69Cuando la criada lo vio allí, les dijo de nuevo a los presentes:

---

[n] **14:48** *bandido.* Alt. *insurgente.*   [ñ] **14:68** *entrada.* Var. *entrada; y cantó el gallo.*

—Éste es uno de ellos.

70Él lo volvió a negar.

Poco después, los que estaban allí le dijeron a Pedro:

—Seguro que tú eres uno de ellos, pues eres galileo.

71Él comenzó a echarse maldiciones.

—¡No conozco a ese hombre del que hablan! —les juró.

72Al instante un gallo cantó por segunda vez.*o* Pedro se acordó de lo que Jesús le había dicho: «Antes de que el gallo cante por segunda vez,*p* me negarás tres veces.» Y se echó a llorar.

Jesús ante Pilato

15:2-15 — Mt 27:11-26; Lc 23:2-3,18-25;
Jn 18:29–19:16

15 Tan pronto como amaneció, los jefes de los sacerdotes, con los *ancianos, los *maestros de la ley y el *Consejo en pleno, llegaron a una decisión. Ataron a Jesús, se lo llevaron y se lo entregaron a Pilato.

2—¿Eres tú el rey de los judíos? —le preguntó Pilato.

—Tú mismo lo dices —respondió.

3Los jefes de los sacerdotes se pusieron a acusarlo de muchas cosas.

4—¿No vas a contestar? —le preguntó de nuevo Pilato—. Mira de cuántas cosas te están acusando.

5Pero Jesús ni aun con eso contestó nada, de modo que Pilato se quedó asombrado.

6Ahora bien, durante la fiesta él acostumbraba soltarles un preso, el que la gente pidiera. **7**Y resulta que un hombre llamado Barrabás estaba encarcelado con los rebeldes condenados por haber cometido homicidio en una insurrección. **8**Subió la multitud y le pidió a Pilato que le concediera lo que acostumbraba.

9—¿Quieren que les suelte al rey de los judíos? —replicó Pilato, **10**porque se daba cuenta de que los jefes de los sacerdotes habían entregado a Jesús por envidia.

11Pero los jefes de los sacerdotes incitaron a la multitud para que Pilato les soltara más bien a Barrabás.

12—¿Y qué voy a hacer con el que ustedes llaman el rey de los judíos? —les preguntó Pilato.

13—¡Crucifícalo! —gritaron.

14—¿Por qué? ¿Qué crimen ha cometido?

Pero ellos gritaron aún más fuerte:

—¡Crucifícalo!

15Como quería satisfacer a la multitud, Pilato les soltó a Barrabás; a Jesús lo mandó azotar, y lo entregó para que lo crucificaran.

Los soldados se burlan de Jesús

15:16-20 — Mt 27:27-31

16Los soldados llevaron a Jesús al interior del palacio (es decir, al pretorio) y reunieron a toda la tropa. **17**Le pusieron un manto de color púrpura; luego trenzaron una corona de espinas, y se la colocaron.

18—¡Salve, rey de los judíos! —lo aclamaban.

19Lo golpeaban en la cabeza con una caña y le escupían. Doblando la rodilla, le rendían homenaje. **20**Después de burlarse de él, le quitaron el manto y le pusieron su propia ropa. Por fin, lo sacaron para crucificarlo.

La crucifixión

15:22-32 — Mt 27:33-44; Lc 23:33-43; Jn 19:17-24

21A uno que pasaba por allí de vuelta del campo, un tal Simón de Cirene, padre de Alejandro y de Rufo, lo obligaron a llevar la cruz. **22**Condujeron a Jesús al lugar llamado Gólgota (que significa: Lugar de la Calavera). **23**Le ofrecieron vino mezclado con mirra, pero no lo tomó. **24**Y lo crucificaron. Repartieron su ropa, echando suertes para ver qué le tocaría a cada uno.

25Eran las nueve de la mañana*q* cuando lo crucificaron. **26**Un letrero tenía escrita la causa de su condena: «EL REY DE LOS JUDÍOS.» **27**Con él crucificaron a dos bandidos,*r* uno a su derecha y otro a su

---

*o***14:72** Var. no incluye: *por segunda vez.*   *p***14:72** Var. no incluye: *por segunda vez.*   *q***15:25** *Eran ... mañana.* Lit. *Era la hora tercera.*   *r***15:27** *bandidos.* Alt. *insurgentes.*

izquierda.ˢ ²⁹Los que pasaban meneaban la cabeza y *blasfemaban contra él.

—¡Eh! Tú que destruyes el *templo y en tres días lo reconstruyes —decían—, ³⁰¡baja de la cruz y sálvate a ti mismo!

³¹De la misma manera se burlaban de él los jefes de los sacerdotes junto con los maestros de la ley.

—Salvó a otros —decían—, ¡pero no puede salvarse a sí mismo! ³²Que baje ahora de la cruz ese *Cristo, el rey de Israel, para que veamos y creamos.

También lo insultaban los que estaban crucificados con él.

Muerte de Jesús

15:33-41 — Mt 27:45-56; Lc 23:44-49

³³Desde el mediodía y hasta la media tarde quedó toda la tierra en oscuridad. ³⁴A las tres de la tardeᵗ Jesús gritó a voz en cuello:

—*Eloi, Eloi, ¿lama sabactani?* (que significa: "Dios mío, Dios mío, ¿por qué me has desamparado?").ᵘ

³⁵Cuando lo oyeron, algunos de los que estaban cerca dijeron:

—Escuchen, está llamando a Elías.

³⁶Un hombre corrió, empapó una esponja en vinagre, la puso en una caña y se la ofreció a Jesús para que bebiera.

—Déjenlo, a ver si viene Elías a bajarlo —dijo.

³⁷Entonces Jesús, lanzando un fuerte grito, expiró.

³⁸La cortina del *santuario del templo se rasgó en dos, de arriba abajo. ³⁹Y el centurión, que estaba frente a Jesús, al oír el grito yᵛ ver cómo murió, dijo:

—¡Verdaderamente este hombre era el Hijoʷ de Dios!

⁴⁰Algunas mujeres miraban desde lejos. Entre ellas estaban María Magdalena, María la madre de *Jacobo el menor y de José, y Salomé. ⁴¹Estas mujeres lo habían seguido y atendido cuando estaba en Galilea. Además había allí muchas otras que habían subido con él a Jerusalén.

Sepultura de Jesús

15:42-47 — Mt 27:57-61; Lc 23:50-56; Jn 19:38-42

⁴²Era el día de preparación (es decir, la víspera del *sábado). Así que al atardecer, ⁴³José de Arimatea, miembro distinguido del *Consejo, y que también esperaba el reino de Dios, se atrevió a presentarse ante Pilato para pedirle el cuerpo de Jesús. ⁴⁴Pilato, sorprendido de que ya hubiera muerto, llamó al centurión y le preguntó si hacía mucho queˣ había muerto. ⁴⁵Una vez informado por el centurión, le entregó el cuerpo a José. ⁴⁶Entonces José bajó el cuerpo, lo envolvió en una sábana que había comprado, y lo puso en un sepulcro cavado en la roca. Luego hizo rodar una piedra a la entrada del sepulcro. ⁴⁷María Magdalena y María la madre de José vieron dónde lo pusieron.

La resurrección

16:1-8 — Mt 28:1-8; Lc 24:1-10

16 Cuando pasó el *sábado, María Magdalena, María la madre de *Jacobo, y Salomé compraron especias aromáticas para ir a ungir el cuerpo de Jesús. ²Muy de mañana el primer día de la semana, apenas salido el sol, se dirigieron al sepulcro. ³Iban diciéndose unas a otras: «¿Quién nos quitará la piedra de la entrada del sepulcro?» ⁴Pues la piedra era muy grande.

Pero al fijarse bien, se dieron cuenta de que estaba corrida. ⁵Al entrar en el sepulcro vieron a un joven vestido con un manto blanco, sentado a la derecha, y se asustaron.

⁶—No se asusten —les dijo—. Ustedes buscan a Jesús el nazareno, el que fue crucificado. ¡Ha resucitado! No está aquí. Miren el lugar donde lo pusieron. ⁷Pero vayan a decirles a los discípulos y a Pedro: "Él va delante de ustedes a Galilea. Allí lo verán, tal como les dijo."

⁸Temblorosas y desconcertadas, las mujeres salieron huyendo del sepulcro. No

---

ˢ **15:27** *izquierda.* Var. *izquierda.* ²⁸*Así se cumplió la Escritura que dice: «Fue contado con los malhechores.»* (Is 53:12) ᵗ**15:33-34** *Desde ... tarde.* Lit. *Y llegando la hora sexta vino oscuridad sobre toda la tierra hasta la hora novena.* ³⁴*Y en la hora novena.* ᵘ**15:34** Sal 22:1 ᵛ**15:39** Var. no incluye: *oír el grito y.* ʷ**15:39** *era el Hijo.* Alt. *era hijo.* ˣ**15:44** *hacía mucho que.* Var. *ya.*

dijeron nada a nadie, porque tenían miedo.*y*

Apariciones y ascensión de Jesús

9Cuando Jesús resucitó en la madrugada del primer día de la semana, se apareció primero a María Magdalena, de la que había expulsado siete demonios. **10**Ella fue y avisó a los que habían estado con él, que estaban lamentándose y llorando. **11**Pero ellos, al oír que Jesús estaba vivo y que ella lo había visto, no lo creyeron.

12Después se apareció Jesús en otra forma a dos de ellos que iban de camino al campo. **13**Éstos volvieron y avisaron a los demás, pero no les creyeron a ellos tampoco.

14Por último se apareció Jesús a los once mientras comían; los reprendió por su falta de fe y por su obstinación en no creerles a los que lo habían visto *resucitado.

15Les dijo: «Vayan por todo el mundo y anuncien las buenas *nuevas a toda criatura.*z* **16**El que crea y sea bautizado será salvo, pero el que no crea será condenado. **17**Estas señales acompañarán a los que crean: en mi nombre expulsarán demonios; hablarán en nuevas lenguas; **18**tomarán en sus manos serpientes; y cuando beban algo venenoso, no les hará daño alguno; pondrán las manos sobre los enfermos, y éstos recobrarán la salud.»

19Después de hablar con ellos, el Señor Jesús fue llevado al cielo y se sentó a la *derecha de Dios. **20**Los discípulos salieron y predicaron por todas partes, y el Señor los ayudaba en la obra y confirmaba su palabra con las señales que la acompañaban.

---

*y***16:8** Los mss. más antiguos y otros testimonios de la antigüedad no incluyen Mr 16:9-20. En lugar de este pasaje, algunos mss. incluyen una conclusión más breve.   *z***16:15** *criatura.* Lit. *creación.*

Evangelio según Lucas

Prólogo

1 Muchos han intentado hacer un relato de las cosas que se han cumplido[a] entre nosotros, 2tal y como nos las transmitieron los que desde el principio fueron testigos presenciales y servidores de la palabra. 3Por lo tanto, yo también, excelentísimo Teófilo, habiendo investigado todo esto con esmero desde su origen, he decidido escribírtelo ordenadamente, 4para que llegues a tener plena seguridad de lo que te enseñaron.

Anuncio del nacimiento de Juan el Bautista

5En tiempos de Herodes, rey de Judea, hubo un sacerdote llamado Zacarías, miembro del grupo de Abías. Su esposa Elisabet también era descendiente de Aarón. 6Ambos eran rectos e intachables delante de Dios; obedecían todos los mandamientos y preceptos del Señor. 7Pero no tenían hijos, porque Elisabet era estéril; y los dos eran de edad avanzada.

8Un día en que Zacarías, por haber llegado el turno de su grupo, oficiaba como sacerdote delante de Dios, 9le tocó en suerte, según la costumbre del sacerdocio, entrar en el *santuario del Señor para quemar incienso. 10Cuando llegó la hora de ofrecer el incienso, la multitud reunida afuera estaba orando. 11En esto un ángel del Señor se le apareció a Zacarías a la derecha del altar del incienso. 12Al verlo, Zacarías se asustó, y el temor se apoderó de él. 13El ángel le dijo:

—No tengas miedo, Zacarías, pues ha sido escuchada tu oración. Tu esposa Elisabet te dará un hijo, y le pondrás por nombre Juan. 14Tendrás gozo y alegría, y muchos se regocijarán por su nacimiento, 15porque él será un gran hombre delante del Señor. Jamás tomará vino ni licor, y será lleno del Espíritu Santo aun desde su nacimiento.[b] 16Hará que muchos israelitas se vuelvan al Señor su Dios. 17Él irá primero, delante del Señor, con el espíritu y el poder de Elías, para reconciliar a[c] los padres con los hijos y guiar a los desobedientes a la sabiduría de los justos. De este modo preparará un pueblo bien dispuesto para recibir al Señor.

18—¿Cómo podré estar seguro de esto? —preguntó Zacarías al ángel—. Ya soy anciano y mi esposa también es de edad avanzada.

19—Yo soy Gabriel y estoy a las órdenes de Dios —le contestó el ángel—. He sido enviado para hablar contigo y darte estas buenas *noticias. 20Pero como no creíste en mis palabras, las cuales se cumplirán a su debido tiempo, te vas a quedar mudo. No podrás hablar hasta el día en que todo esto suceda.

21Mientras tanto, el pueblo estaba esperando a Zacarías y les extrañaba que se demorara tanto en el santuario. 22Cuando por fin salió, no podía hablarles, así que se dieron cuenta de que allí había tenido una visión. Se podía comunicar sólo por señas, pues seguía mudo.

23Cuando terminaron los días de su servicio, regresó a su casa. 24Poco después, su esposa Elisabet quedó encinta y se mantuvo recluida por cinco meses. 25«Esto —decía ella— es obra del Señor, que ahora ha mostrado su bondad al quitarme la vergüenza que yo tenía ante los demás.»

Anuncio del nacimiento de Jesús

26A los seis meses, Dios envió al ángel Gabriel a Nazaret, pueblo de Galilea, 27a visitar a una joven virgen comprometida para casarse con un hombre que se llama-

---

[a]1:1 se han cumplido. Alt. se han recibido con convicción. [b]1:15 desde su nacimiento. Alt. antes de nacer. Lit. desde el vientre de su madre. [c]1:17 reconciliar a. Lit. hacer volver los corazones de; véase Mal 4:6.

ba José, descendiente de David. La virgen se llamaba María. **28** El ángel se acercó a ella y le dijo:

—¡Te saludo, *d* tú que has recibido el favor de Dios! El Señor está contigo.

29 Ante estas palabras, María se perturbó, y se preguntaba qué podría significar este saludo.

30 —No tengas miedo, María; Dios te ha concedido su favor —le dijo el ángel—. **31** Quedarás encinta y darás a luz un hijo, y le pondrás por nombre Jesús. **32** Él será un gran hombre, y lo llamarán Hijo del Altísimo. Dios el Señor le dará el trono de su padre David, **33** y reinará sobre el pueblo de Jacob para siempre. Su reinado no tendrá fin.

34 —¿Cómo podrá suceder esto —le preguntó María al ángel—, puesto que soy virgen? *e*

35 —El Espíritu Santo vendrá sobre ti, y el poder del Altísimo te cubrirá con su sombra. Así que al santo niño que va a nacer lo llamarán Hijo de Dios. **36** También tu parienta Elisabet va a tener un hijo en su vejez; de hecho, la que decían que era estéril ya está en el sexto mes de embarazo. **37** Porque para Dios no hay nada imposible.

38 —Aquí tienes a la sierva del Señor —contestó María—. Que él haga conmigo como me has dicho.

Con esto, el ángel la dejó.

María visita a Elisabet

39 A los pocos días María emprendió el viaje y se fue de prisa a un pueblo en la región montañosa de Judea. **40** Al llegar, entró en casa de Zacarías y saludó a Elisabet. **41** Tan pronto como Elisabet oyó el saludo de María, la criatura saltó en su vientre. Entonces Elisabet, llena del Espíritu Santo, **42** exclamó:

—¡Bendita tú entre las mujeres, y bendito el hijo que darás a luz! *f* **43** Pero, ¿cómo es esto, que la madre de mi Señor venga a verme? **44** Te digo que tan pronto como llegó a mis oídos la voz de tu saludo, saltó de alegría la criatura que

llevo en el vientre. **45** ¡*Dichosa tú que has creído, porque lo que el Señor te ha dicho se cumplirá!

El cántico de María

1:46-53 — 1S 2:1-10

46 Entonces dijo María:

—Mi alma glorifica al Señor,
47 y mi espíritu se regocija en Dios mi Salvador,
48 porque se ha dignado fijarse en su humilde sierva.

Desde ahora me llamarán *dichosa todas las generaciones,
49 porque el Poderoso ha hecho grandes cosas por mí.
¡Santo es su nombre!
50 De generación en generación se extiende su misericordia a los que le temen.
51 Hizo proezas con su brazo; desbarató las intrigas de los soberbios. *g*
52 De sus tronos derrocó a los poderosos, mientras que ha exaltado a los humildes.
53 A los hambrientos los colmó de bienes, y a los ricos los despidió con las manos vacías.
54-55 Acudió en ayuda de su siervo Israel y, cumpliendo su promesa a nuestros padres, mostró *h* su misericordia a Abraham y a su descendencia para siempre.

56 María se quedó con Elisabet unos tres meses y luego regresó a su casa.

Nacimiento de Juan el Bautista

57 Cuando se le cumplió el tiempo, Elisabet dio a luz un hijo. **58** Sus vecinos y parientes se enteraron de que el Señor le había mostrado gran misericordia, y compartieron su alegría.

59 A los ocho días llevaron a circuncidar al niño. Como querían ponerle el nom-

---

d **1:28** *¡Te saludo.* Alt. *¡Alégrate.* *e* **1:34** *soy virgen?* Lit. *no conozco a hombre?* *f* **1:42** *el hijo que darás a luz!* Lit. *el fruto de tu vientre!* *g* **1:51** *desbarató ... soberbios.* Lit. *dispersó a los orgullosos en el pensamiento del corazón de ellos.* *h* **1:54-55** *mostró.* Lit. *recordó.*

bre de su padre, Zacarías, **60**su madre se opuso.

—¡No! —dijo ella—. Tiene que llamarse Juan.

61—Pero si nadie en tu familia tiene ese nombre —le dijeron.

62Entonces le hicieron señas a su padre, para saber qué nombre quería ponerle al niño. **63**Él pidió una tablilla, en la que escribió: «Su nombre es Juan.» Y todos quedaron asombrados. **64**Al instante se le desató la lengua, recuperó el habla y comenzó a alabar a Dios. **65**Todos los vecinos se llenaron de temor, y por toda la región montañosa de Judea se comentaba lo sucedido. **66**Quienes lo oían se preguntaban: «¿Qué llegará a ser este niño?» Porque la mano del Señor lo protegía.

El cántico de Zacarías

67Entonces su padre Zacarías, lleno del Espíritu Santo, profetizó:

68«Bendito sea el Señor, Dios de
     Israel,
     porque ha venido a redimir[i] a su
       pueblo.
69Nos envió un poderoso salvador[j]
     en la casa de David su siervo
70(como lo prometió en el pasado por
       medio de sus *santos
       profetas),
71para librarnos de nuestros enemigos
     y del poder de todos los que nos
       aborrecen;
72para mostrar misericordia a
       nuestros padres
     al acordarse de su santo pacto.
73   Así lo juró a Abraham nuestro
       padre:
74nos concedió que fuéramos libres
       del temor,
     al rescatarnos del poder de
       nuestros enemigos,
     para que le sirviéramos **75**con
       *santidad y justicia,
     viviendo en su presencia todos
       nuestros días.

76Y tú, hijito mío, serás llamado
     profeta del Altísimo,
     porque irás delante del Señor
     para prepararle el camino.
77Darás a conocer a su pueblo la
       salvación
     mediante el perdón de sus
       pecados,
78gracias a la entrañable misericordia
     de nuestro Dios.
     Así nos visitará desde el cielo el
       sol naciente,
79para dar luz a los que viven en
       tinieblas,
     en la más terrible oscuridad,[k]
     para guiar nuestros pasos por la
       senda de la paz.»

80El niño crecía y se fortalecía en espíritu; y vivió en el desierto hasta el día en que se presentó públicamente al pueblo de Israel.

Nacimiento de Jesús

2 Por aquellos días Augusto *César decretó que se levantara un censo en todo el imperio romano.[l] **2**(Este primer censo se efectuó cuando Cirenio gobernaba en Siria.) **3**Así que iban todos a inscribirse, cada cual a su propio pueblo.

4También José, que era descendiente del rey David, subió de Nazaret, ciudad de Galilea, a Judea. Fue a Belén, la ciudad de David, **5**para inscribirse junto con María su esposa.[m] Ella se encontraba encinta **6**y, mientras estaban allí, se le cumplió el tiempo. **7**Así que dio a luz a su hijo primogénito. Lo envolvió en pañales y lo acostó en un pesebre, porque no había lugar para ellos en la posada.

Los pastores y los ángeles

8En esa misma región había unos pastores que pasaban la noche en el campo, turnándose para cuidar sus rebaños. **9**Sucedió que un ángel del Señor se les apareció. La gloria del Señor los envolvió en su luz, y se llenaron de temor. **10**Pero el ángel

---

[i] **1:68** *ha venido a redimir.* Lit. *ha visitado y ha redimido.* [j] **1:69** *envió un poderoso salvador.* Lit. *levantó un cuerno de salvación.* [k] **1:79** *en la más terrible oscuridad.* Lit. *y en sombra de muerte.* [l] **2:1** *el imperio romano.* Lit. *el mundo.* [m] **2:5** *María su esposa.* Lit. *María, que estaba comprometida para casarse con él.*

les dijo: «No tengan miedo. Miren que les traigo buenas *noticias que serán motivo de mucha alegría para todo el pueblo. **11**Hoy les ha nacido en la ciudad de David un Salvador, que es *Cristo el Señor. **12**Esto les servirá de señal: Encontrarán a un niño envuelto en pañales y acostado en un pesebre.»

13De repente apareció una multitud de ángeles del cielo, que alababan a Dios y decían:

> **14**«Gloria a Dios en las alturas,
>   y en la tierra paz a los que gozan
>   de su buena voluntad.» *n*

15Cuando los ángeles se fueron al cielo, los pastores se dijeron unos a otros: «Vamos a Belén, a ver esto que ha pasado y que el Señor nos ha dado a conocer.»

16Así que fueron de prisa y encontraron a María y a José, y al niño que estaba acostado en el pesebre. **17**Cuando vieron al niño, contaron lo que les habían dicho acerca de él, **18**y cuantos lo oyeron se asombraron de lo que los pastores decían. **19**María, por su parte, guardaba todas estas cosas en su corazón y meditaba acerca de ellas. **20**Los pastores regresaron glorificando y alabando a Dios por lo que habían visto y oído, pues todo sucedió tal como se les había dicho.

Presentación de Jesús en el templo

21Cuando se cumplieron los ocho días y fueron a circuncidarlo, lo llamaron Jesús, nombre que el ángel le había puesto antes de que fuera concebido.

22Así mismo, cuando se cumplió el tiempo en que, según la ley de Moisés, ellos debían *purificarse, José y María llevaron al niño a Jerusalén para presentarlo al Señor. **23**Así cumplieron con lo que en la ley del Señor está escrito: «Todo varón primogénito será consagrado *ñ* al Señor». *o* **24**También ofrecieron un sacrificio conforme a lo que la ley del Señor

dice: «un par de tórtolas o dos pichones de paloma». *p*

25Ahora bien, en Jerusalén había un hombre llamado Simeón, que era justo y devoto, y aguardaba con esperanza la redención *q* de Israel. El Espíritu Santo estaba con él **26**y le había revelado que no moriría sin antes ver al *Cristo del Señor. **27**Movido por el Espíritu, fue al *templo. Cuando al niño Jesús lo llevaron sus padres para cumplir con la costumbre establecida por la ley, **28**Simeón lo tomó en sus brazos y bendijo a Dios:

> **29**«Según tu palabra, Soberano Señor,
>   ya puedes despedir a tu *siervo
>   en paz.
> **30**Porque han visto mis ojos tu
>   salvación,
> **31**   que has preparado a la vista de
>   todos los pueblos:
> **32**luz que ilumina a las *naciones
>   y gloria de tu pueblo Israel.»

33El padre y la madre del niño se quedaron maravillados por lo que se decía de él. **34**Simeón les dio su bendición y le dijo a María, la madre de Jesús: «Este niño está destinado a causar la caída y el levantamiento de muchos en Israel, y a crear mucha oposición, *r* **35**a fin de que se manifiesten las intenciones de muchos corazones. En cuanto a ti, una espada te atravesará el alma.»

36Había también una profetisa, Ana, hija de Penuel, de la tribu de Aser. Era muy anciana; casada de joven, había vivido con su esposo siete años, **37**y luego permaneció viuda hasta la edad de ochenta y cuatro. *s* Nunca salía del *templo, sino que día y noche adoraba a Dios con ayunos y oraciones. **38**Llegando en ese mismo momento, Ana dio gracias a Dios y comenzó a hablar del niño a todos los que esperaban la redención de Jerusalén.

39Después de haber cumplido con todo lo que exigía la ley del Señor, José y María

---

n **2:14** *paz ... voluntad.* Lit. *paz a los hombres de buena voluntad.* Var. *paz, buena voluntad a los hombres.*
ñ **2:23** *Todo ... consagrado.* Lit. *Todo varón que abre la matriz será llamado santo.*   *o* **2:23** Éx 13:2,12
p **2:24** Lv 12:8   *q* **2:25** *redención.* Lit. *consolación.*   *r* **2:34** *a crear mucha oposición.* Lit. *a ser una señal contra la cual se hablará.*   *s* **2:37** *hasta la edad de ochenta y cuatro.* Alt. *durante ochenta y cuatro años.*

regresaron a Galilea, a su propio pueblo de Nazaret. **40**El niño crecía y se fortalecía; progresaba en sabiduría, y la gracia de Dios lo acompañaba.

El niño Jesús en el templo

41Los padres de Jesús subían todos los años a Jerusalén para la fiesta de la Pascua. **42**Cuando cumplió doce años, fueron allá según era la costumbre. **43**Terminada la fiesta, emprendieron el viaje de regreso, pero el niño Jesús se había quedado en Jerusalén, sin que sus padres se dieran cuenta. **44**Ellos, pensando que él estaba entre el grupo de viajeros, hicieron un día de camino mientras lo buscaban entre los parientes y conocidos. **45**Al no encontrarlo, volvieron a Jerusalén en su busca. **46**Al cabo de tres días lo encontraron en el *templo, sentado entre los maestros, escuchándolos y haciéndoles preguntas. **47**Todos los que le oían se asombraban de su inteligencia y de sus respuestas. **48**Cuando lo vieron sus padres, se quedaron admirados.

—Hijo, ¿por qué te has portado así con nosotros? —le dijo su madre—. ¡Mira que tu padre y yo te hemos estado buscando angustiados!

49—¿Por qué me buscaban? ¿No sabían que tengo que estar en la casa de mi Padre?

50Pero ellos no entendieron lo que les decía.

51Así que Jesús bajó con sus padres a Nazaret y vivió sujeto a ellos. Pero su madre conservaba todas estas cosas en el corazón. **52**Jesús siguió creciendo en sabiduría y estatura, y cada vez más gozaba del favor de Dios y de toda la gente.

Juan el Bautista prepara el camino

3:2-10 — Mt 3:1-10; Mr 1:3-5
3:16-17 — Mt 3:11-12; Mr 1:7-8

3 En el año quince del reinado de Tiberio *César, Poncio Pilato gobernaba la provincia de Judea, Herodes*l* era tetrarca en Galilea, su hermano Felipe en Iturea y Traconite, y Lisanias en Abile-

ne; **2**el sumo sacerdocio lo ejercían Anás y Caifás. En aquel entonces, la palabra de Dios llegó a Juan, hijo de Zacarías, en el desierto. **3**Juan recorría toda la región del Jordán predicando el bautismo de *arrepentimiento para el perdón de pecados. **4**Así está escrito en el libro del profeta Isaías:

«Voz de uno que grita en el
        desierto:
    "Preparen el camino del Señor,
        háganle sendas derechas.
5Todo valle será rellenado,
        toda montaña y colina será
            allanada.
    Los caminos torcidos se
        enderezarán,
        las sendas escabrosas quedarán
            llanas.
6Y todo *mortal verá la salvación
        de Dios."»*u*

7Muchos acudían a Juan para que los bautizara.

—¡Camada de víboras! —les advirtió—. ¿Quién les dijo que podrán escapar del castigo que se acerca? **8**Produzcan frutos que demuestren arrepentimiento. Y no se pongan a pensar: "Tenemos a Abraham por padre." Porque les digo que aun de estas piedras Dios es capaz de darle hijos a Abraham. **9**Es más, el hacha ya está puesta a la raíz de los árboles, y todo árbol que no produzca buen fruto será cortado y arrojado al fuego.

10—¿Entonces qué debemos hacer? —le preguntaba la gente.

11—El que tiene dos *camisas debe compartir con el que no tiene ninguna —les contestó Juan—, y el que tiene comida debe hacer lo mismo.

12Llegaron también unos *recaudadores de impuestos para que los bautizara.

—Maestro, ¿qué debemos hacer nosotros? —le preguntaron.

13—No cobren más de lo debido —les respondió.

14—Y nosotros, ¿qué debemos hacer? —le preguntaron unos soldados.

---

*l***3:1** Es decir, Herodes Antipas, hijo del rey Herodes (1:5).   *u***3:6** Is 40:3-5

—No extorsionen a nadie ni hagan denuncias falsas; más bien confórmense con lo que les pagan.

15La gente estaba a la expectativa, y todos se preguntaban si acaso Juan sería el *Cristo.

16—Yo los bautizo a ustedes con^v agua —les respondió Juan a todos—. Pero está por llegar uno más poderoso que yo, a quien ni siquiera merezco desatarle la correa de sus sandalias. Él los bautizará con el Espíritu Santo y con fuego. **17**Tiene el rastrillo en la mano para limpiar su era y recoger el trigo en su granero; la paja, en cambio, la quemará con fuego que nunca se apagará.

18Y con muchas otras palabras exhortaba Juan a la gente y le anunciaba las buenas *nuevas. **19**Pero cuando reprendió al tetrarca Herodes por el asunto de su cuñada Herodías,^{w} y por todas las otras maldades que había cometido, **20**Herodes llegó hasta el colmo de encerrar a Juan en la cárcel.

Bautismo y genealogía de Jesús
3:21-22 — Mt 3:13-17; Mr 1:9-11
3:23-38 — Mt 1:1-17

21Un día en que todos acudían a Juan para que los bautizara, Jesús fue bautizado también. Y mientras oraba, se abrió el cielo, **22**y el Espíritu Santo bajó sobre él en forma de paloma. Entonces se oyó una voz del cielo que decía: «Tú eres mi Hijo amado; estoy muy complacido contigo.»

23Jesús tenía unos treinta años cuando comenzó su ministerio. Era hijo, según se creía, de José,

hijo de Elí, **24**hijo de Matat,
hijo de Leví, hijo de Melquí,
hijo de Janay, hijo de José,
25 hijo de Matatías, hijo de Amós,
hijo de Nahúm, hijo de Eslí,
hijo de Nagay, **26**hijo de Máat,
hijo de Matatías, hijo de Semeí,
hijo de Josec, hijo de Judá,
27 hijo de Yojanán, hijo de Resa,
hijo de Zorobabel, hijo de Salatiel,

hijo de Neri, **28**hijo de Melquí,
hijo de Adí, hijo de Cosán,
hijo de Elmadán, hijo de Er,
29 hijo de Josué, hijo de Eliezer,
hijo de Jorín, hijo de Matat,
hijo de Leví, **30**hijo de Simeón,
hijo de Judá, hijo de José,
hijo de Jonán, hijo de Eliaquín,
31 hijo de Melea, hijo de Mainán,
hijo de Matata, hijo de Natán,
hijo de David, **32**hijo de Isaí,
hijo de Obed, hijo de Booz,
hijo de Salmón,^{x} hijo de Naasón,
33 hijo de Aminadab, hijo de Aram,^{y}
hijo de Jezrón, hijo de Fares,
hijo de Judá, **34**hijo de Jacob,
hijo de Isaac, hijo de Abraham,
hijo de Téraj, hijo de Najor,
35 hijo de Serug, hijo de Ragau,
hijo de Péleg, hijo de Éber,
hijo de Selaj, **36**hijo de Cainán,
hijo de Arfaxad, hijo de Sem,
hijo de Noé, hijo de Lamec,
37 hijo de Matusalén, hijo de Enoc,
hijo de Jared, hijo de Malalel,
hijo de Cainán, **38**hijo de Enós,
hijo de Set, hijo de Adán,
hijo de Dios.

Tentación de Jesús
4:1-13 — Mt 4:1-11; Mr 1:12-13

4 Jesús, lleno del Espíritu Santo, volvió del Jordán y fue llevado por el Espíritu al desierto. **2**Allí estuvo cuarenta días y fue *tentado por el diablo. No comió nada durante esos días, pasados los cuales tuvo hambre.

3—Si eres el Hijo de Dios —le propuso el diablo—, dile a esta piedra que se convierta en pan.

4Jesús le respondió:

—Escrito está: "No sólo de pan vive el hombre."^{z}

5Entonces el diablo lo llevó a un lugar alto y le mostró en un instante todos los reinos del mundo.

6—Sobre estos reinos y todo su esplendor —le dijo—, te daré la autoridad, porque a mí me ha sido entregada, y puedo

---

^{v}**3:16** *con.* Alt. *en.* ^{w}**3:19** Esposa de Felipe, hermano de Herodes Antipas. ^{x}**3:32** *Salmón.* Var. *Sala.*
^{y}**3:33** *Aminadab, hijo de Aram.* Var. *Aminadab, el hijo de Admín, el hijo de Arní;* los mss. varían mucho en este versículo. ^{z}**4:4** Dt 8:3

dársela a quien yo quiera. **7**Así que, si me adoras, todo será tuyo.

Jesús le contestó:

8—Escrito está: "Adora al Señor tu Dios y sírvele solamente a él."*a*

9El diablo lo llevó luego a Jerusalén e hizo que se pusiera de pie en la parte más alta del *templo, y le dijo:

—Si eres el Hijo de Dios, ¡tírate de aquí! **10**Pues escrito está:

»"Ordenará que sus ángeles te
　　cuiden.
Te sostendrán en sus manos
11para que no tropieces con piedra
　　alguna."*b*

12—También está escrito: "No pongas a prueba al Señor tu Dios"*c* —le replicó Jesús.

13Así que el diablo, habiendo agotado todo recurso de tentación, lo dejó hasta otra oportunidad.

Rechazan a Jesús en Nazaret

14Jesús regresó a Galilea en el poder del Espíritu, y se extendió su fama por toda aquella región. **15**Enseñaba en las sinagogas, y todos lo admiraban.

16Fue a Nazaret, donde se había criado, y un *sábado entró en la sinagoga, como era su costumbre. Se levantó para hacer la lectura, **17**y le entregaron el libro del profeta Isaías. Al desenrollarlo, encontró el lugar donde está escrito:

18«El Espíritu del Señor está sobre mí,
　　por cuanto me ha ungido
　　para anunciar buenas *nuevas a
　　　los pobres.
Me ha enviado a proclamar libertad
　　a los cautivos
　　y dar vista a los ciegos,
　a poner en libertad a los oprimidos,
19　a pregonar el año del favor del
　　　Señor.»*d*

20Luego enrolló el libro, se lo devolvió al ayudante y se sentó. Todos los que estaban en la sinagoga lo miraban detenidamente, **21**y él comenzó a hablarles: «Hoy se cumple esta Escritura en presencia de ustedes.»

22Todos dieron su aprobación, impresionados por las hermosas palabras*e* que salían de su boca. «¿No es éste el hijo de José?», se preguntaban.

23Jesús continuó: «Seguramente ustedes me van a citar el proverbio: "¡Médico, cúrate a ti mismo! Haz aquí en tu tierra lo que hemos oído que hiciste en Capernaúm." **24**Pues bien, les aseguro que a ningún profeta lo aceptan en su propia tierra. **25**No cabe duda de que en tiempos de Elías, cuando el cielo se cerró por tres años y medio, de manera que hubo una gran hambre en toda la tierra, muchas viudas vivían en Israel. **26**Sin embargo, Elías no fue enviado a ninguna de ellas, sino a una viuda de Sarepta, en los alrededores de Sidón. **27**Así mismo, había en Israel muchos enfermos de *lepra en tiempos del profeta Eliseo, pero ninguno de ellos fue sanado, sino Naamán el sirio.»

28Al oír esto, todos los que estaban en la sinagoga se enfurecieron. **29**Se levantaron, lo expulsaron del pueblo y lo llevaron hasta la cumbre de la colina sobre la que estaba construido el pueblo, para tirarlo por el precipicio. **30**Pero él pasó por en medio de ellos y se fue.

Jesús expulsa a un espíritu maligno

4:31-37 — Mr 1:21-28

31Jesús pasó a Capernaúm, un pueblo de Galilea, y el día *sábado enseñaba a la gente. **32**Estaban asombrados de su enseñanza, porque les hablaba con autoridad.

33Había en la sinagoga un hombre que estaba poseído por un *espíritu maligno, quien gritó con todas sus fuerzas:

34—¡Ah! ¿Por qué te entrometes, Jesús de Nazaret? ¿Has venido a destruirnos? Yo sé quién eres tú: ¡el Santo de Dios!

35—¡Cállate! —lo reprendió Jesús—. ¡Sal de ese hombre!

---

*a***4:8** Dt 6:13　*b***4:10-11** Sal 91:11,12　*c***4:12** Dt 6:16　*d***4:19** Is 61:1,2　*e***4:22** *Todos ... palabras.* Lit.
Todos daban testimonio de él y estaban asombrados de las palabras de gracia.

Entonces el demonio derribó al hombre en medio de la gente y salió de él sin hacerle ningún daño.

36Todos se asustaron y se decían unos a otros: «¿Qué clase de palabra es ésta? ¡Con autoridad y poder les da órdenes a los espíritus malignos, y salen!» 37Y se extendió su fama por todo aquel lugar.

Jesús sana a muchos enfermos
4:38-41 — Mt 8:14-17
4:38-43 — Mr 1:29-38

38Cuando Jesús salió de la sinagoga, se fue a casa de Simón, cuya suegra estaba enferma con una fiebre muy alta. Le pidieron a Jesús que la ayudara, 39así que se inclinó sobre ella y reprendió a la fiebre, la cual se le quitó. Ella se levantó en seguida y se puso a servirles.

40Al ponerse el sol, la gente le llevó a Jesús todos los que padecían de diversas enfermedades; él puso las manos sobre cada uno de ellos y los sanó. 41Además, de muchas personas salían demonios que gritaban: «¡Tú eres el Hijo de Dios!» Pero él los reprendía y no los dejaba hablar porque sabían que él era el *Cristo.

42Cuando amaneció, Jesús salió y se fue a un lugar solitario. La gente andaba buscándolo, y cuando llegaron adonde él estaba, procuraban detenerlo para que no se fuera. 43Pero él les dijo: «Es preciso que anuncie también a los demás pueblos las buenas *nuevas del reino de Dios, porque para esto fui enviado.»

44Y siguió predicando en las sinagogas de los judíos.ᶠ

Llamamiento de los primeros discípulos
5:1-11 — Mt 4:18-22; Mr 1:16-20; Jn 1:40-42

5 Un día estaba Jesús a orillas del lago de Genesaret,ᵍ y la gente lo apretujaba para escuchar el mensaje de Dios. 2Entonces vio dos barcas que los pescadores habían dejado en la playa mientras lavaban las redes. 3Subió a una de las barcas, que pertenecía a Simón, y le pidió que la alejara un poco de la orilla. Luego se sentó, y enseñaba a la gente desde la barca.

4Cuando acabó de hablar, le dijo a Simón:

—Lleva la barca hacia aguas más profundas, y echen allí las redes para pescar.

5—Maestro, hemos estado trabajando duro toda la noche y no hemos pescado nada —le contestó Simón—. Pero como tú me lo mandas, echaré las redes.

6Así lo hicieron, y recogieron una cantidad tan grande de peces que las redes se les rompían. 7Entonces llamaron por señas a sus compañeros de la otra barca para que los ayudaran. Ellos se acercaron y llenaron tanto las dos barcas que comenzaron a hundirse.

8Al ver esto, Simón Pedro cayó de rodillas delante de Jesús y le dijo:

—¡Apártate de mí, Señor; soy un pecador!

9Es que él y todos sus compañeros estaban asombrados ante la pesca que habían hecho, 10como también lo estaban *Jacobo y Juan, hijos de Zebedeo, que eran socios de Simón.

—No temas; desde ahora serás pescador de hombres —le dijo Jesús a Simón.

11Así que llevaron las barcas a tierra y, dejándolo todo, siguieron a Jesús.

Jesús sana a un leproso
5:12-14 — Mt 8:2-4; Mr 1:40-44

12En otra ocasión, cuando Jesús estaba en un pueblo, se presentó un hombre cubierto de *lepra. Al ver a Jesús, cayó rostro en tierra y le suplicó:

—Señor, si quieres, puedes *limpiarme.

13Jesús extendió la mano y tocó al hombre.

—Sí quiero —le dijo—. ¡Queda limpio! Y al instante se le quitó la lepra.

14—No se lo digas a nadie —le ordenó Jesús—; sólo ve, preséntate al sacerdote y lleva por tu *purificación lo que ordenó Moisés, para que sirva de testimonio.

15Sin embargo, la fama de Jesús se extendía cada vez más, de modo que acudían a él multitudes para oírlo y para que los sanara de sus enfermedades. 16Él, por

---

ᶠ4:44 los judíos. Lit. Judea. Var. Galilea.   ᵍ5:1 Es decir, el mar de Galilea.

su parte, solía retirarse a lugares solitarios para orar.

Jesús sana a un paralítico
5:18-26 — Mt 9:2-8; Mr 2:3-12

17Un día, mientras enseñaba, estaban sentados allí algunos *fariseos y *maestros de la ley que habían venido de todas las aldeas de Galilea y Judea, y también de Jerusalén. Y el poder del Señor estaba con él para sanar a los enfermos. **18**Entonces llegaron unos hombres que llevaban en una camilla a un paralítico. Procuraron entrar para ponerlo delante de Jesús, **19**pero no pudieron a causa de la multitud. Así que subieron a la azotea y, separando las tejas, lo bajaron en la camilla hasta ponerlo en medio de la gente, frente a Jesús.

20Al ver la fe de ellos, Jesús dijo:

—Amigo, tus pecados quedan perdonados.

21Los fariseos y los maestros de la ley comenzaron a pensar: «¿Quién es éste que dice *blasfemias? ¿Quién puede perdonar pecados sino sólo Dios?»

22Pero Jesús supo lo que estaban pensando y les dijo:

—¿Por qué razonan así? **23**¿Qué es más fácil decir: "Tus pecados quedan perdonados", o "Levántate y anda"? **24**Pues para que sepan que el Hijo del hombre tiene autoridad en la tierra para perdonar pecados —se dirigió entonces al paralítico—: A ti te digo, levántate, toma tu camilla y vete a tu casa.

25Al instante se levantó a la vista de todos, tomó la camilla en que había estado acostado, y se fue a su casa alabando a Dios. **26**Todos quedaron asombrados y ellos también alababan a Dios. Estaban llenos de temor y decían: «Hoy hemos visto maravillas.»

Llamamiento de Leví
5:27-32 — Mt 9:9-13; Mr 2:14-17

27Después de esto salió Jesús y se fijó en un *recaudador de impuestos llamado Leví, sentado a la mesa donde cobraba.

—Sígueme —le dijo Jesús.

28Y Leví se levantó, lo dejó todo y lo siguió.

29Luego Leví le ofreció a Jesús un gran banquete en su casa, y había allí un grupo numeroso de recaudadores de impuestos y otras personas que estaban comiendo con ellos. **30**Pero los *fariseos y los *maestros de la ley que eran de la misma secta les reclamaban a los discípulos de Jesús:

—¿Por qué comen y beben ustedes con recaudadores de impuestos y *pecadores?

31—No son los sanos los que necesitan médico sino los enfermos —les contestó Jesús—. **32**No he venido a llamar a justos sino a pecadores para que se *arrepientan.

Le preguntan a Jesús sobre el ayuno
5:33-39 — Mt 9:14-17; Mr 2:18-22

33Algunos dijeron a Jesús:

—Los discípulos de Juan ayunan y oran con frecuencia, lo mismo que los discípulos de los *fariseos, pero los tuyos se la pasan comiendo y bebiendo.

34Jesús les replicó:

—¿Acaso pueden obligar a los invitados del novio a que ayunen mientras él está con ellos? **35**Llegará el día en que se les quitará el novio; en aquellos días sí ayunarán.

36Les contó esta parábola:

—Nadie quita un retazo de un vestido nuevo para remendar un vestido viejo. De hacerlo así, habrá rasgado el vestido nuevo, y el retazo nuevo no hará juego con el vestido viejo. **37**Ni echa nadie vino nuevo en odres viejos. De hacerlo así, el vino nuevo hará reventar los odres, se derramará el vino y los odres se arruinarán. **38**Más bien, el vino nuevo debe echarse en odres nuevos. **39**Y nadie que haya bebido vino añejo quiere el nuevo, porque dice: "El añejo es mejor."

Señor del sábado
6:1-11 — Mt 12:1-14; Mr 2:23–3:6

6 Un *sábado, al pasar Jesús por los sembrados, sus discípulos se pusieron a arrancar unas espigas de trigo, y las desgranaban para comérselas. **2**Por eso algunos de los *fariseos les dijeron:

—¿Por qué hacen ustedes lo que está prohibido hacer en sábado?

3Jesús les contestó:

—¿Nunca han leído lo que hizo David en aquella ocasión en que él y sus compañeros tuvieron hambre? ⁴Entró en la casa de Dios y, tomando los panes consagrados a Dios, comió lo que sólo a los sacerdotes les es permitido comer. Y les dio también a sus compañeros.

⁵Entonces añadió:

—El Hijo del hombre es Señor del sábado.

⁶Otro sábado entró en la sinagoga y comenzó a enseñar. Había allí un hombre que tenía la mano derecha paralizada; ⁷así que los *maestros de la ley y los fariseos, buscando un motivo para acusar a Jesús, no le quitaban la vista de encima para ver si sanaría en sábado. ⁸Pero Jesús, que sabía lo que estaban pensando, le dijo al hombre de la mano paralizada:

—Levántate y ponte frente a todos.

Así que el hombre se puso de pie. Entonces Jesús dijo a los otros:

⁹—Voy a hacerles una pregunta: ¿Qué está permitido hacer en sábado: hacer el bien o el mal, salvar una *vida o destruirla?

¹⁰Jesús se quedó mirando a todos los que lo rodeaban, y le dijo al hombre:

—Extiende la mano.

Así lo hizo, y la mano le quedó restablecida. ¹¹Pero ellos se enfurecieron y comenzaron a discutir qué podrían hacer contra Jesús.

Los doce apóstoles

6:13-16 — Mt 10:2-4; Mr 3:16-19; Hch 1:13

¹²Por aquel tiempo se fue Jesús a la montaña a orar, y pasó toda la noche en oración a Dios. ¹³Al llegar la mañana, llamó a sus discípulos y escogió a doce de ellos, a los que nombró apóstoles: ¹⁴Simón (a quien llamó Pedro), su hermano Andrés, *Jacobo, Juan, Felipe, Bartolomé, ¹⁵Mateo, Tomás, Jacobo hijo de Alfeo, Simón, al que llamaban el Zelote, ¹⁶Judas hijo de Jacobo, y Judas Iscariote, que llegó a ser el traidor.

Bendiciones y ayes

6:20-23 — Mt 5:3-12

¹⁷Luego bajó con ellos y se detuvo en un llano. Había allí una gran multitud de sus discípulos y mucha gente de toda

Judea, de Jerusalén y de la costa de Tiro y Sidón, ¹⁸que habían llegado para oírlo y para que los sanara de sus enfermedades. Los que eran atormentados por *espíritus malignos quedaban liberados; ¹⁹así que toda la gente procuraba tocarlo, porque de él salía poder que sanaba a todos.

²⁰Él entonces dirigió la mirada a sus discípulos y dijo:

«*Dichosos ustedes los pobres,
porque el reino de Dios les
pertenece.
²¹Dichosos ustedes que ahora pasan
hambre,
porque serán saciados.
Dichosos ustedes que ahora lloran,
porque luego habrán de reír.
²²Dichosos ustedes cuando los odien,
cuando los discriminen, los
insulten y los desprestigien[h]
por causa del Hijo del hombre.

²³»Alégrense en aquel día y salten de gozo, pues miren que les espera una gran recompensa en el cielo. Dense cuenta de que los antepasados de esta gente trataron así a los profetas.

²⁴»Pero ¡ay de ustedes los ricos,
porque ya han recibido su
consuelo!
²⁵¡Ay de ustedes los que ahora están
saciados,
porque sabrán lo que es pasar
hambre!
¡Ay de ustedes los que ahora ríen,
porque sabrán lo que es derramar
lágrimas!
²⁶¡Ay de ustedes cuando todos los
elogien!
Dense cuenta de que los
antepasados de esta gente
trataron así a los falsos
profetas.

El amor a los enemigos

6:29-30 — Mt 5:39-42

²⁷»Pero a ustedes que me escuchan les digo: Amen a sus enemigos, hagan bien a

---

[h] **6:22** *los desprestigien.* Lit. *echen su nombre como malo.*

quienes los odian, 28bendigan a quienes los maldicen, oren por quienes los maltratan. 29Si alguien te pega en una mejilla, vuélvele también la otra. Si alguien te quita la *camisa, no le impidas que se lleve también la capa. 30Dale a todo el que te pida, y si alguien se lleva lo que es tuyo, no se lo reclames. 31Traten a los demás tal y como quieren que ellos los traten a ustedes.

32»¿Qué mérito tienen ustedes al amar a quienes los aman? Aun los *pecadores lo hacen así. 33¿Y qué mérito tienen ustedes al hacer bien a quienes les hacen bien? Aun los pecadores actúan así. 34¿Y qué mérito tienen ustedes al dar prestado a quienes pueden corresponderles? Aun los pecadores se prestan entre sí, esperando recibir el mismo trato. 35Ustedes, por el contrario, amen a sus enemigos, háganles bien y denles prestado sin esperar nada a cambio. Así tendrán una gran recompensa y serán hijos del Altísimo, porque él es bondadoso con los ingratos y malvados. 36Sean compasivos, así como su Padre es compasivo.

El juzgar a los demás
6:37-42 — Mt 7:1-5

37»No juzguen, y no se les juzgará. No condenen, y no se les condenará. Perdonen, y se les perdonará. 38Den, y se les dará: se les echará en el regazo una medida llena, apretada, sacudida y desbordante. Porque con la medida que midan a otros, se les medirá a ustedes.»

39También les contó esta parábola: «¿Acaso puede un ciego guiar a otro ciego? ¿No caerán ambos en el hoyo? 40El discípulo no está por encima de su maestro, pero todo el que haya completado su aprendizaje, a lo sumo llega al nivel de su maestro.

41»¿Por qué te fijas en la astilla que tiene tu hermano en el ojo y no le das importancia a la viga que tienes en el tuyo? 42¿Cómo puedes decirle a tu hermano: "Hermano, déjame sacarte la astilla del ojo", cuando tú mismo no te das cuenta de la viga en el tuyo? ¡*Hipócrita! Saca primero la viga de tu propio ojo, y enton-

ces verás con claridad para sacar la astilla del ojo de tu hermano.

El árbol y su fruto
6:43-44 — Mt 7:16,18,20

43»Ningún árbol bueno da fruto malo; tampoco da buen fruto el árbol malo. 44A cada árbol se le reconoce por su propio fruto. No se recogen higos de los espinos ni se cosechan uvas de las zarzas. 45El que es bueno, de la bondad que atesora en el corazón produce el bien; pero el que es malo, de su maldad produce el mal, porque de lo que abunda en el corazón habla la boca.

El prudente y el insensato
6:47-49 — Mt 7:24-27

46»¿Por qué me llaman ustedes "Señor, Señor", y no hacen lo que les digo? 47Voy a decirles a quién se parece todo el que viene a mí, y oye mis palabras y las pone en práctica: 48Se parece a un hombre que, al construir una casa, cavó bien hondo y puso el cimiento sobre la roca. De manera que cuando vino una inundación, el torrente azotó aquella casa, pero no pudo ni siquiera hacerla tambalear porque estaba bien construida. 49Pero el que oye mis palabras y no las pone en práctica se parece a un hombre que construyó una casa sobre tierra y sin cimientos. Tan pronto como la azotó el torrente, la casa se derrumbó, y el desastre fue terrible.»

La fe del centurión
7:1-10 — Mt 8:5-13

7 Cuando terminó de hablar al pueblo, Jesús entró en Capernaúm. 2Había allí un centurión, cuyo *siervo, a quien él estimaba mucho, estaba enfermo, a punto de morir. 3Como oyó hablar de Jesús, el centurión mandó a unos dirigentes[i] de los judíos a pedirle que fuera a sanar a su siervo. 4Cuando llegaron ante Jesús, le rogaron con insistencia:

—Este hombre merece que le concedas lo que te pide: 5aprecia tanto a nuestra nación, que nos ha construido una sinagoga.

---

[i] 7:3 dirigentes. Lit. *ancianos.

⁶Así que Jesús fue con ellos. No estaba lejos de la casa cuando el centurión mandó unos amigos a decirle:

—Señor, no te tomes tanta molestia, pues no merezco que entres bajo mi techo. ⁷Por eso ni siquiera me atreví a presentarme ante ti. Pero con una sola palabra que digas, quedará sano mi siervo. ⁸Yo mismo obedezco órdenes superiores y, además, tengo soldados bajo mi autoridad. Le digo a uno: "Ve", y va, y al otro: "Ven", y viene. Le digo a mi siervo: "Haz esto", y lo hace.

⁹Al oírlo, Jesús se asombró de él y, volviéndose a la multitud que lo seguía, comentó:

—Les digo que ni siquiera en Israel he encontrado una fe tan grande.

¹⁰Al regresar a casa, los enviados encontraron sano al siervo.

Jesús resucita al hijo de una viuda

¹¹Poco después Jesús, en compañía de sus discípulos y de una gran multitud, se dirigió a un pueblo llamado Naín. ¹²Cuando ya se acercaba a las puertas del pueblo, vio que sacaban de allí a un muerto, hijo único de madre viuda. La acompañaba un grupo grande de la población. ¹³Al verla, el Señor se compadeció de ella y le dijo:

—No llores.

¹⁴Entonces se acercó y tocó el féretro. Los que lo llevaban se detuvieron, y Jesús dijo:

—Joven, ¡te ordeno que te levantes!

¹⁵El muerto se incorporó y comenzó a hablar, y Jesús se lo entregó a su madre. ¹⁶Todos se llenaron de temor y alababan a Dios.

—Ha surgido entre nosotros un gran profeta —decían—. Dios ha venido en ayuda de[j] su pueblo.

¹⁷Así que esta noticia acerca de Jesús se divulgó por toda Judea[k] y por todas las regiones vecinas.

Jesús y Juan el Bautista
7:18-35 — Mt 11:2-19

¹⁸Los discípulos de Juan le contaron todo esto. Él llamó a dos de ellos ¹⁹y los envió al Señor a preguntarle:

—¿Eres tú el que ha de venir, o debemos esperar a otro?

²⁰Cuando se acercaron a Jesús, ellos le dijeron:

—Juan el Bautista nos ha enviado a preguntarte: "¿Eres tú el que ha de venir, o debemos esperar a otro?"

²¹En ese mismo momento Jesús sanó a muchos que tenían enfermedades, dolencias y *espíritus malignos, y les dio la vista a muchos ciegos. ²²Entonces les respondió a los enviados:

—Vayan y cuéntenle a Juan lo que han visto y oído: Los ciegos ven, los cojos andan, los que tienen *lepra son sanados, los sordos oyen, los muertos resucitan y a los pobres se les anuncian las buenas *nuevas. ²³*Dichoso el que no *tropieza por causa mía.

²⁴Cuando se fueron los enviados, Jesús comenzó a hablarle a la multitud acerca de Juan: «¿Qué salieron a ver al desierto? ¿Una caña sacudida por el viento? ²⁵Si no, ¿qué salieron a ver? ¿A un hombre vestido con ropa fina? Claro que no, pues los que se visten ostentosamente y llevan una vida de lujo están en los palacios reales. ²⁶Entonces, ¿qué salieron a ver? ¿A un profeta? Sí, les digo, y más que profeta. ²⁷Éste es de quien está escrito:

» "Yo estoy por enviar a mi
　　　mensajero delante de ti,
　　el cual preparará el camino."[l]

²⁸Les digo que entre los mortales no ha habido nadie más grande que Juan; sin embargo, el más pequeño en el reino de Dios es más grande que él.»

²⁹Al oír esto, todo el pueblo, y hasta los *recaudadores de impuestos, reconocieron que el camino de Dios era justo, y fueron bautizados por Juan. ³⁰Pero los *fariseos y los *expertos en la ley no se hicieron bautizar por Juan, rechazando así el propósito de Dios respecto a ellos.[m]

---

[j] **7:16** *ha venido en ayuda de.* Lit. *ha visitado a.*　　[k] **7:17** *Judea.* Alt. *la tierra de los judíos.*　　[l] **7:27** Mal 3:1

[m] **7:29-30** Algunos intérpretes piensan que estos versículos forman parte del discurso de Jesús.

31«Entonces, ¿con qué puedo comparar a la gente de esta generación? ¿A quién se parecen ellos? 32Se parecen a niños sentados en la plaza que se gritan unos a otros:

> »"Tocamos la flauta,
> y ustedes no bailaron;
> entonamos un canto fúnebre,
> y ustedes no lloraron."

33Porque vino Juan el Bautista, que no comía pan ni bebía vino, y ustedes dicen: "Tiene un demonio." 34Vino el Hijo del hombre, que come y bebe, y ustedes dicen: "Éste es un glotón y un borracho, amigo de recaudadores de impuestos y de *pecadores." 35Pero la sabiduría queda demostrada por los que la siguen.»[n]

Una mujer pecadora unge a Jesús

36Uno de los *fariseos invitó a Jesús a comer, así que fue a la casa del fariseo y se *sentó a la mesa.[ñ] 37Ahora bien, vivía en aquel pueblo una mujer que tenía fama de *pecadora. Cuando ella se enteró de que Jesús estaba comiendo en casa del fariseo, se presentó con un frasco de alabastro lleno de perfume. 38Llorando, se arrojó a los pies de Jesús,[o] de manera que se los bañaba en lágrimas. Luego se los secó con los cabellos; también se los besaba y se los ungía con el perfume.

39Al ver esto, el fariseo que lo había invitado dijo para sí: «Si este hombre fuera profeta, sabría quién es la que lo está tocando, y qué clase de mujer es: una pecadora.»

40Entonces Jesús le dijo a manera de respuesta:

—Simón, tengo algo que decirte.

—Dime, Maestro —respondió.

41—Dos hombres le debían dinero a cierto prestamista. Uno le debía quinientas monedas de plata,[p] y el otro cincuenta. 42Como no tenían con qué pagarle, les perdonó la deuda a los dos. Ahora bien, ¿cuál de los dos lo amará más?

43—Supongo que aquel a quien más le perdonó —contestó Simón.

—Has juzgado bien —le dijo Jesús.

44Luego se volvió hacia la mujer y le dijo a Simón:

—¿Ves a esta mujer? Cuando entré en tu casa, no me diste agua para los pies, pero ella me ha bañado los pies en lágrimas y me los ha secado con sus cabellos. 45Tú no me besaste, pero ella, desde que entré, no ha dejado de besarme los pies. 46Tú no me ungiste la cabeza con aceite, pero ella me ungió los pies con perfume. 47Por esto te digo: si ella ha amado mucho, es que sus muchos pecados le han sido perdonados.[q] Pero a quien poco se le perdona, poco ama.

48Entonces le dijo Jesús a ella:

—Tus pecados quedan perdonados.

49Los otros invitados comenzaron a decir entre sí: «¿Quién es éste, que hasta perdona pecados?»

50—Tu fe te ha salvado —le dijo Jesús a la mujer—; vete en paz.

Parábola del sembrador

8:4-15 — Mt 13:2-23; Mr 4:1-20

8 Después de esto, Jesús estuvo recorriendo los pueblos y las aldeas, proclamando las buenas *nuevas del reino de Dios. Lo acompañaban los doce, 2y también algunas mujeres que habían sido sanadas de *espíritus malignos y de enfermedades: María, a la que llamaban Magdalena, y de la que habían salido siete demonios; 3Juana, esposa de Cuza, el administrador de Herodes; Susana y muchas más que los ayudaban con sus propios recursos.

4De cada pueblo salía gente para ver a Jesús, y cuando se reunió una gran multitud, él les contó esta parábola: 5«Un sembrador salió a sembrar. Al esparcir la semilla, una parte cayó junto al camino; fue pisoteada, y los pájaros se la comieron.

---

[n]**7:35** *queda ... siguen.* Lit. *ha sido justificada por todos sus hijos.*   [ñ]**7:36** *se sentó a la mesa.* Lit. *se recostó.*
[o]**7:38** *se arrojó a los pies de Jesús.* Lit. *se puso detrás junto a sus pies; es decir, detrás del recostadero.*
[p]**7:41** *quinientas monedas de plata.* Lit. *quinientos *denarios.*   [q]**7:47** *te digo ... perdonados.* Lit. *te digo que sus muchos pecados han sido perdonados porque amó mucho.*

6Otra parte cayó sobre las piedras y, cuando brotó, las plantas se secaron por falta de humedad. **7**Otra parte cayó entre espinos que, al crecer junto con la semilla, la ahogaron. **8**Pero otra parte cayó en buen terreno; así que brotó y produjo una cosecha del ciento por uno.»

Dicho esto, exclamó: «El que tenga oídos para oír, que oiga.»

9Sus discípulos le preguntaron cuál era el significado de esta parábola. **10**«A ustedes se les ha concedido que conozcan los *secretos del reino de Dios —les contestó—; pero a los demás se les habla por medio de parábolas para que

» "aunque miren, no vean;
aunque oigan, no entiendan".*r*

11»Éste es el significado de la parábola: La semilla es la palabra de Dios. **12**Los que están junto al camino son los que oyen, pero luego viene el diablo y les quita la palabra del corazón, no sea que crean y se salven. **13**Los que están sobre las piedras son los que reciben la palabra con alegría cuando la oyen, pero no tienen raíz. Éstos creen por algún tiempo, pero se apartan cuando llega la *prueba. **14**La parte que cayó entre espinos son los que oyen, pero, con el correr del tiempo, los ahogan las preocupaciones, las riquezas y los placeres de esta vida, y no maduran. **15**Pero la parte que cayó en buen terreno son los que oyen la palabra con corazón noble y bueno, y la retienen; y como perseveran, producen una buena cosecha.

Una lámpara en una repisa

16»Nadie enciende una lámpara para después cubrirla con una vasija o ponerla debajo de la cama, sino para ponerla en una repisa, a fin de que los que entren tengan luz. **17**No hay nada escondido que no llegue a descubrirse, ni nada oculto que no llegue a conocerse públicamente. **18**Por lo tanto, pongan mucha atención. Al que tiene, se le dará más; al que no tiene, hasta lo que cree tener se le quitará.»

La madre y los hermanos de Jesús
8:19-21 — Mt 12:46-50; Mr 3:31-35

19La madre y los hermanos de Jesús fueron a verlo, pero como había mucha gente, no lograban acercársele.

20—Tu madre y tus hermanos están afuera y quieren verte —le avisaron.

21Pero él les contestó:

—Mi madre y mis hermanos son los que oyen la palabra de Dios y la ponen en práctica.

Jesús calma la tormenta
8:22-25 — Mt 8:23-27; Mr 4:36-41

22Un día subió Jesús con sus discípulos a una barca.

—Crucemos al otro lado del lago —les dijo.

Así que partieron, **23**y mientras navegaban, él se durmió. Entonces se desató una tormenta sobre el lago, de modo que la barca comenzó a inundarse y corrían gran peligro.

24Los discípulos fueron a despertarlo.

—¡Maestro, Maestro, nos vamos a ahogar! —gritaron.

Él se levantó y reprendió al viento y a las olas; la tormenta se apaciguó y todo quedó tranquilo.

25—¿Dónde está la fe de ustedes? —les dijo a sus discípulos.

Con temor y asombro ellos se decían unos a otros: «¿Quién es éste, que manda aun a los vientos y al agua, y le obedecen?»

Liberación de un endemoniado
8:26-37 — Mt 8:28-34
8:26-39 — Mr 5:1-20

26Navegaron hasta la región de los gerasenos,*s* que está al otro lado del lago, frente a Galilea. **27**Al desembarcar Jesús, un endemoniado que venía del pueblo le salió al encuentro. Hacía mucho tiempo que este hombre no se vestía; tampoco vivía en una casa sino en los sepulcros. **28**Cuando vio a Jesús, dio un grito y se arrojó a sus pies. Entonces exclamó con fuerza:

---

r **8:10** Is 6:9   *s* **8:26** *gerasenos.* Var. *gadarenos;* otra var. *gergesenos;* también en v. 37.

—¿Por qué te entrometes, Jesús, Hijo del Dios Altísimo? ¡Te ruego que no me atormentes!

29 Es que Jesús le había ordenado al *espíritu maligno que saliera del hombre. Se había apoderado de él muchas veces y, aunque le sujetaban los pies y las manos con cadenas y lo mantenían bajo custodia, rompía las cadenas y el demonio lo arrastraba a lugares solitarios.

30—¿Cómo te llamas? —le preguntó Jesús.

—Legión —respondió, ya que habían entrado en él muchos demonios.

31 Y éstos le suplicaban a Jesús que no los mandara al *abismo. **32** Como había una manada grande de cerdos paciendo en la colina, le rogaron a Jesús que los dejara entrar en ellos. Así que él les dio permiso. **33** Y cuando los demonios salieron del hombre, entraron en los cerdos, y la manada se precipitó al lago por el despeñadero y se ahogó.

34 Al ver lo sucedido, los que cuidaban los cerdos huyeron y dieron la noticia en el pueblo y por los campos, **35** y la gente salió a ver lo que había pasado. Llegaron adonde estaba Jesús y encontraron, sentado a sus pies, al hombre de quien habían salido los demonios. Cuando lo vieron vestido y en su sano juicio, tuvieron miedo. **36** Los que habían presenciado estas cosas le contaron a la gente cómo el endemoniado había sido *sanado. **37** Entonces toda la gente de la región de los gerasenos le pidió a Jesús que se fuera de allí, porque les había entrado mucho miedo. Así que él subió a la barca para irse.

38 Ahora bien, el hombre de quien habían salido los demonios le rogaba que le permitiera acompañarlo, pero Jesús lo despidió y le dijo:

39—Vuelve a tu casa y cuenta todo lo que Dios ha hecho por ti.

Así que el hombre se fue y proclamó por todo el pueblo lo mucho que Jesús había hecho por él.

Una niña muerta y una mujer enferma

8:40-56 — Mt 9:18-26; Mr 5:22-43

40 Cuando Jesús regresó, la multitud se alegró de verlo, pues todos estaban esperándolo. **41** En esto llegó un hombre llamado Jairo, que era un jefe de la sinagoga. Arrojándose a los pies de Jesús, le suplicaba que fuera a su casa, **42** porque su única hija, de unos doce años, se estaba muriendo.

Jesús se puso en camino y las multitudes lo apretujaban. **43** Había entre la gente una mujer que hacía doce años padecía de hemorragias,[l] sin que nadie pudiera sanarla. **44** Ella se le acercó por detrás y le tocó el borde del manto, y al instante cesó su hemorragia.

45—¿Quién me ha tocado? —preguntó Jesús.

Como todos negaban haberlo tocado, Pedro le dijo:

—Maestro, son multitudes las que te aprietan y te oprimen.

46—No, alguien me ha tocado —replicó Jesús—; yo sé que de mí ha salido poder.

47 La mujer, al ver que no podía pasar inadvertida, se acercó temblando y se arrojó a sus pies. En presencia de toda la gente, contó por qué lo había tocado y cómo había sido sanada al instante.

48—Hija, tu fe te ha *sanado —le dijo Jesús—. Vete en paz.

49 Todavía estaba hablando Jesús, cuando alguien llegó de la casa de Jairo, jefe de la sinagoga, para decirle:

—Tu hija ha muerto. No molestes más al Maestro.

50 Al oír esto, Jesús le dijo a Jairo:

—No tengas miedo; cree nada más, y ella será sanada.

51 Cuando llegó a la casa de Jairo, no dejó que nadie entrara con él, excepto Pedro, Juan y *Jacobo, y el padre y la madre de la niña. **52** Todos estaban llorando, muy afligidos por ella.

---

l **8:43** hemorragias. Var. hemorragias y que había gastado en médicos todo lo que tenía.

—Dejen de llorar —les dijo Jesús—. No está muerta sino dormida.

53Entonces ellos empezaron a burlarse de él porque sabían que estaba muerta. 54Pero él la tomó de la mano y le dijo:

—¡Niña, levántate!

55Recobró la vida*u* y al instante se levantó. Jesús mandó darle de comer. 56Los padres se quedaron atónitos, pero él les advirtió que no contaran a nadie lo que había sucedido.

Jesús envía a los doce
9:3-5 — Mt 10:9-15; Mr 6:8-11
9:7-9 — Mt 14:1-2; Mr 6:14-16

9 Habiendo reunido a los doce, Jesús les dio poder y autoridad para expulsar a todos los demonios y para sanar enfermedades. 2Entonces los envió a predicar el reino de Dios y a sanar a los enfermos. 3«No lleven nada para el camino: ni bastón, ni bolsa, ni pan, ni dinero, ni dos mudas de ropa —les dijo—. 4En cualquier casa que entren, quédense allí hasta que salgan del pueblo. 5Si no los reciben bien, al salir de ese pueblo, sacúdanse el polvo de los pies como un testimonio contra sus habitantes.» 6Así que partieron y fueron por todas partes de pueblo en pueblo, predicando el evangelio y sanando a la gente.

7Herodes el tetrarca se enteró de todo lo que estaba sucediendo. Estaba perplejo porque algunos decían que Juan había *resucitado; 8otros, que se había aparecido Elías; y otros, en fin, que había resucitado alguno de los antiguos profetas. 9Pero Herodes dijo: «A Juan mandé que le cortaran la cabeza; ¿quién es, entonces, éste de quien oigo tales cosas?» Y procuraba verlo.

Jesús alimenta a los cinco mil
9:10-17 — Mt 14:13-21; Mr 6:32-44; Jn 6:5-13

10Cuando regresaron los apóstoles, le relataron a Jesús lo que habían hecho. Él se los llevó consigo y se retiraron solos a un pueblo llamado Betsaida, 11pero la gente se enteró y lo siguió. Él los recibió y les habló del reino de Dios. También sanó a los que lo necesitaban.

12Al atardecer se le acercaron los doce y le dijeron:

—Despide a la gente, para que vaya a buscar alojamiento y comida en los campos y pueblos cercanos, pues donde estamos no hay nada.*v*

13—Denles ustedes mismos de comer —les dijo Jesús.

—No tenemos más que cinco panes y dos pescados, a menos que vayamos a comprar comida para toda esta gente —objetaron ellos, 14porque había allí unos cinco mil hombres.

Pero Jesús dijo a sus discípulos:

—Hagan que se sienten en grupos como de cincuenta cada uno.

15Así lo hicieron los discípulos, y se sentaron todos. 16Entonces Jesús tomó los cinco panes y los dos pescados, y mirando al cielo, los bendijo. Luego los partió y se los dio a los discípulos para que se los repartieran a la gente. 17Todos comieron hasta quedar satisfechos, y de los pedazos que sobraron se recogieron doce canastas.

La confesión de Pedro
9:18-20 — Mt 16:13-16; Mr 8:27-29
9:22-27 — Mt 16:21-28; Mr 8:31–9:1

18Un día cuando Jesús estaba orando para sí, estando allí sus discípulos, les preguntó:

—¿Quién dice la gente que soy yo?

19—Unos dicen que Juan el Bautista, otros que Elías, y otros que uno de los antiguos profetas ha resucitado —respondieron.

20—Y ustedes, ¿quién dicen que soy yo?

—El *Cristo de Dios —afirmó Pedro.

21Jesús les ordenó terminantemente que no dijeran esto a nadie. Y les dijo:

22—El Hijo del hombre tiene que sufrir muchas cosas y ser rechazado por los *ancianos, los jefes de los sacerdotes y los *maestros de la ley. Es necesario que lo maten y que resucite al tercer día.

23Dirigiéndose a todos, declaró:

—Si alguien quiere ser mi discípulo, que se niegue a sí mismo, lleve su cruz cada

---

*u*8:55 *Recobró la vida.* Lit. *Y volvió el espíritu de ella.*
*v*9:12 *donde estamos no hay nada.* Lit. *aquí estamos en un lugar desierto.*

día y me siga. ²⁴Porque el que quiera salvar su *vida, la perderá; pero el que pierda su vida por mi causa, la salvará. ²⁵¿De qué le sirve a uno ganar el mundo entero si se pierde o se destruye a sí mismo? ²⁶Si alguien se avergüenza de mí y de mis palabras, el Hijo del hombre se avergonzará de él cuando venga en su gloria y en la gloria del Padre y de los santos ángeles. ²⁷Además, les aseguro que algunos de los aquí presentes no sufrirán la muerte sin antes haber visto el reino de Dios.

La transfiguración
9:28-36 — Mt 17:1-8; Mr 9:2-8

²⁸Unos ocho días después de decir esto, Jesús, acompañado de Pedro, Juan y *Jacobo, subió a una montaña a orar. ²⁹Mientras oraba, su rostro se transformó, y su ropa se tornó blanca y radiante. ³⁰Y aparecieron dos personajes —Moisés y Elías— que conversaban con Jesús. ³¹Tenían un aspecto glorioso, y hablaban de la partida^w de Jesús, que él estaba por llevar a cabo en Jerusalén. ³²Pedro y sus compañeros estaban rendidos de sueño, pero cuando se despabilaron, vieron su gloria y a los dos personajes que estaban con él. ³³Mientras éstos se apartaban de Jesús, Pedro, sin saber lo que estaba diciendo, propuso:

—Maestro, ¡qué bien que estemos aquí! Podemos levantar tres albergues: uno para ti, otro para Moisés y otro para Elías.

³⁴Estaba hablando todavía cuando apareció una nube que los envolvió, de modo que se asustaron. ³⁵Entonces salió de la nube una voz que dijo: «Éste es mi Hijo, mi escogido; escúchenlo.» ³⁶Después de oírse la voz, Jesús quedó solo. Los discípulos guardaron esto en secreto, y por algún tiempo a nadie contaron nada de lo que habían visto.

Jesús sana a un muchacho endemoniado
9:37-42,43-45 — Mt 17:14-18,22-23;
    Mr 9:14-27,30-32

³⁷Al día siguiente, cuando bajaron de la montaña, le salió al encuentro mucha gente. ³⁸Y un hombre de entre la multitud exclamó:

—Maestro, te ruego que atiendas a mi hijo, pues es el único que tengo. ³⁹Resulta que un espíritu se posesiona de él, y de repente el muchacho se pone a gritar; también lo sacude con violencia y hace que eche espumarajos. Cuando lo atormenta, a duras penas lo suelta. ⁴⁰Ya les rogué a tus discípulos que lo expulsaran, pero no pudieron.

⁴¹—¡Ah, generación incrédula y perversa! —respondió Jesús—. ¿Hasta cuándo tendré que estar con ustedes y soportarlos? Trae acá a tu hijo.

⁴²Estaba acercándose el muchacho cuando el demonio lo derribó con una convulsión. Pero Jesús reprendió al *espíritu maligno, sanó al muchacho y se lo devolvió al padre. ⁴³Y todos se quedaron asombrados de la grandeza de Dios.

En medio de tanta admiración por todo lo que hacía, Jesús dijo a sus discípulos:

⁴⁴—Presten mucha atención a lo que les voy a decir: El Hijo del hombre va a ser entregado en manos de los hombres.

⁴⁵Pero ellos no entendían lo que quería decir con esto. Les estaba encubierto para que no lo comprendieran, y no se atrevían a preguntárselo.

¿Quién va a ser el más importante?
9:46-48 — Mt 18:1-5
9:46-50 — Mr 9:33-40

⁴⁶Surgió entre los discípulos una discusión sobre quién de ellos sería el más importante. ⁴⁷Como Jesús sabía bien lo que pensaban, tomó a un niño y lo puso a su lado.

⁴⁸—El que recibe en mi nombre a este niño —les dijo—, me recibe a mí; y el que me recibe a mí, recibe al que me envió. El que es más insignificante entre todos ustedes, ése es el más importante.

⁴⁹—Maestro —intervino Juan—, vimos a un hombre que expulsaba demonios

---

^w**9:31** *de la partida*. Lit. *del éxodo.*

en tu nombre; pero como no anda con nosotros, tratamos de impedírselo.

50—No se lo impidan —les replicó Jesús—, porque el que no está contra ustedes está a favor de ustedes.

La oposición de los samaritanos

51Como se acercaba el tiempo de que fuera llevado al cielo, Jesús se hizo el firme propósito de ir a Jerusalén. **52**Envió por delante mensajeros, que entraron en un pueblo samaritano para prepararle alojamiento; **53**pero allí la gente no quiso recibirlo porque se dirigía a Jerusalén. **54**Cuando los discípulos *Jacobo y Juan vieron esto, le preguntaron:

—Señor, ¿quieres que hagamos caer fuego del cielo para*x* que los destruya?

55Pero Jesús se volvió a ellos y los reprendió. **56**Luego*y* siguieron la jornada a otra aldea.

Lo que cuesta seguir a Jesús

9:57-60 — Mt 8:19-22

57Iban por el camino cuando alguien le dijo:

—Te seguiré a dondequiera que vayas.

58—Las zorras tienen madrigueras y las aves tienen nidos —le respondió Jesús—, pero el Hijo del hombre no tiene dónde recostar la cabeza.

59A otro le dijo:

—Sígueme.

—Señor —le contestó—, primero déjame ir a enterrar a mi padre.

60—Deja que los muertos entierren a sus propios muertos, pero tú ve y proclama el reino de Dios —le replicó Jesús.

61Otro afirmó:

—Te seguiré, Señor; pero primero déjame despedirme de mi familia.

62Jesús le respondió:

—Nadie que mire atrás después de poner la mano en el arado es apto para el reino de Dios.

Jesús envía a los setenta y dos

10:4-12 — Lc 9:3-5
10:13-15,21-22 — Mt 11:21-23,25-27
10:23-24 — Mt 13:16-17

10 Después de esto, el Señor escogió a otros setenta y dos*z* para enviarlos de dos en dos delante de él a todo pueblo y lugar adonde él pensaba ir. **2**«Es abundante la cosecha —les dijo—, pero son pocos los obreros. Pídanle, por tanto, al Señor de la cosecha que mande obreros a su campo. **3**¡Vayan ustedes! Miren que los envío como corderos en medio de lobos. **4**No lleven monedero ni bolsa ni sandalias; ni se detengan a saludar a nadie por el camino.

5»Cuando entren en una casa, digan primero: "Paz a esta casa." **6**Si hay allí alguien digno de paz, gozará de ella; y si no, la bendición no se cumplirá.*a* **7**Quédense en esa casa, y coman y beban de lo que ellos tengan, porque el trabajador tiene derecho a su sueldo. No anden de casa en casa.

8»Cuando entren en un pueblo y los reciban, coman lo que les sirvan. **9**Sanen a los enfermos que encuentren allí y díganles: "El reino de Dios ya está cerca de ustedes." **10**Pero cuando entren en un pueblo donde no los reciban, salgan a las plazas y digan: **11**"Aun el polvo de este pueblo, que se nos ha pegado a los pies, nos lo sacudimos en protesta contra ustedes. Pero tengan por seguro que ya está cerca el reino de Dios." **12**Les digo que en aquel día será más tolerable el castigo para Sodoma que para ese pueblo.

13»¡Ay de ti, Corazín! ¡Ay de ti, Betsaida! Si se hubieran hecho en Tiro y en Sidón los milagros que se hicieron en medio de ustedes, ya hace tiempo que se habrían *arrepentido con grandes lamentos.*b* **14**Pero en el juicio será más tolerable el castigo para Tiro y Sidón que para ustedes. **15**Y tú, Capernaúm, ¿acaso serás

---

x **9:54** *cielo para.* Var. *cielo, como hizo Elías, para.*   *y* **9:55,56** *reprendió.* **56***Luego.* Var. *reprendió. /* —*Ustedes no saben de qué espíritu son —les dijo—,* **56***porque el Hijo del Hombre no vino para destruir la vida de las personas sino para salvarla. / Luego.*   *z* **10:1** *setenta y dos.* Var. *setenta;* también en v. 17.
a **10:6** *Si hay ... se cumplirá.* Lit. *Si hay allí un hijo de paz, la paz de ustedes reposará sobre él; y si no, volverá a ustedes.*   *b* **10:13** *con grandes lamentos.* Lit. *sentados en saco y ceniza.*

levantada hasta el cielo? No, sino que descenderás hasta el *abismo.

16»El que los escucha a ustedes, me escucha a mí; el que los rechaza a ustedes, me rechaza a mí; y el que me rechaza a mí, rechaza al que me envió.»

17Cuando los setenta y dos regresaron, dijeron contentos:

—Señor, hasta los demonios se nos someten en tu nombre.

18—Yo veía a Satanás caer del cielo como un rayo —respondió él—. 19Sí, les he dado autoridad a ustedes para pisotear serpientes y escorpiones y vencer todo el poder del enemigo; nada les podrá hacer daño. 20Sin embargo, no se alegren de que puedan someter a los espíritus, sino alégrense de que sus nombres están escritos en el cielo.

21En aquel momento Jesús, lleno de alegría por el Espíritu Santo, dijo: «Te alabo, Padre, Señor del cielo y de la tierra, porque habiendo escondido estas cosas de los sabios e instruidos, se las has revelado a los que son como niños. Sí, Padre, porque esa fue tu buena voluntad.

22»Mi Padre me ha entregado todas las cosas. Nadie sabe quién es el Hijo, sino el Padre, y nadie sabe quién es el Padre, sino el Hijo y aquel a quien el Hijo quiera revelárselo.»

23Volviéndose a sus discípulos, les dijo aparte: «*Dichosos los ojos que ven lo que ustedes ven. 24Les digo que muchos profetas y reyes quisieron ver lo que ustedes ven, pero no lo vieron; y oír lo que ustedes oyen, pero no lo oyeron.»

Parábola del buen samaritano
10:25-28 — Mt 22:34-40; Mr 12:28-31

25En esto se presentó un *experto en la ley y, para poner a prueba a Jesús, le hizo esta pregunta:

—Maestro, ¿qué tengo que hacer para heredar la vida eterna?

26Jesús replicó:

—¿Qué está escrito en la ley? ¿Cómo la interpretas tú?

27Como respuesta el hombre citó:

—"Ama al Señor tu Dios con todo tu corazón, con todo tu ser, con todas tus fuerzas y con toda tu mente",c y: "Ama a tu prójimo como a ti mismo."d

28—Bien contestado —le dijo Jesús—. Haz eso y vivirás.

29Pero él quería justificarse, así que le preguntó a Jesús:

—¿Y quién es mi prójimo?

30Jesús respondió:

—Bajaba un hombre de Jerusalén a Jericó, y cayó en manos de unos ladrones. Le quitaron la ropa, lo golpearon y se fueron, dejándolo medio muerto. 31Resulta que viajaba por el mismo camino un sacerdote quien, al verlo, se desvió y siguió de largo. 32Así también llegó a aquel lugar un levita, y al verlo, se desvió y siguió de largo. 33Pero un samaritano que iba de viaje llegó adonde estaba el hombre y, viéndolo, se compadeció de él. 34Se acercó, le curó las heridas con vino y aceite, y se las vendó. Luego lo montó sobre su propia cabalgadura, lo llevó a un alojamiento y lo cuidó. 35Al día siguiente, sacó dos monedas de platae y se las dio al dueño del alojamiento. "Cuídemelo —le dijo—, y lo que gaste usted de más, se lo pagaré cuando yo vuelva." 36¿Cuál de estos tres piensas que demostró ser el prójimo del que cayó en manos de los ladrones?

37—El que se compadeció de él —contestó el experto en la ley.

—Anda entonces y haz tú lo mismo —concluyó Jesús.

En casa de Marta y María

38Mientras iba de camino con sus discípulos, Jesús entró en una aldea, y una mujer llamada Marta lo recibió en su casa. 39Tenía ella una hermana llamada María que, sentada a los pies del Señor, escuchaba lo que él decía. 40Marta, por su parte, se sentía abrumada porque tenía mucho que hacer. Así que se acercó a él y le dijo:

—Señor, ¿no te importa que mi hermana me haya dejado sirviendo sola? ¡Dile que me ayude!

c10:27 Dt 6:5   d10:27 Lv 19:18   e10:35 monedas de plata. Lit. *denarios.

41—Marta, Marta —le contestó Jesús—, estás inquieta y preocupada por muchas cosas, 42pero sólo una es necesaria.*f* María ha escogido la mejor, y nadie se la quitará.

Jesús enseña sobre la oración
11:2-4 — Mt 6:9-13
11:9-13 — Mt 7:7-11

11 Un día estaba Jesús orando en cierto lugar. Cuando terminó, le dijo uno de sus discípulos:

—Señor, enséñanos a orar, así como Juan enseñó a sus discípulos.

2Él les dijo:

—Cuando oren, digan:

» "Padre,*g*
*santificado sea tu nombre.
Venga tu reino.*h*
3Danos cada día nuestro pan
cotidiano.*i*
4Perdónanos nuestros pecados,
porque también nosotros
perdonamos a todos los que
nos ofenden.*j*
Y no nos metas en *tentación."*k*

5»Supongamos —continuó— que uno de ustedes tiene un amigo, y a medianoche va y le dice: "Amigo, préstame tres panes, 6pues se me ha presentado un amigo recién llegado de viaje, y no tengo nada que ofrecerle." 7Y el que está adentro le contesta: "No me molestes. Ya está cerrada la puerta, y mis hijos y yo estamos acostados. No puedo levantarme a darte nada." 8Les digo que, aunque no se levante a darle pan por ser amigo suyo, sí se levantará por su impertinencia y le dará cuanto necesite.

9»Así que yo les digo: Pidan, y se les dará; busquen, y encontrarán; llamen, y se les abrirá la puerta. 10Porque todo el que pide, recibe; el que busca, encuentra; y al que llama, se le abre.

11»¿Quién de ustedes que sea padre, si su hijo le pide*l* un pescado, le dará en cambio una serpiente? 12¿O si le pide un huevo, le dará un escorpión? 13Pues si ustedes, aun siendo malos, saben dar cosas buenas a sus hijos, ¡cuánto más el Padre celestial dará el Espíritu Santo a quienes se lo pidan!

Jesús y Beelzebú
11:14-15,17-22,24-26 — Mt 12:22,24-29,43-45
11:17-22 — Mr 3:23-27

14En otra ocasión Jesús expulsaba de un hombre a un demonio que lo había dejado mudo. Cuando salió el demonio, el mudo habló, y la gente se quedó asombrada. 15Pero algunos dijeron: «Éste expulsa a los demonios por medio de *Beelzebú, príncipe de los demonios.» 16Otros, para ponerlo a *prueba, le pedían una señal del cielo.

17Como él conocía sus pensamientos, les dijo: «Todo reino dividido contra sí mismo quedará asolado, y una casa dividida contra sí misma se derrumbará.*m* 18Por tanto, si Satanás está dividido contra sí mismo, ¿cómo puede mantenerse en pie su reino? Lo pregunto porque ustedes dicen que yo expulso a los demonios por medio de Beelzebú. 19Ahora bien, si yo expulso a los demonios por medio de Beelzebú, ¿los seguidores de ustedes por medio de quién los expulsan? Por eso ellos mismos los juzgarán a ustedes. 20Pero si yo expulso a los demonios con el poder*n* de Dios, eso significa que ha llegado a ustedes el reino de Dios.

21»Cuando un hombre fuerte y bien armado cuida su hacienda, sus bienes están seguros. 22Pero si lo ataca otro más fuerte que él y lo vence, le quita las armas en que confiaba y reparte el botín.

23»El que no está de mi parte, está contra mí; y el que conmigo no recoge, esparce.

24»Cuando un *espíritu maligno sale de una persona, va por lugares áridos

---

f **10:42** *sólo una es necesaria.* Var. *se necesitan pocas cosas, o una sola.* *g* **11:2** *Padre.* Var. *Padre nuestro que estás en el cielo* (véase Mt 6:9). *h* **11:2** *reino.* Var. *reino. Hágase tu voluntad en la tierra como en el cielo* (véase Mt 6:10). *i* **11:3** *nuestro pan cotidiano.* Alt. *el pan que necesitamos.* *j* **11:4** *nos ofenden.* Lit. *nos deben.* *k* **11:4** *tentación.* Var. *tentación, sino líbranos del maligno* (véase Mt 6:13). *l* **11:11** *le pide.* Var. *le pide pan, le dará una piedra; o si le pide.* *m* **11:17** *y una casa ... derrumbará.* Alt. *y sus casas se derrumbarán unas sobre otras.* *n* **11:20** *poder.* Lit. *dedo.*

buscando un descanso. Y al no encontrarlo, dice: "Volveré a mi casa, de donde salí." ²⁵Cuando llega, la encuentra barrida y arreglada. ²⁶Luego va y trae otros siete espíritus más malvados que él, y entran a vivir allí. Así que el estado final de aquella persona resulta peor que el inicial.»

²⁷Mientras Jesús decía estas cosas, una mujer de entre la multitud exclamó:

—¡*Dichosa la mujer que te dio a luz y te amamantó!ⁿ

²⁸—Dichosos más bien —contestó Jesús— los que oyen la palabra de Dios y la obedecen.

La señal de Jonás
11:29-32 — Mt 12:39-42

²⁹Como crecía la multitud, Jesús se puso a decirles: «Ésta es una generación malvada. Pide una señal milagrosa, pero no se le dará más señal que la de Jonás. ³⁰Así como Jonás fue una señal para los habitantes de Nínive, también lo será el Hijo del hombre para esta generación. ³¹La reina del Sur se levantará en el día del juicio y condenará a esta gente; porque ella vino desde los confines de la tierra para escuchar la sabiduría de Salomón, y aquí tienen a uno más grande que Salomón. ³²Los ninivitas se levantarán en el día del juicio y condenarán a esta generación; porque ellos se *arrepintieron al escuchar la predicación de Jonás, y aquí tienen ustedes a uno más grande que Jonás.

La lámpara del cuerpo
11:34-35 — Mt 6:22-23

³³»Nadie enciende una lámpara para luego ponerla en un lugar escondido o cubrirla con un cajón, sino para ponerla en una repisa, a fin de que los que entren tengan luz. ³⁴Tus ojos son la lámpara de tu cuerpo. Si tu visión es clara, todo tu ser disfrutará de la luz; pero si está nublada, todo tu ser estará en la oscuridad.ᵒ ³⁵Asegúrate de que la luz que crees tener no sea oscuridad. ³⁶Por tanto, si todo tu ser disfruta de la luz, sin que ninguna parte quede en la oscuridad, estarás completamente iluminado, como cuando una lámpara te alumbra con su luz.»

Jesús denuncia a los fariseos y a los expertos en la ley

³⁷Cuando Jesús terminó de hablar, un *fariseo lo invitó a comer con él; así que entró en la casa y se *sentó a la mesa. ³⁸Pero el fariseo se sorprendió al ver que Jesús no había cumplido con el rito de lavarse antes de comer.

³⁹—Resulta que ustedes los fariseos —les dijo el Señor—, *limpian el vaso y el plato por fuera, pero por dentro están ustedes llenos de codicia y de maldad. ⁴⁰¡Necios! ¿Acaso el que hizo lo de afuera no hizo también lo de adentro? ⁴¹Den más bien a los pobres de lo que está dentro,ᵖ y así todo quedará limpio para ustedes.

⁴²»¡Ay de ustedes, fariseos!, que dan la décima parte de la menta, de la ruda y de toda clase de legumbres, pero descuidan la justicia y el amor de Dios. Debían haber practicado esto, sin dejar de hacer aquello.

⁴³»¡Ay de ustedes, fariseos!, que se mueren por los primeros puestos en las sinagogas y los saludos en las plazas.

⁴⁴»¡Ay de ustedes!, que son como tumbas sin lápida, sobre las que anda la gente sin darse cuenta.

⁴⁵Uno de los *expertos en la ley le respondió:

—Maestro, al hablar así nos insultas también a nosotros.

⁴⁶Contestó Jesús:

—¡Ay de ustedes también, expertos en la ley! Abruman a los demás con cargas que apenas se pueden soportar, pero ustedes mismos no levantan ni un dedo para ayudarlos.

⁴⁷»¡Ay de ustedes!, que construyen monumentos para los profetas, a quienes los antepasados de ustedes mataron. ⁴⁸En realidad�q aprueban lo que hicieron sus antepasados; ellos mataron a los profetas,

---

ⁿ**11:27** *¡Dichosa ... amamantó!* Lit. *¡Dichoso el vientre que te llevó y los pechos que te criaron!* ᵒ**11:34** *Si tu visión ... oscuridad.* Lit. *Cuando tu ojo es bueno, todo tu cuerpo está iluminado; pero cuando es malo, también tu cuerpo está oscuro.* ᵖ**11:41** *lo que está dentro.* Alt. *lo que tienen.* �q**11:48** *En realidad.* Lit. *Así que ustedes son testigos y.*

y ustedes les construyen los sepulcros. **49**Por eso dijo Dios en su sabiduría: "Les enviaré profetas y apóstoles, de los cuales matarán a unos y perseguirán a otros." **50**Por lo tanto, a esta generación se le pedirán cuentas de la sangre de todos los profetas derramada desde el principio del mundo, **51**desde la sangre de Abel hasta la sangre de Zacarías, el que murió entre el altar y el *santuario. Sí, les aseguro que de todo esto se le pedirán cuentas a esta generación.

52»¡Ay de ustedes, expertos en la ley!, porque se han adueñado de la llave del conocimiento. Ustedes mismos no han entrado, y a los que querían entrar les han cerrado el paso.

53Cuando Jesús salió de allí, los *maestros de la ley y los fariseos, resentidos, se pusieron a acosarlo a preguntas. **54**Estaban tendiéndole trampas para ver si fallaba en algo.

Advertencias y estímulos
12:2-9 — Mt 10:26-33

12 Mientras tanto, se habían reunido millares de personas, tantas que se atropellaban unas a otras. Jesús comenzó a hablar, dirigiéndose primero a sus discípulos: «Cuídense de la levadura de los *fariseos, o sea, de la *hipocresía. **2**No hay nada encubierto que no llegue a revelarse, ni nada escondido que no llegue a conocerse. **3**Así que todo lo que ustedes han dicho en la oscuridad se dará a conocer a plena luz, y lo que han susurrado a puerta cerrada se proclamará desde las azoteas.

4»A ustedes, mis amigos, les digo que no teman a los que matan el cuerpo pero después no pueden hacer más. **5**Les voy a enseñar más bien a quién deben temer: teman al que, después de dar muerte, tiene poder para echarlos al infierno.*r* Sí, les aseguro que a él deben temerle. **6**¿No se venden cinco gorriones por dos moneditas?*s* Sin embargo, Dios no se olvida de ninguno de ellos. **7**Así mismo sucede con ustedes: aun los cabellos de su cabeza

están contados. No tengan miedo; ustedes valen más que muchos gorriones.

8»Les aseguro que a cualquiera que me reconozca delante de la gente, también el Hijo del hombre lo reconocerá delante de los ángeles de Dios. **9**Pero al que me desconozca delante de la gente se le desconocerá delante de los ángeles de Dios. **10**Y todo el que pronuncie alguna palabra contra el Hijo del hombre será perdonado, pero el que *blasfeme contra el Espíritu Santo no tendrá perdón.

11»Cuando los hagan comparecer ante las sinagogas, los gobernantes y las autoridades, no se preocupen de cómo van a defenderse o de qué van a decir, **12**porque en ese momento el Espíritu Santo les enseñará lo que deben responder.»

Parábola del rico insensato

13Uno de entre la multitud le pidió:

—Maestro, dile a mi hermano que comparta la herencia conmigo.

14—Hombre —replicó Jesús—, ¿quién me nombró a mí juez o árbitro entre ustedes?

15»¡Tengan cuidado! —advirtió a la gente—. Absténganse de toda avaricia; la vida de una persona no depende de la abundancia de sus bienes.

16Entonces les contó esta parábola:

—El terreno de un hombre rico le produjo una buena cosecha. **17**Así que se puso a pensar: "¿Qué voy a hacer? No tengo dónde almacenar mi cosecha." **18**Por fin dijo: "Ya sé lo que voy a hacer: derribaré mis graneros y construiré otros más grandes, donde pueda almacenar todo mi grano y mis bienes. **19**Y diré: Alma mía, ya tienes bastantes cosas buenas guardadas para muchos años. Descansa, come, bebe y goza de la vida." **20**Pero Dios le dijo: "¡Necio! Esta misma noche te van a reclamar la *vida. ¿Y quién se quedará con lo que has acumulado?"

21»Así le sucede al que acumula riquezas para sí mismo, en vez de ser rico delante de Dios.

---

r **12:5** al infierno. Lit. a la *Gehenna.   *s* **12:6** moneditas. Lit. asaria.

No se preocupen
12:22-31 — Mt 6:25-33

22Luego dijo Jesús a sus discípulos:

—Por eso les digo: No se preocupen por su *vida, qué comerán; ni por su cuerpo, con qué se vestirán. **23**La vida tiene más valor que la comida, y el cuerpo más que la ropa. **24**Fíjense en los cuervos: no siembran ni cosechan, ni tienen almacén ni granero; sin embargo, Dios los alimenta. ¡Cuánto más valen ustedes que las aves! **25**¿Quién de ustedes, por mucho que se preocupe, puede añadir una sola hora al curso de su vida?[t] **26**Ya que no pueden hacer algo tan insignificante, ¿por qué se preocupan por lo demás?

27»Fíjense cómo crecen los lirios. No trabajan ni hilan; sin embargo, les digo que ni siquiera Salomón, con todo su esplendor, se vestía como uno de ellos. **28**Si así viste Dios a la hierba que hoy está en el campo y mañana es arrojada al horno, ¡cuánto más hará por ustedes, gente de poca fe! **29**Así que no se afanen por lo que han de comer o beber; dejen de atormentarse. **30**El mundo *pagano anda tras todas estas cosas, pero el Padre sabe que ustedes las necesitan. **31**Ustedes, por el contrario, busquen el reino de Dios, y estas cosas les serán añadidas.

32»No tengan miedo, mi rebaño pequeño, porque es la buena voluntad del Padre darles el reino. **33**Vendan sus bienes y den a los pobres. Proveánse de bolsas que no se desgasten; acumulen un tesoro inagotable en el cielo, donde no hay ladrón que aceche ni polilla que destruya. **34**Pues donde tengan ustedes su tesoro, allí estará también su corazón.

La vigilancia
12:35-36 — Mt 25:1-13; Mr 13:33-37
12:39-40,42-46 — Mt 24:43-51

35»Manténganse listos, con la ropa bien ajustada[u] y la luz encendida. **36**Pórtense como siervos que esperan a que regrese su señor de un banquete de bodas, para abrirle la puerta tan pronto como él

llegue y toque. **37***Dichosos los *siervos a quienes su señor encuentre pendientes de su llegada. Créanme que se ajustará la ropa, hará que los siervos se sienten a la mesa, y él mismo se pondrá a servirles. **38**Sí, dichosos aquellos siervos a quienes su señor encuentre preparados, aunque llegue a la medianoche o de madrugada. **39**Pero entiendan esto: Si un dueño de casa supiera a qué hora va a llegar el ladrón, estaría pendiente para no dejarlo forzar la entrada. **40**Así mismo deben ustedes estar preparados, porque el Hijo del hombre vendrá cuando menos lo esperen.

41—Señor —le preguntó Pedro—, ¿cuentas esta parábola para nosotros, o para todos?

42Respondió el Señor:

—¿Dónde se halla un mayordomo fiel y prudente a quien su señor deja encargado de los siervos para repartirles la comida a su debido tiempo? **43**Dichoso el siervo cuyo señor, al regresar, lo encuentra cumpliendo con su deber. **44**Les aseguro que lo pondrá a cargo de todos sus bienes. **45**Pero ¡qué tal si ese siervo se pone a pensar: "Mi señor tarda en volver", y luego comienza a golpear a los criados y a las criadas, y a comer y beber y emborracharse! **46**El señor de ese siervo volverá el día en que el siervo menos lo espere y a la hora menos pensada. Entonces lo castigará severamente y le impondrá la condena que reciben los incrédulos.[v]

47»El siervo que conoce la voluntad de su señor, y no se prepara para cumplirla, recibirá muchos golpes. **48**En cambio, el que no la conoce y hace algo que merezca castigo, recibirá pocos golpes. A todo el que se le ha dado mucho, se le exigirá mucho; y al que se le ha confiado mucho, se le pedirá aun más.

División en vez de paz
12:51-53 — Mt 10:34-36

49»He venido a traer fuego a la tierra, y ¡cómo quisiera que ya estuviera ardiendo! **50**Pero tengo que pasar por la prueba de un bautismo, y ¡cuánta angustia siento

[t]**12:25** puede añadir ... su vida. Alt. puede aumentar su estatura siquiera medio metro (lit. un *codo). [u]**12:35** Manténganse ... ajustada. Lit. Tengan sus lomos ceñidos. [v]**12:46** lo castigará ... incrédulos. Lit. lo cortará en dos y fijará su porción con los incrédulos.

hasta que se cumpla! **51**¿Creen ustedes que vine a traer paz a la tierra? ¡Les digo que no, sino división! **52**De ahora en adelante estarán divididos cinco en una familia, tres contra dos, y dos contra tres. **53**Se enfrentarán el padre contra su hijo y el hijo contra su padre, la madre contra su hija y la hija contra su madre, la suegra contra su nuera y la nuera contra su suegra.

Señales de los tiempos

54Luego añadió Jesús, dirigiéndose a la multitud:

—Cuando ustedes ven que se levanta una nube en el occidente, en seguida dicen: "Va a llover", y así sucede. **55**Y cuando sopla el viento del sur, dicen: "Va a hacer calor", y así sucede. **56**¡*Hipócritas! Ustedes saben interpretar la apariencia de la tierra y del cielo. ¿Cómo es que no saben interpretar el tiempo actual?

57»¿Por qué no juzgan por ustedes mismos lo que es justo? **58**Si tienes que ir con un adversario al magistrado, procura reconciliarte con él en el camino, no sea que te lleve por la fuerza ante el juez, y el juez te entregue al alguacil, y el alguacil te meta en la cárcel. **59**Te digo que no saldrás de allí hasta que pagues el último centavo.*w*

El que no se arrepiente perecerá

13 En aquella ocasión algunos que habían llegado le contaron a Jesús cómo Pilato había dado muerte a unos galileos cuando ellos ofrecían sus sacrificios.*x* **2**Jesús les respondió: «¿Piensan ustedes que esos galileos, por haber sufrido así, eran más pecadores que todos los demás? **3**¡Les digo que no! De la misma manera, todos ustedes perecerán, a menos que se *arrepientan. **4**¿O piensan que aquellos dieciocho que fueron aplastados por la torre de Siloé eran más culpables que todos los demás habitantes de Jerusalén? **5**¡Les digo que no! De la misma manera, todos ustedes perecerán, a menos que se arrepientan.»

6Entonces les contó esta parábola: «Un hombre tenía una higuera plantada en su viñedo, pero cuando fue a buscar fruto en ella, no encontró nada. **7**Así que le dijo al viñador: "Mira, ya hace tres años que vengo a buscar fruto en esta higuera, y no he encontrado nada. ¡Córtala! ¿Para qué ha de ocupar terreno?" **8**"Señor —le contestó el viñador—, déjela todavía por un año más, para que yo pueda cavar a su alrededor y echarle abono. **9**Así tal vez en adelante dé fruto; si no, córtela."»

Jesús sana en sábado a una mujer encorvada

10Un *sábado Jesús estaba enseñando en una de las sinagogas, **11**y estaba allí una mujer que por causa de un demonio llevaba dieciocho años enferma. Andaba encorvada y de ningún modo podía enderezarse. **12**Cuando Jesús la vio, la llamó y le dijo:

—Mujer, quedas libre de tu enfermedad.

13Al mismo tiempo, puso las manos sobre ella, y al instante la mujer se enderezó y empezó a alabar a Dios. **14**Indignado porque Jesús había sanado en sábado, el jefe de la sinagoga intervino, dirigiéndose a la gente:

—Hay seis días en que se puede trabajar, así que vengan esos días para ser sanados, y no el sábado.

15—*¡Hipócritas! —le contestó el Señor—. ¿Acaso no desata cada uno de ustedes su buey o su burro en sábado, y lo saca del establo para llevarlo a tomar agua? **16**Sin embargo, a esta mujer, que es hija de Abraham, y a quien Satanás tenía atada durante dieciocho largos años, ¿no se le debía quitar esta cadena en sábado?

17Cuando razonó así, quedaron humillados todos sus adversarios, pero la gente estaba encantada de tantas maravillas que él hacía.

Parábolas del grano de mostaza y de la levadura

13:18-19 — Mr 4:30-32
13:18-21 — Mt 13:31-33

18—¿A qué se parece el reino de Dios? —continuó Jesús—. ¿Con qué voy a com-

---

w **12:59** *centavo*. Lit. **lepton*. *x* **13:1** *le contaron ... sacrificios*. Lit. *le contaron acerca de los galileos cuya sangre Pilato mezcló con sus sacrificios*.

pararlo? **19**Se parece a un grano de mostaza que un hombre sembró en su huerto. Creció hasta convertirse en un árbol, y las aves anidaron en sus ramas.

20Volvió a decir:

—¿Con qué voy a comparar el reino de Dios? **21**Es como la levadura que una mujer tomó y mezcló con una gran cantidad[y] de harina, hasta que fermentó toda la masa.

La puerta estrecha

22Continuando su viaje a Jerusalén, Jesús enseñaba en los pueblos y aldeas por donde pasaba.

23—Señor, ¿son pocos los que van a salvarse? —le preguntó uno.

24—Esfuércense por entrar por la puerta estrecha —contestó—, porque les digo que muchos tratarán de entrar y no podrán. **25**Tan pronto como el dueño de la casa se haya levantado a cerrar la puerta, ustedes desde afuera se pondrán a golpear la puerta, diciendo: "Señor, ábrenos." Pero él les contestará: "No sé quiénes son ustedes." **26**Entonces dirán: "Comimos y bebimos contigo, y tú enseñaste en nuestras plazas." **27**Pero él les contestará: "Les repito que no sé quiénes son ustedes. ¡Apártense de mí, todos ustedes hacedores de injusticia!"

28»Allí habrá llanto y rechinar de dientes cuando vean en el reino de Dios a Abraham, Isaac, Jacob y a todos los profetas, mientras a ustedes los echan fuera. **29**Habrá quienes lleguen del oriente y del occidente, del norte y del sur, para *sentarse al banquete en el reino de Dios. **30**En efecto, hay últimos que serán primeros, y primeros que serán últimos.

Lamento de Jesús sobre Jerusalén
13:34-35 — Mt 23:37-39

31En ese momento se acercaron a Jesús unos *fariseos y le dijeron:

—Sal de aquí y vete a otro lugar, porque Herodes quiere matarte.

32Él les contestó:

—Vayan y díganle a ese zorro: "Mira, hoy y mañana seguiré expulsando demonios y sanando a la gente, y al tercer día terminaré lo que debo hacer." **33**Tengo que seguir adelante hoy, mañana y pasado mañana, porque no puede ser que muera un profeta fuera de Jerusalén.

34»¡Jerusalén, Jerusalén, que matas a los profetas y apedreas a los que se te envían! ¡Cuántas veces quise reunir a tus hijos, como reúne la gallina a sus pollitos debajo de sus alas, pero no quisiste! **35**Pues bien, la casa de ustedes va a quedar abandonada. Y les advierto que ya no volverán a verme hasta el día que digan: "¡Bendito el que viene en el nombre del Señor!"[z]

Jesús en casa de un fariseo

14 Un día Jesús fue a comer a casa de un notable de los *fariseos. Era *sábado, así que éstos estaban acechando a Jesús. **2**Allí, delante de él, estaba un hombre enfermo de hidropesía. **3**Jesús les preguntó a los *expertos en la ley y a los fariseos:

—¿Está permitido o no sanar en sábado?

4Pero ellos se quedaron callados. Entonces tomó al hombre, lo sanó y lo despidió.

5También les dijo:

—Si uno de ustedes tiene un hijo[a] o un buey que se le cae en un pozo, ¿no lo saca en seguida aunque sea sábado?

6Y no pudieron contestarle nada.

7Al notar cómo los invitados escogían los lugares de honor en la mesa, les contó esta parábola:

8—Cuando alguien te invite a una fiesta de bodas, no te sientes en el lugar de honor, no sea que haya algún invitado más distinguido que tú. **9**Si es así, el que los invitó a los dos vendrá y te dirá: "Cédele tu asiento a este hombre." Entonces, avergonzado, tendrás que ocupar el último asiento. **10**Más bien, cuando te inviten, siéntate en el último lugar, para que cuando venga el que te invitó, te diga: "Amigo, pasa más adelante a un lugar mejor." Así recibirás honor en presencia de todos los

---

y **13:21** *una gran cantidad.* Lit. *tres satas* (probablemente unos 22 litros).   *z* **13:35** Sal 118:26   *a* **14:5** *hijo.* Var. *burro.*

demás invitados. **11**Todo el que a sí mismo se enaltece será humillado, y el que se humilla será enaltecido.

12También dijo Jesús al que lo había invitado:

—Cuando des una comida o una cena, no invites a tus amigos, ni a tus hermanos, ni a tus parientes, ni a tus vecinos ricos; no sea que ellos, a su vez, te inviten y así seas recompensado. **13**Más bien, cuando des un banquete, invita a los pobres, a los inválidos, a los cojos y a los ciegos. **14**Entonces serás *dichoso, pues aunque ellos no tienen con qué recompensarte, serás recompensado en la resurrección de los justos.

Parábola del gran banquete

15Al oír esto, uno de los que estaban *sentados a la mesa con Jesús le dijo:

—¡*Dichoso el que coma en el banquete del reino de Dios!

16Jesús le contestó:

—Cierto hombre preparó un gran banquete e invitó a muchas personas. **17**A la hora del banquete mandó a su siervo a decirles a los invitados: "Vengan, porque ya todo está listo." **18**Pero todos, sin excepción, comenzaron a disculparse. El primero le dijo: "Acabo de comprar un terreno y tengo que ir a verlo. Te ruego que me disculpes." **19**Otro adujo: "Acabo de comprar cinco yuntas de bueyes, y voy a probarlas. Te ruego que me disculpes." **20**Otro alegó: "Acabo de casarme y por eso no puedo ir." **21**El siervo regresó y le informó de esto a su señor. Entonces el dueño de la casa se enojó y le mandó a su siervo: "Sal de prisa por las plazas y los callejones del pueblo, y trae acá a los pobres, a los inválidos, a los cojos y a los ciegos." **22**"Señor —le dijo luego el siervo—, ya hice lo que usted me mandó, pero todavía hay lugar." **23**Entonces el señor le respondió: "Ve por los caminos y las veredas, y oblígalos a entrar para que se llene mi casa. **24**Les digo que ninguno de aquellos invitados disfrutará de mi banquete."

El precio del discipulado

25Grandes multitudes seguían a Jesús, y él se volvió y les dijo: **26**«Si alguno viene a mí y no sacrifica el amor*b* a su padre y a su madre, a su esposa y a sus hijos, a sus hermanos y a sus hermanas, y aun a su propia *vida, no puede ser mi discípulo. **27**Y el que no carga su cruz y me sigue, no puede ser mi discípulo.

28»Supongamos que alguno de ustedes quiere construir una torre. ¿Acaso no se sienta primero a calcular el costo, para ver si tiene suficiente dinero para terminarla? **29**Si echa los cimientos y no puede terminarla, todos los que la vean comenzarán a burlarse de él, **30**y dirán: "Este hombre ya no pudo terminar lo que comenzó a construir."

31»O supongamos que un rey está a punto de ir a la guerra contra otro rey. ¿Acaso no se sienta primero a calcular si con diez mil hombres puede enfrentarse al que viene contra él con veinte mil? **32**Si no puede, enviará una delegación mientras el otro está todavía lejos, para pedir condiciones de paz. **33**De la misma manera, cualquiera de ustedes que no renuncie a todos sus bienes, no puede ser mi discípulo.

34»La sal es buena, pero si se vuelve insípida, ¿cómo recuperará el sabor? **35**No sirve ni para la tierra ni para el abono; hay que tirarla fuera.

»El que tenga oídos para oír, que oiga.»

Parábola de la oveja perdida
15:4-7 — Mt 18:12-14

15 Muchos *recaudadores de impuestos y *pecadores se acercaban a Jesús para oírlo, **2**de modo que los *fariseos y los *maestros de la ley se pusieron a murmurar: «Este hombre recibe a los pecadores y come con ellos.»

3Él entonces les contó esta parábola: **4**«Supongamos que uno de ustedes tiene cien ovejas y pierde una de ellas. ¿No deja las noventa y nueve en el campo, y va en busca de la oveja perdida hasta encontrarla? **5**Y cuando la encuentra, lleno de ale-

b **14:26** *no sacrifica el amor.* Lit. *no odia.*

gría la carga en los hombros **6**y vuelve a la casa. Al llegar, reúne a sus amigos y vecinos, y les dice: "Alégrense conmigo; ya encontré la oveja que se me había perdido." **7**Les digo que así es también en el cielo: habrá más alegría por un solo pecador que se *arrepienta, que por noventa y nueve justos que no necesitan arrepentirse.

Parábola de la moneda perdida

8»O supongamos que una mujer tiene diez monedas de plata *c* y pierde una. ¿No enciende una lámpara, barre la casa y busca con cuidado hasta encontrarla? **9**Y cuando la encuentra, reúne a sus amigas y vecinas, y les dice: "Alégrense conmigo; ya encontré la moneda que se me había perdido." **10**Les digo que así mismo se alegra Dios con sus ángeles *d* por un pecador que se arrepiente.

Parábola del hijo perdido

11»Un hombre tenía dos hijos —continuó Jesús—. **12**El menor de ellos le dijo a su padre: "Papá, dame lo que me toca de la herencia." Así que el padre repartió sus bienes entre los dos. **13**Poco después el hijo menor juntó todo lo que tenía y se fue a un país lejano; allí vivió desenfrenadamente y derrochó su herencia.

14»Cuando ya lo había gastado todo, sobrevino una gran escasez en la región, y él comenzó a pasar necesidad. **15**Así que fue y consiguió empleo con un ciudadano de aquel país, quien lo mandó a sus campos a cuidar cerdos. **16**Tanta hambre tenía que hubiera querido llenarse el estómago con la comida que daban a los cerdos, pero aun así nadie le daba nada. **17**Por fin recapacitó y se dijo: "¡Cuántos jornaleros de mi padre tienen comida de sobra, y yo aquí me muero de hambre! **18**Tengo que volver a mi padre y decirle: Papá, he pecado contra el cielo y contra ti. **19**Ya no merezco que se me llame tu hijo; trátame como si fuera uno de tus jornaleros." **20**Así que emprendió el viaje y se fue a su padre.

»Todavía estaba lejos cuando su padre lo vio y se compadeció de él; salió corriendo a su encuentro, lo abrazó y lo besó. **21**El joven le dijo: "Papá, he pecado contra el cielo y contra ti. Ya no merezco que se me llame tu hijo." *e* **22**Pero el padre ordenó a sus *siervos: "¡Pronto! Traigan la mejor ropa para vestirlo. Pónganle también un anillo en el dedo y sandalias en los pies. **23**Traigan el ternero más gordo y mátenlo para celebrar un banquete. **24**Porque este hijo mío estaba muerto, pero ahora ha vuelto a la vida; se había perdido, pero ya lo hemos encontrado." Así que empezaron a hacer fiesta.

25»Mientras tanto, el hijo mayor estaba en el campo. Al volver, cuando se acercó a la casa, oyó la música del baile. **26**Entonces llamó a uno de los siervos y le preguntó qué pasaba. **27**"Ha llegado tu hermano —le respondió—, y tu papá ha matado el ternero más gordo porque ha recobrado a su hijo sano y salvo." **28**Indignado, el hermano mayor se negó a entrar. Así que su padre salió a suplicarle que lo hiciera. **29**Pero él le contestó: "¡Fíjate cuántos años te he servido sin desobedecer jamás tus órdenes, y ni un cabrito me has dado para celebrar una fiesta con mis amigos! **30**¡Pero ahora llega ese hijo tuyo, que ha despilfarrado tu fortuna con prostitutas, y tú mandas matar en su honor el ternero más gordo!"

31»"Hijo mío —le dijo su padre—, tú siempre estás conmigo, y todo lo que tengo es tuyo. **32**Pero teníamos que hacer fiesta y alegrarnos, porque este hermano tuyo estaba muerto, pero ahora ha vuelto a la vida; se había perdido, pero ya lo hemos encontrado."»

Parábola del administrador astuto

16 Jesús contó otra parábola a sus discípulos: «Un hombre rico tenía un administrador a quien acusaron de derrochar sus bienes. **2**Así que lo mandó a llamar y le dijo: "¿Qué es esto que me dicen de ti? Rinde cuentas de tu administración, porque ya no puedes seguir en tu

---

c **15:8** *monedas de plata.* Lit. **dracmas.**   *d* **15:10** *se alegra ... ángeles.* Lit. *hay alegría en la presencia de los ángeles de Dios.*   *e* **15:21** *hijo.* Var. *hijo; trátame como si fuera uno de tus jornaleros.*

puesto." ³El administrador reflexionó: "¿Qué voy a hacer ahora que mi patrón está por quitarme el puesto? No tengo fuerzas para cavar, y me da vergüenza pedir limosna. ⁴Tengo que asegurarme de que, cuando me echen de la administración, haya gente que me reciba en su casa. ¡Ya sé lo que voy a hacer!"

⁵»Llamó entonces a cada uno de los que le debían algo a su patrón. Al primero le preguntó: "¿Cuánto le debes a mi patrón?" ⁶"Cien barriles*f* de aceite", le contestó él. El administrador le dijo: "Toma tu factura, siéntate en seguida y escribe cincuenta." ⁷Luego preguntó al segundo: "Y tú, ¿cuánto debes?" "Cien bultos*g* de trigo", contestó. El administrador le dijo: "Toma tu factura y escribe ochenta."

⁸»Pues bien, el patrón elogió al administrador de riquezas mundanas*h* por haber actuado con astucia. Es que los de este mundo, en su trato con los que son como ellos, son más astutos que los que han recibido la luz. ⁹Por eso les digo que se valgan de las riquezas mundanas para ganar amigos,*i* a fin de que cuando éstas se acaben haya quienes los reciban a ustedes en las viviendas eternas.

¹⁰»El que es honrado*j* en lo poco, también lo será en lo mucho; y el que no es íntegro*k* en lo poco, tampoco lo será en lo mucho. ¹¹Por eso, si ustedes no han sido honrados en el uso de las riquezas mundanas,*l* ¿quién les confiará las verdaderas? ¹²Y si con lo ajeno no han sido honrados, ¿quién les dará a ustedes lo que les pertenece?

¹³»Ningún sirviente puede servir a dos patrones. Menospreciará a uno y amará al otro, o querrá mucho a uno y despreciará al otro. Ustedes no pueden servir a la vez a Dios y a las riquezas.»

¹⁴Oían todo esto los *fariseos, a quienes les encantaba el dinero, y se burlaban de Jesús. ¹⁵Él les dijo: «Ustedes se hacen los buenos ante la gente, pero Dios conoce sus corazones. Dense cuenta de que aquello que la gente tiene en gran estima es detestable delante de Dios.

Otras enseñanzas

¹⁶»La ley y los profetas se proclamaron hasta Juan. Desde entonces se anuncian las buenas *nuevas del reino de Dios, y todos se esfuerzan por entrar en él.*m* ¹⁷Es más fácil que desaparezcan el cielo y la tierra, que caiga una sola tilde de la ley.

¹⁸»Todo el que se divorcia de su esposa y se casa con otra, comete adulterio; y el que se casa con la divorciada, comete adulterio.

El rico y Lázaro

¹⁹»Había un hombre rico que se vestía lujosamente*n* y daba espléndidos banquetes todos los días. ²⁰A la puerta de su casa se tendía un mendigo llamado Lázaro, que estaba cubierto de llagas ²¹y que hubiera querido llenarse el estómago con lo que caía de la mesa del rico. Hasta los perros se acercaban y le lamían las llagas.

²²»Resulta que murió el mendigo, y los ángeles se lo llevaron para que estuviera al lado de Abraham. También murió el rico, y lo sepultaron. ²³En el infierno,*ñ* en medio de sus tormentos, el rico levantó los ojos y vio de lejos a Abraham, y a Lázaro junto a él. ²⁴Así que alzó la voz y lo llamó: "Padre Abraham, ten compasión de mí y manda a Lázaro que moje la punta del dedo en agua y me refresque la lengua, porque estoy sufriendo mucho en este fuego." ²⁵Pero Abraham le contestó: "Hijo, recuerda que durante tu vida te fue muy bien, mientras que a Lázaro le fue muy mal; pero ahora a él le toca recibir consuelo aquí, y a ti, sufrir terriblemente. ²⁶Además de eso, hay un gran abismo entre nosotros y ustedes, de modo que

---

f **16:6** *cien barriles.* Lit. *cien* *batos (unos 3.700 litros).* *g* **16:7** *cien bultos.* Lit. *cien* *coros (unos 37.000 litros).* *h* **16:8** *administrador de riquezas mundanas.* Alt. *administrador deshonesto.* Lit. *administrador de injusticia.* *i* **16:9** *se valgan ... amigos.* Lit. *se hagan amigos por medio del dinero de injusticia.* *j* **16:10** *honrado.* Alt. *digno de confianza.* Lit. *fiel;* también en vv. 11,12. *k* **16:10** *el que no es íntegro.* Lit. *el que es injusto.* *l* **16:11** *las riquezas mundanas.* Lit. *el dinero injusto.* *m* **16:16** *se esfuerzan por entrar en él.* Alt. *hacen violencia por entrar en él,* o *hacen violencia contra él.* *n* **16:19** *lujosamente.* Lit. *con púrpura y tela fina.* *ñ* **16:23** *infierno.* Lit. *Hades.*

los que quieren pasar de aquí para allá no pueden, ni tampoco pueden los de allá para acá."

²⁷»Él respondió: "Entonces te ruego, padre, que mandes a Lázaro a la casa de mi padre, ²⁸para que advierta a mis cinco hermanos y no vengan ellos también a este lugar de tormento." ²⁹Pero Abraham le contestó: "Ya tienen a Moisés y a los profetas; ¡que les hagan caso a ellos!" ³⁰"No les harán caso, padre Abraham —replicó el rico—; en cambio, si se les presentara uno de entre los muertos, entonces sí se *arrepentirían." ³¹Abraham le dijo: "Si no les hacen caso a Moisés y a los profetas, tampoco se convencerán aunque alguien se *levante de entre los muertos."»

El pecado, la fe y el deber

17 Luego dijo Jesús a sus discípulos:
—Los *tropiezos son inevitables, pero ¡ay de aquel que los ocasiona! ²Más le valdría ser arrojado al mar con una piedra de molino atada al cuello, que servir de tropiezo a uno solo de estos pequeños. ³Así que, ¡cuídense!

»Si tu hermano peca, repréndelo; y si se *arrepiente, perdónalo. ⁴Aun si peca contra ti siete veces en un día, y siete veces regresa a decirte "Me arrepiento", perdónalo.

⁵Entonces los apóstoles le dijeron al Señor:
—¡Aumenta nuestra fe!

⁶—Si ustedes tuvieran una fe tan pequeña como un grano de mostaza —les respondió el Señor—, podrían decirle a este árbol: "Desarráigate y plántate en el mar", y les obedecería.

⁷»Supongamos que uno de ustedes tiene un *siervo que ha estado arando el campo o cuidando las ovejas. Cuando el siervo regresa del campo, ¿acaso se le dice: "Ven en seguida a sentarte a la mesa"? ⁸¿No se le diría más bien: "Prepárame la comida y cámbiate de ropa para atenderme mientras yo ceno; después tú podrás cenar"? ⁹¿Acaso se le darían las gracias al siervo por haber hecho lo que

se le mandó? ¹⁰Así también ustedes, cuando hayan hecho todo lo que se les ha mandado, deben decir: "Somos siervos inútiles; no hemos hecho más que cumplir con nuestro deber."

Jesús sana a diez leprosos

¹¹Un día, siguiendo su viaje a Jerusalén, Jesús pasaba por Samaria y Galilea. ¹²Cuando estaba por entrar en un pueblo, salieron a su encuentro diez hombres enfermos de *lepra. Como se habían quedado a cierta distancia, ¹³gritaron:
—¡Jesús, Maestro, ten compasión de nosotros!

¹⁴Al verlos, les dijo:
—Vayan a presentarse a los sacerdotes.
Resultó que, mientras iban de camino, quedaron *limpios.

¹⁵Uno de ellos, al verse ya sano, regresó alabando a Dios a grandes voces. ¹⁶Cayó rostro en tierra a los pies de Jesús y le dio las gracias, no obstante que era samaritano.

¹⁷—¿Acaso no quedaron limpios los diez? —preguntó Jesús—. ¿Dónde están los otros nueve? ¹⁸¿No hubo ninguno que regresara a dar gloria a Dios, excepto este extranjero? ¹⁹Levántate y vete —le dijo al hombre—; tu fe te ha *sanado.

La venida del reino de Dios
17:26-27 — Mt 24:37-39

²⁰Los *fariseos le preguntaron a Jesús cuándo iba a venir el reino de Dios, y él les respondió:
—La venida del reino de Dios no se puede someter a cálculos.ᵒ ²¹No van a decir: "¡Mírenlo acá! ¡Mírenlo allá!" Dense cuenta de que el reino de Dios está entreᵖ ustedes.

²²A sus discípulos les dijo:
—Llegará el tiempo en que ustedes anhelarán vivir siquiera uno de los días del Hijo del hombre, pero no podrán. ²³Les dirán: "¡Mírenlo allá! ¡Mírenlo acá!" No vayan; no los sigan. ²⁴Porque en su día�q el Hijo del hombre será como el relámpago que fulgura e ilumina el cielo de uno a

---

ᵒ **17:20** *La venida ... cálculos.* Lit. *El reino de Dios no viene con observación.*   ᵖ **17:21** *entre.* Alt. *dentro de.*
q **17:24** Var. no incluye: *en su día.*

otro extremo. **25**Pero antes él tiene que sufrir muchas cosas y ser rechazado por esta generación.

26»Tal como sucedió en tiempos de Noé, así también será cuando venga el Hijo del hombre. **27**Comían, bebían, y se casaban y daban en casamiento, hasta el día en que Noé entró en el arca; entonces llegó el diluvio y los destruyó a todos.

28»Lo mismo sucedió en tiempos de Lot: comían y bebían, compraban y vendían, sembraban y edificaban. **29**Pero el día en que Lot salió de Sodoma, llovió del cielo fuego y azufre y acabó con todos.

30»Así será el día en que se manifieste el Hijo del hombre. **31**En aquel día, el que esté en la azotea y tenga sus cosas dentro de la casa, que no baje a buscarlas. Así mismo el que esté en el campo, que no regrese por lo que haya dejado atrás. **32**¡Acuérdense de la esposa de Lot! **33**El que procure conservar su *vida, la perderá; y el que la pierda, la conservará. **34**Les digo que en aquella noche estarán dos personas en una misma cama: una será llevada y la otra será dejada. **35**Dos mujeres estarán moliendo juntas: una será llevada y la otra será dejada.*r*

37—¿Dónde, Señor? —preguntaron.

—Donde esté el cadáver, allí se reunirán los buitres —respondió él.

Parábola de la viuda insistente

18 Jesús les contó a sus discípulos una parábola para mostrarles que debían orar siempre, sin desanimarse. **2**Les dijo: «Había en cierto pueblo un juez que no tenía temor de Dios ni consideración de nadie. **3**En el mismo pueblo había una viuda que insistía en pedirle: "Hágame usted justicia contra mi adversario." **4**Durante algún tiempo él se negó, pero por fin concluyó: "Aunque no temo a Dios ni tengo consideración de nadie, **5**como esta viuda no deja de molestarme, voy a tener que hacerle justicia, no sea que con sus visitas me haga la vida imposible."»

6Continuó el Señor: «Tengan en cuenta lo que dijo el juez injusto. **7**¿Acaso Dios no hará justicia a sus escogidos, que claman a él día y noche? ¿Se tardará mucho en responderles? **8**Les digo que sí les hará justicia, y sin demora. No obstante, cuando venga el Hijo del hombre, ¿encontrará fe en la tierra?»

Parábola del fariseo y del recaudador de impuestos

9A algunos que, confiando en sí mismos, se creían justos y que despreciaban a los demás, Jesús les contó esta parábola: **10**«Dos hombres subieron al *templo a orar; uno era *fariseo, y el otro, *recaudador de impuestos. **11**El fariseo se puso a orar consigo mismo: "Oh Dios, te doy gracias porque no soy como otros hombres —ladrones, malhechores, adúlteros— ni mucho menos como ese recaudador de impuestos. **12**Ayuno dos veces a la semana y doy la décima parte de todo lo que recibo." **13**En cambio, el recaudador de impuestos, que se había quedado a cierta distancia, ni siquiera se atrevía a alzar la vista al cielo, sino que se golpeaba el pecho y decía: "¡Oh Dios, ten compasión de mí, que soy pecador!"

14»Les digo que éste, y no aquél, volvió a su casa *justificado ante Dios. Pues todo el que a sí mismo se enaltece será humillado, y el que se humilla será enaltecido.»

Jesús y los niños
18:15-17 — Mt 19:13-15; Mr 10:13-16

15También le llevaban niños pequeños a Jesús para que los tocara. Al ver esto, los discípulos reprendían a quienes los llevaban. **16**Pero Jesús llamó a los niños y dijo: «Dejen que los niños vengan a mí, y no se lo impidan, porque el reino de Dios es de quienes son como ellos. **17**Les aseguro que el que no reciba el reino de Dios como un niño, de ninguna manera entrará en él.»

El dirigente rico
18:18-30 — Mt 19:16-29; Mr 10:17-30

18Cierto dirigente le preguntó:

—Maestro bueno, ¿qué tengo que hacer para heredar la vida eterna?

---

r **17:35** *dejada.* Var. *dejada. Estarán dos hombres en el campo: uno será llevado y el otro será dejado* (véase Mt 24:40).

19—¿Por qué me llamas bueno? —respondió Jesús—. Nadie es bueno sino solo Dios. 20Ya sabes los mandamientos: "No cometas adulterio, no mates, no robes, no presentes falso testimonio, honra a tu padre y a tu madre."*s*

21—Todo eso lo he cumplido desde que era joven —dijo el hombre.

22Al oír esto, Jesús añadió:

—Todavía te falta una cosa: vende todo lo que tienes y repártelo entre los pobres, y tendrás tesoro en el cielo. Luego ven y sígueme.

23Cuando el hombre oyó esto, se entristeció mucho, pues era muy rico. 24Al verlo tan afligido, Jesús comentó:

—¡Qué difícil es para los ricos entrar en el reino de Dios! 25En realidad, le resulta más fácil a un camello pasar por el ojo de una aguja, que a un rico entrar en el reino de Dios.

26Los que lo oyeron preguntaron:

—Entonces, ¿quién podrá salvarse?

27—Lo que es imposible para los hombres es posible para Dios —aclaró Jesús.

28—Mira —le dijo Pedro—, nosotros hemos dejado todo lo que teníamos para seguirte.

29—Les aseguro —respondió Jesús— que todo el que por causa del reino de Dios haya dejado casa, esposa, hermanos, padres o hijos, 30recibirá mucho más en este tiempo; y en la edad venidera, la vida eterna.

Jesús predice de nuevo su muerte
18:31-33 — Mt 20:17-19; Mr 10:32-34

31Entonces Jesús tomó aparte a los doce y les dijo: «Ahora vamos rumbo a Jerusalén, donde se cumplirá todo lo que escribieron los profetas acerca del Hijo del hombre. 32En efecto, será entregado a los *gentiles. Se burlarán de él, lo insultarán, le escupirán; 33y después de azotarlo, lo matarán. Pero al tercer día resucitará.»

34Los discípulos no entendieron nada de esto. Les era incomprensible, pues no captaban el sentido de lo que les hablaba.

Un mendigo ciego recibe la vista
18:35-43 — Mt 20:29-34; Mr 10:46-52

35Sucedió que al acercarse Jesús a Jericó, estaba un ciego sentado junto al camino pidiendo limosna. 36Cuando oyó a la multitud que pasaba, preguntó qué acontecía.

37—Jesús de Nazaret está pasando por aquí —le respondieron.

38—¡Jesús, Hijo de David, ten compasión de mí! —gritó el ciego.

39Los que iban delante lo reprendían para que se callara, pero él se puso a gritar aún más fuerte:

—¡Hijo de David, ten compasión de mí!

40Jesús se detuvo y mandó que se lo trajeran. Cuando el ciego se acercó, le preguntó Jesús:

41—¿Qué quieres que haga por ti?

—Señor, quiero ver.

42—¡Recibe la vista! —le dijo Jesús—. Tu fe te ha *sanado.

43Al instante recobró la vista. Entonces, glorificando a Dios, comenzó a seguir a Jesús, y todos los que lo vieron daban alabanza a Dios.

Zaqueo, el recaudador de impuestos

19 Jesús llegó a Jericó y comenzó a cruzar la ciudad. 2Resulta que había allí un hombre llamado Zaqueo, jefe de los *recaudadores de impuestos, que era muy rico. 3Estaba tratando de ver quién era Jesús, pero la multitud se lo impedía, pues era de baja estatura. 4Por eso se adelantó corriendo y se subió a un árbol para poder verlo, ya que Jesús iba a pasar por allí.

5Llegando al lugar, Jesús miró hacia arriba y le dijo:

—Zaqueo, baja en seguida. Tengo que quedarme hoy en tu casa.

6Así que se apresuró a bajar y, muy contento, recibió a Jesús en su casa.

7Al ver esto, todos empezaron a murmurar: «Ha ido a hospedarse con un *pecador.»

s **18:20** Éx 20:12-16; Dt 5:16-20

8Pero Zaqueo dijo resueltamente:

—Mira, Señor: Ahora mismo voy a dar a los pobres la mitad de mis bienes, y si en algo he defraudado a alguien, le devolveré cuatro veces la cantidad que sea.

9—Hoy ha llegado la salvación a esta casa —le dijo Jesús—, ya que éste también es hijo de Abraham. **10**Porque el Hijo del hombre vino a buscar y a salvar lo que se había perdido.

Parábola del dinero

11Como la gente lo escuchaba, pasó a contarles una parábola, porque estaba cerca de Jerusalén y la gente pensaba que el reino de Dios iba a manifestarse en cualquier momento. **12**Así que les dijo: «Un hombre de la nobleza se fue a un país lejano para ser coronado rey y luego regresar. **13**Llamó a diez de sus *siervos y entregó a cada cual una buena cantidad de dinero.*t* Les instruyó: "Hagan negocio con este dinero hasta que yo vuelva." **14**Pero sus súbditos lo odiaban y mandaron tras él una delegación a decir: "No queremos a éste por rey."

15»A pesar de todo, fue nombrado rey. Cuando regresó a su país, mandó llamar a los siervos a quienes había entregado el dinero, para enterarse de lo que habían ganado. **16**Se presentó el primero y dijo: "Señor, su dinero*u* ha producido diez veces más." **17**"¡Hiciste bien, siervo bueno! —le respondió el rey—. Puesto que has sido fiel en tan poca cosa, te doy el gobierno de diez ciudades." **18**Se presentó el segundo y dijo: "Señor, su dinero ha producido cinco veces más." **19**El rey le respondió: "A ti te pongo sobre cinco ciudades."

20»Llegó otro siervo y dijo: "Señor, aquí tiene su dinero; lo he tenido guardado, envuelto en un pañuelo. **21**Es que le tenía miedo a usted, que es un hombre muy exigente: toma lo que no depositó y cosecha lo que no sembró." **22**El rey le contestó: "Siervo malo, con tus propias palabras te voy a juzgar. ¿Así que sabías que soy muy exigente, que tomo lo que no deposité y cosecho lo que no sembré?

23Entonces, ¿por qué no pusiste mi dinero en el banco, para que al regresar pudiera reclamar los intereses?" **24**Luego dijo a los presentes: "Quítenle el dinero y dénselo al que recibió diez veces más." **25**"Señor —protestaron—, ¡él ya tiene diez veces más!" **26**El rey contestó: "Les aseguro que a todo el que tiene, se le dará más, pero al que no tiene, se le quitará hasta lo que tiene. **27**Pero en cuanto a esos enemigos míos que no me querían por rey, tráiganlos acá y mátenlos delante de mí."»

La entrada triunfal

19:29-38 — Mt 21:1-9; Mr 11:1-10
19:35-38 — Jn 12:12-15

28Dicho esto, Jesús siguió adelante, subiendo hacia Jerusalén. **29**Cuando se acercó a Betfagué y a Betania, junto al monte llamado de los Olivos, envió a dos de sus discípulos con este encargo: **30**«Vayan a la aldea que está enfrente y, al entrar en ella, encontrarán atado a un burrito en el que nadie se ha montado. Desátenlo y tráiganlo acá. **31**Y si alguien les pregunta: "¿Por qué lo desatan?", díganle: "El Señor lo necesita."»

32Fueron y lo encontraron tal como él les había dicho. **33**Cuando estaban desatando el burrito, los dueños les preguntaron:

—¿Por qué desatan el burrito?

34—El Señor lo necesita —contestaron.

35Se lo llevaron, pues, a Jesús. Luego pusieron sus mantos encima del burrito y ayudaron a Jesús a montarse. **36**A medida que avanzaba, la gente tendía sus mantos sobre el camino.

37Al acercarse él a la bajada del monte de los Olivos, todos los discípulos se entusiasmaron y comenzaron a alabar a Dios por tantos milagros que habían visto. Gritaban:

38—¡Bendito el Rey que viene en el
      nombre del Señor!*v*

—¡Paz en el cielo y gloria en las
      alturas!

---

t **19:13** *y entregó ... de dinero.* Lit. *y les entregó diez *minas* (una mina equivalía al salario de unos tres meses).*u* **19:16** *dinero.* Lit. *mina*; también en vv. 18,20,24. *v* **19:38** Sal 118:26

39Algunos de los *fariseos que estaban entre la gente le reclamaron a Jesús:

—¡Maestro, reprende a tus discípulos!

40Pero él respondió:

—Les aseguro que si ellos se callan, gritarán las piedras.

Jesús en el templo

19:45-46 — Mt 21:12-16; Mr 11:15-18; Jn 2:13-16

41Cuando se acercaba a Jerusalén, Jesús vio la ciudad y lloró por ella. **42**Dijo:

—¡Cómo quisiera que hoy supieras lo que te puede traer paz! Pero eso ahora está oculto a tus ojos. **43**Te sobrevendrán días en que tus enemigos levantarán un muro y te rodearán, y te encerrarán por todos lados. **44**Te derribarán a ti y a tus hijos dentro de tus murallas. No dejarán ni una piedra sobre otra, porque no reconociste el tiempo en que Dios vino a salvarte.*w*

45Luego entró en el *templo*x* y comenzó a echar de allí a los que estaban vendiendo. **46**«Escrito está —les dijo—: "Mi casa será casa de oración";*y* pero ustedes la han convertido en "cueva de ladrones".*z*»

47Todos los días enseñaba en el templo, y los jefes de los sacerdotes, los *maestros de la ley y los dirigentes del pueblo procuraban matarlo. **48**Sin embargo, no encontraban la manera de hacerlo, porque todo el pueblo lo escuchaba con gran interés.

La autoridad de Jesús puesta en duda

20:1-8 — Mt 21:23-27; Mr 11:27-33

20 Un día, mientras Jesús enseñaba al pueblo en el *templo y les predicaba el *evangelio, se le acercaron los jefes de los sacerdotes y los *maestros de la ley, junto con los *ancianos.

2—Dinos con qué autoridad haces esto —lo interrogaron—. ¿Quién te dio esa autoridad?

3—Yo también voy a hacerles una pregunta a ustedes —replicó él—. Díganme: **4**El bautismo de Juan, ¿procedía del cielo o de la tierra?*a*

5Ellos, pues, lo discutieron entre sí: «Si respondemos: "Del cielo", nos dirá: "¿Por qué no le creyeron?" **6**Pero si decimos: "De la tierra", todo el pueblo nos apedreará, porque están convencidos de que Juan era un profeta.»

Así que le respondieron:

7—No sabemos de dónde era.

8—Pues yo tampoco les voy a decir con qué autoridad hago esto.

Parábola de los labradores malvados

20:9-19 — Mt 21:33-46; Mr 12:1-12

9Pasó luego a contarle a la gente esta parábola:

—Un hombre plantó un viñedo, se lo arrendó a unos labradores y se fue de viaje por largo tiempo. **10**Llegada la cosecha, mandó un *siervo a los labradores para que le dieran parte de la cosecha. Pero los labradores lo golpearon y lo despidieron con las manos vacías. **11**Les envió otro siervo, pero también a éste lo golpearon, lo humillaron y lo despidieron con las manos vacías. **12**Entonces envió un tercero, pero aun a éste lo hirieron y lo expulsaron.

13»Entonces pensó el dueño del viñedo: "¿Qué voy a hacer? Enviaré a mi hijo amado; seguro que a él sí lo respetarán." **14**Pero cuando lo vieron los labradores, trataron el asunto. "Éste es el heredero —dijeron—. Matémoslo, y la herencia será nuestra." **15**Así que lo arrojaron fuera del viñedo y lo mataron.

»¿Qué les hará el dueño? **16**Volverá, acabará con esos labradores y dará el viñedo a otros.

Al oír esto, la gente exclamó:

—¡Dios no lo quiera!

17Mirándolos fijamente, Jesús les dijo:

—Entonces, ¿qué significa esto que está escrito:

» "La piedra que desecharon los constructores
ha llegado a ser la piedra angular"?*b*

---

*w***19:44** *el tiempo ... salvarte.* Lit. *el tiempo de tu visitación.*   *x***19:45** Es decir, en el área general del templo.   *y***19:46** Is 56:7   *z***19:46** Jer 7:11   *a***20:4** *la tierra.* Lit. *los hombres;* también en v. 6.   *b***20:17** Sal 118:22

18Todo el que caiga sobre esa piedra quedará despedazado, y si ella cae sobre alguien, lo hará polvo.

19Los maestros de la ley y los jefes de los sacerdotes, cayendo en cuenta que la parábola iba dirigida contra ellos, buscaron la manera de echarle mano en aquel mismo momento. Pero temían al pueblo.

El pago de impuestos al césar
20:20-26 — Mt 22:15-22; Mr 12:13-17

20Entonces, para acecharlo, enviaron espías que fingían ser gente honorable. Pensaban atrapar a Jesús en algo que él dijera, y así poder entregarlo a la jurisdicción del gobernador.

21—Maestro —dijeron los espías—, sabemos que lo que dices y enseñas es correcto. No juzgas por las apariencias, sino que de verdad enseñas el camino de Dios. 22¿Nos está permitido pagar impuestos al *césar o no?

23Pero Jesús, dándose cuenta de sus malas intenciones, replicó:

24—Muéstrenme una moneda romana.c ¿De quién son esta imagen y esta inscripción?

—Del césar —contestaron.

25—Entonces denle al césar lo que es del césar, y a Dios lo que es de Dios.

26No pudieron atraparlo en lo que decía en público. Así que, admirados de su respuesta, se callaron.

La resurrección y el matrimonio
20:27-40 — Mt 22:23-33; Mr 12:18-27

27Luego, algunos de los saduceos, que decían que no hay resurrección, se acercaron a Jesús y le plantearon un problema:

28—Maestro, Moisés nos enseñó en sus escritos que si un hombre muere y deja a la viuda sin hijos, el hermano de ese hombre tiene que casarse con la viuda para que su hermano tenga descendencia. 29Pues bien, había siete hermanos. El primero se casó y murió sin dejar hijos. 30Entonces el segundo 31y el tercero se casaron con ella, y así sucesivamente murieron los siete sin dejar hijos. 32Por último, murió también la mujer. 33Ahora bien, en la resurrección, ¿de cuál será esposa esta mujer, ya que los siete estuvieron casados con ella?

34—La gente de este mundo se casa y se da en casamiento —les contestó Jesús—. 35Pero en cuanto a los que sean dignos de tomar parte en el mundo venidero por la resurrección: ésos no se casarán ni serán dados en casamiento, 36ni tampoco podrán morir, pues serán como los ángeles. Son hijos de Dios porque toman parte en la resurrección. 37Pero que los muertos resucitan lo dio a entender Moisés mismo en el pasaje sobre la zarza, pues llama al Señor "el Dios de Abraham, de Isaac y de Jacob".d 38Él no es Dios de muertos, sino de vivos; en efecto, para él todos ellos viven.

39Algunos de los *maestros de la ley le respondieron:

—¡Bien dicho, Maestro!

40Y ya no se atrevieron a hacerle más preguntas.

¿De quién es Hijo el Cristo?
20:41-47 — Mt 22:41-23:7; Mr 12:35-40

41Pero Jesús les preguntó:

—¿Cómo es que dicen que el *Cristo es el Hijo de David? 42David mismo declara en el libro de los Salmos:

»"Dijo el Señor a mi Señor:
    'Siéntate a mi *derecha,
43hasta que ponga a tus enemigos
    por estrado de tus pies.' "e

44David lo llama "Señor". ¿Cómo puede entonces ser su hijo?

45Mientras todo el pueblo lo escuchaba, Jesús les dijo a sus discípulos:

46—Cuídense de los *maestros de la ley. Les gusta pasearse con ropas ostentosas y les encanta que los saluden en las plazas, y ocupar el primer puesto en las sinagogas y los lugares de honor en los banquetes. 47Devoran los bienes de las viudas y a la vez hacen largas plegarias para impresionar a los demás. Éstos recibirán peor castigo.

c20:24 una moneda romana. Lit. un *denario.   d20:37 Éx 3:6   e20:43 Sal 110:1

La ofrenda de la viuda

21:1-4 — Mr 12:41-44

21 Jesús se detuvo a observar y vio a los ricos que echaban sus ofrendas en las alcancías del *templo. 2También vio a una viuda pobre que echaba dos moneditas de cobre.ᶠ

3—Les aseguro —dijo— que esta viuda pobre ha echado más que todos los demás. 4Todos ellos dieron sus ofrendas de lo que les sobraba; pero ella, de su pobreza, echó todo lo que tenía para su sustento.

Señales del fin del mundo

21:5-36 — Mt 24: Mr 13
21:12-17 — Mt 10:17-22

5Algunos de sus discípulos comentaban acerca del *templo, de cómo estaba adornado con hermosas piedras y con ofrendas dedicadas a Dios. Pero Jesús dijo:

6—En cuanto a todo esto que ven ustedes, llegará el día en que no quedará piedra sobre piedra; todo será derribado.

7—Maestro —le preguntaron—, ¿cuándo sucederá eso, y cuál será la señal de que está a punto de suceder?

8—Tengan cuidado; no se dejen engañar —les advirtió Jesús—. Vendrán muchos que usando mi nombre dirán: "Yo soy", y: "El tiempo está cerca." No los sigan ustedes. 9Cuando sepan de guerras y de revoluciones, no se asusten. Es necesario que eso suceda primero, pero el fin no vendrá en seguida.

10»Se levantará nación contra nación, y reino contra reino —continuó—. 11Habrá grandes terremotos, hambre y epidemias por todas partes, cosas espantosas y grandes señales del cielo.

12»Pero antes de todo esto, echarán mano de ustedes y los perseguirán. Los entregarán a las sinagogas y a las cárceles, y por causa de mi nombre los llevarán ante reyes y gobernadores. 13Así tendrán ustedes la oportunidad de dar testimonio ante ellos. 14Pero tengan en cuenta que no hay por qué preparar una defensa de antemano, 15pues yo mismo les daré tal elocuencia y sabiduría para responder, que ningún adversario podrá resistirles ni contradecirles. 16Ustedes serán traicionados aun por sus padres, hermanos, parientes y amigos, y a algunos de ustedes se les dará muerte. 17Todo el mundo los odiará por causa de mi nombre. 18Pero no se perderá ni un solo cabello de su cabeza. 19Si se mantienen firmes, se salvarán.ᵍ

20»Ahora bien, cuando vean a Jerusalén rodeada de ejércitos, sepan que su desolación ya está cerca. 21Entonces los que estén en Judea huyan a las montañas, los que estén en la ciudad salgan de ella, y los que estén en el campo no entren en la ciudad. 22Ése será el tiempo del juicio cuando se cumplirá todo lo que está escrito. 23¡Ay de las que estén embarazadas o amamantando en aquellos días! Porque habrá gran aflicción en la tierra, y castigo contra este pueblo. 24Caerán a filo de espada y los llevarán cautivos a todas las naciones. Los *gentiles pisotearán a Jerusalén, hasta que se cumplan los tiempos señalados para ellos.

25»Habrá señales en el sol, la luna y las estrellas. En la tierra, las naciones estarán angustiadas y perplejas por el bramido y la agitación del mar. 26Se desmayarán de terror los hombres, temerosos por lo que va a sucederle al mundo, porque los cuerpos celestes serán sacudidos. 27Entonces verán al Hijo del hombre venir en una nube con poder y gran gloria. 28Cuando comiencen a suceder estas cosas, cobren ánimo y levanten la cabeza, porque se acerca su redención.

29Jesús también les propuso esta comparación:

—Fíjense en la higuera y en los demás árboles. 30Cuando brotan las hojas, ustedes pueden ver por sí mismos y saber que el verano está cerca. 31Igualmente, cuando vean que suceden estas cosas, sepan que el reino de Dios está cerca.

32»Les aseguro que no pasará esta generación hasta que todas estas cosas suce-

---

ᶠ21:2 dos moneditas de cobre. Lit. dos *lepta.   ᵍ21:19 Si ... salvarán. Lit. Por su perseverancia obtendrán sus almas.

dan. 33El cielo y la tierra pasarán, pero mis palabras jamás pasarán.

34»Tengan cuidado, no sea que se les endurezca el corazón por el vicio, la embriaguez y las preocupaciones de esta vida. De otra manera, aquel día caerá de improviso sobre ustedes, 35pues vendrá como una trampa sobre todos los habitantes de la tierra. 36Estén siempre vigilantes, y oren para que puedan escapar de todo lo que está por suceder, y presentarse delante del Hijo del hombre.

37De día Jesús enseñaba en el templo, pero salía a pasar la noche en el monte llamado de los Olivos, 38y toda la gente madrugaba para ir al templo a oírlo.

Judas acuerda traicionar a Jesús
22:1-2 — Mt 26:2-5; Mr 14:1-2,10-11

22 Se aproximaba la fiesta de los Panes sin levadura, llamada la Pascua. 2Los jefes de los sacerdotes y los *maestros de la ley buscaban algún modo de acabar con Jesús, porque temían al pueblo. 3Entonces entró Satanás en Judas, uno de los doce, al que llamaban Iscariote. 4Éste fue a los jefes de los sacerdotes y a los capitanes del *templo para tratar con ellos cómo les entregaría a Jesús. 5Ellos se alegraron y acordaron darle dinero. 6Él aceptó, y comenzó a buscar una oportunidad para entregarles a Jesús cuando no hubiera gente.

La última cena
22:7-13 — Mt 26:17-19; Mr 14:12-16
22:17-20 — Mt 26:26-29; Mr 14:22-25;
    1Co 11:23-25
22:21-23 — Mt 26:21-24; Mr 14:18-21;
    Jn 13:21-30
22:25-27 — Mt 20:25-28; Mr 10:42-45
22:33-34 — Mt 26:33-35; Mr 14:29-31;
    Jn 13:37-38

7Cuando llegó el día de la fiesta de los Panes sin levadura, en que debía sacrificarse el cordero de la Pascua, 8Jesús envió a Pedro y a Juan, diciéndoles:

—Vayan a hacer los preparativos para que comamos la Pascua.

9—¿Dónde quieres que la preparemos? —le preguntaron.

10—Miren —contestó él—: al entrar ustedes en la ciudad les saldrá al encuentro un hombre que lleva un cántaro de agua. Síganlo hasta la casa en que entre, 11y díganle al dueño de la casa: "El Maestro pregunta: ¿Dónde está la sala en la que voy a comer la Pascua con mis discípulos?" 12Él les mostrará en la planta alta una sala amplia y amueblada. Preparen allí la cena.

13Ellos se fueron y encontraron todo tal como les había dicho Jesús. Así que prepararon la Pascua.

14Cuando llegó la hora, Jesús y sus apóstoles se *sentaron a la mesa. 15Entonces les dijo:

—He tenido muchísimos deseos de comer esta Pascua con ustedes antes de padecer, 16pues les digo que no volveré a comerla hasta que tenga su pleno cumplimiento en el reino de Dios.

17Luego tomó la copa, dio gracias y dijo:

—Tomen esto y repártanlo entre ustedes. 18Les digo que no volveré a beber del fruto de la vid hasta que venga el reino de Dios.

19También tomó pan y, después de dar gracias, lo partió, se lo dio a ellos y dijo:

—Este pan es mi cuerpo, entregado por ustedes; hagan esto en memoria de mí.

20De la misma manera tomó la copa después de la cena, y dijo:

—Esta copa es el nuevo pacto en mi sangre, que es derramada por ustedes. 21Pero sepan que la mano del que va a traicionarme está con la mía, sobre la mesa. 22A la verdad el Hijo del hombre se irá según está decretado, pero ¡ay de aquel que lo traiciona!

23Entonces comenzaron a preguntarse unos a otros quién de ellos haría esto.

24Tuvieron además un altercado sobre cuál de ellos sería el más importante. 25Jesús les dijo:

—Los reyes de las *naciones oprimen a sus súbditos, y los que ejercen autoridad sobre ellos se llaman a sí mismos benefactores. 26No sea así entre ustedes. Al contrario, el mayor debe comportarse como el menor, y el que manda como el que sirve. 27Porque, ¿quién es más importante, el que está a la mesa o el que sirve? ¿No lo es el que está sentado a la mesa? Sin embargo, yo estoy entre ustedes como uno que sirve. ²⁸Ahora bien, ustedes son los que han estado siempre a mi lado en mis *pruebas. ²⁹Por eso, yo mismo les concedo un reino, así como mi Padre me lo concedió a mí, ³⁰para que coman y beban a mi mesa en mi reino, y se sienten en tronos para juzgar a las doce tribus de Israel.

³¹»Simón, Simón, mira que Satanás ha pedido zarandearlos a ustedes como si fueran trigo. ³²Pero yo he orado por ti, para que no falle tu fe. Y tú, cuando te hayas vuelto a mí, fortalece a tus hermanos.

³³—Señor —respondió Pedro—, estoy dispuesto a ir contigo tanto a la cárcel como a la muerte.

³⁴—Pedro, te digo que hoy mismo, antes de que cante el gallo, tres veces negarás que me conoces.

³⁵Luego Jesús dijo a todos:

—Cuando los envié a ustedes sin monedero ni bolsa ni sandalias, ¿acaso les faltó algo?

—Nada —respondieron.

³⁶—Ahora, en cambio, el que tenga un monedero, que lo lleve; así mismo, el que tenga una bolsa. Y el que nada tenga, que venda su manto y compre una espada. ³⁷Porque les digo que tiene que cumplirse en mí aquello que está escrito: "Y fue contado entre los transgresores."ʰ En efecto, lo que se ha escrito de mí se está cumpliendo.ⁱ

³⁸—Mira, Señor —le señalaron los discípulos—, aquí hay dos espadas.

—¡Basta! —les contestó.

Jesús ora en el monte de los Olivos
22:40-46 — Mt 26:36-46; Mr 14:32-42

³⁹Jesús salió de la ciudad y, como de costumbre, se dirigió al monte de los Olivos, y sus discípulos lo siguieron. ⁴⁰Cuando llegaron al lugar, les dijo: «Oren para que no caigan en *tentación.» ⁴¹Entonces se separó de ellos a una buena distancia,ʲ se arrodilló y empezó a orar: ⁴²«Padre, si quieres, no me hagas beber este trago amargo;ᵏ pero no se cumpla mi voluntad, sino la tuya.» ⁴³Entonces se le

apareció un ángel del cielo para fortalecerlo. ⁴⁴Pero, como estaba angustiado, se puso a orar con más fervor, y su sudor era como gotas de sangre que caían a tierra.ˡ

⁴⁵Cuando terminó de orar y volvió a los discípulos, los encontró dormidos, agotados por la tristeza. ⁴⁶«¿Por qué están durmiendo? —les exhortó—. Levántense y oren para que no caigan en tentación.»

Arresto de Jesús
22:47-53 — Mt 26:47-56; Mr 14:43-50; Jn 18:3-11

⁴⁷Todavía estaba hablando Jesús cuando se apareció una turba, y al frente iba uno de los doce, el que se llamaba Judas. Éste se acercó a Jesús para besarlo, ⁴⁸pero Jesús le preguntó:

—Judas, ¿con un beso traicionas al Hijo del hombre?

⁴⁹Los discípulos que lo rodeaban, al darse cuenta de lo que pasaba, dijeron:

—Señor, ¿atacamos con la espada?

⁵⁰Y uno de ellos hirió al siervo del sumo sacerdote, cortándole la oreja derecha.

⁵¹—¡Déjenlos! —ordenó Jesús.

Entonces le tocó la oreja al hombre, y lo sanó. ⁵²Luego dijo a los jefes de los sacerdotes, a los capitanes del *templo y a los *ancianos, que habían venido a prenderlo:

—¿Acaso soy un bandido,ᵐ para que vengan contra mí con espadas y palos? ⁵³Todos los días estaba con ustedes en el templo, y no se atrevieron a ponerme las manos encima. Pero ya ha llegado la hora de ustedes, cuando reinan las tinieblas.

Pedro niega a Jesús
22:55-62 — Mt 26:69-75; Mr 14:66-72;
   Jn 18:16-18,25-27

⁵⁴Prendieron entonces a Jesús y lo llevaron a la casa del sumo sacerdote. Pedro los seguía de lejos. ⁵⁵Pero luego, cuando encendieron una fogata en medio del patio y se sentaron alrededor, Pedro se les unió. ⁵⁶Una criada lo vio allí sentado a la lumbre, lo miró detenidamente y dijo:

—Éste estaba con él.

ʰ**22:37** Is 53:12   ⁱ**22:37** *En efecto ... cumpliendo.* Lit. *Porque lo que es acerca de mí tiene fin.*
ʲ**22:41** *a una buena distancia.* Lit. *como a un tiro de piedra.*   ᵏ**22:42** *no ... amargo.* Lit. *quita de mí esta copa.*   ˡ**22:44** Var. no incluye vv. 43 y 44.   ᵐ**22:52** *bandido.* Alt. *insurgente.*

[57]Pero él lo negó.

—Muchacha, yo no lo conozco.

[58]Poco después lo vio otro y afirmó:

—Tú también eres uno de ellos.

—¡No, hombre, no lo soy! —contestó Pedro.

[59]Como una hora más tarde, otro lo acusó:

—Seguro que éste estaba con él; miren que es galileo.

[60]—¡Hombre, no sé de qué estás hablando! —replicó Pedro.

En el mismo momento en que dijo eso, cantó el gallo. [61]El Señor se volvió y miró directamente a Pedro. Entonces Pedro se acordó de lo que el Señor le había dicho: «Hoy mismo, antes de que el gallo cante, me negarás tres veces.» [62]Y saliendo de allí, lloró amargamente.

Los soldados se burlan de Jesús

22:63-65 — Mt 26:67-68; Mr 14:65; Jn 18:22-23

[63]Los hombres que vigilaban a Jesús comenzaron a burlarse de él y a golpearlo. [64]Le vendaron los ojos, y le increpaban:

—¡Adivina quién te pegó!

[65]Y le lanzaban muchos otros insultos.

Jesús ante Pilato y Herodes

22:67-71 — Mt 26:63-66; Mr 14:61-63; Jn 18:19-21

23:2-3 — Mt 27:11-14; Mr 15:2-5; Jn 18:29-37

23:18-25 — Mt 27:15-26; Mr 15:6-15; Jn 18:39—19:16

[66]Al amanecer, se reunieron los *ancianos del pueblo, tanto los jefes de los sacerdotes como los *maestros de la ley, e hicieron comparecer a Jesús ante el *Consejo.

[67]—Si eres el *Cristo, dínoslo —le exigieron.

Jesús les contestó:

—Si se lo dijera a ustedes, no me lo creerían, [68]y si les hiciera preguntas, no me contestarían. [69]Pero de ahora en adelante el Hijo del hombre estará sentado a la *derecha del Dios Todopoderoso.

[70]—¿Eres tú, entonces, el Hijo de Dios? —le preguntaron a una voz.

—Ustedes mismos lo dicen.

[71]—¿Para qué necesitamos más testimonios? —resolvieron—. Acabamos de oírlo de sus propios labios.

23 Así que la asamblea en pleno se levantó, y lo llevaron a Pilato. [2]Y comenzaron la acusación con estas palabras:

—Hemos descubierto a este hombre agitando a nuestra nación. Se opone al pago de impuestos al *emperador y afirma que él es el *Cristo, un rey.

[3]Así que Pilato le preguntó a Jesús:

—¿Eres tú el rey de los judíos?

—Tú mismo lo dices —respondió.

[4]Entonces Pilato declaró a los jefes de los sacerdotes y a la multitud:

—No encuentro que este hombre sea culpable de nada.

[5]Pero ellos insistían:

—Con sus enseñanzas agita al pueblo por toda Judea.[n] Comenzó en Galilea y ha llegado hasta aquí.

[6]Al oír esto, Pilato preguntó si el hombre era galileo. [7]Cuando se enteró de que pertenecía a la jurisdicción de Herodes, se lo mandó a él, ya que en aquellos días también Herodes estaba en Jerusalén.

[8]Al ver a Jesús, Herodes se puso muy contento; hacía tiempo que quería verlo por lo que oía acerca de él, y esperaba presenciar algún milagro que hiciera Jesús. [9]Lo acosó con muchas preguntas, pero Jesús no le contestaba nada. [10]Allí estaban también los jefes de los sacerdotes y los *maestros de la ley, acusándolo con vehemencia. [11]Entonces Herodes y sus soldados, con desprecio y burlas, le pusieron un manto lujoso y lo mandaron de vuelta a Pilato. [12]Anteriormente, Herodes y Pilato no se llevaban bien, pero ese mismo día se hicieron amigos.

[13]Pilato entonces reunió a los jefes de los sacerdotes, a los gobernantes y al pueblo, [14]y les dijo:

—Ustedes me trajeron a este hombre acusado de fomentar la rebelión entre el pueblo, pero resulta que lo he interrogado delante de ustedes sin encontrar que sea culpable de lo que ustedes lo acusan. [15]Y

[n] **23:5** *toda Judea.* Alt. *toda la tierra de los judíos.*

es claro que tampoco Herodes lo ha juzgado culpable, puesto que nos lo devolvió. Como pueden ver, no ha cometido ningún delito que merezca la muerte, 16así que le daré una paliza y después lo soltaré.^ñ

18Pero todos gritaron a una voz:

—¡Llévate a ése! ¡Suéltanos a Barrabás!

19A Barrabás lo habían metido en la cárcel por una insurrección en la ciudad, y por homicidio. 20Pilato, como quería soltar a Jesús, apeló al pueblo otra vez, 21pero ellos se pusieron a gritar:

—¡Crucifícalo! ¡Crucifícalo!

22Por tercera vez les habló:

—Pero, ¿qué crimen ha cometido este hombre? No encuentro que él sea culpable de nada que merezca la pena de muerte, así que le daré una paliza y después lo soltaré.

23Pero a voz en cuello ellos siguieron insistiendo en que lo crucificara, y con sus gritos se impusieron. 24Por fin Pilato decidió concederles su demanda: 25soltó al hombre que le pedían, el que por insurrección y homicidio había sido echado en la cárcel, y dejó que hicieran con Jesús lo que quisieran.

La crucifixión
23:33-43 — Mt 27:33-44; Mr 15:22-32;
    Jn 19:17-24

26Cuando se lo llevaban, echaron mano de un tal Simón de Cirene, que volvía del campo, y le cargaron la cruz para que la llevara detrás de Jesús. 27Lo seguía mucha gente del pueblo, incluso mujeres que se golpeaban el pecho, lamentándose por él. 28Jesús se volvió hacia ellas y les dijo:

—Hijas de Jerusalén, no lloren por mí; lloren más bien por ustedes y por sus hijos. 29Miren, va a llegar el tiempo en que se dirá: "¡*Dichosas las estériles, que nunca dieron a luz ni amamantaron!" 30Entonces

»"dirán a las montañas: '¡Caigan
        sobre nosotros!',
    y a las colinas: '¡Cúbrannos!' "^o

31Porque si esto se hace cuando el árbol está verde, ¿qué no sucederá cuando esté seco?

32También llevaban con él a otros dos, ambos criminales, para ser ejecutados. 33Cuando llegaron al lugar llamado la Calavera, lo crucificaron allí, junto con los criminales, uno a su derecha y otro a su izquierda.

34—Padre —dijo Jesús—, perdónalos, porque no saben lo que hacen.^p

Mientras tanto, echaban suertes para repartirse entre sí la ropa de Jesús.

35La gente, por su parte, se quedó allí observando, y aun los gobernantes estaban burlándose de él.

—Salvó a otros —decían—; que se salve a sí mismo, si es el *Cristo de Dios, el Escogido.

36También los soldados se acercaron para burlarse de él. Le ofrecieron vinagre 37y le dijeron:

—Si eres el rey de los judíos, sálvate a ti mismo.

38Resulta que había sobre él un letrero, que decía: «ÉSTE ES EL REY DE LOS JUDÍOS.»

39Uno de los criminales allí colgados empezó a insultarlo:

—¿No eres tú el Cristo? ¡Sálvate a ti mismo y a nosotros!

40Pero el otro criminal lo reprendió:

—¿Ni siquiera temor de Dios tienes, aunque sufres la misma condena? 41En nuestro caso, el castigo es justo, pues sufrimos lo que merecen nuestros delitos; éste, en cambio, no ha hecho nada malo.

42Luego dijo:

—Jesús, acuérdate de mí cuando vengas en tu reino.

43—Te aseguro que hoy estarás conmigo en el paraíso —le contestó Jesús.

Muerte de Jesús
23:44-49 — Mt 27:45-56; Mr 15:33-41

44Desde el mediodía y hasta la media tarde^q toda la tierra quedó sumida en la oscuridad, 45pues el sol se ocultó. Y la cortina del *santuario del templo se rasgó

---

^ñ23:16 *soltaré.* Var. *soltaré.* ¹⁷*Ahora bien, durante la fiesta tenía la obligación de soltarles un preso* (véanse Mt 27:15 y Mr 15:6).   ^o23:30 Os 10:8   ^p23:34 Var. no incluye esta oración.   ^q23:44 *el mediodía ... la media tarde.* Lit. *la hora sexta ... la hora novena.*

en dos. **46**Entonces Jesús exclamó con fuerza:

—¡Padre, en tus manos encomiendo mi espíritu!

Y al decir esto, expiró.

47El centurión, al ver lo que había sucedido, alabó a Dios y dijo:

—Verdaderamente este hombre era justo.

48Entonces los que se habían reunido para presenciar aquel espectáculo, al ver lo ocurrido, se fueron de allí golpeándose el pecho. **49**Pero todos los conocidos de Jesús, incluso las mujeres que lo habían seguido desde Galilea, se quedaron mirando desde lejos.

Sepultura de Jesús

23:50-56 — Mt 27:57-61; Mr 15:42-47;
Jn 19:38-42

50Había un hombre bueno y justo llamado José, miembro del *Consejo, **51**que no había estado de acuerdo con la decisión ni con la conducta de ellos. Era natural de un pueblo de Judea llamado Arimatea, y esperaba el reino de Dios. **52**Éste se presentó ante Pilato y le pidió el cuerpo de Jesús. **53**Después de bajarlo, lo envolvió en una sábana de lino y lo puso en un sepulcro cavado en la roca, en el que todavía no se había sepultado a nadie. **54**Era el día de preparación para el *sábado, que estaba a punto de comenzar.

55Las mujeres que habían acompañado a Jesús desde Galilea siguieron a José para ver el sepulcro y cómo colocaban el cuerpo. **56**Luego volvieron a casa y prepararon especias aromáticas y perfumes. Entonces descansaron el sábado, conforme al mandamiento.

La resurrección

24:1-10 — Mt 28:1-8; Mr 16:1-8; Jn 20:1-8

24 El primer día de la semana, muy de mañana, las mujeres fueron al sepulcro, llevando las especias aromáticas que habían preparado. **2**Encontraron que había sido quitada la piedra que cubría el sepulcro **3**y, al entrar, no hallaron el cuerpo del Señor Jesús. **4**Mientras se pregun-

taban qué habría pasado, se les presentaron dos hombres con ropas resplandecientes. **5**Asustadas, se postraron sobre su rostro, pero ellos les dijeron:

—¿Por qué buscan ustedes entre los muertos al que vive? **6**No está aquí; ¡ha resucitado! Recuerden lo que les dijo cuando todavía estaba con ustedes en Galilea: **7**"El Hijo del hombre tiene que ser entregado en manos de hombres *pecadores, y ser crucificado, pero al tercer día resucitará."

8Entonces ellas se acordaron de las palabras de Jesús. **9**Al regresar del sepulcro, les contaron todas estas cosas a los once y a todos los demás. **10**Las mujeres eran María Magdalena, Juana, María la madre de *Jacobo, y las demás que las acompañaban. **11**Pero a los discípulos el relato les pareció una tontería, así que no les creyeron. **12**Pedro, sin embargo, salió corriendo al sepulcro. Se asomó y vio sólo las vendas de lino. Luego volvió a su casa, extrañado de lo que había sucedido.

De camino a Emaús

13Aquel mismo día dos de ellos se dirigían a un pueblo llamado Emaús, a unos once kilómetros[r] de Jerusalén. **14**Iban conversando sobre todo lo que había acontecido. **15**Sucedió que, mientras hablaban y discutían, Jesús mismo se acercó y comenzó a caminar con ellos; **16**pero no lo reconocieron, pues sus ojos estaban velados.

17—¿Qué vienen discutiendo por el camino? —les preguntó.

Se detuvieron, cabizbajos; **18**y uno de ellos, llamado Cleofas, le dijo:

—¿Eres tú el único peregrino en Jerusalén que no se ha enterado de todo lo que ha pasado recientemente?

19—¿Qué es lo que ha pasado? —les preguntó.

—Lo de Jesús de Nazaret. Era un profeta, poderoso en obras y en palabras delante de Dios y de todo el pueblo. **20**Los jefes de los sacerdotes y nuestros gobernantes lo entregaron para ser condenado a muerte, y lo crucificaron; **21**pero nosotros abrigábamos la esperanza de que era él quien redimiría a Israel. Es más, ya hace

---

[r] **24:13** *once kilómetros*. Lit. *sesenta *estadios*.

tres días que sucedió todo esto. **22**También algunas mujeres de nuestro grupo nos dejaron asombrados. Esta mañana, muy temprano, fueron al sepulcro **23**pero no hallaron su cuerpo. Cuando volvieron, nos contaron que se les habían aparecido unos ángeles quienes les dijeron que él está vivo. **24**Algunos de nuestros compañeros fueron después al sepulcro y lo encontraron tal como habían dicho las mujeres, pero a él no lo vieron.

25—¡Qué torpes son ustedes —les dijo—, y qué tardos de corazón para creer todo lo que han dicho los profetas! **26**¿Acaso no tenía que sufrir el *Cristo estas cosas antes de entrar en su gloria? **27**Entonces, comenzando por Moisés y por todos los profetas, les explicó lo que se refería a él en todas las Escrituras.

28Al acercarse al pueblo adonde se dirigían, Jesús hizo como que iba más lejos. **29**Pero ellos insistieron:

—Quédate con nosotros, que está atardeciendo; ya es casi de noche.

Así que entró para quedarse con ellos. **30**Luego, estando con ellos a la mesa, tomó el pan, lo bendijo, lo partió y se lo dio. **31**Entonces se les abrieron los ojos y lo reconocieron, pero él desapareció. **32**Se decían el uno al otro:

—¿No ardía nuestro corazón mientras conversaba con nosotros en el camino y nos explicaba las Escrituras?

33Al instante se pusieron en camino y regresaron a Jerusalén. Allí encontraron a los once y a los que estaban reunidos con ellos. **34**«¡Es cierto! —decían—. El Señor ha resucitado y se le ha aparecido a Simón.»

35Los dos, por su parte, contaron lo que les había sucedido en el camino, y cómo habían reconocido a Jesús cuando partió el pan.

Jesús se aparece a los discípulos

36Todavía estaban ellos hablando acerca de esto, cuando Jesús mismo se puso en medio de ellos y les dijo:

—Paz a ustedes.

37Aterrorizados, creyeron que veían a un espíritu.

38—¿Por qué se asustan tanto? —les preguntó—. ¿Por qué les vienen dudas? **39**Miren mis manos y mis pies. ¡Soy yo mismo! Tóquenme y vean; un espíritu no tiene carne ni huesos, como ven que los tengo yo.

40Dicho esto, les mostró las manos y los pies. **41**Como ellos no acababan de creerlo a causa de la alegría y del asombro, les preguntó:

—¿Tienen aquí algo de comer?

42Le dieron un pedazo de pescado asado, **43**así que lo tomó y se lo comió delante de ellos. Luego les dijo:

44—Cuando todavía estaba yo con ustedes, les decía que tenía que cumplirse todo lo que está escrito acerca de mí en la ley de Moisés, en los profetas y en los salmos.

45Entonces les abrió el entendimiento para que comprendieran las Escrituras.

46—Esto es lo que está escrito —les explicó—: que el *Cristo padecerá y *resucitará al tercer día, **47**y en su nombre se predicarán el *arrepentimiento y el perdón de pecados a todas las *naciones, comenzando por Jerusalén. **48**Ustedes son testigos de estas cosas. **49**Ahora voy a enviarles lo que ha prometido mi Padre; pero ustedes quédense en la ciudad hasta que sean revestidos del poder de lo alto.

La ascensión

50Después los llevó Jesús hasta Betania; allí alzó las manos y los bendijo. **51**Sucedió que, mientras los bendecía, se alejó de ellos y fue llevado al cielo. **52**Ellos, entonces, lo adoraron y luego regresaron a Jerusalén con gran alegría. **53**Y estaban continuamente en el *templo, alabando a Dios.

Evangelio según Juan

El Verbo se hizo hombre

1 En el principio ya existía el
  *Verbo,
  y el Verbo estaba con Dios,
  y el Verbo era Dios.
2 Él estaba con Dios en el principio.
3 Por medio de él todas las cosas
    fueron creadas;
  sin él, nada de lo creado llegó a
    existir.
4 En él estaba la vida,
  y la vida era la luz de la
    *humanidad.
5 Esta luz resplandece en las
    tinieblas,
  y las tinieblas no han podido
    extinguirla.[a]

6 Vino un hombre llamado Juan. Dios lo envió **7** como testigo para dar testimonio de la luz, a fin de que por medio de él todos creyeran. **8** Juan no era la luz, sino que vino para dar testimonio de la luz. **9** Esa luz verdadera, la que alumbra a todo *ser humano, venía a este mundo.[b]

10 El que era la luz ya estaba en el mundo, y el mundo fue creado por medio de él, pero el mundo no lo reconoció. **11** Vino a lo que era suyo, pero los suyos no lo recibieron. **12** Mas a cuantos lo recibieron, a los que creen en su nombre, les dio el derecho de ser hijos de Dios. **13** Éstos no nacen de la sangre, ni por deseos *naturales, ni por voluntad humana, sino que nacen de Dios.

14 Y el Verbo se hizo hombre y habitó[c] entre nosotros. Y hemos contemplado su gloria, la gloria que corresponde al Hijo *unigénito del Padre, lleno de gracia y de verdad.

15 Juan dio testimonio de él, y a voz en cuello proclamó: «Éste es aquel de quien yo decía: "El que viene después de mí es superior a mí, porque existía antes que yo."» **16** De su plenitud todos hemos recibido gracia sobre gracia, **17** pues la ley fue dada por medio de Moisés, mientras que la gracia y la verdad nos han llegado por medio de *Jesucristo. **18** A Dios nadie lo ha visto nunca; el Hijo unigénito, que es Dios[d] y que vive en unión íntima con el Padre, nos lo ha dado a conocer.

Juan el Bautista niega ser el Cristo

19 Éste es el testimonio de Juan cuando los judíos de Jerusalén enviaron sacerdotes y levitas a preguntarle quién era. **20** No se negó a declararlo, sino que confesó con franqueza:

—Yo no soy el *Cristo.

21 —¿Quién eres entonces? —le preguntaron—. ¿Acaso eres Elías?

—No lo soy.

—¿Eres el profeta?

—No lo soy.

22 —¿Entonces quién eres? ¡Tenemos que llevar una respuesta a los que nos enviaron! ¿Cómo te ves a ti mismo?

23 —Yo soy la voz del que grita en el desierto: "Enderecen el camino del Señor"[e] —respondió Juan, con las palabras del profeta Isaías.

24 Algunos que habían sido enviados por los *fariseos **25** lo interrogaron:

—Pues si no eres el Cristo, ni Elías ni el profeta, ¿por qué bautizas?

26 —Yo bautizo con[f] agua, pero entre ustedes hay alguien a quien no conocen, **27** y que viene después de mí, al cual yo no soy digno ni siquiera de desatarle la correa de las sandalias.

---

[a] **1:5** *extinguirla.* Alt. *comprenderla.*   [b] **1:9** *Esa ... mundo.* Alt. *Esa era la luz verdadera que alumbra a todo *ser humano que viene al mundo.*   [c] **1:14** *habitó.* Lit. *puso su carpa.*   [d] **1:18** *el Hijo unigénito, que es Dios.* Lit. *Dios unigénito.* Var. *el Hijo unigénito.*   [e] **1:23** Is 40:3   [f] **1:26** *con.* Alt. *en*; también en vv. 31 y 33.

28Todo esto sucedió en Betania, al otro lado del río Jordán, donde Juan estaba bautizando.

Jesús, el Cordero de Dios

29Al día siguiente Juan vio a Jesús que se acercaba a él, y dijo: «¡Aquí tienen al Cordero de Dios, que quita el pecado del mundo! **30**De éste hablaba yo cuando dije: "Después de mí viene un hombre que es superior a mí, porque existía antes que yo." **31**Yo ni siquiera lo conocía, pero, para que él se revelara al pueblo de Israel, vine bautizando con agua.»

32Juan declaró: «Vi al Espíritu descender del cielo como una paloma y permanecer sobre él. **33**Yo mismo no lo conocía, pero el que me envió a bautizar con agua me dijo: "Aquel sobre quien veas que el Espíritu desciende y permanece, es el que bautiza con el Espíritu Santo." **34**Yo lo he visto y por eso testifico que éste es el Hijo de Dios.»

Los primeros discípulos de Jesús
1:40-42 — Mt 4:18-22; Mr 1:16-20; Lc 5:2-11

35Al día siguiente Juan estaba de nuevo allí, con dos de sus discípulos. **36**Al ver a Jesús que pasaba por ahí, dijo:

—¡Aquí tienen al Cordero de Dios!

37Cuando los dos discípulos le oyeron decir esto, siguieron a Jesús. **38**Jesús se volvió y, al ver que lo seguían, les preguntó:

—¿Qué buscan?

—Rabí, ¿dónde te hospedas? (Rabí significa: Maestro.)

39—Vengan a ver —les contestó Jesús.

Ellos fueron, pues, y vieron dónde se hospedaba, y aquel mismo día se quedaron con él. Eran como las cuatro de la tarde.*g*

40Andrés, hermano de Simón Pedro, era uno de los dos que, al oír a Juan, habían seguido a Jesús. **41**Andrés encontró primero a su hermano Simón, y le dijo:

—Hemos encontrado al Mesías (es decir, el *Cristo).

42Luego lo llevó a Jesús, quien mirándolo fijamente, le dijo:

—Tú eres Simón, hijo de Juan. Serás llamado *Cefas (es decir, Pedro).

Jesús llama a Felipe y a Natanael

43Al día siguiente, Jesús decidió salir hacia Galilea. Se encontró con Felipe, y lo llamó:

—Sígueme.

44Felipe era del pueblo de Betsaida, lo mismo que Andrés y Pedro. **45**Felipe buscó a Natanael y le dijo:

—Hemos encontrado a Jesús de Nazaret, el hijo de José, aquel de quien escribió Moisés en la ley, y de quien escribieron los profetas.

46—¡De Nazaret! —replicó Natanael—. ¿Acaso de allí puede salir algo bueno?

—Ven a ver —le contestó Felipe.

47Cuando Jesús vio que Natanael se le acercaba, comentó:

—Aquí tienen a un verdadero israelita, en quien no hay falsedad.

48—¿De dónde me conoces? —le preguntó Natanael.

—Antes de que Felipe te llamara, cuando aún estabas bajo la higuera, ya te había visto.

49—Rabí, ¡tú eres el Hijo de Dios! ¡Tú eres el Rey de Israel! —declaró Natanael.

50—¿Lo crees porque te dije que te vi cuando estabas debajo de la higuera? ¡Vas a ver aun cosas más grandes que éstas!

Y añadió:

51—Ciertamente les aseguro que ustedes verán abrirse el cielo, y a los ángeles de Dios subir y bajar sobre el Hijo del hombre.

Jesús cambia el agua en vino

2 Al tercer día se celebró una boda en Caná de Galilea, y la madre de Jesús se encontraba allí. **2**También habían sido invitados a la boda Jesús y sus discípulos. **3**Cuando el vino se acabó, la madre de Jesús le dijo:

—Ya no tienen vino.

4—Mujer, ¿eso qué tiene que ver conmigo? —respondió Jesús—. Todavía no ha llegado mi hora.

---

g **1:39** *Eran ... tarde* (si se cuentan las horas a partir de las seis de la mañana, según la hora judía). Lit. *Era como la hora décima*; véase nota en 19:14.

5Su madre dijo a los sirvientes:

—Hagan lo que él les ordene.

6Había allí seis tinajas de piedra, de las que usan los judíos en sus ceremonias de *purificación. En cada una cabían unos cien litros.^h

7Jesús dijo a los sirvientes:

—Llenen de agua las tinajas.

Y los sirvientes las llenaron hasta el borde.

8—Ahora saquen un poco y llévenlo al encargado del banquete —les dijo Jesús.

Así lo hicieron. 9El encargado del banquete probó el agua convertida en vino sin saber de dónde había salido, aunque sí lo sabían los sirvientes que habían sacado el agua. Entonces llamó aparte al novio 10y le dijo:

—Todos sirven primero el mejor vino, y cuando los invitados ya han bebido mucho, entonces sirven el más barato; pero tú has guardado el mejor vino hasta ahora.

11Ésta, la primera de sus señales, la hizo Jesús en Caná de Galilea. Así reveló su gloria, y sus discípulos creyeron en él.

12Después de esto Jesús bajó a Capernaúm con su madre, sus hermanos y sus discípulos, y se quedaron allí unos días.

Jesús purifica el templo

2:14-16 — Mt 21:12-13; Mr 11:15-17; Lc 19:45-46

13Cuando se aproximaba la Pascua de los judíos, subió Jesús a Jerusalén. 14Y en el *temploⁱ halló a los que vendían bueyes, ovejas y palomas, e instalados en sus mesas a los que cambiaban dinero. 15Entonces, haciendo un látigo de cuerdas, echó a todos del templo, juntamente con sus ovejas y sus bueyes; regó por el suelo las monedas de los que cambiaban dinero y derribó sus mesas. 16A los que vendían las palomas les dijo:

—¡Saquen esto de aquí! ¿Cómo se atreven a convertir la casa de mi Padre en un mercado?

17Sus discípulos se acordaron de que está escrito: «El celo por tu casa me con-

sumirá.»^j 18Entonces los judíos reaccionaron, preguntándole:

—¿Qué señal puedes mostrarnos para actuar de esta manera?

19—Destruyan este templo —respondió Jesús—, y lo levantaré de nuevo en tres días.

20—Tardaron cuarenta y seis años en construir este templo, ¿y tú vas a levantarlo en tres días?

21Pero el templo al que se refería era su propio cuerpo. 22Así, pues, cuando se *levantó de entre los muertos, sus discípulos se acordaron de lo que había dicho, y creyeron en la Escritura y en las palabras de Jesús.

23Mientras estaba en Jerusalén, durante la fiesta de la Pascua, muchos creyeron en su nombre al ver las señales que hacía. 24En cambio Jesús no les creía porque los conocía a todos; 25no necesitaba que nadie le informara nada^k acerca de los demás, pues él conocía el interior del *ser humano.

Jesús enseña a Nicodemo

3 Había entre los *fariseos un dirigente de los judíos llamado Nicodemo. 2Éste fue de noche a visitar a Jesús.

—Rabí —le dijo—, sabemos que eres un maestro que ha venido de parte de Dios, porque nadie podría hacer las señales que tú haces si Dios no estuviera con él.

3—De veras te aseguro que quien no nazca de nuevo^l no puede ver el reino de Dios —dijo Jesús.

4—¿Cómo puede uno nacer de nuevo siendo ya viejo? —preguntó Nicodemo—. ¿Acaso puede entrar por segunda vez en el vientre de su madre y volver a nacer?

5—Yo te aseguro que quien no nazca de agua y del Espíritu, no puede entrar en el reino de Dios —respondió Jesús—. 6Lo que nace del cuerpo es cuerpo; lo que nace del Espíritu es espíritu. 7No te sorprendas de que te haya dicho: "Tienen que nacer de nuevo." 8El viento sopla por donde quiere, y lo oyes silbar, aunque ignoras de dónde viene y a dónde va. Lo mismo pasa con todo el que nace del Espíritu.

---

^h**2:6** *unos cien litros*. Lit. *entre dos y tres *metretas*. ⁱ**2:14** Es decir, en el área general del templo; en vv. 19-21 el término griego significa *santuario*. ^j**2:17** Sal 69:9 ^k**2:25** *le informara nada*. Lit. *le diera testimonio*. ^l**3:3** *de nuevo*. Alt. *de arriba*; también en v. 7.

9Nicodemo replicó:

—¿Cómo es posible que esto suceda?

10—Tú eres maestro de Israel, ¿y no entiendes estas cosas? —respondió Jesús—. 11Te digo con seguridad y verdad que hablamos de lo que sabemos y damos testimonio de lo que hemos visto personalmente, pero ustedes no aceptan nuestro testimonio. 12Si les he hablado de las cosas terrenales, y no creen, ¿entonces cómo van a creer si les hablo de las celestiales? 13Nadie ha subido jamás al cielo sino el que descendió del cielo, el Hijo del hombre.*m*

Jesús y el amor del Padre

14»Como levantó Moisés la serpiente en el desierto, así también tiene que ser levantado el Hijo del hombre, 15para que todo el que crea en él tenga vida eterna.*n*

16»Porque tanto amó Dios al mundo, que dio a su Hijo *unigénito, para que todo el que cree en él no se pierda, sino que tenga vida eterna. 17Dios no envió a su Hijo al mundo para condenar al mundo, sino para salvarlo por medio de él. 18El que cree en él no es condenado, pero el que no cree ya está condenado por no haber creído en el nombre del Hijo unigénito de Dios. 19Ésta es la causa de la condenación: que la luz vino al mundo, pero la *humanidad prefirió las tinieblas a la luz, porque sus hechos eran perversos. 20Pues todo el que hace lo malo aborrece la luz, y no se acerca a ella por temor a que sus obras queden al descubierto. 21En cambio, el que practica la verdad se acerca a la luz, para que se vea claramente que ha hecho sus obras en obediencia a Dios.*ñ*

Testimonio de Juan el Bautista acerca de Jesús

22Después de esto Jesús fue con sus discípulos a la región de Judea. Allí pasó algún tiempo con ellos, y bautizaba. 23También Juan estaba bautizando en Enón, cerca de Salín, porque allí había mucha agua. Así que la gente iba para ser bautizada. 24(Esto sucedió antes de que encarcelaran a Juan.) 25Se entabló entonces una discusión entre los discípulos de Juan y un judío*o* en torno a los ritos de *purificación. 26Aquéllos fueron a ver a Juan y le dijeron:

—Rabí, fíjate, el que estaba contigo al otro lado del Jordán, y de quien tú diste testimonio, ahora está bautizando, y todos acuden a él.

27—Nadie puede recibir nada a menos que Dios se lo conceda —les respondió Juan—. 28Ustedes me son testigos de que dije: "Yo no soy el *Cristo, sino que he sido enviado delante de él." 29El que tiene a la novia es el novio. Pero el amigo del novio, que está a su lado y lo escucha, se llena de alegría cuando oye la voz del novio. Ésa es la alegría que me inunda. 30A él le toca crecer, y a mí menguar.

El que viene del cielo

31»El que viene de arriba está por encima de todos; el que es de la tierra, es terrenal y de lo terrenal habla. El que viene del cielo está por encima de todos 32y da testimonio de lo que ha visto y oído, pero nadie recibe su testimonio. 33El que lo recibe certifica que Dios es veraz. 34El enviado de Dios comunica el mensaje divino, pues Dios mismo le da su Espíritu sin restricción. 35El Padre ama al Hijo, y ha puesto todo en sus manos. 36El que cree en el Hijo tiene vida eterna; pero el que rechaza al Hijo no sabrá lo que es esa vida, sino que permanecerá bajo el castigo de Dios.*p*

Jesús y la samaritana

4 Jesús*q* se enteró de que los *fariseos sabían que él estaba haciendo y bautizando más discípulos que Juan 2(aunque en realidad no era Jesús quien bautizaba sino sus discípulos). 3Por eso se fue de Judea y volvió otra vez a Galilea. 4Como tenía que pasar por Samaria, 5llegó a un pueblo samaritano llamado Sicar, cerca del terreno que Jacob le había dado a su

---

m **3:13** *hombre.* Var. *hombre que está en el cielo.* *n* **3:15** *todo ... eterna.* Alt. *todo el que cree tenga vida eterna en él.* *ñ* **3:21** Algunos intérpretes consideran que el discurso de Jesús termina en el v. 15. *o* **3:25** *un judío.* Var. *unos judíos.* *p* **3:36** Algunos intérpretes consideran que los vv. 31-36 son comentario del autor del evangelio. *q* **4:1** *Jesús.* Var. *El Señor.*

hijo José. **6**Allí estaba el pozo de Jacob. Jesús, fatigado del camino, se sentó junto al pozo. Era cerca del mediodía.*r* **7-8**Sus discípulos habían ido al pueblo a comprar comida.

En eso llegó a sacar agua una mujer de Samaria, y Jesús le dijo:

—Dame un poco de agua.

9Pero como los judíos no usan nada en común*s* con los samaritanos, la mujer le respondió:

—¿Cómo se te ocurre pedirme agua, si tú eres judío y yo soy samaritana?

10—Si supieras lo que Dios puede dar, y conocieras al que te está pidiendo agua —contestó Jesús—, tú le habrías pedido a él, y él te habría dado agua que da vida.

11—Señor, ni siquiera tienes con qué sacar agua, y el pozo es muy hondo; ¿de dónde, pues, vas a sacar esa agua que da vida? **12**¿Acaso eres tú superior a nuestro padre Jacob, que nos dejó este pozo, del cual bebieron él, sus hijos y su ganado?

13—Todo el que beba de esta agua volverá a tener sed —respondió Jesús—, **14**pero el que beba del agua que yo le daré, no volverá a tener sed jamás, sino que dentro de él esa agua se convertirá en un manantial del que brotará vida eterna.

15—Señor, dame de esa agua para que no vuelva a tener sed ni siga viniendo aquí a sacarla.

16—Ve a llamar a tu esposo, y vuelve acá —le dijo Jesús.

17—No tengo esposo —respondió la mujer.

—Bien has dicho que no tienes esposo. **18**Es cierto que has tenido cinco, y el que ahora tienes no es tu esposo. En esto has dicho la verdad.

19—Señor, me doy cuenta de que tú eres profeta. **20**Nuestros antepasados adoraron en este monte, pero ustedes los judíos dicen que el lugar donde debemos adorar está en Jerusalén.

21—Créeme, mujer, que se acerca la hora en que ni en este monte ni en Jerusalén adorarán ustedes al Padre. **22**Ahora ustedes adoran lo que no conocen; nosotros adoramos lo que conocemos, porque la salvación proviene de los judíos. **23**Pero se acerca la hora, y ha llegado ya, en que los verdaderos adoradores rendirán culto al Padre en espíritu y en verdad,*t* porque así quiere el Padre que sean los que le adoren. **24**Dios es espíritu, y quienes lo adoran deben hacerlo en espíritu y en verdad.

25—Sé que viene el Mesías, al que llaman el *Cristo —respondió la mujer—. Cuando él venga nos explicará todas las cosas.

26—Ése soy yo, el que habla contigo —le dijo Jesús.

Los discípulos vuelven a reunirse con Jesús

27En esto llegaron sus discípulos y se sorprendieron de verlo hablando con una mujer, aunque ninguno le preguntó: «¿Qué pretendes?» o «¿De qué hablas con ella?»

28La mujer dejó su cántaro, volvió al pueblo y le decía a la gente:

29—Vengan a ver a un hombre que me ha dicho todo lo que he hecho. ¿No será éste el *Cristo?

30Salieron del pueblo y fueron a ver a Jesús. **31**Mientras tanto, sus discípulos le insistían:

—Rabí, come algo.

32—Yo tengo un alimento que ustedes no conocen —replicó él.

33«¿Le habrán traído algo de comer?», comentaban entre sí los discípulos.

34—Mi alimento es hacer la voluntad del que me envió y terminar su obra —les dijo Jesús—. **35**¿No dicen ustedes: "Todavía faltan cuatro meses para la cosecha"? Yo les digo: ¡Abran los ojos y miren los campos sembrados! Ya la cosecha está madura; **36**ya el segador recibe su salario y recoge el fruto para vida eterna. Ahora tanto el sembrador como el segador se alegran juntos. **37**Porque como dice el refrán: "Uno es el que siembra y otro el que cosecha." **38**Yo los he enviado a ustedes a cosechar lo que no les costó ningún trabajo.

r **4:6** *del mediodía.* Lit. *de la hora sexta;* véase nota en 1:39.   *s* **4:9** *no usan nada en común.* Alt. *no se llevan bien.*   *t* **4:23** *en espíritu y en verdad.* Alt. *por el Espíritu y la verdad;* también en v. 24.

Otros se han fatigado trabajando, y ustedes han cosechado el fruto de ese trabajo.

Muchos samaritanos creen en Jesús

39Muchos de los samaritanos que vivían en aquel pueblo creyeron en él por el testimonio que daba la mujer: «Me dijo todo lo que he hecho.» **40**Así que cuando los samaritanos fueron a su encuentro le insistieron en que se quedara con ellos. Jesús permaneció allí dos días, **41**y muchos más llegaron a creer por lo que él mismo decía.

42—Ya no creemos sólo por lo que tú dijiste —le decían a la mujer—; ahora lo hemos oído nosotros mismos, y sabemos que verdaderamente éste es el Salvador del mundo.

Jesús sana al hijo de un funcionario

43Después de esos dos días Jesús salió de allí rumbo a Galilea **44**(pues, como él mismo había dicho, a ningún profeta se le honra en su propia tierra). **45**Cuando llegó a Galilea, fue bien recibido por los galileos, pues éstos habían visto personalmente todo lo que había hecho en Jerusalén durante la fiesta de la Pascua, ya que ellos habían estado también allí.

46Y volvió otra vez Jesús a Caná de Galilea, donde había convertido el agua en vino. Había allí un funcionario real, cuyo hijo estaba enfermo en Capernaúm. **47**Cuando este hombre se enteró de que Jesús había llegado de Judea a Galilea, fue a su encuentro y le suplicó que bajara a sanar a su hijo, pues estaba a punto de morir.

48—Ustedes nunca van a creer si no ven señales y prodigios —le dijo Jesús.

49—Señor —rogó el funcionario—, baja antes de que se muera mi hijo.

50—Vuelve a casa, que tu hijo vive —le dijo Jesús—.

El hombre creyó lo que Jesús le dijo, y se fue. **51**Cuando se dirigía a su casa, sus siervos salieron a su encuentro y le dieron la noticia de que su hijo estaba vivo. **52**Cuando les preguntó a qué hora había comenzado su hijo a sentirse mejor, le contestaron:

—Ayer a la una de la tarde *u* se le quitó la fiebre.

53Entonces el padre se dio cuenta de que precisamente a esa hora Jesús le había dicho: «Tu hijo vive.» Así que creyó él con toda su familia.

54Ésta fue la segunda señal que hizo Jesús después de que volvió de Judea a Galilea.

Jesús sana a un inválido

5 Algún tiempo después, se celebraba una fiesta de los judíos, y subió Jesús a Jerusalén. **2**Había allí, junto a la puerta de las Ovejas, un estanque rodeado de cinco pórticos, cuyo nombre en arameo es Betzatá. *v* **3**En esos pórticos se hallaban tendidos muchos enfermos, ciegos, cojos y paralíticos. *w* **5**Entre ellos se encontraba un hombre inválido que llevaba enfermo treinta y ocho años. **6**Cuando Jesús lo vio allí, tirado en el suelo, y se enteró de que ya tenía mucho tiempo de estar así, le preguntó:

—¿Quieres quedar sano?

7—Señor —respondió—, no tengo a nadie que me meta en el estanque mientras se agita el agua, y cuando trato de hacerlo, otro se mete antes.

8—Levántate, recoge tu camilla y anda —le contestó Jesús.

9Al instante aquel hombre quedó sano, así que tomó su camilla y echó a andar. Pero ese día era *sábado. **10**Por eso los judíos le dijeron al que había sido sanado:

—Hoy es sábado; no te está permitido cargar tu camilla.

11—El que me sanó me dijo: "Recoge tu camilla y anda" —les respondió.

12—¿Quién es ese hombre que te dijo: "Recógela y anda"? —le interpelaron.

13El que había sido sanado no tenía idea de quién era, porque Jesús se había

---

u **4:52** *la una de la tarde.* Lit. *la hora séptima;* véase nota en 1:39.   *v* **5:2** *Betzatá.* Var. *Betesda; otra var. Betsaida.*   *w* **5:3** *paralíticos.* Var. *paralíticos, que esperaban el movimiento del agua.* **4** *De cuando en cuando un ángel del Señor bajaba al estanque y agitaba el agua. El primero que entraba en el estanque después de cada agitación del agua quedaba sano de cualquier enfermedad que tuviera.*

escabullido entre la mucha gente que había en el lugar.

14Después de esto Jesús lo encontró en el *templo y le dijo:

—Mira, ya has quedado sano. No vuelvas a pecar, no sea que te ocurra algo peor.

15El hombre se fue e informó a los judíos que Jesús era quien lo había sanado.

Vida mediante el Hijo

16Precisamente por esto los judíos perseguían a Jesús, pues hacía tales cosas en *sábado. **17**Pero Jesús les respondía:

—Mi Padre aun hoy está trabajando, y yo también trabajo.

18Así que los judíos redoblaban sus esfuerzos para matarlo, pues no sólo quebrantaba el sábado sino que incluso llamaba a Dios su propio Padre, con lo que él mismo se hacía igual a Dios.

19Entonces Jesús afirmó:

—Ciertamente les aseguro que el hijo no puede hacer nada por su propia cuenta, sino solamente lo que ve que su padre hace, porque cualquier cosa que hace el padre, la hace también el hijo. **20**Pues el padre ama al hijo y le muestra todo lo que hace. Sí, y aun cosas más grandes que éstas le mostrará, que los dejará a ustedes asombrados. **21**Porque así como el Padre resucita a los muertos y les da vida, así también el Hijo da vida a quienes a él le place. **22**Además, el Padre no juzga a nadie, sino que todo juicio lo ha delegado en el Hijo, **23**para que todos honren al Hijo como lo honran a él. El que se niega a honrar al Hijo no honra al Padre que lo envió.

24»Ciertamente les aseguro que el que oye mi palabra y cree al que me envió, tiene vida eterna y no será juzgado, sino que ha pasado de la muerte a la vida. **25**Ciertamente les aseguro que ya viene la hora, y ha llegado ya, en que los muertos oirán la voz del Hijo de Dios, y los que la oigan vivirán. **26**Porque así como el Padre tiene vida en sí mismo, así también ha concedido al Hijo el tener vida en sí mismo, **27**y le ha dado autoridad para juzgar, puesto que es el Hijo del hombre.

28»No se asombren de esto, porque viene la hora en que todos los que están en los sepulcros oirán su voz, **29**y saldrán de allí. Los que han hecho el bien resucitarán para tener vida, pero los que han practicado el mal resucitarán para ser juzgados. **30**Yo no puedo hacer nada por mi propia cuenta; juzgo sólo según lo que oigo, y mi juicio es justo, pues no busco hacer mi propia voluntad sino cumplir la voluntad del que me envió.

Los testimonios a favor del Hijo

31»Si yo testifico en mi favor, ese testimonio no es válido. **32**Otro es el que testifica en mi favor, y me consta que es válido el testimonio que él da de mí.

33»Ustedes enviaron a preguntarle a Juan, y él dio un testimonio válido. **34**Y no es que acepte yo el testimonio de un hombre; más bien lo menciono para que ustedes sean salvos. **35**Juan era una lámpara encendida y brillante, y ustedes decidieron disfrutar de su luz por algún tiempo.

36»El testimonio en que yo cuento tiene más peso que el de Juan. Porque esa misma tarea que el Padre me ha encomendado que lleve a cabo, y que estoy haciendo, es la que testifica que el Padre me ha enviado. **37**Y el Padre mismo que me envió ha testificado en mi favor. Ustedes nunca han oído su voz, ni visto su figura, **38**ni vive su palabra en ustedes, porque no creen en aquel a quien él envió. **39**Ustedes estudian[x] con diligencia las Escrituras porque piensan que en ellas hallan la vida eterna. ¡Y son ellas las que dan testimonio en mi favor! **40**Sin embargo, ustedes no quieren venir a mí para tener esa vida.

41»La gloria *humana no la acepto, **42**pero a ustedes los conozco, y sé que no aman realmente a Dios.[y] **43**Yo he venido en nombre de mi Padre, y ustedes no me aceptan; pero si otro viniera por su propia cuenta, a ése sí lo aceptarían. **44**¿Cómo va a ser posible que ustedes crean, si unos a otros se rinden gloria pero no buscan la gloria que viene del Dios único?[z]

45»Pero no piensen que yo voy a acu-

---

[x]**5:39** *Ustedes estudian.* Alt. *Estudien.*　　[y]**5:42** *no aman ... Dios.* Lit. *no tienen el amor de Dios en sí mismos.*
[z]**5:44** *del Dios único.* Var. *del Único.*

sarlos delante del Padre. Quien los va a acusar es Moisés, en quien tienen puesta su esperanza. **46**Si le creyeran a Moisés, me creerían a mí, porque de mí escribió él. **47**Pero si no creen lo que él escribió, ¿cómo van a creer mis palabras?

Jesús alimenta a los cinco mil
6:1-13 — Mt 14:13-21; Mr 6:32-44; Lc 9:10-17

6 Algún tiempo después, Jesús se fue a la otra orilla del mar de Galilea (o de Tiberíades). **2**Y mucha gente lo seguía, porque veían las señales milagrosas que hacía en los enfermos. **3**Entonces subió Jesús a una colina y se sentó con sus discípulos. **4**Faltaba muy poco tiempo para la fiesta judía de la Pascua.

5Cuando Jesús alzó la vista y vio una gran multitud que venía hacia él, le dijo a Felipe:

—¿Dónde vamos a comprar pan para que coma esta gente?

6Esto lo dijo sólo para ponerlo a *prueba, porque él ya sabía lo que iba a hacer.

7—Ni con el salario de ocho meses*a* podríamos comprar suficiente pan para darle un pedazo a cada uno —respondió Felipe.

8Otro de sus discípulos, Andrés, que era hermano de Simón Pedro, le dijo:

9—Aquí hay un muchacho que tiene cinco panes de cebada y dos pescados, pero ¿qué es esto para tanta gente?

10—Hagan que se sienten todos —ordenó Jesús.

En ese lugar había mucha hierba. Así que se sentaron, y los varones adultos eran como cinco mil. **11**Jesús tomó entonces los panes, dio gracias y distribuyó a los que estaban sentados todo lo que quisieron. Lo mismo hizo con los pescados.

12Una vez que quedaron satisfechos, dijo a sus discípulos:

—Recojan los pedazos que sobraron, para que no se desperdicie nada.

13Así lo hicieron, y con los pedazos de los cinco panes de cebada que les sobraron a los que habían comido, llenaron doce canastas.

14Al ver la señal que Jesús había realizado, la gente comenzó a decir: «En verdad éste es el profeta, el que ha de venir al mundo.» **15**Pero Jesús, dándose cuenta de que querían llevárselo a la fuerza y declararlo rey, se retiró de nuevo a la montaña él solo.

Jesús camina sobre el agua
6:16-21 — Mt 14:22-33; Mr 6:47-51

16Cuando ya anochecía, sus discípulos bajaron al lago **17**y subieron a una barca, y comenzaron a cruzar el lago en dirección a Capernaúm. Para entonces ya había oscurecido, y Jesús todavía no se les había unido. **18**Por causa del fuerte viento que soplaba, el lago estaba picado. **19**Habrían remado unos cinco o seis kilómetros*b* cuando vieron que Jesús se acercaba a la barca, caminando sobre el agua, y se asustaron. **20**Pero él les dijo: «No tengan miedo, que soy yo.» **21**Así que se dispusieron a recibirlo a bordo, y en seguida la barca llegó a la orilla adonde se dirigían.

22Al día siguiente, la multitud que se había quedado en el otro lado del lago se dio cuenta de que los discípulos se habían embarcado solos. Allí había estado una sola barca, y Jesús no había entrado en ella con sus discípulos. **23**Sin embargo, algunas barcas de Tiberíades se aproximaron al lugar donde la gente había comido el pan después de haber dado gracias el Señor. **24**En cuanto la multitud se dio cuenta de que ni Jesús ni sus discípulos estaban allí, subieron a las barcas y se fueron a Capernaúm a buscar a Jesús.

Jesús, el pan de vida

25Cuando lo encontraron al otro lado del lago, le preguntaron:

—Rabí, ¿cuándo llegaste acá?

26—Ciertamente les aseguro que ustedes me buscan, no porque han visto señales sino porque comieron pan hasta llenarse. **27**Trabajen, pero no por la comida que es perecedera, sino por la que permanece para vida eterna, la cual les dará el Hijo del hombre. Sobre éste ha

---

*a***6:7** *el salario de ocho meses.* Lit. *doscientos* *denarios.*   *b***6:19** *cinco o seis kilómetros.* Lit. *veinticinco o treinta* *estadios.*

puesto Dios el Padre su sello de aprobación.

28—¿Qué tenemos que hacer para realizar las obras que Dios exige? —le preguntaron.

29—Ésta es la obra de Dios: que crean en aquel a quien él envió —les respondió Jesús.

30—¿Y qué señal harás para que la veamos y te creamos? ¿Qué puedes hacer? —insistieron ellos—. **31**Nuestros antepasados comieron el maná en el desierto, como está escrito: "Pan del cielo les dio a comer."*c*

32—Ciertamente les aseguro que no fue Moisés el que les dio a ustedes el pan del cielo —afirmó Jesús—. El que da el verdadero pan del cielo es mi Padre. **33**El pan de Dios es el que baja del cielo y da vida al mundo.

34—Señor —le pidieron—, danos siempre ese pan.

35—Yo soy el pan de vida —declaró Jesús—. El que a mí viene nunca pasará hambre, y el que en mí cree nunca más volverá a tener sed. **36**Pero como ya les dije, a pesar de que ustedes me han visto, no creen. **37**Todos los que el Padre me da vendrán a mí; y al que a mí viene, no lo rechazo. **38**Porque he bajado del cielo no para hacer mi voluntad sino la del que me envió. **39**Y ésta es la voluntad del que me envió: que yo no pierda nada de lo que él me ha dado, sino que lo resucite en el día final. **40**Porque la voluntad de mi Padre es que todo el que reconozca al Hijo y crea en él, tenga vida eterna, y yo lo resucitaré en el día final.

41Entonces los judíos comenzaron a murmurar contra él, porque dijo: «Yo soy el pan que bajó del cielo.» **42**Y se decían: «¿Acaso no es éste Jesús, el hijo de José? ¿No conocemos a su padre y a su madre? ¿Cómo es que sale diciendo: "Yo bajé del cielo"?»

43—Dejen de murmurar —replicó Jesús—. **44**Nadie puede venir a mí si no lo atrae el Padre que me envió, y yo lo resucitaré en el día final. **45**En los profetas está escrito: "A todos los instruirá Dios."*d*

En efecto, todo el que escucha al Padre y aprende de él, viene a mí. **46**Al Padre nadie lo ha visto, excepto el que viene de Dios; sólo él ha visto al Padre. **47**Ciertamente les aseguro que el que cree tiene vida eterna. **48**Yo soy el pan de vida. **49**Los antepasados de ustedes comieron el maná en el desierto, y sin embargo murieron. **50**Pero éste es el pan que baja del cielo; el que come de él, no muere. **51**Yo soy el pan vivo que bajó del cielo. Si alguno come de este pan, vivirá para siempre. Este pan es mi carne, que daré para que el mundo viva.

52Los judíos comenzaron a disputar acaloradamente entre sí: «¿Cómo puede éste darnos a comer su carne?»

53—Ciertamente les aseguro —afirmó Jesús— que si no comen la carne del Hijo del hombre ni beben su sangre, no tienen realmente vida. **54**El que come*e* mi carne y bebe mi sangre tiene vida eterna, y yo lo resucitaré en el día final. **55**Porque mi carne es verdadera comida y mi sangre es verdadera bebida. **56**El que come mi carne y bebe mi sangre, permanece en mí y yo en él. **57**Así como me envió el Padre viviente, y yo vivo por el Padre, también el que come de mí, vivirá por mí. **58**Éste es el pan que bajó del cielo. Los antepasados de ustedes comieron maná y murieron, pero el que come de este pan vivirá para siempre.

59Todo esto lo dijo Jesús mientras enseñaba en la sinagoga de Capernaúm.

Muchos discípulos abandonan a Jesús

60Al escucharlo, muchos de sus discípulos exclamaron: «Esta enseñanza es muy difícil; ¿quién puede aceptarla?»

61Jesús, muy consciente de que sus discípulos murmuraban por lo que había dicho, les reprochó:

—¿Esto les causa *tropiezo? **62**¿Qué tal si vieran al Hijo del hombre subir adonde antes estaba? **63**El Espíritu da vida; la *carne no vale para nada. Las palabras que les he hablado son espíritu y son vida. **64**Sin embargo, hay algunos de ustedes que no creen.

---

*c***6:31** Éx 16:4; Neh 9:15; Sal 78:24,25   *d***6:45** Is 54:13   *e***6:54** *come.* Lit. *masca,* o *casca.*

Es que Jesús conocía desde el principio quiénes eran los que no creían y quién era el que iba a traicionarlo. Así que añadió:

65—Por esto les dije que nadie puede venir a mí, a menos que se lo haya concedido el Padre.

66Desde entonces muchos de sus discípulos le volvieron la espalda y ya no andaban con él. Así que Jesús les preguntó a los doce:

67—¿También ustedes quieren marcharse?

68—Señor —contestó Simón Pedro—, ¿a quién iremos? Tú tienes palabras de vida eterna. **69**Y nosotros hemos creído, y sabemos que tú eres el Santo de Dios.ᶠ

70—¿No los he escogido yo a ustedes doce? —repuso Jesús—. No obstante, uno de ustedes es un diablo.

71Se refería a Judas, hijo de Simón Iscariote, uno de los doce, que iba a traicionarlo.

Jesús va a la fiesta de los Tabernáculos

7 Algún tiempo después, Jesús andaba por Galilea. No tenía ningún interés en ir a Judea, porque allí los judíos buscaban la oportunidad para matarlo. **2**Faltaba poco tiempo para la fiesta judía de los Tabernáculos,ᵍ **3**así que los hermanos de Jesús le dijeron:

—Deberías salir de aquí e ir a Judea, para que tus discípulos vean las obras que realizas, **4**porque nadie que quiera darse a conocer actúa en secreto. Ya que haces estas cosas, deja que el mundo te conozca.

5Lo cierto es que ni siquiera sus hermanos creían en él. **6**Por eso Jesús les dijo:

—Para ustedes cualquier tiempo es bueno, pero el tiempo mío aún no ha llegado. **7**El mundo no tiene motivos para aborrecerlos; a mí, sin embargo, me aborrece porque yo testifico que sus obras son malas. **8**Suban ustedes a la fiesta. Yo no voy todavíaʰ a esta fiesta porque mi tiempo aún no ha llegado.

9Dicho esto, se quedó en Galilea. **10**Sin embargo, después de que sus hermanos se

fueron a la fiesta, fue también él, no públicamente sino en secreto. **11**Por eso las autoridades judías lo buscaban durante la fiesta, y decían: «¿Dónde se habrá metido?»

12Entre la multitud corrían muchos rumores acerca de él. Unos decían: «Es una buena persona.» Otros alegaban: «No, lo que pasa es que engaña a la gente.» **13**Sin embargo, por temor a los judíos nadie hablaba de él abiertamente.

Jesús enseña en la fiesta

14Jesús esperó hasta la mitad de la fiesta para subir al *templo y comenzar a enseñar. **15**Los judíos se admiraban y decían: «¿De dónde sacó éste tantos conocimientos sin haber estudiado?»

16—Mi enseñanza no es mía —replicó Jesús— sino del que me envió. **17**El que esté dispuesto a hacer la voluntad de Dios reconocerá si mi enseñanza proviene de Dios o si yo hablo por mi propia cuenta. **18**El que habla por cuenta propia busca su vanagloria; en cambio, el que busca glorificar al que lo envió es una persona íntegra y sin doblez. **19**¿No les ha dado Moisés la ley a ustedes? Sin embargo, ninguno de ustedes la cumple. ¿Por qué tratan entonces de matarme?

20—Estás endemoniado —contestó la multitud—. ¿Quién quiere matarte?

21—Hice un milagro y todos ustedes han quedado asombrados. **22**Por eso Moisés les dio la circuncisión, que en realidad no proviene de Moisés sino de los patriarcas, y aun en *sábado la practican. **23**Ahora bien, si para cumplir la ley de Moisés circuncidan a un varón incluso en sábado, ¿por qué se enfurecen conmigo si en sábado lo sano por completo? **24**No juzguen por las apariencias; juzguen con justicia.

¿Es éste el Cristo?

25Algunos de los que vivían en Jerusalén comentaban: «¿No es éste al que quieren matar? **26**Ahí está, hablando abiertamente, y nadie le dice nada. ¿Será que las autoridades se han convencido

---

ᶠ**6:69** *el Santo de Dios.* Var. *el *Cristo, el hijo del Dios viviente.*   ᵍ**7:2** *los Tabernáculos.* Alt. *las *Enramadas.*   ʰ**7:8** Var. no incluye: *todavía.*

de que es el *Cristo? **27**Nosotros sabemos de dónde viene este hombre, pero cuando venga el Cristo nadie sabrá su procedencia.»

28Por eso Jesús, que seguía enseñando en el *templo, exclamó:

—¡Con que ustedes me conocen y saben de dónde vengo! No he venido por mi propia cuenta, sino que me envió uno que es digno de confianza. Ustedes no lo conocen, **29**pero yo sí lo conozco porque vengo de parte suya, y él mismo me ha enviado.

30Entonces quisieron arrestarlo, pero nadie le echó mano porque aún no había llegado su hora. **31**Con todo, muchos de entre la multitud creyeron en él y decían: «Cuando venga el Cristo, ¿acaso va a hacer más señales que este hombre?»

32Los *fariseos oyeron a la multitud que murmuraba estas cosas acerca de él, y junto con los jefes de los sacerdotes mandaron unos guardias del templo para arrestarlo.

33—Voy a estar con ustedes un poco más de tiempo —afirmó Jesús—, y luego volveré al que me envió. **34**Me buscarán, pero no me encontrarán, porque adonde yo esté no podrán ustedes llegar.

35«¿Y éste a dónde piensa irse que no podamos encontrarlo? —comentaban entre sí los judíos—. ¿Será que piensa ir a nuestra gente dispersa entre las naciones,[i] para enseñar a los *griegos? **36**¿Qué quiso decir con eso de que "me buscarán, pero no me encontrarán", y "adonde yo esté no podrán ustedes llegar"?»

Jesús en el último día de la fiesta

37En el último día, el más solemne de la fiesta, Jesús se puso de pie y exclamó:

—¡Si alguno tiene sed, que venga a mí y beba! **38**De aquel que cree en mí, como dice[j] la Escritura, brotarán ríos de agua viva.

39Con esto se refería al Espíritu que habrían de recibir más tarde los que creyeran en él. Hasta ese momento el Espíritu no había sido dado, porque Jesús no había sido glorificado todavía.

40Al oír sus palabras, algunos de entre la multitud decían: «Verdaderamente éste es el profeta.» **41**Otros afirmaban: «¡Es el *Cristo!» Pero otros objetaban: «¿Cómo puede el Cristo venir de Galilea? **42**¿Acaso no dice la Escritura que el Cristo vendrá de la descendencia de David, y de Belén, el pueblo de donde era David?» **43**Por causa de Jesús la gente estaba dividida. **44**Algunos querían arrestarlo, pero nadie le puso las manos encima.

Incredulidad de los dirigentes judíos

45Los guardias del *templo volvieron a los jefes de los sacerdotes y a los *fariseos, quienes los interrogaron:

—¿Se puede saber por qué no lo han traído?

46—¡Nunca nadie ha hablado como ese hombre! —declararon los guardias.

47—¿Así que también ustedes se han dejado engañar? —replicaron los fariseos—. **48**¿Acaso ha creído en él alguno de los gobernantes o de los fariseos? **49**¡No! Pero esta gente, que no sabe nada de la ley, está bajo maldición.

50Nicodemo, que era uno de ellos y que antes había ido a ver a Jesús, les interpeló:

51—¿Acaso nuestra ley condena a un hombre sin antes escucharlo y averiguar lo que hace?

52—¿No eres tú también de Galilea? —protestaron—. Investiga y verás que de Galilea no ha salido ningún profeta.[k]

53Entonces todos se fueron a casa.

La mujer sorprendida en adulterio

8 Pero Jesús se fue al monte de los Olivos. **2**Al amanecer se presentó de nuevo en el *templo. Toda la gente se le acercó, y él se sentó a enseñarles. **3**Los

---

[i] **7:35** *nuestra ... naciones.* Lit. *la diáspora de los griegos.* [j] **7:37-38** *que venga ... como dice.* Alt. *que venga a mí! ¡Y que beba* **38***el que cree en mí! De él, como dice.* [k] **7:52** Los mss. más antiguos y otros testimonios de la antigüedad no incluyen Jn 7:53—8:11. En algunos códices y versiones que contienen el relato de la adúltera, esta sección aparece en diferentes lugares; por ejemplo, después de 7:44, o al final de este evangelio, o después de Lc 21:38.

*maestros de la ley y los *fariseos llevaron entonces a una mujer sorprendida en adulterio, y poniéndola en medio del grupo ⁴le dijeron a Jesús:

—Maestro, a esta mujer se le ha sorprendido en el acto mismo de adulterio. ⁵En la ley Moisés nos ordenó apedrear a tales mujeres. ¿Tú qué dices?

⁶Con esta pregunta le estaban tendiendo una *trampa, para tener de qué acusarlo. Pero Jesús se inclinó y con el dedo comenzó a escribir en el suelo. ⁷Y como ellos lo acosaban a preguntas, Jesús se incorporó y les dijo:

—Aquel de ustedes que esté libre de pecado, que tire la primera piedra.

⁸E inclinándose de nuevo, siguió escribiendo en el suelo. ⁹Al oír esto, se fueron retirando uno tras otro, comenzando por los más viejos, hasta dejar a Jesús solo con la mujer, que aún seguía allí. ¹⁰Entonces él se incorporó y le preguntó:

—Mujer, ¿dónde están?[l] ¿Ya nadie te condena?

¹¹—Nadie, Señor.

—Tampoco yo te condeno. Ahora vete, y no vuelvas a pecar.

Validez del testimonio de Jesús

¹²Una vez más Jesús se dirigió a la gente, y les dijo:

—Yo soy la luz del mundo. El que me sigue no andará en tinieblas, sino que tendrá la luz de la vida.

¹³—Tú te presentas como tu propio testigo —alegaron los *fariseos—, así que tu testimonio no es válido.

¹⁴—Aunque yo sea mi propio testigo —repuso Jesús—, mi testimonio es válido, porque sé de dónde he venido y a dónde voy. Pero ustedes no saben de dónde vengo ni a dónde voy. ¹⁵Ustedes juzgan según criterios *humanos; yo, en cambio, no juzgo a nadie. ¹⁶Y si lo hago, mis juicios son válidos porque no los emito por mi

cuenta sino en unión con el Padre que me envió. ¹⁷En la ley de ustedes está escrito que el testimonio de dos personas es válido. ¹⁸Uno de mis testigos soy yo mismo, y el Padre que me envió también da testimonio de mí.

¹⁹—¿Dónde está tu padre?

—Si supieran quién soy yo, sabrían también quién es mi Padre.

²⁰Estas palabras las dijo Jesús en el lugar donde se depositaban las ofrendas, mientras enseñaba en el *templo. Pero nadie le echó mano porque aún no había llegado su tiempo.

Yo no soy de este mundo

²¹De nuevo Jesús les dijo:

—Yo me voy, y ustedes me buscarán, pero en su pecado morirán. Adonde yo voy, ustedes no pueden ir.

²²Comentaban, por tanto, los judíos: «¿Acaso piensa suicidarse? ¿Será por eso que dice: "Adonde yo voy, ustedes no pueden ir"?»

²³—Ustedes son de aquí abajo —continuó Jesús—; yo soy de allá arriba. Ustedes son de este mundo; yo no soy de este mundo. ²⁴Por eso les he dicho que morirán en sus pecados, pues si no creen que yo soy el que afirmo ser,[m] en sus pecados morirán.

²⁵—¿Quién eres tú? —le preguntaron.

—En primer lugar, ¿qué tengo que explicarles?[n] —contestó Jesús—. ²⁶Son muchas las cosas que tengo que decir y juzgar de ustedes. Pero el que me envió es veraz, y lo que le he oído decir es lo mismo que le repito al mundo.

²⁷Ellos no entendieron que les hablaba de su Padre. ²⁸Por eso Jesús añadió:

—Cuando hayan levantado al Hijo del hombre, sabrán ustedes que yo soy, y que no hago nada por mi propia cuenta, sino que hablo conforme a lo que el Padre me ha enseñado. ²⁹El que me envió está conmigo; no me ha dejado solo, porque siempre hago lo que le agrada.

³⁰Mientras aún hablaba, muchos creyeron en él.

---

[l]**8:10** *¿dónde están?* Var. *¿dónde están los que te acusaban?* [m]**8:24** *el que afirmo ser.* Alt. *aquél;* también en v. 28. [n]**8:25** *En primer ... explicarles?* Alt. *Lo que desde el principio he venido diciéndoles.*

Los hijos de Abraham

31Jesús se dirigió entonces a los judíos que habían creído en él, y les dijo:

—Si se mantienen fieles a mis enseñanzas, serán realmente mis discípulos; **32**y conocerán la verdad, y la verdad los hará libres.

33—Nosotros somos descendientes de Abraham —le contestaron—, y nunca hemos sido esclavos de nadie. ¿Cómo puedes decir que seremos liberados?

34—Ciertamente les aseguro que todo el que peca es esclavo del pecado —respondió Jesús—. **35**Ahora bien, el esclavo no se queda para siempre en la familia; pero el hijo sí se queda en ella para siempre. **36**Así que si el Hijo los libera, serán ustedes verdaderamente libres. **37**Yo sé que ustedes son descendientes de Abraham. Sin embargo, procuran matarme porque no está en sus planes aceptar mi palabra. **38**Yo hablo de lo que he visto en presencia del Padre; así también ustedes, hagan lo que del Padre han escuchado.

39—Nuestro padre es Abraham —replicaron.

—Si fueran hijos de Abraham, harían lo mismo que él hizo. **40**Ustedes, en cambio, quieren matarme, ¡a mí, que les he expuesto la verdad que he recibido de parte de Dios! Abraham jamás haría tal cosa. **41**Las obras de ustedes son como las de su padre.

—Nosotros no somos hijos nacidos de prostitución —le reclamaron—. Un solo Padre tenemos, y es Dios mismo.

Los hijos del diablo

42—Si Dios fuera su Padre —les contestó Jesús—, ustedes me amarían, porque yo he venido de Dios y aquí me tienen. No he venido por mi propia cuenta, sino que él me envió. **43**¿Por qué no entienden mi modo de hablar? Porque no pueden aceptar mi palabra. **44**Ustedes son de su padre, el diablo, cuyos deseos quieren cumplir. Desde el principio éste ha sido un asesino, y no se mantiene en la verdad, porque no hay verdad en él. Cuando miente, expresa su propia naturaleza, porque es un mentiroso. ¡Es el padre de la mentira! **45**Y sin embargo a mí, que les digo la verdad, no me creen. **46**¿Quién de ustedes me puede probar que soy culpable de pecado? Si digo la verdad, ¿por qué no me creen? **47**El que es de Dios escucha lo que Dios dice. Pero ustedes no escuchan, porque no son de Dios.

Declaración de Jesús acerca de sí mismo

48—¿No tenemos razón al decir que eres un samaritano, y que estás endemoniado? —replicaron los judíos.

49—No estoy poseído por ningún demonio —contestó Jesús—. Tan sólo honro a mi Padre; pero ustedes me deshonran a mí. **50**Yo no busco mi propia gloria; pero hay uno que la busca, y él es el juez. **51**Ciertamente les aseguro que el que cumple mi palabra, nunca morirá.

52—¡Ahora estamos convencidos de que estás endemoniado! —exclamaron los judíos—. Abraham murió, y también los profetas, pero tú sales diciendo que si alguno guarda tu palabra, nunca morirá. **53**¿Acaso eres tú mayor que nuestro padre Abraham? Él murió, y también murieron los profetas. ¿Quién te crees tú?

54—Si yo me glorifico a mí mismo —les respondió Jesús—, mi gloria no significa nada. Pero quien me glorifica es mi Padre, el que ustedes dicen que es su Dios, **55**aunque no lo conocen. Yo, en cambio, sí lo conozco. Si dijera que no lo conozco, sería tan mentiroso como ustedes; pero lo conozco y cumplo su palabra. **56**Abraham, el padre de ustedes, se regocijó al pensar que vería mi día; y lo vio y se alegró.

57—Ni a los cincuenta años llegas —le dijeron los judíos—, ¿y has visto a Abraham?

58—Ciertamente les aseguro que, antes de que Abraham naciera, ¡yo soy!

59Entonces los judíos tomaron piedras para arrojárselas, pero Jesús se escondió y salió inadvertido del templo. [ñ]

[ñ]**8:59** *templo.* Var. *templo atravesando por en medio de ellos, y así se fue.*

Jesús sana a un ciego de nacimiento

9 A su paso, Jesús vio a un hombre que era ciego de nacimiento. **2**Y sus discípulos le preguntaron:

—Rabí, para que este hombre haya nacido ciego, ¿quién pecó, él o sus padres?

3—Ni él pecó, ni sus padres —respondió Jesús—, sino que esto sucedió para que la obra de Dios se hiciera evidente en su vida. **4**Mientras sea de día, tenemos que llevar a cabo la obra del que me envió. Viene la noche cuando nadie puede trabajar. **5**Mientras esté yo en el mundo, luz soy del mundo.

6Dicho esto, escupió en el suelo, hizo barro con la saliva y se lo untó en los ojos al ciego, diciéndole:

7—Ve y lávate en el estanque de Siloé (que significa: Enviado).

El ciego fue y se lavó, y al volver ya veía.

8Sus vecinos y los que lo habían visto pedir limosna decían: «¿No es éste el que se sienta a mendigar?» **9**Unos aseguraban: «Sí, es él.» Otros decían: «No es él, sino que se le parece.» Pero él insistía: «Soy yo.»

10—¿Cómo entonces se te han abierto los ojos? —le preguntaron.

11—Ese hombre que se llama Jesús hizo un poco de barro, me lo untó en los ojos y me dijo: "Ve y lávate en Siloé." Así que fui, me lavé, y entonces pude ver.

12—¿Y dónde está ese hombre? —le preguntaron.

—No lo sé —respondió.

Las autoridades investigan la sanidad del ciego

13Llevaron ante los *fariseos al que había sido ciego. **14**Era *sábado cuando Jesús hizo el barro y le abrió los ojos al ciego. **15**Por eso los fariseos, a su vez, le preguntaron cómo había recibido la vista.

—Me untó barro en los ojos, me lavé, y ahora veo —respondió.

16Algunos de los fariseos comentaban: «Ese hombre no viene de parte de Dios,

porque no respeta el sábado.» Otros objetaban: «¿Cómo puede un pecador hacer semejantes señales?» Y había desacuerdo entre ellos.

17Por eso interrogaron de nuevo al ciego:

—¿Y qué opinas tú de él? Fue a ti a quien te abrió los ojos.

—Yo digo que es profeta —contestó.

18Pero los judíos no creían que el hombre hubiera sido ciego y que ahora viera, y hasta llamaron a sus padres **19**y les preguntaron:

—¿Es éste su hijo, el que dicen ustedes que nació ciego? ¿Cómo es que ahora puede ver?

20—Sabemos que éste es nuestro hijo —contestaron los padres—, y sabemos también que nació ciego. **21**Lo que no sabemos es cómo ahora puede ver, ni quién le abrió los ojos. Pregúntenselo a él, que ya es mayor de edad y puede responder por sí mismo.

22Sus padres contestaron así por miedo a los judíos, pues ya éstos habían convenido que se expulsara de la sinagoga a todo el que reconociera que Jesús era el *Cristo. **23**Por eso dijeron sus padres: «Pregúntenselo a él, que ya es mayor de edad.»

24Por segunda vez llamaron los judíos al que había sido ciego, y le dijeron:

—Júralo por Dios.*o* A nosotros nos consta que ese hombre es *pecador.

25—Si es pecador, no lo sé —respondió el hombre—. Lo único que sé es que yo era ciego y ahora veo.

26Pero ellos le insistieron:

—¿Qué te hizo? ¿Cómo te abrió los ojos?

27—Ya les dije y no me hicieron caso. ¿Por qué quieren oírlo de nuevo? ¿Es que también ustedes quieren hacerse sus discípulos?

28Entonces lo insultaron y le dijeron:

—¡Discípulo de ése lo serás tú! ¡Nosotros somos discípulos de Moisés! **29**Y sabemos que a Moisés le habló Dios; pero de éste no sabemos ni de dónde salió.

---

*o***9:24** *Júralo por Dios.* Lit. *Da gloria a Dios;* véase Jos 7:19.

³⁰—¡Allí está lo sorprendente! —respondió el hombre—: que ustedes no sepan de dónde salió, y que a mí me haya abierto los ojos. ³¹Sabemos que Dios no escucha a los pecadores, pero sí a los piadosos y a quienes hacen su voluntad. ³²Jamás se ha sabido que alguien le haya abierto los ojos a uno que nació ciego. ³³Si este hombre no viniera de parte de Dios, no podría hacer nada.

³⁴Ellos replicaron:

—Tú, que naciste sumido en pecado, ¿vas a darnos lecciones?

Y lo expulsaron.

La ceguera espiritual

³⁵Jesús se enteró de que habían expulsado a aquel hombre, y al encontrarlo le preguntó:

—¿Crees en el Hijo del hombre?

³⁶—¿Quién es, Señor? Dímelo, para que crea en él.

³⁷—Pues ya lo has visto —le contestó Jesús—; es el que está hablando contigo.

³⁸—Creo, Señor —declaró el hombre.

Y, postrándose, lo adoró.

³⁹Entonces Jesús dijo:

—Yo he venido a este mundo para juzgarlo, para que los ciegos vean, y los que ven se queden ciegos.

⁴⁰Algunos fariseos que estaban con él, al oírlo hablar así, le preguntaron:

—¿Qué? ¿Acaso también nosotros somos ciegos?

⁴¹Jesús les contestó:

—Si fueran ciegos, no serían culpables de pecado, pero como afirman que ven, su pecado permanece.

Jesús, el buen pastor

10 »Ciertamente les aseguro que el que no entra por la puerta al redil de las ovejas, sino que trepa y se mete por otro lado, es un ladrón y un bandido. ²El que entra por la puerta es el pastor de las ovejas. ³El portero le abre la puerta, y las ovejas oyen su voz. Llama por nombre a las ovejas y las saca del redil. ⁴Cuando ya ha sacado a todas las que son suyas, va delante de ellas, y las ovejas lo siguen porque reconocen su voz. ⁵Pero a un desconocido jamás lo siguen; más bien, huyen de él porque no reconocen voces extrañas.

⁶Jesús les puso este ejemplo, pero ellos no captaron el sentido de sus palabras. ⁷Por eso volvió a decirles: «Ciertamente les aseguro que yo soy la puerta de las ovejas. ⁸Todos los que vinieron antes de mí eran unos ladrones y unos bandidos, pero las ovejas no les hicieron caso. ⁹Yo soy la puerta; el que entre por esta puerta, que soy yo, será salvo.ᵖ Se moverá con entera libertad,�q y hallará pastos. ¹⁰El ladrón no viene más que a robar, matar y destruir; yo he venido para que tengan vida, y la tengan en abundancia.

¹¹»Yo soy el buen pastor. El buen pastor da su *vida por las ovejas. ¹²El asalariado no es el pastor, y a él no le pertenecen las ovejas. Cuando ve que el lobo se acerca, abandona las ovejas y huye; entonces el lobo ataca al rebaño y lo dispersa. ¹³Y ese hombre huye porque, siendo asalariado, no le importan las ovejas.

¹⁴»Yo soy el buen pastor; conozco a mis ovejas, y ellas me conocen a mí, ¹⁵así como el Padre me conoce a mí y yo lo conozco a él, y doy mi vida por las ovejas. ¹⁶Tengo otras ovejas que no son de este redil, y también a ellas debo traerlas. Así ellas escucharán mi voz, y habrá un solo rebaño y un solo pastor. ¹⁷Por eso me ama el Padre: porque entrego mi vida para volver a recibirla. ¹⁸Nadie me la arrebata, sino que yo la entrego por mi propia voluntad. Tengo autoridad para entregarla, y tengo también autoridad para volver a recibirla. Éste es el mandamiento que recibí de mi Padre.»

¹⁹De nuevo las palabras de Jesús fueron motivo de disensión entre los judíos. ²⁰Muchos de ellos decían: «Está endemoniado y loco de remate. ¿Para qué hacerle caso?» ²¹Pero otros opinaban: «Estas palabras no son de un endemoniado. ¿Puede acaso un demonio abrirles los ojos a los ciegos?»

ᵖ **10:9** *será salvo.* Alt. *se mantendrá seguro.*   �q **10:9** *Se moverá ... libertad.* Lit. *Entrará y saldrá.*

Jesús y la fiesta de la Dedicación

22Por esos días se celebraba en Jerusalén la fiesta de la Dedicación.*r* Era invierno, **23**y Jesús andaba en el *templo, por el pórtico de Salomón. **24**Entonces lo rodearon los judíos y le preguntaron:

—¿Hasta cuándo vas a tenernos en suspenso? Si tú eres el *Cristo, dínoslo con franqueza.

25—Ya se lo he dicho a ustedes, y no lo creen. Las obras que hago en nombre de mi Padre son las que me acreditan, **26**pero ustedes no creen porque no son de mi rebaño. **27**Mis ovejas oyen mi voz; yo las conozco y ellas me siguen. **28**Yo les doy vida eterna, y nunca perecerán, ni nadie podrá arrebatármelas de la mano. **29**Mi Padre, que me las ha dado, es más grande que todos;*s* y de la mano del Padre nadie las puede arrebatar. **30**El Padre y yo somos uno.

31Una vez más los judíos tomaron piedras para arrojárselas, **32**pero Jesús les dijo:

—Yo les he mostrado muchas obras irreprochables que proceden del Padre. ¿Por cuál de ellas me quieren apedrear?

33—No te apedreamos por ninguna de ellas sino por *blasfemia; porque tú, siendo hombre, te haces pasar por Dios.

34—¿Y acaso —respondió Jesús— no está escrito en su ley: "Yo he dicho que ustedes son dioses"?*t* **35**Si Dios llamó "dioses" a aquellos para quienes vino la palabra (y la Escritura no puede ser quebrantada), **36**¿por qué acusan de blasfemia a quien el Padre apartó para sí y envió al mundo? ¿Tan sólo porque dijo: "Yo soy el Hijo de Dios"? **37**Si no hago las obras de mi Padre, no me crean. **38**Pero si las hago, aunque no me crean a mí, crean a mis obras, para que sepan y entiendan que el Padre está en mí, y que yo estoy en el Padre.

39Nuevamente intentaron arrestarlo, pero él se les escapó de las manos.

40Volvió Jesús al otro lado del Jordán, al lugar donde Juan había estado bautizando antes; y allí se quedó. **41**Mucha gente acudía a él, y decía: «Aunque Juan nunca hizo ninguna señal milagrosa, todo lo que dijo acerca de este hombre era verdad.» **42**Y muchos en aquel lugar creyeron en Jesús.

Muerte de Lázaro

11 Había un hombre enfermo llamado Lázaro, que era de Betania, el pueblo de María y Marta, sus hermanas. **2**María era la misma que ungió con perfume al Señor, y le secó los pies con sus cabellos. **3**Las dos hermanas mandaron a decirle a Jesús: «Señor, tu amigo querido está enfermo.»

4Cuando Jesús oyó esto, dijo: «Esta enfermedad no terminará en muerte, sino que es para la gloria de Dios, para que por ella el Hijo de Dios sea glorificado.»

5Jesús amaba a Marta, a su hermana y a Lázaro. **6**A pesar de eso, cuando oyó que Lázaro estaba enfermo, se quedó dos días más donde se encontraba. **7**Después dijo a sus discípulos:

—Volvamos a Judea.

8—Rabí —objetaron ellos—, hace muy poco los judíos intentaron apedrearte, ¿y todavía quieres volver allá?

9—¿Acaso el día no tiene doce horas? —respondió Jesús—. El que anda de día no tropieza, porque tiene la luz de este mundo. **10**Pero el que anda de noche sí tropieza, porque no tiene luz.

11Dicho esto, añadió:

—Nuestro amigo Lázaro duerme, pero voy a despertarlo.

12—Señor —respondieron sus discípulos—, si duerme, es que va a recuperarse.

13Jesús les hablaba de la muerte de Lázaro, pero sus discípulos pensaron que se refería al sueño natural. **14**Por eso les dijo claramente:

—Lázaro ha muerto, **15**y por causa de ustedes me alegro de no haber estado allí, para que crean. Pero vamos a verlo.

16Entonces Tomás, apodado el Gemelo,*u* dijo a los otros discípulos:

—Vayamos también nosotros, para morir con él.

---

*r***10:22** Es decir, Hanukkah. *s***10:29** *Mi Padre ... todos.* Var. *Lo que mi Padre me ha dado es más grande que todo.* *t***10:34** Sal 82:6 *u***11:16** *apodado el Gemelo.* Lit. *llamado Dídimos.*

Jesús consuela a las hermanas de Lázaro

17A su llegada, Jesús se encontró con que Lázaro llevaba ya cuatro días en el sepulcro. **18**Betania estaba cerca de Jerusalén, como a tres kilómetros ^v de distancia, **19**y muchos judíos habían ido a casa de Marta y de María, a darles el pésame por la muerte de su hermano. **20**Cuando Marta supo que Jesús llegaba, fue a su encuentro; pero María se quedó en la casa.

21—Señor —le dijo Marta a Jesús—, si hubieras estado aquí, mi hermano no habría muerto. **22**Pero yo sé que aun ahora Dios te dará todo lo que le pidas.

23—Tu hermano resucitará —le dijo Jesús.

24—Yo sé que resucitará en la resurrección, en el día final —respondió Marta.

25Entonces Jesús le dijo:

—Yo soy la resurrección y la vida. El que cree en mí vivirá, aunque muera; **26**y todo el que vive y cree en mí no morirá jamás. ¿Crees esto?

27—Sí, Señor; yo creo que tú eres el *Cristo, el Hijo de Dios, el que había de venir al mundo.

28Dicho esto, Marta regresó a la casa y, llamando a su hermana María, le dijo en privado:

—El Maestro está aquí y te llama.

29Cuando María oyó esto, se levantó rápidamente y fue a su encuentro. **30**Jesús aún no había entrado en el pueblo, sino que todavía estaba en el lugar donde Marta se había encontrado con él. **31**Los judíos que habían estado con María en la casa, dándole el pésame, al ver que se había levantado y había salido de prisa, la siguieron, pensando que iba al sepulcro a llorar.

32Cuando María llegó adonde estaba Jesús y lo vio, se arrojó a sus pies y le dijo:

—Señor, si hubieras estado aquí, mi hermano no habría muerto.

33Al ver llorar a María y a los judíos que la habían acompañado, Jesús se turbó y se conmovió profundamente.

34—¿Dónde lo han puesto? —preguntó.

—Ven a verlo, Señor —le respondieron.

35Jesús lloró.

36—¡Miren cuánto lo quería! —dijeron los judíos.

37Pero algunos de ellos comentaban:

—Éste, que le abrió los ojos al ciego, ¿no podría haber impedido que Lázaro muriera?

Jesús resucita a Lázaro

38Conmovido una vez más, Jesús se acercó al sepulcro. Era una cueva cuya entrada estaba tapada con una piedra.

39—Quiten la piedra —ordenó Jesús.

Marta, la hermana del difunto, objetó:

—Señor, ya debe oler mal, pues lleva cuatro días allí.

40—¿No te dije que si crees verás la gloria de Dios? —le contestó Jesús.

41Entonces quitaron la piedra. Jesús, alzando la vista, dijo:

—Padre, te doy gracias porque me has escuchado. **42**Ya sabía yo que siempre me escuchas, pero lo dije por la gente que está aquí presente, para que crean que tú me enviaste.

43Dicho esto, gritó con todas sus fuerzas:

—¡Lázaro, sal fuera!

44El muerto salió, con vendas en las manos y en los pies, y el rostro cubierto con un sudario.

—Quítenle las vendas y dejen que se vaya —les dijo Jesús.

La conspiración para matar a Jesús

45Muchos de los judíos que habían ido a ver a María y que habían presenciado lo hecho por Jesús, creyeron en él. **46**Pero algunos de ellos fueron a ver a los *fariseos y les contaron lo que Jesús había hecho. **47**Entonces los jefes de los sacerdotes y los fariseos convocaron a una reunión del *Consejo.

—¿Qué vamos a hacer? —dijeron—. Este hombre está haciendo muchas señales milagrosas. **48**Si lo dejamos seguir así,

---

^v**11:18** *tres kilómetros.* Lit. *quince *estadios.*

todos van a creer en él, y vendrán los romanos y acabarán con nuestro lugar sagrado, e incluso con nuestra nación.

49Uno de ellos, llamado Caifás, que ese año era el sumo sacerdote, les dijo:

—¡Ustedes no saben nada en absoluto! **50**No entienden que les conviene más que muera un solo hombre por el pueblo, y no que perezca toda la nación.

51Pero esto no lo dijo por su propia cuenta sino que, como era sumo sacerdote ese año, profetizó que Jesús moriría por la nación judía, **52**y no sólo por esa nación sino también por los hijos de Dios que estaban dispersos, para congregarlos y unificarlos. **53**Así que desde ese día convinieron en quitarle la vida.

54Por eso Jesús ya no andaba en público entre los judíos. Se retiró más bien a una región cercana al desierto, a un pueblo llamado Efraín, donde se quedó con sus discípulos.

55Faltaba poco para la Pascua judía, así que muchos subieron del campo a Jerusalén para su *purificación ceremonial antes de la Pascua. **56**Andaban buscando a Jesús, y mientras estaban en el *templo comentaban entre sí: «¿Qué les parece? ¿Acaso no vendrá a la fiesta?» **57**Por su parte, los jefes de los sacerdotes y los fariseos habían dado la orden de que si alguien llegaba a saber dónde estaba Jesús, debía denunciarlo para que lo arrestaran.

María unge a Jesús en Betania

12 Seis días antes de la Pascua llegó Jesús a Betania, donde vivía Lázaro, a quien Jesús había *resucitado. **2**Allí se dio una cena en honor de Jesús. Marta servía, y Lázaro era uno de los que estaban a la mesa con él. **3**María tomó entonces como medio litro de nardo puro, que era un perfume muy caro, y lo derramó sobre los pies de Jesús, secándoselos luego con sus cabellos. Y la casa se llenó de la fragancia del perfume.

4Judas Iscariote, que era uno de sus discípulos y que más tarde lo traicionaría, objetó:

5—¿Por qué no se vendió este perfume, que vale muchísimo dinero,*w* para dárselo a los pobres?

6Dijo esto, no porque se interesara por los pobres sino porque era un ladrón y, como tenía a su cargo la bolsa del dinero, acostumbraba robarse lo que echaban en ella.

7—Déjala en paz —respondió Jesús—. Ella ha estado guardando este perfume para el día de mi sepultura.*x* **8**A los pobres siempre los tendrán con ustedes, pero a mí no siempre me tendrán.

9Mientras tanto, muchos de los judíos se enteraron de que Jesús estaba allí, y fueron a ver no sólo a Jesús sino también a Lázaro, a quien Jesús había resucitado. **10**Entonces los jefes de los sacerdotes resolvieron matar también a Lázaro, **11**pues por su causa muchos se apartaban de los judíos y creían en Jesús.

La entrada triunfal

12:12-15 — Mt 21:4-9; Mr 11:7-10; Lc 19:35-38

12Al día siguiente muchos de los que habían ido a la fiesta se enteraron de que Jesús se dirigía a Jerusalén; **13**tomaron ramas de palma y salieron a recibirlo, gritando a voz en cuello:

—¡Hosanna!

—¡Bendito el que viene en el nombre del Señor!*y*

—¡Bendito el Rey de Israel!

14Jesús encontró un burrito y se montó en él, como dice la Escritura:

15«No temas, oh hija de Sión;
    mira, que aquí viene tu rey,
    montado sobre un burrito.»*z*

16Al principio, sus discípulos no entendieron lo que sucedía. Sólo después de que Jesús fue glorificado se dieron cuenta de que se había cumplido en él lo que de él ya estaba escrito.

---

*w***12:5** *perfume ... dinero.* Lit. *perfume por trescientos *denarios.* *x***12:7** *Jesús—. Ella ... sepultura.* Var. *Jesús— para que guarde [es decir, se acuerde de] esto el día de mi sepultura.* *y***12:13** Sal 118:25,26 *z***12:15** Zac 9:9

17La gente que había estado con Jesús cuando él llamó a Lázaro del sepulcro y lo resucitó de entre los muertos, seguía difundiendo la noticia. **18**Muchos que se habían enterado de la señal realizada por Jesús salían a su encuentro. **19**Por eso los *fariseos comentaban entre sí: «Como pueden ver, así no vamos a lograr nada. ¡Miren cómo lo sigue todo el mundo!»

Jesús predice su muerte

20Entre los que habían subido a adorar en la fiesta había algunos *griegos. **21**Éstos se acercaron a Felipe, que era de Betsaida de Galilea, y le pidieron:

—Señor, queremos ver a Jesús.

22Felipe fue a decírselo a Andrés, y ambos fueron a decírselo a Jesús.

23—Ha llegado la hora de que el Hijo del hombre sea glorificado —les contestó Jesús—. **24**Ciertamente les aseguro que si el grano de trigo no cae en tierra y muere, se queda solo. Pero si muere, produce mucho fruto. **25**El que se apega a su *vida la pierde; en cambio, el que aborrece su vida en este mundo, la conserva para la vida eterna. **26**Quien quiera servirme, debe seguirme; y donde yo esté, allí también estará mi siervo. A quien me sirva, mi Padre lo honrará.

27»Ahora todo mi ser está angustiado, ¿y acaso voy a decir: "Padre, sálvame de esta hora difícil"? ¡Si precisamente para afrontarla he venido! **28**¡Padre, glorifica tu nombre!

Se oyó entonces, desde el cielo, una voz que decía: «Ya lo he glorificado, y volveré a glorificarlo.» **29**La multitud que estaba allí, y que oyó la voz, decía que había sido un trueno; otros decían que un ángel le había hablado.

30—Esa voz no vino por mí sino por ustedes —dijo Jesús—. **31**El juicio de este mundo ha llegado ya, y el príncipe de este mundo va a ser expulsado. **32**Pero yo, cuando sea levantado de la tierra, atraeré a todos a mí mismo.

33Con esto daba Jesús a entender de qué manera iba a morir.

34—De la ley hemos sabido —le respondió la gente— que el *Cristo permanecerá para siempre; ¿cómo, pues, dices que el Hijo del hombre tiene que ser levantado? ¿Quién es ese Hijo del hombre?

35—Ustedes van a tener la luz sólo un poco más de tiempo —les dijo Jesús—. Caminen mientras tienen la luz, antes de que los envuelvan las tinieblas. El que camina en las tinieblas no sabe a dónde va. **36**Mientras tienen la luz, crean en ella, para que sean hijos de la luz.

Cuando terminó de hablar, Jesús se fue y se escondió de ellos.

Los judíos siguen en su incredulidad

37A pesar de haber hecho Jesús todas estas señales en presencia de ellos, todavía no creían en él. **38**Así se cumplió lo dicho por el profeta Isaías:

«Señor, ¿quién ha creído a nuestro
	mensaje,
	y a quién se le ha revelado el
	poder del Señor?»[a]

39Por eso no podían creer, pues también había dicho Isaías:

40«Les ha cegado los ojos
	y endurecido el corazón,
	para que no vean con los ojos,
	ni entiendan con el corazón
	ni se conviertan; y yo los sane.»[b]

41Esto lo dijo Isaías porque vio la gloria de Jesús y habló de él.

42Sin embargo, muchos de ellos, incluso de entre los jefes, creyeron en él, pero no lo confesaban porque temían que los *fariseos los expulsaran de la sinagoga. **43**Preferían recibir honores de los hombres más que de parte de Dios.

44«El que cree en mí —clamó Jesús con voz fuerte—, cree no sólo en mí sino en el que me envió. **45**Y el que me ve a mí, ve al que me envió. **46**Yo soy la luz que he venido al mundo, para que todo el que crea en mí no viva en tinieblas.

47»Si alguno escucha mis palabras, pero no las obedece, no seré yo quien lo juzgue; pues no vine a juzgar al mundo sino a salvarlo. 48El que me rechaza y no acepta mis palabras tiene quien lo juzgue. La palabra que yo he proclamado lo condenará en el día final. 49Yo no he hablado por mi propia cuenta; el Padre que me envió me ordenó qué decir y cómo decirlo. 50Y sé muy bien que su mandato es vida eterna. Así que todo lo que digo es lo que el Padre me ha ordenado decir.»

Jesús les lava los pies a sus discípulos

13 Se acercaba la fiesta de la Pascua. Jesús sabía que le había llegado la hora de abandonar este mundo para volver al Padre. Y habiendo amado a los suyos que estaban en el mundo, los amó hasta el fin.*c*

2Llegó la hora de la cena. El diablo ya había incitado a Judas Iscariote, hijo de Simón, para que traicionara a Jesús. 3Sabía Jesús que el Padre había puesto todas las cosas bajo su dominio, y que había salido de Dios y a él volvía; 4así que se levantó de la mesa, se quitó el manto y se ató una toalla a la cintura. 5Luego echó agua en un recipiente y comenzó a lavarles los pies a sus discípulos y a secárselos con la toalla que llevaba a la cintura.

6Cuando llegó a Simón Pedro, éste le dijo:

—¿Y tú, Señor, me vas a lavar los pies a mí?

7—Ahora no entiendes lo que estoy haciendo —le respondió Jesús—, pero lo entenderás más tarde.

8—¡No! —protestó Pedro—. ¡Jamás me lavarás los pies!

—Si no te los lavo,*d* no tendrás parte conmigo.

9—Entonces, Señor, ¡no sólo los pies sino también las manos y la cabeza!

10—El que ya se ha bañado no necesita lavarse más que los pies —le contestó Jesús—; pues ya todo su cuerpo está limpio. Y ustedes ya están limpios, aunque no todos.

11Jesús sabía quién lo iba a traicionar, y por eso dijo que no todos estaban limpios.

12Cuando terminó de lavarles los pies, se puso el manto y volvió a su lugar. Entonces les dijo:

—¿Entienden lo que he hecho con ustedes? 13Ustedes me llaman Maestro y Señor, y dicen bien, porque lo soy. 14Pues si yo, el Señor y el Maestro, les he lavado los pies, también ustedes deben lavarse los pies los unos a los otros. 15Les he puesto el ejemplo, para que hagan lo mismo que yo he hecho con ustedes. 16Ciertamente les aseguro que ningún *siervo es más que su amo, y ningún mensajero es más que el que lo envió. 17¿Entienden esto? *Dichosos serán si lo ponen en práctica.

Jesús predice la traición de Judas

18»No me refiero a todos ustedes; yo sé a quiénes he escogido. Pero esto es para que se cumpla la Escritura: "El que comparte el pan conmigo me ha puesto la zancadilla."*e*

19»Les digo esto ahora, antes de que suceda, para que cuando suceda crean que yo soy. 20Ciertamente les aseguro que el que recibe al que yo envío me recibe a mí, y el que me recibe a mí recibe al que me envió.

21Dicho esto, Jesús se angustió profundamente y declaró:

—Ciertamente les aseguro que uno de ustedes me va a traicionar.

22Los discípulos se miraban unos a otros sin saber a cuál de ellos se refería. 23Uno de ellos, el discípulo a quien Jesús amaba, estaba a su lado. 24Simón Pedro le hizo señas a ese discípulo y le dijo:

—Pregúntale a quién se refiere.

25—Señor, ¿quién es? —preguntó él, reclinándose sobre Jesús.

26—Aquel a quien yo le dé este pedazo de pan que voy a mojar en el plato —le contestó Jesús.

Acto seguido, mojó el pedazo de pan y se lo dio a Judas Iscariote, hijo de Simón. 27Tan pronto como Judas tomó el pan, Satanás entró en él.

---

*c***13:1** *hasta el fin.* Alt. *hasta lo sumo.*   *d***13:8** *te los lavo.* Lit. *te lavo.*   *e***13:18** Sal 41:9

—Lo que vas a hacer, hazlo pronto —le dijo Jesús.

28Ninguno de los que estaban a la mesa entendió por qué le dijo eso Jesús. 29Como Judas era el encargado del dinero, algunos pensaron que Jesús le estaba diciendo que comprara lo necesario para la fiesta, o que diera algo a los pobres. 30En cuanto Judas tomó el pan, salió de allí. Ya era de noche.

Jesús predice la negación de Pedro

31Cuando Judas hubo salido, Jesús dijo:

—Ahora es glorificado el Hijo del hombre, y Dios es glorificado en él. 32Si Dios es glorificado en él,^{f} Dios glorificará al Hijo en sí mismo, y lo hará muy pronto.

33»Mis queridos hijos, poco tiempo me queda para estar con ustedes. Me buscarán, y lo que antes les dije a los judíos, ahora se lo digo a ustedes: Adonde yo voy, ustedes no pueden ir.

34»Este mandamiento nuevo les doy: que se amen los unos a los otros. Así como yo los he amado, también ustedes deben amarse los unos a los otros. 35De este modo todos sabrán que son mis discípulos, si se aman los unos a los otros.

36—¿Y a dónde vas, Señor? —preguntó Simón Pedro.

—Adonde yo voy, no puedes seguirme ahora, pero me seguirás más tarde.

37—Señor —insistió Pedro—, ¿por qué no puedo seguirte ahora? Por ti daré hasta la *vida.

38—¿Tú darás la vida por mí? ¡De veras te aseguro que antes de que cante el gallo, me negarás tres veces!

Jesús consuela a sus discípulos

14 »No se angustien. Confíen en Dios, y confíen también en mí.^{g} 2En el hogar de mi Padre hay muchas viviendas; si no fuera así, ya se lo habría dicho a ustedes. Voy a prepararles un lugar. 3Y si me voy y se lo preparo, vendré para llevármelos conmigo. Así ustedes estarán donde yo esté. 4Ustedes ya conocen el camino para ir adonde yo voy.

Jesús, el camino al Padre

5Dijo entonces Tomás:

—Señor, no sabemos a dónde vas, así que ¿cómo podemos conocer el camino?

6—Yo soy el camino, la verdad y la vida —le contestó Jesús—. Nadie llega al Padre sino por mí. 7Si ustedes realmente me conocieran, conocerían^h también a mi Padre. Y ya desde este momento lo conocen y lo han visto.

8—Señor —dijo Felipe—, muéstranos al Padre y con eso nos basta.

9—¡Pero, Felipe! ¿Tanto tiempo llevo ya entre ustedes, y todavía no me conoces? El que me ha visto a mí, ha visto al Padre. ¿Cómo puedes decirme: "Muéstranos al Padre"? 10¿Acaso no crees que yo estoy en el Padre, y que el Padre está en mí? Las palabras que yo les comunico, no las hablo como cosa mía, sino que es el Padre, que está en mí, el que realiza sus obras. 11Créanme cuando les digo que yo estoy en el Padre y que el Padre está en mí; o al menos créanme por las obras mismas. 12Ciertamente les aseguro que el que cree en mí las obras que yo hago también él las hará, y aun las hará mayores, porque yo vuelvo al Padre. 13Cualquier cosa que ustedes pidan en mi nombre, yo la haré; así será glorificado el Padre en el Hijo. 14Lo que pidan en mi nombre, yo lo haré.

Jesús promete el Espíritu Santo

15»Si ustedes me aman, obedecerán mis mandamientos. 16Y yo le pediré al Padre, y él les dará otro *Consolador para que los acompañe siempre: 17el Espíritu de verdad, a quien el mundo no puede aceptar porque no lo ve ni lo conoce. Pero ustedes sí lo conocen, porque vive con ustedes y estará^i en ustedes. 18No los voy a dejar huérfanos; volveré a ustedes. 19Dentro de poco el mundo ya no me verá más, pero ustedes sí me verán. Y porque yo vivo, también ustedes vivirán. 20En aquel día ustedes se darán cuenta de que yo estoy en mi Padre, y ustedes en mí, y yo en ustedes. 21¿Quién es el que me ama?

---

^{f}**13:32** Var. no incluye: *Si Dios es glorificado en él. confíen también en mí.* ^{h}**14:7** *me conocieran, conocerían.* Var. *me han conocido, conocerán.* ^{i}**14:17** *estará.* Var. *está.* ^{g}**14:1** *Confíen ... en mí.* Alt. *Ustedes confían en Dios; confíen también en mí.*

El que hace suyos mis mandamientos y los obedece. Y al que me ama, mi Padre lo amará, y yo también lo amaré y me manifestaré a él.

22 Judas (no el Iscariote) le dijo:

—¿Por qué, Señor, estás dispuesto a manifestarte a nosotros, y no al mundo?

23 Le contestó Jesús:

—El que me ama, obedecerá mi palabra, y mi Padre lo amará, y haremos nuestra vivienda en él. 24 El que no me ama, no obedece mis palabras. Pero estas palabras que ustedes oyen no son mías sino del Padre, que me envió.

25 »Todo esto lo digo ahora que estoy con ustedes. 26 Pero el Consolador, el Espíritu Santo, a quien el Padre enviará en mi nombre, les enseñará todas las cosas y les hará recordar todo lo que les he dicho. 27 La paz les dejo; mi paz les doy. Yo no se la doy a ustedes como la da el mundo. No se angustien ni se acobarden.

28 »Ya me han oído decirles: "Me voy, pero vuelvo a ustedes." Si me amaran, se alegrarían de que voy al Padre, porque el Padre es más grande que yo. 29 Y les he dicho esto ahora, antes de que suceda, para que cuando suceda, crean. 30 Ya no hablaré más con ustedes, porque viene el príncipe de este mundo. Él no tiene ningún dominio sobre mí, 31 pero el mundo tiene que saber que amo al Padre, y que hago exactamente lo que él me ha ordenado que haga.

»¡Levántense, vámonos de aquí!

Jesús, la vid verdadera

15 »Yo soy la vid verdadera, y mi Padre es el labrador. 2 Toda rama que en mí no da fruto, la corta; pero toda rama que da fruto la poda[j] para que dé más fruto todavía. 3 Ustedes ya están limpios por la palabra que les he comunicado. 4 Permanezcan en mí, y yo permaneceré en ustedes. Así como ninguna rama puede dar fruto por sí misma, sino que tiene que permanecer en la vid, así tampoco ustedes pueden dar fruto si no permanecen en mí.

5 »Yo soy la vid y ustedes son las ramas. El que permanece en mí, como yo en él, dará mucho fruto; separados de mí no

pueden ustedes hacer nada. 6 El que no permanece en mí es desechado y se seca, como las ramas que se recogen, se arrojan al fuego y se queman. 7 Si permanecen en mí y mis palabras permanecen en ustedes, pidan lo que quieran, y se les concederá. 8 Mi Padre es glorificado cuando ustedes dan mucho fruto y muestran así que son mis discípulos.

9 »Así como el Padre me ha amado a mí, también yo los he amado a ustedes. Permanezcan en mi amor. 10 Si obedecen mis mandamientos, permanecerán en mi amor, así como yo he obedecido los mandamientos de mi Padre y permanezco en su amor. 11 Les he dicho esto para que tengan mi alegría y así su alegría sea completa. 12 Y éste es mi mandamiento: que se amen los unos a los otros, como yo los he amado. 13 Nadie tiene amor más grande que el dar la *vida por sus amigos. 14 Ustedes son mis amigos si hacen lo que yo les mando. 15 Ya no los llamo *siervos, porque el siervo no está al tanto de lo que hace su amo; los he llamado amigos, porque todo lo que a mi Padre le oí decir se lo he dado a conocer a ustedes. 16 No me escogieron ustedes a mí, sino que yo los escogí a ustedes y los comisioné para que vayan y den fruto, un fruto que perdure. Así el Padre les dará todo lo que le pidan en mi nombre. 17 Éste es mi mandamiento: que se amen los unos a los otros.

Jesús y sus discípulos aborrecidos por el mundo

18 »Si el mundo los aborrece, tengan presente que antes que a ustedes, me aborreció a mí. 19 Si fueran del mundo, el mundo los querría como a los suyos. Pero ustedes no son del mundo, sino que yo los he escogido de entre el mundo. Por eso el mundo los aborrece. 20 Recuerden lo que les dije: "Ningún *siervo es más que su amo."[k] Si a mí me han perseguido, también a ustedes los perseguirán. Si han obedecido mis enseñanzas, también obedecerán las de ustedes. 21 Los tratarán así por causa de mi nombre, porque no conocen al que me envió. 22 Si yo no hubiera

---

[j] 15:2 *poda.* Alt. *limpia.*   [k] 15:20 Jn 13:16

venido ni les hubiera hablado, no serían culpables de pecado. Pero ahora no tienen excusa por su pecado. 23El que me aborrece a mí, también aborrece a mi Padre. 24Si yo no hubiera hecho entre ellos las obras que ningún otro antes ha realizado, no serían culpables de pecado. Pero ahora las han visto, y sin embargo a mí y a mi Padre nos han aborrecido. 25Pero esto sucede para que se cumpla lo que está escrito en la ley de ellos: "Me odiaron sin motivo."*l*

26»Cuando venga el *Consolador, que yo les enviaré de parte del Padre, el Espíritu de verdad que procede del Padre, él testificará acerca de mí. 27Y también ustedes darán testimonio porque han estado conmigo desde el principio.

16 »Todo esto les he dicho para que no flaquee su fe. 2Los expulsarán de las sinagogas; y hasta viene el día en que cualquiera que los mate pensará que le está prestando un servicio a Dios. 3Actuarán de este modo porque no nos han conocido ni al Padre ni a mí. 4Y les digo esto para que cuando llegue ese día se acuerden de que ya se lo había advertido. Sin embargo, no les dije esto al principio porque yo estaba con ustedes.

La obra del Espíritu Santo

5»Ahora vuelvo al que me envió, pero ninguno de ustedes me pregunta: "¿A dónde vas?" 6Al contrario, como les he dicho estas cosas, se han entristecido mucho. 7Pero les digo la verdad: Les conviene que me vaya porque, si no lo hago, el *Consolador no vendrá a ustedes; en cambio, si me voy, se lo enviaré a ustedes. 8Y cuando él venga, convencerá al mundo de su error*m* en cuanto al pecado, a la justicia y al juicio; 9en cuanto al pecado, porque no creen en mí; 10en cuanto a la justicia, porque voy al Padre y ustedes ya no podrán verme; 11y en cuanto al juicio, porque el príncipe de este mundo ya ha sido juzgado.

12»Muchas cosas me quedan aún por decirles, que por ahora no podrían soportar. 13Pero cuando venga el Espíritu de la

verdad, él los guiará a toda la verdad, porque no hablará por su propia cuenta sino que dirá sólo lo que oiga y les anunciará las cosas por venir. 14Él me glorificará porque tomará de lo mío y se lo dará a conocer a ustedes. 15Todo cuanto tiene el Padre es mío. Por eso les dije que el Espíritu tomará de lo mío y se lo dará a conocer a ustedes.

16»Dentro de poco ya no me verán; pero un poco después volverán a verme.

La despedida de Jesús

17Algunos de sus discípulos comentaban entre sí:

«¿Qué quiere decir con eso de que "dentro de poco ya no me verán", y "un poco después volverán a verme", y "porque voy al Padre"?» 18E insistían: «¿Qué quiere decir con eso de "dentro de poco"? No sabemos de qué habla.»

19Jesús se dio cuenta de que querían hacerle preguntas acerca de esto, así que les dijo:

—¿Se están preguntando qué quise decir cuando dije: "Dentro de poco ya no me verán", y "un poco después volverán a verme"? 20Ciertamente les aseguro que ustedes llorarán de dolor, mientras que el mundo se alegrará. Se pondrán tristes, pero su tristeza se convertirá en alegría. 21La mujer que está por dar a luz siente dolores porque ha llegado su momento, pero en cuanto nace la criatura se olvida de su angustia por la alegría de haber traído al mundo un nuevo ser. 22Lo mismo les pasa a ustedes: Ahora están tristes, pero cuando vuelva a verlos se alegrarán, y nadie les va a quitar esa alegría. 23En aquel día ya no me preguntarán nada. Ciertamente les aseguro que mi Padre les dará todo lo que le pidan en mi nombre. 24Hasta ahora no han pedido nada en mi nombre. Pidan y recibirán, para que su alegría sea completa.

25»Les he dicho todo esto por medio de comparaciones, pero viene la hora en que ya no les hablaré así, sino que les hablaré claramente acerca de mi Padre. 26En aquel día pedirán en mi nombre. Y

---

l 15:25 Sal 35:19; 69:4   *m* 16:8 *convencerá ... error.* Alt. *pondrá en evidencia la culpa del mundo.*

no digo que voy a rogar por ustedes al Padre, [27]ya que el Padre mismo los ama porque me han amado y han creído que yo he venido de parte de Dios. [28]Salí del Padre y vine al mundo; ahora dejo de nuevo el mundo y vuelvo al Padre.

[29]—Ahora sí estás hablando directamente, sin vueltas ni rodeos —le dijeron sus discípulos—. [30]Ya podemos ver que sabes todas las cosas, y que ni siquiera necesitas que nadie te haga preguntas. Por esto creemos que saliste de Dios.

[31]—¿Hasta ahora me creen?[n] —contestó Jesús—. [32]Miren que la hora viene, y ya está aquí, en que ustedes serán dispersados, y cada uno se irá a su propia casa y a mí me dejarán solo. Sin embargo, solo no estoy, porque el Padre está conmigo. [33]Yo les he dicho estas cosas para que en mí hallen paz. En este mundo afrontarán aflicciones, pero ¡anímense! Yo he vencido al mundo.

Jesús ora por sí mismo

17 Después de que Jesús dijo esto, dirigió la mirada al cielo y oró así:

«Padre, ha llegado la hora. Glorifica a tu Hijo, para que tu Hijo te glorifique a ti, [2]ya que le has conferido autoridad sobre todo *mortal para que él les conceda vida eterna a todos los que le has dado. [3]Y ésta es la vida eterna: que te conozcan a ti, el único Dios verdadero, y a *Jesucristo, a quien tú has enviado. [4]Yo te he glorificado en la tierra, y he llevado a cabo la obra que me encomendaste. [5]Y ahora, Padre, glorifícame en tu presencia con la gloria que tuve contigo antes de que el mundo existiera.

Jesús ora por sus discípulos

[6]»A los que me diste del mundo les he revelado quién eres.[ñ] Eran tuyos; tú me los diste y ellos han obedecido tu palabra. [7]Ahora saben que todo lo que me has dado viene de ti, [8]porque les he entregado las palabras que me diste, y ellos las aceptaron; saben con certeza que salí de ti, y han creído que tú me

enviaste. [9]Ruego por ellos. No ruego por el mundo, sino por los que me has dado, porque son tuyos. [10]Todo lo que yo tengo es tuyo, y todo lo que tú tienes es mío; y por medio de ellos he sido glorificado. [11]Ya no voy a estar por más tiempo en el mundo, pero ellos están todavía en el mundo, y yo vuelvo a ti.

»Padre santo, protégelos con el poder de tu nombre, el nombre que me diste, para que sean uno, lo mismo que nosotros. [12]Mientras estaba con ellos, los protegía y los preservaba mediante el nombre que me diste, y ninguno se perdió sino aquel que nació para perderse, a fin de que se cumpliera la Escritura.

[13]»Ahora vuelvo a ti, pero digo estas cosas mientras todavía estoy en el mundo, para que tengan mi alegría en plenitud. [14]Yo les he entregado tu palabra, y el mundo los ha odiado porque no son del mundo, como tampoco yo soy del mundo. [15]No te pido que los quites del mundo, sino que los protejas del maligno. [16]Ellos no son del mundo, como tampoco lo soy yo. [17]*Santifícalos en la verdad; tu palabra es la verdad. [18]Como tú me enviaste al mundo, yo los envío también al mundo. [19]Y por ellos me santifico a mí mismo, para que también ellos sean santificados en la verdad.

Jesús ora por todos los creyentes

[20]»No ruego sólo por éstos. Ruego también por los que han de creer en mí por el mensaje de ellos, [21]para que todos sean uno. Padre, así como tú estás en mí y yo en ti, permite que ellos también estén en nosotros, para que el mundo crea que tú me has enviado. [22]Yo les he dado la gloria que me diste, para que sean uno, así como nosotros somos uno: [23]yo en ellos y tú en mí. Permite que alcancen la *perfección en la unidad, y así el mundo reconozca que tú me enviaste y que los has amado a ellos tal como me has amado a mí.

[24]»Padre, quiero que los que me has dado estén conmigo donde yo estoy.

---

[n] 16:31 ¿Hasta ... creen? Alt. ¿Ahora creen?   [ñ] 17:6 quién eres. Lit. tu nombre; también en v. 26.

Que vean mi gloria, la gloria que me has dado porque me amaste desde antes de la creación del mundo.

25»Padre justo, aunque el mundo no te conoce, yo sí te conozco, y éstos reconocen que tú me enviaste. 26Yo les he dado a conocer quién eres, y seguiré haciéndolo, para que el amor con que me has amado esté en ellos, y yo mismo esté en ellos.»

Arresto de Jesús
18:3-11 — Mt 26:47-56; Mr 14:43-50; Lc 22:47-53

18 Cuando Jesús terminó de orar, salió con sus discípulos y cruzó el arroyo de Cedrón. Al otro lado había un huerto en el que entró con sus discípulos.

2También Judas, el que lo traicionaba, conocía aquel lugar, porque muchas veces Jesús se había reunido allí con sus discípulos. 3Así que Judas llegó al huerto, a la cabeza de un destacamento[o] de soldados y guardias de los jefes de los sacerdotes y de los *fariseos. Llevaban antorchas, lámparas y armas.

4Jesús, que sabía todo lo que le iba a suceder, les salió al encuentro.

—¿A quién buscan? —les preguntó.

5—A Jesús de Nazaret —contestaron.

—Yo soy.

Judas, el traidor, estaba con ellos. 6Cuando Jesús les dijo: «Yo soy», dieron un paso atrás y se desplomaron.

7—¿A quién buscan? —volvió a preguntarles Jesús.

—A Jesús de Nazaret —repitieron.

8—Ya les dije que yo soy. Si es a mí a quien buscan, dejen que éstos se vayan.

9Esto sucedió para que se cumpliera lo que había dicho: «De los que me diste ninguno se perdió.»[p]

10Simón Pedro, que tenía una espada, la desenfundó e hirió al siervo del sumo sacerdote, cortándole la oreja derecha. (El siervo se llamaba Malco.)

11—¡Vuelve esa espada a su funda! —le ordenó Jesús a Pedro—. ¿Acaso no he de beber el trago amargo que el Padre me da a beber?

Jesús ante Anás
18:12-13 — Mt 26:57

12Entonces los soldados, con su comandante, y los guardias de los judíos, arrestaron a Jesús. Lo ataron 13y lo llevaron primeramente a Anás, que era suegro de Caifás, el sumo sacerdote de aquel año. 14Caifás era el que había aconsejado a los judíos que era preferible que muriera un solo hombre por el pueblo.

Pedro niega a Jesús
18:16-18 — Mt 26:69-70; Mr 14:66-68;
　　　　 Lc 22:55-57

15Simón Pedro y otro discípulo seguían a Jesús. Y como el otro discípulo era conocido del sumo sacerdote, entró en el patio del sumo sacerdote con Jesús; 16Pedro, en cambio, tuvo que quedarse afuera, junto a la puerta. El discípulo conocido del sumo sacerdote volvió entonces a salir, habló con la portera de turno y consiguió que Pedro entrara.

17—¿No eres tú también uno de los discípulos de ese hombre? —le preguntó la portera.

—No lo soy —respondió Pedro.

18Los criados y los guardias estaban de pie alrededor de una fogata que habían hecho para calentarse, pues hacía frío. Pedro también estaba de pie con ellos, calentándose.

Jesús ante el sumo sacerdote
18:19-24 — Mt 26:59-68; Mr 14:55-65;
　　　　 Lc 22:63-71

19Mientras tanto, el sumo sacerdote interrogaba a Jesús acerca de sus discípulos y de sus enseñanzas.

20—Yo he hablado abiertamente al mundo —respondió Jesús—. Siempre he enseñado en las sinagogas o en el *templo, donde se congregan todos los judíos. En secreto no he dicho nada. 21¿Por qué me interrogas a mí? ¡Interroga a los que me han oído hablar! Ellos deben saber lo que dije.

---

o 18:3 *un destacamento.* Lit. *una cohorte* (que tenía 600 soldados).　　p 18:9 Jn 6:39

²²Apenas dijo esto, uno de los guardias que estaba allí cerca le dio una bofetada y le dijo:

—¿Así contestas al sumo sacerdote?

²³—Si he dicho algo malo —replicó Jesús—, demuéstramelo. Pero si lo que dije es correcto, ¿por qué me pegas?

²⁴Entonces Anás lo envió,*q* todavía atado, a Caifás, el sumo sacerdote.

Pedro niega de nuevo a Jesús

18:25-27 — Mt 26:71-75; Mr 14:69-72;
  Lc 22:58-62

²⁵Mientras tanto, Simón Pedro seguía de pie, calentándose.

—¿No eres tú también uno de sus discípulos? —le preguntaron.

—No lo soy —dijo Pedro, negándolo.

²⁶—¿Acaso no te vi en el huerto con él? —insistió uno de los siervos del sumo sacerdote, pariente de aquel a quien Pedro le había cortado la oreja.

²⁷Pedro volvió a negarlo, y en ese instante cantó el gallo.

Jesús ante Pilato

18:29-40 — Mt 27:11-18,20-23; Mr 15:2-15;
  Lc 23:2-3,18-25

²⁸Luego los judíos llevaron a Jesús de la casa de Caifás al palacio del gobernador romano.*r* Como ya amanecía, los judíos no entraron en el palacio, pues de hacerlo se *contaminarían ritualmente y no podrían comer la Pascua. ²⁹Así que Pilato salió a interrogarlos:

—¿De qué delito acusan a este hombre?

³⁰—Si no fuera un malhechor —respondieron—, no te lo habríamos entregado.

³¹—Pues llévenselo ustedes y júzguenlo según su propia ley —les dijo Pilato.

—Nosotros no tenemos ninguna autoridad para ejecutar a nadie —objetaron los judíos.

³²Esto sucedió para que se cumpliera lo que Jesús había dicho, al indicar la clase de muerte que iba a sufrir.

³³Pilato volvió a entrar en el palacio y llamó a Jesús.

—¿Eres tú el rey de los judíos? —le preguntó.

³⁴—¿Eso lo dices tú —le respondió Jesús—, o es que otros te han hablado de mí?

³⁵—¿Acaso soy judío? —replicó Pilato—. Han sido tu propio pueblo y los jefes de los sacerdotes los que te entregaron a mí. ¿Qué has hecho?

³⁶—Mi reino no es de este mundo —contestó Jesús—. Si lo fuera, mis propios guardias pelearían para impedir que los judíos me arrestaran. Pero mi reino no es de este mundo.

³⁷—¡Así que eres rey! —le dijo Pilato.

—Eres tú quien dice que soy rey. Yo para esto nací, y para esto vine al mundo: para dar testimonio de la verdad. Todo el que está de parte de la verdad escucha mi voz.

³⁸—¿Y qué es la verdad? —preguntó Pilato.

Dicho esto, salió otra vez a ver a los judíos.

—Yo no encuentro que éste sea culpable de nada —declaró—. ³⁹Pero como ustedes tienen la costumbre de que les suelte a un preso durante la Pascua, ¿quieren que les suelte al "rey de los judíos"?

⁴⁰—¡No, no sueltes a ése; suelta a Barrabás! —volvieron a gritar desaforadamente.

Y Barrabás era un bandido.*s*

La sentencia

19:1-16 — Mt 27:27-31; Mr 15:16-20

19 Pilato tomó entonces a Jesús y mandó que lo azotaran. ²Los soldados, que habían tejido una corona de espinas, se la pusieron a Jesús en la cabeza y lo vistieron con un manto de color púrpura.

³—¡Viva el rey de los judíos! —le gritaban, mientras se le acercaban para abofetearlo.

⁴Pilato volvió a salir.

—Aquí lo tienen —dijo a los judíos—. Lo he sacado para que sepan que no lo encuentro culpable de nada.

---

q **18:24** *Entonces ... envió.* Alt. *Ahora bien, Anás lo había enviado.*   *r* **18:28** *al ... romano.* Lit. *al pretorio.*
s **18:40** *bandido.* Alt. *insurgente.*

⁵Cuando salió Jesús, llevaba puestos la corona de espinas y el manto de color púrpura.

—¡Aquí tienen al hombre! —les dijo Pilato.

⁶Tan pronto como lo vieron, los jefes de los sacerdotes y los guardias gritaron a voz en cuello:

—¡Crucifícalo! ¡Crucifícalo!

—Pues llévenselo y crucifíquenlo ustedes —replicó Pilato—. Por mi parte, no lo encuentro culpable de nada.

⁷—Nosotros tenemos una ley, y según esa ley debe morir, porque se ha hecho pasar por Hijo de Dios —insistieron los judíos.

⁸Al oír esto, Pilato se atemorizó aún más, ⁹así que entró de nuevo en el palacio y le preguntó a Jesús:

—¿De dónde eres tú?

Pero Jesús no le contestó nada.

¹⁰—¿Te niegas a hablarme? —le dijo Pilato—. ¿No te das cuenta de que tengo poder para ponerte en libertad o para mandar que te crucifiquen?

¹¹—No tendrías ningún poder sobre mí si no se te hubiera dado de arriba —le contestó Jesús—. Por eso el que me puso en tus manos es culpable de un pecado más grande.

¹²Desde entonces Pilato procuraba poner en libertad a Jesús, pero los judíos gritaban desaforadamente:

—Si dejas en libertad a este hombre, no eres amigo del *emperador. Cualquiera que pretende ser rey se hace su enemigo.

¹³Al oír esto, Pilato llevó a Jesús hacia fuera y se sentó en el tribunal, en un lugar al que llamaban el Empedrado (que en arameo se dice Gabatá). ¹⁴Era el día de la preparación para la Pascua, cerca del mediodía.ᵗ

—Aquí tienen a su rey —dijo Pilato a los judíos.

¹⁵—¡Fuera! ¡Fuera! ¡Crucifícalo! —vociferaron.

—¿Acaso voy a crucificar a su rey? —replicó Pilato.

—No tenemos más rey que el empera-dor romano —contestaron los jefes de los sacerdotes.

¹⁶Entonces Pilato se lo entregó para que lo crucificaran, y los soldados se lo llevaron.

La crucifixión

19:17-24 — Mt 27:33-44; Mr 15:22-32;
**   Lc 23:33-43**

¹⁷Jesús salió cargando su propia cruz hacia el lugar de la Calavera (que en arameo se llama Gólgota). ¹⁸Allí lo crucificaron, y con él a otros dos, uno a cada lado y Jesús en medio.

¹⁹Pilato mandó que se pusiera sobre la cruz un letrero en el que estuviera escrito: «JESÚS DE NAZARET, REY DE LOS JUDÍOS.» ²⁰Muchos de los judíos lo leyeron, porque el sitio en que crucificaron a Jesús estaba cerca de la ciudad. El letrero estaba escrito en arameo, latín y griego.

²¹—No escribas "Rey de los judíos" —protestaron ante Pilato los jefes de los sacerdotes judíos—. Era él quien decía ser rey de los judíos.

²²—Lo que he escrito, escrito queda —les contestó Pilato.

²³Cuando los soldados crucificaron a Jesús, tomaron su manto y lo partieron en cuatro partes, una para cada uno de ellos. Tomaron también la túnica, la cual no tenía costura, sino que era de una sola pieza, tejida de arriba abajo.

²⁴—No la dividamos —se dijeron unos a otros—. Echemos suertes para ver a quién le toca.

Y así lo hicieron los soldados. Esto sucedió para que se cumpliera la Escritura que dice:

«Se repartieron entre ellos mi manto,
   y sobre mi ropa echaron suertes.»ᵘ

²⁵Junto a la cruz de Jesús estaban su madre, la hermana de su madre, María la esposa de Cleofas, y María Magdalena. ²⁶Cuando Jesús vio a su madre, y a su lado al discípulo a quien él amaba, dijo a su madre:

ᵗ**19:14** *del mediodía.* Alt. *de las seis de la mañana* (si se cuentan las horas a partir de la medianoche, según la hora romana). Lit. *de la hora sexta;* véase nota en 1:39.   ᵘ**19:24** Sal 22:18

—Mujer, ahí tienes a tu hijo. ²⁷Luego dijo al discípulo:

—Ahí tienes a tu madre.

Y desde aquel momento ese discípulo la recibió en su casa.

Muerte de Jesús
19:29-30 — Mt 27:48,50; Mr 15:36-37; Lc 23:36

²⁸Después de esto, como Jesús sabía que ya todo había terminado, y para que se cumpliera la Escritura, dijo:

—Tengo sed.

²⁹Había allí una vasija llena de vinagre; así que empaparon una esponja en el vinagre, la pusieron en una caña^v y se la acercaron a la boca. ³⁰Al probar Jesús el vinagre, dijo:

—Todo se ha cumplido.

Luego inclinó la cabeza y entregó el espíritu.

³¹Era el día de la preparación para la Pascua. Los judíos no querían que los cuerpos permanecieran en la cruz en *sábado, por ser éste un día muy solemne. Así que le pidieron a Pilato ordenar que les quebraran las piernas a los crucificados y bajaran sus cuerpos. ³²Fueron entonces los soldados y le quebraron las piernas al primer hombre que había sido crucificado con Jesús, y luego al otro. ³³Pero cuando se acercaron a Jesús y vieron que ya estaba muerto, no le quebraron las piernas, ³⁴sino que uno de los soldados le abrió el costado con una lanza, y al instante le brotó sangre y agua. ³⁵El que lo vio ha dado testimonio de ello, y su testimonio es verídico. Él sabe que dice la verdad, para que también ustedes crean. ³⁶Estas cosas sucedieron para que se cumpliera la Escritura: «No le quebrarán ningún hueso»^w ³⁷y, como dice otra Escritura: «Mirarán al que han traspasado.»^x

Sepultura de Jesús
19:38-42 — Mt 27:57-61; Mr 15:42-47;
   Lc 23:50-56

³⁸Después de esto, José de Arimatea le pidió a Pilato el cuerpo de Jesús. José era discípulo de Jesús, aunque en secreto por miedo a los judíos. Con el permiso de Pilato, fue y retiró el cuerpo. ³⁹También Nicodemo, el que antes había visitado a Jesús de noche, llegó con unos treinta y cuatro kilos^y de una mezcla de mirra y áloe. ⁴⁰Ambos tomaron el cuerpo de Jesús y, conforme a la costumbre judía de dar sepultura, lo envolvieron en vendas con las especias aromáticas. ⁴¹En el lugar donde crucificaron a Jesús había un huerto, y en el huerto un sepulcro nuevo en el que todavía no se había sepultado a nadie. ⁴²Como era el día judío de la preparación, y el sepulcro estaba cerca, pusieron allí a Jesús.

El sepulcro vacío
20:1-8 — Mt 28:1-8; Mr 16:1-8; Lc 24:1-10

20 El primer día de la semana, muy de mañana, cuando todavía estaba oscuro, María Magdalena fue al sepulcro y vio que habían quitado la piedra que cubría la entrada. ²Así que fue corriendo a ver a Simón Pedro y al otro discípulo, a quien Jesús amaba, y les dijo:

—¡Se han llevado del sepulcro al Señor, y no sabemos dónde lo han puesto!

³Pedro y el otro discípulo se dirigieron entonces al sepulcro. ⁴Ambos fueron corriendo, pero como el otro discípulo corría más aprisa que Pedro, llegó primero al sepulcro. ⁵Inclinándose, se asomó y vio allí las vendas, pero no entró. ⁶Tras él llegó Simón Pedro, y entró en el sepulcro. Vio allí las vendas ⁷y el sudario que había cubierto la cabeza de Jesús, aunque el sudario no estaba con las vendas sino enrollado en un lugar aparte. ⁸En ese momento entró también el otro discípulo, el que había llegado primero al sepulcro; y vio y creyó. ⁹Hasta entonces no habían entendido la Escritura, que dice que Jesús tenía que resucitar.

Jesús se aparece a María Magdalena

¹⁰Los discípulos regresaron a su casa, ¹¹pero María se quedó afuera, llorando junto al sepulcro. Mientras lloraba, se

---

^v**19:29** *una caña.* Lit. *una rama de hisopo.*   ^w**19:36** Éx 12:46; Nm 9:12; Sal 34:20   ^x**19:37** Zac 12:10
^y**19:39** *unos ... kilos.* Lit. *como cien litrai.*

inclinó para mirar dentro del sepulcro, **12**y vio a dos ángeles vestidos de blanco, sentados donde había estado el cuerpo de Jesús, uno a la cabecera y otro a los pies.

13—¿Por qué lloras, mujer? —le preguntaron los ángeles.

—Es que se han llevado a mi Señor, y no sé dónde lo han puesto —les respondió.

14Apenas dijo esto, volvió la mirada y allí vio a Jesús de pie, aunque no sabía que era él. **15**Jesús le dijo:

—¿Por qué lloras, mujer? ¿A quién buscas?

Ella, pensando que se trataba del que cuidaba el huerto, le dijo:

—Señor, si usted se lo ha llevado, dígame dónde lo ha puesto, y yo iré por él.

16—María —le dijo Jesús.

Ella se volvió y exclamó:

—¡Raboni! (que en arameo significa: Maestro).

17—Suéltame, *z* porque todavía no he vuelto al Padre. Ve más bien a mis hermanos y diles: "Vuelvo a mi Padre, que es Padre de ustedes; a mi Dios, que es Dios de ustedes."

18María Magdalena fue a darles la noticia a los discípulos. «¡He visto al Señor!», exclamaba, y les contaba lo que él le había dicho.

Jesús se aparece a sus discípulos

19Al atardecer de aquel primer día de la semana, estando reunidos los discípulos a puerta cerrada por temor a los judíos, entró Jesús y, poniéndose en medio de ellos, los saludó.

—¡La paz sea con ustedes!

20Dicho esto, les mostró las manos y el costado. Al ver al Señor, los discípulos se alegraron.

21—¡La paz sea con ustedes! —repitió Jesús—. Como el Padre me envió a mí, así yo los envío a ustedes.

22Acto seguido, sopló sobre ellos y les dijo:

—Reciban el Espíritu Santo. **23**A quienes les perdonen sus pecados, les serán perdonados; a quienes no se los perdonen, no les serán perdonados.

Jesús se aparece a Tomás

24Tomás, al que apodaban el Gemelo, *a* y que era uno de los doce, no estaba con los discípulos cuando llegó Jesús. **25**Así que los otros discípulos le dijeron:

—¡Hemos visto al Señor!

—Mientras no vea yo la marca de los clavos en sus manos, y meta mi dedo en las marcas y mi mano en su costado, no lo creeré —repuso Tomás.

26Una semana más tarde estaban los discípulos de nuevo en la casa, y Tomás estaba con ellos. Aunque las puertas estaban cerradas, Jesús entró y, poniéndose en medio de ellos, los saludó.

—¡La paz sea con ustedes!

27Luego le dijo a Tomás:

—Pon tu dedo aquí y mira mis manos. Acerca tu mano y métela en mi costado. Y no seas incrédulo, sino hombre de fe.

28—¡Señor mío y Dios mío! —exclamó Tomás.

29—Porque me has visto, has creído —le dijo Jesús—; *dichosos los que no han visto y sin embargo creen.

30Jesús hizo muchas otras señales milagrosas en presencia de sus discípulos, las cuales no están registradas en este libro. **31**Pero éstas se han escrito para que ustedes crean que Jesús es el *Cristo, el Hijo de Dios, y para que al creer en su nombre tengan vida.

Jesús y la pesca milagrosa

21 Después de esto Jesús se apareció de nuevo a sus discípulos, junto al lago de Tiberíades. *b* Sucedió de esta manera: **2**Estaban juntos Simón Pedro, Tomás (al que apodaban el Gemelo*c*), Natanael, el de Caná de Galilea, los hijos de Zebedeo, y otros dos discípulos.

3—Me voy a pescar —dijo Simón Pedro.

—Nos vamos contigo —contestaron ellos.

---

*z***20:17** *Suéltame.* Lit. *No me toques.*   *a***20:24** *apodaban el Gemelo.* Lit. *llamaban Dídimos.*
*b***21:1** Es decir, el mar de Galilea.   *c***21:2** *apodaban el Gemelo.* Lit. *llamaban Dídimos.*

Salieron, pues, de allí y se embarcaron, pero esa noche no pescaron nada.

4Al despuntar el alba Jesús se hizo presente en la orilla, pero los discípulos no se dieron cuenta de que era él.

5—Muchachos, ¿no tienen algo de comer? —les preguntó Jesús.

—No —respondieron ellos.

6—Tiren la red a la derecha de la barca, y pescarán algo.

Así lo hicieron, y era tal la cantidad de pescados que ya no podían sacar la red.

7—¡Es el Señor! —dijo a Pedro el discípulo a quien Jesús amaba.

Tan pronto como Simón Pedro le oyó decir: «Es el Señor», se puso la ropa, pues estaba semidesnudo, y se tiró al agua. **8**Los otros discípulos lo siguieron en la barca, arrastrando la red llena de pescados, pues estaban a escasos cien metros *d* de la orilla. **9**Al desembarcar, vieron unas brasas con un pescado encima, y un pan.

10—Traigan algunos de los pescados que acaban de sacar —les dijo Jesús.

11Simón Pedro subió a bordo y arrastró hasta la orilla la red, la cual estaba llena de pescados de buen tamaño. Eran ciento cincuenta y tres, pero a pesar de ser tantos la red no se rompió.

12—Vengan a desayunar —les dijo Jesús.

Ninguno de los discípulos se atrevía a preguntarle: «¿Quién eres tú?», porque sabían que era el Señor. **13**Jesús se acercó, tomó el pan y se lo dio a ellos, e hizo lo mismo con el pescado. **14**Ésta fue la tercera vez que Jesús se apareció a sus discípulos después de haber *resucitado.

Jesús restituye a Pedro

15Cuando terminaron de desayunar, Jesús le preguntó a Simón Pedro:

—Simón, hijo de Juan, ¿me amas más que éstos?

—Sí, Señor, tú sabes que te quiero —contestó Pedro.

—Apacienta mis corderos —le dijo Jesús.

16Y volvió a preguntarle:

—Simón, hijo de Juan, ¿me amas?

—Sí, Señor, tú sabes que te quiero.

—Cuida de mis ovejas.

17Por tercera vez Jesús le preguntó:

—Simón, hijo de Juan, ¿me quieres?

A Pedro le dolió que por tercera vez Jesús le hubiera preguntado: «¿Me quieres?» Así que le dijo:

—Señor, tú lo sabes todo; tú sabes que te quiero.

—Apacienta mis ovejas —le dijo Jesús—. **18**De veras te aseguro que cuando eras más joven te vestías tú mismo e ibas adonde querías; pero cuando seas viejo, extenderás las manos y otro te vestirá y te llevará adonde no quieras ir.

19Esto dijo Jesús para dar a entender la clase de muerte con que Pedro glorificaría a Dios. Después de eso añadió:

—¡Sígueme!

20Al volverse, Pedro vio que los seguía el discípulo a quien Jesús amaba, el mismo que en la cena se había reclinado sobre Jesús y le había dicho: «Señor, ¿quién es el que va a traicionarte?» **21**Al verlo, Pedro preguntó:

—Señor, ¿y éste, qué?

22—Si quiero que él permanezca vivo hasta que yo vuelva, ¿a ti qué? Tú sígueme no más.

23Por este motivo corrió entre los hermanos el rumor de que aquel discípulo no moriría. Pero Jesús no dijo que no moriría, sino solamente: «Si quiero que él permanezca vivo hasta que yo vuelva, ¿a ti qué?»

24Éste es el discípulo que da testimonio de estas cosas, y las escribió. Y estamos convencidos de que su testimonio es verídico.

25Jesús hizo también muchas otras cosas, tantas que, si se escribiera cada una de ellas, pienso que los libros escritos no cabrían en el mundo entero.

---

*d***21:8** *a escasos cien metros.* Lit. *a unos doscientos* *codos.

Hechos de los Apóstoles

Jesús llevado al cielo

1 Estimado Teófilo, en mi primer libro me referí a todo lo que Jesús comenzó a hacer y enseñar **2**hasta el día en que fue llevado al cielo, luego de darles instrucciones por medio del Espíritu Santo a los apóstoles que había escogido. **3**Después de padecer la muerte, se les presentó dándoles muchas pruebas convincentes de que estaba vivo. Durante cuarenta días se les apareció y les habló acerca del reino de Dios. **4**Una vez, mientras comía con ellos, les ordenó:

—No se alejen de Jerusalén, sino esperen la promesa del Padre, de la cual les he hablado: **5**Juan bautizó con*a* agua, pero dentro de pocos días ustedes serán bautizados con el Espíritu Santo.

6Entonces los que estaban reunidos con él le preguntaron:

—Señor, ¿es ahora cuando vas a restablecer el reino a Israel?

7—No les toca a ustedes conocer la hora ni el momento determinados por la autoridad misma del Padre —les contestó Jesús—. **8**Pero cuando venga el Espíritu Santo sobre ustedes, recibirán poder y serán mis testigos tanto en Jerusalén como en toda Judea y Samaria, y hasta los confines de la tierra.

9Habiendo dicho esto, mientras ellos lo miraban, fue llevado a las alturas hasta que una nube lo ocultó de su vista. **10**Ellos se quedaron mirando fijamente al cielo mientras él se alejaba. De repente, se les acercaron dos hombres vestidos de blanco, que les dijeron:

11—Galileos, ¿qué hacen aquí mirando al cielo? Este mismo Jesús, que ha sido llevado de entre ustedes al cielo, vendrá otra vez de la misma manera que lo han visto irse.

Elección de Matías para reemplazar a Judas

12Entonces regresaron a Jerusalén desde el monte llamado de los Olivos, situado aproximadamente a un kilómetro de la ciudad.*b* **13**Cuando llegaron, subieron al lugar donde se alojaban. Estaban allí Pedro, Juan, *Jacobo, Andrés, Felipe, Tomás, Bartolomé, Mateo, Jacobo hijo de Alfeo, Simón el Zelote y Judas hijo de Jacobo. **14**Todos, en un mismo espíritu, se dedicaban a la oración, junto con las mujeres y con los hermanos de Jesús y su madre María.

15Por aquellos días Pedro se puso de pie en medio de los creyentes,*c* que eran un grupo como de ciento veinte personas, **16**y les dijo: «Hermanos, tenía que cumplirse la Escritura que, por boca de David, había predicho el Espíritu Santo en cuanto a Judas, el que sirvió de guía a los que arrestaron a Jesús. **17**Judas se contaba entre los nuestros y participaba en nuestro ministerio. **18**(Con el dinero que obtuvo por su crimen, Judas compró un terreno; allí cayó de cabeza, se reventó, y se le salieron las vísceras. **19**Todos en Jerusalén se enteraron de ello, así que aquel terreno fue llamado Acéldama, que en su propio idioma quiere decir "Campo de Sangre".)

20»Porque en el libro de los Salmos —continuó Pedro— está escrito:

»"Que su lugar quede desierto,
    y que nadie lo habite".*d*

También está escrito:

---

a **1:5** *con.* Alt. *en.*   *b* **1:12** *situado ... ciudad.* Lit. *que está cerca de Jerusalén, camino de un* *sábado* (es decir, lo que la ley permitía caminar en el día de reposo).   *c* **1:15** *creyentes.* Lit. *hermanos.*
d **1:20** Sal 69:25

»"Que otro se haga cargo de su
oficio."*e*

21-22 Por tanto, es preciso que se una a
nosotros un testigo de la resurrección, uno
de los que nos acompañaban todo el tiempo que el Señor Jesús vivió entre nosotros,
desde que Juan bautizaba hasta el día en
que Jesús fue llevado de entre nosotros.»
23Así que propusieron a dos: a José,
llamado Barsabás, apodado el Justo, y a
Matías. **24**Y oraron así: «Señor, tú que
conoces el corazón de todos, muéstranos
a cuál de estos dos has elegido **25**para que
se haga cargo del servicio apostólico que
Judas dejó para irse al lugar que le correspondía.» **26**Luego echaron suertes y la
elección recayó en Matías; así que él fue
reconocido junto con los once apóstoles.

El Espíritu Santo desciende en Pentecostés

2 Cuando llegó el día de Pentecostés,
estaban todos juntos en el mismo lugar. **2**De repente, vino del cielo un ruido
como el de una violenta ráfaga de viento
y llenó toda la casa donde estaban reunidos. **3**Se les aparecieron entonces unas
lenguas como de fuego que se repartieron
y se posaron sobre cada uno de ellos.
4Todos fueron llenos del Espíritu Santo y
comenzaron a hablar en diferentes *lenguas, según el Espíritu les concedía expresarse.

5Estaban de visita en Jerusalén judíos
piadosos, procedentes de todas las naciones de la tierra. **6**Al oír aquel bullicio, se
agolparon y quedaron todos pasmados porque cada uno los escuchaba hablar en su
propio idioma. **7**Desconcertados y maravillados, decían: «¿No son galileos todos
estos que están hablando? **8**¿Cómo es que
cada uno de nosotros los oye hablar en su
lengua materna? **9**Partos, medos y elamitas; habitantes de Mesopotamia, de Judea y
de Capadocia, del Ponto y de *Asia, **10**de
Frigia y de Panfilia, de Egipto y de las
regiones de Libia cercanas a Cirene; visitantes llegados de Roma; **11**judíos y *prosélitos; cretenses y árabes: ¡todos por igual

los oímos proclamar en nuestra propia
lengua las maravillas de Dios!»
12Desconcertados y perplejos, se preguntaban: «¿Qué quiere decir esto?»
13Otros se burlaban y decían: «Lo que
pasa es que están borrachos.»

Pedro se dirige a la multitud

14Entonces Pedro, con los once, se
puso de pie y dijo a voz en cuello: «Compatriotas judíos y todos ustedes que están
en Jerusalén, déjenme explicarles lo que
sucede; presten atención a lo que les voy
a decir. **15**Éstos no están borrachos, como
suponen ustedes. ¡Apenas son las nueve
de la mañana! **16**En realidad lo que pasa
es lo que anunció el profeta Joel:

17»"Sucederá que en los últimos días
—dice Dios—,
derramaré mi Espíritu sobre todo
el género *humano.
Los hijos y las hijas de ustedes
profetizarán,
tendrán visiones los jóvenes
y sueños los ancianos.
18En esos días derramaré mi Espíritu
aun sobre mis *siervos y mis
siervas,
y profetizarán.
19Arriba en el cielo y abajo en la
tierra mostraré prodigios:
sangre, fuego y nubes de humo.
20El sol se convertirá en tinieblas
y la luna en sangre
antes que llegue el día del Señor,
día grande y esplendoroso.
21Y todo el que invoque el nombre
del Señor
será salvo."*f*

22»Pueblo de Israel, escuchen esto:
Jesús de Nazaret fue un hombre acreditado
por Dios ante ustedes con milagros, señales
y prodigios, los cuales realizó Dios entre
ustedes por medio de él, como bien lo
saben. **23**Éste fue entregado según el determinado propósito y el previo conocimiento
de Dios; y por medio de gente malvada,*g*
ustedes lo mataron, clavándolo en la cruz.

---

*e***1:20** Sal 109:8   *f***2:21** Jl 2:28-32   *g***2:23** *gente malvada.* Lit. *quienes carecían de la ley.*

²⁴Sin embargo, Dios lo resucitó, librándolo de las angustias de la muerte, porque era imposible que la muerte lo mantuviera bajo su dominio. ²⁵En efecto, David dijo de él:

> »"Veía yo al Señor siempre delante de mí,
> porque él está a mi *derecha para que no caiga.
> ²⁶Por eso mi corazón se alegra, y canta con gozo mi lengua;
> mi cuerpo también vivirá en esperanza.
> ²⁷No dejarás que mi *vida termine en el sepulcro;[h]
> no permitirás que tu santo sufra corrupción.
> ²⁸Me has dado a conocer los caminos de la vida;
> me llenarás de alegría en tu presencia."[i]

²⁹»Hermanos, permítanme hablarles con franqueza acerca del patriarca David, que murió y fue sepultado, y cuyo sepulcro está entre nosotros hasta el día de hoy. ³⁰Era profeta y sabía que Dios le había prometido bajo juramento poner en el trono a uno de sus descendientes.[j] ³¹Fue así como previó lo que iba a suceder. Refiriéndose a la resurrección del *Mesías, afirmó que Dios no dejaría que su vida terminara en el sepulcro, ni que su fin fuera la corrupción. ³²A este Jesús, Dios lo resucitó, y de ello todos nosotros somos testigos. ³³Exaltado por el poder[k] de Dios, y habiendo recibido del Padre el Espíritu Santo prometido, ha derramado esto que ustedes ahora ven y oyen. ³⁴David no subió al cielo, y sin embargo declaró:

> »"Dijo el Señor a mi Señor:
> Siéntate a mi derecha,
> ³⁵hasta que ponga a tus enemigos por estrado de tus pies."[l]

³⁶»Por tanto, sépalo bien todo Israel que a este Jesús, a quien ustedes crucificaron, Dios lo ha hecho Señor y Mesías.»

³⁷Cuando oyeron esto, todos se sintieron profundamente conmovidos y les dijeron a Pedro y a los otros apóstoles:

—Hermanos, ¿qué debemos hacer?

³⁸—*Arrepiéntase y bautícese cada uno de ustedes en el nombre de *Jesucristo para perdón de sus pecados —les contestó Pedro—, y recibirán el don del Espíritu Santo. ³⁹En efecto, la promesa es para ustedes, para sus hijos y para todos los extranjeros,[m] es decir, para todos aquellos a quienes el Señor nuestro Dios quiera llamar.

⁴⁰Y con muchas otras razones les exhortaba insistentemente:

—¡Sálvense de esta generación perversa!

La comunidad de los creyentes

⁴¹Así, pues, los que recibieron su mensaje fueron bautizados, y aquel día se unieron a la iglesia unas tres mil personas. ⁴²Se mantenían firmes en la enseñanza de los apóstoles, en la comunión, en el partimiento del pan y en la oración. ⁴³Todos estaban asombrados por los muchos prodigios y señales que realizaban los apóstoles. ⁴⁴Todos los creyentes estaban juntos y tenían todo en común: ⁴⁵vendían sus propiedades y posesiones, y compartían sus bienes entre sí según la necesidad de cada uno. ⁴⁶No dejaban de reunirse en el *templo ni un solo día. De casa en casa partían el pan y compartían la comida con alegría y generosidad, ⁴⁷alabando a Dios y disfrutando de la estimación general del pueblo. Y cada día el Señor añadía al grupo los que iban siendo salvos.

Pedro sana a un mendigo lisiado

3 Un día subían Pedro y Juan al *templo a las tres de la tarde,[n] que es la hora de la oración. ²Junto a la puerta llamada Hermosa había un hombre lisiado de nacimiento, al que todos los días dejaban allí para que pidiera limosna a los que entraban en el templo. ³Cuando éste vio que Pedro y Juan estaban por entrar, les pidió

---

[h] **2:27** *sepulcro*. Lit. **Hades*; también v. 31.   [i] **2:28** Sal 16:8-11   [j] **2:30** Sal 132:11   [k] **2:33** *por el poder*. Alt. *a la derecha*.   [l] **2:35** Sal 110:1   [m] **2:39** *los extranjeros*. Lit. *los que están lejos*.   [n] **3:1** *las tres de la tarde*. Lit. *la hora novena*.

limosna. ⁴Pedro, con Juan, mirándolo fijamente, le dijo:

—¡Míranos!

⁵El hombre fijó en ellos la mirada, esperando recibir algo.

⁶—No tengo plata ni oro —declaró Pedro—, pero lo que tengo te doy. En el nombre de *Jesucristo de Nazaret, ¡levántate y anda!

⁷Y tomándolo por la mano derecha, lo levantó. Al instante los pies y los tobillos del hombre cobraron fuerza. ⁸De un salto se puso en pie y comenzó a caminar. Luego entró con ellos en el templo con sus propios pies, saltando y alabando a Dios. ⁹Cuando todo el pueblo lo vio caminar y alabar a Dios, ¹⁰lo reconocieron como el mismo hombre que acostumbraba pedir limosna sentado junto a la puerta llamada Hermosa, y se llenaron de admiración y asombro por lo que le había ocurrido.

Pedro se dirige a los espectadores

¹¹Mientras el hombre seguía aferrado a Pedro y a Juan, toda la gente, que no salía de su asombro, corrió hacia ellos al lugar conocido como Pórtico de Salomón. ¹²Al ver esto, Pedro les dijo: «Pueblo de Israel, ¿por qué les sorprende lo que ha pasado? ¿por qué nos miran como si, con nuestro propio poder o virtud, hubiéramos hecho caminar a este hombre? ¹³El Dios de Abraham, de Isaac y de Jacob, el Dios de nuestros antepasados, ha glorificado a su siervo Jesús. Ustedes lo entregaron y lo rechazaron ante Pilato, aunque éste había decidido soltarlo. ¹⁴Rechazaron al Santo y Justo, y pidieron que se indultara a un asesino. ¹⁵Mataron al autor de la vida, pero Dios lo *levantó de entre los muertos, y de eso nosotros somos testigos. ¹⁶Por la fe en el nombre de Jesús, él ha restablecido a este hombre a quien ustedes ven y conocen. Esta fe que viene por medio de Jesús lo ha sanado por completo, como les consta a ustedes.

¹⁷»Ahora bien, hermanos, yo sé que ustedes y sus dirigentes actuaron así por ignorancia. ¹⁸Pero de este modo Dios cumplió lo que de antemano había anunciado por medio de todos los profetas: que su *Mesías tenía que padecer. ¹⁹Por tanto, para que sean borrados sus pecados, *arrepiéntanse y vuélvanse a Dios, a fin de que vengan tiempos de descanso de parte del Señor, ²⁰enviándoles el Mesías que ya había sido preparado para ustedes, el cual es Jesús. ²¹Es necesario que él permanezca en el cielo hasta que llegue el tiempo de la restauración de todas las cosas, como Dios lo ha anunciado desde hace siglos por medio de sus *santos profetas. ²²Moisés dijo: "El Señor su Dios hará surgir para ustedes, de entre sus propios hermanos, a un profeta como yo; presten atención a todo lo que les diga. ²³Porque quien no le haga caso será eliminado del pueblo."^ñ

²⁴»En efecto, a partir de Samuel todos los profetas han anunciado estos días. ²⁵Ustedes, pues, son herederos de los profetas y del pacto que Dios estableció con nuestros antepasados al decirle a Abraham: "Todos los pueblos del mundo serán bendecidos por medio de tu descendencia."^o ²⁶Cuando Dios resucitó a su siervo, lo envió primero a ustedes para darles la bendición de que cada uno se convierta de sus maldades.»

Pedro y Juan ante el Consejo

4 Mientras Pedro y Juan le hablaban a la gente, se les presentaron los sacerdotes, el capitán de la guardia del *templo y los saduceos. ²Estaban muy disgustados porque los apóstoles enseñaban a la gente y proclamaban la resurrección, que se había hecho evidente en el caso de Jesús. ³Prendieron a Pedro y a Juan y, como ya anochecía, los metieron en la cárcel hasta el día siguiente. ⁴Pero muchos de los que oyeron el mensaje creyeron, y el número de éstos llegaba a unos cinco mil.

⁵Al día siguiente se reunieron en Jerusalén los gobernantes, los *ancianos y los *maestros de la ley. ⁶Allí estaban el sumo sacerdote Anás, Caifás, Juan, Alejandro y los otros miembros de la familia del sumo sacerdote. ⁷Hicieron que Pedro y Juan comparecieran ante ellos y comenzaron a interrogarlos:

^ñ**3:23** Lv 23:29; Dt 18:15,18,19 ^o**3:25** Gn 22:18; 26:4

—¿Con qué poder, o en nombre de quién, hicieron ustedes esto?

8Pedro, lleno del Espíritu Santo, les respondió:

—Gobernantes del pueblo y ancianos: **9**Hoy se nos procesa por haber favorecido a un inválido, ¡y se nos pregunta cómo fue sanado! **10**Sepan, pues, todos ustedes y todo el pueblo de Israel que este hombre está aquí delante de ustedes, sano gracias al nombre de *Jesucristo de Nazaret, crucificado por ustedes pero *resucitado por Dios. **11**Jesucristo es "la piedra que desecharon ustedes los constructores, y que ha llegado a ser la piedra angular".*p* **12**De hecho, en ningún otro hay salvación, porque no hay bajo el cielo otro nombre dado a los hombres mediante el cual podamos ser salvos.

13Los gobernantes, al ver la osadía con que hablaban Pedro y Juan, y al darse cuenta de que eran gente sin estudios ni preparación, quedaron asombrados y reconocieron que habían estado con Jesús. **14**Además, como vieron que los acompañaba el hombre que había sido sanado, no tenían nada que alegar. **15**Así que les mandaron que se retiraran del *Consejo, y se pusieron a deliberar entre sí: **16**«¿Qué vamos a hacer con estos sujetos? Es un hecho que por medio de ellos ha ocurrido un milagro evidente; todos los que viven en Jerusalén lo saben, y no podemos negarlo. **17**Pero para evitar que este asunto siga divulgándose entre la gente, vamos a amenazarlos para que no vuelvan a hablar de ese nombre a nadie.»

18Los llamaron y les ordenaron terminantemente que dejaran de hablar y enseñar acerca del nombre de Jesús. **19**Pero Pedro y Juan replicaron:

—¿Es justo delante de Dios obedecerlos a ustedes en vez de obedecerlo a él? ¡Júzguenlo ustedes mismos! **20**Nosotros no podemos dejar de hablar de lo que hemos visto y oído.

21Después de nuevas amenazas, los dejaron irse. Por causa de la gente, no hallaban manera de castigarlos: todos alababan a Dios por lo que había sucedido,

22pues el hombre que había sido milagrosamente sanado tenía más de cuarenta años.

La oración de los creyentes

23Al quedar libres, Pedro y Juan volvieron a los suyos y les relataron todo lo que les habían dicho los jefes de los sacerdotes y los *ancianos. **24**Cuando lo oyeron, alzaron unánimes la voz en oración a Dios: «Soberano Señor, creador del cielo y de la tierra, del mar y de todo lo que hay en ellos, **25**tú, por medio del Espíritu Santo, dijiste en labios de nuestro padre David, tu siervo:

» "¿Por qué se sublevan las
        *naciones
    y en vano conspiran los pueblos?
26Los reyes de la tierra se rebelan
    y los gobernantes se confabulan
        contra el Señor
    y contra su ungido." *q*

27En efecto, en esta ciudad se reunieron Herodes y Poncio Pilato, con los *gentiles y con el pueblo*r* de Israel, contra tu santo siervo Jesús, a quien ungiste **28**para hacer lo que de antemano tu poder y tu voluntad habían determinado que sucediera. **29**Ahora, Señor, toma en cuenta sus amenazas y concede a tus *siervos el proclamar tu palabra sin temor alguno. **30**Por eso, extiende tu mano para sanar y hacer señales y prodigios mediante el nombre de tu santo siervo Jesús.»

31Después de haber orado, tembló el lugar en que estaban reunidos; todos fueron llenos del Espíritu Santo, y proclamaban la palabra de Dios sin temor alguno.

Los creyentes comparten sus bienes

32Todos los creyentes eran de un solo sentir y pensar. Nadie consideraba suya ninguna de sus posesiones, sino que las compartían. **33**Los apóstoles, a su vez, con gran poder seguían dando testimonio de la resurrección del Señor Jesús. La gracia de Dios se derramaba abundantemente sobre

---

p **4:11** Sal 118:22   *q* **4:26** *ungido.* Lit. **Cristo*; Sal 2:1-2.   *r* **4:27** *el pueblo.* Lit. *los pueblos.*

todos ellos, ³⁴pues no había ningún necesitado en la comunidad. Quienes poseían casas o terrenos los vendían, llevaban el dinero de las ventas ³⁵y lo entregaban a los apóstoles para que se distribuyera a cada uno según su necesidad.

³⁶José, un levita natural de Chipre, a quien los apóstoles llamaban Bernabé (que significa: Consolador^s), ³⁷vendió un terreno que poseía, llevó el dinero y lo puso a disposición de los apóstoles.

Ananías y Safira

5 ¹⁻²Un hombre llamado Ananías también vendió una propiedad y, en complicidad con su esposa Safira, se quedó con parte del dinero y puso el resto a disposición de los apóstoles.

³—Ananías —le reclamó Pedro—, ¿cómo es posible que Satanás haya llenado tu corazón para que le mintieras al Espíritu Santo y te quedaras con parte del dinero que recibiste por el terreno? ⁴¿Acaso no era tuyo antes de venderlo? Y una vez vendido, ¿no estaba el dinero en tu poder? ¿Cómo se te ocurrió hacer esto? ¡No has mentido a los hombres sino a Dios!

⁵Al oír estas palabras, Ananías cayó muerto. Y un gran temor se apoderó de todos los que se enteraron de lo sucedido. ⁶Entonces se acercaron los más jóvenes, envolvieron el cuerpo, se lo llevaron y le dieron sepultura.

⁷Unas tres horas más tarde entró la esposa, sin saber lo que había ocurrido.

⁸—Dime —le preguntó Pedro—, ¿vendieron ustedes el terreno por tal precio?

—Sí —dijo ella—, por tal precio.

⁹—¿Por qué se pusieron de acuerdo para poner a *prueba al Espíritu del Señor? —le recriminó Pedro—. ¡Mira! Los que sepultaron a tu esposo acaban de regresar y ahora te llevarán a ti.

¹⁰En ese mismo instante ella cayó muerta a los pies de Pedro. Entonces entraron los jóvenes y, al verla muerta, se la llevaron y le dieron sepultura al lado de su esposo. ¹¹Y un gran temor se apoderó de toda la iglesia y de todos los que se enteraron de estos sucesos.

Los apóstoles sanan a muchas personas

¹²Por medio de los apóstoles ocurrían muchas señales y prodigios entre el pueblo; y todos los creyentes se reunían de común acuerdo en el Pórtico de Salomón. ¹³Nadie entre el pueblo se atrevía a juntarse con ellos, aunque los elogiaban. ¹⁴Y seguía aumentando el número de los que creían y aceptaban al Señor. ¹⁵Era tal la multitud de hombres y mujeres, que hasta sacaban a los enfermos a las plazas y los ponían en colchonetas y camillas para que, al pasar Pedro, por lo menos su sombra cayera sobre alguno de ellos. ¹⁶También de los pueblos vecinos a Jerusalén acudían multitudes que llevaban personas enfermas y atormentadas por *espíritus malignos, y todas eran sanadas.

Persiguen a los apóstoles

¹⁷El sumo sacerdote y todos sus partidarios, que pertenecían a la secta de los saduceos, se llenaron de envidia. ¹⁸Entonces arrestaron a los apóstoles y los metieron en la cárcel común. ¹⁹Pero en la noche un ángel del Señor abrió las puertas de la cárcel y los sacó. ²⁰«Vayan —les dijo—, preséntense en el *templo y comuniquen al pueblo todo este mensaje de vida.»

²¹Conforme a lo que habían oído, al amanecer entraron en el templo y se pusieron a enseñar. Cuando llegaron el sumo sacerdote y sus partidarios, convocaron al *Consejo, es decir, a la asamblea general de los *ancianos de Israel, y mandaron traer de la cárcel a los apóstoles. ²²Pero al llegar los guardias a la cárcel, no los encontraron. Así que volvieron con el siguiente informe: ²³«Encontramos la cárcel cerrada, con todas las medidas de seguridad, y a los guardias firmes a las puertas; pero cuando abrimos, no encontramos a nadie adentro.»

²⁴Al oírlo, el capitán de la guardia del templo y los jefes de los sacerdotes se quedaron perplejos, preguntándose en qué terminaría todo aquello. ²⁵En esto, se presentó alguien que les informó: «¡Miren!

---

^s **4:36** *Consolador.* Lit. *Hijo de consolación.*

Los hombres que ustedes metieron en la cárcel están en el templo y siguen enseñando al pueblo.» ²⁶Fue entonces el capitán con sus guardias y trajo a los apóstoles sin recurrir a la fuerza, porque temían ser apedreados por la gente. ²⁷Los condujeron ante el Consejo, y el sumo sacerdote les reclamó:

²⁸—Terminantemente les hemos prohibido enseñar en ese nombre. Sin embargo, ustedes han llenado a Jerusalén con sus enseñanzas, y se han propuesto echarnos la culpa a nosotros de la muerte*t* de ese hombre.

²⁹—¡Es necesario obedecer a Dios antes que a los hombres! —respondieron Pedro y los demás apóstoles—. ³⁰El Dios de nuestros antepasados resucitó a Jesús, a quien ustedes mataron colgándolo de un madero. ³¹Por su poder,*u* Dios lo exaltó como Príncipe y Salvador, para que diera a Israel *arrepentimiento y perdón de pecados. ³²Nosotros somos testigos de estos acontecimientos, y también lo es el Espíritu Santo que Dios ha dado a quienes le obedecen.

³³A los que oyeron esto se les subió la sangre a la cabeza y querían matarlos. ³⁴Pero un *fariseo llamado Gamaliel, *maestro de la ley muy respetado por todo el pueblo, se puso de pie en el Consejo y mandó que hicieran salir por un momento a los apóstoles. ³⁵Luego dijo: «Hombres de Israel, piensen dos veces en lo que están a punto de hacer con estos hombres. ³⁶Hace algún tiempo surgió Teudas, jactándose de ser alguien, y se le unieron unos cuatrocientos hombres. Pero lo mataron y todos sus seguidores se dispersaron y allí se acabó todo. ³⁷Después de él surgió Judas el galileo, en los días del censo, y logró que la gente lo siguiera. A él también lo mataron, y todos sus secuaces se dispersaron. ³⁸En este caso les aconsejo que dejen a estos hombres en paz. ¡Suéltenlos! Si lo que se proponen y hacen es de origen humano, fracasará; ³⁹pero si es de Dios, no podrán destruirlos, y ustedes se encontrarán luchando contra Dios.»

Se dejaron persuadir por Gamaliel. ⁴⁰Entonces llamaron a los apóstoles y, luego de azotarlos, les ordenaron que no hablaran más en el nombre de Jesús. Después de eso los soltaron.

⁴¹Así, pues, los apóstoles salieron del Consejo, llenos de gozo por haber sido considerados dignos de sufrir afrentas por causa del Nombre. ⁴²Y día tras día, en el templo y de casa en casa, no dejaban de enseñar y anunciar las buenas *nuevas de que Jesús es el *Mesías.

Elección de los siete

6 En aquellos días, al aumentar el número de los discípulos, se quejaron los judíos de habla griega contra los de habla aramea*v* de que sus viudas eran desatendidas en la distribución diaria de los alimentos. ²Así que los doce reunieron a toda la comunidad de discípulos y les dijeron: «No está bien que nosotros los apóstoles descuidemos el ministerio de la palabra de Dios para servir las mesas. ³Hermanos, escojan de entre ustedes a siete hombres de buena reputación, llenos del Espíritu y de sabiduría, para encargarles esta responsabilidad. ⁴Así nosotros nos dedicaremos de lleno a la oración y al ministerio de la palabra.»

⁵Esta propuesta agradó a toda la asamblea. Escogieron a Esteban, hombre lleno de fe y del Espíritu Santo, y a Felipe, a Prócoro, a Nicanor, a Timón, a Parmenas y a Nicolás, un prosélito de Antioquía. ⁶Los presentaron a los apóstoles, quienes oraron y les impusieron las manos.

⁷Y la palabra de Dios se difundía: el número de los discípulos aumentaba considerablemente en Jerusalén, e incluso muchos de los sacerdotes obedecían a la fe.

Arresto de Esteban

⁸Esteban, hombre lleno de la gracia y del poder de Dios, hacía grandes prodigios y señales milagrosas entre el pueblo. ⁹Con él se pusieron a discutir ciertos individuos de la sinagoga llamada de los Libertos, donde había judíos de Cirene y de Alejan-

---

t **5:28** *muerte.* Lit. *sangre.*　　*u* **5:31** *Por su poder.* Alt. *A su derecha.*　　*v* **6:1** *los judíos ... aramea.* Lit. *los helenistas contra los hebreos.*

dría, de Cilicia y de la provincia de *Asia. [10]Como no podían hacer frente a la sabiduría ni al Espíritu con que hablaba Esteban, [11]instigaron a unos hombres a decir: «Hemos oído a Esteban *blasfemar contra Moisés y contra Dios.»

[12]Agitaron al pueblo, a los *ancianos y a los *maestros de la ley. Se apoderaron de Esteban y lo llevaron ante el *Consejo. [13]Presentaron testigos falsos, que declararon: «Este hombre no deja de hablar contra este lugar santo y contra la ley. [14]Le hemos oído decir que ese Jesús de Nazaret destruirá este lugar y cambiará las tradiciones que nos dejó Moisés.»

[15]Todos los que estaban sentados en el Consejo fijaron la mirada en Esteban y vieron que su rostro se parecía al de un ángel.

Discurso de Esteban ante el Consejo

7 —¿Son ciertas estas acusaciones? —le preguntó el sumo sacerdote.

[2]Él contestó:

—Hermanos y padres, ¡escúchenme! El Dios de la gloria se apareció a nuestro padre Abraham cuando éste aún vivía en Mesopotamia, antes de radicarse en Jarán. [3]"Deja tu tierra y a tus parientes —le dijo Dios—, y ve a la tierra que yo te mostraré."[w]

[4]»Entonces salió de la tierra de los caldeos y se estableció en Jarán. Desde allí, después de la muerte de su padre, Dios lo trasladó a esta tierra donde ustedes viven ahora. [5]No le dio herencia alguna en ella, ni siquiera dónde plantar el pie, pero le prometió dársela en posesión a él y a su descendencia, aunque Abraham no tenía ni un solo hijo todavía. [6]Dios le dijo así: "Tus descendientes vivirán como extranjeros en tierra extraña, donde serán esclavizados y maltratados durante cuatrocientos años. [7]Pero sea cual sea la nación que los esclavice, yo la castigaré, y luego tus descendientes saldrán de esa tierra y me adorarán en este lugar."[x] [8]Hizo con Abraham el pacto que tenía por señal la circuncisión. Así, cuando Abraham tu-

vo a su hijo Isaac, lo circuncidó a los ocho días de nacido, e Isaac a Jacob, y Jacob a los doce patriarcas.

[9]»Por envidia los patriarcas vendieron a José como esclavo, quien fue llevado a Egipto; pero Dios estaba con él [10]y lo libró de todas sus desgracias. Le dio sabiduría para ganarse el favor del faraón, rey de Egipto, que lo nombró gobernador del país y del palacio real.

[11]»Hubo entonces un hambre que azotó a todo Egipto y a Canaán, causando mucho sufrimiento, y nuestros antepasados no encontraban alimentos. [12]Al enterarse Jacob de que había comida en Egipto, mandó allá a nuestros antepasados en una primera visita. [13]En la segunda, José se dio a conocer a sus hermanos, y el faraón supo del origen de José. [14]Después de esto, José mandó llamar a su padre Jacob y a toda su familia, setenta y cinco personas en total. [15]Bajó entonces Jacob a Egipto, y allí murieron él y nuestros antepasados. [16]Sus restos fueron llevados a Siquén y puestos en el sepulcro que a buen precio Abraham había comprado a los hijos de Jamor en Siquén.

[17]»Cuando ya se acercaba el tiempo de que se cumpliera la promesa que Dios le había hecho a Abraham, el pueblo crecía y se multiplicaba en Egipto. [18]Por aquel entonces subió al trono de Egipto un nuevo rey que no sabía nada de José. [19]Este rey usó de artimañas con nuestro pueblo y oprimió a nuestros antepasados, obligándolos a dejar abandonados a sus hijos recién nacidos para que murieran.

[20]»En aquel tiempo nació Moisés, y fue agradable a los ojos de Dios.[y] Por tres meses se crió en la casa de su padre [21]y, al quedar abandonado, la hija del faraón lo adoptó y lo crió como a su propio hijo. [22]Así Moisés fue instruido en toda la sabiduría de los egipcios, y era poderoso en palabra y en obra.

[23]»Cuando cumplió cuarenta años, Moisés tuvo el deseo de allegarse a sus hermanos israelitas. [24]Al ver que un egipcio maltrataba a uno de ellos, acudió en su defensa y lo vengó matando al egipcio.

---

[w]**7:3** Gn 12:1   [x]**7:7** Gn 15:13,14; Éx 3:12   [y]**7:20** *fue ... Dios. Alt. era sumamente hermoso.*

²⁵Moisés suponía que sus hermanos reconocerían que Dios iba a liberarlos por medio de él, pero ellos no lo comprendieron así. ²⁶Al día siguiente, Moisés sorprendió a dos israelitas que estaban peleando. Trató de reconciliarlos, diciéndoles: "Señores, ustedes son hermanos; ¿por qué quieren hacerse daño?"

²⁷»Pero el que estaba maltratando al otro empujó a Moisés y le dijo: "¿Y quién te nombró a ti gobernante y juez sobre nosotros? ²⁸¿Acaso quieres matarme a mí, como mataste ayer al egipcio?"ᶻ ²⁹Al oír esto, Moisés huyó a Madián; allí vivió como extranjero y tuvo dos hijos.

³⁰»Pasados cuarenta años, se le apareció un ángel en el desierto cercano al monte Sinaí, en las llamas de una zarza que ardía. ³¹Moisés se asombró de lo que veía. Al acercarse para observar, oyó la voz del Señor: ³²"Yo soy el Dios de tus antepasados, el Dios de Abraham, de Isaac y de Jacob".ᵃ Moisés se puso a temblar de miedo, y no se atrevía a mirar.

³³»Le dijo el Señor: "Quítate las sandalias, porque estás pisando tierra santa. ³⁴Ciertamente he visto la opresión que sufre mi pueblo en Egipto. Los he escuchado quejarse, así que he descendido para librarlos. Ahora ven y te enviaré de vuelta a Egipto."ᵇ

³⁵»A este mismo Moisés, a quien habían rechazado diciéndole: "¿Y quién te nombró gobernante y juez?", Dios lo envió para ser gobernante y libertador, mediante el poder del ángel que se le apareció en la zarza. ³⁶Él los sacó de Egipto haciendo prodigios y señales milagrosas tanto en la tierra de Egipto como en el Mar Rojo, y en el desierto durante cuarenta años.

³⁷»Este Moisés les dijo a los israelitas: "Dios hará surgir para ustedes, de entre sus propios hermanos, un profeta como yo."ᶜ ³⁸Este mismo Moisés estuvo en la asamblea en el desierto, con el ángel que le habló en el monte Sinaí, y con nuestros antepasados. Fue también él quien recibió palabras de vida para comunicárnoslas a nosotros.

³⁹»Nuestros antepasados no quisieron obedecerlo a él, sino que lo rechazaron. Lo que realmente deseaban era volver a Egipto, ⁴⁰por lo cual le dijeron a Aarón: "Tienes que hacernos dioses que vayan delante de nosotros, porque a ese Moisés que nos sacó de Egipto, ¡no sabemos qué pudo haberle pasado!"ᵈ

⁴¹»Entonces se hicieron un ídolo en forma de becerro. Le ofrecieron sacrificios y tuvieron fiesta en honor de la obra de sus manos. ⁴²Pero Dios les volvió la espalda y los entregó a que rindieran culto a los astros. Así está escrito en el libro de los profetas:

»"Casa de Israel, ¿acaso me
	ofrecieron ustedes
		sacrificios y ofrendas
	durante los cuarenta años en el
		desierto?
⁴³Por el contrario, ustedes se
	hicieron cargo del
		tabernáculo de Moloc,
de la estrella del dios Refán,
	y de las imágenes que hicieron
		para adorarlas.
Por lo tanto, los mandaré al
	exilio"ᵉ más allá de
		Babilonia.

⁴⁴»Nuestros antepasados tenían en el desierto el tabernáculo del testimonio, hecho como Dios le había ordenado a Moisés, según el modelo que éste había visto. ⁴⁵Después de haber recibido el tabernáculo, lo trajeron consigo bajo el mando de Josué, cuando conquistaron la tierra de las naciones que Dios expulsó de la presencia de ellos. Allí permaneció hasta el tiempo de David, ⁴⁶quien disfrutó del favor de Dios y pidió que le permitiera proveer una morada para el Diosᶠ de Jacob. ⁴⁷Pero fue Salomón quien construyó la casa.

⁴⁸»Sin embargo, el Altísimo no habita en casas construidas por manos humanas. Como dice el profeta:

ᶻ7:28 Éx 2:14	ᵃ7:32 Éx 3:6	ᵇ7:34 Éx 3:5,7,8,10	ᶜ7:37 Dt 18:15	ᵈ7:40 Éx 32:1	ᵉ7:43 Am 5:25-27
ᶠ7:46 para el Dios. Var. para la casa (es decir, la familia).

49»"El cielo es mi trono,
y la tierra, el estrado de mis pies.
¿Qué clase de casa me construirán?
—dice el Señor—.
¿O qué lugar de descanso?
50¿No es mi mano la que ha hecho
todas estas cosas?"*g*

51»¡Tercos, duros de corazón y torpes de oídos!*h* Ustedes son iguales que sus antepasados: ¡Siempre resisten al Espíritu Santo! 52¿A cuál de los profetas no persiguieron sus antepasados? Ellos mataron a los que de antemano anunciaron la venida del Justo, y ahora a éste lo han traicionado y asesinado 53ustedes, que recibieron la ley promulgada por medio de ángeles y no la han obedecido.

Muerte de Esteban

54Al oír esto, rechinando los dientes montaron en cólera contra él. 55Pero Esteban, lleno del Espíritu Santo, fijó la mirada en el cielo y vio la gloria de Dios, y a Jesús de pie a la *derecha de Dios.
56—¡Veo el cielo abierto —exclamó—, y al Hijo del hombre de pie a la derecha de Dios!
57Entonces ellos, gritando a voz en cuello, se taparon los oídos y todos a una se abalanzaron sobre él, 58lo sacaron a empellones fuera de la ciudad y comenzaron a apedrearlo. Los acusadores le encargaron sus mantos a un joven llamado Saulo.
59Mientras lo apedreaban, Esteban oraba.
—Señor Jesús —decía—, recibe mi espíritu.
60Luego cayó de rodillas y gritó:
—¡Señor, no les tomes en cuenta este pecado!
Cuando hubo dicho esto, murió.
8 Y Saulo estaba allí, aprobando la muerte de Esteban.

La iglesia perseguida y dispersa

Aquel día se desató una gran persecución contra la iglesia en Jerusalén, y todos, excepto los apóstoles, se dispersaron por las regiones de Judea y Samaria. 2Unos hombres piadosos sepultaron a Esteban e hicieron gran duelo por él. 3Saulo, por su parte, causaba estragos en la iglesia: entrando de casa en casa, arrastraba a hombres y mujeres y los metía en la cárcel.

Felipe en Samaria

4Los que se habían dispersado predicaban la palabra por dondequiera que iban. 5Felipe bajó a una ciudad de Samaria y les anunciaba al *Mesías. 6Al oír a Felipe y ver las señales milagrosas que realizaba, mucha gente se reunía y todos prestaban atención a su mensaje. 7De muchos endemoniados los *espíritus malignos salían dando alaridos, y un gran número de paralíticos y cojos quedaban sanos. 8Y aquella ciudad se llenó de alegría.

Simón el hechicero

9Ya desde antes había en esa ciudad un hombre llamado Simón que, jactándose de ser un gran personaje, practicaba la hechicería y asombraba a la gente de Samaria. 10Todos, desde el más pequeño hasta el más grande, le prestaban atención y exclamaban: «¡Este hombre es al que llaman el Gran Poder de Dios!»
11Lo seguían porque por mucho tiempo los había tenido deslumbrados con sus artes mágicas. 12Pero cuando creyeron a Felipe, que les anunciaba las buenas *nuevas del reino de Dios y el nombre de *Jesucristo, tanto hombres como mujeres se bautizaron. 13Simón mismo creyó y, después de bautizarse, seguía a Felipe por todas partes, asombrado de los grandes milagros y señales que veía.
14Cuando los apóstoles que estaban en Jerusalén se enteraron de que los samaritanos habían aceptado la palabra de Dios, les enviaron a Pedro y a Juan. 15Éstos, al llegar, oraron por ellos para que recibieran el Espíritu Santo, 16porque el Espíritu aún no había descendido sobre ninguno de ellos; solamente habían sido bautizados en el nombre del Señor Jesús. 17Entonces Pedro y Juan les impusieron las manos, y ellos recibieron el Espíritu Santo.

---

g **7:50** Is 66:1,2   *h* **7:51** *¡Tercos ... oídos!* Lit. *¡Duros de cuello e incircuncisos en los corazones y los oídos!*

18Al ver Simón que mediante la imposición de las manos de los apóstoles se daba el Espíritu Santo, les ofreció dinero 19y les pidió:

—Denme también a mí ese poder, para que todos a quienes yo les imponga las manos reciban el Espíritu Santo.

20—¡Que tu dinero perezca contigo —le contestó Pedro—, porque intentaste comprar el don de Dios con dinero! 21No tienes arte ni parte en este asunto, porque no eres íntegro delante de Dios. 22Por eso, *arrepiéntete de tu maldad y ruega al Señor. Tal vez te perdone el haber tenido esa mala intención. 23Veo que vas camino a la amargura y a la esclavitud del pecado.

24—Rueguen al Señor por mí —respondió Simón—, para que no me suceda nada de lo que han dicho.

25Después de testificar y proclamar la palabra del Señor, Pedro y Juan se pusieron en camino de vuelta a Jerusalén, y de paso predicaron el *evangelio en muchas poblaciones de los samaritanos.

Felipe y el etíope

26Un ángel del Señor le dijo a Felipe: «Ponte en marcha hacia el sur, por el camino del desierto que baja de Jerusalén a Gaza.» 27Felipe emprendió el viaje, y resulta que se encontró con un etíope *eunuco, alto funcionario encargado de todo el tesoro de la Candace, reina de los etíopes. Éste había ido a Jerusalén para adorar 28y, en el viaje de regreso a su país, iba sentado en su carro, leyendo el libro del profeta Isaías. 29El Espíritu le dijo a Felipe: «Acércate y júntate a ese carro.»

30Felipe se acercó de prisa al carro y, al oír que el hombre leía al profeta Isaías, le preguntó:

—¿Acaso entiende usted lo que está leyendo?

31—¿Y cómo voy a entenderlo —contestó— si nadie me lo explica?

Así que invitó a Felipe a subir y sentarse con él. 32El pasaje de la Escritura que estaba leyendo era el siguiente:

«Como oveja, fue llevado al
     matadero;
y como cordero que enmudece
     ante su trasquilador,
ni siquiera abrió su boca.
33Lo humillaron y no le hicieron
     justicia.
¿Quién describirá su
     descendencia?
Porque su vida fue arrancada de
     la tierra.»[i]

34—Dígame usted, por favor, ¿de quién habla aquí el profeta, de sí mismo o de algún otro? —le preguntó el eunuco a Felipe.

35Entonces Felipe, comenzando con ese mismo pasaje de la Escritura, le anunció las buenas *nuevas acerca de Jesús. 36Mientras iban por el camino, llegaron a un lugar donde había agua, y dijo el eunuco:

—Mire usted, aquí hay agua. ¿Qué impide que yo sea bautizado?[j]

38Entonces mandó parar el carro, y ambos bajaron al agua, y Felipe lo bautizó. 39Cuando subieron del agua, el Espíritu del Señor se llevó de repente a Felipe. El eunuco no volvió a verlo, pero siguió alegre su camino. 40En cuanto a Felipe, apareció en Azoto, y se fue predicando el *evangelio en todos los pueblos hasta que llegó a Cesarea.

Conversión de Saulo

9:1-19 — Hch 23:3-16; 26:9-18

9 Mientras tanto, Saulo, respirando aún amenazas de muerte contra los discípulos del Señor, se presentó al sumo sacerdote 2y le pidió cartas de extradición para las sinagogas de Damasco. Tenía la intención de encontrar y llevarse presos a Jerusalén a todos los que pertenecieran al Camino, fueran hombres o mujeres. 3En el viaje sucedió que, al acercarse a Damasco, una luz del cielo relampagueó de repente a su alrededor. 4Él cayó al suelo y oyó una voz que le decía:

—Saulo, Saulo, ¿por qué me persigues?

---

*i*8:33 Is 53:7,8   *j*8:36 *bautizado?* Var. *bautizado? / 37*—Si cree usted de todo corazón, bien puede —le dijo Felipe. / —Creo que Jesucristo es el Hijo de Dios —contestó el hombre.

⁵—¿Quién eres, Señor? —preguntó.

—Yo soy Jesús, a quien tú persigues —le contestó la voz—. ⁶Levántate y entra en la ciudad, que allí se te dirá lo que tienes que hacer.

⁷Los hombres que viajaban con Saulo se detuvieron atónitos, porque oían la voz pero no veían a nadie. ⁸Saulo se levantó del suelo, pero cuando abrió los ojos no podía ver, así que lo tomaron de la mano y lo llevaron a Damasco. ⁹Estuvo ciego tres días, sin comer ni beber nada.

¹⁰Había en Damasco un discípulo llamado Ananías, a quien el Señor llamó en una visión.

—¡Ananías!

—Aquí estoy, Señor.

¹¹—Anda, ve a la casa de Judas, en la calle llamada Derecha, y pregunta por un tal Saulo de Tarso. Está orando, ¹²y ha visto en una visión a un hombre llamado Ananías, que entra y pone las manos sobre él para que recobre la vista.

¹³Entonces Ananías respondió:

—Señor, he oído hablar mucho de ese hombre y de todo el mal que ha causado a tus *santos en Jerusalén. ¹⁴Y ahora lo tenemos aquí, autorizado por los jefes de los sacerdotes, para llevarse presos a todos los que invocan tu nombre.

¹⁵—¡Ve! —insistió el Señor—, porque ese hombre es mi instrumento escogido para dar a conocer mi nombre tanto a las *naciones y a sus reyes como al pueblo de Israel. ¹⁶Yo le mostraré cuánto tendrá que padecer por mi nombre.

¹⁷Ananías se fue y, cuando llegó a la casa, le impuso las manos a Saulo y le dijo: «Hermano Saulo, el Señor Jesús, que se te apareció en el camino, me ha enviado para que recobres la vista y seas lleno del Espíritu Santo.» ¹⁸Al instante cayó de los ojos de Saulo algo como escamas, y recobró la vista. Se levantó y fue bautizado; ¹⁹y habiendo comido, recobró las fuerzas.

Saulo en Damasco y en Jerusalén

Saulo pasó varios días con los discípulos que estaban en Damasco, ²⁰y en seguida se dedicó a predicar en las sinagogas,

afirmando que Jesús es el Hijo de Dios. ²¹Todos los que le oían se quedaban asombrados, y preguntaban: «¿No es éste el que en Jerusalén perseguía a muerte a los que invocan ese nombre? ¿Y no ha venido aquí para llevárselos presos y entregarlos a los jefes de los sacerdotes?» ²²Pero Saulo cobraba cada vez más fuerza y confundía a los judíos que vivían en Damasco, demostrándoles que Jesús es el *Mesías.

²³Después de muchos días, los judíos se pusieron de acuerdo para hacerlo desaparecer, ²⁴pero Saulo se enteró de sus maquinaciones. Día y noche vigilaban de cerca las puertas de la ciudad con el fin de eliminarlo. ²⁵Pero sus discípulos se lo llevaron de noche y lo bajaron en un canasto por una abertura en la muralla.

²⁶Cuando llegó a Jerusalén, trataba de juntarse con los discípulos, pero todos tenían miedo de él, porque no creían que de veras fuera discípulo. ²⁷Entonces Bernabé lo tomó a su cargo y lo llevó a los apóstoles. Saulo les describió en detalle cómo en el camino había visto al Señor, el cual le había hablado, y cómo en Damasco había predicado con libertad en el nombre de Jesús. ²⁸Así que se quedó con ellos, y andaba por todas partes en Jerusalén, hablando abiertamente en el nombre del Señor. ²⁹Conversaba y discutía con los judíos de habla griega,ᵏ pero ellos se proponían eliminarlo. ³⁰Cuando se enteraron de ello los hermanos, se lo llevaron a Cesarea y de allí lo mandaron a Tarso.

³¹Mientras tanto, la iglesia disfrutaba de paz a la vez que se consolidaba en toda Judea, Galilea y Samaria, pues vivía en el temor del Señor. E iba creciendo en número, fortalecida por el Espíritu Santo.

Eneas y Dorcas

³²Pedro, que estaba recorriendo toda la región, fue también a visitar a los *santos que vivían en Lida. ³³Allí encontró a un paralítico llamado Eneas, que llevaba ocho años en cama. ³⁴«Eneas —le dijo Pedro—, *Jesucristo te sana. Levántate y tiende tu cama.» Y al instante se levantó.

ᵏ **9:29** *los judíos de habla griega.* Lit. *los helenistas.*

35Todos los que vivían en Lida y en Sarón lo vieron, y se convirtieron al Señor.

36Había en Jope una discípula llamada Tabita (que traducido es Dorcas*l*). Ésta se esmeraba en hacer buenas obras y en ayudar a los pobres. 37Sucedió que en esos días cayó enferma y murió. Pusieron el cadáver, después de lavarlo, en un cuarto de la planta alta. 38Y como Lida estaba cerca de Jope, los discípulos, al enterarse de que Pedro se encontraba en Lida, enviaron a dos hombres a rogarle: «¡Por favor, venga usted a Jope en seguida!»

39Sin demora, Pedro se fue con ellos, y cuando llegó lo llevaron al cuarto de arriba. Todas las viudas se presentaron, llorando y mostrándole las túnicas y otros vestidos que Dorcas había hecho cuando aún estaba con ellas.

40Pedro hizo que todos salieran del cuarto; luego se puso de rodillas y oró. Volviéndose hacia la muerta, dijo: «Tabita, levántate.» Ella abrió los ojos y, al ver a Pedro, se incorporó. 41Él, tomándola de la mano, la levantó. Luego llamó a los *creyentes y a las viudas, a quienes la presentó viva. 42La noticia se difundió por todo Jope, y muchos creyeron en el Señor. 43Pedro se quedó en Jope un buen tiempo, en casa de un tal Simón, que era curtidor.

Cornelio manda llamar a Pedro

10 Vivía en Cesarea un centurión llamado Cornelio, del regimiento conocido como el Italiano. 2Él y toda su familia eran devotos y temerosos de Dios. Realizaba muchas obras de beneficencia para el pueblo de Israel y oraba a Dios constantemente. 3Un día, como a las tres de la tarde,*m* tuvo una visión. Vio claramente a un ángel de Dios que se le acercaba y le decía:

—¡Cornelio!

4—¿Qué quieres, Señor? —le preguntó Cornelio, mirándolo fijamente y con mucho miedo.

—Dios ha recibido tus oraciones y tus obras de beneficencia como una ofrenda

—le contestó el ángel—. 5Envía de inmediato a algunos hombres a Jope para que hagan venir a un tal Simón, apodado Pedro. 6Él se hospeda con Simón el curtidor, que tiene su casa junto al mar.

7Después de que se fue el ángel que le había hablado, Cornelio llamó a dos de sus siervos y a un soldado devoto de los que le servían regularmente. 8Les explicó todo lo que había sucedido y los envió a Jope.

La visión de Pedro

9Al día siguiente, mientras ellos iban de camino y se acercaban a la ciudad, Pedro subió a la azotea a orar. Era casi el mediodía.*n* 10Tuvo hambre y quiso algo de comer. Mientras se lo preparaban, le sobrevino un éxtasis. 11Vio el cielo abierto y algo parecido a una gran sábana que, suspendida por las cuatro puntas, descendía hacia la tierra. 12En ella había toda clase de cuadrúpedos, como también reptiles y aves.

13—Levántate, Pedro; mata y come —le dijo una voz.

14—¡De ninguna manera, Señor! —replicó Pedro—. Jamás he comido nada *impuro o inmundo.

15Por segunda vez le insistió la voz:

—Lo que Dios ha purificado, tú no lo llames impuro.

16Esto sucedió tres veces, y en seguida la sábana fue recogida al cielo.

17Pedro no atinaba a explicarse cuál podría ser el significado de la visión. Mientras tanto, los hombres enviados por Cornelio, que estaban preguntado por la casa de Simón, se presentaron a la puerta. 18Llamando, averiguaron si allí se hospedaba Simón, apodado Pedro.

19Mientras Pedro seguía reflexionando sobre el significado de la visión, el Espíritu le dijo: «Mira, Simón, tres*n* hombres te buscan. 20Date prisa, baja y no dudes en ir con ellos, porque yo los he enviado.»

21Pedro bajó y les dijo a los hombres:

—Aquí estoy; yo soy el que ustedes buscan. ¿Qué asunto los ha traído por acá?

22Ellos le contestaron:

---

*l*9:36 Tanto *Tabita* (arameo) como *Dorcas* (griego) significan *gacela*.   *m*10:3 *las tres de la tarde*. Lit. *la hora novena*; también en v. 30.   *n*10:9 *casi el mediodía*. Lit. *alrededor de la hora sexta*.   *n*10:19 Var. no incluye *tres* (un ms. antiguo dice: *dos*).

—Venimos de parte del centurión Cornelio, un hombre justo y temeroso de Dios, respetado por todo el pueblo judío. Un ángel de Dios le dio instrucciones de invitarlo a usted a su casa para escuchar lo que usted tiene que decirle.

²³Entonces Pedro los invitó a pasar y los hospedó.

Pedro en casa de Cornelio

Al día siguiente, Pedro se fue con ellos acompañado de algunos creyentes de Jope. ²⁴Un día después llegó a Cesarea. Cornelio estaba esperándolo con los parientes y amigos íntimos que había reunido. ²⁵Al llegar Pedro a la casa, Cornelio salió a recibirlo y, postrándose delante de él, le rindió homenaje. ²⁶Pero Pedro hizo que se levantara, y le dijo:

—Ponte de pie, que sólo soy un hombre como tú.

²⁷Pedro entró en la casa conversando con él, y encontró a muchos reunidos. ²⁸Entonces les habló así:

—Ustedes saben muy bien que nuestra ley prohíbe que un judío se junte con un extranjero o lo visite. Pero Dios me ha hecho ver que a nadie debo llamar *impuro o inmundo. ²⁹Por eso, cuando mandaron por mí, vine sin poner ninguna objeción. Ahora permítanme preguntarles: ¿para qué me hicieron venir?

³⁰Cornelio contestó:

—Hace cuatro días a esta misma hora, las tres de la tarde, estaba yo en casa orando.ᵒ De repente apareció delante de mí un hombre vestido con ropa brillante, ³¹y me dijo: "Cornelio, Dios ha oído tu oración y se ha acordado de tus obras de beneficencia. ³²Por lo tanto, envía a alguien a Jope para hacer venir a Simón, apodado Pedro, que se hospeda en casa de Simón el curtidor, junto al mar." ³³Así que inmediatamente mandé a llamarte, y tú has tenido la bondad de venir. Ahora estamos todos aquí, en la presencia de Dios, para escuchar todo lo que el Señor te ha encomendado que nos digas.

³⁴Pedro tomó la palabra, y dijo:

—Ahora comprendo que en realidad para Dios no hay favoritismos, ³⁵sino que en toda nación él ve con agrado a los que le temen y actúan con justicia. ³⁶Dios envió su mensaje al pueblo de Israel, anunciando las buenas *nuevas de la paz por medio de *Jesucristo, que es el Señor de todos. ³⁷Ustedes conocen este mensaje que se difundió por toda Judea, comenzando desde Galilea, después del bautismo que predicó Juan. ³⁸Me refiero a Jesús de Nazaret: cómo lo ungió Dios con el Espíritu Santo y con poder, y cómo anduvo haciendo el bien y sanando a todos los que estaban oprimidos por el diablo, porque Dios estaba con él. ³⁹Nosotros somos testigos de todo lo que hizo en la tierra de los judíos y en Jerusalén. Lo mataron, colgándolo de un madero, ⁴⁰pero Dios lo resucitó al tercer día y dispuso que se apareciera, ⁴¹no a todo el pueblo, sino a nosotros, testigos previamente escogidos por Dios, que comimos y bebimos con él después de su *resurrección. ⁴²Él nos mandó a predicar al pueblo y a dar solemne testimonio de que ha sido nombrado por Dios como juez de vivos y muertos. ⁴³De él dan testimonio todos los profetas, que todo el que cree en él recibe, por medio de su nombre, el perdón de los pecados.

⁴⁴Mientras Pedro estaba todavía hablando, el Espíritu Santo descendió sobre todos los que escuchaban el mensaje. ⁴⁵Los defensores de la circuncisión que habían llegado con Pedro se quedaron asombrados de que el don del Espíritu Santo se hubiera derramado también sobre los *gentiles, ⁴⁶pues los oían hablar en *lenguas y alabar a Dios. Entonces Pedro respondió:

⁴⁷—¿Acaso puede alguien negar el agua para que sean bautizados estos que han recibido el Espíritu Santo lo mismo que nosotros?

⁴⁸Y mandó que fueran bautizados en el nombre de Jesucristo. Entonces le pidieron que se quedara con ellos algunos días.

ᵒ **10:30** *en casa orando.* Var. *en casa ayunando y orando.*

Pedro explica su comportamiento

11 Los apóstoles y los hermanos de toda Judea se enteraron de que también los *gentiles habían recibido la palabra de Dios. ²Así que cuando Pedro subió a Jerusalén, los defensores de la circuncisión lo criticaron ³diciendo:

—Entraste en casa de hombres incircuncisos y comiste con ellos.

⁴Entonces Pedro comenzó a explicarles paso a paso lo que había sucedido:

⁵—Yo estaba orando en la ciudad de Jope y tuve un éxtasis una visión. Vi que del cielo descendía algo parecido a una gran sábana que, suspendida por las cuatro puntas, bajaba hasta donde yo estaba. ⁶Me fijé en lo que había en ella, y vi cuadrúpedos, fieras, reptiles y aves. ⁷Luego oí una voz que me decía: "Levántate, Pedro; mata y come." ⁸Repliqué: "¡De ninguna manera, Señor! Jamás ha entrado en mi boca nada *impuro o inmundo." ⁹Por segunda vez insistió la voz del cielo: "Lo que Dios ha purificado, tú no lo llames impuro." ¹⁰Esto sucedió tres veces, y luego todo volvió a ser llevado al cielo.

¹¹»En aquel momento se presentaron en la casa donde yo estaba tres hombres que desde Cesarea habían sido enviados a verme. ¹²El Espíritu me dijo que fuera con ellos sin dudar. También fueron conmigo estos seis hermanos, y entramos en la casa de aquel hombre. ¹³Él nos contó cómo en su casa se le había aparecido un ángel que le dijo: "Manda a alguien a Jope para hacer venir a Simón, apodado Pedro. ¹⁴Él te traerá un mensaje mediante el cual serán salvos tú y toda tu familia."

¹⁵»Cuando comencé a hablarles, el Espíritu Santo descendió sobre ellos tal como al principio descendió sobre nosotros. ¹⁶Entonces recordé lo que había dicho el Señor: "Juan bautizó conᵖ agua, pero ustedes serán bautizados con el Espíritu Santo." ¹⁷Por tanto, si Dios les ha dado a ellos el mismo don que a nosotros al creer en el Señor *Jesucristo, ¿quién soy yo para pretender estorbar a Dios?

¹⁸Al oír esto, se apaciguaron y alabaron a Dios diciendo:

—¡Así que también a los gentiles les ha concedido Dios el *arrepentimiento para vida!

La iglesia en Antioquía

¹⁹Los que se habían dispersado a causa de la persecución que se desató por el caso de Esteban llegaron hasta Fenicia, Chipre y Antioquía, sin anunciar a nadie el mensaje excepto a los judíos. ²⁰Sin embargo, había entre ellos algunas personas de Chipre y de Cirene que, al llegar a Antioquía, comenzaron a hablarles también a los de habla griega, anunciándoles las buenas *nuevas acerca del Señor Jesús. ²¹El poder del Señor estaba con ellos, y un gran número creyó y se convirtió al Señor.

²²La noticia de estos sucesos llegó a oídos de la iglesia de Jerusalén, y mandaron a Bernabé a Antioquía. ²³Cuando él llegó y vio las evidencias de la gracia de Dios, se alegró y animó a todos a hacerse el firme propósito de permanecer fieles al Señor, ²⁴pues era un hombre bueno, lleno del Espíritu Santo y de fe. Un gran número de personas aceptó al Señor.

²⁵Después partió Bernabé para Tarso en busca de Saulo, ²⁶y cuando lo encontró, lo llevó a Antioquía. Durante todo un año se reunieron los dos con la iglesia y enseñaron a mucha gente. Fue en Antioquía donde a los discípulos se les llamó «cristianos» por primera vez.

²⁷Por aquel tiempo unos profetas bajaron de Jerusalén a Antioquía. ²⁸Uno de ellos, llamado Ágabo, se puso de pie y predijo por medio del Espíritu que iba a haber una gran hambre en todo el mundo, lo cual sucedió durante el reinado de Claudio. ²⁹Entonces decidieron que cada uno de los discípulos, según los recursos de cada cual, enviaría ayuda a los hermanos que vivían en Judea. ³⁰Así lo hicieron, mandando su ofrenda a los *ancianos por medio de Bernabé y de Saulo.

ᵖ **11:16** con. Alt. en.

Pedro escapa milagrosamente de la cárcel

12 En ese tiempo el rey Herodes hizo arrestar a algunos de la iglesia con el fin de maltratarlos. ²A *Jacobo, hermano de Juan, lo mandó matar a espada. ³Al ver que esto agradaba a los judíos, procedió a prender también a Pedro. Esto sucedió durante la fiesta de los Panes sin levadura. ⁴Después de arrestarlo, lo metió en la cárcel y lo puso bajo la vigilancia de cuatro grupos de cuatro soldados cada uno. Tenía la intención de hacerlo comparecer en juicio público después de la Pascua. ⁵Pero mientras mantenían a Pedro en la cárcel, la iglesia oraba constante y fervientemente a Dios por él.

⁶La misma noche en que Herodes estaba a punto de sacar a Pedro para someterlo a juicio, éste dormía entre dos soldados, sujeto con dos cadenas. Unos guardias vigilaban la entrada de la cárcel. ⁷De repente apareció un ángel del Señor y una luz resplandeció en la celda. Despertó a Pedro con unas palmadas en el costado y le dijo: «¡Date prisa, levántate!» Las cadenas cayeron de las manos de Pedro. ⁸Le dijo además el ángel: «Vístete y cálzate las sandalias.» Así lo hizo, y el ángel añadió: «Échate la capa encima y sígueme.»

⁹Pedro salió tras él, pero no sabía si realmente estaba sucediendo lo que el ángel hacía. Le parecía que se trataba de una visión. ¹⁰Pasaron por la primera y la segunda guardia, y llegaron al portón de hierro que daba a la ciudad. El portón se les abrió por sí solo, y salieron. Caminaron unas cuadras, y de repente el ángel lo dejó solo.

¹¹Entonces Pedro volvió en sí y se dijo: «Ahora estoy completamente seguro de que el Señor ha enviado a su ángel para librarme del poder de Herodes y de todo lo que el pueblo judío esperaba.»

¹²Cuando cayó en cuenta de esto, fue a casa de María, la madre de Juan, apodado Marcos, donde muchas personas estaban reunidas orando. ¹³Llamó a la puerta de la calle, y salió a responder una sierva llamada Rode. ¹⁴Al reconocer la voz de Pedro, se puso tan contenta que volvió corriendo sin abrir.

—¡Pedro está a la puerta! —exclamó.

¹⁵—¡Estás loca! —le dijeron.

Ella insistía en que así era, pero los otros decían:

—Debe de ser su ángel.

¹⁶Entre tanto, Pedro seguía llamando. Cuando abrieron la puerta y lo vieron, quedaron pasmados. ¹⁷Con la mano Pedro les hizo señas de que se callaran, y les contó cómo el Señor lo había sacado de la cárcel.

—Cuéntenles esto a Jacobo y a los hermanos —les dijo.

Luego salió y se fue a otro lugar.

¹⁸Al amanecer se produjo un gran alboroto entre los soldados respecto al paradero de Pedro. ¹⁹Herodes hizo averiguaciones, pero al no encontrarlo, les tomó declaración a los guardias y mandó matarlos. Después viajó de Judea a Cesarea y se quedó allí.

Muerte de Herodes

²⁰Herodes estaba furioso con los de Tiro y de Sidón, pero ellos se pusieron de acuerdo y se presentaron ante él. Habiéndose ganado el favor de Blasto, camarero del rey, pidieron paz, porque su región dependía del país del rey para obtener sus provisiones.

²¹El día señalado, Herodes, ataviado con su ropaje real y sentado en su trono, le dirigió un discurso al pueblo. ²²La gente gritaba: «¡Voz de un dios, no de hombre!» ²³Al instante un ángel del Señor lo hirió, porque no le había dado la gloria a Dios; y Herodes murió comido de gusanos.

²⁴Pero la palabra de Dios seguía extendiéndose y difundiéndose.

²⁵Cuando Bernabé y Saulo cumplieron su servicio, regresaron de*q* Jerusalén llevando con ellos a Juan, llamado también Marcos.

---

q 12:25 *regresaron de.* Var. *regresaron a.*

Despedida de Bernabé y Saulo

13 En la iglesia de Antioquía eran profetas y maestros Bernabé; Simeón, apodado el Negro; Lucio de Cirene; Manaén, que se había criado con Herodes el tetrarca; y Saulo. **2**Mientras ayunaban y participaban en el culto al Señor, el Espíritu Santo dijo: «Apártenme ahora a Bernabé y a Saulo para el trabajo al que los he llamado.»

3Así que después de ayunar, orar e imponerles las manos, los despidieron.

En Chipre

4Bernabé y Saulo, enviados por el Espíritu Santo, bajaron a Seleucia, y de allí navegaron a Chipre. **5**Al llegar a Salamina, predicaron la palabra de Dios en las sinagogas de los judíos. Tenían también a Juan como ayudante.

6Recorrieron toda la isla hasta Pafos. Allí se encontraron con un hechicero, un falso profeta judío llamado Barjesús, **7**que estaba con el gobernador*r* Sergio Paulo. El gobernador, hombre inteligente, mandó llamar a Bernabé y a Saulo, en un esfuerzo por escuchar la palabra de Dios. **8**Pero Elimas el hechicero (que es lo que significa su nombre) se les oponía y procuraba apartar de la fe al gobernador. **9**Entonces Saulo, o sea Pablo, lleno del Espíritu Santo, clavó los ojos en Elimas y le dijo: **10**«¡Hijo del diablo y enemigo de toda justicia, lleno de todo tipo de engaño y de fraude! ¿Nunca dejarás de torcer los caminos rectos del Señor? **11**Ahora la mano del Señor está contra ti; vas a quedarte ciego y por algún tiempo no podrás ver la luz del sol.»

Al instante cayeron sobre él sombra y oscuridad, y comenzó a buscar a tientas quien lo llevara de la mano. **12**Al ver lo sucedido, el gobernador creyó, maravillado de la enseñanza acerca del Señor.

En Antioquía de Pisidia

13Pablo y sus compañeros se hicieron a la mar desde Pafos, y llegaron a Perge de Panfilia. Juan se separó de ellos y regresó a Jerusalén; **14**ellos, por su parte, siguieron su viaje desde Perge hasta Antioquía de Pisidia. El *sábado entraron en la sinagoga y se sentaron. **15**Al terminar la lectura de la ley y los profetas, los jefes de la sinagoga mandaron a decirles: «Hermanos, si tienen algún mensaje de aliento para el pueblo, hablen.»

16Pablo se puso en pie, hizo una señal con la mano y dijo: «Escúchenme, israelitas, y ustedes, los *gentiles temerosos de Dios: **17**El Dios de este pueblo de Israel escogió a nuestros antepasados y engrandeció al pueblo mientras vivían como extranjeros en Egipto. Con gran poder los sacó de aquella tierra **18**y soportó su mal proceder*s* en el desierto unos cuarenta años. **19**Luego de destruir siete naciones en Canaán, dio a su pueblo la tierra de ellas en herencia. **20**Todo esto duró unos cuatrocientos cincuenta años.

»Después de esto, Dios les asignó jueces hasta los días del profeta Samuel. **21**Entonces pidieron un rey, y Dios les dio a Saúl, hijo de Quis, de la tribu de Benjamín, que gobernó por cuarenta años. **22**Tras destituir a Saúl, les puso por rey a David, de quien dio este testimonio: "He encontrado en David, hijo de Isaí, un hombre conforme a mi corazón; él realizará todo lo que yo quiero."

23»De los descendientes de éste, conforme a la promesa, Dios ha provisto a Israel un salvador, que es Jesús. **24**Antes de la venida de Jesús, Juan predicó un bautismo de *arrepentimiento a todo el pueblo de Israel. **25**Cuando estaba completando su carrera, Juan decía: "¿Quién suponen ustedes que soy? No soy aquél. Miren, después de mí viene uno a quien no soy digno ni siquiera de desatarle las sandalias."

26»Hermanos, descendientes de Abraham, y ustedes, los gentiles temerosos de Dios: a nosotros se nos ha enviado este mensaje de salvación. **27**Los habitantes de Jerusalén y sus gobernantes no reconocieron a Jesús. Por tanto, al condenarlo, cumplieron las palabras de los profetas que se leen todos los sábados. **28**Aunque no encontraron ninguna causa digna de muerte,

---

r **13:7** *gobernador.* Lit. *procónsul*; también en vv. 8 y 12.　　*s* **13:18** *soportó su mal proceder.* Var. *los cuidó.*

le pidieron a Pilato que lo mandara a ejecutar. ²⁹Después de llevar a cabo todas las cosas que estaban escritas acerca de él, lo bajaron del madero y lo sepultaron. ³⁰Pero Dios lo *levantó de entre los muertos. ³¹Durante muchos días lo vieron los que habían subido con él de Galilea a Jerusalén, y ellos son ahora sus testigos ante el pueblo.

³²»Nosotros les anunciamos a ustedes las buenas *nuevas respecto a la promesa hecha a nuestros antepasados. ³³Dios nos la ha cumplido plenamente a nosotros, los descendientes de ellos, al resucitar a Jesús. Como está escrito en el segundo salmo:

» "Tú eres mi hijo;
　hoy mismo te he engendrado." *t*

³⁴Dios lo *resucitó para que no volviera jamás a la corrupción. Así se cumplieron estas palabras:

» "Yo les daré las bendiciones
　　santas y seguras prometidas
　　a David." *u*

³⁵Por eso dice en otro pasaje:

» "No permitirás que el fin de tu
　　santo sea la corrupción." *v*

³⁶»Ciertamente David, después de servir a su propia generación conforme al propósito de Dios, murió, fue sepultado con sus antepasados, y su cuerpo sufrió la corrupción. ³⁷Pero aquel a quien Dios resucitó no sufrió la corrupción de su cuerpo.

³⁸»Por tanto, hermanos, sepan que por medio de Jesús se les anuncia a ustedes el perdón de los pecados. ³⁹Ustedes no pudieron ser *justificados de esos pecados por la ley de Moisés, pero todo el que cree es justificado por medio de Jesús. ⁴⁰Tengan cuidado, no sea que les suceda lo que han dicho los profetas:

⁴¹» "¡Miren, burlones!
　¡Asómbrense y desaparezcan!

Estoy por hacer en estos días una
　obra
　que ustedes nunca creerán,
　aunque alguien se la explique." *w*»

⁴²Al salir ellos de la sinagoga, los invitaron a que el siguiente sábado les hablaran más de estas cosas. ⁴³Cuando se disolvió la asamblea, muchos judíos y prosélitos fieles acompañaron a Pablo y a Bernabé, los cuales en su conversación con ellos los instaron a perseverar en la gracia de Dios.

⁴⁴El siguiente sábado casi toda la ciudad se congregó para oír la palabra del Señor. ⁴⁵Pero cuando los judíos vieron a las multitudes, se llenaron de celos y contradecían con maldiciones lo que Pablo decía.

⁴⁶Pablo y Bernabé les contestaron valientemente: «Era necesario que les anunciáramos la palabra de Dios primero a ustedes. Como la rechazan y no se consideran dignos de la vida eterna, ahora vamos a dirigirnos a los gentiles. ⁴⁷Así nos lo ha mandado el Señor:

» "Te he puesto por luz para las
　　*naciones,
　a fin de que lleves mi salvación
　　hasta los confines de la
　　　tierra." *x*»

⁴⁸Al oír esto, los gentiles se alegraron y celebraron la palabra del Señor; y creyeron todos los que estaban destinados a la vida eterna.

⁴⁹La palabra del Señor se difundía por toda la región. ⁵⁰Pero los judíos incitaron a mujeres muy distinguidas y favorables al judaísmo, y a los hombres más prominentes de la ciudad, y provocaron una persecución contra Pablo y Bernabé. Por tanto, los expulsaron de la región. ⁵¹Ellos, por su parte, se sacudieron el polvo de los pies en señal de protesta contra la ciudad, y se fueron a Iconio. ⁵²Y los discípulos quedaron llenos de alegría y del Espíritu Santo.

---

t **13:33** Sal 2:7　*u* **13:34** Is 55:3　*v* **13:35** Sal 16:10　*w* **13:41** Hab 1:5　*x* **13:47** Is 49:6

En Iconio

14 En Iconio, Pablo y Bernabé entraron, como de costumbre, en la sinagoga judía y hablaron de tal manera que creyó una multitud de judíos y de *griegos. **2**Pero los judíos incrédulos incitaron a los *gentiles y les amargaron el ánimo contra los hermanos. **3**En todo caso, Pablo y Bernabé pasaron allí bastante tiempo, hablando valientemente en el nombre del Señor, quien confirmaba el mensaje de su gracia, haciendo señales y prodigios por medio de ellos. **4**La gente de la ciudad estaba dividida: unos estaban de parte de los judíos, y otros de parte de los apóstoles. **5**Hubo un complot tanto de los gentiles como de los judíos, apoyados por sus dirigentes, para maltratarlos y apedrearlos. **6**Al darse cuenta de esto, los apóstoles huyeron a Listra y Derbe, ciudades de Licaonia, y a sus alrededores, **7**donde siguieron anunciando las buenas *nuevas.

En Listra y Derbe

8En Listra vivía un hombre lisiado de nacimiento, que no podía mover las piernas y nunca había caminado. Estaba sentado, **9**escuchando a Pablo, quien al reparar en él y ver que tenía fe para ser sanado, **10**le ordenó con voz fuerte:

—¡Ponte en pie y enderézate!

El hombre dio un salto y empezó a caminar. **11**Al ver lo que Pablo había hecho, la gente comenzó a gritar en el idioma de Licaonia:

—¡Los dioses han tomado forma humana y han venido a visitarnos!

12A Bernabé lo llamaban Zeus, y a Pablo, Hermes, porque era el que dirigía la palabra. **13**El sacerdote de Zeus, el dios cuyo templo estaba a las afueras de la ciudad, llevó toros y guirnaldas a las puertas y, con toda la multitud, quería ofrecerles sacrificios.

14Al enterarse de esto los apóstoles Bernabé y Pablo, se rasgaron las vestiduras y se lanzaron por entre la multitud, gritando:

15—Señores, ¿por qué hacen esto? Nosotros también somos hombres mortales como ustedes. Las buenas *nuevas que les anunciamos es que dejen estas cosas sin valor y se vuelvan al Dios viviente, que hizo el cielo, la tierra, el mar y todo lo que hay en ellos. **16**En épocas pasadas él permitió que todas las *naciones siguieran su propio camino. **17**Sin embargo, no ha dejado de dar testimonio de sí mismo haciendo el bien, dándoles lluvias del cielo y estaciones fructíferas, proporcionándoles comida y alegría de corazón.

18A pesar de todo lo que dijeron, a duras penas evitaron que la multitud les ofreciera sacrificios.

19En eso llegaron de Antioquía y de Iconio unos judíos que hicieron cambiar de parecer a la multitud. Apedrearon a Pablo y lo arrastraron fuera de la ciudad, creyendo que estaba muerto. **20**Pero cuando lo rodearon los discípulos, él se levantó y volvió a entrar en la ciudad. Al día siguiente, partió para Derbe en compañía de Bernabé.

El regreso a Antioquía de Siria

21Después de anunciar las buenas *nuevas en aquella ciudad y de hacer muchos discípulos, Pablo y Bernabé regresaron a Listra, a Iconio y a Antioquía, **22**fortaleciendo a los discípulos y animándolos a perseverar en la fe. «Es necesario pasar por muchas dificultades para entrar en el reino de Dios», les decían. **23**En cada iglesia nombraron *ancianos y, con oración y ayuno, los encomendaron al Señor en quien habían creído. **24**Atravesando Pisidia, llegaron a Panfilia, **25**y cuando terminaron de predicar la palabra en Perge, bajaron a Atalía.

26De Atalía navegaron a Antioquía, donde se los había encomendado a la gracia de Dios para la obra que ya habían realizado. **27**Cuando llegaron, reunieron a la iglesia e informaron de todo lo que Dios había hecho por medio de ellos, y de cómo había abierto la puerta de la fe a los *gentiles. **28**Y se quedaron allí mucho tiempo con los discípulos.

El concilio de Jerusalén

15 Algunos que habían llegado de Judea a Antioquía se pusieron a enseñar a los hermanos: «A menos que ustedes se circunciden, conforme a la tradición de Moisés, no pueden ser salvos.»

²Esto provocó un altercado y un serio debate de Pablo y Bernabé con ellos. Entonces se decidió que Pablo y Bernabé, y algunos otros creyentes, subieran a Jerusalén para tratar este asunto con los apóstoles y los *ancianos. ³Enviados por la iglesia, al pasar por Fenicia y Samaria contaron cómo se habían convertido los *gentiles. Estas noticias llenaron de alegría a todos los creyentes. ⁴Al llegar a Jerusalén, fueron muy bien recibidos tanto por la iglesia como por los apóstoles y los ancianos, a quienes informaron de todo lo que Dios había hecho por medio de ellos.

⁵Entonces intervinieron algunos creyentes que pertenecían a la secta de los *fariseos y afirmaron:

—Es necesario circuncidar a los gentiles y exigirles que obedezcan la ley de Moisés.

⁶Los apóstoles y los ancianos se reunieron para examinar este asunto. ⁷Después de una larga discusión, Pedro tomó la palabra:

—Hermanos, ustedes saben que desde un principio Dios me escogió de entre ustedes para que por mi boca los gentiles oyeran el mensaje del *evangelio y creyeran. ⁸Dios, que conoce el corazón humano, mostró que los aceptaba dándoles el Espíritu Santo, lo mismo que a nosotros. ⁹Sin hacer distinción alguna entre nosotros y ellos, purificó sus corazones por la fe. ¹⁰Entonces, ¿por qué tratan ahora de provocar a Dios poniendo sobre el cuello de esos discípulos un yugo que ni nosotros ni nuestros antepasados hemos podido soportar? ¹¹¡No puede ser! Más bien, como ellos, creemos que somos salvos*ʸ* por la gracia de nuestro Señor Jesús.

¹²Toda la asamblea guardó silencio para escuchar a Bernabé y a Pablo, que les contaron las señales y prodigios que Dios había hecho por medio de ellos entre los gentiles. ¹³Cuando terminaron, *Jacobo tomó la palabra y dijo:

—Hermanos, escúchenme. ¹⁴*Simón*ᶻ* nos ha expuesto cómo Dios desde el principio tuvo a bien escoger de entre los gentiles un pueblo para honra de su nombre. ¹⁵Con esto concuerdan las palabras de los profetas, tal como está escrito:

¹⁶»"Después de esto volveré
  y reedificaré la choza caída de David.
  Reedificaré sus ruinas,
  y la restauraré,
¹⁷para que busque al Señor el resto de la *humanidad,
  todas las *naciones que llevan mi nombre.
¹⁸Así dice el Señor, que hace estas cosas"*ᵃ*
  conocidas desde tiempos antiguos.*ᵇ*

¹⁹»Por lo tanto, yo considero que debemos dejar de ponerles trabas a los gentiles que se convierten a Dios. ²⁰Más bien debemos escribirles que se abstengan de lo *contaminado por los ídolos, de la inmoralidad sexual, de la carne de animales estrangulados y de sangre. ²¹En efecto, desde tiempos antiguos Moisés siempre ha tenido en cada ciudad quien lo predique y lo lea en las sinagogas todos los *sábados.

Carta del concilio a los creyentes gentiles

²²Entonces los apóstoles y los *ancianos, de común acuerdo con toda la iglesia, decidieron escoger a algunos de ellos y enviarlos a Antioquía con Pablo y Bernabé. Escogieron a Judas, llamado Barsabás, y a Silas, que tenían buena reputación entre los hermanos. ²³Con ellos mandaron la siguiente carta:

Los apóstoles y los ancianos,

a nuestros hermanos *gentiles en Antioquía, Siria y Cilicia:

Saludos.

²⁴Nos hemos enterado de que algunos de los nuestros, sin nuestra autori-

zación, los han inquietado a ustedes, alarmándoles con lo que les han dicho. 25Así que de común acuerdo hemos decidido escoger a algunos hombres y enviarlos a ustedes con nuestros queridos hermanos Pablo y Bernabé, 26quienes han arriesgado su *vida por el nombre de nuestro Señor *Jesucristo. 27Por tanto, les enviamos a Judas y a Silas para que les confirmen personalmente lo que les escribimos. 28Nos pareció bien al Espíritu Santo y a nosotros no imponerles a ustedes ninguna carga aparte de los siguientes requisitos: 29abstenerse de lo sacrificado a los ídolos, de sangre, de la carne de animales estrangulados y de la inmoralidad sexual. Bien harán ustedes si evitan estas cosas.

Con nuestros mejores deseos.

30Una vez despedidos, ellos bajaron a Antioquía, donde reunieron a la congregación y entregaron la carta. 31Los creyentes la leyeron y se alegraron por su mensaje alentador. 32Judas y Silas, que también eran profetas, hablaron extensamente para animarlos y fortalecerlos. 33Después de pasar algún tiempo allí, los hermanos los despidieron en paz, para que regresaran a quienes los habían enviado.c 35Pablo y Bernabé permanecieron en Antioquía, enseñando y anunciando la palabra del Señor en compañía de muchos otros.

Desacuerdo entre Pablo y Bernabé

36Algún tiempo después, Pablo le dijo a Bernabé: «Volvamos a visitar a los creyentes en todas las ciudades en donde hemos anunciado la palabra del Señor, y veamos cómo están.» 37Resulta que Bernabé quería llevar con ellos a Juan Marcos, 38pero a Pablo no le pareció prudente llevarlo, porque los había abandonado en Panfilia y no había seguido con ellos en el trabajo. 39Se produjo entre ellos un conflicto tan serio que acabaron por separarse. Bernabé se llevó

a Marcos y se embarcó rumbo a Chipre, 40mientras que Pablo escogió a Silas. Después de que los hermanos lo encomendaron a la gracia del Señor, Pablo partió 41y viajó por Siria y Cilicia, consolidando a las iglesias.

Timoteo se une a Pablo y a Silas

16 Llegó Pablo a Derbe y después a Listra, donde se encontró con un discípulo llamado Timoteo, hijo de una mujer judía creyente, pero de padre *griego. 2Los hermanos en Listra y en Iconio hablaban bien de Timoteo, 3así que Pablo decidió llevárselo. Por causa de los judíos que vivían en aquella región, lo circuncidó, pues todos sabían que su padre era griego. 4Al pasar por las ciudades, entregaban los acuerdos tomados por los apóstoles y los *ancianos de Jerusalén, para que los pusieran en práctica. 5Y así las iglesias se fortalecían en la fe y crecían en número día tras día.

La visión de Pablo del hombre macedonio

6Atravesaron la región de Frigia y Galacia, ya que el Espíritu Santo les había impedido que predicaran la palabra en la provincia de *Asia. 7Cuando llegaron cerca de Misia, intentaron pasar a Bitinia, pero el Espíritu de Jesús no se lo permitió. 8Entonces, pasando de largo por Misia, bajaron a Troas. 9Durante la noche Pablo tuvo una visión en la que un hombre de Macedonia, puesto de pie, le rogaba: «Pasa a Macedonia y ayúdanos.» 10Después de que Pablo tuvo la visión, en seguida nos preparamos para partir hacia Macedonia, convencidos de que Dios nos había llamado a anunciar el *evangelio a los macedonios.

Conversión de Lidia en Filipos

11Zarpando de Troas, navegamos directamente a Samotracia, y al día siguiente a Neápolis. 12De allí fuimos a Filipos, que es una colonia romana y la ciudad principal de ese distrito de Macedonia. En esa ciudad nos quedamos varios días.

---

c15:33 enviado. Var. enviado, 34pero Silas decidió quedarse.

¹³El *sábado salimos a las afueras de la ciudad, y fuimos por la orilla del río, donde esperábamos encontrar un lugar de oración. Nos sentamos y nos pusimos a conversar con las mujeres que se habían reunido. ¹⁴Una de ellas, que se llamaba Lidia, adoraba a Dios. Era de la ciudad de Tiatira y vendía telas de púrpura. Mientras escuchaba, el Señor le abrió el corazón para que respondiera al mensaje de Pablo. ¹⁵Cuando fue bautizada con su familia, nos hizo la siguiente invitación: «Si ustedes me consideran creyente en el Señor, vengan a hospedarse en mi casa.» Y nos persuadió.

Pablo y Silas en la cárcel

¹⁶Una vez, cuando íbamos al lugar de oración, nos salió al encuentro una joven esclava que tenía un espíritu de adivinación. Con sus poderes ganaba mucho dinero para sus amos. ¹⁷Nos seguía a Pablo y a nosotros, gritando:

—Estos hombres son *siervos del Dios Altísimo, y les anuncian a ustedes el camino de salvación.

¹⁸Así continuó durante muchos días. Por fin Pablo se molestó tanto que se volvió y reprendió al espíritu:

—¡En el nombre de *Jesucristo, te ordeno que salgas de ella!

Y en aquel mismo momento el espíritu la dejó.

¹⁹Cuando los amos de la joven se dieron cuenta de que se les había esfumado la esperanza de ganar dinero, echaron mano a Pablo y a Silas y los arrastraron a la plaza, ante las autoridades. ²⁰Los presentaron ante los magistrados y dijeron:

—Estos hombres son judíos, y están alborotando a nuestra ciudad, ²¹enseñando costumbres que a los romanos se nos prohíbe admitir o practicar.

²²Entonces la multitud se amotinó contra Pablo y Silas, y los magistrados mandaron que les arrancaran la ropa y los azotaran. ²³Después de darles muchos golpes, los echaron en la cárcel, y ordenaron al carcelero que los custodiara con la mayor seguridad. ²⁴Al recibir tal orden, éste los metió en el calabozo interior y les sujetó los pies en el cepo.

²⁵A eso de la medianoche, Pablo y Silas se pusieron a orar y a cantar himnos a Dios, y los otros presos los escuchaban. ²⁶De repente se produjo un terremoto tan fuerte que la cárcel se estremeció hasta sus cimientos. Al instante se abrieron todas las puertas y a los presos se les soltaron las cadenas. ²⁷El carcelero despertó y, al ver las puertas de la cárcel de par en par, sacó la espada y estuvo a punto de matarse, porque pensaba que los presos se habían escapado. Pero Pablo le gritó:

²⁸—¡No te hagas ningún daño! ¡Todos estamos aquí!

²⁹El carcelero pidió luz, entró precipitadamente y se echó temblando a los pies de Pablo y de Silas. ³⁰Luego los sacó y les preguntó:

—Señores, ¿qué tengo que hacer para ser salvo?

³¹—Cree en el Señor Jesús; así tú y tu familia serán salvos —le contestaron.

³²Luego les expusieron la palabra de Dios a él y a todos los demás que estaban en su casa. ³³A esas horas de la noche, el carcelero se los llevó y les lavó las heridas; en seguida fueron bautizados él y toda su familia. ³⁴El carcelero los llevó a su casa, les sirvió comida y se alegró mucho junto con toda su familia por haber creído en Dios.

³⁵Al amanecer, los magistrados mandaron a unos guardias al carcelero con esta orden: «Suelta a esos hombres.» ³⁶El carcelero, entonces, le informó a Pablo:

—Los magistrados han ordenado que los suelte. Así que pueden irse. Vayan en paz.

³⁷Pero Pablo respondió a los guardias:

—¿Cómo? A nosotros, que somos ciudadanos romanos, que nos han azotado públicamente y sin proceso alguno, y nos han echado en la cárcel, ¿ahora quieren expulsarnos a escondidas? ¡Nada de eso! Que vengan ellos personalmente a escoltarnos hasta la salida.

³⁸Los guardias comunicaron la respuesta a los magistrados. Éstos se asustaron cuando oyeron que Pablo y Silas eran ciudadanos romanos, ³⁹así que fueron a presentarles sus disculpas. Los escoltaron desde la cárcel, pidiéndoles que se fueran de la ciudad. ⁴⁰Al salir de la cárcel, Pablo

y Silas se dirigieron a la casa de Lidia, donde se vieron con los hermanos y los animaron. Después se fueron.

En Tesalónica

17 Atravesando Anfípolis y Apolonia, Pablo y Silas llegaron a Tesalónica, donde había una sinagoga de los judíos. ²Como era su costumbre, Pablo entró en la sinagoga y tres *sábados seguidos discutió con ellos. Basándose en las Escrituras, ³les explicaba y demostraba que era necesario que el *Mesías padeciera y *resucitara. Les decía: «Este Jesús que les anuncio es el Mesías.» ⁴Algunos de los judíos se convencieron y se unieron a Pablo y a Silas, como también lo hicieron un buen número de mujeres prominentes y muchos *griegos que adoraban a Dios.

⁵Pero los judíos, llenos de envidia, reclutaron a unos maleantes callejeros, con los que armaron una turba y empezaron a alborotar la ciudad. Asaltaron la casa de Jasón en busca de Pablo y Silas, con el fin de procesarlos públicamente. ⁶Pero como no los encontraron, arrastraron a Jasón y a algunos otros hermanos ante las autoridades de la ciudad, gritando: «¡Estos que han trastornado el mundo entero han venido también acá, ⁷y Jasón los ha recibido en su casa! Todos ellos actúan en contra de los decretos del *emperador, afirmando que hay otro rey, uno que se llama Jesús.» ⁸Al oír esto, la multitud y las autoridades de la ciudad se alborotaron; ⁹entonces éstas exigieron fianza a Jasón y a los demás para dejarlos en libertad.

En Berea

¹⁰Tan pronto como se hizo de noche, los hermanos enviaron a Pablo y a Silas a Berea, quienes al llegar se dirigieron a la sinagoga de los judíos. ¹¹Éstos eran de sentimientos más nobles que los de Tesalónica, de modo que recibieron el mensaje con toda avidez y todos los días examinaban las Escrituras para ver si era verdad lo que se les anunciaba. ¹²Muchos de los judíos creyeron, y también un buen número de *griegos, incluso mujeres distinguidas y no pocos hombres.

¹³Cuando los judíos de Tesalónica se enteraron de que también en Berea estaba Pablo predicando la palabra de Dios, fueron allá para agitar y alborotar a las multitudes. ¹⁴En seguida los hermanos enviaron a Pablo hasta la costa, pero Silas y Timoteo se quedaron en Berea. ¹⁵Los que acompañaban a Pablo lo llevaron hasta Atenas. Luego regresaron con instrucciones de que Silas y Timoteo se reunieran con él tan pronto como les fuera posible.

En Atenas

¹⁶Mientras Pablo los esperaba en Atenas, le dolió en el alma ver que la ciudad estaba llena de ídolos. ¹⁷Así que discutía en la sinagoga con los judíos y con los *griegos que adoraban a Dios, y a diario hablaba en la plaza con los que se encontraban por allí. ¹⁸Algunos filósofos epicúreos y estoicos entablaron conversación con él. Unos decían: «¿Qué querrá decir este charlatán?» Otros comentaban: «Parece que es predicador de dioses extranjeros.» Decían esto porque Pablo les anunciaba las buenas *nuevas de Jesús y de la resurrección. ¹⁹Entonces se lo llevaron a una reunión del Areópago.

—¿Se puede saber qué nueva enseñanza es esta que usted presenta? —le preguntaron—. ²⁰Porque nos viene usted con ideas que nos suenan extrañas, y queremos saber qué significan.

²¹Es que todos los atenienses y los extranjeros que vivían allí se pasaban el tiempo sin hacer otra cosa más que escuchar y comentar las últimas novedades.

²²Pablo se puso en medio del Areópago y tomó la palabra:

—¡Ciudadanos atenienses! Observo que ustedes son sumamente religiosos en todo lo que hacen. ²³Al pasar y fijarme en sus lugares sagrados, encontré incluso un altar con esta inscripción: A UN DIOS DESCONOCIDO. Pues bien, eso que ustedes adoran como algo desconocido es lo que yo les anuncio.

²⁴»El Dios que hizo el mundo y todo lo que hay en él es Señor del cielo y de la tierra. No vive en templos construidos por hombres, ²⁵ni se deja servir por manos *humanas, como si necesitara de algo. Por el contrario, él es quien da a todos la vida,

el aliento y todas las cosas. ²⁶De un solo hombre hizo todas las naciones^d para que habitaran toda la tierra; y determinó los períodos de su historia y las fronteras de sus territorios. ²⁷Esto lo hizo Dios para que todos lo busquen y, aunque sea a tientas, lo encuentren. En verdad, él no está lejos de ninguno de nosotros, ²⁸"puesto que en él vivimos, nos movemos y existimos." Como algunos de sus propios poetas griegos han dicho: "De él somos descendientes."

²⁹»Por tanto, siendo descendientes de Dios, no debemos pensar que la divinidad sea como el oro, la plata o la piedra: escultura hecha como resultado del ingenio y de la destreza del *ser humano. ³⁰Pues bien, Dios pasó por alto aquellos tiempos de tal ignorancia, pero ahora manda a todos, en todas partes, que se *arrepientan. ³¹Él ha fijado un día en que juzgará al mundo con justicia, por medio del hombre que ha designado. De ello ha dado pruebas a todos al *levantarlo de entre los muertos.

³²Cuando oyeron de la resurrección, unos se burlaron; pero otros le dijeron:

—Queremos que usted nos hable en otra ocasión sobre este tema.

³³En ese momento Pablo salió de la reunión. ³⁴Algunas personas se unieron a Pablo y creyeron. Entre ellos estaba Dionisio, miembro del Areópago, también una mujer llamada Dámaris, y otros más.

En Corinto

18 Después de esto, Pablo se marchó de Atenas y se fue a Corinto. ²Allí se encontró con un judío llamado Aquila, natural del Ponto, y con su esposa Priscila. Hacía poco habían llegado de Italia, porque Claudio había mandado que todos los judíos fueran expulsados de Roma. Pablo fue a verlos ³y, como hacía tiendas de campaña al igual que ellos, se quedó para que trabajaran juntos. ⁴Todos los *sábados discutía en la sinagoga, tratando de persuadir a judíos y a *griegos.

⁵Cuando Silas y Timoteo llegaron de Macedonia, Pablo se dedicó exclusivamente a la predicación, testificándoles a los judíos que Jesús era el *Mesías. ⁶Pero cuando los judíos se opusieron a Pablo y lo insultaron, éste se sacudió la ropa en señal de protesta y les dijo: «¡Caiga la sangre de ustedes sobre su propia cabeza! Estoy libre de responsabilidad. De ahora en adelante me dirigiré a los *gentiles.»

⁷Entonces Pablo salió de la sinagoga y se fue a la casa de un tal Ticio Justo, que adoraba a Dios y que vivía al lado de la sinagoga. ⁸Crispo, el jefe de la sinagoga, creyó en el Señor con toda su familia. También creyeron y fueron bautizados muchos de los corintios que oyeron a Pablo.

⁹Una noche el Señor le dijo a Pablo en una visión: «No tengas miedo; sigue hablando y no te calles, ¹⁰pues estoy contigo. Aunque te ataquen, no voy a dejar que nadie te haga daño, porque tengo mucha gente en esta ciudad.» ¹¹Así que Pablo se quedó allí un año y medio, enseñando entre el pueblo la palabra de Dios.

¹²Mientras Galión era gobernador^e de Acaya, los judíos a una atacaron a Pablo y lo condujeron al tribunal.

¹³—Este hombre —denunciaron ellos— anda persuadiendo a la gente a adorar a Dios de una manera que va en contra de nuestra ley.

¹⁴Pablo ya iba a hablar cuando Galión les dijo:

—Si ustedes los judíos estuvieran entablando una demanda sobre algún delito o algún crimen grave, sería razonable que los escuchara. ¹⁵Pero como se trata de cuestiones de palabras, de nombres y de su propia ley, arréglense entre ustedes. No quiero ser juez de tales cosas.

¹⁶Así que mandó que los expulsaran del tribunal. ¹⁷Entonces se abalanzaron todos sobre Sóstenes, el jefe de la sinagoga, y lo golpearon delante del tribunal. Pero Galión no le dio ninguna importancia al asunto.

Priscila, Aquila y Apolos

¹⁸Pablo permaneció en Corinto algún tiempo más. Después se despidió de los

---

^d**17:26** *todas las naciones.* Alt. *todo el género humano.*   ^e**18:12** *gobernador.* Lit. *procónsul.*

hermanos y emprendió el viaje rumbo a Siria, acompañado de Priscila y Aquila. En Cencreas, antes de embarcarse, se hizo rapar la cabeza a causa de un voto que había hecho. 19Al llegar a Éfeso, Pablo se separó de sus acompañantes y entró en la sinagoga, donde se puso a discutir con los judíos. 20Éstos le pidieron que se quedara más tiempo con ellos. Él no accedió, 21pero al despedirse les prometió: «Ya volveré, si Dios quiere.» Y zarpó de Éfeso. 22Cuando desembarcó en Cesarea, subió a Jerusalén a saludar a la iglesia y luego bajó a Antioquía.

23Después de pasar algún tiempo allí, Pablo se fue a visitar una por una las congregacionesᶠ de Galacia y Frigia, animando a todos los discípulos.

24Por aquel entonces llegó a Éfeso un judío llamado Apolos, natural de Alejandría. Era un hombre ilustrado y convincente en el uso de las Escrituras. 25Había sido instruido en el camino del Señor, y con gran fervorᵍ hablaba y enseñaba con la mayor exactitud acerca de Jesús, aunque conocía sólo el bautismo de Juan. 26Comenzó a hablar valientemente en la sinagoga. Al oírlo Priscila y Aquila, lo tomaron a su cargo y le explicaron con mayor precisión el camino de Dios.

27Como Apolos quería pasar a Acaya, los hermanos lo animaron y les escribieron a los discípulos de allá para que lo recibieran. Cuando llegó, ayudó mucho a quienes por la gracia habían creído, 28pues refutaba vigorosamente en público a los judíos, demostrando por las Escrituras que Jesús es el *Mesías.

Pablo en Éfeso

19 Mientras Apolos estaba en Corinto, Pablo recorrió las regiones del interior y llegó a Éfeso. Allí encontró a algunos discípulos.

2—¿Recibieron ustedes el Espíritu Santo cuando creyeron? —les preguntó.

—No, ni siquiera hemos oído hablar del Espíritu Santo —respondieron.

3—Entonces, ¿qué bautismo recibieron?

—El bautismo de Juan.

4Pablo les explicó:

—El bautismo de Juan no era más que un bautismo de *arrepentimiento. Él le decía al pueblo que creyera en el que venía después de él, es decir, en Jesús.

5Al oír esto, fueron bautizados en el nombre del Señor Jesús. 6Cuando Pablo les impuso las manos, el Espíritu Santo vino sobre ellos, y empezaron a hablar en *lenguas y a profetizar. 7Eran en total unos doce hombres.

8Pablo entró en la sinagoga y habló allí con toda valentía durante tres meses. Discutía acerca del reino de Dios, tratando de convencerlos, 9pero algunos se negaron obstinadamente a creer, y ante la congregación hablaban mal del Camino. Así que Pablo se alejó de ellos y formó un grupo aparte con los discípulos; y a diario debatía en la escuela de Tirano. 10Esto continuó por espacio de dos años, de modo que todos los judíos y los *griegos que vivían en la provincia de *Asia llegaron a escuchar la palabra del Señor.

11Dios hacía milagros extraordinarios por medio de Pablo, 12a tal grado que a los enfermos les llevaban pañuelos y delantales que habían tocado el cuerpo de Pablo, y quedaban sanos de sus enfermedades, y los espíritus malignos salían de ellos.

13Algunos judíos que andaban expulsando espíritus malignos intentaron invocar sobre los endemoniados el nombre del Señor Jesús. Decían: «¡En el nombre de Jesús, a quien Pablo predica, les ordeno que salgan!» 14Esto lo hacían siete hijos de un tal Esceva, que era uno de los jefes de los sacerdotes judíos. 15Un día el *espíritu maligno les replicó: «Conozco a Jesús, y sé quién es Pablo, pero ustedes ¿quiénes son?» 16Y abalanzándose sobre ellos, el hombre que tenía el espíritu maligno los dominó a todos. Los maltrató con tanta violencia que huyeron de la casa desnudos y heridos.

ᶠ18:23 una por una las congregaciones. Lit. por orden la región.   ᵍ18:25 con gran fervor. Lit. con fervor en el Espíritu.

¹⁷Cuando se enteraron los judíos y los griegos que vivían en Éfeso, el temor se apoderó de todos ellos, y el nombre del Señor Jesús era glorificado. ¹⁸Muchos de los que habían creído llegaban ahora y confesaban públicamente sus prácticas malvadas. ¹⁹Un buen número de los que practicaban la hechicería juntaron sus libros en un montón y los quemaron delante de todos. Cuando calcularon el precio de aquellos libros, resultó un total de cincuenta mil monedas de plata.ʰ ²⁰Así la palabra del Señor crecía y se difundía con poder arrollador.

²¹Después de todos estos sucesos, Pablo tomó la determinación de ir a Jerusalén, pasando por Macedonia y Acaya. Decía: «Después de estar allí, tengo que visitar Roma.» ²²Entonces envió a Macedonia a dos de sus ayudantes, Timoteo y Erasto, mientras él se quedaba por algún tiempo en la provincia de Asia.

El disturbio en Éfeso

²³Por aquellos días se produjo un gran disturbio a propósito del Camino. ²⁴Un platero llamado Demetrio, que hacía figuras en plata del templo de Artemisa,ⁱ proporcionaba a los artesanos no poca ganancia. ²⁵Los reunió con otros obreros del ramo, y les dijo:

—Compañeros, ustedes saben que obtenemos buenos ingresos de este oficio. ²⁶Les consta además que el tal Pablo ha logrado persuadir a mucha gente, no sólo en Éfeso sino en casi toda la provincia de *Asia. Él sostiene que no son dioses los que se hacen con las manos. ²⁷Ahora bien, no sólo hay el peligro de que se desprestigie nuestro oficio, sino también de que el templo de la gran diosa Artemisa sea menospreciado, y que la diosa misma, a quien adoran toda la provincia de Asia y el mundo entero, sea despojada de su divina majestad.

²⁸Al oír esto, se enfurecieron y comenzaron a gritar:

—¡Grande es Artemisa de los efesios!

²⁹En seguida toda la ciudad se alborotó. La turba en masa se precipitó en el teatro, arrastrando a Gayo y a Aristarco, compañeros de viaje de Pablo, que eran de Macedonia. ³⁰Pablo quiso presentarse ante la multitud, pero los discípulos no se lo permitieron. ³¹Incluso algunas autoridades de la provincia, que eran amigos de Pablo, le enviaron un recado, rogándole que no se arriesgara a entrar en el teatro.

³²Había confusión en la asamblea. Cada uno gritaba una cosa distinta, y la mayoría ni siquiera sabía para qué se habían reunido. ³³Los judíos empujaron a un tal Alejandro hacia adelante, y algunos de entre la multitud lo sacaron para que tomara la palabra. Él agitó la mano para pedir silencio y presentar su defensa ante el pueblo. ³⁴Pero cuando se dieron cuenta de que era judío, todos se pusieron a gritar al unísono como por dos horas:

—¡Grande es Artemisa de los efesios!

³⁵El secretario del concejo municipal logró calmar a la multitud y dijo:

—Ciudadanos de Éfeso, ¿acaso no sabe todo el mundo que la ciudad de Éfeso es guardiana del templo de la gran Artemisa y de su estatua bajada del cielo? ³⁶Ya que estos hechos son innegables, es preciso que ustedes se calmen y no hagan nada precipitadamente. ³⁷Ustedes han traído a estos hombres, aunque ellos no han cometido ningún sacrilegio ni han *blasfemado contra nuestra diosa. ³⁸Así que si Demetrio y sus compañeros de oficio tienen alguna queja contra alguien, para eso hay tribunales y gobernadores.ʲ Vayan y presenten allí sus acusaciones unos contra otros. ³⁹Si tienen alguna otra demanda, que se resuelva en legítima asamblea. ⁴⁰Tal y como están las cosas, con los sucesos de hoy corremos el riesgo de que nos acusen de causar disturbios. ¿Qué razón podríamos dar de este alboroto, si no hay ninguna?

⁴¹Dicho esto, despidió la asamblea.

ʰ **19:19** *monedas de plata.* Es decir, *dracmas. ⁱ **19:24** Nombre griego de la Diana de los romanos; también en vv. 27,28,34 y 35. ʲ **19:38** *gobernadores.* Lit. *procónsules.*

Recorrido por Macedonia y Grecia

20 Cuando cesó el alboroto, Pablo mandó llamar a los discípulos y, después de animarlos, se despidió y salió rumbo a Macedonia. ²Recorrió aquellas regiones, alentando a los creyentes en muchas ocasiones, y por fin llegó a Grecia, ³donde se quedó tres meses. Como los judíos tramaban un atentado contra él cuando estaba a punto de embarcarse para Siria, decidió regresar por Macedonia. ⁴Lo acompañaron Sópater hijo de Pirro, de Berea; Aristarco y Segundo, de Tesalónica; Gayo, de Derbe; Timoteo; y por último, Tíquico y Trófimo, de la provincia de *Asia. ⁵Éstos se adelantaron y nos esperaron en Troas. ⁶Pero nosotros zarpamos de Filipos después de la fiesta de los Panes sin levadura, y a los cinco días nos reunimos con los otros en Troas, donde pasamos siete días.

Visita de Pablo a Troas

⁷El primer día de la semana nos reunimos para partir el pan. Como iba a salir al día siguiente, Pablo estuvo hablando a los creyentes, y prolongó su discurso hasta la medianoche. ⁸En el cuarto del piso superior donde estábamos reunidos había muchas lámparas. ⁹Un joven llamado Eutico, que estaba sentado en una ventana, comenzó a dormirse mientras Pablo alargaba su discurso. Cuando se quedó profundamente dormido, se cayó desde el tercer piso y lo recogieron muerto. ¹⁰Pablo bajó, se echó sobre el joven y lo abrazó. «¡No se alarmen! —les dijo—. ¡Está vivo!» ¹¹Luego volvió a subir, partió el pan y comió. Siguió hablando hasta el amanecer, y entonces se fue. ¹²Al joven se lo llevaron vivo a su casa, para gran consuelo de todos.

Pablo se despide de los ancianos de Éfeso

¹³Nosotros, por nuestra parte, nos embarcamos anticipadamente y zarpamos para Asón, donde íbamos a recoger a Pablo. Así se había planeado, ya que él iba a hacer esa parte del viaje por tierra. ¹⁴Cuando se encontró con nosotros en Asón, lo tomamos a bordo y fuimos a Mitilene. ¹⁵Desde allí zarpamos al día siguiente y llegamos frente a Quío. Al otro día cruzamos en dirección a Samos, y un día después llegamos a Mileto. ¹⁶Pablo había decidido pasar de largo a Éfeso para no demorarse en la provincia de *Asia, porque tenía prisa por llegar a Jerusalén para el día de Pentecostés, si fuera posible.

¹⁷Desde Mileto, Pablo mandó llamar a los *ancianos de la iglesia de Éfeso. ¹⁸Cuando llegaron, les dijo: «Ustedes saben cómo me porté todo el tiempo que estuve con ustedes, desde el primer día que vine a la provincia de Asia. ¹⁹He servido al Señor con toda humildad y con lágrimas, a pesar de haber sido sometido a duras *pruebas por las maquinaciones de los judíos. ²⁰Ustedes saben que no he vacilado en predicarles nada que les fuera de provecho, sino que les he enseñado públicamente y en las casas. ²¹A judíos y a *griegos les he instado a convertirse a Dios y a creer en nuestro Señor Jesús.

²²»Y ahora tengan en cuenta que voy a Jerusalén obligado[k] por el Espíritu, sin saber lo que allí me espera. ²³Lo único que sé es que en todas las ciudades el Espíritu Santo me asegura que me esperan prisiones y sufrimientos. ²⁴Sin embargo, considero que mi *vida carece de valor para mí mismo, con tal de que termine mi carrera y lleve a cabo el servicio que me ha encomendado el Señor Jesús, que es el de dar testimonio del *evangelio de la gracia de Dios.

²⁵»Escuchen, yo sé que ninguno de ustedes, entre quienes he andado predicando el reino de Dios, volverá a verme. ²⁶Por tanto, hoy les declaro que soy inocente de la sangre de todos, ²⁷porque sin vacilar les he proclamado todo el propósito de Dios. ²⁸Tengan cuidado de sí mismos y de todo el rebaño sobre el cual el Espíritu Santo los ha puesto como *obispos para pastorear la iglesia de Dios,[l] que él adquirió con su propia sangre.[m] ²⁹Sé que después de mi partida entrarán en

---

[k] **20:22** *obligado*. Lit. *atado*. [l] **20:28** *de Dios*. Var. *del Señor*. [m] **20:28** *su propia sangre*. Var. *la sangre de su propio hijo*.

medio de ustedes lobos feroces que procurarán acabar con el rebaño. 30Aun de entre ustedes mismos se levantarán algunos que enseñarán falsedades para arrastrar a los discípulos que los sigan. 31Así que estén alerta. Recuerden que día y noche, durante tres años, no he dejado de amonestar con lágrimas a cada uno en particular.

32»Ahora los encomiendo a Dios y al mensaje de su gracia, mensaje que tiene poder para edificarlos y darles herencia entre todos los *santificados. 33No he codiciado ni la plata ni el oro ni la ropa de nadie. 34Ustedes mismos saben bien que estas manos se han ocupado de mis propias necesidades y de las de mis compañeros. 35Con mi ejemplo les he mostrado que es preciso trabajar duro para ayudar a los necesitados, recordando las palabras del Señor Jesús: "Hay más *dicha en dar que en recibir."»

36Después de decir esto, Pablo se puso de rodillas con todos ellos y oró. 37Todos lloraban inconsolablemente mientras lo abrazaban y lo besaban. 38Lo que más los entristecía era su declaración de que ellos no volverían a verlo. Luego lo acompañaron hasta el barco.

Rumbo a Jerusalén

21 Después de separarnos de ellos, zarpamos y navegamos directamente a Cos. Al día siguiente fuimos a Rodas, y de allí a Pátara. 2Como encontramos un barco que iba para Fenicia, subimos a bordo y zarpamos. 3Después de avistar Chipre y de pasar al sur de la isla, navegamos hacia Siria y llegamos a Tiro, donde el barco tenía que descargar. 4Allí encontramos a los discípulos y nos quedamos con ellos siete días. Ellos, por medio del Espíritu, exhortaron a Pablo a que no subiera a Jerusalén. 5Pero al cabo de algunos días, partimos y continuamos nuestro viaje. Todos los discípulos, incluso las mujeres y los niños, nos acompañaron hasta las afueras de la ciudad, y allí en la playa nos arrodillamos y oramos. 6Luego de despedirnos, subimos a bordo y ellos regresaron a sus hogares.

7Nosotros continuamos nuestro viaje en barco desde Tiro y arribamos a Tole-maida, donde saludamos a los hermanos y nos quedamos con ellos un día. 8Al día siguiente salimos y llegamos a Cesarea, y nos hospedamos en casa de Felipe el evangelista, que era uno de los siete; 9éste tenía cuatro hijas solteras que profetizaban.

10Llevábamos allí varios días, cuando bajó de Judea un profeta llamado Ágabo. 11Éste vino a vernos y, tomando el cinturón de Pablo, se ató con él de pies y manos, y dijo:

—Así dice el Espíritu Santo: "De esta manera atarán los judíos de Jerusalén al dueño de este cinturón, y lo entregarán en manos de los *gentiles."

12Al oír esto, nosotros y los de aquel lugar le rogamos a Pablo que no subiera a Jerusalén.

13—¿Por qué lloran? ¡Me parten el alma! —respondió Pablo—. Por el nombre del Señor Jesús estoy dispuesto no sólo a ser atado sino también a morir en Jerusalén.

14Como no se dejaba convencer, desistimos exclamando:

—¡Que se haga la voluntad del Señor!

15Después de esto, acabamos los preparativos y subimos a Jerusalén. 16Algunos de los discípulos de Cesarea nos acompañaron y nos llevaron a la casa de Mnasón, donde íbamos a alojarnos. Éste era de Chipre, y uno de los primeros discípulos.

Llegada de Pablo a Jerusalén

17Cuando llegamos a Jerusalén, los creyentes nos recibieron calurosamente. 18Al día siguiente Pablo fue con nosotros a ver a *Jacobo, y todos los *ancianos estaban presentes. 19Después de saludarlos, Pablo les relató detalladamente lo que Dios había hecho entre los *gentiles por medio de su ministerio.

20Al oírlo, alabaron a Dios. Luego le dijeron a Pablo: «Ya ves, hermano, cuántos miles de judíos han creído, y todos ellos siguen aferrados a la ley. 21Ahora bien, han oído decir que tú enseñas que se aparten de Moisés todos los judíos que viven entre los gentiles. Les recomiendas que no circunciden a sus hijos ni vivan según nuestras costumbres. 22¿Qué vamos a hacer? Sin duda se van a enterar de que has llegado. 23Por eso, será mejor que sigas nuestro consejo. Hay aquí entre nosotros cuatro hombres que tienen que cumplir un voto. 24Llévatelos, toma parte en sus ritos de *purificación y paga los gastos que corresponden al voto de rasurarse la cabeza. Así todos sabrán que no son ciertos esos informes acerca de ti, sino que tú también vives en obediencia a la ley. 25En cuanto a los creyentes gentiles, ya les hemos comunicado por escrito nuestra decisión de que se abstengan de lo sacrificado a los ídolos, de sangre, de la carne de animales estrangulados y de la inmoralidad sexual.»

26Al día siguiente Pablo se llevó a los hombres y se purificó con ellos. Luego entró en el *templo para dar aviso de la fecha en que vencería el plazo de la purificación y se haría la ofrenda por cada uno de ellos.

Arresto de Pablo

27Cuando estaban a punto de cumplirse los siete días, unos judíos de la provincia de *Asia vieron a Pablo en el *templo. Alborotaron a toda la multitud y le echaron mano, 28gritando: «¡Israelitas! ¡Ayúdennos! Éste es el individuo que anda por todas partes enseñando a toda la gente contra nuestro pueblo, nuestra ley y este lugar. Además, hasta ha metido a unos *griegos en el templo, y ha profanado este lugar santo.»

29Ya antes habían visto en la ciudad a Trófimo el efesio en compañía de Pablo, y suponían que Pablo lo había metido en el templo.

30Toda la ciudad se alborotó. La gente se precipitó en masa, agarró a Pablo y lo sacó del templo a rastras, e inmediatamente se cerraron las puertas. 31Estaban por matarlo, cuando se le informó al comandante del batallón romano que toda la ciudad de Jerusalén estaba amotinada. 32En seguida tomó algunos centuriones con sus tropas, y bajó corriendo hacia la multitud. Al ver al comandante y a sus soldados, los amotinados dejaron de golpear a Pablo.

33El comandante se abrió paso, lo arrestó y ordenó que lo sujetaran con dos cadenas. Luego preguntó quién era y qué había hecho. 34Entre la multitud cada uno gritaba una cosa distinta. Como el comandante no pudo averiguar la verdad a causa del alboroto, mandó que condujeran a Pablo al cuartel. 35Cuando Pablo llegó a las gradas, los soldados tuvieron que llevárselo en vilo debido a la violencia de la turba. 36El pueblo en masa iba detrás gritando: «¡Que lo maten!»

Pablo se dirige a la multitud

22:3-16 — Hch 9:1-22; 26:9-18

37Cuando los soldados estaban a punto de meterlo en el cuartel, Pablo le preguntó al comandante:

—¿Me permite decirle algo?

—¿Hablas griego? —replicó el comandante—. 38¿No eres el egipcio que hace algún tiempo provocó una rebelión y llevó al desierto a cuatro mil guerrilleros?

39—No, yo soy judío, natural de Tarso, una ciudad muy importante de Cilicia —le respondió Pablo—. Por favor, permítame hablarle al pueblo.

40Con el permiso del comandante, Pablo se puso de pie en las gradas e hizo una señal con la mano a la multitud. Cuando todos guardaron silencio, les dijo en arameo:[n]

22 «Padres y hermanos, escuchen ahora mi defensa.»

2Al oír que les hablaba en arameo, guardaron más silencio.

Pablo continuó: 3«Yo soy judío, nacido en Tarso de Cilicia, pero criado en esta ciudad. Bajo la tutela de Gamaliel recibí instrucción cabal en la ley de nuestros antepasados, y fui tan celoso de Dios como cualquiera de ustedes lo es hoy día. 4Perseguí a muerte a los seguidores de este Camino, arrestando y echando en la cárcel a hombres y mujeres por igual, 5y así lo pueden atestiguar el sumo sacerdote y todo el *Consejo de *ancianos. Incluso obtuve de parte de ellos cartas de extradición para nuestros hermanos judíos en Damasco, y fui allá

---

[n] **21:40** *arameo.* Lit. *el dialecto hebreo;* también en 22:2.

con el fin de traer presos a Jerusalén a los que encontrara, para que fueran castigados.

6»Sucedió que a eso del mediodía, cuando me acercaba a Damasco, una intensa luz del cielo relampagueó de repente a mi alrededor. **7**Caí al suelo y oí una voz que me decía: "Saulo, Saulo, ¿por qué me persigues?" **8**"¿Quién eres, Señor?", pregunté. "Yo soy Jesús de Nazaret, a quien tú persigues", me contestó él. **9**Los que me acompañaban vieron la luz, pero no percibieron la voz del que me hablaba. **10**"¿Qué debo hacer, Señor?", le pregunté. "Levántate —dijo el Señor—, y entra en Damasco. Allí se te dirá todo lo que se ha dispuesto que hagas." **11**Mis compañeros me llevaron de la mano hasta Damasco porque el resplandor de aquella luz me había dejado ciego.

12»Vino a verme un tal Ananías, hombre devoto que observaba la ley y a quien respetaban mucho los judíos que allí vivían. **13**Se puso a mi lado y me dijo: "Hermano Saulo, ¡recibe la vista!" Y en aquel mismo instante recobré la vista y pude verlo. **14**Luego dijo: "El Dios de nuestros antepasados te ha escogido para que conozcas su voluntad, y para que veas al Justo y oigas las palabras de su boca. **15**Tú le serás testigo ante toda persona de lo que has visto y oído. **16**Y ahora, ¿qué esperas? Levántate, bautízate y lávate de tus pecados, invocando su nombre."

17»Cuando volví a Jerusalén, mientras oraba en el *templo tuve una visión **18**y vi al Señor que me hablaba: "¡Date prisa! Sal inmediatamente de Jerusalén, porque no aceptarán tu testimonio acerca de mí." **19**"Señor —le respondí—, ellos saben que yo andaba de sinagoga en sinagoga encarcelando y azotando a los que creen en ti; **20**y cuando se derramaba la sangre de tu testigo[ñ] Esteban, ahí estaba yo, dando mi aprobación y cuidando la ropa de quienes lo mataban." **21**Pero el Señor me replicó: "Vete; yo te enviaré lejos, a los *gentiles."»

Pablo el ciudadano romano

22La multitud estuvo escuchando a Pablo hasta que pronunció esas palabras. Entonces levantaron la voz y gritaron: «¡Bórralo de la tierra! ¡Ese tipo no merece vivir!»

23Como seguían gritando, tirando sus mantos y arrojando polvo al aire, **24**el comandante ordenó que metieran a Pablo en el cuartel. Mandó que lo interrogaran a latigazos con el fin de averiguar por qué gritaban así contra él. **25**Cuando lo estaban sujetando con cadenas para azotarlo, Pablo le dijo al centurión que estaba allí:

—¿Permite la ley que ustedes azoten a un ciudadano romano antes de ser juzgado?

26Al oír esto, el centurión fue y avisó al comandante.

—¿Qué va a hacer usted? Resulta que ese hombre es ciudadano romano.

27El comandante se acercó a Pablo y le dijo:

—Dime, ¿eres ciudadano romano?

—Sí, lo soy.

28—A mí me costó una fortuna adquirir mi ciudadanía —le dijo el comandante.

—Pues yo la tengo de nacimiento —replicó Pablo.

29Los que iban a interrogarlo se retiraron en seguida. Al darse cuenta de que Pablo era ciudadano romano, el comandante mismo se asustó de haberlo encadenado.

Pablo ante el Consejo

30Al día siguiente, como el comandante quería saber con certeza de qué acusaban los judíos a Pablo, lo desató y mandó que se reunieran los jefes de los sacerdotes y el *Consejo en pleno. Luego llevó a Pablo para que compareciera ante ellos.

23 Pablo se quedó mirando fijamente al Consejo y dijo:

—Hermanos, hasta hoy yo he actuado delante de Dios con toda buena conciencia.

2Ante esto, el sumo sacerdote Ananías ordenó a los que estaban cerca de Pablo que lo golpearan en la boca.

[ñ] **22:20** *testigo.* Alt. *mártir.*

³—¡Hipócrita,ᵒ a usted también lo va a golpear Dios! —reaccionó Pablo—. ¡Ahí está sentado para juzgarme según la ley!, ¿y usted mismo viola la ley al mandar que me golpeen?

⁴Los que estaban junto a Pablo le interpelaron:

—¿Cómo te atreves a insultar al sumo sacerdote de Dios?

⁵—Hermanos, no me había dado cuenta de que es el sumo sacerdote —respondió Pablo—; de hecho está escrito: "No hables mal del jefe de tu pueblo."ᵖ

⁶Pablo, sabiendo que unos de ellos eran saduceos y los demás *fariseos, exclamó en el Consejo:

—Hermanos, yo soy fariseo de pura cepa. Me están juzgando porque he puesto mi esperanza en la resurrección de los muertos.

⁷Apenas dijo esto, surgió un altercado entre los fariseos y los saduceos, y la asamblea quedó dividida. ⁸(Los saduceos sostienen que no hay resurrección, ni ángeles ni espíritus; los fariseos, en cambio, reconocen todo esto.)

⁹Se produjo un gran alboroto, y algunos de los *maestros de la ley que eran fariseos se pusieron de pie y protestaron. «No encontramos ningún delito en este hombre —dijeron—. ¿Acaso no podría haberle hablado un espíritu o un ángel?» ¹⁰Se tornó tan violento el altercado que el comandante tuvo miedo de que hicieran pedazos a Pablo. Así que ordenó a los soldados que bajaran para sacarlo de allí por la fuerza y llevárselo al cuartel.

¹¹A la noche siguiente el Señor se apareció a Pablo, y le dijo: «¡Ánimo! Así como has dado testimonio de mí en Jerusalén, es necesario que lo des también en Roma.»

Conspiración para matar a Pablo

¹²Muy de mañana los judíos tramaron una conspiración y juraron bajo maldición no comer ni beber hasta que lograran matar a Pablo. ¹³Más de cuarenta hombres estaban implicados en esta conspiración.

¹⁴Se presentaron ante los jefes de los sacerdotes y los *ancianos, y les dijeron:

—Nosotros hemos jurado bajo maldición no comer nada hasta que logremos matar a Pablo. ¹⁵Ahora, con el respaldo del *Consejo, pídanle al comandante que haga comparecer al reo ante ustedes, con el pretexto de obtener información más precisa sobre su caso. Nosotros estaremos listos para matarlo en el camino.

¹⁶Pero cuando el hijo de la hermana de Pablo se enteró de esta emboscada, entró en el cuartel y avisó a Pablo. ¹⁷Éste llamó entonces a uno de los centuriones y le pidió:

—Lleve a este joven al comandante, porque tiene algo que decirle.

¹⁸Así que el centurión lo llevó al comandante, y le dijo:

—El preso Pablo me llamó y me pidió que le trajera este joven, porque tiene algo que decirle.

¹⁹El comandante tomó de la mano al joven, lo llevó aparte y le preguntó:

—¿Qué quieres decirme?

²⁰—Los judíos se han puesto de acuerdo para pedirle a usted que mañana lleve a Pablo ante el Consejo con el pretexto de obtener información más precisa acerca de él. ²¹No se deje convencer, porque más de cuarenta de ellos lo esperan emboscados. Han jurado bajo maldición no comer ni beber hasta que hayan logrado matarlo. Ya están listos; sólo aguardan a que usted les conceda su petición.

²²El comandante despidió al joven con esta advertencia:

—No le digas a nadie que me has informado de esto.

Trasladan a Pablo a Cesarea

²³Entonces el comandante llamó a dos de sus centuriones y les ordenó:

—Alisten un destacamento de doscientos soldados de infantería, setenta de caballería y doscientos lanceros para que vayan a Cesarea esta noche a las nueve.�q ²⁴Y preparen cabalgaduras para llevar a Pablo sano y salvo al gobernador Félix.

ᵒ**23:3** *Hipócrita.* Lit. *Pared blanqueada.* ᵖ**23:5** Éx 22:28 �q**23:23** *esta ... nueve.* Lit. *a la tercera hora de la noche.*

²⁵Además, escribió una carta en estos términos:

²⁶Claudio Lisias,

a su excelencia el gobernador Félix:

Saludos.

²⁷Los judíos prendieron a este hombre y estaban a punto de matarlo, pero yo llegué con mis soldados y lo rescaté, porque me había enterado de que es ciudadano romano. ²⁸Yo quería saber de qué lo acusaban, así que lo llevé al *Consejo judío. ²⁹Descubrí que lo acusaban de algunas cuestiones de su ley, pero no había contra él cargo alguno que mereciera la muerte o la cárcel. ³⁰Cuando me informaron que se tramaba una conspiración contra este hombre, decidí enviarlo a usted en seguida. También les ordené a sus acusadores que expongan delante de usted los cargos que tengan contra él.

³¹Así que los soldados, según se les había ordenado, tomaron a Pablo y lo llevaron de noche hasta Antípatris. ³²Al día siguiente dejaron que la caballería siguiera con él mientras ellos volvían al cuartel. ³³Cuando la caballería llegó a Cesarea, le entregaron la carta al gobernador y le presentaron también a Pablo. ³⁴Félix leyó la carta y le preguntó de qué provincia era. Al enterarse de que Pablo era de Cilicia, ³⁵le dijo: «Te daré audiencia cuando lleguen tus acusadores.» Y ordenó que lo dejaran bajo custodia en el palacio de Herodes.

El proceso ante Félix

24 Cinco días después, el sumo sacerdote Ananías bajó a Cesarea con algunos de los *ancianos y un abogado llamado Tértulo, para presentar ante el gobernador las acusaciones contra Pablo. ²Cuando se hizo comparecer al acusado, Tértulo expuso su caso ante Félix:

—Excelentísimo Félix, bajo su mandato hemos disfrutado de un largo período de paz, y gracias a la previsión suya se han llevado a cabo reformas en pro de esta nación. ³En todas partes y en toda ocasión reconocemos esto con profunda gratitud. ⁴Pero a fin de no importunarlo más, le ruego que, con la bondad que lo caracteriza, nos escuche brevemente. ⁵Hemos descubierto que este hombre es una plaga que por todas partes anda provocando disturbios entre los judíos. Es cabecilla de la secta de los nazarenos. ⁶Incluso trató de profanar el *templo; por eso lo prendimos. ⁸Usted ͬ mismo, al interrogarlo, podrá cerciorarse de la verdad de todas las acusaciones que presentamos contra él.

⁹Los judíos corroboraron la acusación, afirmando que todo esto era cierto. ¹⁰Cuando el gobernador, con un gesto, le concedió la palabra, Pablo respondió:

—Sé que desde hace muchos años usted ha sido juez de esta nación; así que de buena gana presento mi defensa. ¹¹Usted puede comprobar fácilmente que no hace más de doce días que subí a Jerusalén para adorar. ¹²Mis acusadores no me encontraron discutiendo con nadie en el templo, ni promoviendo motines entre la gente en las sinagogas ni en ninguna otra parte de la ciudad. ¹³Tampoco pueden probarle a usted las cosas de que ahora me acusan. ¹⁴Sin embargo, esto sí confieso: que adoro al Dios de nuestros antepasados siguiendo este Camino que mis acusadores llaman secta, pues estoy de acuerdo con todo lo que enseña la ley y creo lo que está escrito en los profetas. ¹⁵Tengo en Dios la misma esperanza que estos hombres profesan, de que habrá una resurrección de los justos y de los injustos. ¹⁶En todo esto procuro conservar siempre limpia mi conciencia delante de Dios y de los hombres.

¹⁷»Después de una ausencia de varios años, volví a Jerusalén para traerle donativos a mi pueblo y presentar ofrendas. ¹⁸En esto estaba, habiéndome ya *purificado, cuando me encontraron en el templo. No me acompañaba ninguna multitud,

---

ͬ **24:6-8** *prendimos.* ⁸*Usted.* Var. *prendimos y quisimos juzgarlo según nuestra ley.* ⁷*Pero el comandante Lisias intervino, y con mucha fuerza lo arrebató de nuestras manos* ⁸*y mandó que sus acusadores se presentaran ante usted. Usted* ni estaba implicado en ningún disturbio. **19**Los que me vieron eran algunos judíos de la provincia de *Asia, y son ellos los que deberían estar delante de usted para formular sus acusaciones, si es que tienen algo contra mí. **20**De otro modo, estos que están aquí deberían declarar qué delito hallaron en mí cuando comparecí ante el *Consejo, **21**a no ser lo que exclamé en presencia de ellos: "Es por la resurrección de los muertos por lo que hoy me encuentro procesado delante de ustedes."

22Entonces Félix, que estaba bien informado del Camino, suspendió la sesión.

—Cuando venga el comandante Lisias, decidiré su caso —les dijo.

23Luego le ordenó al centurión que mantuviera custodiado a Pablo, pero que le diera cierta libertad y permitiera que sus amigos lo atendieran.

24Algunos días después llegó Félix con su esposa Drusila, que era judía. Mandó llamar a Pablo y lo escuchó hablar acerca de la fe en *Cristo Jesús. **25**Al disertar Pablo sobre la justicia, el dominio propio y el juicio venidero, Félix tuvo miedo y le dijo: «¡Basta por ahora! Puedes retirarte. Cuando sea oportuno te mandaré llamar otra vez.» **26**Félix también esperaba que Pablo le ofreciera dinero; por eso mandaba llamarlo con frecuencia y conversaba con él.

27Transcurridos dos años, Félix tuvo como sucesor a Porcio Festo, pero como Félix quería congraciarse con los judíos, dejó preso a Pablo.

El proceso ante Festo

25 Tres días después de llegar a la provincia, Festo subió de Cesarea a Jerusalén. **2**Entonces los jefes de los sacerdotes y los dirigentes de los judíos presentaron sus acusaciones contra Pablo. **3**Insistentemente le pidieron a Festo que les hiciera el favor de trasladar a Pablo a Jerusalén. Lo cierto es que ellos estaban preparando una emboscada para matarlo en el camino. **4**Festo respondió: «Pablo está preso en Cesarea, y yo mismo partiré en breve para allá. **5**Que vayan conmigo algunos de los dirigentes de ustedes y formulen allí sus acusaciones contra él, si es que ha hecho algo malo.»

6Después de pasar entre los judíos unos ocho o diez días, Festo bajó a Cesarea, y al día siguiente convocó al tribunal y mandó que le trajeran a Pablo. **7**Cuando éste se presentó, los judíos que habían bajado de Jerusalén lo rodearon, formulando contra él muchas acusaciones graves que no podían probar.

8Pablo se defendía:

—No he cometido ninguna falta, ni contra la ley de los judíos ni contra el templo ni contra el *emperador.

9Pero Festo, queriendo congraciarse con los judíos, le preguntó:

—¿Estás dispuesto a subir a Jerusalén para ser juzgado allí ante mí?

10Pablo contestó:

—Ya estoy ante el tribunal del emperador, que es donde se me debe juzgar. No les he hecho ningún agravio a los judíos, como usted sabe muy bien. **11**Si soy culpable de haber hecho algo que merezca la muerte, no me niego a morir. Pero si no son ciertas las acusaciones que estos judíos formulan contra mí, nadie tiene el derecho de entregarme a ellos para complacerlos. ¡Apelo al emperador!

12Después de consultar con sus asesores, Festo declaró:

—Has apelado al emperador. ¡Al emperador irás!

Festo consulta al rey Agripa

13Pasados algunos días, el rey Agripa y Berenice llegaron a Cesarea para saludar a Festo. **14**Como se entretuvieron allí varios días, Festo le presentó al rey el caso de Pablo.

—Hay aquí un hombre —le dijo— que Félix dejó preso. **15**Cuando fui a Jerusalén, los jefes de los sacerdotes y los *ancianos de los judíos presentaron acusaciones contra él y exigieron que se le condenara. **16**Les respondí que no es costumbre de los romanos entregar a ninguna persona sin antes concederle al acusado un careo con sus acusadores, y darle la oportunidad de defenderse de los cargos. **17**Cuando acudieron a mí, no dilaté el caso, sino que convoqué al tribunal el día siguiente y mandé traer a este hombre. **18**Al levantarse para hablar, sus acusadores no alegaron en su contra ninguno de los delitos que yo había supuesto. **19**Más bien, tenían contra él algunas cuestiones tocantes a su propia religión y sobre un tal Jesús, ya muerto, que Pablo sostiene que está vivo. **20**Yo no sabía cómo investigar tales cuestiones, así que le pregunté si estaba dispuesto a ir a Jerusalén para ser juzgado allí con respecto a esos cargos. **21**Pero como Pablo apeló para que se le reservara el fallo al emperador,ˢ ordené que quedara detenido hasta ser remitido a Roma.ᵗ

22—A mí también me gustaría oír a ese hombre —le dijo Agripa a Festo.

—Pues mañana mismo lo oirá usted —le contestó Festo.

Pablo ante Agripa
26:12-18 — Hch 9:3-8; 22:6-11

23Al día siguiente Agripa y Berenice se presentaron con gran pompa, y entraron en la sala de la audiencia acompañados por oficiales de alto rango y por las personalidades más distinguidas de la ciudad. Festo mandó que le trajeran a Pablo, **24**y dijo:

—Rey Agripa y todos los presentes: Aquí tienen a este hombre. Todo el pueblo judío me ha presentado una demanda contra él, tanto en Jerusalén como aquí en Cesarea, pidiendo a gritos su muerte. **25**He llegado a la conclusión de que él no ha hecho nada que merezca la muerte, pero como apeló al emperador, he decidido enviarlo a Roma. **26**El problema es que no tengo definido nada que escribir al soberano acerca de él. Por eso lo he hecho comparecer ante ustedes, y especialmente delante de usted, rey Agripa, para que como resultado de esta investigación tenga yo algunos datos para mi carta; **27**me parece absurdo enviar un preso sin especificar los cargos contra él.

26 Entonces Agripa le dijo a Pablo:

—Tienes permiso para defenderte.

Pablo hizo un ademán con la mano y comenzó así su defensa:

2—Rey Agripa, para mí es un privilegio presentarme hoy ante usted para de-fenderme de las acusaciones de los judíos, **3**sobre todo porque usted está bien informado de todas las tradiciones y controversias de los judíos. Por eso le ruego que me escuche con paciencia.

4»Todos los judíos saben cómo he vivido desde que era niño, desde mi edad temprana entre mi gente y también en Jerusalén. **5**Ellos me conocen desde hace mucho tiempo y pueden atestiguar, si quieren, que viví como *fariseo, de acuerdo con la secta más estricta de nuestra religión. **6**Y ahora me juzgan por la esperanza que tengo en la promesa que Dios hizo a nuestros antepasados. **7**Ésta es la promesa que nuestras doce tribus esperan alcanzar rindiendo culto a Dios con diligencia día y noche. Es por esta esperanza, oh rey, por lo que me acusan los judíos. **8**¿Por qué les parece a ustedes increíble que Dios resucite a los muertos?

9»Pues bien, yo mismo estaba convencido de que debía hacer todo lo posible por combatir el nombre de Jesús de Nazaret. **10**Eso es precisamente lo que hice en Jerusalén. Con la autoridad de los jefes de los sacerdotes metí en la cárcel a muchos de los *santos, y cuando los mataban, yo manifestaba mi aprobación. **11**Muchas veces anduve de sinagoga en sinagoga castigándolos para obligarlos a *blasfemar. Mi obsesión contra ellos me llevaba al extremo de perseguirlos incluso en ciudades del extranjero.

12»En uno de esos viajes iba yo hacia Damasco con la autoridad y la comisión de los jefes de los sacerdotes. **13**A eso del mediodía, oh rey, mientras iba por el camino, vi una luz del cielo, más refulgente que el sol, que con su resplandor nos envolvió a mí y a mis acompañantes. **14**Todos caímos al suelo, y yo oí una voz que me decía en arameo:ᵘ "Saulo, Saulo, ¿por qué me persigues? ¿Qué sacas con darte cabezazos contra la pared?"ᵛ **15**Entonces pregunté: "¿Quién eres, Señor?" "Yo soy Jesús, a quien tú persigues —me contestó el Señor—. **16**Ahora, ponte en pie y escúchame. Me he aparecido a ti con el

ˢ **25:21** *al emperador.* Lit. *al augusto;* también en v. 25.   ᵗ **25:21** *a Roma.* Lit. *al* *césar.   ᵘ **26:14** *arameo.* Lit. *el dialecto hebreo.   ᵛ **26:14** *¿Qué sacas ... pared?* Lit. *Te es difícil dar coces contra el aguijón.*

fin de designarte siervo y testigo de lo que has visto de mí y de lo que te voy a revelar. 17Te libraré de tu propio pueblo y de los *gentiles. Te envío a éstos 18para que les abras los ojos y se conviertan de las tinieblas a la luz, y del poder de Satanás a Dios, a fin de que, por la fe en mí, reciban el perdón de los pecados y la herencia entre los *santificados."

19»Así que, rey Agripa, no fui desobediente a esa visión celestial. 20Al contrario, comenzando con los que estaban en Damasco, siguiendo con los que estaban en Jerusalén y en toda Judea, y luego con los gentiles, a todos les prediqué que se *arrepintieran y se convirtieran a Dios, y que demostraran su arrepentimiento con sus buenas obras. 21Sólo por eso los judíos me prendieron en el *templo y trataron de matarme. 22Pero Dios me ha ayudado hasta hoy, y así me mantengo firme, testificando a grandes y pequeños. No he dicho sino lo que los profetas y Moisés ya dijeron que sucedería: 23que el *Cristo padecería y que, siendo el primero en resucitar, proclamaría la luz a su propio pueblo y a los gentiles.

24Al llegar Pablo a este punto de su defensa, Festo interrumpió.

—¡Estás loco, Pablo! —le gritó—. El mucho estudio te ha hecho perder la cabeza.

25—No estoy loco, excelentísimo Festo —contestó Pablo—. Lo que digo es cierto y sensato. 26El rey está familiarizado con estas cosas, y por eso hablo ante él con tanto atrevimiento. Estoy convencido de que nada de esto ignora, porque no sucedió en un rincón. 27Rey Agripa, ¿cree usted en los profetas? ¡A mí me consta que sí!

28—Un poco más y me convences a hacerme cristiano w —le dijo Agripa.

29—Sea por poco o por mucho —le replicó Pablo—, le pido a Dios que no sólo usted, sino también todos los que me están escuchando hoy, lleguen a ser como yo, aunque sin estas cadenas.

30Se levantó el rey, y también el gobernador, Berenice y los que estaban sentados con ellos. 31Al retirarse, decían entre sí:

—Este hombre no ha hecho nada que merezca la muerte ni la cárcel.

32Y Agripa le dijo a Festo:

—Se podría poner en libertad a este hombre si no hubiera apelado al *emperador.

Pablo viaja a Roma

27 Cuando se decidió que navegáramos rumbo a Italia, entregaron a Pablo y a algunos otros presos a un centurión llamado Julio, que pertenecía al batallón imperial. 2Subimos a bordo de un barco, con matrícula de Adramitio, que estaba a punto de zarpar hacia los puertos de la provincia de *Asia, y nos hicimos a la mar. Nos acompañaba Aristarco, un macedonio de Tesalónica.

3Al día siguiente hicimos escala en Sidón; y Julio, con mucha amabilidad, le permitió a Pablo visitar a sus amigos para que lo atendieran. 4Desde Sidón zarpamos y navegamos al abrigo de Chipre, porque los vientos nos eran contrarios. 5Después de atravesar el mar frente a las costas de Cilicia y Panfilia, arribamos a Mira de Licia. 6Allí el centurión encontró un barco de Alejandría que iba para Italia, y nos hizo subir a bordo. 7Durante muchos días la navegación fue lenta, y a duras penas llegamos frente a Gnido. Como el viento nos era desfavorable para seguir el rumbo trazado, navegamos al amparo de Creta, frente a Salmona. 8Seguimos con dificultad a lo largo de la costa y llegamos a un lugar llamado Buenos Puertos, cerca de la ciudad de Lasea.

9Se había perdido mucho tiempo, y era peligrosa la navegación por haber pasado ya la fiesta del ayuno.x Así que Pablo les advirtió: 10«Señores, veo que nuestro viaje va a ser desastroso y que va a causar mucho perjuicio tanto para el barco y su carga como para nuestras propias *vidas.» 11Pero el centurión, en vez de hacerle caso, siguió el consejo del timonel y del dueño del barco. 12Como el puerto no era

---

adecuado para invernar, la mayoría decidió que debíamos seguir adelante, con la esperanza de llegar a Fenice, puerto de Creta que da al suroeste y al noroeste, y pasar allí el invierno.

La tempestad

13 Cuando comenzó a soplar un viento suave del sur, creyeron que podían conseguir lo que querían, así que levaron anclas y navegaron junto a la costa de Creta. 14 Poco después se nos vino encima un viento huracanado, llamado Nordeste, que venía desde la isla. 15 El barco quedó atrapado por la tempestad y no podía hacerle frente al viento, así que nos dejamos llevar a la deriva. 16 Mientras pasábamos al abrigo de un islote llamado Cauda, a duras penas pudimos sujetar el bote salvavidas. 17 Después de subirlo a bordo, amarraron con sogas todo el casco del barco para reforzarlo. Temiendo que fueran a encallar en los bancos de arena de la Sirte, echaron el ancla flotante y dejaron el barco a la deriva. 18 Al día siguiente, dado que la tempestad seguía arremetiendo con mucha fuerza contra nosotros, comenzaron a arrojar la carga por la borda. 19 Al tercer día, con sus propias manos arrojaron al mar los aparejos del barco. 20 Como pasaron muchos días sin que aparecieran ni el sol ni las estrellas, y la tempestad seguía arreciando, perdimos al fin toda esperanza de salvarnos.

21 Llevábamos ya mucho tiempo sin comer, así que Pablo se puso en medio de todos y dijo: «Señores, debían haber seguido mi consejo y no haber zarpado de Creta; así se habrían ahorrado este perjuicio y esta pérdida. 22 Pero ahora los exhorto a cobrar ánimo, porque ninguno de ustedes perderá la *vida; sólo se perderá el barco. 23 Anoche se me apareció un ángel del Dios a quien pertenezco y a quien sirvo, 24 y me dijo: "No tengas miedo, Pablo. Tienes que comparecer ante el *emperador; y Dios te ha concedido la vida de todos los que navegan contigo." 25 Así que ¡ánimo, señores! Confío en Dios que sucederá tal y como se me dijo. 26 Sin embargo, tenemos que encallar en alguna isla.»

El naufragio

27 Ya habíamos pasado catorce noches a la deriva por el mar Adriático,y cuando a eso de la medianoche los marineros presintieron que se aproximaban a tierra. 28 Echaron la sonda y encontraron que el agua tenía unos treinta y siete metros de profundidad. Más adelante volvieron a echar la sonda y encontraron que tenía cerca de veintisiete metrosz de profundidad. 29 Temiendo que fuéramos a estrellarnos contra las rocas, echaron cuatro anclas por la popa y se pusieron a rogar que amaneciera. 30 En un intento por escapar del barco, los marineros comenzaron a bajar el bote salvavidas al mar, con el pretexto de que iban a echar algunas anclas desde la proa. 31 Pero Pablo les advirtió al centurión y a los soldados: «Si ésos no se quedan en el barco, no podrán salvarse ustedes.» 32 Así que los soldados cortaron las amarras del bote salvavidas y lo dejaron caer al agua.

33 Estaba a punto de amanecer cuando Pablo animó a todos a tomar alimento: «Hoy hace ya catorce días que ustedes están con la vida en un hilo, y siguen sin probar bocado. 34 Les ruego que coman algo, pues lo necesitan para sobrevivir. Ninguno de ustedes perderá ni un solo cabello de la cabeza.» 35 Dicho esto, tomó pan y dio gracias a Dios delante de todos. Luego lo partió y comenzó a comer. 36 Todos se animaron y también comieron. 37 Éramos en total doscientas setenta y seis personas en el barco. 38 Una vez satisfechos, aligeraron el barco echando el trigo al mar.

39 Cuando amaneció, no reconocieron la tierra, pero vieron una bahía que tenía playa, donde decidieron encallar el barco a como diera lugar. 40 Cortaron las anclas y las dejaron caer en el mar, desatando a la vez las amarras de los timones. Luego izaron a favor del viento la vela de proa y

---

y 27:27 En la antigüedad el nombre *Adriático* se refería a una zona que se extendía muy al sur de Italia.
z 27:28 *treinta y siete metros ... veintisiete metros.* Lit. *veinte *brazas ... quince brazas.*

se dirigieron a la playa. **41**Pero el barco fue a dar en un banco de arena y encalló. La proa se encajó en el fondo y quedó varada, mientras la popa se hacía pedazos al embate de las olas.

42Los soldados pensaron matar a los presos para que ninguno escapara a nado. **43**Pero el centurión quería salvarle la vida a Pablo, y les impidió llevar a cabo el plan. Dio orden de que los que pudieran nadar saltaran primero por la borda para llegar a tierra, **44**y de que los demás salieran valiéndose de tablas o de restos del barco. De esta manera todos llegamos sanos y salvos a tierra.

En la isla de Malta

28 Una vez a salvo, nos enteramos de que la isla se llamaba Malta. **2**Los isleños nos trataron con toda clase de atenciones. Encendieron una fogata y nos invitaron a acercarnos, porque estaba lloviendo y hacía frío. **3**Sucedió que Pablo recogió un montón de leña y la estaba echando al fuego, cuando una víbora que huía del calor se le prendió en la mano. **4**Al ver la serpiente colgada de la mano de Pablo, los isleños se pusieron a comentar entre sí: «Sin duda este hombre es un asesino, pues aunque se salvó del mar, la justicia divina no va a consentir que siga con vida.» **5**Pero Pablo sacudió la mano y la serpiente cayó en el fuego, y él no sufrió ningún daño. **6**La gente esperaba que se hinchara o cayera muerto de repente, pero después de esperar un buen rato y de ver que nada extraño le sucedía, cambiaron de parecer y decían que era un dios.

7Cerca de allí había una finca que pertenecía a Publio, el funcionario principal de la isla. Éste nos recibió en su casa con amabilidad y nos hospedó durante tres días. **8**El padre de Publio estaba en cama, enfermo con fiebre y disentería. Pablo entró a verlo y, después de orar, le impuso las manos y lo sanó. **9**Como consecuencia de esto, los demás enfermos de la isla también acudían y eran sanados. **10**Nos colmaron de muchas atenciones y nos proveyeron de todo lo necesario para el viaje.

Llegada a Roma

11Al cabo de tres meses en la isla, zarpamos en un barco que había invernado allí. Era una nave de Alejandría que tenía por insignia a los dioses Dióscuros. *a* **12**Hicimos escala en Siracusa, donde nos quedamos tres días. **13**Desde allí navegamos bordeando la costa y llegamos a Regio. Al día siguiente se levantó el viento del sur, y al segundo día llegamos a Poteoli. **14**Allí encontramos a algunos creyentes que nos invitaron a pasar una semana con ellos. Y por fin llegamos a Roma. **15**Los hermanos de Roma, habiéndose enterado de nuestra situación, salieron hasta el Foro de Apio y Tres Tabernas a recibirnos. Al verlos, Pablo dio gracias a Dios y cobró ánimo. **16**Cuando llegamos a Roma, a Pablo se le permitió tener su domicilio particular, con un soldado que lo custodiara.

Pablo predica bajo custodia en Roma

17Tres días más tarde, Pablo convocó a los dirigentes de los judíos. Cuando estuvieron reunidos, les dijo:

—A mí, hermanos, a pesar de no haber hecho nada contra mi pueblo ni contra las costumbres de nuestros antepasados, me arrestaron en Jerusalén y me entregaron a los romanos. **18**Éstos me interrogaron y quisieron soltarme por no ser yo culpable de ningún delito que mereciera la muerte. **19**Cuando los judíos se opusieron, me vi obligado a apelar al *emperador, pero no porque tuviera alguna acusación que presentar contra mi nación. **20**Por este motivo he pedido verlos y hablar con ustedes. Precisamente por la esperanza de Israel estoy encadenado.

21—Nosotros no hemos recibido ninguna carta de Judea que tenga que ver contigo —le contestaron ellos—, ni ha llegado ninguno de los hermanos de allá con malos informes o que haya hablado mal de ti. **22**Pero queremos oír tu punto de vista, porque lo único que sabemos es que

---

a **28:11** Dioses gemelos de la mitología griega, probablemente Cástor y Pólux en todas partes se habla en contra de esa secta.

23Señalaron un día para reunirse con Pablo, y acudieron en mayor número a la casa donde estaba alojado. Desde la mañana hasta la tarde estuvo explicándoles y testificándoles acerca del reino de Dios y tratando de convencerlos respecto a Jesús, partiendo de la ley de Moisés y de los profetas. 24Unos se convencieron por lo que él decía, pero otros se negaron a creer. 25No pudieron ponerse de acuerdo entre sí, y comenzaron a irse cuando Pablo añadió esta última declaración: «Con razón el Espíritu Santo les habló a sus antepasados por medio del profeta Isaías diciendo:

26»"Ve a este pueblo y dile:
'Por mucho que oigan, no
    entenderán;

por mucho que vean, no
    percibirán.'
27Porque el corazón de este pueblo
    se ha vuelto insensible;
se les han embotado los oídos,
y se les han cerrado los ojos.
De lo contrario, verían con los ojos,
    oirían con los oídos,
    entenderían con el corazón
y se convertirían, y yo los
    sanaría."b

28»Por tanto, quiero que sepan que esta salvación de Dios se ha enviado a los *gentiles, y ellos sí escucharán.»c

30Durante dos años completos permaneció Pablo en la casa que tenía alquilada, y recibía a todos los que iban a verlo. 31Y predicaba el reino de Dios y enseñaba acerca del Señor *Jesucristo sin impedimento y sin temor alguno.

---

b28:27 Is 6:9,10 c28:28 escucharán.» Var. escucharán.» 29Después que él dijo esto, los judíos se fueron, discutiendo acaloradamente entre ellos.

Carta a los Romanos

1 Pablo, *siervo de *Cristo Jesús, llamado a ser apóstol, apartado para anunciar el *evangelio de Dios, **2**que por medio de sus profetas ya había prometido en las sagradas Escrituras. **3**Este evangelio habla de su Hijo, que según la *naturaleza humana era descendiente de David, **4**pero que según el Espíritu de *santidad fue designado[a] con poder Hijo de Dios por la resurrección. Él es Jesucristo nuestro Señor. **5**Por medio de él, y en honor a su nombre, recibimos el don apostólico para persuadir a todas las *naciones que obedezcan a la fe.[b] **6**Entre ellas están incluidos también ustedes, a quienes Jesucristo ha llamado.

7Les escribo a todos ustedes, los amados de Dios que están en Roma, que han sido llamados a ser *santos.

Que Dios nuestro Padre y el Señor Jesucristo les concedan gracia y paz.

Pablo anhela visitar Roma

8En primer lugar, por medio de Jesucristo doy gracias a mi Dios por todos ustedes, pues en el mundo entero se habla bien de su fe. **9**Dios, a quien sirvo de corazón predicando el *evangelio de su Hijo, me es testigo de que los recuerdo a ustedes sin cesar. **10**Siempre pido en mis oraciones que, si es la voluntad de Dios, por fin se me abra ahora el camino para ir a visitarlos.

11Tengo muchos deseos de verlos para impartirles algún don espiritual que los fortalezca; **12**mejor dicho, para que unos a otros nos animemos con la fe que compartimos. **13**Quiero que sepan, hermanos, que aunque hasta ahora no he podido visitarlos, muchas veces me he propuesto hacerlo, para recoger algún fruto entre ustedes, tal como lo he recogido entre las otras naciones.

14Estoy en deuda con todos, sean cultos o incultos,[c] instruidos o ignorantes. **15**De allí mi gran anhelo de predicarles el evangelio también a ustedes que están en Roma.

16A la verdad, no me avergüenzo del evangelio, pues es poder de Dios para la salvación de todos los que creen: de los judíos primeramente, pero también de los *gentiles. **17**De hecho, en el evangelio se revela la justicia que proviene de Dios, la cual es por fe de principio a fin,[d] tal como está escrito: «El justo vivirá por la fe.»[e]

La ira de Dios contra la humanidad

18Ciertamente, la ira de Dios viene revelándose desde el cielo contra toda impiedad e injusticia de los *seres humanos, que con su maldad obstruyen la verdad. **19**Me explico: lo que se puede conocer acerca de Dios es evidente para ellos, pues él mismo se lo ha revelado. **20**Porque desde la creación del mundo las cualidades invisibles de Dios, es decir, su eterno poder y su naturaleza divina, se perciben claramente a través de lo que él creó, de modo que nadie tiene excusa. **21**A pesar de haber conocido a Dios, no lo glorificaron como a Dios ni le dieron gracias, sino que se extraviaron en sus inútiles razonamientos, y se les oscureció su insensato corazón. **22**Aunque afirmaban ser sabios, se volvieron necios **23**y cambiaron la gloria del Dios inmortal por imágenes que eran réplicas del hombre mortal, de las aves, de los cuadrúpedos y de los reptiles.

24Por eso Dios los entregó a los malos deseos de sus corazones, que conducen a la impureza sexual, de modo que degradaron sus cuerpos los unos con los otros.

---

[a] **1:4** según el Espíritu de *santidad fue designado. Alt. según su espíritu de santidad fue declarado.   [b] **1:5** para ... la fe. Lit. para la obediencia de la fe entre todas las naciones.   [c] **1:14** sean cultos o incultos. Lit. *griegos y bárbaros.   [d] **1:17** por fe ... fin. Lit. de fe a fe.   [e] **1.17** Hab 2:4

25Cambiaron la verdad de Dios por la mentira, adorando y sirviendo a los seres creados antes que al Creador, quien es bendito por siempre. Amén.

26Por tanto, Dios los entregó a pasiones vergonzosas. En efecto, las mujeres cambiaron las relaciones naturales por las que van contra la naturaleza. 27Así mismo los hombres dejaron las relaciones naturales con la mujer y se encendieron en pasiones lujuriosas los unos con los otros. Hombres con hombres cometieron actos indecentes, y en sí mismos recibieron el castigo que merecía su perversión.

28Además, como estimaron que no valía la pena tomar en cuenta el conocimiento de Dios, él a su vez los entregó a la depravación mental, para que hicieran lo que no debían hacer. 29Se han llenado de toda clase de maldad, perversidad, avaricia y depravación. Están repletos de envidia, homicidios, disensiones, engaño y malicia. Son chismosos, 30calumniadores, enemigos de Dios, insolentes, soberbios y arrogantes; se ingenian maldades; se rebelan contra sus padres; 31son insensatos, desleales, insensibles, despiadados. 32Saben bien que, según el justo decreto de Dios, quienes practican tales cosas merecen la muerte; sin embargo, no sólo siguen practicándolas sino que incluso aprueban a quienes las practican.

El justo juicio de Dios

2 Por tanto, no tienes excusa tú, quienquiera que seas, cuando juzgas a los demás, pues al juzgar a otros te condenas a ti mismo, ya que practicas las mismas cosas. 2Ahora bien, sabemos que el juicio de Dios contra los que practican tales cosas se basa en la verdad. 3¿Piensas entonces que vas a escapar del juicio de Dios, tú que juzgas a otros y sin embargo haces lo mismo que ellos? 4¿No ves que desprecias las riquezas de la bondad de Dios, de su tolerancia y de su paciencia, al no reconocer que su bondad quiere llevarte al *arrepentimiento?

5Pero por tu obstinación y por tu corazón empedernido sigues acumulando castigo contra ti mismo para el día de la ira, cuando Dios revelará su justo juicio. 6Porque Dios «pagará a cada uno según lo que merezcan sus obras».*7Él dará vida eterna a los que, perseverando en las buenas obras, buscan gloria, honor e inmortalidad. 8Pero los que por egoísmo rechazan la verdad para aferrarse a la maldad, recibirán el gran castigo de Dios. 9Habrá sufrimiento y angustia para todos los que hacen el mal, los judíos primeramente, y también los *gentiles; 10pero gloria, honor y paz para todos los que hacen el bien, los judíos primeramente, y también los gentiles. 11Porque con Dios no hay favoritismo.

12Todos los que han pecado sin conocer la ley, también perecerán sin la ley; y todos los que han pecado conociendo la ley, por la ley serán juzgados. 13Porque Dios no considera justos a los que oyen la ley sino a los que la cumplen. 14De hecho, cuando los gentiles, que no tienen la ley, cumplen por naturaleza lo que la ley exige,g ellos son ley para sí mismos, aunque no tengan la ley. 15Éstos muestran que llevan escrito en el corazón lo que la ley exige, como lo atestigua su conciencia, pues sus propios pensamientos algunas veces los acusan y otras veces los excusan. 16Así sucederá el día en que, por medio de Jesucristo, Dios juzgará los secretos de toda persona, como lo declara mi *evangelio.

Los judíos y la ley

17Ahora bien, tú que llevas el nombre de judío; que dependes de la ley y te *jactas de tu relación con Dios; 18que conoces su voluntad y sabes discernir lo que es mejor porque eres instruido por la ley; 19que estás convencido de ser guía de los ciegos y luz de los que están en la oscuridad, 20instructor de los ignorantes, maestro de los sencillos, pues tienes en la ley la esencia misma del conocimiento y de la verdad; 21en fin, tú que enseñas a

---

2:6 Sal 62:12; Pr 24:12   *g2:14* que no tienen ... exige. Alt. que por naturaleza no tienen la ley, cumplen lo que la ley exige.

otros, ¿no te enseñas a ti mismo? Tú que predicas contra el robo, ¿robas? ²²Tú que dices que no se debe cometer adulterio, ¿adulteras? Tú que aborreces a los ídolos, ¿robas de sus templos? ²³Tú que te jactas de la ley, ¿deshonras a Dios quebrantando la ley? ²⁴Así está escrito: «Por causa de ustedes se *blasfema el nombre de Dios entre los *gentiles.»[h]

²⁵La circuncisión tiene valor si observas la ley; pero si la quebrantas, vienes a ser como un *incircunciso. ²⁶Por lo tanto, si los gentiles cumplen[i] los requisitos de la ley, ¿no se les considerará como si estuvieran circuncidados? ²⁷El que no está físicamente circuncidado, pero obedece la ley, te condenará a ti que, a pesar de tener el mandamiento escrito[j] y la circuncisión, quebrantas la ley.

²⁸Lo exterior no hace a nadie judío, ni consiste la circuncisión en una señal en el cuerpo. ²⁹El verdadero judío lo es interiormente; y la circuncisión es la del corazón, la que realiza el Espíritu, no el mandamiento escrito. Al que es judío así, lo alaba Dios y no la gente.

Fidelidad de Dios

3 Entonces, ¿qué se gana con ser judío, o qué valor tiene la circuncisión? ²Mucho, desde cualquier punto de vista. En primer lugar, a los judíos se les confiaron las palabras mismas de Dios.

³Pero entonces, si a algunos les faltó la fe, ¿acaso su falta de fe anula la *fidelidad de Dios? ⁴¡De ninguna manera! Dios es siempre veraz, aunque el hombre sea mentiroso. Así está escrito:

«Por eso, eres justo en tu sentencia,
    y triunfarás cuando te juzguen.»[k]

⁵Pero si nuestra injusticia pone de relieve la justicia de Dios, ¿qué diremos? ¿Que Dios es injusto al descargar sobre nosotros su ira? (Hablo en términos humanos.) ⁶¡De ninguna manera! Si así fuera, ¿cómo podría Dios juzgar al mundo? ⁷Alguien podría objetar: «Si mi mentira destaca la verdad de Dios y así aumenta su gloria, ¿por qué todavía se me juzga como pecador? ⁸¿Por qué no decir: Hagamos lo malo para que venga lo bueno?» Así nos calumnian algunos, asegurando que eso es lo que enseñamos. ¡Pero bien merecida se tienen la condenación!

No hay un solo justo

⁹¿A qué conclusión llegamos? ¿Acaso los judíos somos mejores? ¡De ninguna manera! Ya hemos demostrado que tanto los judíos como los *gentiles están bajo el pecado. ¹⁰Así está escrito:

«No hay un solo justo, ni siquiera
    uno;
¹¹ no hay nadie que entienda,
    nadie que busque a Dios.
¹²Todos se han descarriado,
    a una se han corrompido.
No hay nadie que haga lo bueno;
    ¡no hay uno solo!»[l]
¹³«Su garganta es un sepulcro abierto;
    con su lengua profieren engaños.»[m]
«¡Veneno de víbora hay en sus
    labios!»[n]
¹⁴ «Llena está su boca de
    maldiciones y de amargura.»[ñ]
¹⁵«Veloces son sus pies para ir a
    derramar sangre;
¹⁶ dejan ruina y miseria en sus
    caminos,
¹⁷y no conocen la senda de la paz.»[o]
¹⁸ «No hay temor de Dios delante
    de sus ojos.»[p]

¹⁹Ahora bien, sabemos que todo lo que dice la ley, lo dice a quienes están sujetos a ella, para que todo el mundo se calle la boca y quede convicto delante de Dios. ²⁰Por tanto, nadie será *justificado en presencia de Dios por hacer las obras que exige la ley; más bien, mediante la ley cobramos conciencia del pecado.

La justicia mediante la fe

²¹Pero ahora, sin la mediación de la ley, se ha manifestado la justicia de Dios,

---

[h]**2:24** Is 52:5; Ez 36:22   [i]**2:26** *si ... cumplen.* Lit. *si la incircuncisión guarda.*   [j]**2:27** *el mandamiento escrito.* Lit. *la letra*; también en v. 29.   [k]**3:4** Sal 51:4   [l]**3:12** Sal 14:1-3; 53:1-3; Ec 7:20   [m]**3:13** Sal 5:9
[n]**3:13** Sal 140:3   [ñ]**3:14** Sal 10:7   [o]**3:17** Is 59:7,8   [p]**3:18** Sal 36:1

de la que dan testimonio la ley y los profetas. ²²Esta justicia de Dios llega, mediante la *fe en Jesucristo, a todos los que creen. De hecho, no hay distinción, ²³pues todos han pecado y están privados de la gloria de Dios, ²⁴pero por su gracia son *justificados gratuitamente mediante la redención que Cristo Jesús efectuó.^q ²⁵Dios lo ofreció como un sacrificio de *expiación^r que se recibe por la fe en su sangre, para así demostrar su justicia. Anteriormente, en su paciencia, Dios había pasado por alto los pecados; ²⁶pero en el tiempo presente ha ofrecido a Jesucristo para manifestar su justicia. De este modo Dios es justo y, a la vez, el que justifica a los que tienen fe en Jesús.

²⁷¿Dónde, pues, está la *jactancia? Queda excluida. ¿Por cuál principio? ¿Por el de la observancia de la ley? No, sino por el de la fe. ²⁸Porque sostenemos que todos somos justificados por la fe, y no por las obras que la ley exige. ²⁹¿Es acaso Dios sólo Dios de los judíos? ¿No lo es también de los *gentiles? Sí, también es Dios de los gentiles, ³⁰pues no hay más que un solo Dios. Él justificará por la fe a los que están circuncidados y, mediante esa misma fe, a los que no lo están. ³¹¿Quiere decir que anulamos la ley con la fe? ¡De ninguna manera! Más bien, confirmamos la ley.

Abraham, justificado por la fe

4 Entonces, ¿qué diremos en el caso de nuestro antepasado Abraham?^s ²En realidad, si Abraham hubiera sido *justificado por las obras, habría tenido de qué *jactarse, pero no delante de Dios. ³Pues ¿qué dice la Escritura? «Le creyó Abraham a Dios, y esto se le tomó en cuenta como justicia.»^t

⁴Ahora bien, cuando alguien trabaja, no se le toma en cuenta el salario como un favor sino como una deuda. ⁵Sin embargo, al que no trabaja, sino que cree en el que justifica al malvado, se le toma en cuenta la fe como justicia. ⁶David dice lo mismo cuando habla de la dicha de aquel a quien

Dios le atribuye justicia sin la mediación de las obras:

⁷«¡*Dichosos aquellos
a quienes se les perdonan las
transgresiones
y se les cubren los pecados!
⁸¡Dichoso aquel
cuyo pecado el Señor no tomará
en cuenta!»^u

⁹¿Acaso se ha reservado esta dicha sólo para los que están circuncidados? ¿Acaso no es también para los *gentiles?^v Hemos dicho que a Abraham se le tomó en cuenta la fe como justicia. ¹⁰¿Bajo qué circunstancias sucedió esto? ¿Fue antes o después de ser circuncidado? ¡Antes, y no después! ¹¹Es más, cuando todavía no estaba circuncidado, recibió la señal de la circuncisión como sello de la justicia que se le había tomado en cuenta por la fe. Por tanto, Abraham es padre de todos los que creen, aunque no hayan sido circuncidados, y a éstos se les toma en cuenta su fe como justicia. ¹²Y también es padre de aquellos que, además de haber sido circuncidados, siguen las huellas de nuestro padre Abraham, quien creyó cuando todavía era incircunciso.

¹³En efecto, no fue mediante la ley como Abraham y su descendencia recibieron la promesa de que él sería heredero del mundo, sino mediante la fe, la cual se le tomó en cuenta como justicia. ¹⁴Porque si los que viven por la ley fueran los herederos, entonces la fe no tendría ya ningún valor y la promesa no serviría de nada. ¹⁵La ley, en efecto, acarrea castigo. Pero donde no hay ley, tampoco hay transgresión.

¹⁶Por eso la promesa viene por la fe, a fin de que por la gracia quede garantizada para toda la descendencia de Abraham; esta promesa no es sólo para los que son de la ley sino para los que son también de la fe de Abraham, quien es el padre que tenemos en común ¹⁷delante de Dios, tal como está escrito: «Te he confirmado

^q**3:24** *redención ... efectuó.* Lit. *redención en Cristo Jesús.*   ^r**3:25** *un sacrificio de *expiación.* Lit. *propiciación.*   ^s**4:1** *¿qué ... Abraham?* Lit. *¿qué diremos que descubrió Abraham, nuestro antepasado según la *carne?*   ^t**4:3** Gn 15:6; también en v. 22   ^u**4:8** Sal 32:1,2   ^v**4:9** *los *gentiles.* Lit. *la *incircuncisión.*

como padre de muchas naciones.»ʷ Así que Abraham creyó en el Dios que da vida a los muertos y que llama las cosas que no son como si ya existieran.

18Contra toda esperanza, Abraham creyó y esperó, y de este modo llegó a ser padre de muchas naciones, tal como se le había dicho: «¡Así de numerosa será tu descendencia!»ˣ 19Su fe no flaqueó, aunque reconocía que su cuerpo estaba como muerto, pues ya tenía unos cien años, y que también estaba muerta la matriz de Sara. 20Ante la promesa de Dios no vaciló como un incrédulo, sino que se reafirmó en su fe y dio gloria a Dios, 21plenamente convencido de que Dios tenía poder para cumplir lo que había prometido. 22Por eso se le tomó en cuenta su fe como justicia. 23Y esto de que «se le tomó en cuenta» no se escribió sólo para Abraham, 24sino también para nosotros. Dios tomará en cuenta nuestra fe como justicia, pues creemos en aquel que *levantó de entre los muertos a Jesús nuestro Señor. 25Él fue entregado a la muerte por nuestros pecados, y resucitó para nuestra justificación.

Paz y alegría

5 En consecuencia, ya que hemos sido *justificados mediante la fe, tenemosʸ paz con Dios por medio de nuestro Señor Jesucristo. 2También por medio de él, y mediante la fe, tenemos acceso a esta gracia en la cual nos mantenemos firmes. Así que nos *regocijamos en la esperanza de alcanzar la gloria de Dios. 3Y no sólo en esto, sino también en nuestros sufrimientos, porque sabemos que el sufrimiento produce perseverancia; 4la perseverancia, entereza de carácter; la entereza de carácter, esperanza. 5Y esta esperanza no nos defrauda, porque Dios ha derramado su amor en nuestro corazón por el Espíritu Santo que nos ha dado.

6A la verdad, como éramos incapaces de salvarnos,ᶻ en el tiempo señalado Cristo murió por los malvados. 7Difícilmente habrá quien muera por un justo, aunque tal vez haya quien se atreva a morir por una persona buena. 8Pero Dios demuestra su amor por nosotros en esto: en que cuando todavía éramos pecadores, Cristo murió por nosotros.

9Y ahora que hemos sido justificados por su sangre, ¡con cuánta más razón, por medio de él, seremos salvados del castigo de Dios! 10Porque si, cuando éramos enemigos de Dios, fuimos reconciliados con él mediante la muerte de su Hijo, ¡con cuánta más razón, habiendo sido reconciliados, seremos salvados por su vida! 11Y no sólo esto, sino que también nos regocijamos en Dios por nuestro Señor Jesucristo, pues gracias a él ya hemos recibido la reconciliación.

De Adán, la muerte; de Cristo, la vida

12Por medio de un solo hombre el pecado entró en el mundo, y por medio del pecado entró la muerte; fue así como la muerte pasó a toda la *humanidad, porque todos pecaron.ᵃ 13Antes de promulgarse la ley, ya existía el pecado en el mundo. Es cierto que el pecado no se toma en cuenta cuando no hay ley; 14sin embargo, desde Adán hasta Moisés la muerte reinó, incluso sobre los que no pecaron quebrantando un mandato, como lo hizo Adán, quien es figura de aquel que había de venir.

15Pero la transgresión de Adán no puede compararse con la gracia de Dios. Pues si por la transgresión de un solo hombre murieron todos, ¡cuánto más el don que vino por la gracia de un solo hombre, Jesucristo, abundó para todos! 16Tampoco se puede comparar la dádiva de Dios con las consecuencias del pecado de Adán. El juicio que lleva a la condenación fue resultado de un solo pecado, pero la dádiva que lleva a la *justificación tiene que ver conᵇ una multitud de transgresiones. 17Pues si por la transgresión de un solo hombre reinó la muerte, con mayor razón los que reciben en abundancia la

---

ʷ4:17 Gn 17:5   ˣ4:18 Gn 15:5   ʸ5:1 *tenemos.* Var. *tengamos.*   ᶻ5:6 *como ... salvarnos.* Lit. *cuando todavía éramos débiles.*   ᵃ5:12 En el griego este versículo es la primera parte de una oración comparativa que se reinicia y concluye en el v. 18.   ᵇ5:16 *resultado ... con.* Alt. *resultado del pecado de uno solo, pero la dádiva que lleva a la justificación fue resultado de.*

gracia y el don de la justicia reinarán en vida por medio de un solo hombre, Jesucristo.

18 Por tanto, así como una sola transgresión causó la condenación de todos, también un solo acto de justicia produjo la justificación que da vida a todos. **19** Porque así como por la desobediencia de uno solo muchos fueron constituidos pecadores, también por la obediencia de uno solo muchos serán constituidos justos.

20 En lo que atañe a la ley, ésta intervino para que aumentara la transgresión. Pero allí donde abundó el pecado, sobreabundó la gracia, **21** a fin de que, así como reinó el pecado en la muerte, reine también la gracia que nos trae justificación y vida eterna por medio de Jesucristo nuestro Señor.

Muertos al pecado, vivos en Cristo

6 ¿Qué concluiremos? ¿Vamos a persistir en el pecado, para que la gracia abunde? **2** ¡De ninguna manera! Nosotros, que hemos muerto al pecado, ¿cómo podemos seguir viviendo en él? **3** ¿Acaso no saben ustedes que todos los que fuimos bautizados para unirnos con Cristo Jesús, en realidad fuimos bautizados para participar en su muerte? **4** Por tanto, mediante el bautismo fuimos sepultados con él en su muerte, a fin de que, así como Cristo *resucitó por el poder[c] del Padre, también nosotros llevemos una vida nueva.

5 En efecto, si hemos estado unidos con él en su muerte, sin duda también estaremos unidos con él en su resurrección. **6** Sabemos que nuestra vieja naturaleza fue crucificada con él para que nuestro cuerpo pecaminoso perdiera su poder, de modo que ya no siguiéramos siendo esclavos del pecado; **7** porque el que muere queda liberado del pecado.

8 Ahora bien, si hemos muerto con Cristo, confiamos que también viviremos con él. **9** Pues sabemos que Cristo, por haber sido *levantado de entre los muertos, ya no puede volver a morir; la muerte ya no tiene dominio sobre él. **10** En cuanto a su muerte, murió al pecado una vez y para siempre; en cuanto a su vida, vive para Dios.

11 De la misma manera, también ustedes considérense muertos al pecado, pero vivos para Dios en Cristo Jesús. **12** Por lo tanto, no permitan ustedes que el pecado reine en su cuerpo mortal, ni obedezcan a sus malos deseos. **13** No ofrezcan los miembros de su cuerpo al pecado como instrumentos de injusticia; al contrario, ofrézcanse más bien a Dios como quienes han vuelto de la muerte a la vida, presentando los miembros de su cuerpo como instrumentos de justicia. **14** Así el pecado no tendrá dominio sobre ustedes, porque ya no están bajo la ley sino bajo la gracia.

Esclavos de la justicia

15 Entonces, ¿qué? ¿Vamos a pecar porque no estamos ya bajo la ley sino bajo la gracia? ¡De ninguna manera! **16** ¿Acaso no saben ustedes que, cuando se entregan a alguien para obedecerlo, son *esclavos de aquel a quien obedecen? Claro que lo son, ya sea del pecado que lleva a la muerte, o de la obediencia que lleva a la justicia. **17** Pero gracias a Dios que, aunque antes eran esclavos del pecado, ya se han sometido de corazón a la enseñanza[d] que les fue transmitida. **18** En efecto, habiendo sido liberados del pecado, ahora son ustedes esclavos de la justicia.

19 Hablo en términos humanos, por las limitaciones de su *naturaleza humana. Antes ofrecían ustedes los miembros de su cuerpo para servir a la impureza, que lleva más y más a la maldad; ofrézcanlos ahora para servir a la justicia que lleva a la *santidad. **20** Cuando ustedes eran esclavos del pecado, estaban libres del dominio de la justicia. **21** ¿Qué fruto cosechaban entonces? ¡Cosas que ahora los avergüenzan y que conducen a la muerte! **22** Pero ahora que han sido liberados del pecado y se han puesto al servicio de Dios, cosechan la santidad que conduce a la vida eterna. **23** Porque la paga del pecado es muerte, mientras que la dádiva de Dios es vida eterna en Cristo Jesús, nuestro Señor.

---

[c] **6:4** *el poder.* Lit. *la gloria.*   [d] **6:17** *a la enseñanza.* Lit. *al modelo de enseñanza.*

Analogía tomada del matrimonio

7 Hermanos, les hablo como a quienes conocen la ley. ¿Acaso no saben que uno está sujeto a la ley solamente en vida? **2**Por ejemplo, la casada está ligada por ley a su esposo sólo mientras éste vive; pero si su esposo muere, ella queda libre de la ley que la unía a su esposo. **3**Por eso, si se casa con otro hombre mientras su esposo vive, se le considera adúltera. Pero si muere su esposo, ella queda libre de esa ley, y no es adúltera aunque se case con otro hombre.

4Así mismo, hermanos míos, ustedes murieron a la ley mediante el cuerpo crucificado de Cristo, a fin de pertenecer al que fue *levantado de entre los muertos. De este modo daremos fruto para Dios. **5**Porque cuando nuestra *naturaleza pecaminosa aún nos dominaba,*e* las malas pasiones que la ley nos despertaba actuaban en los miembros de nuestro cuerpo, y dábamos fruto para muerte. **6**Pero ahora, al morir a lo que nos tenía subyugados, hemos quedado libres de la ley, a fin de servir a Dios con el nuevo poder que nos da el Espíritu, y no por medio del antiguo mandamiento escrito.

Conflicto con el pecado

7¿Qué concluiremos? ¿Que la ley es pecado? ¡De ninguna manera! Sin embargo, si no fuera por la ley, no me habría dado cuenta de lo que es el pecado. Por ejemplo, nunca habría sabido yo lo que es codiciar si la ley no hubiera dicho: «No codicies.»*f* **8**Pero el pecado, aprovechando la oportunidad que le proporcionó el mandamiento, despertó en mí toda clase de codicia. Porque aparte de la ley el pecado está muerto. **9**En otro tiempo yo tenía vida aparte de la ley; pero cuando vino el mandamiento, cobró vida el pecado y yo morí. **10**Se me hizo evidente que el mismo mandamiento que debía haberme dado vida me llevó a la muerte; **11**porque el pecado se aprovechó del mandamiento, me engañó, y por medio de él me mató.

12Concluimos, pues, que la ley es santa, y que el mandamiento es santo, justo y bueno. **13**Pero entonces, ¿lo que es bueno se convirtió en muerte para mí? ¡De ninguna manera! Más bien fue el pecado lo que, valiéndose de lo bueno, me produjo la muerte; ocurrió así para que el pecado se manifestara claramente, o sea, para que mediante el mandamiento se demostrara lo extremadamente malo que es el pecado.

14Sabemos, en efecto, que la ley es espiritual. Pero yo soy meramente *humano, y estoy vendido como esclavo al pecado. **15**No entiendo lo que me pasa, pues no hago lo que quiero, sino lo que aborrezco. **16**Ahora bien, si hago lo que no quiero, estoy de acuerdo en que la ley es buena; **17**pero, en ese caso, ya no soy yo quien lo lleva a cabo sino el pecado que habita en mí. **18**Yo sé que en mí, es decir, en mi *naturaleza pecaminosa, nada bueno habita. Aunque deseo hacer lo bueno, no soy capaz de hacerlo. **19**De hecho, no hago el bien que quiero, sino el mal que no quiero. **20**Y si hago lo que no quiero, ya no soy yo quien lo hace sino el pecado que habita en mí.

21Así que descubro esta ley: que cuando quiero hacer el bien, me acompaña el mal. **22**Porque en lo íntimo de mi ser me deleito en la ley de Dios; **23**pero me doy cuenta de que en los miembros de mi cuerpo hay otra ley, que es la ley del pecado. Esta ley lucha contra la ley de mi mente, y me tiene cautivo. **24**¡Soy un pobre miserable! ¿Quién me librará de este cuerpo mortal? **25**¡Gracias a Dios por medio de Jesucristo nuestro Señor!

En conclusión, con la mente yo mismo me someto a la ley de Dios, pero mi *naturaleza pecaminosa está sujeta a la ley del pecado.

Vida mediante el Espíritu

8 Por lo tanto, ya no hay ninguna condenación para los que están unidos a Cristo Jesús,*g* **2**pues por medio de él la ley del Espíritu de vida me*h* ha liberado de la ley del pecado y de la muerte. **3**En efecto,

---

e **7:5** *cuando … dominaba.* Lit. *cuando estábamos en la *carne.*   *f* **7:7** Éx 20:17; Dt 5:21   *g* **8:1** *Jesús.*
Var. *Jesús, los que no viven según la naturaleza pecaminosa sino según el Espíritu* (véase v. 4).
h **8:2** *me.* Var. *te.*

la ley no pudo liberarnos porque la *naturaleza pecaminosa anuló su poder; por eso Dios envió a su propio Hijo en condición semejante a nuestra condición de pecadores,[i] para que se ofreciera en sacrificio por el pecado. Así condenó Dios al pecado en la naturaleza humana, 4a fin de que las justas demandas de la ley se cumplieran en nosotros, que no vivimos según la naturaleza pecaminosa sino según el Espíritu.

5Los que viven conforme a la naturaleza pecaminosa fijan la mente en los deseos de tal naturaleza; en cambio, los que viven conforme al Espíritu fijan la mente en los deseos del Espíritu. 6La mentalidad pecaminosa es muerte, mientras que la mentalidad que proviene del Espíritu es vida y paz. 7La mentalidad pecaminosa es enemiga de Dios, pues no se somete a la ley de Dios, ni es capaz de hacerlo. 8Los que viven según la naturaleza pecaminosa no pueden agradar a Dios.

9Sin embargo, ustedes no viven según la naturaleza pecaminosa sino según el Espíritu, si es que el Espíritu de Dios vive en ustedes. Y si alguno no tiene el Espíritu de Cristo, no es de Cristo. 10Pero si Cristo está en ustedes, el cuerpo está muerto a causa del pecado, pero el Espíritu que está en ustedes es vida[j] a causa de la justicia. 11Y si el Espíritu de aquel que *levantó a Jesús de entre los muertos vive en ustedes, el mismo que levantó a Cristo de entre los muertos también dará vida a sus cuerpos mortales por medio de su Espíritu, que vive en ustedes.

12Por tanto, hermanos, tenemos una obligación, pero no es la de vivir conforme a la naturaleza pecaminosa. 13Porque si ustedes viven conforme a ella, morirán; pero si por medio del Espíritu dan muerte a los malos hábitos del cuerpo, vivirán. 14Porque todos los que son guiados por el Espíritu de Dios son hijos de Dios. 15Y ustedes no recibieron un espíritu que de nuevo los esclavice al miedo, sino el Espíritu que los adopta como hijos y les permite clamar: «¡*Abba! ¡Padre!» 16El Espíritu mismo le asegura a nuestro espíritu que somos hijos de Dios. 17Y si somos hijos, somos herederos; herederos de Dios y coherederos con Cristo, pues si ahora sufrimos con él, también tendremos parte con él en su gloria.

La gloria futura

18De hecho, considero que en nada se comparan los sufrimientos actuales con la gloria que habrá de revelarse en nosotros. 19La creación aguarda con ansiedad la revelación de los hijos de Dios, 20porque fue sometida a la frustración. Esto no sucedió por su propia voluntad, sino por la del que así lo dispuso. Pero queda la firme esperanza 21de que la creación misma ha de ser liberada de la corrupción que la esclaviza, para así alcanzar la gloriosa libertad de los hijos de Dios.

22Sabemos que toda la creación todavía gime a una, como si tuviera dolores de parto. 23Y no sólo ella, sino también nosotros mismos, que tenemos las *primicias del Espíritu, gemimos interiormente, mientras aguardamos nuestra adopción como hijos, es decir, la redención de nuestro cuerpo. 24Porque en esa esperanza fuimos salvados. Pero la esperanza que se ve, ya no es esperanza. ¿Quién espera lo que ya tiene? 25Pero si esperamos lo que todavía no tenemos, en la espera mostramos nuestra constancia.

26Así mismo, en nuestra debilidad el Espíritu acude a ayudarnos. No sabemos qué pedir, pero el Espíritu mismo intercede por nosotros con gemidos que no pueden expresarse con palabras. 27Y Dios, que examina los corazones, sabe cuál es la intención del Espíritu, porque el Espíritu intercede por los *creyentes conforme a la voluntad de Dios.

Más que vencedores

28Ahora bien, sabemos que Dios dispone todas las cosas para el bien de quienes lo aman,[k] los que han sido llamados de acuerdo con su propósito. 29Porque a

---

[i] **8:3** *en condición semejante ... pecadores.* Lit. *en semejanza de *carne de pecado.*   [j] **8:10** *el Espíritu ... vida.* Alt. *el espíritu de ustedes vive.*   [k] **8:28** *Dios ... aman.* Var. *todo actúa para el bien de quienes aman a Dios.*

los que Dios conoció de antemano, también los predestinó a ser transformados según la imagen de su Hijo, para que él sea el primogénito entre muchos hermanos. **30**A los que predestinó, también los llamó; a los que llamó, también los *justificó; y a los que justificó, también los glorificó.

31¿Qué diremos frente a esto? Si Dios está de nuestra parte, ¿quién puede estar en contra nuestra? **32**El que no escatimó ni a su propio Hijo, sino que lo entregó por todos nosotros, ¿cómo no habrá de darnos generosamente, junto con él, todas las cosas? **33**¿Quién acusará a los que Dios ha escogido? Dios es el que justifica. **34**¿Quién condenará? Cristo Jesús es el que murió, e incluso *resucitó, y está a la *derecha de Dios e intercede por nosotros. **35**¿Quién nos apartará del amor de Cristo? ¿La tribulación, o la angustia, la persecución, el hambre, la indigencia, el peligro, o la violencia? **36**Así está escrito:

«Por tu causa siempre nos llevan a la muerte;
¡nos tratan como a ovejas para el matadero!»[l]

37Sin embargo, en todo esto somos más que vencedores por medio de aquel que nos amó. **38**Pues estoy convencido de que ni la muerte ni la vida, ni los ángeles ni los demonios,[m] ni lo presente ni lo por venir, ni los poderes, **39**ni lo alto ni lo profundo, ni cosa alguna en toda la creación, podrá apartarnos del amor que Dios nos ha manifestado en Cristo Jesús nuestro Señor.

La elección soberana de Dios

9 Digo la verdad en Cristo; no miento. Mi conciencia me lo confirma en el Espíritu Santo. **2**Me invade una gran tristeza y me embarga un continuo dolor. **3**Desearía yo mismo ser maldecido y separado de Cristo por el bien de mis hermanos, los de mi propia raza, **4**el pueblo de Israel. De ellos son la adopción como

hijos, la gloria divina, los pactos, la ley, y el privilegio de adorar a Dios y contar con sus promesas. **5**De ellos son los patriarcas, y de ellos, según la *naturaleza humana, nació Cristo, quien es Dios sobre todas las cosas. ¡Alabado sea por siempre![n] Amén.

6Ahora bien, no digamos que la Palabra de Dios ha fracasado. Lo que sucede es que no todos los que descienden de Israel son Israel. **7**Tampoco por ser descendientes de Abraham son todos hijos suyos. Al contrario: «Tu descendencia se establecerá por medio de Isaac.»[ñ] **8**En otras palabras, los hijos de Dios no son los descendientes *naturales; más bien, se considera descendencia de Abraham a los hijos de la promesa. **9**Y la promesa es ésta: «Dentro de un año vendré, y para entonces Sara tendrá un hijo.»[o]

10No sólo eso. También sucedió que los hijos de Rebeca tuvieron un mismo padre, que fue nuestro antepasado Isaac. **11**Sin embargo, antes de que los mellizos nacieran, o hicieran algo bueno o malo, y para confirmar el propósito de la elección divina, **12**no en base a las obras sino al llamado de Dios, se le dijo a ella: «El mayor servirá al menor.»[p] **13**Y así está escrito: «Amé a Jacob, pero aborrecí a Esaú.»[q]

14¿Qué concluiremos? ¿Acaso es Dios injusto? ¡De ninguna manera! **15**Es un hecho que a Moisés le dice:

«Tendré clemencia de quien yo quiera tenerla,
y seré compasivo con quien yo quiera serlo.»[r]

16Por lo tanto, la elección no depende del deseo ni del esfuerzo humano sino de la misericordia de Dios. **17**Porque la Escritura le dice al faraón: «Te he levantado precisamente para mostrar en ti mi poder, y para que mi nombre sea proclamado por toda la tierra.»[s] **18**Así que Dios tiene misericordia de quien él quiere tenerla, y endurece a quien él quiere endurecer.

---

[l]**8:36** Sal 44:22　[m]**8:38** demonios. Alt. gobernantes celestiales.　[n]**9:5** Cristo ... siempre! Alt. Cristo. ¡Dios, que está sobre todas las cosas, sea alabado por siempre!　[ñ]**9:7** Gn 21:12　[o]**9:9** Gn 18:10,14 [p]**9:12** Gn 25:23　[q]**9:13** Mal 1:2,3　[r]**9:15** Éx 33:19　[s]**9:17** Éx 9:16

¹⁹Pero tú me dirás: «Entonces, ¿por qué todavía nos echa la culpa Dios? ¿Quién puede oponerse a su voluntad?» ²⁰Respondo: ¿Quién eres tú para pedirle cuentas a Dios? «¿Acaso le dirá la olla de barro al que la modeló: "¿Por qué me hiciste así?"»ᵗ ²¹¿No tiene derecho el alfarero de hacer del mismo barro unas vasijas para usos especiales y otras para fines ordinarios?

²²¿Y qué si Dios, queriendo mostrar su ira y dar a conocer su poder, soportó con mucha paciencia a los que eran objeto de su castigoᵘ y estaban destinados a la destrucción? ²³¿Qué si lo hizo para dar a conocer sus gloriosas riquezas a los que eran objeto de su misericordia, y a quienes de antemano preparó para esa gloria? ²⁴Ésos somos nosotros, a quienes Dios llamó no sólo de entre los judíos sino también de entre los *gentiles. ²⁵Así lo dice Dios en el libro de Oseas:

«Llamaré "mi pueblo" a los que no son mi pueblo;
y llamaré "mi amada" a la que no es mi amada»,ᵛ
²⁶«Y sucederá que en el mismo lugar donde se les dijo:
"Ustedes no son mi pueblo",
serán llamados "hijos del Dios viviente".»ʷ

²⁷Isaías, por su parte, proclama respecto de Israel:

«Aunque los israelitas sean tan numerosos
como la arena del mar,
sólo el remanente será salvo;
²⁸porque plenamente y sin demora
el Señor cumplirá su sentencia en la tierra.»ˣ

²⁹Así había dicho Isaías:

«Si el Señor Todopoderoso
no nos hubiera dejado
descendientes,

seríamos ya como Sodoma,
nos pareceríamos a Gomorra.»ʸ

Incredulidad de Israel

³⁰¿Qué concluiremos? Pues que los *gentiles, que no buscaban la justicia, la han alcanzado. Me refiero a la justicia que es por la fe. ³¹En cambio Israel, que iba en busca de una ley que le diera justicia, no ha alcanzado esa justicia. ³²¿Por qué no? Porque no la buscaron mediante la fe sino mediante las obras, como si fuera posible alcanzarla así. Por eso tropezaron con la «piedra de tropiezo», ³³como está escrito:

«Miren que pongo en Sión una piedra de tropiezo
y una roca que hace *caer;
pero el que confíe en él no será defraudado.»ᶻ

10 Hermanos, el deseo de mi corazón, y mi oración a Dios por los israelitas, es que lleguen a ser salvos. ²Puedo declarar en favor de ellos que muestran celo por Dios, pero su celo no se basa en el conocimiento. ³No conociendo la justicia que proviene de Dios, y procurando establecer la suya propia, no se sometieron a la justicia de Dios. ⁴De hecho, Cristo es el fin de la ley, para que todo el que cree reciba la justicia.

⁵Así describe Moisés la justicia que se basa en la ley: «Quien practique estas cosas vivirá por ellas.»ᵃ ⁶Pero la justicia que se basa en la fe afirma: «No digas en tu corazón: "¿Quién subirá al cielo?"ᵇ (es decir, para hacer bajar a Cristo), ⁷o "¿Quién bajará al *abismo?"» (es decir, para hacer subir a Cristo de entre los muertos). ⁸¿Qué afirma entonces? «La palabra está cerca de ti; la tienes en la boca y en el corazón.»ᶜ Ésta es la palabra de fe que predicamos: ⁹que si confiesas con tu boca que Jesús es el Señor, y crees en tu corazón que Dios lo *levantó de entre los muertos, serás salvo. ¹⁰Porque con el corazón se cree para ser *justificado, pero

---

ᵗ**9:20** Is 29:16; 45:9   ᵘ**9:22** *objeto de su castigo.* Lit. *vasijas de ira.*   ᵛ**9:25** Os 2:23   ʷ**9:26** Os 1:10   ˣ**9:28** Is 10:22,23   ʸ**9:29** Is 1:9   ᶻ**9:33** Is 8:14; 28:16   ᵃ**10:5** Lv 18:5   ᵇ**10:6** Dt 30:12   ᶜ**10:8** Dt 30:14

con la boca se confiesa para ser salvo.
11Así dice la Escritura: «Todo el que
confíe en él no será jamás defraudado.»[d]
12No hay diferencia entre judíos y *gentiles, pues el mismo Señor es Señor de
todos y bendice abundantemente a cuantos
lo invocan, **13**porque «todo el que invoque
el nombre del Señor será salvo».[e]

14Ahora bien, ¿cómo invocarán a aquel
en quien no han creído? ¿Y cómo creerán
en aquel de quien no han oído? ¿Y cómo
oirán si no hay quien les predique? **15**¿Y
quién predicará sin ser enviado? Así está
escrito: «¡Qué hermoso es recibir al mensajero que trae[f] buenas *nuevas!»

16Sin embargo, no todos los israelitas
aceptaron las buenas nuevas. Isaías dice:
«Señor, ¿quién ha creído a nuestro mensaje?»[g] **17**Así que la fe viene como resultado
de oír el mensaje, y el mensaje que se oye
es la palabra de Cristo.[h] **18**Pero pregunto:
¿Acaso no oyeron? ¡Claro que sí!

> «Por toda la tierra se difundió su voz,
> ¡sus palabras llegan hasta los
> confines del mundo!»[i]

19Pero insisto: ¿Acaso no entendió Israel?
En primer lugar, Moisés dice:

> «Yo haré que ustedes sientan envidia
> de los que no son nación;
> voy a irritarlos con una nación
> insensata.»[j]

20Luego Isaías se atreve a decir:

> «Dejé que me hallaran los que no
> me buscaban;
> me di a conocer a los que no
> preguntaban por mí.»[k]

21En cambio, respecto de Israel, dice:

> «Todo el día extendí mis manos
> hacia un pueblo desobediente y
> rebelde.»[l]

El remanente de Israel

11 Por lo tanto, pregunto: ¿Acaso rechazó Dios a su pueblo? ¡De ninguna manera! Yo mismo soy israelita,
descendiente de Abraham, de la tribu de
Benjamín. **2**Dios no rechazó a su pueblo,
al que de antemano conoció. ¿No saben lo
que relata la Escritura en cuanto a Elías?
Acusó a Israel delante de Dios: **3**«Señor,
han matado a tus profetas y han derribado
tus altares. Yo soy el único que ha quedado
con vida, ¡y ahora quieren matarme a mí
también!»[m] **4**¿Y qué le contestó la voz
divina? «He apartado para mí siete mil
hombres, los que no se han arrodillado
ante Baal.»[n] **5**Así también hay en la actualidad un remanente escogido por gracia.
6Y si es por gracia, ya no es por obras;
porque en tal caso la gracia ya no sería
gracia.[ñ]

7¿Qué concluiremos? Pues que Israel
no consiguió lo que tanto deseaba, pero sí
lo consiguieron los elegidos. Los demás
fueron endurecidos, **8**como está escrito:

> «Dios les dio un espíritu insensible,
> ojos con los que no pueden ver
> y oídos con los que no pueden oír,
> hasta el día de hoy.»[o]

9Y David dice:

> «Que sus banquetes se les
> conviertan en red y en
> trampa,
> en *tropezadero y en castigo.
> **10**Que se les nublen los ojos para que
> no vean,
> y se encorven sus espaldas para
> siempre.»[p]

Ramas injertadas

11Ahora pregunto: ¿Acaso tropezaron
para no volver a levantarse? ¡De ninguna
manera! Más bien, gracias a su transgresión ha venido la salvación a los *gentiles,

---

[d] **10:11** Is 28:16   [e] **10:13** Jl 2:32   [f] **10:15** *¡Qué hermoso ... trae.* Lit. *¡Qué hermosos son los pies de los que anuncian;* Is 52:7.   [g] **10:16** Is 53:1   [h] **10:17** *Cristo.* Var. *Dios.*   [i] **10:18** Sal 19:4   [j] **10:19** Dt 32:21   [k] **10:20** Is 65:1   [l] **10:21** Is 65:2   [m] **11:3** 1R 19:10,14   [n] **11:4** 1R 19:18   [ñ] **11:6** *no sería gracia.* Var. *no sería gracia. Pero si es por obras, ya no es gracia; porque en tal caso la obra ya no sería obra.*   [o] **11:8** Dt 29:4; Is 29:10   [p] **11:10** Sal 69:22,23

para que Israel sienta celos. ¹²Pero si su transgresión ha enriquecido al mundo, es decir, si su fracaso ha enriquecido a los gentiles, ¡cuánto mayor será la riqueza que su plena restauración producirá!

¹³Me dirijo ahora a ustedes, los gentiles. Como apóstol que soy de ustedes, le hago honor a mi ministerio, ¹⁴pues quisiera ver si de algún modo despierto los celos de mi propio pueblo, para así salvar a algunos de ellos. ¹⁵Pues si el haberlos rechazado dio como resultado la reconciliación entre Dios y el mundo, ¿no será su restitución una vuelta a la vida? ¹⁶Si se consagra la parte de la masa que se ofrece como *primicias, también se consagra toda la masa; si la raíz es santa, también lo son las ramas.

¹⁷Ahora bien, es verdad que algunas de las ramas han sido desgajadas, y que tú, siendo de olivo silvestre, has sido injertado entre las otras ramas. Ahora participas de la savia nutritiva de la raíz del olivo. ¹⁸Sin embargo, no te vayas a creer mejor que las ramas originales. Y si te jactas de ello, ten en cuenta que no eres tú quien nutre a la raíz, sino que es la raíz la que te nutre a ti. ¹⁹Tal vez dirás: «Desgajaron unas ramas para que yo fuera injertado.» ²⁰De acuerdo. Pero ellas fueron desgajadas por su falta de fe, y tú por la fe te mantienes firme. Así que no seas arrogante sino temeroso; ²¹porque si Dios no tuvo miramientos con las ramas originales, tampoco los tendrá contigo.

²²Por tanto, considera la bondad y la severidad de Dios: severidad hacia los que cayeron y bondad hacia ti. Pero si no te mantienes en su bondad, tú también serás desgajado. ²³Y si ellos dejan de ser incrédulos, serán injertados, porque Dios tiene poder para injertarlos de nuevo. ²⁴Después de todo, si tú fuiste cortado de un olivo silvestre, al que por naturaleza pertenecías, y contra tu condición natural fuiste injertado en un olivo cultivado, ¡con cuánta mayor facilidad las ramas naturales de ese olivo serán injertadas de nuevo en él!

Todo Israel será salvo

²⁵Hermanos, quiero que entiendan este *misterio para que no se vuelvan presuntuosos. Parte de Israel se ha endurecido, y así permanecerá hasta que haya entrado la totalidad de los *gentiles. ²⁶De esta manera todo Israel será salvo, como está escrito:

«El redentor vendrá de Sión
   y apartará de Jacob la impiedad.
²⁷Y éste será mi pacto con ellos
   cuando perdone sus pecados.»�q

²⁸Con respecto al *evangelio, los israelitas son enemigos de Dios para bien de ustedes; pero si tomamos en cuenta la elección, son amados de Dios por causa de los patriarcas, ²⁹porque las dádivas de Dios son irrevocables, como lo es también su llamamiento. ³⁰De hecho, en otro tiempo ustedes fueron desobedientes a Dios; pero ahora, por la desobediencia de los israelitas, han sido objeto de su misericordia. ³¹Así mismo, estos que han desobedecido recibirán misericordia ahora, como resultado de la misericordia de Dios hacia ustedes. ³²En fin, Dios ha sujetado a todos a la desobediencia, con el fin de tener misericordia de todos.

Doxología

³³¡Qué profundas son las riquezas de la sabiduría y del conocimiento de Dios!

¡Qué indescifrables sus juicios
   e impenetrables sus caminos!
³⁴«¿Quién ha conocido la mente del
      Señor,
   o quién ha sido su consejero?»ʳ
³⁵«¿Quién le ha dado primero a Dios,
   para que luego Dios le pague?»ˢ
³⁶Porque todas las cosas proceden de
      él,
   y existen por él y para él.
¡A él sea la gloria por siempre!
      Amén.

�q**11:27** Is 59:20,21; 27:9; Jer 31:33,34   ʳ**11:34** Is 40:13   ˢ**11:35** Job 41:11

Sacrificios vivos

12 Por lo tanto, hermanos, tomando en cuenta la misericordia de Dios, les ruego que cada uno de ustedes, en adoración espiritual,[t] ofrezca su cuerpo como sacrificio vivo, *santo y agradable a Dios. ²No se amolden al mundo actual, sino sean transformados mediante la renovación de su mente. Así podrán comprobar cuál es la voluntad de Dios, buena, agradable y perfecta.

³Por la gracia que se me ha dado, les digo a todos ustedes: Nadie tenga un concepto de sí más alto que el que debe tener, sino más bien piense de sí mismo con moderación, según la medida de fe que Dios le haya dado. ⁴Pues así como cada uno de nosotros tiene un solo cuerpo con muchos miembros, y no todos estos miembros desempeñan la misma función, ⁵también nosotros, siendo muchos, formamos un solo cuerpo en Cristo, y cada miembro está unido a todos los demás. ⁶Tenemos dones diferentes, según la gracia que se nos ha dado. Si el don de alguien es el de profecía, que lo use en proporción con su fe;[u] ⁷si es el de prestar un servicio, que lo preste; si es el de enseñar, que enseñe; ⁸si es el de animar a otros, que los anime; si es el de socorrer a los necesitados, que dé con generosidad; si es el de dirigir, que dirija con esmero; si es el de mostrar compasión, que lo haga con alegría.

El amor

⁹El amor debe ser sincero. Aborrezcan el mal; aférrense al bien. ¹⁰Ámense los unos a los otros con amor fraternal, respetándose y honrándose mutuamente. ¹¹Nunca dejen de ser diligentes; antes bien, sirvan al Señor con el fervor que da el Espíritu. ¹²Alégrense en la esperanza, muestren paciencia en el sufrimiento, perseveren en la oración. ¹³Ayuden a los hermanos necesitados. Practiquen la hospitalidad. ¹⁴Bendigan a quienes los persigan; bendigan y no maldigan. ¹⁵Alégrense con los que están alegres; lloren con los que lloran. ¹⁶Vivan en armonía los unos con los otros. No sean arrogantes, sino háganse solidarios con los humildes.[v] No se crean los únicos que saben.

¹⁷No paguen a nadie mal por mal. Procuren hacer lo bueno delante de todos. ¹⁸Si es posible, y en cuanto dependa de ustedes, vivan en paz con todos. ¹⁹No tomen venganza, hermanos míos, sino dejen el castigo en las manos de Dios, porque está escrito: «Mía es la venganza; yo pagaré»,[w] dice el Señor. ²⁰Antes bien,

«Si tu enemigo tiene hambre, dale
    de comer;
si tiene sed, dale de beber.
Actuando así, harás que se
    avergüence de su conducta.»[x]

²¹No te dejes vencer por el mal; al contrario, vence el mal con el bien.

El respeto a las autoridades

13 Todos deben someterse a las autoridades públicas, pues no hay autoridad que Dios no haya dispuesto, así que las que existen fueron establecidas por él. ²Por lo tanto, todo el que se opone a la autoridad se rebela contra lo que Dios ha instituido. Los que así proceden recibirán castigo. ³Porque los gobernantes no están para infundir terror a los que hacen lo bueno sino a los que hacen lo malo. ¿Quieres librarte del miedo a la autoridad? Haz lo bueno, y tendrás su aprobación, ⁴pues está al servicio de Dios para tu bien. Pero si haces lo malo, entonces debes tener miedo. No en vano lleva la espada, pues está al servicio de Dios para impartir justicia y castigar al malhechor. ⁵Así que es necesario someterse a las autoridades, no sólo para evitar el castigo sino también por razones de conciencia.

⁶Por eso mismo pagan ustedes impuestos, pues las autoridades están al servicio de Dios, dedicadas precisamente a gobernar. ⁷Paguen a cada uno lo que le corresponda: si deben impuestos, paguen los impuestos; si deben contribuciones, pa-

---

[t] **12:1** *espiritual*. Alt. *racional*.   [u] **12:6** *en proporción con su fe*. Alt. *de acuerdo con la fe*.   [v] **12:16** *háganse ... humildes*. Alt. *estén dispuestos a ocuparse en oficios humildes*.   [w] **12:19** Dt 32:35   [x] **12:20** *harás ... conducta*. Lit. *ascuas de fuego amontonarás sobre su cabeza* (Pr 25:21,22).

guen las contribuciones; al que deban respeto, muéstrenle respeto; al que deban honor, ríndanle honor.

La responsabilidad hacia los demás

8No tengan deudas pendientes con nadie, a no ser la de amarse unos a otros. De hecho, quien ama al prójimo ha cumplido la ley. 9Porque los mandamientos que dicen: «No cometas adulterio», «No mates», «No robes», «No codicies»,ʸ y todos los demás mandamientos, se resumen en este precepto: «Ama a tu prójimo como a ti mismo.»ᶻ 10El amor no perjudica al prójimo. Así que el amor es el cumplimiento de la ley.

11Hagan todo esto estando conscientes del tiempo en que vivimos. Ya es hora de que despierten del sueño, pues nuestra salvación está ahora más cerca que cuando inicialmente creímos. 12La noche está muy avanzada y ya se acerca el día. Por eso, dejemos a un lado las obras de la oscuridad y pongámonos la armadura de la luz. 13Vivamos decentemente, como a la luz del día, no en orgías y borracheras, ni en inmoralidad sexual y libertinaje, ni en disensiones y envidias. 14Más bien, revístanse ustedes del Señor Jesucristo, y no se preocupen por satisfacer los deseos de la *naturaleza pecaminosa.

Los débiles y los fuertes

14 Reciban al que es débil en la fe, pero no para entrar en discusiones. 2A algunos su fe les permite comer de todo, pero hay quienes son débiles en la fe, y sólo comen verduras. 3El que come de todo no debe menospreciar al que no come ciertas cosas, y el que no come de todo no debe condenar al que lo hace, pues Dios lo ha aceptado. 4¿Quién eres tú para juzgar al siervo de otro? Que se mantenga en pie, o que caiga, es asunto de su propio señor. Y se mantendrá en pie, porque el Señor tiene poder para sostenerlo.

5Hay quien considera que un día tiene más importancia que otro, pero hay quien considera iguales todos los días. Cada uno

debe estar firme en sus propias opiniones. 6El que le da importancia especial a cierto día, lo hace para el Señor. El que come de todo, come para el Señor, y lo demuestra dándole gracias a Dios; y el que no come, para el Señor se abstiene, y también da gracias a Dios. 7Porque ninguno de nosotros vive para sí mismo, ni tampoco muere para sí. 8Si vivimos, para el Señor vivimos; y si morimos, para el Señor morimos. Así pues, sea que vivamos o que muramos, del Señor somos. 9Para esto mismo murió Cristo, y volvió a vivir, para ser Señor tanto de los que han muerto como de los que aún viven. 10Tú, entonces, ¿por qué juzgas a tu hermano? O tú, ¿por qué lo menosprecias? ¡Todos tendremos que comparecer ante el tribunal de Dios! 11Está escrito:

«Tan cierto como que yo vivo
    —dice el Señor—,
  ante mí se doblará toda rodilla
  y toda lengua confesará a Dios.»ᵃ

12Así que cada uno de nosotros tendrá que dar cuentas de sí a Dios.

13Por tanto, dejemos de juzgarnos unos a otros. Más bien, propónganse no poner *tropiezos ni obstáculos al hermano. 14Yo, de mi parte, estoy plenamente convencido en el Señor Jesús de que no hay nada *impuro en sí mismo. Si algo es impuro, lo es solamente para quien así lo considera. 15Ahora bien, si tu hermano se angustia por causa de lo que comes, ya no te comportas con amor. No destruyas, por causa de la comida, al hermano por quien Cristo murió. 16En una palabra, no den lugar a que se hable mal del bien que ustedes practican, 17porque el reino de Dios no es cuestión de comidas o bebidas sino de justicia, paz y alegría en el Espíritu Santo. 18El que de esta manera sirve a Cristo, agrada a Dios y es aprobado por sus semejantes.

19Por lo tanto, esforcémonos por promover todo lo que conduzca a la paz y a la mutua edificación. 20No destruyas la obra de Dios por causa de la comida. Todo

ʸ**13:9** Éx 20:13-15,17; Dt 5:17-19,21 ᶻ**13:9** Lv 19:18 ᵃ**14:11** Is 45:23

alimento es puro; lo malo es hacer trope- zar a otros por lo que uno come. 21Más vale no comer carne ni beber vino, ni hacer nada que haga *caer a tu hermano.

22Así que la convicción[b] que tengas tú al respecto, manténla como algo entre Dios y tú. *Dichoso aquel a quien su conciencia no lo acusa por lo que hace. 23Pero el que tiene dudas en cuanto a lo que come, se condena; porque no lo hace por convicción. Y todo lo que no se hace por convicción es pecado.

15 Los fuertes en la fe debemos apo- yar a los débiles, en vez de hacer lo que nos agrada. 2Cada uno debe agradar al prójimo para su bien, con el fin de edificarlo. 3Porque ni siquiera Cristo se agradó a sí mismo sino que, como está escrito: «Sobre mí han recaído los insultos de tus detractores.»[c] 4De hecho, todo lo que se escribió en el pasado se escribió para enseñarnos, a fin de que, alentados por las Escrituras, perseveremos en man- tener nuestra esperanza.

5Que el Dios que infunde aliento y perseverancia les conceda vivir juntos en armonía, conforme al ejemplo de Cristo Jesús, 6para que con un solo corazón y a una sola voz glorifiquen al Dios y Padre de nuestro Señor Jesucristo.

7Por tanto, acéptense mutuamente, así como Cristo los aceptó a ustedes para gloria de Dios. 8Les digo que Cristo se hizo servidor de los judíos[d] para demos- trar la fidelidad de Dios, a fin de confirmar las promesas hechas a los patriarcas, 9y para que los *gentiles glorifiquen a Dios por su compasión, como está escrito:

«Por eso te alabaré entre las
      *naciones;
  cantaré salmos a tu nombre.»[e]

10En otro pasaje dice:

«Alégrense, naciones, con el
      pueblo de Dios.»[f]

11Y en otra parte:

«¡Alaben al Señor, naciones todas!
  ¡Pueblos todos, cántenle
      alabanzas!»[g]

12A su vez, Isaías afirma:

«Brotará la raíz de Isaí,
  el que se levantará para gobernar
      a las naciones;
  en él los pueblos pondrán su
      esperanza.»[h]

13Que el Dios de la esperanza los llene de toda alegría y paz a ustedes que creen en él, para que rebosen de esperanza por el poder del Espíritu Santo.

Pablo, ministro de los gentiles

14Por mi parte, hermanos míos, estoy seguro de que ustedes mismos rebosan de bondad, abundan en conocimiento y están capacitados para instruirse unos a otros. 15Sin embargo, les he escrito con mucha franqueza sobre algunos asuntos, como para refrescarles la memoria. Me he atrevido a hacerlo por causa de la gracia que Dios me dio 16para ser minis- tro de Cristo Jesús a los *gentiles. Yo tengo el deber sacerdotal de proclamar el *evangelio de Dios, a fin de que los gentiles lleguen a ser una ofrenda acep- table a Dios, *santificada por el Espíritu Santo.

17Por tanto, mi servicio a Dios es para mí motivo de *orgullo en Cristo Jesús. 18No me atreveré a hablar de nada sino de lo que Cristo ha hecho por medio de mí para que los gentiles lleguen a obedecer a Dios. Lo ha hecho con pala- bras y obras, 19mediante poderosas seña- les y milagros, por el poder del Espíritu de Dios. Así que, habiendo comenzado en Jerusalén, he completado la proclama- ción del evangelio de Cristo por todas partes, hasta la región de Iliria. 20En efecto, mi propósito ha sido predicar el evangelio donde Cristo no sea conocido, para no edificar sobre fundamento ajeno. 21Más bien, como está escrito:

---

[b]14:22 *convicción.* Lit. *fe;* también en v. 23.   [c]15:3 Sal 69:9   [d]15:8 *de los judíos.* Lit. *de la *circuncisión.*
[e]15:9 2S 22:50; Sal 18:49   [f]15:10 Dt 32:43   [g]15:11 Sal 117:1   [h]15:12 Is 11:10

«Los que nunca habían recibido
noticia de él, lo verán;
y entenderán los que no habían
oído hablar de él.»[i]

22Este trabajo es lo que muchas veces me
ha impedido ir a visitarlos.

Pablo piensa visitar Roma

23Pero ahora que ya no me queda un
lugar dónde trabajar en estas regiones, y
como desde hace muchos años anhelo
verlos, 24tengo planes de visitarlos cuando
vaya rumbo a España. Espero que, después de que haya disfrutado de la compañía de ustedes por algún tiempo, me
ayuden a continuar el viaje. 25Por ahora,
voy a Jerusalén para llevar ayuda a los
*hermanos, 26ya que Macedonia y Acaya
tuvieron a bien hacer una colecta para los
hermanos pobres de Jerusalén. 27Lo hicieron de buena voluntad, aunque en realidad
era su obligación hacerlo. Porque si los
*gentiles han participado de las bendicio-
nes espirituales de los judíos, están en
deuda con ellos para servirles con las
bendiciones materiales. 28Así que, una
vez que yo haya cumplido esta tarea y
entregado en sus manos este fruto, saldré
para España y de paso los visitaré a ustedes. 29Sé que, cuando los visite, iré con la
abundante bendición de Cristo.

30Les ruego, hermanos, por nuestro
Señor Jesucristo y por el amor del Espíritu,
que se unan conmigo en esta lucha y que
oren a Dios por mí. 31Pídanle que me libre
de caer en manos de los incrédulos que
están en Judea, y que los hermanos de
Jerusalén reciban bien la ayuda que les
llevo. 32De este modo, por la voluntad de
Dios, llegaré a ustedes con alegría y podré
descansar entre ustedes por algún tiempo.
33El Dios de paz sea con todos ustedes.
Amén.

Saludos personales

16 Les recomiendo a nuestra hermana
Febe, diaconisa de la iglesia de
Cencreas. 2Les pido que la reciban digna-
mente en el Señor, como conviene hacerlo
entre hermanos en la fe; préstenle toda la
ayuda que necesite, porque ella ha ayudado a muchas personas, entre las que me
cuento yo.

3Saluden a *Priscila y a Aquila, mis
compañeros de trabajo en Cristo
Jesús. 4Por salvarme la *vida, ellos
arriesgaron la suya. Tanto yo como
todas las iglesias de los *gentiles les
estamos agradecidos.

5Saluden igualmente a la iglesia que se
reúne en la casa de ellos.

Saluden a mi querido hermano Epene-
to, el primer convertido a Cristo en
la provincia de *Asia.[j]

6Saluden a María, que tanto ha trabajado
por ustedes.

7Saluden a Andrónico y a Junías,[k] mis
parientes y compañeros de cárcel,
destacados entre los apóstoles y
convertidos a Cristo antes que yo.

8Saluden a Amplias, mi querido hermano en el Señor.

9Saluden a Urbano, nuestro compañero
de trabajo en Cristo, y a mi querido
hermano Estaquis.

10Saluden a Apeles, que ha dado tantas
pruebas de su fe en Cristo.

Saluden a los de la familia de Aristóbu-
lo.

11Saluden a Herodión, mi pariente.

Saluden a los de la familia de Narciso,
fieles en el Señor.

12Saluden a Trifena y a Trifosa, las cuales
se esfuerzan trabajando por el Señor.

Saluden a mi querida hermana Pérsida,
que ha trabajado muchísimo en el
Señor.

13Saluden a Rufo, distinguido creyente,[l]
y a su madre, que ha sido también
como una madre para mí.

14Saluden a Asíncrito, a Flegonte, a Hermes, a Patrobas, a Hermas y a los
hermanos que están con ellos.

15Saluden a Filólogo, a Julia, a Nereo y
a su hermana, a Olimpas y a todos
los hermanos que están con ellos.

---

[i] **15:21** Is 52:15   [j] **16:5** *el primer ... *Asia*. Lit. *las *primicias de Asia*.   [k] **16:7** *Junías*. Alt. *Junia*.
[l] **16:13** *distinguido creyente*. Lit. *escogido en el Señor*.

16 Salúdense unos a otros con un beso santo.

Todas las iglesias de Cristo les mandan saludos.

17 Les ruego, hermanos, que se cuiden de los que causan divisiones y dificultades, y van en contra de lo que a ustedes se les ha enseñado. Apártense de ellos. **18** Tales individuos no sirven a Cristo nuestro Señor, sino a sus propios deseos.^m Con palabras suaves y lisonjeras engañan a los ingenuos. **19** Es cierto que ustedes viven en obediencia, lo que es bien conocido de todos y me alegra mucho; pero quiero que sean sagaces para el bien e inocentes para el mal.

20 Muy pronto el Dios de paz aplastará a Satanás bajo los pies de ustedes.

Que la gracia de nuestro Señor Jesús sea con ustedes.

21 Saludos de parte de Timoteo, mi compañero de trabajo, como también de Lucio, Jasón y Sosípater, mis parientes.

22 Yo, Tercio, que escribo esta carta, los saludo en el Señor.

23 Saludos de parte de Gayo, de cuya hospitalidad disfrutamos yo y toda la iglesia de este lugar.

También les mandan saludos Erasto, que es el tesorero de la ciudad, y nuestro hermano Cuarto.ⁿ

25-26 El Dios eterno ocultó su *misterio durante largos siglos, pero ahora lo ha revelado por medio de los escritos proféticos, según su propio mandato, para que todas las *naciones obedezcan a la fe.^ñ ¡Al que puede fortalecerlos a ustedes conforme a mi *evangelio y a la predicación acerca de Jesucristo, **27** al único sabio Dios, sea la gloria para siempre por medio de Jesucristo! Amén.

---

^m **16:18** *sus propios deseos.* Lit. *su propio estómago.*   ⁿ **16:23** *Cuarto.* Var. *Cuarto.* ²⁴ *La gracia de nuestro Señor Jesucristo sea con todos ustedes. Amén.*   ^ñ **16:25-26** *para ... la fe.* Lit. *para la obediencia de la fe a todas las naciones.*

Primera Carta a los
Corintios

1 Pablo, llamado por la voluntad de Dios a ser apóstol de *Cristo Jesús, y nuestro hermano Sóstenes,

²a la iglesia de Dios que está en Corinto, a los que han sido *santificados en Cristo Jesús y llamados a ser su santo pueblo, junto con todos los que en todas partes invocan el nombre de nuestro Señor Jesucristo, Señor de ellos y de nosotros:

³Que Dios nuestro Padre y el Señor Jesucristo les concedan gracia y paz.

Acción de gracias

⁴Siempre doy gracias a Dios por ustedes, pues él, en Cristo Jesús, les ha dado su gracia. ⁵Unidos a Cristo ustedes se han llenado de toda riqueza, tanto en palabra como en conocimiento. ⁶Así se ha confirmado en ustedes nuestro testimonio acerca de Cristo, ⁷de modo que no les falta ningún don espiritual mientras esperan con ansias que se manifieste nuestro Señor Jesucristo. ⁸Él los mantendrá firmes hasta el fin, para que sean irreprochables en el día de nuestro Señor Jesucristo. ⁹Fiel es Dios, quien los ha llamado a tener comunión con su Hijo Jesucristo, nuestro Señor.

Divisiones en la iglesia

¹⁰Les suplico, hermanos, en el nombre de nuestro Señor Jesucristo, que todos vivan en armonía y que no haya divisiones entre ustedes, sino que se mantengan unidos en un mismo pensar y en un mismo propósito. ¹¹Digo esto, hermanos míos, porque algunos de la familia de Cloé me han informado que hay rivalidades entre ustedes. ¹²Me refiero a que unos dicen: «Yo sigo a Pablo»; otros afirman: «Yo, a Apolos»; otros: «Yo, a *Cefas»; y otros: «Yo, a Cristo.»

¹³¡Cómo! ¿Está dividido Cristo? ¿Acaso Pablo fue crucificado por ustedes? ¿O es que fueron bautizados en el nombre de Pablo? ¹⁴Gracias a Dios que no bauticé a ninguno de ustedes, excepto a Crispo y a Gayo, ¹⁵de modo que nadie puede decir que fue bautizado en mi nombre. ¹⁶Bueno, también bauticé a la familia de Estéfanas; fuera de éstos, no recuerdo haber bautizado a ningún otro. ¹⁷Pues Cristo no me envió a bautizar sino a predicar el *evangelio, y eso sin discursos de sabiduría humana, para que la cruz de Cristo no perdiera su eficacia.

Cristo, sabiduría y poder de Dios

¹⁸Me explico: El mensaje de la cruz es una locura para los que se pierden; en cambio, para los que se salvan, es decir, para nosotros, este mensaje es el poder de Dios. ¹⁹Pues está escrito:

«Destruiré la sabiduría de los
        sabios;
    frustraré la inteligencia de los
        inteligentes.»ᵃ

²⁰¿Dónde está el sabio? ¿Dónde el erudito? ¿Dónde el filósofo de esta época? ¿No ha convertido Dios en locura la sabiduría de este mundo? ²¹Ya que Dios, en su sabio designio, dispuso que el mundo no lo conociera mediante la sabiduría humana, tuvo a bien salvar, mediante la locura de la predicación, a los que creen. ²²Los judíos piden señales milagrosas y los *gentiles buscan sabiduría, ²³mientras que nosotros predicamos a Cristo crucificado. Este mensaje es motivo de *tropiezo para los judíos, y es locura para los genti-

ᵃ1:19 Is 29:14

les, 24pero para los que Dios ha llamado, lo mismo judíos que gentiles, Cristo es el poder de Dios y la sabiduría de Dios. 25Pues la locura de Dios es más sabia que la sabiduría humana, y la debilidad de Dios es más fuerte que la fuerza humana.

26Hermanos, consideren su propio llamamiento: No muchos de ustedes son sabios, según criterios meramente *humanos; ni son muchos los poderosos ni muchos los de noble cuna. 27Pero Dios escogió lo insensato del mundo para avergonzar a los sabios, y escogió lo débil del mundo para avergonzar a los poderosos. 28También escogió Dios lo más bajo y despreciado, y lo que no es nada, para anular lo que es, 29a fin de que en su presencia nadie pueda *jactarse. 30Pero gracias a él ustedes están unidos a Cristo Jesús, a quien Dios ha hecho nuestra sabiduría —es decir, nuestra *justificación, *santificación y redención— 31para que, como está escrito: «Si alguien ha de gloriarse, que se gloríe en el Señor.»*b*

2 Yo mismo, hermanos, cuando fui a anunciarles el testimonio*c* de Dios, no lo hice con gran elocuencia y sabiduría. 2Me propuse más bien, estando entre ustedes, no saber de cosa alguna, excepto de Jesucristo, y de éste crucificado. 3Es más, me presenté ante ustedes con tanta debilidad que temblaba de miedo. 4No les hablé ni les prediqué con palabras sabias y elocuentes sino con demostración del poder del Espíritu, 5para que la fe de ustedes no dependiera de la sabiduría humana sino del poder de Dios.

Sabiduría procedente del Espíritu

6En cambio, hablamos con sabiduría entre los que han alcanzado madurez,*d* pero no con la sabiduría de este mundo ni con la de sus gobernantes, los cuales terminarán en nada. 7Más bien, exponemos el *misterio de la sabiduría de Dios, una sabiduría que ha estado escondida y que Dios había destinado para nuestra gloria desde la eternidad. 8Ninguno de los go-

bernantes de este mundo la entendió, porque de haberla entendido no habrían crucificado al Señor de la gloria. 9Sin embargo, como está escrito:

«Ningún ojo ha visto,
　　ningún oído ha escuchado,
ninguna mente humana ha
　　concebido
　　lo que Dios ha preparado para
　　　quienes lo aman.»*e*

10Ahora bien, Dios nos ha revelado esto por medio de su Espíritu, pues el Espíritu lo examina todo, hasta las profundidades de Dios. 11En efecto, ¿quién conoce los pensamientos del *ser humano sino su propio espíritu que está en él? Así mismo, nadie conoce los pensamientos de Dios sino el Espíritu de Dios. 12Nosotros no hemos recibido el espíritu del mundo sino el Espíritu que procede de Dios, para que entendamos lo que por su gracia él nos ha concedido. 13Esto es precisamente de lo que hablamos, no con las palabras que enseña la sabiduría humana sino con las que enseña el Espíritu, de modo que expresamos verdades espirituales en términos espirituales.*f* 14El que no tiene el Espíritu*g* no acepta lo que procede del Espíritu de Dios, pues para él es locura. No puede entenderlo, porque hay que discernirlo espiritualmente. 15En cambio, el que es espiritual lo juzga todo, aunque él mismo no está sujeto al juicio de nadie, porque

16«¿quién ha conocido la mente del
　　Señor
　　para que pueda instruirlo?»*h*

Nosotros, por nuestra parte, tenemos la mente de Cristo.

Sobre las divisiones en la iglesia

3 Yo, hermanos, no pude dirigirme a ustedes como a espirituales sino como a inmaduros,*i* apenas niños en Cristo. 2Les di leche porque no podían asimilar

---

b **1:31** Jer 9:24　*c* **2:1** *testimonio.* Var. *misterio.*　*d* **2:6** *los que ... madurez.* Lit. *los *perfectos.*
e **2:9** Is 64:4　*f* **2:13** *expresamos ... espirituales.* Alt. *interpretamos verdades espirituales a personas espirituales.*　*g* **2:14** *El que no tiene el Espíritu.* Lit. *El hombre *síquico* (o *natural*).*　*h* **2:16** Is 40:13
i **3:1** *inmaduros.* Lit. *carnales*; también en v. 3.

alimento sólido, ni pueden todavía, ³pues aún son inmaduros. Mientras haya entre ustedes celos y contiendas, ¿no serán inmaduros? ¿Acaso no se están comportando según criterios meramente *humanos? ⁴Cuando uno afirma: «Yo sigo a Pablo», y otro: «Yo sigo a Apolos», ¿no es porque están actuando con criterios humanos?ʲ

⁵Después de todo, ¿qué es Apolos? ¿Y qué es Pablo? Nada más que servidores por medio de los cuales ustedes llegaron a creer, según lo que el Señor le asignó a cada uno. ⁶Yo sembré, Apolos regó, pero Dios ha dado el crecimiento. ⁷Así que no cuenta ni el que siembra ni el que riega, sino sólo Dios, quien es el que hace crecer. ⁸El que siembra y el que riega están al mismo nivel, aunque cada uno será recompensado según su propio trabajo. ⁹En efecto, nosotros somos colaboradores al servicio de Dios; y ustedes son el campo de cultivo de Dios, son el edificio de Dios.

¹⁰Según la gracia que Dios me ha dado, yo, como maestro constructor, eché los cimientos, y otro construye sobre ellos. Pero cada uno tenga cuidado de cómo construye, ¹¹porque nadie puede poner un fundamento diferente del que ya está puesto, que es Jesucristo. ¹²Si alguien construye sobre este fundamento, ya sea con oro, plata y piedras preciosas, o con madera, heno y paja, ¹³su obra se mostrará tal cual es, pues el día del juicio la dejará al descubierto. El fuego la dará a conocer, y pondrá a prueba la calidad del trabajo de cada uno. ¹⁴Si lo que alguien ha construido permanece, recibirá su recompensa, ¹⁵pero si su obra es consumida por las llamas, él sufrirá pérdida. Será salvo, pero como quien pasa por el fuego.

¹⁶¿No saben que ustedes son templo de Dios y que el Espíritu de Dios habita en ustedes? ¹⁷Si alguno destruye el templo de Dios, él mismo será destruido por Dios; porque el templo de Dios es sagrado, y ustedes son ese templo.

¹⁸Que nadie se engañe. Si alguno de ustedes se cree sabio según las normas de esta época, hágase ignorante para así llegar a ser sabio. ¹⁹Porque a los ojos de Dios la sabiduría de este mundo es locura. Como está escrito: «Él atrapa a los sabios en su propia astucia»;ᵏ ²⁰y también dice: «El Señor conoce los pensamientos de los sabios y sabe que son absurdos.»ˡ ²¹Por lo tanto, ¡que nadie base su *orgullo en el hombre! Al fin y al cabo, todo es de ustedes, ²²ya sea Pablo, o Apolos, o *Cefas, o el universo, o la vida, o la muerte, o lo presente o lo por venir; todo es de ustedes, ²³y ustedes son de Cristo, y Cristo es de Dios.

Apóstoles de Cristo

4 Que todos nos consideren servidores de Cristo, encargados de administrar los *misterios de Dios. ²Ahora bien, a los que reciben un encargo se les exige que demuestren ser dignos de confianza. ³Por mi parte, muy poco me preocupa que me juzguen ustedes o cualquier tribunal humano; es más, ni siquiera me juzgo a mí mismo. ⁴Porque aunque la conciencia no me remuerde, no por eso quedo absuelto; el que me juzga es el Señor. ⁵Por lo tanto, no juzguen nada antes de tiempo; esperen hasta que venga el Señor. Él sacará a la luz lo que está oculto en la oscuridad y pondrá al descubierto las intenciones de cada corazón. Entonces cada uno recibirá de Dios la alabanza que le corresponda.

⁶Hermanos, todo esto lo he aplicado a Apolos y a mí mismo para beneficio de ustedes, con el fin de que aprendan de nosotros aquello de «no ir más allá de lo que está escrito». Así ninguno de ustedes podrá engreírse de haber favorecido al uno en perjuicio del otro. ⁷¿Quién te distingue de los demás? ¿Qué tienes que no hayas recibido? Y si lo recibiste, ¿por qué presumes como si no te lo hubieran dado?

⁸¡Ya tienen todo lo que desean! ¡Ya se han enriquecido! ¡Han llegado a ser reyes, y eso sin nosotros! ¡Ojalá fueran de veras reyes para que también nosotros reináramos con ustedes! ⁹Por lo que veo, a nosotros los apóstoles Dios nos ha hecho desfilar en el último lugar, como a los sentenciados a muerte. Hemos llegado a ser un espectáculo para todo el

---

ʲ **3:4** ¿no es ... humanos? Lit. ¿no son ustedes hombres?   ᵏ **3:19** Job 5:13   ˡ **3:20** Sal 94:11

universo, tanto para los ángeles como para los hombres. **10**¡Por causa de Cristo, nosotros somos los ignorantes; ustedes, en Cristo, son los inteligentes! ¡Los débiles somos nosotros; los fuertes son ustedes! ¡A ustedes se les estima; a nosotros se nos desprecia! **11**Hasta el momento pasamos hambre, tenemos sed, nos falta ropa, se nos maltrata, no tenemos dónde vivir. **12**Con estas manos nos matamos trabajando. Si nos maldicen, bendecimos; si nos persiguen, lo soportamos; **13**si nos calumnian, los tratamos con gentileza. Se nos considera la escoria de la tierra, la basura del mundo, y así hasta el día de hoy.

14No les escribo esto para avergonzarlos sino para amonestarlos, como a hijos míos amados. **15**De hecho, aunque tuvieran ustedes miles de tutores en Cristo, padres sí que no tienen muchos, porque mediante el *evangelio yo fui el padre que los engendró en Cristo Jesús. **16**Por tanto, les ruego que sigan mi ejemplo. **17**Con este propósito les envié a Timoteo, mi amado y fiel hijo en el Señor. Él les recordará mi manera de comportarme en Cristo Jesús, como enseño por todas partes y en todas las iglesias.

18Ahora bien, algunos de ustedes se han vuelto presuntuosos, pensando que no iré a verlos. **19**Lo cierto es que, si Dios quiere, iré a visitarlos muy pronto, y ya veremos no sólo cómo hablan sino cuánto poder tienen esos presumidos. **20**Porque el reino de Dios no es cuestión de palabras sino de poder. **21**¿Qué prefieren? ¿Que vaya a verlos con un látigo, o con amor y espíritu apacible?

¡Expulsen al hermano inmoral!

5 Es ya del dominio público que hay entre ustedes un caso de inmoralidad sexual que ni siquiera entre los *paganos se tolera, a saber, que uno de ustedes tiene por mujer a la esposa de su padre. **2**¡Y de esto se sienten orgullosos! ¿No debieran, más bien, haber lamentado lo sucedido y expulsado de entre ustedes al que hizo tal cosa? **3**Yo, por mi parte,

aunque no estoy físicamente entre ustedes, sí estoy presente en espíritu, y ya he juzgado, como si estuviera presente, al que cometió este pecado. **4**Cuando se reúnan en el nombre de nuestro Señor Jesús, y con su poder yo los acompañe en espíritu, **5**entreguen a este hombre a Satanás para destrucción de su *naturaleza pecaminosa[m] a fin de que su espíritu sea salvo en el día del Señor.

6Hacen mal en *jactarse. ¿No se dan cuenta de que un poco de levadura hace fermentar toda la masa? **7**Desháganse de la vieja levadura para que sean masa nueva, panes sin levadura, como lo son en realidad. Porque Cristo, nuestro Cordero pascual, ya ha sido sacrificado. **8**Así que celebremos nuestra Pascua no con la vieja levadura, que es la malicia y la perversidad, sino con pan sin levadura, que es la sinceridad y la verdad.

9Por carta ya les he dicho que no se relacionen con personas inmorales. **10**Por supuesto, no me refería a la gente inmoral de este mundo, ni a los avaros, estafadores o idólatras. En tal caso, tendrían ustedes que salirse de este mundo. **11**Pero en esta carta quiero aclararles que no deben relacionarse con nadie que, llamándose hermano, sea inmoral o avaro, idólatra, calumniador, borracho o estafador. Con tal persona ni siquiera deben juntarse para comer.

12¿Acaso me toca a mí juzgar a los de afuera? ¿No son ustedes los que deben juzgar a los de adentro? **13**Dios juzgará a los de afuera. «Expulsen al malvado de entre ustedes.»[n]

Pleitos entre creyentes

6 Si alguno de ustedes tiene un pleito con otro, ¿cómo se atreve a presentar demanda ante los inconversos, en vez de acudir a los *creyentes? **2**¿Acaso no saben que los creyentes juzgarán al mundo? Y si ustedes han de juzgar al mundo, ¿cómo no van a ser capaces de juzgar casos insignificantes? **3**¿No saben que aun a los ángeles los juzgaremos? ¡Cuánto más los asuntos de esta vida! **4**Por tanto, si tienen pleitos

---

m 5:5 *su *naturaleza pecaminosa. Alt. su cuerpo. Lit. la *carne.   **n 5:13** Dt 17:7; 19:19; 21:21; 22:21,24; 24:7

sobre tales asuntos, ¿cómo es que nombran como jueces a los que no cuentan para nada ante la iglesia?[ñ] **5**Digo esto para que les dé vergüenza. ¿Acaso no hay entre ustedes nadie lo bastante sabio como para juzgar un pleito entre creyentes? **6**Al contrario, un hermano demanda a otro, ¡y esto ante los incrédulos!

7En realidad, ya es una grave falla el solo hecho de que haya pleitos entre ustedes. ¿No sería mejor soportar la injusticia? ¿No sería mejor dejar que los defrauden? **8**Lejos de eso, son ustedes los que defraudan y cometen injusticias, ¡y conste que se trata de sus hermanos!

9¿No saben que los malvados no heredarán el reino de Dios? ¡No se dejen engañar! Ni los fornicarios, ni los idólatras, ni los adúlteros, ni los sodomitas, ni los pervertidos sexuales, **10**ni los ladrones, ni los avaros, ni los borrachos, ni los calumniadores, ni los estafadores heredarán el reino de Dios. **11**Y eso eran algunos de ustedes. Pero ya han sido lavados, ya han sido *santificados, ya han sido *justificados en el nombre del Señor Jesucristo y por el Espíritu de nuestro Dios.

La inmoralidad sexual

12«Todo me está permitido», pero no todo es para mi bien. «Todo me está permitido», pero no dejaré que nada me domine. **13**«Los alimentos son para el estómago y el estómago para los alimentos»; así es, y Dios los destruirá a ambos. Pero el cuerpo no es para la inmoralidad sexual sino para el Señor, y el Señor para el cuerpo. **14**Con su poder Dios resucitó al Señor, y nos resucitará también a nosotros. **15**¿No saben que sus cuerpos son miembros de Cristo mismo? ¿Tomaré acaso los miembros de Cristo para unirlos con una prostituta? ¡Jamás! **16**¿No saben que el que se une a una prostituta se hace un solo cuerpo con ella? Pues la Escritura dice: «Los dos llegarán a ser un solo cuerpo.»[o] **17**Pero el que se une al Señor se hace uno con él en espíritu.

18Huyan de la inmoralidad sexual. Todos los demás pecados que una persona comete quedan fuera de su cuerpo; pero el que comete inmoralidades sexuales peca contra su propio cuerpo. **19**¿Acaso no saben que su cuerpo es templo del Espíritu Santo, quien está en ustedes y al que han recibido de parte de Dios? Ustedes no son sus propios dueños; **20**fueron comprados por un precio. Por tanto, honren con su cuerpo a Dios.

Consejos matrimoniales

7 Paso ahora a los asuntos que me plantearon por escrito: «Es mejor no tener relaciones sexuales.»[p] **2**Pero en vista de tanta inmoralidad, cada hombre debe tener su propia esposa, y cada mujer su propio esposo. **3**El hombre debe cumplir su deber conyugal con su esposa, e igualmente la mujer con su esposo. **4**La mujer ya no tiene derecho sobre su propio cuerpo, sino su esposo. Tampoco el hombre tiene derecho sobre su propio cuerpo, sino su esposa. **5**No se nieguen el uno al otro, a no ser de común acuerdo, y sólo por un tiempo, para dedicarse a la oración. No tarden en volver a unirse nuevamente; de lo contrario, pueden caer en *tentación de Satanás, por falta de dominio propio. **6**Ahora bien, esto lo digo como una concesión y no como una orden. **7**En realidad, preferiría que todos fueran como yo. No obstante, cada uno tiene de Dios su propio don: éste posee uno; aquél, otro.

8A los solteros y a las viudas les digo que sería mejor que se quedaran como yo. **9**Pero si no pueden dominarse, que se casen, porque es preferible casarse que quemarse de pasión.

10A los casados les doy la siguiente orden (no yo sino el Señor): que la mujer no se separe de su esposo. **11**Sin embargo, si se separa, que no se vuelva a casar; de lo contrario, que se reconcilie con su esposo. Así mismo, que el hombre no se divorcie de su esposa.

12A los demás les digo yo (no es

[ñ] **6:4** *¿cómo ... iglesia?* Alt. *¡nombren como jueces aun a los que no cuentan para nada ante la iglesia!*
[o] **6:16** *un solo cuerpo.* Lit. *una sola *carne;* Gn 2:24. [p] **7:1** *«Es ... sexuales.»* Alt. *«Es mejor no casarse.»* Lit. *Es bueno para el hombre no tocar mujer.*

mandamiento del Señor): Si algún hermano tiene una esposa que no es creyente, y ella consiente en vivir con él, que no se divorcie de ella. 13Y si una mujer tiene un esposo que no es creyente, y él consiente en vivir con ella, que no se divorcie de él. 14Porque el esposo no creyente ha sido *santificado por la unión con su esposa, y la esposa no creyente ha sido santificada por la unión con su esposo creyente. Si así no fuera, sus hijos serían impuros, mientras que, de hecho, son santos.

15Sin embargo, si el cónyuge no creyente decide separarse, no se lo impidan. En tales circunstancias, el cónyuge creyente queda sin obligación; Dios nos ha llamado a vivir en paz. 16¿Cómo sabes tú, mujer, si acaso salvarás a tu esposo? ¿O cómo sabes tú, hombre, si acaso salvarás a tu esposa?

17En cualquier caso, cada uno debe vivir conforme a la condición que el Señor le asignó y a la cual Dios lo ha llamado. Ésta es la norma que establezco en todas las iglesias. 18¿Fue llamado alguno estando ya *circuncidado? Que no disimule su condición. ¿Fue llamado alguno sin estar circuncidado? Que no se circuncide. 19Para nada cuenta estar o no estar circuncidado; lo que importa es cumplir los mandatos de Dios. 20Que cada uno permanezca en la condición en que estaba cuando Dios lo llamó. 21¿Eras *esclavo cuando fuiste llamado? No te preocupes, aunque si tienes la oportunidad de conseguir tu libertad, aprovéchala. 22Porque el que era esclavo cuando el Señor lo llamó es un liberto del Señor; del mismo modo, el que era libre cuando fue llamado es un esclavo de Cristo. 23Ustedes fueron comprados por un precio; no se vuelvan esclavos de nadie. 24Hermanos, cada uno permanezca ante Dios en la condición en que estaba cuando Dios lo llamó.

25En cuanto a las personas solteras,q no tengo ningún mandato del Señor, pero

doy mi opinión como quien por la misericordia del Señor es digno de confianza. 26Pienso que, a causa de la crisis actual, es bueno que cada persona se quede como está. 27¿Estás casado? No procures divorciarte. ¿Estás soltero? No busques esposa. 28Pero si te casas, no pecas; y si una jovenr se casa, tampoco comete pecado. Sin embargo, los que se casan tendrán que pasar por muchos aprietos,s y yo quiero evitárselos.

29Lo que quiero decir, hermanos, es que nos queda poco tiempo. De aquí en adelante los que tienen esposa deben vivir como si no la tuvieran; 30los que lloran, como si no lloraran; los que se alegran, como si no se alegraran; los que compran algo, como si no lo poseyeran; 31los que disfrutan de las cosas de este mundo, como si no disfrutaran de ellas; porque este mundo, en su forma actual, está por desaparecer.

32Yo preferiría que estuvieran libres de preocupaciones. El soltero se preocupa de las cosas del Señor y de cómo agradarlo. 33Pero el casado se preocupa de las cosas de este mundo y de cómo agradar a su esposa; 34sus intereses están divididos. La mujer no casada, lo mismo que la joven soltera,t se preocupau de las cosas del Señor; se afana por consagrarse al Señor tanto en cuerpo como en espíritu. Pero la casada se preocupa de las cosas de este mundo y de cómo agradar a su esposo. 35Les digo esto por su propio bien, no para ponerles restricciones sino para que vivan con decoro y plenamente dedicados al Señor.

36Si alguno piensa que no está tratando a su prometidav como es debido, y ella ha llegado ya a su madurez, por lo cual él se siente obligado a casarse, que lo haga. Con eso no peca; que se casen. 37Pero el que se mantiene firme en su propósito, y no está dominado por sus impulsos sino que domina su propia voluntad, y ha resuelto no casarse con su prometida, también hace bien. 38De mo-

---

q7:25 *personas solteras.* Lit. *vírgenes.*   r7:28 *joven.* Lit. *virgen.*   s7:28 *tendrán ... aprietos.* Lit. *tendrán aflicción en la* *carne.*   t7:34 *La mujer ... soltera.* Lit. *La mujer no casada y la virgen.*   u7:33-34 *su esposa; ... se preocupa.* Var. *su esposa.* 34*También hay diferencia entre la esposa y la joven soltera. La que no es casada se preocupa.*   v7:36 *prometida.* Lit. *virgen;* también en vv. 37 y 38.

do que el que se casa con su prometida hace bien, pero el que no se casa hace mejor. *w*

39 La mujer está ligada a su esposo mientras él vive; pero si el esposo muere, ella queda libre para casarse con quien quiera, con tal de que sea en el Señor. **40** En mi opinión, ella será más feliz si no se casa, y creo que yo también tengo el Espíritu de Dios.

Lo sacrificado a los ídolos

8 En cuanto a lo sacrificado a los ídolos, es cierto que todos tenemos conocimiento. El conocimiento envanece, mientras que el amor edifica. **2** El que cree que sabe algo, todavía no sabe como debiera saber. **3** Pero el que ama a Dios es conocido por él.

4 De modo que, en cuanto a comer lo sacrificado a los ídolos, sabemos que un ídolo no es absolutamente nada, y que hay un solo Dios. **5** Pues aunque haya los así llamados dioses, ya sea en el cielo o en la tierra (y por cierto que hay muchos «dioses» y muchos «señores»), **6** para nosotros no hay más que un solo Dios, el Padre, de quien todo procede y para el cual vivimos; y no hay más que un solo Señor, es decir, Jesucristo, por quien todo existe y por medio del cual vivimos.

7 Pero no todos tienen conocimiento de esto. Algunos siguen tan acostumbrados a los ídolos, que comen carne a sabiendas de que ha sido sacrificada a un ídolo, y su conciencia se contamina por ser débil. **8** Pero lo que comemos no nos acerca a Dios; no somos mejores por comer ni peores por no comer.

9 Sin embargo, tengan cuidado de que su libertad no se convierta en motivo de tropiezo para los débiles. **10** Porque si alguien de conciencia débil te ve a ti, que tienes este conocimiento, comer en el templo de un ídolo, ¿no se sentirá animado a comer lo que ha sido sacrificado a los

ídolos? **11** Entonces ese hermano débil, por quien Cristo murió, se perderá a causa de tu conocimiento. **12** Al pecar así contra los hermanos, hiriendo su débil conciencia, pecan ustedes contra Cristo. **13** Por lo tanto, si mi comida ocasiona la caída de mi hermano, no comeré carne jamás, para no hacerlo *caer en pecado.

Los derechos de un apóstol

9 ¿No soy libre? ¿No soy apóstol? ¿No he visto a Jesús nuestro Señor? ¿No son ustedes el fruto de mi trabajo en el Señor? **2** Aunque otros no me reconozcan como apóstol, ¡para ustedes sí lo soy! Porque ustedes mismos son el sello de mi apostolado en el Señor.

3 Ésta es mi defensa contra los que me critican: **4** ¿Acaso no tenemos derecho a comer y a beber? **5** ¿No tenemos derecho a viajar acompañados por una esposa creyente, como hacen los demás apóstoles y *Cefas y los hermanos del Señor? **6** ¿O es que sólo Bernabé y yo estamos obligados a ganarnos la vida con otros trabajos?

7 ¿Qué soldado presta servicio militar pagándose sus propios gastos? ¿Qué agricultor planta un viñedo y no come de sus uvas? ¿Qué pastor cuida un rebaño y no toma de la leche que ordeña? **8** No piensen que digo esto solamente desde un punto de vista humano. ¿No lo dice también la ley? **9** Porque en la ley de Moisés está escrito: «No le pongas bozal al buey mientras esté trillando.» *x* ¿Acaso se preocupa Dios por los bueyes, **10** o lo dice más bien por nosotros? Por supuesto que lo dice por nosotros, porque cuando el labrador ara y el segador trilla, deben hacerlo con la esperanza de participar de la cosecha. **11** Si hemos sembrado semilla espiritual entre ustedes, ¿será mucho pedir que cosechemos de ustedes lo material? *y* **12** Si otros tienen derecho a este sustento de parte de ustedes, ¿no lo tendremos aún más nosotros?

---

w **7:36-38** Alt. **36** *Si alguno piensa que no está tratando a su hija como es debido, y ella ha llegado a su madurez, por lo cual él se siente obligado a darla en matrimonio, que lo haga. Con eso no peca; que la dé en matrimonio.* **37** *Pero el que se mantiene firme en su propósito, y no está dominado por sus impulsos sino que domina su propia voluntad, y ha resuelto mantener soltera a su hija, también hace bien.* **38** *De modo que el que da a su hija en matrimonio hace bien, pero el que no la da en matrimonio hace mejor.* *x* **9:9** Dt 25:4 *y* **9:11** *lo material.* Lit. *las cosas* *carnales.*

Sin embargo, no ejercimos este derecho, sino que lo soportamos todo con tal de no crear obstáculo al *evangelio de Cristo. 13¿No saben que los que sirven en el templo reciben su alimento del templo, y que los que atienden el altar participan de lo que se ofrece en el altar? 14Así también el Señor ha ordenado que quienes predican el evangelio vivan de este ministerio.

15Pero no me he aprovechado de ninguno de estos derechos, ni escribo de esta manera porque quiera reclamarlos. Prefiero morir a que alguien me prive de este motivo de *orgullo. 16Sin embargo, cuando predico el evangelio, no tengo de qué enorgullecerme, ya que estoy bajo la obligación de hacerlo. ¡Ay de mí si no predico el evangelio! 17En efecto, si lo hiciera por mi propia voluntad, tendría recompensa; pero si lo hago por obligación, no hago más que cumplir la tarea que se me ha encomendado. 18¿Cuál es, entonces, mi recompensa? Pues que al predicar el evangelio pueda presentarlo gratuitamente, sin hacer valer mi derecho.

19Aunque soy libre respecto a todos, de todos me he hecho *esclavo para ganar a tantos como sea posible. 20Entre los judíos me volví judío, a fin de ganarlos a ellos. Entre los que viven bajo la ley me volví como los que están sometidos a ella (aunque yo mismo no vivo bajo la ley), a fin de ganar a éstos. 21Entre los que no tienen la ley me volví como los que están sin ley (aunque no estoy libre de la ley de Dios sino comprometido con la ley de Cristo), a fin de ganar a los que están sin ley. 22Entre los débiles me hice débil, a fin de ganar a los débiles. Me hice todo para todos, a fin de salvar a algunos por todos los medios posibles. 23Todo esto lo hago por causa del evangelio, para participar de sus frutos.

24¿No saben que en una carrera todos los corredores compiten, pero sólo uno obtiene el premio? Corran, pues, de tal modo que lo obtengan. 25Todos los deportistas se entrenan con mucha disciplina. Ellos lo hacen para obtener un premio que se echa a perder; nosotros, en cambio, por

uno que dura para siempre. 26Así que yo no corro como quien no tiene meta; no lucho como quien da golpes al aire. 27Más bien, golpeo mi cuerpo y lo domino, no sea que, después de haber predicado a otros, yo mismo quede descalificado.

Advertencias basadas en la historia de Israel

10 No quiero que desconozcan, hermanos, que nuestros antepasados estuvieron todos bajo la nube y que todos atravesaron el mar. 2Todos ellos fueron bautizados en la nube y en el mar para unirse a Moisés. 3Todos también comieron el mismo alimento espiritual 4y tomaron la misma bebida espiritual, pues bebían de la roca espiritual que los acompañaba, y la roca era Cristo. 5Sin embargo, la mayoría de ellos no agradaron a Dios, y sus cuerpos quedaron tendidos en el desierto.

6Todo eso sucedió para servirnos de ejemplo,z a fin de que no nos apasionemos por lo malo, como lo hicieron ellos. 7No sean idólatras, como lo fueron algunos de ellos, según está escrito: «Se sentó el pueblo a comer y a beber, y se entregó al desenfreno.»a 8No cometamos inmoralidad sexual, como algunos lo hicieron, por lo que en un sólo día perecieron veintitrés mil. 9Tampoco pongamos a *prueba al Señor, como lo hicieron algunos y murieron víctimas de las serpientes. 10Ni murmuren contra Dios, como lo hicieron algunos y sucumbieron a manos del ángel destructor.

11Todo eso les sucedió para servir de ejemplo, y quedó escrito para advertencia nuestra, pues a nosotros nos ha llegado el fin de los tiempos. 12Por lo tanto, si alguien piensa que está firme, tenga cuidado de no caer. 13Ustedes no han sufrido ninguna *tentación que no sea común al género *humano. Pero Dios es fiel, y no permitirá que ustedes sean tentados más allá de lo que puedan aguantar. Más bien, cuando llegue la tentación, él les dará también una salida a fin de que puedan resistir.

---

z**10:6** *ejemplo*. Lit. *tipo*; también en v. 11.   a**10:7** Éx 32:6

Las fiestas idólatras y la Cena del Señor

14Por tanto, mis queridos hermanos, huyan de la idolatría. **15**Me dirijo a personas sensatas; juzguen ustedes mismos lo que digo. **16**Esa copa de bendición por la cual damos gracias,*b* ¿no significa que entramos en comunión con la sangre de Cristo? Ese pan que partimos, ¿no significa que entramos en comunión con el cuerpo de Cristo? **17**Hay un solo pan del cual todos participamos; por eso, aunque somos muchos, formamos un solo cuerpo.

18Consideren al pueblo de Israel como tal:*c* ¿No entran en comunión con el altar los que comen de lo sacrificado? **19**¿Qué quiero decir con esta comparación? ¿Que el sacrificio que los *gentiles ofrecen a los ídolos sea algo, o que el ídolo mismo sea algo? **20**No, sino que cuando ellos ofrecen sacrificios, lo hacen para los demonios, no para Dios, y no quiero que ustedes entren en comunión con los demonios. **21**No pueden beber de la copa del Señor y también de la copa de los demonios; no pueden participar de la mesa del Señor y también de la mesa de los demonios. **22**¿O vamos a provocar a celos al Señor? ¿Somos acaso más fuertes que él?

La libertad del creyente

23«Todo está permitido», pero no todo es provechoso. «Todo está permitido», pero no todo es constructivo. **24**Que nadie busque sus propios intereses sino los del prójimo.

25Coman de todo lo que se vende en la carnicería, sin preguntar nada por motivos de conciencia, **26**porque «del Señor es la tierra y todo cuanto hay en ella».*d*

27Si algún incrédulo los invita a comer, y ustedes aceptan la invitación, coman de todo lo que les sirvan sin preguntar nada por motivos de conciencia. **28**Ahora bien, si alguien les dice: «Esto ha sido ofrecido en sacrificio a los ídolos», entonces no lo coman, por consideración al que se lo

mencionó, y por motivos de conciencia.*e* **29**(Me refiero a la conciencia del otro, no a la de ustedes.) ¿Por qué se ha de juzgar mi libertad de acuerdo con la conciencia ajena? **30**Si con gratitud participo de la comida, ¿me van a condenar por comer algo por lo cual doy gracias a Dios?

31En conclusión, ya sea que coman o beban o hagan cualquier otra cosa, háganlo todo para la gloria de Dios. **32**No hagan *tropezar a nadie, ni a judíos, ni a *gentiles ni a la iglesia de Dios. **33**Hagan como yo, que procuro agradar a todos en todo. No busco mis propios intereses sino los de los demás, para que sean salvos.

11 Imítenme a mí, como yo imito a Cristo.

Decoro en el culto

2Los elogio porque se acuerdan de mí en todo y retienen las enseñanzas,*f* tal como se las transmití.

3Ahora bien, quiero que entiendan que Cristo es cabeza de todo hombre, mientras que el hombre es cabeza de la mujer y Dios es cabeza de Cristo. **4**Todo hombre que ora o profetiza con la cabeza cubierta*g* deshonra al que es su cabeza. **5**En cambio, toda mujer que ora o profetiza con la cabeza descubierta deshonra al que es su cabeza; es como si estuviera rasurada. **6**Si la mujer no se cubre la cabeza, que se corte también el cabello; pero si es vergonzoso para la mujer tener el pelo corto o la cabeza rasurada, que se la cubra. **7**El hombre no debe cubrirse la cabeza, ya que él es imagen y gloria de Dios, mientras que la mujer es gloria del hombre. **8**De hecho, el hombre no procede de la mujer sino la mujer del hombre; **9**ni tampoco fue creado el hombre a causa de la mujer, sino la mujer a causa del hombre. **10**Por esta razón, y a causa de los ángeles, la mujer debe llevar sobre la cabeza señal de autoridad.*h*

11Sin embargo, en el Señor, ni la mujer existe aparte del hombre ni el hombre aparte de la mujer. **12**Porque así como la

---

b **10:16** *por la cual damos gracias.* Lit. *que bendecimos.*   *c* **10:18** *como tal.* Lit. *según la* *carne.*
d **10:26** Sal 24:1   *e* **10:28** *conciencia.* Var. *conciencia, porque «del Señor es la tierra y todo lo que hay en ella».*   *f* **11:2** *enseñanzas.* Alt. *tradiciones.*   *g* **11:4** *la cabeza cubierta.* Alt. *el cabello largo*; también en el resto del pasaje.   *h* **11:10** *debe ... autoridad.* Lit. *debe tener autoridad sobre la cabeza.*

mujer procede del hombre, también el hombre nace de la mujer; pero todo proviene de Dios. 13Juzguen ustedes mismos: ¿Es apropiado que la mujer ore a Dios sin cubrirse la cabeza? 14¿No les enseña el mismo orden natural de las cosas que es una vergüenza para el hombre dejarse crecer el cabello, 15mientras que es una gloria para la mujer llevar cabello largo? Es que a ella se le ha dado su cabellera como velo. 16Si alguien insiste en discutir este asunto, tenga en cuenta que nosotros no tenemos otra costumbre, ni tampoco las iglesias de Dios.

La Cena del Señor

11:23-25 — Mt 26:26-28; Mr 14:22-24;
    Lc 22:17-20

17Al darles las siguientes instrucciones, no puedo elogiarlos, ya que sus reuniones traen más perjuicio que beneficio. 18En primer lugar, oigo decir que cuando se reúnen como iglesia hay divisiones entre ustedes, y hasta cierto punto lo creo. 19Sin duda, tiene que haber grupos sectarios entre ustedes, para que se demuestre quiénes cuentan con la aprobación de Dios. 20De hecho, cuando se reúnen, ya no es para comer la Cena del Señor, 21porque cada uno se adelanta a comer su propia cena, de manera que unos se quedan con hambre mientras otros se emborrachan. 22¿Acaso no tienen casas donde comer y beber? ¿O es que menosprecian a la iglesia de Dios y quieren avergonzar a los que no tienen nada? ¿Qué les diré? ¿Voy a elogiarlos por esto? ¡Claro que no!

23Yo recibí del Señor lo mismo que les transmití a ustedes: Que el Señor Jesús, la noche en que fue traicionado, tomó pan, 24y después de dar gracias, lo partió y dijo: «Este pan es mi cuerpo, que por ustedes entrego; hagan esto en memoria de mí.» 25De la misma manera, después de cenar, tomó la copa y dijo: «Esta copa es el nuevo pacto en mi sangre; hagan esto, cada vez que beban de ella, en memoria de mí.» 26Porque cada vez que comen este pan y beben de esta copa, proclaman la muerte del Señor hasta que él venga.

27Por lo tanto, cualquiera que coma el pan o beba de la copa del Señor de manera indigna, será culpable de pecar contra el cuerpo y la sangre del Señor. 28Así que cada uno debe examinarse a sí mismo antes de comer el pan y beber de la copa. 29Porque el que come y bebe sin discernir el cuerpo,i come y bebe su propia condena. 30Por eso hay entre ustedes muchos débiles y enfermos, e incluso varios han muerto. 31Si nos examináramos a nosotros mismos, no se nos juzgaría; 32pero si nos juzga el Señor, nos disciplina para que no seamos condenados con el mundo.

33Así que, hermanos míos, cuando se reúnan para comer, espérense unos a otros. 34Si alguno tiene hambre, que coma en su casa, para que las reuniones de ustedes no resulten dignas de condenación.

Los demás asuntos los arreglaré cuando los visite.

Los dones espirituales

12 En cuanto a los dones espirituales, hermanos, quiero que entiendan bien este asunto. 2Ustedes saben que cuando eran *paganos se dejaban arrastrar hacia los ídolos mudos. 3Por eso les advierto que nadie que esté hablando por el Espíritu de Dios puede maldecir a Jesús; ni nadie puede decir: «Jesús es el Señor» sino por el Espíritu Santo.

4Ahora bien, hay diversos dones, pero un mismo Espíritu. 5Hay diversas maneras de servir, pero un mismo Señor. 6Hay diversas funciones, pero es un mismo Dios el que hace todas las cosas en todos.

7A cada uno se le da una manifestación especial del Espíritu para el bien de los demás. 8A unos Dios les da por el Espíritu palabra de sabiduría; a otros, por el mismo Espíritu, palabra de conocimiento; 9a otros, fe por medio del mismo Espíritu; a otros, y por ese mismo Espíritu, dones para sanar enfermos; 10a otros, poderes milagrosos; a otros, profecía; a otros, el discernir espíritus; a otros, el hablar en diversas *lenguas; y a otros, el interpretar lenguas. 11Todo esto lo hace un mismo y

---

i11:29 cuerpo. Var. cuerpo del Señor.

único Espíritu, quien reparte a cada uno según él lo determina.

Un cuerpo con muchos miembros

12De hecho, aunque el cuerpo es uno solo, tiene muchos miembros, y todos los miembros, no obstante ser muchos, forman un solo cuerpo. Así sucede con Cristo. **13**Todos fuimos bautizados por[j] un solo Espíritu para constituir un solo cuerpo —ya seamos judíos o *gentiles, esclavos o libres—, y a todos se nos dio a beber de un mismo Espíritu.

14Ahora bien, el cuerpo no consta de un solo miembro sino de muchos. **15**Si el pie dijera: «Como no soy mano, no soy del cuerpo», no por eso dejaría de ser parte del cuerpo. **16**Y si la oreja dijera: «Como no soy ojo, no soy del cuerpo», no por eso dejaría de ser parte del cuerpo. **17**Si todo el cuerpo fuera ojo, ¿qué sería del oído? Si todo el cuerpo fuera oído, ¿qué sería del olfato? **18**En realidad, Dios colocó cada miembro del cuerpo como mejor le pareció. **19**Si todos ellos fueran un solo miembro, ¿qué sería del cuerpo? **20**Lo cierto es que hay muchos miembros, pero el cuerpo es uno solo.

21El ojo no puede decirle a la mano: «No te necesito.» Ni puede la cabeza decirles a los pies: «No los necesito.» **22**Al contrario, los miembros del cuerpo que parecen más débiles son indispensables, **23**y a los que nos parecen menos honrosos los tratamos con honra especial. Y se les trata con especial modestia a los miembros que nos parecen menos presentables, **24**mientras que los más presentables no requieren trato especial. Así Dios ha dispuesto los miembros de nuestro cuerpo, dando mayor honra a los que menos tenían, **25**a fin de que no haya división en el cuerpo, sino que sus miembros se preocupen por igual unos por otros. **26**Si uno de los miembros sufre, los demás comparten su sufrimiento; y si uno de ellos recibe honor, los demás se alegran con él.

27Ahora bien, ustedes son el cuerpo de Cristo, y cada uno es miembro de ese cuerpo. **28**En la iglesia Dios ha puesto, en primer lugar, apóstoles; en segundo lugar, profetas; en tercer lugar, maestros; luego los que hacen milagros; después los que tienen dones para sanar enfermos, los que ayudan a otros, los que administran y los que hablan en diversas *lenguas. **29**¿Son todos apóstoles? ¿Son todos profetas? ¿Son todos maestros? ¿Hacen todos milagros? **30**¿Tienen todos dones para sanar enfermos? ¿Hablan todos en lenguas? ¿Acaso interpretan todos? **31**Ustedes, por su parte, ambicionen[k] los mejores dones.

El amor

Ahora les voy a mostrar un camino más excelente.

13 Si hablo en *lenguas *humanas y angelicales, pero no tengo amor, no soy más que un metal que resuena o un platillo que hace ruido. **2**Si tengo el don de profecía y entiendo todos los *misterios y poseo todo conocimiento, y si tengo una fe que logra trasladar montañas, pero me falta el amor, no soy nada. **3**Si reparto entre los pobres todo lo que poseo, y si entrego mi cuerpo para que lo consuman las llamas,[l] pero no tengo amor, nada gano con eso.

4El amor es paciente, es bondadoso. El amor no es envidioso ni jactancioso ni orgulloso. **5**No se comporta con rudeza, no es egoísta, no se enoja fácilmente, no guarda rencor. **6**El amor no se deleita en la maldad sino que se regocija con la verdad. **7**Todo lo disculpa, todo lo cree, todo lo espera, todo lo soporta.

8El amor jamás se extingue, mientras que el don de profecía cesará, el de lenguas será silenciado y el de conocimiento desaparecerá. **9**Porque conocemos y profetizamos de manera imperfecta; **10**pero cuando llegue lo perfecto, lo imperfecto desaparecerá. **11**Cuando yo era niño, hablaba como niño, pensaba como niño, razonaba como niño; cuando llegué a ser adulto, dejé atrás las cosas de niño. **12**Ahora vemos de manera indirecta y velada, como en un espejo; pero entonces vere-

---

j **12:13** *por.* Alt. *con,* o *en.*   *k* **12:31** *ambicionen.* Alt. *ambicionan.*   *l* **13:3** *para ... llamas.* Var. *para tener de qué *jactarme.*

mos cara a cara. Ahora conozco de manera imperfecta, pero entonces conoceré tal y como soy conocido.

13 Ahora, pues, permanecen estas tres virtudes: la fe, la esperanza y el amor. Pero la más excelente de ellas es el amor.

El don de lenguas y el de profecía

14 Empéñense en seguir el amor y ambicionen los dones espirituales, sobre todo el de profecía. 2 Porque el que habla en *lenguas no habla a los demás sino a Dios. En realidad, nadie le entiende lo que dice, pues habla *misterios por el Espíritu.*m* 3 En cambio, el que profetiza habla a los demás para edificarlos, animarlos y consolarlos. 4 El que habla en lenguas se edifica a sí mismo; en cambio, el que profetiza edifica a la iglesia. 5 Yo quisiera que todos ustedes hablaran en lenguas, pero mucho más que profetizaran. El que profetiza aventaja al que habla en lenguas, a menos que éste también interprete, para que la iglesia reciba edificación.

6 Hermanos, si ahora fuera a visitarlos y les hablara en lenguas, ¿de qué les serviría, a menos que les presentara alguna revelación, conocimiento, profecía o enseñanza? 7 Aun en el caso de los instrumentos musicales, tales como la flauta o el arpa, ¿cómo se reconocerá lo que tocan si no dan distintamente sus sonidos? 8 Y si la trompeta no da un toque claro, ¿quién se va a preparar para la batalla? 9 Así sucede con ustedes. A menos que su lengua pronuncie palabras comprensibles, ¿cómo se sabrá lo que dicen? Será como si hablaran al aire. 10 ¡Quién sabe cuántos idiomas hay en el mundo, y ninguno carece de sentido! 11 Pero si no capto el sentido de lo que alguien dice, seré como un extranjero para el que me habla, y él lo será para mí. 12 Por eso ustedes, ya que tanto ambicionan dones espirituales, procuren que éstos abunden para la edificación de la iglesia.

13 Por esta razón, el que habla en lenguas pida en oración el don de interpretar lo que diga. 14 Porque si yo oro en lenguas, mi espíritu ora, pero mi entendimiento no se beneficia en nada. 15 ¿Qué debo hacer entonces? Pues orar con el espíritu, pero también con el entendimiento; cantar con el espíritu, pero también con el entendimiento. 16 De otra manera, si alabas a Dios con el espíritu, ¿cómo puede quien no es instruido*n* decir «amén» a tu acción de gracias, puesto que no entiende lo que dices? 17 En ese caso tu acción de gracias es admirable, pero no edifica al otro.

18 Doy gracias a Dios porque hablo en lenguas más que todos ustedes. 19 Sin embargo, en la iglesia prefiero emplear cinco palabras comprensibles y que me sirvan para instruir a los demás, que diez mil palabras en lenguas.

20 Hermanos, no sean niños en su modo de pensar. Sean niños en cuanto a la malicia, pero adultos en su modo de pensar. 21 En la ley está escrito:

> «Por medio de gente de lengua
> extraña
> y por boca de extranjeros
> hablaré a este pueblo,
> pero ni aun así me escucharán»,*ñ*
> dice el Señor.

22 De modo que el hablar en lenguas es una señal, no para los creyentes sino para los incrédulos; en cambio, la profecía no es señal para los incrédulos sino para los creyentes. 23 Así que, si toda la iglesia se reúne y todos hablan en lenguas, y entran algunos que no entienden o no creen, ¿no dirán que ustedes están locos? 24 Pero si uno que no cree o uno que no entiende entra cuando todos están profetizando, se sentirá reprendido y juzgado por todos, 25 y los secretos de su corazón quedarán al descubierto. Así que se postrará ante Dios y lo adorará, exclamando: «¡Realmente Dios está entre ustedes!»

Orden en los cultos

26 ¿Qué concluimos, hermanos? Que cuando se reúnan, cada uno puede tener un himno, una enseñanza, una revelación,

---

m 14:2 *por el Espíritu. Alt. en su espíritu.*   *n* 14:16 *quien no es instruido. Lit. el que ocupa el lugar del indocto.*   *ñ* 14:21 Is 28:11,12 un mensaje en *lenguas, o una interpretación. Todo esto debe hacerse para la edificación de la iglesia. **27**Si se habla en lenguas, que hablen dos —o cuando mucho tres—, cada uno por turno; y que alguien interprete. **28**Si no hay intérprete, que guarden silencio en la iglesia y cada uno hable para sí mismo y para Dios.

29En cuanto a los profetas, que hablen dos o tres, y que los demás examinen con cuidado lo dicho. **30**Si alguien que está sentado recibe una revelación, el que esté hablando ceda la palabra. **31**Así todos pueden profetizar por turno, para que todos reciban instrucción y aliento. **32**El don de profecía está*o* bajo el control de los profetas, **33**porque Dios no es un Dios de desorden sino de paz.

Como es costumbre en las congregaciones de los *creyentes, **34**guarden las mujeres silencio en la iglesia, pues no les está permitido hablar. Que estén sumisas, como lo establece la ley. **35**Si quieren saber algo, que se lo pregunten en casa a sus esposos; porque no está bien visto que una mujer hable en la iglesia.

36¿Acaso la palabra de Dios procedió de ustedes? ¿O son ustedes los únicos que la han recibido? **37**Si alguno se cree profeta o espiritual, reconozca que esto que les escribo es mandato del Señor. **38**Si no lo reconoce, tampoco él será reconocido.*p*

39Así que, hermanos míos, ambicionen el don de profetizar, y no prohíban que se hable en lenguas. **40**Pero todo debe hacerse de una manera apropiada y con orden.

La resurrección de Cristo

15 Ahora, hermanos, quiero recordarles el *evangelio que les prediqué, el mismo que recibieron y en el cual se mantienen firmes. **2**Mediante este evangelio son salvos, si se aferran a la palabra que les prediqué. De otro modo, habrán creído en vano.

3Porque ante todo*q* les transmití a ustedes lo que yo mismo recibí: que Cristo murió por nuestros pecados según las Escrituras, **4**que fue sepultado, que resucitó al tercer día según las Escrituras, **5**y que se apareció a *Cefas, y luego a los doce. **6**Después se apareció a más de quinientos hermanos a la vez, la mayoría de los cuales vive todavía, aunque algunos han muerto. **7**Luego se apareció a *Jacobo, más tarde a todos los apóstoles, **8**y por último, como a uno nacido fuera de tiempo, se me apareció también a mí.

9Admito que yo soy el más insignificante de los apóstoles y que ni siquiera merezco ser llamado apóstol, porque perseguí a la iglesia de Dios. **10**Pero por la gracia de Dios soy lo que soy, y la gracia que él me concedió no fue infructuosa. Al contrario, he trabajado con más tesón que todos ellos, aunque no yo sino la gracia de Dios que está conmigo. **11**En fin, ya sea que se trate de mí o de ellos, esto es lo que predicamos, y esto es lo que ustedes han creído.

La resurrección de los muertos

12Ahora bien, si se predica que Cristo ha sido levantado de entre los muertos, ¿cómo dicen algunos de ustedes que no hay resurrección? **13**Si no hay resurrección, entonces ni siquiera Cristo ha resucitado. **14**Y si Cristo no ha resucitado, nuestra predicación no sirve para nada, como tampoco la fe de ustedes. **15**Aún más, resultaríamos falsos testigos de Dios por haber testificado que Dios resucitó a Cristo, lo cual no habría sucedido, si en verdad los muertos no resucitan. **16**Porque si los muertos no resucitan, tampoco Cristo ha resucitado. **17**Y si Cristo no ha resucitado, la fe de ustedes es ilusoria y todavía están en sus pecados. **18**En este caso, también están perdidos los que murieron en Cristo. **19**Si la esperanza que tenemos en Cristo fuera sólo para esta vida, seríamos los más desdichados de todos los *mortales.

20Lo cierto es que Cristo ha sido *levantado de entre los muertos, como *primicias de los que murieron. **21**De hecho, ya que la muerte vino por medio de un hombre, también por medio de un hombre

---

o **14:32** *El don ... está.* Lit. *Los espíritus de los profetas están.*　　*p* **14:38** *tampoco ... reconocido.* Var. *que no lo reconozca.*　　*q* **15:3** *ante todo.* Alt. *al principio.*

viene la resurrección de los muertos. [22]Pues así como en Adán todos mueren, también en Cristo todos volverán a vivir. [23]Pero cada uno en su debido orden: Cristo, las primicias; después, cuando él venga, los que le pertenecen. [24]Entonces vendrá el fin, cuando él entregue el reino a Dios el Padre, luego de destruir todo dominio, autoridad y poder. [25]Porque es necesario que Cristo reine hasta poner a todos sus enemigos debajo de sus pies. [26]El último enemigo que será destruido es la muerte, [27]pues Dios «ha sometido todo a su dominio».[r] Al decir que «todo» ha quedado sometido a su dominio, es claro que no se incluye a Dios mismo, quien todo lo sometió a Cristo. [28]Y cuando todo le sea sometido, entonces el Hijo mismo se someterá a aquel que le sometió todo, para que Dios sea todo en todos.

[29]Si no hay resurrección, ¿qué sacan los que se bautizan por los muertos? Si en definitiva los muertos no resucitan, ¿por qué se bautizan por ellos? [30]Y nosotros, ¿por qué nos exponemos al peligro a todas horas? [31]Que cada día muero, hermanos, es tan cierto como el *orgullo que siento por ustedes en Cristo Jesús nuestro Señor. [32]¿Qué he ganado si, sólo por motivos humanos, en Éfeso luché contra las fieras? Si los muertos no resucitan,

«comamos y bebamos,
que mañana moriremos».[s]

[33]No se dejen engañar: «Las malas compañías corrompen las buenas costumbres.» [34]Vuelvan a su sano juicio, como conviene, y dejen de pecar. En efecto, hay algunos de ustedes que no tienen conocimiento de Dios; para vergüenza de ustedes lo digo.

El cuerpo resucitado

[35]Tal vez alguien pregunte: «¿Cómo resucitarán los muertos? ¿Con qué clase de cuerpo vendrán?» [36]¡Qué tontería! Lo que tú siembras no cobra vida a menos que muera. [37]No plantas el cuerpo que luego ha de nacer sino que siembras una simple semilla de trigo o de otro grano. [38]Pero Dios le da el cuerpo que quiso darle, y a cada clase de semilla le da un cuerpo propio. [39]No todos los cuerpos son iguales: hay cuerpos *humanos; también los hay de animales terrestres, de aves y de peces. [40]Así mismo hay cuerpos celestes y cuerpos terrestres; pero el esplendor de los cuerpos celestes es uno, y el de los cuerpos terrestres es otro. [41]Uno es el esplendor del sol, otro el de la luna y otro el de las estrellas. Cada estrella tiene su propio brillo.

[42]Así sucederá también con la resurrección de los muertos. Lo que se siembra en corrupción, resucita en incorrupción; [43]lo que se siembra en oprobio, resucita en gloria; lo que se siembra en debilidad, resucita en poder; [44]se siembra un cuerpo natural,[t] resucita un cuerpo espiritual.

Si hay un cuerpo natural, también hay un cuerpo espiritual. [45]Así está escrito: «El primer hombre, Adán, se convirtió en un ser viviente»;[u] el último Adán, en el Espíritu que da vida. [46]No vino primero lo espiritual sino lo natural, y después lo espiritual. [47]El primer hombre era del polvo de la tierra; el segundo hombre, del cielo. [48]Como es aquel hombre terrenal, así son también los de la tierra; y como es el celestial, así son también los del cielo. [49]Y así como hemos llevado la imagen de aquel hombre terrenal, llevaremos[v] también la imagen del celestial.

[50]Les declaro, hermanos, que el cuerpo mortal[w] no puede heredar el reino de Dios, ni lo corruptible puede heredar lo incorruptible. [51]Fíjense bien en el *misterio que les voy a revelar: No todos moriremos, pero todos seremos transformados, [52]en un instante, en un abrir y cerrar de ojos, al toque final de la trompeta. Pues sonará la trompeta y los muertos resucitarán con un cuerpo incorruptible, y nosotros seremos transformados. [53]Porque lo corruptible tiene que revestirse de lo incorruptible, y lo mortal, de inmortalidad. [54]Cuando lo corruptible se revista de lo

---

[r]**15:27** Sal 8:6   [s]**15:32** Is 22:13   [t]**15:44** *natural.* Lit. **síquico**; también en v. 46.   [u]**15:45** Gn 2:7
[v]**15:49** *llevaremos.* Var. *llevemos.*   [w]**15:50** *el cuerpo mortal.* Lit. **carne y sangre.**

incorruptible, y lo mortal, de inmortalidad, entonces se cumplirá lo que está escrito: «La muerte ha sido devorada por la victoria.»[x]

55«¿Dónde está, oh muerte, tu
    victoria?
    ¿Dónde está, oh muerte, tu
    aguijón?»[y]

56El aguijón de la muerte es el pecado, y el poder del pecado es la ley. 57¡Pero gracias a Dios, que nos da la victoria por medio de nuestro Señor Jesucristo!

58Por lo tanto, mis queridos hermanos, manténganse firmes e inconmovibles, progresando siempre en la obra del Señor, conscientes de que su trabajo en el Señor no es en vano.

La colecta para el pueblo de Dios

16 En cuanto a la colecta para los *creyentes, sigan las instrucciones que di a las iglesias de Galacia. 2El primer día de la semana, cada uno de ustedes aparte y guarde algún dinero conforme a sus ingresos, para que no se tengan que hacer colectas cuando yo vaya. 3Luego, cuando llegue, daré cartas de presentación a los que ustedes hayan aprobado y los enviaré a Jerusalén con los donativos que hayan recogido. 4Si conviene que yo también vaya, iremos juntos.

Encargos personales

5Después de pasar por Macedonia, pues tengo que atravesar esa región, iré a verlos. 6Es posible que me quede con ustedes algún tiempo, y tal vez pase allí el invierno, para que me ayuden a seguir el viaje a dondequiera que vaya. 7Esta vez no quiero verlos sólo de paso; más bien, espero permanecer algún tiempo con ustedes, si el Señor así lo permite. 8Pero me quedaré en Éfeso hasta Pentecostés, 9porque se me ha presentado una gran oportunidad para un trabajo eficaz, a pesar de que hay muchos en mi contra.

10Si llega Timoteo, procuren que se sienta cómodo entre ustedes, porque él trabaja como yo en la obra del Señor. 11Por tanto, que nadie lo menosprecie. Ayúdenlo a seguir su viaje en paz para que pueda volver a reunirse conmigo, pues estoy esperándolo junto con los hermanos.

12En cuanto a nuestro hermano Apolos, le rogué encarecidamente que en compañía de otros hermanos les hiciera una visita. No quiso de ninguna manera ir ahora, pero lo hará cuando se le presente la oportunidad.

13Manténganse alerta; permanezcan firmes en la fe; sean valientes y fuertes. 14Hagan todo con amor.

15Bien saben que los de la familia de Estéfanas fueron los primeros convertidos de Acaya,[z] y que se han dedicado a servir a los *creyentes. Les recomiendo, hermanos, 16que se pongan a disposición de aquéllos y de todo el que colabore en este arduo trabajo. 17Me alegré cuando llegaron Estéfanas, Fortunato y Acaico, porque ellos han suplido lo que ustedes no podían darme, 18ya que han tranquilizado mi espíritu y también el de ustedes. Tales personas merecen que se les exprese reconocimiento.

Saludos finales

19Las iglesias de la provincia de *Asia les mandan saludos. Aquila y *Priscila los saludan cordialmente en el Señor, como también la iglesia que se reúne en la casa de ellos. 20Todos los hermanos les mandan saludos. Salúdense unos a otros con un beso santo.

21Yo, Pablo, escribo este saludo de mi puño y letra.

22Si alguno no ama al Señor, quede bajo maldición. ¡*Marana ta!*[a]

23Que la gracia del Señor Jesús sea con ustedes.

24Los amo a todos ustedes en Cristo Jesús. Amén.[b]

---

[x]15:54 Is 25:8   [y]15:55 Os 13:14   [z]16:15 *los primeros convertidos de Acaya.* Lit. *las *primicias de Acaya.*
[a]16:22 *¡Marana ta!* Expresión aramea que significa: «Ven, Señor»; otra posible lectura es *Maran ata,* que significa: «El Señor viene.»   [b]16:24 Var. no incluye: *Amén.*

Segunda Carta a los
Corintios

1 Pablo, apóstol de *Cristo Jesús por la voluntad de Dios, y Timoteo nuestro hermano,

a la iglesia de Dios que está en Corinto y a todos los *santos en toda la región de Acaya:

2Que Dios nuestro padre y el Señor Jesucristo les concedan gracia y paz.

El Dios de toda consolación

3Alabado sea el Dios y Padre de nuestro Señor Jesucristo, Padre misericordioso y Dios de toda consolación, **4**quien nos consuela en todas nuestras tribulaciones para que con el mismo consuelo que de Dios hemos recibido, también nosotros podamos consolar a todos los que sufren. **5**Pues así como participamos abundantemente en los sufrimientos de Cristo, así también por medio de él tenemos abundante consuelo. **6**Si sufrimos, es para que ustedes tengan consuelo y salvación; y si somos consolados, es para que ustedes tengan el consuelo que los ayude a soportar con paciencia los mismos sufrimientos que nosotros padecemos. **7**Firme es la esperanza que tenemos en cuanto a ustedes, porque sabemos que así como participan de nuestros sufrimientos, así también participan de nuestro consuelo.

8Hermanos, no queremos que desconozcan las aflicciones que sufrimos en la provincia de *Asia. Estábamos tan agobiados bajo tanta presión, que hasta perdimos la esperanza de salir con vida: **9**nos sentíamos como sentenciados a muerte. Pero eso sucedió para que no confiáramos en nosotros mismos sino en Dios, que resucita a los muertos. **10**Él nos libró y nos librará de tal peligro de muerte. En él tenemos puesta nuestra esperanza, y él seguirá librándonos. **11**Mientras tanto, ustedes nos ayudan orando por nosotros. Así muchos darán gracias a Dios por nosotros[a] a causa del don que se nos ha concedido en respuesta a tantas oraciones.

Pablo cambia de planes

12Para nosotros, el motivo de *satisfacción es el testimonio de nuestra conciencia: Nos hemos comportado en el mundo, y especialmente entre ustedes, con la *santidad y sinceridad que vienen de Dios. Nuestra conducta no se ha ajustado a la sabiduría *humana sino a la gracia de Dios. **13**No estamos escribiéndoles nada que no puedan leer ni entender. Espero que comprenderán del todo, **14**así como ya nos han comprendido en parte, que pueden sentirse *orgullosos de nosotros como también nosotros nos sentiremos orgullosos de ustedes en el día del Señor Jesús.

15Confiando en esto, quise visitarlos primero a ustedes para que recibieran una doble bendición; **16**es decir, visitarlos de paso a Macedonia, y verlos otra vez a mi regreso de allá. Así podrían ayudarme a seguir el viaje a Judea. **17**Al proponerme esto, ¿acaso lo hice a la ligera? ¿O es que hago mis planes según criterios meramente *humanos, de manera que diga «sí, sí» y «no, no» al mismo tiempo?

18Pero tan cierto como que Dios es fiel, el mensaje que les hemos dirigido no es «sí» y «no». **19**Porque el Hijo de Dios, Jesucristo, a quien *Silvano, Timoteo y yo predicamos entre ustedes, no fue «sí» y «no»; en él siempre ha sido «sí». **20**Todas las promesas que ha hecho Dios son «sí» en Cristo. Así que por medio de Cristo respondemos «amén» para la gloria de Dios. **21**Dios es el que nos mantiene fir-

---

[a] *1:11 nosotros.* Var. *ustedes.*

mes en Cristo, tanto a nosotros como a ustedes. Él nos ungió, 22nos selló como propiedad suya y puso su Espíritu en nuestro corazón, como garantía de sus promesas.

23¡Por mi *vida! Pongo a Dios por testigo de que es sólo por consideración a ustedes por lo que todavía no he ido a Corinto. 24No es que intentemos imponerles la fe, sino que deseamos contribuir a la alegría de ustedes, pues por la fe se mantienen firmes.

2 En efecto, decidí no hacerles otra visita que les causara tristeza. 2Porque si yo los entristezco, ¿quién me brindará alegría sino aquel a quien yo haya entristecido? 3Les escribí como lo hice para que, al llegar yo, los que debían alegrarme no me causaran tristeza. Estaba confiado de que todos ustedes harían suya mi alegría. 4Les escribí con gran tristeza y angustia de corazón, y con muchas lágrimas, no para entristecerlos sino para darles a conocer la profundidad del amor que les tengo.

Perdón para el pecador

5Si alguno ha causado tristeza, no me la ha causado sólo a mí; hasta cierto punto —y lo digo para no exagerar— se la ha causado a todos ustedes. 6Para él es suficiente el castigo que le impuso la mayoría. 7Más bien debieran perdonarlo y consolarlo para que no sea consumido por la excesiva tristeza. 8Por eso les ruego que reafirmen su amor hacia él. 9Con este propósito les escribí: para ver si pasan la prueba de la completa obediencia. 10A quien ustedes perdonen, yo también lo perdono. De hecho, si había algo que perdonar, lo he perdonado por consideración a ustedes en presencia de Cristo, 11para que Satanás no se aproveche de nosotros, pues no ignoramos sus artimañas.

Ministros del nuevo pacto

12Ahora bien, cuando llegué a Troas para predicar el *evangelio de Cristo, descubrí que el Señor me había abierto las puertas. 13Aun así, me sentí intranquilo por no haber encontrado allí a mi hermano Tito, por lo cual me despedí de ellos y me fui a Macedonia.

14Sin embargo, gracias a Dios que en Cristo siempre nos lleva triunfantes[b] y, por medio de nosotros, esparce por todas partes la fragancia de su conocimiento. 15Porque para Dios nosotros somos el aroma de Cristo entre los que se salvan y entre los que se pierden. 16Para éstos somos olor de muerte que los lleva a la muerte; para aquéllos, olor de vida que los lleva a la vida. ¿Y quién es competente para semejante tarea? 17A diferencia de muchos, nosotros no somos de los que trafican con la palabra de Dios. Más bien, hablamos con sinceridad delante de él en Cristo, como enviados de Dios que somos.

3 ¿Acaso comenzamos otra vez a recomendarnos a nosotros mismos? ¿O acaso tenemos que presentarles o pedirles a ustedes cartas de recomendación, como hacen algunos? 2Ustedes mismos son nuestra carta, escrita en nuestro corazón, conocida y leída por todos. 3Es evidente que ustedes son una carta de Cristo, expedida[c] por nosotros, escrita no con tinta sino con el Espíritu del Dios viviente; no en tablas de piedra sino en tablas de carne, en los corazones.

4Ésta es la confianza que delante de Dios tenemos por medio de Cristo. 5No es que nos consideremos competentes en nosotros mismos. Nuestra capacidad viene de Dios. 6Él nos ha capacitado para ser servidores de un nuevo pacto, no el de la letra sino el del Espíritu; porque la letra mata, pero el Espíritu da vida.

La gloria del nuevo pacto

7El ministerio que causaba muerte, el que estaba grabado con letras en piedra, fue tan glorioso que los israelitas no podían mirar la cara de Moisés debido a la gloria que se reflejaba en su rostro, la cual ya se estaba extinguiendo. 8Pues bien, si aquel ministerio fue así, ¿no será todavía más glorioso el ministerio del Espíritu? 9Si es glorioso el ministerio que trae con-

---

b 2:14 nos lleva triunfantes. Alt. nos conduce en desfile victorioso.   c 3:3 expedida. Lit. ministrada.

denación, ¡cuánto más glorioso será el ministerio que trae la justicia! **10**En efecto, lo que fue glorioso ya no lo es, si se le compara con esta excelsa gloria. **11**Y si vino con gloria lo que ya se estaba extinguiendo, ¡cuánto mayor será la gloria de lo que permanece!

12Así que, como tenemos tal esperanza, actuamos con plena confianza. **13**No hacemos como Moisés, quien se ponía un velo sobre el rostro para que los israelitas no vieran el fin del resplandor que se iba extinguiendo. **14**Sin embargo, la mente de ellos se embotó, de modo que hasta el día de hoy tienen puesto el mismo velo al leer el antiguo pacto. El velo no les ha sido quitado, porque sólo se quita en Cristo. **15**Hasta el día de hoy, siempre que leen a Moisés, un velo les cubre el corazón. **16**Pero cada vez que alguien se vuelve al Señor, el velo es quitado. **17**Ahora bien, el Señor es el Espíritu; y donde está el Espíritu del Señor, allí hay libertad. **18**Así, todos nosotros, que con el rostro descubierto reflejamos*d* como en un espejo la gloria del Señor, somos transformados a su semejanza con más y más gloria por la acción del Señor, que es el Espíritu.

Tesoros en vasijas de barro

4 Por esto, ya que por la misericordia de Dios tenemos este ministerio, no nos desanimamos. **2**Más bien, hemos renunciado a todo lo vergonzoso que se hace a escondidas; no actuamos con engaño ni torcemos la palabra de Dios. Al contrario, mediante la clara exposición de la verdad, nos recomendamos a toda conciencia *humana en la presencia de Dios. **3**Pero si nuestro *evangelio está encubierto, lo está para los que se pierden. **4**El dios de este mundo ha cegado la mente de estos incrédulos, para que no vean la luz del glorioso evangelio de Cristo, el cual es la imagen de Dios. **5**No nos predicamos a nosotros mismos sino a Jesucristo como Señor; nosotros no somos más que servidores de ustedes por causa de Jesús. **6**Porque Dios, que ordenó que la luz resplandeciera en

las tinieblas,*e* hizo brillar su luz en nuestro corazón para que conociéramos la gloria de Dios que resplandece en el rostro de Cristo.

7Pero tenemos este tesoro en vasijas de barro para que se vea que tan sublime poder viene de Dios y no de nosotros. **8**Nos vemos atribulados en todo, pero no abatidos; perplejos, pero no desesperados; **9**perseguidos, pero no abandonados; derribados, pero no destruidos. **10**Dondequiera que vamos, siempre llevamos en nuestro cuerpo la muerte de Jesús, para que también su vida se manifieste en nuestro cuerpo. **11**Pues a nosotros, los que vivimos, siempre se nos entrega a la muerte por causa de Jesús, para que también su vida se manifieste en nuestro cuerpo*f* mortal. **12**Así que la muerte actúa en nosotros, y en ustedes la vida.

13Escrito está: «Creí, y por eso hablé.»*g* Con ese mismo espíritu de fe también nosotros creemos, y por eso hablamos. **14**Pues sabemos que aquel que resucitó al Señor Jesús nos resucitará también a nosotros con él y nos llevará junto con ustedes a su presencia. **15**Todo esto es por el bien de ustedes, para que la gracia que está alcanzando a más y más personas haga abundar la acción de gracias para la gloria de Dios.

16Por tanto, no nos desanimamos. Al contrario, aunque por fuera nos vamos desgastando, por dentro nos vamos renovando día tras día. **17**Pues los sufrimientos ligeros y efímeros que ahora padecemos producen una gloria eterna que vale muchísimo más que todo sufrimiento. **18**Así que no nos fijamos en lo visible sino en lo invisible, ya que lo que se ve es pasajero, mientras que lo que no se ve es eterno.

Nuestra morada celestial

5 De hecho, sabemos que si esta tienda de campaña en que vivimos se deshace, tenemos de Dios un edificio, una casa eterna en el cielo, no construida por manos humanas. **2**Mientras tanto suspiramos, anhelando ser revestidos de nuestra morada

---

d **3:18** *reflejamos*. Alt. *contemplamos.*   *e* **4:6** Gn 1:3   *f* **4:11** *nuestro cuerpo*. Lit. *nuestra *carne.*
g **4:13** Sal 116:10

celestial, 3porque cuando seamos revestidos, no se nos hallará desnudos. 4Realmente, vivimos en esta tienda de campaña, suspirando y agobiados, pues no deseamos ser desvestidos sino revestidos, para que lo mortal sea absorbido por la vida. 5Es Dios quien nos ha hecho para este fin y nos ha dado su Espíritu como garantía de sus promesas.

6Por eso mantenemos siempre la confianza, aunque sabemos que mientras vivamos en este cuerpo estaremos alejados del Señor. 7Vivimos por fe, no por vista. 8Así que nos mantenemos confiados, y preferiríamos ausentarnos de este cuerpo y vivir junto al Señor. 9Por eso nos empeñamos en agradarle, ya sea que vivamos en nuestro cuerpo o que lo hayamos dejado. 10Porque es necesario que todos comparezcamos ante el tribunal de Cristo, para que cada uno reciba lo que le corresponda, según lo bueno o malo que haya hecho mientras vivió en el cuerpo.

El ministerio de la reconciliación

11Por tanto, como sabemos lo que es temer al Señor, tratamos de persuadir a todos, aunque para Dios es evidente lo que somos, y espero que también lo sea para la conciencia de ustedes. 12No buscamos el recomendarnos otra vez a ustedes, sino que les damos una oportunidad de sentirse *orgullosos de nosotros, para que tengan con qué responder a los que se dejan llevar por las apariencias y no por lo que hay dentro del corazón. 13Si estamos locos, es por Dios; y si estamos cuerdos, es por ustedes. 14El amor de Cristo nos obliga, porque estamos convencidos de que uno murió por todos, y por consiguiente todos murieron. 15Y él murió por todos, para que los que viven ya no vivan para sí, sino para el que murió por ellos y fue resucitado.

16Así que de ahora en adelante no consideramos a nadie según criterios meramente *humanos.h Aunque antes conocimos a Cristo de esta manera, ya no lo conocemos así. 17Por lo tanto, si alguno está en Cristo, es una nueva creación. ¡Lo viejo ha pasado, ha llegado ya lo nuevo! 18Todo esto proviene de Dios, quien por medio de Cristo nos reconcilió consigo mismo y nos dio el ministerio de la reconciliación: 19esto es, que en Cristo, Dios estaba reconciliando al mundo consigo mismo, no tomándole en cuenta sus pecados y encargándonos a nosotros el mensaje de la reconciliación. 20Así que somos embajadores de Cristo, como si Dios los exhortara a ustedes por medio de nosotros: «En nombre de Cristo les rogamos que se reconcilien con Dios.» 21Al que no cometió pecado alguno, por nosotros Dios lo trató como pecador,i para que en él recibiéramosj la justicia de Dios.

6 Nosotros, colaboradores de Dios, les rogamos que no reciban su gracia en vano. 2Porque él dice:

«En el momento propicio te
    escuché,
y en el día de salvación te
    ayudé.»k

Les digo que éste es el momento propicio de Dios; ¡hoy es el día de salvación!

Privaciones de Pablo

3Por nuestra parte, a nadie damos motivo alguno de tropiezo, para que no se desacredite nuestro servicio. 4Más bien, en todo y con mucha paciencia nos acreditamos como servidores de Dios: en sufrimientos, privaciones y angustias; 5en azotes, cárceles y tumultos; en trabajos pesados, desvelos y hambre. 6Servimos con pureza, conocimiento, constancia y bondad; en el Espíritu Santo y en amor sincero; 7con palabras de verdad y con el poder de Dios; con armas de justicia, tanto ofensivas como defensivas;l 8por honra y por deshonra, por mala y por buena fama; veraces, pero tenidos por engañadores; 9conocidos, pero tenidos por desconocidos; como moribundos, pero aún con vida; golpeados, pero no muertos; 10aparentemente tristes, pero siempre alegres; po-

---

h5:16 criterios ... humanos. Lit. la carne.   i5:21 lo trató como pecador. Alt. lo hizo sacrificio por el pecado. Lit. lo hizo pecado.   j5:21 recibiéramos. Lit. llegáramos a ser.   k6:2 Is 49:8   l6:7 ofensivas como defensivas. Lit. en la mano derecha como en la izquierda.

bres en apariencia, pero enriqueciendo a muchos; como si no tuviéramos nada, pero poseyéndolo todo.

[11] Hermanos corintios, les hemos hablado con toda franqueza; les hemos abierto de par en par nuestro corazón. [12] Nunca les hemos negado nuestro afecto, pero ustedes sí nos niegan el suyo. [13] Para corresponder del mismo modo —les hablo como si fueran mis hijos—, ¡abran también su corazón de par en par!

No formen yunta con los incrédulos

[14] No formen yunta con los incrédulos. ¿Qué tienen en común la justicia y la maldad? ¿O qué comunión puede tener la luz con la oscuridad? [15] ¿Qué armonía tiene Cristo con el diablo?[m] ¿Qué tiene en común un creyente con un incrédulo? [16] ¿En qué concuerdan el templo de Dios y los ídolos? Porque nosotros somos templo del Dios viviente. Como él ha dicho: «Viviré con ellos y caminaré entre ellos. Yo seré su Dios, y ellos serán mi pueblo.»[n] Por tanto, el Señor añade:

[17] «Salgan de en medio de ellos
    y apártense.
  No toquen nada *impuro,
    y yo los recibiré.»[ñ]
[18] «Yo seré un padre para ustedes,
    y ustedes serán mis hijos y mis
      hijas,
      dice el Señor Todopoderoso.»[o]

7 Como tenemos estas promesas, queridos hermanos, purifiquémonos de todo lo que contamina el cuerpo y el espíritu, para completar en el temor de Dios la obra de nuestra *santificación.

La alegría de Pablo

[2] Hagan lugar para nosotros en su corazón. A nadie hemos agraviado, a nadie hemos corrompido, a nadie hemos explotado. [3] No digo esto para condenarlos; ya les he dicho que tienen un lugar tan amplio en nuestro corazón que con ustedes vivi-

ríamos o moriríamos. [4] Les tengo mucha confianza y me siento muy *orgulloso de ustedes. Estoy muy animado; en medio de todas nuestras aflicciones se desborda mi alegría.

[5] Cuando llegamos a Macedonia, nuestro cuerpo no tuvo ningún descanso, sino que nos vimos acosados por todas partes; conflictos por fuera, temores por dentro. [6] Pero Dios, que consuela a los abatidos, nos consoló con la llegada de Tito, [7] y no sólo con su llegada sino también con el consuelo que él había recibido de ustedes. Él nos habló del anhelo, de la profunda tristeza y de la honda preocupación que ustedes tienen por mí, lo cual me llenó de alegría.

[8] Si bien los entristecí con mi carta, no me pesa. Es verdad que antes me pesó, porque me di cuenta de que por un tiempo mi carta los había entristecido. [9] Sin embargo, ahora me alegro, no porque se hayan entristecido sino porque su tristeza los llevó al *arrepentimiento. Ustedes se entristecieron tal como Dios lo quiere, de modo que nosotros de ninguna manera los hemos perjudicado. [10] La tristeza que proviene de Dios produce el arrepentimiento que lleva a la salvación, de la cual no hay que arrepentirse, mientras que la tristeza del mundo produce la muerte. [11] Fíjense lo que ha producido en ustedes esta tristeza que proviene de Dios: ¡qué empeño, qué afán por disculparse, qué indignación, qué temor, qué anhelo, qué preocupación, qué disposición para ver que se haga justicia! En todo han demostrado su inocencia en este asunto. [12] Así que, a pesar de que les escribí, no fue por causa del ofensor ni del ofendido, sino más bien para que delante de Dios se dieran cuenta por ustedes mismos de cuánto interés tienen en nosotros. [13] Todo esto nos reanima.

Además del consuelo que hemos recibido, nos alegró muchísimo el ver lo feliz que estaba Tito debido a que todos ustedes fortalecieron su espíritu. [14] Ya le había dicho que me sentía orgulloso de ustedes, y no me han hecho quedar mal. Al contra-

---

[m] **6:15** *el diablo.* Lit. *Beliar,* otra forma de *Belial.*   [n] **6:16** Lv 26:12; Jer 32:38; Ez 37:27   [ñ] **6:17** Is 52:11; Ez 20:34,41   [o] **6:18** 2S 7:8,14; 1Cr 17:13

rio, así como todo lo que les dijimos es verdad, también resultaron ciertos los elogios que hice de ustedes delante de Tito. [15]Y él les tiene aún más cariño al recordar que todos ustedes fueron obedientes y lo recibieron con temor y temblor. [16]Me alegro de que puedo confiar plenamente en ustedes.

Estímulo a la generosidad

8 Ahora, hermanos, queremos que se enteren de la gracia que Dios ha dado a las iglesias de Macedonia. [2]En medio de las pruebas más difíciles, su desbordante alegría y su extrema pobreza abundaron en rica generosidad. [3]Soy testigo de que dieron espontáneamente tanto como podían, y aún más de lo que podían, [4]rogándonos con insistencia que les concediéramos el privilegio de tomar parte en esta ayuda para los *santos. [5]Incluso hicieron más de lo que esperábamos, ya que se entregaron a sí mismos, primeramente al Señor y después a nosotros, conforme a la voluntad de Dios. [6]De modo que rogamos a Tito que llevara a feliz término esta obra de gracia entre ustedes, puesto que ya la había comenzado. [7]Pero ustedes, así como sobresalen en todo —en fe, en palabras, en conocimiento, en dedicación y en su amor hacia nosotros[p]—, procuren también sobresalir en esta gracia de dar.

[8]No es que esté dándoles órdenes, sino que quiero probar la sinceridad de su amor en comparación con la dedicación de los demás. [9]Ya conocen la gracia de nuestro Señor Jesucristo, que aunque era rico, por causa de ustedes se hizo pobre, para que mediante su pobreza ustedes llegaran a ser ricos.

[10]Aquí va mi consejo sobre lo que les conviene en este asunto: El año pasado ustedes fueron los primeros en dar sino también en querer hacerlo. [11]Lleven ahora a feliz término la obra, para que, según sus posibilidades, cumplan con lo que de buena gana propusieron. [12]Porque si uno lo hace de buena voluntad, lo que da es bien recibido según lo que tiene, y no según lo que no tiene.

[13]No se trata de que otros encuentren alivio mientras que ustedes sufren escasez; es más bien cuestión de igualdad. [14]En las circunstancias actuales la abundancia de ustedes suplirá lo que ellos necesitan, para que a su vez la abundancia de ellos supla lo que ustedes necesitan. Así habrá igualdad, [15]como está escrito: «Ni al que recogió mucho le sobraba, ni al que recogió poco le faltaba.»[q]

Tito enviado a Corinto

[16]Gracias a Dios que puso en el corazón de Tito la misma preocupación que yo tengo por ustedes. [17]De hecho, cuando accedió a nuestra petición de ir a verlos, lo hizo con mucho entusiasmo y por su propia voluntad. [18]Junto con él les enviamos al hermano que se ha ganado el reconocimiento de todas las iglesias por los servicios prestados al *evangelio. [19]Además, las iglesias lo escogieron para que nos acompañe cuando llevemos la ofrenda, la cual administramos para honrar al Señor y demostrar nuestro ardiente deseo de servir. [20]Queremos evitar cualquier crítica sobre la forma en que administramos este generoso donativo; [21]porque procuramos hacer lo correcto, no sólo delante del Señor sino también delante de los demás.

[22]Con ellos les enviamos a nuestro hermano que nos ha demostrado con frecuencia y de muchas maneras que es diligente, y ahora lo es aún más por la gran confianza que tiene en ustedes. [23]En cuanto a Tito, es mi compañero y colaborador entre ustedes; y en cuanto a los otros hermanos, son enviados de las iglesias, son una honra para Cristo. [24]Por tanto, den a estos hombres una prueba de su amor y muéstrenles por qué nos sentimos *orgullosos de ustedes, para testimonio ante las iglesias.

9 No hace falta que les escriba acerca de esta ayuda para los *santos, [2]porque conozco la buena disposición que ustedes tienen. Esto lo he comentado con orgullo entre los macedonios, diciéndoles que desde el año pasado ustedes los de

---

[p]**8:7** *su amor hacia nosotros.* Var. *nuestro amor hacia ustedes.*   [q]**8:15** Éx 16:18

Acaya estaban preparados para dar. El entusiasmo de ustedes ha servido de estímulo a la mayoría de ellos. ³Con todo, les envío a estos hermanos para que en este asunto no resulte vano nuestro *orgullo por ustedes, sino que estén preparados, como ya he dicho que lo estarían, ⁴no sea que algunos macedonios vayan conmigo y los encuentren desprevenidos. En ese caso nosotros —por no decir nada de ustedes— nos avergonzaríamos por haber estado tan seguros. ⁵Así que me pareció necesario rogar a estos hermanos que se adelantaran a visitarlos y completaran los preparativos para esa generosa colecta que ustedes habían prometido. Entonces estará lista como una ofrenda generosa,ʳ y no como una tacañería.

Sembrar con generosidad

⁶Recuerden esto: El que siembra escasamente, escasamente cosechará, y el que siembra en abundancia, en abundancia cosechará.ˢ ⁷Cada uno debe dar según lo que haya decidido en su corazón, no de mala gana ni por obligación, porque Dios ama al que da con alegría. ⁸Y Dios puede hacer que toda gracia abunde para ustedes, de manera que siempre, en toda circunstancia, tengan todo lo necesario, y toda buena obra abunde en ustedes. ⁹Como está escrito:

«Repartió sus bienes entre los
    pobres;
su justicia permanece para
    siempre.»ᵗ

¹⁰El que le suple semilla al que siembra también le suplirá pan para que coma, aumentará los cultivos y hará que ustedes produzcan una abundante cosecha de justicia. ¹¹Ustedes serán enriquecidos en todo sentido para que en toda ocasión puedan ser generosos, y para que por medio de nosotros la generosidad de ustedes resulte en acciones de gracias a Dios. ¹²Esta ayuda que es un servicio sagrado no sólo suple las necesidades de los

*santos sino que también redunda en abundantes acciones de gracias a Dios. ¹³En efecto, al recibir esta demostración de servicio, ellos alabarán a Dios por la obediencia con que ustedes acompañan la confesión del *evangelio de Cristo, y por su generosa solidaridad con ellos y con todos. ¹⁴Además, en las oraciones de ellos por ustedes, expresarán el afecto que les tienen por la sobreabundante gracia que ustedes han recibido de Dios. ¹⁵¡Gracias a Dios por su don inefable!

Pablo defiende su ministerio

10 Por la ternura y la bondad de Cristo, yo, Pablo, apelo a ustedes personalmente; yo mismo que, según dicen, soy tímido cuando me encuentro cara a cara con ustedes pero atrevido cuando estoy lejos. ²Les ruego que cuando vaya no tenga que ser tan atrevido como me he propuesto ser con algunos que opinan que vivimos según criterios meramente *humanos, ³pues aunque vivimos en el *mundo, no libramos batallas como lo hace el mundo. ⁴Las armas con que luchamos no son del mundo, sino que tienen el poder divino para derribar fortalezas. ⁵Destruimos argumentos y toda altivez que se levanta contra el conocimiento de Dios, y llevamos cautivo todo pensamiento para que se someta a Cristo. ⁶Y estamos dispuestos a castigar cualquier acto de desobediencia una vez que yo pueda contar con la completa obediencia de ustedes.

⁷Fíjense en lo que está a la vista.ᵘ Si alguno está convencido de ser de Cristo, considere esto de nuevo: nosotros somos tan de Cristo como él. ⁸No me avergonzaré de *jactarme de nuestra autoridad más de la cuenta, autoridad que el Señor nos ha dado para la edificación y no para la destrucción de ustedes. ⁹No quiero dar la impresión de que trato de asustarlos con mis cartas, ¹⁰pues algunos dicen: «Sus cartas son duras y fuertes, pero él en persona no impresiona a nadie, y como orador es un fracaso.» ¹¹Tales personas deben darse cuenta de que lo que somos

---

ʳ**9:5** *una ofrenda generosa.* Lit. *una bendición.*   ˢ**9:6** *siembra ... cosechará.* Lit. *siembra en bendición, en bendición cosechará.*   ᵗ**9:9** Sal 112:9   ᵘ**10:7** *Fíjense ... vista.* Alt. *Ustedes se fijan en las apariencias.*

por escrito estando ausentes, lo seremos con hechos estando presentes.

[12]No nos atrevemos a igualarnos ni a compararnos con algunos que tanto se recomiendan a sí mismos. Al medirse con su propia medida y compararse unos con otros, no saben lo que hacen. [13]Nosotros, por nuestra parte, no vamos a jactarnos más de lo debido. Nos limitaremos al campo que Dios nos ha asignado según su medida, en la cual también ustedes están incluidos. [14]Si no hubiéramos estado antes entre ustedes, se podría alegar que estamos rebasando estos límites, cuando lo cierto es que fuimos los primeros en llevarles el *evangelio de Cristo. [15]No nos jactamos desmedidamente a costa del trabajo que otros han hecho. Al contrario, esperamos que, según vaya creciendo la fe de ustedes, también nuestro campo de acción entre ustedes se amplíe grandemente, [16]para poder predicar el evangelio más allá de sus regiones, sin tener que jactarnos del trabajo ya hecho por otros. [17]Más bien, «Si alguien ha de gloriarse, que se gloríe en el Señor».[v] [18]Porque no es aprobado el que se recomienda a sí mismo sino aquel a quien recomienda el Señor.

Pablo y los falsos apóstoles

11 ¡Ojalá me aguanten unas cuantas tonterías! ¡Sí, aguántenmelas![w] [2]El celo que siento por ustedes proviene de Dios, pues los tengo prometidos a un solo esposo, que es Cristo, para presentárselos como una virgen pura. [3]Pero me temo que, así como la serpiente con su astucia engañó a Eva, los pensamientos de ustedes sean desviados de un compromiso puro y[x] sincero con Cristo. [4]Si alguien llega a ustedes predicando a un Jesús diferente del que les hemos predicado nosotros, o si reciben un espíritu o un *evangelio diferentes de los que ya recibieron, a ése lo aguantan con facilidad. [5]Pero considero que en nada soy inferior a esos «superapóstoles». [6]Quizás yo sea un mal orador, pero tengo conocimiento.

Esto se lo hemos demostrado a ustedes de una y mil maneras.

[7]¿Es que cometí un pecado al humillarme yo para enaltecerlos a ustedes, predicándoles el *evangelio de Dios gratuitamente? [8]De hecho, despojé a otras iglesias al recibir de ellas ayuda para servirles a ustedes. [9]Cuando estuve entre ustedes y necesité algo, no fui una carga para nadie, ya que los hermanos que llegaron de Macedonia suplieron mis necesidades. He evitado serles una carga en cualquier sentido, y seguiré evitándolo. [10]Es tan cierto que la verdad de Cristo está en mí, como lo es que nadie en las regiones de Acaya podrá privarme de este motivo de *orgullo. [11]¿Por qué? ¿Porque no los amo? ¡Dios sabe que sí! [12]Pero seguiré haciendo lo que hago, a fin de quitar todo pretexto a aquellos que, buscando una oportunidad para hacerse iguales a nosotros, se *jactan de lo que hacen.

[13]Tales individuos son falsos apóstoles, obreros estafadores, que se disfrazan de apóstoles de Cristo. [14]Y no es de extrañar, ya que Satanás mismo se disfraza de ángel de luz. [15]Por eso no es de sorprenderse que sus servidores se disfracen de servidores de la justicia. Su fin corresponderá con lo que merecen sus acciones.

Los sufrimientos de Pablo

[16]Lo repito: Que nadie me tenga por insensato. Pero aun cuando así me consideren, de todos modos recíbanme, para poder *jactarme un poco. [17]Al jactarme tan confiadamente, no hablo como quisiera el Señor sino con insensatez. [18]Ya que muchos se ufanan como lo hace el mundo,[y] yo también lo haré. [19]Por ser tan sensatos, ustedes de buena gana aguantan a los insensatos. [20]Aguantan incluso a cualquiera que los esclaviza, o los explota, o se aprovecha de ustedes, o se comporta con altanería, o les da de bofetadas. [21]¡Para vergüenza mía, confieso que hemos sido demasiado débiles!

---

[v]**10:17** Jer 9:24   [w]**11:1** *¡Sí, aguántenmelas!* Alt. *En realidad, ya me las están aguantando.*   [x]**11:3** Var. no incluye: *puro y.*   [y]**11:18** *se ufanan ... mundo.* Lit. *se *jactan según la *carne.*

Si alguien se atreve a dárselas de algo, también yo me atrevo a hacerlo; lo digo como un insensato. **22** ¿Son ellos hebreos? Pues yo también. ¿Son israelitas? También yo lo soy. ¿Son descendientes de Abraham? Yo también. **23** ¿Son servidores de Cristo? ¡Qué locura! Yo lo soy más que ellos. He trabajado más arduamente, he sido encarcelado más veces, he recibido los azotes más severos, he estado en peligro de muerte repetidas veces. **24** Cinco veces recibí de los judíos los treinta y nueve azotes. **25** Tres veces me golpearon con varas, una vez me apedrearon, tres veces naufragué, y pasé un día y una noche como náufrago en alta mar. **26** Mi vida ha sido un continuo ir y venir de un sitio a otro; en peligros de ríos, peligros de bandidos, peligros de parte de mis compatriotas, peligros a manos de los *gentiles, peligros en la ciudad, peligros en el campo, peligros en el mar y peligros de parte de falsos hermanos. **27** He pasado muchos trabajos y fatigas, y muchas veces me he quedado sin dormir; he sufrido hambre y sed, y muchas veces me he quedado en ayunas; he sufrido frío y desnudez. **28** Y como si fuera poco, cada día pesa sobre mí la preocupación por todas las iglesias. **29** ¿Cuando alguien se siente débil, no comparto yo su debilidad? ¿Y cuando a alguien se le hace *tropezar, no ardo yo de indignación?

30 Si me veo obligado a jactarme, me jactaré de mi debilidad. **31** El Dios y Padre del Señor Jesús (¡sea por siempre alabado!) sabe que no miento. **32** En Damasco, el gobernador bajo el rey Aretas mandó que se vigilara la ciudad de los damascenos con el fin de arrestarme; **33** pero me bajaron en un canasto por una ventana de la muralla, y así escapé de las manos del gobernador.

Visión y debilidad de Pablo

12 Me veo obligado a *jactarme, aunque nada se gane con ello. Paso a referirme a las visiones y revelaciones del Señor. **2** Conozco a un seguidor de Cristo que hace catorce años fue llevado al tercer cielo (no sé si en el cuerpo o fuera del cuerpo; Dios lo sabe). **3** Y sé que este hombre (no sé si en el cuerpo o aparte del cuerpo; Dios lo sabe) **4** fue llevado al paraíso y escuchó cosas indecibles que a los *humanos no se nos permite expresar. **5** De tal hombre podría hacer alarde; pero de mí no haré alarde sino de mis debilidades. **6** Sin embargo, no sería insensato si decidiera jactarme, porque estaría diciendo la verdad. Pero no lo hago, para que nadie suponga que soy más de lo que aparento o de lo que digo.

7 Para evitar que me volviera presumido por estas sublimes revelaciones, una espina me fue clavada en el cuerpo, es decir, un mensajero de Satanás, para que me atormentara. **8** Tres veces le rogué al Señor que me la quitara; **9** pero él me dijo: «Te basta con mi gracia, pues mi poder se perfecciona en la debilidad.» Por lo tanto, gustosamente haré más bien alarde de mis debilidades, para que permanezca sobre mí el poder de Cristo. **10** Por eso me regocijo en debilidades, insultos, privaciones, persecuciones y dificultades que sufro por Cristo; porque cuando soy débil, entonces soy fuerte.

Preocupación de Pablo por los corintios

11 Me he portado como un insensato, pero ustedes me han obligado a ello. Ustedes debían haberme elogiado, pues de ningún modo soy inferior a los «superapóstoles», aunque yo no soy nada. **12** Las marcas distintivas de un apóstol, tales como señales, prodigios y milagros, se dieron constantemente entre ustedes. **13** ¿En qué fueron ustedes inferiores a las demás iglesias? Pues sólo en que yo mismo nunca les fui una carga. ¡Perdónenme si los ofendo!

14 Miren que por tercera vez estoy listo para visitarlos, y no les seré una carga, pues no me interesa lo que ustedes tienen sino lo que ustedes son. Después de todo, no son los hijos los que deben ahorrar para los padres, sino los padres para los hijos. **15** Así que de buena gana gastaré todo lo que tengo, y hasta yo mismo me desgastaré del todo por ustedes. Si los amo hasta el extremo, ¿me amarán menos? **16** En todo caso, no les he sido una carga. ¿Es que, como soy tan astuto, les tendí una trampa para estafarlos? **17** ¿Acaso los exploté por medio de alguno de mis enviados? **18**Le rogué a Tito que fuera a verlos y con él envié al hermano. ¿Acaso se aprovechó Tito de ustedes? ¿No procedimos los dos con el mismo espíritu y seguimos el mismo camino?

19¿Todo este tiempo han venido pensando que nos estábamos justificando ante ustedes? ¡Más bien, hemos estado hablando delante de Dios en Cristo! Todo lo que hacemos, queridos hermanos, es para su edificación. **20**En realidad, me temo que cuando vaya a verlos no los encuentre como quisiera, ni ustedes me encuentren a mí como quisieran. Temo que haya peleas, celos, arrebatos de ira, rivalidades, calumnias, chismes, insultos y alborotos. **21**Temo que, al volver a visitarlos, mi Dios me humille delante de ustedes, y que yo tenga que llorar por muchos que han pecado desde hace algún tiempo pero no se han *arrepentido de la impureza, de la inmoralidad sexual y de los vicios a que se han entregado.

Advertencias finales

13 Ésta será la tercera vez que los visito. «Todo asunto se resolverá mediante el testimonio de dos o tres testigos.»*z* **2**Cuando estuve con ustedes por segunda vez les advertí, y ahora que estoy ausente se lo repito: Cuando vuelva a verlos, no seré indulgente con los que antes pecaron ni con ningún otro, **3**ya que están exigiendo una prueba de que Cristo habla por medio de mí. Él no se muestra débil en su trato con ustedes, sino que ejerce su poder entre ustedes. **4**Es cierto

que fue crucificado en debilidad, pero ahora vive por el poder de Dios. De igual manera, nosotros participamos de su debilidad, pero por el poder de Dios viviremos con Cristo para ustedes.

5Examínense para ver si están en la fe; pruébense a sí mismos. ¿No se dan cuenta de que Cristo Jesús está en ustedes? ¡A menos que fracasen en la *prueba! **6**Espero que reconozcan que nosotros no hemos fracasado. **7**Pedimos a Dios que no hagan nada malo, no para demostrar mi éxito, sino para que hagan lo bueno, aunque parezca que nosotros hemos fracasado. **8**Pues nada podemos hacer contra la verdad, sino a favor de la verdad. **9**De hecho, nos alegramos cuando nosotros somos débiles y ustedes fuertes; y oramos a Dios para que los restaure plenamente. **10**Por eso les escribo todo esto en mi ausencia, para que cuando vaya no tenga que ser severo en el uso de mi autoridad, la cual el Señor me ha dado para edificación y no para destrucción.

Saludos finales

11En fin, hermanos, alégrense, busquen*a* su restauración, hagan caso de mi exhortación, sean de un mismo sentir, vivan en paz. Y el Dios de amor y de paz estará con ustedes.

12Salúdense unos a otros con un beso santo. **13**Todos los *santos les mandan saludos.

14Que la gracia del Señor Jesucristo, el amor de Dios y la comunión del Espíritu Santo sean con todos ustedes.

---

z **13:1** Dt 19:15　　*a* **13:11** *alégrense, busquen.* Alt. *los saludo. Busquen.*

Carta a los Gálatas

1 Pablo, apóstol, no por investidura ni mediación *humanas, sino por *Jesucristo y por Dios Padre, que lo *levantó de entre los muertos; **2** y todos los hermanos que están conmigo,

a las iglesias de Galacia:

3 Que Dios nuestro Padre y el Señor Jesucristo les concedan gracia y paz. **4** Jesucristo dio su vida por nuestros pecados para rescatarnos de este mundo malvado, según la voluntad de nuestro Dios y Padre, **5** a quien sea la gloria por los siglos de los siglos. Amén.

No hay otro evangelio

6 Me asombra que tan pronto estén dejando ustedes a quien los llamó por la gracia de Cristo, para pasarse a otro *evangelio. **7** No es que haya otro evangelio, sino que ciertos individuos están sembrando confusión entre ustedes y quieren tergiversar el evangelio de Cristo. **8** Pero aun si alguno de nosotros o un ángel del cielo les predicara un evangelio distinto del que les hemos predicado, ¡que caiga bajo maldición! **9** Como ya lo hemos dicho, ahora lo repito: si alguien les anda predicando un evangelio distinto del que recibieron, ¡que caiga bajo maldición!

10 ¿Qué busco con esto: ganarme la aprobación *humana o la de Dios? ¿Piensan que procuro agradar a los demás? Si yo buscara agradar a otros, no sería *siervo de Cristo.

Pablo, llamado por Dios

11 Quiero que sepan, hermanos, que el *evangelio que yo predico no es invención *humana. **12** No lo recibí ni lo aprendí de ningún *ser humano, sino que me llegó por revelación de Jesucristo.

13 Ustedes ya están enterados de mi conducta cuando pertenecía al judaísmo, de la furia con que perseguía a la iglesia de Dios, tratando de destruirla. **14** En la práctica del judaísmo, yo aventajaba a muchos de mis contemporáneos en mi celo exagerado por las tradiciones de mis antepasados. **15** Sin embargo, Dios me había apartado desde el vientre de mi madre y me llamó por su gracia. Cuando él tuvo a bien **16** revelarme a su Hijo para que yo lo predicara entre los *gentiles, no consulté con nadie. **17** Tampoco subí a Jerusalén para ver a los que eran apóstoles antes que yo, sino que fui de inmediato a Arabia, de donde luego regresé a Damasco.

18 Después de tres años, subí a Jerusalén para visitar a Pedro,[a] y me quedé con él quince días. **19** No vi a ningún otro de los apóstoles; sólo vi a *Jacobo, el hermano del Señor. **20** Dios me es testigo que en esto que les escribo no miento. **21** Más tarde fui a las regiones de Siria y Cilicia. **22** Pero en Judea las iglesias de[b] Cristo no me conocían personalmente. **23** Sólo habían oído decir: «El que antes nos perseguía ahora predica la fe que procuraba destruir.» **24** Y por causa mía glorificaban a Dios.

Los apóstoles aceptan a Pablo

2 Catorce años después subí de nuevo a Jerusalén, esta vez con Bernabé, llevando también a Tito. **2** Fui en obediencia a una revelación, y me reuní en privado con los que eran reconocidos como dirigentes, y les expliqué el *evangelio que predico entre los *gentiles, para que todo mi esfuerzo no fuera en vano.[c] **3** Ahora bien, ni siquiera Tito, que me acompañaba, fue obligado a circuncidarse, aunque era *griego. **4** El problema era que algunos falsos hermanos se habían infiltrado entre

---

[a] **1:18** Aquí el autor usa *Cefas, nombre arameo de Pedro; también en 2:9,11,14.   [b] **1:22** de. Lit. en.
[c] **2:2** para ... vano. Lit. para que yo no estuviera corriendo o hubiera corrido en vano.

nosotros para coartar la libertad que tenemos en Cristo Jesús a fin de esclavizarnos. **5**Ni por un momento accedimos a someternos a ellos, pues queríamos que se preservara entre ustedes la integridad del evangelio.

6En cuanto a los que eran reconocidos como personas importantes —aunque no me interesa lo que fueran, porque Dios no juzga por las apariencias—, no me impusieron nada nuevo. **7**Al contrario, reconocieron que a mí se me había encomendado predicar el evangelio a los gentiles, de la misma manera que se le había encomendado a Pedro predicarlo a los judíos.*d* **8**El mismo Dios que facultó a Pedro como apóstol de los judíos*e* me facultó también a mí como apóstol de los gentiles. **9**En efecto, *Jacobo, Pedro y Juan, que eran considerados columnas, al reconocer la gracia que yo había recibido, nos dieron la mano a Bernabé y a mí en señal de compañerismo, de modo que nosotros fuéramos a los gentiles y ellos a los judíos. **10**Sólo nos pidieron que nos acordáramos de los pobres, y eso es precisamente lo que he venido haciendo con esmero.

Pablo se opone a Pedro

11Pues bien, cuando Pedro fue a Antioquía, le eché en cara su comportamiento condenable. **12**Antes que llegaran algunos de parte de *Jacobo, Pedro solía comer con los *gentiles. Pero cuando aquéllos llegaron, comenzó a retraerse y a separarse de los gentiles por temor a los partidarios de la *circuncisión.*f* **13**Entonces los demás judíos se unieron a Pedro en su *hipocresía, y hasta el mismo Bernabé se dejó arrastrar por esa conducta hipócrita.

14Cuando vi que no actuaban rectamente, como corresponde a la integridad del *evangelio, le dije a Pedro delante de todos: «Si tú, que eres judío, vives como si no lo fueras, ¿por qué obligas a los gentiles a practicar el judaísmo?

15»Nosotros somos judíos de nacimiento y no *"pecadores paganos". **16**Sin embargo, al reconocer que nadie es *justificado por las obras que demanda la ley sino por la *fe en Jesucristo, también nosotros hemos puesto nuestra fe en Cristo Jesús, para ser justificados por la fe en él y no por las obras de la ley; porque por éstas nadie será justificado.

17»Ahora bien, cuando buscamos ser justificados por*g* Cristo, se hace evidente que nosotros mismos somos pecadores. ¿Quiere esto decir que Cristo está al servicio del pecado? ¡De ninguna manera! **18**Si uno vuelve a edificar lo que antes había destruido, se hace*h* transgresor. **19**Yo, por mi parte, mediante la ley he muerto a la ley, a fin de vivir para Dios. **20**He sido crucificado con Cristo, y ya no vivo yo sino que Cristo vive en mí. Lo que ahora vivo en el cuerpo, lo vivo por la fe en el Hijo de Dios, quien me amó y dio su vida por mí. **21**No desecho la gracia de Dios. Si la justicia se obtuviera mediante la ley, Cristo habría muerto en vano.»*i*

La fe o la observancia de la ley

3 ¡Gálatas torpes! ¿Quién los ha hechizado a ustedes, ante quienes Jesucristo crucificado ha sido presentado tan claramente? **2**Sólo quiero que me respondan a esto: ¿Recibieron el Espíritu por las obras que demanda la ley, o por la fe con que aceptaron el mensaje? **3**¿Tan torpes son? Después de haber comenzado con el Espíritu, ¿pretenden ahora perfeccionarse con esfuerzos *humanos?*j* **4**¿Tanto sufrir, para nada?*k* ¡Si es que de veras fue para nada! **5**Al darles Dios su Espíritu y hacer milagros entre ustedes, ¿lo hace por las obras que demanda la ley o por la fe con que han aceptado el mensaje? **6**Así fue con Abraham: «Le creyó a Dios, y esto se le tomó en cuenta como justicia.»*l*

7Por lo tanto, sepan que los descendientes de Abraham son aquellos que vi-

---

*d***2:7** *el evangelio ... judíos.* Lit. *el evangelio de la incircuncisión, como a Pedro el de la *circuncisión.* *e***2:8** *los judíos.* Lit. *la circuncisión;* también en v. 9. *f***2:12** *los partidarios de la circuncisión.* Alt. *los judíos.* *g***2:17** *por.* Lit. *en.* *h***2:18** *Si uno vuelve ... se hace.* Lit. *Si vuelvo ... me hago.* *i***2:21** Algunos intérpretes consideran que la cita termina al final del v. 14. *j***3:3** *¿pretenden ... humanos?* Lit. *¿se perfeccionan ahora con la *carne?* *k***3:4** *¿Tanto sufrir, para nada?* Alt. *¿Han tenido tan grandes experiencias en vano?* *l***3:6** Gn 15:6

ven por la fe. **8**En efecto, la Escritura, habiendo previsto que Dios *justificaría por la fe a las *naciones, anunció de antemano el *evangelio a Abraham: «Por medio de ti serán bendecidas todas las naciones.»*m* **9**Así que los que viven por la fe son bendecidos junto con Abraham, el hombre de fe.

10Todos los que viven por las obras que demanda la ley están bajo maldición, porque está escrito: «Maldito sea quien no practique fielmente todo lo que está escrito en el libro de la ley.»*n* **11**Ahora bien, es evidente que por la ley nadie es justificado delante de Dios, porque «el justo vivirá por la fe».*ñ* **12**La ley no se basa en la fe; por el contrario, «quien practique estas cosas vivirá por ellas».*o* **13**Cristo nos rescató de la maldición de la ley al hacerse maldición por nosotros, pues está escrito: «Maldito todo el que es colgado de un madero.»*p* **14**Así sucedió, para que, por medio de Cristo Jesús, la bendición prometida a Abraham llegara a las naciones, y para que por la fe recibiéramos el Espíritu según la promesa.

La ley y la promesa

15Hermanos, voy a ponerles un ejemplo: aun en el caso de un pacto*q* *humano, nadie puede anularlo ni añadirle nada una vez que ha sido ratificado. **16**Ahora bien, las promesas se le hicieron a Abraham y a su descendencia. La Escritura no dice: «y a los descendientes», como refiriéndose a muchos, sino: «y a tu descendencia»,*r* dando a entender uno solo, que es Cristo. **17**Lo que quiero decir es esto: La ley, que vino cuatrocientos treinta años después, no anula el pacto que Dios había ratificado previamente; de haber sido así, quedaría sin efecto la promesa. **18**Si la herencia se basa en la ley, ya no se basa en la promesa; pero Dios se la concedió gratuitamente a Abraham mediante una promesa.

19Entonces, ¿cuál era el propósito de la ley? Fue añadida por causa de*s* las transgresiones hasta que viniera la descendencia a la cual se hizo la promesa. La ley se promulgó por medio de ángeles, por conducto de un mediador. **20**Ahora bien, no hace falta mediador si hay una sola parte, y sin embargo Dios es uno solo.

21Si esto es así, ¿estará la ley en contra de las promesas de Dios? ¡De ninguna manera! Si se hubiera promulgado una ley capaz de dar vida, entonces sí que la justicia se basaría en la ley. **22**Pero la Escritura declara que todo el mundo es prisionero del pecado,*t* para que mediante la *fe en Jesucristo lo prometido se les conceda a los que creen.

23Antes de venir esta fe, la ley nos tenía presos, encerrados hasta que la fe se revelara. **24**Así que la ley vino a ser nuestro guía encargado de conducirnos a Cristo,*u* para que fuéramos *justificados por la fe. **25**Pero ahora que ha llegado la fe, ya no estamos sujetos al guía.

Hijos de Dios

26Todos ustedes son hijos de Dios mediante la *fe en Cristo Jesús, **27**porque todos los que han sido bautizados en Cristo se han revestido de Cristo. **28**Ya no hay judío ni *griego, esclavo ni libre, hombre ni mujer, sino que todos ustedes son uno solo en Cristo Jesús. **29**Y si ustedes pertenecen a Cristo, son la descendencia de Abraham y herederos según la promesa.

4 En otras palabras, mientras el heredero es menor de edad, en nada se diferencia de un *esclavo, a pesar de ser dueño de todo. **2**Al contrario, está bajo el cuidado de tutores y administradores hasta la fecha fijada por su padre. **3**Así también nosotros, cuando éramos menores, estábamos esclavizados por los *principios*v* de este mundo. **4**Pero cuando se cumplió el plazo,*w* Dios envió a su Hijo, nacido de una mujer, nacido bajo la ley, **5**para rescatar a los que estaban bajo la ley, a fin de que fuéramos adoptados como hijos. **6**Ustedes ya son hijos. Dios ha enviado a

---

*m***3:8** Gn 12:3; 18:18; 22:18   *n***3:10** Dt 27:26   *ñ***3:11** Hab 2:4   *o***3:12** Lv 18:5   *p***3:13** Dt 21:23   *q***3:15** *pacto.* Alt. *testamento.*   *r***3:16** Gn 12:7; 13:15; 24:7   *s***3:19** *por causa de.* Alt. *para manifestar,* o *para aumentar.*   *t***3:22** *declara ... pecado.* Lit. *lo ha encerrado todo bajo pecado.*   *u***3:24** *la ley ... Cristo.* Alt. *la ley fue nuestro guía hasta que vino Cristo.*   *v***4:3** *los principios.* Alt. *los poderes espirituales,* o *las normas;* también en v. 9.   *w***4:4** *se cumplió el plazo.* Lit. *vino la plenitud del tiempo.*

nuestros corazones el Espíritu de su Hijo, que clama: «¡*Abba*! ¡Padre!» [7] Así que ya no eres esclavo sino hijo; y como eres hijo, Dios te ha hecho también heredero.

Preocupación de Pablo por los gálatas

[8] Antes, cuando ustedes no conocían a Dios, eran esclavos de los que en realidad no son dioses. [9] Pero ahora que conocen a Dios —o más bien que Dios los conoce a ustedes—, ¿cómo es que quieren regresar a esos *principios ineficaces y sin valor? ¿Quieren volver a ser esclavos de ellos? [10] ¡Ustedes siguen guardando los días de fiesta, meses, estaciones y años! [11] Temo por ustedes, que tal vez me haya estado esforzando en vano.

[12] Hermanos, yo me he identificado con ustedes. Les suplico que ahora se identifiquen conmigo. No es que me hayan ofendido en algo. [13] Como bien saben, la primera vez que les prediqué el *evangelio fue debido a una enfermedad, [14] y aunque ésta fue una *prueba para ustedes, no me trataron con desprecio ni desdén. Al contrario, me recibieron como a un ángel de Dios, como si se tratara de Cristo Jesús. [15] Pues bien, ¿qué pasó con todo ese entusiasmo? Me consta que, de haberles sido posible, se habrían sacado los ojos para dármelos. [16] ¡Y ahora resulta que por decirles la verdad me he vuelto su enemigo!

[17] Esos que muestran mucho interés por ganárselos a ustedes no abrigan buenas intenciones. Lo que quieren es alejarlos de nosotros para que ustedes se entreguen a ellos. [18] Está bien mostrar interés, con tal de que ese interés sea bien intencionado y constante, y que no se manifieste sólo cuando yo estoy con ustedes. [19] Queridos hijos, por quienes vuelvo a sufrir dolores de parto hasta que Cristo sea formado en ustedes, [20] ¡cómo quisiera estar ahora con ustedes y hablarles de otra manera, porque lo que están haciendo me tiene perplejo!

Agar y Sara

[21] Díganme ustedes, los que quieren estar bajo la ley: ¿por qué no le prestan atención a lo que la ley misma dice? [22] ¿Acaso no está escrito que Abraham tuvo dos hijos, uno de la esclava y otro de la libre? [23] El de la esclava nació por decisión *humana, pero el de la libre nació en cumplimiento de una promesa.

[24] Ese relato puede interpretarse en sentido figurado: estas mujeres representan dos pactos. Uno, que es Agar, procede del monte Sinaí y tiene hijos que nacen para ser esclavos. [25] Agar representa el monte Sinaí en Arabia, y corresponde a la actual ciudad de Jerusalén, porque junto con sus hijos vive en esclavitud. [26] Pero la Jerusalén celestial es libre, y ésa es nuestra madre. [27] Porque está escrito:

> «Tú, mujer estéril que nunca has
> dado a luz,
> ¡grita de alegría!
> Tú, que nunca tuviste dolores de
> parto,
> ¡prorrumpe en gritos de júbilo!
> Porque más hijos que la casada
> tendrá la desamparada.»[x]

[28] Ustedes, hermanos, al igual que Isaac, son hijos por la promesa. [29] Y así como en aquel tiempo el hijo nacido por decisión humana persiguió al hijo nacido por el Espíritu, así también sucede ahora. [30] Pero, ¿qué dice la Escritura? «¡Echa de aquí a la esclava y a su hijo! El hijo de la esclava jamás tendrá parte en la herencia con el hijo de la libre.»[y] [31] Así que, hermanos, no somos hijos de la esclava sino de la libre.

Libertad en Cristo

5 Cristo nos libertó para que vivamos en libertad. Por lo tanto, manténganse firmes[z] y no se sometan nuevamente al yugo de esclavitud.

[2] Escuchen bien: yo, Pablo, les digo que si se hacen circuncidar, Cristo no les ser-

---

[x] **4:27** Is 54:1   [y] **4:30** Gn 21:10   [z] **5:1** *Cristo ... firmes.* Var. *Por lo tanto, manténganse firmes en la libertad con que Cristo nos libertó.*

virá de nada. [3]De nuevo declaro que todo el que se hace circuncidar está obligado a practicar toda la ley. [4]Aquellos de entre ustedes que tratan de ser *justificados por la ley, han roto con Cristo; han caído de la gracia. [5]Nosotros, en cambio, por obra del Espíritu y mediante la fe, aguardamos con ansias la justicia que es nuestra esperanza. [6]En Cristo Jesús de nada vale estar o no estar circuncidados; lo que vale es la fe que actúa mediante el amor.

[7]Ustedes estaban corriendo bien. ¿Quién los estorbó para que dejaran de obedecer a la verdad? [8]Tal instigación no puede venir de Dios, que es quien los ha llamado.

[9]«Un poco de levadura fermenta toda la masa.» [10]Yo por mi parte confío en el Señor que ustedes no pensarán de otra manera. El que los está perturbando será castigado, sea quien sea. [11]Hermanos, si es verdad que yo todavía predico la circuncisión, ¿por qué se me sigue persiguiendo? Si tal fuera mi predicación, la cruz no *ofendería tanto. [12]¡Ojalá que esos instigadores acabaran por mutilarse del todo!

[13]Les hablo así, hermanos, porque ustedes han sido llamados a ser libres; pero no se valgan de esa libertad para dar rienda suelta a sus *pasiones. Más bien sírvanse unos a otros con amor. [14]En efecto, toda la ley se resume en un solo mandamiento: «Ama a tu prójimo como a ti mismo.»[a] [15]Pero si siguen mordiéndose y devorándose, tengan cuidado, no sea que acaben por destruirse unos a otros.

La vida por el Espíritu

[16]Así que les digo: Vivan por el Espíritu, y no seguirán los deseos de la *naturaleza pecaminosa. [17]Porque ésta desea lo que es contrario al Espíritu, y el Espíritu desea lo que es contrario a ella. Los dos se oponen entre sí, de modo que ustedes no pueden hacer lo que quieren. [18]Pero si los guía el Espíritu, no están bajo la ley.

[19]Las obras de la naturaleza pecaminosa se conocen bien: inmoralidad sexual, impureza y libertinaje; [20]idolatría y brujería; odio, discordia, celos, arrebatos de ira,

rivalidades, disensiones, sectarismos [21]y envidia; borracheras, orgías, y otras cosas parecidas. Les advierto ahora, como antes lo hice, que los que practican tales cosas no heredarán el reino de Dios.

[22]En cambio, el fruto del Espíritu es amor, alegría, paz, paciencia, amabilidad, bondad, *fidelidad, [23]humildad y dominio propio. No hay ley que condene estas cosas. [24]Los que son de Cristo Jesús han crucificado la naturaleza pecaminosa, con sus pasiones y deseos. [25]Si el Espíritu nos da vida, andemos guiados por el Espíritu. [26]No dejemos que la vanidad nos lleve a irritarnos y a envidiarnos unos a otros.

La ayuda mutua

6 Hermanos, si alguien es sorprendido en pecado, ustedes que son espirituales deben restaurarlo con una actitud humilde. Pero cuídese cada uno, porque también puede ser *tentado. [2]Ayúdense unos a otros a llevar sus cargas, y así cumplirán la ley de Cristo. [3]Si alguien cree ser algo, cuando en realidad no es nada, se engaña a sí mismo. [4]Cada cual examine su propia conducta; y si tiene algo de qué presumir, que no se compare con nadie. [5]Que cada uno cargue con su propia responsabilidad.

[6]El que recibe instrucción en la palabra de Dios, comparta todo lo bueno con quien le enseña.

[7]No se engañen: de Dios nadie se burla. Cada uno cosecha lo que siembra. [8]El que siembra para agradar a su *naturaleza pecaminosa, de esa misma naturaleza cosechará destrucción; el que siembra para agradar al Espíritu, del Espíritu cosechará vida eterna. [9]No nos cansemos de hacer el bien, porque a su debido tiempo cosecharemos si no nos damos por vencidos. [10]Por lo tanto, siempre que tengamos la oportunidad, hagamos bien a todos, y en especial a los de la familia de la fe.

No la circuncisión, sino una nueva creación

[11]Miren que les escribo de mi puño y letra, ¡y con letras bien grandes!

[a]5:14 Lv 19:18

¹²Los que tratan de obligarlos a ustedes a circuncidarse lo hacen únicamente para dar una buena impresión y evitar ser perseguidos por causa de la cruz de Cristo. ¹³Ni siquiera esos que están circuncidados obedecen la ley; lo que pasa es que quieren obligarlos a circuncidarse para luego *jactarse de la señal que ustedes llevarían en el cuerpo.*ᵇ* ¹⁴En cuanto a mí, jamás se me ocurra jactarme de otra cosa sino de la cruz de nuestro Señor Jesucristo, por quien*ᶜ* el mundo ha sido crucificado para

mí, y yo para el mundo. ¹⁵Para nada cuenta estar o no estar circuncidados; lo que importa es ser parte de una nueva creación. ¹⁶Paz y misericordia desciendan sobre todos los que siguen esta norma, y sobre el Israel de Dios.

¹⁷Por lo demás, que nadie me cause más problemas, porque yo llevo en el cuerpo las cicatrices de Jesús.

¹⁸Hermanos, que la gracia de nuestro Señor Jesucristo sea con el espíritu de cada uno de ustedes. Amén.

ᵇ 6:13 *jactarse ... cuerpo.* Lit. *jactarse en la* *carne.*   *ᶜ* 6:14 *por quien.* Alt. *por la cual.*

Carta a los Efesios

1 Pablo, apóstol de *Cristo Jesús por la voluntad de Dios,

a los *santos y fieles[a] en Cristo Jesús que están en Éfeso:[b]

²Que Dios nuestro Padre y el Señor Jesucristo les concedan gracia y paz.

Bendiciones espirituales en Cristo

³Alabado sea Dios, Padre de nuestro Señor Jesucristo, que nos ha bendecido en las regiones celestiales con toda bendición espiritual en Cristo. ⁴Dios nos escogió en él antes de la creación del mundo, para que seamos santos y sin mancha delante de él. En amor ⁵nos predestinó para ser adoptados como hijos suyos por medio de Jesucristo, según el buen propósito de su voluntad, ⁶para alabanza de su gloriosa gracia, que nos concedió en su Amado. ⁷En él tenemos la redención mediante su sangre, el perdón de nuestros pecados, conforme a las riquezas de la gracia ⁸que Dios nos dio en abundancia con toda sabiduría y entendimiento. ⁹Él nos hizo conocer el *misterio de su voluntad conforme al buen propósito que de antemano estableció en Cristo, ¹⁰para llevarlo a cabo cuando se cumpliera el tiempo: reunir en él todas las cosas, tanto las del cielo como las de la tierra.

¹¹En Cristo también fuimos hechos herederos,[c] pues fuimos predestinados según el plan de aquel que hace todas las cosas conforme al designio de su voluntad, ¹²a fin de que nosotros, que ya hemos puesto nuestra esperanza en Cristo, seamos para alabanza de su gloria. ¹³En él también ustedes, cuando oyeron el mensaje de la verdad, el *evangelio que les trajo la salvación, y lo creyeron, fueron marcados con el sello que es el Espíritu Santo prometido. ¹⁴Éste garantiza nuestra herencia hasta que llegue la redención final del pueblo adquirido por Dios,[d] para alabanza de su gloria.

Acción de gracias e intercesión

¹⁵Por eso yo, por mi parte, desde que me enteré de la fe que tienen en el Señor Jesús y del amor que demuestran por todos los *santos, ¹⁶no he dejado de dar gracias por ustedes al recordarlos en mis oraciones. ¹⁷Pido que el Dios de nuestro Señor Jesucristo, el Padre glorioso, les dé el Espíritu de sabiduría y de revelación, para que lo conozcan mejor. ¹⁸Pido también que les sean iluminados los ojos del corazón para que sepan a qué esperanza él los ha llamado, cuál es la riqueza de su gloriosa herencia entre los santos, ¹⁹y cuán incomparable es la grandeza de su poder a favor de los que creemos. Ese poder es la fuerza grandiosa y eficaz ²⁰que Dios ejerció en Cristo cuando lo resucitó de entre los muertos y lo sentó a su *derecha en las regiones celestiales, ²¹muy por encima de todo gobierno y autoridad, poder y dominio, y de cualquier otro nombre que se invoque, no sólo en este mundo sino también en el venidero. ²²Dios sometió todas las cosas al dominio de Cristo,[e] y lo dio como cabeza de todo a la iglesia. ²³Ésta, que es su cuerpo, es la plenitud de aquel que lo llena todo por completo.

La vida en Cristo

2 En otro tiempo ustedes estaban muertos en sus transgresiones y pecados, ²en los cuales andaban conforme a los poderes de este mundo. Se conducían se-

---

[a] **1:1** *fieles.* Alt. *creyentes.* [b] **1:1** *los santos ... Éfeso.* Var. *los santos que también son fieles en Cristo Jesús* (es decir, sin indicación de lugar). [c] **1:11** *fuimos hechos herederos.* Alt. *fuimos escogidos.* [d] **1:14** *hasta ... Dios.* Alt. *hasta que lleguemos a adquirirla.* [e] **1:22** *Dios ... Cristo.* Lit. *Dios sujetó todas las cosas debajo de sus pies.*

gún el que gobierna las tinieblas, según el espíritu que ahora ejerce su poder en los que viven en la desobediencia. **3**En ese tiempo también todos nosotros vivíamos como ellos, impulsados por nuestros deseos pecaminosos, siguiendo nuestra propia voluntad y nuestros propósitos.*f* Como los demás, éramos por naturaleza objeto de la ira de Dios. **4**Pero Dios, que es rico en misericordia, por su gran amor por nosotros, **5**nos dio vida con Cristo, aun cuando estábamos muertos en pecados. ¡Por gracia ustedes han sido salvados! **6**Y en unión con Cristo Jesús, Dios nos resucitó y nos hizo sentar con él en las regiones celestiales, **7**para mostrar en los tiempos venideros la incomparable riqueza de su gracia, que por su bondad derramó sobre nosotros en Cristo Jesús. **8**Porque por gracia ustedes han sido salvados mediante la fe; esto no procede de ustedes, sino que es el regalo de Dios, **9**no por obras, para que nadie se *jacte. **10**Porque somos hechura de Dios, creados en Cristo Jesús para buenas obras, las cuales Dios dispuso de antemano a fin de que las pongamos en práctica.

Unidad en Cristo

11Por lo tanto, recuerden ustedes los *gentiles de nacimiento —los que son llamados «incircuncisos» por aquellos que se llaman «de la *circuncisión», la cual se hace en el cuerpo por mano humana—, **12**recuerden que en ese entonces ustedes estaban separados de Cristo, excluidos de la ciudadanía de Israel y ajenos a los pactos de la promesa, sin esperanza y sin Dios en el mundo. **13**Pero ahora en Cristo Jesús, a ustedes que antes estaban lejos, Dios los ha acercado mediante la sangre de Cristo.

14Porque Cristo es nuestra paz: de los dos pueblos ha hecho uno solo, derribando mediante su sacrificio*g* el muro de enemistad que nos separaba, **15**pues anuló la ley con sus mandamientos y requisitos. Esto lo hizo para crear en sí mismo de los dos pueblos una nueva *humanidad al hacer la paz, **16**para reconciliar con Dios a ambos en un solo cuerpo mediante la cruz, por la que dio muerte a la enemistad. **17**Él vino y proclamó paz a ustedes que estaban lejos y paz a los que estaban cerca. **18**Pues por medio de él tenemos acceso al Padre por un mismo Espíritu.

19Por lo tanto, ustedes ya no son extraños ni extranjeros, sino conciudadanos de los *santos y miembros de la familia de Dios, **20**edificados sobre el fundamento de los apóstoles y los profetas, siendo Cristo Jesús mismo la piedra angular. **21**En él todo el edificio, bien armado, se va levantando para llegar a ser un templo santo en el Señor. **22**En él también ustedes son edificados juntamente para ser morada de Dios por su Espíritu.

Pablo y el misterio de Cristo

3 Por esta razón yo, Pablo, prisionero de Cristo Jesús por el bien de ustedes los *gentiles, me arrodillo en oración.*h* **2**Sin duda se han enterado del plan de la gracia de Dios que él me encomendó para ustedes, **3**es decir, el *misterio que me dio a conocer por revelación, como ya les escribí brevemente. **4**Al leer esto, podrán darse cuenta de que comprendo el misterio de Cristo. **5**Ese misterio, que en otras generaciones no se les dio a conocer a los *seres humanos, ahora se les ha revelado por el Espíritu a los santos apóstoles y profetas de Dios; **6**es decir, que los gentiles son, junto con Israel, beneficiarios de la misma herencia, miembros de un mismo cuerpo y participantes igualmente de la promesa en Cristo Jesús mediante el *evangelio.

7De este evangelio llegué a ser servidor como regalo que Dios, por su gracia, me dio conforme a su poder eficaz. **8**Aunque soy el más insignificante de todos los *santos, recibí esta gracia de predicar a las *naciones las incalculables riquezas de Cristo, **9**y de hacer entender a todos la realización del plan de Dios, el misterio que desde los tiempos eternos se mantuvo oculto en Dios, creador de todas las cosas.

f **2:3** *impulsados ... propósitos.* Lit. *en los deseos de nuestra *carne, haciendo la voluntad de la carne y los pensamientos.* *g* **2:14** *mediante su sacrificio.* Lit. *en su carne.* *h* **3:1** En el griego este versículo termina con la palabra *gentiles,* y el tema se reinicia en el v. 14.

10El fin de todo esto es que la sabiduría de Dios, en toda su diversidad, se dé a conocer ahora, por medio de la iglesia, a los poderes y autoridades en las regiones celestiales, **11**conforme a su eterno propósito realizado en Cristo Jesús nuestro Señor. **12**En él, mediante la fe, disfrutamos de libertad y confianza para acercarnos a Dios. **13**Así que les pido que no se desanimen a causa de lo que sufro por ustedes, ya que estos sufrimientos míos son para ustedes un honor.

Oración por los efesios

14Por esta razón me arrodillo delante del Padre, **15**de quien recibe nombre toda familia*i* en el cielo y en la tierra. **16**Le pido que, por medio del Espíritu y con el poder que procede de sus gloriosas riquezas, los fortalezca a ustedes en lo íntimo de su ser, **17**para que por fe Cristo habite en sus corazones. Y pido que, arraigados y cimentados en amor, **18**puedan comprender, junto con todos los *santos, cuán ancho y largo, alto y profundo es el amor de Cristo; **19**en fin, que conozcan ese amor que sobrepasa nuestro conocimiento, para que sean llenos de la plenitud de Dios.

20Al que puede hacer muchísimo más que todo lo que podamos imaginarnos o pedir, por el poder que obra eficazmente en nosotros, **21**¡a él sea la gloria en la iglesia y en Cristo Jesús por todas las generaciones, por los siglos de los siglos! Amén.

Unidad en el cuerpo de Cristo

4 Por eso yo, que estoy preso por la causa del Señor, les ruego que vivan de una manera digna del llamamiento que han recibido, **2**siempre humildes y amables, pacientes, tolerantes unos con otros en amor. **3**Esfuércense por mantener la unidad del Espíritu mediante el vínculo de la paz. **4**Hay un solo cuerpo y un solo Espíritu, así como también fueron llamados a una sola esperanza; **5**un solo Señor, una sola fe, un solo bautismo; **6**un solo Dios y Padre de todos, que está sobre todos y por medio de todos y en todos.

7Pero a cada uno de nosotros se nos ha dado gracia en la medida en que Cristo ha repartido los dones. **8**Por esto dice:

«Cuando ascendió a lo alto,
se llevó consigo a los cautivos
y dio dones a los hombres.»*j*

9(¿Qué quiere decir eso de que «ascendió», sino que también descendió a las partes bajas, o sea, a la tierra?*k* **10**El que descendió es el mismo que ascendió por encima de todos los cielos, para llenarlo todo.) **11**Él mismo constituyó a unos, apóstoles; a otros, profetas; a otros, evangelistas; y a otros, pastores y maestros, **12**a fin de capacitar al *pueblo de Dios para la obra de servicio, para edificar el cuerpo de Cristo. **13**De este modo, todos llegaremos a la unidad de la fe y del conocimiento del Hijo de Dios, a una *humanidad *perfecta que se conforme a la plena estatura de Cristo.

14Así ya no seremos niños, zarandeados por las olas y llevados de aquí para allá por todo viento de enseñanza y por la astucia y los artificios de quienes emplean artimañas engañosas. **15**Más bien, al vivir la verdad con amor, creceremos hasta ser en todo como aquel que es la cabeza, es decir, Cristo. **16**Por su acción todo el cuerpo crece y se edifica en amor, sostenido y ajustado por todos los ligamentos, según la actividad propia de cada miembro.

Vivan como hijos de luz

17Así que les digo esto y les insisto en el Señor: no vivan más con pensamientos frívolos como los *paganos. **18**A causa de la ignorancia que los domina y por la dureza de su corazón, éstos tienen oscurecido el entendimiento y están alejados de la vida que proviene de Dios. **19**Han perdido toda vergüenza, se han entregado a la inmoralidad, y no se sacian de cometer toda clase de actos indecentes.

20No fue ésta la enseñanza que ustedes recibieron acerca de Cristo, **21**si de veras

---

i **3:15** *familia.* Alt. *paternidad.*　　*j* **4:8** Sal 68:18　　*k* **4:9** *las partes bajas, o sea, a la tierra?* Alt. *las partes bajas de la tierra?*

se les habló y enseñó de Jesús según la verdad que está en él. **22**Con respecto a la vida que antes llevaban, se les enseñó que debían quitarse el ropaje de la vieja naturaleza, la cual está corrompida por los deseos engañosos; **23**ser renovados en la actitud de su mente; **24**y ponerse el ropaje de la nueva naturaleza, creada a imagen de Dios, en verdadera justicia y *santidad.

25Por lo tanto, dejando la mentira, hable cada uno a su prójimo con la verdad, porque todos somos miembros de un mismo cuerpo. **26**«Si se enojan, no pequen.»*l* No dejen que el sol se ponga estando aún enojados, **27**ni den cabida al diablo. **28**El que robaba, que no robe más, sino que trabaje honradamente con las manos para tener qué compartir con los necesitados.

29Eviten toda conversación obscena. Por el contrario, que sus palabras contribuyan a la necesaria edificación y sean de bendición para quienes escuchan. **30**No agravien al Espíritu Santo de Dios, con el cual fueron sellados para el día de la redención. **31**Abandonen toda amargura, ira y enojo, gritos y calumnias, y toda forma de malicia. **32**Más bien, sean bondadosos y compasivos unos con otros, y perdónense mutuamente, así como Dios los perdonó a ustedes en Cristo.

5 Por tanto, imiten a Dios, como hijos muy amados, **2**y lleven una vida de amor, así como Cristo nos amó y se entregó por nosotros como ofrenda y sacrificio fragante para Dios.

3Entre ustedes ni siquiera debe mencionarse la inmoralidad sexual, ni ninguna clase de impureza o de avaricia, porque eso no es propio del *pueblo santo de Dios. **4**Tampoco debe haber palabras indecentes, conversaciones necias ni chistes groseros, todo lo cual está fuera de lugar; haya más bien acción de gracias. **5**Porque pueden estar seguros de que nadie que sea avaro (es decir, idólatra), inmoral o impuro tendrá herencia en el reino de Cristo y de Dios.*m* **6**Que nadie los engañe con argumentaciones vanas, porque por esto viene el castigo de Dios sobre los que

viven en la desobediencia. **7**Así que no se hagan cómplices de ellos.

8Porque ustedes antes eran oscuridad, pero ahora son luz en el Señor. Vivan como hijos de luz **9**(el fruto de la luz consiste en toda bondad, justicia y verdad) **10**y comprueben lo que agrada al Señor. **11**No tengan nada que ver con las obras infructuosas de la oscuridad, sino más bien denúncienlas, **12**porque da vergüenza aun mencionar lo que los desobedientes hacen en secreto. **13**Pero todo lo que la luz pone al descubierto se hace visible, **14**porque la luz es lo que hace que todo sea visible. Por eso se dice:

«Despiértate, tú que duermes,
 *levántate de entre los muertos,
 y te alumbrará Cristo.»

15Así que tengan cuidado de su manera de vivir. No vivan como necios sino como sabios, **16**aprovechando al máximo cada momento oportuno, porque los días son malos. **17**Por tanto, no sean insensatos, sino entiendan cuál es la voluntad del Señor. **18**No se emborrachen con vino, que lleva al desenfreno. Al contrario, sean llenos del Espíritu. **19**Anímense unos a otros con salmos, himnos y canciones espirituales. Canten y alaben al Señor con el corazón, **20**dando siempre gracias a Dios el Padre por todo, en el nombre de nuestro Señor Jesucristo.

Deberes conyugales

21Sométanse unos a otros, por reverencia a Cristo. **22**Esposas, sométanse a sus propios esposos como al Señor. **23**Porque el esposo es cabeza de su esposa, así como Cristo es cabeza y salvador de la iglesia, la cual es su cuerpo. **24**Así como la iglesia se somete a Cristo, también las esposas deben someterse a sus esposos en todo.

25Esposos, amen a sus esposas, así como Cristo amó a la iglesia y se entregó por ella **26**para hacerla santa. Él la purificó, lavándola con agua mediante la palabra, **27**para presentársela a sí mismo como una iglesia radiante, sin mancha ni arruga

---

*l***4:26** Sal 4:4   *m***5:5** *de Cristo y de Dios.* Alt. *de Cristo, que es Dios.*

ni ninguna otra imperfección, sino santa e intachable. [28]Así mismo el esposo debe amar a su esposa como a su propio cuerpo. El que ama a su esposa se ama a sí mismo, [29]pues nadie ha odiado jamás a su propio cuerpo; al contrario, lo alimenta y lo cuida, así como Cristo hace con la iglesia, [30]porque somos miembros de su cuerpo. [31]«Por eso dejará el hombre a su padre y a su madre, y se unirá a su esposa, y los dos llegarán a ser un solo cuerpo.»[n] [32]Esto es un *misterio profundo; yo me refiero a Cristo y a la iglesia. [33]En todo caso, cada uno de ustedes ame también a su esposa como a sí mismo, y que la esposa respete a su esposo.

Deberes filiales

6 Hijos, obedezcan en el Señor a sus padres, porque esto es justo. [2]«Honra a tu padre y a tu madre —que es el primer mandamiento con promesa— [3]para que te vaya bien y disfrutes de una larga vida en la tierra.»[ñ]

[4]Y ustedes, padres, no hagan enojar a sus hijos, sino críenlos según la disciplina e instrucción del Señor.

Deberes de los esclavos y de sus amos

[5]*Esclavos, obedezcan a sus amos terrenales con respeto y temor, y con integridad de corazón, como a Cristo. [6]No lo hagan sólo cuando los estén mirando, como los que quieren ganarse el favor *humano, sino como esclavos de Cristo, haciendo de todo corazón la voluntad de Dios. [7]Sirvan de buena gana, como quien sirve al Señor y no a los hombres, [8]sabiendo que el Señor recompensará a cada uno por el bien que haya hecho, sea esclavo o sea libre.

[9]Y ustedes, amos, correspondan a esta actitud de sus esclavos, dejando de amenazarlos. Recuerden que tanto ellos como ustedes tienen un mismo Amo[o] en el cielo, y que con él no hay favoritismos.

La armadura de Dios

[10]Por último, fortalézcanse con el gran poder del Señor. [11]Pónganse toda la armadura de Dios para que puedan hacer frente a las artimañas del diablo. [12]Porque nuestra lucha no es contra *seres humanos, sino contra poderes, contra autoridades, contra potestades que dominan este mundo de tinieblas, contra fuerzas espirituales malignas en las regiones celestiales. [13]Por lo tanto, pónganse toda la armadura de Dios, para que cuando llegue el día malo puedan resistir hasta el fin con firmeza. [14]Manténganse firmes, ceñidos con el cinturón de la verdad, protegidos por la coraza de justicia, [15]y calzados con la disposición de proclamar el *evangelio de la paz. [16]Además de todo esto, tomen el escudo de la fe, con el cual pueden apagar todas las flechas encendidas del maligno. [17]Tomen el casco de la salvación y la espada del Espíritu, que es la palabra de Dios.

[18]Oren en el Espíritu en todo momento, con peticiones y ruegos. Manténganse alerta y perseveren en oración por todos los *santos.

[19]Oren también por mí para que, cuando hable, Dios me dé las palabras para dar a conocer con valor el *misterio del evangelio, [20]por el cual soy embajador en cadenas. Oren para que lo proclame valerosamente, como debo hacerlo.

Saludos finales

[21]Nuestro querido hermano Tíquico, fiel servidor en el Señor, les contará todo, para que también ustedes sepan cómo me va y qué estoy haciendo. [22]Lo envío a ustedes precisamente para que sepan cómo estamos y para que cobren ánimo.

[23]Que Dios el Padre y el Señor Jesucristo les concedan paz, amor y fe a los hermanos. [24]La gracia sea con todos los que aman a nuestro Señor Jesucristo con amor imperecedero.

---

[n] **5:31** Gn 2:24   [ñ] **6:3** Éx 20:12; Dt 5:16   [o] **6:9** *Amo.* Lit. *Señor.*

Carta a los Filipenses

1 Pablo y Timoteo, *siervos de *Cristo Jesús,

a todos los *santos en Cristo Jesús que están en Filipos, junto con los *obispos y diáconos:

2 Que Dios nuestro Padre y el Señor Jesucristo les concedan gracia y paz.

Acción de gracias e intercesión

3 Doy gracias a mi Dios cada vez que me acuerdo de ustedes. 4 En todas mis oraciones por todos ustedes, siempre oro con alegría, 5 porque han participado en el *evangelio desde el primer día hasta ahora. 6 Estoy convencido de esto: el que comenzó tan buena obra en ustedes la irá *perfeccionando hasta el día de Cristo Jesús. 7 Es justo que yo piense así de todos ustedes porque los llevo[a] en el corazón; pues, ya sea que me encuentre preso o defendiendo y confirmando el evangelio, todos ustedes participan conmigo de la gracia que Dios me ha dado. 8 Dios es testigo de cuánto los quiero a todos con el entrañable amor de Cristo Jesús.

9 Esto es lo que pido en oración: que el amor de ustedes abunde cada vez más en conocimiento y en buen juicio, 10 para que disciernan lo que es mejor, y sean puros e irreprochables para el día de Cristo, 11 llenos del fruto de justicia que se produce por medio de Jesucristo, para gloria y alabanza de Dios.

El vivir es Cristo

12 Hermanos, quiero que sepan que, en realidad, lo que me ha pasado ha contribuido al avance del *evangelio. 13 Es más, se ha hecho evidente a toda la guardia del palacio[b] y a todos los demás que estoy encadenado por causa de Cristo. 14 Gracias a mis cadenas, ahora más que nunca la mayoría de los hermanos, confiados en el Señor, se han atrevido a anunciar sin temor la palabra de Dios.

15 Es cierto que algunos predican a Cristo por envidia y rivalidad, pero otros lo hacen con buenas intenciones. 16 Estos últimos lo hacen por amor, pues saben que he sido puesto para la defensa del evangelio. 17 Aquéllos predican a Cristo por ambición personal y no por motivos puros, creyendo que así van a aumentar las angustias que sufro en mi prisión.[c]

18 ¿Qué importa? Al fin y al cabo, y sea como sea, con motivos falsos o con sinceridad, se predica a Cristo. Por eso me alegro; es más, seguiré alegrándome 19 porque sé que, gracias a las oraciones de ustedes y a la ayuda que me da el Espíritu de Jesucristo, todo esto resultará en mi liberación.[d] 20 Mi ardiente anhelo y esperanza es que en nada seré avergonzado, sino que con toda libertad, ya sea que yo viva o muera, ahora como siempre, Cristo será exaltado en mi cuerpo. 21 Porque para mí el vivir es Cristo y el morir es ganancia. 22 Ahora bien, si seguir viviendo en este mundo[e] representa para mí un trabajo fructífero, ¿qué escogeré? ¡No lo sé! 23 Me siento presionado por dos posibilidades: deseo partir y estar con Cristo, que es muchísimo mejor, 24 pero por el bien de ustedes es preferible que yo permanezca en este mundo. 25 Convencido de esto, sé que permaneceré y continuaré con todos ustedes para contribuir a su jubiloso avance en la fe. 26 Así, cuando yo vuelva, su *satisfacción en Cristo Jesús abundará por causa mía.

27 Pase lo que pase, compórtense de una manera digna del evangelio de Cristo.

---

[a] 1:7 los llevo. Alt. me llevan.   [b] 1:13 a toda la guardia del palacio. Alt. en todo el palacio.   [c] 1:16-17 Var. invierte el orden de vv. 16 y 17.   [d] 1:19 liberación. Alt. salvación.   [e] 1:22 este mundo. Lit. la *carne; también en v. 24.

De este modo, ya sea que vaya a verlos o que, estando ausente, sólo tenga noticias de ustedes, sabré que siguen firmes en un mismo propósito, luchando unánimes por la fe del evangelio **28**y sin temor alguno a sus adversarios, lo cual es para ellos señal de destrucción. Para ustedes, en cambio, es señal de salvación, y esto proviene de Dios. **29**Porque a ustedes se les ha concedido no sólo creer en Cristo, sino también sufrir por él, **30**pues sostienen la misma lucha que antes me vieron sostener, y que ahora saben que sigo sosteniendo.

Humillación y exaltación de Cristo

2 Por tanto, si sienten algún estímulo en su unión con Cristo, algún consuelo en su amor, algún compañerismo en el Espíritu, algún afecto entrañable, **2**llénenme de alegría teniendo un mismo parecer, un mismo amor, unidos en alma y pensamiento. **3**No hagan nada por egoísmo o vanidad; más bien, con humildad consideren a los demás como superiores a ustedes mismos. **4**Cada uno debe velar no sólo por sus propios intereses sino también por los intereses de los demás.

5La actitud de ustedes debe ser como la de Cristo Jesús,

6quien, siendo por naturaleza*f* Dios,
no consideró el ser igual a Dios
como algo a qué aferrarse.
7Por el contrario, se rebajó
voluntariamente,
tomando la naturaleza*g* de *siervo
y haciéndose semejante a los
seres *humanos.
8Y al manifestarse como hombre,
se humilló a sí mismo
y se hizo obediente hasta la muerte,
¡y muerte de cruz!
9Por eso Dios lo exaltó hasta lo
sumo
y le otorgó el nombre
que está sobre todo nombre,
10para que ante el nombre de Jesús
se doble toda rodilla
en el cielo y en la tierra

y debajo de la tierra,
11y toda lengua confiese que
Jesucristo es el Señor,
para gloria de Dios Padre.

Testimonio de luz

12Así que, mis queridos hermanos, como han obedecido siempre —no sólo en mi presencia sino mucho más ahora en mi ausencia— lleven a cabo su salvación con temor y temblor, **13**pues Dios es quien produce en ustedes tanto el querer como el hacer para que se cumpla su buena voluntad.

14Háganlo todo sin quejas ni contiendas, **15**para que sean intachables y puros, hijos de Dios sin culpa en medio de una generación torcida y depravada. En ella ustedes brillan como estrellas en el firmamento, **16**manteniendo en alto*h* la palabra de vida. Así en el día de Cristo me sentiré *satisfecho de no haber corrido ni trabajado en vano. **17**Y aunque mi vida fuera derramada*i* sobre el sacrificio y servicio que proceden de su fe, me alegro y comparto con todos ustedes mi alegría. **18**Así también ustedes, alégrense y compartan su alegría conmigo.

Dos colaboradores ejemplares

19Espero en el Señor Jesús enviarles pronto a Timoteo, para que también yo cobre ánimo al recibir noticias de ustedes. **20**No tengo a nadie más que, como él, se preocupe de veras por el bienestar de ustedes, **21**pues todos los demás buscan sus propios intereses y no los de Jesucristo. **22**Pero ustedes conocen bien la entereza de carácter de Timoteo, que ha servido conmigo en la obra del *evangelio, como un hijo junto a su padre. **23**Así que espero enviárselo tan pronto como se aclaren mis asuntos. **24**Y confío en el Señor que yo mismo iré pronto.

25Ahora bien, creo que es necesario enviarles de vuelta a Epafrodito, mi hermano, colaborador y compañero de lucha, a quien ustedes han enviado para atenderme en mis necesidades. **26**Él los extraña

---

f **2:6** *por naturaleza.* Lit. *en forma de.*   *g* **2:7** *la naturaleza.* Lit. *la forma.*   *h* **2:16** *manteniendo en alto.* Alt. *ya que se aferran a.*   *i* **2:17** Es decir, *derramada como libación.*

mucho a todos y está afligido porque ustedes se enteraron de que estaba enfermo. [27]En efecto, estuvo enfermo y al borde de la muerte; pero Dios se compadeció de él, y no sólo de él sino también de mí, para no añadir tristeza a mi tristeza. [28]Así que lo envío urgentemente para que, al verlo de nuevo, ustedes se alegren y yo esté menos preocupado. [29]Recíbanlo en el Señor con toda alegría y honren a los que son como él, [30]porque estuvo a punto de morir por la obra de Cristo, arriesgando la *vida para suplir el servicio que ustedes no podían prestarme.

Plena confianza en Cristo

3 Por lo demás, hermanos míos, alégrense en el Señor. Para mí no es molestia volver a escribirles lo mismo, y a ustedes les da seguridad.

[2]Cuídense de esos *perros, cuídense de esos que hacen el mal, cuídense de esos que mutilan el cuerpo. [3]Porque la *circuncisión somos nosotros, los que por medio del Espíritu de Dios adoramos, nos *enorgullecemos en Cristo Jesús y no ponemos nuestra confianza en esfuerzos *humanos. [4]Yo mismo tengo motivos para tal confianza. Si cualquier otro cree tener motivos para confiar en esfuerzos humanos, yo más: [5]circuncidado al octavo día, del pueblo de Israel, de la tribu de Benjamín, hebreo de pura cepa; en cuanto a la interpretación de la ley, *fariseo; [6]en cuanto al celo, perseguidor de la iglesia; en cuanto a la justicia que la ley exige, intachable.

[7]Sin embargo, todo aquello que para mí era ganancia, ahora lo considero pérdida por causa de Cristo. [8]Es más, todo lo considero pérdida por razón del incomparable valor de conocer a Cristo Jesús, mi Señor. Por él lo he perdido todo, y lo tengo por estiércol, a fin de ganar a Cristo [9]y encontrarme unido a él. No quiero mi propia justicia que procede de la ley, sino la que se obtiene mediante la *fe en Cristo, la justicia que procede de Dios, basada en la fe. [10]Lo he perdido todo a fin de conocer a Cristo, experimentar el poder que se manifestó en su resurrección, participar en sus sufrimientos y llegar a ser semejante a él en su muerte. [11]Así espero alcanzar la resurrección de entre los muertos.

Ciudadanos del cielo

[12]No es que ya lo haya conseguido todo, o que ya sea *perfecto. Sin embargo, sigo adelante esperando alcanzar aquello para lo cual Cristo Jesús me alcanzó a mí. [13]Hermanos, no pienso que yo mismo lo haya logrado ya. Más bien, una cosa hago: olvidando lo que queda atrás y esforzándome por alcanzar lo que está delante, [14]sigo avanzando hacia la meta para ganar el premio que Dios ofrece mediante su llamamiento celestial en Cristo Jesús.

[15]Así que, ¡escuchen los perfectos! Todos debemos[j] tener este modo de pensar. Y si en algo piensan de forma diferente, Dios les hará ver esto también. [16]En todo caso, vivamos de acuerdo con lo que ya hemos alcanzado.[k]

[17]Hermanos, sigan todos mi ejemplo, y fíjense en los que se comportan conforme al modelo que les hemos dado. [18]Como les he dicho a menudo, y ahora lo repito hasta con lágrimas, muchos se comportan como enemigos de la cruz de Cristo. [19]Su destino es la destrucción, adoran al dios de sus propios deseos[l] y se enorgullecen de lo que es su vergüenza. Sólo piensan en lo terrenal. [20]En cambio, nosotros somos ciudadanos del cielo, de donde anhelamos recibir al Salvador, el Señor Jesucristo. [21]Él transformará nuestro cuerpo miserable para que sea como su cuerpo glorioso, mediante el poder con que somete a sí mismo todas las cosas.

4 Por lo tanto, queridos hermanos míos, a quienes amo y extraño mucho, ustedes que son mi alegría y mi corona, manténganse así firmes en el Señor.

Exhortaciones

[2]Ruego a Evodia y también a Síntique que se pongan de acuerdo en el Señor. [3]Y a ti, mi fiel compañero,[m] te pido que ayudes a estas mujeres que han luchado a

---

[j]**3:15** *Así ... debemos.* Alt. *Así que los que somos perfectos debemos.* [k]**3:16** *alcanzado.* Var. *alcanzado, una misma regla, un mismo modo de pensar.* [l]**3:19** *adoran ... deseos.* Lit. *su dios es el estómago.* [m]**4:3** *mi fiel compañero.* Alt. *fiel Sícigo.*

mi lado en la obra del *evangelio, junto con Clemente y los demás colaboradores míos, cuyos nombres están en el libro de la vida.

4 Alégrense siempre en el Señor. Insisto: ¡Alégrense! 5 Que su amabilidad sea evidente a todos. El Señor está cerca. 6 No se inquieten por nada; más bien, en toda ocasión, con oración y ruego, presenten sus peticiones a Dios y denle gracias. 7 Y la paz de Dios, que sobrepasa todo entendimiento, cuidará sus corazones y sus pensamientos en Cristo Jesús.

8 Por último, hermanos, consideren bien todo lo verdadero, todo lo respetable, todo lo justo, todo lo puro, todo lo amable, todo lo digno de admiración, en fin, todo lo que sea excelente o merezca elogio. 9 Pongan en práctica lo que de mí han aprendido, recibido y oído, y lo que han visto en mí, y el Dios de paz estará con ustedes.

Gratitud por la ayuda recibida

10 Me alegro muchísimo en el Señor de que al fin hayan vuelto a interesarse en mí. Claro está que tenían interés, sólo que no habían tenido la oportunidad de demostrarlo. 11 No digo esto porque esté necesitado, pues he aprendido a estar satisfecho en cualquier situación en que me encuentre. 12 Sé lo que es vivir en la pobreza, y lo que es vivir en la abundancia. He aprendido a vivir en todas y cada una de las circunstancias, tanto a quedar saciado como a pasar hambre, a tener de sobra como a sufrir escasez. 13 Todo lo puedo en Cristo que me fortalece.

14 Sin embargo, han hecho bien en participar conmigo en mi angustia. 15 Y ustedes mismos, filipenses, saben que en el principio de la obra del *evangelio, cuando salí de Macedonia, ninguna iglesia participó conmigo en mis ingresos y gastos, excepto ustedes. 16 Incluso a Tesalónica me enviaron ayuda una y otra vez para suplir mis necesidades. 17 No digo esto porque esté tratando de conseguir más ofrendas, sino que trato de aumentar el crédito a su cuenta. 18 Ya he recibido todo lo que necesito y aún más; tengo hasta de sobra ahora que he recibido de Epafrodito lo que me enviaron. Es una ofrenda fragante, un sacrificio que Dios acepta con agrado. 19 Así que mi Dios les proveerá de todo lo que necesiten, conforme a las gloriosas riquezas que tiene en Cristo Jesús.

20 A nuestro Dios y Padre sea la gloria por los siglos de los siglos. Amén.

Saludos finales

21 Saluden a todos los *santos en Cristo Jesús. Los hermanos que están conmigo les mandan saludos. 22 Saludos de parte de todos los santos, especialmente los de la casa del *emperador.

23 Que la gracia del Señor Jesucristo sea con su espíritu. Amén. [n]

---

[n] 4:23 Var. no incluye: *Amén.*

Carta a los Colosenses

1 Pablo, apóstol de *Cristo Jesús por la voluntad de Dios, y el hermano Timoteo,

²a los *santos y fieles hermanos*ᵃ* en Cristo que están en Colosas:

Que Dios nuestro Padre les conceda*ᵇ* gracia y paz.

Acción de gracias e intercesión

³Siempre que oramos por ustedes, damos gracias a Dios, el Padre de nuestro Señor Jesucristo, ⁴pues hemos recibido noticias de su fe en Cristo Jesús y del amor que tienen por todos los *santos ⁵a causa de la esperanza reservada para ustedes en el cielo. De esta esperanza ya han sabido por la palabra de verdad, que es el *evangelio ⁶que ha llegado hasta ustedes. Este evangelio está dando fruto y creciendo en todo el mundo, como también ha sucedido entre ustedes desde el día en que supieron de la gracia de Dios y la comprendieron plenamente. ⁷Así lo aprendieron de Epafras, nuestro querido colaborador*ᶜ* y fiel servidor de Cristo para el bien de ustedes.*ᵈ* ⁸Fue él quien nos contó del amor que tienen en el Espíritu.

⁹Por eso, desde el día en que lo supimos no hemos dejado de orar por ustedes. Pedimos que Dios les haga conocer plenamente su voluntad con toda sabiduría y comprensión espiritual, ¹⁰para que vivan de manera digna del Señor, agradándole en todo. Esto implica dar fruto en toda buena obra, crecer en el conocimiento de Dios ¹¹y ser fortalecidos en todo sentido con su glorioso poder. Así perseverarán con paciencia en toda situación, ¹²dando gracias con alegría al Padre. Él los*ᵉ* ha facultado para participar de la herencia de los santos en el reino de la luz. ¹³Él nos libró del dominio de la oscuridad y nos trasladó al reino de su amado Hijo, ¹⁴en quien tenemos redención,*ᶠ* el perdón de pecados.

La supremacía de Cristo

¹⁵Él es la imagen del Dios invisible,
el primogénito*ᵍ* de toda creación,
¹⁶porque por medio de él fueron
creadas todas las cosas
en el cielo y en la tierra, visibles
e invisibles,
sean tronos, poderes, principados
o autoridades:
todo ha sido creado
por medio de él y para él.
¹⁷Él es anterior a todas las cosas,
que por medio de él forman un
todo coherente.*ʰ*
¹⁸Él es la cabeza del cuerpo,
que es la iglesia.
Él es el principio,
el primogénito de la resurrección,
para ser en todo el primero.
¹⁹Porque a Dios le agradó habitar en
él con toda su plenitud
²⁰ y, por medio de él, reconciliar
consigo todas las cosas,
tanto las que están en la tierra
como las que están en el
cielo,
haciendo la paz mediante la
sangre que derramó en la
cruz.

²¹En otro tiempo ustedes, por su actitud y sus malas acciones, estaban alejados de Dios y eran sus enemigos. ²²Pero ahora Dios, a fin de presentarlos *santos, inta-

---

*ᵃ***1:2** *santos y fieles hermanos.* Alt. *santos hermanos creyentes.*   *ᵇ***1:2** *Padre.* Var. *Padre y el Señor Jesucristo les concedan.*   *ᶜ***1:7** *colaborador.* Lit. *coesclavo.*   *ᵈ***1:7** *de ustedes.* Var. *de nosotros.*   *ᵉ***1:12** *los.* Var. *nos.*   *ᶠ***1:14** *redención.* Var. *redención mediante su sangre* (véase Ef 1:7).   *ᵍ***1:15** Es decir, el que tiene anterioridad y preeminencia; también en v. 18.   *ʰ***1:17** *por medio ... coherente.* Alt. *por medio de él continúan existiendo.*

chables e irreprochables delante de él, los ha reconciliado en el cuerpo mortal de Cristo mediante su muerte, 23con tal de que se mantengan firmes en la fe, bien cimentados y estables, sin abandonar la esperanza que ofrece el *evangelio. Éste es el evangelio que ustedes oyeron y que ha sido proclamado en toda la creación debajo del cielo, y del que yo, Pablo, he llegado a ser servidor.

Trabajo de Pablo por la iglesia

24Ahora me alegro en medio de mis sufrimientos por ustedes, y voy completando en mí mismo[i] lo que falta de las aflicciones de Cristo, en favor de su cuerpo, que es la iglesia. 25De ésta llegué a ser servidor según el plan que Dios me encomendó para ustedes: el dar cumplimiento a la palabra de Dios, 26anunciando el *misterio que se ha mantenido oculto por siglos y generaciones, pero que ahora se ha manifestado a sus *santos. 27A éstos Dios se propuso dar a conocer cuál es la gloriosa riqueza de este misterio entre las *naciones, que es Cristo en ustedes, la esperanza de gloria.

28A este Cristo proclamamos, aconsejando y enseñando con toda sabiduría a todos los *seres humanos, para presentarlos a todos *perfectos en él. 29Con este fin trabajo y lucho fortalecido por el poder de Cristo que obra en mí.

2 Quiero que sepan qué gran lucha sostengo por el bien de ustedes y de los que están en Laodicea, y de tantos que no me conocen personalmente. 2Quiero que lo sepan para que cobren ánimo, permanezcan unidos por amor, y tengan toda la riqueza que proviene de la convicción y del entendimiento. Así conocerán el *misterio de Dios, es decir, a Cristo, 3en quien están escondidos todos los tesoros de la sabiduría y del conocimiento. 4Les digo esto para que nadie los engañe con argumentos capciosos. 5Aunque estoy físicamente ausente, los acompaño en espíritu, y me alegro al ver su buen orden y la firmeza de su fe en Cristo.

Libertad en Cristo

6Por eso, de la manera que recibieron a Cristo Jesús como Señor, vivan ahora en él, 7arraigados y edificados en él, confirmados en la fe como se les enseñó, y llenos de gratitud.

8Cuídense de que nadie los cautive con la vana y engañosa filosofía que sigue tradiciones *humanas, la que va de acuerdo con los *principios[j] de este mundo y no conforme a Cristo.

9Toda la plenitud de la divinidad habita en forma corporal en Cristo; 10y en él, que es la cabeza de todo poder y autoridad, ustedes han recibido esa plenitud. 11Además, en él fueron *circuncidados, no por mano humana sino con la circuncisión que consiste en despojarse del cuerpo pecaminoso.[k] Esta circuncisión la efectuó Cristo. 12Ustedes la recibieron al ser sepultados con él en el bautismo. En él también fueron resucitados mediante la fe en el poder de Dios, quien lo resucitó de entre los muertos.

13Antes de recibir esa circuncisión, ustedes estaban muertos en sus pecados. Sin embargo, Dios nos[l] dio vida en unión con Cristo, al perdonarnos todos los pecados 14y anular la deuda[m] que teníamos pendiente por los requisitos de la ley. Él anuló esa deuda que nos era adversa, clavándola en la cruz. 15Desarmó a los poderes y a las potestades, y por medio de Cristo[n] los humilló en público al exhibirlos en su desfile triunfal.

16Así que nadie los juzgue a ustedes por lo que comen o beben, o con respecto a días de fiesta religiosa, de luna nueva o de reposo. 17Todo esto es una sombra de las cosas que están por venir; la realidad se halla en Cristo. 18No dejen que les prive de esta realidad ninguno de esos que se ufanan en fingir humildad y adoración de ángeles. Los tales hacen alarde de lo que no han visto; y, envanecidos por su razonamiento *humano, 19no se mantienen firmemente unidos a la Cabeza. Por la acción de ésta, todo el cuerpo, sostenido y ajustado me-

---

[i]1:24 en mí mismo. Lit. en mi *carne.   [j]2:8 los principios. Alt. los poderes espirituales, o las normas; también en v. 20.   [k]2:11 cuerpo pecaminoso. Lit. cuerpo de la *carne.   [l]2:13 nos. Var. les.   [m]2:14 la deuda. Lit. el pagaré.   [n]2:15 por medio de Cristo. Alt. mediante la cruz.

diante las articulaciones y ligamentos, va creciendo como Dios quiere.

20Si con Cristo ustedes ya han muerto a los principios de este mundo, ¿por qué, como si todavía pertenecieran al mundo, se someten a preceptos tales como: **21**«No tomes en tus manos, no pruebes, no toques»? **22**Estos preceptos, basados en reglas y enseñanzas humanas, se refieren a cosas que van a desaparecer con el uso. **23**Tienen sin duda apariencia de sabiduría, con su afectada piedad, falsa humildad y severo trato del cuerpo, pero de nada sirven frente a los apetitos de la naturaleza pecaminosa.^ñ

Normas para una vida santa

3 Ya que han resucitado con Cristo, busquen las cosas de arriba, donde está Cristo sentado a la *derecha de Dios. **2**Concentren su atención en las cosas de arriba, no en las de la tierra, **3**pues ustedes han muerto y su vida está escondida con Cristo en Dios. **4**Cuando Cristo, que es la vida de ustedes,^o se manifieste, entonces también ustedes serán manifestados con él en gloria.

5Por tanto, hagan morir todo lo que es propio de la naturaleza terrenal: inmoralidad sexual, impureza, bajas pasiones, malos deseos y avaricia, la cual es idolatría. **6**Por estas cosas viene el castigo de Dios.^p **7**Ustedes las practicaron en otro tiempo, cuando vivían en ellas. **8**Pero ahora abandonen también todo esto: enojo, ira, malicia, calumnia y lenguaje obsceno. **9**Dejen de mentirse unos a otros, ahora que se han quitado el ropaje de la vieja naturaleza con sus vicios, **10**y se han puesto el de la nueva naturaleza, que se va renovando en conocimiento a imagen de su Creador. **11**En esta nueva naturaleza no hay *griego ni judío, *circunciso ni incircunciso, culto ni inculto,^q esclavo ni libre, sino que Cristo es todo y está en todos.

12Por lo tanto, como escogidos de Dios, *santos y amados, revístanse de afecto entrañable y de bondad, humildad, amabilidad y paciencia, **13**de modo que se

toleren unos a otros y se perdonen si alguno tiene queja contra otro. Así como el Señor los perdonó, perdonen también ustedes. **14**Por encima de todo, vístanse de amor, que es el vínculo perfecto.

15Que gobierne en sus corazones la paz de Cristo, a la cual fueron llamados en un solo cuerpo. Y sean agradecidos. **16**Que habite en ustedes la palabra de Cristo con toda su riqueza: instrúyanse y aconséjense unos a otros con toda sabiduría; canten salmos, himnos y canciones espirituales a Dios, con gratitud de corazón. **17**Y todo lo que hagan, de palabra o de obra, háganlo en el nombre del Señor Jesús, dando gracias a Dios el Padre por medio de él.

Normas para la familia cristiana

18Esposas, sométanse a sus esposos, como conviene en el Señor.

19Esposos, amen a sus esposas y no sean duros con ellas.

20Hijos, obedezcan a sus padres en todo, porque esto agrada al Señor.

21Padres, no exasperen a sus hijos, no sea que se desanimen.

22*Esclavos, obedezcan en todo a sus amos terrenales, no sólo cuando ellos los estén mirando, como si ustedes quisieran ganarse el favor *humano, sino con integridad de corazón y por respeto al Señor. **23**Hagan lo que hagan, trabajen de buena gana, como para el Señor y no como para nadie en este mundo, **24**conscientes de que el Señor los recompensará con la herencia. Ustedes sirven a Cristo el Señor. **25**El que hace el mal pagará por su propia maldad, y en esto no hay favoritismos.

4 Amos, proporcionen a sus esclavos lo que es justo y equitativo, conscientes de que ustedes también tienen un Amo en el cielo.

Instrucciones adicionales

2Dedíquense a la oración: perseveren en ella con agradecimiento **3**y, al mismo tiempo, intercedan por nosotros a fin de que Dios nos abra las puertas para proclamar la palabra, el *misterio de Cristo por

---

^ñ**2:23** *los apetitos de la naturaleza pecaminosa.* Lit. *la satisfacción de la *carne.* ^o**3:4** *de ustedes.* Var. *de nosotros.* ^p**3:6** *de Dios.* Var. *de Dios sobre los que son desobedientes.* ^q**3:11** *culto ni inculto.* Lit. *bárbaro, escita.*

el cual estoy preso. [4]Oren para que yo lo anuncie con claridad, como debo hacerlo. [5]Compórtense sabiamente con los que no creen en Cristo,[r] aprovechando al máximo cada momento oportuno. [6]Que su conversación sea siempre amena y de buen gusto. Así sabrán cómo responder a cada uno.

Saludos finales

[7]Nuestro querido hermano Tíquico, fiel servidor y colaborador[s] en el Señor, les contará en detalle cómo me va. [8]Lo envío a ustedes precisamente para que tengan noticias de nosotros, y así cobren ánimo.[t] [9]Va con Onésimo, querido y fiel hermano, que es uno de ustedes. Ellos los pondrán al tanto de todo lo que sucede aquí.

[10]Aristarco, mi compañero de cárcel, les manda saludos, como también Marcos, el primo de Bernabé. En cuanto a Marcos, ustedes ya han recibido instrucciones; si va a visitarlos, recíbanlo bien. [11]También los saluda Jesús, llamado el Justo. Éstos son los únicos judíos que colaboran conmigo en pro del reino de Dios, y me han sido de mucho consuelo. [12]Les manda saludos Epafras, que es uno de ustedes. Este *siervo de Cristo Jesús está siempre luchando en oración por ustedes, para que, plenamente convencidos,[u] se mantengan firmes, cumpliendo en todo la voluntad de Dios. [13]A mí me consta que él se preocupa mucho por ustedes y por los que están en Laodicea y en Hierápolis. [14]Los saludan Lucas, el querido médico, y Demas. [15]Saluden a los hermanos que están en Laodicea, como también a Ninfas y a la iglesia que se reúne en su casa.

[16]Una vez que se les haya leído a ustedes esta carta, que se lea también en la iglesia de Laodicea, y ustedes lean la carta dirigida a esa iglesia.

[17]Díganle a Arquipo que se ocupe de la tarea que recibió en el Señor, y que la lleve a cabo.

[18]Yo, Pablo, escribo este saludo de mi puño y letra. Recuerden que estoy preso. Que la gracia sea con ustedes.

---

[r]**4:5** *los que no creen en Cristo*. Lit. *los de afuera*.　　[s]**4:7** *colaborador*. Lit. *coesclavo*.　　[t]**4:8** *para que ... ánimo*. Var. *para que él tenga noticias de ustedes, y los anime*.　　[u]**4:12** *plenamente convencidos*. Alt. *perfectos y convencidos*.

Primera Carta a los
Tesalonicenses

1 Pablo, *Silvano y Timoteo,

a la iglesia de los tesalonicenses que está en Dios el Padre y en el Señor *Jesucristo:

Gracia y paz a ustedes.[a]

Acción de gracias por los tesalonicenses

² Siempre damos gracias a Dios por todos ustedes cuando los mencionamos en nuestras oraciones. ³ Los recordamos constantemente delante de nuestro Dios y Padre a causa de la obra realizada por su fe, el trabajo motivado por su amor, y la constancia sostenida por su esperanza en nuestro Señor Jesucristo.

⁴ Hermanos amados de Dios, sabemos que él los ha escogido, ⁵ porque nuestro *evangelio les llegó no sólo con palabras sino también con poder, es decir, con el Espíritu Santo y con profunda convicción. Como bien saben, estuvimos entre ustedes buscando su bien. ⁶ Ustedes se hicieron imitadores nuestros y del Señor cuando, a pesar de mucho sufrimiento, recibieron el mensaje con la alegría que infunde el Espíritu Santo. ⁷ De esta manera se constituyeron en ejemplo para todos los creyentes de Macedonia y de Acaya. ⁸ Partiendo de ustedes, el mensaje del Señor se ha proclamado no sólo en Macedonia y en Acaya sino en todo lugar; a tal punto se ha divulgado su fe en Dios que ya no es necesario que nosotros digamos nada. ⁹ Ellos mismos cuentan de lo bien que ustedes nos recibieron, y de cómo se convirtieron a Dios dejando los ídolos para servir al Dios vivo y verdadero, ¹⁰ y esperar del cielo a Jesús, su Hijo a quien *resucitó, que nos libra del castigo venidero.

Ministerio de Pablo en Tesalónica

2 Hermanos, bien saben que nuestra visita a ustedes no fue un fracaso. ² Y saben también que, a pesar de las aflicciones e insultos que antes sufrimos en Filipos, cobramos confianza en nuestro Dios y nos atrevimos a comunicarles el *evangelio en medio de una gran lucha. ³ Nuestra predicación no se origina en el error ni en malas intenciones, ni procura engañar a nadie. ⁴ Al contrario, hablamos como hombres a quienes Dios aprobó y les confió el evangelio: no tratamos de agradar a la gente sino a Dios, que examina nuestro corazón. ⁵ Como saben, nunca hemos recurrido a las adulaciones ni a las excusas para obtener dinero; Dios es testigo. ⁶ Tampoco hemos buscado honores de nadie; ni de ustedes ni de otros. ⁷ Aunque como apóstoles de Cristo hubiéramos podido ser exigentes con ustedes, los tratamos con delicadeza.[b] Como una madre[c] que amamanta y cuida a sus hijos, ⁸ así nosotros, por el cariño que les tenemos, nos deleitamos en compartir con ustedes no sólo el evangelio de Dios sino también nuestra *vida. ¡Tanto llegamos a quererlos! ⁹ Recordarán, hermanos, nuestros esfuerzos y fatigas para proclamarles el evangelio de Dios, y cómo trabajamos día y noche para no serles una carga.

¹⁰ Dios y ustedes me son testigos de que nos comportamos con ustedes los creyentes en una forma santa, justa e irreprochable. ¹¹ Saben también que a cada uno de ustedes lo hemos tratado como

---

[a] **1:1** *a ustedes.* Var. *a ustedes de nuestro Padre y del Señor Jesucristo.*   [b] **2:7** *exigentes ... delicadeza.* Var. *exigentes, fuimos niños entre ustedes.*   [c] **2:7** *madre.* Alt. *nodriza.*

trata un padre a sus propios hijos. ¹²Los hemos animado, consolado y exhortado a llevar una vida digna de Dios, que los llama a su reino y a su gloria.

¹³Así que no dejamos de dar gracias a Dios, porque al oír ustedes la palabra de Dios que les predicamos, la aceptaron no como palabra *humana sino como lo que realmente es, palabra de Dios, la cual actúa en ustedes los creyentes. ¹⁴Ustedes, hermanos, siguieron el ejemplo de las iglesias de Dios en Cristo Jesús que están en Judea, ya que sufrieron a manos de sus compatriotas lo mismo que sufrieron aquellas iglesias a manos de los judíos. ¹⁵Éstos mataron al Señor Jesús y a los profetas, y a nosotros nos expulsaron. No agradan a Dios y son hostiles a todos, ¹⁶pues procuran impedir que prediquemos a los *gentiles para que sean salvos. Así en todo lo que hacen llegan al colmo de su pecado. Pero el castigo de Dios vendrá sobre ellos con toda severidad. *d*

Pablo anhela ver a los tesalonicenses

¹⁷Nosotros, hermanos, luego de estar separados de ustedes por algún tiempo, en lo físico pero no en lo espiritual, con ferviente anhelo hicimos todo lo humanamente posible por ir a verlos. ¹⁸Sí, deseábamos visitarlos —yo mismo, Pablo, más de una vez intenté ir—, pero Satanás nos lo impidió. ¹⁹En resumidas cuentas, ¿cuál es nuestra esperanza, alegría o motivo*e* de *orgullo delante de nuestro Señor Jesús para cuando él venga? ¿Quién más sino ustedes? ²⁰Sí, ustedes son nuestro orgullo y alegría.

3 Por tanto, cuando ya no pudimos soportarlo más, pensamos que era mejor quedarnos solos en Atenas. ²Así que les enviamos a Timoteo, hermano nuestro y colaborador de Dios*f* en el *evangelio de Cristo, con el fin de afianzarlos y animarlos en la fe ³para que nadie fuera perturbado por estos sufrimientos. Ustedes mismos saben que se nos destinó para esto, ⁴pues cuando estábamos con ustedes

les advertimos que íbamos a padecer sufrimientos. Y así sucedió. ⁵Por eso, cuando ya no pude soportarlo más, mandé a Timoteo a indagar acerca de su fe, no fuera que el *tentador los hubiera inducido a hacer lo malo y que nuestro trabajo hubiera sido en vano.

El informe alentador de Timoteo

⁶Ahora Timoteo acaba de volver de Tesalónica con buenas noticias de la fe y del amor de ustedes. Nos dice que conservan gratos recuerdos de nosotros y que tienen muchas ganas de vernos, tanto como nosotros a ustedes. ⁷Por eso, hermanos, en medio de todas nuestras angustias y sufrimientos ustedes nos han dado ánimo por su fe. ⁸¡Ahora sí que vivimos al saber que están firmes en el Señor! ⁹¿Cómo podemos agradecer bastante a nuestro Dios por ustedes y por toda la alegría que nos han proporcionado delante de él? ¹⁰Día y noche le suplicamos que nos permita verlos de nuevo para suplir lo que le falta a su fe.

¹¹Que el Dios y Padre nuestro, y nuestro Señor Jesús, nos preparen el camino para ir a verlos. ¹²Que el Señor los haga crecer para que se amen más y más unos a otros, y a todos, tal como nosotros los amamos a ustedes. ¹³Que los fortalezca interiormente para que, cuando nuestro Señor Jesús venga con todos sus *santos, la santidad de ustedes sea intachable delante de nuestro Dios y Padre.

La vida que agrada a Dios

4 Por lo demás, hermanos, les pedimos encarecidamente en el nombre del Señor Jesús que sigan progresando en el modo de vivir que agrada a Dios, tal como lo aprendieron de nosotros. De hecho, ya lo están practicando. ²Ustedes saben cuáles son las instrucciones que les dimos de parte del Señor Jesús.

³La voluntad de Dios es que sean *santificados; que se aparten de la inmoralidad sexual; ⁴que cada uno aprenda a controlar su propio cuerpo*g* de una ma-

---

d **2:16** *Pero ... severidad.* Lit. *Pero la ira vino sobre ellos hasta el fin.*   *e* **2:19** *motivo.* Lit. *corona.*

f **3:2** *colaborador de Dios.* Var. *servidor de Dios*; otra var. *servidor de Dios y colaborador nuestro.*

g **4:4** *aprenda ... cuerpo.* Alt. *trate a su esposa*, o *consiga esposa.*

nera santa y honrosa, ⁵sin dejarse llevar por los malos deseos como hacen los *paganos, que no conocen a Dios; ⁶y que nadie perjudique a su hermano ni se aproveche de él en este asunto. El Señor castiga todo esto, como ya les hemos dicho y advertido. ⁷Dios no nos llamó a la impureza sino a la santidad; ⁸por tanto, el que rechaza estas instrucciones no rechaza a un hombre sino a Dios, quien les da a ustedes su Espíritu Santo.

⁹En cuanto al amor fraternal, no necesitan que les escribamos, porque Dios mismo les ha enseñado a amarse unos a otros. ¹⁰En efecto, ustedes aman a todos los hermanos que viven en Macedonia. No obstante, hermanos, les animamos a amarse aún más, ¹¹a procurar vivir en paz con todos, a ocuparse de sus propias responsabilidades y a trabajar con sus propias manos. Así les he mandado, ¹²para que por su modo de vivir se ganen el respeto de los que no son creyentes, y no tengan que depender de nadie.

La venida del Señor

¹³Hermanos, no queremos que ignoren lo que va a pasar con los que ya han muerto,ʰ para que no se entristezcan como esos otros que no tienen esperanza. ¹⁴¿Acaso no creemos que Jesús murió y resucitó? Así también Dios resucitará con Jesús a los que han muerto en unión con él. ¹⁵Conforme a lo dicho por el Señor, afirmamos que nosotros, los que estemos vivos y hayamos quedado hasta la venida del Señor, de ninguna manera nos adelantaremos a los que hayan muerto. ¹⁶El Señor mismo descenderá del cielo con voz de mando, con voz de arcángel y con trompeta de Dios, y los muertos en Cristo resucitarán primero. ¹⁷Luego los que estemos vivos, los que hayamos quedado, seremos arrebatados junto con ellos en las nubes para encontrarnos con el Señor en el aire. Y así estaremos con el Señor para siempre. ¹⁸Por lo tanto, anímense unos a otros con estas palabras.

5 Ahora bien, hermanos, ustedes no necesitan que se les escriba acerca de tiempos y fechas, ²porque ya saben que el día del Señor llegará como ladrón en la noche. ³Cuando estén diciendo: «Paz y seguridad», vendrá de improviso sobre ellos la destrucción, como le llegan a la mujer encinta los dolores de parto. De ninguna manera podrán escapar.

⁴Ustedes, en cambio, hermanos, no están en la oscuridad para que ese día los sorprenda como un ladrón. ⁵Todos ustedes son hijos de la luz y del día. No somos de la noche ni de la oscuridad. ⁶No debemos, pues, dormirnos como los demás, sino mantenernos alerta y en nuestro sano juicio. ⁷Los que duermen, de noche duermen, y los que se emborrachan, de noche se emborrachan. ⁸Nosotros que somos del día, por el contrario, estemos siempre en nuestro sano juicio, protegidos por la coraza de la fe y del amor, y por el casco de la esperanza de salvación; ⁹pues Dios no nos destinó a sufrir el castigo sino a recibir la salvación por medio de nuestro Señor Jesucristo. ¹⁰Él murió por nosotros para que, en la vida o en la muerte,ⁱ vivamos junto con él. ¹¹Por eso, anímense y edifíquense unos a otros, tal como lo vienen haciendo.

Instrucciones finales

¹²Hermanos, les pedimos que sean considerados con los que trabajan arduamente entre ustedes, y los guían y amonestan en el Señor. ¹³Ténganlos en alta estima, y ámenlos por el trabajo que hacen. Vivan en paz unos con otros. ¹⁴Hermanos, también les rogamos que amonesten a los holgazanes, estimulen a los desanimados, ayuden a los débiles y sean pacientes con todos. ¹⁵Asegúrense de que nadie pague mal por mal; más bien, esfuércense siempre por hacer el bien, no sólo entre ustedes sino a todos.

¹⁶Estén siempre alegres, ¹⁷oren sin

ʰ **4:13** *han muerto.* Lit. *duermen*; el mismo verbo en vv. 14 y 15.   ⁱ **5:10** *en la vida o en la muerte.* Lit. *despiertos o dormidos.*

cesar, **18**den gracias a Dios en toda situación, porque esta es su voluntad para ustedes en Cristo Jesús.

19No apaguen el Espíritu, **20**no desprecien las profecías, **21**sométanlo todo a prueba, aférrense a lo bueno, **22**eviten toda clase de mal.

23Que Dios mismo, el Dios de paz, los *santifique por completo, y conserve todo su ser —espíritu, alma y cuerpo— irreprochable para la venida de nuestro Señor Jesucristo. **24**El que los llama es fiel, y así lo hará.

25Hermanos, oren también por nosotros. **26**Saluden a todos los hermanos con un beso santo. **27**Les encargo delante del Señor que lean esta carta a todos los hermanos.

28Que la gracia de nuestro Señor Jesucristo sea con ustedes.

Segunda Carta a los
Tesalonicenses

1 Pablo, *Silvano y Timoteo,

a la iglesia de los tesalonicenses, unida a Dios nuestro Padre y al Señor *Jesucristo:

2 Que Dios el Padre y el Señor Jesucristo les concedan gracia y paz.

Acción de gracias y oración

3 Hermanos, siempre debemos dar gracias a Dios por ustedes, como es justo, porque su fe se acrecienta cada vez más, y en cada uno de ustedes sigue abundando el amor hacia los otros. 4 Así que nos sentimos orgullosos de ustedes ante las iglesias de Dios por la perseverancia y la fe que muestran al soportar toda clase de persecuciones y sufrimientos. 5 Todo esto prueba que el juicio de Dios es justo, y por tanto él los considera dignos de su reino, por el cual están sufriendo.

6 Dios, que es justo, pagará con sufrimiento a quienes los hacen sufrir a ustedes. 7 Y a ustedes que sufren, les dará descanso, lo mismo que a nosotros. Esto sucederá cuando el Señor Jesús se manifieste desde el cielo entre llamas de fuego, con sus poderosos ángeles, 8 para castigar a los que no conocen a Dios ni obedecen el *evangelio de nuestro Señor Jesús. 9 Ellos sufrirán el castigo de la destrucción eterna, lejos de la presencia del Señor y de la majestad de su poder, 10 el día en que venga para ser glorificado por medio de sus *santos y admirado por todos los que hayan creído, entre los cuales están ustedes porque creyeron el testimonio que les dimos.

11 Por eso oramos constantemente por ustedes, para que nuestro Dios los considere dignos del llamamiento que les ha hecho, y por su poder *perfeccione toda disposición al bien y toda obra que realicen por la fe. 12 Oramos así, de modo que el nombre de nuestro Señor Jesús sea glorificado por medio de ustedes, y ustedes por él, conforme a la gracia de nuestro Dios y del Señor Jesucristo. [a]

Manifestación y juicio del malvado

2 Ahora bien, hermanos, en cuanto a la venida de nuestro Señor Jesucristo y a nuestra reunión con él, les pedimos que 2 no pierdan la cabeza ni se alarmen por ciertas profecías, [b] ni por mensajes orales o escritos supuestamente nuestros, que digan: «¡Ya llegó el día del Señor!» 3 No se dejen engañar de ninguna manera, porque primero tiene que llegar la rebelión contra Dios [c] y manifestarse el hombre de maldad, [d] el destructor por naturaleza. [e] 4 Éste se opone y se levanta contra todo lo que lleva el nombre de Dios o es objeto de adoración, hasta el punto de adueñarse del templo de Dios y pretender ser Dios.

5 ¿No recuerdan que ya les hablaba de esto cuando estaba con ustedes? 6 Bien saben que hay algo que detiene a este hombre, a fin de que él se manifieste a su debido tiempo. 7 Es cierto que el *misterio de la maldad ya está ejerciendo su poder; pero falta que sea quitado de en medio el que ahora lo detiene. 8 Entonces se manifestará aquel malvado, a quien el Señor Jesús derrocará con el soplo de su boca y destruirá con el esplendor de su venida. 9 El malvado vendrá, por obra de Satanás,

---

[a] **1:12** *Dios y del Señor Jesucristo.* Alt. *Dios y Señor, Jesucristo.*   [b] **2:2** *por ciertas profecías.* Lit. *por espíritu.*   [c] **2:3** *la rebelión contra Dios.* Lit. *la apostasía.*   [d] **2:3** *maldad.* Var. *pecado.*   [e] **2:3** *el destructor por naturaleza.* Alt. *el que está destinado a la destrucción.* Lit. *el hijo de la destrucción.*

con toda clase de milagros, señales y prodigios falsos. **10**Con toda perversidad engañará a los que se pierden por haberse negado a amar la verdad y así ser salvos. **11**Por eso Dios permite que, por el poder del engaño, crean en la mentira. **12**Así serán condenados todos los que no creyeron en la verdad sino que se deleitaron en el mal.

Exhortación a la perseverancia

13Nosotros, en cambio, siempre debemos dar gracias a Dios por ustedes, hermanos amados por el Señor, porque desde el principio Dios los escogió*f* para ser salvos, mediante la obra *santificadora del Espíritu y la fe que tienen en la verdad. **14**Para esto Dios los llamó por nuestro *evangelio, a fin de que tengan parte en la gloria de nuestro Señor Jesucristo. **15**Así que, hermanos, sigan firmes y manténganse fieles a las enseñanzas*g* que, oralmente o por carta, les hemos transmitido.

16Que nuestro Señor Jesucristo mismo y Dios nuestro Padre, que nos amó y por su gracia nos dio consuelo eterno y una buena esperanza, **17**los anime y les fortalezca el corazón, para que tanto en palabra como en obra hagan todo lo que sea bueno.

Oración por la difusión del evangelio

3 Por último, hermanos, oren por nosotros para que el mensaje del Señor se difunda rápidamente y se le reciba con honor, tal como sucedió entre ustedes. **2**Oren además para que seamos librados de personas perversas y malvadas, porque no todos tienen fe. **3**Pero el Señor es fiel, y él los fortalecerá y los protegerá del maligno. **4**Confiamos en el Señor de que ustedes cumplen y seguirán cumpliendo lo que les hemos enseñado. **5**Que el Señor

los lleve a amar como Dios ama, y a perseverar como Cristo perseveró.

Exhortación al trabajo

6Hermanos, en el nombre del Señor Jesucristo les ordenamos que se aparten de todo hermano que esté viviendo como un vago y no según las enseñanzas recibidas*h* de nosotros. **7**Ustedes mismos saben cómo deben seguir nuestro ejemplo. Nosotros no vivimos como ociosos entre ustedes, **8**ni comimos el pan de nadie sin pagarlo. Al contrario, día y noche trabajamos arduamente y sin descanso para no ser una carga a ninguno de ustedes. **9**Y lo hicimos así, no porque no tuviéramos derecho a tal ayuda, sino para darles buen ejemplo. **10**Porque incluso cuando estábamos con ustedes, les ordenamos: «El que no quiera trabajar, que tampoco coma.»

11Nos hemos enterado de que entre ustedes hay algunos que andan de vagos, sin trabajar en nada, y que sólo se ocupan de lo que no les importa. **12**A tales personas les ordenamos y exhortamos en el Señor Jesucristo que tranquilamente se pongan a trabajar para ganarse la vida. **13**Ustedes, hermanos, no se cansen de hacer el bien.

14Si alguno no obedece las instrucciones que les damos en esta carta, denúncienlo públicamente y no se relacionen con él, para que se avergüence. **15**Sin embargo, no lo tengan por enemigo, sino amonéstenlo como a hermano.

Saludos finales

16Que el Señor de paz les conceda su paz siempre y en todas las circunstancias. El Señor sea con todos ustedes.

17Yo, Pablo, escribo este saludo de mi puño y letra. Ésta es la señal distintiva de todas mis cartas; así escribo yo. **18**Que la gracia de nuestro Señor Jesucristo sea con todos ustedes.

---

f **2:13** *desde ... escogió.* Var. *Dios los escogió como sus *primicias.*   *g* **2:15** *enseñanzas.* Alt. *tradiciones.*
h **3:6** *las enseñanzas recibidas.* Alt. *la tradición recibida.*

Primera Carta a
Timoteo

1 Pablo, apóstol de *Cristo Jesús por mandato de Dios nuestro Salvador y de Cristo Jesús nuestra esperanza,

2 a Timoteo, mi verdadero hijo en la fe:

Que Dios el Padre y Cristo Jesús nuestro Señor te concedan gracia, misericordia y paz.

Advertencia contra los falsos maestros de la ley

3 Al partir para Macedonia, te encargué que permanecieras en Éfeso y les ordenaras a algunos supuestos maestros que dejen de enseñar doctrinas falsas **4** y de prestar atención a leyendas y genealogías interminables. Esas cosas provocan controversias en vez de llevar adelante la obra de Dios que es por la fe. **5** Debes hacerlo así para que el amor brote de un corazón limpio, de una buena conciencia y de una fe sincera. **6** Algunos se han desviado de esa línea de conducta y se han enredado en discusiones inútiles. **7** Pretenden ser maestros de la ley, pero en realidad no saben de qué hablan ni entienden lo que con tanta seguridad afirman.

8 Ahora bien, sabemos que la ley es buena, si se aplica como es debido. **9** Tengamos en cuenta que la ley no se ha instituido para los justos sino para los desobedientes y rebeldes, para los impíos y pecadores, para los irreverentes y profanos. La ley es para los que maltratan a sus propios padres,*a* para los asesinos, **10** para los adúlteros y los homosexuales, para los traficantes de esclavos, los embusteros y los que juran en falso. En fin, la ley es para todo lo que está en contra de la sana doctrina **11** enseñada por el glorioso *evangelio que el Dios bendito me ha confiado.

La gracia que el Señor dio a Pablo

12 Doy gracias al que me fortalece, Cristo Jesús nuestro Señor, pues me consideró digno de confianza al ponerme a su servicio. **13** Anteriormente, yo era un *blasfemo, un perseguidor y un insolente; pero Dios tuvo misericordia de mí porque yo era un incrédulo y actuaba con ignorancia. **14** Pero la gracia de nuestro Señor se derramó sobre mí con abundancia, junto con la fe y el amor que hay en Cristo Jesús.

15 Este mensaje es digno de crédito y merece ser aceptado por todos: que Cristo Jesús vino al mundo a salvar a los pecadores, de los cuales yo soy el primero. **16** Pero precisamente por eso Dios fue misericordioso conmigo, a fin de que en mí, el peor de los pecadores, pudiera Cristo Jesús mostrar su infinita bondad. Así vengo a ser ejemplo para los que, creyendo en él, recibirán la vida eterna. **17** Por tanto, al Rey eterno, inmortal, invisible, al único Dios, sea honor y gloria por los siglos de los siglos. Amén.

18 Timoteo, hijo mío, te doy este encargo porque tengo en cuenta las profecías que antes se hicieron acerca de ti. Deseo que, apoyado en ellas, pelees la buena batalla **19** y mantengas la fe y una buena conciencia. Por no hacerle caso a su conciencia, algunos han naufragado en la fe. **20** Entre ellos están Himeneo y Alejandro, a quienes he entregado a Satanás para que aprendan a no blasfemar.

---

a **1:9** *los que maltratan a sus propios padres.* Lit. *los parricidas y matricidas.*

Instrucciones sobre la adoración

2 Así que recomiendo, ante todo, que se hagan plegarias, oraciones, súplicas y acciones de gracias por todos, [2]especialmente por los gobernantes[b] y por todas las autoridades, para que tengamos paz y tranquilidad, y llevemos una vida piadosa y digna. [3]Esto es bueno y agradable a Dios nuestro Salvador, [4]pues él quiere que todos sean salvos y lleguen a conocer la verdad. [5]Porque hay un solo Dios y un solo mediador entre Dios y los hombres, Jesucristo hombre, [6]quien dio su vida como rescate por todos. Este testimonio Dios lo ha dado a su debido tiempo, [7]y para proclamarlo me nombró heraldo y apóstol. Digo la verdad y no miento: Dios me hizo maestro de los *gentiles para enseñarles la verdadera fe.

[8]Quiero, pues, que en todas partes los hombres levanten las manos al cielo con pureza de corazón, sin enojos ni contiendas.

[9]En cuanto a las mujeres, quiero que ellas se vistan decorosamente, con modestia y recato, sin peinados ostentosos, ni oro, ni perlas ni vestidos costosos. [10]Que se adornen más bien con buenas obras, como corresponde a mujeres que profesan servir a Dios.

[11]La mujer debe aprender con serenidad,[c] con toda sumisión. [12]No permito que la mujer enseñe al hombre y ejerza autoridad sobre él; debe mantenerse ecuánime.[d] [13]Porque primero fue formado Adán, y Eva después. [14]Además, no fue Adán el engañado, sino la mujer; y ella, una vez engañada, incurrió en pecado. [15]Pero la mujer se salvará[e] siendo madre y permaneciendo con sensatez en la fe, el amor y la *santidad.

Obispos y diáconos

3 Se dice, y es verdad, que si alguno desea ser *obispo, a noble función aspira. [2]Así que el obispo debe ser intachable, esposo de una sola mujer, moderado, sensato, respetable, hospitalario, capaz de enseñar; [3]no debe ser borracho ni pendenciero, ni amigo del dinero, sino amable y apacible. [4]Debe gobernar bien su casa y hacer que sus hijos le obedezcan con el debido respeto; [5]porque el que no sabe gobernar su propia familia, ¿cómo podrá cuidar de la iglesia de Dios? [6]No debe ser un recién convertido, no sea que se vuelva presuntuoso y caiga en la misma condenación en que cayó el diablo. [7]Se requiere además que hablen bien de él los que no pertenecen a la iglesia,[f] para que no caiga en descrédito y en la trampa del diablo.

[8]Los diáconos, igualmente, deben ser honorables, sinceros, no amigos del mucho vino ni codiciosos de las ganancias mal habidas. [9]Deben guardar, con una conciencia limpia, las grandes verdades[g] de la fe. [10]Que primero sean puestos a prueba, y después, si no hay nada que reprocharles, que sirvan como diáconos.

[11]Así mismo, las esposas de los diáconos[h] deben ser honorables, no calumniadoras sino moderadas y dignas de toda confianza.

[12]El diácono debe ser esposo de una sola mujer y gobernar bien a sus hijos y su propia casa. [13]Los que ejercen bien el diaconado se ganan un lugar de honor y adquieren mayor confianza para hablar de su fe en Cristo Jesús.

[14]Aunque espero ir pronto a verte, escribo estas instrucciones para que, [15]si me retraso, sepas cómo hay que portarse en la casa de Dios, que es la iglesia del Dios viviente, columna y fundamento de la verdad. [16]No hay duda de que es grande el *misterio de nuestra fe:[i]

Él[j] se manifestó como hombre;[k]
    fue vindicado por[l] el Espíritu,
visto por los ángeles,
    proclamado entre las *naciones,
creído en el mundo,
    recibido en la gloria.

---

[b] **2:2** *gobernantes*. Lit. *reyes*. [c] **2:11** *con serenidad*. Alt. *en silencio*. [d] **2:12** *debe mantenerse ecuánime*. Alt. *debe guardar silencio*. [e] **2:15** *se salvará*. Alt. *será restaurada*. [f] **3:7** *hablen ... iglesia*. Lit. *tenga buen testimonio de los de afuera*. [g] **3:9** *las grandes verdades*. Lit. *el *misterio*. [h] **3:11** *las esposas de los diáconos*. Alt. *las diaconisas*. [i] **3:16** *de nuestra fe*. Lit. *de la piedad*. [j] **3:16** *Él*. Lit. *Quien*. Var. *Dios*. [k] **3:16** *como hombre*. Lit. *en la *carne*. [l] **3:16** *vindicado por*. Lit. *justificado en*.

Instrucciones a Timoteo

4 El Espíritu dice claramente que, en los últimos tiempos, algunos abandonarán la fe para seguir a inspiraciones engañosas y doctrinas diabólicas. [2]Tales enseñanzas provienen de embusteros hipócritas, que tienen la conciencia encallecida.[m] [3]Prohíben el matrimonio y no permiten comer ciertos alimentos que Dios ha creado para que los creyentes,[n] conocedores de la verdad, los coman con acción de gracias. [4]Todo lo que Dios ha creado es bueno, y nada es despreciable si se recibe con acción de gracias, [5]porque la palabra de Dios y la oración lo *santifican.

[6]Si enseñas estas cosas a los hermanos, serás un buen servidor de Cristo Jesús, nutrido con las verdades de la fe y de la buena enseñanza que paso a paso has seguido. [7]Rechaza las leyendas profanas y otros mitos semejantes.[ñ] Más bien, ejercítate en la piedad, [8]pues aunque el ejercicio físico trae algún provecho, la piedad es útil para todo, ya que incluye una promesa no sólo para la vida presente sino también para la venidera. [9]Este mensaje es digno de crédito y merece ser aceptado por todos. [10]En efecto, si trabajamos y nos esforzamos es porque hemos puesto nuestra esperanza en el Dios viviente, que es el Salvador de todos, especialmente de los que creen.

[11]Encarga y enseña estas cosas. [12]Que nadie te menosprecie por ser joven. Al contrario, que los creyentes vean en ti un ejemplo a seguir en la manera de hablar, en la conducta, y en amor, fe y pureza. [13]En tanto que llego, dedícate a la lectura pública de las Escrituras, y a enseñar y animar a los hermanos. [14]Ejercita el don que recibiste mediante profecía, cuando los *ancianos te impusieron las manos.

[15]Sé diligente en estos asuntos; entrégate de lleno a ellos, de modo que todos puedan ver que estás progresando. [16]Ten cuidado de tu conducta y de tu enseñanza.

Persevera en todo ello, porque así te salvarás a ti mismo y a los que te escuchen.

Cómo tratar a viudas, ancianos y esclavos

5 No reprendas con dureza al anciano, sino aconséjalo como si fuera tu padre. Trata a los jóvenes como a hermanos; [2]a las ancianas, como a madres; a las jóvenes, como a hermanas, con toda pureza.

[3]Reconoce debidamente a las viudas que de veras están desamparadas. [4]Pero si una viuda tiene hijos o nietos, que éstos aprendan primero a cumplir sus obligaciones con su propia familia y correspondan así a sus padres y abuelos, porque eso agrada a Dios. [5]La viuda desamparada, como ha quedado sola, pone su esperanza en Dios y persevera noche y día en sus oraciones y súplicas. [6]En cambio, la viuda que se entrega al placer ya está muerta en vida. [7]Encárgales estas cosas para que sean intachables. [8]El que no provee para los suyos, y sobre todo para los de su propia casa, ha negado la fe y es peor que un incrédulo.

[9]En la lista de las viudas debe figurar únicamente la que tenga más de sesenta años, que haya sido fiel a su esposo,[o] [10]y que sea reconocida por sus buenas obras, tales como criar hijos, practicar la hospitalidad, lavar los pies de los *creyentes, ayudar a los que sufren y aprovechar toda oportunidad para hacer el bien.

[11]No incluyas en esa lista a las viudas más jóvenes, porque cuando sus pasiones las alejan de Cristo, les da por casarse. [12]Así resultan culpables de faltar a su primer compromiso. [13]Además se acostumbran a estar ociosas y andar de casa en casa. Y no sólo se vuelven holgazanas sino también chismosas y entrometidas, hablando de lo que no deben. [14]Por eso exhorto a las viudas jóvenes a que se casen y tengan hijos, y a que lleven bien su hogar y no den lugar a las críticas del enemigo. [15]Y es que algunas ya se han descarriado para seguir a Satanás.

---

[m]**4:2** *encallecida.* Lit. *cauterizada.*   [n]**4:3** *creyentes.* Alt. *fieles.*   [ñ]**4:7** *Rechaza ... semejantes.* Lit. *Rechaza los mitos profanos y de viejas.*   [o]**5:9** *que haya sido fiel a su esposo.* Alt. *que no haya tenido más de un esposo.*

16Si alguna creyente tiene viudas en su familia, debe ayudarlas para que no sean una carga a la iglesia; así la iglesia podrá atender a las viudas desamparadas.

17Los *ancianos que dirigen bien los asuntos de la iglesia son dignos de doble honor,*p* especialmente los que dedican sus esfuerzos a la predicación y a la enseñanza. **18**Pues la Escritura dice: «No le pongas bozal al buey mientras esté trillando»,*q* y «El trabajador merece que se le pague su salario».*r* **19**No admitas ninguna acusación contra un anciano, a no ser que esté respaldada por dos o tres testigos. **20**A los que pecan, repréndelos en público para que sirva de escarmiento.

21Te insto delante de Dios, de Cristo Jesús y de los santos ángeles, a que sigas estas instrucciones sin dejarte llevar de prejuicios ni favoritismos.

22No te apresures a imponerle las manos a nadie, no sea que te hagas cómplice de pecados ajenos. Consérvate puro.

23No sigas bebiendo sólo agua; toma también un poco de vino a causa de tu mal de estómago y tus frecuentes enfermedades.

24Los pecados de algunos son evidentes aun antes de ser investigados, mientras que los pecados de otros se descubren después. **25**De igual manera son evidentes las buenas obras, y aunque estén ocultas, tarde o temprano se manifestarán.*s*

6 Todos los que aún son esclavos deben reconocer que sus amos merecen todo respeto; así evitarán que se hable mal del nombre de Dios y de nuestra enseñanza. **2**Los que tienen amos creyentes no deben faltarles al respeto por ser hermanos. Al contrario, deben servirles todavía mejor, porque los que se benefician de sus servicios son creyentes y hermanos queridos. Esto es lo que debes enseñar y recomendar.

El amor al dinero

3Si alguien enseña falsas doctrinas, apartándose de la sana enseñanza de nuestro Señor Jesucristo y de la doctrina que se ciñe a la verdadera religión,*t* **4**es un obstinado que nada entiende. Ese tal padece del afán enfermizo de provocar discusiones inútiles que generan envidias, discordias, insultos, suspicacias **5**y altercados entre personas de mente depravada, carentes de la verdad. Éste es de los que piensan que la religión es un medio de obtener ganancias. **6**Es cierto que con la verdadera religión se obtienen grandes ganancias, pero sólo si uno está satisfecho con lo que tiene. **7**Porque nada trajimos a este mundo, y nada podemos llevarnos. **8**Así que, si tenemos ropa y comida, contentémonos con eso. **9**Los que quieren enriquecerse caen en la *tentación y se vuelven esclavos de sus muchos deseos. Estos afanes insensatos y dañinos hunden a la gente en la ruina y en la destrucción. **10**Porque el amor al dinero es la raíz de toda clase de males. Por codiciarlo, algunos se han desviado de la fe y se han causado muchísimos sinsabores.

Encargo de Pablo a Timoteo

11Tú, en cambio, hombre de Dios, huye de todo eso, y esmérate en seguir la justicia, la piedad, la fe, el amor, la constancia y la humildad. **12**Pelea la buena batalla de la fe; haz tuya la vida eterna, a la que fuiste llamado y por la cual hiciste aquella admirable declaración de fe delante de muchos testigos. **13**Teniendo a Dios por testigo, el cual da vida a todas las cosas, y a Cristo Jesús, que dio su admirable testimonio delante de Poncio Pilato, te encargo **14**que guardes este mandato sin mancha ni reproche hasta la venida de nuestro Señor Jesucristo, **15**la cual Dios a su debido tiempo hará que se cumpla.

> Al único y bendito Soberano,
> 　　Rey de reyes y Señor de señores,
> **16**al único inmortal,
> 　　que vive en luz inaccesible,
> 　　a quien nadie ha visto ni puede
> 　　　　ver,

---

p **5:17** *honor.* Alt. *honorario.*　　*q* **5:18** Dt 25:4　　*r* **5:18** Lc 10:7　　*s* **5:25** *y aunque ... se manifestarán.* Alt. *y si son malas, no podrán quedar ocultas.*　　*t* **6:3** *la verdadera religión.* Lit. *la piedad;* también en vv. 5 y 6.

a él sea el honor y el poder eternamente. Amén.

17 A los ricos de este mundo, mándales que no sean arrogantes ni pongan su esperanza en las riquezas, que son tan inseguras, sino en Dios, que nos provee de todo en abundancia para que lo disfrutemos. **18** Mándales que hagan el bien, que sean ricos en buenas obras, y generosos, dispuestos a compartir lo que tienen. **19** De este modo atesorarán para sí un seguro caudal para el futuro y obtendrán la vida verdadera.

20 Timoteo, ¡cuida bien lo que se te ha confiado! Evita las discusiones profanas e inútiles, y los argumentos de la falsa ciencia. **21** Algunos, por abrazarla, se han desviado de la fe.

Que la gracia sea con ustedes.

Segunda Carta a

Timoteo

1 Pablo, apóstol de *Cristo Jesús por la voluntad de Dios, según la promesa de vida que tenemos en Cristo Jesús,

2 a mi querido hijo Timoteo:

Que Dios el Padre y Cristo Jesús nuestro Señor te concedan gracia, misericordia y paz.

Exhortación a la fidelidad

3 Al recordarte de día y de noche en mis oraciones, siempre doy gracias a Dios, a quien sirvo con una conciencia limpia como lo hicieron mis antepasados. 4 Y al acordarme de tus lágrimas, anhelo verte para llenarme de alegría. 5 Traigo a la memoria tu fe sincera, la cual animó primero a tu abuela Loida y a tu madre Eunice, y ahora te anima a ti. De eso estoy convencido. 6 Por eso te recomiendo que avives la llama del don de Dios que recibiste cuando te impuse las manos. 7 Pues Dios no nos ha dado un espíritu de timidez, sino de poder, de amor y de dominio propio.

8 Así que no te avergüences de dar testimonio de nuestro Señor, ni tampoco de mí, que por su causa soy prisionero. Al contrario, tú también, con el poder de Dios, debes soportar sufrimientos por el *evangelio. 9 Pues Dios nos salvó y nos llamó a una vida *santa, no por nuestras propias obras, sino por su propia determinación y gracia. Nos concedió este favor en Cristo Jesús antes del comienzo del tiempo; 10 y ahora lo ha revelado con la venida de nuestro Salvador Cristo Jesús, quien destruyó la muerte y sacó a la luz la vida incorruptible mediante el evangelio. 11 De este evangelio he sido yo designado

heraldo, apóstol y maestro. 12 Por ese motivo padezco estos sufrimientos. Pero no me avergüenzo, porque sé en quién he creído, y estoy seguro de que tiene poder para guardar hasta aquel día lo que le he confiado.[a]

13 Con fe y amor en Cristo Jesús, sigue el ejemplo de la sana doctrina que de mí aprendiste. 14 Con el poder del Espíritu Santo que vive en nosotros, cuida la preciosa enseñanza[b] que se te ha confiado.

15 Ya sabes que todos los de la provincia de *Asia me han abandonado, incluso Figelo y Hermógenes.

16 Que el Señor le conceda misericordia a la familia de Onesíforo, porque muchas veces me dio ánimo y no se avergonzó de mis cadenas. 17 Al contrario, cuando estuvo en Roma me buscó sin descanso hasta encontrarme. 18 Que el Señor le conceda hallar misericordia divina en aquel día. Tú conoces muy bien los muchos servicios que me prestó en Éfeso.

2 Así que tú, hijo mío, fortalécete por la gracia que tenemos en Cristo Jesús. 2 Lo que me has oído decir en presencia de muchos testigos, encomiéndalo a creyentes dignos de confianza, que a su vez estén capacitados para enseñar a otros. 3 Comparte nuestros sufrimientos, como buen soldado de Cristo Jesús. 4 Ningún soldado que quiera agradar a su superior se enreda en cuestiones civiles. 5 Así mismo, el atleta no recibe la corona de vencedor si no compite según el reglamento. 6 El labrador que trabaja duro tiene derecho a recibir primero parte de la cosecha. 7 Reflexiona en lo que te digo, y el Señor te dará una mayor comprensión de todo esto.

8 No dejes de recordar a Jesucristo, descendiente de David, *levantado de en-

---

[a] 1:12 *lo que le he confiado.* Alt. *lo que me ha confiado.*   [b] 1:14 *la preciosa enseñanza.* Lit. *el buen depósito.*

tre los muertos. Este es mi *evangelio, 9por el que sufro al extremo de llevar cadenas como un criminal. Pero la palabra de Dios no está encadenada. 10Así que todo lo soporto por el bien de los elegidos, para que también ellos alcancen la gloriosa y eterna salvación que tenemos en Cristo Jesús.

11Este mensaje es digno de crédito:

Si morimos con él,
también viviremos con él;
12si resistimos,
también reinaremos con él.
Si lo negamos,
también él nos negará;
13si somos infieles,
él sigue siendo fiel,
ya que no puede negarse a sí
mismo.

Un obrero aprobado por Dios

14No dejes de recordarles esto. Adviérteles delante de Dios que eviten las discusiones inútiles, pues no sirven nada más que para destruir a los oyentes. 15Esfuérzate por presentarte a Dios aprobado, como obrero que no tiene de qué avergonzarse y que interpreta rectamente la palabra de verdad. 16Evita las palabrerías profanas, porque los que se dan a ellas se alejan cada vez más de la vida piadosa, 17y sus enseñanzas se extienden como gangrena. Entre ellos están Himeneo y Fileto, 18que se han desviado de la verdad. Andan diciendo que la resurrección ya tuvo lugar, y así trastornan la fe de algunos. 19A pesar de todo, el fundamento de Dios es sólido y se mantiene firme, pues está sellado con esta inscripción: «El Señor conoce a los suyos»,c y esta otra: «Que se aparte de la maldad todo el que invoca el nombre del Señor».d

20En una casa grande no sólo hay vasos de oro y de plata sino también de madera y de barro, unos para los usos más nobles y otros para los usos más bajos. 21Si alguien se mantiene limpio, llegará a ser un vaso noble, *santificado, útil para el Señor y preparado para toda obra buena.

22Huye de las malas pasiones de la juventud, y esmérate en seguir la justicia, la fe, el amor y la paz, junto con los que invocan al Señor con un corazón limpio. 23No tengas nada que ver con discusiones necias y sin sentido, pues ya sabes que terminan en pleitos. 24Y un *siervo del Señor no debe andar peleando; más bien, debe ser amable con todos, capaz de enseñar y no propenso a irritarse. 25Así, humildemente, debe corregir a los adversarios, con la esperanza de que Dios les conceda el *arrepentimiento para conocer la verdad, 26de modo que se despierten y escapen de la trampa en que el diablo los tiene cautivos, sumisos a su voluntad.

La impiedad en los últimos días

3 Ahora bien, ten en cuenta que en los últimos días vendrán tiempos difíciles. 2La gente estará llena de egoísmo y avaricia; serán jactanciosos, arrogantes, *blasfemos, desobedientes a los padres, ingratos, impíos, 3insensibles, implacables, calumniadores, libertinos, despiadados, enemigos de todo lo bueno, 4traicioneros, impetuosos, vanidosos y más amigos del placer que de Dios. 5Aparentarán ser piadosos, pero su conducta desmentirá el poder de la piedad. ¡Con esa gente ni te metas!

6Así son los que van de casa en casa cautivando a mujeres débiles cargadas de pecados, que se dejan llevar de toda clase de pasiones. 7Ellas siempre están aprendiendo, pero nunca logran conocer la verdad. 8Del mismo modo que Janes y Jambres se opusieron a Moisés, también esa gente se opone a la verdad. Son personas de mente depravada, reprobadas en la fe. 9Pero no llegarán muy lejos, porque todo el mundo se dará cuenta de su insensatez, como pasó con aquellos dos.

Encargo de Pablo a Timoteo

10Tú, en cambio, has seguido paso a paso mis enseñanzas, mi manera de vivir, mi propósito, mi fe, mi paciencia, mi amor, mi constancia, 11mis persecuciones y mis sufrimientos. Estás enterado de lo

---

c2:19 Nm 16:5, según LXX   d2:19 Véanse Nm 16:26 y Jl 3:5

que sufrí en Antioquía, Iconio y Listra, y de las persecuciones que soporté. Y de todas ellas me libró el Señor. [12]Así mismo serán perseguidos todos los que quieran llevar una vida piadosa en Cristo Jesús, [13]mientras que esos malvados embaucadores irán de mal en peor, engañando y siendo engañados. [14]Pero tú, permanece firme en lo que has aprendido y de lo cual estás convencido, pues sabes de quiénes lo aprendiste. [15]Desde tu niñez conoces las Sagradas Escrituras, que pueden darte la sabiduría necesaria para la salvación mediante la fe en Cristo Jesús. [16]Toda la Escritura es inspirada por Dios y útil para enseñar, para reprender, para corregir y para instruir en la justicia, [17]a fin de que el siervo de Dios esté enteramente capacitado para toda buena obra.

4 En presencia de Dios y de Cristo Jesús, que ha de venir en su reino y que juzgará a los vivos y a los muertos, te doy este solemne encargo: [2]Predica la Palabra; persiste en hacerlo, sea o no sea oportuno; corrige, reprende y anima con mucha paciencia, sin dejar de enseñar. [3]Porque llegará el tiempo en que no van a tolerar la sana doctrina, sino que, llevados de sus propios deseos, se rodearán de maestros que les digan las novelerías que quieren oír. [4]Dejarán de escuchar la verdad y se volverán a los mitos. [5]Tú, por el contrario, sé prudente en todas las circunstancias, soporta los sufrimientos, dedícate a la evangelización; cumple con los deberes de tu ministerio.

[6]Yo, por mi parte, ya estoy a punto de ser ofrecido como un sacrificio, y el tiempo de mi partida ha llegado. [7]He peleado la buena batalla, he terminado la carrera, me he mantenido en la fe. [8]Por lo demás me espera la corona de justicia que el Señor, el juez justo, me otorgará en aquel día; y no sólo a mí, sino también a todos los que con amor hayan esperado su venida.

Instrucciones personales

[9]Haz todo lo posible por venir a verme cuanto antes, [10]pues Demas, por amor a este mundo, me ha abandonado y se ha ido a Tesalónica. Crescente se ha ido a Galacia y Tito a Dalmacia. [11]Sólo Lucas está conmigo. Recoge a Marcos y tráelo contigo, porque me es de ayuda en mi ministerio. [12]A Tíquico lo mandé a Éfeso. [13]Cuando vengas, trae la capa que dejé en Troas, en casa de Carpo; trae también los libros, especialmente los pergaminos.

[14]Alejandro el herrero me ha hecho mucho daño. El Señor le dará su merecido. [15]Tú también cuídate de él, porque se opuso tenazmente a nuestro mensaje.

[16]En mi primera defensa, nadie me respaldó, sino que todos me abandonaron. Que no les sea tomado en cuenta. [17]Pero el Señor estuvo a mi lado y me dio fuerzas para que por medio de mí se llevara a cabo la predicación del mensaje y lo oyeran todos los *paganos. Y fui librado de la boca del león. [18]El Señor me librará de todo mal y me preservará para su reino celestial. A él sea la gloria por los siglos de los siglos. Amén.

Saludos finales

[19]Saludos a *Priscila y a Aquila, y a la familia de Onesíforo. [20]Erasto se quedó en Corinto; a Trófimo lo dejé enfermo en Mileto. [21]Haz todo lo posible por venir antes del invierno. Te mandan saludos Eubulo, Pudente, Lino, Claudia y todos los hermanos. [22]El Señor esté con tu espíritu. Que la gracia sea con ustedes.

Carta a
Tito

1 Pablo, *siervo de Dios y apóstol de Jesucristo, llamado para que, mediante la fe, los elegidos de Dios lleguen a conocer la verdadera religión.[a] 2Nuestra esperanza es la vida eterna, la cual Dios, que no miente, ya había prometido antes de la creación. 3Ahora, a su debido tiempo, él ha cumplido esta promesa mediante la predicación que se me ha confiado por orden de Dios nuestro Salvador.

4A Tito, mi verdadero hijo en esta fe que compartimos:

Que Dios el Padre y Cristo Jesús nuestro Salvador te concedan gracia y paz.

Tarea de Tito en Creta

5Te dejé en Creta para que pusieras en orden lo que quedaba por hacer y en cada pueblo nombraras[b] *ancianos de la iglesia, de acuerdo con las instrucciones que te di. 6El anciano debe ser intachable, esposo de una sola mujer; sus hijos deben ser creyentes,[c] libres de sospecha de libertinaje o de desobediencia. 7El *obispo tiene a su cargo la obra de Dios, y por lo tanto debe ser intachable: no arrogante, ni iracundo, ni borracho, ni violento, ni codicioso de ganancias mal habidas. 8Al contrario, debe ser hospitalario, amigo del bien, sensato, justo, santo y disciplinado. 9Debe apegarse a la palabra fiel, según la enseñanza que recibió, de modo que también pueda exhortar a otros con la sana doctrina y refutar a los que se opongan.

10Y es que hay muchos rebeldes, charlatanes y engañadores, especialmente los partidarios de la *circuncisión. 11A ésos hay que taparles la boca, ya que están arruinando familias enteras al enseñar lo que no se debe; y lo hacen para obtener ganancias mal habidas. 12Fue precisamente uno de sus propios profetas el que dijo: «Los cretenses son siempre mentirosos, malas bestias, glotones perezosos.» 13¡Y es la verdad! Por eso, repréndelos con severidad a fin de que sean sanos en la fe 14y no hagan caso de leyendas judías ni de lo que exigen esos que rechazan la verdad. 15Para los puros todo es puro, pero para los corruptos e incrédulos no hay nada puro. Al contrario, tienen corrompidas la mente y la conciencia. 16Profesan conocer a Dios, pero con sus acciones lo niegan; son abominables, desobedientes e incapaces de hacer nada bueno.

Lo que se debe enseñar

2 Tú, en cambio, predica lo que va de acuerdo con la sana doctrina. 2A los *ancianos, enséñales que sean moderados, respetables, sensatos, e íntegros en la fe, en el amor y en la constancia.

3A las ancianas, enséñales que sean reverentes en su conducta, y no calumniadoras ni adictas al mucho vino. Deben enseñar lo bueno 4y aconsejar a las jóvenes a amar a sus esposos y a sus hijos, 5a ser sensatas y puras, cuidadosas del hogar, bondadosas y sumisas a sus esposos, para que no se hable mal de la palabra de Dios.

6A los jóvenes, exhórtalos a ser sensatos. 7Con tus buenas obras, dales tú mismo ejemplo en todo. Cuando enseñes, hazlo con integridad y seriedad, 8y con un mensaje sano e intachable. Así se avergonzará cualquiera que se oponga, pues no podrá decir nada malo de nosotros.

9Enseña a los *esclavos a someterse en todo a sus amos, a procurar agradarles y a no ser respondones. 10No deben robarles

---

[a]1:1 la verdadera religión. Lit. la verdad que es según la piedad.   [b]1:5 nombraras. Alt. ordenaras.
[c]1:6 creyentes. Alt. fieles.

sino demostrar que son dignos de toda confianza, para que en todo hagan honor a la enseñanza de Dios nuestro Salvador.

11 En verdad, Dios ha manifestado a toda la *humanidad su gracia, la cual trae salvación 12 y nos enseña a rechazar la impiedad y las pasiones mundanas. Así podremos vivir en este mundo con justicia, piedad y dominio propio, 13 mientras aguardamos la bendita esperanza, es decir, la gloriosa venida de nuestro gran Dios y Salvador Jesucristo. 14 Él se entregó por nosotros para rescatarnos de toda maldad y purificar para sí un pueblo elegido, dedicado a hacer el bien.

15 Esto es lo que debes enseñar. Exhorta y reprende con toda autoridad. Que nadie te menosprecie.

La conducta del creyente

3 Recuérdales a todos que deben mostrarse obedientes y sumisos ante los gobernantes y las autoridades. Siempre deben estar dispuestos a hacer lo bueno: 2 a no hablar mal de nadie, sino a buscar la paz y ser respetuosos, demostrando plena humildad en su trato con todo el mundo.

3 En otro tiempo también nosotros éramos necios y desobedientes. Estábamos descarriados y éramos esclavos de todo género de pasiones y placeres. Vivíamos en la malicia y en la envidia. Éramos detestables y nos odiábamos unos a otros. 4 Pero cuando se manifestaron la bondad y el amor de Dios nuestro Salvador, 5 él nos salvó, no por nuestras propias obras de justicia sino por su misericordia. Nos salvó mediante el lavamiento de la regeneración y de la renovación por el Espíritu Santo, 6 el cual fue derramado abundantemente sobre nosotros por medio de Jesucristo nuestro Salvador. 7 Así lo hizo para que, *justificados por su gracia, llegáramos a ser herederos que abrigan la esperanza de recibir la vida eterna. 8 Este mensaje es digno de confianza, y quiero que lo recalques, para que los que han creído en Dios se empeñen en hacer buenas obras. Esto es excelente y provechoso para todos.

9 Evita las necias controversias y genealogías, las discusiones y peleas sobre la ley, porque carecen de provecho y de sentido. 10 Al que cause divisiones, amonéstalo dos veces, y después evítalo. 11 Puedes estar seguro de que tal individuo se condena a sí mismo por ser un perverso pecador.

Instrucciones personales y saludos finales

12 Tan pronto como te haya enviado a Artemas o a Tíquico, haz todo lo posible por ir a Nicópolis a verme, pues he decidido pasar allí el invierno. 13 Ayuda en todo lo que puedas al abogado Zenas y a Apolos, de modo que no les falte nada para su viaje. 14 Que aprendan los nuestros a empeñarse en hacer buenas obras, a fin de que atiendan a lo que es realmente necesario y no lleven una vida inútil.

15 Saludos de parte de todos los que me acompañan. Saludos a los que nos aman en la fe.

Que la gracia sea con todos ustedes.

Carta a Filemón

1Pablo, prisionero de *Cristo Jesús, y el hermano Timoteo,

a ti, querido Filemón, compañero de trabajo, 2a la hermana Apia, a Arquipo nuestro compañero de lucha, y a la iglesia que se reúne en tu casa:

3Que Dios nuestro Padre y el Señor Jesucristo les concedan gracia y paz.

Acción de gracias y petición

4Siempre doy gracias a mi Dios al recordarte en mis oraciones, 5porque tengo noticias de tu amor y tu *fidelidad hacia el Señor Jesús y hacia todos los creyentes. 6Pido a Dios que el compañerismo que brota de tu fe sea eficaz para la causa de Cristo mediante el reconocimiento de todo lo bueno que compartimos. 7Hermano, tu amor me ha alegrado y animado mucho porque has reconfortado el corazón de los *santos.

Intercesión de Pablo por Onésimo

8Por eso, aunque en Cristo tengo la franqueza suficiente para ordenarte lo que debes hacer, 9prefiero rogártelo en nombre del amor. Yo, Pablo, ya anciano y ahora, además, prisionero de Cristo Jesús, 10te suplico por mi hijo Onésimo,ᵃ quien llegó a ser hijo mío mientras yo estaba preso. 11En otro tiempo te era inútil, pero ahora nos es útil tanto a ti como a mí. 12Te lo envío de vuelta, y con él va mi propio corazón. 13Yo hubiera querido retenerlo para que me sirviera en tu lugar mientras estoy preso por causa del *evangelio. 14Sin embargo, no he querido hacer nada sin tu consentimiento, para que tu favor no sea por obligación sino espontáneo. 15Tal vez por eso Onésimo se alejó de ti por algún tiempo, para que ahora lo recibas para siempre, 16ya no como a esclavo, sino como algo mejor: como a un hermano querido, muy especial para mí, pero mucho más para ti, como persona y como hermano en el Señor.

17De modo que, si me tienes por compañero, recíbelo como a mí mismo. 18Si te ha perjudicado o te debe algo, cárgalo a mi cuenta. 19Yo, Pablo, lo escribo de mi puño y letra: te lo pagaré; por no decirte que tú mismo me debes lo que eres. 20Sí, hermano, ¡que reciba yo de ti algún beneficio en el Señor! Reconforta mi corazón en Cristo. 21Te escribo confiado en tu obediencia, seguro de que harás aún más de lo que te pido.

22Además de eso, prepárame alojamiento, porque espero que Dios les conceda el tenerme otra vez con ustedes en respuesta a sus oraciones.

23Te mandan saludos Epafras, mi compañero de cárcel en Cristo Jesús, 24y también Marcos, Aristarco, Demas y Lucas, mis compañeros de trabajo.

25Que la gracia del Señor Jesucristo sea con su espíritu.

ᵃ10 *Onésimo* significa *útil*.

Carta a los Hebreos

El Hijo, superior a los ángeles

1 Dios, que muchas veces y de varias maneras habló a nuestros antepasados en otras épocas por medio de los profetas, ²en estos días finales nos ha hablado por medio de su Hijo. A éste lo designó heredero de todo, y por medio de él hizo el universo. ³El Hijo es el resplandor de la gloria de Dios, la fiel imagen de lo que él es, y el que sostiene todas las cosas con su palabra poderosa. Después de llevar a cabo la purificación de los pecados, se sentó a la *derecha de la Majestad en las alturas. ⁴Así llegó a ser superior a los ángeles en la misma medida en que el nombre que ha heredado supera en excelencia al de ellos.

⁵Porque, ¿a cuál de los ángeles dijo Dios jamás:

«Tú eres mi hijo;
  hoy mismo te he engendrado»;ª

y en otro pasaje:

«Yo seré su padre,
  y él será mi hijo»?ᵇ

⁶Además, al introducir a su Primogénito en el mundo, Dios dice:

«Que lo adoren todos los ángeles
  de Dios.»ᶜ

⁷En cuanto a los ángeles dice:

«Él hace de los vientos sus ángeles,
  y de las llamas de fuego sus
  servidores.»ᵈ

⁸Pero con respecto al Hijo dice:

«Tu trono, oh Dios, permanece por
  los siglos de los siglos,
  y el cetro de tu reino es un cetro
  de justicia.
⁹Has amado la justicia y odiado la
  maldad;
  por eso Dios, tu Dios, te ha
  ungido con aceite de alegría,
  exaltándote por encima de tus
  compañeros.»ᵉ

¹⁰También dice:

«En el principio, oh Señor, tú
  afirmaste la tierra,
  y los cielos son la obra de tus
  manos.
¹¹Ellos perecerán, pero tú
  permaneces para siempre.
  Todos ellos se desgastarán como
  un vestido.
¹²Los doblarás como un manto,
  y cambiarán como ropa que se
  muda;
  pero tú eres siempre el mismo,
  y tus años no tienen fin.»ᶠ

¹³¿A cuál de los ángeles dijo Dios jamás:

«Siéntate a mi derecha,
  hasta que ponga a tus enemigos
  por estrado de tus pies»?ᵍ

¹⁴¿No son todos los ángeles espíritus dedicados al servicio divino, enviados para ayudar a los que han de heredar la salvación?

Advertencia a prestar atención

2 Por eso es necesario que prestemos más atención a lo que hemos oído, no sea que perdamos el rumbo. ²Porque si el

---

ª**1:5** Sal 2:7   ᵇ**1:5** 2 S 7:14; 1Cr 17:13   ᶜ**1:6** Dt 32:43 (según Qumrán y LXX)   ᵈ**1:7** Sal 104:4
ᵉ**1:9** Sal 45:6,7   ᶠ**1:12** Sal 102:25-27   ᵍ**1:13** Sal 110:1

mensaje anunciado por los ángeles tuvo validez, y toda transgresión y desobediencia recibió su justo castigo, **3**¿cómo escaparemos nosotros si descuidamos una salvación tan grande? Esta salvación fue anunciada primeramente por el Señor, y los que la oyeron nos la confirmaron. **4**A la vez, Dios ratificó su testimonio acerca de ella con señales, prodigios, diversos milagros y dones distribuidos por el Espíritu Santo según su voluntad.

Jesús, hecho igual a sus hermanos

5Dios no puso bajo el dominio de los ángeles el mundo venidero del que estamos hablando. **6**Como alguien ha atestiguado en algún lugar:

> «¿Qué es el hombre, para que en él
>   pienses?
> ¿Qué es el *ser humano,*h* para
>   que lo tomes en cuenta?
> **7**Lo hiciste un poco*i* menor que los
>   ángeles,
> y lo coronaste de gloria y de
>   honra;
> **8** ¡todo lo sometiste a su dominio!»*j*

Si Dios puso bajo él todas las cosas, entonces no hay nada que no le esté sujeto. Ahora bien, es cierto que todavía no vemos que todo le esté sujeto. **9**Sin embargo, vemos a Jesús, que fue hecho un poco inferior a los ángeles, coronado de gloria y honra por haber padecido la muerte. Así, por la gracia de Dios, la muerte que él sufrió resulta en beneficio de todos.

10En efecto, a fin de llevar a muchos hijos a la gloria, convenía que Dios, para quien y por medio de quien todo existe, *perfeccionara mediante el sufrimiento al autor de la salvación de ellos. **11**Tanto el que *santifica como los que son santificados tienen un mismo origen, por lo cual Jesús no se avergüenza de llamarlos hermanos, **12**cuando dice:

> «Proclamaré tu nombre a mis
>   hermanos;

> en medio de la congregación te
>   alabaré.»*k*

13En otra parte dice:

> «Yo confiaré en él.»*l*

Y añade:

> «Aquí me tienen, con los hijos que
>   Dios me ha dado.»*m*

14Por tanto, ya que ellos son de carne y hueso,*n* él también compartió esa naturaleza humana para anular, mediante la muerte, al que tiene el dominio de la muerte —es decir, al diablo—, **15**y librar a todos los que por temor a la muerte estaban sometidos a esclavitud durante toda la vida. **16**Pues, ciertamente, no vino en auxilio de los ángeles sino de los descendientes de Abraham. **17**Por eso era preciso que en todo se asemejara a sus hermanos, para ser un sumo sacerdote fiel y misericordioso al servicio de Dios, a fin de *expiar*ñ* los pecados del pueblo. **18**Por haber sufrido él mismo la *tentación, puede socorrer a los que son tentados.

Jesús, superior a Moisés

3 Por lo tanto, hermanos, ustedes que han sido *santificados y que tienen parte en el mismo llamamiento celestial, consideren a Jesús, apóstol y sumo sacerdote de la fe que profesamos. **2**Él fue fiel al que lo nombró, como lo fue también Moisés en toda la casa de Dios. **3**De hecho, Jesús ha sido estimado digno de mayor honor que Moisés, así como el constructor de una casa recibe mayor honor que la casa misma. **4**Porque toda casa tiene su constructor, pero el constructor de todo es Dios. **5**Moisés fue fiel como siervo en toda la casa de Dios, para dar testimonio de lo que Dios diría en el futuro. **6***Cristo, en cambio, es fiel como Hijo al frente de la casa de Dios. Y esa casa somos nosotros, con tal que mantengamos*o* nuestra confianza y la esperanza que nos *enorgullece.

---

*h***2:6** el *ser humano.* Lit. *o hijo de hombre.*   *i***2:7** un poco. Alt. *por un poco de tiempo;* también en v. 9.
*j***2:8** Sal 8:4-6   *k***2:12** Sal 22:22   *l***2:13** Is 8:17   *m***2:13** Is 8:18   *n***2:14** carne y hueso. Lit. *sangre y carne.*
*ñ***2:17** expiar. Lit. *hacer propiciación por.*   *o***3:6** mantengamos. Var. *mantengamos firme hasta el fin.*

Advertencia contra la incredulidad

7Por eso, como dice el Espíritu Santo:

«Si ustedes oyen hoy su voz,
8   no endurezcan el corazón
como sucedió en la rebelión,
en aquel día de *prueba en el
    desierto.
9Allí sus antepasados me *tentaron
y me pusieron a prueba,
a pesar de haber visto mis obras
    cuarenta años.
10Por eso me enojé con aquella
    generación,
y dije: "Siempre se descarría su
    corazón,
y no han reconocido mis
    caminos."
11Así que, en mi enojo, hice este
    juramento:
"Jamás entrarán en mi reposo."»[p]

12Cuídense, hermanos, de que ninguno de ustedes tenga un corazón pecaminoso e incrédulo que los haga apartarse del Dios vivo. 13Más bien, mientras dure ese «hoy», anímense unos a otros cada día, para que ninguno de ustedes se endurezca por el engaño del pecado. 14Hemos llegado a tener parte con *Cristo, con tal que retengamos firme hasta el fin la confianza que tuvimos al principio. 15Como se acaba de decir:

«Si ustedes oyen hoy su voz,
no endurezcan el corazón
como sucedió en la rebelión.»[q]

16Ahora bien, ¿quiénes fueron los que oyeron y se rebelaron? ¿No fueron acaso todos los que salieron de Egipto guiados por Moisés? 17¿Y con quiénes se enojó Dios durante cuarenta años? ¿No fue acaso con los que pecaron, los cuales cayeron muertos en el desierto? 18¿Y a quiénes juró Dios que jamás entrarían en su reposo, sino a los que desobedecieron?[r] 19Como podemos ver, no pudieron entrar por causa de su incredulidad.

Reposo del pueblo de Dios

4 Cuidémonos, por tanto, no sea que, aunque la promesa de entrar en su reposo sigue vigente, alguno de ustedes parezca quedarse atrás. 2Porque a nosotros, lo mismo que a ellos, se nos ha anunciado la buena *noticia; pero el mensaje que escucharon no les sirvió de nada, porque no se unieron en la fe a[s] los que habían prestado atención a ese mensaje. 3En tal reposo entramos los que somos creyentes, conforme Dios ha dicho:

«Así que, en mi enojo, hice este
    juramento:
"Jamás entrarán en mi reposo."»[t]

Es cierto que su trabajo quedó terminado con la creación del mundo, 4pues en algún lugar se ha dicho así del séptimo día: «Y en el séptimo día reposó Dios de todas sus obras.»[u] 5Y en el pasaje citado también dice: «Jamás entrarán en mi reposo.»

6Sin embargo, todavía falta que algunos entren en ese reposo, y los primeros a quienes se les anunció la buena noticia no entraron por causa de su desobediencia. 7Por eso, Dios volvió a fijar un día, que es «hoy», cuando mucho después declaró por medio de David lo que ya se ha mencionado:

«Si ustedes oyen hoy su voz,
no endurezcan el corazón.»[v]

8Si Josué les hubiera dado el reposo, Dios no habría hablado posteriormente de otro día. 9Por consiguiente, queda todavía un reposo especial[w] para el pueblo de Dios; 10porque el que entra en el reposo de Dios descansa también de sus obras, así como Dios descansó de las suyas. 11Esforcémonos, pues, por entrar en ese reposo, para que nadie caiga al seguir aquel ejemplo de desobediencia.

---

[p]**3:11** Sal 95:7-11   [q]**3:15** Sal 95:7,8   [r]**3:18** *los que desobedecieron.* Alt. *los que no creyeron.*   [s]**4:2** *no se unieron en la fe a.* Var. *no se combinó con fe para.*   [t]**4:3** Sal 95:11; también en v. 5   [u]**4:4** Gn 2:2   [v]**4:7** Sal 95:7,8   [w]**4:9** *un reposo especial.* Lit. *un sabático.*

¹²Ciertamente, la palabra de Dios es viva y poderosa, y más cortante que cualquier espada de dos filos. Penetra hasta lo más profundo del alma y del espíritu, hasta la médula de los huesos,ˣ y juzga los pensamientos y las intenciones del corazón. ¹³Ninguna cosa creada escapa a la vista de Dios. Todo está al descubierto, expuesto a los ojos de aquel a quien hemos de rendir cuentas.

Jesús, el gran sumo sacerdote

¹⁴Por lo tanto, ya que en Jesús, el Hijo de Dios, tenemos un gran sumo sacerdote que ha atravesado los cielos, aferrémonos a la fe que profesamos. ¹⁵Porque no tenemos un sumo sacerdote incapaz de compadecerse de nuestras debilidades, sino uno que ha sido *tentado en todo de la misma manera que nosotros, aunque sin pecado. ¹⁶Así que acerquémonos confiadamente al trono de la gracia para recibir misericordia y hallar la gracia que nos ayude en el momento que más la necesitemos.

5 Todo sumo sacerdote es escogido de entre los hombres. Él mismo es nombrado para representar a su pueblo ante Dios, y ofrecer dones y sacrificios por los pecados. ²Puede tratar con paciencia a los ignorantes y extraviados, ya que él mismo está sujeto a las debilidades humanas. ³Por tal razón se ve obligado a ofrecer sacrificios por sus propios pecados, como también por los del pueblo.

⁴Nadie ocupa ese cargo por iniciativa propia; más bien, lo ocupa el que es llamado por Dios, como sucedió con Aarón. ⁵Tampoco *Cristo se glorificó a sí mismo haciéndose sumo sacerdote, sino que Dios le dijo:

«Tú eres mi hijo;
    hoy mismo te he engendrado.»ʸ

⁶Y en otro pasaje dice:

«Tú eres sacerdote para siempre,
    según el orden de Melquisedec.»ᶻ

⁷En los días de su vida *mortal, Jesús ofreció oraciones y súplicas con fuerte clamor y lágrimas al que podía salvarlo de la muerte, y fue escuchado por su reverente sumisión. ⁸Aunque era Hijo, mediante el sufrimiento aprendió a obedecer; ⁹y consumada su *perfección, llegó a ser autor de salvación eterna para todos los que le obedecen, ¹⁰y Dios lo nombró sumo sacerdote según el orden de Melquisedec.

Advertencia contra la apostasía

¹¹Sobre este tema tenemos mucho que decir aunque es difícil explicarlo, porque a ustedes lo que les entra por un oído les sale por el otro.ᵃ ¹²En realidad, a estas alturas ya deberían ser maestros, y sin embargo necesitan que alguien vuelva a enseñarles las verdades más elementales de la palabra de Dios. Dicho de otro modo, necesitan leche en vez de alimento sólido. ¹³El que sólo se alimenta de leche es inexperto en el mensaje de justicia; es como un niño de pecho. ¹⁴En cambio, el alimento sólido es para los adultos, para los que tienen la capacidad de distinguir entre lo bueno y lo malo, pues han ejercitado su facultad de percepción espiritual.

6 Por eso, dejando a un lado las enseñanzas elementales acerca de *Cristo, avancemos hacia la madurez. No volvamos a poner los fundamentos, tales como el *arrepentimiento de las obras que conducen a la muerte, la fe en Dios, ²la instrucción sobre bautismos, la imposición de manos, la resurrección de los muertos y el juicio eterno. ³Así procederemos, si Dios lo permite.

⁴⁻⁶Es imposible que renueven su arrepentimiento aquellos que han sido una vez iluminados, que han saboreado el don celestial, que han tenido parte en el Espíritu Santo y que han experimentado la buena palabra de Dios y los poderes del mundo venidero, y después de todo esto se han apartado. Es imposible, porque así vuelven a crucificar, para su propio mal, al Hijo de Dios, y lo exponen a la vergüenza pública.

ˣ**4:12** *Penetra ... huesos.* Lit. *Penetra hasta la división de alma y espíritu, y de articulaciones y médulas.* ʸ**5:5** Sal 2:7 ᶻ**5:6** Sal 110:4 ᵃ**5:11** *a ustedes ... por el otro.* Lit. *se han vuelto torpes en los oídos.*

7Cuando la tierra bebe la lluvia que con frecuencia cae sobre ella, y produce una buena cosecha para los que la cultivan, recibe bendición de Dios. 8En cambio, cuando produce espinos y cardos, no vale nada; está a punto de ser maldecida, y acabará por ser quemada.

9En cuanto a ustedes, queridos hermanos, aunque nos expresamos así, estamos seguros de que les espera lo mejor, es decir, lo que atañe a la salvación. 10Porque Dios no es injusto como para olvidarse de las obras y del amor que, para su gloria,[b] ustedes han mostrado sirviendo a los *santos, como lo siguen haciendo. 11Deseamos, sin embargo, que cada uno de ustedes siga mostrando ese mismo empeño hasta la realización final y completa de su esperanza. 12No sean perezosos; más bien, imiten a quienes por su fe y paciencia heredan las promesas.

La certeza de la promesa de Dios

13Cuando Dios hizo su promesa a Abraham, como no tenía a nadie superior por quien jurar, juró por sí mismo, 14y dijo: «Te bendeciré en gran manera y multiplicaré tu descendencia.»[c] 15Y así, después de esperar con paciencia, Abraham recibió lo que se le había prometido.

16Los *seres humanos juran por alguien superior a ellos mismos, y el juramento, al confirmar lo que se ha dicho, pone punto final a toda discusión. 17Por eso Dios, queriendo demostrar claramente a los herederos de la promesa que su propósito es inmutable, la confirmó con un juramento. 18Lo hizo así para que, mediante la promesa y el juramento, que son dos realidades inmutables en las cuales es imposible que Dios mienta, tengamos un estímulo poderoso los que, buscando refugio, nos aferramos a la esperanza que está delante de nosotros. 19Tenemos como firme y segura ancla del alma una esperanza que penetra hasta detrás de la cortina del *santuario, 20hasta donde Jesús, el precursor, entró por nosotros, llegando a ser sumo sacerdote para siempre, según el orden de Melquisedec.

El sacerdocio de Melquisedec

7 Este Melquisedec, rey de Salén y sacerdote del Dios Altísimo, salió al encuentro de Abraham, que regresaba de derrotar a los reyes, y lo bendijo. 2Abraham, a su vez, le dio la décima parte de todo. El nombre Melquisedec significa, en primer lugar, «rey de justicia» y, además, «rey de Salén», esto es, «rey de paz». 3No tiene padre ni madre ni genealogía; no tiene comienzo ni fin, pero a semejanza del Hijo de Dios, permanece como sacerdote para siempre.

4Consideren la grandeza de ese hombre, a quien nada menos que el patriarca Abraham dio la décima parte del botín. 5Ahora bien, los descendientes de Leví que reciben el sacerdocio tienen, por ley, el mandato de cobrar los diezmos del pueblo, es decir, de sus hermanos, aunque éstos también son descendientes de Abraham. 6En cambio, Melquisedec, que no era descendiente de Leví, recibió los diezmos de Abraham y bendijo al que tenía las promesas. 7Es indiscutible que la persona que bendice es superior a la que recibe la bendición. 8En el caso de los levitas, los diezmos los reciben hombres mortales; en el otro caso, los recibe Melquisedec, de quien se da testimonio de que vive. 9Hasta podría decirse que Leví, quien ahora recibe los diezmos, los pagó por medio de Abraham, 10ya que Leví estaba presente en su antepasado Abraham cuando Melquisedec le salió al encuentro.

Jesús, semejante a Melquisedec

11Si hubiera sido posible alcanzar la *perfección mediante el sacerdocio levítico (pues bajo éste se le dio la ley al pueblo), ¿qué necesidad había de que más adelante surgiera otro sacerdote, según el orden de Melquisedec y no según el de Aarón? 12Porque cuando cambia el sacerdocio, también tiene que cambiarse la ley. 13En efecto, Jesús, de quien se dicen estas cosas, era de otra tribu, de la cual nadie se ha dedicado al servicio del altar. 14Es evidente que nuestro Señor procedía de la

---

[b] **6:10** *gloria.* Lit. *nombre.*   [c] **6:14** Gn 22:17

tribu de Judá, respecto a la cual nada dijo Moisés con relación al sacerdocio. **15**Y lo que hemos dicho resulta aún más evidente si, a semejanza de Melquisedec, surge otro sacerdote **16**que ha llegado a serlo, no conforme a un requisito legal respecto a linaje *humano, sino conforme al poder de una vida indestructible. **17**Pues de él se da testimonio:

«Tú eres sacerdote para siempre,
según el orden de Melquisedec.»*d*

18Por una parte, la ley anterior queda anulada por ser inútil e ineficaz, **19**ya que no *perfeccionó nada. Y por la otra, se introduce una esperanza mejor, mediante la cual nos acercamos a Dios.

20¡Y no fue sin juramento! Los otros sacerdotes llegaron a serlo sin juramento, **21**mientras que éste llegó a serlo con el juramento de aquel que le dijo:

«El Señor ha jurado,
y no cambiará de parecer:
"Tú eres sacerdote para siempre."»

22Por tanto, Jesús ha llegado a ser el que garantiza un pacto superior.

23Ahora bien, como a aquellos sacerdotes la muerte les impedía seguir ejerciendo sus funciones, ha habido muchos de ellos; **24**pero como Jesús permanece para siempre, su sacerdocio es imperecedero. **25**Por eso también puede salvar por completo*e* a los que por medio de él se acercan a Dios, ya que vive siempre para interceder por ellos.

26Nos convenía tener un sumo sacerdote así: santo, irreprochable, puro, apartado de los pecadores y exaltado sobre los cielos. **27**A diferencia de los otros sumos sacerdotes, él no tiene que ofrecer sacrificios día tras día, primero por sus propios pecados y luego por los del pueblo; porque él ofreció el sacrificio una sola vez y para siempre cuando se ofreció a sí mismo. **28**De hecho, la ley designa como sumos sacerdotes a hombres débiles; pero el juramento, posterior a la ley, designa al

Hijo, quien ha sido hecho *perfecto para siempre.

El sumo sacerdote de un nuevo pacto

8 Ahora bien, el punto principal de lo que venimos diciendo es que tenemos tal sumo sacerdote, aquel que se sentó a la *derecha del trono de la Majestad en el cielo, **2**el que sirve en el *santuario, es decir, en el verdadero tabernáculo levantado por el Señor y no por ningún *ser humano.

3A todo sumo sacerdote se le nombra para presentar ofrendas y sacrificios, por lo cual es necesario que también tenga algo que ofrecer. **4**Si Jesús estuviera en la tierra, no sería sacerdote, pues aquí ya hay sacerdotes que presentan las ofrendas en conformidad con la ley. **5**Estos sacerdotes sirven en un santuario que es copia y sombra del que está en el cielo, tal como se le advirtió a Moisés cuando estaba a punto de construir el tabernáculo: «Asegúrate de hacerlo todo según el modelo que se te ha mostrado en la montaña.»*f* **6**Pero el servicio sacerdotal que Jesús ha recibido es superior al de ellos, así como el pacto del cual es mediador es superior al antiguo, puesto que se basa en mejores promesas.

7Efectivamente, si ese primer pacto hubiera sido *perfecto, no habría lugar para un segundo pacto. **8**Pero Dios, reprochándoles sus defectos, dijo:

«Vienen días —dice el Señor—,
en que haré un nuevo pacto
con la casa de Israel
y con la casa de Judá.
9No será un pacto
como el que hice con sus
antepasados
el día en que los tomé de la mano
y los saqué de Egipto,
ya que ellos no permanecieron
fieles a mi pacto,
y yo los abandoné
—dice el Señor—.
10Éste es el pacto que después de
aquel tiempo

---

*d***7:17** Sal 110:4; también en v. 21   *e***7:25** *por completo.* Alt. *para siempre.*   *f***8:5** Éx 25:40

haré con la casa de Israel —dice
el Señor—:
Pondré mis leyes en su mente
y las escribiré en su corazón.
Yo seré su Dios,
y ellos serán mi pueblo.
11 Ya no tendrá nadie que enseñar a
su prójimo,
ni dirá nadie a su hermano:
"¡Conoce al Señor!",
porque todos, desde el más
pequeño hasta el más grande,
me conocerán.
12 Yo les perdonaré sus iniquidades,
y nunca más me acordaré de sus
pecados.»[g]

13 Al llamar «nuevo» a ese pacto, ha declarado obsoleto al anterior; y lo que se vuelve obsoleto y envejece ya está por desaparecer.

El culto en el tabernáculo terrenal

9 Ahora bien, el primer pacto tenía sus normas para el culto, y un *santuario terrenal. 2 En efecto, se habilitó un tabernáculo de tal modo que en su primera parte, llamada el Lugar Santo, estaban el candelabro, la mesa y los panes consagrados. 3 Tras la segunda cortina estaba la parte llamada el Lugar Santísimo, 4 el cual tenía el altar de oro para el incienso y el arca del pacto, toda recubierta de oro. Dentro del arca había una urna de oro que contenía el maná, la vara de Aarón que había retoñado, y las tablas del pacto. 5 Encima del arca estaban los *querubines de la gloria, que cubrían con su sombra el lugar de la *expiación.[h] Pero ahora no se puede hablar de eso en detalle.

6 Así dispuestas todas estas cosas, los sacerdotes entran continuamente en la primera parte del tabernáculo para celebrar el culto. 7 Pero en la segunda parte entra únicamente el sumo sacerdote, y sólo una vez al año, provisto siempre de sangre que ofrece por sí mismo y por los pecados de ignorancia cometidos por el pueblo. 8 Con esto el Espíritu Santo da a entender que,

mientras siga en pie el primer tabernáculo, aún no se habrá revelado el camino que conduce al Lugar Santísimo. 9 Esto nos ilustra hoy día que las ofrendas y los sacrificios que allí se ofrecen no tienen poder alguno para *perfeccionar la conciencia de los que celebran ese culto. 10 No se trata más que de reglas externas relacionadas con alimentos, bebidas y diversas ceremonias de *purificación, válidas sólo hasta el tiempo señalado para reformarlo todo.

La sangre de Cristo

11 *Cristo, por el contrario, al presentarse como sumo sacerdote de los bienes definitivos[i] en el tabernáculo más excelente y *perfecto, no hecho por manos humanas (es decir, que no es de esta creación), 12 entró una sola vez y para siempre en el Lugar Santísimo. No lo hizo con sangre de machos cabríos y becerros, sino con su propia sangre, logrando así un rescate eterno. 13 La sangre de machos cabríos y de toros, y las cenizas de una novilla rociadas sobre personas *impuras, las *santifican de modo que quedan *limpias por fuera. 14 Si esto es así, ¡cuánto más la sangre de Cristo, quien por medio del Espíritu eterno se ofreció sin mancha a Dios, purificará nuestra conciencia de las obras que conducen a la muerte, a fin de que sirvamos al Dios viviente!

15 Por eso Cristo es mediador de un nuevo pacto, para que los llamados reciban la herencia eterna prometida, ahora que él ha muerto para liberarlos de los pecados cometidos bajo el primer pacto.

16 En el caso de un testamento,[j] es necesario constatar la muerte del testador, 17 pues un testamento sólo adquiere validez cuando el testador muere, y no entra en vigor mientras vive. 18 De ahí que ni siquiera el primer pacto se haya establecido sin sangre. 19 Después de promulgar todos los mandamientos de la ley a todo el pueblo, Moisés tomó la sangre de los becerros junto con agua, lana escarlata y ramas de hisopo, y roció el libro de la ley

---

[g] **8:12** Jer 31:31-34   [h] **9:5** *el lugar de la expiación.* Lit. *el *propiciatorio.*   [i] **9:11** *definitivos.* Var. *venideros.*
[j] **9:16** En griego la misma palabra se emplea para *pacto* y para *testamento*; también en v. 17.

y a todo el pueblo, 20diciendo: «Ésta es la sangre del pacto que Dios ha mandado que ustedes cumplan.»*k* 21De la misma manera roció con la sangre el tabernáculo y todos los objetos que se usaban en el culto. 22De hecho, la ley exige que casi todo sea purificado con sangre, pues sin derramamiento de sangre no hay perdón.

23Así que era necesario que las copias de las realidades celestiales fueran purificadas con esos sacrificios, pero que las realidades mismas lo fueran con sacrificios superiores a aquéllos. 24En efecto, Cristo no entró en un santuario hecho por manos humanas, simple copia del verdadero santuario, sino en el cielo mismo, para presentarse ahora ante Dios en favor nuestro. 25Ni entró en el cielo para ofrecerse vez tras vez, como entra el sumo sacerdote en el Lugar Santísimo cada año con sangre ajena. 26Si así fuera, Cristo habría tenido que sufrir muchas veces desde la creación del mundo. Al contrario, ahora, al final de los tiempos, se ha presentado una sola vez y para siempre a fin de acabar con el pecado mediante el sacrificio de sí mismo. 27Y así como está establecido que los seres *humanos mueran una sola vez, y después venga el juicio, 28también Cristo fue ofrecido en sacrificio una sola vez para quitar los pecados de muchos; y aparecerá por segunda vez, ya no para cargar con pecado alguno, sino para traer salvación a quienes lo esperan.

El sacrificio de Cristo, ofrecido una vez y para siempre

10 La ley es sólo una sombra de los bienes venideros, y no la presencia*l* misma de estas realidades. Por eso nunca puede, mediante los mismos sacrificios que se ofrecen sin cesar año tras año, hacer *perfectos a los que adoran. 2De otra manera, ¿no habrían dejado ya de hacerse sacrificios? Pues los que rinden culto, *purificados de una vez por todas, ya no se habrían sentido culpables de pecado. 3Pero esos sacrificios son un recordatorio anual de los pecados, 4ya que

es imposible que la sangre de los toros y de los machos cabríos quite los pecados.

5Por eso, al entrar en el mundo, *Cristo dijo:

«A ti no te complacen sacrificios ni
    ofrendas;
en su lugar, me preparaste un
    cuerpo;
6no te agradaron ni holocaustos
    ni sacrificios por el pecado.
7Por eso dije: "Aquí me tienes
    —como el libro dice de mí—.
He venido, oh Dios, a hacer tu
    voluntad."»*m*

8Primero dijo: «Sacrificios y ofrendas, holocaustos y expiaciones no te complacen ni fueron de tu agrado» (a pesar de que la ley exigía que se ofrecieran). 9Luego añadió: «Aquí me tienes: He venido a hacer tu voluntad.» Así quitó lo primero para establecer lo segundo. 10Y en virtud de esa voluntad somos *santificados mediante el sacrificio del cuerpo de *Jesucristo, ofrecido una vez y para siempre.

11Todo sacerdote celebra el culto día tras día ofreciendo repetidas veces los mismos sacrificios, que nunca pueden quitar los pecados. 12Pero este sacerdote, después de ofrecer por los pecados un solo sacrificio para siempre, se sentó a la *derecha de Dios, 13en espera de que sus enemigos sean puestos por estrado de sus pies. 14Porque con un solo sacrificio ha hecho perfectos para siempre a los que está santificando.

15También el Espíritu Santo nos da testimonio de ello. Primero dice:

16«Éste es el pacto que haré con ellos
    después de aquel tiempo —dice
    el Señor—:
Pondré mis leyes en su corazón,
    y las escribiré en su mente.»*n*

17Después añade:

«Y nunca más me acordaré de sus
    pecados y maldades.»*ñ*

---

k 9:20 Éx 24:8   *l* 10:1 *presencia*. Lit. *imagen*.   *m* 10:7 Sal 40:6-8 (véase LXX)   *n* 10:16 Jer 31:33
ñ 10:17 Jer 31:34

18Y cuando éstos han sido perdonados, ya no hace falta otro sacrificio por el pecado.

Llamada a la perseverancia

19Así que, hermanos, mediante la sangre de Jesús, tenemos plena libertad para entrar en el Lugar Santísimo, 20por el camino nuevo y vivo que él nos ha abierto a través de la cortina, es decir, a través de su cuerpo; 21y tenemos además un gran sacerdote al frente de la familia de Dios. 22Acerquémonos, pues, a Dios con corazón sincero y con la plena seguridad que da la fe, interiormente purificados de una conciencia culpable y exteriormente lavados con agua pura. 23Mantengamos firme la esperanza que profesamos, porque fiel es el que hizo la promesa. 24Preocupémonos los unos por los otros, a fin de estimularnos al amor y a las buenas obras. 25No dejemos de congregarnos, como acostumbran hacerlo algunos, sino animémonos unos a otros, y con mayor razón ahora que vemos que aquel día se acerca.

26Si después de recibir el conocimiento de la verdad pecamos obstinadamente, ya no hay sacrificio por los pecados. 27Sólo queda una terrible expectativa de juicio, el fuego ardiente que ha de devorar a los enemigos de Dios. 28Cualquiera que rechazaba la ley de Moisés moría irremediablemente por el testimonio de dos o tres testigos. 29¿Cuánto mayor castigo piensan ustedes que merece el que ha pisoteado al Hijo de Dios, que ha profanado la sangre del pacto por la cual había sido *santificado, y que ha insultado al Espíritu de la gracia? 30Pues conocemos al que dijo: «Mía es la venganza; yo pagaré»;*o* y también: «El Señor juzgará a su pueblo.»*p* 31¡Terrible cosa es caer en las manos del Dios vivo!

32Recuerden aquellos días pasados cuando ustedes, después de haber sido iluminados, sostuvieron una dura lucha y soportaron mucho sufrimiento. 33Unas veces se vieron expuestos públicamente al insulto y a la persecución; otras veces se solidarizaron con los que eran tratados de igual manera. 34También se compadecieron de los encarcelados, y cuando a ustedes les confiscaron sus bienes, lo aceptaron con alegría, conscientes de que tenían un patrimonio mejor y más permanente.

35Así que no pierdan la confianza, porque ésta será grandemente recompensada. 36Ustedes necesitan perseverar para que, después de haber cumplido la voluntad de Dios, reciban lo que él ha prometido. 37Pues dentro de muy poco tiempo,

«el que ha de venir vendrá, y no tardará.
38 Pero mi justo*q* vivirá por la fe.
Y si se vuelve atrás,
no será de mi agrado.»*r*

39Pero nosotros no somos de los que se vuelven atrás y acaban por perderse, sino de los que tienen fe y preservan su *vida.

Por la fe

11 Ahora bien, la fe es la garantía de lo que se espera, la certeza de lo que no se ve. 2Gracias a ella fueron aprobados los antiguos.

3Por la fe entendemos que el universo fue formado por la palabra de Dios, de modo que lo visible no provino de lo que se ve.

4Por la fe Abel ofreció a Dios un sacrificio más aceptable que el de Caín, por lo cual recibió testimonio de ser justo, pues Dios aceptó su ofrenda. Y por la fe Abel, a pesar de estar muerto, habla todavía.

5Por la fe Enoc fue sacado de este mundo sin experimentar la muerte; no fue hallado porque Dios se lo llevó, pero antes de ser llevado recibió testimonio de haber agradado a Dios. 6En realidad, sin fe es imposible agradar a Dios, ya que cualquiera que se acerca a Dios tiene que creer que él existe y que recompensa a quienes lo buscan.

7Por la fe Noé, advertido sobre cosas que aún no se veían, con temor reverente construyó un arca para salvar a su familia. Por esa fe condenó al mundo y llegó a ser heredero de la justicia que viene por la fe.

---

o **10:30** Dt 32:35   *p* **10:30** Dt 32:36; Sal 135:14   *q* **10:38** *mi justo.* Var. *el justo.*   *r* **10:38** Hab 2:3,4

8Por la fe Abraham, cuando fue llamado para ir a un lugar que más tarde recibiría como herencia, obedeció y salió sin saber a dónde iba. 9Por la fe se radicó como extranjero en la tierra prometida, y habitó en tiendas de campaña con Isaac y Jacob, herederos también de la misma promesa, 10porque esperaba la ciudad de cimientos sólidos, de la cual Dios es arquitecto y constructor.

11Por la fe Abraham, a pesar de su avanzada edad y de que Sara misma era estéril,s recibió fuerza para tener hijos, porque consideró fiel al que le había hecho la promesa. 12Así que de este solo hombre, ya en decadencia, nacieron descendientes numerosos como las estrellas del cielo e incontables como la arena a la orilla del mar.

13Todos ellos vivieron por la fe, y murieron sin haber recibido las cosas prometidas; más bien, las reconocieron a lo lejos, y confesaron que eran extranjeros y peregrinos en la tierra. 14Al expresarse así, claramente dieron a entender que andaban en busca de una patria. 15Si hubieran estado pensando en aquella patria de donde habían emigrado, habrían tenido oportunidad de regresar a ella. 16Antes bien, anhelaban una patria mejor, es decir, la celestial. Por lo tanto, Dios no se avergonzó de ser llamado su Dios, y les preparó una ciudad.

17Por la fe Abraham, que había recibido las promesas, fue puesto a *prueba y ofreció a Isaac, su hijo único, 18a pesar de que Dios le había dicho: «Tu *descendencia se establecerá por medio de Isaac.»t 19Consideraba Abraham que Dios tiene poder hasta para resucitar a los muertos, y así, en sentido figurado, recobró a Isaac de entre los muertos.

20Por la fe Isaac bendijo a Jacob y a Esaú, previendo lo que les esperaba en el futuro.

21Por la fe Jacob, cuando estaba a punto de morir, bendijo a cada uno de los hijos de José, y adoró apoyándose en la punta de su bastón.

22Por la fe José, al fin de su vida, se refirió a la salida de los israelitas de Egipto y dio instrucciones acerca de sus restos mortales.

23Por la fe Moisés, recién nacido, fue escondido por sus padres durante tres meses, porque vieron que era un niño precioso, y no tuvieron miedo del edicto del rey.

24Por la fe Moisés, ya adulto, renunció a ser llamado hijo de la hija del faraón. 25Prefirió ser maltratado con el pueblo de Dios a disfrutar de los efímeros placeres del pecado. 26Consideró que el oprobio por causa del *Mesías era una mayor riqueza que los tesoros de Egipto, porque tenía la mirada puesta en la recompensa. 27Por la fe salió de Egipto sin tenerle miedo a la ira del rey, pues se mantuvo firme como si estuviera viendo al Invisible. 28Por la fe celebró la Pascua y el rociamiento de la sangre, para que el exterminador de los primogénitos no tocara a los de Israel.

29Por la fe el pueblo cruzó el Mar Rojo como por tierra seca; pero cuando los egipcios intentaron cruzarlo, se ahogaron.

30Por la fe cayeron las murallas de Jericó, después de haber marchado el pueblo siete días a su alrededor.

31Por la fe la prostituta Rajab no murió junto con los desobedientes,u pues había recibido en paz a los espías.

32¿Qué más voy a decir? Me faltaría tiempo para hablar de Gedeón, Barac, Sansón, Jefté, David, Samuel y los profetas, 33los cuales por la fe conquistaron reinos, hicieron justicia y alcanzaron lo prometido; cerraron bocas de leones, 34apagaron la furia de las llamas y escaparon del filo de la espada; sacaron fuerzas de flaqueza; se mostraron valientes en la guerra y pusieron en fuga a ejércitos extranjeros. 35Hubo mujeres que por la resurrección recobraron a sus muertos. Otros, en cambio, fueron muertos a golpes, pues para alcanzar una mejor resurrección no aceptaron que los pusieran en libertad. 36Otros sufrieron la prueba de burlas y azotes, e incluso de cadenas y cárceles. 37Fueron apedreados,v aserrados

---

s11:11 Por ... estéril. Alt. Por la fe incluso Sara, a pesar de su avanzada edad y de que era estéril.
t11:18 Gn 21:12   u11:31 desobedientes. Alt. incrédulos.   v11:37 apedreados. Var. apedreados, puestos a prueba.

por la mitad, asesinados a filo de espada. Anduvieron fugitivos de aquí para allá, cubiertos de pieles de oveja y de cabra, pasando necesidades, afligidos y maltratados. **38**¡El mundo no merecía gente así! Anduvieron sin rumbo por desiertos y montañas, por cuevas y cavernas.

39Aunque todos obtuvieron un testimonio favorable mediante la fe, ninguno de ellos vio el cumplimiento de la promesa. **40**Esto sucedió para que ellos no llegaran a la meta*w* sin nosotros, pues Dios nos había preparado algo mejor.

Dios disciplina a sus hijos

12 Por tanto, también nosotros, que estamos rodeados de una multitud tan grande de testigos, despojémonos del lastre que nos estorba, en especial del pecado que nos asedia, y corramos con perseverancia la carrera que tenemos por delante. **2**Fijemos la mirada en Jesús, el iniciador y *perfeccionador de nuestra fe, quien por el gozo que le esperaba, soportó la cruz, menospreciando la vergüenza que ella significaba, y ahora está sentado a la *derecha del trono de Dios. **3**Así, pues, consideren a aquel que perseveró frente a tanta oposición por parte de los pecadores, para que no se cansen ni pierdan el ánimo.

4En la lucha que ustedes libran contra el pecado, todavía no han tenido que resistir hasta derramar su sangre. **5**Y ya han olvidado por completo las palabras de aliento que como a hijos se les dirige:

«Hijo mío, no tomes a la ligera la
disciplina del Señor
ni te desanimes cuando te
reprenda,
6porque el Señor disciplina a los
que ama,
y azota a todo el que recibe como
hijo.»*x*

7Lo que soportan es para su disciplina, pues Dios los está tratando como a hijos. ¿Qué hijo hay a quien el padre no disciplina? **8**Si a ustedes se les deja sin la disciplina que todos reciben, entonces son bastardos y no hijos legítimos. **9**Después de todo, aunque nuestros padres *humanos nos disciplinaban, los respetábamos. ¿No hemos de someternos, con mayor razón, al Padre de los espíritus, para que vivamos? **10**En efecto, nuestros padres nos disciplinaban por un breve tiempo, como mejor les parecía; pero Dios lo hace para nuestro bien, a fin de que participemos de su *santidad. **11**Ciertamente, ninguna disciplina, en el momento de recibirla, parece agradable, sino más bien penosa; sin embargo, después produce una cosecha de justicia y paz para quienes han sido entrenados por ella.

12Por tanto, renueven las fuerzas de sus manos cansadas y de sus rodillas debilitadas. **13**«Hagan sendas derechas para sus pies»,*y* para que la pierna coja no se disloque sino que se sane.

Advertencia a los que rechazan a Dios

14Busquen la paz con todos, y la *santidad, sin la cual nadie verá al Señor. **15**Asegúrense de que nadie deje de alcanzar la gracia de Dios; de que ninguna raíz amarga brote y cause dificultades y corrompa a muchos; **16**y de que nadie sea inmoral ni profano como Esaú, quien por un solo plato de comida vendió sus derechos de hijo mayor.*z* **17**Después, como ya saben, cuando quiso heredar esa bendición, fue rechazado: No se le dio lugar para el *arrepentimiento, aunque con lágrimas buscó la bendición.

18Ustedes no se han acercado a una montaña que se pueda tocar o que esté ardiendo en fuego; ni a oscuridad, tinieblas y tormenta; **19**ni a sonido de trompeta, ni a tal clamor de palabras que quienes lo oyeron suplicaron que no se les hablara más, **20**porque no podían soportar esta orden: «¡Será apedreado todo el que toque la montaña, aunque sea un animal!»*a* **21**Tan terrible era este espectáculo que Moisés dijo: «Estoy temblando de miedo.»*b*

---

*w***11:40** *meta.* Alt. *perfección.*   *x***12:6** Pr 3:11,12   *y***12:13** Pr 4:26   *z***12:16** *sus derechos de hijo mayor.* Lit. *su primogenitura.*   *a***12:20** Éx 19:12,13   *b***12:21** Dt 9:19

²²Por el contrario, ustedes se han acercado al monte Sión, a la Jerusalén celestial, la ciudad del Dios viviente. Se han acercado a millares y millares de ángeles, a una asamblea gozosa, ²³a la iglesia de los primogénitos inscritos en el cielo. Se han acercado a Dios, el juez de todos; a los espíritus de los justos que han llegado a la *perfección; ²⁴a Jesús, el mediador de un nuevo pacto; y a la sangre rociada, que habla con más fuerza que la de Abel.

²⁵Tengan cuidado de no rechazar al que habla, pues si no escaparon aquellos que rechazaron al que los amonestaba en la tierra, mucho menos escaparemos nosotros si le volvemos la espalda al que nos amonesta desde el cielo. ²⁶En aquella ocasión, su voz conmovió la tierra, pero ahora ha prometido: «Una vez más haré que se estremezca no sólo la tierra sino también el cielo.»ᶜ ²⁷La frase «una vez más» indica la transformaciónᵈ de las cosas movibles, es decir, las creadas, para que permanezca lo inconmovible.

²⁸Así que nosotros, que estamos recibiendo un reino inconmovible, seamos agradecidos. Inspirados por esta gratitud, adoremos a Dios como a él le agrada, con temor reverente, ²⁹porque nuestro «Dios es fuego consumidor».ᵉ

Exhortaciones finales

13 Sigan amándose unos a otros fraternalmente. ²No se olviden de practicar la hospitalidad, pues gracias a ella algunos, sin saberlo, hospedaron ángeles. ³Acuérdense de los presos, como si ustedes fueran sus compañeros de cárcel, y también de los que son maltratados, como si fueran ustedes mismos los que sufren.

⁴Tengan todos en alta estima el matrimonio y la fidelidad conyugal, porque Dios juzgará a los adúlteros y a todos los que cometen inmoralidades sexuales. ⁵Manténganse libres del amor al dinero, y conténtense con lo que tienen, porque Dios ha dicho:

«Nunca te dejaré;
jamás te abandonaré.»ᶠ

⁶Así que podemos decir con toda confianza:

«El Señor es quien me ayuda; no temeré.
¿Qué me puede hacer un simple mortal?»ᵍ

⁷Acuérdense de sus dirigentes, que les comunicaron la palabra de Dios. Consideren cuál fue el resultado de su estilo de vida, e imiten su fe. ⁸*Jesucristo es el mismo ayer y hoy y por los siglos.

⁹No se dejen llevar por ninguna clase de enseñanzas extrañas. Conviene que el corazón sea fortalecido por la gracia, y no por alimentos rituales que de nada aprovechan a quienes los comen.

¹⁰Nosotros tenemos un altar del cual no tienen derecho a comer los que ofician en el tabernáculo. ¹¹Porque el sumo sacerdote introduce la sangre de los animales en el Lugar Santísimo como sacrificio por el pecado, pero los cuerpos de esos animales se queman fuera del campamento. ¹²Por eso también Jesús, para *santificar al pueblo mediante su propia sangre, sufrió fuera de la puerta de la ciudad. ¹³Por lo tanto, salgamos a su encuentro fuera del campamento, llevando la deshonra que él llevó, ¹⁴pues aquí no tenemos una ciudad permanente, sino que buscamos la ciudad venidera.

¹⁵Así que ofrezcamos continuamente a Dios, por medio de Jesucristo, un sacrificio de alabanza, es decir, el fruto de los labios que confiesan su nombre. ¹⁶No se olviden de hacer el bien y de compartir con otros lo que tienen, porque ésos son los sacrificios que agradan a Dios.

¹⁷Obedezcan a sus dirigentes y sométanse a ellos, pues cuidan de ustedes como quienes tienen que rendir cuentas. Obe-

---

ᶜ**12:26** Hag 2:6 ᵈ**12:27** *transformación.* Alt. *remoción.* ᵉ**12:29** Dt 4:24 ᶠ**13:5** Dt 31:6
ᵍ**13:6** Sal 118:6,7

dézcanlos a fin de que ellos cumplan su tarea con alegría y sin quejarse, pues el quejarse no les trae ningún provecho.

18 Oren por nosotros, porque estamos seguros de tener la conciencia tranquila y queremos portarnos honradamente en todo. **19** Les ruego encarecidamente que oren para que cuanto antes se me permita estar de nuevo con ustedes.

20 El Dios que da la paz levantó de entre los muertos al gran Pastor de las ovejas, a nuestro Señor Jesús, por la sangre del pacto eterno. **21** Que él los capacite en todo lo bueno para hacer su voluntad. Y que, por medio de Jesucristo, Dios cumpla en nosotros lo que le agrada. A él sea la gloria por los siglos de los siglos. Amén.

22 Hermanos, les ruego que reciban bien estas palabras de exhortación, ya que les he escrito brevemente.

23 Quiero que sepan que nuestro hermano Timoteo ha sido puesto en libertad. Si llega pronto, iré con él a verlos.

24 Saluden a todos sus dirigentes y a todos los *santos. Los de Italia les mandan saludos.

25 Que la gracia sea con todos ustedes.

Carta de Santiago

1

[1] *Santiago, *siervo de Dios y del Señor *Jesucristo,

a las doce tribus que se hallan dispersas por el mundo:

Saludos.

Pruebas y tentaciones

[2] Hermanos míos, considérense muy dichosos cuando tengan que enfrentarse con diversas *pruebas, [3] pues ya saben que la prueba de su fe produce constancia. [4] Y la constancia debe llevar a feliz término la obra, para que sean *perfectos e íntegros, sin que les falte nada. [5] Si a alguno de ustedes le falta sabiduría, pídasela a Dios, y él se la dará, pues Dios da a todos generosamente sin menospreciar a nadie. [6] Pero que pida con fe, sin dudar, porque quien duda es como las olas del mar, agitadas y llevadas de un lado a otro por el viento. [7] Quien es así no piense que va a recibir cosa alguna del Señor; [8] es indeciso e inconstante en todo lo que hace.

[9] El hermano de condición humilde debe sentirse *orgulloso de su alta dignidad, [10] y el rico, de su humilde condición. El rico pasará como la flor del campo. [11] El sol, cuando sale, seca la planta con su calor abrasador. A ésta se le cae la flor y pierde su belleza. Así se marchitará también el rico en todas sus empresas.

[12] *Dichoso el que resiste la *tentación porque, al salir aprobado, recibirá la corona de la vida que Dios ha prometido a quienes lo aman. [13] Que nadie, al ser tentado, diga: «Es Dios quien me tienta.» Porque Dios no puede ser tentado por el mal, ni tampoco tienta él a nadie. [14] Todo lo contrario, cada uno es tentado cuando sus propios malos deseos lo arrastran y seducen. [15] Luego, cuando el deseo ha concebido, engendra el pecado; y el pecado, una vez que ha sido consumado, da a luz la muerte.

[16] Mis queridos hermanos, no se engañen. [17] Toda buena dádiva y todo don perfecto descienden de lo alto, donde está el Padre que creó las lumbreras celestes, y que no cambia como los astros ni se mueve como las sombras. [18] Por su propia voluntad nos hizo nacer mediante la palabra de verdad, para que fuéramos como los primeros y mejores frutos de su creación.

Hay que poner en práctica la palabra

[19] Mis queridos hermanos, tengan presente esto: Todos deben estar listos para escuchar, y ser lentos para hablar y para enojarse; [20] pues la ira *humana no produce la vida justa que Dios quiere. [21] Por esto, despójense de toda inmundicia y de la maldad que tanto abunda, para que puedan recibir con humildad la palabra sembrada en ustedes, la cual tiene poder para salvarles la *vida.

[22] No se contenten sólo con escuchar la palabra, pues así se engañan ustedes mismos. Llévenla a la práctica. [23] El que escucha la palabra pero no la pone en práctica es como el que se mira el rostro en un espejo [24] y, después de mirarse, se va y se olvida en seguida de cómo es. [25] Pero quien se fija atentamente en la ley perfecta que da libertad, y persevera en ella, no olvidando lo que ha oído sino haciéndolo, recibirá bendición al practicarla.

[26] Si alguien se cree religioso pero no le pone freno a su lengua, se engaña a sí mismo, y su religión no sirve para nada. [27] La religión pura y sin mancha delante de Dios nuestro Padre es ésta: atender a los huérfanos y a las viudas en sus aflicciones, y conservarse limpio de la corrupción del mundo.

Prohibición del favoritismo

2

Hermanos míos, la fe que tienen en nuestro glorioso Señor *Jesucristo no debe dar lugar a favoritismos. [2] Supongamos que en el lugar donde se reúnen entra un hombre con anillo de oro y ropa elegante, y entra también un pobre desharrapado. ³Si atienden bien al que lleva ropa elegante y le dicen: «Siéntese usted aquí, en este lugar cómodo», pero al pobre le dicen: «Quédate ahí de pie» o «Siéntate en el suelo, a mis pies», ⁴¿acaso no hacen discriminación entre ustedes, juzgando con malas intenciones?

⁵Escuchen, mis queridos hermanos: ¿No ha escogido Dios a los que son pobres según el mundo para que sean ricos en la fe y hereden el reino que prometió a quienes lo aman? ⁶¡Pero ustedes han menospreciado al pobre! ¿No son los ricos quienes los explotan a ustedes y los arrastran ante los tribunales? ⁷¿No son ellos los que *blasfeman el buen nombre de aquel a quien ustedes pertenecen?

⁸Hacen muy bien si de veras cumplen la ley suprema de la Escritura: «Ama a tu prójimo como a ti mismo»;ᵃ ⁹pero si muestran algún favoritismo, pecan y son culpables, pues la misma ley los acusa de ser transgresores. ¹⁰Porque el que cumple con toda la ley pero falla en un solo punto ya es culpable de haberla quebrantado toda. ¹¹Pues el que dijo: «No cometas adulterio»,ᵇ también dijo: «No mates.»ᶜ Si no cometes adulterio, pero matas, ya has violado la ley.

¹²Hablen y pórtense como quienes han de ser juzgados por la ley que nos da libertad, ¹³porque habrá un juicio sin compasión para el que actúe sin compasión. ¡La compasión triunfa en el juicio!

La fe y las obras

¹⁴Hermanos míos, ¿de qué le sirve a uno alegar que tiene fe, si no tiene obras? ¿Acaso podrá salvarlo esa fe? ¹⁵Supongamos que un hermano o una hermana no tienen con qué vestirse y carecen del alimento diario, ¹⁶y uno de ustedes les dice: «Que les vaya bien; abríguense y coman hasta saciarse», pero no les da lo necesario para el cuerpo. ¿De qué servirá eso? ¹⁷Así

también la fe por sí sola, si no tiene obras, está muerta.

¹⁸Sin embargo, alguien dirá: «Tú tienes fe, y yo tengo obras.»

Pues bien, muéstrame tu fe sin las obras, y yo te mostraré la fe por mis obras. ¹⁹¿Tú crees que hay un solo Dios? ¡Magnífico! También los demonios lo creen, y tiemblan.

²⁰¡Qué tonto eres! ¿Quieres convencerte de que la fe sin obras es estéril?ᵈ ²¹¿No fue declarado justo nuestro padre Abraham por lo que hizo cuando ofreció sobre el altar a su hijo Isaac? ²²Ya lo ves: Su fe y sus obras actuaban conjuntamente, y su fe llegó a la *perfección por las obras que hizo. ²³Así se cumplió la Escritura que dice: «Le creyó Abraham a Dios, y esto se le tomó en cuenta como justicia»,ᵉ y fue llamado amigo de Dios. ²⁴Como pueden ver, a una persona se le declara justa por las obras, y no sólo por la fe.

²⁵De igual manera, ¿no fue declarada justa por las obras aun la prostituta Rajab, cuando hospedó a los espías y les ayudó a huir por otro camino? ²⁶Pues como el cuerpo sin el espíritu está muerto, así también la fe sin obras está muerta.

Hay que domar la lengua

3 Hermanos míos, no pretendan muchos de ustedes ser maestros, pues, como saben, seremos juzgados con más severidad. ²Todos fallamos mucho. Si alguien nunca falla en lo que dice, es una persona *perfecta, capaz también de controlar todo su cuerpo.

³Cuando ponemos freno en la boca de los caballos para que nos obedezcan, podemos controlar todo el animal. ⁴Fíjense también en los barcos. A pesar de ser tan grandes y de ser impulsados por fuertes vientos, se gobiernan por un pequeño timón a voluntad del piloto. ⁵Así también la lengua es un miembro muy pequeño del cuerpo, pero hace alarde de grandes hazañas. ¡Imagínense qué gran bosque se incendia con tan pequeña chispa! ⁶También la lengua es un fuego, un mundo de

---

ᵃ**2:8** Lv 19:18   ᵇ**2:11** Éx 20:14; Dt 5:18   ᶜ**2:11** Éx 20:13; Dt 5:17   ᵈ**2:20** *es estéril.* Var. *está muerta.*
ᵉ**2:23** Gn 15:6

maldad. Siendo uno de nuestros órganos, contamina todo el cuerpo y, encendida por el infierno,*f* prende a su vez fuego a todo el curso de la vida.

7El *ser humano sabe domar y, en efecto, ha domado toda clase de fieras, de aves, de reptiles y de bestias marinas; **8**pero nadie puede domar la lengua. Es un mal irrefrenable, lleno de veneno mortal.

9Con la lengua bendecimos a nuestro Señor y Padre, y con ella maldecimos a las personas, creadas a imagen de Dios. **10**De una misma boca salen bendición y maldición. Hermanos míos, esto no debe ser así. **11**¿Puede acaso brotar de una misma fuente agua dulce y agua salada?*g* **12**Hermanos míos, ¿acaso puede dar aceitunas una higuera o higos una vid? Pues tampoco una fuente de agua salada puede dar agua dulce.

Dos clases de sabiduría

13¿Quién es sabio y entendido entre ustedes? Que lo demuestre con su buena conducta, mediante obras hechas con la humildad que le da su sabiduría. **14**Pero si ustedes tienen envidias amargas y rivalidades en el corazón, dejen de presumir y de faltar a la verdad. **15**Ésa no es la sabiduría que desciende del cielo, sino que es terrenal, puramente *humana y diabólica. **16**Porque donde hay envidias y rivalidades, también hay confusión y toda clase de acciones malvadas.

17En cambio, la sabiduría que desciende del cielo es ante todo pura, y además pacífica, bondadosa, dócil, llena de compasión y de buenos frutos, imparcial y sincera. **18**En fin, el fruto de la justicia se siembra en paz para*h* los que hacen la paz.

Sométanse a Dios

4 ¿De dónde surgen las guerras y los conflictos entre ustedes? ¿No es precisamente de las pasiones que luchan dentro de ustedes mismos?*i* **2**Desean algo y no lo consiguen. Matan y sienten envidia, y no pueden obtener lo que quieren. Riñen

y se hacen la guerra. No tienen, porque no piden. **3**Y cuando piden, no reciben porque piden con malas intenciones, para satisfacer sus propias pasiones.

4¡Oh gente adúltera! ¿No saben que la amistad con el mundo es enemistad con Dios? Si alguien quiere ser amigo del mundo se vuelve enemigo de Dios. **5**¿O creen que la Escritura dice en vano que Dios ama celosamente al espíritu que hizo morar en nosotros?*j* **6**Pero él nos da mayor ayuda con su gracia. Por eso dice la Escritura:

> «Dios se opone a los orgullosos,
> pero da gracia a los humildes.»*k*

7Así que sométanse a Dios. Resistan al diablo, y él huirá de ustedes. **8**Acérquense a Dios, y él se acercará a ustedes. ¡Pecadores, límpiense las manos! ¡Ustedes los inconstantes, purifiquen su corazón! **9**Reconozcan sus miserias, lloren y laméntense. Que su risa se convierta en llanto, y su alegría en tristeza. **10**Humíllense delante del Señor, y él los exaltará.

11Hermanos, no hablen mal unos de otros. Si alguien habla mal de su hermano, o lo juzga, habla mal de la ley y la juzga. Y si juzgas la ley, ya no eres cumplidor de la ley, sino su juez. **12**No hay más que un solo legislador y juez, aquel que puede salvar y destruir. Tú, en cambio, ¿quién eres para juzgar a tu prójimo?

Alarde sobre el mañana

13Ahora escuchen esto, ustedes que dicen: «Hoy o mañana iremos a tal o cual ciudad, pasaremos allí un año, haremos negocios y ganaremos dinero.» **14**¡Y eso que ni siquiera saben qué sucederá mañana! ¿Qué es su vida? Ustedes son como la niebla, que aparece por un momento y luego se desvanece. **15**Más bien, debieran decir: «Si el Señor quiere, viviremos y haremos esto o aquello.» **16**Pero ahora se *jactan en sus fanfarronerías. Toda esta jactancia es mala. **17**Así que comete peca-

---

f **3:6** el infierno. Lit. la *Gehenna.   *g* **3:11** salada. Lit. amarga (véase también v. 12).   *h* **3:18** para. Alt. por.
i **4:1** luchan ... mismos. Lit. hacen guerra en sus miembros.   *j* **4:5** Dios ... nosotros. Alt. el espíritu que él
hizo morar en nosotros envidia intensamente, o el Espíritu que él hizo morar en nosotros ama celosamente.
k **4:6** Pr 3:34

do todo el que sabe hacer el bien y no lo hace.

Advertencia a los ricos opresores

5 Ahora escuchen, ustedes los ricos: ¡lloren a gritos por las calamidades que se les vienen encima! 2Se ha podrido su riqueza, y sus ropas están comidas por la polilla. 3Se han oxidado su oro y su plata. Ese óxido dará testimonio contra ustedes y consumirá como fuego sus cuerpos. Han amontonado riquezas, ¡y eso que estamos en los últimos tiempos! 4Oigan cómo clama contra ustedes el salario no pagado a los obreros que les trabajaron sus campos. El clamor de esos trabajadores ha llegado a oídos del Señor Todopoderoso. 5Ustedes han llevado en este mundo una vida de lujo y de placer desenfrenado. Lo que han hecho es engordar para el día de la matanza.*l* 6Han condenado y matado al justo sin que él les ofreciera resistencia.

Paciencia en los sufrimientos

7Por tanto, hermanos, tengan paciencia hasta la venida del Señor. Miren cómo espera el agricultor a que la tierra dé su precioso fruto y con qué paciencia aguarda las temporadas de lluvia. 8Así también ustedes, manténganse firmes y aguarden con paciencia la venida del Señor, que ya se acerca. 9No se quejen unos de otros, hermanos, para que no sean juzgados. ¡El juez ya está a la puerta!

10Hermanos, tomen como ejemplo de sufrimiento y de paciencia a los profetas que hablaron en el nombre del Señor. 11En verdad, consideramos *dichosos a los que perseveraron. Ustedes han oído hablar de la perseverancia de Job, y han visto lo que al final le dio el Señor. Es que el Señor es muy compasivo y misericordioso.

12Sobre todo, hermanos míos, no juren ni por el cielo ni por la tierra ni por ninguna otra cosa. Que su «sí» sea «sí», y su «no», «no», para que no sean condenados.

La oración de fe

13¿Está afligido alguno entre ustedes? Que ore. ¿Está alguno de buen ánimo? Que cante alabanzas. 14¿Está enfermo alguno de ustedes? Haga llamar a los *ancianos de la iglesia para que oren por él y lo unjan con aceite en el nombre del Señor. 15La oración de fe sanará al enfermo y el Señor lo levantará. Y si ha pecado, su pecado se le perdonará. 16Por eso, confiésense unos a otros sus pecados, y oren unos por otros, para que sean sanados. La oración del justo es poderosa y eficaz.

17Elías era un hombre con debilidades como las nuestras. Con fervor oró que no lloviera, y no llovió sobre la tierra durante tres años y medio. 18Volvió a orar, y el cielo dio su lluvia y la tierra produjo sus frutos.

19Hermanos míos, si alguno de ustedes se extravía de la verdad, y otro lo hace volver a ella, 20recuerden que quien hace volver a un pecador de su extravío, lo salvará de la muerte y cubrirá muchísimos pecados.

---

l **5:5** *Lo ... matanza.* Alt. *Han engordado como en un banquete.*

Primera Carta de
Pedro

1 Pedro, apóstol de *Jesucristo,

a los elegidos, extranjeros dispersos por el Ponto, Galacia, Capadocia, *Asia y Bitinia, ²según la previsión*ᵃ* de Dios el Padre, mediante la obra *santificadora del Espíritu, para obedecer a Jesucristo y ser redimidos*ᵇ* por su sangre:

Que abunden en ustedes la gracia y la paz.

Alabanza a Dios por una esperanza viva

³¡Alabado sea Dios, Padre de nuestro Señor Jesucristo! Por su gran misericordia, nos ha hecho nacer de nuevo mediante la resurrección de Jesucristo, para que tengamos una esperanza viva ⁴y recibamos una herencia indestructible, incontaminada e inmarchitable. Tal herencia está reservada en el cielo para ustedes, ⁵a quienes el poder de Dios protege mediante la fe hasta que llegue la salvación que se ha de revelar en los últimos tiempos. ⁶Esto es para ustedes motivo de gran alegría, a pesar de que hasta ahora han tenido que sufrir diversas *pruebas por un tiempo. ⁷El oro, aunque perecedero, se acrisola al fuego. Así también la fe de ustedes, que vale mucho más que el oro, al ser acrisolada por las pruebas demostrará que es digna de aprobación, gloria y honor cuando Jesucristo se revele. ⁸Ustedes lo aman a pesar de no haberlo visto; y aunque no lo ven ahora, creen en él y se alegran con un gozo indescriptible y glorioso, ⁹pues están obteniendo la meta de su fe, que es su salvación.

¹⁰Los profetas, que anunciaron la gracia reservada para ustedes, estudiaron y observaron esta salvación. ¹¹Querían descubrir a qué tiempo y a cuáles circunstancias se refería el Espíritu de *Cristo, que estaba en ellos, cuando testificó de antemano acerca de los sufrimientos de Cristo y de la gloria que vendría después de éstos. ¹²A ellos se les reveló que no se estaban sirviendo a sí mismos, sino que les servían a ustedes. Hablaban de las cosas que ahora les han anunciado los que les predicaron el *evangelio por medio del Espíritu Santo enviado del cielo. Aun los mismos ángeles anhelan contemplar esas cosas.

Sean santos

¹³Por eso, dispónganse para actuar con inteligencia;*ᶜ* tengan dominio propio; pongan su esperanza completamente en la gracia que se les dará cuando se revele *Jesucristo. ¹⁴Como hijos obedientes, no se amolden a los malos deseos que tenían antes, cuando vivían en la ignorancia. ¹⁵Más bien, sean ustedes *santos en todo lo que hagan, como también es santo quien los llamó; ¹⁶pues está escrito: «Sean santos, porque yo soy santo.»*ᵈ* ¹⁷Ya que invocan como Padre al que juzga con imparcialidad las obras de cada uno, vivan con temor reverente mientras sean peregrinos en este mundo. ¹⁸Como bien saben, ustedes fueron rescatados de la vida absurda que heredaron de sus antepasados. El precio de su rescate no se pagó con cosas perecederas, como el oro o la plata, ¹⁹sino con la preciosa sangre de Cristo, como de un cordero sin mancha y sin defecto. ²⁰Cristo, a quien Dios escogió antes de la creación del mundo, se ha manifestado en estos últimos tiempos en beneficio de ustedes. ²¹Por medio de él

---

*ᵃ***1:2** *la previsión.* Lit. *el conocimiento previo.*   *ᵇ***1:2** *redimidos.* Lit. *rociados.*   *ᶜ***1:13** *dispónganse ... inteligencia.* Lit. *ceñidos los lomos de su mente.*   *ᵈ***1:16** Lv 11:44,45; 19:2; 20:7; Is 40:6-8 ustedes creen en Dios, que lo *resucitó y glorificó, de modo que su fe y su esperanza están puestas en Dios.

²²Ahora que se han purificado obedeciendo a la verdad y tienen un amor sincero por sus hermanos, ámense de todo corazón[e] los unos a los otros. ²³Pues ustedes han nacido de nuevo, no de simiente perecedera, sino de simiente imperecedera, mediante la palabra de Dios que vive y permanece. ²⁴Porque

«todo *mortal es como la hierba,
    y toda su gloria como la flor del
       campo;
    la hierba se seca y la flor se cae,
²⁵   pero la palabra del Señor
       permanece para siempre.»[f]

Y ésta es la palabra del evangelio que se les ha anunciado a ustedes.

2 Por lo tanto, abandonando toda maldad y todo engaño, hipocresía, envidias y toda calumnia, ²deseen con ansias la leche pura de la palabra,[g] como niños recién nacidos. Así, por medio de ella, crecerán en su salvación, ³ahora que han probado lo bueno que es el Señor.

La piedra viva y su pueblo escogido

⁴*Cristo es la Piedra viva, rechazada por los *seres humanos pero escogida y preciosa ante Dios. Al acercarse a él, ⁵también ustedes son como piedras vivas, con las cuales se está edificando una casa espiritual. De este modo llegan a ser un sacerdocio *santo, para ofrecer sacrificios espirituales que Dios acepta por medio de Jesucristo. ⁶Así dice la Escritura:

«Miren que pongo en Sión
    una piedra principal escogida y
       preciosa,
y el que confíe en ella
    no será jamás defraudado.»[h]

⁷Para ustedes los creyentes, esta piedra es preciosa; pero para los incrédulos,

«la piedra que desecharon los
       constructores
    ha llegado a ser la piedra
       angular»,[i]

⁸y también:

«una piedra de *tropiezo
    y una roca que hace *caer.»[j]

Tropiezan al desobedecer la palabra, para lo cual estaban destinados.

⁹Pero ustedes son linaje escogido, real sacerdocio, nación santa, pueblo que pertenece a Dios, para que proclamen las obras maravillosas de aquel que los llamó de las tinieblas a su luz admirable. ¹⁰Ustedes antes ni siquiera eran pueblo, pero ahora son pueblo de Dios; antes no habían recibido misericordia, pero ahora ya la han recibido.

¹¹Queridos hermanos, les ruego como a extranjeros y peregrinos en este mundo, que se aparten de los deseos pecaminosos[k] que combaten contra la *vida. ¹²Mantengan entre los incrédulos[l] una conducta tan ejemplar que, aunque los acusen de hacer el mal, ellos observen las buenas obras de ustedes y glorifiquen a Dios en el día de la salvación.[m]

Sumisión a los gobernantes y a los superiores

¹³Sométanse por causa del Señor a toda autoridad humana, ya sea al rey como suprema autoridad, ¹⁴o a los gobernadores que él envía para castigar a los que hacen el mal y reconocer a los que hacen el bien. ¹⁵Porque ésta es la voluntad de Dios: que, practicando el bien, hagan callar la ignorancia de los insensatos. ¹⁶Eso es actuar como personas libres que no se valen de su libertad para disimular la maldad, sino que viven como *siervos de Dios. ¹⁷Den a todos el debido respeto: amen a los hermanos, teman a Dios, respeten al rey.

¹⁸Criados, sométanse con todo respeto a sus amos, no sólo a los buenos y comprensivos sino también a los insoporta-

---

bles. **19**Porque es digno de elogio que, por sentido de responsabilidad delante de Dios, se soporten las penalidades, aun sufriendo injustamente. **20**Pero ¿cómo pueden ustedes atribuirse mérito alguno si soportan que los maltraten por hacer el mal? En cambio, si sufren por hacer el bien, eso merece elogio delante de Dios. **21**Para esto fueron llamados, porque *Cristo sufrió por ustedes, dándoles ejemplo para que sigan sus pasos.

> **22**«Él no cometió ningún pecado,
> ni hubo engaño en su boca.»[n]

23Cuando proferían insultos contra él, no replicaba con insultos; cuando padecía, no amenazaba, sino que se entregaba a aquel que juzga con justicia. **24**Él mismo, en su cuerpo, llevó al madero nuestros pecados, para que muramos al pecado y vivamos para la justicia. Por sus heridas ustedes han sido sanados. **25**Antes eran ustedes como ovejas descarriadas, pero ahora han vuelto al Pastor que cuida[ñ] de sus vidas.

Deberes conyugales

3 Así mismo, esposas, sométanse a sus esposos, de modo que si algunos de ellos no creen en la palabra, puedan ser ganados más por el comportamiento de ustedes que por sus palabras, **2**al observar su conducta íntegra y respetuosa. **3**Que la belleza de ustedes no sea la externa, que consiste en adornos tales como peinados ostentosos, joyas de oro y vestidos lujosos. **4**Que su belleza sea más bien la incorruptible, la que procede de lo íntimo del corazón y consiste en un espíritu suave y apacible. Ésta sí que tiene mucho valor delante de Dios. **5**Así se adornaban en tiempos antiguos las *santas mujeres que esperaban en Dios, cada una sumisa a su esposo. **6**Tal es el caso de Sara, que obedecía a Abraham y lo llamaba su señor. Ustedes son hijas de ella si hacen el bien y viven sin ningún temor.

7De igual manera, ustedes esposos, sean comprensivos en su vida conyugal, tratando cada uno a su esposa con respeto, ya que como mujer es más delicada,[o] y ambos son herederos del grato don de la vida. Así nada estorbará las oraciones de ustedes.

Sufriendo por hacer el bien

8En fin, vivan en armonía los unos con los otros; compartan penas y alegrías, practiquen el amor fraternal, sean compasivos y humildes. **9**No devuelvan mal por mal ni insulto por insulto; más bien, bendigan, porque para esto fueron llamados, para heredar una bendición. **10**En efecto,

> «el que quiera amar la vida
> y gozar de días felices,
> que refrene su lengua de hablar el
> mal
> y sus labios de proferir engaños;
> **11**que se aparte del mal y haga el
> bien;
> que busque la paz y la siga.
> **12**Porque los ojos del Señor están
> sobre los justos,
> y sus oídos, atentos a sus
> oraciones;
> pero el rostro del Señor está contra
> los que hacen el mal.»[p]

13Y a ustedes, ¿quién les va a hacer daño si se esfuerzan por hacer el bien? **14**¡*Dichosos si sufren por causa de la justicia! «No teman lo que ellos temen,[q] ni se dejen asustar.»[r] **15**Más bien, honren en su corazón a *Cristo como Señor. Estén siempre preparados para responder a todo el que les pida razón de la esperanza que hay en ustedes. **16**Pero háganlo con gentileza y respeto, manteniendo la conciencia limpia, para que los que hablan mal de la buena conducta de ustedes en Cristo, se avergüencen de sus calumnias. **17**Si es la voluntad de Dios, es preferible sufrir por hacer el bien que por hacer el mal.

18Porque Cristo murió por los pecados una vez por todas, el justo por los injustos, a fin de llevarlos a ustedes a Dios. Él sufrió la muerte en su *cuerpo, pero el Espíritu

---

[n] **2:22** Is 53:9   [ñ] **2:25** *Pastor que cuida.* Lit. *Pastor y* **Obispo*.   [o] **3:7** *ya que ... delicada.* Lit. *como a vaso más frágil.*   [p] **3:12** Sal 34:12-16   [q] **3:14** *lo que ellos temen.* Alt. *sus amenazas.*   [r] **3:14** Is 8:12

hizo que volviera a la vida.[s] [19]Por medio del Espíritu fue y predicó a los espíritus encarcelados, [20]que en los tiempos antiguos, en los días de Noé, desobedecieron, cuando Dios esperaba con paciencia mientras se construía el arca. En ella sólo pocas personas, ocho en total, se salvaron mediante el agua, [21]la cual simboliza el bautismo que ahora los salva también a ustedes. El bautismo no consiste en la limpieza del cuerpo, sino en el compromiso de tener una buena conciencia delante de Dios. Esta salvación es posible por la resurrección de Jesucristo, [22]quien subió al cielo y tomó su lugar a la *derecha de Dios, y a quien están sometidos los ángeles, las autoridades y los poderes.

Viviendo el ejemplo de Cristo

4 Por tanto, ya que *Cristo sufrió en el cuerpo, asuman también ustedes la misma actitud; porque el que ha sufrido en el *cuerpo ha roto con el pecado, [2]para vivir el resto de su vida terrenal no satisfaciendo sus pasiones *humanas sino cumpliendo la voluntad de Dios. [3]Pues ya basta con el tiempo que han desperdiciado haciendo lo que agrada a los incrédulos,[t] entregados al desenfreno, a las pasiones, a las borracheras, a las orgías, a las parrandas y a las idolatrías abominables. [4]A ellos les parece extraño que ustedes ya no corran con ellos en ese mismo desbordamiento de inmoralidad, y por eso los insultan. [5]Pero ellos tendrán que rendirle cuentas a aquel que está preparado para juzgar a los vivos y a los muertos. [6]Por esto también se les predicó el *evangelio aun a los muertos, para que, a pesar de haber sido juzgados según criterios *humanos en lo que atañe al cuerpo, vivan conforme a Dios en lo que atañe al espíritu.[u]

[7]Ya se acerca el fin de todas las cosas. Así que, para orar bien, manténganse sobrios y con la mente despejada. [8]Sobre todo, ámense los unos a los otros profundamente, porque el amor cubre multitud de pecados. [9]Practiquen la hospitalidad entre ustedes sin quejarse. [10]Cada uno ponga al servicio de los demás el don que haya recibido, administrando fielmente la gracia de Dios en sus diversas formas. [11]El que habla, hágalo como quien expresa las palabras mismas de Dios; el que presta algún servicio, hágalo como quien tiene el poder de Dios. Así Dios será en todo alabado por medio de Jesucristo, a quien sea la gloria y el poder por los siglos de los siglos. Amén.

Sufriendo por seguir a Cristo

[12]Queridos hermanos, no se extrañen del fuego de la *prueba que están soportando, como si fuera algo insólito. [13]Al contrario, alégrense de tener parte en los sufrimientos de *Cristo, para que también sea inmensa su alegría cuando se revele la gloria de Cristo. [14]*Dichosos ustedes si los insultan por causa del nombre de Cristo, porque el glorioso Espíritu de Dios reposa sobre ustedes. [15]Que ninguno tenga que sufrir por asesino, ladrón o delincuente, ni siquiera por entrometido. [16]Pero si alguien sufre por ser cristiano, que no se avergüence, sino que alabe a Dios por llevar el nombre de Cristo. [17]Porque es tiempo de que el juicio comience por la familia de Dios; y si comienza por nosotros, ¡cuál no será el fin de los que se rebelan contra el *evangelio de Dios!

[18]«Si el justo a duras penas se salva,
¿qué será del impío y del
pecador?»[v]

[19]Así pues, los que sufren según la voluntad de Dios, entréguense a su fiel Creador y sigan practicando el bien.

Exhortación a los ancianos y a los jóvenes

5 A los *ancianos que están entre ustedes, yo, que soy anciano como ellos, testigo de los sufrimientos de *Cristo y partícipe con ellos de la gloria que se ha de revelar, les ruego esto: [2]cuiden como

---

[s] 3:18 pero ... vida. Alt. pero volvió a la vida en su espíritu.   [t] 4:3 incrédulos. Lit. *gentiles.   [u] 4:6 en lo que atañe al espíritu. Alt. en el Espíritu.   [v] 4:18 Pr 11:31

pastores el rebaño de Dios que está a su cargo, no por obligación ni por ambición de dinero, sino con afán de servir, como Dios quiere. ³No sean tiranos con los que están a su cuidado, sino sean ejemplos para el rebaño. ⁴Así, cuando aparezca el Pastor supremo, ustedes recibirán la inmarcesible corona de gloria.

⁵Así mismo, jóvenes, sométanse a los ancianos. Revístanse todos de humildad en su trato mutuo, porque

> «Dios se opone a los orgullosos,
> pero da gracia a los humildes».ʷ

⁶Humíllense, pues, bajo la poderosa mano de Dios, para que él los exalte a su debido tiempo. ⁷Depositen en él toda ansiedad, porque él cuida de ustedes.

⁸Practiquen el dominio propio y manténganse alerta. Su enemigo el diablo ronda como león rugiente, buscando a quién devorar. ⁹Resístanlo, manteniéndose firmes en la fe, sabiendo que sus hermanos en todo el mundo están soportando la misma clase de sufrimientos.

¹⁰Y después de que ustedes hayan sufrido un poco de tiempo, Dios mismo, el Dios de toda gracia que los llamó a su gloria eterna en Cristo, los restaurará y los hará fuertes, firmes y estables. ¹¹A él sea el poder por los siglos de los siglos. Amén.

Saludos finales

¹²Con la ayuda de *Silvano, a quien considero un hermano fiel, les he escrito brevemente, para animarlos y confirmarles que ésta es la verdadera gracia de Dios. Manténganse firmes en ella.

¹³Saludos de parte de la que está en Babilonia, escogida como ustedes, y también de mi hijo Marcos. ¹⁴Salúdense los unos a los otros con un beso de amor fraternal.

Paz a todos ustedes que están en *Cristo.

Segunda Carta de
Pedro

1 Simón Pedro, *siervo y apóstol de *Jesucristo,

a los que por la justicia de nuestro Dios y Salvador Jesucristo han recibido una fe tan preciosa como la nuestra.

²Que abunden en ustedes la gracia y la paz por medio del conocimiento que tienen de Dios y de Jesús nuestro Señor.

Firmeza en el llamamiento y en la elección

³Su divino poder, al darnos el conocimiento de aquel que nos llamó por su propia gloria y potencia, nos ha concedido todas las cosas que necesitamos para vivir como Dios manda.ᵃ ⁴Así Dios nos ha entregado sus preciosas y magníficas promesas para que ustedes, luego de escapar de la corrupción que hay en el mundo debido a los malos deseos, lleguen a tener parte en la naturaleza divina.ᵇ

⁵Precisamente por eso, esfuércense por añadir a su fe, virtud; a su virtud, entendimiento; ⁶al entendimiento, dominio propio; al dominio propio, constancia; a la constancia, devoción a Dios; ⁷a la devoción a Dios, afecto fraternal; y al afecto fraternal, amor. ⁸Porque estas cualidades, si abundan en ustedes, les harán crecer en el conocimiento de nuestro Señor Jesucristo, y evitarán que sean inútiles e improductivos. ⁹En cambio, el que no las tiene es tan corto de vista que ya ni ve, y se olvida de que ha sido limpiado de sus antiguos pecados. ¹⁰Por lo tanto, hermanos, esfuércense más todavía por asegurarse del llamado de Dios, que fue quien los eligió. Si hacen

estas cosas, no caerán jamás, ¹¹y se les abrirán de par en par las puertas del reino eterno de nuestro Señor y Salvador Jesucristo.

La veracidad de la Escritura

¹²Por eso siempre les recordaré estas cosas, por más que las sepan y estén afianzados en la verdad que ahora tienen. ¹³Además, considero que tengo la obligación de refrescarles la memoria mientras viva en esta habitación pasajera que es mi cuerpo; ¹⁴porque sé que dentro de poco tendré que abandonarlo, según me lo ha manifestado nuestro Señor *Jesucristo. ¹⁵También me esforzaré con empeño para que aun después de mi partidaᶜ ustedes puedan recordar estas cosas en todo tiempo.

¹⁶Cuando les dimos a conocer la venida de nuestro Señor Jesucristo en todo su poder, no estábamos siguiendo sutiles cuentos supersticiosos sino dando testimonio de su grandeza, que vimos con nuestros propios ojos. ¹⁷Él recibió honor y gloria de parte de Dios el Padre, cuando desde la majestuosa gloria se le dirigió aquella voz que dijo: «Éste es mi Hijo amado; estoy muy complacido con él.»ᵈ ¹⁸Nosotros mismos oímos esa voz que vino del cielo cuando estábamos con él en el monte santo. ¹⁹Esto ha venido a confirmarnos la palabraᵉ de los profetas, a la cual ustedes hacen bien en prestar atención, como a una lámpara que brilla en un lugar oscuro, hasta que despunte el día y salga el lucero de la mañana en sus corazones. ²⁰Ante todo, tengan muy presente que ninguna profecía de la Escritura surge de la interpretación particu-

---

ᵃ**1:3** *para vivir como Dios manda.* Lit. *para la vida y la piedad.* ᵇ**1:4** *lleguen ... divina.* Alt. *lleguen a ser colaboradores con Dios.* ᶜ**1:15** *partida.* Lit. *éxodo.* ᵈ**1:17** Mt 17:5; Mr 9:7; Lc 9:35 ᵉ**1:19** *Esto ... palabra.* Lit. *También tenemos la muy segura palabra.*

lar de nadie. 21Porque la profecía no ha tenido su origen en la voluntad *humana, sino que los profetas hablaron de parte de Dios, impulsados por el Espíritu Santo.

Los falsos maestros y su destrucción

2 En el pueblo judío hubo falsos profetas, y también entre ustedes habrá falsos maestros que encubiertamente introducirán herejías destructivas, al extremo de negar al mismo Señor que los rescató. Esto les traerá una pronta destrucción. 2Muchos los seguirán en sus prácticas vergonzosas, y por causa de ellos se difamará el camino de la verdad. 3Llevados por la avaricia, estos maestros los explotarán a ustedes con palabras engañosas. Desde hace mucho tiempo su condenación está preparada y su destrucción los acecha.

4Dios no perdonó a los ángeles cuando pecaron, sino que los arrojó al *abismo, metiéndolos en tenebrosas cavernas ƒ y reservándolos para el juicio. 5Tampoco perdonó al mundo antiguo cuando mandó un diluvio sobre los impíos, aunque protegió a ocho personas, incluyendo a Noé, predicador de la justicia. 6Además, condenó a las ciudades de Sodoma y Gomorra, y las redujo a cenizas, poniéndolas como escarmiento para los impíos. 7Por otra parte, libró al justo Lot, que se hallaba abrumado por la vida desenfrenada de esos perversos, 8pues este justo, que convivía con ellos y amaba el bien, día tras día sentía que se le despedazaba el alma por las obras inicuas que veía y oía. 9Todo esto demuestra que el Señor sabe librar de la *prueba a los que viven como Dios quiere, y reservar a los impíos para castigarlos en el día del juicio. 10Esto les espera sobre todo a los que siguen los corrompidos deseos de la *naturaleza humana y desprecian la autoridad del Señor.

¡Atrevidos y arrogantes que son! No tienen reparo en insultar a los seres celestiales, 11mientras que los ángeles, a pesar de superarlos en fuerza y en poder, no pronuncian contra tales seres ninguna acusación insultante en la presencia del Señor. 12Pero aquéllos *blasfeman en asuntos que no entienden. Como animales irracionales, se guían únicamente por el instinto, y nacieron para ser atrapados y degollados. Lo mismo que esos animales, perecerán también en su corrupción 13y recibirán el justo pago por sus injusticias. Su concepto de placer es entregarse a las pasiones desenfrenadas en pleno día. Son manchas y suciedad, que gozan de sus placeres mientras los acompañan a ustedes en sus comidas. 14Tienen los ojos llenos de adulterio y son insaciables en el pecar; seducen a las personas inconstantes; son expertos en la avaricia, ¡hijos de maldición! 15Han abandonado el camino recto, y se han extraviado para seguir la senda de Balán, hijo de Bosor, g a quien le encantaba el salario de la injusticia. 16Pero fue reprendido por su maldad: su burra —una muda bestia de carga— habló con voz humana y refrenó la locura del profeta.

17Estos individuos son fuentes sin agua, niebla empujada por la tormenta, para quienes está reservada la más densa oscuridad. 18Pronunciando discursos arrogantes y sin sentido, seducen con los instintos *naturales desenfrenados a quienes apenas comienzan a apartarse de los que viven en el error. 19Les prometen libertad, cuando ellos mismos son *esclavos de la corrupción, ya que cada uno es esclavo de aquello que lo ha dominado. 20Si habiendo escapado de la contaminación del mundo por haber conocido a nuestro Señor y Salvador *Jesucristo, vuelven a enredarse en ella y son vencidos, terminan en peores condiciones que al principio. 21Más les hubiera valido no conocer el camino de la justicia, que abandonarlo después de haber conocido el santo mandamiento que se les dio. 22En su caso ha sucedido lo que acertadamente afirman estos proverbios: «El *perro vuelve a su vómito», h y «la puerca lavada, a revolcarse en el lodo».

ƒ2:4 *cavernas.* Var. *cadenas.*   g2:15 *Bosor.* Var. *Beor.*   h2:22 Pr 26:11

El día del Señor

3 Queridos hermanos, ésta es ya la segunda carta que les escribo. En las dos he procurado refrescarles la memoria para que, con una mente íntegra, ²recuerden las palabras que los *santos profetas pronunciaron en el pasado, y el mandamiento que dio nuestro Señor y Salvador por medio de los apóstoles.

³Ante todo, deben saber que en los últimos días vendrá gente burlona que, siguiendo sus malos deseos, se mofará: ⁴«¿Qué hubo de esa promesa de su venida? Nuestros padres murieron, y nada ha cambiado desde el principio de la creación.» ⁵Pero intencionalmente olvidan que desde tiempos antiguos, por la palabra de Dios, existía el cielo y también la tierra, que surgió del agua y mediante el agua. ⁶Por la palabra y el agua, el mundo de aquel entonces pereció inundado. ⁷Y ahora, por esa misma palabra, el cielo y la tierra están guardados para el fuego, reservados para el día del juicio y de la destrucción de los impíos.

⁸Pero no olviden, queridos hermanos, que para el Señor un día es como mil años, y mil años como un día. ⁹El Señor no tarda en cumplir su promesa, según entienden algunos la tardanza. Más bien, él tiene paciencia con ustedes, porque no quiere que nadie perezca sino que todos se *arrepientan.

¹⁰Pero el día del Señor vendrá como un ladrón. En aquel día los cielos desaparecerán con un estruendo espantoso, los elementos serán destruidos por el fuego, y la tierra, con todo lo que hay en ella, será quemada.ⁱ

¹¹Ya que todo será destruido de esa manera, ¿no deberían vivir ustedes como Dios manda, siguiendo una conducta intachable ¹²y esperando ansiosamenteʲ la venida del día de Dios? Ese día los cielos serán destruidos por el fuego, y los elementos se derretirán con el calor de las llamas. ¹³Pero, según su promesa, esperamos un cielo nuevo y una tierra nueva, en los que habite la justicia.

¹⁴Por eso, queridos hermanos, mientras esperan estos acontecimientos, esfuércense para que Dios los halle sin mancha y sin defecto, y en paz con él. ¹⁵Tengan presente que la paciencia de nuestro Señor significa salvación, tal como les escribió también nuestro querido hermano Pablo, con la sabiduría que Dios le dio. ¹⁶En todas sus cartas se refiere a estos mismos temas. Hay en ellas algunos puntos difíciles de entender, que los ignorantes e inconstantes tergiversan, como lo hacen también con las demás Escrituras, para su propia perdición.

¹⁷Así que ustedes, queridos hermanos, puesto que ya saben esto de antemano, manténganse alerta, no sea que, arrastrados por el error de esos libertinos, pierdan la estabilidad y caigan. ¹⁸Más bien, crezcan en la gracia y en el conocimiento de nuestro Señor y Salvador *Jesucristo. ¡A él sea la gloria ahora y para siempre! Amén.ᵏ

ⁱ**3:10** *será quemada.* Var. *quedará al descubierto.*   ʲ**3:12** *esperando ansiosamente.* Alt. *esperando y apresurando.*   ᵏ**3:18** Var. no incluye: *Amén.*

Primera Carta de
Juan

El Verbo de vida

1 Lo que ha sido desde el principio, lo que hemos oído, lo que hemos visto con nuestros propios ojos, lo que hemos contemplado, lo que hemos tocado con las manos, esto les anunciamos respecto al *Verbo que es vida. **2**Esta vida se manifestó. Nosotros la hemos visto y damos testimonio de ella, y les anunciamos a ustedes la vida eterna que estaba con el Padre y que se nos ha manifestado. **3**Les anunciamos lo que hemos visto y oído, para que también ustedes tengan comunión con nosotros. Y nuestra comunión es con el Padre y con su Hijo *Jesucristo. **4**Les escribimos estas cosas para que nuestra alegría*a* sea completa.

Caminemos en la luz

5Éste es el mensaje que hemos oído de él y que les anunciamos: Dios es luz y en él no hay ninguna oscuridad. **6**Si afirmamos que tenemos comunión con él, pero vivimos en la oscuridad, mentimos y no ponemos en práctica la verdad. **7**Pero si vivimos en la luz, así como él está en la luz, tenemos comunión unos con otros, y la sangre de su Hijo Jesucristo nos limpia de todo pecado.

8Si afirmamos que no tenemos pecado, nos engañamos a nosotros mismos y no tenemos la verdad. **9**Si confesamos nuestros pecados, Dios, que es fiel y justo, nos los perdonará y nos limpiará de toda maldad. **10**Si afirmamos que no hemos pecado, lo hacemos pasar por mentiroso y su palabra no habita en nosotros.

2 Mis queridos hijos, les escribo estas cosas para que no pequen. Pero si alguno peca, tenemos ante el Padre a un *intercesor, a *Jesucristo, el Justo. **2**Él es el sacrificio por el perdón de*b* nuestros pecados, y no sólo por los nuestros sino por los de todo el mundo.

3¿Cómo sabemos si hemos llegado a conocer a Dios? Si obedecemos sus mandamientos. **4**El que afirma: «Lo conozco», pero no obedece sus mandamientos, es un mentiroso y no tiene la verdad. **5**En cambio, el amor de Dios se manifiesta plenamente*c* en la vida del que obedece su palabra. De este modo sabemos que estamos unidos a él: **6**el que afirma que permanece en él, debe vivir como él vivió.

7Queridos hermanos, lo que les escribo no es un mandamiento nuevo, sino uno antiguo que han tenido desde el principio. Este mandamiento antiguo es el mensaje que ya oyeron. **8**Por otra parte, lo que les escribo es un mandamiento nuevo, cuya verdad se manifiesta tanto en la vida de *Cristo como en la de ustedes, porque la oscuridad se va desvaneciendo y ya brilla la luz verdadera.

9El que afirma que está en la luz, pero odia a su hermano, todavía está en la oscuridad. **10**El que ama a su hermano permanece en la luz, y no hay nada en su vida*d* que lo haga *tropezar. **11**Pero el que odia a su hermano está en la oscuridad y en ella vive, y no sabe a dónde va porque la oscuridad no lo deja ver.

12Les escribo a ustedes, queridos hijos,
porque sus pecados han sido perdonados por el nombre de Cristo.
13Les escribo a ustedes, padres,
porque han conocido al que es desde el principio.

---

*a***1:4** *nuestra alegría.* Var. *la alegría de ustedes.* *b***2:2** *el sacrificio por el perdón de.* Lit. *la *propiciación por.* *c***2:5** *se manifiesta plenamente.* Lit. *se ha *perfeccionado.* *d***2:10** *en su vida.* Alt. *en la luz.*

Les escribo a ustedes, jóvenes,
porque han vencido al maligno.
Les he escrito a ustedes, queridos
hijos,
porque han conocido al Padre.
14Les he escrito a ustedes, padres,
porque han conocido al que es
desde el principio.
Les he escrito a ustedes, jóvenes,
porque son fuertes,
y la palabra de Dios permanece
en ustedes,
y han vencido al maligno.

No amemos al mundo

15No amen al mundo ni nada de lo que
hay en él. Si alguien ama al mundo, no
tiene el amor del Padre. **16**Porque nada de
lo que hay en el mundo —los malos deseos
del *cuerpo, la codicia de los ojos y la
arrogancia de la vida— proviene del Padre
sino del mundo. **17**El mundo se acaba con
sus malos deseos, pero el que hace la
voluntad de Dios permanece para siempre.

Cuidémonos de los anticristos

18Queridos hijos, ésta es la hora final,
y así como ustedes oyeron que el anticristo vendría, muchos son los anticristos que han surgido ya. Por eso nos
damos cuenta de que ésta es la hora
final. **19**Aunque salieron de entre nosotros, en realidad no eran de los nuestros;
si lo hubieran sido, se habrían quedado
con nosotros. Su salida sirvió para comprobar que ninguno de ellos era de los
nuestros.

20Todos ustedes, en cambio, han recibido unción del Santo, de manera que
conocen la verdad.*e* **21**No les escribo porque ignoren la verdad, sino porque la
conocen y porque ninguna mentira procede de la verdad. **22**¿Quién es el mentiroso
sino el que niega que Jesús es el *Cristo?
Es el anticristo, el que niega al Padre y al
Hijo. **23**Todo el que niega al Hijo no tiene
al Padre; el que reconoce al Hijo tiene
también al Padre.

24Permanezca en ustedes lo que han
oído desde el principio, y así ustedes*f*
permanecerán también en el Hijo y en el
Padre. **25**Ésta es la promesa que él nos dio:
la vida eterna.

26Estas cosas les escribo acerca de los
que procuran engañarlos. **27**En cuanto a
ustedes, la unción que de él recibieron
permanece en ustedes, y no necesitan que
nadie les enseñe. Esa unción es auténtica
—no es falsa— y les enseña todas las
cosas. Permanezcan en él, tal y como él
les enseñó.

Permanezcamos en Dios

28Y ahora, queridos hijos, permanezcamos*g* en él para que, cuando se manifieste, podamos presentarnos ante él
confiadamente, seguros de no ser avergonzados en su venida.

29Si reconocen que *Jesucristo es justo, reconozcan también que todo el que
practica la justicia ha nacido de él.

3 ¡Fíjense qué gran amor nos ha dado
el Padre, que se nos llame hijos de
Dios! ¡Y lo somos! El mundo no nos
conoce, precisamente porque no lo conoció a él. **2**Queridos hermanos, ahora somos hijos de Dios, pero todavía no se ha
manifestado lo que habremos de ser. Sabemos, sin embargo, que cuando Cristo
venga seremos semejantes a él, porque lo
veremos tal como él es. **3**Todo el que tiene
esta esperanza en Cristo, se purifica a sí
mismo, así como él es puro.

4Todo el que comete pecado quebranta
la ley; de hecho, el pecado es transgresión
de la ley. **5**Pero ustedes saben que Jesucristo se manifestó para quitar nuestros
pecados. Y él no tiene pecado. **6**Todo el
que permanece en él, no practica el pecado.*h* Todo el que practica el pecado, no lo
ha visto ni lo ha conocido.

7Queridos hijos, que nadie los engañe.
El que practica la justicia es justo, así
como él es justo. **8**El que practica el
pecado es del diablo, porque el diablo ha
estado pecando desde el principio. El Hijo

---

*e***2:20** *la verdad.* Var. *todas las cosas.*   *f***2:24** *principio ... ustedes.* Lit. *principio. Si permanece en ustedes lo que han oído desde el principio, ustedes*   *g***2:28** *permanezcamos.* Lit. *permanezcan.*   *h***3:6** *no practica el pecado.* Alt. *no peca.*

de Dios fue enviado precisamente para destruir las obras del diablo. 9Ninguno que haya nacido de Dios practica el pecado, porque la semilla de Dios permanece en él; no puede practicar el pecado, *i* porque ha nacido de Dios. 10Así distinguimos entre los hijos de Dios y los hijos del diablo: el que no practica la justicia no es hijo de Dios; ni tampoco lo es el que no ama a su hermano.

Amémonos los unos a los otros

11Éste es el mensaje que han oído desde el principio: que nos amemos los unos a los otros. 12No seamos como Caín que, por ser del maligno, asesinó a su hermano. ¿Y por qué lo hizo? Porque sus propias obras eran malas, y las de su hermano justas. 13Hermanos, no se extrañen si el mundo los odia. 14Nosotros sabemos que hemos pasado de la muerte a la vida porque amamos a nuestros hermanos. El que no ama permanece en la muerte. 15Todo el que odia a su hermano es un asesino, y ustedes saben que en ningún asesino permanece la vida eterna. 16En esto conocemos lo que es el amor: en que Jesucristo entregó su *vida por nosotros. Así también nosotros debemos entregar la vida por nuestros hermanos. 17Si alguien que posee bienes materiales ve que su hermano está pasando necesidad, y no tiene compasión de él, ¿cómo se puede decir que el amor de Dios habita en él? 18Queridos hijos, no amemos de palabra ni de labios para afuera, sino con hechos y de verdad. 19En esto sabremos que somos de la verdad, y nos sentiremos seguros delante de él: 20que aunque nuestro corazón nos condene, Dios es más grande que nuestro corazón y lo sabe todo. 21Queridos hermanos, si el corazón no nos condena, tenemos confianza delante de Dios, 22y recibimos todo lo que le pedimos porque obedecemos sus mandamientos y hacemos lo que le agrada. 23Y éste es su mandamiento: que creamos en el nombre de su Hijo Jesucristo, y que nos amemos

los unos a los otros, pues así lo ha dispuesto. 24El que obedece sus mandamientos permanece en Dios, y Dios en él. ¿Cómo sabemos que él permanece en nosotros? Por el Espíritu que nos dio.

Vivamos en el Espíritu

4 Queridos hermanos, no crean a cualquiera que pretenda estar inspirado por el Espíritu,*j* sino sométanlo a prueba para ver si es de Dios, porque han salido por el mundo muchos falsos profetas. 2En esto pueden discernir quién tiene el Espíritu de Dios: todo profeta*k* que reconoce que *Jesucristo ha venido en cuerpo humano, es de Dios; 3todo profeta que no reconoce a Jesús, no es de Dios sino del anticristo. Ustedes han oído que éste viene; en efecto, ya está en el mundo.

4Ustedes, queridos hijos, son de Dios y han vencido a esos falsos profetas, porque el que está en ustedes es más poderoso que el que está en el mundo. 5Ellos son del mundo; por eso hablan desde el punto de vista del mundo, y el mundo los escucha. 6Nosotros somos de Dios, y todo el que conoce a Dios nos escucha; pero el que no es de Dios no nos escucha. Así distinguimos entre el Espíritu de la verdad y el espíritu del engaño.

Permanezcamos en el amor

7Queridos hermanos, amémonos los unos a los otros, porque el amor viene de Dios, y todo el que ama ha nacido de él y lo conoce. 8El que no ama no conoce a Dios, porque Dios es amor. 9Así manifestó Dios su amor entre nosotros: en que envió a su Hijo unigénito al mundo para que vivamos por medio de él. 10En esto consiste el amor: no en que nosotros hayamos amado a Dios, sino en que él nos amó y envió a su Hijo para que fuera ofrecido como sacrificio por el perdón de*l* nuestros pecados. 11Queridos hermanos, ya que Dios nos ha amado así, también nosotros debemos amarnos los unos a los otros. 12Nadie ha visto jamás a Dios, pero si nos amamos los unos a los otros, Dios permanece entre nosotros, y

---

i 3:9 *no puede practicar el pecado*. Alt. *no puede pecar*. *j* 4:1 *no crean ... por el Espíritu*. Lit. *no crean a todo espíritu*. *k* 4:2 *profeta*. Lit. *espíritu*; también en v. 3. *l* 4:10 *sacrificio por el perdón de*. Lit. *propiciación por*.

entre[m] nosotros su amor se ha manifestado plenamente.[n]

[13]¿Cómo sabemos que permanecemos en él, y que él permanece en nosotros? Porque nos ha dado de su Espíritu. [14]Y nosotros hemos visto y declaramos que el Padre envió a su Hijo para ser el Salvador del mundo. [15]Si alguien reconoce que Jesús es el Hijo de Dios, Dios permanece en él, y él en Dios. [16]Y nosotros hemos llegado a saber y creer que Dios nos ama.

Dios es amor. El que permanece en amor, permanece en Dios, y Dios en él. [17]Ese amor se manifiesta plenamente[ñ] entre nosotros para que en el día del juicio comparezcamos con toda confianza, porque en este mundo hemos vivido como vivió Jesús. En el amor no hay temor, [18]sino que el amor *perfecto echa fuera el temor. El que teme espera el castigo, así que no ha sido perfeccionado en el amor.

[19]Nosotros amamos a Dios porque él nos amó primero. [20]Si alguien afirma: «Yo amo a Dios», pero odia a su hermano, es un mentiroso; pues el que no ama a su hermano, a quien ha visto, no puede amar a Dios, a quien no ha visto. [21]Y él nos ha dado este mandamiento: el que ama a Dios, ame también a su hermano.

Vivamos en la fe

5 Todo el que cree que Jesús es el *Cristo, ha nacido de Dios, y todo el que ama al padre, ama también a sus hijos. [2]Así, cuando amamos a Dios y cumplimos sus mandamientos, sabemos que amamos a los hijos de Dios. [3]En esto consiste el amor a Dios: en que obedezcamos sus mandamientos. Y éstos no son difíciles de cumplir, [4]porque todo el que ha nacido de Dios vence al mundo. Ésta es la victoria que vence al mundo: nuestra fe. [5]¿Quién es el que vence al mundo sino el que cree que Jesús es el Hijo de Dios?

[6]Éste es el que vino mediante agua y sangre, Jesucristo; no sólo mediante agua, sino mediante agua y sangre. El Espíritu es quien da testimonio de esto, porque el

Espíritu es la verdad. [7]Tres son los que dan testimonio, [8]y los tres están de acuerdo: el Espíritu[o], el agua y la sangre. [9]Aceptamos el testimonio *humano, pero el testimonio de Dios vale mucho más, precisamente porque es el testimonio de Dios, que él ha dado acerca de su Hijo. [10]El que cree en el Hijo de Dios acepta este testimonio. El que no cree a Dios lo hace pasar por mentiroso, por no haber creído el testimonio que Dios ha dado acerca de su Hijo. [11]Y el testimonio es éste: que Dios nos ha dado vida eterna, y esa vida está en su Hijo. [12]El que tiene al Hijo, tiene la vida; el que no tiene al Hijo de Dios, no tiene la vida.

Observaciones finales

[13]Les escribo estas cosas a ustedes que creen en el nombre del Hijo de Dios, para que sepan que tienen vida eterna. [14]Ésta es la confianza que tenemos al acercarnos a Dios: que si pedimos conforme a su voluntad, él nos oye. [15]Y si sabemos que Dios oye todas nuestras oraciones, podemos estar seguros de que ya tenemos lo que le hemos pedido.

[16]Si alguno ve a su hermano cometer un pecado que no lleva a la muerte, ore por él y Dios le dará vida. Me refiero a quien comete un pecado que no lleva a la muerte. Hay un pecado que sí lleva a la muerte, y en ese caso no digo que se ore por él. [17]Toda maldad es pecado, pero hay pecado que no lleva a la muerte.

[18]Sabemos que el que ha nacido de Dios no está en pecado: *Jesucristo, que nació de Dios, lo protege, y el maligno no llega a tocarlo. [19]Sabemos que somos hijos de Dios, y que el mundo entero está bajo el control del maligno. [20]También sabemos que el Hijo de Dios ha venido y nos ha dado entendimiento para que conozcamos al Dios verdadero. Y estamos con el Verdadero, con[p] su Hijo Jesucristo. Éste es el Dios verdadero y la vida eterna.

[21]Queridos hijos, apártense de los ídolos.

---

[m] **4:12** *entre … entre.* Alt. *en … en.*   [n] **4:12** *se ha manifestado plenamente.* Lit. *se ha *perfeccionado.*

[ñ] **4:17** *se manifiesta plenamente.* Lit. *se ha perfeccionado.*   [o] **5:7-8** *testimonio … Espíritu.* Var. *testimonio en el cielo: el Padre, el Verbo y el Espíritu Santo, y estos tres son uno.* [8] *Y hay tres que dan testimonio en la tierra: el Espíritu* (este pasaje se encuentra en mss. posteriores de la Vulgata, pero no está en ningún ms. griego anterior al siglo XVI).   [p] **5:20** *con.* Alt. *por medio de.*

Segunda Carta de
Juan

¹El *anciano,

a la iglesia elegida y a sus miembros,ᵃ a quienes amo en la verdad —y no sólo yo sino todos los que han conocido la verdad—, ²a causa de esa verdad que permanece en nosotros y que estará con nosotros para siempre:

³La gracia, la misericordia y la paz de Dios el Padre y de *Jesucristo, el Hijo del Padre, estarán con nosotros en verdad y en amor.

⁴Me alegré muchísimo al encontrarme con algunos de ustedesᵇ que están practicando la verdad, según el mandamiento que nos dio el Padre. ⁵Y ahora, hermanos, les ruego que nos amemos los unos a los otros. Y no es que lesᶜ esté escribiendo un mandamiento nuevo sino el que hemos tenido desde el principio. ⁶En esto consiste el amor: en que pongamos en práctica sus mandamientos. Y éste es el mandamiento: que vivan en este amor, tal como ustedes lo han escuchado desde el principio.

⁷Es que han salido por el mundo muchos engañadores que no reconocen que Jesucristo ha venido en cuerpo humano. El que así actúa es el engañador y el anticristo. ⁸Cuídense de no echar a perder el fruto de nuestro trabajo;ᵈ procuren más bien recibir la recompensa completa. ⁹Todo el que se descarría y no permanece en la enseñanza de Cristo, no tiene a Dios; el que permanece en la enseñanzaᵉ sí tiene al Padre y al Hijo. ¹⁰Si alguien los visita y no lleva esta enseñanza, no lo reciban en casa ni le den la bienvenida, ¹¹pues quien le da la bienvenida se hace cómplice de sus malas obras.

¹²Aunque tengo muchas cosas que decirles, no he querido hacerlo por escrito, pues espero visitarlos y hablar personalmente con ustedes para que nuestra alegría sea completa.

¹³Los miembros de la iglesia hermana, la elegida, lesᶠ mandan saludos.

ᵃ1 *la iglesia ... miembros.* Lit. *la señora elegida y a sus hijos.*   ᵇ4 *ustedes.* Lit. *tus hijos.*   ᶜ5 *hermanos, les ruego ... Y no es que les.* Lit. *señora, te ruego ... Y no es que te.*   ᵈ8 *el fruto de nuestro trabajo.* Lit. *lo que hemos trabajado.* Var. *lo que ustedes han trabajado.*   ᵉ9 *enseñanza.* Var. *enseñanza de Cristo.*
ᶠ13 *Los miembros ... les.* Lit. *Los hijos de tu hermana, la elegida, te.*

Tercera Carta de
Juan

¹El *anciano,

al querido hermano Gayo, a quien amo en la verdad.

²Querido hermano, oro para que te vaya bien en todos tus asuntos y goces de buena salud, así como prosperas espiritualmente. ³Me alegré mucho cuando vinieron unos hermanos y dieron testimonio de tu fidelidad,ᵃ y de cómo estás poniendo en práctica la verdad. ⁴Nada me produce más alegría que oír que mis hijos practican la verdad.

⁵Querido hermano, te comportas fielmente en todo lo que haces por los hermanos, aunque no los conozcas.ᵇ ⁶Delante de la iglesia ellos han dado testimonio de tu amor. Harás bien en ayudarlos a seguir su viaje, como es digno de Dios. ⁷Ellos salieron por causa del Nombre, sin nunca recibir nada de los *paganos; ⁸nosotros, por lo tanto, debemos brindarles hospitalidad, y así colaborar con ellos en la verdad.

⁹Le escribí algunas líneas a la iglesia, pero Diótrefes, a quien le encanta ser el primero entre ellos, no nos recibe. ¹⁰Por eso, si voy no dejaré de reprocharle su comportamiento, ya que, con palabras malintencionadas, habla contra nosotros sólo por hablar. Como si fuera poco, ni siquiera recibe a los hermanos, y a quienes quieren hacerlo, no los deja y los expulsa de la iglesia.

¹¹Querido hermano, no imites lo malo sino lo bueno. El que hace lo bueno es de Dios; el que hace lo malo no ha visto a Dios. ¹²En cuanto a Demetrio, todos dan buen testimonio de él, incluso la verdad misma. También nosotros lo recomendamos, y bien sabes que nuestro testimonio es verdadero.

¹³Tengo muchas cosas que decirte, pero prefiero no hacerlo por escrito; ¹⁴espero verte muy pronto, y entonces hablaremos personalmente.

¹⁵La paz sea contigo. Tus amigos aquí te mandan saludos. Saluda a los amigos allá, a cada uno en particular.

ᵃ3 *fidelidad.* Lit. *verdad.*   ᵇ5 *aunque no los conozcas.* Alt. *aunque para ti sean extraños.*

Carta de Judas

1 Judas, *siervo de *Jesucristo y hermano de *Jacobo,

a los que son amados por Dios el Padre, guardados por^a Jesucristo y llamados a la salvación:

2 Que reciban misericordia, paz y amor en abundancia.

Pecado y condenación de los impíos

3 Queridos hermanos, he deseado intensamente escribirles acerca de la salvación que tenemos en común, y ahora siento la necesidad de hacerlo para rogarles que sigan luchando vigorosamente por la fe encomendada una vez por todas a los *santos. 4 El problema es que se han infiltrado entre ustedes ciertos individuos que desde hace mucho tiempo han estado señalados^b para condenación. Son impíos que cambian en libertinaje la gracia de nuestro Dios y niegan a Jesucristo, nuestro único Soberano y Señor.

5 Aunque ustedes ya saben muy bien todo esto, quiero recordarles que el Señor,^c después de liberar de la tierra de Egipto a su pueblo, destruyó a los que no creían. 6 Y a los ángeles que no mantuvieron su posición de autoridad, sino que abandonaron su propia morada, los tiene perpetuamente encarcelados en oscuridad para el juicio del gran Día. 7 Así también Sodoma y Gomorra y las ciudades vecinas son puestas como escarmiento, al sufrir el castigo de un fuego eterno, por haber practicado, como aquéllos, inmoralidad sexual y vicios contra la naturaleza.

8 De la misma manera estos individuos, llevados por sus delirios, contaminan su *cuerpo, desprecian la autoridad y maldicen a los seres celestiales. 9 Ni siquiera el arcángel Miguel, cuando argumentaba con el diablo disputándole el cuerpo de Moisés, se atrevió a pronunciar contra él un juicio de maldición, sino que dijo: «¡Que el Señor te reprenda!» 10 Éstos, en cambio, maldicen todo lo que no entienden; y como animales irracionales, lo que entienden por instinto es precisamente lo que los corrompe.

11 ¡Ay de los que siguieron el camino de Caín! Por ganar dinero se entregaron al error de Balaam y perecieron en la rebelión de Coré.

12 Estos individuos son un peligro oculto:^d sin ningún respeto convierten en parrandas las fiestas de amor fraternal que ustedes celebran. Buscan sólo su propio provecho.^e Son nubes sin agua, llevadas por el viento. Son árboles que no dan fruto cuando debieran darlo; están doblemente muertos, arrancados de raíz. 13 Son violentas olas del mar, que arrojan la espuma de sus actos vergonzosos. Son estrellas fugaces, para quienes está reservada eternamente la más densa oscuridad.

14 También Enoc, el séptimo patriarca a partir de Adán, profetizó acerca de ellos: «Miren, el Señor viene con millares y millares de sus ángeles^f 15 para someter a juicio a todos y para reprender a todos los pecadores impíos por todas las malas obras que han cometido, y por todas las injurias que han proferido contra él.» 16 Estos individuos son refunfuñadores y criticones; se dejan llevar por sus propias pasiones; hablan con arrogancia y adulan a los demás para sacar ventaja.

Exhortación a la perseverancia

17 Ustedes, queridos hermanos, recuerden el mensaje anunciado anteriormente

---

^a1 *por*. Alt. *para*   ^b4 *señalados*. Lit. *inscritos de antemano*.   ^c5 *el Señor*. Var. *Jesús*.   ^d12 *un peligro oculto*. Lit. *escollos*, o *manchas*.   ^e12 *Buscan ... provecho*. Lit. *Se pastorean a sí mismos*.   ^f14 *ángeles*. Lit. *santos*.

por los apóstoles de nuestro Señor Jesucristo. ¹⁸Ellos les decían: «En los últimos tiempos habrá burladores que vivirán según sus propias pasiones impías.» ¹⁹Éstos son los que causan divisiones y se dejan llevar por sus propios instintos, pues no tienen el Espíritu.

²⁰⁻²¹Ustedes, en cambio, queridos hermanos, manténganse en el amor de Dios, edificándose sobre la base de su santísima fe y orando en el Espíritu Santo, mientras esperan que nuestro Señor Jesucristo, en su misericordia, les conceda vida eterna.

²²Tengan compasión de los que dudan; ²³a otros, sálvenlos arrebatándolos del fuego. Compadézcanse de los demás, pero tengan cuidado; aborrezcan hasta la ropa que haya sido contaminada por su *cuerpo.

Doxología

²⁴¡Al único Dios, nuestro Salvador, que puede guardarlos para que no *caigan, y establecerlos sin tacha y con gran alegría ante su gloriosa presencia, ²⁵sea la gloria, la majestad, el dominio y la autoridad, por medio de Jesucristo nuestro Señor, antes de todos los siglos, ahora y para siempre! Amén.

Apocalipsis

Prólogo

1 Ésta es la revelación de *Jesucristo, que Dios le dio para mostrar a sus *siervos lo que sin demora tiene que suceder. Jesucristo envió a su ángel para dar a conocer la revelación a su siervo Juan, ²quien por su parte da fe de la verdad, escribiendo todo lo que vio, a saber, la palabra de Dios y el testimonio de Jesucristo. ³*Dichoso el que lee y dichosos los que escuchan las palabras de este mensaje profético y hacen caso de lo que aquí está escrito, porque el tiempo de su cumplimiento está cerca.

Saludos y doxología

⁴Yo, Juan, escribo a las siete iglesias que están en la provincia de *Asia:

Gracia y paz a ustedes de parte de aquel que es y que era y que ha de venir; y de parte de los siete espíritus que están delante de su trono; ⁵y de parte de *Jesucristo, el testigo fiel, el primogénito de la resurrección, el soberano de los reyes de la tierra.

Al que nos ama
  y que por su sangre
    nos ha librado de nuestros pecados,
⁶al que ha hecho de nosotros un reino,
    sacerdotes al servicio de Dios su
      Padre,
  ¡a él sea la gloria y el poder
    por los siglos de los siglos! Amén.

⁷¡Miren que viene en las nubes!
  Y todos lo verán con sus propios
      ojos,
    incluso quienes lo traspasaron;
  y por él harán lamentación
    todos los pueblos de la tierra.
      ¡Así será! Amén.

⁸«Yo soy el Alfa y la Omega —dice el Señor Dios—, el que es y que era y que ha de venir, el Todopoderoso.»

Alguien semejante al Hijo del hombre

⁹Yo, Juan, hermano de ustedes y compañero en el sufrimiento, en el reino y en la perseverancia que tenemos en unión con Jesús, estaba en la isla de Patmos por causa de la palabra de Dios y del testimonio de Jesús. ¹⁰En el día del Señor vino sobre mí el Espíritu, y oí detrás de mí una voz fuerte, como de trompeta, ¹¹que decía: «Escribe en un libro lo que veas y envíalo a las siete iglesias: a Éfeso, a Esmirna, a Pérgamo, a Tiatira, a Sardis, a Filadelfia y a Laodicea.»

¹²Me volví para ver de quién era la voz que me hablaba y, al volverme, vi siete candelabros de oro. ¹³En medio de los candelabros estaba alguien «semejante al Hijo del hombre»,[a] vestido con una túnica que le llegaba hasta los pies y ceñido con una banda de oro a la altura del pecho. ¹⁴Su cabellera lucía blanca como la lana, como la nieve; y sus ojos resplandecían como llama de fuego. ¹⁵Sus pies parecían bronce al rojo vivo en un horno, y su voz era tan fuerte como el estruendo de una catarata. ¹⁶En su mano derecha tenía siete estrellas, y de su boca salía una aguda espada de dos filos. Su rostro era como el sol cuando brilla en todo su esplendor.

¹⁷Al verlo, caí a sus pies como muerto; pero él, poniendo su mano derecha sobre mí, me dijo: «No tengas miedo. Yo soy el Primero y el Último, ¹⁸y el que vive. Estuve muerto, pero ahora vivo por los siglos de los siglos, y tengo las llaves de la muerte y del infierno.[b]

a **1:13** Dn 7:13   *b* **1:18** *infierno.* Lit. *Hades.*

19»Escribe, pues, lo que has visto, lo que sucede ahora y lo que sucederá después. **20**Ésta es la explicación del *misterio de las siete estrellas que viste en mi mano derecha, y de los siete candelabros de oro: las siete estrellas son los ángeles[c] de las siete iglesias, y los siete candelabros son las siete iglesias.

A la iglesia de Éfeso

2 »Escribe al ángel[d] de la iglesia de Éfeso:

Esto dice el que tiene las siete estrellas en su mano derecha y se pasea en medio de los siete candelabros de oro: **2**Conozco tus obras, tu duro trabajo y tu perseverancia. Sé que no puedes soportar a los malvados, y que has puesto a *prueba a los que dicen ser apóstoles pero no lo son; y has descubierto que son falsos. **3**Has perseverado y sufrido por mi nombre, sin desanimarte. **4**Sin embargo, tengo en tu contra que has abandonado tu primer amor. **5**¡Recuerda de dónde has caído! *Arrepiéntete y vuelve a practicar las obras que hacías al principio. Si no te arrepientes, iré y quitaré de su lugar tu candelabro. **6**Pero tienes a tu favor que aborreces las prácticas de los nicolaítas, las cuales yo también aborrezco.

7El que tenga oídos, que oiga lo que el Espíritu dice a las iglesias. Al que salga vencedor le daré derecho a comer del árbol de la vida, que está en el paraíso de Dios.

A la iglesia de Esmirna

8»Escribe al ángel de la iglesia de Esmirna:

Esto dice el Primero y el Último, el que murió y volvió a vivir: **9**Conozco tus sufrimientos y tu pobreza. ¡Sin embargo, eres rico! Sé cómo te calumnian los que dicen ser judíos pero que, en realidad, no son más que una sinagoga de Satanás. **10**No tengas miedo de lo que estás por sufrir. Te advierto que a algu-

nos de ustedes el diablo los meterá en la cárcel para ponerlos a *prueba, y sufrirán persecución durante diez días. Sé fiel hasta la muerte, y yo te daré la corona de la vida.

11El que tenga oídos, que oiga lo que el Espíritu dice a las iglesias. El que salga vencedor no sufrirá daño alguno de la segunda muerte.

A la iglesia de Pérgamo

12»Escribe al ángel de la iglesia de Pérgamo:

Esto dice el que tiene la aguda espada de dos filos: **13**Sé dónde vives: allí donde Satanás tiene su trono. Sin embargo, sigues fiel a mi nombre. No renegaste de tu fe en mí, ni siquiera en los días en que Antipas, mi testigo fiel, sufrió la muerte en esa ciudad donde vive Satanás.

14No obstante, tengo unas cuantas cosas en tu contra: que toleras ahí a los que se aferran a la doctrina de Balaam, el que enseñó a Balac a poner *tropiezos a los israelitas, incitándolos a comer alimentos sacrificados a los ídolos y a cometer inmoralidades sexuales. **15**Toleras así mismo a los que sostienen la doctrina de los nicolaítas. **16**Por lo tanto, ¡*arrepiéntete! De otra manera, iré pronto a ti para pelear contra ellos con la espada que sale de mi boca.

17El que tenga oídos, que oiga lo que el Espíritu dice a las iglesias. Al que salga vencedor le daré del maná escondido, y le daré también una piedrecita blanca en la que está escrito un nombre nuevo que sólo conoce el que lo recibe.

A la iglesia de Tiatira

18»Escribe al ángel de la iglesia de Tiatira:

Esto dice el Hijo de Dios, el que tiene ojos que resplandecen como llamas de fuego y pies que parecen bronce al rojo vivo: **19**Conozco tus obras, tu amor y tu fe, tu servicio y tu perseve-

---

[c] **1:20** *ángeles.* Alt. *mensajeros.*   [d] **2:1** *ángel.* Alt. *mensajero*; también en vv. 8, 12 y 18.

rancia, y sé que tus últimas obras son más abundantes que las primeras.

20Sin embargo, tengo en tu contra que toleras a Jezabel, esa mujer que dice ser profetisa. Con su enseñanza engaña a mis *siervos, pues los induce a cometer inmoralidades sexuales y a comer alimentos sacrificados a los ídolos. **21**Le he dado tiempo para que se *arrepienta de su inmoralidad, pero no quiere hacerlo. **22**Por eso la voy a postrar en un lecho de dolor, y a los que cometen adulterio con ella los haré sufrir terriblemente, a menos que se arrepientan de lo que aprendieron de ella. **23**A los hijos de esa mujer los heriré de muerte. Así sabrán todas las iglesias que yo soy el que escudriña la mente y el corazón; y a cada uno de ustedes lo trataré de acuerdo con sus obras. **24**Ahora, al resto de los que están en Tiatira, es decir, a ustedes que no siguen esa enseñanza ni han aprendido los mal llamados "profundos secretos de Satanás", les digo que ya no les impondré ninguna otra carga. **25**Eso sí, retengan con firmeza lo que ya tienen, hasta que yo venga.

26Al que salga vencedor y cumpla mi voluntad*e* hasta el fin, le daré autoridad sobre las *naciones **27**—así como yo la he recibido de mi Padre— y

> "él las gobernará con puño de hierro;*f*
> las hará pedazos como a vasijas de barro".*g*

28También le daré la estrella de la mañana. **29**El que tenga oídos, que oiga lo que el Espíritu dice a las iglesias.

A la iglesia de Sardis

3 »Escribe al ángel*h* de la iglesia de Sardis:

Esto dice el que tiene los siete espíritus de Dios y las siete estrellas: Conozco tus obras; tienes fama de estar vivo, pero en realidad estás muerto.

2¡Despierta! Reaviva lo que aún es rescatable,*i* pues no he encontrado que tus obras sean perfectas delante de mi Dios. **3**Así que recuerda lo que has recibido y oído; obedécelo y *arrepiéntete. Si no te mantienes despierto, cuando menos lo esperes caeré sobre ti como un ladrón.

4Sin embargo, tienes en Sardis a unos cuantos que no se han manchado la ropa. Ellos, por ser dignos, andarán conmigo vestidos de blanco. **5**El que salga vencedor se vestirá de blanco. Jamás borraré su nombre del libro de la vida, sino que reconoceré su nombre delante de mi Padre y delante de sus ángeles. **6**El que tenga oídos, que oiga lo que el Espíritu dice a las iglesias.

A la iglesia de Filadelfia

7»Escribe al ángel de la iglesia de Filadelfia:

Esto dice el Santo, el Verdadero, el que tiene la llave de David, el que abre y nadie puede cerrar, el que cierra y nadie puede abrir: **8**Conozco tus obras. Mira que delante de ti he dejado abierta una puerta que nadie puede cerrar. Ya sé que tus fuerzas son pocas, pero has obedecido mi palabra y no has renegado de mi nombre. **9**Voy a hacer que los de la sinagoga de Satanás, que dicen ser judíos pero que en realidad mienten, vayan y se postren a tus pies, y reconozcan que yo te he amado. **10**Ya que has guardado mi mandato de ser constante, yo por mi parte te guardaré de la hora de *tentación, que vendrá sobre el mundo entero para poner a prueba a los que viven en la tierra.

11Vengo pronto. Aférrate a lo que tienes, para que nadie te quite la corona. **12**Al que salga vencedor lo haré columna del templo de mi Dios, y ya no saldrá jamás de allí. Sobre él grabaré el nombre de mi Dios y el nombre de la nueva Jerusalén, ciudad de mi Dios, la que baja del cielo de parte de mi Dios; y

---

e **2:26** *cumpla mi voluntad.* Lit. *guarde mis obras.* *f* **2:27** *gobernará ... hierro.* Lit. *pastoreará con cetro de hierro.* *g* **2:27** Sal 2:9 *h* **3:1** *ángel.* Alt. *mensajero;* también en vv. 7 y 14. *i* **3:2** *Reaviva ... rescatable.* Lit. *Fortalece las otras cosas que están por morir.*

también grabaré sobre él mi nombre nuevo. 13El que tenga oídos, que oiga lo que el Espíritu dice a las iglesias.

A la iglesia de Laodicea

14»Escribe al ángel de la iglesia de Laodicea:

Esto dice el Amén, el testigo fiel y veraz, el soberano*j* de la creación de Dios: 15Conozco tus obras; sé que no eres ni frío ni caliente. ¡Ojalá fueras lo uno o lo otro! 16Por tanto, como no eres ni frío ni caliente, sino tibio, estoy por vomitarte de mi boca. 17Dices: "Soy rico; me he enriquecido y no me hace falta nada"; pero no te das cuenta de que el infeliz y miserable, el pobre, ciego y desnudo eres tú. 18Por eso te aconsejo que de mí compres oro refinado por el fuego, para que te hagas rico; ropas blancas para que te vistas y cubras tu vergonzosa desnudez; y colirio para que te lo pongas en los ojos y recobres la vista.

19Yo reprendo y disciplino a todos los que amo. Por lo tanto, sé fervoroso y *arrepiéntete. 20Mira que estoy a la puerta y llamo. Si alguno oye mi voz y abre la puerta, entraré, y cenaré con él, y él conmigo.

21Al que salga vencedor le daré el derecho de sentarse conmigo en mi trono, como también yo vencí y me senté con mi Padre en su trono. 22El que tenga oídos, que oiga lo que el Espíritu dice a las iglesias.»

El trono en el cielo

4 Después de esto miré, y allí en el cielo había una puerta abierta. Y la voz que me había hablado antes con sonido como de trompeta me dijo: «Sube acá: voy a mostrarte lo que tiene que suceder después de esto.» 2Al instante vino sobre mí el Espíritu y vi un trono en el cielo, y a alguien sentado en el trono. 3El que estaba sentado tenía un aspecto semejante a una piedra de jaspe y de cornalina. Alrededor del trono había un arco iris que se aseme-

jaba a una esmeralda. 4Rodeaban al trono otros veinticuatro tronos, en los que estaban sentados veinticuatro *ancianos vestidos de blanco y con una corona de oro en la cabeza. 5Del trono salían relámpagos, estruendos*k* y truenos. Delante del trono ardían siete antorchas de fuego, que son los siete espíritus de Dios, 6y había algo parecido a un mar de vidrio, como de cristal transparente.

En el centro, alrededor del trono, había cuatro seres vivientes cubiertos de ojos por delante y por detrás. 7El primero de los seres vivientes era semejante a un león; el segundo, a un toro; el tercero tenía rostro como de hombre; el cuarto era semejante a un águila en vuelo. 8Cada uno de ellos tenía seis alas y estaba cubierto de ojos, por encima y por debajo de las alas. Y día y noche repetían sin cesar:

«Santo, santo, santo
es el Señor Dios Todopoderoso,
el que era y que es y que ha de venir.»

9Cada vez que estos seres vivientes daban gloria, honra y acción de gracias al que estaba sentado en el trono, al que vive por los siglos de los siglos, 10los veinticuatro ancianos se postraban ante él y adoraban al que vive por los siglos de los siglos. Y rendían sus coronas delante del trono exclamando:

11«Digno eres, Señor y Dios nuestro,
de recibir la gloria, la honra y el
poder,
porque tú creaste todas las cosas;
por tu voluntad existen
y fueron creadas.»

El rollo escrito y el Cordero

5 En la mano derecha del que estaba sentado en el trono vi un rollo escrito por ambos lados y sellado con siete sellos. 2También vi a un ángel poderoso que proclamaba a gran voz: «¿Quién es digno de romper los sellos y de abrir el rollo?» 3Pero ni en el cielo ni en la tierra, ni debajo de la tierra, hubo nadie capaz de abrirlo ni

---

j **3:14** *soberano.* Lit. *comienzo* u *origen.*   *k* **4:5** *estruendos.* Lit. *voces*; y así en otros pasajes semejantes.

de examinar su contenido. 4Y lloraba yo mucho porque no se había encontrado a nadie que fuera digno de abrir el rollo ni de examinar su contenido. 5Uno de los *ancianos me dijo: «¡Deja de llorar, que ya el León de la tribu de Judá, la Raíz de David, ha vencido! Él sí puede abrir el rollo y sus siete sellos.»

6Entonces vi, en medio de los cuatro seres vivientes y del trono y los ancianos, a un Cordero que estaba de pie y parecía haber sido sacrificado. Tenía siete cuernos y siete ojos, que son los siete espíritus de Dios enviados por toda la tierra. 7Se acercó y recibió el rollo de la mano derecha del que estaba sentado en el trono. 8Cuando lo tomó, los cuatro seres vivientes y los veinticuatro ancianos se postraron delante del Cordero. Cada uno tenía un arpa y copas de oro llenas de incienso, que son las oraciones del *pueblo de Dios. 9Y entonaban este nuevo cántico:

«Digno eres de recibir el rollo
          escrito
y de romper sus sellos,
porque fuiste sacrificado,
    y con tu sangre compraste para
          Dios
    gente de toda raza, lengua,
          pueblo y nación.
10De ellos hiciste un reino;
    los hiciste sacerdotes al servicio
          de nuestro Dios,
    y reinarán sobre la tierra.»

11Luego miré, y oí la voz de muchos ángeles que estaban alrededor del trono, de los seres vivientes y de los ancianos. El número de ellos era millares de millares y millones de millones. 12Cantaban con todas sus fuerzas:

«¡Digno es el Cordero, que ha sido
          sacrificado,
de recibir el poder,
la riqueza y la sabiduría,
la fortaleza y la honra,
la gloria y la alabanza!»

13Y oí a cuanta criatura hay en el cielo, y en la tierra, y debajo de la tierra y en el mar, a todos en la creación, que cantaban:

«¡Al que está sentado en el trono y
          al Cordero,
    sean la alabanza y la honra, la
          gloria y el poder,
    por los siglos de los siglos!»

14Los cuatro seres vivientes exclamaron: «¡Amén!», y los ancianos se postraron y adoraron.

Los sellos

6 Vi cuando el Cordero rompió el primero de los siete sellos, y oí a uno de los cuatro seres vivientes, que gritaba con voz de trueno: «¡Ven!» 2Miré, ¡y apareció un caballo blanco! El jinete llevaba un arco; se le dio una corona, y salió como vencedor, para seguir venciendo.

3Cuando el Cordero rompió el segundo sello, oí al segundo ser viviente, que gritaba: «¡Ven!» 4En eso salió otro caballo, de color rojo encendido. Al jinete se le entregó una gran espada; se le permitió quitar la paz de la tierra y hacer que sus habitantes se mataran unos a otros.

5Cuando el Cordero rompió el tercer sello, oí al tercero de los seres vivientes, que gritaba: «¡Ven!» Miré, ¡y apareció un caballo negro! El jinete tenía una balanza en la mano. 6Y oí como una voz en medio de los cuatro seres vivientes, que decía: «Un kilo de trigo, o tres kilos de cebada, por el salario de un día; pero no afectes el precio del aceite y del vino.»[l]

7Cuando el Cordero rompió el cuarto sello, oí la voz del cuarto ser viviente, que gritaba: «¡Ven!» 8Miré, ¡y apareció un caballo amarillento! El jinete se llamaba Muerte, y el Infierno[m] lo seguía de cerca. Y se le otorgó poder sobre la cuarta parte de la tierra, para matar por medio de la espada, el hambre, las epidemias y las fieras de la tierra.

9Cuando el Cordero rompió el quinto sello, vi debajo del altar las almas de los que habían sufrido el martirio por causa de

---

l **6:6** *por el salario ... vino.* Lit. *por un* **denario, y no dañes el aceite ni el vino.*   *m* **6:8** *Infierno.* Lit. **Hades.*

la palabra de Dios y por mantenerse fieles en su testimonio. [10]Gritaban a gran voz: «¿Hasta cuándo, Soberano Señor, santo y veraz, seguirás sin juzgar a los habitantes de la tierra y sin vengar nuestra muerte?» [11]Entonces cada uno de ellos recibió ropas blancas, y se les dijo que esperaran un poco más, hasta que se completara el número de sus consiervos y hermanos que iban a sufrir el martirio como ellos.

[12]Vi que el Cordero rompió el sexto sello, y se produjo un gran terremoto. El sol se oscureció como si se hubiera vestido de luto,[n] la luna entera se tornó roja como la sangre, [13]y las estrellas del firmamento cayeron sobre la tierra, como caen los higos verdes de la higuera sacudida por el vendaval. [14]El firmamento desapareció como cuando se enrolla un pergamino, y todas las montañas y las islas fueron removidas de su lugar.

[15]Los reyes de la tierra, los magnates, los jefes militares, los ricos, los poderosos, y todos los demás, esclavos y libres, se escondieron en las cuevas y entre las peñas de las montañas. [16]Todos gritaban a las montañas y a las peñas: «¡Caigan sobre nosotros y escóndannos de la mirada del que está sentado en el trono y de la ira del Cordero, [17]porque ha llegado el gran día del castigo! ¿Quién podrá mantenerse en pie?»

Los 144.000 sellados

7 Después de esto vi a cuatro ángeles en los cuatro ángulos de la tierra. Estaban allí de pie, deteniendo los cuatro vientos para que éstos no se desataran sobre la tierra, el mar y los árboles. [2]Vi también a otro ángel que venía del oriente con el sello del Dios vivo. Gritó con voz potente a los cuatro ángeles a quienes se les había permitido hacer daño a la tierra y al mar: [3]«¡No hagan daño ni a la tierra, ni al mar ni a los árboles, hasta que hayamos puesto un sello en la frente de los *siervos de nuestro Dios!» [4]Y oí el número de los que fueron sellados: ciento cuarenta y cuatro mil de todas las tribus de Israel.

[5]De la tribu de Judá fueron sellados doce mil;
de la tribu de Rubén, doce mil;
de la tribu de Gad, doce mil;
[6]de la tribu de Aser, doce mil;
de la tribu de Neftalí, doce mil;
de la tribu de Manasés, doce mil;
[7]de la tribu de Simeón, doce mil;
de la tribu de Leví, doce mil;
de la tribu de Isacar, doce mil;
[8]de la tribu de Zabulón, doce mil;
de la tribu de José, doce mil;
de la tribu de Benjamín, doce mil.

La gran multitud con túnicas blancas

[9]Después de esto miré, y apareció una multitud tomada de todas las naciones, tribus, pueblos y lenguas; era tan grande que nadie podía contarla. Estaban de pie delante del trono y del Cordero, vestidos de túnicas blancas y con ramas de palma en la mano. [10]Gritaban a gran voz:

«¡La salvación viene de nuestro
Dios,
que está sentado en el trono,
y del Cordero!»

[11]Todos los ángeles estaban de pie alrededor del trono, de los *ancianos y de los cuatro seres vivientes. Se postraron rostro en tierra delante del trono, y adoraron a Dios [12]diciendo:

«¡Amén!
La alabanza, la gloria,
la sabiduría, la acción de gracias,
la honra, el poder y la fortaleza
son de nuestro Dios por los siglos
de los siglos.
¡Amén!»

[13]Entonces uno de los ancianos me preguntó:

—Esos que están vestidos de blanco, ¿quiénes son, y de dónde vienen?

[14]—Eso usted lo sabe, mi señor —respondí.

Él me dijo:

---

[n] 6:12 se oscureció ... luto. Lit. se puso negro como un saco hecho de pelo (es decir, pelo de cabra).

—Aquéllos son los que están
saliendo de la gran
tribulación;
han lavado y blanqueado sus
túnicas en la sangre del
Cordero.

15Por eso, están delante del trono de
Dios,
y día y noche le sirven en su
templo;
y el que está sentado en el trono
les dará refugio en su santuario.[ñ]

16Ya no sufrirán hambre ni sed.
No los abatirá el sol ni ningún
calor abrasador.

17Porque el Cordero que está en el
trono los pastoreará
y los guiará a fuentes de agua viva;
y Dios les enjugará toda lágrima de
sus ojos.

El séptimo sello y el incensario de oro

8 Cuando el Cordero rompió el séptimo sello, hubo silencio en el cielo como por media hora.

2Y vi a los siete ángeles que están de pie delante de Dios, a los cuales se les dieron siete trompetas.

3Se acercó otro ángel y se puso de pie frente al altar. Tenía un incensario de oro, y se le entregó mucho incienso para ofrecerlo, junto con las oraciones de todo el *pueblo de Dios, sobre el altar de oro que está delante del trono. 4Y junto con esas oraciones, subió el humo del incienso desde la mano del ángel hasta la presencia de Dios. 5Luego el ángel tomó el incensario y lo llenó con brasas del altar, las cuales arrojó sobre la tierra; y se produjeron truenos, estruendos,[o] relámpagos y un terremoto.

Las trompetas

6Los siete ángeles que tenían las siete trompetas se dispusieron a tocarlas.

7Tocó el primero su trompeta, y fueron arrojados sobre la tierra granizo y fuego mezclados con sangre. Y se quemó la tercera parte de la tierra, la tercera parte de los árboles y toda la hierba verde.

8Tocó el segundo ángel su trompeta, y fue arrojado al mar algo que parecía una enorme montaña envuelta en llamas. La tercera parte del mar se convirtió en sangre, 9y murió la tercera parte de las criaturas que viven en el mar; también fue destruida la tercera parte de los barcos.

10Tocó el tercer ángel su trompeta, y una enorme estrella, que ardía como una antorcha, cayó desde el cielo sobre la tercera parte de los ríos y sobre los manantiales. 11La estrella se llama Amargura.[p] Y la tercera parte de las aguas se volvió amarga, y por causa de esas aguas murió mucha gente.

12Tocó el cuarto ángel su trompeta, y fue asolada la tercera parte del sol, de la luna y de las estrellas, de modo que se oscureció la tercera parte de ellos. Así quedó sin luz la tercera parte del día y la tercera parte de la noche.

13Seguí observando, y oí un águila que volaba en medio del cielo y gritaba fuertemente: «¡Ay! ¡Ay! ¡Ay de los habitantes de la tierra cuando suenen las tres trompetas que los últimos tres ángeles están a punto de tocar!»

9 Tocó el quinto ángel su trompeta, y vi que había caído del cielo a la tierra una estrella, a la cual se le entregó la llave del pozo del *abismo. 2Lo abrió, y del pozo subió una humareda, como la de un horno gigantesco; y la humareda oscureció el sol y el aire. 3De la humareda descendieron langostas sobre la tierra, y se les dio poder como el que tienen los escorpiones de la tierra. 4Se les ordenó que no dañaran la hierba de la tierra, ni ninguna planta ni ningún árbol, sino sólo a las personas que no llevaran en la frente el sello de Dios. 5No se les dio permiso para matarlas sino sólo para torturarlas durante cinco meses. Su tormento es como el producido por la picadura de un escorpión. 6En aquellos días la gente buscará la muerte, pero no la encontrará; desearán morir, pero la muerte huirá de ellos.

[ñ]7:15 *les dará ... santuario*. Lit. *extenderá su tienda sobre ellos.*   [o]8:5 *estruendos*. Lit. *voces.*
[p]8:11 *Amargura*. Lit. *Ajenjo.*

7El aspecto de las langostas era como de caballos equipados para la guerra. Llevaban en la cabeza algo que parecía una corona de oro, y su cara se asemejaba a un rostro humano. **8**Su crin parecía cabello de mujer, y sus dientes eran como de león. **9**Llevaban coraza como de hierro, y el ruido de sus alas se escuchaba como el estruendo de carros de muchos caballos que se lanzan a la batalla. **10**Tenían cola y aguijón como de escorpión; y en la cola tenían poder para torturar a la gente durante cinco meses. **11**El rey que los dirigía era el ángel del abismo, que en hebreo se llama Abadón y en griego Apolión.*q*

12El primer ¡ay! ya pasó, pero vienen todavía otros dos.

13Tocó el sexto ángel su trompeta, y oí una voz que salía de entre los cuernos del altar de oro que está delante de Dios. **14**A este ángel que tenía la trompeta, la voz le dijo: «Suelta a los cuatro ángeles que están atados a la orilla del gran río Éufrates.» **15**Así que los cuatro ángeles que habían sido preparados precisamente para esa hora, y ese día, mes y año, quedaron sueltos para matar a la tercera parte de la *humanidad. **16**Oí que el número de las tropas de caballería llegaba a doscientos millones.

17Así vi en la visión a los caballos y a sus jinetes: Tenían coraza de color rojo encendido, azul violeta y amarillo como azufre. La cabeza de los caballos era como de león, y por la boca echaban fuego, humo y azufre. **18**La tercera parte de la humanidad murió a causa de las tres plagas de fuego, humo y azufre que salían de la boca de los caballos. **19**Es que el poder de los caballos radicaba en su boca y en su cola; pues sus colas, semejantes a serpientes, tenían cabezas con las que hacían daño.

20El resto de la humanidad, los que no murieron a causa de estas plagas, tampoco se *arrepintieron de sus malas acciones ni dejaron de adorar a los demonios y a los ídolos de oro, plata, bronce, piedra y madera, los cuales no pueden ver ni oír ni caminar. **21**Tampoco se arrepintieron de sus asesinatos ni de sus artes mágicas, inmoralidad sexual y robos.

El ángel y el rollo pequeño

10 Después vi a otro ángel poderoso que bajaba del cielo envuelto en una nube. Un arco iris rodeaba su cabeza; su rostro era como el sol, y sus piernas parecían columnas de fuego. **2**Llevaba en la mano un pequeño rollo escrito que estaba abierto. Puso el pie derecho sobre el mar y el izquierdo sobre la tierra, **3**y dio un grito tan fuerte que parecía el rugido de un león. Entonces los siete truenos levantaron también sus voces. **4**Una vez que hablaron los siete truenos, estaba yo por escribir, pero oí una voz del cielo que me decía: «Guarda en secreto lo que han dicho los siete truenos, y no lo escribas.»

5El ángel que yo había visto de pie sobre el mar y sobre la tierra levantó al cielo su mano derecha **6**y juró por el que vive por los siglos de los siglos, el que creó el cielo, la tierra, el mar y todo lo que hay en ellos, y dijo: «¡El tiempo ha terminado! **7**En los días en que hable el séptimo ángel, cuando comience a tocar su trompeta, se cumplirá el designio *secreto de Dios, tal y como lo anunció a sus *siervos los profetas.»

8La voz del cielo que yo había escuchado se dirigió a mí de nuevo: «Acércate al ángel que está de pie sobre el mar y sobre la tierra, y toma el rollo que tiene abierto en la mano.»

9Me acerqué al ángel y le pedí que me diera el rollo. Él me dijo: «Tómalo y cómetelo. Te amargará las entrañas, pero en la boca te sabrá dulce como la miel.» **10**Lo tomé de la mano del ángel y me lo comí. Me supo dulce como la miel, pero al comérmelo se me amargaron las entrañas. **11**Entonces se me ordenó: «Tienes que volver a profetizar acerca de muchos pueblos, naciones, lenguas y reyes.»

Los dos testigos

11 Se me dio una caña que servía para medir, y se me ordenó: «Levántate y mide el templo de Dios y el altar, y calcula cuántos pueden adorar allí. **2**Pero no incluyas el atrio exterior del templo;

---

q **9:11** *Abadón* y *Apolión* significan *Destructor.*

no lo midas, porque ha sido entregado a las naciones paganas, las cuales pisotearán la ciudad santa durante cuarenta y dos meses. ³Por mi parte, yo encargaré a mis dos testigos que, vestidos de luto,ʳ profeticen durante mil doscientos sesenta días.»

⁴Estos dos testigos son los dos olivos y los dos candelabros que permanecen delante del Señor de la tierra. ⁵Si alguien quiere hacerles daño, ellos lanzan fuego por la boca y consumen a sus enemigos. Así habrá de morir cualquiera que intente hacerles daño. ⁶Estos testigos tienen poder para cerrar el cielo a fin de que no llueva mientras estén profetizando; y tienen poder para convertir las aguas en sangre y para azotar la tierra, cuantas veces quieran, con toda clase de plagas.

⁷Ahora bien, cuando hayan terminado de dar su testimonio, la bestia que sube del *abismo les hará la guerra, los vencerá y los matará. ⁸Sus cadáveres quedarán tendidos en la plaza de la gran ciudad, llamada en sentido figuradoˢ Sodoma y Egipto, donde también fue crucificado su Señor. ⁹Y gente de todo pueblo, tribu, lengua y nación contemplará sus cadáveres por tres días y medio, y no permitirá que se les dé sepultura. ¹⁰Los habitantes de la tierra se alegrarán de su muerte y harán fiesta e intercambiarán regalos, porque estos dos profetas les estaban haciendo la vida imposible.

¹¹Pasados los tres días y medio, entró en ellos un aliento de vida enviado por Dios, y se pusieron de pie, y quienes los observaban quedaron sobrecogidos de terror. ¹²Entonces los dos testigos oyeron una potente voz del cielo que les decía: «Suban acá.» Y subieron al cielo en una nube, a la vista de sus enemigos.

¹³En ese mismo instante se produjo un violento terremoto y se derrumbó la décima parte de la ciudad. Perecieron siete mil personas, pero los sobrevivientes, llenos de temor, dieron gloria al Dios del cielo.

¹⁴El segundo ¡ay! ya pasó, pero se acerca el tercero.

La séptima trompeta

¹⁵Tocó el séptimo ángel su trompeta, y en el cielo resonaron fuertes voces que decían:

«El reino del mundo ha pasado a
    ser de nuestro Señor y de su
    *Cristo,
y él reinará por los siglos de los
    siglos.»

¹⁶Los veinticuatro *ancianos que estaban sentados en sus tronos delante de Dios se postraron rostro en tierra y adoraron a Dios ¹⁷diciendo:

«Señor, Dios Todopoderoso,
    que eres y que eras,ᵗ
te damos gracias porque has
        asumido tu gran poder
    y has comenzado a reinar.
¹⁸Las *naciones se han enfurecido;
    pero ha llegado tu castigo,
    el momento de juzgar a los muertos,
    y de recompensar a tus *siervos
        los profetas,
    a tus *santos y a los que temen tu
        nombre,
    sean grandes o pequeños,
    y de destruir a los que destruyen la
        tierra.»

¹⁹Entonces se abrió en el cielo el templo de Dios; allí se vio el arca de su pacto, y hubo relámpagos, estruendos, truenos, un terremoto y una fuerte granizada.

La mujer y el dragón

12 Apareció en el cielo una señal maravillosa: una mujer revestida del sol, con la luna debajo de sus pies y con una corona de doce estrellas en la cabeza. ²Estaba encinta y gritaba por los dolores y angustias del parto. ³Y apareció en el cielo otra señal: un enorme dragón de color rojo encendido que tenía siete cabezas y diez cuernos, y una diadema en cada cabeza. ⁴Con la cola arrastró la tercera

---

ʳ**11:3** *luto.* Lit. *cilicio.*   ˢ**11:8** *en sentido figurado.* Lit. *espiritualmente.*   ᵗ**11:17** *eras.* Var. *eras y que has de venir.*

parte de las estrellas del cielo y las arrojó sobre la tierra. Cuando la mujer estaba a punto de dar a luz, el dragón se plantó delante de ella para devorar a su hijo tan pronto como naciera. 5Ella dio a luz un hijo varón que gobernará a todas las *naciones con puño de hierro.ᵘ Pero su hijo fue arrebatado y llevado hasta Dios, que está en su trono. 6Y la mujer huyó al desierto, a un lugar que Dios le había preparado para que allí la sustentaran durante mil doscientos sesenta días.

7Se desató entonces una guerra en el cielo: Miguel y sus ángeles combatieron al dragón; éste y sus ángeles, a su vez, les hicieron frente, 8pero no pudieron vencer, y ya no hubo lugar para ellos en el cielo. 9Así fue expulsado el gran dragón, aquella serpiente antigua que se llama Diablo y Satanás, y que engaña al mundo entero. Junto con sus ángeles, fue arrojado a la tierra.

10Luego oí en el cielo un gran clamor:

«Han llegado ya la salvación y el
    poder y el reino de nuestro
    Dios;
ha llegado ya la autoridad de su
    *Cristo.
Porque ha sido expulsado
    el acusador de nuestros hermanos,
    el que los acusaba día y noche
    delante de nuestro Dios.
11Ellos lo han vencido
    por medio de la sangre del Cordero
    y por el mensaje del cual dieron
    testimonio;
no valoraron tanto su *vida
    como para evitar la muerte.
12Por eso, ¡alégrense, cielos,
    y ustedes que los habitan!
Pero ¡ay de la tierra y del mar!
El diablo, lleno de furor, ha
    descendido a ustedes,
    porque sabe que le queda poco
    tiempo.»

13Cuando el dragón se vio arrojado a la tierra, persiguió a la mujer que había dado a luz al varón. 14Pero a la mujer se le dieron las dos alas de la gran águila, para que volara al desierto, al lugar donde sería sustentada durante un tiempo y tiempos y medio tiempo, lejos de la vista de la serpiente. 15La serpiente, persiguiendo a la mujer, arrojó por sus fauces agua como un río, para que la corriente la arrastrara. 16Pero la tierra ayudó a la mujer: abrió la boca y se tragó el río que el dragón había arrojado por sus fauces. 17Entonces el dragón se enfureció contra la mujer, y se fue a hacer guerra contra el resto de sus descendientes, los cuales obedecen los mandamientos de Dios y se mantienen fieles al testimonio de Jesús.

13 Y el dragón se plantóᵛ a la orilla del mar.

La bestia que surge del mar

Entonces vi que del mar subía una bestia, la cual tenía diez cuernos y siete cabezas. En cada cuerno tenía una diadema, y en cada cabeza un nombre *blasfemo contra Dios. 2La bestia parecía un leopardo, pero tenía patas como de oso y fauces como de león. El dragón le confirió a la bestia su poder, su trono y gran autoridad. 3Una de las cabezas de la bestia parecía haber sufrido una herida mortal, pero esa herida ya había sido sanada. El mundo entero, fascinado, iba tras la bestia 4y adoraba al dragón porque había dado su autoridad a la bestia. También adoraban a la bestia y decían: «¿Quién como la bestia? ¿Quién puede combatirla?»

5A la bestia se le permitió hablar con arrogancia y proferir blasfemias contra Dios, y se le confirió autoridad para actuar durante cuarenta y dos meses. 6Abrió la boca para blasfemar contra Dios, para maldecir su nombre y su morada y a los que viven en el cielo. 7También se le permitió hacer la guerra a los *santos y vencerlos, y se le dio autoridad sobre toda raza, pueblo, lengua y nación. 8A la bestia la adorarán todos los habitantes de la tierra, aquellos cuyos nombres no han sido escritos en el libro de la vida, el libro del

---

ᵘ12:5 *gobernará ... con puño de hierro.* Lit. *pastoreará ... con cetro de hierro.*   ᵛ13:1 *el dragón se plantó.* Var. *yo estaba de pie.*

Cordero que fue sacrificado desde la creación del mundo. [w]

9 El que tenga oídos, que oiga.

10 El que deba ser llevado cautivo,
a la cautividad irá.
El que deba morir [x] a espada,
a filo de espada morirá.

¡En esto consisten [y] la perseverancia y la *fidelidad de los santos!

La bestia que sube de la tierra

11 Después vi que de la tierra subía otra bestia. Tenía dos cuernos como de cordero, pero hablaba como dragón. 12 Ejercía toda la autoridad de la primera bestia en presencia de ella, y hacía que la tierra y sus habitantes adoraran a la primera bestia, cuya herida mortal había sido sanada. 13 También hacía grandes señales milagrosas, incluso la de hacer caer fuego del cielo a la tierra, a la vista de todos. 14 Con estas señales que se le permitió hacer en presencia de la primera bestia, engañó a los habitantes de la tierra. Les ordenó que hicieran una imagen en honor de la bestia que, después de ser herida a espada, revivió. 15 Se le permitió infundir vida a la imagen de la primera bestia, para que hablara y mandara matar a quienes no adoraran la imagen. 16 Además logró que a todos, grandes y pequeños, ricos y pobres, libres y esclavos, se les pusiera una marca en la mano derecha o en la frente, 17 de modo que nadie pudiera comprar ni vender, a menos que llevara la marca, que es el nombre de la bestia o el número de ese nombre.

18 En esto consiste [z] la sabiduría: el que tenga entendimiento, calcule el número de la bestia, pues es número de un ser *humano: seiscientos sesenta y seis.

El Cordero y los 144.000

14 Luego miré, y apareció el Cordero. Estaba de pie sobre el monte Sión, en compañía de ciento cuarenta y cuatro mil personas que llevaban escrito en la frente el nombre del Cordero y de su Padre. 2 Oí un sonido que venía del cielo, como el estruendo de una catarata y el retumbar de un gran trueno. El sonido se parecía al de músicos que tañen sus arpas. 3 Y cantaban un himno nuevo delante del trono y delante de los cuatro seres vivientes y de los *ancianos. Nadie podía aprender aquel himno, aparte de los ciento cuarenta y cuatro mil que habían sido rescatados de la tierra. 4 Éstos se mantuvieron puros, sin contaminarse con ritos sexuales. [a] Son los que siguen al Cordero por dondequiera que va. Fueron rescatados como los primeros frutos de la *humanidad para Dios y el Cordero. 5 No se encontró mentira alguna en su boca, pues son intachables.

Los tres ángeles

6 Luego vi a otro ángel que volaba en medio del cielo, y que llevaba el *evangelio eterno para anunciarlo a los que viven en la tierra, a toda nación, raza, lengua y pueblo. 7 Gritaba a gran voz: «Teman a Dios y denle gloria, porque ha llegado la hora de su juicio. Adoren al que hizo el cielo, la tierra, el mar y los manantiales.»

8 Lo seguía un segundo ángel que gritaba: «¡Ya cayó! Ya cayó la gran Babilonia, la que hizo que todas las *naciones bebieran el excitante vino [b] de su adulterio.»

9 Los seguía un tercer ángel que clamaba a grandes voces: «Si alguien adora a la bestia y a su imagen, y se deja poner en la frente o en la mano la marca de la bestia, 10 beberá también el vino del furor de Dios, que en la copa de su ira está puro, no diluido. Será atormentado con fuego y azufre, en presencia de los santos ángeles y del Cordero. 11 El humo de ese tormento sube por los siglos de los siglos. No habrá descanso ni de día ni de noche para el que adore a la bestia y su imagen, ni para quien se deje poner la marca de su nombre.» 12 ¡En esto consis-

---

[w] **13:8** *escritos ... mundo.* Alt. *escritos desde la creación del mundo en el libro de la vida, el libro del Cordero que fue sacrificado.*   [x] **13:10** *que deba morir.* Var. *que mata.*   [y] **13:10** *En esto consisten.* Alt. *Aquí se verán.*   [z] **13:18** *En esto consiste.* Alt. *Aquí se verá.*   [a] **14:4** *Éstos ... sexuales.* Lit. *Éstos no se contaminaron con mujeres, pues son vírgenes.*   [b] **14:8** *el excitante vino.* Lit. *el vino del furor.*

te [c] la perseverancia de los *santos, los cuales obedecen los mandamientos de Dios y se mantienen fieles a Jesús!

13 Entonces oí una voz del cielo, que decía: «Escribe: *Dichosos los que de ahora en adelante mueren en el Señor.»

«Sí —dice el Espíritu—, ellos descansarán de sus fatigosas tareas, pues sus obras los acompañan.»

La cosecha de la tierra

14 Miré, y apareció una nube blanca, sobre la cual estaba sentado alguien «semejante al Hijo del hombre».[d] En la cabeza tenía una corona de oro, y en la mano, una hoz afilada. **15** Entonces salió del templo otro ángel y le gritó al que estaba sentado en la nube: «Mete la hoz y recoge la cosecha; ya es tiempo de segar, pues la cosecha de la tierra está madura.» **16** Así que el que estaba sentado sobre la nube pasó la hoz, y la tierra fue segada.

17 Del templo que está en el cielo salió otro ángel, que también llevaba una hoz afilada. **18** Del altar salió otro ángel, que tenía autoridad sobre el fuego, y le gritó al que llevaba la hoz afilada: «Mete tu hoz y corta los racimos del viñedo de la tierra, porque sus uvas ya están maduras.» **19** El ángel pasó la hoz sobre la tierra, recogió las uvas y las echó en el gran lagar de la ira de Dios. **20** Las uvas fueron exprimidas fuera de la ciudad, y del lagar salió sangre, la cual llegó hasta los frenos de los caballos en una extensión de trescientos kilómetros.[e]

Siete ángeles con siete plagas

15 Vi en el cielo otra señal grande y maravillosa: siete ángeles con las siete plagas, que son las últimas, pues con ellas se consumará la ira de Dios. **2** Vi también un mar como de vidrio mezclado con fuego. De pie, a la orilla del mar, estaban los que habían vencido a la bestia, a su imagen y al número de su nombre. Tenían las arpas que Dios les había dado, **3** y cantaban el himno de Moisés, *siervo de Dios, y el himno del Cordero:

«Grandes y maravillosas son tus obras,
Señor, Dios Todopoderoso.
Justos y verdaderos son tus caminos,
Rey de las *naciones.[f]
4 ¿Quién no te temerá, oh Señor?
¿Quién no glorificará tu nombre?
Sólo tú eres santo.
Todas las naciones vendrán
y te adorarán,
porque han salido a la luz
las obras de tu justicia.»

5 Después de esto miré, y en el cielo se abrió el templo, el tabernáculo del testimonio. **6** Del templo salieron los siete ángeles que llevaban las siete plagas. Estaban vestidos de lino limpio y resplandeciente, y ceñidos con bandas de oro a la altura del pecho. **7** Uno de los cuatro seres vivientes dio a cada uno de los siete ángeles una copa de oro llena del furor de Dios, quien vive por los siglos de los siglos. **8** El templo se llenó del humo que procedía de la gloria y del poder de Dios, y nadie podía entrar allí hasta que se terminaran las siete plagas de los siete ángeles.

Las siete copas de la ira de Dios

16 Oí una voz que desde el templo decía a gritos a los siete ángeles: «¡Vayan y derramen sobre la tierra las siete copas del furor de Dios!»

2 El primer ángel fue y derramó su copa sobre la tierra, y a toda la gente que tenía la marca de la bestia y que adoraba su imagen le salió una llaga maligna y repugnante.

3 El segundo ángel derramó su copa sobre el mar, y el mar se convirtió en sangre como de gente masacrada, y murió todo ser viviente que había en el mar.

4 El tercer ángel derramó su copa sobre los ríos y los manantiales, y éstos se convirtieron en sangre. **5** Oí que el ángel de las aguas decía:

«Justo eres tú, el Santo,
que eres y que eras,
porque juzgas así:

---

[c] **14:12** *En esto consiste.* Alt. *Aquí se verá.*   [d] **14:14** Dn 7:13   [e] **14:20** *trescientos kilómetros.* Lit. *mil seiscientos *estadios.*   [f] **15:3** *de las naciones.* Var. *de los siglos.*

6ellos derramaron la sangre de
*santos y de profetas,
y tú les has dado a beber sangre,
como se lo merecen.»

7Oí también que el altar respondía:

«Así es, Señor, Dios Todopoderoso,
verdaderos y justos son tus
juicios.»

8El cuarto ángel derramó su copa sobre el sol, al cual se le permitió quemar con fuego a la gente. 9Todos sufrieron terribles quemaduras, pero ni así se *arrepintieron; en vez de darle gloria a Dios, que tiene poder sobre esas plagas, maldijeron su nombre. 10El quinto ángel derramó su copa sobre el trono de la bestia, y el reino de la bestia quedó sumido en la oscuridad. La gente se mordía la lengua de dolor 11y, por causa de sus padecimientos y de sus llagas, maldecían al Dios del cielo, pero no se arrepintieron de sus malas obras.

12El sexto ángel derramó su copa sobre el gran río Éufrates, y se secaron sus aguas para abrir paso a los reyes del oriente. 13Y vi salir de la boca del dragón, de la boca de la bestia y de la boca del falso profeta tres espíritus malignos que parecían ranas. 14Son espíritus de demonios que hacen señales milagrosas y que salen a reunir a los reyes del mundo entero para la batalla del gran día del Dios Todopoderoso.

15«¡Cuidado! ¡Vengo como un ladrón! *Dichoso el que se mantenga despierto, con su ropa a la mano, no sea que ande desnudo y sufra vergüenza por su desnudez.»

16Entonces los espíritus de los demonios reunieron a los reyes en el lugar que en hebreo se llama Armagedón.

17El séptimo ángel derramó su copa en el aire, y desde el trono del templo salió un vozarrón que decía: «¡Se acabó!» 18Y hubo relámpagos, estruendos, truenos y un violento terremoto. Nunca, desde que el género *humano existe en la tierra, se había sentido un terremoto tan grande y violento. 19La gran ciudad se partió en tres, y las ciudades de las *naciones se desplomaron. Dios se acordó de la gran Babilonia y le dio a beber de la copa llena del vino del furor de su castigo. 20Entonces huyeron todas las islas y desaparecieron las montañas. 21Del cielo cayeron sobre la gente enormes granizos, de casi cuarenta kilos cada uno.g Y maldecían a Dios por esa terrible plaga.

La mujer montada en la bestia

17 Uno de los siete ángeles que tenían las siete copas se me acercó y me dijo: «Ven, y te mostraré el castigo de la gran prostituta que está sentada sobre muchas aguas. 2Con ella cometieron adulterio los reyes de la tierra, y los habitantes de la tierra se embriagaron con el vino de su inmoralidad.»

3Luego el ángel me llevó en el Espíritu a un desierto. Allí vi a una mujer montada en una bestia escarlata. La bestia estaba cubierta de nombres *blasfemos contra Dios, y tenía siete cabezas y diez cuernos. 4La mujer estaba vestida de púrpura y escarlata, y adornada con oro, piedras preciosas y perlas. Tenía en la mano una copa de oro llena de abominaciones y de la inmundicia de sus adulterios. 5En la frente llevaba escrito un nombre misterioso:

LA GRAN BABILONIA
MADRE DE LAS PROSTITUTAS
Y DE LAS ABOMINABLES IDOLATRÍAS
DE LA TIERRA.

6Vi que la mujer se había emborrachado con la sangre de los *santos y de los mártires de Jesús.

Al verla, quedé sumamente asombrado. 7Entonces el ángel me dijo: «¿Por qué te asombras? Yo te explicaré el misterio de esa mujer y de la bestia de siete cabezas y diez cuernos en la que va montada. 8La bestia que has visto es la que antes era pero ya no es, y está a punto de subir del *abismo, pero va rumbo a la destrucción. Los habitantes de la tierra, cuyos nombres,

g 16:21 *granizos ... cada uno.* Lit. *granizos como *talentos.*

desde la creación del mundo, no han sido escritos en el libro de la vida, se asombrarán al ver a la bestia, porque antes era pero ya no es, y sin embargo reaparecerá.

9»¡En esto consisten[h] el entendimiento y la sabiduría! Las siete cabezas son siete colinas sobre las que está sentada esa mujer. 10También son siete reyes: cinco han caído, uno está gobernando, el otro no ha llegado todavía; pero cuando llegue, es preciso que dure poco tiempo. 11La bestia, que antes era pero ya no es, es el octavo rey. Está incluido entre los siete, y va rumbo a la destrucción.

12»Los diez cuernos que has visto son diez reyes que todavía no han comenzado a reinar, pero que por una hora recibirán autoridad como reyes, junto con la bestia. 13Éstos tienen un mismo propósito, que es poner su poder y autoridad a disposición de la bestia. 14Le harán la guerra al Cordero, pero el Cordero los vencerá, porque es Señor de señores y Rey de reyes, y los que están con él son sus llamados, sus escogidos y sus fieles.»

15Además el ángel me dijo: «Las aguas que has visto, donde está sentada la prostituta, son pueblos, multitudes, naciones y lenguas. 16Los diez cuernos y la bestia que has visto le cobrarán odio a la prostituta. Causarán su ruina y la dejarán desnuda; devorarán su cuerpo y la destruirán con fuego, 17porque Dios les ha puesto en el corazón que lleven a cabo su divino propósito. Por eso, y de común acuerdo, ellos le entregarán a la bestia el poder que tienen de gobernar, hasta que se cumplan las palabras de Dios. 18La mujer que has visto es aquella gran ciudad que tiene poder de gobernar sobre los reyes de la tierra.»

La caída de Babilonia

18 Después de esto vi a otro ángel que bajaba del cielo. Tenía mucho poder, y la tierra se iluminó con su resplandor. 2Gritó a gran voz:

«¡Ha caído! ¡Ha caído la gran Babilonia!

Se ha convertido en morada de demonios
y en guarida de todo espíritu *maligno,
en nido de toda ave *impura y detestable.
3Porque todas las *naciones han bebido
el excitante vino de su adulterio;
los reyes de la tierra cometieron adulterio con ella,
y los comerciantes de la tierra se enriquecieron
a costa de lo que ella despilfarraba en sus lujos.»

4Luego oí otra voz del cielo que decía:

«Salgan de ella, pueblo mío,
para que no sean cómplices de sus pecados,
ni los alcance ninguna de sus plagas;
5pues sus pecados se han amontonado hasta el cielo,
y de sus injusticias se ha acordado Dios.
6Páguenle con la misma moneda;
denle el doble de lo que ha cometido,
y en la misma copa en que ella preparó bebida
mézclenle una doble porción.
7En la medida en que ella se entregó a la vanagloria y al arrogante lujo
denle tormento y aflicción;
porque en su corazón se jacta:
"Estoy sentada como reina;
no soy viuda ni sufriré jamás."
8Por eso, en un solo día le sobrevendrán sus plagas:
pestilencia, aflicción y hambre.
Será consumida por el fuego,
porque poderoso es el Señor Dios que la juzga.»

9Cuando los reyes de la tierra que cometieron adulterio con ella y compartieron su lujo vean el humo del fuego que

---

[h] 17:9 *En esto consisten.* Alt. *Aquí se verán.*

la consume, llorarán de dolor por ella.
10 Aterrorizados al ver semejante castigo, se mantendrán a distancia y gritarán:

> «¡Ay! ¡Ay de ti, la gran ciudad,
>   Babilonia, ciudad poderosa,
> porque en una sola hora ha llegado
>   tu juicio!»

11 Los comerciantes de la tierra llorarán y harán duelo por ella, porque ya no habrá quien les compre sus mercaderías: 12 artículos de oro, plata, piedras preciosas y perlas; lino fino, púrpura, telas de seda y escarlata; toda clase de maderas de cedro; los más variados objetos, hechos de marfil, de madera preciosa, de bronce, de hierro y de mármol; 13 cargamentos de canela y especias aromáticas; de incienso, mirra y perfumes; de vino y aceite; de harina refinada y trigo; de ganado vacuno y de corderos; de caballos y carruajes; y hasta de seres *humanos, vendidos como esclavos. 14 Y dirán: «Se ha apartado de ti el fruto que con toda el alma codiciabas. Has perdido todas tus cosas suntuosas y espléndidas, y nunca las recuperarás.» 15 Los comerciantes que vendían estas mercaderías y se habían enriquecido a costa de ella se mantendrán a distancia, aterrorizados al ver semejante castigo. Llorarán y harán lamentación:

> 16 «¡Ay! ¡Ay de la gran ciudad,
>   vestida de lino fino, de púrpura y
>   escarlata,
>   y adornada con oro, piedras
>   preciosas y perlas,
> 17 porque en una sola hora ha
>   quedado destruida toda tu
>   riqueza!»

Todos los capitanes de barco, los pasajeros, los marineros y todos los que viven del mar se detendrán a lo lejos. 18 Al ver el humo del fuego que la consume, exclamarán: «¿Hubo jamás alguna ciudad como esta gran ciudad?» 19 Harán duelo,^i llorando y lamentándose a gritos:

> «¡Ay! ¡Ay de la gran ciudad,
>   con cuya opulencia se
>   enriquecieron
>   todos los dueños de flotas
>   navieras!
> ¡En una sola hora ha quedado
>   destruida!
> 20 ¡Alégrate, oh cielo, por lo que le ha
>   sucedido!
> ¡Alégrense también ustedes,
>   *santos, apóstoles y profetas!,
> porque Dios, al juzgarla,
>   les ha hecho justicia a ustedes.»

21 Entonces un ángel poderoso levantó una piedra del tamaño de una gran rueda de molino, y la arrojó al mar diciendo:

> «Así también tú, Babilonia, gran
>   ciudad,
>   serás derribada con la misma
>   violencia,
>   y desaparecerás de la faz de la
>   tierra.
> 22 Jamás volverá a oírse en ti
>   la música de los cantantes
>   y de arpas, flautas y trompetas.
> Jamás volverá a hallarse en ti
>   ningún tipo de artesano.
> Jamás volverá a oírse en ti
>   el ruido de la rueda de molino.
> 23 Jamás volverá a brillar en ti
>   la luz de ninguna lámpara.
> Jamás volverá a sentirse en ti
>   el regocijo de las nupcias.^j
> Porque tus comerciantes
>   eran los magnates del mundo,
> porque con tus hechicerías
>   engañaste a todas las naciones,
> 24 porque en ti se halló sangre de
>   profetas y de santos,
>   y de todos los que han sido
>   asesinados en la tierra.»

¡Aleluya!

19 Después de esto oí en el cielo un tremendo bullicio, como el de una inmensa multitud que exclamaba:

---

^i **18:19** *Harán duelo.* Lit. *Se echaron polvo en la cabeza.*

^j **18:23** *el regocijo de las nupcias.* Lit. *la voz del novio y de la novia.*

«¡Aleluya!
La salvación, la gloria y el poder
    son de nuestro Dios,
2 pues sus juicios son verdaderos y
        justos:
ha condenado a la famosa prostituta
    que con sus adulterios corrompía
    la tierra;
ha vindicado la sangre de los
    *siervos de Dios derramada
    por ella.»

3Y volvieron a exclamar:

«¡Aleluya!
El humo de ella sube por los siglos
    de los siglos.»

4Entonces los veinticuatro *ancianos y
los cuatro seres vivientes se postraron y
adoraron a Dios, que estaba sentado en el
trono, y dijeron:

«¡Amén, Aleluya!»

5Y del trono salió una voz que decía:

«¡Alaben ustedes a nuestro Dios,
    todos sus siervos, grandes y
        pequeños,
    que con reverente temor le sirven!»

6Después oí voces como el rumor de
una inmensa multitud, como el estruendo
de una catarata y como el retumbar de
potentes truenos, que exclamaban:

«¡Aleluya!
Ya ha comenzado a reinar el Señor,
    nuestro Dios Todopoderoso.
7¡Alegrémonos y regocijémonos
    y démosle gloria!
Ya ha llegado el día de las bodas
    del Cordero.
Su novia se ha preparado,
8y se le ha concedido vestirse
    de lino fino, limpio y
        resplandeciente.»
(El lino fino representa las acciones justas
de los *santos.)

9El ángel me dijo: «Escribe: "¡*Dichosos los que han sido convidados a la cena
de las bodas del Cordero!"» Y añadió:
«Estas son las palabras verdaderas de
Dios.»

10Me postré a sus pies para adorarlo.
Pero él me dijo: «¡No, cuidado! Soy un
siervo como tú y como tus hermanos que
se mantienen fieles al testimonio de Jesús.
¡Adora sólo a Dios! El testimonio de Jesús
es el espíritu que inspira la profecía.»

El jinete del caballo blanco

11Luego vi el cielo abierto, y apareció
un caballo blanco. Su jinete se llama Fiel
y Verdadero. Con justicia dicta sentencia
y hace la guerra. 12Sus ojos resplandecen
como llamas de fuego, y muchas diademas
ciñen su cabeza. Lleva escrito un nombre
que nadie conoce sino sólo él. 13Está
vestido de un manto teñido en sangre, y
su nombre es «el *Verbo de Dios». 14Lo
siguen los ejércitos del cielo, montados en
caballos blancos y vestidos de lino fino,
blanco y limpio. 15De su boca sale una
espada afilada, con la que herirá a las
*naciones. «Las gobernará con puño de
hierro.»k Él mismo exprime uvas en el
lagar del furor del castigo que viene de
Dios Todopoderoso. 16En su manto y sobre el muslo lleva escrito este nombre:

REY DE REYES Y SEÑOR DE SEÑORES.

17Vi a un ángel que, parado sobre el
sol, gritaba a todas las aves que vuelan en
medio del cielo: «Vengan, reúnanse para
la gran cena de Dios, 18para que coman
carne de reyes, de jefes militares y de
magnates; carne de caballos y de sus jinetes; carne de toda clase de gente, libres y
esclavos, grandes y pequeños.»

19Entonces vi a la bestia y a los reyes
de la tierra con sus ejércitos, reunidos para
hacer guerra contra el jinete de aquel
caballo y contra su ejército. 20Pero la
bestia fue capturada junto con el falso
profeta. Éste es el que hacía señales milagrosas en presencia de ella, con las cuales
engañaba a los que habían recibido la

---

k 19:15 gobernará ... hierro. Lit. pastoreará con cetro de hierro; Sal 2:9.

marca de la bestia y adoraban su imagen. Los dos fueron arrojados vivos al lago de fuego y azufre. 21Los demás fueron exterminados por la espada que salía de la boca del que montaba a caballo, y todas las aves se hartaron de la carne de ellos.

Los mil años

20 Vi además a un ángel que bajaba del cielo con la llave del *abismo y una gran cadena en la mano. 2Sujetó al dragón, a aquella serpiente antigua que es el diablo y Satanás, y lo encadenó por mil años. 3Lo arrojó al abismo, lo encerró y tapó la salida para que no engañara más a las *naciones, hasta que se cumplieran los mil años. Después habrá de ser soltado por algún tiempo.

4Entonces vi tronos donde se sentaron los que recibieron autoridad para juzgar. Vi también las almas de los que habían sido decapitados por causa del testimonio de Jesús y por la palabra de Dios. No habían adorado a la bestia ni a su imagen, ni se habían dejado poner su marca en la frente ni en la mano. Volvieron a vivir y reinaron con *Cristo mil años. 5Ésta es la primera resurrección; los demás muertos no volvieron a vivir hasta que se cumplieron los mil años. 6*Dichosos y santos los que tienen parte en la primera resurrección. La segunda muerte no tiene poder sobre ellos, sino que serán sacerdotes de Dios y de Cristo, y reinarán con él mil años.

Juicio final de Satanás

7Cuando se cumplan los mil años, Satanás será liberado de su prisión, 8y saldrá para engañar a las *naciones que están en los cuatro ángulos de la tierra —a Gog y a Magog—, a fin de reunirlas para la batalla. Su número será como el de las arenas del mar. 9Marcharán a lo largo y a lo ancho de la tierra, y rodearán el campamento del *pueblo de Dios, la ciudad que él ama. Pero caerá fuego del cielo y los consumirá por completo. 10El diablo, que los había engañado, será arrojado al lago de fuego y azufre, donde también habrán sido arrojados la bestia y el falso profeta. Allí serán atormentados día y noche por los siglos de los siglos.

Juicio de los muertos

11Luego vi un gran trono blanco y a alguien que estaba sentado en él. De su presencia huyeron la tierra y el cielo, sin dejar rastro alguno. 12Vi también a los muertos, grandes y pequeños, de pie delante del trono. Se abrieron unos libros, y luego otro, que es el libro de la vida. Los muertos fueron juzgados según lo que habían hecho, conforme a lo que estaba escrito en los libros. 13El mar devolvió sus muertos; la muerte y el infierno[l] devolvieron los suyos; y cada uno fue juzgado según lo que había hecho. 14La muerte y el infierno fueron arrojados al lago de fuego. Este lago de fuego es la muerte segunda. 15Aquel cuyo nombre no estaba escrito en el libro de la vida era arrojado al lago de fuego.

La nueva Jerusalén

21 Después vi un cielo nuevo y una tierra nueva, porque el primer cielo y la primera tierra habían dejado de existir, lo mismo que el mar. 2Vi además la ciudad santa, la nueva Jerusalén, que bajaba del cielo, procedente de Dios, preparada como una novia hermosamente vestida para su prometido. 3Oí una potente voz que provenía del trono y decía: «¡Aquí, entre los seres *humanos, está la morada de Dios! Él acampará en medio de ellos, y ellos serán su pueblo; Dios mismo estará con ellos y será su Dios. 4Él les enjugará toda lágrima de los ojos. Ya no habrá muerte, ni llanto, ni lamento ni dolor, porque las primeras cosas han dejado de existir.»

5El que estaba sentado en el trono dijo: «¡Yo hago nuevas todas las cosas!» Y añadió: «Escribe, porque estas palabras son verdaderas y dignas de confianza.»

6También me dijo: «Ya todo está hecho. Yo soy el Alfa y la Omega, el Principio y el Fin. Al que tenga sed le daré a beber gratuitamente de la fuente del agua

---

[l] **20:13** *infierno.* Lit. **Hades*; también en v. 14.

de la vida. **7**El que salga vencedor heredará todo esto, y yo seré su Dios y él será mi hijo. **8**Pero los cobardes, los incrédulos, los abominables, los asesinos, los que cometen inmoralidades sexuales, los que practican artes mágicas, los idólatras y todos los mentirosos recibirán como herencia el lago de fuego y azufre. Ésta es la segunda muerte.»

9Se acercó uno de los siete ángeles que tenían las siete copas llenas con las últimas siete plagas. Me habló así: «Ven, que te voy a presentar a la novia, la esposa del Cordero.» **10**Me llevó en el Espíritu a una montaña grande y elevada, y me mostró la ciudad santa, Jerusalén, que bajaba del cielo, procedente de Dios. **11**Resplandecía con la gloria de Dios, y su brillo era como el de una piedra preciosa, semejante a una piedra de jaspe transparente. **12**Tenía una muralla grande y alta, y doce puertas custodiadas por doce ángeles, en las que estaban escritos los nombres de las doce tribus de Israel. **13**Tres puertas daban al este, tres al norte, tres al sur y tres al oeste. **14**La muralla de la ciudad tenía doce cimientos, en los que estaban los nombres de los doce apóstoles del Cordero.

15El ángel que hablaba conmigo llevaba una caña de oro para medir la ciudad, sus puertas y su muralla. **16**La ciudad era cuadrada; medía lo mismo de largo que de ancho. El ángel midió la ciudad con la caña, y tenía dos mil doscientos kilómetros:*m* su longitud, su anchura y su altura eran iguales. **17**Midió también la muralla, y tenía sesenta y cinco metros,*n* según las medidas humanas que el ángel empleaba. **18**La muralla estaba hecha de jaspe, y la ciudad era de oro puro, semejante a cristal pulido. **19**Los cimientos de la muralla de la ciudad estaban decorados con toda clase de piedras preciosas: el primero con jaspe, el segundo con zafiro, el tercero con ágata, el cuarto con esmeralda, **20**el quinto con ónice, el sexto con cornalina, el séptimo con crisólito, el octavo con berilo, el no-

veno con topacio, el décimo con crisoprasa, el undécimo con jacinto y el duodécimo con amatista. *ñ* **21**Las doce puertas eran doce perlas, y cada puerta estaba hecha de una sola perla. La calle*o* principal de la ciudad era de oro puro, como cristal transparente.

22No vi ningún templo en la ciudad, porque el Señor Dios Todopoderoso y el Cordero son su templo. **23**La ciudad no necesita ni sol ni luna que la alumbren, porque la gloria de Dios la ilumina, y el Cordero es su lumbrera. **24**Las *naciones caminarán a la luz de la ciudad, y los reyes de la tierra le entregarán sus espléndidas riquezas.*p* **25**Sus puertas estarán abiertas todo el día, pues allí no habrá noche. **26**Y llevarán a ella todas las riquezas*q* y el honor de las *naciones. **27**Nunca entrará en ella nada impuro, ni los idólatras ni los farsantes, sino sólo aquellos que tienen su nombre escrito en el libro de la vida, el libro del Cordero.

El río de vida

22 Luego el ángel me mostró un río de agua de vida, claro como el cristal, que salía del trono de Dios y del Cordero, **2**y corría por el centro de la calle*r* principal de la ciudad. A cada lado del río estaba el árbol de la vida, que produce doce cosechas al año, una por mes; y las hojas del árbol son para la salud de las *naciones. **3**Ya no habrá maldición. El trono de Dios y del Cordero estará en la ciudad. Sus *siervos lo adorarán; **4**lo verán cara a cara, y llevarán su nombre en la frente. **5**Ya no habrá noche; no necesitarán luz de lámpara ni de sol, porque el Señor Dios los alumbrará. Y reinarán por los siglos de los siglos.

6El ángel me dijo: «Estas palabras son verdaderas y dignas de confianza. El Señor, el Dios que inspira a los profetas,*s* ha enviado a su ángel para mostrar a sus siervos lo que tiene que suceder sin demora.»

---

m 21:16 *dos mil doscientos kilómetros.* Lit. *doce mil *estadios.* *n* 21:17 *sesenta y cinco metros.* Lit. *ciento cuarenta y cuatro *codos.* *ñ* 21:20 No se sabe con certeza la identificación precisa de algunas de estas piedras. *o* 21:21 *calle.* Alt. *plaza.* *p* 21:24 *entregarán ... riquezas.* Lit. *llevarán su gloria.* *q* 21:26 *todas las riquezas.* Lit. *la gloria.* *r* 22:2 *calle.* Alt. *plaza.* *s* 22:6 *el Dios ... profetas.* Lit. *el Dios de los espíritus de los profetas.*

Cristo viene pronto

7«¡Miren que vengo pronto! *Dichoso el que cumple las palabras del mensaje profético de este libro.»

8Yo, Juan, soy el que vio y oyó todas estas cosas. Y cuando lo vi y oí, me postré para adorar al ángel que me había estado mostrando todo esto. **9**Pero él me dijo: «¡No, cuidado! Soy un siervo como tú, como tus hermanos los profetas y como todos los que cumplen las palabras de este libro. ¡Adora sólo a Dios!»

10También me dijo: «No guardes en secreto las palabras del mensaje profético de este libro, porque el tiempo de su cumplimiento está cerca. **11**Deja que el malo siga haciendo el mal y que el vil siga envileciéndose; deja que el justo siga practicando la justicia y que el *santo siga santificándose.»

12«¡Miren que vengo pronto! Traigo conmigo mi recompensa, y le pagaré a cada uno según lo que haya hecho. **13**Yo soy el Alfa y la Omega, el Primero y el Último, el Principio y el Fin.

14»Dichosos los que lavan sus ropas para tener derecho al árbol de la vida y para poder entrar por las puertas de la ciudad. **15**Pero afuera se quedarán los *perros, los que practican las artes mágicas, los que cometen inmoralidades sexuales, los asesinos, los idólatras y todos los que aman y practican la mentira.

16»Yo, Jesús, he enviado a mi ángel para darles a ustedes testimonio de estas cosas que conciernen a las iglesias. Yo soy la raíz y la descendencia de David, la brillante estrella de la mañana.»

17El Espíritu y la novia dicen: «¡Ven!»; y el que escuche diga: «¡Ven!» El que tenga sed, venga; y el que quiera, tome gratuitamente del agua de la vida.

18A todo el que escuche las palabras del mensaje profético de este libro le advierto esto: Si alguno le añade algo, Dios le añadirá a él las plagas descritas en este libro. **19**Y si alguno quita palabras de este libro de profecía, Dios le quitará su parte del árbol de la vida y de la ciudad santa, descritos en este libro.

20El que da testimonio de estas cosas, dice: «Sí, vengo pronto.»

Amén. ¡Ven, Señor Jesús!

21Que la gracia del Señor Jesús sea con todos. Amén.

Glosario

Este glosario no pretende ser un diccionario bíblico en miniatura, sino sólo una ayuda relacionada con los principios y métodos de la traducción. Muchos términos culturales y teológicos no están incluidos, pero la lista abarca todas las palabras marcadas con un asterisco en el texto bíblico. (Nótese que si la palabra se usa más de una vez en el mismo pasaje bíblico, el asterisco no se repite.) Se trata principalmente de palabras difíciles de traducir, debido a las diferencias entre los idiomas bíblicos y el español.

abba. Palabra aramea que significa «padre» o «papá». Como fue usada por Jesús de modo característico para referirse a Dios, su Padre celestial (véase Mr 14:36), la iglesia cristiana también la adoptó, aun cuando el idioma de los creyentes era el griego (Ro 8:15; Gá 4:6).

abadón. Literalmente significa «destructor». En el Antiguo Testamento, término hebreo para referirse al reino de la muerte. Aparece como sinónimo de «muerte» y «sepulcro». En el Nuevo Testamento aparece como personificación del ángel de la muerte (Ap 9:11).

abismo. Ya en la tradición judía se usaba este término en oposición a «cielo» (véase Ro 10:6-8); más específicamente, puede designar la morada de los demonios (p.ej. Lc 8:31; Ap 9:1). En un pasaje (Mt 11:23 = Lc 10:15) se ha usado para traducir **Hades**. En otro pasaje la expresión «arrojar al abismo» (2P 2:4) traduce el verbo *tartaróō*, literalmente «meter en el Tártaro», nombre que entre los griegos se refería a un lugar subterráneo (más profundo que el Hades), donde se imponía el castigo divino. Véase también **sepulcro**.

adar. Duodécimo mes en el calendario hebreo (mediados de febrero a mediados de marzo).

alamot. Probable anotación musical en cuanto al instrumento que debía tocarse o el tono en que debía cantarse un salmo. Por su etimología, posible indicación de que la melodía era para voces femeninas.

aleluya. (heb. *hallelu Yah*) Exclamación de alabanza a Dios que significa «¡Alaben al SEÑOR!» En esta versión aparece la expresión junto con su traducción literal.

aliento. Véase **vida**.

alma. Véase **vida**.

altares paganos (también santuarios paganos). Es traducción de la palabra hebrea *bamoth*, que literalmente significa «lugares altos». En 1 y 2 Reyes y en 2 Crónicas se usa para designar santuarios donde se practicaban cultos idolátricos cananeos.

Altísimo. (heb. *'elyón*, arameo *'illa'á*) Uno de los nombres de Dios, que también puede entenderse como «el Excelso».

anaquitas. Habitantes de Palestina, identificados como descendientes de cierto Anac; eran de gran estatura e infundían terror en las poblaciones de la región. En otras versiones castellanas se traduce «anaceos».

anciano. Además de su significado literal, esta palabra se usa con sentido especializado para designar a los jefes y dirigentes del pueblo hebreo, los cuales tenían responsabilidades tanto religiosas como civiles. En el Nuevo Testamento (griego *presbúteros*) se usa también para designar a los encargados de gobernar las iglesias (p.ej. Hch 14:23; 1Ti 5:17). En Apocalipsis se usa en un sentido más exaltado con referencia a veinticuatro seres en el cielo (p.ej. Ap 4:4). Véase también **obispo**.

Aram/arameos. Véase **Siria/sirios**.

arrasar. Véase **destrucción**.

arrepentimiento/arrepentirse. Significa no sólo el sentimiento de tristeza o remordimiento por haber pecado, sino también la acción de cambiar el modo de pensar y de actuar; implica un profundo cambio espiritual.

asarion. Moneda romana (latín *as*) de poco valor. Véase **Tabla de pesas, medidas y monedas**.

Aserá. Nombre de una diosa cananea. En el plural (heb. *'aserim*) se refiere a objetos hechos para adorarla, y generalmente se ha traducido con alguna frase, tal como «imágenes para el culto a Aserá».

Asia. En el Nuevo Testamento este nombre no se refiere al Lejano Oriente sino a una provincia romana al suroeste de Asia Menor (lo que hoy es Turquía), cuya capital era Éfeso.

aviv. Primer mes en el calendario hebreo (mediados de marzo a mediados de abril); después del exilio se usó el nombre *nisán*.

Astarté. (En otras traducciones, «Astoret».) Nombre de una diosa, común entre los pueblos semíticos de la antigüedad. En el plural puede referirse a la variedad de diosas que tenían este nombre, o a imágenes hechas en su honor.

Baal. La palabra hebrea significa «amo» o «esposo», pero como nombre propio se refiere a una deidad cananea, el dios de la tormenta, consorte de **Aserá** y **Astarté**. El uso del plural, «baales», parece indicar que el nombre podía referirse a distintas deidades locales.

babilonios. Generalmente es traducción de la palabra hebrea *kasdim*, que puede significar «Caldea» (un país antiguo al sur de Babilonia) o «caldeos». El nombre llegó a designar todo el territorio babilónico o a sus habitantes.

bato. Medida de capacidad equivalente aproximadamente a 22 litros; en el Nuevo Testamento, alrededor de 37 litros. Véase **Tabla de pesas, medidas y monedas**.

becá. Medida de peso equivalente aproximadamente a 6 gramos. Véase **Tabla de pesas, medidas y monedas**.

Beelzebú. Nombre que se usa en los evangelios con referencia a Satanás.

bienestar. Véase **paz**.

blasfemar. Acción de proferir blasfemias, o sea, pronunciar maldiciones o palabras injuriosas contra Dios o contra alguien que lo representa. La «blasfemia contra el Espíritu» (Mt 12:31 y paralelos) consiste en atribuir a Satanás las obras de Jesús, lo cual parece indicar un rechazo total del mensaje de Dios. El término griego también se puede usar en el sentido menos fuerte de «calumniar» o «insultar» (p.ej. Mr 7:22; Ef 4:31).

blasfemo. (heb. *letz*) Término tradicionalmente traducido «escarnecedor» (Sal 1:1), que alude a quienes no tienen respeto por nada ni nadie, ni siquiera por Dios.

braza. Medida de longitud equivalente aproximadamente a 1,80 metros. Véase **Tabla de pesas, medidas y monedas**.

bul. Octavo mes en el calendario hebreo (mediados de octubre a mediados de noviembre).

burlón. Véase **blasfemo**.

cab. Medida de capacidad equivalente aproximadamente a 1,2 litros. Véase **Tabla de pesas, medidas y monedas**.

caer, hacer caer. Véase **tropiezo**.

Caldea/caldeos. Véase **babilonios**.

camino. Además de su sentido primario, en el lenguaje bíblico este término alude simbólicamente a la conducta y voluntad divinas y humanas, así como a sus métodos, hábitos, actitudes y propósitos.

camisa. Se ha usado esta palabra unas cuantas veces (Mt 5:40 = Lc 6:29; Lc 3:11) para representar el vocablo griego *jitōn*, que también puede traducirse con un término general, «ropa» (p.ej. Mt 10:10; Mr 14:63; Jud 23). Con más precisión, se trata de la túnica (y así se tradujo en Jn 19:23; Hch 9:39), que en español puede implicar una vestidura formal o religiosa, y que daría un sentido incorrecto a los pasajes anteriores.

caña. Medida de longitud equivalente aproximadamente a 3 metros. También se ha traducido «vara». Véase **Tabla de pesas, medidas y monedas**.

carne/carnal. El término griego *sarx* tiene un uso muy variado, y frecuentemente contrasta con **Espíritu** (o **espíritu**). En su sentido literal y físico, puede traducirse «carne» o «cuerpo». En un sentido más amplio, se usa para designar lo que es meramente humano y por lo tanto débil. (Nótese también la frase «carne y sangre», que se ha traducido con varias expresiones; p.ej. Mt 16:17; 1Co 15:50; Ef 6:12.) En un sentido moral, indica lo que caracteriza a este mundo pecaminoso (véanse 2Co 10:3-4; Fil 1:22,24). Es difícil representar el concepto en español, por lo que también se han usado frases tales como «naturaleza humana», «naturaleza pecaminosa», «esfuerzos (o criterios, o razonamiento) humanos», «pasiones», y otras más (p.ej. Ro 8:3-9; 1Co 1:26; Gá 3:3; 4:23,29; 5:13-19; Fil 3:3-4; Col 2:18). La dificultad de distinguir entre el sentido literal y el figurado se nota especialmente en Ro 7:18,25; 1P 3:18; 4:1,2 («terrenal»),6.

Cefas. Nombre arameo que significa «roca» y que corresponde al nombre griego Pedro (véase Jn 1:42).

César/césar. Nombre que los emperadores romanos usaban como título (véanse Lc 2:1; 3:1) y que llegó a usarse en el sentido general de «emperador» (así se ha traducido en la mayoría de los pasajes, p.ej. Jn 19:12; Hch 17:7).

cielo(s). En la cosmogonía bíblica, bóveda sólida y firme (de allí que también se le llame «firmamento») que separa las aguas de arriba de las aguas de abajo (Gn 1), en la que Dios tiene su habitación. También se le concibe como una tienda de campaña, como una cortina y como un manto.

cilicio. Tela áspera, generalmente de pelo de cabra. Como se usaba entre los hebreos para expresar la pena y el dolor, la expresión «cubrirse de cilicio» (y otras parecidas) generalmente se ha traducido «vestirse de luto» o «hacer duelo».

circuncisión. Como esta operación era la señal física de que un hombre pertenecía al pueblo de Dios, la palabra se podía usar para designar a los judíos (p.ej. Ro 15:8; Gá 2:8-9; en Fil 3:3 con referencia a los cristianos). Por consiguiente, los términos «incircunciso» e «incircuncisión» (Ro 2:20) se refieren a los no judíos. Véase también **gentiles**.

codo. Medida antigua, basada en el largo del brazo desde el codo hasta la punta de los dedos, equivalente a 45-50 centímetros. Véase **Tabla de pesas, medidas y monedas**.

comunión, sacrificios de. (heb. *shelamim*) Tradicionalmente traducido como «sacrificios de paz», el vocablo hebreo parece referirse a varios tipos de ofrenda relacionados con la acción de gracias.

condenar a muerte. Véase **destrucción**.

conocimiento. Término sinónimo de **sabiduría**, que implica una relación estrecha e íntima entre dos personas, más que una simple acumulación de información y datos.

Consejo. Se ha usado este término como traducción del griego *sunédrion* (tradicionalmente «sanedrín»; en Hch 22:5 el griego es *presbutérion*). Se trata del más importante consejo de gobierno entre los judíos. Incluía a los **ancianos**, los **maestros de la ley** y los jefes de los sacerdotes.

Consolador. Traducción tradicional del término griego *paráklētos* en Jn 14:16,26; 15:26; 16:7. La palabra puede significar «abogado», pero más probable es el sentido general de «mediador» o «ayudador». En 1Jn 2:1 se tradujo «intercesor».

contaminar. Véase **puro**.

corazón. Además de su sentido primario, el lenguaje bíblico alude con este término al órgano cardíaco como la sede principal de las emociones y los sentimientos humanos, así como de sus esperanzas y temores. El corazón es también la sede de la actividad intelectual; de allí que en algunos casos se traduzca como «mente».

coro. Medida de capacidad equivalente aproximadamente a 220 litros. Véase **Tabla de pesas, medidas y monedas**.

corrección. Véase **disciplina**.

creyentes. Véase **santos**.

Cristo. Vocablo griego que significa «ungido» (véase Hch 4:26). Es primeramente un título descriptivo, pero también se usa como nombre propio de Jesús. En ciertos pasajes se ha traducido «Mesías» (término hebreo que corresponde a Cristo) para aclarar el uso titular, pero hay muchos otros pasajes en que puede entenderse como nombre o como título. La combinación «Jesús Cristo» (traducido como nombre, «Jesucristo») o «Cristo Jesús» también puede tener un sentido titular, es decir, «Jesús el Mesías». Nótese que en las cartas de Pablo, el uso de este vocablo es muy frecuente y se ha marcado con asterisco sólo la primera vez que aparece en cada carta.

cuello. Véase **vida**.

Cus/cusita. Se refiere a Nubia, una región al sur de Egipto, en la parte norte de lo que hoy es el Sudán. Los escritores clásicos llamaban a esta región «Etiopía», pero no debe confundirse con el país moderno que lleva ese nombre y que queda más al sur.

cuerpo. Véase **carne**.

Decápolis. Significa «las diez ciudades». Era una región de la Palestina habitada por gentiles.

denario. Moneda romana de plata, cuyo valor correspondía al salario de un obrero por un día de trabajo.

derecha. Se usa en sentido figurado para señalar la posición de honor. También es un símbolo del poder (véanse Hch 2:33; 5:31).

destrucción, destruir. Cuando estas palabras llevan asterisco, son traducción de vocablos hebreos (*jérem,* verbo *hejerim*) que se refieren a lo que Dios ha declarado anatema, es decir, algo prohibido y consagrado a Dios para ser destruido totalmente. En esta traducción también se han usado las expresiones «arrasar», «condenar a muerte», «destruir por completo» y «exterminar».

dichoso. En el Antiguo Testamento representa la palabra hebrea *'ashrey*, término tradicionalmente traducido «bienaventurado». En el Nuevo Testamento, con frecuencia representa la palabra griega *makários*, que significa «feliz» y que tradicionalmente se ha traducido «bienaventurado». En ambos casos se refiere a la persona que recibe la bendición de Dios y así experimenta la verdadera felicidad.

dirigente. Cuando esta palabra lleva asterisco, es traducción del vocablo hebreo que literalmente significa **anciano**.

disciplina. (heb. *musar*) Término típico de la literatura sapiencial que implica la **enseñanza** o **instrucción** correctiva de la **ley**, más la educación de los padres, incluido el castigo físico.

discreción. Véase **sabiduría**.

dracma. En el Antiguo Testamento se refiere al *dárico*, moneda persa de oro que pesaba alrededor de 125 gramos. En el Nuevo Testamento se refiere a una moneda griega de plata equivalente al **denario**.

efa. Medida de capacidad equivalente aproximadamente a 22 litros. Véase **Tabla de pesas, medidas y monedas**.

efod. Parte de la vestimenta sacerdotal, que se describe en Éx 28:6-14.

elul. Sexto mes en el calendario hebreo (mediados de agosto a mediados de septiembre).

emperador. Véase **César**.

enorgullecerse. Véase **jactancia**.

Enramadas, fiesta de las. Tradicionalmente traducida «Tabernáculos», esta fiesta se celebraba en el mes de *tisrí*. Durante los siete días de celebración, los israelitas vivían en cabañas hechas de ramas de árboles.

entrada(s). Véase **puerta(s)**.

escándalo/escandalizar. Véase **tropiezo**.

esclavo. Véase **siervo**.

Espíritu/espíritu. En ciertos pasajes donde la palabra griega *pneuma* aparece sin el calificativo «Santo», no es seguro si la referencia es al Espíritu Santo o al espíritu humano (p.ej. Jn 4:23-24; Ro 1:4; 8:10). Véase también **síquico**.

espíritu maligno. Una traducción más literal es «espíritu impuro». Se refiere a los demonios que se posesionan de algunas personas.

estela. Véase **piedra sagrada**.

estadio. Medida de longitud equivalente aproximadamente a 180 metros. Véase **Tabla de pesas, medidas y monedas**.

etanim. Séptimo mes en el calendario hebreo (mediados de septiembre a mediados de octubre).

eunuco. Hombre castrado que servía en la corte como guardián de las mujeres. A veces los eunucos llegaban a ser funcionarios de alto rango (véase Hch 8:27). En sentido figurado, se aplica a los que se mantienen solteros (Mt 19:11-12).

evangelio. Término de origen griego que significa «buena noticia». Principalmente en las cartas, el término se usa con sentido especializado, es decir, el mensaje acerca de Jesucristo. En otros pasajes se ha traducido como «buenas nuevas» o «buenas noticias» (p.ej. Lc 1:19; Hch 5:42). Más tarde, el término llegó a usarse para referirse a los libros que relatan la historia de Jesús.

experto en la ley. Véase **maestro de la ley**.

expiar/expiación. Se refiere a la acción divina de cubrir o quitar el pecado por medio del sacrificio. El término **propiciación** describe la misma acción desde otro punto de vista: el sacrificio aplaca la ira de Dios (véanse Ro 3:25; Heb 2:17; 1Jn 2:2; 4:10).

exterminar. Véase **destrucción**.

fariseo. Hoy día este término se usa en sentido despectivo y equivale a «hipócrita» (porque así calificó Jesús a los fariseos; p.ej. Mt 23:13-29), pero es necesario recordar que los fariseos constituían un grupo religioso que la mayoría de los judíos admiraba. Estudiaban la ley minuciosamente (muchos **maestros de la ley** estaban relacionados con este grupo) y deseaban obedecerla, aunque su modo de interpretación a veces los llevaba a ignorar los mandatos de Dios (véase especialmente Mr 7:1-13).

fidelidad. El término griego *pístis* generalmente tiene el sentido activo de «fe», indicando la acción de «confiar en alguien», pero en algunas ocasiones puede tener sentido pasivo, «ser confiable». En este segundo caso, se puede traducir «fidelidad» (p.ej. Ro 3:3; Gá 5:22). Algunos eruditos piensan que la frase «la fe en Jesucristo» (p.ej. Gá 2:16; 3:22) debe traducirse «la fidelidad de Cristo». Nótese también que el adjetivo *pistós* puede significar «creyente» o «fiel».

fosa. Véase **sepulcro**.

fuerza(s). Véase **vida**.

Gehenna. Nombre de un barranco en Jerusalén donde se quemaban los desperdicios. Entre los judíos llegó a ser un símbolo del fuego eterno, por lo cual se puede traducir «infierno».

género humano. Véase **hombre**.

gente. Véase **hombre**.

gentiles. Designa a los que no son judíos. Por lo general traduce el término que literalmente significa «naciones»; en otros pasajes traduce el término que significa «griegos» (en Ro 2:26 y 4:9 corresponde a «incircuncisión»; véase **circuncisión**). Cuando hay énfasis en el sentido religioso o moral, se traduce «paganos».

gittith. Término hebreo que aparece como título de algunos salmos (8, 81, 84), probablemente en relación con una melodía popular que se cantaba en los lagares.

gómer. Medida de capacidad equivalente aproximadamente a 2,2 litros. Véase **Tabla de pesas, medidas y monedas**.

griegos. Se usa no solamente en un sentido étnico estricto sino también para designar a cualquier persona que haya adoptado la cultura griega. Véase también **gentiles**.

guerá. Medida de peso equivalente aproximadamente a 0,6 gramos. Véase **Tabla de pesas, medidas y monedas**.

Hades. En la mitología griega era el nombre del dios del inframundo, y también se usaba para designar el lugar de los muertos. En el Nuevo Testamento equivale a «infierno»; también se ha traducido como **abismo** (Mt 11:23 = Lc 10:15), «muerte» (Mt 16:18), y «sepulcro» (Hch 2:27).

higaión. Término hebreo que aparece en algunos salmos (19 tít., 9, 92) y en otros libros del Antiguo Testamento (Is y Lm), probablemente para indicar un murmullo (Sal 19:14; Lm 3:62) o una queja (Is 16:7), o bien la vibración de algún instrumento de cuerdas (Sal 92:3).

hijo de hombre. Véase **hombre**.

hin. Medida de capacidad equivalente aproximadamente a 4 litros. Véase **Tabla de pesas, medidas y monedas**.

hipócrita/hipocresía. El término griego *hupokritēs* se refería a los actores de teatro. Posteriormente, incluso en el Nuevo Testamento, se usaba en sentido más general de cualquier persona que fingía ser lo que no era (p.ej. Mt 6:2), o que actuaba de manera incongruente con sus convicciones (Gá 2:13, donde se usan el verbo y el sustantivo). El término no implica necesariamente que la persona fuera mal intencionada.

hisopo. Planta pequeña y frondosa, no del todo identificada, que se usaba en ritos de purificación (Lv 14; Nm 19), y para aplicar la sangre a los dinteles de las puertas (Éx 12).

holocausto. Uno de los sacrificios en que el animal ofrecido se quemaba del todo.

hombre. Tanto en el Antiguo Testamento (heb. *'adam, 'enosh, o 'ish*) como en el Nuevo (griego *ánzrōpos*), el término castellano **hombre** puede usarse en sentido genérico, que contrasta al ser humano con Dios y abarca a toda la humanidad, o en sentido más restrictivo, que contrasta al *hombre* con la *mujer*. En la actualidad, el segundo sentido ha adquirido más prominencia, lo cual crea nuevos problemas de traducción. Cuando el texto original y el estilo castellano lo permiten, se han usado expresiones tales como «género humano», «gente» «humanidad», «mortal», «persona» y «ser humano».

humanidad/humano. Véanse **carne**, **hombre** y **síquico**.

impuro. Véase **puro**.

incircunciso. Véase **circuncisión**.

inexperto. (heb. *pety*) En la literatura sapiencial, referencia al joven simple e ingenuo, ignorante de la **ley** e incapaz de discernir por sí mismo entre el bien y el mal.

insolente. Véase **blasfemo**.

instrucción. Véase **ley (del Señor)** y **disciplina**.

inteligencia. Véase **sabiduría**.

intercesor. Véase **Consolador**.

Jacobo. En la evolución de la lengua española, el nombre «San Jacobo» llegó a pronunciarse «Santiago». Tradicionalmente, se ha usado «Santiago» en la carta que se conoce por ese nombre, pero se ha mantenido «Jacobo» en los demás pasajes. En esta versión se sigue la misma costumbre.

jactancia/jactarse. Uno de los términos más característicos de las cartas de Pablo es el verbo griego *kaujáomai* (sustantivo *kaújēma*), que puede usarse tanto en sentido positivo como negativo. En castellano, el vocablo «jactarse» siempre tiene una acepción peyorativa («alabarse presuntuosamente»), de manera que se han usado varios términos para traducir el griego según el contexto (p.ej. «presumir», «orgullo/enorgullecerse», «satisfacción/estar satisfecho», «regocijarse»).

Jerusalén. Ciudad importante de Palestina. Conocida como Ciudad de David, fue la capital del reino davídico y, más tarde, del reino de Judá. Reconstruida después del exilio babilónico, era para los judíos la ciudad escogida por Dios para habitar entre su pueblo. Fue destruida nuevamente en el año 70 d.C.

Jesucristo. Véase **Cristo**.

jómer. Medida de capacidad equivalente aproximadamente a 220 litros. Véase **Tabla de pesas, medidas y monedas**.

juicio. (heb. *mishpat*) Véase **ley (del Señor)**.

justicia. (heb. *tsedeq, tsedeqah*) Véase **salvación**.

justificar/justificación. El sustantivo generalmente traduce la palabra griega *dikaiosúnē*, que también significa «justicia». El verbo lo usa especialmente Pablo para designar la acción de Dios de «declarar justos» a los que ponen su fe en Jesucristo.

lenguas. En el libro de los Hechos y en 1 Corintios, la expresión «hablar en lenguas» es traducción literal del griego; otra posible traducción es «hablar en otros idiomas».

lepra. Varios tipos de enfermedades de la piel se agrupaban bajo esta categoría en la antigüedad. No se trata necesariamente de la aflicción que la medicina moderna llama «lepra».

lepton. Moneda judía de muy poco valor. Véase **Tabla de pesas, medidas y monedas**.

létec. Medida de capacidad equivalente aproximadamente a 110 litros. Véase **Tabla de pesas, medidas y monedas**.

levantar de entre los muertos. Esta expresión se ha traducido literalmente en algunos casos, según el contexto, pero por lo general se ha usado sencillamente el verbo «resucitar» o el sustantivo «resurrección».

Leviatán. Nombre del monstruo marino vencido por Dios al principio de la creación (Sal 74:14; Is 27:1), y que por lo general aparece como sinónimo de «mar». En Job este nombre alude a algún animal acuático de enormes proporciones, probablemente el hipopótamo.

ley (del SEÑOR/de Moisés). (heb. *torah*) Término que significa «enseñanza» o «instrucción», más que un código legislativo. Bajo este término genérico se incluían «mandamientos», «mandatos», «decretos», «sentencias», «preceptos», «ordenanzas» y «juicios», que debían ser enseñados de padres a hijos (Dt 6:1-9).

limpio. Véase **puro**.

log. Medida de capacidad equivalente aproximadamente a 0,3 litros. Véase **Tabla de pesas, medidas y monedas**.

maestro de la ley. Esta frase representa un vocablo griego (*grammateús*) que tradicionalmente se ha traducido «escriba». Entre el pueblo judío, los escribas estaban encargados no solamente de copiar y preservar los libros del Antiguo Testamento, sino principalmente de interpretar y enseñar su contenido. La expresión **experto en la ley** corresponde a otro vocablo griego (*nomikós*) pero se refiere a la misma profesión.

majalat (leannot). Término hebreo que aparece en el título de algunos salmos (53, 88), y que posiblemente se refiera a la manera triste y melancólica en que estos salmos debían cantarse.

Mar Rojo. Es traducción del nombre hebreo *yam suf*, que literalmente significa «mar de las cañas». En el Antiguo Testamento este nombre se usa principalmente para designar los golfos de Suez y Acaba, y también la región de los «lagos Amargos» al norte de Suez.

masquil. Término hebreo que aparece en el título de varios salmos (32, 42, 44, 45, 47:7, 52, 53, 54, 55, 74, 78, 88, 89, 142), y que parece referirse al carácter didáctico del salmo, o bien a su alta calidad literaria (Sal 45, p.ej.).

mente. Véase **corazón**.

Mesías. Véase **Cristo**.

metreta. Medida de capacidad equivalente aproximadamente a 39 litros. Véase **Tabla de pesas, medidas y monedas**.

mictam. Término hebreo que aparece en el título de algunos salmos (16, 56, 57, 58, 59, 60), y que posiblemente aluda a su carácter enigmático o esotérico.

milla. Medida de longitud equivalente aproximadamente a 1.500 metros. Véase **Tabla de pesas, medidas y monedas**.

mina. Medida de peso equivalente aproximadamente a 0,6 kilogramos. En el Nuevo Testamento se refiere a una moneda valiosa. Véase **Tabla de pesas, medidas y monedas**.

misterio. Este término (griego *mustērion*) lo usa Pablo con referencia a los planes eternos de Dios para las naciones, planes que sólo fueron revelados con la venida de Cristo (p.ej. Ro 16:25-26; Ef 3:2-6). Se ha traducido literalmente cuando el contexto evita que haya confusión. Como el vocablo en español puede implicar un sentido esotérico, en varios pasajes se ha empleado la palabra «secreto».

mortal. Véase **hombre**.

muerte. Véase **abadón**.

mundo. Véase **carne**.

naciones. Véase **gentiles**.

naturaleza humana/pecaminosa. Véase **carne**.

necedad. En la literatura sapiencial, actitud contraria a la **sabiduría**, característica de los jóvenes **inexpertos**. La necedad llega a ser personificada, y su discurso es del todo contrario al de la **sabiduría** (Pr 9:1-12; 13-18).

necio. Se dice de todo el que se resiste a cumplir los mandamientos de Dios y a seguir los sabios consejos de sus padres y maestros. Por extensión, el necio es también **insolente** y **blasfemo**.

nisán. Véase *aviv*.

nombre. En el lenguaje bíblico, el nombre está íntimamente ligado al ser mismo de la persona. El nombre *es* la persona. Sin nombre nada puede existir (Gn 2:18-23; Ec 6:10). La conducta de la persona está condicionada por su nombre (1S 25:25) Un cambio de nombre implica un cambio total de la persona, que deja de ser la misma (Gn 32:28; Mt 16:18). Hablar en nombre de alguien es actuar con la misma personalidad y autoridad de la persona nombrada. Conocer el nombre de alguien equivale a tener poder sobre esa persona.

nuevas/noticias, buenas. Véase **evangelio**.

obispo. Traducción tradicional del término griego *epískopos*, que significa «supervisor, superintendente». Parece ser equivalente a **anciano** (véase Hch 20:17,28; nótese también 1P 2:25). Más tarde comenzó a usarse el término para designar a los que supervisaban varias congregaciones en un mismo distrito.

ofensa/ofender. Véase **tropiezo**.

orgullo. Véase **jactancia**.

pacto. Promesa o acuerdo contraído entre dos partes, generalmente una superior y otra inferior, mediante una fórmula verbal o ritual, que compromete a ambas partes. En el lenguaje bíblico el pacto representa la promesa de Dios al hombre de siempre darle **vida** y **paz** y constante cuidado, y el compromiso del hombre de vivir conforme a las estipulaciones del pacto. Otros términos vinculados con el pacto son **ley** y **testimonio**.

paganos. (heb. *goyyim*) Término hebreo que aparece en el Antiguo Testamento para referirse a los pueblos que no conocen al Dios de Israel ni pertenecen a este pueblo. Por extensión, el mismo término designa a los pueblos y naciones en general. Para el uso de este término en el Nuevo Testamento, véase **gentiles**.

palabra. En el pensamiento bíblico, este término es más que el sonido emitido oralmente. Una vez pronunciada la palabra, tiene poder y autonomía propios, y actúa por sí misma (Gn 1; Jn 1). La palabra dicha no puede ser revocada (Gn 27:30-38; Is 55:10-11). En toda la Biblia, y especialmente en los Salmos, **palabra** aparece como sinónimo de **ley**.

palmo. Medida de longitud equivalente aproximadamente a 24 centímetros. Véase **Tabla de pesas, medidas y monedas**.

pan de la Presencia. Literalmente, «pan del rostro» (heb. *lejem happanim*), tradicionalmente traducido «pan de la proposición». Se trata del pan que cada sábado se colocaba ante la presencia de Dios, sobre una mesa en la **Tienda de reunión** (luego en el templo).

parábola. Narración con fines didácticos, que comunica su enseñanza de manera indirecta. Aunque se caracteriza por su brevedad, puede ser también un tanto extensa. En sus enseñanzas Jesús la usó con singular maestría y pertinencia.

pasiones. Véase **carne**.

pastor. Además de su sentido primario, en la literatura bíblica este término destaca la relación simbólica entre Dios y su pueblo (Sal 23), entre el rey y sus súbditos (Sal 78:70-72), entre los líderes eclesiales y la comunidad creyente (Heb 13:7), y entre Jesús y la iglesia (Jn 10:1-16).

paz. (heb. *shalom*) En el lenguaje bíblico, este término apunta hacia el estado ideal de tranquilidad y plenitud física y síquica, tanto a nivel individual como comunitario. La paz proviene de Dios y es la presencia misma de Dios entre su pueblo (Nm 6:24-26); es resultado de la **justicia** (Is 32:17) y del cumplimiento del **pacto**, y del establecimiento del reinado de Dios (Is 2:1-4; Mi 4:1-5).

pecadores. La Biblia enseña claramente que todos los seres humanos son culpables de pecado (p.ej. Ro 3:10-20). Sin embargo, en el habla de los judíos el término «pecador» se usaba también en un sentido especializado para designar a los que estaban fuera del pacto divino. Se aplicaba especialmente a los **gentiles** (p.ej. Gá

2:15), pero también a judíos cuya conducta inmoral los alejaba espiritualmente del pueblo de Dios (p.ej. Mt 11:19; Lc 15:1-2).

pecar, hacer pecar. Véase **tropiezo**.

peregrinos, cántico de los. (heb. *shir hama'aloth*) En los Salmos, título que designa a los salmos probablemente vinculados con las peregrinaciones que se hacían al templo de Jerusalén. Su etimología permite traducirlos como «cánticos de las subidas» o «cánticos graduales».

perfecto/perfección/perfeccionar. Aunque en esta vida nadie llega a estar totalmente libre de pecado, el adjetivo «perfecto» (griego *téleios*) se usa en varios pasajes con referencia a los creyentes. Es posible que se trate del concepto de madurez espiritual (véanse 1Co 2:6-7; Heb 6:1), pero el sentido es más profundo: implica un compromiso definitivo que se refleja en la conducta. En la carta a los Hebreos, el énfasis está en la idea del cumplimiento de las promesas (nótese que el verbo se aplica también a la exaltación de Jesús en 2:10; 5:9; 7:28). La ley del pacto antiguo no podía perfeccionar (7:19; 9:9; 10:1), pero los que creen en Jesús pertenecen al nuevo y perfecto pacto, de manera que ya han recibido lo que el Antiguo Testamento había prometido (10:14; 11:40).

perro. Por ser un animal común al que se consideraba ritualmente impuro (véase **puro**), el perro llegó a ser un símbolo de los que están fuera del pueblo de Dios (Ap 22:15). Se usa con referencia a los **gentiles** (Mt 15:26-27 = Mr 7:27-28) y a los adversarios del evangelio (Mt 7:6; Fil 3:2; 2P 2:22), no como insulto vulgar, sino como un comentario de índole teológica.

piedra sagrada. La palabra hebrea *matsebah* puede referirse a una columna de piedras cuyo propósito era la conmemoración de algún suceso; en ese caso se ha traducido «estela». Como en la religión cananea tales columnas se identificaron con las deidades, el Antiguo Testamento generalmente las condena.

pim. Medida de peso equivalente aproximadamente a 8 gramos. Véase **Tabla de pesas, medidas y monedas**.

portón/portones. Véase **puerta(s)**.

primicias. Los primeros y más importantes frutos de la cosecha, los cuales debían ofrecerse a Dios. En el Nuevo Testamento el término se usa en varios sentidos figurados; por ejemplo, Cristo fue el primero en ser resucitado y es quien hace posible la resurrección de los demás (1Co 15:20); el Espíritu Santo es el primer fruto que reciben los creyentes, y les garantiza que recibirán toda la herencia espiritual (Ro 8:23). Nótese también el uso de «primogénito» en Col 1:15,18.

principios. Así se traduce la palabra griega *stoijeía*, que puede referirse a conceptos básicos (Heb 5:12, «verdades más elementales»), pero también a los elementos fundamentales del universo (2P 3:10). Algunos eruditos piensan que Gá 4:3,9 y Col 2:8,20 hablan de seres espirituales.

Priscila. Así se ha representado el nombre «Prisca» (en Ro 16:3; 1Co 16:19; 2Ti 4:19), del cual «Priscila» es la forma diminutiva (Hch 18:2,18,26).

propiciación. Véase **expiación**.

propiciatorio. Plancha de oro que cubría el arco del pacto y sobre la cual se rociaba la sangre una vez al año para **expiar** el pecado del pueblo (Lv 16).

proverbio. Sentencia o dicho breve e ingenioso en torno a algún hecho que encierra una enseñanza, o condensa la sabiduría popular. Aunque de origen muy antiguo, el proverbio siempre estuvo presente en la literatura sapiencial y hasta los días del Nuevo Testamento. Característico de la literatura bíblica es el proverbio antitético, en el que la segunda parte contrasta o contradice lo dicho en la primera.

prueba, poner a. Véase **tentar**.

pueblo de Dios. Véase **santos**.

puerta(s). (heb. *sha'ar*) Las antiguas ciudades eran amuralladas, y tenían puertas que se abrían al amanecer y se cerraban al caer la noche. Las puertas de la ciudad eran el centro cívico de aquellas ciudades. Allí se difundían las últimas noticias (2S 18:4), se realizaban negocios de compraventa (Rt 4:1-12), y se impartía justicia (Is 29:21; Am 5:12).

puro/impuro/purificar. En muchos pasajes (marcados con asterisco) estos términos no tienen que ver con la limpieza física o moral, sino con cuestiones de contaminación ritual, según las leyes del Antiguo Testamento.

querubines. Seres celestiales con función protectora (Gn 3:24). Dos figuras de querubines como criaturas aladas y con pies y manos cubrían el **propiciatorio**. También se usaron figuras de querubines en la decoración del templo.

quisleu. Noveno mes en el calendario hebreo (mediados de noviembre a mediados de diciembre).

Rahab. Nombre del monstruo vencido por Dios al principio de la creación. Su nombre tal vez aluda a su arrogancia. En los salmos (87:4) y en Isaías (30:9) este nombre aparece como sinónimo de Egipto.

recaudador de impuestos. Así se representa la palabra *telōnēs*, que en otras versiones se ha traducido como «publicano». Se refiere a judíos que se ofrecían a cobrar los impuestos exigidos por el Imperio Romano. Como los recaudadores abusaban de sus compatriotas y colaboraban con los soldados romanos, se les consideraba traidores que no pertenecían al pueblo de Dios.

resucitar/resurrección. Véase **levantar de entre los muertos**.

retama. Arbusto típico del sur de Palestina y del desierto de Sinaí, de escasa altura pero lo bastante grande para proporcionar sombra (1R 19:4-5). Sus ramas suelen también usarse como escobas (Is 14:23) y como combustible (Job 30:4; Sal 120:4; Is 47:14).

roca. Además de su sentido primario, en el contexto desértico de Palestina este término designa de manera simbólica a Dios como fuente de protección y abrigo para su pueblo.

sábado. Día séptimo de la semana en el que, según la ley del Antiguo Testamento, los judíos debían reposar de sus trabajos. El mismo término se usa para referirse a otros días festivos.

sabiduría. Cualidad de la persona dispuesta a recibir consejo para poder discernir entre el bien y el mal, aprender a vivir, y conducirse de acuerdo con la voluntad de Dios. En la literatura sapiencial la sabiduría llega a ser personificada (Pr 8) y considerada colaboradora de Dios en su creación.

Salén. Forma abreviada de «Jerusalén» (véase Sal 76:2), ciudad conocida también como «la ciudad de David».

salvación. (heb. *yeshu'ah*) Acción de Dios en favor del hombre, que redunda en la victoria o triunfo de éste, incluyendo el poner a salvo su vida. En algunos contextos «salvación» aparece como sinónimo de «justicia». En el Nuevo Testamento la salvación divina está íntimamente relacionada con el perdón de los pecados.

sanar. En varios pasajes en los evangelios (Mt 9:21-22; Mr 5:23,28,34; 6:56; 10:52; Lc 8:36,48,50; 17:19; 18:42) este verbo es traducción de un término griego que también significa «salvar».

Santiago. Véase **Jacobo**.

santificar. Este concepto en el Antiguo Testamento indica la acción de separar algo o a alguien para un propósito sagrado. El verbo griego (*hagiádsō*) puede por lo tanto traducirse «consagrar», pero además indica una obra divina de limpieza espiritual en los creyentes. Véase también **santo**.

santo/santidad. Es principalmente un atributo de Dios, y por consiguiente de lo que está relacionado a él, por ejemplo, los profetas, los ángeles, el templo (Lc 1:70; 9:26; Hch 6:13). El Nuevo Testamento usa el término «los santos» para designar a los que forman parte de la iglesia de Cristo. Implica que los creyentes han sido santificados (véase **santificar**) y que Dios los ha constituido como su propio pueblo. En algunos pasajes donde el término castellano puede ser ambiguo, se han usado otros vocablos, por ejemplo, «creyentes» o «pueblo de Dios».

santuario. Véase **templo**.

santuarios paganos. Véase **altares paganos**.

Satanás. Nombre del príncipe del mal; la palabra hebrea *satán* significa «acusador» o «adversario».

satisfacción. Véase **jactancia**.

sátrapa. Título de quienes gobernaban las provincias (satrapías) bajo el imperio de los persas.

seah. Medida de capacidad equivalente aproximadamente a 7,3 litros. Véase **Tabla de pesas, medidas y monedas**.

sebat. Undécimo mes en el calendario hebreo (mediados de enero a mediados de febrero).

secreto. Véase **misterio**.

Selah. En los Salmos, anotación musical cuyo posible significado sea el de *pausa*. Tal sentido no ha sido aún determinado.

sencillo. Véase **inexperto**.

sentarse. Cuando los evangelios se refieren a personas sentadas a la mesa (p.ej. Mt 26:7,20; Mr 2:15; Lc 14:8), se usan varios verbos griegos que literalmente significan «recostarse», pues era costumbre en los banquetes reclinarse en divanes. También se puede traducir como «estar a la mesa» (p.ej. Lc 24:30; Jn 12:3) o aun «comer» (Mt 9:10; Mr 16:14; Lc 5:29; 1Co 8:10).

Seol. Véase **sepulcro**.

sepulcro. (heb. *she'ol*) En el pensamiento hebreo, lugar a donde iban los muertos luego de ser enterrados. Este lugar se hallaba bajo la tierra, pero sobre las aguas de abajo. Otros términos sinónimos son **abismo**, «fosa» y «tumba».

ser humano. Véase **hombre**.

siclo. Medida de peso equivalente aproximadamente a 11,5 gramos. Véase **Tabla de pesas, medidas y monedas**.

siervo. Representa en muchos pasajes el vocablo griego *doúlos*, que también puede traducirse «esclavo». Este último término en español puede tener connotaciones que confundan al lector moderno. El vocablo griego no implica necesariamente que la persona fuera maltratada, ya que en la antigüedad algunos esclavos llegaban a asumir posiciones muy importantes. La idea principal es que la persona estaba bajo el dominio de otra, de manera que se caracterizaba por su humildad y obediencia.

sigaión. Término hebreo que aparece en el título del Salmo 7. Su posible significado de «conmoción» tal vez aluda al estado de ánimo en que debía cantarse ese salmo.

Silvano. En las cartas (2Co 1:19; 1Ts 1:1; 2Ts 1:1; 1P 5:12) se usa este nombre con referencia a «Silas» (véase Hch 15:22).

Sión. Nombre de la colina fortificada de la antigua Jebús, hoy Jerusalén. Durante el reinado de David este nombre se extendió para referirse al área general del templo. Sión es considerada la morada de Dios, y en los libros poéticos aparece como sinónimo de Jerusalén.

síquico. Representa el adjetivo griego *psujikós* (sustantivo *psujē*; véase **vida**), que se ha traducido «natural» en 1Co 15:45-46 y «puramente humana» en Stg 3:15. Como contrasta con lo que es espiritual, se ha usado la frase «no tiene el Espíritu» en 1Co 2:14 y Jud 19.

Siria/sirios. Región al norte de Palestina, habitada por los arameos. En el Antiguo Testamento es traducción del nombre *Aram*.

siván. Tercer mes en el calendario hebreo (mediados de mayo a mediados de junio).

Tabernáculos, fiesta de los. Véase **Enramadas**.

talento. En el Antiguo Testamento, medida de peso equivalente aproximadamente a 34 kilogramos. En el Nuevo Testamento se usaba para cálculos monetarios; generalmente de oro, su valor (que era muy alto) variaba mucho, según el lugar y la época (Mt 18:24; 25:15-28). Véase **Tabla de pesas, medidas y monedas**.

tébet. Décimo mes en el calendario hebreo (mediados de diciembre a mediados de enero).

templo. En el Nuevo Testamento este término puede referirse justamente al «santuario» (Lc 1:9), es decir, el edificio donde se encontraban el Lugar Santo y el Lugar Santísimo, o bien al área total que incluía no sólo ese edificio sino también la plaza que lo rodeaba (el atrio de las mujeres y el atrio de los gentiles).

tentar/tentación. El verbo griego (*peirádsō*, sustantivo *peirasmós*) puede usarse en el sentido más o menos neutral de «poner a prueba», pero también en el sentido negativo de «incitar al pecado, tender una trampa». En Stg 1:2,12-14 parece haber un juego de palabras basado en este doble sentido.

Tienda de reunión. Tradicionalmente traducido «tabernáculo de reunión» (heb. *'ohel mo'ed*), esta frase se refiere a un conjunto de cortinas que, colocadas alrededor de bastidores, sirvieron como morada de Dios antes de la construcción del templo.

Todopoderoso. Cuando aparece junto con «SEÑOR», este título representa la palabra *tseba'ot*; es una frase tradicionalmente traducida como «Jehová de los ejércitos». En otros casos, **Todopoderoso** representa la palabra *shadday*, nombre con el que Dios se reveló a los patriarcas (Gn 17:1; Éx 6:3) y que se usa con frecuencia especialmente en el libro de Job.

trampa. Véanse **tentar** y **tropiezo**.

triunfo. Véase **salvación**.

tropezar/tropiezo. Es generalmente traducción del vocablo griego *skándalon* (verbo *skandalídsō*) y se refiere especialmente a lo que causa ofensa, oposición (Gá 5:11), o aun la caída moral de alguien (Mt 5:29-30; 1Co 8:13). En el uso corriente del castellano, el término *escándalo* (*escandalizar*) no corresponde justamente a este significado. En Ro 11:9 se ha traducido como «trampa». También se ha traducido el verbo con términos tales como «ofender», «hacer pecar», «hacer caer», «apartarse», «abandonar». En Jn 16:1 se ha empleado la frase «flaquear la fe».

ungido. (heb. *mashiaj*). Término hebreo para referirse al rey escogido por Dios. Después del exilio babilónico este mismo término se usó para referirse al sumo sacerdote. Véase también **Cristo.**

Unigénito. Traducción tradicional del término griego *monogenēs* («único») cuando se refiere a Jesucristo. Véanse Jn 1:14,18; 3:16,18.

urim **y** *tumim*. Objetos sagrados que se ponían sobre el pectoral del sumo sacerdote (Éx 28:20) y que se usaban para determinar la voluntad de Dios en algunas situaciones (1Sa 28:6; cf. 23:9-12).

Verbo. Traducción tradicional del término griego *lógos* («palabra») cuando se refiere a Jesucristo. Véanse Jn 1:1,14; 1Jn 1:1; Ap 19:13.

victoria. Véase **salvación**.

vida. Cuando esta palabra lleva asterisco, es traducción en el Antiguo Testamento de la palabra hebrea *nefesh*, y en el Nuevo, de la palabra griega *psujē*. Ambos términos tienen un amplio significado y tradicionalmente se han traducido «alma». En esta versión, la palabra hebrea también se ha traducido «aliento» y «fuerza(s)»; en algunos contextos (Sal 69:1; 105:18; Jon 2:6) se ha usado el vocablo «cuello».

zif. Segundo mes en el calendario hebreo (mediados de abril a mediados de mayo).

Tabla de pesas, medidas y monedas
Las equivalencias son aproximadas.

ANTIGUO TESTAMENTO

No se incluye aquí una tabla de unidades monetarias porque los hebreos no acuñaron monedas antes del exilio. Cuando la NVI usa la palabra «moneda», se trata de una unidad de peso, principalmente el *siclo*. (Nótese también que en el libro de Ezequiel las relaciones entre las medidas son un poco diferentes.)

Medidas de peso

talento (= 60 minas)	33 Kg.
mina (= 50 siclos)	550 gr.
siclo (= 2 becás)	11 gr.
pim (= 2/3 siclos)	7 gr.
becá (= 10 guerás)	5,5 gr.
guerá	0,5 gr.

Medidas de longitud

caña/vara (= 6 codos)	2,70 m.
codo (= 2 palmos)	45 cm.
palmo (= 3 palmos menores)	22,5 cm.
palmo menor (= 4 dedos)	7,5 cm.
dedo	1,9 cm.

Medidas de capacidad: áridos

coro = jómer (= 2 létec)	220 litros
létec (= 5 efas)	110 litros
efa (= 3 seah)	22 litros
seah (= 1/3 de efa)	7,3 litros
gómer	2,2 litros
cab (= 1/18 de efa)	1,2 litros

Medidas de capacidad: líquidos

coro (= 10 batos)	220 litros
bato (= 6 hin)	22 litros
hin (= 12 log)	3,7 litros
log	0,3 litros

NUEVO TESTAMENTO

La única unidad de peso que se usa en el Nuevo Testamento es la *litra* (= la libra romana), con una equivalencia aproximada de 327 gr.

Medidas de longitud

milla (= 8.3 estadios)	1.500 m.
estadio (= 100 brazas)	180 m.
braza (= 4 codos)	1,80 m.
codo	45 cm.

Medidas de capacidad: áridos

coro	370 litros
sata	22 litros
joinix	1 litro

Medidas de capacidad: líquidos

metreta	39 litros
bato	37 litros

Monedas

Es extremadamente difícil dar el valor de las monedas antiguas con equivalencias modernas. Un denario era el salario de un obrero por un día de trabajo.

talento	60 minas
mina	100 denarios
dracma	denario
denario	10 asaria
asarion	4 cuadrantes
cuadrante	2 lepta
lepton	1/80 de denario

Índice de títulos

Este Índice de títulos de la **Nueva Versión Internacional** (NVI) consta de una lista de palabras en orden alfabético con las respectivas citas en las que ocurre cada palabra incluida. Se elaboró la lista de la siguiente manera: En primer lugar, se creó una lista de todas las palabras que ocurren en los títulos de la NVI. (Se entiende por «palabra» cada conjunto de letras con ortografía única.) Esa lista inicial contenía el número de veces y todas las citas bíblicas en que ocurre cada palabra en los títulos. Luego se eliminaron de la lista aquellas palabras que ocurren con demasiada frecuencia para que sea útil su inclusión. Por eso **aparecen únicamente las palabras que ocurren hasta cuarenta veces**.

En los casos en que el título se encuentra al comienzo de un capítulo, las palabras que lo conforman tienen como cita el número del capítulo seguido del versículo 0 (p.ej., las palabras «diez» y «Mandamientos» que conforman el título «Los Diez Mandamientos», las cuales aparecen al comienzo del capítulo 20 de Éxodo y del capítulo 5 de Deuteronomio, tienen las citas Éx 20:0 y Dt 5:0). En cambio, en los casos en que el título no se halla al comienzo de un capítulo, las palabras que lo conforman tienen como cita el número del capítulo seguido del número del versículo que lo antecede (p.ej., los nombres «Moisés» y «Aarón» que conforman los títulos «Antepasados de Moisés y de Aarón» y «Aarón, vocero de Moisés» en el capítulo 6 de Éxodo, tienen la cita Éx 6:13,27, que corresponde a los números de los versículos 13 y 27 que los anteceden).

Tal vez la mayor utilidad que tiene este Índice de títulos es la de proporcionar una lista de palabras que conforman el tema de cada sección del texto bíblico, algunas de las cuales no aparecen en el texto mismo, de modo que no se encuentran en ninguna Concordancia de la Biblia (p.ej. «Transjordania» en Nm 32:0; «entrada» y «triunfal» de «La entrada triunfal» en Mt 21:0; Mr 11:0; Lc 19:27 y Jn 12:11). En ese sentido es un índice temático, escueto pero adecuado en lo que a títulos se refiere.

Aarón Éx 6:13,27; Lv 8:0; Nm 12:0; 16:40; 17:0; 20:21
abandona Jer 2:0; Ez 10:0; 11:21
abandonan Jn 6:59
abatió Sal 60:0
Abdías 1R 18:0
Abdón Jue 12:7
Abel Gn 4:0
Abías 1R 15:0; 2Cr 13:0
Abigaíl 1S 25:0
Abimélec Gn 20:0; 21:21; 26:0; Jue 9:0; Sal 34:0
Abirán Nm 16:0
Abiú Lv 10:0
Abner 2S 3:5,21
abominables Dt 18:8
aborrecidos Jn 15:17
Abraham Gn 18:15; 20:0; 21:21; 22:0; 25:0; 1Cr 1:0,27; Jn 8:30; Ro 4:0
Abram Gn 12:0,9; 13:0; 14:0; 15:0
Absalón 2S 14:0; 15:0; 18:0; Sal 3:0
abscesos Lv 13:17

Acab 1R 16:28; 20:12,34; 22:0,28; 2R 10:0; 2Cr 18:0,27
Acán Jos 7:0,15
Acaz 2R 16:0; 2Cr 28:0
acción Sal 100:0; 1Co 1:3; Ef 1:14; Fil 1:2; Col 1:2; 1Ts 1:1; 2Ts 1:2; Flm 3
aceite Éx 27:19; 30:21; 2R 4:0
aceptan Gá 2:0
Acompáñese Sal 4:0; 5:0; 6:0; 54:0; 55:0; 61:0; 67:0; 76:0
Acróstico Pr 31:9
actividades 1R 9:9; 2Cr 8:0
acuerda Mt 26:13; Lc 22:0
Acuérdate Ec 11:8
Acuerdo Est 4:0
acusación Is 56:8
Acusaciones Mal 2:16
Adán Gn 2:4; 5:0; 1Cr 1:0; Ro 5:11
adicionales Nm 15:0; Col 4:1
adivina 1S 28:0
administración Gn 47:12; 1R 4:0

administrador Lc 16:0
Adonías 1R 1:0
adoración Dt 12:0; 1Ti 2:0
adoradores 2R 10:17
Adulán 1S 22:0
adúltera Pr 6:35
adúlteras Ez 23:0
adulterio Sal 51:0; Pr 4:27; 6:19; Mt 5:26; Jn 8:0
adversarios 1R 11:13
Advertencia Dt 13:0; Pr 1:7,19; 4:27; 5:23;
   6:19,35; Jer 13:14; 34:0; Ez 3:15; Sof 1:1;
   1Ti 1:2; Heb 2:0; 3:6; 5:10 12:13 Stg 5:0
advertencias Am 5:0; 8:0; Lc 12:0; 1Co 10:0;
   2Co 13:0
afanarse Ec 3:8
Afecciones Lv 13:37
afligido Sal 102:0
Agar Gn 16:0; 21:7; Gá 4:20
agrada 1Ts 4:0
Agripa Hch 25:12,22
agua Éx 17:0; Nm 19:10; 20:0; 2R 2:18;
   Mt 14:21; Mr 6:44; Jn 2:0; 6:15
aguas Éx 15:21
águila Ez 17:0
Agur Pr 29:27
Ahías 1R 14:0
Aholiab Éx 31:0; 35:29
ahorca Mt 27:0
Ajimélec Sal 52:0
Ajitofel 2S 16:14
alabanza Sal 145:0; Is 12:0; 25:0; 42:9; 63:6; 1P 1:2
alamot Sal 46:0
Alarde Stg 4:12
Álef Sal 9:0; 25:0; 34:0; 37:0; 111:1; 112:1; 119:0;
   145:0; Pr 31:9; Lm 0:0; 1:22; 2:22; 3:66
alegría Is 35:0; Ro 5:0; 2Co 7:1
Aleluya Ap 19:0
alentador 1Ts 3:5
alfarero Jer 18:0
Alguien Ap 1:8
alimenta Mt 14:12; 15:28; Mr 6:29; 8:0; Lc 9:9;
   Jn 6:0
Alimentación 2R 4:41
alimentado 1R 17:0
Alimentos Dt 14:0
altar Éx 20:21; 27:0; 30:0; 37:24; 38:0; Nm 7:9;
   Dt 27:0; 2S 24:17; 1Cr 21:17; Esd 3:0; Ez 43:12
alumbramiento Lv 12:0
amada Cnt 1:1,4,11,15; 2:0,2,8,14-15; 4:15; 5:1,9;
   6:1; 7:9; 8:5,9,13
amado Cnt 1:8,14,16; 2:1,6,13-14; 3:4; 4:0; 5:0;
   6:3,10,13; 8:3,5,12
amalecitas Éx 17:7; 1S 30:0
Amán Est 3:0; 5:8; 7:0
Amasías 2R 14:0; 2Cr 25:0; Am 7:9
Amémonos 1Jn 3:10
amemos 1Jn 2:14
amenaza 2R 18:16; Is 36:0; Jer 4:4; 26:0
amigos Job 2:10; Cnt 1:4,7; 5:1; 6:12
Amnón 2S 13:0,22
Amón 2R 21:18; 2Cr 20:0; 33:20; Jer 49:0;
   Ez 25:0; Sof 2:7
amonitas 2S 10:0; 1Cr 19:0
amor Dt 6:0; 11:0; Os 11:0; Mal 1:1; Mt 5:42;
   Lc 6:26; Jn 3:13; Ro 12:8; 1Co 12:31; 1Ti 6:2;
   1Jn 4:6

amorreos Jos 10:0,5,15
amos Ef 6:4
Amós Am 3:0; 7:9
amparo Is 41:0
Ana 1S 1:20; 2:0
Analogía Ro 7:0
Ananías Hch 5:0
Anás Jn 18:11
Anciano Dn 7:8
ancianos Hch 20:12; 1Ti 5:0; 1P 5:0
ancha Mt 7:12
anexos Ez 40:37
ángel Gn 32:21; Éx 23:19; Jue 2:0; Ap 10:0
ángeles Lc 2:7; Heb 1:0; Ap 14:5; 15:0
Angustia Is 33:0
anhela Ro 1:7; 1Ts 2:16
animal Lv 11:23
animales Lv 11:0,31; Dt 15:18
Antepasados Éx 6:13
anticristos 1Jn 2:17
Antioquía Hch 11:18; 13:12; 14:20
anuales Éx 23:13
Anuncio Nm 27:11; Dt 32:47; Ez 4:0; Nah 1:14;
   Lc 1:4,25
año Lv 25:0,7; Dt 15:0; Is 61:0
años Jer 25:0; Ap 20:0
Aod Jue 3:11
aparece 1R 19:9; Lc 24:35; Jn 20:9,18,23
Apariciones Mr 16:8
Apolos Hch 18:17
apostasía Heb 5:10
apóstol 1Co 9:0
apóstoles Mr 3:12; Lc 6:11; Hch 5:11,16; 1Co 4:0;
   2Co 11:0; Gá 2:0
apoyan 2Cr 11:12
apresaron Sal 56:0
aprobado 2Ti 2:13
Aquila Hch 18:17
Arabia Is 21:12
Arad Nm 21:0
Aram Gn 29:0
arameos Sal 60:0
árbol Dn 4:0; Mt 7:14; Lc 6:42
arca Éx 25:9; 37:0; 1S 4:0; 5:0; 6:0; 2S 6:0;
   1R 8:0; 1Cr 13:0; 15:0; 2Cr 5:1
ardiente Éx 3:0
armadura Ef 6:9
arrayanes Zac 1:6
arrepentidas Mt 11:19
arrepentimiento Dt 30:0; Os 14:0; Jl 1:12; 2:11
arrepiente Lc 13:0
Arresto Mt 26:46; Mr 14:42; Lc 22:46; Jn 18:0;
   Hch 6:7; 21:26
arrojó Sal 34:0
Artajerjes Esd 7:10
Asá 1R 15:8; 2Cr 14:1; 15:0; 16:0
Asaf Sal 50:0; 73:0; 74:0; 75:0; 76:0; 77:0; 78:0;
   79:0; 80:0; 81:0; 82:0; 83:0
asamblea Dt 23:0
ascensión Mr 16:8; Lc 24:49
Asdod 1S 5:0
Aser Nm 7:71; Jos 19:23; 1Cr 7:29
asesina 2S 3:21; 2R 9:13
Asesinato 2S 4:0; 13:22; Jer 40:6
Asiria Is 8:0; 10:4; 14:23; Sof 2:12
Astucia Jos 9:0

astuto Lc 16:0
Asuero Est 2:18; 5:0
ataca 1S 13:15; 1R 20:0
Atalía 2R 11:0; 2Cr 22:9
Ataque Jos 10:0
Atenas Hch 17:15
atención Heb 2:0
atrio Éx 27:8; 38:8; Ez 40:16,27,31,34,46
aurora Sal 22:0
autoridad Mt 21:22; Mr 11:25; Lc 20:0
autoridades Jn 9:12; Ro 13:0
auxilio Is 33:0
Ay Is 28:0; 29:0; 30:0; 31:0
ayes Mt 11:19; Lc 6:16
Ayin Sal 10:8; 25:14; 34:14; 37:28; 111:8; 112:8;
    119:120; 145:14; Pr 31:24; Lm 1:15; 2:16; 3:48;
    4:16
ayuda Gá 6:0; Fil 4:9
ayuno Is 58:0; Zac 7:0; Mt 6:15; 9:13; Mr 2:17;
    Lc 5:32
Azarías 2R 15:0
Baal 2R 10:17
Babel Gn 11:0
Babilonia 2R 20:11; Is 13:0; 21:0; 39:0; 46:0;
    47:0; Jer 50:0; Dn 1:0; Ap 18:0
Balac Nm 22:0,35
Balán Nm 22:0,20,35; 23:0,12,26; 24:14,19
banquete Mt 22:0; Lc 14:14
barba Lv 13:28
barro 2Co 4:0
Bartimeo Mr 10:45
Baruc Jer 45:0
Basá 1R 15:32
basadas 1Co 10:0
Basán Nm 21:31; Dt 3:0
Bautismo Mt 3:12; Mr 1:8; Lc 3:20
Bautista Mt 3:0; 11:0; 14:0; Mr 1:0; 6:13;
    Lc 1:4,56; 3:0; 7:17; Jn 1:18; 3:21
becerro Éx 32:0; Dt 9:6
becerros 1R 12:24
Beelzebú Mt 12:21; Mr 3:19; Lc 11:13
belicoso Mi 5:9
Ben Adad 1R 20:0,12; 2Cr 16:0
bendecir Zac 8:0
bendice Gn 26:33; 49:0; Dt 33:0
bendición Gn 48:0; Nm 6:21; Dt 30:0; Os 14:0
Bendiciones Lv 26:0; Dt 28:0; Jl 3:16; Lc 6:16;
    Ef 1:2
benignas Lv 13:37
Benjamín Nm 7:59; Jos 18:10; 1Cr 7:5; 8:0
benjaminita Sal 7:0
benjaminitas Jue 20:0; 21:0
Berea Hch 17:9
Bernabé Hch 13:0; 15:35
bestia Nah 2:10; Ap 13:1,10; 17:0
bestias Dn 7:0
Bet Sal 9:2; 25:1; 34:1; 37:2; 111:1; 112:1; 119:8;
    145:1; Pr 31:10; Lm 1:1; 2:1; 3:3; 4:1
Betania Mt 26:5; Mr 14:0; Jn 12:0
Betel Gn 28:9; 35:0; 1R 12:24
Betsabé 2S 11:0; Sal 51:0
Betsaida Mr 8:21
Bezalel Éx 31:0; 35:29
bien 1P 3:7
bienaventuranzas Mt 5:0
bienes Hch 4:31

Bildad Job 8:0; 18:0; 25:0; 26:4
blancas Ap 7:8
blanco Ap 19:10
blasfemo Lv 24:9
bodas Mt 22:0
Booz Rt 2:0; 3:0; 4:0
Boquín Jue 2:0
botín Nm 31:24
bronce Nm 21:3
buen Lc 10:24; Jn 10:0
buen Lc 10:24; Jn 10:0
burlan Mt 27:26; Mr 15:15; Lc 22:62
burra Nm 22:20
buscar Pr 1:7
busquen Mt 7:6
caballo Ap 19:10
cabelludo Lc 13:28
cabras Mt 25:30
cabrío Dn 8:0
Caf Sal 9:17; 25:9; 34:9; 37:19; 111:5; 112:6;
    119:80; 145:10; Pr 31:19; Lm 1:10; 2:10; 3:30;
    4:10
caída Gn 3:0; 2R 25:0; 2Cr 36:16; Is 47:0;
    Jer 39:0; 52:0; Ez 27:0; 33:20; Abd 1; Mi 3:8;
    Nah 2:4; Ap 18:0
caído Dn 4:0
Caín Gn 4:0
Caleb Jos 14:5; 15:12; 1Cr 2:41
Calendario Lv 23:0; Nm 28:0
calma Mt 8:22; Mr 4:34; Lc 8:21
calvicie Lv 13:39
cambia Jn 2:0; 2Co 1:11
camina Mt 14:21; Mr 6:44; Jn 6:15
Caminemos 1Jn 1:4
camino Nm 21:9; Mt 3:0; Mr 1:0; Lc 3:0; 24:12;
    Jn 14:4
campamento Nm 2:0; 5:0; Dt 23:8
Canaán Nm 13:0; 34:0
cananea Mt 15:20
cananeos Jue 1:0
canastas Jer 24:0
canción Lc 5:0; Sal 8:0; 18:0; 46:0; 48:0; 81:0;
    84:0; Is 42:9
Canciones Is 12:0
candelabro Éx 25:30; 27:19; 37:16; Nm 8:0; Zac 4:0
cansados Mt 11:24
cántaros Jer 13:11
cantarse Sal 92:0
cántico Éx 15:0,18; Dt 31:29; Sal 30:0; 65:0; 66:0;
    67:0; 68:0; 75:0; 76:0; 83:0; 87:0; 88:0; 108:0;
    120:0; 121:0; 122:0; 123:0; 124:0; 125:0; 126:0;
    127:0; 128:0; 129:0; 130:0; 131:0; 132:0; 133:0;
    134:0; Lc 1:45,66
canto Sal 45:0; Cnt 11:1; 1:8; 3:5; 5:2; 6:3; 8:5;
    Is 5:0; 25:0; 26:0; Dn 7:8
Cantores 1Cr 6:30
capitanes Nm 31:47
captura 2R 6:7
capturan 1S 4:0
cárcel Hch 12:0; 16:15
Carmelo 1R 18:15
carnero Dn 8:0
carros Zac 6:0
Carta Esd 7:10; Jer 29:0; Hch 15:21
casa Gn 29:14; 1Cr 13:0; 14:0; Sal 30:0; 52:0;
    59:0; Lc 10:37; 14:0; Hch 10:23

casas Lv 14:32
caso Lv 5:6; 10:15; Dt 21:0
Casos Nm 9:5
castigo Jos 7:15; Jer 8:3; Ez 9:0; Os 2:1; 9:0;
   Am 3:8; Mi 2:0; 3:0; 4:8; 6:8
Castigos Lv 20:0
causa Dt 30:0; Mi 3:8
causado Jer 44:0
cautiverio Jer 25:0
cautivos Esd 1:0
Cedar Jer 49:27
cedro Ez 31:0
ceguera Jn 9:34
Celebración Lv 23:2; Jos 5:9; 2Cr 30:0; 35:0;
   Esd 6:18; Est 9:17
celestial 2Co 5:0
celos Nm 5:10
cena Lc 22:6
Cena Mt 26:16; Mr 14:11; 1Co 10:13; 11:16
censo Nm 1:0,4,16; 3:13; 4:33,37,41; 26:0,56;
   2S 24:0; 1Cr 21:0
centinela Ez 33:0
central Sal 60:0
centurión Mt 8:4; Lc 7:0
cereal Lv 2:0; 6:13
certeza Heb 6:12
césar Mt 22:14; Mr 12:12; Lc 20:19
Cesarea Hch 23:22
ciego Is 42:17; Mr 8:21; 10:45; Lc 18:34; Jn 9:0,12
ciegos Mt 9:26; 20:28
cielo 2R 2:0; Mt 6:18; Jn 3:30; Hch 1:0; Fil 3:11;
   Ap 4:0
cielos Is 65:16; Mt 18:0
cien 2R 4:41
cierva Sal 22:0
cinco Mt 14:12; Mr 6:29; Lc 9:9; Jn 6:0
cinturón Jer 13:0
circuncisión Gn 17:0; Gá 6:10
Ciro 2Cr 36:21; Esd 1:0
cisterna Jer 38:0
ciudad 1S 11:0; 23:0
Ciudad (de David) Is 29:0
ciudadano Hch 22:21
Ciudadanos Fil 3:11
ciudades Nm 35:0,8; Dt 4:40; 19:0; Jos 10:28;
   15:19; 20:0; 1Cr 6:53; 2Cr 11:4; Neh 11:24;
   Mt 11:19
clan Nm 4:33,37,41
clanes Nm 3:20,26,32
clases Stg 3:12
Coat Nm 4:33
coatitas Nm 3:26; 4:0; 1Cr 23:11
codornices Éx 16:0; Nm 11:30
colaboradores Fil 2:18
colecta 1Co 16:0
comandante Jos 5:12
combatientes Nm 31:18
comer Lv 17:0
cometido Sal 51:0
comida 2R 4:37
comienza Esd 3:6; Mt 4:11
comisión Mt 28:15
comparten Hch 4:31
comportamiento Hch 11:0
compromete Neh 10:0
común Ec 9:0

comunidad Lv 4:12; Hch 2:40
comunión Lv 3:0; 7:10
concilio Hch 15:0,21
Conclusión Lv 11:45; Nm 4:45; 7:83
conclusiones Ec 1:11
concubina Jue 19:0
condena Ez 13:0,16; 1R 20:34
condenación Jud 2
conducta Tit 3:0
confesión Is 59:0; Mt 16:12; Mr 8:26; Lc 9:17
confían Is 31:0
confianza Fil 3:0
confiesa Esd 9:0
confiesan Neh 9:0
confirmado 1S 11:11
Conflicto Ro 7:6
conmemorativo Jos 4:0
conocer Gn 45:0
conquista Jos 6:0; 10:28; 11:0,15; 15:12; 2S 5:5;
   1Cr 11:3; 20:0
conquistado Jos 13:0
conquistar Nm 14:38
consagración Éx 13:0; 29:0; Nm 7:0; 8:4
Consecuencias Lv 25:17
consejo 2S 16:14
Consejo Mt 26:56; Mr 14:52; Hch 4:0; 7:0; 22:29
Consejos 1Co 7:0
consolación 2Co 1:2
consolida 1R 2:12
conspira 2S 15:0
conspiración Est 2:18; 3:0; Mt 26:0; Jn 11:44;
   Hch 23:11
construcción 1R 5:0; 1Cr 28:0; 2Cr 2:0; 3:0
construye 2S 24:17; 1R 6:0; 7:0; 1Cr 21:17
consuela Jn 11:16; 14:0
Consuelo Is 40:0; 57:13
consulta Hag 2:9; Hch 25:12
contacto Lv 11:31
continúa Jue 1:0
Contradicciones Ec 3:15
Contraste Mi 3:4
Contribución Neh 12:43
contritos Is 57:13
Conversión Hch 9:0; 16:10
conyugales Ef 5:20; 1P 3:0
copa Gn 44:0; Is 51:16
copas Ap 16:0
copero Gn 40:0
cordel Zac 2:0
Cordero Jn 1:28; Ap 5:0; 14:0
Coré Nm 16:0; Sal 42:0; 44:0; 45:0; 46:0; 47:0;
   48:0; 49:0; 84:0; 85:0; 87:0; 88:0
corintios 2Co 12:10
Corinto Hch 18:0; 2Co 8:15
Cornelio Hch 10:0,23
coro Cnt 3:5; 5:8; 6:0,9; 8:4,7
corona Zac 6:8
Coronación 1Cr 29:20
corrupción Jer 5:0
corrupta Mi 7:0
corrupto Mi 3:8
corruptos Mi 3:0
cosas Ec 7:22
cosecha Ap 14:13
cosechan Os 8:0
Costumbres Dt 18:8

creación Gn 1:0; Gá 6:10
Creador Ec 11:8
crece Mr 4:25
creen Jn 4:38
Creta Tit 1:4
creyente 1Co 10:22; Tit 3:0
creyentes Jn 17:19; Hch 2:40; 4:22,31; 15:21;
    1Co 6:0
cristiana Col 3:17
Cristo Mt 22:40; Mr 12:34; Lc 20:40; Jn 1:18;
    7:24; Ro 5:11; 6:0; 1Co 1:17; 4:0; 15:0; Gá 5:0;
    Ef 1:2; 2:0,10; 3:0; 4:0; Fil 1:11; 2:0; 3:0;
    Col 1:14; 2:5; Heb 9:10; 10:0; 1P 4:0,11;
    Ap 22:6
cruce Jos 3:0
crucifixión Mt 27:31; Mr 15:20; Lc 23:25;
    Jn 19:16
cruzar Dt 3:22
Cuarta Am 8:0
Cuarto Nm 24:14; Job 12:0; 36:0; Hag 2:19
cuatro Dn 7:0; Zac 6:0; Mt 15:28; Mr 8:0
cuerda Sal 4:0; 6:0; 54:0; 55:0; 61:0; 67:0; 76:0
cuero Lv 13:28
cuerpo Lc 11:32; 1Co 12:11; 15:34; Ef 4:0
cuervos 1R 17:0
cuesta Mt 8:17; Lc 9:56
cueva Sal 57:0; 142:0
cuidará Zac 10:0
Cuidémonos 1Jn 2:17
culpa Lv 5:13; 7:0
culpables Esd 10:17; Ez 9:0
culto Lv 10:7; 2Cr 31:1; Mal 1:5; 1Co 11:1;
    Heb 9:0
cultos !Co 14:25
cumple Nm 11:20
cumplimiento Mt 5:16
cumplir Ec 5:0
curación 2Cr 32:23
Cus Sal 7:0; Is 20:0; Sof 2:11
custodia Hch 28:16
cutáneas Lv 13:0,37; 14:0
Chipre Hch 13:3
da Gn 45:0; Sal 102:0
Dálet Sal 25:3; 34:3; 37:6; 111:2; 112:2; 119:24;
    145:3; Pr 31:12; Lm 1:3; 2:3; 3:9; 4:3
Dalila Jue 16:0
Damasco Is 17:0; Jer 49:22; Hch 9:19
Dan Nm 7:65; Jos 19:39; Jue 18:0; 1R 12:24
Daniel Dn 1:0; 2:23; 4:18; 6:0; 9:0; 10:0
daños Nm 5:4
dar Mt 6:0
Darío Esd 6:0
Datán Nm 16:0
davídica Mi 5:0
debe Tit 2:0
deber Lc 17:0
deberes Lv 19:29
Deberes Nm 18:0; Ez 44:0; Ef 5:20; 6:0,4; 1P 3:0
débiles Ro 14:0
debilidad 2Co 12:0
Debir Jos 15:12
Débora Jue 4:0; 5:0
Decapitación Mt 14:0; Mr 6:13
decirle Sal 54:0
Declaración Jn 8:47
Decoro 1Co 11:1

decreta Esd 1:0
Decreto 2Cr 36:21; Esd 6:0
dedica 1S 1:20
dedicación Nm 7:9; 1R 8:61; 2Cr 7:0; Esd 6:12;
    Neh 12:26; Sal 30:0; Jn 10:21
dedicó Sal 18:0
defender Neh 7:0
Defensa Nah 3:13
defiende Neh 5:0; 2Co 10:0
delitos Mi 6:8
demandas Dt 10:9
demente Sal 34:0
denuncia Mt 23:0; Lc 11:36
Depravación 2Cr 24:16
Derbe Hch 14:7
derecho Dt 21:14
derechos Lv 7:6; 1Co 9:0
derrota Jos 7:1; Jue 2:5; 7:0; 1S 7:1; 14:14; 30:0;
    2S 5:16; 10:0; 1R 20:12; 1Cr 14:7; 2Cr 20:0
Derrota Éx 17:7; Nm 21:0; Dt 2:23; 3:0; Jos 10:5;
    Ez 39:0
derrotados Jos 12:0,6
derrotan Jue 20:0
Desacuerdo Hch 15:35
Desastre Jer 44:0
Descanso Mt 11:24
Descendientes Gn 5:0; 11:9,26; 25:11; 36:0;
    1Cr 1:0,4,23,27,34; 2:2,41; 3:9; 4:0,23; 5:0,10;
    6:0; 7:0,5,12-13,19,29; 8:0
desciende Hch 2:0
desconfían 1S 29:0
desconocen Mt 24:35; Mr 13:31
Descripción Nah 3:0
desfallecer Sal 102:0
desierto Nm 33:0; Dt 2:0; Sal 63:0
Deslealtad Mal 2:9
desobedece Jon 1:0
desobediencia Lv 26:13; Dt 28:14
Desobediencia Jue 2:5
despedida Jos 23:0; 1S 12:0; Jn 16:16; Hch 13:0
despiadado Mt 18:20
despide Hch 20:12
destino Ec 9:0
Destitución Est 1:0
destrucción Gn 19:0; Jer 10:16; Nah 1:6; 2:0; 3:7;
    Sof 1:1; 2P 2:0
destruyas Sal 57:0; 58:0; 59:0; 75:0
deudas Dt 15:0
devuelven 1S 6:0
día Lv 23:25; Nm 15:31; 29:6; Is 2:5; 63:0;
    Jl 2:27; Sof 1:13; Mal 4:0; Mt 24:35; Mr 13:31;
    Jn 7:36; 2P 3:0
diablo Jn 8:41
diáconos 1Ti 3:0
diario Nm 28:2
días 2Ti 3:0
dichos Pr 22:16; 24:22; 29:27; 30:33; Ec 10:0
didáctico Sal 60:0
diez Éx 20:0; Dt 5:0; Mt 25:0; Lc 17:10
diezmo Nm 18:24
diezmos Nm 18:24; Dt 14:21; 26:0
difusión 2Ts 3:0
diluvio Gn 6:8
Dina Gn 34:0
dinastía Mi 5:0
dinero Éx 30:10; Lc 19:10; 1Ti 6:2

dio 1Ti 1:11
dioses Is 46:0
dirige Hch 2:13; 3:10; 21:36
dirigente Lc 18:17
dirigentes Jn 7:44
disciplina Heb 12:0
discipulado Lc 14:24
discípulos Mt 4:17; Mr 1:13; Lc 5:0; 24:35;
Jn 1:34; 4:26; 6:59; 13:0; 14:0; 15:17; 17:5;
20:18
discurso 1S 12:0; Job 3:0; 4:0; 6:0; 8:0; 9:0; 11:0;
12:0; 15:0; 16:0; 18:0; 19:0; 20:0; 21:0; 22:0;
23:0; 25:0; 26:4; 27:0,12; 32:6; 34:0; 35:0; 36:0;
Ec 1:0; Hch 7:0
dispersa Hch 8:1
dispersas Zac 13:6
Disposición Nm 2:0
disturbio Hch 19:22
División Dt 3:11; Jos 13:7; 14:0; 1R 12:0;
2Cr 10:0; Ez 45:0; Lc 12:48
divisiones 1Cr 27:0; 1Co 1:9; 3:0
divorcio Mt 5:30; 19:0; Mr 10:0
doce Sal 60:0; Mt 10:0; Mr 3:12; 6:6; Lc 6:11; 9:0
Doeg Sal 52:0
domar Stg 3:0
don 1Co 14:0
dones 1Co 12:0
Dorcas Hch 9:31
dos Jer 24:0; Ez 23:0; Zac 4:0; 11:3; Mt 8:27;
20:28; 21:27; Lc 10:0; Fil 2:18; Stg 3:12;
Ap 11:0
doxología Ro 11:32; Jud 23; Ap 1:3
dragón Ap 12:0
duda Mt 21:22; Mr 11:25; Lc 20:0
duelo Lv 10:5; 2S 18:18
Dureza Am 4:5
Ebal Dt 27:0,8; Jos 8:29
económicos Mi 6:8
Ecrón 1S 5:0
Edicto Est 8:0
Edom Gn 36:30; Nm 20:13; 1Cr 1:42; 13:0;
Is 21:10; Jer 49:6; Ez 25:11; 35:0; Abd 1
edomita Sal 52:0
edomitas Sal 60:0
efesios Ef 3:13
Éfeso Hch 19:0,22; 20:12; Ap 2:0
efod Éx 28:5; 39:1; Jue 8:21
Efraín Gn 48:0; Nm 7:47; Jos 16:0,4; Jue 12:0;
1Cr 7:19; Is 28:0
egipcio Jos 5:1
egipcios Éx 1:0; 12:28
Egipto Gn 12:9; 41:40; 42:0; 43:0; 46:0; Éx 4:17;
Is 19:0; 20:0; 31:0; Jer 41:15; 46:0; Ez 29:0;
30:0; Mt 2:12
ejemplar Pr 31:9
ejemplares Fil 2:18
ejemplo Jer 35:0; 1P 4:0
ejercer Lv 21:15
ejército Jos 5:12; 2S 23:7; 1Cr 11:9; 27:0; Jl 2:0
Elá 1R 16:7
Elam Jer 49:33
elección Nm 3:10; Dt 30:10; Est 2:0; Hch 1:11;
6:0; Ro 9:0; 2P 1:2
elevó Sal 7:0
Elí 1S 2:11,26; 4:11
Elías 1R 17:0; 18:0,15; 19:0,9; 2R 2:0

Elifaz Job 4:0; 15:0; 22:0
Elim Éx 15:21
elimina 1S 22:5; 2R 10:17
Elisabet Lc 1:38
Eliseo 1R 19:18; 2R 2:18,22; 5:0; 6:7; 13:13
Eliú Job 32:0,6; 34:0; 35:0; 36:0
Elogio Job 28:0
Elón Jue 12:7
Emanuel Is 7:0
Emaús Lc 24:12
Encarcelamiento Jer 37:0
encargados Nm 1:4
Encargo 1Ti 6:10; 2Ti 3:9
Encargos 1Co 16:4
encorvada Lc 13:9
encuentra Nm 22:35
encuentro Gn 33:0; Éx 5:0; Rt 2:0
endemoniado Mt 17:13; Mr 5:0; 9:13; Lc 8:25;
9:36
endemoniados Mt 8:27
Endor 1S 28:0
Eneas Hch 9:31
enemigos Neh 6:0; Sal 18:0; Zac 9:0; 12:0;
Mt 5:42; Lc 6:26
enferma Mt 9:17; Mr 5:20; Lc 8:39
Enfermedad 2R 20:0; 2Cr 32:23; Is 38:0
enfermedades Lv 13:0,8,28; 14:0
enfermos Mt 4:22; 8:13; Mr 1:28; Lc 4:37
engaño Pr 1:7
enojo Is 9:7; Jon 4:0
Enramadas Lv 23:32; Nm 29:11; Dt 16:12;
Neh 8:12
enriquece Gn 30:24
enseña Lc 11:0; Jn 3:0; 7:13
enseñanzas Lc 16:15
enseñar Tit 2:0
Entierros Jos 24:28
entrada Mt 21:0; Mr 11:0; Lc 19:27; Jn 12:11
envía Gn 32:0; Mt 10:0; Mr 6:6; Lc 9:0; 10:0
enviado 2Co 8:15
Envidia 1S 18:0
Epílogo Job 42:6; Pr 31:9; Ec 12:8
era Rt 3:0
Esaú Gn 25:18; 27:40; 32:0; 33:0; 36:0; 1Cr 1:34
escala Ec 7:0
escapa Hch 12:0
esclavos Éx 21:0; Dt 15:11; Jer 34:7; Ro 6:14;
Ef 6:4; 1Ti 5:0
escogido Is 44:0; Mt 12:14; 1P 2:3
escondido Sal 54:0; Mt 13:43
escrito Is 38:8; Ap 5:0
escritura Dn 5:0
Escritura 2P 1:11
Esdras Esd 7:0,10,26; 8:0; 9:0; Neh 7:73
Esmirna Ap 2:7
espada Jer 14:0; Ez 21:0
especial Lv 10:15; Dt 21:0
espectadores Hch 3:10
esperanza Is 66:0; Mi 7:7; 1P 1:2
esperanzas Ez 14:11
espías Dt 1:18; Jos 2:0
espíritu Mr 1:20; Lc 4:30
Espíritu Jn 14:14; 16:4; Hch 2:0; Ro 8:0; 1Co 2:5;
Gá 5:15; 1Jn 4:0
espiritual Jn 9:34
espirituales 1Co 12:0; Ef 1:2

esplendor 1R 10:13; 2Cr 9:12
esposa Gn 39:0; Ez 24:14; Os 1:1; 3:0
Esposas Jue 21:0; 2Cr 11:17
establece Jue 18:0
establecen Nm 32:0
establecieron Neh 11:0
Esteban Hch 6:7; 7:0,53
Ester Est 2:0; 4:0; 5:0
Estímulo 2Co 8:0
estímulos Lc 12:0
estrecha Mt 7:12; Lc 13:21
Etán Sal 89:0
eterna Is 51:0
etíope Hch 8:25
Etiopía Is 18:0
Eva Gn 2:4
evangelio Gá 1:5; 2Ts 3:0
exalta Dn 11:35
exaltación Est 6:0; Mi 4:0; 5:0; Fil 2:0
excepcionales Nm 9:5
Exclusión Dt 23:0
Exhortación Dt 4:0; 16:20; 26:15; Jl 2:11;
     Hag 1:0; 2Ts 2:12; 3:5; 2Ti 1:2; 1P 5:0; Jud 16
Exhortaciones Pr 1:7; Fil 4:1; Heb 13:0
exigencias Lv 19:18
exiliados Jer 29:0
exilio Ez 12:0
éxodo Éx 12:36
expertos Lc 11:36
expiación Éx 30:10; Lv 16:0
expiatorio Lv 4:0,2,12,21,26; 5:0; 6:23
explica Hch 11:0
Explicación Mt 13:35
exploradores Nm 13:24
exploran Nm 13:0
explotadores Is 5:7
expulsa Mr 1:20; Lc 4:30
Expulsen 1Co 5:0
Expulsión Gn 21:7; Dt 7:0
exterior Ez 40:16
extermina 2R 10:0
Ezequías 2R 18:0; 19:13; 20:0; 2Cr 29:0;
     32:23,26; Is 37:13; 38:0,8
Ezequiel Ez 2:0; 24:14
ezraíta Sal 88:0; 89:0
falsa Jer 7:0
falsas Jer 23:32; Ez 14:11
falso Jer 28:0; Mi 3:4
falsos Ez 13:0; Mi 2:5; 2Co 11:0; 1Ti 1:2; 2P 2:0
familia 1S 2:26; 14:48; 2R 10:0; 1Cr 14:0;
     Col 3:17
faraón Gn 41:0; Éx 5:0; Ez 32:0
fariseo Lc 14:0; 18:8
fariseos Mt 16:4; 23:0; Mr 8:13; Lc 11:36
favor Gn 18:15; Est 8:0; Is 61:0; Mr 9:37; Jn 5:30
favoritismo Stg 2:0
fe Mt 8:4; 15:20; Mr 7:23; Lc 7:0; 17:0;
     Ro 3:20; 4:0; Gá 3:0; Heb 11:0; Stg 2:13; 5:12;
     1Jn 5:0
fecha Nm 9:0
Felipe Jn 1:42; Hch 8:3,25
Félix Hch 24:0
Festo Hch 25:0,12
fidelidad Mal 3:5; Ro 3:0; 2Ti 1:2
fiesta Lv 23:3,8,14,22,32; Nm 28:25; 29:0,11;
     Dt 16:0,8,12; Neh 8:12; Jn 7:0,13,36; 10:21

fiestas Éx 23:13; Lv 23:0; 1Co 10:13
Filadelfia Ap 3:6
filiales Ef 6:0
Filipos Hch 16:10
filisteos Jue 15:0; 1S 4:0; 6:0; 7:1; 13:15; 14:14;
     27:0; 29:0; 2S 5:16; 1Cr 14:7; 20:3; Sal 56:0;
     Is 14:27; Jer 47:0; Ez 25:14; Sof 2:3
fin 2Cr 20:30; Ez 7:0; Nah 3:0; Mt 24:0;
     Mr 13:0; Lc 21:4
final Neh 13:0; Dn 12:0; Ap 20:6
finales 1Co 16:18; 2Co 13:0,10; Ef 6:20; Fil 4:20;
     Col 4:6; 1Ts 5:11; 2Ts 3:15; 2Ti 4:18; Tit 3:11;
     Heb 13:0; 1P 5:11; 1Jn 5:12
fingió Sal 34:0
Firmeza 2P 1:2
flautas Sal 5:0
Flecos Nm 15:36
formen 2Co 6:13
fortifica 2Cr 11:4
foso Dn 6:0
Fronteras Nm 34:0
fruto Lc 6:42
frutos Nm 15:16; Mt 7:14
fuego Nm 11:0
fuertes Ro 14:0
fuerza Ec 4:6; 9:10
funcionario Jn 4:42
Futilidad Ec 5:7
futura Is 54:0; Mi 4:0,5; Ro 8:17
futuro Ez 40:0; Sof 3:0
gabaonitas Jos 9:0; 2S 21:0
Gad Nm 7:41; 32:0; 1Cr 5:10
Galaad 2Cr 18:27
gálatas Gá 4:7
ganado Éx 9:0
Gat 1S 21:9; Sal 56:0
Gedeón Jue 6:0; 7:0; 8:21,27
genealogía Rt 4:12; 1Cr 9:34; Mt 1:0; Lc 3:20
genealógico 1Cr 1:0
generosidad 2Co 8:0; 9:5
gente Sal 54:0
gentiles Hch 15:21; Ro 15:13
Getsemaní Mt 26:35; Mr 14:31
gloria Éx 33:11; 40:33; Is 52:12; 54:0; 60:0;
     Ez 10:0; 11:21; 43:0; Ro 8:17; 2Co 3:6
gobernador Gn 41:40
gobernante Lv 4:21; 1R 3:15
gobernantes Mi 3:0; 1P 2:12
gobierno Mi 3:8
Gog Ez 38:0
Goliat 1S 17:0
Gomorra Gn 19:0
gracia 1Ti 1:11
gracias Sal 100:0; 1Co 1:3; Ef 1:14; Fil 1:2;
     Col 1:2; 1Ts 1:1; 2Ts 1:2; Flm 3
gran Sof 1:13; Mt 28:15; Lc 14:14; Heb 4:13;
     Ap 7:8
Grandeza Est 10:0
granizo Éx 9:12
grano Mt 13:30; Mr 4:29; Lc 13:17
grasa Lv 7:21
Gratitud Fil 4:9
Grecia Hch 20:0
guardia Mt 27:61
guardias Mt 28:10
Guedalías Jer 40:6

guerra Nm 31:0; Dt 20:0; 21:9; 2S 2:7; 1Cr 19:0; 20:3
Guerreros 1Cr 12:0
Guersón Nm 4:37
guersonitas Nm 3:20; 4:20; 1Cr 23:6
Guímel Sal 9:4; 25:2; 34:2; 37:4; 111:1; 112:1; 119:16; 145:2; Pr 31:11; Lm 1:2; 2:2; 3:6; 4:2
Habacuc Hab 1:1,11; 3:0
habitaciones Ez 40:43; 42:0
habitada Is 44:23
habitadas Neh 11:24
hacha 2R 6:0
Hai Jos 7:1
Hallazgo 2Cr 34:13
hambre 2R 6:23; Jer 14:0
Hatavá Nm 11:3,9
Hazañas 2S 21:14
He Sal 9:6; 25:4; 34:4; 37:7; 111:2; 112:2; 119:32; 145:4; Pr 31:13; Lm 1:4; 2:4; 3:12; 4:4
hebreos Éx 21:0
Hebrón Jos 14:5; 15:12; 1Cr 12:22
hechicero Hch 8:8
Hemán Sal 88:0
Herencia Nm 36:0
herido Zac 13:6
hermanas Ez 23:0; Jn 11:16
hermano Mt 18:14; 1Co 5:0
hermanos Gn 37:11; 42:0; 43:0; 50:14; Mt 12:45; Mr 3:30; Lc 8:18; Heb 2:4
Herodes Mr 8:13; Lc 22:65; Hch 12:19
Héroes 2S 23:7
Hesbón Dt 2:23
hierba Mt 13:23,35
Higiene Dt 23:8
higos Jer 24:0
higuera Mt 21:17; Mr 11:19
hijas Gn 19:29; Nm 27:0
hijo Dt 21:17; 2R 4:7; Sal 3:0; 9:0; Mt 22:40; Mr 12:34; Lc 7:10; 15:10; Jn 4:42
Hijo Lc 20:40; Jn 5:15,30; Heb 1:0; Ap 1:8
hijos Gn 9:17; 22:19; 29:30; 49:0; Lv 8:0; 1S 2:11; 1Cr 2:0; 3:0; 2Cr 11:17; Sal 42:0; 44:0; 45:0; 46:0; 47:0; 48:0; 49:0; 84:0; 85:0; 87:0; 88:0; Os 1:1; Mt 21:27; Jn 8:30,41; Gá 3:25; Ef 4:16; Heb 12:0
hirviente Ez 24:0
historia Ez 20:0; 1Co 10:0
Hobab Nm 10:28
holocausto Lv 1:0; 6:7
holocaustos Éx 27:0; 38:0
hombre Lv 15:0; 1R 13:0; Sal 90:0; Zac 1:6; 2:0; Jn 1:0; Hch 16:5; Ap 1:8
hombres 2R 4:41
homicidio Dt 21:0; Mt 5:20
honra Mt 13:52; Mr 6:0
hora Dn 12:0; Mt 24:35; Mr 13:31
Horeb Dt 1:0; 1R 19:0
horno Dn 3:0
huesos Ez 37:0
huía Sal 3:0
huida Éx 2:10; Jer 41:15; Mt 2:12
huido Sal 57:0
humana Gn 6:0
humanidad Ro 1:17
humano Gn 3:0
Humillación Est 7:0; Mi 5:0; Fil 2:0

Husay 2S 16:14
huye Gn 27:40; 31:0; 1S 22:0; 1R 19:0
Ibsán Jue 12:7
Iconio Hch 14:0
idólatra Mi 5:9
idólatras 1Co 10:13
idolatría Dt 4:14; 13:0; 16:20; Jer 44:0; Ez 8:0; 14:0
ídolos Jue 17:0; Is 44:5; Jer 10:0; 1Co 8:0
iglesia Hch 8:1; 11:18; 1Co 1:9; 3:0; Col 1:23; Ap 2:0,7,11,17; 3:0,6,13
igual Heb 2:4
ilícitas Lv 18:0,18
Iluminación Lv 24:0
Impartición Dt 16:17
Impedimentos Pr 21:15
Impenitencia Os 6:0
impiedad 2Ti 3:0
impíos Jud 2
importante Mt 18:0; 22:33; Mr 9:32; 12:27; Lc 9:45
impuesto Mt 17:23
impuestos Mt 22:14; Mr 12:12; Lc 18:8; 19:0; 20:19
impureza Lv 11:23
Impurezas Lv 15:0,18
impuro Lv 11:23; Mt 15:0; Mr 7:0
impuros Lv 11:0,31; Nm 19:0; Dt 14:0
inaceptables Lv 22:16
inadvertidos Nm 15:21
incensario Ap 8:0
incensarios Nm 16:35
incienso Éx 30:0,33; 37:24
incredulidad Jn 7:44; 12:36; Ro 9:29; Heb 3:6
incrédulos 2Co 6:13
infecciones Lv 13:44
infecciosas Lv 13:8
infectadas Lv 14:32
infidelidad Nm 25:0; Is 43:13; Jer 3:5; Ez 16:0
informarle Lc 18:0
informe Nm 13:24; Mt 28:10; 1Ts 3:5
inicia Neh 3:0
inicial Ec 1:0
inician Lv 9:0
injertadas Ro 11:10
Injurias Éx 21:11
inminente Jer 10:16
inmoral 1Co 5:0
inmoralidad 1Co 6:11
insensatez Pr 5:23
insensato Mt 7:23; Lc 6:45; 12:12
insistente Lc 18:0
Insolencia Mal 3:12
inspecciona Éx 39:31; Neh 2:10
instrucciones Nm 26:51; 33:49; Dt 3:20; 20:0; 1R 2:0; 1Cr 28:0; Col 4:1; 1Ts 5:11; 1Ti 2:0; 4:0; 2Ti 4:8; Tit 3:11
instrumento Is 8:0
instrumentos Sal 4:0; 6:0; 54:0; 55:0; 61:0; 67:0; 76:0
intenta Nm 14:38; 1S 19:0
intercede Gn 18:15; Nm 12:12; 16:40
intercesión Ef 1:14; Fil 1:2; Col 1:2; Flm 7
interior Ez 40:27,31,34,46
interpreta Dn 2:23; 4:18
interpretación Dn 7:14

interroga Jer 38:13
Interrupción Job 24:17; 26:0
Intervención Job 32:0
Introducción Dt 4:43
inútil Jer 7:0; Ez 15:0; Nah 3:13
invade 2Cr 12:0; 32:0
inválido Jn 5:0
invasión Jl 1:1
investigan Jn 9:12
invita Nm 10:28
Invitación Pr 8:36; Is 55:0
ira Is 51:16; Os 13:0; Ro 1:17; Ap 16:0
Isaac Gn 21:0; 24:0; 26:0,33; 35:15
Isacar Nm 7:17; Jos 19:16; 1Cr 7:0
Isaí Is 11:0
Isaías 2R 19:0; Is 6:0
Isboset 2S 4:0
isla Hch 28:0
Ismael Gn 16:0; 21:7; 25:11
israelitas Éx 1:0; 13:0; 19:0; 20:17; Nm 13:0;
    Jue 20:0; 1S 8:0; 2R 13:21; Neh 9:0
Jabés 1S 11:0
Jacob Gn 25:18; 26:33; 27:40; 28:9; 29:0,14,30;
    30:24; 31:0,21; 32:0,21; 33:0; 35:0; 46:0;
    49:0,28
Jacobo Mr 10:34
Jananías Jer 28:0
Jazael 2R 8:6; 13:21
Jazor Jer 49:27
Jedután Sal 39:0; 62:0; 77:0
jefes Dt 1:8; 1Cr 11:9; 27:15
Jefté Jue 10:5; 12:0
Jehú 2R 9:0,13; 10:0,17; 2Cr 22:6
Jeremías Jer 1:3; 10:22; 12:0; 20:0,6; 26:0; 36:0;
    37:0; 38:0,13; 40:0
Jericó Jos 6:0
Jeroboán II 2R 14:22
Jeroboán 1R 11:25; 14:0
Jesucristo Mt 1:0,17
Jet Sal 9:12; 25:6; 34:6; 37:13; 111:4; 112:4;
    119:56; 145:7; Pr 31:16; Lm 1:7; 2:7; 3:21; 4:7
Jetro Éx 18:0
Jezabel 2R 9:29
jinete Ap 19:10
Joab 2S 3:21; Sal 60:0
Joacaz 2R 13:0; 23:30; 2Cr 36:0
Joacim 2R 23:35; 2Cr 36:4; Jer 36:0
Joaquín 2R 24:7; 25:26; 2Cr 36:8; Jer 52:30
Joás 2R 11:0; 12:0; 13:9; 2Cr 22:9; 24:0,16
Job Job 1:5; 2:0,10; 3:0; 6:0; 9:0; 12:0; 16:0; 19:0;
    21:0; 23:0; 26:0; 27:0; 29:0; 42:0
Jonás Jon 1:0; 2:0; 3:0; 4:0; Mt 12:37; Lc 11:28
Jonatán 1S 13:15; 20:0; 2S 1:16
Jorán 2R 8:15; 9:13; 2Cr 21:0
Jordán Dt 3:22; Jos 3:0; 13:7; 14:0
Josafat 1R 22:40; 2Cr 17:0; 19:3; 20:0,30
José Gn 37:0,11; 39:0; 41:40; 42:0; 43:0; 44:0;
    45:0; 47:12; 50:14,21
Josías 2R 22:0; 2Cr 34:0; 35:19
Josué Dt 3:20; 31:0; Jos 1:0; 12:6; 19:48; 23:0;
    Zac 6:8
Jotán 2R 15:31; 2Cr 27:0
joven Mt 19:15; Mr 10:16
jóvenes Mt 25:0; 1P 5:0
Juan Mt 3:0; 11:0; 14:0; Mr 1:0; 6:13; 10:34;
    Lc 1:4,56; 3:0; 7:17; Jn 1:18; 3:21; Hch 4:0

jubileo Lv 25:7
Judas Mt 26:13; 27:0; Lc 22:0; Jn 13:17; Hch 1:11
judíos Esd 1:4; Est 3:0; 8:0; 9:0; Jn 7:44; 12:36;
    Ro 2:16
jueces 2Cr 19:3
juicio 2R 1:0; Is 3:0; 10:4; 24:0; 34:0; 65:0; 66:0;
    Jer 16:0; 22:0; Ez 11:0; 20:29; Os 5:0; Jl 2:32;
    Am 1:2; 2:5; Sof 1:3; 2:3,7,11-12; Zac 9:0;
    Mal 2:0; Ro 2:0; 2Ts 2:0; Ap 20:6,10
juramento 1S 14:23
juramentos Mt 5:32
justicia Éx 23:0; Dt 16:17; Is 32:0; Zac 7:0;
    Ro 3:20; 6:14
justiciera Ez 21:0
justificado Ro 4:0
justo Jer 23:0; Ro 2:0; 3:8
Juventud Ec 4:12
juzgar Mt 7:0; Lc 6:36
Labán Gn 31:0,21
labradores Mt 21:32; Mr 12:0; Lc 20:8
lagar Sal 8:0; 81:0; 84:0
Lais Jue 18:0
Lámed Sal 10:0; 25:10; 34:10; 37:20; 111:6;
    112:5; 119:88; 145:11; Pr 31:20; Lm 1:11; 2:11;
    3:33; 4:11
lamento 2S 1:16; Sal 102:0; Ez 19:0; 27:0; 30:0;
    32:0; Mi 1:7; 7:0; Zac 12:8; Lc 13:30
lamentos Am 5:0
lámpara Mr 4:20; Lc 8:15; 11:32
lámparas Nm 8:0
langostas Éx 10:0; Jl 1:1; 2:0
Laodicea Ap 3:13
Lapidación Lv 24:9
lava Jn 13:0
lavamanos Éx 30:16
Lázaro Lc 16:18; Jn 11:0,16,37
Lea Gn 29:14
leannot Sal 88:0
lectura Dt 31:8; Jos 8:29
lee Neh 7:73
lejanos Sal 56:0
Lemuel Pr 30:33
lengua Stg 3:0
lenguas 1Co 14:0
leones Dn 6:0
leproso Mt 8:0; Mr 1:39; Lc 5:11
leprosos Lc 17:10
letra Sal 18:0
levadura Mt 13:30; 16:4; Mr 8:13; Lc 13:17
levanta Éx 40:0
Leví Nm 3:0,13,37; 1Cr 6:0; Mr 2:12; Lc 5:26
levita Jue 19:0
levitas Nm 1:46; 3:4,10,39; 8:4; 18:0,19; 26:56;
    Dt 10:5; 18:0; Jos 21:0; 1Cr 6:53; 23:0; 24:19;
    2Cr 11:12; Neh 12:0,43; Ez 44:0,3
levíticas Nm 35:0
ley Lv 24:16; Dt 4:43; 10:0; 31:8; Jos 8:29;
    2Cr 34:13; Neh 7:73; 10:0; Mt 5:16; 23:0;
    Lc 11:36; Ro 2:16; Gá 3:0,14; 1Ti 1:2
Ley Lv 10:5,7; 13:44; Nm 5:10
leyes Éx 23:0,9; Lv 11:0,23,31;
    13:0,8,17,23,28,39,46; 16:0; 25:22; Nm 15:0;
    Dt 21:21; 23:14
Líbano Ez 31:0
libera 1S 11:0; 23:0
liberación Éx 5:21; Dt 15:11; Jos 5:1; 2R 7:2;

19:0; 25:26; Is 27:0; 37:0; 48:11; Jer 34:7; 40:0; 52:30; Mi 2:11; Nah 1:11; Mt 8:27; Mr 5:0; Lc 8:25
libertad 1Co 10:22; Gá 5:0; Col 2:5
libro 2Cr 34:13
libró Sal 18:0
licor Lv 10:7
líder Nm 27:14
líderes Ez 11:0
Lidia Hch 16:10
límites Ez 47:12
limpias Zac 3:0
Limpieza Zac 13:0
limpio Mt 15:0
lino Jer 13:0
lirio Sal 60:0
lirios Sal 45:0; 69:0; 80:0
lisiado Hch 3:0
Lista Esd 2:0; 8:0; 10:17; Neh 7:4
Listra Hch 14:7
litúrgico Nm 28:0
Lot Gn 13:0; 14:0; 19:29
lucha Gn 32:21; Jue 1:0
luchó Sal 60:0
lugar Dt 12:0; Zac 7:0; Mr 1:34
luz Mt 5:12; Ef 4:16; Fil 2:11; 1Jn 1:4
llama 1S 3:0; Jn 1:42
Llamada Heb 10:18
llamado Lv 19:0; Pr 7:27; Jl 1:12; Zac 1:0; Gá 1:10
llamamiento Gn 12:0; 1R 19:18; Jer 1:3; Ez 2:0; Mt 4:17; 9:8; Mr 1:13; 2:12; Lc 5:0,26; 2P 1:2
llamar Nm 22:0; Hch 10:0
llamas Dn 3:0
llamen Mt 7:6
llega Gn 29:0; Esd 7:0
Llegada Hch 21:16; 28:10
llegado Ez 7:0
llegó 1R 13:0
lleva 2S 6:0; 1Cr 15:0
llevado 2R 2:0; Hch 1:0
Macedonia Hch 20:0
macedonio Hch 16:5
macho Dn 8:0
Madián Éx 2:10; Nm 31:0
madianitas Jue 7:0
madre Mt 12:45; 20:19; Mr 3:30; Lc 8:18
maestros Mt 23:0; 1Ti 1:2; 2P 2:0
Magdalena Jn 20:9
majalat Sal 53:0; 88:0
mala Mt 13:23,35
maldad Gn 6:0
maldice 2S 16:4; 2R 2:22
Maldiciones Lv 26:13; Dt 27:8; 28:14; Is 5:7
maligno Mr 1:20; Lc 4:30
Malta Hch 28:0
malvado 2Ts 2:0
malvados Is 56:8; Jer 22:0; Mt 21:32; Mr 12:0; Lc 20:8
maná Éx 16:0
Manasés Gn 48:0; Nm 7:53; Jos 16:0; 17:0; 2R 21:0; 1Cr 5:22; 7:13; 2Cr 33:0
manda Nm 22:0; Hch 10:0
mandamiento Mt 22:33; Mr 12:27
mandamientos Dt 26:15
Mandamientos Éx 20:0; Dt 5:0

Manifestación Nah 1:1; 2Ts 2:0
maña Ec 9:10
mañana Stg 4:12
mar Ap 13:1
Mar (Rojo) Éx 13:16
Mara Éx 15:21
marcha Nm 10:32
Mardoqueo Est 4:0; 5:8; 6:0; 10:0
María Lc 1:38,45; 10:37; Jn 12:0; 20:9
Marta Lc 10:37
más Pr 24:34; Ec 9:10; Mt 18:0; 22:33; Mr 9:32; 12:27; Lc 9:45; Ro 8:27
Masquil Sal 32:0; 42:0; 44:0; 45:0; 52:0; 53:0; 54:0; 55:0; 74:0; 78:0; 88:0; 89:0; 142:0
mata 2Cr 22:6
Matanza Jer 7:29
matar 1S 19:0; Jn 11:44; Hch 23:11
matarlo Sal 59:0
Mateo Mt 9:8
materiales Éx 35:3; 38:20
Matías Hch 1:11
matrimoniales Dt 22:12; 1Co 7:0
matrimonio Dt 21:9; Jue 14:0; Rt 4:0; Mt 22:22; Mr 12:17; Lc 20:26; Ro 7:0
máximo Pr 3:35
media 1Cr 5:22
medio Nm 7:88
medir Zac 2:0
Mefiboset 2S 9:0
Melquisedec Heb 7:0,10
Mem Sal 25:11; 34:11; 37:22; 111:6; 112:6; 119:96; 145:12; Pr 31:21; Lm 1:12; 2:12; 3:36; 4:12
memoriales Sal 38:0
Menajem 2R 15:16
mendigo Lc 18:34; Hch 3:0
mensaje Jer 16:0; 29:23; 45:0; 46:0; 47:0; 48:0; 49:0,6,22,27,33; 50:0
mensajeros Gn 32:0; 2R 20:11; Is 39:0
mensual Nm 28:10
mentirosos Jer 23:8
Merari Nm 4:41
meraritas Nm 3:32; 4:28; 1Cr 23:20
mérito Dt 9:0
mesa Éx 25:22; 37:9
Mesopotamia Sal 60:0
Micaías Jue 17:0; 1R 22:0; 2Cr 18:0
Mictam Sal 16:0; 56:0; 57:0; 58:0; 59:0; 60:0
miembro Lv 4:26
miembros 1Co 12:11
mil Sal 60:0; Mt 14:12; 15:28; Mr 6:29; 8:0; Lc 9:9; Jn 6:0; Ap 20:0
milagro 2R 4:37; 6:0
milagrosa Jn 21:0
milagrosamente Hch 12:0
militar 2S 24:0; 1Cr 21:0
ministerio Lv 9:0; Nm 3:4; 4:0,20,28; Dt 10:5; 2Co 5:10; 10:0; 1Ts 2:0
ministro Ro 15:13
Ministros 2Co 2:11
Miqueas Mi 1:7
Miriam Éx 15:18; Nm 12:0,12
misceláneas Dt 23:14
misericordia Éx 23:0; Is 43:13; Zac 7:0
misión Dt 1:18; Is 6:0
mismo Ec 2:11; Dn 11:35; Jn 8:47; 17:0

misterio Ef 3:0

Mizpa 1S 7:1; 22:0

Moab Nm 21:9; 2Cr 20:0; Is 15:0; Jer 48:0; Ez 25:7; Sof 2:7

moabitas 2R 3:0

Mobiliario 1R 7:12; 2Cr 4:0

moho Lv 13:46

Moisés Éx 2:0,10; 3:0; 4:0,17; 6:13,27; 7:5; 15:0; 18:0; 34:28; 39:31; Nm 10:28; 11:9,15; 12:12; 27:11,14; Dt 1:0; 3:22; 31:0,29; 32:47; 33:0; 34:0; Jos 12:0; Sal 90:0; Heb 3:0

moneda Lc 15:7

monedas Mt 25:13

montada Ap 17:0

montañas Ez 36:0

monte Dt 27:0,8; Jos 8:29; 1R 18:15; Is 2:0; Lc 22:38

montes Ez 6:0

Monumento Jos 4:0

morada 2Co 5:0

morirá Nah 2:10

mosquitos Éx 8:15

mostaza Mt 13:30; Mr 4:29; Lc 13:17

muchacho Mt 17:13; Mr 9:13; Lc 9:36

muchas Hch 5:11

muchos Mt 8:13; Mr 1:28; Lc 4:37; Jn 4:38; 6:59; 1Co 12:11

mudos Mt 9:26

muerta Mt 9:17; Mr 5:20; Lc 8:39

muerte Gn 23:0; 25:0; 35:15; 49:28; 50:21; Éx 12:28; Lv 10:0; Nm 20:21; 27:11; Dt 30:10; 32:47; 34:0; Jos 10:15; Jue 8:27; 16:22; 1S 4:11; 31:0 2S 1:0; 18:0; 1R 11:40; 22:28; 2R 9:29; 13:13; 19:19; 1Cr 10:0; 29:25; 2Cr 9:28; 18:27; 32:26; 35:19; Est 7:0; Sal 9:0; Is 37:20; Jer 26:0; Ez 24:14; Mt 16:20; 20:16; 27:44; Mr 8:30; 10:31; 15:32; Lc 18:30; 23:43; Jn 11:0; 12:19; 19:27; Hch 7:53; 12:19; Ro 5:11

muertos Ro 6:0; 1Co 15:11; Ap 20:10

mujer Lv 15:18; Pr 6:35; 31:9; Zac 5:4; Mt 9:17; 15:20; 26:5; Mr 5:20; 7:23; 14:0; Lc 7:35; 8:39; 13:9; Jn 8:0; Ap 12:0; 17:0

mujeres Nm 30:0; 36:0; 1R 11:0; Is 32:8

multitud Mr 3:6; Hch 2:13; 21:36; Ap 7:8

mundo Mt 24:0; Mr 13:0; Lc 21:4; Jn 8:20; 15:17; 1Jn 2:14

muralla Neh 2:10; 6:14; 12:26

músicos 1Cr 25:0

mutua Gá 6:0

Naamán 2R 5:0

Nabal 1S 25:0

Nabot 1R 21:0

Nabucodonosor Dn 2:0; 4:0

nacido Is 9:0

nacimiento Gn 21:0; 25:18; Éx 2:0; Jue 13:0; 1S 1:0; Mt 1:17; Lc 1:4,25,1:56; 2:0; Jn 9:0

nación Is 1:1; 30:0

naciones Gn 10:0; Dt 7:0; Is 34:0; Jl 2:32; Am 1:2

nada Ec 3:8; Mt 6:24

Nadab Lv 10:0; 1R 15:24

Najor Gn 22:19

Natán 2S 12:0; Sal 51:0

Natanael Jn 1:42

naufragio Hch 27:26

nazareos Nm 6:0

Nazaret Mt 2:18; Lc 4:13

necedad Pr 8:36

necesitados Mt 6:0

Neftalí Nm 7:77; Jos 19:31; 1Cr 7:12

negación Mt 26:30; Mr 14:26; Jn 13:30

Nehemías Neh 1:0; 2:0,10; 5:0; 13:0

Nicodemo Jn 3:0

niega Nm 20:13; Mt 26:68; Mr 14:65; Lc 22:53; Jn 1:18; 18:14,24

Nínive Nah 1:6,14; 2:0,4; 3:0,7

niña Mt 9:17; Mr 5:20; Lc 8:39

niño Is 9:0; Lc 2:40

niños Mt 19:12; Mr 10:12; Lc 18:14

no Lv 18:5; Dt 9:0; Jos 13:0; Sal 54:0; 57:0; 58:0; 59:0; 75:0; Mt 11:19; Mr 9:37; Lc 13:0; 12:21; Jn 8:20; Ro 3:8; 2Co 6:13; Gá 1:5; 6:10; 1Jn 2:14

Nob 1S 21:0; 22:5

Noé Gn 9:0,17; 1Cr 1:4

Noemí Rt 1:0

nombra 2Cr 19:3

Nombramiento Dt 1:8; Mr 3:12

nombre Is 62:0

Normas Éx 35:0; Col 3:0,17

noroeste Sal 60:0

norte Jos 11:0; Jer 4:4; Ez 40:19,34; Dn 11:1

Noticia 2S 1:0

Noveno Job 27:0

nube Nm 9:14

nueva Neh 6:0; Ec 7:0; Is 65:16; Gá 6:10; Ap 21:0

nuevas Éx 34:0; Dt 10:0

nuevo Is 62:0; Mt 20:16; Mr 10:31; Lc 18:30; Jn 18:24; 2Co 2:11; 3:6; Heb 8:0

Nuevos Is 65:16

Nun Sal 25:12; 34:12; 37:24; 111:7; 112:7; 119:104; 145:13; Pr 31:22; Lm 1:13; 2:13; 3:39; 4:13

nupcial Sal 45:0

Obed 1Cr 13:0

obedece Jon 3:0

obedecer Neh 10:0

obediencia Lv 25:17; 26:0; Dt 4:0; 11:0; 28:0; Jos 8:0; Ec 8:1; Is 50:0

Obispos 1Ti 3:0

obra Jn 16:4

obras Stg 2:13

obrero 2Ti 2:13

obreros Mt 9:34

Observaciones 1Jn 5:12

observancia Jer 17:18; Gá 3:0

obstaculiza Neh 4:0

obstinada Is 30:0

obstinado Is 48:0

occidente Jos 14:0

Ocozías 1R 22:50; 2R 1:0; 8:24; 9:13; 2Cr 22:0,6

octava Sal 6:0; 12:0

Octavo Job 23:0

Odio Est 5:8

oficiales 2S 8:14; 21:14; 1Cr 18:13; 26:19

ofrecido Heb 10:0

ofrecidos Lv 24:4

ofrenda Lv 2:0; 6:13,18; Nm 7:11,17,23,29, 35,41,47,53,59,65,71,77; 15:16; 28:10; 31:47; Mr 12:40

ofrendas Éx 25:0; Lv 22:0; 27:0; Nm 7:0,9; 15:0,21; 28:8; Dt 18:0; 1Cr 29:0; Sal 38:0; Mal 3:5

Og Nm 21:31; Dt 3:0; Ez 39:0
ojo Mt 5:37
olivos Zac 4:0
Olivos Lc 22:38
olla Ez 24:0
Omrí 1R 16:20
Onésimo Flm 7
opone Gá 2:10
oportuna Jer 13:14
oposición Esd 4:0; Neh 6:0; Lc 9:50
opresor Nah 1:11
opresores Ec 4:0; Mi 2:0; Stg 5:0
oprime 2R 13:21
oprimen Éx 1:0
oprimidos Ec 4:0
oprobio Jos 5:1
ora Neh 1:0; Mr 1:34; Lc 22:38; Jn 17:0,5,19
oración 1S 2:0; 2S 7:17; 1R 8:21; 2R 19:13;
  1Cr 17:15; 29:9; 2Cr 6:11; Esd 7:26; Sal 17:0;
  86:0; 90:0; 102:0; 142:0; Is 37:13; 63:6;
  Jer 10:22; Dn 9:0; Jon 2:0; Hab 3:0; Mt 6:4;
  Lc 11:0; Hch 4:22; Ef 3:13; 2Ts 1:2; 3:0;
  Stg 5:12
oráculo Nm 23:0,12,26; 24:14; Hag 1:0; 2:0,9,19
oráculos Nm 24:19
Orden Jos 1:0; 1Co 14:25
ordena Dt 1:0
ordenación Lv 8:0
ordenado Sal 59:0
Organización 1Cr 24:0; 25:0; 26:0
Orgullo Abd 1
oriental Ez 40:4,31
orientales Jos 22:0
oriente Jos 13:7
oro Éx 32:0; Dt 9:6; 1R 12:24; Zac 4:0; Mt 25:13;
  Ap 8:0
Oseas 2R 17:0; Os 1:1; 3:0
Otoniel Jue 3:6
oveja Mt 18:9; Lc 15:0
ovejas Ez 34:0; Zac 13:6; Mt 25:30
Pablo Hch 15:35; 16:0,5,15; 19:0; 20:6,12;
  21:16,26,36; 22:21,29; 23:11,22; 25:22; 27:0;
  28:16; Ro 1:7; 15:13,22; 2Co 1:11; 6:2; 7:1;
  10:0; 11:0,15; 12:0,10; Gá 1:10; 2:0,10; 4:7;
  Ef 3:0; Col 1:23; 1Ts 2:0,16; 1Ti 1:11; 6:10;
  2Ti 3:9; Flm 0:7]
Paciencia Stg 5:6
pacto Gn 9:0; 15:0; 17:0; 21:21; Éx 24:0; Dt 29:0;
  Jos 24:0; 2S 3:5; 1R 9:0; 2R 23:0; 2Cr 5:1;
  7:10; 16:0; 34:28; Sal 60:0; 80:0; Jer 11:0;
  2Co 2:11; 3:6; Heb 8:0
Padán Gn 29:0
Padre Jn 3:13; 14:4
pago Mt 22:14; Mr 12:12; Lc 20:19
país Ez 47:12
palabra Nm 11:20; Stg 1:18
palabras 2S 23:0
palacio 1R 7:0
pan Jn 6:24
panadero Gn 40:0
panes Lv 24:4
parábola Jer 18:0; 27:0; 32:0; Mt 13:0,23,35,46;
  18:9,20; 20:0; 21:27,32; 22:0; 25:0,13;
  Mr 4:0,25,29; 12:0; Lc 8:0; 10:24; 12:12; 14:14;
  15:0,7,10; 16:0; 18:0,8; 19:10; 20:8
Parábolas Mt 13:30,43; Lc 13:17

paralítico Mt 9:0; Mr 2:0; Lc 5:16
paran Ec 2:11
Parán Nm 10:10
pared Dn 5:0
Pascua Éx 12:0,42; Lv 23:3; Nm 9:0; 28:15;
  Dt 16:0; Jos 5:9; 2Cr 30:0; 35:0; Esd 6:18
paso Éx 13:16; Nm 20:13
pastor Zac 13:6; Jn 10:0
pastores Ez 34:0; Zac 11:3; Lc 2:7
Pasur Jer 20:0
paz Lc 12:48; Ro 5:0
Pe Sal 10:6; 25:15; 34:15; 37:29; 111:8; 112:8;
  119:128; 145:15; Pr 31:25; Lm 1:16; 2:15; 3:45;
  4:15
peca Mt 18:14
pecado Lv 4:2,12,21,26; 20:0; Jos 7:0; 2R 17:6;
  Esd 9:0; 10:0; Is 50:0; 59:0; Jer 8:3; Os 11:11;
  Zac 13:0; Lc 17:0; Ro 6:0; 7:6; Jud 2
pecador 2Co 2:4
pecadora Lc 7:35
pecados Lv 5:0; 16:0; Nm 15:21; Neh 9:0; Ez 22:0
Pecaj 2R 15:26
Pecajías 2R 15:22
pecar Mr 9:41
pectoral Éx 28:14; 39:7
pedido Jer 21:0
Pedro Mt 16:12; 26:30,68; Mr 8:26; 14:26,65;
  Lc 9:17; 22:53; Jn 13:30; 18:14,24; 21:14;
  Hch 2:13; 3:0,10; 4:0; 10:0,8,23; 11:0; 12:0;
  Gá 2:10
Pentecostés Hch 2:0
pequeño Ap 10:0
perdida Mt 18:9; Lc 15:0,7
perdido Lc 15:10
perdón Dt 15:0
Perdón Lv 23:25; Nm 29:6; 2Co 2:4
perdona 1S 24:0; 26:0
perecerá Lc 13:0
Peregrinación Dt 2:0
peregrinos Sal 120:0; 121:0; 122:0; 123:0; 124:0;
  125:0; 126:0; 127:0; 128:0; 129:0; 130:0; 131:0;
  132:0; 133:0; 134:0
Pérgamo Ap 2:11
perla Mt 13:43
Permanezcamos 1Jn 2:27; 4:6
permitidas Lv 18:5
perseguida Hch 8:1
perseverancia 2Ts 2:12; Heb 10:18; Jud 16
persigue Gn 31:21; 1S 23:6
Persiguen Hch 5:16
personal Ez 18:0
personales Éx 21:11; Ro 16:0; 1Co 16:4; 2Ti 4:8;
  Tit 3:11
personas Hch 5:11
Perversidad 1S 2:11
pesca Jn 21:0
petición Est 5:0; Sal 70:0; Mt 20:19; Mr 10:34;
  Flm 3
Pidan Mt 7:6
pide Nm 27:14; 1R 3:0; 2Cr 1:0
piden 1S 8:0; Mt 16:0
piedra Éx 20:21; 34:0; 1P 2:3
piensa Ro 15:22
pies Jn 13:0
Pilato Mt 27:10; Mr 15:0; Lc 22:65; Jn 18:27
Pisidia Hch 13:12

plaga Éx 7:13,24; 8:15,19; 9:0,7,12; 10:0,20; 11:0
plagas Ap 15:0
Plan Neh 7:0
planes 2Co 1:11
Pleito Os 4:0
Pleitos 1Co 6:0
Plena Fil 3:0
poblaciones Jos 21:0
pobre Lv 5:6
pobres Neh 5:0
pocos Mt 9:34
poder 1Co 1:17
pone Nm 10:32
poner Stg 1:18
porción Lv 7:27; 10:11
porteros 1Cr 26:0
Potifar Gn 39:0
práctica Stg 1:18
precio Lc 14:24
predica Hch 28:16
predicar Mt 4:11
Predicción Dt 31:13
predice Mt 16:20; 20:16; 26:30; Mr 8:30; 10:31; 14:26; Lc 18:30; Jn 12:19; 13:17,30
preguntan Mt 9:13; Mr 2:17; Lc 5:32
Preocupación 2Co 12:10; Gá 4:7
preocuparse Mt 6:24
preocupen Lc 12:21
prepara Mt 3:0; Mr 1:0; Lc 3:0
Preparativos 1R 5:0; 1Cr 22:1; 2Cr 2:0
presencia Sal 34:0; Hag 2:0
Presentación Lc 2:20
prestar Heb 2:0
Primer Éx 5:0; Nm 23:0; Job 3:0; 4:0; 8:0; 11:0; 32:6; Hag 1:0
primera Job 1:5; Hab 1:1
Primeras Ec 1:11
primeros Nm 15:16; Mt 4:17; Mr 1:13; Lc 5:0; Jn 1:34
primicias Lv 23:8; Dt 26:0
primogénito Dt 21:14
primogénitos Éx 11:0; 12:28; 13:0; Nm 3:39; Dt 15:18
príncipes Ez 19:0
Priscila Hch 18:17
prisioneras Dt 21:9
prisioneros Nm 31:18
Privaciones 2Co 6:2
Privilegios Nm 18:7,19
procedente 1Co 2:5
proceso Hch 24:0; 25:0
proclama 1R 1:27
Proclamación 1Cr 11:0
proclamado 1S 10:8
profecía 1S 2:26; 1R 14:0; 1Co 14:0; Is 13:0; 14:23,27; 15:0; 17:0; 18:0; 19:0; 20:0; 21:0,10,12; 22:0; 23:0; Ez 6:0; 20:44; 25:0,7,11,14; 26:0; 28:0,19; 29:0; 35:0; 36:0; 38:0
Profecías Jer 23:32
profeta Dt 18:13; 1R 20:34; Sal 51:0; Jer 28:0; Ez 33:0; Am 3:0; Mi 3:4; Mt 13:52; Mr 6:0
profetas Jer 23:8; Ez 13:0; Mi 2:5
profetisas Ez 13:16
profetiza 1R 22:0; 2R 19:0; 2Cr 18:0; Is 37:0
prohíbe Dt 3:22

Prohibición Lv 17:0; Dt 4:14; Stg 2:0
Prohibiciones Lv 7:21
Prólogo Job 1:0; Pr 0:0; Lc 1:0; Ap 1:0
promesa Gn 50:14; 2S 7:0; 1Cr 17:0; Mi 2:11; Gá 3:14; Heb 6:12
Promesas Jer 33:0; Hag 2:19
promete Éx 5:21; Zac 8:0; Jn 14:14
prometida Nm 33:49; Jos 24:28
pronto Ap 22:6
propiedad Éx 22:0
propiedades Lv 25:22
propósito Sal 59:0; Pr 0:0
Prosperidad 1R 4:19; 2Cr 32:26
Protección Éx 22:0
proverbios Pr 9:18; 24:34
prudente Mt 7:23; Lc 6:45
prueba Gn 22:0; Job 1:5; 2:0
Pruebas Stg 1:1
pueblo Lv 4:26; Nm 7:88; 11:3; 14:0,38; 16:40; Esd 9:0; 10:0; Neh 1:0; 10:0; Is 40:0; Ez 33:0; Jl 3:16; Abd 18; Mi 5:9; 6:0; Mal 1:1; 1Co 16:0; Heb 4:0; 1P 2:3
puerta Ez 40:4,19,23,27,31,34; Mt 7:12; Lc 13:21
puertas Ez 40:27,37; 48:29
puesta Mt 21:22; Mr 11:25; Lc 20:0
punto Sal 102:0
pureza Nm 5:0
purifica 2R 2:18; Mr 11:11; Jn 2:12
purificación Lv 12:0; 14:0,32; Nm 19:0,10; 31:18; Mi 5:9
Purim Est 9:17
puro Mr 7:0
puros Lv 11:0; Dt 14:0
Qof Sal 10:11; 34:17; 37:33; 111:9; 112:9; 119:144; 145:17; Pr 31:27; Lm 1:18; 2:18; 3:54; 4:18
Quebrantamiento Nm 15:31
Queilá 1S 23:0
queja Hab 1:1,11
Queja Nm 11:3,9; Jer 12:0
Quejas Nm 12:0; Jer 20:6
quema Jer 36:0
quemaduras Lv 13:23
Querella Mi 6:0
Quibrot Nm 11:3,9
Quinta Am 9:0
Quinto Job 16:0
Rabá 1Cr 20:0
radiante Éx 34:28
Rajab Jos 2:0
Ramas Ro 11:10
Ramot 2Cr 18:27
ranas Éx 7:24
Rapto Gn 34:0
Raquel Gn 29:14; 35:15
Ratificación Éx 24:0
razón Ec 7:22
Reacción Éx 20:17
real Est 8:0
reanuda Job 26:4
Rebeca Gn 24:0
rebela Nm 14:0; 2S 20:0; 1R 11:25
rebelan 2R 3:0
rebelde Dt 21:17; Is 1:1
rebeldía Dt 31:13
rebelión Nm 16:0; Dt 1:25; Ez 20:0

recabitas Jer 35:0
recaudador Lc 18:8; 19:0
recibe Jos 14:5; Mr 10:45; Lc 18:34
reciben Mt 20:28
recibida Fil 4:9
recipiente Zac 5:4
reconcilia Os 3:0
reconciliación 2Co 5:10
reconoce Esd 10:0
reconstrucción Esd 3:6; 5:0; Neh 3:0; 4:0; 6:14
recordatorios Nm 15:36
Recorrido Hch 20:0
Recuerda Dt 8:0
recupera 2R 8:0
rechaza 1S 15:0; Jer 21:0
rechazan Lc 4:13; Heb 12:13
rechazo Pr 1:19
red Mt 13:46
redención Is 59:0; 63:0; Mi 7:7
redimidos Is 35:0
reedificar Hag 1:0
reemplazar Hch 1:11
Reforma Neh 13:0
Reformas 2Cr 15:0
refugio Nm 35:8; Dt 4:40; 19:0; Jos 20:0
Registro 1Cr 1:0
reglas Dt 22:12
regresa Éx 4:17; 2S 14:0; 19:8
regresaron 1Cr 9:1; Esd 2:0; 8:0
regreso Esd 1:0,4; 8:14; Mt 2:18; Hch 14:20
reina 1R 10:0; 2Cr 9:0; Est 1:0; 2:0
reinado 2Cr 20:30; Zac 14:0
reinicia Esd 5:0
reino 1R 2:12; 4:0; 12:0; 2Cr 10:0; Is 32:0;
  Mt 18:0; Lc 17:19
reinos Jos 11:0
relaciones Lv 18:0,5,18; 19:8
religión Jer 7:0
remanente Is 10:19; Mi 5:6; Ro 11:0
renovación Dt 29:0; Jos 24:0; 2R 23:0; 2Cr 34:28
Reorganización 2Cr 31:1
Repartición Nm 34:15
reparto Nm 26:51; 31:24; Ez 48:0
repatriados Neh 7:4; 12:0
repisa Mr 4:20; Lc 8:15
Repoblación 2R 17:23
reposo Nm 15:31; Heb 4:0
reprende 1S 13:0; 2S 12:0
reptiles Lv 11:40
requeridos Dt 19:14
rescata Gn 14:0
rescate Lv 25:22; 27:0
Resh Sal 10:13; 25:18; 34:18; 37:34; 111:9; 112:9;
  119:152; 145:18; Pr 31:28; Lm 1:19; 2:19; 3:57;
  4:19
respeto Ro 13:0
responde Nm 11:15
responsabilidad Ez 18:0; Ro 13:7
Responsabilidades Éx 22:15
respuesta Job 38:0; 42:0; Jer 12:4; Os 14:3;
  Jl 2:17; Hab 1:4; 2:1
restauración Esd 3:0; Is 49:7; Jer 30:0; 33:0;
  Ez 20:29; Os 2:1; Am 9:10; Abd 18; Mi 4:5;
  Zac 9:10
Restitución Nm 5:4
restituye Jn 21:14

resto 1Cr 24:19
Restricciones Éx 12:42
resucita Lc 7:10; Jn 11:37
resucitado 1Co 15:34
resultados Nm 1:16
Resumen Lv 11:40
resurrección Mt 22:22; 28:0; Mr 12:17; 16:0;
  Lc 20:26; 24:0; 1Co 15:0,11
retoño Is 11:0
Retorno Jos 22:0
reunión Éx 33:6
reunirse Jn 4:26
revela Nm 7:88
Rey Jer 23:0
reyes Gn 36:30; Jos 10:0,5,15; 12:0,6; 1Cr 1:42;
  Jer 22:0; Dn 11:1
rico Mt 19:15; Mr 10:16; Lc 12:12; 16:18; 18:17
ricos Mi 2:0; Stg 5:0
rienda Sal 102:0
río Jos 3:0; Ez 47:0; Dn 10:0; Ap 22:0
riquezas Ec 5:7
robles Sal 56:0
Roboán 1R 14:20; 2Cr 11:4,12,17
roca Éx 17:0; Nm 20:0
Rojo (Mar) Éx 13:16
rollo Jer 36:0; Zac 5:0; Ap 5:0; 10:0
Roma Hch 27:0; 28:10,16; Ro 1:7; 15:22
romano Hch 22:21
Ropas Zac 3:0
rostro Éx 34:28
rotos Jer 13:11
Rubén Nm 7:29; 32:0; 1Cr 5:0
Rumbo Hch 21:0
Rut Rt 1:0; 2:0; 3:0; 4:0
Ruta Nm 33:0
Sabá 2S 20:0; 1R 10:0; 2Cr 9:0
sábado Éx 31:11; 35:0; Lv 23:2; Nm 28:8;
  Sal 92:0; Jer 17:18; Mt 12:0; Mr 2:22; Lc 6:0;
  13:9
sabáticas Éx 23:9
sabático Lv 25:0
sabiduría 1R 3:0; 4:28; 2Cr 1:0; Job 28:0;
  Pr 1:7,19,33; 2:22; 3:35; 7:27; 8:36; Ec 4:12;
  10:0; 1Co 1:17; 2:5; Stg 3:12
sabio 1R 3:15
sabios Pr 22:16; 24:22; Mt 2:0
sacerdocio Lv 21:15; Heb 7:0
sacerdotal Lv 10:5; Nm 6:21; 1Cr 24:0
sacerdotales Éx 28:0,30; 39:0,21
sacerdote Lv 4:2; 21:9; Zac 3:0; Jn 18:18;
  Heb 4:13; 8:0
sacerdotes Éx 29:0; Lv 6:18; 7:6,27; 9:0; 10:11;
  21:0; Nm 3:1; 18:0,7; Dt 18:0; 1S 22:5;
  2Cr 11:12; Neh 12:0,43; Ez 40:43; 42:0; 44:0;
  Hag 2:9; Mal 2:0
sacrificado 1Co 8:0
sacrificio Lv 3:0; 4:0,2,12,21,26; 5:0,13; 6:23; 7:0;
  Nm 28:2; Heb 10:0
sacrificios Lv 7:10; 22:16; Ro 12:0
saduceos Mt 16:4
Safira Hch 5:0
sal Mt 5:12
Sal Sal 60:0
salir Dt 1:0
Salomón 1R 1:27; 2:12; 3:0; 4:19,28; 6:0; 7:0;
  8:21; 9:0,9; 10:0,13; 11:0,13,25,40; 1Cr 3:9;

29:20; 2Cr 1:0; 6:11; 7:10; 8:0; 9:0,12,28;
Sal 72:0; 127:0; Pr 9:18; 24:34

saludos Ro 16:0; 1Co 16:18; 2Co 13:10; Ef 6:20;
Fil 4:20; Col 4:6; 2Ts 3:15; 2Ti 4:18; Tit 3:11;
1P 5:11; Ap 1:3

Salún 2R 15:12

salvación Is 51:0; 56:0; 65:0

Salvador Is 43:0

salvaje Nah 2:10

salvo Ro 11:24

Samaria 1R 20:0; 2R 6:23; 7:2; 17:23; Hch 8:3

samaritana Esd 4:0; Jn 4:0

samaritano Lc 10:24

samaritanos Lc 9:50; Jn 4:38

Sámej Sal 25:13; 34:13; 37:26; 111:7; 112:7;
119:112; 145:13; Pr 31:23; Lm 1:14; 2:14; 3:42;
4:14

Samgar Jue 3:30

Samuel 1S 1:0,20; 3:0; 7:1; 9:0; 12:0; 13:0; 16:0

sana 2R 5:0; Mt 4:22; 8:0,13; 9:0,26; 17:13;
Mr 1:28,39; 2:0; 7:30; 8:21; 9:13; Lc 4:37;
5:11,16; 9:36; 13:9; 17:10; Jn 4:42; 5:0; 9:0;
Hch 3:0

sanan Hch 5:11

sangre Éx 7:13; Lv 7:21; 17:0; Heb 9:10

sanidad Jn 9:12

Sansón Jue 13:0; 14:0; 15:0; 16:0,22

santa Col 3:0

santidad Lv 11:40; 19:0,18; 21:0,9

Santo Jn 14:14; 16:4; Hch 2:0

santos 1P 1:12

santuario Éx 25:0; 26:0; 35:3; 36:7; 39:31; 40:0;
Lv 24:0; Nm 7:0; 9:14

saqueo Nah 2:4

Sara Gn 23:0; Gá 4:20

Sardis Ap 3:0

Sarepta 1R 17:6

Satanás Ap 20:6

Saúl 1S 9:0; 10:8; 11:0,11; 13:0; 14:23,48; 15:0;
16:13; 18:0; 19:0; 22:5; 23:6; 24:0; 26:0; 28:0;
31:0; 2S 1:0,16; 1Cr 9:34; 10:0; Sal 18:0; 52:0;
54:0; 57:0; 59:0

Saulo Hch 9:0,19; 13:0

seca Mt 21:17; Mr 11:19

secos Ez 37:0

Sedequías 2R 24:17; 2Cr 36:10; Jer 21:0; 34:0;
38:13

sedientos Is 55:0

seguir Dt 26:15; Mt 8:17; Lc 9:56; 1P 4:11

segunda Job 2:0; Hab 1:11

Segundo Nm 23:12; 26:0; Job 6:0; 15:0; 18:0;
20:0; 34:0; Hag 2:0

sellados Ap 7:0

sello Ap 8:0

sellos Ap 6:0

Sem Gn 11:9; 1Cr 1:23

Semaías Jer 29:23

semanas Dn 9:19

Semanas Lv 23:14; Nm 28:25; Dt 16:8

sembrador Mt 13:0; Mr 4:0; Lc 8:0

Sembrar 2Co 9:5

semejante Heb 7:10; Ap 1:8

semilla Mr 4:25

Senaquerib 2R 18:16; 19:19; 2Cr 32:0; Is 36:0;
37:20

sentencia Jn 19:0

sentido Ec 6:0

señal Nm 10:0; Is 7:0; Mt 12:37; 16:0; Lc 11:28

Señales Éx 4:0; Mt 24:0; Mr 13:0; Lc 12:53; 21:4

Señor 2R 1:0; Ez 11:21; 43:0; Jl 2:27; Mi 1:1;
Hag 2:0; Mt 12:0; 26:16; Mr 2:22; 14:11;
Lc 6:0; 1Co 10:13; 11:16; 1Ts 4:12 1Ti 1:11;
2P 3:0

separan Gn 13:0

séptima Ap 11:14

séptimo Job 21:0; Ap 8:0

sepulcro Mt 27:61; Jn 20:0

Sepultura Mt 27:56; Mr 15:41; Lc 23:49; Jn 19:37

Sequía Jer 14:0

ser Gn 3:0; Is 44:23; Lc 9:45; Jn 1:18

serpiente Nm 21:3

servicio 1S 16:13; 1Cr 24:0

setenta Jer 25:0; Dn 9:19; Lc 10:0

Sexto Job 19:0

sexual 1Co 6:11

sexuales Lv 15:0,18; 18:0

Shin Sal 10:14; 25:19; 34:19; 37:36; 111:10;
112:10; 119:160; 145:19; Pr 31:29; Lm 1:20;
2:20; 3:60; 4:20

sí Dn 11:35; Jn 8:47; 17:0

Siba 2S 16:0

Sidón Ez 28:19

Siembran Os 8:0

siempre Heb 10:0

siervo Sal 18:0; 36:0; Is 42:0; 49:0; 50:0; 52:12;
Mt 12:14; 18:20

siete Hch 6:0; Ap 15:0; 16:0

Sigaión Sal 7:0

Sígase Sal 8:0; 9:0; 22:0; 45:0; 56:0; 57:0; 58:0;
59:0; 60:0; 69:0; 75:0; 80:0; 81:0; 84:0

Significado Dn 8:14

sigue Mr 3:6

siguen Jn 12:36

Sijón Nm 21:20; Dt 2:23

Silas Hch 16:0,15

Símbolo Ez 12:0

Simeón Nm 7:35; Jos 19:0; 1Cr 4:23

Simí 2S 16:4

Simón Hch 8:8

Sinaí Éx 19:0; Nm 10:10

Sinrazones Ec 8:8

Síntesis Jos 11:15

Sión Is 51:0; 54:0; 60:0; 62:0; Mi 3:8; 4:0,5,8;
Zac 9:8

Siquén Jos 24:0

siria 2R 6:7

Siria 2R 8:6; Sal 60:0; Hch 14:20

sirofenicia Mr 7:23

sirve Ec 3:8; Mt 6:24

Sisac 2Cr 12:0

sitiada Jer 6:0

sitio Ez 4:0

soberana Ro 9:0

sociales Éx 22:15; Lv 19:8; Mi 6:8

sociedad Mi 7:0

Sodoma Gn 18:15; 19:0

soldados Mt 27:26; Mr 15:15; Lc 22:62

solemnes Lv 23:0

Soliloquio Job 29:0

solitario Mr 1:34

solo Ro 3:8

Sométanse Stg 4:0

sordo Is 42:17
sordomudo Mr 7:30
sorprendida Jn 8:0
soy Jn 8:20
sube Ap 13:10
sucesor Dt 31:0
suelta Sal 102:0
sueño Gn 28:9; Dn 2:0,23; 4:18; 7:14
sueños Gn 37:0; 41:0
Sufriendo 1P 3:7; 4:11
sufrimiento Is 52:12
sufrimientos 2Co 11:15; Stg 5:6
Sumisión 1P 2:12
sumo Lv 21:9; Zac 3:0; Jn 18:18; Heb 4:13; 8:0
sunamita 2R 4:7; 8:0
Superintendentes 1Cr 27:24
superior Heb 1:0; 3:0
superiores 1P 2:12
supremacía Col 1:14
sur Jos 10:28; Ez 20:44; 40:23,27; Dn 11:1
surge Ap 13:1
tábanos Éx 8:19
Taberá Nm 11:0
tabernáculo Heb 9:0
Tabernáculos Jn 7:0
tablas Éx 34:0; Dt 10:0
talión Lv 24:16
Tamar Gn 38:0; 2S 13:0
Tarea Tit 1:4
Tav Sal 10:16; 25:20; 34:20; 37:38; 111:10; 112:10; 119:168; 145:20; Pr 31:30; Lm 1:21; 2:21; 3:63; 4:21
tema Pr 0:0
temer Is 8:10
temerosa Éx 20:17
tempestad Hch 27:12
templo 1R 5:0; 6:0; 7:12; 8:0,61; 1Cr 6:30; 22:1; 28:0; 29:0; 2Cr 2:0; 3:0; 4:0; 7:0; Esd 3:6; 5:0; 6:12; Ez 8:0; 10:0; 40:0,46; 43:0; 47:0; Hag 1:0; Mt 17:23; 21:11; Mr 11:11; Lc 2:20,40; 19:40; Jn 2:12
tentación Mt 4:0; Mr 1:8; Lc 4:0
tentaciones Stg 1:1
Téraj Gn 11:26
Tercer Nm 23:26; Job 9:0; 22:0; 25:0; 27:12; 35:0; Hag 2:9
Termina Neh 6:14
Terminación Esd 6:12
terrenal Heb 9:0
terreno 2R 8:0; Jer 32:0
territorio Jos 13:0; 16:4; 17:0; 18:10; 19:0,9,16,23,31,39,48
territorios Jos 13:7; 14:0; 15:0; 16:0; 18:0
Tesalónica Hch 17:0; 1Ts 2:0
tesalonicenses 1Ts 1:1; 2:16
tesoreros 1Cr 26:19
tesoro Mt 13:43
Tesoros Mt 6:18; 2Co 4:0
testigos Dt 19:14; Ap 11:0
testimonio Jn 3:21; 8:11; Fil 2:11
testimonios Jn 5:30
Tet Sal 9:14; 25:7; 34:7; 37:15; 111:4; 112:4; 119:64; 145:8; Pr 31:17; Lm 1:8; 2:8; 3:24; 4:8
Tiatira Ap 2:17
tiempo Ec 3:0
tiempos Lc 12:53

Tienda Éx 33:6
tierra Gn 10:0; Nm 14:38; 26:51; 33:49; 34:15; Dt 3:11; Jos 24:28; Is 65:16; Ez 45:0; 48:0; Ap 13:10; 14:13
Tigris Dn 10:0
Timoteo Hch 16:0; 1Ts 3:5; 1Ti 4:0; 6:10; 2Ti 3:9
tinieblas Éx 10:20
Tiro Is 23:0; Ez 26:0; 27:0; 28:0
Tito 2Co 8:15; Tit 1:4
tocar Lv 11:23
toda 2Co 1:2
todo Ec 3:0; Ro 11:24
todos Sal 18:0; Ec 2:11; Jn 17:19
Tola Jue 10:0
tomada Ro 7:0
Tomás Jn 20:23
tonada Sal 8:0; 9:0; 22:0; 45:0; 56:0; 57:0; 58:0; 59:0; 60:0; 69:0; 75:0; 80:0; 81:0; 84:0
torbellinos Os 8:0
tormenta Mt 8:22; Mr 4:34; Lc 8:21
torre Gn 11:0
tórtola Sal 56:0
total Nah 3:7
trabajo Col 1:23; 2Ts 3:5
traer Os 14:0
traición Jn 13:17
traicionar Mt 26:13; Lc 22:0
transfiguración Mt 17:0; Mr 9:1; Lc 9:27
Transjordania Nm 32:0
Trasladan Hch 23:22
Traslado 1R 8:0; 1Cr 13:0
traspasado Zac 12:8
tratar 1Ti 5:0
treinta Pr 22:16
tres Éx 23:13; Job 2:10; Am 7:0; Ap 14:5
tribu Nm 3:0,13,37; Jue 18:0; 1Cr 5:22
tribunales Dt 17:7
tribus Nm 1:0; 2:0; 26:0; Dt 33:0; Jos 18:0; 22:0; 2S 2:7; 1Cr 27:15
triunfal Mt 21:0; Mr 11:0; Lc 19:27; Jn 12:11
triunfo Est 9:0; Mi 4:8
Troas Hch 20:6
trompeta Ap 11:14
trompetas Lv 23:22; Nm 10:0; 29:0; Ap 8:5
trono 1R 1:0; Ap 4:0
tropa 2R 6:7
Tsade Sal 25:16; 34:16; 37:31; 111:9; 112:9; 119:136; 145:16; Pr 31:26; Lm 1:17; 2:17; 3:51; 4:17
túnicas Ap 7:8
úlceras Éx 9:7
última Lc 22:6
Últimas 2S 23:0; 1R 2:0
último Jn 7:36
últimos Nm 24:19; 2Ti 3:0
unción Éx 30:21
une Hch 16:0
unge 1S 9:0; 16:0; Mt 26:5; Mr 14:0; Lc 7:35; Jn 12:0
ungido 2S 2:0; 5:0; 2R 9:0
único Dt 12:0; Is 43:0
Unidad Ef 2:10; 4:0
unieron 1Cr 12:0,22
Unificación Ez 37:14
unión Ec 4:6
universal Is 24:0

usados Éx 38:20
uso Nm 19:10
usurpa 1R 1:0
Uzías 2Cr 26:0
vacío Jn 20:0
vale Ec 9:10
Validez Jn 8:11
valores Ec 7:0
valle Sal 60:0; Jer 7:29; Ez 37:0
vara Éx 7:5; Nm 17:0
vasijas 2Co 4:0
Vasti Est 1:0
Vav Sal 9:8; 25:5; 37:9; 111:3; 112:3; 119:40;
    145:5; Pr 31:14; Lm 1:5; 2:5; 3:15; 4:5
vecinas Am 1:2
vencedores Ro 8:27
vendido Gn 37:11
venga Jue 15:0
vengan 2S 21:0
venganza Is 63:0
venida Mi 1:1; Lc 17:19; 1Ts 4:12
venidera Sof 1:1
venidero Zac 14:0
ventajas Pr 1:33; 2:22
ver 1Ts 2:16
veracidad 2P 1:11
Verbo Jn 1:0; 1Jn 1:0
verdadera Jn 15:0
verdadero Is 58:0; Mi 3:4
verlo Sal 51:0
vestiduras Éx 28:0,30; 39:0,21
vez Lc 12:48; Heb 10:0
viaja Gn 46:0; Hch 27:0
victoria Nm 21:20,31; Jos 8:0; Is 26:0; Nah 1:14
Victorias 2S 8:0; 1Cr 18:0
vid Ez 15:0; 17:0; Jn 15:0
vida Dt 30:10; 1S 24:0; 26:0; Ec 3:15; 6:0; 8:8;
    Jn 5:15; 6:24; Ro 5:11; 8:0; Gá 5:15; Ef 2:0;
    Col 3:0; 1Ts 4:0; 1Jn 1:0; Ap 22:0
viene Jn 3:30; Ap 22:6
vientos Os 8:0
vigilancia Lc 12:34
vigilaran Sal 59:0
vino Jn 2:0
viña Is 5:0

viñadores Mt 20:0
viñedo 1R 21:0
violación Gn 34:0; Dt 22:12; Jer 11:0
visión Ez 40:0; Dn 8:0,14; Am 8:0; 9:0; Hch 10:8;
    16:5; 2Co 12:0
visiones Am 7:0
visita Gn 18:0; Éx 18:0; 1R 10:0; 2Cr 9:0; Mt 2:0;
    Lc 1:38; Hch 20:6
visitar Ro 1:7; 15:22
vista Mt 20:28; Mr 10:45; Lc 18:34
viuda 1R 17:6; 2R 4:0; Mr 12:40; Lc 7:10; 18:0; 21:0
viudas 1Ti 5:0
viva 1P 1:2; 2:3
Vivamos 1Jn 4:0; 5:0
Vivan Ef 4:16
Viviendo 1P 4:0
vivir Fil 1:11
vivos Ro 6:0; 12:0
Vocación Am 3:0
vocero Éx 6:27
volaba Zac 5:0
volver Zac 1:0
volvió Sal 60:0
votos Nm 30:0; Ec 5:0
vuelve Gn 35:0; Neh 2:0; Is 44:23; Ez 43:0
vuelven Gn 43:0; Jn 4:26
Yaír Jue 10:2
Yo Jn 8:20
Yod Sal 9:16; 25:8; 34:8; 37:17; 111:5; 112:5;
    119:72; 145:9; Pr 31:18; Lm 1:9; 2:9; 3:27; 4:9
yugo Jer 27:0
yunta 2Co 6:13
Zabulón Nm 7:23; Jos 19:9
Zacarías 2R 15:7; Lc 1:66
Zalmuna Jue 8:0
Zaqueo Lc 19:0
zarza Éx 3:0
Zayin Sal 9:10; 25:5; 34:5; 37:11; 111:3; 112:3;
    119:48; 145:6; Pr 31:15; Lm 1:6; 2:6; 3:18; 4:6
Zeba Jue 8:0
Zelofejad Nm 27:0
Zif Sal 54:0
Zimri 1R 16:14
Zofar Job 11:0; 20:0; 24:17; 27:12
Zorobabel Hag 2:19